DIE BISCHÖFE DES HEILIGEN RÖMISCHEN REICHES

1648 bis 1803

Die Bischöfe
des Heiligen Römischen Reiches

1648 bis 1803

Ein biographisches Lexikon

Herausgegeben

von

Erwin Gatz

unter Mitwirkung von
Stephan M. Janker

DUNCKER & HUMBLOT · BERLIN

Redaktion des Bildteils, der Abkürzungen
und der Verzeichnisse: Stephan M. Janker

CIP-Titelaufnahme der Deutschen Bibliothek

Die **Bischöfe des Heiligen Römischen Reiches:** 1648 bis 1803:
ein biographisches Lexikon / hrsg. von Erwin Gatz. Unter
Mitw. von Stephan M. Janker. – Berlin: Duncker u. Humblot,
1990
  ISBN 3-428-06763-0
NE: Gatz, Erwin [Hrsg.]

© 1990 Duncker & Humblot GmbH, Berlin 41
Satz: H. Hagedorn GmbH & Co., Berlin 46
Druck: Berliner Buchdruckerei Union GmbH, Berlin 61
Printed in Germany

ISBN 3-428-06763-0

VORWORT

Das 1983 von mir herausgegebene biographische Lexikon „Die Bischöfe der deutschsprachigen Länder 1785/1803 bis 1945" ist von der Kritik so positiv aufgenommen worden, daß ich mich dazu entschloß, diesen zweiten Band für die späte Zeit des Heiligen Römischen Reiches folgen zu lassen. Daß dieses 1985 begonnene Werk zügig zum Abschluß kam, ist in erster Linie den Autoren zu danken. Mein herzlicher Dank gilt neben ihnen den Herren Dr. theol. Marcel Albert OSB, Dr. phil. Stephan Janker, Dr. Dr. Heinz-Albert Raem und Andreas Rieg sowie Irmgard und Helmut Dörenkamp, die mich bei der Redaktion oder beim Lesen der Korrektur unterstützten. Mein Dank gilt ferner der Deutschen Bischofskonferenz mit Bischof Dr. Karl Lehmann sowie Erzbischof Dr. Oskar Saier, Freiburg und den Bischöfen Dr. Klaus Hemmerle, Aachen und Dr. Otto Wüst, Basel für die Gewährung namhafter Druckkostenzuschüsse. Dem Verlag Duncker & Humblot danke ich für die stets angenehme Zusammenarbeit.

Rom, im Dezember 1989   Erwin Gatz

INHALTSVERZEICHNIS

EINLEITUNG

Dieser Band enthält die Lebensbilder aller Diözesanbischöfe, die von 1648 bis 1803 im Heiligen Römischen Reich amtierten. Soweit diese bereits im Band 1785/1803-1945 behandelt wurden, wird darauf verwiesen. Im Gegensatz dazu sind nunmehr die böhmischen und mährischen Bistümer berücksichtigt, deren Inhaber häufig auch in anderen Bistümern des Reiches tätig waren. Über das Gebiet des Heiligen Römischen Reiches hinaus sind wegen der Kontinuität zum früher erschienenen Band ferner die vom Deutschen Orden gegründeten Bistümer Ermland und Kulm sowie Lausanne aufgenommen.

Dieser Band berücksichtigt alle Diözesanbischöfe, und zwar unabhängig davon, ob sie regierende Fürsten oder nur Inhaber mediater Bistümer — wenn auch mit dem Fürstentitel — waren. Nicht aufgenommen sind dagegen die Inhaber nichtbischöflicher Reichskirchen, da hier lediglich die geistliche Führungsschicht der bischöflich verfaßten Kirche ins Auge gefaßt ist, die sich seit der allmählichen Rezeption des Tridentinums im Rahmen der durch die Sondersituation des Reiches gegebenen Grenzen allmählich, und vor allem seit dem 18. Jahrhundert, den tridentinischen Idealen näherte.

Der Band bietet außerdem Biogramme aller Weihbischöfe und Generalvikare bzw. der generalvikarähnlichen Beamten. Das Amt des bischöflichen Spitzenbeamten hat sich ja erst seit dem späten Mittelalter, und das nicht überall gleichzeitig, herausgebildet. Der älteste bischöfliche Beamte war der für die Gerichtsbarkeit zuständige Offizial, dessen Amt mancherorts noch lange mit dem des Generalvikars verbunden blieb. In Köln wurde z. B. erst 1661 eine klare Kompetenzabgrenzung zwischen den Aufgabenbereichen vorgenommen. Der Generalvikar als der ad nutum episcopi berufene und somit jederzeit abberufbare bischöfliche Beamte entsprach dem tridentinischen Bischofsbild mehr als alle anderen Amtsträger. Daher sind alle Generalvikare berücksichtigt, selbst wenn sie nur für Teile von Bistümern zuständig waren oder wie in der Grafschaft Glatz, im Distrikt Katscher oder in den österreichischen Gebieten des Bistums Passau einen anderen Titel führten. Aufgenommen sind ferner die Apostolischen Administratoren des Bistums Meißen in den Lausitzen sowie die Apostolischen Vikare in den Sächsischen Erblanden und in den Nordischen Missionen. Soweit es sich bei den Weihbischöfen oder Generalvikaren um besonders wichtige Persönlichkeiten handelte, sind deren Biogramme zu Lebensbildern ausgeweitet.

In den Lebensbildern der Diözesanbischöfe sind nach Möglichkeit folgende Angaben mitgeteilt: voller Name mit evtl. Angabe der Adelung, Geburtstag und -ort, Name und Beruf der Eltern, Zahl der Geschwister. Weitere Angaben zur Familie sind nur mitgeteilt, falls diese etwas über die Einordnung und den Aufstieg der betreffenden Persönlichkeit aussagen. Ferner werden mitgeteilt: Studiengang, Ort und Jahr der Promotion bzw. weiterer akademischer Beförderungen, Tag und Ort der Priesterweihe, amtliche Stellungen mit Angabe ihrer Dauer, Tag der Wahl, Nomination und päpstliche Bestellung bzw. Ernennung zum Bischof. Die eigentlichen Wahl- bzw. Besetzungsverhandlungen sind nur kurz angedeutet, da nicht eigentlich Gegenstand des Werkes. Für die Angabe der Amtsjahre im Kopf des jeweiligen Artikels ist das Datum der päpstlichen Bestätigung oder Ernennung maßgebend. Der Überhang der Institutionen- vor der Personenforschung auch auf kirchengeschichtlichem Gebiet zeigt sich nämlich u. a. darin, daß wir über die Bischofswahlen im allgemeinen besser informiert sind als über die eigentliche Tätigkeit der

Bischöfe. Das Datum der Präkonisation im öffentlichen Konsistorium wird, da es nur zeremoniöse Bedeutung besaß, im allgemeinen nicht genannt. Erwähnt sind dagegen Tag und Ort der Konsekration sowie der Name des Hauptkonsekrators, ferner die Daten der Translation und Besitzergreifung, der evtl. Resignation, des Todes und der Ort der Beisetzung. Darüber hinaus wird die jeweilige Persönlichkeit im Rahmen der allgemeinen Diözesan- und allgemeinen Kirchengeschichte in ihrem Wirken dargestellt und gewürdigt, so daß die Artikel zugleich einen Beitrag zur Diözesan- und zur allgemeinen Kirchengeschichte bilden. Soweit sich eine reproduktionsfähige Vorlage fand, sind die Diözesanbischöfe im Bild gezeigt.

Der jeweilige Artikel sollte nach der ursprünglichen Planung den gegenwärtigen Forschungsstand widerspiegeln. Im Verlauf der Arbeiten stellte sich jedoch heraus, daß in vielen Fällen weiterführende Forschungen und insbesondere der Rückgriff auf Primärquellen unerläßlich waren. Mehrfach sind z.B. die Listen der Generalvikare und leitenden Bistumsbeamten sowie deren Personal- und Amtsdaten für dieses Werk erstmals eruiert worden. In anderen Fällen war der Stand der Forschung dagegen auf so hohem Niveau, daß eine zusammenfassende Darstellung genügte. Verschiedentlich ließen sich allerdings trotz intensiver Nachforschungen sogar so wichtige Daten wie der Tag der Priesterweihe oder der Bischofswahl nicht mehr feststellen. So erklärt sich auch die Kürze mancher Biogramme.

Das Maß der für die einzelnen Artikel geleisteten Forschung geht aus dem jeweiligen Quellen- und Literaturverzeichnis nur teilweise hervor, da die Belege möglichst knapp gehalten wurden. Im allgemeinen ist nur weiterführende Literatur mitgeteilt. Auf die Nennung von älteren Titeln wurde verzichtet, wo diese aus der neueren Literatur leicht zu ermitteln sind. Die stets konsultierte Hierarchia catholica, ferner P. Schmidts Arbeit über das Germanikum und die Germaniker sowie P. Hersches Arbeit über die Domkapitel werden als Belege nicht eigens zitiert, dürfen aber vorausgesetzt werden. Eine Reihe zusätzlicher Daten aus dem Vatikanischen Archiv und aus dem Archiv des Germanikums verdanke ich Stefan Kremer, der unter dem Arbeitstitel „Herkunft und Werdegang geistlicher Führungsschichten in der Germania Sacra 1648–1803" z.Z. eine erste Auswertung des hier bereitgestellten Materials vornimmt.

Den Artikeln ist ferner ein möglichst vollständiges Verzeichnis aller selbständig erschienenen Schriften der betreffenden Persönlichkeit oder der Hinweis auf eine leicht erreichbare Bibliographie beigegeben.

Die Diözesanbischöfe unseres Untersuchungsbereiches bildeten so wenig eine Einheit wie ihre Bistümer, denn die Reichskirche war keineswegs mit der Ecclesia Gallicana zu vergleichen. Auch ihre höchste organisatorische Ebene, die Kirchenprovinzen, war während unseres Untersuchungszeitraumes ohne Bedeutung, und als die Metropoliten am Ende des 18. Jahrhunderts Schritte zu deren Reaktivierung unternahmen, stießen sie damit bei zahlreichen Suffraganbischöfen auf Ablehnung. Dennoch bildet dieses Werk mehr als eine Addition seiner Artikel. Es wurde vielmehr versucht, die Verflechtung der einzelnen Persönlichkeiten mit den maßgebenden Dynastien und politischen Kräften und selbstverständlich auch mit den kirchlich relevanten Strömungen ihrer Zeit aufzuzeigen und so aus den vielen Einzelbeiträgen ein Ganzes zu formen. Eine Reihe übergreifender Gesichtspunkte wurde 1987 auf einer in Rom durchgeführten Autorenkonferenz anläßlich des einhundertjährigen Bestehens der Römischen Quartalschrift behandelt und in dieser Zeitschrift 83 (1988) 213-396 veröffentlicht.

Die Autoren dieses Werkes verantworten die von ihnen verfaßten Artikel persönlich. In formaler Hinsicht wurde zwar Einheitlichkeit angestrebt, doch bleibt der unterschiedliche Forschungsstand unübersehbar. Autoren und Herausgeber sind sich darüber im klaren, daß dieses Werk in mancher Hinsicht nur vorläufige Ergebnisse bieten kann. Sie können nur wünschen, daß die Forschung dadurch angeregt wird.   Erwin Gatz

VERZEICHNIS DER ABKÜRZUNGEN

Abkürzungen zu den Bildnachweisen vgl. u. S. 665

*	=	geboren
≈	=	getauft
†	=	gestorben
☐	=	Grab
AAG	=	Archivio Arcivescovile di Gorizia
AAEB Porrentruy	=	Archives de l'ancien Évêché de Bâle, Porrentruy
ABA	=	Archiv des Bistums Augsburg
Abb.	=	Abbildung
Abt.	=	Abteilung
ACGU	=	Archiv des Pontificio Collegio Germanico Ungarico, Rom
ADB	=	Allgemeine Deutsche Biographie, hg. von der Historischen Kommission bei der Bayerischen Akademie der Wissenschaften, 56 Bde, Leipzig 1875 – 1912
ADG	=	Archiv der Diözese Gurk, Klagenfurt
AEA	=	Archives de l'église d'Alsace, 2ᵉ serie Strasbourg u. a. 1946 – 1979; 3ᵉ serie Haguenau 1980/81 ff.
AEM	=	Archiv des Erzbistums München
AGHA	=	Archiv für die Geschichte des Hochstifts Augsburg, Dillingen 1909 – 1929
AHL	=	Annuaire d'Histoire Liégeoise, Liège 1938 ff.
AHVN	=	Annalen des Historischen Vereins für den Niederrhein, insbesondere das alte Erzbistum Köln, Düsseldorf u. a. 1855 ff.
AJb	=	Aschaffenburger Jahrbuch für Geschichte, Landeskunde und Kunst des Untermaingebietes, Aschaffenburg 1952 ff.
AKGB	=	Archiv für Kirchengeschichte von Böhmen - Mähren - Schlesien, Königstein 1967 ff.
AKKR	=	Archiv für katholisches Kirchenrecht, Mainz u. a. 1857 ff.
AmrhK	=	Archiv für mittelrheinische Kirchengeschichte, Speyer u. a. 1949 ff.
ANRT Lille	=	Atelier National de reproduction des thèses, Lille
APB	=	Altpreußische Biographie, 3 Bde (Königsberg-Marburg/Lahn 1936 – 1975), Bd. 4, Lfg. 1 (Marburg/Lahn 1984)
Archiep. (tit.)	=	Archiepiscopus (titularis)
ARSI	=	Archivum Romanum Societatis Iesu
ASHF	=	Archives de la Société d'histoire du canton de Fribourg, Fribourg 1845 ff.
ASKG	=	Archiv für schlesische Kirchengeschichte, Breslau u. a. 1936 ff.
ASV	=	Archivio Segreto Vaticano

AU	=	Archiv des Historischen Vereins für Unterfranken und Aschaffenburg, Würzburg 1833 – 1936
AUW	=	Archiv der Universität Wien
AVA	=	Österreichisches Staatsarchiv, Abteilung Allgemeines Verwaltungsarchiv
BA Hildesheim	=	Bistumsarchiv Hildesheim
BAL	=	Bistumsarchiv Laibach
BAM	=	Bistumsarchiv Münster
BAOS	=	Bistumsarchiv Osnabrück
BATr	=	Bistumsarchiv Trier
BayHStA	=	Bayerisches Hauptstaatsarchiv
BBB	=	Bosls Bayerische Biographie. 8000 Persönlichkeiten aus 15 Jahrhunderten, hg. v. *Karl Bosl* (Regensburg 1983)
BBKL	=	Biographisch-Bibliographisches Kirchen-Lexikon, bearb. und hg. v. *Friedrich Wilhelm Bautz*, Bd. 1: A-Fa (Hamm 1975); Bd. 2: Lfg. 11 ff. (Hamm-Herzberg 1976 ff.)
BCU Fribourg	=	Bibliothèque cantonale et universitaire, Fribourg
BDM	=	Bischöfliches Diözesanarchiv Meißen
BGBR	=	Beiträge zur Geschichte des Bistums Regensburg, Regensburg 1967 ff.
BGRK	=	Beiträge zur Geschichte der Reichskirche in der Neuzeit, Wiesbaden 1956 ff.
BHVB	=	Bericht des Historischen Vereins Bamberg, Bamberg 1834 ff.
BIHBR	=	Bulletin de l'institut historique belge de Rome, Rom u. a 1919 ff.
BLB	=	Biographisches Lexikon zur Geschichte der Böhmischen Länder, hg. v. *Heribert Sturm*, Bd. 1: A-H (München-Wien 1979); Bd. 2: I-M (München 1984)
BMV	=	Beata Maria Virgo, Beatae Mariae Virginis
BN	=	Biographie nationale, 28 Bde., Bruxelles 1866 – 1944; 16 Supplementbände (29-44), Bruxelles 1957 ff.
BOAW	=	Bischöfliches Ordinariatsarchiv Würzburg
BStBM	=	Bayerische Staatsbibliothek München
BWDG	=	Beiträge zur Wiener Diözesangeschichte, Wien 1960 ff.
BWG	=	Blätter aus der Walliser Geschichte, Brig 1891 ff.
BZA Regensburg	=	Bischöfliches Zentralarchiv Regensburg
CFr	=	Collectanea Franciscana, Roma u. a. 1931 ff.
CS	=	Colloquium Salutis. Wrocławskie Studia Teologiczne, Wrocław 1969 ff.
ČSB	=	Český Slovník Bohevědný [Tschechisches Lexikon für Theologie], hg. v. *A. Podlaha*, 5 Bde.: A-Italie (Praha 1912 – 1932)
DAB	=	Diözesanarchiv Breslau
DA St. Pölten	=	Diözesanarchiv St. Pölten
DAWi	=	Diözesanarchiv Wien
DB	=	Deutingers Beiträge. Beiträge zur Geschichte, Topographie und Statistik des Erzbistums München und Freising (seit 1929: Beiträge zur Altbayerischen Kirchengeschichte), München 1850 ff.
DBF	=	Dictionnaire de biographie française, Paris 1923 ff.

DBI	=	Dizionario Biografico degli Italiani, Roma 1960 ff.
DDAMz	=	Dom- und Diözesanarchiv Mainz
DHGE	=	Dictionnaire d'histoire et de géographie ecclésiastiques, Paris 1912 ff.
DThC	=	Dictionnaire de Theologie Catholique, Paris 1930 – 1972
EK	=	Encyklopedia Katolicka [Katholische Enzyklopädie], Lublin 1973 ff.
EKAS	=	Erzbischöfliches Konsistorialarchiv Salzburg
Ep. (tit.)	=	Episcopus (titularis)
FBPG	=	Forschungen zur Brandenburgischen und Preussischen Geschichte, Berlin 1888 – 1943
FDA	=	Freiburger Diözesanarchiv, Freiburg i. Br. 1865 ff.
FGB	=	Fuldaer Geschichtsblätter, Fulda 1902 ff.
FRA.D	=	Fontes Rerum Austriacarum. Diplomata et acta, Wien 1894 ff.
FRA.F	=	Fontes Rerum Austriacarum. Fontes iuris, Wien 1953 ff.
FRA.S	=	Fontes Rerum Austriacarum. Scriptores, Wien 1855 – 1904
gew.	=	gewählt
GLA Karlsruhe	=	Generallandesarchiv Karlsruhe
HAEK	=	Historisches Archiv des Erzbistums Köln
HBLS	=	Historisch-biographisches Lexikon der Schweiz, Neuenburg 1921 – 1934
HessStA Darmstadt	=	Hessisches Staatsarchiv Darmstadt
HHStA	=	Österreichisches Staatsarchiv, Abteilung Haus-, Hof- und Staatsarchiv
HJb	=	Historisches Jahrbuch der Görres-Gesellschaft, München u. a. 1880 ff.
HS	=	Helvetia Sacra, begründet von *Rudolf Henggeler*, hg. v. *Albert Bruckner*. Bd. I/1: Schweizerische Kardinäle. Das apostolische Gesandtschaftswesen in der Schweiz. Erzbistümer und Bistümer 1 (Bern 1972); Bd. I/4 Le diocèse de Lausanne (VI siècle – 1821), de Lausanne et Genève (1821 – 1925) et de Lausanne, Genève et Fribourg (depuis 1925) (Bern 1988); Bd. II/2: Die weltlichen Kollegiatstifte der deutsch- und französischsprachigen Schweiz (Bern 1977); Bd. III/3: Die Orden mit Benediktinerregel, 2 Teile (Bern 1982); Bd. VII: Der Regularklerus (Bern 1976).
HSK Mainz	=	Kurmainzischer Hof- und Staats-Kalender auf [die Jahre] …
HSK Trier	=	Des Hohen Ertz-Stifts und Churfürstenthums Trier Hof- und Staats-Calender Auf [die Jahre] …
Hss.	=	Handschriften
JbMz	=	Jahrbuch für das Bistum Mainz, Mainz 1946 – 60
JHVD	=	Jahrbuch des Historischen Vereins Dillingen, Dillingen 1888 ff.
JKGV	=	Jahrbuch des Kölnischen Geschichtsvereins, Köln 1912 ff.
JVABG	=	Jahrbuch des Vereins für Augsburger Bistumsgeschichte, Augsburg 1967 ff.
JVWKG	=	Jahrbuch des Vereins für westfälische Kirchengeschichte, Bethel 1927 ff.
KDB Würzburg	=	*Mader, Felix*, Die Kunstdenkmäler von Unterfranken und Aschaffenburg, Bd. 12: Stadt Würzburg (München 1915)
KRA	=	Kirchenrechtliche Abhandlungen, Stuttgart 1902 – 1938
KTrJb	=	Kurtrierisches Jahrbuch (ab 1970 ff.: Verein Kurtrierisches Jahrbuch) Trier 1961 ff.

LA Speyer	=	Landesarchiv Speyer
LHA Koblenz	=	Landeshauptarchiv Koblenz
LThK	=	Lexikon für Theologie und Kirche, 10 Bde., Freiburg ²1957 – 65
MDR	=	Mémoires et documents publiés par la Société d'histoire de la Suisse romande, Lausanne 1837 ff.
MGSL	=	Mitteilungen der Gesellschaft für Salzburger Landeskunde, Salzburg 1861 ff.
MIÖG	=	Mitteilungen des Instituts für österreichische Geschichtsforschung, (Innsbruck) Graz-Köln 1880 ff.
Mitt.Pfalz	=	Mitteilungen des Historischen Vereins der Pfalz, Speyer 1870 ff.
MJbGK	=	Mainfränkisches Jahrbuch für Geschichte und Kunst, Würzburg 1949 ff.
MÖStA	=	Mitteilungen des österreichischen Staatsarchivs, Wien 1948 ff.
Ms.	=	Manuskript
MThS.H	=	Münchener Theologische Studien, Historische Abteilung, München 1950 ff.
MZ	=	Mainzer Zeitschrift. Mittelrheinisches Jahrbuch für Archäologie, Kunst und Geschichte, Mainz 1906 ff.
NBW	=	National biografisch woordenboek, 11 Bde. Brussel 1964 ff.
NDB	=	Neue Deutsche Biographie, hg. von der Historischen Kommission bei der Bayerischen Akademie der Wissenschaften, Berlin 1953 ff.
NÖLA	=	Niederösterreichisches Landesarchiv
NTrJb	=	Neues Trierisches Jahrbuch, Trier 1961 ff.
OA	=	Oberbayerisches Archiv für vaterländische Geschichte, hg.. v. Historischen Verein von Oberbayern, München 1839 ff.
OCarm	=	Ordo Carmelitarum
OCist	=	Ordo Cisterciensis
OFM	=	Ordo Fratrum Minorum
OFMCap	=	Ordo Fratrum Minorum Capucinorum
OFMConv	=	Ordo Fratrum Minorum Conventualium
OFMObs	=	Ordo Fratrum Minorum Observantium
OFMRec	=	Ordo Fratrum Minorum Recollectorum
OG	=	Ostbairische Grenzmarken, Passau 1959 ff.
OM	=	Osnabrücker Mitteilungen, Osnabrück 1952 ff. [Frühere Titel: Mitteilungen des historischen Vereins zu Osnabrück 1 (1848) – 11 (1878); Mitteilungen des Vereins für Geschichte und Landeskunde von Osnabrück 12 (1882) – 64 (1950)]
OP	=	Ordo Praedicatorum
OPraem	=	Ordo Praemonstratensis
ORPB	=	Oberrheinisches Pastoralblatt, Freiburg i.Br. u.a. 1899 ff.
OSA	=	Ordo S. Augustini
OSB	=	Ordo S. Benedicti
OTheat	=	Ordo Theatinorum
PBE	=	Pastoralblatt des Bistums Eichstätt, Eichstätt 1854 ff.

PSB	=	Polski Słownik Biograficzny [Polnisches Biographisches Lexikon], Kraków 1935 ff.
QFIAB	=	Quellen und Forschungen aus italienischen Archiven und Bibliotheken, Tübingen u.a. 1897 ff.
QuFo	=	Quellen und Forschungen aus dem Gebiet der Geschichte, (Hg.) Görres-Gesellschaft, Paderborn u.a. 1892 ff.
QMRKG	=	Quellen und Abhandlungen zur mittelrheinischen Kirchengeschichte, Speyer u.a. 1954 ff.
r	=	recto
RA	=	Reichsadel
RCA	=	Revue catholique d'Alsace, 3ᵉ serie, Strasbourg 1882 ff.
Red.	=	Redaktion
res.	=	residierend
RHM	=	Römische Historische Mitteilungen, Graz-Köln u.a. 1958 ff.
RhV	=	Rheinische Vierteljahresblätter, Bonn 1931 ff.
RJKG	=	Rottenburger Jahrbuch für Kirchengeschichte, Rottenburg 1982 ff.
RQ	=	Römische Quartalschrift für christliche Altertumskunde und Kirchengeschichte, Freiburg i.Br. 1887 ff.
RQ.S	=	Römische Quartalschrift. Supplement-Heft, Freiburg i.Br. 1893 ff.
RST	=	Reformationsgeschichtliche Studien und Texte, Münster 1906 ff.
SABKG	=	Studien zur altbayerischen Kirchengeschichte, München 1969 ff.
SBL	=	Slovenski biografski leksikon [Slowenisches biographisches Lexikon], Ljubljana 1925 ff.
SHVE	=	Sammelblatt des Historischen Vereins Eichstätt, Eichstätt 1886 ff.
SHVF	=	Sammelblatt des Historischen Vereins Freising, Freising 1894 ff.
SJ	=	Societas Jesu
SKBK	=	Studien zur katholischen Bistums- und Klostergeschichte, Leipzig 1961 ff.
SKKG	=	Studien zur Kölner Kirchengeschichte, Düsseldorf 1952 ff.
SLA	=	Salzburger Landesarchiv
SMBO	=	Studien und Mitteilungen zur Geschichte des Benediktinerordens und seiner Zweige, München u.a. 1882 ff.
SPTK	=	Słownik polskich teologów katolickich [Lexikon der polnischen katholischen Theologen], 4 Bde., hg. v. *H. E. Wyczawaski*, Warszawa 1981 – 1983
StA Mainz	=	Stadtarchiv Mainz
StA Trier	=	Stadtarchiv Trier
StA Worms	=	Stadtarchiv Worms
StB Trier	=	Stadtbibliothek Trier
StTr	=	Studi Trentini di Scienze storiche, Bolzano 1920 ff.
Thlr.	=	Thaler
TrJb	=	Trierisches Jahrbuch für ästhetische Kultur
TThZ	=	Trierer Theologische Zeitschrift, Trier 1947 ff.
ULFrau	=	Unsere Liebe Frau
v	=	verso

VHN   = Verhandlungen des Historischen Vereins für Niederbayern, Landshut
              1846 ff.

VHVO   = Verhandlungen des Historischen Vereins für Oberpfalz und Regensburg,
              Regensburg 1832 ff.

WBTh   = Wiener Beiträge zur Theologie, Wien 1963 ff.

WDGB   = Würzburger Diözesangeschichtsblätter, Würzburg 1933 ff.

WVLG   = Württembergische Vierteljahreshefte für Landesgeschichte, Stuttgart
              1878 ff.

WZ   = Westfälische Zeitschrift, Münster 1931 ff. [früher: Zeitschrift für vaterlän-
              dische Geschichte und Altertumskunde]

ZAGV   = Zeitschrift des Aachener Geschichtsvereins, Aachen 1879 ff.

ZBLG   = Zeitschrift für Bayerische Landesgeschichte, München 1928 ff.

ZGAE   = Zeitschrift für die Geschichte und Altertumskunde Ermlands, Braunsberg
              u. a. 1858 ff.

ZGO   = Zeitschrift für die Geschichte des Oberrheins, Karlsruhe 1850 ff.

ZHVN   = Zeitschrift des Historischen Vereins für Niedersachsen, Hannover 1862 ff.

ZHVSN   = Zeitschrift des Historischen Vereins für Schwaben und Neuburg, Augs-
              burg 1874 ff.

ZKG   = Zeitschrift für Kirchengeschichte, Stuttgart 1876 ff.

ZRG.K   = Zeitschrift der Savigny-Stiftung für Rechtsgeschichte, kanonistische
              Abteilung, Weimar 1911 ff.

ZSKG   = Zeitschrift für schweizerische Kirchengeschichte, Freiburg / Schweiz u. a.
              1907 ff.

ZTNT   = Zapiski Towarzystwa Naukowego w Toruniu [Schriften der Wissenschaft-
              lichen Gesellschaft in Thorn], Toruń 1908 ff.

ZVGS   = Zeitschrift des Vereins für Geschichte Schlesiens, Breslau 1906 – 1943

ZVThG   = Zeitschrift des Vereins für thüringische Geschichte und Altertumskunde,
              Jena 1854 – 1871, NS 1878 – 1943

Lebensbilder

A

Ach (Aach), **Joseph von** (1620 – 1691)

1659 – 1690 Generalvikar in Konstanz

* 11. 1. 1620 in Bregenz; 1639 Immatrikulation in Dillingen, 1640 in Ingolstadt, dort Studienabschluß mit dem Dr. iur.; 27. 12. 1640 Priester. A. begegnet als Generalvikar erstmals am 22. 6. 1659. Er hatte das Amt, wie vielfach urkundlich nachgewiesen ist, bis zu seiner aus Altersgründen ausgesprochenen Resignation am 30. 4. 1690 inne. Wohl gleichzeitig mit der Ernennung zum Generalvikar wurde er auch Offizial (seit 23. 5. 1661 bezeugt). Vor 1660 Kanonikus zu St. Stephan in Konstanz; 1663 Domherr in Konstanz, 1668 Zulassung zum Kapitel; 1669 bis vor 1690 Propst zu St. Stephan. Nach Aufgabe des Generalvikariates wegen Altersschwäche erhielt er das „Prädikat" Generalvikar. Vor seinem Tod Eintritt in den Kapuzinerorden. † 15. 7. 1691 in Bregenz.

Literatur: *G. Barisch,* in: HS II/2 (1977), 340. - *B. Ottnad,* in: HS I/2 (im Ersch.).

Bernd Ottnad

Adam, Euchar von (seit 1827 bayerischer Personaladel) (1748 – 1830)

1790 – 1821 Leiter des Generalvikariates in Eichstätt
→ Bd. 1, 3.

Adami, Adam (1610 – 1663)

1652 – 1663 Weihbischof in Hildesheim, Ep. tit. Hierapolitanus

* 1610 in Mülheim bei Köln; Besuch des Jesuitengymnasiums Tricoronatum in Köln; nach 1628 Eintritt in die Benediktinerabtei Brauweiler; 19. 2. 1633 Priesterweihe; 1634 – 37 Regens des Seminars der Bursfelder Kongregation in Köln; während dieser Zeit Promotion zum Dr. theol.; 1637 Prior der Abtei St. Jakob in Mainz, 1639 der Abtei St. Januarius in Murrhardt (Württemberg); ab 1645 Teilnahme als „Bevollmächtigter der restituierten Stifts- und Gotteshäuser Schwabens" sowie des Fürstabtes von Corvey an den westfälischen Friedensverhandlungen, wo er zusammen mit dem Osnabrücker Bischof F. W. v. (→) Wartenberg, dem Vertreter Augsburgs, Johann von Leuchselring, und Nuntius Fabio Chigi als Vertreter extrem katholischer Positionen auftrat; 1647 Abt von Huysburg; wegen der Friedensverhandlungen und der Machenschaften des abgesetzten Abtes konnte er dieses Amt jedoch nicht antreten und resignierte 1650; 1650 – 51 im Auftrag des Kölner Erzbischofs (→) Max Heinrich von Bayern in Rom; Geheimer Rat Max Heinrichs; 16. 12. 1652 Titularbischof von Hierapolis und Weihbischof in Hildesheim; 23. 3. 1653 Konsekration durch den Paderborner Weihbischof B. (→) Frick in der Benediktinerabtei Abdinghof zu Paderborn. Als erster nach der Reformation in Hildesheim residierender Weihbischof widmete sich A. mit großem seelsorglichem Engagement seinen bischöflichen Aufgaben und orientierte sich dabei an den Reformdekreten des Trienter Konzils. Er bemühte sich vor allem um strenge Disziplin in den Klöstern und um Verbesserung der Priesterausbildung; er war an der Errichtung eines Alumnatshauses in Hildesheim als Vorform des noch fehlenden Priesterseminars beteiligt. Als Administrator des Benediktinerinnenklosters Escherde ab 1653 gelang ihm dessen Wiederbesetzung und wirtschaftliche Konsolidierung. † 19. 2. 1663 in Hildesheim.

Schriften: *[A. Adami],* Arcana pacis Westphalicae, sive plenior et ex secretionibus actis et congressibus deprompta relatio de s. Roma. Imp. pacificatione Osnabrugo-Monasteriensi (Frankfurt 1698; 3. Aufl. v. *G. v. Meiern,* Leipzig 1737, u. d. T.: Relatio historica de pacificatione Osnabrugo-Monasteriensi). - Observationes Adam Adamis, in: Acta Pacis Westphalicae III/D, Bd. 1: Stadtmünstersche Akten und Vermischtes, bearb. v. *H. Lahrkamp,* (Münster 1964) 281-342. - *Humanus Erdemann* [= A. Adami], Anti-Caramuel sive examen et refutatio disputationis theologico-politicae, quam de potestate Imperatoris circa bona ecclesiastica proposuit Joannes Caramuel Lobkovits (Trimonadi 1648).

Literatur: *F. Israel*, Adamus Adami und seine Arcana pacis Westphalicae (Berlin 1909). - *A. Bertram*, Hildesheim III 80-82. - *P. Volk*, P. A. A., der Verfasser der Compendiosa relatio, in: SMBO 58 (1940) 207-214. - *Ders.*, Der Friedensbevollmächtigte A. A. aus Mülheim a. Rh. bei den Friedensverhandlungen in Münster und Osnabrück (1645-1648), in: AHVN 142-143 (1943) 84-146. - *Ders.*, P. A. A. als Sachwalter der benediktinischen Belange auf den westfälischen Friedensverhandlungen, in: *Ders.*, (Hrsg.) Fünfhundert Jahre Bursfelder Kongregation (Münster 1950) 67-125. - *Ders.*, in: NDB 1 (1953) 55 f. - *H. Engfer*, Weihbischof Adam Adami und sein Wirken im Bistum Hildesheim, in: Unsere Diözese in Vergangenheit und Gegenwart 32 (1963) 13-31.

Hans-Georg Aschoff

Adelmann von Adelmannsfelden, Franz Xaver Reichsfreiherr (1721 – 1787)

1750 – 1779 Weihbischof in Augsburg, Ep. tit.
            Mactaritanus
1757 – 1759 Generalvikar in Augsburg

* 1. 7. 1721 auf Schloß Hohenstadt bei Ellwangen; Studium in Freising, Salzburg und Rom; 1739 Domizellar in Augsburg; 17. 9. 1747 Priesterweihe ebd.; 1750 Dr. iur. utr. (Salzburg); 25. 5. 1750 Titularbischof von Maktaris und Weihbischof in Augsburg; 9. 8. 1750 Konsekration durch Fürstbischof (→) Joseph von Hessen-Darmstadt in Dillingen; 1757 – 59 Generalvikar in Augsburg; 1764 – 68 Kanonikus in Ellwangen; 1766 Propst am Kollegiatstift Hl. Kreuz in Schwäbisch Gmünd; 1777 Propst von St. Gertraud, Augsburg. A. konsekrierte sehr viele Kirchen im Bistum Augsburg. Er erkrankte 1779 so schwer, daß Fürstbischof (→ Bd. 1) Klemens Wenzeslaus von Sachsen einen zweiten Weihbischof bestellte. † 17. 10. 1787 in Augsburg; ⬚ Domherrengruft Augsburger Dom.

Literatur: *A. Schröder*, Weihbischöfe 484-486. - *A. Haemmerle*, Domstift Nr. 4 - *Ders.*, Chorherrenstifte Nr. 6. - *J. Seiler*.

Peter Rummel

Aham, Johann Joachim Ignaz Reichsfreiherr (seit 1691 **Reichsgraf**) von (1655 – 1702)

1692 – 1702 Passauer Offizial und Generalvikar für das Land unter der Enns

* 3. 5. 1655; sein jüngerer Bruder Johann Wolfgang Dominikus schlug ebenfalls die geistliche

Laufbahn ein; Besuch des Gymnasiums in Passau und Dillingen; 1672 – 78 Studium in Rom als Alumne des Collegium Germanicum (Dr. phil. et theol.); 1678 Immatrikulation in Perugia; 1679 Priesterweihe und Aufnahme in das Passauer Domkapitel (päpstl. Verleihung); Pfarrer von Pischelsdorf; Passauer Erbkämmerer. 1687 – 89 leitete A. gemeinsam mit dem Passauer Domdechanten in Vertretung des greisen Diözesanbischofs S. v.(→) Pötting Bistum und Hochstift Passau. 1691 Pfarrer der Doppelpfarre Pillichsdorf-Ulrichskirchen in Niederösterreich; 1692 Passauer Offizial und Generalvikar für Österreich unter der Enns; 1695 Propst von Siclós (Diöz. Pécs); † 7. 5. 1702; ⬚ Pfarrkirche Pillichsdorf.

Quellen: DAWi

Literatur: *Th. Wiedemann* V 554. - *L. H. Krick*, Domstift 83. - *Ders.*, Stammtafeln 8. - *F. Niedermayer* 24. - *R. Weiß* 68.

Johann Weißensteiner

Aidinger, Laurenz (1615 – 1669)

1665 – 1666 Generalvikar in Wien
1666 – 1669 Bischof von Wiener Neustadt

Laurenz Aidinger wurde am 21. 1. 1615 zu Erding (Diöz. Freising) getauft. Er studierte in Wien, wo er 1642 zum Priester geweiht und 1648 zum Dr. theol. promoviert wurde. 1643 war er Kurat zu St. Stephan, seit 1652 Erzieher

des Erzherzogs Leopold, des Sohnes Ferdinands III. 1658 wurde er Pfarrer von Mistelbach, 1662 von Hainburg. Nachdem A. bereits 1655 Domkapitular von St. Stephan geworden war, stieg er 1665 zum Dompropst und Rektor der Universität Wien sowie zum Generalvikar auf.

Auf Nomination Kaiser Leopolds I. wurde A. am 15. 12. 1666 das Bistum Wiener Neustadt verliehen. Seine Wiener Pfründe durfte er beibehalten. Über A.s Wirksamkeit ist nur bekannt, daß ihm die Konsolidierung der Klostergründungen seines Vorgängers J. (→) Thuanus gelang. † 23. 7. 1669. ☐ Neustädter Dom.

Literatur: *R. Kampichler. - A. Kolaska* (Lit.).

Abbildungsnachweis: Ölgemälde Mi. 18. Jh. der Bischofsgalerie für die bischöfl. Residenz in Wiener Neustadt, die bei der Transferierung des Bistums nach St. Pölten verbracht wurde. - DA St. Pölten.

Alfred Kolaska

Alberti d'Enno, Francesco Felice (RA)
(1701 – 1762)

1756 – 1758 Koadjutor des Fürstbischofs von
          Trient, Ep. tit. Miletopolitanus
1758 – 1762 Fürstbischof von Trient

Francesco Felice Alberti d'Enno wurde am 4. 10. 1701 zu Trient als Sohn des Gervasio A. und der Barbara Gräfin von Bertolazzi geboren. Sein Vater war Schloßhauptmann von Levico und Pergine. Bischof G. V. (→) A. war sein Großonkel. Die aus Denno in der Val di Non stammende Familie war 1714 in den Reichsgrafenstand erhoben worden und seit Beginn des 18. Jh. durch eine ausgeklügelte Heiratspolitik mit den einflußreichsten Patrizierfamilien Trients verbunden.

A. besuchte das Gymnasium in Trient und studierte 1720 – 24 als Alumne des Collegium Germanicum in Rom. 1724 folgte er einem Onkel als Domkapitular in Trient. Ende April 1726 wurde er Priester. Danach entwickelte er eine vielfältige Tätigkeit u. a. als Visitator der Diözese sowie als Delegierter beim Seligsprechungsprozeß der Gründer des Servitenordens in Rom und bei der Ordnung des Hof- und Kapitelsarchivs, für das er wertvolle Regesten anfertigte. Ihm lag vor allem an der Unabhängigkeit des Hochstiftes von Österreich. Dem dienten von ihm verfaßte Annalen des Fürstbistums für die Jahre 1022 – 1540, die 1860 veröffentlicht wurden.

Als Bischof L. E. v. (→) Firmian 1755 die Koadjutorie des Bischofs D. A. v. (→) Thun niederlegte, wählte das Kapitel A. am 6. 3. 1756 zu dessen Koadjutor mit dem Recht der Nachfolge. Die päpstliche Bestätigung mit der Verleihung des Titularbistums Miletopolis folgte am 16. 7. 1756. Am 25. 10. ergriff A. Besitz von seinem Bistum, und am 14. 11. 1756 ließ er sich von Weihbischof B. A. (→) Passi konsekrieren.

A. machte zahlreiche von seinem Vorgänger eingeführte Reformen rückgängig. Daß er den Trientern das von Firmian verbotene Tragen von Masken am Karneval wieder erlaubte, war dabei noch das geringste. Vor allem ersetzte er 1756 das Konsistorium wieder durch einen Generalvikar, wodurch die Mitregierung des Domkapitels wieder voll hergestellt wurde. Außerdem gab er den patrizischen Familien die von Firmian abgeschaffte Exemtion von der ordentlichen Gerichtsbarkeit zurück, wie er überhaupt darauf bedacht war, das städtische Patriziat und vor allem seine eigene Familie zu fördern. Dadurch gelangten insgesamt drei seiner Neffen, ein Vetter und ein Bruder seiner Schwägerin in das Domkapitel, was zu langen Streitigkeiten mit den Mitgliedern des alteingesessenen Tiroler Adels führte.

Nach dem Tode Fürstbischof Thuns (7. 9. 1758) folgte A. diesem ohne weitere Formalitäten nach. Am 27. 9. erhielt er die kaiserliche Investitur. Da sich das von Somaskern geleitete Priesterseminar damals in einem schlechten Zustand befand, stiftete Don Lorenzo Borzi 25 000 fl. für einen Neubau und die Berufung qualifizierter Lehrer. A. bestimmte dafür einen

Baugrund der Mensa und einigte sich mit dem Stadtmagistrat, doch hat sein Tod dann die Ausführung verhindert.

Zu harten Auseinandersetzungen A.s mit der Stadt Rovereto kam es 1760, als der Bischof ein Buch des Roveretaner Gelehrten Hieronymus Tartarotti, der dem sel. Adelpret das Martyrium absprach und einige Trienter Bischöfe negativ beurteilte, öffentlich verbrennen ließ. Das dem Gelehrten daraufhin in der Pfarrkirche zu Rovereto errichtete Denkmal mußte schließlich auf Vermittlung des Nuntius entfernt werden.

1759 gelang es A., das durch den Tod des Franz Anton Graf von Liechtenstein freigewordene Lehen Castelcorno in der Val Lagarina dem Hochstift einzugliedern. Sein Episkopat war vornehmlich durch das Ringen um Unabhängigkeit und durch das Versäumnis einer Kirchenreform gekennzeichnet. A. starb am 31. 12. 1762 in Trient. Er wurde in seiner Kathedrale beigesetzt.

Schriften: Annali del Principato Ecclesiastico di Trento dal 1022 al 1540, compilati sui documenti da F. F. Alberti, reintegrati e annotati da T. Gar (Trient 1860).

Literatur: G. Costisella. - J. Kögl 292. - C. Donati 54 f., 62-67, 75-78, 232-260, 291-308. - A. Costa 194-196.

Abbildungsnachweis: Kupferstich von Cristoforo Dall'Acqua (1734-1787) nach einem zeitgen. Gemälde von Giovanni Battista Rensi (1711-1776). - MD Trient N°: 43 A.

Josef Gelmi

Alberti d'Enno, Giuseppe Vittorio (RA) (1623 — 1695)

1658 — 1673 Generalvikar in Trient
1691 — 1695 Fürstbischof von Trient

Giuseppe Vittorio Alberti d'Enno wurde am 24. 7. 1623 zu Pergine als Sohn des Schloßhauptmannes Felice A. und der Anna Ginevra de Bellini aus Görz geboren. Sein Taufpate war ein Bruder des Bischofs C. E. v. (→) Madruzzo. Die Familie A. stammte aus Denno in der Val di Non und ist seit 1217 als Lehensträger der Fürstbischöfe von Trient nachweisbar. Im 16. Jh. siedelte sie nach Trient über, wo sie vor allem im 17. Jh. zu großem Wohlstand gelangte, 1535 wurde sie geadelt.

A. studierte zunächst in Trient, dann in Padua, wo er 1648 zum Dr. iur. utr. promoviert wurde. 1656 wurde er Domkapitular, 1664 Archidiakon und 1669 Domdekan in Trient. Seit 1658 war er Generalvikar unter verschiedenen Bischöfen. Die Priesterweihe empfing er erst am

20. 10. 1669. Nach Annahme der Wahlkapitulation wählte das Trienter Kapitel ihn am 28. 4. 1689 zum Fürstbischof, doch wurde ihm die Bistumsadministration zunächst nur befristet übertragen. Erst im April 1692 konnte er die Bischofsweihe durch den Brixner Bischof J. F. v. (→) Khuen empfangen.

Die Ursache dieser Verzögerung lag in den Auseinandersetzungen zwischen Kaiser und Kapitel über die Verwaltung des Hochstiftes während der Sedisvakanz. Für die Rückgewinnung seiner verlorenen Rechte wandte sich das Kapitel mit Unterstützung A.s an den Reichstag. Kaiser Leopold I. konzedierte ihm schließlich seine Wünsche und bestätigte den entsprechenden Vertrag von 1662 (E. A. v. → Harrach), während Bischof und Kapitel sich ihrerseits auf die älteren Verträge von 1454, 1460 und 1468 neu verpflichteten.

Da A. gesundheitlich nicht mehr in der Lage war, seine Diözese persönlich zu visitieren, ließ er dies durch Delegierte tun. Zu seinem Weihbischof berief er G. S. v. (→) Sinnersberg. A. veröffentlichte die Diözesanstatuten von 1593 mit einigen Ergänzungen. Vom Hl. Stuhl erbat er ein Breve, das den Kanonikern verbot, sich der Hinterlassenschaft des verstorbenen Bischofs zu bemächtigen. Der Konzilskongregation lieferte er wertvolle Informationen über die Trienter Märtyrer.

A., der nicht frei von Nepotismus war, hat sich vor allem um die Rechte seines Hochstiftes verdient gemacht. Er starb am 31. 12. 1695 in seiner Residenz und wurde im Dom beigesetzt.

Literatur: *J. Egger* II 479 f. - *J. Kögl* 274. - *S. Weber, Stemmi dei Vescovi* 21 f. - *G. Costisella.* - *C. Donati* 241 f. - *A. Costa* 177 – 179.

Abbildungsnachweis: Stich von Giovanni Francesco Mutiliana nach einem zeitgen. Gemälde von Niccolò Dorigati. - Wien NB 508.835 B.

Josef Gelmi

Alberti di Poja, Francesco (RA) (1610 – 1689)

1644 – 1658 Generalvikar in Trient
1677 – 1689 Fürstbischof von Trient

Francesco Alberti di Poia wurde zu Trient als Sohn des Bonaventura A. und der Marina de Luttis geboren und dort am 22. 5. 1610 getauft. Die Familie A. stammte aus den Judikarien. Sie war 1550 nach Trient übergesiedelt und 1558 geadelt worden. Seit 1687 erscheint sie in den Tiroler Adelsmatrikeln. A. studierte zunächst in Deutschland und 1732 – 39 als Alumne des Collegium Germanicum in Rom. Am 29. 5. 1638 wurde er zum Priester geweiht und 1639 in Bologna zum Dr. theol. promoviert. Nach seiner Rückkehr in die Heimat berief Fürstbischof C. E. v. (→) Madruzzo ihn 1644 zu seinem Generalvikar. 1647 wurde A. Scholastikus, 1670 Archidiakon des Trienter Domkapitels. Er führte ferner den Titel eines kaiserlichen Rates und weilte verschiedentlich in Bistumsangelegenheiten in Rom. Nach dem Tode des Bischofs S. A. v. (→) Thun wurde Carlo Emanuele Voltolini Kapitelsvikar und übernahm mit anderen die Temporalienverwaltung des Fürstbistums. Als jedoch zwei kaiserliche Kommissare erschienen, um diese Aufgabe wahrzunehmen und ihren Sitz im bischöflichen Schloß aufschlugen, blieb den Mitgliedern des Kapitels nur der Protest. Der Streit zog sich bis zur Wahl A.s hin, die am 3. 4. 1677 einstimmig erfolgte. Die Bestätigung durch Papst Innozenz XI., der ihn von seinem Studium in Rom her persönlich kannte und ihm 6000 Scudi Taxen erließ, folgte am 24. 4. A. nahm am 25. 11. 1677 Besitz von seinem Bistum. Am 27. 11. erhielt er die Regalien, aber erst am 3. 11. 1678 ließ er sich durch den Brixner Weihbischof J. (→) Perkhofer konsekrieren. A. visitierte trotz seines hohen Alters einige Teile seiner Diözese. Schwierigkeiten hatte er bei dem von den Somaskern geleiteten und mit seinen 12 – 18 Plätzen viel zu kleinen Priesterseminar, das keine deutschsprachigen Alumnen aufnahm. So studierten die meisten Trienter Priesteramtskandidaten am Jesuitenkolleg oder an auswärtigen Schulen. Angesichts dieser Lage bat der deutsch-

sprachige Klerus A. um die Befreiung von der Seminarabgabe. 1678 vereinbarte der Bischof mit der Kongregation der Somasker, daß diese für die Ausbildung der Seminaristen vier Professoren bereitstellte.

A. bewies sich als großzügiger Mäzen. Am Dom ließ er 1682 durch Giuseppe Alberti die Sakramentskapelle erbauen und freskieren. In ihr fand das berühmte Holzkruzifix des Tridentinums Aufstellung. Der Bau hat allerdings das Äußere des mittelalterlichen Domes beeinträchtigt. Auch am Castello del Buon Consiglio und an der Kirche S. Lorenzo ließ A. Arbeiten durchführen.

Zum Kaiser unterhielt A. gute Beziehungen, und seine finanziellen Verpflichtungen gegenüber der Tiroler Landesregierung suchte er redlich zu erfüllen. So zahlte er 10000 fl. Steuerrückstände und als Beiträge für den Türkenkrieg 2000 fl. Erst am Ende seiner Amtszeit kam es wegen der Verwaltung des Hochstiftes für die Zeit der Sedisvakanz zu Auseinandersetzungen mit Leopold I., da dieser in seiner Doppelfunktion als Kaiser und Tiroler Landesfürst dem Kapitel die Wahrnehmung hoheitlicher Rechte nur in seinem Namen gestatten wollte. Der Streit brach erst nach dem Tode A.s voll aus.

A. war ein beliebter Bischof, von dem aber wegen seines hohen Alters keine Impulse mehr ausgingen. Er starb am 4. 2. 1689 in Trient und wurde in der von ihm erbauten Sakramentskapelle des Domes beigesetzt.

Literatur: *J. Egger* II 479. - *G. Flabbi* 21-34. - *S. Weber,* Stemmi dei Vescovi 19. - *J. Kögl* 274, 363. - *A. Costa* 174-177.

Abbildungsnachweis: Öl auf Leinwand, G. Alberti (1640-1716) zugeschrieben. - MD Trient.

Josef Gelmi

Albrecht Sigmund, Herzog von Bayern
(1623 – 1685)

1642 – 1651 Koadjutor des Fürstbischofs von Freising
1651 – 1685 Fürstbischof von Freising
1669 – 1685 Fürstbischof von Regensburg

Albrecht Sigmund von Bayern wurde am 5. 8. 1623 zu München als Sohn Herzog Albrechts VI., des Leuchtenbergers, eines Bruders Maximilians I. von Bayern, und der Mechtild von Leuchtenberg aus der gleichnamigen Landgrafenfamilie geboren. Er war das jüngste von fünf Kindern. Ihm wurde wie seinem Bruder (→) Max Heinrich eine Rolle im Rahmen der wittelsbachischen Familien- und Reichskirchenpolitik zugewiesen. Er hat jedoch im Gegensatz zu Max Heinrich nur die Subdiakonatsweihe (19. 9. 1648), nie jedoch die Priester- oder Bischofsweihe empfangen. 1659 bestand aus dynastischen Rücksichten sogar ein Heiratsplan. 1637 erhielt A. S. Kanonikate in Salzburg und Augsburg, später wurde er noch Propst zu Altötting und Konstanz. Über seine Kindheit und Jugend ist nichts bekannt.

Als 1638 der Freisinger Fürstbischof V. A. v. (→) Gepeckh mit seinem Hochstift in eine außerordentlich schwierige Situation geriet, versuchte Kurfürst Maximilian I. unter Anwendung militärischer Pressionen, Gepeckh zur Resignation zugunsten von A. S. zu bewegen. Dieses Ziel erreichte er zwar nicht, doch gelang es ihm nach langen Verhandlungen über eine Wahlkapitulation, die eine Entlastung der freisingischen Finanzen versprach, am 17. 4. 1640 die Postulation seines Neffen zum Koadjutor durchzusetzen. Am 10. 3. 1642 erhielt dieser die päpstliche Konfirmation. Nach Gepeckhs Tod (8. 12. 1651) nahm er am 20. 2. 1652 Hochstift und Diözese in Besitz. Am 13. 5. 1652 erhielt er die Reichslehen. Am 30. 7. 1668 wurde A. S. ferner zum Bischof von Regensburg postuliert und am 3. 6. 1669 konfirmiert, nachdem eine erste Bewerbung 1666 gescheitert war (G. v. [→] Thun). Sein Erfolg von 1668 war dem Einsatz des Kurfürsten Ferdinand Maria von Bayern zu verdanken, der den Domkapitularen deutlich machte, wie sehr diese Entscheidung im Interesse des öffentlichen Wohles und des Hauses Bayern läge.

Auf das kirchliche Leben seiner Bistümer hat der Wittelsbacher kaum Einfluß genommen. Allerdings scheint er gewisse Erfolge in der Hochstiftsverwaltung erzielt zu haben. In Regensburg gelang ihm eine Reduzierung der Schuldenlast, für Freising konnte er einige Güter zurückkaufen. Die Herrschaft Kopfsburg, die er für sich persönlich erworben hatte, vermachte er testamentarisch dem Hochstift Freising. A. S. lebte in fürstlicher Repräsentation; er war leidenschaftlicher Schütze und Jäger, liebte Pferde, sammelte Kuriositäten und Kunstwerke und besaß eine bedeutende Gemäldegalerie, die nach seinem Tode an das Haus Bayern fiel. Er beherrschte die Elfenbeindrechslerei und befaßte sich mit mechanischen und alchimistischen Experimenten. In Freising ließ er auf dem Marktplatz die Mariensäule errichten. Der Dom erhielt unter ihm ein neues Außenportal. Die Marienverehrung des persönlich frommen A. S. fand in häufigen Wallfahrten ihren Ausdruck. Gegen Ende seines Lebens verstärkten sich die Differenzen mit dem Freisinger Domkapitel, in deren Verlauf ihm 1684 (→) Joseph Clemens von Bayern als Koadjutor aufgedrängt wurde. A. S. starb am 5. 11. 1685. Er wurde im Freisinger Dom beigesetzt.

Literatur: *H. Hoheneicher,* Kleine Nachlese zur Geschichte Albrecht Sigismunds, Herzogs von Bayern, Fürstbischofs zu Freisingen und Regensburg, in: OA 1 (1839) 253-274. - *C. Meichelbeck - A. Baumgärtner* 214-217. - *J. Staber* 147-151. - *B. Hubensteiner,* Eckher. - *Ders.,* Herzog Albrecht Sigismund, in: Land vor den Bergen (München ²1979) 65-86. - *L. Weber,* Gepeckh. - *M. Weitlauff.* Reichskirchenpolitik 15-87. - *Ders.,* in: *G. Schwaiger,* Freising 312-340.

Abbildungsnachweis: Residenz München, Ahnengalerie Gw 120. Werkstatt S. Desmarées, nach 1730. -
BSV Neg.Nr. 18.315.

Egon Johannes Greipl

Aldringen (Altringen), **Johannes Markus
Freiherr von** (1592 – 1664)

1633 – 1664 Fürstbischof von Seckau und
Salzburger Generalvikar für die
Steiermark und den Neustädter
Distrikt

Johannes Markus Aldringen wurde am 5. 11.
1592 zu Luxemburg als Sohn des Leonhard A.
und der Margareta Klaut geboren. Von seinen
sechs Geschwistern wurde Paul Weihbischof
in Straßburg. Während des Dreißigjährigen
Krieges fungierte er zeitweise als Feldbischof
der kaiserlichen Heere. Ein weiterer Bruder,
Johann, schlug die militärische Laufbahn ein.
Er stieg zum Feldmarschall auf und zeichnete
sich in Italien aus. 1632 wurde er in den
Grafenstand erhoben. Seine Schwester Anna
war mit Hieronymus Freiherrn von Clari verheiratet. Die zweite Schwester Susanna lebte
als Ordensfrau in Köln.

A. besuchte das Jesuitengymnasium in Luxemburg und die Universität in Köln (Mag.phil.,
Lic.theol.). Seit 1615 Professor der freien Künste am Gymnasium in Köln, wurde er später
Rektor des Düsseldorfer Gymnasiums. Außer-

dem erhielt er die Pfarre Rufach (Diöz. Straßburg). Später wurde er Konsistorialrat, erzbischöflicher Kämmerer und Leiter der Konsistorialkanzlei in Salzburg. Vor seiner Berufung
in das Olmützer Domkapitel im Jahre 1629
promovierte die Universität in Köln ihn zum Dr.
theol.

Am 22. 8. 1633 nominierte der Salzburger Erzbischof P. v. (→) Lodron A. zum Bischof von
Seckau. Am 28. 8. spendete er ihm die Konsekration, und am 30. 8. ernannte er ihn zu
seinem Generalvikar für den steirischen Anteil
der Erzdiözese und für das Dekanat Wiener
Neustadt. A. war der erste Seckauer Bischof,
der den Titel eines Fürstbischofs führte, obwohl dieser ihm nie förmlich verliehen wurde.

Lodron verpflichtete seinen Suffragan auf die
strenge Einhaltung der Residenz und die regelmäßige Teilnahme an den Landtagssitzungen,
ferner darauf, kein weltliches Amt ohne seine
Erlaubnis anzunehmen. Dennoch mußte Lodron 1638 A.s Berufung zum Statthalter für
Innerösterreich durch Kaiser Ferdinand III.
zustimmen. Papst Urban VIII. dispensierte A.
daraufhin a priori von allen Irregularitäten, die
er sich in seinem neuen Amt etwa bei der
Mitwirkung an Todesurteilen zuziehen würde.
Dies wurde aktuell, als A. 1655 in seiner
Eigenschaft als Präsident des geheimen Rates
u. a. mit Hexenprozessen befaßt wurde.

A.s Wirksamkeit fiel in die Epoche ruhiger
Entwicklung nach Abschluß der Gegenreformation, zumal der Dreißigjährige Krieg die
Steiermark nicht direkt berührte. In entlegenen
Landesteilen, besonders im oberen Ennstal,
hielt sich zwar im Untergrund eine protestantische Minorität, die erst nach dem Toleranzedikt
Josephs II. von 1781 an die Öffentlichkeit trat.
Der weitaus größte Teil der Steiermark war
dagegen seit dem Abschluß der Gegenreformation katholisch. So konnte A. sich ungehindert
den geistlichen Belangen seiner Sprengel widmen. Jährlich ließ er in der Osterwoche zu Graz
unter dem Vorsitz des Erzpriesters eine Synode
bzw. Klerusversammlung abhalten, auf der
über disziplinäre und pastorale Fragen verhandelt wurde. Auch die Intensität des Kirchenbaues und des künstlerischen Schaffens wirft
ein Licht auf das rege kirchliche Leben der Zeit.
Das Land wurde allerdings wiederholt von
schweren Seuchen, besonders der Pest, heimgesucht, an die mehrere Gelöbnisbauten und
-denkmäler erinnern. 1634 mußte deswegen
der Universitätsbetrieb vorübergehend eingestellt werden. Auch die drohenden Türkenein-
fälle beunruhigten das Land immer wieder, bis
der Sieg des Jahres 1664, an den die Türkensäu-
le in Fürstenfeld erinnert, die Gefahr bannte.

Nachdem er in seinen letzten Jahren durch Krankheit schwer behindert war, starb A. am 2. 2. 1664. Er wurde im Dom zu Seckau beigesetzt.

Literatur: *I. Fuchs* - *K. Klamminger*, in: *K. Amon* 287 - 303 (Lit.). - *B. Roth*, Seckau. - *Ders.*, Dom. - *H. Valentitsch.*

Abbildungsnachweis: Stich um 1650 („Regiminis locum tenens"). - Wien NB 530.341.

Maximilian Liebmann

Alexander Sigmund, Pfalzgraf am Rhein zu Neuburg (1663 – 1737)

1681 – 1690 Koadjutor des Fürstbischofs von Augsburg
1690 – 1737 Fürstbischof von Augsburg

Alexander Sigmund, Pfalzgraf am Rhein zu Neuburg in Bayern, Herzog zu Jülich, Kleve und Berg, Graf zu Veldenz, Sponheim, der Mark Ravensberg und Moers, Herr zu Ravenstein, wurde am 16. 4. 1663 als fünfter Sohn des Pfalzgrafen Philipp Wilhelm (1615/53 – 90) und dessen zweiter Gemahlin, Amalie, Landgräfin von Hessen–Darmstadt, zu Neuburg/ Donau geboren. Philipp Wilhelm, seit 1685 auch Herr der Kurpfalz, vereinte mit Neuburg und Jülich-Berg einen ansehnlichen Besitz. Durch Heiraten seiner Töchter – Eleonore mit Kaiser Leopold I., Sophia Elisabeth mit König Peter II. von Portugal, Maria Anna mit König Karl II. von Spanien – und Erwerb geistlicher Pfründen für seine Söhne (→) Franz Ludwig, Alexander Sigmund und (→) Ludwig Anton erlangte er bedeutenden Einfluß auf die Reichspolitik. Wie seine acht Brüder und Schwestern erhielt A. S. eine gute Erziehung in Düsseldorf und Neuburg, vor allem durch Jesuiten. Nach Empfang der Tonsur wurde er 1670 Domizellar in Augsburg, 1672 in Eichstätt, 1673 in Regensburg, 1681 Dompropst in Konstanz und schließlich 1686 Domherr in Konstanz und 1690 in Münster.

Auf Betreiben des Augsburger Fürstbischofs J. Ch. v. (→) Freyberg, der einen Nachfolger aus einflußreichem Hause wünschte, postulierte das Domkapitel am 10. 2. 1681 A. S. zum Koadjutor mit dem Recht der Nachfolge. Die päpstliche Wahlbestätigung folgte am 28. 7. 1681. Nach Rückkehr von einer mehrjährigen Bildungsreise nach Italien wurde A. S. am 26. 7. 1689 in Dillingen zum Priester geweiht. Die Primiz feierte er am 28. 8. in Neuburg in Anwesenheit Kaiser Leopolds I. Anschließend assistierte er der Eheschließung seiner Schwester Maria Anna mit König Karl II. von Spanien.

Anstelle des erkrankten Freyberg übernahm A. S. die geistlichen Funktionen bei der Krönung seiner Schwester Eleonore zur Kaiserin am 19. 1. 1690 und seines Neffen Josef zum König am 26. 1. 1690 im Augsburger Dom.

Nach dem Tode Freybergs (1. 4. 1690) übernahm A. S. zwar die weltliche Regierung des Hochstifts, bedurfte jedoch zur geistlichen Leitung des Bistums einer päpstlichen Dispens, da er erst 27 Jahre alt war. Diese legte er dem Kapitel am 31. 5. 1690 vor. Daraufhin wurde er am 14. 1. 1691 durch den Konstanzer Bischof M. R. v. (→) Rodt im Augsburger Dom konsekriert. Als während des Spanischen Erbfolgekrieges der bayerische Kurfürst Max Emanuel im Februar 1703 Neuburg und im Winter 1703/04 Augsburg besetzte, begab sich A. S. mit seiner Mutter nach Innsbruck, dann nach Judenburg. Die Rückkehr erfolgte 1705. Seit 1708 litt A. S. an schweren, schubweise auftretenden Depressionen. Deshalb zog das Kapitel unter Dompropst Johann Ludwig Ungelter von Deisenhausen 1709 die weltliche und geistliche Verwaltung an sich. 1714 postulierte es auf Veranlassung von Papst Klemens XI., Kaiser Karl VI. und Kurfürst Johann Wilhelm den Konstanzer Fürstbischof J. F. (→) Schenk von Stauffenberg zum Koadjutor mit dem Recht der Nachfolge. Die Konfirmation erfolgte unter dem 20. 8. 1714. Nachdem sich A. S.s Gesundheitszustand gebessert hatte, übernahm er 1718 erneut die Leitung von Bistum und Hochstift und übte auch geistliche Funktionen aus. Mit zunehmendem Alter verschlechterte sich jedoch sein Befinden erneut, so daß die Geschäftsfähigkeit in Frage gestellt war. Daher wollte das Kapitel 1735 unter Domdekan G. W. v. (→) Dolberg mit Unterstützung des Kaisers dem Koadjutor größere Vollmachten verschaffen. A. S. und sein Bruder, Kurfürst Karl Philipp, mußten dem widerstrebend zustimmen. Seitdem mußte A.S. alle wichtigeren Fragen mit Schenk von Stauffenberg besprechen.

A. S. war persönlich fromm. Er zelebrierte fast täglich und spendete gelegentlich auch das Firmungssakrament. Vor allem in den ersten zwei Jahrzehnten wallfahrtete er öfter zu Fuß nach Andechs und zum Franziskanerkloster auf dem Lechfeld. Hier stiftete er zwei Altäre, desgleichen einen für die Augsburger Jesuitenkirche St. Salvator. Dem Dom schenkte A. S. wertvolle Paramente, die seine Schwester Eleonore gestickt hatte. 1694 gründete er in Dillingen ein Kapuzinerkloster, und seit 1720 plante er die Errichtung eines zweiten Priesterseminars in Pfaffenhausen bei Mindelheim, das unter seinem Nachfolger (→) Joseph von Hessen-Darmstadt eröffnet wurde.

In der Reichspolitik trat A. S. nicht in Erscheinung, doch gelang es ihm 1709, beim Kaiser eine Entschädigung für die dem Hochstift in den Kriegsjahren zugefügten Verheerungen durchzusetzen. Innerkirchlich setzte er einige neue Akzente. Er ließ 1693 die Dekrete der Augsburger Synode von 1610 neu auflegen, verschärfte die Visitationen und erließ eine Reihe von Disziplinargesetzen für den Klerus. Auch setzte er sich gegen jegliche Beeinträchtigung seiner bischöflichen Rechte zur Wehr. 1692 protestierte er mit den benachbarten Bischöfen gegen die Exemtion der bayerischen Benediktinerkongregation, desgleichen 1692 gegen die der Augsburger Kongregation vom Hl. Geist. 1711 drängte er darauf, alle Institute der Englischen Fräulein im Bistum unter Ausschaltung der Generaloberin der bischöflichen Jurisdiktion zu unterstellen. Auch den Jesuiten an der Dillinger Universität gegenüber betonte er von Anfang an seine Rechte. Dies führte vor allem in späteren Jahren zu Spannungen.

Wohlwollend unterstützte A. S. dagegen die Wünsche und Forderungen des Domkapitels. Wenn er auch nicht verhindern konnte, daß gemäß einem päpstlichen Dekret von 1733 die drei Augsburger Propsteien St. Moritz, St. Peter und St. Gertraud nicht mehr allein von Domherren, sondern im Wechsel mit städtischen Patriziersöhnen besetzt werden sollten, so vermochte er doch dem Augsburger Patriziat den Eintritt in das Domkapitel zu verwehren. Hatte Papst Klemens XII. zunächst den Augsburgern zehn Sitze im Kapitel zugestanden, so widerrief er auf Vorstellung Bischof und Kapitel 1735 diese Konzession. Damit blieb gebürtigen Augsburgern bis zur Säkularisation das Domkapitel versperrt.

Residierte A. S. anfangs hauptsächlich in Dillingen, so hielt er sich später meistens in Augsburg auf. In Dillingen ließ er wiederholt die Räume des Schlosses umgestalten und 1723/24 das neue Gymnasium errichten, das heute die Studienbibliothek beherbergt. In Augsburg entstanden z. T. auf seine Initiative zwischen 1692 und 1729 vier Kapellenanbauten am Dom. Desgleichen erbauten in seinem Auftrag Valerian Brenner nach Plänen von Johann Georg Fischer 1718 – 20 das Konsistorialgebäude und Gabriel de Gabrieli 1733 den nördlichen Flügel der Residenz.

A. S. starb nach kurzer Krankheit am 24. 1. 1737. Die Beisetzung erfolgte vor dem Kreuzaltar des Augsburger Domes.

Literatur: *P. Braun* IV 374 - 383, 389 - 448. - *J. Sedelmayer*, Bischof Alexander Sigmund von Augsburg, in: Neuburger Kollektaneenblatt 87 (1922) 33 - 45. - *A. Haemmerle*, Domstift Nr. 63. - *P. Rummel*, Fürstbischöflicher Hof 531 - 533. - *J. Seiler*.

Abbildungsnachweis: Schabkunstblatt von Gottlieb Heiss (1684 - 1740) nach einem Gemälde von Johann Georg Berckhmiller (1688 - 1762). - ABA.

Peter Rummel

Alhaus, Wilhelm von (1716 – 1794)

1758 – 1794 Weihbischof in Münster, Ep. tit. Arathiensis
1764 – 1794 Weihbischof in Osnabrück

* 10. 8. 1716 in Bienburg (Erzdiöz. Köln); Eintritt in das Kreuzherrenkloster zu Bienburg: 1737 Tonsur und Minores; 19. 9. 1739 Priester; 1756 – 62 Prior des Kreuzherrenklosters in Bentlage (Diöz. Münster); von Bischof (→) Clemens August zum Weihbischof in Münster erbeten; 2. 10. 1758 Titularbischof von Arad und Weihbischof in Münster; 4. 2. 1759 Konsekration in Paderborn; 1761 Kapitularvikar in Münster. Da seit 1764 der protestantische Prinz Friedrich Landesherr und Bischof von Osnabrück war, ernannte der Kölner Erzbischof M. F. v. (→) Königsegg gemäß den Bestimmungen des Westfälischen Friedensvertrages am 3. 9. 1764 A. zum Weihbischof in Osnabrück. Dieser residierte in Rheine, wo er die Weihehandlungen für Osnabrück und Münster vornahm. 1784 Kapitularvikar in Münster; † 26. 5. 1794 in Rheine.

Quellen: BAM.

Literatur: *A. Tibus*, Weihbischöfe Münster 238 f. - *J. C. Möller*, Weihbischöfe Osnabrück 201-204. - *J. Torsy* 91, 183. - *W. Trappe*, Weihbischof Joannes Wilhelm D'Alhaus 1761 - 1794 in Rheine, in: Rheine, Gestern, Heute, Morgen, Heft 16 (1986) Nr. 1, 35-51. - *M. F. Feldkamp* 237.

Michael F. Feldkamp

Almesloe gen. Tappe, Franz Dominikus Reichsgraf von (1704 – 1760)

1743 – 1760 Weihbischof in Breslau, Ep. tit. Cambysopolitanus

* 10. 2. 1704 in Jauer (Schlesien) als Sohn des kaiserlichen Rates und Amtsverwesers der Fürstentümer Schweidnitz-Jauer Justus Wilhelm Anton, Erbherrn von Berthelsdorf, Hartau und Faulbrück, und der Maria von Nostitz; 13 Geschwister; Besuch des Jesuitengymnasiums in Breslau; 1725 – 28 Studium der Rechte in Prag; 24. 6. 1728 Priesterweihe ebd.; 1728 Dr. iur. utr. (Breslau); 1727 Domherr in Breslau. A. arbeitete zunächst in der Seelsorge als Propst und Erzpriester in Költschen. Seit 1736 Residenz als Domherr und Konsistorialrat; 28. 1. 1743 als Kandidat des kränklichen Kardinals Ph. L. v. (→) Sinzendorf Titularbischof von Cambysopolis und Weihbischof in Breslau; 1753 Domkustos in Breslau. A.s Amtszeit war durch die schwierige Lage der schlesischen Katholiken unter Friedrich II., aber auch durch seine Spielleidenschaft und die dadurch ausgelöste Verschuldung, ferner durch Präzedenzstreitigkeiten im Kapitel überschattet. 1756 – 59 war er auf Veranlassung von Bischof Ph. G. v. (→) Schaffgotsch wegen Verdachts des Landesverrates in Magdeburg interniert. † 1. 3. 1760 in Breslau; □ Breslauer Dom.

Quellen: ASV, Proc. Cons. 130, fol. 173-177.

Literatur: *J. Jungnitz*, Weihbischöfe 222-242. - *R. Samulski*, Weihbischöfe 17.

Jan Kopiec

Alpen, Johann von (1632 – 1698)

1661 – 1663 Generalvikar für das Bistum Münster
1663 – 1683 Generalvikar für Stadt und Bistum Münster

≈ 25. 7. 1632 in Huissen bei Kleve (Diöz. Utrecht); 1655 Tonsur, 17. 3. 1657 Priesterweihe in Neuhaus; 1657 – 62 Pfarrer von Osterwick im Münsterland; 1658 Scholasticus in Horstmar; 1660 Geistlicher Rat und Generalvikariatskommissar in Münster; 28. 5. 1661 Generalvikar von Bischof Chr. B. v. (→) Galen für das Bistum

Münster, seit 26. 9. 1663 auch für die Stadt Münster; 1662 Pastor in Everswinkel; 1663 Dechant von St. Martini in Münster (hier residierte er seit 1678]; 1678 von Bischof F. v. (→) Fürstenberg als Generalvikar bestätigt; 1677 beauftragte Galen ihn mit der Vertretung des Fürstbistums Münster auf dem Friedenskongreß von Nymwegen. A. würdigte den schon zu seinen Lebzeiten heftig umstrittenen Galen 1694 mit einer reich dokumentierten, aber unkritischen Biographie. 1682 Archidiakon und Propst von Xanten; nach dem Tode Fürstenbergs nicht als Generalvikar bestätigt und als Siegler abgesetzt; † 20. 5. 1698 in Münster; □ St. Martini in Münster.

Schriften: De vita et rebus gestis Christophori Bernardi episcopi et principis Monasteriensis (Coesfeld 1694). - Decadis pars secunda (Münster 1703). - Deutsche Ausgabe, auszugsweise hg. von *Kurz* (Münster 1790).

Quellen: BAM.

Literatur: *Krabbe*, Einige Mittheilungen über das Priesterseminar und die Kridtsche Stiftung zu Münster, in: WZ 20 (1859) 149. - *A. Tibus*, Weihbischöfe Münster 185-189. - *E. Raßmann*, in: ADB 1 (1875) 352f., 2 (1877) 797. - *J. B. Nordhoff*, Nachlese zur Buchdruckergeschichte Westfalens III, in: WZ 43 (1885) 133-135. - *J. Mynn*, Die Lebensbeschreibungen des Fürstbischofs Christoph Bernard von Galen im 17. Jahrhundert (1907) 22-37. - *E. Hegel*, in: NDB 1 (1953) 204. - *W. Kohl*, Domstift Münster 317.

Michael F. Feldkamp

Alt, Antoine d' (1662 – 1736)

1707   Apostolischer Administrator der Diözese Lausanne in Freiburg/ Schweiz
1707 – 1716 Generalvikar der Diözese Lausanne
1716 – 1717 Apostolischer Administrator der Diözese Lausanne

≈ 21. 2. 1662 in Freiburg/Schweiz; 1679 Student an der Universität Orléans; 1684 Chorherr, 1689 Dekan, 1707 Propst des Kollegiatstiftes St. Niklaus zu Freiburg; Apostolischer Protonotar; 1694 Archidiakon; in den Sedisvakanzen 1707 und 1716/17 Apostolischer Administrator, 1707 – 16 Generalvikar und Offizial der Diözese Lausanne; 1712 Apostolischer Visitator im Wallis; ausgezeichneter Kanonist; † 19. 1. 1736 in Freiburg.

Literatur: *A. Dellion* VI 342. - *G. Brasey* 103-112. - HBLS 1 (1921) 285. - *H. Foerster*, in: HS II/2 (1977) 288f. - *P. Braun*, in: HS I/4 (1988) 299f. (Lit.).

Patrick Braun

Altspaur von Freyenhofen, Dominikus Anton (1659 – 1718)

1693 – 1695 Generalvikar in Trient
1709 – 1718 Konsistorialpräsident in Brixen

* 30. 11. 1659 in der Diöz. Trient; Besuch des Gymnasiums in Brixen, Hall und Trient; 1677 – 84 Studium in Rom als Alumne des Collegium Germanicum; 5. 12. 1683 Priesterweihe in Rom; Dr. theol. et phil.; Pfarrer in Albeins; 1693 – 95 Generalvikar von Fürstbischof G. V. (→) Alberti d'Enno; 1694 Domkapitular, 1695 Scholaster, 1697 Pfarrer in Brixen; 1705 Pfarrer von Klausen; 1709 Konsistorialpräsident in Brixen; † 6. 12. 1718 in Brixen.

Literatur: K. Wolfsgruber, Brixner Domkapitel 134. - J. C. Tovazzi 28. - A. Steinhuber II.

Josef Gelmi

Ambuel, Franz Joseph Friedrich (1704 – 1780)

1761 – 1780 Fürstbischof von Sitten

Franz Joseph Friedrich Ambuel wurde am 29. 2. 1704 zu Sitten als Sohn des Friedrich A., Großkastlans und Bürgermeisters von Sitten und Landvogts von Monthey, und der Anna-Maria Lambien geboren. Sein Studiengang ist unbekannt. Am 29. 9. 1727 wurde er Priester. 1734 war er Rektor des St. Jakobsaltares in Sitten. 1735 wurde er Kapitular, 1746 Großsakristan und 1751 Generalprokurator des Domkapitels in Sitten. Am 18. 12. 1760 wählten ihn das Domkapitel und der Landrat des Wallis zum Fürstbischof. Die päpstliche Bestätigung folgte am 25. 5., die Konsekration durch Bischof J. N. de (→) Montenach von Lausanne am 30. 11. 1761.

A. galt als sehr eifrig. Während seiner Amtszeit traten 1766/67 die Kapuziner der savoyischen Provinz ihre Klöster in St. Maurice und Sitten an die Schweizer Provinz ab. 1763 erließ A. eine „Instructio pastoralis complectens principia practica" an den Klerus. A. bemühte sich zwar bei Aufhebung der Gesellschaft Jesu darum, die Exjesuiten an den Kollegien in Brig und Sitten zu halten, doch wurden sie in Brig 1777 durch Piaristen, in Sitten dagegen allmählich durch Weltpriester ersetzt. Unter A. wurde eine Reihe von Walliser Kirchen erbaut. A. war der letzte Sittener Fürstbischof, der eigene Münzen schlagen ließ.

A. starb am 11. 3. 1780. Er wurde in der Kathedrale zu Sitten beigesetzt.

Literatur: J. Guntern, 300 Jahre Kollegium Brig (Brig 1963) 35. - L. Carlen, Kultur 61, 89.

Abbildungsnachweis: Gemälde von Arnold Koller, datiert 1786. - Bischofspalais Sitten. - Photo J.-M. Biner, Brämis/Sitten.

Louis Carlen

Amman, Béat-Nicolas-Ignace d' (1701 – 1770)

1746 – 1758 Generalvikar der Diözese Lausanne in Freiburg/Schweiz
1758 Apostolischer Administrator der Diözese Lausanne

≈ 10. 11. 1701 in Freiburg/Schweiz; 1712 – 19 Besuch des Jesuitenkollegs zu Freiburg, dann Studium der Philosophie und Theologie in Wien, wo er zum Priester geweiht wurde; 1724 Mitglied, 1725 Sekretär, 1736 Propst des Kollegiatstiftes St. Niklaus zu Freiburg; 28. 6. 1746 Generalvikar von Bischof J.-H. de (→) Boccard; in der Sedisvakanz 1758 Apostolischer Administrator der Diözese Lausanne; † 11. 11. 1770 in Freiburg.

Literatur: A. Dellion VI 344. - G. Brasey 113-117, 171. - HBLS 1 (1921) 343. - H. Foerster, in: HS II/2 (1977) 289. - P. Braun, in: HS I/4 301 f. (1988).

Patrick Braun

Andrimont, Otto Reinhold von (* um 1625)

1669 – 1674 Weihbischof in Prag, Ep. tit.
            Diocaesariensis

* um 1625 (err.) in Andrimont (Fürstbistum
Lüttich); zeitweise Mitglied des Augustineror-
dens; Propst von Raudricensis; 9. 9. 1669 Titu-
larbischof von Diocaesarea und Weihbischof in
Prag; verzichtete vor dem 22. 11. 1674 auf das
Amt des Weihbischofs.

                                        Red.

Anethan, Johann Heinrich von (1628 – 1693)

1663 – 1673 Generalvikar in Hildesheim
1665 – 1676 Weihbischof in Hildesheim,
            Ep. tit. Hierapolitanus
1676 – 1680 Weihbischof in Trier
1680 – 1693 Weihbischof und Generalvikar in
            Köln
1688 – 1693 Koadministrator in Köln

* 1628 in Trier als Sohn des trierisch-kurfürstli-
chen Kanzlers Johann v. A. und der Elisabeth
Gobelius; Vetter des Trierer Weihbischofs O. v.
(→) Senheim und Neffe des Kölner Generalvi-
kars und Weihbischofs Otto Gereon Freiherr
Gutmann zu Sobernheim († 1638); Besuch des
Trierer Jesuitengymnasiums; 1649 – 52 auf
Empfehlung des Kölner Nuntius Fabio Chigi
Studium in Rom als Alumne des Collegium
Germanicum; 1652 Dr. iur. can.; Priesterweihe;
Kanonikus an St. Simeon in Trier und Dekan in
Wimpfen; 1658 Offizial für das Niedererzstift
Trier, wo sein Vetter als Generalvikar und
Weihbischof amtierte; 1663 Offizial und Gene-
ralvikar des Bischofs (→) Max Heinrich von
Bayern in Hildesheim; 6. 7. 1665 Titularbischof
von Hierapolis und Weihbischof in Hildesheim;
21. 9. 1665 Konsekration in Hildesheim; Dekan
des Stiftes Hl. Kreuz ebd. und Propst des Stiftes
Simon und Judas in Goslar. Die Hildesheimer
Position A.s war besonders schwierig, weil der
Diözesanbischof mit dem Domkapitel, das stärker an der Landesregierung beteiligt sein wollte, in einem tiefen Konflikt stand. Als das
Kapitel bei der Rota gegen den Bischof klagte,
begab A. sich 1667/68 nach Rom, um dort
anstelle von Max Heinrich die Visitatio limi-
num vorzunehmen und seine Sache zu vertreten. Obwohl Max Heinrich zeitweilig mit den
protestantischen Herzögen von Braunschweig
gegen das Kapitel paktierte, wogegen dieses
sich an den Nuntius wandte, wurde der Streit
schließlich zumindest formell geschlichtet. Die
Animosität, die A. als Parteigänger des Bischofs in Hildesheim zu spüren bekam, hat ihm

dort jedoch schließlich den Aufenthalt verlei-
det. Als er sich 1673 wegen Erbschaftsangele-
genheiten in seine Heimat begab und vom
Trierer Erzbischof K. K. v. d. (→) Leyen mit
Pontifikalhandlungen beauftragt wurde, kehrte er nicht mehr nach Hildesheim zurück. Dort
amtierte seit 1667 der vom Hl. Stuhl zum
Apostolischen Vikar für die Nordischen Missionen ernannte V. (→) Maccioni. 1676 tadelte
der Nuntius A. zwar wegen seiner Übersiedlung, doch transferierte der Hl. Stuhl ihn
schließlich auf Bitten des Trierer Erzbischofs
förmlich nach Trier. Dort ist er insbesondere
durch eine große Visitation des Obererzstiftes
hervorgetreten. Auf Antrag des Kölner Erzbischofs transferierte der Hl. Stuhl A. nach dem
Tode von Weihbischof P. v. (→) Aussem 1680
nach Köln. Schon 1679 war er als Nachfolger
Aussems Mitglied des Kölner Domkapitels geworden. Die Ernennung zum Generalvikar erhielt A. am 7. 1. 1680. Wie schon in Trier, so hat
A. sich auch in Köln eifrig den Visitationen
gewidmet. 1683 wurde er Scholaster an St.
Gereon und damit Sprecher des Kölner Stiftsklerus. Nach dem Tode von Erzbischof Max
Heinrich wurde A. Kapitelsvikar. Bei der Bischofswahl von 1688 stand er auf Seiten (→)
Joseph Clemens' von Bayern, und als dieser
wegen seiner Minderjährigkeit sein Amt noch
nicht antreten konnte, ernannte die römische
Kurie A. zu dessen Koadministrator. † 18. 6.
1693 in Köln; ☐ St. Gereon, Köln.

Literatur: *A. Franzen*, Johann Heinrich von Anethan,
in: Kölner Domblatt 8/9 (1954) 148-162.- *J. Torsy - J.
Kumor*, in: AHVN 175 (1973) 255-259.

                                        Erwin Gatz

Arberg et de Valengin, Charles Alexandre d'
(1734 – 1809)

1767 – 1785 Weihbischof in Lüttich, Ep. tit.
            Amyzonensis
1785 – 1801 Bischof von Ypern

* 24. 8. 1734 in Nivelles als Sohn des Max
Nicolas d' A. und dessen zweiter Ehefrau
Henriette du Hant de Martigny; 1759
Lic. iur. utr. (Löwen); 19. 12. 1761 Priesterwei-
he in Tournai; Kanonikus sowie Assessor und
Examinator der dortigen Bistumsverwaltung;
Stiftsherr in Leuze und Lüttich/Saint-Paul;
1765 – 93 Domkapitular in Lüttich; 31. 8. 1767
Titularbischof von Amyzon und Weihbischof
in Lüttich; 25. 10. 1767 Konsekration durch
Fürstbischof Ch. d' (→) Oultremont; 1775
Propst des Marienstiftes in Huy. Am 12. 4. 1785
nominierte Kaiser Joseph II. A. für das Bistum

Ypern. Die päpstliche Verleihung folgte am 19. 12. 1785, die Einführung am 9. 4. 1786. A. begrüßte zwar 1789 die Brabanter Revolution gegen Joseph II., verließ aber im Juli 1794 sein Bistum vor den heranrückenden Franzosen und zog sich nach Krechtingen bei Wesel zurück. Gegenüber den verschiedenen Treuebekenntnissen, die die französische Republik vom belgischen Klerus verlangte, nahm er eine ablehnende Haltung ein. Am 8. 12. 1801 verzichtete A. auf Wunsch von Pius VII. auf das Bistum Ypern. Der Umstand, daß sein Neffe Charles Philippe d'A. von der österreichischen zur französischen Armee übergewechselt war und die Gunst Napoleons genoß, erleichterte ihm wahrscheinlich seine Rückkehr nach Belgien. Dort nahm er seinen Wohnsitz auf Schloß de la Rochette bei Chaudfontaine. † 10. 5. 1809 ebd.

Schriften: La voix salutaire ou Instructions spirituelles et morales sur différents sujets par un solitaire (Lüttich 1801).

Literatur: *S. P. Ernst* 268-270. - *J. de Theux* 4 (1872) 86 f. - *U. Berlière* 170-182. - *P. Richard*, in: DHGE 3 (1924) 1457. - *J. Paquay* 65. - *L. Jadin*, Procès 224-226, 302-304.- *L. Preneel*, in: Standen en Landen 44 (1968) 105-144.

Alfred Minke

Arco, Joseph Adam Reichsgraf von
(1733 – 1802)

1764 – 1773 Weihbischof in Passau, Ep. tit.
　　　　　　Hipponensis
1776 – 1780 Bischof von Königgrätz
1780 – 1802 Fürstbischof von Seckau

→Bd. 1, 11-13.

Arco, Joseph Franz Valerian Felix Reichsgraf von (1686 – 1746)

1730 – 1746 Fürstbischof von Chiemsee

Joseph Franz Valerian Felix Graf von Arco, Herr von Spina, Drena, Ristorio und Castellino, wurde am 16. 9. 1686 zu Arco als eines von neun Kindern des späteren kaiserlichen wirklichen Geheimen Rates und Kammerherrn Vinciguerra v. A. und dessen zweiter Frau Pulcheria Felicitas Gräfin Thun geboren. A. besuchte das Gymnasium in Salzburg. Dort studierte er auch Philosophie, während er das Studium der Theologie und beider Rechte in Innsbruck, wahrscheinlich mit dem Abschluß der Promotion, absolvierte. 1721 wurde er als Domherr in

Salzburg aufgeschworen. 1725 empfing er die Priesterweihe. 1728 entsandte sein Verwandter, Erzbischof L. A. E. v. (→) Firmian, ihn zu Verhandlungen wegen Salzangelegenheiten und 1731 mit der Bitte um militärische Hilfe gegen die angeblich rebellierenden protestantischen Untertanen an den Münchener Hof. 1728 wurde A. erzbischöflich-salzburgischer Geheimer Rat, und am 21. 12. 1729 nominierte Firmian ihn zum Bischof des Salzburger Eigenbistums Chiemsee. Die Konfirmation folgte am 19. 2., die Besitzergreifung am 21. 5. 1730. Da der Bischof von Chiemsee stets auch als Salzburger Weihbischof fungierte, A. diese Aufgabe aber nicht wahrnehmen konnte, wurde der Salzburger Schneeherr A. F. (→) Ciurletti zum Weihbischof ernannt. A. verkaufte aus dem Bistumsbesitz das sog. Weiherschlößl auf der Gmain bei Salzburg zu Erbrecht. A. starb am 24. 3. 1746. Er wurde im Dom zu Salzburg beigesetzt.

Quellen: EKAS - BayHStA, Hochstiftsliteralien Chiemsee 14.

Literatur: *J. Riedl* 128. - *K. A. Graf v. Arco*, Chronik der Grafen des Heil. Röm. Reichs von und zu Arco genannt Bogen (Graz 1886) 102 f. - *L. H. Krick*, Stammtafeln 11. - Dipl. Vertreter II 359. - *J. Sallaberger*.

Abbildungsnachweis: Gemälde aus der Bischofsgalerie im Chiemseehof Salzburg. - Landesbildstelle Salzburg, cd 0736.

Erwin Naimer

Arnbergh (Aremberg, Arenberg), **Johann Konrad** (1656 – 1700)

1699 – 1700 ernannter Weihbischof der Diözese Speyer

≈ 10. 2. 1656 in Speyer als Sohn des Dr. Johannes A., Advokat am Reichskammergericht, und der Gertrud Schlaun; 1676 Stiftsherr zu St. Guido in Speyer; 19. 3. 1680 Priesterweihe in Speyer; 1688 Kanonikus und spätestens 1692 Dekan an St. Guido in Speyer; 1699 Ernennung zum Geistlichen Rat und Bestimmung zum Weihbischof; † 29. 1. 1700; □ Kapuzinerkirche Speyer.

Literatur: *L. Stamer* III/1 (1955) 189. - *F. Haffner*, Weihbischöfe. - *K. H. Debus*, St. Guido 54.

Hans Ammerich

Artz von und zu Vasegg, Edmund Maria Josef Reichsgraf (1739 – 1805)

1777 – 1803 Generalvikar in Wien
1778 – 1805 Weihbischof in Wien, Ep. tit. Teiensis

(→) Bd. 1., 16 f.

Asseburg zu Hinnenburg, Wilhelm Anton Ignaz Freiherr von der (1707 – 1782)

1749 – 1761 Provikar in Osnabrück
1761 – 1763 Kapitularvikar in Osnabrück
1763 – 1782 Fürstbischof von Paderborn

Wilhelm Anton Ignaz von der Asseburg zu Hinnenburg wurde am 16. 2. 1707 als sechstes von zwölf Kindern des Ernst Konstantin v. A., Herrn auf der Hinnenburg bei Brakel im Hochstift Paderborn, und der Lucia Odilia von Wolff-Metternich zur Gracht geboren. Sein Vater war Geheimer Rat des Bischofs von Paderborn. Die Familien beider Elternteile waren im 17. und 18. Jh. in den großen norddeutschen Domkapiteln vertreten. A. erhielt 1721 die Tonsur. 1723 – 26 studierte er in Salzburg Philosophie und die Rechte, 1738 – 39 in Paris ebenfalls die Rechte. 1727 wurde er Domherr in Osnabrück, 1737 in Münster, 1743 in Paderborn. In Osnabrück stand ihm seit 1749 Weihbischof J. v. (→) Hörde zu Schönholthausen als Provikar zur Seite. A. war ferner seit 1740 Offizial und seit 1754 Dompropst in Osnabrück. Mit dem Tode Hördes (1761) trat A. an seiner Stelle das Amt des Kapitularvikars an.

Nach dem Tode Bischof (→) Clemens Augusts von Bayern blieb das Bistum Paderborn wegen

des noch andauernden Siebenjährigen Krieges vakant, da Hannover und England die Neubesetzung verhinderten. Die Kriegsschäden hatten im Hochstift katastrophale Ausmaße angenommen, und zeitweise schien der Fortbestand des Fürstbistums gefährdet. Am 25. 1. 1763 wählte das Domkapitel A. zum Bischof. Die päpstliche Bestätigung folgte am 16. 5. 1763, die Verleihung der Regalien am 21. 4. 1767. Erst nach seiner Wahl zum Bischof wurde A. Priester (Primiz 11. 4. 1763). Am 26. 6. 1763 wurde er in Paderborn durch Weihbischof J. F. v. (→) Gondola konsekriert.

Als Landesherr bemühte sich A. nach den verheerenden wirtschaftlichen Belastungen durch den Siebenjährigen Krieg um die Hebung von Landwirtschaft und Gewerbe sowie der öffentlichen Verwaltung. 1769 veranlaßte er die Gründung der wohl ältesten westfälischen Brandversicherungsgesellschaft. 1780 ließ er die „Paderbörnsche Feuerverordnung" drukken. 1770 wurde das erste Paderborner Waisenhaus eröffnet. Seit 1772 erschien das „Paderborner Intelligenzblatt", und ab 1774 fanden an der Landesuniversität juristische Vorlesungen und Lehrveranstaltungen der französischen Sprache statt.

1764 veröffentlichte A. einen liturgischen Kalender für 28 Paderborner Eigenfeste und 1765 ein „Catholisch-Paderbornisches Gesang-Buch". Die Feier des Liborifestes unterstützte er durch eine Stiftung. Andererseits reduzierte er aus dem Geist der Aufklärung heraus Pro-

zessionen und anderes volksfrommes Brauchtum. Nach der Aufhebung der Gesellschaft
Jesu errichtete er 1777 in deren Paderborner
Kolleg das erste Priesterseminar des Bistums.
1773 setzte A. durch, daß das Domkapitel
seinen Neffen, den Fürstbischof von Hildesheim Fr. W. v. (→) Westphalen, zu seinem
Koadjutor postulierte. Seine eigenen Bemühungen um die Abtei Corvey im Jahre 1776 wurden
dagegen vom Konvent abschlägig beschieden.
Andererseits gelang es ihm 1779, mit der Abtei
zu einem Vergleich über lange strittige Jurisdiktionsrechte zu kommen (Th. v. → Brabeck).

A. starb am 26. 12. 1782 auf seinem Residenzschloß Neuhaus. Er wurde im Paderborner
Dom beigesetzt.

Literatur: *H. J. Brandt - K. Hengst*, Bischöfe 267-281
(Lit.). - *M. F. Feldkamp*.

Abbildungsnachweis: Gemälde, Anton Strathmann
(1732 - 1807) zugeschrieben. Erzb. Priesterseminar
Paderborn. - Foto Priesterseminar Paderborn.

Karl Hengst

Aster, Leopold Michael (1709 – 1775)

1749 – 1754 Dechant und Fürsterzbischöflicher Vikar der Grafschaft Glatz
(Erzdiöz. Prag)

*1709 in Gabersdorf (Grafschaft Glatz) als
Sohn armer Landleute; Studium in Prag und
Olmütz; 1732 Priesterweihe in Olmütz; Kaplan
in Neurode, 1736 in Glatz; 1745 Oberkaplan
ebd. A. geriet bald in schwere Zerwürfnisse mit
den Glatzer Jesuiten, die die Glatzer Pfarrkirche betreuten und deren Oberer ihn 1745 aus
disziplinären Gründen seines Amtes enthob. A.
bezichtigte seinerseits die Jesuiten der Preu-
ßenfeindlichkeit. 1747 wurde A. von der preußischen Regierung wieder eingesetzt, doch
bemühte er sich seitdem um Entlassung aus
dem Prager Diözesanverband. Nach dem plötzlichen Tod von J. G. (→) Wolf ernannte Friedrich II. ihn am 25. 2. 1749 unter Berufung auf
sein Patronatsrecht zum Dechanten und am
29. 4. 1749 auch zum Vikar der Grafschaft
Glatz. Da das Prager Konsistorium Konflikte
mit der preußischen Regierung scheute, bestätigte es A. am 31. 5. bzw. 10. 8. 1749 in beiden
Ämtern. 1750 Administrator der Pfarrei Lengs-
feld; 1751 Pfarrer von Reinerz (königl. Patronat). Wegen finanzieller Unregelmäßigkeiten
wurde A. am 7. 5. 1754 nach vorausgegange-
nem Prozeß durch den König seines Amtes
entsetzt, inhaftiert und zu öffentlicher Arbeit
verurteilt. Nach der Rückeroberung der Grafschaft durch österreichische Truppen 1760 aus

der Haft entlassen, erhielt A. erneut die Pfarrei
Reinerz. 1763 verließ er diese mit den österrei-
chischen Truppen. Er wurde Pfarrer von Mayen
(Oberösterreich). † 1775 ebd.

Literatur: *M. Lehmann* III, Reg. - *F. Volkmer* 85-99.

Erwin Gatz

Astfeld, Maximilian Joseph von († 1743)

1740 – 1743 Dechant und Fürsterzbischöflicher Vikar der Grafschaft Glatz
(Erzdiöz. Prag)

Kanonikus von Hl. Kreuz in Breslau und von
Allerheiligen in Prag; infulierter Abt ULFrau in
Batta (Ungarn); 1737 Pfarrer von Reinerz (Grafschaft Glatz) und kurz danach von Habelschwerdt. A. stiftete für seine Pfarrkirche eine
Reihe von Kunstwerken. 6./12. 8. 1740 Dechant
und Fürsterzbischöflicher Vikar der Grafschaft Glatz. Nach dem Übergang der Grafschaft an Preußen im Jahre 1742 legte der
Glatzer Klerus im gleichen Jahr den Treueid auf
den neuen Landesherrn ab. Die preußische
Regierung begann sogleich mit der Integration
der Grafschaft in die Provinz Schlesien und
faßte die Ausgliederung aus dem Diözesanverband mit Prag und die Unterstellung unter den
Bischof von Breslau ins Auge. † 16. 6. 1743 in
Habelschwerdt; □ Pfarrkirche Habelschwerdt.

Literatur: *M. Lehmann* II 138 f., 225, 231 f. - *F. Volkmer*
80-82.

Erwin Gatz

Attems (Attemis, Atthembs), **Ernest Amadeus**
(Gottlieb) **Thomas Reichsgraf von** (1694 –
1757)

1733 – 1742 Passauer Generalvikar und Offizial für Österreich und das Land
unter der Enns
1735 – 1742 Weihbischof in Passau, Ep. tit.
Trachonensis
1742 – 1757 Fürstbischof von Laibach

Ernest Amadeus Thomas von Attems wurde
am 21. 12. 1694 zu Graz als Sohn des Ignaz
Maria Graf v. A. und seiner ersten Gemahlin
Maria Regina Gräfin von Wurmbrandt gebo-
ren. 1708 wurde er Domherr in Passau, studier-
te dann an den Jesuitenkollegien in Graz und
Wien sowie später in Rom am Collegium
Romanum Theologie. 1715 wurde er dort zum
Dr. theol. et phil. und später an der Sapienza
zum Dr. utr. iur. promoviert. Am 17. 12. 1724

wurde er zum Priester geweiht und 1730 Domkapitular in Salzburg. 1733 – 42 wirkte er als
Generalvikar und Offizial des Bischofs von
Passau für Österreich unter der Enns mit dem
Sitz zu Maria Stiegen in Wien. Als solcher
wurde er am 2. 12. 1735 zum Weihbischof und
Titularbischof von Trachonen ernannt. Am
6. 10. 1742 nominierte Kaiserin Maria Theresia
ihn zum Fürstbischof von Laibach. Die päpstliche Verleihung folgte am 17. 12. mit der Erlaubnis, seine Kanonikate beizubehalten. Am 27. 3.
1743 wurde A. inthronisiert.

A. begann bald mit der Visitation seines Sprengels. Dabei suchte er auch die schwer zugängli-
chen Kirchen auf, die z. T. seit Jahrzehnten von
keinem Bischof mehr visitiert worden waren.
Die späteren Visitationen überließ er meist
seinen Generalvikaren, während er selbst die
regelmäßigen Klerusversammlungen in Laibach und Oberburg abhielt. A. beherrschte
zwar die slowenische Sprache nur unvollständig, achtete aber auf die muttersprachliche
Predigt und Christenlehre durch seinen Klerus.

Die bischöfliche Sommerresidenz in Goričane
baute er weiter aus, und 1742 konsekrierte er in
Laibach mit der Kirche zur Hl. Dreifaltigkeit
eine der schönsten Barockkirchen der Stadt. In
Oberburg erbaute er eine bischöfliche Residenz und seit 1752 anstelle der alten Pfarrkirche mit Unterstützung der Krainer Landesstän-
de einen monumentalen Dom (1760 vollendet).

A. starb unerwartet am 5. 12. 1757 in Wien. Er
wurde in der Kirche St. Magdalenen zu Oberburg beigesetzt.

Literatur: I. Orožen, Das Dekanat Oberburg (Marburg
1877). - E. Tomek, in: DHGE 5 (1931) 154.

France M. Dolinar

Attems, Hermann Matthias Reichsgraf von († 1713)

1665 – 1676 Passauer Offizial und Generalvikar für das Land ob der Enns

1650 – 54 Studium in Rom als Alumne des
Collegium Germanicum; Pfarrer von Hauslei-
then, Niederhollabrunn, Ruepersdorf (Diöz.
Passau); 1655 Domherr, 1677 Dombaumeister,
1684 Domdekan in Passau; 1665 – 76 Offizial
und Generalvikar des Bistums Passau für das
Land ob der Enns; Domherr in Olmütz und
Breslau; 1665 – 1713 Propst des Kollegiatstiftes St. Salvator in Passau – Ilzstadt; † 13. 2.
1713 zu Passau.

Literatur: L. H. Krick, Domstift 14, 79, 216. - Ders.,
Stammtafeln 16.

August Leidl

Attems (Atthembs, Attembs), Joseph Oswald Reichsgraf von (1679 – 1744)

1724 – 1744 Fürstbischof von Lavant
1724 – 1744 Salzburger Generalvikar für Ober-
und Unterkärnten

Joseph Oswald von Attems wurde am 12. 1.
1679 zu Görz als Sohn des Julius Anton v. A.
und der Maria Anna Gräfin von Kuenburg
geboren. Ursprünglich für eine militärische
Laufbahn bestimmt, entschied A. sich selbst
später für den geistlichen Stand. Nachdem er
sein Studium in Rom abgeschlossen hatte,
wurde er am 30. 11. 1702 in Aquileja zum
Priester geweiht. Danach war er Seelsorger in
Bigliano (Friaul). 1708 wurde er Domherr, 1713
Konsistorialrat und später Hofratspräsident
sowie Propst des Kollegiatkapitels Ad Nives zu
Salzburg. Am 20. 2. 1724 nominierte Erzbischof
Fr. A. v. (→) Harrach ihn zum Fürstbischof von
Lavant. Am 24. 2. konfirmierte er ihn und
ernannte ihn zugleich zum Generalvikar für
Ober- und Unterkärnten. Am 23. 4. 1724 wurde
er in St. Andrä installiert. 1725 erhielt er ferner
die Propstei von St. Mauritz in Friesach.

A. hat in seinem kleinen Sprengel vor allem
seelsorglich gewirkt, jedoch auch den bischöflichen Palast zu St. Andrä vergrößert und

erneuert. Er starb am 4. 5. 1744 nach langer Krankheit zu St. Andrä und wurde in der Loretokirche beigesetzt.

Literatur: *K. Tangl* 316-323. - *J. Riedl* 129f, Nr. 17. - *J. Tomek*, in: DHGE 5 (1931) 154.

Abbildungsnachweis: Ölporträt der 1859 von St. Andrä nach Maribor transferierten Bischofsgalerie. - DA Maribor.

France M. Dolinar

Attems, Karl Michael (seit 1766) **Reichsgraf von** (1711 — 1774)

1750 — 1752 Apostolischer Vikar in Görz, Ep. tit. Pergamenus
1752 — 1774 Erzbischof von Görz

Karl Michael von Attems wurde am 1. 7. 1711 zu Görz als fünftes Kind des Landverwesers von Görz und kaiserlichen Wirklichen Kämmerers Johann Bapt. v. A. und der Elisabeth Gräfin Coronini-Cronberg geboren. Er besuchte das Jesuitenkolleg in Graz, dann das Collegio dei Nobili in Modena. Danach absolvierte er das theologische Studium an der Sapienza in Rom. Dort wurde er 1735 zum Dr. iur. utr. promoviert und am 6. 1. 1737 ebenfalls in Rom zum Priester geweiht.

1735 erhielt A. durch päpstliche Provision die Propstei von Bettenbrunn bei Heidelberg, wo er seit 1739 in der Seelsorge wirkte, und 1737, wiederum durch päpstliche Provision, ein Domkanonikat in Basel. 1738 erfolgte dort die Aufschwörung und erste Posseß. 1741 wurde er als Kapitular zugelassen und 1745 zum Kustos gewählt. 1749 resignierte er auf die Kustodie, 1750 auf das Kanonikat. Kurz zuvor, am 27. 6. 1750, war er zum Apostolischen Vikar für den innerösterreichischen Teil der Erzdiözese Aquileja und zum Titularbischof von Pergamon ernannt worden. Damit zeichnete sich eine Lösung für die seit Jahrhunderten schwelenden Streitigkeiten um das Patriarchat Aquileja ab. Seitdem die Patriarchen im 15. Jh. ihre weltliche Herrschaft an Venedig verloren hatten, war der Patriarchalstuhl nur noch von Venezianern besetzt worden, obwohl der Jurisdiktionsbereich des Patriarchen weit nach Innerösterreich hineinreichte. Daraus ergaben sich zahlreiche Reibereien mit Habsburg. Nachdem Venedig lange die Angleichung der Diözesan- an die Staatsgrenzen verhindert hatte, einigten sich erst Maria Theresia und Papst Benedikt XIV. auf eine entsprechende Lösung. Die Ernennung A.s bildete den ersten Schritt in dieser Richtung. Am 24. 8. 1750 wurde er in Görz konsekriert. 1751 folgte die Unterdrük-

kung des Patriarchates. An seine Stelle traten 1752 für den venezianischen Anteil das Erzbistum Udine und für den innerösterreichischen Anteil das Erzbistum Görz. Am 18. 4. 1752 wurde A. zum Erzbischof von Görz ernannt.

Durch die Neuorganisation erhielt das sensible Gebiet zwischen Italien und Zentraleuropa ein kirchliches und pastorales Zentrum, dem A. seine Gestalt gab. Der weite Sprengel des Erzbistums Görz erstreckte sich von der Drau bis zum Adriatischen Meer und von Kroatien bis zum friulanischen Venezien. Er umfaßte in politischer Hinsicht die Grafschaften Görz und Gradisca, das Herzogtum Krain mit Ausnahme der Laibacher Enklaven, die südlich der Drau gelegenen Gebiete der Herzogtümer Steiermark und Kärnten, ferner Cortina d'Ampezzo in Tirol und einige Ortschaften in Kroatien. Von den Gläubigen sprachen etwa zwei Drittel slowenisch, die übrigen friulanisch und deutsch. Die 473 Seelsorgsstationen des neuen Erzbistums waren in 13 Archidiakonate und 70 Dekanate eingeteilt. Dem Erzbistum Görz unterstanden als Suffragane die Bistümer Como, Pedena, Trient und Triest. Bischofssitz war die Stadt Görz (7000 Einw.), die nunmehr einen spürbaren Auftrieb erfuhr.

Von Benedikt XIV. ermuntert und von Maria Theresia wirksam unterstützt, nahm A. tatkräftig die Leitung seines Sprengels in die Hand. Dem diente vor allem die persönliche und konsequente Kontaktpflege durch Pastoralvisitationen, die ihn 1750 — 67 alljährlich in seinen Sprengel, vor allem aber in dessen entfernte und lange vernachlässigte slowenische Gebiete in der Steiermark und in Kärnten führten. Daraus entstanden 24 Bände Visitationsprotokolle, die eine hervorragende Quelle für die Kenntnis des Raumes und seiner Bevölkerung bilden. Dabei widmete A. sich einerseits der pastoralen Arbeit im engeren Sinn, und zwar der Spendung der Sakramente, der Predigt und Katechese für Erwachsene und Kinder in den drei Landessprachen, ferner dem Besuch der Kranken. Andererseits widmete er sich den zahlreichen rechtlichen und disziplinären Problemen seines Sprengels, die z. T. im kirchlichen und zivilen Kompetenzenwirrwarr begründet waren.

Zur Hebung der Seelsorge in den z. T. riesigen Pfarreien gründete er etwa 40 neue Seelsorgestellen. Daneben traf er Anordnungen im Interesse der öffentlichen und privaten Moral, zur Reinigung der Volksfrömmigkeit sowie zur Belebung der Bruderschaften, wobei er diejenigen vom hl. Altarssakrament und von der christlichen Lehre besonders privilegierte. Für den Klerus führte er Exerzitien und Pastoral-

konferenzen, in den Hauptorten seines Sprengels führte er Volksmissionen ein. Nach Kärnten entsandte er Missionare, die ebenso wie die
dort eingerichteten Missionsstationen der Gewinnung der wenigen dort noch lebenden
Protestanten für die katholische Kirche dienen
sollten.

Trotz großer wirtschaftlicher Schwierigkeiten
und gegen manche Bedenken gründete A. 1757
in Görz ein Priesterhaus für die Ausbildung
des Klerus. Es hat langfristig eine außerordentlich fruchtbare Tätigkeit entwickelt. A. hat
sich ferner bei verschiedenen Hungersnöten
für die Bevölkerung seines Bistums eingesetzt.
In Görz schuf er ein Pfandhaus und das Institut
St. Raffael für Arme und für Waisenkinder.
Sein Haus stand den Notleidenden jederzeit
offen.

A. war zwar für die kirchlichen Reformströ-
mungen seiner Zeit offen und empfahl bei-
spielsweise die Werke Ludovico Muratoris. In
doktrinärer Hinsicht blieb er jedoch streng der
römischen Linie verbunden.

Obwohl A. aufgrund der Wertschätzung und
Unterstützung durch Maria Theresia sowie der
seinem Erzbistum im Kontext der kaiserlichen
Politik zugedachten Rolle eine privilegierte
Stellung besaß, − 1751 wurde er kaiserlicher
Geheimrat und 1766 Reichsgraf − folgte er
doch vor allem seinem pastoralen und kirchlich
eigenständigen Konzept. 1758 widersetzte er
sich der von der österreichischen Regierung
geplanten Vereinigung des Bistums Laibach

mit Görz. Er wandte sich ferner anläßlich der
einsetzenden Eingriffe des Staates in das
kirchliche Leben und der Aufhebung der Gesellschaft Jesu mit eindeutigen Stellungnahmen an die Kaiserin.

Im Oktober hielt A. in Görz eine Provinzialsynode ab, für die er den Wiener Hof schon 1757
um Zustimmung gebeten hatte. Die aus 45
Artikeln bestehenden Diözesanstatuten, die er
zur Grundlage des seelsorglichen und disziplinären Lebens seines Sprengels machen wollte,
wurden von der Wiener Zensur jedoch so stark
modifiziert, daß A. es vorzog, auf ihre Promul-
gation zu verzichten.

A.s Wirksamkeit erschöpfte sich jedoch nicht
im Dienst an seinem Bistum, sondern er bezog
auch allgemeinkirchliche Probleme in seinen
Interessenkreis ein. Als sich 1764 der russische
Großkanzler Michael Woronzof in Görz aufhielt, erläuterte er diesem die Aufgabe seines
nach Osteuropa gerichteten Erzbistums und
versuchte Kontakt mit der orthodoxen Kirche
und dem Petersburger Hof anzuknüpfen. Zugleich wollte er Rom und Wien für ein Unions-
projekt gewinnen. Aus diesem Grund unterhielt er auch Beziehungen zum Bischof von
Sirmio und zu dem Theologen M. Kertiza.

Von seiner aufreibenden Arbeit zermürbt, bemühte A. sich 1768 um einen Koadjutor. Seine
Wahl fiel auf R. J. Graf v. (→) Edling, der ihm
seit 1770 beistand und ihm 1775 nachfolgte. A.
starb am 18. 2. 1774 in Görz an den Folgen
eines Schlaganfalles. Er wurde in der von ihm erbauten Seminarkirche St. Karl beigesetzt.

A. verband das tridentinische Bischofsideal
mit den Anliegen des Reformkatholizismus
seiner Zeit. Als religiöse Führungsgestalt hat er
seinem religiös und kulturell so komplexen
Sprengel sein Gepräge gegeben. Er war eine der
herausragenden Gestalten des österreichischen Episkopates seines Jahrhunderts.

Quellen: ASV, Con.Conc., Relationes 368 (Goritien-
sis). - AAG Arcivescovi, Attems 1 e 2. - Archivio della
famiglia Attems, Gorizia.

Literatur: G. Guelmi, Storia degli Attems austriaci
(Gorizia 1783). - L. v. Pastor, Storia dei papi 16/1
(Roma 1933) 429 − 435. - C. Bosshart-Pfluger 181-183.
- L. Tavano, Dalla „Domus presbyteralis" (1757) al
seminario centrale di Gorizia (1818). Pastoralità e
statalismo a confronto, in: Cultura e formazione del
clero fra '700 e '800 (Gorizia 1985) 31-68. - Carlo
Michele d'Attems primo arcivescovo di Gorizia (1752-
1774) fra Curia romana e Stato absburgico. I: Studi
introduttivi (Gorizia 1988).

Abbildungsnachweis: Palazzo arcivescovile di Gorizia.

Luigi Tavano

Auersperg, Johann Bapt. Franz Xaver von Paula Reichsgraf von (1745 – 1816)

1789 – 1806 Generalvikar in Passau

→ Bd. 1, 19 f.

Auersperg, Joseph Franz Anton Reichsgraf von (1734 – 1795)

1763 – 1773 Fürstbischof von Lavant
1763 – 1773 Salzburger Generalvikar für Ober- und Unterkärnten
1773 – 1784 Fürstbischof von Gurk
1784 – 1795 Fürstbischof von Passau
1789   Kardinal

Joseph Franz Anton von Auersperg wurde am 31. 1. 1734 in Wien als erstes von acht Kindern aus der zweiten Ehe des Heinrich Joseph Fürst v. A., Herzog von Münsterberg und Frankenstein, und der Maria Franziska Antonia Gräfin von Trautson und Falkenstein geboren. Der Vater bekleidete das Amt eines Wirklichen Kaiserlichen Geheimen Rates und Oberststallmeisters.

1752 wurde A. Domherr in Passau, 1753 in Salzburg. Philosophie studierte er in Wien, Theologie in Rom. 1757 wurde er Propst von Ardagger (Niederösterreich). Am 31. 1. 1763 nominierte ihn der Salzburger Erzbischof S. v. (→) Schrattenbach zum Bischof des Salzburger Eigenbistums Lavant. Mit Rücksicht auf dessen bescheidene Ausstattung durfte er seine übrigen Pfründen beibehalten. Außerdem erhielt er die Propstei von St. Mauritzen in Friesach. Am Tag seiner Konfirmation, dem 8. 5., wurde er zugleich salzburgischer Konsistorial-, Hofkammer-, Kriegs- und Geheimrat. Nach der Konsekration, die ihm Schrattenbach am 22. 5. erteilte, wurde er ferner Salzburger Generalvikar für Ober- und Unterkärnten. Diese Ämter- und Titelhäufung konnte A. jedoch nicht über die schlechte Ausstattung seines Bistums hinwegtäuschen. Schon 1764 wollte er Lavant aufgeben, und nur der eindringliche Wunsch Schrattenbachs veranlaßte ihn, sein Resignationsbegehren aufzugeben. Er setzte sogar aus eigenem Vermögen den durch ein Erdbeben beschädigten Bischofshof in St. Andrä im Lavanttal wieder instand.

Geistig in der Aufklärung verwurzelt, mühte A. sich um die Hebung des Schulwesens und die Reduzierung des barocken volksfrommen Brauchtums, wobei er auf die Gefühle des Volkes keine Rücksicht nahm. 1770 untersagte er sogar die Passionsspiele und das Kreuztragen. Nach dem Tode Schrattenbachs bemühte

er sich 1771 mit Erfolg um ein Eligibilitätsbreve für Salzburg, doch unterlag er dort Hieronymus von Colloredo. Dieser nominierte ihn freilich am 18. 10. 1772 als seinen Nachfolger für das besser dotierte Gurk. Die Konfirmation folgte am 31. 1. 1773. In Gurk hatte Colloredo den Boden bereitet, der es A. ermöglichte, sein Amt nach den Grundsätzen des aufgeklärten Staatskirchentums auszuüben. Auf die Hochschätzung, die er bei Joseph II. genoß, gestützt, wollte A. im Bistum Gurk ein Modell der josephinischen Kirchenreform schaffen, und seine Anweisungen an den Klerus dienten den Regierungsstellen des Kaisers später als Vorbild. So stützte sich das Hofdekret vom 25. 2. 1783 mit seiner minutiösen Normierung des Gottesdienstes auf eine Instruktion A.s von 1782. A. hatte auch schon vor Erlaß des Hofdekretes vom 9. 8. 1783 für das Bistum Gurk weitgehend die Bruderschaften aufgehoben. Er befahl die strenge Sonn- und Feiertagsheiligung und gab ebenso strenge Bestimmungen für die Wallfahrten heraus. Diese durften nicht länger als einen Tag dauern. Großes Aufsehen erregte A. mit seinem Hirtenbrief anläßlich des Toleranzpatentes von 1782, doch wollte er die Protestanten durchaus für die katholische Kirche gewinnen, und an der Glaubenseinheit im Bistum Gurk und in ganz Kärnten war ihm sehr gelegen. Bedenken gegen seine vom Geiste einseitiger Aufklärung diktierten Reformen ließ der Bischof nicht gelten. Auch aus seiner episkopalistischen Gesinnung machte A. kein Hehl. So ließ er die Ideen des Febronius auf einer Pastoralkonferenz verteidigen, um den Protestanten den Weg zur katholischen Kirche zu erleichtern.

Auf dem Gebiet der Liturgieerneuerung muten A.s Vorstellungen ganz modern an. Ihm genügte nicht die Einführung des allgemeinen Volksgesanges, sondern er wollte vielmehr die gesamte Liturgie in der Landessprache vollzogen wissen. Für die nachmittägigen Sonn- und Feiertagsgottesdienste ordnete er eine Bibelvorlesung an. A. wachte auch streng über den Lebenswandel seiner Geistlichen. Diese offizielle Strenge wurde freilich durch menschliche Züge gemildert. Bei Visitationen beeindruckte er durch seine Bescheidenheit. Die Zeitgenossen rühmten seinen Arbeitseifer, seine Gewissenhaftigkeit und nicht zuletzt seine tiefe Frömmigkeit. Gegenüber den Armen seines Bistums erwies er sich besonders wohltätig. Zu seinem Domkapitel unterhielt A. gute Beziehungen. Diese kamen ihm zugute, als das Bistum Passau nach dem Tode L. E. v. (→) Firmians 1783 neu zu besetzen war. Am 19. 5. 1783 postulierte ihn das dortige Kapitel als Nachfolger. Dabei ließ es sich von der Hoff-

nung leiten, daß es A. als Freund und Parteigänger Josephs II. gelingen werde, die Loslösung des österreichischen Anteils von Passau
mit 800 Pfarreien rückgängig zu machen. Bald
nach seiner Postulation, der erst am 25. 6. 1784
die Translation folgte, zog A. sich nach Gurk
zurück. Von dort aus und in Wien suchte er für
Passau zu retten, was zu retten war. Das
Ergebnis bildete die klägliche Konvention vom
4. 7. 1784, durch die Passau zwar seine beschlagnahmten Herrschaften in Österreich zurückerhielt, im übrigen aber definitiv auf seinen österreichischen Anteil und damit auf
sechs Siebtel seines Sprengels verzichten mußte. Außerdem mußte es dem neuen Bistum Linz
400 000 fl. Grundkapital zur Verfügung stellen.
Als A. im November 1784 seinen Einzug als
Fürstbischof von Passau hielt, war er der
Oberhirte eines Rumpfbistums, das außer dem
Hochstift nur noch ein kleines Gebiet im Kurfürstentum Bayern umfaßte.

Die neue Situation stellte A. vor viele Probleme.
Die finanzielle Lage des Hochstifts war äußerst
angespannt, und in seelsorglicher Hinsicht sah
er sich mit den geistigen Strömungen der
immer stärker vordringenden Aufklärung und
des Illuminatentums konfrontiert. Pastorale
Zurückhaltung war indes nicht die Haltung
des aufgeklärtesten aller Passauer Bischöfe.
Die konservative Bevölkerung sah ihren über-
kommenen Glauben in Gefahr. Im kirchlichen
Bereich war A., wenn es um das fromme
Volksbrauchtum ging, oft herzlos und kleinlich
wie sein kaiserliches Idol in Wien. Auf einer

Visitationsreise durch das Hochstift vom 25. 9.
bis 28. 10. 1786 und anläßlich der Visitation
der drei Pfarreien seiner Residenzstadt im
November 1786 sah er weniger die Sympathie,
die ihm die Gläubigen entgegenbrachten, als
das alte Brauchtum, an dem sie festhielten. Er
wollte dem religiösen Leben eine intellektuelle
Ausrichtung geben, die im ganzen Bistum auf
Widerstand stieß, und seine Dekrete forderten
eine Glaubenspraxis, die nicht in Gebet und
äußeren Andachtsübungen aufging. Unter A.
kam also die Aufklärung voll zur Entfaltung,
doch gab der Bischof dogmatisch nichts auf. Er
erkannte ferner, daß kirchliche Reformmaßnahmen nicht isoliert durchzusetzen waren.
Selbst die Einführung der Landessprache in
der Liturgie, die er schon in Gurk befürwortet
hatte, wollte er in Passau nur für den Fall
praktizieren, daß dies in der gesamten deutschen Kirche durchgeführt werde. Dies wiederum machte deutlich, daß A. weiterhin dem
Febronianismus nahestand. So kam es zu einem unangenehmen Nachspiel, als er sich
anschickte, gegen die „Bruderschaft von der
allerheiligsten Dreyfaltigkeit" vorzugehen. Eine unglückliche Übersetzung dieser Maßnahme A.s löste bei Papst Pius VI. Verärgerung
aus. In seiner Verteidigungsschrift von 1786
distanzierte sich A. jedoch vom Febronianismus.

Anders als in Gurk erwies A. sich in Passau
vornehmlich als Landesfürst. Befreit von den
Sorgen und Aufgaben des Großbistums,
konnte er sich den Reformen im Finanz-, Justiz-
und Polizeiwesen des Hochstiftes widmen.
Erfolgreich waren seine Bestrebungen auf dem
Gebiet des Schulwesens. Eine breite Priester-
und Beamtengeneration erhielt damals in Passau ihre Bildung, die sie hinübernahm bis in die
Mitte des 19. Jh. Die fürstbischöfliche Akademie war auf dem besten Weg zu einer Volluni-
versität, da A. auch medizinische Vorlesungen
halten ließ und eine medizinische Fakultät ins
Auge faßte. Im Zeichen der großen Bildungs-
reformen unter A. kamen seit 1784 jene Männer
nach Passau, welche die kurze, aber leiden-
schaftlich geführte Auseinandersetzung mit
der Aufklärung heraufbeschworen. Die an-
fängliche Aufgeschlossenheit am fürstbischöflichen Hofe gegenüber den aufgeklärten Ideen
der neuberufenen Professoren verwandelte
sich ab 1787 in Argwohn und Mißtrauen, und
seit dem Ausbruch der Französischen Revolution sah A., auf dessen Schreibtisch die Büsten
von Voltaire und Rousseau standen, seine
Autorität und Fürstenwürde unmittelbar bedroht. Von allen Dienstuntergebenen und von
den Priesteramtskandidaten ließ er sich daher
eidlich versichern, keiner heimlichen Verbin-

dung anzugehören und einer solchen sich auch niemals anschließen zu wollen. 1794 mußten alle verdächtigten Professoren Passau verlassen.

Als Landesherr des aufgeklärten Spätabsolutismus pflegte A. bis zu seinem Tod in besonders hohem Maße die fürstliche Repräsentation. Im 1783 ausgebauten Hofopernhaus erblühte eine der frühesten Pflegestätten von Mozarts und Paisiellos Musikdramatik. Mit dem von J. G. Hagenauer erbauten Sommerschloß Freundenhayn inmitten seines reich ausstaffierten Englischen Parks entstand einer der bedeutendsten frühklassizistischen Fürstensitze Deutschlands. Als A., seit 1793 gemütskrank, sein Ende fühlte, ließ er sich in sein kleines „Plantage-Haus" im Englischen Garten bringen. Dort, seiner Rousseau'schen Idealnatur am nächsten, erreichte ihn die Nachricht, daß Papst Pius VI. ihn am 30. 3. 1789 in das Kardinalskollegium aufgenommen hatte. A. starb am 21. 8. 1795. Er wurde in der Gruft des Domes beigesetzt.

Literatur: K. Tangl 329-334. - F. X. Eggersdorfer 202-228. - M. Schmidt. - J. Obersteiner 475-493. - P. Hersche, Spätjansenismus. - K. Baumgartner. - A. Leidl, Bischöfe 45 f. - P. G. Tropper, Erneuerungsbestrebungen.

Abbildungsnachweis: Kupferstich als Kardinal von Carlo Antonini, Rom. - Wien NB 513.851 B.

August Leidl

Auneau de Visé, Louis Philippe d' (1666 – 1729)

1716 – 1729 Generalvikar in Straßburg
1719 – 1729 Weihbischof in Straßburg, Ep. tit. Fessensis

* 1666 in Paris; Dr. theol. A. schlug wahrscheinlich erst spät die geistliche Laufbahn ein. Die Priesterweihe empfing er im Alter von etwa 45 Jahren. Als Generalvikar des Bischofs von Autun nahm er an verschiedenen Versammlungen von französischen Prälaten teil, die, obwohl durchaus romtreu, einen Kompromiß mit jenen Prälaten suchten, die die Anwendung der Bulle „Unigenitus" in Frankreich ablehnten. Dabei fiel A. dem Straßburger Bischof Kardinal A. G. de (→) Rohan auf, der in dieser Sache selbst aktiv war. Am 6. 8. 1716 ernannte er ihn zu seinem Generalvikar und Offizial, und auf seinen Vorschlag wurde er am 8. 1. 1719 zum Titularbischof von Fez und Weihbischof in Straßburg ernannt. A. visitierte das Bistum 1721 und 1727 – 29. Dabei legte er besonderen Wert auf die Spendung der Beichte und der Eucharistie. Obwohl kein Jansenist, praktizierte er einen im Elsaß sonst ungewohnten Rigorismus, durch den er Klerus und Gläubige überraschte und oft auch verletzte. Sein Verhältnis zum katholischen Volk war vielfach gespannt. † 21. 6. 1729 in Straßburg.

Literatur: R. P. Levresse 17. - L. Châtellier, Diocèse de Strasbourg 657-666. - Répertoire IV 396 f.

Louis Châtellier

Aussem, Paul von (um 1616 – 1679)

1662 – 1679 Generalvikar in Köln
1676 – 1679 Weihbischof in Köln, Ep. tit. Almirensis

* um 1616 in Köln aus altansässiger Familie, aus der zahlreiche Geistliche hervorgegangen waren; seit 1632 Studium an der Universität Köln; 1635 Lic. theol.; 1636 Prof. am Montanergymnasium; 1647 Stiftsdechant von St. Kunibert in Köln; 1654 Inhaber der Universitätspfründe am Kölner Dom und 1656 zugleich Kanonikus an St. Kunibert; seit 1661 an der Ausarbeitung der Kölner Synodalstatuten (P. → Pauli-Stravius) beteiligt; Sommer 1662 Generalvikar von Erzbischof (→) Max Heinrich von Bayern und Mitglied des wiedererrichteten Kirchenrates. Als Generalvikar mußte A. sich mit den vortridentinischen Trägern geistlicher Gewalt, insbesondere den Archidiakonen, auseinandersetzen. 1675 – 78 zugleich Rektor der Universität Köln. Nach dem Tode von Weihbischof P. v. (→) Walenburch wurde A. dessen Nachfolger. 19. 10. 1676 Ernennung zum Titularbischof von Almira; 10. 1. 1677 Konsekration durch Nuntius Opizio Pallavicini in St. Kunibert. A. unternahm während der folgenden Jahre zahlreiche aufreibende Firmungsreisen. † 24. 11. 1679 in Köln; □ St. Kunibert, Köln.

Literatur: J. Torsy. - Ders., Die Dienstreisen des Kölner Weihbischofs Paulus Aussemius (1677 – 1679), in: R. Haaß - J. Hoster, Zur Geschichte und Kunst im Erzbistum Köln. Festschrift W. Neuß (Düsseldorf 1960) 164-182. - E. Meuthen.

Erwin Gatz

B

Baden, Wilhelm Joseph Leopold Willibald Reichsfreiherr von (1740 – 1798)

1779 – 1798 Weihbischof in Konstanz, Ep. tit. Milevitanus

≈ 7. 7. 1740 in Mannheim als Sohn des kurpfälzischen Geheimrats Franz Benedikt v. B. und der Maria Carolina Jacobea von Reinach; 1760 Immatrikulation in Freiburg i. Br.; 1755 Domherr, 1764 Kapitular in Konstanz; 1761 – 93 auch Domherr in Augsburg; 3. 4. 1779 Priester; 12. 7. 1779 Titularbischof von Milevum und Weihbischof in Konstanz; † 9. 6. 1798; ☐ Konstanzer Münster.

Literatur: *W. Haid*, Weihbischöfe 22 f. - *A. Haemmerle*, Domstift 15. - *H. Reiners*, Konstanz 481. - *H. Tüchle*, in: HS I/2 (im Ersch.).

Rudolf Reinhardt

Baier, Andrzej Ignacy (1712 – 1785)

1759 – 1785 Bischof von Kulm

Andrzej Ignacy Baier wurde am 12. 1. 1712 als Sohn des Cholmer Kleinadligen Jan Franciszek B. und seiner Ehefrau Marjanna Łabędzka geboren. Nach Beendigung seiner Studien, die er in Polen und im Ausland absolvierte, erhielt er ein Kanonikat im Kollegiatkapitel von Lowitsch. 1743 wurde er Koadjutor mit dem Recht der Nachfolge des Gnesener Kanonikers Kajetan Sołtyk. Ein Jahr später war er Vizepräsident des Krontribunals, 1751 wurde er zum Präsidenten gewählt.

Nach dem Tode des Bischofs von Włocławek Walenty Czapski (4. 3. 1751) war B. für ein Jahr Administrator der Diözese. Damals war er auch bereits Kommendatarabt des Zisterzienserklosters Wąchok. 1753 wurde er Kanzler des Gnesener Domkapitels (königl. Präsentation) und Propst des Kollegiatkapitels in Kruschwitz. Am 17. 10. 1758 nominierte König August III. ihn zum Bischof von Kulm. Das Domkapitel in Kulmsee wählte ihn daraufhin am 18. 11. 1758, die päpstliche Bestätigung folgte am 12. 2., die Amtsübernahme durch einen Prokurator am 28. 3. 1759. Am 1. 4. erhielt B. die Bischofsweihe aus der Hand des mit ihm befreundeten Bischofs von Krakau, Kajetan Sołtyk.

In jungen Jahren wegen eines leichten Lebenswandels getadelt, war B. später ein gewissen-

hafter Bischof, der die Bemühungen seiner Vorgänger um eine innere Erneuerung seiner Diözese fortsetzte. Er richtete zahlreiche Hirtenbriefe an Priester und Gläubige, visitierte persönlich die Pfarreien, führte das Vierzigstündige Gebet ein und förderte als einer der ersten Bischöfe Polens die Frühkommunion (vom 8. Lebensjahr an). 1764 ordnete er unter Strafe an, daß die Kinder auf dem Lande die Pfarrschulen besuchten. Das Domkapitel hatte die Durchführung zu überprüfen.

In zwei Statusberichten (1764 und 1773) klagte B. über das Vordringen des Protestantismus in seiner Diözese und über den politischen Druck Preußens nach der Übernahme Westpreußens. Auf den Titel eines Bischofs von Pomesanien hatte er bereits 1763 verzichten müssen. In Thorn, das erst 1793 an Preußen fiel, führte B. 1773 die Aufhebung des Jesuitenkollegs durch. In Graudenz erreichte er auf Drängen des päpstlichen Nuntius Gio Andrea Archetti und mit Unterstützung seines Koadjutors K. v. (→) Hohenzollern die Ausführung des Breve in der gleichen Weise wie in Schlesien. Das Kolleg wurde 1780 in ein Gymnasium umgewandelt.

Auf Wunsch von König Stanisław August Poniatowski nahm B. 1767 den Gnesener Kanoniker K. H. (→) Szembek als seinen Koadjutor an, der 1774 resignierte. An seine Stelle trat, von König Friedrich II. von Preußen nominiert, 1777 J. C. v. (→) Hohenzollern. Infolge der Säkularisierung der Kirchengüter und der Reduzierung seiner Einnahmen mußte B. auf seine Residenzen in Althausen und Löbau verzichten und in einer bescheidenen Domherrenkurie in Kulmsee Wohnung nehmen. Dort starb er am 31. 1. 1785. Er war der letzte Bischof der Diözese Kulm, der in Löbau residierte und im Dom zu Kulmsee beigesetzt wurde.

Literatur: *F. Dittrich*, Die Ausführung des Breve Dominus ac Redemptor vom 21. Juli 1773 in Westpreußen und Ermland, in: ZGAE 12 (1899) 135-191. - *P. Czaplewski*, in: PSB 1 (1935) 218. - *J.-P. Ravens*. - *A. Liedtke*, Zarys 95 f.

Hans Jürgen Karp

Bassus (de Basso), **Stephan von** (1643 – 1707)

1692 – 1707 Generalvikar in Chur

* 1643 in Poschiavo (Graubünden); Dr. theol. und Dr. iur. utr.; Regens am Kurfürstlichen

Kolleg in Ingolstadt; 1687 Domsextar und bischöflicher Kanzler, 1690 Domscholastikus in
Chur; 1692-1707 Generalvikar von Bischof
U. v. (→) Federspiel (bezeugt ab 27. 5. 1694);
† 11. 1. 1707 in Chur; □ Kathedrale Chur.

Literatur: *A. M. Zendralli,* I de Bassus di Poschiavo,
in: Quaderni Grigionitaliani 6 (1936) 18-26, 109-126,
189-204, 257-266; 7 (1937) 51-60. - *W. Kundert,* in: HS
I/1 (1972) 529, 561.

Pierre Louis Surchat

Bauer, Sebastian Johann († 1677)

1665 – 1677 Dechant und fürstbischöflicher
        Vikar der Grafschaft Glatz (Erz-
        diözese Prag)

Mag. phil., Bacc. theol.; bis 1649 Pfarrer von
Oberschedeldorf (Grafschaft Glatz); seitdem
Oberkaplan in Glatz; 1652 Pfarrer von Rengersdorf; 16. 11. 1665 Fürstbischöflicher Vikar,
13. 2. 1666 Dechant der Grafschaft Glatz;
1667 – 73 zugleich Pfarrer von Habelschwerdt;
† 24. 3. 1677 in Rengersdorf.

Literatur: *F. Volkmer* 64 f.

Erwin Gatz

Baunach, Johann Christoph († 1658)

1656 – 1658 Generalvikar in Bamberg

Herkunft und Studiengang unbekannt;
Lic. theol.; 1626 Domvikar in Bamberg; Kanonikus, 1636 Kustos, 1644 Dekan des Stiftskapitels St. Stephan in Bamberg; 1635 Geistlicher
Rat. In einem Immunitätsstreit mit dem Domkapitel wurde B. verhaftet und erst durch die
Intervention des Fürstbischofs wieder freigegeben. B. erwarb sich große Verdienste um die
Eröffnung der Bamberger Universität, deren
erster promovierter Theologe er wurde. Er
errichtete eine Stiftung für minderbemittelte
Studenten. † 2. 1. 1658.

Literatur: *J. H. Jäck,* Jahrbücher 329. - *Ders.,* Pantheon
60. - *F. Wachter* Nr. 502.

Egon Johannes Greipl

Barbo, Franz Engelbert Freiherr von Gutteneck (seit 1674 **Reichsgraf von Waxenstein**) (1664-1706)

1703 – 1706 Weihbischof in Breslau, Ep. tit.
        Dariensis

* 1664 in Laibach als Sohn des 1674 in den
Reichsgrafenstand erhobenen Maximilian Va-
lerius und der Maria Christiana Freiin von
Brenner; 1684 – 88 Studium in Rom als Alumne
des Collegium Germanicum; 1687 Dr. theol.
(Perugia); 21. 3. 1688 Priesterweihe in Rom;
1690 Domherr in Breslau, seit 1693 residierend;
Kanonikus des Breslauer Kreuzstiftes; Konsistorialrat; 26. 3. 1703 Titularbischof von Daria
und Weihbischof in Breslau; 20. 2. 1704 konsekriert; spielte eine Rolle als Richter im Seligsprechungsprozeß des Dominikaners Ceslaus
(† 1245); † 25. 12. 1706 in Breslau; □ Breslauer
Dom.

Quellen: ASV, Proc. Dat. 80, fol. 111-114.

Literatur: *J. Jungnitz,* Germaniker 222-224. - *Ders.,*
Weihbischöfe 193-197. - *H. Hoffmann,* Dom Breslau
81 f. - *R. Samulski,* Weihbischöfe 17.

Jan Kopiec

Barrett, Jean Arnold (1770 – 1835)

1814 – 1829 Kapitularvikar in Lüttich
1829 – 1833 Generalvikar in Lüttich
1833 – 1835 Bischof von Namur

* 22. 2. 1770 in Borgloon (Bistum Lüttich); Besuch der Kollegien in Sint-Truiden und Lüttich;
1789 – 93 Studium und am 23. 2. 1793 Priesterweihe als Alumne des Collegium Germanicum
in Rom; Kanonikus in Lüttich/Saint-Pierre.
1797 verweigerte er den sog. Haßeid auf das
Königtum, den die französische Regierung
von allen belgischen Priestern verlangte.
1797 – 1802 lebte er zurückgezogen bei seinem
Vater in Lüttich und feierte keinen öffentlichen
Gottesdienst. 1803 Mitglied des neuen Domkapitels in Lüttich. Seit Juni 1803 zeitweise
bischöflicher Sekretär, ordnete er die durch die
Wirren der Jahre 1794 – 1802 vollkommen zerrütteten Vermögensverhältnisse der zur Kathedrale erhobenen Stiftskirche Saint-Paul. Weil
B. sich der Wahl des von Napoleon nominierten
Bischofs F. A. (→) Lejeas zum alleinigen Kapitularvikar widersetzte, ließ ihn die französische Regierung 1811 nach Besançon deportie-
ren. Erst im Mai 1813 durfte er nach Lüttich
zurückkehren. Nachdem Lejeas Lüttich verlassen hatte und die Kapitularvikare H. (→)
Henrard und H. L. (→) Partouns von ihrem Amt
zurückgetreten waren, wählte das Domkapitel
B. am 26. 9. 1814 zum Kapitularvikar. Aufgrund der Spannungen zwischen der belgischen Kirche und der niederländischen Regierung kam in den folgenden Jahren ein Konsens
über die Besetzung des Lütticher Bischofsstuhls nicht zustande, so daß B. die Leitung des
Bistums oblag. 1821 verlor dieses seine seit

1815 preußischen Pfarreien (Teile der Kantone Niederkrüchten und Rolduc-Kerkrade sowie die Kantone Eupen, Malmedy, St. Vith, Kronenburg und Schleiden) an die wiedererrichtete Erzdiözese Köln. Die Ernennung B.s zum Bischof von Lüttich scheiterte am Widerstand der niederländischen Regierung, die in ihm einen Gegner ihrer Kirchenpolitik sah. Der 1829 zum Bischof von Lüttich ernannte Kornelius van Bommel macht B. zu seinem Generalvikar. 15. 4. 1833 Bischof von Namur; 15. 6. 1833 Konsekration; † 31. 7. 1835.

Literatur: *L. Vanderryst* *19-*27. - *J. Daris*, Liège 4 (1873) 241-336. - *L. Jadin*, Procès 447-450. - *A. Minke* 230.

Alfred Minke

Beck, Franz Heinrich (1740 – 1828)

1781 – 1782 Generalvikar in Augsburg

* 1. 3. 1740 zu Weiler (Elsaß); Jesuitenschüler; 28. 5. 1763 Priesterweihe in Straßburg; 1765 Professor der Philosophie am königlichen Kolleg in Straßburg; 1768 Rektor in Molsheim; seit 1773 geistlicher Berater des Trierer Kurfürst-Erzbischofs (→ Bd. I) Klemens Wenzeslaus von Sachsen; 1776 Kanonikus am Stift St. Paulin in Trier; seit 1778 wichtiger Informant des Wiener Nuntius Giuseppe Garampi; maßgeblich am Einschreiten Klemens Wenzeslaus' gegen Weihbischof N. v. (→) Hontheim (Febronius) beteiligt; 1778 von Klemens Wenzeslaus auf eine Augsburger Dompfründe nominiert, akzeptierte ihn das Kapitel nicht; 1781 päpstlicher Hausprälat sowie Geheimer Rat und Generalvikar in Augsburg. Dieses Amt leitete faktisch weiterhin Provikar J. E. (→) Herz. Der Name B. läßt sich in den Generalvikariatsprotokollen nicht nachweisen. Im Spätherbst 1782 fiel B. bei Klemens Wenzeslaus in Ungnade. Er kehrte ins Elsaß zurück, wo er 1783 eine Präbende am Grand-Choeur zu Straßburg erhielt. Als dessen Senior leitete er 1791 die Überführung nach Offenburg (L. R. E. de → Rohan). 1794 – 1800 lebte B. als Privatmann in Augsburg, 1800 – 08 als Senior des alten Straßburger Kapitels in Offenburg. † 14. 1. 1828 in Rappoltsweiler.

Schriften: Prozeßgeschichte in causa des churtrierischen geistlichen Rats Beck contra das Domkapitel zu Augsburg puncto praebendae (Straßburg 1780).

Literatur: *J. Gass*, Un adversaire Alsacien de Febronius, in: RCA NS 39 (1924) 2-16, 102-114, 160-171, 229-234, 299-305. - *Ders.*, La disgrace de l'abbé Fr. H. Beck, in: RCA NS 39 (1924) 615-626. 646-656. - *Ders.*, Un prébendier alsacien à Augsbourg 1794-1800, in: RCA

NS 38 (1923) 523-539. - *L. Just*, Der Widerruf des Febronius in der Korrespondenz des Abbé Franz Heinrich Beck mit dem Wiener Nuntius Giuseppe Garampi (Wiesbaden 1960). - *E. Kovács*, Der Pabst in Teutschland. Die Reise Pius VI. im Jahre 1782 (Wien 1983). - *P. Rummel*, Papst Pius VI. in der paritätischen Reichsstadt Augsburg 1782, in: JVABG 21 (1987) 44-71. - *Ders.*, Klemens Wenzeslaus und sein Augsburger Generalvikar Franz Heinrich Beck, in: JVABG 22 (1988) 75-104. - *J. Seiler*.

Peter Rummel

Becker, Tobias Johannes (1649 – 1710)

1702 – 1710 Bischof von Königgrätz

Tobias Johannes Becker wurde am 15. 7. 1649 zu Grulich (Králiky, Ostböhmen) als Sohn eines Bäckers und Schöffen geboren. Durch einen Jesuitenmissionar aus Glatz kam er an das dortige Jesuitengymnasium. Später studierte er an der Universität Prag, während er in den Ferien als Erzieher in einer adeligen Familie auf dem Lande wirkte. Nach der Promotion zum Dr. phil. (1670) entschied sich B. für den geistlichen Stand. Noch vor Abschluß des Theologiestudiums wurde er am 18. 3. 1673 in Prag zum Priester geweiht. Generalvikar W. (→) Bilek von Bilenberg bestellte ihn trotz seiner Jugend zum Beichtvater der Prager Ursulinen. Als solcher verfaßte er Lebensbilder der im Rufe der Heiligkeit gestorbenen Ordensfrauen. 1679 erhielt er durch die gräfliche Familie Lamboy deren Patronatspfarrei Arnau (Hostinné, Nordostböhmen), und 1681 erfolgte seine Berufung in das Prager Metropolitankapitel, wo er sich als deutscher Domprediger einen Namen machte. Einige seiner Predigten erschienen im Druck. Seit 1693 Scholaster, ließ er die 1619 von Kalvinisten beschädigten Heiligenstatuen der Domkirche erneuern und die schlichte Grabstätte des Johannes Nepomuk in Marmor ausführen und mit plastischem Schmuck ausgestalten. Als ein bei seiner Heimatstadt gelegenes uraltes Bergheiligtum in einen „Muttergottesberg" umgewandelt wurde, stellte er dafür aus seinem Besitz eine Kopie des Marienbildes von S. Maria Maggiore in Rom („Maria Schnee") zur Verfügung. 1700 erteilte er dem Heiligtum die Weihe. Er gilt als dessen Stifter.

Am 24. 11. 1701 nominierte Kaiser Leopold I. B. zum Bischof von Königgrätz. Die päpstliche Verleihung folgte am 3. 4. 1702, die Konsekration durch Bischof J. v. (→) Sternberg am 14. 5. in Leitmeritz. Am 17. 5. 1702 trat B. sein Amt in Königgrätz an. Als Vorbild wählte er Karl Borromäus, dem er auch seine Hauskapelle weihte. B. predigte persönlich und hörte Beichte, er war gastfreundlich und wohltätig. Er förderte die Anbetung des Allerheiligsten und gründete dafür eine Bruderschaft. Wie Borromäus auf dem Berg Varalli ließ er auf dem „Muttergottesberg" figürliche Darstellungen aus der Leidensgeschichte Christi errichten. Innerhalb seiner ersten zwei Amtsjahre visitierte er seine Diözese, und 1704 gab er für seine Seelsorger Richtlinien in 37 Punkten heraus. Sorge bereitete ihm der Protestantismus in seiner Diözese. Daher forderte er das diskrete Aufspüren nichtkatholischer Bücher, die er durch katholisches Schrifttum ersetzte. Protestantische Aktivisten („Aufwiegler") sollten, gemäß dem Gesetz, bei gleichzeitiger Unterrichtung des Konsistoriums, angezeigt werden. Auch bei Säumigkeit im Besuch der Christenlehre nahm B. den weltlichen Arm in Anspruch. Das Hauptgewicht legte er freilich auf die Predigt, auf die er den Klerus streng verpflichtete. 1706 erließ er eine Verordnung betr. einer würdigen und schlichten Priesterkleidung. Da B. versöhnlich war, lösten sich die unter seinen Vorgängern starken Spannungen mit dem Magistrat der Stadt Königgrätz.

1709 – 10 vollendete B. die bischöfliche Residenz (Umbau des Gallaspalais'). Er errichtete ferner die Domherrenwohnungen und das Priesterseminar mit einer Nepomukkirche auf dem ihm vom Landesherrn zur Verfügung gestellten Gelände der alten Burg sowie die Pfarrkirche in Chrast, wo er auch das bischöfliche Schloß vergrößerte. Er besorgte ferner den Ausbau des Wallfahrtskomplexes bei Grulich mit Kirche, Hl. Stiege, Geburtsgrotte, Loretokapelle, Umgängen und Kloster. Wie alle Bischöfe der österreichischen Erblande wurde er im Laufe der Jahre mit dem wachsenden Anspruch auf staatliche Kirchenhoheit konfrontiert. Dabei wurde ihm u. a. seine nichtadelige Herkunft vorgehalten. B. gedachte daher zu resignieren und sich in das von ihm gegründete Servitenkloster zurückzuziehen, doch starb er bereits am 11. 9. 1710. Er wurde in der Domkirche beigesetzt.

Schriften: Werksverzeichnis, in: A. Podlaha, Suppl. III 4-6.

Literatur: A. Podlaha 220-223. - ČSB 2 (1916) 49 f. - A. Zelenka 136. - L. Kretzenbacher, Fünf Prager deutsche „Siegespredigten" auf den Türkenüberwinder Kaiser Leopold I. zwischen 1683 und 1688, in: Bohemia 26 (1985) 277-308.

Kurt A. Huber

Begnudelli Basso, Francesco Antonio
(um 1644 – 1713)

1677 – 1684 Generalvikar in Trient
1696 – 1713 Generalvikar in Freising

* 1644 (err.) zu Dres in der Val di Non (Diöz. Trient); 1664 – 70 Studium in Rom als Alumne des Collegium Germanicum (Dr. theol.); 21. 9. 1669 Priesterweihe in Rom; 1677 – 84 Generalvikar des Trienter Fürstbischofs F. (→) Alberti di Poja; 1679 Domherr (päpstl. Verleihung), 1690 Domkapitular in Freising; 1680 Kanoniker in Füssen. In Freising zählte B. zu den Anhängern des Fürstbischofs J. F. (→) Eckher von Kapfing. Als gelehrter Kanonist und mit den römischen Verhältnissen vertrauter Abgesandter der Kapitelsmehrheit betrieb er 1695 in Rom die Bestätigung der Wahl Eckhers und setzte sich gegen seinen Gegenspieler J. S. (→) Zeller von Leibersdorf durch. Eckher berief ihn 1696 zu seinem Generalvikar. B. wirkte ferner als Domscholaster und übergab 1697 in dieser Funktion die Freisinger Diözesanstudienanstalt den Benediktinern. Das Verhältnis B.s zum Fürstbischof trübte sich etwas, als er gegen dessen Willen die Niederlassung einiger Hieronymiten am Walchensee betrieb. B. galt als tüchtiger Kanonist, Diplomat und Kenner des italienischen und österreichischen Jesuitentheaters. Einen Teil seines Vermögens wandte er wohltätigen Stiftungen zu. † 9. 10. 1713; ☐ Freisinger Dom.

Schriften: Biblioteca iuris canonici et civilis seu promptuarium quaestionum magis practicarum in utroque iure (Köln 1707 u. ö.).

Literatur: J. Wenner, in: DHGE 7 (1934) 451f. - B. Hubensteiner, Eckher. - A. Costa 349. - J. C. Tovazzi 27.

Egon Johannes Greipl

Behlen, Ludwig Philipp (1714 – 1777)

1769 – 1777 Weihbischof in Mainz,
Ep. tit. Domitiopolitanus

* 2. 5. 1714 in Duderstadt; Studium der Philosophie, Theologie und beider Rechte in Mainz; 10. 9. 1737 Priester; Mitglied des Priesterinstituts von Bartholomäus Holzhauser; Erzieher des jungen Freiherrn von Groschlag in Wetzlar; 1745 – 1753 Subregens im Mainzer Priesterseminar; 1747 – 67 Professor des Kanonischen Rechtes an der Mainzer Universität; 1748 wirklicher Geistlicher Rat; 1751 Kanonikus an St. Peter in Mainz; 1752 im Auftrag von Erzbischof J. Fr. v. (→) Ostein in Rom zu Verhandlungen wegen des Streites um die Errichtung des Bistums Fulda; 1753 Dr. iur. utr. (Mainz); 1755 im Auftrag Osteins erneut in Rom, um Unterstützung für den 1749 zum Katholizismus konvertierten Landgrafen Friedrich II. von Hessen-Kassel († 1785) zu erbitten; 1756 Domizellar, 1785 Kanonikus an Mariagreden in Mainz;

1758 erzbischöflicher Fiskal; Dr. theol. (Mainz); 1762 erzbischöflicher Siegler; Assessor an der Juristischen Fakultät; Geheimer Rat; 1763 – 64 im Verdacht, Verfasser von „De statu ecclesiae deque legitima potestate Romani pontificis" (→ Hontheim) zu sein; als Persönlichkeit von umfassender Bildung und klarem Urteil sehr geschätzt und oft gerühmt; 1767 Offizial und Erzbischöflicher Protonotar; März 1768 Geistlicher Rat; 1769 von Erzbischof E. J. v. (→) Breidbach-Bürresheim zum Weihbischof bestimmt; 11. 9. 1769 Titularbischof von Domitiopolis; 1770 Mainzer Provicarius in spiritualibus; 17. 12. 1769 Konsekration; 1770 Präses des Mainzer Priesterseminars; ausgleichende Persönlichkeit während der stürmischen Mainzer Sedisvakanz von 1774; † 22. 6. 1777 in Mainz.

Literatur: L. Just, Die Konversion des Erbprinzen Friedrich von Hessen-Kassel in Berichten des Mainzer Kanonikus Ludwig Philipp Behlen an die römische Kurie (1754/55) aus dem Archiv Doria in Rom, in: JbMz 6 (1951/54) 187 – 195.

Friedhelm Jürgensmeier

Behr, Johann Adam (1724 – 1805)

1778 – 1805 Weihbischof in Bamberg, Ep. tit. Himeriensis
1804 – 1805 Präsident des Generalvikariates in Bamberg

→Bd. 1, 33.

Beissel von Gymnich (Gimmich), Karl Kaspar Gottfried Reichsfreiherr (1726 – 1790)

1755 – 1790 Generalvikar für das Obererzstift Trier in Trier

* 27. 3. 1726 auf Burg Schmidtheim (Eifel) als zweiter Sohn des kurtrierischen Amtmannes, kurkölnischen und kurtrierischen Rates Georg Anton Dominikus B. v. G., Herrn zu Schmidtheim und Boulay († 1754) aus dessen zweiter Ehe mit Anna Maria von Frentz zu Frentz, Freiin von Brabeck († 1757); 1733 Domizellar, 1753 Kapitular, 1760 Kantor und 1772 Kustos des Trierer Domkapitels; kurfürstlicher Geheimer Rat; Studium an der Universität Köln (1742 Bacc.); am 2. 3. 1755 durch Erzbischof F. G. v. (→) Schönborn zum Generalvikar für das Obererzstift Trier und zum Präsidenten des Konsistoriums ernannt; 1768 von Erzbischof (→Bd. I) Klemens Wenzeslaus von Sachsen bestätigt; stand während seiner Amtszeit ganz im Schatten N. (→) Hontheims und der Brüder F. K. (→) Boos zu Waldeck; seit 1776 für die Ideen der Aufklärung zugänglich; † 25. 5. 1790.

Quellen: LHA Koblenz, Abt. 1 C; Abt. 1 D. - HSK Trier 1764 ff.

Literatur: E. v. Oidtmann, Das Geschlecht Gymnich, in: ZAGV 30 (1908) 155-234. - L. Just, Höfe. - S. M. zu Dohna. - H. Keussen.

Wolfgang Seibrich

Benz (Penz, Bennz, Benzi), Ludwig Wilhelm (1611 – 1687)

1656 – 1683 Weihbischof in Eichstätt, Ep. tit. Dardaniensis
1660 – 1675 Generalvikar in Eichstätt

* 1611 in Kinzheim (Elsaß); 1627 Immatrikulation in Ingolstadt; 1628 – 35 Studium in Rom als Alumne des Collegium Germanicum; bewarb sich 1636 um die Professur für Kontroverstheologie an der Universität Ingolstadt; 1636 Dr. theol. ebd.; Herbst 1636 Professor ebd. und Domherr in Eichstätt; 1636 – 56 zugleich Pfarrer der Liebfrauenkirche (Universitätskirche); achtmal Rektor der Universität für je ein Semester. Unter seinem Rektorat wurde 1653 der Eid auf die Lehre von der Unbefleckten Empfängnis Mariens für alle Professoren und Promovenden eingeführt. Auf Bitten von Fürstbischof M. (→) Schenk von Castell nach längeren Verhandlungen am 31. 1. 1656 zum Titularbischof von Dardania und Weihbischof in Eichstätt ernannt. 30. 4. 1656 Konsekration. B. war Präsident des Geistlichen Rates, 1660 – 75 zugleich Generalvikar und 1660 – 65 sowie 1667 – 75 Offizial in Eichstätt. Als Weihbischof wurde er auch Propst der vereinigten Chorstifte St. Emmeram und St. Nikolaus in Spalt. † 11. 2. 1683; ☐ Dominikanerkirche Eichstätt.

Literatur: J. N. Mederer, Annales Ingolstadiensis Academiae, Pars II (Ingolstadt 1782). - A. Straus 33-35. - A. Hirschmann, in: PBE 43 (1896) 126 f.

Ernst Reiter

Berghes, Georges Louis de (1662 – 1743)

1724 – 1743 Fürstbischof von Lüttich

Georges Louis de Berghes wurde am 5. 9. 1662 in Brüssel als Sohn des Eugène de B. und seiner Ehefrau Florence Marguerite de Renesse geboren. Sein Vater war ordentlicher Assessor der Stände von Brabant. Obschon B. bereits 1679 die Tonsur empfing, schlug er zuerst wie sein älterer Bruder Philippe François die Militärlaufbahn ein und avancierte zum Oberstleutnant eines spanischen Kavallerieregimentes. Doch zeigte sich bald, daß er keine Neigung für diesen Stand besaß. 1688 erwarb er an der Universität Löwen den Grad eines Lic. iur. utr. 1695 in das Lütticher Domkapitel aufgenommen, wurde er 1699 Subdiakon. In den folgenden Jahren erhielt er weitere Kanonikate in Hildesheim, Köln, Brüssel/Ste.-Gudule und Anderlecht. Fürstbischof (→) Joseph Clemens von Bayern ernannte ihn 1699 zum Präsidenten des fürstbischöflichen Rechnungshofes und zum Mitglied des Privatrats, der obersten Regierungsinstanz des Fürstbistums Lüttich. 1710 bestellte das Domkapitel ihn zu seinem Vertreter in der Ständeversammlung.

Nach dem Tode von Fürstbischof Joseph Clemens (12. 11. 1723) fehlte es nicht an illustren Anwärtern auf den Lütticher Bischofsstuhl. Insbesondere der Kölner Kurfürst und Erzbischof (→) Clemens August von Bayern hatte sich bereits seit zwei Monaten um die Ernennung zum Koadjutor bemüht und hoffte, aufgrund der traditionellen Bindungen Lüttichs an das Haus Wittelsbach noch zum Ziel zu gelangen. Außerdem bewarben sich der Erzbischof von Vienne de la Tour d'Auvergne, der Bischof von Tournai und Fürstabt von Stavelot-Malmedy Johann Ernst von Löwenstein sowie Kardinal Christian August von Sachsen-Zeitz. Da die internationale Lage spannungsfrei war, glaubte die Mehrheit des Domkapitels jedoch, ohne Anlehnung an ein Fürstenhaus auskommen zu können. Außerdem hatte die Politik von Joseph Clemens die Lütticher Sympathien für das Haus Wittelsbach erheblich gedämpft. Allerdings konnte sich die für einen einheimischen Kandidaten eintretende Partei anfangs nicht auf eine Person einigen. Ausschlaggebend für die Wahl des Kompromißkandidaten B. am 7. 2. 1724 war nicht zuletzt der Umstand, daß man von ihm als letztem Sproß einer mit seinem Tod aussterbenden Familie eine von Familieninteressen unbelastete Regierung erwartete. Außerdem erhoffte das Domkapitel, unter der Herrschaft des über sechzigjährigen, frommen und anspruchslosen B. seine verlorengegangene Vormachtstellung zurückgewinnen zu können. Nachdem der Tod Papst Innozenz' XIII. die päpstliche Bestätigung der Wahl verzögert hatte, übertrug Papst Benedikt XIII. B. am 10. 6. 1724 die provisorische Verwaltung der Diözese auf sechs Monate. Die endgültige Bestätigung folgte am 27. 9. 1724. Am 7. 12. 1724 beschwor B. die Wahlkapitulation, die seine Befugnisse weitgehend zugunsten des Domkapitels einschränkte. Aus den Händen von Weihbischof L. F. (→) Rossius de Liboy empfing er am 17. 12. 1724 die Priester- und am 31. 12. 1724 die Bischofsweihe.

B. hat den ihm zugewiesenen engen Spielraum von vornherein mit viel Selbstbewußtsein und Durchsetzungsvermögen gegenüber dem Domkapitel zu nutzen verstanden. Dabei stützte er sich auf den Adel und das Bürgertum, die wie er selbst die Forderungen des Kapitels als maßlos ansahen. Als der Konflikt mit diesem 1742 seinen Höhepunkt erreichte, scheute B. sich nicht, dessen Hintergründe in einer öffentlichen Denkschrift darzulegen. Wenn auch das Kapitel daraufhin seinen Widerstand nicht aufgab, so fand das Vorgehen des Fürstbischofs doch breite Zustimmung unter der Bevölkerung, der seine Regierung Frieden und Wohlstand gebracht hatte.

Die äußere Sicherheit des Fürstbistums geriet unter B. lediglich 1740 in Gefahr, als Friedrich II. von Preußen die Grafschaft Horn besetzte, um als Rechtsnachfolger derer von Nassau seinen Anspruch auf die Baronie Herstal geltend zu machen. Herstal war zwar bereits 1655 von Spanien an Lüttich abgetreten worden, doch hatte das Haus Nassau dies nie anerkannt. B. fehlten die Voraussetzungen, um sich gegen das Vorgehen Friedrichs II. militärisch zu wehren. Da seine Appelle an den Kaiser, den Statthalter der Niederlande und die Kurfürsten erfolglos blieben, sah er sich zu Verhandlungen gezwungen. Gegen Zahlung von 300 000 Gulden erklärte Friedrich II. sich schließlich zum Verzicht auf seine Ansprüche bereit. Gebietskonflikte mit den österreichischen Niederlanden verliefen dagegen unproblematisch.

In seiner persönlichen Lebensführung bescheiden, begnügte B. sich mit den Einkünften aus der bischöflichen Mensa. Eine übertriebene Besteuerung wie unter seinen Vorgängern unterblieb.

B. erließ eine Reihe bedeutsamer Edikte, die u. a. das Justizwesen, den Handel, den Straßenbau, die Forstwirtschaft, die Binnenschiffahrt und die Armenfürsorge betrafen. 1740 wurde die Bevölkerung des Fürstbistums von einer großen Teuerung betroffen, die B. nach Kräften zu lindern suchte. In den folgenden drei Jahrzehnten blieben die Lebensmittelpreise dagegen dank der friedlichen Lage in Westeuropa stabil. Aus eigenen Mitteln ließ B. die Residenz in Seraing errichten. Der 1734 durch eine Feuersbrunst zerstörte Südflügel des fürstbischöflichen Palastes in Lüttich wurde mit Hilfe der Stände, des Klerus und der Stadt neu aufgebaut. Ebenfalls mit finanzieller Unterstützung durch den Klerus und den Lütticher Magistrat hatte B. 1727 ein allgemeines Spital und Armenhaus begründet. Kunst, Literatur und Wissenschaft standen während seiner Amtszeit in Blüte.

Auf kirchlichem Gebiet ordnete B. 1725 die Unterwerfung unter die Bulle Unigenitus an. Die wenigen Priester, die diese verweigerten, enthob er ihrer Ämter. Von den Priesteramtskandidaten verlangte er, daß sie mindestens zwei Jahre Theologie in einem Seminar oder an einer Universität ihrer Wahl studierten. Der Priesterweihe ging ein obligatorischer Aufenthalt von drei Monaten im Lütticher Priesterseminar oder im Lütticher Kolleg in Löwen voraus. B. schärfte seinen Priestern das Tragen der geistlichen Amtstracht und das Verbot des Wirtshausbesuches ein. Da die Archidiakone die Verlobten allzu leichtfertig vom Eheaufgebot dispensierten, ordnete B. an, daß zumindest eine Verkündigung stattfinden müsse und das Ehesakrament frühestens acht Tage später gespendet werden dürfe.

Untadelig als Priester, gerecht und gütig als Landesherr, erfreute B. sich allgemeiner Wertschätzung. Er starb am 5. 12. 1743 in Lüttich und wurde in der St. Lambertus-Kathedrale beigesetzt. In seinem Testament hatte er die Armen der Stadt Lüttich als Universalerben eingesetzt. Die Zinsen seines Vermögens sollten jährlich unter die Bedürftigen verteilt werden. Bezüglich dieser Regelung kam es jedoch vorübergehend zu Unruhen, da die Armen eine sofortige Auszahlung der gesamten Erbschaft verlangten.

Literatur: *A. Le Roy*, in: BN 2 (1868) 239-247. - *J. Daris*, Liège 1 (1868) 53-163. - *J. de Theux* 3 (1871) 366-368. - *J.*

Paquay 57. - *L. Jadin*, Procès 38-41. - *Ders.*, in: DHGE 8 (1935) 459-461. - *P. Harsin*, Le premier exploit de Frédéric II, roi de Prusse: L'affaire de Herstal (1740), in: Bulletin de l'Académie Royale de Belgique, Classe des lettres et des sciences morales et politiques 63 (1977) 266-297.

Abbildungsnachweis: Ölgemälde (Lütticher Schule) im Justizpalast Lüttich. - IRPA Bruxelles Neg. Nr. 168952 (Copyright A. C. L. Bruxelles).

Alfred Minke

Bernclau von Schönreith, Adam Ernst
(1712 – 1779)

1766 – 1779 Weihbischof in Regensburg,
Ep. tit. Abilenus

* 30. 10. 1712 in Schönreuth bei Kemnath (Oberpfalz) als Sohn des Johann Walter B. und der Maria Katharina Pfreimbder von Bruck; Besuch des Jesuitengymnasiums in Amberg; 1729 – 35 Studium in Rom als Alumne des Collegium Germanicum; 2. 5. 1735 Priesterweihe und Sommer 1735 Dr. phil. et theol. ebd.; 1736 – 37 Supernumerarier und Kooperator, u. a. in Essing; 1738 – 54 Pfarrer in Sallach; 1754 – 64 Pfarrer und Erzdekan in Cham sowie Konsistorialrat in Regensburg; 1756 Domizellar (domkapitelsche Nomination) und 1762 Domkapitular in Regensburg; 22. 12. 1766 Titularbischof von Abila und Weihbischof in Regensburg, zugleich Konsistorialpräsident; 22. 2. 1767 Konsekration durch Bischof (→Bd. I) Klemens Wenzeslaus von Sachsen im Dom zu Freising; 1771 Domdekan und Präsident des Hof- und Kammerrates. B. nahm unter Bischof A. I. v. (→) Fugger eine Schlüsselposition in der Regensburger Bistums- und Hochstiftsverwaltung ein. Daneben erwarb er sich besondere Verdienste um die historische Forschung. Anhand von Exzerpten aus heute teilweise nicht mehr erhaltenen Tauf-, Trauungs- und Sterbebüchern stellte er fünf Foliobände umfassende „Matricula Nobilium" zusammen, die erstrangiges Material zur Genealogie des altbayerisch-oberpfälzischen Adels enthält. Sein gleichfalls ungedruckt gebliebener „Episcopatus Ratisbonensis in suis praesulibus, S. R. I. principibus, praepositis, decanis atque canonicis exhibitus" stellt eine wertvolle, weithin zuverlässige Quelle für die Personalgeschichte des Regensburger Domstifts dar. † 24. 7. 1779 in Regensburg.

Quellen: BZA Regensburg.

Literatur: *A. Mayer* III 75 f. - *H. Raab*, Clemens Wenzeslaus 202. - *E. Meissner* 235.

Karl Hausberger

Beyweg (Beiweg, Beywegh), **Peter Cornelius** (1670 – 1744)

1700 – 1744 Weihbischof der Diözese Speyer, Ep. tit. Methonensis

* 8. 7. 1670 in Köln als Sohn des Gerwin B., Bürgermeister zu Köln; Stiftsherr, später Propst von St. Georg in Köln; Studium der Philosophie in Köln; 1689 – 92 Studium der Theologie in Rom als Alumne des Collegium Germanicum; 1692 Diakonatsweihe in Rom; 9. 6. 1700 Titularbischof von Methonon und Weihbischof der Diözese Speyer; 3. 4. 1701 Konsekration in der Jesuitenkirche zu Köln; 1701 – 11 auch Pontifikalhandlungen in der Diözese Worms und 1708 – 10 in Trier; Dekan des Stiftes Allerheiligen zu Speyer; Vorsitzender des bischöflichen Konsistoriums; † 12. 10. 1744.

Literatur: *F. X. Remling* II 562 f, 602 f, 633. - *A. Wetterer*, Speierer Generalvikariat 107. - *B. Fischer*, Pontifikalhandlungen. - *H. Schmitt*, Speyerer Weihbischöfe. - *F. Haffner*, Weihbischöfe. - *A. A. Strnad*, in: AmrhK 24 (1972) 144. - *F. Schorn*, Orsbeck 77.

Hans Ammerich

Bibra, Heinrich ⟨OSB, Taufname: Karl Sigismund, **Reichsritter von**⟩ (1711 – 1788)

1760 – 1788 Fürstbischof und Fürstabt von Fulda

Karl Sigismund von Bibra wurde am 22. 8. 1711 in Bamberg als siebtes Kind des Reichsfreiherrn Heinrich Karl v. B. und dessen Gemahlin Maria Johanna Theresia von Eyb geboren. Er entstammte einer alten Ministerialenfamilie, aus der bedeutende Männer wie der Würzburger Fürstbischof und Herzog von Franken Lorenz v. B. (1495 – 1519) hervorgegangen waren. Im Gefolge der Reformation war die Familie protestantisch geworden, und erst der Vater B.s konvertierte gegen Ende des 17. Jh. zum Katholizismus und trat als Offizier in den Dienst des Fürstbischofs von Bamberg.

Der Ausbildungsgang B.s läßt sich nicht genau eruieren. Nach dem Privatunterricht durch einen geistlichen Hauslehrer besuchte er die Schule in Bamberg, von wo er 1729 um Aufnahme in die Fürstabtei Fulda bat. Am 12. 11. 1730 legte er die Ordensprofeß ab, wobei er den Namen Heinrich empfing. In der Folgezeit setzte er seine Studien fort. Sein Name findet sich zwar nicht in der Matrikel der Fuldaer Universität; die Annahme, daß er dort studierte und mit den Tendenzen der kirchlichen Aufklärung in engen Kontakt kam, erscheint aber aus

seinem späteren Wirken als sehr wahrscheinlich. Nach der Priesterweihe am 9. 4. 1735 vollendete B. seine Studien während eines längeren Aufenthaltes in St. Paul zu Rom.

Seit 1750 wurden B. immer neue Aufgaben in der weltlichen und geistlichen Regierung des Stiftes übertragen. Seiner Berufung zum Kapitular (1750) folgte 1751 die Bestellung zum Superior der nichtadeligen Benediktiner im Fuldaer Hauptkloster, 1756 zum Forstpräsidenten und 1759 zum Präsidenten der Hofrentkammer. Während dieser Jahre fielen B. also Aufgaben zu, die nicht nur für seine spätere Aufgabe als Bischof und Landesherr sehr nützlich waren, sondern die auch seinen persönlichen Neigungen entsprachen.

Nach dem Tode des Bischofs A. v. (→)Waldersdorff wählte das Fuldaer Kapitel B. am 22. 10. 1759 zu dessen Nachfolger. Die päpstliche Bestätigung folgte am 24. 3. 1760. Der Amtsantritt fiel in eine für das Hochstift Fulda verheerende Zeit, denn die Wirren des Siebenjährigen Krieges brachten Stadt und Land Fulda an die Grenzen des Ruins. Durchzüge und Einquartierungen fremder Truppen, Kriegskontributionen und Plünderungen waren an der Tagesordnung. Zwar konnte man am 14. 9. 1760 die Konsekration des Bischofs durch einen nahen Verwandten, den Freisinger Weihbischof F. v. (→) Wertenstein, in Fulda begehen, aber erst vom Herbst 1762 an war es B. möglich, dauerhaft in seiner Stadt zu residieren. Seitdem entfaltete er eine überaus segensreiche Tätigkeit, die ihn zu einem hervorragenden Vertreter des deutschen Episkopates und der deutschen geistlichen Fürsten des 18. Jh. machte.

B. verstand sich in erster Linie als Regent seines Landes. Mit großer Umsicht ging er daran, das ruinierte Land zu reorganisieren. Er kümmerte sich um die Intensivierung der Landwirtschaft, des Bergbaues und der Salzgewinnung, gründete eine Textilmanufaktur und eine Porzellanfabrik und gab dem Land durch neue Verkehrswege und eine Neuordnung des Postbetriebs eine solide Infrastruktur. Zu seinen großen Leistungen als Landesherr gehörten neben der völligen Neuordnung der Armenpflege die Gründung einer Landesbibliothek und die Einführung der allgemeinen Schulpflicht.

Neben diesen Leistungen des Landesherrn wußten die Zeitgenossen B. auch als religiöse Persönlichkeit zu würdigen. Seine Religiosität war freilich eng verwoben mit dem Geist der gerade an der Fuldaer Universität stark vertretenen katholischen Aufklärung. Aus diesem Geist griff B. ordnend in das religiöse Leben ein. Er erließ neue Statuten für die Klöster des Landes, Verordnungen über die Sonntagsheiligung und gab ein neues Rituale sowie ein während des ganzen 19. Jh. im Bistum gebräuchliches neues Gesangbuch heraus. Er reduzierte aber auch die Zahl der kirchlichen Festtage und verbot verschiedene Wallfahrten. Unter B. erlebte das Hochstift Fulda eine letzte Blüte. B. starb am 25. 9. 1788.

Literatur: *W. v. Bibra*, Beiträge zur Geschichte der Reichsfreiherren von Bibra, 3 Bde. (München 1888). - *G. Richter* 84. - *U. Ried*, Die Wirtschaftspolitik Heinrichs VIII. von Bibra, Fürstbischof von Fulda (1759-1788) (Fulda 1916). - *St. Hilpisch* 17f. - *K. Wittstadt*, Der Bibliotheksgründer Fürstbischof Heinrich VIII. von Bibra (1759-1788), in: *A. Ball*, (Hg.), Von der Klosterbibliothek (Stuttgart 1978) 269-293.

Abbildungsnachweis: Zeitgen. Stich von Egid Verhelst d. J. (1733-1818), Mannheim. - Wien NB 521.404 B.

Werner Kathrein

Bicken, Friedrich Wilhelm (seit 1664 **Reichsfreiherr) von** (1661 – 1732)

1704 – 1717 Generalvikar in Mainz

* 1661 in Heiligenstadt als Sohn des kurmainzischen Geheimrates und Vizedoms des Eichsfelds Philipp Kaspar und der Maria Magdalena von Walderdorff; 1680 Domizellar, später Domkapitular in Mainz; 1680 Domherr in Trier; Besuch des Gymnasiums in Trier, Heiligenstadt und Mainz; 1684 – 85 Studium in Rom als

Alumne des Collegium Germanicum; Kanoniker von St. Stephan in Mainz; 1699 Kanoniker, 1700 Kapitular von St. Ferrutius in Bleidenstadt; Propst in Klingenmünster; 1704 Generalvikar von Erzbischof L. F. v. (→) Schönborn; 1710 Statthalter in Erfurt; † 21. 5. 1732.

Literatur: *V. F. de Gudenus* II 433. - *H. Duchhardt*, Eltz 254.

Friedhelm Jürgensmeier

Bildstein, Joseph Ignaz von (1655 – 1727)

1711 – 1721 Generalvikar in Konstanz

* 1. 2. 1655 in Bregenz; Neffe des Generalvikars J. v. (→) Ach; 1671 Immatrikulation in Dillingen; 1673 – 78 Studium in Rom als Alumne des Collegium Germanicum; 11. 9. 1678 Priesterweihe in Rom; 1678 Chorherr zu St. Stephan in Konstanz; Immatrikulation in Perugia; nach 1678 Pfarrer von Weildorf bei Haigerloch und bald darauf von Harthausen (Krs. Sigmaringen). Der inzwischen zum Dr. theol. promovierte B. übernahm 1689 an der Universität Freiburg i. Br. den Lehrstuhl für Polemik, auf den er 1695 resignierte. 1691 und 1694 auch Rektor der Universität; 1690 – 1727 Propst von St. Stephan in Konstanz; 1695 Domherr in Konstanz (päpstl. Verleihung); 1700 Zulassung zum Kapitel. Bei den Verhandlungen zu der bevorstehenden Bischofswahl 1703 wurde ihm das Generalvikariat zugesagt, doch behielt K. F. (→) Geist von Wildegg es unter Bischof J. F. (→) Schenk von Stauffenberg bei. 12. 6. 1711 Generalvikar; 8. 5. 1721 Entpflichtung von diesem Amt wegen Alters und Krankheit; 1712 – 19 zusätzlich Vizeoffizial und zeitweise auch Archidiakon; † 24. 12. 1727; □ Konstanzer Münster.

Literatur: *B. Ottnad*, in: HS I/2 (im Ersch.).

Bernd Ottnad

Bilek von Bilenberg, Wenzel (seit 1687 **Reichsritter) ** (um 1631 – 1704)

1665 – 1670 Generalvikar in Königgrätz
1670 – 1702 Generalvikar in Prag

* um 1631; naher Verwandter des Erzbischofs M. F. (→) Sobeck von Bilenberg; Studium am Propagandakolleg in Rom (1659 Dr. theol.); Dekan von Holohlav; 1665 Domherr und erster Generalvikar (Offizial) in Königgrätz (Hradec Králové); administrierte in Abwesenheit Sobecks das junge Bistum; 1669 Domherr, 1677 Domscholaster und tschechischer Domprediger in Prag; 1681 zugleich Kanonikus in Alt-bunzlau (Stará Boleslav); Domdechant in Prag und Dechant des Allerheiligenkapitels auf der Prager Burg; Generalvikar der Erzbischöfe Sobeck, J. F. (→) Waldstein und J. (→) Breuner; † 20. 8. 1704.

Literatur: *A. Podlaha* 217 f. - *H. Brückner*, Königgrätz.

Kurt A. Huber

Bischopinck, Johann (1613 – 1667)

1657 – 1667 Weihbischof in Osnabrück,
Ep. tit. Aureliopolitanus
1657 – 1661 Generalvikar in Osnabrück
1662 – 1667 Metropolitanvikar in Osnabrück

* 1613 in Münster; 1627 Tonsur in Münster; 1633 Dr. phil. (Köln); bis 1638 Studium der Theologie in Köln (Dr. theol.), 1639 – 41 der Rechte in Ingolstadt (1641 Lic. iur.); 1643 Minores in Münster; Kanonikus am Kollegiatstift St. Viktor in Dülmen; Kanonikus am Kollegiatstift St. Johann in Osnabrück; 1. 7. 1644 Offizial von Bischof F. W. v. (→) Wartenberg in Osnabrück; 1645 Apostolischer Protonotar; 31. 3. 1646 Priesterweihe in Osnabrück; Dechant am Kollegiatstift St. Ludgeri in Münster. Auf dem Westfälischen Friedenskongreß in Münster vertrat B. Fürstbischof Wartenberg, den kurkölnischen Prinzipalgesandten und den Vertreter des Fürstbischofs von Augsburg, Heinrich von Knörringen, und stimmte so zeitweise für die Hochstifte Eichstätt, Augsburg, Regensburg und Osnabrück. Auf dem Exekutionstag in Nürnberg vom 7. 5. 1649 bis 28. 7. 1650 war B. an den Verhandlungen um die „Capitulatio perpetua Osnabrugensis" beteiligt, in der gemäß den Bestimmungen des Westfälischen Friedens („Instrumentum Pacis Osnabrugense", Artikel XIII) die kirchlichen Verhältnisse im Fürstbistum Osnabrück geregelt wurden. 1653 führte B. im Hochstift Osnabrück eine Kirchenvisitation durch. 1656 bestimmte Wartenberg ihn zum Weihbischof. 9. 7. 1657 Titularbischof von Aureliopolis und Weihbischof in Osnabrück; 21. 10. 1657 Bischofsweihe in Osnabrück; 1657 – 1661 Generalvikar in Osnabrück. Nach dem Tode Wartenbergs (1. 12. 1661) wurde entsprechend dem Westfälischen Friedensschluß der neue Bischof aus dem protestantischen Hause Braunschweig-Lüneburg bestellt, während die geistliche Verwaltung für die Zeit seiner Regierung an den Kölner Erzbischof fiel. (→) Max Heinrich von Bayern ernannte B. 1662 zu seinem Generalvikar („Metropolitanvikar") in Osnabrück und bestätigte ihn als Weihbischof. † 19. 9. 1667 in Osnabrück; □ St. Johann in Osnabrück.

Quellen: Pfarrarchiv St. Johann, Osnabrück.

Literatur: *J. C. Möller*, Weihbischöfe Osnabrück 153-160. - *H. Hoberg*, Gemeinschaft der Bekenntnisse 5, 28, 118-120. - *Ders.*, Bischöfliche Gewalt 18 f. - *F. Flaskamp*, Johannes Bischopincks Kirchenvisitation von 1653 im Hochstift Osnabrück, in: OM 83 (1977) 52-93. - *Ders.*, Eine wiederentdeckte Geschichtsquelle: Bernhard Matthiae's Visitation von 1653 im Bistum Osnabrück, in: OM 86 (1980) 24-54. - *Ders.*, Johannes Bischopincks Kirchenvisitation in den fürstlich-münsterschen Emslanden, in: JVWKG 75 (1982) 199-208. - *M. F. Feldkamp* 231 f.

Michael F. Feldkamp

Bissingen, Ernst Maria Ferdinand Freiherr von (1750 – 1820)

1778 – 1802 Generalvikar in Konstanz
1801 – 1813 Weihbischof in Konstanz, Ep. tit. Jasensis

* 16. 7. 1750 in Konstanz als Sohn des Joseph Cajetan Leopold Graf v. B. und der Maria Amalie Lucia Gräfin von Spaur; 1766 – 69 Studium beider Rechte in Würzburg, dann der Dogmatik und Moral in Konstanz; 1769 Domherr in Konstanz. Am 4. 1. 1778 ernannte Bischof M. Ch. v. (→) Rodt B. zum Präsidenten des Geistlichen Rates und zum Generalvikar. 26. 4. 1778 Priester; 1778 Domdekan. Da zum Weihbischof vorgesehen, verzichtete B. am 28. 3. 1801 auf das Generalvikariat, führte dessen Amtsgeschäfte aber noch bis zum Februar 1802 weiter. 23. 12. 1801 Titularbischof von Jasus und Weihbischof in Konstanz; 28. 3. 1802 Konsekration in der Hofkapelle zu Meersburg durch Franz von Clugny, den emigrierten Bischof von Riez in Frankreich. Am 20. 11. 1803 unterzeichnete B. für das Domkapitel den allgemeinen Sustentationsvergleich mit Kurbaden. Zum Dompropst von Waizen (Vác) ernannt, legte er am 24. 4. 1813 seine Konstanzer Ämter nieder und zog sich auf seine Güter in Ungarn zurück. Im Februar 1817 wurde er Kapitularvikar von Waizen. † 12. 3. 1820.

Literatur: *B. Ottnad*, in: HS I/2 (im Ersch.).

Bernd Ottnad

Blatter, Johann Joseph Arnold (1684 – 1752)

1734 – 1752 Fürstbischof von Sitten

Johann Joseph Arnold Blatter wurde am 17. 3. zu Visp (Wallis) als Sohn des Arnold B. von Zermatt und Visp, Landeshauptmanns von Wallis, und der Katharina Burgener von Visp geboren. Er besuchte das Jesuitenkolleg zu Brig

und studierte Philosophie und Theologie in
Wien, wo er im Konvikt St. Barbara wohnte
(Dr. phil.). Das Datum seiner Priesterweihe ist
nicht überliefert. 1708 – 11 war er Pfarrer von
Siders, 1711 wurde er Domkapitular und 1719
Pfarrer von Sitten. 1728 war er als Vertreter der
Diözese Abgeordneter zur Erneuerung des
Bundes des Wallis mit den katholischen Orten
der Eidgenossenschaft. Am 18. 5. 1734 wurde
er vom Domkapitel und dem Landrat, dem sein
Vater damals präsidierte, zum Fürstbischof
von Sitten gewählt. Die päpstliche Bestätigung
folgte am 27. 9. 1734, die Weihe durch Bischof
C. A. (→) Duding von Lausanne am 21. 11.
1734. Unter B. wurden 1735 zu Ernen und 1744
zu Lax Niederlassungen der Kapuziner gegründet. Er ermutigte zur Gründung des Bernhardi-
nerinnenklosters in Collombey. Andererseits
erlebte er das Ausscheiden der Mönche aus
dem Aostatal aus dem Kloster des Großen St.
Bernhard. B. war ein großer Förderer der
Jesuiten. 1748 veranlaßte er den Walliser Landrat zu Maßnahmen gegen die Freimaurer.

B. lag besonders an der Priesterausbildung. So
stiftete er 1651 zu Wien zwei Freiplätze für
Walliser Theologen. Weitere Stiftungen in Höhe von 4000 Kronen errichtete er zu Dillingen
und zu Novara. Vor allem aber erwarb er das
ehemals von französischen Karmelitern besie-
delte Kloster Gerunden bei Siders und eröffnete dort 1748 das erste Priesterseminar der
Diözese. Nach dem Brand der bischöflichen
Schlösser von Tourbillon und Majoria erbaute

er in der Nähe von Schloß Majoria ein Haus,
das den Fürstbischöfen als Residenz diente.

B. war von großer Freigebigkeit, Bescheidenheit und hinreißender Beredsamkeit. Wie
schon zu Lebzeiten, so ordnete er auch durch
sein Testament eine Reihe wohltätiger Stiftungen an. B. starb am 19. 1. 1752. Er wurde in der
Krypta des Domkapitels beigesetzt.

Quellen: Staatsarchiv Sitten, L 144: Biographia Episcoporum J. J. et J. A. Blatter.

Literatur: L. Meyer, Joh. Jos. Blatter, Bischof von
Sitten, 1684-1752, in: BWG 7 (1930) 242-263. - B.
Truffer 75 f. - L. Carlen 88. - Ders., Informativprozesse
54 f.

Abbildungsnachweis: Ölgemälde unbek. Künstler,
der Bischofsgalerie im Bischofspalais Sitten. - Foto J.-
M. Biner, Brämis/Sitten.

Louis Carlen

Blatter, Joseph Anton (1745 – 1807)

1790 – 1807 Fürstbischof von Sitten

→Bd. 1, 55 f.

Blau (Blaw), Johannes (1637 – 1694)

1692 – 1694 Generalvikar in Konstanz

* 17. 6. 1637 in Ehingen/Donau; 1651 Immatrikulation in Dillingen, 1652 in Salzburg; 1661
Bacc. theol., Lic. theol. und Dr. theol. (Dillingen); 1662 – 75 Chorherr zu St. Stephan in
Konstanz sowie bischöflicher Insiegler und
Fiskal; ab 1666 zusätzlich Generalvisitator in
Konstanz; möglicherweise bereits am 6. 11.
1664, spätestens aber im März 1668 Mitglied
des Geistlichen Rates. Seit 1670 im Besitz einer
Domherrenpfründe, erlangte B. 1675 mit der
zweiten possessio den Zugang zum Kapitel.
1686 – 94 Propst von St. Johann in Konstanz;
1687 als Statthalter des Dompropstes erwähnt;
1670 und 1675 gelegentlich, ab 1691 ständig
Vizegeneralvikar; vom 6. 1. 1692 bis zu seinem
Tod Generalvikar von Bischof M. R. v. (→)
Rodt; seit 1692 zugleich Vizeoffizial; † 21. 3.
1694 in Luzern während einer Audienz beim
päpstlichen Nuntius; □ St. Leodegar in Luzern.

Literatur: B. Ottnad, in: HS I/2 (im Ersch.).

Bernd Ottnad

Blavier, Jean Antoine ⟨OFMConv⟩ (1620 – 1699)

1654 – 1699 Weihbischof in Lüttich, Ep. tit.
        Dionysiensis

* 16. 10. 1620 in Lüttich als Sohn des François B. und der Ode d'Ans; um 1639 Eintritt bei den Franziskaner-Konventualen ebd.; Studium in verschiedenen Ordenshäusern, u. a. in Köln und Münster; 23. 10. 1644 Priester; Lektor der Philosophie im Kloster Kleve; 1646 Dr. theol.; Lektor der Philosophie oder Theologie im Kloster zu Lüttich; 1653 Provinzial der Lütticher Konventualen; Generalkommissar der Kölner Provinz. Auf Vorschlag von Fürstbischof (→) Max Heinrich von Bayern wurde B. am 4. 5. 1654 zum Titularbischof von Dionysias und Weihbischof in Lüttich ernannt. Da er nur unter Assistenz eines Bischofs konsekriert wurde, kamen später Zweifel an der Gültigkeit seiner Weihe auf. Wegen der von B. beanspruchten Präzedenz entstand alsbald ein Konflikt mit dem Domkapitel in Lüttich, und als der Fürstbischof B. 1655 zum Pönitentiar des Domkapitels ernannte, lehnte dieses seine Aufnahme mit der Begründung ab, er sei als Ordensmann für eine Präbende ungeeignet, gehöre nicht dem Adel an und könne nicht das vorgeschriebene Universitätsstudium nachweisen. Auf den Rat des Fürstbischofs und nach zweimaliger Anrufung des Papstes tauschte B. 1658 seine Domherrenpfründe gegen ein Kanonikat in Lüttich/Saint-Jean ein. Seit 1691 war B. kränklich und konnte seine Amtshandlungen nicht mehr vornehmen. 1695 stimmte B. der Berufung eines Weihbischof-Koadjutors unter der Bedingung zu, daß ihm selbst die mit seinem Amt verbundenen Vorrechte und Vorteile blieben. † 9. 7. 1699 in Lüttich.

Literatur: S. P. Ernst 238-346. - J. Daris, Liège XVII siècle 2 (1877) 140, 175. - U. Berlière 125-140. - J. Paquay 37. - L. Jadin, Relations 60. - F. Baix, in: DHGE 9 (1937) 168. - J. Hoyoux, Le procès de nomination de J. A. Blavier, in: BIHBR 35 (1963) 273-289.

Alfred Minke

Blouet de Camilly, François (1664 – 1723)

1694 – 1705 Generalvikar in Straßburg
1705 – 1723 Bischof von Toul
1723   Erzbischof von Tours

* 22. 5. 1664 in Rouen als Sohn eines Parlamentsrates. Die Familie des Vaters war im Dienst des Königtums aufgestiegen und hatte im 17. Jh. eine bedeutende Rolle im kirchlichen Leben von Caen gespielt. Der Großvater, Jacques B., war Finanzbeamter in Caen und Freund und Förderer des hl. Jean Eudes (1601 – 80) gewesen, der als Volksmissionar in der Normandie hervorgetreten war. Der Großvater hatte zusammen mit einem Verwandten Anteil an der Gründung des Priesterseminars von Caen gehabt, dessen Leitung J. Eudes anvertraut worden war. Einer seiner Söhne, ein Onkel B.s, war Generaloberer der Kongregation geworden. Die Familie war ferner mit den in der Caritasbewegung und im geistlichen Leben des 17. Jh. führenden Jean de Bernières und Gaston de Renty verbunden. Sie unterhielt außerdem enge Kontakte zu der Gesellschaft vom Allerheiligsten Sakrament und zum Seminar für die auswärtigen Missionen in Paris. B. hat möglicherweise selbst dieses Seminar besucht. In seinem Testament aus dem Jahre 1705 hat er es bedacht. Zugleich stiftete er einen Lehrstuhl der Theologie an der Universität Caen, der mit einem Eudisten besetzt werden sollte. Das Studienprogramm, das er dafür vorschrieb, ähnelte in vielem dem 60 Jahre zuvor von Jean Jacques Olier für Saint-Sulpice entworfenen Projekt. Daß B. die im Elsaß so tonangebenden Jesuiten nicht bedachte, war wohl kein Zeichen der Feindschaft, sondern seiner Distanz zu den theologischen Methoden des Ordens, die seinem Empfinden nicht entsprachen.

1692 wurde B. an der Sorbonne zum Dr. theol. promoviert. 1693 verlieh König Ludwig XIV. ihm als Kommendatar die Abtei Notre-Dame du Val-Richer (Diöz. Bayeux), die er 1694 in Besitz nahm. Wenig später wurde er Generalvikar des Straßburger Bischofs Kardinal W. E. v. (→) Fürstenberg. Im Jahre 1699 erhielt B. zusätzlich die Benediktinerabtei Notre-Dame de Saint-Pierre-sur-Dive (Diöz. Seez) als Kommende.

B. war in der französischen Spiritualität des 17. Jh. beheimatet. Dies äußerte sich in den wichtigen Dokumenten seiner amtlichen Tätigkeit, in Erlassen, Dekreten, Katechismen, Urteilssprüchen des Offizialates und in Anweisungen betr. die Sakramentenspendung. Diese waren nicht frei von rigoristischen Zügen, und wo sie nicht genau beachtet wurden, schreckte B. nicht vor der Maßregelung auch angesehener Seelsorger zurück. B. zeigte sich allerdings während seiner elf Straßburger Jahre wenig an doktrinären Fragen interessiert. Entsprechend seiner Familientradition konzentrierte er sich vor allem auf die missionarische Tätigkeit. 1694-99 unternahm er eine gründliche Visitation der Diözese, und 1700 begann er mit einer zweiten Visitation, die allerdings durch den Ausbruch des Spanischen Erbfolgekrieges unterbrochen wurde. Auf diesen langdauernden Reisen arbeitete er auf den Wiederaufbau der durch die Reformation desorganisierten und durch die Kriege verwüsteten Diözese hin.

Sein besonderes Interesse fand die Reorganisation des Pfarrlebens. Anderseits zielten seine Visitationen auf eine geistliche Verlebendigung hin. Daher ließ B. sich von einem Jesuiten begleitet, der die Predigten hielt und Beichte hörte. Wie einst Generalvikar M. de (→) Rabon war auch B. persönlich zu seelsorglichen Diensten bereit. Im übrigen wandte er sein Interesse sowohl den untergeordneten Alltagsfragen wie auch den Grundsatzentscheidungen zu. Sein diplomatisches Geschick bewies er, als es darum ging, das Domkapitel zur Wahl des A. G. de (→) Rohan zum Koadjutor F. E. v. (→) Fürstenbergs zu wählen. Am 1. 5. 1704 nominierte Ludwig XIV. B. zum Bischof von Toul. Die päpstliche Verleihung erfolgte am 7. 9. 1705. Nach der Konsekration durch Rohan verließ B. am 12. 11. Straßburg und nahm am 13. 12. 1705 Besitz von seinem neuen Sprengel, den er 15 Jahre lang leitete. Durch Ludwig XV. für das Erzbistum Tours nominiert, wurde B. am 20. 1. 1723 transferiert. Am 1. 5. 1723 nahm er Besitz von seinem neuen Bistum, wo er sich entschieden gegen den dort lebendigen Jansenismus wandte. † 17. 10. 1723 in Ligneil.

Literatur: *P. Calendini*, in: DHGE 9 (1937) 246f. - *R. Taveneaux* 213-215. - *Ch. Berthelot du Chesnay*, Les missions de saint Jean Eudes. Contribution à l'histoire des missions en France au XVIIe siècle (Paris 1967). - *L. Châtellier*, Tradition chrétienne 226-236. - *L. Châtellier*, Diocèse de Strasbourg 384-393. - Répertoire IV 395f.

Louis Châtellier

Blümegen, Hermann Hannibal Reichsfreiherr (seit 1768 **Reichsgraf**) von (1716 – 1774)

1764 – 1774 Bischof von Königgrätz

Hermann Hannibal von Blümegen wurde am 1. 6. 1716 zu Wien als zweiter Sohn des Hermann Jodok v. B., Geheimrats und Kanzlers des Fürstabtes von Kempten, seit 1720 kaiserlicher Reichshofrat, und der Isabella Genofeva Freiin von Deuring geboren. 1722 wurde die Familie in den niederösterreichischen Herrenstand und 1723 in den böhmischen Freiherrenstand aufgenommen. Sie erwarb die mährischen Herrschaften Lettowitz und Slatinka. B. selbst wurde 1736 mit seinen Brüdern Heinrich Kajetan, der Kammerpräsident zu Brünn, Mitglied des Staatsrates (1760) und später Landeshauptmann von Mähren war, sowie Johann Christoph, der später ebenfalls Landeshauptmann von Mähren wurde, in den böhmischen Freiherrenstand erhoben. Heinrich Kajetan wurde 1759, B. und sein Bruder Johann Christoph 1768 in den Grafenstand erhoben.

Der Studiengang von B. ist nicht bekannt. 1735 erwarb er an der Sapienza in Rom den Titel eines Dr. iur. utr., und am 23. 9. 1742 wurde er zum Priester geweiht. 1738 wurde er Domherr, 1759 Domdekan in Olmütz und 1751 außerdem infulierter Propst von St. Peter und Paul zu Brünn. 1751 erbaute er dort die Propstei und kurz darauf auf seiner 1746 erworbenen Herrschaft Wisowitz ein Schloß.

Am 5. 11. 1763 nominierte Maria Theresia B. zum Bischof von Königgrätz. Die päpstliche Verleihung erfolgte am 9. 4., die Konsekration durch den Olmützer Bischof M. v. (→) Hamilton am 27. 5. 1764. Am 15. 8. wurde B. in Königgrätz inthronisiert.

B. konzentrierte sich vornehmlich auf die Seelsorge. Dabei kam ihm zugute, daß die Propaganda-Kongregation 1765 die bereits von Bischof J. J. (→) Wratislaw von Mitrowitz im Jahre 1735 geforderten 20 neuen Pfarreien genehmigte und zugleich 20 000 fl. für die Vemehrung der Missionare, meist Jesuiten, bereitstellte. 1766 führte B. in Königgrätz eine feierliche Büßer-Mission durch, doch wurden die Missionen in der Diözese bald danach eingestellt. Als B. Ende des gleichen Jahres eine vollständige Umbesetzung des Konsistoriums vornahm und keinen einzigen seiner Kanoniker darin beließ, geriet er mit seinem Kapitel in ein so tiefes Zerwürfnis, daß er sich, nachdem er einen Schlaganfall erlitten hatte, auf seine Brünner Propstei zurückzog. Von dort aus nahm er die Verwaltung seiner Diözese weiter wahr. Um seinen Aufgaben gerecht zu werden, wählte er 1767 den Dekan des Brünner Kapitels und späteren ersten Bischof von Brünn, M. F. v.

(→) Chorinsky, zu seinem Weihbischof. Dieser vertrat ihn seitdem in Königgrätz und wurde 1771 sein Koadjutor. Dennoch nahm B. am Geschick seiner Diözese auch weiterhin persönlich Anteil. 1767 ordnete er für alle Priester achttägige Weihe-Exerzitien an, und 1774 wandte er sich mit zwei Schreiben über die kanonische Visitation und den priesterlichen Lebensstil an seinen Klerus. 1773 ordnete er die wirtschaftliche Leitung des Priesterhauses, und 1774 verpflichtete er sich für die Anstalt zu einer jährlichen Leistung von 8200 fl. Bereits 1771 hatte er angeordnet, daß bei den Predigten in seiner national gemischten Diözese auf die verschiedenen Muttersprachen der Gläubigen Rücksicht genommen werde. Im gleichen Jahr bestimmte er Johann von Nepomuk zum Diözesanpatron und seinen Festtag zum Feiertag.

B. starb am 17. 10. 1774 zu Brünn. Er wurde dort beigesetzt.

Literatur: *Ch. d'Elvert*, Die Grafen von Blümegen, in: Notizen-Blatt 1866, 17-21. - *J. J. Solař* 344-347. - *A. Neumann* 4. - *Z. Štěpánek*. - *A. Zelenka* 142 f.

Abbildungsnachweis: Porträtlithographie von Friedrich Dewehrt (* 1808). - Wien NB 520.605 B.

Aleš Zelenka

Boccard, Joseph-Hubert de (1697 – 1758)

1730 – 1745 Generalvikar der Diözese Lausanne in Freiburg/Schweiz
1745 – 1746 Apostolischer Administrator der Diözese Lausanne
1746 – 1758 Bischof von Lausanne

Joseph-Hubert de Boccard wurde in Vuippens (Kt. Freiburg) als Sohn des Landvogtes und späteren Freiburger Ratsherrn François-Nicolas de B. und der Rose de Malliard geboren und am 30. 8. 1697 getauft. Sein jüngerer Bruder François-Jean-Philippe trat 1716 in französische Dienste, befehligte als Oberst das nach ihm benannte Regiment und stieg 1759 zum Generalleutnant auf. B. besuchte das Jesuitenkolleg zu Freiburg/Schweiz, studierte Philosophie in Freiburg i. Br. und Theologie am Seminar Saint-Charles in Avignon sowie in Paris, wo er am 19. 9. 1722 die Priesterweihe empfing. 1724 wurde er in den Klerus ULFrau zu Freiburg/Schweiz aufgenommen und zum Rektor der Liebfrauenkirche gewählt. 1727 – 29 weilte er in Begleitung von Bischof C.-A. (→) Duding in Rom und erreichte, daß die Freiburger Liebfrauenkirche S. Giovanni in Laterano inkorporiert wurde. Von Rom aus ernannte Duding ihn am 11. 2. 1730 zusammen mit F.-P.-A. de (→) Gottrau und dem für den

solothurnischen Bistumsteil zuständigen J. K. (→) Glutz-Ruchti zum Generalvikar. B. übte das Amt bis zum Tode des Bischofs († 16. 6. 1745) aus und war danach Apostolischer Administrator der Diözese. Anfang Oktober 1745 bestimmte der Papst in Übereinstimmung mit dem Kanton Freiburg, mit Frankreich und dem Luzerner Nuntius B. zum Bischof von Lausanne. Dies wurde dem Freiburger Rat der Zweihundert am 25. 10. 1745 bekanntgegeben. Die Präkonisation fand erst am 9. 3. 1746 statt. B. wurde am 1. 5. 1746 von Nuntius Filippo Acciaiuoli in der Zisterzienserabtei St. Urban (Kt. Luzern) konsekriert. Am 8. 5. 1746 hielt er feierlich Einzug in Freiburg und nahm von seiner Diözese Besitz.

B. setzte in seinen Pastoralvisitationen und Hirtenbriefen die Bemühungen seines Vorgängers Duding um die Hebung der Kirchendisziplin fort. Er beteiligte sich an der Ausarbeitung des obrigkeitlichen Schulmandats von 1749, das die Aufsicht über die Freiburger Pfarrschulen verbesserte. 1750 erneuerte er die Vorschriften betr. die verbotenen Bücher. B. starb am 29. 8. 1758 auf seinem Landsitz Jetschwil. Er wurde in der Liebfrauenkirche zu Freiburg, deren Rektor er auch als Bischof geblieben war, beigesetzt.

Literatur: *M. Schmitt* - *J. Gremaud* II 532. - *Ch. Holder* 506-519. - HBLS 2 (1924) 282. - *C. Trezzini*, La successio à l'évêché de Lausanne en 1745. Un capucin de Lugano sur les rangs, in: ZSKG 61 (1967) 113-151. - *P. Rück*, in: HS II/2 (1977) 270. - *P. Braun*, in: HS I/4 (1988) 162 f. (Lit.).

Abbildungsnachweis: Ölgemälde, unbek. Künstler. -
AELGF Fribourg.

Patrick Braun

Bodman, Johann Wolfgang Reichsfreiherr von
(1651 – 1691)

1686 – 1691 Weihbischof in Konstanz, Ep. tit.
Dardaniensis

≈ 19. 1. 1651 in Bodman am Bodensee als Sohn
des Johann Adam v. B. und der Maria Magdalena von Sickingen; 1665 Domherr, 1675 Kapitular in Konstanz; 1666 – 73 Studium in Rom
als Alumne des Collegium Germanicum; 6. 8.
1673 Priester; 1686 Domkantor in Konstanz;
2. 9. 1686 Weihbischof in Konstanz und Titularbischof von Dardanus; 26. 11. 1686 Konsekration; † 29. 9. 1691.

Literatur: W. *Haid*, Weihbischöfe 13 f. - *H. Reiners*,
Konstanz 479. - *H. Tüchle*, in: HS I/2 (im Ersch.).

Rudolf Reinhardt

Boedigkeim (Poedigkeim, Pedigkeim, Pedig-
heim), Johann Ferdinand Joseph Freiherr von
(1685 – 1756)

1730 – 1756 Weihbischof in Freising, Ep. tit.
Amyclensis

* 8. 11. 1685 in Sulzemoos (Diöz. Freising);
1703 – 06 Studium in Rom als Alumne des
Collegium Germanicum; danach kurze Zeit
Studium der Rechte in Salzburg; 1706 Domherr
in Freising (päpstl. Verleihung, 1719 Aufschwörung); 25. 12. 1712 Priester; Pfarrer von
Grüntegernbach. Im Freisinger Domkapitel
war B. Kustos. Später Mitglied des geistlichen
Rates. Er führte den Titel eines Propstes vom
Petersbergkloster. Bei den Koadjutorieverver-
handlungen von 1723 Parteigänger (→) Johann
Theodors von Bayern; nach dem Tod J. S. (→)
Zellers zum Weihbischof bestimmt; 22. 11. 1730
Titularbischof von Amyclae; 31. 12. 1730 Konsekration durch Johann Theodor. B.s Verhältnis zum Fürstbischof kühlte sich später merklich ab. In den Auseinandersetzungen von 1748
war er der Wortführer des Domkapitels gegen-
über dem in Lüttich residierenden Johann
Theodor. Infolge von dessen Abwesenheit war
B. über lange Jahre der eigentliche Leiter des
Bistums. † 28. 4. 1756; □ Vorhalle des Freisinger Domes.

Literatur: *C. Meichelbeck - A. Baumgärtner* 596 f. - *M.
Weitlauff.*

Egon Johannes Greipl

Bokum, Jan Kazimierz de Alten
(um 1660 – 1721)

1701 – 1718 Bischof von Przemyśl
1718 – 1721 Bischof von Kulm

Jan Kazimierz de Alten Bokum wurde um 1660
(err.) als Sohn des Jan Henryk B., Truchseß von
Litauen, und der Konstancja Tekla Branicka
geboren. Die Familie war aus Kurland nach
Litauen eingewandert. B.s Studiengang ist
nicht bekannt. Er erlangte nur den Magister-
grad. Priester wurde er am 2. 2. 1698. Dank der
Unterstützung der Familien Branicki und Lu-
bomirski erhielt er mehrere Pfarreien in den
Diözesen Przemyśl und Krakau. Er war ferner
Kanonikus in Warschau (1683 – 93), Krakau
(1690 – 96) und Gnesen (Verzicht 1701). 1690
wurde er Sekretär des Königs Johann Sobieski
und 1696 Kronreferendar. König August II.
ernannte B., der ihn bei der Wahl unterstützt
hatte, 1698 zum Großsekretär der Krone und
zum Abt des Benediktinerklosters Lubiń im
Posener Land, 1699 auch zum Abt der Regularkanoniker in Tremessen bei Gnesen, doch
lehnte ihn das Ordenskapitel ab. Anfang 1701
nominierte der König B. zum Bischof von
Przemyśl. Die päpstliche Verleihung folgte am
18. 7., die Amtsübernahme am 13. 4. 1702. Am
23. 3. 1702 hatte August II. ihn zwar auch für
das Bistum Krakau nominiert, doch erlangte B.
nicht die päpstliche Zustimmung, vermutlich
weil die Schwester des Bischofs, Urszula Lubo-
mirska, eine Geliebte des Königs war. Ihr
wurde der Aufstieg des Bruders zugeschrieben. Als die Besetzung Krakaus nach langer
Vakanz (1701 – 10) zuungunsten B.s entschieden wurde, verschaffte August II. ihm 1711 das
einträgliche Stift der Regularkanoniker in
Czerwińsk a. d. Weichsel. Während des Nordischen Krieges (1700 – 1721) mußte B. zweimal
für längere Zeit außer Landes gehen. Nach
seiner Rückkehr nach Przemyśl widmete er
sich seit 1710 dem Wiederaufbau seiner Diözese. 1712 wurde er Unterkanzler.

Anfang 1718 nominierte August II. B. zum
Bischof von Kulm. Die Translation folgte am
27. 6. 1718, doch übernahm B. die Leitung erst
im Januar 1719 durch seinen Prokurator, am
30. 7. persönlich. Die Abtei Czerwińsk durfte er
beibehalten. Kulm war ärmer und im Senat um
zwei Sitze niedriger gestellt als Przemyśl. Der
Wechsel erklärt sich dadurch, daß die bischöflichen Güter von Przemyśl im Krieg vernichtet
und die nachfolgenden Streitigkeiten mit dem
Kapitel für B. nachteilig ausgegangen waren.
Auch seine kurze Amtszeit in Kulm war von
Auseinandersetzungen über wirtschaftliche
Fragen mit dem Domkapitel ausgefüllt. B. starb

am 30. 6. 1721 in Bischwalde bei Löbau. Er wurde im Dom zu Kulmsee beigesetzt. „Ein typischer Sohn seiner Zeit, begabt, aktiv und voller Unrast wie sein königlicher Protektor, teilte er dessen nicht immer glückliches Los; er übernahm auch dessen Regierungsmethoden, die für ihn selbst verhängnisvoll waren" (Kwolek).

Literatur: *J. Kwolek*, in: PSB 2 (1936) 246-248. - *A. Liedtke*, Zarys 93.

Abbildungsnachweis: Ölgemälde, unbek. Künstler. - Bischöfl. Residenz Pelplin. - HI Marburg, Bildarchiv Nr. 104340.

Hans-Jürgen Karp

Boos zu Waldeck, Franz Karl Ludwig Reichsfreiherr von (um 1710 – 1776)

1751 – 1755 Generalvikar für das Obererzstift Trier in Trier

*um 1710, viell. in Koblenz, als Sohn des Wilhelm Lothar, Reichsfreiherrn B. z. W. und Montfort, Herrn zu Kyllburg, Gerlfangen, Ramstein und Filzen (†1763), und der Amalie Luise Sophie Freiin von Hohenfeld. Die traditionsreiche, allerdings wenig vermögende Familie stand schon lange in trierischen Diensten, als sie im 18. Jh. mehrere Domherren in Trier und Hildesheim stellte. 1730 Domizellar und 1743

nach Empfang der Diakonatsweihe Kapitular, 1751 Domkantor in Trier; 16. 7. 1751 durch Erzbischof F. G. v. (→) Schönborn zum Generalvikar für das Obererzstift und zum Präsidenten des Konsistoriums ernannt. Beide Ämter gab B. bei der Ernennung zum Statthalter in Trier (18. 4. 1775) bzw. der Wahl zum Domdekan (3. 5. 1755) auf. 1746 – 69 als Personatist Inhaber der Pfarrei Engers; 1756 durch Erzbischof J. Ph. v. (→) Walderdorff zum Regierungspräsidenten sowie zum Forst- und Wegkommissar des Obererzstiftes ernannt. Als solcher beherrschte er zusammen mit seinem Bruder Ludwig den schwachen Erzbischof völlig. Aufgrund seines zynischen Machtgebarens, seiner hemmungslosen Selbstbereicherung und seiner persönlichen Lebensführung bildete seine Wirksamkeit einen Tiefpunkt der trierischen Geschichte. Seit 1764 bemühte sich die römische Kurie vergeblich um seine Entfernung vom Hof. Es gelang lediglich, seine Bewerbung um die Koadjutorie abzuwehren, obwohl B. sich 1768 zum Priester weihen ließ. Erzbischof (→ Bd. I) Klemens Wenzeslaus von Sachsen sicherte ihm Straffreiheit und seine Ämter zu. † 24. 3. 1776 in Trier; □ Kapelle des Bantusseminars, das er als Universalerben eingesetzt hatte.

Quellen: LHA Koblenz, Abt. 1C; Abt. 1D; Abt. 54. - BATr, Abt. 46. - HSK Trier 1764 ff.

Literatur: *G. Kentenich*, Triers Statthalter. - *L. Just*, Höfe. - *S. M. zu Dohna*. - *H. Raab*, Clemens Wenzeslaus.

Wolfgang Seibrich

Bordewick, Johann Kaspar (1652 – 1721)

1693 – 1705 Generalvikar in Münster

*11. 9. 1652 in Münster; Besuch des Jesuitengymnasiums in Münster; 1670 Tonsur in Münster; 1674 – 75 Studium in Rom als Alumne des Collegium Germanicum; 22. 12. 1674 Priesterweihe in Rom; 1688 Kanonikus an St. Ludgeri in Münster; Archidiakon in Buldern; 1693 – 1705 Generalvikar in Münster; 1694 führte B. eine Kirchenvisitation im Emsland durch; Apostolischer Protonotar; Dechant an St. Martini in Münster; Kanonikus an St. Johann in Minden; Offizial in Münster; † 6. 3. 1721 in Münster.

Quellen: BAM. - ACGU.

Literatur: *A. Tibus*, Weihbischöfe Münster 200.

Michael F. Feldkamp

Borzi, Pantaleone Lorenzo Antonio
(1697 – 1748)

1738 – 1748 Generalvikar in Trient
1744 – 1745 Generalvikar in Gurk

* 30. 10. 1697 in Trient; Studium in Salzburg
(Dr. iur. utr.). Von dort aus nahm er engen
Kontakt mit dem Präfekten der Wiener Hofbibliothek J. B. (→) Gentilotti auf. Er ging nach
Rom, widmete sich dem Studium der Geschichte, Kunstgeschichte und der alten Sprachen
und war nach einem Zwischenaufenthalt in
Trient seit 1720 wieder in Rom „auditor a
studiis" des Fürsten Francesco Borghese. 1723
wurde er Priester. In Rom begegnete er dann
Gentilotti. Nach dessen Tod und dem Tod
seines Vaters kehrte er nach Trient zurück.
1723 wurde er dort Provikar und 1738 Generalvikar unter Fürstbischof D. A. v. (→) Thun. Als
dieser 1748 entmachtet wurde, verlor B. seine
Stellung als Generalvikar. B. plante in Trient
ein Zentrum für historische Studien, das einem
zu errichtenden Priesterseminar angeschlossen werden sollte. † 31. 10. 1748 in Trient.

Literatur: *A. Costa* 350. - *J. C. Tovazzi* 30-32. - *C.
Donati* 31-34, 65, 255.

Josef Gelmi

Bourde, Otto de la (um 1630 – 1708)

1697 – 1708 Fürstbischof von Gurk

Otto de la Bourde wurde um 1630 zu Eger als
Sohn eines in österreichischen Diensten stehenden Offiziers aus Piemont geboren. 1664
wurde er Kommendatarabt der im Dreißigjährigen Krieg schwer geschädigten Abtei Banz
(Bistum Bamberg), um deren Wiederherstellung er sich verdient machte. Seit 1677 stand er
als wirklicher Rat im diplomatischen Dienste
des Kaisers, der ihn am 12. 1. 1697 zum Bischof
von Gurk nominierte. Der Erzbischof von Salzburg konfirmierte ihn am 27. 4. und hat ihn
wahrscheinlich auch konsekriert. Am 7. 7. 1697
ergriff B. Besitz von seinem Bistum.

Aus der Amtszeit von B. ist wenig überliefert,
denn der Bischof stand schon in vorgerücktem
Alter und war lange Zeit an sein Haus gebunden. Bei der Leitung der Diözese stand ihm seit
1701 als Präsident des Konsistoriums J. K. (→)
Schillermann zur Seite. Unter B. kam es zum
ersten Mal zu Streitigkeiten mit dem Erzbistum
Salzburg wegen der Ausübung der Jurisdiktion
im Marburger Distrikt, in dem die Bischöfe von
Gurk seit der Inkorporation der Pfarrkirche St.
Johann (1506) Quasiepiskopaljurisdiktion ausübten.

B. starb am 24. 12. 1708. Er wurde in der Hl.
Geist-Kirche zu Straßburg beigesetzt. Schon zu
Lebzeiten hatte er eine Reihe von wohltätigen
Stiftungen gemacht. Er setzte Kaiser Joseph I.
zum Universalerben seines bedeutenden Vermögens ein, bestimmte davon jedoch einen Teil
zu weiteren wohltätigen Zwecken.

Literatur: *J. Obersteiner* 420-424. - *Ders.,* in: Carinthia
I 168 (1978) 217-219.

Abbildungsnachweis: Gemälde im bischöfl. Palais in
Klagenfurt. - ADG.

Peter G. Tropper

Brabeck, Jobst Edmund Freiherr von
(1619 – 1702)

1688 – 1702 Fürstbischof von Hildesheim
1697 – 1702 Apostolischer Vikar des Nordens

Jobst Edmund von Brabeck wurde am 11. 11.
1619 als Sohn des Westhoff v. B. und dessen
Ehefrau Freiin Ursula von Landsberg zu Erwit-
te auf Haus Letmathe zu Hemer in der Grafschaft Mark geboren. 1630 wurde er als Domherr in Münster aufgeschworen und 1638
emanzipiert. 1649 – 50 weilte er studienhalber
in Italien, das er bereits in früheren Jahren
neben Frankreich auf einer Kavalierstour besucht hatte. Da sich B. 1650 für die Wahl
Ch. B.s v. (→) Galen zum Bischof von Münster
engagiert hatte, ernannte ihn dieser 1651 zum
Domkustos und Geheimen Rat und übertrug

ihm als Statthalter zeitweise die Regierung des Stiftes. Außerdem betraute Galen B. mit verschiedenen Gesandtschaften. 1655 wählte ihn das münstersche Domkapitel zum Dechanten. Am 3. 7. 1667 empfing B. die Priesterweihe. Als Galen jedoch im gleichen Jahr die Wahl F.s v. (→) Fürstenberg zu seinem Koadjutor betrieb, kam es zum Bruch zwischen ihm und B., der sich in seinen Hoffnungen auf die Nachfolge getäuscht sah und sich nun mit einer Minderheit im Kapitel für den Kölner Erzbischof (→) Max Heinrich von Bayern als Koadjutor einsetzte. Nach der Wahl Fürstenbergs verließ B. Münster und trat in den Dienst Max Heinrichs. Dieser verlieh ihm 1668 ein Domkanonikat in Hildesheim und ernannte ihn 1669 zum Statthalter dieses Hochstiftes. 1674 erfolgte B.s Wahl zum Domdechanten in Hildesheim. Daraufhin legte er das münstersche Domdekanat nieder, behielt sein Kanonikat dort jedoch bei.

Nach dem Tod Max Heinrichs (1688) wählte das Hildesheimer Kapitel B. am 19. 7. 1688 zum Bischof und unterbrach damit die Reihe der Wittelsbacher Herzöge auf dem Hildesheimer Bischofssitz. B.s Wahl wurde u.a. dadurch ermöglicht, daß Bayern sich damals auf die Sicherung Kölns konzentrierte (→ Joseph Clemens von Bayern) und ernsthafte Kandidaturen in anderen Bistümern zur gleichen Zeit nicht betrieb. Nach einer Bedenkzeit von vier Wochen nahm B. die Wahl an. Sie wurde am 29. 11. 1688 bestätigt. Am 2. 7. 1689 empfing B. im Dom zu Hildesheim durch Weihbischof Fr. v. (→) Tietzen die Bischofsweihe.

Während B.s Regierungszeit erreichten die Auseinandersetzungen zwischen dem Bischof und der Stadt Hildesheim, die sich der landesherrlichen Gewalt weitgehend zu entziehen suchte, einen Höhepunkt. Der Konflikt entzündete sich hauptsächlich am bischöflichen Besatzungsrecht, dem städtischen Braurecht und den Beiträgen zu den Landessteuern. Die Streitigkeiten wurden unter B. nicht beigelegt. Dessen Stellung wurde dadurch geschwächt, daß die Stadt Rückhalt am Haus Braunschweig-Lüneburg fand. Das von den Welfen reklamierte Schutzrecht über die Hildesheimer Protestanten wirkte sich auch auf die Auseinandersetzungen mit den protestantischen Landständen aus, die über den Bau neuer katholischer Kirchen als Verletzung der Normaljahrsbestimmung, die Behinderung des lutherischen Gottesdienstes im Bereich der bischöflichen Amtshäuser und den Zwang zur Beachtung der katholischen Festtage Klage führten. Diese Beschwerden, mit denen sich auch das Reichskammergericht und der niedersächsische Reichskreis befassen mußten und die zu Lebzeiten B.s nicht mehr entschieden wurden,

ferner die Gefahr eines welfischen Eingreifens zwangen B. zu äußerster Zurückhaltung beim Ausbau des katholischen Kirchenwesens. So entstanden unter ihm neue Gottesdienststationen nur in Grasdorf, Westfeld und Henneckenrode. Aus seelsorglichen Gründen unterstützte B. die von den Jesuiten geförderte „Bruderschaft zu Ehren der Todesangst Jesu". Seine Bemühungen um Gründung eines Priesterseminars scheiterten am Widerstand des Domkapitels. In Anbetracht seines hohen Alters und in der Erkenntnis, daß der Bestand des Hochstiftes und die Stellung des Katholizismus durch Anlehnung an ein Fürstenhaus am wirksamsten gesichert würden, stimmte B. der Postulation des Kölner Erzbischofs Joseph Clemens zu seinem Koadjutor zu. Diese erfolgte am 18. 1. 1694 einstimmig.

Am 13. 5. 1697 wurde B. zum Apostolischen Vikar des Nordens ernannt. Das Vikariat umfaßte die braunschweig-lüneburgischen Territorien, Hamburg, Bremen, Mecklenburg, die ehemaligen Bistümer Magdeburg und Halberstadt sowie die Länder der Krone Dänemark. Am 12. 7. 1698 wurden seine Fakultäten auch auf Schweden ausgedehnt. B.s Stellung als Reichsfürst und sein Einvernehmen mit dem Kurfürsten von Brandenburg hatten die Propagandakongregation zu dieser Ernennung bewogen. Aus Altersgründen und aus der Sorge davor, daß das Auftreten eines Bischofs den in den Diasporagebieten lebenden Katholiken Unannehmlichkeiten bereiten könne, unter-

nahm B. jedoch keine Visitations- und Firmungsreisen in seinem Vikariat.

B. starb am 13. 8. 1702. Kurz zuvor war ein Übereinkommen erzielt worden, das den im Spanischen Erbfolgekrieg auf französischer Seite stehenden Joseph Clemens von der Regierung in Hildesheim ausschloß und dem Domkapitel die Verwaltung des Hochstiftes übertrug. B. wurde in der Barbara-Kapelle im südlichen Seitenschiff des Hildesheimer Domes beigesetzt.

Literatur: *J. Metzler*, Apostolische Vikariate 70-72. - *J. Gebauer*, Geschichte der Stadt Hildesheim, Bd. 2 (Hildesheim-Leipzig 1924) 118-123, passim. - *A. Bertram*, Hildesheim III 86-105. - *H. Kraas*, Jobst Edmund Freiherr von Brabeck, Fürstbischof von Hildesheim, ein Kind Letmathes, 1619-1702, in: Der Märker. Heimatblatt für den Bereich der ehem. Grafschaft Mark 7 (1958) 325-330. - *W. Kohl*, Galen 308-312, passim. - *F. Keinemann*, Domkapitel Münster 222. - *H.-G. Aschoff*, Hildesheim 86.

Abbildungsnachweis: Stich von Hendrik Cause (1648-1699) nach Zeichnung von Jan Sebastian Loybos 1695. - Wien NB 519.135 B.

Hans-Georg Aschoff

Brabeck, Theodor Freiherr von ⟨OSB⟩ (1735 – 1794)

1792 – 1794 Fürstbischof von Corvey

Johann Karl Theodor von Brabeck wurde am 19. 7. 1738 auf Haus Lohausen bei Hamm als Sohn des Peter Franz Walter v. B. und dessen Ehefrau Maria Ottilia Schenck von Niddeg geboren. Er hatte fünf Brüder. Karl Theodor, später nur Theodor genannt, trat in die Benediktinerabtei Corvey ein. Dort studierte er Philosophie und Theologie. Insbesondere seine Kenntnis der Hl. Schrift wurde später gerühmt. Zum Priester wurde er am 18. 9. 1762 in Hildesheim geweiht. B. übernahm in Corvey wichtige Ämter in Seelsorge und Verwaltung. 1768 sandte sein Konvent ihn als Vertreter an das Reichskammergericht in Wetzlar. Am 17. 7. 1776 wählte er ihn zum Abt.

Auf B. warteten neben der Beseitigung der wirtschaftlichen Folgen des Siebenjährigen Krieges zwei schwierige Aufgaben. Dabei ging es um schon lange schwebende Auseinandersetzungen mit dem benachbarten Fürstentum Braunschweig und dem Fürstbistum Paderborn. 1777 kam es mit Braunschweig und 1779 nach mehreren Rotaentscheidungen mit Paderborn zu einer Einigung. Dabei mußte Corvey zwar auf verschiedene Rechte und Gefälle verzichten, doch wurde andererseits seine territoriale und jurisdiktionelle Unabhängigkeit anerkannt. Der Abtei war damals sehr an einer Bereinigung der strittigen Rechts- und Hoheitsfragen gelegen, da sie sich mit dem Gedanken trug, zur Sicherung der Abtei nach dem Vorbild Fuldas (A. v. → Buseck) die Umwandlung zum Bistum vornehmen zu lassen. Dieses Bestreben ist auf dem Hintergrund der damals stark absinkenden Zahl von Konventsmitgliedern zu sehen (1776: 23; 1778: 13). Die ersten Schritte in diese Richtung bildeten die Gründung eines Priesterseminars im Jahre 1786 sowie die Berufung von Weltpriestern zur Mitwirkung beim Klostergottesdienst. Nach den am Hl. Stuhl vorgelegten Plänen sollte der Abt erster Bischof werden. Ihm sollte ein Kapitel von 12 Domherren zur Seite stehen. Außerdem waren zwei Professoren-, sechs Vikars- und sechs Seminaristenstellen vorgesehen. Gegen den Widerspruch des Erzbischofs von Mainz und des Kaisers konnte sich die Abtei 1792 mit ihrem Anliegen durchsetzen. Die päpstliche Errichtungsbulle wurde jedoch erst am 19./20. 2. 1794 vollzogen. Dadurch wurde B. erster Bischof von Corvey. Er starb schon am 25. 10. 1794 in seiner Abtei. Dort fand er auch sein Grab.

Literatur: *G. Föllinger*, Corvey - Von der Reichsabtei zum Fürstbistum (München u. a. 1978).

Abbildungsnachweis: Öl auf Leinwand. - Privatbesitz des Freiherrn von Lünick, Haus Ostwig. - WAD Münster.

Karl Hengst

Bräsler (Presler), **Adam Fabian** († 1652)

1651 – 1652 Dechant der Grafschaft Glatz
(Erzdiöz. Prag)

∗ in Johannesberg (Schlesien); Besuch des Jesuitengymnasiums in Glatz; Studium der Philosophie und Theologie in Prag (1615 Mag.); 1629 Priesterweihe in Prag; Kaplan in Glatz; 1649 Pfarrer von Rengersdorf; 19. 4. 1651 Dechant der Grafschaft Glatz; 1652 Pfarrer von Habelschwerdt; † 5. 8. 1652 in Rengersdorf.

Literatur: *F. Volkmer* 60 f.

Erwin Gatz

Braida, Franz Julian Graf von (1654 – 1727)

1703 – 1727 Weihbischof in Olmütz, Ep. tit.
Hipponensis, Generalvikar in Olmütz

∗ 7. 3. 1654 in Znaim (Diöz. Olmütz); Besitzer des Gutes Haittrenberg; 1671 – 75 Studium in Rom als Alumne des Collegium Germanicum; Dr. iur. utr.; 1681 Priester; Domherr, ab 1694 res., in Olmütz; 4. 6. 1703 Titularbischof von Hippo und Weihbischof in Olmütz; † 1727.

Literatur: *Z. Štěpánek.*

Aleš Zelenka

Braitenbücher, Joseph Heinrich von
(1676 – 1749)

1708 – 1749 Generalvikar in Wien
1728 – 1749 Weihbischof in Wien, Ep. tit. Antigonensis

≈ 14. 4. 1676 in Wien; Studium in Wien (1694 Dr. phil.; 1699 Dr. theol.); 1. 8. 1699 Priester; 1701 Domherr bei St. Stephan in Wien (landesherrl. Nomination) und Apostolischer Protonotar; 1702 Mitglied des niederösterreichischen Klosterrates; 1707 Dekan der Theologischen Fakultät, Wien; 1708 Dompropst von St. Stephan und damit zugleich Dechant von Kirnberg und Kanzler der Universität; 1708 Offizial und Generalvikar von Fürstbischof Fr. F. v. (→) Rummel. Im Pestjahr 1713 vertrat B. den erkrankten Bischof, und nach dessen Tod (15. 3. 1716) leitete er als Kapitelsvikar die Diözese. 12. 4. 1728 auf Bitte von Kardinal S. v. (→) Kollonitsch Titularbischof von Antigonia und Weihbischof in Wien; 16. 5. 1728 Konsekration durch Kollonitsch; 1730 Pfarrer von Hütteldorf (landesfürstl. Patronat); † 24. 2. 1749; ◻ Pfarrkirche Wien-Hütteldorf.

Quellen: AVA. - DAWi. - NÖLA.

Literatur: *F. Höller* 154-172. - *A. Wappler* 407, 481, 493. - *Th. Wiedemann* V 580. - *D. Leopold* 68 f.

Johann Weißensteiner

Brassert, Johannes (um 1625 – 1684)

1673 – 1684 Weihbischof in Speyer, Ep. tit.
Dauliensis
1674 – 1676 Weihbischof in Worms und im
thüringischen Teil des Erzbistums
Mainz

∗ um 1625 in Köln; Studium der Theologie und beider Rechte; Dr. iur. utr.; Priesterweihe; Dekan an den speyerischen Stiften Allerheiligen und St. German; 1655 unter dem Speyerer Bischof L. F. v. (→) Metternich-Burscheid Geistlicher Rat, Offizial und Richter; 1663 Stellvertreter des Generalvikars; Metternich-Burscheid bestimmte ihn 1673 zum Weihbischof in Speyer; 25. 9. 1673 Titularbischof von Daulia; 28. 1. 1674 Konsekration durch Metternich-Burscheid in Mainz; 10. 3. 1674 Mainzer Weihbischof in partibus Hassiae, Thuringiae, Eichsfeldiae et Saxoniae; da er ab Mai 1674 einziger Mainzer Weihbischof war, nahm er, ohne je in den eigenen Bistumsbereich zu kommen, Pontifikalhandlungen nur in partibus Rheni vor; 1676, nach dem Tode von Metternich-Burscheid, Rückkehr nach Speyer; nannte sich Weihbischof von Mainz, Worms und Speyer; † etwa März 1684.

Literatur: *V. F. de Gudenus* IV 835 f. - *J. S. Severus* 58. - *J. Feldkamm* 82. - *F. X. Remling* II 533 f.

Friedhelm Jürgensmeier

Braun, Philipp (1654 – 1735)

1705 – 1735 Generalvikar in Würzburg

≈ 22. 3.1654 zu Hollstadt bei Neustadt/Saale (Diöz. Würzburg); 1660 – 61 Besuch des Gymnasiums der Bartholomäer in Münnerstadt; 1670 am Priesterseminar in Würzburg; 26. 3. 1678 Priester; Seelsorgsaushilfe; 1679 Subregens am Klerikalseminar. Als Fürstbischof P. Ph. v. (→) Dernbach 1679 gegen die Bartholomäer einschritt und die Leitung des Priesterseminars Diözesanpriestern übertrug, verweigerte B. den geforderten Eid gegen die Bartholomäer und ging mit acht gleichgesinnten Alumnen nach Rom, wo er bei S. Giovanni dei Fiorentini als Lektor der Theologie wirkte. Nach Dernbachs Tod (1683) kehrte er nach Würzburg zurück, wurde Regens des Seminars, 1684 Prof. des Kirchenrechtes, 1686 Dr. theol., 1693 Kanonikus, 1695 Kustos, 1711 Dekan am Stift Haug und Geistlicher Rat, 1703 Geheimer Rat. 1704 und 1711 im Auftrag von Fürstbischof J. Ph. v. (→) Greiffenclau nach Rom; 1705 Generalvikar, stiftete im Neumünster und in seiner Heimat zwei Altäre; † 1. 6. 1735; □ Stift Haug.

Schriften: Schluß-Predig, mit welcher die von Johann Gottfried beschehene Einweyhung der Collegiat-Kirchen ... Haug ... geschlossen (Würzburg 1691). - Principia Juris Canonici (Nürnberg 1698). - Der andere Hohe Priester ... als Johann Philipp ... die Universitäts-Kirch am 13. 5. 1703 eingeweyhet hat (Würzburg o. J.). - Die Arche des Bundes in ihre alte Wohnung zurückgeführt, als ein Partikel von dem Leichnamb des H. Martyrers ... Aquilini ... auf Würzburg zurückgebracht (Würzburg 1706).

Literatur: R. Weigand, Philipp Braun (1654-1735). Bartholomäer, Professor, Stiftskapitular und Generalvikar, in: WDGB 44 (1982) 147-194.

Egon Johannes Greipl

Bredimus, Bernhard († 1668)

1665 – 1668 ernannter Weihbischof in Olmütz

* um 1605 in der Erzdiözese Trier; um 1635 zum Priester geweiht; Hauslehrer bei der Familie von Schwarzenberg; 1631 – 54 Inhaber der 19. Präbende am Xantener Viktorstift; 1652 Domherr, 1659 Domkustos in Olmütz; im April 1665 zum Weihbischof in Olmütz bestimmt; † 1668 ohne Konsekration.

Quellen: Stiftsarchiv Xanten, H 17 a, H 19.

Aleš Zelenka

Breidbach zu Bürresheim, Emmerich Joseph Reichsfreiherr von (1707 – 1774)

1763 – 1774 Kurfürst-Erzbischof von Mainz
1768 – 1774 Fürstbischof von Worms

Emmerich Joseph von Breidbach-Bürresheim wurde am 12. 11. 1707 zu Koblenz als Sohn des Ferdinand Damian v. B. und der Anna Helena Sophie von Warsberg geboren. Das rheinische Ministerialengeschlecht der B. wird 1246 erstmals urkundlich erwähnt. 1691 in den Reichsfreiherrenstand erhoben, nannte es sich nach seinen früheren Besitzungen in Rheinbreitbach bei Honnef und nach Burg Bürresheim bei Mayen (Eifel), die 1473 erworben werden konnten. Ende des 17. Jh. verlegte die trierisch-kölnische Linie der Familie ihren Stammsitz

nach Koblenz. Im 17. und 18. Jh. waren mehrere Familienangehörige Mitglieder der Domkapitel von Mainz und Trier. Auch von den 18 Geschwistern B.s wurden zwei Domherren. Andere fanden ihre berufliche Position im Dienst der rheinischen Stifte und Territorien.

Der Einfluß seiner Familie und die engen verwandtschaftlichen Beziehungen zu den Domstiften verhalfen dem für die Klerikerlaufbahn bestimmten und bereits 1713 tonsurierten B. früh zu Präbenden. 1714 wurde er Domizellar am Trierer Domstift. Die Aufschwörung für das Mainzer Domstift folgte 1719. In dieser Zeit begann auch seine schulische Ausbildung, zunächst in Trier und dann in Mainz und Köln. Gleich einem an den Domen von Mainz, Trier, Würzburg und Speyer bepfründeten Bruder seiner Mutter absolvierte B. das für einen Domherrn obligatorische Biennium um 1724-26 an der Universität in Reims. In diesen Jahren besuchte er auch Paris. Neben philosophischen und theologischen Studien widmete er sich mit Vorliebe der Archäologie und der Geschichtswissenschaft. Dieses historische Interesse hat er als Erzbischof und Kurfürst bewahrt. Er zeigte regen Anteil an den Arbeiten der Kirchenhistoriker Joseph Fuchs und St. A. (→) Würdtwein, ließ Inschriften sammeln und förderte die Ausgrabung der römischen Altertümer. Nach der Rückkehr aus Reims setzte B. in Mainz sein Studium fort und belegte Jurisprudenz. In diesen Jahren entschied er sich endgültig für den geistlichen Stand. Er empfing 1732 die Minores und das Subdiakonat und wurde bald darauf in das Mainzer Domkapitel aufgenommen. Einlaß ins Trierer Domkapitel fand er 1736. Zu dieser Zeit dürfte er bereits Stiftsherr von St. Alban in Mainz gewesen sein. Mitglied des Mainzer Ritterstiftes St. Viktor wurde er 1738. Der talentierte und sprachbegabte B. – er beherrschte Latein, Französisch und Italienisch – war eine sehr offene Natur, verriet einen ausgeprägten Sinn für Gerechtigkeit und Wahrhaftigkeit, galt als gewandt und frohem gesellschaftlichem Treiben zugeneigt. Seine für moderne Zeitströme empfängliche Geisteshaltung brachte ihn rasch in enge Verbindung zu Staatsminister Anton Heinrich Friedrich von Stadion (1691 – 1768). Dieser erklärte Anhänger der französischen Aufklärung war wegen seiner umsichtigen, am Volkswohl orientierten und erfolgreichen Wirtschafts- und Finanzpolitik und wegen seiner Reformbemühungen im Rechtswesen einer der bedeutendsten Mainzer Staatsminister des 18. Jh. Er verehrte Voltaire, mit dem er früh persönlich Bekanntschaft gemacht hatte, war begeistert von der Gedankenwelt Montesquieus und nahm regen Anteil an der seit 1751 von Diderot und d'Alembert herausgegebenen Encyclopédie.

Von Großhofmeister Stadion und seinem Kreis beeinflußt, machte sich B. die aufgeklärte Staats-, Rechts- und Gesellschaftsauffassung zu eigen. Ab 1752 war er in der Lage, die Mainzer Regierungsgeschäfte in diesem Sinn mit zu beeinflussen, da Erzbischof J. F. K. v. (→) Ostein ihn zum Hofrats- bzw. Regierungspräsidenten ernannte.

Seitdem gehörte es zu seinen Obliegenheiten, für den geordneten Geschäftsgang in Hofrat und Kanzlei Sorge zu tragen und die täglichen Ratssitzungen zu leiten. 1764 verfügte er als Erzbischof eine Reform der Kurmainzer Regierungsverwaltung. Seine eigenen mehrjährigen Erfahrungen als einer der ranghöchsten Beamten des Kurstaates hatten ihn manchen Mißstand erkennen lassen.

1758 gelang es B., als Nachfolger seines Verwandten Johann Franz von Hoheneck († 1758) Mainzer Domdekan zu werden. Am 5. 10. 1758 ließ er sich in Trier durch Weihbischof N. v. (→) Hontheim zum Priester weihen.

Schon seit längerem bemühte sich die von der Kölner Nuntiatur als wenig romfreundlich charakterisierte Familie der B. um eine geistliche Kurwürde. 1754 scheiterten die Bemühungen Karl Ernsts v. B., eines älteren Bruders B.s, um das Erzbistum Trier. B. selbst gelang es dann, am 5. 7. 1763 in Mainz die Mehrzahl der Stimmen auf sich zu vereinen.

Der Wiener Hof und Nuntius Cesare Alberigo Lucini nahmen diese Wahl mit gemischten Gefühlen zur Kenntnis, denn B. galt als frankophil und, wie seine Familie, als scharfer Gegner der Kölner Nuntiatur. Während seines Pontifikates blieb die Korrespondenz aus der Nuntiatur aus grundsätzlichen Überlegungen fast gänzlich unbeantwortet. In wichtigen Angelegenheiten verhandelte B. stattdessen direkt mit der römischen Kurie. Die päpstliche Konfirmation der Mainzer Wahl und die Gewährung des Palliums erfolgten am 22. 10. 1763. Mit den anfallenden Gebühren belastete B. erstmals auch die Mainzer Jesuiten.

Am 13. 11. 1763 ließ B. sich von Weihbischof Chr. (→) Nebel im Oratorium des kurfürstlichen Schlosses zum Bischof weihen. Im gleichen Jahr hatte er sich auch vergeblich um das Bistum Worms bemüht, dessen Kapitel ihn erst am 1. 3. 1768 postulierte (Bestätigung 16. 5. 1768). Als die römische Kurie von ihm wegen Gewährung der Beibehaltung des Erzbistums Mainz eine Gebühr verlangte, lehnte B. diese aus prinzipiellen Erwägungen ab. Er vertrat die Auffassung, daß die zum Nachteil der Bischöfe

und der deutschen Nation eingerissenen „römischen Mißbräuche" abgeschafft und die „ursprünglichen bischöflichen Rechte" wiederhergestellt werden müßten. Dafür stützte er sich auf den 1763 erschienenen Febronius (→ Hontheim). Im Oktober 1768 ließ B. ein Programm für eine Vereinbarung mit dem Erzbischof von Köln bzgl. der „Wiedergewinnung" der bischöflichen Rechte erstellen. Bereits im Januar 1769 kam es dann zu einer Präliminarkonvention der beiden Erzbistümer mit der Festlegung episkopalistischer Leitlinien; im Dezember 1769 traten in Koblenz die Delegierten der drei rheinischen Erzbischöfe zusammen und erstellten eine 31 Artikel zählende „Vereinigungsurkunde" mit Gravamina gegen die römische Kurie (→ Klemens Wenzeslaus, Bd. I; M. F. v. Königsegg-Rothenfels).

Zu den Hauptpromotoren dieser antirömischen Union gehörte der Kurmainzer Sekretarius und spätere Hofkanzler Anselm Franz von Bentzel († 1786). Er und Karl F. Willibald von Groschlag († 1799), den der Kurfürst 1764 zum Vizehofmeister ernannte, waren B.s einflußreichste Berater.

Angesichts der schwindenden Reichsbedeutung, mit der sich Kurmainz im Laufe des 18. Jh. abfinden mußte, kam der Einfluß dieser Berater außenpolitisch nur bedingt zum Tragen. Um so deutlicher wirkten sich ihre Reformanstöße im Kurstaat selbst aus. Es kam dem Erzstift zugute, daß B. in Zusammenarbeit mit Groschlag und Bentzel die von Stadion eingeleitete Wirtschafts-, Finanz- und Rechtsreform weitertrieb. Gute Ansätze zeigte auch die vor allem von Bentzel forcierte Schulreform. Sie zielte auf eine umfassende Verbesserung des Erziehungs- und Schulwesens durch Trennung von Schul- und Kirchendienst, Aufbesserung der Lehrerbesoldung, Errichtung einer auch mit Laien besetzten Schulbehörde (1770) und Eröffnung einer Schullehrer-Akademie (1771), die unter die Leitung von Johann Friedrich von Steigentesch gestellt wurde, der 1765 – 69 mit nur geringem Erfolg versucht hatte, über die Wochenschrift „Der Bürger" die Aufklärung ins Volk zu tragen.

Auf Widerstand des Volkes und vieler Kleriker stießen einige an sich zeitgemäße und notwendige Reformen im Kirchen- und Liturgiewesen. Dazu zählten die Vereinfachung des Gottesdienstes, die Eindämmung der barocken Wallfahrtsaktivität und vor allem die Reduzierung bzw. Verlegung der vielen „gelobten" Feste und „Hagelfeiertage" durch eine Verordnung aus dem Jahre 1769.

Ganz dem Geist der Aufklärung entsprach B.s Ordenspolitik. 1770 verordnete er strenge Klosterkerker. 1771 ordnete er an, daß alle Klöster ihre Besitzbriefe der geistlichen Zentralbehörde vorlegten. Seine Jesuitenfeindlichkeit zeigte sich bereits 1765 dadurch, daß er den aus dem Elsaß ausgewiesenen Ordensleuten die Aufnahme ins Erzstift versagte. 1769 verfügte seine geistliche Behörde ein strenges Zensurmandat für die Schulangelegenheiten der Jesuiten, engte deren Beichterlaubnis ein und verbot die Aufnahme von Novizen. Nach Aufhebung der Gesellschaft Jesu (1773) ordnete er die unverzügliche Ausweisung der seit 1561 in Mainz tätigen Ordensleute aus ihrem Kolleg und aus der Universität an. Gegenüber den Protestanten ging dagegen B.s Toleranz so weit, daß er 1768 der Errichtung eines Kollegiums von vier lutherischen Theologieprofessoren an der Universität Erfurt zustimmte und 1769 die Berufung des Christoph Martin Wieland († 1813) zum Philosophieprofessor ermöglichte.

Vom Geist der Ordensfeindlichkeit waren auch eine Verordnung von 1771 über „die Klöster der kurfürstlichen Lande" und ein Amortisationsgesetz von 1772 bestimmt, das ein weiteres Wachsen der Güter der „toten Hand" untersagte. Beide Erlasse kamen jedoch wegen des Widerstandes aus dem Domkapitel nicht zur Durchführung.

1766 sondierte B., ob er Aussicht auf die Wahl zum Abt von Stablo-Malmedy hatte, und 1770 bemühte er sich vergeblich um ein Wählbarkeitsbreve für Speyer. Dabei leitete ihn weniger der Wunsch nach einer Vermehrung der eigenen Pfründen als das Bemühen um das weitere Fortkommen seiner Familie.

B. starb am 11. 6. 1774 in Mainz. Zwei Jahre zuvor hatte er sein Testament gemacht und darin viel von seiner persönlichen Liebenswürdigkeit, seiner Gerechtigkeitsliebe und seinem Sinn für die Armen und Notleidenden durchblicken lassen. Er wurde im Mainzer Dom beigesetzt, dessen durch Blitzschlag und Feuer zerstörten Westturm er bis 1774 wieder aufgebaut hatte. Das Urteil über B. bewegt sich zwischen Extremen. Den Aufklärern galt er als der größte der Mainzer Kurfürsten, den Gegnern der Aufklärung als Zerstörer eines blühenden kirchlichen Lebens. B. war tatsächlich ein positiver Vertreter der katholischen Aufklärung. Sein Reformeifer überzog jedoch manchmal das Maß.

Literatur: A. J. Weidenbach, Die Freiherren von Breidbach zu Bürresheim, in: AHVN 24 (1872) 70-125. - A. Messer, Die Reform des Schulwesens im Kurfürstentum Mainz unter Emmerich Joseph (1763-1774). Nach ungedruckten amtlichen Akten dargestellt (Mainz 1897). - A. L. Veit, Emmerich Josef von Breidbach-Bürresheim, Erzbischof von Mainz (1763-1774), und die Verminderung der Feiertage . . . , in: W. Schellberg, u. a. (Hg.), Festschrift Sebastian Merkle (Düsseldorf 1922) 348-370. - H. Raab, Die Breidbach-Bürresheim in der Germania Sacra. Eine Skizze der Reichskirchenpolitik der Mainzer Kurfürsten Emmerich Joseph und seines Bruders Karl Ernst, in: Mainzer Almanach 1962, 91-106. - K. J. Krüger, Karl Friedrich Willibald von Groschlag (1729-1799). Ein Beitrag zur Kurmainzischen Politik und zur Aufklärung im Rhein-Main-Gebiet. (Köln 1970). - H. Mathy, Das Testament des Mainzer Kurfürsten-Erzbischofs Emmerich Joseph von Breidbach-Bürresheim, in: AmrhK 24 (1972) 267-276.

Abbildungsnachweis: Kupferstich von Wilhelm Christian Rücker(t), Mainz († 1774). - Foto Popp, Mainz.

Friedhelm Jürgensmeier

Breidbach zu Bürresheim, Lothar ⟨OSB, Taufnahme: Friedrich Ignaz⟩ **Reichsfreiherr von** (1724 – 1794)

1778 – 1794 Weihbischof in Fulda, Ep. tit. Iericensis

* 6. 8. 1724 zu Bürresheim (Diöz. Mainz); 8. 9. 1742 Einkleidung, 15. 9. 1743 Profeß im Benediktinerstift Fulda; Studium in Fulda; 1. 3. 1749 Priesterweihe; 24. 9. 1749 Aufnahme in das Stiftskapitel; 1760 Präsident der Hofrentkammer in der Regierung des Hochstiftes Fulda; 1766 Propst von Holzkirchen, 1775 stattdessen vom Petersberg bei Fulda; 1778 Stiftsdechant und 1. 6. 1778 Ernennung zum Titularbischof von Jericho und Weihbischof in Fulda; 29. 6. 1778 Konsekration. B.s Tätigkeit als Weihbischof beschränkte sich im wesentlichen auf die Wahrnehmung der Pontifikalhandlungen. † 7. 7. 1794.

Literatur: *G. Richter* 86.

Werner Kathrein

Brendt (Prendt), Jodok, gen. Höpfner
(1606 – 1686)

1658 – 1671 Passauer Offizial und Generalvikar für das Land unter der Enns
1670 – 1682 Weihbischof in Passau, Ep. tit. Lampsacensis

* 28. 10. 1606 in Brendt bei Neustadt (Franken); Studium der Theologie und 1631 Priesterweihe in Würzburg; Studium des kanonischen Rechtes in Rom an der Sapienza (Dr. iur. can.). In Rom trat B. in den Dienst des Passauer Fürstbischofs (→) Leopold Wilhelm von Österreich. Seine Begabung und seine guten Sprachkenntnisse befähigten ihn zum diplomatischen Dienst. 1658 bestellte Leopold Wilhelm ihn zum Offizial und Generalvikar des Bistums Passau für das Land unter der Enns. Schon seit 1644 Dekan und Stadtpfarrer in Enns, wurde er 1668 auch Dekan der Theologischen Fakultät in Wien. Er war ferner Propst des Kollegiatstiftes Mattsee. Unter Fürstbischof W. v. (→) Thun wurde B. am 19. 5. 1670 zum Titularbischof von Lampsacus und Weihbischof in Passau ernannt und am 3. 8. 1670 durch Thun konsekriert. Als Ausstattung wurde ihm die Pfarrei Tulln (Niederösterreich) verliehen. Am 1. 2. 1671 legte er das Amt des Offizials nieder. 1682 Resignation auf das Amt des Weihbischofs und des Propstes von Mattsee; † 23. 2. 1686 in Tulln; □ Tulln.

Literatur: *A. Kerschbaumer* 515. - *L. H. Krick*, Domstift 210, 219. - *R. Zinnhobler* - *J. Ebner* 113-120.

August Leidl

Breuner, Anton Ernst Franz Reichsgraf (seit 1776 Fürst) von (1724 – 1789)

1764 – 1789 Passauer Offizial und Generalvikar für das Land ob der Enns

* 4. 10. 1724 in Graz; 1741 Domherr und Stiftspropst von St. Veit in Freising, 1747 Domherr in Passau; 1764 Priesterweihe in Passau; seit 1764 Offizial und Generalvikar des Bistums Passau für das Land ob der Enns; † 15. 2. 1789 in Passau.

Literatur: *L. H. Krick*, Domstift 92, 216. - *Ders.*, Stammtafeln 51.

August Leidl

Breuner, Franz de Paula Xaver Ludwig Jakob Reichsgraf (seit 1776 Fürst) von (1723 – 1797)

1768 – 1773 passauischer Offizial für das Land unter der Enns
1773 – 1777 Fürstbischof von Lavant und Salzburger Generalvikar für Ober- und Unterkärnten
1786 – 1797 Fürstbischof von Chiemsee

Franz de Paula Xaver Ludwig Jakob Graf von Breuner wurde am 21. 5. 1723 zu Graz als viertes von acht Kindern des späteren Geheimen Rates, Landeshauptmanns in der Steiermark, Obersten Justizpräsidenten und Obersten Erblandkämmerers in Görz, Karl Adam v. B. und der in zweiter Ehe mit ihm verheirateten Maria Josepha Gräfin von Starhemberg geboren. B. schlug wie sein jüngerer Bruder Anton Ernst Franz, der später passauischer Generalvikar für den Diözesananteil ob der Enns wurde, die geistliche Laufbahn ein. 1738 wurde er tonsuriert und Domizellar in Augsburg. 1743 trat er ferner in das Regensburger, 1746 in das Salzburger und 1756 in das Passauer Domkapitel ein, doch gab er 1766 die Regensburger und 1788 die Passauer Pfründe wieder auf. Seine Primiz feierte er am 27. 12. 1754 in Salzburg. 1768 – 73 amtete B. als passauischer Offizial für das Land unter der Enns.

Am 30. 9. 1773 nominierte der Salzburger Erzbischof Hieronymus von (→Bd. I) Colloredo seinen Vetter B. zum Fürstbischof des kleinen Salzburger Eigenbistums Lavant. Die Konfirmation folgte am 21. 12. 1773, die Konsekration am 9. 1. 1774. Außerdem verlieh Colloredo B. 1773 die Propstei St. Moritz in Friesach sowie den Titel eines erzbischöflich-salzburgischen Geheimen Rates. Seine Kanonikate konnte B. mit päpstlicher Dispens beibehalten. Zugleich mit dem Bistum übernahm B. das Generalvikariat für den Kärntner Anteil der Erzdiözese Salzburg. B. ist in Lavant bis auf einige Baumaßnahmen nicht hervorgetreten.

Als B. Ende 1776 zum Salzburger Domdekan gewählt wurde, resignierte er am 1. 5. 1777 das Bistum Lavant, nachdem Colloredo ihm zuvor den Titel eines Reichsfürsten ad personam vermittelt hatte. Im Streit zwischen Colloredo und dem Chiemseer Fürstbischof F. Chr. v. (→) Zeil sowie dem Salzburger Domkapitel um die Steuerpolitik des Erzbischofs im Jahre 1779 stand B. auf seiten seines Vetters. Daher wurde er von zwei Kapitelsitzungen ausgeschlossen.

1781 resignierte er wegen des Vorwurfes, er habe gegen die Interessen des Kapitels gehandelt, auf das Dekanat.

Am 15. 6. 1786 nominierte Colloredo B. zum Fürstbischof von Chiemsee. Die Konfirmation fand am 12. 10. 1786, die Installation am 22. 4. 1787 statt. 1787 wurde die Ortschaft Aurach Sitz eines Vikariates. Andererseits erfolgte in den Jahren 1788−90 die Schließung bzw. Demolierung mehrerer Nebenkirchen im bayerischen wie auch im Tiroler Teil der Diözese. 1792 ordnete B. die Visitation seines Sprengels an, doch mußte diese wegen des Todes des Propstes von Herrenchiemsee abgebrochen werden. Das 1778 erworbene Salzburger Schlößchen Emslieb verkaufte B. 1796 wieder. Insgesamt galt B. als wenig initiativ, aber ehrenwert. Er war von Colloredo und dessen Familie stark abhängig. B. starb am 1. 3. 1797 in Salzburg. Er wurde im Dom beigesetzt.

Quellen: EKAS.

Literatur: J. Rauchenbichler 232f. - K. Tangl 337f. - L. H. Krick, Domstift 93, 219. - A. Haemmerle, Domstift 30. - F. Lanjus, Die Breunner (Wien 1938) Tafel 3. - J. v. Moy, Fürstungen 251-256. - U. Salzmann 72-76. - E. Naimer 101.

Abbildungsnachweis: Ölporträt um 1795 von Franz Nikolaus Streicher (1738-1811) im Chiemseehof Salzburg. - Wien L 630 D.

Erwin Naimer

Breuner (Breiner), **Johann Josef Reichsfreiherr** (seit 1693 **Reichsgraf**) **von** (1641 − 1710)

1670 − 1695 Weihbischof in Olmütz, Ep. tit. Nicopolitanus
1672 − 1695 Generalvikar in Olmütz
1695 − 1710 Fürsterzbischof von Prag

Johann Josef von Breuner wurde am 20. 7. 1641 zu Wien als Sohn des Ferdinand v. B. und der Polyxena Gräfin von Starhemberg geboren. Die Familie B. war niederländischer Herkunft, aber schon seit dem 14. Jh. in der Steiermark und später in Oberösterreich ansässig. 1693 wurde sie in den Reichsgrafenstand erhoben. Ein Onkel, Philipp Friedrich v. (→) B., war 1639 − 69 Bischof von Wien.

Schon als Knabe für den geistlichen Stand bestimmt, erhielt B. mit neun Jahren die Tonsur, mit 17 das Rektorat von St. Anna in Olmütz. 1659 wurde er Domizellar in Olmütz. 1659 − 65 studierte er in Rom als Alumne des Collegium Germanicum (Dr. phil.). 1663 wurde er Diakon. Das Datum der Priesterweihe ist nicht bekannt. 1666 wurde B. Domkapitular, 1668 Domscholaster und 1689 Domdechant in Olmütz. Am 15. 12. 1670 wurde er zum Titularbischof von Nicopolis und Weihbischof in Olmütz ernannt und 1671 konsekriert. Seit 1672 war er ferner Generalvikar in Olmütz. Am 23. 12. 1694 nominierte Kaiser Leopold I. ihn zum Fürsterzbischof von Prag. Die Translation folgte am 4. 7., die Verleihung des Palliums am 19. 9. und die Inthronisation am 6. 11. 1695.

Der verwaltungserfahrene B. begann bald mit einer Bestandsaufnahme. 1695 bereiste ein Beauftragter den Sprengel und erstattete Bericht über den Klerus. Im Jahre 1700 folgte eine Diözesanbeschreibung. 1697 veröffentlichte B. eine Instruktion für die Landdekane und Pfarrer nach Olmützer Vorbild. B. sah streng auf Disziplin, verteidigte aber auch die Rechte der Pfarrer gegenüber den Patronatsherren. Vom Landtag erreichte er 1697, daß die Patrone und Kollatoren die kirchlichen Grundstücke zurückgaben. Aus der 1630 geschaffenen Cassa salis (E. A. v. → Harrach) wurde die Cassa parochorum ausgesondert. 63 neue Seelsorgestellen wurden gegründet und materiell ausgestattet. Bei St. Karl in Prag/Neustadt entstand 1705 ein neues, ansehnliches Emeritenhaus.

B. veranlaßte 1701 eine Neuausgabe des Rituale Romano-Pragense und drang gemäß den Vorschriften des Trienter Konzils auf die gewissenhafte und gleichförmige Führung der Pfarrmatrikeln (1706). Im Priesterseminar erhöhte er die Zahl der Plätze von 30 auf 45. Die erzbischöflichen Mensalgüter vermehrte er um

Schloß Bischofteinitz und die Eisenhütte in Rosenthal. Die 180 Jahre lang verpfändete Herrschaft Kojetein in Mähren gewann er zurück.

Den Verlust der bereits unter seinem Vorgänger J. Fr. v. (→) Waldstein bedrohten Immunität des Klerus konnte B. nicht verhindern, und den Streit um die direkte Besteuerung des Klerus beendete er, indem er eine päpstliche Dispens einholte. Er widersetzte sich auch nicht der 1704 erhobenen Sonderabgabe („freiwilliges Geschenk"), die vom höheren Klerus ein Viertel des Einkommens, ferner die Ablieferung von Gold und Silber aus Kirchengerät (außer Kelch und Monstranz) verlangte, konnte dies aber z. T. durch eine Geldablösung abwenden. Gegen die Exemtionsansprüche der Benediktiner führte B. Klage in Rom. Während seiner Amtszeit ließen sich 1705 in Prag Trinitarier nieder. Es entstand ferner ein Noviziat der Bartholomäer. Es waren dies Stiftungen von Adeligen bzw. Prälaten. Als B. 1706 die Verehrung eines „wundertätigen" Marienbildes am Karlshof in Prag verbot und mit dem Interdikt drohte, bedeutete ihm der Wiener Hof, daß Kirchenstrafen nur mit staatlicher Erlaubnis verhängt werden dürften. Unter B. leitete das Domkapitel 1697 den Seligsprechungsprozeß für Johann von Nepomuk ein.

B. starb am 20. 3. 1710. Er fand seine Grabstätte im St. Veitsdom.

Literatur: *A. L. Frind*, Prag 231-235. - ČSB 2 (1916) 480f. - *A. Podlaha*, Dějiny arcidiecése pražské od konce století 17 do počátku 19 století [Die Geschichte der Erzdiözese Prag vom Ende des 17. bis zu Beginn des 19. Jahrhunderts] I/1 (Prag 1917). - *B. Menzel*, Exemtionsstreit zwischen den Äbten von Břevnov-Braunau und den Prager Erzbischöfen 1705-1758, in: Bohemia-Jahrbuch 17 (1976) 53-135. - *A. Zelenka* 56f.

Kurt A. Huber

Breuner (Breiner), **Philipp Friedrich Reichsfreiherr von** (1597 – 1669)

1630 – 1639 Weihbischof in Olmütz, Ep. tit. Joppensis
1639 – 1669 Fürstbischof von Wien

Philipp Friedrich von Breuner wurde am 6. 9. 1597 als ältester Sohn des kaiserlichen Feldzeugmeisters und Hofkriegsrates Johann Bapt. v. B. und der Elisabeth Konstantia Freiin von Harrach zu St. Margarethen am Moos, dem Stammsitz der niederösterreichischen Linie der Grafen v. B., geboren. Dieser Ehe entstammten zwölf Kinder; in einer zweiten Ehe des Vaters wurden noch zwei Kinder geboren. Die ältere Schwester Anna Elisabeth Agnes war

1638 – 70 Oberin des Augustinerinnenklosters zur Himmelspforte in Wien. Ein Neffe, Johann Josef v. (→) B., war 1695 – 1710 Fürsterzbischof von Prag. Ein Großonkel war Domdechant und Weihbischof in Olmütz.

Nach Absolvierung der Humaniora in Wien und Empfang der niederen Weihen (8. 6. 1615) studierte B. 1617 – 21 in Rom als Alumne des Collegium Germanicum. Hier empfing er 1621 die Diakonatsweihe und wurde von Papst Gregor XV. zum päpstlichen Kämmerer ernannt. Von seinem Vater zurückberufen, immatrikulierte er sich 1621 auf der Rückreise an den Universitäten Perugia und Padua. Am 8. 12. 1621 wurde er in Nikolsburg zum Priester geweiht und im gleichen Jahr in das Olmützer Domkapitel aufgenommen. Nach einer Studienreise (1622 Immatrikulation in Siena) kehrte B. in die Diözese Olmütz zurück, wo er später Archidiakon wurde. 1623 erhielt er ein Domkanonikat in Regensburg. Seit 1625 war er Mitadministrator des Bistums Breslau. 1627 wurde er Domherr in Breslau, 1629 Stiftspropst in Brünn. 1630 galt er als Kandidat für ein in Pilsen geplantes Bistum. Am 9. 9. 1630 wurde er jedoch auf Ersuchen von Kardinal Franz Fürst von Dietrichstein (1599 – 1636) zum Weihbischof in Olmütz mit dem Titel eines Bischofs von Joppe ernannt. 1631 folgte seine Erhebung zum römischen Grafen. Die bischöfliche Konsekration erhielt B. erst am 5. 9. 1635. Wohl auf Empfehlung seines Diözesanbischofs, des Erzherzogs (→) Leopold Wilhelm von Österreich, nominierte Kaiser Ferdinand III. B. am 3. 6. 1639 zum Fürstbischof von Wien. Die päpstliche Verleihung erfolgte am 5. 9., die Inthronisation am 26. 12. 1639. Mit päpstlicher Dispens durfte B. angesichts der geringen Dotation seines Sprengels seine übrigen Pfründen beibehalten.

Als Diözesanbischof bemühte B. sich um die Sicherung bzw. Stärkung der bischöflichen Rechte. Vom Kaiser erreichte er 1641 die Zusage, daß dieser keine Benefizien mehr an Ordensgeistliche - zum Schaden des Weltklerus und der bischöflichen Autorität - verlieh. B. war überhaupt darauf bedacht, den wachsenden Einfluß der Orden in Wien zurückzudrängen. Seine Bemühungen, als Diözesanbischof Anteil an der Finanzverwaltung seiner Domkirche zu erhalten, blieben erfolglos, ebenso die Versuche, die Verlassenschaftsabhandlungen über geistliche Benefizien der Stadt Wien und des Landesfürsten der bischöflichen Jurisdiktion zu unterstellen. Auch seine Proteste gegen das landesherrliche Plazet und die Einmischung der niederösterreichischen Regierung in die Prälatenwahlen erbrachten kein Ergebnis. B. führte gegen das Bistum Passau, das für seine Offizialatskirche Maria am Gestade in Wien Parochial- und Pontifikalrechte behauptete, einen langwierigen Prozeß. Eine erste Entscheidung fiel 1647 zugunsten des Bistums Wien aus. Der Streit flammte aber bald wieder auf und wurde zu Lebzeiten B.s nicht mehr beigelegt.

Zur Verbesserung der Pfarrseelsorge ließ B. 1646 eine neue Pfarreinteilung der Stadt Wien festsetzen, mit der die Grenzen der drei Hauptpfarreien St. Stephan, St. Michael und Schottenpfarrei erstmals eindeutig festgelegt wurden. 1645 traf er Anordnungen zur Sicherung der Seelsorge an den Pestkranken. 1652 wurde eine bischöfliche Zensurkommission eingerichtet. Zur Hebung der Disziplin und Bildung des Klerus erließ B. 1659 eine strenge Weiheordnung. Mit der Überwachung und Prüfung der zahlreich nach Wien strömenden fremden Geistlichen betraute er einen eigenen Konsistorialrat. B. erreichte, u. a. durch die Einführung apologetischer Predigten, die Rückkehr zahlreicher Protestanten zur katholischen Kirche.

Die Barockisierung des Stephansdomes durch Errichtung eines Hochaltares und eines Chorgestühls finanzierte B. aus eigenen Mitteln. Er vergrößerte ferner den Reliquienschatz der Domkirche durch Erwerbungen, die er 1646 anläßlich seines Adlimina-Besuches machte. B. führte an der Domkirche die römische Liturgie ein und ließ 1648 ein Proprium Sanctorum Viennense drucken. Er schärfte ferner die

Residenzpflicht der Domherren neu ein. 1649 – 52 erbaute er das bischöfliche Schloß in Wien – St. Veit neu.

B. wurde von den Zeitgenossen wegen seiner großen Frömmigkeit als exemplarischer Bischof gerühmt. In seinen letzten Lebensjahren erblindete er fast völlig, so daß er die bischöflichen Funktionen nicht mehr selbst ausüben konnte. Er starb am 22. 5. 1669 in Wien und wurde im Stephansdom beigesetzt. In seinem Testament hatte er besonders das Wiener Domkapitel und die Cur bei St. Stephan bedacht.

Quellen: AVA. - DAWi. - NÖLA.

Literatur: X. *Schier* 72-77. - A. *Luschin von Ebengreuth* 242. - J. *Kopallik* 298-319. - J. *Jungnitz*, Germaniker 125 f. - A. *Steinhuber*. - Privatbriefe Kaiser Leopolds I. an den Grafen F. E. Pötting, hg. v. A. F. *Pribram* (= FRA.S 57) (Wien 1904). - F. *Lanjus*, Die Breuner des Heiligen Römischen Reiches (Wien 1938). - J. *Schmidlin* 43 f. - E. *Tomek*, Kirchengeschichte Österreichs II 543-548. - H. *Tüchle*, Propaganda Fide 281. - F. *Weigle*, Matrikel Perugia 73 Nr. 968. - A. A. *Strnad*, Processus 280 f. - H. *Peters*. - F. *Loidl* - M. *Krexner* 50 f. - F. *Loidl* 80-86.

Abbildungsnachweis: Stich von Sebastian Jenet nach Gemälde von Tobias Pock. - 1650 publiziert. - Wien NB 523.383 B.

Johann Weißensteiner

Brigido von Marenfels und Bresoviz, Michael Leopold Freiherr (1742 – 1816)

1788 – 1807 Fürsterzbischof von Laibach
1807 – 1816 Bischof von Zips

Michael Brigido von Marenfels und Bresoviz wurde am 9. 2. 1742 zu Triest als vierter Sohn des Girolamo Freiherrn v. B. und der Maria Polixena von Prihovska geboren. Er studierte Theologie in Graz (Bacc.) und wurde am 13. 1. 1765 zum Priester geweiht. Später wurde er Domherr von Zips und Vorau sowie Pfarrer von Leutschau. Nachdem Kaiser Joseph II. ihn zunächst als Bischof von Zips vorgesehen hatte, nominierte er ihn am 5. 12. 1787 zum Erzbischof des kurz zuvor zum Erzbistum erhobenen Laibach (K. J. v. → Herberstein). Die päpstliche Verleihung folgte am 7. 4., die Konsekration durch Kardinal Christoph von (→ Bd. I) Migazzi am 27. 4. zu Wien und die Inthronisation am 8. 7. 1788.

Der erste Fürsterzbischof von Laibach war ein Vertreter der gemäßigten josephinischen Aufklärung. Er favorisierte zwar das josephinische Kirchenrecht, den jansenistischen Rigorismus und die Erneuerung der Kirchendisziplin, führte aber die josephinischen Reformen auf liturgischem Gebiet nicht mehr durch. Sein gemäßigter Standort kam vor allem in den beiden Pastoralbriefen an die Priester von 1803 und 1804 zum Ausdruck. Darin handelte er ausführlich über die Würde des Priestertums und empfahl eine Reihe josephinischer und jansenistischer Werke sowie die tägliche Schriftlektüre. Er ordnete Dekanatskonferenzen für die Weiterbildung an, urgierte die Pflege der Predigt und des Religionsunterrichtes sowie des Osterexamens der Gläubigen.

Als Metropolit war B. mit den Konsequenzen der Bistumsneuordnung von 1788 konfrontiert, durch die anstelle von Triest, Pedena und Görz das Bistum Gradisca errichtet worden war. Triest wurde jedoch schon 1791 wiederhergestellt. Im gleichen Jahr konsekrierte B. in Wien dessen neuen Bischof I. C. v. (→) Buset von Feistenberg. Dem Bischof von Gradisca Fr. Ph. v. (→) Inzaghi gelang es schließlich, Kaiser Franz I. für eine erneute Reorganisation der Bistümer in dieser Region zu gewinnen. So wurde Laibach 1806 wieder einfaches Bistum. B. verzichtete nun auf seinen Sprengel und wurde am 24. 10. 1806 für Zips nominiert. Die Translation folgte am 23. 3. 1807.

B. ist in Zips vor allem durch die Errichtung eines Priesterseminars hervorgetreten.

B. starb am 16. 7. 1816 zu Triest, wo er sich gerade zur Feier seines 50jährigen Priesterjubiläums aufhielt.

Literatur: *F. Kidrič*, in: SBL 1 (1925/32) 60. - *L. A. Lisac*. - *J. Markuža* 3 (1976) 134-140.

Abbildungsnachweis: Öl auf Leinwand, unbek. Künstler. - Bischöfl. Palais Laibach. - Privataufnahme Dolinar.

France M. Dolinar

Brochetti (seit 1766 **von Brunnenfeld**), **Girolamo** (1727 – 1770)

1763 – 1770 Generalvikar in Trient

* 15. 6. 1727 in Tenno (Diöz. Trient); lebte mehrere Jahre in Rom; 1763 Domkapitular in Trient; 1763 – 70 Generalvikar von Fürstbischof C. (→) Sizzo de Noris; † 21. 3. 1770 in Trient.

Literatur: *A. Costa* 351. - *J. C. Tovazzi* 33.

Josef Gelmi

Bronckhorst zu Gronsfeld, Otto Wilhelm Reichsgraf von (1640 – 1713)

1691 – 1698 Metropolitanvikar in Osnabrück
1693 – 1713 Weihbischof in Osnabrück,
              Ep. tit. Columbriensis
1698   Kapitularvikar in Osnabrück
1698 – 1707 Apostolischer Koadministrator
              von Osnabrück
1698 – 1713 Generalvikar in Osnabrück
1702 – 1713 Apostolischer Vikar des Nordens

Otto Wilhelm von Bronckhorst zu Gronsfeld und Eberstein, Baron von Batenburg, Herr von Alpen, Honepell und Gochsheim, wurde am 12. 6. 1640 in Köln geboren. 1657 Immatrikulation an der Universität Mainz; 1658 Mag. phil. ebd.; 1660 Immatrikulation für das Studium der Rechte in Löwen; 27. 8. 1662 Eintritt in den Jesuitenorden in Wien; 1662 – 64 Noviziat in Wien; 1664 – 66 Professor am Jesuitengymnasium in Wien; 1667 Professor Poeta am Jesuitengymnasium in Passau; 1667 – 68 Studium der Theologie in Graz, 1669 – 72 in Rom; dort Priesterweihe; 1672 im Jesuitenkolleg in Wien, 1673 – 76 in Graz; dort 1673 – 74 Professor der Ethik, 1674 – 75 der Logik, 1675 – 76 der Physik; 1676 nach Passau versetzt. Zur Klärung verschiedener Rechtsstreitigkeiten, in die die verwitwete Mutter von B. geraten war, wurde er am 7. 11. 1676 in Passau aus dem Jesuitenorden entlassen. Kanonikus am Kollegiatstift St. Johann in Osnabrück; 1679 Dr. theol., 17. 8. 1679 Dr. iur. utr. (Passau); im Juli 1690 vom Kölner Erzbischof (→) Josef Clemens von Bayern zum Weihbischof für Osnabrück bestimmt; seit August 1691 als Generalvikar („Metropolitanvikar") des Kölner Erzbischofs

in Osnabrück; 2.1. 1693 Titularbischof von
Columbrica und Weihbischof in Osnabrück;
24. 4. 1693 Konsekration in Köln; 1698 für die
Vakanz des Fürstbistums nach dem Tod des
protestantischen Fürstbischofs Ernst August I.
von Braunschweig-Lüneburg zum Kapitularvikar von Osnabrück gewählt; am 12. 6. 1698
wurde B. nach der Wahl des minderjährigen
(→) Karl Josef von Lothringen zum Fürstbischof zum Apostolischen Koadministrator des
Bistums Osnabrück ernannt; 13. 10. 1702 Apostolischer Vikar des Nordens. Gegen den Rat
B.s wurde das Vikariat des Nordens 1709
aufgeteilt. A. (→) Steffani erhielt Ober- und
Niedersachsen, B. behielt die dänischen und
schwedischen Gebiete, die ehemaligen Diözesen Lübeck, Schwerin und Hamburg. † 5. 4.
1713 in Osnabrück; □ Jesuitenkirche (Paulska-
pelle) in Osnabrück.

Quellen: ASV. - Staatsarchiv Osnabrück.

Literatur: *A. Tibus*, Weihbischöfe Münster 199-204. -
J. C. Möller, Weihbischöfe Osnabrück 170-178. - *E.
Fink*, Ein Urteil des Weihbischofs Otto von Bronck-
horst über die kirchlichen Verhältnisse des Hoch-
stifts Osnabrück aus dem Jahre 1696, in: OM 29 (1904)
93-112. - *Ph. Hiltebrandt*, Preußen und die römische
Kurie I: 1625-1740 (Berlin 1910). - *J. Metzler*, Apostoli-
sche Vikariate 69 f, 72-79, 141, 298-303. - *H. Tüchle*,
Spannungsfeld 54 f. - *Ders.*, Mitarbeiter 648, 650 f. -
M. F. Feldkamp 233 f. - *Ders.*, Quinquennalfakultäten
126. - *H. Nordsiek*, Die Lage der Katholiken im
Fürstentum Minden um 1700, in: Mitteilungen des
Mindener Geschichts- und Museumsvereins 40 (1968)
63-71.

                                    Michael F. Feldkamp

Brückner von Brückenstein, Martin Ferdinand
(seit 1676 kaiserlicher Personaladel)
(1632 – 1700)

1676 – 1700 Apostolischer Administrator des
        Bistums Meißen in der Lausitz

Martin Ferdinand Brückner wurde im Jahre
1632 als Sohn einer sorbischen Bauernfamilie
in dem zum Kloster St. Marienstern gehörenden Neudorf bei Wittichenau/Lausitz geboren.
Seine Studien absolvierte er in Prag, wo er 1657
zum Priester geweiht wurde. Danach kam er als
Domvikar nach Bautzen. 1663 wurde er Kanonikus, 1671 Senior und am 6. 5. 1676 Dekan des
Domkapitels St. Petri in Bautzen und damit
Apostolischer Administrator der Lausitz. Im
gleichen Jahr nobilitierte Kaiser Leopold I. ihn
unter dem Prädikat „von Brückenstein“.

B. hat sich um das Domkapitel und die Administratur sehr verdient gemacht. Er versuchte
alles, um die wirtschaftlichen Schäden des
Dreißigjährigen Krieges zu beseitigen. In Baut-

zen wurden die Kurien der Kanoniker und das
Pfarrhaus, die zum großen Teil nur notdürftig
instandgesetzt waren, wieder aufgebaut. Er
baute ferner die durch Brand zerstörte Liebfrauenkirche in Bautzen wieder auf. In harten
Auseinandersetzungen mit dem lutherischen
Magistrat der Stadt verteidigte er die Rechte
der Administratur und der Katholiken. In B.s
Amtszeit fiel die Konversion des sächsischen
Kurfürsten Friedrich August I. (1697), die sich
auf die bedrängte Lage der Lausitzer Katholiken jedoch zunächst nicht auswirkte. In pasto-
ral-liturgischen Arbeiten, mit der Herausgabe
der Proprien und Teilen des Rituales, knüpfte
B. bewußt an die Traditionen der alten Diözese
Meißen an. Die religiöse Unterweisung der
Katholiken lag durch die Kriegszeiten und die
oft lang dauernden Vakanzen der Pfarreien
sehr im argen. B. bemühte sich um den Unterricht und die Katechese. Zu diesem Zweck ließ
er den kleinen Katechismus des Petrus Canisius durch den aus Wittichenau stammenden
Jesuiten Jakob Xaver Ticin (1656 – 83) in die
sorbische Sprache übersetzen (1685), da ein
großer Teil der Katholiken der Administratur
Sorben waren. Ticin veröffentlichte 1692 auch
eine Geschichte des Wallfahrtsortes Rosenthal: „Epitome historiae Rosenthalensis“, während der Bautzner Kanonikus Georg Augustin
Swottlik (1650 – 1729) 1696 mit Hilfe B.s ein
erstes sorbisches Gesangbuch herausbrachte.

Eine von Swottlik 1688 – 1711 gefertigte sorbische Bibelübersetzung konnte leider nicht gedruckt werden. Für Priesteramtskandidaten

schuf B. mehrere reich ausgestattete Studien-
fundationen in Prag.

B. starb am 1. 2. 1700 in Bautzen. Er wurde im
St. Petri-Dom beigesetzt.

Schriften: Festorum officia propria diocesis Misnensis (Budissina 1693). - Propria officia festorum...
Jesu Christi (Budissina 1694). - Cursus seu officium
parvum de sanctissima domina nostra (Budissina
1698). - Misnensis Parochialis, Pars III de processioni-
bus et Appendix (Budissina 1695).

Literatur: J. Solta 78.

Abbildungsnachweis: BDM Foto-Dokumentation.

Siegfried Seifert

Brüll, Bernhard Jodocus (1655 – 1733)

1714 – 1718 Generalvikar in Paderborn

* 21. 8. 1655 in Geseke (Herzogtum Westfalen);
ab 1677 Studium der Philosophie und Theologie in Paderborn (Dr. theol.); Kommendatarpfarrer in Laar und Fallbach (Niederösterreich); gleichzeitig Hochfürstlicher Passauischer Konsistorialrat in Wien; Apostolischer
Protonotar; Ritter des Christusordens; 1714
Pfarrer in Delbrück und Geistlicher Rat in
Paderborn; 1714 Generalvikar des Fürstbischofs F. A. v. (→) Wolff-Metternich; † 1. 7.
1733 in Delbrück.

Literatur: J. Freisen, Matrikel II 49 Nr. 2511. - A.
Fuchs, Der Stifter und die Meister des ehemaligen
Hochaltars der Gaukirche in Paderborn, in: Westfa-
len 27 (1948) 27 – 33. - Ph. Schniedertüns 57-86.

Karl Hengst

Brunetti, Johann (seit 1691) von (1646 – 1703)

1694 – 1703 Weihbischof in Breslau, Ep. tit.
Lacedaemoniensis

* 1646 in Massa di Carrara (Toskana); kam
durch Vermittlung seines Bruders Johann Jakob (→) B., der Domherr in Breslau war,
ebenfalls dorthin; Besuch des Jesuitengymnasiums in Breslau; 1666 – 68 Studium der Rechte
in Rom (Sapienza), Wien und Krakau; 1670
Dr. iur. (Krakau); 1669 Domherr in Breslau;
23. 12. 1673 Priesterweihe ebd.; 1677 Kanonikus in Glogau, 1684 auch am Kreuzstift in
Breslau; 1676 – 94 Rektor des Alumnates; 1682
Vizeoffizial; 17. 9. 1694 Titularbischof von La-
cedaemonia und Weihbischof in Breslau; 1698
Domkustos; 1700 Regierungspräsident in Neisse; † 28. 3. 1703 ebd.

Quellen: ASV, Nunz. Vienna, Proc. can. 258.

Literatur: J. Jungnitz, Weihbischöfe 181-191. - H.
Hoffmann, Bischöfe 9. - Ders., Dom Breslau 68-70. -
Ders., Alumnat 230 f. - R. Samulski, Weihbischöfe 17.

Jan Kopiec

Brunetti, Johann Jakob (1628 – 1692)

1668 – 1671 Generalvikar in Breslau

* 10. 8. 1628 Massa di Carrara (Toskana); Bruder des Breslauer Weihbischofs Johann (→) B.;
1649 – 49 Studium der Rechte in Pisa; 1651
Dr. iur. utr. ebd.; 16. 6. 1652 Priesterweihe in
Breslau; 1653 Domherr, 1676 Domscholaster in
Breslau; auch Kanonikus in Neisse und 1667
Propst in Oppeln; reiste 1665 nach der Wahl
von Bischof S. v. (→) Rostock als dessen Prokurator und im Auftrag des Kapitels nach Rom,
um die päpstliche Bestätigung zu betreiben;
1668 – 71 Generalvikar und Offizial von Rostock; 1668 reiste er in dessen Auftrag zum Ad-
limina-Besuch nach Rom; unter Fürstbischof
(→) Friedrich von Hessen seit 1671 Präsident
der bischöflichen Kurie; erbaute die Sakramentskapelle am Breslauer Dom; † 22. 3. 1692
in Breslau.

Literatur: J. Jungnitz, Rostock 124 f. - H. Hoffmann,
Dom Breslau 66 – 68.

Jan Kopiec

Brunetti, Johann Jakob (1703 – 1763)

1751 – 1756 Generalvikar in Breslau

* 1703 in Massa di Carrara (Toskana); Verwandter des Breslauer Domkapitulars Johann
Jakob (→) B. und des Weihbischofs Johann (→)
B.; 1724 – 27 Studium der Rechte in Pisa (1727
Dr. iur. utr.); 1727 Domkapitular, 1751 Domkantor in Breslau; Archidiakon in Glogau und
Propst in Ratibor; 1751 Generalvikar von
Fürstbischof Ph. G. v. (→) Schaffgotsch. B.
wurde am 7. 8. 1756 von König Friedrich II. als
abgesetzt erklärt, nachdem Schaffgotsch ihn
als unzuverlässig denunziert hatte. Daraufhin
mußte er sich auf sein Kanonikat nach Glogau
zurückzuziehen. † Sept. 1763.

Quellen: DAB IIIa, vol. 12 b fol. 20-34, 114.

Literatur: M. Lehmann III. - J. Jungnitz, Weihbischöfe
226, 245.

Jan Kopiec

Brunner von Sonnenfeld, Josef Sigmund
(† 1744)

1727 – 1737 Direktor des Gurker
            Konsistoriums

1726 Sekretär und Notar, 1727 – 37 Direktor
des Gurker Konsistoriums; † 3. 2. 1744 als
Dechant von Metnitz.

Literatur: *P. G. Tropper*, Konsistorium.

Peter G. Tropper

Bruns, Pantaleon ⟨OSB⟩ (1670 – 1727)

1721 – 1727 Weihbischof in Paderborn, Ep. tit.
            Thyatirenus
1721 – 1723 Generalvikar in Paderborn
1723 – 1726 Apostolischer Administrator in
            Paderborn
1726 – 1727 Generalvikar in Paderborn

* 5. 4. 1670 in Borgholz (Bistum Paderborn); ab
1684 Besuch des Gymnasiums und Studium
der Philosophie und Theologie in Paderborn;
1691 Eintritt ins dortige Benediktinerkloster
Abdinghof; 24. 2. 1698 Priester; 1709 Abt im
Kloster Abdinghof; 1722 Abtpräses der Bursfelder Kongregation; 20. 1. 1721 Titularbischof
von Thyatira und Weihbischof in Paderborn; 23. 3. 1721 Konsekration in Paderborn;
1723 – 26 Apostolischer Administrator in Paderborn und danach Generalvikar von Fürstbischof (→) Clemens August von Bayern;
† 15. 12. 1727 in Paderborn.

Literatur. *H. J. Brandt - K. Hengst*, Weihbischöfe 116-
119.

Karl Hengst

Buckel, Johann Adam (1706 – 1771)

1745 – 1771 Weihbischof der Diözese Speyer,
            Ep. tit. Caradensis

≈ 3. 3. 1706 in Heidingsfeld (Fürstbistum
Würzburg); seit 1722 Studium an der Universi-
tät Würzburg (1729 Bacc. theol.); 25. 3. 1730
Priesterweihe in Würzburg; 1730 Pfarrer von
St. Peter in Bruchsal; 1730 Kanonikus, 1746
Dekan von St. German und St. Moritz in Speyer;
1732 Resignation auf die Pfarrei St. Peter; 1744
Wirklicher Geistlicher Rat; 1744 Regens des
Priesterseminars in Bruchsal; 9. 3. 1745 Titular-
bischof von Caradena und Weihbischof der
Diözese Speyer; 1746 Konsekration; nach dem
Tode von Bischof F. Chr. v. (→) Hutten am

20. 4. 1770 zum Kapitularvikar („provicarius
generalis“) gewählt; † 19. 10. 1771 in Speyer.

Literatur: *F. X. Remling* II 673, 680, 703, 717. - *F.
Haffner*, Weihbischöfe. - *W. Obst*, Johann Adam
Buckel - ein Heidingsfelder als Weihbischof von
Speyer, in: Heiliges Franken. Beilage zum Würzbur-
ger kath. Sonntagsblatt 13 (August 1965) Nr. 7, 25-28.
- *Cl. Jöckle*, Das Weihetagebuch des Speyerer Weihbi-
schofs Johann Adam Buckel von 1746 bis 1771
(Speyer 1979) 9-23.

Hans Ammerich

Budaeus, Georg Lorenz (seit 1638 von Lohr)
(1610 – 1653)

1647 – 1653 Generalvikar in Breslau

* 1610 in Neisse; Studium in Prag und 1629 – 33
in Rom als Alumne des Collegium Germanicum; 1633 Dr. phil. et theol. (Perugia); 2. 6. 1635
Priesterweihe in Olmütz; 1625 Kanonikus in
Neisse; 1636 Domherr in Breslau; 1637 Propst
des Kollegiatstiftes in Ratibor, ferner des Breslauer Kreuzstiftes; 1647 – 53 Generalvikar und
Offizial des Bischofs (→) Karl Ferdinand von
Polen. 1650 reiste er als dessen Prokurator zum
Ad-limina-Besuch nach Rom. Auf der Diözesansynode von 1653 gehörte er zu jenen Kanonikern, die die vom Bischof vorgelegte Tagesordnung vorbereiteten. Auf der Synode wurde er
zum Examinator der Weihekandidaten und
zum Kommissar für die Kirchenreduktionen im
Fürstentum Glogau gewählt. B. besaß eine
wertvolle Bibliothek. † 30. 7. 1653 in Neisse;
Epitaph Breslauer Dom.

Literatur: *J. Jungnitz*, Germaniker 149-151. - *R. Völkel*,
in: 42. Bericht der Wissenschaftlichen Gesellschaft
Philomathie in Neisse (1938) 99 f. - *W. Urban*, Ksie-
gozbiór kanonika Jerzego Wawrzyńca Budaeusa a
Lohr z 1653 roku [Die Büchersammlung des Kanonikus ... vom Jahre 1653], in: Archiwa, Biblioteki i
Muzea Koscielne 43 (Lublin 1981) 5-95.

Jan Kopiec

Budimir, Paul ⟨OFM⟩ (1618 – 1670)

1668 – 1670 Bischof von Pedena

* 1618 im „Silbernen“ Bosnien; Geburtsort unbekannt; Franziskaner; 1652 Lektor der Philosophie in Laibach; 1661 Provinzial der slowenisch-kroatisch-bosnischen Ordensprovinz.
Seit 1664 Generaldefinitor, visitierte B. 1665 die
Franziskanerklöster der südpolnischen Ordensprovinz. Am 8. 2. 1667 nominierte Kaiser
Leopold I. ihn auf Vorschlag von Graf Wolf
Engelbert von Auersperg zum Bischof von

Pedena. Die päpstliche Verleihung folgte am 1. 10. 1668, die Konsekration durch Bischof J. v. (→) Rabatta am 30. 12. B. restaurierte den Dom und das bischöfliche Palais in Pedena und schuf die vom Tridentinum vorgeschriebenen Präbenden für einen Theologen und einen Pönitentiar. † 3. 4. 1670 in Pedena.

Literatur: Schematismus 13. - M. *Premrou*, Vescovi petinensi 387 f. - Atti e memorie 341. - J. *Grah* 9, 21, Anm. 26. - M. *Smole* 43, 45.

France M. Dolinar

Bukovsky, Wenzel († 1744)

1742 – 1744 Generalvikar in Gurk

Titularbischof von Tribunium und Propst von Ocra (Ungarn); 10. 2. 1742 Generalvikar des Gurker Bischofs J. M. v. (→) Thun. B. bewies in der Verwaltung keine glückliche Hand, so daß das Bistum wahrscheinlich durch den Direktor des Konsistoriums M. (→) Wallbraun geleitet worden ist. 25. 1. 1744 amtsenthoben; † 27. 1. 1744 in Straßburg.

Literatur: J. *Obersteiner* 452 f., 461.

Peter G. Tropper

Buol-Schauenstein, Karl Rudolf Reichsfreiherr (seit 1805 Reichsgraf) **von** (1760 – 1833)

1794 – 1833 Fürstbischof von Chur
1824 – 1833 Bischof von St. Gallen

→ Bd. 1, 83 – 85.

Burkard (Burckhardt), **Johann Philipp** (1633 – 1698)

1685 – 1698 Weihbischof der Diözese Speyer, Ep. tit. Tripolitanus

* 8. 11. 1633 in Speyer; 1654 Dr. phil. (Würzburg); 1657 Priesterweihe; 1660 Pfarrer von Oberhausen, 1669 – 70 von Hl. Kreuz in Speyer (Dompfarrei); 1672 Präbendar am Speyerer Dom; Assistent von Weihbischof J. (→) Brassert; bischöflicher Provikar; Vizepräses des Konsistoriums; 30. 4. 1685 Titularbischof von Tripolitana und Weihbischof der Diözese Speyer; 1. 7. 1685 Konsekration durch Weihbischof J. H. v. (→) Anethan in der Hofkapelle zu Ehrenbreitstein; 1685 – 88 auch im Erzbistum Trier und 1687 – 98 im Bistum Worms als Weihbischof tätig; Stiftsdekan von St. German und St. Moritz zu Speyer; B. trat als Schriftsteller hervor; † 27. 10. 1698; □ St. Ägidien, Speyer.

Literatur: F. X. *Remling* II 563, 576. - B. *Fischer*, Pontifikalhandlungen. - L. *Stamer* III/1 (1955) 189. - H. *Schmitt*, Speyerer Weihbischöfe. - F. *Haffner*, Weihbischöfe. - F. *Schorn*, Orsbeck 77.

Hans Ammerich

Burmann, Johann Peter (seit 1687) **von** (1642 – 1696)

1694 – 1696 Weihbischof in Köln, Ep. tit. Thermopylensis

* 1642 in Bonn als Sohn eines kurkölnischen Vizekanzlers; sein Bruder Maximilian Heinrich (→) B. war 1682 – 85 Weihbischof in Trier; Studium in Köln; Dr. iur. utr. (Pont-à-Mousson); seit 1660 kurkölnischer Staatssekretär, dann Geheimer Rat (kurfürstlicher Geheimsekretär). Im Sommer 1674 wurde er bei einem Befreiungsversuch F. E. v. (→) Fürstenbergs in Wien inhaftiert. 1679 auf Veranlassung Fürstenbergs Domherr und später Scholastikus in Lüttich. Die Tonsur erhielt er erst 1689. Nach der Flucht Erzbischof (→) Max Heinrichs von Bayern nach Köln (1673) fiel das Ministerium Fürstenberg auseinander, und der Einfluß B.s ging zurück. 1684 trat er wieder in den kurkölnischen Staatsrat ein, doch distanzierte er sich später von dem nach Frankreich orientierten W. E. v. (→) Fürstenberg. 1688 und 1694 war B. bei der Lütticher Bischofwahl Parteigänger des (→) Joseph Clemens von Bayern. Dieser bestimmte ihn seinerseits 1694 zum Weihbischof in Köln. 13. 9. 1694 Titularbischof von Thermopylen; Jan. 1695 Konsekration; † 1. 2. 1696 in Lüttich nach nur einem Jahr intensiver Tätigkeit.

Literatur: J. *Torsy*. - J. *Kumor*, in: AHVN 176 (1974) 236-245.

Erwin Gatz

Burmann, Maximilian Heinrich von (1648 – 1685)

1681 – 16.. Generalvikar des Obererzstiftes Trier
1682 – 1685 Weihbischof in Trier, Ep. tit. Diocletianensis

≈ 22. 5. 1648 in Bonn als siebtes von acht Kindern des kurkölnischen Vizekanzlers Peter B. und der Gertrud Palandt. Im Gegensatz zum Vater trugen alle drei Brüder später das Adelsprädikat. Nur von Johann Peter (→) B., 1695 – 96 Weihbischof in Köln, ist die Adelung von 1687 bekannt. B.s Studiengang ist nicht bekannt. Er schloß ihn aber mit der Promotion zum Dr. iur. utr. ab. Außerdem führte er den

Titel eines Protonotars. Bereits als Knabe Mitglied des Stiftskapitels von St. Georg in Köln, wurde er dort 1674 zum Dechanten gewählt und damit Landdechant, d. h. Archidiaconus minor, von Wattenscheid und Lüdenscheid. Die höheren Weihen auf den Titel des Benefiziums St. Johann in der Pfarrkirche St. Maria Lyskirchen in Köln dürfte er vor 1677 empfangen haben. Schon vor 1669 auch Kanonikus an St. Aposteln in Köln, war B. dort 1669 – 80 Scholaster. Vielleicht hat der 1679 von Trier nach Köln gewechselte Weihbischof J. H. v. (→) Anethan den Trierer Erzbischof J. H. v. (→) Orsbeck auf B. aufmerksam gemacht. Möglicherweise kannte Orsbeck B.s Vater von seiner Kölner Studienzeit her. Schon im Hinblick auf seine Berufung zum Weihbischof in Trier wurde B. dort 1681 Kanoniker und bald darauf Dechant an St. Simeon in Trier. Als er am 6. 4. 1682 zum Titularbischof von Diocletian und Weihbischof in Trier ernannt wurde, durfte er die eigentlich inkompatiblen Dekanatsämter beibehalten. Die bischöfliche Weihe erhielt er am 29. 6. 1682 durch Orsbeck. Schon seit Juli 1681 fungierte er, wie in Trier üblich, zugleich als Generalvikar und Offizial des Obererzstiftes in Trier. Obwohl von Anfang an kränklich, nahm B. mehrere Visitationsreisen vor. Meist hielt er sich jedoch in Trier auf, wo er den vor den französischen Truppen auf den Ehrenbreitstein ausgewichenen Erzbischof vertrat. Im Juni 1684 mußte er den kurtrierischen Stadtkommandanten zur Übergabe der Stadt an den französischen Marschall Créquis bewegen, was zur Entfestigung der Stadt führte. Seine Pontifikalhandlungen endeten im Februar 1685. Im September d. J. begab B. sich in sein Elternhaus nach Bonn. † 20. 10. 1685 ebd., □ zunächst in Bonn, St. Remigius, nach dem Abbruch der Kirche auf dem Alten Friedhof.

Quellen: LHA Koblenz, Abt. 1 A. - STB Trier, Abt. Hss. - BATr, Ms Schweisthal.

Literatur: *K. J. Holzer.* - *A. Schüller,* Das Generalvikariat zu Trier (1673-1699), in: Trierische Chronik 7 (1911) 22 ff. - *K. Corsten,* Geschichte des Kollegiatstiftes St. Georg in Köln, in: AHVN 146/147 (1948) 140 [fehlerhaft]. - *J. Kumor,* Maximilian Heinrich Burman, Weihbischof von Trier 1682-1685, in: AmrhK 26 (1974) 143-157. - *Ders.,* Der Kölner Weihbischof Johannes Peter Burman (1695-1696), in: AHVN 176 (1974) 236-246. - *Ders.,* Die Pontifikalhandlungen des Trierer Weihbischofs Maximilian Heinrich Burman in Echternach im Jahre 1684, in: Hémecht 28 (1976) 399 f.

Wolfgang Seibrich

Buseck, Amand Reichsfreiherr von ⟨OSB, Taufname: Friedrich Franz Ludwig⟩ (1685 – 1756)

1728 – 1752 Weihbischof in Fulda, Ep. tit. Themiscyrensis
1738 – 1756 Fürstabt von Fulda
1752 – 1756 Fürstbischof von Fulda

Friedrich Franz Ludwig von Buseck wurde am 2. 2. 1685 zu Eppelborn im Westrich (Diöz. Trier) als erstes von fünf Kindern des Rittergutsbesitzers Philipp Franz Edmund v. B. und dessen Ehefrau Maria Antonia von Fechenbach zu Sommerau geboren. In den ersten Jahren seines Lebens verlegte die Familie ihren Wohnsitz nach Calmesweiler. Die wirtschaftlichen Verhältnisse waren eher bescheiden. Die erste Bildung erhielt B. im elterlichen Schloß.

1695 schickte Philipp v. B. seinen Sohn nach Fulda, wo der Bruder des Vaters, Bonifatius v. B., der spätere Stiftsdechant, damals als Kapitular des Stiftes und Propst von Johannesberg wirkte. Der frühe Tod der Eltern (der Mutter 1693, des Vaters 1700) verstärkte den Einfluß des Onkels auf den jungen B. Nach ersten Studien in Fulda wurde er 1700 als Knabe bei Hof angenommen und mit den sich eben entfaltenden Tendenzen kirchlichen Lebens im barocken Fulda bestens vertraut. Seine Laufbahn war damit in gewisser Hinsicht vorbezeichnet. Am 1. 11. 1704 wurde er eingekleidet, wobei er den Namen Amandus erhielt. Am 1. 11. 1705 legte er seine Profeß ab. Nach Studien am päpstlichen Seminar in Fulda empfing er 1708 in Mainz die Diakonats- und ebendort am 23. 9. 1709 die Priesterweihe. Am 17. 9. 1710 erfolgte die Aufnahme in das Stiftskapitel. In diesen Jahren begann sich in Fulda eine barocke Baulust zu entfalten, die unter B. zum zweiten Kulminationspunkt der Kultur Fuldas werden sollte. B. erlebte den barocken Neubau des Doms und die Neuerrichtung der Domdechanei durch seinen Onkel. Ausgedehnte Kunst- und Studienreisen führten ihn nach Holland, Flandern, Frankreich und Italien und vertieften sein Interesse an barocker Architektur und Gartengestaltung. Bereits als Kapitular nahm er verschiedene Missionen im Auftrage des Fürstabtes wahr und nahm an der Verwaltung des Stiftes teil, so daß er wohlvorbereitet 1724 das Amt des Stiftsdechanten und Propstes von Neuenberg übernehmen konnte. Zugleich wurde er Fürstlicher Geheimer Rat und Präsident der weltlichen Regierung des Stiftes Fulda.

Am 26. 1. 1728 zum Titularbischof von Themiscyra und Weihbischof in Fulda ernannt, wurde B. am 9. 5. 1728 durch den Speyerer Weihbischof P. C. (→) Beyweg in Fulda konsekriert. Nach dem Tode des Fürstabtes Adolph von Dalberg, dessen Vertrauen B. in hohem Maße genoß, wählte ihn das Kapitel am 11. 12. 1738 zu dessen Nachfolger. B. hat sich seinen Aufgaben als Abt und dann als Bischof mit großem Eifer gewidmet. Neben der Spendung der Weihen und der Firmung boten ihm vor allem die zahlreichen Kirchen- und Altarkonsekrationen im Zuge der barocken Baulust dazu reiche Gelegenheit.

Als Fürstabt führte B. die unter seinen Vorgängern begonnene barocke Gestaltung Fuldas ihrem Höhepunkt entgegen. Der Hauptbestand an liturgischen Gewändern und Geräten in der reichen Barocksammlung des Dommuseums geht auf ihn zurück. Aus seinem Hang zu barocker Repräsentation und aus dem Bestreben, die barocke Kultur der mainfränkischen geistlichen Herrschaften auch in Fulda heimisch zu machen, ließ B. die einzigartigen Ornate des Fuldaer Doms arbeiten. Er stattete den Domschatz ferner mit kostbaren Goldschmiedearbeiten, vor allem den beiden Buseckschen Monstranzen, aus. Dazu kamen Arbeiten aus der von ihm begründeten Fayence-Manufaktur.

Auch nach seiner Wahl zum Fürstabt blieb für B. die Seelsorge ein großes Anliegen. Unter seiner Regierung erfolgten der Neubau zahlreicher barocker Pfarrkirchen und die Umgestaltung älterer Bauten. Ein besonderes Anliegen war ihm die Errichtung eines Kapuzinerklosters in Fulda, das 1751 verwirklicht wurde.

In die Regierungszeit B.s fiel eine Reihe glanzvoller Jubiläen, die er mit großem Aufwand begehen ließ. B. nahm an zwei Kaiserkrönungen in Frankfurt teil. Zur Krönung der Kaiserin Amalia im Jahre 1742 erschien er mit einem Gefolge von 117 Personen, was selbst von den an barocke Prachtentfaltung gewöhnten Zeitgenossen besonders vermerkt wurde. 1744 feierte er das Millenium der Begründung Fuldas durch den hl. Sturmius. Zu diesem Anlaß beschaffte B. den großen Samtornat der Fuldaer Kathedralkirche, der als Pretiose der Textilkunst überhaupt gilt. Mit ähnlichem Aufwand konnte B. 1755 das Andenken an den 1000. Todestag des hl. Bonifatius feiern. In seine Regierungszeit fiel aber vor allem die Erhebung der exemten Abtei Fulda zum Bistum, das seine benediktinische Verfassung beibehielt und direkt dem Hl. Stuhl unterstellt wurde. Damit wurde ein langer Streit zwischen Fulda, Mainz und Würzburg beendet, denn das Stiftsgebiet hatte zuvor beiden Diözesen angehört, wobei der Verlauf der Fulda und der Fliede die Diözesangrenze bildete. So war der Fürstabt seit 1752 nicht nur Landesherr, sondern auch Bischof. Damit war aber auch eine wichtige Vorentscheidung für den Fortbestand des Bistums Fulda nach der Säkularisation gefallen. Die Inthronisierung B.s als Bischof erfolgte am 6. 2. 1753 durch den Würzburger Weihbischof D. J. A. v. (→) Gebsattel.

Während eines Besuches auf Schloß Fasanerie bei Fulda, dessen Errichtung B. selbst veranlaßt und mit großem Interesse verfolgt hatte, befiel ihn im November 1756 eine Krankheit, der er am 4. 12. 1756 erlag. Sein Grab befindet sich im Dom zu Fulda.

Literatur: G. Richter 81. - St. Hilpisch 13 f. - L. Pralle, Ars Sacra. Das Dom-Museum in Fulda (Kassel 1973). - B. Schmitt, Amandus von Buseck - Fürstbischof von Fulda, in: Heimatbuch Bubach-Calmesweiler (1983) 433-446.

Abbildungsnachweis: Stich von H. C. Müller nach Zeichnung von J. M. Diehl im Krönungsdiarium der Kaiserin Marie Amalie (Frankfurt/M. 1743). - Wien Pb 17.886/Tafel 2.

Werner Kathrein

Buseck, Christoph Franz Reichsfreiherr von (1724 – 1805)

1795 – 1805 Fürstbischof von Bamberg

→ Bd. 1, 89 f.

Buset zu Faistenberg, Ignatius Cajetanus von (RA) (1745 – 1803)

1791 – 1794 Generalvikar in Triest
1796 – 1803 Bischof von Triest

Ignatius Cajetanus von Buset wurde am 11. 8. 1745 zu Raka-Arch im Patriarchat Aquileja als Sohn des Gabriele v. B. und dessen Ehefrau Anna getauft. Er absolvierte das Gymnasium in Laibach und studierte 1762 – 68 als Alumne des Collegium Germanicum in Rom (Dr. phil. et theol.). Am 14. 7. 1768 zum Priester geweiht, war er 1769 – 74 in der Seelsorge tätig. 1774 wurde er Propst und Pfarrer von Pisino in der Diözese Parenzo sowie Landdechant für den in Österreich gelegenen Teil der Diözese. Nachdem er von 1786 bis 1790 während der wiederholten Umgestaltung der Diözesanorganisation Generalvikar und Kreisdechant für den österreichischen Anteil Istriens gewesen war, wurde er 1790 Domherr in der neu errichteten Diözese Leoben in der Steiermark. 1791 erfolgte seine Ernennung zum Dompropst und Generalvikar in Triest, wo er sich große Wertschätzung erwarb. Als der Triester Bischof S. A. v. (→ Bd. I) Hohenwart 1794 nach St. Pölten transferiert wurde, wählte das Kapitel ihn zum Kapitularvikar. Am 12. 2. 1796 nominierte Kaiser Franz II. ihn zum Bischof von Triest. Die päpstliche Verleihung folgte am 27. 6. und die Konsekration durch den Laibacher Bischof M. L. (→) Brigido am 23. 10. 1796 in Triest.

B. fand in der 1788 aufgehobenen und 1791 wiederhergestellten Diözese (54 Pfarreien, 52 andere selbständige Seelsorgsorte) eine in jeder Hinsicht schwierige Situation vor, denn der Weltklerus war nach Zahl und Qualität unzureichend, die Orden aufgehoben und die religiösen Gemeinschaften versandet. Dazu kam die politische und wirtschaftliche Umbruchsituation, ferner die stürmische Entwicklung des Hafens mit allen Konsequenzen für das gesellschaftliche und religiöse Leben.

B. visitierte sogleich seinen Sprengel und bemühte sich um eine Revitalisierung des religiösen Lebens. Gegenüber der staatlichen Kirchenhoheit bewies er zwar eine selbständige Auffassung, doch konnte er sich mit seinen Vorstellungen nicht durchsetzen. Als besonders drückend empfand er die staatliche Dominanz auf dem Gebiet der Schule und der Kleruserziehung in den für Triest zuständigen Priesterseminarien zu Görz und Laibach. Er plädierte daher in Wien wie auch in Rom für eine Stärkung der bischöflichen Leitungsgewalt. Im übrigen bestimmten jedoch übergeordnete Entwicklungen das Leben der Stadt. Sie nahm zunächst eine Reihe von Priestern und Ordensleuten auf, die aus Frankreich geflohen waren. 1797 wurde sie dann selbst von französischen Truppen besetzt. B. bemühte sich damals um eine Vermittlung zwischen den Franzosen und der Triester Bevölkerung und traf in diesem Zusammenhang auch einmal mit

Napoleon zusammen. Nach der Beilegung der Feindseligkeiten und dem Untergang der Republik Venedig besetzte Österreich die ehemals venezianischen Gebiete Istriens. B. war in Triest allgemein beliebt. Er starb am 19. 9. 1803 nach langer Krankheit und wurde in seiner Kathedrale beigesetzt.

Quellen: ASV, Con. Conc., Relationes 790 (Tergestinensis).

Literatur: *G. Mainati* 5 (1818) 90-203. - *M. Premrou,* Vescovi triestini 21 f.

Luigi Tavano

Butz (Putz) von Rolsberg, Johann Mathias Ritter (seit 1781 Freiherr) (1712 – 1803)

1776 – 1803 Generalvikar in Olmütz

* 11. 1. 1712 zu Zlabing (Südböhmen); die ursprünglich in Westfalen beheimatete Familie war 1694 geadelt worden und hatte das böhmische Inkolat erhalten; Studium in Rom; Domherr in Olmütz; 1739 Pfarrer und Dekan in Katscher im preußischen Schlesien; 1746 Pfarrer von Müglitz; 1750 res. Kanonikus in Brünn; errichtete 1760 auf Gut Kirchwiedern eine Rosenkranzbruderschaft mit Kapelle, die 1787 zur Pfarrkirche ausgebaut wurde; 1764 Stadtpfarrer und Propst von St. Mauritz in Olmütz; 1769 zugleich Rektor von St. Anna; 1776 Generalvikar des Olmützer Bischofs M. v. (→) Hamilton († 31. 10. 1776). B. fiel damit die schwierige Aufgabe zu, während der bald beginnenden Vakanz das Bistum bis zur Wiederbesetzung mit Erzbischof A. T. v. (→) Colloredo-Waldsee-Mels während der religiösen Unruhen im Prerauer und Hradischter Kreis zu leiten. 1780 Dompropst und Verzicht auf die Pfarrei St. Mauritz zugunsten seines Bruders Joseph Ignaz; 1781 mit seinen Brüdern in den Freiherrenstand erhoben; † 19. 7. 1803.

Literatur: *Ch. D'Elvert,* in: Notizen-Blatt 1877 2, 9 f. - *J. Matzke,* St. Mauritz 2, 100.

Aleš Zelenka

Bużeński, Stanisław (um 1610-1692)

1689 – 1692 Generalvikar der Diözese Ermland

* um 1610 als Sohn einer polnischen Adelsfamilie aus der Gegend von Sieradz; Studium in Krakau (Dr. iur. utr.); nach der Priesterweihe Arbeit in der königlichen Kanzlei; später Sekretär des Primas W. (→) Leszczyński. In der Folgezeit erhielt B. eine Reihe von Pfründen.

1664 wurde er Domherr von Ermland, 1665 von Gnesen und nach 1681 von Krakau, ferner Archidiakon von Kalisch. 1666 kam B. ins Ermland. Er wurde 1669 Kanzler des Domkapitels, daneben aber auch Regent der Kronkanzlei. Als Bevollmächtigter von Bischof M. S. (→) Radziejowski nahm er 1680 Besitz vom Bistum Ermland. 1682 Domdechant (päpstl. Provision). Auch Bischof J. S. (→) Zbąski, mit dem B. eng befreundet war, beauftragte ihn 1689 mit der Besitzergreifung des Bistums. Nachdem er schon zuvor Offizial gewesen war, ernannte Zbąski ihn im Juni 1689 zu seinem Generalvikar. Bei Abwesenheit des Bischofs wirkte er als Statthalter. Während seiner ermländischen Zeit verfaßte B. eine lateinische Geschichte der Erzbischöfe von Gnesen, ferner eine Biographie Leszczyńskis. Er gab außerdem die Lebensbeschreibung des Kardinals Hosius von Rescius neu heraus. B. stiftete in der Kathedrale zu Frauenburg einen barocken Altar und ließ sich schon 1684 ein prächtiges Grabmal errichten. Seine reiche Bibliothek vermachte er teils den Braunsberger Jesuiten, teils der Universität Krakau. Hier errichtete er auch Stipendien für ermländische Studenten. † 5. 4. 1692 in Frauenburg; □ Frauenburger Dom.

Schriften: K. Estreicher 13 (1894) 474 f.

Literatur: A. Eichhorn, Prälaten 373-375. - F. Hipler, Literaturgeschichte 193. - H. Preuschoff 35. - K. Piwarski, in: PSB 3 (1937) 157 f. -J. Obłąk, Historia 142. - T. Oracki (1963) 39 f. - Ders. (1984) 31. - B. Panek, in: Encyklopedia Katolicka, Bd. 2 (Lublin 1976) 1239. -

E. Ozorowski, in: SPTK 1 (1981) 262 f. (Schriftenverzeichnis).

Anneliese Triller

Bystram, Maciej (um 1602 – 1677)

seit 1647   Generalvikar der Diözese Kulm
1659 – 1677 Weihbischof der Diözese Kulm,
             Ep. tit. Argivensis

∗ um 1602 (err.) in Celenta bei Strasburg (Preußen); 1635 Domherr von Kulm; 1647 Generalvikar und Offizial sowie im Auftrag von Bischof A. (→) Leszczyński zusammen mit dem Domherrn Rzeszowski Generalvisitator der Diözese; 1651 erster Inhaber der 1650 von Leszczyński wiedererrichteten ersten Prälatur des Archidiakons und einer der beiden Provisoren des 1651 gegr. Priesterseminars; 1653 nach der Translation des Bischofs auf den erzbischöflichen Stuhl von Gnesen bis zur Amtsübernahme von Bischof J. (→) Gembicki Bistumsadministrator; 22. 9. 1659 Titularbischof von Argivena und Weihbischof der Diözese Kulm; Konsekration durch Bischof Kazimierz Czartoryski von Włocławek in der Franziskanerkirche zu Smardzewice a. d. Pilica bei Opoczno; 1675 – 76 erneut Kapitularvikar; dreimal Deputierter des Kapitels für das Krontribunal; † 5. 8. 1677 im Alter von 75 Jahren.

Literatur: R. Frydrychowicz 12 f. - A. Mańkowski, in: PSB 3 (1937) 170.

Hans-Jürgen Karp

C

Caldonazzi, Konstanz († 1709)

1703 – 1709 Generalvikar in Trient

∗ in Trient; Studium in Salzburg; Dr. iur. utr. et theol.; 1664 Konsistorialrat in Brixen; 1668 Pfarrer von Albeins; 1683 Domherr in Brixen, 1699 in Trient; 1703 – 09 Generalvikar von Fürstbischof J. M. v. (→) Spaur in Trient; † 1709 in Trient.

Literatur: A. Costa 350. - K. Wolfsgruber, Brixner Domkapitel 140. - C. Donati 58. - J. Bücking 195. - J. C. Tovazzi 29.

Josef Gelmi

Capaul, Balthasar von († 1709)

1707 – 1709 Generalvikar in Chur

∗ in Schleuis (Graubünden); 1652 Studium am Jesuitenkolleg Luzern; 1653 – 56 in Feldkirch,

1656 in Dillingen (Lic. theol.); 1664 Priester und Pfarrer in Vals, 1668 in Pleif, 1675 – 1701 in Tomils; 1705 Domkustos, 1707 Domscholastikus in Chur; 1707 – 09 Generalvikar von Bischof U. v. (→) Federspiel; † 26. 1. 1709 in Chur; ◻ Kathedrale Chur.

Literatur: W. *Kundert*, in: HS I/1 (1972) 529, 572.

Pierre Louis Surchat

Caramuel y Lobkowitz, Juan ⟨OCist⟩
(1606 – 1682)

1650 – 1654 Generalvikar in Prag
1657 – 1673 Bischof von Campagna und
             Satriano
1673 – 1682 Bischof von Vigevano

* 23. 5. 1606 in Madrid als Sohn des Lorenzo C. und der Caterina von Frisse-Lobkowitz aus angesehener böhmischer Familie. Die außergewöhnliche Intelligenz C.s erregte schon früh Erstaunen. Bereits als Knabe erwarb er beachtliche Kenntnisse auf dem Gebiet der Mathematik, der Astronomie, der Philosophie sowie der Sprachen. 1623 Eintritt in die Zisterzienserabtei Espina bei Valladolid; 1629 Dr. phil. (Alcala di Hernares); Studium der Theologie in Salamanca; Lektor der Philosophie in Alcala. Seit 1634 Titularabt der schottischen Abtei Melrose und Ordensgeneralvikar für England, Schottland und Irland, bereiste C. zahlreiche europäische Länder. 1638 wurde er in Löwen zum Dr. theol. promoviert, und im gleichen Jahr verlieh König Philipp IV. ihm die Abtei Dissibodenberg/Nahe im Erzbistum Mainz, wo C. sich für die Rekatholisierung einsetzte, doch schließlich in die Abtei St. Andreas bei Brügge ausweichen mußte. 1641 – 43 lehrte C. in Löwen Theologie. Dort wurde er einer der ersten Kritiker des Cornelius Jansen. Nach 1644 bemühte sich der Mainzer Erzbischof Anselm Kasimir Wambolt von Umstadt (1629 – 47), C. als Weihbischof zu gewinnen, doch zog das Verfahren sich in die Länge, um dann nach dem Tode Umstadts nicht mehr zum Abschluß zu kommen. C. bereiste unterdessen weiterhin die europäischen Länder. Kaiser Ferdinand III., dessen Gunst er gewann, verlieh ihm die Benediktinerabtei Emaus in Prag, wo C. sich 1648 persönlich an der Verteidigung gegen die schwedischen Belagerer beteiligte. Als C. scharf gegen die intransigente Ablehnung des Westfälischen Friedens durch den Jesuiten Heinrich Wagnereck polemisierte und den kaiserlichen Standpunkt verteidigte, verlor er die Gunst des ihm bis dahin gewogenen Nuntius Fabio Chigi. 1650 – 54 war C. unter Kardinal

E. A. v. (→) Harrach Generalvikar in Prag und zugleich Präsident des kaiserlichen Reformrates. In dieser Eigenschaft war er an der mit allen Machtmitteln durchgeführten Rekatholisierung Böhmens beteiligt. 1654 war er als erster Bischof für das geplante Bistum Königgrätz vorgesehen, ging jedoch nach Rom, um sich wegen einer theologischen Veröffentlichung zu verteidigen. Dort erreichte ihn 1657 die Ernennung zum Bischof des armen Bistums Campagna e Satriano im Königreich Neapel, wo seinen wissenschaftlichen Interessen enge Grenzen gesetzt wurden. Dies änderte sich, als er 1673 auf Nomination Karls II. nach Vigevano bei Pavia transferiert wurde. Eine später in Aussicht genommene Translation nach Otranto lehnte C. ab. † 8. 9. 1682 Vigevano; ◻ Kathedrale ebd.

C.s außergewöhnliche Gelehrsamkeit und schriftstellerische Tätigkeit bezog sich auf Mathematik wie auf Theologie. Sie war jedoch mehr durch Breite als Tiefe charakterisiert und nicht frei von paradoxen Spekulationen.

Schriftenverzeichnis: DBI (vgl. u.).

Literatur: V. *Oblet*, in: DThC II/2 (1932) 1709-1712. - *Fr. Jürgensmeier*, in: AmrhK 24 (1972) 259-266. - *A. de Ferrari - W. Oechslin*, in: DBI 19 (1976) 621-626 (Lit.).

Erwin Gatz

Cardona, Carl Laurenz (1711 – 1773)

1772 – 1773 Apostolischer Administrator des
             Bistums Meißen in der Lausitz

Carl Laurenz Cardona wurde am 10. 8. 1711 zu Bautzen geboren. Sein Vater Jacob C. war ein italienischer Kaufmann aus Mailand, seine Mutter Maria Josepha Fiebiger stammte aus Dresden. 1720 kam er an die Lateinschule der Jesuiten in Dresden und wurde Kapellknabe an der Hofkirche. Seine philosophischen Studien absolvierte er am Clementinum in Prag, die theologischen in Olmütz, wo er 1735 geweiht wurde. Seine Schwester Carolina war Nonne im Magdalenerinnenkloster zu Lauban (Lausitz). 1735 wurde C. Kaplan in Lauban, 1738 Vizepropst des dortigen Klosters, 1742 Kanonikus beim Domkapitel in Bautzen und Festtagsprediger am Bautzner Dom, 1759 Kantor, 1771 Senior des Kapitels. Am 27. 1. 1772 wählte dieses ihn zum Dekan und damit zum Apostolischen Administrator der Lausitz. Noch während der Einleitung des Informativprozesses zur Bischofsernennung starb C. am 25. 8. 1773. Er wurde in der Kapitelsgruft des Domes beigesetzt.

1678 fand seine Aufschwörung für ein Salzburger Domkanonikat statt, und 1684 wurde er auch in Passau Domkapitular. Am 19. 3. 1687 wurde er Priester. 1698 erhielt er den Titel eines erzbischöflich salzburgischen Geheimen Rates, und 1689 ernannte ihn Erzbischof J. E. v. (→) Thun zum Hofratspräsidenten. C. war ferner kaiserlicher Geheimer Rat. Am 13. 1. 1697 nominierte Thun ihn zum Fürstbischof von Chiemsee. Die Installation erfolgte am 5. 5. 1697. 1699 wurde C. ferner Präsident des Geheimen Rates in Salzburg.

1697 erhielt C. für sich und seine Amtsnachfolger den Zellhof im Erzstift Salzburg, den er freilich bald wieder hergeben mußte. Andererseits bewegte er das Domkapitel dazu, das Untere Weiherschlössel, das zum Besitz des Bistums Chiemsee gehörte, seit dem frühen 17. Jh. aber stets an einen Salzburger Kapitular verpachtet war, freizugeben. C. schloß ferner die von seinem Vorgänger S. I. v. (→) Wolkenstein begonnenen Baumaßnahmen am Salzburger Chiemseehof ab. 1699 geriet C. mit dem Propst von Herrenchiemsee, der als Archidiakon für die Diözese Chiemsee Priester approbierte und in dessen Kloster der Bischof eine Diözesansynode einberufen wollte, in einen

Schriften: Der heilige Bernardus, ein Ebenbild der allerheiligsten Dreyfaltigkeit; eine Lob- und Sittenrede (Budissin 1753). - Ein doppeltes Jubelfest der segnenden Mutter Jesu und des gesegneten Priesters Jesu, eine Jubelfestpredigt (Budissin 1769). - Festa propria Diocesis Misnensis (Budissina 1773).

Literatur: *G. F. Otto* I 193.

Abbildungsnachweis: BDM FotoDok.

Siegfried Seifert

Caspars zu Weiss, Johann Hermann Joseph Freiherr von (1744 – 1822)

1801 – 1822 Kapitularvikar in Köln

→ Bd. 1, 94.

Castel-Barco (Castro-Barco), **Sigmund Carl Reichsgraf von** (1661 – 1708)

1697 – 1708 Fürstbischof von Chiemsee

Sigmund Carl von Castel-Barco, Freiherr der vier Vikariate und Herr von Gresta, wurde am 9. 1. 1661 als Sohn des Franz v. C. und der Claudia Dorothea Gräfin Lodron zu Loppio (Bistum Trient) geboren. Er studierte in Salzburg, Mantua und Rom beide Rechte und war zeitweise Mitarbeiter der Sacra Rota Romana.

Kompetenzkonflikt, der erst 1707 durch eine „Konkordia" beigelegt wurde. Darin wurden die Rechte des Diözesanbischofs auch über das Kloster Herrenchiemsee anerkannt. Die Abhal-

tung von Synoden in der Klosterkirche, die
zugleich seine Kathedrale war, blieb ihm freilich verwehrt. Deshalb fanden die chiemseeischen Diözesansynoden des 18. Jh. in der Pfarrkirche von St. Johann in Tirol statt. Auch mit
dem Salzburger Erzbischof hatte C. einen
Rechtsstreit, als er in seiner Salzburger Residenz Priester ohne Zustimmung des Ortsbi-
schofs weihte. Einen daraufhin bei der Kurie
angestrengten Prozeß verlor er 1705. 1702
wurde in dem zu Chiemsee gehörenden Kitzbühel ein Kapuzinerkloster gegründet.

Da C. über gute Beziehungen zum Wiener Hof
verfügte, sollte er auf dessen Wunsch 1705 das
Bistum Gurk erhalten, doch lebte dessen oft-
mals kränkelnder Fürstbischof O. de la (→)
Bourde noch bis 1708. C. starb am 3. 3. 1708. Er
wurde im Dom zu Salzburg beigesetzt.

Quellen: EKAS.

Literatur: *J. Riedl* 132 und Tafel 27. - *L. H. Krick*,
Domstift 84. - *E. Naimer* 97.

Abbildungsnachweis: Gemälde im Chiemseehof
Salzburg. - Unbek. Künstler. - Landesbildstelle Salzburg 69/5670.

Erwin Naimer

Cecotti (Ceccotti) **Bonifatius** ⟨OFM,
Taufname: Johann Joseph⟩ (1697 – 1765)

1741 – 1765 Bischof von Pedena

* 21. 2. 1697 in Görz als Sohn des Christian C.
und der Maria Trobiz; Franziskaner; 18. 2. 1720
Priesterweihe; Beichtvater des Grafen Johann
Anton von Priè in Pazin; Teilnahme an der
Gesandtschaft Kaiser Karls VI. in die Schweiz.
Am 23. 11. 1740 wurde er durch den Kaiser zum
Bischof von Pedena nominiert. Das Bistum
wurde ihm am 3. 7. 1741 päpstlich verliehen.
Die Konsekration folgte am 10. 9. 1741 in
Perantrui.

C. nahm sein Amt sehr ernst. Er residierte stets
in seinem kleinen Sprengel, den er mehrmals
visitierte und für den er eine Synode abhielt,
deren Akten er publizierte. Für die Priester
führte er monatliche Rekollektionen ein. C.
restaurierte das bischöfliche Palais und erweiterte den Dom. † 1. 5. 1765 in Pedena; □ Dom zu
Pedena.

Literatur: *C. Morelli* 3 (1856) 273 f. - *M. Premrou*,
Vescovi petinensi 390. - Atti e memorie 343 f. - *J. Grah*
12 f., 22, Anm. 46 – 58.

France M. Dolinar

Chastonay, Johann Josef de (1678 – 1774)

1746 – 1758 Generalvikar in Sitten

* 1678 in Siders (Wallis); 1705 Domherr, 1733
Großsakristan, 1746 Großdekan von Sitten;
1746 – 58 Generalvikar in Sitten; 1752 Kapitelsvikar; † 15. 1. 1774.

Literatur: *L. Carlen*, in: HS (i. Vorb.).

Louis Carlen

Chlumčansky, Wenzel Leopold Ritter von
(1749 – 1830)

1795 – 1802 Weihbischof in Prag, Ep. tit.
            Cydoniensis
1796 – 1802 Generalvikar in Prag
1802 – 1815 Bischof von Leitmeritz
1815 – 1830 Fürsterzbischof von Prag

Wenzel Leopold Chlumčansky, Ritter von Pre-
stawlk und Chlumczan, wurde am 15. 11. 1749
auf Schloß Hostitz (Südböhmen) als Sohn des
Anton Josef C., Herr auf Hostitz und Weselicko,
geboren. Er besuchte das Gymnasium in
Deutschbrod und Prag und studierte dann von
1765 bis 68 in Prag als Alumne des
St. Wenzelseminars und des St. Bartholomäus-
konviktes (1768 Dr. phil.; 1771 Bacc. theol.). Die
Priesterweihe empfing er am 19. 12. 1772. Danach wirkte er in Klösterle (Klášterec), Gartitz
(Skorotice) und Tetschen (Děčin, Dechant) in
der Seelsorge. 1779 wurde er Mitglied des
Prager Domkapitels und deutscher Domprediger, später Archidiakon. Am 1. 6. 1795 wurde er
zum Titularbischof von Cydonien und Weihbischof von Prag ernannt und am 28. 9. durch
Erzbischof W. F. v. (→) Salm-Salm im
St. Veitsdom konsekriert. Am 19. 9. 1796 ernannte Salm-Salm ihn ferner zu seinem Generalvikar.

Kaiser Franz I. nominierte C. am 15. 10. 1801
zum Bischof von Leitmeritz. Die Translation
folgte am 29. 3., die Besitzergreifung am 30. 6.
1802. C. war ein guter Prediger, eifriger Visitator und kundiger Ökonom. Er ließ die verwahrlosten Wirtschaftsgebäude auf den bischöflichen Gütern restaurieren. Die Mittel
dazu lieh er aus dem Religionsfonds gegen
fortlaufende jährliche Rückzahlung. Den durch
die Geldentwertung verarmten Domherren verhalf er zu einer Aufbesserung ihrer Einkünfte
und zur Wiederherstellung ihrer Residenzen.
Den infolge der Kriegsereignisse in Not geratenen Diözesanen half er aus eigenen Mitteln;
noch als Erzbischof von Prag erwirkte er für sie
eine kaiserliche Unterstützung. Unter ihm er-

hielt das 1804 eröffnete Priesterseminar 1810 eine endgültige Bleibe im ehemaligen Jesuitenkolleg. Der Kaiser ernannte C. („Vater der Armen") 1808 zum Geheimen Rat und wollte ihn mit der Erhebung zum Erzbischof von Lemberg belohnen, doch lehnte C. dies wegen sprachlicher Schwierigkeiten ab. Stattdessen nominierte Franz I. ihn am 30. 12. 1814 zum Erzbischof von Prag. Die Translation mit Verleihung des Palliums folgte am 15. 3. 1815, der Einzug in Prag am 14. 5. 1816. C. mußte sich gegen die Versuche der Wiener Behörden wehren, die die Einkünfte des erzbischöflichen Stuhles drastisch kürzen wollten. Mehrere Jahre hindurch mußte er sich auf Geheiß der Kurie und des Kaisers mit der Anklage gegen die Rechtgläubigkeit des seit 1808 in Prag lehrenden Religionsphilosophen Bernard Bolzano befassen. Als Vertreter einer milden Aufklärung suchte er den in weiten Kreisen beliebten Hochschullehrer zu schonen, doch konnte er dessen Absetzung im Jahre 1819 nicht verhindern. C. wandte auch als Erzbischof den sozial Benachteiligten sein besonderes Interesse und seine Fürsorge zu. Er förderte den Priesternachwuchs durch eine Stiftung und gab dem Priesterseminar eine neue Ordnung. In den Vikariaten ließ er Priesterbibliotheken entstehen. Den Bemühungen um die tschechisch-nationale Wiedergeburt stand er verständnisvoll und fördernd gegenüber. So zahlte er z. B. dem tschechischen Philologen J. Jungmann einen Kopisten und beteiligte sich an der Stiftung des „Museums des Königreiches Böhmen".

Ihm verdanken die ersten Realschulen Böhmens in Reichenberg (Liberec) und Rakonitz (Rakovník) ihren Ursprung. C. starb am 14. 6. 1830. Er wurde im St. Veitsdom beigesetzt.

Literatur: *A. L. Frind*, Leitmeritz 29 f. - *Ders.*, Prag 278-285. - *A. Podlaha* 296. - ČSB 5 (1930) 234. - *V. Bartůněk* 65 f. - *E. Winter*, Josefinismus. - *A. Zelenka* 66 f., 109.

Abbildungsnachweis: Lithographie von Anton Gareis d. Ä. (1793-1863) nach Gemälde von Franz Horčička (1776-1856). - Wien NB 517.253 B.

Kurt A. Huber

Chokier, Jean (seit 1623 **de**) (1571 – 1656)

1622 – 1656 Generalvikar in Lüttich

* 14. 1. 1571 in Lüttich; Studium in Löwen und Orléans (Dr. iur.); 1611 in Rom, wo er zum Protonotar ernannt wurde; Kanonikus am Aachener Marienstift, 1611 – 19 in Lüttich/ Saint-Paul; 1620 Domkapitular in Lüttich; 24. 11. 1622 Generalvikar in Lüttich; 1632 Kommendatarabt des Stiftes von Visé; Mitglied des fürstbischöflichen Privatrates, der obersten Regierungsinstanz des Fürstbistums; † 14. 8. 1656.

Schriften: Tractatus de permutationibus beneficiorum (Lüttich 1616). - Tractatus de re nummaria (Lüttich 1619, Köln 1620). - Thesaurus politicorum aphorismorum (Rom 1610, Mainz 1613, Lüttich 1643). - Vindiciae libertatis ecclesiasticae (Lüttich 1630). - Apologeticus adversus Samuelis Maresii librum (Lüttich 1635). - Facis historiarum centuriae duae (Lüttich 1650). - Scholia in primarias preces Imperatoris (Köln 1621, Lüttich 1658, Köln 1674). - Commentaria in regulas cancellariae apostolicae (Köln 1621). - Paraenesis ad haereticos et alios Ecclesiae hostes et mastiges (Köln 1634).

Literatur: *J. de Theux* 3 (1871) 247-250). - *J. Daris*, Liège XVIIᵉ siècle 1 (1877) 328 f. - *E. Poncelet* 46.

Alfred Minke

Chokier de Surlet, Jean Ernest (seit 1623 **de**) (1619 – 1701)

1656 – 1688 und
1694 – 1695 Generalvikar in Lüttich

* 3. 1. 1619 in Lüttich; Dr. iur.; bis 1642 Kanonikus in Lüttich/Saint-Paul; 1643 Domkapitular in Lüttich; 1656 Kommendatarabt des Stiftes von Visé und Generalvikar in Lüttich; 5. 6. 1688 durch das Domkapitel sede vacante als Generalvikar bestätigt, dankte er Ende 1688 ab. Sein Nachfolger C. (→) Faes verstarb während einer

neuerlichen Vakanz des Bistums im Jahre 1694. Am 15. 5. 1694 ernannte das Domkapitel C. erneut zum Generalvikar. Da der neue Fürstbischof (→) Joseph Clemens von Bayern erst 22 Jahre alt und noch nicht Priester war, wurde C. durch päpstliches Breve außerdem zum Coadministrator in spiritualibus der Diözese Lüttich bestimmt. Beide Ämter übte er bis zum 16. 7. 1695 aus. Er unterstützte die Wohlfahrtspflege und schenkte dem Dom mehrere kostbare Kunstgegenstände. C. war seit 1681 auch Archidiakon des Ardennengaus der Diözese Lüttich. Auf sein Kanonikat am Aachener Marienstift hatte er wahrscheinlich 1694 verzichtet. † 22. 4. 1701.

Literatur: *J. de Theux* 3 (1871) 293 f. - *E. Poncelet* 46 f.

Alfred Minke

Chorinsky, Matthias Franz Freiherr (seit 1761 **Reichsgraf) von** (1720 – 1786)

1769 – 1774 Weihbischof   in   Königgrätz, Ep. tit. Samariensis
1776 – 1777 Weihbischof in Olmütz
1777 – 1786 Bischof von Brünn

Matthias von Chorinsky wurde am 4. 10. 1720 zu Patschlawitz (Mähren) als zweiter Sohn des 1710 in den böhmischen Freiherrenstand erhobenen Franz Karl v. Ch. und dessen erster Gemahlin Maria Katharina Kotulinsky, Freiin von Kotulin und Krzischkowitz, geboren. Der Vater war k. k. Rat und Landrechtsbeisitzer in Mähren. 1761 erhob Kaiserin Maria Theresia Ch. zusammen mit seinen Brüdern Franz Johann, Ignaz Dominik und Michael Wenzel in den Grafenstand. Ch. studierte in Olmütz und wurde am 5. 4. 1743 Priester. Er wurde später Domkapitular in Olmütz und 1762 Dekan des Kollegiatkapitels St. Peter und Paul in Brünn. Als der Königgrätzer Bischof H. H. v. (→) Blümegen 1767 nach Brünn übersiedelte, wo er zugleich Propst des Kollegiatkapitels war, erbat er Ch. als Weihbischof. Dessen Ernennung zum Titularbischof von Samaria erfolgte am 11. 9., die Konsekration am 16. 10. 1769. Nach dem Tode Blümegens wurde Ch. 1775 dessen Nachfolger als Propst in Brünn. 1776 wurde er Weihbischof des Fürstbischofs in Olmütz.

Im Interesse der Verbesserung der Seelsorge plante Kaiserin Maria Theresia schon seit 1763 die Ausgliederung je eines Bistums mit Sitz in Brünn und Troppau aus dem übergroßen Bistum Olmütz. Während aber der Troppauer Bistumsplan nicht verwirklicht werden konnte, wurde nach dem Tode des Olmützer Fürstbischofs M. v. (→) Hamilton (31. 10. 1776)

1777 das Markgrafentum Mähren kirchlich geteilt. Das im gleichen Jahr errichtete Bistum Brünn erhielt die Kreise Brünn, Znaim und Iglau sowie die Herrschaften Chirlowitz und Wischau mit 151 Pfarreien und 28 Lokalien in 18 Dekanaten. Es wurde als Suffragan dem gleichzeitig zum Erzbistum erhobenen Olmütz unterstellt. Zugleich wurde die Brünner Kollegiatkirche St. Peter und Paul zur Kathedrale erhoben. Das Recht zur Ernennung des Bischofs blieb dem Landesherrn vorbehalten.

Maria Theresia nominierte am 18. 5. 1777 Ch. zum ersten Bischof von Brünn. Die päpstliche Verleihung folgte am 15. 12.

Während der Amtszeit von Ch. wurde die Diözese in mehreren Stufen bis 1786 auf 254 Pfarreien und 143 Lokalien in 36 Dekanaten vergrößert. Sie umfaßte den mittleren und südlichen Teil Mährens mit einer deutschen Minderheit von etwa 20 %.

Erheblichen Problemen begegnete Ch. auf dem Gebiet der Priesterausbildung. Nach einer negativ ausgefallenen Revision war die Universität mit dem Priesterseminar 1778 von Olmütz nach Brünn an den Sitz der Landesregierung verlegt worden. Hier geriet die Anstalt in starke Richtungskämpfe zwischen jansenistischen Reformkatholiken und konservativen Theologen, die von Fürsterzbischof A. Th. v. (→) Colloredo und Ch. unterstützt wurden, sich letztlich aber nicht durchsetzen konnten. Infolgedessen wirkte der Reformkatholizismus sich in Mähren stärker aus als in anderen Gebieten

Österreichs. 1782 wurde die Universität wieder nach Olmütz zurückverlegt. Im Zuge der josephinischen Klosteraufhebungen wurden unter Ch. im Bistum Brünn acht Klöster aufgehoben, ein weiteres umgesiedelt und 17 Kirchen profaniert. 1784 erfolgte die Durchführung der Pfarregulierung. Auch in anderer Hinsicht war Ch.s. Episkopat von den josephinischen Reformmaßnahmen geprägt. So führte er z. B. die Pfarrarmeninstitute ein. Ch. begann ferner mit der Barockisierung der gotischen Domkirche sowie mit der Visitation seiner Diözese. In deren Verlauf starb er am 30. 10. 1786 zu Gurein.

Literatur: *Ch. d'Elvert*, in: Notizen-Blatt 1865, 35. - *A. Huber*, in: AKGB 1 (1967) 34. - *J. Zabel* 11 f. - Katalog moravských biskupů 161. - *A. Zelenka* 277 f. - *P. Hersche*, Spätjansenismus 291-305.

Abbildungsnachweis: Lithographie von Franz Eybel 1833. - Wien NB 515.033 B.

Aleš Zelenka

Chrzepíczky von Modliskovic, Zdenko Georg (1678 – 1755)

1743 – 1755 Weihbischof in Prag, Ep. tit. Mennithensis

≈ 17. 3. 1678 in Sedlec; 12. 3. 1701 Priester; Bacc. theol. (Prag); Domherr in Leitmeritz, 1717 in Prag; tschechischer Domprediger; Apostolischer Protonotar, Kanonikus in Altbunzlau (Stará Boleslav); 1722 von den böhmischen Ständen in die Rektifikationskommission entsandt; 1733 Domdechant, 1734 Dompropst in Prag. 1743 verbannte Maria Theresia C. wegen Mitwirkung bei der Krönung Kaiser Karls VII. zum König von Böhmen (J. M. v. → Manderscheid) für einige Zeit von Prag. 23. 9. 1743 Titularbischof von Mennith und Weihbischof in Prag; C. setzte sich sehr für die Ausschmückung des Grabes von Johann Nepomuk ein; † 16. 5. 1755.

Schriften: *A. Podlaha* 247 f.

Literatur: *A. Podlaha* 245-248.

Kurt A. Huber

Chumer (seit 1637 von Chumberg), Michael ⟨OFM⟩ (1598 – 1653)

1639 – 1653 Weihbischof in Laibach, Ep. tit. Christopolitanus

*1598 in Grgar bei Görz; Franziskanerobservant; 1625 – 32 Provinzial der kroatisch-bosni-

schen, 1631 – 34 der österreichischen Provinz; auf Bitten des Laibacher Bischofs Rinaldo Scarlichi von Kaiser Ferdinand III. 1639 zum Weihbischof in Laibach bestimmt; 3. 10. 1639 Titularbischof von Christopolis; 8. 1. 1640 Konsekration in Rom; Dompropst von Laibach und stattdessen 1651 Stiftspropst von Novo mesto; † 30. 6. 1651 in Novo mesto.

Literatur: *F. M. Dolinar*, in: Bogoslovni vestnik 40 (1980) 29, Anm. 15. - *L. A. Lisac* - *J. Markuža*, in: Primorski biografski leksikon 9 (Gorizia 1983) 219 f.

France M. Dolinar

Ciurletti, Anton Felix (seit 1721 Reichsritter von Belforte)

1744 – 1755 Weihbischof in Salzburg, Ep. tit. Teiensis

≈ 26. 2. 1696 in Trient; seit 1715 Studium der Rechte in Salzburg; 29. 1. 1719 Priester; 1720 Vizekustos am Salzburger Dom, Konsistorialrat und Kanonikus des Schneeherrenstiftes; 1725 Dr. iur. utr. (Mantua); 1733 Vizedirektor und Generalvisitator; 1742 Direktor des Konsistoriums. Seit alters her residierten die Fürstbischöfe des Salzburger Eigenbistums Chiemsee in Salzburg. Dort nahmen sie die Aufgaben eines Weihbischofs und bei Abwesenheit des Erzbischofs die eines Statthalters wahr. Als Fürstbischof F. J. v. (→) Arco (1730 – 46) diese Aufgaben wegen Krankheit nicht mehr erfüllen konnte und auch der Lavanter Fürstbischof J. O. v. (→) Attems starb, bestimmte der bereits alte Erzbischof L. A. v. (→) Firmian 1744 C. zu seinem Weihbischof. Am 7. 9. 1744 wurde er zum Titularbischof von Teos ernannt und am 11. 10. durch den Seckauer Fürstbischof L. E. v. (→) Firmian in Salzburg konsekriert. Da sich C.s Stellung als Suffragan und seine Besoldung schwierig gestalteten, blieb er Mitglied des Schneeherrenkapitels und erhielt eine Dotation aus dem Priesterhausfonds. Wegen seiner juristischen Bildung wurde er mehrfach zu Rechtsgutachten herangezogen. † 5. 1. 1755.

Quellen: EKAS. - SLA.

Literatur: *J. Th. Zauner*, Chronik von Salzburg 10/11 (*C. Gärtner*) (Salzburg 1821/26).

Franz Ortner

Clemens August, Herzog von Bayern (1700 – 1761)

1717 – 1719 Fürstbischof von Regensburg
1716 – 1723 Koadjutor des Fürstpropstes von Berchtesgaden

1719 – 1761 Fürstbischof von Münster und
            Paderborn
1722 – 1723 Koadjutor des Erzbischofs von
            Köln
1723 – 1761 Kurfürst-Erzbischof von Köln
            und Fürstpropst von
            Berchtesgaden
1724 – 1761 Fürstbischof von Hildesheim
1728 – 1761 Fürstbischof von Osnabrück
1732 – 1761 Hoch- und Deutschmeister

Clemens August Maria Hyazinth von Bayern
wurde am 17. 8. 1700 zu Brüssel als vierter
Sohn aus der zweiten Ehe des bayerischen
Kurfürsten Max Emanuel mit Theresia Kunigunde, der Tochter des polnischen Königs
Johann Sobieski, geboren. Der Vater hatte sich
als Verbündeter des Kaisers in den Türkenkriegen hervorgetan, deckte später die ungesicher-
te Rheingrenze gegen Frankreich und wurde
dafür 1691 Statthalter der Spanischen Niederlande. Während des Spanischen Erbfolgekrieges versuchte er an der Seite Frankreichs, diese
als Königtum zu gewinnen, unterlag aber 1704
den kaiserlichen Truppen bei Höchstädt. Zusammen mit seinem Bruder, dem Kölner Erzbischof (→) Joseph Clemens, der sich ebenfalls
auf die französische Seite gestellt hatte, wurde
er 1706 in die Reichsacht erklärt und im
gleichen Jahr aus den Niederlanden vertrieben.
C. A., der mit seiner Mutter und seiner Familie
in München zurückgeblieben war, wurde
1706 – 15 mit seinen Brüdern von den Österrei-
chern zunächst in Klagenfurt, dann in Graz
festgehalten, genoß dort aber eine gründliche
Ausbildung. Durch den langen Aufenthalt in
Kärnten und der Steiermark wurde er jedoch
seinem Elternhaus entfremdet.

Max Emanuel hatte im Interesse der wittelsbachischen Hausmachtpolitik bereits seinen Bruder Joseph Clemens in den geistlichen Stand
gezwungen. Er bestimmte auch seine drei nachgeborenen Söhne (→) Philipp Moritz, Clemens
August und (→) Johann Theodor gegen deren
Wunsch für die geistliche Laufbahn. Noch im
Jahr der Rückkehr aus der österreichischen
Gefangenschaft wurde C. A. Propst von Altötting, und am 9. 12. 1715 erhielt er ein Wählbarkeitsbreve für Regensburg. Dort wurde er am
26. 3. 1716 gewählt (19. 5. bestätigt), erhielt
aber wegen seines jugendlichen Alters Koad-
ministratoren für die geistliche und weltliche
Leitung des Sprengels. Im gleichen Jahr wurde
er Koadjutor in Berchtesgaden. 1717 – 19 ging
er dann mit seinem Bruder Philipp Moritz auf
Bildungsreise nach Rom. Als der für die Nachfolge von Joseph Clemens in Köln, Lüttich und
Hildesheim vorgesehene Philipp Moritz gegen
Ende des römischen Aufenthaltes unerwartet

starb, konzentrierte sich das Bemühen Max
Emanuels um nordwestdeutsche Bistümer auf
C. A. Nachdem er erreicht hatte, daß das
münstersche und das Paderborner Kapitel Philipp Moritz gewählt hatten, setzte er durch, daß
beide Kapitel nach dessen Tod am 26. bzw.
27. 3. in einem neuen Wahlgang ihre Stimmen
C. A. gaben. Mit der Bestätigung dieser Wahlen
durch Papst Clemens XI. (26. bzw. 30. 4. 1719)
verband dieser die Translation C. A.s von Regensburg auf die westfälischen Bistümer, so
daß Regensburg nun vakant wurde. Hier trat
1721 sein Bruder Johann Theodor die Nachfolge an.

In beiden westfälischen Kapiteln hatte Freiherr
(seit 1724 Graf) Ferdinand von Plettenberg-
Nordkirchen, den Max Emanuel seinem Sohn
1719 als Chefkämmerer gegeben hatte, die
Wahl mit hohem finanziellem Aufwand vorbereitet und die Kapitel davon zu überzeugen
gewußt, daß der Wittelsbacher die zerrütteten
Finanzen der Stifte sanieren werde.

Das Hauptinteresse Max Emanuels ging freilich dahin, seinem Sohn die Nachfolge von
Joseph Clemens in Köln zu sichern, doch fand
dieser sich mit der Koadjutorie seines Neffen
erst ab, als sein kurfürstlicher Bruder ihm Hilfe
bei der Abtragung seiner Schulden zugesichert
hatte. Nachdem C. A., der seit 1720 in Köln ein
Domkanonikat besaß, sich den Wählern vorteilhaft präsentiert hatte, konnte Plettenberg
auch hier das Wahlgeschäft vorbereiten. Am
13. 11. 1721 erhielt C. A. ein Wählbarkeitsbreve für Köln, am 5. 12. verzichtete er auf die
Altöttinger Propstei, und am 9. 5. 1722 wählte
ihn das Kölner Kapitel einstimmig zum Koadjutor (22. 6. bestätigt). Seine Einführung folgte
am 17. 12. 1722. Ein Jahr später trat er nach
dem Tode von Joseph Clemens (11. 12. 1723) die
Regierung an. Am 5. 2. 1724 wählte ihn auch
das Hildesheimer Kapitel zum Bischof (3. 8.
1724 bestätigt), während seine Kandidatur in
Lüttich am Widerstand des Kaisers und Frankreichs scheiterte. Am 4. 11. 1728 wählte ihn
schließlich das Osnabrücker Kapitel zum Bischof (23. 12. 1728 bestätigt). Infolgedessen
vereinigte C. A. in seiner Hand eine Machtfülle,
wie sie vor ihm zur Zeit größter Gefährdung
des nordwestdeutschen Katholizismus nur (→)
Ferdinand von Bayern besessen hatte. Während die Wahl in dem entlegenen Hildesheim
problemlos verlaufen war, machte Kaiser
Karl VI. seine Zustimmung in Osnabrück davon abhängig, daß C. A. die Pragmatische
Sanktion von 1713 anerkannte. Wie sehr die
Besetzung von Bischofsstühlen im Interesse
der wittelsbachischen Hauspolitik lag, zeigt
die Hausunion von 1724 zwischen Bayern,
Pfalz, Köln und Trier. Dieses Bündnis bot vier

Kurstimmen und ein Heer von 30 000 Mann auf und war somit neben Österreich und Preußen die dritte Macht im Reich.

Bei der Bestätigung für Hildesheim hatte Papst Benedikt XIII. den 24jährigen C. A. zum sofortigen Empfang der Priesterweihe verpflichtet. Dieser empfand dafür zwar keine Neigung, ließ sich aber am 4. 3. 1725 auf Schloß Schwaben dennoch die Weihe spenden. Die Konsekration zum Bischof erteilte ihm der gleiche Papst persönlich am 9. 11. 1727 in S. Maria della Quercia bei Viterbo.

An der persönlichen Frömmigkeit von C. A., der gern und oft an Gottesdiensten und geistlichen Übungen teilnahm, besteht kein Zweifel. Diese Frömmigkeit war jedoch oberflächlich und stark vom Bedürfnis nach Selbstdarstellung bestimmt.

Labil und schwankend war C. A. auch als Landesherr. Dies fiel nicht ins Gewicht, solange er in Plettenberg einen befähigten Ersten Minister besaß. Das war von besonderer Wichtigkeit, da C. A. zusammen mit den westfälischen Stiften in seiner Hand ein Gebiet vereinigte, das durchaus an die Größenordnung Bayerns herankam. Im einzelnen gab es zwischen den verschiedenen Territorien jedoch große Unterschiede. So lag der Schwerpunkt von C. A.s Wirken im Kurstaat, während er die Regierungsgewalt in den westfälischen Stiften weitgehend mit den Ständen teilen mußte. Von einer zentralistischen Gesamtverwaltung konnte also keine Rede sein. Lediglich die Außenpolitik wurde von Köln bestimmt, und es gelang dem hochbefähigten, wenngleich stark auf seine persönliche Karriere bedachten Plettenberg, Köln aus der bayerischen Bevormundung herauszuführen und Österreich anzunähern. Letztlich hat Plettenberg für sich selbst ein Ministeramt in Wien angestrebt. Mit Unterstützung Österreichs wurde C. A. 1732 zum Hoch- und Deutschmeister gewählt, während er auf das begehrte Lüttich nun endgültig verzichten mußte.

Die klare Linie der kurkölnischen Politik brach 1733 jäh ab, als C. A. Plettenberg zu Unrecht der Mitschuld am Tode des beim Duell umgekommenen Johann Baptist von Roll verdächtigte, den er 1732 beim Deutschen Orden kennengelernt und als Vertrauten mit nach Bonn gebracht hatte. C. A. entließ Plettenberg, ohne eine auch nur annähernd qualifizierte Persönlichkeit für dessen Nachfolge zu bestimmen. Er berief zwar eine „Konferenzregierung", erwies sich jedoch in seiner Unstetigkeit und angesichts seiner nun häufig auftretenden Depressionen zur Handhabung dieses Instrumentes als unfähig. Es scheint in der Regierung zwar

eine Aufteilung nach territorialen Kompetenzen gegeben zu haben, insgesamt erwiesen sich die Mitarbeiter jedoch als wenig befähigt. Entsprechend stieg der wechselnde Einfluß untergeordneter Sekretäre und auswärtiger Botschafter, so daß seit 1733 in Kurköln unkalkulierbare Verhältnisse herrschten. Die häufig wechselnde Orientierung C. A.s zwischen Wien und Paris hing z. T. mit Subsidienzahlungen zusammen.

Der Unstetigkeit im politischen entsprach die Wechselhaftigkeit im persönlichen Lebensbereich. Hier waren seit dem Tode Rolls häufige Depressionen bestimmend, die wiederum mit lauten Festen wechselten. In die Zeit eines solchen seelischen Zusammenbruches fiel auch ein intimes Verhältnis zu einer Harfenistin aus einfachen Kreisen, aus dem eine Tochter hervorging.

Ein Kontinuum im Leben C. A.s bildete seine Baulust, und in dieser Hinsicht hat er sich als über seine Verhältnisse lebender Mäzen einen unvergänglichen Namen geschaffen. Im Erzstift führte er die Arbeiten am Bonner Residenzschloß weiter. In Poppelsdorf vollendete er Schloß Clemensruh, in Bonn das Schloß Vinea Domini am Rheinufer, im Kottenforst bei Röttgen das Jagdschloß Herzogsfreude und in Brühl Schloß Augustusburg mit Schloß Falkenlust. Daneben nahm C. A. wie seit Jahrhunderten kein Erzbischof mehr Sicherungsarbeiten am Kölner Dom vor. Die Stadt Köln, die er gern in den Kurstaat integriert hätte, vermochte er allerdings nicht zu gewinnen. In Westfalen erweiterte C. A. die Schlösser zu Arnsberg und zu Neuhaus bei Paderborn. In Münster erbaute er das für seine Zeit vorbildliche Clemenshospital und im Niederstift in der Nähe von Meppen Schloß Clemenswerth. Bei diesen wie auch bei anderen Arbeiten geringerer Größenordnung wurden Architekten und Künstler von hohem Rang tätig, darunter J. K. Schlaun, F. Cuvillié und B. Neumann.

Neben dem Bauen gehörte die Leidenschaft des Grandseigneurs C. A. der Hofhaltung mit ihren prunkvollen Festen und vor allem der Jagd. C. A. war ein hervorragender Jäger und Schütze. Seine besondere Vorliebe galt der Reiherbeize. Den Höhepunkt fürstlicher Repräsentation zeigte C. A. bei der Kaiserkrönung seines Bruders Karl (VII.) Albrecht, die er 1742 persönlich in Frankfurt vornahm. Er erschien dazu mit einem Gefolge von 1 600 Personen.

Die Prachtliebe des „Monsieur de Cinq-Eglises", die seinen Untertanen zahlreiche Arbeitsaufträge einbrachte, hat seiner Popularität keinen Abbruch getan, zumal C. A. sich auch für die Entwicklung seiner Länder aufgeschlossen zeigte und zur Bevölkerung einen zwanglosen Kontakt unterhielt. Neben manchen Gesetzesmaßnahmen aus dem Geist der Frühaufklärung hat er sich z. B. den Ausbau der Verkehrswege angelegen sein lassen, Straßen befestigt und im Münsterland den Max-Clemens-Kanal vollendet. Seine Volksverbundenheit zeigte er auch durch die Teilnahme an Volksfesten, und dem rheinischen Schützenwesen hat er zur Neubelebung verholfen.

An militärischen Unternehmen und am Aufbau einer Militärmacht hat C. A. wenig Interesse gezeigt, sich wohl 1736 – 38 mit einem Kontingent am Türkenkrieg und seit 1757 auf seiten Österreichs am Siebenjährigen Krieg beteiligt. Dieser hat durch langdauernde Einquartierungen seine Stifte schwer belastet.

Innerkirchlich erwies C. A. sich als wenig initiativ. Das Generalvikariat vertraute er in Köln dem bewährten J. A. de (→) Reux an, der das Amt 1730 wohl aus Verstimmung über die Launenhaftigkeit des Erzbischofs niederlegte. Einflußreicher als die Generalvikare waren unter C. A. die Bonner Hoftheologen aus dem Jesuitenorden. Das wichtigste Ereignis aus der Regierungszeit als Kölner Erzbischof bildete die Wiedererrichtung des Priesterseminars („Seminarium Clementinum") in Köln (1736), das 1746 – 49 einen Neubau erhielt und dessen Besuch 1749 allen Priesteramtskandidaten vorgeschrieben wurde. Als Wallfahrtsstätten ließ C. A. in Bonn die Hl. Stiege und das Hl. Grab bei der Servitenkirche auf dem Kreuzberg

bauen. Auch in Münster erhielt C. A. zunächst in Domdechant Franz Anton Arnold von Landsberg einen Administrator apostolicus in spiritualibus, aber auch nach seiner Bischofsweihe überließ C. A. die Sorge für die Diözese größtenteils einheimischen Kräften. Zu den Ämtern des Weihbischofs und Generalvikars berief er erstmals Domherren. In Paderborn, wo C. A. sich wiederholt zu großen Jagden und Festlichkeiten aufhielt, trat er ebenfalls mehr als Landesherr denn als Bischof seiner Diözese in Erscheinung. In das Domkapitel brachte er neben die dort dominierenden Söhne des Stiftsadels eine Reihe von Rheinländern. Von den 21 Besuchen C. A.s im Stift war seine Teilnahme an der 900-Jahr-Feier der Übertragung der Reliquien des hl. Liborius nach Paderborn am festlichsten und für C. A. am charakteristischsten. Im Grunde ließ er sich bei dieser Gelegenheit persönlich feiern, aber das Fest hat doch auf die Belebung der Liboriusverehrung bleibenden Einfluß gehabt. Im Gegensatz zu Münster und Paderborn hat C. A. Hildesheim nur wenige Male besucht und die Leitung dort zuverlässigen Mitarbeitern überlassen. Das Hildesheimer Kunstschaffen hat er freilich beeinflußt, indem er hier den Barock und später das Rokoko durch persönliche Aufträge und Anregungen förderte. Noch schwächer war die Einwirkung C. A.s auf Osnabrück, dessen Besitzergreifung er wie in Hildesheim durch einen Vertreter vornehmen ließ.

C. A. starb am 6. 2. 1761 unerwartet auf einer Reise nach Bayern in der kurfürstlichen Residenz zu Ehrenbreitstein. Zu seinem Universalerben hatte er wenige Stunden zuvor seinen Nachfolger bestimmt. Seine Wertgegenstände sollten zur Begleichung der Schulden versteigert werden. C. A. wurde nach Bonn überführt und bis zum 31. 3. aufgebahrt. Sein Herz wurde in der Gnadenkapelle zu Altötting, seine Eingeweide in der St. Remigiuskirche zu Bonn, Zunge, Augen und Gehirn in der Bonner Kapuzinerkirche und sein Leib neben seinen Vorgängern vor der Dreikönigenkapelle des Kölner Domes beigesetzt.

Literatur: *M. Braubach*, Kurköln 201 – 269, 295 – 320. - Kurfürst Clemens August. Landesherr und Mäzen des 18. Jahrhunderts. Ausstellungskatalog (Köln 1961). - *E. Hegel - G. Bönisch*, Der Sonnenfürst. Karriere und Krise des Clemens August (Köln 1979). - *G. Knopp*, Kurfürst Clemens August, in: AHVN 188 (1985) 91 – 136. - Clemens August. Fürstbischof, Jagdherr, Mäzen. Ausstellungskatalog Schloß Clemenswerth (Meppen-Sögel 1987). - *A. Winterling*.

Abbildungsnachweis: Residenz München Ahnengalerie Gw 113. - Werkstatt Georg Desmarées nach 1730. - BSV Neg. Nr. 17.641.

Erwin Gatz

Clemens Wenzeslaus (→) Klemens Wenzeslaus

Cloth (Clodh), **Stephan von** ⟨OSB⟩
(1674 – 1727)

1726 – 1727   Generalvikar in Fulda
1727   Weihbischof in Fulda, Ep. tit.
              Derbensis

* 21. 1. 1674 in Hemen (Westfalen); 8. 9. 1695
Einkleidung, 8. 9. 1696 Profeß im Benediktiner-
Stift Fulda; 12. 10. 1698 Priesterweihe; 14. 3.
1701 Aufnahme in das adelige Stiftskapitel
und Ernennung zum Superior der bürgerlichen
Benediktiner im Fuldaer Hauptkloster; 1701
Propst am Michaelsberg in Fulda. C. widmete
sich besonders dem Ausbau der Propstei und
der Wiederherstellung der 822 konsekrierten
Michaelskirche, ferner der Einführung barok-
ker Frömmigkeitsformen. Er förderte die jährliche Wallfahrt nach Walldürn und belebte das
Bruderschaftswesen. 1715 Präsident der Landesobereinnahme; 1726 Generalvikar des
Fürstabtes von Fulda; 20.1 1727 Titularbischof
von Derbe und erster Weihbischof in Fulda;
25. 1. 1727 Konsekration in Mainz; † 5. 9. 1727
in Fulda.

Literatur: *G. Richter 78.*

Werner Kathrein

Colloredo-Waldsee (Wallsee)-**Mels, Anton
Theodor, Reichsgraf von** (1729 – 1811)

1778 – 1811   Fürsterzbischof von Olmütz
1803   Kardinal

Anton Theodor von Colloredo-Waldsee-Mels
wurde am 17. 7. 1729 zu Wien als Sohn des Karl
Ludwig v. C. und der Eleonore Markgräfin von
Gonzaga getauft. 1747 wurde er Domizellar in
Olmütz (päpstl. Verleihung). Er studierte in
Modena, Rom und Padua (hier 1752 Dr. iur.
utr.) und wurde am 20. 8. 1758 in Brixen zum
Priester geweiht. 1766 wurde er Propst von
Kremsier, 1776 Domdekan in Olmütz.

Als die Wiener Regierung nach dem Tode des
Olmützer Bischofs M. v. (→) Hamilton (31. 10.
1776) daran ging, die 1773 beschlossene Aufteilung der übergroßen Diözese Olmütz vorzunehmen, reiste C. Ende 1776 mit zwei anderen Domkapitularen als Beauftragter des Kapitels nach
Wien. Die Olmützer Domherren konnten jedoch auf die Verhandlungen keinen Einfluß
nehmen. Wegen der Schwierigkeiten des Ge-
bietsaustausches mit Breslau und des Mangels
an ausreichender Dotation kam es nur zur

Ausgliederung des Bistums Brünn aus dem
Diözesangebiet von Olmütz, während die ebenfalls erwogene Errichtung eines Bistums Troppau unterblieb. Erst nachdem die Wiener Regierung alle Vorbereitungen getroffen hatte,
wandte sie sich 1777 an den Hl. Stuhl. Zugleich
nominierte die Kaiserin Weihbischof M. Fr. v.
(→) Chorinsky zum ersten Bischof des neu zu
errichtenden Bistums Brünn. Nachdem Pius
VI. grundsätzlich den Wiener Vorschlägen
zugestimmt und das Verbot der Neuwahl eines
Bischofs von Olmütz aufgehoben hatte, wählte
das Olmützer Kapitel am 6. 10. 1777 einstimmig
C. zum Bischof. Am 5. 12. 1777 nahm. Pius VI.
dann die förmliche Neuordnung der Diözesanverhältnisse vor. Am 30. 3. 1778 bestätigte er C.
als Erzbischof. Dessen Inthronisation folgte am
11. 7. 1779.

1778 wurde die Erzdiözese reorganisiert und in
acht Archidiakonate mit 52 Dekanaten eingeteilt. Davon visitierte C. 1780 13 persönlich.
Nach der Verkündung des Toleranzpatentes
von 1781 kam es in der mährischen Wallachei
und in den deutschsprachigen Gebieten der
Erzdiözese z. T. zu massiven Übertritten zum
Protestantismus, die in einzelnen Pfarreien
sogar die Mehrheit der Bevölkerung erfaßten.
In diesen Gebieten wurden zusätzliche Pfarrei-
en errichtet.

Der josephinischen Klosteraufhebung fielen im Jahre 1782 u. a. 20 Männerklöster zum Opfer, darunter das Prämonstratenserstift Hradisch, das Zisterzienserkloster Welehrad sowie die Augustinerchorherrenstifte in Olmütz, Mährisch-Sternberg und Fulnek. Im Kloster Hradisch bestand 1782 – 90 ein Generalseminar für ganz Mähren. In Mähren wurden wie auch in Böhmen die josephinischen Reformmaßnahmen auf kirchlichem Gebiet konsequenter durchgesetzt als in den anderen Erbländern. Eine Ausnahme bildeten lediglich die zum Bistum Breslau gehörenden Teile Nordmährens und Österreich-Schlesiens. In der Erzdiözese Olmütz wurden aufgrund eines Hofdekretes von 1783 die Wallfahrtskirchen Hostein, die Loreto-Kirche in Fulnek, die Maria-Trost-Kirche zu Goldstein sowie zahlreiche kleine Kapellen abgerissen. Joseph II. minderte ferner die Einkünfte des Erzbischofs, indem er bestimmte, daß im Fall einer Erledigung die fürstbischöflichen Lehensgüter nicht an das Erzbistum, sondern an den Religionsfonds fallen sollten. Es gelang C., Leopold II. zu einer Rücknahme dieser Bestimmung zu bewegen, so daß das bis ins 13. Jh. zurückreichende Lehenssystem der Olmützer Erzbischöfe bis zu seiner Ablösung im Jahre 1869 fortbestand.

1790 war C. erster kurböhmischer Wahlgesandter in Frankfurt bei der Wahl Kaiser Leopolds II. Am 17. 1. 1803 wurde er von Papst Pius VII. zum Kardinalpriester ernannt. C., der 1805 in dem erst 17jährigen Erzherzog Rudolf Johann einen Koadjutor erhielt, starb am 12. 9. 1811 zu Kremsier. Er wurde im Olmützer Dom beigesetzt.

Literatur: *J. J. H. Czikann*, Die lebenden Schriftsteller Mährens (Brünn 1812) 179. - *J. Matzke*, Erzbischöfe 12-23.

Abbildungsnachweis: Stich von Paul Wolfgang Schwarz 1792, nach Gemälde von Johann Friedrich Beer (1791). - Wien Pg 112.005 (3).

Aleš Zelenka

Colloredo-Waldsee-Mels, Hieronymus Joseph Franz de Paula Reichsgraf von (1732 – 1812)

1762 – 1772 Fürstbischof von Gurk
1772 – 1812 Fürsterzbischof von Salzburg

→ Bd. 1, 99 – 103.

Courten, Adrian Josef Moritz de (1750 – 1820)

1781 Generalvikar in Sitten

* 12. 12. 1750 in Siders (Wallis); Dr. theol. et iur. (Dillingen); 1775 Domherr von Sitten; 1776 – 77 Pfarrer von Unterbäch; 1777 – 79 Pfarrer und Supervigilant in Ernen; 1779 Domherr von Sitten; 1781 Generalvikar und Offizial in Sitten; 1790 Kapitelsvikar; 1791 – 99 Pfarrer von Visp, 1800 – 02 von Salgesch, 1802 – 20 von Visp; † 13. 5. 1820.

Literatur: *L. Carlen*, in: HS (i. Vorb.).

Louis Carlen

Courten, Johann de (1624 – 1694)

1680 – 1698 Generalvikar in Sitten

* 1624 in Siders (Wallis); 1660 Pfarrer von Siders; 1671 Domherr, 1672 – 85 Großsakristan; 1680 – 98 Generalvikar in Sitten; 1684 Pfarrer in Sitten; 1685 – 94 Dekan in Sitten; † 22. 10. 1694 zu Sitten.

Literatur: *E. de Courten*, Famille de Courten (Sitten 1942) 68.

Louis Carlen

Crass, Johann Christoph von (1686 – 1751)

1746 – 1751 Weihbischof in Paderborn, Ep. tit. Dibonensis

* 11. 5. 1686 in Paderborn; ab 1702 Besuch des Gymnasiums sowie Studium der Philosophie und Theologie in Paderborn; 1705 – 09 Studium in Rom als Alumne des Collegium Germanicum; 1709 Dr. theol. und Dr. iur. can. (Gregoriana); 25. 5. 1709 Priesterweihe in Rom; 1714 am Passauischen Offizialatsgericht in Wien; 1717 zugleich Pfarrer in Röschitz (Niederösterreich); 1723 Kanonikus am Busdorfstift in Paderborn; zugleich 1730 infulierter Propst von Monostor und Ivancovo in Ungarn; 9. 3. 1746 Titularbischof von Dibona und Weihbischof in Paderborn; 22. 5. 1746 Konsekration in der Schloßkapelle zu Neuhaus; † 6. 3. 1751 in Paderborn.

Literatur: *H. J. Brandt* - *K. Hengst*, Weihbischöfe 127 – 131.

Karl Hengst

Cratz von Scharffenstein, Hugo Eberhard Freiherr (seit 1630 **Graf**) (um 1590 – 1663)

1662 – 1663 Fürstbischof von Worms

Hugo Eberhard Cratz von Scharffenstein wurde um 1590 als Sohn des kurtrierischen Rates und Amtmannes in der Bergpflege und zu Engers, Anton C., und der Katharina von Metternich geboren. Stammsitz der Familie war die Burg Scharffenstein bei Kiedrich im Rheingau. Die C. hatten vom 12. bis 17. Jh. zahlreiche Mainzer Domherren und 1604 für wenige Wochen auch einen Wormser Bischof gestellt.

1602 wurde C. in Trier Domizellar und 1623 Kapitular, 1604 in Mainz Domizellar und zwischen 1617 und 1624 Kapitular, 1608 in Worms Domizellar und 1617 Kapitular. 1615 immatrikulierte er sich in Siena. 1629 wurde er Kantor, 1638 Kustos in Mainz. 1625–54 war er ferner Dompropst in Worms und seit 1653 in Trier, hier 1627–53 auch Chorbischof von St. Lubentius. Als Wormser Dompropst besaß er zugleich die Propstei des dortigen Liebfrauenstiftes. 1638 berief der Erzbischof von Mainz ihn zum „Kämmerer des weltlichen Gerichtes zu Mainz". 1645–48 war er kurmainzischer Delegierter bei den münsterschen Friedensverhandlungen. 1647 galt er als aussichtsreicher, vom Kaiser unterstützter Bewerber um den erzbischöflichen Stuhl von Mainz, und 1650 kandidierte er in Trier.

Am 18. 5. 1654 wählte das Wormser Kapitel C. zum Bischof. Da das Wahlverfahren formale Mängel aufwies, wurde es vom Hl. Stuhl kassiert und C. erst am 26. 6. 1662 zum Bischof ernannt. Dabei wurde ihm die Beibehaltung seiner Pfründen gestattet. Dies waren gemäß der päpstlichen Bulle vom 6. 7. 1662 die Dompropstei Trier, die Domkustodie Mainz, die Propsteien zu Trier und zu St. Bartholomäus in Frankfurt. Tatsächlich hat C. das Amt des Wormser Fürstbischofs jedoch schon im Jahre 1654 angetreten. Seit 1658 hatte er als Koadjutor D. v. d. (→) Leyen. Auf die Durchführung der tridentinischen Reformdekrete bedacht, förderte C. insbesondere den Klerus und die unter seinem Vorgänger G. A. v. (→) Rodenstein nach Worms berufenen Kapuziner. Politisch hatte C. aufgrund der Verarmung des Hochstiftes und angesichts dessen Umklammerung durch die Kurpfalz so gut wie keinen Spielraum. Doch bemühte er sich 1662, den Mainzer Erzbischof J. Ph. v. (→) Schönborn als Koadjutor zu gewinnen, um durch Anlehnung an den Kurstaat den Fortbestand des kleinen Wormser Bistums zu sichern. C. starb am 8. 1. 1663 auf dem Reichstag zu Regensburg, wo er als Vertreter Schönborns weilte. Er wurde in der Liebfrauenkirche zu Worms beigesetzt.

Literatur: J. F. Schannat 443f. - G. Sofsky. - L. Litzenburger 167f. - S. M. zu Dohna 108. - F. Jürgensmeier, Schönborn. - J. Schalk, Gräber, Grabsteine und Epitaphien in der Liebfrauenkirche zu Worms, in: AmrhK 36 (1984) 225–228.

Abbildungsnachweis: Porträtstich als Mainzer Dompropst 1648, von Petrus de Jode (1606 - n. 1674) nach einem Gemälde von Amseln von Hulle (1601 - n. 1674). - StA Worms Neg. Nr. F 2404/42.

Hans Ammerich

Creagh, Peter (1640–1705)

1676–1693 Bischof von Cork und Cloyne
1693–1705 Erzbischof von Dublin
1694–1705 Weihbischof in Straßburg

* 1640 in Limerick (Irland); Studium (Mag. theol.) als Alumne des Propagandakollegs in Rom; Apostolischer Protonotar; Kommendatarabt der Abtei Mayo (Diöz. Limerick). Nach der Rückkehr in die Heimat wurde C. in einer Phase nachlassender Katholikenverfolgung, aber unter nach wie vor extrem schwierigen Bedingungen am 13. 5. 1676 zum Bischof von Cork und Cloyne ernannt. Nach der „Glorreichen Revolution" von 1688 und der Flucht König Jakobs II. nach Saint-Germain-en-Laye bei Paris folgte C. ihm dorthin. Am 2. 9. 1692 nominierte der König ihn für das Erzbistum Dublin. Die Translation erfolgte am 9. 3. 1693, die Verleihung des Palliums am 13. 4., doch konnte C. sein Amt tatsächlich nie antreten. Daraufhin nahm er auf Einladung des Straßburger Bischofs Kardinal W. E. v. (→) Fürstenberg 1694 die Einladung zur Tätigkeit als Weihbischof in Straßburg an. C. gewann im Elsaß u. a. wegen seines Schicksals als Emi-

grant allgemeine Sympathien. † 20. 7. 1705 in
Straßburg.

Literatur: *M. Barth,* Peter Creagh, Erzbischof von
Dublin und Primas von Irland, als Weihbischof von
Strassburg 1694-1705, in: AEA 8 (1933) 269-286. -
B. Millet, Survival and Reorganisation 1650-1695, in:
A History of Irish Catholicism III (Dublin-Sydney
1968) 1-63. - *R. P. Levresse* 17.

Louis Châtellier

Crosini von Bonporto, Anton (1581 – 1663)

1619 – 1624 Generalvikar in Brixen
1624 – 1648 Weihbischof in Brixen, Ep. tit.
            Bellinensis
1648 – 1663 Fürstbischof von Brixen

Anton Crosini von Bonporto wurde am 20. 3.
1581 zu Trient als Sproß einer aus den Judikarien stammenden Familie geboren, die 1585
durch Erzherzog Ferdinand Wappen und
Adelsfreiheit erhielt. C. studierte in Innsbruck,
Dillingen und 1600 – 05 als Alumne des Collegium Germanicum in Rom. Dort wurde er am
4. 6. 1605 zum Priester geweiht. Im gleichen
Jahr erwarb er in Perugia den Grad eines
Dr. theol. und in Bologna den eines Dr. iur. utr.

1610 wurde C. Domherr in Brixen, wo er
1616 – 17 zeitweilig auch die Pfarrei verwaltete. 1620 reiste er im Auftrag Bischof Karls von
Österreich (1613 – 24) nach Rom. Seinen Bischof vertrat er wiederholt auf dem Tiroler
Landtag. 1619 – 24 war er Generalvikar in
Brixen und seit 1625 zugleich Domkapitular in
Trient. Am 26. 4. 1624 wurde er zum Titularbischof von Bellin und Weihbischof in Brixen
ernannt und am 17. 2. 1625 in Trient konsekriert. C. hat in der Folge in beiden Tiroler
Bistümern bischöfliche Handlungen vorgenommen. 1625 wurde er Domdekan, 1632 Dompropst in Brixen. 1639 übertrug ihm das Domkapitel die Sorge für das Hospital in Klausen.
Am 16. 7. 1647 wurde C. dann per acclamationem zum Fürstbischof von Brixen gewählt und
am 30. 3. 1648 päpstlich bestätigt.

Nachdem in Brixen 1631 an Stelle eines Generalvikariates ein Konsistorium errichtet, 1641
aber das Generalvikariat wiederhergestellt
worden war, setzte C. diesen Kurs fort. Er ließ
durch Generalvikar J. (→) Perkhofer und durch
andere Beauftragte die Diözese intensiv visitieren und sich ständig darüber informieren. Er
selbst verfaßte eine Vita des hl. Kassian, mehrere juristische Abhandlungen und eine Schrift
für angehende Beichtväter.

Um seinen notorischen Geldnöten abzuhelfen,
verpfändete Erzherzog Ferdinand Karl 1653 –

54 die drei pustertalerischen Herrschaften Mi-
chelsburg, Schöneck und das Unterdrittel von
Rodeneck auf 25 Jahre um 50 000 fl. an C. Dies
führte zu einer Reihe von Konflikten zwischen
beiden Parteien, die u. a. die Huldigung des
Adels, der Klöster und anderer Untertanen
sowie die Zollaufschläge im Hochstift Brixen
betrafen. 1655 und 1657 ersuchte C. die kath.
Kurfürsten, in der Wahlkapitulation einem
künftigen Kaiser aus dem Hause Habsburg die
Vermittlung zwischen der Grafschaft Tirol und
dem Fürstbistum Brixen aufzuerlegen.

Gegen den Kanzler von Tirol, Wilhelm Bienner,
der 1639 die Rechte des Hochstifts Brixen
literarisch angegriffen hatte, hegte C. tiefe
Abneigung.

Trotz dieser Spannung fanden Mitglieder des
Hauses Habsburg wiederholt gastliche Aufnahme in Brixen, so 1651 die Braut Kaiser
Ferdinands III., Eleonore von Mantua, mit einem Gefolge von 800 Personen und 1652 Erzherzog Ferdinand Karl. 1652 empfing C. die
Braut des Kurfürsten von Bayern, Henriette
von Savoyen, und 1655 Christine von Schweden.

C. starb am 14. 5. 1663 in Brixen. Er wurde im
Dom beigesetzt.

Schriften: Euthynon seu Synoptica Instructio omni-
bus animarum curam habentibus in praxi utilissima,
hg. v. *P. Mayr* (Brixen 1678; Nachdruck mit dem Titel:
Instructio pro confessariis, Trient 1835).

Literatur: *S. Weber,* Vescovi suffraganei 136-138. - *K. Wolfsgruber,* Brixner Domkapitel 143 f. - *M. Stanek,* Das Reichsfürstentum Brixen zur Zeit des Fürstbischofs Anton von Crosini (1647-1663) (Diss. phil. Innsbruck 1969). - *J. Bücking* 197-201. - *J. Gelmi* 163-166.

Abbildungsnachweis: Gemälde im Diözesanmuseum Brixen.

Josef Gelmi

Crüts van Creits, Gottfried Joseph
(1757 – 1815)

1789 – 1792 Generalvikar in St. Pölten
1792 – 1794 Kapitularvikar in St. Pölten
1794 – 1803 Generalvikar in St. Pölten
1803 – 1806 Kapitularvikar in St. Pölten
1803 – 1815 Apostolischer Feldvikar der k. k. österreichischen Heere
1806 – 1815 Bischof von St. Pölten

→ Bd. 1, 107 f.

Cuchot d'Herbain, Jean-Marie (1727 – 1801)

1778 – 1794 Weihbischof in Trier, Ep. tit. Ascalonensis
1782 – 1790 Generalvikar für den französischen Teil des Erzstifts Trier in Longwy
1791 – 1793 Provikar in Trier

* 2. 8. 1727 in der Straßburger Zitadelle als Sohn des königlichen Statthalters und der Catherine Petin; Besuch des Jesuitengymnasiums und Studium an der Straßburger bischöflichen Universität (Dr. theol.?); 18. 12. 1751 Priesterweihe; Vikar an der Münsterpfarrei; 1753 – 55 Kanonikus an ULFrau in Zabern (Saverne); 1755 – 72 Kanonikus, 1767 Scholaster an Alt-St. Peter in Straßburg; ab 1755 Studium an der städtischen Universität Straßburg (Dr. jur.); 1759 Promotor des Bistums; 1774 Assessor am Offizialat; seit 1763 auch Inhaber der Pfründen in der St. Mauritiuskapelle und der Marienkapelle neben St. Wendelinus in Hochfelden; 1772 vertauschte er das Kanonikat von Alt-St. Peter gegen die St. Nikolaus-Präbende im hohen Chor des Münsters. Der seit 1773 als Berater des Trierer Erzbischofs (→ Bd. I) Klemens Wenzeslaus tätige Elsässer Fr. H. (→) Beck schlug C. 1773 als Provikar für das Bistum Augsburg vor. 1777 setzte die Kurie ihn auf Vorschlag Becks, des einflußreichen Abbés Nicolas Maillot de la Treille und verschiedener Anti-Febronianer als Koadjutor J. N. v. (→)Hontheims durch. Klemens Wenzeslaus selbst versprach sich von C.

wohl Hilfe bei den wieder aufgegriffenen Verhandlungen um den Status der französischen Landkapitel des Erzstifts. 15. 1. 1778 Titularbischof von Ascalon und Weihbischof in Trier; 31. 5. (demonstrativ?) aufwendige Konsekration durch Klemens Wenzeslaus in ULFrau zu Koblenz; Mitte 1779 übernahm C. einen Großteil der Amtsgeschäfte Hontheims, besonders die Verhandlungen mit Frankreich, die zur Einrichtung des Generalvikariates und Offizialates in Longwy führten, dessen Verwaltung ihm am 18. 4. 1782 übertragen wurde. C. residierte in Longwy. Der deutschen Sprache nicht mächtig, stieß er beim Domkapitel, das den Vertrag mit Frankreich ablehnte, bei den Ständen und dem aufgeklärten Klerus auf nachhaltigen Widerstand, zumal seine Gegnerschaft zum aufgeklärten Kurs des Erzstifts immer deutlicher wurde. Die Differenzen wurden vor allem in den Diskussionen um die Reform des von Klemens Wenzeslaus gegründeten und 1779 von H. eingeweihten Priesterseminars ausgetragen. Sie führten 1787 zu seiner Ablösung als Präsident der Seminarkommission. Seine Bevorzugung der römischen vor der trierischen Liturgie hatte wohl praktische Gründe. C. konzentrierte seine Tätigkeit nun vor allem auf den französischen Raum, wo er zudem Mitglied der Assemblée provinciale für Lothringen war. 1783 hatte er mit Beck dessen Kanonikat an St. Paulin in Trier gegen sein Straßburger Kanonikat getauscht (res. 1791). Noch 1791 wurde eine ihm von Beck geschuldete Pension dem Distrikt Longwy auferlegt, obwohl C. schon vor Veröffentlichung der Zivilkonstitution Frankreich verlassen hatte. Nun war er erneut für die Seminarreform tätig. 1791 Wiederernennung zum Präsidenten der Seminarkommission; 6. 5. 1791 Pro-(General-)Vikar am Konsistorium in Trier, da alle anderen Kandidaten die Residenz in Trier angesichts der französischen Gefahr scheuten; Gegner des Eids auf die Zivilkonstitution. Am 5. 4. 1792 demonstrierte er in einem Pontifikalamt mit den Bischöfen von Metz, Toul, Verdun, Nancy und St. Dié ein letztes Mal die Einheit der trierischen Kirchenprovinz. Anfang 1793 erlitt C. einen Schlaganfall. 13. 11. 1793 Ernennung von J. M. J. v. (→) Pidoll zum Weihbischof; 24. 7. 1794 Flucht nach Koblenz, von dort nach Fulda, wo sein ehemaliger Beichtvater Faulbecker als Professor tätig war; † 31. 10. 1801 ebd.; ☐ Pfarrkirche Fulda.

Schriften: Ordo caeremoniarum, quae ab alumnis Seminarii Archiepiscopalis Clementini … in templo eiusdem Seminarii … ritu Romano observandae sunt ac peragendae (Luxemburg 1782).

Quellen: LHA Koblenz. Abt. 1 C; HSK Trier 1780 ff.

Literatur: *K. J. Holzer*. - *O. Mejer*. - *J. Gass*, Mgr
d'Herbain, ein elsässischer Weihbischof in Trier
(1778-1793), in: Studien zur Elsässischen Kirchengeschichte II (Strasbourg 1926) 5-28. - *E. Zenz*, Die
Gründung des Generalvikariates Longwy (Trier o. J.
[1949]). - *Ders.*, Trier. - *B. Fischer*, Der selige Märtyrer
Franz Joseph Pey (Trier ²1959). - *F. J. Heyen.-
F. R. Reichert*, Trierer Seminar- und Studienreform im
Zeichen der Aufklärung (1780-1785), in: AmrhK 27
(1975) 131-202. - *Ders.*, Das Trierer Priesterseminar
zwischen Aufklärung und Revolution (1786-1804), in:
AmrhK 38 (1986) 107-144. - *A. Heinz*, Pläne zu einer
Reform der Trierer Diözesanliturgie unter Erzbischof
Clemens Wenzeslaus, in: AmrhK 29 (1977) 143-174. -
O. Meyer, Le chapitre Notre-Dame de Saverne au
XVIIe siècle, in: AEA 41 (1982) 59-94. - *L. Kammerer*,
Répertoire du clergé d'Alsace sous l'Ancien Régime
1648-1792, T. 1 (Strasbourg 1985).

Wolfgang Seibrich

Czapski, Franciszek (um 1678 – 1751)

1732 – 1733 Generalvikar der Diözese Kulm

* um 1678 (err.) als Sohn des Kulmer Kastellans
Sebastian C.; 1700 Domherr von Kulm; 1708
Domscholaster und Propst von Strasburg; 1709
Prosynodalexaminator, 1745 durch die Lö-
bauer Synode bestätigt; 1712 – 15 Deputierter
des Kapitels für das Krontribunal; 1732 – 33
Generaloffizial der Diözese Kulm unter Bischof
T. F. (→) Czapski; † 1751 im Alter von 73 Jahren
(PSB: 1754).

Literatur: *A. Mańkowski*, Prałaci 23 f. - *Ders.*: in:
PSB 4 (1938) 183.

Hans-Jürgen Karp

Czapski, Tomasz Franciszek (1688 – 1733)

1726 – 1730 Koadjutor des Bischofs von Kulm,
              Ep. tit. Dianensis
1730 – 1733 Bischof von Kulm

Tomasz Franciszek Czapski wurde am 7. 3.
1688 als Sohn des Marienburger Unterkämme-
rers und Besitzers pommerellischer und kuja-
wischer Güter Franciszek Mirosław C. und
seiner Ehefrau Zofia aus der ursprünglich
livländischen Adelsfamilie von Holt-Gulden-
balk, die von Władysław IV. (1632 – 48) das
polnische Indigenat erhalten hatte, getauft.
1701 besaß C. ein Kanonikat in Kulmsee. Im
gleichen Jahr wurde er Koadjutor des Pelpliner
Abtes Skoroszewski. Als er 1702 fast einstimmig zum Abt des Zisterzienserklosters gewählt
wurde, resignierte er auf das Kulmer Kanonikat. Als Abt erneuerte er die Kirche in Pogut-
ken, stattete die Klosterkirche in Pelplin mit

Kunstwerken aus und baute die in den Schwedenkriegen zerstörte Abtresidenz wieder auf.
Neun Jahre lang war er Generalkommissar der
polnisch-litauischen Ordensprovinz der Zisterzienser. Nachdem der Kulmer Bischof F. I. (→)
Kretkowski ihn zu seinem Koadjutor gewählt
hatte, nominierte König August II. ihn am
17. 11. 1724. Daraufhin wurde er am 1. 7. 1726
zum Titularbischof von Diana und Koadjutor
Kretkowskis mit dem Recht der Nachfolge
ernannt. C. blieb bis zum Tod Kretkowskis Abt
von Pelplin. Er übernahm die Leitung des
Bistums Kulm am 5. 1. 1731.

Noch im selben Jahr visitierte er alle pomesanischen und einen Teil der Kulmer Pfarreien. Im
März 1732 gab er einen umfangreichen „Processus ad clerum" heraus, in dem er den Dekanen
Visitationen auftrug und die Pfarrer u. a. zu
regelmäßigen Rekollektionen, zur Residenz bei
ihren Kirchen und zur Erteilung des Katechis-
musunterrichts besonders für die deutschsprachigen Gläubigen in Pomesanien verpflichtete.

C. starb am 23. 4. 1733 in der bischöflichen
Residenz Althausen bei Kulm. Er wurde im
Dom von Kulmsee beigesetzt.

Literatur: *A. Mańkowski*, in: PSB 4 (1938) 194. -
A. Liedtke, Zarys 94.

Abbildungsnachweis: Ölgemälde, unbek. Künstler. -
Bischöfl. Residenz Pelplin. - HI Marburg, Bildarchiv
Nr. 104344.

Hans-Jürgen Karp

D

Dalberg, Karl Friedrich Damian Joseph Ferdinand Reichsfreiherr von (1717–1778)

1761–1770 Generalvikar in Worms
1767–1771 Generalvikar in Mainz

* 10. 10. 1717 in Herrnsheim bei Worms als Sohn des kurpfälzischen Rates und Kammerpräsidenten Wolf Eberhard v. D., gen. Kämmerer von Worms, und der Maria Anna Freiin von Greiffenclau, gen. Vollrads; Onkel des späteren Fürstprimas (→ Bd. I) Karl Theodor v. D.; 1729 Domizellar, 1750 Kapitular in Trier; 1730–35 (res.) Domizellar in Würzburg; 1730 Domizellar, 1742 Kapitular in Worms; 1730 Domizellar, 1750 Kapitular in Mainz; ferner Kanoniker und „perpetuierter" Propst am Liebfrauenstift in Worms; 1748 von Bischof F. G. v. (→) Schönborn zum Statthalter und Geheimen Rat ernannt; Sept. 1761 Generalvikar von Bischof Fr. K. v. (→) Ostein; 23. 7. 1763 durch Bischof J. Ph. v. (→) Walderdorff bestätigt; 1762 Hofgerichtspräsident in Worms; 1753 Erzbischöflicher Kaplan in Trier und 1757 Archidiakon/Chorbischof von St. Mauritius in Tholey; 1766 Kantor, 1772 Domdekan in Mainz; Dez. 1770 Resignation als Generalvikar in Worms, um vermutlich noch im gleichen Jahr das Amt des Dompropstes anzutreten; Geheimer Rat der Kurfürsten von Mainz und Trier; Cancellarius perpetuus der Universität Heidelberg; † 17. 12. 1778.

Quellen: HessStA Darmstadt, Abt. E5. - DDAMz, Pontifikalien Gegg. - Salm-Dalbergisches Hausarchiv Wallhausen. - HSK Trier 1764ff. - HSK Mainz 1760ff.

Literatur: *S. M. zu Dohna.* - *H. Hartmann,* Wappen.

Wolfgang Seibrich

Dalberg, Karl Theodor Reichsfreiherr von (1744–1817)

1788–1802 Koadjutor des Kurfürst-Erzbischofs von Mainz und Fürstbischofs von Worms, Archiep. tit. Tarsensis
1788–1800 Koadjutor des Fürstbischofs von Konstanz
1800–1817 Fürstbischof von Konstanz
1802–1817 Fürstbischof von Worms
1802 Kurfürst-Erzbischof von Mainz, Erzkanzler des Heiligen Römischen Reiches

1803–1817 Administrator und Erzbischof (1805) von Regensburg

→ Bd. 1, 110–113.

Daun zu Sassenheim und Callenborn, Philipp Wirich Lorenz Graf von (1720–1763)

1757–1763 Weihbischof in Passau, Ep. tit. Tienensis

* 11. 6. 1720 in Wien; 1738 Domherr, 1755 Dompropst in Passau; 10. 8. 1755 Priesterweihe in Passau; 1757 Domherr in Salzburg, 1760 in Regensburg; kaiserlicher und kurfürstlich bayerischer sowie fürstlich passauischer Geheimrat; 3. 1. 1757 Titularbischof von Tiana und Weihbischof in Passau; 1757 Pfarrer von Tulln; † 20. 11. 1763 in Passau; □ Domkreuzgang ebd.

Literatur: *A. Kerschbaumer* 516. - *L. H. Krick,* Domstift 7, 91, 211. - *Ders.,* Stammtafeln 69. - *U. Salzmann* 97 f.

August Leidl

Dausch, Johann (1615–1684)

1655–1661 Generalvikar in Regensburg

* 1615 in Mindelheim; 1637 Immatrikulation in Dillingen (Dr. theol. und Lic. iur. can.); Pfarrer und Dekan in Höchstädt/Donau; 1653 Konsistorialassessor und 1654 Konsistorialrat in Regensburg; 1655 Domizellar (päpstl. Provision) und 1658 Domkapitular ebd.; 1655–61 Generalvikar; 1661 Domdekan. Als Generalvikar des Bischofs F. W. v. (→) Wartenberg war D. mit vorbildlichem Eifer um eine Reform von Klerus und Seelsorge bemüht. Die Protokolle und Mandate der zusammen mit dem Offizial F. (→) Weinhart 1654–58 durchgeführten großen Bistumsvisitation sind hierfür beredtes Zeugnis. Durch testamentarische Übereignung beträchtlichen Vermögens wurde D. zum eigentlichen Begründer des 1667 für die katholische Bevölkerung Regensburgs errichteten domkapitelschen Krankenhauses in der Ostengasse. † 4. 10. 1684 in Regensburg; □ Regensburger Dom.

Quellen: BZA Regensburg.

Literatur: *A. Mayer* III 165 f. - *G. Schwaiger*, Wartenberg 118 f., 236 f.

Karl Hausberger

De Lée (Delée, de Lée), **André Denis**
(1760 – 1805)

seit 1788   Generalvikar in Orléans
1802 – 1805 Generalvikar in Lüttich

* 14. 5. 1760 in Port-Louis (Bretagne); Lic. theol.; 1783 Domkapitular in Toul; April 1784 Priesterweihe in Vannes; 1788 Generalvikar in Orléans. D. L. verließ die Stadt wahrscheinlich schon 1789. 1791 – 92 in Paris, wo er als „ecclésiastique supprimé" eine staatliche Pension bezog. Sein weiteres Schicksal während der Französischen Revolution ist unbekannt. 29. 8. 1802 Generalvikar in Lüttich; krankheitshalber hat er dieses Amt nie antreten können; † 11. 1. 1805 in Toul.

Literatur: *A. Minke* 217 f.

Alfred Minke

De Saive, Jean Bernard (1744 – 1815)

1798 – 1801 Generalvikar in Lüttich

* 15. 5. 1744 in Lüttich; Besuch des Jesuitenkollegs in Luxemburg; 1764 Eintritt in das Noviziat der Gesellschaft Jesu in Tournai; soll den Orden nach vier Jahren krankheitshalber verlassen haben und lebte dann in Lüttich; Kanonikus in Lüttich / Saint-Paul; Apostolischer Protonotar. Als die französische Republik 1797 von allen belgischen Priestern den sog. Haßeid auf das Königtum verlangte, ernannte der im Exil lebende Bischof F. A. de (→) Méan De Saive und den Karmeliten A. (→) Lejeune zu Generalvikaren für jene Lütticher Geistlichen, die den Eid verweigerten. Unter dem Decknamen Sobrius übte D. sein Amt im geheimen aus. 1798 zur Deportation verurteilt, konnte er sich der Verhaftung entziehen. 1803 Mitglied des neuen Lütticher Domkapitels. D. dankte bereits nach vier Monaten aus gesundheitlichen Gründen ab. Es ist nicht auszuschließen, daß eine kritische Stellung gegenüber dem französischen Regime dazu den Ausschlag gegeben hat. 1814 Päpstlicher Hausprälat; † 16. 3. 1815.

Literatur: *O. J. Thimister*, Histoire de l'église collégiale de Saint-Paul actuellement cathédrale de Liège (²1890) 476. - *E. Poncelet* 54. - *L. E. Halkin*, in: Leodium 48 (1961) 41 f.

Alfred Minke

Delmestri (Del Mestri) **von Schönberg, Josephus Antonius Reichsfreiherr** (1672 – 1721)

1718 – 1720 Koadjutor des Bischofs von
               Triest, Ep. tit. Amyclensis
1720 – 1721 Bischof von Triest

Josephus Antonius Delmestri von Schönberg wurde am 6. 12. 1672 zu Cormons bei Görz als Sohn des Carlo D. v. S. und der Giulia della Torre getauft. Er absolvierte das Gymnasium in Görz und studierte dann am Collegium Romanum Philosophie, Theologie und die Rechte (Dr. phil. et theol.). Am 9. 2. 1698 wurde er in Rom zum Priester geweiht. 1712 wurde er vom Kaiser zum Vikar und Kanonikus des Kapitels von Aquileja ernannt. Er nahm ferner im Auftrag des Kaisers die Visitation der Abtei Rosazzo vor und fungierte als stellvertretender Archidiakon von Görz in Gradisca. In dieser Eigenschaft führte er 1716 eine Visitation durch. 1718 wurde er zum wirklichen Archidiakon ernannt, wenig später, nach der Translation des Triester Koadjutors W. v. (→) Leslie nach Waitzen, auf Bitten des Triester Bischofs G. F. (→) Miller am 24. 7. 1717 von Kaiser Karl VI. zu dessen Koadjutor nominiert. Die päpstliche Bestätigung und die Verleihung des Titularbistums Amyclea folgte am 11. 5. 1718.

Am 28. 8. 1719 wurde D. in Laibach von Leslie konsekriert. Seine Pfründen durfte er bis zur Übernahme des Bistums Triest beibehalten. D. behielt seine Residenz in Cormons und nahm

auch weiterhin das Amt des Archidiakons für
das Gebiet von Görz wahr. Mit dem Tode
Millers (23. 4. 1720) folgte er diesem als Bischof
von Triest nach. Am 28. 10. 1720 nahm er seinen
Sprengel in Besitz. Er starb jedoch schon am
19. 2. 1721. Er wurde in der Loretokapelle
seiner Kathedrale beigesetzt.

Literatur: *C. Morelli* 3 (1855) 339 f. - *M. Premrou*,
Vescovi triestini 13 f. - *L. Tavano*, Cronotassi.

Abbildungsnachweis: Archivio vescovile di Trieste.

Luigi Tavano

Delmestri (Del Mestri) von Schönberg, Lucas Sartorius Reichsfreiherr (1679 – 1739)

1724 – 1739 Bischof von Triest

Lucas Sartorius Delmestri von Schönberg wurde am 26. 7. 1679 zu Cormons bei Görz als Sohn
des Carlo D. v. S. und der Giulia della Torre
geboren. Er war ein jüngerer Bruder des J. A.
(→) Delmestri, dem er auch als Bischof von
Triest nachfolgen sollte. D. absolvierte sein
Studium in Graz. Am 18. 10. 1711 wurde er zum
Priester geweiht und im gleichen Jahr zum
Koadjutor des Pfarrers von Cormons berufen.
1718 wurde er stellvertretender und 1720 wirklicher Archidiakon von Görz und Gradisca.
Nach dem Tode seines Bruders (19. 2. 1721) und
nach langen Auseinandersetzungen zwischen
dem Hl. Stuhl und dem Kaiser nominierte die-
ser ihn am 18. 10. 1723 zum Bischof von Triest.
Die päpstliche Verleihung folgte am 26. 6. 1724,
die Konsekration am 20. 12. 1724 in Laibach.
Am 21. 1. 1725 nahm D. von seinem Sprengel
Besitz. Während der Amtszeit von D. vollzog
sich für die Stadt Triest, die lange im Schatten
Venedigs gestanden hatte, eine einschneidende
Wende. Diese hatte ihren Grund in der Gewährung des Freihafens durch den Kaiser in den
Jahren 1717 und 1719. 1731 wurde die Wirt-
schaftsintendantur errichtet, 1736 ein Gebiet
für die Stadterweiterung ausgewiesen und ein
Kameraldistrikt geschaffen. Als Kaiser
Karl VI. 1728 Triest besuchte, das im Kontext
der habsburgischen Interessen am Mittelmeer
neue Bedeutung gewonnen hatte, war D. sein
Gastgeber.

Die Stadt Triest war zwar in kultureller Hinsicht italienisch geprägt, besaß aber neben
einem kleinen deutschen auch einen größeren
slowenischen Bevölkerungsanteil. Der wirtschaftliche Aufstieg der Stadt und die dadurch
ausgelöste Zuwanderung – so kamen z. B.
1734 griechische Familien in die Stadt –
wirkten sich auch in religiöser Hinsicht aus.

Neben die Jesuiten, die weiterhin maßgebliche
Seelsorgsarbeit leisteten, traten zunehmend
auch Diözesanpriester. D. hat an diesem Umfor-
mungsprozeß jedoch nur wenig Anteil genommen, da er sich in seinem letzten Lebensjahrzehnt meist in seinem Heimatort Cormons
aufhielt. Dort starb er am 6. 11. 1739. Er wurde
in der dortigen Familienkirche beigesetzt.

Literatur: *G. Mainati* 4 (1818) 132-232. - *C. Morelli* 3
(1855) 340. - *I. Iacchia*, I primordi di Trieste moderna
all'epoca di Carlo VI, in: Archeografo Triestino 36
(1919) 61-180. - *M. Premrou*, Vescovi triestini 15 f. -
L. Tavano, Cronotassi.

Abbildungsnachweis: Archivio vescovile di Trieste.

Luigi Tavano

Denich, Sebastian (seit 1664 von) (1596 – 1671)

1649 – 1655 Generalvikar in Regensburg
1650 – 1661 Weihbischof in Regensburg,
Ep. tit. Almirensis

* 4. 8. 1596 in Ingolstadt als zweiter Sohn des
Professors beider Rechte Joachim D. und seiner
Ehefrau Maria, einer Tochter des Ingolstädter
Rechtsgelehrten Kaspar Lagus; sein älterer
Bruder Kaspar war ebenfalls Professor der
Rechte in Ingolstadt; Studium der Philosophie
und Theologie in Ingolstadt und Bologna
(Dr. theol.); 1621 Priesterweihe in Rom und
Ernennung zum Apostolischen Protonotar;
nach der Rückkehr aus Italien durch päpstli-

che Provision Präbenden an den Domstiften Regensburg (1622) und Augsburg (1627), durch kaiserliche Erste Bitten 1630 Domherr in Konstanz (resigniert 1638). D.s eigentlicher Wirkungsort sollte Regensburg werden, wo man ihn bereits 1630 zum Domdekan wählte. In einer Zeit schwerster Bedrängnis, zumal während der fünfzehnmonatigen schwedischen Gefangenschaft von Bischof A. v. (→) Törring, zeigte er sich den Anforderungen seines Amtes gewachsen wie kein zweiter, geriet allerdings ob seiner Zielstrebigkeit und streng tridentinischen Gesinnung zunehmend in Konflikt mit der behäbigeren Amtsauffassung Törrings und verzichtete schließlich nach elf Jahren rastlosen Einsatzes für Bistum und Hochstift im Juli 1641 sowohl auf die Domdechanei als auch auf die Präsidentschaft im Geistlichen Rat. Aller Verpflichtungen ledig, hielt sich der Tiefgekränkte bis zum Tode Törrings zumeist in Augsburg auf, wo er ebenfalls eine Dompräbende besaß.

Auf einhelligen Vorschlag des Regensburger Domkapitels wurde D. von Törrings Nachfolger F. W. v. (→) Wartenberg im Juni 1649 zum Generalvikar und Konsistorialpräsidenten bestellt, im darauffolgenden Jahr auch zum Weihbischof bestimmt und als solcher am 3. 10. 1650 unter Verleihung des Titularbistums Almira vom Papst bestätigt; Konsekration am 26. 3. 1651 zu Eichstätt durch Bischof M. (→) Schenk von Castell. Als Generalvikar wie als Weihbischof versah D. seinen Geschäftsbereich mit Umsicht und Rührigkeit, zumals als Wartenberg in Niederdeutschland weilte. Sein Verhandlungsgeschick und seine juristische Bildung sollten sich vor allem 1650 zu München und 1654 zu Amberg bewähren, wo die Vertreter der Bischöfe von Regensburg, Bamberg und Eichstätt mit der kurbayerischen Regierung einen neuen „Geistlichen Rezeß" über die Kirchenhoheitsrechte in der Oberpfalz vereinbarten. Als D. in Wartenbergs Auftrag im Oktober 1654 zur Visitatio-ad-limina nach Rom aufbrach, hatte er im Bistum bereits 15 000 Personen gefirmt, 300 Kandidaten niedere und höhere Weihen erteilt sowie zahlreiche Kirchen und Altäre konsekriert oder rekonziliiert. Im Spätherbst 1655 unternahm er eine neue große Firm- und Visitationsreise durch die ganze Oberpfalz bis ins regensburgische Egerland. Ein volles Jahrzehnt hatte D. als einer der treuesten Mitarbeiter das Vertrauen Wartenbergs. Durch sein selbstbewußtes, eiferndes, mitunter polterndes Auftreten schuf er sich jedoch zunehmend Gegner, namentlich unter den weltlichen Hochstiftsbeamten, aber auch unter den Domherren. Am 2. 6. 1661 erklärte er vor dem Kapitel, daß er sich entschlossen habe,

auf das weihbischöfliche Amt und auf das Regensburger Kanonikat zu verzichten, da Wartenberg ihn zur Resignation aufgefordert habe. D. war ohne Zweifel eine der bedeutendsten Gestalten des Bistums Regensburg im 17. Jh. Er verbrachte sein letztes Lebensjahrzehnt zurückgezogen in Augsburg, wo er am 6. 12. 1671 starb. Wunschgemäß wurde er in der Gruft der Jesuiten von St. Salvator in Augsburg, mit denen ihn eine herzliche Freundschaft verbunden hatte, beigesetzt. Den größten Teil seines beträchtlichen Vermögens erhielt das Jesuitenkolleg von Ingolstadt.

Quellen: BZA Regensburg.

Literatur: *A. Mayer* III 68f., 164f. - *G. Schwaiger*, Wartenberg. - *Ders.*, Römische Briefe des Regensburger Weihbischofs Sebastian Denich (1654-1655), in: ZKG 73 (1962) 299-326. - *S. Federhofer* 75, 91-94, 100.

Karl Hausberger

Dernbach, Peter Philipp (seit 1675 **Reichsfreiherr**, seit 1678 **Reichsgraf) von** (1619 – 1683)

1675 – 1683 Fürstbischof von Bamberg
1676 – 1683 Fürstbischof von Würzburg

Peter Philipp von Dernbach wurde am 1. 7. 1619 zu Gaisa (Hessen) als Sohn des Melchior v. D. und der Katharina Schutzpar gen. Milchling geboren. Die D. waren während der Reformationszeit beim alten Glauben geblieben. Sie hatten seitdem einen bedeutenden Aufstieg erreicht und in einem juristisch zweifelhaften Verfahren sogar die Anerkennung ihrer um Wiesentheid in Franken gelegenen Güter als Reichsterritorium durchsetzen können. Im Gegensatz zu den Schönborn gelang ihnen jedoch die volle Entfaltung ihrer Macht nicht, da sie bereits 1697 ausstarben.

D. begann seine Ausbildung in Fulda, wo sein Onkel Balthasar v. D. 1570 – 76 und 1602 – 06 Fürstabt gewesen war. 1639 ist er an der Universität Würzburg, 1643 am Collegium Germanicum in Rom nachzuweisen. Seit 1631 tonsuriert und Domizellar in Bamberg, wurde er dort 1649 Kapitular. In Würzburg war er seit 1643 Domizellar und seit 1649 Kapitular. In beiden Kapiteln waren während des 17. und 18. Jh. noch weitere acht Mitglieder der Familie vertreten. Als Vicedom erwarb sich D. seit 1651 in den großen Bamberger Besitzungen in Kärnten Verwaltungserfahrung und knüpfte Kontakte zum Hause Habsburg, die für seine Bischofserhebung bestimmend werden sollten. Nach dem Tode des Bamberger Fürstbischofs Ph. V. (→) Voit von Rieneck wählte das Kapitel

am 22. 3. 1672 D. einhellig zum Nachfolger. In
Würzburg konnte er seine Position 1673 durch
den Erwerb der Dompropstei stärken. Trotzdem entwickelte sich dort nach dem Tode von
Fürstbischof J. H. v. (→) Rosenbach ein Streit
zwischen seinen Anhängern und den Befür-
wortern einer Postulation des Lavanter Fürstbischofs F. C. v. (→) Stadion. D.s schließlicher
Erfolg war nicht zuletzt den Bemühungen des
Wiener Hofes zu danken, der ihm auch das
erforderliche päpstliche Eligibilitätsbreve verschaffte. Dieses Wohlwollen hing möglicherweise mit der Konzilianz zusammen, die D. in
den Fragen der Bamberger Besitzungen in
Kärnten gezeigt hatte. Erst kurz vor der Würzburger Postulation ließ er sich zum Diakon und
Priester weihen (12. 5. und 19. 5. 1675). Die
päpstlichen Konfirmationsbullen datieren vom
28. 1. 1675 (Bamberg) und 24. 2. 1676 (Würzburg). Am 2. 6. 1675 fand in Würzburg die
Bischofsweihe statt.

D.s persönliches Profil ist nicht leicht zu fassen. Er scheint von reicher Bildung und religiösem Eifer gewesen zu sein und nahm häufig an
geistlichen Exerzitien teil. Wohl aus staatskirchlichen Erwägungen verdrängte er die Bartholomäer aus dem Würzburger Seminar, und
als Seminarregens Ph. (→) Braun sich weigerte,
den von ihm geforderten Antibartholomäereid
zu leisten, mußte er Würzburg verlassen. Besorgt zeigte sich D. um das Ansehen des Klerus.
Er erließ Vorschriften über die geistliche Klei-

dung und schuf neue Regeln für die Testamente
von Klerikern. 1681 gestattete er die Ansiedlung von Franziskanern auf dem Kreuzberg in
der Rhön. Im Bistum Würzburg förderte er die
Josefsverehrung und beging 1676 die Jahrhun-
dertfeier des Juliusspitals. In politischer Hinsicht war seine Regierung durch die Kriege
Ludwigs XIV. gegen das Reich geprägt, wobei
die Territorien des fränkischen Reichskreises
immer wieder Durchzugsgebiet waren. Daher
ließ D. die Befestigungen der Marienburg und
die Stadtmauern in Würzburg sowie die bambergische Festung Kronach verstärken und
stellte 4 000 Fußsoldaten und 3 000 Reiter in
seinen Hochstiften auf, womit er den Grund zu
einem stehenden Heer legte. Die Kriegslage
führte 1681 zur sog. Reichsdefensionalord-
nung, an deren Zustandekommen D. Anteil
hatte. Seine Rüstungsmaßnahmen konnte er
nur durch neue Steuern finanzieren, die er ohne
Mitwirkung der Stände und der Domkapitel
ausschrieb. Für diesen absolutistischen Kurs
fand er 1677 die Billigung des Kaisers, der die
Mitwirkung der Domkapitel an der Hochstifts-
regierung für rechtswidrig erklärte. Die Motive
der kaiser- und reichstreuen Bündnispolitik
D.s lagen im Eigen- und Hochstiftsinteresse
begründet, denn nur die Allianz mit Wien
konnte den schwachen Hochstiften Schutz
bieten, während D. dem Kaiser eine beachtliche
Zahl von Soldaten zur Verfügung stellte. Gegen
Ende seiner Regierung, vor allem seit einem
Schlaganfall, der seine Arbeitskraft beeinträchtigte, gab es in Wien Pläne, in Bamberg
und Würzburg die Wahl von Koadjutoren
durchzusetzen. Der Tod D.s am 24. 4. 1683 in
Würzburg machte dann aber alle Überlegungen hinfällig. D. wurde im Würzburger Dom
beigesetzt. Ein Monument hat er nicht erhalten.

Literatur: I. Gropp, Collectio II 510-518. - Ders., Chro-
nik 284-293. - A. Amrhein, Domstift 128. - J. F. Abert,
Wahlkapitulationen. - S. Merkle, Matrikel Nr. 4027. -
G. Christ, Werdenau 296 f. - G. Pfeiffer, Fränk. Biblio-
graphie I, Nr. 5054-5062; III/2, Nr. 48761-48770. -
B. Sicken, Das Wehrwesen des fränk. Reichskreises.
Aufbau und Struktur (1681-1714) (Diss. phil. Würz-
burg 1966). - M. Spindler, Handbuch III. - P. Kolb,
Wappen 137-139. - H. Caspary, Staat. - H. J. Berbig -
G. Zimmermann, Hofstaat 16 ff., 108 ff. -
K. Helmschrott, Münzen 147-162. - W. Kopp, Würz-
burger Wehr 55-57. - H. J. Wunschel, Die Außenpoli-
tik des Bischofs von Bamberg und Würzburg Peter
Philipp von Dernbach (Neustadt/Aisch 1979). - R.
Weigand, Bischof und Presbyterium. Diözesange-
schichtliche Reflexionen zu einem aktuellen Thema,
in: WDGB 50 (1988) 225-249, bes. 231-234.

Abbildungsnachweis: Stich von Philipp Kilian
(1628-1693) nach Gemälde von Johann Baptist de
Ruel (um 1634-1685). - Wien NB 518.408 B.

Egon Johannes Greipl

Deuring, Franz Joseph Dominik von (RA)
(1711 – 1777)

1743 – 1777 Generalvikar in Konstanz

* 1711; 1717 – 19 Studium in Freiburg i. Br.,
1729 – 33 in Rom als Alumne des Collegium
Germanicum; 1731 – 35 Domherr in Augsburg;
vor 1735 Dr. theol.; 1735 Domherr in Konstanz;
1740 Zutritt zum Kapitel; 1741 als Vizeoffizial
und 1743 als Fiskal erwähnt; am 3. 9. 1743 vom
Domkapitel sede vacante zum Generalvikar
bestimmt und als solcher von Bischof K. A. v.
(→) Sickingen bestätigt. Bemühungen, D. nach
der Bischofswahl von 1750 die Dompropstei zu
verschaffen, schlugen fehl. 1753 von Bischof
F. K. v. (→) Rodt nach Wien zum Empfang der
Lehen entstandt, sollte D. vor allem um die
Unterstützung des Wiener Hofes im Endkampf
mit der Reichenau werben. Für seine Verdienste im nachfolgenden Prozeß belohnte ihn der
Bischof 1757 mit der Domkustodie. 1755 – 77
Propst von St. Johann in Konstanz. 1758 begleitete er Kardinal Rodt als Konklavist und canonicus a latere zum Konklave. Unter Hinweis
darauf verlieh Papst Klemens XIII. ihm 1768
die Propstei St. Gertrud in Augsburg. Nach
Rodts Tod bestätigte ihn das Domkapitel am
19. 10. 1775 für die Zeit der Sedisvakanz als
Generalvikar und Offizial. D. beließ das Offizialat dem Amtsinhaber J. (→) Labhardt und
amtierte als Generalvikar auch unter Bischof
M. Ch. v. (→) Rodt. † 8. 8. 1777; ☐ Konstanzer
Münster.

Literatur: R. J. Bock, in: HS II / 2, (1977) 323. -
R. Reinhardt, Beziehungen 166-170, 172. - B. Ottnad,
in: HS I / 2 (im Ersch.).

Bernd Ottnad

Didner, Joseph (1739 – 1809)

1792 – 1809 Generalprovikar der Diözese
Basel

→ Bd. 1, 125.

Dierna, Johann Adolf von (1719 – 1799)

1759 – 1799 Generalvikar in Paderborn

* 21. 7. 1719 in Bonn; ab 1745 Studium der
Philosophie und Theologie in Paderborn; 9. 8.
1743 Priester; 1740 Kanonikus am Stift
St. Peter in Höxter, am Busdorfstift in Paderborn und seit 1755 ebd. Dechant; 1759 Generalvikar der Fürstbischöfe (→) Clemens August

von Bayern, W. A. v. d. (→) Asseburg, F. W. v.
(→) Westphalen und F. E. v. (→) Fürstenberg;
1797 auch Offizial in Paderborn; † 3. 1. 1799 in
Paderborn.

Literatur: J. Freisen, Matrikel II 138 Nr. 7027. -
P. Michels 47, 238, 244-246.

Karl Hengst

Dietrichstein, Andreas Jakob Reichsgraf von
(1689 – 1753)

1749 – 1753 Fürsterzbischof von Salzburg

Andreas Jakob von Dietrichstein wurde am
27. 5. 1689 als Sohn des Maximilian v. D. und
der Gräfin Maria Justina von Schwarzenberg in
Iglau (Mähren) geboren. Die Dietrichstein gehörten zu den ältesten und bekanntesten Ge-
schlechtern der Steiermark. Eine Reihe ihrer
Mitglieder stieg zu hohen kirchlichen und
staatlichen Ämtern auf. D. verlor seine Eltern
früh. Nachdem er 1697 in den Malteserorden
eingetreten war, studierte er in Salzburg. 1708
wurde er dort auf kaiserliche Bitten Domherr.
Die Priesterweihe empfing er am 15. 10. 1719.
1729 stieg er in Salzburg zum Domdechanten
und 1730 zum Dompropst auf. Zugleich erhielt
er ein Kanonikat in Olmütz. Da er sich fast
ausschließlich in Salzburg aufhielt, wurde er
für die Erzbischöfe ein unentbehrlicher Mitarbeiter.

Nachdem die Wahl D.s zum Erzbischof von
Salzburg schon 1745 in Erwägung gezogen
worden war, erfolgte diese am 10. 9. 1747 unter
starker Einflußnahme Maria Theresias. Die
Kaiserin hatte das Kapitel wissen lassen, daß
sie einen auch in weltlichen Fragen und in der
Reichspolitik erfahrenen Kandidaten, möglichst aus einer kleinen Familie, befürwortete.
Angesichts der zu weit getriebenen Protestan-
tenaustreibung und der Säkularisationsgefahr
befinde sich das Erzstift in großer Gefahr. So
fiel die Wahl nach fünf Tagen auf D., den
Wunschkandidaten der Salzburger Bevölkerung. Die päpstliche Bestätigung mit der Verleihung des Palliums folgte erst am 5. 5. 1749, die
Konsekration durch den Gurker Bischof am
1. 6. Da D. nicht in der Lage war, die hohe
Palliumstaxe aufzubringen, übernahm die Kaiserin deren Zahlung.

D. war ein überaus sparsamer Fürst, der den
Aufwand der Hofhaltung drastisch einschränkte. Angesichts der katastrophalen Finanzlage des Erzstiftes entstanden auch keine
Neubauten außer dem Leihhaus („Mons pietatis"), das sein Vorgänger gestiftet hatte. Statt

dessen wurden die vorhandenen Mittel für die Verbesserung des Straßennetzes und des Postverkehrs verwendet. An der Universität konnte ein Physiksaal neu eingerichtet werden.

In innerkirchlicher Hinsicht war der kurze Episkopat D.s durch einige pastorale Bemühungen wie den Kampf gegen den Aberglauben und um die Vermehrung der Seelsorgsstellen gekennzeichnet. Obwohl in seiner persönlichen Lebensführung anspruchslos, liebte D. die Geselligkeit. Sein Andenken wird am meisten durch das von ihm 1752 im Park des Schlosses Hellbrunn errichtete „Mechanische Theater" wachgehalten, worin ein kleiner Hofstaat mit Künstlern und Vertretern aller bürgerlichen Berufe im Detail nachgeahmt ist. Es gelang D. auch, den schon seit einem Jahrhundert erblichen Titel eines „Primas Germaniae" für die Salzburger Erzbischöfe reichsrechtlich sanktionieren zu lassen.

D. starb, schwer zuckerkrank, am 5. 1. 1753. Er wurde in der Domgruft nahe dem Schneeherrenaltar beigesetzt.

Literatur: *F. Martin*, Salzburgs Fürsten 201-208 (Lit.). - *G. Ammerer*, in: *H. Dopsch-H. Spatzenegger* 303-306.

Abbildungsnachweis: Öl auf Leinwand, unbek. Maler. - Alte Residenz-Galerie Salzburg, Karabinieriesaal. - Foto Landesbildstelle Salzburg.

Franz Ortner

Dirre (Dürre), **Andreas** (1610 – 1669)

1660 – 1663 Generalvikar in Olmütz
1668 – 1669 Weihbischof in Olmütz, Ep. tit.
Nicopolitanus

* 14. 11. 1610 in Olmütz; Besuch des Olmützer Jesuitenkollegs und der dortigen Universität; 1631 Dr. phil.; 1634 Dr. theol.; 10. 6. 1634 Priester; Pfarrer von Neutitschein. Als Olmütz 1642 von den Schweden eingenommen, zur Festung ausgebaut und bis 1650 gehalten wurde, hielt D. sich in Brünn auf. 1647 als Weihbischof vorgeschlagen, lehnte ihn das Domkapitel wahrscheinlich deshalb ab, weil er dem Kapitel nicht angehörte. Das wiederholte sich bei seiner 1650 und 1657 vorgesehenen Berufung zum Generalvikar. 1652 Pfarrer von Zwickau und Propst von Brünn; 1658 (?) Domherr in Olmütz; 1660 – 63 Generalvikar und Offizial in Olmütz; 1665 Domscholaster. D. war offensichtlich ein loyaler Gefolgsmann der Fürstbischöfe (→) Leopold Wilhelm und (→) Karl Joseph von Österreich, deren ständige Abwesenheit das Domkapitel zum Ausbau seiner eigenen Position zu nutzen suchte. 11. 6. 1668 Titularbischof von Nikopolis und Weihbischof in Olmütz; 16. 8. 1668 konsekriert; 1668 Archidiakon; † 21. 11. 1669.

Literatur: Ročenka cyrilometodějské fakulty bohoslovecké v Olomouci [Jahrbuch der Theologischen Cyrill-Method-Fakultät zu Olmütz] (Olomouc 1929) 137.

Aleš Zelenka

Dlouhoveský' (Dlouhá Ves) **von Langendorf, Johann Ignaz** (1638 – 1701)

1679 – 1701 Weihbischof in Prag, Ep. tit.
Milevitanus

≈ 6. 2. 1638 in Prag; 1658 Pfarrer von Deutschbrod (Havlíčkův Brod); Kanonikus in Altbunzlau (Stará Boleslav); 21. 12. 1661 Priester; 1667 Pfarrer an der Teynkirche in Prag; Kanonikus am Wyschehrad; 1668 Domherr, 1674 Propst des Metropolitankapitels in Prag; 10. 4. 1679 Titularbischof von Milevum und Weihbischof in Prag; 11. 6. 1679 Konsekration; Förderer der Johann Nepomuk-Verehrung; erfolgreicher tschechisch-patriotischer religiöser Prediger und Schriftsteller; † 10. 1. 1701.

Schriften: *A. Podlaha* 214-217.

Literatur: *A. Podlaha* 181, 212-217 und Suppl. I, 9-10. - ČSB 3 (1926) 534. - Masarykův Slovník Naučný 2 (1926) 296.

Kurt A. Huber

Dolberg, Gerhard Wilhelm von (RA)
(1693 – 1767)

1733 – 1734 Generalvikar in Augsburg

* 15. 1. 1693 in Wien; Lic. iur. utr.; 1706 Kanonikus in St. Moritz, Augsburg; 1715 Domherr in Augsburg; 27. 3. 1717 Priester; 1729 Offizial, 1733 – 34 Generalvikar in Augsburg; 1733 Domdekan, 1735 Propst von St. Gertraud, Augsburg, 1740 Dompropst in Augsburg; Kanonikus und Propst des Kollegiatkapitels in Stuhlweißenburg (Ungarn); Geheimer Bischöflicher augsburgischer Rat und Konferenzminister; † 3. 12. 1767; □ Augsburger Dom.

Literatur: *A. Haemmerle,* Domstift Nr. 311. - *Ders.,* Chorherrenstifte Nr. 177. - *H. Raab, Clemens Wenzeslaus* 246-259. - *J. Seiler.*

Peter Rummel

Dolliner (Dolinar), **Markus** (um 1601 – 1657)

1643 – 1655 Generalvikar in Laibach

* um 1601 zu Škofja Loka bei Laibach; 1636 Priester; 1640 Pfarrer von Gornji grad und Rektor des Collegium Marianum für die weitere Ausbildung der Priester; 1643 Generalvikar von Bischof O. Fr. v. (→) Puchheim; 1650 Domdechant; 1653 Dompropst in Laibach. 1644 widmete D. sich der Pflege Pestkranker und ließ in der Vorstadt von Laibach eine St. Rochus-Kirche bauen. † 1. 1. 1657; □ Dom zu Laibach.

Literatur: *V. Steska,* Dolničarjeva „Bibliotheca Labacensis publica" [Die öffentliche Bibliothek des Dolničar zu Laibach], in: Izvestja muzejskega društva za Kranjsko 10 (1900) 145f. - *M. Miklavčič,* Leto svetnikov [Das Jahr der Heiligen] 1 (Laibach 1968) 68f.

France M. Dolinar

Dript, Laurentius von ⟨OSB⟩ (um 1633 – 1686)

1674 – 1686 Generalvikar in Paderborn

* um 1633 in Venlo; 1652 Eintritt in die Benediktinerabtei Mönchen-Gladbach; 1657 Priester; Lektor für Theologie und Kirchenrecht in Mönchen-Gladbach und danach in der Abtei Corvey; danach Hofhistoriker im fürstbischöflichen Schloß zu Neuhaus; Geistlicher Rat; seit 1674 Generalvikar der Fürstbischöfe F. v. (→) Fürstenberg und H. W. v. (→) Wolff-Metternich in Paderborn; 1681 Pfarrer in Delbrück, wo er sich jedoch vertreten ließ; † 27. 4. 1686 auf Schloß Neuhaus.

Schriften: Antidecalogus theologico-politicus reformatus cum appendice refutatoria Theodori Reinkingk, quondam Daniae Cancellarii, de regimine ecclesiastico (Paderborn 1672, Köln 1673). - Virgo Lauretana ... (Neuhaus 1673). - Statera et examen libelli, cui titulus: Monita salutaria BMV ad suos cultores indiscretos (Köln 1675). - Doctor mellifluus, S. Bernardus magnae matris cultor eximius ... (Neuhaus 1675, mit der Widmung für Weihbischof W. v. (→) Hörde). - Speculum archidiaconale sive praxis officii et visitationis archidiaconalis in gratiam vicariorum generalium ... (Neuhaus 1676 und Paderborn 1755). - Cautio iudicialis praelatorum ecclesiasticorum et regularium ... (Neuhaus 1684).

Quellen: Erzbischöfliche Akademische Bibliothek Paderborn.

Literatur: *Ph. Schniedertüns* 45-47.

Karl Hengst

Droste zu Vischering, Heidenreich Matthias Reichsfreiherr von (1699 – 1739)

1728 – 1729 Kapitularvikar in Osnabrück

* 11. 12. 1699 (Diöz. Münster); Besuch des Jesuitengymnasiums in Münster; 1716 – 21 Studium in Rom (ohne Abschluß) als Alumne des Collegium Germanicum; 1721 Domherr in Osnabrück (1721 Emanzipation); Subdiakon; 1728 Offizial in Osnabrück; Sacellan in Hilter und Dissen. Nach dem Tode des protestantischen Fürstbischofs Ernst August II. von Braunschweig-Lüneburg fungierte D. vom 3. 11. 1728 bis 1729 als Kapitularvikar; 1736 Domkapitular in Münster (1736 Emanzipation); † 24. 12. 1739.

Literatur: *F. Keinemann,* Domkapitel Münster 287f. - *M. F. Feldkamp* 236.

Michael F. Feldkamp

Droste zu Vischering, Kaspar Max Reichsfreiherr von (1770 – 1846)

1795 – 1825 Weihbischof in Münster, Ep. tit. Iericensis
1825 – 1846 Bischof von Münster

→ Bd. 1, 144f.

Duding, Claude-Antoine (1681 – 1745)

1716 – 1745 Bischof von Lausanne

Claude-Antoine Duding wurde in Riaz (Kt. Freiburg) als Sohn des Sulpice D. und der Anne Charles geboren und am 28. 11. 1681 getauft.

1693 – 99 besuchte er das Jesuitenkolleg in Freiburg. Wie sein Onkel Jacques (→) D. trat er jung in den Johanniterorden ein (1701). Er studierte in Dillingen, wo er im Mai 1706 zum Dr. iur. et theol. promoviert und am 27. 2. 1706 zum Priester geweiht wurde. 1706 – 09 machte er als Ordenskaplan in Malta die vorgeschriebenen Züge auf den Galeeren nach Spanien und Afrika mit. Nach seiner Rückkehr von Malta übernahm er die Kommenden Freiburg / Schweiz (1710) und Aachen (1718). Auch verwaltete er zeitweise Heitersheim und war Generalvikar des Großpriorats Deutschland. Nach dem Tode seines Onkels, des Lausanner Bischofs Jacques D., der auf die Kommende Freiburg zu seinen Gunsten resigniert hatte, ernannte Papst Clemens XI. ihn am 23. 12. 1716 zu dessen Nachfolger. Er empfing am 29. 6. 1717 in Pruntrut aus den Händen von Bischof J. C. v. (→) Reinach die Bischofsweihe. Am 4. 7. 1717 zog er in Freiburg ein. Wie sein Vorgänger residierte er in der Komturei St. Johann.

D. widmete sich mit Eifer der Diözesanverwaltung. Er veröffentlichte ein neues Heiligenproprium und einen Katechismus (1720), visitierte mehrmals die Diözese und erließ zahlreiche Hirtenbriefe. Ergebnislos blieben seine Vorstöße zur Errichtung eines Seminars und einer Kathedrale in Freiburg sowie die wiederholte Aufforderung an die Chorherren von St. Niklaus, das Lausanner Brevier zugunsten des römischen aufzugeben. Stärker als die oft betonte Unzulänglichkeit der bischöflichen Men-

sa belastete ein jahrelanger Konflikt mit dem Niklausstift die Amtszeit D.s. Mit allen Kräften wandte sich D. gegen die Ansprüche, welche vom Stift und von der Freiburger Regierung schon zur Zeit des Bischofs J.-B. de (→) Strambino erhoben worden waren. Trotz eines 1719 geschlossenen Abkommens, das die Exemtion des Kapitels und seiner Pfarreien neu umschrieb, beklagte er bald wieder Übergriffe des Stiftes. Zur endgültigen Bereinigung des gegenseitigen Verhältnisses reiste D. nach Rom, wo er seinen Standpunkt weitgehend durchsetzte und durch ein päpstliches Breve 1731 bestätigt sah. Während seines fast vierjährigen Romaufenthalts wurde D. 1728 zum päpstlichen Thronassistenten ernannt. Im März 1728 erhielt er zur Verbesserung seiner persönlichen Einkünfte die Abtei Saint-Vincent in Besançon. Seinem 1734 vorgetragenen Plan, die Einkünfte der Kartause La Part-Dieu bei Freiburg auf die bischöfliche Mensa zu übertragen, versagte die Freiburger Regierung allerdings ihre Unterstützung. D. hat als eindrückliches Zeugnis seiner Geschichtsauffassung die 1724 gedruckte erweiterte Statusrelation „Status seu Epocha Ecclesiae Aventicensis, nunc Lausannensis …" hinterlassen, in der er die „Irrtümer" des reformierten Theologen Abraham Ruchat (1680 – 1750) zur waadtländischen Kirchengeschichte widerlegte. D. starb am 16. 6. 1745. Er wurde in der Pfarrkirche St. Johann zu Freiburg beigesetzt.

Literatur: *M. Schmitt* - *J. Gremaud* II 516-31. - *Ch. Holder* 495-505. - *J. K. Seitz* 114-117. - *G. Corpataux* 116-119. - HBLS 2 (1924) 752. - *C. Santschi*, Une controverse théologique en Suisse romande au début du XVIIIe siècle. Le „Status seu Epocha Ecclesiae Aventicensis, nunc Lausannensis" de l'évêque Claude-Antoine Duding et la réponse du ministre Abraham Ruchat, in: ZSKG 71 (1977) 297-331. - *P. Braun*, in: HS I/4 (1988) 161f. (Lit.).

Abbildungsnachweis: Ölgemälde, unbek. Künstler. - AELGF Fribourg.

Patrick Braun

Duding, Jacques (1641 – 1716)

1707 – 1716 Bischof von Lausanne

Jacques Duding wurde am 23. 8. 1641 in Riaz (Kt. Freiburg), dem Herkunftsort seiner Familie, als Sohn des François und seiner Ehefrau Marie Gobet geboren. Nach dem Besuch des Jesuitenkollegs in Freiburg trat er 1657 in den Johanniterorden ein. 1667 folgte ihm sein Bruder Jean D. (1646 – 1701), später folgten weitere vier Mitglieder der Familie, die alle dem Orden als Priesterkomture dienten. D. studierte in

Malta Philosophie, Theologie und kanonisches
Recht. Er war Diakon am Hofe des Großmeisters und machte als Ordenspriester fünf Züge
auf den Galeeren mit. Er wurde Gesangs- und
Zeremonienmeister, Hofkaplan und erster Almosenier, Protektor und Advokat der Galeeren-
sträflinge, Prior des Krankenhauses und Kommissar der Armenkongregation des Ordens.

1681 verlieh ihm Herzog Lodovico Sforza den
Titel eines Dr. theol. Auf Wunsch D.s, der nun
bereits Komtur von Aachen, Regensburg und
Altmühlmünster war, bestätigte ihn die vorderösterreichische Universität in Konstanz 1696
als Dr. theol. et iur. utr. 1701 wurde D. Komtur
von Freiburg/Schweiz und später Prokurator
des Großpriorats Deutschland. Nach dem Tod
des Lausanner Bischofs P. de (→) Montenach
(1707) schlug Herzog Viktor Amadeus II. von
Savoyen, der einen Anspruch auf die Präsentation erhob, dem Hl. Stuhl Dekan A. d' (→) Alt
als Nachfolger vor. Gestützt auf das freie
päpstliche Verleihungsrecht ernannte jedoch
Clemens XI. am 1. 8. 1707 D. zum Bischof. D.
erhielt am 4. 11. 1708 in Vienne von Erzbischof
Armand de Montmorin de Saint-Hérem die
Bischofsweihe. Am 25. 11. 1708 zog er in Freiburg ein und nahm, nach 50jähriger Landesab-
wesenheit, seinen Wohnsitz in der Komturei
St. Johann, wo bald sein Neffe, der Johanniter-
priester Claude Antoine D., die Verwaltung
führte.

D. visitierte 1709 – 12 seine Diözese und erließ
treffliche Vorschriften zur Verbesserung der
Kirchendisziplin. Vor dem Zweiten Villmerger-
krieg 1712 bot er bei den auswärtigen Mächten
all seinen Einfluß auf, um einen Bürger- und
Religionskrieg in der Eidgenossenschaft zu
verhindern. 1714 unternahm die Freiburger
Regierung einen neuen Versuch, die Propstei
von St. Niklaus dem Bistum zu inkorporieren
und die Kollegiatkirche zur Kathedrale zu
erheben. Im selben Jahr trat Frankreich —
anscheinend ohne Wissen D.s — in Verhandlungen mit der römischen Kurie, um den Lausanner Bischofsstuhl in die Ambassadoren-
stadt Solothurn zu verlegen, doch versagte
Clemens XI. diesem Projekt seine Zustimmung.
D. verwendete seinen Besitz ganz im Dienste
der Diözese. Er starb am 16. 11. 1716 in Freiburg und wurde in der Pfarrkirche St. Johann
beigesetzt, wo ihm sein Neffe Claude-Antoine
(→) D. 1721 ein Grabdenkmal setzte.

Literatur: *M. Schmitt - J. Gremaud* II 514 f. - *A. Daguet*
135. - *Ch. Holder* 489-494. - *J. K. Seitz* 112-114. -
G. Corpataux 95 f., 114 f. - HBLS 2 (1924) 752. -
P. Braun, in: HS I/4 (1988) 159-161 (Lit.).

Abbildungsnachweis: Ölgemälde. - M. K. pinxit 1746.
- AELGF Fribourg.

Patrick Braun

Dumont, Josse-Pierre (1616 – 1655)

1644 – 1649 Generalvikar der Diözese Lau-
             sanne in Freiburg/Schweiz
1649 – 1652 Apostolischer Administrator der
             Diözese Lausanne
1652 – 1655 Generalvikar der Diözese
             Lausanne

* 30. 8. 1616 in Les Glânes bei Romont
(Kt. Freiburg); sein älterer Bruder Clément war
1640 – 59 Abt der Zisterzienserabtei Hauterive;
Studium am Jesuitenkolleg in Freiburg/
Schweiz, dann in Paris (Dr. theol.) und ab 1642
in Orléans (Dr. iur. can.); 1643 Priester;
1644 – 49 Prior in Semsales; ab Oktober 1644
Generalvikar unter den Bischöfen J. de (→)
Watteville und J. (→) Knab; während der
Sedisvakanz von Juli 1649 bis Dezember 1652
Apostolischer Administrator der Diözese Lau-
sanne; als solcher verteidigte D. mit wenig
Erfolg die Rechte der Diözese gegenüber der
Freiburger Regierung und dem Chorherrenstift
von St. Niklaus; † 27. 3. 1655 in Freiburg; □
Zisterzienserabtei Hauterive.

Literatur: *P. Rück,* in: HS I/4 (1988) 291 f. (Lit.).

Pierre Louis Surchat

Dusini, Giovanni Michele († 1688)

1675 – 1677 Generalvikar in Trient

* in Cles (Diöz. Trient); Pfarrer von Flavon, dann von Livo und Dekan der Val di Non, der Val di Sole und des Etschtales; 1675 – 77 Generalvikar von Fürstbischof S. A. v. (→) Thun in Trient; nach dessen Tod ging er nach Ungarn; später Kanonikus in Troppau (Schlesien) und Sekretär der Kaiserin Eleonore; zum Weihbischof vorgesehen, aber nicht ernannt; † 30. 8. 1688 in Ungarn.

Literatur: *A. Costa* 349. - *J. C. Tovazzi* 27.

Josef Gelmi

Duvernin, Toussaint (1713 – 1785)

1756 – 1785 Generalvikar in Straßburg
1757 – 1785 Weihbischof in Straßburg, Ep. tit. Arathensis

* 14. 9. 1713 in Vic-le-Comte (Auvergne). Seine Familie gehörte dem Bürgertum an. Sein Vater war Jurist in Clermont, sein Onkel und sein Bruder waren angesehene Ärzte. Nach dem Studium in Paris am Seminar von Saint-Sulpice und der theologischen Promotion an der Sorbonne wurde D. Nachfolger eines seiner Onkel als Präbendar in Straßburg. Dort machte er bald auf sich aufmerksam, und Weihbischof J. F. (→) Riccius betraute ihn mit verantwortungsvollen Ämtern. 1743 wurde er Assessor beim Offizialat, 1748 Sekretär der Finanzkammer, 1755 Stellvertreter des Offizials und wenig später Pro-Generalvikar. Am 3. 6. 1756 wurde er Generalvikar unter Kardinal F. A. de (→) Rohan-Soubise, und am 23. 5. 1757 erfolgte seine Ernennung zum Titularbischof von Arath und Weihbischof in Straßburg.

Auf das Vertrauen des neuen Bischofs L. C. de (→) Rohan gestützt, leitete D. fast 30 Jahre lang die geistlichen Angelegenheiten. Er konzentrierte sich vor allem auf zwei Bereiche. Die Diözese Straßburg befand sich nämlich insofern in einer besonderen Lage, als sie sich auf beiden Seiten des Rheines erstreckte und seit dem Frieden von Rijswijk (1697) unter Frankreich und das Reich geteilt war. Diese beiden aber standen sich meist feindlich gegenüber. D. visitierte in den Jahren 1758 – 63 alle Pfarr- und Nebenkirchen und verfaßte darüber ein detailliertes Protokoll. Er griff ferner durch zahlreiche Erlasse in das kirchliche Leben ein. Leitende Motive waren dabei der Wunsch nach einer vollen Durchsetzung der bischöflichen Autorität und des Rituales von 1742. Mit allerlei „Aberglauben" und „verdächtigen" Praktiken verurteilte er auch manche Formen volkstümlicher Frömmigkeit und verfolgte sie mit Strenge.

Ein weiterer Gesichtspunkt betraf den Kampf gegen den Unglauben, der auch im Elsaß seit 1770 an Boden gewann. In einer Reihe von Erlassen wandte D. sich 1771 – 83 an all jene, die die religiöse Praxis aufgaben und den Gottesdienst nicht mehr besuchten. D. suchte die Ursache für diese neue Indifferenz bei jenen Lehrern, die seit 1765 an die Stelle der Jesuiten getreten waren, ferner bei den schlechten Büchern und vor allem bei den Philosophen. D.s Äußerungen geben zwar wegen ihrer Übertreibungen wenig Aufschluß über das tatsächliche religiöse Verhalten der Straßburger Gesellschaft im späten 18. Jh., sie dokumentieren aber eine neue Einstellung der geistlichen Führungsschicht. Man könnte sie als Antiaufklärung charakterisieren, und diese sollte während der folgenden Jahre noch zunehmen.

Daraus ergab sich eine Hinwendung des alternden D. zur Landbevölkerung, die er zu Beginn seiner Amtszeit allzu schnell des „Aberglaubens" verdächtigt hatte. 1782 erklärte er: „Unser Landgebiet wird von wahrhaft gläubigen Menschen bewohnt. Diese dienen euch (Herren) mit rechtschaffenem Herzen ... Durch sie und um ihretwillen bleibt euer heiliger Glaube erhalten." Damit klang eine Entwicklung an, die im 19. Jh. die Diözesanleitung dazu veranlaßte, sich verstärkt auf die bäuerliche Bevölkerung zu stützen.

Die entschiedene Opposition gegenüber den zeitgenössischen Philosophen hat wohl auch bei der Annäherung an die elsässischen Protestanten Pate gestanden. 1781 unterzeichnete nämlich Kardinal L. C. de (→) Rohan-Guéméné ein Hirtenschreiben, das zweifellos von D. entworfen worden war und das anläßlich der 100jährigen Wiederkehr der Rekatholisierung des Straßburger Münsters veröffentlicht wurde. Darin rückte D. von der Intoleranz ab und unterstrich, daß die neuen Gefahren alle Konfessionen gemeinsam bedrohten. Diese Wende war auch im Kontext des Toleranzpatentes Josephs II. von 1781 zu sehen. Bei dieser stärkeren Öffnung zum Protestantismus und der Milderung des Verbotes von Mischehen mag auch die Hoffnung auf ein stärkeres Eindringen der Katholiken in die gesellschaftlich und wirtschaftlich führende Straßburger Oberschicht eine Rolle gespielt. D. hat allerdings mit seinen diesbezüglichen Appellen wenig Anklang gefunden. † 8. 8. 1785 in Stephansfeld bei Brumath (Unter-Elsaß).

Quellen: ASV Congr. Cons. 1757, f. 595-598. - ASV
Proc. 147, f. 59-61.

Literatur: *Ph. A. Grandidier*, Alsatia sacra 25 f. -
L. Châtellier, Tradition chrétienne 356-359. - Répertoire IV 398 f.

Louis Châtellier

Dwerditsch, Adam (1715 – 1778)

1775 – 1778 Weihbischof und Generalvikar in
Wien, Ep. tit. Paphiensis

* 3. 2. 1715 in Sierndorf a. d. March (Pfarrei
Jedenspeigen); der Familie des Wiener Kardi-
nals S. v. (→) Kollonitsch, in deren Dienst der
Vater stand, verdankte D. eine höhere Ausbil-
dung; Studium in Wien als Zögling des Kleselschen Alumnats; 25. 3. 1738 Priester; seit 1739
Mitglied der Cur bei St. Stephan in Wien und
Vikar für die Wiener Vorstadtgemeinden
Landstraße und Erdberg; 1740 Dr. theol.
(Wien); 1741 Prokurator der sächsischen, 1746
der österreichischen Nation an der Universität
Wien; 1749 Dekan der Theologischen Fakultät;
1758 Rektor der Universität; 1752 Domherr bei
St. Stephan (Präsentation Universität Wien);
erzbischöflicher Konsistorialrat und Mitarbeiter in der Verwaltung der Erzdiözese; 1758
defensor matrimonii et religiosae professionis;
1773 provisorisch mit der obersten Leitung der
Militärseelsorge in Österreich betraut; 1774
Domkantor (landesherrl. Nomination); 26. 5.
1775 Offizial und Generalvikar von Kardinal
Christoph (→ Bd. 1) Migazzi; 17. 7. 1775 Titularbischof von Paphos und Weihbischof in
Wien; August 1775 Konsekration durch Migazzi; † 8. 2. 1778; □ Stephansdom.

Quellen: AUW. - DAWi. - NÖLA.

Literatur: *C. Höfer.* - *H. Zschokke* 403, Nr. 562. -
A. Wappler 424, 482, 491. - *E. Bjelik*, Geschichte der k.
u. k. Militärseelsorge und des Apostolischen Feldvi-
kariates (Wien 1901) 85. - *I. Fried* 61 f. - *K. Östreicher*,
Tausend Jahre Jedenspeigen (Hollabrunn ²1978) 73 f.

Johann Weißensteiner

E

Eckart, Johann Georg Joseph von (1723 – 1791)

1769 – 1791 Weihbischof im thüringischen
Teil der Erzdiözese Mainz, Ep. tit.
Joppensis

* 7. 3. 1723 in Mainz als Sohn des kurmainzischen Hofgerichtsrates Peter v. E. und der
Adelheid von Gobelius; 1732 tonsuriert; Studium der Theologie und beider Rechte an der
Universität Mainz; Alumne des Mainzer Priesterseminars; 4. 6. 1746 Priester; 1750 Lic. iur.
utr.; Mag. theol.; 1751 Geistlicher Rat; 1752 – 55
in Rom zum Studium der Kurialsprache und
des kurialen Verwaltungsstils; 1762 Fiskal;
1767 erzbischöflicher Siegler; Kanoniker und
Scholaster von St. Stephan und Mariagreden in
Mainz; 1769 bestimmte Erzbischof E. J. v. (→)
Breidbach-Bürresheim ihn zum Mainzer Weihbischof in partibus Thuringiae; 11. 9. 1769
Titularbischof von Joppe; 18. 9. 1769 Konsekration durch Breidbach-Bürresheim; 1770 Beginn
seiner Tätigkeit in Erfurt; † 17. 6. 1791 in
Erfurt; □ St. Marien in Erfurt.

Literatur: *F. A. Koch* 124 f. - *J. Feldkamm* 91.

Friedhelm Jürgensmeier

**Eckher von Kapfing und Liechteneck, Johann
Franz** (seit 1691 **Freiherr**) (1649 – 1727)

1696 – 1727 Fürstbischof von Freising

Johann Franz Eckher von Kapfing und Liechteneck wurde am 16. 10. 1649 auf Schloß Train
(Niederbayern) als erster Sohn des Hans Christoph E. und der Marie Salome von Kading

geboren. Aus der alten bayrischen Landadels-
familie der E. waren viele herzogliche und
kurfürstliche Beamte hervorgegangen. E. hatte
drei jüngere Geschwister und zwei ältere Stief-
geschwister aus der ersten Ehe des Vaters.

Als Schüler des Jesuitengymnasiums in München zeigte E. nur mittelmäßige Leistungen. In
der Nachfolge seines Stiefbruders Oswald Ulrich wurde er 1668 Edelknabe am fürstbischöflichen Hof zu Freising, wo er am Franziskanerkloster eine nur rudimentäre theologische Ausbildung erhielt. 1673 resignierte Johann Baptist
Plauen zugunsten von E. sein Freisinger Domkanonikat. Am Karsamstag 1674 empfing E. die
Priesterweihe. Seine Primiz feierte er im Benediktinerkloster Ettal. Wirtschaftlich war E.
durch sein Kanonikat und durch pfarrliche
Einkünfte abgesichert. Schnell errang er das
Vertrauen der meisten Domkapitulare; deshalb
befand er sich in den folgenden Jahren des
öfteren auf Verhandlungsreisen nach München, Salzburg und Wien. 1684 wählte ihn das
Kapitel zum Domdekan. Mit diesem Amt waren
erhebliche Kompetenzen in der Verwaltung
von Hochstift und Diözese verbunden. Der
kurbayerischen Reichskirchenpolitik stand E.
kritisch gegenüber. Letztlich war es diese Haltung, die ihn zum Wortführer einer gegen den
Administrator J. S. (→) Zeller gerichteten Opposition machte. Im Verlauf der Auseinandersetzungen, die zu Prozessen in Rom und Wien
führten, mußte E. alle Ämter abgeben. Ein
Vergleich von 1693 überdeckte zunächst die
Spannungen, bis diese nach der durch den
Verzicht des Fürstbischofs (→) Joseph Clemens 1694 notwendig gewordenen Bischofswahl in voller Schärfe neu ausbrachen. E.
konnte als Vertreter der antiwittelsbachischen
Gruppe im Domkapitel am 29. 1. 1695 eine
Mehrheit von neun gegen fünf Stimmen gewinnen. Die unterlegene Partei protestierte, stellte
einen Katalog z. T. sehr persönlicher Vorwürfe
auf und strengte ein Verfahren bei der Kurie
an. E. ging jedoch als Sieger aus dieser Auseinandersetzung hervor und erhielt am 30. 1. 1696
die päpstliche Konfirmation. Am 1. 5. ergriff er
von seiner Bischofskirche Besitz, und am 1. 7.
1696 weihte ihn der Brixener Fürstbischof
J. F. v. (→) Khuen zum Bischof.

Gleich zu Beginn seiner Regierung bereiste E.
alle, auch die in Österreich gelegenen Besitzungen Freisings. In den Wirren des Spanischen
Erbfolgekriegs versuchte er mit Erfolg, Freising
die schlimmsten Opfer zu ersparen. Obgleich
Gegner des antikaiserlichen Aufstands in
Bayern von 1705/06, gewährte er vielen Rebel-
len Zuflucht in seiner Residenzstadt. Mit Kurbayern lebte er in beständigem Streit. In diesem
Zusammenhang ist auch der Konflikt mit der
bayerischen Benediktinerkongregation zu sehen, deren Klöster sich möglichst von der
bischöflichen Jurisdiktion emanzipieren wollten und Anlehnung an den kurfürstlichen
Geistlichen Rat suchten. Erst in den Rezessen
von 1718 und 1723 kam es zu einem Ausgleich,
der von seiten Bayerns erhebliche Zugeständnisse einbrachte, allerdings erneut die Zustimmung zu einem wittelsbachischen Koadjutor
(→ Johann Theodor) zum Preis hatte.

In der Hochstiftsverwaltung ist E.s persönliches Eingreifen nicht nachweisbar; sollte er
ernsthafte Bemühungen unternommen haben,
die Schuldenlast zu mindern, so blieb dies ohne
Ergebnis, was nicht zuletzt durch seine Bautätigkeit begründet sein dürfte. Schon als Domdekan hatte er die Errichtung des Turmes der
Freisinger Pfarrkirche und einen Spitalneubau
durchgesetzt. Als Fürstbischof ließ er viele
seiner Landschlösser renovieren. Ismaning errichtete er völlig neu. Um das Bauwesen in den
Pfarreien kümmerte er sich sorgfältig. Von
seiner Residenz zum Dom hinüber ließ er den
Fürstengang mit einer Bildergalerie Freisinger
Bischöfe und mit 32 Ansichten der Freisinger
Besitzungen schmücken. Seine Hauptleistung
wurde die anläßlich des Bistumsjubiläums von
1724 durchgeführte Neuausstattung des Doms
durch Cosmas Damian Asam. E. pflegte in
einem dem Freisinger Verhältnissen angepaß-
ten Rahmen barocke Fürstenrepräsentation,
hielt sich auf seinen Landschlössern auf, liebte
die Jagd und die heitere Tafel. Er veranlaßte
jedoch auch Entwässerungsarbeiten im Erdin-
ger Moos, widmete dem Schul- und Armenwesen große Aufmerksamkeit, erbaute ein Krankenhaus und eine Waisenanstalt und gründete
den „Freisinger Liebesbund", der erhebliche
Geldmittel für soziale Zwecke freizustellen
vermochte. E. war kein Gelehrter und hat keine
einzige Zeile publiziert. Jedoch wird man ihn zu
den verdienstvollen Dilettanten rechnen müssen. Schon als Domdekan hatte er begonnen, in
ganz Bayern genealogisches Material zu sammeln, woraus schließlich ein Grabsteinbuch,
ein Wappenbuch und ein „Stammebuch" entstanden. Hochstiftsarchiv und Dombibliothek
hat er neu ordnen lassen. Größtes Verdienst
erwarb er sich, als er den gelehrten Benediktiner Karl Meichelbeck zu dessen großen, auf
Urkunden ruhenden und methodisch beispiel-
haften Werken zur freisingischen Geschichte
anregte. Er hatte ein wachsames Auge auf das
Schulwesen. Die Freisinger Studienanstalt
baute er aus, gewann Benediktinerabteien als
Mitträger und berief benediktinische Professoren, von denen einige sich einen guten Ruf in
der Wissenschaft erwarben.

E. war von der Gegenreformation geprägt und förderte die katholische Mission in Norddeutschland. Als er das Bistum übernahm, fand er es in einem fast verwahrlosten Zustand vor. Er suchte dem abzuhelfen, unternahm anstrengende und häufige Visitationsreisen, versah persönlich die geistlichen Funktionen, drang auf peinliche Einhaltung der liturgischen Regeln und bot in seinem Auftreten ein beispielhaftes Bischofsbild. Zahlreiche Mandate seiner Amtszeit befaßten sich mit der Disziplin des Klerus. Die Kriterien für die Aufnahme in den Klerus wurden verschärft und Bartholomäer in der Klerusbildung eingesetzt. Außerdem förderte E., selbst ein großer Marienverehrer, das Wallfahrtswesen und den Kult der Diözesanheiligen.

Am 23. 2. 1727 starb E. während der Arbeit an seiner genealogischen Sammlung an einem Schlaganfall. Er wurde in der Domkirche beigesetzt. Seine Regierung hat für Hochstift und Diözese Leistungen erbracht, die im Rahmen des bloßen Sekundogeniturepiskopats vorher und nachher nie erreicht worden sind.

Literatur: *C. Meichelbeck - A. Baumgärtner* 218-252. - *B. Hubensteiner*, Eckher (Lit.!). - *K. Mindera*, Die Erneuerung des Domes im Jahre 1724 nach dem Tagebuch von P. K. Meichelbeck, in: SHVF 26 (1967) 197-219. - *S. Benker*, Die Bilderfolge zum Leben des hl. Korbinian im Freisinger Dom von C. D. Asam und die zugehörigen Vorzeichnungen (1724), in: SHVF 30 (1983) 183-223. - *Ders.*, Das Leben des hl. Korbinian im Bilde, in: SHVF 30 (1983) 160-182, bes. 173 ff. -

M. Weitlauff. - *Ders.*, Reichskirchenpolitik. - *Ders.*, Der Informationsprozeß F. E. v. K. u. L. anläßlich seiner Wahl zum Fürstbischof von Freising 1695, in: Kirche, Staat und Katholische Wissenschaft, Festschrift H. Raab (Paderborn u. a. 1988) 85-143. - *Ders.*, in: *G. Schwaiger*, Freising 370-401.

Abbildungsnachweis: Gemälde im Diözesanmuseum Freising, Inv. Nr. D 8454.

Egon Johannes Greipl

Edling, Rudolf Joseph (seit 1779) **Reichsgraf von** (1723 – 1803)

1769 – 1774 Weihbischof in Görz,
             Ep. tit. Capharnensis
1774 – 1784 Erzbischof von Görz

Rudolf Joseph Graf von Edling wurde am 1. 8. 1723 zu Görz als Sohn des Jakob v. E. und der Elisabeth Gräfin Cobenzl getauft. Nach dem Besuch des Görzer Jesuitenkollegs studierte er 1740 – 46 als Alumne des Collegium Germanicum in Rom. Am 4. 9. 1746 wurde er dort zum Priester geweiht und wenig später zum Dr. theol. et phil. promoviert. 1748 wurde er Domherr in Aquileja und nach der Unterdrückung des Patriarchates 1752 Dekan des neuerrichteten Domkapitels in Görz, womit das Benefizium St. Stephan verbunden war. Als enger Mitarbeiter von Erzbischof K. M. Graf v. (→) Attems bei der religiösen Formung des neuen Sprengels widmete E. sich besonders der Predigt, den Bruderschaften und den Ordenshäusern. Eine seiner Schwestern war Oberin der Görzer Ursulinen.

Als Attems sich im Jahre 1768 um einen Koadjutor bemühte, schlug er dem Wiener Hof E. vor. Aufgrund der kaiserlichen Nomination ernannte Papst Pius VI. ihn am 20. 11. 1769 zum Weihbischof in Görz und zum Titularbischof von Kapharnaum. Die Konsekration durch Attems folgte am 5. 2. 1770 in Görz.

E. setzte die von Attems begonnenen alljährlichen Pastoralvisitationen fort. Nach dem Tode Attems', der E. u. a. wegen seiner Kenntnis der slowenischen, italienischen und deutschen Sprache als Nachfolger gewünscht hatte, nominierte Maria Theresia ihn am 22. 5. 1774. Die Translation erfolgte am 27. 6. 1774. Nachdem der Sprengel ein Jahr lang von Giovanni Federico Madcho als Kapitularvikar verwaltet worden war, nahm E. ihn am 22. 2. 1775 in Besitz. Zugleich erhielt er das Pallium.

E. war von vorbildlicher Frömmigkeit und von seelsorglichem Eifer, sah sich aber bei der Leitung seines großen Sprengels mit seinen über 400 Seelsorgsorten, der an fünf österreichischen Provinzen Anteil hatte, mit erheblichen Schwierigkeiten konfrontiert. Bei seinen Visitationsreisen, auf denen er in den einzelnen Orten oft drei bis vier Stunden Beichte hörte, drängte er den Klerus zu seelsorglicher und aszetischer Anstrengung. 1776 erweiterte er das Priesterseminar großenteils auf eigene Kosten. Die Anstalt zählte damals 40 Alumnen, davon acht aus dem Suffraganbistum Triest. Nach Aufhebung der Gesellschaft Jesu sorgte E. für die Fortführung des Unterrrichtes durch eigene Kräfte.

Die religiöse Situation im Erzbistum Görz konnte zwar, wie E. in der Relatio status von 1778 ausführte, den benachbarten Sprengeln als Vorbild dienen. Anderseits unterstand aber auch Görz dem wachsenden Druck der staatlichen Gesetzgebung und Verwaltung. Außerdem drängte der Laibacher Bischof K. J. v. (→) Herberstein, der später bei der josephinischen Diözesanregulierung eine wichtige Rolle spielen sollte, im Jahre 1775 beim Wiener Hof auf Überweisung der slowenischen Pfarreien in Krain von Görz an Laibach. E., der Staatsrat und seit 1779 Reichsgraf war, widersetzte sich diesen Plänen entschieden.

Die Maßnahmen Josephs II. auf kirchlichem Gebiet betrafen auch das Erzbistum Görz. Auch hier wurden der Schulunterricht normiert, Klöster und fromme Stiftungen wie z. B. das volkstümliche Marienheiligtum auf dem Monte Santo geschlossen, der Gottesdienst und das volksfromme Brauchtum reglementiert. 1783 wurde das Priesterseminar zugunsten des Görzer Generalseminars geschlossen.

Als Joseph II. 1781 das Toleranzedikt veröffentlichte, kam es zum Eklat. E. erklärte nämlich, er verzichte lieber auf sein Amt, als daß er sein Gewissen beschmutze. Er erklärte das Edikt als „überflüssig, schädlich und gefährlich" und bat den Hl. Stuhl um Weisung. Daraufhin zitierte Joseph II. ihn unter Androhung der Amtsentsetzung binnen 24 Stunden nach Wien. E. konnte nicht einmal die Ankunft Pius' VI. abwarten, der auf seiner Reise in die Hauptstadt auch Görz aufsuchte.

In Wien wurde er gemaßregelt, zu einer Geldstrafe verurteilt, zur Publikation der kaiserlichen Dekrete verpflichtet und zur Rückreise veranlaßt, ohne Pius VI. begegnen zu dürfen. Von seinem kaiserlich gesinnten Konsistorium im Stich gelassen, übergab er die Publikation der Dekrete seiner Kanzlei. Er selbst widmete sich dagegen noch stärker der Seelsorge. E. stand jedoch der Diözesanregelung im Wege, die Joseph II. 1783 einleitete und die u. a. eine Verkleinerung von Görz zugunsten von Laibach vorsah. Der Kaiser drängte schließlich den eingeschüchterten und isolierten E. zur

Resignation. Dieser reichte sein Ansuchen am 24. 9. 1783 in Rom ein, doch lehnte Pius VI. die Annahme ab und ermunterte ihn, sein Amt weiterzuführen. Joseph II., der auf eine schleunige Durchführung der Diözesanregulierung drängte, erneuerte jedoch die Aufforderung zum Rücktritt, sequestrierte 1784 das erzbischöfliche Vermögen und wies E. statt dessen eine Pension von 10 000 fl. zu. Des Kaisers Neuordnungspläne sahen eine Beschränkung des Bistums Görz auf ein Gebiet im Küstenbereich vor. Über den Widerstand von E. erbittert, hob Joseph II. schließlich sogar das Bistum Görz auf und errichtete stattdessen ein neues Bistum in dem kleinen Gradisca, 12 km südlich von Görz, das dem zur Metropole erhobenen Laibach unterstellt wurde. Die päpstliche Bestätigung dafür erfolgte allerdings erst 1788.

E. konnte sich dem kaiserlichen Wunsch auf Dauer nicht widersetzen, er bestand aber auf dem vom kanonischen Recht vorgesehenen Verfahrensmodus. Daher begab er sich nach Rom, wo er unter dem Druck von Kard. F. Herzan am 4. 8. 1784 auf Görz verzichtete. Am 28. 6. 1785 wurde er zum päpstlichen Thronassistenten ernannt.

E. blieb vorerst in Rom, wo er sich seelsorglich und karitativ betätigte und bald als „der hl. Bischof von Görz" galt. Joseph II. forderte ihn jedoch unter Androhung des Verlustes der

Pension zur Rückkehr in das Gebiet der Habsburger Monarchie auf. Daraufhin begab E. sich 1787 nach Pavia und später nach Lodi in der Lombardei, wo er im Oratorium eine Bleibe fand. Er widmete sich auch während seines 15jährigen Aufenthaltes in Lodi der Seelsorge und der Karitas. Während der französischen Invasion vertrat er den Diözesanbischof G. della Beretta. Er stiftete ein Waisenhaus und leitete es persönlich. Nach seinem Tod am 8. 12. 1803 wurde daher ein Seligsprechungsprozeß eröffnet, später aber nicht fortgesetzt. Seine sterblichen Überreste wurden 1958 in die bischöfliche Gruft nach Görz übertragen.

Angesichts der Widersprüche und der oft dramatischen Spannungen zwischen Wien und Rom zeichnete E. sich in der österreichischen Kirche seiner Zeit durch seine absolute und singuläre Romtreue aus. Sensibel, vornehm und doch entschieden, lebte er seiner religiösen Überzeugung ohne politische Rücksichtnahme im Spannungsfeld zwischen bischöflicher Verantwortung und Loyalität zum Kaiser. Dabei schwankte er freilich zwischen intransigenter Haltung im Grundsätzlichen und Schwäche angesichts der schwierigen Aufgaben, mit denen er konfrontiert war.

Quellen: ASV Con. Conc., Relationes 368; Nunz. di Germania 30/31, 709; Nunz. di Vienna 135. - AAG b. VIII, nn. 1435-1446.

Literatur: *P. Ferrari*, Biografia di Rodolfo da Edling, in: Archivio Storico Lodigiano 22 (1903) 122-135, 161-177. - *R. Klinec*, L'attuazione della legislazione ecclesiastica di Giuseppe II nell' archidiocesi di Gorizia (Gorizia 1942). - *F. Maas* II 463 f. - *S. Cavazza*, in: DBI (im Druck).

Abbildungsnachweis: Palazzo arcivescovile di Gorizia.

Luigi Tavano

Eggs, Augustin ⟨SJ⟩ (* 1711)

1763 Apostolischer Vikar im Kurfürstentum Sachsen (Dresden)

* 18. 10. 1711 in Hohenfels (Diöz. Konstanz); 1727 Eintritt in die Oberdeutsche Provinz der Gesellschaft Jesu; seit 1749 Beichtvater des Kurprinzen Friedrich Christian von Dresden; 1763 Apostolischer Vikar; nach dem Tode von Kurfürst Friedrich Christian (17. 12. 1763) verließ er Dresden; 1763 – 67 Rektor in Trient; 1772 – 73 in Neuburg/Donau und 1773 in Innsbruck, wo er von der Aufhebung seines Ordens betroffen wurde.

Literatur: *F. A. Forwerk.* - *B. Duhr* IV/1, IV/2, - *P. F. Saft.* - *H. Meier*, Apostolisches Vikariat..

Heinrich Meier

Egkh (Eck) **und Hungersbach, Otto Honorius** (Ehrenreich) **Reichsfreiherr** (seit 1693 **Reichsgraf) von** (1675 – 1748)

1729 – 1748 Weihbischof in Olmütz, Ep. tit. Thermopylensis

≈ 29. 5. 1675 zu Preßburg; älterer Bruder des Olmützer Bischofs L. F. v. (→) Egkh; Studium in Olmütz und 1694 – 97 in Rom; 1701 Propst von St. Moritz in Kremsier; 1706 res. Domherr, 1717 Domscholaster, 1729 Dompropst in Olmütz; 3. 8. 1729 Titularbischof von Thermopylae und Weihbischof in Olmütz; Propst und Pfarrer von Groß-Meseritz und später von Jarmeritz; 1733 stiftete er auf seiner Herrschaft Dub eine Statuengruppe mit dem hl. Florian und mehreren Pestheiligen, 1739 eine andere zu Ehren des hl. Johann Nepomuk; † 30. 4. 1748.

Aleš Zelenka

Egkh (Egg, Eck) **und Hungersbach, Leopold Friedrich Reichsgraf von** (1696 – 1760)

1750 – 1758 Generalvikar in Olmütz
1758 – 1760 Fürstbischof von Olmütz

Leopold Friedrich von Egkh wurde am 14. 5. 1696 zu Hamburg als Sohn des Erbtruchsesses von Krain und der Windischen Mark, des kaiserlichen Wirklichen Geheimen Rates, Gesandten und Ministers im Niedersächsischen Kreis zu Hamburg, des Reichsgrafen (seit 1695) Christian v. E. und der Eva Christiana Gräfin von Speidl geboren. Er war der jüngste von sechs Brüdern. Von diesen wurden noch zwei weitere Domherren in Olmütz, und zwar Otto Honorius v. (→) E., Weihbischof in Olmütz, und Andreas Gundacher, Propst von Groß-Meseritz. 1711 – 14 studierte E. als Alumne des Collegium Germanicum in Rom. 1721 wurde er Dekan in Müglitz, und am 15. 11. des gleichen Jahres erhielt er die Priesterweihe. 1722 wurde er Domherr in Freising, doch verzichtete er 1737 auf sein Kanonikat. 1722 wurde er Domherr in Olmütz (kaiserl. Verleihung), 1729 Propst von St. Mauritz in Kremsier und Abt von Ferengrad (Szerengrad) in Ungarn. 1735 promovierte die Akademie zu Olmütz ihn zum Dr. theol. 1738 wurde er Archidiakon von Olmütz und am 20. 5. 1750 Generalvikar und

Offizial von Bischof F. J. v. (→) Troyer. 1752
wurde er Domdekan in Olmütz und damit
erster Dignitär des Kapitels.

Nach dem Tode Troyers wurde E. Kapitelsvikar
und am 27. 4. 1758 einstimmig zum Bischof
gewählt. Die päpstliche Bestätigung folgte am
2. 10., die Konsekration am 19. 11. 1758, die
Inthronisation am 16. 9. 1759.

Die unerwartet kurze Amtszeit E.s war durch
die zeitweilige preußische Besetzung von Olmütz überschattet. 1759 mußte außerdem die
fürstbischöfliche Münze zu Kremsier auf Weisung der Wiener Regierung ihre Tätigkeit
definitiv einstellen. In Kremsier, dessen Propstei E. als Bischof beibehielt, stiftete er zwei
Kanoniker- und zwei Vikarstellen, außerdem
zwei Zeremoniarsposten in Olmütz. In seiner
kurzen Amtszeit errichtete E. Stiftungen in
Höhe von 37 000 fl. Außerdem vermachte er
einem künftig zu errichtenden Priesterseminar
den Betrag von 54 606 fl.

E. starb unerwartet am 15. 12. 1760. Er wurde
in der Kirche St. Mauritz zu Kremsier beigesetzt.

Literatur: *F. J. Schwoy* 51. - *J. Matzke*, Fürstbischöfe
73-76. - *A. Zelenka* 248 f. - *R. Zuber* 144-157.

Aleš Zelenka

Elderen, Jean Louis d' (1620 – 1694)

1688 – 1694 Fürstbischof von Lüttich

Jean Louis d' Elderen wurde am 29. 9. 1620 in
Genoelselderen bei Tongern (Fürstbistum Lüttich) als Sohn des Guillaume d' E. und seiner
Ehefrau Elisabeth von Warnant geboren. Sein
Vater war Herr von Genoelselderen und Dros-
sard von Bilzen. Früh für die geistliche Laufbahn bestimmt, erhielt E. 1634 die Tonsur. Seit
1636 Mitglied des Lütticher Domkapitels, gewährte dieses ihm 1642 einen Studienurlaub,
den er zu einem mehrjährigen Aufenthalt (bis
1644?) an der Universität Paris nutzte. Einen
akademischen Grad scheint er nicht erworben
zu haben. 1661 wählte das Domkapitel ihn zum
Kantor, 1669 zum Dekan. Am 10. 2. 1670 empfing E. in Lüttich (?) die Priesterweihe. 1681
wurde er Propst des Lütticher Stiftes Saint-
Barthélemy und 1682 zugleich Stiftspropst in
Tongern.

Nach dem Tode des Lütticher Fürstbischofs
(→) Max Heinrich von Bayern bewarben sich
als Kandidat Frankreichs der Straßburger Bischof W. E. v. (→) Fürstenberg und der Kölner
Erzbischof (→) Joseph Clemens von Bayern um
die Nachfolge. Für Joseph Clemens setzten sich

Kurfürst Max Emanuel von Bayern und der
kaiserliche Kommissar Baron von Eck ein. Die
Mehrheit des Kapitels wollte jedoch angesichts
der Spannungen zwischen Frankreich und dem
Deutschen Reich allzu enge Bindungen an die
benachbarten Mächte vermeiden. Außerdem
wünschte sie nach einem Jahrhundert bayerischer Herrschaft und häufiger Abwesenheit
der Fürstbischöfe einen ständig residierenden
Landesherrn. So fiel die Wahl am 17. 8. 1688
auf den fast 68jährigen E.

Dieser erhielt am 11. 9. 1688 durch Papst
Innozenz XI. die provisorische Verwaltung des
Bistums auf sechs Monate und am 15. 11. die
kanonische Institution mit Dispens vom fehlenden Doktorgrad und der Auflage zur Instandsetzung des bischöflichen Palastes. Am 27. 12.
wurde E. in der Lütticher Prämonstratenserkir-
che Beaurepart durch Weihbischof J. A. (→)
Blavier konsekriert. Am 30. 12. beschwor er die
Wahlkapitulation. Sie verpflichtete ihn u. a.
zur dauernden Residenz und zur Erörterung
aller die Interessen des Fürstbistums berüh-
renden Fragen mit dem Domkapitel. Ohne
Einwilligung der Stände durfte er in keinen
Krieg eintreten.

Der letzte Punkt, der in den Augen der Bevölkerung der wichtigste überhaupt war, signalisierte den Willen des Domkapitels zur Rückkehr
zu der von den Fürstbischöfen aus dem Hause
Bayern aufgegebenen Neutralitätspolitik. Tatsächlich versprach Frankreich, die Neutralität

des Fürstbistums so lange zu respektieren, wie dies seine Feinde täten. Der Kriegseintritt der Niederlande und Spaniens machte die Lütticher Absichten jedoch zunichte, und die Stände mußten 1689 notgedrungen ihre Bereitschaft erklären, sich den kaiserlichen Anordnungen zu fügen. Als E. daraufhin mit dem niederländischen Gouverneur der unter dem Kondominium Lüttichs und der Generalstaaten stehenden Stadt Maastricht eine Militärkonvention abschloß, reihte er sich offen unter die Gegner Frankreichs ein. Die an die Wahl eines einheimischen Kandidaten geknüpften Hoffnungen hatten sich somit nicht erfüllt. Im Verlauf des Pfälzischen Krieges wurde das Fürstbistum 1691 – 93 vom französischen Heer schwer heimgesucht. Allein während eines fünftägigen Bombardements Lüttichs im Juni 1691 wurden 1 500 Häuser beschädigt oder zerstört. Die von E. nach dieser Katastrophe entworfenen Wiederaufbaupläne konnten jedoch, ebenso wie die Entschädigung der Opfer, aus Geldmangel nicht realisiert werden.

Auch die Präsenz verbündeter Truppen stellte E. als Landesherrn und Bischof vor große Probleme. Das Fürstbistum verlor faktisch seine Autonomie, denn sein kleines Heer wurde dem Befehl eines spanischen Generals unterstellt. Von einer Mitbestimmung des Domkapitels konnte unter diesen Umständen keine Rede mehr sein, und E. selbst war nur noch ausführendes Organ des alliierten Kriegsrates. Seine seelsorglichen Maßnahmen spiegeln die Notsituation wider. So untersagte er den protestantischen Feldpredigern der Koalitionsarmee, die im Fürstbistum Winterquartier bezog, die öffentliche Ausübung ihre Amtes und forderte sie wie die ihnen anvertrauten Soldaten zur Achtung der katholischen Religion auf. Angesichts der kriegsbedingten Seuchen hielt E. den Klerus zur rechtzeitigen Spendung der Sterbesakramente an. Das 40stündige Gebet, das bis 1688 nur gelegentlich angeordnet worden war, wurde nunmehr in der Stadt Lüttich zur Ewigen Anbetung erweitert und in den Kirchen der Diözese einmal jährlich abgehalten. 1690 schrieb E. für alle Frauenklöster die strenge Klausur vor und untersagte jenen Kommunitäten, die diese Vorschrift nicht beachteten, die Aufnahme neuer Mitglieder.

E. galt als mild, leutselig und frei von persönlichem Ehrgeiz. Er starb unerwartet am 1. 2. 1694. Sein Leichnam wurde in der St. Lambertus-Kathedrale beigesetzt und nach seiner Wiederentdeckung 1810 in die Krypta der nunmehrigen Kathedrale St. Paul überführt. Sein ausschließlich zugunsten seiner Familie aufgestelltes Testament änderte das Domkapitel aufgrund der Wahlkapitulation dahingehend ab, daß alle nicht aus dem Familienbesitz stammenden beweglichen Güter der Kirche zufielen.

Literatur: J. de Theux 3 (1871) 275-277. - A. Le Roy, in: BN 6 (1878) 521-525. - J. Daris, Liège XVIIe siècle 2 (1877) 233-239. - L. Jadin, in: BIHBR 9 (1929) 262-268. - H. Pirenne 5 (²1926) 154-157.

Abbildungsnachweis: Grabmal mit Bildnisrelief in der Kirche St. Martin, Tongeren. - IRPA Bruxelles Neg. Nr. 56127.

Alfred Minke

Eltz zu Kempenich, Damian Heinrich Reichsfreiherr (seit 1733 Reichsgraf) von (1678 – 1737)

1729 – 1737 Generalvikar für das Obererzstift Trier in Trier

* 13. 1. 1678 auf Burg Kempenich (Erzb. Trier) als dritter Sohn von 17 Kindern des kurtrierischen Erbmarschalls Johann Jakob v. E. (mit dem goldenen Löwen, † 1721) und der Maria Antoinette Schenk von Schmidtburg († 1719); sein Bruder Philipp Karl v. (→) E. war 1732 – 43 Erzbischof von Mainz. E. wurde 1685 tonsuriert und Domizellar in Trier; Studium in Trier und 1695 – 96 in Rom als Alumne des Collegium Germanicum; 1712 höhere Weihen und Domkapitular in Trier; 1718 – 29 Archidiakon von Tholey, 1735 – 37 von Karden; 1718 – 21 Rektor der Universität Trier. In der Sedisvakanz nach dem Verzicht (→) Franz Ludwigs von Pfalz-Neuburg im März 1729 ernannte das Domkapitel ihn zum Generalvikar und Konsistorialpräsidenten. Es erhielt in der Wahlkapitulation von F. G. v. (→) Schönborn die Zustimmung, daß er dieses Amt in Zukunft stets mit einem Domkapitular besetze. Nach langen jurisdiktionellen Experimenten klärte sich das Verhältnis zu den Ämtern des Offizials und Weihbischofs. Seitdem waren die Ämter von Generalvikar und Weihbischof stets getrennt. 1732 Rat des Erzbischofs von Mainz; † 20. 2. 1737 in Trier; ▢ Liebfrauenkirche Trier.

Quellen: LHA Koblenz, Abt. 1 C, Abt. 1 D.

Literatur: F. W. E. Roth, Geschichte der Grafen und Herren zu Eltz, Bd. 2 (Mainz 1890). - J. Kremer. - L. Keil, Promotionslisten. - S. M. zu Dohna. - F. Pauly, St. Kastor.

Wolfgang Seibrich

Eltz zu Kempenich, Hugo Franz Karl Reichsfreiherr (seit 1733 Reichsgraf) von (1701 – 1779)

1735 – 1743 Generalvikar in Mainz

* 19. 11. 1701 in Mainz als Sohn des Kurmainzer Geheimen Rates Karl Anton Ernst v. E., der 1733 für sich und seine Familie den Reichsgrafenstand und 1734 das ungarische Indigenat erhielt, und der Helena Katharina Wambolt von Umstadt. Ein Onkel, Philipp Karl v. (→) E., war 1732 – 43 Erzbischof von Mainz, zwei Brüder waren Domherren in Trier, Speyer und Würzburg. 1712 Domizellar, 1727 Domkapitular, 1738 Domkantor, 1743 Dompropst, 1754 Jubilar (dazu Schaumünze: VnVs DeVs In seneCtVte aVXILIator MeVs) im Domkapitel Mainz; 1725 Domizellar, 1741 Domkapitular, 1751 (1774 res.) Kapellan im Domkapitel Trier; Propst des Erfurter Kollegiatstiftes ULFrau; Stiftsherr von St. Alban in Mainz; 1730 Propstkoadjutor und dann, als Nachfolger seines Onkels, Propst des Kollegiatstiftes Mockstadt zu Frankfurt / Main; auf Ersuchen des Erzbischofs Eltz 1733 kaiserlicher Wirklicher Geheimer Rat und Kommendatarabt des ungarischen Stifts Pecswarad bei Fünfkirchen; vorübergehend wohl auch Abt von Tapolcza am Plattensee; 1736 Domkapitular (Verleihung durch König Friedrich Wilhelm I. von Preußen), 1736 Propst, 1776 Senior des Domkapitels in Minden; 1732 – 43 Generalvikar in Mainz; vorher Empfang der Priesterweihe; 1732 Statthalter des kurmainzischen Eichsfeldes mit einem Amtsverweser in Heiligenstadt; bis 1773 mehrfache Besuche im Eichsfeld; 1739 zum Empfang der Reichslehen für den Erzbischof als Gesandter in Wien; 1741 – 42 Mitglied der Kurmainzer Wahlgesandtschaft in Frankfurt und Teilnehmer der Präliminarkonferenz für Wahl und Krönung Kaiser Karls VII. E. lebte nach dem Tod seines erzbischöflichen Onkels (1743), dessen Testamentsvollstrecker er war, ohne größere politische Ambitionen von seinen reichen Pfründen.

Er war 1763 nach dem Tode des über seine Schwester mit ihm verschwägerten Erzbischofs J. F. K. v. (→) Ostein ein aussichtsreicher Kandidat für die Nachfolge, konnte sich aber ebensowenig durchsetzen wie 1768 in Trier; bei der Erzbischofswahl von 1774 erklärte er sich für die Kandidatur des Gegners der Aufklärung, F. K. J. v. (→) Erthal. E. unterstützte Hermann Goldhagen, den Exponenten der Aufklärungsfeindlichkeit. Er besaß eine Bibliothek von 462 Nummern, eine sehr große Waffensammlung, eine bedeutende Gemäldesammlung von etwa 2 000 Stücken und einen herausragenden Marstall. Er erwarb Ländereien und Güter. Sein Vermögen hinterließ er zum großen Teil dem Priesterhaus in Marienborn bei Mainz und verschiedenen von ihm schon zu seinen Lebzeiten in Ungarn, im Eichsfeld und im Spessart betreuten Volksschulen. † 27. 6. 1779 in Mainz; □ Mainzer Dom.

Literatur: V. F. de Gudenus II 434. - F. Heerdt (Hg.), Mainzer Chronik aus der Zeit von 1767 bis 1782 (Mainz 1879). - H. Nottarp, Ein Mindener Dompropst des 18. Jahrhunderts, in: WZ 103 / 104 (1954) 93-163. - B. Opfermann 34. - H. Duchhardt, Eltz 255. - G. Rauch III 144, 176. - H. Reber, Eine Flörsheimer Fayence mit einem Bildnis des Mainzer Dompropstes Hugo Franz Carl von Eltz, in: Kunst und Kultur am Mittelrhein. Festschrift für F. Arens zum 70. Geburtstag, hg. v. J. Glatz u. N. Stuhr (Worms 1982) 147-151.

Friedhelm Jürgensmeier

Eltz zu Kempenich, Philipp Karl Reichsfreiherr (seit 1733 **Reichsgraf**) **von** (1665 – 1743)

1732 – 1743 Kurfürst-Erzbischof von Mainz

Philipp Karl von Eltz wurde am 26. 10. 1665 auf der Burg gleichen Namens bei Cochem / Mosel als ältester Sohn des Johann Jakob v. E.-Kempenich mit dem gelben Löwen († 1721) und der Anna Maria Antonette von Schmidburg († 1719) geboren. Er hatte 15 Geschwister. Seine Taufpaten waren die Erzbischöfe J. Ph. v. (→) Schönborn und K. K. v. d. (→) Leyen. Der Vater war kurtrierischer Erbmarschall und Amtmann von Mayen, Monreal und Kaisersesch. In seiner Jugend war E. zunächst Domherr in Trier gewesen, hatte jedoch 1654 zugunsten eines jüngeren Bruders resigniert.

E. erhielt seine Gymnasialausbildung bei den Jesuiten in Koblenz. 1677 wurde er Kleriker und Domizellar in Mainz, 1680 Domherr in Trier. 1679 – 82 studierte er in Trier Philosophie (Mag.). Während dieser Zeit wohnte er wahrscheinlich im Lambertinum. 1684 – 86 studierte er als Konviktor des Collegium Germanicum in Rom. 1694 wurde er Domkapitular in Mainz, 1700 in Trier. Seinen Hauptaufenthalt nahm er in Mainz, wo er 1705 – 32 Hofratspräsident war, ohne besonderen politischen Einfluß zu gewinnen. Einflußreicher war er offensichtlich im Domkapitel. 1710 wurde er Domkantor. Von den Trierer Prälaturen hatte er 1714 – 17 das Archidiakonat St. Mauritius in Tholey und dann bis 1729 das Domarchidiakonat St. Peter mit dem Titel Oberchorbischof inne. Durch päpstliche Kollation war er überdies seit 1707 (08?) Propst des Kollegiatstiftes St. Donatus, Nazarius und Martinus in Frankfurt. Nach 1730 resignierte er diese Pfründe zugunsten eines Neffen.

Seitdem E. Mainzer Hofratspräsident geworden war, hatte sich das bis dahin gute Verhältnis der E. zu den Schönborn merklich abgekühlt. Persönliche Meinungsverschiedenheiten und familiäre Motive haben dem offensichtlich Vorschub geleistet. Hinzu kamen Kontroversen zwischen dem auf seinen traditionellen Rechten und Pflichten beharrenden Domkapitel und dem gemäßigt absolutistisch und zentralistisch regierenden Kurfürsten und Landesherren. Auch das rasche Aufkommen des seit 1705 in Wien als Reichsvizekanzler politisch immer einflußreicheren F. K. v. (→) Schönborn hatte Empfindlichkeiten ausgelöst und Gegenpositionen geschaffen. Das zeigte sich 1710 bei der Mainzer Koadjutorwahl, als sich der vom Kaiserhof unterstützte (→) Franz Ludwig von Pfalz-Neuburg gegen den Neffen des Erzbischofs durchsetzen konnte. Auf der Seite des Siegers hatte auch E. gestanden. Seitdem standen sich der moderne und dynamische Reichspolitiker Schönborn und der eher konservative und im engen stiftischen Bereich bleibende E. reserviert gegenüber. Das zeigte sich 1732 anläßlich der Erzbischofswahl, aus der E. als Sieger hervorging. Er zeigte wenig Geneigtheit, Schönborn als Reichsvizekanzler zu belassen, und verbündete sich mit der antischönbornischen Wiener Hofpartei.

Als 1729 der Trierer Erzstuhl neu besetzt werden mußte, zeigte E. sich interessiert, scheiterte jedoch, weil der Kaiser sich hinter Fr. G. v. (→) Schönborn stellte. Durch rechtzeitigen Verzicht gewann er jedoch die Trierer Dompropstei und die Zusage Wiens zur Unterstützung bei der nächsten Mainzer Wahl. Am 9. 6. 1732 wurde E. gegen drei andere Prätendenten per viam inspirationis gewählt und am 3. 9. päpstlich bestätigt. Das Pallium erhielt er am

4. 9. Das Domkapitel hatte sich diesmal für E. entschieden, weil er mit der Verwaltung vertraut, politisch zurückhaltend und Frankreich wie Österreich gegenüber neutral erschien. E. war seit dem 3. 6. 1731 Priester. Am 16. 11. 1732 konsekrierte Erzbischof Schönborn ihn in Mainz zum Bischof und übergab ihm das Pallium. Die feierliche Erbhuldigung der Stadt Mainz erfolgte im Juli 1733. Die Reichslehen nahm in seinem Auftrag sein Neffe, der Dompropst und Generalvikar H. Fr. K. v. (→) E., entgegen. E. legte sich eindeutig prokaiserlich fest. Schon im Oktober 1732 hatte er sich gegen Zahlung einer Rente von jährlich 100 000 fl. dazu verpflichtet, im Falle eines Ablebens von Kaiser Karl VI. dessen Schwiegersohn Franz Stephan von Lothringen zum Nachfolger zu wählen. Das hatte Folgen, als Frankreich 1733 den Polnischen Erbfolgekrieg eröffnete und ins Reich einrückte. 1734 erfolgte die Erklärung des Reichskrieges gegen den Angreifer. Anders als Köln, die Pfalz und Bayern, die neutral blieben, schloß sich Kurmainz mit einem Kontingent dem unter Prinz Eugen stehenden Reichsheer an. Als die französischen Truppen jedoch die Philippsburg nahmen, glaubte E. sich persönlich bedroht, so daß er die Flucht nach Erfurt erwog. Zur Abreise kam es nicht, wohl aber seit 1735 verstärkten Ausbau der Mainzer Fortifikationen. Später ließ der an sich bauunfreudige E. auch das neue Zeughaus am Rhein errichten. Nach dem Friedensschluß (1735) achtete E. aufgrund seiner Erfahrungen auf strikte Neutralität.

Nach dem Tode Kaiser Karls VI. schrieb E. im November 1740 als Erzkanzler und Direktor des Kurkollegiums die Kaiserwahl für den 1. 3. 1741 aus, doch machte der Einmarsch Friedrichs II. in Schlesien im Dezember 1740 alle Planungen zunichte. Kurbayern, das ebenfalls Anspruch auf österreichische Lande anmeldete, Frankreich und Kursachsen verbündeten sich mit Preußen zur antihabsburgischen Front. Da Kurfürst Karl Albert von Bayern mit Unterstützung seiner Verbündeten die Kaiserkrone anstrebte, geriet E. in Bedrängnis und löste sich, durch Frankreich gedrängt und bedroht, von seinem 1732 gegebenen Wort und erklärte nunmehr, dem Wittelsbacher seine Stimme geben zu wollen. Um eine Spaltung des Kurkollegiums zu vermeiden, schloß er sich im Oktober 1741 der Mehrheit der Kurfürsten an, die für die bevorstehende Wahl die Kurstimme von Böhmen suspendiert hatte. Am 14. 1. 1742 wurde mit acht Kurstimmen Karl Albrecht von Bayern zum Kaiser gewählt. Die Kaiserkrönung nahm Erzbischof (→) Clemens August von Bayern vor. Der wegen der Ereignisse und der erzwungenen Wortbrüchigkeit tief verletzte E.

wartete die Krönung der Königin nicht mehr ab. In den folgenden Monaten bemühte er sich vergebens, Maria Theresia zur Herausgabe des Reichsarchivs zu bewegen.

E. waren Frömmigkeit und Klugheit nicht abzusprechen. Besondere Akzente hat er jedoch weder in der kurstaatlichen Landespolitik noch im kirchlichen und religiösen Leben gesetzt. Erwähnung verdienen eine Neuauflage der Bibel in Frankfurt 1738, die Neuordnung des Mainzer Rochusstiftes 1739, die Umwandlung des Mainzer Hospitals „Zum Floß" in ein Zuchthaus 1741, die Verurteilung der Profanierung von Sonn- und Feiertagen durch „Schwärmereien" in Wirtshäusern und Schenken 1742, die Deklarierung der im Erzstift viel angebauten Kartoffel zum teuren „großen Zehnt" 1742 sowie traditionelle Markt-, Forst- und Wirtschaftsverordnungen. Im übrigen hat der emotionell reservierte E. nicht nach neuen Wegen gesucht. E. starb am 21. 3. 1743 zu Mainz an den Folgen eines Schlaganfalles. Er wurde im Ostchor des Domes beim Ecce-homo-Altar beigesetzt.

Literatur: J. H. Hennes, Philipp Karl von Eltz, Kurfürst von Mainz 1732-1743, in: Zeitschrift des Vereins zur Erforschung der rheinischen Geschichte und Alterthümer in Mainz 3 (1886-87) 78-96. - F. W. Roth, Geschichte der Herren und Grafen zu Eltz, unter besonderer Berücksichtigung der Linie vom Goldenen Löwen zu Eltz, 2 Bde. (Mainz 1889/90) 300-339. - M. Kainrath, Die geistlichen Reichsfürsten im österreichischen Erbfolgestreit 1740-1746 (Diss. phil. Wien 1950/52) 40-44. 104-107. - H. Raab, Der Informativprozeß des Mainzer Kurfürst-Erzbischofs Philipp Karl von Eltz. (1732), in: MZ 62 (1967) 105-109. - H. Duchhardt, Eltz. - Ders., Prinz Eugen und Kurfürst Philipp Karl von Eltz. Ein militärisch-politischer Briefwechsel aus der Zeit des Polnischen Thronfolgekrieges, in: MZ 67/68 (1972/73) 76-86.

Abbildungsnachweis: Stich von C. H. Müller nach Zeichnung von F. Hammer. - Wien NB 501.137 C.

Friedhelm Jürgensmeier

Engl von und zu Wagrain, Alexander Franz Joseph Reichsgraf (1722 – 1800)

1786 – 1800 Bischof von Leoben

→ Bd. 1, 173 f.

Erthal, Franz Ludwig Reichsfreiherr von (1730 – 1795)

1779 – 1795 Fürstbischof von Würzburg
1779 – 1795 Fürstbischof von Bamberg

Franz Ludwig von Erthal wurde am 16. 9. 1730 zu Lohr (Erzb. Mainz) als achtes von zehn Kindern des kurmainzischen Oberamtmanns Philipp Christoph v. E. und der Eva von Bettendorf geboren. Taufpaten waren der Mainzer Kurfürst (→) Franz Ludwig von Pfalz-Neuburg und der Domdekan und spätere Kurfürst E. J. v. (→) Breidbach-Bürresheim. 1740 wurde E. Domizellar in Würzburg und Bamberg, 1742 – 49 absolvierte er das Gymnasium in Bamberg, Würzburg und Mainz, ferner das Studium der Rechte sowie 1753 – 54 das der Theologie an der Sapienza in Rom. 1756 wurde er Subdiakon. Zum Vollmitglied des Domkapitels stieg er in Bamberg 1757, in Würzburg 1763 auf. Er erwarb ferner ein Kanonikat am Ritterstift Komburg. Der Würzburger Fürstbischof A. Fr. v. (→) Seinsheim ernannte ihn 1775 zum Hofrat, beauftragte ihn 1758 mit einer Gesandtschaft nach Rom und übertrug ihm 1763 das Amt des Regierungspräsidenten. 1767 nahm E. in Wien in Vertretung Seinsheims die Regalien entgegen. Bei dieser Gelegenheit trat er mit Joseph II. in Verbindung, der ihn der kaiserlichen Kommission für die Visitation des Reichskammergerichts in Wetzlar beiordnete. In dieser Funktion machte E. sich mit der komplizierten Materie des Reichsrechts sowie der juristischen Praxis des Gerichts vertraut. Er verfaßte persönlich für den Kaiser bestimmte Berichte. Obgleich er sich größte Mühe gab, erkannte er, daß der Arbeit der Kommission ein Erfolg nicht beschieden sei, und wechselte deshalb 1775 gern auf die Stelle eines Konkommissars am Immerwährenden Reichstag zu Regensburg. Hatte E. sich in Wetzlar juristisch geschult, so war ihm der Regensburger Aufenthalt für die diplomatische Praxis dienlich.

Nach dem Tode Seinsheims bestand im Grunde dieselbe außenpolitische Konstellation wie 1757. Wieder standen sich Österreich und Preußen gegenüber, diesmal wegen der Auseinandersetzung um die bayerische Erbfolge. Wien war daran interessiert, mit den durch Personalunion zu verknüpfenden Hochstiften Würzburg und Bamberg über einen gewichtigen Verbündeten in Franken zu verfügen. Daher lagen eine schnelle Wiederbesetzung der Bistümer und die Fernhaltung eines preußischen Parteigängers in seinem Interesse. Wiens Kandidat war E., für den schnell das römische Wählbarkeitsbreve besorgt wurde, obgleich an der Kurie gewisse Vorbehalte gegen ihn als angeblichen Anhänger des Febronianismus bestanden. Am 18. 3. wählte ihn das Würzburger, am 12. 4. 1779 das Bamberger Domkapitel jeweils einstimmig zum Fürstbischof. Erst danach ließ er sich zum Priester weihen. Nach der Konfirmation und der für Bamberg üblichen

Verleihung des Palliums (12. 7. 1779) empfing
E. durch seinen Bruder, den Mainzer Erzbischof F. K. v. (→) Erthal, in Bamberg die Bischofsweihe.

Bei der geistlichen Leitung seiner Diözesen
interessierte E. sich insbesondere für die Ausbildung und Disziplin des Klerus. In Würzburg
ließ er das ehemalige Jesuitenkolleg zu einem
Priesterseminar umwandeln; er drang auf
gründliches, an der seelsorgerischen Praxis
orientiertes Studium, schrieb rhetorische
Übungen vor und verlangte von den Theologieprofessoren eine gewisse Seelsorgserfahrung.
E. sah in der persönlichen Kontaktpflege mit
dem Klerus eine vorrangige Pflicht. So wandte
er sich in mehreren Ansprachen an die Geistlichen und führte in eigener Person die Pfarrvisi-
tationen durch, wobei er gegen Mißstände
unnachsichtig einschritt. Selbst ein guter Kan-
zelredner, der durch eine einfache, klare Sprache und zeitgemäße Themen die Zuhörer zu
gewinnen verstand, prüfte er gelegentlich in
eigener Person die Qualität der Predigten seines Klerus. E.s Verhältnis zur römischen Kurie
war nicht ohne Spannungen. Zwar exponierte
er sich im Nuntiaturstreit nicht übermäßig,
wußte jedoch seine Rechte gegenüber den
Ansprüchen der neuerrichteten Münchener
Nuntiatur zu wahren. Als Mitglied des Reichs-
episkopats zeigte er ein ausgeprägtes Selbstbewußtsein. Als Joseph II. 1783 das Fürstbistum
Passau zerschlug, fühlte E. sich in seinem
Rechtsempfinden schwer getroffen.

Unter E.s Regierung wurden neue Ritualien,
Gesangbücher und Katechismen eingeführt.
Auswüchse des Wallfahrtswesens verfolgte er
mit aufgeklärtem Argwohn. Von volkspädago-
gischem Interesse bestimmt war die Einführung und behutsame Handhabung einer neuen
Zensurordnung. Wenn man seine „Maximen"
liest, kann man den Eindruck gewinnen, daß
aufgeklärtes Regieren geradezu seine Leidenschaft war. Schon vor seiner Wahl hatte er
kameralistische, staatsphilosophische und
pädagogische Literatur studiert. Während seiner Regierung reformierte er, auf Vorarbeiten
Seinsheims aufbauend, das niedere Schulwesen nach österreichischem Vorbild, führte
Mädchenschulen mit weltlichen weiblichen
Lehrkräften ein, verbesserte Lehrerbesoldung
und Lehrbuchangebot. Mit den Leistungen der
Universitäten Bamberg und Würzburg zeigte
er sich nicht zufrieden. Um den seiner Meinung
nach mangelhaften sittlichen Zustand zu heben, verpflichtete er die Studenten zu Exerzitien und ließ Bücher zensieren. 1785 führte er
in Würzburg halbjährige anstelle ganzjähriger
Kurse ein. Seinem Wunsch, die Vorlesungen in
deutscher Sprache zu halten, folgten die Pro-

fessoren allerdings kaum. Im Sinne des Praxis-
bezugs des Theologiestudiums errichtete E.
Lehrstühle für Patrologie und „Kanzelbered-
samkeit". Die Lektüre protestantischer Schriftsteller war erlaubt. Durch eine staatlich regle-
mentierte Universitätsausbildung suchte E.
das Niveau der Beamtenschaft zu heben. Jetzt
mußten auch Fächer wie Kameralistik, Diplo-
matik und Statistik belegt werden. Im Bereich
des Strafrechts wurden moderne Anschauungen diskutiert. Die Todesstrafe ließ E. in seinen
Staaten kaum mehr vollstrecken. Im Sinne der
Volksgesundheit reformierte er die Ausbildung
der Ärzte und Hebammen, verbesserte die
Würzburger Anatomie und schritt gegen Kur-
pfuscher ein. Das Würzburger Juliusspital ließ
er auf einen zeitgemäßen Stand bringen, und in
Bamberg errichtete er nach Wiener Vorbild das
Allgemeine Krankenhaus, damals eine Anstalt
europäischen Ranges. E. meinte die Lage der
Bauern zu bessern, indem er Allmendegründe
verteilen ließ, ja sogar Staatsdomänen zersplit-
terte und verkaufte. Er förderte Kleeanbau und
Stallfütterung, gründete in Würzburg eine
Tierarzneischule und in Bamberg einen Lehr-
stuhl für Veterinärmedizin, um die kläglichen
Ergebnisse der Viehzucht zu verbessern.

Durch eigene Schulen sollten die Bauern vom
Vorteil dieser Neuerungen überzeugt werden.
E.s Handelspolitik war merkantilistisch ge-
prägt. Seine Bemühungen, im Mainhandel die
Position gegenüber Kurmainz zu verbessern,
blieben freilich ohne Erfolg. Ähnlich wie in

anderen Staaten suchte auch E. dem Armen- und Bettlerwesen durch die Einrichtung von Arbeitshäusern zu steuern. In der Würzburger Anstalt, wo ca. 500 Menschen ihr Brot fanden, wurden Textilien verarbeitet. Strenge Bettel- verbote und Meldegesetze zeigten aber immer wieder, daß das Problem sich letztlich nicht lösen ließ. Eine von Seinsheim aus fiskalischen Gründen ins Leben gerufene Lotterie schaffte E. aus erzieherischen Gründen wieder ab.

E. war von großer, schmaler Gestalt; täglich las er in der Hl. Schrift. Seine fast 4 000 Bände umfassende Privatbibliothek zeugt von einem vielseitigen Interesse. Seinen Arbeitstag teilte er pedantisch genau ein. Entscheidungsfreude war nicht seine Sache, vielmehr war sein Stil von Zögern, Ängstlichkeit und Mißtrauen ge- kennzeichnet. Diese Haltung nahm allmählich psychopathische Züge an; immer häufiger ver- fiel E. in depressive Zustände. Ganz im Gegen- satz zu seinen Vorgängern hatte er weder Passion für die Jagd noch für das Spiel und das Bauen. Er war ein Fürst neuen Stils, ein Funktionär seiner Staaten.

E. starb am 14. 2. 1795 nach längerem Leiden zu Würzburg. Sein Leib wurde im dortigen Dom, seine Eingeweide auf der Marienburg, sein Herz in Bamberg beigesetzt.

Schriften: Franz Ludwigs Regierungs-Grundsätze, in: J. Frh. v. Hormayr, Taschenbuch für die vaterländi- sche Geschichte (München 1852/53) 1-58. - Hirten- briefe, gesammelt in den Würzburger Verordnungen. - Anreden an die Alumnen des fürstlichen Seminars, welche der höchstselige Fürstbischof ... während der vom 9.-16. April 1783 dauernden Exerzitien ... gehal- ten hat (Würzburg 1828). - Hirtenbriefe zur Unterstüt- zung der Armenpflege (Würzburg 1786). - Landesvä- terliche Aufforderung und Ermahnung an Aeltern und Kostleute in Ansehung ihrer Pflichten gegen die auf dem Gymnasium zu Würzburg und Münnerstadt studierende akademische Jugend (Würzburg 1793). - Predigten, dem Landvolke vorgetragen (Würzburg- Bamberg ²1841). - Über den herrschenden Geist dieser Zeiten und über das Verhalten rechtschaffener Christen bey denselben (Würzburg 1793). - F. Frh. v. Zu Rhein (Hg.), Testament des vorletzten Würzburger Fürstbischofs, Franz Ludwig Frh. v. Erthal, in: AU 3 (1835) 127-136.

Literatur: J. Kist, in: NDB 5 (1961) 371 f. - M. Renner, Franz Ludwig v. Erthal. Persönlichkeitsentwicklung und öffentliches Wirken bis zum Regierungsantritt als Fürstbischof von Bamberg und Würzburg, in: WDGB 24 (1962) 189-284. - Ders., Fuldaer Einfluß auf die Würzburger Schulreform Fürstbischof Franz Ludwigs von Erthal 1781, in: ZBLG 28 (1965) 368-391. - Ders., Franz Ludwig von Erthal (1730-1795), in: Fränkische Lebensbilder 1 (Würzburg 1967) 286-312. - H. Flurschütz, Die Verwaltung des Hochstifts Würz- burg unter Franz Ludwig von Erthal (1779-1795) (Würzburg 1965) (Lit.!). - P. Kolb, Wappen 178-181. -

K. Helmschrott, Münzen 319-350. - H. J. Berbig. - W. Loibl (Hg.), Franz Ludwig von Erthal (1730-1795). Sonderausstellung zum 250. Geburtstag im Spessart- museum Lohr/M. (Lohr/M. 1980). - E. Schubert, Arme Leute, Bettler und Gaukler im Franken des 18. Jahrhunderts (Neustadt/Aisch 1983) 178-233. - Ausstellungskatalog der Staatsbibliothek Bamberg: Das Allgemeine Krankenhaus Fürstbischof Franz Ludwig von Erthals zu Bamberg (Neustadt/Aisch 1984). - A. Schindling, Friderizianische Bischöfe. - J. Burkhardt, Beitrag der römischen Kurie. - Th. Heiler.

Abbildungsnachweis: Johann Joseph Scheubel n. 1780. - Residenz Würzburg. - BSV Neg. Nr. 15452.

Egon Johannes Greipl

Erthal, Friedrich Karl Joseph Reichsfreiherr von (1719 − 1802)

1775 − 1802 Kurfürst-Erzbischof von Mainz
1775 − 1802 Fürstbischof von Worms

Friedrich Karl Joseph von Erthal wurde am 3. 1. 1719 zu Mainz als zweites Kind des Philipp Christoph v. E. und der Maria Eva von Betten- dorf geboren. Er hatte neun Geschwister. Sein Vater († 1748) war bis 1714 Mainzer Domherr und seit 1710 als Kurmainzer und Bamberger Hofrat maßgeblich an den großen Baumaßnah- men von Erzbischof L. Fr. v. (→) Schönborn beteiligt gewesen. Der 1730 geborene Bruder Franz Ludwig v. (→) E. wurde Fürstbischof von Würzburg und Bamberg.

E. verlebte seine Kindheitsjahre im Rieneck- schen Schloß Lohr. Für die geistliche Laufbahn bestimmt, erhielt er 1728 die Tonsur. Im glei- chen Jahr wurde er Domizellar in Bamberg. 1731 wurde er als Domherr in Mainz aufge- schworen.

E. kam ferner in den Besitz von Pfründen an den Ritterstiften in Komburg und St. Ferrutius in Bleidenstadt. 1739 wurde er Domizellar am Würzburger Domstift, resignierte diese Prä- bende aber bald zugunsten seines Bruders Franz Ludwig Karl. Seine gymnasiale Ausbil- dung erhielt E. am Mainzer Jesuitenkolleg. Philosophie, Theologie und Recht belegte er an den Universitäten in Mainz und Würzburg. Das Biennium absolvierte er wie viele seiner Standesgenossen in Reims. 1745 erhielt er die Minores und die Subdiakonatsweihe. Das er- möglichte ihm, 1749 Domkapitular in Bamberg und 1753 in Mainz zu werden.

In den Jahren vor der Aufnahme in dieses vornehmste, einflußreichste und einträglichste Kollegium der Erz- und Hochstifte war „Baron Fritz" − eine Standeserhöhung haben die E. nie erlangen können − häufig im schon klassi-

zistisch geprägten Erthaler Hof zu finden, den
sein Vater 1734−44 in Mainz hatte errichten
und aufwendig ausstatten lassen.

Der in den Quellen als sehr begabt und gebildet
charakterisierte E. wurde 1757 in Bamberg
Oberpfarrer und in Mainz Rektor der Universität. Dieses Amt, das er bis 1763 behielt, vermittelte ihm eine profunde Kenntnis der Universi-
tätsangelegenheiten. Seine eigentliche Karriere
begann 1764, als ihn der eben zum Erzbischof
gewählte E. J. v. (→) Breidbach-Bürresheim
zum ersten Mainzer Wahlbotschafter für die
Wahl Josephs II. zum Römischen König ernannte. Die Aufgabe beschäftigte E. bis zur
Krönung des Habsburgers am 3. 4. 1764 in
Frankfurt mit einer Fülle von Gesprächen und
politischen Aktivitäten, die ihm wertvolle Verbindungen zu hochstehenden Persönlichkeiten
einbrachten. Noch im gleichen Jahr berief ihn
Breidbach-Bürresheim zum Hofrats- bzw. Regierungspräsidenten. Vize-Hofmeister wurde
der wie der Erzbischof dem aufgeklärten Gedankengut nahestehende Karl Friedrich Willibald von Groschlag († 1799). Er und der später
zum Hofkanzler beförderte Anselm Franz von
Bentzel († 1786) gaben wesentliche Anstöße zu
den Reformmaßnahmen, die in den folgenden
Jahren die Innenpolitik des Kurstaates bestimmten und veränderten und auf Widerspruch des Domkapitels stießen. Das Verhältnis zwischen dem Erzbischof und E. scheint
dadurch nicht nachteilig belastet worden zu
sein, denn 1769 beauftragte jener den in Mainz
1768 als Nachfolger eines Vetters zum Domkustos aufgestiegenen E., wegen des anstehenden
Lehensempfanges an den Kaiserhof nach Wien
zu reisen. Gleich seinem Vater, der 1745 zum
wirklichen kaiserlichen Geheimen Rat ernannt
worden war, fand E. engen Kontakt zu Kaiserin
Maria Theresia. Möglicherweise gab das den
Ausschlag dafür, daß E. Ende 1769 erneut in
die Kaiserstadt reiste, um als Kurmainzer Son-
derbeauftragter bei der Neuordnung der
Reichskanzlei mitzuwirken. Reichsvizekanzler
war damals Rudolph Fürst von Colloredo-
Waldsee († 1788). Während der Wiener Jahre
wurde E. 1770 Domscholaster in Bamberg.

Als E. 1773 nach Mainz zurückkehrte, wußte er
sich im Domkapitel rasch eine starke Gefolg-
schaft zu schaffen. Das brachte ihm die erhoffte
persönliche Konsequenz, als am 11. 6. 1774
überraschend Breidbach-Bürresheim starb.
Dieser Tod löste eines der turbulentesten Mainzer Interregna aus, da sich im Domkapitel eine
reformorientierte „emmerichianische" Minorität und eine auf sofortige Restauration einge-
schworene Mehrheit gegenüber standen. Die
Erregung wurde noch gesteigert durch die
gereizte Stimmung in der Öffentlichkeit, die

sich mehrfach in Mißfallensäußerungen gegen
die Reformer äußerte. Es wird zumeist dem
ausgeprägten Ehrgeiz von E. zugeschrieben,
daß er jetzt an die Spitze der Emmerich-Joseph-
Gegner trat.

Bereits einen Tag nach dem Tod des Erzbischofs hatte er die Stimmenmehrheit im Domkapitel auf sich gebracht. Am gleichen Tag
erklärte das Kapitel die von dem verstorbenen
Erzbischof eingesetzten Kloster- und Schul-
kommissionen für kapitulations- und verfas-
sungswidrig und hob sie auf. Die Geistlichen
Räte Johannes Valentin Schumann und Philipp
Adam Schultheis wurden entlassen. Ihre Akten mußten sie Weihbischof L. Ph. v. (→) Behlen übergeben. Weiter wurde den im Emmeri-
cianum, dem ehemaligen Jesuitengymnasium,
tätigen Lehrkräften untersagt, im Sinne der
Aufklärung zu unterrichten. Mehrere Lehrer
wurden entlassen, ein anderer verhaftet, einer
floh nach Hildesheim. Am folgenden Tag setzte
das Domkapitel eine Schulkommission ein, die
das Schulwesen neu planen und ordnen sollte.
Sie stand unter der Leitung von E. und Behlen.
Ihr gehörten u. a. St. A. (→) Würdtwein und
der Jurist Franz Anton Dürr an, der wenig
später dem neuen Erzbischof behilflich war,
die Bedeutung seiner Funktion als Erzkanzler
des Reiches erneut zu begründen.

Es kennzeichnet die neue Linie, daß der als
Exponent der Aufklärungsfeindlichkeit geltende Ex-Jesuit Hermann Goldhagen († 1794) zum
Schulpräfekten ernannt wurde. Zu seinen Zu-
ständigkeiten gehörte auch die Auswahl der
Lehrer. Goldhagen gründete 1774 die Zeitschrift „Schriftmäßige Moral", die er 1776
durch sein apologetisches „Religions-Journal"
(bis 1794) ablöste. Mit Unterstützung des Dompropstes H. Fr. v. (→) Eltz wurde er bald eine
der einflußreichsten Persönlichkeiten.

Eine weitere Maßnahme der beharrenden Kräfte im Domkapitel war die Entmachtung von
Groschlag und Bentzel. Zu den ersten Amtshandlungen des späteren Erzbischofs gehörte
die Annahme des unfreiwilligen Entlassungs-
gesuches von Groschlag. Zuvor hatte er bereits
die von der Interimsregierung beschlossene
Entlassung von Hofkanzler Bentzel, der Theologieprofessoren Isenbiehl, Joseph Fuchs und
Adam Gärtler und des Pfarrers der Universitätskirche Johann Michael Hettesdorf bestätigt.

Die Wahl E.s erfolgte am 18. 7. 1774 „unanimi-
ter et concorditer". Am 26. 7. postulierte ihn
auch das Wormser Domkapitel zum neuen
Fürstbischof. Die päpstliche Bestätigung der
Wahlen folgte am 13. 3. 1775, wenig später die
Verleihung des Palliums. E. war seit dem 11. 9.

1774 Priester und wurde am 14. 5. 1775 zum Bischof geweiht.

Alles deutete darauf hin, daß innenpolitisch und kirchlich der aufklärungs- und reformfreudigen Regierung von Breidbach-Bürresheim nun eine Phase der Reaktion folgen würde, zumal der neue Erzbischof fast pedantisch Wert auf die genaue Einhaltung alter Frömmigkeitsformen legte. Nuntius Giovanni Battista Caprara in Köln erhoffte eine Verbesserung seiner Beziehungen zum Erzbistum Mainz. Außenpolitisch schien der französische Einfluß ausgeschaltet, zumal Frankreich gegen die Wahl E.s gearbeitet hatte, und die prokaiserlich und reichsorientierte Richtung gesiegt zu haben. Der neue Erzbischof, in seiner Persönlichkeitsstruktur eher unbeständig, schillernd und nicht leicht einzuordnen, legte sich jedoch auf keine Linie fest. Weil Kaiser Joseph II. versuchte, das Reich in seine dynastischen Ziele einzuspannen, ging der auf die Achtung seiner Reichswürden und den ungeschmälerten Bestand des stiftischen Deutschland bedachte Kurfürst auf Distanz zum Wiener Hof. Die von ihm vertretene Opposition ging so weit, daß er 1785 dem unter der Leitung Preußens stehenden und in der Mehrheit von protestantischen Reichsständen gebildeten Fürstenbund beitrat.

Mainz kam dadurch in der Reichspolitik vorübergehend noch einmal zu einer gewichtigen Rolle. Doch politisch weitsichtig war die Entscheidung des Kurfürsten nicht. Das Projekt scheiterte rasch an der politischen Zielsetzung Preußens, den zu großen konfessionellen Gegensätzen im Bündnis, der reservierten Haltung der übrigen geistlichen Fürsten und der heftigen Reaktion im Mainzer Domkapitel, das im Bündnis Verrat an der katholischen Sache sah. Zu dem Zeitpunkt waren Differenzen und Zerwürfnisse zwischen E. und dem Domkapitel keine Seltenheit mehr, denn der auf seine politische Selbständigkeit bedachte und grundsätzlich gar nicht aufklärungs- und reformfeindliche Landesherr hatte sich längst aus der Einbindung in die konservative Kapitelsmehrheit gelöst. Das brachte ihm nicht nur deren Gegnerschaft, sondern auch den Vorwurf ein, er habe die gegen die Aufklärung gerichteten Maßnahmen von 1774 lediglich aus taktischen Gründen befürwortet und ausgeführt. Ganz unberechtigt war die Anschuldigung nicht. Die in mehrfacher Hinsicht zwiespältige Kurmainzer Politik nach 1774 machte deutlich, wie schwer E. eine konsequente politische Linie fiel. Die ersten Jahre seiner Regierung standen im Zeichen der Restauration, allerdings nicht ohne Vorbehalte. 1774 hatte er eine neue Kommission für das Landschulwesen eingesetzt. Mitglied wurde neben Würdtwein und Siegler Karl Joseph Luca auch der als Anhänger einer gemäßigten Aufklärung bekannte Ernst Xaver Turin, dessen 1787 im Bistum eingeführtes deutschsprachiges Gesangbuch vor allem in den bäuerlichen Gemeinden des Rheingaues als „protestantisch" zurückgewiesen wurde und fast zu einer Revolte führte. 1776 richtete E. anstelle der 1774 aufgehobenen Lehrerakademie eine „Normalschule zum Unterricht der Schullehrer" ein. Zu den Ausbildern gehörten Alexander Hornung und Matthias Metternich, die später als revolutionäre Klubisten von sich reden machten. 1777 wurde erneut eine Reform des Kurmainzer Schulwesens eingeleitet, doch führte sie nicht zu nennenswertem Erfolg. Im gleichen Jahr verfügte E. zur strengen Überwachung des klösterlichen Vermögens erstmals wieder eine restriktive Verordnung gegen die Ordensleute, die er bis dahin eher favorisiert hatte. Ebenfalls ab 1777 kehrte Kurmainz zur Finanz-, Forst-, Bau- und Verwaltungspolitik der vorherigen Regierung zurück. Ab 1778 ließ sich E. das Armen-, Spital- und Fürsorgewesen angelegen sein. Etwa von dieser Zeit an war die kurmainzische Staats- und Kirchenführung wieder eindeutig an den Prinzipien einer gemäßigten Aufklärung orientiert. Besonders deutlich wurde das an der Universitätspolitik. Als langjähriger Rektor kannte E. die dringende Notwendigkeit einer umfassenden Neuordnung. Zur Reform hatte er zunächst Maßnahmen angeordnet, die dem Hochschulprogramm seines

Vorgängers entgegenstanden. Dann jedoch ließ er von Johann Baptist Horix († 1792), dem Verfasser des Werkes „Concordata Nationis Germanicae", das 1759 von der römischen Kurie wegen seiner nationalkirchlichen Tendenzen verurteilt worden war, aber dennoch zum Richtungsweiser für den Febronianismus und den Kampf zugunsten einer größeren deutschen Kirchenfreiheit wurde, ein umfangreiches Gutachten über die Mainzer Universität erarbeiten. Den Anlaß dazu gab die für 1777 geplante, dann aber gescheiterte Dreihundertjahrfeier der 1477 gegründeten Mainzer Alma mater. Das Gutachten bestätigte die Dringlichkeit einer weitgehenden Reform. Diese betraf u. a. die Aufbesserung der Finanzen. Pläne, dazu klösterliches Vermögen einzusetzen, wurden schon länger diskutiert. E. griff den Gedanken auf und verhandelte mit der römischen Kurie und der kaiserlichen Regierung über die Auflösung von drei Mainzer Klöstern. 1781 erhielt er von beiden Stellen die Genehmigung. Daraufhin ordnete er zugunsten eines Universitätsfonds die Aufhebung der reich begüterten, doch kaum noch lebensfähigen Mainzer Klöster Kartause, Reichklara (Klarissinnen) und Altmünster (Zisterzienserinnen) an. Damit war die Abkehr von seiner konservativen Politik endgültig vollzogen. Dabei hatten der Einfluß seiner als Anhänger der Aufklärung bekannten Brüder Lothar Franz, den E. zum Kurmainzer Oberhofmeister und Hofgerichtspräsidenten berief, und Franz Ludwig Karl, seit 1779 Fürstbischof von Bamberg, aber auch seine Sorge, die Geschichte könne ihn als Reaktionär brandmarken, eine Rolle gespielt.

1782 rehabilitierte E. Bentzel, er ernannte ihn zum Kurator der Universitäten Mainz und Erfurt und beauftragte ihn, eine grundlegende Neuordnung beider Hochschulen durchzuführen. 1784 legte Bentzel eine „Neue Verfassung der verbesserten hohen Schule zu Mainz" vor, die bald als eine der modernsten und tolerantesten von Deutschland galt. Die Einführung der neuen Verfassung wurde mit dem glänzenden Restaurationsfest vom 15. bis 18. 11. 1784 verbunden, zu dem sich in großer Zahl namhafte Gelehrte eingefunden hatten. Viel Aufmerksamkeit erregte es, daß mit der Reform nicht nur neue Wissenschaftszweige eingeführt wurden, sondern auch bekannte Exponenten der Aufklärung einen Ruf erhielten. Dazu zählten die katholischen Theologen Isenbiehl, Anton Joseph Dorsch und Felix Anton Blau. Die beiden letzteren gehörten als entschiedene und konsequente Kantianer zu jenen wenigen Aufklärern im stiftischen Deutschland, die einen aufgeklärten Rationalismus vertraten und die kirchentreue und offenbarungsbejahende Ein-

stellung aufgaben. Beider Schriften wurden ab 1790 von kurmainzischen Kommissionen der Inquisition unterzogen, Dorsch 1791 vom Erzbischof aus seinem Amt entlassen. Er und Blau schlossen sich der Französischen Revolution an, verließen die Kirche und wurden führende Köpfe der Mainzer Republik von 1792/93.

Die Hinwendung E.s zur katholischen Aufklärung zeigte sich nicht nur im universitären Bereich. Mit (→ Bd. I) Valentin Heimes, den er früh zu Regierungsgeschäften herangezogen hatte und 1779 zu seinem Wormser und 1783 zu seinem Mainzer Weihbischof bestimmte, leitete er zahlreiche kirchliche Reformmaßnahmen ein, ohne jedoch hektischen Übertreibungen zu verfallen. Heimes, seit 1783 auch Präses des Mainzer Priesterseminars, war ein kenntnisreicher und durchsetzungsfähiger Verfechter von Reformen im Sinne der Aufklärung. Zu den vom Erzbischof und seinen Mitarbeitern angestrebten und teilweise durchgeführten kirchlichen Reformen gehörten die Vereinfachung der gottesdienstlichen Handlungen und Riten, die Einschränkung des eucharistischen Segens in den Messen, die Beendigung der Adelsvorherrschaft im Domkapitel, die Lockerung des Abstinenzgebotes und der Zölibatsverpflichtung, die Einschränkung des Wallfahrts- und Prozessionswesens und ähnliche seit längerem verfolgte Ziele.

Ein Teil dieser Reformvorstellungen gehörte auch zum Programm von Heimes auf dem Emser Kongreß von 1786. Der von den Erzbischöfen von Mainz, Köln, Trier und Salzburg (→ Max Franz, Klemens Wenzeslaus, Colloredo) beschickte Kongreß, dessen episkopalistisch geprägte Punktation den um die Jurisdiktionsrechte seit der Mitte des 17. Jh. anstehenden Streit zwischen den deutschen Metropoliten und Rom bzw. den Nuntien kulminieren ließ, hatte mehrere politische Ziele. Der Wunsch nach Abstellung der jahrhundertealten Gravamina durch den Ausbau und die Erweiterung der erzbischöflichen Befugnisse war allen vier Metropoliten gemeinsam. E., seit 1785 führendes katholisches Mitglied des Fürstenbundes, sah im Kongreß ferner die Chance, seine Mit-Erzbischöfe für das antihabsburgische Bündnis zu gewinnen und dadurch der Kurmainzer Reichspolitik weiteres Gewicht zu geben. Außerdem wollte er sich und seine Kirchenpolitik innerhalb der Germania sacra aufwerten. Beides scheiterte. Es scheiterte auch das Konzept von Heimes, der auf dem Kongreß die überragende Persönlichkeit war und durch Annäherung an die Protestanten, z. B. in der Zölibatsfrage, eine von Rom stärker unabhängige Nationalkirche unter der Führung des Erzbischofs von Mainz schaffen wollte. Die Mainzer Pläne und das Emser Programm stießen auf den Widerstand des stiftischen Deutschland und schufen in Rom erhebliche Irritation und Verärgerung. Durch die Wahl von Karl Theodor von (→ Bd. I) Dalberg zum Mainzer Koadjutor mit dem Recht der Nachfolge im Jahre 1787 bahnte sich wieder der Ausgleich an. Es kam zu Verhandlungen zwischen Mainz und der römischen Kurie, die zu einem Kompromiß führten, der die Beziehungen beider in der Folgezeit vor größeren Belastungen bewahrte. Das hatte seine Ursachen auch darin, daß die 1789 von E. in Anlehnung an die Synode von Pistoia ausgeschriebene Mainzer Synode nie zusammentrat und im gleichen Jahr die Französische Revolution ihren Anfang nahm. Letztere löste für das Erzbistum und den Kurstaat grundlegende Veränderungen aus. 1792 kapitulierte die bischöfliche Residenzstadt kampflos vor den französischen Revolutionstruppen. Bald danach verzichtete der Klerus auf seine Privilegien, und die alte Mainzer Landesregierung wurde durch eine provisorische allgemeine Administration abgelöst. 1793 rief der „Rheinisch-Deutsche Nationalkonvent" das Land „zwischen Landau und Bingen" zum „Rheinisch-Deutschen Freistaat" aus, der sich als sog. Mainzer Republik an das revolutionäre Frankreich anschloß.

Nachdem die Reichsfürsten noch im Juli 1792 im Anschluß an die Kaiserkrönung im Mainzer kurfürstlichen Sommerschloß Favorite rauschende Feste gefeiert und den Reichskrieg gegen das revolutionäre Frankreich beschlossen hatten, flüchtete E. Anfang Oktober vor den französischen Truppen nach Erfurt. Von dort aus verfolgte er den weiteren Verlauf der Dinge. 1793 konnte das besetzte Mainz nach langer Belagerung und schweren Bombardements noch einmal genommen werden. Im September 1793 und dann noch einmal im Juni 1794 kehrte E. für wenige Tage in seine Bischofsstadt zurück. Am 12. 6. 1794 verließ er diese für immer und nahm in Aschaffenburg Residenz. Er erlebte noch die abermalige Kapitulation von Mainz vor den französischen Truppen 1797, die Ausweisung von Weihbischof Heimes 1799, die Zerschlagung des über tausendjährigen Erzbistums und die Errichtung eines neuen linksrheinischen und zu Frankreich gehörenden Bistums Mainz 1802 sowie schließlich die beginnende Säkularisierung des alten Erzstiftes. Enttäuscht resignierte der letzte Mainzer Erzbischof und Kurfürst am 4. 7. 1802. Er starb am 25. 7. 1802 in Aschaffenburg. In der dortigen Stiftskirche St. Peter und Alexander hat er seine letzte Ruhestätte gefunden.

Literatur: *J. L. Fliedner*, Gedächtnißrede auf Friedrich Karl Joseph Kurfürsten von Mainz und seine merkwürdige Regierung (Frankfurt 1802). - *N. Müller*, Kurfürsten von Mainz 383-436. - *H. Brück*, Die rationalistischen Bestrebungen im katholischen Deutschland, besonders in den drei rheinischen Erzbisthümern in der zweiten Hälfte des achtzehnten Jahrhunderts. Ein Beitrag zur Kirchengeschichte (Mainz 1865). - *W. Herse*, Kurmainz am Vorabend der Revolution (Diss. phil. Berlin 1907). - *L. Vezin*, Die Politik des Mainzer Kurfürsten Friedrich Karl von Erthal vom Beginn der französischen Revolution bis zum Falle von Mainz 1789-1792 (Dillingen 1932). - *E. Coudenhove-Erthal*, Die Kunst am Hofe des letzten Kurfürsten von Mainz, in: Wiener Jahrbuch für Kunstgeschichte 10 (1935) 56-86. - *A. P. Brück*, Der Informativprozeß des Mainzer Erzbischofs Joseph Karl von Erthal 1774, in: JbMz 2 (1947) I, 131-134. - *F. Valjavec*, Die Entstehung der politischen Strömungen in Deutschland 1770-1815 (München 1951). - *A. Bach*, Goethes Dechant Dumeiz. Ein rheinischer Prälat der Aufklärungszeit. Lebensumwelt und Persönlichkeit (Heidelberg 1964). - *I. Back*, Zwischen Aufklärung und Staatsinteresse. Die Judenpolitik des Kurfürsten Friedrich Karl Joseph von Erthal, in: *H. Duchhardt* (Hg.) Beiträge zur Geschichte der Mainzer Juden in der Frühneuzeit (Mainz 1981) 133-146.

Abbildungsnachweis: Öl auf Leinwand von Friedrich Heinrich Füger (1751-1818). - BStGS Inv. Nr. 5294.

Friedhelm Jürgensmeier

Erthal zu Leuzersdorf und Gochsheim, Karl Friedrich Wilhelm Reichsfreiherr von (1717 – 1780)

1767 – 1780 Generalvikar in Würzburg

* 1. 7. 1717; 1729 Domizellar, 1756 Domkapitular, 1774 Domkantor in Würzburg; 1732 an der Universität Würzburg nachgewiesen; 1758 Präsident der Geistlichen Regierung; 1767 Generalvikar von Fürstbischof A. Fr. v. (→) Seinsheim und Geheimer Rat; E. gehörte ferner den Domkapiteln zu Bamberg (1736) und Mainz (1748) an; Kanonikus an der Alten Kapelle in Regensburg; † 17. 9. 1780; □ Kapitelshaus am Würzburger Domkreuzgang.

Literatur: *N. Reininger*, Archidiakone 230f. - *A. Amrhein* 87f. - *S. Merkle*, Matrikel Nr. 14494.

Egon Johannes Greipl

Exner, Christoph Joseph (1703 – 1766)

1763 – 1766 Dechant und Fürsterzbischöflicher Vikar der Grafschaft Glatz (Erzdiöz. Prag)

* 10. 8. 1703 zu Rosenthal (Grafschaft Glatz) als Sohn eines Schneiders; Studium in Olmütz; 1729 Priesterweihe; Kaplan in Rosenthal, 1736 in Reinerz und Mittelwalde; 1741 Pfarrer von

Mittelwalde. Als die preußischen Behörden nach dem Hubertusburger Frieden im April 1763 in die Grafschaft zurückkehrten, wurde E. zum Dechanten und Fürsterzbischöflichen Vikar ernannt. † 23. 3. 1766.

Literatur: *F. Volkmer* 107 f.

Erwin Gatz

Eyb, Johann Martin Reichsritter von
(1630 – 1704)

1698 – 1704 Fürstbischof von Eichstätt

Johann Martin von Eyb wurde am 30. 8. 1630 zu Mörnsheim (Diöz. Eichstätt) als Sohn des bischöflichen Pflegers Heinrich Konrad v. E. und der Margarethe Susanne von Thyrheim geboren. Mit 15 Jahren in den Klerus der Diözese Eichstätt aufgenommen, erhielt er 1646 ein Kanonikat in Eichstätt. Nach dem Besuch des Jesuitengymnasiums in Eichstätt studierte er 1649 – 53 in Dillingen, besonders Kirchenrecht.

Nach Informationsreisen durch Italien und Deutschland wurde er 1655 Kapitular, 1658 für einige Zeit und erneut 1689 – 98 Scholaster in Eichstätt. 1662 wurde er zum Priester geweiht, 1678 zum Domdekan gewählt. Als er die Dompropstei in Augsburg, wo er seit 1649 ebenfalls Mitglied des Kapitels war, annahm, resignierte er 1686 auf das Eichstätter Dekanat. E. war in Eichstätt auch Oberpfleger des Hl. Geist-Spitals und des Bruderhauses St. Sebastian.

Am 16. 4. 1697 wurde E. zum Fürstbischof von Eichstätt gewählt. Das kaiserliche Plazet erging am 18. 5. 1697, die päpstliche Konfirmation am 7. 4. 1698. Am 13. 5. 1698 nahm E. Diözese und Stift in Besitz, und am 8. 6. 1698 empfing er die Konsekration durch Weihbischof Fr. Ch. (→) Rinck von Baldenstein. Im gleichen Jahr resignierte er auf seine übrigen Pfründe.

Die Regierungszeit E.s verlief zunächst ruhig, so daß eine wirtschaftliche Erholung des Hochstiftes möglich erschien. Dann aber wurde es in den Spanischen Erbfolgekrieg verwickelt, in dem Eichstätt auf der Seite des Kaisers stand. Das Stift wurde von französischen und bayerischen Truppen durchzogen und teilweise gebrandschatzt, die Stadt Eichstätt selber vorübergehend von bayerischen Truppen von Ingolstadt aus besetzt. E. floh zunächst nach Herrieden und dann nach Forchheim, während das Hochstift Kriegskontributionen an die Franzosen abliefern mußte und durch die kriegerischen Verwicklungen beträchtlichen Schaden nahm. Dennoch gelang es, wirtschaftlich

einigermaßen gut durch diese Zeit hindurchzukommen.

Wie seinen Vorgängern lag E. die Sorge um den Priesternachwuchs sehr am Herzen. Zwar konnte das im Dreißigjährigen Krieg zerstörte Priesterseminar auch unter ihm nicht in seiner alten Gestalt restituiert werden, doch verpflichtete E. die Jesuiten über den normalen Unterricht am Gymnasium hinaus zu Vorlesungen in Kasuistik und in Kontroverstheologie. Den Bartholomäern, die sich gern in der Diözese niedergelassen und die Leitung des Seminars übernommen hätten, erteilte E. außer in Ingolstadt keine Aufenthaltsgenehmigung. Für den Seelsorgsklerus erließ er 1700 neue „Puncta synodalia", eine Art Pastoralinstruktion über Predigt, Katechese, Schulwesen und dergl., die ab 1701 verpflichtend vorgeschrieben und in Kapitelskongressen dem Klerus nahegebracht wurden. Auf Drängen und mit Unterstützung Kurbayerns gelang 1698 eine Regelung zur seelsorglichen Betreuung der Katholiken im protestantischen Gebiet von Wolfstein, das innerhalb der Diözese lag.

Seit seiner Tätigkeit als Oberpfleger für das Hl. Geist-Spital war E. ein besonderer Freund der Armen und Bedrängten. Auf eigene Kosten ließ er die im Dreißigjährigen Krieg zerstörte Spitalkirche neu bauen. Er vermachte dem Spital ferner eine Stiftung von 60 000 fl., so daß es wieder auf eine solide wirtschaftliche

Grundlage gestellt war. Auch für das von seinem Vorgänger begründete „Eucharische Krankenhaus" stellte er Mittel zur Verfügung. Unter ihm wurde der Westflügel der neuen Residenz beim Dom vollendet. Da E. erst im Alter von 67 Jahren Bischof geworden war, versuchte der Kaiser, ihm in dem Augsburger Fürstbischof (→) Sigmund Alexander einen Koadjutor mit dem Recht der Nachfolge zu geben. E. lehnte dieses Ansinnen energisch ab. Das Domkapitel unterstützte ihn dabei wenigstens nachträglich.

Auf dem Weg von Forchheim nach Eichstätt erkrankte E. in Herrieden schwer und starb dort am 6. 12. 1704. Er wurde in der Dreifaltigkeitskapelle des Eichstätter Domes, für die er einen Altar gestiftet hatte, beigesetzt.

Literatur: *A. Straus* 226-231. - *J. G. Suttner*, Conciliengeschichte 15-24. - *Ders.*, Werbungen. - *Ders.*, Erbfolgekrieg. - *J. Sax* 571-588. - *J. Sax* - *J. Bleicher* 318-325. - *F. Mader*, Stadt Eichstätt. - *A. Wittig*, Aus der Geschichte des Krankenhauses, in: Eichstätter Volkszeitung v. 23. 10. 1954. - *Ders.*, Das Heilig-Geist-Spital von Johann Martin Eyb bis zur Gegenwart, in: Das Heilig-Geist-Spital in Eichstätt (Eichstätt 1978) 35-65. - *A. Bauch.* - *H. Braun* Nr. 49.

Abbildungsnachweis: Stich, unbek. Meister. - Wien NB 519.632 B.

Ernst Reiter

Eyss, Johann Matthias von (1669 – 1729)

1710 – 1729 Weihbischof in Trier, Ep. tit. Rosmensis
1721 – 1729 Generalvikar für das Obererzstift Trier in Trier

* 23. 7. 1669 zu Vallendar bei Koblenz als Sohn des Bürgermeisters und kurtrierischen Schultheißen Anton v. E. und der Maria Susanna Theresia von Ufflingen. Der Großvater, kurtrierischer Amtsverwalter in Vallendar und Isenburg, war 1667 in den Reichsadelsstand erhoben worden. E. besuchte das Jesuitengymnasium in Koblenz und Köln; seit 1687 studierte er an der Universität Köln, später in Löwen (Dr. iur. can.?). Daran schlossen sich ausgedehnte Studienreisen an. 26. 3. 1703 Priesterweihe in Trier; seit spätestens 1701 Mitarbeiter von Weihbischof J. P. (→) Verhorst im Jurisdiktionsstreit mit dem Luxemburger Provinzialrat. Nachdem E. einige Jahre als kurfürstlicher Archivar und Registrator gearbeitet hatte, wurde er geistlicher Rat und Geheimsekretär des Erzbischofs J. H. v. (→) Orsbeck. 1692 – 1704 war er Kanonikus an St. Florin in Koblenz, seit 1717 durch päpstl. Provision Extrakanoniker

zu St. Simeon in Trier, seit 1727 am Stift Pfalzel bei Trier. 10. 3. 1710 Titularbischof von Rosmen und Weihbischof in Trier; 11. 5. Konsekration in der Kapuzinerkirche zu Ehrenbreitstein durch den Speyerer Weihbischof P. C. v. (→) Beywegh.

Der ausgezeichnete Kanonist und gute Prediger erfüllte seine seelsorglichen Aufgaben mit Hingabe. Unter dem meist in Breslau residierenden Erzbischof Franz Ludwig von Pfalz-Neuburg (1716 – 29) leitete er faktisch die Diözese. Bekannt wurde er vor allem durch seinen Einsatz für den trierischen Besitzstand gegenüber den französischen und luxemburgischen Bestrebungen zur Errichtung neuer Diözesen, ferner durch seine Stellungnahme gegen den Jansenismus. Aufgrund seiner Erfahrungen besaß E. eine gute Ausgangsposition in den Auseinandersetzungen mit den staatlichen Instanzen der Provinz Luxemburg sowie der Regierung in Brüssel und Wien, die die staatliche Kirchenhoheit immer mehr ausdehnen wollten. Ab 1717 griff er deren Praxis des Plazets sowie der Benefizial- und Personalgerichtsbarkeit über Kleriker an, doch zeigte er sich flexibel, als statt der alten Pläne für Errichtung eines Bistums in Luxemburg 1725 die Errichtung eines Offizialates drohte. Rein kanonistischem Denken verhaftet, griff er entschiedener als sein Vorgänger Verhorst die jansenistischen Zentren der Diözese an (daher die Bezeichnung „Jansenistenhammer"). In Pastoralschreiben von 1714 und 1717 wandte er sich scharf gegen die „Reflexiones morales" Quesnels, forderte Gehorsam und drohte mit Sanktionen. Zutiefst von der päpstlichen Unfehlbarkeit überzeugt, ging er gegen die Appellanten vor und verhängte in der Diözese Metz zahlreiche Exkommunikationen. In Stenay und Carignan stieß er auf energischen Widerstand örtlicher Behörden und Militärs, 1719 auf ein Arrêt des Metzer Parlaments. 1718 und 1719 veröffentlichte er zwei Schriften in hoher Auflage, in denen er einen Appell an ein Konzil kategorisch verwarf. Weitere von ihm beeinflußte Schriften wurden wichtig für die Zurückdrängung des Jansenismus. Während es ihm gelang, den Präsidenten der Bursfelder Kongregation zur Unterwerfung zu bewegen, waren seine gleichgerichteten Bemühungen durch Visitation und die Verweigerung von Priesterweihen im jansenistischen Zentrum Orval ergebnislos. Erst Internuntius Giuseppe Spinelli gelang 1726 die Unterwerfung des von der Brüsseler Regierung gestützten Klosters. Auch außerhalb der Diözese Trier suchte E. der päpstlichen Entscheidung im jansenistischen Streit zur Geltung zu verhelfen. Als seine größte Leistung gilt sein Beitrag bei der Annahme der Bulle Unigenitus durch den Pariser Erzbischof Kardinal Louis Antoine de Noailles. † 25. 11. 1729; ☐ Pfarrkirche St. Laurentius in Trier; seit 1803 Liebfrauenkirche Trier.

Schriften: Veritas Catholica circa constitutionem Unigenitus ... pro instructione piorum fidelium (Augustae Trevirorum 1718; Luxemburg ²1719). - La verité catholique sur la constitution ... par le Vicaire général de Trèves, suivi de l'arêt de Metz contre ce ecrit, 17 Juin 1719 (Bibl. des amis de Port-Royal). -

Quellen: BATr. - LHA Koblenz, Abt. 1 C. - StB Trier, Abt. Hss.

Literatur: K. J. Holzer. - J. J. Wagner, Coblenz-Ehrenbreitstein. Biographische Nachrichten (Koblenz 1923). - L. Just, Luxemburger Kirchenpolitik. - Ders., Der Trierer Weihbischof Johann Matthias von Eyss im Kampf gegen den Jansenismus (1714-1729), in: AmrhK 11 (1959) 160-184. - K. Becker, in: NDB 4 (1959) 713. - R. Taveneaux. - A. Diederich. - Ph. Spro, Der Trierer „Spukgeist" Rictiovarus und Weihbischof von Eyß, in: NTrJb 9 (1969) 16-22.

Wolfgang Seibrich

F

Faes, Corneille (1634 – 1694)

1689 – 1694 Generalvikar in Lüttich

* 24. 3. 1634 in Brüssel; Lic. theol., Professor am Kolleg der Lilie an der Universität Löwen; 1671 Domkapitular in Lüttich; 1685 Offizial des Lütticher Domkapitels; 1686 Mitglied des Lütticher Lehnshofes; 4. 1. 1689 Generalvikar in Lüttich; 1. 2. 1694 durch das Domkapitel sede vacante in diesem Amt bestätigt; † 11. 5. 1694 an der Pest.

Literatur: J. de Theux 3 (1871) 335. - E. Poncelet 47 f.

Alfred Minke

Fahrmann, Andreas Joseph (1742 – 1802)

1790 – 1802 Weihbischof in Würzburg, Ep. tit Almirensis

* 8. 11. 1742 in Zell bei Würzburg; Besuch des Gymnasiums und der Universität in Würzburg; 1759 Eintritt ins Priesterseminar; 21. 12. 1765 Priester; 1773 Dr. theol. (Würzburg); Lektor der Moraltheologie; 1780 Geistlicher Rat; Kustos von Stift Haug; 1786 Regens des Priesterseminars; 29. 3. 1790 Titularbischof von Almira und Weihbischof in Würzburg; 16. 5. 1790 Konsekration durch Fürstbischof F. L. v. (→) Erthal; Präsident der Geistlichen Regierung; † 6. 2. 1802; ☐ Stift Haug.

Literatur: N. Reininger, Weihbischöfe 280-291. - S. Merkle, Matrikel Nr. 18376. - G. Pfeiffer, Fränk. Bibliographie III/2, Nr. 48810-48814.

Egon Johannes Greipl

Fechenbach zu Laudenbach, Georg Adam Reichsfreiherr von (1707 – 1772)

1746 – 1763 Generalvikar in Mainz

* 15. 12. 1707 in Laudenbach bei Würzburg als Sohn des würzburgischen Geheimen Rates, Hofkriegsrates und Obersten des fränkischen Kürassierregiments Albrecht Ernst v. F. und der Maria Anna von Lauter; begann seine Laufbahn als Würzburger Offizier; wurde kaiserlicher Precist; 1734 tonsuriert; 1738 Domizellar, 1739 Domkapitular in Mainz, 1738 – 40 Studium der Theologie in Mainz; 1743 Stiftsherr von Mariagreden in Mainz, 1744 Kapitular; 1743 Domherr, 1755 Domkapitular in Würzburg; resignierte die Pfründe 1758 zugunsten seines Vetters Georg Karl v. F.; 1760 erneut Würzburger Domherr und 1761 abermals resigniert; Kanoniker am Mainzer Stift St. Peter; Archipresbyter; 1746 Generalvikar von Erzbischof J. F. K. v. (→) Ostein; nach Resignation des nachmaligen Bamberger Bischofs J. Ph. A. v. (→) Franckenstein kurmainzischer Geheimer Rat; behauptete gegen die Kurmainzer aufgeklärten Schulreformer das Recht des Generalvikars auf Ernennung der Lehrer; galt

als Freund der Jesuiten; 1763 Domdekan; †
18. 7. 1772 in Mainz; □ Mainzer Dom.

Literatur: *K. Diel* 40 f.

Friedhelm Jürgensmeier

**Fechenbach zu Laudenbach, Georg Karl Ignaz
Reichsfreiherr von** (1749 – 1808)

1795 – 1808 Fürstbischof von Würzburg
1800 – 1805 Koadjutor des Fürstbischofs von
           Bamberg
1805 – 1808 Bischof von Bamberg

→ Bd. 1, 181 f.

**Fechenbach zu Laudenbach, Johann Philipp
Karl Anton Reichsfreiherr von** (1708 – 1779)

1767 – 1779 Bischof des Hausritterordens
           vom Heiligen Georg, Ep. tit.
           Taenariensis

Johann Philipp Karl Anton, Reichsfreiherr von
Fechenbach zu Laudenbach, Sommerau und
Roßhof, wurde am 5. 6. 1708 in Würzburg als
Sohn des kaiserlichen und würzburgischen
Generalfeldmarschalleutnants Johann Rei-
chard v. F. (1657 – 1717) und seiner zweiten
Ehefrau Josepha Maria v. Eyb († 1747) geboren.
Zu seinen Taufpaten zählten neben dem kai-
serl. Feldmarschall von Thungen die beiden
Würzburger Domherren Joh. Ph. F. v. (→)
Schönborn, seit 1719 Fürstbischof, und sein
Onkel Richard Anton v. Eyb († 1722). Das
fränkische Adelsgeschlecht der Fechenbach
hat zahlreiche Dom-, Stiftsherren und Offiziere
der Reichsbistümer Würzburg, Bamberg,
Mainz und Fulda gestellt.

F.s geistliche Laufbahn begann mit 12 Jahren
als Domizellar des Würzburger Domkapitels;
1728 wurde er zum Subdiakon, am 6. 5. 1731
zum Priester geweiht. 1738 war er Domkapitular in Würzburg und Kapitular des Ritterstiftes
Wimpfen geworden, und Bischof Fr. K. v. (→)
Schönborn hatte ihn 1739 als Konsistorialpräsident und 2. Präsidenten des fürstbischöflichen Hofrats mit der Leitung zentraler Verwaltungsaufgaben betraut. Das Kapitel Würzburg
wählte ihn 1748 zum Domizellar und Kustos,
der Bischof verlieh ihm 1749 die Pfarrei Herbolzheim, die F. 1752 gegen die Pfarrei Gän-
heim eintauschte. Schon unter Karl Albrecht
reiste er im September 1743 in wittelsbachischer Mission nach Fulda. Nach dem Tod des
Kaisers entsandte ihn Max III. Joseph zu Verhandlungen um die Kaiserkrone nach Mainz,

um den Reichserzkanzler für die Unterstützung zu gewinnen, bald darauf ins feindliche
Hauptquartier nach Füssen, um die förmliche
Trennung Bayerns von der Frankfurter Union
und die kurfürstliche Bitte um Einstellung der
Kriegshandlungen zu überbringen. Bei der
erstmaligen Aufnahme von geistlichen Mitgliedern in den bayerischen Hausritterorden vom
Hl. Georg 1746 wurde F. Großkomtur und Or-
denspropst und damit infulierter Propst des
Kollegiatstifts Landshut.

Seine Ernennung zum Comitialgesandten des
Fürstbistums Würzburg am Immerwährenden
Reichstag zu Regensburg erfolgte 1751 unter
Bischof K. Ph. v. (→) Greiffenclau; zudem wur-
de er 1759 mit der Reichstagsvertretung für das
Bistum Fulda betraut und fungierte zeitweise
als Stellvertreter des bayerischen Gesandten
Heinrich Josef v. Schneid für die Hochstifte
Bamberg, Freising, Regensburg, Speyer und
Chur sowie des salzburgischen Gesandten v.
Saurau. Seine 28jährige politisch-diplomati-
sche Tätigkeit führte ihn an zahlreiche Höfe
und machte ihn mit den meisten Diplomaten
seiner Zeit bekannt. Seine umfangreiche diplomatische Korrespondenz, die noch unausge-
wertet im Schloßarchiv Laudenbach aufbe-
wahrt wird, führt zu den Freiherren v. Königsfeld († 1750), v. Praidlohn († 1758) und zu Graf
Preysing († 1764), die als Mitglieder der Geheimen Konferenz und den engsten Beraterkreis
um den bayerischen Kurfürsten bildeten. Sie doku-
mentiert eine enge Beziehung zum sächsischen
Premier Graf Brühl († 1763), dem eigentlichen
Leiter der Innen- und Außenpolitik König
Augusts III., wie auch zum kaiserlichen Prinzipalkommissar in Regensburg Alexander Ferdinand Fürst v. Thurn und Taxis. Wenn F. auch
grundsätzlich die an Habsburg ausgerichtete
Politik A. F. v. (→) Seinsheims verfolgt haben
dürfte, so ist doch zu wenig über ihn bekannt,
um eine Einschätzung seines langen Wirkens
vorzunehmen. Mehrfach wurde seine Tätigkeit
durch die Ernennung zum kaiserlichen, kurbayerischen, kurkölnischen und würzburgischen Geheimen Rat honoriert. Maria Theresia
schenkte ihm einen kostbaren Ring, den er
testamentarisch seiner Familie zur Aufbewah-
rung anbefahl.

Max III. Joseph ernannte F. beim Ordensfest im
Dezember 1766 zum Ordensbischof des Hausritterordens vom Hl. Georg und damit verbunden zum infulierten Stiftspropst von Altötting.
Die päpstliche Ernennung zum Titularbischof
von Tenera erfolgte am 31. 7. 1767, und am
1. 11. 1767 wurde er durch Bischof Seinsheim
unter Assistenz der Weihbischöfe D. v. (→)
Gebsattel und H. v. (→) Nitschke in der Hofkirche zu Würzburg geweiht. 1769 wurden per

Beschluß des Ordenskapitels die Zulassungsbestimmungen für Ordenskandidaten verschärft und der Nachweis von 16 adeligen Ahnen verlangt.

Auf Einladung des Kurfürsten hatte F. am 4. 5. 1775 in der Residenzhofkapelle, ungeachtet des durch Bischof L. J. v. (→) Welden eingelegten Protestes, eine neue Fahne des kurfürstlichen Leibregiments geweiht. Der Fall rollte erneut die offene Frage nach der kirchenrechtlichen Stellung des Ordensbischofs und seinem Verhältnis zur Jurisdiktion des Ortsordinarius auf, der eine rechtliche Klärung bei der Ritenkongregation in Rom anstrebte. Für den Würzburger Dom ließ F. einen silbernen Sarkophag für die Gebeine des Hl. Bruno anfertigen, der am 15. 5. 1762 auf den St.-Bruno-Altar übertragen wurde. Seinen Bruder Christoph Hartmann v. F. unterstützte er beim Neubau der Laudenbacher Schloßkirche und der Nepomukkapelle mit 2200 Gulden und stiftete zudem ein Kaplanbenefizium. Auf seine Initiative gehen der Bau des Nebengebäudes des Laudenbacher Schlosses und der Erwerb von Roßhof zurück. Kurz vor seinem Tode war es F. vergönnt, seinem Neffen G. K. I. v. (→) Fechenbach, dem späteren Fürstbischof von Würzburg, am 18. 2. 1779 die Priesterweihe zu erteilen. F. starb am 26. 12. 1779 in Regensburg. Sein Leichnam wurde nach Würzburg transferiert und im Kapitelhause in der ersten Reihe beerdigt. Das Testament von 1769 sah Stipendien für Seelenmessen und Zuwendungen an Arme vor.

Quellen: AEM Ordinariat - Akten 103.

Literatur: *A. Mayer* II 240, 369. - *E. v. Destouches* 25, 67, 82. - *F. v. Waldburg-Wolfegg* 14 f. Nr. 78. - *C. J. M. König* I 369 f. - *K. Diel* 37 f. - Dipl. Vertreter II u. III (Reg.). - *H. J. Berbig* II 313-315. - Hausritterorden 24. - *G. Christ*, in: BBB 195. - *A. Schmid* 39, 95. - Archiv der Freiherren von Fechenbach zu Laudenbach, Teil 1: Das Familienarchiv, bearb. v. *H. Kallfelz* (München 1988).

Abbildungsnachweis: Gemälde von Joseph Anton Glantschnigg (1695-1755), datiert 1738. - Mainfränkisches Museum Inv. Nr. 40301.

Stephan M. Janker

Federspiel, Johann Anton Freiherr von (1708 – 1777)

1755 – 1777 Fürstbischof von Chur

Johann Bapt. Anton von Federspiel wurde am 23. 10. 1708 auf Schloß Fürstenburg (Tirol) als ältester Sohn des bischöflichen Kastellans Luzius Rudolf v. F. und der Maria Anna Elisabeth Freiin von Rost geboren. Sein Vater, dessen Familie aus Domat / Ems (Graubünden) stammte, war ein Bruder des Churer Bischofs Ulrich v. (→) Federspiel, seine Mutter eine Schwester des Churer Bischofs J. B. v. (→) Rost. Sein jüngerer Bruder Ulrich v. (→) F. gehörte seit 1753 dem Churer Domkapitel an. F. studierte an der Klosterschule Marienberg (Tirol), seit 1724 in Innsbruck, seit 1726 in Dillingen und 1727 – 31 als Alumne des Collegium Germanicum in Rom. Am 22. 7. 1731 wurde er Priester. Seit 1724 Domizellar, wurde er 1739 Domkantor und 1743 Domdekan in Chur.

Nach dem Tode von Bischof Rost demonstrierte der Gotteshausbund erneut seine Absicht, nur einen Bundesgenossen als Bischof zuzulassen. Er unterstrich dies, indem er mit Sequester der bischöflichen Güter drohte. Das Domkapitel trat zum ersten Mal am 3. 2. 1755 zusammen. Favorit war D. v. (→) Rost, der jedoch die Stimmenmehrheit knapp verfehlte. Daraufhin beteuerte das Domkapitel zwar seine Unabhängigkeit vom Gotteshausbund, wandte sich aber von dem Österreicher Rost ab und wählte am 6. 2. mit elf Stimmen F. zum Bischof. Am 21. 7. folgte die päpstliche Bestätigung. Die Bischofsweihe empfing F. in Brixen von Bischof L. M. v. (→) Spaur. Am 23. 3. 1757 empfing er die Regalien.

Unter F. verbesserten sich die Beziehungen des Bistums zur Stadt Chur und zum Gotteshausbund wesentlich. Im österreichischen Diözesanteil kam es hingegen zu Streitigkeiten mit der Innsbrucker Regierung, da der Klerus dort immer mehr in staatliche Abhängigkeit geriet.

F. beschränkte sich darauf, die bischöfliche Immunität und Jurisdiktion zu verteidigen. Er protestierte gegen die Einführung eines neuen Katechismus und die Sonderbesteuerung des Klerus. Das starke Auftreten des Staates im Zuge der Aufklärung machte sich auch in Liechtenstein bemerkbar, wo F. vom Fürsten teilweise an der Visitation gehindert wurde. F. war Freund der Jesuiten, und noch 1766, kurz vor Aufhebung der Gesellschaft, befaßte er sich mit dem Projekt der Errichtung eines Jesuitenkollegs in Graubünden. Die fehlenden Mittel und die Opposition der Bündner Katholiken zwangen ihn jedoch zur Aufgabe dieses Planes. Nach Aufhebung des Ordens schloß das für den Churer Priesternachwuchs so wichtige Kolleg Feldkirch seine Tore. F. versuchte vergeblich, die Gebäude für ein Diözesanseminar zu gewinnen. Er konnte nur die Freiplätze für Bündner Theologen in Dillingen retten. F. visitierte die ganze Diözese. Entgegen den damaligen Tendenzen war er ein Förderer der Herz-Jesu-Verehrung. 1757 gründete er an der Domkirche in Chur eine Johannes-Nepomuk-Bruderschaft. 1762 erfolgte die Herausgabe eines Katechismus in deutscher und lateinischer Sprache. 1771 erklärte F. den hl. Joseph zum Diözesanpatron für Tirol und Vorarlberg, den hl. Luzius für Graubünden. F. starb am 27. 2. 1777 in Chur an den Folgen eines Schlaganfalles und wurde in der Kathedrale beigesetzt.

Literatur: *J. G. Mayer* 458–479. - *W. Kundert*, in: HS I/1 (1972) 500.

Federspiel, Ulrich (seit 1702 **Freiherr**) **von** (1657 – 1728)

1692 – 1728 Fürstbischof von Chur

Ulrich von Federspiel wurde am 7. 5. 1657 zu Domat / Ems in Graubünden als Sohn des Johann F., Landamtmanns der Herrschaft Räzüns und Amtmanns der Benediktinerabtei Pfäfers, und der Maria de Mont, einer Halbschwester von Bischof U. de (→) Mont, geboren. Er besuchte 1669 – 74 das Jesuitenkolleg in Feldkirch und studierte ab 1678 in Dillingen. Am 28. 3. 1682 wurde er Priester, 1684 Domherr in Chur und bischöflicher Kanzler. Am 28. 4. 1692 wählten ihn dann die 22 in Chur unter dem Vorsitz von Nuntius Marcello d'Aste versammelten Domherren mit zwölf Stimmen zum Nachfolger seines Onkels. Wie bei früheren Bischofswahlen versuchte der Gotteshausbund auch jetzt wieder Einfluß auf das Wahlgeschäft zu nehmen. Er verlangte vom Neugewählten die Beschwörung der sechs Artikel von 1541, die dem Gotteshausbund Sonderrechte in der Verwaltung des Bistums zubilligten. Gegenkandidat F.s war Dompropst und Generalvikar F. R. v. (→) Salis-Zizers, ein Angehöriger des Gotteshausbundes, für den sich seine einflußreiche Familie verwandte. Die Salis versuchten, die Bestätigung der Wahl zu hintertreiben, doch entzogen die spanischen Parteigänger der Stadt Chur dem französisch gesinnten Salis ihre Unterstützung. F. konnte die Beschwörung der sechs Artikel vermeiden. Dennoch kassierte der Hl. Stuhl die Wahl von F., doch ernannte Innozenz XII. ihn am 1. 12. 1692 aus eigener Vollmacht zum Bischof von Chur. Die Konsekration erteilte ihm d'Aste am 1. 3. 1693 in Chur. Zwei Jahre später verlieh Kaiser Leopold I. ihm die Regalien.

F. setzte die von seinen Vorgängern unternommene Politik des Anschlusses an Österreich fort. Im Oktober 1717 verkaufte er die entfernte, in Schwaben gelegene Herrschaft Großengstingen an das Kloster Zwiefalten. Kurz vor seinem Tode bot er dem Kaiser die bischöflichen Hoheitsrechte im Münstertal zum Verkauf an, weil das Bistum diese ohnehin nicht nutzen konnte. Dieses Geschäft wurde jedoch erst unter seinem Nachfolger abgeschlossen.

Die konfessionellen Spannungen in Graubünden dauerten unter F. an, so um 1693 in Ilanz, wo die Trennung von Gerichtsgemeinden die beiden Konfessionen in Konflikt brachte. Um größere Auseinandersetzungen zu verhindern, stellte sich F. 1701 einem Schiedsgericht, das den Protestanten freie Religionsausübung in Ilanz zusicherte. 1723 mißhandelten Churer Stadtbewohner bischöfliche Untertanen aus dem Hofbezirk. Vergeblich forderte F. die Auslieferung der Schuldigen an das bischöfliche Pfalzgericht. Er mußte sich mit deren Aburteilung durch ein städtisches Gericht zufrieden geben. In Liechtenstein kam es 1719 zu Auseinandersetzungen des Klerus mit dem Fürsten wegen der Auszahlung der Novalzehnten, die vorher zur Hälfte an den Klerus gezahlt worden waren, nun aber ganz vom Fürsten beansprucht wurden. Daraufhin belegte F. das Schloß in Vaduz und zwei Kapellen mit dem Interdikt. Im Auftrag des Kaisers vermittelte der Bischof von Konstanz und erreichte, daß die traditionelle Beteiligung des Klerus erhalten wurde.

F. erfüllte gewissenhaft seine bischöflichen Pflichten und visitierte die ganze Diözese. Von einer Visitation des Klarissenklosters in Meran mußte er jedoch absehen, da dieses sich mit kaiserlicher Unterstützung der Visitation entziehen konnte. F. widersetzte sich dem Versuch der Äbte von Roggenburg, die Prämonstratenserabtei St. Luzi in Chur zu einer Filiale zu degradieren. Er verlangte 1712 vom Nuntius die Einsetzung eines eigenen Abtes oder die Umwandlung der Abtei in ein Diözesanseminar. 1717 ernannte der Hl. Stuhl einen Abt für St. Luzi, wodurch das Stift wieder selbständig wurde. 1705 erhielt die Abtei Pfäfers mit dem

Einverständnis F.s das Recht, elf Pfarreien in ihrer unmittelbaren Umgebung mit eigenen Konventualen zu besetzen. Während noch der Verhandlungen um den Verkauf der bischöflichen Herrschaftsrechte im Münstertal an Österreich liefen, starb F. nach kurzer Krankheit am 11. 10. 1728 in Chur. Er wurde in der Kathedrale beigesetzt.

Literatur: *J. G. Mayer* 430-442. - *F. Maissen*, Die Bischofswahl Ulrichs VII. von Federspiel 1692, in: Bündner Monatsblatt (1959) 180-208. - *W. Kundert*, in: HS I/1 (1972) 499.

Abbildungsnachweis: Bischofsgalerie, Bischofshof Chur. - BO Chur.

Pierre Louis Surchat

Federspiel, Ulrich Freiherr von (1712 – 1776)

1763 – 1770 Generalvikar in Chur

* 1712 in Domat/Ems (Graubünden); jüngerer Bruder von Bischof J. A. v. (→) F.; 1729 Studium am Jesuitenkolleg in Feldkirch, später am Collegium Helveticum in Mailand; 1740 Pfarrer in Bonaduz; 1753 nichtres. Domherr; 1756 Domkantor, 1763 Domscholastikus in Chur; 1763 – 70 (viell. auch bis 1773) Generalvikar seines Bruders; † 9. 3. 1776 in Chur; □ Kathedrale Chur.

Literatur: HBLS 3 (1926) 128. - *W. Kundert*, in: HS I/1 (1972) 529.

Pierre Louis Surchat

Fercher, Heinrich Sigismund von (1702 – 1769)

1763 – 1769 Generalvikar in Augsburg

* auf Burg Gutenfels/Rhein; ≈ 18. 10. 1702 in Kaub; ab 1713 Schulbesuch in Neuburg; ab 1720 Studium in Dillingen (Dr. theol.); 22. 5. 1728 Priester; 1739 – 55 Pfarrer und Dekan des Kollegiatstifts St. Peter zu Neuburg/Donau; 1749 Domherr in Augsburg; Bischöflicher Geheimer Rat; 1757 – 63 Offizial in Augsburg; 1760 – 65 Pfarrer von Wemding; 1763 – 69 Generalvikar in Augsburg; † 8. 7. 1769 in Augsburg.

Literatur: *A. Haemmerle*, Domstift Nr. 368. - *M. Wiedenmann*, Generalschematismus (Ms Studienbibliothek Dillingen) 548. - *J. Laber*, Neue Chronik der Stadt Wemding in Bayern (Nördlingen 1861) 182. - *A. J. Stegmeyr*, Die Studenten an der ehemaligen Universität Dillingen aus den vorhandenen Verzeichnissen zusammengestellt für die Jahre 1694-1776 (Masch. 1941, Studienbibliothek Dillingen). - *J. Seiler.*

Peter Rummel

Ferdinand, Herzog von Bayern (1577 – 1650)

1591 – 1595 Koadjutor des Fürstpropstes von
            Berchtesgaden
1595 – 1650 Fürstpropst von Berchtesgaden
1596 – 1612 Koadjutor des Erzbischofs von
            Köln
1599 – 1612 Koadjutor des Fürstabtes von
            Stablo-Malmedy
1602 – 1612 Koadjutor des Fürstbischofs von
            Lüttich
1611 – 1612 Koadjutor des Fürstbischofs von
            Hildesheim und Münster
1612 – 1650 Kurfürst-Erzbischof von Köln,
            Fürstbischof von Lüttich, Hildes-
            heim und Münster, Fürstabt von
            Stablo-Malmedy
1612 – 1618 Koadjutor des Fürstbischofs von
            Paderborn
1618 – 1650 Fürstbischof von Paderborn

Ferdinand von Bayern wurde am 7. 10. 1577 in München als vierter Sohn des Herzogs Wilhelm V. von Bayern und seiner Gemahlin Renate von Lothringen geboren und wie sein Bruder Philipp für den geistlichen Stand bestimmt. Philipp war bereits als Dreijähriger zum Bischof von Regensburg gewählt worden. Er starb 1598 als Kardinal. F. erhielt mit sieben Jahren die Tonsur, und mit neun Jahren wurde er wie Philipp den Ingolstädter Jesuiten zur Erziehung übergeben. Diese vermittelten ihm eine solide Gymnasialbildung. Das sich anschließende Universitätsstudium blieb dagegen fragmentarisch, da es durch Residenzpflichten an den inzwischen erworbenen Pfründen in Mainz, Trier, Salzburg, Würzburg, Passau, Straßburg und Köln immer wieder unterbrochen wurde. Im Winter 1590 – 91 hielten F. und Philipp sich aus diesem Grunde in Köln auf. Den Winter 1592 – 93 verbrachten die Brüder in Rom, wo F. von Papst Clemens VIII. ein Wählbarkeitsbreve erhielt. So unvollständig die wissenschaftliche Ausbildung in Ingolstadt geblieben war, so nachhaltig wurde für F. die religiöse Erziehung durch die Jesuiten. Er sollte zu einem der großen Förderer des Ordens in Deutschland werden.

Das Haus Wittelsbach war seit Herzog Albrecht V. (1550 – 79) aus religiöser Überzeugung und zugleich aus wohlerwogenem dynastischem Interesse zum Exponenten der Gegenreformation und der katholischen Erneuerung im Reich geworden. 1581 gelang es Herzog Wilhelm V., seinen Bruder Ernst auf den bischöflichen Stuhl von Lüttich und 1583 nach zwei vergeblichen Anläufen mit Unterstützung der römischen Kurie und Spaniens zugleich auf den erzbischöflichen Stuhl von Köln zu bringen. Damit erhielten die bayerischen Wittelsbacher nicht nur das größte und reichste der rheinischen Stifte, sondern auch die Kurwürde, die ihnen bis dahin versagt war.

Der ohne Berufung für die kirchliche Laufbahn bestimmte Ernst war zwar persönlich fromm, lebte jedoch ungeistlich. Dennoch sicherte seine Wahl das Erzstift Köln und mit ihm das konfessionell labile Herzogtum Jülich-Kleve-Berg sowie die westfälischen Bistümer der katholischen Partei und war damit nicht nur für das Haus Wittelsbach, sondern auch für Kirche und Reich von größter Tragweite.

Die Wahl Herzog Ernsts und die Niederlage seines Gegners Gebhard von Truchseß im Kölnischen Krieg von 1583 – 84 hatten das Erzstift dem Katholizismus gerettet. Die Kirchenreform, zu deren nordwestdeutschem Zentrum Köln werden sollte, war damit freilich noch nicht geleistet. Für sie hatten sich auch nicht der Erzbischof, sondern zunächst die Inhaber der 1583 in Köln errichteten Nuntiatur eingesetzt. Nuntius Coriolano Garzadoro (1595 – 1606) hatte 1595 aus diesem Grund Ernst dazu bestimmen können, seinen Neffen F., der bereits seit 1591 Koadjutor des Propstes von Berchtesgaden war, auch seinerseits als Koadjutor mit dem Recht der Nachfolge und als Administrator des Erzbistums zu akzeptieren. Das Kölner Domkapitel wählte daraufhin am 19. 4. 1595 den erst 17jährigen Prinzen zum Koadjutor. In den Verhandlungen war vereinbart worden, daß Ernst der Titel eines Erzbischofs und die Würde des Kurfürsten bleiben, F. dagegen als Administrator die geistliche und weltliche Leitung innehaben sollte. Er traf am 8. 12. in Köln ein und übernahm im März 1596 seine Aufgaben. Wegen einer Verstimmung zwischen Erzbischof Ernst und dem Nuntius wurde die päpstliche Wahlbestätigung erst spät eingeholt. Sie erfolgte durch ein Breve vom 4. 1. 1597, das die Kompetenzabgrenzung wohl mit Rücksicht auf Ernst unklar vornahm.

Schon diese Umstände lassen erkennen, welchen Schwierigkeiten sich der regierungsunerfahrene F. gegenübersah. Dazu kam der Umstand, daß sich das Erzstift von den Verwüstungen des Kölnischen Krieges noch nicht erholt hatte. Auch spätere Kriegsereignisse trafen es hart.

F. hat die in ihn gesetzten Hoffnungen der Reformpartei weitgehend erfüllt, obwohl sich das gespannte Verhältnis zwischen Erzbischof Ernst, der seit 1595 auf Schloß Arnsberg residierte, und Nuntius Garzadoro negativ auswirkte. Ernst glaubte sich nämlich durch den Nuntius in seiner Jurisdiktion und in seinen Einkünften geschmälert. Selbst der bayerische

Hof, zu dem F. ein nie getrübtes Verhältnis pflegte, hat zeitweise die Aufhebung der Kölner Nuntiatur betrieben. Diese erwies sich jedoch in den ersten Amtsjahren F.s für die Durchsetzung der Reform als unentbehrlich.

F. hat die kirchliche Reform von Anfang an zielstrebig mit Unterstützung der Nuntien und vor allem der Reformorden betrieben. 1598 veranstaltete er eine Diözesansynode, die die tridentinischen Reformdekrete für das Erzbistum umzusetzen suchte, ohne die spezifisch kölnischen Traditionen zu ignorieren. Zum wichtigsten Reforminstrument machte er den 1601 nach Münchener Vorbild geschaffenen Kirchenrat, der in wöchentlichen Sitzungen zunächst unter dem Vorsitz des Nuntius und seit 1606 unter dem des Weihbischofs die Reformanliegen im Auftrag des Koadjutors vorantrieb.

1601 wurde F., nachdem er schon 1599 Koadjutor von Stablo-Malmedy geworden war, auch Koadjutor seines Onkels in dem wichtigen Bistum Lüttich, das sich beiderseits der Maas zwischen Reich und Holland, den Spanischen Niederlanden und Frankreich hinzog und sich angesichts des französischen Druckes nun enger an das Reich anschloß (29. 4. 1602 bestätigt). In Lüttich waren die Behinderungen der bischöflichen Jurisdiktion und damit die Einwirkungen im Sinne der Kirchenreform ebenso wie im Herzogtum Jülich-Berg sehr erheblich. Angesichts dieser Situation ergab sich unter Nuntius Antonio Albergati (1610—21) eine noch intensivere Zusammenarbeit als in Köln, da Albergati in jenen Fällen, wo dem Koadjutor aus Gründen der Exemtion (Lüttich) oder der landesherrlichen Kirchenhoheit (Jülich-Berg) die Visitation erschwert oder gar unmöglich war, helfend einsprang. Die Zusammenarbeit zwischen Koadjutor und Nuntius machte es möglich, daß F. im Interesse des katholischen Besitzstandes unter Dispens vom Verbot der Pfründenhäufung am 2. 1. 1611 auch in Hildesheim, am 5. 8. 1611 in Münster und am 10. 2. 1612 außerdem in Paderborn zum Koadjutor postuliert wurde. Nach der päpstlichen Bestätigung (18. 5. 1611; 18. 2. 1612; 5. 7. 1612) vereinigte er eine imponierende Macht in seiner Hand. Die Häufung und „Vererbung" der nordwestdeutschen Stifte, wie sie sich seit dem 16. Jh. herausbildete, lag in deren eigenem Interesse, da sie durch den Anschluß an Bayern am ehesten in ihrem Bestand gesichert waren. Der F. unterstehende Gebietskomplex bestand aus dem rheinisch-westfälischen Kern und den beiden exponierten Bistümern Lüttich und Hildesheim. Da aber sein Vetter F. W. v. (→) Wartenberg, den F. 1621 als Oberhofmeister an seinen Hof berief, 1625 Bischof von

Osnabrück, 1629 von Minden und 1639 von Verden wurde, erfolgte die Regierung der nordwestdeutschen Germania sacra unter F. vollständig von Köln aus. Im Erzstift, in dem sich F. und sein Hof normalerweise aufhielten, lag das Schwergewicht seiner Tätigkeit. Hier gab es wie in allen Stiften eine Regierung aus fürstlichen Räten, in Bonn daneben einen Geheimen Rat für die wichtigen, vor allem außenpolitischen Fragen, mit wenigen Mitgliedern. Auch hier spielte Wartenberg eine wichtige Rolle.

An sich besaß F. in seinen Stiften bedeutende Dotationen, doch waren diese durch die Kriegsverhältnisse schwer belastet, und Lüttich versuchte angesichts seiner Sonderstellung ohnehin, sich den Leistungen an den Landesherrn zu entziehen. Das leitende Motiv von F.s Kumulationspolitik bildete jedoch nicht die Einkommensvermehrung, sondern die Festigung des Katholizismus. Angesichts der Kriegsereignisse blieb seine lange Amtszeit stets von finanziellen Sorgen überschattet. Sie haben auch dem militärischen Leistungsvermögen seiner Territorien enge Grenzen gesetzt. Seit 1609 Mitglied der von seinem Bruder Maximilian gegr. Katholischen Liga, deren Ausbau er eifrig befürwortete, verfolgte F. gegenüber Holland eine Politik der bewaffneten Neutralität. Nach dem Rückzug der Holländer und Spanier (1631) und der Wahl katholischer Kandidaten für die norddeutschen Stifte schienen sich der Rekatholisierung glänzende Aussichten zu eröffnen, doch brachte die Intervention Gustav Adolfs von Schweden dann jene Wende, die den Fortbestand der nordwestdeutschen Stifte ernsthaft gefährdete und bis zum Friedensschluß eine Umgestaltung des westfälischen Raumes nicht ausschloß. Stärker als das Erzstift, das zwar wiederholt Durchmärsche hinnehmen mußte, von größeren Kriegsereignissen jedoch verschont blieb, litten die westfälischen Stifte. F. ließ seit dem Beginn des Hessenkrieges (1642) in Bonn Befestigungen errichten und blieb auf die bestmögliche Sicherung seines Landes konzentriert.

Größten Schwierigkeiten begegnete F. in Lüttich, dem am wenigsten von der Reformation und vom Krieg betroffenen unter seinen Stiften, dem Kaiser Maximilian I. 1492 die ewige Neutralität zugesagt hatte, das aber infolge seiner Zugehörigkeit zum wittelsbachischen Komplex nun doch in das Kriegsgeschehen hineingezogen wurde. Der wirtschaftliche Aufstieg der Stadt Lüttich seit dem späten 16. Jh. hatte soziale Spannungen ausgelöst, da die aufsteigenden Schichten von der Selbstverwaltung ausgeschlossen blieben. Es gelang F. während seiner langen Regierungszeit, die Selbstverwaltung der Stadt, die ihm die Finanzhilfe zu verweigern suchte, allmählich zurückzudrängen. 1631 kam es zu einer Scheinversöhnung. Als F. seit 1636 wiederholt Truppen ins Land ließ, verwüsteten diese nur die dem Landesherrn treuen Landgebiete, während sie die rebellische Stadt nicht zu bezwingen vermochten. 1640 erkannten die Stände in einem Friedensvertrag die Oberhoheit des Reiches an, sagten ihre Finanzhilfe jedoch nur gegen die Türken zu. Dennoch blieb das Verhältnis gespannt. Nach dem Frieden von 1648 war die Stadt jedoch isoliert und mußte 1649 den Neffen des Erzbischofs (→) Max Heinrich von Bayern aufnehmen. Während die Zünfte nun von der Verwaltung ausgeschlossen wurden, stützte der Fürstbischof sich seitdem auf den Adel und das Domkapitel. Dieses wählte 1649 auf Veranlassung F.s Max Heinrich zum Koadjutor. Das Siegeszeichen des Absolutismus wurde die 1650 begonnene Zitadelle.

F. hat sich jedoch nicht nur mit staatsrechtlichen und militärischen, sondern auch mit pastoralen Mitteln um die Erhaltung des Katholizismus und um eine Reform im Sinne der Dekrete von Trient bemüht. Schwerpunkte bildeten dabei die Durchführung von Visitationen, Diözesansynoden (Köln: 1598, 1612, 1613, 1614, 1627; Lüttich: 1613, 1618; Münster: 1613; Paderborn: 1621, 1642, 1644; Hildesheim: 1633), ferner Bemühungen um die Hebung der Priesterbildung, die Herausgabe gottesdienstlicher Bücher und die Stärkung der Generalvikare gegenüber den vortridentinischen Archidiako-

nen. Das Hauptgewicht von F.s Wirksamkeit lag selbstverständlich in seinen Hochstiftsterritorien, wo ihm bei der Durchsetzung seines Programmes alle Möglichkeiten des Landesherrn zur Verfügung standen.

Auch im Bistum Münster begann F. sofort nach seiner Amtsübernahme mit Reformmaßnahmen, obwohl seine Beamten sich bedenklich zeigten. Er stützte sich dafür wie in Köln auf den Generalvikar, dessen Position er gegenüber den Archidiakonen stärkte. Die Diözesansynode von 1613, die die tridentinischen Reformdekrete urgierte, leitete er persönlich, und im gleichen Jahr begann er unter Mithilfe des Weihbischofs Nikolaus Arresdorf († 1620) und später des Generalvikars Hartmann eine Visitation des gesamten Stiftes. Während es dabei im Oberstift nur um die Durchführung der Reformbestimmungen ging, leitete F. in dem von Münster aus lange vernachlässigten Niederstift, das jurisdiktionell dem Domkapitel von Osnabrück unterstand, persönlich die Rückführung der lutherischen Gemeinden zum Katholizismus. Dabei bediente er sich aller ihm als Landesherrn zustehenden Machtmittel, vor allem aber der Mithilfe von Jesuitenmissionaren, die in Meppen stationiert wurden. Am schwierigsten gestaltete sich die Rekatholisierung im Raume Vechta. Sie wurde dort erst 1623 unter dem Druck ligistischer Truppen abgeschlossen.

Aufgrund der Visitationserfahrungen erließ F. 1616 vier Reformdekrete für zentrale Bereiche des kirchlichen Lebens (Orden, Stiftskanoniker, Stiftsdamen, Pfarrklerus). Die von ihm angestrebte Errichtung einer Hochschule sowie eines Priesterseminars kamen jedoch nicht zustande. In Köln gelang ihm dagegen 1615 die Gründung eines wenn auch noch bescheidenen Priesterseminars. Starken Widerstand gegen die Reform fand F. bei den auf ihre Selbstverwaltung bedachten und vom Kalvinismus beeinflußten Stadträten. Diesen konnte er erst nach 1620 mit Hilfe ligistischer Truppen brechen. Damit setzte er sich zugleich in seiner Position als Landesherr durch. Auch im Vest Recklinghausen und im Herzogtum Westfalen, für die der Kölner Kirchenrat zuständig war, führte F. 1600 bzw. 1613–26 Visitationen durch. Für beide Territorien setzte er 1612 wegen ihrer Entfernung vom Regierungssitz eigene Kommissare zur Durchführung der Reform ein. 1614 dehnte er die „Religionsordnung" des Erzstiftes, wonach der Katholizismus praktisch die Staatsreligion war, auch auf das Herzogtum Westfalen aus. 1629 erließ er eine „Überrheinisch-Westfälische Kirchenordnung". Einen dunklen Punkt der Ära F. bildete die Durchführung von Hexenprozessen, denen vor allem bis 1630 zahlreiche Menschen zum Opfer fielen.

Weniger Aufmerksamkeit widmete F. dem abgelegenen Paderborn. Nach seiner Amtsübernahme (13. 12. 1618) erschien er dort nur noch einmal zur Diözesansynode von 1621, um dann seinem Weihbischof und Generalvikar Johannes Pelcking († 1642) die Durchführung der Reformen zu überlassen. Diese wurden zwar 1622 durch die Besetzung des Stiftes durch den protestantischen Herzog Christian von Braunschweig-Wolfenbüttel zurückgeworfen, nach der Rückeroberung aber mit allen Mitteln fortgesetzt.

Ungleich schwieriger war F.s Position außerhalb der Stiftslande. Das galt vor allem für die Herzogtümer Jülich-Kleve-Berg mit ihrer seit dem späten Mittelalter ausgeprägten landesherrlichen Kirchenhoheit. Da sie nächst dem Erzstift den größten Teil des Erzbistums ausmachten, war F. dringend daran gelegen, seine Jurisdiktion hier durchzusetzen. Zunächst half hier in päpstlichem Auftrag subsidiär Nuntius Albergati. Ein Kompromiß wurde dann möglich, als nach dem Jülich-Klevischen Erbfolgestreit 1614 Jülich und Berg an den katholischen Herzog Wolfgang Wilhelm von Pfalz-Neuburg fielen. 1621 schloß F. mit diesem einen Vergleich, der ihm die Wahrnehmung seiner bischöflichen Rechte ermöglichte.

Für die Rekatholisierung und katholische Reform stützte F. sich weitgehend auf die Orden, insbesondere auf die Jesuiten, die Kapuziner und die Franziskaner-Rekollekten. Der Kapuzinerorden konnte 1611 in Köln und Paderborn seine ersten deutschen Klöster gründen. 1615 bzw. 1618 folgten Niederlassungen in Bonn und Münster. Zahlreicher waren die alten Franziskanerklöster, die nun vom Observantenzweig der Rekollekten übernommen wurden. Von noch größerer Wirkung war jedoch die Förderung des Jesuitenordens, der zwar zuvor schon Niederlassungen in Köln, Münster und Paderborn besessen hatte, nun aber von F. systematisch eingesetzt wurde. 1596 kamen Jesuiten nach Bonn, 1601 nach Aachen, dessen Rat kurz zuvor rekatholisiert worden war, später nach Düsseldorf, Düren, Münstereifel und Jülich. Sie bauten im Laufe der Zeit allenthalben Kollegien und z. T. Zentren der Volksmission aus. Eine negative Seite dieser Bemühungen bildete freilich die Unduldsamkeit gegen alle Nichtkatholiken, doch konnten sich in Jülich-Berg im Gegensatz zu den Hochstiften manche evangelischen Gemeinden halten.

Die bahnbrechenden Maßnahmen von F. lagen in seinen frühen Jahren. Seit 1615 traten dann die Bedeutung des Kölner Kirchenrates und der Nuntiatur — mit Ausnahme von Lüttich — zugunsten des Generalvikariates und damit der strafferen bischöflichen Leitung zurück.

So entschieden sich aber F. für die Kirchenreform verwandte und so demonstrativ er bei manchen Bußprozessionen mitzog, für seine eigene Person hat er die Konsequenzen aus den Reformdekreten des Konzils nur mit Einschränkung gezogen. Die Tonsur hatte er zwar schon mit neun Jahren und den Subdiakonat vielleicht 1609 empfangen. Weitere Weihen hat er dagegen nicht empfangen, obwohl er sich in verschiedenen Wahlkapitulationen dazu verpflichtet hatte und seine persönliche Lebensführung dem nicht im Wege stand. Der Hl. Stuhl hat angesichts der politischen Gesamtlage schließlich darauf verzichtet, ihn dazu zu drängen. So hat F. trotz seiner persönlichen Integrität und seines Reformeifers das Ideal des tridentinischen Seelsorgebischofs keineswegs erfüllt.

Vom Selbstgefühl der barocken Welt noch weit entfernt, besaß F. dennoch Sinn für fürstliche Repräsentation. Er hat Bonn zur Haupt- und Residenzstadt des Erzstiftes gemacht und hier mit dem Ausbau eines modernen Behördenapparates begonnen, während die geistliche Verwaltung des Erzbistums in Köln blieb. Schon von Beginn seiner Regierung an bemühte er, der selbst vom kunstfreudigen Münchener Hof kam, sich um den Ausbau der Bonner Hofmusik. Auch auf den Bereich der bildenden Künste und des Kunstgewerbes erstreckte sich sein Mäzenatentum, doch sind seine Bauten weitgehend untergegangen.

Mit der Wahl seines Neffen Max Heinrich zum Koadjutor in Hildesheim (1633), Köln (1642) und Lüttich (1649) sicherte F. hier die wittelsbachische Nachfolge. Als der Erzbischof sich nach dem Friedensschluß von Münster und Osnabrück nach langer Zeit wieder in seine westfälischen Bistümer begeben wollte, starb er auf der Reise dorthin am 13. 9. 1650 in Arnsberg. Er erhielt sein Grab im Kölner Dom. Bei seinem Tode waren in seinen Hochstiftsterritorien die Rekatholisierung beendet und die Voraussetzungen für das Heranwachsen der nachtridentinischen Kirche vorhanden.

Literatur: P. Harsin, in: DHGE 7 (1937) 5f. - J. Daris, Liège XVIIᵉ siècle I. - A. Franzen, Wiederaufbau. - Ders., Archidiakonate. - H. J. Herkenrath, Die Reformbehörde des Kölner Kirchenrates 1601-1615 (Düsseldorf 1960). - E. Ennen, Kurfürst Ferdinand von Köln (1577-1650). Ein rheinischer Landesfürst zur Zeit des Dreißigjährigen Krieges, in: AHVN 163 (1961) 5-40. - J. F. Foerster, Kurfürst Ferdinand von Köln. Die Politik seiner Stifter in den Jahren 1634-1650 (Münster

1976). - *H. J. Brandt - K. Hengst* Bischöfe 229-233. - *J. Paquay* 144-149. - *J. P. Delville*, Les status synodaux de l'ancien diocèse de Liège, in: Annuaire de l'histoire liégeoise 20 (1979) 39-78. - *A. Schröer*, Die Kirche in Westfalen im Zeichen der Erneuerung, Bd. 2: Die Gegenreformation (Münster 1986). - *Fr. Bosbach*, Die katholische Reform in der Stadt Köln, in: RQ 84 (1989) 120-159.

Abbildungsnachweis: Öl auf Leinwand, deutsch 1. Hälfte 17. Jh. - BStGS Inv. Nr. 3317.

Erwin Gatz

Fiernhammer, Johann (1586 – 1663)

1630 – 1663 Weihbischof in Freising, Ep. tit. Dariensis

* 22. 11. 1586 in Freising; studierte als Stipendiat des Freisinger Domkapitels in Ingolstadt Theologie und die Rechte; 2. 4. 1611 Priester; 1614 Dr. theol. (Ingolstadt); Kanonikus, später Dekan des Kollegiatstiftes St. Andrä in Freising; seit 1618 enger Mitarbeiter von Fürstbischof V. A. v. (→) Gepeckh. F. war als Sekretär und Direktor des Geistlichen Rates maßgeblich an der Durchsetzung der tridentinischen Reform im Bistum Freising beteiligt. Er unternahm Visitationen, redigierte wahrscheinlich das Freisinger Pastorale von 1625 und das Proprium von 1626 sowie die Status-Berichte des Fürstbischofs. 1632 bewies er während der schwedischen Besetzung Freisings großes Verhandlungsgeschick. 30. 1. 1630 Titularbischof von Daria und Weihbischof in Freising; 1640 konsekriert; † 19. 2. 1663; □ St. Andrä in Freising.

Literatur: *C. Meichelbeck - A. Baumgärtner* 591 f. - *L. Weber*, Gepeckh.

Egon Johannes Greipl

Finetti, Anton Edler von (1731 – 1802)

1784 – 1802 Generalvikar in Linz

→ Bd. 1, 190 f.

Firmian, Franz Karl Maria Cajetan Reichsfreiherr (seit 1749 Reichsgraf) von (1741 – 1776)

1773 – 1776 Weihbischof in Passau, Ep. tit. Ascalonensis

* 2. 10. 1741 zu Salzburg; Neffe des Passauer Fürstbischofs L. E. Kard. v. (→) Firmian; Studium in Salzburg; 1757 Domherr in Passau, 1761 in Salzburg; 2. 4. 1768 Priesterweihe in Passau; 1771 Stiftspropst von St. Salvator in Passau-Ilzstadt; 20. 12. 1773 Titularbischof von Ascalon und Weihbischof in Passau; 16. 1. 1774 Konsekration durch Kard. Firmian in Passau; 1775 Pfarrer von Kallham (Oberösterreich); † 17. 8. 1776 als Opfer eines Jagdunfalls; □ Herrenkapelle des Passauer Domes.

Literatur: *L.H. Krick*, Domstift 93, 211. - *Ders.*, Stammtafeln 93. - *U. Salzmann* 103 f.

August Leidl

Firmian, Leopold Anton Eleutherius Reichsfreiherr von (1679 – 1744)

1718 – 1724 Fürstbischof von Lavant
1718 – 1724 Salzburger Generalvikar für Ober- und Unterkärnten
1724 – 1727 Fürstbischof von Seckau
1724 – 1727 Salzburger Generalvikar für die Steiermark und den Neustädter Distrikt
1727   ernannter Fürstbischof von Laibach
1727 – 1744 Fürsterzbischof von Salzburg

Leopold Anton Eleutherius von Firmian wurde am 27. 5. 1769 zu München als Sohn des Franz Wilhelm v. F., Herrn von Cronmez und Meggl, und dessen Ehefrau Maria Magdalena Viktoria von Thun geboren. Das Geschlecht der Firmian mit seinem Stammsitz auf Schloß Sigmundskron bei Bozen zählte zum Tiroler Uradel. Als Erbmarschälle des Hochstiftes Trient hatte es sich gegen Ende des 15. Jh. bei Mezzocorona am Ausgang der Val di Non niedergelassen. Im 18. Jh. war eine Reihe bedeutender Familienmitglieder in kirchlichen und weltlichen Ämtern aufgestiegen. Der Vater von F. war zum Zeitpunkt der Geburt kaiserlicher Gesandter am bayerischen Hof. Die Mutter war eine Schwester des Salzburger Erzbischofs J. E. v. (→) Thun. Dadurch kam F. früh als Edelknabe an den Salzburger Hof. 1694 wurde er auf Vermittlung seines Onkels Domizellar und studierte danach in Innsbruck und Salzburg. Die höheren Studien absolvierte er in Rom an S. Apollinare. 1707 wurde er zum Priester geweiht, 1713 zum Domdekan gewählt. Als solcher erreichte er 1714, daß der jeweilige Inhaber dieses Amtes die Pontifikalien benutzen durfte.

1718 vertauschte F. das Kapitelsamt mit dem eines Bischofs von Lavant mit dem Sitz im abgelegenen St. Andrä im Lavanttal (11. 3. durch den Erzbischof von Salzburg nominiert, am 8. 5. konfirmiert und am 22. 5. 1718 konsekriert). F. hat sich bemüht, die kleine, stark

vernachlässigte Diözese durch strenge Vorschriften für den Klerus zu reformieren. 1724
verlieh der Salzburger Erzbischof F. A. v. (→)
Harrach F. das weniger abgelegene Bistum
Seckau, wo er sich ebenfalls als Reformer
hervortat. Von Seckau aus pflegte er vor allem
engen Kontakt zu den Grazer Jesuiten und
übernahm das Rektorat über deren akademische Bruderschaft.

Im Februar 1727 nominierte Kaiser Karl VI.
(1711 – 40) F. zum Bischof von Laibach, doch
postulierte ihn das Salzburger Kapitel am 4. 10.
1727, noch bevor die päpstliche Verleihungsur-
kunde eingetroffen war, als Erzbischof von
Salzburg. Es war dies die erste reguläre Salzburger Wahl seit 40 Jahren. Die Translation
erfolgte am 22. 12. 1727, die Verleihung des
Palliums am 26. 1. 1728. F.s kirchlicher Werdegang ist infolge der mit seinem Namen ver-
knüpften Protestantenvertreibung verkannt
worden. Es steht außer Zweifel, daß er aus
seelsorgerischen Interessen auch zu einer wirtschaftlichen Schlechterstellung bereit war, daß
er sich als Bischof bewährte und so zu immer
größeren Aufgaben aufstieg.

Als Salzburger Landesfürst führte F. zu Beginn
ein scharfes Regiment, um die Autorität der
Regierung, die unter seinem Vorgänger Harrach merklich gelitten hatte, wieder herzustel-
len. Dies und die Berufung bayerischer Jesuiten
zur Mission bildeten den Anlaß zur Tragödie
von 1731 – 32, in deren Verlauf mehr als 20 000
Anhänger des Augsburgischen Bekenntnisses
des seit zwei Jahrhunderten im Gebirge bestehenden Geheimprotestantismus ihre Heimat
verlassen mußten. Sie fanden Aufnahme in
Preußen (Einladungspatent vom 2. 2. 1732),
Holland und Amerika. Der Salzburger Pongau
bildete den geographischen Mittelpunkt dieses
Kryptoprotestantismus, der sich auch in den
benachbarten österreichischen Erbländern, im
oberösterreichischen und steiermärkischen
Salzkammergut, in der Obersteiermark und
Oberkärnten fand. Ebensowenig wie die Habsburger dachten die Landesfürsten von Salzburg an eine friedliche Beilegung des Konfliktes, etwa an eine Gewährung des Trienniums,
der vom Westfälischen Frieden gebotenen drei-
jährigen Abzugsfrist. Sie kehrten vielmehr ihre
Souveränitätsrechte hervor und verbaten sich
jedwede ausländische Einmischung. Der Wiener Hof konnte den Ereignissen in Salzburg
nicht neutral gegenüberstehen. Da er ein Über-
greifen der protestantischen Bewegung auf die
Erbländer befürchtete, stand Kaiser Karl VI. F.
ohne Rücksicht auf die Folgen im Reiche zur
Seite. Trotz der gewagten Politik F.s, der diese
Katastrophe wahrscheinlich in der Absicht,
eine noch größere zu vermeiden, herbeigeführt

hatte, hat Salzburg selbst den Gang der Ereignisse nicht allein bestimmt. Die eigentliche
Entscheidung in den Auseinandersetzungen
der politischen Kräfte und Mächte lag in den
Händen Karls VI. und des preußischen Königs
Friedrich Wilhelm I. Ihr kurz zuvor geschlossenes Bündnis und der beiderseitige Wunsch,
einen Konflikt zu vermeiden, hat das Geschick
der evangelischen Salzburger Bauern am nach-
haltigsten beeinflußt, wenngleich F. als absoluter Regent des Erzstiftes wie sein kurz vor den
Emigrationsereignissen ernannter welschtiroler
Hofkanzler Cristani di Rall für die Vertrei-
bungspolitik die Verantwortung trugen (Emi-
grationspatent vom 31. 10. 1731).

F., der sich persönlich kaum an den Emigra-
tionsvorgängen beteiligte, sondern hierin seinen listenreichen Hofkanzler gewähren ließ,
lag in erster Linie, wie in seinen bisherigen
Bistümern, die Hebung der Seelsorge und die
Wahrung der Glaubenseinheit am Herzen. In
einer späteren Zeit als finsterer Zelot ver-
schrien, gehörte er doch einer gemäßigten
Richtung der Aufklärung an. Er fand Unterstützung in den vielen Welschtirolern und
Trentinern, die er entweder an seinen Hof in
hohe kirchliche und staatliche Stellungen berief oder die an der Salzburger Benediktiner-

universität studierten, wo um 1740 ein heftiger theologischer Streit (Sykophantenstreit) entbrannt war, den eine Predigt des Benediktiners P. Böckhn über die Heilsnotwendigkeit der Heiligen- und Marienverehrung ausgelöst hatte.

Nach Abzug der Evangelischen wurden die Gebirgsgaue in Missionsbezirke eingeteilt und Missionshäuser errichtet: in Schwarzach durch Benediktinerpatres für das Gebiet St. Johann i. Pongau, Wagrain, Großarl, Goldegg, St. Veit und Gastein; für den Pinzgau wurde in Hundsdorf bei Bruck an der Glocknerstraße eine Missionsniederlassung gegründet und den Franziskanern anvertraut. Die Kapuziner wiederum errichteten 1735–37 in Werfen einen kleinen Konvent zur Missionstätigkeit in Werfen, Bischofshofen, Abtenau und Golling. Schließlich erhielten die Augustiner–Eremiten neben dem Dürrnberg auch das Pfleggericht Hallein als Missionsgebiet zugewiesen (Kloster Georgenberg). Zur intensiveren seelsorgerischen Betreuung ließ F. mehrere Vikariate errichten und in allen Pfarreien Katechismen und Erbauungsbücher verteilen. Einen besonderen Stellenwert nahm dabei das Buch „Der wahre Römisch-catholische Salzburger" ein, das sich u. a. gegen die Protestanten und die subjektive Bibelauslegung wandte. Große Bedeutung für das Salzburger Frömmigkeitswesen erlangten wieder das Bruderschaftswesen und die Wallfahrten. Fast in allen Pfarreien wurden um 1735 neue Bruderschaften eingerichtet oder bestehende reaktiviert (bes. Rosenkranz- und Skapulierbruderschaften). Mit besonderem Eifer setzte sich F. für die Verehrung des hl. Johannes Nepomuk ein, mit dessen Statue er die Plainbrücke, die Maxglaner Brücke und den Leopoldskroner Weiher zieren ließ. Durch gegenreformatorische Maßnahmen und seelsorgliche Reformen brachte F. jene Initiativen der Salzburger Erzbischöfe und Landesfürsten zum Abschluß, die sie Anfang des 17. Jh. begonnen hatten, die aber wegen des Dreißigjährigen Krieges und seiner Folgen nur geringe Wirkung gezeigt hatten.

Die letzten Jahre von F.s Regierung waren durch den 1740 ausgebrochenen Österreichischen Erbfolgekrieg überschattet. Salzburg wollte Neutralität wahren, konnte aber nicht verhindern, daß das Land Durchmarschgebiet der kriegsführenden Parteien wurde. Der Bestand des Erzstiftes war in Frage gestellt, und das Gespenst der Säkularisation tauchte zum ersten Mal auf. Um den österreichisch-bayerischen Konflikt beizulegen, wollte man die Oberpfalz mit Bayern vereinigen, den Kurfürsten zum König erheben und seine Einkünfte durch Aufhebung verschiedener Reichsstädte

und die Säkularisation geistlicher Fürstentümer, darunter Salzburg, vermehren. Nachdem Kaiser Karl VII. 1745 unerwartet gestorben war, Maximilian Joseph von Bayern die Pragmatische Sanktion anerkannt und auf alle Erbansprüche verzichtet hatte, war die Gefahr für Salzburg gebannt. Trotz aller widrigen Umstände gehen einige bedeutende Bauwerke Salzburgs auf F. zurück. Er verschönerte die Pferdeschwämme am Siegmundsplatz und die Kapitelschwämme (1732), vollendete Schloß Kleßheim und baute Leopoldskron neu.

Als Metropolit gelang es F. ebensowenig wie seinem Vorgänger Harrach, die Loslösung Passaus aus dem Salzburger Metropolitanverband zu verhindern. Auch die Hoffnung auf Trient als neues Suffraganbistum erfüllte sich nicht. Die Zeremonialkongregation gestattete F. 1738 die Führung des Titels „Excelsus". Als Erzbischof von Salzburg nahm F. fünfmal die Besetzung salzburgischer Eigenbistümer vor. Dabei fiel seine Wahl zweimal auf einen Neffen.

F. starb am 22. 10. 1744 in dem von ihm erbauten Schloß Leopoldskron. Er wurde in der Gruft vor dem Sakramentsaltar der Domkirche beigesetzt.

Literatur: H. Widmann 383-434. - F. Martin, Salzburgs Fürsten 175-193 (Lit.). - G. Schwarz-Oberhummer, Die Auswanderung der Gasteiner Protestanten unter Erzbischof Leopold Anton von Firmian, in: MGSL 94 (1954) 1-85. - W. Keplinger, Die Emigration der Dürrnberger Bergknappen 1732, in: MGSL 100 (1960) 171-208. - K. Klamminger, in: K. Amon, 336-339. - J. Laglstorfer, Der Salzburger Sykophantenstreit um 1740 (Diss. phil. Salzburg 1971). - A. Ehmer, Das Schrifttum zur Salzburger Emigration 1731/33 (Hamburg 1975). - G. Florey, Geschichte der Salzburger Protestanten und ihrer Emigration 1731/32 (Wien 1977). - J. Henökl, Studien zur Reformation und Gegenreformation im Pongau unter besonderer Berücksichtigung der Vorfälle im Pfleggericht Werfen (Diss. phil. Wien 1979). - F. Ortner 204-280 (Lit.). - Reformation - Emigration - Protestanten in Salzburg. Landesausstellungskatalog 1981 (Salzburg 1981). - J. Sallaberger. - G. Ammerer, in: H. Dopsch-H. Spatzenegger 256-299.

Abbildungsnachweis: Öl auf Leinwand, unbek. Maler.-Alte Residenz-Galerie Salzburg.-Foto Landesbildstelle Salzburg.

Franz Ortner

Firmian, Leopold Ernst Reichsfreiherr (seit 1749 **Graf) von** (1708–1783)

1730–1739 Konsistorialpräsident in Salzburg
1739–1763 Fürstbischof von Seckau
1741–1763 Salzburger Generalvikar für die Steiermark und den Neustädter Distrikt

1748 – 1756 Koadjutor des Fürstbischofs von
             Trient
1763 – 1783 Fürstbischof von Passau
1772   Kardinal

Leopold Ernst von Firmian wurde am 22. 9.
1708 als erster Sohn des kaiserlichen Kämmerers und wirklichen Rates Franz Alfons Georg
Freiherrn (seit 1749 Reichsgraf) v. F. und der
Barbara Elisabeth Gräfin von Thun auf dem
Stammsitz der Familie in Deutschmetz (Mezzocorona) im Fürstbistum Trient geboren. Ein
Onkel, L. A. v. (→) Firmian, war 1727 – 44
Erzbischof von Salzburg, ein anderer, J. M. v.
(→) Thun, 1741 – 62 Bischof von Gurk und
1762 – 63 von Passau. Sein Bruder Franz Lak-
tanz wurde salzburgischer Obersthofmeister
und besonderer Vertrauter Kaiser Josephs II.,
der ihn 1771 zu seinem Kammerherrn ernannte.
Vigilius Augustinus wurde 1729 Domherr ·in
Passau, 1753 Dompropst in Salzburg und
1744 – 53 Bischof von Lavant. Karl Joseph
wurde bevollmächtigter Minister des Hauses
Habsburg in der Lombardei, wo er das Staat-
Kirche-Verhältnis im Sinne des Josephinismus
umgestaltete. Ein Neffe, Franz Karl v. (→) F.,
war seit 1757 Domherr in Passau, seit 1761 in
Salzburg und seit 1775 Weihbischof in Passau.
Ein Großneffe, (→Bd. I) Leopold Maximilian v.
F., wurde 1783 Domherr in Passau, 1780 in
Salzburg, 1797 Weihbischof in Passau, 1800
Bischof von Lavant und 1822 Erzbischof von
Wien.

F. absolvierte das Gymnasium in Trient und
das Studium der Philosophie 1724 – 26 in Graz.
1726 – 29 studierte er als Alumne des Collegium Germanicum in Rom Theologie. Obwohl
F. in gutem Einvernehmen mit seinen Lehrern
aus dem Jesuitenorden stand, knüpfte er zugleich Kontakte zu dem Reformkreis um den
Dominikaner und späteren Kardinal Guiseppe
A. Orsi. Dort lernte er die jansenistische Literatur kennen und fand die theologische Grundlage für jenen hohen sittlichen Ernst, der ihm ein
Leben lang zu eigen war. Aus gesundheitlichen
Gründen verließ F. 1729 Rom. Er vollendete
sein kirchenrechtliches Studium in Salzburg.
Dort schloß er sich auch dem für eine Kirchenreform offenen Muratori-Zirkel an. Am 25. 9.
1729 weihte ihn sein Onkel mit päpstlicher
Altersdispens zum Priester. Seine weitere Karriere wurde durch den Erzbischof nachdrücklich gefördert. Seit 1723 Domizellar in Trient
und Passau, seit 1728 auch in Salzburg, wurde
F. 1730 Konsistorialpräsident in Salzburg und
Dompropst in Trient. Er zeichnete sich als
hervorragender Verwaltungsfachmann aus.
Dies dürfte dazu beigetragen haben, daß er
bereits 1733 zum Dekan des Salzburger Metro-

politankapitels gewählt wurde, dem damals
acht Bischöfe angehörten. Die Eigenwilligkeit
des Erzbischofs und die übergroße Empfind-
lichkeit der Domkapitulare stellten an F. große
Anforderungen, denen er als gewiegter Diplomat gerecht wurde. Im Verlauf des Österreichischen Erbfolgekrieges (1740 – 48) versuchte er
gemeinsam mit seinem Bruder Vigilius Augustinus vergeblich, den Erzbischof von seiner
Neutralitätspolitik gegenüber Bayern abzu-
bringen.

Am 13. 2. 1739 nominierte der Erzbischof F.
zum Bischof von Seckau, und am 17. 2. 1739
konfirmierte er ihn. Obwohl F. gleichzeitig zum
salzburgischen Generalvikar für die Steiermark und den Neustädter Distrikt ernannt
wurde, konnte diese Ernennung erst 1741
rechtskräftig werden, da der Wiener Hof wie
bei seinen Vorgängern darauf bestand, daß
vorher zu klären sei, ob die Übertragung dieses
Amtes mit den kirchlichen Bestimmungen vereinbar sei (J. D. v. → Lemberg).

F. widmete sich mit ganzer Kraft der Reform
seines kleinen Bistums und der steirischen
Gebiete des Erzbistums Salzburg. Seine Maßnahmen auf dem Gebiet der Seelsorge mit der
starken Betonung der Predigt und Christenlehre atmeten bereits deutlich den Geist der
katholischen Aufklärung. Auch seine Reserve
gegenüber den vielen Feiertagen und Bittgängen machte deutlich, daß mit F. eine neue
kirchliche Ära angebrochen war. Große Sorge
bereitete ihm das Anwach-
sen des Geheimprotestantismus, vor allem in
der Obersteiermark. Er wollte aber bei der
Auseinandersetzung nicht einfach das willige
Ausführungsorgan der staatlichen Behörden
sein, sondern entfaltete vielfach eigene Initiativen. Durch den Einsatz von Volksmissionaren
und durch religiöse Unterweisung ließen sich
die Protestanten jedoch nicht für die katholische Kirche gewinnen. F.s Engagement für die
berühmten katechetischen Missionen des Jesuiten Ignaz Parhamer haben ihm jedoch einen
hervorragenden Platz in der Geschichte der
Volksmission gesichert.

F. entwickelte sich besonders zum Förderer der
wissenschaftlichen und spirituellen Ausbildung des steirischen Klerus. Die ersten Initiativen zur Errichtung des Priesterseminars in
Graz ergriff er schon 1753 und 1757. Die
endgültige Einrichtung eines Alumnats erfolgte aber erst 1773, als F. schon zehn Jahre
Fürstbischof von Passau war. Unter F. wurden
in der Steiermark 26 Seelsorgestellen neu errichtet. Die Verlegung des Bischofssitzes in die
Landeshauptstadt Graz konnte er dagegen
nicht verwirklichen.

1748 erklärte F. sich auf den Wunsch von Kaiserin Maria Theresia hin bereit, Koadjutor des Trienter Bischofs D. A. v. (→) Thun zu werden, unter dessen Regierung untragbare Mißstände eingetreten waren. Gegen einen Teil der Trienter Domherren, die von F. ein allzu strenges Regiment fürchteten, wurde dieser am 29. 5. 1748 mit Unterstützung der Kaiserin zum Koadjutor mit dem Recht der Nachfolge gewählt. Die Bestätigung folgte am 16. 12. 1748. Die ersten Schritte F.s bestanden in der Absetzung der mit Thun verbundenen Beamten, der Wiederherstellung eines Hofrates, der Reduzierung der Hofhaltung, der Beauftragung eines Laien mit der Vermögensverwaltung, der Neuordnung des Domkapitels, der Liquidierung zahlreicher Sonderrechte des Trienter Adels, der Reduzierung der zahlreichen Priesterweihen und schließlich nach Salzburger Vorbild der Einrichtung eines Konsistoriums anstelle des Generalvikariates. F. strebte insbesondere eine strenge Trennung von Diözesan- und Hochstiftsverwaltung an. 1749−51 visitierte er die gesamte Diözese. Seit 1751 ergab sich jedoch eine Reihe von Schwierigkeiten mit österreichischen Regierungsstellen sowie mit dem Domkapitel und dem Trienter Magistrat. Gegen den Widerspruch F.s und des Domkapitels wurde Trient 1752 nach Aufhebung des Patriarchates Aquileja Suffragan von Görz. Im September 1755 verzichtete F. schließlich auf die Koadjutorie und kehrte in sein Bistum Seckau zurück. Seine Resignation wurde am 20. 1. 1756 von Benedikt XIV. angenommen.

1761 kandidierte F. für das Bistum Passau, doch verzichtete er schließlich zugunsten seines Vetters Thun. Als dieser jedoch unerwartet bereits 1763 starb, wurde F. am 1. 9. 1763 mit Unterstützung Maria Theresias einstimmig zum Nachfolger postuliert. Die Translation und die Verleihung des Palliums folgten am 26. 9. Der Hl. Stuhl gestattete ihm die Beibehaltung seiner außerhalb Passaus gelegenen Pfründen. Welcher Wertschätzung sich F. bei der Kaiserin erfreute, zeigte sich auch 1764, als sie ihm als erstem geistlichem Reichsfürsten den neugestifteten Stephansorden verlieh. F. blieb bis zum Tod der Kaiserin einer ihrer engsten Berater. Dem Wiener Hof verdankte F. auch die äußere Krönung seines Lebens, als Papst Klemens XIV. ihn auf Vorschlag des Kaisers am 14. 12. 1772 in das Kardinalskollegium berief.

Auch in Passau widmete F. seine besondere Aufmerksamkeit wie schon zuvor in Seckau der Priesterausbildung. Obgleich er grundsätzlich der Gesellschaft Jesu positiv gegenüberstand, lehnte er wie sein Vorgänger Thun deren alleinige Zuständigkeit auf diesem Gebiet ab. So war er dem eben gegründeten Seminar für

Weltpriester, das nicht von Jesuiten, sondern von Weltgeistlichen geleitet wurde, besonders zugetan. Dem Doppelcharakter des Josepho-Leopoldinums − wie das neue Seminar hieß − trugen die Statuten Rechnung. F. schrieb sie eigenhändig nieder und veröffentlichte sie 1764. Danach war ein an den Quellen orientiertes Studium verlangt, das alle leeren Spekulationen mied. Richtunggebend sollte die Lehre des hl. Augustinus sein, vor allem in Fragen der Erbsünde, der Willensfreiheit, der Rechtfertigung und der Gnadenlehre. In der Moraltheologie lehnte F. den Laxismus ab und forderte die Beachtung des Probabiliorismus. Jansenistische Einflüsse waren unverkennbar.

Die Priesterhäuser in Enns (Oberösterreich) und Gutenbrunn (Niederösterreich) fanden in F. einen tatkräftigen Förderer. In Enns war dem Priesterhaus seit der Gründung 1762 eine theologische Lehranstalt angeschlossen. Das 1764 vom Wiener Weihbischof F. X. (→) Marxer gestiftete Gutenbrunn mußte F. bis zu dessen Tod im Jahre 1775 unterhalten. Nach Aufhebung der Gesellschaft Jesu erhielt Gutenbrunn durch F. eine neue Studienorganisation in Lehrplan und Leitung.

Neben der Priesterausbildung galt F.s Augenmerk dem in der Seelsorge stehenden Klerus. Wie der Bischof vom Beruf des Priesters dachte und welche Erwartungen er in seine Geistlichen setzte, offenbaren zahlreiche Erlasse. Besonders bemerkenswert ist der Hirtenbrief von 1764, mit dem er das Werk des Löwener Pastoraltheologen Jan Opstraet, den „Pastor bonus", als Richtschnur für die Seelsorger empfahl. Angesichts des in der Steiermark, in Salzburg und im österreichischen Anteil von Passau vorhandenen Geheimprotestantismus galt es, ein Gegengewicht zu schaffen durch einen gebildeten, von persönlicher Frömmigkeit und untadeligem Lebenswandel geprägten Klerus, der dem Volk geistliche Hilfe anbieten konnte. Vom „Pastor bonus" erhoffte F. eine tiefe Erneuerung der Seelsorge, die Eindämmung der verbreiteten Irrlehren sowie die Festigung der christlichen Sittlichkeit. Noch 1764 wurde F. in Rom als Jansenist denunziert. Es kam zu schwerwiegenden Auseinandersetzungen, und F. verweigerte trotz mehrfacher Mahnung die Einziehung des inzwischen indizierten Werkes.

Wenngleich F.s Verdacht gegen die Jesuiten als Verursacher der römischen Aktion gegen den „Pastor bonus" und sein Weltpriesterseminar nicht ganz unbegründet waren, ging er bei der Aufhebung der Gesellschaft Jesu sehr schonend vor. F. war weder Jesuitenfeind noch Jansenist im engeren Sinn. Letztlich war er kaum interessiert an dem dogmatisch-aszetischen Streit zwischen Jesuiten und Jansenisten. Ihm war vielmehr aus pastoralen Motiven daran gelegen, das Werk Opstraets zu fördern, während einige Personen seiner Umgebung aus antijesuitischen Ressentiments die Einstellung F.s ausnützten. Mit Hilfe der Exjesuiten reorganisierte der Bischof das gesamte Schulwesen in Passau. Er schloß die Exjesuiten auch nicht aus, als er 1773 die fürstbischöfliche Akademie gründete. Diese bestand aus einer philosophischen, einer juristischen und einer theologischen Fakultät.

Als „Pastor bonus" erwies sich F. auch in seinem eigenen Wirken. Innerhalb von 13 Jahren visitierte er fast alle 850 Pfarreien seines ausgedehnten Bistums. Er feierte nicht nur die Eucharistie mit den Gläubigen, sondern hielt selbst die Predigt und Katechese. Überall empfing F. auch Abordnungen der Gläubigen, die ihm ihre Wünsche vortragen konnten.

Wie sehr F. von den Ideen der katholischen Aufklärung ergriffen war, zeigte sich nicht nur auf dem Gebiet des Bildungswesens, sondern auch auf dem der seelsorglichen Reformmaßnahmen, die er entschieden in die Hand nahm. Nach der von ihm begrüßten Feiertagsreduzierung (1773) wollte er auch die weltliche Feier der Sonn- und Feiertage regeln. Alle Schauspiele und öffentlichen Lustbarkeiten wurden, trotz der Proteste der Bevölkerung, an diesen Tagen verboten. Auch die Bittgänge und Wallfahrten wurden allmählich vermindert.

Mit aller Schärfe ging F. gegen die vielfältigen Formen des Aberglaubens vor.

Auch im Bistum Passau begegnete F. dem ihm von der Steiermark her bekannten Geheimprotestantismus. Er setzte wiederum auf Volksmissionen, die zur Bekehrung der Protestanten und zur Bestärkung der Katholiken über Jahrzehnte hin mit ungeheurem Einsatz von Predigern und hohen finanziellen Mitteln durchgeführt wurden. Der Erfolg war jedoch, zumindest was die Kryptoprotestanten betraf, enttäuschend. F. hat deshalb das Toleranzpatent Josephs II. von 1781 begrüßt. Die von ihm in diesem Zusammenhang herausgegebenen Verhaltensregeln an seinen Klerus gingen sogar über den Inhalt des staatlichen Erlasses hinaus. Dabei war F. vor allem auf die Rückgewinnung der Protestanten durch das vorbildhafte Leben der Katholiken und vor allem des Klerus bedacht.

Der Lebensstil und das Hofleben F.s waren vom Glanz eines geistlichen Rokokofürsten bestimmt. Als Bauherr und Förderer des Hochstifts hat sich F. eine Reihe von Denkmälern gesetzt. Die Neue Residenz ließ er 1765 – 71 zu einem marmornen wienerischen Palais umbauen. Die Umgestaltung des Jagdschlosses Thyrnau verband der begeisterte Jäger mit der Anlage eines riesigen Hirschparkes. Die wohldotierten Hofämter vergab er durchweg an Mitglieder seiner Familie. Die Einweihung des Allgemeinen Krankenhauses 1773, die Anlage von Rodungsdörfern im „Land der Abtei" und die neu trassierten Straßen kamen dagegen der ganzen Bevölkerung zugute. Große Sympathien gewann F. bei seinen Untertanen in den Hungerjahren 1770 – 72. Während Bayern und Österreich damals jegliche Hilfe versagten, schaffte F. auf seine Kosten Getreide von Italien nach Passau.

Auch die Arrondierung des Hochstiftes war für F. ein großes Anliegen. Durch Verträge mit Österreich von 1765 und 1782 gelang es ihm, ein geschlossenes Territorium von ungefähr 18 Quadratmeilen mit ca. 50.000 Einwohnern zu bilden. Anläßlich seiner Reise nach Wien hielt Papst Pius VI. am 9. 4. 1782 ein öffentliches Konsistorium ab, in dessen Verlauf er F. den Kardinalshut aufsetzte und ihm die römische Titelkirche S. Pietro in Montorio zuwies.

F. starb am 13. 3. 1783 in Passau. Er wurde in der Bischofsgruft seiner Kathedrale beigesetzt. Mit seinem Tod verlor Passau nicht nur einen glänzenden Kirchenfürsten und großen Seelsorger, sondern damit endete zugleich eine wichtige Epoche des bis dahin an Umfang größten Bistums des Heiligen Römischen Reiches, da auf Anordnung Kaiser Josephs II. der

österreichische Anteil des Passauer Kirchen-
sprengels nach dem Tode F.s 1783 gewaltsam
abgetrennt wurde. Dadurch verlor Passau den
bisherigen Raum seines tausendjährigen Kultureinflusses.

Schriften: Christliche Unterweisung ... aus Befehl
Ihro Hochfürstlichen Gnaden Leopoldi Ernesti (Firmian) Bischoffens zu Seckau, Administrators zu
Triendt ... Aus dem Wälschen in das Teutsche
übersetzt ... für die Kinder der dritten und viertden
Schul (Trient 1750).- Katechismus, welcher auf Befehl
Sr. hochfürstlichen Gnaden, des Hochwürdigsten
Fürsten und Herrn Leopold Ernest, exemten Bischo-
fens des heil. röm. Reichs Fürsten zu Passau, Grafen
und Herrn von und zu Firmian, etc. etc. Zum allgemeinen Gebrauch dero untergebenen Bißthums verfasset
worden (Passau 1768; ⁴1781). - Instructio seu norma
universo clero exemtae diocesis Passaviensis prae-
scripta, ex qua quisque, vitam suam legi dei confor-
men aedificationique proximi proficuam instituere
sub certa forma cognoscat (Passavii 1775). - Norma,
seu instructio pro decanis totoque clero exemtae
diocesis Passaviensis (Passavii 1775). - Katechismus
mit Fragen und Antworten zu dem Unterrichte der
Jugend in Hochstift Passau (Passau 1783).

Literatur: J. Oswald 327-332. - F. X. Eggersdorfer 154-
201. - K. Klamminger, in: K. Amon 346-361.- K.
Baumgartner. - A. Costa 191f. - A. Leidl, Leopold
Ernst Kardinal Firmian (1708-1783), ein Kirchenfürst
an der Wende vom Barock zur Aufklärung, in: OG 13
(1971) 5-26. - Ders., Rel. Situation. - Ders. Bischöfe 43-
45. - Ders., Das Ende des Großbistums Passau. Die
gewaltsame Abtrennung des österreichischen Teiles
im Jahre 1783, in: OG 25 (1983) 21-30. - Ders., Bischof
und Klerus im Großbistum Passau an der Wende vom
Barock zur Aufklärung, in: Diener in Eurer Mitte.
Festschrift für Dr. A. Hofmann, Bischof von Passau,
zum 75. Geb. (Passau 1984) 137-154. - Ders., Die
Beziehungen des Hochstifts Passau zum Hause Habsburg-Österreich im 18. Jahrhundert, in: Für Kirche
und Heimat. Festschrift F. Loidl zum 80. Geb. (Wien-
München 1985) 200-212. - Ders., Die Wahl des Grafen
Leopold Ernst von Firmian zum letzten Fürstbischof
des Großbistums Passau, in: Ecclesia Peregrinans. J.
Lenzenweger zum 70. Geb. (Wien 1986) 247-256. - P.
Hersche, Spätjansenismus. - P. G. Tropper, Erneuerungsbestrebungen.

Abbildungsnachweis: Öl auf Leinwand um 1770.-
Propstei Mattsee.-Wien NB 101.535 B

August Leidl

Firmian, Leopold Maximilian Graf von
(1766 – 1831)

1797 – 1800 Weihbischof in Passau, Ep. tit.
Tiberiadensis
1800 – 1822 Fürstbischof von Lavant
1818 – 1822 Apostolischer Administrator von
Salzburg
1822 – 1831 Fürsterzbischof von Wien

→ Bd. 1, 191 f.

**Firmian, Vigilius Augustin Maria Reichsfrei-
herr** (seit 1749 **Graf**) **von** (1714 – 1788)

1744 – 1753 Fürstbischof von Lavant
1744 – 1753 Salzburger Generalvikar für
Ober- und Unterkärnten

Vigilius Augustin Maria von Firmian wurde
am 16. 2. 1714 zu Trient als drittes von sechs
Kindern des Franz Alphons Georg v. F. und der
Barbara Elisabeth Gräfin von Thun geboren.
1728 wurde er Domizellar in Salzburg, 1729 in
Passau. F. besuchte das Gymnasium in Innsbruck. Dort, in Salzburg (1731) und Rom studierte er Theologie. 1729 wurde er Priester. Bei
seiner Bischofserhebung war er Propst von
Maria Schnee in Salzburg und Hofpräsident.
Am 26. 5. 1744 nominierte sein Onkel, der
Salzburger Erzbischof L. A. v. (→) Firmian, ihn
zum Fürstbischof von Lavant. Nachdem F. die
päpstliche Erlaubnis erhalten hatte, seine
Domkanonikate beizubehalten, wurde er am
3. 9. durch den Erzbischof konfirmiert und
später auch zum salzburgischen Geheimrat
ernannt. Zugleich wurde er Salzburger Generalvikar für Ober- und Unterkärnten.

Der literarisch sehr gebildete F. sah sich in
Lavant mit sehr schwierigen wirtschaftlichen
Problemen konfrontiert. Daher resignierte er
am 15. 7. 1753 auf sein Bistum und wurde
daraufhin in Salzburg zum Dompropst postuliert. Da er mit der Resignation den Fürstentitel
verloren hatte, erhob Kaiser Franz I. ihn 1755
zum Reichsfürsten. Bei der Neuumschreibung

der österreichischen Bistümer unter Joseph II.
wurde F. als Koadjutor des Fürstbischofs
J. Fr. v. (→) Auersperg von Gurk mit dem Recht
der Nachfolge genannt, doch lehnte Auersperg
dies ab. F. starb am 4. 8. 1788 in Passau.

Literatur: *K. Tangel* 324 f. - *J. Riedl* 139, Nr. 46. - *J.
Obersteiner* 463.

Abbildungsnachweis: Ölporträt der 1859 von St.
Andrä nach Maribor transferierten Bischofsgalerie. -
DA Maribor.

                                    France M. Dolinar

Fischer, Franz (1740 – 1806)

1795 – 1801 Generalvikar für den rechtsrhei-
            nischen Teil des Erzbistums Köln

* 12. 12. 1740 in Calle (heute Meschede); Eintritt
in die Prämonstratenserabtei Wedinghausen
(Arnsberg); 16. 6. 1764 Priesterweihe; in der
Pfarrseelsorge tätig; 1781 Wahl zum Abt von
Wedinghausen; zugleich Pfarrer der inkorporierten Pfarrei Arnsberg; 21. 4. 1782 Abtweihe
durch Weihbischof K. A. v. (→) Königsegg; für
zahlreiche Pontifikalhandlungen nachweisbar;
6. 12. 1795 interimistisch und 2. 1. 1797 definitiver Generalvikar von Erzbischof (→) Max
Franz für den rechtsrheinischen Teil des Erzbistums Köln mit Sitz in Wedinghausen; sein
Amt erlosch mit dem Tod von Max Franz (27. 7.
1801); † 21. 8. 1806 in Calle.

Literatur: *E. Hegel* 484. - *J. Torsy*, Der Regularklerus in
den Kölner Bistumsprotokollen 1661-1825, Bd. 2
(Siegburg 1985) 418. - *H. Klueting*, Die Säkularisation
im Herzogtum Westfalen (Köln - Wien 1980) 131.

                                    Erwin Gatz

Fleßl, Karl (1686 – 1760)

1751 – 1756 Fürstbischöflicher Kommissar
            des Distriktes Katscher
            (Diöz. Olmütz)

* 1686 in Neutitschein im oberschlesischen
Anteil der Diözese Olmütz; 1712 Pfarrer von
Troplowitz; 1730 Dechant. 1742 fiel mit dem
größten Teil Schlesiens auch das seit jeher zur
Diözese Olmütz gehörende Gebiet um Hult-
schin, Katscher und Troplowitz an Preußen. Im
Zuge ihrer Bemühungen um Anpassung der
kirchlichen an die staatlichen Grenzen erbat
die preußische Regierung, nachdem das Projekt eines Generalvikariates für alle preußischen Katholiken gescheitert war (Ph. L. v. →
Sinzendorf), Ende 1750 vom Olmützer Bischof

Kardinal F. J. v. (→) Troyer die Benennung
eines fürstbischöflichen Kommissars für die
Olmützer Pfarreien preußischen Anteils. Daraufhin ernannte Troyer Anfang 1751 F. Er
wurde zugleich zum Bischöflichen Rat und
Konsistorialassessor ernannt. Später auch
Apostolischer Protonotar; 3. 5. 1756 Resignation aus Gesundheitsgründen; † 13. 3. 1760 in
Troplowitz.

Literatur: *M. Lehmann* III 306 f, 309. - *E. Komarek* 5 f.

                                    Erwin Gatz

Fliri, Christian Jakob (1728 – 1801)

1773 – 1793 Generalvikar in Chur

* 1728 zu Taufers im Münstertal; 1747 – 49
Studium in Innsbruck (Mag. theol.); 1767 Domherr und bischöflicher Kanzler in Chur;
1773 – 93 Generalvikar der Bischöfe J. A. v.
(→) Federspiel und J. B. v. (→) Rost (bezeugt
vom 10. 9. 1773 – 29. 7. 1780) wahrscheinlich
bis zum Tode von Rost, den er 1789 auf einer
Visitationsreise in Vorarlberg begleitete; 1776
Dompropst; † 19. 12. 1801 in Meran; hinterließ
sein Vermögen für ein künftiges Diözesanseminar.

Literatur: HBLS 3 (1926) 173. - *H. Schlapp - W.
Kundert*, in: HS I / 1 (1972) 529 f, 544.

                                    Pierre Louis Surchat

Flugi, (seit 1622 von Aspermont) Johann (1595 – 1661)

1636 – 1661 Fürstbischof von Chur

Johann Flugi wurde am 13. 12. 1595 in La Punt-
Chamues-ch (Oberengadin) als ältester Sohn
des Andreas F. und der Anna Danz geboren.
Sein Vater, ein Bruder von Bischof Johann F.
(1601 – 27), war während dessen Regierungszeit Hauptmann auf dem bischöflichen Schloß
Fürstenburg in Tirol. Er und seine Frau waren
zuvor vom Protestantismus zur katholischen
Kirche zurückgekehrt. Die Familie F. stammte
aus St. Moritz im Gotteshausbund. F. besuchte
die von Benediktinern geführte Klosterschule
Marienberg (Tirol). Durch Vermittlung seines
Onkels erhielt er einen Platz im Collegium
Germanicum zu Rom, doch mußte er die Anstalt wegen disziplinarischer Vergehen verlassen und zog 1616 an das Collegium Helveticum
nach Mailand. Seit 1618 studierte er erneut als
Alumne des Germanicum und betätigte sich
auch als Romagent seines Onkels. 1621 wurde
er zum Dr. theol. (Pavia) promoviert und zum

Priester geweiht. Schon 1612 war er in Chur Domizellar geworden. Nach dem Tod seines Vaters (1622) erhielten er und sein Bruder Jakob die Burg Aspermont bei Molinera mit dem Recht der Führung des Adelsprädikates „von Aspermont". 1623 — 30 wirkte F. als Pfarrer von Schluderns und bischöflicher Vikar für den Vintschgau. 1630 wurde er Dompropst in Chur. In dieser Funktion war er Informant für den Luzerner Nuntius Ranuccio Scotti und die Propaganda-Kongregation in Rom. Als nach 1630 Frankreich seinen Einfluß in Graubünden verstärkte, hoffte F., mit dessen Hilfe die Lage der Katholiken verbessern und festigen zu können.

Nach dem Tode von Bischof Joseph Mohr (6. 8. 1635) mußte die Bischofswahl wegen der in Chur herrschenden Pest zunächst verschoben werden. F. war Kandidat der französischen Partei. Die Anhänger Österreichs und Spaniens wünschten dagegen Domdekan Kaspar Sayn als neuen Bischof. Die Letztgenannten versammelten sich in Feldkirch, während die übrigen Domherren die Wahl in Chur durchführen wollten. Im Auftrage von Scotti vermittelte nun der Abt von Pfäfers, Jodok Höslin, und es gelang ihm, alle Domherren in Chur zu versammeln. Dort wurde am 1. 2. 1636 der auch von Scotti unterstützte F. zum Bischof gewählt. Seine Gegner fanden sich aber damit nicht ab und versuchten, zunächst mit einigem Erfolg, die Wahlbestätigung in Rom zu hintertreiben. Scotti konnte jedoch ihre Argumente widerlegen, und am 14. 9. 1636 erfolgte die päpstliche Bestätigung. Am 14. 12. wurde F. in der Benediktinerabtei Muri von Scotti konsekriert. 1637 verlieh Kaiser Ferdinand II. ihm die Regalien. Bei F.s Amtsantritt war der unter der Vorherrschaft Österreichs 1620—30 unternommene Versuch, die konfessionell gemischte und durch Parteienhader zerstrittene Republik der Drei Bünde zu rekatholisieren, zum Erliegen gekommen. Bei diesem Vorhaben hatte die Stärkung des stark verschuldeten Bistums Chur eine wichtige Rolle gespielt. Grundlagen hierzu waren der Lindauer Vertrag von 1622, der die Rückgewinnung verlorener Güter und eine freie Bischofswahl ohne Einmischung des Gotteshausbundes garantierte, sowie die nach Nuntius Scappi benannten 18 Artikel von 1623, die die bischöfliche Jurisdiktion im Gebiet der Drei Bünde im alten Umfang wiederherzustellen versuchten. Nach dem Abzug der österreichischen Truppen im Gefolge des Friedens von Cherasco und der verstärkten Präsenz Frankreichs, das seinen Einfluß vor allem wegen des strategisch wichtigen Veltlins, des Untertanenlandes der Bündner, geltend machte, blieben die Bemühungen um Restitution des Bistums

Chur stecken. Schon als Dompropst hatte F. auf französische Hilfe gesetzt, und dank seiner Bemühungen konnten die Kapuzinermissionare im romanischen Bünden ihre Tätigkeit fortsetzen. Doch kurz nach F.s Wahl wechselten die Bündner ihren Bündnispartner und wandten sich, von Frankreich enttäuscht, wiederum Österreich und Spanien zu (Mailänder Kapitulat 1639, Feldkircher Vertrag 1641). Nach Abzug der Franzosen im Jahre 1637 war F. zunächst isoliert. Es gelang ihm aber, sich der neuen Lage anzupassen. Er nahm Kontakte zur Innsbrucker Regierung auf und versuchte nun mit Hilfe Österreichs, die Lage der Bündner Katholiken zu verbessern. Doch wie Frankreich konnte auch Österreich die mit ihm verbündeten protestantischen Bündner nicht enttäuschen. So gelang es F. lediglich, den Status quo für katholisch Bünden und das Bistum Chur zu erhalten. Die Hoffnung auf Wiedergewinnung der seit der Reformation verlorenen Herrschaftsrechte oder zumindest auf eine finanzielle Entschädigung dafür, mußte aufgegeben werden. Auch auf den Friedensverhandlungen von Münster und Osnabrück versuchte F., der 1645 die seit der Reformation unterbrochenen Beziehungen zum Reichstag als Reichsfürst wieder aufgenommen hatte, vergeblich, die Anerkennung der Scappischen Artikel durch die katholischen Großmächte zu erreichen. Hingegen konnte die Stellung der der Propaganda Fide unterstellten Kapuzinermissionare in Graubünden (1647: 21 Patres aus der Provinz Brescia in romanisch Bünden, 6 Patres aus der Provinz Mailand im italienisch sprechenden Misox, 2 Patres aus der Helvetischen Provinz an der Dompfarrei in Chur) gehalten werden. Zwar mußten die Kapuziner einige Gemeinden auf Druck der Protestanten wiederholt verlassen, doch ihr seelsorgliches Wirken wurde grundsätzlich nicht mehr in Frage gestellt. Das Bistum konnte seine Stellung als unabhängiger Reichsstand in Graubünden bewahren. So scheiterte denn auch die unter Oberst Guler am 18. 1. 1656 in Abwesenheit des Bischofs vorgenommene militärische Besetzung des bischöflichen Hofbezirks in Chur. Die protestantische Stadt Chur distanzierte sich vom Handstreich und verlangte den Abzug der Besetzer. Als Guler sich weigerte, griff die Stadt ein. Dabei wurde Guler getötet, und seine Gefolgsleute zogen unverrichteter Dinge ab. Dank einer zielstrebigen Sparpolitik gelang es F., die Schuldenlast des Bistums abzubauen.

F. brachte die von seinem Onkel begonnene Kirchenreform im Geiste des Tridentinums zum Abschluß. Er visitierte die weitläufige Diözese mehrere Male. Dabei reorganisierte er die Kapitel (Dekanate) und führte zur Weiterbildung des Klerus regelmäßige Kapitelversammlungen ein, denen er ab und zu persönlich beiwohnte. Ab 1640 konnten einige neue Pfarreien gegründet werden. Bei seinen Visitationen im österreichischen Vintschgau und im Vorarlberg wurde F. von Kommissaren der Tiroler Regierung begleitet, gegen deren Staatskirchentum er sich nicht durchzusetzen vermochte. 1636 wurde in Chur das Prämonstratenserstift St. Luzi, 1647 in Cazis das Dominikanerinnenkloster wiederhergestellt. Es folgte die Gründung von Kapuzinerklöstern in Bludenz und Mels. Nachdem sich F.s Pläne für ein Jesuitenkolleg in Chur oder Meran zerschlagen hatten, wurde 1649 ein solches in Feldkirch eröffnet. Es sollte sich segensreich für den Klerusnachwuchs auswirken. 1639 wurde in dem 1623 wiedererrichteten Dominikanerkloster St. Nikolai in Chur eine Schule eröffnet. Wegen schlechter Führung mußte sie allerdings 1646 wieder geschlossen werden. 1658 stimmte F. dem Verkauf des Klosters an die Stadt Chur zu.

1655 kam auf Druck des Nuntius hin im Bündner Oberland die Gründung eines Quasibistums von 18 Pfarreien unter der Abtei Disentis zustande. Für diese nun exemten Pfarreien sollte Chur finanziell entschädigt werden. F. wurde in seiner Opposition gegen dieses Abkommen vom Klerus und den Kapuzinermissionaren bestärkt. 1656 wurde daher die Maßnahme rückgängig gemacht, doch blieb die Abtei Disentis als solche von der bischöflichen Jurisdiktion ausgenommen.

F. betrieb die Einführung der römischen Liturgiebücher. 1646 gab er ein neues „Proprium Curiense" heraus. In Tirol ließ er dagegen das Brixener Rituale gelten. Der tüchtige und integre F. stieß aber immer wieder auf Opposition, so bei einigen Kapuzinermissionaren, die ihn als französischen Parteigänger ablehnten, ferner bei einigen Mitgliedern des Domkapitels, denen seine Verwaltungspolitik mißfiel. In den letzten Amtsjahren von F. verschlechterten sich auch seine Beziehungen zum Luzerner Nuntius. Dieser warf F. häufige Abwesenheit von der bischöflichen Residenz vor. Tatsächlich hielt F. sich oft auf seinem Privatbesitz Knillenberg bei Meran auf, wo er u. a. historische Studien betrieb. In seinen letzten Lebensjahren war er durch Gichtanfälle stark behindert. Am 7. 1. 1661 verletzte ihn ein Mauereinsturz in der bischöflichen Residenz in Chur so schwer, daß er an den Folgen am 24. 1. starb. Er wurde in der von ihm neu errichteten Bischofsgruft der Kathedrale beigesetzt. F. hatte in der Zeit der Bündner Wirren den Bestand des Bistums gesichert und die tridentinische Reform zum Abschluß gebracht.

Schriften: Catalogus oder ordentliche Series der Bischoffen zu Chur ... (Ems 1645), neu hg. von J. G. Mayer u. F. Jecklin (Chur 1901). - Flos Sanctorum nobilissimi et antiquissimi Episcopatus Curiensis (St. Gallen 1646) [verschollen].

Literatur: J. F. Fetz, Geschichte der kirchenpolitischen Wirren im Freistaat der Drei Bünde Bistümer Chur und Como. Von Anfang des 17. Jahrhunderts bis auf die Gegenwart (Chur 1875). - J. G. Mayer 330-374. - I. Müller, Die Abtei Disentis 1655-1696 (Freiburg/Schweiz 1955). - F. Maissen, Die Zeit der Unruhen von der Religionspazifikation 1647 bis 1657. Die Drei Bünde in der zweiten Hälfte des 17. Jahrhunderts in politischer, kirchengeschichtlicher und volkskundlicher Schau. 1. Teil (Aarau 1966). - W. Kundert, in: HS I/1 (1972) 498f. - P. L. Surchat 91-99.

Abbildungsnachweis: Bischofsgalerie, Bischofshof. - BO Chur.

Pierre Louis Surchat

Forel, Jean-Philippe de (1660 – 1719)

1695 – 1707 Generalvikar der Diözese Lausanne in Freiburg/Schweiz

* 10. 9. 1660 in Estavayer-le-Lac (Kt. Freiburg); um 1678 Beginn des Studiums in Paris und Eintritt in das Oratorium; 1686 Subdiakon; nach der Priesterweihe Tätigkeit in den Häusern des Oratoriums; 1687 – 88 in Soissons, seit 1690 in Besançon; 8. 2. 1695 Generalvikar und Offizial des Lausanner Bischofs P. de (→) Montenach; † 23. 12. 1719 in Estavayer-le-Lac.

Literatur: *J.-Ph. Grangier*, Annales d'Estavayer (Esta-vayer-le-Lac 1905) 501. - *A.-M.-P. Ingold*, Les Orato-riens de France dans le canton de Fribourg, XVIIe et XVIIIe siècles (Fribourg 1908). - *P. Braun*, in: HS I/4 (1988) 298 f.

Patrick Braun

Franckenstein, Johann Philipp Anton Reichs-freiherr von (1695 – 1753)

1743 – 1746 Generalvikar in Mainz
1746 – 1753 Fürstbischof von Bamberg

Johann Philipp Anton von Franckenstein wur-de am 27. 3. 1695 zu Forchheim als Sohn des würzburgischen Oberamtmannes Johann Friedrich Adolf v. F. und der Maria Franziska Margarethe Freiin von Eyb geboren. Die Fami-lie F. war im 17. und 18. Jh. in den Domkapiteln von Würzburg, Trier, Eichstätt, Bamberg, Mainz, Speyer und Worms mit insgesamt 18 Mitgliedern vertreten. 1712 – 14 studierte F. als Alumne des Collegium Germanicum in Rom.

Daran schloß sich eine Kavaliersreise an. 1704 wurde er Domizellar, 1719 Kapitular in Bam-berg. Die Priesterweihe empfing er am 22. 9. 1736. In den folgenden Jahren trat er in den Dienst des Mainzer Erzbischofs Ph. K. v. (→) Eltz. 1743 wurde er dort Generalvikar von Erzbischof J. Fr. v. (→) Ostein. Als solcher führte er 1744 eine große Klostervisitation durch. Nach dem Tod des Bamberger Fürstbi-schofs F. K. v. (→) Schönborn wählte ihn das Domkapitel am 26. 9. 1746 nach zähen Ver-handlungen gegen den vom Kaiserhof unter-stützten Schönbornneffen Ostein, der sich be-reits um ein Wählbarkeitsbreve bemüht hatte, zum Nachfolger. Als der kaiserliche Wahlge-sandte Graf Cobenzl die Aussichtslosigkeit der Kandidatur Osteins erkannte, setzte auch er auf F. Am 19. 12. 1746 konfirmierte Papst Benedikt XIV. die Wahl und verlieh F. das Pallium. Die Bischofsweihe folgte im Juni 1747.

Erst 1750 trat F. seine Huldigungsreise durch das Hochstift an. Eine von ihm beabsichtigte Reform des Beamtentums kam über Ansätze nicht hinaus. Gewisses Interesse bekundete er für das Bildungswesen. Er förderte Sommer-schulen auf dem Lande, konnte 1748 die Zen-tenarfeier der Bamberger Akademie begehen und errichtete 1749 dort einen medizinischen Lehrstuhl. Er förderte Kirchenbauten in Nan-kendorf und Oberbrunn, weihte 1749 die ka-tholische Kirche in Bayreuth und ließ durch seinen Architekten Melchior Küchel neue Pfarrhäuser in Gößweinstein und Kronach, ferner ein Garnisonslazarett und die Stadtkom-mandantur in Forchheim und 1752 die Sees-brücke in Bamberg bauen.

F. starb am 3. 6. 1753. Er wurde im Dom zu Bamberg beigesetzt. Sein Grabmal befindet sich seit 1833 in der Klosterkirche auf dem Michelsberg.

Literatur: *J. H. Jäck*, Jahrbücher 434-445. - *A. Am-rhein* 30, 271. - *J. Looshorn - A. Friese*, Römische Briefe des Würzburger Domizellaren J. P. A. von und zu Franckenstein … in: WDGB 16/17 (1954/55) 272-294. - *J. Kist* 121 f. - *G. Pfeiffer*, Fränk. Bibliographie I, Nr. 4903-4912. - *A. Frank*, Der Trauerweg eines Fürstenherzens …, in: Unser Bayern 25 (1976) 18 f. - *H. J. Berbig*. - *M. Niepelt*, Die Märker- und Siebner-Ordnung für Heßdorf von 1736 von Domkapitular J. P. A. von Franckenstein, in: Erlanger Bausteine zur fränk. Heimatforschung 26 (1979) 27-41.

Abbildungsnachweis: Schabblatt von Gabriel Bode-nehr d.J. (1705-1779) nach Gemälde von Johann Georg Ziesenis († 1748). - Wien Pg 112.287:1.

Egon Johannes Greipl

Franckenstein, Johannes Karl (seit 1670 Reichsfreiherr) von (1610 – 1691)

1688 – 1691 Fürstbischof von Worms

Johannes Karl von Franckenstein wurde im Jahre 1610 zu Franckenstein bei Eberstadt (heute Stadtteil von Darmstadt) als Sohn des Johann Eustach v. F. und der Margarethe Brendel von Homburg geboren. Er studierte 1629 in Köln und 1630 in Freiburg. Über den Empfang der Weihen ist nichts bekannt.

F. wurde 1654 in Worms Domizellar und aufgrund päpstlicher Verleihung Kustos und damit Kapitular. Er hatte ferner Kanonikate in den Ritterstiften St. Burkard in Würzburg (1656 Domizellar, 1664 Kapitular, 1667 – 83 Scholaster), Wimpfen (1655 Domizellar, 1673 resigniert) und Bleidenstadt (1659 Domizellar, 1660 – 83 Kapitular) inne. Am 17. 8. 1683 wählte ihn das Wormser Domkapitel zum Nachfolger des kurz zuvor verstorbenen Bischofs F. E. K. (→) Waldbott von Bassenheim. Da F. nicht graduiert war, wurde die Wahl erst am 16. 7. 1688 päpstlich bestätigt. Die Konsekration fand am 5. 9. 1688 im Wormser Dom durch Erzbischof A. F. v. (→) Ingelheim statt.

F.s kurze Amtszeit war durch die Reunionskriege Ludwigs XIV. überschattet, in deren Verlauf am 31. 5. 1689 die Stadt Worms mit dem Dom und dem Bischofshof zerstört wurde. F. verließ daraufhin seine Residenz und verlegte seine Verwaltung für kurze Zeit nach Dirmstein und bald danach nach Frankfurt/Main. Von dort aus schloß er 1690 mit dem pfälzischen Kurfürsten Johann Wilhelm (1690 – 1716) den Vertrag von Weinheim über die Neuordnung des hochstiftischen Territoriums.

F. starb am 29. 9. 1691 zu Frankfurt. Er wurde im dortigen Dom beigesetzt.

Literatur: *F. J. Schannat* 448 f. - *G. Sofsky.* - *L. Litzenburger* 171.

Abbildungsnachweis: Zeitgen. Stich von Nicolas Pacoul (tätig 2. H. 17. Jh.). - Wien NB 520.249 B.

Hans Ammerich

Franckenstein, Karl Franz Johann Philipp Valentin Reichsfreiherr von (1722 – 1774)

1763 – 1767 Generalvikar in Mainz

* 11. 8. 1722 in Ockstadt (Odenwald) als Sohn des kurmainzischen Geheimen Rates und Ritterhauptmanns der mittelrheinischen Ritterschaft Friedrich Gottfried Rudolph v. F. und der Maria Margareta von Bettendorf; 1738 Domherr in Mainz; 1747 Resignierung der Präbende und gleichzeitig Inbesitznahme eines Priesterkanonikats; 1748 Domkapitular; 1750 Archipresbyter; 1756 – 60 Domherr in Würzburg; Stiftsherr und Kapitular an St. Alban in Mainz und St. Ferrutius in Bleidenstadt; Propst von St. Viktor in Mainz; 1763 Kandidat für den erzbischöflichen Stuhl in Mainz; 1763 Generalvikar von Erzbischof E. J. v. (→) Breidbach-Bürresheim; kurmainzischer Geheimer Rat; 1767 Präsident der Hofkammer; in hohem Ansehen bei Nuntius Cesare Alberico Lucini; 1772 Domkantor; † 3. 10. 1774 in Mainz; ☐ Mainzer Dom.

Literatur: *R. Haaß*, Francken-Siersdorf 582 - 585. - *J. Torsy.* - *E. Hegel* 82 f.

Erwin Gatz

Franken-Siersdorf (Francken-Sierstorpff) **Franz Kaspar** (seit 1700 **von**, RA), (1683 – 1770)

1724 – 1770 Weihbischof in Köln, Ep. tit. Rhodiopolitanus

* 22. 11. 1683 in Köln als zwölftes Kind einer altangesehenen Familie, aus der zahlreiche Geistliche hervorgegangen waren. Seit Anfang des 17. Jh. war die Familie unter den Priesterherren des Kölner Domkapitels, dem Kölner Stiftsklerus, den Universitätsprofessoren und den Regenten des Gymnasium Laurentianum vertreten. 1699 Kanonikus an St. Severin; 1703 Subdiakon; 1705–06 Studium des kan. Rechtes in Rom; 1706 Diakon; 1710 Dr. iur. utr. (Rom, Sapienza); seit 1711 Prof. der jur. und der artist. Fakultät sowie Regens der Bursa Laurentina in Köln; 1720–24 Rektor der Universität Köln; 2. 7. 1712 Priesterweihe in Köln; 1713 als Nachfolger seines zum Bischof von Antwerpen berufenen Bruders Peter Joseph Priesterkanonikus am Kölner Dom; daneben Stiftsdekan an St. Severin (seit 1717) sowie Kanonikus an St. Maria im Kapitol und St. Ursula in Köln.

Erzbischof (→) Joseph Clemens von Bayern designierte ihn 1723 zum Weihbischof. 12. 6. 1724 Titularbischof von Rhodiopolis. Die Bischofsweihe ließ F. sich am 30. 7. durch seinen Bruder in Antwerpen spenden. F. hat seitdem 46 Jahre lang unermüdlich diese Funktion in dem weiten Erzbistum wahrgenommen (ca. 7 300 Priesterweihen), während zwei seiner Neffen nacheinander das Amt des Generalvikars innehatten. Da die Visitation in deren Händen lag, spendete F. die Firmung nicht systematisch in allen Pfarreien. Seit 1750 unternahm er keine größeren Reisen mehr. F.s Einfluß unter den Priesterkanonikern war für den Ausgang der Bischofswahl von 1761 ausschlaggebend. † 6. 2. 1770 in Köln; ☐ Kölner Dom.

Literatur: *R. Haaß*, Francken-Siersdorf 582-585. - *J. Torsy.* - *E. Hegel*, 82 f.

                                        Erwin Gatz

Franken-Siersdorf (Francken-Sierstorpff), **Johann Andreas** (seit 1700 **von**, RA) (1696–1754)

1730–1751 Generalvikar in Köln

* 6. 5. 1696 in Köln; wohl durch Vermittlung seines Onkels Franz Kaspar v. (→) F. Kanonikus an St. Severin zu Köln; 1719 Priester; Dr. iur. utr.; 1723 Priesterkanonikus am Dom zu Köln; ein Bruder war Hofrat in der Bonner Regierung; 15. 5. 1730 Generalvikar von Erzbischof (→) Clemens August von Bayern, unter dem der Einfluß der Jesuiten auf die Leitung des Erzbistums groß war. Angesichts des launischen Charakters von Clemens August hatte F. kein leichtes Arbeiten, zumal die Rechtslage in den einzelnen Gebieten des Erzbistums schwer überschaubar war. Auf seelsorglichem Gebiet urgierte er die Pastoralkonferenzen. 2. 6. 1751 Amtsniederlegung aus Gesundheitsgründen; † 25. 11. 1754 in Köln; ☐ Kölner Dom.

Literatur: *H. Kleine-Bormann*, Der Kölner Generalvikar Johannes-Andreas von Francken-Siersdorf und sein Briefverkehr aus den Jahren 1730-1734, in: AHVN 153/154 (1953) 148-169. - *M. Braubach*, Kölner Domherren 250. - *R. Haaß*, Francken-Siersdorf 585-588.

                                        Erwin Gatz

Franken-Siersdorf (Francken-Sierstorpff), **Johann Theodor von** (RA) (1720–1779)

1760–1779 Apostolischer Vikar von Ober- und Niedersachsen, Ep. tit. Samosatensis
1771–1779 Weihbischof in Hildesheim

* 1. 8. 1720 in Hildesheim als ältester Sohn des fürstbischöflichen Kanzlers Franz v. F. und dessen Ehefrau Maria Anna Freiin von Schönheim; 5. 3. 1742 Priesterweihe in Hildesheim; Kanonikus an St. Mauritius in Münster, 1744 an Hl. Kreuz in Hildesheim; 17. 9. 1760 Titularbischof von Samosata; 23. 9. 1760 Apostolischer Vikar von Ober- und Niedersachsen (für die Länder der Kurfürsten von Brandenburg und Braunschweig-Lüneburg); 21. 11. 1762 Konsekration durch den Mainzer Weihbischof J. F. v. (→) Lasser in Erfurt. Nach dem Tod L. (→) Hatteisens nahm F. Aufgaben eines Weihbischofs in Hildesheim war. Als Apostolischer Vikar war ihm nur eine beschränkte Wirksamkeit möglich. Während die hannoversche Regierung ihn nicht anerkannte, gestattete ihm die preußische Regierung 1766 die Weihe des Abtes Weyrather von Groß Ammensleben. Anschließend spendete er dort und in Hadmersleben die Firmung. Dagegen wurde sein Gesuch, auch in Halberstadt bischöfliche Handlungen vorzunehmen, abgewiesen. † 21. 5. 1779; ☐ Gruft der St.-Michaeliskirche in Hildesheim.

Literatur: *J. Metzler*, Apostolische Vikariate 138-140. - *J. Asch* 39.

                                     Hans-Georg Aschoff

Franken-Siersdorf (Francken-Sierstorpff), **Peter Gerwin von** (RA) (1702–1763)

1751 – 1763 Generalvikar in Köln

* 2. 6. 1702 in Köln; Studium der Rechte und 1724 Dr. iur. utr. (Köln); seit 1725 Lehrtätigkeit an der Juristischen Fakultät; 1730 als Mitglied der Artistischen Fakultät und als Regens des Gymnasium Laurentianum nachgewiesen; 1726 Subdiakon auf den Titel eines Kanonikates an St. Georg in Köln; 7. 9. 1732 Priesterweihe; 1753 Priesterkanoniker am Dom; 1746–61 Vizekanzler der Universität; 2. 6. 1751 als Nachfolger seines Bruders Johann Andreas v. (→) F. durch Erzbischof (→) Clemens August von Bayern zum Generalvikar ernannt. Wie bereits unter seinem Bruder wurden die wichtigen Verwaltungsangelegenheiten von der Geistlichen Konferenz in Bonn verhandelt. Nach dem Tode von Clemens August (6. 2. 1761) Kapitularvikar und durch Erzbischof M. Fr. v. (→) Königsegg-Rotenfels erneut zum Generalvikar ernannt. † 12. 8. 1763; ☐ Kölner Dom.

Literatur: *R. Haaß*, Francken-Siersdorf 588. - *M. Braubach*, Kölner Domherren 255.

                                        Erwin Gatz

Frankenberg, Karl Moritz (seit 1720 böhmischer Freiherrnstand) **von** (1703 – 1763)

1757 – 1758 Generalvikar in Breslau

* 6. 9. 1703 in Ciercierzyn (Schlesien) als Sohn eines Konvertiten, des Landhofrichters und Landältesten im Fürstentum Brieg, Hans Moritz v. F. und der Anna Maria Freiin von Sobeck; Besuch des Jesuitenkollegs in Breslau; 1721 – 26 Studium in Rom als Alumne des Collegium Germanicum; 1726 Priesterweihe und Dr. theol. in Rom; seit 1723 in Glogau bepfründet, wirkte F. 1728 – 35 als Pfarrer und Erzpriester in Neumarkt; 1729 Domkapitular und 1735 Archidiakon im Domkapitel Breslau, wo er seitdem residierte und sich bes. der Verwaltung annahm. F. war ferner Kanonikus am Kreuzstift in Breslau und Domkapitular in Olmütz, dazu Geistlicher Rat und Assessor, später auch Offizial am Generalvikariat in Breslau. Die Pfarre St. Nikolai in Breslau, die er seit 1735 innehatte, ließ er durch Vikare betreuen.

Als F. nach der Eroberung Schlesiens durch Friedrich II. wie die anderen Domherren mit der Leistung des Treueides zögerte, mußte er einige Zeit Breslau verlassen. In große Schwierigkeiten brachte ihn auch sein 1743 beim Hl. Stuhl vorgebrachter Einspruch gegen die Berufung Ph. G. v. (→) Schaffgotschs zum Koadjutor. Daher wurde er 1744 – 46 in Magdeburg interniert. Schaffgotsch ernannte ihn nach seiner Emigration 1757 zum Generalvikar, während der König den als Mitarbeiter der preußischen Gesandtschaft in Rom bewährten Dompropst Bastiani zum Generalvikar designierte. Da dieser die Billigung des Hl. Stuhles nicht erhielt, übertrug der König das Generalvikariat am 14. 12. 1758 dem gesamten Domkapitel. † 4. 4. 1763 in Breslau; □ Breslauer Dom.

Schriften: Bey … solennen Exequien in den hohen Dom S. Joannis in Breslau den 15 Decembris 1740 Trauerrede über den Caroli VI Todesfalls von … gehalten (Breslau 1740).

Literatur: *M. Lehmann* IV. - *J. Jungnitz,* Germaniker 294-300. - *Ders.,* Frankenberg 5-9. - *H. Hoffmann,* Dom Breslau 83 f.

Jan Kopiec

Frankenberg-Ludwigsdorf, Leopold Sigismund Freiherr (seit 1700 **Graf**) **von** (1664 – 1731)

1707 – 1721 und
1727 – 1731 Generalvikar in Breslau

* 3. 10. 1664 als Sohn des kaiserlichen Oberleutnants und Kommandanten von Brieg Johann Wolfgang v. F. (Konvertit) und der Renate Gräfin von Breuner; Besuch des Gymnasiums und Studium in Breslau; 1681 Dr. phil. ebd.; 1682 – 85 Studium in Rom als Alumne des Collegium Germanicum; 31. 5. 1692 Priesterweihe in Neisse; 1687 Domherr (seit 1691 res.) und 1702 Domdechant in Breslau. Fürstbischof (→) Franz Ludwig von Pfalz-Neuburg, den er wiederholt auf Reisen begleitete, berief ihn zum Konsistorialrat und Assessor am Generalvikariat sowie 1707 – 21 und 1727 – 31 zum Generalvikar. F. approbierte verschiedene liturgische Bücher. Er war berühmt als Prediger und hat sein Vermögen weitgehend für die barocke Ausstattung des Domes bereitgestellt. F. errichtete eine Familienstiftung von 12 000 Thlr. zur Unterstützung Studierender. † 27. 11. 1731 in Breslau; □ Breslauer Dom.

Literatur: *J. Jungnitz,* Germaniker 209-214. - *Ders.,* Frankenberg 3-5. - *H. Hoffmann,* Dom Breslau 81 f.

Jan Kopiec

Franz Ludwig, Pfalzgraf am Rhein zu Neuburg (1664 – 1732)

1683 – 1732 Fürstbischof von Breslau
1694 – 1732 Fürstbischof von Worms, Hoch- und Deutschmeister, Fürstpropst von Ellwangen
1712 – 1729 Koadjutor des Erzbischofs von Mainz
1716 – 1729 Kurfürst-Erzbischof von Trier
1729 – 1732 Kurfürst-Erzbischof von Mainz

Franz Ludwig von Pfalz-Neuburg wurde am 24. 7. 1664 zu Neuburg/Donau als sechster Sohn des Pfalzgrafen Philipp Wilhelm und der Elisabeth Amalie Landgräfin von Hessen, einer Konvertitin und Schwester des Kardinals (→) Friedrich von Hessen, geboren. Philipp Wilhelm trat 1685 die Herrschaft in der Kurpfalz an und vereinte seitdem zusammen mit seinen Stammlanden Neuburg und Jülich-Berg einen ansehnlichen, wenn auch weit verstreuten Besitz. Die große Zahl seiner Kinder ermöglichte dem begabten und an der katholischen Sache interessierten Fürsten eine umfassende Heirats- und Reichskirchenpolitik, die den Einfluß und das Prestige seines Hauses beachtlich steigerten. Die älteste Tochter Leonore war seit 1676 Gemahlin Kaiser Leopolds I. und hat dadurch die Interessen beider Dynastien verknüpft. Seitdem galten die Söhne des Herzogs beim Bemühen um Pfründen als Kandidaten des Kaiserhauses. Johann Wilhelm, der dem Vater 1690 als regierender Fürst folgte, war in erster Ehe mit einer Tochter Kaiser Ferdinands III. und nach deren Tod mit einer Tochter des

Großherzogs Cosimo von Toskana verheiratet. Die übrigen Geschwister haben durch ihre Heirat dieses Geflecht weitreichender Verbindungen noch verdichtet. Außerdem gelang es Philipp Wilhelm durch seine zielstrebige Politik, für seine sechs zum geistlichen Stand bestimmten Söhne in 21 Erz- und Hochstiften sowie in sechs Konventen über 40 Pfründen zu erlangen. In 20 Fällen kandidierten seine Söhne für eine Koadjutorie oder ein Bischofsamt.

F. L. erhielt wie seine Brüder am Hof in Düsseldorf und Neuburg eine solide Erziehung. Sein Vater bemühte sich früh um Altersdispensen für die Zulassung seiner Söhne zur Tonsur, doch wurde diese ihm von den Päpsten Alexander VII. und seinen Nachfolgern, die auf strenger Einhaltung der Bestimmungen des Konzils von Trient bestanden, nur zögernd gewährt. F. L. erhielt 1672 die Tonsur und 1678 die niederen Weihen. Zu diesem Zeitpunkt war er bereits Domizellar in Olmütz. 1679 rückte er in die Kapitel von Münster, Speyer und Straßburg ein. Philipp Wilhelms Absicht bei der Besetzung von Bistümern richtete sich vornehmlich auf jene Sprengel, die seinem eigenen Territorium benachbart lagen. So wurde (→) Alexander Sigmund 1690 Fürstbischof von Augsburg und (→) Ludwig Anton 1691 Fürstbischof von Worms, während Wolfgang Georg für Breslau vorgesehen war. Nach dem Tod des prachtliebenden und stets verschuldeten Kardinals (→) Friedrich von Hessen-Darmstadt († 1682) wünschte das Kapitel jedoch nicht dessen

Neffen, sondern eine Persönlichkeit, von der man die Fortführung der kirchlichen Aufbauarbeit erwarten konnte. Obwohl der Kaiser alle Mittel für seinen Kandidaten einsetzte, gab die Mehrheit der Wähler ihre Stimmen dem bewährten Olmützer Fürstbischof K. v. (→) Liechtenstein. Als Papst Innozenz XI. diesen jedoch vor die Alternative stellte, sich für Olmütz oder für Breslau zu entscheiden, entschloß er sich für sein mährisches Bistum. Noch bevor das Breslauer Kapitel am 30. 6. 1683 ein zweites Mal zur Wahl schreiten konnte, starb Wolfgang Georg im Alter von 23 Jahren. Daraufhin mußte das Kapitel auf Drängen des Kaisers F. L. postulieren. Der Wiener Nuntius führte den Informativprozeß in abgekürzter Form durch und sandte ihn dann, bereits auf der Flucht vor den Türken, von Passau aus nach Rom. Die päpstliche Bestätigung erfolgte am 26. 8. 1683. Am 27. 9. 1683 nahm Weihbischof K. F. (→) Neander, der F. L. wegen seiner Minderjährigkeit als Administrator in spiritualibus beigegeben wurde, das Bistum für diesen in Besitz. F. L. hat sich große Verdienste um sein Bistum erworben, jedoch nie die Priester- oder Bischofsweihe empfangen. Auch die Subdiakonatsweihe ließ er sich erst am 22. 8. 1687 in Köln erteilen, als seine Kandidatur für das Erzbistum ins Blickfeld rückte.

Anfang 1685 kam F. L. erstmals nach Schlesien. Nachdem er am 15. 1. 1685 zum Oberlandeshauptmann ernannt worden war, lagen geistliche und weltliche Leitung Schlesiens in seiner Hand. Die Landeshauptmannschaft wurde ihm erst 1719 entzogen, als er wegen seiner übrigen Bistümer und Reichsbenefizien zu oft außer Landes weilte. Dennoch bildete das Bistum Breslau den Schwerpunkt seiner Tätigkeit. In der Bistumsleitung wurde er von tüchtigen Weihbischöfen (J. v. → Brunetti, E. D. v. → Sommerfeld) unterstützt. Die 1699 von ihm vorgenommene Kompetenzabgrenzung zwischen Generalvikar, Offizial und Konsistorium blieb bis zum Untergang des deutschen Bistums Breslau maßgebend.

Die Amtszeit F. L.s war durch eine letzte große Welle der Gegenreformation, ferner durch das Aufblühen einer reichen Barockkultur gekennzeichnet. Als nach dem Tode des letzten Piasten 1675 die Fürstentümer Liegnitz, Brieg und Wohlau an das Haus Habsburg fielen, entschloß Kaiser Leopold I. sich zu einem letzten großangelegten Rekatholisierungsversuch. Dadurch wurden bis zum Anfang des 18. Jh., auf das Patronatsrecht gestützt, in den genannten Fürstentümern, aber auch im Umland von Breslau sowie in Oels weit über 100 Kirchen zurückgewonnen. Dabei kam es zwar z.T.

durch Auswanderung zu Bevölkerungsverlusten, doch war der Rückgewinn für den Katholizismus unverkennbar. Wenn auch die Gesamtstrategie dieser Maßnahmen von der Staatsgewalt zu verantworten war, die nicht nur aus religiösen Motiven, sondern auch aus Gründen der Staatsraison handelte, so haben an diesem Prozeß doch auch kirchliche Kräfte aktiven Anteil genommen. Insbesondere die Seelsorgsorden breiteten sich nun kräftig aus. Nach Breslau kamen 1695 Franziskaner, 1686 Ursulinen, 1711 Barmherzige Brüder und 1736 Elisabethinerinnen. Den Jesuiten gelang es 1702 gegen heftigen Widerspruch des Rates, ihrer Breslauer Niederlassung eine Universität anzugliedern ("Leopoldina"). 1728 wurde der Grundstein zu einem großen barocken Universitätsbau gelegt. Die neue Vitalität der alten Klöster äußerte sich im Bau gewaltiger barocker Klosteranlagen. 1703 kamen Benediktiner von Braunau nach Wahlstatt bei Liegnitz. Die Lutheraner suchten währenddessen Unterstützung bei den protestantischen Mächten, doch fiel Sachsen seit 1697 durch die Konversion Augusts des Starken als Schutzmacht aus, während Preußen sich zunehmend in den Vordergrund schob. Die wirksamste Hilfe erfuhr der schlesische Protestantismus jedoch von Schweden, das während des Spanischen Erbfolgekrieges und der ungarischen Adelsaufstände unter Karl XII. eingriff und Kaiser Joseph I. 1707 zur Altranstädter Konvention zwang. Danach mußte der Kaiser in den Fürstentümern Liegnitz, Brieg, Wohlau, Oels und Münsterberg, ferner im Breslauer Umland 122 Kirchen zurückgeben und den Protestanten eine Reihe weiterer Zugeständnisse machen (u. a. sechs "Gnadenkirchen"). Als Ausgleich wurden für die Katholiken in den genannten Gebieten 15 sog. Josephinische Kuratien neu geschaffen. Die Konvention beendete die Gegenreformation in Schlesien und erschwerte weitere Gewinne des Katholizismus, obwohl dieser von der Gesetzgebung und Verwaltung bevorzugt wurde. Insgesamt behielt das Luthertum in Schlesien eine in den übrigen habsburgischen Ländern unbekannte Vorzugsstellung.

F. L. hat seinen Sprengel nicht nur pflichttreu verwaltet, sondern auch eine Reihe von Bauten errichtet. Der durch Fischer von Erlach geplante Neubau der fürstbischöflichen Residenz in Breslau kam zwar nicht zustande, doch stiftete F. L. in Breslau zwei Waisenhäuser, und dem Dom fügte er die barocke Sakramentskapelle hinzu, in der er später selbst beigesetzt wurde.

F. L. war im Rahmen der Reichskirchenpolitik seines Vaters 1675 und 1687 Kandidat für die Kölner Koadjutorie gewesen (→Max Heinrich von Bayern). Nach dem Tod seines Bruders (→) Ludwig Anton (4. 5. 1694), der für die Pfalz-Neuburger Reichskirchenpolitik einen schweren Rückschlag bedeutete, folgte er diesem mit Unterstützung des Kaisers als Bischof von Worms, als Deutsch- und Hochmeister sowie als Propst von Ellwangen (8. 6. 1694 gew.). Dabei handelte es sich zwar um zweitrangige Pfründen, doch spielten sie in Verbindung mit dem übrigen Besitz des Hauses Pfalz-Neuburg durchaus eine Rolle. Neben den Jesuiten hat F. L. insbesondere den deutschen Orden, der während seiner Amtszeit in Schlesien eine bedeutende Besitzsteigerung erfuhr, tatkräftig gefördert. F. L. hat sich nicht nur wiederholt in Mergentheim aufgehalten, sondern er ist auch bis in seine letzten Lebensjahre als Bauherr des Ordens hervorgetreten.

Mit dem Besitz dieser zahlreichen Pfründen war F. L. jedoch noch nicht an das Ende seiner Laufbahn gelangt. Am 5. 11. 1710 postulierte ihn nämlich das Mainzer Kapitel zum Koadjutor von Erzbischof L. Fr. v. (→) Schönborn (5. 10. 1712 bestätigt), um in Mainz die Kontinuität der kaiserlichen Reichspolitik zu sichern. Da Schönborn erst 1729 starb, kam F. L. erst im Alter von 65 Jahren auf den Mainzer Stuhl. Inzwischen hatte ihn am 20. 2. 1716 auf massiven Druck Kaiser Karls VI. das Trierer Kapitel zum Nachfolger des Erzbischofs (→) Karl Joseph von Lothringen postuliert (23. 12. bestätigt). F. L. traf Anfang 1718 in Koblenz ein, um die Regierung zu übernehmen, doch erfolgte seine feierliche Einführung in Trier erst am 24. 3. 1719. In enger Zusammenarbeit mit Weihbischof J. M. v. (→) Eyss hat er sich seinem neuen Sprengel trotz seiner Ämterfülle in erstaunlicher Weise gewidmet. 1719 erließ er vorläufige Synodalstatuten und wenig später strengere Bestimmungen über die Zulassung zum Pfarramt. In anderen Erlassen ordnete er regelmäßige Exerzitien für den Klerus und die Einrichtung monatlicher Pastoralkonferenzen an. Den Wiederaufbau des 1717 abgebrannten Trierer Domes, als der Langhausbasilika in einen Querschiffbau mit kreuzförmigem Grundriß verwandelt wurde, förderte er. Um die Hebung der juristischen Fakultät in Trier machte er sich durch Erlaß einer neuen Studienordnung (1722) verdient.

Als F. L. nach dem Tod Schönborns dessen Nachfolge in Mainz antrat, mußte er am 3. 3. 1729 auf Trier verzichten. Am 6. 4. 1729 nahm er von Mainz Besitz. Damit hatte er die höchste Würde der Reichskirche erlangt. F. L. hat dem Kaiser seine Unterstützung gedankt und sich wie auch Erzbischof (→) Clemens August von Bayern für die Anerkennung der Pragmatischen Sanktion eingesetzt. Seine Mainzer

Amtszeit hat jedoch wegen ihrer kurzen Dauer keine tieferen Spuren hinterlassen. F. L. starb am 18. 4. 1732 in Breslau an den Folgen eines Schlaganfalles. Er wurde im Dom beigesetzt.

Literatur: *P. Schinke*, Die Jugendzeit des Fürstbischofs Kurfürst F. L. im Licht des Neuburger Prinzenspiegels vom Jahre 1666, in: ASKG 15 (1957) 260-264. - *K. Engelbert*, in: ASKG 16 (1958) 260-264. - *F. Pauly* 12-14. - *L. Petry*, Das Meisteramt (1694-1732) in der Würdekette Franz Ludwigs von Pfalz-Neuburg (1664-1732), in: *K. Wieser* (Hg.), Festschrift M. Tumler (Bad Godesberg 1957) 429-440. - *J. Kumor*, Die Subdiakonatsweihe des Breslauer Bischofs F. L. v. Pfalz-Neuburg (1664-1732) im Jahre 1687 in Köln und ihre Bedeutung, in: ASKG 32 (1974) 127-141. - *Ders.*, Acht Breslauer Bischöfe als Domherren von Köln (1618-1801), in: ASKG 33 (1975) 57-62. - *R. Reinhardt*, Ellwangen I, 347 f. - *K. Jaitner*, Pfalz-Neuburg.

Abbildungsnachweis: Priesterseminar Neiße.

Erwin Gatz - Jan Kopiec

Frey (Frei), **Balthasar** (um 1633 – 1689)

1670 – 1689 Generalvikar der Diözese Basel

* um 1633 in Laufenburg (Vorderösterreich); Studium in Ingolstadt, Salzburg und Freiburg (1658 Dr. iur. utr.); 1658 Kaplan des Herzogs Albert von Bayern; 1661 – 70 Pfarrer in Freiburg i. Br.; 17. 5. 1670 – 16. 5. 1689 Generalvikar und 1670 – 83 Offizial des Basler Bischofs J. K. v. (→) Roggenbach; 1674 – 80 Kanoniker des Kollegiatstifts von Moutier-Grandval (bischöfl. Verleihung); 1677 Domkapitular in Basel (päpstl. Verleihung); 1680 Posseß; † 16. 5. 1689 in Arlesheim.

Literatur: *A. Chèvre*, in: HS I/1 (1972) 262. - *C. Bosshart-Pfluger* 198 f.

Catherine Bosshart-Pfluger

Frey von Freyenfels, **Johann Wenzel Xaver** (seit 1723 **Freiherr**) (1705 – 1776)

1771 – 1776 Weihbischof in Olmütz, Ep. Tit. Marcopolitanus
1772 – 1776 Generalvikar in Olmütz

* 18. 10. 1705 in Brünn; 1720 Domherr in Olmütz und Kanoniker in Breslau / Hl. Kreuz; Studium in Rom; 1726 Dr. iur. utr. (Sapienza); 1727 Dr. phil. et theol. (Collegio Romano); 16. 4. 1729 Priester; Pfarrer und Dekan von Müglitz; später Archidiakon und Domkustos in Olmütz. 1762 gab F. eine Olmützer Diözesankarte heraus, die auch die Grenzen der damals 62 Dekanate verzeichnete. 16. 12. 1771 Titularbischof von Marcopolis und Weihbischof in

Olmütz; 2. 2. 1772 Konsekration in Olmütz durch Bischof M. v. (→) Hamilton; 1772 dessen Generalvikar. F. wurde mit der Ermittlung jener Orte beauftragt, die im Rahmen der geplanten Pfarregulierung eigene Pfarreien oder Seelsorgestellen erhalten sollten. Nach seinem Tod wurde das Ergebnis dieser Arbeit in Form eines Ortskataloges mit einem Verzeichnis aller mährischen Kurat-Benefizien und deren Einkünften zusammengefaßt. † 17. 10 1776.

Literatur: *Ch. D'Elvert*, in: Notizenblatt 1866, 49-51.

Aleš Zelenka

Freyberg-Allmendingen, **Johann Christoph Reichsritter** (seit 1644 **Reichsfreiherr**) **von** (1616 – 1690)

1660 – 1674 Fürstpropst von Ellwangen
1661 – 1666 Administrator in Augsburg
1666 – 1690 Fürstbischof von Augsburg

Johann Christoph von Freyberg-Allmendingen wurde am 28. 9. 1616 zu Altheim (Diöz. Konstanz) als erster Sohn des Kaspar Ferdinand v. F. und der Anna Maria Regina von Rechberg geboren. Er besuchte seit 1626 die Universität in Dillingen und studierte dann ab 1635 in Ingolstadt. 1629 wurde er Domizellar in der gefürsteten Propstei Ellwangen und 1630 im Augsburger Domkapitel. Das weitverzweigte schwäbische Reichsrittergeschlecht der F. war im Lauf der Jahrhunderte mit 17 Domherren in Augsburg vertreten. Am 5. 4. 1642 wurde F. Priester und 1646 Hofratspräsident der Dillinger Hochstiftregierung. 1655 wählte ihn das Augsburger Domkapitel zum Dekan und 1660 zum Propst. Im selben Jahr erfolgte nach dem Tod des Ellwanger Fürstpropstes J. R. v. (→) Rechberg am 11. 5. seine Wahl zum Nachfolger. Außerdem ernannte der Augsburger Fürstbischof (→) Sigmund Franz ihn am 15. 2. 1661 zum Bistumsadministrator und Statthalter des Hochstifts Augsburg.

Nach der Resignation und dem Tod von Sigmund Franz entschied sich das Domkapitel unter dem Einfluß von Weihbischof K. (→) Zeiler nach den unguten Erfahrungen der Vergangenheit nicht mehr für das Mitglied eines regierenden Herrscherhauses, sondern für einen bewährten, integeren und würdigen Seelsorger. Am 18. 8. 1665 gab es F. die Mehrheit seiner Stimmen. Die päpstliche Konfirmation ließ indessen auf sich warten, da F. Ellwangen beibehalten wollte. Sie erfolgte am 11. 10. 1666, doch zog sich die Auslieferung der Bulle bis zum 29. 12. hin, so daß die Konsekration erst am 17. 4. 1667 stattfinden konnte. Sie wurde durch Weihbischof Zeiler im Augsburger Dom vorgenommen. Obwohl F. bis 1674 die Ellwanger Propstei behielt, widmete er seine volle Kraft dem Bistum. Von Anfang an urgierte er die Beobachtung der Trienter Konzilsdekrete und der Beschlüsse der Diözesansynode von 1610. Er ordnete eine Generalvisitation aller Pfarreien an, um bestehende Mißstände zu beheben. Er besuchte ferner persönlich die Klöster und zahlreiche Pfarreien und spendete öfter das Sakrament der Firmung. F. führte das zehnstündige Gebet wieder ein und bemühte sich um die Errichtung von Sakramentsbruderschaften. 1688 approbierte er ein neues Rituale, das bis 1764 Geltung behielt.

Schon früh erkannte F. die Bedeutung der von Bartholomäus Holzhauser (* 1613 zu Laugna bei Dillingen) gegr. Institute für spirituelle Priesterbildung. 1663 berief er die Bartholomäer nach Ellwangen, 1666 nach Dillingen, wo er 1682 das Seminar Sti. Francisci errichtete. 1667 unterstützte er die Gründung eines Karmelitenklosters in Neuburg/Donau, und 1682 bestätigte er das dort von Pfalzgraf Philipp Wilhelm dotierte Kollegiatstift. In Augsburg fanden die Englischen Fräulein, die 1662 in die Reichsstadt gekommen waren, in F. einen Gönner, der ihnen 1680 den Aufbau eines Instituts ermöglichte. 1685 initiierte F. die Gründung der Augsburger Benediktinerkongregation vom Hl. Geist, in der sich mit Ausnahme des Reichs-

stifts St. Ulrich und Afra in Augsburg alle Benediktinerklöster des Bistums zusammenschlossen. F. lud 1680 den berühmten Kapuziner Marcus von Aviano ein, da er von dessen Predigten Impulse für das religiöse Leben erwartete. Diese Aktivitäten, bei denen F. von Zeiler und dessen Nachfolger J. E. v. (→) Westernach sowie Generalvikar F. (→) Ziegler unterstützt wurde, führten zu einer neuen geistlichen Blüte. Der bestehende Priestermangel konnte behoben, die Religiosität der Gemeinden verbessert werden.

F. galt aber nicht nur als vorbildlicher Oberhirte, sondern auch als guter Verwalter der Temporalien. Durch äußerste Sparsamkeit und bescheidene Lebensführung vermochte er einen Großteil der hochstiftischen Schulden zu tilgen, von seinen Vorgängern verpfändete Güter wiederzuerwerben, neue Besitzungen zu kaufen und große Getreidereserven anzulegen. Für die Kirchenstiftung erließ er 1668 eine neue „Ordnung und Satzungen, wie es … mit der Heiligen Güter/Einkommen und Zehrungen fürohin gehalten werden solle", die bis gegen Ende des 18. Jh. Geltung besaß.

Im Gegensatz zu seinem Vorgänger strebte F. weder weitere Bistümer noch Domherrenpfründen an. Auch hielt er sich von der Reichskirchenpolitik fern. Im engeren Bereich seines Bistums und Hochstifts aber schloß er durch geschickte Verhandlungen 1670 einen Vergleich mit der Stadt Augsburg, der bestehende Differenzen hinsichtlich des Steuerwesens regelte, ferner 1669 einen Grenzvertrag mit dem bayerischen Kurfürsten Ferdinand Maria und 1684 ein Konkordat mit dessen Nachfolger Max II. Emanuel, das die bischöfliche Jurisdiktion in den bayerischen Gebieten des Bistums Augsburg sicherte.

Auch als Bauherr und Kunstmäzen trat F. in Erscheinung. Schon als Domdekan leitete er 1655 – 58 die Restaurierung und Barockisierung des Augsburger Domes. 1661 – 62 ließ er die Ellwanger Stiftskirche umgestalten, 1687 die Dillinger Spitalkirche barockisieren und 1688 – 89 ein neues Universitätsgebäude in Dillingen ausführen. Für den Dom und die Taufkirche St. Johann, desgleichen für die Benediktinerabtei Andechs und die Franziskanerkirche Klosterlechfeld stiftete er Altäre und kostbares Meßgerät.

Im ersten Jahrzehnt seiner Amtszeit residierte F. vornehmlich im Dillinger Schloß, das er z. T. neu ausstatten ließ. Später weilte er immer häufiger in der Augsburger Bischofspfalz, die zwar ebenfalls umgestaltet wurde, trotz allem aber einen äußerst bescheidenen Eindruck erweckte.

Da F. seit 1680 öfter an Gichtanfällen litt, drängte er auf die Bestellung eines Koadjutors mit dem Recht der Nachfolge. Er schlug dem Domkapitel den 17jährigen Prinzen (→) Alexander Sigmund von Pfalz-Neuburg und damit einen Nachfolger vor, der aufgrund seiner verwandtschaftlichen Verbindungen die Rechte des Hochstiftes zu garantieren schien. Er wurde 1681 bestätigt. F. starb am 1. 4. 1690 im Dillinger Schloß. Sein Leichnam wurde in der St. Wolfgangskapelle des Augsburger Domes beigesetzt. F. hatte durch sein persönliches Beispiel, seine Bescheidenheit, Frömmigkeit und Tatkraft Bistum und Hochstift Augsburg aus der durch die Folgen des Dreißigjährigen Krieges bedingten Notzeit zu neuer religiöser und wirtschaftlicher Blüte geführt.

Schriften: Des Hochwürdigsten Fürsten und H. H. Johann Christophen Bischoven zu Augspurg ... Ordnung und Satzungen wie es in Ihro Gnaden Hochstifft Augspurg und dero Gebiethen mit der heiligen Gueter, Einkommen und Zehrungen fürohin gehalten werden solle (Dillingen 1668).

Literatur: *P. Braun* IV 344-388. - *A. Haemmerle*, Domstift Nr. 404. - *P. Rummel*, Wahl und päpstliche Konfirmation des Augsburger Bischofs Johann Christoph von Freyberg: JVABG 2 (1968) 69-81. - *Ders.* Fürstbischöflicher Hof 531. - *B. Bushart*, Die Barockisierung des Augsburger Domes, in: JVABG 3 (1969) 114-123. - *J. Seiler.*

Abbildungsnachweis: Stich von Elias Hainzelmann (1640-1693), Augsburg. - Wien NB 521. 438 B.

Peter Rummel

Freyberg–Hopferau, Johann Anton Reichsfrei-herr von (1674 – 1757)

1737 – 1757 Fürstbischof von Eichstätt

Johann Anton von Freyberg wurde am 16. 7. 1674 zu Hopferau (Diöz. Augsburg) als Sohn des Johann Sigmund von Freyberg und Eisenberg, Herrn auf Hopferau, und der Johanna Adelheid von Gemmingen geboren. Nachdem er ab 1690 an der Universität Dillingen und dem Jesuitenkolleg in München studiert hatte, setzte er sein Studium 1694 – 99 als Alumne des Collegium Germanicum in Rom fort. Am 6. 9. 1699 wurde er dort zum Priester geweiht. Noch im gleichen Jahr immatrikulierte er sich in Perugia. Nach seiner Rückkehr wurde er zunächst Pfarrer von Raspaz bei Braunau und 1704 von Mattsies bei Mindelheim, wo seine Familie das Patronat besaß. Durch päpstliche Provision wurde F. 1711 Domherr in Eichstätt. 1722 wurde er als Kapitular zugelassen. 1727 – 36 war er Bacillifer und zugleich Oberpfleger des Hl. Geist-Spitals und des Sebastian-

Bruderhauses. Nach Ausschaltung einer bayerischen Werbung wählte das Domkapitel auf Wunsch des Kaisers am 5. 12. 1736 nach zweitägiger Wahlhandlung nicht den Dompropst Marquard Wilhelm Graf von Schönborn, sondern F. zum Fürstbischof. Die päpstliche Konfirmation wurde am 7. 6. 1737 erteilt. Die Konsekration empfing F. am 8. 9. 1737 durch Adalbert von Falckenstein OSB, Bischof von Csanad.

Im Österreichischen Erbfolgekrieg blieb das Hochstift fast ganz verschont. Im Streit um Landgerichtsrechte mit Bayern siegte Eichstätt vor dem Reichskammergericht. Die von Friedrich d. Gr. vorgeschlagene Säkularisation von geistlichen Territorien, darunter Eichstätt, zugunsten von Bayern kam nicht zur Durchführung.

F. war fromm, dem einfachen Volk zugetan und hilfreich. Das galt vor allem beim Bau und bei der Einrichtung von Kirchen. Viele Altäre in der Diözese tragen sein Wappen. Kapuziner und Franziskaner konnten unter ihm neue Niederlassungen errichten. Besonders zugetan war F. den Jesuiten in Eichstätt und in Ingolstadt, die er in der Auseinandersetzung mit der Aufklärung unterstützte. Die Neuerrichtung von Bruderschaften und von frommen bzw. karitativen Stiftungen fand seine Unterstützung. Der vom Domkapitel angestrengte, von 1746 bis 1753 während Prozeß in Rom wegen der Jurisdiktion des Domdekans über den Klerus der Stadt Eichstätt und dessen Bedienstete endete mit einer Niederlage des Bischofs. Vom 5. bis 12. 9. 1745 feierte F. das 1000jährige Bestehen des Bistums mit großem Aufwand. Zuvor waren die längere Zeit vermißten Reliquien des hl. Willibald wiedergefunden worden. Sie wurden in dem 1745 neu errichteten Altar des Willibaldschores beigesetzt. Im September 1749 feierte F. sein goldenes Priesterjubiläum. Dazu ließ er, unter Verwendung früherer Stiftungen, im Dom einen neuen Hochaltar (heute in Deggendorf) errichten.

F. starb am 30. 4. 1757. Er wurde im Willibaldschor des Domes beigesetzt.

Literatur: G. *Kolb*, Tausend-Jähriges Eychstätt, in 65 Hochwürdigsten Eychstättischen Bischöffen - da Ihro Hochf. Gn. Johannes Antonius II. im 9. Jahr glückseeligst regierte (Ingolstadt 1745) - Eychstättischer Baumgarten zu Ehren des etc. Johann Antons II. Bischoffen zu Eychstätt zu dem Jubelfest des Tausendsten Jahrs angelegt und eröffnet von dem Collegio der G. J. allda (Eichstätt 1745) - Die in seinem Tausend-jährigen Alter Feyerlichst erneuerte Herrlichkeit der Eichstättischen Kirch bey jenem grossen Jubel- u. Dank-Fest (Ingolstadt 1745) - Leich-Begängnuss … Joannis Antonii II. Bischoffen zu Eichstätt (Eichstätt 1757). - A. *Straus* 218-222. - J. G. *Suttner*, Bibliotheca dioecesana Nrr. 820-828. - A. *Hirschmann*, in: PBE 44 (1897) 79 f. - J. *Sax* 623-650. - J. *Sax* - J. *Bleicher* 362-374. - L. *Bruggaier*. - F. *Mader*, Stadt Eichstätt. - M. *Domarus*, Schönborn. - H. *Braun* Nr. 60. - A. *Schindling*, Eichstätt.

Abbildungsnachweis: Stich von Josef Sebastian Klauber († 1768). - Wien NB 521.439 B.

Ernst Reiter

Freyschlag von Schmidenthal, Johann Joseph Ignaz (seit 1730 kaiserlicher Personaladel) (1669 – 1743)

1721 – 1743 Apostolischer Administrator des Bistums Meißen in der Lausitz

Johann Joseph Ignaz Freyschlag wurde am 20. 6. 1669 als Sohn eines sorbischen Schmiedes in dem zum Zisterzienserinnenkloster St. Marienstern gehörenden Dorf Crostwitz in der Lausitz geboren. Crostwitz war neben Wittichenau die bedeutendste Pfarrei der Administratur des Bistums Meißen in der Lausitz. Der größte Teil der Gläubigen waren Sorben. 1681 – 88 besuchte F. das Gymnasium in Prag, und 1688 – 96 studierte er dort als Alumne des Konviktes St. Bartholomäus Philosophie und Theologie. Am 22. 9. 1696 wurde er in Prag zum Priester geweiht. Nach priesterlicher Tätigkeit in Prag kam er 1698 als Vikar an die Bautzner Domkirche und 1705 als Pfarrer nach Schirgiswalde/Lausitz. Dieses Städtchen, das

das Bautzner Domkapitel 1703 von den Fürsten Liechtenstein erworben hatte, gehörte staatlich zu Böhmen, kirchlich zur Diözese Leitmeritz. 1715 wurde F. nichtresidierender Kanonikus des Domkapitels in Bautzen. Am 4. 11. 1721 wählte dieses ihn zum Dekan und damit zum Apostolischen Administrator der Lausitz. 1730 nobilitierte Kaiser Karl VI. ihn unter dem Prädikat „von Schmidenthal" in Anspielung auf das Handwerk seines Vaters.

Nach einem Statusbericht F.s aus dem Jahre 1729 zählte die Administratur außer der Kollegiatskirche St. Petri in Bautzen das Zisterzienserkloster Neuzelle, das Magdalenerinnenkloster Lauban sowie die Zisterzienserinnenklöster St. Marienstern und St. Marienthal, ferner 14 Pfarrkirchen, von denen 4 zur Erzdiözese Prag gehörten, mit 30 Weltpriestern in der Seelsorge. Die Zahl der Katholiken betrug 12 000. An geordneter Seelsorge hatte es lange Zeit, besonders an Orten mit mehrheitlich lutherischer Bevölkerung, fast ganz gefehlt. Das Sakrament der Firmung war seit der Reformation nur noch selten gespendet worden, da der Kurfürst nicht duldete, daß ausländische Bischöfe Pontifikalfunktionen in Sachsen wahrnahmen. F. bat deshalb den Papst um Verleihung des Pontifikalienrechtes an den jeweiligen Dekan des Bautzner Kapitels und Apostolischen Administrator. Dies scheiterte jedoch am Einspruch des sächsischen Kurfürsten und polnischen Königs Friedrich August, der bei seinem Übertritt zur katholischen Kirche den Lausitzer Landständen den konfessionellen Status quo garantiert hatte.

F. war ein guter Temporalienverwalter. 1723 ließ er das Presbyterium mit Hochaltar in der Bautzner Domkirche neu ausführen. Er stellte die Gelder für den Bau einer neuen Pfarrkirche in Schirgiswalde zur Verfügung. Er bemühte sich ferner um das Schulwesen der Lausitz, und zwar nicht nur in den katholischen Gemeinden der Administratur, sondern auch in den lutherischen Patronatsgemeinden des Domkapitels. Seine besondere Sorge galt der Ausbildung des Klerus. Eine bedeutende Geldstiftung der sorbischen Priester Martin und Norbert Schimon von Willenberg gab 1724 die Möglichkeit, in Prag das Wendische Seminar St. Petri auf der Kleinseite einzurichten. Es hat seitdem bis 1924 die Lausitzer und später die sächsischen Priesteramtskandidaten für die Zeit des Gymnasialbesuchs und des Universitätsstudiums beherbergt. Ein Priester der Administratur fungierte als Präses und trug Sorge für eine einheitliche Formung der Kandidaten. F. hat sich ferner um das Archiv und die Bibliothek des Domkapitels verdient gemacht. Er schrieb selbst für beide Institutionen die ersten Kataloge.

F. starb am 2. 3. 1743 zu Bautzen. Er wurde in der Domkirche beigesetzt.

Literatur: *M. Salowski. - S. Seifert* 97-99.

Abbildungsnachweis: BDM FotoDok.

Siegfried Seifert

Frézeau de Frézelière, Charles Magdelaine (um 1656 – 1702)

1693 – 1694 Generalvikar in Straßburg
1694 – 1702 Bischof von La Rochelle

* um 1656 (err.) in der Diözese Poitiers. F. schlug zunächst die militärische Laufbahn ein. Im Alter von 25 Jahren verließ er die Armee als Oberst der Dragoner und trat in das Seminar von Saint-Sulpice und die Sorbonne ein, wo er u. a. den Grad eines Dr. theol. erwarb. Mit der Ernennung zum Generalvikar in Straßburg am 13. 6. 1693 erhielt er sein erstes geistliches Amt. Er unternahm sofort eine gründliche Visitation der Diözese. Am 24. 12. 1693 von Ludwig XVI. zum Bischof von La Rochelle nominiert, wurde ihm das Bistum am 17. 5. 1694 päpstlich verliehen, nachdem er Straßburg bereits am 23. 2. 1694 verlassen hatte. † 4. 11. 1702.

Literatur: *L. Pérouas,* Le diocèse de La Rochelle de 1648 à 1724. Sociologie et Pastorale (Paris 1964) 353-356. - *L. Châtellier,* Diocèse de Strasbourg 382 f. - Répertoire IV 394 f.

Louis Châtellier

Frick, Bernhard (um 1600 – 1655)

1637 – 1655 Generalvikar in Paderborn
1644 – 1655 Weihbischof in Paderborn, Ep. tit. Cardicensis

* um 1600 in Hachen (Herzogtum Westfalen); ab 1614 Besuch des Gymnasiums sowie Studium der Philosophie und der Theologie in Paderborn; vor 1626 Priester; 1628 Dr. theol. (Paderborn); Kanonikus am Busdorfstift in Paderborn; 1626 – 31 Pfarrer in Siegen (Erzb. Mainz), 1631 – 36 an der Marktkirche, 1636 – 47 an der Gaukirche in Paderborn, wo er zugleich Propst des dortigen Benediktinerinnenklosters war; 14. 11. 1644 Titularbischof von Cardica und Weihbischof in Paderborn; 2. 4. 1645 Konsekration in Münster; seit 1637 Generalvikar der Fürstbischöfe (→) Ferdinand von Bayern und D. A. v. d. (→) Reck; 1647 Dechant am Busdorfstift in Paderborn; † 31. 3. 1655 in Paderborn.

Literatur: *H. J. Brandt - K. Hengst,* Weihbischöfe 106-107.

Karl Hengst

Friedberg → Waldburg

Friedenberg → Oexle von F.

Friedrich, Landgraf von Hessen in Darmstadt (1616 – 1682)

1652   Kardinal
1672 – 1682 Fürstbischof von Breslau

Friedrich von Hessen-Darmstadt wurde am 28. 2. 1616 zu Homburg vor der Höhe als jüngster von drei Söhnen des lutherischen Landgrafen Ludwig von Hessen-Darmstadt und dessen Ehefrau Magdalena von Brandenburg geboren. Er war ein Urenkel des an der Ausbreitung der Reformation maßgeblich beteiligten Philipp des Großmütigen (1504 – 67). F. studierte zunächst in Marburg und trat 1628 zusammen mit seinem Bruder Heinrich eine Kavaliersreise durch mehrere europäische Länder an. In deren Verlauf hielt er sich u. a. zum Studium in Siena auf. 1629 und wieder 1635 kam er nach Rom, wo er Kontakt zu Vertretern des unter Papst Urban VIII. rührigen kulturellen Lebens fand. Der an einen aufwendigen Lebensstil gewöhnte F. klagte schon damals über mangelnde Finanzen, und das Bemühen um Einkommensvermehrung sollte ein Grundthema seines Lebens bleiben. Nachdem er 1636 Malta besucht und Sympathien für den Johanniterorden gewonnen hatte, trat er im Januar 1637 in Rom zur katholischen Kirche über. Den Konvertitenunterricht erteilte ihm der gelehrte Bibliothekar Lukas Holstenius. 1637 trat F. in den Johanniterorden ein, und ein Jahr später wurde er Koadjutor des Großpriors der Deutschen Zunge. Mit finanzieller Unterstützung seines Bruders Georg, des regierenden Landgrafen, rüstete er 1640 eine kleine Flotte aus und nahm den Türken vor der tunesischen Küste sechs Schiffe weg. In den folgenden Jahren erlangte F. verschiedene Ordenskommenden in Deutschland und in der Schweiz, und mit dem Tod seines Vorgängers wurde er 1647 Großprior. Der an das Leben in kulturellen Zentren gewöhnte F. spürte jedoch keine Neigung, sich in die ihm nun zustehende Residenz in dem abgelegenen Heitersheim am Fuße des Schwarzwaldes zu begeben. Stattdessen setzte er sein unstetes Leben fort und ließ sich u. a. mit verschiedenen militärischen Aufträgen betrauen. 1651—52 versuchte er sogar die finanziellen Forderungen an seinen Bruder mit militärischen Mitteln durchzusetzen.

Auf Bitten Kaiser Ferdinands III. berief Papst Innozenz X. F. am 19. 2. 1652 zum Kardinal-Diakon (Titel: S. Maria Nuova, später S. Agatha). F. hat jedoch unter Hinweis auf die ihm evtl. in Aussicht stehende Erbfolge in Hessen sowie unter dem Vorwand mangelnder theologischer und liturgischer Vorbereitung den Empfang der höheren Weihen lange hinausgeschoben. Auf die ihm zustehenden Ehrenbezeugungen legte er dagegen großen Wert.

F. hat auch die Zeit seines ersten Aufenthaltes in Heitersheim seit 1652 vornehmlich darauf verwandt, seine stets unzureichenden Einnahmen zu stabilisieren. Nach dem Tode Innozenz' X. begab er sich 1655 zum Konklave nach Rom, wo er drei volle Jahre blieb, die wiederum durch fürstliche Repräsentanz und das Bemühen um weitere Benefizien ausgefüllt waren. F. erlangte im Laufe der Jahre insgesamt 16 italienische und deutsche Kanonikate. Als Kardinal war er in verschiedenen Kongregationen tätig. 1659 kehrte er nach Heitersheim zurück, nachdem er zuvor seine Lütticher und Kölner Kanonikate in Besitz genommen hatte. Während des nun bis 1666 dauernden Aufenthaltes in Heitersheim hat er sich mancher kirchlicher Angelegenheiten angenommen und eine Reihe von Bauwerken ausführen lassen. Im November 1666 berief König Karl II. von Spanien ihn

dann zum Protektor Kastiliens, Aragons und Sardiniens und Kaiser Leopold I. wenig später zum Protektor der Deutschen Nation beim Hl. Stuhl. Seitdem schlug F. seinen Wohnsitz in Rom auf. Im November 1667 erfolgte seine Ernennung zum kaiserlichen Botschafter in Rom. Auch dieser zweite römische Aufenthalt war wegen der mit seinen Aufgaben verbundenen kostspieligen Repräsentationspflichten von ständigen finanziellen Nöten überschattet. Auch zeigten sich bereits ernste Gesundheitsschäden.

1666 wurde F. durch päpstliche Provision Domherr und 1668 Domdechant in Breslau mit Dispens von der Residenzpflicht. Seitdem arbeitete er zielstrebig auf seine künftige Wahl in dem reich dotierten Breslau hin, nachdem seine Bemühungen um andere Bistümer sich zerschlagen hatten. Dabei wurde er von Generalvikar J. J. (→) Brunetti unterstützt, der seinerseits wiederum gegen den Widerstand der schlesischen Domherren seinen eigenen Bruder ins Kapitel brachte. Auf Drängen der römischen Kurie, der sich zuletzt auch Leopold I. anschloß, wählte das Kapitel F. am 3. 9. 1671 mit 16 von 22 Stimmen zum Fürstbischof. Am 16. 10. 1671 wurde er mit der provisorischen Verwaltung seines Sprengels betraut, während die förmliche Bestätigung der Wahl erst am 21. 3. 1672 erfolgte. Dabei gewährte Clemens X. ihm die Beibehaltung aller bis dahin verliehenen Pfründen. F. ließ sich nun am 19. 2. 1672 zum Priester und am 5. 2. 1673 durch Kardinal Federico Sforza zum Bischof weihen. Er machte jedoch vorerst keine Anstalten, sich in seinen Sprengel zu begeben.

Während der letzten Jahre seines Romaufenthaltes wurde F. in verschiedene Ehrenhändel verwickelt, so daß Clemens X. schließlich auf die Abreise in sein Bistum drängte. Der verschwenderisch lebende F. verschob seinen Abschied von Rom möglicherweise, weil er seine zahlreichen Gläubiger nicht bezahlen konnte. Erst nachdem Leopold I. ihn am 9. 11. 1675 zum Oberlandeshauptmann von Schlesien ernannt hatte und ein unerfreulicher Streit mit Kardinalstaatssekretär Paluzzi Altieri beigelegt war, verließ F. 1676 die Ewige Stadt. Am 29. 6. 1676 wurde er in Breslau mit nie gesehenem Prunk eingeführt. Seine Wohnung nahm er im Oberamtshaus. F. sah in festlichen Gottesdiensten und Prozessionen einen wichtigen Beitrag zur katholischen Selbstdarstellung. Die Fronleichnamsprozession und die Fußwaschung am Gründonnerstag führte er erstmals wieder ein. Die Zahl der residierenden Domherren erhöhte er auf 16. Außerdem verschaffte er ihnen eine prächtige Chorkleidung. Auch in anderer Hinsicht sorgte F. für die glanzvolle Gestaltung der

Gottesdienste, so auf musikalischem Gebiet.
Die von ihm am Dom begonnene Elisabethkapelle gilt als glänzendes barockes Denkmal
nach römischem Vorbild. Daneben richtete das
Interesse F.s sich auf die Förderung der Orden.
1677 und 1679 ließ er Generalvisitationen in
den Archidiakonaten Breslau, Liegnitz, Glogau
und Oppeln durchführen. Durch zahlreiche
Verordnungen suchte er die öffentliche Sittlichkeit und die Religionsausübung zu stärken.
Auch die nach dem Tod des letzten Piasten in
den Fürstentümern Liegnitz, Brieg und Wohlau
durchgeführte Rekatholisierung nahm er zielstrebig, aber nicht ohne Diskretion vor. Trotz
aller persönlichen Schwächen des Kardinals
ist nicht zu verkennen, daß er seine Aufgaben
als Bischof und Oberlandeshauptmann mit
Pflichtgefühl und einer auch von evangelischer
Seite anerkannten Noblesse wahrgenommen
hat.

Seit 1680 führten eine Gichterkrankung und
eine schnell voranschreitende Sklerose zur
Geschäftsunfähigkeit. F. starb am 19. 2. 1682
nach langem Siechtum in seiner Residenz. Er
wurde in der Elisabethkapelle des Domes beigesetzt. Die Auseinandersetzungen um die von
ihm hinterlassenen Schulden zogen sich noch
lange hin.

Quellen: ASV, Proc. Consist. 70, fd. 1313-1316; Proc.
Datariae 50, fd., 69-73; S. Congr. Conc. Relationes
Vrat. 884 A.

Literatur: *P. Buschmann*, F. Landgraf v. H. - D.
Malteserritter, Kardinal und Bischof von Breslau
(Breslau 1883). - *W. Dersch*, Beiträge zur Geschichte
des Kardinals F. v. H., Bischofs von Breslau (1671-
1682), in: ZVGS 62 (1928) 272-330. - *Ders.*, in:
Schlesische Lebensbilder 3 (Breslau 1928) 70-78. - *Fr.
Noack*, Kardinal F. v. H., Großprior in Heitersheim, in:
ZGO 41 (1928) 341-386. - *H. Jedin*, Breslauer Bischofs-
wahlen 194-196. - *H. Hoffmann*, Dom Breslau 98-105.
- *J. Nattermann*, in: JKGV 28 (1953) 195-209. - *W.
Marschall* 95-97. - *R. E. Schwerdtfeger*, F. v. H.-D. Ein
Beitrag zu seinem Persönlichkeitsbild anhand der
Quellen im Vatikanischen Archiv, in: ASKG 41 (1983)
165-240.

Abbildungsnachweis: Öl auf Leinwand, deutsch Mitte 17. Jh. - BStGS Inv. Nr. 6874.

Jan Kopiec - Erwin Gatz

Frihoff, Jodocus (um 1640 – 1714)

1688 – 1714 Generalvikar in Paderborn

* um 1640 in Büren (Bistum Paderborn); ab
1659 Studium der Philosophie und Theologie in
Paderborn; 1669 Dr. theol. (Paderborn); 1664
Benefiziat am Dom in Paderborn; 1666-88
Pfarrer in Salzkotten, 1688 in Delbrück; Geistlicher Rat; seit 1688 Generalvikar der Fürstbischöfe H. W. und F. A. v. (→) Wolff-Metternich; † 14. 5. 1714 in Delbrück.

Literatur: *J. Freisen*, Matrikel II 23 Nr. 981. - *Ph.
Schniedertüns* 47-57.

Karl Hengst

Frischenschlager, Johann Baptist (1733 – 1805)

1784 – 1805 Generalvikar der Diözese Seckau

→ Bd. 1, 216.

Froberg → **Montjoye-Hirsingen**

Fromm, Andreas (1621 – 1683)

1671 – 1675 Generalvikar in Leitmeritz

* 1621 in Plänitz (Brandenburg) als Lutheraner;
Studium der Theologie in Frankfurt / Oder und
Wittenberg; dann Kantor und Musiklehrer in
Neudamm und seit 1641 in Stettin; 1649 am
Marienstiftsgymnasium, an der Marienkirche
und als Professor musices am Pädagogium ebd.
F. trat als einer der ersten deutschen Oratorien-
komponisten hervor. 1651 Heirat; 1651 Lic.
theol. (Rostock) und Propst in Kölln / Spree und
Konsistorialrat. Im Auftrag des Kurfürsten

sollte er die Union zwischen Reformierten und Lutheranern betreiben, doch knüpfte er auf ausgedehnten Reisen Kontakte zu Katholiken und polemisierte gegen die Reformierten. 1668 trat F. in Prag mit seiner Familie zur katholischen Kirche über. Nachdem seine Frau 1669 das Keuschheitsgelübde abgelegt hatte, wurde F. selbst in Leitmeritz zum Priester geweiht sowie Konsistorialrat und Kanzler, ferner 1671 Domherr und Generalvikar von Bischof M. R. v. (→) Schleinitz. Unter Bischof J. I. v. (→) Sternberg war er Kanzler. 1681 trat er mit zwei Söhnen in das Prämonstratenserkloster Strahov zu Prag ein. † 16. 10. 1683 ebd.

Schriften: Komp.: Actus musicus de Divite et Lazaro, Lucae 1649 ...; Wie auch Dialogus Pentecostatis ... (Stettin 1649). - Grabe-Lied auf den Tod d... G. Dethardings 1650. - Synopsis metaphysica (Berlin 1658). - Wiederkehrung zur katholischen Kirche (Prag 1668, Köln 1669, Prag 1762).

Literatur: J. Schlenz, Maximilian Rudolf Freiherr von Schleinitz und seine Zeit (Warnsdorf 1914) 237-248. - C. Straka, in ČSB (1930) 326-329. - L. Goovaerts I 282-283. - Ch. Engelbrecht, in: NDB 5 (1961) 657 (Lit.). - BBKL 2 (1976) 142f (Lit.).

Kurt A. Huber

Fuchs gen. Vulpius, Henri (1624-1689)

1658	Generalvikar der Diözese Lausanne in Freiburg / Schweiz
1658 – 1663	Apostolischer Administrator der Diözese Lausanne
1663	Generalvikar der Diözese Lausanne

* Mai 1624 in Freiburg / Schweiz; Studium am Jesuitenkolleg in Freiburg und am Collegium Helveticum in Mailand; 1645 Priester; 1646 – 49 Vikar des Kollegiatstifts St. Niklaus in Gurmels; 1649 Chorherr zu St. Niklaus in Freiburg; 1656 Offizial der Diözese Lausanne; 1658 Dekan des Stiftskapitels; Mai 1658 Generalvikar von Bischof J. (→) Knab; nach dessen Tode (4. 10. 1658) bis zum Eintreffen von Bischof J. B. de (→) Strambino Apostolischer Administrator der Diözese Lausanne. Als Verteidiger der Exemtion von St. Niklaus geriet F. mit de Strambino in Konflikt und wurde 1663 als Generalvikar entlassen; vom Luzerner Nuntius Borromeo erhielt er den Titel eines Apostolischen Kommissars, und in dieser Eigenschaft beanspruchte er bis 1673 die Rechte eines Generalvikars; 1665 – 75 Administrator der Johanniterkommende von Freiburg; gründete 1652 die Sakramentsbruderschaft; † 24. 1. 1689 in Freiburg.

Schriften: Friburgum Helvetiorum Nuythoniae, ed. u. übers. v. Héliodore Raemy de Bertigny; Chronique fribourgeoise du dixseptième siècle (Fribourg 1852).

Literatur: P. Rück, in: HS I/4 (1988) 292-294 (Lit.).

Pierre Louis Surchat

Fugger-Glött von Kirchberg und Weißenhorn, Anton Ignaz Reichsgraf (1711 – 1787)

1756 – 1787 Fürstpropst von Ellwangen
1769 – 1787 Fürstbischof von Regensburg

Anton Ignaz Joseph Fugger wurde am 3. 11. 1711 in Innsbruck als viertes Kind des österreichischen Regierungsrates Anton Ernst F. v. Kirchberg und Weißenhorn und der Elisabeth Margarethe Gräfin von Trautson und Falckenstein geboren. Wie zwei seiner Brüder entschied er sich für den geistlichen Beruf und empfing nach Abschluß mehrjähriger philosophischer (1727 – 30) und juristischer (1730 – 34) Studien an der Universität Innsbruck am 26. 9. 1734 die Priesterweihe. Wiewohl seit 1728 Domizellar in Köln, erfolgte die Zulassung zum Metropolitankapitel erst 1750, ziemlich spät auch die Erhebung zum Kapitelherrn am Kölner Stift St. Gereon, während F. an der Fürstpropstei Ellwangen schon 1738 in die Rechte und Pflichten eines Kapitulars eintreten konnte. Gestützt auf diese drei Präbenden, glückte ihm 1756 der Aufstieg in eine Reichsprälatur: Nach turbulenten Vorgängen wurde er vom Ellwanger Stiftskapitel am 29. 3. im neunten Wahlgang einstimmig zum Propst gewählt, am 18. 7. vom Papst bestätigt und am 8. 9. von seinem Bruder, dem Konstanzer Weihbischof F. K. J. (→) Fugger, in der Stiftskirche benediziert. Der Neugewählte entfaltete eine rege Aktivität in der Wahrung der Exemtionsansprüche gegenüber dem Augsburger Ordinariat und traf während des Siebenjährigen Krieges kluge Maßnahmen zur Sicherung des Ellwanger Territoriums. Seine Regierungszeit entbehrte zwar umwälzender Veränderungen, war aber gleichwohl getragen von steter Kleinarbeit, die alles in allem der Konsolidierung im stiftischen Hoheitsbereich galt, der Behebung von wirtschaftlichen und sozialen Problemen genauso wie der Förderung des religiösen Lebens, der Verbesserung des Schulwesens und der Priesterbildung nicht minder als einer von persönlichem Mäzenatentum getragenen maßvollen kulturellen Prachtentfaltung.

1761 meldete F. seine Kandidatur für den erzbischöflichen Stuhl in Köln an. Doch die diesbezüglichen Hoffnungen zerschlugen sich ebenso wie 1763 bei der Regensburger Bischofswahl, da sich der Wiener Hof einer Unterstützung versagte. Wenn F. dann am 25. 6. 1764 vom Kölner Domkapitel überraschend zum Scholastikus gewählt wurde, so war dies bei aller Vermehrung des Einkommens nur eine bescheidene Entschädigung. Erst die neuerliche Vakanz des Regensburger Stuhles brachte ihm mit der Wahl vom 18. 1. 1769 den ersehnten Aufstieg zur Bischofswürde, wobei die am 12. 6. ausgesprochene päpstliche Konfirmation dem Wunsch nach Beibehaltung der Ellwanger Prälatur und der Kölner Kanonikate Rechnung trug. Am 5. 9. 1769 nahm F. von Diözese und Hochstift feierlich Besitz. Die Konsekration im Regensburger Dom am 17. 9. vollzog wiederum der Bruder und Konstanzer Weihbischof. Residierte F. in den folgenden Jahren zumeist während der Wintermonate noch in Ellwangen, wo ihm am 30. 4. 1770 im sächsischen Prinzen (→Bd. I) Klemens Wenzeslaus ein Koadjutor zur Seite gestellt wurde, so verzichtete er am 1. 11. 1777, mittlerweile fast erblindet, zu dessen Gunsten auf die Administration der Fürstpropstei, behielt sich lediglich den Titel und zwei Drittel der Einkünfte vor und widmete nun seine beeinträchtigte Arbeitskraft ausschließlich dem Regensburger Sprengel.

In der letzten Epoche der Reichskirche war F. einer der markantesten Regensburger Bischöfe. Er ließ sich das Doppelamt als Fürst und Bischof in gleicher Weise angelegen sein und widmete seine Kraft sowohl der Förderung des religiösen Lebens in der ausgedehnten Diözese als auch der Sicherung des bescheidenen Hochstifts. Letzteres wurde vor allem durch eine massive, staatskirchlich-territorialistisch orientierte Politik Kurbayerns bedroht, das die hochstiftische Herrschaft Donaustauf mit den zugehörigen Dorfschaften und Rechten zu mediatisieren und das bereits vor Jahrhunderten pfandweise erworbene Territorium definitiv dem bayerischen Staat einzuverleiben suchte. In zähen, über die ganze Regierungszeit sich hinziehenden Verhandlungen wußte sich F. diesem Ansinnen zu widersetzen, und wenn er auch den Erfolg seiner Territorialpolitik selbst nicht mehr erlebte, so hatte er doch die entscheidenden Grundlagen gelegt für jenes unter seinem Nachfolger M. P. v. (→) Törring getroffene Abkommen, das die Reichsunmittelbarkeit des strittigen Territoriums garantierte. Was die Wahrung der gleichfalls durch Kurbayern in einer Fülle von Mandaten beeinträchtigten geistlichen Jurisdiktion betrifft, so hatte sich F. der Opposition des Salzburger Kongresses (1770 – 77) (F. Chr. v. → Zeil) nur zögernd und halbherzig angeschlossen, allzu sehr auf den Erfolg direkter Verhandlungen mit der

Münchener Regierung bauend, der sich aber in bescheidenen Grenzen hielt und lediglich in Einzelfällen der kirchlichen Seite Rechnung trug. Auch während des Nuntiaturstreits, den Kurfürst Karl Theodor im Zweckbündnis mit der römischen Kurie geschickt im Sinne einer Ausweitung der staatlichen Kirchenhoheit auszumünzen verstand, sah F. die Hauptgefahr für die Jurisdiktion der Ordinarien nicht so sehr in der neuerrichteten Münchener Nuntiatur, sondern in den Ansprüchen der zu Ems beratenden Metropoliten (V. → Heimes, Max Franz von Österreich). Ausschlaggebend für diese Haltung war u. a. der Umstand, daß sich F. zur selben Zeit nur mit Unterstützung der römischen Kurie gegen Joseph II. behaupten konnte, der das Egerland von Regensburg abtrennen und dem Erzbistum Prag zuweisen wollte.

Im Bereich der Bistumsverwaltung war F. um die Gestaltung des kirchlichen Lebens, vor allem der Liturgie, im Sinne einer maßvollen Aufklärung bemüht. Entsprechend seinen persönlichen Neigungen legte er dabei den Hauptakzent auf eine Verinnerlichung von Religion und Sittlichkeit. So begünstigte er nicht nur die aufkeimende Allgäuer Erweckungsbewegung, sondern auch — gewiß anfänglich in der Hoffnung auf Heilung seines Augenleidens — jenen zwielichtigen Vorarlberger Bauernpfarrer Johann Joseph Gaßner, der mit seinen Wunderkuren und Teufelsaustreibungen weithin Aufsehen erregte und, über Ellwangen nach Regensburg gekommen, hier ungeachtet heftiger Anfeindungen und des Eingreifens höchster Instanzen in F. einen großen Gönner fand. F.s ambivalentes Verhältnis zur Aufklärung spiegelt sich ferner in seiner jesuitenfreundlichen Einstellung: Wie in Ellwangen gab er auch in Regensburg nach der allgemeinen Aufhebung des Ordens (1773) dem Kolleg die Möglichkeit, als Weltpriesterinstitut den bisherigen Aufgaben, insbesondere dem Gymnasialunterricht, nachzugehen. 1785 ließ F. das schon unter F. W. v. (→) Wartenberg gegründete, über Generationen hin Provisorium gebliebene Klerikalseminar bei St. Kassian nach St. Paul verlegen. Er stellte es, z.T. aus eigenen Mitteln, auf eine solide Existenzgrundlage und setzte ihm mit dem Weltpriester Joseph Kugler einen tüchtigen Regens vor. Im gleichen Jahr schuf er sich mit der Stiftung des Hochaltars im Dom, eines aus vergoldetem Silber und Kupfer getriebenen Meisterwerks der Augsburger Goldschmiedekunst, ein bleibendes Denkmal. Der geplante Neubau des Bischofshofes kam nicht mehr zur Ausführung, wie überhaupt F.s letzte Regierungsjahre aus gesundheitlichen Gründen, aber auch wegen der vom Domkapitel aufgeworfenen Koadjutorfrage, die er als persönlichen Affront empfand, durch zunehmende Inaktivität gekennzeichnet waren. Am 15. 2. 1787 starb der redliche, tieffromme, in seinem Regierungsstil ganz und gar patriarchalische F. in Regensburg. Seine letzte Ruhestätte fand er am 26. 2. in der Kathedralkirche unter einem Epitaph aus weißem Marmor, das 1838 in die Vorhalle des Domkreuzgangs verlegt wurde.

Literatur: *N. Fuchs* 67-69. - *H. Raab*, Clemens Wenzeslaus. - *J. Staber* 160-163. - *R. Reinhardt*, Ellwangen. - *E. Meissner* (Lit.). - *J. Hanauer*, Der Teufelsbanner und Wunderheiler Johann Joseph Gaßner (1727-1779), in: BGBR 19 (1985) 303-545.

Abbildungsnachweis: Kupferstich des Johann Esaias Nilson (1721-1788), nach 1778. - Fuggersches Familien- und Stiftungsarchiv, Dillingen.

Karl Hausberger

Fugger-Glött von Kirchberg und Weißenhorn, Franz Karl Joseph Reichsgraf (1708 – 1769)

1739 – 1768 Weihbischof in Konstanz, Ep. tit. Domitiopolitanus

* 11. 7. 1708 in Innsbruck als Sohn des Anton Ernst F. v. K. und der Elisabeth Therese Margarethe Trautson, Gräfin von Falkenstein; 1724 – 27 Besuch des Jesuitengymnasiums in Innsbruck (Mag. phil.); 1727 – 31 Studium in

Rom als Alumne des Collegium Germanicum; 5. 8. 1731 Priester; 1731 Domherr, 1736 Kapitular in Konstanz; 20. 7. 1739 Titularbischof von Domitiopolis und Weihbischof in Konstanz; 3. 4. 1768 Resignation aus Krankheitsgründen; † 10. 10. 1769 in Regensburg.

Literatur: *W. Haid*, Weihbischöfe 19-21. - *J. A. Kraus*, Tagebücher 371-396. - *H. Tüchle*, in: HS I/2 (im Ersch.).

Rudolf Reinhardt

Fuk (Fuck) von Hradiště, Crispin († 1653)

1644 – 1653 Weihbischof in Prag, Ep. tit. Trapezuntinus

* in Olmütz; 1604 Eintritt in die Prämonstratenserabtei Strahov zu Prag; 1609 Priester; 1609 Propst von Schlägl (Oberösterreich); 1621 des Chorfrauenklosters Doxan (Böhmen); 1630 Koadjutor des Abtes Questemberg von Strahov; 1640 Abt von Strahov; 18. 4. 1644 Titularbischof von Trapezunt und Weihbischof in Prag unter Beibehaltung der Abtswürde; 24. 7. 1644 Konsekration durch Bischof Ph. Fr. v. (→) Breuner in Wien; 1647 Generalvikar der böhmischen Prämonstratenserzirkarie, die auch Polen umfaßte; † 23. 8. 1653 in Prag.

Literatur: *A. L. Goovaerts* I. 286 f. - *C. Straka* in: ČSB 4 (1930) 340.

Kurt A. Huber

Fürstenberg, Ferdinand (seit 1660 Reichsfreiherr) von (1626 – 1683)

1661 – 1683 Fürstbischof von Paderborn
1667 – 1678 Koadjutor des Fürstbischofs von Münster
1678 – 1683 Fürstbischof von Münster
1680 – 1683 Apostolischer Vikar eines Teiles der Nordischen Missionen

Ferdinand von Fürstenberg wurde am 21. 10. 1626 auf Schloß Bilstein bei Attendorn im kurkölnischen Sauerland als Sohn des westfälischen Landdrosten und kurmainzischen Rates Friedrich v. F. und der Anna Maria von Kerpen geboren. Er hatte 15 Geschwister. Das westfälische Geschlecht der F. hatte nicht nur den für die katholische Reform im Bistum Paderborn maßgebenden Fürstbischof Dietrich v. F. († 1618) hervorgebracht, sondern es war auch im 17. Jh. in mehreren Domkapiteln Nordwestdeutschlands vertreten. Im 18. Jh. stieg es zur einflußreichsten Stiftsfamilie des deutschen Nordwestens auf. Neben mehreren Dignitären der westfälischen Kapitel gingen aus ihm drei Fürstbischöfe hervor.

Schon als Siebenjähriger erhielt F. die Anwartschaft auf ein Kanonikat am Dom zu Hildesheim, das er 1641 antrat und bis zu seinem Tode innehatte. Das Gymnasialstudium absolvierte F. bei den Jesuiten zu Siegen. Danach studierte er 1644–46 in Paderborn Philosophie und 1646–49 in Münster und Köln Theologie und die Rechte. In Köln nahm er Kontakt zu Gelehrten auf und begann mit historischen Studien.

Von besonderer Bedeutung wurde sein Kontakt zu Nuntius Fabio Chigi. In ein engeres Verhältnis zu Paderborn trat F. erst 1639 durch die Übernahme eines Domkanonikates. Nachdem Chigi 1651 nach Rom zurückgegangen und Staatssekretär Innozenz' X. geworden war, trat F. 1652 zusammen mit seinem jüngsten Bruder Johann Adolf eine Kavalierstour nach Rom an, aus der ein neunjähriger Aufenthalt werden sollte. F. fand auch in Rom, u. a. als Mitglied der Accademia degli Umoristi, Kontakt zu Gelehrten und Repräsentanten des kulturellen Lebens. Besonders engen Austausch pflegte er mit Lukas Holstenius, dem Leiter der Vatikanischen Bibliothek, ferner mit den Historikern Sforza Pallavicini, Oderico Reinaldi und Ferdinando Ughelli sowie dem Universalgelehrten Athanasius Kircher. F. wurde Provisor der deutschen Nationalkirche S. Maria dell'Anima und Kämmerer der Erzbruderschaft am Campo Santo Teutonico. Als Chigi 1655 als Alexander VII. Papst wurde, ernannte er F. sogleich zum Geheimkämmerer. Trotz seiner höfischen und kirchlichen Pflichten fand dieser jedoch weiterhin reichlich Zeit zu wissenschaftlicher Beschäftigung. So beschaffte er aus dem Vatikanischen Archiv Abschriften zur Geschichte Westfalens und unterstützte das Unternehmen der Acta Sanctorum Jean Bollands. Erst am 14. 12. 1659 empfing er die Priesterweihe. Im Frühjahr 1660 reiste er dann mit ehrenvollen Aufträgen als päpstlicher Legat nach Süddeutschland und nach Westfalen. Dabei überbrachte er u. a. F. W. v. (→) Wartenberg das Kardinalsbirett und besuchte Paderborn und Münster, wo er durch päpstliche Provision seit 1653 ebenfalls ein Domkanonikat besaß. Am 20. 4. 1661 wählte ihn das Paderborner Kapitel gegen (→) Max Heinrich von Bayern zum Bischof. Die päpstliche Bestätigung folgte am 30. 5., die Konsekration durch Kardinalstaatssekretär Giulio Rospigliosi am 6. 6. 1661 in der Kirche der Anima. Am 26. 6. verließ F. Rom für immer.

F. hat sein Bistum wie sein Vorgänger D. A. v. d. (→) Reck ohne außenpolitischen Ehrgeiz regiert und sich ganz auf die Förderung des religiösen und kulturellen Lebens konzentriert, während er außerhalb seines Sprengels kirchenpolitisch kaum in Erscheinung trat. Er visitierte und spendete die Sakramente persönlich. 1662 führte er das römische Missale und Brevier ein, und für die Pfarrbesetzungen ordnete er entsprechend der Vorschrift des Tridentinums Konkursprüfungen an. Die noch vom Dreißigjährigen Krieg herrührenden Schäden suchte er zu beheben. Während seiner Amtszeit wurden 24 Kirchen erbaut oder wiederhergestellt. Allein in Paderborn zeigen vier Kirchen an ihren Fassaden sein Stifterwappen. Auch im Dom und in vielen anderen Kirchen des Bistums erinnert F.s Wappen an seinen Kunstsinn und seine Stifterfreude. 1682 legte er den Grundstein für eine neue Kollegs- und Universitätskirche zu Paderborn, die als das bedeutendste Zeugnis des gotisierenden Jesuitenbarocks in Norddeutschland gilt.

F. tat sich jedoch nicht nur durch seine Stiftungen hervor, sondern er nahm auch weithin aktiven Anteil am gelehrten Leben seiner Zeit. Sein historisches Interesse bezeugen die von ihm z. T. mit fremder Hilfe herausgegebenen Publikationen zur westfälischen Kirchengeschichte, und in seinem Auftrag hielt ein einheimischer Maler die Stadt- und Burganlagen des Hochstiftes in einem Bilderzyklus fest. Nach dem Vorbild Papst Alexanders VII. versuchte F. sich ferner in lateinischen Gedichten. 1666 ließ er sich von Alexander VII. das

Vorrecht der Paderborner Bischöfe zum Tragen des Rationale bestätigen. Am 19. 7. 1667 postulierte das münsterische Domkapitel F. zum Koadjutor von Fürstbischof B. v. (→) Galen (20. 4. 1668 päpstlich bestätigt), doch nahm er auf das Bistum bis zum Tode seines Vorgängers (19. 9. 1678) faktisch keinen Einfluß. Seitdem zeugen auch in Münster zahlreiche Kunstwerke vom Kunstsinn des barocken Kirchenfürsten F. 1680 gewann er N. (→) Stensen als Weihbischof.

Am 2. 9. 1680 übertrug Papst Innozenz XI. F. zusätzlich die Aufgabe eines Apostolischen Vikars für die untergegangenen Bistümer Halberstadt, Magdeburg, Bremen und Schwerin. Dies veranlaßte F. 1682 zur Errichtung der sog. Ferdinandeischen Missionsstiftung, für die er ein Stiftungskapital von 100 000 Talern bereitstellte. Daraus sollten 34 Jesuitenmissionare für die Mission in China, in den akatholischen Nachbargebieten des Bistums Paderborn und in den Nordischen Missionen unterhalten werden.

F. starb am 26. 6. 1683 an den Folgen einer Nierenoperation auf Schloß Neuhaus bei Paderborn. Er wurde in der von ihm besonders geförderten Paderborner Franziskanerkirche beigesetzt. F. galt nicht nur als ein für seine Zeit bedeutender Gelehrter, sondern er war auch ein vorbildlicher Bischof nach dem Ideal des Konzils von Trient.

Schriften: Poemata (Amsterdam 1671). - Monumenta Paderbornensia (Amsterdam 1672).

Literatur: *K. Honselmann*, in: NDB 5 (1961) 93 f. - *H. J. Brandt - K. Hengst*, Bischöfe 249-256 (Lit.).

Abbildungsnachweis: Stich von Abraham Botelingh 1669 nach Gemälde von Theodor Kaspar Frh. von Fürstenberg 1668. - Wien NB 521.441 B.

Karl Hengst

Fürstenberg, Franz Egon Reichsgraf (seit 1664 **Fürst**) **von** (1626 – 1682)

1663 – 1682 Fürstbischof von Straßburg
1668 – 1682 Fürstabt von Stablo-Malmedy

Franz Egon von Fürstenberg wurde am 10. 4. 1626 auf Schloß Heiligenberg in Schwaben als Sohn des Egon v. F. und der Anna Maria Gräfin von Hohenzollern geboren. Der Vater war bayerischer und kurkölnischer Oberst, später Generalfeldzeugmeister der Liga und Generalleutnant des schwäbischen Kreises. F. hatte neun Geschwister. Sein Bruder Herrmann Egon († 1674) wurde kurbayerischer Oberhofmeister, Wilhelm Egon v. (→) F. kurkölnischer Minister

und 1682 als sein Nachfolger Fürstbischof von Straßburg. 1636 kam F. als Gefährte des für die Nachfolge von (→) Ferdinand von Bayern in Aussicht genommenen (→) Max Heinrich von Bayern nach Köln. 1637 – 42 besuchte er mit ihm das Kölner Jesuitenkolleg. F. wurde 1634 Domizellar, 1644 Domkapitular in Köln, später auch Stiftskanonikus (1653 Propst) von St. Gereon sowie Domherr in Minden, Straßburg und Lüttich, ferner Kanonikus am Aachener Marienstift. Bereits Fürstbischof von Straßburg, wurde er 1668 ferner Domkapitular zu Speyer. Diese Fülle von Pfründen, die z. T. auch sein Vater vor seinem Eintritt in den Ehestand innegehabt hatte, besagte als solche noch nichts über seine Zukunft. Darüber entschied vielmehr sein Verhältnis zu Max Heinrich. 1644 wurde F. Subdiakon. Nach der Regierungsübernahme Max Heinrichs in Köln, Lüttich und Hildesheim (1650) stieg er dann bald zu dessen vertrautem Berater, Obristhofmeister und als Minister zum Leiter der kurkölnischen Politik auf. In Lüttich war F. zusammen mit seinem Bruder seit 1652 als Mitglied des Geheimen Rates maßgeblich an der Unterwerfung der Stadt unter die Herrschaft des Fürstbischofs beteiligt. Bereits auf dem Reichstag zu Regensburg im Jahre 1653 – 54 und noch stärker anläßlich der Kaiserwahl im Jahre 1658, wo er und sein Bruder von den Vertretern Habsburgs und Ludwigs XIV. umworben wurden, trat seine Bedeutung zu Tage.

Wie sein Bruder von starkem Ehrgeiz erfüllt, hoffte F. damals längst auf seine Erhebung zum Fürstbischof. 1656 hatte er sich vergeblich um die Koadjutorie des Straßburger Fürstbischofs (→) Leopold Wilhelm von Österreich bemüht, der fern seiner verschiedenen Bistümer als österreichischer Statthalter in Brüssel residierte. Letztlich war sein Bemühen freilich auf die Nachfolge des schwachen Max Heinrich gerichtet. So sicherte er sich im Kölner Domkapitel 1655 die Würde eines Dechanten und 1663 die eines Propstes. Obgleich er sich vor allem der Interessen der Länder annahm und sie vor den Übergriffen der Großmächte Frankreich und Österreich bewahren wollte, nahm er die Unterstützung Ludwigs XIV. an, weil er annahm, dieser werde ihn in seinen politischen Plänen und seiner kirchlichen Laufbahn unterstützen. Auf Weisung des Königs postulierte ihn das Metzer Domkapitel, doch erhielt F. nicht die päpstliche Bestätigung. Max Heinrich trat ihm 1660 die Abtei Stablo-Malmedy ab. Am 16. 10. 1660 ließ F. sich in Köln zum Priester weihen. Nach dem Tode Leopold Wilhelms wählte ihn dann am 19. 1. 1663 das in Molsheim versammelte Straßburger Domkapitel unter starker Protektion Max Heinrichs und Ludwigs XIV. zum Fürstbischof. Die päpstliche Bestätigung folgte am 30. 7. 1663. Seine übrigen Pfründen durfte F. beibehalten.

Die Umstände der Wahl banden F. noch stärker an Ludwig XIV., zumal dieser ihm 1664 auch die Abtei Murbach und Lüders verschaffte. Die ihm 1660 durch Max Heinrich überlassene Abtei Stablo-Malmedy bestätigte Papst Alexander VII. ihm erst 1668.

F. gab trotz der Fülle seiner Benefizien seine Stellung am Hofe Max Heinrichs nicht auf, obschon man ihn und seinen Bruder dort eher als Vertreter der französischen Interessen ansah. In seinem Bistum hingegen versuchte er, vor allem die Vorrechte des Fürstbischofs und die Unabhängigkeit seines Hochstiftes Frankreich gegenüber zu verteidigen. Deshalb bemühte er sich während seiner ersten Straßburger Amtsjahre bis zum Ausbruch des Holländischen Krieges (1672 – 79) um eine Annäherung an die Reichsstadt Straßburg und die anderen Reichsstädte des Breisgaus und des Unter-Elsaß, um mit ihnen nach schweizerischem Vorbild eine Art rheinischer Konföderation zwischen den Großmächten Frankreich und Habsburg zu gründen. Dieses Projekt scheiterte jedoch an dem 1672 heraufbeschworenen Konflikt und den Maßnahmen des Kaisers gegen die Brüder F. Franz Egon entzog sich zwar 1673 im Gegensatz zu seinem Bruder dem kaiserlichen Zugriff durch die Flucht nach Kaiserswerth, doch setzte Leopold I. ihn als

Reichsfürsten ab. Als Max Heinrich 1674 Frieden mit Habsburg schloß, ging F. nach Frankreich. Ludwig XIV. setzte erst im Friedensvertrag von Nimwegen 1679 die Wiedereinsetzung F.s in seine Rechte durch. Dieser kehrte nun zwar nach Köln zurück, doch übertrug Max Heinrich ihm nicht mehr die Leitung der kölnischen Politik. Auch seine Hoffnung auf die Nachfolge des Kurfürsten erfüllte sich nicht (Wilhelm Egon v. → F.). Im linksrheinischen Teil seines Hochstiftes mußte er ohnmächtig den im Kontext der Reunionspolitik vertretenen französischen Souveränitätsanspruch hinnehmen, während seine kirchlichen und finanziellen Rechte unangetastet blieben. Eine Mitwirkung bei der französischen Annektierung Straßburgs (1681) läßt sich nicht nachweisen, doch hat F. die lang erhoffte Rückgabe der Kathedrale an den katholischen Kult als Triumph betrachtet und dies auch beim Empfang Ludwigs XIV. am 21. 10. 1681 zum Ausdruck gebracht. In Stablo-Malmedy widersetzte F. sich dagegen 1681 dem Reunionsversuch durch Ludwig XIV.

Seine politischen Optionen haben F. nicht daran gehindert, in der Diözese Straßburg die tridentinische Reform voranzutreiben. Zu seinen wichtigsten Maßnahmen auf diesem Gebiet gehörten die Durchführung von Visitationen, darunter 1666 eine Generalvisitation, die Veranstaltung von Synoden sowie die Veröffentlichung eines Katechismus und eines Rituale. In Übereinstimmung mit dem Konzil suchte F. vor allem die bischöfliche Leitungsfunktion durchzusetzen. Das betraf das auf Unabhängigkeit bedachte hochadelige Domkapitel, aber auch die Orden, allen voran die Jesuiten, die zwar unentbehrlich waren, aber nach der Meinung F.s ihre Position gelegentlich auch ausnutzten. Die Jesuiten besaßen mit der Akademie von Molsheim ein wichtiges Zentrum geistlicher Kultur, das in der zweiten Hälfte des 17. Jh. eine Blüte erlebte. F. hat im übrigen die Jesuiten für verschiedene Aufgaben, besonders für die Priesterausbildung, in Anspruch genommen, sich aber nicht von ihnen abhängig gemacht. Mehr als an einer langfristig konzipierten Heranbildung eines qualifizierten Seelsorgeklerus war F. auf schnelle Erfolge auf dem Gebiet der Lebensführung des Klerus und der Seelsorge konzentriert. In dieser Hinsicht hat sein Offizialat auf weitere Sicht den Dekreten des Konzils zur Geltung verholfen. Im übrigen blieb F. ein Vertreter der frühen Gegenreformation, für den weltliche und geistliche Herrschaft noch eine Einheit bildeten. Daher sah er auch die Rückgewinnung des lutherischen Kreises Oberkirch (1664) und der Straßburger Kathedrale (1681) für seine Amtszeit als Bischof als die wichtigsten Ereignisse an. F. starb am 1. 4. 1682 in Köln. Sein Leib wurde im Kölner Dom, sein Herz, seine Augen und seine Zunge in Straßburg beigesetzt.

Literatur: *H. Tribout de Morembert*, in: DBF 14 (1979) 1453 f. - *M. Braubach*, Fürstenberg. - *R. Metz*, La monarchie. - *G. Moisse-Daxhelet*, in: DHGE 19 (1981) 295-300 (Lit.). - *L. Châtellier*, Tradition chrétienne.

Abbildungsnachweis: Ölgemälde der Ahnengalerie auf dem Fürstenbergischen Schloß Heiligenberg (Rittersaal). - Zwischen 1676-1682 entstanden. - FFA Donaueschingen.

Louis Châtellier

Fürstenberg, Franz Egon Reichsfreiherr von (1702 – 1761)

1737 – 1761 Generalvikar in Münster

* 15. 12. 1702; 1715 – 17 Besuch des Jesuitengymnasiums in Siegen; 1718 – 20 Studium in Köln; 1720 Domherr in Münster (1720 Aufschwörung; 1725 Emanzipation); 1721 Domherr in Halberstadt und Paderborn; 1722 – 23 Studium in Salzburg, 1724 – 25 Studium in Rom als Alumne des Collegium Germanicum; 1734 Domherr in Hildesheim; vom 8. 5. 1737 bis 6. 2. 1761 Generalvikar in Münster; Archidiakon in Beckum und Dülmen; Propst des Kollegiatstiftes zu Dülmen; 1742 Domscholaster in Hildesheim; 12. 3. 1748 Wahl zum Domdechanten in Münster; Propst des Busdorfstiftes zu Paderborn; 5. 5. 1761 Kapitularvikar in Münster. F. kandidierte als Nachfolger (→) Clemens Augusts von Bayern als Bischof von Münster. † 10. 10. 1761.

Literatur: *F. Keinemann*, Domkapitel Münster 270 f. - *W. Kohl*, Domstift Münster 158.

Michael F. Feldkamp

Fürstenberg, Franz Egon Reichsfreiherr von (1737 – 1825)

1776 – 1789 Generalvikar in Hildesheim
1786 – 1789 Koadjutor des Fürstbischofs von
            Hildesheim und Paderborn, Ep.
            tit. Derbensis
1789 – 1825 Fürstbischof von Hildesheim und
            Paderborn
1789 – 1825 Apostolischer Vikar der Nordischen Missionen

→ Bd. 1, 221 – 223.

Fürstenberg, Franz Friedrich Wilhelm Reichsfreiherr von (1729 – 1810)

1770 – 1801 Generalvikar in Münster
1801 – 1807 Kapitularvikar in Münster

→ Bd. 1, 223.

Fürstenberg in Mösskirch, Philipp Carl Reichsgraf (seit 1716 **Fürst**) **von** (1669 – 1718)

1709 – 1718 Fürstbischof von Lavant
1709 – 1718 Salzburger Generalvikar für
            Ober- und Unterkärnten

Philipp Carl von Fürstenberg wurde am 15. 3. 1669 als Sohn des Franz Christoph Graf zu Fürstenberg, Heiligenberg und Werdenberg, Landgraf in der Bahr und zu Stiehlingen und der Maria Theresia, Herzogin von Arenberg und Arschott, geboren. Von seinem theologischen Studiengang ist nur bekannt, daß er ihn tatsächlich absolviert hat. F. wurde 1685 Domherr zu Straßburg, 1686 zu Köln und 1695 durch päpstliche Verleihung zu Salzburg, trat also früh in die Gruppe der vornehmsten Kapitel der Reichskirche ein. Als der Salzburger Erzbischof J. E. v. (→) Thun ihm 1708 das Fürstbistum Lavant verleihen wollte, stimmte F. dem nur unter der Bedingung zu, daß er seine drei Domkanonikate beibehalten durfte. Daraufhin nominierte Thun ihn am 11. 4. 1708, während F. sich am 1. 5. zum Priester weihen ließ. Der Hl. Stuhl gestattete erst nach langen

Verhandlungen die Beibehaltung seiner Kanonikate. Daher konnte der Erzbischof ihn erst am 30. 3. 1709 bestätigen. Am 9. 6. 1709 ernannte er ihn zugleich zum Generalvikar und Archidiakon für Ober- und Unterkärnten und am 12. 9., dem Tag der Inthronisation, zum Propst von Völkermarkt.

F. hat insbesondere auf das geistliche Leben und die korrekte Pfarramtsverwaltung sowie den Religionsunterricht durch seinen Klerus gedrängt. 1712 wurde F. von Kaiser Karl VI. als Fürstbischof von Gurk vorgeschlagen. Obwohl der Papst zur Translation bereit war, scheiterte diese am schlechten Gesundheitszustand von F. Dieser starb am 14. 2. 1718 zu St. Andrä.

Literatur: K. Tangl 309-312. - J. Riedl 114, Nr. 60. - Fr. Kovačič 301 f. - J. Obersteiner 427.

Abbildungsnachweis: Ölporträt der 1859 von St. Andrä nach Maribor transferierten Bischofsgalerie. - DA Maribor.

France M. Dolinar

Fürstenberg, Wilhelm Egon Reichsgraf (seit 1664 Fürst) von (1629 – 1704)

1683 – 1704 Fürstbischof von Straßburg
1683 – 1704 Fürstabt von Stablo-Malmedy
1686   Kardinal

Wilhelm Egon von Fürstenberg wurde am 2. 12. 1629 auf Schloß Heiligenberg in Schwaben als Sohn des Egon v. F. und der Anna-Maria Gräfin von Hohenzollern geboren. Er schlug wie sein Bruder Franz Egon v. (→) F. früh die geistliche Laufbahn ein, erhielt jedoch eine gediegenere Ausbildung als jener. 1638 wurde er wie sein Bruder als Begleiter (→) Max Heinrichs von Bayern nach Köln an den Hof (→) Ferdinands von Bayern geschickt. 1638 besuchte er das Kölner Jesuitengymnasium. 1643 – 45 studierte er in Löwen und 1646 – 48 mit seinem Bruder Ernst, der später die militärische Laufbahn einschlug, als Alumne des Collegium Germanicum in Rom. Nach seiner Rückkehr wurde er 1649 Subdiakon, und 1650 trat er zu Köln, wo er seit 1635 Domizellar war, sowie in Straßburg als Kapitular in das Domstift ein. 1656 wurde er ferner Domkapitular in Hildesheim und 1660 in Lüttich. Über seine frühen Jahre ist wenig bekannt, doch bahnte sein Bruder Franz Egon ihm den Weg in die Politik. Seit 1653 war er wiederholt mit diplomatischen Missionen im Auftrag des inzwischen zum Kurfürst-Erzbischof von Köln aufgestiegenen Max Heinrich betraut, und 1657/58 weilte er mit seinem Bruder als kurkölnischer Botschafter zur Kaiserwahl in Frankfurt. Nach der Gründung des

Rheinbundes im Jahre 1658 (Ph. v. → Schönborn) betätigte F. sich als überzeugter Agent der französischen Interessen, wofür Ludwig XIV. ihm zahlreiche Pfründen verlieh. Die diplomatischen Missionen nach Wien und an deutsche Fürstenhöfe wechselten seitdem mit häufigen, langen Aufenthalten in Paris. Auch der Kaiser versuchte in diesen frühen Jahren, jedoch noch vergeblich, die Brüder F. für sich zu gewinnen und erhob sie 1664 in den Reichsfürstenstand. Während des Holländischen Krieges (1672 – 79) mußte F., der sich um die festere Bindung der rheinischen Fürsten an Frankreich bemühte, Vergeltungsmaßnahmen des Kaisers über sich ergehen lassen.

Am 14. 2. 1674 wurde F. während des Kölner Friedenskongresses von einem kaiserlichen Kommando im Handstreich gefangen genommen und nach Wiener Neustadt gebracht, wo er trotz aller Interventionen Ludwigs XIV., Max Heinrichs und Franz Egons sechs Jahre lang aus der Politik ausgeschaltet blieb. Erst aufgrund des Friedens von Nimwegen (1679) wurden beide Brüder in alle Würden und Rechte, die sie beim Ausbruch des Konfliktes innegehabt hatten, wieder eingesetzt. Max Heinrich schenkte F. nicht nur aufs neue sein Vertrauen, sondern er übertrug ihm nun auch die Ämter seines nach Paris geflohenen Bruders.

F. hatte wie sein Bruder eine geistliche und zugleich als Agent des Königs eine diplomatische Laufbahn eingeschlagen. Bis zum Jahre 1680 blieb der geistliche Teil jedoch völlig im Hintergrund, obwohl F. entsprechend der Tradition seiner Familie eine ansehnliche Zahl von Pfründen angehäuft hatte. 1663 hatte er als Nachfolger seines Bruders das Bistum Metz erhalten, dafür aber nie die päpstliche Bestätigung erlangt, so daß er es 1668 gegen zwei französische Abteien eintauschte. Der Tausch von Pfründen hat auch später noch bei ihm eine Rolle gespielt. So war er nicht nur Domherr in Köln, Straßburg und Hildesheim, sondern auch Stiftsherr an St. Gereon in Köln sowie Abt von St. Arnould in Metz und seit 1682 ebenfalls als Nachfolger seines Bruders in Stablo und Malmedy. Auch seine Wahl zum Fürstbischof von Straßburg, die das Domkapitel am 8. 6. 1682 auf Wunsch Ludwigs XIV. vornahm, bedeutete keinen eigentlichen Wandel seines Lebens, obwohl er sich nach der päpstlichen Wahlbestätigung (11. 1. 1683) im April zum Priester und am 1. 5. durch Nuntius Ercole Visconti zum Bischof weihen ließ. F. war der letzte deutsche Fürstbischof von Straßburg.

1684 vollzog er im Auftrag Max Heinrichs die Unterwerfung der aufständischen Stadt Lüttich unter die Landesherrschaft. Daher scheiterte er 1688 als Kandidat für das Fürstbistum Lüttich.

F. dachte im Gegensatz zu seinem verstorbenen Bruder nicht daran, die Freiheit und die Rechte des Fürstbistums Straßburg gegenüber der französischen Expansionspolitik zu verteidigen. Im Jahre 1687 leistete er Ludwig XIV. sogar einen Lehenseid für die auf französischem Gebiet liegenden Bistumsteile, wobei offenblieb, ob dieser auch die von französischen Truppen besetzten Gebiete rechts des Rheines betraf. Dieses Verhalten hat sein Verhältnis zum Kaiser noch mehr belastet. Im Grunde betrachtete F. freilich Straßburg nur als Etappe auf dem Weg nach Köln. Obwohl F. selbst am Kardinalat kaum interessiert war, setzte Ludwig XIV. durch, daß Papst Innozenz XI. ihn am 2. 9. 1686 in das Hl. Kolleg berief. 1689 erhielt er die Titelkirche S. Onofrio. Während er am Konklave von 1689 teilnahm, blieb er ihm 1691 und 1700 aus der Sorge vor erneuter Gefangennahme fern.

1687 gelang es F., den lange zögernden Max Heinrich dafür zu gewinnen, ihn als Koadjutor anzunehmen. Das Domkapitel postulierte ihn am 18. 1. 1688 mit starker französischer Hilfe. Paris setzte auch Innozenz XI. wegen der Bestätigung unter Druck, doch bevor der Papst sich äußerte, machte der Tod Max Heinrichs die Postulation gegenstandslos. Bei der daraufhin unter großem finanziellem Einsatz Frankreichs und Österreichs am 19. 7. 1688 durchgeführten Wahl erhielt F. 13, sein Gegenkandidat (→) Joseph Clemens von Bayern dagegen 9 Stimmen. Daraufhin riß F. die Leitung des Erzstiftes sogleich an sich, und nach der päpstlichen Bestätigung von Joseph Clemens (20. 9.) suchte er seinen Anspruch mit französischer Waffenhilfe durchzusetzen. Im Verlauf des dadurch ausgelösten Pfälzischen Krieges (1688 – 97) wurde die Stadt Bonn 1689 völlig zerstört. F. verließ daraufhin das Erzstift und erhielt von Ludwig XIV. als Ausgleich weitere Abteien, darunter das reiche Saint-Germain-des-Prés. Durch den Frieden von Rijswijk (1697) erhielt F. alle Würden und Rechte zurück, die er in der Reichskirche besaß. Er kehrte jedoch nie wieder nach Deutschland zurück und verzichtete in Köln auf das Domdekanat und die Propstei von St. Gereon. Er verlebte seine letzten Jahre in dem von ihm erbauten Abtpalais zu Paris. Dort starb er am 10. 4. 1704. Sein Grab erhielt er in der Kirche Saint-Germain-des-Prés.

F. hatte als Bischof keine Residenz gehalten, sich statt seiner Diözese vornehmlich der großen Politik gewidmet und war somit vom Bischofsideal des Tridentinums weit entfernt geblieben. Dennoch vollzog sich während sei-

ner Amtszeit im Unter-Elsaß mit der Gegenreformation der Durchbruch der katholischen Reform. Die Verantwortung dafür trug freilich der Hof von Versailles, der den Kurs angab, die erforderlichen Mittel bereitstellte und auch die Durchführung veranlaßte. Für die auf Konversion zielende harte Politik gegenüber den elsässischen Protestanten war nicht F. verantwortlich. Er besaß zunächst nicht einmal freie Hand bei der Wahl seiner Generalvikare. Diese bestimmte am Anfang der Hof. Als dem mächtigen Minister Louvois 1685 der damals amtierende Generalvikar L. (→) Laer nicht königstreu genug erschien, mußte F. sich den Kandidaten des Hofes M. de (→) Ratabon aufzwingen lassen.

Auf einem Gebiet allerdings engagierte F. sich auch persönlich, obwohl auch hier der Hof den Ton angab. Dabei handelte es sich um die Gründung des Straßburger Priesterseminars im Jahre 1683, der 1685 die des Kollegs Louis-le-Grand und 1701 die Verlegung der Universität von Molsheim an das Königliche Kolleg Straßburg folgten, dessen philosophische und theologische Klassen zur katholischen Universität ausgebaut wurden. Diese äußerst wichtige, den Jesuiten der Provinz Champagne anvertraute Bildungseinrichtung sollte nach dem Willen Ludwigs XIV. nicht nur der Ausbildung von Seelsorgern dienen, sondern zugleich einen Klerus heranbilden, der sich der gallikanischen Kirche einfügte und dem Königshaus ergeben war. Es scheint auch, daß F. sich gegen Ende seiner Amtszeit mehr für die Verwaltung seiner großen Diözese interessiert hat. Darauf deutet die Korrespondenz mit seinem sehr eifrigen Generalvikar F. (→) Blouet de Camilly hin, die 1695 einsetzte und eine Art der Zusammenarbeit zwischen Fürstbischof und Generalvikar begründete, die dann zu Beginn des 18. Jh. unter Kardinal A. G. de (→) Rohan fest eingespielt war. Dieser wurde 1701 Koadjutor des alternden F. und hat dessen Kurs in Zusammenarbeit mit Blouet de Camilly fortgesetzt.

Aufs ganze gesehen hat sich paradoxerweise unter dem ganz und gar politischen und seelsorglich kaum interessierten F. eine Erneuerung der Diözese Straßburg vollzogen.

Literatur: *H. Tribout de Morembert*, in: DBF 14 (1979) 1453 f. - *M. Braubach*, Fürstenberg. - *R. Metz*, Fürstenberg. - *Ders.*, La monarchie. - *E. Hegel* 29-43. - *G. Moisse-Daxhelet*, in: DHGE 19 (1981) 295-300 (Lit.!). - *L. Châtellier*, Tradition chrétienne.

Abbildungsnachweis: Stich von Cornelis Vermeulen - datiert 1692 - nach Gemälde von Nikolaus Colombel, Rom. - BNCdE Paris 87 c 178149.

Louis Châtellier

G

Gärtz, Johann Hugo von (1684 – 1716)

1715 – 1716 Weihbischof in Osnabrück, Ep. tit. Dorylensis
1715   Generalvikar in Osnabrück
1715 – 1716 Apostolischer Vikar des Nordens
1715 – 1716 Kapitularvikar in Osnabrück
1716   Metropolitanvikar in Osnabrück

* 15. 8. 1684 in Koblenz; Besuch des Jesuitengymnasiums in Koblenz; 1697 Kanonikus an der Stiftskirche St. Florin ebd.; Studium der Theologie in Rom; 23. 2. 1709 Priesterweihe in Rom; Dr. theol., Lic. iur.; 1. 5. 1711 Offizial des Trierer Erzbischofs (→) Karl Josef von Lothringen in Koblenz. 1714 bestimmte dieser ihn zum Weihbischof in Osnabrück. 4. 2. 1715 Titularbischof von Dorylaeum und Weihbischof in Osnabrück; 1715 Generalvikar ebd.; 7. 2. 1715 Apostolischer Vikar des Nordens (päpstl. Breve vom 15. 2. 1715); 31. 3. 1715 Bischofsweihe in Bonn; Ende Dezember 1715 Kapitularvikar in Osnabrück; 5. 6. 1716 vom Kölner Erzbischof (→) Joseph Clemens von Bayern zum Generalvikar („Metropolitanvikar") in Osnabrück ernannt; Offizial ebd.; † 25. 12. 1716 in Osnabrück; □ Dom zu Osnabrück.

Literatur: *J. C. Müller*, Weihbischöfe Osnabrück 178-192. - *J. Metzler*, Apostolische Vikariate 120, 142-144. - *J. Torsy* 77. - *M. F. Feldkamp* 234 f.

Abbildungsnachweis: Original auf Schloß Schwarzenraben. - WAD Münster.

Michael F. Feldkamp

Gaisruck, Karl Kajetan Graf von (1769 – 1846)

1801 – 1818 Weihbischof in Passau, Ep. tit. Derbensis
1818 – 1846 Erzbischof in Mailand
1824   Kardinal

→Bd. 1, 225.

Galen, Christoph Bernhard von (1606 – 1678)

1651 – 1678 Fürstbischof von Münster

Christoph Bernhard von Galen wurde am 12. 10. 1606 als ältester Sohn des Dietrich v. G. und seiner Ehefrau Katharina v. Hörde zur Störmede auf Haus Bisping bei Rinkerode (Bistum Münster) geboren. Sein jüngerer Bruder trat später die Erbfolge an, während von den drei Schwestern zwei Kanonissen wurden. Die Eltern waren protestantisch und traten erst als Erwachsene zur katholischen Kirche über. Der Vater tötete 1607 im Duell seinen Gegner und wurde danach zwölf Jahre lang in Untersuchungshaft gehalten. Währenddessen erhielt G. an dem von Jesuiten geleiteten Gymnasium Paulinum in Münster eine gute Bildung. Die lateinische Sprache beherrschte er in Schrift und Wort meisterhaft. 1619 erhielt er nach dem Empfang der Tonsur auf Vorschlag seines Onkels, des Domkapitulars Heinrich v. G., in Münster eine Dompräbende. Seit 1622 studierte er in Mainz und Köln Philosophie (1625 Lic. phil.), danach in Löwen und Bourges die Rechte, erwarb aber keinen akademischen Abschluß. 1627 kehrte er nach Münster zurück, empfing die Subdiakonatsweihe und übernahm nun alle Rechte und Pflichten eines Domherrn. 1631 erhielt er in Minden eine weitere Dompräbende. In Münster stieg er 1642 zum Domthesaurar auf, womit ein Archidiakonat verbunden war. 1644 wurde er Fürstbischöflicher Rat und in der Folge wiederholt mit diplomatischen Missionen beauftragt.

Nach dem Tode von Bischof (→) Ferdinand von Bayern, der das Bistum wegen der Kriegsverhältnisse seit 1622 nicht mehr besucht hatte, entschied sich das an ein hohes Maß von Selbständigkeit gewöhnte Domkapitel gegen die Wahl eines Nachfolgers aus fürstlichem Hause, da es sich unter Ferdinand allzusehr als Anhängsel von Köln gefühlt hatte und das Stift aus überregionalen Verwicklungen heraushalten wollte. Am 14. 11. 1650 wählte es gegen den heftigen Widerspruch des persönlich interessierten Domdekans Bernhard von Mallinckrodt G. in tumultuarischer Weise zum Bischof. Nuntius Fabio Chigi beauftragte G. am 6. 2. 1650 noch vor Abschluß des Informativprozesses für sechs Monate mit der kommissarischen Bistumsleitung. Als dann die päpstliche Bestätigung der Wahl am 22. 5. 1651 ausgesprochen worden war, ließ G. sich am 17. 9. 1651 durch F. W. v. (→) Wartenberg konsekrieren. Die Priesterweihe hatte er erst kurz vorher empfangen.

Wenn das Kapitel allerdings geglaubt hatte, dem Bistum mit der Wahl eines seiner Mitglie- der eine Zeit der Ruhe gesichert zu haben, so sah es sich bald getäuscht. Im Interesse der Sicherung des Katholizismus strebte G. nämlich dahin, trotz der damit verbundenen finanziellen Opfer die im Stift stehenden fremden Truppen bald außer Landes zu schaffen. Dies war bis 1653 erreicht. Größere Schwierigkeiten hatte er dagegen bei seinen Bemühungen um die politische Integration der durch den Friedenskongreß in ihrem Selbstbewußtsein gestärkten Landeshauptstadt in das Stift. Ein militärischer Handstreich gegen Münster im Jahre 1655 endete mit einem halben Erfolg. Erst 1661 gelang es G. mit kaiserlicher Hilfe, die Stadt militärisch zu bezwingen. Infolgedessen mußte sie das uneingeschränkte Besatzungsrecht durch den Landesherrn und den Verzicht auf eine eigene Außenpolitik hinnehmen. Seitdem bemühte G. sich in verschiedenen kriegerischen Auseinandersetzungen bei wechselnden Allianzen um den Schutz und die Ausbreitung des Katholizismus sowie um die Arrondierung seines Stiftes. 1665 griff er die Niederlande an, um die verlorengegangene Herrschaft Borkelo zurückzugewinnen. Dieser Vorstoß endete jedoch mit einer Niederlage. Auch im Stift Corvey, das er seit 1661 administrierte, sah der Bischof sich zum militärischen Eingreifen veranlaßt, als die protestantische Bevölkerung 1670 gegen die Franziskaner vorging. Das größte militärische Unternehmen G.s führte ihn 1672 an der Seite Frankreichs und des Erzstiftes Köln mit 42 000 Mann zu Fuß, 17 000 Reitern und zahlreichen Geschützen gegen die Vereinigten Niederlande. Nach spektakulären Anfangserfolgen, denen G. sogleich die ersten Rekatholisierungsmaßnahmen folgen ließ, blieb der Feldzug jedoch stecken. 1674 schloß G. unter Verzicht auf jede territoriale Forderung Frieden. 1675 beteiligte er sich in der Hoffnung auf territoriale Erwerbungen am Reichskrieg gegen Schweden. Letztlich blieb den militärischen Anstrengungen G.s, die trotz französischer Subsidien die wirtschaftlichen Verhältnisse Münsters weit überstiegen, der Erfolg versagt. Da G. es versäumte, die Wirtschaft des Landes zu fördern, hinterließ er seinem Nachfolger eine große Schuldenlast.

G. ist wegen seiner militärischen Anstrengungen in die Geschichte als „Kanonenbischof" eingegangen. Er hat jedoch neben seiner fragwürdigen Außenpolitik große Bedeutung für die staatliche Ausgestaltung des Hochstiftes gehabt, indem er die Mitsprache der Stände weitgehend ausschaltete und damit für Münster das von den Wittelsbachern Ernst u. (→) Ferdinand von Bayern eingeleitete Zeitalter des Absolutismus verstärkt fortsetzte. Große Verdienste erwarb G. sich bezüglich der Verbesserung des Prozeßverfahrens und des Schulwesens. 1668 erwarb er vom Bischof von Osnabrück gegen eine Abfindungssumme von 10 000 Reichstalern die geistliche Jurisdiktion über das Niederstift, das bis dahin zwar zum Stift, nicht aber zum Bistum Münster gehört hatte.

Die größte, in der Geschichtsschreibung lange vernachlässigte Leistung G.s lag auf dem Gebiet der Durchführung der tridentinischen Reformbestimmungen in seinem Bistum. Dabei konzentrierte er sich auf die Reform des Klerus, verzichtete aber inkonsequenterweise auf die Errichtung entsprechender Ausbildungsstätten, sieht man von dem Galenschen Adelskonvikt ab. Er begründete dies angesichts seiner Militärausgaben wenig überzeugend mit den fehlenden Finanzen. G. urgierte die tridentinischen Ehevorschriften, förderte das volksfromme Brauchtum und verhielt sich bezüglich der Hexenprozesse sehr zurückhaltend. Seine wichtigsten Reforminstrumente bildeten der mit beratender Funktion wiedererrichtete Kirchenrat sowie die jährlich zweimal stattfindenden Diözesansynoden, auf denen G. das Ideal der tridentinischen Seelsorgskirche darlegen ließ. Den Höhepunkt bildete die Herbstsynode von 1655, die die Dekrete des Tridentinums zusammenfaßte („Constitutio Bernardina"). Während G. nur an einer einzigen Synode persönlich teilnahm, hat er die Visitation des Bistums, die ein weiteres Kernstück seiner Reformstrategie bildete, z. T. persönlich vorge-

nommen. Seine diesbezüglichen Anstrengungen fielen freilich auffällig hinter seinen militärischen Unternehmungen zurück, die nach seinem Willen ebenfalls dem „incrementum fidei" dienen sollten. Nach dem Vorbild des Karl Borromäus und seines eigenen Vorgängers Johannes von Hoya (1566 – 74) wandte er sich ferner in jährlichen Fastenhirtenbriefen an die Gläubigen. Die Grenzen der bischöflichen Macht von G. zeigten sich gegenüber dem Domkapitel und den Archidiakonen, deren traditionelle Stellung er nicht wesentlich zurückzudrängen vermochte, obwohl er über gute Generalvikare verfügte. Einen Weihbischof hat G. nach dem Zerwürfnis mit J. (→) Sternenberg (1652) nicht mehr erbeten, wohl aber 1667 die Postulation des Paderborner Bischofs F. v. (→) Fürstenberg zu seinem Koadjutor betrieben, nachdem zuvor festgelegt worden war, daß seine Regierungsvollmachten zu seinen Lebzeiten nicht eingeschränkt würden.

G. hat bei seinen Aktivitäten zweifellos die militärischen Unternehmungen über Gebühr in den Vordergrund gestellt und seine Regierung durch persönliche Schroffheit sowie Unversöhnlichkeit unnötig belastet. Dennoch war er für die katholische Reform in seinem Sprengel von einzigartiger Bedeutung. Er starb am 19. 9. 1678 auf Schloß Ahaus und wurde im Dom zu Münster beigesetzt.

Literatur: *W. Kohl*, Galen. - Ders. (Hg.), Akten und Urkunden zur Außenpolitik Christoph Bernhards von Galen (1650-1678), 3 Bde. (Münster 1980-86).- *A. Schröer*, Der Erwerb der Jurisdiktion im Niederstift Münster durch Christoph Bernhard von Galen, in: Westfalen 51 (1973) 254-260. - Ders., Christoph Bernhard von Galen und die katholische Reform im Bistum Münster (Münster 1874). - *M. Becker-Huberti.*

Abbildungsnachweis: Stich von Johannes Lamsvelt, in: L. v. Bosch, Schauplatz des Krieges … in den Vereinigten Niederlanden (Amsterdam 1675). - Wien NB 512.267 B.

Erwin Gatz

Gall, Joseph Anton (1748 – 1807)

1788 – 1807 Bischof von Linz

→ Bd. 1, 228 f.

Gallenberg, Johann Reichard Graf von (1667 – 1753)

1747 – 1753 Passauer Offizial und Generalvikar für das Land ob der Enns

* 24. 2. 1667 in Laibach; 1690 Domherr, 1716 – 26 Domdekan in Passau; 1696 Priesterweihe in Passau; seit 1714 Stiftspropst von St. Salvator in Passau-Ilzstadt; 1724 Domherr, 1747 Dompropst und Geheimer Rat in Salzburg; 1747 – 53 Offizial und Generalvikar des Bistums Passau für das Land ob der Enns; † 11. 9. 1753 in Passau.

Literatur: L. H. Krick, Domstift 14, 85, 216. - Ders. Stammtafeln 109. - J. Riedl 141 f. - U. Salzmann 117 f.

August Leidl

Garzaroll von Garzarollshofen, Franz Joseph (um 1630 – 1699)

1675 – 1683 Generalvikar in Laibach

* um 1630 in Senosetsch (Senožeče, Diöz. Triest, jetzt Diöz. Laibach); 1648 Immatrikulation an der Universität Wien; 21. 9. 1655 Priesterweihe in Wien. Danach war G. unter dem Obersthofmeister und späteren Bischof von Laibach J. v. (→) Rabatta Hofmeister der Edelknaben des Erzherzogs und späteren Passauer Bischofs (→) Karl Joseph von Österreich. 1663 Pfarrer von Laa / Thaya (landesfürstl. Patronat), Rektor der Passauer Kirche Maria am Gestade in Wien und des dortigen Leonardi-Benefiziums; 1664 Passauer Konsistorialrat im Offizialat für Österreich unter der Enns und Dechant des Dekanates vor dem Wiener Wald; 1667 Dr. theol. (Wien). Als Rabatta ihn 1675 als Generalvikar nach Laibach berief, resignierte G. auf seine Pfründen. Nach dem Tode Rabattas (18. 2. 1683) Rückkehr nach Wien; 1685 Vizeoffizial des Passauer Offizialates für Österreich unter der Enns und Wiederverleihung des Rektorates von Maria am Gestade. 1686 Dekan der theologischen Fakultät, 1690 Rektor der Universität Wien; 1687 zugleich Pfarrer und Dechant der Passauer Patronatspfarrei Stockerau; Titularabt von Csánad; † 21. 7. 1699 in Stockerau; ☐ Pfarrkirche ebd.

Quellen: BAL, Protocollum Capituli 40 f. - DAWi, Wappler 396, 480, 490.

Literatur: A. Starzer, Geschichte der Stadt Stockerau (Stockerau 1911) 291. - H. Peters 16, 29, 37, 47, 77, 111.

France M. Dolinar-Johann Weißensteiner

Gaßner, Johann Jakob (1607 – 1677)

1647 – 1672 Generalvikar in Freising

* 1607 (err.) in Dillingen; Studium der Philosophie in Dillingen; 1629 – 32 Studium in Rom als Alumne des Collegium Germanicum (Dr. theol.); 1631 Priesterweihe ebd.; 1634 Domherr, später Domscholaster in Freising (päpstl. Verleihung); Kanonikus von St. Veit in Freising; Inhaber der freisingischen Pfarrei Waidhofen / Ybbs (Österreich); seit 1647 Generalvikar der Freisinger Fürstbischöfe V. A. v. (→) Gepeckh und (→) Albrecht Sigmund; Mitglied einer von Gepeckh einberufenen Schulkonferenz für die Errichtung eines bischöflichen Gymnasiums; † 1677; ☐ Freisinger Dom.

Literatur: C. Meichelbeck - A. Baumgärtner 613. - L. Weber, Gepeckh 336, 344.

Egon Johannes Greipl

Gaus von Homberg, Peter Anton (1646 – 1716)

1693 – 1716 Bischof von Pedena

* 9. 1. 1646 in Rijeka; sein Studiengang (Dr. theol.) ist unbekannt; 13. 1. 1669 Priesterweihe; 1675 – 83 Pfarrer in Rocegno (Ročinj), 1683 – 93 Archidiakon in Rijeka. Von Kaiser Leopold I. am 15. 5. 1692 zum Bischof von Pedena nominiert, wurde G. das Bistum am 9. 3. 1693 päpstlich verliehen. Die Konsekration folgte am 4. 4. 1693 in Pola durch Bischof Leonard Pagello. G. entwickelte eine rege Tätigkeit in seinem kleinen Sprengel, über den er 1697, 1701, 1711 und 1714 in Relationes status berichtete. 1713 erhielt er in G. (→) Marotti aus Gesundheitsgründen den schon 1710 erbetenen Koadjutor mit dem Recht der Nachfolge. † 25. 4. 1716 in Rijeka.

Literatur: M. Premrou, Vescovi petinensi 389. - Atti e memorie 342 f. - J. Grah 10 f., 21, Anm. 32-39. - M. Smole 45-47.

France M. Dolinar

Gebsattel, Daniel Johann Anton Reichsritter von (1718 – 1788)

1748 – 1788 Weihbischof in Würzburg, Ep. tit. Sigensis

* 29. 9. 1718 in Fulda; 1729 Kanonikus am Ritterstift St. Burkhard zu Würzburg; 1740 Dr. iur. utr. (Fulda); 21. 10. 1742 Priesterweihe in Würzburg; 1746 Geistlicher Rat; 6. 5. 1748 Titularbischof von Sigus und Weihbischof in Würzburg; 2. 6. 1748 Konsekration durch Fürstbischof A. Fr. v. (→) Ingelheim in Würzburg; seit 1782 kränklich; † 12. 7. 1788; ☐ Stiftskirche St. Burkhard.

Schriften: Allocutio; quando ex commissione ... Benedicti papae XIV. ...assignatum fuit ... 6. 1. 1753 (Würzburg 1753).

Literatur: N. *Reininger*, Weihbischöfe 270-280. - G. *Pfeiffer*, Fränk. Bibliographie III/2, Nr. 48818-48820.

Egon Johannes Greipl

Gedult von Jungenfeld, Johann Edmund (1652 – 1727)

1703 – 1727 Weihbischof in Mainz, Ep. tit. Mallensis

* 2. 9. 1652 in Mainz als Sohn des kaiserlichen Postmeisters Johann Konrad G., der 1696 geadelt wurde, und der Elisabeth Maria Billinger; Besuch des Mainzer Gymnasiums; Studium der Philosophie in Mainz (Mag. artium); 1671 Pfründen an den Mainzer Stiften St. Mauritius und Hl. Kreuz, dort 1675 – 1725 Dekan; 1671 – 75 Studium in Rom als Alumne des Collegium Germanicum; 1675 Dr. theol. und Rückkehr nach Mainz; 1675 Propst von St. Peter in Mainz; 9. 12. 1675 Priester; 1678 Verzicht auf die Propstei von St. Peter unter Beibehaltung eines Kanonikates, 1682 hier Scholaster; 1678 Domizellar, 1683 Kanoniker, 1693 Dekan (erzbischöfl. Provision) von Mariagreden, Mainz; 1681 Benefiziat von St. Magdalena in Geisenheim mit Verpflichtung zu einer wöchentlichen Zelebration in Marienthal; kurfürstlicher Rat; Apostolischer Protonotar; 1703 von Erzbischof L. F. v. (→) Schönborn zum Weihbischof in Mainz bestimmt; 12. 2. 1703 Titularbischof von Mallus; 17. 4. 1703 Konsekration im Mainzer Dom durch Schönborn; † 31. 7. 1727 in Mainz; □ Kirche Mariagreden.

Literatur: G. C. *Joannis* II 453f. - J. S. *Severus* 36f.

Friedhelm Jürgensmeier

Gegg, Johann Baptist (1664 – 1730)

1716 – 1730 Weihbischof in Worms, Ep. tit. Trapezopolitanus

* 26. 5. 1664 in Eichstätt als Sohn des Gastwirts Johann G. und dessen zweiter Frau Walburga Bittmaier, Tochter des Eichstätter Stadtrichters; Besuch des Jesuitengymnasiums ebd.; seit 1683 Studium in Dillingen; 1688 Lic. theol. et iur. can.; 12. 6. 1688 Priesterweihe; Kooperator in Monheim bei Donauwörth; 1690 Kanonikus am Stift zu Herrieden bei Ansbach, wo er die Verwaltung des Forst- und Fischamtes und 1691 der praefectura capituli übernahm; 1694

erhielt er die Stiftspfarrei Herrieden; 1700 Geistlicher Rat in der bischöflichen Verwaltung zu Eichstätt; Kanonikus am Willibaldschor; 1701 Offizial, seit 1711 mit dem Titel „Generaloffizial"; Ende 1714 durch Bischof (→) Franz Ludwig von Pfalz-Neuburg zum Weihbischof in Worms bestimmt; seit 1715 Provikar in Worms und Dekan von St. Paul ebd.; 1715 Dr. theol. et jur. utr. (Dillingen); 30. 3. 1716 Titularbischof von Trapezopolis; 16. 7. 1716 Bischofsweihe in Bruchsal; 1724 Propst des Stiftes Münstereifel. Als Vertreter seines Bischofs hat G. in Worms eine glückliche Wirksamkeit entfaltet und den Wiederaufbau der Diözese und ihrer Institutionen nach den Zerstörungen des Pfälzischen Krieges in materieller und spiritueller Hinsicht wesentlich mitgetragen. † 9. 11. 1730; □ Stiftskirche St. Paul zu Worms; sein dort ursprünglich errichtetes Epitaph jetzt in St. Martin zu Worms.

Literatur: H. *Schmitt*, Johann Baptist von Eichstätt, Weihbischof von Worms (1716 – 1730), in: AmrhK 15 (1963) 95-146.

Hans Ammerich

Geiger, Martin (1621 – 1669)

1646 – 1658 Passauer Offizial und Generalvikar für das Land unter der Enns
1658 – 1669 Weihbischof in Passau, Ep. tit. Lampsacensis

* 1621 in Hainburg (Österreich); Domherr in Olmütz; Dekan in Linz und Hainburg; Pfarrer in Tulln (Niederösterreich); 1646 – 58 Offizial und Generalvikar des Bistums Passau für das Land unter der Enns; 6. 5. 1668 Titularbischof von Lampsacus und Weihbischof in Passau; † 2. 7. 1669 in Wien; □ Tulln.

Literatur: A. *Kerschbaumer* 515. - L. H. *Krick*, Domstift 210, 219.

August Leidl

Geist von Wildegg, Konrad Ferdinand (1662 – 1722)

1693 – 1722 Weihbischof in Konstanz, Ep. tit. Tricalensis
1694 – 1711 Generalvikar in Konstanz

≈ 22. 2. 1662 in Ravensburg als Sohn des Ferdinand G. v. W. und der Anna Barbara Pappus von Tratzberg; 1679 Immatrikulation in Dillingen; 1682 – 86 Studium in Rom als Alumne des Collegium Germanicum; 3. 6. 1685 Priester; 1686 Immatrikulation und Dr. theol. in

Perugia; Seelsorger in Markdorff; 1687 Kanonikus an St. Johann in Konstanz; 1690 Domherr in Konstanz; 18. 5. 1693 Titularbischof von Tricala und Weihbischof in Konstanz; 31. 7. 1693 Konsekration in Meersburg durch Bischof M. R. v. (→) Rodt; vom 18. 4. 1694 bis 1711 Generalvikar, danach Vizegeneralvikar; 1712 – 14 Vizeoffizial; Inhaber des Archidiakonats Suevia; † 15. 1. 1722; □ Konstanzer Münster.

Literatur: *B. Ottnad*, in: HS I/2 (im Ersch.)

Bernd Ottnad

Gelenius, Ägidius (1595 – 1656)

1655 – 1656 Generalvikar in Osnabrück
1655 – 1656 Weihbischof in Osnabrück, Ep. tit. Aureliopolitanus

* 10. 6. 1595 in Kempen; bis 1612 Besuch des Jesuitengymnasiums in Mainz; 1612 – 14 Studium der Philosophie an der Universität Köln; 1614 Tonsur und Minores in Köln; 1614 – 19 Studium in Rom als Alumne des Collegium Germanicum; 16. 3. 1619 Priesterweihe in Rom; 1619 Bacc. theol. (Perugia); 1620 Rektor der Margarethenkapelle am Pfaffentor in Köln; 1621 Kanonikus an St. Andreas in Köln; 1623 Lic. theol. (Köln); 1625 – 31 Pfarrer an St. Christoph in Köln. Nach dem Tode seines Bruders Johann Gelenius, der 1626 – 31 Generalvikar des Erzbistums Köln war, setzte G. dessen Darstellung der Geschichte des Erzbistums Köln fort und entwickelte eine umfangreiche schriftstellerische Tätigkeit. 1636 Apostolischer Protonotar; 1647 Scholaster an St. Andreas; Propst von Cranenburg; 1653 – 56 Auditor und Richter an der Kölner Nuntiatur unter Nuntius Giuseppe Maria Sanfelice; 1655 vom Osnabrücker Bischof F. W. v. (→) Wartenberg als Weihbischof vorgeschlagen; 29. 11. 1655 Titularbischof von Aureliopolis und Weihbischof in Osnabrück; 25. 3. 1656 Bischofsweihe in Osnabrück; 1655 – 56 Generalvikar in Osnabrück; † 24. 8. 1656 in Osnabrück; □ Dom zu Osnabrück.

Schriften: Vindex libertatis ecclesiasticae et martyr s. Engelbertus, 4 Bde. (Köln 1633). - Pretiosa Hierotheca duodecim unionibus historiae Coloniensis (Köln 1634). - Staurologia Coloniensis (Köln 1635). - Canon canonicorum Enfridus eleemon insignis s. Andreae Colonien. decanus et canonicus (Köln 1636). - Historia et vindiciae b. Richezae comitissae Palatinae (Köln 1638). - Supplex Colonia sive processio anno 1634 (Köln 1639). - Par ss. Suibertus et Plectrudis (Köln 1640). - De admiranda sacra et civili magnitude Coloniae Claudiae Agrippinensis augustae Ubiorum urbis (Köln 1645).

Literatur: *J. v. Hartzheim*, Bibliotheca Coloniensis (Köln 1747) 9 f., 172 f. - *L. Ennen*, Aegidius Gelenius. Seine Reise von Rom nach Köln, in: AHVN 23 (1871) 1 - 13; 24 (1872) 313. - *L. Ennen*, in: ADB 8 (1878) 534 - 537. - *J. B. D. Jost*, Aegidius Gelenius, in: Diözesanarchiv von Schwaben (= Beilage zum Pastoralblatt für die Diözese Rottenburg) 3 (1885) 62 - 64. - *J. C. Möller*, Weihbischöfe Osnabrück 150 - 152. - *A. Steinhuber*. - *H. Schrörs*, „Fälschungen" der Brüder Gelenius und kein Ende, in: AHVN 95 (1913) 1 - 60. - *A. Franzen*, Wiederaufbau 99 - 113, 369 f. - *A. Franzen*, in: NDB 6 (1964) 173 f. - *G. Denzler* 245. - *M. F. Feldkamp* 231.

Michael F. Feldkamp

Gembicki, Jan (um 1602 – 1675)

1653 – 1655 Bischof von Kulm
1655 – 1674 Bischof von Płock
1674 – 1675 Bischof von Włocławek

Jan Gembicki wurde um das Jahr 1602 als dritter Sohn des Posener Mundschenks Jan G. und seiner Ehefrau Katarzyna Zaremba Cielecka geboren. Die G. waren eine „Bischofsfamilie" der großpolnischen Szlachta, aus der vier Mitglieder zu Bischöfen aufstiegen: Wawrzyniec G., 1616 – 24 Erzbischof von Gnesen, sowie dessen Neffen Andrzej, Piotr und Jan G. G. wuchs auf dem mütterlichen Gut Galewice bei Wieluń in Großpolen auf, studierte an der Akademie in Krakau, 1615 – 18 in Ingolstadt, danach in Rom und Padua, wo er 1620 Konsiliar der Natio polonica war. Mit Unterstützung seines Onkels und seines Bruders Piotr machte er schnell eine weltliche und kirchliche Karriere. Er erhielt Kanonikate in Gnesen (1621), Krakau (1626) und Warschau (1636). Seit 1626 war er königlicher Sekretär, seit 1640 Großsekretär der Krone. Bereits 1625 war er Abt der Regularkanoniker in Tremessen bei Gnesen geworden. 1641 erhielt er ferner die Propstei zu Miechów in Südpolen. Doch verlangten die dortigen Regularkanoniker zunächst, daß G. ihrem Konvent beitrete. Erst 1646 konnte er das Amt antreten. Inzwischen wurde er 1642 Dekan des Krakauer Domkapitels. In dieser Funktion verteidigte er im Streit mit den Jesuiten, die für ihr Lemberger Kolleg den Rang einer Akademie beanspruchten, das exklusive Privileg der Krakauer Akademie. Als Władysław IV. 1646 in zweiter Ehe die französische Prinzessin Maria Louisa (Ludwika) Gonzague heiratete, wurde G. deren Hofkanzler. Nach dem Tod des Königs war Maria auch die Gattin seines Nachfolgers Johann Kasimir. Dieser nominierte G. 1652 zum Bischof von Kulm. Die päpstliche Verleihung folgte am 21. 4., die Bischofsweihe im August 1653. Am 1. 9. übernahm G. die Leitung der Diözese. Am 11. 5. 1655 wurde er jedoch bereits nach Płock transferiert.

Nach fast 20jähriger Regierung erfolgte am 12. 3. 1674 die Translation in das Bistum Włocławek (Kujawien), dessen Inhaber im Senat die ersten Sitze nach den beiden Erzbischöfen innehatten.

G. gilt als politisch wenig bedeutend. Er war jedoch eifrig um die ihm anvertrauten Diözesen besorgt. In seiner kurzen Amtszeit als Bischof von Kulm verlegte er das von seinem Vorgänger A. (→) Leszczyński gegründete Priesterseminar von Kulm an die Kathedrale nach Kulmsee. Er wollte es für 12 Alumnen ausbauen. Deren Mindestalter setzte er auf 18 Jahre herauf. Für ihre wissenschaftliche Ausbildung verlangte er vom Kapitel die Anstellung eines Doktors oder Magisters der Krakauer oder Posener Akademie. 1654 erneuerte G. das Kanonikat eines Theologen und erhöhte damit die Zahl der Kapitelsstellen auf sieben. Wie für das Priesterseminar war er um eine Reform des Kulmer akademischen Gymnasiums („Akademie") bemüht. Der 1655 ausbrechende Erste Nordische Krieg (die „Sintflut") traf die Diözese schwer.

G. starb bald nach der Übernahme des Bistums Włocławek, wahrscheinlich 1675.

Literatur: UB Kulm, Nr. 1176-1178. - *A. Liedtke*, Seminarium 120-122. - Ders., Zarys 89. - *A. Przybós*, in: PSB 7 (1958) 376-378. - *B. Kumor*, in: EK 3 (1979) 119 f.

Hans-Jürgen Karp

Gentilotti (seit 1685 **Ritter von Engelsbrunn**), **Johann Benedikt** (1672 – 1725)

1725 erwählter Fürstbischof von Trient

Johann Benedikt Gentilotti wurde am 11. 7. 1672 zu Trient als Sohn des bischöflichen Hofrates Johann Bapt. G. und der Cecilia Baronin von Lehner geboren. Die Familie des Vaters stammte aus der Val Camonica und war im 16. Jh. nach Trient übergesiedelt. Nachdem sie 1617 mit dem Prädikat von Engelsbrunn geadelt worden war, hatte Kaiser Leopold I. sie 1685 in den erblichen Ritterstand erhoben.

G. besuchte das Gymnasium in Trient, studierte danach in Salzburg, Innsbruck und Rom (Sapienza) die Rechte und die alten Sprachen, daneben auch Geschichte und Altertumskunde. Er war zeitweise an der Propagandakongregation, danach als Professor an der Sapienza tätig. 1703 folgte er einem Ruf des Erzbischofs J. E. v. (→) Thun als Geheimer Hofrat und Kanzleidirektor nach Salzburg. 1704 ging er als Präfekt der Hofbibliothek nach Wien. Von dort nahm er Kontakt zu bedeutenden Gelehrten

auf. Er arbeitete an der „Italia Sacra" und der Edition der Werke des hl. Chrysostomus mit und unterstützte L. Muratori bei der Edition der „Rerum Italicarum Scriptores". 1707 begleitete er im Auftrag Kaiser Josephs I. den zum Vizekönig ernannten Georg Adam Graf von Martinitz nach Neapel. G.s großes Verdienst bildete die Katalogisierung der lateinischen Handschriften in der kaiserlichen Bibliothek.

1723 nominierte Joseph I. G. zum Rotarichter der deutschen Nation und zum Rektor der Anima. Auf der Reise in den Süden nahm dieser Besitz von dem ihm 1722 verliehenen Kanonikat in Trient. Obwohl er nur die niederen Weihen besaß, wählte das dortige Kapitel ihn am 9. 9. 1725 auf Druck des Kaisers zum Fürstbischof. G. starb jedoch bereits am 20. 9. 1725, unmittelbar vor seiner geplanten Abreise nach Trient, in Rom und wurde in S. Maria dell'Anima beigesetzt. Wegen seines enzyklopädischen Wissens wurde G. von seinen Zeitgenossen bewundert.

Literatur: *F. Menestrina*, La famiglia Trentina dei Gentilotti, in: StTr 30 (1951) 190-210. - *R. Blaas* 91-93. - *A. A. Strnad*, Der Trienter Johann Benedikt Gentilotti von Engelsbrunn (1675-1725), in: *E. Widmoser* - *H. Reinalter* (Hg.), Alpenregion und Österreich (Innsbruck 1976) 135-162. - *C. Donati* 20-32. - *A. Costa* 181-183.

Abbildungsnachweis: Grabmal mit Bildnisrelief in der Kirche S. Maria dell'Anima, Rom. - Gabinetto Fotografico Nazionale, Rom, Neg. Serie E No. 54606.

Josef Gelmi

Gepeckh (Geepeck, Gepöckh, Geebek,
Geebeckh) **von Arnbach, Veit Adam**
(1584 – 1651)

1618 – 1651 Fürstbischof von Freising

Veit Adam von Gepeckh wurde am 10. 4. oder
am 15. 6. 1584 auf Schloß Arnbach bei Dachau
geboren. Die Familie des Vaters stammte ursprünglich aus der Aiblinger Gegend; viele
ihrer männlichen Mitglieder standen in bayerischen Diensten. Der Vater Adam v. G. war
Klosterrichter des Augustinerchorherrenstiftes Indersdorf, später herzoglicher Landrichter
und Pfleger in Dachau. 1583 heiratete er in
zweiter Ehe Sybilla Murher Edle von Fraberts-
ham, die aus altem bayerischem Turnieradel
stammte. Ein Erasmus M. gehörte um die Mitte
des 16. Jh. dem Freisinger Domkapitel an. G.
verbrachte seine Kindheit in Arnbach, besuchte dann das Münchener Jesuitengymnasium
und wurde 1596 als Kapitular in Freising
aufgeschworen. Diesen Erfolg verdankte er
möglicherweise verwandtschaftlichen Beziehungen und der Fürsprache Herzog Wilhelms
V. von Bayern. Bis 1600 studierte er Philosophie und Theologie in Dillingen, dann bis 1604
die Rechte in Ingolstadt. Danach wählte er
Freising als ständigen Wohnsitz und erhielt,
als bloße Pfründe, die Pfarrei Hirtlbach von
Fürstbischof Ernst von Bayern (1566-1612). In
den folgenden Jahren betraute das Domkapitel
G. häufig mit juristischen Gutachten. Er begleitete Fürstbischof Stephan von Seiboldsdorf
(1613-18) auf seinen Inspektionsreisen und
nahm in den Streitigkeiten zwischen diesem
und dem Domkapitel eine zurückhaltende, ver-
mittelnde Position ein. Zwischen 1612 und
1618 erhielt er die Priesterweihe. Nach dem
überraschenden Tod Seiboldsdorfs brachen die
für Freising charakteristischen Wahlkämpfe
aus, in denen die bayerischen Herzöge und
Kurfürsten versuchten, ein Familienmitglied
als Kandidaten durchzusetzen. In diesem Fall
wollte Herzog Maximilian I. den aus einer
Nebenlinie stammenden F. W. v. (→) Wartenberg auf den Freisinger Stuhl bringen. Die
Mehrheit des Kapitels gab aber am 12. 2. 1618
G. ihre Stimme. Die Minderheit trat nach der
Wahl diesem Votum bei. Maximilian I. versuchte jedoch, die Konfirmation in Rom zu hintertreiben. Dieser Plan mißlang; nachdem eine
Einigung über die Höhe der Konfirmationstaxe
erzielt war, wurde am 14. 5. 1618 die Bulle
ausgefertigt. Am 24. 6. 1618 erhielt G. durch
den Augsburger Fürstbischof Heinrich von
Knöringen (1598 – 1646) die Bischofsweihe.
Am 4. 10. 1619 verlieh Kaiser Ferdinand II. ihm
in München die Regalien.

Die Probleme, denen sich G. gegenübersah,
bestanden in einer Sanierung der notorisch
desolaten Freisinger Finanzen, der weiteren
Durchführung der tridentinischen Reformen
und den Auseinandersetzungen mit dem bayerischen Herzog und seinen Behörden. Diese
Punkte waren z. T. bereits in der Wahlkapitulation festgestellt. G.s Regierung wurde durch
den Dreißigjährigen Krieg geprägt. Obgleich
das Hochstift Freising nur ein kleines, ganz von
Bayern umklammertes Territorium besaß, versuchte G. eine eigenständige Politik. Diese
zielte angesichts der Freisinger Schuldenlast
von 170 000 fl. in der ersten Kriegsphase auf
Ermäßigung der Matrikularbeiträge und Nachlaß alter Verpflichtungen. Bei den diesbezüglichen Verhandlungen des bayerischen Reichskreises erklärten sich die Vertreter Freisings
jedoch immer zu einem angemessenen Verteidi-
gungsbeitrag bereit. Schärfster Gegner der
Freisinger Anträge war Maximilian I. von
Bayern als Kreisobrist. Freisings Lage ver-
schlimmerte sich, als seine in Österreich gelegenen Besitzungen zum Kriegsschauplatz wurden. G.s Vorschlag, die Pfarrkirchen und Klöster seines Bistums als Kreditgeber heranzuziehen, scheiterte am wohl auf fiskalischen und
staatskirchlichen Erwägungen beruhenden
Widerstand Maximilians. Dem Beitritt zur Liga
vermochte sich Freising zu entziehen; auch
dafür waren finanzielle, militärische und politische Erwägungen maßgebend gewesen. Zwar
wurde durch den Sieg am Weißen Berg (1620)
die unmittelbare Gefahr für Freisings österreichische Besitzungen gebannt, aber insgesamt
hat der Böhmisch-Pfälzische Krieg das Hochstift mit über einer Viertelmillion Gulden belastet. Während der folgenden zehn Jahre war
Freising eine Ruhepause vergönnt, so daß G.
sich seinen Reformvorhaben im kirchlichen
Bereich widmen konnte. In der Auseinandersetzung um das Restitutionsedikt und in dem
darauffolgenden neuerlichen Waffengang
nahm G. eine gegenüber den Zielen der Liga
betont distanzierte Haltung ein, auf die er sich
noch bei den Friedensverhandlungen von 1648
berief. Damit geriet er in eine schwierige Position zwischen Bayern und den schwedischen
Invasionstruppen. 1632 ließ er den Domschatz,
das Archiv und viele Kunstgegenstände ins
freisingische Werdenfels schaffen und ging
selbst nach dem freisingischen Innichen (Tirol)
ins Exil. Auch das Domkapitel verließ mit
seiner Erlaubnis die Stadt. Die zurückgebliebe-
nen Beamten konnten durch erhebliche Natu-
ral- und Geldleistungen an die bayerischen wie
an die schwedischen Truppen größeren Schaden abwenden, jedoch führte die Lage zum
Aufruhr unter der Bevölkerung. Dem persönlichen Einsatz von G. gelang es, die von den

Schweden zur Sicherung ihrer Forderung genommenen Geiseln auszulösen. Als G. im September 1632 nach Freising zurückkehrte, stand das Hochstift wegen der bezahlten Summen und der neuerlichen Forderungen des Reiches vor dem finanziellen Ruin. Maximilian von Bayern suchte daraus 1638 familienpolitisches und staatskirchliches Kapital zu schlagen und legte G. den Rücktritt zugunsten des Herzogs (→) Albrecht Sigmund von Bayern nahe. G. lehnte ab, mußte jedoch unter dem Druck bayerischer Quartierlasten 1640 Albrecht Sigmund als Koadjutor annehmen. In der Frage der Reichssteuern erlangte G. in den folgenden Jahren auf dem Regensburger Reichstag und beim Kaiser zum Ärger Maximilians einen beträchtlichen Erfolg. Die letzte Kriegsphase war für Freising die schlimmste. Zwar versuchte G. auch 1647 zu einer Einigung mit den französischen und schwedischen Kommandeuren zu kommen, zog sich jedoch dadurch den bayerischen Argwohn zu und mußte diesmal im salzburgischen Exil erfahren, daß, nachdem bayerische Truppen im Juni 1648 den Domberg zu militärischen Zwecken benutzt hatten, Freising von Franzosen und Schweden geplündert worden war. Im November 1648 kehrte G. in seine Stadt zurück. Auf dem Westfälischen Friedenskongreß hat er sich durch Salzburg vertreten und dabei betonen lassen, daß Freising nie Kriegspartei gewesen sei. Trotzdem hatte das Hochstift Lasten für die Abdankung der bayerischen Armee zu übernehmen. G.s Politik hat, obgleich die Verschuldung des Hochstifts erheblich gestiegen und es zu ziemli-

chen Verwüstungen gekommen war, doch zu einer Schadensbegrenzung geführt. Dabei mußte er opportunistisch schwanken. Die ältere Historiographie hat dies hart beurteilt.

Innerkirchlich setzte G. bedeutende Reformen fort und nahm neue, z.T. in Konkurrenz mit dem bayerischen Landesherrn, in Angriff. Seine detailliert instruierten Visitatoren deckten in den Pfarreien und Klöstern schmerzliche Mißstände auf. G. schritt gegen protestantische Literatur ein, erließ Kleiderordnungen für den Klerus, verfolgte die verbreiteten Verstöße gegen den Zölibat und ging unnachsichtig gegen jene Priester vor, deren Lebenswandel ihrem Stand nicht entsprach. Im Interesse der kirchlichen Einheit hielt er, in Übereinstimmung mit der zeitgenössischen Kanonistik, die Anwendung von Gewalt für erlaubt. Mit großer Energie vesuchte er, die vom Tridentinum festgelegten Grundsätze zu verwirklichen. Er gestaltete die Domkirche den aktuellen liturgischen Erfordernissen entsprechend um, ließ Seitenaltäre entfernen, beschaffte eine neue Orgel und eine große Kanzel, ließ den Lettner niederlegen und den neuen Hochaltar mit dem Rubens-Bild des Apokalyptischen Weibes aufrichten. Er förderte zugleich Umbauten der Pfarrkirchen und trug auch so zur Überwindung spätmittelalterlicher Auswüchse auf dem Gebiet der Frömmigkeit bei. G. führte in seinem Bistum den römischen Ritus ein, reformierte den Freisinger Festkalender und erließ neue Ordnungen für Kirchenmusik, Chorgebet, liturgische Kleidung, Prozessionen und die Sakramentenspendung. Mindestens ein Dutzend liturgischer Bücher hat er drucken lassen, um die Reform durchzusetzen. Den Bestrebungen der Benediktinerklöster zur Gründung einer Kongregation stand er reserviert gegenüber, da er die Beeinträchtigung der bischöflichen Jurisdiktion fürchtete. Hingegen förderte er nach Möglichkeit die Bettelorden und gestattete eine Niederlassung der Bartholomäer in Erding. Der Priesterausbildung im Bistum suchte er durch den Studienplan von 1623 und die Errichtung des Domgymnasiums eine neue Basis zu geben. Über den Bildungsstand des Klerus, vor allem der zahllosen Hilfsgeistlichen, wachte er streng. Eine Diözesansynode hat G. nicht einberufen. Seine persönliche Frömmigkeit war durch tiefe Marienverehrung und Betonung des Altarssakramentes gekennzeichnet. Im Dom führte er eine eucharistische Prozession an allen Donnerstagen ein.

G.s Werk ist ohne seine tüchtigen Mitarbeiter nicht zu verstehen. Insbesondere sind der langjährige Generalvikar Konrad Wagner, der Domscholaster Christoph von Rehlingen und Weihbischof J. (→) Fiernhammer, ferner der

Münchener Jesuit Jakob Keller zu nennen, mit dem G. ausgiebig korrespondierte. In eher bescheidenem Rahmen hielt sich G.s Hofhaltung. Zwar ließ er einen Hof- und einen Tiergarten anlegen und die von den Vorgängern begonnenen Residenzbauten vollenden; ein großer Bauherr ist er, bedingt durch die widrigen Zeitumstände, dagegen nicht gewesen. G. war gebildet. Er sprach Latein und Italienisch und verfügte über Kenntnisse im Griechischen und Hebräischen. Sein Charakterbild zeigt energische, manchmal aufbrausende Züge. Er war gerecht und weltaufgeschlossen, ein großer Jäger und geübter Reiter.

Nachdem er schon länger an einem Steinleiden laborierte, starb er am 8. 12. 1651 in Freising. Er wurde in der sog. Fürstenkapelle des Domes beigesetzt.

Literatur: *L. Weber*, Gepeckh (Lit.!).

Abbildungsnachweis: Kupferstich, unbek. Künstler. - AEM

Egon Johannes Greipl

Ghéquier, Gilles Etienne de (1696 – 1753)

1743 – 1744 Generalvikar in Lüttich

* 4. 1. 1696 in Lüttich; Studium in Löwen und Pont-à-Mousson (hier 1721 Lic. iur.); 1733 Domkapitular, 1735 Offizial in Lüttich; 1735 Mitglied des Privatrates, der obersten Regierungsinstanz des Fürstbistums; Vertreter des Klerus in der Ständeversammlung. 1742 wurde G. durch Fürstbischof G. L. de (→) Berghes seines Amtes als Offizial enthoben, weil er sich der Ausführung verschiedener Anordnungen widersetzt hatte. 7. 12. 1743 durch das Domkapitel sede vacante wieder als Offizial eingesetzt und zum Generalvikar ernannt; (→) Johann Theodor von Bayern bestätigte ihn in diesen Ämtern nicht; 1744 Mitglied des ordentlichen Rates, des obersten Gerichtshofes des Fürstbistums; 1748 Mitglied der „Etats réviseurs des 22", der Berufungsinstanz für die Urteile des Rates der 22, der Fälle von Amtsmißbrauch innerhalb der fürstbischöflichen Beamtenschaft verfolgte; 1749 Propst des Stiftes Sainte-Croix in Lüttich; † 17. 3. 1753.

Literatur: *J. de Theux* 4 (1872) 43 f. - *E. Poncelet* 51 f.

Alfred Minke

Gillis, Jean Baptiste (1679 – 1736)

1729 – 1736 Weihbischof in Lüttich, Ep. tit. Amyzonensis

* 25. 8. 1679 in Lüttich als Sohn des Gilles G. und der Agnes Lefebvre (le Fèvre); 1700 Student am Lütticher Kolleg in Löwen; 22. 9. 1703 Priesterweihe in Lüttich; 1706 Lic. theol. (Löwen); Kanonikus in Löwen / St. Jakob und Lüttich Saint-Martin; 1713 Dekan des Stifts Saint-Martin in Lüttich; 1723 Präsident und Lektor der Hl. Schrift des Lütticher Priesterseminars; 9. 7. 1729 Titularbischof von Amyzon und Weihbischof in Lüttich; 8. 9. 1729 Konsekration durch Fürstbischof G. L. de (→) Berghes. Daraufhin trat G. als Leiter des Priesterseminars zurück, blieb aber dessen Provisor sowie Mitglied des bischöflichen Konsistoriums; 1735 Domkapitular in Lüttich; † 1. 12. 1736 in Lüttich.

Literatur: *S. P. Ernst* 255. - *J. de Theux* 4 (1872) 47 - 49. - *U. Berlière* 153 f. - *J. Paquay* 58. - *L. Jadin*,Procès 68 - 70.

Alfred Minke

Glandorf, (seit 1725 Reichsfreiherr) von, Kaspar Florentius (1693 – 1751)

1741 – 1750 Generalvikar von Olmütz

* 6. 9. 1693 in Bielefeld; Besuch des Jesuitengymnasiums in Osnabrück; 1712 – 16 Studium in Rom als Alumne des Collegium Germanicum; 1716 Dr. theol.; 1712 Domherr, 1729 res. Domherr in Olmütz; seit 1740 Generalvikar und Offizial der Bischöfe J. E. v. (→) Liechtenstein-Kastelkorn und F. J. v. (→) Troyer; 1747 Domscholaster; 1749 Domdekan; † 31. 12. 1751.

Literatur: *Z. Štěpánek.*

Aleš Zelenka

Glutz von Boltzheim, Urs Franz Josef (1733 – 1809)

1760 – 1768 und
1786 – 1805 Generalvikar für den solothurnischen Teil der Diözese Lausanne

→ Bd. 1, 250.

Glutz-Ruchti, Johann Karl von (1664 – 1735)

1730 – 1735 Generalvikar für den solothurnischen Teil der Diözese Lausanne

≈ 29. 4. 1664 in Solothurn; Studium in Dole; 1683 Chorherr am Kollegiatstift St. Urs in Solothurn; 13. 4. 1687 Primiz ebd.; 1687 Installation als Chorherr, 1721 Propst von St. Urs (Wahl durch den Kleinen Rat von Solothurn);

1707 Kommissar und Dekan; 11. 2. 1730 Generalvikar für den solothurnischen Teil der Diözese Lausanne; Apostolischer Protonotar; † 25. 4. 1735 in Solothurn.

Literatur: HBLS 3 (1926) 572. - *K. Arnold*, in: HS II/2 (1977) 527f. - *P. Braun*, in: HS I/4 (1988) 322.

Patrick Braun

Gobar (Gobbar), **Johann**

seit 1652   Weihbischof in Olmütz, Ep. tit. Megarensis

* in Maur (Fürstbistum Lüttich); Dr. iur. utr. (Wien); 26. 8. 1652 Titularbischof von Megara und Weihbischof in Olmütz, obwohl er dem dortigen Domkapitel nicht angehörte; war im Jahr der Ernennung zum Weihbischof Archidiakon in Olmütz; stiftete 1665 zwei Studienplätze für niederländische Alumnen am Wiener Jesuitenkolleg; Todesdatum unbekannt.

Literatur: *Ch. D'Elvert*, in: Notizen-Blatt 1895, 94f.

Aleš Zelenka

Gobel, Johann Baptist Joseph (1727 – 1794)

1762 – 1791 Generalvikar der Diözese Basel
1772 – 1791 Weihbischof der Diözese Basel, Ep. tit. Lyddensis

* 30. 8. 1727 in Thann (Elsaß); Großneffe der Basler Weihbischöfe J. Chr. und J. B. (→) Haus; Besuch der Jesuitenkollegien in Porrentruy und in Colmar; 1743 – 47 Studium in Rom als Alumne des Collegium Germanicum (1747 Dr. theol. et. phil.); 19. 12. 1750 Priesterweihe in Porrentruy; 1741 Kanoniker (päpstl. Verleihung) und 1747 – 56 Kapitular des Kollegiatstiftes Moutier-Grandval; 1757 Investitur auf die Freie Präbende dieses Stiftes; 1755 Offizial; 1756 Domherr von Basel (päpstl. Verleihung); 1759 Posseß; 1782 Domscholaster (bischöfl. Verleihung); 14. 9. 1762 Generalvikar sede vacante; nach der Wahl von Bischof S. N. v. (→) Montjoye Generalprovikar und am 29. 10. 1763 Generalvikar; 29. 2. 1772 Titularbischof von Lydda und Weihbischof der Diözese Basel; 22. 5. 1772 Konsekration durch den Lausanner Bischof J. N. de (→) Montenach in der Abteikirche von Bellelay. Seinen größten Einfluß besaß G. unter Bischof F. v. (→) Wangen-Geroldseck. Der Hang zu luxuriösem Leben, zu Prunksucht, Machtstreben und Raffgier in Verbindung mit mangelndem Weitblick führten G. auf den Weg der Intrigen und schließlich in den gewaltsa-

men Tod. 1779 war er Hauptunterhändler für eine Grenzbereinigung und 1780 für den Allianzvertrag des Fürstbistums mit Frankreich. König Ludwig XVI. verlieh ihm daraufhin eine Pension von 8000 Livre auf das Bistum Paris. Während der Neubesetzung des Fürstbistums im Jahre 1782 gebärdete G. sich als „Wahlmacher" für F. J. S. v. (→) Roggenbach, doch verschlechterte sich sein Verhältnis zu diesem wie auch zum Domkapitel nach der Wahl rapide, da er den französischen Einfluß im Kapitel allzusehr befürwortete. 1784 versuchte er erfolglos, Frankreich für die Errichtung eines Bistums Oberelsaß zu gewinnen, und 1787 bot er dem Kölner Kurfürst-Erzbischof (→) Max Franz von Österreich ebenso erfolglos an, ihm die Koadjutorie des Bistums Basel zu verschaffen. 1789 vertrat er Roggenbach bei der Versammlung des Klerus von Hüningen und Belfort und wurde als Deputierter für die Generalstände gewählt. Er legte zwar am 2. 1. 1791 den Eid auf die französische Verfassung ab, geriet aber in den Verdacht des Opportunismus. 13. 3. 1791 Wahl zum konstitutionellen Bischof von Paris sowie der Départements Haut-Rhin, Haute-Marne und Lot-et-Garonne; 15. 3. 1791 Ablehnung der Wahl zum Bischof von Colmar; Resignation als Weihbischof und Generalvikar der Diözese Basel; Dezember 1792 Rückkehr in das Hochstift Basel, um dort die revolutionäre Regierung einzusetzen; 1793 Rückberufung nach Paris; 7. 11. 1793 Niederlegung der Priesterwürde und Verzicht auf das Bistum Paris; 22. 12. 1793 Verhaftung; 13. 3. 1794 Hinrichtung durch die Guillotine in Paris.

Literatur: *F. Chèvre* 166-195. - *G. Gautherot*, Gobel. Evêque métropolitain constitutionel de Paris (Paris 1911). - *M. Braubach*, Bischof Gobel, Kurfürst Max Franz von Köln und das Bistum Basel, in: HJb 60 (1949) 300-311. - *R. Voeltzel*, in: NDB 6 (1964) 490. - *W. Kundert*, in: HS I/1 (1972) 233f. - *C. Bosshart-Pfluger* 200-203.

Catherine Bosshart-Pfluger

Goess, Johann (seit 1634 **Freiherr**) **von** (1611 – 1696)

1676 – 1696 Fürstbischof von Gurk
1686   Kardinal

Johann Goess wurde im Jahre 1611 zu Brüssel geboren. Er studierte in Löwen, strebte zunächst eine militärische Laufbahn an, wechselte dann aber unter Kaiser Ferdinand III. in die Diplomatie über, für die er gute Sprachkenntnisse mitbrachte. Nach seiner ersten offiziellen Mission, die ihn 1638 nach Neapel führte, wurde er 1639 Reichshofrat. In den folgenden

Jahren war er im Ressort für auswärtige Angelegenheiten in Wien, daneben auf zahlreichen
diplomatischen Missionen im Ausland tätig, so
1657 in Kopenhagen und 1663 zu Verhandlungen mit den Türken in Temesvar. Seine diplomatische Laufbahn erreichte ihren Höhepunkt,
als er 1677 – 79, schon als Bischof, kaiserlicher
Bevollmächtigter bei den Friedensverhandlungen von Nimwegen war.

G., der zwei geistliche Brüder hatte, soll sich
1663 anläßlich seiner Mission nach Temesvar
und der Errettung aus Todesgefahr erstmals
mit dem Gedanken befaßt haben, den geistlichen Stand zu ergreifen. Am 30. 10. 1675 nominierte Kaiser Leopold I. ihn in Würdigung
seiner Dienste für das Haus Habsburg zum
Bischof von Gurk. G. empfing nun in aller Eile
die Priesterweihe und feierte am 13. 12. in Wien
seine Primiz. Am 16. 1. 1676 konfirmierte ihn
der Erzbischof von Salzburg, und am 2. 2. 1676
folgte im Profeßhaus der Wiener Jesuiten seine
Bischofsweihe. Im März nahm G. durch seinen
Prokurator J. (→) Stieff von Kränzen Besitz von
seinem Sprengel. Ihn berief er auch zum Generalvikar und später zum Weihbischof.

G. ging mit dem ihm eigenen Elan an die
Erfüllung seiner Aufgaben. Er weilte zwar gern
und häufig in seinem Sprengel, wurde aber
andererseits nach wie vor mit diplomatischen
Missionen betraut. G. hat den strengen kirchlichen Geist seiner Heimat bewahrt und sich auf
vielfache Weise um die Reform des Bistums
Gurk bemüht. So ließ er aus Judenburg in der
Steiermark zwei Jesuiten zu Volksmissionen im
Bistum Gurk abordnen. Vor allem aber veranlaßte er 1677 in seiner Residenz die Durchführung von Exerzitien für alle Geistlichen. Aus
dem Jahre 1685 stammt eine umfangreiche
Kirchenordnung für alle Pfarren mit exakten
Anweisungen über die Temporalienverwaltung. Eine von ihm erlassene Instruktion für
das Konsistorium vermittelt anschaulichen
Einblick in die Diözesanverwaltung des ausgehenden 17. Jh. 1689 veranstaltete G. auf Schloß
Straßburg die letzte Diözesansynode der nachtridentinischen Zeit.

Nach Beilegung von Meinungsverschiedenheiten über die geistliche Jurisdiktion und die
Besetzung geistlicher Stellen zwischen Bischof
und Domkapitel im Jahre 1683 zeigte G. sich
dem Kapitel gegenüber wohlwollend, zugleich
aber streng. So streckte er ihm 1686 40 000
Gulden zur Finanzierung der Türkensteuer
vor, urgierte aber im gleichen Jahr nach einer
Visitation die strengere Einhaltung der Or-
densregel. G. lagen vor allem die Fortführung
der Stiftsschule, der Religionsunterricht und
die Pflege der Stiftsbibliothek am Herzen.

Infolge der oft langen Abwesenheit von seinem
Sprengel hatte G. mit manchen Schwierigkeiten zu kämpfen. So verweigerten ihm gelegentlich einzelne Landgeistliche den Zutritt zu
Kirche und Pfarrhof, doch gelang es ihm
schließlich, sich durchzusetzen. Dabei hat er in
einzelnen Fällen die Unterstützung der römischen Kurie erbeten. Die wirtschaftliche Lage
des Bistums Gurk war unter G. durch Mißernten, Bauschäden, durch die schlechte Situation
der bischöflichen Eisenindustrie und durch die
Türkensteuer belastet. Dennoch wurden im
ersten Jahrzehnt von G.s Amtstätigkeit ca.
33 500 Gulden zur Sanierung von Gebäuden,
Kirchen und Wirtschaftsbetrieben aufgewendet. Im Zuge dieser Arbeiten gestaltete G.
Schloß Straßburg im Gurktal zu einer barocken Fürstenresidenz um.

G.s Eintreten für die Wiener Bürgerschaft, die
kaiserliche Armee und die Verwundeten anläßlich der Belagerung der Stadt im Jahre 1683 hob
seine Wertschätzung bei Kaiser Leopold I., so
daß dieser ihn 1685 für die Kardinalswürde
vorschlug. Diese wurde ihm 1686 durch Papst
Innozenz XI. verliehen (Titel: S. Pietro in Montorio). Drei Jahre später begab sich der bereits
79jährige zum Konklave nach Rom, doch erreichte er die Stadt erst nach der Wahl Papst
Alexanders VIII. G. blieb nun auf kaiserliche
Weisung in Rom, zunächst um den Gesandten
bei seinen Bemühungen um Finanzhilfe gegen
die Türken zu unterstützen, später im Hinblick
auf das nächste Konklave, in dem sich eine

spanisch-kaiserliche und eine französische Partei gegenüberstanden. G. war es nach der Wahl Papst Innozenz' XII. nicht vergönnt, in sein Bistum zurückzukehren. Er blieb vielmehr in diplomatischer Mission in Rom. Dort starb G. am 19. 10. 1696. Sein Leichnam wurde in der Kirche der Kapuziner, sein Herz in der Kollegiatkirche zu Straßburg beigesetzt. Sein Andenken wird durch zahlreiche großzügige Stiftungen in seinem Bistum wachgehalten.

Literatur: *A. Kermauner*, Johann Freiherr von Goess (Diss. phil. Graz 1966). - *J. Obersteiner*, I 404-419.

Abbildungsnachweis: Gemälde in der Bischöflichen Residenz Klagenfurt. - ADG.

Peter G. Tropper

Götzfried, Johann (1634 – 1699)

1679 – 1685 Generalvikar in Regensburg

* 4. 2. 1634 in Mindelheim; Studium in Ingolstadt (1663 Dr. theol.); Pfarrer in Babenhausen (Bistum Augsburg); 1669 Domizellar (bischöfl. Provision) und 1672 Domkapitular in Regensburg; 1673 Offizial und Generalvisitator ebd.; 1679 – 85 Generalvikar des Bischofs (→) Albrecht Sigmund von Bayern; 1696 Propst des Kollegiatstifts St. Johann in Regensburg und 1698 Domscholastikus. G. erwarb sich besondere Verdienste um die Fundation des 1654 errichteten Klerikalseminars bei St. Kassian, das allerdings in der Folgezeit ein recht kümmerliches Dasein fristete und bis tief ins 18. Jh. hinein Provisorium blieb (A. I. v. → Fugger). † 19. 5. 1699 in Regensburg; □ Regensburger Dom.

Quellen: BZA Regensburg.

Literatur: *A. Mayer* III 170-172.

Karl Hausberger

Gollmayer, Georg (1755 – 1822)

1795 – 1822 Generalvikar in Laibach

* 15. 3. 1755 in Lesce bei Bled (Veldes); Studium in Laibach und Wien; 1779 Priester; 1783 Sekretär von Bischof K. J. v. (→) Herberstein; 1787 Leiter der Fürstbischöflichen Kanzlei; seit 1795 Generalvikar; 1801 Rektor des Priesterseminars in Laibach; 1802 Domherr, 1804 Domdechant, 1819 Dompropst in Laibach. G. war Anhänger des von Herberstein vertretenen Reformkatholizismus. Er setzte sich sehr für die slowenische Schule ein. † 10. 8. 1822 in Laibach.

Schriften: Sveta maša ino krščansko premišljevanje za vsak dan iz svetega pisma [Heilige Messe und tägliche christliche Meditation nach der Hl. Schrift] (1783-1839; 18 Auflagen).

Literatur: *F. Kidrič*, in: SBL 1 (1925/32) 229f.

France M. Dolinar

Gondola, Franz Josef Graf von ⟨OSB⟩ (1711 – 1774)

1752 – 1764 Weihbischof in Paderborn, Ep. tit. Tempensis
1761 – 1774 Apostolischer Vikar für den Norden

* 16. 12. 1711 in Wien; Studium in Innsbruck, Ettal und St. Gallen; 1730 Eintritt in das Benediktinerkloster Ettal; 1. 6. 1735 Priesterweihe in Konstanz; 14. 1. 1752 Titularbischof von Tempe und Weihbischof in Paderborn; 2. 7. 1752 Konsekration in der Franziskanerkirche zu Brühl; 1760 Kanonikus am Busdorfstift in Paderborn; 1761 Apostolischer Vikar für den Norden; 1764 Kanonikus am Stephansdom in Wien; 1765 Propst des Stiftskapitels an St. Stephan in Mainz; 1766 Pfarrer in Probstdorf bei Wien; 1773 Domkustos an St. Stephan in Wien und Direktor der Theologischen Fakultät in Wien; † 5. 3. 1774 in Probstdorf.

Schriften: Oratorium (o.O.u.J.). - Geistliche Kunstgrifflein, mit leichter Mühe in allen Ständen heilig zu werden (o.O. 1751).

Literatur: *H. Raab*, Joseph Franz von Gondola, Weih-
bischof von Paderborn und Apostolischer Vikar des
Nordens, in: Paderbornensis Ecclesia. Beiträge zur
Geschichte des Erzbistums Paderborn. Festschrift
für Lorenz Kardinal Jäger (Paderborn 1972) 427-450. -
H. J. Brandt - K. Hengst, Weihbischöfe 132-139. - *P.
Hersche*, Spätjansenismus.

Abbildungsnachweis: Öl auf Leinwand. - Laut Inschrift im 51. Lebensjahr (1762).- Benediktinerabtei
Ettal Inv. Nr. 101.3.

Karl Hengst

Gorizzutti, (Gorizutti), **Giacomo Ferdinando de**
(um 1621 – 1691)

1673 – 1691 Bischof von Triest

Giacomo Ferdinando de Gorizzutti wurde um
das Jahr 1621 in Jalmico im österreichischen
Friaul als Sohn des Pietro d. G. und der Vittoria
Leoncini geboren. Seine Familie besaß in Jalmico die Grundherrschaft. Für den geistlichen
Stand bestimmt, absolvierte G. sein Studium
durch Vermittlung seines Onkels Gaspare G.,
der Hofpfarrer, Zeremoniar und kaiserlicher
Almosenier in Wien war, ebenfalls in der
Hauptstadt des Habsburgerreiches. Nach der
Promotion zum Dr. phil. wurde er 1647 noch vor
der Priesterweihe Hofkaplan. 1652 folgte er
seinem Onkel in dessen Ämtern. Er wurde
ferner Domherr bei St. Stephan in Wien. Am
5. 9. 1672 nominierte Kaiser Leopold I. ihn zum
Bischof von Triest. Die päpstliche Verleihung
folgte am 30. 1. 1673, die Konsekration durch
den Wiener Bischof Ph. F. v. (→) Breuner am
28. 5. Am 1. 9. 1673 nahm G. von seinem
Sprengel Besitz.

G. visitierte seine Diözese insgesamt dreimal.
Dabei war er auf dem Gebiet der Republik
Venedig an die Zustimmung des Senates ge-
bunden und durch die laikale Verwaltung des
Kirchenvermögens vielfach beeinträchtigt.

In Triest konsekrierte G. 1682 die große Jesuitenkirche auf den Titel der Unbefleckten Empfängnis. In den Händen der Jesuiten und Kapuziner lagen damals die Predigt und die persönliche Seelsorge in den drei in der Stadt gebräuch-
lichen Sprachen Italienisch, Slowenisch und
Deutsch. Darüber hinaus übten die Jesuiten
durch ihre Kongregationen maßgebenden Einfluß auf die Stadt aus. Dies galt vor allem von
der Kongregation der Unbefleckten Empfängnis mit über 500 Mitgliedern. G. selbst bemühte
sich sehr um die Ausstattung der Kathedrale.
Er starb am 22. 9. 1691. Er wurde in seiner
Kathedrale beigesetzt.

Quellen: ASV Con.Conc., Relationes 790 (Tergestinensis)

Literatur: *G. Mainati* 3 (1818) 315-317. - *C. Morelli* 3
(1856) 351. - *M. Premrou*, Vescovi triestini 9f.

Luigi Tavano

Gottrau, François-Pierre-Augustin de
(RA) (1682 – 1739)

1730 – 1739 Generalvikar der Diözese Lausanne in Freiburg / Schweiz

≈ 18. 10. 1682 in Freiburg / Schweiz; 1694 –
1702 Besuch des Jesuitenkollegs zu Freiburg;
1707 Chorherr, 1715 Dekan des Kollegiatstiftes
St. Niklaus ebd.; Apostolischer Protonotar;
11. 2. 1730 zusammen mit J.-H. de (→) Boccard
und J. K. v. (→) Glutz-Ruchti Generalvikar von
Bischof C. -A. (→) Duding; † 19. 5. 1739 in
Freiburg.

Literatur: *A. Dellion* VI 343. - *G. Brasey* 169. - *P. Braun*,
in: HS I/4 (1988) 300f.

Patrick Braun

Gouy de Cartigny, Louis de

1689 – 1692 Generalvikar in Straßburg

Eng mit M. de (→) Ratabon verbunden, wurde
er am 11. 8. 1689 dessen Nachfolger als Generalvikar in Straßburg. Er folgte 1692 Ratabon
nach Ypern, wo er ebenfalls Generalvikar wurde. Später Abt von St-Jean in Paris.

Literatur: *L. Châtellier*, Diocèse de Strasbourg 379f.

Louis Châtellier

Grabowski, Adam Stanisław (1698 – 1766)

1733 – 1736 Weihbischof und Generalvikar in
Posen, Ep. tit. Nilopolitanus
1736 – 1739 Bischof von Kulm
1739 – 1741 Bischof von Włocławek
1741 – 1766 Bischof von Ermland

Adam Stanisław Grabowski entstammte einer
westpreußischen polnisch-deutschen Adelsfamilie. Er wurde am 3. 9. 1698 in Grabau (Gra-
bowo) bei Schlochau als Sohn des Andrzej
Teodor G., Kastellan von Kulm und der Barbara
Sophia von Kleist geboren. Hochbegabt, erlernte er schon in seiner Jugend mehrere Sprachen.
Er sprach u. a. gut deutsch. Nach seinem Besuch der Jesuitengymnasien in Konitz und
Thorn studierte G. in Rom Rechtswissenschaft.
Später war er am Hof des Unterkanzlers Lipski
tätig. Am 26. 11. 1730 ließ er sich zum Priester
weihen. Er arbeitete in der Kanzlei König
Augusts II. und erhielt eine Reihe von Pfründen, u. a. Domkanonikate in Lemberg, Gnesen
und Włocławek. Am 22. 6. 1733 wurde er zum

Titularbischof von Nilopolis und Weihbischof in Posen ernannt, wo er zugleich Domkapitular und Generalvikar wurde. König August III., bei dessen Wahl G. mitwirkte, verschaffte ihm 1736 das Bistum Kulm und 1738 das Bistum Włocławek. Die Translation dorthin erfolgte am 15. 7. 1739.

Als August III. G. jedoch 1740 zum Nachfolger des ermländischen Bischofs K. J. A. (→) Szembek machen wollte, ergaben sich Schwierigkeiten. G. war zwar allgemein angesehen und beliebt, er war auch ein „geborener Preuße", doch fehlte ihm ein ermländisches Kanonikat. Aufgrund der Bestimmungen des Petrikauer Vertrages von 1512 war er daher nicht wählbar. Nach langen Verhandlungen zwischen dem königlichen Hof, dem Frauenburger Domkapitel und der päpstlichen Kurie fand man, um der Sedisvakanz ein Ende zu machen, schließlich folgenden Ausweg: Nach Empfang eines päpstlichen Wählbarkeitsbreves wurde G. am 13. 4. 1741 einstimmig zum Bischof gewählt. Die Translation erfolgte am 18. 9. 1741, und im Oktober des Jahres zog er in Frauenburg ein.

Als Günstling des prunksüchtigen Königs August III. emporgekommen, entwickelte G. sich doch zu einem pflichtbewußten Landesherrn und guten Verwalter und zugleich zu einem eifrigen, volkstümlichen und beliebten Seelsorger. Er wurde für sein Bistum auch zum Kunstmäzen. So griff er in Warschau empfangene Anregungen auf und ließ in der Frauen-

burger Kathedrale, der Guttstädter Kollegiatkirche sowie in der Elbinger Nikolaikirche künstlerisch wertvolle Barockaltäre schaffen und die Kapelle des Heilsberger Bischofsschlosses im Stil des Rokoko ausstatten. In Schmolainen bei Guttstadt erbaute er eine bischöfliche Sommerresidenz. Frankenau bei Seeburg erhielt eine neue Pfarrkirche, die Kirche in Gr. Lemkendorf wurde vollendet.

1742 verlieh Papst Benedikt XIV. G. und seinen Nachfolgern mit Rücksicht auf die seit dem Untergang des katholischen Erzbistums Riga in der Reformationszeit bestehende Exemtion des Bistums Ermland das Pallium. G. empfing es am 24. 9. in der Warschauer Jesuitenkirche aus der Hand des Bischofs von Płock, nachdem er den vorgeschriebenen Obödienzeid geleistet hatte. Ins Ermland zurückgekehrt, erhielt der Bischof von seinem Domkapitel das einem Palliumsträger vorauszutragende silberne Kreuz geschenkt. 1745 erfüllte G. den schon lange gehegten Wunsch seines Domkapitels, als er in Rom für die Frauenburger Kanoniker die Erlaubnis zum Tragen eines sog. Distinctoriums, d. h. einer mit dem Bilde des Diözesanpatrons Andreas geschmückten Medaille an goldener Kette, erwirkte.

Bei seinem Regierungsantritt hatte G. im Ermland teilweise ungünstige soziale Verhältnisse vorgefunden, die sich durch die Notzeiten des Siebenjährigen Krieges noch verschlechterten. Durch Verwaltungsmaßnahmen suchte der Bischof das Bettlerunwesen zu beheben. Für die Wohlfahrt des Landes von großer Bedeutung war der Erlaß einer verbesserten ausführlichen Landesordnung 1766.

Was die Hirtensorge G.s für seine Diözese betraf, so führte er dort das Vierzigstündige Gebet vor dem ausgesetzten Allerheiligsten ein. Nach der Bekanntmachung durch einen Hirtenbrief fand fortan fast an jedem Tag des Jahres in einer Pfarrei des Bistums diese Andacht statt.

G. war nicht nur auf künstlerischem, sondern auch auf heimatgeschichtlichen und anderen wissenschaftlichen Gebieten sehr bewandert und interessiert. Er verkehrte mit Schriftstellern und Gelehrten und unterstützte sie bei der Herausgabe ihrer Publikationen. So förderte G. z. B. die Edition der ältesten polnischen Geschichtsschreiber Gallus Anonymus und Kadłubek durch den Danziger Professor Gottfried Lengnich. Er war mit dem Piaristen und Pädagogen Stanisław Konarski befreundet, und auf seine Initiative hin fertigte der Elbinger Kupferstecher Johann Friedrich Endersch 1755 seine berühmte Ermlandkarte an. G. besaß selbst eine ansehnliche Bibliothek. An bestimmten Tagen war der Bischof in seinem Schloß für jeden seiner Untertanen zu sprechen.

Kränklich und altersgeschwächt, entschloß sich G. 1766 zur Annahme eines Koadjutors mit dem Recht der Nachfolge. Die Wahl des polnischen Königs fiel auf den Dompropst von Przemyśl I. B. (→) Krasicki; das Domkapitel stimmte am 15. 10. zu. Noch ehe der neue Weihbischof im Ermland eintraf, starb G. am 15. 12. 1766. Sein Tod wurde allgemein betrauert, auch von den Regimentsräten des benachbarten protestantischen Königreiches Preußen, die seine friedliche Nachbarschaft rühmten. Am 12. 2. 1767 wurde er in der Frauenburger Kathedrale beigesetzt.

Schriften: siehe u.

Literatur: *A. Eichhorn*, Bischofswahlen 396-465. - *E. Brachvogel*, Bildnisse 578-580. - *F. Hipler*, Literaturgeschichte 200, 211, 213, 221. - *S. Librowski*, in: PSB 8 (1960) 478-480. - *J. Obłąk*, Grabowski. - *A. Triller*, in: ZGAE 33 (1969) 358-361. - *Dies.*, in: APB 3 (1975) 928. - *T. Oracki* (1984) 73f. - *A. Szorc* 314-317. - *W. Murawiec*, in: SPTK 1 (1981) 575-577 (Schriftenverzeichnis).

Abbildungsnachweis: Ölgemälde, unbek. Künstler. - Bischöfl. Residenz Pelplin. - HI Marburg, Bildarchiv Nr. 104341.

Anneliese Triller

Grady, Charles Antoine de (1712 – 1767)

1762 – 1767 Weihbischof in Lüttich, Ep. tit. Philadelphiensis

* 26. 11. 1712 in Lüttich als Sohn des Henri de G. und der Cathérine Jeanne de Salme; 1737 Lic. iur. utr. (Löwen); 19. 5. 1742 Priesterweihe in Lüttich; 1750 Domkapitular ebd. 1762 erbat Fürstbischof (→) Johann Theodor von Bayern G. wegen der zunehmenden Altersschwäche von P. L. (→) Jacquet als Weihbischof. 22. 11. 1762 Titularbischof von Philadelphia und Weihbischof in Lüttich; 7. 12. 1762 Konsekration durch Weihbischof Jacquet in Lüttich; 1763 Propst des Stifts Saint-Pierre in Lüttich, wo er zuvor wahrscheinlich ein Kanonikat besessen hatte; Superior der Ursulinen in Lüttich; † 9. 7. 1767 auf Schloß Brialmont in Tilff bei Lüttich.

Literatur: *S. P. Ernst* 263-267. - *J. de Theux* 4 (1872) 68f. - *S. Bormanns*, in: BN 8 (1884/85) 178f. - *G. Simenon*, in: Leodium 12 (1913) 1-7. - *U. Berlière* 167-170. - *J. Paquay* 62. - *L. Jadin*, Procès 206-208.

Alfred Minke

Grappler von Trappenburg, Herr in Achau und Neusiedel, Ulrich (um 1601 – 1658)

1646 – 1658 Weihbischof in Passau, Ep. tit. Lampsacensis

* um 1601 (err.) in Wien; Dr. theol.; 29. 5. 1627 Priesterweihe in Rom; Dekan in Mistelbach (Niederösterreich); 23. 4. 1646 Titularbischof von Lampsacus und Weihbischof in Passau; † 9. 1. 1658 in Passau; □ Fronleichnamsbruderschaftskapelle des Passauer Domes.

Literatur: *L. H. Krick*, Domstift 210.

August Leidl

Greiffenclau zu Vollraths, Johann Philipp Reichsritter (seit 1664 Reichsfreiherr) von (1652 – 1719)

1699 – 1719 Fürstbischof von Würzburg

Johann Philipp von Greiffenclau-Vollraths wurde am 13. 2. 1652 zu Amorbach als Sohn des kurmainzischen Rates zu Amorbach, dann zu Königstein, Georg Philipp v. G. und der Rosina von Oberstein geboren. Einer der Taufpaten war Fürstbischof J. Ph. v. (→) Schönborn. 1666 wurde G. als Domizellar in Würzburg aufgeschworen. Die niederen Weihen und das Subdiakonat empfing er 1676. Die Rechte studierte er in Erfurt. 1684 wurde er Kapitular. Am 13. 4. 1687 ließ er sich in Mainz, wo er seit 1664 ebenfalls dem Domkapitel angehörte und seit 1686 Kantor war, zum Priester weihen. 1695 übertrug ihm das Mainzer Kapitel das Dekanat. Nach dem Tod von Fürstbischof J. G. v. (→) Guttenberg wählte ihn das Würzburger Kapitel am 9. 2. 1699 zu dessen Nachfolger. Der Wiener Hof hätte auch diesmal lieber eine Personalunion zwischen Bamberg und Würzburg gesehen, um angesichts der Auseinandersetzungen um das spanische Erbe seine fränkische Position zu stärken. Für den von ihm favorisierten L. F. v. (→) Schönborn ließ sich das Kapitel jedoch nicht gewinnen. Am 1. 6. 1699 wurde die Wahl konfirmiert. Die Konsekration durch Weihbischof St. (→) Weinberger fand am 5. 7. 1699 im Würzburger Dom statt. Anschließend trat G. die Huldigungsreise durch das Hochstift an, bei der er den Neubau des Kitzinger Ursulinenklosters einweihte. Wenig später erhob er feierlich die Reliquien des hl. Bruno in Würzburg.

Unter G. wurden u.a. Verordnungen zur Pflege der Friedhöfe und gegen vagierende ausländische Geistliche erlassen. G. war ein großer Verehrer der Eucharistie. Er förderte die Corpus-Christi-Bruderschaft und stiftete für den

Dom einen Altar sowie eine kostbare Monstranz. Bei den Prozessionen trug er meist selbst das Allerheiligste. Seine ausgeprägte Marienfrömmigkeit fand sichtbaren Ausdruck in der Neuvergoldung der durch Julius Echter von Mespelbrunn auf einem Turm der Marienburg aufgestellten Statue, ferner 1713 durch die Stiftung einer Erzstatue der Muttergottes auf der Marienkapelle am Würzburger Markt. Die Bistumspatrone ehrte G. durch eine neue Fassade des Würzburger Neumünsters.

An der Marienburg schuf er das Zeughaus und den Fürstengarten. Städtische Bauten unterstützte er. Vor allem aber wurde 1701 – 03 die Neugestaltung des Doms durch Pietro Magno eingeleitet. In diesem Zusammenhang entstanden ein neuer Hochaltar und vier Nebenaltäre. 1712 gestattete G. eine Niederlassung der Ursulinen in Würzburg. Er selbst war in Predigt, Gottesdienst und Sakramentenspendung eifrig tätig.

Außenpolitisch hielt G. sich eng an Österreich. Während des Spanischen Erbfolgekrieges stellte er über das Reichskontingent hinaus weitere 4000 Mann zum kaiserlichen Heer (1702). 1706 sandte er auf eigene Kosten das Regiment Wolffskeel nach Ungarn, und 1707 hob er auf Anregung des Fränkischen Kreises weitere 1200 Rekruten aus. Diese enge Bindung an Wien fand sichtbaren Ausdruck durch den Besuch Kaiser Karls VI. in Würzburg im Jahre 1712.

G. war keine starke Persönlichkeit. Seinen Kammerdirektor Gallus Jakob von Hollach ließ er uneingeschränkt schalten. Auch daß er seiner Familie erhebliche Zuwendungen aus dem Hochstiftsvermögen machte (J. Ph. v. → Schönborn), wurde deutlich kritisiert.

G. starb am 3. 8. 1719 nach längerer Krankheit. Er wurde im Würzburger Dom beigesetzt.

Literatur: I. Gropp, Collectio II 510-518. - Ders., Chronik II 315-364. - J. Wirsing, Landesverordnungen 82. - A. Amrhein 229 f. - J. F. Abert, Wahlkapitulationen. - F. Mader, Reg. - G. Pfeiffer, Fränk. Bibliographie III/2, Nr. 48496-48526. - G. Christ, Bischofswahlen 190, 193. - M. Spindler, Handbuch III. - P. Kolb, Wappen 147-151. - K. Helmschrott, Münzen 179-206.

Abbildungsnachweis: Anonym, bez. 1719. - Würzburg Residenz, Fürstensaal Gw 17. - BSV Neg. Nr. 18780.

Egon Johannes Greipl

Greifenclau zu Vollraths, Karl Philipp Reichsfreiherr von (1690 – 1754)

1749 – 1754 Fürstbischof von Würzburg

Karl Philipp von Greifenclau wurde am 1. 12. 1690 auf Schloß Vollraths im Rheingau als Sohn des Vizedoms Johann Erwein v. G. und der Anna Lioba von Sickingen-Sickingen geboren. 1701 erhielt er die Tonsur, 1705 wurde er Domizellar in Würzburg. Sein Studium hat G. an der Universität Mainz absolviert (Dr. phil.) und danach die übliche Kavalierstour unternommen, die ihn u.a. nach Rom führte. 1715 empfing er in rascher Folge alle höheren Weihen, darunter am 30. 5. die Priesterweihe. 1728 wurde er in Würzburg Domkapitular. Weitere Kanonikate erhielt er in Mainz, Speyer und auf der Großkomburg. Er bekleidete ferner die Stelle eines würzburgischen und mainzischen Geheimen Rates und Propstes bei Maria zu der Greden in Mainz. In Mainz amtierte er 1738 – 49 als Rektor der Universität.

Nach dem Tode des Würzburger Fürstbischofs A. Fr. v. (→) Ingelheim wählte das Domkapitel am 14. 4. 1749 den damals 58jährigen G. zum Nachfolger, während der kaiserliche Wahlkommissar Graf Cobenzl mit seinem Plan einer Personalunion zwischen Mainz und Würzburg scheiterte. Die päpstliche Konfirmation der Wahl erfolgte am 21. 7. 1749, die Konsekration durch Weihbischof D. J. v. (→) Gebsattel am 5. 10. 1749.

G. forderte aus dem ganzen Bistum Berichte über den Zustand der Gotteshäuser und den Gottesdienst. Er führte ein allgemeines Gesangbuch ein und regelte die Verwaltung des pfarrlichen Vermögens neu. An der Universität erhöhte er die Professorengehälter und errichtete einen Lehrstuhl für Experimentalphysik. 1749 reformierte er das Apotheken- und Ärztewesen. Unter erheblichen Zugeständnissen schloß er mit Ansbach ein Zollabkommen. Auch die Beilegung der Streitigkeiten mit der Fürstabtei Fulda kostete den Verzicht auf alte Rechtspositionen, denn Fulda wurde 1751 Bistum und damit aus dem Diözesangebiet von Würzburg ausgegliedert. Zum Ausgleich sollten die Würzburger Bischöfe das Pallium erhalten, was freilich zu Differenzen mit Mainz führte. In der Tat erhielt G. am 27. 11. 1752 das Pallium.

Außenpolitisch verfolgte G. die Linie seiner Vorgänger. 1749, nach Auslaufen des holländischen Subsidienvertrages, versuchte er, die beiden erheblich zusammengeschmolzenen Regimenter Hutten und Draxdorf (→ Ingelheim) anderweitig zu vermieten. Diesbezügliche Verhandlungen mit England und Hannover kamen jedoch nicht mehr zum Abschluß.

In die Geschichte eingegangen ist G. als Auftraggeber von Giovanni Battista Tiepolo, der 1750–53 mit seinen beiden Söhnen und weiteren Helfern den Kaisersaal und das Treppenhaus in der von Balthasar Neumann erbauten Neuen Residenz ausgestaltete, dort mit der ganzen Erfahrung der italienischen Fresken- und Stukkateurkunst die Größe und den Anspruch der Kirche von Würzburg darstellte

und damit „das vollkommenste Werk des Spätbarock im Reich" schuf (Braunfels). Auch im Dom ließ G. einige Arbeiten vornehmen und die Reliquien des hl. Bruno neuerlich erheben. Einen dunklen Schatten auf G.s Amtszeit wirft die letzte Hexenverbrennung im Hochstift Würzburg. Dabei handelte es sich um die 70jährige Ordensfrau Renate Singer aus dem Kloster Unterzell.

G. starb am 25. 11. 1754 an den Folgen einer Lungentuberkulose. Er wurde im Dom beigesetzt.

Literatur: J. Wirsing, Landesverordnungen 86 f. - A. Amrhein 203 f. - L. Fries II 393-402. - G. Pfeiffer, Fränk. Bibliographie III/2, Nr. 48650-48671. - G. Christ, Bischofswahlen 193, 202. - P. Kolb, Wappen 170 f. - K. Helmschrott, Münzen 263-272.

Abbildungsnachweis: Anonym. - Würzburg Residenz, Fürstensaal Gw 56. - BSV Neg. Nr. 18775.

Egon Johannes Greipl

Grenzing in Straßberg, Joseph Anton von
(um 1698 – 1785)

1758 – 1775 Generalvikar in Eichstätt

*1698 oder 1699 in der Diözese Konstanz (Bregenz? Bodenseeraum); 1716 – 22 Studium in Rom als Alumne des Collegium Germanicum (Dr. theol.); 1722 Priesterweihe in Rom; Seelsorgtätigkeit in der Diözese Konstanz; 1735 – 58 Stadtpfarrer in Kaufbeuren; 1758 Kanonikus am Willibaldschor im Eichstätter Dom; vom 8. 1. 1758 bis 9. 12. 1775 (Resignation) Generalvikar des Fürstbischofs R. A. v. (→) Strasoldo; † 8. 6. 1785 in Eichstätt.

Literatur: A. Hirschmann, in: PBE 44 (1897) 116. - B. Lengenfelder.

Ernst Reiter

Gronsfeld → Bronckhorst

Groß von Trockau, Johann Gottfried Freiherr
(1687 – 1750)

1745 – 1750 Weihbischof in Eichstätt, Ep. tit.
Rosaliensis

*3. 2. 1687 auf Burg Veldenstein (Diöz. Bamberg) als Sohn des Bamberger Pflegers Karl Sigmund G. und der Maria Rosina von Streitberg. Die reichsritterliche Familie der G. war im 17. und 18. Jh. mit elf Mitgliedern in den Domkapiteln von Würzburg, Bamberg, Mainz und Eichstätt vertreten. Seit 1700 Schulbesuch und Studium in Bamberg; 1713 Domizellar in Eichstätt; 11. 4. 1715 Priesterweihe in Eichstätt; 1726 ebd. als Kapitular zugelassen; 8. 3. 1745 Titularbischof von Rosalia und Weihbischof in Eichstätt; 20. 4. 1745 in der Kirche der Benediktinerinnen-Abtei St. Walburg in Eichstätt durch Fürstbischof J. A. v. (→) Freyberg konsekriert; im gleichen Jahr Propst des Kollegiatstiftes St. Nikolaus in Spalt; ab 1736 Präsident des Eichstätter Hofrates; ab 1715 Domherr in Bamberg, 1722-28 auch in Würzburg; seit 1747 Propst bei St. Stephan in Bamberg; † 15. 9. 1750 in Eichstätt; ▢ Domkreuzgang Eichstätt.

Literatur: *F. Wachter* Nr. 3424. - *H. Braun* Nr. 78.

Ernst Reiter

Groß von Trockau, Otto Philipp Erhard Ernst Reichsfreiherr von (1710 – 1779)

1753 – 1765 Generalvikar in Bamberg

* 15. 6. 1710 in der Diöz. Bamberg. Besuch des Gymnasiums in Bamberg; Studium der Theologie in Bamberg und 1730 – 33 als Alumne des Collegium Germanicum in Rom; 1733 Diakonenweihe in Rom; 1740 Kapitular, 1753 Kantor in beiden Domkapiteln. Der Bamberger Fürstbischof F. K. v. (→) Stadion ernannte nach seinem Regierungsantritt G. 1753 zum Generalvikar, Geistlichen und Geheimen Rat und zum Vorsteher der Armen- und Waisenanstalten. G. war zugleich Regierungspräsident in Würzburg. 1756 Domdekan in Würzburg (Kap. Wahl). Die Kumulation weiterer Pfründen im Würzburger Bereich (Propst von Stift Haug und im Ritterstift Komburg) zeigte, daß G. sich zunehmend nach Würzburg orientierte. Daher gab er 1765 das Bamberger Generalvikariat auf. Er galt als geschäftstüchtig und souverän. † 29. 11. 1779.

Quellen: Totenzettel Staatsbibliothek Bamberg R. B. Or. fun. f 11/23.

Literatur: *J. H. Jäck*, Pantheon 405 ff. - *F. Wachter* Nr. 3426.

Egon Johannes Greipl

Gruben, Karl Klemens (seit 1805 **Reichsfreiherr**) **von** (1764 – 1827)

1795 – 1801 Metropolitanvikar des Erzbischofs von Köln in Osnabrück
1795 – 1827 Weihbischof in Osnabrück, Ep. tit. Pariensis
1801 – 1827 Kapitularvikar bzw. Apostolischer Vikar in Osnabrück

1812 – 1825 Apostolischer Vikar von Lingen und Minden
1825 – 1827 Apostolischer Vikar von Hildesheim

→ Bd. 1, 263 – 265.

Gudenus, Christoph Ignaz (seit 1696 **Freiherr**) **von** (1674 – 1747)

1726 – 1747 Weihbischof im thüringischen Teil der Erzdiözese Mainz, Ep. tit. Anemuriensis

≈ 5. 8. 1674 in Erfurt. Sein Vater Johann Moritz († 1688) war kurmainzischer Rat und Stadtschultheiß, Sohn des reformierten Predigers und Konvertiten (1630) Moritz († 1680) und Bruder des Mainzer Weihbischofs Johann Daniel (→) G. Seine Mutter war Maria Katharina Böning. Sein Bruder Johann Leopold v. (→) G. war seit 1711 Weihbischof in Worms. Gymnasialstudium in Erfurt; Studium der Philosophie und Theologie in Bamberg, beider Rechte in Prag, Ingolstadt und Erfurt; 1717 Dr. iur. utr. (Erfurt); seit 1684 am Stift St. Severus in Erfurt bepfründet, 1700 Kapitular, 1702 Scholaster, 1730 Dekan; 1. 8. 1700 Priesterweihe in Frankfurt; in Erfurt nahm G. Aufgaben als Scholaster von St. Severus und pfarramtliche Tätigkeiten wahr; 1716 erzbischöflicher Siegler und Geistlicher Rat; 1717 Prokanzler, 1723 – 27 Rektor der Universität Erfurt; 20. 3. 1726 Titularbischof von Anemurium und Weihbischof für den thüringischen Teil der Erzdiözese Mainz; 19. 6. 1726 Konsekration in der Erfurter Stiftskirche BMV durch den Würzburger Weihbischof J. B. (→) Mayer; 1727 vorübergehend Mitübernahme der Aufgaben eines Mainzer Weihbischofs in partibus Rheni; zu den vielen Pontifikalhandlungen des von Katholiken und Protestanten gleichermaßen geschätzten Weihbischofs zählten über 350 Priesterweihen; † 11. 12. 1747 in Erfurt; ▢ Severikirche Erfurt.

Literatur: *V. F. de Gudenus* IV 838 f. - *J. S. Severus* 61 f. - *F. A. Koch* 119-123. - *J. Feldkamm* 89 f.

Friedhelm Jürgensmeier

Gudenus, Johann Daniel (seit 1668 **von**, RA) (1624 – 1694)

1680 – 1694 Weihbischof im thüringischen Teil der Erzdiözese Mainz, Ep. tit. Uticensis

* 1. 5. 1624 in Marburg als Sohn des reformierten Predigers und späteren Konvertiten (1630)

Moritz v. G. († 1680); sein Bruder Johann Moritz († 1688), Professor in Erfurt, verfaßte die 1675 in Duderstadt erschienene Historia Erfurdensis; 15. 6. 1647 Priester; Dr. theol. (Erfurt); 1659 von Erzbischof J. Ph. v. (→) Schönborn zum Geistlichen Rat und erzbischöflichen Siegler für den Bereich Erfurt ernannt; Propst in Heiligenstadt und am Stift ULFrau in Erfurt; 1662 im Auftrag Schönborns zu Verhandlungen über den anstehenden Jurisdiktionsstreit in Fulda; 1664 persönlich durch die der Rückeroberung Erfurts durch Kurmainz vorausgehenden Wirren betroffen; Dekan von St. Severus in Erfurt und Prokanzler der Universität; 1680 von Erzbischof A. F. v. (→) Ingelheim zum Weihbischof bestimmt; 29. 4. 1680 Titularbischof von Utica; 28. 5. 1680 Konsekration durch Ingelheim in der Erfurter Marienkirche; G. nahm viele Pontifikalhandlungen in Thüringen und im Bereich der gefürsteten Abtei Fulda wahr; † 11. 2. 1694 in Erfurt; □ Marienkirche Erfurt.

Literatur: V. F. de Gudenus IV 836. - J. S. Severus 58 f. - F. A. Koch 109 - 113. - J. Feldkamm 83 - 85.

Friedhelm Jürgensmeier

Gudenus, Johann Leopold (seit 1696 **Freiherr) von** (1676 – 1713)

1711 – 1713 Weihbischof in Worms, Ep. tit. Pergamenus

* 15. 9. 1676 in Erfurt als Sohn des Dr. iur. Joh. Moritz G., Kurmainzer Rat und kaiserlicher Hofpfalzgraf, Professor an der Universität Erfurt und Stadtschultheiß (1668 geadelt), und der Maria Katharina Boening. 16. 8. 1705 Priesterweihe; 1709 Dr. theol. (Rom, Sapienza); 1710 Domkapitular in Konstanz (päpstl. Verleihung); 19. 10. 1711 Titularbischof von Pergamon und Weihbischof in Worms; Konsekration in Rom; 1711 Dekan von St. Paul in Worms. Das kleine Bistum Worms hatte seit der Reformation keinen Weihbischof mehr gehabt. Entweder nahmen die Fürstbischöfe, falls sie die Bischofsweihe empfangen hatten, die Pontifikalhandlungen selbst vor, oder sie baten benachbarte Weihbischöfe darum (P. C. → Beywegh, J. Ph. Burckhardt). Die Berufung von G. erfolgte auf Bitten von Bischof (→) Franz Ludwig von Pfalz-Neuburg, der nur die Subdiakonatsweihe besaß. G. traf im Januar 1712 in Worms ein. Aufzeichnungen über seine Weihehandlungen haben sich bisher nicht gefunden. † 17. 3. 1713 in Worms; □ Karmeliterkirche ebd.

Literatur: H. Schmitt, Johann Leopold von Gudenus aus Erfurt, Weihbischof von Worms (1711 – 13), in: AmrhK 13 (1961) 440 - 449.

Hans Ammerich

Guttenberg, Franz Theodor (Dietrich) **Reichsritter von** (1652 – 1717)

1716 – 1717 Weihbischof in Augsburg, Ep. tit. Dardaniensis

* 25. 5. 1652 in Neunkirchen am Brand (Diöz. Würzburg); Schulbesuch in Bamberg und Würzburg; 1670 – 74 Studium in Rom als Alumne des Collegium Germanicum (Dr. phil.). Fünf seiner Brüder gelangten ebenfalls zu hohen kirchlichen Würden in Bamberg, Worms, Würzburg und im Deutschen Orden. 1672 Domizellar in Augsburg; 1682 Domherr in Eichstätt; Geheimer Rat von Fürstbischof J. Ch. v. (→) Freyberg in Augsburg; 1686 Domherr in Würzburg, 1692 Domdekan in Augsburg; 16. 5. 1693 Priester. 1715 bestimmte ihn sein Vetter J. F. (→) Schenk von Stauffenberg als Koadjutor des Fürstbischofs von Augsburg zum Weihbischof und Vorsitzenden des Geistlichen Rates in Augsburg. 1. 7. 1716 Titularbischof von Dardanos; 6. 9. 1716 Konsekration durch Schenk von Stauffenberg in Meersburg; † 1. 6. 1717 in Dillingen; □ Westflügel des Augsburger Domkreuzganges.

Literatur: A. Schröder, Weihbischöfe 478 - 481. - A. Haemmerle, Domstift Nr. 275. - J. Seiler.

Peter Rummel

Guttenberg, Johann Gottfried Reichsritter von (1645 – 1698)

1686 – 1698 Fürstbischof von Würzburg

Johann Gottfried von Guttenberg wurde am 6. 11. 1645 auf Schloß Marloffstein in Franken als Sohn des Gottfried Wilhelm v. G. und der Maria Kunigunde Ursula Guttenberg geboren. Der Vater war brandenburgischer Pfleger zu Bodenstein sowie bambergischer Oberamtmann zu Gößweinstein und Leyenfels. Die Familie G. war im 17. und 18. Jh. in den fränkischen Domkapiteln sowie in Augsburg und Mainz mit 22 Mitgliedern vertreten. 1654 erhielt G. die Tonsur und wurde Domizellar in Bamberg sowie 1655 in Würzburg. In den folgenden Jahren studierte er die Rechte in Würzburg, Löwen und Bamberg. 1665 war er am kaiserlichen Kammergericht zu Speyer und 1668 am

Wiener Hof tätig. 1674 erhielt er die niederen Weihen und das Subdiakonat. Im gleichen Jahr wurde er Kapitular in Bamberg, 1679 in Würzburg, ferner 1682 Propst zu Wechterswinkel und 1683 Kanonikus des Ritterstifts Komburg. Am 16. 10 1684 wählte ihn das Würzburger Domkapitel zum Fürstbischof. Diese Wahl war möglicherweise auf das Wirken eines Vetters von G., des Bamberger Fürstbischofs M. S. (→) Schenk von Stauffenberg, zurückzuführen, der in Würzburg erheblichen Einfluß besaß und es verstand, den Wiener Hof für G. zu mobilisieren. Von der Wahl dieses politisch eher schwachen Kandidaten erhoffte sich Stauffenberg eine Stärkung seiner eigenen Position im fränkischen Reichskreis. Die Wahlbestätigung erfolgte am 12. 8., die Priesterweihe am 22. 12. und die Konsekration durch Weihbischof St. (→) Weinberger am 29. 12. 1686. 1687 unternahm G. die Huldigungsreise durch das Hochstift.

Die Leitung der Diözese war unter G. vom Geist der Gegenreformation bestimmt. Bei der Würzburger Pfarrkirche St. Peter und Paul errichtete er einen Seminarneubau. Für alte Priester schuf er eine Emeritenanstalt. Viel war ihm am äußeren Erscheinungsbild des Klerus gelegen.

Er ließ regelmäßige und eingehende Visitationen durchführen. Die Stellung der Protestanten im Hochstift suchte er zu schwächen. G. förderte die barocken Frömmigkeitsformen, gründete in Würzburg eine Marienbruderschaft und führte die Ewige Anbetung ein. 1693 erließ er für das Bistum eine neue Kirchenordnung. Seine bischöflichen Funktionen erfüllte er mit vorbildlichem Eifer. Er war gebildet und von tiefer Frömmigkeit. Bei den Würzburger Kapuzinern unterzog er sich jährlich Exerzitien. Seinen mildtätigen Sinn bezeugt die Guttenbergsche Armenstiftung.

Unter G.s Regierung setzte — im Rahmen eines übergreifenden konjunkturellen Aufschwungs — eine erhebliche Besserung der hochstiftischen Finanz- und Wirtschaftslage ein; dem entsprach die kirchliche Bautätigkeit, die gleichsam den Auftakt zur Schönbornzeit bildete. In der Marktkapelle zu Würzburg, im Stift Haug und in Dettelbach ließ G. Altäre errichten. Er vollendete den Bau der Universitätskirche, trug zur Errichtung des Bamberger Jesuitenkollegs eine namhafte Summe bei und förderte das Ursulinenkloster in Kitzingen sowie viele Pfarr- und Wallfahrtskirchen (Mariabuchen, Fährbruck). Seine Hofhaltung verlegte er von der Marienburg in die Stadt (ehem. Schwarzenbergsches Palais). Er spielte offenbar schon mit dem Gedanken, eine neue Residenz zu bauen.

Gegenüber dem Domkapitel setzte G. die absolutistische Politik P. Ph. v. (→) Dernbachs fort. Er erreichte das päpstliche, vom Kaiser bestätigte Verbot der Wahlkapitulationen („Innocentiana" 1695; „Leopoldina" 1698), womit den Ansprüchen des Kapitels die Spitze genommen war.

G. starb am 14. 12. 1698 an einer Lungenentzündung. Er wurde im Würzburger Dom beigesetzt.

Literatur: I. Gropp, Collectio II 532-547. - Ders. , Chronik 299-312. - J. Wirsing, Landesverordnungen 38-82. - A. Amrhein 90-92. - J. F. Abert, Wahlkapitulationen. - G. Pfeiffer, Fränk.Bibliographie III/2, Nr. 48435-48452. - F. Mader, Reg. - G. Wunder, Stauffenberg 216. - P. Kolb, Wappen 144-147. - G. Zimmermann, Hofstaat 23. - K. Helmschrott, Münzen 169-178.

Abbildungsnachweis: Anonym. - Würzburg Residenz, Fürstensaal Gw 14. - BSV Neg. Nr. 18779.

Egon Johannes Greipl

H

Haeffelin, Kasimir Johann Baptist (seit 1790 **Reichsfreiherr von**) (1737 – 1827)

1782 – 1808 Generalvikar des Bayerischen Großpriorats des Malteserordens
1787 – 1827 Ep. tit. Chersonensis
1818 Kardinal

Johann Kasimir Haeffelin wurde am 3. 1. 1737 in Minfeld (Südpfalz) als Sohn des herzoglich-pfalzzweibrückischen Amtsschreibers Georg Daniel H. und der Anna Elisabeth geb. Schönlaub geboren und am 13. 1. in Kandel getauft. Nach Studienjahren in der Jesuitenanstalt zu Pont-à-Mousson (Lothringen), in denen er profunde Latein- und Französischkenntnisse erwarb, begann er 1762 in Heidelberg das Studium der Theologie und des kanonischen Rechts. 1765 erwarb er dort mit einer historisch-theologischen Abhandlung über den Dreikapitelstreit den akademischen Grad eines „Baccalaureus bibilicus". Lizentiat und theol. Doktorgrad wurden ihm in Anerkennung seiner wissenschaftlichen Leistungen 1781 von der Universität Ingolstadt verliehen. Am 24. 9. 1763 durch den Speyrer Weihbischof J. A. (→) Buckel zum Priester geweiht, begann für H. mit der Berufung zum Hofkaplan am Mannheimer Hof durch Kurfürst Karl Theodor eine glänzende Laufbahn in kurpfälzischen Diensten. 1767 wurde er Chorherr bei St. Gangolf in Heinsberg und zunächst außerordentliches Mitglied der Mannheimer Akademie. Ein Spezialauftrag zur Erkundung der Bibliotheca Palatina und zum Ankauf wertvoller Antiquitäten führte ihn 1767/68 zweimal nach Rom. Der Italienaufenthalt, den H. zur Bildungsreise erweiterte, hatte nachhaltige Wirkungen in seiner überschwänglichen Begeisterung für die Antike und seiner ablehnenden Haltung gegenüber dem Mittelalter und fand vielfach Niederschlag in Akademievorträgen und -abhandlungen zur antiken Geschichte des Rheinlandes, zur deutschen und lateinischen Schrift sowie gegen die Kunst der Gotik. Trotz großer Belesenheit ist seine Methode jedoch reich an Willkürlichkeiten.

Sein römisches Debut brachte aber auch Pfründe und Ehren. 1768 wurde er durch päpstliche Provision Propst des Kollegiatstifts St. Peter in Mainz. Karl Theodor ernannte ihn zum Kabinettsantiquar und Direktor des Münzkabinetts; er wurde ferner ordentliches Mitglied und zweiter Sekretär der Mannheimer Akademie, 1770 endlich kurfürstlicher Geheimer Rat und in Heinsberg Stiftsscholar. H. besaß stets das besondere Vertrauen Karl Theodors. 1781 folgte er dem Kurfürsten an den Münchener Hof und behauptete sich bald als dessen einflußreichster kirchenpolitischer Berater. Bis zu seiner schrittweisen Entmachtung ab 1789 galt H. als Organisator und Zentralfigur der bayerischen Kirchenpolitik. Er entwickelte und vertrat kontinuierlich den „staatskirchlichen Territorialismus", dessen Verwirklichung er nur im Einvernehmen mit der römischen Kurie für möglich hielt, wodurch er sich von den radikal-antiklerikalen Aufklärern am Hofe abhob. Durchaus auf seinen persönlichen Vorteil bedacht, entwickelte er auch großes diplomatisches Geschick. Dies stellte er bei einem Lieblingsprojekt des Kurfürsten, der 1781 erfolgten Gründung einer bayerischen Zunge des Malteserordens, unter Beweis. In der dem Kölner Nuntius Bellisomi beigegebenen Kommission profilierte er sich gegen den radikalen Aufklärer Anton Eisenreich. Er vermittelte beim Widerstand der Prälaten gegen die Finanzierung der Malteserordenszunge aus Klosteraufhebungen und Dezimation, indem er sie, unter Ausnutzung interner Spannungen, für die Übernahme der Finanzierungslasten der höheren Schulen gewann und damit das 1773 eingezogene Jesuitenvermögen (schätzungsweise 7 Mio. Gulden) für die Finanzierung des Malteserordens freisetzte. Nach den erfolgreich geführten Verhandlungen in Rom und La Valletta wurde er 1782 Generalvikar des bayerischen Malteser-Großpriorats (Prioratskirche St. Michael in München) und Komtur der Malteserkommende Kaltenberg mit einem jährlichen Einkommen von 4000 Gulden. Papst Pius VI. ernannte ihn zum infulierten Hausprälaten.

Seit Frühjahr 1781 hatte sich H. mit der von Rom und den bayerischen Bischöfen geforderten Reform des Geistlichen Rates beschäftigt, den er sich ursprünglich als eine Art Zentralordinariat unter päpstlicher (Apostolischer Kommissar im Range eines Titularbischofs), bischöflicher (deputierte Offiziale oder Vikare für die im kurpfalzbayerischen Territorium liegenden Diözesananteile) und staatlicher Beteiligung (kurfürstliche Kommissäre) vorstellte. Aus diesen Grundelementen entwickelte er, nach Bedarf modifiziert, die wichtigsten kirchenpolitischen Projekte der Karl-Theodor-Zeit: die Reform des Geistlichen Rates (1783), die Errichtung der Münchener Nuntiatur (1784), die für den Staat vorteilhaften Rezesse mit Augsburg 1785 und Regensburg 1789, die Herauslösung der mit dem Kollegiatstift UL-Frau zu München vereinten Hofkapelle aus der Freisinger Diözese und die Gründung des Münchener Hofbistums (1789). Eine entsprechende Erhöhung seines geistlichen Ranges stand im Vordergrund seiner Wünsche.

H. behauptete sich gegen Eisenreich und wurde bei der 1783 erfolgten Reorganisation des Geistlichen Rates dessen Vizepräsident; zugleich zum Referendar für alle Kirchenangelegenheiten in der Geheimen Konferenz ernannt, erhielt er quasi staatsministerielle Befugnis. Zudem war er einflußreiches Mitglied der aufsichtsführenden Schulkuratel (1781) und 1784 Leiter der mit der Klerusbesteuerung beschäftigten Geheimen Dezimationskommission. Mit der Aufhebung von Kloster Indersdorf wurde die finanzielle Grundlage für die Erweiterung der Hofkapelle und ihrer Vereinigung mit dem Kollegiatstift ULFrau geschaffen. 1783 wurde H. Vizepropst des vereinigten Stifts und damit Leiter der diensttuenden Hofgeistlichkeit. Als Fürst Bretzenheim und Nuntius Zoglio ihn in Würdigung seiner Verdienste bei Errichtung der Malteserordenszunge und der Nuntiatur für die Bischöfswürde protegierten, forcierte H. den Plan, die kurfürstliche Hofkapelle zum Zentrum eines von Freising unabhängigen Hofsprengels zu machen. Für sich selbst strebte er die Berufung zum Bischof und Obersten Hofkaplan mit geistlicher Jurisdiktion an. Der ehrgeizige Plan scheiterte jedoch an den Bedenken der römischen Kurie, das die faktisch praktizierte Exemtion der Hofkapelle nicht gegen den Willen des Freisinger Bischofs L. J. v. (→) Welden legalisieren wollte. So wurde H. am 28. 9. 1787 nur zum Titularbischof von Chersones ernannt und am 11. 11. in der Prioriatskirche des Malteserordens durch Nuntius Zoglio konsekriert.

H., der unter den Decknamen „Phylo byblius" und „Pontifex", nach eigenen Aussagen als „Minerve", dem Illuminatenorden angehörte, geriet zunehmend in Gegnerschaft zu der um den Hofbeichtvater Ignatius Frank gruppierten Partei der Exjesuiten. Da die Geheime Briefzensurkommission unter Kaspar von Lippert auf dem Höhepunkt der Illuminatenverfolgung ausreichendes Belastungsmaterial gegen H. vorwies, mußte dessen Einfluß beim Kurfürsten schwinden. Zudem sah er sich einer Polemik gegen seinen ungeistlichen Lebenswandel ausgesetzt, die auf sein Konkubinat mit der verwitweten kurfürstlichen Kammerdienerin von Thiereck zielte, von der er Kinder hatte. Als nach dem Tode Weldens der neue Fürstbischof M. P. v. (→) Törring der Errichtung des Hofbistums München zustimmte, war der Zenit

von H.s politischer Laufbahn bereits überschritten, und statt seiner wurde J. F. G. v. (→) Spaur erster Hofbischof. Während des Reichsvikariats erhob Karl Theodor H. 1790 zusammen mit seinem Bruder Georg Daniel in den Reichsfreiherrenstand. H.s eigentliche Entmachtung erfolgte 1791, als der neue Hofbischof K. v. (→) Reisach Präsident des Geistlichen Rates wurde, H. in der Geheimen Dezimationskommission ablöste und der von Frank protegierte Lippert das Referat in der Geheimen Konferenz übernahm. 1792 verlor H. seinen Posten in der Geheimen Schulkuratel.

Während seiner politischen Zwangspause, galt H. weiterhin als Führer der entmachteten Exilluminaten. Für die Münchener Akademie, deren Historischer Klasse er seit 1782 angehörte, betätigte er sich als Gutachter von Preisschriften und Abhandlungen. Außerdem widmete er sich, von Fürst Bretzenheim unterstützt, den Geschäften des Malteserordens, zu deren Besorgung er des öfteren, zuletzt von 1796 bis 1798, in Rom und Malta weilte.

Der neuen Regierung unter Kurfürst Max IV. Joseph empfahl er sich 1799 mit der Akademierede: „Worin besteht die wahre Volksaufklärung?". Im gleichen Jahr wurde er Oberhofbibliothekar, bis ihn Montgelas am 4. 11. 1803 zum außerordentlichen Gesandten und bevollmächtigten Minister beim Hl. Stuhl ernannte

und mit dem Abschluß eines Landeskonkor-
dats beauftragte, um einer von Bayern abgelehnten, reichsrechtlichen Neuregelung mit
Rom durch Kurerzkanzler K. Th. v. (→) Dalberg zuvorzukommen. Auf dem Hintergrund
des Kirchenkonflikts in Tirol scheiterten 1809
die Verhandlungen u.a. an der von der Kurie
abgelehnten bayerischen Toleranzgesetzge-
bung, die im Religionsedikt von 1809 erneut
bekräftigt worden war.

Neben den diplomatischen Geschäften beobachtete H. im Auftrag seiner Regierung und des
Kronprinzen Ludwig den römischen Kunst-
markt und arrangierte die Erwerbung zahlreicher Kunstwerke. H. war außerdem ein reger
Förderer der Künstlerkolonie in
Rom. Zusammen mit dem preußischen Gesandten Wilhelm von Humboldt gilt er als einer der
ersten Diplomaten, die „dem römischen
Deutschtum im nationalen Sinne ihre Fürsorge
zugewandt und Förderung geleistet haben"
(Noack). Während der französischen Annexion
des Kirchenstaates wurde H. außerordentlicher Gesandter und bevollmächtigter Minister
beim König beider Sizilien am Hof von Neapel
(1810/15). Hier hatte er maßgeblich Anteil am
Erwerb der Giebelfiguren des Aphaia-Tempels
von Ägina (heute Glyptothek München). Nach
dem Zusammenbruch der napoleonischen Politik und während der Neuordnung Europas auf
den Wiener Kongreß erfolgten seine erneute
Akkreditierung beim Hl. Stuhl (1815/27) und
die Wiederaufnahme der abgebrochenen Kon-
kordatsverhandlungen mit dem Ziel der Errichtung einer geschlossenen bayerischen Kirchen-
organisation. Die nach dem Sturz Montgelas'
durch Innenminister Graf Thürheim abgegebe-
ne Erklärung über die kirchenpolitische Tragweite des Ministerwechsels schwächte die Ver-
handlungsposition H.s und nährte bei den
Verhandlungspartnern die Hoffnung auf einen
nachgiebigen Abschluß, zu dem H. sich gedrängt sah. Die Ratifikation des von H. und
Kardinalstaatssekretär Consalvi am 5. 6. 1817
unterzeichneten Konkordats scheiterte jedoch
am Widerstand der Ministerkonferenz. Zur
Wiederaufnahme der Verhandlungen wurde H.
daraufhin als Berater und Aufpasser der Bruder des Außenministers, Franz Xaver Rechberg, zur Seite gestellt. Während die Kurie sich
im Hinblick auf die Gefahr einer gänzlich auf
München zentrierten Landeskirche mit der
Schaffung zweier Metropolitansitze (München,
Bamberg) durchsetzte, akzeptierte sie das königliche Nominationsrecht für alle bayerischen
Bischöfe, ferner die staatskirchenrechtliche
Gesetzgebung, soweit sie nicht dem Konkordat
entgegenstand. So wurde das Konkordat, das
diplomatische Lebenswerk H.s, mit der Hypo-

thek des durch Außenminister Rechberg for-
mulierten Prinzips der „stillschweigenden Vorbehalte", entsprechend den neuen Verhand-
lungsergebnissen am 24. 10. 1817 durch den
König und am 9. 11. 1817 von Papst Pius VII.
ratifiziert, mit Rücksicht auf den Hl. Stuhl
jedoch auf den 5. 6. 1817 rückdatiert. H. blieb
bis zu seinem Lebensende als bayerischer
Gesandter in Rom und wurde auf Betreiben
von König Max I. Joseph in Anerkennung
seiner Verdienste durch Pius VII. am 6. 4. 1818
zum Kardinal (Titelkirche: Santa Anastasia)
kreiert.

Die seit Sicherer in der Literatur häufig vertretene These, H. habe das Konkordat unter
weitgehender Überschreitung seiner Kompetenzen voreilig unterzeichnet, wird im Blick auf
Thürheims Politik der Nachgiebigkeit von der
neuesten Forschung (Hausberger) relativiert.
H. verstarb am 27. 8. 1827 in Rom und wurde in
seiner Titelkirche beigesetzt. Das dortige Epitaph hat sein Neffe und langjähriger Mitarbeiter Franz von Mehlem für ihn errichten lassen.

Schriften: Verzeichnis der gedruckten Schriften bei
R. Fendler *13f. - Zu ergänzen: Worin besteht die
wahre Volksaufklärung? (München 1799). - Relation
des negociations qui précédèrent le traité conclu en
1782 entre S[on] A[ltesse] S[érénissime] E[lectorale]
Bavaro-Palatine et l'ordre de Malte, in: Literärische
Monats-Berichte für bayerische Staats- u. Geschäfts-
männer (1818). - Ausgewählte Stücke zur polit. Korrespondenz bei R. Bauer, in: ZBLG 34 (1971) 751-767.

Literatur: H. v. Sicherer, Staat und Kirche in Bayern
vom Regierungsantritt des Kurfürsten Maximilian
Joseph IV. bis zur Erkärung von Tegernsee (1799 bis
1821) (München1874). - K. Th. v. Heigel, in: ADB 49
(1904) 697f. - L. Steinberger, Die Gründung der
baierischen Zunge des Johanniterordens (Berlin
1911). - K. A. Geiger, Das bayerische Konkordat vom
5. Juni 1817 (Regensburg 1918). - K. Schottenloher,
Der bayerische Gesandte Kasimir Haeffelin in Malta,
Rom und Neapel (1796-1827), in: ZBLG 5 (1932) 380-
415. - B. Bastgen, Bayern und der Heilige Stuhl in der
ersten Hälfte des 19. Jahrhunderts (München 1940). -
E. Krausen, in: NDB 7 (1953) 420. - L. Litzenburger, Die
altbayerischen Bistümer. - A. Kraus, Die Historische
Forschung an der churbayerischen Akademie der
Wissenschaften 1759-1806 (München 1959). - B. Zit-
tel, Die Vertretung des Hl. Stuhls in München 1785-
1934, in: Der Mönch im Wappen (München 1960). - P.
Ruf, Säkularisation und bayerische Staatsbibliothek
(Wiesbaden 1962) 50ff. - P. Fuchs, Palatinatus Illu-
stratus. Die historische Forschung an der kurpfälzischen Akademie der Wissenschaften (Mannheim
1963). - G. Franz-Willig, Die Bayerische Vatikange-
sandtschaft 1803-1934 (München 1965) 13-32. - R.
Bauer, Geistl. Rat. - Ders., Häffelin. - R. v. Dülmen, Der
Geheimbund der Illuminaten, in: ZBLG 36 (1973) 793-
833. - R. Fendler - K. Hausberger, Staat und Kirche
nach der Säkularisation. Zur bayerischen Konkordatspolitik im frühen 19. Jahrhundert (St. Ottilien
1983). - H.-J. Busley, Konkordat und Verfassung, in:

Kirche in Bayern. Verhältnis zu Herrschaft und Staat im Wandel der Jahrhunderte (München 1984) 180-195.

Abbildungsnachweis: Öl auf Leinwand, unbek. Künstler. - Kurpf. Museum der Stadt Heidelberg G 1036.

Stephan M. Janker

Hagen, Johann Christian (1683 – 1746)

1744 – 1746 Generalvikar in Sitten

* 20. 11. 1683 in Gluringen (Wallis); ca. 1694 – 1702 Besuch des Jesuitenkollegs in Brig; vermutlich 1702 – 07 Studium in Mailand; Dr. theol.; 1707 – 11 Kaplan in Münster; 1711 – 22 Pfarrer und Dekan in Siders; 1712 Titular-, 1721 residierender Domherr von Sitten; 1723 – 24 Fabrikator der Kathedrale; 1732 – 36 Prokurator des Domkapitels; bis 1739 Vizedom der dem Domkapitel gehörenden Herrschaft Vex; 1734 – 42 Großkantor; 1742 – 44 Dekan von Valeria; 1743 Kanzler des Domkapitels; 1744 Domdekan; 1744 Offizial und Generalvikar; † 28. 1. 1746 in Sitten.

Literatur: *L. Carlen*, Generalvikar und Großdekan Dr. Johann Christian Hagen (1683-1746), in: BWG 18 (1985) 467-488.

Louis Carlen

Hahn, Franz Joseph Anton von (1699 – 1748)

1734 – 1746 Generalvikar in Bamberg
1734 – 1748 Weihbischof in Bamberg, Ep. tit. Aradensis

* 13. 7. 1699 zu Würzburg als Sohn des fürstbischöflichen Hofrats und Lehenspropstes Georg Marcus v. H.; Studium in Würzburg, Wien, Melk und Göttweig; Dr. iur. utr.; 5. 6. 1728 Priester. H. befaßte sich intensiv mit Geschichte und Archäologie, unterstützte den Göttweiger Abt und Schönborn-Vertrauten Gottfried Bessel bei der Abfassung des Chronicon Gotwicense und sammelte selbst mit Leidenschaft Altertümer. Als Hofkaplan gehörte er zur engeren Umgebung des Reichsvizekanzlers F. K. v. (→) Schönborn. 1728 Geistlicher Rat zu Bamberg; seit 1727 Sekretär in der Reichsvizekanzlei; Kanonikus (1739 Dekan) an St. Gangolf in Bamberg und Stift Haug in Würzburg, wo er ebenfalls zum Dekan aufstieg; 27. 3. 1734 Titularbischof von Arad und Weihbischof in Würzburg; 19. 9. 1734 Konsekration durch Schönborn; seit 1734 zugleich Direktor des Priesterseminars, Pfarrer an St. Martin und Generalvikar; er veranlaßte die Errichtung ei-

nes neuen Seminargebäudes sowie des Weihbischofshofes (jetzt Rathaus am Maxplatz). H. war prononcierter Angehöriger der Schönbornpartei, so daß er nach dem Regierungswechsel von 1746 das Generalvikariat aufgeben mußte. Stiftete einen Altar in St. Martin; † 4. 7. 1748.

Literatur: *M. Frickenhausen*, Dreyfache Offenbahrung des preiß-würdigen Lebens … Franciscus Josephus … Wey-Bischofs zu Bamberg (Bamberg 1748). - *L. Schmitt*, Ernestinum 173-175. - *Heigel*, in: ADB 10 (1879) 358-360. - *F. Wachter* Nr. 3670. - *G. Pfeiffer*, Fränkische Bibliographie I, Nr. 5094-5098. - *J. Kist*, in: NDB 7 (1966) 505 f.

Egon Johannes Greipl

Hahn, Johann Joachim (1667 – 1725)

1718 – 1725 Weihbischof im thüringischen Teil der Erzdiözese Mainz, Ep. tit. Metellopolitanus

* 28. 10. 1667 in Fulda; 23. 12. 1690 Priester; 1692 Dr. theol. (Bamberg); Kanoniker, 1692 Dekan am Stift St. Blasien in Fulda; 1692 Pfarrer in Fulda; fürstabtlicher Geheimrat; 1698 Generalvikar in Fulda; 1698 Dr. iur. utr. (Erfurt); gewann das Vertrauen des Mainzer Erzbischofs L. F. v. (→) Schönborn; Siegler und Offizial, 1712 Wirklicher Geistlicher Rat in Mainz; 1712 Kanoniker von Mariagreden in Mainz und Scholaster; 1713 Kanoniker und Kapitular, 1723 Dekan von St. Johann in Mainz; 1718 bestimmte Schönborn ihn zum Weihbischof; 5. 12. 1718 Titularbischof von Metellopolis; 23. 4. 1719 Konsekration durch Weihbischof J. E. (→) Gedult von Jungenfeld; Mainzer Provikar in spiritualibus; behielt seinen Wohnsitz in Mainz; 1720 erste Reise nach Erfurt; 1724 Visitation und Pontifikalhandlungen im Eichsfeld; † 12. 4. 1725 in Mainz; □ Stift St. Johann.

Literatur: *V. F. de Gudenus* IV 837f. - *J. S. Severus* 60f. - *F. A. Koch* 118f. - *J. Feldkamm* 88f.

Friedhelm Jürgensmeier

Haiden (Heiden, Haidn), Thomas Joseph von (1739 – 1813)

1782 – 1793 Provikar in Augsburg

* 18. 1. 1739 in München; Studium in Innsbruck und Ingolstadt; 19. 12. 1761 Priester; 1765 Dr. iur. utr. (Ingolstadt); 1769 Geistlicher Rat in Freising; 1774 von Fürstbischof (→ Bd. I) Klemens Wenzeslaus als Geheimer Rat und Direktor der bischöflichen Kanzlei nach Augsburg

berufen; Juli 1782 Provikar. H. blieb bis 1793 im
Amt, obwohl 1785 Weihbischof J. N. (→) Ungelter von Deisenhausen zum Generalvikar bestellt wurde. 1785 Kanonikus an den Augsburger Stiften St. Peter und St. Gertraud; 1786 als
Studienkommissar mit der Reform der Universität Dillingen beauftragt. 1793 fiel H. u. a. mit
(→ Bd.I) Johann Michael Sailer bei Fürstbischof (→ Bd. I) Klemens Wenzeslaus in Ungnade, wurde seiner Ämter enthoben und von den
Ordinariatssitzungen dispensiert. † 14. 12.
1813 in Augsburg als Consistorial-Vizeoffizial.

Schriften: Epistola pastoralis Clementis Wenceslai
Archiepiscopi Trevirensis (Aug. Vind. 1783). - Grund-
sätze zur Feststellung und Aufrechterhaltung der
Eintracht zwischen der politischen und kirchlichen
Macht in katholischen Staaten; ein Handbuch für
Priester und Staatsmänner (Augsburg 1785). - Allocu-
tio, habita in die electionis novi Praepositi Beronensis
7. Febr. a. 1787 (o. O. 1787). - Reflexionen über die
Note, welche von des Hrn. Hof- und Staatskanzlers,
Fürsten von Kaunitz-Rittberg Durchl. dem päpstli-
chen Herrn Nuntius Garampi auf dessen Billet vom
12. Dec. 1781, die oesterreichischen Verordnungen in
geistlichen Sachen betreffend, den 19. des nemlichen
Monats und Jahres zugestellt worden ist (o. O. 1787). -
Übersetzung einiger Teile des alten Breviers, abge-
kürzt (Augsburg 1789/90). - Gedanken über die
Punktation des Embser Kongresses und die in Streit
befangene Nunciatursache im römisch-teutschen Reiche (Augsburg 1790). - Augsburgisches Sponsalien-
Gesetz, in: A. L. v. Schlözer, Staatsanzeigen, Bd. 5,
Heft 17 (Göttingen 1798) 115.

Literatur: P. Braun IV 633. - Th. Specht, Geschichte
der ehemaligen Universität Dillingen (Freiburg i. Br.
1902). - A. Haemmerle, Chorherrenstifte Nr. 229. - H.
Schiel II 553. - T. Dussler, Erweckungsbewegung 38.

Peter Rummel

Hallweil, Ferdinand Michael Cyriakus Graf von (1706 – 1773)

1741 – 1773 Bischof von Wiener Neustadt

Ferdinand Michael Cyriakus von Hallweil entstammte der böhmisch-österreichischen Linie
der einst mächtigen Aargauer Uradelsfamilie
der Hallwyl. Er wurde 1706 in Wien geboren
(≈ 9. 8.). H. absolvierte das Gymnasialstudium
in Passau und studierte dann 1722 – 28 in Rom
als Alumne des Collegium Germanicum. Am
11. 6. 1729 wurde er in Wien zum Priester
geweiht. Bald danach erhielt er die Pfarrei
Probstdorf (landesherrl. Patronat). Am 4. 3.
1741 nominierte Maria Theresia ihm zum Bischof von Wiener Neustadt. Die päpstliche
Verleihung folgte am 29. 5. 1741.

Bei Übernahme des Bistums befanden sich
dessen Besitzungen in relativ gutem Zustand,
wenn auch seine Einkünfte bescheiden waren.
Zur Aufbesserung erhielt H. 1749 die Pfarrei
Raabs. Zur Hebung der wirtschaftlichen Situation mußte er jedoch viel Energie einsetzen, da
sich die Besitzungen nicht nur in Niederösterreich, sondern teilweise auch in Ungarn befanden. Nicht alle Initiativen H.s brachten den
gewünschten Erfolg. Trotz mancher finanzieller Schwierigkeiten setzte H. die Bautätigkeit
seines Vorgängers F. A. v. (→) Puchheim fort
und ließ sich die Ausgestaltung seiner Domkirche sowie seiner Residenz sehr angelegen sein.
Die großzügigen Aufwendungen ließen allerdings die finanziellen Mittel schwinden, so daß
H. sogar die bischöfliche Bibliothek an das
Neukloster abtreten mußte. 1745 konsekrierte
er als letzen großen Barockbau die Jesuitenkirche zum Hl. Leopold.

H. wirkte während seiner 32jährigen Amtszeit
ideenreich, umsichtig, verantwortungsbewußt
und von der Richtigkeit seiner Maßnahmen
unerschütterlich überzeugt. Sein Verhältnis zu
den Zisterziensern von Neukloster war zeitweise wegen Jurisdiktionsstreitigkeiten in den
Klosterkirchen getrübt. Auch das Verhältnis
zur Stadtverwaltung gestaltete sich längere
Zeit problematisch. Schwierigkeiten bezüglich
der Jurisdiktion gab es auch 1752 anläßlich der
Gründung der Militärakademie wegen Errichtung einer Akademiepfarrei, die der Jurisdiktion H.s entzogen war. Als verschiedene Kompromisse keine Lösung brachten, wurde 1773
die Stelle eines Militärbischofs geschaffen, die
dem jeweiligen Bischof von Wiener Neustadt
übertragen werden sollte.

H. starb am 2. 6. 1773. ☐ Neustädter Dom.

Literatur: *R. Kampichler*. - *A. Kolaska* (Lit.!).

Abbildungsnachweis: Ölgemälde der von Bischof Hallweil in Auftrag gegebenen und 1757 fertiggestellten Bischofsgalerie für die bischöfl. Residenz in Wiener Neustadt, die bei der Transferierung des Bistums nach St. Pölten verbracht wurde. - DA St. Pölten.

Alfred Kolaska

Hamilton, Maximilian Reichsgraf von
(1714 – 1776)

1758 – 1760 Generalvikar in Olmütz
1761 – 1776 Fürstbischof von Olmütz

Maximilian von Hamilton wurde am 17. 3. 1714 zu München als Sohn des kurfürstlich bayerischen Hofrats Julius Franz v. H. und der Maria Ernestina Gräfin von Stahrenberg geboren. Die aus Schottland stammende Familie der H. gehörte der Sippe der Earls of Aberdeen an. Sie war 1695 in den Reichsgrafenstand erhoben worden und hatte 1698 das mährische Inkolat erhalten.

1729 wurde H. tonsuriert und Domizellar in Olmütz. Danach studierte er an der Ritterakademie des Benediktinerstiftes Ettal und 1734 – 38 in Rom, wo er 1737 an der Sapienza zum Dr. iur. utr. promoviert wurde. Am 31. 8. 1738 erhielt er die Priesterweihe. Nach seiner Rückkehr in die Heimat wurde er 1742 Hilfspriester in Dürnkrut (Niederösterreich), 1747 res. Domkapitular in Olmütz und 1751 Rektor der St. Anna-Kapelle am Olmützer Dom. Am 27. 11. 1758 berief Fürstbischof L. F. v. (→) Egkh ihn zu seinem Generalvikar. Nach dessen Tod wurde er Kapitelsvikar. Am 4. 3. 1761 wählte ihn das Olmützer Kapitel einstimmig zum Fürstbischof. Die päpstliche Bestätigung erfolgte am 17. 8. (?) 1762, die Inthronisation am 22. 8. 1762.

Wie Fürstbischof F. J. v. (→) Troyer gab auch H. erhebliche Mittel für die Wiederherstellung der fürstbischöflichen Residenz in Kremsier aus, die einige der schönsten barocken Interieurs Mitteleuropas erhielt. 1772 bewilligte Maria Theresia allen Olmützer Domherren eine eigene Kapitelsdekoration.

Mit Hilfe seines Generalvikars L. A. v. (→) Podstatsky führte H. die von Troyer begonnene Diözesanvisitation zu Ende. 1772 beauftragte er Weihbischof J. W. v. (→) Freyenfels mit der Ermittlung jener Orte, an denen neue Pfarreien oder Lokalien gegründet werden sollten. Auf der Grundlage dieser Erhebungen begann die

Monarchin 1773 mit dem Hl. Stuhl Verhandlungen über eine neue Diözesaneinteilung Mährens und Österreichisch-Schlesiens. Dadurch sollten die Diözesan- den Staatsgrenzen angeglichen werden. Dabei war an die Errichtung je eines Bistums Brünn (M. F. v. → Chorinsky) und Troppau gedacht, dem auch die österreichischen Anteile Breslaus zugeschlagen werden sollten. Zu einem Bistum Troppau kam es nicht, doch ließ der Breslauer Bischof Ph. G. v. (→) Schaffgotsch seinen österreichischen Diözesananteil seit 1771 durch einen eigenen Generalvikar verwalten.

Angesichts der Pläne zur Neuordnung der mährischen Bistümer erwirkte die Wiener Regierung 1773 vom Hl. Stuhl eine Bulle, die dem Olmützer Kapitel die freie Wahl des nächsten Bischofs untersagte. H. starb am 31. 10. 1776 zu Kremsier. Er wurde in der St. Anna-Kapelle beim Olmützer Dom beigesetzt.

Literatur: *F. J. Schwoy* 51. - *J. Matzke*, Fürstbischöfe 76-78. - *A. Zelenka* 249f. - *R. Zuber* 166-179.

Aleš Zelenka

Hanxleden, Franz Christoph Freiherr von
(1702 – 1770)

1761 – 1770 Generalvikar in Münster

* 4. 10. 1702 in Eickel (ehem. Diöz. Minden); 1717 – 20 Besuch des Jesuitengymnasiums in Osnabrück; 1720 – 26 Studium in Rom als Alumne des Collegium Germanicum; Subdiakonweihe in Rom; 1734 Domherr in Minden, 1747 in Münster (1747 Emanzipation); Priesterweihe; 19. 10. 1761 Generalvikar in Münster; 1761 Domdechant in Münster (1762 bischöfl. Bestätigung); Archidiakon in Bocholt, Anholt, Werth, Dülmen, Rheine und Loe; Propst des Kollegiatstifts St. Johann in Minden, Kanonikus an St. Andreas in Lübbecke; Konservator der Kridtschen Stiftung in Münster; † 15. 5. 1770 in Münster.

Quellen: ACGU. - BAM.

Literatur: *A. Steinhuber*. - *F. Keinemann*, Domkapitel Münster 300. - *W. Kohl*, Domstift Münster 157f.

Michael F. Feldkamp

Harrach zu Rohrau, Ernst Adalbert Freiherr
(seit 1623 **Reichsgraf**) von (1598 – 1667)

1623 – 1667 Fürsterzbischof von Prag
1626   Kardinal
1665 – 1667 Fürstbischof von Trient

Ernst Adalbert von Harrach wurde am 4. 1.
1598 zu Wien als Sohn des kaiserlichen Gesandten und späteren Obersthofmeisters Karl
Bernhard Freiherr v. H. Rohrau und der Maria
Elisabeth Freiin von Schrattenbach geboren.
Die in Niederösterreich begüterte Familie H.
wurde 1623 in den Grafenstand erhoben. Seit
1623 war H. ein Neffe des kaiserlichen Generalissimus Wallenstein. Zu seinen Gönnern gehörten die Kardinäle Melchior Klesl von Wien
(1598 – 1630) und Franz Fürst von Dietrichstein von Olmütz (1599 – 1636). Nach dem
Besuch der südböhmischen Jesuitengymnasien
in Krummau (Č. Krumlov) und Neuhaus (Jindřichův Hradec) kam H. 1616 als Alumne in das
Collegium Germanicum zu Rom, wo er sein
Studium mit der Promotion zum Dr. theol.
abschloß und zum Priester geweiht wurde. Er
erhielt den Titel eines päpstlichen Kämmerers
und besaß 1622 bereits die Propstei Maria Saal
in Kärnten sowie Domkanonikate in Olmütz
und Passau. Dazu kamen später weitere Domherrenstellen in Freising (1630), Brixen (1648)
und Trient (1652).

Als Kaiser Ferdinand II. (1619 – 37) nach der
Schlacht am Weißen Berg (1620) mit der konsequenten Rekatholisierung Böhmens begann,
veranlaßte er 1622 die Berufung H.s auf den
erzbischöflichen Stuhl von Prag, dem damals
ganz Böhmen unterstand. Die Postulation des
erst 24jährigen durch das Prager Domkapitel
erfolgte am 9. 11. 1622, die päpstliche Verleihung am 6. 8. 1623. Das Pallium hatte H. schon
am 23. 1. 1623 erhalten. Nachdem er durch

Papst Urban VIII. zum Bischof geweiht worden
war, nahm H. am 2. 4. 1624 seine Erzdiözese in
Besitz. Zur Ergänzung der damals noch unge-
nügenden Einkünfte des Erzbistums wurde H.
– wie seine Vorgänger seit 1561 und seine
Nachfolger bis 1694 – 1623 – auch zum Groß-
meister des Prager Kreuzherrenordens gewählt. Im Konsistorium vom 19. 1. 1626 erfolgte
seine Erhebung zum Kardinal. Anläßlich seines Romaufenthaltes im Jahre 1632 erhielt er
die Titelkirche S. Maria degli Angeli, die er 1644
gegen S. Prassede und 1667 gegen S. Lorenzo in
Lucina eintauschte.

H. stand als Erzbischof vor ungewöhnlichen
Schwierigkeiten. Während seiner Amtszeit
tobte der Dreißigjährige Krieg, der z. T. auf dem
Boden Böhmens ausgetragen wurde. Die Mehrzahl der Bewohner bekannte sich zunächst
noch zum Protestantismus, doch infolge der
gewaltsamen Rekatholisierung („Generalak-
tion") durch die habsburgischen Herrscher
verließen viele das Land. Es fehlte am nötigen
Klerus, und der Zustand der Klöster war in
vieler Hinsicht unbefriedigend. Gleichwohl leisteten sie durch ihre Aushilfe in der Seelsorge
Notdienste. Die Vollmacht des Erzbischofs
blieb jedoch durch das von den Habsburgern
ausgeübte Vogteirecht über die Kirche eingeschränkt, und das Rekatholisierungswerk
wurde durch staatliche Verordnungen festgelegt. Die seit 1623 das Land bereisenden Refor-
mationskommissare suchten die seelsorgerischen Einrichtungen wiederherzustellen, die
protestantischen Prediger und Lehrer zu entfernen und durch Missionspredigten zumeist
der Jesuiten und Kapuziner die Bevölkerung
zurückzugewinnen. Bei Widerstand oder Verweigerung hatte der weltliche Kommissar Militär einzusetzen (Einquartierungen). Schwere
zivile Benachteiligungen hatten die Unbeugsa-
men zu erdulden. Die Kommissare lieferten eine
genaue Bestandsaufnahme der Diözese in per-
soneller und organisatorischer Hinsicht. Angesichts der zu geringen Erfolge der Aktion
entschloß sich Ferdinand II. jedoch bald zu
anderem Vorgehen. H., den der Kaiser 1626
über den kirchlichen Wiederaufbau befragte,
befürwortete unter dem Einfluß seines Ratge-
bers, des Kapuziner-Philosophen Valerian
Magni, mehr Milde im Bekehrungswerk, u. a.
die Errichtung von vier neuen Bistümern, deren
materielle Ausstattung aus der sog. Salzkasse
(„Cassa salis") gedeckt werden sollte. Nach
dem 1630 zwischen Ferdinand II. und Urban
VIII. abgeschlossenen Salzvertrag wurden auf
jede nach Böhmen eingeführte Kufe Salz 15 kr.
aufgeschlagen, womit ein Fonds für die kirchlichen Bedürfnisse gebildet wurde. Nach dem
neuen kaiserlichen Reformationsmandat von

1627 trat H. an die Spitze der Reformationskommission. Er fand in seinem Subdelegierten, dem Abt Kaspar von Questemberg OPraem, eine wichtige Stütze. Im gleichen Jahr erhielt der höhere Klerus in der Erneuerten Landesordnung für Böhmen seinen Sitz unter den Landständen zurück.

Um eine Hauptursache der religiösen Notlage zu beseitigen und einen nach Zahl und Eignung genügenden Klerus heranzuziehen, faßte H. die Gründung eines vom Tridentinum geforderten Seminars ins Auge, das er jedoch nicht den Jesuiten unterstellen wollte, die die besten Kräfte an sich zogen. H. sah sich durch den Orden ohnehin in seinen Rechten verkürzt, weil den Jesuiten 1624 mit der Universität auch die Aufsicht über das gesamte höhere Schulwesen, dazu die Bücherzensur, übergeben wurde. Daraus entstand ein langer Streit zwischen Erzbischof und römischer Kurie einerseits und der kaiserlichen Regierung und den Jesuiten andererseits. Obwohl die Jesuiten die kräftigste Stütze der Kirche waren, befürworteten sie die staatliche Lösung des Rekatholisierungswerkes, während H. bei Ferdinand II. in Ungnade fiel. Aus den Beiträgen der Salzkasse, aus Zuschüssen der erzbischöflichen Mensa und der von ihm eingeführten Seminarsteuer („Seminaristicum") erwarb H. Grundstücke und Häuser zur Errichtung eines Diözesanseminars, wobei er sich der Mitwirkung der alten Orden (Benediktiner, Zisterzienser, Prämonstratenser) versicherte, die ihren Nachwuchs ebenfalls im neuen Seminar ausbilden ließen. Das Seminar wurde 1635 auch als theologische Hochschule begründet. Seine Lehrer waren bis 1692 irische Franziskaner aus dem Prager Hibernerkloster. Als Skokisten stellten sie eine wichtige Gegenposition zum Schulmonopol der Jesuiten dar. Das 1638 von der römischen Propagandakongregation, der die Kirche Böhmens unterstellt war, gewährte Promotionsrecht in Philosophie und Theologie erkannte die Regierung nicht an. 1654 wurde der Universitätsstreit beigelegt, indem die Jesuiten die Universität behielten und dem Erzbischof die ihm seit der mittelalterlichen Gründung zustehende Kanzlerwürde bestätigt wurde.

Die materielle Notlage der Landkirchen und ihrer Seelsorger gründete in der seit den Hussitenwirren in Übung gekommenen Inanspruchnahme des Kirchengutes durch die adeligen Patrone und der von diesen praktizierten Besetzungsrechte. Ihrer Beseitigung widmete H. einen Großteil seiner Kraft. In einer umfassenden Denkschrift an Ferdinand III. (1637 – 57) legte er die kirchenrechtlichen Forderungen hinsichtlich des Patronates dar. Damals entbehrten noch zwei Drittel der Landpfarreien

eines Seelsorgers. Die Lage erschien H. so niederdrückend, daß er den Papst bat, ihn aus Böhmen abzuberufen. 1638 – 40 bemühte er sich vergeblich um das Amt eines Kardinalprotektors der deutschen Nation, was seine Übersiedlung nach Rom zur Folge gehabt hätte. Erst 1655 erhielt er das Protektorat über die Erblande des Kaisers. Die Verhältnisse im Patronatswesen besserten sich erst nach 1657, nachdem Kaiser Leopold I. den böhmischen Ständen aufgetragen hatte, für den Unterhalt der Kirchen Vorsorge zu treffen. H. erließ 1641 nach Passauer Vorbild eine Stolgebührenordnung.

Um die kirchliche Leitung wirkungsvoller zu machen, beseitigte H. die alte Einteilung in Archidiakonate und Dekanate und führte 1631 nach dem Mailänder Beispiel des Karl Borromäus Vikariate ein, denen die politische Kreiseinteilung zugrunde lag. Die Vikare erhielten weitreichende Vollmachten und waren zu ausführlicher Berichterstattung verpflichtet. Zu seinem Generalvisitator ernannte H. 1637 den Prämonstratenserabt Questemberg, doch kam es weder zu Generalvisitationen noch zu einer Diözesansynode, da die Regierung auf der Mitwirkung politischer Kommissare bestand. Als H. 24 Vikare zur Beratung über den Fortgang des kirchlichen Wiederaufbaues nach Prag berief, deutete die Prager Statthalterei dies als Zuwiderhandlung gegen den Willen des Herrschers. Mehr Bereitwilligkeit zeigte der Adel bei der Förderung von Ordensniederlassungen.

Nachdem die Rekatholisierung 1634 durch den Einfall der Sachsen und Schweden zurückgeworfen worden war, begann H. 1635 erneut damit. Dabei drängte er auf Unterweisung und Milde, Gewährung einer Frist und Entfernung der fremden Prediger, die sich hauptsächlich im nördlichen und nordöstlichen Teil Böhmens versteckt hielten. Erst nach Beendigung des Krieges (1648), der Einsetzung einer gemischten Kommission durch den Landtag (1650) sowie dem Einsatz von Predigern aus verschiedenen Orden kam das „Reformwerk" zu einem äußerlichen Abschluß.

H.s Sorge um einheimischen Priesternachwuchs zeigte erste Früchte, wobei die Klöster sich früher erholten als der Weltklerus. Das Erzbistum blieb jedoch auf Hilfe aus den Alpenländern angewiesen. Die Verhältnisse erzwangen den Zentralismus in der Verwaltung und damit den Ausbau des Kanzleiwesens, das dem Offizial unterstellt wurde. Den Pfarrern wurde die Führung der Matriken gemäß der Prager Diözesansynode von 1605 streng vorgeschrieben, desgleichen die Benützung des römischen Missales und Breviers.

Zweimal im Jahr erließ H. Synodalschreiben und schrieb Themen zur Behandlung auf den Vikariatskonferenzen vor. Er förderte den Kult der Landesheiligen, erreichte die Aufnahme der hll. Wenzel und Adalbert ins römische Martyrologium Urbans VIII. (1625) und die Ausdehnung ihrer Festfeier auf die ganze Kirche. Das von den Ständen proklamierte Patronat des hl. Nährvaters Josef über Böhmen zeichnete er 1654 durch einen eigenen Festtag aus. Bereits 1629 hatte er das Fest der Immaculata Conceptio eingeführt. 1623 war H. Mitglied der von den Jesuiten geleiteten Marianischen Kongregation geworden. Seine Sorge um die Armen zeigte sich außer in persönlich geübter Wohltätigkeit in der Übernahme der Vorstandschaft über die Armenhäuser und Hospitäler. Beim Schwedeneinfall forderte er den Klerus und die Angehörigen der Prager Klöster zu tätiger Einsatzbereitschaft auf (1641). Er selbst geriet 1648 in eine zweimonatige Gefangenschaft, aus der er erst nach Zahlung eines hohen Lösegeldes entlassen wurde.

H. sah in der römischen Kurie seine Hauptstütze, der er treu ergeben war. 1626, 1637, 1644, 1655 und 1667 reiste er nach Rom und blieb dort mehrere Monate. Dreimal nahm er am Konklave teil.

H. gehörte zu jenen Reformbischöfen, die im Sinne des Trienter Konzils wirken wollten. Politische Ambitionen hatte er nicht. Ansonsten zollte er seiner Zeit und Herkunft hinreichenden Tribut durch Häufung von Pfründen und Verlangen nach Pensionen. Bei Hofe und in der Adelsgesellschaft, der er durch Weltläufigkeit und manche Gepflogenheit (Jagd, Ballspiel, Musik, Unterhaltung) verbunden blieb, war er angesehen. Während seiner 40jährigen Amtszeit wurden die Grundlagen für die Wiederherstellung der katholischen Kirche in Böhmen geschaffen. H. bevorzugte aus der Fremde stammende Ratgeber: die Kapuziner Valerian Magni aus Mailand und Basilius d'Ayre aus Belgien, Florius von Cremona und den strengen (→) Caramuel y Lobkowitz aus Spanien. Auch darüber beklagten sich die Statthalter 1652 beim Kaiser. Zu den von H. befürworteten Bistumsgründungen kam es nur zum Teil, nachdem dem Landesherrn zuvor das Ernennungsrecht bei der Besetzung der neuen Bischofssitze zugestanden worden war. Leitmeritz wurde 1655, Königgrätz 1664 Bischofssitz. Als Ausgleich für die durch beide Gründungen entstandenen Ausfälle an Einkünften setzte sich Leopold I. dafür ein, daß H. am 31. 7. 1665 zum Fürstbischof von Trient postuliert wurde. Die päpstliche Verleihung folgte am 11. 11. 1665. Am 6. 7. 1666 nahm H. durch einen Prokurator seinen zweiten Sprengel in Besitz.

Er selbst hielt sich nur im Herbst 1666 dort einmal auf. Nachdem er sich 1667 nochmals in Rom aufgehalten hatte, starb er am 25. 10. des gleichen Jahres auf der Heimreise in Wien. Er wurde in der Familiengruft in der Augustinerhofkirche beigesetzt.

Literatur: *F. Krásl*, Arnošt Hrabě Harrach (Prag 1886). - *C. Wurzbach* 7 (1861) 372f. (Gen.). - *Fr. Vacek*, in: ČSB 4 (1930) 699-709. - *H. Jedin*, Propst G. B. Barsotti, seine Tätigkeit als römischer Agent deutscher Bischöfe (1638-1655) und seine Sendung nach Deutschland (1643-1644), in: RQ 39 (1931) 377-425. - *E. Winter*, Geisteskampf 208-214, 217-220. - *V. Bartůněk* 74f. (Lit.). - *A. Zelenka* 51-53. - *A. Costa* 170f.

Abbildungsnachweis: Stich von Fr. Henricus. - Wien NB 508.104 B.

                                Kurt A. Huber

Harrach zu Rorau, Franz Anton Reichsgraf (seit 1706 **Fürst**) von (1663 – 1727)

1692 – 1696 Passauer Offizial und Generalvikar für das Land ob der Enns.
1701 – 1702 Koadjutor des Fürstbischofs von Wien, Ep. tit. Epiphaniensis
1702 – 1706 Fürstbischof von Wien
1706 – 1709 Koadjutor des Erzbischofs von Salzburg
1709 – 1727 Fürsterzbischof von Salzburg

Franz Anton von Harrach wurde am 2. 10. 1663 in Wien als zweiter Sohn des kaiserlichen Oberhofmeisters Ferdinand Bonaventura v. H. und der Johanna Theresia Gräfin Lamberg geboren. Das alte böhmisch-österreichische Geschlecht der Grafen v. H. hatte im Laufe der Jahrhunderte zahlreiche kirchliche und weltliche Würdenträger gestellt. Die Mutter H.s war eine Schwester des Passauer Bischofs Kard. J. Ph. v. (→) Lamberg. H. verbrachte seine Kindheit in Madrid, wo sein Vater damals kaiserlicher Gesandter war. Schon frühzeitig entschied H. sich für den geistlichen Stand und blieb seinem Entschluß auch dann treu, als er 1686 nach dem Tod seines älteren Bruders die Erbfolge antreten sollte. H. studierte in Rom die Rechte und erhielt 1685 ein Kanonikat in Passau sowie 1687 eines in Salzburg. Am 30. 12. 1691 zum Priester geweiht, war er bereits 1692 Domdechant und Generalvikar sowie Konsistorialpräsident seines Onkels in Passau. Später rückte er in Passau zum Dompropst auf. Am 2. 7. 1701 nominierte ihn dann Kaiser Leopold I. zum Koadjutor mit dem Recht der Nachfolge für den Wiener Bischof E. v. (→) Trautson. Am 21. 11. 1701 zum Titularbischof von Epiphania ernannt, trat er nach Trautsons baldigem Tod bereits am 7. 1. 1702 dessen

Nachfolge an. Die Konsekration erhielt er durch seinen Onkel Kard. Lamberg. H. hat sich in Wien besonders durch die energische Durchführung der kirchlichen Disziplin, namentlich unter dem Klerus, hervorgetan.

Angesichts der Erblindung des Erzbischofs J. E. v. (→) Thun wählte das Salzburger Domkapitel H., der 1702 ein Eligibilitätsbreve für Passau und Salzburg erhalten hatte, am 19. 10. 1705 zum Koadjutor Thuns mit dem Recht der Nachfolge. Nachdem der Hl. Stuhl die Wahl am 19. 4. 1706 bestätigt hatte, nahm er am 31. 7. 1706 H.s Verzicht auf Wien an. Der Kaiser erhob H. nun, damit er in seinem weltlichen Rang nicht geschmälert werde, in den Reichsfürstenstand.

Als Koadjutor Thuns leitete H. seitdem die geistlichen wie die weltlichen Regierungsgeschäfte im Erzstift. Mit dem Tode Thuns (20. 4. 1709) wurde er regierender Fürsterzbischof. Am 27. 5. hielt er seinen feierlichen Einzug, und am 29. 5. nahm er das Pallium entgegen. Infolge dieser nahtlosen Nachfolge hatte das Salzburger Domkapitel, das sich bei einer Wahl immer als die rechten „Erbherren des Landes" fühlte, diesmal keine Gelegenheit, sich selbst Zuwendungen zu bewilligen oder dem neuen Fürsten durch Wahlkapitulationen die Hände zu binden.

Mit H. trat in mancher Hinsicht eine Wende in der Salzburger Geschichte ein. Während nämlich die Erzbischöfe des 17. Jh. ausnahmslos stark ausgeprägte Charaktere und baufreudige Fürsten gewesen waren, ließ mit H. die einstige Machtstellung Salzburgs nach, während Österreich nach den siegreichen Türkenkriegen stetig emporwuchs. H. erließ zwar zahlreiche Verordnungen, doch fehlte es an der Durchführung. So konnte sich z. B. der Geheimprotestantismus fast ungehindert ausbreiten. Seitdem die erzbischöfliche Regierung nach österreichischem Muster 1714 ein generelles Verbot des Arbeitens im Auslande erließ und durch zahlreiche kleinliche Vorschriften das bäuerliche Leben in den Gebirgsregionen zu reglementieren suchte, verlor sie zusehends an Ansehen und Autorität. Die im Volksmund gepriesenen „Harrachzeiten" waren in politischer, wirtschaftlicher und kirchlicher Hinsicht eher eine Zeit des Niedergangs. Sie bildeten eine Hypothek für die nachfolgende Regierung des energischeren L. A. v. (→) Firmian.

Trotz des Salzburger Einspruchs wurde 1721–22 auf Betreiben Kaiser Karls VI. Wien zum Erzbistum erhoben und Wiener Neustadt ihm als Suffraganbistum zugewiesen. Mit der Neuumschreibung des Wiener Metropolansitzes drängte Passau auf eine Loslösung von

der Salzburger Metropole. 1728 wurde es exemt, aber mit der Einschränkung, daß es quoad synodalia weiterhin zur Metropole Salzburg gehörte. Mit dieser Entwicklung, die H. nicht verhindern konnte, begann ein Schrumpfungsprozeß des Salzburger Metropolitanverbandes, der bis ins 20. Jh. fortdauerte. In religiöskirchlicher Hinsicht ist erwähnenswert, daß H. das Vikariat Flachau errichten ließ und die Verehrung des böhmischen Heiligen Johannes von Nepomuk in Salzburg einführte. Ihm zu Ehren baute er in Schloß Mirabell eine Kapelle. Im Jahre 1714 verlieh der Papst auf Betreiben des damaligen Domdechanten und späteren Erzbischofs Firmian dem jeweiligen Inhaber dieser Würde Inful und Stab, sehr zum Mißvergnügen des Abtes von St. Peter, der für seinen 1657 verbrieften Vorrang bangte.

Als Metropolit und aufgrund der Salzburger Privilegien nahm H. sechs Besetzungen von Salzburger Eigenbistümern vor. H. war wegen seines leutseligen und milden Charakters bei der Salzburger Stadtbevölkerung allgemein beliebt und geachtet. Von ihm wird erzählt, daß er an schönen Sommertagen bei der Eingangspforte seiner Residenz saß, um sich mit den vorübergehenden Bürgern zu unterhalten. Seit langem asthmaleidend, starb er am 18. 7. 1727. Er erhielt sein Grab vor dem Schneeherrenaltar in der Domgruft.

Literatur: E. M. Eder, Passauer Exemtionsstreit. - I. König, Die Wahl Franz Anton von Harrachs zum Koadjutor und seine spätere Regierung als Erzbi-

schof von Salzburg (Diss. phil. 1975) (Lit.). - *F. Martin,
Salzburgs Fürsten* 163-174 (Lit.). - *F. Ortner* 196-204
(Lit.). - *G. Ammerer,* in: *H. Dopsch-H. Spatzenegger*
251-256.

Abbildungsnachweis: Öl auf Leinwand, unbek. Maler. - Alte Residenz - Galerie Salzburg. - Foto Landesbildstelle Salzburg.

Franz Ortner

Harstall, Adalbert Freiherr von ⟨OSB, Taufnahme: Wilhelm Adolph Heinrich⟩ (1737 – 1814)

1789 – 1814 Fürstbischof und Fürstabt von Fulda

→ Bd. 1, 285 f.

Hartnig, Christian († 1697)

1663(?) – 1697 Direktor des Gurker Konsistoriums

1658 Kanonikus, 1663 Propst des Kollegiatkapitels zu Straßburg (Kärnten); fungierte unter Bischof J. v. (→) Goess als Direktor des Gurker Konsistoriums; † 28. 6. 1697 in Lieding.

Quellen: ADG.

Peter G. Tropper

Hasius von Lichtenfeld, Johann (seit 1645 kaiserlicher Personaladel) (1584 – 1650)

1644 – 1650 Apostolischer Administrator des Bistums Meißen in der Lausitz

Johann Hase wurde im Jahre 1584 als Sohn eines sorbischen Bauern zu Neschwitz bei Bautzen geboren und 1607 in Breslau zum Priester geweiht. Seit dieser Zeit schrieb er sich „Hasius". 1607 – 21 war er Vikar am Bautzner St. Petri-Dom und sorbischer Prediger, zugleich Koadjutor an St. Nicolai in Bautzen. In diesen Stellungen erlebte er 1619 unter dem böhmischen König Friedrich von der Pfalz den Versuch der Lausitzer Protestanten zur Vertreibung der Katholiken und zur Beseitigung der Apostolischen Administratur des Bistums Meißen in den Lausitzen, der 1619 zum Sturm der lutherischen Bürgerschaft auf das Haus des Domdekans und Administrators führte. 1620 mußten die Katholiken den Petri-Dom räumen. Erst nach dem Zusammenbruch des böhmischen Aufstandes im Jahre 1621 konnten sie in die Domkirche zurückkehren.

1621 – 30 war H. Pfarrer in der dem Zisterzienserinnenkloster St. Marienstern gehörenden Stadt Wittichenau. Dort bemühte er sich um die Durchführung der katholischen Reform und die Gewinnung von Lutheranern für die katholische Kirche. 1627 wurde er nichtresidierender Kanonikus in Bautzen, 1630 Pfarrer von Rumburg und 1632 von Schluckenau im böhmischen Niederland sowie 1639 residierender Kanonikus, Kantor und Senior beim Domkapitel von St. Petri in Bautzen. Dieses wählte ihn am 13. 9. 1644 zum Domdekan und damit zum Apostolischen Administrator der Lausitz. 1645 wurde H. von Kaiser Ferdinand III. nobilitiert. H.s Administratur fiel in die schweren Jahre des Dreißigjährigen Krieges und der Nachkriegszeit, als die Zahl der Lausitzer Katholiken stark zurückgegangen war. Eine Reihe von Pfarreien vor allem im böhmischen Niederland war ohne Pfarrer oder wurde von evangelischen Geistlichen verwaltet. Außerdem waren die domstiftischen Besitzungen durch die Truppendurchmärsche geplündert und verarmt. Hinzu kamen erhebliche Kriegskontributionen, so daß das Domkapitel und damit die Administratur vor dem wirtschaftlichen Ruin standen.

H.s besondere Sorge galt dem Magdalenerinnenkloster in Lauban, dessen Propst er als Administrator war. Die Ordensdisziplin hatte dort durch die Wirren des Krieges gelitten, und die wirtschaftliche Lage war ebenfalls katastrophal. H. bemühte sich, den Bestand der Administratur zu retten, die 1648 der Propagandakongregation unterstellt wurde. Er starb am 28. 2. 1650 und wurde im St. Petri-Dom zu Bautzen beigesetzt.

Literatur: *P. Skobel*.

Abbildungsnachweis: BDM FotoDok.

Siegfried Seifert

Hatteisen, Ludwig (1696 – 1771)

1758 – 1771 Weihbischof in Hildesheim, Ep. tit. Anemoriensis

* 22. 4. 1696 in Brakel (Bistum Paderborn); Studium in Köln; 1714 Novize der Benediktinerabtei St. Michael in Hildesheim; 21. 7. 1715 Profeß; 5. 10. 1721 Priesterweihe; 1729 Pfarrer in Niedermarsberg (Sauerland); 13. 12. 1746 Wahl zum Abt von St. Michael in Hildesheim; 7. 2. 1747 Abtweihe durch Weihbischof J. W. v. (→) Twickel; 28. 2. 1758 Designation zum Weihbischof in Hildesheim durch Bischof (→) Clemens August von Bayern; 2. 10. 1758 Titularbischof von Anemurium und Weihbischof in Hildesheim; 7. 1. 1759 Konsekration durch den Osnabrücker Weihbischof J. F. A. v. (→) Hoerde; † 3. 4. 1771 in Hildesheim.

Quellen: BA Hildesheim.

Literatur: *J. Evelt*, Die Weihbischöfe von Paderborn (Paderborn 1869) 168.

Hans-Georg Aschoff

Hatten (Hattynski), Andreas Stanislaus (1763 – 1841)

1800 – 1837 Weihbischof der Diözese Ermland, Ep. tit. Dianensis
1837 – 1841 Bischof von Ermland

→ Bd. 1, 290 f.

Hatzfeld zu Gleichen, Anton Lothar Reichsgraf von (1682 – 1727)

1721 – 1727 Generalvikar in Breslau

* 25. 11. 1682 in Trachenberg (Schlesien); Besuch des Jesuitengymnasiums in Breslau; 1702 – 04 Studium in Rom; 1704 Dr. theol. ebd.; 1695 Domherr in Würzburg, 1702 in Breslau. Die Grafen H. waren im 17. und 18. Jh. in verschiedenen mitteldeutschen Domkapiteln vertreten. Kanonikus am Kreuzstift in Breslau;

21. 3. 1706 Priesterweihe ebd. Fürstbischof (→) Franz Ludwig von Pfalz-Neuburg übertrug ihm viele Ämter, u. a. das eines Diözesanvisitators und das des Bistumsadministrators für die Zeit seiner Abwesenheit. 1707 – 14 Assessor am Generalvikariat; 1714 – 21 Offizial; seit 1721 Generalvikar. H. veranlaßte die Neuauflage des Diözesanrituales. In seinem Testament machte er eine Stiftung für acht Alumnen. † 24. 2. 1727 in Breslau.

Literatur: *J. Jungnitz*, Anton Lothar Graf von Hatzfeld-Gleichen, Kanonikus, Offizial und Generalvikar von Breslau (Breslau 1908).

Jan Kopiec

Haug, Gabriel (1602 – 1691)

1643 – 1691 Generalvikar in Straßburg
1646 – 1691 Weihbischof in Straßburg, Ep. tit. Tripolitanus

* 1602 in Sulz (Ober-Elsaß); seine Familie stand im Dienst der Erzherzöge; 1624 – 31 Studium in Rom als Alumne des Collegium Germanicum (Dr. theol.); Apostolischer Protonotar; 1640 Kanonikus von Jung-St. Peter in Straßburg; 1643 Generalvikar des Bischofs (→) Leopold Wilhelm von Österreich; 9. 4. 1646 Titularbischof von Tripolis und Weihbischof in Straßburg. H. nahm alle bischöflichen Amtshandlungen vor und scheint bei der Wiederbelebung der traditionellen Frömmigkeitsformen, darunter der Wallfahrt zum Odilienberg, eine wichtige Rolle gespielt und die Volksmissionen der Jesuiten, Kapuziner und Rekollekten in den Städten und auf dem Land unterstützt zu haben. † 10. 1. 1691; ☐ St. Magdalena Straßburg.

Literatur: Catalogus Suffraganeorum Episcoporum Argentensium, in: Archivalische Beilage zum Ecclesiasticum Argentinense (Straßburg 1889) [5 f.]. - *F. Reibel*, Der Strassburger Weihbischof Gabriel Haug, in: AEA 12 (1937) 159-183. - *L. Châtellier*, Tradition chrétienne 93-95.

Louis Châtellier

Haunold, Johann Maximilian Freiherr von (1735 – 1807)

1792 – 1807 Weihbischof im thüringischen Teil der Erzdiözese Mainz, Ep. tit. Emmausensis

* 27. 8. 1735 in Mainz als Sohn des Obristen Wolfgang Johann v. H. und der Maria Margareta von Dünnwald; 1744 tonsuriert; Studium der Theologie und beider Rechte an der Mainzer Universität; keine akademischen Grade; 28. 8. 1761 Priester; Stiftsherr, 1769 Kanoniker, 1782 Dekan und Pfarrer, 1792 Propst an seiner Heimatpfarrkirche St. Stephan in Mainz; Geistlicher Rat; 1765 Assessor, später Direktor des Geistlichen Hofgerichts; Schulkommissar; Kommissar des Armeninstituts; Examinator der Theaterdirektoren, der Priesteramtskandidaten und der Novizenmeisterinnen; 1784 wirklicher Geistlicher Rat; Fiskal; 1787 erzbischöflicher Siegler; 1792 bestimmte Erzbischof F. K. J. v. (→) Erthal ihn zum Mainzer Weihbischof in partibus Thuringiae; 18. 6. 1792 Titularbischof von Emmaus; letzter Weihbischof des Erzbistums Mainz; durch die Kriegswirren bedingt, konnte er seine Tätigkeit in Erfurt erst 1795 aufnehmen; † 20. 1. 1807 in Erfurt; □ St. Marien in Erfurt.

Literatur: *F. A. Koch* 125 f. - *J. Feldkamm* 91 f.

Friedhelm Jürgensmeier

Haus, Johann Baptist (1672 – 1745)

1716 – 1745 Generalvikar der Diözese Basel
1729 – 1745 Weihbischof der Diözese Basel, Ep. tit. Messalensis

≈ 31. 7. 1672 in Stein-Säckingen (Kt. Aargau) als jüngster Bruder von Weihbischof J. Chr. (→) Haus; Studium am Collegium Urbanum in Rom (Dr. phil. et theol.); 16. 6. 1696 Priester; 1698 – 1740 Kanoniker am Kollegiatstift Moutier-Grandval; Dekan und 1716 – 34 Propst des Stiftes St. Martin in Colmar; 16. 10. 1715 Provikar zur Entlastung seines Bruders; 20. 6. 1716 Generalvikar und 21. 4. 1717 Offizial; 1720 Domizellar (päpstl. Verleihung), 1723 Kapitular des Basler Domkapitels; 17. 8. 1729 Titularbischof von Messala und Weihbischof der Diözese Basel; 18. 9. 1729 Konsekration durch Bischof J. K. v. (→) Reinach-Hirzbach in der Kollegiumskirche zu Porrentruy. 1738 verzichtete H., um die Rechte des Fürstbischofs nicht zu schmälern, auf die ihm von Papst Klemens XII. verliehene Domkantorei. 1738 Cellar, 1741 Kustos des Domkapitels (bischöfl. Verleihung); August 1741 Verzicht auf das Offizialat; 1730 als Gesandter des Domkapitels in Porrentruy zur Unterstützung des Fürstbischofs bei der Beilegung der Bauernunruhen in den Freibergen. † 29. 10. 1745; □ Domkirche Arlesheim.

Literatur: *F. Chèvre* 155 - 166. - *A. Reinle.* - *C. Bosshart-Pfluger* 214.

Catherine Bosshart-Pfluger

Haus, Johann Christoph (1652 – 1725)

1703 – 1716 Generalvikar der Diözese Basel
1705 – 1725 Weihbischof der Diözese Basel, Ep. tit. Domitiopolitanus

≈ 28. 1. 1652 in Stein-Säckingen (Kt. Aargau); Studium in Freiburg i. Br. und am Collegium Urbanum in Rom (Dr. theol.); Apostolischer Protonotar; 16. 2. 1676 Priester; 1678, 1697 und 1713 in Vertretung der Basler Bischöfe zur Visitatio ad limina in Rom; 1679 Pro-Offizial; 1683 – 85 Offizial. Da H. sich gegen französische Übergriffe in die geistliche Jurisdiktion des Bischofs nicht entschieden wehrte, forderte das Domkapitel seine Entlassung als Offizial. 1680 – 98 Kanoniker im Kollegiatstift von Moutier-Grandval; 1684 – 1716 Propst des Stiftes St. Martin; Pfarrer von Guémar (Elsaß); 1695 Basler Domherr (päpstl. Verleihung); 1698 Posseß; seit 15. 8. 1703 Generalvikar der Bischöfe W. J. (→) Rinck von Baldenstein und J. K. v. (→) Reinach-Hirzbach; 26. 1. 1705 Titularbischof von Domitiopolis und Weihbischof der Diözese Basel; 22. 2. 1705 Konsekration durch Baldenstein in Porrentruy. H. setzte sich sehr in der Seelsorge ein. 1712 beanspruchte er aufgrund päpstl. Provision das Domdekanat, dessen Besetzung dem Kapitel zustand. 1713 erhielt er dieses unter Protest des Kapitels gegen den päpstlichen Eingriff in seine Rechte. 1714 Resignation; 1714 Gesandter von Reinach-Hirzbach zum Friedenskongreß von Baden (Schweiz); 1715 Domkantor (bischöfl. Verleihung); 1716 Verzicht auf das Generalvikariat und 1720 auf das Basler Kanonikat. † 12. 9. 1725 in Arlesheim.

Literatur: *F. Chèvre* 135 - 155. - *A. Reinle.* - *R. Stücheli,* Der Friede von Baden (Schweiz) 1714 (Liz. phil. Freiburg / Schweiz 1977) I 60 f. - *C. Bosshart-Pfluger* 209 - 214.

Catherine Bosshart-Pfluger

Hauser von Gleichensdorf, Johann Theoderich (1643 – 1705)

1691 – 1698 Generalvikar in Augsburg

* 1643 in Einbeck (Erzd. Mainz); Besuch des Gymnasiums in Eichstätt; 1662 – 69 Studium in Rom als Alumne des Collegium Germanicum (Dr. theol.); 13. 1. 1669 Priesterweihe in Rom; 1670 Domherr in Konstanz; 1670 – 75 Pfarrer in Thannhausen; 1676 Domherr, 1684 Offizial, vom 15. 11. 1691 bis 1698 Generalvikar in Augsburg; 1698 Domscholaster; † 27. 3. 1705 in Augsburg; □ Kreuzgang des Augsburger Domes.

Literatur: *A. Steinhuber.* - *A. Haemmerle*, Domstift
Nr. 447. - *J. Seiler.*

Peter Rummel

Haxthausen, Franz Caspar Philipp von
(um 1672 – 1733)

1727 – 1733 Generalvikar in Paderborn

* um 1672 in Welda (Bistum Paderborn); ab
1686 Studium der Philosophie und Theologie in
Paderborn; 1694 Domherr in Eichstätt, 1708 in
Paderborn; 1710 Domkantor in Paderborn;
1727 Generalvikar von Fürstbischof (→) Clemens August von Bayern; † 28. 5. 1733 in
Paderborn.

Literatur: *J. Freisen*, Martrikel II 60 Nr. 3062. - *P.
Michels*, Ahnentafeln Paderborner Domherren (Paderborn 1966) 81.

Karl Hengst

Hay, Johann Leopold (seit 1775 **Ritter) von**
(1735 – 1794)

1780 – 1794 Bischof von Königgrätz

Johann Leopold Hay wurde am 22. 4. 1735 zu
Fulnek in Mähren als Sohn eines Oberamtman-
nes geboren. Er besuchte ein Piaristengymna-
sium und studierte in Olmütz Theologie (1756
Bacc. theol.). Dort wurde er am 23. 9. 1758 zum
Priester geweiht. Danach war er Sekretär der
Bischöfe L. F. v. (→) Egkh-Hungersbach und
M. v. (→) Hamilton, Konsistorialassessor und
seit 1770 Kapitelsdekan und Pfarrer von UL-
Frau zu Kremsier (Kroměříž). Dort zeichnete er
sich besonders durch seine karitative Tätigkeit
aus. Anfang 1775 wurde er zum Propst des
Kapitels in Nikolsburg (Mikulov) berufen und
auf sein Ansuchen in den Ritterstand erhoben.
In Nikolsburg trat er seinem Schwager, dem
aus dem Judentum kommenden bedeutenden
Juristen und Staatswissenschaftler Freiherr
von Sonnenfels, näher. Dieser wie auch die
Comenius-Tradition Fulneks und die Schriften
Ludovico Muratoris haben H. tief beeinflußt.
Die Nähe Nikolsburgs zu Wien ermöglichte
ihm längere Aufenthalte in der Hauptstadt und
den Kontakt mit Vertretern des Reformkatholizismus. Als 1777 in der bäuerlichen Bevölkerung der mährischen Walachei religiöse Unruhen ausbrachen, entsandte Maria Theresia eine
Kommission dorthin, die neben H. aus F. (→)
Kindermann und Marc Anton Wittola bestand.
H. glaubte, in der Rückführung der Protestanten zur katholischen Kirche seine Lebensaufgabe gefunden zu haben. Mit Erlaubnis der

Kaiserin nahm er seinen ständigen Wohnsitz
zu Wsetin. Die Ursachen für die Abwendung
der Bevölkerung von der katholischen Kirche
fanden er und seine Mitarbeiter in einer mangelhaften Seelsorge und im Fehlen von guter
Literatur, namentlich der Hl. Schrift. Im Gegensatz zu den schroffen Bekehrungsmethoden
der Gegenreformation forderte H. geduldige
Anhörung, überzeugende Belehrung und die
Betonung des den Konfessionen Gemeinsamen.
In ihrer Anweisung für den Klerus empfahl die
Kommission die Lesung der Hl. Schrift, des
jansenistischen Katechismus von Colbert-
Pouget und der Schriften Muratoris und Fleu-
rys. Kontroverspredigten sowie die gewaltsame Suche und Fortnahme protestantischer
Bücher mit Hilfe des Militärs lehnte er ab. Die
Kommission wirkte drei Jahre lang in der
Walachei und in der Hannaebene. Sie bemühte
sich um Verbesserungen der Seelsorgestruktu-
ren und des Priestereinsatzes. 1777 und 1779
berichtete sie nach Wien. Maria Theresia ließ
daraufhin tschechische Bibeln verteilen. H.s
Toleranz kannte jedoch dort eine Grenze, wo
der Protestantismus oder die Sekten um neue
Mitglieder warben. Bei diesem Kurs wurde er
von der Monarchin voll unterstützt.

In Anerkennung seiner Verdienste nominierte
die Kaiserin H. am 29. 7. 1780 zum Bischof der
in religiöser Hinsicht besonders gefährdeten
Diözese Königgrätz. Die päpstliche Verleihung
folgte am 11. 12., und am 11. 3. 1781 ließ H. sich
in Wien durch Kardinal (→Bd. I) Christoph
Migazzi konsekrieren. Am 8. 4. nahm er in
betont einfacher Weise sein Bistum in Besitz.
Als Joseph II. am 13. 10. 1781 sein Toleranzpatent erließ, das die Gegenreformation offiziell
beendete, konnte H. sich zu dessen wichtigsten
Wegbereitern zählen. Wenig später warb er in
einem Rundbrief an seinen Klerus um Verständnis für die Toleranzidee. Dabei lehnte er
jeden Zwang ab, betonte den Respekt vor den
Andersgläubigen und urgierte die Konzentration der Verkündigung auf das Wesentliche
des katholischen Glaubens. In kurialen und
konservativen Kreisen war man über dieses
Schreiben bestürzt, denn damit war H. selbst
nach Ansicht der Reformkatholiken Kindermann zu weit gegangen. Das Toleranzpatent
hatte zwar die Duldung der Nichtkatholiken
dekretiert, es wünschte aber zugleich auch ihre
Eindämmung. Zustimmung erhielt H. dagegen
aus den aufgeklärten Kreisen des In- und
Auslandes.

1782 beauftragte Joseph II. H. als Kommissar
mit der Überwachung der Durchführung des
Toleranzpatentes in Ostböhmen und in einigen
Teilen der Erzdiözese Prag. H. wollte freilich die
Anführer der dort auftretenden Schwärmer,

die keiner anerkannten Konfession zuzuord-
nen waren und die H. als Deisten bezeichnete,
von der Toleranz ausschließen.

Im Rahmen der josephinischen Diözesanregulierung erhielt die Diözese Königgrätz 1783 von
Prag 141 Pfarreien. 1786 erließ H. eine neue
Kirchenordnung, und 1787 begann er mit dem
Bau eines Priesterhauses, in dem die Königgrätzer Priesteramtskandidaten nach Abschluß ihres Studiums am Prager Generalseminar ihre Ausbildung für die Seelsorge erhalten
sollten. Zur Behebung der Seelsorgsnot in der
Bischofsstadt erreichte er 1788 von der Regierung die Errichtung eines Minoritenklosters.
Auf seine Kosten ließ H. eine detaillierte Karte
der Diözese herstellen und in Kupfer stechen.
H. förderte Ackerbau und Viehzucht und finanzierte persönlich in fünf Schulen Lehrerin-
nen für weibliche Handarbeit. Seine diskrete
Hilfe erfuhren nicht nur einzelne Personen,
sondern ganze Ortschaften wie Leitomischl
und Chlum. An mittellose Mädchen verteilte er
Heiratsausstattungen. Dazu kamen regelmäßige Armenspeisungen. Um dem Landvolk näher
zu sein, weilte H. häufig auf dem bischöflichen
Sommersitz zu Chrast, wo er die geistvolle
Konversation pflegte. Als Josephiner, der freilich das Doktrinäre nicht liebte, empfand H. die
Staatsaufsicht über die Kirche als lästig. Dem
ihm gesinnungsverwandten Gelehrten und Sla-
wisten Joseph Dobrovský, dem der Prager
Erzbischof W. F. v. (→) Salm-Salm die Ordination verweigerte, erteilte H. 1786 die Weihe in

seiner Privatkapelle und empfahl ihn als Rektor des Generalseminars für Mähren.

Obwohl einige Kritiker ihm Opportunismus
unterstellten, lebte H. noch Jahrzehnte in der
Erinnerung des Volkes als großer Menschen-
freund weiter. Der ihm von intellektueller Seite
gegebene Ehrentitel eines „österreichischen Fé-
nélon" war allerdings zu hoch gegriffen. H.
starb am 1. 6. 1794 in Chrast. Er wurde nach
seinem Wunsch auf dem dortigen Ortsfriedhof,
mitten unter seinem Volk, beigesetzt.

Schriften: Epistola circularis authentica J. L. ab Hay
... ad Clerum tam saecularem quam regularem suae
dioecesis data die 20. Nov. 1781. Viennae 1781 (auch
deutsch).

Literatur: C. v. Wurzbach 8 (1862) 103-106. - ČSB 4
(1930) 725 f (Lit.). - E. Winter, Josefinismus. - R. J.
Wolny, Die josephinische Toleranz unter besonderer
Berücksichtigung ihres geistlichen Wegbereiters Johann Leopold Hay (München 1973). - A. Zelenka 146-
148.

Abbildungsnachweis: Lithographie von Faustin Herr
1839. - Wien NB 520.291 B.

Kurt A. Huber

Haymmerle, Leopold von (1721 – 1797)

1752 – 1773 und
1774 – 1775 Generalvikar in Wiener Neustadt

* 1721 in Wien; zwei Jahre lang Kurat in
Probstdorf; 1750 – 52 Inhaber des Benefiziums
St. Leopold in Wiener Neustadt; 1752 Offizial
und Generalvikar ebd. 1752 erhielt H. das
Benefizium S. Spiritus in Neustadt und 1753
die Titularabtei S. Andreae zu Vissegrad (Diöz.
Gran). 1773 Kapitelsvikar; 1774 wieder Offizial
und Generalvikar. Bei der Transferierung des
Wiener Neustädter Bistums nach St. Pölten im
Jahre 1785 blieb H. als einziger Kapitular in
Wiener Neustadt zurück. † 1. 12. 1797. ☐
Wiener Neustadt.

Literatur: H. Fasching. - A. Kolaska.

Alfred Kolaska

Heerde, Johannes (1631 – 1725)

1676 – 1688 Generalvikar in Hildesheim

* 1631 in Münster; Besuch des Jesuitengymnasiums ebd.; 1652 – 57 Studium in Rom als
Alumne des Collegium Germanicum; 30. 9.
1655 Priesterweihe in Rom; 1657 Kanonikus,
1675 Dekan an Hl. Kreuz in Hildesheim; Assessor am Offizialgericht, dann Substitut des

Offizials; nach langem Widerstand des Domkapitels 1676 Offizial und Generalvikar in Hildesheim bis 1688; † 18. 6. 1725 in Hildesheim.

Quellen: BA Hildesheim.

Literatur: *G. Schrader* 171. - *A. Steinhuber.* - *R. Herzig*
33. - *J. Asch* 38.

Hans-Georg Aschoff

Heimes, Johann Valentin (1741 – 1806)

1780 – 1783 Weihbischof in Worms, Ep. tit.
             Aulonensis
1783 – 1806 Weihbischof in Mainz

→ Bd. 1, 299 f.

Hennequin, Claude

1692 – 1693 Generalvikar in Straßburg

H. scheint Schwierigkeiten mit den städtischen
Behörden von Straßburg gehabt zu haben. Das
geht aus einem Schreiben hervor, das er viel
später an Kard. A. G. de (→) Rohan richtete
und in dem er diesen dazu aufforderte, Kardinal Louis Antoine de Noailles beim Widerstand
gegen die Bulle „Unigenitus" (1717) zu unterstützen.

Literatur: *L. Châtellier*, Diocèse de Strasbourg 380-
382.

Louis Châtellier

Henrard, Henri ⟨OFMRec⟩ (1736 – 1814)

1805 – 1808 Generalvikar in Lüttich
1808 – 1814 Kapitularvikar in Lüttich

* 17. 5. 1736 in Oleye (?); Mitglied des Rekollek-
tenordens; Datum der Priesterweihe unbekannt; 1761 zum Predigtamt und zum Beichthören zugelassen; 1763 – 70 Lektor der Philosophie in den Klöstern von Ciney und Ath;
1770 – 75 Lektor der Theologie in Verviers;
dann Lektor der Hl. Schrift in Lüttich; 1784
Kustos und Sekretär, 1785 und 1787 Provinzial
der flandrischen Provinz (Distrikt Lüttich);
1794 und 1796 erneut Provinzial. 1794 emigrierte H. mit mehreren Mitbrüdern nach Westfalen
und hielt sich vorübergehend im Kloster Vre-
den (sächsische Provinz Hl. Kreuz) auf. März
1795 Rückkehr nach Belgien. Nach der Säkularisation der belgischen Klöster durch die französische Republik zog H. sich in ein Privathaus
in Lüttich zurück, wo er weiterhin die Regel

seines Ordens beachtete. Im Oktober 1797
leistete er den von der französischen Republik
verlangten Haßeid auf das Königtum. 27. 3.
oder 27. 7. 1805 Generalvikar in Lüttich. H.
nahm als Vorsitzender des bischöflichen Konsistoriums wesentlichen Anteil an der Bistumsverwaltung. 17. 10. 1808 Kapitularvikar. Angesichts des Tauziehens um die Ernennung des
päpstlich nicht bestätigten F. A. (→) Lejeas
zum Bischof von Lüttich bot H. dem Domkapitel 1810 seinen Rücktritt an, doch wurde er am
29. 10. 1810 durch dieses in seinem Amt bestätigt. Lejeas sowie der bischöfliche Kommissar
in Maastricht, H. L. (→) Partouns, wurden
ebenfalls zu Kapitularvikaren ernannt. Am
23. 9. 1814 trat H. endgültig zurück. † 27. 9.
1814.

Literatur: *J. Daris*, Liège 4 (1873) 216-239. - *A. Minke*
218-220.

Alfred Minke

Henrici, Thomas (1597 – 1660)

1634 – 1652 Generalvikar der Diözese Basel
1648 – 1660 Weihbischof der Diözese Basel,
             Ep. tit. Chrysopolitanus

* 23. 6. 1597 im spanischen Lager vor Gent;
Studium an den Jesuitenschulen von Maas-
tricht und s'Hertogenbosch (Nordbrabant), in
Trier, Mainz, Pont-à-Mousson (Lothringen) und
Freiburg i. Br.; 1621 Priester; 1623 Dr. theol.
(Freiburg); 1623 – 32 ebd. Professor für Pole-
mik und biblische Hermeneutik sowie dreimal
Rektor; gleichzeitig Erzieher von Franz Fugger,
Graf von Kirchberg und Weissenhorn; 1630
Domherr, 1636 Domkapitular von Basel; im
Auftrag des Basler Bischofs 1633 zur Visitatio
ad limina in Rom; Apostolischer Protonotar;
1634 – 52 Generalvikar der Bischöfe Johann
Heinrich von Ostein (1628 – 46), B. A. v. (→)
Ramstein und J. F. v. (→) Schönau; 1634 Chor-
herr von Moutier-Grandval; vor 1639 Großar-
chidiakon und 1643 Dekan des Basler Domka-
pitels; 1641 Propst des Chorherrenstiftes St.
Martin zu Colmar; 1643 zum Missionar der
Propaganda Fide im Bistum Basel ernannt.
Bereits 1646 schlug Ostein H. als Weihbischof
vor. Die Ernennung zum Titularbischof von
Chrysopolis erfolgte jedoch erst am 4. 5. 1648.
11. 10. 1648 Konsekration durch Nuntius Francesco Boccapaduli in der Klosterkirche von
Muri; 1649 Chorherr, 1651 Propst (bischöfl.
Verleihung) von St. Ursanne. Nach Beendigung
des Dreißigjährigen Krieges widmete sich H.
dem Wiederaufbau der Diözese Basel. Auf
seinen Firmreisen, die sich von 1648 – 53 auch
auf das Gebiet der Nachbardiözesen Besançon

und Konstanz, besonders auf den Breisgau und die Stadt Freiburg erstreckten, firmte er Tausende von Gläubigen. Er förderte die Ausbildung von Priestern. 1656 konnte er mit Hilfe des Kardinals (→) Friedrich von Hessen in Porrentruy ein Kapuzinerkloster errichten. Seine Bemühungen um die Erneuerung des kirchlichen Lebens wurden von den Bischöfen Schönau und J. K. v. (→) Roggenbach mitgetragen. Als Weihbischof gehörte H. zum engen politischen Beraterkreis des Fürsten. 1652 wurde das Fürstbistum für vier Jahre ins Defensionale der eidgenössischen Orte aufgenommen und konnte sich gegen das mächtige Frankreich schützen. Als 1655 eine Verlängerung dieses Bündnisses mit allen eidgenössischen Ständen zweifelhaft schien, verhandelte H. mit den katholischen Orten. Die Erneuerung dieses Bündnisses wurde am 19. 10. 1655 gefeiert. Nach 1656 wandte sich H. mit seinem Bischof Frankreich zu. Diese Entwicklung fand ihren Höhepunkt 1664 im Beitritt zum Rheinbund. Als Roggenbach 1659 selber die Pastoration der Diözese übernahm, zog sich H. nach Freiburg i. Br. zu seinen Angehörigen zurück. H. war ein heute in Vergessenheit geratener Vertreter der Irenik und Vorläufer der ökumenischen Bewegung. † 19. 2. 1660 in Freiburg.

Schriften: Decades tres antithesium catholicarum de tribus ecclesiae militantis membris, nimirium de clericis, monachis, laicis. (Freiburg i. Br. 1625). - Disputatio theologica de ss. eucharistiae qua sacramento qua sacrificio (Freiburg i. Br. 1625). - Ubinam sit vera Christi in terris ecclesiae (Freiburg i. Br. 1626). - Doctrinae moralis (Freiburg i. Br.). - Anatomia confessionis Augustaneae (Freiburg i. Br. 1631). - Bellum et sacrarum litterarum verbis et exemplis descriptum (Luzern 1639). - Statuta venerabilis Capituli Buchsgaudiae renovata ab ... Dno Joanne Henrico ab Ostein, Episcopo Basiliensi ... Per ... Dnum Thomam Henrici ... Cathed. Basil. Ecclae Archidiaconum, et Vicarium generalem. Anno 1641. (Reimpr. Freiburg i. Ue. o. J.). - Catena biblica (Luzern 1642). - Irenicum Catholicum (Freiburg i. Br. 1659).

Literatur: F. Chèvre 78-118. - W. Kundert u. A. Chèvre, in: HS I/1 (1972) 232, 261, 296, 304. - L. Zaeslin, in: HS II/2 (1977) 454f. - M. Jorio, Der Basler Weihbischof Thomas Henrici (1597-1660) und sein «Irenicum Catholicum» (1659), in: ZSKG 72 (1978) 74-106.

                        Catherine Bosshart-Pfluger

Herberstein, Antonius Reichsgraf von
(1725 – 1774)

1761 – 1774 Bischof von Triest

Antonius von Herberstein wurde am 30. 12. 1725 zu Wien als Sohn des kaiserlichen Haus-

hofmeisters Ferdinand Leopold v. H. und der Maria Freiin von Ulm geboren. Er trat dem Theatinerorden bei und wurde am 16. 6. 1748 zum Priester geweiht. Später war er infulierter Propst von Eisgarn, dann Pfarrer von Burgschleinitz im Bistum Passau.

Als Kaiserin Maria Theresia den noch jungen, aber hochangesehenen H. am 22. 11. 1760 zum Bischof von Triest nominierte, geschah dies im Kontext des neuen kirchlichen Zentralismus, der sich gerade bei der Berufung von Bischöfen auswirkte. Die päpstliche Verleihung folgte am 6. 4. 1761.

Die Amtszeit von H. fiel in eine Epoche stürmischen Wachstums der Stadt Triest, das durch die Schaffung des Freihafens ausgelöst worden war. Dabei kam es durch die Zuwanderung von Nichtkatholiken und die Niederlegung der Stadtmauern mit der Schaffung der „theresianischen" Stadt, der noch die seelsorglichen Strukturen fehlten, zu erheblichen Problemen. Nachdem die Griechen schon 1751 die Erlaubnis zur Bildung einer eigenen Kultgemeinde erhalten hatten, folgten 1771 die Serben. Während die Jesuiten den neuen Gegebenheiten durch die Intensivierung der traditionellen Seelsorgsmethoden zu entsprechen suchten, formulierte H. bereits neuartige Desiderate. 1766 schlug er der Kaiserin die Verlegung der Kathedrale aus der historischen Altstadt in das neue Zentrum, ferner die Angleichung der Diözesan- an die Staatsgrenzen vor. Diese

Wünsche ließen sich zwar noch nicht verwirklichen, doch erfolgte immerhin eine spürbare Verbesserung der Pfarreiorganisation. Zur Gründung eines Priesterseminars kam es zwar nicht, doch wurde die Dotation für sechs Freiplätze am Görzer Seminar bereitgestellt.

Bei seinen Visitationsreisen predigte H. italienisch und deutsch. Mit dem Klerus des venezianischen Diözesanteils, auf dessen Anstellung er kaum Einfluß besaß, war er nicht zufrieden. Die etwa 60 in der Diözese bestehenden Bruderschaften spiegelten dagegen das intensive religiöse Leben der Laien wider. H. bemühte sich, auch durch Appelle an den Wiener Hof, den Einfluß der konfessionellen Minderheiten zu reduzieren. 1773 kam von Venedig die Ordensgemeinschaft der Mechitaristen nach Triest, wo sie ein Noviziat und eine Druckerei eröffneten.

Die letzten Amtsjahre H.s standen unter dem Einfluß der staatlichen Eingriffe in das kirchliche Leben, bei denen das religiöse Leben nach den in Wien entwickelten Leitbildern normiert werden sollte. Die Aufhebung der Gesellschaft Jesu wirkte sich in Triest in jeder Hinsicht nachteilig aus. H. arbeitete mit der staatlichen Kommission zusammen, um die Exreligiosen in die allgemeine kirchliche Arbeit zu integrieren. Die Bereitstellung der ehemaligen Jesuitenkirche als Kathedrale wurde ihm dagegen von der Regierung verweigert. H. starb am 2. 12. 1774 unerwartet in seiner Residenz.

Quellen: ASV, Con. Conc., Relationes 790 (Tergestinensis). - Archivio vescovile Trieste.

Literatur: *G. Mainati* 4 (1818) 287-324. - *M. Premrou,* Vescovi triestini 18.

Abbildungsnachweis: Archivio vescovile di Trieste.

Luigi Tavano

Herberstein, Ernest Johann Nep. Reichsgraf von (1731 – 1788)

1767 – 1776 Weihbischof in Freising, Ep. tit. Eucarpiensis
1776 – 1783 Passauer Offizial und Generalvikar für das Land unter der Enns
1785 – 1788 Bischof von Linz

→ Bd. 1, 302-304.

Herberstein, Johann Georg (seit 1644) **Graf von** (1591 – 1663)

1663 Fürstbischof von Regensburg

Johann Georg von Herberstein wurde am 19. 8. 1591 in Salzburg als zweiter Sohn des Georg Andreas v. H., fürsterzbischöflichen Geheimen Rats, und der Anna Sibylla Freiin von Lamberg geboren. Für den geistlichen Stand bestimmt, begann er nach der Verleihung eines Kanonikats am Passauer Domstift 1608 oder 1609 sein theologisches Studium als Alumne des Collegium Germanicum in Rom. Ungeklärt wie die Dauer seines römischen Aufenthalts sind auch Zeitpunkt und Ort der Priesterweihe. 1614 erhielt H. durch domkapitelsche Nomination in Regensburg die Domherrnstelle des zum Bischof gewählten A. v. (→) Törring, wurde dort 1618 Domkapitular und 1620 Kaiserlicher Ehrenkaplan („Capellanus Imperialis"). Schon aufgrund seiner Zugehörigkeit zum erbländisch-österreichischen Adel — 1644 wurde die Familie in den landsässigen Grafenstand erhoben — hielt er sich in der Folgezeit hauptsächlich in Passau auf, wo er 1637 – 43 auch das Amt des Domdekans bekleidete und von den Bischöfen wiederholt mit diplomatischen Missionen am Kaiserhof und auf den Reichstagen betraut wurde.

Am 28. 2. 1662 wählte das Regensburger Domkapitel den altersschwachen H. in dessen Abwesenheit einstimmig zum Nachfolger des als allzu energisch und reformfreudig empfundenen F. W. v. (→) Wartenberg. Es ließ sich dabei von der auch in der Wahlkapitulation niedergelegten Absicht leiten, seine Rechte und Privilegien wieder zur Geltung zu bringen. Am 9. 4.

1663 erhielt der Erwählte die päpstliche Konfirmation. Die auf den 27. 5. anberaumte Konsekration konnte aber nicht stattfinden, da H. zu
diesem Zeitpunkt an heftigen Fieberanfällen
litt. Am 12. 6. 1663 starb er in Regensburg. Er
wurde im Dom beigesetzt. Seine kurze Amtszeit
— die Bistumsadministration war ihm schon
vor der Konfirmation übertragen worden —
hat keine nennenswerten Spuren hinterlassen.
Rühmend erwähnen zeitgenössische Quellen
lediglich seine Wohltätigkeit. In Passau hatte
er sich mit der Errichtung des Leprosenhauses
bei St. Ägid ein bleibendes Denkmal geschaffen. Auch das Hochstift Regensburg hatte er
testamentarisch bedacht.

Quellen: BZA Regensburg.

Literatur: *L. H. Krick*, Stammtafeln 129. - *G. Schwaiger*, Wartenberg 90 f., 116 f. - *K. Hausberger*, Grablegen 377.

Abbildungsnachweis: Fürst Thurn und Taxis Zentralarchiv Regensburg, Slg. Resch VII/118.

Karl Hausberger

Herberstein, Karl Johann Reichsgraf von
(1719 — 1787)

1769 — 1772   Koadjutor des Fürstbischofs von
              Laibach, Ep. tit. Myndiensis
1772 — 1787   Fürstbischof von Laibach

Karl Johann von Herberstein wurde am 7. 7.
1719 zu Graz als Sohn des Landesverwesers
der Steiermark Johann Ernst Graf v. H. und
dessen Ehefrau Maria Dorothea Gräfin von
Dietrichstein geboren. Seine drei Schwestern
wählten wie er den geistlichen Stand. 1735 — 40
studierte H. Philosophie und beide Rechte an
der Benediktineruniversität zu Salzburg,
1740 — 43 Theologie bei den Dominikanern in
Rom. Dort wurde er am 8. 6. 1743 zum Priester
geweiht. Kurz zuvor war er Domkapitular in
Trient geworden.

Seitdem lebte H. vornehmlich in Trient. Als er
1769 in diplomatischer Mission nach Wien
kam, schlug Kaiserin Maria Theresia ihn zum
Koadjutor des schwer erkrankten Fürstbischofs L. J. v. (→) Petazzi von Laibach vor.
Seine Ernennung zum Titularbischof von Myndus erfolgte am 20. 11. 1769. Petazzi hat seinen
Koadjutor zunächst ohne Schwierigkeiten akzeptiert, sich dann aber nur widerwillig darin
gefügt, daß dieser im Mai 1770 die gesamte
Leitung des Bistums übernahm. Mit dem Tode
Petazzis (28. 11. 1772) wurde H. dessen Nachfolger. Die Inthronisation erfolgte am 5. 12.
1772.

H. war von Trient und von seinen gelegentlichen Aufenthalten in Wien her mit den unter
dem Klischee des Spätjansenismus zusammen-
gefaßten reformkatholischen Ideen vertraut. Er
selbst wurde zu einer Schlüsselfigur des Reformkatholizismus und erwählte zu seinen
Mitarbeitern vornehmlich Persönlichkeiten der
gleichen Richtung. Sein seelsorgerisches Wirken war jedoch ohne übertriebene Strenge.

Seine geistlichen Optionen lassen sich auch
daran ablesen, daß er seinem Klerus die Moni-
tiones et Instructiones des hl. Karl Borromäus
empfahl und des hl. Franz von Sales Apophteg-
mata ins Slowenische übersetzen und an die
Geistlichen verteilen ließ. Für die Sakramentenspendung drängte er auf Beachtung des
Rituale Romanum, und die entsprechenden
Beschlüsse der Diözesansynoden von 1774 und
1778 stützten sich auf die einschlägigen Dekrete des Tridentinums. H. visitierte sein Bistum
regelmäßig. Er sorgte für eine geordnete Katechese und urgierte die sorgfältige Vorbereitung
auf die Predigt. Die Priesterausbildung lag ihm
besonders am Herzen. Daher bestand er auch
auf dem eigenen Priesterseminar und wandte
sich 1783 entschieden, aber erfolglos gegen die
Errichtung eines Generalseminars in Graz. Als
Präses der Landesstudienkommission setzte er
u. a. einen besseren Unterricht im Slowenischen
schen durch. Schon 1773 berief er aus Triest
Jurij Japelj, damit er den großen Katechismus
(1779), das Lektionar, ein Lieder- und Gebet-
buch und schließlich die ganze Bibel (1802) ins
Slowenische übersetzte.

1782 legte H. wie andere Bischöfe seiner Zeit (J. J. v. → Trautson, L. E. v. Firmian) seine theologischen und kirchenpolitischen Ansichten in einem Hirtenbrief dar, der ins Französische, Italienische und Lateinische übersetzt wurde und weit über das Bistum hinaus Verbreitung fand. Darin gestand er den katholischen Landesfürsten die Jura circa sacra zu, während er die innerkirchliche Disziplin den Bischöfen reservierte. Diese waren seinen Darlegungen nach untereinander gleich, der Papst dagegen nur Princeps inter pares zur Wahrung der Einheit von Kirche und Glaube. Die Orden erklärte er für menschliche Erfindung, auf die man ohne Schaden für die Kirche verzichten könne. Die Ehedispensen reklamierte er als bischöfliches Recht. Größtes Aufsehen erregte er mit seinem Eintreten für religiöse Toleranz. Von der römischen Kurie wurden diese Auffassungen ebenso wie das Eintreten H.s für die sog. Kleine Kirche von Utrecht verurteilt. H. sah sich bei seinem Amtsantritt mit einer völligen territorialen und jurisdiktionellen Zersplitterung seines Bistums konfrontiert. Hier lagen die Gründe für seine Abneigung gegen die Orden mit ihren Sonderrechten und sein Eintreten für eine Neuumschreibung der Diözesan- und Pfarrgrenzen nach rationalen Aspekten, wie sie 1782 – 85 durchgeführt wurde. Die 1785 – 88 durchgeführte Neuordnung der Diözesangrenzen lehnte sich entsprechend seinem Vorschlag an die Landesgrenzen an. So erhielt das Bistum Laibach ganz Krain, während es seine in der Steiermark und in Kärnten gelegenen Pfarreien an Gurk bzw. Lavant abtrat. Das Bistum zählte nun 386 963 Einw. in 222 Pfarreien, von denen 142 neu errichtet worden waren.

H. billigte die Aufhebung zahlreicher Klöster (im Bistum Laibach 1782 – 86: 14) und Bruderschaften (in Krain: 396) unter Kaiser Joseph II. Als dieser jedoch im Rahmen einer Neuordnung Laibach anstelle von Görz zum Erzbistum erheben wollte, war Papst Pius VI. zu einer Rangerhöhung H.s nicht bereit. Da ein Rechtfertigungsschreiben H.s von 1787 nicht befriedigte, forderte Pius VI. in einem 90 Seiten langen Breve den detaillierten und eindeutigen Widerruf der H. vorgeworfenen Irrtümer. Die päpstliche Forderung traf H. hart, da er sich zwar als Reformer, aber als treuer Sohn der Kirche fühlte. Die drohende Spannung zwischen der österreichischen Regierung und dem Hl. Stuhl löste sich durch den Tod von H. am 7. 10 1787. Er wurde auf dem städtischen Christophorus-Friedhof beigesetzt.

Literatur: F. Kidrič, in: SBL 1 (1925/32), 303-313. - V. Einspieler, Johann Karl Graf von Herberstein, Bischof von Laibach. Sein Leben, Wirken und seine Stellung in der Geschichte des Josephinismus (Diss. phil. Wien 1951). - F. Maass II. - P. Hersche, Spätjansenismus. - F. M. Dolinar, Karl Johann Graf von Herberstein, Bischof von Laibach als Seelsorger, in: Münchner Zeitschrift für Balkankunde 3 (München 1980) 25-45. - Ders., Jožefinci med Rimon in Dunajem. Škof J. K. grof Herberstein v državno cerkvenstvo [Die Josephiner zwischen Rom und Wien. Bischof J. K. Graf von Herberstein und das Staatskirchentum], in: Acta Ecclesiastica Sloveniae 1 (Laibach 1979) 43-105. - P. G. Tropper, Erneuerungsbestrebungen.

Abbildungsnachweis: Öl auf Leinwand, unbek. Künstler, Bischofsgalerie im bischöfl. Palais Laibach.

France M. Dolinar

Herberstein, Sigmund Christoph (seit 1659 Graf, seit 1710 Reichsgraf) von (1644 – 1711)

1683 – 1701 Fürstbischof von Laibach

Sigmund Christoph von Herberstein wurde am 13. 2. 1644 zu Graz als Sohn des niederösterreichischen Kanzlers Ernest Friedrich Graf v. H. und dessen Ehefrau Anna Regina geboren. Die steirische Familie der H. stellte im 17. und 18. Jh. eine Reihe von Domherren in süddeutschen Kapiteln, vor allem in Regensburg und Passau. Zwei Familienmitglieder wurden in Laibach, eines in Regensburg Fürstbischof.

Nach dem Besuch des Grazer Jesuitenkollegs und dem Studium beider Rechte in Passau und Regensburg studierte H. 1661 – 65 wie schon mehrere andere Familienmitglieder in Rom als Alumne des Collegium Germanicum Theologie. 1668 erwarb er an der Sapienza den Titel eines Dr. theol. et phil. 1664 wurde er Domkapitular in Regensburg, am 31. 7. 1667 Priester in Laibach. Im gleichen Jahr wurde er Dompropst in Laibach, 1668 Domkapitular in Passau und Breslau, 1671 in Augsburg, 1674 Propst des Kollegiatstiftes in Rudolfswert sowie Archidiakon des Patriarchen von Aquileia für Unterkrain. Am 21. 4. 1683 nominierte Kaiser Leopold I. ihn zum Fürstbischof von Laibach. Die päpstliche Verleihung folgte am 6. 12. 1683. Dabei wurde H. gestattet, die Kanonikate in Passau und Regensburg beizubehalten. Am 6. 2. 1684 wurde H. inthronisiert und am 1. 5. konsekriert.

1684 – 85 visitierte H. sein Bistum zum erstenmal. Im Anschluß daran entwickelte er auf einer Diözesansynode sein pastorales Programm, in dessen Mittelpunkt eine bessere Ausbildung des Klerus und damit der Predigt und Katechese stand. H. gründete mehrere neue Pfarreien und Klöster.

H. war persönlich bescheiden und fromm, zugleich aber auch entschieden auf die Wahrung der bischöflichen Rechte bedacht. Mit dem Bischof von Brixen einigte er sich über die bis dahin strittige Jurisdiktion auf der Insel Bled. Zusammen mit Dompropst Johann Prešern und Domdechant und Generalvikar J. A. (→) Thalnischer gründete er 1700 die erste öffentliche Bibliothek Laibachs. Dem bischöflichen Palais gab er einen eindrucksvollen Arkadenhof. 1700 beschloß das Domkapitel den Abriß des gotischen Domes und seine Ersetzung durch einen barocken Neubau, doch erlebte H., der das Vorhaben auch finanziell unterstützte, dessen Vollendung nicht mehr.

Nachdem H. sich 1687 vergeblich um die Bistümer Regensburg und Passau bemüht hatte, resignierte er am 24. 5. 1701 (Annahme 18. 7.) auf sein Bistum und zog sich bis zu seinem Tode am 20. 7. 1716 in das Oratorium des hl. Philipp Neri bzw. in die Benediktinerabtei S. Pietro in Perugia zurück. Sein Grab befindet sich in der Klosterkirche.

Literatur: *C. v. Wurzbach* 8 (1862) 343. - *J. Glonar*, in: SBL 1 (1925/32) 314.

France M. Dolinar

Herz, Franz ⟨SJ⟩ (1724 – 1800)

1764 – 1800 Apostolischer Vikar im Kurfürstentum Sachsen (Dresden)

Franz Herz wurde 1724 zu Westbach im Allgäu geboren und trat 1739 zu Landsberg in die Oberdeutsche Provinz der Gesellschaft Jesu ein. Aus dem Innsbrucker Jesuitenkolleg kam er 1757 als Erzieher und späterer Beichtvater des Prinzen Friedrich August an den sächsischen Hof nach Dresden. Als Friedrich August nach dem frühen Tod des Kurfürsten Friedrich Christian (17. 12. 1763) diesem, noch minderjährig, im Amt nachfolgte, wurde H. Apostolischer Vikar im Kurfürstentum Sachsen. Seine förmliche Bestätigung erfolgte jedoch erst 1775, bereits nach Aufhebung der Gesellschaft Jesu. Die erforderlichen Fakultäten erhielt er für jeweils fünf Jahre.

In die Amtszeit von H. fielen die Einführung regelmäßiger katholischer Gottesdienste in Meißen, der Wiederaufbau des Dresdner Josephinenstiftes (1765) und vor allem die Aufhebung der Gesellschaft Jesu. Diese war für die sächsischen Katholiken besonders folgenschwer, weil sie bis dahin ausschließlich von Jesuiten betreut worden waren. Die säkularisierten Ordensleute blieben jedoch an ihren Stellen und wurden erst allmählich durch Weltpriester ersetzt. In seiner Funktion als landesherrlicher Beichtvater vermittelte H. die Erhebung der Bautzner Domdekane zu Titular-

bischöfen (M. → Nugk) und 1774 die Erwirkung des landesherrlichen Tischtitels für die der Lausitzer Diözese angehörenden Priesteramtskandidaten. H. starb als erster sächsischer Apostolischer Vikar in seinem Amt, und zwar am 8. 12. 1800. Er wurde auf dem Inneren katholischen Friedhof in Dresden beigesetzt.

Literatur: *F. A. Forwerk.* - *B. Duhr* III; IV / 2. - *P. F. Saft.* - *H. Meier*, Apostolisches Vikariat. - *Ders.* Kath. Kirche.

Heinrich Meier

Herz, Johann Evangelist (1695 – 1785)

1769 – 1782 Provikar in Augsburg

* 23. 10. 1695 in Wertach (Diöz. Augsburg); Lic. theol.; 1721 Priester; 1728 – 59 Pfarrer in Göggingen bei Augsburg; 1754 Kanonikus bei St. Gertraud, Augsburg; Bischöflicher Rat, Fiskal, Generalvisitator; 1769 – 82 Provikar in Augsburg; † 24. 5. 1785 in Augsburg; Epitaph Kreuzgang des Domes.

Literatur: *A. Haemmerle*, Chorherrenstifte Nr. 261. - *M. Wiedenmann*, Generalschematismus (Ms Studienbibliothek Dillingen) 76.

Peter Rummel

Heugel (Haighel), **Johann Raphael** (1677 – 1754)

1732 – 1746 Generalvikar in Eichstätt

* 21. 8. 1677 in Eichstätt als Sohn des bischöflichen Hofrates Johann Bapt. H.; Neffe von Generalvikar Raphael (→) Heugel; 1695 – 1701 Studium in Rom als Alumne des Collegium Germanicum (Dr. theol.); 1701 Kanonikus am Willibaldschor im Eichstätter Dom und Geistlicher Rat; 1710 Kanonikus am Neuen Stift ULFrau in Eichstätt; 1716 Kanonikus in Herrieden; 1715 – 25 und 1732 – 38 Offizial; 1736 – 46 Generalvikar der Fürstbischöfe Fr. L. (→) Schenk von Castell und J. A. v. (→) Freyberg; † 16. 10. 1754 in Eichstätt; □ St. Walburg in Eichstätt.

Literatur: *A. Hirschmann*, in: PBE 43 (1896) 88 und 44 (1897) 116.

Ernst Reiter

Heugel, Raphael (1634 – 1700)

1675 – 1699 Generalvikar in Eichstätt

* 1634 in Mörnsheim (Diöz. Eichstätt) als Sohn des dortigen fürstbischöflichen Kastners;

1654 – 61 Studium in Rom als Alumne des Collegium Germanicum; 1. 5. 1660 Priesterweihe; 1661 nach kurzer Seelsorgstätigkeit Kanonikus am Willibaldschor des Eichstätter Domes; 1665 – 78 Dekan des Chorherrenstifts Herrieden; 1675 – 96 Offizial; 1675 – 99 (Resignation) Generalvikar der Bischöfe M. (→) Schenk von Castell, J. E. (→) Schenk von Castell und J. M. v. (→) Eyb. Da M. Schenk von Castell als kaiserlicher Prinzipalkommissar beim Immerwährenden Reichstag meist in Regensburg weilte, lag die Sorge um die Diözese und den Klerus weithin auf den Schultern von H. † 17. 5. 1700 in Eichstätt; □ St. Walburg, Eichstätt.

Literatur: *A. Straus* 176-179. - *A. Hirschmann*, in: PBE 43 (1896) 87.

Ernst Reiter

Hiemayr (Hiemaier, Hiemer), **Johann** (1646 – 1706)

1699 – 1706 Generalvikar in Eichstätt

* 1646 in Mörnsheim (Diöz. Eichstätt); 1664 päpstlicher Alumne in Dillingen; 1672 ebd. Dr. theol.; seit 1672 Kanonikus, 1678 – 99 Dekan des Chorherrenstiftes Herrieden; seit 1699 Generalvikar der Fürstbischöfe J. M. v. (→) Eyb und J. A. (→) Knebel von Katzenellenbogen; † 22. 2. 1706 in Eichstätt; □ Pfarrkirche UL-Frau in Eichstätt.

Literatur: *A. Straus* 183-187.

Ernst Reiter

Hinnisdael, Guillaume Bernard de († 1709)

1695 – 1709 Generalvikar in Lüttich

* in Lüttich (?); Studium in Löwen und Reims (Lic. iur.); 1662 Domkapitular in Lüttich; 1667 Propst des Stiftes Sainte-Croix in Lüttich; 1669 Kantor des Domkapitels. Am 16. 7. 1695 legte H. dem Domkapitel ein päpstliches Breve vor, das ihn zum Coadministrator in spiritualibus der Diözese Lüttich ernannte, sowie ein fürstbischöfliches Schreiben, in dem ihm das Generalvikariat übertragen wurde. Die Ernennung eines Koadministrators erfolgte, weil Fürstbischof (→) Joseph Clemens von Bayern erst 23 Jahre alt war und die Priesterweihe noch nicht empfangen hatte. Das Verhältnis des Fürstbischofs zu dem wesentlich älteren H., der als ein entschiedener Verfechter der tridentinischen Reformen galt, war herzlich und unkompliziert. H. hat bis zu seinem Tode faktisch das Bistum geleitet. 1699 ging er mit aller Strenge gegen die

dem Jansenismus zuneigende Partei innerhalb des Lütticher Priesterseminars vor. Als Mitglied des Lütticher Lehnshofes war H. 1694 zurückgetreten. † 18. 11. 1709.

Schriften: Extractum ex libro primo chartarum ecclesiae Leodiensis conscripto de mandato capituli (MS). - Chronologia perillustris ecclesiae Leodiensis, 4 Bde. (MS, von grundlegender Bedeutung für die Geschichte des Domkapitels).

Literatur: *J. de Theux* 3 (1871) 319-321. - *J. Daris*, Liège XVIIᵉ siècle 2 (1877) 401f. - *E. Poncelet* 48. - *B. Demoulin* 71.

Alfred Minke

Höning (Hönig), **Johann Rotger**

1688 – 1693 Generalvikar in Münster

* in Naumburg (Erzdiöz. Mainz); 1678 Tonsur in Naumburg; Dechant an St. Ludgeri in Münster; 16. 2. 1704 Priester in Münster; 1688 – 93 kommissarischer Verwalter des Generalvikariats in Münster.

Quellen: ASV. - BAM.

Michael F. Feldkamp

Hoensbroeck, César Constantin François (seit 1733 **Reichsgraf**) **de** (1724 – 1792)

1784 – 1792 Fürstbischof von Lüttich

César Constantin François de Hoensbroeck wurde am 28. 8. 1724 auf Schloß Oost (Fürstbistum Lüttich) als Sohn des Antoine Ulric Dominique Hyacinthe de H., Baron von Oost und Herrn von Symeren Wooren, und dessen Ehefrau Anna Salome Petronella Gräfin von Nesselrode geboren. Da er aus der zweiten Ehe seines Vaters stammte und zudem der jüngste einer kinderreichen Familie war, hatte er ein größeres Erbe nicht zu erwarten. Früh zum geistlichen Stand bestimmt, empfing er 1735 die Tonsur. 1739 erhielt er ein Kanonikat, verbunden mit dem Amt des Scholasters, am Aachener Marienstift. Diese Ernennung wurde allerdings erst 1745 durch das Stiftskapitel bestätigt. In der Zwischenzeit hatte H. an den Universitäten Löwen und Heidelberg Kirchenrecht und Theologie studiert. 1742 hatte er in Trier das Bakkalaureat erworben. Danach residierte er in Aachen, wo er seinen Pflichten als Scholaster gewissenhaft nachkam. 1751 verlieh Fürstbischof (→) Johann Theodor von Bayern ihm ein Kanonikat im Lütticher Domkapitel, das seit fast drei Jahrhunderten Angehörige der Familie Hoensbroeck in seinen Reihen zählte. Am 28. 5. 1752 zum Priester geweiht, oblag H. als Inhaber einer der sechs priesterlichen Kapitelspräbenden seitdem die Sorge für den Kathedralgottesdienst. Auch dieser Aufgabe entledigte er sich mit großem Verantwortungsbewußtsein. Als Herr von Schloß und Herrschaft Beusdael (seit 1757) war er in der dortigen Dorfkirche ebenfalls gern seelsorglich tätig. Fürstbischof Ch. N. d' (→) Oultremont ernannte H. 1764 zum Kanzler. In dieser Eigenschaft führte er den Vorsitz im Privatrat, dem obersten Regierungsorgan des Fürstbistums. 1765 – 68 hielt er sich in Wien auf, wo er sich vergeblich um die Beilegung der Streitigkeiten zwischen dem Fürstbistum Lüttich und den österreichischen Niederlanden bemühte. Nach dem Tode Oultremonts wurde er vorübergehend als Nachfolger genannt, doch hatte seine strenge Amtsführung ihn unbeliebt gemacht.

Der Tod von Fürstbischof F. K. de (→) Velbrück, während dessen Amtszeit H. in den Hintergrund getreten war, rief als erstes die Höfe von Wien und Brüssel auf den Plan. Ihre Beauftragten schlugen den Bischof von Tournai, W. F. v. (→) Salm-Salm, für den verwaisten Bischofsstuhl vor. Als Kandidat Frankreichs bewarb sich dagegen wie schon 1772 der Erzbischof von Bordeaux, Ferdinand de Rohan. Die nationale Partei im Kapitel wollte jedoch durch die Wahl eines einheimischen Kandidaten einmal mehr ihre seit zwei Jahrzehnten wiedergewonnene Unabhängigkeit unter Beweis stellen. In der Hoffnung, den künftigen Fürstbischof für sich zu gewinnen, ließ daraufhin Frankreich seinen Kandidaten fallen und favorisierte ebenfalls die Kandidatur H.s, der am 21. 7. 1784 einstimmig per acclamationem gewählt wurde. Am 17. 8. 1784 übertrug Papst Pius VI. ihm die provisorische Verwaltung der Diözese, und am 20. 9. 1784 bestätigte er seine Wahl endgültig. Am 19. 12. 1784 wurde H. durch den Roermonder Bischof Philipp Damian de Hoensbroeck zum Bischof geweiht. Wie schon Velbrück untersagte auch er jegliche Illumination und Ausschmückung der Straßen anläßlich seiner Einführung am 20. 12. 1784. Er bat, daß die für diesen Zweck vorgesehenen Geldmittel wohltätigen Zwecken zugeführt würden.

H. wurde bei seinem Amtsantritt mit viel Sympathie begrüßt. Sein untadeliger Lebenswandel und seine charakterlichen Qualitäten wurden allgemein hervorgehoben. Zwei Jahre später war die Kritik an ihm dagegen schon weit verbreitet. Im Gegensatz zu Velbrück, dessen Liebenswürdigkeit und aufgeklärte Amtsführung nun idealisiert wurden, erschien H. vielen als reaktionär und bigott. Diesen Meinungsumschwung hatte vor allem ein innenpolitischer Konflikt bewirkt, den der Fürstbischof und seine Mitarbeiter von Anfang an völlig falsch eingeschätzt hatten.

Im Juli 1785 hatte der Lütticher Bürger Noël Levoz ohne fürstbischöfliche Genehmigung in Bad Spa ein Spielkasino eröffnet. Jene beiden Gesellschaften, denen durch die Vorgänger H.s das Monopol für den Spielbetrieb überlassen worden war, hatten daraufhin Klage eingereicht. Während H. nun deren Monopol bestätigte und die Verhaftung des Pächters, der im Auftrag Levoz' das neue Kasino führte, anordnete, fand dieser unter den mit der Aufklärung sympathisierenden Kreisen in Lüttich Unterstützung. Die daraufhin ausbrechende Polemik verschonte weder H., seine Ratgeber noch das Domkapitel. Nachdem ein Vermittlungsversuch gescheitert war, weitete sich der Streit im Frühjahr 1787 zu einem Verfassungskonflikt aus, in dessen Verlauf die Rechte des Fürstbischofs mehr und mehr in Frage gestellt wurden. H.s Umgebung und vor allem sein Schwager Graf de Méan (✝ 1788) rieten zur Unnachgiebigkeit. Daraufhin gründete die Opposition 1787 die „Société patriotique" zur Verteidigung der „Witwen, Waisen und Schwachen gegen die Mächtigen". Die Kette von Klagen und Gegenklagen vor den Landesgerichten und dem Reichskammergericht riß nicht mehr ab. Durch die Angriffe auf seine Person verbittert, ließ der unselbständige H., von seinen Ratgebern bestärkt, keinerlei Kompromißbereitschaft mehr erkennen. Seine Gegner, unter ihnen Nicolas Bassenge (→ Velbrück), orientierten sich unterdessen immer deutlicher an den Thesen Rousseaus und der Enzyklopädisten. Der Pariser Sturm auf die Bastille brachte auch in Lüttich die durch eine Teuerung zusätzlich angefachte Erregung auf den Höhepunkt. Am 18. 8. 1789 stürmte die Menge das Rathaus, vertrieb die Bürgermeister und setzte einen neuen Magistrat ein. H., der sich zu diesem Zeitpunkt auf seinem Landsitz in Seraing aufhielt, wurde aufgefordert, nach Lüttich zurückzukehren. Noch in der gleichen Nacht ratifizierte er die Abschaffung der 1684 durch (→) Max Heinrich von Bayern erlassenen monarchischen Verfassung und bestätigte die neuen Bürgermeister in ihrem Amt. Daß der Fürstbischof die unblutig verlaufene Revolution nur aus Furcht gutgeheißen hatte, zeigte sich eine Woche später, als er das Fürstbistum heimlich verließ und seinen Wohnsitz in der Abtei St. Maximin bei Trier nahm. Am 28. 8. verlangte das Reichskammergericht die Wiederherstellung der alten Ordnung und drohte mit militärischer Vollstreckung. Friedrich Wilhelm II. von Preußen sah hier eine Gelegenheit, durch Ver-

ständigung mit den Aufständischen Österreich
in Schwierigkeiten zu bringen, und ließ Lüttich
besetzen. Kurfürst (→) Max Franz von Köln
gelang es jedoch, Preußen zur Räumung Lüttichs zu bewegen und die offene Reichskrise zu
beenden. Die Unterzeichnung der Konvention
von Reichenbach am 27. 7. 1790 besiegelte auch
das Schicksal der Lütticher Revolution. Die
Wahl des inzwischen zum Erzbischof von
Cambrai aufgerückten Ferdinand de Rohan
zum „Regenten der Lütticher Nation" am 8. 9.
1790 bildete den letzten verzweifelten Versuch,
die wichtigsten Errungenschaften der Revolution zu retten und die Wiedereinsetzung H.s in
seine Machtbefugnisse zu verhindern. Sie ver-
stimmte jedoch die Reichsfürsten und insbesondere Preußen. Anfang 1791 marschierten
österreichische Truppen, ohne auf nennenswerten Widerstand zu stoßen, in Lüttich ein.
Wenig später kehrte die Mehrheit des Domkapitels, die sich im April 1790 nach Aachen
zurückgezogen hatte, zurück. Jene zwölf Kapitulare, die nicht emigriert waren und von denen
sechs die Revolution unterstützt hatten, wurden vorübergehend ausgeschlossen. H. traf am
12. 2. 1791 wieder in Lüttich ein. Sein schlechter Gesundheitszustand erlaubte es ihm jedoch
nicht mehr, die Regierungsgeschäfte persönlich zu führen. Domkapitular de Waseige, der
die Interessen des Fürstbischofs seit 1789 mit
Zähigkeit und Energie vertreten hatte, genoß
auch weiterhin H.s uneingeschränktes Vertrauen. Er war im wesentlichen verantwortlich
für die nun einsetzende harte und unerbittliche
Restauration. Die von Österreich gewünschte
Amnestie wurde nicht erlassen. Hunderte gerieten in die Mühlen einer kleinlichen und
argwöhnischen Justiz. Alle während der Revolution verabschiedeten Reformen wurden
rückgängig gemacht. Am 10. 8. 1791 setzte das
„Edit fondamental" den Fürstbischof wieder in
seine alten Rechte ein.

Die Revolution, ihre Vorgeschichte und ihre
Nachwirkungen machen die Würdigung H.s
als Landesherr und Bischof bis heute schwierig. Obwohl er der Aufklärung nicht mit der
gleichen Begeisterung anhing wie Velbrück,
unterstützte er die von diesem ins Leben geru-
fenen Einrichtungen zur Förderung von Literatur und Wissenschaften. 1785 schuf er einen
Lehrstuhl für Kirchen- und Zivilrecht; 1787
gründete er am Lütticher Priesterseminar einen
Lehrstuhl für Hl. Schrift; 1788 berief er einen
Dozenten für Germanisches Recht und 1789
einen weiteren für Allgemeine Rechtswissenschaften. H. bestimmte außerdem, daß die
Bibliothek des Priesterseminars, die auch die
Bestände der wallonischen Jesuiten übernahm,
künftig öffentlich sein solle, und übertrug ihre

Leitung spezialisierten Bibliothekaren. Er trug
sich auch mit dem Gedanken, die verschiedenen Lütticher Lehrstühle, Hochschulen und
Akademien zu einer Universität zusammenzu-
fassen.

Die Emser Punktation von 1786 lehnte H.,
durch Domkapitel und Klerus unterstützt, ab.
Gegenüber der Kirchenpolitik Josephs II., die
immerhin rund 250 Lütticher Pfarreien betraf,
verhielt er sich lange abwartend. Erst 1789
erhob er bei der österreichischen Regierung in
Brüssel Protest gegen die Einmischung des
Kaisers in kirchliche Belange. In dem zu Frankreich gehörenden Teil seines Bistums mußte
sich H. mit den Folgen der Französischen
Revolution auseinandersetzen. 1790 schloß er
sich der Verurteilung der Zivilkonstitution des
Klerus durch die französischen Bischöfe an.
Die Priester, die den Eid auf die Verfassung
geleistet hatten, suspendierte er und belegte
ihre Kirchen mit dem Interdikt. Konkrete Auswirkungen hat dies jedoch nicht gehabt.

H. starb am 4. 6. 1792. Er wurde in der St.
Lambertus-Kathedrale beigesetzt. Für seine
Würdigung ist zu berücksichtigen, daß die
Spannungen, die 1789 zur Revolution geführt
hatten, z.T. bereits unter seinem Vorgänger
bestanden. Dieser hatte es jedoch durch ge-
schicktes Taktieren immer wieder vermocht,
sie notdürftig zuzudecken. H.s Hauptfehler
bestand darin, daß er ausschließlich den Rat-
schlägen seiner konservativen Ratgeber folgte
und die Möglichkeiten zur Beilegung des Kon-

fliktes nicht nutzte. Ob allerdings eine dauerhafte Absicherung des fürstbischöflichen Regi-
mes angesichts der aus Frankreich eindringen-
den revolutionären Propaganda und der zunehmenden Radikalisierung eines Teiles der Lütticher Opposition überhaupt noch möglich gewesen wäre, bleibt dahingestellt.

Literatur: *A. Borgnet.* - *J. Daris*, Liège 1 (1868) 357-450;
2 (1872) 3-369. - *J. de Theux* 4 (1872) 70-72. - *A. Le
Roy*, in: BN 9 (1886/87) 419-423. - *H. Pirenne* 5 (²1926)
503-558. - *J. Paquay* 68 - *L. Jadin*, Procès 293-297. - *J.
Hansen*, Quellen zur Geschichte des Rheinlandes im
Zeitalter der Französischen Revolution (1780-1801),
2 Bde. (Bonn 1931-33). - *P. Harsin*, La révolution
liégeoise de 1789 (Bruxelles 1954). - *P. J. Rensonnet*,
Beusdael, son château et ses seigneurs, in: Bulletin de
la société verviétoise d'archéologie et d'histoire 53
(1966) 87-89. - *M. Yans*, Hoensbroeck d'après des
documents inédits, in: Bulletin de la société d'art et
d'histoire du diocèse de Liège 49 (1969) 63-78.

Abbildungsnachweis: Gemälde von Pierre-Michel de
Lovinfosse (1745-1821) im Curtius Museum in Lüttich (Inv. I/609). - IRPA Bruxelles Neg. Nr. 177.546.

Alfred Minke

**Hoensbroech, Johann Friedrich Arnold Reichs-
freiherr** (seit 1733 **Reichsgraf**) **von** († 1758)

1742 – 1751   Generalvikar für das Obererzstift
              Trier in Trier

H. entstammte einer in den Niederlanden beheimateten Familie; er war Sohn des Wilhelm
Adrian v. H., Freiherrn von Erdtbruggen, Herrn
der Vogtei Geldern, Erbmarschalls des Fürstentums Geldern und der Grafschaft Zutphen, und
der Elisabeth Henrica Maria Victoria Gräfin
von Schellardt-Obendorff; 1720 Domizellar in
Trier und Halberstadt; 1737 Domkapitular in
Trier; 1739 Archidiakon von Longuyon, 1743
von Karden; 27. 5. 1742 Generalvikar für das
Obererzstift Trier sowie Präsident des Konsistoriums in Trier; 1750 Archidiakon von St.
Peter in Trier und erzbischöflicher Kaplan. Sein
Bruder Franz Arnold Adrian war mit einer
Nichte des Erzbischofs F. G. v. (→) Schönborn
verheiratet. Als das Domkapitel ihn 1751 zum
Propst wählte, wurde er als Generalvikar abgelöst. H. war sehr verschlossen, dem Erzbischof
jedoch eng verbunden. Zunächst war er dessen
Favorit für das Amt des Koadjutors, doch
spielte er bei der Wahl von 1754 keine Rolle
mehr. H. war mehr am Wohl seiner Familie als
an seiner eigenen Karriere interessiert. † 1758.

Quellen: LHA Koblenz, Abt. 1 C; Abt. 1 D.

Literatur: *L. Just*, Höfe. - *R. Steimel*, Rheinisches
Wappen-Lexikon IV (Köln 1953) 51. - *S. M. zu Dohna*. -
G. Livet.

Wolfgang Seibrich

**Hörde zu Schönholthausen, Johann Friedrich
Adolf Freiherr von** (1688 – 1761)

1722 – 1761   Apostolischer Vikar des Nordens
1723 – 1761   Weihbischof in Osnabrück, Ep.
              tit. Flaviopolitanus
1723 – 1728   Metropolitanvikar in Osnabrück
1729 – 1761   Generalvikar in Osnabrück
1761   Kapitularvikar in Osnabrück

* 5. 12. 1688 in Schönholthausen (Erzdiöz.
Köln); Besuch des Jesuitengymnasiums in Mün-
ster; Studium der Philosophie in Trier; 1709
Minores in Münster; 1709 – 12 Studium in Rom
als Alumne des Collegium Germanicum; 19. 9.
1711 Diakonweihe in Rom; 1711 Domkapitular
in Hildesheim; 14. 3. 1714 Priesterweihe in
Hildesheim; 1719 vom Kölner Erzbischof (→)
Josef Clemens von Bayern zum Weihbischof in
Osnabrück bestimmt; am 9. 8. 1720 im Konsi-
storium zum Weihbischof ernannt, trat H. das
Amt nicht an; 15. 12. 1722 Apostolischer Vikar
des Nordens; 15. 3. 1723 Titularbischof von
Flaviopolis und Weihbischof in Osnabrück;
4. 7. 1723 Bischofsweihe in Köln; 1723 bis
August 1728 Generalvikar des Kölner Erzbi-
schofs (→) Clemens August von Bayern in
Osnabrück („Metropolitanvikar"); 1729 – 42
Domkapitular in Münster; 1729 – 61 Generalvi-
kar des Osnabrücker Fürstbischofs Clemens
August; seit Februar 1761 Kapitularvikar in
Osnabrück; † 3. 8. 1761 in Osnabrück; ☐ Dom
zu Osnabrück.

Literatur: *J. C. Möller*, Weihbischöfe Osnabrück 193-
201. - *F. X. Schrader*, Nachrichten über den Osnabrücker Weihbischof Johann Adolf von Hörde, in: WZ
53/II (1895) 109-133. - *A. Steinhuber*. - *J. Metzler*,
Apostolische Vikariate 105-108, 135, 147-149. - *F.
Keinemann*, Domkapitel Münster 281f. - *J. Torsy* 79,
438. - *W. Kohl.* Domstift Münster 736. - *M. F. Feldkamp* 235 f.

Michael F. Feldkamp

Hofkirchen, Wenzel Wilhelm Reichsfreiherr
(seit 1663 **Reichsgraf**) **von** († 1679)

1670 – 1679   Fürstbischof von Seckau
1671 – 1679   Salzburger Generalvikar für die
              Steiermark und den Neustädter
              Distrikt

Wenzel Wilhelm von Hofkirchen, Kollmünz
und Dresidl wurde zu Beginn des 17. Jh. in

Niederösterreich als Sohn des Wilhelm v. H. und der Anna Sabine Freiin von Auersperg geboren. Die Familie war evangelisch, und der Großvater Wolfgang v. H. war Präsident der evangelischen Stände Niederösterreichs gewesen. Da der Vater sich im Verlauf der Gegenreformation weigerte, zur katholischen Kirche überzutreten, wurde er 1620 geächtet, während die Mutter katholisch wurde und ihre beiden Söhne katholisch erziehen ließ. Karl Ludwig entschied sich für die Offizierslaufbahn und starb 1682 als kaiserlicher Generalfeldmarschall. H. studierte dagegen die Rechte und stieg zum niederösterreichischen Regierungsrat auf. Später entschloß er sich jedoch, Priester zu werden, und studierte in Wien und seit 1633 als Alumne des Collegium Germanicum in Rom Theologie. 1635 wurde er Mitglied des Passauer und Regensburger, 1642 auch des Salzburger Domkapitels, später Pfarrer von Traunstein sowie Propst von St. Mauritz und St. Magdalena in Friesach. 1663 erfolgte seine Erhebung in den Grafenstand.

Am 20. 2. 1670 nominierte der Salzburger Erzbischof M. G. v. (→) Kuenburg H. zu seinem Nachfolger als Bischof von Seckau, und am 17. 8. spendete er ihm in Salzburg die Bischofsweihe. Zwei Wochen später traf H. in seinem Sprengel ein. Bei der Temporalienübergabe fungierte der Grazer Erzpriester als Kommissar.

Im Januar 1671 ernannte Kuenburg H. ferner zu seinem Generalvikar für den steirischen Anteil der Erzdiözese Salzburg und für das Dekanat Wiener Neustadt. H., der 1673 ein Eligibilitätsbreve für Passau erhielt, scheint nie ein näheres Verhältnis zu seinem Sprengel gefunden zu haben, zumal er sich zur Wahrnehmung seiner Residenzpflichten als Domkapitular jährlich für lange Zeit in Salzburg und Passau aufhielt. Auch der Pflege der reichen Propsteipfründen in Friesach widmete er große Aufmerksamkeit, so daß er vor seinem Tode testamentarisch über ein ansehnliches Vermögen verfügen konnte. Sein Verhältnis zum Seckauer Domkapitel war stets gespannt, während er zu den Leibnitzer Kapuzinern ein freundschaftliches Verhältnis pflegte. 1678 gelang es H., mit dem Stift St. Lambrecht einen jahrhundertelangen Jurisdiktionsstreit gütlich zu beenden.

An dem grausamen Hexenprozeß, der 1674 – 75 zu Feldbach stattfand und bei dem mindestens ein Priester zum Tode verurteilt wurde, hatte H. keinen Anteil. 1679 wurde die Steiermark erneut von einer schweren Pestepidemie getroffen.

Auch unter H. äußerte sich die religiöse Regsamkeit des Landes in einer regen Bautätigkeit.

So legte Kaiser Leopold I. 1673 zu Graz persönlich den Grundstein zum Kloster der Augustiner-Barfüßer.

H. erkrankte im Jahre 1679 zu Salzburg. Als sich sein Tod abzeichnete, ließ er sich auf sein Residenzschloß nach Seckau bringen. Dort starb er am 6. 11. 1679. Er wurde wahrscheinlich im Dom zu Seckau beigesetzt. Zu seinem Universalerben hatte er seinen Bruder eingesetzt.

Literatur: *I. Fuchs. - K. Klamminger*, in: *K. Amon* 306 - 311 (Lit.). - *B. Roth*, Seckau. - *Ders.*, Dom. - *H. Valentitsch.*

Maximilian Liebmann

Hoheneck, (Hohenegk), **Anselm Franz Reichsfreiherr von** (1643 – 1704)

1679 – 1704 Generalvikar in Mainz

* 1643 in Miltenberg als Sohn des kurmainzischen Geheimen Rates Johann Reinhard († 1672) und der Martha Helena von Eltz; 1653 Domizellar (erzbischöfliche Provision), 1673 Domkapitular, 1686 Domscholaster in Mainz; 1663 – 67 mit seinem Bruder Philipp Adolph Studium in Rom als Alumne des Collegium Germanicum; 1667 folgte ein weiterer Bruder dorthin; seit 1679 Generalvikar in Mainz; † 7. 1. 1704; ☐ Mainzer Dom.

Literatur: *V. F. de Gudenus* II 433. - *G. Rauch* III 154 f.

Friedhelm Jürgensmeier

Hoheneck (Hohenegk), **Wilderich Marsilius Reichsfreiherr von** († 1735)

1717 – 1735 Generalvikar in Mainz

* in Miltenberg als Sohn des kurmainzischen Geheimen Rats und Vizedoms in Aschaffenburg Johann Reinhard († 1672) und der Martha Helena von Eltz († 1681); Bruder des Anselm Franz; 1682 Stiftsherr, 1690 Kapitular, später Kantor (vor 1715 resigniert) von St. Burkhard in Würzburg; nach 1681 Domherr, 1694 Kapitular, 1708 Domkustos in Worms; 1705 Domherr, 1706 Domkapitular auf einer Priesterpräbende, 1730 Domscholaster in Mainz; 1705 Stiftsherr, 1707 Kapitular, 1720 Dekan von St. Ferrutius in Bleidenstadt; seit 1717 Generalvikar von Erzbischof L. F. v. (→) Schönborn und seinem Nachfolger; 1733 kurmainzischer Geheimer Rat; 20. 4. 1735 in Mainz; ☐ Mainzer Dom.

Literatur: *V. F. de Gudenus* II 433. - *H. Duchhardt*, Eltz 258. - *G. Rauch* III 155.

Friedhelm Jürgensmeier

Hohenfeld, Christoph Philipp Willibald Reichsfreiherr von (1743 – 1812)

1775 – 1810 Generalvikar der Diözese Speyer

* 2. 12. 1743 in Ehrenbreitstein als Sohn des Wilhelm Ludwig von Hohenfeld, kurtrierischen Generals und Kommandanten der Feste Ehrenbreitstein, und der Josepha Karolina Isabella Freiin Knebel von Katzenelnbogen; 1756 Domherr in Speyer, 1767 in Worms, 1768 in Bamberg (1776 resigniert); 1751 Domizellar, 1768 Kanonikus, 1782 oder 1783 (bis 1802) Dekan des Ritterstiftes in Wimpfen; 16. 12. 1775 Generalvikar der Diözese Speyer. H. bekleidete dieses Amt bis zum Tode von Bischof (→ Bd. I) Philipp Franz von Walderdorf im Jahre 1810. 1777 – 80 war er Konferenzminister und Wirklicher Geheimer Staatsrat des Kurfürsten (→ Bd. I) Klemens Wenzeslaus von Trier. 1780 verlangte der Kölner Nuntius seine Ablösung, da er auf dem Gebiet des Schulwesens aufklärerische Anliegen verwirklichen wollte. 1791 – 1803 Domdekan in Speyer. 1797 bewarb H. sich vergeblich um das Bistum Speyer. Nach der Säkularisation nahm er seinen Wohnsitz in Frankfurt. † 2. 5. 1822 in Frankfurt. H. soll in seiner Speyerer Zeit Mitglied des Illuminatenordens gewesen sein. Er unterhielt Kontakte zu Gelehrten und Literaten, u.a. zu Friedrich v. Schiller. In seinem Haus fand 1780 Sophie La Roche mit ihrem Gatten Aufnahme, als sie, um der Zensur des Trierer Kurfürsten zu entgehen, nach Speyer kam.

Literatur: v. *Eltester*, in: ADB 12 (1880) 672. - *F. X. Remling* II 719, 725f., 810. - *A. Wetterer*, Speierer Generalvikariat 153. - *F. Wachter* 222. - *L. Stamer* III/2 (1959) 68, 125, 127f., 181.

Hans Ammerich

Hohenlohe-Waldenburg-Bartenstein, Joseph Christian Franz Prinz zu (1740 – 1817)

1789 – 1795 Koadjutor des Fürstbischofs von Breslau, Ep. tit. Lerensis
1795 – 1817 Fürstbischof von Breslau

→ Bd. 1, 320 f.

Hohenwart, Sigismund (Ernst) (seit 1767 **Graf**) **von** (1745 – 1825)

1787 – 1809 Generalvikar der Diözese Gurk
1811 – 1814 domkapitelscher Generalvikar in Linz
1814 – 1825 Bischof von Linz

→ Bd. 1, 323 f.

Hohenwart, Sigismund Anton (seit 1767 **Graf**) **von** (1730 – 1820)

1791 – 1794 Bischof von Triest
1794 – 1803 Bischof von St. Pölten und Apostolischer Feldvikar der österreichisch-ungarischen k. k. Heere
1803 – 1820 Fürsterzbischof von Wien

→ Bd. 1, 324 – 326.

Hohenzollern-Hechingen, Johann Carl Reichsgraf von (1732 – 1803)

1778 – 1785 Koadjutor des Bischofs von Kulm, Ep. tit. Dibonensis
1785 – 1795 Bischof von Kulm
1795 – 1803 Bischof von Ermland

Johann Carl von Hohenzollern-Hechingen wurde im Jahre 1732 zu Freiburg i. Br. als Sohn des kaiserlich-österreichischen Generalfeldmarschalls Hermann Friedrich v. H. und der Maria Gräfin von Öttingen-Wallerstein-Spielberg geboren und am 25. 7. getauft. H. schlug die militärische Laufbahn ein und stieg in der französischen Armee zum Oberst auf, nahm aber während des Siebenjährigen Krieges den Abschied, um in die preußische Armee überzugehen. König Friedrich II. soll ihm zur geistlichen Laufbahn geraten haben. Schon über vierzigjährig, begann H. das Studium der Theologie. 1777 wurde er Priester und Domkapitular in Breslau. Obwohl H. eine geistliche Berufung hatte, standen doch militärische und politische Interessen bei ihm im Vordergrund. Schon im Jahr der Priesterweihe veranlaßte Friedrich II., daß Bischof A. I. (→) Baier von Kulm seinen „geistlichen Herrn Vetter" zum Koadjutor mit dem Recht der Nachfolge erbat. Daraufhin wurde H. nach langem Tauziehen um die für die Durchführung des Informativprozesses zuständige Instanz am 20. 7. 1778 zum Titularbischof von Dibona und Koadjutor Baiers mit dem Recht der Nachfolge ernannt. Die Bischofsweihe empfing er am 27. 9. 1778 in der Klosterkirche zu Oliva durch Bischof I. B. F. (→) Krasicki von Ermland. Als Ausstattung überwies ihm der König 1779 bzw. 1781 die Abteien Pelplin und Oliva. Nach Auflösung des Jesuitenordens wurde H. mit der Neuordnung der westpreußischen und ermländischen Jesuitenschulen beauftragt. 1781 übernahm er die Oberaufsicht über das Königliche Schuleninstitut. Mit dem Tode von Baier (31. 1. 1785) trat H. zwar dessen Nachfolge an, doch siedelte er nicht nach Kulmsee über, sondern behielt seine Residenz in Oliva bei.

Nach der Translation des ermländischen Bischofs Krasicki nach Gnesen bezeichnete König Friedrich Wilhelm II. dem dortigen Kapitel H. als seinen Kandidaten. Die Domherren sträubten sich zuerst, da sie sich an die Bestimmungen des Petrikauer Vertrages gebunden fühlten, nach dem ihnen vier Kandidaten präsentiert werden sollten. Doch mußte sich das Kapitel schließlich zu einer Scheinwahl entschließen. Am 16. 7. 1795 stimmte es einstimmig für H. Die Translation und die Verleihung des Palliums folgten am 18. 12. 1795, während die Verwaltung des Bistums ihm schon am 17. 9. übertragen worden war. Die Inthronisation in Frauenburg fand am 10. 4. 1796 statt.

Mit H. besaß das Ermland zum ersten Mal seit dem 16. Jh. wieder einen Oberhirten deutscher Herkunft. Es gelang dem Bischof, die Interessen von Kirche und Krone zu vereinen und auch das Vertrauen des ermländischen Klerus zu gewinnen, obwohl er seine Residenz in Oliva weiterhin beibehielt und sein Bistum selten aufsuchte.

Die eigentliche Bistumsleitung oblag während H.s Episkopat dem Weihbischof K. F. v. (→) Zehmen, später dem Domherrn Franz von Cichowski. H. hielt in Oliva einen gastlichen Hof und ließ nach der Sitte der Zeit auf dem benachbarten Karlsberg einen Park anlegen. Da er die Abtei Oliva innehatte, wurde diese

dem Bistum Ermland zugewiesen, doch kümmerte sich der Bischof um die inneren Belange dieser Klosterkommunität nicht. Durch seine üppige Hofhaltung und übertriebene Freigebigkeit belastete er das an und für sich gut dotierte Bistum Ermland so sehr, daß es nach H.s Tod am 11. 8. 1803 erst 1817 nach Abtragung der Schuldenlast neu besetzt werden konnte. Beigesetzt wurde H. in der Klosterkirche Oliva.

Literatur: *A. Eichhorn*, Bischofswahlen 573-595. - *A. Poschmann*, in: APB 1 (1941) 283. - *J. Obłąk*, Historia 124 f. - *J. P. Ravens*. - *T. Oracki* 1 (1984) 105 f. - *H. Lingenberg*, Oliva - 800 Jahre. Von der Zisterzienserabtei zur Bischofskathedrale (Lübeck 1986) 140 f.

Abbildungsnachweis: Öl auf Leinwand, unbek. Künstler. - Schloß Sigmaringen Inv. Nr. II B1/797.

Anneliese Triller

Holler, Johannes (1614 – 1671)

1663 – 1671 Generalvikar und Weihbischof in Trier, Ep. tit. Azotiensis

* 1614 in Echternach (Luxemburg); sein Bruder Bernhard war Dr. iur. utr., im höheren österreichischen Verwaltungsdienst tätig und später Rektor der Universität Wien; Studium in Trier (Dr. iur. utr.); ab ca. 1643 in Rom als Geschäftsträger des Bischofs (→) Leopold Wilhelm von Österreich; seit etwa 1647 für das Trierer Domkapitel in seiner Auseinandersetzung mit Erzbischof Ph. Chr. v. (→) Sötern für dessen Koadjutor K. K. v. d. (→) Leyen tätig; 1652 Dekan des Stiftes St. Simeon in Trier. Im gleichen Jahr beendete er seinen römischen Aufenthalt und überbrachte v. d. Leyen, dessen amtlicher Resident er zuletzt war, das Pallium. Apostolischer Protonotar. Leyens Pläne zur Wiederherstellung der Universität und zur Neufassung des trierischen Landrechtes unterstützte er maßgeblich. Zunächst kurfürstlicher Rat und Professor der Rechte an der Universität Trier, deren Rektor er 1657 war. Als Vertrauensmann des Erzbischofs erscheint er seit 1654 als Offizial, Siegler und Generalvikar. 1654 – 56 verhandelte er wenig erfolgreich mit dem luxemburgischen Klerus um dessen Beitrag zu den Palliengeldern, ferner mit Kaiser Ferdinand III. 1659 scheint er auf das Amt des Offizials und Sieglers verzichtet zu haben, um anstelle v. d. Leyens die Ad-limina-Fahrt zu unternehmen. Möglicherweise distanzierte er sich 1661 – 65 von der frankophilen Politik des Erzbischofs, doch wählte dieser ihn 1663 zu seinem Weihbischof. 27. 8. 1663 Titularbischof von Ashdod; 1. 7. 1664 Konsekration durch

v. d. Leyen. H. konsekrierte vor allem die vielen nach dem Dreißigjährigen Krieg wiederhergestellten Kirchen und widmete sich den von seinem Vorgänger O. v. (→) Senheim zuletzt vernachlässigten Visitationen. Er bewog v. d. Leyen dazu, nach dem Zerfall des Rheinbundes von einem direkten Bündnis mit Frankreich abzusehen und stattdessen 1668 ein Bündnis mit Spanien und 1671 eine Allianz mit Kurmainz und dem Kaiser einzugehen. † 20. 1. 1671; □ Unterkirche von St. Simeon in Trier.

Quellen: LHA Koblenz, Abt. 1 A; Abt. 1 C. - N. v. Hontheim.

Literatur: *K. J. Holzer - A. Neyen*, Biographie Luxembourgeoise, Bd. I (Neudruck der Ausgabe Luxembourg 1860, Reinheim 1972) 251. - *L. Just*, Luxemburger Kirchenpolitik. - Vgl. auch Lit. Karl Kaspar von der → Leyen.

Wolfgang Seibrich

Hontheim, Johann Nikolaus (RA) (1701 – 1790)

1738 – 1747 Generalvikar für das Niedererzstift Trier in Koblenz
1748 – 1790 Weihbischof in Trier, Ep. tit. Myriophytanus
1748 – 1778 Generalvikar für das Obererzstift Trier in Trier

Johann Nikolaus von Hontheim wurde am 27. 1. 1701 zu Trier als Sohn des Karl Kaspar v. H. († 1724), Generaleinnehmers des Obererzstiftes Trier, Hochgerichts- und Ratsschöffen sowie mehrfachen Bürgermeisters der Stadt Trier, und der Anna Margarethe von Anethan († 1748) geboren. Die Mutter war eine Großnichte des Weihbischofs J. H. v. (→) Anethan. Beide Familien standen seit Jahrzehnten in kurtrierischen Diensten. H. wurde 1713 tonsuriert und erhielt aufgrund eines Anethanschen Familienrechtes die Exspektanz auf ein Kanonikat an St. Simeon in Trier. Er besuchte das Jesuitengymnasium seiner Heimatstadt, studierte ebd. 1719 – 22 und später in Löwen und Leiden Rechtswissenschaft und Theologie. Seine Lehrer in Trier waren u. a. Deel und der spätere Weihbischof L. F. v. (→) Nalbach, in Löwen Bauwens, Hackins und Bugenhaut, während der Jansenist Zeger Bernhard van Espen bereits emeritiert war. In Leiden hörte er Vitriarius und Westenberg. Als er 1724 mit der These „De jurisprudentia naturali et summo imperio" gleichzeitig mit seinem Bruder Johann Wolfgang zum Dr. iur. utr. promoviert wurde, waren besondere Prägungen allenfalls in der naturrechtlichen Ausrichtung und durch seine Kenntnisse des Französischen und Flämischen erkennbar. Beeinflussungen durch die Utrech-

ter Kirche oder durch den 1719 – 25 von Weihbischof J. M. v. (→) Eyss gegen die jansenistische Abtei Orval durchgeführten Kampf sind nicht auszuschließen. Von den üblichen Reisen, z. B. nach Wien, ist wenig bekannt. Noch bevor H. 1726 zu einem fast eineinhalbjährigen Aufenthalt wegen eines Rechtsstreites des Simeonstiftes nach Rom ging, wurde er zum Diakon geweiht. Eine Beeinflussung durch die kuriale Praxis und das römische Leben unter Papst Benedikt XIII. bleibt offen. Nach der Rückkehr wurde H. am 22. 5. 1728 in Trier zum Priester geweiht und einen Monat später als Kanoniker an St. Simeon zugelassen. Fast gleichzeitig ernannte Erzbischof (→) Franz Ludwig von Pfalz-Neuburg ihn zum Assessor beim Konsistorium in Koblenz. 1733 – 38 las H. an der Universität Trier römisches Recht. Da der ab 1729 amtierende Erzbischof F. G. v. (→) Schönborn in Ehrenbreitstein residierte, blieben diese Jahre der stillen Arbeit vorbehalten, aus der später seine Geschichtswerke erwuchsen. Erst als Schönborn ihn am 6. 2. 1738 zum Offizialatskommissar nach Koblenz und damit zum Generalvikar für das untere Erzstift Trier berief, weitete sich sein Aufgabenkreis. 1738 erhielt er die Pfarrei ULFrau und 1740 stattdessen ein Kanonikat an St. Florin in Koblenz. Außerdem erhielt er ein Kanonikat am Stift Münstermaifeld und als Personatist die Pfarrei Lütz, für die das Stift die Kollatur besaß. In Koblenz kam H. in Berührung mit Schönborns Reichspolitik und Episkopalismus, in persönlicher Hinsicht mit dem 1733 in kurtrierischen Dienst getretenen Konvertiten Jakob Georg Spangenberg. Als dieser 1741 zum Frankfurter Wahlkonvent entsandt war, blieb H. der einzige politisch Vertraute des persönlich spröden Erzbischofs, bei dem er in etwa die Rolle eines Privatsekretärs wahrnahm. Als er Spangenberg nach Frankfurt folgte, studierte er dort mit diesem die Gravamina Nationis Germanicae sowie die Reformkonzilien von Konstanz und Basel. Er machte sich zugleich im Interesse der kirchlichen Einheit mit dem Gedanken einer Beschränkung der päpstlichen Jurisdiktion vertraut. Im Auftrag Schönborns deutete er 1742 Unzufriedenheit über den kurialen Umgang mit den Interessen der „natio germanica" an und wies auf die Beschränkung des kurialen Einflusses in Frankreich und Belgien hin. Welchen Anteil H. an der Formulierung von Art. 14 der Wahlkapitulation von 1742 mit der trierischen Forderung nach Judices in partibus als Appellationsinstanz, ferner der Aufhebung des Privilegium fori für Kleriker und des forum mixtum hatte, bleibt unklar. Als Hofkreise Erzbischof J. Ph. v. (→) Walderdorff 1765 für die Aufhebung des Privilegium fori gewannen, distanzierte H. sich entschieden. 1745 hatte er erneut Gelegenheit, an den Verhandlungen zur Kaiserwahl teilzunehmen.

Sein diplomatisches Geschick bewies H. bei der Beilegung von Auseinandersetzungen zwischen Bischof und Domkapitel in Speyer sowie bei der Visitation des Generalvikariates und der vier Stiftskapitel in Worms. Er hatte jedoch höhere Ambitionen und zog sich 1747 „aus gesundheitlichen Gründen" von Koblenz auf sein Trierer Kanonikat zurück. Möglicherweise suchte er dabei die Nähe des ihm seit 1741 von Frankfurt bekannten und damals in Trier tätigen Kanonisten Georg Christoph Neller, in dem er seit der Veröffentlichung von dessen „Principia" einen Gesinnungsverwandten vermuten konnte.

H. war zwar zeitlebens von schwacher Konstitution, wurde aber 1748 Dekan von St. Simeon und am 13. 3. 1748 zum Weihbischof bestimmt. Die Verleihung des Titularbistums Myriophit folgte am 2. 12. 1748, die Konsekration durch den Mainzer Weihbischof Chr. (→) Nebel am 16. 2. 1749 in Mainz. Damit übernahm H. nicht nur die geistliche Leitung des westlichen Teiles der Erzdiözese, die nach Lothringen, Luxemburg und Frankreich hineinreichte, sondern auch die Wahrnehmung der Metropolitansachen in den Diözesen Metz, Toul und Verdun. Auch auf wissenschaftlichem Gebiet weitete sich seine Aktivität. 1750 vollendete er seine dreibändige „Historia Trevirensis diplomatica et pragmatica", 1757 den „Prodromus Historiae Trevirensis". Beide Werke zeigten, daß er die historische Methode seiner Zeit mustergültig beherrschte. Sie brachten ihm neben allgemeiner Anerkennung 1767 die Berufung in die Akademien zu Mannheim und Erfurt. Kleinere Schriften, meist nur im Manuskript erhalten, gingen voraus und folgten. Sie zeigen, daß er wie gleichzeitig Neller zunehmend restaurativ orientiert und am Ideal einer vorkanonistischen und unspekulativen Theologie und Kirche interessiert war. Schon 1751 formulierte er als Prokanzler der Universität entsprechende „Norma studiorum" zur Reform der Universität sowie des Gymnasiums in Koblenz. Vor allem die Jesuiten fühlten sich, wie allenthalben in Deutschland, durch diese Art von Theologie und durch den trierischen Episkopalismus herausgefordert, doch der Erzbischof blieb konsequent, während episkopalistische, gallikanische und jansenistische Ideen nun auch von anderen Professoren vertreten wurden. Auch die Herausgabe des vierbändigen trierischen Breviers sowie des Missales von 1748, ferner des Rituales von 1767 fügten sich in diesen Rahmen. In Luxemburg blieben allerdings aus Gründen der staatlichen Kirchenhoheit die römischen liturgischen Bücher im Gebrauch. Im Gegensatz zu seinen Vorgängern fand H. zum Luxemburger Provinzialrat ein entkrampftes Verhältnis, da er der staatlichen Kirchenhoheit zahlreiche Konzessionen machte. Es scheiterten allerdings seine Kandidaturen für die Bistümer Antwerpen (1758) und Ypern (1761), während er Gent 1775 selbst ablehnte. Als reife Frucht seiner Sorgen veröffentlichte er schließlich im September 1763 in Frankfurt pseudonym das Werk „Justini Febronii Jurisconsulti de statu ecclesiae et legitima potestate Romani Pontificis ... Bullioni". Von der negativen Reaktion darauf zeigte H. sich überrascht, denn er war nicht der heroische Kämpfer, der neue Luther und Kurienfeind, als den ihn feindliche Zeitgenossen wie „Freunde" deuteten. Obwohl der Kölner Nuntius Cesare Alberico Lucini schon 1761 erklärt hatte, H. wolle die Nuntien am liebsten ganz verdrängen, blieb seine Autorschaft wegen der scheinbar kompilatorischen Methode, die kaum Eigenes brachte, zunächst unsicher. Der „Febronius" plädierte für eine Kirchenreform, die sich am Kirchenbild der ersten acht Jahrhunderte orientierte. Auf Gerson, Bossuet, Natalis Alexander, verschiedene gallikanische Autoren, ferner auf die Reformkonzilien und die deutschen konkordatären Überlieferungen gestützt, plädierte er dafür, die Autorität des Papstes und der Kurie auf einen Ehrenvorrang zu reduzieren, während die eigentliche und konkurrenzlose Leitungsgewalt bei den Bischöfen liegen sollte. Nach göttlichem Recht seien sie zur Leitung der Gesamtkirche, nach menschlichem Recht dagegen zur Leitung ihrer Ortskirchen berufen, wo andere Bischöfe und selbst der Papst nur helfend tätig werden könnten. Unfehlbarkeit und oberste geistliche Gerichtsbarkeit konzedierte H. nur dem allgemeinen Konzilien. Aufgabe der Päpste war nach ihm der Dienst an der Einheit der Kirche und des Glaubens. In deren Interesse könnten sie Nuntien bestellen, die jedoch die Leitungsgewalt der Diözesanbischöfe nicht schmälern dürften. Breiten Raum gewährte H. dem Staat, den er, da göttlichen Rechtes, der Kirche gleichordnete und als Hüter der kirchlichen Verfassung vorsah. Faktisch lief dies freilich auf eine Schwächung der bischöflichen Leitungsfunktion außerhalb der stiftischen Gebiete hinaus, obwohl H. diese gerade stärken wollte. H. schöpfte nach dem einhelligen Urteil der Forschung aus Rationalismus, Gallikanismus, Absolutismus, englischem Konstitutionalismus, Irenik, Traditionalismus und aus einer Reichsgesinnung, wie sie in den Kurstaaten noch lebendig war. Da das Werk eine durchaus selbständige Leistung darstellt und der Autor zwar engagiert, zugleich aber auch sehr sachlich gearbeitet hatte, war es von großer Wir-

kung. Schon die zeitgenössischen Vertreter der
genannten geistigen Strömungen nahmen den
„Febronius" für sich in Anspruch. Zum Heros
eignete sich H. allerdings kaum. Von schwacher Gesundheit und kleiner Gestalt, war er
eine stille Gelehrtennatur, der die ländliche
Abgeschiedenheit nach Art vieler philosophischer Zeitgenossen dem politischen Getriebe
vorzog. Er war ein unermüdlicher Arbeiter,
dessen Askese in krassem Gegensatz zu dem
barocken Treiben am Hofe des Erzbischofs
J. Ph. v. (→) Walderdorff stand. H.s Lebenswandel entzog sich jeder Kritik, und seine
Frömmigkeit war von gewissenhafter Pflichttreue geprägt.

Mit Nachdruck reagierte zunächst nur die
Kurie, die das Werk im Februar 1764 indizierte
und wegen der Unvorsichtigkeit des Frankfurter Kanonikus Dumeiz, dem H. die Aufsicht
über den Druck anvertraut hatte, im Sommer
1764 den Autor identifizierte. H. bestritt stets
die formelle Verfasserschaft und bot damit ein
bis heute ungelöstes Rätsel über eine Beteiligung Nellers oder eines höherstehenden Autors. Walderdorff gab sich zunächst uninformiert, verbot den „Febronius" 1764 für das
Erzstift, nahm aber das Rücktrittsersuchen H.s
von dem Ämtern des Weihbischofs und Generalvikars nicht an. Das Amt des Offizials hatte
dieser dagegen wegen Arbeitsüberlastung
schon 1763 niedergelegt.

Das auf fünf Bände anwachsende Werk (zuletzt 1777 „Justinus Febronius abbreviatus et
emendatus") löste eine Fülle von Gegenschriften aus, die jedoch die Rezeption des Werkes in
den habsburgischen Staaten, am Kaiserhof
und bei einem großen Teil des Reichsepiskopates nicht verhindern konnten. Die römische
Kurie ließ H. ihre Ungnade spüren, indem sie
ihn nicht zum Informativprozeß von (→ Bd. I)
Klemens Wenzeslaus heranzog und sich seiner
nicht zur Überreichung des Palliums bediente.
Clemens Wenzeslaus stützte H. zunächst vorbehaltlos, ernannte ihn 1768 zum Geheimen
Staats- und Konferenzrat u. a. für die geistlichen und weltlichen Sachen der französischen
und niederländischen Diözesanteile sowie die
Nuntiaturangelegenheiten. Am 30. 3. 1768 bestätigte er ihn als Generalvikar für die ausländischen Gebiete. H. beteiligte sich zwar an der
Abfassung der Koblenzer Gravamina von 1769
(E. J. v. → Breidbach-Bürresheim, M. Fr. v. →
Königsegg – Rothenfels), doch blieb er seitdem
zurückhaltend. Dies war in seiner Reserve
gegenüber dem lauten politischen Geschäft
begründet. Rücksichtnahmen der wettinischen
Bistumspolitik, die unnötige Parteinahme H.s
im Isenbiehlschen Streit (1777), der Einfluß des
Gewissensrates Franz Heinrich Beck sowie der

Druck der Kurie auf den Erzbischof blieben
jedoch auf die Dauer nicht erfolglos. 1776 kam
der Plan auf, H. einen Koadjutor beizugeben.

1777 brachte Nuntius Carlo Bellisoni jedoch
diese Frage mit einem Widerruf H.s und der
päpstlichen Zustimmung zu einer von Klemens
Wenzeslaus angestrebten Kommende in Verbindung. Die Ernennung des ihm fremden
Straßburgers J. M. (→) Cuchot d'Herbain und
dessen aufwendige Konsekration im Jahre 1778
verstärkten H.s Enttäuschung, so daß er am
1. 11. 1778 nach einem zermürbenden Tauziehen um die Form des Widerrufes nachgab. Er
erkannte die zugewonnenen Rechte des Papstes als berechtigt an, nicht aber den monarchischen Charakter des päpstlichen Amtes. Der
von Papst Pius VI. am 25. 12. 1778 im Konsistorium verkündete Widerruf löste in ultramontanen Kreisen allenthalben Jubel, sonst aber eine
Pressediskussion über die Freiheit des Widerrufes aus. Eine Reihe von Staaten verbot die
Publikation des päpstlichen Breves vom 2. 1.
1779. H. blieb von der Wirkung seines Werkes
überzeugt, schwieg zunächst und zog sich von
seinen Ämtern zurück. 1779 legte er das Dekanat von St. Simeon nieder und machte sein
Testament. 1781 überraschte er dann jedoch
die Öffentlichkeit mit einem in Frankfurt erscheinenden Werk „Commentarius in suam
retractationem", in dem er den Widerruf zu
modifizieren und den „Febronius" als historisch zuverlässig darzustellen suchte. Vielleicht bildete dieser Schritt, der bis heute
widersprüchlich gedeutet wird, den letzten

Versuch, auf febronianische Art die Autorität des bischöflichen Amtes zu retten, die er seit 1778 gegen die französische Forderung nach einem eigenen Generalvikar und Offizial für die trierischen Landkapitel „in partibus Galliae" zu verteidigen hatte. Klemens Wenzeslaus gab dem französischen Druck jedoch nach und ernannte 1782 Cuchot d'Herbain, während H. wie das Domkapitel und der Kaiser jeden Kompromiß ablehnte. H.s Gegner sahen von weiteren Schritten ab. H. selbst nahm dagegen mit Genugtuung zur Kenntnis, daß Kaiser Joseph II. ihm kirchenpolitisch folgte und daß der Erzbischof nach personellen Veränderungen in seiner Regierung einen episkopalistischen Kurs einschlug und H. 1786 sogar anläßlich des Emser Kongresses konsultierte. H. hatte sich nach 1779 auf sein Schloß Montquintin bei Virton (Luxemburg) zurückgezogen, das er 1760 erworben (seitdem „Herr von Montquintin, Dampicourt, Couvreux, Rouvroy und Grihier"), wiederhergestellt und wo er schon früher die Sommermonate verlebt hatte. Dort starb er am 2. 9. 1790 nach kurzer Krankheit. Er wurde in der Stiftskirche St. Simeon in Trier beigesetzt. 1803 wurden seine Gebeine nach St. Gervasius übertragen. Seine über 4 000 Bände umfassende Bibliothek gelangte an das Priesterseminar.

Schon die ersten Nachrufe waren sich der epochalen Bedeutung H.s bewußt. Sein „Febronius" war zwar zur Magna Charta des Episkopalismus geworden, aber dennoch schon in der Konzeption zum Scheitern verurteilt, da den Fürsten an einer Reichskirche wenig gelegen war, die Bischöfe in ihrem Streben nach Pfründen von der römischen Kurie abhängig blieben und die Suffragane keine Stärkung der Metropolitangewalt wünschten. H.s unklare Vorstellung vom Staat-Kirche-Verhältnis mußte auf beiden Seiten zu gegenläufigen Bedenken führen. Die Fehleinschätzung der theologischen Unterschiede zwischen den Konfessionen lösten auf protestantischer Seite Ängste vor einer Einvernahme aus. Die mehrfach geäußerte Meinung, das Erste Vatikanische Konzil sei eine späte Antwort auf Febronius, übersieht die Eigendynamik des Ultramontanismus im 19. Jh., der die Nationalkirchen aus jener staatlichen Umklammerung befreien wollte, die der Febronius gefördert hatte.

Schriftenverzeichnis: P. Frowein - E. Janson, in: AmrhKG 28 (1976) 129-153 (nicht ganz vollständig). - E. Janson (wenige Korrekturen dazu).

Quellen: LHA Koblenz, Abt. 1 A; Abt. 1 C; Abt. 215 - BATr, Abt. 20, 45 u. 80. - StB Trier, Abt. Hss.

Literatur: Aus der immer unübersehbarer werdenden Literatur sei auf grundlegende Werke, besonders zur Person, und die seit 1970 erschienenen Titel hingewiesen: H. J. Wyttenbach, Erläuterungen über das Leben und Wirken Hontheims aus ungedruckten Original-Handschriften, in: Treviris 1 (1834) und 2 (1835). - O. Mejer. - L. Just, Luxemburger Kirchenpolitik. - Ders., Zur Entstehungsgeschichte des Febronius, in: JbMz 5 (1950) 369-382. - E. Zenz. - H. Raab, Die Concordata nationis germanicae in der kanonischen Diskussion des 17. bis 19. Jahrhunderts (Wiesbaden 1956). - Ders., Johann Nikolaus von Hontheim, in: Rheinische Lebensbilder 5 (Bonn 1973) 23-44. - Ders., in: NDB 9 (1972) 604 f. - A. Bach. - A. Petit, Les seigneurs de Montquintin, in: Le pays gaumais 29/30 (Virton 1968/69) 43-118. - V. Pitzer, Justinus Febronius. Das Ringen eines katholischen Irenikers um die Einheit der Kirche im Zeitalter der Aufklärung (Göttingen 1976).

Abbildungsnachweis: Wien NB 77997.

Wolfgang Seibrich

Horn gen. Goldschmidt, Johann Philipp von (1724 – 1796)

1763 – 1796 Generalvikar in Köln

* 26. 8. 1724 in Köln als drittes von vier Kindern einer alten kölnischen Vogts- und Lehnsfamilie. Sein älterer Bruder wurde Priesterkanoniker an St. Georg in Köln, seine Schwestern traten in das Kölner Augustinerinnenkloster St. Maximin ein; eine war dort zuletzt Äbtissin. Da H. seine Eltern früh verlor, verdiente er seinen Lebensunterhalt während des Studiums als Lehrer am Gymnasium Montanum. Wegen seiner wirtschaftlichen Verhältnisse wurde er vom Besuch des Priesterseminars dispensiert. Als Weihetitel diente der Ertrag eines von zwei Verwandten bereitgestellten Kapitals. 19. 5. 1748 Priesterweihe; 1748 Pfarrer an St. Maria im Pesch; 1761 Geistlicher Konferenzrat in Bonn; 1761 nach Rom zur Erwirkung der Bestätigung des Erzbischofs M. Fr. v. (→) Königsegg-Rothenfels und zur Entgegennahme des Palliums; 1761 Dr. iur. utr. (Rom); 1762 Resignation auf die Pfarrei St. Maria; 1763 Domherr in Köln; 26. 8. 1763 Generalvikar. H. hat während seiner langen Amtszeit unter Königsegg-Rothenfels und (→) Max Franz von Österreich zumindest den größten Teil des Erzbistums visitiert. Er galt als bieder und konservativ und von der Aufklärung unberührt. Unter Max Franz berichtete er dem Erzbischof monatlich ausführlich über seine Tätigkeit. Beim Anrücken der Franzosen floh er im September 1794 mit dem Domkapital nach Arnsberg. † 1. 10. 1796.

Literatur: E. Hegel.

Erwin Gatz

Horneck von Weinheim, Lothar Franz Philipp Wilhelm Reichsfreiherr von (1694 – 1758)

1746 – 1747 Generalvikar in Bamberg

* 16. 2. 1694 zu Burgebrach als Sohn des kurpfälzischen Geheimen Rates und bambergischen Oberamtmannes Johann Philipp v. H. Die reichsritterliche Familie war im 17. und 18. Jh. mit neun Mitgliedern in den Domkapiteln von Würzburg, Bamberg, Mainz und Trier vertreten. 1706 Domizellar; 1718 Domkapitular in Bamberg; 1720 in Würzburg; 1725 kurmainzischer Geheimer Rat; 1728 Präsident des Geistlichen Rates in Bamberg. Generalvikar war H. nur vorübergehend nach Fr. J. (→) Hahns Resignation. Immerhin ist bezeichnend, daß seit der Mitte des 18. Jh. Mitglieder des stiftsmäßigen Adels das Generalvikariat verwalteten, das bis dahin Klerikern bürgerlicher Provenienz vorbehalten war. Bedeutender als H.s Wirken als Generalvikar war seine Tätigkeit als bambergischer Vicedom in den Kärntner Besitzungen des Hochstiftes. 1746 Domkantor, 1753 Domdekan in Bamberg; † 28. 5. 1758.

Quellen: Staatsbibliothek Bamberg, Totenzettel R. B. Or. fun. f 11/26.

Literatur: *F. Wachter* Nr. 4650.

Egon Johannes Greipl

Hornstein zu Göffingen, Franz Bernhard Reichsfreiherr von (1717 – 1791)

1759 – 1763 Generalvikar in Augsburg

*21. 2. 1717 auf Schloß Hornstein bei Sigmaringen; 1733 Domizellar in Augsburg; ab 1734 Studium in Freiburg, Innsbruck und Rom; 23. 1. 1737 Priester; Augsburgischer Geheimer Rat, 1748 Offizial, 1754 – 59 Dompfarrer, vom 3. 8. 1759 bis 1763 Generalvikar in Augsburg; 1764 Kapitular und 1773 – 83 Dekan des Stiftes Ellwangen; 1768 Oberdirektor des Eisenbergwerkes zu Sonthofen; † 20. 10. 1791 in Augsburg.

Schriften: Algoica rupicaprarum venatio (Augsburg 1749).

Literatur: *A. Haemmerle*, Domstift Nr. 507. - *R. Reinhardt*, Ellwangen 373. - *W. Zorn*, Das Hochstift Augsburg und der Merkantilismus, in: JVABG 3 (1969) 101, 105. - *H. Raab*, Clemens Wenzeslaus. - *J. Seiler*.

Peter Rummel

Hornstein zu Hohenstoffen und Grieningen, Johann Nepomuk Augustin Fidelis Maria Anton Reichsfreiherr von (1730 – 1805)

1768 – 1779 Weihbischof in Konstanz, Ep. tit. Epiphaniensis

≈ 19. 6. 1730 in Weiterdingen (Hegau) als Sohn des Johann Ferdinand v. H. und der Maria Theresia von Liebenfels; 1744 Domherr, 1754 Kapitular in Konstanz; 8. 6. 1767 Priester; 16. 5. 1768 Titularbischof von Epiphania und Weihbischof in Konstanz; 20. 2. 1779 Resignation auf das weihbischöfliche Amt; † 16. 12. 1805 in Weiterdingen; □ Pfarrkirche Weiterdingen.

Literatur: *W. Haid*, Weihbischöfe 21 f. - Der Landkreis Konstanz. Amtliche Kreisbeschreibung, hg. von der Landesarchivdirektion Baden-Württemberg, Bd. 3 (Sigmaringen 1979) 268. - *H. Tüchle*, in: HS I/2 (im Ersch.).

Rudolf Reinhardt

Hrdlička, Thomas Johann (um 1730 – 1781)

1779 – 1781 Generalvikar in Prag

* um 1730 in Sobieslau (Sobēslav); von Bischof A. P. v. (→) Przichowsky-Przichowitz besonders gefördert; Domherr in Königgrätz, 1769 in Prag; tschechischer Domprediger; 1779 Dechant des Kapitels S. Apollinar in Prag; 1780 Universitätsrektor; 1779 Generalvikar und Offizial; † 21. 4. 1781.

Literatur: *A. Podlaha* 291.

Kurt A. Huber

Hurdalek, Josef Franz (1747 – 1833)

1795 – 1801 Generalvikar in Leitmeritz
1815 – 1822 Bischof von Leitmeritz

Josef Franz Hurdalek wurde am 6. 1. 1747 in Náchod in Nordböhmen als Sohn eines armen Leinenwebers geboren. Seine Jugend und sein Studium waren von großer wirtschaftlicher Kargheit geprägt. Den ersten höheren Unterricht erhielt er durch einen Geistlichen in seiner Heimat. Danach besuchte er das Jesuitengymnasium in Graz und in Prag. 1766 – 67 studierte er ebd. Philosophie und 1767 – 71 Theologie (1790 Dr. theol.). Am 21. 9. 1771 in Prag zum Priester geweiht, wurde er zunächst Schloßkaplan in Náchod, 1775 Repetent für Mathematik und Philosophie an der Theresianischen Ritterakademie in Wien und 1777

Sekretär, Beisitzer des Konsistoriums und Präses des Priesterhauses zu Königgrätz. 1780 erfolgte seine Berufung zum Dechanten in Neustadt/Mettau und 1785 zum Rektor des 1783 gegr. Prager Generalseminars. Bei seinem Abschied von Königgrätz verlieh man ihm dort die Würde eines Ehrendomherrn. Nach Aufhebung des Generalseminars im Jahre 1790, in dem H. sich bestens bewährt hatte, privatisierte er zunächst in Prag, bis er 1794 Domdechant in Leitmeritz wurde. 1795 ernannte Bischof F. (→) Kindermann ihn zu seinem Generalvikar. Nach dessen Tod (25. 5. 1801) war er bis zur Neubesetzung des Bistums mit Bischof L. W. v. (→) Chlumansky (30. 6. 1802) Kapitelsvikar. Unter Chlumansky war H. ohne Einfluß auf die Bistumsverwaltung. Als jener 1815 als Erzbischof nach Prag transferiert wurde, nominierte Kaiser Franz II. H. am 15. 6. 1815 zu dessen Nachfolger. Die päpstliche Verleihung erfolgte am 18. 12. 1815, die Konsekration durch Chlumansky am 18. 2. 1816 in Prag.

Der dem josephinischen Reformkatholizismus verbundene H. widmete sich seinen bischöflichen Aufgaben mit Hingabe. Besondere Aufmerksamkeit wandte er seinem Priesterseminar zu, dessen innere Entwicklung ihm jedoch zum Verhängnis werden sollte. Der von ihm 1816 zum Rektor ernannte erst 27jährige Michael Fesl, ein Schüler des Religionsphilosophen Bernhard Bolzano, der zugleich zum Konsistorialrat ernannt wurde und damit über eine Schlüsselstellung verfügte, gründete nämlich im Jahr seiner Ernennung aus den besten, von ihm ausgewählten Seminaristen einen geheimen „Christenbund". Neben seinem starken Einfluß auf H. brachte vor allem die Existenz dieser im Österreich des Vormärz unannehmbaren geheimen Verbindung Fesl und mit ihm den Bischof bald in politischen Verdacht, zumal es nicht an Denunzianten fehlte. Als Bolzano Ende 1819 durch den Kaiser von seinem Lehrstuhl in Prag abberufen wurde, forderte die römische Kurie von H. die Entfernung Fesls vom Lehramt. H. entsprach dieser Forderung, doch zeigte sich nun die österreichische Regierung indigniert, daß die Kurie ohne ihr Wissen in Leitmeritz eingegriffen hatte. 1820 wurde gegen Fesl eine polizeiliche Untersuchung angestrengt (J. → Frint, Bd. I.) und Anklage wegen Hochverrates erhoben. Er wurde verhaftet und nach Wien gebracht, während der mit den Ermittlungen in Leitmeritz beauftragte Hofpfarrer Frint schwere Anschuldigungen gegen H. erhob. 1821 wurden auch andere Leitmeritzer Seminarprofessoren ihres Lehramtes enthoben. Auf Betreiben Frints bat der Kaiser schließlich Papst Pius VII., H. zur Resignation aufzufordern. H. entsprach dem

am 24. 10. 1822. Das Ersuchen wurde am 23. 12. angenommen. Nachdem H. sich am 8. 2. 1823 in einem Hirtenschreiben von seinem Sprengel verabschiedet hatte, siedelte er nach Prag über. Dort verstarb er am 27. 12. 1833.

Literatur: *J. A. Ginzel*, Bischof Hurdalek (Prag 1873). - *Reusch*, in: ADB 13 (1881) 428 f. - o. V., in: ČSB 5 (1930/32) 131. - 900 Jahre Leitmeritzer Domkapitel (Prag 1959) 66 - 74. - *E. Winter*, Josefinismus. - *E. Hosp*, Zwischen Aufklärung und katholischer Reform. Jakob Frint, Bischof von St. Pölten und Gründer des Frintaneums in Wien (Wien 1962). - *A. Zelenka* 111 f. - BLB I 707 f.

Kurt A. Huber-Erwin Gatz

Hurth, Johann Joseph (1720 – 1782)

1773 – 1782 Generalvikar für das Niedererzstift Trier in Koblenz

* 25. 1. 1720 in Trier; Studium ebd. (1737 Mag. art.); 1744 Priesterweihe ebd.; 1757 Exspektant, 1767 Kanonikus von St. Kastor in Karden; Scholaster am Marienstift in Pfalzel bei Trier; 1773 Generalvikar („Commissarius officialis") des Niedererzstifts Trier in Koblenz; im gleichen Jahr Präses und Regens des ehemaligen Jesuitenkollegs in Koblenz; großzügiger Gönner des Koblenzer Armenhospitals; † 1782 in Pfalzel.

Quellen: LHA Koblenz, Abt. 1 C.

Literatur: *H. Worbs*, Geschichte des königlichen Gymnasiums zu Coblenz von 1582-1882 (Coblenz 1882). - *J. v. Hommer*, Meditationes in vitam meam peractam, hg. v. *A. Thomas* (Trier 1976). - *F. Pauly*, St. Kastor.

Wolfgang Seibrich

Hutten, Christoph Franz Reichsfreiherr von (1673 – 1729)

1724 – 1729 Fürstbischof von Würzburg

Christoph Franz von Hutten wurde am 19. 5. 1673 auf der Mainburg im Hochstift Würzburg als Sohn des Reichsritters Johann H. zu Stolzenberg, würzburgischen Rates und Oberamtmannes zu Eltmann, und der Anna Maria von Hagen zu Motten geboren. Er hatte zwölf Geschwister; zwei Schwestern traten ins Kloster, zwei Brüder in die Domkapitel von Fulda und Würzburg ein. H. erhielt seine Ausbildung am Würzburger Priesterseminar. 1686 wurde er in Würzburg Domizellar und Mitglied des Ritterstiftes Komburg, 1711 in Bamberg, 1713 in Würzburg Domkapitular. Lange Reisen führten ihn durch Süd- und Westeuropa. Der Mainzer Kurfürst bediente sich seiner bei verschiedenen Gesandtschaften. Wieder in Würzburg, wurde H. Präsident des Geistlichen Rates, 1716 Domdekan, 1717 Propst im Stift Haug. Die Priesterweihe empfing er am 31. 10. 1717. Als Domdekan ließ er die Grabmäler der Kathedrale aus konservatorischen Gründen an den Wänden aufstellen und neuentdeckte wertvolle Handschriften in der Kapitelsbibliothek bergen. Als Fürstbischof J. Ph. F. v. (→) Schönborn 1724 plötzlich starb, versuchte der Wiener Hof, die Wahl von dessen Bruder Friedrich Karl v. (→) S. durchzusetzen. Doch ließ sich das Domkapitel aus der Sorge um seine Mitregierung darauf nicht ein. Bei der Wahl am 2. 10. 1724 erhielt H. als Führer der Schönborn-Opposition im Kapitel alle Stimmen. Die Wahlbestätigung folgte am 28. 12. 1724, die Konsekration durch Weihbischof J. B. (→) Mayer am 8. 4. 1725, die Reichsbelehnung am 15. 3. und 13. 7. 1726. Im Spätsommer begab H. sich auf die Huldigungsreise durch das Hochstift.

H. war gebildet und interessierte sich für Geschichte. Er beherrschte mehrere Sprachen und liebte die klassische Literatur. Der Universität stiftete er ein anatomisches Theater und eine Professur für Mathematik, auf die der erste Laie in der Philosophischen Fakultät berufen wurde. H. galt als gütig und mildtätig; an Sonn- und Festtagen zelebrierte er selbst. Häufig sah man ihn bei Prozessionen. Er war ein großer Marienverehrer, erbaute 1726 das Kapuziner-

kloster Maria Buchen und errichtete die Bruderschaft von der Unbefleckten Empfängnis in Würzburg. Die Kiliansbruderschaft stattete er mit Privilegien aus. Seine Sorge um den Klerus fand Ausdruck in einer neuen Seminarordnung, doch kann man angesichts seiner kurzen Regierungszeit von durchgreifenden Reformen nicht sprechen.

Außenpolitisch blieb H. bei der grundsätzlich kaiserfreundlichen Haltung seiner Vorgänger, betrieb allerdings gegenüber dem bambergischen Kreisdirektorium eine kritische und selbständige Politik. Seine zahlreichen Vorschläge zu einer Verbesserung des Finanz- und Militärwesens fanden kein Echo, brachten vielmehr das Hochstift in eine gewisse Isolation. Beachtliche Erfolge zeigten H.s Bemühungen um eine Reform des Münzwesens im fränkischen Kreis. Mit dem Domkapitel suchte er sich in vielen strittigen Punkten zu einigen und schloß Verträge über Jagd- und Zehntrechte. Zu einer scharfen Auseinandersetzung kam es dagegen mit der Abtei Ebrach, die um größere Unabhängigkeit kämpfte. In der Hochstiftsverwaltung führte H. einige Reformen ein und erließ eine neue Kanzleiordnung. Die Finanzlage des Hochstiftes war unter ihm jedoch zeitweise so gespannt, daß er sogar Pretiosen verkaufen mußte. Außerdem erhöhte er zum Unwillen des Domkapitels verschiedene Steuern, um Fortifikationsbauten in Würzburg und Königshofen sowie den von seinem Vorgänger begonnenen Neubau der Residenz und eine Mainschleuse zu Würzburg zu finanzieren. Auch seiner Familie wandte er beträchtliche Summen zu.

Die besondere Aufmerksamkeit H.s galt dem Handel; aus fiskalischem Interesse versuchte er 1727, das Stapelrecht zu verschärfen. Durch Balthasar Neumann ließ er vernachlässigte Straßen instandsetzen; zwangswirtschaftliche Maßnahmen sollten die Getreideversorgung sicherstellen; Qualitätskontrollen bei Textilien und Wein, Initiativen im Bereich der Salz- und Glasproduktion entsprachen den merkantilistischen Grundsätzen der Zeit. Das Riesenprojekt des Würzburger Residenzbaues betrieb H. weiter, andere Bauten in der Stadt ließ er erneuern, die Mainbrücke nach römischem Vorbild mit Figuren schmücken. Balthasar Neumann erhielt den Auftrag, das neue Schloß Steinbach für die Familie zu errichten.

H. starb am 25. 3. 1729 an einer Lungenentzündung. Er wurde im Dom zu Würzburg beigesetzt.

Literatur: *W. Fleckenstein*, Geschichte des Hochstifts Würzburg unter der Regierung des Fürstbischofs Christoph Franz von Hutten (1724-1729) (Diss. phil.

Würzburg 1924). - G. *Pfeiffer*, Fränk. Bibliographie III/2, Nr. 48222-48259. - G. *Christ*, Die Würzburger Bischofswahl des Jahres 1724 ..., in: ZBLG 29 (1966) 454-501, 690-726. - R. *Reinhardt*, Kandidatur. - P. *Kolb*, Wappen 157-161. - K. *Helmschrott*, Münzen 225-240. - E. *Mainka*, Die künstlerischen Beziehungen des Hofmalers Clemens Anton Lünenschloß zum Hofbildhauer van der Auwera während der Regentschaft des Fürstbischofs Christoph Franz von Hutten, in: MJbGK 32 (1980) 146-153.

Abbildungsnachweis: Johann Adam Remela (†1740). - Würzburg Residenz, Fürstensaal Gw 15. - BSV Neg. Nr. 18777.

Egon Johannes Greipl

Hutten, Franz Christoph Reichsfreiherr von (1706 – 1770)

1744 – 1770 Fürstbischof von Speyer
1761   Kardinal

Franz Christoph von Hutten wurde am 6. 3. 1706 zu Wiesenfeld (Fürstbistum Würzburg) als zweiter Sohn des Franz Ludwig v. H., Würzburger Amtmannes zu Homburg an der Werra, später kaiserlichen Rates und würzburgischen Oberamtmanns zu Gerolzhofen, und der Johanna Juliana von Bicken geboren. Mit zehn Jahren erhielt er die Tonsur. Danach war er sieben Jahre lang Zögling des adeligen Julianeums in Würzburg, das der febronianisch eingestellte Caspar Barthel als Regens leitete. Danach studierte er in Rom und zeitweise in Siena die Rechte. Zum Zeitpunkt der Subdiakonatsweihe, die er 1729 empfing, besaß er Pfründen an St. Alban in Mainz und an St. Nikolaus in Comburg. Außerdem war er Domizellar in Speyer. Dort wurde er 1730 Domkapitular.

Als nach dem Tode D. H. v. (→) Schönborns das Domkapital des kleinen Bistums Speyer wiederum einen Kandidaten aus seinen eigenen Reihen wünschte, um die Identität des Hochstiftes zu sichern, fiel seine Wahl am 14. 11. 1743 gegen mehrere andere Bewerber auf H., den jüngsten der Domkapitulare. Die päpstliche Bestätigung folgte am 3. 2. 1744. Am 1. 1. 1744 ließ H. sich zum Priester und am 17. 5. 1744 durch den Mainzer Weihbischof Chr. (→) Nebel zum Bischof weihen.

H. übernahm von seinem Vorgänger Schönborn eine gut funktionierende Verwaltung, die er nach der Wahlkapitulation so weiterführen sollte. Doch die Dinge gestalteten sich ganz anders, da ihm die Konsequenz Schönborns fehlte. H. setzte die kameralistische Politik und die Bautätigkeit seines Vorgängers fort. Er vollendete die Peterskirche in Bruchsal als

Grablege der Fürstbischöfe von Speyer und vor allem das Bruchsaler Schloß, während er für die Sicherung des 1689 schwer beschädigten Speyerer Domes nur jene begrenzten Mittel einsetzte, die sein Vorgänger sowie Dompropst Franz Georg von Schönborn für diesen Zweck bestimmt hatten. Zu einer Wiederherstellung konnte er sich nicht entschließen.

Das Schloß zu Bruchsal machte H. zu einem Mittelpunkt regen höfischen Lebens. Da aber seine Hofhaltung, eine kleine Garnison, die Auslagen für Preziosen und großartige Jagden die Einnahmen des Hochstiftes weit überstiegen, waren die Finanzen, die Schönborn bei seinem Tod hinterlassen hatte, bald aufgezehrt. Das Domkapitel übte am Finanzgebaren H.s zwar immer wieder Kritik, beruhigte sich aber, als dieser es zu seiner Hofhaltung beizog. Um den Haushalt auszugleichen, begann H., entsprechend den merkantilistischen Vorstellungen der Zeit, mit dem Aufbau von Industrien, doch blieb vieles im Stadium unfruchtbaren Experimentierens. Nachdem H. die Oberhoheit des französischen Königs über das hochstiftische Gebiet südlich der Queich anerkannt hatte, konnte er auch die dortigen Einkünfte, vor allem aus der Forstwirtschaft, für sein Hochstift nutzen. Nach dem Vorbild anderer Fürsten seiner Zeit unternahm er auch Ansiedlungsmaßnahmen. Davon zeugt das nach ihm benannte Dorf Huttenheim.

Der pfälzische Kurfürst Karl Theodor beurteilte die Amtsführung H.s zunächst positiv und empfahl ihn 1755 dem Kaiser für die Präsentation zum Kardinalat. Die Kardinalserhebung erfolgte 1760, die Publikation durch Papst Clemens XIII. am 23. 11. 1761. Da H. nie nach Rom reiste, hat er auch keine Titelkirche erhalten. Seine Rangerhöhung hat überhaupt auf seinen weiteren Lebensweg keinen namhaften Einfluß genommen, denn H. fehlte neben dem persönlichen Format auch die Basis, um eine über Speyer hinausweisende Rolle zu spielen. Seine Bemühungen um das Bistum Worms scheiterten sowohl 1763 wie 1768 an den anderweitigen Interessen des Wiener Hofes. Außer dem Bistum Speyer besaß H. seit 1763 die Propstei zu Bruchsal-Odenheim und seit 1766 die Propstei zu St. Viktor in Mainz (päpstl. Provision).

Innerkirchlich bemühte H. sich wie sein Vorgänger um die Durchführung der tridentinischen Reform. 1748 veranlaßte er eine Neuauflage des Speyerer Rituals, 1768 die Herausgabe eines neuen Gesangbuches. H. drängte ferner wie sein Vorgänger darauf, daß die Seelsorger seines Bistums nur aus den Absolventen seines Priesterseminars gewählt wurden. 1753 gliederte er diesem ein von Jesuiten geleitetes Gymnasium an. Die jeweils vier besten Seminaristen ließ er an der Universität Würzburg ausbilden.

H. war zwar von unbezweifelbarer Frömmigkeit, andererseits aber auch der Aufklärung zugetan. Kirchenpolitisch romtreu, wandte er sich jedoch zur Enttäuschung der römischen Kurie nicht gegen den vorwärts drängenden Episkopalismus und das Staatskirchentum.

H. war ein lebensfroher Rokokofürst. Er liebte die Kunst, eine prunkvolle Hofhaltung und die Jagd. Seinen Untertanen stand er zweifellos näher als sein Vorgänger Schönborn und auch als sein Nachfolger D. A. v. (→) Limburg-Styrum, der sich in den letzten Lebensjahren H.s stark in den Vordergrund drängte.

H. starb am 20. 4. 1770. Sein Leib wurde in der Gruft von St. Peter zu Bruchsal, sein Herz vor dem Muttergottesaltar in der Kirche zu Waghäusel beigesetzt.

Literatur: *F. X. Remling* II 666-705. - *H. Maas*, Verwaltungs- und Wirtschaftsgeschichte des Bistums Speyer während der Regierung des Fürstbischofs Franz Christoph von Hutten (1743-1770) (Wolfenbüttel 1931). - *L. Stamer* III/2, 116-120. - *V. Press* 283-286. - *H. Schwarzmaier*, Die Wahl des Speyerer Bischofs Franz Christoph von Hutten (1743). Geistliche Politik am Oberrhein im Schatten der europäischen Großmächte, in: Oberrheinische Studien 6 (Karlsruhe 1985) 345-374.

Abbildungsnachweis: Gemälde von Jan Lothar Schweickard, datiert 1749, Öl auf Leinwand. - Historisches Museum der Pfalz, Speyer, Inv. Nr. HM 1937/69.

Hans Ammerich

Hynk, Franz Joseph († 1797)

1784 – 1797 Generalvikar in Budweis

* in Jessenitz (Jesenice) in Böhmen; Studium und Priesterweihe in Wien; Kaplan an St. Leopold in Wien; 1767 Dechant in Bechin, 1780 in Hololav in der Diözese Königgrätz; 1784 Domherr in Budweis und Generalvikar von Bischof J. P. v. (→) Schaffgotsch; † 2. 7. 1797.

Literatur: *F. Mardetschläger* 94, 240.

Kurt A. Huber

I

Imseng, Peter Josef (1725 – 1798)

1780 – 1781 Generalvikar in Sitten

* 1725 in Saas (Wallis); 1752 – 61 Rektor des
Beinhauses von Sitten; 1761 Domherr von
Sitten; 1763 – 70 und 1775 – 80 Generalprokurator des Domkapitels von Sitten; 1766 – 71
Vizedom von Maye, 1778 – 85 von Fesch,
1779 – 98 von Mulignon; 1774 – 80 Großkantor;
1780 – 98 Dekan von Sitten; 1780 – 81 Generalvikar in Sitten. 27. 5. 1798 durch französische
Truppen ermordet.

Literatur: *L. Carlen*, in: HS (i. Vorb.).

Louis Carlen

Ingelheim, Anselm Franz (seit 1680 **Reichsfreiherr) von** (1634 – 1695)

1680 – 1695 Kurfürst-Erzbischof von Mainz

Anselm Franz von Ingelheim wurde am 6. 9.
1634 zu Köln, wohin seine Eltern sich 1631 vor
den anrückenden Schweden in Sicherheit gebracht hatten, als Sohn des Georg Hans v. I. (†
1648) und der Anna Elisabeth Sturmfeder von
Oppenweiler geboren. Er hatte noch einen
jüngeren Bruder. Das rheinische Ministerialengeschlecht der I., genannt nach dem Stammsitz
Ober-Ingelheim am Mittelrhein, ist seit der
Stauferzeit nachweisbar. Es hatte einträgliche
Pfründen und lohnende Ämter im Erzstift
Mainz und in den Hochstiften Würzburg und
Bamberg gefunden. Der Vater I.s war Kurmainzer Rat und Oberhofmarschall. Um 1635 kehrten die I. in ihre Heimat zurück, allerdings nicht
in die von den Schweden zerstörte Ober-
Ingelheimer Burg, sondern in das auf der
anderen Rheinseite gelegene Rüdesheim.

I. erhielt seine Gymnasialausbildung wahrscheinlich bei den Mainzer Jesuiten. 1654 immatrikulierte er sich an der Universität Orléans. Dort blieb er offensichtlich für ein Biennium, denn 1656 wurde er in Mainz tonsuriert
und erhielt eine Dompräbende. Die späte Bepfründung läßt darauf schließen, daß er zunächst an eine weltliche Laufbahn gedacht
hatte. 1657 begann I. mit einer Kavaliersreise
durch Frankreich. Sie führte ihn nach Metz,
Nancy, Plombières und Paris und endete 1658
mit der Immatrikulation für ein Biennium in
Pont-à-Mousson. Politische Wirren nötigten
ihn, das Studium vorzeitig abzubrechen.

Am 15. 5. 1660 erhielt I. in Mainz die Priesterweihe, und im gleichen Jahr fand er über eine
Priesterpräbende Aufnahme ins Mainzer Kapitel. 1663 wurde er Dekan des St. Ferrutiusstifts
in Bleidenstadt. 1674 wurde I. Stadtkämmerer,
1675 Statthalter in dem zum Mainzer Kurstaat
gehörenden Erfurt. Dort überwachte er u. a. die
Durchführung der von Erzbischof D. H. v. d.
(→) Leyen angeordneten Fortifikationen. 1677
reiste er in offizieller diplomatischer Mission
an die sächsischen Höfe in Weimar, Eisenach
und Jena, um ein Defensivbündnis von Mainz,
Würzburg, Bamberg und Sachsen gegen Kur-
brandenburg vorzubereiten.

Nach dem unerwarteten Tod von Erzbischof
K. H. v. (→) Metternich-Winneburg wählte das
Mainzer Kapitel, nachdem der Kaiser den aus-
sichtsreichen Kandidaten Ch. R. v. (→) Stadion wegen zu großer Frankreichhörigkeit abgelehnt hatte, am 7. 1. 1679 I. als Kompromißkandidaten zum Erzbischof. Die Wahlbestätigung erfolgte am 11. 3. 1680, die Verleihung des
Palliums am 29. 4. 1680. Die Bischofsweihe
empfing I. durch den Trierer Weihbischof
J. H. v. (→) Anethan.

Auf I. warteten schwere Aufgaben, denn die
französische Hegemonialpolitik drohte mit ihrem Reunionsprogramm erneut, das Land mit
Krieg zu überziehen. Da der Kaiser durch den
Türkenkrieg gebunden war, ein schlagkräfti-
ges Reichsheer fehlte und die Kurmainzer
Verteidigungskraft den Ansprüchen nicht genügte, griff I. auf die traditionelle Mainzer
Politik des Gleichgewichts zurück. Anders als
der geniale und politisch versierte J. Ph. v.
(→) Schönborn agierte er dabei eher defensiv
und nicht ohne Widersprüchlichkeiten. Zum
Schutz seines eigenen Territoriums orientierte
er sich an der Politik Frankreichs und gestand
diesem mit anderen Reichsfürsten 1684 zu, die
okkupierten Reunionsgebiete für 20 Jahre zu
behalten. Bereits 1688 beanspruchte Frankreich zur eigenen Sicherheit erneut feste Plätze
im Reich, ließ große Truppenverbände einziehen und besetzte Mainz. I. wurde es lange
verargt, daß er die Stadt kampflos übergeben
und sich selbst nach Erfurt in Sicherheit
gebracht hatte. Für ihn war jedoch ausschlaggebend, daß ihm mit den wenigen verfügbaren
Truppen eine Verteidigung nicht möglich
schien. Das Reich erklärte 1689 Frankreich den
Krieg, und im Juli mußten die Franzosen Mainz
nach schweren Zerstörungen räumen. Als I. in
seine Stadt zurückkehrte, warb er für eine
genügend starke Besatzungstruppe, doch ließ

die völlig ruinöse Finanzlage des Kurstaates sein Bestreben über Ansätze nicht hinauskommen. Offensichtlich hatten die politischen Ereignisse und ein Gichtleiden die anfänglich durchaus vorhandene Dynamik I.s erheblich geschwächt. 1690 konnte er zwar noch in Augsburg den zum römischen König gewählten Joseph I. und Kaiserin Eleonore Magdalena krönen, doch seit 1691 lebte er fast ausschließlich in seiner Aschaffenburger Residenz. Einer seiner letzten größeren Mitentscheide als Reichsfürst war 1692 die Einrichtung einer neunten Kurwürde.

Das Bistum Mainz regierte I. in der üblichen Weise der Zeit. 1687 erneuerte er die Kirchenordnung von Erzbischof Schönborn. 1682 ließ er um der übersichtlicheren liturgischen Handlung willen den gotischen Lettner aus dem Westchor des Domes entfernen. 1683 wurden mehrere Altäre im Ostchor konsekriert. Zu seinem Weihbischof berief I. 1680 den aus dem Weltgeistlichen-Institut der Bartholomiten hervorgegangenen M. (→) Starck. Das Institut erhielt 1680 die päpstliche Approbation und stellte bis zu seinem Erlöschen im Jahre 1770 über 900 Seelsorger für das Bistum Mainz.

Die Krankheit des Erzbischofs und politische Überlegungen führten am 3. 10. 1691 zur Wahl des Koadjutors (→) Ludwig Anton von Pfalz-Neuburg, doch dieser starb noch vor I. Daraufhin wählte das Kapitel am 4. 9. 1694 den Bamberger Bischof L. Fr. v. (→) Schönborn zum neuen Koadjutor.

I. starb am 30. 3. 1695 in Aschaffenburg. Sein Leib wurde in der dortigen Stiftskirche, sein Herz im Mainzer Dom und seine Eingeweide in der Mainzer Hofkirche St. Gangolph beigesetzt.

Literatur: N. *Müller*, Kurfürsten Mainz 193-243. - E. *Fischer*, Aus den Tagen unserer Ahnen. Eine Urkundensammlung in Privatbesitz als Quelle der Geschichts- und Familiengeschichtsforschung. Neues über den Würzburger Fürstbischof Julius Echter von Mespelbrunn und Kurfürst Anselm Franz, Erzbischof von Mainz (Freiburg 1928). - E. M. *Schreiber*, Erzbischof und Kurfürst Anselm Franz von Ingelheim und sein Wirken für Volk und Reich, in: Heimat-Jahrbuch 1960 Landkreis Bingen. Aus der Geschichte, Kultur und Leben des Binger Landes 4 (1960) 46-52. - J. *Wysocki*, Kurmainz und die Reunionen. Die Beziehungen zwischen Frankreich und Mainz von 1679-1688 (Diss. phil. Mainz 1961) 9-31, 158-160. - F. *Jürgensmeier*, Anselm Franz von Ingelheim (1634—1695) - Gründer des Alten Kurfürstlichen Gymnasiums in Bensheim, in: Jahresbericht 1986/87 des Alten Kurfürstlichen Gymnasiums in Bensheim (Bensheim 1987) 191-201.

Abbildungsnachweis: Stich von Johann Georg Seiller (1663-1740). - Wien NB 512.176 B.

                                        Friedhelm Jürgensmeier

Ingelheim, Anselm Franz Reichsfreiherr (seit 1737 **Reichsgraf) von** (1683—1749)

1746—1749 Fürstbischof von Würzburg

Anselm Franz von Ingelheim wurde am 12. 11. 1683 zu Mainz als Sohn des Franz Adolf Dietrich v. I., kurmainzischen Amtmanns in Tauberbischofsheim und späteren Reichskammergerichtspräsidenten in Wetzlar, und der Maria Ursula von Dalberg geboren. Taufpate war der Mainzer Kurfürst-Erzbischof, I.s gleichnamiger Großonkel. 1692 erhielt I. die Tonsur. 1695 wurde er in Würzburg Domizellar. 1703—05 studierte er an der Sapienza in Rom Kirchenrecht. 1709 wurde er Subdiakon, 1726 Diakon und am 31. 12. 1728 Priester. Seit 1720 war er in Würzburg Kapitular, seit 1728 Kantor. I. besaß ferner Kanonikate in Mainz, (Dom, St. Viktor, St. Alban) und Aschaffenburg.

Nach dem Tode von Fürstbischof F. K. v. (→) Schönborn wählte das Würzburger Kapitel I. am 29. 8. 1746 zum Nachfolger. Vor der Wahl hatte sich der kaiserliche Wahlgesandte für eine Festigung der Reichskreisverfassung und eine Wiederbelebung des von Schönborn vernachlässigten „Erbvereins" zwischen Würzburg, Kurmainz und Böhmen ausgesprochen. Am 26. 8. 1746 faßte das Domkapitel einen diesbezüglichen Beschluß. Der Kaiser hätte ferner gern eine würzburgisch-bambergische

Personalunion gesehen, doch ließ sich das Domkapitel darauf nicht ein. I. erhielt die päpstliche Bestätigung am 28. 11. 1746. Krankheitsbedingt ließ er sich erst am 27. 8. 1747 durch den Würzburger Weihbischof J. B. (→) Mayer konsekrieren.

Als Fürstbischof führte I. ein eher zurückgezogenes Leben. Die Personalausgaben des Hofes kürzte er erheblich. Erst 1748 begab er sich auf seine Huldigungsreise durch das Hochstift. Seine Regierung zeigte erste Züge der katholischen Aufklärung. So förderte I. den deutschen Kirchengesang und beschnitt die barocken Auswüchse des Totenbrauchtums auf dem Lande. Durch neue Verordnungen suchte er den Geschäftsgang der Gerichte zu beschleunigen. 1747 erschien erstmals der Würzburger Hof- und Staatskalender, 1749 das erste Wochenblatt („Wöchentliche Frag und Anzeige"). Das Philosophiestudium an der Universität verkürzte er von drei auf zwei Jahre und verbot den Professoren das Diktieren der Vorlesungen. Er erneuerte frühere Erlasse bezüglich der Sonn- und Feiertagsheiligung sowie der Tätigkeit fremder Kleriker. Vom Papst erhielt I. das Privileg, die Gewandung eines Kardinals tragen zu dürfen. Außenpolitisch blieb er weitgehend auf der Linie seiner Vorgänger. Die Finanzkraft seines Staates versuchte er zu stärken, indem er Truppen in der Stärke von zwei Regimentern gegen Subsidienzahlung an die Niederlande zur Verfügung stellte. Diesbezügliche Verhandlungen waren allerdings schon unter seinem Vorgänger eingeleitet worden.

Große Summen gab I. für betrügerische Goldmacher, Zauberbücher und Amulette aus. Vor allem damit, aber auch mit der Begünstigung der eigenen Familie zog er sich die Abneigung des Domkapitels zu. Nach kaum dreijähriger Regierung starb er an den Folgen eines Magenkrebses am 9. 2. 1749. Daß er nach chemischen Präparaten zur Lebensverlängerung gesucht und sich dabei vergiftet habe, ist eine Legende. I. wurde im Würzburger Dom beigesetzt; sein Herz ruht in der Marienkapelle.

Literatur: *I. Gropp*, Chronik II 616-629. - *J. Wirsing*, Landesverordnungen 85f. - *G. J. Keller*, Geschichte des Münzwesens unter Anselm Franz von Ingelheim, in: AU 10 (1850) 187-205. - *A. Amrhein* 255f. - *L. Fries* II 386-392. - *H. Blanz*, Bischof Franz von Ingelheim hatte Magenkrebs, in: Die Mainlande (Beilage zur Main-Post Würzburg vom 12. 3. 1958). - *G. Pfeiffer*, Fränk. Bibliographie III/2, Nr. 48164-48182 b. - *G. Christ*, Bischofswahlen 191, 193, 199ff. - *P. Kolb*, Wappen 166-169. - *K. Helmschrott*, Münzen 255-262.

Abbildungsnachweis: Anonym. - Würzburg Residenz, Fürstensaal Gw 16. - BSV Neg. Nr. 18776.

Egon Johannes Greipl

Inzaghi, Franz Philipp Graf von (1731 – 1816)

1775 – 1788 Bischof von Triest
1788 – 1791 Bischof von Gradisca
1791 – 1816 Bischof von Görz und Gradisca

Franz Philipp Graf von Inzaghi wurde am 25. 5. 1731 zu St. Leonhard bei Graz als Sohn des Franz Karl v. I. und der Anna Maria Gräfin von Gaisrugg geboren. Die Familie des Vaters war lombardischen Ursprungs und gehörte zum österreichischen Adel. 1750 – 54 studierte I. als Alumne des Collegium Germanicum in Rom (Dr. theol. et. phil.). Am 30. 3. 1754 zum Priester geweiht, kehrte er bald in die Heimat zurück, wo er im Gebiet des Erzbistums Salzburg in der Seelsorge wirkte. 1761 wurde er infulierter Propst von St. Wenzel in Nikolsburg (Mähren). Dort leitete er zwölf Jahre lang die Pfarrei. Zugleich wirkte er als Dekan.

Am 27. 2. 1775 nominierte Maria Theresia I. als Nachfolger des A. v. (→) Herberstein zum Bischof von Triest. Die päpstliche Verleihung folgte am 24. 4., die Konsekration durch (→ Bd. I) Kardinal Christoph Migazzi am 2. 7. 1775 in Wien.

I. war ein typischer Vertreter der theresianischen Reformzeit. Den kulturellen Strömungen der Aufklärung verbunden, fügte er sich widerspruchslos den kaiserlichen Anordnungen, nahm aber unter den Bischöfen der Reformzeit keine besondere Stellung ein. Er war peinlich darauf bedacht, die päpstlichen und zugleich die kaiserlichen Wünsche zu erfüllen und nicht den geringsten Anstoß zu erregen.

Die Stadt Triest befand sich zu Beginn von I.s Amtszeit in einem tiefen Umbruch, der durch die Entwicklung des Handels und durch die Internationalität der Bevölkerung bedingt war. Nach Erlaß des Toleranzediktes von 1781 bildete sich neben der griechisch-orthodoxen auch eine serbische Gemeinde. 1785 wurde das Ghetto aufgelöst, 1786 die augsburgische und die helvetische Gemeinde anerkannt. Diese Vielfalt der Konfessionen führte zu Spannungen mit den katholischen Traditionen der Stadt, gegen die sich ohnehin manche zeitbedingte Kritik wandte.

Die Maßnahmen Josephs II., der Triest dreimal besuchte, wirkten sich auf die kirchlichen Verhältnisse nachhaltig aus. Allein in der Bischofsstadt wurden 13 Kirchen und Kapellen geschlossen, daneben freilich vor allem im slowenischen Siedlungsgebiet zahlreiche neue Seelsorgsstellen gegründet. 1784 wurden die Benediktinerinnen zur Einrichtung deutscher Schulen verpflichtet. Im Gottesdienst mußten die ortsüblichen Sprachen berücksichtigt werden. Die älteren Kanoniker wurden pensioniert.

I. hatte seine Tätigkeit 1775–76 mit einer Generalvisitation begonnen und zwei neue Landdekanate errichtet. Während der venezianische Bistumsteil (10%), dessen Verhältnis zur Diözesanleitung stets problematisch gewesen war, von einem Generalvikar verwaltet wurde, unterstützte I. bei der Leitung des Bistums das neu gegründete Konsistorium. Der Weiterbildung des Klerus dienten Pastoralkonferenzen, deren Ergebnis jährlich veröffentlicht wurde. Gegen die Gefährdung der religiösen und moralischen Traditionen, die sich aus der Urbanisierung ergaben, rief I. die weltliche Autorität zu Hilfe.

Die Rationalisierungsmaßnahmen Josephs II. bezogen sich auch auf die bis dahin völlig verworrenen Diözesangrenzen Innerösterreichs. 1786 einigte er sich mit der Republik Venedig darauf, die Diözesan- den Staatsgrenzen anzugleichen. Infolgedessen erhielt Triest die österreichischen Anteile der venezianischen Bistümer Parenzo (11 Pfarreien) und Pola (15 Pfarreien), während es selbst seinen venezianischen Anteil an Capodistria, Cittanova und Parenzo abtrat. Die Pläne des Kaisers gingen freilich noch weiter. Schon 1783 faßte er die Translation I.s ins Auge, und 1786 bestimmte er ihn zum Bischof der neu zu errichtenden Diözese Gradisca. Diese erneute Umorganisation approbierte der Hl. Stuhl erst 1788. Da-

durch wurden Görz, Triest und Pedena unterdrückt und Gradisca neu errichtet. Es erhielt 16 Pfarreien von Triest, 55 von Görz, 11 von Parenza, 14 von Pola und ganz Pedena mit 11 Pfarreien. Der größte Teil von Görz fiel dagegen an Laibach, Gurk, Lavant, Seckau und Brixen.

Am 15. 12. 1788 wurde I. nach Gradisca transferiert, und am 26. 4. 1789 nahm er Besitz von seinem neuen Sprengel. Gradisca war ein befestigter Ort von 1000 Einwohnern, 12 km südlich von Görz, dem alle Voraussetzungen für eine bischöfliche Residenz fehlten. Daher kehrte I. am Tage nach seiner Besitzergreifung nach Triest zurück und ließ seine neue Diözese durch Generalvikare verwalten. Nach dem Tode Josephs II. wurde durch eine päpstliche Bulle vom 12. 9. 1791 das Bistum Görz und Gradisca wiederhergestellt und I. dahin transferiert. Am 12. 2. 1792 nahm er Besitz. Der Sprengel umfaßte die Grafschaften Görz und Gradisca mit 54 Pfarreien und ein Kapitel von sieben Kanonikern.

I. bemühte sich nun um die Stabilisierung der unter Joseph II. so hektisch reformierten Diözese. Er gab z.B. der Bevölkerung das beliebte Marienheiligtum vom M. Santo zurück. Im übrigen unterstand seine Tätigkeit freilich strenger staatlicher Aufsicht, die z.T. durch das Konsistorium wahrgenommen wurde. Als schmerzlich empfand I., daß er kein Priesterseminar besaß und seine Theologen in Graz und Laibach studierten. Als negativ empfand er ferner die Verwaltung des Kirchenvermögens durch staatliche Instanzen und vor allem die religiöse Gleichgültigkeit unter der oberen Gesellschaftsschicht, während die einfachen Gläubigen noch fest in der katholischen Tradition verankert waren.

Der Zusammenbruch der traditionellen Ordnung und die Auswirkungen der Französischen Revolution verunsicherten I. vollständig. Eine Gewähr für die Ordnung schien ihm nur noch der Staat zu bieten. Der lange und bewegte Episkopat I.s hatte in einem euphorischen Klima der aufsteigenden Handelsstadt Triest begonnen. Er endete müde an der Schwelle einer neuen Epoche, die nach dem Scheitern Napoleons durch die beginnende religiöse und bürgerliche Restauration gekennzeichnet war. I. starb am 3. 12. 1816 zu Görz.

Quellen: ASV Congr. Conc. Relationes 368 u. 790; Proc. Cons. 189. - AAG Archivescovi, Inzaghi.

Literatur: *C. v. Wurzbach* 10 (1863) 216. - *M. Premrou*, Vescovi triestini 18 f. - *F. Spessot*, Profili di vescovi goriziani. Francesco Filippo conte d'Inzaghi vescovo di Trieste, Gradisca e Gorizia (1775-1816) (Gorizia 1953).

Abbildungsnachweis: Palazzo arcivescovile di Gorizia.

Luigi Tavano

J

Jacquet, Pierre Louis (1688 – 1763)

1737 – 1763 Weihbischof in Lüttich, Ep. tit.
          Hipponensis

* 24. 12. 1688 in Rochefort als Sohn des Pierre J. und der Barbe Collin; Studium in Rom, wo ein Onkel Protonotar war; 1719 Dr. iur. utr. (Sapienza); bekleidete verschiedene Ämter in der römischen Kurie; von Benedikt XIII. zum päpstlichen Geheimkämmerer ernannt; 1730 Archidiakon des Hennegaus im Bistum Lüttich; 1732 Domkapitular in Lüttich; 27. 1. 1737 Priesterweihe in Rom; 11. 2. 1737 Titularbischof von Hippo und Weihbischof in Lüttich. Seine 1742 erfolgte Ernennung zum Offizial löste einen längeren Konflikt zwischen Fürstbischof G. L. de (→) Berghes und dem Domkapitel aus, da dieses den entlassenen Offizial G. E. de (→) Ghéquier unterstützte. Nach dem Tode des Fürstbischofs verzichtete J. 1743 auf das Offizialat. 1748 päpstlicher Legat beim Aachener Friedenskongreß. 1757 – 59 führte J. mit anderen Mitgliedern des bischöflichen Konsistoriums einen zähen Kampf gegen das in Lüttich erscheinende „Journal encyclopédique", dessen aufgeklärte Tendenz ihn beunruhigte und das schließlich durch Fürstbischof (→) Johann Theodor von Bayern verboten wurde. J. galt als Freund und Ratgeber des Kölner Nuntius. Er war ebenfalls Propst der Stifte St. Stephan in Mainz und Saint-Jean in Lüttich (seit 1749). Ob er nach der Ernennung von Ch. A. de (→) Grady zum Weihbischof 1762 von diesem Amt zurückgetreten ist, kann nicht mit Bestimmtheit festgestellt werden. † 11. 10. 1763 in Embourg bei Lüttich.

Literatur: *S. P. Ernst* 256-263. - *J. de Theux* 4 (1872) 39-41. - *Baron de Blanckart*, in: BN 10 (1888/89) 82-84. - *U. Berlière* 157-166. - *J. Paquay* 59. - *L. Jadin*, Procès 111 f. - *F. Bovy-Liénaux*, in: AHL 13 (1972) 159-162.

Alfred Minke

Jančic →Tauris

Johann Theodor, Herzog von Bayern (1703 – 1763)

1721 – 1763 Fürstbischof von Regensburg
1726 – 1727 Koadjutor des Fürstbischofs von
          Freising
1727 – 1763 Fürstbischof von Freising
1744 – 1763 Fürstbischof von Lüttich
1743   Kardinal

Johann Theodor von Bayern wurde am 3. 9. 1703 zu München als neuntes von zehn Kindern aus der Ehe von Kurfürst Max II. Emanuel mit Theresia Kunigunde, einer Tochter des polnischen Königs Johann III. Sobieski, geboren. In der Geschichte des Reiches und der Reichskirche erlangten seine Brüder Karl Albrecht (1697 – 1745) als römischer Kaiser, (→) Philipp Moritz (1698 – 1719) als gewählter Fürstbischof von Paderborn und Münster und vor allem (→) Clemens August (1700 – 61) als Fürstbischof von Regensburg, Münster, Paderborn, Köln, Hildesheim und Osnabrück erhebliche Bedeutung. J. T.s Schwester Maria Anna Karolina (1696 – 1750) trat in das Münchener Klarissenkloster ein. J. T.s Kindheit war von den großen politischen Ereignissen der Zeit geprägt. Nach der Schlacht von Höchstädt-Blindheim (1704) ging sein Vater ins Exil nach Brüssel, während die kaiserlichen Truppen München eroberten (1705) und J. T. in Gewahrsam nahmen. Während man die älteren Brüder nach Klagenfurt brachte, blieb J. T. in München und erhielt die übliche Prinzenerziehung, d. h. er lernte Sprachen, Fechten, Tanzen, Jagen. 1712 ließ ihn der Kaiser nach Graz bringen, wo sich inzwischen auch seine Brüder aufhielten. Bis zu diesem Zeitpunkt kannte der junge Herzog seine Eltern kaum. Nach dem Frieden von Baden (1714) endete 1715 das Exil der Prinzen. Zusammen mit den übrigen Familienmitgliedern kehrte auch J. T. nach München zurück. Von Brüssel aus hatte Max II. Emanuel, entsprechend der wittelsbachischen Tradition, die Reichskirche in sein familienpolitisches Kalkül einbezogen. Seit 1715 betrieb er die Wahl von Clemens August zum Koadjutor in Freising. In Paderborn und Münster gelang es ihm, die Wahl seines Sohnes Philipp Moritz durchzusetzen, doch starb dieser unmittelbar vor seiner Wahl während eines Romaufenthaltes. Daraufhin zog Max Emanuel seinen Kandidaten Clemens August für Freising zurück und bestimmte diesen für die Wahl in Münster und Paderborn. Zu diesem Zeitpunkt verlautete erstmals, daß auch J. T. in den geistlichen Stand treten und Koadjutor in Freising werden solle. Als Papst Clemens XI. Clemens August für Paderborn und Münster bestätigte, erklärte er zugleich das Bistum Regensburg, das dieser seit 1716 innehatte, für vakant. Daraufhin bestimmte Max Emanuel J. T. endgültig für die geistliche Laufbahn. In einem geschickten, nicht immer aufrichtigen Spiel gelang es ihm, dessen Postulation durch das Regensburger Domkapitel mit 13 von 14 Stimmen am 29. 7. 1719 durchzusetzen. Erst wenige Tage zuvor hatte der Kandidat sich die Tonsur erteilen lassen. Die Regensburger Koadjutorwahl war ohne die übliche Einschaltung Wiens erfolgt;

deshalb versuchte der Kaiser, wenigstens die Konfirmation zu verhindern. Anfang 1720 setzte jedoch ein Gesinnungsumschwung ein, nachdem der Reichsvizekanzler F. K. v. (→) Schönborn eine Summe von 30 000 fl. erhalten hatte, was etwa den Jahreseinkünften des Hochstiftes Regensburg entsprach. Am 14. 10. 1721 konfirmierte Papst Innozenz XIII. J. T. als Bischof von Regensburg. Bei der Besitzergreifung ließ dieser sich durch den Domdekan vertreten. 41 Jahre lang war J. T. Fürstbischof von Regensburg, doch hat er seinen Sprengel kaum je besucht.

Auf Anordnung des Kurfürsten studierte J. T. vom Herbst 1719 bis zum Ende des Jahres 1721 an der Landesuniversität Ingolstadt. Er erhielt Privatunterricht und besuchte die Universität nur zu offiziellen Veranstaltungen. Das erste Jahr galt dem Studium der Rhetorik, das zweite dem der Logik. Im Sommer 1721 geriet J. T. jedoch in eine schwere Krise und bat seinen Vater, die geistliche Laufbahn aufgeben zu dürfen. Appelle und Drohungen stimmten ihn um. Anfang 1722 reiste er nach Italien, um in Siena sein Studium fortzusetzen. Er erhielt Privatunterricht im kanonischen Recht, im Zivilrecht und in der italienischen Sprache. Im Frühjahr 1723 besuchte er Rom, und im Juni kehrte er nach München zurück. Schon ein halbes Jahr zuvor hatte Max Emanuel in Wien angeregt, J. T. für den vakanten Stuhl von Passau vorzusehen. Mit diesem Vorschlag drang er jedoch nicht durch, da Passau im habsburgischen Interessenbereich lag. Hingegen hoffte er auf die kaiserliche Zustimmung zu einer Koadjutorie in Freising, über die seit Anfang Februar 1723 mit Fürstbischof J. Fr. (→) Eckher verhandelt wurde. Nach erheblichen Zugeständnissen an Fürstbischof und Domkapitel, die den Beigeschmack simonistischer Machenschaften hinterließen, wurde J. T. am 19. 11. 1723 einstimmig postuliert. Die beschworene Wahlkapitulation wurde jedoch in der Konfirmationsbulle ausdrücklich für nichtig erklärt. Erst am 12. 4. 1726 erfolgte die Konfirmation. Um diese zu erreichen, hatte sich J. T. 1724 zum Subdiakon weihen lassen. Nach dem Tode Eckhers (23. 2. 1727) bewilligte der Papst J. T. am 8. 3. die weltliche Administration. Zu geistlichen Administratoren wählte das Domkapitel seine Mitglieder J. L. v. (→) Welden und J. S. (→) Zeller.

Max Emanuels Interesse war jedoch nicht nur auf Freising gerichtet. Vorübergehend bestanden Pläne, J. T. zum Bischof von Hildesheim und Paderborn wählen zu lassen; die unter Vermittlung eines jüdischen Hoflieferanten angestellten Bemühungen um eine Koadjutorie in Eichstätt (1724/25) scheiterten am Widerstand des Domkapitels. Das gleiche galt für jahrelange Bemühungen um das Hochstift Augsburg und die Fürstpropstei Ellwangen. Auf Drängen der römischen Kurie und des Domkapitels entschloß J. T. sich schließlich zum Empfang der Priesterweihe, die ihm sein Bruder Clemens August am 8. 4. 1730 in der Schloßkapelle Ismaning erteilte. Am Tag darauf feierte er seine Primiz in der Jesuitenkirche St. Michael zu München. Am 1. 10. 1730 weihte Clemens August ihn im Dom zu Münster zum Bischof.

Mit päpstlicher Genehmigung — J. T. hatte das 30. Lebensjahr noch nicht vollendet — übernahm er nun auch die geistliche Administration im Bistum Freising, von dem er am 15. 10. 1730 Besitz ergriff. Schon im Dezember nahm er zahlreiche Weihehandlungen vor. Am 17. 2. 1731 wurde er mit den Reichslehen belehnt. In diesen Jahren scheiterten weitere Kandidaturen für die Fürstpropstei Berchtesgaden, das Fürstbistum Basel und die Fürstabtei Stablo-Malmedy. 1743 folgten Enttäuschungen in Breslau, Konstanz und Speyer. Zukunftsträchtig aber war das Kanonikat in Lüttich, das Papst Clemens XII. J. T. 1738 auf Bitten des Kurfürsten Karl Albrecht von Bayern verliehen hatte. Während des Österreichischen Erbfolgekrieges (1740—48) hielten J. T.s Fürstentümer sich neutral, mußten jedoch Quartierlasten und Beschlagnahmungen ertragen. In die Säkularisationsprojekte seines kaiserlichen Bruders und des Preußenkönigs war J. T. offensichtlich nicht verwickelt. Daß Regensburg und Freising diese Kriegsjahre vergleichsweise glimpflich überstanden, war das Verdienst des vom Fürstbischof eingesetzten Statthalters Graf J. Chr. (→) Königsfeld. J. T. hielt sich vorwiegend außer Landes auf und betrieb seine Bistumskandidaturen. Vor allem richtete er das Interesse auf Lüttich, wobei er in scharfe Konkurrenz zu seinem Bruder Clemens August geriet. Dieser verzichtete jedoch nach dem Tode des Fürstbischofs G. L. de (→) Berghes (4. 12. 1743) auf seine Kandidatur, so daß J. T. sich nach Lüttich begeben konnte, um das Wahlgeschäft zu fördern. Österreich und England legten zahlreiche Hindernisse in den Weg, Frankreich verhielt sich abwartend. Nach hartem Wahlkampf mit zunächst unsicherem Ausgang postulierte das Domkapitel dann aber J. T. am 23. 1. 1744 einstimmig. Die Konfirmation erfolgte am 11. 2. 1744. Papst Benedikt XVI. hatte J. T. schon am 9. 9. 1743 aus ungeklärten Motiven und zunächst geheim zum Kardinal ernannt. Drei Jahre nach der Lütticher Wahl kehrte J. T. nach Bayern zurück, da der Nordwesten des Reiches erheblich unter den Auswirkungen des Krieges litt. Am 17. 1. 1746 wurde die Kardinalserhebung publiziert. J. T. ließ auch in den folgenden Jahren nichts unversucht, weitere Pfründen zu erlangen. Er kandidierte für Trier, wieder für Eichstätt und Ellwangen und bemühte sich verbissen um die Nachfolge seines Bruders Clemens August († 1761) in dessen Fürstentümern. Dies scheiterte letztlich am Widerstand der Kurie. Erfolg war J. T. nur in Altötting beschieden, wo er 1759 die Stiftspropstei erhielt. Es gab wohl kein Hochstift, für das er sich nicht interessiert hätte. Den größten Teil seiner Energie und Tatkraft, sofern er sie überhaupt in nennenswertem Ausmaß besessen hat, investierte er in seine Wahlwerbungen. In der geistlichen Leitung der Bistümer und der weltlichen Regierung der Hochstifte ist er nicht besonders hervorgetreten. In Freising wie Lüttich hatte er heftige Zerwürfnisse mit den Domkapiteln. In Freising gelang ihm die finanzielle Sanierung nicht. In Lüttich, wo er sich 1744—47, 1751—55, 1761 und wieder 1762—63 aufhielt, warf man ihm vor, er dulde Vetternwirtschaft und aufklärerische Strömungen. Ein großer Bauherr und Mäzen ist J. T., abgesehen vom Umbau des Schlosses Ismaning bei München, nicht gewesen. Er schätzte jedoch die Hofmusik, und sein Freisinger Hofkapellmeister Placidus Camerloher ist noch heute bekannt. Trotz einer lebenslang angespannten Finanzlage legte J. T. seiner Hofhaltung keinerlei Beschränkungen auf. Von eher schwachem Charakter, wurde er leicht das Opfer schillernder Höflinge. Schon die Zeitgenossen warfen ihm vor, daß er den Zölibat nicht halte. In der Tat hatte er zwei leibliche Töchter. Die ältere setzte er zur Universalerbin seines Privatvermögens ein. Persönliche Frömmigkeit wird man ihm nicht absprechen können. Für seine Lütticher Jahre ist bezeugt, daß er an allen Sonn- und Feiertagen sowie an zwei Wochentagen selbst die Messe las und häufig beichtete. Er starb am 27. 1. 1763 nach kurzer Krankheit in Lüttich. Sein Herz ruht in der Gnadenkapelle zu Altötting, sein Leib wurde im Lütticher Dom beigesetzt. Als letzter Vertreter der wittelsbachischen Reichskirchenpolitik fühlte sich J. T. mehr seiner Dynastie als den ihm anvertrauten Bischofskirchen verpflichtet.

Literatur: *C. Meichelbeck - A. Baumgärtner* 253-263. - *J. Daris*, Liège 1 (1868) 137-204. - *M. Weitlauff* (Lit.!). - Ders., Die Reichskirchenpolitik des Kurfürsten Max Emanuel von Bayern im Rahmen der reichskirchlichen Bestrebungen seines Hauses, in: *H. Glaser* (Hg.), Kurfürst Max Emanuel. Bayern und Europa um 1700, Bd. 1 (München 1976) 67-87. - Ders., Kardinal Johann Theodor von Bayern, Fürstbischof von Regensburg, Freising (1727-1763) und Lüttich, in: *G. Schwaiger* (Hg.), Christenleben im Wandel der Zeit, Bd. 1, Lebensbilder aus der Geschichte des Bistums Freising (München 1987) 272-296. - Ders., Der Kardinal von Bayern. Ein Kapitel bayerischer Reichskirchenpolitik im 18. Jh., in: SHVF 29 (1979) 63-99. - *M. Weitlauff*, in: *G. Schwaiger*, Freising 401-437.

Abbildungsnachweis: Residenz München, Ahnengalerie Gw 110. - Werkstatt Georg Desmarées nach 1730. - BSV Neg. Nr. 18331.

Egon Johannes Greipl

Joseph, Landgraf von Hessen in Darmstadt (1699 – 1768)

1740 – 1768 Fürstbischof von Augsburg

Joseph Ignaz Philipp von Hessen in Darmstadt, Fürst von Hirschfeld, Graf von Katzenelnbogen, Dietz, Ziegenhagen und Nidda, Schaumburg, Isenburg und Büdingen, wurde am 22. 1. 1699 als erster Sohn das Landgrafen Philipp von Hessen-Darmstadt und der Tochter des Herzogs Ferdinand zu Havre und Croy, Maria Theresia von Croy, in Brüssel geboren. Der Vater war 1693 konvertiert und stand in österreichischen Diensten. Als General-Feldmarschall und kaiserlicher Gouverneur residierte er 1714 – 36 in Mantua. Für eine umfassende, auch musikalische Ausbildung erhielt, ergriff zunächst – wie später sein Bruder Leopold – die militärische Laufbahn. Nach einer schweren Verletzung und einem in Loreto abgelegten Gelübde entschied er sich jedoch im Frühsommer 1728 für den geistlichen Beruf. Im gleichen Jahr wurde er Kleriker und durch päpstliche Provision Domherr in Lüttich. Außerdem erhielt er ein Eligibilitätsbreve für das Bistum

Osnabrück. Die Priesterweihe empfing J. am 13. 3. 1729 in Mantua. Weitere Domkanonikate erhielt er 1729 in Augsburg und 1730 in Köln. Wie Papst Benedikt XIII., so war auch Papst Klemens XII. der Familie zugetan und überhäufte J. mit Gnadenerweisen. 1731 wollte er J. zum Koadjutor des Dompropstes von Konstanz bestellen, und im gleichen Jahr wies er ihm aus den Einkünften des Bistums Gent eine jährliche Pension von 6000 fl. an. 1733 präsentierte er ihn auf ein Konstanzer Kanonikat. 1735 erhielt J. die exemte Abtei Földvar in Ungarn, und 1739 wählte ihn das Augsburger Domkapitel zum Propst. Nach dem Tod des Augsburger Fürstbischofs J. F. (→) Schenk von Stauffenberg wurde J. am 18. 8. 1740 zum Nachfolger gewählt. Die Kapitulare hatten sich unter dem drängenden Einfluß Habsburgs für J. und gegen (→) Johann Theodor von Bayern, Fürstbischof von Freising und Regensburg, entschieden. Dessen Wahl hätte zu einem politischen Übergewicht der Wittelsbacher im süddeutschen Raum geführt. Die päpstliche Konfirmation folgte am 2. 1. 1741, die Bischofsweihe durch Weihbischof J. J. v. (→) Mayr am 12. 2. 1741 im Augsburger Dom.

Trotz päpstlicher Huld, die ihm Eligibilitätsbreven für die Bistümer Lüttich (1743), Köln (1761), Freising oder Regensburg (1763) und Worms (1763) gewährte, und trotz bester Verbindungen zum Kaiserhof vermochte J. keine weiteren Bistümer zu erlangen. Vergeblich bemühte er sich 1744 und wieder 1763 um Lüttich, 1747/48 um die Koadjutorie und 1761 um die erzbischöfliche Würde in Köln sowie 1761 um das Bistum Münster. Ohne Erfolg blieben auch 1763 die diplomatischen Bemühungen um die Bistümer Freising und Regensburg und die reiche Abtei Chiaravalle di Bagnolo bei Mailand. 1761 – 64 versuchte J. ferner vergeblich, die Verhandlungen über die Augsburger Koadjutorie, um die sich vor allem (→ Bd. I.) Klemens Wenzeslaus von Sachsen und der Konstanzer Fürstbischof F. K. v. (→) Rodt bewarben, mit eigenen Plänen zur Erlangung von Freising und Regensburg zu verbinden. Obwohl er sich päpstlicher und kaiserlicher Gunst erfreute, in gutem Verhältnis zu Kurbayern stand und verwandtschaftliche Beziehungen zu England hatte, fehlte ihm, da er aus einer konvertierten Familie stammte, letztlich eine starke Familienhausmacht, um seine Pläne durchsetzen zu können.

Persönlich vereinigte J. gleichsam zwei Seelen in seiner Brust. Auf der einen Seite legte er größten Wert auf eine ihm als Reichsfürsten zustehende Repräsentation. Er modernisierte die Schlösser in Marktoberdorf und Dillingen und ließ die Augsburger Residenz zwischen

1743 und 1754 um- und ausbauen und standesgemäß ausstatten. Auch besaß er eine ansehnliche Bibliothek vor allem mit theologischen,
staatsrechtlichen und historischen Werken,
die sich heute zum Großteil in Dillingen befindet. Als Musikmäzen hielt er ein hochqualifi-
ziertes Orchester, ließ 1766 den zehnjährigen
W. A. Mozart im Dillinger Schloß konzertieren
und trat bei Konzerten selbst öfter als Arien-
sänger auf. Monatelang war J. jährlich auf
Reisen, hielt sich in Marktoberdorf und Dillingen auf oder weilte in Mannheim, Schwetzin-
gen, Stuttgart und München. Regelmäßig
machte er Badekuren in Aachen, Spa, Karlsbad
und Plombières, um seine schwächliche Konstitution zu kräftigen. Das alles führte im Laufe
der Jahre zu einer Verschuldung des Hochstiftes in Höhe von 250 000 fl.

Auf der anderen Seite nahm J. seine religiösen
und oberhirtlichen Pflichten sehr ernst. Er
verehrte neben seinem Namenspatron vor allem Aloisius von Gonzaga und das Herz Jesu, er
geißelte sich öfter und nahm als einziger Bischof an der Augsburger Karfreitagsprozes-
sion teil. Er spendete regelmäßig das Firmsa-
krament und konsekrierte Kirchen, unternahm
beschwerliche Fußwallfahrten und trug das
Allerheiligste bei der Fronleichnamprozession.
In der Bistumsleitung wurde der oft unent-
schlossene J. vor allem von dem Pollinger
Stiftsherrn Eusebius Amort und dem Dekan
von St. Moritz in Augsburg, Johann Bapt. Bassi,
beeinflußt. Beide galten als gemäßigte Aufklä-

rer, Bassi aber auch als hinterhältiger Ränke-
schmied. Auf deren Stellungnahme hin untersagte J. 1744 die einsetzende Verehrung der sel.
Kreszentia von Kaufbeuren, schränkte 1745 die
beginnende Wallfahrt zum gegeißelten Heiland
in der Wies ein und äußerte 1747 starke
Zweifel an der Echtheit des „Wunderbarlichen
Gutes" von Hl. Kreuz in Augsburg. Auf den seit
1747 wiederholt vorgetragenen Wunsch Am-
orts nach Abhaltung einer Diözesansynode
ging J. allerdings nicht ein. 1747 eröffnete er
das von seinen Vorgängern geplante zweite
Priesterseminar in Pfaffenhausen bei Mindelheim, dessen Finanzierung vor allem die Augsburger Bankiersfamilie von Obwexer sicherte.
Es bestand bis zur Säkularisation und diente
der Einführung der Ordinanden in die praktische Seelsorge. Diese vor allem durch Amort
und Bassi initiierte Gründung führte zu starken Spannungen mit den Dillinger Jesuiten.
Auch mit den Englischen Fräulein kam es zu
Differenzen, als J. verlangte, daß deren im
Bistum Augsburg gelegene Institute sich von
der Münchner Generaloberin lösen und der
bischöflichen Aufsicht unterstellen sollten. Der
dadurch ausgelöste Streit wurde 1749 durch
die päpstliche Bulle „Quamvis justo" befriedet,
die die Stellung des Bischofs stärkte, zugleich
aber auch die Aufgaben der Generaloberin
genauer umschrieb.

Einen Höhepunkt liturgischer Feierlichkeiten
des Episkopates von J. bildete die Translation
der Gebeine des Bistumspatrons Ulrich in die
neugestaltete Krypta von St. Ulrich und Afra in
der Woche vom 13. — 20. 5. 1762. Sie wurde von
J. persönlich veranlaßt und trug entscheidend
zu einer Neubelebung der Ulrichsverehrung im
Bistum Augsburg bei. Erwähnt sei schließlich
die Herausgabe eines neuen Rituales 1764,
wiederum maßgeblich von Amort bearbeitet.
Es besaß Gültigkeit bis 1870.

J., der zeitlebens kränkelte, wünschte sich
nicht nur aus kirchenpolitischen Gründen und
unter dem Druck Habsburgs und Kurbayerns,
sondern auch aus persönlicher Zuneigung den
Prinzen Klemens Wenzeslaus von Sachsen zum
Koadjutor mit dem Recht der Nachfolge. Dessen Postulation erfolgte am 5. 11. 1764.

J. erkrankte auf der Rückreise von einer Bade-
kur in Plombières und starb am 20. 8. 1768 in
Augsburg.

Die Beisetzung erfolgte im Augsburger Dom.
Insgesamt kann seine Amtszeit für das Augsburger Bistum trotz mancher Einschränkungen als glücklich gelten.

Literatur: P. Braun IV 449-497. - Th. Specht, Geschichte des ehem. Priesterseminars Pfaffenhausen,

in: JHVD 30 (1917) 1-78; 31 (1918) 41-48; 32 (1919) 1-15; 33 (1920) 1-31; - *A. Haemmerle*, Domstift Nr. 473. - *H. Raab, Clemens Wenzeslaus.* - Die Kunstdenkmäler von Bayern, Regierungsbezirk Schwaben 6: Dillingen (München 1964). - *P. Rummel*, Fürstbischöflicher Hof 533 f. - *J. Seiler.*

Abbildungsnachweis: Titelkupfer aus: Scipio Maffei, Riposta universale. Verona 1754. Foto: Josef Kaltenegger, Dillingen.

Peter Rummel

Joseph Clemens, Herzog von Bayern
(1671 – 1723)

1683 – 1685 Koadjutor des Fürstbischofs von Regensburg
1685   Koadjutor des Fürstbischofs von Freising
1684 – 1688 Koadjutor des Fürstpropstes von Berchtesgaden
1685 – 1694 Fürstbischof von Regensburg und Freising
1688 – 1723 Kurfürst-Erzbischof von Köln, Fürstpropst von Berchtesgaden
1694 – 1723 Fürstbischof von Lüttich
1694 – 1714 Koadjutor des Fürstbischofs von Hildesheim
1699 – 1715 Fürstbischof von Regensburg
1714 – 1723 Fürstbischof von Hildesheim

Joseph Clemens Kajetan von Bayern wurde am 5. 12. 1671 in München als fünfter Sohn des Kurfürsten Ferdinand Maria von Bayern († 1679) und seiner Gemahlin Henriette Adelheid von Savoyen († 1676) geboren. Eine seiner Schwestern heiratete den Dauphin Ludwig von Frankreich, eine weitere den späteren Großherzog Ferdinand III. von Toskana. Nach dem frühen Tod der Eltern bestimmte der auf persönlichen Ruhm und den Aufstieg der Dynastie konzentrierte Bruder Max Emanuel, der seit 1680 als Kurfürst regierte und sich während der Türkenkriege auf der Seite des Kaisers auszeichnete, den weiteren Lebensweg seines anlehnungsbedürftigen Bruders. Seit 1679 erhielt dieser Dompfründen in Köln und später in Hildesheim, Münster, Straßburg und Lüttich. 1693 gab man ihm die Tonsur, doch mußte er sich andererseits, solange seinem Bruder kein Erbe geboren war, dafür bereithalten, evtl. die Erbfolge des Hauses Bayern zu sichern. Infolgedessen erhielt er zwar eine höfische, aber keine für den geistlichen Stand geeignete Ausbildung. Durch die Vermittlung seiner Mutter herrschten am Münchener Hof auf kulturellem Gebiet italienische Einflüsse, während in politischer Hinsicht Frankreich den Ton angab.

Nachdem J. C. 1683 ein Wählbarkeitsbreve erhalten hatte, postulierte ihn das Regensbur-

ger (9. 7. 1683 best.) und am 27. 11. 1684 das Freisinger Kapitel (6. 10. 1685 best.) zum Koadjutor seines Vetters, des Bischofs (→) Albrecht Sigmund von Bayern. Zugleich wurde er Koadjutor des Fürstpropstes von Berchtesgaden. Mit dem Tod seines Vorgängers trat J. C. am 4. 11. 1685 die Nachfolge in Regensburg und Freising an, doch wurden ihm in beiden Bistümern wegen seines jugendlichen Alters Administratoren für die geistliche und die weltliche Verwaltung beigegeben.

Das eigentliche Interesse der wittelsbachischen Politik zielte freilich nicht auf die kleinen bayerischen, sondern auf die nordwestdeutschen Stifte, und hier insbesondere auf das seit 1583 von Wittelsbachern besetzte Köln, das aufgrund seiner Größe und strategischen Bedeutung auch Ziel der Expansionspolitik Ludwigs XIV. war. Dieser wollte Kurköln zu einem französischen Satellitenstaat machen und hatte dort unter dem schwachen Erzbischof (→) Max Heinrich von Bayern durch die Brüder Franz Egon und Wilhelm Egon v. (→) Fürstenberg bereits seit Jahren bestimmenden Einfluß genommen. 1687 hatte Max Heinrich sich nach langem Sträuben mit der Postulation Wilhelm Egons zum Koadjutor einverstanden erklärt. Diese erfolgte am 7. 1. 1688 unter massivem französischem Druck einstimmig. Papst Innozenz XI. lehnte Wilhelm Egon aus verschiedenen Gründen für Köln ab, doch starb Max Heinrich, bevor die päpstliche Bestätigung verweigert werden konnte. Damit war die Postulation gegenstandslos geworden. Bei den nun folgenden Bemühungen um die definitive Neubesetzung des Erzbistums setzte Bayern alle Hebel für J. C. in Bewegung, doch erhielt dieser am 19. 7. 1688 ebensowenig wie Wilhelm Egon die erforderliche Stimmenzahl. Dennoch bestätigte Innozenz XI. seine Postulation am 20. 9. 1688. Fürstenberg, der nach dem Tode Max Heinrichs Kapitularvikar und Administrator des Kurstaates geworden war, hatte sich indessen am 28. 7. mit den ihm ergebenen Domherren nach Bonn begeben und die Regierung an sich gerissen. Die Proklamation von J. C. erfolgte dagegen am 11. 10. 1688 im Kölner Dom. Damit war dieser Erzbischof, aber noch nicht im Besitz von Erzbistum und Kurstaat, denn Fürstenberg hatte inzwischen offen mit Papst und Kaiser gebrochen und französische Truppen nach Bonn gezogen. Die Stadt wurde im Oktober 1689 nach schweren Zerstörungen durch kaiserliche Truppen erobert, während Fürstenberg das Erzstift bereits im April verlassen hatte.

J. C. hatte mit Rücksicht auf sein jugendliches Alter in Weihbischof J. H. v. (→) Anethan einen Coadjutor in spiritualibus erhalten, siedelte aber angesichts der Zerstörung seiner Residenzstadt erst nach Jahren an den Rhein über. Die staatlichen Regierungsgeschäfte nahmen dort seit 1690 Graf Hugo Franz von Königsegg und seit 1694 Johann Friedrich Karg wahr, der später Obristkanzler wurde. Karg war wie schon bei der Wahl von 1688, so auch 1694 bei der Neubesetzung Lüttichs für J. C. tätig und brachte es dahin, daß dieser nach hartem Wahlkampf am 21. 4. 1694 wenigstens die Hälfte der Stimmen erhielt. Nach dem unvorhergesehenen Tod seines Widerparts bestätigte Papst Innozenz XII. J. C. am 29. 9. 1694 für Lüttich, erklärte aber zugleich die Bistümer Regensburg und Freising als vakant. Dennoch wurde J. C. 1695 in Regensburg wiedergewählt und am 22. 5. 1699 auch bedingt bestätigt. Lüttich war für die wittelsbachische Politik besonders wichtig, weil Kurfürst Max Emanuel seit 1691 Generalstatthalter und Generalkapitän der Spanischen Niederlande war. Am 18. 1. 1694 war J. C. ferner in Hildesheim als Koadjutor postuliert und am 6. 1. bestätigt worden.

J. C. war selbstbewußter und selbständiger als sein Kölner Vorgänger Max Heinrich. Vom Münchener Hof geprägt, wollte er zwar seine Rolle als geistlicher Fürst spielen, die damit verbundenen geistlichen Pflichten jedoch nicht auf sich nehmen. So trat in seinen frühen Jahren die geistliche hinter der fürstlichen Aufgabe weit zurück. Fürstlicher Repräsentanz, wie sie J. C. vorschwebte, standen im kriegsverwüsteten Erzstift allerdings große Hindernisse entgegen. Daher siedelte der Erzbischof erst gegen Ende des Pfälzischen Krieges dorthin über, während er sich in die vom Krieg verschonte Stadt Lüttich gleich nach seiner Wahl begab. Er wurde dort von der Bevölkerung, die auf die Wiederherstellung einer fürstlichen Residenz hoffte, enthusiastisch empfangen. J. C. war jedoch auf die Regierung des Stiftes Lüttich mit seinen komplizierten Machtverhältnissen noch weniger als auf die des Erzstiftes Köln vorbereitet. Er kam von München mit absolutistischen und zentralistischen Vorstellungen, wie sie damals in den geistlichen Staaten noch nicht praktiziert wurden, sah sich dann aber in Lüttich noch mehr als in Köln mit einem weitgehenden Mitspracherecht der Domkapitel und der Stände konfrontiert. Daher war seine lange Regierungszeit vor allem in Lüttich von schweren Verfassungskämpfen überschattet, in denen er sich letztlich nicht durchsetzen konnte.

Als J. C. nach dem Frieden von Rijswijk (1697) jene Entschädigung versagt blieb, die er für die Finanzierung seiner Hofhaltung erhofft hatte und die ihm seine Stifte nicht zur Verfügung

stellen wollten, wandte er sich unter dem Einfluß seines Bruders Max Emanuel sowie Kargs um 1700 politisch vom Kaiser ab, der 1688 seine Kölner Kandidatur unterstützt hatte. Zu Beginn des Spanischen Erbfolgekrieges schloß er 1701 mit Ludwig XIV. ein Bündnis, das ihm zwar regelmäßige Subsidien brachte, ihn aber auch von Frankreich abhängig machte. 1702 mußte er vor den kaiserlichen und englisch-niederländischen Truppen, die das Erzstift und Lüttich besetzten, fliehen. Er begab sich zunächst nach Namur und 1704 nach Lille, um sich dann seit 1707 in Valenciennes aufzuhalten. 1706 wurde über ihn und seinen Bruder die Reichsacht verhängt. Während seines Exils erhielt J. C. nur noch die Einkünfte aus einem Rest des Stiftes Lüttich und aus Regensburg, so daß er vollständig von Paris abhing. Den vom Kaiser versuchten Entzug der geistlichen Jurisdiktion über seine Bistümer verhinderte dagegen der Hl. Stuhl. Erst nach dem Friedensschluß von 1714 erfolgte die Wiedereinsetzung J. C.s in alle Rechte.

Die Jahre des Exils wurden für J. C.s Lebensweg von großer Bedeutung. Gegen Neigung und Begabung im Interesse der Familienpolitik für den geistlichen Stand bestimmt, hatte er bis dahin zwar seine fürstlichen Rechte in Anspruch genommen, den Empfang der höheren Weihen jedoch trotz des Drängens des Kölner Domkapitels und des Nuntius verweigert. An seiner persönlichen, wenngleich oberflächlichen Frömmigkeit konnte zwar kein Zweifel bestehen, doch fühlte J. C. sich zur Einhaltung des Zölibates nicht in der Lage. Wie in Köln, so war sein Leben auch in Lille diesbezüglich nicht tadelfrei. Hier gebahr ihm die bürgerliche Constance Desgroseilliers, die ihn 1715 als Madame de Ruysbeck nach Bonn begleitete, zwei Söhne. Dennoch ließ J. c. sich auf Drängen des Papstes und auf den Zuspruch seiner Vertrauten hin in Lille zum Empfang der Weihen bestimmen. Am 24. 12. 1706 wurde er zum Priester und am 1. 5. 1707 durch Bischof François Fénelon zum Bischof geweiht. J. C. hat zwar seitdem seine priesterlichen und bischöflichen Funktionen wahrgenommen, doch blieb er in erster Linie der Landesfürst seiner Stifte. Innerkirchlich verfolgte er einen eher strengen Kurs. Im Jansenismusstreit, der auch das Bistum Lüttich berührte, vertrat er den Standpunkt der römischen Kurie. Seine finanziellen Anforderungen haben auch nach seiner Rückkehr an den Rhein wieder zu Auseinandersetzungen mit dem Domkapitel und den Ständen geführt, und sein persönliches Leben war nicht ohne ärgerliche Szenen. Politisch suchte er auch Lüttich wieder stärker in den Westfälischen Reichskreis zu integrieren.

Die Hofhaltung von J. C. überstieg zwar die wirtschaftlichen Möglichkeiten seiner Territorien bei weitem, doch hat sie zu lebhafter künstlerischer Tätigkeit geführt, die allerdings erst unter seinem Neffen und Nachfolger (→) Clemens August von Bayern zur Vollendung kam. An Kunst und Theater interessiert, lagen die größten künstlerischen Leistungen J. C.s freilich auf architektonischem Gebiet. 1700 begann der Neubau des 1689 zerstörten Bonner Schlosses durch Zuccalli. Doch wurde aus dem ursprünglich geplanten Barockpalast später unter dem Einfluß des Franzosen de Cotte eine offene Schloßanlage. Auch der Beginn des Poppelsdorfer Schloßbaues ist J. C. zu danken.

J. C. starb am 11. 12. 1723 nach kurzer Krankheit in Bonn. Sein Herz wurde in der Gnadenkapelle zu Altötting, seine Eingeweide wurden in einer von ihm gestifteten Kapelle zu Lille und sein Leichnam im Kölner Dom beigesetzt.

Literatur: *A. Bertram*, Hildesheim III 106-130. - *M. Weitlauff*. - *M. Braubach*, Kurköln 81-199. - *E. Hegel* 35-51 (Lit.). - *B. Demoulin*. - *P. C. Hartmann*, Die französischen Subsidienzahlungen an den Kurfürsten von Köln, Fürstbischof von Lüttich, Hildesheim und Regensburg, Joseph Clemens, im Spanischen Erbfolgekrieg (1701-1714), in: HJB 92 (1972) 358-372. - *R. E. Blacha*, Johann Friedrich Karg von Bebenburg. Ein Diplomat der Kurfürsten Joseph Clemens von Köln und Max Emanuel von Bayern 1688-1969 (Diss. phil. Bonn 1983). - *A. Winterling*. - *M. Weitlauff*, in: *G. Schwaiger*, Freising 341-370.

Abbildungsnachweis: Residenz München, Ahnengalerie Gw 119. - Werkstatt Georg Desmarées nach 1730. - BSV Neg. Nr. 18312.

Erwin Gatz

Jost (seit 1738 von Jörgen, RA) Johann Georg (1687 – 1763)

1729 – 1763 Generalvikar in Chur

* 1687 in Lenz (Graubünden); 1708 am Collegium Helveticum in Mailand; 13. 1. 1712 Priester; Dr. theol.; 1714 – 15 Pfarrer im Trimmis, 1715-22 in Cazis, 1724 in Sargans; 1725 nichtres. Domherr, 1729 Domscholastikus in Chur; 1729 – 63 Generalvikar der Bischöfe J. B. v. (→) Rost und J. A. v. (→) Federspiel (bezeugt ab 10. 5. 1730); † 8. 2. 1763 in Chur; □ Kathedrale Chur.

Literatur: HBLS 4 (1927) 413. - *F. Perret*, 1100 Jahre Pfarrei Sargans 850-1950 (Mels 1950) 172f. - *W. Kundert*, in: HS I/1 (1972) 529.

Pierre Louis Surchat

Just von Friedenfeld, Martin Bernhard (seit 1714 kaiserlicher Personaladel) (1642 – 1721)

1714 – 1721 Apostolischer Administrator des Bistums Meißen in der Lausitz

Martin Bernhard Just wurde im Jahre 1642 in dem zum Zisterzienserinnenkloster St. Marienstern gehörenden Kuckau in der Lausitz als Sohn des sorbischen Kleinbauern Hans J. und der Agnes Donat geboren. Das Gymnasium besuchte er seit 1657 bei den Jesuiten zu Komotau (Chomutov) in Böhmen. Philosophie und Theologie studierte er in Prag (Dr. phil.). am 10. 3. 1669 wurde er in Prag zum Priester geweiht. 1669 – 1714 war J. in der Erzdiözese Prag tätig, und zwar 1669 – 98 als Pfarrer in Seitendorf in der Südlausitz (heute Zatonie, Polen). 1680 wurde er nichtresidierender Kanonikus des Domkapitels St. Petri in Bautzen. 1698 – 1714 war er Pfarrer von Rumburg (Rumpurk) in Böhmen und vicarius foraneus. Am 7. 2. 1714 wurde er zum Dekan des Domkapitels St. Petri in Bautzen gewählt und damit Apostolischer Administrator der Lausitz. Im gleichen Jahr nobilitierte Kaiser Karl VI. ihn unter dem Prädikat „von Friedenfeld".

J. war ein guter Verwalter, der die Einkünfte des Domkapitels mehrte und zur Verschönerung der Kirchen der Administratur und des Bautzner Domes verwendete. Damit im Gebiet der Administratur Pfarramtsverwaltung, Got-

Zeitverhältnissen an und gab es seinen Priestern, die keine einheitliche Vorbildung erhalten hatten, in die Hand. In seinen drei Teilen behandelte es die Spendung der Sakramente und Benediktionen sowie die Feier der Prozessionen. Bei den Benediktionen und Prozessionen berücksichtigte es auch die alten sorbischen Überlieferungen. Das Parochiale von J. ist z. T. noch heute in den sorbischen Pfarreien der Diözese Dresden-Meißen in Gebrauch.

1720 sorgte J. für die Drucklegung der von dem Bautzner Kanonikus Georg Augustin Swottlik (1650 – 1729) ins Sorbische übersetzten Perikopen. Auch die Matrikenführung wurde unter J. in den Pfarreien obligatorisch. Jedes Jahr führte er Visitationen durch.

J. starb am 9. 6. 1721 in Bautzen. Er wurde im St. Petri-Dom beigesetzt.

Schriften: Parochiale Misnense (Prag 1716). - Propria Officia festorum Jesu Christi, lat., deutsch, sorb. (Prag 1714). - Officia propria festorum diocesis Misnensis, lat., deutsch, sorb. (Prag 1719).

Literatur: *M. Salowski.* - *G. F. Otto* I 366f. - *J. Solta* 242.

Abbildungsnachweis: BDM FotoDok.

Siegfried Seifert

tesdienst und Sakramentenspendung in einer einheitlichen Form erfolgen konnten, bearbeitete er das Parochiale Misnense der alten Diözese Meißen, paßte es den veränderten

K

Kageneck (Kagenegg), **Franz Heinrich Wendelin Freiherr von** (1704 – 1781)

1751 – 1780 Weihbischof in Eichstätt, Ep. tit. Comanensis

* 21. 10. 1704 in Waldshut (Diöz. Konstanz) als Sohn des Georg Sebastian Reinhard v. K., seit 1693 Waldvogt der Grafschaft Hauenstein, und der Josepha Maria Franziska Freiin von Ulm; Schulbesuch in Trier und vermutlich in Breslau (hier 1720 tonsuriert); Studium der Rechte in Rom; 1722 Domizellar und 1735 Kapitular in Eichstätt; seit 1722 auch Domherr in Augsburg; 26. 6. 1746 Priesterweihe in Eichstätt; 1739 – 48

Oberpfleger des Hl. Geist-Spitals und des Bruderhauses St. Sebastian; 1748 – 70 Kantor, ab 1761 Koadjutor des Dompropstes und 1770 Dompropst in Eichstätt; seit 1746 Vizepräsident, 1748 Präsident der Hofkammer; 19. 3. 1751 Titularbischof von Comana und Weihbischof in Eichstätt; 25. 4. 1751 Konsekration durch Fürstbischof J. A. v. (→) Freyberg in der Kirche der Benediktinerinnen-Abtei St. Walburg in Eichstätt; 1751 erhielt er die Propstei des Chorherrenstiftes St. Nikolaus in Spalt (Diöz. Eichstätt), die gewöhnlich dem Weihbischof verliehen wurde. Schon als Domherr und später als Weihbischof wurde K. vom Fürstbischof des öfteren mit diplomatischen Aufgaben

betraut. Am 28. 4. 1780 resignierte er aus
Altersgründen auf das Amt des Weihbischofs.
† 31. 3. 1781 in Eichstätt; ☐ Kreuzgang des
Eichstätter Domes.

Literatur: *A. Haemmerle*, Domstift Nr. 166. - *H. Braun*
Nr. 128.

Ernst Reiter

Kaintz, Andreas Franz (1682 – 1740)

1725 – 1729 Administrator des Fürsterzbischöflichen Vikariates der Grafschaft Glatz (Erzdiöz. Prag)
1729 – 1740 Dechant und Fürsterzbischöflicher Vikar der Grafschaft Glatz

* 1682 (err.); bis 1714 Zeremoniar des Bischofs
von Königgrätz; dann Pfarrer von Mittelwalde
(Grafschaft Glatz); seit 19. 10. 1725 Administrator des Fürsterzbischöflichen Vikariates
der Grafschaft Glatz; 13. 11. 1729 Dechant und
Fürsterzbischöflicher Vikar; vollendete 1734 in
Mittelwalde den neuen Pfarrhof; im gleichen
Jahr ließ der Erzbischof von Prag die Grafschaft durch seinen Weihbischof visitieren;
1737 veranlaßte K., daß Jesuiten in allen Städten der Grafschaft Volksmissionen predigten;
† 15. 6. 1740 in Mittelwalde.

Literatur: *F. Volkmer* 76-79.

Erwin Gatz

Kaiser (seit 1775 **Ritter von Kaisern**), **Johann
Andreas** (1716 – 1776)

1757 – 1775 Generalvikar in Prag
1760 – 1775 Weihbischof in Prag, Ep. tit.
Themiscyrensis
1775 – 1776 Bischof von Königgrätz

Johann Andreas Kaiser wurde am 29. 11. 1716
zu Wegstädtl (Šteti) in Nordböhmen geboren.
Die Namen seiner Eltern sind nicht überliefert.
Er studierte in Prag als Alumne und Sängerknabe des St. Wenzels-Seminars und als Erzieher in adeligen Familien. 1734 wurde er zum Dr.
phil. promoviert und am 19. 12. 1739 zum
Priester geweiht. Nach Jahren als Kaplan wurde er 1747 Pfarrer von Klecany bei Prag und
1751 Dekan in Friedland. 1755 wurde er Mitglied des Prager Metropolitankapitels (Kapitelswahl), deutscher Domprediger und bald
danach Konsistorialrat. Da K. sich während der
preußischen Belagerung von Prag im Jahre
1757 große Verdienste um die Sicherung des
Domes erwarb, berief Erzbischof J. M. v. (→)
Manderscheid-Blankenheim ihn am 10. 7. 1757

zu seinem Generalvikar. In dieser Eigenschaft
mußte er zweimal jährlich alle Pfarreien visitieren und dabei auch Firmungen vornehmen.
1759 wurde er Domscholastikus sowie Dekan
des Kapitels von Altbunzlau, 1762 Dekan von
St. Apollinaris in Prag. Am 3. 3. 1760 wurde er
zum Titularbischof von Themiscira und Weihbischof in Prag ernannt und am 13. 4. vom
Königgrätzer Bischof A. P. v. (→) Przichowsky-
Przichowitz konsekriert.

Am 14. 5. 1775 nominierte Kaiserin Maria Theresia K. zum Bischof von Königgrätz. Die
Translation folgte am 17. 7., und am 15. 10. 1775
wurde der inzwischen in den Ritterstand erhobene K. in Königgrätz inthronisiert. Einen Tag
später ernannte er sein Konsistorium und
bestätigte J. P. v. (→) Schaffgotsch, den späteren ersten Bischof von Budweis, als seinen
Generalvikar und Offizial. K. ergriff sofort eine
Anzahl pastoraler Initiativen. Noch im November beriet er über die Gründung neuer Pfarrei-
en und ordnete an, daß jede Pfarrei mit mehr
als 1 000 Seelen einen Kaplan erhalten solle.
Kurz darauf beorderte er die in den Pfarreien
tätigen Ordensleute in ihre Klöster zurück und
erließ eine neue Konsistorialordnung. Im Dezember hielt er mit dem Stadtklerus unter
Leitung des ehemaligen Rektors des Königgrätzer Jesuitenkollegs Exerzitien. Sein vielver-
sprechendes Wirken wurde jedoch bald durch
eine schwere Krankheit abgebrochen. K. starb
am 5. 5. 1776. Er wurde in der Bischofsgruft
seiner Kathedrale beigesetzt. Seinen Nachlaß

hatte er je zur Hälfte den Armen und seiner Kathedrale vermacht.

Literatur: *J. J. Solař* 347-349. - *A. Neumann* 9. - *A. Podlaha* 282-284. - *A. Zelenka* 143f. - *P. Hersche*, Spätjansenismus.

Abbildungsnachweis: Porträtlithographie von Friedrich Dewehrt (*1808). - Wien NB 520.606 B.

Aleš Zelenka

Kapaun von Swoykow (Kapoun von Svojkov), **Gottfried Freiherr** (1636 – 1701)

1699 – 1701 Bischof von Königgrätz

Gottfried Kapaun wurde am 16. 2. 1636 als erstes Kind des königlichen Kreishauptmannes des Bechiner Kreises Albrecht K. und der Barbara Albertine Freiin Wratislaw von Mitrowitz getauft. Die Familie des Vaters ist seit dem 14. Jh. nachweisbar. 1644 wurde sie in den böhmischen Freiherrenstand erhoben. K. absolvierte das Gymnasium in Königgrätz und studierte dann in Prag Theologie (Dr. theol.). Am 30. 3. 1659 wurde er zum Priester geweiht, und seit 1660 wirkte er als Dekan im nordböhmischen Nachod. Dieses fiel 1663 einem Brand zum Opfer, so daß K. der Wiederaufbau der zerstörten Pfarrkirche oblag. Bei einem Romaufenthalt erlangte er die Würde eines Apostolischen Protonotars. 1671 wurde er Archidiakon von Krumau und damit infulierter Prälat.

1675 erfolgte seine Ernennung zum erzbischöflichen Vikar für den Kreis Bechin. Kaiser Leopold I. ernannte ihn 1680 zum kaiserlichen Rat und zum Titularbischof von Semendria in Serbien und nominierte ihn am 23. 9. 1698 zum Bischof von Königgrätz. Während ihm die Temporalienverwaltung bereits wenig später übertragen wurde, erfolgte die päpstliche Verleihung erst am 18. 5. 1699. Am 28. 6. wurde K. in Prag konsekriert und am 1. 9. 1699 in Königgrätz inthronisiert. Er starb jedoch schon am 18. 9. 1701 auf dem bischöflichen Schloß zu Chrast, so daß seine Amtszeit sich kaum auswirken konnte. K. wurde in der Bischofsgruft seiner Kathedrale beigesetzt.

Literatur: *J. J. Solař* 326. - *A. Zelenka* 135.

Abbildungsnachweis: Lithographie von Friedrich Dewehrt (* 1808). - Wien NB 530.338.

Aleš Zelenka

Karl Ferdinand, Prinz von Polen (1613 – 1655)

1625 – 1655 Fürstbischof von Breslau
1644 – 1655 Bischof von Płock

Karl Ferdinand, Prinz von Polen, wurde am 13. 10. 1613 zu Warschau als Sohn des polnischen Königs Sigismund III. Wasa und seiner Gemahlin Konstantia von Habsburg geboren. Am Hof von Jesuiten erzogen, wurde K. F. wie seine Brüder Johann Albrecht und Johann Kasimir schon als Knabe für den geistlichen Stand bestimmt. Johann Albrecht wurde Bischof von Ermland (1621 – 32) und Krakau (1632 – 34), Johann Kasimir trat zunächst in den Jesuitenorden ein, folgte aber 1648 seinem Bruder Władysław als König. K. F. galt zwar als mäßig begabt, doch beherrschte er mehrere Sprachen. Er soll einen Aufsatz gegen den Jansenismus geschrieben haben.

Die Entscheidung über die Laufbahn K. F.s fiel zu Beginn des Dreißigjährigen Krieges, als der Breslauer Fürstbischof Karl Joseph von Österreich (1608 – 24), der wie sein Bruder Kaiser Ferdinand II. die Gegenreformation förderte, nach Absetzung seines Bruders und der Wahl Friedrichs V. von der Pfalz zum böhmischen Gegenkönig an den Warschauer Hof floh. Dort vereinbarte er am 20. 12. 1619 mit seinem Schwager Sigismund III. die Berufung des damals erst sechsjährigen K. F. zu seinem Koadjutor. Da das Breslauer Kapitel sich dieser Vereinbarung widersetzte, gelang es erst 1624, K. F. in das Kapitel zu bringen. Als Karl Joseph im gleichen Jahr in Spanien starb, widersetzte sich das Kapitel jedoch der Kandidatur des erst

11jährigen Prinzen, mußte diesen aber unter dem Druck des auf polnische Hilfe angewiesenen Kaisers und des Wiener Nuntius Carlo Carafa am 3. 5. 1625 postulieren. Sigismund III. hatte sich allerdings verpflichten müssen, die kirchliche Abhängigkeit Breslaus von Gnesen nicht zu reaktivieren und keine weiteren Polen in das Kapitel zu bringen. 1641 löste Kaiser Ferdinand III. dann Breslau definitiv aus dem Metropolitanverband Gnesen. Nach der päpstlichen Wahlbestätigung (22. 10. 1625) nahm der Olmützer Domdechant Johann Friedrich Freiherr von Breiner, der in Breslau ein Kanonikat innehatte, am 7. 1. 1626 das Bistum im Namen K. F.s in Besitz. Dieser selbst wurde bis 1637 von der Residenzpflicht dispensiert. Aber auch danach hat er insgesamt kaum drei Jahre in Neisse bzw. Oppeln residiert, die Bischofsstadt Breslau dagegen nie besucht.

Solange K. F., der nie die höheren Weihen empfing, minderjährig war, wurde die Diözese 1625 – 35 von den Domherren Breiner und K. v. Strachwitz, seit 1635 durch Weihbischof J. B. (→) Liesch von Hornau verwaltet. Dieser pflegte guten Kontakt zu K. F. und hat diesen häufig in Warschau aufgesucht. Die für die Bistumsleitung maßgebenden Persönlichkeiten hatten ihre Ausbildung als Alumnen des Collegium Germanicum in Rom erhalten und waren von Reformeifer erfüllt, dem allerdings die Kriegsverhältnisse manches Hindernis in den Weg stellten. Die in Oberschlesien seit dem Beginn des 17. Jh. voranschreitende Rekatholisierung war dagegen vor allem ein Werk des Kaisers.

Da K. F. die Einkünfte seines Bistums genoß, die damit verbundenen Pflichten im Gegensatz zu seinem Amtsvorgänger aber nicht wahrnahm, gestaltete sich sein Verhältnis zum Domkapitel sehr kühl. Dieses forderte ihn nach seiner Berufung zum Bischof von Płock (1644) wiederholt zur Resignation auf. Daher vermied K. F. jede Begegnung mit dem Kapitel und traf nur mit einzelnen seiner Mitglieder zusammen. Seine Breslauer Vertrauensleute waren Johann Franz Welczek († 1686) und Liesch von Hornau.

Die Amtszeit von K. F. fiel zum größten Teil in den Dreißigjährigen Krieg, der Schlesien seit 1626 durch zahlreiche Durchmärsche und Kriegshandlungen schwer traf. Über die Kriegsschäden berichten die Akten der von Archidiakon P. Gebauer († 1646) durchgeführten Visitation. Auch die Relatio status von 1650, die K. F. durch J. J. (→) Brunetti nach Rom überbringen ließ, schildert die schweren Kriegszerstörungen. Es dauerte nach dem Friedensschluß einige Jahre, ehe die Verhältnisse sich wieder stabilisieren konnten und eine seit 1651 durchgeführte Generalvisitation zu zahl-

reichen Reformdekreten führte. Bei seinen Jurisdiktionsstreitigkeiten mit den Orden wurde der Bischof vom Hl. Stuhl unterstützt.

Auf das Ergebnis der Generalvisitation gestützt, fand 1653 unter Teilnahme K. F.s zu Neisse eine Diözesansynode statt, die sich an den Ergebnissen der 1643 in Płock durchgeführten Synode orientierte und die tridentinischen Reformdekrete urgierte. Im gleichen Jahr wurde ein Diözesanrituale veröffentlicht. K. F. gründete ferner in Neisse ein Haus für alte und kranke Priester.

Die letzten Amtsjahre des Bischofs waren durch die 1653/54 gemeinsam von staatlichen und kirchlichen Instanzen durchgeführte Rekatholisierung („Reduktion") von 656 Kirchen in den Erbfürstentümern und den übrigen Fürstentümern bestimmt, bei der es jedoch nicht gelang, die gesamte Bevölkerung zum Katholizismus zurückzuführen. Durch die beharrliche Ausdauer der Gegenreformation und durch Mithilfe der Reformorden hat der Katholizismus jedoch seitdem in Schlesien wieder bedeutend an Gelände gewonnen.

K. F. hat diese Entwicklung zwar unterstützt, doch lag der Schwerpunkt seines Lebens stets in Polen. 1632 wurde er Kommendatarabt von Czerwink, 1638 von Tyniec, 1649 von Miechow und Mogiła, 1640 Administrator und 1644 Bischof von Płock. 1649 wurde er Herzog von Oppeln und Ratibor. Nach dem Tode seines Bruders, des Königs Władysław (1648), war er

Kandidat für die polnische Krone, doch ging diese an seinen Bruder Johann Kasimir. K. F. hielt sich vornehmlich in Warschau, daneben auch in der Sommerresidenz der Bischöfe von Płock in Wyszków am Bug auf. Dort starb er am 9. 5. 1655. Er wurde in der Jesuitenkirche zu Warschau beigesetzt.

Quellen: DAB, I A 5. - ASV, Nunz. Vien. Proc. can. 15; S. Congr. Conc., Relationes 884 A.

Literatur: *J. Heyne*, Dokumentirte Geschichte des Bistums und Hochstiftes Breslau III (Breslau 1868) 817-877. - *J. Schmidlin*, Die Restaurationstätigkeit der Breslauer Fürstbischöfe. Nach ihren frühesten Statusberichten an den Römischen Stuhl (Rom 1907) 35-43. - *F. X. Seppelt*, Breslau 68-73. - *H. Jedin*, Breslauer Bischofswahlen 187-191. - *K. Engelbert*, Das Bistum Breslau im Dreißigjährigen Krieg III, in: ASKG 25 (1967) 201-251. - *W. Czapliński*, in: PSB 12 (1966/67) 85-87. - *J. Sawicki*, Synody diecezji wrocławskiej i ich statuty (= Concilia Poloniae 10) (Wrocław u. a. 1963) 282-323, 649-710. - *G. Cwięczek*, Królewicz Karol Ferdynand Waza jako biskup wrocławski [Der polnische Königssohn K. F. W. als Bischof von Breslau], in: Studia z historii Kościoła w Polsce 2 (1973) 7-279. - *Ders.*, in: CS 3 (1971) 103-121. - *Ders.*, in: CS 14 (1984) 175-178. - *W. Marschall* 83-89.

Abbildungsnachweis: Stich von Jeremias Falck (um 1610-1677). - Wien NB 518.857 B.

Jan Kopiec

Karl Joseph, Erzherzog von Österreich
(1649 – 1664)

1662   Koadjutor des Fürstbischofs von Passau
1662 – 1664 Fürstbischof von Passau
1662 – 1664 Hoch- und Deutschmeister
1663 – 1664 Fürstbischof von Breslau
1663 – 1664 Fürstbischof von Olmütz

Karl Joseph, Erzherzog von Österreich, wurde am 7. 8. 1649 zu Wien als Sohn Kaiser Ferdinands III. und seiner zweiten Gattin Leopoldine von Tirol geboren. Er war ein Halbbruder Kaiser Leopolds I. Für die geistliche Laufbahn bestimmt, erhielt er 1660 die Tonsur. 1662 wurde er Domizellar in Passau. Auf Drängen von Bischof (→) Leopold Wilhelm und Kaiser Leopold I. postulierte das Passauer Domkapitel nach Überwindung mancherlei Bedenken K. J. am 13. 4. 1662 zum Koadjutor mit dem Recht der Nachfolge. Die päpstliche Bestätigung folgte am 1. 9. 1662. Als Leopold Wilhelm bereits am 20. 11. 1662 starb, wurde K. J. damit sein Nachfolger. Der eigentliche Souverän war freilich das Domkapitel, denn K. J. sollte aufgrund der Wahlkapitulation von 1662 erst nach Vollendung seines 20. Lebensjahres, also 1669, die

Leitung des Bistums übernehmen. Das Passauer Kapitel hatte in dem Wahlabkommen nicht geringe Ansprüche gestellt, insbesondere eine gebührende Entschädigung für die Errichtung des Bistums Wien im Jahre 1469 innerhalb des Passauer Diözesangebietes gefordert. Diese sei 1469 zwar versprochen, aber nie verwirklicht worden. Leopold I. konnte dieser Forderung nicht stattgeben. Er versprach lediglich, die Jurisdiktionsstreitigkeiten zwischen den beiden Bistümern in Güte beilegen zu wollen.

K. J., ein zarter, aber hochbegabter Knabe, kam im August 1663 zu seinem ersten und einzigen Besuch nach Passau. Obwohl die Stadt noch vom großen Brand des Jahres 1662 daniederlag, wurde er von Klerus und Bürgerschaft wie ein regierender Fürstbischof und Landesherr empfangen. Im Jahr 1663 gelang es der habsburgischen Diplomatie ferner, ihm die Bischofsstühle von Breslau und Olmütz (beide 23. 4. 1663) zu sichern. Schon 1662 hatte ihn Leopold Wilhelm in das Domkapitel von Olmütz berufen. In diesem Jahr wurde er ferner Hochmeister des Deutschen Ordens.

Am 27. 1. 1664 starb der seit seiner Kindheit kränkliche K. J. in Linz/Donau. Damit hatte die in drei Generationen seit 1598 bestehende geistliche Sekundogenitur der Habsburger in Passau ein Ende gefunden, nicht aber die Vorherrschaft Österreichs. Der Kaiser ließ das Domkapitel wissen, er wünsche keinen Angehörigen eines anderen regierenden Fürsten-

hauses auf dem Passauer Bischofsstuhl. Dieser Wunsch wurde von dem habsburgtreuen Kapitel bis zur Säkularisation von 1803 gewissenhaft erfüllt. Der österreichische Hochadel konnte daher den Passauer Stuhl wie einen Erbbesitz in Anspruch nehmen.

Literatur: J. *Oswald* 261-271. - B. *Hubensteiner*, Passau. - H. *Peters* 22. - A. *Leidl*, Bischöfe 37. - A. *Zelenka* 236.

Abbildungsnachweis: Stich von Matthäus Küsel (1629-1681) nach einem nicht erhaltenen Gemälde von Johann Ulrich Meyr († 1704). - Wien NB 509.167 B.

August Leidl

Karl Joseph Ignaz von Lothringen
(1680 – 1715)

1695 – 1711 Fürstbischof von Olmütz
1698 – 1715 Fürstbischof von Osnabrück
1711 – 1715 Kurfürst-Erzbischof von Trier

Karl Joseph Ignaz von Lothringen wurde am 24. 11. 1680 zu Wien als zweiter Sohn des Herzogs Karl V. Leopold von Lothringen und der in zweiter Ehe mit ihm verheirateten Stiefschwester Kaiser Leopolds, Erzherzogin Eleonore Maria, geboren. Die Mutter war in erster Ehe mit dem polnischen König Michael Wisniowecki verheiratet gewesen. Die regierende Familie der Herzöge von Lothringen war 1670 – 97 durch Ludwig XIV. aus dem Herzogtum verdrängt. 1697 erfolgte die Restitution zugunsten von K. J.s Bruder Leopold Joseph. Der Vater K. J.s war 1683 der Türkenbezwinger von Wien, Ofen u. a. sowie erfolgreicher Feldherr des Hauses Habsburg gegenüber Frankreich. Von seinen fünf Söhnen wurde Franz Anton 1712 Abt von Stablo und Malmedy.

Von K. J.s Studium ist nichts bekannt. Er wird es wohl privat absolviert haben. Er galt als Kleriker des Bistums Wien, doch läßt sich nur die Subdiakonatsweihe (vor 1703) sicher nachweisen. 1707 forderte die römische Kurie seine Priesterweihe als Vorbedingung für die Alleinadministration seiner Bistümer, die er jedenfalls in Trier wahrnahm. Während die ersten Pfründen der standesgemäßen Versorgung dienten, spielte wohl bald eine mögliche Kandidatur im Zuge der Bistumspolitik des Hauses Habsburg die entscheidende Rolle. 1687 wurde K. J. Domizellar und später Domherr in Köln, 1691 durch bischöfliche Provision in Osnabrück, 1692 durch päpstliche Provision in Trient, wenig später in Olmütz, 1702 in Trier und schließlich 1715 in Lüttich. Daneben war er seit 1689 (?) Pfarrer der Primatialkirche in Nancy, seit 1693 Großprior des Malteserordens

zu Kastilien und Leon, vor 1694 Kommendatarabt der Benediktinerabteien BMV della Magione (Diöz. Palermo), BMV de Chiaravalle (Diöz. Senigallia) und S. Stefano in Bologna sowie seit 1699 von Lisle-en-Barois (Diöz. Toul). Am 13. 9. 1694 postulierte ihn das Olmützer Domkapitel auf Betreiben des Wiener Hofes mit Hilfe des späteren Weihbischofs F. (→) Schröffel von Schröffenheim zum Koadjutor von Fürstbischof K. v. (→) Liechtenstein. Bei der päpstlichen Bestätigung am 20. 1. 1694 wurde ihm zwar die Beibehaltung seiner Pfründen mit Ausnahme des Olmützer Kanonikates gestattet, doch sollte die Temporalienverwaltung bis zu seinem 25., die geistliche Verwaltung seines Sprengels bis zu seinem 30. Lebensjahr durch vom Hl. Stuhl benannte Administratoren erfolgen. Daher trat er mit dem Tode Liechtensteins am 23. 9. 1695 zwar die Nachfolge an, doch ernannte Papst Innozenz XII. am 14. 4. 1696 den Olmützer Domdekan Karl Julius von Orlik, Freiherrn von Laziska, zum Administrator. Am 11. 5. 1700 erhielt K. J. vorzeitig die Temporalienverwaltung, am 27. 6. 1703 die Mitverwaltung der Spiritualia mit dem Domherrn Franz Graf Lantieri, am 29. 10. 1707, in Erwartung der Diakonats- und Priesterweihe, die alleinige Verwaltung der Spiritualia. Für diese Konzession Clemens' XI. war wohl die Entwicklung in Münster und Osnabrück maßgebend. Während die Verleihung des Bistums Olmütz an K. J. aus Versorgungsgründen erfolgt war, wünschte der Wiener Hof mit Osnabrück und Münster einen Stützpunkt gegen das in der nordwestlichen Germania Sacra mit (→) Joseph Clemens als Bischof für Köln und Lüttich sowie als Koadjutor von Hildesheim und Administrator in spiritualibus für Osnabrück dominierende, einflußreiche und wenig kaiserfreundliche Haus Wittelsbach zu gewinnen. Seit dem 10. 12. 1696 im Besitz eines Wählbarkeitsbreves, wurde K. J. am 14. 4. 1698 in Osnabrück nach zunächst geringen Aussichten einstimmig gewählt. Die päpstliche Bestätigung folgte am 27. 9. 1698. Daraufhin erlosch entsprechend der Capitulatio perpetua von 1650 die geistliche Verwaltung durch den Erzbischof von Köln. Statt seiner übernahm an Stelle des noch zu jungen K. J. Weihbischof O. W. v. (→) Bronckhorst-Gronsfeld die gesamte Administration. Dieser blieb nach Übernahme der Temporalienverwaltung durch K. J. 1699 Coadministrator in spiritualibus. Die römische Kurie hatte sich zu diesem, mit den Grundsätzen des Tridentinums unvereinbaren Vorgehen im Hinblick auf eventuellen Widerspruch des Hauses Braunschweig entschlossen. Bei der Neubesetzung Münsters im Jahre 1706 konnte K. J. mit solchem Entgegenkommen nicht mehr rechnen, da der 1701 durch seinen Bruder für das Herzogtum Lothringen in Kraft gesetzte Code Leopold die staatliche Kirchenhoheit fixierte. Dies hatte K. J. schon 1701 die päpstliche Zustimmung zu seiner Postulation als Koadjutor des Fürstabtes von Stablo und Malmedy gekostet. Als 1706 in Münster ein Teil des Kapitels für ihn stimmte, erklärte der Papst das Wahlrecht als verfallen und übertrug Fr. A. v. (→) Wolff-Metternich zur Gracht das Bistum, dem die Mehrheit der Wähler die Stimme gegeben hatte. Während aber das Bemühen des Hauses Lothringen um eine Versöhnung mit der römischen Kurie damals nicht zum Erfolg führte, gelang es ihm, K. J. 1710 ein Wählbarkeitsbreve als Koadjutor des Trierer Erzbischofs J. H. v. (→) Orsbeck zu verschaffen. Der Wiener Hof hatte K. J. dagegen für das reichere Münster ins Auge gefaßt, während er das nach dem 30 Jahre dauernden Krieg mit Frankreich finanziell erschöpfte Kurtrier (→) Franz Ludwig von Pfalz-Neuburg zugedacht hatte. Das Trierer Kapitel gab jedoch am 24. 9. 1710 K. J. als Mitglied des Hauses Lothringen, das im Krieg mit Frankreich neutral geblieben war, seine Stimme. Damit entschied es sich nach 200jähriger Unterbrechung erstmals wieder für das Mitglied eines fürstlichen Hauses. K. J. zahlte dem Domkapitel später 80000 Reichstaler zur Aufbesserung seiner Präbenden. Die französische Besatzungsmacht erlaubte ihm am 20. 11. 1710 einen mit aller Pracht gefeierten Einzug in Trier. Nach dem Tode Orsbecks (6. 1. 1711) trat er am 20. 1. dessen Nachfolge an, von der römischen Kurie in der Administration bestätigt.

Die Einkünfte seines Bistums Olmütz hat K. J. in großem Maße der habsburgischen Politik im Spanischen Erbfolgekrieg und im Türkenkrieg zur Verfügung gestellt und mit einem Bistumsaufgebot aktiv daran teilgenommen. Daher hinterließ er letztlich immense Schulden. Ähnlich lagen die Dinge in Osnabrück. Das Trierer Kapitel verpflichtete ihn jedoch in der Kapitulation, sich mit ihm über die aus Olmütz und Osnabrück stammenden Einkünfte zu beraten und einen Teil zur Hebung des Erzstiftes, einen anderen Teil zum Unterhalt des kurfürstlichen Hofes zu verwenden.

Während K. J. in Olmütz wohl nur Pflichtaufenthalte vollzog und wenig fundierte oder baute, führte er in Osnabrück eine aufwendige Hofhaltung, der die traditionelle Residenz Iburg nicht mehr genügte. Daher erweiterte er das mit braunschweigischer Erlaubnis erbaute Stadtschloß. Nach der Restitution des Herzogtums Lothringen hielt er sich mehrfach für längere Zeit an der Residenz seines Bruders in Lunéville auf, wo er immer in Gefahr stand, dem fragwürdigen barocken Hofleben zu erlie-

gen. Nach seinem Amtsantritt in Trier pendelte er zunächst zwischen Osnabrück, Lunéville, Wien und Trier. 1713 – 14 hielt er sich meist in Ehrenbreitstein-Koblenz auf. 1715 plante er offenbar eine alternierende Residenz seines Hofes von über 100 Köpfen, zu dem auch eine bemerkenswerte Jagdgruppe gehörte. In Trier selbst konnte er erst nach dem Spanischen Erbfolgekrieg und dem Abzug der französischen Besatzung im Dezember 1714 einziehen. Die Lage Triers zwischen den Fronten machte ihm im übrigen eine eigene Politik unmöglich. Immerhin hatte K. J. noch 1712 mit England die Aufstellung eines trierischen Bataillons in englischem Sold vereinbart, zu einem Zeitpunkt, als dieses sich schon aus der Front gegen Frankreich gelöst hatte. Bei den Friedensverhandlungen von 1711 – 14 konnte K. J. lediglich die vollständige Rückgabe seines Territoriums durchsetzen.

Obwohl K. J. im Herbst 1711 von den Ständen des Erzstiftes die Summe von 40000 fl. für seinen Aufenthalt bei den Krönungsfeierlichkeiten Karls VI. in Frankfurt forderte, erwies er sich doch als verantwortungsbewußter und fähiger Verwalter seiner Bistümer. In Osnabrück wandte er sich gegen überholte Auswirkungen der Leibeigenschaft. Er widmete sich der Pflege der Straßen und erließ 1713 eine Wegeordnung für das Hochstift. Gegenüber der Stadt Osnabrück setzte er eine zumindest symbolische Besatzung durch bischöfliche Truppen durch. Angesichts seiner Abwesenheit wuchs jedoch der Einfluß des Domkapitels. In Trier erließ er eine Reihe von Verordnungen zum Schutz des einheimischen Handwerks. 1713 publizierte er die von seinem Vorgänger vorbereitete Überarbeitung des kurtrierischen Landrechtes, die bis zum Untergang des Kurstaates in Geltung blieb. Im November 1714 begann die Erholung des Landes, zu der auch die von der kurfürstlichen Verwaltung unterstützte Einigung der geistlichen und weltlichen Stände über ihre Anteile an den Landessteuern beitrug. K. J.s kirchliche Disziplinmaßnahmen verraten trotz der Kürze seiner Regierung ein breit gestreutes Interesse, das wohl seinem überragenden Weihbischof J. M. v. (→) Eyss zu verdanken war. Nach Osnabrück berief K. J. 1713 als Weihbischof den Koblenzer Offizial J. H. v. (→) Gärtz. 1712 erschien für das Erzbistum eine Kirchen- und Schulordnung. 1713 wurden die Geistlichen zum Besuch der Dekanatskapitel verpflichtet, Auswüchse bei den Kirchweihfesten untersagt, alle Jahrmärkte auf Wochentage verlegt und beiden Seminarien neue Statuten gegeben. 1714 führte K. J. in Trier den Katechismus des Philippe de Scouville SJ ein. 1715 urgierte er die Klausur der Frauenklöster und ordnete das schnell wachsende Eremitenwesen. Daß er am 22. 2. 1715 die Bulle „Unigenitus" publizieren ließ und Weihbischof Eyss sich anschließend mit Schriften und Verordnungen gegen die Werke P. Quesnels wandte, geschah vielleicht auch im Bemühen um römische Unterstützung für eine Koadjutorie seines Bruders Franz Anton in Eichstätt, die K. J. seit 1714 betrieb. Franz Anton starb jedoch bereits am 27. 8. 1715. K. J. selbst starb am 4. 12. 1715 nach einem längeren Aufenthalt in Wien. Er wurde in der Gruft der dortigen Kapuzinerkirche beigesetzt.

Quellen: LHA Koblenz, Abt. 1A, 1C, 1D.

Literatur: J. J. Blattau III. - J. Leonardy, Geschichte des Trierischen Landes und Volkes (Trier 1870). - J. C. Möller, Weihbischöfe Osnabrück. - H. Baumont, Histoire de Lunéville (Lunéville 1900). - E. Martin, Histoire du diocèses de Toul, de Nancy et de Saint-Dié T. 2 (Nancy 1901). - J. Kremer. - C. Stenz. - H. Börsting, Geschichte des Bistums Münster (Bielefeld 1951). - R. Taveneaux. - L. Hoffmeyer, Chronik der Stadt Osnabrück, bearb. v. L. Räte (Osnabrück ³1964). - G. Livet. - F. Keinemann, Die Wahl des Prinzen Karl von Lothringen zum Fürstbischof von Osnabrück, in: OM 74 (1967) 191-197. - F. Pauly. - J. Matzke, Fürstbischöfe. - A. Zelenka. - Osnabrück. 1200 Jahre Fortschritt und Bewahrung (Nürnberg 1980). - W. Kohl, Domstift Münster. - M. F. Feldkamp.

Abbildungsnachweis: Kniestück im Kurfürstenkleide, Anf. d. 18. Jhs. - Schloß Schönbrunn Wien (1908 in einem Raum des 3. Stockes). - Wien L 2199 D.

Wolfgang Seibrich

Kaunitz (Kauniz) – **Rietberg, Franz Karl Reichsgraf von** (1676 – 1717)

1711 – 1717 Fürstbischof von Laibach

Franz Karl von Kaunitz wurde am 2. 11. 1676 zu Prag als ältester Sohn des Reichsvizekanzlers Dominik Andreas Graf v. K. und dessen Ehefrau Maria Eleonora Gräfin von Starnberg geboren. Er hatte sechs Geschwister. Die K. waren ein böhmisches Uradelsgeschlecht, das seinen Stammsitz in Austerlitz bei Brünn hatte. Der Vater K.s († 1705) hatte seit 1682 wichtige diplomatische Aufträge wahrgenommen.

K. studierte Theologie in Lucca und Rom, wurde 1699 kaiserlicher Rota-Auditor, 1701 Dr. iur. utr. der Sapienza in Rom und am 16. 11. 1704 Priester. Domkapitular war er seit 1701 in Passau, seit 1704 in Salzburg und Olmütz und zugleich Propst von Altötting. Am 12. 4. 1710 nominierte Kaiser Joseph I. ihn zum Fürstbischof von Laibach. Die päpstliche Verleihung folgte am 1. 6. 1711. Seine Kanonikate konnte er beibehalten. Am 7. 6. 1711 durch Kardinal Fabrizio Paulitio in Rom konsekriert, wurde er am 10. 9. 1711 zu Laibach inthronisiert.

K. begann sogleich mit der Visitation seines Bistums, mit dem er sich im allgemeinen zufrieden zeigte. Neben regelmäßigen Kleruskonferenzen in Laibach und Oberburg führte er in den zentralen Städten wöchentliche Klerusversammlungen zur Besprechung seelsorglicher Fragen ein. Vor Weihnachten ließ er eine

Novene, vor Fronleichnam das 40stündige Gebet einführen. Großen Wert legte er auf die Durchführung der Christenlehre. Den von seinem Vorgänger F. F. v. (→) Kuenburg begonnenen Bau des Priesterseminars konnte K. 1717 zu Ende führen. Neben Priesteramtskandidaten nahm die Anstalt in das Collegium Carolinum nobilium auch junge Adlige auf, die andere Fächer studierten. Unter K. wurden mehrere bedeutende Kirchen gebaut, 1712 die Marienwallfahrtskirchen zu Šmarna gora und Dobova und 1714 die Deutschordenskirche in Laibach.

K. starb am 25. 9. 1717 zu Wien auf der Heimreise von Passau.

Literatur: *C. Wurzbach* 11 (1864) 64. - *R. Blaas,* Auditoriat, 88-90. - *F. M. Dolinar,* in: Cultura e formazione del clero fra '700 e '800. Gorizia, Lubiana e il Lombardo-Veneto (Gorizia 1985) 84. - BLB 2 (1984) 121.

Abbildungsnachweis: Öl auf Leinwand, unbek. Künstler. - Bischofsgalerie, Bischöfl. Palais Laibach. - Bei der Restaurierung 1890 mit falscher Inschrift: „Schrattenbach …" versehen. - Privataufnahme Dolinar.

France M. Dolinar

Kaup, Meinwerk ⟨OSB⟩ (1691 – 1745)

1733 – 1745 Weihbischof in Paderborn, Ep. tit. Callinicensis

* 30. 7. 1691 in Geseke (Herzogtum Westfalen); ab 1705 Besuch des Gymnasiums sowie Studium der Philosophie und Theologie in Paderborn; 1710 Eintritt ins dortige Benediktinerkloster Abdinghof; 1732 Abt ebd.; 2. 9. 1733 Titularbischof von Callinicum und Weihbischof in Paderborn; 1. 11. 1733 Konsekration in der Schloßkapelle zu Neuhaus; † 24. 7. 1745 in Paderborn.

Literatur: *H. J. Brandt - K. Hengst,* Weihbischöfe 123-126.

Karl Hengst

Kautschitz, Anton (1743 – 1814)

1785 – 1790 Konsistorialkanzler in St. Pölten
1803 – 1807 Generalvikar in Wien
1805 – 1807 Weihbischof in Wien, Ep. tit. Zelitenus
1807 – 1814 Bischof in Laibach

→ Bd. 1, 366.

Keck (seit 1624 von Eisersdorf), Hieronymus († 1652)

1631 – 1651 Dechant und fürsterzbischöflicher Vikar der Grafschaft Glatz (Erzdiöz. Prag)

* in Glatz; seit 1604 Pfarrer von Altwilmsdorf und Dechant der Grafschaft Glatz. Die seit dem 12. Jh. als Teil der Erzdiözese Prag nachweisbare Grafschaft hatte im Lauf des 16. Jh. mehrheitlich die Reformation angenommen. Vorübergehende Rekatholisierungsbemühungen nach 1558 hatten keinen bleibenden Erfolg gehabt, und auch die seit 1597 in Glatz tätigen Jesuiten stießen zunächst auf Widerstand. Ihren Höhepunkt erreichte die protestantische Herrschaft, als Kaiser Rudolf II. 1610 nach dem Vorbild des „Majestätsbriefes" von 1609 auch den protestantischen Ständen der Grafschaft Glatz freie Religionsausübung zusagte. Zur Unterdrückung der wenigen noch verbliebenen Katholiken kam es nach dem böhmischen Aufstand von 1618. Im gleichen Jahr mußten die Jesuiten Glatz verlassen, und K., der damals mit seinem Kaplan als einziger katholischer Geistlicher in der ganzen Grafschaft amtierte, in der gleichzeitig 60 lutherische Prädikanten lebten, wurde 1620 – 22 in Glatz gefangen gehalten. Als nach dem Sieg des Kaisers am Weißen Berg (1620) im November 1622 auch Glatz von den Kaiserlichen erobert wurde, setzte eine grundlegende Wende der Religionspolitik ein. 1623 wurden die Jesuiten zurückgerufen. Nun begann stufenweise mit allen staatlichen Machtmitteln die Rekatholisierung. Der Breslauer Fürstbischof Karl von Österreich (1608 – 24), ein Bruder des Kaisers, dem dieser 1623 die Grafschaft als Lehen übergab, veranlaßte im gleichen Jahr die Ausweisung von 50 lutherischen Predigern. In der Folge verloren mehrere der am Aufstand beteiligten Adeligen und Bürger ihr Vermögen ganz oder zum großen Teil. 1626 wurden Nichtkatholiken vom Bürgerrecht ausgeschlossen und 1627 vor die Alternative gestellt, katholisch zu werden oder auszuwandern. Nach dieser ersten Phase, die durch einen empfindlichen Priestermangel gekennzeichnet blieb, übernahm 1631 der Prager Erzbischof E. A. v. (→) Harrach die Initiative und betrieb die katholische Erneuerung. Er ersetzte die traditionelle Archidiakonatseinteilung des Erzbistums durch Vikariate. So wurde K. am 24. 1. 1631 zum ersten Vikar („Vicarius foraneus") der Grafschaft ernannt. In dieser Eigenschaft oblag ihm die kanonische Visitation, die er noch im gleichen Jahr durchführte. Seitdem hat der Landeshauptmann jeweils seinen Kandidaten für das Dekanat präsentiert, während dem Erzbischof die Ernen-

nung des Vikars oblag. Beide Ämter lagen stets in einer Hand. Als K. Anfang 1651 aus Altersgründen auf sein Amt verzichtete, war die Grafschaft im wesentlichen wieder katholisch. † 7. 4. 1652 in Glatz; ☐ Pfarrkirche Glatz.

Literatur: *F. Volkmer* 46-60.

Erwin Gatz

Keller gen. Schlunkrabe, Heinrich von ⟨OSB⟩ (1607 – 1674)

1670 – 1674 Generalvikar in Paderborn

* 3. 1. 1607 in Telgte (Bistum Münster); Studium in Münster, Speyer und Paderborn; 1626 Eintritt ins Benediktinerkloster Abdinghof in Paderborn; 1629 Priester; Subcellerar in Pütten/Holland; Prior in Mönchengladbach; Prior, Lektor und ab 1664 Abt im Kloster Abdinghof; 21. 8. 1670 Generalvikar von Fürstbischof F. v. (→) Fürstenberg; † 17. 3. 1674.

Schriften: Monumentum S. Alexio confessori sacrum: id est vita S. Alexii confessoris ... et historia sacelli ... (Paderborn 1673). - Cophinus fragmentorum, quae ceciderunt de mensa Rev. D. Henrici (Paderborn 1675).

Literatur: *F.B. Greve*, Geschichte der Benediktiner-Abtei Abdinghof in Paderborn (Paderborn 1894) 163-167.

Karl Hengst

Kerens, Heinrich Johann von (1725 – 1792)

1769 – 1775 Bischof von Roermond
1775 – 1785 Bischof von Wiener Neustadt
1773 – 1792 Apostolischer Feldvikar der k. k. österreichischen Heere
1785 – 1792 Bischof von St. Pölten

→ Bd. 1, 373 – 376.

Kerssenbrock zu Brincke, Ferdinand Freiherr von (1676 – 1754)

1719 – 1723 Metropolitanvikar in Osnabrück

* 2. 3. 1676 in Brincke (Diöz. Osnabrück); zwei Jahre juristisches Studium in Würzburg; 1689 Domkapitular in Osnabrück (März 1696 Emanzipation); vor April 1698 Subdiakon; 1701 Immatrikulation in Siena; 1706 Domkapitular in Münster (1705 Posseß, 1706 Emanzipation); 1711 – 28 Domkapitular in Trier; 1719 Dompropst in Osnabrück; 1719 – 23 Metropolitanvikar des Kölner Erzbischofs (→) Josef Cle-

mens von Bayern; 1728 Mitglied, 1730 Präsident des Geheimen Rates in Osnabrück; 1732 Propst des Stiftes zu St. Johann in Osnabrück; 16. 11. 1747 Statthalter von Osnabrück; † 23. 10. 1754 in Osnabrück (Eversburg); ☐ Dom zu Osnabrück.

Literatur: *J. Rhotert*, Ferdinand von Kerssenbrock, Dompropst und Statthalter im alten Hochstift Osnabrück, † 1754, in: WZ 77/II (1919) 190-196. - *R. Fritz*, Die Gemäldesammlung des Dompropstes Ferdinand von Kerssenbrock, in: OM 65 (1952) 146-151. - *M. Däuper*, Untersuchungen zum Kerssenbrock-Epitaph im Dom zu Osnabrück, in: OM 88 (1982) 157-187. - *W. Kohl*, Domstift Münster 721. - *M. F. Feldkamp* 235.

Michael F. Feldkamp

Ketteler zu Harkotten aus Bollen, Nikolaus Hermann Reichsfreiherr von (1678 – 1737)

1710 – 1737 Generalvikar in Münster

* 12. 5. 1678 (Diöz. Osnabrück); Besuch des Jesuitengymnasiums in Münster; 1694 – 1701 Studium in Rom als Alumne des Collegium Germanicum; Diakonweihe in Rom; 1699 Domkapitular in Münster (päpstl. Provision; 1699 Aufschwörung; 1701 Emanzipation); 1710 – 19 Generalvikar in Münster; 24. 3. 1711 Priesterweihe in Neuhaus; 1719 Kapitularvikar in Münster; 1719 – 37 Generalvikar in Münster; 1723 Assessor bei der Landpfennigkammer; 1724 (1729 bischöfl. Bestätigung) Archidiakon in Warendorf; Consiliarius des Fürstbischofs F. A. v. (→) Wolff-Metternich; † 22. 5. 1737.

Quellen: ACGU. - BAM.

Literatur: *A. Steinhuber*. - *F. Keinemann*, Domkapitel Münster 249. - *W. Kohl*, Domstift Münster 716 f.

Michael F. Feldkamp

Kettler, Johann Martin (1679 – 1749)

1735 – 1747 Generalvikar in Würzburg

* 24. 10. 1679 in Bütthart (Diöz. Würzburg); Studium und 1703 Priesterweihe in Würzburg; zunächst in der Verwaltung des Priesterseminars tätig; 1704 Pfarrer in Dürrbach; 1707 Hofkaplan von Fürstbischof J. Ph. v. (→) Greiffenclau; 1710 studienhalber in Rom; 1713 Geistlicher Rat; 1714 Dr. theol. (Würzburg); 1717 Kanonikus (1735 Dekan) im Stift Haug zu Würzburg; 1719 im Auftrag des Fürstbischofs in Rom, 1721 in Fulda, 1724 in Köln; 1733 lehnte er das Amt des Weihbischofs ab; 1735 Generalvikar von Fürstbischof K. F. v. (→) Schönborn.

Als Generalvikar unternahm K. zahlreiche Visitationen. Viele seiner zahlreichen Predigten erschienen im Druck. Er veröffentlichte ferner einen Katechismus. K. war ein Repräsentant jener Geistlichen bürgerlichen Standes, denen der Weg in die Domkapitel versperrt war, die sich jedoch durch Tüchtigkeit, Fleiß und tadellose Lebensführung das Vertrauen der Fürstbischöfe erwarben und so zu einflußreichen Positionen in der Hochstifts- und Diözesanverwaltung aufsteigen konnten. Testamentarisch verfügte er mehrere wohltätige Stiftungen. † 8. 8. 1749; □ Stift Haug.

Schriften: Catholische Glaubens- und Sitten-Lehr, welche über die 5 Haupt-Stück des Catechismi Petri Canisii S. J. in der Schul der Ursuliner-Geistlichen zu Würzburg der weiblichen Jugend ordentlich vorgetragen wird (Würzburg 1734). - Eine große Zahl der zu aktuellen Anlässen entstandenen Festpredigten ist nachgewiesen bei *N. Reininger*, Archidiakone und bei *G. Pfeiffer*, Fränk. Bibliographie.

Literatur: *I. Gropp* Collectio II *16-*22. - *A. Ruland*, Series 299. - *N. Reininger*, Archidiakone 221-229. - *G. Pfeiffer*, Fränk. Bibliographie IV, 154.

Egon Johannes Greipl

Khevenhüller, Johann Franz Anton Graf (seit 1725 **Reichsgraf) von** (1707 – 1762)

1734 – 1740 Bischof von Wiener Neustadt

Johann Franz Anton von Khevenhüller wurde am 22. 11. 1707 zu Klagenfurt geboren. 1728

wurde er an der Sapienza in Rom zum Dr. iur. utr. promoviert. Die Priesterweihe erhielt er am 10. 4. 1730. K. war seit 1722 Domherr in Augsburg und Olmütz. Am 19. 6. 1734 nominierte Kaiser Karl VI. ihn zum Bischof von Wiener Neustadt. Die päpstliche Verleihung folgte am 15. 12. 1734. K. fand an seiner bischöflichen Tätigkeit keinen Gefallen, obwohl der Kaiser gelegentlich in Wiener Neustadt residierte. Daher wurde sein Verzicht auf das Bistum am 22. 12. 1740 angenommen. K. zog sich nach Augsburg zurück. 1747 wurde er noch Domherr in Salzburg. Er starb am 2. 4. 1762.

Literatur: *J. Mayer*, Wiener Neustadt. - *R. Kampichler*. - *A. Kolaska* (Lit.).

Abbildungsnachweis: Ölgemälde der 1757 fertiggestellten Bischofsgalerie für die bischöfl. Residenz in Wiener Neustadt, die bei der Transferierung des Bistums nach St. Pölten verbracht wurde. - DA St. Pölten.

Alfred Kolaska

Khuen zu Liechtenberg, Aur und Belasy, Johann Franz Reichsfreiherr (seit 1692 **Reichsgraf) von** (1649 – 1702)

1687 – 1702 Fürstbischof von Brixen

Johann Franz von Khuen wurde am 12. 8. 1649 zu Hall bei Innsbruck als Sohn des Johann Franz Graf v. K. und der Margarethe Gräfin von Trapp geboren. Die K. leiteten ihren Namen von Chuno von Tramin, einem Ministerialen der Fürstbischöfe von Trient, ab. Im 14. Jh. hatten sie Schloß Belasi in der Val di Non erheiratet, und um 1400 hatte sich der Zweig der K. von Auer bei Meran abgelöst. Nachdem die Familie 1472 in die Tiroler Adelsmatrikel aufgenommen worden war, hatte sie 1530 den Reichsgrafentitel erhalten.

Nach dem Gymnasialstudium bei den Jesuiten in Hall studierte K. 1666 – 73 als Alumne des Collegium Germanicum in Rom. Dort wurde er am 4. 9. 1672 zum Priester geweiht. 1674 wurde er Domherr in Freising, 1680 in Brixen und 1684 in Passau. Seit 1682 amtierte er als Pfarrer in Bozen, wo er sich als Prediger, Beichtvater sowie in der Krankenseelsorge hervortat. Am 15. 11. 1685 wählte das Brixner Kapitel ihn einstimmig zum Fürstbischof, doch erhielt er die päpstliche Bestätigung erst am 12. 5. 1687 nach langen Verhandlungen um die Herabsetzung der Taxen. Am 29. 7. 1687 wurde er durch Weihbischof W. (→) Vintler von Runkelstein konsekriert.

K. hat es bzgl. des Konsistoriums zunächst bei der von seinem Vorgänger P. (→) Mayr einge-

führten Ordnung belassen, wonach der Generalvikar dem Konsistorium präsidierte. 1697
formte er es jedoch wieder zu einem Kollegial-
organ unter Vorsitz eines Präsidenten um. K.
hat während seiner Amtszeit sein Bistum eifrig
bereist, persönlich jedoch nur die größeren
Gemeinden sowie jene Orte aufgesucht, an
denen er Weihehandlungen vornehmen mußte.
Die entlegeneren Täler ließ er durch Beauftragte visitieren. Den Ruraldekanen trug er die
Einberufung jährlicher Klerusversammlungen
und die Aufsicht über die Durchführung der
anläßlich der Pastoralvisitationen erlassenen
Dekrete auf.

K. hat sich als Förderer der alten und neuen
Orden bzw. Kongregationen erwiesen. Mit seiner Unterstützung gründete 1686 Domherr
Mathias Jenner das Benediktinerinnenkloster
zu Säben. K. bewilligte ferner die Gründung
eines Ursulinenklosters in Innsbruck (1692),
und 1694 legte er persönlich den Grundstein zu
einem Kapuzinerkloster in Innichen. Er förderte die Gründung eines Servitenklosters in
Volders und eines weiteren Kapuzinerklosters
in Klausen (1699). Während K. zu den meisten
Klöstern gute Beziehungen unterhielt, kam es
mit Stift Sonnenberg zu einigen Differenzen in
weltlichen Angelegenheiten. Nachdem die der
Hexerei verdächtige Maria Hueber sich vor
dem Konsistorium hatte rechtfertigen können,
gründete sie 1700 zu Brixen die Genossen-
schaft der Tertiarschwestern, die eine Schule
für arme Mädchen begann. Die von K. geplante

Einführung der Jesuiten in Brixen kam dagegen nicht zustande. Im übrigen war die Regierungszeit K.s durch manche Truppendurchzüge belastet, die besonders die Städte Brixen,
Bruneck und Klausen trafen. Zeitweise mußte
die Ernährung der Bevölkerung durch die
Einführung von Brotgetreide aus Bayern und
Venetien sichergestellt werden. K. starb am
3. 4. 1702 in Brixen. Er wurde im Dom beigesetzt.

Literatur: *K. Wolfsgruber*, Brixner Domkapitel 165. -
G. Bonell, Geschichte der Diözese Brixen zur Zeit des
Bischofs Johann Franz von Khuen 1685-1702 (Diss.
phil. Innsbruck 1969). - *J. Gelmi* 177-181.

Abbildungsnachweis: Stich von Georg Andreas
Wolfgang d. Ä. (1631-1716) nach Gemälde von M.
Leithner. - Wien Pg 112.269:1.

Josef Gelmi

Kindermann, Ferdinand (seit 1777 Ritter von Schulstein) (1740 – 1801)

1790 – 1801 Bischof von Leitmeritz

Ferdinand Kindermann wurde am 27. 9. 1740
zu Königswalde (Královstvi) bei Schluckenau
in Nordböhmen als Sohn einer kinderreichen
Handwerkerfamilie geboren. 1754 – 60 besuchte er als Chorknabe des Chorherrenstiftes
Sagan in Schlesien das Gymnasium. Als Student der Philosophie und Theologie in Prag
mußte er sich den Unterhalt als Oboist in
Kirchenchören verdienen. Am 3. 3. 1765 wurde
K. in Prag zum Priester geweiht und 1766 zum
Dr. theol. promoviert.

Als Hauslehrer der gräflichen Familie Buquoy
besuchte K. mit seinen Schülern die Vorlesungen K. H. Seibts, der, in Leipzig mit den aufgeklärten Geistesbildung bekannt geworden, seit
1763 als erster Laie an der Prager Universität
weithin beachtete Vorlesungen über die „deutsche Schreibart und Erziehungskunst" im Hinblick auf die allgemeine Volkswohlfahrt hielt.
Aus dem Seibtkreis gingen mehrere Vertreter
der theresianisch-josephinischen Reformpolitik hervor. Majoratsherr geworden, schuf Johann Buquoy auf seinen südböhmischen Gütern das Vorbild der allgemeinen josephinischen Armenfürsorge („Armeninstitut"). Als
Patronatsherr berief er K. 1772 auf die Pfarrei
Kaplitz (Kaplice), wo er sich der von Maria
Theresia geforderten Volksschulreform annehmen sollte. Auf Reisen in Deutschland machte
K. sich seitdem mit den neuen pädagogischen
Unternehmungen bekannt. Die Anregungen,
die er von der Musterschule des Abtes Felbiger
in Sagan und von der protestantischen pädago-

gischen Literatur der Zeit empfing, suchte er in Kaplitz zu verwirklichen. K. strebte eine umfassende Lebensreform des Landvolkes in sittlicher wie materieller Hinsicht an. Dabei kam ihm sein Prediger- und Organisationstalent zugute. Die rasch erzielten Erfolge bestimmten Maria Theresia, ihm 1774 die oberste Schulaufsicht in Böhmen zu übertragen. Bis 1777 bereiste er das ganze Land zweimal. Am Kleinseitner Gymnasium in Prag wurde auf seinen Vorschlag hin eine Lehrkanzel für Pädagogik geschaffen. Die 1775 errichtete Prager Normalschule wurde der Mittelpunkt der Lehrerbildung im Lande. Auch die jüdischen Schulen wurden in seine Reform einbezogen. Dadurch stand Böhmen an der Spitze der österreichischen Schulreform. Um der Pflichtenkollision zwischen Pfarramt und oberster Schulaufsicht zu entgehen, suchte K. 1775 um das Dekanat des Allerheiligenkapitels in Prag nach. Die Kaiserin entsprach erst 1777 seinem Wunsche; zuvor mußte K. jedoch seine Aufnahme in den Ritterstand beantragen. Als Adelsprädikat wählte er „von Schulstein". Hinzu kam die Würde eines infulierten Titularabtes von Petur (Ungarn).

Seitdem verstärkte K. seine Aktivität. Im Sinne einer vorbeugenden Wohlfahrtspflege gründete er 1779 die erste „Industrieschule", denn in der Verbindung von Wissen und Handwerk sah er eine Voraussetzung der allgemeinen Wohlfahrt. Seit 1777 war er Mitarbeiter des Hofrates von Raab bei der Bodenreform auf Staatsgütern. Maria Theresia, die ihm jede Förderung angedeihen ließ, erbat von ihm einen Bericht über den Stand der Seelsorge auf den böhmischen Staatsdomänen. Für eine bessere Auswahl der Seelsorger riet K. zur Berufung eines eigenen geistlichen Inspektors. 1779 beauftragte die Kaiserin ihn mit dieser Aufgabe. Schon 1777 war K. mit J. L. v. (→) Hay und Propst Marx Anton Wittola der Kommission zugeteilt worden, die Maria Theresia zur Rekatholisierung jener 10 000 Bauern eingesetzt hatte, die sich in der mährischen Walachei unerwartet zum Protestantismus bekannten. In seinem Gutachten nannte K. als Ursachen dieses Phänomens die ungenügende Priestererziehung, aber auch den priesterfeindlichen Zeitgeist. K. befürwortete wie Hay die Verbreitung katholischer Bücher in tschechischer Sprache und warnte vor Anwendung von Gewaltmitteln.

Die Kaiserin schätzte den Rat K.s auch bei der Besetzung höherer geistlicher Ämter, wobei dieser besonders auf Verdienste in Schule und Armenfürsorge sah. Nicht wenige Priester fühlten sich dadurch bei Ernennungen zurückgesetzt und wurden Gegner K.s. Joseph II. schätz-

te und förderte K. ebenfalls als Gehilfen seiner Reformpolitik, doch zog er für den engeren kirchlichen Bereich die radikaleren Wiener Ratgeber vor. Die Beförderungen zum Propst des angesehenen Kapitels am Wyschehrad (1781) und zum Domscholaster (1787) waren Zeichen der Anerkennung. Sie dienten aber auch der Ausschöpfung kirchlicher Resourcen für die Zwecke des Staates. Um größere Mittel für Schule und Armenpflege flüssig zu machen, verfügte Joseph II. 1783 die Aufhebung der milden Stiftungen und Bruderschaften. K. wirkte als Beisitzer der Liquidierungskommission hierbei mit. Zudem gehörte er der geistlichen Kommission für Böhmen an. Infolgedessen zählte K. in der josephinischen Ära zu den einflußreichsten Persönlichkeiten Böhmens. Auf Betreiben des Prager Gubernialpräsidenten Lažanský wurde K. 1792 bis zu deren Verbot durch die Regierung (1794) Mitglied der Prager Freimaurerloge „Wahrheit und Einigkeit".

Auf Vorschlag des Vorsitzenden der Geistlichen Hofkommission, des aus dem Prager Seibtkreis kommenden Baron Kressel, nominierte Joseph II. K. am 4. 2. 1790 zum Bischof von Leitmeritz. Die päpstliche Verleihung erfolgte am 29. 3. 1790. Die römischen Bullen erhielten das Placetum regium (unter Ausklammerung der gewährten Ablässe) am 19. 5. 1790. Die Konsekration erhielt K. am 4. 7. 1790 durch den Prager Weihbischof E. D. (→) Krieger in der erzbischöflichen Kapelle. Die Inthronisation folgte am 10. 10. 1790.

Die Bestellung K.s zum Diözesanbischof stieß im Klerus, zumal im höheren, nicht auf ungeteilte Zustimmung. K. fühlte sich dem Ideal des „Guten Hirten", wie es in spätjansenistischen Kreisen betont wurde, verpflichtet. Auch in der neuen Stellung sah K. in der Förderung von Schule und Armenpflege eine vordringliche Aufgabe. Bahnbrechend wirkte er durch die Gründung einer landwirtschaftlichen Schule und einer Mädchenfortbildungsschule (1791, 1793) in seiner unmittelbaren Nähe. Auch zu landwirtschaftlichem Fortschritt (Obstbau u.a.) ermutigte er.

Die bischöflichen Visitationen, bei denen er die Diözese und deren Schulverhältnisse gründlich kennenlernte, waren für den Klerus nicht immer angenehm. Eifer belohnte K. durch Bücherspenden, anerkennende Schreiben und Beförderungen, Nachlässigkeit rügte er streng. Dabei kamen die eigentlichen seelsorglichen Pflichten nicht zu kurz. Den Wallfahrtsort Mariaschein machte er zu einem religiösen Stützpunkt. Große Sorge bereitete ihm die Priesterfrage. An den Priestern seiner Zeit fand er Unwissenheit, pastoralen und liturgischen Mechanismus, spirituelle Armut und Unwissenheit zu tadeln. In seiner Hauptschrift „Über die beste Bekehrungsart" (Prag 1795) faßte er seine Ansichten über die Wiedergewinnung der Dissidenten nochmals zusammen. Er betonte die Pflicht zur Mission; die Toleranzidee seines bischöflichen Amtsbruders Hay in Königgrätz hielt er für zu weitgehend. Wegen des großen Mangels an Geistlichen halfen der Bischof und die Kanoniker in der Seelsorge aus. Staatskirchentum und kriegerische Zeitverhältnisse erlaubten jedoch keine großen Aktionen, so daß K.s pastorale Wirksamkeit gegenüber der früheren arm an Ereignissen erscheint. K. besaß eine umfangreiche Bibliothek. Er bildete immer einen Mittelpunkt geistig regsamer Menschen, dazu war er ein glänzender Gastgeber, der frohe Geselligkeit liebte. Seine Kritiker hielten ihn für eitel und empfindlich. Tschechische Autoren warfen ihm Germanisationstendenzen vor. Die Tatsachen (Förderung tschechischen Schrifttums zum Schulgebrauch u.a.) widerlegen jedoch diese Behauptung. K.s Schulreform wurde auch außerhalb der Landesgrenzen beachtet, so in einigen Reichsbistümern und in Rußland. Das Ethos der Arbeit besaß in ihm einen leidenschaftlichen Anwalt.

Nach einem Schlaganfall (1799) und stärkerem Hervortreten seines Gichtleidens war K.s Kraft gebrochen. Er starb am 25. 5. 1801 und wurde als erster Leitmeritzer Bischof auf dem allgemeinen Friedhof außerhalb der Stadt beigesetzt.

Schriftenverzeichnis: E. *Winter* (vgl. u.) 190-193.

Literatur: A. *Podlaha* 300. - E. *Winter*, Ferdinand Kindermann, Ritter von Schulstein (1740-1801) (Augsburg 1926). - *Ders.*, Josefinismus 179-189. - B. *Slavík*. - Lexikon der Pädagogik 2 (1953) 1184f. - A. *Zelenka* 107-109. - M. *Brandl* 130.

Abbildungsnachweis: Ölporträt im Pfarrhaus Königswalde/Böhmen (dem Geburtsort des Bischofs). - IKBMS.

Kurt A. Huber

Kittner, Johann Stephan (1673 – 1742)

1708 – 1718 und
1741 – 1742 Generalvikar in Wiener Neustadt

* 1673 (err.) vermutlich in Miltenberg (Erzbistum Mainz); 1698 im Inventar über den Nachlaß des Kanonikus Jancoviz zu Wiener Neustadt als dessen Nachfolger im Benefizium S. Erasmi erwähnt; 1707 Administrator Offizialatus und 1708 Offizial und Generalvikar von Bischof F. A. v. (→) Puchheim; nach dessen Tod gemeinsam mit Kanonikus Thurnhof Administrator des Bistums und nach dem Tod Bischof I. v. (→) Lovinas, unter dem er ebenfalls Offizial und Generalvikar gewesen sein dürfte, 1720 – 22 Kapitelsvikar; 1719 erster infulierter Offizial von Wiener Neustadt; als solcher auch infulierter Abt von St. Maria in Bokno (Diöz. Vesprém). Da K. 1740 nach dem Tod Bischof J. v. (→) Khevenhüllers wiederum Kapitelsvikar wurde, dürfte er das Amt eines Generalvikars auch zuvor ausgeübt haben. Als Kapitelsvikar wurde ihm vom Kapitel Chormeister Steinmetz als Administrator in temporalibus beigegeben. 1741 setzte die Regierungskommission K. selbst als Administrator in temporalibus ein und stellte ihm Kanonikus Rupprecht zur Seite. K. blieb bis 2. 7. 1741 Kapitelsvikar und Administrator in temporalibus, obwohl das Kapitel aus Protest gegen die Regierungsmaßnahme Steinmetz als Koadjutor in spiritualibus gewählt hatte. 15. 8. 1741 von Bischof F. v. (→) Hallweil als Offizial und Generalvikar bestätigt. † 9. 3. 1742; ☐ Neustädter Dom.

Literatur: H. *Fasching*. - A. *Kolaska*.

Alfred Kolaska

Kleiner, Karl (1705 – 1786)

1761 – 1763 Dechant der Grafschaft Glatz (Erzdiöz. Prag)

* 1705 in Wünschelburg (Grafschaft Glatz); Studium in Olmütz; 1730 Kaplan in Rengersdorf; 1742 Pfarrer von Ullersdorf, 1743 von Rengersdorf. Als im Verlauf des Siebenjährigen Krieges 1760 österreichische Truppen die Grafschaft Glatz besetzten, ernannte Kaiserin Maria Theresia im März 1761 K. als Nachfolger des verstorbenen M. J. (→) Scholz zum Dechanten der Grafschaft Glatz. K. wurde u. a. mit der Wiedereinführung der österreichischen Ordnung befaßt. Als Österreich nach dem Hubertusburger Frieden 1763 die Grafschaft räumte, erkannte Preußen K. nicht an und ernannte an seiner Stelle Chr. J. (→) Exner, † 4. 1. 1786 in Rengersdorf.

Literatur: *F. Volkmer* 106 f.

Erwin Gatz

Klemens Wenzeslaus (Clemens Wenzeslaus), Herzog von Sachsen (1739 – 1812)

1763 – 1768 Fürstbischof von Regensburg und Freising
1765 – 1768 Koadjutor des Fürstbischofs von Augsburg
1768 – 1801 Kurfürst-Erzbischof von Trier
1768 – 1812 Fürstbischof von Augsburg

→ Bd. 1, 388 – 391.

Klöckner, Hermann Claudius (um 1639 – 1708)

1699 – 1708 Generalvikar und Offizial in Wien

* um 1639 in Wien; Studium in Wien und Siena (1662 Dr. iur. utr.); umfangreiche Sprachkenntnisse; 1673 Domherr von St. Stephan in Wien (landesherrl. Präsentation). K. bewährte sich vor allem im Pestjahr 1679, als er gemeinsam mit Generalvikar J. B. (→) Mair die Diözese in Vertretung des kranken Bischofs W. v. (→) Walderdorff leitete. 1681 Konsistorialrat; 1683 Domdechant (landesherrl. Verleihung). K. machte sich um das durch den Türkeneinfall von 1683 schwer geschädigte Domkapitel so verdient, daß er als dessen zweiter Gründer bezeichnet wurde. 1699 Dompropst und damit zugleich Dechant von Kirnberg und Kanzler der Universität; 1699 Offizial und Generalvikar von Fürstbischof E. v. (→) Trautson; nach der Berufung Fürstbischof Fr. A. v. (→) Harrachs nach Salzburg Kapitelsvikar; † 12. 4. 1708; □ Stephansdom.

Quellen: DAWi. - NÖLA.

Literatur: *Th. Wiedemann* V 579 f. - *H. Zschokke* 303 f., 399, Nr. 490. - *D. Leopold* 138 f.

Johann Weißensteiner

Knab, Jost (Jodok) (1593 – 1658)

1652 – 1658 Bischof von Lausanne

Jost (auch Jodok) Knab wurde im April 1593 in Luzern als Sproß einer Luzerner regimentsfähigen Familie geboren und am 20. 4. getauft. Sein Vater Ritter Jost K. gehörte dem Großen, später dem Kleinen Rat des Stadtstaates Luzern an und amtete auch als Vogt in Ruswil. Seine Mutter Margaretha Hanauer stammte aus Baden (Aargau). Ab 1605 besuchte K. das Luzerner Jesuitenkolleg. Zwischen 1609 und 1615 setzte er sein Studium am Collegium Helveticum in Mailand und an der Universität Pavia (Dr. theol.) fort. Die Priesterweihe empfing er am 13. 6. 1615 in Mailand. Nach Luzern zurückgekehrt, wirkte er zunächst kurze Zeit als Pfarrer in Willisau. Schon 1616 wurde er zum Leutpriester (Stadtpfarrer) von Luzern gewählt. 1625 erhielt er ein Kanonikat am Chorherrenstift von Beromünster, wohin er 1627 zog. 1632 wurde er erneut als Leutpriester nach Luzern berufen. 1634 erhielt er ein Kanonikat am dortigen Chorherrenstift St. Leodegar. 1634 – 50 war er auch konstanzisch bischöflicher Kommissar in Luzern. 1637 erfolgte seine Wahl zum Stiftspropst von St. Leodegar. Er war Vertrauter und Ratgeber verschiedener Nuntien. 1639 und 1647 verwaltete er die Nuntiatur interimistisch als Geschäftsträger, vom 17. 8. 1652 bis kurz vor den 24. 4. 1653 als Internuntius.

Nach dem Tode des Lausanner Bischofs J. de (→) Watteville im Jahre 1649 wünschte der Herzog von Savoyen den Besançoner Archidiakon und Prior von Morteau, Jean-Jacques Fauche de Dompré als Nachfolger. Dieser Vorschlag stieß jedoch in Freiburg und in Rom auf Opposition. Nach langen Verhandlungen um verschiedene Kandidaten ernannte Papst Innozenz X. schließlich am 16. 12. 1652 K. zum Bischof von Lausanne. Wegen des Schweizerischen Bauernkrieges empfing dieser die Bischofsweihe erst am 15. 2. 1654 in Luzern durch Nuntius Carlo Carafa. Der Hl. Stuhl gestattete ihm, die Propstei von St. Leodegar weiterhin zu behalten und in Luzern zu residieren.

Mit seinem Einzug in Freiburg vom 15. 3. 1654 nahm K. von seinem Bistum offiziell Besitz. Er beauftragte verschiedene Freiburger Priester mit der Visitation der Diözese. Er selbst spendete dagegen das Sakrament der Firmung und weihte verschiedene Kirchen und Kapellen. Am 1. 6. 1654 kehrte er nach Luzern zurück und überließ die Verwaltung seines Bistums seinem Generalvikar. 1656 erfolgte ein weiterer kurzer Aufenthalt in Freiburg. In seinem Heimatkanton Luzern weihte K. ebenfalls mehrere Kirchen und Kapellen. Er war ein Förderer des Luzerner Jesuitenkollegs, bei dem er eine Professur für scholastische Theologie dotierte. Bei seinem letzten Aufenthalt in Freiburg im Frühjahr 1658 verhandelte K. mit der Regierung, deren strenges, durch die öftere Abwesenheit des Bischofs bedingtes Kirchenregiment seine Kritik fand. Er protestierte gegen die Zitation von Priestern vor weltliche Gerichte und monierte, daß sich das Freiburger Chorherrenstift St. Niklaus der bischöflichen Aufsicht entzog.

Als K. nach Luzern zurückkehrte, wo er am 4. 10. 1658 einem Nierenleiden erlag, war es jedoch noch nicht zu einer Einigung gekommen. K. wurde in St. Leodegar beigesetzt. Ganz den tridentinischen Reformideen verpflichtet, hatte er in seiner kurzen Amtszeit und bei seinen wenigen Aufenthalten in seinem Bistum nur wenig zur Konsolidierung der Bistumsverhältnisse beitragen können.

Literatur: *M. Schmitt - J. Gremaud* II 437-443. - *Ch. Holder* 460-469. - *H. Andres*, Dr. Jodokus Knab, 1593-1658, Propst von Luzern und Bischof von Lausanne (Diss. phil. Freiburg/Schweiz 1961). - *P. Rück*, in: HS I/4 (1988) 155 f. (Lit.).

Abbildungsnachweis: Ölgemälde, unbek. Künstler. - AELGF Fribourg.

Pierre Louis Surchat

Knebel von Katzenellenbogen, Johann Anton (seit 1710 **Reichsfreiherr**) (1646 – 1725)

1705 – 1725 Fürstbischof von Eichstätt

Johann Anton Knebel von Katzenellenbogen wurde am 19. 10. 1646 zu Mainz als Sohn des kurmainzischen Rates und Oberamtmannes Johann Philipp v. K. und dessen lutherischer Ehefrau Anna Maria Sidonia von Graerodt geboren. 1663 – 67 studierte er als Alumne des Collegium Germanicum in Rom. 1663 – 85 war er Kanonikus von St. Burkhard in Würzburg. 1667 erhielt er durch päpstliche Provision ein Kanonikat am Eichstätter Dom. Nach dem Studium der Rechte in Bourges und Reisen durch Frankreich und Italien wurde er 1672 als Kapitular zugelassen. Danach war er etliche Male Eichstätter Vertreter beim fränkischen Kreistag und auch sonst mit diplomatischen Aufgaben betraut. 1688 – 90 war er Dekan, 1699 – 1705 Kantor in Eichstätt, 1682 – 1712 zugleich Domherr in Augsburg. Als Heinrich Ferdinand von der Leyen seine am 14. 1. 1705 erfolgte Wahl zum Fürstbischof von Eichstätt nicht annahm, fiel die Wahl des Kapitels am 9. 2. 1705 auf K. Das kaiserliche Plazet folgte am 15. 3., die päpstliche Bestätigung am 27. 4. 1705. Am 1. 6. 1705 ließ K. sich zum Priester und, nachdem die päpstliche Bestätigung am 16. 3. 1706 in Eichstätt eingetroffen war, am 26. 3. 1706 durch Weihbischof F. Chr. (→) Rinck von Baldenstein zum Bischof weihen. Zu seinem Generalvikar bestellte er J. A. (→) Nieberlein.

Das Hochstift Eichstätt stand während des Spanischen Erbfolgekrieges auf seiten des Reiches. Obwohl es sich dabei verschuldet hatte, ging es beim Friedensschluß leer aus. Dies beeinträchtigte jedoch nicht die Reichstreue von K. Er konnte die Schulden abbauen und sogar das Amt Flügelsberg erwerben. K. reorganisierte die Regierung und unterstellte alle Beamten dem Hof- und Kammerrat. Der gutmütige, aber kränkliche K., ein Liebhaber von Antiquitäten und Juwelen, wurde in seinen späteren Lebensjahren durch von ihm bestellte Beamte Opfer eines Korruptionssystems, dessen finanzielle Mißwirtschaft zu heftigen Auseinandersetzungen mit dem Domkapitel führte. Als Bischof galt K.s Sorge vor allem dem Klerus. 1710 konnte er notdürftig wieder ein Priesterseminar errichten, doch erfolgte die schulische Ausbildung der Seminaristen weiter am Jesuitenkolleg. In der neuen Form bestand das Seminar bis 1728. 1713 erließ K. zur Reform des Klerus neue Synodalstatuten. K. förderte die Marienverehrung durch den Bau bzw. die Renovierung von Marienkirchen, ferner durch die Förderung des Rosenkranzgebetes und von Wallfahrten sowie von klösterlichen Niederlassungen. 1711 gründete er in Eichstätt für die Schulbildung der weiblichen Jugend das Kloster Notre Dame und übergab es Schwestern aus Mainz. Für die Armen hatte K. stets eine offene Hand.

Alle von außen an ihn herangetragenen Bemühungen, ihm in seinem Alter einen Koadjutor beizugeben, wies K. entsprechend der Wahlkapitulation zurück. Seit Herbst 1724 krank, starb er am 27. 4. 1725 in Eichstätt. Er wurde in der von ihm erbauten Johannes-Nepomuk-Kapelle des Domes beigesetzt. Um seine Erbschaft entstand ein lang anhaltender Streit.

Literatur: *J. H. v. Falckenstein*, Antiquitates Nordgavienses oder Nordgauische Alterthümer aufgesucht in der Aureatensischen Kirche oder Hochf. Hochstifft Eichstett ect., Erster Theil (Frankfurt u. Leipzig 1733). - *A. Straus* 212 - 218. - *J. G. Suttner*, Conciliengeschichte 222 - 224. - *Ders.*, Werbungen. - *J. Sax* 588 - 611. - *J. Sax - J. Bleicher* 325 - 337. - *A. Hirschmann*, in: PBE 43 (1896) 137 f. - *L. Bruggaier*. - *F. Mader*, Stadt Eichstätt. - *M. Domarus*, Schönborn. - *K. Ried*, Das Notre-Dame-Kloster in Eichstätt, in: SHVE 59 (1961 / 62) 61 - 87. - *A. Bauch*. - *H. Braun* Nr. 138. - *D. Klebl*, Geschichte des Notre-Dame-Klosters in Eichstätt. Die Regulierten Chorfrauen des hl. Augustinus Congregatio B. M. V. und ihre Schulen (Zulassungsarbeit Eichstätt 1986). - *A. Schindling*, Eichstätt. - *B. Appel*, Zur Geschichte des Klosters der Congrégation de Notre Dame in Eichstätt, in: SHVE 81/82 (1988/89) 9 - 53.

Abbildungsnachweis: Wien NB 519.633 B.

Ernst Reiter

Knebel von Katzenellenbogen, Lothar Franz Josef (seit 1710 **Reichsfreiherr**) (1700 – 1749)

1734 – 1743 Generalvikar in Worms

* 9. 7. 1700 in Mainz als zehntes von 15 Kindern des Mainzer Kurfürstlichen Rates und (ab 1701) Hofmarschalls Philipp Christoph († 1714) und der Eva Maria Franziska Waltbott von Bassenheim, Freiin zu Olsbrück († 1752); der Vater wurde 1710 Reichsfreiherr; dessen Bruder J. A. (→) K. war 1705 – 25 Bischof von Eichstätt; 1718 Domizellar in Speyer, 1722 in Worms; wenig später Domscholaster in Worms; 17. 4. 1735 Diakonweihe; weitere Kanonikate in Bruchsal und an St. Alban in Mainz (dort später Dekan); Kurfürstlich Mainzer Rat, kaiserlicher Rat, Präsident der Reichsritterschaft in der Ortenau; 28. 5. 1734 Generalvikar von Bischof F. G. v. (→) Schönborn; 20. 8. 1743 vom Domkapitel zum Statthalter des Stiftes Speyer in den weltlichen Angelegenheiten bestellt; † 29. 10. 1749; □ St. Quintin in Mainz.

Quellen: HessStA Darmstadt, Abt. E 5. - DDAMz, Pontifikalien Gegg, Nachlaß *Schmitt*. - StA Mainz, Kirchenbücher St. Quintin. - StA Trier, Dep. Kesselstatt.

Literatur: *F. X. Remling* II. - *H. Duchhardt*, Eltz.

Wolfgang Seibrich

Knippschild, Winimar ⟨OSB⟩ (1679 – 1732)

1729 – 1732 Weihbischof in Paderborn, Ep. tit. Myndiensis

* 9. 5. 1679 in Medebach (Herzogtum Westfalen); ab 1694 Besuch des Gymnasiums sowie Studium der Philosophie und Theologie in Paderborn; 1697 Eintritt ins dortige Benediktinerkloster Abdinghof; Cellerar in Pütten / Holland; 1728 Abt im Kloster Abdinghof; 28. 3. 1729 Titularbischof von Myndus und Weihbischof in Paderborn; 16. 10. 1729 Konsekration in der Schloßkapelle zu Neuhaus; † 23. 5. 1732 in Paderborn.

Literatur: *H. J. Brandt - K. Hengst*, Weihbischöfe 120 - 122.

Karl Hengst

Kobaltz, Wenzel (1732 – 1796)

1795 – 1796 Apostolischer Administrator des Bistums Meißen in der Lausitz

Wenzel Kobaltz wurde am 17. 2. 1732 in der dem Zisterzienserinnenkloster gehörenden

Stadt Wittichenau (Lausitz) als Sohn des Holz-
arbeiters Elias K. und dessen Ehefrau Maria
geboren. Er besuchte die Schule seiner Vaterstadt und das Wendische Seminar in Prag. Am
3. 4. 1756 zum Priester geweiht, wurde er
Schloßkaplan bei Graf Hrzan in Sonnewalde

und 1758 bei Graf Solm in Cosel (beide Nieder-
lausitz), 1761 Vikar und 1765 Pfarrer an der
Kirche ULFrau in Bautzen. 1775 wurde er
Kanonikus beim Domkapitel in Bautzen. Als
Scholastikus hatte er seit 1779 die Leitung der
Domschule. Am 15. 5. 1795 wurde er zum
Domdekan und damit zum Apostolischen Ad-
ministrator des Bistums Meißen in der Lausitz
gewählt.

Damals sympathisierten die meisten Mitglieder
des Domkapitels mit der böhmischen katholischen Aufklärung, während K. diese ablehnte.
Sein Tod erfolgte noch während des Informativprozesses für seine Ernennung zum Titularbischof, deretwegen er 1795 bei der Nuntiatur
in Wien weilte. K. starb am 2. 5. 1796 auf dem
domstiftischen Schloß zu Schirgiswalde. Er
wurde auf dem dortigen Friedhof beigesetzt.

Literatur: *J. Šoł* 258 f.

Abbildungsnachweis: BDM FotoDok.

Siegfried Seifert

Kocker (Kokr) (seit 1631 **von Kockersberg**),
Andreas Clemens († 1650)

1635 – 1650 Generalvikar in Prag

* Königgrätz (Hradec Králové); 1605 Priester;
Dr. theol.; Dekan von Tabor; 1628 Domherr,
1639 Domdekan in Prag; 1635 – 50 Generalvikar und Offizial von Erzbischof E. A. v. (→)
Harrach; † 6. 6. 1650.

Literatur: *A. Podlaha* 165 f.

Kurt A. Huber

**Königsegg und Rothenfels, Hugo Franz Reichs-
graf von** (1660 – 1720)

1711 – 1720 Bischof von Leitmeritz

Hugo Franz von Königsegg-Rothenfels wurde
am 7. 5. 1660 zu Wien als Sohn des kaiserlichen
Geheimrates, Kämmerers und Reichsvizekanzlers Leopold Wilhelm v. K. geboren. 1676 – 80
studierte er in Salzburg. 1671 wurde er Domherr in Köln (1689 Scholaster, 1704 Dechant)
und Straßburg, 1678 in Lüttich und Salzburg.
1691 erhielt er die Propstei am Wyschehrad
(Prag). Im Jahre 1700 bestimmte Kaiser Leopold I. ihn zum Koadjutor des Leitmeritzer
Bischofs J. I. v. (→) Sternberg. Die Priesterweihe empfing K. am 11. 4. 1705. Da die päpstliche
Bestätigung nicht eingeholt wurde, erhielt K.
das Bistum erst nach dem Tode Sternbergs
aufgrund der landesherrlichen Nomination
vom 6. 8. 1709 am 26. 1. 1711. Seine Kölner und
Straßburger Pfründen durfte er beibehalten.
Die Konsekration erhielt er am 7. 6. 1711. Seine
Diözese nahm er am 17. 11. in Besitz.

K. sah seine Hauptaufgabe am Hofe des Kölner Erzbischofs (→) Joseph Clemens von Bayern in Bonn. Dort hatte er das weltliche Amt des Oberhofmeisters inne. Zugleich war er bevollmächtigter Gesandter des Kaisers beim niederrheinischen Kreis und führte den Titel eines kaiserlichen Geheimen Rates. Nach Leitmeritz, dessen Administration er den Generalvikaren Hübner und Hoffer von Lobenstein überließ, kam er nur selten. K. nahm nur die wichtigen Akten zur Kenntnis und behielt sich lediglich die Beförderung und Versetzung der Pfarrer vor. Es gab zu seiner Zeit allerdings nur 66 Pfarrer und 13 Administratoren. Die Weihen spendete der Bischof von Königgrätz. 1717 errichtete K. aus Mitteln der Salzkasse zwei Domherrenstellen. Er starb am 6. 9. 1720 in Bonn. Sein Grab befindet sich im Westchor der Bonner Stiftskirche.

Quellen: HAEK: Sammlung *H. H. Roth*, Metropolitankapitel Vol. I, 76-78.

Literatur: *A. L. Frind*, Leitmeritz 9-11. - *A. Zelenka* 102 f.

Abbildungsnachweis: Lithographie von Josef Zumsande (1806-1865). - Wien NB 506.189 B.

Kurt A. Huber

Königsegg und Rothenfels, Karl Aloys Graf von (1726 − 1796)

1770 − 1796 Weihbischof in Köln, Ep. tit. Myrinensis

* 14. 10. 1726 in Aulendorf (Bist. Konstanz) aus einer Grafenfamilie, die im 17. und 18. Jh. 57 Domkanonikate, vornehmlich in Köln und Straßburg, innehatte. Aus der mächtigen Stiftsfamilie ging jedoch nur ein Diözesanbischof hervor (Max Friedrich v. (→) K.). K. wurde 1735 in Köln und 1754 in Konstanz Domherr. 25. 3. 1750 Priester, 1758 Chorbischof, 1763 Vizedechant, 1767 Domkeppler und -dechant in Köln. Sein Onkel, der Kölner Erzbischof Max Friedrich v. K., wählte ihn 1770 zu seinem Weihbischof. 12. 3. 1770 Titularbischof von Myrina; 22. 4.1770 Konsekration in Bonn. Wegen seiner wirren Finanzlage gab das Domkapitel ihm später einen Vormund zur Seite. 1794 floh K. im Gegensatz zu Erzbischof (→) Max Franz von Österreich nicht vor den anrückenden Franzosen. † 24. 2. 1796 in Köln; ☐ Kölner Dom.

Literatur: *J. Torsy.*

Erwin Gatz

Königsegg und Rothenfels, Max Friedrich Reichsgraf von (1708 − 1784)

1761 − 1784 Kurfürst-Erzbischof von Köln
1762 − 1784 Fürstbischof von Münster

Max Friedrich von Königsegg und Rothenfels wurde am 13. 5. 1708 in Köln als dritter Sohn des Grafen Albert Eusebius v. K. und der Gräfin Klara Philippine Felizitas von Manderscheid-Blankenheim geboren. Die aus Süddeutschland stammende Familie des Vaters hatte wie die Familie der Mutter seit dem 17. Jh. zahlreiche Domherren in Köln und in anderen deutschen Kapiteln gestellt. Im 17. und 18. Jh. kamen 8% aller Kölner Domherren aus der Familie K. und 9% aus der Familie Manderscheid-Blankenheim. In Straßburg waren die Familien in diesem Zeitraum sogar mit 13% bzw. 15% der Domherren vertreten. Auch die älteren Brüder Karl Ferdinand und Joseph Maria Sigismund waren Mitglied des Kölner Kapitels, Joseph Maria 1750 − 56 als Dekan.

K. soll bei den Jesuiten in Altötting, Straßburg und Köln studiert haben. 1725 rückte er in das Kölner, 1731 zugleich in das Straßburger Kapitel ein. 1750 wurde er als Nachfolger seines Bruders Domdechant in Köln. Daneben besaß er ein Kanonikat an der Kölner Stiftskirche St. Gereon. Das Datum seiner Priesterweihe ist nicht bekannt.

Als nach dem plötzlichen Tod des Kölner Erzbischofs (→) Clemens August von Bayern das Erzbistum neu zu besetzen war, befand sich das Erzstift im Siebenjährigen Krieg auf der Seite Österreichs und Frankreichs. Während am Rhein noch französische Truppen standen, waren die westfälischen Stifte preußisch besetzt. Auf diese Machtverhältnisse, aber auch auf die Bedürfnisse des durch die Verschwendungssucht Clemens Augusts verschuldeten Erzstiftes war Rücksicht zu nehmen. Im übrigen war man in Köln nach 178 Jahren der bayerischen Herrschaft müde geworden. Da Papst Clemens XIII. Kardinal (→) Johann Theodor von Bayern wegen seines ungeistlichen Lebenswandels das erbetene Wählbarkeitsbreve verweigerte, fiel die Wahl des Kapitels am 6. 4. 1761 einstimmig auf K. (13. 7. bestätigt). Die Bischofsweihe spendete ihm am 16. 8. 1761 Nuntius Cesare Alberico Lucini in der Bonner Hofkapelle. Schwieriger gestaltete sich die Wahl in Münster, da Preußen und Hannover Münster wie auch die anderen westfälischen Stifte als Entschädigungsobjekt für die Friedensverhandlungen in Reserve halten wollten. Das münstersche Kapitel wünschte keinen Kandidaten aus großem Hause, um politische Verwicklungen auszu-

schließen. So postulierte es am 16. 9. 1762 mit
Unterstützung der Niederlande und Hannovers einstimmig K. (20. 12. bestätigt). Dessen
Bemühungen um Paderborn und Hildesheim
führten jedoch nicht zum Erfolg.

Die Wahl K.s bildete zwar in Köln wie in
Münster zunächst eine Verlegenheitslösung.
Sie bedeutete jedoch nicht nur das Ende der
überschäumenden wittelsbachischen Barockkultur, sondern sie eröffnete am Rhein und in
Westfalen die Epoche der katholischen Aufklärung mit ihren tiefen Veränderungen auf staat-
lichem und kirchlichem Gebiet.

K. war liebenswürdig und fromm. Mit dem
nachgeborenen Sohn einer kinderreichen und
nicht sehr wohlhabenden Familie zogen in
Kurköln anstelle der unter Clemens August
herrschenden Verschwendungssucht Nüch-
ternheit und Einfachheit ein. In seiner persönlichen Lebensführung untadelig, hat K. freilich
in seiner Umgebung Leichtfertigkeit und persönliche Skandale geduldet. Der Erzbischof hat
jedoch nicht nur in dieser Hinsicht persönliche
Entscheidungen gescheut, sondern, jeder gere-
gelten und konsequenten Arbeit abhold, auch
die Leitung seiner Stifte und Bistümer im
wesentlichen seinen Mitarbeitern überlassen.
In Bonn berief er bald nach seinem Regierungsantritt eine Regierungskonferenz. Sie erwies
sich jedoch schon bald als gegenstandslos, da
der unter Clemens August aufgestiegene und
nun zum Konferenzrat ernannte Freiherr Kas-

par Anton von Belderbusch es verstand, die
Leitung der Staatsgeschäfte an sich zu ziehen.
Ehrgeizig, skrupellos, gewandt und energisch,
gelang es ihm durch einschneidende, aber
unpopuläre Sparmaßnahmen, binnen kurzem
die auf Clemens August zurückgehende Verschuldung des Kurstaates zu überwinden. In
diesem Zusammenhang wurden freilich auch
manche Kunstwerke und Sammlungen veräu-
ßert und z. T. verschleudert. Belderbuschs Stellung wurde übermächtig und unangreifbar,
nachdem es ihm 1762 gelungen war, die Wahl
K.s auch in Münster durchzusetzen. 1766 wurde er Geheimer Konferenzminister, 1767 Pre-
mier-, Hof- und Staatsminister. Als solcher hat
er selbstbewußt und nicht ohne Eigennutz
Kurköln geleitet und sich u. a. auf wirtschaftlichem Gebiet durch Modernisierungen verdient
gemacht. Ihm ist auch maßgeblich die Gründung der „Maxischen Akademie" (1777) in
Bonn zu danken, aus der 1786 die kurkölnische
Universität hervorging.

Als Generalvikar wirkte dagegen seit 1763 der
korrekte, aber nicht weiter hervortretende
J. Ph. v. (→) Horn-Goldschmidt, als Weihbischof seit 1770 des Erzbischofs Verwandter
K. A. v. (→) Königsegg-Rothenfels.

Während Belderbusch in Kurköln ohne Konkurrenten herrschte, lag die Leitung der Geschäfte in Münster, das unter K. ganz unabhängig von Köln verwaltet wurde, in den Händen
des Freiherrn F. v. (→) Fürstenberg. 1762 – 80
leitete er als Minister ebenso selbständig wie
Belderbusch das Stift und seit 1770 zugleich
das Bistum Münster als Generalvikar. Die
Stärke Fürstenbergs lag auf staats- und kultur-
politischem Gebiet. Auf ihn gehen die Gründung des Priesterseminars (1773) und der Universität mit vier Fakultäten (1773 – 80) zurück.

K. hielt sich nicht nur von der Regierung fern,
sondern er war auch mit den geistigen Strömungen seiner Zeit wenig bekannt. Das galt
u. a. für den Streit um die Nuntiaturgerichtsbarkeit, der 1768 neu aufflammte und zu einer
kölnischen Initiative wegen eines gemeinsamen Vorgehens der rheinischen Erzbischöfe
sowie 1769 zum Koblenzer Kongreß führte.
Auch in dieser Angelegenheit (N. v. → Hontheim), deren Erfolg schließlich an der ausblei-
benden Unterstützung des Kaisers scheiterte,
gab K. nur seinen Namen her, während die
Initiative bei Belderbusch und Fürstenberg lag.

Außenpolitisch hielt K. sich zunächst aus den
großen Bündnissen heraus. Erst seit 1774
bahnte Belderbusch, der seine eigene Position
über den Tod des alternden Erzbischofs hinaus
zu sichern suchte, den Weg zu einer Annäherung an Österreich, das seinerseits seine Posi-

tion im Nordwesten des Reiches stärken wollte. Es gelang Belderbusch schließlich, den Kurfürsten, das Kölner und unter Umgehung Fürstenbergs auch die Mehrheit des münsterischen Domkapitels für die Wahl von (→) Max Franz von Österreich zum Koadjutor zu gewinnen. Der nach Preußen orientierte Fürstenberg, der gehofft hatte, in Münster Nachfolger K.s zu werden, mußte daraufhin als Minister zurücktreten.

K. starb am 15. 4. 1784 zu Bonn, nachdem Belderbusch unerwartet wenige Monate zuvor ebenfalls verstorben war. Er erhielt sein Grab im Kölner Dom.

Literatur: *M. Braubach*, in: AHVN 144/145 (1946/47) 192-200. - *Ders.*, Kurköln 333-400. - *E. Hegel* 59-65, 369-376. - *A. Winterling.*

Abbildungsnachweis: Stich von Johann Michael Söckler (1744-1781) nach Gemälde von Anton Stradtmann (1732-1807). - Wien Pg L/Köln in Portf. Nr. 220 (1).

Erwin Gatz

Königsfeld, Johann Christian Adam Reichsfreiherr (seit 1685 **Reichsgraf**) **von** (1681 – 1766)

1749 – 1766 Bischof des Hausritterordens vom Heiligen Georg, Ep. tit. Erythrensis

Johann Christian Adam Joseph Anton Maria Freiherr von Königsfeld, Herr in Zaitzkofen und Pfakofen, Triftlfing, Alteglofsheim und Ascholding, wurde als Sohn des Georg Friedrich Christoph v. K. (1646 – 1718) und seiner Gemahlin Maria Catharina Gräfin von Haunsberg (1650 – 1724) geboren und am 22. 1. 1681 in Zaitzkofen (Diöz. Regensburg) getauft. Auf Vermittlung seines Großonkels und Taufpaten, des Freisinger und Regensburger Domkanonikers Christian v. K., wurde er 1695 Domizellar zu Freising und durch dessen Resignation 1697 auch zu Regensburg. Als Student beider Rechte immatrikulierte er sich 1703 an der Universität Ingolstadt. Die Priesterweihe empfing der 1708 zum Vollkanoniker in Freising und 1710 in Regensburg ernannte K. am 22. 12. 1714 in Freising. In beiden Domkapiteln stieg er zu höchsten Würden auf: 1717 wurde er für zehn Jahre Scholaster, 1721 Kustos und 1727 Dekan in Freising, in Regensburg 1728 Dekan und als Nachfolger F. P. v. (→) Wämpels 1729 Dompropst. Er resignierte dieses Amt 1761. Neben weltlichem Rang und geistlichem Stand verfügte er über juristische Kenntnisse und bewies, wie auch sein Bruder Johann Georg v. K. (1679 – 1750), der seit 1717 am Immerwähren-

den Reichstag akkreditiert war, mit zahlreichen bayerischen Missionen betraut wurde und nach der Kaiserwahl von 1741 wittelsbachischer Reichsvizekanzler wurde, diplomatisches Geschick im Dienste des Hauses Wittelsbach. Für eine erfolgreiche Wahlmission verlieh ihm 1725 Kurfürst Max Emanuel 600 Gulden Pflegegelder. Unter Kurfürst Karl Albrecht und dessen Bruder, dem Fürstbischof von Freising und Regensburg (→) Johann Theodor, der ihn als Hofratspräsidenten an die Spitze des bedeutendsten Gremiums der weltlichen Regierung des Hochstifts stellte, bekleidete er die Würde eines Wirklichen Geheimen Rates. Als Domdekan in Freising hatte er darüber hinaus, gemäß dem Herkommen und den Bestimmungen der Wahlkapitulationen, bei der Abwesenheit des Fürstbischofs die Statthalterschaft auszuüben. Während der oft jahrelangen Abwesenheit Johann Theodors und vor allem im Österreichischen Erbfolgekrieg bewährte sich K. Seiner Statthalterschaft, die er zusammen mit seinem Bruder, dem Vizestatthalter Johann Georg Pankratz v. K. (1686 – 1756), ausübte, verdankten Freising und Regensburg, daß sie die Kriegsjahre mit ihren Quartierlasten und Beschlagnahmungen vergleichsweise glimpflich überstanden. Mit diplomatischem Geschick vermittelte er auch bei den heftigen Zerwürfnissen zwischen Domkapitel und Fürstbischof ausgleichend. Das Haus Wittelsbach zeigte sich ihm abermals erkenntlich. Er wurde Ritter des Groß-Kreuzes und Kommandeur des St. Michaelsordens und am 24. April 1746 durch Kurfürst Max III. Joseph zum Großkomtur und ersten Ordensbischof des 1729 reorganisierten kurbayerischen Hausritterordens vom Hl. Georg benannt. Auf der Grundlage des päpstlichen Breves „Militares Equestres" Benedikts XIV. von 1741, das die Aufnahme sechs geistlicher Ritter in den Orden und für den ersten der sechs die bischöfliche Würde bewilligte, betrieb man in Rom den Informativprozeß. Am 21. 4. 1749 erfolgte die päpstliche Ernennung K.s zum Titularbischof von Eritrea mit der Zuweisung an die St. Georgskapelle in der Münchner Residenz und den Ritterorden. Nach der Bulle Benedikts XIV. war allein diese Kapelle von der Jurisdiktion des Ortsordinarius (Freising) eximiert, und der Hausritterorden bildete einen exemten Personalverband, – z. Z. Königsfelds mit 73 lebenden Mitgliedern – dessen religiöser Mittelpunkt die Residenzhofkapelle wurde, nachdem 1750 die St. Georgskapelle abgebrannt war. Der Freisinger Generalvikar F. I. v. (→) Werdenstein sah dieser neuen Konstruktion mit Mißtrauen entgegen und forderte deshalb vor der Konsekration K.s eine schriftliche Verpflichtung, sich ausschließlich an die Ordensfunktionen zu halten und für alle darüber hinausgehenden Pontifikalhandlungen die Erlaubnis des Ordinariats einzuholen.

Stephan M. Janker

Die jährlichen Ordensfeste am Fest des Hl. Georg (23. 4.) und Mariä Empfängnis (8. 12.) mit Beichte und Kommunionempfang bildeten die Höhepunkte des Hofzeremoniells und des Ordenslebens. 1758 wurde die Zahl der geistlichen Ritter durch päpstliches Breve auf acht erhöht. Erst nach dem Tode Johann Theodors (1763) erhielt K. die dem Ordensbischof zugesagte Pfründe als Stiftspropst des Chorherrenstifts Altötting. Er starb am 6. 7. 1766 und wurde in der Domkirche zu Freising beigesetzt. Sein Epitaph rühmt ihn als „von den Fürsten als Gesandter in verschiedenen Angelegenheiten und Träger höchster Ämter hochgeschätzt, allen Gutgesinnten teuer, ein Beschützer der Bürger, ein Vater der Armen, über alles Lob erhaben".

Quellen: ASV Proc. Dat. 126, fol. 23 r-26 r. - AEM, Ordinariat - Akten 103.

Literatur: A. Mayer II 90, 235. - J. Heckenstaller, in: DB 5 (1854) 52 Nr. 59. - M. v. Deutinger, Zur Geschichte des Schulwesens in der Stadt Freising, in: DB 5 (1854) 519-521. - E. v. Destouches 25-35, 66, 82. - J. Schlecht, Monumentale Inschriften im Freisinger Dom, in: SHVF 5 (1900) 39-41. - F. v. Waldburg-Wolfegg 14 f. Nr. 77. - G. v. Pölnitz III/1, 50. - C. J. M. König 368 f. - M. Weitlauff. - W.-D. Peter, Johann Georg Graf von Königsfeld (1679-1750). Ein Bayerischer Adeliger des Ancien Régime (Kallmütz 1977).

Kollonitsch (Kollonich, Kollonitz), **Leopold Karl Reichsfreiherr** (seit 1638 **Graf von**)
(1631 – 1707)

1668 – 1670 Bischof von Neutra
1670 – 1685 Bischof von Wiener Neustadt
1686 – 1690 Bischof von Raab
1686   Kardinal
1690 – 1695 Erzbischof von Kalocsa und Administrator von Raab
1695 – 1707 Erzbischof von Gran

Leopold Karl von Kollonitsch wurde am 26. 10. 1631 in der von seinem Vater befehligten ungarischen Grenzstadt Komorn (heute Slowakei) geboren. Die seit dem 13. Jh. in Kroatien begüterte, seit dem 16. Jh. auch in Ungarn sowie in Nieder-, Oberösterreich und in der Steiermark ansässige Familie war evangelisch. Der Vater wurde 1621 katholisch und heiratete 1622 nach dem Tod seiner ersten Frau die Katholikin Anna Freiin von Kueffstein. Aus dieser Ehe gingen neun Kinder hervor, darunter als siebtes Kind K., den der Primas von Ungarn, Kardinal Peter Pázmány, taufte. 1636 wurde die Familie in den Grafenstand erhoben.

1645 kam K. als Edelknabe an den Hof Erzherzog Ferdinands nach Wien. Das Gymnasium absolvierte er bei den Wiener Jesuiten. 1650 trat er auf Anraten Kaiser Ferdinands III. in den Johanniterorden ein und ging nach Malta. Dort erhielt er eine militärische Ausbildung und nahm 1651 und 1655 an zwei großen Seeschlachten teil. Nachdem er 1655 eine türkische Fahne erbeutet hatte, wurde er Kastellan von Malta. Als solcher machte er sich u. a. um die Betreuung der sozialen Unterschicht verdient. 1657 übernahm K. die ihm ein Jahr zuvor verliehene Ordenskommende Mailberg (Niederösterreich) und Eger (Böhmen), wo er sich als vorzüglicher Verwalter und eifriger Gegenreformator hervortat. Die hochverschuldeten Güter machte er in kurzer Zeit schuldenfrei. Als er sich auch als Deputierter im Herrenhaus Niederösterreich bewährte, bestimmte Kaiser Leopold I. ihn 1666 zum Bischof von Neutra. Erst jetzt studierte K. in Wien Theologie. Im Frühjahr 1668 wurde er zum Priester geweiht und am 30. 4. 1668 zum Bischof von Neutra ernannt. Die Weihe erteilte ihm Nuntius Antonio Pignatelli in der Wiener Jesuitenkirche.

K. wollte sein Bistum im Geiste der katholischen Reform erneuern. Er visitierte alle Gemeinden in Begleitung zweier Jesuiten und griff bei Mißständen mit schonungsloser Härte durch. Seine Schroffheit gegenüber den ungarischen Magnaten machte seine Stellung jedoch auf die Dauer unhaltbar, so daß er den Kaiser um die Translation auf das vakante Bistum Wiener Neustadt bat. Aufgrund der kaiserlichen Nomination (29. 8. 1669) wurde er am 19. 5. 1670 transferiert.

K. überließ die Leitung von Wiener Neustadt mit seinen nur 24 Pfarreien seinen Mitarbeitern, überwachte diese jedoch streng und entschied alle wichtigeren Fragen persönlich. 1675 führte er die Karmelitinnen in ihr neues Kloster ein. 1679 weihte er die große Pestsäule ein, und im selben Jahr konnte er durch strenge sanitäre Maßnahmen die Pestepidemie entscheidend eindämmen. Einige soziale Einrichtungen in Wiener Neustadt wurden bleibende Zeugen seiner Mildtätigkeit. Während der Amtszeit von K. bemühte sich der Salzburger Erzbischof M. G. v. (→) Kuenberg darum, Wien und Wiener Neustadt seinem Metropolitanverband einzuverleiben. Zum Ausgleich sollte das Bistum Wiener Neustadt um sein Umland vergrößert werden. Dieser Plan scheiterte jedoch am Widerspruch Kaiser Leopolds I. K. wohnte bis zu seinem Tode vornehmlich im Hause des Malteserordens in Wien. Von dort aus wurde sein sachkundiger Rat immer mehr für Staatsgeschäfte und vor allem für den Hofkriegsrat herangezogen. 1672 ernannte Leopold I. ihn zum Präsidenten der ungarischen Finanzkammer in Preßburg. In dieser Eigenschaft unterstand ihm nicht nur das gesamte Finanzwesen des Königreichs Ungarn, sondern er konnte von Amts wegen in alle ungarischen Amtsgeschäfte eingreifen. 1670 — 80 hat er faktisch bei allen wichtigeren Angelegenheiten mitgewirkt. Der Widerstand der ungarischen Stände erzwang jedoch 1681 seine Herausnahme aus dem aktiven Rat. 1682 wurde er Vizepräsident der ungarischen Kammer, und 1684 erfolgte seine Entlassung.

Aufgrund seiner organisatorischen Fähigkeiten erhielt K. im Oktober 1682, am Vorabend der türkischen Kriegsrüstungen, die Leitung des Feldproviantamtes und damit der Vorbereitung der Verteidigung Wiens gegen die türkische Belagerung von 1683. K. blieb als einziger Prälat in der belagerten Stadt, wo er neben dem Kommandanten Ernst Rüdiger Graf von Starhemberg, dem Organisator der öffentlichen Verwaltung, Graf Keplier, und Bürgermeister Andreas Liebenberg die Seele des Widerstandes wurde. Als Betreuer der Bedürftigen und Verlassenen oblag ihm die Aufsicht über die Spitäler. Nach der Entscheidungsschlacht vom 12. 9. 1683 feierte er das Dankhochamt in St. Stephan. Er nahm sich danach der etwa 500 von den Türken in Verwahr genommenen christlichen Kinder an und sicherte ihnen eine christliche Erziehung. Einen großen Teil der Kriegsbeute führte er den Armen zu. 1684 übernahm er das Kuratorium aller Feldspitäler.

Der Einsatz K.s während der Belagerung Wiens hatte vor den in der Hauptstadt lagernden Werten des Primas von Ungarn und des Erzbischofs von Kalocsa nicht Halt gemacht. Er hatte diese vielmehr rücksichtslos requiriert und für die Besoldung der Verteidiger herangezogen, was später zu schweren Auseinandersetzungen führte, ihn aber nicht die Gunst des Kaisers kostete. Dieser bestimmte ihn vielmehr 1686 zum Bischof des besser als Wiener Neustadt ausgestatteten Raab. Die Translation erfolgte am 16. 9. 1686. Auf Wunsch des Kaisers hatte Innozenz XI. K. am 2. 9. 1686 in das Kardinalskolleg berufen. Am 28. 10. setzte ihm der Kaiser das Birett auf. 1689 erhielt K. bei einem römischen Besuch die Titelkirche S. Girolamo degli Illirici.

K. blieb auch nach der Translation in Wien, visitierte seinen neuen Sprengel jedoch mehrmals und veranlaßte, daß die Jesuiten in der Bischofsstadt eine Niederlassung gründeten und sich der Rekatholisierung widmeten. Um die Position K.s im ungarischen Episkopat zu stärken, bestimmte Leopold I. diesen 1688 zum Erzbischof des kurz zuvor von den Türken befreiten Erzbistums Kalocsa, das nur 15 Pfarreien mit 88 Geistlichen und eine bescheidene

Ausstattung besaß. Daher sollte K. gleichzeitig Raab als Ausstattung behalten. Am 6. 3. 1690 wurde er nach Kalocsa transferiert, während er in Raab Administrator blieb. Nach dem Tode des um die katholische Restauration Ungarns hochverdienten Primas György Széchényi bestimmte Leopold I. K. 1695 als dessen Nachfolger zum Erzbischof von Gran. Die Translation und damit die Erhebung zum Primas Hungariae erfolgte am 22. 8. 1695. K. erhielt zugleich besondere Vollmachten bzgl. der kirchlichen Inquisition und somit eine Bestätigung jenes gegenreformatorischen Kurses, den er bereits in seinen früheren Bistümern verfolgt hatte. Die geistliche Leitung seines Sprengels überließ er wie schon zuvor seinen örtlichen Mitarbeitern. Die Richtung gab er dagegen selbst an. Zu seinen Anliegen zählte u. a. die materielle Besserstellung des Klerus und damit der Seelsorge. Auf seine Veranlassung ordnete Leopold I. 1696 die Rückgabe aller Kirchengüter in den von den Türken zurückeroberten Gebieten an, doch sollten diese steuerlich besonders belastet werden. Auch bzgl. der Nachlaßregelung der Bischöfe setzte K. eine Lösung durch, die die Staatskasse und damit die Finanzierung der Türkenabwehr begünstigte.

Große Verdienste erwarb K. sich um die Union der Orthodoxen mit der katholischen Kirche, wofür allerdings auch Gesichtspunkte der staatlichen Integration eine Rolle spielten. Dabei bewies er in der Frage der Riten großes Entgegenkommen. In Tyrnau richtete er ein griechisch-uniertes Priesterseminar ein. Gleichzeitig förderte K. die Union der Rumänen, die sich angesichts des disziplinären Verfalls als weitaus schwieriger erwies.

K.s amtliche Tätigkeit fiel in die Regierungszeit Kaiser Leopolds I., der ihn förderte und dessen Anliegen K. sich zu eigen machte. Dazu zählte u. a. die Integration Ungarns in das Gesamtgefüge der österreichischen Länder, während die politische Opposition gegen den Ausbau der Zentralregierung insbesondere von den Protestanten getragen wurde. Nachdem Leopold I. 1681 auf dem Reichstag von Ödenburg den Ungarn viele Zugeständnisse gemacht hatte, stellte sich nach dem Sieg gegen die Türken und nach der Rückgewinnung des zuvor türkisch besetzten Ungarn das Problem der Neuordnung des wiedervereinigten Landes. Seit dem Jahr seiner Translation nach Raab und seiner Kardinalserhebung erarbeitete K., der nun wieder die ungarische Politik am Wiener Hof leitete, mit einer Kommission als Wiederaufbauprogramm für das zerstörte Land das sog. Einrichtungswerk. Dieses zentralistisch und antiständisch konzipierte, 1689 in Kraft gesetzte Dokument stieß jedoch auf vielfältigen

Widerspruch. Die bischöfliche und kirchenpolitische Tätigkeit K.s zielte vornehmlich auf die Rekatholisierung Ungarns, für die er keine Mühe scheute, wobei er aber auch vor Gewaltmaßnahmen nicht zurückschreckte. So war er 1674 maßgeblich am Preßburger Sondergericht beteiligt, das angesichts der von den Protestanten getragenen Aufstände die Amtsenthebung bzw. Bestrafung von 350 evangelischen Predigern verfügte. Bei seinen Rekatholisierungsmaßnahmen stützte K. sich vornehmlich auf den Jesuitenorden, der unter ihm eine Reihe von Niederlassungen in Ungarn erhielt.

Die enge Verzahnung von K.s Kirchenpolitik mit dem Ausbau des monarchisch-absolutistischen Österreichs kam vor allem in jenem Teil des „Einrichtungswerkes" zum Ausdruck, das über die kirchlichen Verhältnisse Ungarns handelte. K. zielte auf die Organisation, Stärke und Geschlossenheit der Katholiken, während die Protestanten mit allen administrativen Mitteln niedergehalten werden sollten.

So bleibt das Urteil über den hochbegabten und persönlich frommen K., den unermüdlichen Streiter im Dienst des katholischen und absolutistischen Österreich, zwiespältig. Obwohl er oft und ausgiebig predigte sowie eine für seine Zeit ungewöhnliche Sensibilität für soziale Probleme besaß, war er in erster Linie Politiker. Seit 1704 krank, bestimmte K. sein Vermögen größtenteils für wohltätige Zwecke, u. a. für den Ausbau des Wiener Armenhauses. Er starb am 20. 1. 1707 in seiner Wiener Residenz.

Er wurde zunächst in der Wiener Kirche St. Anna und 1708 in der von ihm rekatholisierten und den Jesuiten übergebenen Salvatorkirche zu Preßburg beigesetzt.

Literatur: J. Maurer, Cardinal Leopold Graf Kollonich, Primas von Ungarn. Sein Leben und sein Wirken. Zumeist nach archivalischen Quellen geschildert (Innsbruck 1887). - J. Mayer, Wiener Neustadt II/1. - G. Gerhartl, Kardinal Leopold Graf Kollonitsch, in: Die Türken vor Wien. Europa und die Entscheidung an der Donau 1683 (Salzburg-Wien 1982) 197-201. - G. Adrianyi, Beiträge zur Kirchengeschichte Ungarns (München 1986) 83-99. - A. Kolaska.

Abbildungsnachweis: Stich von Jeremias Gottlob Rugendas (1710-1772. - Wien NB 520.988 B.

Alfred Kolaska

Kollonitsch (Kollonitz), **Sigismund Graf von** (1677 — 1751)

1705 — 1709 Titularbischof von Skutari
1709 — 1716 Bischof von Waitzen

1716 – 1722 Fürstbischof von Wien
1722 – 1751 Fürsterzbischof von Wien
1727   Kardinal

Sigismund von Kollonitsch wurde am 30. 5.
1677 auf dem Familiengut der Grafen v. K. zu
Nagy Levárd (Großschützen – Velké Levary) in
der Slowakei (damals Ungarn, heute Tsche-
choslowakei) als jüngster Sohn des Grafen
Johann Sigmund v. K. und der Regina Elisabeth von Speidl geboren. Einer der fünf Brüder,
Leopold Ignaz, trat in den Orden der Unbeschuhten Karmeliten ein und wurde später
Apostolischer Missionar in Indien sowie Titularbischof von Anastasiopol (1708 – 26). Eine
der beiden Schwestern, Anna Maria Eleonora,
wurde Karmeliterin in Wien. L. v. (→) Kollonitsch, der Bischof von Wiener Neustadt und
spätere Erzbischof von Gran und Primas von
Ungarn, war ein Onkel K.s. Da K. der letzte
männliche Angehörige der Grafen v. K. war,
gab Kaiser Karl VI. ihm 1728 die Erlaubnis,
seinen Vetter, den Baron Ladislaus von Zay, zu
adoptieren. Dieser nahm den Namen K. an und
setzte das Geschlecht fort.

Auf Initiative seines Onkels trat K. 1688 in das
Gymnasium der Jesuiten zu Neuhaus in Böhmen ein, wo er sein Zimmer mit Franz II. von
Rakoczi teilte, für den Leopold von Kollonitsch
die Vormundschaft führte. Auf Empfehlung
seines Onkels studierte K. 1693 – 99 in Rom als
Alumne des Collegium Germanicum (Dr. theol.
und phil.). Noch während seines Romaufenthaltes verlieh ihm sein Onkel, der inzwischen
zum Erzbischof von Gran aufgestiegen war, ein
Kanonikat an der dortigen Domkirche. 1699
empfing K. die Priesterweihe. Die Primiz feierte
er am 15. 10. 1699 in der Karmeliterkirche zu
Wien in Anwesenheit von Kaiser Leopold I.
und dessen Gemahlin Eleonore.

1700 trat K. sein Kanonikat in Gran an. 1704
wurde er Archidiakon von Sasvár; außerdem
wurde er Mitglied des Ungarischen Locumte-
nentialrates. 1705 wurde er zum Bischof von
Skutari, einem Bistum der ungarischen Krone,
ernannt. Im Dezember 1708 nominierte Joseph I. K. zum Bischof der ungarischen Diözese
Waitzen. Die päpstliche Verleihung folgte am
14. 10. 1709. In Waitzen machte sich K. um den
Wiederaufbau der eben erst von den Türken
befreiten Diözese und um die Konversion zahlreicher Akatholiken verdient. Durch Einrichtung eines Alumnates trug er Sorge für den
Priesternachwuchs. 1712 stiftete er in Waitzen
ein Piaristenkolleg. K. erhöhte ferner die Zahl
der Domherrenstellen und verbesserte deren
Einkünfte.

Nach dem Tod des Wiener Fürstbischofs
Fr. F. v. (→) Rummel nominierte Kaiser Karl VI.

K. am 16. 4. 1716 als dessen Nachfolger. Am
22. 6. 1716 entband Papst Clemens XI. K. als
Bischof von Waitzen, und am 1. 7. 1716 verlieh
er ihm das Bistum Wien. Mit Unterstützung
Karls VI. erreichte K. am 1. 6. 1722 die Erhebung Wiens zum Erzbistum. Das Pallium wur-
de ihm am 24. 2. 1723 überreicht. Auf Vor-
schlag des Kaisers erhob Papst Benedikt XIII.
K. am 26. 11. 1727 zum Kardinal (Titel: SS.
Pietro e Marcellino, ab 1740 S. Crisogono). Das
Kardinalsbirett setzte der Kaiser ihm am 4. 4.
1728 in der Augustinerkirche auf. Als Kardinal
nahm K. an den Konklaven von 1730 und 1740
teil. 1740 wurde er mit der Vertretung der
Interessen des Hauses Habsburg betraut. Als
Kardinal wurde K. 1728 Generalinquisitor für
Spanien und Sizilien. Er bediente sich in dieser
Stellung der Mitarbeit des Augustinereremiten
Georg Ruess. 1734 wurde er Kardinalprotektor
des Paulinerordens in Österreich, Ungarn, Polen und am Rhein, 1738 Kardinalprotektor für
Deutschland. Dieses Amt behielt er bis zu
seinem Tod. Die eigentlichen Amtsgeschäfte
nahm freilich der in Rom residierende Konpro-
tektor, Kardinal Giudice, wahr. Um den mit der
Stellung eines Kardinals verbundenen Auf-
wand decken zu können, verlieh der Kaiser K.
1728 die Abtei St. Michael in Báta (Ungarn,
Diöz. Fünfkirchen), ferner die Propstei Zwettl
und die damit verbundene landesfürstliche
Pfarrei Eggenburg. K. wurde 1719 kaiserlicher
Geheimer Rat und 1723, 1728 und 1732 während der Abwesenheit des Kaisers von Wien
Mitglied des hinterlassenen Geheimen Rates.

1729 erhielt die Erzdiözese Wien ca. 80 bis
dahin zur Diözese Passau gehörende Pfarreien
im Viertel unter dem Wiener Wald. Zugleich
wurde ihm Wiener Neustadt als Suffraganbistum unterstellt. Im Zusammenhang mit der
Vergrößerung des Diözesangebietes erreichte
K. 1728 die Einsetzung eines ständigen Weihbischofs (J. H. v. → Braitenbücher). K. bemühte
sich, die neuen Pfarreien rasch kennenzulernen
und zu visitieren. In einem langwierigen Prozeß
erreichte er 1729 die Beseitigung der Exemp-
tion des Domkapitels. Als Entschädigung verschaffte er 1734 den Dignitären das Recht auf
den Gebrauch der Pontifikalien. Außerdem
bedachte er das Kapitel in seinem Testament
mit einer Stiftung von Präsenzgeldern.

K. besaß das Vertrauen des kaiserlichen Hofes
und war als Geheimer Rat wiederholt an
Staatsgeschäften beteiligt. Die Reformen Maria
Theresias unterstützte er insofern, als er den
Predigern Kritik an den Maßnahmen der Kaise-
rin verbot. In rein geistlichen Angelegenheiten
wehrte er sich allerdings gegen Eingriffe der
Regierung. 1746 mußte er einen Verweis wegen
Nichtbeachtung des Placetum regium hinneh-

men. 1726 setzte K. durch, daß kirchliche
Stiftungen in Wien nur mehr mit Zustimmung
des Bischofs errichtet werden durften. Die
älteren Stiftungen mußten mit Stiftungsbriefen
nachgewiesen werden. Seine Bemühungen um
Einfluß auf die Finanzverwaltung der Domkirche blieben dagegen erfolglos.

Die Tätigkeit K.s als Diözesanbischof war
durch zahlreiche Initiativen zur Verbesserung
der Bildung und Disziplin des Klerus sowie zur
Intensivierung der Seelsorge bestimmt. Eine
für 1719 geplante Diözesansynode kam nicht
zustande. K. suchte aber durch sorgfältige
Auswahl der Konsistorialräte — sie wurden
aus dem Domkapitel genommen und mußten
ein Doktorat nachweisen — sowie regelmäßige
Sitzungen allen Forderungen der Diözesanverwaltung zu entsprechen. Er nahm ferner regelmäßige Visitationen vor.

Bereits im Dezember 1716 erließ K. eine ausführliche Ordnung für den Klerus. Darin urgierte er u.a. das Tragen priesterlicher Kleidung, vorbildlichen Lebenswandel und die
würdige Zelebration der Messe. Jeder Priester
sollte mindestens einmal im Jahr an Exerzitien
teilnehmen. Zur Überwachung dieser Ordnung, die er durch eine entsprechende Weisung
an die Sakristeidirektoren ergänzte, wurde
1717 eine Deputation eingerichtet. Sie sollte
wöchentlich zusammentreten und vor allem die
fremden Priester prüfen. Die Erlaubnis zur
Zelebration sollte nur auf einen Monat erteilt
werden. Nach dreimaliger Verlängerung mußte
die Teilnahme an Exerzitien nachgewiesen
werden. Außerdem waren die Priester zur
wöchentlichen Beichte verpflichtet. Unter K.
wurden für die Erzdiözese erstmals Priesterka-
taloge und Meßstipendienbücher angelegt. Alle
Priester, die noch kein Amt in der Seelsorge
ausübten, mußten an wöchentlichen Spiritual-
konferenzen teilnehmen. Der Deputation wurde auch die strenge Prüfung der Weihekandidaten übertragen. Zur Sicherung des Priesternachwuchses erhöhte K. die Zahl der Plätze der
Kleselschen Alumnenstiftung von sechs auf
zwölf. 1733 begann er unter Einsatz seines
persönlichen Vermögens den bereits unter
Fürstbischof E. v. (→) Trautson erwogenen
Neubau des Curhauses, das als diözesanes
Priesterhaus dienen sollte. Mit seinen 100
Plätzen sollte es u.a. 24 Curpriester, zwölf
Alumnen, ferner dienstunfähige und emeritierte sowie noch stellungslose Priester beherber-
gen. Die jungen Priester sollten dort auf die
praktische Seelsorgetätigkeit vorbereitet werden und theologische Lehrveranstaltungen hören. 1741 stiftete K. die Dignität eines Domscholasters, dem 1743 der Gebrauch der Pontifikalien gestattet wurde. Das Präsentationsrecht

sicherte er dem jeweiligen Erzbischof. Damit
erfüllte er zugleich die Forderung des Tridentinums nach Einführung einer Theologalpräben-
de. Erster Domscholaster wurde 1743 F. A. (→)
Marxer. Für die Cur bei St. Stephan erließ K.
1723 neue Statuten, die 1741 wesentlich erweitert wurden. Sie sahen die Vita communis auch
für den Weltklerus vor. Diese Ordnung galt bis
zur Reform unter Fürsterzbischof Vinzenz
Eduard (→ Bd. I) Milde (1835).

Der starken Bevölkerungszunahme Wiens
suchte K. durch eine Verbesserung der Pfarreinteilung zu entsprechen. So wurden in den
Vorstädten neue Pfarreien errichtet (1719 Lich-
tenthal, 1723 Maria Treu) bzw. abhängige Vikariate geschaffen. Neue Kapellen wurden ebenfalls mit Seelsorgeaufgaben betraut (1739 St.
Januarius). Auch die Zahl der Kooperatoren
wurde erhöht.

1744 erließ K. eine neue Ordnung für die
Spendung der Taufe und der Trauung, die die
Rechte des Pfarrklerus gegenüber dem Ordens-
klerus betonte. Für die Spendung der Nottaufe
wurde eine entsprechende Ausbildung und
Prüfung der Hebammen angeordnet, bez. der
Trauung die Prüfung der Brautleute vor dem
Aufgebot neu eingeschärft, für die Spendung
der Erstkommunion eine entsprechende Vorbe-
reitung der Kinder gefordert.

Den katechetischen Unterricht förderte K.
durch Propagierung der Christenlehrbruderschaften. Die Zelebrationserlaubnis band er an

die Verpflichtung zur Christenlehre. K. ließ ferner einen Diözesankatechismus drucken. An Sonn- und Feiertagen sollte in der Frühmesse das Evangelium in der Landessprache verlesen und ausgelegt werden. An der Kathedralkirche wurde eine zusätzliche Predigt nach dem sonntäglichen Rosenkranz eingeführt. 1749 setzte K. durch, daß alle Schullehrer vor ihrer Anstellung einer Religionsprüfung unterzogen wurden.

Zur Förderung der eucharistischen Frömmigkeit führte K. das 40stündige Gebet ein. Die Priester der erzbischöflichen Cur verpflichtete er dazu, das Allerheiligste bei Versehgängen mit Fackeln zu begleiten. Zum Andenken an das Leiden Christi führte er 1735 das Läuten der Glocken am Donnerstagabend und am Freitagvormittag ein. Auch die Verehrung des hl. Johannes von Nepomuk erfuhr unter K. einen großen Aufschwung. Seit 1719 ließ er Exerzitien für Laien veranstalten. K. ließ ferner ein neues Diözesanritual anlegen und verbot 1740 die Einführung neuer Statuen und deren ungewöhnliche Bekleidung.

Unter den Orden förderte K. besonders die Piaristen, deren Wiener Kirche Maria Treu er Pfarrechte gewährte. Er führte die Piaristen auch in Gleisdorf (Steiermark) ein, das zu seiner Herrschaft Freiberg gehörte, und förderte ihre Niederlassung in St. Pölten. Unter K. wurden in Wien die Salesianerinnen eingeführt. Den Franziskanern übertrug er die Aufsicht über die Einsiedler in Wien und Niederösterreich. Im übrigen bemühte K. sich darum, den Weltklerus gegen Eingriffe des Ordensklerus in die Pfarrechte zu schützen.

1736 bat K. Kaiser Karl VI. in einer ausführlichen Denkschrift darum, die katholische Kirche gegen das Vordringen der Protestanten, vor allem in Wien selbst, zu schützen. Er vertrat ein rein gegenreformatorisches Programm auf der Basis der religionspolitischen Bestimmungen des Westfälischen Friedens. Dieser Schritt blieb zwar als solcher erfolglos, löste aber doch verschiedene Verbesserungen aus. Für die Landgebiete wurde z. B. die Missio vaga eingeführt und in Wien selbst ein Ordenspriester mit der Sorge um die Konvertiten betraut. Außerdem errichtete K. eine eigene Konvertitenkassa. Die Wiener Juden wurden auf einen Vorschlag von K. in einem Ghetto zusammengefaßt. Freimaurer bekämpfte K. vehement. Besondere Fürsorge bewies er gegenüber den Armen. 1726 war er an der Gründung des St. Johann Nepomuk-Spitals in Wien maßgeblich beteiligt. Später stiftete er im erzbischöflichen Palais ein eigenes Armeninstitut und auf seiner Herrschaft Obersiebenbrunn 1743 ein Spital.

K. war ferner Direktor und Präses der bis 1749 bestehenden Hofalmosenkassa.

Als Bauherr sorgte K. vor allem für jene Kirchen, die auf seinen Familiengütern lagen oder dem erzbischöflichen Patronat unterstanden. So ließ er in Großschützen, Obersiebenbrunn, Wien-St. Veit, Oberlaa und Gleisdorf Pfarrkirchen erbauen, ferner das erzbischöfliche Stadtpalais und das Schloß in St. Veit renovieren. In der Verwaltung der Temporalien zeigte er große Begabung und Sorgfalt, so daß er das Erzbistum bei seinem Tod wohlgeordnet zurückließ. 1733 hatte er für das Erzbistum die Herrschaft Wiener Neudorf erworben.

Am 8. 9. 1750 erbat K. von Papst Benedikt XIV. den Passauer Offizial in Wien, J. J. v. (→) Trautson, als Koadjutor mit dem Recht der Nachfolge. Er spendete diesem in der Weihnachtsmette des Jahres 1750 persönlich die Bischofsweihe. K. starb am 12. 4. 1751. Er wurde im Stephansdom beigesetzt. In seinem Testament hatte er u. a. verfügt, die Familiengüter sollten nach dem Aussterben der männlichen Linie der Grafen v. K. an den jeweiligen Diözesanbischof fallen. Auf diese Weise gelangte das Erzbistum Wien 1874 in den Besitz der Kollonitsch-Güter in Obersiebenbrunn und Jedenspeigen. Daneben hatte K. in seinem Testament das Domkapitel, die katechetischen Missionen des Jesuiten Parhamer und die Armen bedacht.

Schriften: Gravamina religionis catholicae et in specie Archidioceseos Viennensis contra haereticos accrescentes ab eminentissimo Cardinale et Archiepiscopo Viennensi Sigismundo a Kollonitsch augustissimo Imperatori Carolo VI. praesentata a. 1736 (Wien 1736).

Quellen: AVA. - DAWi. - HHStA. - NÖLA.

Literatur: A. M. Querini, Ad Eminentissimum et Rev. Dominum S. R. E. Cardinalem Sigismundum de Kollonitz, Archiepiscopum Viennensem Epistola (1749). - X. Schier 109-118. - M. Fidler, Austria Sacra Bd. 6 (Wien 1784) 191-193, 391 f. - C. v. Wurzbach 12 (1864) 363 f. - J. Maurer, Cardinal Leopold Graf Kollonitsch (Innsbruck 1887). - J. Kopallik 327-394. - H. Zschokke. - F. Kollanyi, Esztergomi Kanonokok 1100-1900 (Esztergom 1900) 319 f. - A. Steinhuber. - A. Veress, Matricula et Acta Alumnorum Collegii Germanici et Hungarici ex regno Hungariae oriundorum 1 (Budapest 1917) 92 f. - R. Blaas 154. - E. Tomek, Kirchengeschichte Österreichs III 138-151. - C. Kitzler, Die Errichtung des Erzbistums Wien 1718-1729 (Wien 1969). - A. Strnad, Processus. - Ders., Wann und wo wurde Siegmund Kardinal Graf von Kollonitz, erster Fürsterzbischof von Wien, geboren? in: BWDG 13 (1972) 1 f. - F. Loidl - M. Krexner 62 f. - F. Loidl 122-133.

Abbildungsnachweis: Stich von Gasparo Massi (um 1698-1731). - Wien NB 511.162 B.

Johann Weißensteiner

Kolowrat-Liebsteinsky, Johann Wilhelm Reichsgraf von (1627 – 1668)

1667 – 1668 ernannter Erzbischof von Prag

Johann Wilhelm von Kolowrat-Liebsteinsky wurde im Jahre 1627 zu Innsbruck geboren, wo seine Eltern am erzherzoglichen Hofe lebten. Seit 1643 studierte er als Alumne des Collegium Germanicum in Rom. Er erhielt Kanonikate in Brünn und Olmütz, wo er zuletzt Scholastikus war. Im November 1667 nominierte Kaiser Leopold I. ihn zum Fürstbischof von Prag. Zugleich erfolgte seine Wahl zum Generalgroßmeister der Kreuzherren. K. starb jedoch vor Erhalt der päpstlichen Verleihung am 31. 5. 1668 im Haus seines Bruders zu Brünn. ☐ Dom zu Brünn.

Literatur: *A. L. Frind*, Prag 222 f. - *A. Steinhuber*. - *A. Zelenka* 53.

Kurt A. Huber

Kos (Koss), **Adam** († 1661)

1657 – 1661 Bischof von Kulm

Über die Kindheit sowie die Jugend- und Studienjahre von Adam Kos ist nichts bekannt. Er stammte aus einer Adelsfamilie des Königlichen Preußen und war mit dem Elbinger Kastellan Johannes K. verwandt, der 1644 in der Zisterzienserabteikirche zu Pelplin eine Familiengruft bauen ließ und 1648 zum Wojwoden von Kulm aufstieg. 1645 wird K. als Koadjutor in Kielce, Koadjutor des Abtes der Benediktiner in Mogilno und königlicher Sekretär genannt. 1648 war er Pfarrer in Fordon a. d. Weichsel bei Bromberg. Als er 1649 als Archidiakon von Warschau installiert wurde, war er Dr. iur. utr. Im Herbst 1656 bestimmte König Johann Kasimir ihn als Kandidaten für die Diözese Kulm. Auch Königin Maria Louisa (Ludwika) und Nuntius Pietro Vidoni unterstützten die Kandidatur. Daraufhin wurde K. 1657 zum Bischof nominiert. Die päpstliche Verleihung erfolgte am 19. 11. Am 14. 2. 1658 wurde er durch Bischof Kazimierz Czartoryski von Włocławek in der Franziskanerkirche zu Smardzewice konsekriert.

Als Bischof blieb K. eng mit dem königlichen Hof verbunden. Auf dem Generallandtag von 1658 in Tuchel vertrat er den abwesenden Bischof von Ermland in dessen Funktion als Präses des Landesrates und leistete den Landeseid. Zusammen mit dem ermländischen Bischof J. S. (→) Wydżga nahm er 1660 am Landtag in Kulm teil. Die Leitung seiner Diöze-

se überließ K. weitgehend seinem Weihbischof und Generaloffizial M. (→) Bystram. Seine Tätigkeit als Bischof war hauptsächlich politisch-administrativer Natur. Im Ersten Nordischen Krieg (1655 – 60) spielte er bei der Belagerung der Stadt Thorn durch die Schweden im Jahre 1658 eine nicht geringe Rolle bei der Verteidigung der Interessen der Stadt und in der Sorge für die katholischen Bewohner, insbesondere die Benediktinerinnen.

K. starb am 11. 2. 1661 in Thorn. Er wurde in der Kathedrale zu Kulmsee beigesetzt.

Literatur: *A. Mańkowski*, in: ZTNT 6 (1923) 7-10. - *T. Nowak*, Oblężenie Torunia w roku 1658 [Die Belagerung Thorns 1658] (Toruń 1936) 83, 116, 204 f. - *J. Stankiewicz*, in: PSB 14 (1969) 186 f. - *A. Liedtke*, Zarys 90.

Hans-Jürgen Karp

Koschinsky von Koschín, Wenzel Franz Karl (seit 1708 **Reichsfreiherr**) (1673 – 1731)

1721 – 1731 Bischof von Königgrätz

Wenzel Franz Karl Koschinsky wurde Anfang des Jahres 1673 zu Brünn als Sohn des Stadtsyndikus Johan Georg Ignaz K. geboren und am 6. 2. getauft. Sein Vater († 1701) war später Sekretär und Assessor beim mährischen Tribunal, dann Hofrat und geheimer Sekretär der königlichen böhmischen Hofkanzlei in Wien. Er hatte 1669 eine Geschichte der Stadt Brünn verfaßt und erhielt 1682 das mährische Inkolat. K. hatte zwei Brüder. Cyrill Joseph Anton war kaiserlicher Rat und Tribunalassessor in Mähren, Dionys Ignaz Albert Legationssekretär in Venedig. Zusammen mit diesen wurde K. 1708 in den Reichs- und 1709 in den böhmischen Freiherrnstand erhoben. Vom Werdegang K.s ist wenig bekannt. Er studierte in Rom zwei Jahre lang Theologie und kanonisches Recht und wurde nach seiner Rückkehr in Olmütz zum Dr. iur. can. promoviert. Am 17. 8. 1695 wurde er zum Priester geweiht. Seit 1702 wirkte er als Pfarrer an dem bedeutenden St. Mauritz zu Olmütz, und seit 1713 war er ebd. Domherr. Nach dem großen Stadtbrand von 1709, dem auch St. Mauritz zum Opfer fiel, baute K. die Pfarrkiche mit persönlichen Mitteln aus dem Verkaufserlös für das Gut Nosalowitz in barocken Formen wieder auf. Auch während einer Pestepidemie im Jahre 1715 setzte er eigene Mittel ein.

Am 9. 1. 1721 wurde K. von Kaiser Karl VI. zum Bischof von Königgrätz nominiert. Die päpstliche Verleihung folgte am 1. 12. 1721, die Konsekration durch den Olmützer Weihbischof

F. J. v. (→) Braida am 8. 2. 1722. Am 28. 9. wurde K. inthronisiert, nachdem er die Verwaltung seines Sprengels schon vorher übernommen hatte. K. machte sich in Königgrätz um die Güterverwaltung verdient. 1728 erbaute er den Ostflügel des bischöflichen Sommerschlosses Chrast, während es seinem Nachfolger J. J. (→) Wratisław von Mitrowitz 1747 gelang, ein bischöfliches Gut zu kaufen, für das K. 1729 Mittel aus der Salzkasse erhalten hatte. 1729 veranlaßte K. die Beschlagnahme zahlreicher Bücher des um die Verbreitung des Jansenismus bemühten Grafen Franz Anton von Sporck auf Schloß Kukus. Im gleichen Jahr führte er in seiner Diözese den Gruß „Gelobt sei Jesus Christus" ein und beging die Heiligsprechung des Johann von Nepomuk in Königgrätz mit dreitägigen Feiern.

K. starb am 26. 3. 1731 auf seinem Sommerschloß Chrast. Er wurde in seiner Kathedrale beigesetzt.

Literatur: J. J. Solař 337-339. - J. Matzke, St. Mauritz 99. - A. Zelenka 138 f.

Abbildungsnachweis: Lithographie von Friedrich Dewehrt (* 1808). - Wien NB 520.607 B.

Aleš Zelenka

Kotschau, Friedrich ⟨OSB, Taufname: Johann Anton Georg⟩ **von** (1695 – 1761)

1734 – 1761 Generalvikar in Fulda

* 29. 7. 1695 zu Buttlar (Hochstift Fulda); 29. 9. 1716 Einkleidung und 29. 9. 1717 Profeß im Benediktinerstift Fulda; 1719 Priesterweihe; 1725 Superior der bürgerlichen Benediktiner im Hauptkloster zu Fulda und Präsident des Konsistoriums; 1727 Propst des Michaelsberges: 1734 Generalvikar des Fürstabtes von Fulda und erster Kanzler der Fuldaer Adolphs-Universität; wiederholt Rector magnificus; † 22. 5. 1761.

Literatur: G. Richter 81.

Werner Kathrein

Kraschkoviz, Johann (um 1715 – 1780)

1777 – 1780 Generalvikar in Laibach

* um 1715; 1776 Domherr in Laibach; Pfarrer von Krain; 1777 – 80 Generalvikar von Bischof K. J. v. (→) Herberstein; † 20. 4. 1780.

Quellen: BAL, Protocollum capituli Labacensis, Vol. VII, 139 f., Vol. VIII, 82.

France M. Dolinar

Krasicki, Ignacy Błażej Franciszek
(1735 – 1801)

1766   Koadjutor des Bischofs von Ermland, Ep. tit. Uranopolitanus
1766 – 1795 Bischof von Ermland
1795 – 1801 Erzbischof von Gnesen

Ignacy Błażej Franciszek Krasicki wurde am 3. 2. 1735 zu Dubiecko am San im polnischen Galizien als Sohn des Jan K., Kastellan von Chełm, und der Anna Starzechowska geboren. Er hatte sechs Geschwister, von denen drei Brüder ebenfalls ermländische Geistliche wurden.

1743 – 50 besuchte K. das Jesuitenkolleg in Lemberg, 1751 – 54 das Seminar der Lazaristen zu Warschau. Daran schlossen sich Studien in Rom an. Am 2. 2. 1759 wurde er Priester. Nach Polen zurückgekehrt, erhielt K. Domkanonikate in Kiew und Przemyśl sowie 1766 die Kantorei des ermländischen Domkapitels. Seinen eigentlichen Aufstieg verdankte er König Stanisław August Poniatowski (1764 – 95), der ihn 1764 als Hofkaplan nach Warschau berief und zur Herausgabe des Wochenblattes „Monitor" heranzog. In der Folge wurde K. Präsident des obersten polnischen Gerichtshofes in Lublin und Lemberg.

Am 15. 12. 1766 wählte das ermländische Domkapitel K. als den ihm vom König bezeichneten Kandidaten zum Koadjutor mit dem Recht der

Nachfolge für den gebrechlichen Bischof A. S. (→) Grabowski. Die päpstliche Bestätigung und die Verleihung des Titularbistums Uranopolis folgte am 1. 12. 1766. Da Grabowski aber schon am 15. 12. 1766 starb, trat K. damit seine Nachfolge an. Zu Weihnachten ließ er sich durch Nuntius Visconti in Warschau konsekrieren. Im Mai 1767 nahm er persönlich von seinem Bistum Besitz. Wie seine Vorgänger hielt K. sich während seiner ersten Amtsjahre häufig zum Reichstag und als Präsident der Stände des königlichen Preußen und des Landtages außerhalb seines Bistums auf.

K. war der bedeutendste polnische Dichter der Aufklärungszeit. Seine literarische Tätigkeit begann zwar früh, doch fielen seine größten Leistungen in die Zeit, als er durch die erste Teilung Polens preußischer Untertan geworden war. Seitdem übte er politische Abstinenz und suchte seine Selbständigkeit zu wahren. K. schrieb Romane, Erzählungen, Versepisteln und Komödien, die in gewandtem, heiterem Stil seine rationalistische Einstellung zu Mensch und Gesellschaft zeigten. Er liebte Kunst und Gesellschaft und war „mehr Dichter und Weltmann als Bischof, weshalb er für religiöse Angelegenheiten kein warmes Herz besaß" (Eichhorn). Doch war er kein Religionsspötter und versuchte, seinen religiösen Pflichten, wenn auch ohne besonderen Eifer, nachzukommen. Da er Deutsch weder sprach noch verstand, fand er zum ermländischen Volk wie auch zu seinem Domkapitel bis auf einzelne Persönlichkeiten keine engeren Beziehungen.

In die Amtszeit von K. fiel die für die Geschichte des Ermlandes tief einschneidende erste Teilung Polens von 1772, durch die das Fürstbistum an Preußen kam. K. ließ sich zwar beim Erbhuldigungseid an den preußischen König am 28. 9. 1772 in der Marienburg durch Weihbischof K. F. v. (→) Zehmen und zwei weitere Domherren vertreten, doch verhielt er sich dem neuen Landesherrn gegenüber loyal. Zu Friedrich II., den er wiederholt in Berlin und Potsdam traf und mit dem er lebhaft korrespondierte, fand er bald ein persönlich nahes Verhältnis auf der Grundlage der beiderseitigen literarischen Interessen. Am 1. 11. 1773 konsekrierte K. auf Wunsch des Königs die neu erbaute Berliner Hedwigskirche.

1772 kam der umfangreiche Besitz des Bischofs und des Domkapitels unter staatliche Verwaltung, wodurch beide erhebliche Einkommensminderungen erfuhren. Der an eine aufwendige Lebenshaltung gewohnte K. geriet dadurch im Laufe der Jahre in eine tiefe Verschuldung, die auch durch eine Beihilfe des Königs nicht getilgt werden konnte. Daher willigte K. gern ein, als ihn 1795 der preußische König für das besser dotierte Erzbistum Gnesen in Aussicht nahm. Wegen des vom König als Landesherrn beanspruchten Nominationsrechtes postulierte das Gnesener Kapitel K. am 13. 4. 1795 als neuen Erzbischof. Die Translation folgte am 18. 12. 1795. Nach dem Untergang Polens als eigener Staat unterdrückte die preußische Regierung den ehemals mit Gnesen verbundenen Titel eines Primas Poloniae.

K. starb am 14. 3. 1801 während eines Aufenthaltes in Berlin. Er wurde 1829 nach Gnesen überführt.

Schriften: *I. Krasicki*, Dzieła [Werke], 10 Bde., hg. von *F. K. Dmochowski* (Warszawa 1803-1804). - Pisma wybrane [Ausgewählte Schriften] (Warszawa 1954). - Pisma poetyckie [Poetische Werke], 2 Bde., bearb. von *Z. Goliński* (Warszawa 1976). - Korespondencja I. Krasickiego [Die Korrespondenz I. K.s], 2 Bde., bearb. von *T. Mikulski* (Wrocław 1958).

Literatur: *A. Eichhorn*, Bischofswahlen II 610-631; IV, 551-573. - *K. Wojciechowski*, Wiek oświecenia w Polsce [Das Aufklärungszeitalter in Polen] (Lwów 1926). - *A. Triller*, in: APB 1 (1941) 360. - *Dies.*, I. K., Dichter und Fürstbischof als preußischer Untertan (1772-1802) (Braunsberg 1944). - *Z. Goliński*, in: PSB 15 (1970) 144-150. - *J. Obłąk*, Historia 123 f. - *P. Cazin*, Książę Biskup Warmiński Ignacy Krasicki 1735-1801 [Le Prince-évêque de Varmie I. K. 1735-1801] (Olsztyn 1983). - *T. Oracki* 1 (1984) 150-153. - *A. Szorc* 317-322.

Abbildungsnachweis: Wien Pk 1131/2435. - vgl. *E. Brachvogel*, Bildnisse 580-583 u. Abb. 28/29.

Anneliese Triller

Krenkel (Khrenckl), **Johann Christoph** (um 1631 – 1691)

1690 – 1691 Generalvikar in Konstanz

* um 1631 in Altdorf bei Ravensburg; bis 1649 Studium in München, anschließend in Dillingen; 1651 Mag. phil., Lic. theol. (Dillingen); 10. 5. 1655 Priester; 1658 – 67 Pfarrer von Altdorf; 1661 Dr. theol. (Dillingen); 1665 – 71 Kanonikus zu St. Johann in Konstanz; 1666 – 74 bischöflicher Insiegler und Fiskal sowie Mitglied des Geistlichen Rates; 1668 Kanonikus bei St. Stephan zu Konstanz (1674 eingewiesen); seit 1669 erscheint K. als Generalvisitator; 1676 als Pfarrer von St. Stephan genannt; 1686 mit einem Kanonikat im Konstanzer Dom providiert; seit 1671 Vizegeneralvikar, vertrat K. danach immer häufiger Generalvikar J. v. (→) Ach, der sein Amt nicht mehr voll versehen konnte; April 1690 Generalvikar von Bischof M. R. v. (→) Rodt; 13. 2. 1691 endgültig als Generalvikar bestätigt, 1691 Zulassung zum Domkapitel; † zw. 14. und 29. 12. 1691.

Literatur: *A. Nagel*, St. Martin und St. Maria in Weingarten (Erolzheim 1953) 12 f. - *B. Ottnad*, in: HS I/2 (im Ersch.).

Bernd Ottnad

Kretkowski, Feliks Ignacy (1657 – 1730)

1723 – 1730 Bischof von Kulm

Feliks Ignacy Kretkowski wurde am 14. 7. 1657 als Sohn des Kulmer Kastellans Damian K. und der Anna Kryska geboren. Er studierte zunächst in Polen, seit 1679 als Stipendiat der 1631 in Rom von dem ermländischen Domherrn Johann von Preuck errichteten Stiftung, 1681 auch in Padua. 1681 erhielt er ein Kanonikat in Gnesen. Nach seiner Rückkehr verlieh ihm der mit ihm verwandte Kulmer Bischof J. K. (→) Opaliński ein Kanonikat in Kulmsee, 1687 wurde K. Archidiakon. 1689 – 90 war er ferner Kapitelskanzler in Włocławek, 1693 Pfarrer von Tiegenhagen im Großen Marienburger Werder. Während der Vakanz nach dem Tod von Bischof K. (→) Szczuka verwaltete er die Diözese Kulm als Kapitularvikar vom 3. 12. 1696 bis zum Amtsantritt von Bischof T. A. (→) Potocki am 29. 5. 1699. 1700 wurde er Kapitelsdekan in Kulmsee.

1699 wählte ihn das Krontribunal, dem er als Delegierter des Gnesener Domkapitels angehörte, zum Vizepräsidenten. 1699 als Archidiakon in Gnesen installiert, wurde er 1711 auf Fürsprache von August II. auch Dompropst

daselbst. 1717 – 22 bekleidete er das Amt des Kronreferendars. Vor allem seiner Tätigkeit im Krontribunal, das ihn zwischen 1701 und 1722 siebenmal zum Präsidenten wählte, verdankte er weitere Pfründen. So erhielt er 1712 Kanonikate in Warschau und Lowitsch, wo er 1722 auch Propst des Kollegiatkapitels wurde. 1721 – 23 war K. Kapitelvikar der Erzdiözese Gnesen. Am 20. 11. 1722 nominierte ihn August II. zum Bischof von Kulm. Die päpstliche Verleihung folgte am 30. 8. 1723. Am 16. 10. legte K. die Verwaltung von Gnesen nieder und übernahm sein neues Amt in Kulm. Die Bischofsweihe empfing er am 31. 10. 1723.

Im Juli 1724 kam es in der überwiegend deutschen und lutherischen Stadt Thorn zur Erstürmung und Plünderung des Jesuitenkollegs. K. unterstützte als Ortsbischof die Klage der Jesuiten gegen die Schuldigen, gehörte aber nicht der königlichen Untersuchungskommission an. Das königliche Assessorialgericht in Warschau verurteilte die beiden Bürgermeister und mehrere Beteiligte zum Tode, die meisten Todesurteile wurden auch vollstreckt ("Thorner Blutgericht"), obwohl K. wie auch Nuntius Vincenzo Santini dagegen Widerspruch erhob. 1724 – 27 visitierte K. persönlich alle Pfarreien seines Sprengels. 1727 schloß er seinen Statusbericht ab und schickte ihn Anfang 1728 nach Rom.

Mit der Krakauer Akademie, die Lehrkräfte für das akademische Gymnasium in Kulm zur Verfügung stellte, geriet K. in Streit, als er 1729 das Amt eines Schulpräfekten einrichtete. Die Krakauer Professoren deuteten dies als Mißtrauen und Geringschätzung ihrer Arbeit, so daß die Zusammenarbeit für einige Zeit unterbrochen wurde. Mit seinen Bemühungen um eine Erneuerung des Schulwesens hatte K. wenig Erfolg. Die Berufung von Piaristen nach Löbau, wo er eine Schule gründen wollte, scheiterte am Widerstand der Thorner und Graudenzer Jesuiten, die um ihre Schulen fürchteten. K. befaßte sich auch mit dem wirtschaftlichen Ausbau der Güter des Bistums. Im letzten Jahr seiner Regierung erweiterte er das Domkapitel um vier neue Präbenden, darunter die Prälatur des Archidiakons von Pomesanien, die den sechsten Rang erhielt. Die Jurisdiktion des Archidiakons von Kulm, dessen Prälatur Bischof A. (→) Leszczyński 1650 errichtet hatte, erstreckte sich nach den Bestimmungen der Diözesansynode von 1745 auf die gesamte Diözese, die des Archidiakons von Pomesanien nur auf die Verwaltung des pomesanischen Anteils.

Mit Zustimmung des Königs nahm K. 1726 einen Koadjutor mit dem Recht der Nachfolge

in der Person des Pelpliner Abtes T. F. (→)
Czapski an, der aber nicht an der Leitung der
Diözese beteiligt war. K. starb am 6. 12. 1730
auf seinem Familiengut Kretki im Dobriner
Land. Er wurde in Kulmsee beigesetzt.

Literatur: J. Korytkowski, Prałaci II 368-374. - St.
Kujot, Sprawa toruńska z r. 1724 [Die Thorner Frage
1724], in: Roczniki Towarzystwa Przyjaciół Nauk
Poznańskiego 20 (1894) 43, 49, 60, 141. - T. Glemma, in:
K. Tymieniecki (Hg.), Dzieje Torunia [Geschichte
Thorns] (Toruń 1933) 285-287. - W. Prądzyński in:
Nasza Przeszłość 11 (Kraków 1960) 215-217. - J.
Staszewski, in: PSB 15 (1970) 279 f.- A. Liedtke, Zarys
93.

Hans-Jürgen Karp

Krieger, Erasmus Dionys (1738 – 1792)

1781 – 1792 Weihbischof in Prag, Ep. tit.
            Tiberiensis
1782 – 1792 Generalvikar in Prag

* 4. 3. 1738 in Maschau (Mašov) in Böhmen; 7. 3.
1761 Priester; Bacc. theol. (Prag); 1771 Dechant
in Radonitz (Radonice); 1776 Domherr und
deutscher Domprediger in Prag; 1779 Konsistorialassessor; 1780 Dekan von St. Apollinar in
Prag; 17. 9. 1781 Titularbischof von Tiberias
und Weihbischof in Prag; 28. 10. 1781 Konsekration durch Erzbischof A. P. v. (→) Przichowsky; 22. 4. 1782 Generalvikar und Offizial;
Dekan von Altbunzlau (Stará Boleslav); 1787
Domdechant; 1790 Dompropst; † 27. 12. 1792;
▢ in Altbunzlau.

Literatur: A. Podlaha 291 f.

Kurt A. Huber

Kühner, Johann Kaspar († 1685)

1664 – 1685 Weihbischof in Freising, Ep. tit.
            Centuriensis

Ursprünglich Priester der Diöz. Würzburg,
mußte K. die Stadt wegen der bartholomäer-
feindlichen Haltung von Fürstbischof P. Ph.
(→) Dernbach verlassen. Seitdem wirkte er in
Ingolstadt als Direktor des Instituts der Bartholomäer. Von dort wurde er Kanonikus am
Stift St. Veit in Freising. 1664 bestimmte Fürstbischof (→) Albrecht Sigmund ihn zum Weihbischof. 15. 12. 1664 Titularbischof von Centuria; 19. 4. 1665 durch Weihbischof Fr. (→)
Weinhart von Regensburg konsekriert. 1680
Direktor des Geistlichen Rates; † 28. 7. 1685.

Literatur: C. Meichelbeck - A. Baumgärtner 592.

Egon Johannes Greipl

Kuenburg (Küenburg, Khüenburg, Kienburg),
Franz Ferdinand Freiherr (seit 1669 **Reichsgraf**) **von** (1651 – 1731)

1701 – 1711 Fürstbischof von Laibach
1711 – 1731 Fürsterzbischof von Prag

Franz Ferdinand von Kuenburg wurde am 5. 2.
1651 zu Mossa bei Görz als ältester Sohn des
Johann Friedrich Graf v. K. und der Joannina
von Cusmann (Cuzman) geboren. Er hatte fünf
Geschwister. K. studierte in Salzburg Theologie und Kirchenrecht. Am 9. 4. 1689 wurde er
Priester. Seit 1670 war er in Salzburg und in
Passau Domkapitular, in Salzburg später Domscholaster. 1698 erhielt er zugleich die Propstei
von St. Moritz in Friesach (Kärnten). Als Referendar beider Signaturen und Berater des
Erzbischofs von Salzburg hielt er sich oft in
Rom auf. 1701 nominierte Kaiser Leopold I. ihn
zum Fürstbischof von Laibach. Die päpstliche
Verleihung folgte am 18. 7. 1701. Sein Salzburger Kanonikat behielt K. bei. Im gleichen Jahr
erhielt er auch ein Wählbarkeitsbreve für Salzburg.

K. begann bald mit der Visitation seines Bistums. Die dabei gemachten Beobachtungen
trug er auf den jährlichen Kleruskonferenzen
in Laibach und Oberburg vor. Sein Interesse
galt vor allem dem schon unter seinem Vorgänger S. Chr. v. (→) Herberstein beschlossenen
Neubau des Domes zu Laibach, dessen Pläne
der berühmte Jesuit Andrea Pozzo aus Rom
lieferte. Die Einweihung erfolgte 1707.

Die zweite große Sorge K.s galt der Priesterausbildung, die bis zu seiner Zeit ausschließlich durch das Laibacher Jesuitenkolleg erfolgte. Auf der Diözesansynode von 1706 fiel die Entscheidung zum Bau eines eigenen Priesterseminars. Der Bau wurde 1708 begonnen und 1717 unter Bischof F. K. v. (→) Kaunitz abgeschlossen.

Auch auf liturgischem Gebiet wollte K. Neues schaffen. So veranlaßte er 1706 die Herausgabe eines Rituale Labacense ad usum Romanum accomodatum. Auf die Anregung seines Generalvikars J. A. (→) Thalnitscher führte er regelmäßigen Religionsunterricht für Kinder ein. Der Mädchenbildung diente die Gründung eines Ursulinenklosters, das auf Kosten von Johann Jakob Schell von Schellenberg bis 1714 in Laibach entstand.

1708 bestimmte Kaiser Joseph I. K. dazu, die Erzherzogin Marie Anna auf ihrem Brautzug nach Lissabon zu begleiten. Dort erreichte ihn die kaiserliche Nomination zum Erzbischof von Prag vom 10. 4. 1710. Die Translation erfolgte am 11. 5. 1711, die Inthronisation wegen einer verheerenden Pest erst am 14. 4. 1714.

Während der Amtszeit von K. kam es infolge der kaiserlichen Ketzermandate von 1721, 1723 und 1724 durch sog. Reformationskommissionen besonders in Ostböhmen zu neuen Zwangsmaßnahmen gegen die Protestanten. Dabei fielen dem erzbischöflichen Konsistorium die Feststellung der Häresie und die Verhängung geistlicher Strafen, den weltlichen Behörden dagegen die eigentliche Rechtsprozedur zu. K. drängte vor allem auf die gewissenhafte Erteilung des Religionsunterrichtes. Daher veranlaßte er 1722 nach dem Vorbild des Catechismus Romanus die Herausgabe eines Prager Katechismus. Beim Landtag setzte er sich für die schon unter seinem Vorgänger J. J. v. (→) Breuner begonnene Vermehrung der Pfarreien ein.

Der 1697 begonnene Kanonisationsprozeß des Johann von Nepomuk führte 1721 zur Seligsprechung und 1729 zur Heiligsprechung. In Prag wurde dieses Ereignis, das den prunkvollen Ausgang der böhmischen Barockkultur markierte, vom 6. bis 13. 10. 1729 mit größter Prachtentfaltung durch eine Festoktav unter Anteilnahme großer Volksmassen vom Lande gefeiert. Die Feiern wurden in vielen Städten nachgeahmt. K. schenkte auch der kirchlichen Historiographie größere Aufmerksamkeit. Unter ihm nahmen die Gründungen von Ordensniederlassungen ihren Fortgang (Coelestinerinnen 1710, Elisabethinnen 1719). K. vertauschte das in Südmähren gelegene erzbischöfliche Gut Kojetein gegen Unter-Brežan in

der Nähe von Prag, das fortan den Erzbischöfen als Sommeraufenthalt diente. Für seine Familie (Neffen) errichtete er 1728 die Herrschaft Jung-Woschitz als Fideikommiß. K. starb am 7. 8. 1731. Er wurde im St. Veitsdom beigesetzt.

Literatur: *C. Morelli* III 309f. - *C. v. Wurzbach* 13 (1865) 138. - *A. L. Frind*, Prag 235-240. - *V. Bartůnék* 82-85. - *A. Zelenka* 58f.

Abbildungsnachweis: Stich von Johannes Kenckel (1688-1722) nach Gemälde von Peter Brandel (1668-1739). - Wien Pg 112.316:1.

France M. Dolinar - Kurt A. Huber

Kuenburg, Johannes Christoph Ludwig Reichsgraf von (1697 — 1756)

1747 — 1756 Weihbischof in Passau, Ep. tit. Abderitanus

* 29. 10. 1697 in Graz; 1724 Domherr und Mitglied des Geistlichen Rates in Passau; 13. 10. 1726 Priesterweihe in Rom; 3. 7. 1747 Titularbischof von Abderitan und Weihbischof in Passau; 1747 Pfarrer von Tulln; 30. 7. 1747 Konsekration durch Fürstbischof J. D. v. (→) Lamberg im Passauer Dom; † 18. 8. 1776 in Wien; □ Maria Stiegen ebd.

Literatur: *A. Kerschbaumer* 516. - *L. H. Krick*, Domstift 90, 211. - *Ders.*, Stammtafeln 185.

August Leidl

Kuenburg, Johann Sigmund Freiherr (seit 1665 **Reichsgraf) von** (1656 — 1711)

1704 — 1708 Fürstbischof von Lavant und Salzburger Generalvikar für Ober- und Unterkärnten
1708 — 1711 Fürstbischof von Chiemsee

Johann Sigmund Graf von Kuenburg, Freiherr in Küenegg, Herr in Prunsee, Rabenhofen, Kopreining und Ottersbach, wurde am 20. 9. 1659 zu Graz als erstes von elf Kindern des Freiherrn Sigmund Ludwig v. K. und der Anna Maria Freiin von und zu Eibiswald geboren. Der Vater gehörte der älteren steirischen Linie des Hauses an und erwarb 1665 den Titel eines Reichsgrafen. Er stand in kaiserlichen Diensten, wo er Kämmerer, innerösterreichischer Hofkammerrat und Landschaftspräsident der Steiermark war. Seit 1669 war er zugleich Erbschenk des Erzstifts Salzburg.

K. wurde 1675 Domherr in Salzburg und 1684 in Passau, während er in Eichstätt 1681 — 84

Domizellar war. 1675 immatrikulierte er sich
zum Studium der Rechte in Salzburg, 1679 in
Siena. Sein eigentlicher Aufstieg vollzog sich
jedoch in Salzburg. Dort ist er 1682 als Propst
der „Schneeherren" (Kollegiatstift BMV ad nives) nachweisbar. 1686 wurde er Hofkammerrat, und am 15. 3. 1687 ließ er sich dort zum
Priester weihen.

Am 22. 2. 1704 nominierte ihn dann der Salzburger Erzbischof J. E. v. (→) Thun zum Fürstbischof von Lavant. Die Konfirmation folgte am
27. 3., und am 23. 5. 1704 ergriff K. Besitz von
seiner Kathedrale. Zuvor hatte Thun ihn zum
salzburgischen Geheimen Rat ernannt.

K. resignierte Lavant, als Thun ihn am 1. 4.
1708 zum Bischof von Chiemsee nominierte.
Die Konfirmation fand am 5. 6. und die Installation am 25. 7. 1708 statt. Im gleichen Jahr
wurde er Präsident des Geheimen Rates in
Salzburg und Statthalter, 1710 dann Hofkammerpräsident. Schon im Mai 1708 nahm K. eine
Visitation des zu seinem Amtsbereich gehörenden Augustinerchorherrenstiftes Herrenchiemsee vor, und 1709 hielt er zu St. Johann in
Tirol die erste der vier chiemseeischen Diözesansynoden des 18. Jh. ab. Die dort verabschiedeten Statuten beruhten auf den einschlägigen
Bestimmungen des Konzils von Trient und der
Salzburger Provinzialsynoden.

K. verstarb bereits am 18. 11. 1711. Er wurde im
Dom zu Salzburg beigesetzt.

Quellen: EKAS.

Literatur: *K. Tangl* 207 f. - *J. Rauchenbichler* 230. - *E.
Kuenburg* 126 f. - *E. Naimer* 97 f. - *H. Braun.*

Abbildungsnachweis: Stich von *Antoni Birckhart*
(1677-1748). - Wien Pg 112.315:1.

Erwin Naimer

**Kuenburg, Joseph Ernest Gandolph Reichsgraf
von** (1737 – 1793)

1790 – 1793 Fürstbischof von Lavant

→ Bd. 1, 419 f.

Kuenburg, Karl Joseph Reichsgraf von
(1686 – 1729)

1713 – 1723 Konsistorialpräsident in Salzburg
1723   Fürstbischof von Seckau und
              Salzburger Generalvikar für die
              Steiermark und den Neustädter
              Distrikt
1723 – 1729 Fürstbischof von Chiemsee

Karl Joseph Graf von Kuenburg, Freiherr von
Küenegg, Herr zu Prunsee und Rabenhofen,
wurde am 27. 5. 1686 in Salzburg als zweites
von zehn Kindern aus der zweiten Ehe des
Reichsgrafen Johann Joseph v. K. und der Jose-
pha Maria Gräfin von Harrach geboren. Sein
Vater entstammte der älteren Ungersbacher
Linie des Hauses und war kaiserlicher Wirkli-
cher Geheimer Rat und Kämmerer, später auch
Erbschenk des Erzstifts Salzburg. Seine Mutter
war eine Schwester des Salzburger Erzbischofs
Fr. A. v. (→) Harrach.

K. immatrikulierte sich 1701 in Salzburg. Außerdem studierte er in Laibach und 1706 – 08
in Rom. 1706 erhielt er durch Resignation
seines älteren Bruders Maximilian Joseph Dom-
kapitelspfründen in Salzburg und Passau. Seinen weiteren Werdegang förderte vor allem
sein Onkel, Erzbischof Harrach. Dieser ernannte ihn 1710 zum Konsistorialrat. 1712
wurde K. Propst von St. Moritz in Friesach und
1713 Konsistorialpräsident in Salzburg. Im
gleichen Jahr ließ er sich zum Priester weihen,
und 1714 wählte ihn das Salzburger Domkapitel zum Propst. 1715 wurde er erzbischöflich-
salzburgischer Geheimer Rat.

Am 21. 4. 1723 nominierte Harrach K. zum
Fürstbischof des Salzburger Eigenbistums
Seckau, und am 6. 6. 1723 konsekrierte er ihn.
Die Dompropstei durfte er beibehalten. Es ist
jedoch fraglich, ob er von seiner Diözese tatsächlich Besitz ergriffen hatte, denn nach dem
unerwarteten Tod des Chiemseer Fürstbi-

schofs F. A. v. (→) Wagensperg nominierte Harrach ihn bereits am 4. 10. 1723 zu dessen Nachfolger. Die Konfirmation folgte am 29. 12., die Installation auf Herrenchiemsee am 21. 5. 1724. Im gleichen Jahr wird er auch wieder als Konsistorialpräsident erwähnt.

1725 berief K. seinen Klerus zu einer Synode nach St. Johann in Tirol ein, auf der die früheren Synodaldekrete bestätigt und einige neue beschlossen wurden. 1726 verkaufte er aus dem Besitz des Bistums Chiemsee den sog. Schloßbauernhof in Hallein bei Salzburg zu Erbrecht.

Als K. am 10. 12. 1729 während der Hochzeit seines Bruders auf Schloß Tüßling in Oberbayern verstarb, entstand das Gerücht, er sei vergiftet worden. Todesursache war aber eine Erkrankung an Fleckfieber. Deshalb wurde er in aller Eile im Dom zu Salzburg beigesetzt.

Quellen: EKAS. - SLA Beamtenkartei Frank.

Literatur: Hochfürstlich-Saltzburgischer Kirchen- und Hof-Calender ... hg. v. *J. G. Schnürer* 1726. - F. *Pirckmayer*, Die Kathastrophe von Tüßling „am 10. Dezember 1729" im Lichte der Quellen, in: MGSL 34 (1894) 31-52. - *E. Kuenburg* 134 f. - *K. Klamminger*, in: *K. Amon* 334 f. - *E. Naimer* 98 f.

Abbildungsnachweis: Gemälde im Chiemseehof Salzburg. - Zeitgen. unbek. Künstler. - Landesbildstelle Salzburg.

Erwin Naimer

Kuenburg, Maximilian Gandolf Freiherr (seit 1669 **Reichsgraf) von** (1622 – 1687)

1654 – 1664	Fürstbischof von Lavant
1654 – 1664	Salzburger Generalvikar für Ober- und Unterkärnten
1664 – 1665	Administrator des Bistums Seckau
1665 – 1668	Fürstbischof von Seckau
1665 – 1668	Salzburger Generalvikar für die Steiermark und den Neustädter Distrikt
1668 – 1687	Fürsterzbischof von Salzburg
1686	Kardinal

Maximilian Gandolf von Kuenburg wurde am 1. 11. 1622 in Graz als Sohn des salzburgischen Landes-Vizedoms der Steiermark Reinprecht Moritz v. K. und der Helena von Schrattenbach geboren. Seine Geschwister starben ausnahmslos im Kindesalter. Die im kärntnerischen Gailtal bei Hermagor beheimatete Familie hatte schon im 16. Jh. zwei Salzburger Erzbischöfe gestellt. Im 17. und 18. Jh. waren viele ihrer Mitglieder Domherren in Salzburg, Passau und Eichstätt. Die Familie stellte ferner eine Reihe von Bischöfen in den salzburgischen Eigenbistümern.

Nach Abschluß der Gymnasialstudien studierte K. an der Grazer Jesuitenuniversität (1641 Dr. phil.). Dort schloß sich auch sein Theologiestudium an, das er 1642 – 44 in Rom fortsetzte (1644 Dr. theol.). Nachdem er 1643 Domherr in Eichstätt und 1645 in Salzburg, ferner 1646 Präsident des Salzburger Konsistoriums geworden war, ließ er sich 1648 zum Priester weihen.

Am 8. 10. 1654 nominierte Erzbischof G. v. (→) Thun K. zum Bischof des kleinen salzburgischen Eigenbistums Lavant mit dem Sitz in St. Andrä/Lavanttal. Am 1. 7. 1655 konfirmiert, wurde er am 3. 8. konsekriert. 1664 wurde er zum Administrator und 1665 zum Bischof von Seckau ernannt. Die Übersiedlung erfolgte im März 1664, die Übernahme am 3. 3. 1665.

Nachdem K. am 29. 9. 1667 und wieder am 6. 7. 1668 ein Breve eligibilitatis für Salzburg erhalten hatte, wählte ihn das Kapitel am 30. 7. 1668 zum Erzbischof. Die päpstliche Bestätigung folgte am 12. 11. 1668. Zugleich blieb ihm für ein Jahr die Administration von Seckau, während er das Kanonikat in Eichstätt lebenslänglich beibehalten durfte.

Unter K. traten die religiös-kirchlichen Anliegen in den Vordergrund, während das Erzstift sich außenpolitisch nach Österreich orientierte. K. schuf neue Zentralbehörden wie den Hofkriegsrat und griff durch eine Reihe von

Erlassen ordnend in das öffentliche Leben ein. Damit holte er nach, was sein Vorgänger Thun (1654 – 68) infolge seiner fast fortwährenden Abwesenheit versäumt hatte. Andererseits war K.s Regierungszeit von verschiedenen Vorgängen überschattet.

Schon im ersten Regierungsjahr ereignete sich in der Residenzstadt ein großer Bergsturz, dem zwei Kirchen, 15 Wohnhäuser und mehr als 200 Personen zum Opfer fielen. Die Hexenverfolgung erreichte im sog. Zauberjackl-Prozeß (1675 – 90) einen traurigen Höhepunkt. Trotz aller Bemühungen der Polizeiorgane konnte man des Zauberjackls — angeblich handelte es sich um den Sohn eines Abdeckers aus Mauterndorf — und seiner „Blutsgenossenschaft" nicht habhaft werden. Die Verfolgung erstreckte sich vor allem auf Landstreicher, deren Zahl nach dem Dreißigjährigen Krieg stark zugenommen hatte. Gefahr für die katholische Landesreligion erblickte die Obrigkeit auch im Geheimprotestantismus, den man nach langwierigen Missionierungsversuchen im Defereggental in Osttirol und bei Salzarbeitern am Dürrnberg bei Hallein entdeckt zu haben glaubte. Kaum war die für Österreich so bedrohliche Türkengefahr 1683 gebannt, kam es 1684 – 85 zur Vertreibung von ca. 600 Personen aus dem Defereggental. Die Kinder wurden zunächst zurückbehalten; erst nach Vorstellungen des Kurfürsten Friedrich Wilhelm von Brandenburg konnten sie ihren Eltern nachfolgen. 1686 – 91 wanderten unter obrigkeitlichem Druck und aus wirtschaftlicher Not Knappen aus dem Salzbergwerk am Dürrnberg bei Hallein aus. Unter ihnen befand sich J. Schaitberger, der von Nürnberg aus bis zur großen Emigration von 1731 – 32 einen nachhaltigen Einfluß auf die Salzburger Geheimprotestanten ausübte. Diese sog. Kleine Salzburger Emigration erregte im Ausland kein Aufsehen, da sie ganz im Schatten des Exodus der Hugenotten aus Frankreich stand.

Wie bereits in Lavant und Seckau war K. vor allem auf die Hebung des religiös-kirchlichen Lebens bedacht. Sein Name ist mit vielen kirchlichen Gründungen verbunden. Der überaus fromme und eifrige Erzbischof machte große Anstrengungen, den katholischen Glauben in seinem Erzstift zu erhalten. Einem besonderen Bedürfnis nach seelsorglicher Betreuung in den abgelegenen Gebirgstälern half er durch Gründung neuer Vikariate ab. 1682 stiftete und erbaute er Augustinereremitenklöster zu Hallein und Tittmoning, die wie das Kloster zu Mülln der Tiroler Provinz eingegliedert wurden. Anläßlich des Jubiläums zur Ankunft des hl. Rupert, das 1682 mit großen Festlichkeiten begangen wurde, stiftete K. in

Seekirchen nach Zerstörung der dortigen Kirche durch Blitzschlag (1669) ein Kollegiatstift mit sechs Kanonikern und einem Stiftsdechanten zum Andenken an die erste Niederlassung des hl. Rupert. Eine der letzten Maßnahmen K.s war die Einführung der Kajetaner oder Theatiner. Er berief 1686 fünf Mitglieder dieses Ordens aus München und begann für sie den Bau einer Kirche und eines Klosters, die erst sein Nachfolger vollenden konnte. Neben dem Kollegiatstift in Seekirchen lag K., der ein großer Marienverehrer war, der Bau der Wallfahrtskirche Maria Plain vor den Toren der Residenzstadt am Herzen. Sechs Jahre nach dem Baubeginn (1671) waren das Marienheiligtum und das Wohnhaus für die Geistlichen vollendet.

K. widmete diese Stiftung der Salzburger Benediktiner-Universität mit der Bestimmung, daß, wenn je die Universität zu existieren aufhörte, Maria Plain mit seinem Vermögen und seinen Verpflichtungen dem Stifte St. Peter zufalle. Er äußerte ferner den Wunsch, es sollten vornehmlich emeritierte Benediktinerprofessoren die Wallfahrtsseelsorge übernehmen.

K. trat auch in der Residenzstadt als Bauherr hervor. Neben dem Kuenburgischen Palast (gen. „der lange Hof") ließ er 1772 eine Hofbibliothek errichten. 1775 wurde die Domkirche vollendet. K. ließ neben dem Hochaltar und zwei größeren Seitenaltären noch acht kleinere Seitenaltäre in den sog. Kapellen errichten. Der Symmetrie wegen gab er auch den Auftrag zur Anfertigung von zwei kleineren Orgeln.

K. war auch darauf bedacht, den Salzburger Metropolitanverband zu vergrößern. Verhandlungen um die Abtretung von elf Salzburger Pfarreien an die Diözese Wiener Neustadt, die ihrerseits der Salzburger Kirchenprovinz angegliedert werden sollte, führten jedoch nicht zum Erfolg. In der Frage der Benediktinerkongregation gelang es ihm dagegen, durch eine Intervention Kaiser Leopolds I. zu einer einvernehmlichen Lösung mit Bayern zu gelangen. Diese betraf den Bestand der Salzburger Benediktineruniversität. Der bayerische Kurfürst hatte nämlich den Zusammenschluß aller bayerischen Benediktinerklöster zu einer Kongregation durchgesetzt. Andererseits bestand jedoch seit 1641 eine Kongregation für die Salzburger Universität, der auch bayerische Benediktinerklöster angehörten. K. verwahrte sich mit Unterstützung der Bischöfe von Freising, Regensburg und Passau gegen das bayerische Vorgehen und setzte schließlich durch, daß die bayerische Kongregation zwar im ganzen und als solche exemt, die einzelnen Klöster aber ihren Bischöfen wie bisher untergeordnet blieben.

Als Metropolit nahm K. fünfmal die Besetzung eines der salzburgischen Eigenbistümer vor. In Anbetracht der Verdienste K.s als Bischof und Regent und seiner Hilfeleistung bei der Türkenbelagerung Wiens (1683), während der er 800 Mann zur Verfügung stellte und den Angehörigen der kaiserlichen Familie Salzburg als Ausweichquartier anbot, bemühte sich Leopold I. um das Kardinalat für ihn. Papst Innozenz XI. erhob ihn daher am 2. 9. 1686 zum Kardinalpriester, wies ihm aber keine Titelkirche zu.

K. starb am 3. 5. 1687 zu Salzburg. Sein Leichnam wurde in der Domgruft, sein Herz und seine Eingeweide in der Kirche zu Maria Plain beigesetzt.

Literatur: K. Klamminger, in: K. Amon 303-305. - K. F. Hermann, Maria Plain, in: SMBO 85 (1974) 17-161. - R. R. Heinisch 242-250. - F. Ortner 142-178 (Lit.). - F. Martin, Salzburgs Fürsten 115-141 (Lit.). - H. Paarhammer, Das Kollegiatstift Seekirchen. Eine Institution bischöflichen Rechts im Dienste der Gemeindeseelsorge (Thaur 1982). - R. Heinisch, in: H. Dopsch - H. Spatzenegger 227-235.

Abbildungsnachweis: Öl auf Leinwand, unbek. Maler. - Alte Residenz-Galerie Salzburg, Franziskanergang. - Foto Landesbildstelle Salzburg.

Franz Ortner

Kuenburg, Polykarp Wilhelm Freiherr (seit 1669 **Reichsgraf) von** († 1675)

1673 – 1675 Fürstbischof von Gurk

Polykarp von Kuenburg, Sohn des Johann Ferdinand Graf v. K. und der Barbara Constantia Scheittin, Freiin von Hohenburg und Schmierenberg, entstammte der gleichnamigen Kärntner Familie, deren Stammburg bei Hermagor im Gailtal liegt, die 1669 zur Würde eines erblichen Mundschenkes des Erzstiftes Salzburg gelangte und in den Grafenstand erhoben wurde. Erzbischof M. G. v. (→) Kuenburg berief K. bald nach seinem Amtsantritt 1669 in das Salzburger Domkapitel, wo er später zum Dompropst aufstieg. Im März 1673 nominierte er K., der lange Salzburgischer Vizedom in Friesach und Begleiter des Erzbischofs G. v. (→) Thun gewesen war, zum Bischof von Gurk. Am 24. 2. 1674 konfirmierte und am 2. 4. 1674 konsekrierte er ihn. Am 11. 8. 1674 ergriff K. in Gurk Besitz von seinem Bistum, und am 12. 8. erfolgte in Straßburg die Übergabe der Temporalien. Bei dieser Gelegenheit wurden die erzbischöflichen Kommissare erstmals nur zum actus privatus zugelassen, während vor der Öffentlichkeit demonstriert wurde, daß die Gurker Temporalien der kaiserlichen Herrschaft unterstanden.

K. ernannte den Salzburger Erzpriester von Gmünd, J. (→) Stieff von Kränzen, zu seinem Generalvikar. Unter ihm wurde das Konsisto-

rium definitiv von Gurk nach Straßburg verlegt.

Über die Tätigkeit K.s als Bischof ist angesichts seiner kurzen Amtszeit nichts Nennens-
wertes zu berichten. Es ist unbekannt, ob er
sich überhaupt länger in seinem Bistum aufgehalten hat. K. starb am 15. 7. 1675 zu Salzburg.
Sein Leib wurde dort, sein Herz dagegen in der
Domkirche zu Gurk beigesetzt.

Literatur: *J. Obersteiner* I 397-403.

Abbildungsnachweis: Stich von Johann van den Berg,
datiert 1674, nach Zeichnung von Frans de Neve. -
Wien NB 506.747 B.

Peter G. Tropper

**Künigl zu Ehrenburg und Warth, Kaspar Ignaz
Freiherr von** (1671 – 1747)

1703 – 1747 Fürstbischof von Brixen

Kaspar Ignaz von Künigl wurde am 7. 3. 1671
als zehntes von 13 Kindern des kaiserlichen
Geheimen Rates und Landeshauptmanns von
Tirol Johann Georg Graf v. K. und seiner Ehefrau Maria Anna Vizthum in Innsbruck geboren. Die Künigl von Ehrenburg und Warth
gehörten dem Tiroler Uradel an und erscheinen
seit 1511 in der Tiroler Adelsmatrikel. 1560
waren sie in den Freiherren- und später durch
Kaiser Leopold I. in den Grafenstand erhoben
worden. Ihr Stammschloß war Schloß Ehrenburg bei Kiens im Pustertal.

K. besuchte das Jesuitengymnasium in Innsbruck. Mit 13 Jahren erhielt er die Tonsur und
das Familienbenefizium zu Ehrenburg, mit 16
die Anwartschaft auf eine Domherrenstelle zu
Brixen. 1687 – 91 studierte er bei den Innsbrucker Jesuiten Philosophie und Theologie,
schloß sein Studium aber ohne akademischen
Grad ab. Seit 1692 Propst in Innichen, berief
ihn sein Onkel Fürstbischof J. F. v. (→) Khuen
1696 zum Hofrat und Ehrenkaplan. Am 22. 12.
1696 wurde er zum Priester geweiht. 1698
unternahm er anstelle des Fürstbischofs die
Ad-Limina-Fahrt nach Rom. 1701 wurde K.
Domdekan (päpstl. Verleihung), und am 8. 6.
1702 wurde er nach Annahme der üblichen
Kapitulationen zum Fürstbischof von Brixen
gewählt. Nachdem der Hl. Stuhl ihm einen
Großteil der Ernennungstaxen erlassen hatte
und die päpstliche Bestätigung am 4. 5. 1703
ausgesprochen worden war, wurde K. am 24. 6.
1703 zu Brixen durch Weihbischof G. S. v. (→)
Sinnersberg konsekriert. 1723 wurde er zusätzlich Domherr zu Salzburg, was auf sein Interesse an diesem Erzbistum schließen läßt.

1704 – 11 visitierte K., zunächst mit einem
Gefolge von 20, später von weniger Personen,
sein ganzes Bistum. Die Visitation bezog sich
auf alle Kirchen, Geistlichen und führenden
Gemeindevertreter. Anschließend diktierte K.
jeweils „Decreta personalia et realia". Als er zu
Beginn seines zweiten Visitationsturnus 1711
im Dekanat Fassa feststellte, daß seine Anordnungen nicht befolgt worden waren und er das
auch für andere Dekanate annahm, war er so
verstört, daß er dem Hl. Stuhl seine Resignation
anbot. Diese wurde jedoch nicht angenommen.
So setzte K., nachdem er sich zu Exerzitien
zurückgezogen hatte, die Visitation fort. Sie
war 1715 abgeschlossen.

Da die religiöse Lage den Vorstellungen K.s
nicht entsprach, plante er eine Diözesansynode, die er durch Dekanatskonferenzen vorbereiten ließ. 1710 hielt er dann aber an ihrer
Stelle nur eine Art Prosynode, deren Beschlüsse nicht einmal veröffentlicht wurden. K. ließ
stattdessen 1729 die Diözesanstatuten von
1603 neu auflegen. Eine wirkliche Erneuerung
ist davon nicht ausgegangen.

Da K. mit der Visitation nicht den erwünschten
Erfolg erreicht hatte, ließ er 1710 durch den
Jesuiten Fulvio Fontana, einen Mitarbeiter
Paolo Segneris, und seine Begleiter in Brixen
eine Volksmission durchführen, die großen
Zulauf fand, obwohl die Prediger die deutsche
Sprache nicht beherrschten und sich eines
Dolmetschers bedienen mußten. Die von ihnen
praktizierten spektakulären Selbstgeißelun-
gen und Bußprozessionen wurden später in
dieser Form nicht mehr wiederholt.

Nachdem K. 1713 zur Verhütung von Pest,
Hunger und Krieg einen außerordentlichen
Jubiläumsablaß für sein Bistum erwirkt hatte,
befragte er den Klerus, ob damit eine allgemeine Volksmission verbunden werden könne. Die
Mehrheit hielt dies zwar nicht für notwendig,
erklärte sich aber zur Durchführung bereit,
wenn fremde Prediger bereitstünden. Daraufhin ordnete K. für alle Pfarreien und möglichst
auch für alle Kuratien Volksmissionen an; für
deren Kosten wollte er selbst aufkommen. In
Lüsen bei Brixen hielt er die Mission persönlich
an drei Tagen ab. Im Jahre 1719 gründete K.
dann mit Unterstützung des Salinendirektors
Johannes Fenner von Fennberg aus Hall und
mit kaiserlicher Gutheißung eine ständige Missionsstation in Brixen. Zu dem Stiftungskapital von 20000 fl. trug er persönlich 5000 fl. bei.
Im gleichen Jahr begannen Jesuiten der Ober-
deutschen Provinz, der die Mission anvertraut
wurde, mit der Arbeit. Ihr aus Brixen gebürti-
ger Rektor Christoph Müller leitete die Mission
über 40 Jahre. K. wünschte, daß Tirol in einem

Turnus von je elf Jahren immer wieder missioniert würde. Die Beteiligung der einfachen Volksschichten war dabei hervorragend. Unter gebildeten Kreisen wurde dagegen auch Skepsis laut, da die übertriebenen Forderungen der Missionare manche Zuhörer in Verzweiflung trieben. Es steht jedoch außer Zweifel, daß die Volksmissionen eine tiefe religiöse Erneuerung Tirols bewirkt haben.

Auf unüberwindliche Schwierigkeiten stieß K. dagegen bez. der von ihm geplanten Erneuerung der Brixner Priesterausbildung. Das Domkapitel stellte ihm dafür zwar 1721 das Heilig-Kreuz-Hospital zur Verfügung, lehnte jedoch die von K. gewünschte Berufung von Jesuiten für die Priesterausbildung ab, da es eine Schmälerung seiner eigenen Rechte fürchtete. Der Streit zog sich bis zum Tode K.s hin, so daß es zu einer Neuordnung der Priesterausbildung unter ihm nicht mehr kam. 1721 ließ K. das „Sacerdotale Brixinense", ein Handbuch für die Sakramentenspendung, kostenlos unter dem Klerus verteilen. Er förderte Priesterexerzitien, Dekanatsbibliotheken, schrieb 1729 die Abhaltung von Ruralkapiteln, ferner den Pfarrkonkurs vor und untersagte die bis dahin übliche selbständige Anstellung von Kooperatoren durch die Pfarrer.

Zu den Klöstern seines Bistums unterhielt K. gute Beziehungen. Die zahlreichen Einsiedler unterstellte er strenger Aufsicht, schloß sie zu einer Art Kongregation zusammen und gab ihnen im Jahre 1737 eine Regel.

Während der Amtszeit K.s wurden die alten Großpfarreien durch Errichtung neuer Seelsorgestationen wesentlich verkleinert. K. selbst beteiligte sich mit 100 000 fl. an den Kosten der ca. 55 neuen Seelsorgestationen, 23 Kaplaneien und ca. 30 Stellen für Kooperatoren und Hilfspriester, die den Gläubigen die Teilnahme an den Gottesdiensten erleichtern sollten.

Als großer Heiligenverehrer ließ K. 1704 die aus Imola beschaffte Reliquie des hl. Kassian kostbar fassen und für den Abzug der Bayern eine Prozession geloben. Seine besondere Verehrung galt ferner dem hl. Johann Nepomuk, der hl. Notburga und Andreas von Rinn, der der Legende nach 1462 einem Ritualmord zum Opfer gefallen war. Sein Versuch, 1706 das Übermaß der kirchlichen Festtage zu reduzieren, stieß dagegen auf so starken Widerstand, daß er sein Vorhaben aufgeben mußte. Anläßlich der Vertreibung der Salzburger Protestanten im Jahre 1731 (L. A. v. → Firmian) wies er den Klerus des Dekanates Fügen zu besonderer Wachsamkeit an.

K. hat sich auch der Schule angenommen und noch vor den entsprechenden Reformmaßnahmen in Österreich alle Gemeinden zur Einrichtung von Schulen aufgefordert. In ihnen sollten bedarfsweise auch die Geistlichen unterrichten. Auch die Mädchenschulen der Tertiarschwestern und der Englischen Fräulein in Brixen sowie der Ursulinen in Innsbruck und Bruneck hat K. gefördert.

Gegen die Wiener Regierung war K. auf die Rechte des Hochstiftes Brixen bedacht. Dabei unterstützte ihn sein Kanzler Philipp Bartl mit dem 1711 erschienenen vierbändigen Werk „Gründliche Vorstellung eines Herrn Bischoffen und Reichsfürsten zu Brixen in seinem Hochstifte habenden Reichsfürstlichen Territorialrechten", in denen er die Brixner Hoheitsrechte genau beschrieb. Die Auseinandersetzungen mit der österreichischen Regierung bezogen sich unter Kaiser Josef I. auf steuerliche Fragen, die Münzprägung, Bergrechte und die zu bestimmten Familienanlässen an das Kaiserhaus zu entrichtenden Geschenke, die K. verweigerte. Er stand dennoch bei Josef I. in hohem Ansehen und wurde von diesem gelegentlich um Vermittlung in einer Auseinandersetzung mit der römischen Kurie gebeten. Die Beziehungen zum Wiener Hof verschlechterten sich unter Maria Theresia beträchtlich, da diese dem Hochstift keine selbständige Außenpolitik mehr gestattete, Steuern und Kriegslastenausgleich forderte und auf Brixner Gebiet die Milizreform ausdehnen wollte.

K. selbst war trotz seines unbestreitbaren pastoralen Eifers häufig von seinem Bistum abwesend. Die Ad-Limina-Reisen hat er wie andere Bischöfe seiner Zeit stets durch einen Prokurator absolvieren lassen. Der sehr baufreudige K. hat nicht nur 1707 – 11 die Brixner Hofburg vollendet und die Hofkirche völlig neu errichtet, sondern 1715 – 17 auch nördlich der Hofburg das sog. Neugebäude errichtet und 1745 mit dem Neubau des Domes begonnen. Auch für den Neubau von Kirchen und Pfarrhäusern hat er keine Ausgaben gescheut.

K., der ohne Zweifel zu den bedeutendsten Brixner Bischöfen zählt, starb am 24. 7. 1747 auf seinem Stammschloß Ehrenburg. Nach Vollendung des neuen Domes wurde er 1758 dort beigesetzt.

Literatur: *H. Weiser*, Die Erneuerung der Diözese Brixen durch Fürstbischof Kaspar Ignaz Graf von Künigl (Diss. phil. Innsbruck 1936). - *L. Sparber*, Beiträge zur Geschichte der religiösen Lage in der Diözese Brixen unter Kaiser Karl VI. (Diss. phil. Innsbruck 1966). - *R. Turin.* - *B. Ladurner*, Der Brixner Hofrat 1702-1747 (Diss. phil. Innsbruck 1978). - *J. Gelmi* 182-195. - *Ders.*, Fürstbischof Künigl (1702-1747) und die Erneuerung der Diözese Brixen, in: Reformatio Ecclesiae. Festgabe für Erwin Iserloh (Paderborn 1980) 847-862. - *A. A. Strnad*, „Vis gravis est, et prudens, nec ullas in ipso unquam adverti levitates", in: Innsbrucker Studien 10/11 (1988) 89-141.

Abbildungsnachweis: Stich von Elias Nessenthaler (um 1664-1714). - Wien NB 518.411 B.

Josef Gelmi

Kunigk, Johann Georg (Jan Jerzy) (1648 – 1719)

1693 – 1711 Generalvikar der Diözese Ermland

* 1648 in Heilsberg (Diöz. Ermland) als Sohn des 1640 geadelten Notars Georg K.; seit 1662 Besuch der Jesuitengymnasien zu Rößel und Braunsberg; Studium der Rechte in Krakau und 1670 – 73 als Stipendiat der Preuckschen Stiftung in Rom (Dr. iur. utr.); 1673 ermländischer Domherr (päpstl. Verleihung); 1675 Priester. Obwohl 1675 als ermländischer Domherr installiert, mußte K. seinen Anspruch auf das Domkanonikat zweimal bei der Kurie in einem Prozeß verteidigen. K. war ferner Domherr von Płock, Pułtusk und Włocławek. König Johann Sobieski verlieh ihm ferner den Titel eines Königlichen Sekretärs sowie Pfarrstellen zu Łomża und Danzig. 1693 Domkantor (Kapitelswahl), 1706 Domkustos des ermländischen Kapitels. Bei der Abwesenheit der Bischöfe J. S. (→) Zbąski und A. S. (→) Załuski war K. wiederholt Statthalter. Seit 1696 verwaltete er das Kammeramt Allenstein. Er besaß die Gra-

tialgüter Parlack und Blankenberg. Vom 25. 1. 1693 an blieb er mit einer kurzen Unterbrechung bis 1711 Generalvikar.

K. war zu seiner Zeit die bedeutendste und wissenschaftlich am besten gebildete Persönlichkeit des ermländischen Klerus. Mit Zbąski und Załuski befreundet, gab er mehrere für die Bistumsverwaltung wichtige Schriften heraus, so 1711 auf eigene Kosten das kulmische Recht und die ermländische Prozeßordnung, ferner 1712 eine Ordnung für die ermländische Kirchenvisitation. K. stiftete ein Stipendium für drei arme Schüler am Braunsberger Jesuitengymnasium sowie 1708 eine Professur am dortigen Jesuitenkolleg. In Frauenburg gründete er 1715 ein Krankenhaus. Für die Kathedrale erwarb er Bilder des ermländischen Barockmalers Peter Kolberg aus Guttstadt. Seine große Bibliothek hinterließ er dem Archiv des Domkapitels. † 4. 9. 1719 in Frauenburg; □ Frauenburger Dom.

Schriften: Jus Culmense correctum una cum processu iuris pro dioecesi Varmiensi (Braunsberg 1711).

Literatur: *A. Eichhorn*, Prälaten 568-572. - *J. Bender*, Geschichte der philosophischen und theologischen Studien in Ermland (Braunsberg 1868) 81 f. - *F. Hipler*, Literaturgeschichte 175. - *H. Preuschoff* 35. - *E. Brachvogel*, Die handschriftliche Bücherei des ermländischen Domherrn Johann Georg Kunigk, in: ZGAE 21 (1923) 346-352. - *Ders.*, in: APB 1 (1941) 375. - *J. Staszewski*, in: PSB 16 (1971) 196f. - *A. Triller*, Die Guttstädter Domherren 1341-1811 (ungedr. Ms.). - *T. Oracki* (1963) 155f. - *Ders.* 1 (1984) 165f. - *J. Obłąk*, Historia 75. - *M. Grzybowski*, in: SPTK 2 (1982) 475f. (Schriftenverzeichnis).

Anneliese Triller

Kuntsche (seit 1678 **von Rosenkreuz**), **Georg Joseph Augustin** (1644 – 1697)

1691 – 1697 Dechant und Fürsterzbischöflicher Vikar der Grafschaft Glatz (Erzdiöz. Prag)

* 1644 in Glatz; Studium in Olmütz; Kaplan in Glatz, 1674 Pfarrer von Habelschwerdt; 1675 Dr. theol. et phil.; 1678 apostolischer und kaiserlicher Protonotar; 23. 10. 1691 Dechant und Fürsterzbischöflicher Vikar der Grafschaft Glatz. K. machte sich vielfach um das religiöse Brauchtum verdient. Er bemühte sich darum, die letzten Lutheraner der Grafschaft zum Katholizismus zu führen. † 2. 9. 1697 in Habelschwerdt.

Literatur: *F. Volkmer* 68-72.

Erwin Gatz

Kurdwanowski, Jan Franciszek (1645 – 1729)

1713 – 1729 Weihbischof der Diözese Ermland, Ep. tit. Marochiensis

≈ 10. 12. 1645 als Sohn einer masowischen Adelsfamilie; sein Vater war Kastellan von Zawichost in Südostpolen; Schulbesuch in Krakau; 1661 Eintritt in den Jesuitenorden; 1663 – 66 Studium der Philosophie in Kalisch, 1669 – 73 der Theologie in Rom; 1675 – 78 Professor der Philosophie am Jesuitenkolleg in Lublin; Austritt aus dem Orden, Kronreferendar und Pfarrer von Żółkiew in Galizien; 1680 Domherr in Krakau; König Johann Sobieski, der ihn besonders schätzte, bestimmte ihn zum Kanzler und Sekretär seiner aus Frankreich stammenden Gattin Maria Kasimira, die 1699 von K. nach Rom begleitet wurde. Im gleichen Jahr wurde er ermländischer Domherr und 1702 durch die Gunst König Augusts II. Dompropst. Diese Pfründe legte K. jedoch bald wegen zahlreicher auswärtiger Pflichten nieder. 1713 bestimmte Bischof T. A. (→) Potocki ihn zu seinem Weihbischof. 22. 5. 1713 Titularbischof von Marocco; 1715 erneut ermländischer Dompropst. K. war ein tüchtiger und aktiver Weihbischof, ein bekannter Prediger und erfahrener Kanonist, der sich auch literarisch über das ermländische Domkapitel und über die Diözese äußerte. † 28. 12. 1729 in Frauenburg; □ Dom zu Frauenburg.

Schriftenverzeichnis: *K. Estreicher* 20 (1905) 385.

Literatur: *A. Eichhorn*, Weihbischöfe 151-154. - *E. Brachvogel*, Grabdenkmäler 751. - *J. Staszewski*, in: PSB 16 (1971) 233f. - *T. Oracki* (1963) 156. - *Ders.* 1979 Nr. 2 (144) 165-181. - *T. Oracki* 2 (1988) 24.

Anneliese Triller

L

Labhardt, Johann Evangelist von (1717 – 1783)

1777   Verweser des Generalvikariates in Konstanz

* 2. 10. 1717 in Konstanz; 1744 Bischöflich-Konstanzer Rat; 1744 – 66 Insiegler und Fiskal; 1744/45 Lic. theol. und cand. iur. utr.; 1751 als Kanoniker zu St. Stephan in Konstanz bezeugt, später dort auch Pleban; 1766 – 83 amtierte er als Offizial; 1777 als Vizegeneralvikar bezeugt; nach F. J. v. (→) Deurings Tod († 8. 8. 1777) Generalvikariatsverweser; Freund des Fürstabtes Martin Gerbert von St. Blasien; 1783 letztmals als Offizial bezeugt; † vor dem 16. 3. 1783.

Literatur: *B. Ottnad*, in: HS I/2 (im Ersch.).

Bernd Ottnad

Lachenbauer, Johann Baptist (1741 – 1799)

1787 – 1799 Bischof von Brünn

Johann Baptist Lachenbauer wurde 1741 im nordböhmischen Braunau (Broumov) geboren und dort am 31. 1. getauft. Er besuchte das Gymnasium seines heimatlichen Benediktinerstiftes, studierte danach in Prag Theologie und trat dort 1759 dem Kreuzherrenorden mit dem roten Stern bei. Nach der Priesterweihe (7. 4. 1764) wirkte er als Kaplan in den Ordenspfarreien zu Schaab und zu Preßburg. Von dort wurde er 1770 als bekannter Prediger an die seinem Orden gehörende St. Karls-Kirche in Wien versetzt, deren Leitung er 1783 als Pfarrer übernahm. Als Prediger lenkte L. auch die Aufmerksamkeit Josephs II. auf sich, dem er seine weitere Laufbahn verdankte. Auf Wunsch des Kaisers wurde er Hofprediger und erster Rektor des 1783 eingerichteten Wiener Generalseminars. Da L. neben seiner deutschen Muttersprache auch das Tschechische beherrschte, nominierte Joseph II. ihn am 7. 12. 1786 zum Bischof von Brünn. Die päpstliche Verleihung folgte am 29. 1., die Konsekration durch Kardinal (→ Bd. I) Christoph Miggazzi zu Wien am 22. 2. und die Inthronisation in Brünn am 23. 5. 1787.

Als eifriger Anhänger des reformfreudigen Kaisers leitete L. sein Bistum ganz im Geiste des Josephinismus. Daher schloß er sich 1790 auch nicht der Bitte der übrigen österreichischen Bischöfe um Aufhebung der Generalseminare an. Zu seinem bischöflichen Rat und Sekretär berief er 1789 den wegen seiner josephinischen Auffassungen mit seinem Stift Kloster-Bruck in Konflikt geratenen Prämonstratenser (bis 1784), Lehrer und Schriftsteller Georg Norbert Korber, Ritter von Korborn (1749–1843), der 1790 Kanonikus in Nikolsburg, 1791 Prodirektor des dortigen Piaristengymnasiums und 1816 infulierter Propst wurde. Neben Korber konnte L. auch auf eine Reihe weiterer Reformkatholiken zurückgreifen, mit deren Hilfe er aus Brünn ein josephinisches Musterbistum machen wollte. Der Kaiser honorierte dieses Bemühen mit L.s Ernennung zum wirklichen Geheimen Rat. Mit dem Olmützer Fürsterzbischof A. Th. v. (→) Colloredo-Waldsee-Mels einigte er sich über die Verwaltung des Dotationsgutes Chirlitz bei Brünn, das dem Bistum eine jährliche Einnahme von 14589 fl. sicherte. Neben der Visitation seiner Diözese galt L.s Aufmerksamkeit auch der barocken Umgestaltung seines Domes.

L. starb am 22. 2. 1799 zu Brünn.

Literatur: *S. Kunisch*, Biographien merkwürdiger Männer der österreichischen Monarchie (1805) 109-125. - *W. Lorenz*, Die Kreuzherren mit dem roten Stern (Königstein/Taunus 1964) 87f. - Katalog moravských biskupů 161f. - *A. Zelenka* 278f. - BLB 2 (1984) 364f.

Abbildungsnachweis: Lithographie von F. Aichholzer. - Wien NB 520693 B.

Aleš Zelenka

Laër, Lambert von († 1709)

1676–1685 Generalvikar in Straßburg

Wahrscheinlich in der Diözese Lüttich beheimatet, gehörte L. zum Kreis der Brüder Fürstenberg. F. E. v. (→) Fürstenberg ernannte ihn 1676 als Nachfolger von J. (→) Pleister zum Generalvikar in Straßburg. L. setzte die Arbeit seines Vorgängers fort und unternahm 1682–83 zwar keine förmliche Visitation, wohl aber eine eingehende Erhebung über den Stand der Diözese. Die Eingriffe des Ministers Louvois in die Angelegenheiten der Kirche von Straßburg seit dem Jahre 1681 machten seine Position sehr delikat. Man konnte ihm zwar keine antifranzösischen Tendenzen vorwerfen, doch genügte dies dem Hof von Versailles nicht. Dieser wünschte vielmehr einen Generalvikar, der die Integration des Elsaß in das Königreich ohne Rücksicht auf den Erzbischof von Mainz als Metropoliten oder auch den Diözesanbischof W. E. v. (→) Fürstenberg vorantrieb. Während L. zunächst noch seine Aufgaben mit M. de (→) Ratabon teilte, wurde er am 24. 4. 1685 seiner Ämter enthoben und aus Straßburg ausgewiesen. Daraufhin appellierte er an den Erzbischof von Mainz, der ihn in seinen Ämtern bestätigte. Der königliche Gerichtshof kassierte diese Provision jedoch im Jahre 1695. Daraufhin zog L. sich als Propst nach Neuwiller (Unter-Elsaß) zurück. † 29. 7. 1709 ebd.

Literatur: *Ph. A. Grandidier*, Alsatia Sacra 24. - *L. Châtellier*, Tradition chrétienne 89, 217-218. - Répertoire IV 393f.

Louis Châtellier

Lagger, Johann Josef (1690–1767)

1758–1764 Generalvikar in Sitten

* 1690 in Münster (Wallis); 1719–24 Pfarrer von Brämis; 1724–30 Vikar und Pfarrer außer den Mauern von Sitten; 1730–44 Pfarrer von Nendaz; 1742 Domherr von Sitten; 1752–55 Generalprokurator des Domkapitels von Sitten; 1758 Dekan von Valeria und Offizial; 1758–64 Generalvikar in Sitten; † 16. 10. 1767.

Literatur: *L. Carlen*, in: HS (i. Vorb.).

Louis Carlen

Lamberg, Anton Joseph Reichsgraf von
(1687 – 1755)

1727 – 1733 Passauer Offizial und Generalvi-
            kar für das Land ob der Enns
1733 – 1747 Weihbischof in Passau, Ep. tit.
            Letensis

* 4. 12. 1687 in Brugg (Diöz. Laibach); 1705 – 08
Studium in Rom als Alumne des Collegium
Germanicum; 1708 Domherr in Passau, 1710 in
Regensburg; 2. 5. 1727 Priesterweihe in Passau;
1727 – 33 Offizial und Generalvikar des Bischofs von Passau für das Land ob der Enns;
5. 3. 1733 Titularbischof von Lete und Weihbischof in Passau; 16. 3. 1733 Konsekration in
Passau; 28. 5. 1747 Resignation auf das Amt
des Weihbischofs; 1752 Dompropst in Passau;
† 28. 6. 1755 in Regensburg; □ ebd.

Literatur: A. Kerschbaumer 516. - L. H. Krick, Domstift 7, 88, 211, 219. - Ders., Stammtafeln 190.

August Leidl

Lamberg, Franz Alois Ignaz Wenzl Reichsgraf
von (1692 – 1732)

1725 – 1732 Weihbischof in Passau, Ep. tit.
            Nilopolitanus
1728 – 1732 Passauer Offizial und Generalvi-
            kar für das Land unter der Enns

* 28. 9. 1692 in Linz; Freiherr in Ortenegg und
Ottenstein; 1709 Domherr in Passau, 1713 in
Salzburg; 25. 5. 1727 Priesterweihe in Passau;
19. 11. 1725 Titularbischof von Nilopolis und
Weihbischof in Passau; 8. 1. 1726 Konsekration
in Passau; 1726 Pfarrer von Tulln (Niederösterreich); 1729 Stiftspropst von Ardagger (Österreich); 1728 – 32 Offizial und Generalvikar des
Bischofs von Passau für das Land unter der
Enns; † 6. 10. 1732 in Ardagger; □ Stiftskirche
ebd.

Literatur: A. Kerschbaumer 516. - L. H. Krick, Domstift 88, 211, 219. - Ders., Stammtafeln 191.

August Leidl

Lamberg, Johann Philipp Reichsfreiherr (seit
1667 Reichsgraf) von (1652 – 1712)

1690 – 1712 Fürstbischof von Passau
1700   Kardinal

Johann Philipp von Lamberg wurde am 25. 5.
1652 zu Wien als jüngster von vier Söhnen des
kaiserlichen Obersthofmeisters Johann Maximilian v. L. und der Judith Rebecca Eleonore

Freiin von Wrbna geboren. Die Familie L. besaß
in der zweiten Hälfte des 17. Jh. im Domkapitel
zu Passau eine dominierende Position. Auch in
Salzburg und in anderen bayerischen Kapiteln
war sie vertreten. L. studierte in Wien, Steyr
und Passau sowie an italienischen Universitäten Philosophie und Theologie, die Rechte und
Staatswissenschaften (1673 Dr. iur. utr. Siena).
Als jüngster Sohn für den geistlichen Stand
bestimmt, erhielt er 1668 die Tonsur. In Passau
wurde er 1663, in Olmütz 1668 und in Salzburg
1675 Domherr. Dies hinderte aber den Vater
nicht, ihm auch am Kaiserhof eine Karriere zu
ermöglichen. Zunächst wurde L. kaiserlicher
Kammerherr, und 1678 erfolgte seine Berufung
in den Reichshofrat.

Am 24. 5. 1689 wurde L., der 1684 die Subdiakonatsweihe empfangen hatte, mit Unterstützung Kaiser Leopolds I. und des bayerischen
Kurfürsten Max Emanuel zum Bischof von
Passau gewählt. Die päpstliche Bestätigung
folgte am 11. 1. 1690, die Priester- und Bischofsweihe durch Erzbischof L. v. (→) Kollonitsch
zu Pfingsten 1690.

In den ersten Jahren erfüllte L. seine Pflichten
als Oberhirte seines ausgedehnten Bistums
gewissenhaft. Später wandte er sich dagegen
immer mehr der Reichspolitik zu. Er zählte zu
den bekanntesten deutschen Staatsmännern
seiner Zeit und erwies sich als einer der
rührigsten, gewandtesten und meistgenannten
Diplomaten Leopolds I., Josephs I. und Karls
VI. an süd- und norddeutschen Fürstenhöfen,
in Polen und in Italien. 1699 wurde er Prinzipalkommissär und damit Stellvertreter des Kaisers auf dem Regensburger Reichstag. Am
21. 6. 1700 berief Papst Innozenz XII. ihn auf
Bitten des Kaisers in das Kardinalskollegium.
Noch im gleichen Jahr nahm er am Konklave
teil, aus dem Klemens XI. hervorging, und am
3. 1. 1701 erhielt er die römische Titelkirche
San Silvestro in Capite.

Spätere Versuche L.s, als Vizekönig von Neapel
(1707) oder Wiener Premierminister (1708)
noch größeren politischen Einfluß zu gewinnen, scheiterten am Widerstand seines Gegners Prinz Eugen von Savoyen. Joseph I. versuchte dies 1710 durch die Verleihung des
Titels eines „Protector Germaniae" auszugleichen.

L.s Verhältnis zu Kurbayern, mit dem er 1690
für das Bistum und Hochstift Passau günstige
Konkordats-, Wirtschafts- und Grenzverträge
schloß, war betont herzlich. Es wurde erst
durch den Spanischen Erbfolgekrieg belastet,
als sich Kurfürst Max Emanuel der französischen Partei anschloß und das von Österreich
besetzte Passau beschießen ließ. L. wurde

durch diese politische Konstellation aufgrund der Lage Passaus gegen seinen Willen in den bayerisch-österreichischen Gegensatz verwickelt. Als er sich 1702 überraschend Max Emanuel anschloß, zerstörte dies seine Aussichten auf einen weiteren politischen Aufstieg in der österreichischen Politik. Das Schwergewicht L.s lag also nicht in der Regierung des Hochstiftes oder der seelsorglichen und verwaltungsmäßigen Betreuung seiner Diözese. Er blieb vielmehr zuerst Politiker und Diplomat des Wiener Hofes. In Diözese, Stadt und Hochstift regierte er autoritär. Vor allem zu Beginn seiner Amtszeit waren seine Leistungen für sein Bistum beachtlich. Er tat viel, um das Fürstentum zu vergrößern und abzurunden, kaufte Landbesitz und Schlösser an und ließ nach 1700 im Zuge der Bayerwaldkolonisation drei neue Dörfer anlegen, die nach ihm benannten Philippsreuth, Kleinphilippsreuth und Bischofsreuth. Die Bürger der Residenzstadt lernten L. in finanziellen Fragen als unerbittlichen Autokraten kennen. Im ganzen Bereich der bischöflichen Amtsführung überragte er seine Vorgänger W. v. (→) Thun und S. v. (→) Pötting in keiner Weise.

Als Grandseigneur genügten L. zur fürstlichen Repräsentation die von seinem Vorgänger Pötting neu ausgestatteten Räume der Passauer Residenz nicht mehr. Daher veranlaßte er einen Neubau, der als die bedeutendste künstlerische Tat des 17. Jh. im bayerischen Donautal gilt. Unter L. erlebte auch die Passauer Musikkultur eine Blütezeit. 1690 holte er Georg

Muffat, einen der größten süddeutschen Orgelmeister seiner Epoche, nach Passau. Nach dessen Tod berief er den nicht minder angesehenen Benedikt Aufschnaiter aus Wien. Eine künstlerische Großtat war auch die Innenausstattung des Domes mit ihrer glücklichen Synthese von Spätgotik und Hochbarock. Fast alle Seitenaltäre und die beiden Seitenportale zeigen das Wappen L.s. 1692 ließ dieser ferner die Sommerresidenz im nahen Hacklberg, die mit schönen Gartenanlagen verbunden war, erbauen. Den Jesuiten stiftete er den aufwendigen Hochaltar in ihrer Kollegienkirche. Auch das 2000 Personen fassende Theater und das Seminargebäude wurden unter L. errichtet. Am Domkreuzgang ließ er sich 1709 sein Mausoleum, die Lambergkapelle, erbauen.

Viele seiner Bauten waren zwar Werke fremder Künstler und Ausdruck des italienischen Kultureinflusses in Passau, doch förderte L. neben den Carlone, Tencalla und Vecchio auch bayerische Künstler wie den kurfürstlichen Hofmaler J. A. Wolf und J. M. Rottmayer. Passau fand unter L. auf dem Gebiet der Kunst zwischen Wien und München jenen Ausgleich, der ihm in der Politik versagt blieb.

Als barocker Fürst regierte und repräsentierte L. also wie viele andere zeitgenössische Landesfürsten mit erheblichem repräsentativem Aufwand. Daher war das Hochstift relativ hoch verschuldet. Das Domkapitel, dessen schwächliche Zwietracht und kleinliche Selbstsucht er als ehemaliges Mitglied kannte, behandelte er mit souveräner Überlegenheit. Mit diplomatischem Geschick und mit Zähigkeit verfolgte er auch den alten Plan, Passau zum Erzbistum zu erheben. Dabei wurde er von dem gelehrten Philipp Wilhelm von Hörnigk unterstützt, der die Passauer Archive neu auswertete und L. die kirchengeschichtlichen Argumente für die erhoffte Exemtion Passaus bereitstellte. Dennoch konnte L. weder die Erhebung zum Erzbistum, noch die Exemtion durchsetzen. Widerstand gab es dagegen keineswegs nur in Rom und Salzburg, sondern auch in Wien war man an einer Erhöhung Passaus nicht interessiert.

L. starb am 20. 10. 1712 im Kloster St. Emmeram zu Regensburg. Er fand seine letzte Ruhestätte in der von ihm erbauten Lambergkapelle beim Passauer Dom.

Literatur: J. Oswald, Das alte Passauer Domkapitel. Seine Entwicklung bis zum dreizehnten Jahrhundert und sein Wahlkapitulationswesen (München 1933). - F. X. Eggersdorfer, passim. - F. Niedermayer. - G. M. Ott, passim. - H.-J. Brauleke, Leben und Werk des Kameralisten Philipp Wilhelm von Hörnigk (Frankfurt/M.-Bern-Las Vegas 1978). - A. Leidl, Bischöfe 40 f. - R. Weiß.

0

0

Abbildungsnachweis: Österr. Arbeit um 1700. - Schloß Ottenstein. - Wien 101.058 C.

August Leidl

Lamberg, Johann Raymund Guidobald Reichsfreiherr (seit 1667 **Reichsgraf**) **von** (1662 – 1725)

1701 – 1725 Weihbischof in Passau, Ep. tit. Aulonensis

* 28. 4. 1662 in Salzburg; Kaiserlicher Rittmeister, Salzburgischer Hofrat; 1687 Eintritt in den Kapuzinerorden (P. Rupert); 23. 9. 1691 Priesterweihe in Wien; 9. 5. 1701 Titularbischof von Aulonensis und Weihbischof in Passau; † 6. 4. 1725 in Tulln (Niederösterreich); □ Kapuzinerkirche ebd.

Literatur: *A. Kerschbaumer* 515. - *L. H. Krick*, Domstift 210. - *Ders.*, Stammtafeln 192.

August Leidl

Lamberg, Joseph Dominikus Reichsgraf von (1680 – 1761)

1703 – 1706 Passauer Offizial und Generalvikar für das Land unter der Enns
1708 – 1712 Passauer Offizial und Generalvikar für das Land ob der Enns
1712 – 1723 Fürstbischof von Seckau
1712 – 1723 Salzburger Generalvikar für die Steiermark und den Neustädter Distrikt
1723 – 1761 Fürstbischof von Passau
1737 Kardinal

Joseph Dominikus Franz Kilian Graf von Lamberg wurde am 8. 7. 1680 als dreizehntes Kind des kaiserlichen Kammerherrn und Reichshofrates Franz Joseph Graf (seit 1711 Fürst) v. L. und der Anna Maria Gräfin von Trautmannsdorf auf Schloß Steyr (Oberösterreich) geboren. Die Familie L. gehörte zu den ersten Adelsfamilien Österreichs und war ursprünglich in Kärnten und Krain beheimatet. Der Großvater Johann Maximilian war Obersthofmeister Kaiser Leopolds I., ein Onkel war der Passauer Fürstbischof und Kardinal J. Ph. v. (→) Lamberg.

Bereits als Kind für den geistlichen Stand bestimmt, erhielt L. seine erste Schulbildung in Linz, wo sein Vater seit 1686 Landeshauptmann des Landes ob der Enns (Oberösterreich) war. 1694 – 97 studierte L. zusammen mit seinem zwei Jahre älteren Bruder Franz Anton als Alumne des Collegium Clementinum zu Rom Philosophie. Beide schlossen das Studium der

Philosophie 1698 in Bologna ab. Da Franz Anton keine Berufung zum geistlichen Stand verspürte, resignierte er 1698 zugunsten seines Bruders auf die Propstei Mattsee und auf sein Passauer Kanonikat. Nach einjährigem Rechtsstudium in Besançon kehrte L. 1698 zum Studium der Theologie nach Rom zurück. Den weiteren Aufstieg L.s bereitete im wesentlichen sein Onkel, der Passauer Bischof, vor. Am 21. 9. 1703 weihte er ihn in Passau zum Priester. Nach kurzer Bewährung als Pfarrer sowie als Mitglied des Passauer Geistlichen Rates (1702 – 03) und als unterennsischer Offizial in Wien (1703 – 06) wurde er 1706 Dompropst von Passau und 1707 Domkapitular in Salzburg. Im April 1708 ernannte ihn sein Onkel zum Offizial und Generalvikar für den bayerischen und oberösterreichischen Teil des Bistums Passau. Diese Stellen betrachtete die Familie jedoch nur als Etappen auf dem Weg zur bischöflichen Würde. Der Vater wollte seinem Sohn 1707 das Bistum Laibach verschaffen, doch lehnte dieser ab. Kardinal Lamberg versuchte dagegen, L. auf den bischöflichen Stuhl von Wien zu bringen. Dieser Plan zerschlug sich, als nach dem Tode Josephs I. Kaiser Karl VI. die Regierung übernahm, der der Familie L. weniger wohlgesinnt war als sein Vorgänger. Nun wandte die Familie sich an den Salzburger Erzbischof F. A. v. (→) Harrach, einen Vetter L.s. Als Harrach 1711 diesem das Bistum Lavant übertragen wollte, lehnte L. wieder ab, denn Lavant war das ärmste unter den vier Salzburger Eigenbistümern. Da das Privateinkommen des jungen L. noch bescheiden war, ersuchten Vater und Onkel Harrach, er möge L. das etwas einträglichere Seckau verleihen. Am 13. 3. 1712 erfüllte der Erzbischof diesen Wunsch und nominierte L. für Seckau. Am 4. 7. 1712 spendete er ihm in Salzburg die Bischofsweihe. Im September 1712 übersiedelte L. nach Seggau in die Steiermark, um die Regierung zu übernehmen, doch konnte die Inthronisation in der Kathedrale zu Seckau wegen verschiedener Hindernisse erst 1718 stattfinden. Das Verhältnis L.s zum Domkapitel war von Anfang an sehr gespannt, da das seit 1701 exemte Kapitel die bischöfliche Jurisdiktion abschütteln wollte. L. pochte jedoch auf seine Rechte und scheint sich um Hilfe nach Rom gewandt zu haben, fand dort allerdings kaum Unterstützung.

Da L. gleichzeitig das Amt des Salzburger Generalvikars für die Steiermark und den Neustädter Distrikt innehatte, brachte die Wiener Regierung die schon mehrfach gestellte Frage zur Sprache, ob dieses Amt mit dem des Bischofs von Seckau vereinbar sei, da jedem Ordinarius nur ein Generalvikar zustehe. Die

römische Kurie erklärte jedoch, daß es in
großen Bistümern mehrere Generalvikare geben könne. Dennoch erhob die Wiener Regierung weiterhin jedes Mal Protest, wenn ein
Seckauer Bischof zum Generalvikar bestellt
wurde. L. erwies sich als gewissenhafter Bischof und Generalvikar. In den neun Jahren
seiner Seckauer Tätigkeit konnte er u. a. 649
Priester weihen, 28 Kirchen konsekrieren, 86
Altäre und 298 Glocken weihen und mehr als
90 000 Personen firmen. Großen Wert legte er
auf die jährlichen Visitationen. Letztlich aber
betrachtete er Seckau als Durchgangsstation
auf dem Weg nach Passau oder Salzburg.

Nach dem Tode von Kardinal Lamberg (1712)
hoffte L. auf die Nachfolge in Passau, doch gab
er schließlich angesichts der Ausweglosigkeit
seiner eigenen Kandidatur mit seiner Stimme
den Ausschlag für R. v. (→) Rabatta. Nach
dessen Tod (1722) wurde er dann am 2. 1. 1723
mit tatkräftiger kaiserlicher Unterstützung mit
neun von 14 Stimmen zum Nachfolger postuliert. Die Translation erfolgte am 15. 3. 1723.
Am 10. 4. 1723 übernahm L. die Leitung des
Bistums und Hochstifts.

Obwohl Kandidat Karls VI., mußte sich L. bald
gegen die kaiserliche Politik wehren, als Karl
VI. versuchte, das 1722 zum Erzbistum erhobe-
ne Wien auf Kosten Passaus zu vergrößern.
Dies führte zu langen Auseinandersetzungen.
Nach seiner erfolglosen Bewerbung um das
Erzbistum Salzburg im Jahre 1727 entschloß L.
sich daher unter Ausschluß des Domkapitels

zu Geheimverhandlungen mit dem Kaiser. Dieser sagte L. für den Fall seines Einverständnis-
ses mit einer Abtretung passauischen Gebietes
an Wien zu, in Rom die Exemtion Passaus vom
Salzburger Metropolitanverband und für den
Bischof selbst das Pallium zu erwirken. So
verlor Passau 1728 das Viertel unter dem
Wiener Wald mit 64 Pfarreien. Die Proteste des
Domkapitels wiesen Kaiser und Papst zurück.
Mit der Ausgliederung Passaus aus dem Salzburger Metropolitanverband und seiner direkten Unterstellung unter den Hl. Stuhl war ein
alter Passauer Wunsch erfüllt.

Am 20. 12. 1737 berief Papst Klemens XII. L. in
das Kardinalskollegium. Karl VI. setzte ihm am
20. 4. 1738 das Birett auf. Als römische Titel-
che erhielt er 1740 San Pietro in Montorio. Im
gleichen Jahr nahm L. am Konklave teil, das
länger als ein halbes Jahr dauerte und aus dem
Benedikt XIV. hervorging.

Aber L. glaubte sich noch nicht am Ende seiner
kirchlichen Laufbahn. Noch zweimal, nämlich
1745 und 1747, bemühte er sich vergeblich um
das Erzbistum Salzburg. Das Erzstift hätte
L.s Fähigkeiten besonders gut gebrauchen
können, denn seine Finanzlage war desolat,
und die Erzbischöfe J. E. v. (→) Liechtenstein
und A. J. v. (→) Dietrichstein waren schwach.
So blieb L. Passau erhalten, das bei seinem
Regierungsantritt auch keine wohlgeordneten
Verhältnisse aufwies. Hofstaat und Verwaltung wurden reduziert bzw. gestrafft. Durch
Lenkung sollte die Wirtschaft gefördert werden. Für die Stadt Passau begann mit der
Regierung L.s eine konfliktfreie Zeit. Während
der Fürstbischof sich außenpolitisch mit den
österreichischen Optionen abfinden mußte,
konnte er in der Finanzpolitik eigene Vorstellungen entwickeln. Bei standesgemäßer Repräsentation vermochte L. es, durch größte Sparsamkeit den Schuldenberg des Hochstiftes
nicht nur abzubauen, sondern ein ansehnliches
Aktivkapital anzusammeln, obwohl er im Jahre
1730 die kostspielige Erwerbung der Herrschaft Neuburg/Inn vollzog. Auch Kunst und
Wissenschaft hatten unter seiner Sparsamkeit
nicht generell zu leiden. L. war zwar kein
Freund der Musik, und nach dem Tod des berühmten Benedikt Anton Aufschnaiter im Jahre 1742
besetzte er die Hofkapellmeisterstelle nicht
neu. Auch baute er keine Schlösser. Statt
dessen waren ihm Kirchenbau und -schmuck
ein stetes Anliegen. Hatte in der Stadt Passau
der Barock bereits unter seinen Vorgängern
Einzug gehalten, so sollte er im Hochstift erst
unter L. seine Blüte entfalten. L.s Liebe galt
ferner den Wissenschaften und den Büchern.
Seit 1737 stand er in freundschaftlicher Verbindung mit Ludovico Antonio Muratori

(1672 – 1750), der ihm 1738 seine Abhandlung „De paradiso" widmete. Dem hochangesehenen Jesuitenhistoriker Markus Hansic stand L. indessen skeptisch gegenüber, da er mit dessen 1727 aus hervorragender Quellenkenntnis geschriebenem erstem Band seiner „Germania sacra", der die Geschichte des Bistums Passau behandelte, nicht in allen Punkten einverstanden war. Der Reichtum der Passauer fürstbischöflichen Bibliothek ist L. zu verdanken. Auch das Studium am Jesuitenkolleg erreichte unter ihm, gefördert durch seine Stiftungen, einen Höhepunkt.

Als Oberhirte des an Umfang immer noch größten Bistums des Heiligen Römischen Reiches war L. der bedeutendste Seelsorgebischof seines Jahrhunderts. Während seiner fast 40jährigen Regierungszeit prägte er das Bild der Stadt und des Bistums. Den Ansatzpunkt der Pastoral L.s bildete die Wiederherstellung des religiösen Primats im Leben des einzelnen. Pflichttreue und Strenge kennzeichneten seine religiöse Haltung. Unermüdlich bereiste er das Bistum zur Visitation, zur Konsekration von Kirchen und Altären und zur Spendung der Firmung. Zu Zwecken der Seelsorge ließ er 1723 eine „Tabula geographica totius Dioecesis Passaviensis" anfertigen. Nach Dekanaten und Pfarreien unterteilt, war sie gleichsam eine geistliche Generalstabskarte für L., der sofort nach Amtsantritt auf zahlreichen Reisen mit dem Wagen, zu Pferd und mitunter zu Fuß sein Bistum und dessen Bewohner gründlich kennenlernte. Während seiner langen Regierungszeit unternahm er etwa 95 Visitationsreisen, die zwischen 80 und vier Tagen dauerten. Die Kosten dafür wie auch für den Unterhalt des Gefolges trug er aus eigener Tasche.

Größten Wert legte L. auf die religiöse Unterweisung der Kinder und auf die Feier der Liturgie. 1728 gründete er die Christenlehrbruderschaft nach dem Vorbild des hl. Franz von Sales, des Karl Borromäus und Pius' IV. Dabei machte er deutlich, daß der erwachsene Laie als Träger des allgemeinen Priestertums beim Unterricht die entsprechende Verantwortung übernehmen müsse. In den Bruderschaften erkannte L. einen bedeutenden Faktor des religiösen Lebens und ließ sich selbst aufnehmen. In Mariahilf ob Passau und bei der Liebfrauenzeche (Waagbruderschaft) nahmen die Eintragungen bis 1750 ständig zu. 1723 hatte er die Fronleichnamsbruderschaft aus ihrer Erstarrung gelöst und mit der Erzbruderschaft in Rom vereinigt. Nach Anordnung L.s hatten die Mitglieder monatlich an Prozessionen, an Predigt und Litanei teilzunehmen, die Priester bei der Überbringung der Krankenkommunion zu begleiten und, was im 18. Jh.

sehr viel bedeutete, dreimal jährlich die Sakramente zu empfangen.

Als frommer Barockbischof ließ L. dem Passauer Dom viele Stiftungen angedeihen. Den Heiligen des Barock, Johann Nepomuk, erklärte er zum Bistumspatron. Die barocke Frömmigkeit war in vielem auf das Äußerliche gerichtet. Ihre baulichen Zeugnisse und ihre Pracht sollten nach L.s Willen in Verbindung mit den Volksmissionen die österreichischen Geheimprotestanten für die katholische Kirche zurückgewinnen, doch erfüllten sich diese Hoffnungen nicht.

Am 30. 8. 1781 starb L. in Passau. Zum Universalerben hatte er die Domkustodie eingesetzt. L. wurde in einem eisernen Sarg in der Domgruft beigesetzt.

Schriften: Epistola pastoralis ad clerum Passaviensem (Passavii 1726, Retz 1755, Passau 1756). - Officia pietatis christianae erga deum, et sanctos, in octo paragraphos distributa, et ad usum quotidianum Christi fidelium impressa (Passavii 1734). - Instructio pastoralis ad usum missionariorum in Austria superiore expositorum (Passavii 1752).

Literatur: J. Oswald 322. - F. X. Eggersdorfer, passim. - G. Mecenseffy, Geschichte des Protestantismus in Österreich (Graz-Köln 1956). - K. Klamminger, in: K. Amon 330-333. - A. Leidl, Bischöfe 41 f. - Ders., Rel. Situation. - R. Weiß. - P. G. Tropper, Erneuerungsbestrebungen.

Abbildungsnachweis: Stich von Franz Ambros Dietel († 1730). - Wien NB 513.819 B.

August Leidl

Landsberg, Franz Ludolf Jobst Freiherr von († 1732)

1719 – 1721 Apostolischer Administrator von Münster

1680 – 82 Studium in Mainz; 1682 Domkapitular in Hildesheim, 1689 in Münster (1689 Aufschwörung, 1692 Emanzipation); Studium in Rom; seit 1693 residierend in Münster; 1701 Domdechant in Münster; 1706 – 07 Kapitularvikar in Münster; erfolglose Kandidaturen bei den Münsteraner Bischofswahlen von 1706 und 1718/19; 1719 – 21 für die Zeit der kanonischen Minderjährigkeit des Münsteraner Fürstbischofs (→) Clemens August von Bayern Apostolischer Administrator der Diözese Münster; 1717 Archidiakon in Dülmen; † 24. 1. 1732 in Münster; □ Dom zu Münster.

Quellen: ASV. - BAM.

Literatur: *J. Metzler*, Apostolische Vikariate 72. - *F. Keinemann*, Domkapitel Münster 241f. - *W. Kohl*, Domstift Münster 156f.

Michael F. Feldkamp

Langer, Johannes Chrysostomus († 1667)

1652 – 1665 Dechant und Fürsterzbischöflicher Vikar der Grafschaft Glatz (Erzdiözese Prag)

Mag. theol.; 1646 Pfarrer von Eckersdorf, Gabersdorf und Rot Waltersdorf; 1651 Pfarrer von Pischkowitz; 30. 8. 1652 Dechant und fürsterzbischöflicher Vikar der Grafschaft Glatz. Als 1664 das Bistum Königgrätz errichtet wurde (M. F. → Sobek von Bilenberg), blieb die Grafschaft, obwohl ehemals Teil des Archidiakonates Königgrätz, beim Erzbistum Prag. 1665 resignierte L. wegen seines Alters und wegen Streitigkeiten mit den staatlichen Behörden auf sein Amt. † 5. 12. 1667 in Habelschwerdt.

Literatur: *F. Volkmer* 62-64.

Erwin Gatz

Langwerth von Simmern, Gottfried Reichsritter (1669 – 1741)

1716 – 1730 Bistumsadministrator in Regensburg
1717 – 1741 Weihbischof in Regensburg, Ep. tit. Germanicopolitanus

* 19. 12. 1669 in Hattenheim (Rheingau) als erster Sohn des Georg Christoph L. und der Maria Katharina von Gemmingen. Die L. waren ein alteingesessenes Adelsgeschlecht, das sich seit Generationen zum Luthertum bekannte. L. trat unter dem Einfluß der Mainzer Jesuiten mit 18 Jahren zur katholischen Kirche über. Da er den geistlichen Stand ergreifen wollte, fand er auf Empfehlung des mit ihm verwandten Mainzer Erzbischofs A. F. v. (→) Ingelheim 1687 Aufnahme ins Päpstliche Seminar zu Fulda und 1689 ins Collegium Germanicum in Rom. 1692 verlieh ihm Papst Innozenz XII. die Anwartschaft auf eine Domherrenstelle in Regensburg, wo er 1693 als Domizellar und 1699 als Kapitular zugelassen wurde. Seit 1694 auch Propst am Marienstift in Erfurt, nutzte er die „Karenzjahre" u. a. zu juristischen Studien an der dortigen Universität. Am 29. 6. 1698 empfing er in seiner Kollegiatkirche die Priesterweihe.

In Regensburg lag der Schwerpunkt von L.s Tätigkeit im Bereich der Bistumsverwaltung.

Seit April 1701 Konsistorialrat, seit Juli 1704 auch Offizial und Generalvisitator, sammelte er in der Not des Spanischen Erbfolgekrieges jene pastorale Erfahrung, die aus all seinen späteren Reformmaßnahmen in der ihm durch päpstliches Breve vom 18. 9. 1716 als Administrator in spiritualibus überantworteten Diözese spricht. Gegen den Wunsch des bayerischen Kurfürsten und einer ansehnlichen Gruppierung im Domkapitel wurde L. am 10. 5. 1717 zum Titularbischof von Germanicopolis und Weihbischof in Regensburg ernannt. Die Konsekration durch den kaiserlichen Prinzipalkommissar Kardinal Christian August von Sachsen-Zeitz fand am 11. 7. 1717 in der Abteikirche von Prüfening statt. Während sich die Bistumsadministration erledigte, als Bischof (→) Johann Theodor von Bayern im Oktober 1730 das kanonische Alter erreichte, hatte L. das Amt des Weihbischofs wie das traditionsgemäß in Personalunion damit verbundene Präsidium im Geistlichen Rat bis zu seinem Tod inne.

Im Rahmen seines vielfältigen Aufgabenbereichs war L. um eine Neubelebung, Festigung und Vertiefung des religiös-sittlichen Lebens bei Klerus und Volk bemüht. Dabei ging er gegen allzu üppige Schößlinge barocker Frömmigkeit unnachsichtig vor, und Maßnahmen wie das Verbot der Passionsspiele oder die Reduzierung von Feiertagen, Bittgängen und Wallfahrten lassen ihn als Vorläufer einer gemäßigten Aufklärung erscheinen. Wichtigste Grundlage für seine pastoralen Entscheidungen wurde die 1723 – 24 erstellte „Designatio parochiarum", eine Bestandsaufnahme des gesamten Bistums. Naturgemäß galt die besondere Hirtensorge des Konvertiten den konfessionell gemischten Einsprengseln der Diözese, neben der Bischofsstadt selber vor allem den Simultanpfarreien im Herzogtum Sulzbach. Seinem sprichwörtlichen „zelus catholicae religionis" entsprang auch die tatkräftige Mithilfe bei der Errichtung eines schottischen Missionsseminars in Regensburg, das 1718 ins Leben trat und in der Folgezeit zu einem tragenden Pfeiler der schottischen Exilkirche auf dem Kontinent wurde. Darüber hinaus hat L. mit der Errichtung mehrerer Waisenhäuser und Armenschulen und mit dem Feldzug gegen den religiös-sittlichen Verfall des vagabundierenden Volkes, der sog. „Bettelmission", sozialkaritative Maßnahmen getroffen, die von hohem persönlichem Einsatz zeugen. Seine eigene Lebensführung war äußerst bescheiden, seine Frömmigkeit innerlich. Im Regensburg des 18. Jh., das infolge von Minderjährigkeit und mehrfacher Bepfründung bis zum Ende der sechziger Jahre keinen seiner Fürstbischöfe residieren sah, war L. zweifellos die bedeutend-ste geistliche Gestalt. In seinem schlichten, streng tridentinisch geprägten Leben und Wir-ken spiegeln sich wesentliche Züge des geistli-chen Antlitzes der späten Reichskirche. † 19. 6. 1741; □ Kreuzgang des Regensburger Domes.

Literatur: *H. Langwerth von Simmern*, Aus Krieg und Frieden. Kulturhistorische Bilder aus einem Familien-archiv (Wiesbaden 1906) 83-254. - *K. Hausberger*, Langwerth von Simmern. - *Ders.*, in: NDB 13 (1982) 614 f. (Lit.).

Karl Hausberger

Lanthieri Freiherr von Schönhaus und Reffen-berg, Raimund Ferdinand Graf (1667 – 1714)

1703 – 1707 Koadministrator in spiritualibus und Generalvikar in Olmütz

* 27. 3. 1667 in Krain; Besuch der Klosterschule Ettal; 1684 – 90 Studium in Rom als Alumne des Collegium Germanicum; 1688 Domherr, 1700 res. Domherr in Olmütz; von 1703 bis 29. 10. 1707 Coadministrator in spiritualibus und Generalvikar des Olmützer Bischofs (→) Karl von Lothringen; † 1714.

Literatur: *Z. Štěpánek*. - *J. Matzke*, Fürstbischöfe 62.

Aleš Zelenka

Lantz, Jean Jacques (1720 – 1799)

1785 – 1799 Generalvikar in Straßburg
1786 – 1799 Weihbischof in Straßburg, Ep. tit. Dorensis

* 1720 in Schlettstadt (Elsaß); sein Vater war Stadtrat; 1745 Dr. theol. (Straßburg); 1748 Domvikar in Straßburg (Pfarrei St. Lorenz); 1753 Assessor am Offizialat; seit 3. 6. 1756 Pro-Generalvikar und Pro-Offizial, wurde L. direk-ter Mitarbeiter von T. (→) Duvernin, dem er nach dessen Tod am 8. 8. 1785 in seinen Ämtern als Generalvikar und Offizial nachfolgte. L. war 20 Jahre lang Rektor der bischöflichen Universität in Straßburg. 3. 4. 1786 Titular-bischof von Dora und Weihbischof in Straß-burg. 15. 5. 1786 durch den Basler Weihbischof J. B. (→) Gobel konsekriert. Während der In-haftierung und Abwesenheit des Kardinals L. R. de (→) Rohan-Guéméné von Straßburg lag die Verantwortung für die Diözesanleitung bei L. 1790 begleitete er Rohan, als dieser sich in den rechtsrheinischen Diözesanteil zurück-zog. Unter L.s Leitung wurde die Diözesanver-waltung in die rechtsrheinischen Dekanate

Ottersweier, Offenburg und Lahr verlegt. † 6. 1. 1799 in Ettenheim.

Quellen: ASV Proc 187, f. 96-102.

Literatur: *R. P. Levresse* 18 f. - *J. Sieger*, 1790-1803: Louis René Edouard Prince de Rohan-Guéméné und Ettenheim. Schicksal einer ungleichen Beziehung, in: St. Bartholomäus Ettenheim, hg. v. *D. Weis* (Mün-chen-Zürich 1982) 236-255.

Louis Châtellier

Lassal von Kliman, Ignaz Leopold (1626 – 1676)

1671 – 1676 Generalvikar in Breslau

* 31. 7. 1626 in Glogau aus einer neugeadelten Patrizierfamilie; Besuch des Gymnasiums in Neisse; 1650 – 55 Studium in Rom als Alumne des Collegium Germanicum; 20. 9. 1653 Prie-sterweihe ebd.; Apostolischer Protonotar, spä-ter auch Ritter vom Hl. Grab; Dr. phil. et theol.; 1655 Domherr (päpstl. Prov.) in Breslau; bis 1663 Pfarrer und Erzpriester in Landshut (Schlesien); 1663 resid. Domherr; Kanonikus des Kreuzstiftes in Breslau; 1668 Archidiakon von Liegnitz; als solcher visitierte er im Auftrag von Bischof S. v. (→) Rostock dessen Archidia-konat; 1668 Domtheologe und -prediger und damit zugleich Rektor des Alumnates. Kardi-nal (→) Friedrich von Hessen berief ihn 1671 zum Generalvikar und Offizial. † 22. 8. 1676 in Breslau; □ Breslauer Dom.

Schriften: Sebastianischer Eyffer dess weiland Hoch-würdigsten, Durchlauchtigen, Hochgeborenen Für-sten und Herrn Sebastiani von Gottes Gnaden Bi-schoffens zu Breslau ... In dessen Leich-Exequien, so den 30 Juni in der Haupt-Kirchen S. Joannis zu Breslau gehalten vorgestellt (Neisse 1671).

Literatur: *J. Jungnitz*, Germaniker 166-170. - *H. Hoff-mann*, Dom Breslau 71 f. - *Ders.*, Alumnat 229 f. - *W. Urban*, Szkice 178-189.

Jan Kopiec

Lasser, Johann Friedrich von (1708 – 1769)

1748 – 1769 Weihbischof im thüringischen Teil der Erzdiözese Mainz, Ep. tit. Lycoponiensis

* 12. 1. 1708 in Mainz als Sohn des kurmainzi-schen Hofgerichtsassessors Johann Heinrich v. L. und der Maria Sophia von Faber; 1723 tonsuriert; Studium der Philosophie und Theo-logie in Mainz; 1730 Bacc. theol.; 1732 als Assessor Dekan der Juristischen Fakultät Mainz, 1738 Professor; 1748 Dr. theol. (Mainz);

11. 7. 1734 Priester; Kanoniker und Kantor von Stift Mariagreden in Mainz; Geistlicher Rat; Assessor am Mainzer Generalvikariat; erzbischöflicher Siegler; 1747 bestimmte Erzbischof J. F. K. v. (→) Ostein ihn zum Mainzer Weihbischof in partibus Thuringiae; 16. 9. 1748 Titularbischof von Lycopolis; 30. 11. 1748 Konsekration in Mainz durch Ostein; seit 1749 residierte L. in Erfurt; Prokanzler der Universität Erfurt; † 12. (14.?) 4. 1769 in Erfurt.

Literatur: *V. F. de Gudenus* IV 839. - *J. S. Severus* 63. - *F. A. Koch* 123 f. - *J. Feldkamm* 90 f. - *O. Praetorius* 137.

Friedhelm Jürgensmeier

Łaszewski, Michał Remigiusz (1682 – 1746)

1730 – 1746 Weihbischof der Diözese Ermland, Ep. tit. Macrensis

* 1682 auf dem westpreußischen Familiengut Stendsitz; sein Vater war Fähnrich; Studium der Theologie an der Akademie zu Posen und seit 1702 in Rom (Sapienza); 1707 Dr. iur. utr.; 1707 Domherr von Włocławek; 12. 9. 1707 Priester; 1709 als Professor der Philosophie und Theologie Domherr von Ermland (päpstl. Verleihung); 1720 Domkustos. Während der Abwesenheit von Bischof T. A. (→) Potocki übte L. das Amt des Statthalters aus. Bischof K. J. A. (→) Szembek, den L. vielfach auf seinen Reisen begleitete, wählte ihn 1730 zu seinem Weihbischof, während der König ihn im gleichen Jahr für die ermländische Dompropstei präsentierte. 2. 10. 1730 Titularbischof von Macri; 6. 12. 1730 Konsekration durch Szembek in Heilsberg. 1742 nahm L. für sein ermländisches Domkanonikat den Offizial von Pomerellen, Johann Franz Fahl, als Koadjutor an. L. gehörte zu den vielseitigsten, gebildetsten und tüchtigsten Persönlichkeiten der ermländischen Diözesanleitung. Auch als Teilnehmer der Landtage in Marienburg und des Sejm in Warschau bewährte er sich. Während seiner letzten Lebensjahre kam es zwischen ihm sowie dem Diözesanbischof und dem Domkapitel zu Spannungen, so daß L. sich immer mehr zurückzog. † 2. 10. 1746 in Frauenburg; □ Frauenburger Dom.

Schriften: *K. Estreicher* 21 (1906) 107 f.

Literatur: *A. Eichhorn*, Prälaten 338 f. - *Ders.*, Weihbischöfe 154 f. - *E. Brachvogel*, Grabdenkmäler 740. - *A. Rogalski* 209. - *T. Oracki* (1963) 176. - *Z. Mazur*, Michał Remigiusz Łaszewski (1682-1746) - biskup pomocniczy warmiński [M. R. Ł. - Weihbischof in Ermland], in: Komunikaty Mazursko-Warmińskie 1979 Nr. 2 (144) 165-181. - *T. Oracki* 2 (1988) 24.

Anneliese Triller

Ledrou, Pierre Lambert ⟨OSA⟩ (1640 – 1721)

1715 – 1721 Generalvikar in Lüttich

* 1640 in Huy; 1658 Eintritt in den Orden der Augustiner-Eremiten in Huy; 12. 4. 1664 Priesterweihe in Lüttich; Lektor in Huy und Brüssel, seit 1668 in Löwen; 1673 Dr. theol. Löwen; Professor der Theologie an der Universität Löwen; 1677 als Mitglied einer Löwener Gesandtschaft nach Rom zur Verurteilung mehrerer Lehrsätze; 1678 – 87 zugleich Lektor der Theologie an der Löwener Park-Abtei; 1680 Studienregens im Löwener Augustiner-Kolleg; 1682 – 85 Provinzial seines Ordens; 1685 zum Generalkapitel nach Rom; Lektor der Hl. Schrift in Bologna; 1687 an der Sapienza und Präfekt des Seminars der Propaganda. Da L. seit 1689 den Besitz der Universität Löwen mitzuverwalten hatte, reiste er 1690 in die Niederlande zurück. 25. 6. 1692 Titularbischof von Porphyr; Kanonikus in Lüttich/Saint-Paul; 1704 Domkapitular in Lüttich; 1704 auch Propst des Stifts St. Stephan in Mainz und Archidiakon von Hessen; 20. 8. 1715 Generalvikar in Lüttich; entschiedener Gegner des Jansenismus; † 6. 5. 1721.

Schriften: De contritione et attritione dissertationes quatuor, quibus ostenditur non requiri in reconciliationis Sacramento perfectam et se sola justificantem contritionem: certum tamen non esse, nec a Tridentino definitum, imo nec verum quod sufficiat attritio servilis, praesertim cognita, sed opus esse aliquo, saltem imperfectae charitatis actu, seu Dei propter se super omnia dilectione; hancque cum peccato, ex extra gratiae sanctificantis consortium stare posse; ac demum singularum ejusmodi opinionum genealogia texitur (Rom-Löwen 1707; München 1708). - Confutatio discussionis theologicae per R. D. Augustinum Michel, S. Aug. canonicum Regularem Understorffensem S. Theol. et J. U. D. ac Profess. emeritum etc. contra quatuor de contritione et attritione dissertationes F. Petri Lamberti Le Drou Huyensis (Löwen 1716).

Literatur: *J. de Theux* 4 (1872) 6 f. - *U. Berlière* 140-147. - *J. Paquay* 49. - *L. Jadin*, Procès 379 f. - *E. Poncelet* 50.

Alfred Minke

Lehenbauer, Johann Martin (1724 – 1790)

1775 – 1790 Generalvikar in Eichstätt

* 5. 11. 1724 in Sappenfeld bei Eichstätt; 1740 – 46 Besuch des Jesuitengymnasiums in Eichstätt; 1746 – 51 päpstlicher Alumne in Dillingen; 1751 Lic. theol.; 28. 3. 1750 Priesterweihe in Eichstätt; 1751 Studium der Rechte in Ingolstadt; 1752 Dr. iur. utr. ebd.; 1752 Instruk-

tor der Edelknaben in Eichstätt; 1756–57 Kanonikus am Chorherrenstift in Herrieden; 1757 Kanonikus am Willibaldschor im Eichstätter Dom; 1760–76 wiederum Kanonikus in Herrieden; 1781 erneut Kanonikus und 1785 Dekan in Herrieden; vom 9. 12. 1775 bis 1. 4. 1790 Generalvikar der Fürstbischöfe R. A. v. (→) Strasoldo und J. A. v. (→) Zehmen; † 1. 4. 1790 in Eichstätt.

Schriften: 1081 Vollständige, unverfälschte Urkunden von der Justizgeschichte des Thomas Hartmann. Samt Bemerkungen über den Despotismus der heutigen Journalisterey (o. O. 1784).

Literatur: K. Ried, Johann Martin Lehenbauer von Sappenfeld, in: Heimgarten. Beil. z. Eichstätter Volkszeitung - Eichstätter Kurier 23 (1952) Nr. 4-9. - B. Lengenfelder.

Ernst Reiter

Lejeas, François Antoine ⟨OCist⟩ (1744–1827)

1809–1814 nominierter Bischof von Lüttich

François Antoine Lejeas wurde am 12. 7. 1744 in Dijon geboren. Bis zur Aufhebung der Orden in der Französischen Revolution gehörte er dem Zisterzienserkonvent von Bon-Repos an. 1791 leistete er den Eid auf die Zivilkonstitution. Zu diesem Zeitpunkt war er „Chapelain des Dames de L'Abbaye de Saint-Antoine" in Paris. Seinem Bruder, der dem französischen Senat angehörte, verdankte er seine am 15. 2. 1803 erfolgte Ernennung zum Generalvikar in Paris. Nach dem Tode von Erzbischof Kardinal Jean Baptiste de Belloy (10. 6. 1808) wählte das Domkapitel von Paris ihn zum Kapitularvikar. Seine Nomination zum Bischof von Lüttich (9. 2. 1809) verdankte L. ebenfalls einem Verwandten, und zwar einem Schwiegersohn seines Bruders, dem Minister-Staatssekretär Maret. L.s Ernennung scheint in Lüttich positiv aufgenommen worden zu sein, denn am 6. 3. 1809 sprach das Domkapitel ihm in einem von allen Mitgliedern unterzeichneten Schreiben nicht nur seine Glückwünsche aus, sondern es bat ihn auch, so bald wie möglich nach Lüttich überzusiedeln. Da Papst Pius VII. aus Protest gegen die französische Besetzung Roms und die Ausweisung seiner engsten Mitarbeiter den von Napoleon nominierten Bischöfen damals jedoch die kanonische Institution verweigerte, entsandte L. Ende Mai 1809 den Domherrn und Promotor des Offizialates von Paris, Rudemare, zur Wahrnehmung seiner Interessen nach Lüttich. Obschon Kapitularvikar H. (→) Henrard eine Beteiligung L.s an der Bistumsleitung befürwortete, sprach sich das Domkapitel am

5. 6. und wieder am 11. 9. 1809 einstimmig gegen L.s Wahl zum zweiten Kapitularvikar aus.

Am 3. 8. 1810 forderte Kultusminister Bigot de Préameneu alle nominierten Bischöfe auf, sich in ihre Diözesen zu begeben. Als L. nun das Kapitel um seine Stellungnahme bat, erklärte dieses sich zwar bereit, „Monsieur Lejeas" mit dem gebührenden Respekt zu empfangen, doch wich es inhaltlich von seiner früheren Entscheidung nicht ab. Der daraufhin nach Paris zitierte und unter starken Druck gesetzte Henrard bot schließlich dem Domkapitel seinen Rücktritt an und schlug vor, an seiner Stelle L. zum Generalvikar zu wählen. Auf diesen Vorschlag ging das Kapitel, um Schlimmeres zu verhüten, am 1. 10. 1810 ein. Daraufhin konnte Henrard nach Lüttich zurückkehren. L. folgte ihm bald nach, doch versuchte das Domkapitel, dessen Einfluß auf die Verwaltung einzuschränken. Als Henrard am 29. 10. 1810 aus Altersgründen um Koadjutoren bat, bestätigte das Kapitel ihn als Kapitularvikar, ernannte aber L. sowie den bischöflichen Kommissar in Maastricht H. L. (→) Partouns zu seinen Mitarbeitern. Es wies allerdings darauf hin, daß dieser Beschluß durch äußere Umstände erzwungen sei und die päpstliche Zustimmung voraussetze. Die Regierung bestand jedoch darauf, daß nur L. die offiziellen Verlautbarungen unterzeichnete und das Bistum leitete. Während das Kapitel im ersten Punkt nachgab, machte es die Gültigkeit sämtlicher die Diözesanverwaltung betreffenden Entscheidungen vom Einverständnis aller drei Kapitularvikare abhängig.

Auf Geheiß Napoleons versuchte der Präfekt des Ourthe-Départements zu Beginn des Jahres 1811, die Wahl von L. zum alleinigen Kapitularvikar durchzusetzen. Als Domkapitular J. A. (→) Barrett sich dem widersetzte, wurde er nach Besançon deportiert, wo er 26 Monate verblieb. Ob die Mehrheit des Kapitels dem Druck nachgegeben hat, ist aus den Quellen nicht mit Sicherheit zu ermitteln. Staatliche Stellen bezeichneten jedenfalls L. seitdem als General- und Kapitularvikar, Henrard und Partouns hingegen als Generalvikare sede vacante. L. selbst begann seine Rundschreiben im allgemeinen mit der Formel „Vicaire général capitulaire, nommé à l'évêché de Liège, administrateur le siège vacant", unterzeichnete aber gelegentlich auch mit „Evêque de Liège".

L., der als Offizial von Paris die Annulierung der Ehe Napoleons mit Joséphine de Beauharnais betrieben hatte, zeigte sich auch in Lüttich der Regierung gegenüber sehr entgegenkommend. Vor allem im niederländischsprachigen

Teil der Diözese, wo die Kirchenpolitik Napoleons zunehmend auf Widerstand stieß, wurde seine Rechtmäßigkeit daher bestritten. Dennoch hat sich L. um das Bistum verdient gemacht und die materielle Lage des Klerus sowie dessen Ausbildung zu heben versucht. 1812 erhielt er zwar die päpstliche Bestätigung, doch verweigerte nun die kaiserliche Kanzlei wegen der Formulierung des päpstlichen Schreibens ihre Zustimmung.

Am 22. 1. 1814 verließ L. Lüttich vor den herannahenden Alliierten. Nach der Abdankung Napoleons brachte er sich in den Besitz des päpstlichen Ernennungsschreibens und machte erneut seine Rechte auf das Bistum Lüttich geltend. Das Domkapitel schlug jedoch stattdessen am 1. 6. 1814 den früheren Fürstbischof F. A. de (→) Méan für die Leitung der vakanten Diözese vor. Auf Betreiben Barretts verbot Pius VII. die Konsekration L.s und wies das Domkapitel an, eine Inbesitznahme nicht zuzulassen. Nachdem die niederländische Regierung ihm eine Pension zuerkannt hatte, verzichtete L. auf weitere Ansprüche. Er starb am 16. 4. 1827 in Brüssel.

Literatur: *L. Vanderryst* *14-*18. - *J. Daris*, Liège 4 (1873) 219-239. - *J. Puraye*, François Antoine Lejeas, „évêque" de Liège, in: Revue générale belge 90 (1953/54) 475-482. - *L. Grégoire*, La nomination de Lejeas à l' évêché de Liège, in: Revue de droit canonique 5 (1955) 335-345.

Alfred Minke

Lejeune, Albert ⟨OCarm, Taufname: Mathieu Joseph⟩ (1755-1819)

1798 – 1801 Generalvikar in Lüttich
1802 – 1806 Generalvikar in Megen und Ravenstein

* 17. 2. 1755 in Thimister (Bistum Lüttich); 1744 Eintritt in den Orden der unbeschuhten Karmeliten; 14. 3. 1778 Priesterweihe in Lüttich; bei Aufhebung der Klöster durch die Franzosen im Jahre 1796 gehörte er dem Lütticher Konvent „en Isle" an. Als die französische Republik 1797 von allen belgischen Priestern den sog. Haßeid verlangte, ernannte der im Exil lebende Bischof F. A. de (→) Méan L. sowie den Lütticher Stiftsherrn J. B. (→) De Saive zu Generalvikaren für jene Lütticher Geistlichen, die den Eid verweigerten. Unter dem Decknamen Titius übte er sein Amt im geheimen aus. 1798 zur Deportation verurteilt, konnte er sich der Verhaftung entziehen. Am 26. 8. 1802 ernannte Méan L. zum Generalvikar in den auf dem Gebiet der Batavischen Republik liegenden Distrikten Megen

und Ravenstein, die von der konkordatären Neugliederung nicht betroffen waren. Im August 1803 nahm L. seine Tätigkeit auf, mußte aber 1806 aufgrund politischer Schwierigkeiten mit der Haager Regierung durch den Pfarrer von Haren ersetzt werden. 1817 Kaplan in Ramelot (Pfarre Scry); † 13. 12. 1819 ebd.

Literatur: *L. Vanderryst* *6 f. - *G. Grondal*, Le schisme titien dans la région, in: Au pays de Herve-Aubel. Miscellanées historiques, biographiques et généalogiques (Aubel 1956) 66-70. - *W. A. J. Munier*. - *A. Deblon*, in: Carmelus 30 (1983) 106.

Alfred Minke

Lenzbourg, Bernard-Emmanuel de ⟨OCist⟩ (1723 – 1795)

1782 – 1795 Bischof von Lausanne
1792 – 1795 Administrator des Erzbistums Besançon und des Bistums Belley

Bernard-Emmanuel de Lenzbourg entstammte einer seit Ende des 14., nach andern seit Mitte des 15. Jh. in Freiburg/Schweiz ansässigen Familie. Sein Vater, Jean-Antoine Lentzburger, war Offizier in französischen Diensten und wurde 1737 Landvogt von Bulle. L. wurde als zweites Kind seines Vaters und der Marie-Ursule de Vevey zu Freiburg geboren und am 29. 11. 1723 auf den Namen François-Pierre-Emmanuel getauft. Sein älterer Bruder Simon-Nicolas schlug wie der Vater eine militärische Laufbahn in Frankreich ein. Er wurde später Landvogt von Châtel-St-Denis und 1766 ermächtigt, seinen Namen „Lentzburger" in „de Lenzbourg" zu ändern. L. besuchte das Jesuitenkolleg zu Freiburg und trat dann in das Zisterzienserkloster Hauterive ein. 1741 legte er die Profeß ab und nahm den Namen Bernard-Emmanuel an. Er wurde am 23. 12. 1747 zum Priester geweiht. Als Prokurator von Hauterive ordnete er das Klosterarchiv neu und legte mehrere Bände von Urkundenabschriften an. Anfang September 1761 zum Abt von Hauterive gewählt, setzte er seine literarische Tätigkeit fort, wobei er im Zusammenhang mit seinen fast ausschließlich der Geschichte Hauterives und der Diözese Lausanne gewidmeten Arbeiten einen regen Briefwechsel mit Gelehrten seiner Zeit, namentlich mit Beat Fidel Zurlauben, Gottlieb Emanuel Haller und Alexander Ludwig von Wattenwyl unterhielt. Trotz der schwierigen finanziellen Situation Hauterives ließ L. den barocken Neubau der Konventsgebäude fertigstellen. 1768 wurde er in jene Äbtekommission berufen, die im Auftrag des Generalkapitels neue Konstitutionen für die Klöster des Zisterzienserordens in Frankreich ausarbeitete. 1778 promulgierte er als Delegierter von Nuntius Giovanni Battista Caprara in der freiburgischen Kartause La Valsainte die päpstliche Bulle zur Aufhebung dieses Klosters.

Nach dem Tode des Lausanner Bischofs J.-N. de (→) Montenach (1782) ernannte Papst Pius VI. L. am 2. 11. 1782 zum Bischof von Lausanne. Aufgrund eines päpstlichen Breves vom 1. 3. 1783 blieb ihm die Abtwürde samt einer jährlichen Pension von 400 Kronen. Am 24. 8. 1783 empfing er in Bellelay vom Basler Weihbischof J. B. (→) Gobel die Bischofsweihe. Am 31. 8. hielt er feierlichen Einzug in Freiburg. Im September 1783 begann er seine erste Diözesanvisitation, die mit Unterbrechungen bis 1786 dauerte. L. gab 1785 einen Katechismus heraus, setzte im selben Jahr eine Kommission zur Reform des Diözesanbreviers ein und unterzeichnete 1787 das Vorwort der maßgeblich vom Chorherrn Charles-Aloyse Fontaine nach dem Vorbild der Breviere von Paris und Besançon gestalteten Neuausgabe. Die Académie des Sciences von Besançon ernannte ihn 1786 zu ihrem Ehrenmitglied. Durch Gunsterweis Ludwigs XVI. und mit päpstlicher Dispens vom 20. 10. 1788 wurde er Kommendatarprior von Prévessin (Dép. Ain).

Trotz seiner Sympathien für die liturgischen Auffassungen der katholischen Aufklärung war L. kein Freund der Philosophie des Jahrhunderts, deren antireligiösen Charakter er wiederholt anprangerte. Mit allem Nachdruck untersagte er 1790 die Verbreitung revolutionärer Schriften in seiner Diözese. Nachdem Erzbischof Raymond de Durfort von Besançon am 19. 3. 1792 im Solothurner Exil verstorben war, übernahm L. als amtsältester Suffragan die Administration von Besançon und der gleichfalls vakanten Diözese Belley. Er ernannte Generalvikare und verurteilte in einem gegen Philippe-Charles-François Seguin, den gewählten konstitutionellen Bischof des Doubs, gerichteten Rundschreiben scharf den konstitutionellen Klerus und die schismatische Kirche in Frankreich. In einem Hirtenschreiben erklärte er 1792 seine unverbrüchliche Treue gegenüber dem Hl. Stuhl und wiederholte seine vorbehaltlose Annahme des päpstlichen Urteils über die Zivilkonstitution des Klerus. Als Administrator von Besançon und Belley unterzeichnete L. sämtliche wichtigen Verlautbarungen des Komitees der französischen Bischöfe in Freiburg mit. Freigebig unterstützte er die in die Diözese Lausanne emigrierten französischen Geistlichen und Klosterfrauen und setzte sich besonders für die Niederlassung der Trappisten in der Valsainte, die Retraite chrétienne des P. Antoine-Sylvestre Receveur sowie für die Gründung eines Priesterseminars ein. L. starb am 14. 9. 1795. Er wurde in der Familiengruft im Freiburger Franziskanerkloster beigesetzt.

Schriften: HS III/3 (1982) 239f.

Literatur: M. Schmitt - J. Gremaud II 537-539. - Ch. Holder 554-560. - G. von Wyss, in: ADB 18 (1883) 280. - A. Daguet 157f. - HBLS 4 (1927) 658. - T. de Raemy, L'émigration française dans le canton de Fribourg 1789-1798 (Fribourg 1935). - G. Andrey, Les émigrés français dans le canton de Fribourg 1789-1815 (Neuchâtel 1972). - C. Santschi, Les évêques de Lausanne et leurs historiens des origines au XVIIIᵉ siècle. Erudition et société (Lausanne 1975). - M. Michaud, La contre-révolution dans le canton de Fribourg (1789-1815). Doctrine, propagande et action (Fribourg 1978). - J.-P. Uldry - G. Andrey, in: Geschichte des Kantons Freiburg Bd. I (Freiburg/Schweiz 1981) 566-589. - J.-P. Renard, in: HS III/3 (1982) 237-240. - P. Braun, in: HS I/4 (1988) 165 - 167 (Lit.).

Abbildungsnachweis: Ölgemälde, unbek. Künstler. - AELGF Fribourg.

Patrick Braun

Leopold Wilhelm, Erzherzog von Österreich (1614 – 1662)

1626 – 1662 Fürstbischof von Passau
1626 – 1662 Fürstbischof von Straßburg
1627 – 1662 Fürstbischof von Halberstadt
1635 – 1645 Bischofsadministrator von Bremen und Magdeburg

1638 – 1662 Fürstbischof von Olmütz
1639 – 1662 Hoch- und Deutschmeister
1656 – 1662 Fürstbischof von Breslau

Leopold Wilhelm, Erzherzog von Österreich, wurde am 6. 1. 1614 in Wiener Neustadt als siebtes Kind und vierter Sohn des späteren Kaisers Ferdinand II. und der Maria Anna, einer Tochter des Herzogs Wilhelm von Bayern, geboren. Als Knabe erhielt er in Graz die niederen Weihen. Dort absolvierte er auch das Gymnasium. Philosophie und Theologie studierte er ab 1630 in Wiener Neustadt und in Wien. Bereits als Elfjähriger wurde L. W., dem eine bedeutende Rolle in der Reichskirchenpolitik des Hauses Habsburg zugedacht war, Domizellar in Passau und Salzburg. Seit 1624 besaß er ein Eligibilitätsbreve für Passau und Straßburg, wo er die Nachfolge von Erzherzog Leopold antreten sollte, der 1625 aus politischen und persönlichen Gründen auf beide Bistümer verzichtete. Angesichts der politischen Lage und der Tatsache, daß damals die Gegenreformation in Österreich auf ihrem Höhepunkt stand, war das habsburgische Interesse am Bistum Passau, dessen größter Teil sich über die Erbländer Ober- und Niederösterreich erstreckte, selbstverständlich. Ende 1625 gewannen Erzherzog Leopold und sein Bruder Kaiser Ferdinand II. das Passauer Kapitel dafür, L. W. als Koadjutor mit dem Recht der Nachfolge anzunehmen. Die Postulation erfolgte am 8. 11. 1625, die päpstliche Bestätigung am 1. 2. 1626.

Als Administrator wurde ihm Domdekan Marquard von Schwendi beigegeben. Auch in Straßburg, das Erzherzog Leopold 1608 mit Waffengewalt übernommen hatte, akzeptierte man L. W. 1625 als Nachfolger. Die päpstliche Bestätigung der Postulation erfolgte am 10. 10. 1626. Auch hier erhielt L. W. einen Administrator. Am 24. 12. 1627 wählte dann unter kaiserlichem Druck das Halberstädter Domkapitel L. W. zum Bischof. Dies war angesichts des in Halberstadt seit dem Anfang des 17. Jh. zu beobachtenden Wiedererstarkens des Katholizismus von besonderer Bedeutung. Nachdem L. W. nach Erreichen des Mindestalters 1634 in den genannten Bistümern die Administration selbst übernommen und 1635 nach dem Abschluß des Prager Friedens auch noch die Administration der mittlerweile lutherischen Erzbistümer Magdeburg und Bremen erhalten hatte, postulierte ihn auf Weisung des Kaisers am 16. 11. 1637 auch das Olmützer Kapitel zum Bischof (28. 9. 1638 bestätigt). 1639 erfolgte seine Wahl zum Hoch- und Deutschmeister. Während er 1645 die Erzbistümer Magdeburg und Bremen wieder abgeben mußte, brachte ihm 1655 die Postulation in Breslau (21. 1. 1656

bestätigt) noch einmal einen realen Machtzuwachs. L. W. war außerdem Kommendatarabt von Hersfeld, Murbach und Luders. Kein anderer Habsburger hat je ein solches Maß an kirchlichen Ämtern besessen.

Die Priester- und Bischofsweihe empfing der streng kirchlich eingestellte Erzherzog nicht. Die Vielzahl seiner Ämter erlaubte es ihm auch nicht, seine Bistümer persönlich zu verwalten. In der Regel erledigten das die Mitglieder der Domkapitel. Er trug aber Sorge, daß Dekane und Generalvikare regelmäßig die erforderlichen Visitationen durchführten. Die schriftlichen Berichte überprüfte er gewissenhaft. Infolge seiner dynastischen Bindungen war L. W. ein Garant des Katholizismus und der Gegenreformation im Reich. Trotz seiner politisch bedingten Ämterhäufung, die im Gegensatz zum Tridentinischen Bischofsideal stand, erscheint er in der Geschichtsschreibung als geistlicher Regent von fast übergroßem Pflichtgefühl.

1632 kam L. W. nach Passau, um wenigstens in diesem Bistum seiner Residenzpflicht zu genügen. Wie sein Vorgänger Leopold war L. W. ein großer Verehrer der Gesellschaft Jesu. So hielt er die Passauer Stiftung seines Vorgängers durch, baute das Jesuitenkolleg weiter aus und gründete 1638 ein eigenes Priesterseminar. Dadurch wurde das Kolleg mit Gymnasium, Diözesanhochschule und Hoftheater zur geistig-geistlichen Zitadelle.

Als Angehöriger des Hauses Habsburg konnte L. W. während des Dreißigjährigen Krieges nicht zurückgezogen in einer seiner Bischofsstädte, auch nicht in dem Österreich und Böhmen nahe gelegenen Passau leben. Nach dem Tod seines Vaters Kaiser Ferdinand II. im Jahre 1637 wuchsen ihm vielmehr politische und administrative Aufgaben als Gubernator und Sondergesandter in den habsburgischen Erbländern zu. Als 1639 der Krieg in eine kritische Phase kam, bestellte Kaiser Ferdinand III. ihn zum Generalissimus. Da die Kommandeure zerstritten, die Bundesgenossen unsicher geworden waren, schien nur ein Erzherzog die Kräfte wieder zusammenzwingen zu können. L. W. hat in der chaotischen Spätzeit des Krieges als taktisch kluger und persönlich tapferer Feldherr in Sieg und Niederlage mehr Schlachten geschlagen als ein anderer Heerführer seiner Zeit. 1644 zog er sich für ein Jahr nach Passau zurück. 1645 übergab Ferdinand III. ihm erneut den Oberbefehl, diesmal mit Vollmachten, wie sie seit Wallenstein kein Generalissimus mehr innegehabt hatte. Da kein militärischer Sieg mehr möglich war, konzentrierte L. W. sein Bemühen auf die Friedensverhandlungen in Münster und Osnabrück. Noch vor dem Friedensschluß legte er das Kommando nieder und übernahm 1647 das Amt eines Generalstatthalters der spanischen Niederlande. Bis 1656 residierte er in Brüssel, wo er eine der bedeutendsten Kunstsammlungen anlegte, deren fast 4000 Stücke er 1656 nach Wien brachte. Tiefe Melancholie, die wohl zu seinem Wesen gehörte, und die Erkrankung seines Bruders veranlaßten L. W. damals, von Brüssel Abschied zu nehmen. Persönlicher Ehrgeiz lag ihm jedoch fern. Dies zeigte er 1657, als ihn nach dem Tod Ferdinands III. eine starke Partei im Reich als Kaiser wünschte, da Ferdinands Sohn Leopold mit seinen knapp 18 Jahren noch zu jung erschien. L. W. verhalf indes seinem Neffen in uneigennütziger und diskreter Weise zur Kaiserkrone. Er wurde Leopolds I. erster und wichtigster Berater und rückte so 1658 noch einmal ins Rampenlicht der diplomatischen und politischen Beobachter. Es scheint, daß er seine Bistümer damals ein wenig vergessen hatte, und zum Empfang der höheren Weihen konnte sich der fromme und untadelig lebende L. W. nicht mehr entschließen. 1662 wurde er durch die Nachricht vom großen Brand seiner Bischofsstadt Passau aufgeschreckt. Er schenkte sofort 45 000 Gulden zum Wiederaufbau. Am 2. 11. 1662 starb er in Wien. Er wurde in der kaiserlichen Gruft der Kapuziner beigesetzt.

Literatur: *J. Oswald* 252-261. - *F. X. Eggersdorfer* 77-88. - *B. Hubensteiner*, Passau. - *H. Peters* 19-22, 26-31. - *A. Leidl*, Bischöfe 37. - *A. Zelenka* 234 f.

Abbildungsnachweis: Öl auf Leinwand. - Jan van der Hoecke (1611-1651). - Aus der Slg. d. Erzh. Leopold Wilhelm Nr. 286. - Kunsthistorisches Museum Wien Inv. Nr. 3284, Bild Nr. A 4243.

August Leidl

Lersmacher, Cornelius Gerhard
(um 1660 – 1729)

1719 – 1721 Generalvikar für das Obererzstift
Trier in Trier

* um 1660 in Freialdenhoven bei Jülich; Studium in Trier (1684 Mag. art.); 1688 nach über 10jährigen Bemühungen Kanonikus, 1703 – 19 Fabrikmeister, 1706 – 31 Dekan des Stiftes St. Paulin in Trier; 1688 Priesterweihe (Minores und Subdiakonat im November 1687 in Mainz); 1704 Apostolischer Protonotar; 1718 kurfürstlicher Geheimer Rat; Syndikus des Klerus des Obererzstifts: 16. 3. 1719 gemäß der Konsistorialverordnung von Kurfürst-Erzbischof (→) Franz Ludwig von Pfalz-Neuburg Generalvikar für das Obererzstift und Präsident des Konsistoriums. Unter der (vermutlich unberechtigten) Beschuldigung der Veruntreuung von Geldern des Stifts und des Klerus am 24. 5. 1721 verhaftet, in der Festung Ehrenbreitstein inhaftiert und der Ämter des Geheimen Rates und des Generalvikars enthoben. Am 25. 7. 1728 entlassen, wurde L. zwar öffentlich respektiert, aber nicht rehabilitiert. † 24. 11. 1731; ☐ St. Paulin in Trier.

Quellen: DDAMz, Pontifikalien Volusius. - BATr, Abt. 80/4.

Literatur: *F. J. Heyen.*

Wolfgang Seibrich

Leski, Wojciech Stanisław ⟨OCist⟩
(1702 – 1758)

1747 – 1758 Bischof von Kulm

Wojciech Stanisław Leski wurde im Jahre 1702 als Sohn des Kulmer Landrichters Jan L. und der Joanna Trzcińska zu Klinzkau (Klęczkowo) im Kulmer Land am 8. 5. in der Pfarrkirche zu Sarnau (Sarnowo) getauft. Mit 21 Jahren trat er wahrscheinlich auf Veranlassung des mit ihm verwandten damaligen Abtes und späteren Kulmer Bischofs T. F. (→) Czapski in das Zisterzienserkloster Pelplin ein. Dort studierte er Philosophie und Theologie, später in Rom Kirchenrecht. Am 15. 8. 1723 legte L. die Profeß ab, am 27. 3. 1727 empfing er die Priesterweihe aus der Hand Czapskis, der damals bereits Koadjutor des Bischofs von Kulm war und L. zu seinem Sekretär ernannte. Als Generalprokurator seines Konvents führte L. beim Krontribunal viele Prozesse. Nach dem Tod Czapskis (1733) wurde er in Pelplin zum Prior gewählt. Der Konvent des Zisterzienserklosters Wąchock in Kleinpolen postulierte ihn 1734 zum Abt. 1737 wurde L. Abt von Pelplin. Das Provinzialkapitel seines Ordens delegierte ihn 1738 zum Generalkapitel nach Citeaux, das ihn zu einem der Definitoren wählte und nach Rom entsandte. In Italien soll L. zahlreiche Bücher für die Pelpliner Klosterbibliothek erworben haben. In Polen wurde er 1741 Generalvikar der Zisterzienser. 1744 berief er ein Provinzialkapitel nach Wągrowiec ein und gab 1745 die Statuta Ordinis Cisterciensis heraus.

Am 17. 10. 1746 nominierte König August III. L. zum Bischof von Kulm. Die päpstliche Verleihung folgte am 10. 4., die Amtsübernahme durch einen Stellvertreter am 3. 7. 1747. Die Bischofsweihe empfing L. am 7. 10. 1747 in der Nikolaikirche zu Elbing durch den ermländischen Bischof A. S. (→) Grabowski.

L. gehörte zu den engagierten Seelsorgsbischöfen seiner Zeit. Er veröffentlichte 1751 einen Hirtenbrief, führte anschließend eine Generalvisitation seiner Diözese durch und sandte 1752 einen Statusbericht nach Rom. Durch Überweisung einiger Dörfer vergrößerte er 1751 die Dotation des Domkapitels. In der Kirche der Reformaten zu Lonk im Löbauer Land krönte er 1752 mit päpstlicher Vollmacht

das Muttergottesbild. Mit eigenen Mitteln ließ er die Kirche in Althausen im Stil des Spätbarock ausbauen, ebenso verwandte er sich für die Restaurierung anderer Kirchen seiner Diözese. Einen protestantischen Kirchenbau in Thorn versuchte er, angesichts der königlichen Privilegien für die Stadt, zusammen mit anderen Bischöfen vergeblich zu verhindern. Gegen die Juden erließ er ein Aufenthaltsverbot für die Diözese Kulm.

L. starb am 19. 9. 1758. Er wurde im Dom zu Kulmsee beigesetzt.

Schriften: *K. Estreicher* 21 (1906) 195 f.

Literatur: *A. Liedtke*, Zarys 94 f. - *W. Müller*, in: PSB 17 (1972) 92 f. - *B. Brzuszek*, in: SPTK 2 (1982) 509 f.

Abbildungsnachweis: Ölgemälde, unbek. Künstler. - Bischöfl. Residenz Pelplin. - HI Marburg, Bildarchiv Nr. 104342.

Hans-Jürgen Karp

Leslie, Wilhelm Graf von (um 1650 – 1727)

1711 – 1716 Weihbischof in Triest, Ep. tit. Abderitanus
1716 – 1718 Bischof von Waitzen
1718 – 1727 Fürstbischof von Laibach

Wilhelm von Leslie wurde um das Jahr 1650 als Sohn des Jacob Graf von Leslie und seiner Ehefrau Maria Theresia Fürstin von Liechtenstein geboren. Die Familie des Vaters, der kaiserlicher Feldmarschall und Kriegspräsident von Innerösterreich war, stammte aus Schottland und hatte sich im 17. Jh. in der Steiermark niedergelassen. Die Leslie waren zu Beginn des 17. Jh. in den erblichen Fürstenstand erhoben worden und nach politischem Einfluß und Besitz eine der führenden Familien der Monarchie. Aus ihr war jedoch nur im 15. Jh. einmal ein Bischof hervorgegangen.

L. studierte in Graz und Wien und danach in Rom Philosophie, Theologie und Kirchenrecht. In Rom wurde er am 5. 4. 1681 zum Priester geweiht. Nach der Promotion zum Dr. theol. und Dr. iur. utr. (1698) wirkte er bis 1702 als Professor der Theologie an der Universität Padua. Später berief Kaiser Leopold I. ihn zu seinem Berater und verlieh ihm die Propstei Eysgarn sowie die Abtei Chabnik in Ungarn. Statt der Abtei erhielt er 1703 die Pfarrei Saldenhofen. 1704 wurde er Archidiakon für den österreichischen Teil des Patriarchates Aquileja in der Südsteiermark mit dem Sitz in Cilli (Celje). Als wirklicher Rat Josephs I. reiste L. in diplomatischer Mission an verschiedene europäische Höfe. Wohl als Anerkennung dafür nominierte ihn der Kaiser am 22. 2. 1710 zum Weihbischof für Triest. Die päpstliche Verleihung des Titularbistums Abdera folgte am 18. 12. 1711. Die übrigen Benefizien konnte L. beibehalten.

Nachdem Nuntius Giulio Piazzo ihn am 6. 3. 1712 in Wien konsekriert hatte, ging L. jedoch nicht nach Triest, sondern blieb in der Steiermark, wo er im Gebiet seines ehemaligen Archidiakonates bischöfliche Funktionen wahrnahm. Nach dem Tode des Wiener Fürstbischofs F. F. v. (→) Rummel nahm er auch in der Hauptstadt bischöfliche Handlungen vor. Kaiser Karl VI. belohnte ihn dafür mit der Abtei Ardagger und nominierte ihn am 6. 4. 1716 zum Bischof von Waitzen (Ungarn). Die päpstliche Verleihung folgte am 5. 10. Nach dem unerwarteten Tod des Laibacher Fürstbischofs F. K. v. (→) Kaunitz nominierte der Kaiser ihn bereits am 5. 1 1718 als dessen Nachfolger, während die Translation am 6. 4. ausgesprochen wurde. Die Inthronisation folgte am 24. 7.

Aus L.s detaillierten Visitationsprotokollen und Statusrelationen geht hervor, daß er mit der religiösen Lage seines Bistums im allgemeinen zufrieden war. Er visitierte es persönlich und hielt regelmäßig Kleruskonferenzen in Laibach und Oberburg. L.s besondere Förderung galt der Marienverehrung. 1726 konsekrierte er die Ursulinenkirche in Laibach. Er gründete ferner eine Bruderschaft zum Beistand der Sterbenden.

L. starb am 4. 4. 1727 zu Laibach. Er wurde im Dom beigesetzt.

Literatur: *C. v. Wurzbach* 15 (1866) 14. - *M. Premrou*, Vescovi triestini 11-13.

France M. Dolinar

Leszczyński, Andrzej (um 1608 – 1658)

1642 – 1646 Bischof von Kamieniec Podolski
1646 – 1653 Bischof von Kulm
1653 – 1658 Erzbischof von Gnesen

Andrzej Leszczyński wurde 1608 oder 1609 als ältestes von sieben Kindern des Burggrafen von Lissa und späteren Kanzlers der Krone Wacław L. und der Gräfin Anna Rozdrażewska auf dem von seinem Vater ausgebauten Wehrhof Gołuchów bei Pleszew in Großpolen geboren. Die Familie L. hat eine ganze Reihe von kirchlichen und weltlichen Würdenträgern hervorgebracht. Ein Vetter, Wacław (→) L., war 1644 – 59 Bischof von Ermland. L.s Großvater Rafał hatte die aus Böhmen vertriebenen Böh-

mischen Brüder unterstützt und ihnen 1550 die Schule und die Pfarrkirche in der von ihm gegründeten Stadt Lissa gegeben, die sich zu einem Zentrum der Brüdergemeinde entwickelte. Er hatte seinen Sohn Wacław zum Studium auf westeuropäische Universitäten geschickt. Dieser wurde 1598 in Padua katholisch und förderte nach seiner Rückkehr nach Polen die Jesuiten.

L. besuchte das Jesuitenkolleg in Kalisch. 1621 erhielt er die niederen Weihen, 1623 oder 1624 ein Kanonikat in Krakau und kurz danach die Dompropstei in Płock. Seit 1626 studierte er in Ingolstadt die beiden Rechte, später in Italien, wahrscheinlich in Siena, Kirchenrecht und Philosophie. Kurz vor dem Tod König Sigismunds III. (1632) kehrte er nach Polen zurück und begab sich an den königlichen Hof. Im Dezember 1633 wurde er zum Priester geweiht. L. war Kanzler der Königin Cäcilie Renate, der ersten Gemahlin Władysławs IV. (1632 – 48). Durch dessen Gunst wurde er 1636 Kommendatarabt des Zisterzienserklosters Priment in Großpolen. 1639/40 nominierte ihn der König zum Bischof von Wenden in Livland, doch bemühte sich L. nicht um die päpstliche Bestätigung. Ende 1640 wurde er zum Bischof von Kamieniec Podolski nominiert. Nachdem ihm das Bistum am 16. 12. 1641 verliehen worden war, erhielt er am 15. 6. 1642 aus der Hand des Posener Bischofs Andrzej Szołdrski in Warschau die Bischofsweihe. L. hielt sich weiterhin hauptsächlich am königlichen Hof auf, nahm häufig an den Sitzungen des Senats teil und kam nur gelegentlich in seine Bischofsstadt. 1643 wurde er Abt der Regularkanoniker in Czerwińsk a. d. Weichsel. Trotz päpstlicher Zustimmung geriet er bei der Übernahme dieser Würde in scharfen Konflikt mit dem zuständigen Bischof von Płock. 1644 wurde er Abt des Benediktinerklosters Tyniec, im Februar 1645 Unterkanzler der Krone.

Am 4. 5. 1646 nominierte der König L. zum Bischof von Kulm. Die Translation erfolgte am 3. 12. 1646. Trotz seiner weltlichen Aufgaben sorgte L. sich um seine neue Diözese. Unmittelbar nach seiner Amtsübernahme beauftragte er 1647 die beiden Kanoniker Feliks Rzeszowski und M. (→) Bystram mit einer Generalvisitation der Diözese einschließlich des 1577 mit ihr verbundenen Anteils der in der Reformationszeit untergegangenen Diözese Pomesanien. Die Visitationsakten sind die älteste erhaltene diözesangeschichtliche Quelle dieser Art. 1650 erneuerte L. das Amt des mit der Durchführung von Visitationen beauftragten Kulmer Archidiakons und gab ihm die erste Dignität im Domkapitel, das damit auf sechs Kanonikate erweitert wurde. Erster Inhaber der neuen

Stelle wurde Bystram. 1651 stiftete L. den Forderungen des Trienter Konzils entsprechend ein Priesterseminar in der bischöflichen Stadt Kulm. Er ernannte Bystram und Kapitelsdekan Jan Schmak zu Provisoren und beauftragte sie, das Seminar einzurichten, dessen Vorgesetzte zu wählen und Statuten abzufassen. Damit nahmen die lange gehegten Pläne für eine Seminargründung, die wegen der politischen und konfessionellen Verhältnisse in der von der Reformation besonders stark betroffenen Diözese bis dahin gescheitert waren, konkrete Gestalt an (J. → Gembicki).

König Johann Kasimir (1648–68) ernannte trotz eines gewissen Mißtrauens L., der seinen Bruder Karl Ferdinand bei der Königswahl unterstützt hatte, im Jahre 1650 zum Kanzler der Krone, nahm ihm aber zwei Jahre später dieses Amt wieder und nominierte ihn zum Erzbischof von Gnesen. Die Translation erfolgte am 8. 1. 1653. Als Primas schlug L. 1656 die Vertreibung der Arianer aus Polen vor. Der Sejm erließ 1658 den Ausweisungsbefehl. L. starb am 15. 4. 1658 in seiner Residenz zu Skierniewice. Er wurde in der Stiftskirche zu Lowitsch beigesetzt.

L. war von hoher Begabung, spielte aber weder in kirchlicher noch weltlicher Hinsicht eine herausragende Rolle. Er erkannte jedoch die Notwendigkeit von Reformen und schuf dafür durch die Visitation und durch die Gründung des Priesterseminars die Voraussetzungen. Kraft Amtes Preußischer Rat in der Ständever-sammlung des Königlichen Preußen, setzte er sich für die Erhaltung der Privilegien dieses seit 1454 der Krone inkorporierten Territoriums ein.

Schriften: K. *Estreicher* 21 (1906) 206.

Literatur: UB Kulm, Nr. 1166-70, 1173, 1175. - *J. Korytkowski,* Arcybiskupi gnieźnieńscy 57-82. - *A. Liedtke,* Seminarium 118-120. - *Ders.,* Zarys 89. - *W. Czapliński,* in: PSB 17 (1972) 105-107. (Lit.). - *B. Kumor,* in: EK 3 (1979) 117-120.

Abbildungsnachweis: Stich von Daniel Schultz d. J. (um 1615-1683) nach Gemälde von Willem Hondius († um 1658). - HI Marburg, Bildarchiv Nr. 96648.

Hans-Jürgen Karp

Leszczyński, Wacław (1605–1666)

1644–1659 Bischof von Ermland
1659–1666 Erzbischof von Gnesen

Wacław Leszczyński wurde am 15. 8. 1605 in Baranów Sandomierski als Sohn des Wojwoden von Brest, Andrzej L., und der Zofia Opalińska geboren. Obwohl der Vater Kalvinist war, wurde L. zuerst in Lissa, dann auf dem Jesuitengymnasium in Posen katholisch erzogen. Er studierte in Perugia Kirchenrecht sowie ab 1622 in Padua und an deutschen Hochschulen Theologie. Wie fast alle polnischen Bischöfe der Zeit trat er zuerst als Sekretär und Kronreferendar in den Dienst des Königs. Daneben hatte er ein Kanonikat in Krakau sowie die Propstei in Płock und Łęczyca inne, die ihm König Władysław IV. (1632–48) verliehen hatte. 1637 wurde er in Posen zum Priester geweiht. Als der zum Bischof von Ermland gewählte Jan Karol Konopacki 1644 noch vor Übernahme seines Amtes starb, schlug der König L. für dieses Bistum vor. Da die ermländischen Bischöfe jedoch nach dem Vertrag von Petrikau (1512) preußischer Herkunft sein mußten, erhielt L. zunächst ein ermländisches Domkanonikat, womit wenigstens der Schein des Indigenates gewahrt wurde. Erst danach wählte ihn das Frauenburger Kapitel am 6. 4. 1644 einstimmig zum Bischof. Die päpstliche Bestätigung folgte am 16. 12. 1644, die Konsekration durch Nuntius Giovanni de Torres im August 1645 in Warschau. Wenig später nahm L. Besitz von seinem Bistum.

L.s Amtszeit fiel in die bewegten Jahre des Schwedisch-Polnischen Krieges (1655–60), der den eigenständigen Weiterbestand des Hochstiftes Ermland zeitweise gefährdete. Während der schwedischen Besatzung blieb er mit zehn ermländischen Domherren in Königsberg, mußte allerdings im Jahre 1656 die Lehensherrschaft des ehrgeizigen Kurfürsten Friedrich Wilhelm von Brandenburg, der den Erwerb Westpreußens mit Ermland anstrebte, über das Hochstift anerkennen. 1657 nahm L. als polnischer Unterhändler am Zustandekommen des Separatfriedens von Wehlau teil, der das Ermland wieder unter die polnische Oberhoheit stellte.

Das Bistum Ermland wurde zwar seit der Mitte des 16. Jh. von polnischen Bischöfen geleitet, doch haben diese die Eigenart ihrer überwiegend deutschsprachigen Diözesanangehörigen respektiert. L. war wegen seiner Menschenfreundlichkeit allgemein beliebt, aber auch nachgiebig und leicht beeinflußbar. Er war kränklich und mußte wegen seines Gichtleidens wiederholt Badereisen unternehmen. Die Kriegsjahre ließen ihm keine Mittel für kirchliche Neubauten und Stiftungen. Er konnte jedoch das Heilsberger Schloß und die bischöfliche Burg Rößel restaurieren sowie den Historiker Joachim Pastorius von Hirtenberg, einen Konvertiten, unterstützen. Nach dem Tod seines Vetters, des Gnesener Erzbischofs A. (→) Leszczyński, postulierte das Gnesener Domkapitel L. auf Empfehlung des Königs am 5. 5. 1658 zu dessen Nachfolger (27. 1. 1659 Translation). Im Frühjahr 1659 verließ L. das Ermland und trat sein neues Amt an, in dem ihm noch sieben Wirkungsjahre vergönnt waren.

L. starb am 1. 4. 1666 in Łyszkowice bei Lowitsch und wurde in Lowitsch beigesetzt. Er

auf seinem Grabmal als „Fürstbischof" bezeichnet, obwohl den Bischöfen von Ermland dieser Titel nie verliehen wurde.

Literatur: *A. Eichhorn*, Bischofswahlen I 512-528. - *A. Kolberg*, Ermland als churbrandenburgisches Fürstenthum in den Jahren 1656 und 1657, in: ZGAE 12 (1899) 431-566. - *J. Obłąk*, Życie kościelne na Warmii w świetle „Relatio status" biskupa Wacława Leszczyńskiego z. r. 1657 [Das kirchliche Leben im Ermland im Licht des Statusberichts des Bischofs Wacław Leszczyński aus dem Jahre 1657], in: Roczniki Teologiczno-Kanoniczne 6,3 (1959) 5-31. - *W. Czapliński*, in: PSB 17 (1972) 149-51. - *A. Triller*, in: APB (1984) 1127 f. - *T. Oracki* 2 (1988) 11 f.

Abbildungsnachweis:: Kupferstich von Jeremias Falck (um 1610-1677) Dresden, Kupferstich-Kabinett. - Staatliche Kunstsammlungen Dresden.

Anneliese Triller

Leżeński, Kazimierz Benedykt ⟨OCist⟩
(um 1656 – 1703)

1695 – 1703 Weihbischof der Diözese
             Ermland, Ep. tit. Himeriensis
1697   Generalvikar der Diözese
             Ermland

∗ um 1656 wahrscheinlich in Wiślica; 1694 bestimmte der ermländische Bischof J. S. (→) Zbąski L. zu seinem Weihbischof; 2. 5. 1695 Titularbischof von Himeria; 1696 Erzpriester von Seeburg; 1697 amtierte L. auch als Generalvikar. L. war Freund und enger Berater Zbąskis. Da dieser in Spannungen mit seinem Domkapitel lebte, wurde L. nicht zu dessen Mitglied berufen. † 1703 in Bartenstein; ☐ Seeburg.

Literatur: *A. Eichhorn*, Bischofswahlen 597, Anm. 6. - *Ders.*, Weihbischöfe 148-150. - *F. Hipler*, Grabstätten 337, Anm. 78. - *T. Oracki* 2 (1988) 13.

Anneliese Triller

Leyen-Hohengeroldseck, Damian Friedrich Philipp Karl Reichsgraf von der (1738 – 1817)

1771 – 1774/75 Generalvikar in Mainz

∗ 8. 1. 1738 als Sohn des Friedrich Ferdinand v. d. L. und der Maria Eva Charlotte Gräfin von Hatzfeld und Gleichen; 1749 Domizellar, 1772 Domkapitular, 1774 Kapellan in Trier; 1755 Domherr (erzbischöfliche Provision), 1767 Domkapitular, 1781 Dompropst in Mainz; 1. 2. 1755 Domherr in Würzburg; 19. 2. 1755 Verzicht zugunsten seines Bruders Franz Erwein; 1781 erneut Domherr in Würzburg, 1784 abermaliger Verzicht; 1754 – 55 Domherr in Bamberg, 1754 in Köln, 1793 Domkapitular in Worms; 1771 von Erzbischof E. J. v. (→) Breidbach-Bürresheim zum Generalvikar in Mainz berufen; galt als großer Wohltäter der Armen; † 8. 9. 1817 in Würzburg; □ allgemeiner Friedhof Würzburg.

Literatur: *A. Amrhein* 104, 197. - *S. M. zu Dohna* 156 f.

Friedhelm Jürgensmeier

Leyen-Hohengeroldseck, Damian Hartard Reichsritter (seit 1653 **Reichsfreiherr**) **von der** (1624 – 1678)

1676 – 1678 Kurfürst-Erzbischof von Mainz
1676 – 1678 Fürstbischof von Worms

Damian Hartard von der Leyen wurde 1624 zu Trier als Sohn des Damian v. d. L. und der Anna Katharina Walbott von Bassenheim geboren und dort am 12. 3. getauft. 1631 floh er mit seiner Familie vor den anrückenden Schweden nach Köln, wo er das Gymnasium besuchte. Im gleichen Jahr wurde er Domizellar in Mainz und 1633 in Trier, wo er 1646 Kapitular, 1658 Koadjutor des Dompropstes und 1663 dessen Nachfolger wurde. 1637 hatte L. sich an der Kölner Universität als Student der freien Künste (Philosophie) für das Biennium eingeschrieben. Wahrscheinlich studierte er dort auch Theologie und Rechtswissenschaften, denn in Mainz immatrikulierte er sich erst 1643 und in Löwen 1644. 1645 immatrikulierte er sich gemeinsam mit seinem jüngeren Bruder Johann Michael als Student des römischen Rechtes in Orléans. 1646 ging L. nach Trier, wo er am 26. 8. Diakon wurde. Spätestens 1647 wurde er Domkapitular in Mainz. 1652 erhielt er die Propstei von St. Alban in Mainz, 1654 wurde er Archidiakon in St. Castor in Carden und 1661 Propst von St. Viktor in Xanten. Seit 1661 war er Amtmann im kurtrierischen Grimberg.

Für die Familie bedeutete es einen großen Gewinn, als Karl Kaspar v. d. (→) L. 1650 gegen den Willen des profranzösisch eingestellten Erzbischofs Ph. Ch. v. (→) Sötern zu dessen Koadjutor gewählt wurde und diesem 1652 nachfolgte. Daraufhin wurden die v. d. L. 1653 in den Freiherrenstand erhoben. Zu Reichsgrafen stiegen sie erst 1711 auf. L. wurde nun von seinem Bruder mehrfach mit wichtigen Missionen betraut. In dessen Auftrag spielte er sowohl bei der Wahl König Ferdinands IV. 1653 in Regensburg als auch bei der Kaiserwahl 1657/58 eine Rolle. Auftraggemäß verfocht er eine prohabsburgische Linie. 1655 ging er als

kurtrierischer Gesandter zum Reichsdeputationstag nach Frankfurt. In ähnlicher Funktion wirkte er 1662-64 auf dem Reichstag zu Regensburg. In den Folgejahren tat er sich weder in Trier noch in Mainz sonderlich hervor. Als jedoch 1674 Erzbischof L. Fr. v. (→) Metternich-Burscheid ernsthaft erkrankte, zeigte er Interesse für dessen Nachfolge in Mainz und Worms. Sein Bruder unterstützte ihn dabei mit Geld und durch seine guten Beziehungen zum Kaiserhof. L. vermochte sich gegen mehrere Konkurrenten durchzusetzen, so daß seine

Nachfolge schon bald nach dem Tode des Erzbischofs gesichert war. Am 3. 7. 1675 wurde er einstimmig gewählt und am 12. 7. 1675 auch in Worms postuliert. Dieses Ergebnis wurde als Sieg der kaiserlichen Partei gewertet. Die Konfirmation und die Gewährung des Palliums folgten am 24. 2. 1676. Besonders hart war diesmal das Ringen um die Zahlung der Gebühren, da die rasche Folge von Erzbischofswahlen die Kurmainzer Kasse in Verlegenheit gebracht hatte und die Schulden von Erzbischof Metternich-Burscheid noch nicht abgetragen waren. Da die Finanzen des Erzstiftes außerdem durch die Kriegswirren zerrüttet waren, setzte L. alles daran, die Gebühren zu reduzieren. Nach langen Verhandlungen kam es zu einem Kompromiß. Dennoch mußte L. 1677 eine Ausschreibung von 30000 fl. anordnen. Am 8. 9. 1676 wurde er in Mainz durch den Bamberger Bischof P. Ph. v. (→) Dernbach konsekriert.

L. stand von Beginn seiner Regierung an als Reichsfürst und Landesherr unter dem Druck der französischen Eroberungskriege. Durch Fortifikationen in Mainz und Erfurt, durch Defensivallianzen und Unterstützung der Friedensverhandlungen in Nimwegen versuchte er weiteren Gefährdungen zu begegnen und Kontributionen abzubauen, doch war seine Amtszeit zu kurz, um wirklichen Einfluß auf den von anderen bestimmten Lauf der Dinge nehmen zu können. Das gleiche galt von der politischen und wirtschaftlichen Entwicklung im Kurstaat. Es gelang ihm jedoch, einige religiöse Akzente zu setzen. So erlebte die Bruderschaft vom Allerheiligsten Altarsakrament unter ihm eine neue Blüte. Auf Ersuchen von Kaiser Leopold I. regte er in seinem Bistum und in der Kirchenprovinz die Verehrung des hl. Josef an. Seine Kleider- und Sittenerlasse für die Kleriker und die von ihm erneut verfügten disziplinarischen Maßnahmen zur Durchsetzung der kirchlichen Anordnungen im Volk blieben im gewohnten Rahmen und hatten die üblichen Erfolge.

L. starb bereits am 6. 12. 1678. Er wurde in der von ihm restaurierten St. Laurentiuskapelle des Mainzer Domes beigesetzt.

Literatur: *A. Pinell*, Christliche Leich- und Lob-Predigt. Darin ein kurtzer Begriff zu lesen Dero Ertzbischoff- u. Churfürstlichen Tugenden d. Hochwürd. Fürsten und Herrn...Damiani Hartardi von der Leyen... (Mainz 1678). - *W. Möller*, Stammtafel des mediatisierten Hauses von der Leyen und zu Hohengeroldseck (Unterdrießen 1950). - *A. M. Niebecker*, Beiträge zum Leben und Wirken Damian Hartards von der Leyen, Erzbischof und Kurfürst von Mainz 1675-1678 (Diss. phil. Mainz 1955). - *K. Müller*, Wien und Kurmainz 1673-1680, 360-372 (Lit.).

Abbildungsnachweis: Stich (von Wilhelm Rückert?). - Wien NB 521.445 B.

Friedhelm Jürgensmeier

Leyen-Hohengeroldseck, Karl Kaspar Reichsritter (seit 1653 Reichsfreiherr) von der (1618 – 1676)

1651 – 1652 Koadjutor des Erzbischofs von Trier, Archiep. tit. Rhodiensis
1652 – 1676 Kurfürst-Erzbischof von Trier

Karl Kaspar von der Leyen wurde am 18. 10. 1618 zu Trier als ältester Sohn von neun überlebenden Kindern des trierischen Landhofmeisters und Amtmannes sowie kaiserlichen Rates und Statthalters in Trier, Damian v. d. L. († 1639), und der Anna Katharina Waltbott von Bassenheim († 1666) geboren. Er entstammte der in Adendorf ansässigen Linie der L., die wie die anderen Linien in trierischen geistlichen und weltlichen Diensten stand. Mit

Johann v. d. L. hatte sie bereits einmal einen Trierer Erzbischof gestellt (1556-67). Der Mainzer Erzbischof J. Ph. v. (→) Schönborn war sein Onkel. Über L.s Werdegang ist wenig bekannt. 1629 wurde er mit seinem Bruder Hugo Ernst wegen des jugendlichen Alters an der Universität abgewiesen. Sein Bruder Damian Hartard v. d. (→) L., 1676-78 Erzbischof von Mainz, studierte in Mainz, Löwen und Orléans. Für L. ist eine militärische Ausbildung nicht auszuschließen. 1623 wurde er mit seinem Bruder Lothar Friedrich beim Trierer Domkapitel aufgeschworen, 1630 Domizellar und nach der Diakonenweihe 1641 Kapitular. Zu Erzbischof Ph. Chr. v. (→) Sötern geriet er wohl schon Mitte der 40er Jahre in Gegensatz, als er in Besitzungen im Interessenbereich von dessen Familie aufkaufte. Während Sötern sich außenpolitisch an Frankreich anlehnte, wandte L. sich spätestens nach der Freilassung Söterns aus der Gefangenschaft (1645) Spanien zu. Im Kölner Exil, in das er sich 1646 mit einem Großteil des Domkapitels begab, wurde er 1648 zum Kantor gewählt. Als Sprecher des Kapitels neigte er im Konflikt mit Sötern einer radikalen Lösung zu. Als der Erzbischof nämlich 1647 die vor ihm ausgewichenen Kapitulare durch bürgerliche ersetzte und 1649 den frankophilen Philipp Ludwig von Reiffenberg zu seinem Koadjutor wählen ließ, eroberte L. mit Hugo Cratz von Scharffenstein an der Spitze von angeworbenen bzw. von Spanien bereitgestellten Truppen Koblenz und Ehrenbreitstein. Am 1. 6. 1649 nahm er Sötern in Trier gefangen und zwang die französische Besatzung zum Abzug. Bei der auf Drängen einer Reichskommission am 11. 7. 1650 wiederholten Koadjutorwahl erhielt L. gegenüber dem nunmehr von Sötern favorisierten Cratz von Scharffenstein die Mehrheit der Stimmen. Die Reichsstände erkannten die Wahl an. Mit Unterstützung des Mainzer Erzbischofs wurde sie am 3. /4. 7. 1651 päpstlich bestätigt und L. zum Titularerzbischof von Rhodos ernannt. Danach übernahm er die Regentschaft im Niedererzstift um Koblenz. Nach dem Tode Söterns räumte L. dem Domkapitel im Gegensatz zu seinem Vorgänger in der Wahlkapitulation erweiterte Rechte der Mitregierung ein. Am 12. 3. 1652 wurde er inthronisiert, am 10. 9. in Trier zum Priester und am 15. 9. durch Weihbischof O. v. (→) Senheim zum Bischof geweiht.

Da sich die politische Gesamtlage gegenüber der Zeit Söterns gebessert hatte, ging L. als guter Landesvater in die Geschichte ein, obwohl er seinem Vorgänger an Bildung unterlegen war. Auf dem Reichstag befürwortete er das schwedische Stimmrecht, um seine Unabhängigkeit von Österreich zu demonstrieren.

1653 stimmte er zwar für Kaiser Ferdinand IV.,
doch erhielt er als Gegengabe die Anerkennung
der Landesherrschaft über St. Maximin und die
Zustimmung zum Ausbau der Landesfestung
Ehrenbreitstein. Mit Hilfe der Frankfurter Allianz und mit französischer Unterstützung
gewann er 1654 von Karl von Lothringen die
Festung Hammerstein und den wichtigen
Rheinzoll zurück. L. ging es vor allem um die
Interessen seines Landes und des Reiches.
Seine Kaisertreue war unbestritten. So unterstützte er 1658 trotz verlockender französischer Alternativen die Wahl Leopolds I. Seit
1654 mit Kurköln, Münster und Pfalz-Neuburg
in der katholischen Kölner Allianz verbunden,
blieb er dem 1658 von Kurmainz und Frankreich gegen das habsburgische Übergewicht
initiierten Rheinbund zunächst fern. Andererseits trat er 1660 dem von Ludwig XIV. geschlossenen Pyrenäenfrieden bei. Zum Eintritt
in den Rheinbund ließ er sich 1661 bewegen,
als Frankreich bei Grenzstreitigkeiten an der
unteren Saar sowie bei der Anerkennung der
Metropolitanrechte über Metz, Toul und Verdun und der bischöflichen Jurisdiktion der an
Frankreich gefallenen Gebiete Entgegenkommen zeigte. Als der Rheinbund 1668 auseinan-
derfiel, bemühte L. sich zunächst um Neutralität, um seinem Land den Frieden zu erhalten.
Beim Herannahen französischer Truppen ließ
er sich 1671 von Lothringen die Festung Homburg übertragen. Dennoch mußte er 1671 – 72
den Franzosen die Passage durch den Kurstaat
gestatten. L. befestigte zwar unter großen Kosten den Ehrenbreitstein, konnte aber dennoch
nicht die Neutralität wahren. Daher schloß er
1672 ein Bündnis mit Spanien - und trat der
Allianz von Kaiser, Spanien und Holland bei.
Daraufhin besetzten französische Truppen
1673 Trier und den größten Teil des Erzstiftes.
1674 befestigten sie Trier nach Zerstörung aller
Klöster und Stifte in dessen Vorfeld. Obwohl
die Reichstruppen 1675 bei Trier siegten, blieb
das Erzstift noch für Jahre Aufmarschgebiet
aller kriegführenden Parteien.

Kirchenpolitisch war L. wenig aktiv. Er setzte
sich, wohl aufgrund eigener Erfahrung, gegenüber der römischen Kurie wiederholt für das
freie Wahlrecht der Domkapitel ein, und 1673
urgierte er mit den Kurfürsten von Köln und
Mainz die Einhaltung der einschlägigen Bestimmungen des Wiener Konkordates von
1448.

Während L. in seinen letzten Amtsjahren auf
den Ehrenbreitstein beschränkt war, hatte er
im vorhergehenden Jahrzehnt Bistum und Stift
maßgebend gestaltet. Noch vor seiner Bischofsweihe gestattete er 1652 den Kapuzinern die
Ansiedlung in St. Goar. Er förderte die Franzis-

kanerrekollekten in Wittlich und Boppard sowie die Jesuiten in Rheinfels. Er rief Karmeliter
nach Koblenz, Chiny und Epine, stattete ihre
Klöster großzügig aus und förderte die Jesuiten
durch Steuerfreiheit und den Ausbau ihres
Trierer Kollegs. Dennoch blieb der Priestermangel drückend. Ein Priesterseminar kam erst
1667 durch die Stiftung des Lütticher Domdechanten Ferdinand Freiherr von Bocholtz-Orey
für adlige Theologen zustande. L. ergänzte es
1668 durch Stiftungen für bürgerliche Studenten und die Bereitstellung der nötigen Gebäude
(„Lambertinisches Seminar"). Entsprechend
den Bestimmungen des Tridentinums führte er
Weiheexamen ein, visitierte 1656 alle Klöster
und gab einigen Kollegiatstiften neue Statuten.
Seit 1657 ließ er die Pfarreien visitieren, und
1673 faßte er seine Erfahrungen zu Instruktionen zusammen, aufgrund deren sein Nachfolger Synodalstatuten erstellte. Da u.a. wegen
der staatskirchlichen Tendenzen in Luxemburg
das trierische Brevier Söterns nur teilweise in
Gebrauch war, ließ L. 1669 nach dem Vorbild
des Breviarium Romanum Trierische Eigenoffi-
zien als Ergänzung herausgeben. Volksmissionen und die Förderung der Christenlehre vertraute er den Jesuiten an, die auch an der
Landesuniversität Trier maßgebenden Einfluß
gewannen. Eine gute Hand bewies L. bei der
Berufung seiner Weihbischöfe J. (→) Holler
und J. H. v. (→) Anethan. Der Volksfrömmigkeit gab die einzige große Ausstellung des Hl.
Rockes zwischen 1585 und 1810 im Jahre 1655
großen Auftrieb. Sie soll eine Million Pilger
nach Trier geführt haben.

Den Wiederaufbau von Trier und Koblenz förderte L. durch direkte Investitionen und Steuerbefreiungen sowie durch stadtplanerische Maßnahmen. Bei der Anwerbung fremder Handwerker, bei Schutzmaßnahmen gegen das Wandergewerbe, bei der rechtlichen Besserstellung der Juden, der Anlage neuer Leinpfade an der Mosel und der Erstellung einer neuen Steuermatrikel nach dem Landtagsbeschluß von 1652, die im Interesse einer gerechteren Verteilung der Steuern lag, zeigte er sich als vielseitiger Praktiker. Die Rechtsreform ging mit der Berufung fähiger Juristen, darunter des späteren Weihbischofs Holler, an die Universität einher. Die Einberufung der Landstände im Jahre 1652 bezeugte L.s Respekt vor dem Herkommen. Die Vereinheitlichung des Gerichtswesens durch Schaffung eines Hofgerichtes für das ganze Erzstift in Koblenz schuf neues Recht. Die Veröffentlichung des kurtrierischen Statutar- und Landrechtes im Jahre 1668 brachte eine Vereinheitlichung nach Maßgabe des römischen Rechtes. Die mit der Familienpolitik seines Vorgängers verbundene Frage des Söternschen Erbes löste L. mit Geschick. Die Armenpflege förderte er durch Unterstützung der Hospitäler, Gründung eines Knabenwaisenhauses und Veröffentlichung eines Regulativs für Krankenhäuser. Der Stadt Koblenz gab er eine Festung mit Bastionen. Auch die Festung Ehrenbreitstein baute er aus und legte Wohnbauten an, von denen einer während der französischen Bedrohung Triers als Residenz diente. Nach 1660 scheint L. sich meist in dem seit 1654 erbauten repräsentativen Jagdschloß Kärlich aufgehalten zu haben. Obwohl in seiner persönlichen Lebensführung bescheiden und priesterlich, ließ er doch für seine Familie in Koblenz Adelshöfe einrichten. 1660 übergab er ihr das kurtrierische Lehen Blieskastel. Sein Repräsentationsaufwand scheint sich im übrigen auf die 1654 gegr. Hofkapelle beschränkt zu haben.

L. galt schon zu Beginn seiner Amtszeit als kränklich. Daher nahm er 1672 seinen Neffen J. H. v. (→) Orsbeck als Koadjutor an. L. starb am 1. 6. 1676 in Ehrenbreitstein. Er wurde im Trierer Dom beigesetzt. Dort errichtete ihm seine Familie zwischen den Aufgängen des Westchores ein bemerkenswertes Grabdenkmal, das 1802 zerstört wurde. Erhalten blieb lediglich die Stuckdecke in der wohl von L. als Mausoleum vorgesehenen Westapsis.

Quellen: LHA Koblenz, Abt. 1 A; Abt. 1 C. - BATr, Abt. 24. - StB Trier, Abt. Hss. - J. J. Scotti. - J. J. Blattau.

Literatur: *J. Kremer.* - *J. Lehnen,* Beiträge zur kurfürstlich-trierischen Politik unter Karl Kaspar von der Leyen, in: Trierisches Archiv 22/23 (1914) 51-138. - C.

Stenz. - *W. Möller,* Stammtafel des mediatisierten Hauses von der Leyen und zu Hohengeroldseck (Unterdiessen 1950). - *A. M. Niebecker,* Beiträge zum Leben und Wirken Damian Hartards von der Leyen, Erzbischof und Kurfürst von Mainz 1675-1678 (Diss. Mainz 1955). - *A. Franzen,* Finalrelation. - *R. Laufner,* Die Hl. Rock-Ausstellung im Jahre 1655, in: TrJb 1959, 56-67. - *R. Pillorget,* La France et l'électorat de Trèves aux temps de Charles Gaspard de la Leyen 1652-1679, in: Revue d'histoire diplomatique 78 (1964) 7-34, 118-147. - *E. Zenz,* Gesta VII. - *G. Livet.* - *A. Sprunck.* - *F. Pauly.* - *F. Ellerhorst,* in: NTrJb 16 (1976) 41-50. - *F. Jürgensmeier,* Schönborn. - *M. Braubach,* in: NDB 11 (1977) 265 f. - *K. P. Decker,* Frankreich und die Reichsstände 1672-1675 (Bonn 1981). - *H. Keussen.* - *K. Abmeier.*

Abbildungsnachweis:: Porträt von Frans Luyckx (1604-1668). - Schloß Grafeneck (Nö, BH Krems). - Wien L 923 D.

Wolfgang Seibrich

Liechtenstein-Kastelkorn, Jakob Ernst Graf von (1690 – 1747)

1728 – 1738 Fürstbischof von Seckau
1728 – 1738 Salzburger Generalvikar für die Steiermark und den Neustädter Distrikt
1739 – 1745 Fürstbischof von Olmütz
1745 – 1747 Fürsterzbischof von Salzburg

Jakob Ernst von Liechtenstein wurde am 4. 2. 1690 zu Hertwigswaldau (Schlesien) als Sohn des kaiserlichen Geheimen Rates Franz v. L. und seiner Ehefrau Katharina Freiin von Pawlowska geboren. Die Familie L. war ein Südtiroler Geschlecht, das sich von Castelcorn und Castelnuovo nannte. Ein Zweig war nach dem Dreißigjährigen Krieg in die Sudetenlande gekommen. L.s Großonkel Karl v. (→) L. war 1664 – 95 Bischof von Olmütz gewesen.

L. studierte in Brünn und Olmütz Philosophie und die Rechte, entschied sich dann aber für die geistliche Laufbahn. 1709 erhielt er ein durch Verzicht seines Bruders freigewordenes Kanonikat in Olmütz. 1709 – 13 studierte er als Alumne des Collegium Germanicum in Rom (Dr. theol.). Nach der Priesterweihe (März 1713) arbeitete er einige Jahre in der bischöflichen Kanzlei zu Olmütz. Zugleich war er Erzpriester von Troppau. 1717 wurde er dann, ebenfalls durch Verzicht eines Bruders, Domherr in Salzburg. Dort stieg er bald zum Konsistorialpräsidenten auf.

Am 17. 1. 1728 ernannte ihn Erzbischof L. A. E. v. (→) Firmian unter Beibehaltung des Salzburger und Olmützer Kanonikates als seinen Nachfolger zum Bischof des Salzburger Eigenbistums Seckau. Am 14. 3. 1728 in Salzburg konsekriert, begab L. sich bald in seinen Sprengel, doch residierte er weiterhin jährlich mehrere Wochen in Salzburg. L. hat sich in der Steiermark stets fremd gefühlt, aber doch manche Maßnahmen zur Hebung des religiösen Lebens durchgeführt. Dazu gehörte die Errichtung neuer Seelsorgsstellen, die Urgierung der Volkskatechese und seit 1735 die Berufung von Volksmissionaren. Bei der seit 1733 auf Betreiben von Erzbischof Firmian durchgeführten Bekämpfung des Geheimprotestantismus hat er große Milde gezeigt und den Einsatz religiöser Mittel bevorzugt.

Nachdem er ein päpstliches Eligibilitätsbreve erhalten hatte, wählte das Olmützer Kapitel L. am 11. 10. 1738 zum Bischof von Olmütz. Nach der päpstlichen Bestätigung (26. 1. 1739) entfaltete L. in seinem neuen Sprengel wiederum eine betont pastorale Wirksamkeit. Bei der preußischen Besetzung von Olmütz im Jahre 1742 blieb er in seiner Bischofsstadt, und nach dem Abzug der Besatzung ließ er umfangreiche Arbeiten am Dom und an seiner Residenz durchführen, um den Handwerkern Arbeit zu verschaffen. Seine Pläne zur Errichtung eines Waisenhauses und einer öffentlichen Bibliothek konnte er nicht mehr verwirklichen. 1743, als der Prager Erzbischof J. M. v. (→) Manderscheid in Ungnade stand, fiel L. die Krönung Maria Theresias zur Königin von Böhmen zu.

Am 13. 1. 1745 vom Salzburger Kapitel zum Erzbischof postuliert und am 4. 3. transferiert, hielt L. am 1. 6. 1745 seinen Einzug. Das Pallium erhielt er am 13. 9. Die kurze Regierungszeit L.s war von Streitigkeiten mit dem Domkapitel überschattet. Dabei ging es um die unter Firmian und während der Sedisvakanz hauptsächlich wegen des Krieges angelaufenen Schulden. Leidtragender war die Landschaft, die von der Hofkammer keine Dezimation (Steuer) erhielt. Das Domkapitel stand auf seiten der Stände und drohte L. mit einem Prozeß. Der Streit trübte das beiderseitige Verhältnis, zumal L. die vom Kapitel während der Zwischenregierung vorgenommenen Beförderungen erzbischöflicher Beamter nicht anerkannte. Seine Regierungszeit war aber zu kurz, um größere Konturen zu hinterlassen. Das einzige, was L.s Namen auf die Nachwelt brachte, war das von ihm ins Leben gerufene Leihhaus („Mons pietatis", später „Versatzamt" oder „mildes Leihhaus"), das vor Ausbeutung durch Wucher schützen sollte. Es wurde erst unter seinem Nachfolger A. J. v. (→) Dietrichstein fertiggestellt. L.s Laufbahn zeigt, daß er einen gewissen Weitblick besaß, aber für Reformen und moderne Ideen war man in Salzburg damals nicht zugänglich, zumal L. landfremd war.

L. starb nach langem Todeskampf am 12. 6. 1747. Sein Leichnam wurde in der Domgruft nahe dem Sakramentsaltar, Herz und Eingeweide dagegen in der Dreifaltigkeitskirche beigesetzt.

Literatur: *K. Klamminger,* in: *K. Amon* 340-345. - *J. Matzke,* Fürstbischöfe 67-71. - *A. Zelenka* 244 f. - *F. Martin,* Salzburgs Fürsten 194-200 (Lit.). - *G. Ammerer,* in: *H. Dopsch - H. Spatzenegger* 299-303.

Abbildungsnachweis: Öl auf Leinwand, unbek. Maler. - Alte Residenz-Galerie Salzburg, Karabinierisaal. - Foto Landesbildstelle Salzburg.

Franz Ortner

Liechtenstein-Kastelkorn, Karl Graf von
(1623 – 1695)

1665 – 1695 Fürstbischof von Olmütz

Karl von Liechtenstein-Kastelkorn wurde am 17. 3. (anders: 8., 9., 24. 4.) 1623 zu Glatz als Sohn des Philipp Rudolf v. L. und der Klara Freiin Vintler (Wintler) von Runglstein zu Plätsch geboren. Die Grafen von L. stammten aus der Gegend von Bozen. Der Vater L.s war kaiserlicher General. Er hatte im Oktober 1622 die Grafschaft Glatz erobert und blieb dort bis 1626 Statthalter und Landeshauptmann. Nachdem 1622 die lutherischen Prediger aus Glatz ausgewiesen und die Stadtpfarrkirche dem katholischen Gottesdienst zurückgegeben worden war, wurde L. dort als erster katholischer Täufling auf den Namen des Bischofs und Deutschmeisters Erzherzog Karl getauft. Der mit konfisziertem Gut reichlich bedachte Vater tauschte seine Glatzer Güter 1634 gegen Krumbach in Schwaben, während sein Bruder Christoph Paul, kaiserlicher Kämmerer und Erblandhofmeister im Elsaß, seit 1623 in Mähren mit Burg Pernstein und später mit der Herrschaft Blauda im Olmützer Kreis begütert war. Seit 1643 war er Landeshauptmann von Mähren. L.s Onkel Johann Christoph war 1624–43 Bischof von Chiemsee, sein Bruder Konstantin 1612–35 Domherr in Salzburg.

L. absolvierte die ersten drei Grammatikalklassen in Innsbruck. Er studierte 1641–44 in Ingolstadt und vielleicht auch in Rom. 1637 wurde er Domherr in Salzburg, 1641 in Olmütz, 1643 in Passau und 1654 Domdekan sowie Rat und Kammerpräsident in Salzburg. 1655 wurde er Priester, und 1658 erfolgte in Ingolstadt seine Promotion zum Dr. iur. utr. Am 26. 6. 1663 vertrat er den zum Fürstbischof von Olmütz postulierten Erzherzog (→) Karl Joseph als Akzeptant und Mandatar während der Inthronisation. Nach dessen frühzeitigem Tod (27. 1. 1664) wurde er am 12. 3. 1664 einstimmig zu dessen Nachfolger gewählt und am 28. 6. 1665 päpstlich bestätigt. Bereits 1664 feierte die Universität Salzburg mit einer Festschrift seinen Kunstsinn.

L. hat in der Tat während seiner langen Regierung nach den Zerstörungen des Dreißigjährigen Krieges dem Bistum Olmütz sein barockes Gepräge gegeben. In der Bischofsstadt stellte er die Sakralbauten und die kirchlichen Profanbauten wieder her. Er schuf neue Kanonikerhäuser und eine barocke Residenz. Die bischöflichen Schlösser bzw. Festungen Hochwald, Keltsch, Mürau und Wischau erweiterte er. Die Truppen rüstete er neu aus. Seine Sorge galt vornehmlich seiner bischöflichen Stadt Kremsier, wo L. anders als in der königlichen Stadt Olmütz unbeschränkter Grundherr war. Dorthin berief er 1675 Piaristen, denen er ein Kolleg und Gymnasium sowie die Johanniskirche überließ. Er ließ die Kirche St. Mauritz wiedererrichten, Kanonikerhäuser erbauen, Straßen, Wasserleitung und Kanalisationsanlagen sowie das Schloß renovieren und um einen großartigen Lustgarten erweitern. Dort gründete er eine Gemäldesammlung durch den Kauf von 1300 Bildern, ferner eine Musikaliensammlung und eine halböffentliche Bibliothek, die eine eigene Satzung erhielt und deren 4000 Bände 1691 katalogisiert wurden. 1666 erbaute er im Wallfahrtsort Turas, zu dem seit 1692 von Brünn aus ein Kapellenweg hinführte, eine Jesuitenresidenz. Dieses umfangreiche Programm finanzierte L. im wesentlichen durch geschickte Ausnützung seines bischöflichen Münzrechtes.

L. bemühte sich mit Hilfe der Jesuiten um eine Intensivierung der Seelsorge und mit Hilfe der Piaristen um eine Hebung des Schulwesens. Deren ältere Kollegien wurden renoviert und neben dem zu Kremsier zwei weitere in Altwasser (1690) und Freiberg (1694) neu errichtet. 1664 ordnete L. an, daß alle Ordensbeichtväter einen Nachweis ihrer Tauglichkeit vorzulegen und eine neue Approbation bei ihrem Konsistorium einzuholen hätten. Dem widersetzten sich Zisterzienser und Prämonstratenser und begannen einen Prozeß, der sich ein Jahrhundert lang hinzog. 1666 veröffentlichte L. Richtlinien für das Leben des Weltklerus, für den Jugendunterricht und für den Unterhalt der kirchlichen Gebäude. Er führte das Fest der mährischen Landespatrone Cyrill und Method in der ganzen Diözese ein und erklärte 1675 den hl. Josef zum Schutzpatron Mährens. Größten Schwierigkeiten begegnete L. bei seinen Bemühungen zur Durchsetzung der bischöflichen Gewalt auf dem Gebiet der geistlichen Stellenbesetzung. Da er die Wiederherstellung der vorreformatorischen Besitz- und Patronatsverhältnisse anstrebte, kam es zu zahlreichen Prozessen mit jenen neuen katholischen Herrschaften, die konfiszierte Güter erworben hatten, jedoch nicht die darauf liegenden Verbindlichkeiten gegenüber der Kirche anerkannten. Zu Auseinandersetzungen kam es ferner mit den Orden über die Betreuung ehemaliger Weltpriesterpfarreien, insbesondere mit den Zisterzienserklöstern Welehrad, Saar und Tischnowitz.

L.s Einteilung des Diözesangebietes blieb bis zur Abtrennung des Bistums Brünn im Jahre 1777 in Geltung. 1677 umfaßte die Diözese vier Archidiakonate, nämlich Olmütz mit 17 Dekanaten und 257 Pfarreien, Brünn mit 10 Dekanaten und 170 Pfarreien, Znaim mit 6 Dekanaten und 125 Pfarreien und Troppau mit 6 Dekanaten und 89 Pfarreien.

Weitreichende Folgen hatte auch L.s Reform der Matrikenpraxis. Seit 1688 mußten alle Pfarreien jährlich eine Abschrift der Tauf-, Trauungs- und Sterbebücher an das bischöfliche Konsistorium abliefern. Die korrekte Führung der Kirchenbücher wurde streng überprüft. Seit 1667 bestand beim Domkapitel zu Olmütz das Amt eines Kapitelarchivars, dem ein Vikar zur Seite stand.

Unter L.s Regierung kulminierten im nordmährischen Raum die berüchtigten Hexenprozesse, denen zahlreiche Menschen zum Opfer fielen und denen L. anfangs gleichgültig gegenüberstand.

Obwohl L. 1674 ein Eligibilitätsbreve für alle anderen Bistümer Deutschlands erhalten hatte, gelang es ihm nicht, ein zweites Bistum zu erlangen. 1682 wurde er zwar vom Breslauer Kapitel mit großer Mehrheit gewählt, doch verhinderte der Wiener Hof, der seinen eigenen Kandidaten durchsetzen wollte, seine Bestätigung. Von Papst Innozenz XI. vor die Alternative gestellt, sich für Olmütz oder für Breslau zu entscheiden, blieb L. in seinem alten Sprengel. 1690 erhielt er mit Rücksicht auf sein Alter in F. A. v. (→) Losenstein und nach dessen Tod 1694 in (→) Karl Joseph von Lothringen einen Koadjutor mit dem Recht der Nachfolge.

1674 hatte Papst Klemens X. L. entgegen dem seit der Mitte des 17. Jh. vom Olmützer Domkapitel beanspruchten ius spolii, das Innozenz XI. 1686 für ungültig erklärte, gestattet, über sein Eigentum testamentarisch frei zu verfügen. Dennoch setzte L. die Kirche von Olmütz und seinen Nachfolger als Erben ein. Er hatte während seiner langen Regierung Stiftungen in Höhe von insgesamt 237 450 fl. errichtet und in seinem Testament auch das Domkapitel sowie die Armen bedacht. L. starb am 23. 9. 1695. Er wurde in der Dietrichsteinschen Gruft beigesetzt.

Literatur: *F. J. Schwoy* 49 f. - *Ch. d'Elvert*, Die Grafen von Liechtenstein-Kastelkorn, in: Notizen-Blatt (1869) 9-13. - *B. Dudik* 2 f. - *K. Lechner*, Die Gemäldesammlung des Bischofs Karl Graf von Liechtenstein zu Olmütz und Kremsier im Jahre 1691, in: Mittheilungen der k. k. Centralcommission f. Kunst und hist. Denk-

male 14 (1888/89) Nr. 16 f. - Nordmährisches Heimatbuch 2 (1955) 93-99. - *J. Matzke*, Fürstbischöfe 42-52. - *A. Zelenka* 237-239.

Abbildungsnachweis: Thesenblatt, gestochen von Johann Christoph Sartorius nach Zeichnung von Georg Heintsch (um 1647-1713). - Wien NB 524.124 B.

Aleš Zelenka

Liesch von Hornau, Johann Balthasar
(1592 – 1661)

1625 – 1661 Weihbischof in Breslau, Ep. tit. Nicopolitanus
1635 – 1661 Bistumsadministrator in Breslau

* 4. 8. 1592 in Berching (Oberpfalz) als Sohn des kaiserlichen Hauptmannes und erzherzoglichen Obervogtes der Vogtei Horb und fürstlich eichstättischen Amtmanns zu Berching, Johann Jakob von und zu Hornau, und der Klara Jonas von Buech; Besuch des Jesuitengymnasiums in Dillingen; 1613 – 19 Studium in Rom als Alumne des Collegium Germanicum; 23. 9. 1619 Priesterweihe ebd.; 1619 Dr. theol. (Perugia) und Kanonikus in Landshut (Bayern); 1624 Domherr und Kanonikus des Kreuzstiftes in Breslau. Der Breslauer Bischof Karl von Österreich (✝ 1624) sah ihn als Weihbischof vor, doch verzögerte sich die Ernennung durch den Tod Karls. 27. 11. 1625 Titularbischof von Nicopolis und Weihbischof in Breslau; 25. 3. 1626 Konsekration. Da Bischof (→) Karl Ferdinand von Polen sich kaum in der Diözese aufhielt, oblagen L. wichtige Aufgaben. Seit 1628 war er an der zwangsweisen Rekatholisierung schlesischer Städte beteiligt, die durch den Schwedeneinfall von 1632 nur vorübergehend rückgängig gemacht werden konnte. 1632 – 35 mußte L. mit dem Kapitel aus Breslau fliehen. Nach der Rückkehr wurde er 1635 Dompropst und Bistumsadministrator. Seitdem lag die Leitung der Diözese faktisch in seinen Händen. Er residierte meist in Neisse, während er nach Breslau nur zu Kapitelssitzungen kam. Auf die Güterverwaltung des durch den Krieg verarmten Bistums hatte er zwar keinen Einfluß, doch konzentrierte er sich ganz auf dessen geistliche Leitung. Nach dem Krieg gelang es auf einer Diözesansynode zu Neisse im Jahre 1653, der allerdings die Zisterzienser wegen eines Jurisdiktionsstreites fernblieben, ein kirchliches Reformprogramm zu formulieren. L. stützte sich für die Seelsorge stark auf die neuen Seelsorgsorden. Auf dem Gebiet der Verwaltung des Bistumslandes machte er sich um die Befestigung von Neisse verdient. Einen dunklen Punkt seiner Amtszeit bildeten die Hexenverfolgungen, denen allein 1651 42 Frauen zum

Opfer fielen. Die 1653 – 54 in den Erbfürstentümern durchgeführte Rekatholisierung von 656 Kirchen geschah auf kaiserliche Weisung. L. starb am 13. 9. 1661 in Neisse nach längerer Krankheit. □ St. Jakob in Neisse.

Quellen: ASV, Proc. Cons. 15, fol. 616-640.

Literatur: *J. Jungnitz*, Germaniker 135-146. - *Ders.*, Weihbischöfe 125-151. - *R. Samulski*, Weihbischöfe 17.

Jan Kopiec

Ligeriz (Ligertz), **Louis de** ⟨SJ⟩ (1700 – 1761)

1743 – 1749 Apostolischer Vikar im Kurfürstentum Sachsen (Dresden)

Ludwig Ligeriz wurde am 2. 2. 1700 zu Neuveville (Kt. Bern) als Sohn des Kastellans des Basler Fürstbischofs auf Schloßberg über Neuveville und der Maria Agatha Freiin von Kayenegg geboren. 1716 trat er zu Landsberg in die Oberdeutsche Provinz der Gesellschaft Jesu ein. 1719 – 22 studierte er in Ingolstadt, 1722 – 25 war er Präfekt in München, und 1726 – 30 studierte er erneut in Ingolstadt (Dr. theol. et phil.). Am 3. 5. 1730 wurde er in Eichstätt zum Priester geweiht. 1730 – 31 unterrichtete er in Landsberg, 1731 – 32 absolvierte er das Terziat in Ebersberg, und seit 1732 wirkte er als Volksmissionar in Schwaben. 1735 ging er als Beichtvater des sächsischen Kurfürsten Friedrich August II. nach Dresden. Seit dem Tode Augusts des Starken (1733) hatten die in Sachsen tätigen Jesuiten zwar keine Schwierigkeiten mehr mit der Einholung ihrer Vollmachten beim Apostolischen Vikar der Nordischen Mission. Weil sich der Verkehr mit dem in Hildesheim residierenden Apostolischen Vikar L. H. (→) Schorror aber wegen der weiten Entfernung umständlich gestaltete, erbat der sächsische Kurfürst beim Hl. Stuhl die entsprechenden Fakultäten für seinen Beichtvater. So erhielt L. 1743 von Papst Benedikt XIV. mit Zustimmung seines Ordensgenerals alle Fakultäten eines Generalvikars für Kursachsen. Diesen Rechtsakt hat man später als Datum der Einrichtung eines Apostolischen Vikariates im Kurfürstentum Sachsen verstanden.

In die Amtszeit von L. fielen die Gründung des Josephinenstiftes (1746) und eines katholischen Krankenstiftes in Dresden, ferner die Einweihung der neuen Schloßkirche in Hubertusburg (1745). Die katholische Militärseelsorge war bereits 1743 neu geordnet worden.

1749 wurde L., der sich schon seit Jahren aus gesundheitlichen Gründen um eine Ablösung

bemüht hatte, von Dresden abberufen. 1749 – 51 war er Beichtvater, dann Minister, 1752 – 56 Rektor in Neuburg/Donau und 1756 in Pruntrut. Er starb ebd. am 20. 10. 1761.

Schriften: C. Sommervogel.

Literatur: *P. F. Saft*. - *H. Meier*, Apostolisches Vikariat. - *F. Strobel*, in: HS VII (1976) 240f.

Heinrich Meier

Limburg-Styrum, Damian August Philipp Karl Reichsgraf von (1721 – 1797)

1770 – 1797 Fürstbischof von Speyer

Damian August Philipp Karl von Limburg-Styrum wurde am 16. 3. 1721 als zweiter Sohn des Otto Ernst v. L. und der Amalia Elisabeth Maria Gräfin von Schönborn zu Gemen (Fürstbistum Münster) geboren. Der Vater residierte als kaiserlicher Gouverneur in Ofen. Der heranwachsende Sohn hat ihn kaum je gesehen. Ein Bruder der Mutter, Franz Georg v. (→) S., war Erzbischof von Trier, ein anderer, Kardinal Damian Hugo v. (→) S., Bischof von Speyer. Beide Onkel haben die Laufbahn L.s von frühester Jugend an gefördert. 1730 wurde L. Domizellar in Speyer. Vom unsteten Wesen seines Vaters und seines elf Jahre älteren Bruders, die sich hemmungslos verschuldeten, trug er nichts an sich. Für ihn war es vielmehr charakteristisch, daß er sich seit seiner Jugend selbst die Ziele setzte und diese energisch zu erreichen suchte.

Das Gymnasium besuchte L. in Koblenz. 1742 – 43 studierte er in Rom als Alumne des Collegio dei Nobili Ecclesiastici und danach in Würzburg als Schüler des Kanonisten Caspar Barthel die Rechte. In Münster wurde er 1741, in Hildesheim 1742 Mitglied des Domkapitels. Außerdem erlangte er die Propstei des St. Viktor-Stiftes in Xanten. Am 25. 7. 1745 wurde er in Münster zum Priester geweiht. Kurz zuvor hatte Bischof (→) Clemens August von Bayern ihn zum münsterschen Geheimen Rat ernannt. Später erfolgte die Berufung zum Vizepräsidenten. Der weitere Aufstieg L.s vollzog sich jedoch nicht in Münster, wo er 1760 auf seine Präbende resignierte, sondern in Speyer. Dort war er seit 1753 Domkapitular und seit 1755, nach dem Verzicht seines Onkels, des Trierer Erzbischofs, Domdechant (Kapitelswahl).

Nach dem Tode des Speyerer Fürstbischofs Frz. Chr. v. (→) Hutten wählte das Speyerer Kapitel am 29. 5. 1770 nach massiver Einflußnahme Frankreichs und der Kurpfalz L., obwohl dieser in eine Reihe von Prozessen mit dem verstorbenen Fürstbischof und dem Domkapitel verstrickt gewesen war, zum Fürstbischof. Die französische Zustimmung war für diese Wahl deshalb unerläßlich, weil der südlich der Queich gelegene Teil des Hochstiftes seit der Reunionspolitik Ludwigs XIV. unter französischer Oberhoheit stand und ein Einspruch Frankreichs unabsehbare Folgen nach sich gezogen hätte. Die päpstliche Wahlbestätigung folgte am 6. 8. 1770 zugleich mit der Genehmigung, das Domkanonikat in Hildesheim und die Xantener Propstei weiter zu behalten.

Am 16. 9. 1770 ließ L. sich in Bruchsal durch den Hildesheimer Fürstbischof Fr. W. v. (→) Westphalen konsekrieren. In der Wahlkapitulation hatte er sich zur Wiederherstellung des 1689 schwer beschädigten Speyerer Domes verpflichtet. Diese erfolgte 1772 – 78 unter der Leitung von Franz Ignaz Neumann. Dabei wurde das Langhaus im romanischen Stil wiederaufgebaut, das baufällige Westwerk dagegen durch einen barocken Neubau ersetzt.

L. war jedoch kein Bauherr und Mäzen wie seine Vorgänger Schönborn und Hutten. Er widmete sich mit ganzer Kraft vielmehr der Verwaltung. Auf diesem Gebiet ließ er sich von den Prinzipien des aufgeklärten Absolutismus leiten. L. erließ zahlreiche Anordnungen auf dem Gebiet der Verwaltung, der Rechtspflege und des Schulwesens. Auch die Armenpflege fand in ihm, z. T. durch den Einsatz persönlicher Mittel, einen wohlwollenden Förderer. L. veranlaßte ferner die Errichtung von Spitälern der Barmherzigen Brüder in Bruchsal und Deidesheim wie auch eine allgemeine Förderung des Medizinalwesens. Insgesamt war seine Verwaltung auf hohem Niveau und effizient.

Innerkirchlich bemühte L. sich dagegen, den Einfluß der Aufklärung aus seinem Sprengel fernzuhalten. Da einige Domherren der Aufklärung zugetan waren, kam es bald zu schweren Spannungen, die allerdings noch mehr darin wurzelten, daß das Kapitel sich von der Regierung des Hochstiftes ausgeschlossen sah. Der Streit um sein Mitwirkungsrecht wurde schließlich vor den Reichshofrat in Wien gebracht und dort 1781 zugunsten des Bischofs entschieden. Dem Kapitel wurden lediglich für die Zeit der Vakanz Verwaltungsbefugnisse zugestanden. Es wandte sich daraufhin an den Reichstag, unterlag jedoch auch dort. Einen Grund für diesen Erfolg des Fürstbischofs bildete neben der Rechtslage sicher dessen überlegene Prozeßführung. Diesbezüglich erwies er sich auch gegenüber den Städten Speyer und Bruchsal als Meister. L.s absolutistische Art vertrug keinen Widerspruch. So stieß er trotz seiner unbestreitbaren Verdienste die Mitglieder des Domkapitals ab.

Das 1724 von Schönborn gegründete Priesterseminar förderte L. durch Vermehrung der Professoren und bessere Ausstattung. Seine Seminarordnung von 1779 spiegelt detailliert das Leben dieser Ausbildungsstätte. 1773 führte L. zwar das Aufhebungsdekret des Jesuitenordens korrekt durch, doch legte er Wert darauf, daß die ehemaligen Ordensleute seinem Bistum erhalten blieben. Daher war deren Zahl im Bistum Speyer nach der Aufhebung größer als zuvor. Trotz seiner Ablehnung der theologischen Aufklärung vertrat L. bereits in seinem ersten Hirtenschreiben von 1771 den Standpunkt konfessioneller Toleranz. Er verbot nicht nur Kontroverspredigten, sondern übernahm auch mehrere Protestanten in seinen Dienst.

Insgesamt war das Verhältnis von L. zur kirchlichen Aufklärung jedoch gespalten. Er reduzierte den Überschwang barocker Frömmigkeitsformen, betonte die Pfarrseelsorge und wachte sorgfältig über die Kirchendisziplin. Konservative Ex-Jesuiten spielten als Berater an seinem Hof eine große Rolle. Aus der Sorge vor drohenden Säkularisationstendenzen lehnte L. den Episkopalismus und nationalkirchliche Tendenzen ab, und 1787 wandte sich auf seine Veranlassung der Ex-Jesuit Ph. Anton (→ Bd. I) Schmidt literarisch gegen die Emser Punktation von 1787 (E. J. v. → Breidbach-Bürresheim, Max Franz von Österreich). Dabei spielten allerdings nicht nur theologische Fragen, sondern auch die Sorge vor einem Übergewicht der Metropoliten eine Rolle.

L. war bei aller ihm eigenen Skurrilität politisch und kirchenpolitisch weitblickend. Früher und klarer als die meisten Reichsfürsten ahnte er die Tragweite der Ereignisse von 1789. Der Vorstoß der französischen Truppen veranlaßte ihn 1792 vorübergehend und 1795 endgültig, seine Diözese zu verlassen. Von Veitshöchheim, Freising und schließlich Freudenhain bei Passau aus versuchte er, die Regierung des Stiftes fortzuführen. Er starb am 26. 2. 1797 auf Schloß Freudenhain. Sein Leichnam wurde in der dortigen Kapuzinerkirche, sein Herz in der St. Peterskirche zu Bruchsal beigesetzt.

Literatur: *F. B. Kempf,* Bruchsaler Streitigkeiten zwischen Stadt und Bischof unter der Regierung des Fürstbischofs Karl Philipp August, Grafen von Limburg-Styrum vom Jahre 1773-1797 (Bruchsal 1907). - *J. Wille,* August Graf von Limburg-Styrum, Fürstbischof von Speyer. Miniaturbilder aus einem geistlichen Staate im 18. Jahrhundert (Heidelberg 1913). - *R. Reinhard,* August Graf von Styrum, Bischof von Speyer und die Zentralbehörden im Bistum Speier, in: Mitt. Pfalz 34/35 (1915) 161-208. - *G. E. Kunzer,* Die Beziehungen des Speierer Fürstbischofs Damian August Philipp Karl, Grafen von Limburg-Styrum, zu Frankreich (Speyer 1915). - *J. Rössler,* Die kirchliche Aufklärung unter dem Speierer Fürstbischof August von Limburg-Styrum (1770-1797). Ein Beitrag zur Geschichte und Beurteilung des Aufklärungszeitalters, in: Mitt. Pfalz 34/35 (1915) 1-160. - *R. Reinhard,* Der Speierer Fürstbischof von Limburg-Styrum in der Verteidigung seiner reichsfürstlichen Rechte in seinen oberqueichischen Besitzungen gegen die Ansprüche der französischen Revolution im Jahre 1789, in: FDA 77 (1957) 303-311. - *Ders.,* Die Frage eines Koadjutors für Fürstbischof Limburg-Styrum von Speyer (1770-1779), in: FDA 78 (1958) 172-182. - *Ders.,* Mißhelligkeiten zwischen dem Speyerer Fürstbischof Limburg-Styrum und seinem Domkapitel wegen der Propstei Weißenburg, in: FDA 78 (1958) 183-190. - *R. Schreiber,* in: NDB 1 (1954) 450f. - *L. Stamer* III/2 (1959) 120-127. - *Fr. Keinemann,* Domkapitel Münster 292f. - *O. B. Roegele,* August von Limburg-Styrum, Bischof und Fürst, in: 200 Jahre Krankenhaus Bruchsal. Fürstbischof Styrum und seine Stiftung (Karlsruhe 1977) 13-36. - *V. Press* 285-290.

Hans Ammerich

Lock, Georg (1751 – 1831)

1796 – 1831 Apostolischer Administrator des Bistums Meißen in der Lausitz
1801 – 1831 Ep. tit. Antigonensis

→ Bd. 1, 456 f.

Lodron, Carlo Ferdinando Reichsgraf von (1662 – 1730)

1702 und 1710 Generalvikar in Trient

* 18. 7. 1662 in der Diöz. Trient; Besuch des Gymnasiums in Trient; 1678 – 83 Studium in Rom als Alumne des Collegium Germanicum; Dr. iur. utr.; 1680 Domherr in Trient; 1689 Rückkehr in die Heimat; Pfarrer in Villa Lagarina; 1702 und 1710 Generalvikar in Trient; 1709 Dompropst; † 8. 10. 1730.

Literatur: *A. Costa* 349. - *C. Donati* 121. - *J. C. Tovazzi* 29.

Josef Gelmi

Lodron, Franz Reichsgraf von (1616 – 1652)

1644 – 1652 Fürstbischof von Gurk

Franz von Lodron wurde im Jahre 1616 als Sohn des Hieronymus Graf v. L. und der Julia de Zanetti geboren. Die Südtiroler Familie hat in der ersten Hälfte des 17. Jh. eine ganze Reihe von Mitgliedern in die Domkapitel von Trient und Salzburg entsandt. Ein Familienangehöriger, Paris v. (→) L., war 1619 – 53 Erzbischof von Salzburg, ein Bruder des Franz v. L., Sebastian v. L., 1630 – 43 Fürstbischof von Gurk.

L. besaß seit 1631 eine Dompfründe in Trient, seit 1633 eine weitere in Salzburg. Seit 1639 war er Propst von St. Mauritz in Friesach

(Kärnten). Er hatte seit 1633 in Perugia und 1634 – 38 als Alumne des Collegium Germanicum in Rom studiert. 1643 nominierte der Salzburger Erzbischof Lodron den 28jährigen zum Bischof von Gurk. Am 5. 3. 1644 konfirmierte er ihn, und am 6. 3. 1644 konsekrierte er ihn in Salzburg. Im gleichen Jahr nahm L. durch einen Prokurator Besitz von seinem Bistum. L. scheint zwar in den ersten Jahren häufig von seinem Sprengel abwesend gewesen zu sein, erhielt aber anderseits 1646 vom Salzburger Erzbischof die Generalvollmacht zur Vornahme von Weihehandlungen im Kärntner Anteil von Salzburg.

Für die Diözese war die Regierung L.s bedeutsam wegen dreier Diözesansynoden (1648, 1649?, 1650) und der Förderung regelmäßiger Kleruskonferenzen. L.s Zusammenarbeit mit dem Domkapitel war problemlos, insbesondere seitdem J. G. (→) Miller, der spätere Generalvikar, 1648 die Dompropstei erlangt hatte und der Bischof gestattete, daß das von Bischof Johannes Jakob von Lamberg 1621 an die bischöfliche Residenz zu Straßburg verlegte Konsistorium wieder in Gurk zusammentreten konnte. Es bestand aus dem Dompropst und zwei Ratgebern.

1650 erbaute L. nach der Errettung von einem Sturz am Fuß des Burghügels von Straßburg eine Loretokirche, die er mit reichen Meßstiftungen für seine Familie und die Gurker Bischöfe ausstattete.

L. starb am 30. 11. 1652 zu Trient auf der Rückreise von seinem Vater. Er wurde neben seinem Bruder und Vorgänger in der Familiengruft zu Concesio beigesetzt.

Literatur: *J. Obersteiner* I 381-385.

Abbildungsnachweis: Gemälde in der Bischöfl. Residenz Klagenfurt. - ADG.

Peter G. Tropper

Lodron, Karl Franz Reichsgraf von
(1748 – 1828)

1792 – 1828 Fürstbischof von Brixen

→ Bd. 1, 457 f.

Lodron, Paris Reichsgraf von (1586 – 1653)

1621 – 1653 Fürsterzbischof von Salzburg

Paris Graf Lodron wurde am 13. 2. 1586(?) auf Schloß Castelnuovo im Legertal (Valle Lagarina) bei Trient als Sohn des Grafen Nikolaus v. L. aus der Familienlinie der Castelnuovo und dessen Ehefrau Dorothea aus dem Geschlecht der Welsperg geboren. Sein Vater war kaiserlicher Kämmerer und Landeshauptmann in Tirol. Kaiser Friedrich III. hatte das alte tridentinische Geschlecht der Grafen v. L. 1452 in den Reichsgrafenstand erhoben. Mitglieder der weitverzweigten Familie bekleideten im Laufe der Jahrhunderte hohe staatliche und kirchliche Ämter.

L. studierte in Trient, Bologna und Ingolstadt. 1605 wurde er Domherr in Trient, 1606 in Salzburg. Zu heiklen diplomatischen Missionen wie der Vertretung Salzburgs auf dem Reichstag zu Regensburg (1613) und in der Angelegenheit der Abdankung des Erzbischofs Wolf Dietrich von Raitenau (1612) herangezogen, entwickelte sich L. immer mehr zur rechten Hand des Erzbischofs Markus Sitticus von Hohenems (1612 – 19), der ihn 1616 dem Domkapitel als Propst aufzwang. Während seiner Amtsführung ließ L. das Schlößchen Röcklbrunn als Sommerresidenz für den jeweiligen Dompropst erbauen.

Angesichts der Ungewißheit in den ersten Jahren des Dreißigjährigen Krieges wählte das Domkapitel am 13. 11. 1619 bereits im ersten Wahlgang L. als sein politisch fähigstes und verwaltungserfahrenstes Mitglied zum Erzbischof. Die Wahl wurde am 3. 3. 1621 bestätigt. Das Pallium erhielt L. am 19. 4. Die Konsekration folgte am 23. 5., der Eintritt in die Stadt von Freisaal aus am 11. 10. 1621. L. regierte 34 Jahre lang in schwerer Zeit politischer und konfessioneller Auseinandersetzungen. Dank seiner klugen Politik und der Kontinuität seiner langen Regierung wurde das Erzstift nicht in die unmittelbaren Auseinandersetzungen des Krieges hineingezogen, da L. sich neutral zu verhalten wußte. Er erfüllte zwar seine Pflichten als Reichsfürst durch die Bereitstellung eines Militärkontingents, beteiligte sich jedoch nicht an der Katholischen Liga, wie dies schon seine Vorgänger durch eine geschickte Hinhaltetaktik getan hatten. Inmitten des Kriegszustandes wurde das Erzstift so zu einem Ort der Sicherheit und Zuflucht für viele Flüchtlinge aus den benachbarten Ländern. L. gelang es, vereinzelt zutage tretende Bauernunruhen zu lokalisieren (besonders 1644 – 45) und durch energisches Einschreiten zu unterbinden. Durch seine rege Bautätigkeit schuf er Verdienstmöglichkeiten für die Bevölkerung und traf selbst bei den infolge des Krieges zusätzlichen Steuervorschreibungen auf Verständnis. Bereits ein Jahr nach seiner Wahl begann er mit der Neubefestigung der Stadt Salzburg. Baumeister S. Solari schuf bei dieser Verteidigungsanlage der Altstadt, des Mönchs-, Festungs- und Kapuzinerberges, des Imberges und der Scharrierung der Felswände nicht nur etwas Provisorisches und Zweckdienliches, sondern er war auch auf Schönheit, Kunst und Bleibendes bedacht. Ebenso wurden die wichtigsten Engpässe im Lande befestigt und die Burgen mit Mannschaft und Munition versehen. Mit der Errichtung eines Landsturmes von ca. 24 000 Mann wurde für die Sicherheit des Landes Vorsorge getroffen. Als die Schweden 1632 in Bayern einbrachen und München bedrohten, ließ Kurfürst Maximilian seine Schätze und Urkunden mit Bewilligung L.s nach Salzburg bringen (Schloß Werfen), und die Kurfürstin Elisabeth flüchtete mit ihrem Hofstaat unter Mitnahme des Gnadenbildes von Altötting nach Salzburg. Obwohl der ehemals blühende Salzburger Edelmetallbergbau wirtschaftlich kaum noch eine Rolle spielte, waren die finanziellen Anstrengungen für Befestigungen und die hohen Geldzahlungen an die Katholische Liga möglich, weil L. einen wichtigen Punkt seiner Wahlkapitulation sofort eingelöst hatte, nämlich die Wiederherstellung der Salzburger Landschaft, der Vertretung der Landstände. Von Erzbischof Wolf Dietrich von Raitenau (1587 – 1612) entmachtet und aufgehoben, versammelte L. sie bereits 1620 und erneuerte dieses wichtige politische Gremium der Selbstverwaltung. Im Gegensatz zu seinen absolutistisch regierenden Vorgängern überließ er es den Gremien der Landstände, die Steuergefälle zu beheben und für die laufenden Landesbürden und die vorhandenen Schuldenlasten des kleinen Staates aufzukommen.

So war es möglich, daß L. zwei ehrgeizige Projekte seiner Vorgänger mitten im Krieg fortführen und zur Vollendung bringen konnte. Noch im Bau wurde am 25. 9. 1628 der Salzburger Dom eingeweiht. Die Festfeier symbolisierte den Abschluß der ersten Phase der Rekatholisierung des Erzstiftes (begonnen 1613 durch Erzbischof Marcus Sitticus) und das Triumphgefühl der Siege der katholischen Truppen in dieser Zeit. Noch ein Grund gab Anlaß zu dieser glänzenden Festfeier. 1627 wurden nämlich in der Abtei St. Peter die lange gesuchten Reliquien des hl. Rupertus wiedergefunden. In einer feierlichen Prozession geleitete man die Reliquien der hll. Rupert und Virgil am 24. 9. 1628 in die Domkirche und in die Abtei St. Peter. Höchste Repräsentanten der österreichischen und bayerischen Herrscherhäuser sowie zahlreiche Bischöfe fanden sich dazu ein.

Außerdem gründete L. 1622 in Anknüpfung an das von seinem Vorgänger 1617 gegr. Gymnasium mit Lyzeum die Salzburger Universität (kaiserl. Bestätigung 1620, päpstl. 1625), die

von einer Benediktinerkongregation aus Österreich, Bayern und Schwaben getragen wurde. Infolge der Kriegswirren entwickelte die Hohe Schule sich vorerst nur bescheiden. Ihre Bedeutung wuchs in späterer Zeit sowohl für den Benediktinerorden als auch für das Erzstift, dem sie die Ausbildung des Klerus und der Beamten sicherte.

Neben der überragenden Bedeutung als Staatsmann war L. auch eine der treibenden Kräfte der Rekatholisierung des Erzstiftes, in dessen Gebirgspfarreien der Geheimprotestantismus im 16. Jh. Verbreitung gefunden hatte. Nach der scharfen Disziplinierungs- und Rekatholisierungsphase unter seinem Vorgänger ging L. zu einer gemäßigten Gegenreformation über. Aber auch ihm galt religiöser Ungehorsam als Auflehnung gegen die Religionsmandate des Landesfürsten. Während des Krieges kam es kaum zu religiösen Spannungen, bei denen die kirchliche Obrigkeit hätte einschreiten müssen. Solche wurden erst nach 1650 gemeldet. Auch der große oberösterreichische Bauernkrieg von 1625 – 26 zeigte in religiöser Hinsicht keine Folgewirkungen im Erzstift. Denn alle Maßnahmen, die L. ergriffen hatte, zielten darauf ab, Salzburg nach außen hin zu verteidigen, was offensichtlich auch dem Frieden im Inneren diente. Sehr wohl erkannte er, daß das Volk in religiöser Hinsicht nur mangelhaft unterwiesen war und daß neben einer Neigung zum Protestantismus der weitverbreitete Volksaberglaube das Hauptproblem der Seelsorge bildete. So gründete er in entlegenen Gebieten Seelsorgsstationen und Schulen. Die Pfarrgeistlichen wurden an Sonn- und Feiertagen zur Abhaltung von Christenlehren nach dem Katechismus verpflichtet. Besonders streng ließ L. die Disziplin des Landklerus überwachen. Zur Intensivierung des Rosenkranzgebetes entstanden in fast allen Pfarren Rosenkranzbruderschaften. Infolge des Priestermangels in den Gebirgsgauen und der mangelhaften Bildung des Klerus waren bereits seine Vorgänger auf die Niederlassung von Orden bedacht. L. scheint eine Vorliebe für den Kapuzinerorden gehabt zu haben. Im besonderen schätzte er als seinen Freund und Ratgeber P. J. B. von Ala, den er auch zu diplomatischen Diensten heranzog. 1628 – 34 errichteten die Kapuziner in Radstadt und 1640 – 44 in Tamsweg eine Niederlassung für die religiöse Volksunterweisung. Daneben konnten Niederlassungen in Mühldorf am Inn (1639 – 43) und Laufen (1654 – 58) errichtet werden. Für die Bauern und Knappen am Dürrnberg bei Hallein ließ L. eine Missionsanstalt durch Augustinereremiten errichten, die 1650 auch die Betreuung der Wallfahrtskirche übernahmen. Durch die Flucht vieler Geistlicher in das kriegsverschonte Salzburg war der Priestermangel weniger spürbar. So wies der Erzbischof geflüchteten Jesuiten die Seelsorge in Hallein zu, wo drei von ihnen im Pestjahr 1634 im Dienst an den Kranken starben. Ebenso flüchteten 1632 Kapuzinertertiarinnen aus den Klöstern Reutberg bei Bad Tölz und Landshut vor den anrückenden Schweden nach Salzburg. Sie gründeten dort 1636 eine Niederlassung, die ihnen der Erzbischof im Loreto-Kloster neu erbauen ließ. 1650 kam das berühmte „Loreto-Kindl" als Besitz der Schwester Euphrasia Silberrath in das Kloster, wo es Gegenstand weitverbreiteter Verehrung wurde.

In der Regierungszeit L.s kam es auch zu der bemerkenswerten Initiative des B. Holzhauser gegen den Priestermangel. 1640 kam Holzhauser aus Tittmoning nach Salzburg. Um 1644 übernahm er die salzburgisch-chiemseeische Pfarrei St. Johann in Tirol und wurde Dekan dieses Gebietes. Mit gleichgesinnten Priestern gründete er eine Gemeinschaft (vita communis) zur gegenseitigen Hilfe in der Seelsorge und zu beispielhaftem priesterlichem Leben. Schon nach kurzer Zeit gelang ihm in Salzburg die Gründung eines kleinen Priesterseminars. Diese Einrichtung existierte jedoch nur bis 1649 und wurde dann nach Ingolstadt verlegt. Nach ihrem Gründer nannte sich diese Weltpriestergemeinschaft „Bartholomäer" oder „Bartholomiten". Idee und Zielsetzungen erlangten größte Verbreitung und Bedeutung für die spirituel-

le Ausbildung der Priesterkandidaten. Erst 1686 kehrten Bartholomiten nach Salzburg zurück und wirkten bis 1783.

Wie sein Vorgänger suchte auch L., seinem Reformwerk bleibenden Bestand und Kontinuität zu sichern. Nachdem schon Erzbischof Marcus Sitticus (1612 – 1619) mehrere gelehrte Priester um sich gesammelt hatte, gab L. diesem Beratungsgremium (Konsistorium) die statutenmäßigen und finanziellen Grundlagen. 1631 stiftete er ein weltpriesterliches Kollegiatkapitel mit 13 Mitgliedern zu Ehren der „BMV ad Nives", einem Seitenaltar der Domkirche, dessen Gnadenbild auf die Begebenheit des Schneewunders von S. Maria Maggiore in Rom hinweist. Im Volksmund „Schneeherren" genannt, versahen diese Priester als Konsistorialräte die Aufgaben eines Konsistoriums. Mehr als die Hälfte seiner Mitglieder mußte Doktor oder zumindest Lizentiat der Theologie oder des kanonischen Rechtes sein. Diese Einrichtung erlangte für die religiös-kirchliche Situation im Erzstift große Bedeutung, da das adelige Domkapitel wie in allen geistlichen Fürstentümern statutengemäß andere Aufgaben versah. Des weiteren stiftete L. die sog. Lodronische Primogenitur, für die er einen Palast erbauen ließ. Diesen übergab er seinem Bruder Christoph v. L. und dessen männlichen Nachkommen als Fidei-Kommiß, so daß der jeweilige Erstgeborene diese Stiftung beziehen konnte. Außerdem ordnete er 1633 die Errichtung eines Kollegiatstiftes in Tittmoning an. Für die Ausbildung künftiger Beamter im Dienste der Familie L. gründete er 1645 das Lodronisch-Marianische Collegium. 1653 ließ er für zwölf Studenten das Lodronisch-Rupertinische Collegium errichten und gut dotieren.

In Ausübung der alten Salzburger Privilegien konnte L. während seiner Amtszeit fünfmal ein Salzburger Eigenbistum besetzen. Nach dem Westfälischen Friedensschluß, an dem Gesandte des Erzbischofs teilnahmen, aber nicht unterzeichneten, wurde L. bei der Friedensfeier 1651 mit Recht als „Vater des Vaterlandes" gefeiert. Der Dank des Landesfürsten galt dagegen der Landschaft, die ihn in schweren Kriegszeiten unterstützt hatte.

L. starb am 15. 12. 1653 in Schloß Mirabell. Sein Leichnam wurde in der von ihm ausgebauten und eingeweihten Salzburger Domkirche nahe der Kuppel beigesetzt.

Literatur: K. F. Hermann, Die Gründung der alten Salzburger Universität 1617 bis ca. 1635 (Habil. theol. Salzburg 1950). - M. Arneth. - K. J. Grauer, Paris Lodron. Erzbischof von Salzburg. Ein Staatsmann des Friedens (Salzburg 1953) (Lit.). - D. Cwienk, Kirchliche Zustände in den Salzburger Pfarren der

Steiermark in der Gegenreformation nach dem Visitationsprotokoll des Seckauer Bischofs Jakob Eberlein aus den Jahren 1617-1619 (Diss. phil. Graz 1966). - R. R. *Heinisch*, Salzburg im Dreißigjährigen Krieg (Wien 1968) (Lit.). - Universität Salzburg 1622-19621972. Festschrift, hg. v. Akademischen Senat (Salzburg 1972). - J. *Sallaberger*, Die Pfarre Hallein zur Zeit des Dreißigjährigen Krieges und die Jesuitenmission, in: MGSL 118 (1978) 89-138. - F. *Martin*, Salzburgs Fürsten 84-102 (Lit.). - F. *Ortner* 124-135 (Lit.). - R. *Heinisch*, in: H. Dopsch - H. Spatzenegger 196-220.

Abbildungsnachweis: Stich von Damian Jenet, datiert 1627. - Wien NB 502.442 A.

Franz Ortner

Loe, Heinrich Friedrich Philipp Reichsfreiherr (seit 1707 Reichsgraf) von (1691 – 1748)

1734 – 1748 Generalvikar in Hildesheim

* 1691 in Kleve (Erzdiöz. Köln); 1707 – 10 Studium in Rom als Alumne des Collegium Germanicum; 1713 aufgeschworen, 1721 installiert als Domkapitular in Hildesheim; 1726 Domdechant ebd.; 13. 3. 1734 Generalvikar und Offizial ebd.; kurz darauf Statthalter und Regierungspräsident in Hildesheim; 1740 Domkapitular in Paderborn; 1746 Dompropst in Hildesheim; † 2. 11. 1748.

Quellen: BA Hildesheim.

Literatur: A. *Bertram*, Bischöfe 238. - Ders., Hildesheim III 169f. - G. *Schrader* 171. - A. *Steinhuber*.

Hans-Georg Aschoff

Löhn, Anton Aloisius (1734 – 1806)

1796 – 1806 Generalvikar des österreichischen Anteils der Diözese Breslau

* 1734 in Oberglogau (Schlesien); Studium der Theologie in Olmütz; Pfarrer in Dobra/Teschen und seit 1779 in Teschen; Erzpriester; 1770 – 79 Sekretär des Konsistoriums in Teschen; 1784 – 97 Bischöflicher Kommissar in Teschen; seit 1796 Generalvikar für den österreichischen Anteil der Diözese Breslau; † 14. 2. 1806 in Teschen.

Schriften: Trauer Rede über Joseph den zweiten weiland römischen Kaiser... gehalten bey trauervollen und feyerlichen Exequien in der herzoglichen Stadt Teschen den 16 März 1790 (Teschen 1790).

Literatur: J. *Londzin* 6-11.

Jan Kopiec

Longinus von Kieferberg, Peter Franz (1666 Personaladel durch den Prager Erzbischof) (1613 – 1675)

1665 – 1675 Apostolischer Administrator des Bistums Meißen in der Lausitz

Peter Franz Longinus wurde im Jahre 1613 als Sohn einer Häuslerfamilie „Lange" in dem dem Magdalenerinnenkloster Lauban gehörenden Pfaffendorf/Lausitz geboren. 1624 kam er auf die Jesuitenschule zu Jitschin in Böhmen. Dort

wurde Albrecht von Waldstein (Wallenstein) auf ihn aufmerksam und schickte ihn auf die Reit- und Fechtschule. Anschließend war L. Waldsteinscher Stallmeister und Rittmeister im Graf Gallasschen Heer. Nach der Rückkehr von einem Feldzug in Frankreich studierte er in Prag Theologie und wurde dort am 20. 12. 1638 auf den Tischtitel des Magdalenerinnenklosters Lauban zum Priester geweiht. Seit dieser Zeit nannte er sich „Longinus". 1638 wurde er Vikar am Bautzner Dom, 1639 Pfarradministrator in Hennersdorf und 1642 Pfarrer in Pfaffendorf. 1645 ernannte ihn das Bautzner Domkapitel St. Petri zum nichtresidierenden Kanonikus. 1661 wurde L. Pfarrer in Hennersdorf, und am 4. 7. 1665 wählte ihn das Domkapitel zum Dekan und damit zum Apostolischen Administrator der Lausitz. 1666 nobilitierte ihn der Prager Erzbischof E. A. v. (→) Harrach unter dem Prädikat „von Kieferberg".

L. bemühte sich als Administrator vor allem um die wirtschaftliche Sanierung der Kapitelsbesitzungen und die finanzielle Sicherstellung des Domkapitels und der Administratur. Seine Beziehungen zu Kaiser Leopold I. und zum böhmischen Adel setzte er zur Sicherung des immer wieder in Frage gestellten Bestandes der Administratur ein. 1674 veranlaßte er die Erarbeitung und Verabschiedung neuer Kapitelsstatuten. L. starb am 10. 11. 1675 zu Bautzen. Er wurde im St. Petri-Dom beigesetzt.

Quellen: BDM 222 f.

Abbildungsnachweis: BDM Foto Dok.

Siegfried Seifert

Losenstein, Franz Anton Graf (seit 1690 **Fürst**) **von** (1642 – 1692)

1673 –   Passauischer Offizial für das Land unter der Enns in Wien
1690 – 1692 Koadjutor des Bischofs von Olmütz, Ep. tit. Duriensis

≈ 12. 5. 1642 in Wien als Sohn des Georg Achatz v. L., kaiserlichen Oberstallmeisters und Landmarschalls in Niederösterreich (1597 – 1653), und dessen dritter Gemahlin Franziska Gräfin von Mansfeld; seit 1664 Domherr in Passau und Olmütz; 1673 Dompropst in Passau und passauischer Offizial für das Land unter der Enns in Wien; Stiftspropst in Altötting. Als der Olmützer Bischof K. v. (→) Liechtenstein-Kastelkorn 1690 mit Rücksicht auf sein Alter einen Koadjutor mit dem Recht der Nachfolge erbat, wählte das Domkapitel am 17. 4. 1690 mit päpstlicher Zustimmung L. Daraufhin wurde dieser 1690 ad personam in den böhmischen Fürstenstand erhoben. Die päpstliche Wahlbestätigung und Ernennung zum Titularbischof von Dura folgten am 27. 11. 1690. L. starb am 8. 6. 1692 hochverschuldet in Wien. □ Familiengruft in Garten. L.s frühzeitiger überraschender Tod führte zu der von der Literatur tradierten Spekulation, Weihbischof F. (→) Schröffel von Schröffenheim habe den Wiener Hof dazu gebracht, L. die Anerkennung zu versagen und statt seiner den Prinzen (→) Karl Joseph Ignaz von Lothringen und Bar als Nachfolger durchzusetzen.

Literatur: L. H. Krick, Stammtafeln. - Z. Štěpánek. - J. Matzke, Fürstbischöfe 50 f, 60.

Aleš Zelenka

Lovina, Ignaz von (1660 – 1720)

1719 – 1720 Bischof von Wiener Neustadt

Ignaz von Lovina wurde am 9. 7. 1660 zu Siders (Wallis) geboren. Wie viele Walliser Theologen studierte er in Wien, wo am Konvikt St. Barbara einige Freiplätze für Studierende aus seiner Heimat bestanden. Nach der Priesterweihe (23. 9. 1684) war er Kurat zu St. Stephan und danach aufgrund seiner Sprachkenntnisse zwölf Jahre lang Erzieher des späteren Kaisers Karl VI. Danach erhielt er die Propstei von Ardagger (Niederösterreich) und die Titularpropstei von Aisha oder Ochka (Diöz. Großwardein). Am 2. 11. 1718 nominierte Karl VI. ihn zum Bischof von Wiener Neustadt. Die päpstliche Verleihung folgte am 15. 3. 1719. L. starb schon am 14. 9. 1720. Mit seinem bedeutenden Vermögen hatte er seine Verwandten wie auch die Dom- und die Jesuitenkirche von Wiener Neustadt sowie die Augustinerkirche in Wien bedacht. □ Neustädter Dom.

Literatur: J. Mayer, Wiener Neustadt. - R. Kampichler. - A. Kolaska (Lit.).

Alfred Kolaska

Lucenius, Albert (1576 – 1654)

1623 – 1654 Generalvikar in Osnabrück

* um 1576; 1605 Eintritt in das Chorherrenstift Herrenleichnam in Köln; 1605 Priesterweihe. L. wurde 1623 vom Osnabrücker Fürstbischof Eitel Friedrich von Hohenzollern (1623 – 1625), der ihn als Dompropst zu Köln kennenlernte, zum Generalvikar in Osnabrück ernannt. L. war der erste Amtsinhaber des von Papst Urban VIII. in Osnabrück eingerichteten Generalvikariats, dessen Gründung durch die Reformation in Osnabrück bis dahin verhindert worden war. Es wurde ein Instrument der katholischen Reform. In diesem Sinne hat L., der 1623 zum Apostolischen Protonotar ernannt wurde, vom 27. 11. 1624 bis 17. 5. 1625 eine Kirchenvisitation des Osnabrücker Hochstifts durchgeführt. L. wurde von Bischof F. W. v. (→) Wartenberg als Generalvikar bestätigt. Am 19. 8. 1633 floh er vor den heranrückenden Schweden aus Osnabrück nach Köln. Hier hat er als Berater Wartenbergs gewirkt und als Administrator des Osnabrücker Generalvikariats die Geschäfte bis zu seinem Tode weitergeführt. 1648 wurde er Hausgeistlicher im Kölner Servitessenkloster St. Luzia. In den letzten Jahren erkrankte er an Gicht, die ihn schließlich ganz an das Bett fesselte. † 21. 3. 1654.

Quellen: ASV.

Literatur: M. Bär, Das Protokoll des Albert Lucenius über die Kirchenvisitation von 1624-25, in: OM 25

1900) 230-282. - *F. Flaskamp*, Albert Lucenius, in: Heimatblätter der Glocke 27./28. 6. 1954. - *M. F. Feldkamp* 238.

Michael F. Feldkamp

Ludwig Anton von Pfalz-Neuburg
(1660 – 1694)

1679 – 1684 Koadjutor des Hoch- und
             Deutschmeisters
1684 – 1694 Hoch- und Deutschmeister
1689 – 1694 Fürstpropst von Ellwangen
1691 – 1694 Koadjutor des Erzbischofs von
             Mainz
1693 – 1694 Fürstbischof von Worms

Ludwig Anton von Pfalz-Neuburg wurde am 9. 6. 1660 zu Düsseldorf als Sohn des Philipp Wilhelm von Pfalz-Neuburg (1615/53 – 90) und der Elisabeth Amalie Landgräfin von Hessen geboren. Wie fünf seiner Brüder — darunter der später zu hohen Ehren aufgestiegene (→) Franz Ludwig — für den geistlichen Stand bestimmt, wurde L. A. von Jesuiten in Düsseldorf und Neuburg erzogen. Wie seine Brüder erhielt er, der schon mit vier Jahren tonsuriert wurde, früh zahlreiche Benefizien. So wurde er 1664 Domizellar in Köln, 1668 in Mainz, 1669 in Straßburg, 1674 in Speyer, 1676 in Münster und 1679 in Lüttich, ferner 1673 Kommendatarabt von Fécamp. 1679 trat er in den Deutschen Orden ein, und wenige Tage später, am 6. 12. 1679, wurde er in Mergentheim zum Koadjutor des 60jährigen Hoch- und Deutschmeisters Johann Kaspar von Ampringen gewählt. Mit dessen Tod am 9. 9. 1684 folgte er ihm als „Administrator des Hochmeistertums in Preußen, Meister in deutschen und welschen Landen". Die Inthronisation fand am 15. 1. 1685 statt.

Obwohl für den geistlichen Stand bestimmt, zeigte L. A. mehr Interesse an der militärischen Laufbahn. So nahm er 1683 an der Entsatzschlacht in Wien sowie an den folgenden Feldzügen in Ungarn teil. Kaiser Leopold I., mit dem L. A. durch seine Schwester Leonore verschwägert war, ernannte ihn 1683 zum Obrist-Feldwachtmeister. 1686 erlitt L. A. beim Kampf um Ofen schwere Verletzungen. Als dann jedoch 1688 der erzbischöfliche Stuhl von Köln nach dem Tode (→) Max Heinrichs von Bayern neu zu besetzen war (W. E. v. → Fürstenberg), empfing L. A. die Subdiakonatsweihe (18. 7. 1688), um so an der für die europäische und für die Reichsgeschichte hochwichtigen Wahl teilnehmen zu können. Einen Tag vor der Wahl wurde er als stimmberechtigtes Mitglied zum Kapitel zugelassen. Er stimmte wie sein Bruder

Franz Ludwig für (→) Joseph Clemens von Bayern.

Als Befehlshaber der Infanterie wurde L. A. 1689 bei der Belagerung von Mainz erneut verwundet. Im gleichen Jahr wirkte er bei der Eroberung Bonns und der Vertreibung Fürstenbergs aus dem Erzstift Köln mit. Nachdem er am 22. 8. 1689 zum Fürstpropst von Ellwangen gewählt worden war, zog er sich seit 1690 vom Militärdienst zurück, um für die Reichskirchenpolitik des Hauses Pfalz-Neuburg, die mit dem Erwerb der Kurpfalz (1685) eine neue Richtung erhalten hatte, zur Verfügung zu stehen. Erst nach dem Tod seines in der Reichskirchenpolitik so stark engagierten Vaters wurde er am 19. 4. 1691 zum Koadjutor des Mainzer Erzbischofs A. F. v. (→) Ingelheim gewählt und am 3. 10. päpstlich bestätigt. Am 12. 11. 1691 postulierte ihn ferner das Wormser Domkapitel zum Fürstbischof. Das seit der Reformation kleine und unbedeutende Bistum war auch zuvor meist in Personalunion von Mainz oder Speyer aus mitverwaltet worden. Bei der Wahl des Kapitels hatte offenbar die Hoffnung auf Beilegung des seit dem 16. Jh. schwelenden Konfliktes mit der benachbarten Kurpfalz eine Rolle gespielt. L. A. selbst war eine untadelige, sittlich hochstehende und tatkräftige Persönlichkeit.

Die Postulation wurde erst am 8. 6. 1693 päpstlich bestätigt. Dabei wurde L. A. zur Pflicht gemacht, den 1689 zerstörten Dom und die bischöfliche Residenz wieder herzustellen

und zugleich eine neue Sakristei zu erbauen. L. A. starb jedoch schon am 4. 5. 1694 zu Lüttich. Er war dort als Gegenkandidat von Joseph Clemens für die Neubesetzung des wichtigen Fürstbistums aufgetreten und hatte am 20. 4. 1694 neben Joseph Clemens, auf den die Mehrheit der Stimmen gefallen war, auch eine erhebliche Zahl von Stimmen auf sich vereinen können. Wenig später führte jedoch eine in Lüttich ausbrechende Seuche zum Tod des erst 34jährigen L. A. Er ist wahrscheinlich im Chor der St. Sebastianskirche zu Ladenburg beigesetzt worden.

Literatur: *J. F. Schannat* 449f. - *G. Sofsky.* - *L. Litzenburger* 171-173. - *B. Heukemes,* Die Entdeckung der unbekannten Gruft des Wormser Bischofs Lud-wig Anton von Pfalz-Neuburg (1691-1694) im Chor der St. Sebastianskirche (Ladenburg), in: Der Lobdengau 23 (1970) Nr. 2., lf. - *A. A. Strnad,* Schönborn 111. - *M. Weitlauff,* Reichskirchenpolitik. - *Ders.,* in: NDB 15 (1987) 408f. (Lit.).

Abbildungsnachweis: Stich, Anfang 18. Jh. - StA Worms, Graphische Sammlung.

Hans Ammerich

Lüninck, Ferdinand Freiherr von (1755 – 1825)

1795 – 1821 Fürstbischof von Corvey
1820 – 1825 Bischof von Münster

→ Bd. 1, 462.

M

Maccioni, Valerio (1622 – 1676)

1667 – 1676 Apostolischer Vikar der
            Nordischen Missionen
1668 – 1676 Ep. tit. Marrochiensis

Valerio Maccioni wurde 1622 als Sproß eines aus San Marino stammenden, in der Romagna begüterten Adelsgeschlechtes geboren. Nach der Priesterweihe wurde er in Padua zum Dr. theol. promoviert. Zur praktischen Seelsorge schien er wenig Neigung zu spüren, und sein Privatvermögen verbürgte ihm einstweilen ein standesgemäßes Auskommen. Er erwarb die Ritterwürde des seit der Eroberung Konstantinopels in Italien verbreiteten Konstantinischen St. Georgsordens. Politische Wirren, in deren Verlauf sein Vater ums Leben kam, veranlaßten M., San Marino zu verlassen und in die Dienste Herzog Johann Friedrichs von Braunschweig-Lüneburg zu treten, an dessen 1651 in Assisi erfolgter Konversion zur katholischen Kirche er jedoch kaum Anteil hatte. Sein Dienstantritt erfolgte 1662 als „Hofjunker", faktisch jedoch als geistlicher Beistand. Aufgrund seiner Liebenswürdigkeit und seines noblen Auftretens gewann M. auch bei Nichtkatholiken Sympathien.

Seitdem Herzog Johann Friedrich ihn auch am dänischen Hof eingeführt hatte, widmete sich M. der seelsorglichen Betreuung der wenigen Katholiken in Kopenhagen. Die erforderlichen Fakultäten erhielt er vom Kölner Nuntius als dem für den europäischen Norden zuständigen Oberen. Im Zusammenhang mit kontroverstheologischen Diskussionen, die M. am Hof anregte, gab er die Schrift „Nubes lucida" heraus, in der er sich mit dem Helmstedter Theologen Georg Calixt auseinandersetzte. In seinen Hoffnungen auf eine mögliche Konversion des dänischen Königs wurde er jedoch enttäuscht.

Als Johann Friedrich 1665 die Landesherrschaft im Herzogtum Calenberg-Grubenhagen-Göttingen mit der Residenz Hannover antrat, übertrug er M. die Organisation der sich dort bildenden katholischen Gemeinde und des Gottesdienstes. In Anlehnung an den französischen Hof führte M. anfangs den Titel eines Almoseniers und wurde auf den Etat des herzoglichen Hofstaates übernommen. Päpstlicherseits wurde ihm der Titel eines Apostolischen Protonotars verliehen, während der Kölner Nuntius die Fakultäten erneuerte, die M. bereits in Kopenhagen besessen hatte. Da für den Aufbau der katholischen Gemeinde diese Fakultäten nicht ausreichend schienen und der Herzog das Einwirken auswärtiger Ordinarien ausschließen wollte, bemühte er sich unter Vermittlung des Paderborner Bischofs F. v. (→) Fürstenberg für seine Lande und speziell für Hannover um die Errichtung eines Apostolischen Vikariates. Dessen geistlicher Leiter sollte nach dem Vorbild der Apostolischen Vikare in Holland und England in Unterordnung unter den Kölner Nuntius die bischöfliche Jurisdiktion ausüben und Pontifikalhandlungen vornehmen. Daraufhin ernannte Papst Alexander VII. M. am 28. 4. 1667 auf Vorschlag der Propagandakongregation zum Apostolischen Vikar für die herzoglichen Territorien. Da die M. verliehenen Fakultäten nicht den völligen Ausschluß auswärtiger Jurisdiktionsträger garantierten, setzte Johann Friedrich sich für die Ausweitung seiner Befugnisse und vor allem für seine Erhebung zum Bischof ein. Damit drang er jedoch erst bei Papst Clemens IX. durch. Dieser ernannte M. am 17. 9. 1668 zum Titularbischof von Marocco. Die Bischofsweihe erhielt er am Ostersonntag 1669 durch den Mainzer Erzbischof J. Ph. v. (→) Schönborn im Dom zu Würzburg.

M. widmete sich zunächst der seelsorglichen Betreuung der Katholiken in Hannover. Dabei unterstützten ihn Kapuziner, die dort 1668 eine Niederlassung eröffneten. Auseinandersetzungen zwischen M. und diesen über die Exemtion ihrer Niederlassung und über ihre Missionsfakultäten wurden von der römischen Kurie mit Rücksicht auf den Herzog zugunsten des Apostolischen Vikars entschieden. Der Missionstitel der Kapuzinerniederlassung wurde aufgehoben, und die Patres wurden weitgehend der Autorität M.s unterstellt. Besondere Sorgfalt legte M. auf die feierliche Ausgestaltung des Gottesdienstes. An Festtagen zelebrierte er in der Regel selbst und predigte zuweilen. Da sein Bemühen, unter Vermittlung der Kurie den Herzog zu einer Aufhebung der Beschränkung des katholischen Kultus auf die Stadt Hannover zu veranlassen, erfolglos blieb, konnte M. nur unter der Hand durch die herzoglichen Kapläne und die Kapuziner auf dem Land priesterliche Handlungen vornehmen lassen.

Die bischöfliche Jurisdiktion M.s blieb allerdings nicht auf die braunschweig-lüneburgischen Lande beschränkt. Schrittweise wurde sein Vikariat, z.T. auf Anregung des Mainzer Erzbischofs oder in Absprache mit ihm, durch die kurialen Behörden auf weitere Gebiete Norddeutschlands ausgedehnt, in denen eine ordentliche Diözesangewalt nicht mehr ausgeübt werden konnte. 1669 wurde M.s Vikariat auf das Gebiet der alten Diözese Halberstadt ausgeweitet. Ein Jahr später kamen die ehemaligen Bistümer Bremen und Magdeburg sowie die Mecklenburgischen Länder und die Missionsstationen in Altona und Glückstadt hinzu. Damit war die Grundlage des Apostolischen Vikariats des Nordens geschaffen.

Ein Haupthindernis für die Ausübung der Jurisdiktion und die Vornahme pontifikaler Handlungen stellte die von den protestantischen Landesherren beanspruchte oberste Leitung der kirchlichen Angelegenheiten auch der katholischen Untertanen dar. Dadurch waren bischöfliche Amtshandlungen durch auswärtige Prälaten nahezu ausgeschlossen. So konnte M. 1671 nur heimlich die ihm vom Nuntius aufgetragene Visitation der Klöster in Halberstadt vornehmen, weil der Kurfürst schwere Strafen im Falle einer Visitation durch Auswärtige angedroht hatte. Trotz erheblicher Schwierigkeiten unternahm M. ausgedehnte Firmungsreisen. Dabei erschien den staatlichen Behörden die feierliche Gestaltung in Glückstadt und Altona als Verletzung landesherrlicher Rechte. Beide Missionsstationen wurden auf Anweisung des dänischen Königs geschlossen und konnten nur durch Vermittlung Johann Friedrichs wiedereröffnet werden. M. veranlaßte die Herausgabe mehrerer Katechismen und einiger Kontroversschriften. Den durch Johann Friedrich ermöglichten Zugang zu den Höfen in Celle und Osnabrück, wo die Brüder des Herzogs residierten, benutzte M., um Zugeständnisse für die Katholiken zu erreichen. Im Bistum Osnabrück nahm er im Auftrag des Domkapitels Weihehandlungen vor. An einer umfassenderen Tätigkeit wurde er dagegen nicht zuletzt durch seine begrenzten finanziellen Mittel gehindert, denn außer dem von Johann Friedrich ausgesetzten Gehalt und seinem eigenen Vermögen verfügte er seit 1674 nur über die Einkünfte aus einem Lübecker Domkanonikat. Bemühungen um ein italienisches Bistum scheiterten am Widerstand der Kurie. Auch sein Versuch, 1670 die Nachfolge des Kölner Nuntius Agostino Franciotti anzutreten, blieb erfolglos.

M.s seelsorglicher Eifer, sein Bemühen um Sammlung und Betreuung der Diasporakatholiken und seine Lebensführung wurden von den Nuntien und der Propagandakongregation wiederholt lobend erwähnt. M. starb am 5. 9. 1676 in Hannover. Er wurde in der dortigen Schloßkirche am Eingang zur Fürstengruft beigesetzt.

Literatur: A. *Köcher,* Geschichte von Hannover und Braunschweig 1648 bis 1714, Bd. 2 (Leipzig 1895) 29-76, 358-463. - F. W. *Woker,* Hannover, 18-39. - J. *Metzler,* Apostolische Vikariate 30-49. - R. *Joppen* 100-111. - H. *Tüchle,* Spannungsfeld 33-37, 51 f. - H.-G. *Aschoff,* Hannover 15-20.

Abbildungsnachweis: H. Seeland, Die katholischen Kirchen Hannovers in Wort und Bild (Hannover 1924).

Hans-Georg Aschoff

Madruzzo, Carlo Emanuele Freiherr von
(1599 – 1658)

1622 – 1630 Koadjutor des Fürstbischofs von
                 Trient
1627 – 1630 Ep. tit. Aureliopolitanus
1630 – 1658 Fürstbischof von Trient

Carlo Emanuele von Madruzzo wurde am 7. 11. 1599 auf Schloß Issogne in der Grafschaft Challant (Savoyen, heute Val d'Aosta) als zweiter Sohn des Emanuele Renato v. M., Marquis von Challant, und der Filiberta Marquise von Chambre geboren. Die M. waren Vasallen der Fürstbischöfe von Trient und seit dem 15. Jh. im Besitz des gleichnamigen Schlosses in der Val di Non. Zuvor waren sie Herren von Enno und besaßen die Burg Nanno der Val di Non. Die Mutter M.s war mit savoyischen und französischen Adelsfamilien verwandt.

M. kam mit acht Jahren zu seinem Vetter, dem Schloßhauptmann Giovanni Gaudenzio, nach

Riva am Gardasee. Später studierte er bei den Jesuiten in München und Ingolstadt und danach in Perugia die Rechte. 1618 wurde er Kommendatarabt von S. Cristoforo Niciae della Paglia bei Bergamo. Um das Hochstift Trient, das seit 1539 von Mitgliedern der Familie M. geleitet wurde, nicht erblich werden zu lassen, widersetzte sich der Tiroler Landesfürst Maximilian der Deutschmeister (1602 – 18) der Aufnahme M.s in das Trienter Kapitel. Dennoch wurde er dort 1618 und außerdem 1621 in Brixen in das Domkapitel aufgenommen (1621 Diakon). 1621 wurde er in Bologna zum Dr. decr. promoviert.

Nachdem M.s Onkel, Kardinal Carlo Gaudenzio Madruzzo (1600 – 29), 1621 nach Rom übergesiedelt war, postulierte das Trienter Kapitel M. am 2. 7. 1622 als dessen Koadjutor. Angesichts seines jugendlichen Alters ernannte ihn der Hl. Stuhl jedoch am 24. 8. 1622 bis zur Vollendung seines 30. Lebensjahres nur zum Administrator, danach zum Titularbischof von Aureliopolis. M. empfing am 28. 10. 1627 die Priester- und am 30. 10. 1627 die Bischofsweihe. Mit der Resignation seines Onkels am 4. 1. 1630 folgte er diesem als Fürstbischof nach. Am 21. 5. 1630 nahm er Besitz von seinem Bistum.

Nachdem die Leitung des Trienter Priesterseminars 1618 den Somaskern anvertraut worden war, kamen 1625 gegen den Willen von M. auch Jesuiten in die Stadt. Im übrigen war der Episkopat M.s schon von Anfang an auf vielerlei Weise belastet. Das Jahr 1630 brachte erhebliche Truppendurchzüge und später eine Pestepidemie, vor der M. in die Val di Non auswich. In Erfüllung eines Pestgelübdes ließ die Stadt 1632 einen silbernen Schrein für die Gebeine des Bistumspatrons Virgil anfertigen.

Zu seinem Domkapitel hatte M. ein schlechtes Verhältnis. Dies gründete vor allem in der schlechten Verwaltung des Hochstiftes und weniger in dem Verhältnis des Bischofs zu Claudia Particella, dem mehrere Kinder entstammten. So kam es zu einer erbitterten Auseinandersetzung, als M. das Domdekanat gegen den Willen des Kapitels seinem römischen Agenten, dem Pfarrer Giovanni Todeschini von Pergine, verleihen wollte. 1635 kam es zu einem Vergleich, in dem M. auferlegt wurde, die Vorschläge des Domkapitels zu berücksichtigen. Im Laufe der Zeit machte M. sich alle führenden Adelsfamilien des Hochstiftes zu Feinden. Diese suchten die Unterstützung des Tiroler Landesfürsten und suchten M. wegen seiner französischen Abkunft zu diskreditieren.

Während M. und der Brixner Bischof Wilhelm von Welsperg (1628 – 41) zu Erzherzog Leopold V. (1619 – 32) gute Beziehungen unterhielten, kam es unter dessen Witwe Claudia von Medici (1632 – 46) zu erbitterten Auseinandersetzungen um verschiedene Abgaben, in deren Verlauf die Erzherzogin fürstbischöfliches Territorium besetzen ließ. Im weiteren Verlauf der Streitigkeiten kam es zur Beschlagnahme bischöflicher Güter im Gebiet der Grafschaft Tirol. Aus den Beschwerden beider Bischöfe beim Regensburger Reichstag geht hervor, daß die Erzherzogin letztlich die Landeshoheit beider Bischöfe aushöhlen und deren Territorium dem Lande Tirol einverleiben wollte. Auch unter Erzherzog Ferdinand Karl (1646 – 62) wurde der Streit nicht beigelegt und wiederholt bei der Kurie und dem Reichstag zur Sprache gebracht. Bei der Wahl Ferdinands IV. zum Kaiser im Jahre 1653 bildete die Forderung nach einer gütlichen Einigung sogar einen Teil der Wahlkapitulation. Die Auseinandersetzungen endeten erst, als das Kapitel nach dem Tode M.s den Bruder des Erzherzogs, (→) Sigmund Franz von Österreich, zum Bischof wählte. Trotz aller Spannungen hat M. wiederholt Mitglieder des Hauses Österreich großzügig in Trient bewirtet.

M. war vom tridentinischen Bischofsideal weit entfernt. Er verstand sich vor allem als Landesfürst, der in der Wahrung der Unabhängigkeit des Hochstiftes seine Lebensaufgabe sah. So blieben die Trienter Diözesan- und Klerusreform weit hinter der des Bistums Brixen zu-

rück. Da M. der letzte seines Stammes war, wollte er, um seine Familie zu erhalten, in späteren Jahren in den Laienstand zurücktreten, seine Lebensgefährtin Claudia Particella heiraten und dadurch zugleich seine Kinder legitimieren. Die römische Kurie lehnte jedoch alle diesbezüglichen Ansuchen ab. M. starb am 15. 12. 1658 in Trient. Er wurde im Dom beigesetzt. Um sein Erbe entstand ein heftiger Streit.

Literatur: *J. Egger* II 475, 478 f. - *K. Wolfsgruber*, Brixner Domkapitel 189 f. - *J. Bücking* 195. - *Ders.*, Die Trienter Bischofswahl von 1668, in: Der Schlern 46 (1972) 211-219. - *R. Mair* 1-4. - *A. Costa* 172 f.

Abbildungsnachweis: Kupferstich, im 44. Lebensjahr [1643]. - Bibliotheca Communale di Trento.

Josef Gelmi

Mair, Johann Baptist (1632 – 1699)

1676 – 1699 Generalvikar in Wien

* 1632 in Fassa (Diöz. Brixen); 1652 Immatrikulation in Wien; Präzeptor der Edelknaben Erzherzogs Sigismund von Tirol; 1664 Pfarrer von Laxenburg (landesfürstl. Patronat); 1667 Dr. theol. (Wien); 1666 außerordentliches, später ordentliches Mitglied des Wiener bischöflichen Konsistoriums; 1667 zusätzlich Hofkaplan; Hofmeister und Elemosinar der Kaiserinwitwe Eleonore; 1669 und 1674 Dekan der Theologischen Fakultät Wien; 1673 Domherr bei St. Stephan (Präsentation der Universität); 1675 Domdechant; 1676 nach dem Rücktritt P. (→) Vauthiers Offizial und Generalvikar von Fürstbischof W. v. (→) Walderdorff. In dieser Eigenschaft erließ M. 1677 eine verbesserte Prozeßordnung für das Konsistorium. Besondere Verdienste erwarb er sich durch die Organisation der Seelsorge im Pestjahr 1679 und im Türkenjahr 1683. 1679 und 1683 Rektor der Universität; 1683 Dompropst und damit zugleich Dechant von Kirnberg und Kanzler der Universität; nach dem Tod der Fürstbischöfe Walderdorff (1680) und E. (→) Sinelli (1685) Kapitelsvikar; seit 1687 Raitherr der niederösterreichischen Stände. M. unterstützte 1690 das Projekt eines diözesanen Priesterhauses, das aber erst unter Kardinal S. v. (→) Kollonitsch verwirklicht wurde. † 8. 3. 1699; □ Pfarrkirche Laxenburg. M. stiftete im Stephansdom den Barbara- und den Franciscus-Xaverius-Altar und verfügte testamentarisch die Stiftung von sechs Alumnenplätzen in Innsbruck.

Schriften: Edict oder neu-verbesserter modus procedendi in causis litigiosis coram Venerabili Consistorio Episcopali Viennensi, aufgerichtet und statuirt Anno 1677 (Wien 1677). Discurcus Academicus habitus

Viennae Austriae coram excelso inferioris Austriae
Regimine in renovatione magistratus civici die 7.
Januarii [1679] (Wien 1679).

Literatur: *A. Wappler* 396 f, 480, 490. - *Th. Wiedemann*
V 578 f. - *H. Zschokke* 399, Nr. 491. - *C. Wolfsgruber*
614. - *E. Tomek*, Das kirchliche Leben 268-271. - *D.
Leopold* 156-158.

Quellen: AUW. - DAWi. - NÖLA.

Johann Weißensteiner

Majus, Ludolf Wilhelm (um 1673 – 1754)

1722 – 1723 Provikar für Ober- und Nieder-
           sachsen

* um 1673 als Sohn eines lutherischen Predigers in Kirchberg (Sachsen); Konversion in
Italien und Priesterweihe in Rom; 1708 Kanonikus an Hl. Kreuz, 1720 – 24 Dekan von St.
Mauritius in Hildesheim; 18. 10. 1722 Apostolischer Provikar für Ober- und Niedersachsen
für den abwesenden A. (→) Steffani. Als Hildesheimer Untertan und Konvertit untersagte
ihm die kurfürstliche Regierung jede Tätigkeit
in Hannover, so daß M. 1723 vom Provikariat
wieder entbunden wurde. † 18. 1. 1754 in
Hildesheim.

Literatur: *F. W. Woker*, Steffani 118-126. - *Ders.*,
Hannover 192-196. - *J. Metzler*, Apostolische Vikariate 106 f. - *R. Joppen* 123. - *J. Asch* 40.

Hans-Georg Aschoff

Małachowski, Jan (1623 – 1699)

1676 – 1681 Bischof von Kulm
1681 – 1699 Bischof von Krakau

Jan Małachowski entstammte der Szlachta des
Sieradzer Landes. Er wurde 1623 als Sohn des
Gutsbesitzers von Bąkowa Góra Teodor M. und
seiner Ehefrau Marianna Jaktorowska geboren. Mit sechs Jahren verlor er den Vater, die
Mutter ging eine neue Ehe mit Paweł Tarnowski aus einer kleinpolnischen Magnatenfamilie
ein. M. besuchte das Jesuitenkolleg in Kalisch,
studierte in Krakau die Rechte und unternahm
dann eine Bildungsreise ins Ausland. Er heiratete Magdalena Szembek, eine Tante des Primas Krzysztof Antoni Szembek, doch blieb die
Ehe kinderlos. Im Heeresdienst brachte M. es
zum Rittmeister. Nach dem Tod seiner Frau
wurde er Priester. Er empfing die Weihe vor
1655 aus der Hand des Erzbischofs von Lemberg, Jan Tarnowski, der ihm die Pfarrei Roha-
tyn in Ostgalizien gab und ihn 1655 zum
Domherrn an der Lemberger Kathedrale sowie

1664 zum Domscholaster ernannte. Während
des Militärdienstes hatte M. die Aufmerksamkeit von König Johann Kasimir auf sich gezogen, der ihn an den königlichen Hof rief. Der
König ernannte ihn nach 1656 zum Referendar
der Krone und zum Kommendatarabt des Benediktinerklosters Mogilno. Königin Maria
Louisa setzte ihn zu ihrem Vermögensverwal-
ter und einem ihrer Testamentsvollstrecker ein.
M. erhielt ferner Kanonikate in Krakau (1660)
und Warschau und wurde Pfarrer in Bielsk
Podlaski in der Wojwodschaft Białystok, wo er
auf eigene Kosten eine Pfarrkirche baute. Unter
Johann III. Sobieski spielte M. eine bedeutende
Rolle am Hof. Bald nach der Krönung wurde er
im Februar 1676 zum Bischof von Kulm nominiert. Die päpstliche Verleihung folgte am 22. 6.
1676. 1678 wurde M. Unterkanzler. Am 12. 5.
1681 erfolgte seine Translation nach Krakau,
dem nach Genesen und Lemberg vornehmsten
Bischofssitz Polens.

M. vernachlässigte trotz seiner weltlichen Ämter nicht seine Hirtenpflichten. Im Anschluß an
die unter seinem Vorgänger A. (→) Olszowski
in der Diözese Kulm durchgeführte Visitation
visitierte er die Diözese Pomesanien und gab
für sie ein Decretum ordinationis generalis
heraus, das als eine Hauptursache für manche
Mißstände den Mangel an Pfarrgeistlichen
nannte. Gleich nach seiner Amtsübernahme
hat M. 1676 die Lazaristen in Kulm angesiedelt,
die durch Vermittlung der Königin Maria
Louisa 1651 erstmals nach Warschau gekommen waren, wo M. sie kennengelernt hatte.

Ihnen vertraute er 1677 das von seinem Vorgänger A. (→) Leszczyński 1651 gegründete Priesterseminar an. Unter Leitung des Superiors, des Franzosen Paul Godquin, und seines Stellvertreters, des Italieners Anton Fabri, errichteten die Lazaristen ihre Kulmer Niederlassung nach dem Vorbild ihrer französischen Häuser. Neben der Leitung des Priesterseminars, das 1677 seine Tätigkeit aufnahm und bis zur Verlegung nach Pelplin im Jahre 1823 fortbestand, veranstalteten die Lazaristen Pfarrmissionen und Rekollektionen für Priester und Laien. Sie übernahmen ferner die Seelsorge in der Stadt Kulm. 1680 wurde dem Orden die Kulmer Pfarrkirche definitiv übertragen.

In den ersten drei Jahren zählte das Seminar 45 Alumnen, die allerdings nicht alle Priester wurden. M. errichtete ferner eine Stiftung für Konvertiten. Die Gründung eines von ihm geplanten „kleinen Seminars" in der Bischofsstadt Löbau, das er den Piaristen anvertrauen wollte, gelang ihm dagegen nicht.

Mit einer Reform des Priesterseminars durch Übertragung an die Lazaristen begann M. seine Tätigkeit auch in Krakau. 1695 führte er zum ersten Mal eine zweijährige Studienpflicht an den Seminarien ein. Außerdem siedelte er 1681 den Orden der Salesianerinnen in Krakau an. Er leitete, wie zahlreiche erhaltene Akten ausweisen, seine Diözese mit großem Eifer.

M. starb am 20.8. 1699. Er wurde in der Stanislauskapelle des Krakauer Doms auf dem Wawel begraben.

Schriften: *K. Estreicher* 22 (1908) 70 f.

Literatur: *E. Lętowski*, Katalog biskupów, prałatów i kanoników krakowskich 2 (Kraków 1852) 216-220. - *A. Mańkowski* (Hg.), Constitutiones synodales nec non ordinationes dioecesis Culmensis (Toruń 1929) 219-227. - *A. Liedtke*, Seminarium 123-144, 181-187. - *Ders.*, Zarys 90 f. - Kościół w Polsce II 197 f. - *H. E. Wyczawski*, in: PSB 19 (1974) 396-398.

Abbildungsnachweis: Ölgemälde, unbek. Künstler. - Bischöfl. Residenz Pelplin. - HI Marburg, Bildarchiv Nr. 104348.

Hans-Jürgen Karp

Maler (Mahler), **Franz Xaver Joseph Anton German Randoald** (seit 1786 **Freiherr) von** (1746 – 1816)

1794 – 1816 Generalvikar der Diözese Basel
1795 – 1801 Generalvikar der Diözese Besançon und Belleye

→ Bd. 1, 471.

Mallinckrodt, Otto Matthias von (1723 – 1761)

1755 – 1761 Generalvikar in Hildesheim

≈ 28. 2. 1723 in Küchen (Diöz. Münster); Besuch des Jesuitengymnasiums in Münster als Alumne des adeligen Konviktes ebd.; 1741 – 47 Studium in Rom als Alumne des Collegium Germanicum (Dr. theol. et phil.); Priesterweihe in Rom; 1746 aufgeschworen, 1748 Domkapitular in Hildesheim; Stiftsdechant an St. Ludgeri in Münster; 1755 Offizial und Generalvikar in Hildesheim; 16. 2. 1761 Kapitularvikar in Hildesheim; † 15. 3. 1761 ebd.

Literatur: *A. Bertram*, Bischöfe 249. - *A. Steinhuber*.

Hans-Georg Aschoff

Manderscheid-Blankenheim, Johann Moritz Gustav Reichsgraf von (1676 – 1763)

1722 – 1733 Bischof von Wiener Neustadt
1733 – 1763 Fürsterzbischof von Prag

Johann Moritz Gustav von Manderscheid-Blankenheim und Gerolstein, Freiherr von Funkenrath, Herr auf Bettingen, Daun und Erb, wurde am 12. 6. 1676 zu Blankenheim in der Eifel geboren. Die Familie M. gehörte im 17. und 18. Jh. zu den führenden Familien der hochadeligen Domkapitel Köln und Straßburg, in denen sie mit 22 bzw. 18 Mitgliedern vertreten war. Außer M. hat sie jedoch keinen Bischof hervorgebracht. Auch im Kölner Ursulastift war die Familie zahlreich vertreten. M. wurde schon mit neun Jahren 1685 Domizellar in beiden Domstiften, ferner Stiftsherr zu St. Gereon in Köln. Seine eigentliche Laufbahn führte durch die erzstiftischen Verwaltungen in Köln bzw. Trier, wo er kurfürstlicher Rat wurde. Durch seine diplomatischen Dienste wurde Kaiser Karl VI. auf ihn aufmerksam. Er ernannte ihn zum Geheimrat und nominierte ihn am 18. 6. 1721 zum Bischof von Wiener Neustadt. Erst jetzt ließ M. sich am 3. 8. 1721 zum Priester weihen. Am 14. 1. 1722 wurde ihm das Bistum päpstlich verliehen. Seine Kölner und Straßburger Pfründen durfte er beibehalten. 1723 überbrachte er dem ersten Wiener Erzbischof S. v. (→) Kollonitsch das Pallium.

M. war vor allem um die wirtschaftliche Sanierung des kleinen Bistums Wiener Neustadt bemüht. Die bischöflichen Weingärten im heutigen Burgenland und in Gumpoldskirchen setzte er vorbildlich instand. Mit der Stadtverwaltung von Wiener Neustadt lehnte er eine Niederlassung der Ursulinen ab.

1733 soll Karl VI. M. als Erzbischof von Palermo im damals habsburgischen Sizilien vorgesehen haben. Stattdessen nominierte er ihn am 22. 6. 1733 zum Erzbischof von Prag. Die Translation folgte am 18. 12. 1733. M. begab sich im April 1734 nach Prag, wurde aber erst am 12. 9. 1734 inthronisiert.

M. betrieb die von Karl VI. erneut angeordnete Rekatholisierungsaktion energisch. Er selbst, sein Generalvikar und der Abt von Strahov wurden Mitglieder der staatlichen Religionskommission. Ausgesuchte Missionsprediger („Kreismissionare") sollten notfalls nicht zögern, den weltlichen Arm zuhilfe zu rufen. M. verpflichtete die Missionare zu jährlichen Berichterstattungen. Den Einfluß der Aufklärung wird man darin erkennen, daß M. gegen den Aberglauben systematisch vorging. Er verbot Gebetbücher mit abergläubischem Inhalt (1737/40, 1743, 1746), den Handel mit geweihten Gegenständen (1736, 1753) und das wieder auftauchende Flagellantentum (1749). Die Seelsorger wies er an, in der Predigt abergläubische Anschauungen und Praktiken zu bekämpfen.

Unter Maria Theresia mehrten sich dann die staatlichen Verordnungen, die bis in das Zentrum des kirchlichen Lebens eingriffen. So wurden nicht nur das Placetum regium eingeführt (1749), die Jugend zum Anhören der Christenlehren angehalten (1751) und die bischöfliche Jurisdiktion in Ehesachen auf das rein Geistliche eingeschränkt (1753), sondern

auch rein staatliche Verlautbarungen mußten von der Kanzel verkündet werden.

Unter M.s Episkopat wurden Exemtionsstreitigkeiten mit verschiedenen Klöstern (Benediktinern, Maltesern, Kapitel am Wyschehrad) in Rom zugunsten des Erzbischofs entschieden. Die Verbreitung von Ordensgemeinschaften nahm unter ihm ihren Fortgang (1746 Englische Fräulein in Prag).

Die Zwänge der Machtpolitik erfuhr M. während des Österreichischen Erbfolgekrieges, als er 1741 in dem bayerisch besetzten Prag gezwungen wurde, den Kurfürsten Karl Albrecht, der mittlerweile als Karl VII. zum römisch-deutschen Kaiser gewählt worden war, zum böhmischen König zu krönen. Als Maria Theresia nach der Befreiung des Landes 1743 nach Prag kam, um die ererbte St. Wenzelskrone zu empfangen, verbannte sie M. wegen Treuebruchs auf seine erzbischöflichen Güter. An seiner Stelle vollzog Bischof J. E. v. (→) Liechtenstein-Kastelkorn von Olmütz die Krönung. Im Siebenjährigen Krieg wurde Prag 1757 durch Friedrich II. von Preußen erobert, der dem Klerus eine hohe Kontribution abverlangte. Der durch Beschuß stark beschädigte Veitsdom benötigte 15 Jahre zur notdürftigen Wiederherstellung. M. vermehrte die Güter des Erzbistums durch Ankäufe („Herrschaft Manderscheid") beträchtlich. Er starb am 26. 10. 1763 und wurde im St. Veitsdom beigesetzt.

Literatur: *A. L. Frind,* Prag 243-249. - *V. Bartůněk* 87-92. - *G. Buttlar-Gerhartl,* in: Jahrbuch des Vereins f. Landeskunde von Niederösterreich NF 52 (1986) 43 f. - *A. Zelenka* 61 f.

Abbildungsnachweis: Ölgemälde der 1757 fertiggestellten Bischofsgalerie für die bischöfl. Residenz in Wiener Neustadt, die bei der Transferierung des Bistums nach St. Pölten verbracht wurde. - DA St. Pölten.

Kurt A. Huber

Mannay, Charles (1745 – 1824)

1802 – 1816 Bischof von Trier
1820 – 1824 Bischof von Rennes

→ Bd. 1, 473 – 475.

Marenzi, Antonio (seit 1654) **Freiherr von** (1596 – 1662)

1637 – 1646 Bischof von Pedena
1646 – 1662 Bischof von Triest

Antonio Marenzi wurde am 22. 9. 1596 zu Triest als Sohn des Niccolò M. und der Caterina

Condonij aus einer alten Triester Familie geboren. Aus der Ehe, die er 1624 mit Lucrezia Carlò
einging, stammten zwei Söhne. Nach dem Tod
seiner Frau (1628) schlug M. die geistliche
Laufbahn ein. Er studierte wahrscheinlich in
Wien, wurde später Domherr in Triest, Generalvikar der österreichischen Armee und kaiserlicher Rat. Zeitweise vertrat er den Kaiser als
Botschafter in Rom. Am 30. 1. 1635 nominierte
Kaiser Ferdinand III. ihn zum Bischof des
kleinen, im Innern Istriens gelegenen Bistums
Pedena. Die päpstliche Verleihung folgte am
17. 8. 1637. Um M. zum Empfang der Bischofsweihe zu zwingen, wurde er von den Sitzungen
des Landtages ausgeschlossen. Am 17. 10. 1638
wurde er in Rom durch Kardinal Alessandro
Cesarini konsekriert.

1644 klagte M. in einer Relatio status über die
schlechte Dotation seines Sprengels, in dem er
wegen der finanziellen Enge nur drei Monate
im Jahr residieren konnte. Nach dem Tod des
Triester Bischofs Pompeo Freiherr von Coroni-
ni nominierte der Kaiser M. am 26. 4. 1646 als
dessen Nachfolger. Die Translation erfolgte am
10. 9. 1646. Daraufhin ernannte Ferdinand III.
M. zum Hofrat, und 1654 nobilitierte er ihn mit
dem Prädikat von Marenzi und Schenek.

Das Gebiet des Bistums Triest lag zu 90% auf
österreichischem und zu einem kleinen Teil auf
venezianischem Gebiet. Daher wirkten sich
hier die Folgen des schweren Konfliktes zwischen dem Reich und Venedig aus den Jahren
1615 – 19 mit seinen lange nachwirkenden
Spannungen aus. Außerdem hatte die tridentinische Reform im Bistum noch kaum Fuß
gefaßt. Die Einkünfte des Bischofs waren auf
1400 Scudi zurückgefallen. Auch griff die weltliche Autorität tief in den kirchlichen Bereich
ein. Schwierig war das Verhältnis des Bischofs
zu den venezianischen Pfarreien, und in jenem
Teil seines Sprengels, der zu Innerösterreich
gehörte, war er durch landesherrliche Patronate vielfach behindert.

Aufgrund seiner persönlichen Fähigkeiten und
dank seiner Verbundenheit mit dem Hause
Habsburg gelang es M. jedoch, in die komplizierte Lage gestaltend einzugreifen. Besondere
Aufmerksamkeit widmete er seinem Klerus. Er
beobachtete, daß manche Pfarrer kein Slowenisch sprachen und daß andere nur das Altsla-
wische gebrauchten. Im venezianischen Diözesanteil wirkte es sich negativ aus, daß fast alle
Benefizien von den Zivilgemeinden, und zwar
meist aufgrund verwandtschaftlicher oder
freundschaftlicher Beziehungen, vergeben
wurden. Einige Ordensgemeinschaften befanden sich im Niedergang.

M. visitierte seinen Sprengel zweimal und
beschrieb ihn in den Statusberichten von 1650
und 1662 minutiös. Im slowenischen Teil seines
Bistums errichtete er vier neue Kuratien; die
Pfarrei Pinguente erhob er zur Stiftskirche.
Ihren Kanonikern verlieh er das Recht, den
Landdechanten für den venezianischen Teil
des Bistums zu wählen.

Unter M.s Episkopat erfolgte ein bemerkenswerter Wiederaufschwung des kirchlichen Lebens in der Stadt Triest (7360 Einw.). Dabei
taten sich vor allem die neuen Seelsorgsorden
der Kapuziner und Jesuiten hervor. Die letztgenannten trugen durch ihr Kolleg, ihre Predigt,
ihre Katechese und ihre Sorge um die religiösen
Vereinigungen wesentlich zu dieser Wende bei.

Besondere Aufmerksamkeit widmete M. seiner
Kathedrale und der Präsentation ihres Reli-
quienschatzes. Er erweiterte den bischöflichen
Palast und richtete dort 1650 eine Kanzlei und
ein Archiv ein. In seinem Haus war 1660 Kaiser
Leopold I. für einige Tage zu Gast. M. faßte
ferner die Statuten des Domkapitels neu.

M. starb am 20. 10. 1662 während der Vorbereitung zu einer Diözesansynode. Er wurde in der
Kathedrale beigesetzt. Unter den triestinischen
Bischöfen seines Jahrhunderts ragt er besonders hervor.

Quellen: ASV Con. Conc., Relationes 790. - Arhiv
Slovenije, Rokopisi I, fol 67 r; Vicedomski urad za
Kranjsko, fasc. 1/2.

Literatur: *G. Mainati* III 308. - *M. Premrou*, Vescovi triestini 7 f. - *Ders.*, Vescovi petinensi 386. - *I. Grah* 5 f., 20, Anm. 18 u. 19.

Abbildungsnachweis: Archivio vescovile di Trieste.

Luigi Tavano - France M. Dolinar

Marotti, Georg Xaver (1683 – 1740)

1713 – 1716 Koadjutor des Bischofs von
            Pedena, Ep. tit. Dardaniensis
1716 – 1740 Bischof von Pedena

* 14. 4. 1683 in Rijeka; 18. 6. 1707 Priesterweihe in Rom; 1711 Dr. theol. (Rom, Sapienza). Am 8. 2. 1713 nominierte Kaiser Karl VI. ihn zum Koadjutor des kranken Bischofs P. A. (→) Gaus von Pedena. Die Ernennung zum Titularbischof von Dardania folgte am 22. 5. 1713, die Konsekration durch Kardinal Augustin Cusanus am 6. 6. 1713 in Rom. Seit 1715 war M. Propst des Kollegiatkapitels in Novo Mesto, Archidiakon des Patriarchen von Aquileja für Unterkrain und Vertreter des geistlichen Standes im Landrat von Krain. Wegen seiner kritischen Haltung gegenüber der Volksfrömmigkeit und seiner schlechten Pfründenverwaltung wurde M. wiederholt kritisiert. 1731 ordnete Kaiser Karl VI. eine Untersuchung darüber an, warum M. die Pfarrschule in Novo Mesto aufgelöst hatte. † 28. 8. 1740 in Rijeka; ☐ Familiengruft in der Jesuitenkirche zu Rijeka.

Quellen. Arhiv Slovenije, Vicedomski urad za Kranjsko, fasc. 1/2.

Literatur: Catalogus cleri et beneficiorum ecclesiasticorum dioecesis Labacensis ineunte anno 1909 (Ljubljana 1908) 13. - *M Premrou*, Vescovi petinensi 389. - Atti e memorie 343. - *I. Grah* 11 f., 21, Anm. 40-45.

France M. Dolinar

Margelle, Godefroid-Udalric de la (1635 – 1703)

1696 – 1703 Weihbischof in Köln, Ep. tit.
            Nicopolitanus

* 4. 10. 1635 auf Schloß Eysden (Fürstb. Lüttich); 1648 Empfang der Tonsur; Kanonikus am Marienstift in Aachen; 25. 1. 1661 Priesterweihe in Roermond; 1668 Tausch des Aachener Kanonikates gegen eine Domherrenstelle in Lüttich; 1682 zugleich Propst in Maastricht/ ULFrau; stimmte bei der Bischofswahl des (→) Joseph Clemens von Bayern 1694 für diesen und wurde nun zum Weihbischof in Köln designiert; 3. 12. 1696 Titularbischof von Nicopolis; † Mai 1703 auf Schloß Gronsfeld.

Literatur: *J. de Theux* III 328 f. - *L. Jadin*, in: BIHBR 16 (1935) 300-303. - *J. Torsy.*

Erwin Gatz

Martini, Francesco (1673 – 1742)

1724 – 1737 Generalvikar in Trient

* 22. 11. 1673 in Trient; Gymnasialbesuch in Trient und Salzburg; Studium der Philosophie in Innsbruck (Mag. phil.); 1694 – 98 Studium in Rom als Alumne des Collegium Germanicum (Dr. theol.); 1718 Domherr in Trient; 1724 – 37 Generalvikar der Fürstbischöfe J. M. v. (→) Spaur, A. D. v. (→) Wolkenstein und D. A. v. (→) Thun; † 1742 in Trient.

Literatur: *A. Costa* 350. - *J. C. Tovazzi* 30.

Josef Gelmi

Marx, Werner (1746 – 1806)

1794 – 1801 Generalvikar für den linksrheinischen Teil des Erzbistums Köln

* 20. 10. 1746 in Elsdorf; 22. 9. 1770 Priesterweihe in Köln; 1778 Lic. theol. und Pfarrer an der dem Kölner Stift St. Andreas inkorporierten Pfarrei St. Paul; 1786 Stiftsdechant von St. Andreas; 10. 10. 1794 nach der Flucht von Generalvikar J. Ph. v. (→) Horn-Goldschmidt interimistischer und 2. 1. 1797 definitiver Generalvikar von Erzbischof (→) Max Franz für den linksrheinischen, französisch besetzten Teil des Erzbistums Köln bis zu dessen Unterdrückung am 29. 11. 1801; 1803 nach Aufhebung des Stiftes St. Andreas Dompfarrer in Köln; † 2. 4. 1806 ebd.

Literatur: *J. Breuer*, Die Stifts- und Pfarrkirche St. Andreas zu Köln (Köln [1925]) 68 f. - *E. Hegel* 484. - *J. Janssen - F. W. Lohmann*, Der Weltklerus in den Kölner Erzbistumsprotokollen, ein Necrologium coloniense 1661-1825 (Köln 1935/36) 944.

Erwin Gatz

Marxer, Franz Xaver Anton (1704 – 1775)

1748 – 1775 Weihbischof in Wien, Ep. tit.
            Chrysopolitanus
1749 – 1775 Generalvikar in Wien

≈ 20. 5. 1704 in Heiligenkreuz, Gemeinde Tisis (heute Feldkirch in Vorarlberg). Ein Stiefbruder, Joseph Mathias Hotz, schlug ebenfalls die geistliche Laufbahn ein und war später Domherr in Wien. Von P. Konstantin Storff, Johanniter-Prior in St. Johann in Feldkirch, gefördert, besuchte M. das Gymnasium der Jesuiten in Feldkirch. Universitätsstudium in Wien (Dr. phil.; 1732 Dr. theol.); 22. 5. 1728 Priester ebd.; gleichzeitig Ernennung zum Rat des Bischofs von Chur; seit 1730 Kurat am kaiserlichen Hofspital in Wien; Konsistorialrat des Kardinals S. v. (→) Kollonitsch; 1733 − 34 Prokurator der Sächsischen, 1735 − 36 der Rheinischen Nation an der Universität Wien; 1738 Dekan der Theologischen Fakultät; 1738 von der Universität für ein Kanonikat bei St. Stephan vorgeschlagen; 1740 vergebliche Bewerbung um die Domkantorei; 1743 erhielt er die von Kollonitsch neugeschaffene Dignität eines Domscholasters; seit 1739 Mitglied der kaiserlichen Armenkommission; 1742 gründete er mit dem Fabrikbesitzer Johann Michael Kienmayer das erste Wiener Waisenhaus auf dem Rennweg, dessen Leitung er bis 1750 innehatte; 1745 kaiserlicher Rat; 1745 − 52 und wieder ab 1757 Pfarrer von Kaiserebersdorf und Administrator des dortigen kaiserlichen Versorgungshauses; 6. 5. 1748 Titularbischof von Chrysopolis und Weihbischof in Wien zur Unterstützung des greisen Weihbischofs J. H. v. (→) Braitenbücher; Mai 1748 Konsekration durch Kollonitsch; zugleich mit den Aufgaben eines Vizeoffizials und Vizegeneralvikars betraut; 17. 3. 1749 Offizial und Generalvikar von Kardinal Kollonitsch; 1752 Dompropst von St. Stephan (landesherrl. Nomination) und damit zugleich Dechant von Kirnberg und Kanzler der Universität Wien; 1752 − 57 Pfarrer von Hütteldorf (landesherrl. Patronat); hier ließ M. 1753 eine neue Pfarrkirche erbauen. Nach dem Tode von Kardinal J. J. v. (→) Trautson Kapitelsvikar. 1757 erhielt er die Pfarrei in Kaiserebersdorf und zugleich Laa. Als Dechant von Kirnberg setzte M. auf den abhängigen Vikariaten erstmals ständige Seelsorger ein. Zur Intensivierung der Seelsorge ließ er Volksmissionen veranstalten. 1759 führte er in Kirnberg Hieronymitaner ein und übergab ihnen die seelsorgliche Betreuung der Pfarrei. Nach dem Kauf der Herrschaft Gutenbrunn (1754) ließ M. 1755 − 58 in Gutenbrunn-Heiligenkreuz eine neue Wallfahrtskirche errichten. 1765 übergab er diese Herrschaft dem Passauer Diözesanbischof zur Errichtung eines Alumnats für den niederösterreichischen Anteil der Diözese Passau. Gleichzeitig sicherte M. damit die Betreuung der neuen Wallfahrtskirche. 1764 erhielt M. die Administration der passauischen Doppelpfarrei Tulln-Abstetten und übte faktisch auch die Funktion eines Weihbischofs der Diözese Passau aus. Seit 1754 wurde er zu Weihen für die Diözese Passau herangezogen, wo er geheimer Rat des Fürstbischofs L. v. (→) Firmian war. 1769 erreichte er die Vereinigung

eines Kanonikates mit der Wiener Dompropstei. M. war in allen ihm übertragenen Pfarreien um eine Verbesserung der Seelsorge durch Volksmissionen, Einführung von Christenlehren und Urgierung der Predigt bemüht. Er förderte die unter Maria Theresia begonnene Pfarregulierung, die in Niederösterreich im Gebiet um Kirnberg ihren Ausgang nahm. M. war selbst ein ausgezeichneter Prediger. In der Auseinandersetzung zwischen Jansenisten und Jesuiten stand er auf seiten von Kardinal Christoph (→ Bd. I) Migazzi. 1771 erhielt M. den Domkantor Johann Peter Siemen als Koadjutor. † 25. 5. 1775; ▢ Kirche in Gutenbrunn-Heiligenkreuz.

Schriften: Divus Mauritius Thebeae legionis dux panegyrica dictione celebratus a nobili de Krichstetten (Wien 1734). - Leopoldus . . . ein Heiliger. In einer Lobrede verfaßt und in Gegenwart ihrer Kais. May. in dem Gotteshaus der reg. Chorherren zu Klosterneuburg vorgetragen den 15. Nov. 1735 (Wien 1735). - Misericordia et Veritas, Iustitia et Pax. Die Barmherzigkeit und die Wahrheit, die Gerechtigkeit und der Frieden in Sebastiano . . . durch eine Lobrede vorgestellt (Wien 1738). - Oratio de sanctae virginis illibato conceptu (Wien 1738). - Neu aufgehende Marianische Gnaden Sonn in Ebersdorf an der Donau, das ist: Gründliche und ausführliche Nachricht von dem gnadenvollen Bildniß Mariae vom Baum allda . . . (Wien 1748). - Monumentum pietatis ab infula Episcopali in purpuram Cardinalitiam stylo profectum (Wien 1749). - Ausführliche Nachricht von dem ganzen Verpflegungswerk der hiesigen Armenkassa (1770).

Quellen: AUW. - AVA. - DAWi. - NÖLA.

Literatur: G. Rieder, Ignaz Parhamer's und Franz Anton Marxer's Leben und Wirken (Wien ²1873). - A. Wappler 420, 482 f. - Th. Wiedemann V 580-582. - H. Zschokke. - L. Mähr, Weihbischof Marxer. Das Lebensbild eines Vorarlbergers, in: Jahresbericht des Vorarlberger Museum-Vereins 40 (1901) 92-101. - L. H. Krick, Domstift 211. - I. Fried 106 f. - A. Ulmer, Bedeutende Feldkircher (Bregenz 1975) 19-21.

Johann Weißensteiner

Matthisius, Johannes († 1664)

1645 − 1664 Generalvikar in Hildesheim

1645 Offizial und Generalvikar in Hildesheim; 1647 Kanonikus, 1651 Scholaster an St. Mauritius ebd.; 1653 Verzicht auf die Scholasterei; 1653 Kanonikus an Hl. Kreuz in Hildesheim; 1663 Verzicht auf das Kanonikat; † 1664.

Literatur: G. Schrader 170. - J. Asch 40.

Hans-Georg Aschoff

Max Franz, Erzherzog von Österreich
(1756–1801)

1769–1780 Koadjutor des Hoch- und
           Deutschmeisters
1780–1784 Koadjutor des Erzbischofs von
           Köln und des Fürstbischofs von
           Münster
1780–1801 Hoch- und Deutschmeister
1784–1801 Kurfürst-Erzbischof von Köln
           und Fürstbischof von Münster

Maximilian Franz Xaver von Österreich wurde
am 8. 12. 1756 zu Wien als 16. und letztes Kind
Kaiser Franz' I. und Maria Theresias geboren.
Da er mit neun Jahren den Vater verlor, bestimmte die Mutter weitgehend seinen Lebensweg. Sie sah M. F. ursprünglich als Statthalter
für Ungarn vor und trug dafür Sorge, daß er
1769 Koadjutor seines Onkels Karl von Lothringen als Hoch- und Deutschmeister wurde.
Politisch bedeutete der Deutsche Orden, der
seinen Hauptsitz in Mergentheim hatte, zwar
nicht viel, doch flossen M. F. aus seiner Position beachtliche Einkünfte zu. Da er wie sein
Bruder Ferdinand zunächst für eine militärische oder Verwaltungslaufbahn bestimmt war,
erfolgte die Ausbildung gemeinsam. Die
Schwerpunkte lagen auf dem Studium der
Sprachen, der Rechte und der Verwaltungswis-
senschaft. Eine zweijährige Reise durch Süddeutschland, Frankreich, die Spanischen Niederlande und Italien sollte die Bildung abrun-
den und M. F. mit den europäischen Höfen, mit
denen er durch zahlreiche familiäre Bande
verbunden war, bekannt machen. In Paris
waren die Königin Marie Antoinette, in Neapel
die Königin Maria Carolina seine Schwestern,
und in Florenz regierte sein Bruder Leopold als
Großherzog. Schon bei dieser Reise fiel auf,
daß M. F. zwar vielfach begabt, andererseits
aber im Umgang wenig gewandt, an Festlichkeiten und Sehenswürdigkeiten uninteressiert,
daß er mißtrauisch und oft starrsinnig war.
Selbst in Rom fühlte er sich gelangweilt. Sein
Hauptinteresse galt Fragen der Rechtspflege.

Seit dem Frühjahr 1776 zu Steinamanger und
dann in Wien militärisch ausgebildet, nahm
M. F. in charakterlicher Hinsicht eine vorteilhafte Entwicklung, und sein Bruder, Kaiser
Joseph II., den er 1778 während des Bayerischen Erbfolgekrieges in das Hauptquartier
begleitete und der ihm keine Strapaze ersparte,
war voll des Lobes über ihn. Er war jedoch den
Anstrengungen des Militärdienstes nicht gewachsen, brach zusammen und mußte sich
Eingriffen an beiden Beinen unterziehen. Die
Rekonvaleszenz zog sich ein volles Jahr hin
und zeigte, daß an eine militärische Laufbahn

nicht zu denken war. Daher bestimmte die
Kaiserin ihn, durch ihren Sohn Leopold be-
stürmt, dazu, 1779 für das Erzbistum Köln und
das Bistum Münster zu kandidieren. Die Reaktion M. F.s war zunächst ablehnend, da er –
obwohl durch seine Stellung im Deutschen
Orden zum Zölibat verpflichtet – keine Neigung zur geistlichen Laufbahn fühlte. Erst als
die Mutter ihn auf die Möglichkeit einer Dispens von den Weihen und auf einen späteren
Verzicht zugunsten eines der Söhne Leopolds
hinwies, stimmte er zu.

Das Wahlgeschäft in Köln betrieb der allmäch-
tige Minister Freiherr Kaspar Anton von Belderbusch, der schon 1775 mit dem Vorschlag
einer Koadjutorie M. F.s an Maria Theresia
herangetreten war. Seine Absicht ging vor
allem dahin, seine eigene Position über den Tod
des alternden Erzbischofs M. Fr. v. (→) Königsegg-Rothenfels zu sichern. Nachdem die Kaiserin und M. F. zugestimmt hatten, gelang es der
Wiener Diplomatie mit Hilfe Belderbuschs unter dem Einsatz bedeutender Finanzmittel, die
von Holland und Preußen favorisierten Bewerber auszuschalten. Auch in Münster ließ sich
der von Preußen unterstützte F. v. (→) Fürstenberg nicht durchsetzen. Nachdem M. F. ein
päpstliches Wählbarkeitsbreve für beide Bistümer erhalten und am 9. 7. 1780 die Tonsur
empfangen hatte, wurde er am 7. 8. in Köln und
am 16. 8. in Münster jeweils einstimmig gewählt (27. 9. bestätigt). Vom Empfang der höheren Weihen hatte der Papst ihn auf fünf Jahre
dispensiert. M. F. hat seit diesen Wahlen nicht
nur stets das geistliche Gewand getragen,
sondern er hat sich auch nach einem wohl von
Stephan Rautenstrauch entworfenen Plan intensiv theologischen Studien gewidmet.

Während M. F. sich zu Lebzeiten nicht in die
Kölner und Münsteraner Regierungsgeschäfte
einmischte, fiel ihm mit dem Tod Herzog Karls
von Lothringen (9. 7. 1780) das Amt des Hoch-
und Deutschmeisters zu. Mit der Einsetzung
am 23. 10. 1780, durch die er in die Zahl der
Reichsfürsten eintrat, verband er Besuche in
Köln und München. Die folgenden Jahre verlebte er überwiegend in Wien, obwohl sein Verhältnis zu dem seit 1780 allein regierenden
Joseph II. kühl blieb. Die Leitung des Ordens
und des kleinen Ordensterritoriums, dessent-
wegen er sich wiederholt nach Mergentheim
begab, bildeten für ihn eine gute Vorbereitung
auf seine künftige Tätigkeit. M. F. grenzte die
Kompetenzen der verschiedenen Behörden klar
ab und versuchte, die Verwaltung wie auch die
Rechtspflege zu verbessern. Auch an der Hebung des Schulwesens und an der pastoralen
Ausbildung des Klerus zeigte er sich interessiert. Insgesamt war M. F.s Tätigkeit durch

Joseph II. beeinflußt und vom Ethos der Aufklärung bestimmt. Im Frühjahr 1783 reiste er zwar noch einmal nach Rom, doch beschäftigte er sich im wesentlichen mit staatswissenschaftlichen Fragen und auch schon mit den Verhältnissen in Köln und Münster. Nach dem Tode seines Vorgängers (15. 4. 1784) begab er sich unverzüglich nach Bonn (27. 4.) und Münster (5. 5.), um die Regierung anzutreten. Am 21. 12. 1784 ließ er sich zum Priester, am 8. 5. 1785 in Köln durch Erzbischof (→ Bd. I) Clemens Wenzeslaus von Trier zum Bischof weihen. M. F. hatte sich für die geistliche Laufbahn zwar nicht aus innerer Berufung entschieden, doch bemühte er sich nach dem einmal vollzogenen Schritt um eine gewissenhafte Erfüllung seiner Pflichten. Die Messe zelebrierte er wöchentlich mehrmals, und von seiner Umgebung erwartete er ebenfalls die Erfüllung der religiösen Pflichten. Seinen Sprengel hat er zur Spendung der Firmung und zur Wahrnehmung anderer Pontifikalaufgaben wiederholt bereist.

Mit M. F. erreichte der Einfluß der katholischen Aufklärung in Köln und Münster ihren Höhepunkt. M. F. war vom Reformgeist Maria Theresias und Josephs II. geprägt und lebte im Gegensatz zu seinen Vorgängern aus dem Hause Wittelsbach anspruchslos, frei von familiären Rücksichten und ganz dem Wohl seiner Stifte und Bistümer hingegeben. Dabei fand er in Köln und Münster höchst unterschiedliche Verhältnisse vor. In Münster hatte Königsegg seinem Minister (bis 1780) und Generalvikar Fürstenberg freie Hand gelassen, und diesem war es gelungen, Stift und Bistum nach der Mißwirtschaft unter Clemens August und den Schäden des Siebenjährigen Krieges wirtschaftlich und finanziell zu sanieren. Auch auf dem Gebiet der Rechtspflege und vor allem der Kulturpolitik hatte er Bedeutendes geleistet. In Münster konnte M. F. also auf Vorhandenem aufbauen. Fürstenberg, sein Konkurrent bei der Koadjutorwahl von 1780, mußte zwar 1780 als Staatsminister zurücktreten, er behielt aber die Direktion des Schulwesens und das Generalvikariat. In Köln fand der Erzbischof dagegen ungleich schwierigere Verhältnisse vor. Diese wurzelten in der Mißwirtschaft unter dem Anfang 1784 verstorbenen Belderbusch. Während M. F. hier die der katholischen Aufklärung zugetanen Freiherren Johann Christian von Waldenfels zum Staatsminister und Franz Wilhelm von Spiegel zum Leiter des Bildungswesens berief, bestätigte er den schon lange amtierenden J. Ph. v. (→) Horn-Goldschmidt als Generalvikar. Im übrigen reduzierte er, obwohl allen radikalen Maßnahmen abhold, die Hofhaltung drastisch. Im kirchlichen wie auch im staatlichen Bereich

betonte er seine eigene Zuständigkeit, und 1785 schuf er die auf sich selbst zugeschnittene Geheime Staatskanzlei als oberste kölnische Landesbehörde. Daneben unterhielt er in Bonn eine eigene Staatskanzlei für Münster. Bemerkenswerten Erfolg hatte M. F. auch auf dem Gebiet der staatlichen Finanzverwaltung, die er ebenso wie die Rechtspflege energisch straffte. Für den zuletzt genannten Bereich schuf er 1786 ein Oberappellationsgericht als oberste Instanz. Weniger Erfolg hatte M. F. auf dem Gebiet der Wirtschaftsentwicklung, während er dem Bildungswesen mächtige Impulse gab. Die Erhebung der Bonner Akademie zur Universität (1786) war zwar schon unter Königsegg in die Wege geleitet worden, aber M. F. hat die Anstalt (ca. 250 Studenten) doch vielfach gefördert. Die Volksschulen, die in Kurköln im Vergleich zu anderen Staaten noch wenig entwickelt waren, verbesserte er durch die Gründung von Normalschulen für die Lehrerausbildung (1787 Bonn; 1795 für das rechtsrheinische Kurköln), und 1799 erließ er eine allgemeine Schulordnung für den rechtsrheinischen Teil des Kurstaates.

Die Auffassung der katholischen Aufklärung vertrat M. F. auch auf innerkirchlichem Gebiet. Dazu zählte die Stärkung der Pfarreien. Für die Orden, deren Vitalität er unterschätzte, zeigte er wenig Verständnis. Trotz seiner Reformbereitschaft ging M. F. allerdings gegen den 1789 nach Bonn berufenen Theologieprofessor Eulogius Schneider vor, als dieser Thesen eines

aufgeklärten Rationalismus vertrat. 1791 mußte er die Universität verlassen.

Ein zentrales Anliegen bildete für M. F. die
Stärkung der bischöflichen Leitungsfunktion.
Aus diesem Grunde versuchte er 1785 die
Nuntiaturgerichtsbarkeit auszuschalten und
von der Kurie die Genehmigung zur Errichtung
eines erzbischöflichen Oberappellationsge-
richtes zu erhalten. Als aber stattdessen durch
die im gleichen Jahr erfolgte Errichtung der
Münchener Nuntiatur das Erzbistum in zwei
Nuntiaturbezirke eingeteilt (Kurstaat und Jülich-Berg) und dadurch die Lage weiter kompliziert wurde, unternahm M. F. Schritte für ein
gemeinsames Vorgehen der Erzbischöfe von
Mainz, Trier und Salzburg (Bd. I → Clemens
Wenzeslaus, H. v. → Colloredo; F. K. J. v. →
Erthal). Da der Kaiser zuzustimmen schien,
errichtete M. F. mit Wirkung vom 1. 1. 1786 ein
erzbischöfliches Obergericht und erklärte die
Nuntiaturgerichtsbarkeit für erloschen. Als
dies der 1786 neu ernannte Nuntius Bartholo-
meo Pacca nicht akzeptierte, weigerte M. F.
sich, ihn zu empfangen. Als nun der bayerische
Kurfürst die Gerichtsbarkeit unterstützte, regte Erthal eine Konferenz der Metropoliten an,
die auch innerkirchliche Reformen beschließen
sollte. Auf dem nun nach Ems einberufenen
Kongreß (1786) haben die Beauftragten von
M. F. eine relativ gemäßigte Linie vertreten.
M. F. wie auch der Erzbischof von Trier lehnten
es ab, daß ihre Vertreter über die Abschaffung
des Abstinenzgebotes und über den priesterlichen Zölibat sowie über andere gemeinkirchli-
che Disziplinarvorschriften verhandelten. M. F.
wünschte lediglich ein bischöfliches Plazet für
päpstliche Erlasse, d. h. eine stärkere Betonung der bischöflichen Leitungsgewalt. M. F.
hat sich bei der Formulierung der „Emser
Punktation" mit seinen Auffassungen durchgesetzt. Unter Hinweis auf den Widerspruch des
Speyrer Bischofs D. A. v. (→) Limburg-Styrum
hat Kaiser Joseph II. jedoch die Unterstützung
der Emser Beschlüsse verweigert und den
Erzbischöfen geraten, sich vorerst mit ihren
Suffraganen zu verständigen. Von den Kölner
Suffraganen lehnte der Lütticher Bischof
C. C. F. de (→) Hoensbroeck die Schaffung
eines metropolitanen Obergerichtes ab. Vom
Kaiser im Stich gelassen, wollte M. F. daraufhin 1788 die Nuntiaturfrage an den Reichstag
bringen, doch überwies Joseph II. schließlich
selbst die Angelegenheit an dieses Gremium.
Während die Front der Erzbischöfe bereits
zerfiel, lehnte Pius VI. jedes Entgegenkommen
ab. Der Nuntiaturstreit ist zwar durch die
politische Entwicklung gegenstandslos geworden, doch hat M. F. noch vor dem Zusammenbruch der alten Ordnung eine Reihe von Emser

Reformforderungen, die die Ausbildung der
Seelsorger, das Pfründewesen und die Ordensleute betrafen, im Erzbistum durchgeführt.

Während M. F. sich 1789 aus reichspatrioti-
schen Gründen an der Exekution gegen das
aufständische Lüttich beteiligte (→ Hoensbroeck), stand er der Französischen Revolution
zunächst nicht ohne Sympathie gegenüber. Im
Gegensatz zum Trierer Erzbischof hielt er jedoch Emigranten aus seinen Ländern möglichst fern und sprach sich gegen jede Intervention aus. Nach dem Erscheinen der ersten
französischen Truppen im Rheinland zog M. F.
sich im Dezember 1792 mit seinen Behörden
von Bonn nach Westfalen zurück. Im April
1793 konnte er zwar noch einmal zurückkehren, aber am 3. 10. 1794 mußte er vor den
anrückenden Franzosen seine Residenz definitiv verlassen. Er begab sich zunächst nach
Dorsten, dann nach Mergentheim. Im Sommer
1786 fuhr er nach Leipzig. Vom Dezember 1797
bis Februar 1799 hielt er sich in Frankfurt auf.
Danach siedelte er auf das Deutschordens-
schloß Ellingen in Mittelfranken und Ende
1800 schließlich nach Wien über. Trotz der
großen Entfernungen und der zahlreichen Reisen blieb er mit seinen Behörden in engem
Kontakt. Die kurkölnischen Behörden hatte er
nach Recklinghausen, Brilon und Arnsberg,
das Generalvikariat nach Arnsberg verlegt,
während er für das linksrheinische Gebiet den
Stiftsdechanten von St. Andreas in Köln, W.
(→) Marx, zum Vikariatsverweser ernannt hatte.

Den Verhandlungen des Rastatter Kongresses,
der Frankreich das linke Rheinufer zugestand,
mußte er ebenso wie der seit 1798 allmählich
fortschreitenden Integration der linksrheinischen Gebiete in das revolutionäre Frankreich
ohnmächtig zusehen. Zunächst hoffte er zwar
noch auf die Erhaltung des rechtsrheinischen
Kurstaates und des Stiftes Münster. Ehe jedoch
aufgrund des Friedens von Lunéville (1801),
der den Verlust der linksrheinischen Lande
besiegelte, auch die Säkularisation der noch
verbliebenen geistlichen Stifte durchgeführt
werden konnte, starb M. F., der bereits seit
Jahren an zunehmender Korpulenz und Was-
sersucht litt, unerwartet am 29. 7. 1801 an
einem Schlaganfall in Wien. Er erhielt sein
Grab in der Habsburgergruft der Kapuzinerkirche.

Literatur: *M. Braubach*, Max Franz. - *E. Hegel* 65-75. -
A. Winterling.

Abbildungsnachweis: Punktierstich von Wilhelm
Arndt († 1813) nach Vorzeichnung von Franz Eugen
Frh. v. Seida (1772-1826). - Der Herold Berlin, Bildar-
chiv Neg. Nr. 17362 b.
                                        Erwin Gatz

Max Heinrich, Herzog von Bayern
(1621 – 1688)

1630 – 1650 Koadjutor des Fürstpropstes von
             Berchtesgaden
1633 – 1650 Koadjutor des Fürstbischofs von
             Hildesheim
1642 – 1650 Koadjutor des Erzbischofs von
             Köln
1650   Koadjutor des Fürstbischofs von
             Lüttich
1650 – 1688 Kurfürst-Erzbischof von Köln,
             Fürstbischof von Hildesheim und
             Lüttich, Fürstpropst von
             Berchtesgaden
1650 – 1660 Fürstabt von Stablo-Malmedy

Max Heinrich von Bayern wurde am 8. 10.1621
als Sohn von Herzog Albrecht VI. (V.), gen. der
Leuchtenberger, und seiner Gemahlin, der
Landgräfin Mechthilde von Leuchtenberg, geboren. Sein Großvater war der regierende Herzog Wilhelm V. von Bayern († 1578). Für den
geistlichen Stand bestimmt, erhielt M. H. seit
1622 die Anwartschaft auf insgesamt neun
Domkapitelstellen (u. a. 1622 Köln, 1632 Hildesheim, 1641 Lüttich). Seine Ausbildung erhielt
er bei den Jesuiten in Ingolstadt.

Als das Restitutionsedikt von 1629 eine Rekatholisierung der norddeutschen Stifte in Aussicht stellte, postulierte das Hildesheimer Kapitel am 18. 1. 1633 auf Veranlassung des um die
Stärkung der katholischen Position vor allem
in Norddeutschland bemühten Fr. W. v. (→)
Wartenberg M. H. zum Koadjutor seines Onkels, (→) Ferdinand von Bayern (23. 11. 1633
best.). 1637 ging er zum Studium nach Köln,
und 1641 wurde er in das dortige Domkapitel
aufgenommen, das ihn am 10. 2. 1642 auch für
Köln zum Koadjutor Ferdinands postulierte
(17. 5. 1642 best.). Nachdem M. H. 1649 im
Auftrag seines Onkels den Aufstand der Stadt
Lüttich niedergeschlagen hatte, wurde er am
19. 10. 1649 auch dort zum Koadjutor postuliert
(9. 7. 1650 best.). Bemühungen um eine weitere
Bistümer, vor allem um Münster, wo er 1667
F. v. (→) Fürstenberg unterlag, 1683 dann aber
doch postuliert wurde, auf Betreiben des münsterschen Weihbischofs N. (→) Stensen die
päpstliche Bestätigung jedoch nicht erhielt,
blieben erfolglos. Dennoch besaß M. H. seit
dem Tode Ferdinands (13. 9. 1650) mit Köln,
Lüttich und Hildesheim, wozu noch die Abtei
Stablo-Malmedy und die Propstei Berchtesgaden kamen, eine beachtliche Machtfülle.

M. H. war unter jenen fünf wittelsbachischen
Prinzen, die 1583 – 1761 den Kölner Erzstuhl
innehatten, der unbedeutendste. Seine Lebensführung war jedoch tadelfrei, und er hat wohl

als einziger unter den genannten Wittelsbachern eine geistliche Berufung gespürt. Daher
ließ er sich innerhalb eines Jahres nach Inbesitznahme seines Erzbistums (16. 10. 1650) alle
Weihen spenden. Am 27. 9. 1651 empfing er aus
der Hand seines Weihbischofs G. (→) Pauli-
Stravius die Priester- und am 8. 10. durch
Nuntius Fabio Chigi in Bonn die Bischofsweihe.

M. H. hat gern sein geistliches Gewand getragen und geistliche Funktionen wahrgenommen. Er hat die unter Ferdinand begonnene
Kirchenreform weiter gefördert, der Hildesheimer wie der Kölner Synode von 1652 bzw. 1662
persönlich präsidiert und die modernen Seelsorgsorden gefördert. Dennoch war der schwa-
che, kontakt- und arbeitsscheue, dabei stark
auf seine Würde bedachte M. H. seinen Aufgaben in keiner Weise gewachsen, und während
er sich seiner Kuriositätensammlung und alchimistischen Experimenten widmete, überließ er
die geistliche Leitung seiner Sprengel den z. T.
tüchtigen Weihbischöfen und Generalvikaren.
Die politische Leitung des Kurstaates lag
1650 – 74 in den Händen des hochbegabten,
aber intriganten Franz Egon v. (→) Fürstenberg, der das Amt eines Oberrsthofmeisters und
Ersten Ministers innehatte. Aus schwäbischem
Grafenhaus stammend, hatte er M. H. 1637
nach Köln begleitet und dessen Vertrauen
gewonnen. Ursprünglich wie sein Bruder Wilhelm Egon v. (→) F., den er nach sich zog, für
die militärische Laufbahn bestimmt, hatte er

seinen Aufstieg schließlich in der Kirche gesucht. Beide Brüder waren von brennendem
Ehrgeiz beseelt und auf Vorteile für ihre Familie und für sich selbst bedacht und haben im
Laufe der Jahre insgesamt zehn Domkanonikate erworben. Das eigentliche Interesse des
älteren und zunächst führenden Franz Egon
zielte auf den erzbischöflichen Stuhl von Köln.

Das Erzstift Köln wie auch das wegen seiner
exponierten Lage gefährdete Stift Lüttich hätten durchaus einer festen Führung bedurft,
denn mit dem Jahre 1648 war hier der Friede
noch keineswegs eingekehrt, und die auf die
Spanischen Niederlande gerichteten Expan-
sionsabsichten Frankreichs gefährdeten die
zersplitterten Territorien an Rhein und Maas.
In Lüttich hatte M. H. nach der Niederschlagung des Aufstandes von 1649 die Zitadelle als
Symbol der fürstbischöflichen Stadtherrschaft
errichten lassen, und 1654 garantierte Spanien
ihm die ewige Neutralität des Fürstbistums.
Während M. H. den Erfordernissen dieser Lage
nicht gewachsen war, erwiesen sich die beiden
Fürstenberg als Meister einer skrupellosen
Diplomatie. Nach dem Tode Kaiser Ferdinands
III. (1657) weilte Franz Egon als Beauftragter
Kurkölns zu den Wahlverhandlungen in
Frankfurt. Doch ließ er sich 1658 gegen erhebliche Zuwendungen und die Zusage französischer Hilfe bei seinen Bemühungen um frei
werdende Bistümer für die französischen Ziele
gewinnen und vertraglich binden. Dem Interesse Frankreichs diente auch der 1658 zustande-
gekommene Rheinbund, der unter der Führung
von Mainz und Köln seinen Mitgliedern den
Frieden garantieren, den Durchzug kaiserlicher Truppen nach den Spanischen Niederlanden dagegen verhindern sollte. Auch während
des Devolutionskrieges von 1667, in dem Ludwig XIV. die Niederlande erneut zu gewinnen
suchte, standen die Fürstenberg auf französischer Seite, während M. H. Lüttich neutral zu
halten suchte. Beim Angriff auf Holland im
Jahre 1672 gelang es dagegen der französischen
Diplomatie mit Hilfe Fürstenbergs, M. H. zusammen mit dem münsterschen Bischof
Chr. B. v. (→) Galen auf die Seite Frankreichs
zu ziehen. Während französische Truppen das
Fürstbistum Lüttich durchzogen, drangen die
Kaiserlichen 1673 in das Erzstift ein, so daß der
Erzbischof seine Residenz verlassen und in der
Kölner Benediktinerabtei St. Pantaleon um
Aufnahme bitten mußte. Ein Jahrzehnt blieb er
dort, vornehmlich mit seinen Liebhabereien
beschäftigt. Als Anfang 1674 sein Beauftragter
zum Kölner Friedenskongreß, Wilhelm Egon,
durch ein kaiserliches Kommando festgenom-
men, nach Wien verbracht und bis 1679 festgehalten wurde, floh dessen Bruder Franz Egon,

der seit 1663 Bischof von Straßburg war, nach
Paris. Ludwig XIV. setzte zwar 1679 im Frieden
von Nimwegen außer der Abtretung Bouillons
und Dinants an Frankreich auch die Restitution der beiden Brüder in ihre früheren Besitzungen und Positionen durch, doch verlor
Franz Egon nun das Vertrauen des Erzbischofs, während Wilhelm Egon in den Vordergrund trat.

M. H. stand bis in seine letzten Regierungsjahre unter starkem französischem Druck, doch
unterstützte Ludwig XIV. ihn 1684 bei der
erneuten Unterwerfung der Stadt Lüttich, die
sich 1676 nach Abzug der französischen Garni-
sion und weitgehender Zerstörung der Zitadelle ihre Selbstverwaltung wiedergegeben hatte.
Nach Hinrichtung der Führer des Aufstandes
setzte M. H. sich hier durch Einführung eines
neuen Reglements als absolutistischer Landesherr durch. Wilhelm Egon, seit 1683 Nachfolger
seines Bruders in Straßburg und seit 1686
Kardinal, gewann M. H. 1687 nach langem
Widerstand für seine Kandidatur als Koadjutor in Köln und damit für die definitive Eingliederung des Kurstaates in das französische
Bündnissystem. Bevor jedoch Papst Innozenz
XI. zu der am 7. 1. 1688 erfolgten Postulation
Stellung nehmen konnte, starb M. H. am 3. 6.
nach längerer Krankheit in Köln. Er wurde im
Dom beigesetzt.

Literatur: *J. Daris*, Liège XVIIᵉ siècle II (1877) 1-211. -
M. Huismann, Essai sur le règne du Prince-Evêque de
Liège Maximilien-Henri de Bavière (Brüssel 1899). - *J.
Paquay* 149-160. - *P. Harsin*, in: DHGE 7 (1934) 11 f. -
A. Franzen, Französische Politik. - *M. Braubach*,
Kurköln 1-80. - *Ders.*, Fürstenberg.

Abbildungsnachweis: Residenz München, Ahnengalerie Gw 114. - G. Desmarées, nach 1730. - BSV
Neg. Nr. 18308.

Erwin Gatz

Mayer (nach 1700 **Edler von Mayern**), **Daniel
Joseph** (1656 – 1733)

1702 – 1732 Generalvikar in Prag
1712 – 1732 Weihbischof in Prag, Ep. tit.
            Tiberiensis
1732 – 1733 Fürsterzbischof von Prag

Daniel Joseph Mayer wurde am 16. 1. 1656 zu
Wartenberg (Stráž p.R.) in Böhmen als Sohn
eines Metzgers geboren. Er wuchs in dürftigen
Verhältnissen auf. Nach dem Besuch der Schule in Gitschin (Jičín) und Prag (Bartholomäus-
konvikt) sowie dem Studium der Theologie
(1678 Bacc. theol.) wurde er am 17. 12. 1678
zum Priester geweiht. Er wirkte zunächst als

Seelsorger und Missionar zu Frühbuß im Böhmischen Erzgebirge, wo er ca. 500 Protestanten zur katholischen Kirche führte. 1684 erhielt er die Pfarrei Lichtenstadt. Später wurde er wegen seiner missionarischen Erfahrung dem kaiserlichen Gesandten Anton Graf Nostitz in Schweden beigegeben. 1693 zum Domherrn in Prag gewählt, wurde er deutscher Prediger der Metropolitankirche, 1694 Bibliothekar des Kapitels und 1701 Dompropst.

Kaiser Karl VI. berief den gewandten und klugen Unterhändler 1700 zum Obersten Quästor der königlichen Landesfinanzen. Im Auftrag der Stände verhandelte er wiederholt mit dem Kaiserhof. Später folgten seine Ernennung zum kaiserlichen Geheimrat und die Erhebung in den Adelsstand. Der Kaiser beauftragte ihn mehrmals als „Promotor der königlichen Geschäfte" auf den böhmischen Landtagen. M. war Generalvikar der Erzbischöfe J. J. v. (→) Breuner und F. F. v. (→) Kuenburg. Am 17. 4. 1711 wurde er zum Titularbischof von Tiberias und Weihbischof in Prag ernannt und am 9. 10. 1712 in Königgrätz durch Bischof J. A. (→) Wratislaw von Mitrowitz konsekriert. Im Beatifikations- und Kanonisationsprozeß des Johann von Nepomuk hatte M. die Funktion des Judex delegatus. Er vermehrte die Dotation der Dompropstei durch den Ankauf von drei Gütern. Zusammen mit dem Archidiakon J. M. Martini stiftete er beim Domkapitel ein Kollegium von sechs Chorpriestern (Choralisten). 1710 – 12 und 1731 leitete M. die Erzdiözese als Kapitelsvikar. Am 4. 11. 1731 nominierte Kaiser Karl VI. den bereits 76jährigen zum Fürsterzbischof von Prag. Die päpstliche Verleihung folgte am 7. 5., die Inthronisation am 7. 9. 1732. M.s Episkopat dauerte jedoch nur sieben Monate. Unter ihm wurde das Einsiedlerwesen in Böhmen geordnet (Regel 1731). Die Eremiten wurden in einer Bruderschaft zusammengeschlossen und der Aufsicht eines erzbischöflichen Visitators unterstellt. M. schärfte besonders die Erteilung des Religionsunterrichtes ein. Seinen Nachlaß bestimmte er für die Pflege des Kultes der böhmischen Landespatrone im St. Veitsdom. Für drei Knaben aus seiner Verwandtschaft hinterließ er eine Studienstiftung. M. verstarb am 10. 4. 1733. Er wurde im St. Veitsdom beigesetzt.

Literatur. *A. L. Frind*, Prag 240-243. - *A. Podlaha* 224-227 und Suppl. I 10. - *A. Zelenka* 59f.

Abbildungsnachweis: Stich von Antoni Birckhart (1677-1748) nach eigener Zeichnung. - Wien NB 513.459 B.

Kurt A. Huber

Mayer, Johann Bernhard (1669 – 1747)

1705 – 1747 Weihbischof in Würzburg, Ep. tit. Chrysopolitanus

* 4. 11. 1669 zu Lauda/Tauber (Diöz. Würzburg); 1692 Dr. theol. (Würzburg); 1694 Studienreise nach Holland, Frankreich und Italien; 18. 12. 1694 Priesterweihe in Rom; Hofmeister des in Rom studierenden Neffen des Würzburger Fürstbischofs J. G. v. (→) Guttenberg; 1696 Rückkehr nach Würzburg. Unter Fürstbischof J. Ph. v. (→) Greiffenclau wurde M. Hofkaplan und Zeremoniar. 1700 Dr. iur. utr. (Würzburg) und Professor des Kirchenrechtes; 1704 Präsident des Geistlichen Rates; Kanonikus des Stiftes Haug; 26. 1. 1705 Titularbischof von Chrysopolis und Weihbischof in Würzburg; 1. 3. 1705 Konsekration durch Greiffenclau. Von der großen Zahl seiner Pontifikalhandlungen zeugen zahlreiche zu seinen Ehren gehaltene Festpredigten. † 7. 9. 1747; □ Stiftskirche Haug.

Literatur: *N. Reininger*, Weihbischöfe 258 – 270. - *G. Pfeiffer*, Fränk. Bibliographie III/2, Nr. 48825-48828.

Egon Johannes Greipl

Mayer von Mayersheim, Georges Alban (1608 – 1684)

1650 – 1660 Generalvikar in Straßburg

* 1608 in Freiburg i. Br.; 1628 – 32 Studium in
Rom als Alumne des Collegium Germanicum;
1632 Dr. theol. et phil. (Perugia); Datum der
Priesterweihe unbek.; 8. 10. 1650 Aufschwörung für das Straßburger Domkapitel; 1655
Propst des Stiftes St. Margaretha in Waldkirch;
zeitweise Kanonikus an St. Florentius in Haslach; 1650 – 60 Generalvikar in Straßburg;
1660 Domherr von Basel; 1663 Posseß; † 18. 8.
1684 in Arlesheim; ☐ Domkirche Arlesheim.

Literatur: *Ph. A. Grandidier*, Alsatia sacra 23. - *L.
Châtellier*, Tradition chrétienne 50, 159. - *C. Bosshart-
Pfluger*.

Louis Châtellier

Mayr, Johann Jakob von (1677 – 1749)

1715 – 1721 Generalvikar in Augsburg
1718 – 1749 Weihbischof in Augsburg, Ep. tit.
Pergamenus

* 13. 12. 1677 in Dillingen; ab 1687 Besuch des
Gymnasiums ebd.; seit 1694 Studium in Ingolstadt; 1698 – 1702 Studium in Rom als Alumne
des Collegium Germanicum; 18. 12. 1700 Priester; 1701 Dr. theol. (Rom); 1705 – 11 Pfarrer in
Rottenburg/Laaber (Diöz. Regensburg); 1706
Domherr, 1711 Offizial, 1715 – 21 Generalvikar
in Augsburg. Der Koadjutor des Fürstbischofs
von Augsburg, J. F. (→) Schenk von Stauffenberg, bestimmte M. 1717 zum Weihbischof in
Augsburg. 5. 12. 1718 Titularbischof von Pergamon; 8. 1. 1719 Konsekration durch Fürstbischof (→) Alexander Sigmund von Pfalz-Neuburg; 1721 Übernahme der Nachmittagsprädi-
katur im Dom; stiftete den Gnadenaltar in der
Wallfahrtskirche U. H. Ruhe bei Friedberg;
† 7. 12. 1749 in Augsburg.

Literatur: *A. Schröder*, Weihbischöfe 481 – 484. - *A.
Haemmerle*, Domstift Nr. 557. - *J. Seiler*.

Peter Rummel

Mayr, Paulinus (1628 – 1685)

1678 – 1685 Fürstbischof von Brixen

Paulinus Mayr wurde am 31. 8. 1628 zu Sterzing (Tirol) als Sohn eines Gerbermeisters
geboren. Nach seiner Ausbildung als Organist
bei den Jesuiten zu Hall bei Innsbruck studierte
er 1649 – 55 in Wien Philosophie und Theologie. Am 30. 3. 1652 wurde er zum Priester
geweiht und 1657 zum Dr. theol. promoviert.
Nachdem er als Kooperator in Klausen gewirkt
hatte, erhielt er 1658 die Pfarrei Feldthurns.
1661 erhielt er durch päpstliche Provision eine

Domherrenstelle in Brixen, geriet aber, weil er
auf seine Pfarrei nicht verzichten wollte, mit
dem Kapitel in Streit. 1666 verzichtete er
schließlich auf Feldthurns. Die ihm 1667 zuge-
dachte Stelle als Spitalverweser in Klausen
konnte er nicht antreten, da sein Vorgänger
den Platz nicht räumen wollte. Stattdessen
wählte das Domkapitel ihn 1669 zum Pfarrer
von Brixen, doch konnte er auch diese Stelle
erst 1670 nach langen Auseinandersetzungen
mit Fürstbischof S. A. v. (→) Thun antreten.
Seit 1664 war M. Konsistorialrat, und 1677
wurde er zum Kapitelsvikar gewählt.

Als bei der Bischofswahl am 29. 3. 1677 der
zunächst gewählte Domherr Johann Graf von
Trapp die Annahme verweigerte, fiel die Wahl
am 29. 4. 1677 einstimmig auf M. Er war dem
Kapitel deshalb genehm, weil er unter Fürstbischof Thun stets die Kapitelsrechte vertreten
hatte, ohne dem Ordinarius den Respekt zu
versagen. Wegen der Streitigkeiten des Kapitels mit dem Schützling des Verstorbenen,
Johann Kaspar Poda, drohte der Wiener Nuntius zunächst mit Kassierung der Wahl. Erst als
M. mit Poda zu einem Vergleich gekommen war,
folgte am 5. 9. 1678 die päpstliche Wahlbestätigung. Am 23. 10. 1678 wurde M. in Brixen von
Weihbischof J. v. (→) Perkhofer konsekriert.

M. berief zwar einen Generalvikar, richtete
aber zugleich das Konsistorium wieder ein, das
freilich nun nur noch ein Beratungsorgan des
Generalvikars war, der anstelle des Präsidenten den Vorsitz führte.

Bald nach seiner Konsekration trat M. seine erste Visitationsreise an, die ihn über Sterzing nach Innsbruck und ins Inntal führte. Anschließend begann er mit der Visitation des Domkapitels. Auch mit der Entgegennahme der Huldigung im östlichen Teil des Hochstiftes im Jahre 1679 verband er eine Visitation. 1681 und 1685 ließ er weitere Teile seiner Diözese durch Beauftragte visitieren. 1679 ließ er die Synodalstatuten von 1603 neu auflegen. 1680 erneuerte er die Bettelordnung, die den Bettlern strenge Verhaltensregeln vorschrieb.

Anläßlich der Belagerung Wiens durch die Türken im Jahre 1683 rief M. nicht nur zu Bittgebeten auf, sondern sein Bistum mußte sich auch mit 25 000 fl. an der Kriegssteuer beteiligen.

Um dem vom salzburgischen Defereggental her drohenden Eindringen des Luthertums zu wehren, trug M. dem Propst von Innichen auf, alle angrenzenden Orte zu visitieren und mit dem Klerus über geeignete Maßnahmen zu beraten.

M. starb am 29. 9. 1685 in Brixen. Er wurde im Dom beigesetzt.

Literatur: *K. Wolfsgruber*, Brixner Domkapitel 178. - *J. Bücking* 195, 211. - *R. Mair*. - *J. Gelmi* 171-177.

Abbildungsnachweis: Öl auf Leinwand, unbek. Künstler. - datiert 1678. - Diözesanmuseum Brixen.

Josef Gelmi

Méan et de Beaurieux, François Antoine Marie Constantin (seit 1792 **Reichsgraf**) de
(1756 – 1831)

1785 – 1792   Weihbischof in Lüttich, Ep. tit. Hippensis
1792 – 1801   Fürstbischof von Lüttich
1802 – 1831   Apostolischer Administrator von Megen und Ravenstein
1817 – 1831   Erzbischof von Mecheln

François Antoine de Méan wurde am 6. 7. 1756 als zweiter Sohn des Grafen Pierre Charles François Antoine de Méan und dessen Ehefrau Anne Elisabeth Françoise, Gräfin von Hoensbroeck, Baronin von Oost, auf Schloß Saive bei Lüttich geboren. Die Tonsur empfing er bereits 1771. Er studierte die Rechte an den Universitäten Mainz, Douai und Nancy (hier 1777 – 78), erwarb allerdings keinen akademischen Grad. Nach erheblichen Widerständen wurde M. 1777 Mitglied des Lütticher Domkapitels. Die Priesterweihe empfing er erst am 17. 9. 1785. Einen Monat später erbat sein Onkel, Fürstbischof C. C. de (→) Hoensbroeck, ihn zu seinem Weihbischof. Am 19. 12. 1785 zum Titularbi-

schof von Hippo ernannt, wurde M. am 19. 2. 1786 von Hoensbroeck konsekriert. 1788 wurde er außerdem Propst am Lütticher Stift St.-Martin und 1791 zugleich Archidiakon des Distriktes Brabant. M. genoß das volle Vertrauen des Fürstbischofs, scheint aber zunächst keinen unmittelbaren Einfluß auf dessen Entscheidungen gehabt zu haben. Sein Vater war hingegen bis zu seinem Tode im Jahre 1788 Hoensbroecks wichtigster Ratgeber und für dessen unnachgiebige Haltung in dem Verfassungskonflikt, der die Revolution des Jahres 1789 auslöste, hauptverantwortlich. Inwieweit M. die Politik seines Onkels mitgetragen hat, ist schwer zu sagen, doch spricht der Umstand, daß er diesem 1789 in sein Trierer Exil folgte, für eine übereinstimmende Beurteilung der Lage. Nach der Rückkehr des Fürstbischofs wurde M. enger an den Regierungsgeschäften beteiligt. Aber erst in den letzten Wochen vor Hoensbroecks Tod gelang es ihm, gemeinsam mit anderen Domkapitularen den Rücktritt des seit mehr als einem Jahr mit unerbittlicher Härte gegen die Sympathisanten der Revolution vorgehenden Domherrn de Waseige herbeizuführen. Eine von M. übrigens auch nicht beabsichtigte Änderung des reaktionären Kurses hatte die Entmachtung des verhaßten Waseige allerdings nicht zur Folge. Während der Vakanz des Lütticher Bischofsstuhles unternahm das Domkapitel nichts, um die gereizte Stimmung in der Bevölkerung zu beruhigen. Es zog für die Neubesetzung des Bistums auswärtige Bewerber nicht in Betracht und sprach sich bereits am 10. 6. 1792 in einer Vorbesprechung mit großer Mehrheit für M. aus. Da die Höfe von Wien und Brüssel keine Einwände machten und der von einer Minderheit geförderte Kapitelsdekan de Nassau-Corroy auf eine Kandidatur verzichtete, wurde M. am 16. 8. 1792 einstimmig durch Akklamation gewählt. Die päpstliche Bestätigung folgte am 24. 9. 1792.

Bereits am 18. 8. hatte der Vertreter der österreichischen Regierung in Brüssel M. auf die Notwendigkeit hingewiesen, durch eine weitgehende Amnestie endlich zu einer Entspannung des innenpolitischen Klimas beizutragen. M. sagte dies unter dem Vorbehalt zu, daß keine schwerwiegenden Gründe dagegen sprächen. Doch zeigte sich bald, daß er den unter seinem Vorgänger eingeschlagenen Kurs fortzusetzen gedachte. Mittlerweile wuchs jedoch die Bedrohung des Fürstbistums durch das revolutionäre Frankreich, das am 20. 4. 1792 Österreich den Krieg erklärt hatte. Der Sieg von Jemappes eröffnete den Franzosen am 6. 11. das Tor zu den österreichischen Niederlanden. Am 27. 11. verließen M. und sein Hofstaat

Lüttich, das am darauffolgenden Tag den ein-
marschierenden Revolutionstruppen einen begeisterten Empfang bereitete. Der Fürstbischof,
der die geistliche Leitung des Bistums seinem
Generalvikar M. Ph. de (→) Rougrave übertragen hatte, zog sich nach Münster zurück,
während in Lüttich die Ereignisse unter Führung der aus ihrem französischen Exil zurück-
gekehrten Urheber des Aufstandes von 1789
ihren Lauf nahmen. Bereits im Dezember wurde nach französischem Muster ein Lütticher
Nationalkonvent gewählt, der allerdings auf
Geheiß der Kommissare der Republik in die
provisorische Zentralverwaltung eines künftigen Departements umgewandelt wurde. Im
Januar und Februar 1793 sprachen sich zahlreiche Städte und Dörfer des Fürstbistums
nach dem Beispiel Lüttichs für die Vereinigung
mit der französischen Republik aus, die flämischen Landesteile hielten sich allerdings zurück. Am 5. 3. 1793 nahmen die Österreicher
Lüttich wieder ein. Zwei Tage zuvor waren dort
mehrere wegen des Verdachtes antirevolutio-
närer Umtriebe verhaftete Personen, darunter
drei emigrierte französische Priester, ermordet
worden. Ob dies auf das Konto französischer
Soldaten oder von Lüttichern ging, läßt sich
nicht mit Sicherheit sagen. Die Österreicher
belegten Lüttich mit einer Kriegssteuer von
600 000 Gulden und teilten M. mit, daß der
Kaiser vorerst die Inbesitznahme des Fürstbistums durch den Prinzen von Coburg angeordnet habe und die Rückkehr des Fürstbischofs
als verfrüht betrachte. Der nach Lüttich entsandte Kommissar des Burgundischen Kreises
sollte dafür Sorge tragen, daß jene Amnestie
erlassen und jene legitimen Forderungen erfüllt wurden, die Österreich bereits 1791 unterstützt hatte. Es ist allerdings auch nicht auszuschließen, daß man in Wien zumindest vorübergehend eine Säkularisation des Fürstbistums ins Auge gefaßt hat. Am 21. 4. 1793
kehrte M. nach Lüttich zurück. Er erwies sich
jedoch wie sein Vorgänger Hoensbroeck als
Gefangener seiner politischen Prinzipien und
als unfähig zur Versöhnung. Zwar erließ er
eine Amnestie, doch enthielt diese eine Fülle
von Ausnahmebestimmungen, so daß es nicht
zur Beruhigung kam. Die Hinrichtungen des
Vervierser Chirurgen Chapuis und des Tröd-
lers Bouquette aus Dinant riefen bei den politischen Beobachtern Unverständnis und bei
einem Großteil der Bevölkerung Haß hervor.
Die Zahl der von der neuerlichen Repression
betroffenen Personen dürfte zwischen 1000
und 2000 gelegen haben. 264 entzogen sich der
drohenden Verfolgung durch die Flucht, größtenteils nach Frankreich. Am 20. 7. 1794 zwang
dann ein weiterer französischer Einmarsch M.
erneut zur Flucht. Ein Jahr später verkündete

der Nationalkonvent in Paris die Vereinigung
Belgiens und des Lütticher Landes mit Frankreich.

Zwischen 1797 und 1801 hatte sich M., der nun
in Erfurt residierte, mehrfach mit den Auswirkungen der französischen Kirchengesetzge-
bung in Lüttich auseinanderzusetzen. Waren
die Abschaffung des Zehnten, die Verstaatli-
chung des Unterrichtswesens und der Armenfürsorge, ja selbst die Aufhebung der Klöster
und geistlichen Genossenschaften vom Klerus
mit Resignation nahezu widerstandslos hinge-
nommen worden, so kam es bezüglich des im
März 1797 verlangten Treueversprechens gegenüber der Republik erstmals zur Konfrontation mit der neuen Regierung. Der wie schon
1793 mit der geistlichen Leitung des Bistums
betraute Generalvikar de Rougrave enthielt
sich zwar jeder offiziellen Stellungnahme, doch
wurde bekannt, daß er der geforderten Erklärung positiv gegenüberstand. Zwischen Befür-
wortern und Gegnern entbrannte nun eine z. T.
heftige Polemik, die zur Klärung wenig beitrug,
den Klerus jedoch in zwei Lager spaltete. Die
Fronten verhärteten sich weiter nach Veröffentlichung des Gesetzes vom 5. 9. 1797, das
von allen Priestern als Vorbedingung für die
weitere Ausübung ihres Amtes einen Eid verlangte, in dem es hieß: „Ich schwöre Haß dem
Königtum und der Anarchie, Treue und Anhänglichkeit der Republik und der Verfassung
des Jahres III". Eine nach Lüttich einberufene
Klerusversammlung kam zu dem Schluß, daß

dieser Eid zulässig sei und im Interesse von Kirche und Religion geleistet werden müsse. Daraufhin interpretierte Rougrave in einem Rundschreiben an den Klerus die umstrittene Formel betr. den Haß auf das Königtum als reine Loyalitätserklärung gegenüber der Republik. Er wiederholte in der Folge mehrfach die Aufforderung zur Eidesleistung, obwohl ihm bekannt war, daß M. diese ablehnte. Während sich im französischsprachigen Teil der Diözese zahlreiche Priester der Auffassung des Generalvikars anschlossen, lehnte die große Mehrheit des Klerus in den flämischen und deutschsprachigen Gebieten den Eid ab. Daraufhin wurden die Kirchen der Eidverweigerer geschlossen und ihre Pfarrhäuser beschlagnahmt. Im November 1798 verurteilte ein Erlaß des Direktoriums alle Eidverweigerer zur Deportation, da sie für die Bauernaufstände im Kempenland und in den Ardennen verantwortlich seien. Von den mehr als 8000 in Frage kommenden belgischen Priestern konnten jedoch rund 90% dank Mithilfe der Bevölkerung und der lokalen Behörden der Verhaftung entkommen und ihre Tätigkeit im geheimen weiterführen. Die dadurch gegebene Spaltung der Seelsorge und die wegen des Ausbleibens eindeutiger päpstlicher oder bischöflicher Stellungnahmen neu auflebende Polemik belasteten das geistliche Leben aufs schwerste, da es zwischen den Eidverweigerern und jenen Geistlichen, die durchweg aus pastoralen Erwägungen den Eid abgelegt hatten, sowie Teilen der Bevölkerung zu schweren Konflikten kam. Dabei verbanden sich vielfach politischer Widerstand gegen die französische Herrschaft mit religiöser Überzeugung. Die Spaltung wurde noch dadurch vertieft, daß M. Rougrave zwar als Generalvikar im Amt beließ, den Klerus jedoch aufrief, ihm den Gehorsam zu verweigern. Um aber eine ständige Verbindung mit den Eidverweigerern aufrechtzuerhalten, stattete er die Geistlichen J. B. (→) De Saive und A. (→) Lejeune mit allen Vollmachten eines Generalvikars aus. Nachdem bekannt wurde, daß Pius VI. in einem Brief an den Kardinal-Erzbischof von Mecheln den Eid sowie die Eidesleistung verurteilt hatte, forderte M. 1799 wie andere belgische Bischöfe jene Priester, die den Eid abgelegt hatten, zum Widerruf auf. Ein durch die neue französische Regierung gefordertes Treueversprechen bezeichnete er als in kirchlicher Hinsicht zweifelhaft. Diese beiden Verlautbarungen sorgten für neue Spannungen und vertieften die Kluft zwischen beiden Gruppen. Wieviele Priester den Eid tatsächlich widerrufen haben, ist nie geklärt worden. Nach Abschluß des Konkordates von 1801 weigerte M. sich als einziger unter den belgischen Bischöfen, auf sein Bistum zu verzichten, da er

seine Situation aufgrund seines Reichsfürstenstandes mit der der übrigen Bischöfe in Frankreich und im annektierten Gebiet für nicht vergleichbar hielt. Papst Pius VII. hob dennoch das alte Bistum Lüttich zusammen mit den übrigen belgischen Bistümern auf und ebnete so den Weg für die Neuumschreibung der nun französischen Diözesen. 1802 wurde der Elsässer J. E. (→) Zaepffel Oberhirte des neuen Bistums Lüttich, während Kaiser Franz II. M. den Fürstentitel und als Entschädigung eine Pension von 120 000 Franken beließ. 1805 bestätigte der Hl. Stuhl ihn als Apostolischen Administrator der auf dem Gebiet der Batavischen Republik gelegenen Distrikte Megen und Ravenstein, die bis 1802 zum Bistum Lüttich gehört hatten. Dem war ein langes Tauziehen mit der Haager Regierung vorausgegangen, die daran Anstoß nahm, daß M. sich nach wie vor als „Dei gratia Episcopus et Princeps Leodiensis" bezeichnete. Schließlich ging M. jedoch auf einen Vorschlag der Propagandakongregation ein, die für ihn den Titel eines „Administrators der Batavischen Distrikte des ehemaligen Bistums Lüttich" oder eines Altbischofs von Lüttich vorsah. M. fügte sich also nur schwer in die neuen Verhältnisse. Seine auf dem Wiener Kongreß wie schon 1797 in Rastatt geltend gemachten Ansprüche blieben erfolglos. 1815 wurde das ehemalige Fürstbistum dem Königreich der Niederlande zugesprochen.

1815 verurteilten die belgischen Diözesanverwaltungen unter Führung des Bischofs von Gent in einem vom Hl. Stuhl gebilligten „Jugement doctrinal" den „Indifferentismus" der niederländischen Verfassung und untersagten den Katholiken den Verfassungseid. Dies hielt M., den König Wilhelm I. in die erste Kammer der Generalstände berufen hatte, jedoch nicht davon ab, bei seiner Amtseinführung den besagten Eid abzulegen. Dies stand in krassem Widerspruch zu jener Unnachgiebigkeit, mit der M. einst die französischen Forderungen abgelehnt hatte, und brachte ihm, da der König ihn wenig später zum Erzbischof von Mecheln nominierte, den Vorwurf des Opportunismus ein. Daher erteilte der Hl. Stuhl ihm die kanonische Institution erst am 28. 7. 1817, nachdem M. zuvor erklärt hatte, daß seine Eidesleistung ihn zu nichts verpflichten könne, was den Dogmen und Gesetzen der Kirche zuwiderlaufe.

In den bald einsetzenden Auseinandersetzungen zwischen den belgischen Katholiken und der niederländischen Regierung ließ M. sich nicht in der Verteidigung der Kirchenfreiheit beirren. Das 1827 zwischen dem Königreich und dem Hl. Stuhl vereinbarte Konkordat kam zu spät, um die kirchliche Opposition mit der

Regierung zu versöhnen. Stattdessen schlossen die Katholiken im Verlauf des Jahres 1828 ein Zweckbündnis mit den Liberalen, um auf der Basis der gemeinsamen Forderung nach einer Konstitution auch die Kirchenfreiheit durchzusetzen. M. vertrat dabei die Position der sog. Mechelner Schule, die mit ihren Auffassungen zwischen den Konservativen und Lammenais sowie seinem Konzept einer völligen Trennung von Kirche und Staat stand. Sie trat für die Beibehaltung eines gewissen staatlichen Schutzes der Kirche in Verbindung mit der Religionsfreiheit ein. Die Verfassung von 1831 hat dann der Kirche einen Freiheitsraum gewährt, wie er in diesem Ausmaß in katholischen Ländern damals unbekannt war. Sie garantierte die Freiheit des Unterrichtes und der Ordensgemeinschaften sowie die Weiterzahlung der kirchlichen Gehälter durch den Staat. M. selbst war jedoch noch vor Erlaß der Verfassung am 15. 1. 1831 unerwartet in Mecheln verstorben. Er wurde in der Krypta seiner Kathedrale beigesetzt.

M. blieb zeitlebens ein Mann der Widersprüche. Er galt als fromm und freigebig. Sein priesterlicher Wandel war untadelig. Wer den gelegentlich gegen ihn erhobenen Vorwurf der Nachlässigkeit in der Ausübung seines Amtes richtig beurteilen will, muß seinen bewegten Lebenslauf und seine in späteren Jahren recht labile Gesundheit stärker berücksichtigen, als dies bisher geschehen ist.

Literatur: *S. P. Ernst* 271-276. - *A. Borgnet.* - *J. Daris,* Liège 2 (1872) 369-418; 3 (1873). - *H. Lonchay,* in: BN 16 (1897) 197-210. - *U. Berlière* 182-185. - *J. Paquay* 69. - *L. Jadin,* Procès 304-307, 325-329. - *J. Demarteau,* François-Antoine de Méan, dernier prince-évêque de Liège, premier primat de Belgique (Bruxelles 1944). - *K. Jürgensen,* Lammenais und die Gestaltung des belgischen Staates. Der liberale Katholizismus in der Verfassungsbewegung des 19. Jhs. (Wiesbaden 1963). - *W. A. J. Munier.*

Abbildungsnachweis: Gipsbüste, 18. Jh. - Curtius Museum Lüttich (Inv. I/447). IRPa Bruxelles Neg. Nr. 178463.

Alfred Minke

Merle, Christian Albert Anton von
(1693 – 1765)

1734 – 1765 Weihbischof in Worms, Ep. tit.
Sinopenus

* 22. 5. 1693 in Wetzlar als achtes Kind des kaiserlichen Kammergerichtsassessors Dr. iur. Philipp Christoph v. M. († 1700) und der Maria Anna de Bruyn von Blankenfort; die ursprünglich moselländische Familie hatte Kurtrier, Kurköln und zuletzt dem Reich eine Reihe von Juristen gegeben. Sein Neffe Clemens August Maria v. (→ Bd. I) M. war 1797 – 1810 Weihbischof in Köln; mütterlicherseits mit Weihbischof J. H. v. (→) Anethan verwandt; Besuch des Jesuitengymnasiums in Köln und seit 1709 Studium der Rechte ebd.; 1723 Regierungsrat des Fürsten zu Schwarzenberg für die gefürstete Landgrafschaft Klettgau mit Amtssitz in Tiengen (Oberrhein); seit 1727 Studium in Rom (1729 Dr. iur. utr. Sapienza); 1728 – 52 Kanoniker an St. Cassius und Florentius in Bonn; 23. 7. 1730 Priesterweihe; 1733 als Offizial des Bonner Archidiakonates und geistlicher Rat des Erzbischofs erwähnt; 12. 4. 1734 Titularbischof von Sinope und Weihbischof in Worms sowie Generalprokurator in spiritualibus und Offizial ebd.; 21. 9. 1734 Konsekration durch Erzbischof F. G. v. (→) Schönborn in Ehrenbreitstein; seit 1734 Inhaber der Praebenda episcopalis von St. Jakob am Dom zu Worms; 1736 kurpfälzischer Geistlicher Rat. Damit war der Vollzug der Pontifikalien für die in Mannheim residierende kurfürstliche Familie verbunden. 1736 Kanoniker, 1745 Kustos an St. Paul in Worms; 1736 – 48 Inhaber der Doktoralpräbende am Ritterstift Odenheim in Bruchsal; 1747 – 52 Propst von St. Simon und Juda in Goslar (kaiserl. Präsentation).

M. war wie seine Vorgänger in seiner Tätigkeit beschränkt, da die Kurpfalz in weiten Teilen der Diözese die Kirchenhoheit praktizierte. Bischöfliche Besuche scheiterten oft an den Kosten. Dennoch scheint M. die Visitation wenigstens z. T. durchgeführt zu haben. Dabei erwies er sich häufig als gutmütig und nachgiebig . Im übrigen hat seine Wirksamkeit wenige Spuren hinterlassen. † 2. 3. 1765 in Worms; ☐ St. Paul in Worms.

Quellen: HessStA Darmstadt, Abt. E 5.

Literatur: *H. Schmitt,* Christian Albert Anton von Merle aus Wetzlar, Weihbischof von Worms (1734-1765), in: AmrhK 16 (1964) 200-248.

Wolfgang Seibrich

Merle, Klemens August Maria Freiherr von
(1732 – 1810)

1797 – 1810 Weihbischof in Köln, Ep. tit.
Bethsaidensis

→ Bd. 1, 501.

**Metternich-Burscheid, Lothar Friedrich
Reichsritter** (seit 1635 **Reichsfreiherr) von**
(1617 – 1675)

1652 – 1675 Fürstbischof von Speyer
1671 – 1673 Koadjutor des Erzbischofs
            von Mainz
1673 – 1675 Kurfürst-Erzbischof von Mainz
1674 – 1675 Fürstbischof von Worms

Lothar Friedrich von Metternich-Burscheid
wurde am 29. 9. 1617 auf Burg Burscheid in
Luxemburg als Sohn des Johann Gerhard v. M.,
Herrn zu Burscheid und Esch und Amtmanns
von Wittlich und Bruch, und der Anna Maria
von der Leyen geboren. Er hatte einen Bruder
und zwei Schwestern.

M. wurde wie zahlreiche andere Familienmitglieder für die geistliche Laufbahn bestimmt
und 1625 auf die Nomination seines Onkels
Damian Heinrich v. M. († 1655) Domizellar in
Trier. Durch die politische Situation bedingt,
dürfte er gemeinsam mit seinem Bruder das
Jesuitengymnasium zu Pont-à-Mousson besucht haben. Von dort kehrten beide 1635
wegen kriegerischer Wirren nach Trier zurück,
wo M. 1635 – 36 studierte. Danach immatrikulierte er sich 1641 wieder in Pont-à-Mousson.
1631 war er in Speyer und 1639 in Mainz als
Domizellar aufgeschworen worden. 1640 wurde er Diakon und fand Aufnahme in das Trierer
Domkapitel. Domkapitular in Speyer wurde er,
trotz seines Studienaufenthaltes in Pont-à-
Mousson, 1641, in Mainz 1647. In Trier war er
seit 1645 Domkustos. 1654 resignierte er diese
Prälatur, nachdem Erzbischof K. K. v. d. (→)
Leyen ihn in Würdigung seines Eintretens für
seine Wahl zum Koadjutor 1653 zum „Capellan" ernannt hatte.

Als sich 1652 nach dem Tode von Bischof
Ph. Ch. v. (→) Sötern die Neubesetzung von
Speyer nicht durch einstimmige Wahl ermöglichen ließ, erfolgte diese am 11. 4. 1652 „per
scrutinium mixtum cum compromisso". Gewählt wurde M. Er nahm am 11. 5. Posseß, ließ
sich am 17. 12. 1652 zum Priester und am 24. 6.
1656 durch Weihbischof W. H. v. (→) Strevesdorff in Bruchsal zum Bischof weihen. Die
römische Wahlbestätigung war am 9. 6. 1653
gegeben worden. Im gleichen Jahr hatte M., seit
1652 schon Propst von Weißenburg, durch
päpstliche Postulation die Propstei des Ritterstiftes Odenheim in Bruchsal erhalten.

Mit der päpstlichen Wahlbestätigung waren M.
u. a. die Renovierung seiner Kathedrale, die
Errichtung eines Priesterseminars und die
Schaffung mildtätiger Einrichtungen aufgetragen worden. Allein damit war er vor schwierige

Aufgaben gestellt, denn das Hochstift Speyer
war klein, dünn besiedelt und zerrissen, außerdem durch die Belastungen des Dreißigjährigen Krieges wirtschaftlich schwach und von
der Pfalz umklammert, deren protestantischer
Landesfürst Karl Ludwig ständig auf das stiftische Gebiet übergriff und 1654 den langjährigen Wildfangstreit auslöste. Schwierig war
auch M.s Verhältnis zu der überwiegend protestantischen Reichsstadt Speyer, in der der
Fürstbischof anders als seine Vorgänger, die
Bruchsal oder Philippsburg bevorzugt hatten,
Residenz nahm, und zwar mit kaiserlichem
Mandat und gegen den Protest des mit Repres-
salien und Schikanen reagierenden Stadtrates.

Während M. sich gegenüber der Stadt Speyer
zu wehren wußte, mußte er sich bei der Auseinandersetzung mit der Kurpfalz nach Verbündeten umschauen. Er suchte sie beim Erzbischof
von Mainz und beim Kaiser. Da Wien aber
wenig tat oder tun konnte, lockerte sich ab
1654 die unbedingt kaisertreue Haltung M.s,
und der Bischof suchte Unterstützung bei
Frankreich, das die Garantie über die Einhaltung der Westfälischen Beschlüsse von 1648
mitübernommen hatte. Die französische Regierung unter Mazarin sagte M. nicht nur Beistand
und Entgegenkommen bez. Philippsburg sowie
Verzicht auf eigene feindliche Handlungen zu,
sondern sie band ihn auch durch Pensionen
und Wahlhilfeversprechen an sich.

Innenpolitisch mühte M. sich als Landesherr ohne sonderlichen Erfolg um die Hebung von Wirtschaft und Handel. Nicht ganz ohne Erfolg blieb sein Werben um Neuansiedler.

Recht trostlos war die kirchliche Lage im Bistum Speyer. Die römische Forderung nach Errichtung eines Priesterseminars zielte auf eine Erneuerung des Klerus, der im Speyerischen zu erheblichen Klagen Anlaß bot. Die Errichtung eines Priesterseminars gelang M. zwar nicht, doch übertrug er seit 1653 vermehrt Ordenspriestern, vorab Kapuzinern, Pfarraufgaben. Seine Bemühungen um die sittliche und religiöse Hebung des Volkes kam über eine straffe Handhabung der Kirchendisziplin und die Einführung des 40stündigen Gebetes im Jahre 1653 kaum hinaus. Allerdings setzte er vermehrt die Mittel der Visitation ein. Deshalb geriet er mit dem Stift Odenheim in einen lang anhaltenden Streit.

1660 wurde M. in Trier Domarchidiakon mit dem Titel eines Oberchorbischofs, und 1662 deutete sich die Möglichkeit seiner Berufung zum Koadjutor des damals ernsthaft erkrankten Mainzer Erzbischofs J. Ph. v. (→) Schönborn an. Später kühlte beider Verhältnis ab, da Schönborn sich 1663/64 auf dem Regensburger Reichstag durch M. übergangen fühlte und vor allem seitdem der Mainzer Erzbischof 1663 begann, seinen Neffen Franz Georg v. S. zum Nachfolger aufzubauen. Erst als dessen Kandidatur sich als aussichtslos erwies, wandte Schönborn sich wieder M. zu. Dieser wurde am 15. 12. 1670 mit Unterstützung des Erzbischofs, französischer Finanzhilfe und bei neutraler Haltung Wiens zum Koadjutor gewählt, nachdem ihm kurz zuvor das Wählbarkeitsbreve ausgestellt worden war. 1672 wählte ihn das Mainzer Kapitel zum Dompropst, und am 16. 4. 1672 postulierte ihn auch das Wormser Kapitel zum Koadjutor Schönborns. Die Mainzer Koadjutorwahl wurde von der römischen Kurie erst nach mehreren Einwänden und juristischer Klarstellung am 16. 11. 1671 bestätigt. Die Wormser Postulation wurde dagegen nie bestätigt und schließlich durch den Tod Schönborns (12. 2. 1673) hinfällig.

M. ergriff am 23. 2. 1673 offiziell vom Erzstift Besitz. Die Inthronisation folgte am 13. 5., und am 15. 5. war die feierliche Eidesleistung der Mainzer Bürgerschaft. In Speyer ließ M. sich fortan durch einen Statthalter vertreten. Am 29. 5. 1673 wurde ihm das Pallium verliehen. Für den Mainzer Hof blieb der Regierungswechsel nicht ohne Folgen. Die Schönborn verloren an Einfluß. Neuer Kanzler wurde M.s schon in Speyer getreuer Gefolgsmann Quirinus Mertz, neuer Weihbischof der ebenfalls aus Speyer berufene J. (→) Brassert.

Die Lebenszeit M.s war zu diesem Zeitpunkt nur noch knapp bemessen. Als ihn die am 16. 4. 1674 erteilte Konfirmation der erneut erfolgten Postulation zum Fürstbischof von Worms erreichte, war seine Gesundheit schon geschwächt. Als Kurfürst und Erzbischof vermochte er keine Akzente zu setzen. Er mußte erleben, daß König Ludwig XIV. das Reich mit Krieg überzog, daß französische Truppen in seine Erz- und Hochstifte einrückten und nach der Niederlage der kaiserlichen Verbände 1674 vorübergehend eine vorteilhafte Position gewannen. M. bekannte sich zwar im Interesse seiner Territorien nicht eindeutig gegen Frankreich, schwenkte aber auf prokaiserlichen Kurs. Ab Juli 1674 lähmten zwei Schlaganfälle seine Aktivitäten. Er besuchte danach noch einmal Speyer und nahm hin, daß auf Ersuchen des Domkapitels 1675 kaiserliche Truppen in Mainz einrückten. M. starb am 3. 6. 1675 in Mainz. Sein Leib wurde im Mainzer, sein Herz im Speyerer Dom beigesetzt.

Literatur: *Fr. X. Remling* II 514-553. - *M. Braubach*, Politische Hintergründe der Mainzer Koadjutorwahl von 1670, in: RhV 15/16 (1950/51) 313-338. - *K. Müller*, Wien und Kurmainz. - *F. Jürgensmeier*, Schönborn. - *G. Christ*, Lothar Friedrich von Metternich-Burscheid, Erzbischof von Mainz, Bischof von Speyer und Worms (Aschaffenburg 1985).

Abbildungsnachweis: Stich von Wihelm Rücker(t) († 1774). - Wien NB 511.847 B.

Friedhelm Jürgensmeier

Metternich-Winneburg, Karl Heinrich Reichsritter (seit 1635 **Reichsfreiherr**) von (1622 – 1679)

1679 Kurfürst-Erzbischof von Mainz
1679 Fürstbischof von Worms

Karl Heinrich von Metternich-Winneburg wurde am 14. 7. 1622 zu Koblenz geboren. Sein Vater, Wilhelm v. M.-W. und Beilstein an der Mosel, Herr in Berburg und Königswarth (Böhmen), Ritter des hl. Jakob, Kaiserlicher Kammerherr, Hof- und Kriegsrat, war seit 1620 in zweiter Ehe mit Anna Eleonore Brömserin von Rüdesheim verheiratet, aus deren Familie der Mainzer Erzbischof Johann Schweikhard von Kronberg (1604 – 26) kam. Ein Bruder des Vaters war Dompropst in Mainz, ein anderer in Trier. So gelangte M. 1629 durch Provision des Mainzer Erzbischofs Georg Friedrich Greiffenclau von Vollrads (1626 – 29) in den Besitz einer Mainzer Dompfründe. Aufgeschworen wurde er 1637. In Trier wurde M. 1630 Domizellar und 1648 Domkapitular. Nicht bekannt ist, wo er seine erste schulische Ausbildung er-

hielt. Wohl bedingt durch die politischen Umstände und den Werdegang des Vaters, begann
er 1639 sein Studium in Prag. 1640 immatrikulierte er sich in Köln für Philosophie und
Jurisprudenz. Der weitere Bildungsweg ist unbekannt. Spätestens 1665 wurde er Priester.

M. stieg zunächst im Trierer Domstift auf. 1652
wurde er Domkantor, 1654 Archidiakon von St.
Lubentius in Dietkirchen mit dem Titel Chorbischof, 1656 erzbischöflicher Kapellan, 1663
Archidiakon von St. Castor in Karden.
1653 – 54 fungierte er mit J. H. v. (→) Anethan
und Johann Heinrich Gobelius als offizieller
Gesandter Kurtriers auf dem Reichstag zu
Regensburg. 1659 – 60 führte er in Mainz die
kurtrierischen Verhandlungen bez. des 1658
geschlossenen Rheinbundes (J. Ph. v. →
Schönborn). Erhebliches diplomatisches Geschick zeigte er auch, als er 1661 Kaiser
Leopold I. die kurtrierische Frankreichpolitik
erläuterte und sie zu rechtfertigen suchte. In
guter Beziehung stand M. zu Fabio Chigi, der
bis 1651 Nuntius in Köln war und dann als
Staatssekretär nach Rom ging.

Seit 1656 auch Kustos des Ritterstiftes St.
Alban zu Mainz, zudem Kanoniker in Halber-
stadt, entwickelte M. nach 1660 wohl in der
Hoffnung auf die Nachfolge von Erzbischof
Schönborn größere Aktivitäten in Mainz. Als
dort 1662 das neue Priesterseminar errichtet
wurde, begrüßte M. es, daß dessen Leitung
Geistlichen des Instituts von Bartholomäus
Holzhauser und nicht Jesuiten übergeben wur-

de, gegen die er bereits 1658 Bedenken ange-
meldet hatte. 1663 – 64 war M. Rektor der
Mainzer Universität. Im Zusammenhang mit
den Aachener Friedensverhandlungen führte
er 1668 im Auftrag Schönborns offizielle Gespräche mit dem Trierer Hof.

Die Konkurrenz, die 1670 bei der Mainzer
Koadjutorwahl zwischen M. und seinem Verwandten L. Fr. v. (→) M.-Burscheid bestand,
hat beider Verhältnis nicht nachteilig belastet,
denn M.-Burscheid betraute als Erzbischof M.
1674 mit der offiziellen Einholung der Regalien
bei Kaiser Leopold I. und ernannte ihn zum
Domscholaster. Im gleichen Jahr setzte bereits
ein heftiges Ringen um die Nachfolge des
todkranken Erzbischofs ein. Die Wahl fiel 1675
auf D. H. v. d. (→) Leyen, für den M. 1676
ebenfalls die Regalien entgegennahm. Als dessen Nachfolger wählte dann das Mainzer Kapitel am 9. 1. 1679 einstimmig M. Für ihn entschied sich am 25. 1. auch das Wormser Kapitel. Die Konfirmation und die Gewährung des
Palliums erfolgten am 4. 9. 1679. M. starb
jedoch ganz unerwartet am 26. 9. 1679 in
Aschaffenburg bei der Huldigungsreise durch
das Mainzer Oberstift. Er wurde in der Lamber-
tus-Kapelle des Mainzer Domes beigesetzt.

Literatur: *F. Jürgensmeier*, Karl Heinrich von Metternich-Winneburg im Spiegel des Informativprozesses
von 1679, in: *F. R. Reichert* (Hg.), Beiträge zur Mainzer
Kirchengeschichte in der Neuzeit. Festschrift Anton
Philipp Brück (Mainz 1973) 319 – 331.

Abbildungsnachweis: Stich von Johann Philipp
Aubry (2. H. 17. Jh.), Frankfurt. - Wien NB 511.848 B.

Friedhelm Jürgensmeier

**Migazzi von Waal und Sonnenthurn, Christoph
Bartholomäus Anton Reichsgraf von**
(1714 – 1803)

1751 – 1756   Koadjutor des Erzbischofs von
              Mechen, Ep. tit. Carthaginensis
1756 – 1757   Bischof von Waitzen
1757 – 1803   Fürsterzbischof von Wien
1762 – 1786   Administrator von Waitzen
1761   Kardinal

→ Bd. 1, 505 – 508.

Mikolitsch, Franciscus Josephus (1738 – 1793)

1789 – 1793   Generalvikar in Laibach
1789 – 1793   Weihbischof in Laibach, Ep. tit.
              Gratianopolitanus

* 1738 in Laibach; 10. 4. 1762 Priester; 1789 Generalvikar von Erzbischof M. L. (→) Brigido; 14. 12. 1789 Titularbischof von Gratianopolis und Weihbischof in Laibach; 23. 1. 1790 konsekriert; † 4. 12. 1793 in Laibach.

Literatur: *F. Pokorn*, Šematizem duhovnikov in dunovnij v ljubljanski nadškofiji; leta 1788 [Schematismus des Klerus und der Gemeinden im Erzbistum Laibach für das Jahr 1788] (Ljubljana 1908) 5.

France M. Dolinar

Miller, Giovanni Francesco (1638 – 1720)

1692 – 1720 Bischof von Triest

Giovanni Francesco Miller wurde am 9. 8. 1638 zu Görz als Sohn des Tommaso M. [auch Milnar] und dessen Ehefrau Margherita getauft. Er besuchte das Gymnasium der Jesuiten in Görz und schloß sein Studium in Graz mit der Promotion zum Dr. phil. et theol. ab. Sein Bruder Baldassare wirkte als Jesuit in Görz und Wien.

1669 war M. Pfarrer von Chiopris und 1683 von Lucinico im österreichischen Teil Friauls. Er besaß ferner ein Benefizium in Lesce (Lees) in Krain sowie die Propstei von Weißenstuhl in Ungarn. Später war er Kaplan der polnischen Königin Eleonora, der Gattin Johann Sobieskis und Schwester Kaiser Leopolds I., sowie Hofrat. Am 20. 12. 1691 nominierte der Kaiser ihn zum Bischof von Triest. Die päpstliche Verleihung folgte am 6. 10., die Konsekration durch den Laibacher Bischof S. Chr. v. (→) Herberstein am 14. 12. 1692.

M. visitierte seine kleine Diözese (20 Pfarreien, davon 8 auf venezianischem Gebiet, und 19 Kuratien bzw. Kaplaneien) insgesamt dreimal. Dabei ergab sich im allgemeinen ein günstiges Bild, abgesehen von gewissen Autonomiebestrebungen des venezianischen Klerus und von Eingriffen der Zivilverwaltungen in den kirchlichen Bereich.

M. hielt die Landdechanten zur regelmäßigen Durchführung von Pastoralkonferenzen an und veranstaltete jährliche Pastoralexamina. Die Gründung eines Priesterseminars, die die römische Kurie immer wieder urgierte, wurde 1713 vorangetrieben, als die Jesuiten in Triest ein Konvikt eröffneten, obwohl sie keine theologischen Kurse anboten. Besondere Aufmerksamkeit widmete M. der Seelsorge in der dreisprachigen Stadt Triest, die an sich dem Domkapitel oblag, faktisch aber vor allem von den Jesuiten, daneben in geringerem Maße auch von den Kapuzinern und Minoriten geleistet

wurde. M. veranlaßte die Errichtung mehrerer Bruderschaften. 1693 setzte er die Einrichtung eines Ghettos für die jüdische Bevölkerung durch.

Mit Rücksicht auf seine angegriffene Gesundheit erhielt M. 1711 in W. v. (→) Leslie und nach dessen Ernennung zum Bischof von Waitzen 1718 in G. A. (→) Delmestri einen Koadjutor. M. starb am 23. 4. 1720 in Triest. Er wurde in seiner Kathedrale beigesetzt. M. war der letzte Bischof vor dem wirtschaftlichen Aufstieg und der dadurch ausgelösten tiefen Veränderung der Stadt Triest.

Quellen: ASV Con. Conc., Relationes 790 (Tergestinensis)

Literatur: *G. Mainati* 4 (1818) 1-111. - Statistica della diocesi die Trieste nel 1693, in: Archeografo Triestino 2 (1830) 3-12. - *M. Premrou*, Vescovi triestini 3-12.

Luigi Tavano

Miller, Johann Georg († 1674)

1648(?) – 1674 Konsistorialpräsident in Gurk
1666   – 1674 Generalvikar in Gurk

Seit 1648 Dompropst und wahrscheinlich Konsistorialpräsident in Gurk; 1666 – 74 Generalvikar in Gurk; † 14. 5. 1674.

Literatur: *J. Obersteiner* I 382 f. - *Ders.*, in: Carinthia I 154 (1964) 225.

Peter G. Tropper

Minckwitz (Minquitz u. ä.) von Minckwitzburg, Otto Anton Freiherr (1734 – 1812/13)

1783 – 1801 Generalvikar in Olmütz

* 8. 6. 1734 in Hustopetsch als Sohn einer ursprünglich in der Lausitz beheimateten Familie, deren mährische Linie 1646 geadelt worden war; Besuch des Jesuitengymnasiums in Olmütz; 1749 Domherr in Olmütz; 1752 – 56 Studium in Rom als Alumne des Collegium Germanicum; 1756 Dr. theol.; 1763 res. Domherr in Olmütz; 1776/77 mit dem damaligen Generalvikar A. Th. v. (→) Colloredo-Waldsee-Mels an den Verhandlungen zur Errichtung der mährischen Kirchenprovinz in Wien beteiligt; 1777 Domdekan; seit 1783 Generalvikar; † 1812 oder 1813.

Literatur: *Z. Štěpánek*.

Aleš Zelenka

Missel (Misselius), **Jakob** (1603 – 1653)

1644 – 1649 Generalvikar in Regensburg

* 1603 in Aßmannshardt bei Biberach/Riß als
Sohn des Bauern Matthias Missel; 1624 Immatrikulation in Dillingen; Fortsetzung des Studiums in Ingolstadt (1636 Dr. theol.); 1637
Pfarrer in Abensberg, 1640 in Kelheim; 1644
Generalvikar und 1647 Domizellar (päpstl. Provision) in Regensburg; seit 1. 7. 1649 Direktor
des Konsistoriums; † 18. 5. 1653 noch vor der
Zulassung zum Domkapitel, das ihm mehrheitlich ablehnend gegenüberstand, in Regensburg.

Literatur: *G. Schwaiger,* Wartenberg 54 f. - *N. Fuchs*
103. - *S. Federhofer* 114 f.

Karl Hausberger

Miutini (Minutini), **Graf von Spilenberg, Sigismund** (1601 – 1653?)

1647 – 1653 Generalvikar in Olmütz
1648 – 1653 Weihbischof in Olmütz, Ep. tit.
                 Tiberiadensis

≈ 13. 3. 1601 in Cividale (Friaul); 21. 11. 1628
Priesterweihe in Innsbruck; 1630 Domkapitular in Olmütz; seit 1642 hielt er sich mit dem
Kapitel wegen der schwedischen Besetzung
von Olmütz in Brünn auf; seit 1647 Generalvikar von Bischof (→) Leopold Wilhelm von
Österreich; 30. 3. 1648 Titularbischof von Tiberias; 1651 legte M. in Brünn den Grundstein zur
Kirche Maria Magdalena; er soll im gleichen
Jahr als Archidiakon gestorben sein, wahr-
scheinlicher aber erst 1653.

Literatur: *Ch. D'Elvert,* in: Notizen-Blatt 1871, 10. - *Z.
Štěpánek.*

Aleš Zelenka

Mohr, Christoph (seit 1631 **Freiherr**, seit 1650
Graf) von (um 1605 – 1671)

1640 – 1664 Generalvikar in Chur

* um 1605 in Zernez (Graubünden); Neffe des
Churer Bischofs Joseph Mohr (1627 – 35); Studium am Collegium Helveticum in Mailand;
1630 – 31 an der Kanzlei der Luzerner Nuntiatur tätig; 1634 Dr. theol. und Domherr in Chur;
1637 – 38 Auditor ad interim der Luzerner
Nuntiatur; 1637 Dompropst in Chur; 1640 – 64
Generalvikar unter den Bischöfen J. (→) Flugi
von Aspermont und U. de (→) Mont (bezeugt

vom 4. 8. 1642 – 2. 1. 1659); Aumônier des Königs von Frankreich und führendes Mitglied
der französischen Partei in Graubünden; 7. 6.
1664 Resignation als Dompropst; begab sich
1666 über Lyon nach Paris, wo er für bündneri-
sche Angelegenheiten tätig war; † wahrscheinlich im Frühjahr 1671 (nicht 1668) in Paris.

Literatur: *W. Kundert* in: HS I/1 (1972) 528, 542. - *F.
Maissen,* Graubünden 1665/66, in: Jahresbericht der
Historisch-antiquarischen Gesellschaft von Grau-
bünden 107 (1977) 9-15. - *P. L. Surchat.*

Pierre Louis Surchat

Mölkner, Johann († 1683)

1658 – 1683 Generalvikar in Bamberg

Herkunft unbekannt; Dr. theol.; seit 1650 Dom-
vikar in Bamberg; Kanonikus an St. Jakob ebd.;
Geistlicher Rat; seit 1653 Direktor des Priester-
seminars und Mitarbeiter im Generalvikariat;
Vorsteher des Ägidienspitals; 1656 Pfarrer in
St. Martin; 1658 Generalvikar des Fürstbi-
schofs Ph. V. (→) Voit von Rieneck; 1675
Stiftsdekan von St. Jakob; † 7./11. 10. 1683.

Literatur: *J. H. Jäck,* Pantheon 782. - *F. Wachter*
Nr. 6744.

Egon Johannes Greipl

Mont, Ulrich de (1624 – 1692)

1661 – 1692 Fürstbischof von Chur

Ulrich de Mont wurde am 1. 1. 1624 zu Villa
(Lugnez) als Sohn des Albert de M., Landschrei-
bers des Grauen Bundes, und der Margaretha
de Marmels geboren. Die de Mont waren eine
Notablenfamilie des Oberen oder Grauen Bun-
des. Der Großvater Lucius de M. war mehrere
Male Landrichter, d. i. Bundesoberhaupt, des
Grauen Bundes gewesen und galt zur Zeit der
Bündner Wirren als einer der katholischen
Führer. De M. begann seine Ausbildung in der
Klosterschule der Benediktinerabtei Disentis.
1639 – 46 studierte er bei den Jesuiten in Dillingen, wo er mit dem Gedanken spielte, dem
Orden beizutreten. Nach der Priesterweihe
wirkte er 1650 – 56 als Pfarrer in Domat/Ems.
Nach der Resignation seines Onkels Hieronymus de M. wurde er 1657 Domkantor in Chur.
Am 23. 2. 1661 wählte das Domkapitel ihn in
Anwesenheit von Nuntius Federico Borromeo
in Chur zum Bischof. Der Gotteshausbund
hatte zuvor die Forderung aufgestellt, daß einer
seiner Angehörigen gewählt werde. Doch erhielt der aus dem Gotteshausbund stammende

Dompropst Chr. v. (→) Mohr nur wenige Stimmen. Daraufhin verweigerte der Bund de M. zunächst die Anerkennung. Dieser stand der österreichisch-spanischen Partei nahe, doch mehrere Angehörige seiner Familie standen in französischen Kriegsdiensten. Die Wahlbestätigung erfolgte erst am 19. 12. 1661. Am 5. 5. 1662 wurde de M. in Chur durch Borromeo konsekriert. Bei dieser Gelegenheit gelang es dem Nuntius, auch den Gotteshausbund zur Anerkennung de M.s zu bewegen. Am 16. 6. 1663 empfing dieser die Regalien.

Wie sein Vorgänger visitierte de M. die große Diözese. Als das Dominikanerinnenkloster Maria-Steinach bei Algund 1662 die bischöfliche Visitation unter Berufung auf seine Exemtion verweigerte, verhängte de M. über Priorin und Beichtiger die Exkommunikation. Daraufhin erkannten die Nonnen 1663 durch Vermittlung des Nuntius den Churer Bischof als Visitator an. Ähnliche Schwierigkeiten verursachte das Franziskanerinnenkloster St. Klara in Meran. In Graubünden blieb das Verhältnis der beiden Konfessionen weiterhin gespannt, doch kam es nicht mehr zu großen Auseinandersetzungen. Mit der Unterstützung Österreichs und einiger Kompromißbereitschaft verstand de M. es, das Erreichte zu bewahren. So löste er 1673 die in Tomils neu errichtete Missionsstation der Kapuziner wieder auf, als die Protestanten dagegen protestierten. Das Dominikanerinnenkloster Cazis schützte er gegen den Widerstand der Gemeinde Thusis. 1677 verkaufte Thusis die sich in seinem Besitz befindlichen Kloster-

güter an den Bischof. Nach Anklagen der Drei Bünde gegen de M.s Landmann, den Domdekan Mathias Sgier, eines der Häupter der spanischen Partei, gelang es de M., die Zuständigkeit des bischöflichen Gerichtes zu behaupten. Sgier wurde aus den Drei Bünden ausgewiesen. Er nahm seinen Sitz im nahen Feldkirch und genoß weiterhin das Vertrauen des Nuntius und Österreichs. Auf österreichischen Druck hin konnte Sgier 1683 nach Chur zurückkehren. 1670 erließ de M. neue Verordnungen zur Reform der Benediktinerinnenabtei Müstair. Er war ein Förderer der Rosenkranzandacht und der Rosenkranzbruderschaften. De M. starb am 28. 2. 1692 in Chur. Er wurde in der Kathedrale beigesetzt.

Literatur: *J. G. Mayer* 419-430. - *F. Maissen,* Die Bischofswahl Ulrichs VI. de Mont 1661, in: Bündner Monatsblatt (1957) 208-222, 387-392. - *Ders.,* Die Verbannung und Rehabilitierung des Domdekans Dr. Mathias Sgier 1678 – 1683, in: Bündner Monatsblatt (1953) 205-219, 225-256. - *W. Kundert,* in: HS I/1 (1972) 499.

Abbildungsnachweis: Öl auf Leinwand, Bischofsgalerie im Bischofshof Chur. - BO Chur.

                                    Pierre Louis Surchat

Montenach, Joseph-Nicolas de (1709 – 1782)

1758 – 1782 Bischof von Lausanne

Joseph-Nicolas de Montenach wurde in Freiburg/Schweiz als Sohn des Landvogts der Herrschaft Jaun und späteren Ratsherrn Beat-Nicolas de M. und der Anne-Marie Carmintran geboren und am 25. 2. 1709 getauft. Sein Bruder Charles-Nicolas war seit 1752 freiburgischer Staatskanzler und seit 1776 Mitglied des Kleinen Rates. M. wurde 1730 als Subdiakon in das Kapitel von St. Niklaus aufgenommen, 1731 als Chorherr bestätigt und am 8. 3. 1732 in Freiburg zum Priester geweiht. 1737 – 39 war er Prior von Broc, später Assessor an der bischöflichen Kurie in Freiburg. Papst Clemens XIII. ernannte ihn am 22. 11. 1758 zum Bischof von Lausanne. M. empfing in Pruntrut am 1. 4. 1759 von Bischof J. W. (→) Rinck von Baldenstein die Bischofsweihe. Am 8. 4. 1759 zog er feierlich in Freiburg ein.

M. visitierte dreimal die Diözese und veröffentlichte jeweils ausführliche Visitationsrezesse, die seinen Eifer für die Kirchendisziplin unter Beweis stellen. Im Rezeß von 1767 erinnerte er den Klerus u. a. an die Pflicht, die Pfarrschulen zu visitieren, an den Dekanatskonferenzen teilzunehmen und die Lektüre „schlechter Bücher" zu verhindern. Im Sommer 1763 besprach er mit Nuntius Niccolò Oddi Pläne zur Aufhebung einer der beiden Kartausen des Kantons, um die in Freiburg eröffnete Rechtsschule, die bischöfliche Mensa und das Chorherrenstift St. Niklaus finanziell besser auszustatten. Zugleich befürwortete er den Plan zur Errichtung einer Konkathedrale und eines Domkapitels in Freiburg. Beide Projekte scheiterten am Widerstand der römischen Kurie. 1773 weihte er die neue St. Ursenkirche zu Solothurn. M. erließ eine neue Hausordnung für das 1773 in eine weltliche Lehranstalt umgestaltete Jesuitenkolleg in Freiburg und unterstützte seit 1774 die Bestrebungen zur Säkularisation der Kartause La Valsainte, deren Einkünfte 1778 durch päpstliche Entscheidung dem Kolleg und zu einem kleineren Teil der bischöflichen Mensa zugesprochen wurden. Im Mai 1776 visitierte er als apostolischer Delegierter das Freiburger St. Niklausstift. 1777 erließ er neue Kapitelsstatuten. 1778 richtete er einen ausführlichen Fragebogen an den Klerus, um die geplante Herausgabe neuer Synodalstatuten vorzubereiten.

Dem Patriziat angehörend, ordnete M. verschiedene Maßnahmen in enger Zusammenarbeit mit der weltlichen Obrigkeit an. Als Vertreter einer gemäßigten Aufklärung wandte er sich in seinen Hirtenbriefen gegen Mißbräuche bei Prozessionen und beantragte auf Wunsch der Regierung bei der römischen Kurie eine Reduktion der Feiertage. Sein Prozessionsmandat von 1775 und seine Feiertagsordnung von 1780 brachten in die gärende Unzufriedenheit des Freiburger Landvolks ein religiöses Moment, auf das sich Pierre-Nicolas Chenaux (1740 – 1781) und seine Anhänger beriefen. Am 14. 11. 1781 verurteilte M. scharf die Aufstandsbewegung wie auch die Praktiken religiöser Verehrung für den ermordeten Volksführer. M. starb am 5. 5. 1782. Er wurde in der Ursulinenkirche zu Freiburg beigesetzt.

Literatur: *M. Schmitt-J. Gremaud* II 533-536. - *Ch. Holder* 520-552. - *G. Brasey* 171 f. - HBLS 5 (1929) 144. - *G. Bavaud,* in: Geschichte des Kantons Freiburg Bd. 1 (Freiburg/Schweiz 1981) 565 f. - *P. Braun,* in: HS I/4 (1988) 163-165 (Lit.).

Abbildungsnachweis: Ölgemälde, unbek. Künstler. - AELGF Fribourg.

Patrick Braun

Montenach, Pierre de (1633 – 1707)

1688 – 1707 Bischof von Lausanne

Pierre de Montenach wurde am 27. 2. 1633 zu Freiburg/Schweiz als Sohn des Staatskanzlers Georges de M. und seiner Ehefrau Marguerite de Weck geboren. Er studierte am Jesuitenkolleg seiner Vaterstadt, dann in Wien und Genua. 1655 wählte ihn der Freiburger Rat zum Rektor der Freiburger Liebfrauenkirche. Als er dieses Amt am 16. 5. 1656 übernahm, war er bereits Priester. 1657 wurde er Assessor am bischöflichen Gericht, 1658 Offizial des Bistums. 1679 erfolgte seine Wahl zum Kanonikus und zugleich zum Propst von St. Niklaus in Freiburg. Als Mitarbeiter von Bischof J. B. de (→) Strambino stieß er jedoch im Stiftskapitel auf Opposition und konnte sein Amt erst 1680 antreten. Während der vierjährigen Sedisvakanz nach dem Tode Strambinos (1684) leitete Generalvikar J. P. de (→) Reynold das Bistum als Apostolischer Administrator. Am 20. 12. 1688 ernannte Papst Innozenz XI. M. zum Bischof von Lausanne und gestattete ihm, die Propstei St. Niklaus beizubehalten. Die Bischofsweihe empfing M. im Mai 1689 zu Freiburg durch den Basler Weihbischof J. K. (→) Schnorf.

Mit M. wurde zum ersten Mal ein Freiburger Bischof von Lausanne. Die Frage der Residenzpflicht, die seit der Reformation zu vielen Problemen geführt hatte, war damit gelöst. Als Angehöriger des Freiburger Patriziats gelang es M., die unter seinem Vorgänger ausgebrochenen Spannungen zur Regierung auszugleichen. Er visitierte seinen Sprengel mehrere Male, mußte dabei aber in seinem Heimatkanton trotz seines Protestes hinnehmen, daß ihn ein Vertreter der Regierung begleitete. Vergeblich bemühte er sich um die Erhebung der Stiftskirche St. Niklaus zur Kathedrale. 1692 errichtete er in Surpierre ein provisorisches Priesterseminar, das nur bis 1709 Bestand hatte. 1703 ließ er ein neues Proprium drucken. Auch schritt er gegen Mißbräuche im Prozessionswesen ein. M. starb nach langer Krankheit am 6. 7. 1707 zu Freiburg. Er wurde in St. Niklaus beigesetzt.

Literatur: *M. Schmitt*-*J. Gremaud* II 511-513. - *J. Baud*, Un séminair diocésain à Surpierre, canton de Fribourg, d'après des documents inédits, in: ZSKG 3 (1909) 30 – 44, 123-130. - *Ch. Holder* 483-488.- *P. Rück*, in: HS I/4 (1988) 158 f. (Lit).

Abbildungsnachweis: Ölgemälde, unbek. Künstler. - AELGF Fribourg.

Pierre Louis Surchat

Montfort, Johann Nepomuk Reichsgraf von
(um 1725 – 1775)

1768 – 1775 Generalvikar der Diözese Speyer

* 3. 2. 1725 als dritter Sohn des Maximilian von Montfort zu Tettnang (Baden) und der Maria Antonia Eusebia Gräfin Truchseß von Waldburg; 1736 Domizellar, 1756 Domkapitular in Speyer; 1741 Domherr in Konstanz, 1745 in Köln; seit 1768 Generalvikar der Diözese Speyer; 1773 Chorbischof in Köln; auch Stiftsherr zu St. Gereon ebd.; † 27. 11. 1775 in Konstanz; Wappen-Grabplatte im Nordschiff des Konstanzer Münsters.

Literatur: *F. X. Remling* II 667, 708, 718 f. - *A. Wetterer*, Speierer Generalvikariat 125.

Hans Ammerich

Montjoye-Hirsingen, Simon Nikolaus Euseb
(seit 1743 **Reichsgraf**) **von** (1693 – 1776)

1763 – 1776 Fürstbischof von Basel

Simon Nikolaus Euseb von Montjoye-Hirsingen wurde am 22. 9. 1693 in Hirsingen (Elsaß) als Sohn des Franz Ignaz v. M., Brigadiers der königlich-französischen Armee, und der Maria Johanna Sekunda Gräfin Reich von Reichenstein getauft. Die Grafen v. M. waren von lothringischem Uradel. Ihre Familienbesitzungen wurden 1736 von Frankreich zu einer Grafschaft erhoben. Den Reichsgrafenstand verlieh Kaiser Karl VII. M. und seinen Brüdern 1743. M. hatte sieben Geschwister. Sein Bruder Philipp Anton wirkte als Botschafter Kaiser Karls VII. in der Schweiz. Zu den Basler Bischöfen J. K. und J. B. v. (→) Reinach-Hirzbach bestanden familiäre Beziehungen.

M. besuchte das Jesuitenkolleg in Porrentruy, studierte 1712 in Straßburg und 1713 – 17 als Alumne des Collegium Germanicum in Rom. Nach seiner Rückkehr wurde er Stiftsherr zu Jung St. Peter in Straßburg. Als Begleiter und Freund von Kardinal A. G. M. de (→) Rohan bereiste er ganz Europa. Am 22. 12. 1731 wurde er zum Priester geweiht. 1740 erhielt er vom Rat der Stadt Basel eine Exspektanz auf die Propstei Enschingen, die vom Kloster St. Alban abhing und dem Rat zur Besetzung zustand. Der Bischof von Basel investierte ihn 1741. Schon 1735 hatte sich M. erfolglos um ein Kanonikat beim Basler Domkapitel bemüht. 1736 und 1738 gingen verschiedene Empfehlungsschreiben beim Bischof und beim Domkapitel ein. Sogar Kardinal Fleury verwandte sich für ihn. Das Kapitel gab 1741 schließlich dem französischen Druck nach und wählte M. einstimmig als neuen Kanoniker. Die Aufschwörung fand 1744 statt. Trotz verschiedener Bemühungen gelang es M. nicht, eine Dignität im Domkapitel zu erlangen. Neben seinem Kanonikat besaß er das Priorat von Bourg-Achard (Diöz. Rouen) und eine Pension aus dem Erzbistum Reims. Das Priorat trat er 1770 an Jean Fau de Raze, seinen Gesandten am französischen Hof, ab.

Noch zu Lebzeiten von Bischof J. W. (→) Rinck von Baldenstein bemühte sich der Straßburger Bischof Kardinal L. R. E. de (→) Rohan-Guémené um ein Basler Domkanonikat, um bei der Vakanz des Bistums als Bewerber ex gremio auftreten zu können. Bischof und Domkapitel verhinderten dies mit kaiserlicher Hilfe. Beim Tode Rincks 1762 war das Kapitel in eine deutsche und eine französische Fraktion geteilt. Da Kaiser und Frankreich durch eine Allianz verbunden waren, wagte jedoch keine Seite offen zu agieren. Daher fiel die Wahl am 26. 10. 1762 im 14. Wahlgang auf M. Die päpstliche Konfirmation folgte am 21. 3. 1763. M. ließ sich am 10. 7. 1763 in Besançon von Kardinal Antoine Clériade de Choiseul-Beaupré konsekrieren. M.s Wahl war eine Verlegenheitslösung, und das hohe Alter des Bischofs öffnete den verschiedensten Bemühungen um eine Koadjutorie Tür und Tor. Schon 1765 suchte der Konstanzer Bischof Kardinal Fr. K. v. (→) Rodt beim Kaiser um diesbezügliche Unterstützung nach, und 1771 − 74 gingen Gerüchte um, (→ Bd. I) Klemens Wenzeslaus von Sachsen habe Absichten auf eine Basler Koadjutorie. Konkreter, aber erfolgloser waren 1773 die Versuche von Rohan-Guémené.

M. folgte außenpolitisch dem Kurs seines Vorgängers. Er lehnte sich an Frankreich an, ohne die Verbindung zum Reich zu lösen. 1768 schloß er eine neue Militärkapitulation mit Frankreich ab. Die Vereinbarung, daß ein Bataillon fürstbischöflicher Truppen sich auf dem Gebiet des Fürstbistums aufhalten durfte, blieb geheim. Ein Jahr später regelte M. die mit dem Markgrafen von Baden anstehenden Differenzen und überließ diesem die Burgvogtei Binzen mit allen dazugehörigen Rechten. Der Markgraf trat dagegen seine Ansprüche auf Schliengen, Mauchen und Steinenstadt an den Fürstbischof ab, behielt sich jedoch für den Kriegsfall das Durchzugsrecht vor.

Im Hochstift selbst gelang es M. 1765, langdauernde Streitigkeiten mit der Stadt Porrentruy, die u. a. die Besetzung des Magistrats betrafen, beizulegen. Die Stadt verzichtete aus Dank für die günstigen Bedingungen auf ihr Jagdrecht.

Während M.s Regierung machten die Bündnisverhandlungen mit den katholischen Orten der Eidgenossenschaft keine Fortschritte. 1773/74 zögerten die Orte wegen des vorgerückten Alters von M., ein neues Bündnis abzuschließen.

1766 ließ M. in Porrentruy das Hôtel des Halles errichten, in dem der Getreidemarkt, die Getreidebörse und ein Hotel für seine Gäste untergebracht waren. In bezug auf die Landwirtschaft stand M. dem Gedankengut der Physiokraten nahe. Auf seine Anordnung hin wurde 1772 eine Broschüre über die Wirksamkeit von Mergel als Düngemittel veröffentlicht. 1769 schränkte M. die Bettelei mittels einer Verordnung ein, schuf Arbeitsmöglichkeiten für die Untätigen und organisierte das Armenwesen.

Ein Jahr später ließ er eine Volkszählung durchführen. Das Hochstift zählte damals 54 134 Einwohner in 33 Dörfern und Städten.

Im Bildungswesen bestanden nach dem Statusbericht von 1766 seit Aufhebung der Gesellschaft Jesu 1762 in Frankreich vor allem im Elsaß Probleme. In Ensisheim wie auch in Colmar war das ehemalige Jesuitenkolleg mit dem königlichen Institut zusammengelegt worden. Doch war der Lehrkörper vorerst wenig zahlreich. In Porrentruy konnten die Jesuiten bis 1773 wirken. Nach Aufhebung des Ordens ging die Leitung von Kolleg und Seminar an den Bischof über, der die Ex-Jesuiten als Lehrer weiterbeschäftigte. Die Diskrepanz zwischen der klassischen Ausbildung, wie sie in Porrentruy vermittelt wurde, und den Erfordernissen von Wirtschaft, Verwaltung und Medizin wurde in den 60er Jahren besonders spürbar. Daher eröffneten die Prämonstratenser 1772 in Bellelay eine neue Schule, die der mathematisch-naturwissenschaftlichen Studienrichtung Rechnung tragen sollte.

Vergeblich bemühte M. sich um den schon von seinem Vorgänger angestrebten Tausch von Pfarreien mit der Erzdiözese Besançon, der die Hochstifts- mit den Diözesangrenzen in Übereinstimmung bringen sollte. In einer Verordnung von 1771 erreichte er allerdings, daß die von Besançon abhängigen Benefizien künftig mit Landeskindern besetzt werden mußten.

M. konnte seit 1771 seine Funktionen als geistlicher Oberhirte nicht mehr wahrnehmen.

Er wählte deshalb in J. B. (→) Gobel einen Weihbischof. Die letzten Lebensjahre verbrachte M. zum Teil auf dem Krankenlager. Der beim Volk beliebte Fürst starb am 5. 4. 1776 in Porrentruy. Er wurde in der dortigen Jesuitenkirche beigesetzt.

Literatur: *L. Vautrey*, Evêques II 385-398. - *P. Rebetez* 307-330. - *E. C. Scherer* 198-201. - *A. Bruckner* u. a., in: HS I/1 (1972) 215f. (Lit.). - *L. Delavelle* 71-91. - *C. Bosshart-Pfluger* 103-112, 235-237. - Nouvelle Histoire du Jura 139-148, 175-179. - Répertoire IV 669-672.

Abbildungsnachweis: Öl auf Leinwand, unsigniert. - 1766 gemalt, 1963 restauriert. - OdPH Porrentruy.

Catherine Bosshart-Pfluger

Moritz Adolf Karl, Herzog von Sachsen-Zeitz (1702 – 1759)

1730 – 1732 Archiep. tit. Pharsaliensis
1732 – 1733 Bischof von Königgrätz
1733 – 1759 Bischof von Leitmeritz

Moritz Adolf Karl von Sachsen-Zeitz wurde am 1. 12. 1702 zu Neustadt/Orla als Sohn des Herzogs Friedrich Heinrich v. S. († 1713) aus der Nebenlinie des sächsischen kurfürstlichen Hauses und der Anna Friederike von Holstein-Wiesenburg geboren. Nach dem Tode des Vaters bestimmte sein Onkel Christian August († 1725) das weitere Geschick des jungen M. A. Er entzog ihn seiner evangelischen Mutter und ließ ihn katholisch erziehen. Christian August war 1689 als erster seines Hauses konvertiert und nach Erhalt hoher Pfründen in Köln, Lüttich und Münster 1696 Bischof von Raab (Ungarn), 1706 Kardinal und 1707 Erzbischof von Gran sowie kaiserlicher Prinzipal-Kommissar beim Ständigen Reichstag in Regensburg geworden. Vor ihm vollzog der 14jährige Neffe am 22. 3. 1716 in einem ungarischen Kloster den Übertritt zur katholischen Kirche. 1718 erhielt er zu Regensburg die niederen Weihen, im gleichen Jahr wurde er Koadjutor seines Onkels als Dompropst zu Köln. Es folgten Kanonikate in Köln (1719), Osnabrück (1722) und die Propstei von Altötting (1722). Die Diakonats- und Priesterweihe empfing M. A. 1725 am Hof zu Dresden, wo er seit dem Tode des Onkels seinen Wohnsitz aufschlug. Als dessen Nachfolger erhielt er 1725 das Dekanat von St. Georg in Köln, ferner 1728 ein Domkanonikat in Lüttich. Am 8. 2. 1730 wurde er zum Titularerzbischof von Pharsalus ernannt und am 27. 8. 1730 vom Prager Erzbischof F. F. v. (→) Kuenburg konsekriert. Im gleichen Jahr wurde er Großbailli des Johanniterordens und Reichsfürst von Heitersheim. Am 8. 10.

1731 nominierte Kaiser Karl VI. ihn zum Bischof von Königgrätz. Die päpstliche Verleihung folgte am 3. 3. 1732. Bereits am 4. 7. 1733 nominierte der Kaiser ihn für Leitmeritz, wohin er am 1. 10. 1733 transferiert wurde. Die Besitzergreifung folgte am 7. 12. 1733.

Der geistliche Pfründenjäger behielt seine fürstlichen Lebensgewohnheiten auch als Bischof bei. Er unterhielt einen eigenen Hofstaat und war nur selten in Leitmeritz anwesend. Hier leiteten indes tüchtige Generalvikare das Bistum, allen voran F. (→) Reintsch († 1744), der ein Vikariatshaus errichtete, 1738 das Priesterseminar eröffnete und die Volksmission förderte. Unter J. W. (→) Regner (1744 – 48) erhielt das Domkapitel auf Empfehlung des Bischofs den Gebrauch der violetten Cappa und das Pontifikalienrecht für den Dekan und den Senior. Der verschwenderische Aufwand des Bischofs führte 1746 zum Konkurs, woraufhin M. A. dem Kapitel 1747 den Kölner Subdiakon Wilhelm Horst für die oberste Wirtschaftsführung aufdrängte. Dieser unredliche Verwalter wurde 1752 von der Regierung verbannt und exkommuniziert. Ein gut dotiertes Eichstätter Kanonikat, das M. A. 1748 durch Vermittlung Maria Theresias erhielt, half über die Schwierigkeiten hinweg. Der Bischof erfüllte seitdem öfter seine Residenzpflicht, doch schufen sein willkürliches Eingreifen in das geistliche Gericht und die Übergriffe seiner ausländischen Höflinge eine unerquickliche Lage, die durch sein herrisches und jähzor-

niges Auftreten noch verschärft wurde. Zu
Beginn des Siebenjährigen Krieges brachte
M. A. sich in die entfernte Kreuzherrenpropstei
Pöltenberg bei Znaim (Znojmo) in Südmähren
in Sicherheit. Dort starb er am 20. 6. 1759. Er
war kaiserlicher Geheimrat. Seine Hinterlas-
senschaft reichte nicht aus, um die Schulden
und die unerläßlichen Legate zu begleichen.
Daher mußte der Dresdner Hof die finanziellen
Pflichten übernehmen.

Quellen: HAEK, Sammlung H. H. Roth; Metropolitankapitel, Vol. I, 433-435.

Literatur: *A. L. Frind*, Leitmeritz 1-17. - *A. Zelenka*
104 f.

Abbildungsnachweis: Stich von Johann Christoph
Sysang (1703-1757). - IKBMS.

Kurt A. Huber

Morstein, Ratold (um 1594 – 1666)

1632 – 1642 und
1652 – 1659 Generalvikar in Konstanz

* um 1594 in Radolfzell; 1617 Mag. phil. (Dillingen), danach vorübergehend Jesuitennovize;
1618 Priester; 1626 Universität Freiburg i. Br.,
1627 Ingolstadt; 1628 Vizeoffizial, ab 1630
Insiegler, Fiskal und Vizegeneralvikar in Konstanz; 1631 Dr. theol.; Bischof Johann Truch-
sess von Waldburg (1628 – 44) übertrug ihm
die Ämter des Generalvikars und des Offizials,
als deren Inhaber er erstmals am 13. 2. 1632
belegt ist; 1635 zusätzlich Generalvisitator.
1639 erlangte M. ein Konstanzer Domkanonikat und 1642 die Zulassung zum Kapitel. Nach
Spannungen mit dem Domkapitel im Februar
1641, in deren Verlauf M. eine Resignation des
Generalvikariates erwog, kam es im Februar
1642 zu heftigen, selbst der römischen Kurie
zur Kenntnis gelangenden Auseinandersetzungen mit Pfarrer Justus Hausmann von Ober-
dorf. Sie veranlaßten M., um Entlassung aus
den Ämtern des Generalvikars und Offizials
einzukommen. Nach einer Verzögerung infolge
der Schlichtungsbemühungen von Bischof und
Domkapitel legte er am 8. 8. 1642 beide Ämter
nieder, doch nahm er als Domherr weiterhin
regelmäßig an den Sitzungen des Kapitels und
seit 1646 auch wieder an denen des Geistlichen
Rates teil. 1648 Bücherzensor. Am 23. 5. 1652
übertrug ihm Bischof F. J. (→) Vogt von Altensumerau und Prassberg wieder beide Füh-
rungsämter, als deren Inhaber M. letztmals am
24. 1. 1659 belegt ist. † 26. 2. 1666; ☐ Konstanzer Münster.

Literatur: *B. Ottnad*, in: HS I/2 (im Ersch.).

Bernd Ottnad

Motzel, Georg (1606 – 1660)

1634 – 1660 Generalvikar in Eichstätt

* 1606 in Arberg (Diöz. Eichstätt) als Sohn des
fürstbischöflichen Kastners; seit 1622 Studium
in Ingolstadt und 1625 – 29 als Alumne des
Collegium Germanicum in Rom (Dr. theol.);
1629 Priesterweihe in Eichstätt; nach kurzer
Seelsorgtätigkeit 1632 Kanonikus am Willibaldschor im Eichstätter Dom und Hofkaplan
bei Fürstbischof Johann Christoph von Westerstetten (1612 – 1637); Frühjahr 1634 Provisor
der Pfarrei St. Moritz in Ingolstadt; seit 2. 11.
1634 vorläufig, seit 10. 1. 1635 definitiv bis zu
seinem Tod Generalvikar der Fürstbischöfe
Westerstetten und M. (→) Schenk von Castell,
mit dem er von Rom her befreundet war; 1650
zusätzlich Kanonikus am Chorherrenstift Herrieden; † 2. 7. 1660 in Herrieden; ☐ Kloster St.
Walburg in Eichstätt. M. hinterließ zwölf umfangreiche Bände „Protocolla" mit wichtigen
historischen und juristischen Aufzeichnungen
(heute Diözesanarchiv Eichstätt).

Literatur: *A. Straus* 176-179. - *A. Hirschmann*, in: PBE
43 (1896) 86 f. - *F. X. Buchner*, Das Bistum Eichstätt
zur Zeit des Schwedenkriegs, in: PBE 60 (1913)
Nrr. 21-35.

Ernst Reiter

Müller, Georg Sigismund (1615 – 1686)

1654 – 1686 Weihbischof in Konstanz, Ep. tit.
Heliopolitanus

* 20. 4. 1615 in Rottenburg/Neckar als Sohn des
Notars Johannes M. und der Susanna Wendel-
stein; 1635 – 41 Studium in Rom als Alumne
des Collegium Germanicum; 1642 Immatrikulation in Perugia; 1641 Chorherr zu St. Johann in
Konstanz (hier 1677 Propst); 1650 Domherr in
Freising (hier später Dekan), 1652 in Konstanz;
1. 11. 1654 Titularbischof von Heliopolis und
Weihbischof in Konstanz; 11. 7. 1655 Konsekration; 1680 Domdekan in Konstanz; † 24. 3.
1686; ☐ Konstanzer Münster.

Literatur: *W. Haid*, Weihbischöfe 12 f. - *K. Beyerle*, in:
FDA 36 (1908) 124, 150. - *H. Reiners*, Konstanz 469-
471. - *R. J. Bock*, in: HS II/2 (1977) 321. - *H. Tüchle*, in:
HS I/2 (im Ersch.).

Rudolf Reinhardt

Müller, Volradus Christian (1697 – 1759)

1757 – 1759 Provikar für Ober- und Niedersachsen

* 27. 7. 1697 in Mecklenburg; Besuch des Jesuitengymnasiums in Hildesheim; 1716 – 20 Studium in Rom als Alumne des Collegium Germanicum; 1723 Kanonikus an Hl. Kreuz in Hildesheim; 1757 Provikar für Ober- und Niedersachsen; † 21. 9. 1759 in Hildesheim.

Literatur: *J. Metzler*, Apostolische Vikariate 137 f.

Hans-Georg Aschoff

Münster, Kaspar († 1654)

1631 – 1654 Weihbischof in Osnabrück,
Ep. tit. Aureliopolitanus

* in Münstereifel; Eintritt in das Karmeliterkloster in Köln; Studium in Siena; 1618 Lektor der Theologie in Köln; durch (→) Ferdinand von Bayern gefördert; 1625 Generalkommissar der ehemaligen Karmeliterordensprovinzen in Nordeuropa; seit November 1626 im Dienst des Bischofs F. W. v. (→) Wartenberg von Osnabrück; 1628 Pfarrer von St. Marien in Osnabrück; 1630 Dechant der Stadt Osnabrück; 1630 von Wartenberg zum Weihbischof in Osnabrück bestimmt; 13. 2. 1631 Titularbischof von Aureliopolis und Weihbischof in Osnabrück; 21. 4. 1631 Bischofsweihe in Osnabrück. Vor der Besetzung der Stadt durch schwedische Truppen im September 1633 floh M. nach Köln. Dort arbeitete er an der Nuntiatur und erhielt Fakultäten, um bischöfliche Weihehandlungen im Erzbistum Köln vornehmen zu dürfen. 1636 – 39 wurde er in Abwesenheit in die vom protestantischen Stadtrat Osnabrücks geführten Hexenprozesse verwickelt. Als Wartenberg 1650 wieder von seinem Bistum Osnabrück Besitz ergriff, forderte er auch M. auf, dahin zurückzukehren. Dieser blieb jedoch zu „seiner Bequemlichkeit" in Köln. Dort starb M. am 5. 2. 1654. Aus dem Erlös seines Nachlasses wurde am 26. 3. 1657 ein Konvertitenkolleg in Köln errichtet.

Schriften: Saxonia Carmelitarum Ordinis celeberrima provincia ab haereticis penitus; opera et industria Adm. Rdi. et Eximii. P. M. Gaspari Munsteri, eiusdem et aliarum provinciarum commissarii et visitatoris generalis, anno 1627 ex eorundem haereticorum faucibus erepta, eidemque sacro ordini strictioris observantiae restituta.

Literatur: *A. Tibus*, Weihbischöfe Münster 183. - *F. Lodtmann*, Die letzten Hexen Osnabrücks und ihre Richter, in: OM 10 (1875) 107, 121, 129-131. - *J. C. Möller*, Weihbischöfe Osnabrück 132-150. - *H. Forst*, Die politische Korrespondenz des Grafen Franz Wilhelm von Wartenberg, Bischof von Osnabrück, aus den Jahren 1621-1631 (Leipzig 1857). - *A. Franzen*, Wiederaufbau 367 f. - *G. Mesters*, Die Rheinische

Karmeliterprovinz während der Gegenreformation 1600 – 1660 (Speyer 1958) 38-41. - *H. Tüchle*, Propaganda Fide. - *G. Denzler*. - *J. Wijnhoven* (Bearb.), Nuntiaturberichte aus Deutschland: Die Kölner Nuntiatur VII/1 (Paderborn u. a. 1980) 557. - *M. F. Feldkamp*, Anmerkungen zum Stadtplan Osnabrücks aus dem Jahre 1633, in: OM 88 (1982) 230-233. - *M. F. Feldkamp* 230 f.

Michael F. Feldkamp

Müntzer, Anton Ignaz (1659 – 1714)

1708 – 1714 Weihbischof in Breslau, Ep. tit. Madaurensis

* 10. 9. 1659 in Oberglogau (Schlesien) aus einer Ratsherrenfamilie; Besuch des Jesuitengymnasiums in Neisse; 1682 – 85 Studium in Rom als Alumne des Collegium Germanicum; 8. 3. 1684 Priesterweihe; 1685 Dr. theol. ebd.; 1687 – 92 Pfarrer in Groß-Bargen; 1692 Domherr in Breslau; 1692 Pfarrer und 1694 Dechant des Kollegiatstiftes in Oberglogau; seit 1701 Residenz als Domherr in Breslau; 1706 Kanzler des Kapitels, für dessen Verwaltung er rege tätig war; 1708 – 14 Rektor des Alumnates; 3. 10. 1708 Titularbischof von Madaura und Weihbischof in Breslau; † 11. 1. 1714 in Breslau; □ Breslauer Dom.

Quellen: ASV, Nunz. Vienna, Proc. can. 130.

Literatur: *J. Jungnitz*, Germaniker 214-216. - *Ders.*, Weihbischöfe 197-200. - *H. Hoffmann*, Bischöfe 16-18. - *Ders.*, Alumnat 231 f. - *R. Samulski*, Weihbischöfe 17.

Jan Kopiec

Murrmann, Johann (1573 – 1656)

1630 – 1656 Generalvikar in Bamberg

* 1573 in Kronach (Diöz. Bamberg); 1595 – 1601 Studium in Rom als Alumne des Collegium Germanicum (Dr. theol.); 7. 4. 1601 Priesterweihe in Rom: seit 1604 Lehrtätigkeit, seit 1608 Professor, 1610 – 13 Seminarregens am Bamberger Priesterseminar. Als enger Mitarbeiter von Weihbischof und Generalvikar Friedrich Förner machte M. sich vor allem um die Klerusreform verdient. An St. Gangolf in Bamberg war er Kanonikus, seit 1622 Dekan. 1630 Generalvikar; 1636 Pfarrer von St. Martin in Bamberg; † 1. 2. 1656; □ St. Gangolf.

Literatur: *L. Schmitt*, Ernestinum 164 f. - *J. H. Jäck*, Pantheon 805. - *F. Wachter* Nr. 6969.

Egon Johannes Greipl

N

Naendorf, Johann Heinrich († 1731)

1716 – 1718 Metropolitanvikar in Osnabrück
1728 – 1730 Apostolischer Vikar für Ober-
und Niedersachsen

* Diöz. Münster; Dr. iur. utr.; 1717 – 28 Offizial
in Osnabrück (Bestätigung durch den Kölner
Erzbischof am 3. 4. 1717); wahrscheinlich
1717 – 18 auch Generalvikar („Metropolitanvi-
kar") des Kölner Erzbischofs (→) Josef Clemens
von Bayern in Osnabrück; 24. 12. 1728 auf
Vorschlag des Kölner Nuntius Gaetano de'
Cavalieri Apostolischer Vikar für Ober- und
Niedersachsen; 1730 von L. H. (→) Schorror als
Vikar abgelöst; † 26. 5. 1731 in Osnabrück; □
St. Johann in Osnabrück.

Quellen: Dompfarrarchiv Osnabrück. - Pfarrarchiv St.
Johann Osnabrück.

Literatur: J. Metzler, Apostolische Vikariate 120-122. -
M. F. Feldkamp 235.

Michael F. Feldkamp

Nalbach, Lothar Friedrich (seit 1731) von (1691 – 1748)

1730 – 1748 Weihbischof in Trier, Ep. tit.
Emmausensis
1735 – 1748 Generalvikar für die französischen, lothringischen und
luxemburgischen Anteile der
Erzdiözese Trier

* 24. 5. 1691 in Trier als Sohn des Schmiedemeis-
ters und Ratsherrn Matthias N. und dessen
zweiter Ehefrau Susanna Geifges; Besuch des
Trierer Jesuitenkollegs; Studium in Trier, Köln,
Löwen und wieder Trier (hier 1711 Dr. iur. utr.);
1714 – 20 Professor, 1724 – 30 Dekan der juristischen Fakultät in Trier; seit 1709 Kanoniker
(seit 1719 Residenz), 1729 Scholaster, 1732
Dekan von St. Paulin; 1728 zugleich Kanoniker
und 1729 Dekan von St. Simeon; dort hatte er
seit 1714 ein blühendes Schulwesen organisiert. 2. 5. 1719 durch Erzbischof (→) Franz
Ludwig von Pfalz-Neuburg zum Offizial des
Konsistoriums ernannt; 11. 4. 1719 Priesterweihe. N. blieb bis zu seinem Tod Offizial. Zugleich
war er erzbischöflicher Rat in geistlichen und
weltlichen Angelegenheiten, Apostolischer
Protonotar und zeitweilig auch Syndikus des
obererzstiftischen Klerus. Erzbischof F. G. v.
(→) Schönborn schenkte ihm sein besonderes
Vertrauen und bestimmte ihn 1729 zum Weihbischof. 2. 10. 1730 Titularbischof von Emmaus
und Weihbischof in Trier; 31. 12. Konsekration
durch Schönborn. Nach seiner Bischofserhebung wurde N. geadelt. Da das Domkapitel
1729 die Bestellung eines Generalvikars aus
seinen eigenen Reihen durchgesetzt hatte, wies
Schönborn N. schrittweise die Zuständigkeit
eines Generalvikars für die französischen,
lothringischen und luxemburgischen Teile der
Diözese zu. Die formelle Ernennung folgte am
19. 6. 1735. Dadurch war N. nicht nur für einen
großen Teil der ordentlichen Jurisdiktion zuständig, sondern auch mit dem Anspruch des
Staates auf staatliche Kirchenhoheit konfrontiert. Besonderes Geschick bewies er 1741 bei
der Visitation des luxemburgischen Diözesan-
anteils. Mit den politischen Strömungen der
westlichen Nachbarn vertraut, gelang es ihm
1734 in Paris, die französischen Kriegslasten
für Kurtrier zu mildern und 1740 die Lösung
langwieriger Grenzstreitigkeiten vorzubereiten. Für Schönborn warb er 1731 vergeblich um
die Wahl des Abt von Stablo-Malmedy, mit
Erfolg dagegen 1732 um die Wahl zum Bischof
von Worms und zum Propst von Ellwangen.
1740 führte er für Schönborn die vorbereiten-
den Verhandlungen zur Kaiserwahl. Bei seinen
ausgedehnten Visitationsreisen engagierte er
sich für die Einführung von Bruderschaften
und Andachten. Er bereitete die von seinem
Nachfolger N. (→) Hontheim durchgeführte
Reform des trierischen Breviers und Missales
sowie die Einführung des Ewigen Gebetes vor.
Seit 1730 Prokanzler der Universität, widersetzte er sich allen antijesuitischen und aufklä-
rerischen Bestrebungen sowie den letzten Spuren des Jansenismus, ferner der Freimaurerei;
andererseits war er an verschiedenen Reformen beteiligt. N. war von großer eucharistischer Frömmigkeit und von harter Askese
geprägt. † 11. 5. 1748 in Trier; □ St. Simeon in
Trier; 1817 in die Badische Kapelle des Domkreuzgangs überführt.

Quellen: LHA Koblenz, Abt. 1C. - BATr. - StB Trier,
Abt. Hss.

Literatur: K. J. Holzer. - F. Schäfer, Lothar Friedrich
von Nalbach. Sein Wirken für den Kurstaat Trier als
Weihbischof (1691-1748) (Würzburg 1936). - E. Zenz,
Universität. - L. Just, Luxemburger Kirchenpolitik. -
G. Colesie, Lothar Friedrich von Nalbach, Rechtsge-
lehrter und Staatsmann, in: Zeitschrift für die Ge-
schichte der Saargegend 13 (1963) 241-249. - F. J.
Heyen.

Wolfgang Seibrich

Nastoupil (Hapstampsel) **von Schiffenberg, Daniel Vitus** († 1665)

1664 – 1665 Weihbischof in Prag, Ep. tit. Constantiensis

* in Prag; Dr. theol.; Pfarrer an der Teynkirche in Prag; 1653 Mitglied des Metropolitankapitels in Prag; 1663 Propst von Altbunzlau (Stará Boleslav); 1664 Oberster Quästor von Böhmen; 15. 12. 1664 Titularbischof von Constantine und Weihbischof in Prag; 30. 5. 1665 konsekriert; namhafter tschechischer Prediger; † 21. 11. 1665.

Literatur: A. *Podlaha* 181.

Kurt A. Huber

Neander von Petersheide, Karl Franz (RA) (1626 – 1693)

1654 – 1655 und
1683 – 1693 Generalvikar in Breslau
1674 – 1676 Bistumsadministrator in Breslau
1662 – 1693 Weihbischof in Breslau, Ep. tit. Nicopolitanus

* 23. 7. 1626 in Neisse; Besuch des Jesuitengymnasiums ebd.; seit 1643 Studium der Philosophie in Prag, seit 1647 der Rechte in Krakau (1650 Dr. iur. utr.); 16. 4. 1650 Priesterweihe in Krakau; 1646 Domherr in Breslau; Scholastikus am Kreuzstift ebd.; 1654 – 55 Generalvikar unter Bischof (→) Karl Ferdinand von Polen; auf Vorschlag Bischof (→) Leopold Wilhelms von Österreich 26. 6. 1662 Titularbischof von Nicopolis und Weihbischof in Breslau; Konsekration im Frühjahr 1663. 1663 nahm N. lebhaften Anteil an der Neubesetzung des Bistums mit (→) Karl Joseph von Österreich, für den er am 8. 6. 1663 das Bistum in Besitz nahm. 1665 wurde er als Nachfolger von Bischof S. v. (→) Rostock Archidiakon am Dom. In dieser Eigenschaft visitierte er 1666 – 67 sein Archidiakonat. 1670 Statthalter in Neisse; 1674 – 76 Bistumsadministrator für den damals noch in Rom lebenden Kardinal (→) Friedrich von Hessen, in dessen Auftrag er 1677 das Fürstentum Neisse visitierte. Am 27. 9. 1683 nahm er für Bischof (→) Franz Ludwig von Pfalz-Neuburg Besitz vom Bistum. Wegen der Minderjährigkeit des Bischofs wurde er dessen Administrator in spiritualibus, ferner Generalvikar und Offizial. Seine bedeutende Bibliothek von 3000 Bänden vermachte N. dem Dom. † 5. 2. 1693 in Neisse; □ St. Jakob, Neisse.

Quellen: ASV, Nunz. Vienna, Proc. can. 125.

Literatur: J. *Jungnitz,* Weihbischöfe 159-181. - W. *Urban,* Szkice 189-197. - J. *Mandziuk,* Karol Franciszek Neander - biskup sufragan wrocławski (1626-1693), in: CS 12 (1980) 167-190. - Ders., Księgozbiór K. F. N. biskupa sufragana wrocławskiego (1629-1693) [Die Bibliothek des Breslauer Weihbischofs K. F. N.], in: Misericordia et veritas (Wrocław 1986) 179-238.

Jan Kopiec

Nebel, Christoph (1690 – 1769)

1733 – 1769 Weihbischof in Mainz, Ep. tit. Capharnensis

* 28. 4. 1690 in Schwabenheim (Rheinhessen) als Sohn des Matthäus N. und der Anna Maria Vehlings; 1700 zur Schulvorbereitung und als Diener nach Kloster Eibingen; seit 1701 Besuch der Lateinschule der Bartholomiten in Bingen; Besuch des Gymnasiums in Mainz; Studium der Philosophie und Theologie, Eintritt ins Priesterseminar; 23. 9. 1713 Priester; Anschluß an das Institut des Bartholomäus Holzhauser; 1713 Kaplan, 1714 Pfarrer in Rauenthal (Rheingau); 1719 Erzieher und Hauslehrer des Grafen Franz von Stadion; 1721 Begleiter des Grafen nach Reims und Paris; Studium der Rechte in Reims, dort 1722 Dr. iur. utr.; 1723 Weiterstudium in Mainz, 1724 Dr. theol.; 1725 Rückkehr in die Pfarrei Rauenthal; 1726 Begleiter des Herrn von Lasser nach Salzburg, dort Weiterstudium; 1728 Rückkehr nach Mainz und im Auftrag von Erzbischof L. F. v. (→) Schönborn zum Studium der kurialen Diplomatie und des Kurialstils nach Rom; 1730 Rückkehr nach Mainz und Pfarrer von St. Quintin; Apostolischer Protonotar; 1730 Geistlicher Rat; 1731, 1743 und 1755 Dekan der Theologischen Fakultät; 1733 bestimmte ihn Erzbischof Ph. K. v. (→) Eltz zum Weihbischof, Provicarius in spiritualibus und Präses des Priesterseminars; 18. 12. 1733 Titularbischof von Capharnaum; 24. 1. 1734 Konsekration durch Erzbischof Eltz in der Hofkapelle; Vicarius generalis in pontificalibus; 1734 Stiftsherr (päpstliche Provision), 1758 Kustos des Ritterstiftes Wimpfen; 1735 Scholaster (erzbischöfl. Provision), 1740 Dekan von St. Stephan in Mainz; 1735 – 37 Rektor der Mainzer Universität; Professor der Theologischen Fakultät; 1742 Mitglied der in Frankfurt tagenden Konferenz zur Vorbereitung von Wahl und Krönung Kaiser Karls VII.; Teilnahme an der Kaiserkrönung wie auch an der Krönung König Josephs II. (1764); 1760 Wirklicher Geistlicher Geheimer Rat; geistlicher Kommissar für die Mainzer Frauenklöster St. Agnes, Armklara und der Kongregation BMV; † 23. 5. 1769 in Mainz; □ Ostchor von St. Ste-

phan; Denkmal in der Stiftskirche von Wimpfen.

Literatur: *J. S. Severus* 39-41. - *K. Faustmann,* Der Jubelpriester Christoph Nebel, in: Martinus-Blatt 83 (1939) Nrr. 20-26, 28, 30-36. - *W. Selzer,* Ein neuer Grabfund aus St. Stephan in Mainz, in: MZ 56/57 (1961/62) 146-148. - *O. Praetorius* 92, 95. - *F. Arens,* Die beiden Toten im Chor der St. Stephanskirche zu Mainz, in: MZ 56/57 (1961/62) 149-151.

Friedhelm Jürgensmeier

Nesselrode gen. Hugenpoet, Johann Leopold Erasmus Freiherr von (um 1690 – 1768)

1739 – 1768 Generalvikar der Diözese Speyer

* um 1690 als Sohn des Konstantin Erasmus Bertram von Nesselrode zu Hugenpoet und der Maria Ambrosia Alvara Freiin von Virmond; 1712 Domizellar zu Speyer; 1720 – 23 Studium in Rom als Alumne des Collegium Germanicum; 1723 Domizellar und vor 1727 Priesterkanoniker in Hildesheim; 1729 Domkapitular in Speyer, seit 1761 Senior des Kapitels; 21. 9. 1739 Generalvikar der Diözese Speyer; 1739 Propst von St. Guido in Speyer; nach dem Tode von Bischof D. H. v. (→) Schönborn (1743) Kapitularvikar („Statthalter in geistlichen Angelegenheiten"); † 14. 4. 1768.

Literatur: *F. X. Remling* II 621, 633, 669. - *A. Wetterer,* Speierer Generalvikariat 109. - *K. H. Debus,* St. Guido 135.

Hans Ammerich

Neveu, Franz Xaver Freiherr von (1749 – 1828)

1794 – 1828 Fürstbischof von Basel
1795 – 1801 Administrator des Erzbistums Besançon und des Bistums Belley

→ Bd. 1, 533 – 535.

Nicolli, Lorenzo Vigilio de

1702 – 1703 Generalvikar in Trient

* in Trient; 1702 – 03 Generalvikar von Bischof J. M. v. (→) Spaur; Apostolischer Protonotar; infulierter Propst von Zöll in Kärnten.

Literatur: *A. Costa* 350. - *J. C. Tovazzi* 28 f.

Josef Gelmi

Nieberlein (Nieberlin), Johann Adam (1662 – 1748)

1706 – 1725 Generalvikar in Eichstätt
1708 – 1744 Weihbischof in Eichstätt, Ep. tit. Dioclensis
1734 – 1746 Generalvikar in Augsburg

* 17. 2. 1662 in Eichstätt; ab 1679 Studium in Dillingen (1682 Mag. phil.) und 1682 – 86 in Rom als Alumne des Collegium Germanicum; 17. 3. 1686 Priesterweihe in Rom und Dr. theol.; Kaplan in Berching, 1687 – 93 Pfarrer in Buxheim, 1693 in Beilngries, 1693 – 1708 in Berching; 1705 Domherr in Augsburg (päpstl. Verleihung); 1706 Kanonikus am Willibaldschorstift im Dom und Generalvikar in Eichstätt. N. hat das Amt des Generalvikars streng ausgeübt. Mit dem Tode von Fürstbischof J. A. v. (→) Katzenellenbogen legte er das Amt nieder und war nicht zu bewegen, es unter Fürstbischof F. L. (→) Schenk von Castell wieder zu übernehmen. 12. 3. 1708 Titularbischof von Dioclea und Weihbischof in Eichstätt; zugleich Propst des St. Nikolausstiftes in Spalt. Die Konsekration erteilte ihm Schenk von Castell am 29. 4. 1708. Schon hochbetagt, übernahm N. noch 1734 – 46 das Amt des Generalvikars im Bistum Augsburg. 1744 resignierte er auf seine Pfründen und Ämter in Eichstätt. N. war ein gesuchter Prediger. Etliche seiner Predigten sind gedruckt. † 28. 12. 1748 in Augsburg; □ Augsburger Dom.

Schriften: *A. Straus* 350 f. - *J. G. Suttner,* Bibliotheca dioecesana Nrr. 591, 604, 613, 653, 665, 682, 690, 712, 726, 727, 734, 737, 738, 739, 744, 759, 798.

Literatur: *A. Straus* 346-351. - *A. Hirschmann,* in: PBE 43 (1896) 142 f. - *Ders.,* Johann Adam Nieberlein, Weihbischof in Eichstätt, in: St. Willibaldsblatt 1929 Nrr. 26-28. - *K. Ried,* Johann Adam Nieberlein, in: Hist. Blätter. Beil. z. Eichstätter Kurier 6 (1957) Nr. 3.

Ernst Reiter

Nigg, Anton Cölestin (1734 – 1809)

1795 – 1809 Generalvikar in Augsburg

→ Bd. 1, 535.

Nihus (Niehus, Neuhaus), Berthold (1590 – 1657)

1655 – 1657 Weihbischof im thüringischen Teil der Erzdiözese Mainz, Ep. tit. Mysiensis

* 7. 2. 1590 (1589?) in Holtorf bei Nienburg/We-
ser; Protestant; Ausbildung zunächst in Verden und Goslar; seit 1607 Studium der Medizin
und Philosophie in Helmstedt; erhielt ein Stipendium von dem evangelischen Fürstbischof
von Osnabrück und Verden, Herzog Philipp
Sigismund von Braunschweig; 1612 Magister;
Studium der evangelischen Theologie, u. a. bei
Georg Calixt; 1614 – 16 als Begleiter und Lehrer von Werner und Albert Schenk von Flech-
tingen an der Universität in Jena; anschließend
Erzieher von Ernst, Bernhard und Friedrich
von Sachsen am Hof zu Weimar. N. setzte sich
wegen der Frage des sub utraque mit dem
Kontroverstheologen Martin Becanus SJ (†
1624) auseinander. Er gab seine Tätigkeit in
Thüringen auf, reiste nach Köln und wurde
dort 1622 katholisch. N. fand eine Anstellung
als Leiter eines Studienkollegs und eröffnete
kontroverstheologische Auseinandersetzungen vor allem mit Calixt. Gelehrter Theologe
und guter Redner; 1627 Propst des Zisterzien-
serinnenklosters Althaldensleben bei Magdeburg; 1629 Abt des durch das kaiserliche
Restitutionsedikt vom gleichen Jahr rekatholisierten Prämonstratenserstiftes Ilfeld im Harz;
floh 1631 vor den bei Leipzig siegreichen
Schweden nach Hildesheim; Kanonikus am
Stift Hl. Kreuz ebd.; floh 1632 über Osnabrück,
Münster und Köln nach Belgien; 1634 in Amsterdam; hier Seelsorger und in gelehrtem
Umgang mit dem protestantischen Theologen
und Historiker Gerhard Johann Vossius (†
1649); seit dieser Zeit mit Leo Allatius († 1669)
in Rom bekannt und in Briefverbindung; zugleich intensive Korrespondenz mit der Propagandakongregation, die ihm für seine Tätigkeit
zweimal eine Jahresprovision gewährte; 1642
wieder in Köln; Professor der Theologie, in
enger Verbindung mit Nuntius Fabio Chigi und
mit diesem wahrscheinlich auf dem Friedenskongreß in Münster; um 1648 Priesterweihe;
um 1650 Weihbischofskandidat für Köln und
Osnabrück; seit etwa 1650 an der Stiftskirche
ULFrau in Erfurt; dort auch Dekan; begleitete
1653 den Mainzer Erzbischof J. Ph. v. (→)
Schönborn auf den Reichstag nach Regensburg; studierte im Frühjahr 1654 auf dessen
Anordnung das Klerikerinstitut des Bartholomäus Holzhauser († 1658) in Ingolstadt; 1654
von Schönborn zum Weihbischof bestimmt;
21. 4. 1655 Titularbischof von Mysien; 6. 6.
1655 Konsekration durch Schönborn im Mainzer Dom; erhielt 1655 den Auftrag, gemeinsam
mit dem Mainzer Generalvikar W. v. (→) Walderdorff und Ulrich Rieger, einem Mitglied des
Instituts Holzhausers und Regens des 1654
wiedereröffneten Würzburger Priesterseminars, in Thüringen zu visitieren; † 10. 3. 1657 in
Erfurt; □ Stiftskirche ULFrau ebd.

Schriften: Ars nova, dicto scripturae unico lucrandi e
pontificiis plurimos (Coloniae 1632). - Epigrammata
disticha poetarum latinorum (Coloniae 1642). - Hypo-
digma, quo diluuntur nonnulla contra Catholicos
disputata (Coloniae 1648). - Annotationes de commu-
nione Orientalium sub una specie (Coloniae 1648). -
An der Herausgabe der Symmicta des Leo Allatius
beteiligt, darin eine Confutatio der Fabel von der
Päpstin Johanna aus griechischen Belegen und die
von Konrad von Marburg verfaßte Vita der hl.
Elisabeth von Thüringen.

Literatur: V. F. de Gudenus IV 830-835. - J. S. Severus
56 f. - F. A. Koch 108 f. - J. Feldkamm 80-82.

Friedhelm Jürgensmeier

Nitschke, Heinrich Joseph von (1708 – 1778)

1748 – 1753 Provikar in Bamberg
1748 – 1778 Weihbischof in Bamberg, Ep. tit.
          Antipatrensis

* 5. 8. 1708 zu Mainz als Sohn des kurmainzischen Kammerdieners, später Kabinettsekre-
tärs, mainzischen und bambergischen Hofkam-
merrats Johann Georg v. N.; Studium in Mainz,
Salzburg, Erfurt; Dr. phil.; unter F. K. v. (→)
Schönborn vorübergehend in der Reichsvize-
kanzlei in Wien; 14. 6. 1740 Priester; 16. 12.
1748 Titularbischof von Antipatris; 23. 3. 1749
Konsekration durch Fürstbischof J. Ph. v. (→)
Franckenstein; 1748 – 53 verwaltete N. als Pro-
vikar das Generalvikariat; Kanonikus, 1764
Dekan am Kollegiatstift St. Gangolf, an St.
Stephan und Mariae Stiegen in Bamberg, an St.
Stephan und Hl. Kreuz in Mainz sowie an St.
Peter in Fritzlar; während des Siebenjährigen
Krieges vorübergehend als preußische Geisel
weggeführt; † 23. 5. 1778; □ St. Gangolf in
Bamberg.

Literatur: L. Schmitt, Ernestinum 177-183. - F. Wach-
ter, Nr. 7156. - G. Pfeiffer, Fränkische Bibliographie I,
Nr. 5099-5101. - E. Arens, Der Wambolter Hof in
Mainz, in: MZ 50 (1955) 39-55. - Ders., Das Grabmal
des Weihbischofs Heinrich Joseph v. Nitschke in St.
Gangolf zu Bamberg, in: BHVB 120 (1984) 457-462.

Egon Johannes Greipl

Nugk von Lichtenhoff, Martin (seit 1774 kaiser-
licher Personaladel) (1720 – 1780)

1774 – 1780 Apostolischer Administrator des
          Bistums Meißen in der Lausitz
1775 – 1780 Ep. tit. Cisamensis

Martin Nugk wurde am 16. 10. 1720 in der dem
Zisterzienserinnenkloster St. Marienstern gehörenden Stadt Wittichenau (Lausitz) als Sohn
des sorbischen Handwerkers Johann N. und

Kaplan, 1763 Pfarrer in Wittichenau, 1770 Kanonikus des Domkapitels zu Bautzen. Am 17. 1. 1774 wählte dieses ihn zum Domdekan und damit zum Apostolischen Administrator der Lausitz. 1774 nobilitierte Kaiserin Maria Theresia ihn unter dem Prädikat „von Lichtenhoff" und ernannte ihn zum kaiserlichen Rat. Wegen des Informativprozesses für seine Bischofsernennung begab N. sich 1775 nach Warschau. Am 15. 11. 1775 wurde er zum Titularbischof von Cisamo nominiert und am 12. 5. 1776 in Leitmeritz von Bischof E. E. v. (→) Waldstein konsekriert.

In seiner nur vierjährigen Amtszeit machten sich die ersten Einflüsse der böhmischen katholischen Aufklärung in der Lausitz bemerkbar. N. stand ihr aufgeschlossen gegenüber und bemühte sich sehr um das Schulwesen.

N. starb am 21. 6. 1780 in dem domstiftischen Schloß Schirgiswalde. Er wurde auf dem dortigen Friedhof beigesetzt.

der Apollonia Marik geboren. Nach dem Besuch der Schule seiner Vaterstadt kam er an das Wendische Seminar in Prag, wo er seine Gymnasialstudien beendete und am Clementinum Theologie studierte. Am 31. 5. 1744 wurde er in Prag zum Priester geweiht. 1745 wurde er

Schriften: Orationes propriae de Sanctis exemptae Diocesis Romanae Misnensis (Bautzen 1776). - Directorium divini officii ac SS. Missae Sacrificii pro annis 1775-1779 (Budissina 1775-79).

Literatur: *G. F. Otto* II 732f.

Abbildungsnachweis: BDM FotoDok.

Siegfried Seifert

O

Odet, Jean-Baptiste d' (1752 – 1803)

1796 – 1803 Bischof von Lausanne

→ Bd. 1, 539f.

Oedt, Franz Ferdinand Reichsfreiherr (seit 1714 **Graf) von** (1665 – 1741)

1730 – 1741 Generalvikar in Olmütz

* 24. 8. 1665 in Nötting (Niederösterreich); Besuch des Gymnasiums und Studium der Philo-

sophie in Linz; 1691 – 96 Studium in Rom als Alumne des Collegium Germanicum; Dr. phil. et theol.; 1696 Domherr, seit 1701 res. Domherr, 1705 Domscholaster, 1717 Dompropst, 1730 Domdekan (1. Dignität) in Olmütz; seit 1730 Generalvikar und Offizial unter den Bischöfen W. H. v. (→) Schrattenbach und J. E. v. (→) Liechtenstein-Kastelkorn; großer Wohltäter des Wallfahrtsortes Dub bei Olmütz; † 2. 8. 1741.

Literatur: *Z. Štěpánek.*

Aleš Zelenka

Oesterhoff, Ferdinand (1672 – 1748)

1723 – 1746 Weihbischof in Münster, Ep. tit. Agathonicenus

* 30. 10. 1672 in Münster; Eintritt in das Zisterzienserkloster Marienfeld; 1694 Minores ebd.; 1697 Profeß in Osnabrück; 4. 4. 1699 Priesterweihe in Münster; Lic. theol.; 3. 2. 1717 Wahl zum Abt von Marienfeld; 1723 von Bischof (→) Clemens August als Weihbischof für Münster erbeten; 20. 12. 1723 Titularbischof von Agathonica und Weihbischof in Münster; 22. 1. 1724 Bischofsweihe; 20. 1. 1746 nach einem Schlaganfall (1743) Demission als Weihbischof; lebte seitdem bis zu seinem Tode im Kloster Marienfeld; † 22. 10. 1748.

Quellen: ASV.

Literatur: *A. Tibus*, Weihbischöfe Münster 224-232.

Michael F. Feldkamp

Oexle von Friedenberg, Adam Anton Reichsritter († 1751)

1731 – 1751 Generalvikar in Breslau

Vor 1720 Domkapitular, 1737 Domkantor in Breslau; zugleich Kanonikus am Kreuzstift zu Breslau; seit 1731 Generalvikar der Fürstbischöfe (→) Franz Ludwig von Pfalz-Neuburg, Ph. L. v. (→) Sinzendorf und Ph. G. v. (→) Schaffgotsch, † 28. 4. 1751 in Breslau.

Quellen: DAB, III a 12, fol. 243-250.

Jan Kopiec

Olszowski, Andrzej (1621 – 1677)

1661 – 1674 Bischof von Kulm
1674 – 1677 Erzbischof von Gnesen

Andrzej Olszowski wurde am 27. 1. 1621 zu Olschowa im Wieluner Land als Sohn des Walerian O. und seiner Ehefrau Zofia Duninówna aus Wielkie Skrzynno nahe Opoczno geboren. Der Vater war damals Kämmerer von Wenden in Livland und wurde später Kastellan von Spicymierz a. d. Alten Warthe. Nach dem Besuch des Jesuitenkollegs in Kalisch studierte O. seit 1636 an der Krakauer Akademie. Die Mutter bestimmte ihn für den geistlichen Stand und gab ihn in die Obhut ihres Verwandten, des Gnesener Kanonikers Mikołaj Koniecpolski. Damals erhielt er vermutlich die niederen Weihen. 1642 wurde er als Koadjutor Koniecpolskis mit dem Recht der Nachfolge installiert.

1644 erhielt er das Kanonikat. Inzwischen war er 1643 zum Studium der Rechte und der Theologie nach Rom gegangen, wo er 1645 den Grad eines Dr. iur. utr. und des Mag. theol. erlangte. Dort wurde er wohl auch zum Priester geweiht. Zeitweise studierte er ferner in Padua, Neapel und Mailand. Von Italien ging er für kurze Zeit nach Paris und kehrte 1646 nach Polen zurück. Fünf Jahre lang war er am Hof des Gnesener Erzbischofs Maciej Łubieński tätig, seit 1648 als Kanzler. Nach dessen Tod (1652) scheint er fünf Jahre ohne Amt gewesen zu sein. Danach stieg er am Hof Johann Kasimirs zum Sekretär und Regenten der Kanzlei auf. 1659 wurde er Domdekan in Krakau, 1660 Referendar der Krone.

Am 23. 2. 1661 nominierte ihn der König zum Bischof von Kulm, wahrscheinlich weil er kurz zuvor für die Königswahl vivente rege eingetreten war. Die päpstliche Verleihung folgte am 8. 8. 1661. Am 6. 2. 1662 übernahm O. die Verwaltung des Bistums, das im Ersten Nordischen Krieg (1655 – 60) stark gelitten hatte. Er bemühte sich um den Wiederaufbau zerstörter Kirchen, und es gelang ihm, entgegen der Garantie des Olivaer Friedens für den Besitzstand evangelischer Kirchen, einige von ihnen für den katholischen Gottesdienst zurückzugewinnen, so die neustädtische Pfarrkirche St. Jakobi in Thorn, die er 1667 den Benediktinerinnen übergab, deren Kloster die Schweden zerstört hatten. 1665 richtete er die Präbende eines Pönitentiars ein und erhöhte damit die Zahl der Domkapitelstellen auf acht. 1667 – 72 ließ er seinen Offizial Jan Strzesz eine Generalvisitation der Diözese durchführen.

1666 war O. zum Unterkanzler der Krone ernannt worden. 1668 befürwortete er einen mit russischen Ansprüchen auf den polnischen Thron in Zusammenhang stehenden Plan Moskaus zur Herbeiführung von orthodoxer und katholischer Kirche, ließ aber schnell von weiteren Unternehmungen ab, als die römische Kurie die Unterstützung versagte. Nach der Abdankung Johann Kasimirs im September 1668 bereitete O. die Wahl des österreichischen Parteigängers Michael Korybut Wiśniowiecki (1669 – 73) vor, dessen Politik er weitgehend beeinflußte. 1673 bewarb er sich vergeblich um das Bistum Włocławek. 1672 – 73 trat er infolge der Türkengefahr auf die Seite der französischen Partei und unterstützte die Wahl Johann III. Sobieskis.

Dieser nominierte ihn am 20. 6. 1674 zum Erzbischof von Gnesen und Primas von Polen. Das Kapitel postulierte ihn am 25. 6., die Translation folgte am 1. 10. 1674. Am 8. 1. nahm O. durch einen Prokurator, am 19. 10. 1675 persönlich von seinem Erzbistum Besitz, kehrte jedoch bald an den königlichen Hof nach Warschau zurück, um sein Amt als Unterkanzler wahrzunehmen, das er aber 1676 aufgab. Damals kam es zu einem Kompetenzstreit mit dem Bischof von Krakau über die bischöflichen Rechte des Primas außerhalb seines Erzbistums, insbesondere das Recht der Königskrönung. O. verteidigte es in einer weit verbreiteten Schrift „De archiepiscopatu Gnesnensi" (o. J.) und erreichte einen für ihn günstigen Urteilsspruch.

O. war, insbesondere während seiner zehnjährigen Amtszeit als Unterkanzler, einer der hervorragendsten Politiker der polnischen Krone und ein großer Mäzen der Künste und Wissenschaften. 1671 schuf er eine Stiftung für die Bibliothek des Collegium majus der Krakauer Akademie. In seinem Testament setzte er eine Summe für den Bau einer katholischen Kirche auf dem Pfarrhof von St. Marien in Danzig aus, der späteren sog. Königlichen Kapelle.

O. starb auf einer Reise, die er mit dem König nach Danzig unternahm, ebendort plötzlich am 29. 8. 1677. Er wurde in der Sulima-Kapelle des Gnesener Doms, die seitdem Olszowski-Kapelle heißt, beigesetzt.

Schriften: K. Estreicher 23 (1910) 341-346. - Bibliografia literatury polskiej. Nowy Korbut 3 (1965) 36 f.

Literatur: UB Kulm, Nr. 1185 f., 1188 f. - B. Czapla (Bearb.), Visitationes episcopatus Culmensis Andrea Olszowski episcopo a. 1667-1672 factae, 5 Bde. (Toruń 1902-06). - G. Korytkowski, Arcybiskupi gnieźnieńscy IV 232-265. - S. Giertych, Polityka Olszowskiego (London 1953). - Z. Wójcik, Między traktatem andruszowskim a wojną turecką. Stosunki polsko-rosyjskie 1667-1672 [Vom Vertrag von Andrussovo zum Türkenkrieg. Die polnisch-russischen Beziehungen 1667-1672] (Warszawa 1968) 132-134. - A. Liedtke, Zarys 90. - Historia nauki polskiej [Geschichte der polnischen Wissenschaft] 6 (1974) 475 f. - W. Czapliński, in: PSB 24 (1979) 42-46. - E. Ozorowski, in: SPTK 3 (1982) 250-253.

Abbildungsnachweis: Wien Pg. 112.069:1.

Hans-Jürgen Karp

Opaliński, Jan Kazimierz ⟨OCist⟩
(1639 – 1693)

1680 – 1681 Koadjutor des Bischofs von Posen, Ep. tit. Diocletianensis
1681 – 1693 Bischof von Kulm

Jan Kazimierz Opaliński wurde 1639 als Sohn des Wojwoden von Kalisch Piotr O. und der Katarzyna Leszcyńska geboren. Im Herbst 1658 hielt er sich in Rom, im November desselben Jahres in Padua auf. Die Priesterweihe empfing er 1659, doch war er bereits seit 1657 Domherr in Posen und Gnesen. 1659 wurde er Kanzler in Posen. 1661 zum Kommendatarabt der Zisterzienser von Obra nominiert, postulierten ihn noch im gleichen Jahr auch die Zisterzienser von Blesen bei Schwerin an der Warthe zum Abt. Daraufhin verzichtete O. auf sein Gnesener Kanonikat. Nach dem Noviziat wurde er am 25. 4. 1662 von Jan Zapolski, dem Abt von Ląd und Generalvisitator der Zisterzienser in Polen, zum Abt geweiht.

Am 24. 5. 1677 wurde O. als Koadjutor des Posener Bischofs Stefan Wierzbowski mit dem Recht der Nachfolge installiert, jedoch erst am 8. 1. 1680 zum Titularbischof von Diocletiana ernannt. Damals war er Professor der Theologie. Am 23. 6. 1681 nominierte König Johann Sobieski ihn zum Bischof von Kulm. Die Translation folgte am 17. 11. Vor dem 13. 3. 1682 nahm O. von der Diözese Besitz und resignierte als Abt von Blesen.

Wie sein Vorgänger J. (→) Małachowski visitierte O. persönlich sein Bistum, insbesondere den Teil der ehemaligen Diözese Pomesanien, der 1577 mit Kulm verbunden worden war. Er gab 1683 eine Ordinatio dioecesana Pomesaniensis und 1684 ein Decretum generale ordinationis für die ganze Diözese heraus, in denen er die Dekrete des Konzils von Trient urgierte. O.s

Rekatholisierungsversuche riefen jedoch den Widerstand der Protestanten hervor. In Thorn gelang zwar 1682 die Wiedereinführung der Fronleichnamsprozession, aber die Einsetzung katholischer Pfarrer in Gramtschen (Gremboczin) und Rogau mußte O. wieder rückgängig machen und auch auf die Wiedergewinnung der Kirche in Leibitsch verzichten. 1683 erreichte er jedoch in einem Vergleich den Wiederaufbau der in den Schwedenkriegen zerstörten Kirchen in Orsichau und Reichenau auf Kosten der Stadt Thorn, die Zulassung von Katholiken zu städtischen Ämtern und die Anerkennung der bischöflichen Jurisdiktion in der Stadt. Zu bewaffneten Auseinandersetzungen zwischen Katholiken und Lutheranern kam es 1688 nach der Fronleichnamsprozession, nachdem das Gerücht aufgekommen war, O. wolle den Protestanten die Marienkirche wegnehmen. Nach langen Verhandlungen, in deren Verlauf der König der Stadt Thorn entgegenkam, während O. ihm Unterdrückung der Redefreiheit auf dem Sejm und mangelnde Verteidigung der kirchlichen Rechte vorwarf, verzichtete O. 1690 gegen eine Entschädigung von 21 000 zł und das Versprechen, die Urheber des Aufruhrs zu bestrafen, auf seine Ansprüche hinsichtlich der Marienkirche und auf jegliche Einmischung in die Rechte der Stadt.

Für die Entschädigungssumme wurde 1692–99 der nach O. benannte Barockturm der Kathedrale in Kulmsee gebaut. Wegen Nichteinhaltung des Vertrags prozessierte O. mit Thorn noch bis zu seinem Tode.

Der streitbare Bischof förderte nachdrücklich die Tätigkeit der von seinem Vorgänger nach Kulm berufenen Lazaristen, unter deren Leitung die im 14. Jh. gegr. Kulmer „Akademie", im 17. Jh. nur noch Grundschule, in ein Gymnasium umgestaltet wurde. O. trat auch mit Stiftungen für die Zisterzienser in Rokitnica (Diöz. Posen) und die Franziskaner-Reformaten in Lonk bei Neumark im Kulmer Land sowie für das Hospital in Kulm hervor. Er starb zwischen dem 19. und 22. 7. 1693 in seiner Residenz auf dem Landgut Thurau in der Nähe von Löbau. Er wurde in der von ihm gestifteten Grabkapelle in der Klosterkirche von Lonk beigesetzt.

Schriften: K. Estreicher 23 (1910) 359 f.

Literatur: UB Kulm, Nr 1194-99. - Constitutiones Culmenses 228-269. - A. Mańkowski, K. J. Opaleński, biskup chełmiński 1681–1693 [K. J. O., Bischof von Kulm], in: Miesięcznik Diecezji Chełmińskiej 1 (Pelplin 1930) 497-525. - T. Glemma, Stosunki kościelne w Toruniu w stuleciu XVI i XVII [Die kirchlichen Verhältnisse in Thorn im 16. und 17. Jahrhundert] (Toruń 1934) 142-146. - A. Liedtke, Seminarium 145 f. - Ders., Zarys 91 f. - W. Prądzyński, in: Nasza Przeszłość 11 (Kraków 1960) 191-193. - H. Neumeyer I 125. - E. Piszcz, in: PSB 24 (1979) 85-87.

Abbildungsnachweis: Ölgemälde, unbek. Künstler. - Bischöfl. Residenz Pelpin. - HI Marburg, Bildarchiv Nr. 104343.

Hans-Jürgen Karp

Orefici (Aurifex), **Ferdinand** (seit 1622 **von,** RA) (* um 1607)

1654–1664 Generalvikar in Gurk

* 1607 (err.) in Rovereto (Diöz. Trient); Besuch der Jesuitengymnasien in Innsbruck und Hall; Studium der Philosophie in Dillingen; 1627–32 Studium in Rom als Alumne des Collegium Germanicum; seit 1654 Generalvikar und Administrator des Gurker Bischofs (→) Sigmund Franz von Österreich. Unter seiner Leitung fand 1659 eine Diözesansynode statt. O. war ein sehr sorgfältiger Verwalter. Da Sigmund Franz seiner Diözese gänzlich fernblieb, nahm O. alle Präsentationen und Pfründenverleihungen vor. Letzte Erwähnung 10. 5. 1664.

Literatur: J. Obersteiner I 387 f.

Peter G. Tropper

Orlik Freiherr von Laziska, Karl Julius (1651–1716)

1695–1703 Administrator der Diözese Olmütz

* 10. 4. 1651 in Troppau; Besuch des Jesuiten-gymnasiums in Olmütz; 1668 – 72 Studium in Rom als Alumne des Collegium Germanicum (Dr. phil. et theol.); 1673 Domherr, 1674 Archi-diakon, 1677 res. Domherr in Olmütz; im 17. und 18. Jh. waren noch drei weitere Familien-mitglieder Domherren in Olmütz; 1675 Priester. Am 14. 4. 1696 wurde O. dem erst 15jährigen Bischof (→) Karl von Lothringen als Admini-strator tam spiritualium quam temporalium bei-gegeben und vom Kaiser bestätigt. Als Papst Clemens XI. dem Fürstbischof am 27. 6. 1703 die weltliche Verwaltung übertrug, erlosch der Auftrag von O. 1695 Dompropst, später Domde-kan (erste Dignität); † 25. 7. 1716.

Literatur: Z. Štépánek.

Aleš Zelenka

Orsbeck, Johann Hugo von (1634 – 1711)

1672 – 1676 Koadjutor des Erzbischofs von
         Trier, Ep. tit. Lerinensis
1676 – 1711 Kurfürst-Erzbischof von Trier
1677 – 1711 Fürstbischof von Speyer

Johann Hugo von Orsbeck wurde am 13. oder 30. 1. 1634 auf Burg Großvernich/Erft (Erzb. Köln) als dritter Sohn des ritterschaftlichen Wilhelm v. O., Herrn zu Vernich, kaiserlichen Obristwachtmeisters und hochfürstlichen Jü-lichschen Kammerherrn († 1648), und der Marie Katharina von der Leyen († 1673) geboren. Ein Bruder seiner Mutter war der Trierer Erzbi-schof Karl Kaspar v. d. (→) L. O. absolvierte das Gymnasialstudium ab 1644 am Laurenti-num in Köln und seit 1648 in Mainz (1651 Mag. phil.). 1650 tonsuriert, wurde er 1651 beim Domkapitel in Trier aufgeschworen. 1652 – 55 studierte er mit seinem Bruder Damian Emme-rich als Alumne des Collegium Germanicum in Rom. 1653 erhielt er die niederen Weihen und wurde beim Domkapitel in Speyer aufgeschwo-ren. Personate in Oberdrees bei Rheinbach und Kettig bei Koblenz folgten. 1655 – 56 unternah-men die Brüder eine Kavalierstour nach Paris und Pont-à-Mousson. Nach der Subdiakons-weihe trat O. 1658 in Speyer, nach der Diakons-weihe im gleichen Jahr in Trier sein Kanonikat an. Wenig später wurde er Archidiakon von Longuyon. 1659 – 60 begleitete er den Trierer Offizial J. (→) Holler zum Ad-limina-Besuch nach Rom. Nach der Wahl zum Domdechanten von Speyer (1660) wurde es für zwölf Jahre still um O. 1668 weilte er in diplomatischer Mission in Brüssel. Bei den schwierigen Verhandlungen Kurtriers mit den verschiedenen Parteien ge-wann er das Vertrauen des Domkapitels, das ihn am 7. 1. 1672 gegen französische Wünsche

zum Koadjutor seines Onkels, des Erzbischofs v. d. Leyen, wählte. Die päpstliche Bestätigung und die Ernennung zum Titularbischof von Larissa folgten am 12. 12. 1672. Die Priester-weihe erhielt O. erst am 24. 3. 1674 aus der Hand des Erzbischofs in der Hofkapelle zu Ehrenbreitstein. Weil es sich an eine Mittel-macht anlehnen wollte, wählte ihn das Speye-rer Domkapitel am 16. 7. 1675 ebenfalls zum Bischof. Damit war die Würde eines Propstes von Weißenburg verbunden. Mit dem Tod seines Onkels (1. 6. 1676) trat O. in Trier, wo er sich am 23. 7. inthronisieren ließ, die Nachfolge an. Das Pallium erhielt er am 16. 11. 1676, während die Speyerer Wahl von der römischen Kurie kassiert, ihm das Bistum aber dennoch am 10. 5. 1677 verliehen wurde. Erst am 7. 11. des gleichen Jahres ließ O. sich durch seinen Weihbischof J. H. v. (→) Anethan in der Kapel-le seiner Koblenzer Burg konsekrieren. 1677 übernahm er zusätzlich das Obrist-Kammerge-richtsamt am Reichskammergericht in Speyer, das er nach der Verlegung nach Wetzlar 1693 im Auftrag des Kaisers eröffnete.

O. hatte vor seiner Wahl zum Koadjutor dem Trierer Kapitel Neutralität gegenüber den Nachbarmächten und dem Kaiser zugesagt. Der Beitritt von der Leyens zur Marienburger Allianz gegen Frankreich hatte Trier jedoch in den Niederländischen Krieg gezogen. Das Erz-stift war zwar durch spanische Truppen gesi-chert, aber Speyer lag bis 1676 im Bereich der von Philippsburg ausgehenden französischen Plünderungen. O. konnte daher zunächst nur in Speyer residieren und mußte die Huldigung des Stiftes aufschieben. Sein Nachfolger H. v. (→) Rollingen übernahm als Präsident des Hofrates die Statthalterschaft. Den 1680 einset-zenden französischen Reunionen war O. hilflos ausgesetzt, und selbst das Angebot von Neu-tralität und Entfestigung der Stadt Trier be-wahrte das Erzstift nicht vor der Demolierung Triers im Jahre 1684 und vor einer verheeren-den Strafaktion. Im Regensburger „Stillstand" vom gleichen Jahr mußte O. für Speyer 20 Jahre lang auf das „dominium supremum" über die Ämter südlich der Queich, die etwa ein Viertel des Stiftsgebietes umfaßten, für Kurtrier dage-gen auf das Amt St. Wendel und die Gebiete an der unteren Saar verzichten. Seine 1686 mit Kurköln und Kurmainz erneuerte Neutralitäts-allianz erwies sich als zwecklose Demutsgeste, da Frankreich seit 1688 beide Stifte mit neuen Forts militärisch in den Griff nahm und im Pfälzischen Krieg (1688 – 97) verheerte. O. blieb nur das bombardierte Koblenz. In Speyer wurde die bischöfliche Pfalz 1689 zerstört. Vom Dom blieb nur eine Ruine. Beim Zurückwei-chen verwüsteten französische Truppen systematisch beide Territorien. Bis 1708 blieb die speyerische Regierung im Exil in Heidelberg und Frankfurt. O. verlegte seine Residenz und Verwaltung dagegen nach Ehrenbreitstein, wo sie bis zum Ende des Kurstaates verblieb. Seitdem zeigte O. sich entschiedener. Gegenüber allen Truppenangeboten des Reiches blieb er reserviert. Er beschränkte sich vielmehr auf den Widerstand mit eigenen Kräften und sprach sich 1692–93 gegen die vom Kaiser gewünschte Schaffung einer neunten Kurwürde aus. Der Rijswijker Friede (1697) befreite das Erzstift zwar von der mitten in seinem Territorium errichteten französischen Festung Montroyal und den Reunionen, nicht aber vom militärischen Druck. Im Spanischen Erbfolgekrieg (1701–14) schloß O. sich nach anfänglichem Zögern einer Defensivallianz mit dem Kaiser an, doch konnte er nicht verhindern, daß beide Stifte bis zum Frieden von Rastatt von französischen Truppen überzogen blieben.

Während O. in sittlicher Hinsicht Rigorist war, zeigte er sich politisch und kirchenpolitisch zu Kompromissen bereit. Auch hier war freilich eine gewisse Skrupulosität nicht zu übersehen. Sie führte bei ihm zur Prüderie und zur Abfassung eines übergenauen Tagebuches. Gewarnt durch das Schicksal seines Großonkels Ph. Chr. v. (→) Sötern, suchte er sich gegenüber dem Domkapitel durch Einschleusung von Familienmitgliedern abzusichern. Sein Bruder Damian Emmerich wurde 1678 Dompropst in Trier und 1680 in Speyer. Außerdem traten noch vier seiner Neffen in das Trierer Kapitel ein.

Es zeugt von O.s Geschick, daß er seine ausgebluteten Stifte überhaupt regierbar hielt. Um die Steuerkraft zu sichern, verbot er der Ritterschaft 1707 die Fortsetzung der Immediatsbestrebungen. Den 66 von ihm erlassenen Gesetzen und Verordnungen fehlte zwar ein Gesamtkonzept, doch war O. primär darauf bedacht, das Münzwesen und Gewerbe zu stützen, Preissteigerungen zu unterbinden, den noch vorhandenen Wald zu schützen und Anreize zum Wiederaufbau zu geben. Er ordnete das Medizinalwesen neu und erarbeitete eine durch seinen Nachfolger 1713 publizierte Reform des Landrechtes. Für das völlig verarmte Speyer unterband er den unkontrollierten Zustrom Fremder. Mit der Kurpfalz schloß er 1709 einen günstigen Vergleich, der neben dem Austausch von Leibeigenen und herrschaftlichen Rechten den Verzicht der Kurpfalz auf das Wildfangrecht beinhaltete, dem die Hälfte der Stiftsangehörigen unterworfen war und das in der Vergangenheit zu zahlreichen Konflikten geführt hatte. Da Investitionsmittel fehlten, konnte O. die bescheidene Kupfer-, Eisen-

und Edelmetallindustrie des Erzstiftes nur in Ansätzen fördern. Umso erstaunlicher waren die Bauleistungen, die über den reinen Wiederaufbau weit hinausgingen. Die provisorische Wiederherstellung von Teilen des Speyerer Domes leistete das dortige Kapitel. O. baute dagegen die bischöfliche Pfalz wieder auf und errichtete ein kleines Palais, das er dem Stift überließ. Auch die Um- und Neubauten verschiedener Burgen sowie die Verstärkung der Festung Ehrenbreitstein verschlangen große Summen. Durch den repräsentativen Ausbau der Hofstraße im Tal und den Neubau der Kreuzkirche erhielt Ehrenbreitstein immer mehr den Charakter einer Residenz. Im Trierer Dom ließ O. 1699 den neuen Hochaltar errichten, der als Front für die 1709 als Bau vollendete Heiligtums- (heute Schatz-)kammer diente. Im Dom entstanden der Heiligkreuz- und der Dreikönigsaltar. O. errichtete das Jesuitenkolleg in Koblenz neu, erneuerte das zu Speyer und förderte die Kapuzinerklöster in Cochem und Bornhofen sowie die Abtei St. Maximin in Trier. Dies geschah teilweise schon in dem nüchternen Trierer Barock.

Am gründlichsten wirkte O. auf geistlichem Gebiet, unterstützt von den fähigen Weihbischöfen Rollingen, J. (→) Brassart, J. Ph. (→) Burkard und P. C. (→) Beyweg in Speyer und von Anethan, M. H. (→) Burmann, J. P. (→) Verhorst und J. M. v. (→) Eyss in Trier. Sofort nach seinem Amtsantritt ließ er 1676 den „oberen" Teil der Diözese, vor allem die französischen und luxemburgischen Gebiete, durch

Anethan visitieren, um die bischöfliche Jurisdiktion abzusichern. Daraus gingen die Synodalstatuten von 1679 und die Relatio status von 1694 hervor. Neben den Dekreten zur Reform des Landklerus, wie sie ähnlich für Speyer erlassen wurden, betonte O. besonders die Funktion der Landdechanten. Eine Agende von 1688 sollte die disziplinäre Gleichordnung unter Berufung auf das 1569 in Trier verkündete Tridentinum durchsetzen. O. hielt zwar an der trierischen Eigentradition fest, mußte aber angesichts separatistischer Tendenzen in Luxemburg die römische Einheitsliturgie akzeptieren. Das 1684 durch Frankreich dekretierte und durch den Frieden von Rijswijk bestätigte Recht zur Mitbenützung protestantischer Kirchen sowie die kurpfälzische Kirchenteilung von 1705 – 06 erweiterten zwar die Möglichkeiten zur Feier des katholischen Gottesdienstes ganz außerordentlich, versetzten O. jedoch vor allem in Speyer wegen des Priestermangels in Verlegenheit. Im Gegensatz zu den Bischöfen in Mainz und Worms reagierte er jedoch kaum auf die kurpfälzischen Eingriffe in die bischöfliche Jurisdiktion. Ihn interessierte viel mehr die Konversion Johann Ludwigs von Nassau/Hadamar und Ernsts von Hessen-Rheinfels.

Der Primat des Sittlichen machte O. für den Jansenismus empfänglich, der im Westen der Diözese, vor allem im Raum Juvigny und im Zisterzienserkloster Orval, Fuß faßte. O. las jansenistische Literatur und zeigte sich für die Bewegung interessiert. Andererseits zeigt die Tatsache, daß er sich 1686 für den antijansenistisch eingestellten Verhorst als Weihbischof entschied, seine allmähliche Distanzierung vom Jansenismus. O. akzeptierte die römische Entscheidung zum Jansenismus, ließ aber die Bulle „Vinea Domini" von 1705 nur in den französischen Landkapiteln veröffentlichen, da er die Auseinandersetzung mit der luxemburgischen Regierung scheute. Zur Verständigung mit der römischen Kurie zwangen ihn dann Pläne des Luxemburger Provinzialrates zur Gründung eines eigenen Bistums, die er ebenso wie die 1709 geplante Berufung eines Apostolischen Vikars für die Kurpfalz, Jülich-Berg und Neuburg zusammen mit Bischof (→) Franz Ludwig von Pfalz-Neuburg verhindern konnte. Erst diese Zusammenarbeit schuf jenes Vertrauensverhältnis zwischen O. und römischer Kurie, aufgrund dessen er 1705 – 10 wiederholt beim Kaiser vermitteln konnte. Als er 1708 mit Eyss einen dezidiert antijansenistischen Weihbischof wählte, signalisierte das seine endgültige Abwendung von früheren episkopalistischen Tendenzen.

Dem Priestermangel versuchte O. durch Förderung der Niederlassungen von Jesuiten in Wetzlar, Hadamar und St. Goar und von Kapuzinern in Bacharach, Kaub, Grünstadt, Bruchsal und Waghäusel zu begegnen. Er gestattete den Dominikanern in Koblenz die Einrichtung eines philosophischen Studiums und verpflichtete die Pfarrer zur Errichtung bzw. Förderung von Schulen. Dadurch wurde er für beide Stifte zum Begründer der „Schulpflicht".

O. wünschte seit 1702 seinen Neffen Karl Kaspar von Kesselstadt als Koadjutor, stimmte aber 1710 der Wahl (→) Karl Josephs von Lothringen zu. Er erklärte sich auch damit einverstanden, daß dem 1710 in Mainz zum Koadjutor gewählten Franz Ludwig von Pfalz-Neuburg die Postulation auf den Trierer Stuhl in Aussicht gestellt wurde. Als O. am 6. 1. 1711 zu Koblenz starb, verheimlichte man vorerst seinen Tod aus Furcht vor den Franzosen. Der Koadjutor mußte daher sein Amt in aller Stille antreten. O.s Leib wurde vor dem Dreikönigsaltar des Trierer Domes, sein Herz im Dom zu Speyer und seine Eingeweide in der Kapuzinerkirche zu Koblenz beigesetzt. Die Überführung nach Trier war erst 1715 möglich.

Quellen: LHA Koblenz, Abt. 1 A; Abt. 1 C. - StA Trier, Dep. Kesselstadt. - J. J. Scotti. - J. J. Blattau.

Literatur: F. X. Remling II. - C. Stenz. - L. Stamer. - R. Taveneaux. - G. Livet. - A. Sprunck. - F. Pauly. - M. Braubach, in: NDB 10 (1974) 540-542. - F. Schorn, Johann Hugo von Orsbeck (Köln 1976). - A. Heinz, Erzbischof Johann Hugo von Orsbeck (1676-1711) und die Trierer Bistumsliturgie, in: TThZ 86 (1977) 211-222.

Abbildungsnachweis: Öl auf Leinwand von A. Schott, datiert 1686. - BStGS Inv. Nr. 3969.

Wolfgang Seibrich

Ostein, Johann Friedrich Karl (seit 1712 Reichsgraf) von (1689 – 1763)

1743 – 1763 Kurfürst-Erzbischof von Mainz
1749 – 1756 Koadjutor des Fürstbischofs von Worms
1756 – 1763 Fürstbischof von Worms

Johann Friedrich Karl (ursprünglich: Franz Gottfried Friedrich Johann Karl Anton) von Ostein wurde am 6. 7. 1689 zu Amorbach als Sohn des Johann Franz Sebastian v. O. († 1719) und der Anne Charlotte Maria von Schönborn († 1749), einer Nichte des Bamberger und Mainzer Fürsterzbischofs Lothar Franz v. (→) S., geboren. Das ursprünglich elsässische Ministerialengeschlecht der v. O. bei Ruffach ist seit dem 15. Jh. nachweisbar. Im 17. Jh. war es ins

Mainzer Erzstift und nach Franken gekommen, wo verschiedene seiner Mitglieder Domherren in Würzburg, Bamberg und Mainz wurden. O.s Vater war kurmainzischer Rat und Oberamtmann von Amorbach, Buchen und Walldürn im Odenwald. 1712 wurde die Familie in den Reichsgrafenstand erhoben.

O. wurde wie zwei jüngere Brüder für die geistliche Laufbahn bestimmt. Der eher introvertierte Knabe erhielt seine erste schulische Ausbildung bei den Jesuiten in Aschaffenburg und 1702−06 am Jesuitengymnasium in Mainz. Seit 1696 war er Domizellar in Mainz, seit 1699 in Würzburg. Seit 1696 hatte er zugleich eine Präbende am Mainzer Ritterstift St. Alban inne. Zum Philosophiestudium ging er wieder nach Aschaffenburg, zum Studium der Theologie nach Rom, wo er sich an der Sapienza einschrieb. Das Studium beider Rechte absolvierte er am römischen Collegium Clementinum. Zum Biennium begab sich O. an die Salzburger Universität. Nicht bekannt ist, ob er darüber hinaus noch die beim Adel übliche Kavalierstour unternahm. Nach der Subdiakonatsweihe wurde er 1713 Domkapitular in Mainz und 1723 auch in Würzburg. Nach dem Tode seines Onkels, des Bischofs J. Ph. v. (→) Schönborn, wählte ihn das Kapitel des Frankfurter kaiserlichen St. Bartholomäusstiftes 1724 auf Empfehlung von Erzbischof L. Fr. v. (→) Schönborn zu dessen Nachfolger als Propst. Es bereitete O. und seinen Parteigängern einige Mühe, sich gegen den Hildesheimer und Paderborner Domherrn Friedrich Christian von Fürstenberg durchzusetzen, dem die Propstei päpstlich verliehen worden war. O. behielt die Stelle bis zu seinem Tode und hat zu dem Kapitel stets ein gutes Verhältnis unterhalten. 1725 wurde er durch Provision von Erzbischof L. Fr. v. Schönborn zugleich Domkustos in Mainz und damit auch Propst von St. Johann.

O. trat unter den Erzbischöfen (→) Franz Ludwig von Pfalz-Neuburg und Ph. K. v. (→) Eltz nur wenig in Erscheinung. Einige Aufmerksamkeit richtete sich auf ihn, als 1732 die Wahl eines neuen Erzbischofs anstand, doch kam er trotz eines höheren finanziellen Einsatzes seiner Familie nicht zum Erfolg. 1740 ging er nach Koblenz und Bonn, um die Erzbischöfe von Trier und Köln offiziell vom Tode Kaiser Karls VI. zu benachrichtigen und zur Neuwahl einzuladen. Eltz hatte O. mit dieser Mission betraut, weil er von ihm wegen der guten Beziehungen zum Trierer Erzbischof Fr. G. v. (→) Schönborn erwartete, einen zwischen Mainz und Trier drohenden Streit um den Titel „Erzkanzler für Gallien und das Arelat" nicht erneut aufkommen zu lassen.

Wegen des Einfalles Friedrichs II. von Preußen in Schlesien verzögerte sich die Kaiserwahl bis 1742 und fiel nicht auf den Gemahl Maria Theresias, sondern auf Kurfürst Karl Albrecht von Bayern. Als sich dann Georg II. von England, ein Rivale Frankreichs und als Kurfürst von Hannover in Konkurrenz zu Preußen, mit Maria Theresia verbündete, gegen Frankreich und Bayern die „Pragmatische Armee" zusammenbrachte und gegen Frankfurt vorrückte, komplizierte sich die Lage zusätzlich. In dieser Situation starb Erzbischof Eltz. O. war zwar für Österreich ein akzeptabler Nachfolger, doch wurde er von Bayern und Frankreich abgelehnt. Dennoch wählte ihn das Kapitel am 22. 4. 1743 einstimmig. Die römische Bestätigung und die Verleihung des Palliums folgten am 29. 7. 1743. Am 5. 5. 1743 war O. Priester geworden, und am 23. 9. wurde er durch Erzbischof (→) Clemens August von Bayern zum Bischof geweiht. Im allgemeinen beschränkten sich die bischöflichen Funktionen O.s auf besonders feierliche und repräsentative Anlässe. O. galt als Marienverehrer und Freund eucharistischer Prozessionen. Er soll jedoch auch 24 486 Firmungen gespendet haben. Am 17. 10. 1748 wurde er zugleich zum Koadjutor in Worms gewählt und am 20. 1. 1749 bestätigt. Die Nachfolge seines Vetters Schönborn hat er dort am 18. 1. 1756 angetreten.

Aktivitäten in der Reichspolitik, die sonst einen zentralen Aufgabenbereich der Mainzer Erzbischöfe gebildet hatten, waren O. kaum möglich. Mehrfache Kriege erschwerten sein Handeln. 1743 standen sich im Mainzer Oberstift die „Pragmatische Armee" und ein 60 000 Mann starkes französisches Heer gegenüber, das bei Dettingen vernichtend geschlagen wurde. Zum Schutz für den nur schwach armierten Kurstaat und um den eigenen Reichsämtern ihre Bedeutung zu erhalten, blieb O. bei der traditionellen Assoziationspolitik und der Neutralität nach allen Seiten hin. Daher schloß er 1744 mit Georg II. einen Subsidienvertrag, der dem Erzstift bis 1747 zur Verteidigung 250 000 Taler brachte. 1745 vermittelte O. nach dem Tode Kaiser Karls VII. zwischen Bayern und Österreich den „Füssener Frieden". Dieser schuf die Voraussetzung dafür, daß Franz von Lothringen im gleichen Jahr in Frankfurt zum Kaiser gewählt und von O. als Franz I. gekrönt werden konnte. Der Sieg des Habsburgers brachte dem Reich wenig Gewinn, denn die Regierung Franz I. blieb farblos und vermochte der durch den Partikularismus gefährdeten Reichseinheit kaum Halt und Stütze zu geben. Das hatte auch Auswirkungen auf die kurmainzische Politik. O. schloß sich zwar 1756 noch dem Reichsexekutionszug gegen Preußen

an, das den Siebenjährigen Krieg ausgelöst
hatte, doch nach der vorübergehenden Besetzung des kurmainzischen Erfurt durch preußische Truppen, hohen Kontributionszahlungen,
der Niederlage der Franzosen und der Reichsarmee bei Roßbach und den Kosten des eigenen
Militärkontingents war die wirtschaftliche Lage so zerrüttet, daß O. in einer Neutralitätspolitik die beste Chance sah, weiteres Unheil
abzuwenden. Eine selbständige und ins Gewicht fallende kurmainzische Reichspolitik
war kaum noch möglich. Säkularisierungsbe-
strebungen, die insbesondere Friedrich II.
nachgesagt wurden, zeichneten weiteres Unheil ab. Am Frieden von Hubertusburg 1763
war O. nicht wesentlich beteiligt.

Einige Akzente konnte O. im innerpolitischen
Reformbereich setzen. Er war zwar kein ideen-
reicher Initiator wie sein Onkel Fr. K. v. (→)
Schönborn, sondern eher zögernd, abwartend
und auf Ausgleich bedacht. Dem wirtschaftlichen Aufblühen des Kurstaates kam es jedoch
zugute, daß er, obwohl selbst der Aufklärung
gegenüber distanziert, seinen Vetter Anton
Heinrich Friedrich von Stadion († 1768) zu
seinem einflußreichen Staatsminister und Berater machte. Dieser war offener Anhänger der
französischen Aufklärung, am Volkswohl ori-
entierter Merkantilist, Vertreter des aufgeklärten Absolutismus, geistreicher und freisinniger
Kritiker überkommener Formen in Kirche und
Staat, feindlich gegen Jesuiten und römische
Kurie. Trotz hoher Ämter hatte der frankophile

Stadion sich unter Erzbischof Eltz nicht entfalten können. Unter O. leitete er sogleich die
Belebung von Handel und Wirtschaft ein. 1744
wurde eine neue Forst- und Jagdordnung erlassen, 1746 die Höchster Porzellanmanufaktur
gegründet, 1747 der Handelsstand von der
Krämerzunft getrennt und jährlich zwei Messen in Mainz gegründet, 1752 eine neue Polizei-
und Handelsordnung mit Errichtung einer
Handelskammer und eines Handelsgerichtes
veranlaßt. Außerdem wurde die Infrastruktur
durch den Ausbau der Straßen und Wasserwe-
ge gehoben. Unter maßgeblicher Mitwirkung
Stadions wurde die Rechtspflege verbessert
und 1755 das „Kurmainzer Landrecht" eingeführt. Ab 1750 setzten Bemühungen um eine
Hebung der Volksschulen ein. Schon vorher
hatte der an den Wissenschaften sehr interessierte O. eine Kommission zur Verbesserung
der Universität einberufen und 1746 neue
Universitätsprivilegien und -verordnungen
veröffentlicht. Ein botanischer Garten wurde
angelegt, das anatomische Institut errichtet
und die Universitätsbibliothek ausgebaut.
Wichtig war die neue Universitätsverfassung
auch für die Theologie. In Ergänzung der bis
dahin fast ausschließlich spekulativen Ausrichtung wurde mehr Wert auf Exegese gelegt
und Kirchengeschichte als eigenes Fach eingeführt. In Erfurt wurde 1754 eine „Academie
nützlicher Wissenschaften", in Mainz 1758
eine Künstlerakademie gegründet. Mit der Berufung von Intendant Konrad Ernst Acker-
mann und seiner Truppe im Jahre 1760 nahm
das Theaterwesen in Mainz einen bis dahin
kaum gekannten Aufschwung, und das klassische französische Drama sowie die italienische
Oper verdrängten allmählich das lateinische
Jesuitendrama. O. begeisterte sich an den Werken von Bach und Händel. 1763 gab auch der
junge Mozart ein Konzert in Mainz.

Die vielen, häufig von Stadion in die Wege
geleiteten Neuerungen fanden freilich nicht
nur Beifall. Widerstand kam vor allem aus dem
eher konservativen und auf seine Privilegien
bedachten Domkapitel und aus jesuitischen
Kreisen. O. besaß jedoch nicht das Durchsetzungsvermögen seines Onkels Fr. K. v. Schönborn, der in seiner Auseinandersetzung mit
dem Bamberger Kapitel selbst den Gang vor
das Reichskammergericht in Wetzlar nicht
gescheut hatte. Rückzieher, auch auf Kosten
von Stadion, und nur halbherzig durchgeführte
Reformprogramme waren die Folge. Dies und
die Divergenzen mit dem Domkapitel veranlaßten Stadion, 1761 Mainz zu verlassen. Die
Reform blieb vorerst unvollendet und wurde
erst unter Erzbischof E. J. v. (→) Breidbach-
Bürresheim konsequent durchgezogen. Vollen-

den konnte O. das kurfürstliche Schloß zu
Mainz und den Osteiner Hof, den er Valentin
Thomann in Auftrag gegeben hatte.

O. starb am 4. 6. 1763. Im Mainzer Dom, den er
erneuert und für dessen Westchor er ein berühmtes Chorgestühl von Franz Anton Hermann hatte anfertigen lassen, fand er seine
Ruhestätte.

Literatur: *N. Müller,* Kurfürsten Mainz 293-320. - *A. C.
Michels,* Die Wahl des Grafen Johann Friedrich Karl
von Ostein zum Kurfürsten und Erzbischof von
Mainz (1743), in: Archiv für hessische Geschichte und
Altertumskunde NF 16 (1930) 515-580. - *E. Solf,* Die
Reichspolitik des Mainzer Kurfürsten Johann Fried-
rich Karl von Ostein von seinem Regierungsantritt
(1743) bis zum Ausbruch des Siebenjährigen Krieges
(Berlin 1935). - *A. Kirnberger,* Die Handelsmesse in
Mainz in der Zeit der merkantilistischen Wirtschafts-
politik unter der Regierung der drei letzten Kurfürsten von Mainz 1743 – 1793 (Mainz 1951).

Abbildungsnachweis: Schabblatt von Gabriel Bode-
nehr d. J. (1705-n. 1779). - Wien NB 521.440 B.

                              Friedhelm Jürgensmeier

Oultremont, Charles Nicolas Alexandre d'
(1716 – 1771)

1764 – 1771 Fürstbischof von Lüttich

Charles Nicolas Alexandre d'Oultremont wurde am 25. 6. 1716 auf Schloß Warfusée (Fürstbistum Lüttich) als achtes Kind des Grafen
François Paul Emile d'O. und seiner Ehefrau
Maria Elisabeth von Bayern von Schagen geboren. Die Tonsur empfing er bereits 1731. An der
Universität Reims und im Kolleg Louis-le-
Grand in Paris widmete er sich dem Studium
des kanonischen Rechtes, erwarb jedoch keinen Grad. 1737 übernahm er anstelle seines
Bruders einen Sitz im Lütticher Domkapitel.
1741 zum Subdiakon geweiht, wurde er 1773
zum Stiftspropst in Tongern gewählt und 1763
vom Domkapitel zu seinem Vertreter in der
Ständeversammlung bestimmt.

Nach dem Tode des Lütticher Fürstbischofs
(→) Johann Theodor von Bayern verwandten
sich Ludwig XV. von Frankreich wie auch
Maria Theresia für die Wahl des Prinzen (→
Bd. I) Klemens Wenzeslaus von Sachsen. Die
Mehrheit des Domkapitels wünschte jedoch
einen einheimischen Kandidaten. So fiel die
Wahl am 20. 4. 1763 nach erregten Auseinan-
dersetzungen auf den bis dahin kaum an die
Öffentlichkeit getretenen O. Während dieser
31 Stimmen erhalten hatte, waren auf Klemens
Wenzeslaus 19 gefallen. Die unterlegene Partei
versuchte zwar, die Wahl als ungültig darzu-

stellen, doch die Lütticher Bevölkerung begrüßte die Entscheidung mit Jubel. Klemens
Wenzeslaus erhob Einspruch beim Hl. Stuhl
und beauftragte seinen Parteigänger, den Lütticher Generalvikar E. S. de (→) Stoupy, mit der
Wahrnehmung seiner Interessen vor der Konsistorialkongregation. O. entsandte dagegen den
Domkapitular F. L. de (→) Stockem nach Rom.
Am 14. 5. 1763 übertrug Papst Klemens XIII.
dem Domkapitel vorerst die Leitung der Diözese, und am 20. 12. 1763 bestätigte die Konsistorialkongregation dann mit sieben gegen drei
Stimmen die Wahl O.s zum Fürstbischof. Am
4. 5. 1764 erfolgte die päpstliche Verleihung.
Kurz zuvor war O. zum Diakon und am 24. 4.
1764 zum Priester geweiht worden. Weihbischof Ch. A. de (→) Grady konsekrierte ihn am
10. 6. 1764 in Lüttich.

Anläßlich der Besitzergreifung beschwor O.
die Wahlkapitulation, die all jene Punkte auf-
führte, die der verstorbene Fürstbischof stets
abgelehnt hatte, so z. B. die Bestimmung, daß
bei Abwesenheit des Landesherrn das Kapitel
die Regierungsgeschäfte zu übernehmen habe,
ferner, daß das Kapitel in allen wichtigen
Angelegenheiten zu befragen sei. Obwohl dieses somit seine von den Fürstbischöfen G. L. de
(→) Berghes und Johann Theodor abgebauten
Privilegien zurückerhielt, war doch an eine
praktische Ausübung seiner Vormachtstellung
nicht mehr zu denken. Das ausgeprägte Selbstbewußtsein des Adels und der Bürger sowie
das Aufkommen antiklerikaler Strömungen
engten seinen Spielraum zunehmend ein.

O. setzte vor allem geistliche Akzente. Gegen den jansenistischen Oberen der Lütticher Abtei Val-des-Ecoliers ging er streng vor. 1764 verurteilte er in einem Hirtenbrief die „Irrtümer" des Jansenismus und die Thesen des Febronius. Die durch Papst Klemens XIII. vorgenommene Verurteilung der Utrechter Synode von 1763 ließ O. ebenfalls bekanntmachen. Bei dieser Gelegenheit betonte er, daß es vor allem dem Jesuitenorden zu verdanken sei, wenn der Glaube und die Sitten seiner Diözesanen keinen Schaden genommen hätten. Um der aus Frankreich einströmenden Aufklärung, die vor allem in der Stadt Lüttich Fuß gefaßt hatte, Herr zu werden, erließ er 1764 und 1766 eine Reihe von Bestimmungen. Danach mußten alle zugelassenen Buchhändler und -drucker ihr Glaubensbekenntnis und ihren Amtseid erneuern. Außerdem hatten sie sich einer strengen Kontrolle durch fürstbischöfliche Beamte zu unterziehen, die jedoch keinen dauernden Erfolg erzielte.

O. sorgte ferner für eine ausreichende Beschickung der oft verschmähten Kaplaneien in den volkreichen Stadtpfarreien. Er vereinheitlichte die Führung der Pfarrbücher und erneuerte die Bestimmungen über das der Eheschließung vorausgehende dreimalige Aufgebot. Diesbezüglich erhob das Domkapitel, das die Rechte der Archidiakone in Gefahr sah, heftigen Widerspruch und ging sogar so weit, den Dompredigern die Verlesung eines diesbezüglichen Hirtenbriefes zu untersagen. O. förderte die Ewige Anbetung und trat selbst einer Lütticher Bruderschaft bei, die diesen Brauch pflegte.

O.s Tätigkeit als Landesherr wurde dadurch belastet, daß die Höfe von Versailles, Brüssel und Wien die Niederlage ihres Kandidaten Klemens Wenzeslaus nicht verschmerzten und O. gegenüber kaum Entgegenkommen zeigten. Die 1765 − 68 mit der Regierung der österreichischen Niederlande geführten Verhandlungen zur Klärung strittiger Gebiets- und Herrschaftsansprüche sowie zollpolitischer Fragen führten zu keinem Ergebnis. Mit Frankreich hingegen konnte diesbezüglich 1767 zumindest ein Vorabkommen unterzeichnet werden. Innerhalb des Fürstbistums trieb O. den Ausbau der großen Landstraßen voran. Er unterstützte die Gründung neuer Schulen und Wohltätigkeitseinrichtungen. Eine von ihm in Auftrag gegebene Studie über die Nutzungsmöglichkeiten der Steinkohle als Energieträger in der Metallindustrie brachte nicht den erhofften Durchbruch.

1770 − 71 kam es zu einer Teuerung, deren Auswirkungen dank der Großzügigkeit des Fürstbischofs, des Domkapitels und des Klerus gemildert werden konnten.

O. starb am 22. 10. 1771 unerwartet auf Schloß Warfusée. Er lebt im Andenken als frommer und untadeliger Priester sowie als bescheidener und leutseliger Fürst fort. Er wurde in der St. Lambertus-Kathedrale beigesetzt.

Literatur: *J. Daris*, Liège 1 (1868) 206-258. - *J. de Theux* 4 (1872) 51f. - *E. de Borchgrave*, in: BN 16 (1901) 387-392.- *J. Paquay* 65. - *L. Jadin*, Procès 209-211. - *J. Puraye*, Le prince-évêque Charles-Nicolas d'Oultremont au château de Seraing, in: AHL 7 (1963) 137-231. - *M. Yans*, Warfusée, patrie du prince-évêque Charles-Nicolaus d'Oultremont, in: AHL 7 (1963) 9-136. - *P. Harsin*, L'élection du prince-évêque de Liège Charles d'Oultremont, 1763-1764, in: AHL 8 (1965) 1-67.

Abbildungsnachweis: Öl auf Leinwand, aufgeleimt auf Holz. - Bischöfl. Palais Lüttich. - IRPA Bruxelles Neg. Nr. 167140.

Alfred Minke

P

Pallandt, Crato Werner Reichsfreiherr von
(† 1691)

1685 – 1688 Metropolitanvikar in Osnabrück
1688   Kapitularvikar in Osnabrück
1688 – 1691 Metropolitanvikar in Osnabrück

1646 – 91 Domkapitular in Osnabrück; 1646
Studium in Köln; Archidiakon in Ankum; Domdechant in Osnabrück. Da nach den Bestimmungen des Westfälischen Friedens während
der Herrschaft eines protestantischen Fürstbischofs (1661 – 98 Ernst August I. von Braunschweig-Lüneburg) die geistliche Verwaltung
des Bistums Osnabrück beim Metropoliten lag,
ernannte der Kölner Erzbischof (→) Max Heinrich von Bayern P. 1685 zum Generalvikar
(„Metropolitanvikar"). 1688 während der Kölner Vakanz Kapitularvikar in Osnabrück; 1688
Metropolitanvikar des Kölner Erzbischofs (→)
Josef Clemens von Bayern; † 1691.

Literatur: *J. Rhotert* 27. - *H. Hoberg*, Gemeinschaft der
Bekenntnisse 142. - *H. Keussen* IV 484, Nr. 213. - *M. F.
Feldkamp* 232.

                                   Michael F. Feldkamp

Partouns, Henri Laurent ⟨SJ⟩ (1752 – 1840)

1810 – 1814 Kapitularvikar in Lüttich

* 29. 5. 1752 in Maastricht; Mitglied des Jesuitenordens; nach dessen Aufhebung am Stift St.
Servatius in Maastricht präbendiert; bis 1794
Lehrer und Studienpräfekt am Kolleg zu Maastricht. 1797 verweigerte P. den sog. Haßeid auf
das Königtum, den die französische Republik
von allen belgischen Priestern verlangte. P.
übte seitdem seine seelsorgliche Tätigkeit im
geheimen aus. 1798 zur Deportation verurteilt,
konnte er sich der Verhaftung entziehen. 1802
Apostolischer Protonotar. Bei der konkordatären Neuumschreibung der Pfarreien ernannte
der Lütticher Bischof J. E. (→) Zaepffel P. 1803
zum Pfarrer von Maastricht/St. Nikolaus. Im
April 1810 wurde er zugleich bischöflicher
Kommissar in Maastricht. Am 29. 10. 1810
wählte das Lütticher Domkapitel P. neben H.
(→) Henrard und F. A. (→) Lejeas zum Kapitularvikar. Er trat 1814 von diesem Amt zurück.
1815 – 35 Oberpfarrer in Maastricht/St. Servatius; † 31. 3. 1840.

Literatur: *S. Tagage*, in: NBW 3 (1968) 650-653.

                                        Alfred Minke

Passi, Bartolomeo Antonio (1693 – 1774)

1744 – 1774 Weihbischof in Trient, Ep. tit.
             Pellensis
1750 – 1756 Konsistorialpräsident in Trient

* 26. 3.1693 in Pressano (Diöz. Trient); 25. 2.
1716 Priester; 1722 Dr. iur. utr. (Bologna); im
Dienst G. B. (→) Gentilottis in Rom, 1725 des
Kardinals Alvaro Cienfuegos, der Botschafter
Karls VI. in Rom war; 1726 Domherr in Trient;
1739 Sekretär der kaiserlichen Botschaft in
Rom; 1741 Domdekan, 1748 Dompropst in
Trient; 28. 9. 1744 Titularbischof von Pella und
Weihbischof in Trient; 25. 10. 1744 Konsekration in Wien durch Kardinal S. v. (→) Kollonitsch. P. übte das Amt eines Weihbischofs
auch unter dem Koadjutor L. E. v. (→) Firmian
aus. Dieser beauftragte ihn mit der Errichtung
des Konsistoriums, dessen Präsident P. 1750
wurde. 1762 weilte er als Gesandter von Fürstbischof Fr. (→) Alberti d'Enno in Wien. Bei der
Bischofswahl von 1763 trat er für Cristoforo (→
Bd. I) Migazzi ein, empfahl dem Papst später
aber die Ernennung Cr. (→) Sizzo de Noris', den
er auch konsekrierte. Dieser nahm P. jedoch
nicht mehr als Weihbischof in Anspruch; †
23. 7. 1774 in Trient.

Schriften: Monita ad sacerdotes ex. S. Concilio et
Ecclesiae patribus cum prolixa epistula nuncupativa
(Romae 1730). - La storia della vita, del martirio e dei
miracoli di S. Giovanni Nepomuceno canonico di
Praga (Roma 1729; Trento, Parma 1737). - In causam
praetensae amotionis contra Rev. Capitulum Cathe-
dralis Tridenti. Acta (Romae 1746).

Literatur: *S. Weber*, Vescovi suffraganei 150-154. - *C.
Donati* 6-8, 10-13, 62-66. 73, 81-84, 114-117, 130 f., 144-
249, 295-297, 304-308.

                                        Josef Gelmi

Pauli-Stravius, Georg (1593 – 1661)

1640 – 1661 Weihbischof in Köln, Ep. tit.
             Joppensis
1641 – 1661 Generalvikar in Köln

* 10. 10. 1593 in Kuttekoven bei Borgloon (fläm.
Teil des Fürstbistums Lüttich) als Sohn des L.
Pauwels und der A. Strauven (daher später der
latinisierte Doppelname). Von seinen elf Geschwistern wurde noch Richard (→) P. Priester
und später Weihbischof in Lüttich. Beide Brüder erhielten ihre Ausbildung wahrscheinlich
bei den Lütticher Jesuiten. Daran schloß sich

für beide bis 1617 in Rom das Studium der Philosophie und der Theologie an. P. bezog den Unterhalt dafür aus einem Benefizium, das er seit 1609 an der Stiftskirche in Looz innehatte. 1620 Dr. iur. can. (Rom). Seit 1623 arbeitete P. in der Nuntiaturkanzlei zu Brüssel, danach unter Nuntius Pietro Francesco Montoro als Abbreviator in Köln. Durch Vermittlung Montoros dürfte er auch ein Kanonikat in St. Ursula zu Köln erhalten haben. Nachdem er im März 1627 in Rom alle Weihen (27. 3. Priesterweihe) empfangen hatte, erlangte er in den folgenden Jahren noch weitere Pfründen. 1633 wurde er auf Vorschlag der Kölner Universität Domherr in Köln. Zu diesem Zeitpunkt arbeitete der versierte Jurist schon seit einigen Jahren in dem durch (→) Ferdinand von Bayern eingerichteten Kirchenrat. 1638 nahm der Erzbischof ihn als Weihbischof in Aussicht. Trotz des bald durchgeführten Informativprozesses wurde er jedoch erst am 26. 3. 1640 zum Titularbischof von Joppe ernannt. Die Konsekration erteilte ihm F. W. v. (→) Wartenberg am 17. 2. 1641 in der Bonner Stiftskirche. Wenig später ernannte der Erzbischof ihn zugleich zu seinem Generalvikar. P. hat seine Erlasse stets als Weihbischof unterzeichnet. Seine größeren Leistungen lagen auf dem Gebiet der Verwaltung. Als Generalvikar hat er in seiner langen Amtszeit unter den Erzbischöfen Ferdinand und (→) Max Heinrich von Bayern die katholische Reform weit vorangetrieben und im Interesse der bischöflichen Leitungsfunktion die diözesanen Zentralbehörden zielstrebig ausgebaut sowie eine einigermaßen klare Kompetenzabgrenzung durchsetzen können. Infolgedessen traten die im frühen 17. Jh. noch häufigen Konflikte zurück. Ferdinand hat diese Klärung 1645 vorgenommen, und sein Nachfolger hat sie 1651 in der Ordinatio de triplici Vicario Generali bestätigt. Das Amt des Generalvikars wurde dadurch bedeutend gestärkt, das des Offizials dagegen auf die Rechtsprechung zurückgedrängt. Die mit den Vorstellungen des Tridentinums nicht zu vereinbarende Stellung der Archidiakone konnte er dagegen noch nicht zurückdrängen. Andererseits war an die Stelle des 1601 von Erzbischof Ferdinand gegründeten Kirchenrates seit 1616 faktisch das Generalvikariat getreten.

Nicht gering waren die Erfolge P.s auch auf seelsorglichem Gebiet. Hier standen einer durchgreifenden Reform schwere Hindernisse im Weg. Es fehlte zunächst an einer geordneten Priesterausbildung, denn das 1615 von Erzbischof Ferdinand gegründete und an sich schon sehr bescheidene Kölner Priesterseminar war 1645 wegen der Kriegsverhältnisse wieder eingegangen. Fast noch schwerer wog die Ohn-

macht der Diözesanleitung hinsichtlich der geistlichen Stellenbesetzung, denn von den ca. 1500 Seelsorgestellen konnte der Erzbischof keine 2% frei verleihen. Dennoch hat P. durch beharrliche Visitationen, durch die immer wieder neue Einschärfung der Reformbestimmungen bez. der Residenz, der Predigt und der Katechese spürbare Besserung erreicht. Als unentbehrlich erwies sich dabei die Hilfe durch die neuen Seelsorgsorden. Alle Reformbemühungen waren in den 1651 veröffentlichten Synodaldekreten und vor allem in den noch von ihm entworfenen Statuten der Diözesansynode von 1662 zusammengefaßt, die allerdings bez. der Archidiakone auf Kompromisse nicht verzichten konnten. Dennoch wurden dadurch die tridentinischen Reformbestimmungen weitgehend zur diözesanen Norm. Die Statuten sind bis zum Untergang des alten Erzbistums maßgebend geblieben. † 7. 2. 1661 in Köln.

Schriften: Tractatus de triplici vicarii generalis, in pontificalibus nempe, spiritualibus et contentiosis iure, officio et potestate... (Köln 1651, 21781).

Literatur: A. Franzen, Wiederaufbau. - Ders., Archidiakonate. - Ders., in: AHVN 155/156 (1954) 324-331. - H. Molitor, Die Gewaltenteilung zwischen Generalvikar und Offizial der Erzdiözese Köln während des 17. und 18. Jahrhunderts, in: W. Corsten - A. Frotz - P. Linden, Die Kirche und ihre Ämter und Stände. Festschrift J. Frings (Köln 1960) 514-537. - M. Albert.

Erwin Gatz

Pauli-Stravius, Richard (um 1584 – 1654)

1641 – 1654 Weihbischof in Lüttich, Ep. tit. Dionysiensis

* um 1584 in Kuttekoven bei Borgloon (Bistum Lüttich) als zweites Kind des Laurenz Pauwels und der Anna Strauwen (daher der spätere latinisierte Name). Von seinen elf Geschwistern wurde Georg (→) P. Priester und später Generalvikar und Weihbischof in Köln. Beide Brüder besuchten wahrscheinlich das Gymnasium der Jesuiten zu Lüttich. Danach studierten sie bis 1617 Philosophie und Theologie in Rom, wo ihr Onkel Richard Strauwen Geschäftsträger des Fürstbischofs von Lüttich war. Ob eine Promotion erfolgte, ist ungewiß. P. blieb bis 1621 in Rom als Mitarbeiter des Sekretärs der Bischofskongregation. 1621 – 34 Auditor der Brüsseler Nuntiatur; 1628 verzichtete P. zugunsten eines Neffen auf sein Benefizium in Borgloon; Kanonikus und Archidiakon der Diözese Arras; um 1630 Priester; 1634-42 Internuntius in Brüssel unter Aufsicht der Kölner Nuntien Martino Alfieri und Fabio

Chigi; 1638–41 Archidiakon der Erzdiözese Cambrai; 1640 wurde er mit seinen Brüdern durch Kaiser Ferdinand III. geadelt; 21.10. 1641 auf Vorschlag von (→) Ferdinand von Bayern Titularbischof von Dionysias und Weihbischof in Lüttich. Das Urteil des Kölner Nuntius über P. fiel negativ aus, da er sich dem Informationsprozeß zu entziehen suchte. 2. 2. 1642 Konsekration in Brüssel durch Erzbischof Jakob Boonen von Mecheln. P. geriet mit dem Lütticher Domkapitel in Konflikt wegen der von ihm beanspruchten Präzedenz. Als das Kapitel ihm 1646 Mozetta und Rochett verbot, appellierte P. mit Erfolg an die Ritenkongregation. P. war Apostolischer Visitator der belgischen Kongregation des Brigittenordens und Superior der Lütticher Ursulinen. † 24. 1. 1654 in Lüttich.

Literatur: *S. P. Ernst* 229-238. - *U. Berlière* 116-125. - *J. Paquay* 34. - *L. Jadin*, Procès 363f. - *Ders.*, Relations d'après les „Lettere di vescovi" conservées aux Archives Vaticanes (1566 – 1779) (Brüssel-Rom 1952) 78f. - *Ders.*, Relations 13f. - *J. u. P. Lefevre*, Documents relatifs à l'admission aux Pays-Bas des nonces et internonces des XVIIe et XIIIe siècles (Brüssel-Rom 1939) 34-43. - *L.-E. Halkin*, Les archives des nonciatures (Brüssel-Rom 1968) 36f. - *M. Albert.*

Alfred Minke

Payersberg von Boymundt, Ernst Karl Joseph Reichsfreiherr (seit 1693 **Reichsgraf**) **von** (1683 – 1760)

1713 – 1725 Offizial und Generalvikar des Bischofs von Passau für das Land unter der Enns

* 1683; 1703 Domherr in Passau; 1713 Passauer Offizial für Österreich unter der Enns sowie Pfarrer von Pillichsdorf und Ulrichskirchen sowie Dechant; 1714 Priester. Nach seiner Ernennung zum Domdechanten in Passau legte P. 1725 sein Amt als Offizial und Generalvikar nieder. Als Hofratspräsident und Statthalter des Passauer Fürstbischofs übte er jedoch weiter großen Einfluß in der Passauer Diözesanverwaltung aus. † 15. 9. 1760 in Passau; □ Passauer Dom.

Quellen: DAWi.

Literatur: *Th. Wiedemann* V 555. - *L. Krick*, Domstift 14, 87. - *Ders.*, Stammtafeln 282.

Johann Weißensteiner

Peer, Karl (kaiserl. Personaladel seit 1771) **Ritter von** (um 1698 – 1776)

1774 – 1776 Generalvikar in Laibach

* um 1698; 1741 Domherr, 1742 Dompfarrer in Laibach; 1744 – 76 Generalvikar der Bischöfe E. A. v. (→) Attems, L. J. v. (→) Petazzi und K. J. v. (→) Herberstein; förderte die Herausgabe slowenischer Bücher; Mitglied der Hofrevisionskommission für die Bücherzensur; † 7. 5. 1776 in Laibach. Seine kostbare Bibliothek kam an die Lizealbibliothek in Laibach.

Literatur: *F. Kidrič*, in: SBL 2 (1933/52) 278.

France M. Dolinar

Pelkoven (Pelckhoven), **Veit Adam** (seit 1688 **Freiherr**) **von** (um 1650 – 1701)

1683 – 1692 Generalvikar in Freising

* 1650 (err.) in München; Besuch des Jesuitenkollegs in München; Studium der Philosophie in Ingolstadt; 1669 – 73 Studium in Rom als Alumne des Collegium Germanicum; April 1673 Priesterweihe in Rom; 1675 Domherr in Freising (päpstl. Verleihung). Im Domkapitel gehörte P. zur Opposition gegen Dompropst J. S. (→) Zeller und damit gegen Fürstbischof (→) Joseph Clemens. Dieser enthob ihn 1692 vom Amt des Generalvikars, da er sich bischöfliche Befugnisse angemaßt habe. 1695 Propst von Petersberg/Madron und Summus custos der Domkirche; † 10. 3. 1701; □ Freisinger Dom.

Literatur: *C. Meichelbeck - A. Baumgärtner* 613. - *B. Hubensteiner*, Eckher.

Egon Johannes Greipl

Peltzer, Laurenz († 1662)

1661 – 1662 Generalvikar in Köln

* in Thorr bei Bergheim; 1626 – 47 Prof. am Laurentianum in Köln; 1646 Domherr und bis 1659 Pfarrer an St. Aposteln in Köln; 1652 Dr. theol. und Prof. der Theologie, 1661 Rektor der Universität Köln; 1659 Dechant an St. Aposteln; 1661 Generalvikar von Erzbischof (→) Max Heinrich von Bayern; † 2.2. 1662.

Literatur: Handbuch Köln 65.

Erwin Gatz

Perkhofer, Jesse (seit 1652 **von**, RA) (1604 – 1681)

1639 – 1641 Konsistorialpräsident in Brixen
1641 – 1663 Generalvikar in Brixen
1648 – 1681 Weihbischof in Brixen, Ep. tit. Bellinensis

* 11. 10. 1604 in Brixen; besuchte das Jesuitenkolleg in Ingolstadt; 1622 – 30 Studium in Rom
als Alumne des Collegium Germanicum (Dr.
theol. et phil.); 23. 12. 1628 Priester; 1634 Konsistorialrat, 1635 Domkapitular, 1639 – 41 Präsident des Konsistoriums in Brixen; 1642 Domdekan; vertrat das Domkapitel wiederholt auf
dem Tiroler Landtag; 4. 5. 1648 Titularbischof
von Bellinas und Weihbischof in Brixen; 14. 6.
1648 Konsekration durch Fürstbischof C. E. v.
(→) Madruzzo von Trient; 1663 durch Fürstbischof S. A. v. (→) Thun als Konsistorialpräsident abgesetzt; † 31. 5. 1681.

Literatur: *A. Steinhuber.* - *S. Weber*, Vescovi suffraga-
nei 138 f. - *K. Wolfsgruber*, Brixner Domkapitel 186 f. -
I. Mader, Der Weihbischof Jesse und die Perkhofer in
Bressanone, in: Der Schlern 16 (1935) 106-112.

                                        Josef Gelmi

Pešina (Pessina) (seit 1670 **von Czechorod**),
Thomas (1629 – 1680)

1670 – 1674 Generalvikar in Prag

* 19. 12. 1629 in Počátek (Böhmen); 1653 Priesterweihe; 1657 Dechant in Leitomychl; 1663
Kanonikus von Altbunzlau (Stará Boleslav);
1664 Kanonikus in Leitmeritz; 1666 Domherr
und tschechischer Prediger in Prag; 1670 Domdechant, Generalvikar und Offizial von Erzbischof M. F. (→) Sobek von Bilenberg; 1668
kaiserlicher Rat, Pfalzgraf. P. soll Titularbischof von Semendria in Serbien gewesen sein,
doch wurde dieser Titel noch vor seinem Tod
anderweitig vergeben. Gründete das Paulaner-
kloster zu Obořiště; gelehrter Historiograph;
bekannter Redner und Prediger; † 3. 8. 1680 in
Prag.

Schriften: *A. Podlaha* 188 f.

Literatur: *A. Podlaha* 183-189 und Suppl. I 9.

                                        Kurt A. Huber

Petazzi (Petaz, Petazi, Pettazzi) **von Castel
Nuovo, Leopold Joseph Hannibal Graf**
(1703 – 1772)

1740 – 1760 Bischof von Triest
1760 – 1772 Fürstbischof von Laibach

Leopold Joseph Hannibal von Petazzi wurde
am 18. 7. 1703 zu Wien als Sohn des Adelm
Anton Graf von Petazzi und Castelnuovo, Freiherrn von Schwarzenegg, und seiner Ehefrau
Anna Maria Gräfin von Schrattenbach geboren. Sein Studiengang ist nicht bekannt. Am

7. 7. 1726 wurde er in Senj zum Priester geweiht. Danach setzte er sein Studium in Padua
fort (1727 Dr. theol.). 1733 wurde er Domherr
und Domdechant in Laibach und 1734 Archidiakon für den innerösterreichischen Teil des
Patriarchates Aquileja (Oberkrain). 1735 verlieh der Kaiser ihm die Abtei Szeplak. 1740
wurde er Mitglied des Krainer Landtages. Am
27. 8. 1740 nominierte Kaiserin Maria Theresia
ihn zum Bischof von Triest. Die päpstliche
Verleihung folgte am 30. 9. Am 8. 1. 1741 wurde
er zu Laibach von seinem Onkel, dem Fürstbischof S. F. v. (→) Schrattenbach, konsekriert
und am 12. 2. in Triest inthronisiert. 1750
ernannte Maria Theresia ihn zum Geheimrat,
1760 zum wirklichen Geheimrat. Gleichzeitig
wurde er der letzte Generalvikar für den österreichischen Teil des 1751 aufgehobenen Patriarchates Aquileja. P. hat vor allem in Unterkrain zahlreiche bischöfliche Weihehandlungen vorgenommen.

In der Ernennungsbulle war P. zwar auferlegt
worden, für das kleine dreisprachige Bistum
Triest (24 Pfarreien, 14 Kuratkaplaneien, 3
Kollegiatkirchen) ein Priesterseminar zu errichten, doch ließ sich dies offenbar aus finanziellen Gründen nicht verwirklichen. 1750 löste
der Plan zur Errichtung eines griechisch-orthodoxen Bistums in Triest wie auch in den
anderen dalmatinischen Bistümern heftigen
Widerspruch aus, so daß es schließlich nur
zum Bau einer Kirche kam. Im übrigen war P.
nicht mit besonderen pastoralen Problemen

konfrontiert. 1756/57 veranlaßte er die Herausgabe verschiedener liturgischer Bücher.

Nach dem Tode des Laibacher Fürstbischofs E. A. v. (→) Attems (5. 12. 1757) blieb das Bistum Laibach drei Jahre lang unbesetzt, da der Görzer Erzbischof K. M. v. (→) Attems die Nachfolge ablehnte. Am 22. 9. 1760 nominierte die Kaiserin schließlich P. Die päpstliche Verleihung folgte am 15. 12., die Inthronisation am 25. 1. 1761.

P. visitierte das Bistum nur teilweise, während er die jährlichen Kleruskonferenzen in Laibach und Oberburg regelmäßig durchführte. Obwohl er das Slowenische nur dürftig beherrschte, empfand er keine Schwierigkeiten bei der Amtsführung. Als er im Juni 1768 schwer erkrankte, erhielt er gegen seinen Willen in K. J. v. (→) Herberstein einen Koadjutor, der ihm später nachfolgte.

Es ist auffallend, wie zahlreich die kirchlichen Publikationen unter P. waren. Der Bischof selbst veranlaßte jährlich die Herausgabe des lateinischen Kalenders. Seit 1761 erschien eine slowenische Übersetzung des Katechismus des Petrus Kanisius in vier Auflagen. Auch eine Reihe liturgischer und von Ordensleuten besorgter Gebetbücher wurde veröffentlicht, doch ist kaum auszumachen, welchen Anteil P. daran hatte. P. war ein großer Gönner der Orden, aus denen er sich auch seine persönlichen Berater wählte.

P. starb am 22. 11. 1772. Er wurde im Dom zu Laibach beigesetzt.

Literatur: *M. Premrou*, Vescovi triestini 16-18. - *F. Kidrič*, in: SBL 2 (1935/52) 319f. - Primorski slovenski biografski leksikon [Slowenisches biographisches Lexikon für das Küstenland] Heft 11 (Görz 1985) 640-641.

Abbildungsnachweis: Biblioteca Nazionale, Trieste.

France M. Dolinar

Petit, Hyacinth (1680 – 1719)

1718 – 1719 Weihbischof in Osnabrück, Ep. tit. Heliopoliensis
1718 – 1719 Metropolitanvikar in Osnabrück
1718 – 1719 Apostolischer Vikar des Nordens

* 24. 1. 1680 in Virton (Erzdiöz. Trier); 1690 Tonsur in Luxemburg; Eintritt in das Karmeliterkloster in Köln; 8. 3. 1704 Priesterweihe in Köln; 1710 Dr. theol. (Köln); Lektor für Theologie und Philosophie im Karmeliterkloster in Frankfurt; Generaldefinitor und Qualifikator am Hl. Offizium in Rom; 11. 5. 1717 von der

Propaganda Fide als Weihbischof in Osnabrück und Apostolischer Vikar des Nordens vorgeschlagen; 11. 2. 1718 Titularbischof von Heliopolis und Weihbischof in Osnabrück; 12. 2. 1718 Bischofsweihe in Rom; 9. 4. 1718 Apostolischer Vikar des Nordens. Nachdem das Osnabrücker Domkapitel infolge der von ihm gemäß den Bestimmungen des Westfälischen Friedens vorgenommenen Wahl eines protestantischen Fürstbischofs der Kirchenstrafe verfallen war, hatte P. die Aufgabe, die an der Wahl beteiligten katholischen Domherren zu absolvieren. Weil P. bei dem protestantischen Fürstbischof Ernst August II. von Braunschweig-Lüneburg nicht um Erlaubnis bat, sein Amt als Generalvikar des Kölner Erzbischofs („Metropolitanvikar") ausüben zu dürfen, erhielt er nicht die ihm zustehenden Einkünfte und die Wohnung. Er nahm Unterkunft im Jesuitenkolleg in Osnabrück und bezog sein Einkommen aus dem Kollegiatstift St. Andreas zu Köln. † 26. 7. 1719 in Osnabrück.

Literatur: *E. Monsignano*, Bullarium Carmelitanum plures continens summorum Pontificum litteras et constitutiones 2 (Rom 1718) 703-706. - Bullarium, diplomatum et privilegiorum sanctorum Romanorum Pontificum 21 (1871) 745-751. - *J. C. Möller*, Weihbischöfe Osnabrück 192f. - *J. Metzler*, Apostolische Vikariate 145-147. - *H. Hoberg*, Gemeinschaft der Bekenntnisse 103. - Ders., Wahlen 326f. - *M. F. Feldkamp* 235. - Ders., Quinquennalfakultäten 126f.

Michael F. Feldkamp

Petrucius (Petrucci), Johann Peter († 1678)

1664 Generalvikar in Olmütz

Seit 1661 Domdekan, seit 1672 Dompropst in Olmütz, 1664 als Generalvikar und Offizial erwähnt; † 1678; außer ihm gehörte dem Olmützer Domkapitel seit 1653 Johann Peter P. „junior" an († 1656).

Literatur: *Z. Štěpánek.*

Aleš Zelenka

Pfalz von Ostritz (Ostryc), Christian Augustin (1628 – 1702)

seit 1674 Generalvikar in Prag

* 16. 12. 1629 in Ostritz (Lausitz) als Sohn einer Handwerkerfamilie; Besuch der Jesuitenkollegien in Jičin, Prag, Tyrnau, Wien und Olmütz; 1653 Priester; Pfarrer von Seitendorf (Südlausitz); 1657 Landdekan in Friedland; 1660 Dr. theol. (Prag); 1666 Domherr und deutscher

Domprediger in Prag; 1667 Beisitzer beim erzbischöflichen Konsistorium in Prag; 1670 Kanonikus in Bautzen; seit 1674 Generalvikar des
Prager Erzbischofs M. F. (→) Sobek von Bilen-
burg; 1677 Archidiakon; 1692 Steueramtsdi-
rektor des Königreiches Böhmen; Verfasser
mehrerer Erbauungs- und Kontroversschriften;
verfaßte 1693/94 neue Statuten für das Prager
Metropolitankapitel; † 5. 12. 1702 in Prag;
□ Kapitelsgruft Prager Dom.

Schriften: A. Podlaha.

Literatur: G. F. Otto II 794. - Fr. M. Pelzel, Abbild
Böhmischer und Mährischer Gelehrten (1782) 78. -
A. Podlaha 189-193 und Suppl. I 9.

Siegfried Seifert

Philipp Moritz, Herzog von Bayern
(1698 – 1719)

1719 erwählter Fürstbischof von Münster und
Paderborn

Philipp Moritz von Bayern wurde am 5. 8. 1698
zu Brüssel als viertes von fünf Kindern aus der
zweiten Ehe des bayerischen Kurfürsten
Max II. Emanuel mit Theresia Kunigunde, der
Tochter des polnischen Königs Johann Sobieski, geboren. Als im Verlauf des Spanischen
Erbfolgekrieges München 1705 durch kaiserliche Truppen erobert wurde, geriet Ph. M. mit
seinen Brüdern (→) Clemens August und (→)
Johann Theodor in österreichischen Gewahrsam. 1706 wurden sie nach Klagenfurt, 1712
nach Graz verbracht und von österreichischen
Geistlichen standesgemäß erzogen. Die Eltern
waren den Kindern damals freilich so gut wie
unbekannt. Auf dem Lehrplan standen Unterricht in Staatsrecht, Rhetorik, Geschichte, Fe-
stungsbau. Ferner lehrte man die Prinzen reiten, fechten und tanzen. Ph. M. erwarb sich
daneben gewisse Fertigkeiten im Flötenspiel.
Als Max Emanuel 1715 nach München zurückkehrte, versammelte er auch die Familie wieder
am dortigen Hof. 1715 reiste Ph. M. mit seinen
Geschwistern von Graz über Altötting nach
München. Die hochfliegenden politischen Pläne des bayerischen Kurfürsten waren auf europäischer Ebene zwar gescheitert, die Reichskirchenpolitik versuchte er jedoch nach wie vor zu
benutzen, um die Stellung seines Hauses zu
stärken. Zu diesem Zweck schickte er u. a.
Clemens August und Ph. M. 1716 für einige
Monate nach Rom, um sie in Kreisen der Kurie
bekannt zu machen und das Feld für die
künftige Personalpolitik in den Bistümern des
Reichs vorzubereiten. Allerdings wurde eher

das Gegenteil erreicht, da Ph. M. die Reise mehr
als eine Kavalierstour betrachtete und während des römischen Aufenthaltes offen seine
Abneigung gegen den geistlichen Beruf zeigte.
Zu dieser Zeit liefen schon längst Max Emanuels Bemühungen um die westfälischen Bistümer Münster und Paderborn, die seit dem Tod
(→) Ferdinands von Bayern (1650) dem Hause
Wittelsbach verloren gegangen waren. Durch
den plötzlichen Tod des Trierer Kurfürsten (→)
Karl Josef von Lothringen am 24. 12. 1715 hatte
sich diesbezüglich eine Perspektive ergeben.

Karl Josef besaß angeblich die Zusage des
Fürstbischofs von Münster und Paderborn,
Fr. A. v. (→) Wolff-Metternich, ihn als Koadjutor mit dem Recht der Nachfrage anzunehmen.
Da dieses mit erheblichem Finanzaufwand
verbundene Geschäft nicht zustande kam, Metternich aber dringend Geld benötigte, erschien
Max Emanuel ein Vorstoß erfolgversprechend.
In Konkurrenz zum Wiener Hof, den Seemäch-
ten und dem König von Preußen verhandelte er
mehr als zwei Jahre, machte sowohl an Metternich als auch an die beteiligten Domkapitel
erhebliche finanzielle Zusagen und erreichte
1718 sein Ziel. Eine Koadjutorwahl konnte
allerdings nicht mehr stattfinden, da Metternich bereits am 25. 12. 1718 starb und die
Wählbarkeitsbreven aus Rom immer noch
nicht eingetroffen waren. Die Widerstände, die
die Kurie einer Wahl von Ph. M. entgegensetzte,
wurden durch den Einfluß des Kölner Nuntius
ausgeräumt. So fiel die Wahl der Domkapitel

von Paderborn und Münster am 14. bzw. 21. 3.
1719 einstimmig auf Ph. M. Dieser war jedoch
schon am 12. 3. 1719 nach einer schweren
Masernerkrankung und einem Schlaganfall in
Rom gestorben. Er wurde in der Kirche
S. Maria della Vittoria, die seit Maximilian I.
mit dem Haus Bayern durch enge Beziehungen
verknüpft war, beigesetzt. Der Tod von Ph. M.
machte den Weg in die westfälischen Bistümer
für seinen Bruder Clemens August frei.

Literatur: K. Th. Heigel, Die Wahl des Prinzen Philipp
Moritz von Bayern zum Bischof von Paderborn und
Münster (München 1902). - M. Weitlauff. - Ders.,
Reichskirchenpolitik.

Abbildungsnachweis: Residenz München, Ahnengalerie Gw 116. - Werkstatt G. Desmarées, nach 1730.-
BSV Neg. Nr. 18679.

                                    Egon Johann Greipl

Piccardi, Aldrago Antonio de (1708 – 1789)

1766 – 1785 Bischof von Pedena
1785 – 1789 Bischof von Senj-Modruš

* 6. 5. 1708 in Triest als Sohn des Francesco de
P. und der Giacoma Gregolini; Studium der
Theologie bei den Jesuiten in Görz; 12. 4. 1731
Priesterweihe; 1734 Domherr, 1755 Domdechant in Triest. P. interessierte sich für Geschichte und Archäologie und wirkte bei der
Neuordnung des staatlichen Archivs in Triest
mit. Am 1. 7. 1766 nominierte Maria Theresia
ihn zum Bischof von Pedena. Die päpstliche
Verleihung folgte am 1. 12. 1766. In zwei Relationen von 1775 und 1780 schilderte P. den
Stand seines Sprengels vor dessen Auflösung
im Rahmen der josephinischen Diözesanregulierung. P. residierte ständig in Pedena, durfte
sich aber bei seinen Visitationen nach aus-
drücklicher Verordnung des Kaisers von 1780
in den Pfarreien nur 24 Stunden aufhalten. Am
31. 8. 1784 nominierte Kaiser Joseph II. ihn,
obwohl er kein Kroatisch sprach, zum Bischof
von Senj-Modruš. Die Translation erfolgte am
14. 2. 1785. † 13. 9. 1789 in Triest; □ Triester
Dom.

Literatur: M. Premrou, Vescovi petinensi 390. - Atti e
memorie 344-346. - J. Grah 14-16, 23, Anm. 59-69.

                                    France M. Dolinar

Piccini, Giovanni Battista

1685 – 1687 Generalvikar in Trient

* in Castel Condino (Diöz. Trient); Dr. theol.;
1659 Erzpriester in Cavedine, 1671 in Condino;
1685 – 87 Generalvikar von Fürstbischof F. (→)
Alberti di Poja.

Literatur: A. Costa 349. - J. C. Tovazzi 27 f.

                                    Josef Gelmi

Pidoll, Johann Michael Josef von (1734 – 1819)

1794 – 1802 Weihbischof der Diözese Trier,
             Ep. tit. Diocletianopolitanus
1802 – 1819 Bischof von Le Mans

* 16. 9. 1734 in Trier als neuntes von elf Kindern
des kurfürstlichen Rates und Thurn- und
Taxisschen Oberpostmeisters in Trier Hubert
P. und der Maria Josefa Geisen. Die Familie P.
war seit dem 17. Jh. in der Eisenindustrie des
Erzstiftes führend. Der Großvater Franz war
1714 unter dem Titel „von Pidoll zu Quinten-
bach" geadelt worden. Besuch des Trierer Jesuitengymnasiums; Studium der Theologie und
seit 1753 beider Rechte in Trier (1756 Dr.
iur. utr.); 23. 12. 1758 Priesterweihe in Trier;
1755 Kanoniker, 1758 Kapitularkanoniker
an St. Paulin in Trier; 1760 – 70 Sekretär,
1770 – 1802 letzter Dekan des Kapitels;
1775 – 91 zugleich Kanoniker an St. Simeon in
Trier; 1791 Inhaber einer Ritterpräbende mit
dem Titel eines Ritters im Stift Springiersbach,
dessen Umwandlung in eine Chorherrenabtei
er vollzog. P. begann seine Laufbahn im Erzbistum Trier als Assessor und Sekretär am
Generalvikariat in Trier, namentlich bei zahlreichen Visitationen. 1787 geistlicher Geheimer Rat, dann Direktor des geistlichen Justizse-
nates. 1789 übertrug Erzbischof (→ Bd. I) Klemens Wenzeslaus ihm die Aufsicht über das
trierische Schulwesen. 1791 Siegler am Generalvikariat. Bei der ersten Gefährdung Triers
durch französische Revolutionstruppen flüchtete P. das Archiv von St. Paulin über den
Rhein und blieb dann ab 1793 zunächst anstelle des entlassenen Franz Heinrich Beck Referendar für geistliche Angelegenheiten in Koblenz. Von dort aus suchte er, den Zusammenbruch des geistigen und geistlichen Lebens des
Erzstiftes, besonders des Schulwesens, aufzu-
fangen, zumal Weihbischof J. M. (→) Cuchot
d'Herbain seit Anfang 1793 durch Krankheit
an der Amtsausübung gehindert war. Obwohl
im allgemeinen mit einer Kandidatur des im
Erzstift tätigen Emigranten Peter Joseph Per-
reau gerechnet wurde, bestimmte Klemens
Wenzeslaus 1793 P. zum Koadjutor d'Herbains.
21. 2. 1794 Titularbischof von Diocletianopolis
und Weihbischof der Diözese Trier; 19. 3. 1794

Konsekration durch Klemens Wenzeslaus in der Koblenzer Hofkapelle. Im Oktober 1794 floh P. wie der Erzbischof vor den französischen Truppen über den Rhein. Von Hanau, Frankfurt, Mainz, Ehrenbreitstein (1797) und wieder Frankfurt aus hielt er die Verbindung zwischen dem Erzstift und dem in Augsburg wirkenden Erzbischof. Er weihte und firmte im rechtsrheinischen Teil des Erzbistums. Nach dem Abschluß des Konkordates machte er sich Hoffnung auf das Bistum Trier, zumal Klemens Wenzeslaus ihn dafür in Rom und Paris empfahl. Im August 1801 bei einem Rückkehrversuch aus Trier ausgewiesen, mußte er Ch. (→Bd. I) Mannay weichen. Am 9. 5. 1802 zum Bischof von Le Mans nominiert und am 25. 5. transferiert, leistete P. am 21. 6. in Paris den Treueid. Am 7. 7. nahm er Besitz von seinem Bistum, das die Départements Sarthe und Mayenne umfaßte. Dort hatte er sich mit zwei konstitutionellen Bischöfen und zahlreichen konstitutionellen Priestern auseinanderzusetzen, die als Mitglieder der Petite Eglise die Unterwerfung verweigerten. Der unscheinbar wirkende und zunehmend von Altersproblemen geplagte P., der die französische Sprache stets mit fremdem Akzent sprach, vermochte sich durch sein Entgegenkommen und seine konsequenten Visitationen jedoch durchzusetzen. 1803 ordnete er die Bistumsverwaltung, 1804 die Kirchenfabrikverwaltung. 1806 gründete P. ein Knaben- und 1815 ein Priesterseminar. Gezielt förderte er ferner die Wiedergründung von Ordensniederlassungen, so 1815 die der Jesuiten in Laval. Den Freiraum dafür schuf er sich durch eine zumindest nach außen nie in Frage gestellte Loyalität gegenüber der Politik Napoleons. Das galt auch während der Übergriffe des Kaisers gegenüber Pius VII. und angesichts der drückenden Aushebungen zum Militärdienst. 1814/15 vollzog P. ohne Zögern einen politischen Wechsel, was ihm die Ernennung zum „Baron d'Empire" und zum Ritter der Ehrenlegion einbrachte. In den letzten Lebensjahren konnte P. sein Amt altersbedingt nicht mehr ausüben. † 23. 11. 1819 in Le Mans; □ Kathedrale ebd.

Literatur: Chronik der Diözese Trier 1 (1828) 89-93. - K. J. Holzer. - Sifflet, Les Evêques concordataires du Mans I: Monseigneur de Pidoll 1802-1819 (Le Mans 1914). - P. Mazin, Un Evêque concordataire, Mgr. de Pidoll, Evêque du Mans (Le Mans 1932). - F. J. Heyen. - W. Schuhn, Eine Priestergestalt unserer Heimat. Johann Michael Josef von Pidoll (1734-1819), in: Jahrbuch für den Kreis Trier-Saarburg 11 (1980) 189-194 (Lit.). - A. Thomas, Die Verwaltung des linksrheinischen Bistums Trier von der Zeit der französischen Besetzung 1794 bis zur Einführung des Bischofs Charles Mannay 1802, in: KTrJb 21 (1981) 210-223.

Wolfgang Seibrich

Pienzenau, Johann Max Emmanuel Freiherr von (1675 – 1727)

1712 – 1727 Passauer Offizial und Generalvikar für das Land ob der Enns

* 1675; 1691 Domherr in Passau; 1699 in Regensburg und Freising; 1701 Priesterweihe in Passau; 1704 Stiftspropst in Landshut; 1699 – 1708 Pfarrer von Peuerbach (Österreich); Domkustos in Passau; kurbayerischer Geheimrat; 1712 – 27 Offizial und Generalvikar des Bischofs von Passau für das Land ob der Enns, † 23. 3. 1727 in München; □ Ebersberg.

Literatur: L. H. Krick, Domstift 85, 216. - Ders., Stammtafeln 286.

August Leidl

Piesport, Ermenold ⟨OSB, Taufname: Johann Philipp Jakob⟩ **von** (1724 – 1778)

1776 – 1778 Weihbischof in Fulda, Ep. tit. Capharnensis

* 17. 12. 1724 in Überlahr (Bist. Trier); 1. 11. 1745 Einkleidung und 9. 11. 1746 Profeß im Benediktinerstift Fulda; 14. 3. 1750 Priesterweihe; 22. 9. 1761 Aufnahme in das Stiftskapitel; 1765 Hospitalpräsident; 1773 Stiftsdechant, Propst zu Neuenberg, Fürstlicher Geheimer Rat und Präsident der weltlichen Regierung des Stiftes Fulda; 29. 1. 1776 Ernennung zum Titularbischof von Kapharnaum und Weihbischof in Fulda; 17. 3. 1776 Konsekration in Fulda; † 8. 2. 1778.

Literatur: G. Richter 87.

Werner Kathrein

Pignot, Alphonse († 1822)

1798 – 1822 Generalvikar in Sitten

→ Bd. 1, 565.

Pilchowicz, Wojciech (1600 – 1665)

1648 – 1665 Weihbischof der Diözese Ermland, Ep. tit. Hipponensis
1651 – 1655 Generalvikar der Diözese Ermland

* 1600 aus ermländischer Vasallenfamilie; Studium in Rom, Dr. iur. can.; danach königlicher Sekretär in Polen sowie Domherr in Gnesen und Lowitsch; Freund und Ratgeber des erm-

ländischen Bischofs W. (→) Leszczyński; Apostolischer Notar und Domherr von Kamieniec; 1647 ermländischer Domherr; 1648 auf Wunsch Leszczyńskis Weihbischof der Diözese Ermland und 13. 1. 1648 Titularbischof von Hippo; nahm im gleichen Jahr mit Leszczyński am Warschauer Reichstag teil; 1652 – 54 Vertreter und Bevollmächtigter Leszczyńskis in weltlichen und geistlichen Angelegenheiten; 1651 – 55 Offizial und Generalvikar; 1659 Dekan von Lowitsch. Als die Schweden wenig später den silbernen Sarg des hl. Adalbert aus der Gnesener Kathedrale raubten, ließ P. bei einem Danziger Goldschmied einen neuen anfertigen. Auch dem ermländischen Domkapitel vermachte er eine beträchtliche Summe. † April 1665 in Łyszkowice bei Lowitsch auf der Rückreise von einem Besuch bei Leszczyński; □ Lowitsch.

Literatur: *A. Eichhorn*, Weihbischöfe 144-148. - *A. Rogalski* 210. - *H. E. Wyczawski*, in: PSB 26 (1981) 245 f. - *T. Oracki* 2 (1988) 77 f.

Anneliese Triller

Piwnicki, Konstanty Józef (1703 – 1779)

seit 1750 Generalvikar der Diözese Kulm

* 1703; besuchte seit 1724 das Jesuitenkolleg in Braunsberg; 1729 – 31 Stipendiat der Preuckschen Stiftung in Rom; Pfarrer von Lichtfelde im Marienburger Werder; 1738 Domherr in Kulm, mehrmals Deputierter für das Krontribunal; 1745 auf der Löbauer Synode zum Synodalexaminator ernannt; 1750 als Generalvikar von Kulm erwähnt; das Amt hatte er längstens bis 1755 inne (F. F. → Pląskowski); 1750 – 63 Archidiakon von Pomesanien; 1751 Domherr in Ermland; seitdem residierte P. in Frauenburg; 1768 Domdechant; † 10. 4. 1779 in Frauenburg.

Literatur: *A. Mańkowski*, Prałaci 149 f. - *T. Oracki* 2 (1988) 80 f.

Hans-Jürgen Karp

Pląskowski, Fabian Franciszek (1705 – 1784)

1750 – 1784 Weihbischof der Diözese Kulm, Ep. tit. Martyriensis
seit 1755   Generalvikar der Diözese Kulm

≈ 1. 2. 1705 in Nieżywięć (Diöz. Kulm); 1727 Dr. iur. utr. (Rom, Sapienza); 7. 2. 1728 Priester; 1732 – 60 Pfarrer von Stuhm; Offizial von Pomesanien; 1732 Domherr von Kulm; 1742 Pfarrer von Lesewitz im Großen Marienburger

Werder und Archidiakon von Pomesanien; Pfarrer von Neukirch bei Pelplin; 1749 Pfarrer von St. Johannes in Thorn; 1750 Archidiakon von Kulm; 25. 5. 1750 Titularbischof von Martyropolis und Weihbischof der Diözese Kulm; 9. 8. 1750 Konsekration; spätestens seit 1755 auch Offizial von Kulm; nach dem Tode von Bischof W. S. (→) Leski 1758 – 59 Kapitelsvikar; P. nahm auch Weihehandlungen in der benachbarten Diözese Włocławek vor; 1781 erhielt er die Erlaubnis, in allen Kirchen zu zelebrieren, Beichte zu hören und liturgische Geräte zu konsekrieren; Autor zweier Leichenpredigten, die in zeitgenössischen Drucken erschienen; † 18. 2. 1784; □ Dom zu Kulmsee.

Schriften: *K. Estreicher* 24 (1912) 345 f.

Literatur: *R. Frydrychowicz* 26-29. - *A. Mańkowski*, Prałaci 151 f. - *H. Dymnicka-Wołoszyńska*, in: PSB 26 (1981) 701 f. - *T. Oracki* 2 (1988) 82.

Hans-Jürgen Karp

Plebst, Ignaz Wilhelm (1623 – 1695)

1686 – 1694 Generalvikar in Regensburg
1690 – 1694 Coadministrator in spiritualibus in Regensburg

* 21. 8. 1623 in Burghausen als Sohn des kurbayerischen Regierungsrates Dr. iur. utr. Hans Georg P.; 1641 – 48 Studium in Rom als Alumne des Collegium Germanicum; Priesterweihe und Dr. theol. ebd.; 1649 Pfarrer und Kanonikus an der Kollegiatkirche St. Martin in Landshut; 1652 Domizellar (päpstl. Provision) und 1668 Domkapitular in Regensburg; 1670 Domkustos und Propst des Kollegiatstifts St. Johann in Regensburg; Juli 1686 Offizial (bis März 1691) und Generalvikar (bis Juni 1694), ab November 1690 auch vom Hl. Stuhl eingesetzter Coadministrator in spiritualibus des Bischofs (→) Joseph Clemens von Bayern; † 4. 4. 1695 in Regensburg; □ Regensburger Dom.

Quellen: BZA Regensburg.

Literatur: *A. Steinhuber*. - *G. Schwaiger*, Wartenberg 117. - *M. Weitlauff*, Reichskirchenpolitik 433 f.

Karl Hausberger

Pleister, Jean († 1676)

1660 – 1676 Generalvikar in Straßburg

Dr. theol. et iur.; 1660 zum Generalvikar, 1663 zum Offizial in der Diözese Straßburg ernannt. P. war der erste Leiter der Diözesanverwaltung, der sich nach dem Dreißigjährigen Krieg um den Wiederaufbau mühte. 1661 – 62 visitierte er erstmals die gesamte Diözese. 1666 führte er eine weitere Visitation aller links- und rechtsrheinischen Dekanate durch, über die er wertvolle Protokolle hinterließ. 1668 – 69 unternahm er wiederum eine Visitation. Auf den Visitationsergebnissen basierten wohl die Statusberichte Bischof F. E. v. (→) Fürstenbergs aus den Jahren 1665 und 1668 wie auch die Synodalstatuten von 1668. Höchstwahrscheinlich hat P. auch am Diözesankatechismus und am Rituale von 1670 („Agenda ecclesiae argentinensis") mitgearbeitet. † 7.1. 1676 in Molsheim; ▢ Kirche der Rekollekten in Hermolsheim bei Mutzig (Unter-Elsaß).

Literatur: *Ph. A. Grandidier*, Alsatia sacra 23. - *L. Châtellier*, Tradition chrétienne 39f., 46, 50, 111, 154, 163, 166, 169f. - Répertoire IV 391-393.

Louis Châtellier

Plettenberg zu Lenhausen, Friedrich Christian von (1644 – 1706)

1687 – 1688 Generalvikar in Münster
1688 – 1706 Fürstbischof von Münster

Friedrich Christian von Plettenberg wurde am 8.8. 1644 als Sohn des Bernhard v. P. und der Odilia von Fürstenberg auf Gut Lenhausen im Herzogtum Westfalen geboren. Die P. waren wie die Fürstenberg eine in Westfalen weit verzweigte Familie, deren Mitglieder während des 17. und 18. Jh. vornehmlich in Münster, Paderborn und Hildesheim 39 Domkanonikate innehatten. Auch P., der schon als Achtjähriger die Tonsur erhalten hatte, erhielt Domkanonikate in Speyer (1663), durch Präsentation seines Onkels, des Domdechanten Christian v. P., in Münster (1664) und durch päpstliche Provision in Paderborn (1670). Seit 1677 war er zugleich Propst von St. Martini zu Münster.

1659 – 64 hatte P. wie andere Mitglieder seiner Familie als Alumne des Collegium Germanicum in Rom studiert, aber nicht die Priesterweihe empfangen. Auch der weitere Aufstieg P.s vollzog sich mit Unterstützung seiner Familie. 1680 berief sein Onkel Bischof F. v. (→) Fürstenberg ihn zum münsterschen Geheimen Rat. Seit 1679 war er mit diplomatischen Gesandtschaften in Paris, Berlin und beim Niederrheinisch-Westfälischen Kreistag in Duisburg beauftragt. 1683 erfolgte seine Ernennung zum Oberjägermeister und Hofkammerpräsidenten, 1686 seine Wahl zum Domdechanten. Nachdem P. sich am 20. 6. 1688 in Paderborn die Priesterweihe hatte spenden lassen, übertrug Erzbischof (→) Max Heinrich von

Bayern ihm am 30. 9. 1687 das Amt des Generalvikars. Am 29. 7. 1688 wählte das münsterische Kapitel ihn zum Bischof.

Das Domkapitel hatte wohl deshalb ein Mitglied aus seinen eigenen Reihen gewählt, weil es von ihm nach der seit 1678 dauernden Herrschaft eines außerhalb residierenden Bischofs eine stärkere Berücksichtigung des Stiftes und der Diözese erhoffte. In dieser Hinsicht hat es sich nicht getäuscht.

P. trat nach Zahlung von 6 000 Thalern an das Kapitel die Regierung bereits am 15. 8. 1688 an. Als nach der Kölner Bischofswahl von 1688 (→ Max Heinrich und → Joseph Clemens von Bayern) während des Pfälzischen Krieges französische Truppen das Erzstift besetzten und auch das Herzogtum Westfalen sowie das Vest Recklinghausen durchstreiften, verschonten sie das Stift Münster. P. baute nun zwar das seit Fürstbischof Chr. B. v. (→) Galen vernachlässigte Heer wieder auf und nahm dafür ohne Zustimmung der Stände 100 000 Thlr. auf, doch strebte er im Einverständnis mit dem Domkapitel den Status der Neutralität an, zumal ihn die Sorge vor protestantischen Zugriffen auf sein Stift nie verließ. Daher verzögerte er auch die Entsendung von Truppen an den Niederrheinisch-Westfälischen Kreis zum Schutz der Stadt Köln vor französischem Zugriff. Erst die Erklärung des Reichskrieges an Ludwig XIV. zwang ihn dann 1689, sich in die Reihen der Verbündeten einzuordnen. Danach beteiligten münsterische Truppen sich an der Vertreibung der Franzosen aus dem Herzogtum Westfalen und an der Eroberung der kölnischen Festungen Kaiserswerth und Bonn. Im weiteren Verlauf des Feldzuges kam es jedoch zu Verstimmungen zwischen den Alliierten, so daß die münsterischen Truppen sich zurückhielten. Als Ludwig XIV. 1691 eine Friedenspartei zu gründen suchte, schloß der zur Schonung des Stiftes an Subsidien interessierte P. mit ihm einen geheimen Unterstützungsvertrag. Er baute seine Militärmacht weiter aus und beteiligte sich 1692 mit einem Kontingent am Türkenkrieg. Das militärische Hauptinteresse P.s war jedoch auf Defensive gerichtet. Später hat er zwar Truppen an den Rhein entsandt, diesen aber den Auftrag gegeben, sich in keine Auseinandersetzungen einzulassen.

P. verkörperte den Typus des Landesherrn, für den die Interessen seines eigenen Stiftes Vorrang vor denen des Reiches besaßen. Insofern war seine Regierung für das Münsterland, dessen Belastung er durch seine Subsidienpolitik in Grenzen hielt, von Vorteil. Er hat sich ferner durch eine präzisere Feststellung und kartographische Aufnahme der Landesgrenzen, schließlich durch den Ausbau der Verkehrswege und der Landesfestungen Münster, Meppen und Vechta um sein Stift verdient gemacht. P. hat ferner in Ahaus, Münster und Nordkirchen bedeutende Schloßbauten durchgeführt. Der zuletzt genannte war als Sitz seiner Familie gedacht, die er nachhaltig förderte.

P. starb am 5. 5. 1706. Er erhielt sein Grab im Chor des Domes zu Münster.

Literatur: *A. Tibus*, in: WZ 50 (1892) 70, 93 ff., 99 ff. - *A. J. Völker-Albert*, Die innere Politik des Fürstbischofs von Münster Friedrich Christian von Plettenberg (Hildesheim 1907). - *F. Scharlach*, Fürstbischof Friedrich Christian von Plettenberg und die münsterische Politik im Koalitionskriege 1688-97, in: WZ 80 (1922) 1-35; 93 (1937) 79-127. - *W. Kohl*, Domstift Münster 153 ff. - *M. Wolf* 597 f.

Abbildungsnachweis: Stich von Philibert Bouttats nach Zeichnung von Anton Verkruitzen († n. 1720). - Wien NB 520.258. B.

Erwin Gatz

Plettenberg gen. Herting, Hermann von (um 1593 – 1669)

1655 – 1669 Generalvikar in Paderborn

* um 1593 in Salzkotten (Bistum Paderborn); ab 1613 Studium der Philosophie und Theologie in Paderborn, danach der Rechte in Köln und Marburg; 1625 Dr. iur. utr. (Marburg); 1614 Heirat mit Katharina Wortmann, von der er drei Söhne und sieben Töchter hatte; öffentlicher Notar und Bürgermeister in seiner Heimatstadt. Nach dem Tode seiner Frau im Jahre 1630 entschied P. sich für den geistlichen Beruf; er war seit 1620 Offizial in Paderborn, später Kanonikus am Busdorfstift. 1636 Priesterweihe in Münster; 1636 – 47 und erneut 1656 – 69 Dechant am Busdorfstift; 1655 Generalvikar der Fürstbischöfe D. A. v. d. (→) Reck und F. v. (→) Fürstenberg; † 5. 6. 1669 in Paderborn.

Literatur: *W. Honselmann*, Die Familie von Plettenberg gen. Herting, in: WZ 117-II (1967) 247-295. - *K. Hengst*, Geschichte der Pfarrei im Busdorf, in: *H. J. Brandt - K. Hengst* (Hg.), Die Busdorfkirche in Paderborn 1036-1986 (Paderborn 1986) 41-43, 103.

Karl Hengst

Podhorsky, Georg Maximilian von († 1691)

1677 – 1691 Dechant und Fürsterzbischöflicher Vikar der Grafschaft Glatz (Erzdiözese Prag)

* in Landskron (Böhmen); 1665 Pfarrer von Kieslingswalde, 1666 von Schönwalde (Grafschaft Glatz); Apostolischer Protonotar; Domherr von Leitmeritz; 7. 5. 1677 Dechant und Fürsterzbischöflicher Vikar der Grafschaft Glatz. 1680 wurde diese von der Pest und von Bauernunruhen heimgesucht. Als der Kaiser 1682 zur Finanzierung des Türkenkrieges alle Kammergüter in der Grafschaft an den Adel verkaufte, fielen die meisten kirchlichen Patronate wieder an den Adel. † April 1691.

Literatur: *F. Volkmer* 65-67.

Erwin Gatz

Podstatzky von Prusinowitz, Leopold Anton Graf von (1717 – 1776)

seit 1761 Generalvikar in Olmütz

* 21. 4. 1717 als Sohn des Franz Valerian v. P. und der Maria Theresia Gräfin von Liechtenstein-Kastelkorn; Herr zu Schlackau, Altendorf und Partschendorf; Neffe des Olmützer Bischofs und späteren Salzburger Erzbischofs J. E. v. (→) Liechtenstein-Kastelkorn; 1731 Domherr in Olmütz; 1733 Domdekan in Salzburg; 1755 – 61 Beisitzer des mährischen Landesausschusses; 1759 salzburgischer Hofratspräsident; 1761 Generalvikar und Offizial des Olmützer Bischofs M. v. (→) Hamilton; in dieser Eigenschaft visitierte P. 14 Dekanate; 1764 Domdekan in Olmütz (Kap. Wahl); 1765 kaiserlicher Geheimrat; Propst von St. Maria Schnee in Olmütz; † 1776.

Literatur: *Ch. D'Elvert*, in: Notizen-Blatt 1878, 66.

Aleš Zelenka

Pötting-Persing, Sebastian Freiherr (seit 1636 **Graf) von** (1628 – 1689)

1665 – 1673 Fürstbischof von Lavant
1673 – 1689 Fürstbischof von Passau

Sebastian von Pötting und Persing wurde im Jahre 1628 in Reitpollenbach (Niederösterreich) als Sohn des Ortlieb Freiherrn v. P., Burggrafen von Lienz, und der Anna Jakoba Freiin von Paumgarten zu Ering geboren. Er hatte drei Brüder und eine Schwester. Das seit dem 14. Jh. in Niederösterreich bzw. Wien ansässige Geschlecht der Freiherren, später Grafen v. P. stand traditionell im Dienst der Habsburger und der Kirche von Passau. P. studierte vor 1649 als Alumne des Collegium Germanicum in Rom. Seit 1647 war er Domherr in Passau. Später erhielt er insgesamt zwölf passauische Pfarreien. 1664 begann er mit der Wahl zum Dompropst von Passau seinen eigentlichen Aufstieg. Am 3. 4. 1665 nominierte ihn dann der Salzburger Erzbischof G. v. (→) Thun auf Wunsch Kaiser Leopolds I. zum Bischof von Lavant. Die Konsekration erhielt P. am 24. 4. 1665 durch den Passauer Bischof W. v. (→) Thun. Angesichts der kargen Dotation des kleinen Salzburger Eigenbistums durfte P. die Passauer Dompropstei beibehalten. Von P.s Tätigkeit in Kärnten ist wenig bekannt. Er gründete jedoch in seiner Bischofsstadt ein Dominikanerinnenkloster.

Seine Postulation zum Bischof von Passau am 11. 3. 1673 verdankte P. Leopold I. Er wollte zwar wegen der Bedürfnisse für den Wiederaufbau von Passau Lavant beibehalten, doch lehnte die römische Kurie dies ab. Auch auf die Passauer Dompropstei mußte er verzichten. So wurde er am 25. 9. 1673 nach Passau transferiert.

In die Passauer Regierungszeit P.s fielen zwei Ereignisse, durch die die Bischofsstadt in das Blickfeld Europas rückte. Im Dezember 1676 fanden hier die glanzvollen, vieltägigen „Beylagerfestivitäten" der Hochzeit Leopolds I. mit Prinzessin Eleonore Magdalena von Pfalz-Neuburg statt. Die Trauung nahm P. unter Assistenz von 20 infulierten Prälaten am 14. 12. vor. Auffällig an diesem Ereignis war die Tatsache, daß es auf einem Territorium stattfand, das

weder zum österreichisch-habsburgischen noch zum pfälzisch-neuburgischen Hoheitsgebiet gehörte. Damit sollte P. wohl eine besondere Ehre erwiesen werden.

Im Juli 1683 kam Leopold I. angesichts der bevorstehenden Belagerung Wiens durch die Türken ein zweites Mal mit seinem Hofstaat nach Passau, wo P. wegen der Türkengefahr 1674 mit dem Ausbau von Oberhaus zu einer weitläufigen Barockfestung begonnen hatte. Nach dem Entsatz Wiens reiste Leopold I. sofort in seine Residenzstadt zurück. 1684 – 88 amtierte P. viele Monate im Jahr als bevollmächtigter Gesandter und kaiserlicher Prinzipalkommissar beim Reichstag in Regensburg. In seinen letzten Lebensjahren war er altersschwach und von allerlei Gebrechen gekennzeichnet.

In seinen frühen Passauer Jahren setzte P. auch pastorale Akzente. 1674 ließ er einen Katechismus für die Seelsorger mit dem Titel „Doctrinae Christianae Catholicae Magister" verfassen. Jeder Pfarrer erhielt zwei Exemplare. 1675 veröffentlichte P. eine Instruktion über die würdige Verwaltung der Sakramente und die Beobachtung des Fastens. Auch sie wurde allen Pfarrern übergeben. Gegenüber den österreichischen und bayerischen Prälatenklöstern konnte P. seine bischöflichen Rechte durchsetzen. Ein diesbezüglicher Rezeß vom Jahre 1675 mit den oberösterreichischen Klöstern wurde Grundlage für die Vereinbarungen mit den Prälaten in Niederösterreich und in

Bayern. Den Jesuiten sehr zugetan, schloß P. 1674 mit dem Passauer Kolleg einen Vertrag, der den Auseinandersetzungen unter seinem Vorgänger Thun mit der Gesellschaft Jesu ein Ende bereitete. Die Michaelskirche der Jesuiten konnte vollendet und 1677 von P. konsekriert werden. Seine jährlichen Exerzitien absolvierte P. durchweg im Passauer Jesuitenkolleg.

Mehr als manche seiner Vorgänger war P. bestrebt, die Exemtion des Bistums Passau zu erreichen. Als er im Passauer Diözesankalender das Bistum eigenmächtig als exemt bezeichnete, erregte dies in Salzburg heftigen Anstoß. Große Aufmerksamkeit widmete P. ferner dem Wiederaufbau des Domes, wobei ihm zugute kam, daß sein Vorgänger Thun der Kathedrale 100 000 Dukaten hinterlassen hatte. Sein Bemühen um den Wiederaufbau der Stadt und der Domkirche, in der seit 1677 die Stukkateure und Freskanten am Werk waren, erlitt 1680 durch einen neuerlichen Stadtbrand einen empfindlichen Rückschlag. Die Vollendung der Kathedrale mußte P. seinem Nachfolger überlassen, während er die bischöfliche Residenz bereits 1683 wieder beziehen konnte. Die desolaten Finanzen seines Hochstifts versuchte P. durch Prägung minderwertiger Münzreihen zu sanieren. Seinen Untertanen war er ein huldvoller Regent. Ein „Steuerkrieg" im nördlichen Teil des Fürstentums konnte freilich nur mit Hilfe kurbayerischer Soldaten befriedet werden. Mit dem Domkapitel verband P. ein gutes Verhältnis. Hingegen entließ er die Hälfte der von seinem Vorgänger bestellten Beamten und Hofdiener wegen angeblicher Illoyalität. Obwohl fromm und in seinen geistlichen Verrichtungen eifrig, besaß P. zeitlebens eine Vorliebe für Alchemie.

P. starb am 16. 3. 1689 zu Passau. Er erhielt sein Grab im Passauer Dom nahe dem Hochaltar.

Literatur: K. *Tangl* 287-289. - F. v. *Müller* 18-21. - J. *Oswald* 293-296. - Ders., Kaiser Leopold I. und seine Passauer Hochzeit im Jahre 1676, in: OG 19 (1977) 22-37. - F. X. *Eggersdorfer,* passim. - F. *Niedermayer,* passim. - G. M. *Ott,* passim. - A. *Leidl,* Bischöfe 39f.

Abbildungsnachweis: Stich von Johann Kaspar Gutwein, datiert 1687. - Wien NB 519.320 B.

August Leidl

Post, Johann Leopold Freiherr von
(1735 – 1779)

1778 – 1779 Generalvikar in Brünn

* 14. 8. 1735 in Breslau; Besuch des Gymnasiums und Studium der Philosophie in Olmütz,

1754-58 der Theologie in Rom als Alumne des Collegium Germanicum (1758 Dr. theol. et phil.); 1758 Kanonikus, 1775 Dekan an St. Peter und Paul in Brünn; 1778 erster Generalvikar und Offizial im neu errichteten Bistum Brünn (M. F. v. → Chorinsky); 1778 Kanzler der Universität Brünn; 1779 Direktor des Priesterhauses in Brünn; † 26. 10. 1779.

Quellen: Staatl. Regionalarchiv Brünn; ACGU.

Alfred Kolaska

Potocki, Teodor Andrzej (1664 – 1738)

1699 – 1712 Bischof von Kulm
1712 – 1723 Bischof von Ermland
1723 – 1738 Erzbischof von Gnesen

Teodor Andrzej Potocki wurde am 13. 2. 1664 zu Moskau als Sohn des Paweł P., Kastellans von Kamieniec, und dessen zweiter Ehefrau Eleonora Saltykowa, einer Nichte der Zarin, geboren. Seine Mutter war russisch-orthodox, und auch P. wurde im orthodoxen Ritus von Patriarch Nikon getauft. Zar Aleksej Michajlovič war sein Taufpate. Die Familie lebte damals in russischer Gefangenschaft. Zusammen mit seinem Vater nach Polen heimgekehrt, wurde P. nach dessen Tod in Warschau bei den Jesuiten erzogen. 1683 empfing er die niederen Weihen. Danach studierte er vier Jahre im römischen Jesuitenkolleg Theologie. Seit 1687 Subdiakon, erhielt er mehrere Pfarrbenefizien. Im November 1688 wurde er Priester und trat als Sekretär und Hofkaplan in den Dienst König Johann Sobieskis, dessen Vertrauen er besaß und den er auf Reisen begleitete. Seit 1691 übte er ferner das Amt eines Kanzlers der Gattin des Prinzen Jakub Sobieski aus. P. wurde außerdem Domherr in Krakau, Dompropst von Przemyśl und Abt des Benediktinerklosters Tyniec bei Krakau.

Nach dem Tode Sobieskis ging P. zur Partei des sächsischen Kurfürsten Friedrich August über, der ihn nach seiner Wahl zum König auf dem stürmischen Reichstag von 1697 zum Bischof von Kulm nominierte. Die päpstliche Verleihung folgte am 11. 4. 1699, die Konsekration durch Nuntius Davia am 31. 5. 1699 in der Warschauer Theatinerkirche. König August II. (1697 – 1733) sah P. für das Bistum Ermland vor. 1702 erhielt er dort ein Kanonikat, das er allerdings vorübergehend seinem Neffen Jakub Potocki überließ. Dieser gab ihm die Domherrnstelle 1711 zurück, damit P. nach der Bestimmung des Petrikauer Vertrages von 1512 als ermländischer Domherr zum Bischof postuliert werden konnte. Die Postulation durch das

Kapitel folgte am 16. 11. 1711, die Translation am 10. 6. 1712. Schon bei seiner Erhebung zum Bischof von Kulm war das kirchliche Hindernis der Abstammung von einer schismatischen Mutter vom Hl. Stuhl aufgehoben worden. Nachdem P. im Juli 1712 seine Ernennungsbulle erhalten hatte, zog er im Herbst feierlich, wie es Sitte war, über Braunsberg ins Ermland ein. Die Inthronisation in Frauenburg folgte am 26. 9. 1712.

Während der schwierigen politischen Verhältnisse Polens im Nordischen Krieg (1700 – 21) hatte P. vorübergehend für die antisächsische Partei Stellung genommen und im Januar 1708 in Thorn den schwedischen König Karl XII. und dessen Kandidaten Stanisław Leszczyński begrüßt. Als Bischof und Landesherr des Ermlandes tat P. im besten Einvernehmen mit seinem Domkapitel alles, um seinem im Nordischen Krieg durch Truppendurchmärsche, Plünderungen, Einquartierungen und Kriegssteuern bedrängten Bistum zu helfen, obwohl nicht alle Maßnahmen zum Erfolg führten. P. selbst war ein ausgezeichneter und sparsamer Verwalter. Volkstümlich und beliebt, gestattete er jedem Bittsteller Zugang zu sich im Heilsberger Bischofsschloß. Obwohl er wie seine Vorgänger häufig in Warschau und bei den preußischen Landtagen in Marienburg weilte, widmete er seinem Bistum doch den Hauptteil seiner Kraft. 1716 führte er eine Generalvisitation durch, über die er 1717 einen ausführlichen Bericht nach Rom sandte. Er

mühte sich um die Wiedereröffnung des im Kriege geschlossenen Braunsberger Priesterseminars. Er förderte ferner die ermländischen Wallfahrtsorte. 1715 konsekrierte er die Kirche in Crossen. Er veranlaßte ferner den Bau einer Kirche zu Glottau, einer Sühnekapelle zu Schönwiese und der bei Braunsberg liegenden Kreuzkirche. 1718 gründete er in Braunsberg das später nach ihm benannte „Potocki-Stift" zur Aufnahme von Konvertiten, wie sie aus den umliegenden protestantischen Gebieten vielfach mittellos ins Ermland kamen. Besonders wichtig für das Bistum wurde die an der Stelle eines Wallfahrtskapellchens mit einer mittelalterlichen Marienfigur errichtete prächtige Barockkirche zu Crossen, für die Potocki persönlich viel spendete. Der Wormditter Erzpriester Caspar Simonis gründete dort auf Anregung des Bischofs im Priesterhaus eine sog. „Aggregation", ein Heim für alte, emeritierte Weltgeistliche, die die Wallfahrer betreuten.

Nach dem Rückzug der Schweden wandte P. sich wieder König August II. zu. Dieser bestimmte ihn 1722 zum Erzbischof von Gnesen und damit zum Primas Polens. Die Postulation durch das Gnesener Kapitel erfolgte am 9. 1. 1723, die Translation am 22. 11. 1723. Nach dem Tode Augusts II. proklamierte P., nun als Gnesener Erzbischof, zwar wieder den später unterlegenen Stanisław Lesczyński zum König, mußte dann aber mit diesem nach Danzig fliehen, wo er sieben Monate in russischer Gefangenschaft blieb, bis er schließlich 1735 in Warschau August III. doch huldigte. P. starb am 12. 11. 1738 in Warschau, wo er zum Reichstag weilte. Er wurde in Gnesen beigesetzt.

Schriftenverzeichnis: K. Estreicher 25 (1913) 172-174.

Literatur: A. Eichhorn, Bischofswahlen II 64-92. - Die Wallfahrtskirche in Crossen (Guttstadt 1929) 20, 24. - E. Brachvogel, Bildnisse 573-575, Nr. 22. - A. Rogalski 132 f. - J. Obłąk, Historia 120 f. - A. Triller, in: APB (1967) 516. - A. Link-Lenczowski, in: PSB 28 (1984/85) 202-213. - A. Szorc 311 f. - Ders., Fundacja biskupa Teodora Potockiego. Dom dla konwertytów w Braniewie 1771-1945 [Eine Stiftung des Bischofs Teodor Potocki. Das Konvertitenhaus in Braunsberg], in: Studia Warmińskie 6 (1969) 211-242. - T. Oracki 2 (1988) 89-91.

Abbildungsnachweis: Kupferstich des Leipziger Stechers Martin Bernigeroth (1670-1733) als „Primas Regni Poloniae". - Wien NB 530.342.

Anneliese Triller

Poulin, Aymé-Fidèle († 1801)

1783 – 1801 Generalvikar für den französischen Teil der Diözese Lausanne *in Bief-du-Four (Dép. Jura); Dr. theol.; 1761 – 64 Professor der Philosophie am Kolleg von Pontarlier, 1765 – 92 der Philosophie und der Theologie am Kolleg von Besançon; 12. 9. 1783 Generalvikar für die in der Franche-Comté liegenden Pfarreien der Diözese Lausanne; Mitarbeiter von Bischof B.-E. de (→) Lenzbourg bei der Reform des Diözesanbreviers; † 13. 3. 1801.

Literatur: *G. Andrey*, Les émigrés français dans le canton de Fribourg 1789-1815 (Neuchâtel 1972) 308, 321. - *P. Braun*, in: HS I/4 (1988) 330f.

Patrick Braun

Praschma, Justus Wilhelm Graf von
(1727 – 1795)

1770 – 1795 Generalvikar des österreichischen Anteils der Diözese Breslau

* 17. 5. 1727 in Wohlau (Schlesien) als Sohn des kaiserlichen Geheimrates und Kammerherrn, Landeshauptmannes von Wohlau und Erbherrn der Herrschaft Friedeck, Franz Graf v. P., Freiherrn von Bilkau, und der Karolina Theresia Gräfin Almesloe; Besuch des Gymnasiums in Friedeberg; Studium in Olmütz (Mag. phil.) und 1746 – 50 in Rom als Alumne des Collegium Germanicum; 1750 Priesterweihe und Dr. theol. in Rom; 1743 Domherr in Breslau; 1750 – 51 Pfarrer in Kostenthal; seit 1751 Residenz als Domherr und Mitarbeit in der Diözesanverwaltung. Als P. 1757 Bischof Ph. G. v. (→) Schaffgotsch in die Emigration begleitete, erklärte die preußische Regierung ihn seines Kanonikates für verlustig. Kaiserin Maria Theresia verlieh ihm daraufhin die Pfarrei Alt-Bunzlau. 1764 Dechant in Bautsch (Mähren); 1771 – 88 Pfarrer und Erzpriester auf der väterlichen Herrschaft Friedeck. Am 22. 7. 1770 ernannte Schaffgotsch ihn zum ersten Generalvikar des österreichischen Anteils der Diözese Breslau. † 23. 4. 1795 in Johannesberg; ▢ Pfarrkirche Alt-Jauernig.

Literatur: *J. Jungnitz*, Germaniker 329-331. - *J. Londzin* 4 f., 9.

Jan Kopiec

Prątnicki, Tomasz Szulc († 1710)

1678 – 1694 und
1700 – 1704 Generalvikar der Diözese Kulm

Entstammte einer in Löbau ansässigen Familie; um 1668 (zunächst stellvertretender) Dompre-

diger und Kapitelssekretär; Propst von Löbau und Pfarrer von Grabau; 1672 als Domherr, 1679 als Dompropst von Kulm erwähnt; 1685 – 98 auch Propst von St. Nikolai in Elbing; 1677 – 1706 Pfarrer von Lesewitz (Leźwice) und Schadwalde (Szadwałd) bei Marienburg; während der Vakanzen des Bistums Kulm 1675 – 76 und 1693 war er dessen Generalökonom; nach Mańkowski 1678 – 1704 Generaloffizial, doch war der Kulmer Bischofsstuhl 1694 – 99 vakant, und 1699 – 1700 wirkte Weihbischof T. (→) Skotnicki als Generaloffizial. Zwischen 1681 und 1706 auch Generalvisitator; 1709 Prosynodalexaminator; † 10. 2. 1710 in Grabau; ▢ Pfarrkirche Löbau.

Literatur: *A. Mańkowski*, Prałaci 160 f.

Hans-Jürgen Karp

Preux, Jacques de († 1721)

1702 – 1721 Generalvikar in Sitten

* in St-Maurice (Wallis); Dr. iur.; 1687 – 89 Rektor in Monthey; 1685 Titular-, 1694 residierender Domherr, 1702 Großkantor, 1707 Großsakristan des Domkapitels in Sitten; 1702 – 21 Generalvikar und Offizial in Sitten; 1708 – 09 Vizedom von Ansec, 1716 von Vex; † 17. 4. 1721 in St-Maurice.

Literatur: *L. Carlen*, in: HS (i. Vorb.).

Louis Carlen

Preysing-Hohenaschau, Johann Franz Freiherr (seit 1664 **Reichsgraf**) von (1615 – 1687)

1670 – 1687 Fürstbischof von Chiemsee

Johann Franz Graf von Preysing, Freiherr von Altenpreysing, Herr in Hohenaschau, Söllhuben und Reicherbeuern, wurde am 23. 2. 1615 in München als fünftes von acht Kindern aus der ersten Ehe des als Diplomat und Soldat in bayerischen Diensten stehenden Johann Christoph v. P. und der Benigna von Freiberg geboren. Die Familie wurde 1664 in den Reichsgrafenstand erhoben.

P. wuchs in München und Landshut auf. 1629 immatrikulierte er sich in Ingolstadt, später in Siena. Die Aufschwörung für das erste seiner beiden Domkanonikate fand 1625 in Salzburg statt, die zweite 1631 in Passau, doch resignierte er 1670/71 beide Dompräbenden wieder. Anscheinend hatte er die diplomatische Begabung seines Vaters geerbt, denn 1654/55 weilte er zweimal als salzburgischer Gesandter in

Innsbruck, wobei der Grund zumindest für den zweiten Aufenthalt die Anwesenheit der Königin Christine von Schweden bildete. 1655 wurde er erzbischöflich-salzburgischer Geheimer Rat und 1668 Priester. Er war ferner Senior im Salzburger und Passauer Domkapitel.

Am 4. 2. 1670 nominierte der Salzburger Erzbischof M. G. v. (→) Kuenburg P. zum Fürstbischof von Chiemsee. Die Konfirmation folgte am 27. 6., die Konsekration am 25. 8. und die Installation am 31. 8. 1670. P. galt als guter Ökonom. Während seiner Amtszeit wurden die chiemseeischen Güter in Bischofshofen 1674 zu einer Hofmark zusammengefaßt. Auch veranlaßte er den Wiederaufbau des im Salzburger Bauernkrieg 1526 zerstörten Schlosses Fischhorn, wodurch sich die beiden genannten Orte zu Zentren der chiemseeischen Güterverwaltung entwickeln konnten. Wohl im Interesse einer Konzentration der Temporalien seines Bistums im Erzstift Salzburg verkaufte P. den chiemseeischen Besitz in Guggental bei Salzburg, die beiden im Innviertel gelegenen Hofmarken Raab und Ort, die bischöflichen Weingärten in Arnsdorf (Wachau), ferner eine Kumpfmühle und ein Haus in Salzburg. Vermutlich als Privatbesitz erwarb er die ehemaligen Edelsitze Rohrdorf und Nußdorf für 19 000 fl.

1674 wandelte er die Kaplanei Reith bei Kitzbühel in ein Vikariat um. 1680 trennte er das Vikariat Aschau von der Pfarrei Prien und erhob es zur Pfarrei. Nachdem 1676 – 79 die

Kathedrale auf der Insel Herrenchiemsee unter Leitung des Baumeisters Lorenzo Sciasca neu errichtet worden war, konsekrierte P. sie am 7. – 9. 5. 1679.

P. stiftete 1677 eine Wochenmesse in der Kapelle des seiner Familie gehörenden Schlosses Hohenaschau. Daneben beschenkte er die Hauskapelle der P. in München mit Paramenten und Gerätschaften. Bei einem Seitenaltar der Kapelle des Chiemseehofes in Salzburg errichtete er eine kleine Gnadenstätte.

P. starb am 8. 7. 1687. Sein Leib wurde im Dom zu Salzburg, sein Herz in der Salzburger Franziskanerkirche beigesetzt.

Quellen: BayHStA, Hochstiftsliteralien, Chiemsee 14. - SLA Beamtenkartei Frank. - EKAS.

Literatur: *J. Riedl* 165. - *L. H. Krick,* Domstift 76. - *J. Sturm,* Johann Christoph von Preysing (München 1923). - *M. Burger* 76. - Dipl. Vertreter I, 474. - *P. v. Bomhard* 11. - *J. Rauchenbichler* 229. - *G. v. Pölnitz* II/1, 531.

Abbildungsnachweis: Stich von Johann van den Berg, datiert 1670. - Wien NB 530.340.

Erwin Naimer

Preysing, Johann Friedrich Ignaz Freiherr (seit 1664 **Graf) von** (1646 – 1691)

1686 – 1691 Passauer Offizial und Generalvikar für das Land ob der Enns

* 23. 9. 1646; 1660 – 84 Domherr in Augsburg, 1665 in Passau, 1671 in Salzburg; 1689 Salzburgischer Geheimrat; 1686 – 91 Offizial und Generalvikar des Bischofs von Passau für das Land ob der Enns; † 8. 9. 1691.

Literatur: *L. H. Krick,* Domstift 82 f., 216. - *Ders.,* Stammtafeln 301. - *J. Riedl* 166.

August Leidl

Priamis (Priamus), **Albert von** (RA) (um 1605 – 1654)

1640 – 1654 Fürstbischof von Lavant
1640 – 1654 Salzburger Generalvikar für Ober- und Unterkärnten

Albert von Priamis wurde um das Jahr 1605 (err.) zu S. Maria in der Vall Lagerina (Fürstbistum Trient) als fünfter Sohn des Hyppolitus v. P. und seiner Ehefrau Lucretia geboren. Nach dem Besuch des Grazer Jesuitenkollegs studierte er 1622 – 27 als Alumne des Collegium Germanicum in Rom und später in Perugia Theologie. Hier wurde er 1630 zum Dr. theol. promoviert. Zuvor war er am 9. 12. 1629 in Salzburg zum Priester geweiht worden. Erzbischof P. v. (→) Lodron ernannte P. zum Geistlichen Rat und später zum Propst und Archidiakon für Unterkärnten mit dem Sitz in Völkermarkt. Am 29. 12. 1640 nominierte er ihn zum Fürstbischof von Lavant. Am 30. 12. konfirmierte und konsekrierte er ihn.

Der als sehr fromm geltende P. hatte in dem kleinen, armselig dotierten Salzburger Eigenbistum mit großen wirtschaftlichen Schwierigkeiten zu kämpfen. Seine Bemühungen um den Ausbau des bischöflichen Palastes und den vernachlässigten Grundbesitz führten zu zahlreichen Prozessen mit weltlichen und geistlichen Stellen. P. hat jedoch im Dom zu St. Andrä einige Restaurierungen durchführen können und bei St. Andrä eine Loretokapelle erbauen lassen. Er starb am 8. 9. 1654 zu Graz und wurde im Dom von St. Andrä beigesetzt.

Literatur: *K. Tangl* 267-272. - *F. Kovačič* 297.

France M. Dolinar

Przichowsky von Przichowitz, Anton Peter
(seit 1759 **Graf**) (1707 – 1793)

1752 – 1763 Koadjutor des Fürsterzbischofs von Prag, Ep. tit. Emessensis
1754 – 1763 Bischof von Königgrätz
1763 – 1793 Fürsterzbischof von Prag

Anton Peter Przichowsky von Przichowitz wurde 1707 zu Schweißing (Svojšín) in Böhmen als Sohn des Pilsner Kreishauptmannes Ferdinand Freiherr v. P. geboren und am 28. 8. getauft. Er besuchte das Gymnasium der Jesuiten in Klattau (Klatovy) und Prag und studierte danach als Konviktor des Collegium Germanicum in Rom. Bei der Heiligsprechung des Johann von Nepomuk im Jahre 1729 assistierte er als Subdiakon. Zum Priester geweiht wurde er erst nach seiner Rückkehr in die Heimat am 29. 4. 1731 in Prag. 1735 wurde er in Prag zum Dr. theol. promoviert. P. war mehrere Jahre, u. a. als Dechant von Sobotka, in der Seelsorge tätig. Von Kaiser Karl VI. zum infulierten Titularabt von St. Georg in Gottal (Ungarn) ernannt, wurde er 1739 Dechant der Prager Allerheiligenkapelle und 1746 Mitglied des Prager Metropolitankapitels. Als solcher war er deutscher Domprediger. 1752 bestimmte Kaiserin Maria Theresia P. zum Koadjutor des greisen Prager Erzbischofs J. M. G. v. (→) Manderscheid. Daraufhin wurde er am 25. 9. 1752 zum Titularerzbischof von Emessena ernannt. Doch schon bald nach seiner Konsekration, die ihm Man-

derscheid am 19. 11. 1753 spendete, verlieh der Papst ihm am 14. 1. 1754 aufgrund der Nomination Maria Theresias vom 29. 9. 1753 das Bistum Königgrätz. Seine bisherigen Pfründen durfte er angesichts der mäßigen Ausstattung seines Sprengels beibehalten. 1755 wurde er in Prag zum Dompropst gewählt. 1759 wurden er und seine Brüder in den Grafenstand erhoben. Mit dem Tode Manderscheids (26. 10. 1763) wurde P. dessen Nachfolger als Erzbischof von Prag. Die Inthronisation erfolgte am 13. 5. 1764.

P. war ein Gegner der katholischen Aufklärung und der von ihr geforderten Reformen und ein Freund der Jesuiten. Die 1764 von der römischen Kurie ausgesprochene Verurteilung des Febronius brachte er seinem Klerus unverzüglich zur Kenntnis. Als er jedoch gegen den Benediktinerabt Stephan Rautenstrauch vorgehen wollte, weil dieser die Thesen des Febronius in seinen Vorlesungen vertrat, hinderte ihn die Regierung daran. Gegenüber den zahlreichen staatlichen Erlassen aus der Zeit Maria Theresias und Josephs II., die in das kirchliche Leben eingriffen, war P. machtlos. Bei der Errichtung des Prager Generalseminars im Jahre 1783 bemühte er sich vergebens um ein Mitaufsichtsrecht. Auch in die 1784/85 vollzogene Gründung des Bistums Budweis, durch die Prag ganz Südböhmen verlor, willigte P. ebenso wie in die Gebietsabtretungen an die Bistümer Leitmeritz und Königgrätz nur ungern ein. Durch die josephinische Diözesanregulierung verlor Prag zwei Drittel seines Gebietes. Andererseits erhielt es durch die 1787 eingeleitete Loslösung des Egerlandes von Regensburg im Westen einen Zuwachs. Aus dem Erlös der 1785 aufgehobenen Klöster erhielt die Erzdiözese 21 neue Pfarreien und 74 Lokalien.

Als die Bischöfe nach dem Tode Josephs II. (1790) ihre Beschwerden an dessen Nachfolger Leopold II. herantrugen, gehörte P. zu jenen, die in der Forderung nach Zurücknahme der josephinischen Maßnahmen am weitesten gingen. Ein starkes Gewicht maß er dabei dem Temporalienbesitz bei, was seinem Ansehen bei der aufgeklärten Beamtenschaft zusätzlich Abbruch tat. Selbst der Wiener Nuntius Giuseppe Garampi hatte keine hohe Meinung von P. Dieser verschaffte sich das Privileg, bei der Krönung des böhmischen Königs im St. Veitsdom den Kardinalspurpur zu tragen. 1791 krönte er Leopold II., 1792 Franz II. mit der Wenzelskrone. Dem erzbischöflichen Palais gab er die heutige architektonische Gestalt. P. starb am 14. 4. 1793. Seine Grabstätte befindet sich in der Pernsteinschen Krypta der Metropolitankirche.

Literatur: *A. L. Frind*, Prag 249-270. - *A. Podlaha* 274-276. - *V. Bartůněk* 92-99. - *E. Winter*, Josefinismus. - *A. Zelenka* 62-64.

Abbildungsnachweis: Stich von Johannes Balzer (1738-1799) nach Gemälde von Gennaro Basile (1722-1782). - Wien NB 520.694 B.

Kurt A. Huber

P. war zwar wie sein Vorgänger Chr. de (→) Rojas y Spinola um die Aussöhnung von Katholiken und Protestanten bemüht, doch nahm er gegenüber den vor den Kuruzzen geflohenen jüdischen Zuwanderern eine so ablehnende Haltung ein, daß die Regierung sich zu einer strengeren Überprüfung der Predigttätigkeit veranlaßt sah.

Puchheim (Buchheim), **Franz Anton Graf von** (1664 – 1718)

1695 – 1718 Bischof von Wiener Neustadt

Franz Anton von Puchheim wurde 1664 zu Wien als Sproß einer alten österreichischen Adelsfamilie geboren, die vor allem im nördlichen Niederösterreich begütert war, und am 18. 7. getauft. Nach dem Studium in Parma und Bologna (Dr. iur. utr.) entschied er sich für die geistliche Laufbahn. 1682 wurde er Domherr in Passau. Als jedoch seine acht Brüder starben, ohne leibliche Nachkommen zu hinterlassen, ging P. selbst eine Ehe ein, um die Familie fortzupflanzen. Als diese ebenfalls kinderlos blieb, kehrte er nach dem Tode seiner Frau in den geistlichen Stand zurück. Am 27. 7. 1695 nominierte Kaiser Leopold I. ihn zum Bischof von Wiener Neustadt. Nach der Absolution vom Weihehindernis aus der mit dem Besitz von Herrschaften verbundenen Blutgerichtsbarkeit erfolgte am 19. 9. 1695 die päpstliche Verleihung. Die Priesterweihe hatte P. erst am 16. 1. 1695 empfangen.

Zwischen dem auf seine Rechte bedachten P. und seiner Residenzstadt kam es häufig zu Zusammenstößen, in die die Regierung und selbst der Kaiser schlichtend eingreifen mußten. P.s Hofhaltung und die Ausgaben für die Ausbildung des Klerus verschlangen hohe Summen. Obwohl die Einkünfte des Bistums infolge der Kuruzzenkriege und der Mißwirtschaft von P. zurückgingen, entfaltete dieser eine lebhafte Bautätigkeit. Daher schlugen die Klosterräte und die niederösterreichische Landesregierung schließlich die Verpfändung des Bistums vor. Um dessen Bestand zu retten, erließ Kaiser Karl VI. diesem 1717 seine Steuerschulden, während P. seinerseits auf die seit 1668 ausstehenden Zahlungen seiner Untertanen verzichtete, um diesen die wirtschaftliche Konsolidierung zu ermöglichen. Die Mißwirtschaft Raabs, doch verwandte P. nach dem Verkauf der ihm noch verbliebenen Herrschaften den Erlös größtenteils für das Bistum. An P. erinnern das monumentale Portal zum Bischofshof, das neugestaltete Denkmal auf dem Neustädter Hauptplatz, die barockisierte Katharinenkapelle und die Karmeliterkirche. P.

bewies seine Wohltätigkeit nach dem Stadtbrand von 1699, als er die bischöflichen Vorrä-
te für die Unterstützung der Armen bereitstellte, wie auch z. Z. der Pestepidemien von
1708 – 14. Er starb am 18. 10. 1718. ☐ Kapelle
des Neustädter Bischofshofes.

Literatur: *J. Mayer*, Wiener Neustadt. - *K. Sandner*,
Franz Anton Graf von Puchheim, Bischof von Wiener
Neustadt (1695-1718) (Diss. phil. Wien 1963). -
R. Kampichler. - *A. Kolaska* (Lit.!).

Abbildungsnachweis: Kupferstich 1. H. 18. Jh. -
Stadtmuseum Wiener Neustadt Inv. Nr. B 366.

Alfred Kolaska

Puchheim (Puchaim, Puchaimb, Buchheim),
Otto Friedrich (seit 1633 **Graf**) **von**
(1604 – 1664)

1641 – 1664 Fürstbischof von Laibach

Otto Friedrich von Puchheim wurde am 3. 4.
1604 zu Wien als zweiter Sohn des Johann
Christoph Graf von Buchheim und Herrn von
Gellersdorf und dessen evangelischer Ehefrau
Susanna von Hofkirchen geboren. P. wurde
katholisch erzogen. Er studierte in Wien Philosophie und die Rechte und 1622 – 26 in Rom als
Alumne des Collegium Germanicum Theologie.
Dort wurde er auch zum Priester geweiht. P.
blieb dem Kolleg stets verbunden und ließ ihm
als Bischof wiederholt Geschenke zukommen.
1627 ernannte Papst Urban VIII. ihn zum
Hausprälaten und Kammerkleriker. Seit 1615
Domherr in Salzburg, erhielt er 1630 ein weiteres Domkanonikat in Halberstadt und 1631
eines in Passau. Durch Vermittlung seines
älteren Bruders Johann Rudolf nominierte Kaiser Ferdinand III. ihn 1641 zum Bischof von
Laibach. Die päpstliche Ernennung folgte am
15. 4. 1641, die Konsekration durch den Wiener
Nuntius Kardinal Giovanni Batt. Palotta am
21. 4. in Salzburg und die Inthronisation am
9. 5. 1641. Seine Kanonikate in Salzburg und
Passau behielt er bei.

Bald nach Übernahme seines Bistum begann P.
mit der Visitation. Als er diese auch auf die
dem Domkapitel inkorporierten Pfarreien ausdehnen wollte, leistete jenes heftigen Widerstand. Die Kapitulare bestritten P. nicht nur
das Recht der Visitation ihrer Pfarreien, sondern sie verweigerten ihm aus Protest auch die
Assistenz bei Pontifikalhandlungen. Die Kluft
zum Kapitel vertiefte sich noch mehr, als P.
1642 auf einer Diözesansynode das Rituale
Romanum einführte. Der schließlich mit der
Vermittlung betraute Kard. Camillo Melzi entschied 1644 zu Gunsten des Bischofs. Gute und

zuverlässige Mitarbeiter fand P. in seinen Generalvikaren.

Trotz häufiger Abwesenheit wegen seiner Prä-
senzpflichten als Domkapitular von Salzburg
und Passau visitierte P. sein Bistum regelmäßig. Das gleiche galt für die Einberufung der
jährlichen Klerusversammlungen für Krain
und Kärnten in Laibach und für die Steiermark
in Oberburg. P.s Visitationsprotokolle und
Statusrelationen zeugen von einem kritischen
Geist, von gründlicher theologischer und kano-
nistischer Schulung sowie von der Kenntnis
der historischen und pastoralen Probleme seines Sprengels. Besondere Anliegen bildeten für
ihn die bessere Ausbildung und Besoldung des
Klerus. Obwohl er die römische Kurie wiederholt auf die jurisdiktionelle und territoriale
Zersplitterung seines Bistums aufmerksam
machte, die dessen Leitung erschwerte, wurde
nichts zur Beseitigung dieser Mißstände unternommen.

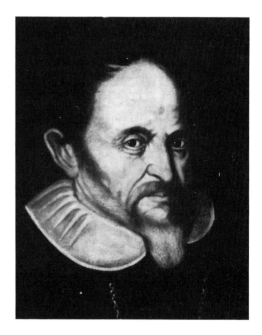

P. war ein großer Kunstfreund. Er erwarb
zahlreiche italienische Gemälde und legte großen Wert auf prächtige liturgische Gewänder.
1641 – 43 erbaute er zu Goričane eine Sommerresidenz in italienischem Stil. 1643 erweiterte
er das bischöfliche Palais. Unter seinem Episkopat ließen sich 1656 Klarissen und 1659
unbeschuhte Karmeliter in Laibach nieder. P.
starb am 3. 4. 1664 zu Passau, wo er anläßlich
der Bischofswahl weilte. Er wurde im dortigen
Dom beigesetzt.

Literatur: *A. Rudolf*, in: SBL 2 (1933/52) 592f. - *F. M. Dolinar*, Podoba ljubljanske škofije v rimskih poročilih škofov Rinalda Scharlichija in Otona Friederika Buchheima [Das Bistum Laibach in den Romberichten der Bischöfe R. Scarlichi und O. F. Buchheim], in: Bogoslovni vestnik 4 (1980) 26 – 45.

Abbildungsnachweis: Öl auf Leinwand, unbek. Künstler. - Bischöfl. Palais Laibach. - Bei der Restaurierung 1890 mit falscher Inschrift „Leslie ... " versehen. - Privataufnahme Dolinar.

France M. Dolinar

Q

Quentell, Johann Peter (seit 1686 **von**, RA) (1650 – 1710)

1698 – 1699 ernannter Weihbischof in Straßburg, Ep. tit. Adrianopolitanus
1699 – 1710 Weihbischof in Münster
1707 – 1710 Generalvikar in Münster

* 30. 9. 1650 in Köln; sein Vater war Vizekanzler des Kölner Erzbischofs; Besuch des Minoritengymnasiums in Bonn; Universitätsstudium in Köln (Mag. artium); Kanonikus an St. Gereon in Köln; 1670 – 73 Studium in Rom als Alumne des Collegium Germanicum; Diakonats- und Priesterweihe in Rom; Dr. iur. utr.; Apostolischer Protonotar; 1678 Domkapitular in Köln; 1678 – 79 kurkölnischer Gesandter auf dem Friedenskongreß in Nimwegen; unterstützte seit 1687 die Kölner Kandidatur W. E. v. (→) Fürstenbergs; nach dessen Niederlage verlor er

1688 sein Kölner Kanonikat; 1690 Stiftspropst von St. Andreas in Köln. Fürstenberg erbat Q. zwar schon 1692 als seinen Weihbischof für Straßburg, doch wurde dieser erst am 16. 5. 1698 zum Titularbischof von Adrianopel ernannt. Diese lange Verzögerung erklärt sich durch den Streit des Papstes mit dem französischen König, in den Fürstenberg zutiefst verstrickt war. Infolgedessen mußte dieser auf die Dienste von Bischof P. (→) Creagh zurückgreifen. Q. hat sein Amt in Straßburg nie angetreten. 14. 8. 1699 Weihbischof in Münster, 17. 7. 1703 in Köln. Q. hat auch das Kölner Amt nicht übernommen. 31. 5. 1707 Generalvikar in Münster; † 13. 4. 1710 in Münster.

Literatur: *A. Tibus*, Weihbischöfe Münster 204-214. - *A. Steinhuber*. - *M. Braubach*, Kölner Domkapitel 76f. - *J. Torsy* 277. - *R. P. Levresse* 17.

Michael F. Feldkamp - Louis Châtellier

R

Rabatta, Joseph (seit 1634 **Graf**) **von** (um 1620 — 1683)

1664 — 1683 Fürstbischof von Laibach

Joseph von Rabatta wurde um 1620 zu Görz als erstes von acht Kindern des Anton Freiherrn von Kanal, seit 1622 von Dornberg, seit 1634 Graf von Rabatta, und dessen Ehefrau Felicitas Gräfin von Colloredo geboren. R. studierte in Graz Philosophie, trat dann in Melito di Porto Salvo (Kalabrien) in den Johanniterorden ein, wechselte 1639 in das Großpriorat nach Prag über und wurde Landeskomtur für Böhmen und Österreich. 1641 — 42 nahm er am Krieg gegen die Türken teil. Anschließend wurde er kaiserlicher Legat in Venedig. 1654 ernannte Kaiser Ferdinand III. ihn zum Kommandanten der Leibgarde seines Sohnes Ferdinand IV. und nach dessen Tod im gleichen Jahr zum Hofmeister (Erzieher) des Erzherzogs (→) Karl Joseph von Österreich, der 1661 mit 13 Jahren Fürstbischof von Passau und Breslau und ein Jahr später auch von Olmütz wurde. Nach dessen Tod (27. 1. 1664) entschloß R. sich, selbst Priester zu werden. Er erhielt die niederen Weihen durch Nuntius Carlo Caraffa. Am 16. 4. 1664 nominierte Kaiser Leopold I. ihn zum Fürstbischof von Laibach. Die päpstliche Verleihung folgte am 23. 6.

Von Domdechant Johann Ludwig Schönleben in Graz über sein Bistum informiert, kam R. am 12. 9. nach Laibach, um seinen Sprengel in Besitz zu nehmen. Am 11. 11. 1664 wurde er durch Bischof F. M. (→) Vaccano von Triest in Laibach zum Bischof geweiht. Obwohl er bis dahin ausschließlich in der Verwaltung tätig gewesen war, entwickelte R. in seinem neuen Wirkungskreis sogleich eine intensive pastorale Tätigkeit. 1665 berief er die erste Diözesansynode nach Laibach und erteilte seinem Klerus Richtlinien für die Seelsorge. Wenig später begann er mit der ersten Visitation seines Bistums. R. urgierte die Durchführung der Trienter Reformdekrete, die Feststellung des Status animarum und die Vorbereitung des Klerus auf Predigt und Katechese. Er setzte sich für die slowenische Predigt bei den Laibacher Augustinern ein und förderte das Bruderschaftswesen. Obwohl er auf den jährlichen Synoden und seinen häufigen Visitationsreisen unerbittlich gegen die Reste des Protestantismus vorging, gestattete er seinem Klerus doch die Benutzung der slowenischen Bibelübersetzung des Protestanten Jurij Dalmatin. 1665 beauftragte er Schönleben mit der Vorbereitung der zweiten Auflage des slowenischen Lektionars (1672 erschienen). Indirekt förderte er auch die Herausgabe anderer slowenischer Bücher. Er selbst benutzte im Verkehr mit Gelehrten die lateinische, mit der Regierung die deutsche und mit der Bevölkerung die slowenische Sprache. Unter R. wurden viele Kirchen barock umgestaltet. Er stellte die bischöfliche Sommerresidenz in Goričane fertig und erweiterte bzw. erneuerte 1674 den Dom zu Laibach. R. sammelte Bücher und Landkarten. 1679 veröffentlichte er Ratschläge für die Seelsorge und die Gesundheitspflege.

R. starb am 28. 2. 1683 zu Laibach.

Schriften: Directorium agendorum tempore pestis (Laibach 1679).

Literatur: *M. Miklavčič*, in: SBL 3 (1960/79) 1f. - *F. M. Dolinar*, Podoba ljubljanske škofije v rimskih poročilih škofa Jožefa Rabatte 1664-83 [Das Bild des Laibacher Bistums in den römischen Berichten des Bischofs Joseph Rabatta], in: Bogoslovni vestnik 40 (1980) 368-387.

Abbildungsnachweis: Öl auf Leinwand, unbek. Künstler. - Bischöfl. Palais Laibach. - Bei der Restaurierung 1890 mit falscher Inschrift „Petazzi ..." versehen. - Privataufnahme Dolinar.

France M. Dolinar

Rabatta, Raymund Ferdinand Graf von
(1669 – 1722)

1713 – 1722 Fürstbischof von Passau

Raimund Ferdinand Graf von Rabatta wurde
am 4. 2. 1669 zu Görz als erster Sohn des
kaiserlichen Kämmerers und Obererbstallmei-
sters Johann Joseph v. R. und der Isabella
Gräfin von Thurn und Valsassina geboren. Die
R. waren eine in Friaul und Venetien ansässige,
ursprünglich in Florenz beheimatete Familie,
aus der zahlreiche Mitglieder dem Wiener Hof
als Diplomaten, Erzieher und Soldaten dienten.
Je ein Onkel und ein Bruder R.s waren General-
feldmarschall. Ein weiterer Onkel, Karl Franz
R., war Domherr in Olmütz und seit 1662 in
Passau. Er dürfte seinem Neffen den Weg in
das Passauer Kapitel (1688) geebnet haben.
Über R.s Ausbildung ist kaum etwas bekannt.
Seit 1693 Subdiakon, ließ er sich am 5. 6. 1700
zum Priester weihen. Die domkapitelschen
Pfarreien in Österreich und Bayern visitierte er
zur Zufriedenheit aller. 1705 – 08 hatte er die
Pfarrei Hartkirchen in Österreich inne. An-
schließend wurde er zum Oberkellerer des
Domkapitels bestellt.

Als sich die Neubesetzung des Bistums Passau
nach dem Tod von Bischof J. Ph. v. (→) Lamberg wegen der großen Zahl der Bewerber sehr
schwierig gestaltete, wurde der Weg für R. erst

frei, als der hochangesehene Seckauer Bischof
J. D. (→) Lamberg seine eigene Kandidatur
zurückzog und für R. votierte. Am 18. 1. 1713
fiel die Wahl auf ihn. Die päpstliche Bestätigung folgte am 18. 9. 1713 mit der Aufforderung, R. möge die unter seinem Vorgänger
wegen dessen häufiger Abwesenheit verfallene
Kirchenzucht wiederherstellen. R. nahm diese
Mahnung wie auch seine Hirtenpflicht sehr
ernst. Große Aufmerksamkeit schenkte er der
Priesterausbildung. Nur untadelige Geistliche
betraute er mit der Leitung der Pfarreien. Im
ganzen Bistum führte er Volksmissionen durch
Ordenspriester ein. Zusammen mit seinem
Weihbischof spendete R. persönlich die Firmung. Als Landesfürst war er ein typischer
Vertreter des autokratischen Absolutismus,
dem die Bürger von Passau wegen seines
sparsamen Regimentes reserviert gegenüberstanden. Daß ihm aber Nächstenliebe und
Wohltätigkeit nicht fremd waren, zeigte die
Errichtung einer Krankenanstalt im Spitalhof
bei St. Nikola vor Passau anläßlich einer Epidemie im Jahre 1714. R. stiftete die Anstalt auf
seine privaten Kosten für Arme, Dienstboten
und Fremde. Er setzte die von seinen Vorgängern begonnene Kultivierung des unteren
Bayerischen Waldes fort, gründete neue Kolo-
nien durch Landverteilung und befreite die
Neusiedler mehrere Jahre lang von Abgaben.
Als eifriger Marienverehrer galt sein Wohlwollen der Wallfahrtskirche Mariahilf ob Passau.
Das verfallene fürstbischöfliche Schloß
Thyrnau ließ er durch einen Neubau mit einer
Marienkapelle ersetzen. Den personenstarken
Hofstaat seines Vorgängers reduzierte er aus
finanziellen Gründen, während er für die Ausschmückung seiner Residenzstadt hohe Summen aufwandte. Die bedeutendste von ihm
veranlaßte baukünstlerische Leistung bildete
die Fortführung der von seinem Vorgänger
begonnenen Neuen Residenz in ihrer ersten
salzburgisch-strengen Form. Beim Wiener Hof-
schreiner J. G. Series gab er 1720 die Passauer
Domkanzel in Auftrag, die wohl nach einem
Entwurf Johann Lukas von Hildebrandts gearbeitet wurde. Aus England holte er die von ihm
bevorzugten Kabinettmaler. Trotz dieser Aufträge gelang es R., die Schulden des Hochstiftes
zu reduzieren. R. starb am 25. 10. 1722. Er
wurde im Dom beigesetzt. Sein persönliches
Vermögen hatte er dem Hochstift vermacht.

Literatur: *F. v. Müller*, passim. - *J. Oswald* 301-321. -
F. X. Eggersdorfer, passim. - *A. Leidl*, Bischöfe 41. -
R. Weiß, passim.

August Leidl

Radermacher, Kaspar Anton (1711 – 1773)

1747 – 1773 Generalvikar für das Niedererzstift Trier in Koblenz

* 28. 4. 1711 in Olbrück bei Andernach; mehrere Familienmitglieder waren Kanoniker an
St. Cassius und Florentius in Bonn sowie an
St. Paul in Worms; Besuch des Gymnasiums
teilweise in Fulda; 1727 – 33 Studium in Rom
als Alumne des Collegium Germanicum; 1729
Kanonikus an St. Simeon in Trier (päpstl. Verleihung); Syndikus, Kanonikus und 1746 Dechant des Stiftes St. Cassius und Florentius in
Bonn; 1766 Aufnahme in den Reichsritterstand; 1769 Domherr in Köln; 1747 durch
Erzbischof F. G. v. (→) Schönborn zum Offizial
in der Funktion eines Generalvikars des Unter-
erzstiftes Trier ernannt; 1756 durch Erzbischof
J. Ph. v. (→) Walderdorff, 1768 durch Erzbischof (→ Bd. I) Clemens Wenzeslaus bestätigt;
von streng römischer Gesinnung; Gegner N.
(→) Hontheims und der Brüder F. K. (→) Boos
zu Waldeck. Gewandt im Umgang, von diplomatischem Geschick und kenntnisreich, verteidigte R. die Interessen des Trierer Erzstuhles
auch gegenüber der Kölner Nuntiatur, deren
Inhaber ihn dennoch immer wieder vorteilhaft
beurteilten. 1765 Geheimer Rat in Köln; bemühte sich nach dem Rückzug Frankreichs vom
Mittelrhein um ein Bündnis mit Kurköln; †
22. 7. 1773; ☐ Bonner Münster.

Quellen: LHA Koblenz, Abt. 1 C. - StB Trier, Abt. Hss. -
HSK Trier 1769 ff.

Literatur: *L. Just*, Höfe. - *H. H. Kurth*. - *H. Raab*,
Clemens Wenzeslaus.

Wolfgang Seibrich

Radziejowski, Michał Stefan (1645 – 1705)

1680 – 1688 Bischof von Ermland
1687   Kardinal
1688 – 1705 Erzbischof von Gnesen

Michał Stefan Radziejowski wurde am 3. 12.
1645 als Sohn des Starosten von Łomża und
späteren Unterkanzlers Hieronim R. und seiner
zweiten Frau Eufrosyna Eulalia Tarnowska in
Radziejowice geboren. Er war ein Neffe des
Königs Władysław IV. und Johanns II. Kasimir
sowie ein Vetter Johann Sobieskis. Diese verwandtschaftlichen Verbindungen waren für
seine Laufbahn von ausschlaggebender Bedeutung. R. studierte in Prag, Paris und Rom. Das
Datum seiner Priesterweihe ist nicht bekannt.
Er wurde Domherr in Gnesen und Warschau
und Propst von St. Michael in Krakau. 1677
wollte König Johann Sobieski ihn zum Bischof

von Ermland nominieren. Da das ermländische
Domkapitel jedoch auf den Modalitäten seines
hergebrachten Bischofswahlrechtes bestand,
mußte R. zunächst eine Domherrenstelle erhalten. Erst danach wählte ihn das Kapitel am
31. 10. 1679 einstimmig zum Bischof. Die
päpstliche Verleihung erfolgte am 23. 9. 1680.
Erst im Sommer 1681 begab sich R. in sein
Bistum, da Reichsgeschäfte ihn zurückgehal-
ten hatten und nachdem er sich am 26. 1. in
Warschau durch den Bischof von Krakau hatte
konsekrieren lassen.

Da R. als Kronsenator und Präsident des
preußischen Landesrats sowie in anderen politischen Angelegenheiten oft außerhalb des
Ermlandes weilte, ließ er sich durch den Domkantor Z. J. (→) Scholz als seinen Statthalter
vertreten. Dennoch visitierte er das Bistum und
war um dessen Seelsorge bemüht. Schon bald
nach dem Einzug in seine Diözese konnte R. in
der Springborner Franziskanerkirche den Rektor der Königsberger Universität, Dr. Christian
Seth, der im Zuge der synkretistischen Wirren
konvertieren wollte, mit seiner Familie in die
Kirche aufnehmen. 1683 führte er eine neue
Agende ein, die den römischen Ritus übernahm. Am 1. 11. 1687 legte er den Grundstein
zur größten und bedeutendsten ermländischen
Wallfahrtskirche in Heiligelinde. Die Stätte lag
zwar außerhalb der alten ermländischen Lan-
desgrenze, war aber 1631 vom königlichen
polnischen Sekretär Stefan Sadorski dem Domkapitel geschenkt worden.

Die Berufung zum Unterkanzler der Krone 1685
vermehrte R.s Staatsgeschäfte noch. 1687 ernannte Papst Innozenz XI. ihn zum Kardinal
und übersandte das rote Birett, das ein päpstlicher Kämmerer ihm auf seinem Schloß Kryłów
in Ostpolen unter feierlichen Zeremonien überreichte. Im gleichem Jahr ernannte der König
ihn zum Erzbischof von Gnesen und damit zum
Primas von Polen, doch folgte die Translation
erst am 17. 5. 1688. Bei seinem Weggang
schenkte R. dem Frauenburger Dom eine kostbare goldene Statue des Diözesanpatrons Andreas. Ende Mai 1688 erhielt R. das Pallium,
und im folgenden Jahr wurde ihm die römische
Titelkirche S. Maria della Pace zugewiesen. In
seinem Gnesener Sprengel gründete R. ein
zweites Priesterseminar in Lowitsch, dessen
Leitung er den Lazaristen anvertraute.

R. war begabt und hochgebildet, in seiner
persönlichen Lebensführung untadelig, aber
auch ehrgeizig und, da vielfach in politische
Angelegenheiten verwickelt, kaum sehr innerlich. Nachdem er zeitweise gegen die absolutistischen Tendenzen Johann Sobieskis konspi-
riert hatte, wandte er sich dem König wieder zu.

1702). - Wien NB Pg 119.164:1 (1). - vgl. *E. Brachvogel*, Bildnisse 568-571 und Abb. Nr. 20.

Anneliese Triller

Raigesfeld (Raigersfeld), Franz Borgia (seit 1747 Freiherr) von (1736 – 1800)

1793 – 1795 Generalvikar in Laibach
1795 – 1800 Weihbischof in Laibach, Ep. tit. Derbensis

* 26. 9. 1736 in Graz; 1752 Jesuit; Studium in Wien; 1. 9. 1765 Priester; 1767 – 73 Professor der Geschichte in Wien; nach Aufhebung der Gesellschaft Jesu Domherr in Triest; 1788 Domherr und Dompfarrer in Laibach; 1793 Generalvikar von Bischof M. L. (→) Brigido; Präsident des bischöflichen Konsistoriums; 1. 6. 1795 Titularbischof von Derbe und Weihbischof in Laibach; 8. 10. 1795 Konsekration durch Brigido in Laibach; † 16. 7. 1800 in Laibach.

Literatur: *R. Andrejka*, in: SBL 3 (1960/71) 14.

France M. Dolinar

Rakowski, Jan

1652 – 1659 Weihbischof der Diözese Kulm, Ep. tit. Orthosiensis

1647 erstmals als Domherr von Kamieniec Podolski, Dekan von Łązyn in Masowien und königlicher Sekretär erwähnt; Dompropst von Kulm; zwei Brüder waren ebenfalls Priester, davon einer Propst von Pułtawa und Domherr von Płock, einer Dominikaner; 1650 zum Weihbischof der Diözese Kulm bestimmt; 1. 7. 1652 Titularbischof von Orthosias; im selben Jahr königlicher Gesandter auf dem Landtag zu Marienburg; Todesdatum unbekannt, doch vor Ernennung von Weihbischof M. (→) Bystram (1659) anzunehmen; ☐ Pfarrkirche zu Strasburg.

Literatur: *R. Frydrychowicz* 10 f. - *A. Mankowski*, Prałaci 166 f.

Hans-Jürgen Karp

Nach dessen Tod unterstützte er den französischen Thronbewerber Louis de Conti. Während des Nordischen Krieges stellte er sich auf die Seite des schwedischen Königs Karl XII., verhandelte dann aber wieder mit dem siegreichen Friedrich August II. von Sachsen, ohne die Verbindung zu dem schwedischen Monarchen aufzugeben, der seine Güter zu schonen versprach. Diese schwankende Haltung veranlaßte Papst Clemens XI., R. nach Rom zu berufen, um sich zu rechtfertigen. Als R. der Aufforderung keine Folge leistete, wurde er am 10. 6. 1705 durch ein Edikt suspendiert; die Jurisdiktion, die erzbischöflichen Einkünfte und die Verwaltung des Bistums wurden dem Offizial übertragen. Die Gnesener Kapitelsakten enthalten nichts über diesen Vorgang, so daß man nicht weiß, ob das Edikt nur von Nuntius de Spada ausging, der die Rache der Schweden fürchtete. R. starb kurz darauf am 13. 10. 1705 in Danzig und wurde, seinem Wunsch gemäß, in der Pfarrkirche zum Hl. Kreuz in Warschau beigesetzt.

Schriftenverzeichnis: *K. Estreicher* 26 (1915) 54-56.

Literatur: *A. Eichhorn*, Bischofswahlen I 550-580. - *F. Hipler*, Literaturgeschichte 172, 212. - *Ders.*, Grabstätten 332-334. - Encyclopedia kościelna 12 (1898) 567-577. - *A. Triller*, in: APB 2 (1967) 530. - *Dies.*, Konvertiten 49 f. - *A. Rachuba*, in: PSB 30 (1987) 66-76. - *T. Oracki* 2 (1988) 101-103.

Abbildungsnachweis: Schabblatt von Pieter Schenk nach Gemälde von Giovanni Battista Gaulli (1638-

Ralinger (Railinger, Rallinger), Gangolph (um 1587 – um 1663)

1623 – 1663 Weihbischof in Speyer, Ep. tit. Davaliensis
1624 – 1655 Generalvikar in Speyer

* um 1587 als Gangolph Eichhorn in Ralingen / Sauer (Diöz. Trier); Studium in Trier (1603

Bacc. art.), nach 1604 in Rom (Dr. theol. et iur. utr.); Kanoniker, vor 1622 auch Dekan von St. German und Mauritius in Speyer. Bischof Ph. Chr. v. (→) Sötern setzte R. zu einem unbekannten Zeitpunkt als den wahrscheinlich ersten bürgerlichen Domkapitular in Speyer durch. R. war 1615 Hofrat und blieb Sötern bei dessen wechselhaftem Lebensweg stets treu verbunden. 1616 zur Ad-limina-Fahrt nach Rom; 1619 Priesterweihe; wahrscheinlich seit 1622 mit der Geschäftsführung betraut, wurde er am 29. 2. 1624 förmlich zum Generalvikar ernannt. Sötern bestimmte ihn 1622 zum Weihbischof. 20. 11. 1623 Titularbischof von Daulia. Im gleichen Jahr bereits rühmte der Nuntius R.s Bemühen um die Restitution der kurpfälzischen Klöster. R. versuchte dem Fürstbistum das im Diözesangebiet gelegene Klostergut zu gewinnen und geriet dabei immer mehr in das radikale Fahrwasser Söterns. Wie dieser scheute er vor Auseinandersetzungen mit dem Domkapitel nicht zurück. 1628 Leiter der bischöflichen Regierung in Speyer. 1629 unterstützte er Sötern bei der folgenschweren Visitation des Trierer Domkapitels. Nach Erlaß des Restitutionsediktes bemühte er sich um Ausdehnung speyerischer Rechte auf die in Württemberg und Baden gelegenen Klöster der Diözese. 1631 besuchte er für Sötern den Frankfurter Kompositionstag. Nach Söterns Gefangennahme (1635) hatte er dessen Gegner zu seinen Feinden, zumal er nun die Diözese Speyer in geistlicher Hinsicht leitete. Nach dem Prager und dem Westfälischen Frieden nahm er die alte Klosterpolitik zwar wieder auf, scheiterte aber wie Sötern selbst. Über seine Tätigkeit nach 1645 ist wenig bekannt. 1655 zog er sich in seine Heimat zurück. 1663 letztmals erwähnt; sein genaues Todesdatum ist unbekannt.

Schriften: Siebzehn geistliche Reden welche Herr Gangolphus Bischof zu Davalien … In St. Guidons-Stiftskirchen zu Speyer in denen Järlich mit dem allerheiligsten hochwürdigsten Sacrament alldahin angestellten allgemeinen Processionen gehalten (1636-1650) (Speyer 1655).

Quellen: GLA Karlsruhe, Abt. 77. - LA Speyer, Abt. D 23.

Literatur: *F. X. Remling* II. - *J. Heydinger,* Luxemburgisches in der Eifel, in: Publications de Luxembourg 32 (1877) 87-124. - *J. Baur,* Speier. - *Ders.,* Sötern. - *L. Keil,* Promotionsbuch. - *M. Krebs,* Die Dienerbücher des Bistums Speyer, 1464-1768, in: ZGO 96 (1948) 55-195. - *L. Stamer* III/1, 188 f. - *H. Ehrend,* Speyerer Münzgeschichte (Speyer 1976). - *E. Lichter,* Welschbillig und Umgebung (Trier 1977). - *J. Maas,* 750 Jahre Pfarrei St. Martin Ralingen (Trier 1986).

Wolfgang Seibrich

Ramstein, Beat Albrecht von (1594 – 1651)

1650 – 1651 Fürstbischof von Basel

Beat Albrecht von Ramstein wurde am 14. 7. 1594 in Waldighofen bei Pfirt (Sundgau) als Sohn des edelfreien Emmanuel v. R. und einer Schütz von Pfeilstadt geboren. Er hatte acht Geschwister. Die ersten Schulkenntnisse wurden ihm im Jesuitenkolleg in Porrentruy vermittelt. 1615 – 19 studierte er als Alumne des Collegium Germanicum in Rom. Durch päpstliche Provision erhielt er 1620 ein Kanonikat beim Wormser und 1629 beim Basler Domkapitel. Mehrfach wird er als Generalvikar der Wormser Diözese bezeichnet, ohne daß über die Dauer dieser Funktion Angaben gemacht werden. 1640 wurde R. Kustos des Basler Kathedralkapitels, und am 29. 11. 1646 wählte dieses ihn zum Bischof.

Zu diesem Zeitpunkt war R. erst Subdiakon. Weitere Weihedaten fehlen. Da die Wahl in Anwesenheit von drei Äbten stattgefunden hatte und nicht rechtzeitig der Kurie mitgeteilt worden war, kassierte diese die Wahl. R. wurde jedoch am 22. 8. 1650 durch Dekret zum Bischof ernannt und am 1. 5. 1651 von Weihbischof Th. (→) Henrici unter Assistenz der Äbte von Lucelle und Beinwil in Delémont konsekriert.

Der kurze Episkopat R.s war geprägt von den Wirren des Dreißigjährigen Krieges. Die französische Besatzung zog sich erst 1650 aus der Residenzstadt Porrentruy zurück. Zusammen mit seinen Landständen entschied R., Schutz und Hilfe vor weiteren Kriegshandlungen bei den Schweizer Kantonen zu suchen und sich nicht mehr auf das Reich zu verlassen. Die Berichte, die er 1647 an die Propagandakongregation und 1650 an den Papst sowie die Konzilskongregation richtete, zeigen das Bild eines verwahrlosten und verwüsteten Hochstifts. Der Bischof war seiner Einkünfte zum großen Teil beraubt und wohnte die ersten Jahre seiner Regierungszeit auf Schloß Birseck. Hunger und Pest hatten reiche Ernte gehalten. Nur etwa ein Fünftel der Soldaten, die der Bischof dem Kaiser zur Verfügung gestellt hatte, kehrte zurück. In der Diözese fehlten 200 Priester, die meisten Pfarrkirchen waren zerstört. Im Oberelsaß hatte unter dem Schutz des Oberbefehlshabers Bernhard von Sachsen-Weimar das lutherische Bekenntnis an Boden gewonnen. Das Domkapitel war verstreut, die meisten Kollegiatstifte ebenso wie der Großteil der Klöster verwaist. Zwei Visitationsberichte aus den Ruralkapiteln Sundgau und Leimental von 1648 zeichnen ein deutliches Bild der mißlichen Zustände. Mit der Verlegung des Benediktinerklosters Beinwil nach Mariastein 1648 und der Rückkehr der Annuntiatinnen nach Porrentruy nahm das klösterliche Leben im Bistum dann einen neuen Aufschwung.

Bereits zum Zeitpunkt der Bischofsweihe litt R. unter der Krankheit, an der er am 25. 8. 1651 starb. Beigesetzt wurde er in der Jesuitenkirche in Porrentruy. R. gelang es während seines kurzen Episkopats lediglich, eine Bestandsaufnahme der Zerstörungen in Hochstift und Diözese zu machen, nicht aber weitreichende Impulse für den Wiederaufbau zu geben.

Literatur: *L. Vautrey*, Collège 113. - *W. Merz* III, Tf. 9. - *A. Steinhuber*. - *J. Schmidlin*. - *J. Perrin*, Le diocèse 255-263. - *Ders.*, Le doyenné. - *A. Bruckner* u. a., in: HS I/1 (1972) 207f. (Lit.). - Répertoire IV 648. - *A. Suter* 288.

Abbildungsnachweis: Ölgemälde, datiert 1649. - Signatur des Künstlers nicht lesbar. - OdPH Porrentruy.

Catherine Bosshart-Pfluger

Ranftelhofen, Johann Balthasar († 1754)

1727 – 1754 Konsistorialpräsident in Gurk

Seit 1722 Propst des Kollegiatkapitels in Straßburg (Kärnten); 1727 Präsident des von Bischof J. M. v. (→) Thun nach Salzburger Vorbild errichteten Konsistoriums; Thuns Bemühungen um die Bestellung von R. zum Weihbischof blieben erfolglos; † 24. 7. 1754 in Lieding.

Quellen: ADG.   Peter G. Tropper

Rasch (seit 1650 **von Aschenfeld**), **Johann Franz** († 1666)

nach 1650 Generalvikar in Prag

* in Aussig (Ústí); Studium in Rom (Dr. theol.); Kanonikus am Wyscherad; 1641 Domherr, 1646 Dompropst in Prag; Generalvikar und Offizial von Erzbischof E. A. v. (→) Harrach; † 12. 1. 1666.

Literatur: *A. Podlaha* 168.

Kurt A. Huber

Ratabon, Martin de (1654 – 1728)

1684 – 1689 Generalvikar in Straßburg
1689 – 1713 Bischof von Ypern
1713 – 1723 Bischof von Viviers

* 1654 in Paris als Sohn eines Geschäftsmannes im Dienst des Kardinals Mazarin, der durch Vermittlung des mächtigen Ministers Intendant der königlichen Bauten geworden war. Obwohl die Amtsübernahme Colberts die berufliche Position des Vaters beeinträchtigte, behielt die Familie ihre angesehene Stellung bei Hof. Sie ermöglichte es ihr, ihren Kindern gute berufliche Positionen zu vermitteln. Eine Tochter heiratete Louis Verjus, Graf von Crécy und französischer Gesandter am Regensburger Reichstag. Ein Sohn vertrat Frankreich in Lüttich und später als Botschafter in Genua. R., der inzwischen an der Sorbonne den Grad eines Dr. theol. erworben hatte, schloß sich Erzbischof Michel Phélypeaux de la Vrillière an, der Sohn des ehemaligen Staatssekretärs war. Ob R. in diesen Jahren bereits dem Straßburger Bischof W. E. v. (→) Fürstenberg begegnete, ist ungewiß. Der junge Geistliche besaß jedenfalls aus der Sicht des Hofes die erforderlichen Eigenschaften, um der französischen Sache im Elsaß zu dienen. R. war aufgrund seiner Familientradition dem Dienst des Königs verbunden und mit wichtigen Diplomaten bekannt, die mit rheinischen Problemen befaßt waren. Er war nicht des Jansenismus verdächtig und dem König mehr als der römischen Kurie verbunden, wie seine Teilnahme an der Klerusversammlung im Jahre 1682 zeigt. Daher brachte er alle Voraussetzungen dafür mit, den Hof von Versailles beim Bischof von Straßburg zu vertreten. Darin bestand nämlich seine Aufgabe, als er am 13. 10. 1684 Fürstenberg als Generalvikar und Offizial beigegeben wurde. Minister Louvois beauftragte R. damit, Fürstenberg diskret zu überwachen und ihm seine Pflichten als Schützling des französischen Königs ins Gedächtnis zu rufen. R. hatte

Fürstenberg auf seinen Reisen nach Köln zu begleiten, vor allem, als seit 1687 die Koadjutorfrage in den Vordergrund trat (→ Max Heinrich von Bayern). Als Vertrauensmann des Monarchen bereitete R. in Zusammenarbeit mit dem Rektor des Jesuitenkollegs und dem Intendanten des Elsaß für das Frühjahr 1684 die Rückführung der Stadt Straßburg zur katholischen Kirche vor. Anschließend bemühte er sich auf dem platten Land um die Rückkehr ganzer Dörfer zum Katholizismus oder wenigstens um die Besetzung der Kirchengebäude durch die Katholiken. R. widmete sich seiner Aufgabe jedoch auch mit pastoralem Elan. Bald nach seiner Ankunft im Elsaß begann er eine Generalvisitation, die er Dekanat für Dekanat bis 1688 fortsetzte. Dabei scheute er nicht vor persönlichem Einsatz zurück, indem er, wie z. B. 1684 in Schlettstadt, 15 Tage lang predigte und Beichte hörte. Er folgte der Methode der Jesuitenmissionen, an denen er gelegentlich auch teilnahm. Am meisten beschäftigte ihn jedoch die Klerusreform, wovon die Reorganisation des Offizialates und die Vorbereitung der zwei letzten großen Straßburger Diözesansynoden von 1685 und 1687 zeugen. So inspirierte der junge Hofgeistliche sich an den Seelsorgemethoden der französischen Bischöfe und brachte dadurch einen Reformprozeß in Gang, den seine Nachfolger vertiefen und mit der Einbindung der Diözese in die französische Kirche verbinden sollten.

Seit 1687 war R. wegen seiner Aufgaben bei Kardinal F. E. v. (→) Fürstenberg immer häufiger von Straßburg abwesend. Daher nominierte Ludwig XIV. ihn am 28. 5. 1689 zum Bischof von Ypern, das damals von französischen Truppen besetzt war und wo ihm eine ähnliche Aufgabe wie in Straßburg zugedacht war. Angesichts der seit Jahren schwelenden Spannungen zwischen dem französischen König und den Päpsten seit Innozenz XI. zog die päpstliche Verleihung sich jedoch bis zum 12. 10. 1693 hin. R. bewährte sich auch in Ypern als reformfreudig und volksverbunden. Dazu hat u. a. seine eifrige Visitationstätigkeit beigetragen. Während der Friedensverhandlungen von 1713, aufgrund deren Ypern an die Österreichischen Niederlande fiel, resignierte R. auf sein Bistum. Am 18. 9. 1713 wurde er daraufhin aufgrund königlicher Nomination nach Viviers bei Vienne transferiert. Auf dieses Bistum verzichtete er 1723 aus Altersgründen. † 9. 6. 1728 in Paris.

Literatur: *A. C. De Schrevel*, in: BNB 18 (1905) 763-770. - *L. Châtellier*, Tradition chrétienne. - *Ders.*, Diocèse de Strasbourg 370-384. - Répertoire IV 394.

Louis Châtellier

Rathsmann, Anton (1717 – 1767)

1766 – 1767 Dechant und Fürsterzbischöflicher Vikar der Grafschaft Glatz (Erzdiözese Prag)

* 1717 in Reinerz (Grafschaft Glatz); Studium der Theologie in Prag; 1745 Priesterweihe; Pfarrer von Schlegel, 1766 von Mittelwalde; April oder Mai 1766 Dechant und Fürsterzbischöflicher Vikar der Grafschaft Glatz. R. war insbesondere an dem 1766 in Habelschwerdt errichteten Schullehrerseminar interessiert und versuchte zusammen mit Johann Ignaz von Felbinger, den Klerus mit den neuen didaktischen Methoden bekannt zu machen. † 14. 8. 1767 in Mittelwalde.

Literatur: *F. Volkmer* 108 f.

Erwin Gatz

Rauch, Leo ⟨SJ⟩ (1696 – 1775)

1749 – 1763 Apostolischer Vikar im Kurfürstentum Sachsen (Dresden)

Leo Rauch wurde am 9. 10. 1696 zu München geboren. 1713 trat er zu Landsberg in die Oberdeutsche Provinz der Gesellschaft Jesu ein. Nach dem Studium in Ingolstadt und einer mehrjähriger Tätigkeit als Präfekt wurde er am 7. 6. 1727 in Eichstätt zum Priester geweiht. Nach dem Terziat und einer weiteren mehrjährigen Tätigkeit als Lehrer der Philosophie in Augsburg und Ingolstadt wurde er vom Kölner Erzbischof (→) Clemens August von Bayern, der ihn in München kennengelernt hatte, 1735 als Hofprediger nach Bonn berufen. Nach zehnjähriger Tätigkeit in diesem Amt wurde R. wahrscheinlich in Ungnade entlassen. 1744 ging er als Domprediger nach Regensburg, 1746 als Hofprediger nach München. 1748 – 49 war er Rektor in Pruntrut. 1749 erfolgte seine Berufung zum Beichtvater des sächsischen Kurfürsten Friedrich August II. und zum Apostolischen Vikar in Dresden.

In die Amtszeit von R. fiel die Einweihung der Dresdner katholischen Hofkirche (1751), bei der er die Predigt hielt, sowie seine Bekanntschaft mit J. J. Winkelmann und dessen Konversion. 1751 setzte R. eine landesherrliche Entscheidung durch, wonach die Leipziger Jesuiten trotz des Widerstandes des Festungskommandanten und der Bürgerschaft auf der Pleißenburg eine Wohnung erhielten. Andererseits verloren die sächsischen Katholiken 1757 mit dem Tode der Kurfürstin Maria Josepha ihre wichtigste Gönnerin, wie überhaupt für

die Katholiken alle einschränkenden und un-
paritätischen Gesetze weiterhin gültig blieben.
Mit dem Tode Friedrich Augusts II. im Jahre
1763 erlosch R.s Auftrag als Beichtvater und
Apostolischer Vikar. Er verließ Sachsen und
war danach 1764 – 67 Rektor in Amberg und
später Beichtvater der bayerischen Kurfürstin
Anna Sophia. Er starb am 12. 9. 1775 in Nym-
phenburg.

Schriften: *C. Sommervogel* IV, 1490.

Literatur: *F. A. Forwerk.* - *P. F. Saft.* - *A. Brückner*
(Hg.), Die Gesellschaft Jesu in der Schweiz (Bonn
1976). - *F. Strobel*, in: HS VII (1976) 239.

Heinrich Meier

Raunach, Andreas Daniel Freiherr von (um 1627 – 1686)

1670 – 1686 Bischof von Pedena

* um 1627 auf Schloß Schillentabor bei Košana
(Diöz. Triest) als dritter Sohn des Georg Balthasar v. R. und der Maria Elisabeth von Oberburg; 1652 – 53 Studium der Theologie in Rom
als Alumne des Collegium Germanicum; 1656
Domherr in Laibach. Am 17. 4. 1670 nominierte
Kaiser Leopold I. ihn auf Vorschlag des Fürsten Ferdinand von Münsterberg zum Bischof
von Pedena. Die päpstliche Verleihung folgte
am 15. 12., die Konsekration am 10. 1. 1671. R.
war von Beginn seiner Amtstätigkeit an kränklich. † 9. 12. 1686; ▢ Familiengruft in Schillentabor.

Quellen: BAL, Protocollum capituli Labacensis, vol. I
189 v; vol. II 39. - Arhiv Slovenije, Zbirka genealoških
tablic, fasc. 2.

Literatur: *M. Premrou*, Vescovi petinensi 388. - Atti e
memorie 341. - *J. Grah* 9 f., 21, Anm. 27-30. - *M. Smole*
43, 46 f.

France M. Dolinar

Rechberg zu Hohenrechberg, Johann Rudolf von (1606 – 1660)

1646 – 1660 Administrator des Fürstbischofs
          von Augsburg

* 1606 in Donzdorf (Diöz. Konstanz); seit 1616
Schulbesuch in Dillingen; 1623 Domizellar am
Stift Ellwangen; 1628 Domherr in Eichstätt;
1631 in Augsburg; 1638 Domdekan in Eich-
stätt; 1646 – 60 für den minderjährigen Fürst-
bischof (→) Sigmund Franz von Österreich
Administrator des Bistums und Hochstiftes
Augsburg; 1649 – 54 Dompropst in Augsburg;

1654 – 60 Fürstpropst von Ellwangen; † 6. 4.
1660 in Ellwangen.

Literatur: *P. Rummel*, Die Administratoren J. R. von
Rechberg und J. Christoph von Freyberg, in:
JVABG 19 (1985) 36-42. - *J. Seiler.*

Peter Rummel

Reck, Dietrich Adolf von der (1601 – 1661)

1651 – 1661 Fürstbischof von Paderborn

Dietrich Adolf von der Reck wurde am 18. 6.
1601 auf Haus Kurl bei Dortmund als erster
Sohn des kurkölnischen Geheimen Rates Dietrich Adolf v. d. R. und der Margarethe Freiin
von Wolff-Metternich zur Gracht geboren. Er
hatte sechs jüngere Geschwister. Die Familien
beider Elternteile waren im 17. und 18. Jh. in
den Domkapiteln Nordwestdeutschlands zahlreich vertreten. Die Familie der Mutter stellte in
Paderborn zweimal, in Münster einmal den
Fürstbischof. Nach dem frühen Tod der Mutter
(1607) erhielt R. seine Ausbildung bei den
Fuldaer Jesuiten. Danach studierte er in Mainz
die Rechte (Dr. iur. utr.).

R. war seit 1613 Mitglied des Paderborner und
seit 1619 des münsterschen Domkapitels. Nach
dem Tod des Vaters (1624) nahm er die Verwaltung der Familiengüter und die Sorge für die
jüngeren Geschwister wahr. 1627 ging er als
Domdechant nach Paderborn, wo er am 14. 4.

1629 die Priesterweihe empfing und 1643 zum Dompropst aufstieg. In seiner Stellung als Domdechant sorgte er 1627 maßgeblich für die Rückführung der 1622 von Herzog Christian von Braunschweig geraubten Reliquien des Diözesanheiligen Liborius. Als Deputierter des Domkapitels zu den Friedensverhandlungen in Münster und Osnabrück wirkte R. nicht nur erfolgreich für die Selbständigkeit des Fürstbistums, sondern er knüpfte auch wertvolle persönliche Verbindungen.

Nach dem Tode (→) Ferdinands von Bayern wählte das Kapitel am 3. 11. 1650 mit R. einen Nachfolger aus den eigenen Reihen. Die päpstliche Wahlbestätigung erfolgte am 8. 5., die Verleihung der Regalien am 4. 11. 1651. Die Bischofsweihe erhielt R. am 1. 10. 1651 zu Paderborn durch F. W. v. (→) Wartenberg.

R. hat sein Bistum nach den schweren Verwüstungen des Dreißigjährigen Krieges ohne außenpolitischen Ehrgeiz und unter Vermeidung von Konflikten mit den Ständen geleitet. 1651 erließ er eine neue Kanzlei-, 1655 eine neue Polizeiordnung. Sein Interesse galt primär dem religiösen Teil seiner Pflichten. So ließ er den Dom im Sinne der Zeit zu einer barocken Festhalle umgestalten. In der Sorge um den Priesternachwuchs unterstützte er das Gymnasium und die Universität der Jesuiten. 1657 erbaute er den Franziskanern in Paderborn nicht ohne Widerspruch der dortigen Kapuziner Kirche und Kloster, und im gleichen Jahr verschaffte er den in der Reformation aus Höxter vertriebenen Franziskanern in Herstelle eine neue Bleibe. Für die Mädchenbildung waren bereits 1648 Chorfrauen des Hl. Augustinus nach Paderborn berufen worden. 1654 – 56 führte R. eine Visitation aller Pfarreien und Klöster, z. T. mit Hilfe von Weihbischof B. (→) Frick, durch. Auch die regelmäßig von ihm einberufenen Diözesansynoden dienten der Kirchenreform. R. starb am 30. 1. 1661 auf Schloß Neuhaus. Er wurde im Dom beigesetzt.

Literatur: M. Wolf 596. - H. J. Brandt - K. Hengst, Bischöfe 234-240 (Lit.!).

Abbildungsnachweis: K. Mertens, Die Bildnisse der Fürsten und Bischöfe von Paderborn von 1498 bis 1891 (Paderborn 1892) 235.

Karl Hengst

Redwitz, Franz Heinrich Wilhelm Karl Reichsfreiherr von (1739 – 1804)

1800 – 1804 Generalvikar in Bamberg

→ Bd. 1, 602 f.

Redwitz, Joseph Casimir Karl Reichsfreiherr von (* 1752)

1790 – 1801 Generalvikar im Erzbistum Mainz

* 22. 2. 1752; 1786 Domherr, 1787 Domkapitular in Mainz; 1790 letzter Generalvikar des alten Erzbistums Mainz; kurmainzischer Geheimer Rat; als Erzbischof F. K. J. v. (→) Erthal am 13. 1. 1798 das Generalvikariat aus dem französisch besetzten Mainz verlegte, erlaubte er dem Generalvikar, sich an jedweden Ort zu begeben, nur nicht nach Aschaffenburg, wo bereits die kurfürstliche Regierung, die Hofkammer und der Hofkriegsrat saßen; nach dem Tod Erthals wirkte R. ab 1803 als Generalvikar im Regensburger Generalvikariat Aschaffenburg.

Literatur: B. Opfermann 32. - G. Rauch III 162.

Friedhelm Jürgensmeier

Reich von Reichenstein, Franz Alexis Sebastian Heinrich Freiherr (1720 – 1755)

1746 – 1754 Provikar der Diözese Basel
1754 – 1755 Generalvikar der Diözese Basel

* 9. 12. 1720 in Inzlingen (Breisgau); seit 1737 Studium in Straßburg und 1738 – 44 in Rom als Alumne des Collegium Germanicum (Dr. theol.); Priesterweihe in Rom; Neffe von Bischof J. K. v. (→) Reinach-Hirzbach, der seine römischen Studien mitfinanzierte; Tätigkeit am Offizialat von Besançon; 18. 1. 1746 Offizial der Diözese Basel in Altkirch (Elsaß); 21. 5. 1754 Ernennung zum Generalvikar, nachdem er dieses Amt schon seit 1746 als Provikar von Altkirch aus versehen hatte; 1751 Domherr des Basler Kapitels (Kapitelswahl); 1754 Posseß; 1752 Chorherr von Moutier-Grandval (bischöfl. Verleihung); † 9. 6. 1755 in Porrentruy.

Literatur: A. Chèvre, in: HS I/1 (1972) 263. - C. Bosshart-Pfluger 261 f.

Catherine Bosshart-Pfluger

Reinach-Hirzbach, Johann Baptist Reichsfreiherr von (1669 – 1734)

1725 – 1734 Koadjutor des Fürstbischofs von Basel, Ep. tit. Abderitanus

Johann Baptist von Reinach-Hirzbach wurde am 11. 3. 1669 als viertes Kind der Familie und jüngerer Bruder des Johann Konrad v. (→) R. in Porrentruy getauft. Sein Studienweg ist nicht bekannt. R. schlug zuerst die militärische Laufbahn ein und diente als Leutnant im französischen Regiment Elsaß. Mit der Wahl zum Kanoniker des Basler Domkapitels 1691 entschloß er sich jedoch, in den Dienst der Kirche zu treten. 1694 wurde er Kapitular, 1710 Dekan. Am 7. 12. 1710 empfing er die Priesterweihe. 1712 wurde R. Dompropst und Rektor von Masevaux, 1714 durch Kollation Domizellar in Würzburg. 1718 verzichtete er zugunsten eines Neffen auf dieses Kanonikat.

Als der Basler Bischof Johann Konrad v. R. im Jahre 1724 einen schweren Reitunfall erlitt, bildete das die äußere Veranlassung zur Regelung der Nachfolge. Die tieferen Gründe dafür lagen freilich in der damaligen Krisensituation in Europa, die eine Verwicklung des exponierten Hochstifts in kriegerische Auseinandersetzungen und die Einmischung fremder Mächte in die künftige Bischofswahl befürchten ließ. Nachdem Papst Benedikt XIII. am 28. 7. 1724 die Erlaubnis zur Koadjutorwahl gegeben hatte, fiel diese am 2. 9. 1724 einstimmig auf R. Die päpstliche Bestätigung und die Verleihung des Titularbistums Abdera folgten am 11. 6. 1725. Der regierende Bischof konsekrierte zusammen mit den Äbten von Lucelle und Bellelay seinen Bruder am 25. 11. 1725 in der Jesuitenkirche zu Porrentruy. Auf die Dompropstei verzichtete R. 1726, auf das Kanonikat 1729.

R. wurde Mitregent und engster Vertrauter seines Bruders. Als dieser 1726 eine Verwaltungsreform in die Wege leitete, die politische Kontrolle über die Bevölkerung der Landschaft wesentlich ausbaute und die Staatsverwaltung

zentralisierte, brachen die latenten Spannungen und die Unzufriedenheit der Untertanen abrupt auf. Nachdem sämtliche Versuche zur gütlichen oder auch gewaltsamen Beilegung des Konflikts aus eigener Kraft gescheitert waren, bat der Bischof um kaiserliche Vermittlung in der Person eines Kommissars. Daraufhin kam am Silvestertag 1730 Paul Nikolaus Graf Reich von Reichenstein nach Porrentruy und bemühte sich als überparteiliche Instanz um eine gütliche Lösung. Da der Bischof aber fürchtete, dieser könne den Bauern entgegenkommen, schickte er von August 1731 bis Juni 1732 eine Delegation unter der Leitung seines Bruders nach Wien, um die Abberufung Reichensteins zu erwirken. R. setzte dies auch durch, während die Untertanen mit ihren Klagen an den Reichshofrat verwiesen wurden.

R. starb am 25. 1. 1734 in Arlesheim noch vor seinem Bruder. Er wurde im dortigen Dom beigesetzt.

Quellen: AAEB Porrentruy, B 230/58.

Literatur: *J. Kindler von Knobloch* III 439. - *A. Bruckner* u. a., in: HS I/1 (1972) 213 (Lit.). - *C. Bosshart-Pfluger* 69-72, 265. - *A. Suter* 42-56.

Abbildungsnachweis: GLA Karlsruhe, Bildnissammlung J/Ad 2159.

Catherine Bosshart-Pfluger

Reinach-Hirzbach, Johann Konrad Reichsfreiherr von (1657 – 1737)

1705 – 1737 Fürstbischof von Basel

Johann Konrad von Reinach-Hirzbach wurde am 28. 8. 1657 in Michelstadt (Elsaß) als drittes Kind des fürstbischöflichen Rates und Landhofmeisters und späteren Obervogtes der Ajoie, Hans Diebold v. R., und der Anna Maria Eva von Reinach-Obersteinbrunn getauft. Die R. waren im Mittelalter Ministerialen der Grafen von Lenzburg, Kyburg und Habsburg gewesen. Im 15. und 16. Jh. teilte sich die Familie in verschiedene Zweige im Elsaß und im Breisgau. 1635 wurde einer Linie der Freiherrenstand für das Reich und die Erblande verliehen.

R. besuchte das Jesuitenkolleg in Porrentruy und studierte dann 1673 – 78 als Alumne des Collegium Germanicum in Rom, wo er u. a. für die Einführung neuer Kollegsmitglieder herangezogen wurde. Auf der Rückreise immatrikulierte R. sich 1678 an der Universität Perugia. Die Priesterweihe empfing er am 20. 9. 1678.

Bereits 1671 hatte R. beim Basler Domkapitel aufgeschworen und war damit in die Reihe der

Expektanten aufgenommen worden. Durch päpstliche Provision wurde er 1678 Kanoniker und 1681 Kapitular. Durch Kapitelswahl wurde er 1690 Scholaster und 1704 Dekan.

Da der Basler Bischof W. J. (→) Rinck von Baldenstein seit Anfang 1705 kränkelte und sich eine Vakanz ankündigte, bemühte sich der kaiserliche Botschafter Trautmannsdorf darum, einen Vertreter des Hauses Lothringen oder des Hauses Pfalz-Neuburg als Nachfolger durchzusetzen. Während nach den ersten Sondierungen von den Bischöfen (→) Franz Ludwig und (→) Alexander Sigismund aus dem Hause Pfalz-Neuburg nicht mehr die Rede war, bemühte sich das Haus Lothringen weiterhin um eine Kandidatur des Prinzen Franz Anton. Der Tod des regierenden Bischofs trat indessen so schnell ein, daß diese Verhandlungen nicht zum Ziele führten. Stattdessen wählte das Kapitel am 11. 7. 1705 im sechsten Wahlgang R. zum Bischof. Es einigte sich also wiederum auf einen Kandidaten aus seinen eigenen Reihen. Die römische Kurie annullierte zwar diese Wahl, doch wurde R. dann durch Dekret vom 5. 9. 1705 zum Bischof von Basel ernannt. Die Konsekration erteilte ihm Nuntius Vincenzo Bichi unter Mitwirkung des Weihbischofs J. Chr. (→) Haus und des Abtes von Lucelle.

Bald nahm R. die Huldigung seiner Untertanen entgegen und bestätigte die Freiheiten der Stadt Porrentruy. Schon hier zeigten sich jedoch einige Schwierigkeiten, als die Münstertaler Untertanen sich nur unter Vorbehalt ihres Burgrechtsvertrages mit Bern zur Huldigung bereit erklärten. R. war nicht gewillt, darauf einzugehen, und verurteilte den Bannerträger zu einer hohen Geldstrafe. Darauf bat dieser Bern um Hilfe. Als sich der Konflikt zuspitzte, entschied sich Bern zunächst, gütliche Maßnahmen zur Hilfe seiner Verbündeten zu ergreifen, und erneuerte 1706 den Burgrechtsvertrag mit den Münstertalern. Da Bern aber 6 000 Soldaten unter den Waffen hielt, bat R. die katholischen Orte um Vermittlung. 1706 verhandelten die Gesandten von Zürich und Bern mit jenen des Bischofs in Nidau. Der daraus resultierende Vertrag änderte nichts am Status der Propstei Münster. R. hatte nachgeben müssen.

Im Zuge der wachsenden Gegensätze zwischen den katholischen und den evangelischen Orten der Schweiz kam es auch im Münstertal zu konfessionellen Konflikten. Die Propstei war in das evangelische Gebiet über dem Felsen mit Moutier, Tavannes und Sornetan und in das katholische Gebiet unter dem Felsen mit Courrendlin und Corban geteilt. Im evangelischen Gebiet wohnten einzelne katholische Familien.

Bern forderte eine klare Trennung beider Konfessionen, erklärte sich auf Vermittlung des kaiserlichen Gesandten aber zu einer Konferenz bereit. Der im Juli 1711 in Aarberg abgeschlossene Vertrag hielt strikt an der konfessionellen Trennung beider Gebiete im Münstertal fest und sah bei Übertretung durch den Bischof eine große Konventionalstrafe vor. Wie die katholischen Stände Solothurn und Freiburg mußte sich auch der Bischof auf Druck Berns während des 2. Villmergerkrieges 1712 neutral verhalten. Für die katholischen Orte verlor deshalb das Bündnis mit dem Fürstbistum an Attraktivität. Zwei Jahre dauerten die Verhandlungen, bis es 1717 zur letzten Bündniserneuerung kam. Dieser Vertrag lief 1735 ab.

In den Auseinandersetzungen um die Freiheiten und Rechte der Münstertaler Untertanen mit den absolutistischen Ansprüchen R.s äußerte sich die schwelende Unsicherheit im Hochstift. Im nördlichen Teil wehrten sich die Bewohner vor allem durch passiven Widerstand gegen die zunehmenden Steuerlasten. Die Akzise, eine auf die Güter des täglichen Bedarfs erhobene Umsatzsteuer, wurde durch Schwarzhandel umgangen. Auch die Beziehungen zu den Landständen verschlechterten sich zusehends. Diese nutzten ihr Steuerbewilligungsrecht, um neue Steuern zurückzuweisen oder drastisch zu kürzen. So dauerte es fast zwei Jahre, bis sich die Stände zur Übernahme der mit der Wahl, Konsekration und Investitur verbundenen Kosten von R. bereit erklärten.

Als 1712 gar eine bischöfliche Steuerforderung voll zurückgewiesen wurde, versuchte R., die Steuern nicht mehr von der gesamten Ständeversammlung, sondern nur noch von der ständischen Rechnungsprüfungskommission bewilligen zu lassen. Da die Ständevertreter in dieser Kommission jedoch Beschlüsse verweigerten, die zu den Kompetenzen der Landtagsversammlung gehörten, griff R. zu einem drakonischen Mittel und schaffte das Steuerbewilligungsrecht der Stände ab. Der Landtag, auf dem die Weiterführung der Akzise hätte beschlossen werden sollen, wurde nicht mehr einberufen. R. führte die Steuererhebung weiter durch und verfügte eigenmächtig über die einkommenden Gelder. Nach 1717 regierte R. in alleiniger Verantwortung; die Mitwirkung der Stände in finanziellen und politischen Fragen war abgeschafft, das Zeitalter des absolutistischen Fürstenstaates hatte im Basler Hochstift begonnen.

Die 1726 eingeleitete Verwaltungsreform verschärfte den Antagonismus zwischen R. und den Untertanen. Neue, zentrale Amtsstellen wie das Hofkammerkollegium sollten Mißstände im Pacht-, Forst-, Straßen- und Polizeiwesen beseitigen. Dies berührte jedoch alte Rechte und Freiheiten der Untertanen. Die Freiberger Bauern standen daraufhin als erste auf und verweigerten die Erhebung der Akzise. Die Unruhen gingen so weit, daß R. bäuerliche Vertreter aus den Freibergen zu Gefängnisstrafen verurteilen ließ, während die Bauern ihrerseits beim Reichskammergericht zu Wetzlar klagten. Bevor dort ein Urteil gefällt wurde, schloß der von den inzwischen in der Ajoie, im Delsberger- und Laufental ausgebrochenen Unruhen bedrängte R. 1731 einen Vertrag mit den Freibergern, in dem er ihnen die Abschaffung der Akzise und die Aufhebung der Verwaltungsreform von 1726 zugestand.

Der Aufruhr in der Landvogtei Ajoie brach 1730 aus, als ein Landrodel von 1517 aufgefunden und den Mitgliedern des Meiertumgerichtes vorgetragen wurde. In der Bevölkerung festigte sich seitdem die Überzeugung, R. dehne seine Rechte aus oder suche gar, neue Ansprüche durchzusetzen. Ähnlich wie in den Freibergen versuchte R. zunächst, die Untertanen mit polizeilichen Maßnahmen zur Ruhe zu bringen. Verhaftungen und Amtsenthebungen schürten aber die Glut noch mehr. Die verschiedenen Gemeinden organisierten sich, wählten Vertreter, die sich auf der Ebene der Meiertümer zusammenschlossen und gemeinsamen Widerstand leisteten. Nun berief R. den Landtag zur friedlichen Vermittlung ein, doch wurde die Versammlung für ihn ein völliger Mißerfolg, denn die Ständevertreter sagten ihrerseits

dem Landesherrn den Kampf an und beschlossen die Abschaffung der Akzise. Im Zuge dieser Versammlung breiteten sich die Unruhen auch in der Vogtei Delémont aus. Schließlich blieb R. angesichts der wachsenden Bauernbewegung nur noch der Ausweg, fremde Hilfe zu suchen.

Kaiser Karl VI. war bereit, seinem Reichsfürsten beizustehen, und entsandte seinen Gesandten bei der Eidgenossenschaft, Paul Nikolas Graf Reich von Reichenstein, als Kommissar in das Fürstentum. Die Untertanen begrüßten das Erscheinen dieses Vermittlers, während Reichenstein selbst sich von Anfang an um Unparteilichkeit bemühte. So verzichtete er darauf, im Schloß zu wohnen, und wählte eine Unterkunft in der Stadt. R. mußte auf seine Veranlassung die Verstärkung der Schloßwache aufheben, die er unberechtigterweise nach Ausbruch der Unruhen angeordnet hatte. Reichenstein legalisierte auch die autonomen Vertretungsorgane der Bauernbewegung, die R. nicht akzeptiert hatte. Diese einschneidenden Maßnahmen waren jedoch nicht dazu angetan, das Wohlwollen R.s zu fördern. Bereits im August 1731 schickte dieser eine Delegation unter Führung seines Bruders Johann Baptist v. (→) R. nach Wien, um die Abberufung Reichensteins zu betreiben. Dieser mußte daraufhin das Fürstbistum verlassen. Damit war der Versuch zur gütlichen Beilegung des Konfliktes endgültig gescheitert. Die Untertanen wurden an den Reichshofrat, das kaiserliche Gericht, verwiesen.

1732–34 verhärteten sich die Fronten dergestalt, daß R. glaubte, nur noch mit militärischem Beistand die Ruhe im Hochstift wiederherstellen zu können. 1734 ging ein entsprechendes Gesuch an die katholischen Kantone. Diese waren aber nur zu Vermittlerdiensten bereit. Mangels anderer Möglichkeiten nahm R. das Angebot an. Im Herbst 1734 legte die Delegation allen Untertanen der Landvogteien Ajoie, Delémont und Laufen ein Dokument zur Unterschrift vor, das im wesentlichen auf die Bezahlung der Akzise, der Zinsen und Frondienste drang. Nur die Städte und geistlichen Grundherrschaften unterzeichneten. Der Widerstand der Bauern blieb dagegen ungebrochen. Erst jetzt erklärten sich die katholischen Orte zu militärischer Unterstützung bereit. Kaum waren jedoch die eidgenössischen Kontingente bereitgestellt, machte Luzern einen Rückzieher. R. erneuerte aus Enttäuschung darüber den Bündnisvertrag nicht mehr. 1736 bestätigte ein Urteil des Reichshofrates die Rechtsansprüche des Bischofs. Die Untertanen lehnten sich jedoch gegen diesen Spruch offen auf, ja glaubten an eine Fälschung durch R.

Daraufhin traf der Kaiser im Sommer 1736 Maßnahmen zu einem militärischen Einmarsch und zog Truppen im Raume Basel zusammen. Da aber weder die Eidgenossen noch der französische König eine Durchmarscherlaubnis gaben, konnten sie nicht ins Fürstbistum gelangen. Nun richtete R. seine Politik völlig neu aus und nahm mit kaiserlichem Einverständnis Allianzverhandlungen mit Frankreich auf. Der erfolgreiche Abschluß eines Vertrages blieb aber seinem Nachfolger J. S. v. (→) Reinach vorbehalten.

In wirtschaftlicher Hinsicht widmete sich R. besonders der besseren Nutzung der Regalien. Er bemühte sich um Aufforstungen. 1714 erließ er für die Täler von Delémont und Moutier ein Mandat zur Erhaltung und Fortpflanzung der Wälder. 1726 unterstellte er die Berg- und Schmiedwerke der Hof- und Finanzkammer, um eine bessere Kontrolle über die Einkünfte zu haben. Seit 1716 widmete er der Instandhaltung der Hauptverkehrswege seine Aufmerksamkeit. 1722 senkte er die Zolltarife um die Hälfte, um Handel und Transitverkehr im Hochstift zu fördern. Die verschiedenen Reformansätze wurden aber durch die Landesunruhen zunichte gemacht. Bleibendes Baudenkmal seines Episkopats ist die Sommerresidenz in Delémont.

R. gelang es, als geistlicher Oberhirte einen wichtigen Schritt in der Verbesserung der Priesterausbildung zu tun. Auf Drängen der römischen Kurie eröffnete er 1716 ein Priesterseminar, für das er große Summen aus der bischöflichen Mensa als Gründungsfonds zur Verfügung stellte. Die Leitung übertrug er den Jesuiten. Um die finanziellen Schwierigkeiten ausgleichen zu helfen, erteilte die Konzilskongregation 1728 die Erlaubnis, daß auf 20 Jahre Einkünfte aus den Benefizien von Moutier-Grandval und St-Ursanne dem Seminar zugute kommen sollten. Ebenso wurde die Erhebung einer Sondersteuer beim gesamten Klerus bewilligt.

Im Statusbericht von 1727 berichtete R. vom erfolgreichen Wirken der Jesuiten in den Kollegien von Colmar und Ensisheim. Zur geistlichen Erneuerung und Festigung des priesterlichen Lebens bot er ab 1717 Exerzitien für den Weltklerus im Seminar an. Der Hebung der Frömmigkeit sollte 1718 eine Missionsreise des Jesuiten François Maillardoz durch die Diözese dienen.

Nach einem schweren Reitunfall nahm R. 1724 in der Person seines Bruders Johann Baptist einen Koadjutor an. R. starb am 19. 3. 1737 in Porrentruy. Er wurde in der dortigen Jesuitenkirche beigesetzt.

Literatur: *P. Rebetez* 43-96. - *A. Chèvre.* - *E. C. Scherer* 194-196. - *A. Bruckner* u. a., in: HS I/1 (1972) 211 f. (Lit.). - *R. Stähli.* - *Ph. Chèvre.* - *P. Braun,* Rinck von Baldenstein. - *C. Bosshart-Pfluger* 59-69, 263-265. - Répertoire IV 659-665. - *R. Ballmer* 117-179. - *a. Suter* 42-86, 319-322.

Abbildungsnachweis: Ölgemälde, unsigniert. - OdPH Porrentruy.

Catherine Bosshart-Pfluger

Reinach-Steinbrunn, Jakob Sigismund von (1683 – 1743)

1737 – 1743 Fürstbischof von Basel

Jakob Sigismund von Reinach-Steinbrunn wurde am 19. 8. 1683 als drittes Kind des Johann Jakob Kaspar Sigismund v. R. und der Maria Salome Luzia von Pfirt in Obersteinbrunn (Elsaß) getauft. Sein Vater war Hauptmann im französischen Regiment Montjoye. R. besuchte das Jesuitenkolleg in Porrentruy und studierte 1703 – 05 als Alumne des Collegium Germanicum in Rom. Im Basler Domkapitel konnte er bereits 1703 aufgrund einer päpstlichen Provision aufschwören. Die kapitularische Aufnahme folgte 1707. 1716 präsentierte ihn der Basler Bischof auf ein Kanonikat und auf das Rektorat der Kollegiatkirche Masevaux. Am 18. 9. 1717 empfing R. die Priesterweihe. 1719 nahm er beim Basler Domkapitel von der Kustodie Besitz, auf die ihn der Bischof investiert hatte. 1720 wurde er Archidiakon, und 1726 wählte ihn das Domkapitel einstimmig zum Propst.

R. kannte die Probleme des Hochstiftes gut. Er wirkte bei den Vertragsverhandlungen mit der Stadt Biel im Jahre 1731 mit, und während der Landesunruhen unter Bischof J. K. v. (→) Reinach-Hirzbach hielt er sich fast zwei Jahre als Gesandter des Kapitels bei Hof auf. Dabei stand er als Beobachter zwischen den Fronten. Vor seiner Wahl zum Bischof zeigte R. weder eine prokaiserliche, noch eine profranzösische Haltung.

In den letzten Lebenswochen von Bischof Reinach-Hirzbach bemühte das Haus Wittelsbach sich vergeblich darum, das Domkapitel für eine Wahl (→) Johann Theodors von Bayern zu gewinnen. Jenes wünschte jedoch einen Kandidaten aus seinen eigenen Reihen und wählte am 4. 6. 1737 R. Die päpstliche Bestätigung folgte am 30. 9. 1737, die Konsekration durch Nuntius Giovanni Battista Barni am 29. 6. 1738 in der Kirche des Jesuitenkollegs in Porrentruy.

Dringendste Aufgabe des neuen Fürsten war die Beilegung der Unruhen im Lande. Der

Reichshofrat hatte 1736 in fast allen Punkten die Ansprüche des Bischofs bestätigt. Die Untertanen versagten diesem Urteil jedoch die Anerkennung. Nachdem sich noch unter Reinach-Hirzbach die Unmöglichkeit einer militärischen Intervention des Kaisers gezeigt hatte, suchte R. zuerst eine gütliche Übereinkunft mit seinen Untertanen. Die Landstände übergaben ihm im August 1737 einen Vorschlag zur Befriedung des Hochstiftes. R. informierte den Kaiser, doch bestand dieser kategorisch auf Einhaltung des Wiener Urteils. In einem Mandat vom Februar 1738 forderte R. daraufhin von den aufständischen Untertanen die Zahlung ihrer gewöhnlichen Abgaben und die Unterbreitung ihrer Klagen vor den bischöflichen Beamten der Vogteien. Er selbst verpflichtete sich dagegen, ein Gericht einzuberufen, das sich aus bischöflichen Räten und Beamten zusammensetzen und die Klagen endgültig behandeln sollte. Die Untertanen gingen darauf jedoch nicht ein, so daß R. die Verhandlungen mit Frankreich über einen Allianzvertrag wieder aufnahm. Der Kaiser, der seinem Reichsfürsten nicht zu Hilfe eilen konnte, stand diesem Vorhaben nicht im Wege. Trotz dieser günstigen Voraussetzungen gestalteten sich die Beratungen mit Frankreich, das große Gegenleistungen verlangte, zeitraubend und aufwendig. Erst 1739 wurde ein zeitlich unbegrenzter Bündnisvertrag ratifiziert. Wichtigster Vertragspunkt war die Verpflichtung Frankreichs, dem Fürstbistum bei inneren Unruhen Truppen zur Verfügung zu stellen. Der Bischof sollte dagegen im Kriegsfall strikte Neutralität beobachten und in jenen Gebieten, die nicht zum Reich gehörten, schweizerischen Offizieren oder Verbündeten der Schweizer die Rekrutierung von Soldaten gestatten.

In gestärkter Position stellte R. daraufhin Ständen und Untertanen das Ultimatum, sich innerhalb von zwei Monaten dem Urteil des Reichshofrates zu beugen. Andernfalls werde er wirksame Mittel in Anwendung bringen. Die Drohung war deutlich. Trotzdem verstrich die angesetzte Frist, ohne daß ihr eine Mehrheit der Untertanen Folge geleistet hätte. Die Aufständischen versuchten vielmehr, sich unter den Schutz der evangelischen Orte der Eidgenossenschaft zu stellen, um eine französische Besetzung abzuwenden. Die Ablehnung, mit der die Bauerndelegation zu Beginn des Jahres 1740 in Bern und in anderen eidgenössischen Orten empfangen wurde, zeigte jedoch, daß die bäuerliche Sache endgültig verloren war. Beim Einmarsch der französischen Truppen in das Hochstift im April 1740 leisteten die Untertanen daher keinen Widerstand mehr. Ohne Gegenwehr ließen sich die Bauern entwaffnen.

Ihre Vertreter wurden verhaftet, verhört und verurteilt. Vier Anführer wurden hingerichtet, weitere verbannt oder zu hohen Geldstrafen verurteilt. Die Geistlichen, die am Aufstand teilgenommen oder mit ihm sympathisiert hatten, wurden je nach Diözesanzugehörigkeit abgeurteilt. Einige wurden definitiv, andere für einen begrenzten Zeitraum von ihrer Pfründe entfernt. Der Abt von Bellelay verlor sein Amt als Präsident der Landstände, wurde sechs Jahre im Kloster gefangengehalten und zu einer hohen Geldstrafe verurteilt.

Bei den Landständen herrschte nach Absetzung ihres Präsidenten Verwirrung. Sie versammelten sich unter der Regierung R.s noch 1741 und 1742 und suchten Ordnung in ihre finanziellen Verpflichtungen zu bringen. R. aber hatte durch den Vertrag mit Frankreich eine klare außenpolitische Entscheidung getroffen. Nicht mehr Kaiser und Reich, zu dem das Hochstift keine Landverbindung mehr hatte, und die früheren katholischen Verbündeten sollten seine Stütze sein. Zur Wahrung seiner Rechte hatte er stattdessen die Abhängigkeit von Frankreich gewählt. So bezahlten die Basler Bischöfe aus Rücksicht auf Frankreich bis 1756 die gewöhnlich von einem Reichsstand an den Kaiser zu entrichtende Kriegssteuer der „Römer Monate" nicht mehr. Die Hilfe Frankreichs ermöglichte R. die Fortsetzung des von Reinach-Hirzbach begonnenen absolutistischen Reformprogramms in gemäßigter Form.

Als während des Österreichischen Erbfolgekrieges 1743 die Gefahr eines Durchmarsches
österreichischer Truppen durch das Hochstift
ins Oberelsaß akut wurde, erinnerte sich R.
seiner alten Bundesgenossen und scheute keine Anstrengung, die Erneuerung des 1735 mit
den katholischen Orten abgelaufenen Bündnisses zu betreiben. Er bezweckte damit die
Aufnahme in die eidgenössische Neutralität
und im Notfall Truppenhilfe von den katholischen Orten. Diese waren aber erst nach Ab-
flauen der Kriegsgefahr bereit, auf diese Bitte
einzugehen. Zu diesem Zeitpunkt starb R., und
die Verhandlungen kamen zu keinem Abschluß.

Über R.s Wirken als geistlicher Oberhirte ist
wenig bekannt. Die Landeswirren und ihre
Beilegung waren das zentrale Thema seiner
Regierungszeit. Daß er sehr bemüht war, sein
Bistum kennenzulernen, Fortschritte zu erzielen und Mißstände aufzudecken, zeigt sein
Statusbericht von 1741. Dieser beruhte auf
einer Befragung des gesamten Säkular- und
Regularklerus über die Veränderungen seit
1728. 1738 ließ R. einen Supplementband zum
Brevier und 1739 ein Rituale drucken, mit dem
die römische Liturgie für die ganze Diözese
verbindlich wurde.

R. starb am 16. 12. 1743 in Porrentruy. Sein
Leichnam wurde in der Jesuitenkirche, sein
Herz in seinem Geburtsort Obersteinbrunn
beigesetzt.

Literatur: *L. Vautrey*, Collège 113. - *Ders.*, Evêques II
369. - *J. Kindler v. Knobloch* II 449. - *P. Rebetez* 96-
203. - *E. C. Scherer* 196f. - *P. Braun*, Rinck von
Baldenstein 45f. - *C. Bosshart-Pfluger* 72-92, 267f. -
Nouvelle Histoire du Jura 173-179. - Répertoire IV
665. - *R. Ballmer* 169-222.

Abbildungsnachweis: Öl auf Leinwand, unsigniert. -
GLA Karlsruhe, Bildnissammlung.

Catherine Bosshart-Pfluger

**Reinheld von Reichenau, Christophorus Johan-
nes** (seit 1646 kaiserlicher Personaladel)
(1585 − 1665)

1660 − 1665 Apostolischer Administrator des
Bistums Meißen in der Lausitz

Christophorus Johannes Reinheld wurde im
Jahre 1585 zu Reichenau in der Südlausitz
(heute Bogatynia, Polen), einem dem Zisterzienserinnenkloster St. Marienthal gehörenden
Dorfe, als Sohn einer Handwerkerfamilie geboren. Philosophie studierte er in Prag (Dr. phil.),
Theologie 1617 − 19 in Olmütz (Dr. theol.). 1619
wurde er in Olmütz zum Diakon geweiht, doch

mußte er im gleichen Jahr die Stadt wegen des
böhmischen Aufstandes verlassen. 1619 − 23
wirkte er als Prediger in Neisse (Schlesien).
1623 wurde er dort zum Priester geweiht.
Danach war er bis 1627 in der Rekatholisierung
der zuvor überwiegend lutherischen Grafschaft Glatz und später in verschiedenen Pfarreien Schlesiens tätig. 1628 wurde er Pfarrer
von Mittelwalde (Schlesien). Von den Luthe-
nern vertrieben, wirkte er 1629 − 32 als Pfarrer
in Jauer/Schlesien. 1633 war er Feldkaplan
und -prediger. 1634 versuchte er in Jauer, das
katholische Kirchenwesen wieder einzurichten, wurde aber erneut von den Lutheranern
vertrieben. 1634 − 35 wirkte er als Pfarradministrator in Schweidnitz (Schlesien). Als er 1636
noch einmal die Rekatholisierung Jauers versuchte, wurde er abermals von den Lutheranern vertrieben. 1637 − 42 war er Pfarrer in
Löwenberg, das er ebenfalls zweimal verlassen
mußte. 1642 fand er Zuflucht bei dem kaiserlichen General Graf Gallas auf dessen Schloß
Friedland (Frydlant) in Böhmen. Mit diesem
zog er als Feldkaplan und -prediger in den
Krieg. Als solcher predigte er 1644 mit großem
Erfolg in der Malteserkirche auf der Prager
Kleinseite. 1646 wurde er Kanonikus an
St. Veit auf dem Hradschin und bei Peter und
Paul auf dem Wyscherad in Prag. 1646 wurde
er von Kaiser Ferdinand III. mit dem Prädikat
„von Reichenau" geadelt. R. war ein beliebter,
aber auch gefürchteter Kontroversprediger.
Als Kanonikus von St. Veit rettete er die Kapi-
telsbibliothek vor der Verschleppung durch die
Schweden.

1648 wurde R. nichtresidierender Kanonikus des Domkapitels von St. Petri in Bautzen und 1650 Dekan des Metropolitankapitels in Prag, mit dem er jedoch in Auseinandersetzungen geriet, so daß es ihm 1655 das Predigen wegen religiöser Unruhestiftung untersagte. Außerdem warf das Kapitel ihm Vernachlässigung der wirtschaftlichen Verwaltung vor. Es wünschte seine Absetzung, doch wurde R. von Erzbischof E. A. v. (→) Harrach gehalten.

Am 11. 5. 1660 wählte das Bautzner Kapitel R. als Kandidat des Kaisers und auf Empfehlung des Prager Erzbischofs zum Domdekan und damit zum Apostolischen Administrator der Lausitz. Auch in Bautzen kam es bald zu Auseinandersetzungen, als das Kapitel R. bat, im Gebiet der Administratur seine zelotischen Kontroverspredigten zu unterlassen, da er damit der katholischen Sache angesichts der Lausitzer Situation nur schade und den Bestand der Administratur gefährde. Schließlich drängte das Kapitel R. zur Resignation. Daraufhin verließ er 1665 heimlich Bautzen. Er wurde jedoch in Görlitz festgehalten und nach einem kurzen Zwangsaufenthalt in der Zisterzienserinnenabtei St. Marienthal nach Bautzen zurückgebracht. Dort starb er am 25. 4. 1665. Er wurde in der Domkirche St. Petri beigesetzt.

Schriften: Apologeticum contra Joannem Klee, Koenigsmarkianum praedicatorem (Prag 1649). - Catholisches Ja und Wahr, daß die Heiligen Auserwehlten Gottes, sie seyn gleich hier in der Sterblichkeit oder dort in der Glori, für uns auff Erden Hinderbliebene bitten können und erhöret werden. Gestellet durch Christoph Joann. Reinheldt von Reichenaw, Dom-Dechant bey St. Petro zu Budissin etc. (Prag 1663). - Jesum agonizantem (Prag 1693) [Predigten].

Literatur: A. Podlaha 169f. - J. Schlenz, Christoph Reinheld von Reichenau, in: Leitmeritzer Konferenzblatt 1913. - P. Skobel 242f.

Abbildungsnachweis: BDM FotoDok.

Siegfried Seifert

Reininger, Anton (1753 – 1820)

1814 – 1820 Vizegeneralvikar in Konstanz

* 30. 8. 1753 in Schwarzhofen (Oberpfalz); bereits cand. theol., studierte er 1776/77 in Freiburg i. Br.; 1778 vorübergehend Gymnasiallehrer in Konstanz; 1792 – 1805 Pfarrer in Liggeringen bei Radolfzell, seit 1804 Dekan des Landkapitels Stockach. Nach Berufung in die geistliche Regierung wurde R. am 14. 1. 1804 geistlicher Rat und 1805 – 1820 Insiegler und Fiskal. Am 7. 1. 1813 promovierte ihn die Universität Freiburg i. Br. in absentia ehren-

halber zum Dr. theol., und 1813 – 1816 bekleidete er auch noch das Offizialat. Bei Wessenbergs (→) Entlastung ernannte ihn Bischof Dalberg am 27. 10. 1814 zum Provikar des durch die Säkularisation schwer erschütterten, durch den Frieden von Wien 1809 zur Aufhebung bestimmten Bistums Konstanz. Dem Breve Pius VII. vom 15. 3. 1817 zuwider, das ihm das Provikariat aberkannte, amtierte er bis zu seinem Tode als Vizegeneralvikar. Er ist auch Verfasser einer unveröffentlichten, bis 1689 reichenden Bistumschronik (Catalogus episcoporum Constantiensium una cum brevi notitia verum). † 3. 3. 1820 in Konstanz.

Literatur: B. Ottnad, in: HS I/2 (im Ersch.).

Bernd Ottnad

Reintsch, Friedrich († 1744)

1733 – 1744 Generalvikar in Leitmeritz

Generalvikar des Bischofs (→) Moritz Adolf von Sachsen-Zeitz; Domdechant; erbaute 1735 das Vikariatshaus und 1738 das erste Priesterseminar; † 14. 1. 1744.

Literatur: A. L. Frind, Leitmeritz 15.

Kurt A. Huber

Reisach, Kajetan Maria ⟨OTheat, Taufname: Ignaz Judas Thaddäus⟩ **von** (1735 – 1805)

1791   Koadjutor des Münchener Hofbischofs, Ep. tit. Dibonensis
1791 – 1805 Bischof des Münchener Hofbistums

Ignaz Judas Thaddäus von R. wurde als sechstes und letztes Kind des pfalz-neuburgischen Regierungspräsidenten Franz Anton Nikolaus Pankraz v. R. zu Sandelzhausen, Ebrantshausen und Kleingundertshausen († 1739) und seiner zweiten Frau Johanna Maria Kajetana geb. von Egloffstein in Sandelzhausen (Diöz. Regensburg) geboren und am 6. 8. 1735 dort getauft.

Mit 17 Jahren trat er 1752 in die Kongregation der Theatiner zu München ein, wo er nach Ablauf des Probejahres das Philosophicum mit der Verteidigung seiner Thesen in zwei öffentlichen Disputationen vor der Fakultät abschloß und am 14. 9. 1753 die Profeß ablegte. Zu weiteren Studien wurde er bald darauf nach Italien geschickt. Je zwei Jahre widmete er sich der Theologie und dem Kirchenrecht an der Universität Bologna und in Mailand. Dort beendete er die Studien mit den geforderten öffentlichen Disputationen und der Erlangung des akademischen Grades.

Zu Mailand erhielt er auch, nach erlangter päpstlicher Altersdispens, am 11. 6. 1758 durch Erzbischof Kardinal Pozzobonelli die Priesterweihe. Die Ordensoberen schickten den jungen Gelehrten als Lektor der Philosophie und Theologie an das der Sorge durch den Theatinerorden anvertraute Collegium Nobilium in Warschau zur Ausbildung des adeligen Priesternachwuchses. Als Prediger wurde er später nach Wien und dann nach München berufen, wo ihm großer Zulauf und allgemeiner Zuspruch in seiner mehr als zwölfjährigen Tätigkeit zuteil wurde. Daneben wurde er im Orden zweimal zum Novizenmeister und 1771–74 wie auch 1787–91 zum Propst der Theatinerkongregation in München bestellt. Besondere Verdienste kamen ihm, nachdem die Bibliothek des Ordens 1771 ausgebrannt war, beim Wiederaufbau der Bibliothek zu. Während seiner zweiten Amtsperiode als Propst wurden die Stukkaturen in der Kuppel der Theatinerkirche erneuert.

Kurfürst Karl Theodor ernannte den zunächst völlig überraschten Theatinerpropst am 15. 2. 1791 zum Koadjutor des kranken und altersschwachen Münchener Hofbischofs F. G. v. (→) Spaur und wies die Dezimationskasse zur Zahlung eines jährlichen Fixums von 2000 Gulden an; gleichzeitig betrieb er über die Münchener Nuntiatur den Informativprozeß.

R. wurde am 11. 4. 1791 als Titularbischof von Dibona präkonisiert und am 15. 5. durch Nuntius Guilio Cesare Zoglio in der Theatinerkirche konsekriert. Der Kurfürst ernannte ihn am 28. 5., nachdem Spaur resigniert hatte, zum obersten Hofkaplan, Großalmosenier und Propst des Kollegiatstiftes Habach. Mit Motu proprio vom 2. 6. wurde er Wirklicher Geheimer Rat, und am 9. 6. 1791 trat er die Nachfolge Spaurs als Präsident des Geistlichen Rates an.

Im Streit um die Fakultäten zwischen Freising und dem Hofbistum versicherte R. Fürstbischof J. K. v. (→) Schroffenberg, keinerlei Jurisdiktion über die nicht zum Hofe gehörigen Kirchen zu beanspruchen, weshalb ihm Schroffenberg die Vornahme von Pontifikalhandlungen in der Freisinger Diözese einräumte.

Zu Beginn des Jahres 1800 wies Kurfürst Max IV. Joseph den Hofbischof an, den Kantor des protestantischen Bethauses zu München mit einer katholischen Mesnerstochter zu trauen. Da die obligate Zusicherung zur katholischen Kindererziehung ausblieb, verweigerte R. seine Zustimmung. Während der Säkulari-

sation mußte R. die Aufhebung des Theatinerordens, die Schließung der Theatinerkirche (1801) und ihre Nutzung als Heumagazin miterleben. Er starb am 18. 6. 1805 in seinem Gartenhaus vor dem Neuhausertor. Bereits einen Tag nach seiner Beerdigung auf dem St. Stephansfriedhof (Südfriedhof) hob ein kurfürstlicher Erlaß das Hofbistum am 22. 7. 1805 auf und unterstellte die Hofpfarreien dem Freisinger Vikariat; die geistlichen Funktionen gingen auf den Hofkapelldirektor F. I. v. (→ Bd. I) Streber über.

Schriften: Documenta Familiae de Reisach collecta et conscripta a P. D. Cajetano Reisach Theatino 1788. - Merkwürdigkeiten der kurfürstlichen Hofkirche der P. P. Theatiner in München (München 1789).

Quellen: ASV, Proc. Cons. 193, fol. 96-113.

Literatur: J. Koegel 48, 53, 186, 189, 197-203. - O. Rieder, Die Familie von Reisach, in: Neuburger Kollektaneenblatt 75 (1911) 85 f. - K. Habenschaden 376, 380 f. - G. Schwaiger, Die altbayerischen Bistümer 58 f., 88. - R. Bauer, Häffelin 749 f. - P. v. Bomhard, Geistlichkeit 118 f. - R. Fendler 55 f.

Stephan M. Janker

Reitlinger, Antonius Erasmus von (1645–1707)

1700–1707 Generalvikar in Breslau

* 28. 1. 1645 zu Überlingen am Bodensee; Dr. iur.; seit 1674 Domkapitular, später Domkustos in Breslau; 1674–97 auch Kanonikus in Neisse; 1693–1700 Offizial und Präses des Breslauer Konsistoriums; 1694–1700 Rektor des Alumnates; 1700–07 Generalvikar des Fürstbischofs (→) Franz Ludwig von Pfalz-Neuburg; † 16. 8. 1707 in Breslau.

Literatur: H. Hoffmann, Dom Breslau 62 f. - Ders., Alumnat 231.

Jan Kopiec

Reittenharth, Franz (1717–1784)

1756–1784 Fürsterzbischöflicher Kommissar des Distriktes Katscher (Erzdiözese Olmütz)

* 1717 in Troplowitz im oberschlesischen Anteil der Diözese Olmütz; Pfarrer in Roßwald, seit 1754 in Nassiedel, 1760 in Katscher; 8. 1. 1756 Kommissar des Distriktes Katscher, bischöflicher Rat und Konsistorialassessor; 1760 Dechant; 1777 erhielt er den Titel Archipresbyter. Unter R. wurde das Kommissariat Katscher

erst eigentlich organisiert und dem Kommissar ein Konkommissar und ein Aktuar beigegeben. Alle drei Monate mußte er über seine Tätigkeit an das Ordinariat in Olmütz berichten. Im Herbst 1756 unternahm der Olmützer Bischof Kardinal F. J. v. (→) Troyer die erste Visitation des Distriktes seit dessen Übergang an Preußen. Auch in der Folge wurden die kanonischen Visitationen durch den Diözesanbischof oder seinen Beauftragten nicht behindert. Nachdem unter R. im Gebiet des Kommissariates bereits sechs Lokalien neu gegründet worden waren, mußte R. 1780 die von der preußischen Regierung gewünschte Grenzregulierung der Pfarreien durchführen, durch die die Pfarrei- mit den Staatsgrenzen in Übereinstimmung gebracht wurden. In diesem Zusammenhang erfolgte 1780 auch eine Neueinteilung der Dekanate. † 10. 4. 1784 in Katscher □ Pfarrkirche Katscher.

Literatur: *M. Lehmann* III 180 f., 502; V 305 f. - *E. Komarek* 6-10.

Erwin Gatz

Requensens, Peter Johann Graf von
(1598 – 1657)

1655 – 1657 Generalvikar in Olmütz

* 1598; 1643 als Domherr, 1653 als Archidiakon in Olmütz nachweisbar; der Olmützer Domherr (seit 1637) und Dompropst (seit 1650) Franz Graf v. R. war wahrscheinlich sein Bruder; R. war seit 1655 Generalvikar und Offizial unter Bischof (→) Leopold Wilhelm von Österreich; † 1657.

Literatur: *Ch. D.'Elvert*, in: Notizen-Blatt 1895, 94 f. - *Z. Štěpánek.*

Aleš Zelenka

Reux, Johann Arnold de (1665 – 1746)

1704 – 1730 Generalvikar in Köln

* 14. 8. 1665 in Köln als Sohn einer wohlhabenden Familie; Besuch des Gymnasium Tricoronatum der Jesuiten, danach seit 1681 der Universität Köln; Dr. iur. utr. (Köln?); 1684 Kanonikus am Kassiusstift zu Bonn; 23. 12. 1691 Priesterweihe in Köln. Nachdem R. mehrere Jahre in der kurfürstlichen Verwaltung, zuletzt als Hofrat, gearbeitet hatte, ernannte Erzbischof (→) Joseph Clemens von Bayern ihn am 1. 1. 1704 zum Generalvikar in Köln. Da der Erzbischof während des Spanischen Erbfolgekrieges 1702 – 15 außerhalb des Erzbistums

weilte und der Kaiser 1702 die weltliche Verwaltung des Erzstiftes dem Domkapitel übertragen hatte, gestaltete sich die Arbeit R.s ungemein schwierig, zumal er entgegen dem Herkommen selbst nicht dem Kapitel angehörte. Als der Kaiser jedoch 1706 dem in die Reichsacht erklärten Erzbischof auch die geistliche Leitung seiner Sprengel nehmen und diese ebenfalls dem Domkapitel übertragen wollte, erhob die römische Kurie Einspruch. Daher blieb R. Generalvikar. 1707 endete zwar mit der Bischofsweihe von Joseph Clemens die bei dessen Amtsantritt von der Kurie geforderte Coadministratio in spiritualibus (J. H. v. → Anethan), was eine Vereinfachung des Instanzenzuges mit sich brachte. Dennoch blieb die Amtszeit R.s vorerst von den Kriegszeiten überschattet. Eine Zeit fruchtbarer Entfaltung begann dann mit der Rückkehr des Erzbischofs (1715), dessen uneingeschränktes Vertrauen R. stets behielt. Noch im gleichen Jahr erging eine Reihe von Erlassen, die nach den verworrenen Kriegsjahren die Beobachtung der Synodaldekrete von 1662 neu einschärften. Dem dienten auch ausgedehnte Visitationsreisen, die R. 1716 – 21 nach Westfalen und in die Eifel führten. Die vom Generalvikar ins Auge gefaßte Diözesansynode kam dagegen nicht zustande. R.s Wirksamkeit war zwar durch die verwickelten Rechtsverhältnisse und die immer noch starken Einschränkungen der bischöflichen Leitungsgewalt durch die Archidiakone und die staatliche Kirchenhoheit in verschiedenen Territorien manche Grenzen gesetzt. Insgesamt kam aber nach den zahlreichen kriegerischen Verwicklungen des 17. Jh. im Erzbistum Köln jetzt die katholische Reform voll zur Entfaltung. Dazu hat die beharrliche Ausdauer R.s zweifellos wesentlich beigetragen, während die Nuntien als Promotoren der Reform längst in den Hintergrund getreten waren. Unbefriedigt blieb zwar das Bildungsniveau des Weltklerus, für den immer noch kein Seminar geschaffen werden konnte, doch leisteten andererseits die Orden und insbesondere die Jesuiten wertvolle Seelsorgearbeit. 1720 fand die Wirksamkeit R.s auch nach außen hin ihren Ausdruck, indem es endlich gelang, ihn ins Domkapitel zu bringen. Nach dem Tode von Erzbischof Joseph Clemens (11. 12. 1723) wurde R. Kapitularvikar, und Erzbischof (→) Clemens August von Bayern bestätigte ihn in seinem Amt als Generalvikar. Dennoch trat der Einfluß R.s, der nun wieder bis 1725 mit einem Koadministrator zusammenarbeiten mußte, in den Hintergrund. Angesichts zahlreicher Reibereien bemühte er sich seit 1728 um eine andere Position. Im März 1730 wurde er daraufhin zum Offizial ernannt und zum 25. 5. 1730 als Generalvikar entpflich-

tet. Bis 1739 verwaltete R. das Offizialat. Später
verzichtete er auf sein Kanonikat. Während der
letzten Lebensjahre lebte er im Prämonstratenserstift Steinfeld. † 20. 9. 1746 ebd.; ☐ Klosterkirche Steinfeld. Die von R. geschaffenen Ver-
waltungsgrundlagen sind bis zum Untergang
des alten Erzbistums maßgebend geblieben.

Literatur: *R. Haaß*, Johann Arnold de Reux, Generalvikar von Köln 1704-1730 (Düsseldorf 1936). -
E. Hegel.

Erwin Gatz

Reynold, Josse-Pierre de (1646 – 1706)

1684 – 1688 Apostolischer Administrator der
             Diözese Lausanne in Freiburg /
             Schweiz
1688 – 1695 Generalvikar der Diözese
             Lausanne

* Februar 1646 in Freiburg / Schweiz; Mitglied
des Freiburger Stadtpatriziates; Studium in
Frankreich; trat den Oratorianern bei;
1680 – 90 Rektor der Liebfrauenkirche in Frei-
burg; nach dem Tode von Bischof J. B. de (→)
Strambino ernannte der Luzerner Internuntius
Cherufini ihn am 6. 7. 1684 zum Apostolischen
Administrator und als Nachfolger J. I. (→)
Zilliets zum Generalvikar der Diözese Lausan-
ne. R. veröffentlichte 1685 den ersten Katechis-
mus der Diözese. 1688 – 95 Generalvikar unter
Bischof P. de (→) Montenach; † 19. 11. 1706 in
Rom.

Literatur: *P. Rück*, in: HS I / 4 (1988) 298 (Lit.).

Pierre Louis Surchat

Ricci, Johannes Antonius (1745 – 1818)

1801 – 1818 Weihbischof in Laibach, Ep. tit.
             Drasensis

* 10. 2. 1745 in Krmin (Diöz. Görz); 30. 3. 1768
Priester; Komtur des Malteserordens zu Pulst
in Kärnten; 1772 Domherr, 1796 Domdechant in
Laibach; seit 1801 Generalvikar ebd.; 20. 7.
1801 Titularbischof von Drasus und Weihbischof in Laibach; 4. 10. 1801 Konsekration ebd.;
1808 Dompropst; sehr um die slowenische
Literatursprache bemüht; † 27. 7. 1818 in
Naklo.

Literatur: *A. Gspan*, in: SBL 3 (1960 / 71) 97.

France M. Dolinar

Riccius, Johann Franz (1666 – 1756)

1739 – 1756 Generalvikar in Straßburg
1739 – 1756 Weihbischof in Straßburg, Ep. tit.
             Uranopolitanus

* 25. 2. 1666 in Haselünne (Niederstift Münster); früh mit den Brüdern Thomas und J. P.
(→) Quentell verbunden, die sich in Köln
W. E. v. (→) Fürstenberg anschlossen; seit
1689 in Straßburg, wo er sich an der Universität immatrikulierte. R. war als Jurist und
Theologe ausgebildet und beherrschte die
deutsche und die französische Sprache perfekt.
Seit 1694 nahm er verschiedene Aufgaben in
der Straßburger Diözesanverwaltung wahr.
Seit 1705 war er Assessor des Offizialates und
seit 1714 als Vertreter des Generalvikars der
Vertrauensmann des Straßburger Bischofs
Kardinal A. G. de (→) Rohan. Seine Ernennung
zum Generalvikar und Offizial am 17. 2. 1739
machte nach außen deutlich, welche Stellung
er damals längst besaß. Am 11. 10. 1739 folgte
seine Ernennung zum Titularbischof von Uranopolis und Weihbischof in Straßburg. Mit R.
hatte also eine vom Niederrhein und aus dem
Umkreis der Fürstenberg kommende Persönlichkeit die Straßburger Spitzenposition inne.
Er vertrat die Tradition und kannte wie kaum
ein anderer Generalvikar des Ancien Régime
schon bei seinem Amtsantritt die Diözese, in
deren Verwaltung er bereits seit über 45 Jahren
tätig war. Zwischen Rohan und ihm bildete
sich ein völlig neuer Stil der Zusammenarbeit
heran. In der fast täglichen Korrespondenz
zwischen R. und dem meist in Paris residierenden Diözesanbischof wurden nämlich alle Fragen der Diözesanleitung, und zwar die Ernennung der Pfarrer, die Errichtung neuer Pfarrei-
en, das Verhältnis gegenüber den Ordensleuten und den Protestanten, erörtert und entschieden. Die Rechtsentscheidungen von R.
haben vielfach die spätere Rechtspraxis beeinflußt. R. wurde auch bei der Abfassung des
Rituales von 1742 und bei wichtigen Erlassen
konsultiert. Seit seiner Ernennung zum Generalvikar war er andererseits mit Rücksicht auf
sein hohes Alter dazu gezwungen, die Visitation der Pfarreien den Erzpriestern zu überlassen. Möglicherweise war R. nach seiner langen
Verwaltungslaufbahn aber auch auf die spe-
ziellen Bedürfnisse der Pfarrer und Gläubigen
wenig vorbereitet. Nach dem Tode Rohans
(1749) verlor die Verwaltung von R. unter
Kardinal F. A. de (→) Rohan-Soubise spürbar
an Kraft. Aufs ganze gesehen war er jedoch
zusammen mit F. (→) Blouet de Camilly maßgeblich an der Erneuerung der elsässischen
Kirche im 18. Jh. beteiligt. † 12. 5. 1756 in
Straßburg.

Literatur: *J. Geny*, Johannes Franciscus Riccius, Titularbischof von Uranopolis und Weihbischof von Strassburg. Eine Autobiographie, in: Strassburger Diözesanblatt 7 (1888) 159, 185, 215. - *R. P. Levresse* 18. - *L. Châtellier*, Diocèse de Strasbourg 670-689. - Répertoire IV 397.

Louis Châtellier

Richter (seit 1633 von Hartenberg), Ignaz Ferdinand (1628 – 1667)

1661 – 1663 Generalvikar in Breslau

* 1628 in Olbersdorf (Schlesien); Besuch der Jesuitengymnasien in Olmütz, Prag und Neisse; Studium der Philosophie (Bacc.) in Prag; 1649 – 52 Studium in Rom als Alumne des Collegium Germanicum; 1653 Dr. theol. ebd.; 1653 Kanonikus in Neisse und Domherr in Breslau; seit 1658 Dombibliothekar, auch um das Archivgut der bischöflichen Kanzlei bemüht; Apostolischer Protonotar, 1663 Domdechant; seit 1661 Generalvikar und Offizial von Fürstbischof (→) Leopold Wilhelm von Österreich; † 11. 11. 1663 in Breslau.

Literatur: *J. Jungnitz*, Germaniker 163-166.

Jan Kopiec

Rieden, Florian (1610 – 1686)

1653 – 1670 Generalvikar der Diözese Basel

* 1610 (err.) in Sulz (Elsaß); Studium der Philosophie in Freiburg i. Br., der Theologie 1633 – 37 in Rom als Alumne des Collegium Germanicum (Dr. theol.); 22. 9. 1635 Priesterweihe in Rom; 1640 Kanonikus in Straßburg; 1647 – 86 Pfarrer von Sulz; Kanonikus von Moutier-Grandval und Thann; 2. 4. 1653 – 1670 Generalvikar der Basler Bischöfe J. F. v. (→) Schönau und J. K. v. (→) Roggenbach; 1654 – 84 Propst von St. Martin in Colmar; seit 1664 im Großen Chor von Straßburg präbendiert; 1667 Verzicht auf das Kanonikat in Thann; † 6. 8. 1686 in Sulz.

Literatur: *A. Chèvre*, in: IIS I/1 (1972) 262. - *L. Kammerer*, Répertoire du clergé d'Alsace 1648-1792 (Ms. Straßburg 1983).

Catherine Bosshart-Pfluger

Riedmatten, Adrian von (1613 – 1672)

1650 – 1672 Fürstbischof von Sitten

Adrian von Riedmatten wurde am 25. 9. 1613 zu Münster im Goms (Wallis) als Sohn des Peter v. R., Meiers von Goms, und der Verena Imoberdorf geboren. Die R. waren eine alte Walliser Familie, aus der u. a. sechs Fürstbischöfe und zwei Landeshauptmänner hervorgingen. Auch der unmittelbare Vorgänger von R. gehörte dieser Familie an. Die sechs Fürstbischöfe aus der Familie R. haben das Bistum Sitten zwischen 1529 und 1701 zusammen 118 Jahre lang regiert. Auch R. war schon seit 1634 Titulardomherr in Sitten. 1640 – 42 studierte er in Wien als Inhaber eines Walliser Freiplatzes im Konvikt St. Barbara (Dr. phil.). Danach war er Lehrer der Philosophie.

Nach der Priesterweihe (12. 3. 1644) wurde er 1644 erster Rektor der von ihm gestifteten St. Michaelspfründe in Münster, 1645 Domkapitular in Sitten und 1646 Pfarrer von St. Leonhard im Wallis. Am 1. 10. 1646 wählten ihn dann das Domkapitel in Sitten und der Landrat des Wallis zum Fürstbischof. Da die päpstliche Wahlbestätigung nicht fristgerecht eingeholt wurde, kassierte der Hl. Stuhl die Wahl, verlieh R. jedoch am 22. 8. 1650 das Bistum aus eigener Vollmacht. Die Konsekration nahm der Bischof von Ivrea, Octavio Asinari, am 22. 12. 1650 vor.

R. hat die bereits unter seinem Vorgänger einsetzende katholische Reform mit Erfolg fortgesetzt. So begünstigte er die Ansiedlung verschiedener Orden. 1656 weihte er zu St. Maurice die Klosterkirche der Kapuziner. Die Jesuiten eröffneten 1650 in Siders, 1660 in Leuk und 1662 in Brig, die Ursulinen 1663 in

Brig eine Schule. Dem Jesuitenkolleg in Brig stiftete R. 30 000 Pfund, dem Kloster von Gerunden 40 000 Kronen. Auch seine Heimatkirche in Münster beschenkte er reich. In der Kapelle des bischöflichen Schlosses Tourbillon bei Sitten ließ R. einen Altar zu Ehren des Hl. Georg errichten und im Schloßsaal die Porträts der Fürstbischöfe von Sitten anbringen. In seiner Amtszeit wurden die Kirchen zu Siders 1649, Naters 1649–64 und Visp/St. Martin 1650–55 erbaut. 1656 bewog R. den Landrat zur Annahme des gregorianischen Kalenders.

R. starb am 13. 8. 1672. Er wurde in seiner Kathedrale beigesetzt.

Literatur: G. Oggier, Einführung des gregorianischen Kalenders im Wallis, in: BWG 3 (1903) 131-143. - J. Lauber, in: BWG 6 (1926) 273. - H. v. Riedmatten 531-561. - B. Truffer 65-67, 120. - L. Carlen, Kultur 87. - Ders., Informativprozesse 50 f.

Abbildungsnachweis: Öl auf Leinwand. - Original im Kapuzinerkonvent Sion. - Photo J.-M. Biner, Brämis/Sitten.

Louis Carlen

Riedmatten, Adrian von (1641–1701)

1673–1701 Fürstbischof von Sitten

Adrian von Riedmatten wurde am 31. 3. 1641 zu Münster (Wallis) als Sohn des Johann v. R., Hauptmanns in französischen Diensten und Meiers von Goms, und der Margareta Schmideyden geboren. 1656 besuchte er das Jesuitenkolleg in Siders und 1656–58 das zu Luzern. Danach studierte er Philosophie in Tournon und Theologie in Mailand und Freiburg/Schweiz. Am 30. 11. 1664 wurde er Priester. Nachdem er schon seit 1656 Titulardomherr von Sitten war, wurde er dort 1667 residierender Domkapitular, ferner Apostolischer Notar und Kanzler des Fürstbischofs Adrian IV. v. (→) Riedmatten sowie Inhaber des Benefiziums zur Hl. Dreifaltigkeit. 1669 wurde er Großsakristan des Domkapitels. Am 25. 8. 1672 wählten ihn das Domkapitel und der Landrat von Wallis wohl auf Veranlassung des mit ihm verwandten, um das Wallis in verschiedener Hinsicht verdienten Landeshauptmannes Kaspar Jodok von Stockalper zum Fürstbischof von Sitten. Die päpstliche Wahlbestätigung folgte am 26. 6. 1673, die Konsekration durch den ersten zu Freiburg residierenden Bischof von Lausanne J. B. de (→) Strambino am 28. 1. 1674 zu Sitten. Da bei dieser Weihe jedoch ohne päpstliche Dispens statt zwei Bischöfen zwei Äbte assistiert hatten, wurde

diese beanstandet und 1675 durch Nuntius Odoardo Cibo wiederholt. Erst danach konnte R. sein Amt antreten.

R. war an der Seelsorge und an der religiösen Erneuerung des Wallis sehr interessiert. Er war ein besonderer Wohltäter der Jesuiten. Deren Kollegskirche zu Brig weihte er 1687. Zugleich stiftete er 300 Dublonen für einen Hochaltar und 240 Dublonen zur Errichtung einer Professur für Moral. In seinem Heimatort Münster besserte er die Pfründe St. Michael auf. 1687 entstanden im Ritzingerfeld, 1694 auf dem Ringacker bei Leuk barocke Wallfahrtskapellen, die der Wallfahrt Impulse gaben, ferner 1645–87 die Pfarrkirche von Martinach und 1686 die Klosterkirche auf dem Großen St. Bernhard. 1675 wurde die bis ins 5. Jh. zurückreichende Wallfahrtskirche von Glis zur Pfarrei erhoben. Einen Höhepunkt von R.s Episkopat bildete die 1681 zu Sitten vorgenommene Erneuerung des Bundes des Wallis mit den katholischen Orten. 1692 reiste R. zum Adlimina-Besuch nach Rom.

R. starb am 20. 5. 1701. Er wurde in der Kathedrale zu Sitten beigesetzt.

Literatur: H. A. v. Roten, Der Nuntius Cibo im Wallis 1675, in: BWG 8 (1935) 73-87. - Ders., Die Chronik des Johann Jakob von Riedmatten, in: Walliser Jahrbuch 20 (1951) 32 f. - H. v. Riedmatten 540. - Ders., Erudition et fabulation dans l'histoire d'une famille valaisanne: les de Riedmatten, in: Annales valaisannes 61 (1986) 144. - B. Truffer 68-70, 121. - L. Carlen, Kultur 87. - Ders., Informativprozesse 51 f.

Abbildungsnachweis: Öl auf Leinwand, datiert 1677. - Photo J.-M. *Biner*, Brämis / Sitten.

Louis Carlen

Rinck von Baldenstein, Franz Christoph
(1641 – 1707)

1684 – 1707 Weihbischof in Eichstätt, Ep. tit. Amyclensis

* 21. 1. 1641 zu Jonschwil in Toggenburg (Diöz. Konstanz) als Sohn des St. Gallener Rates und Landhofmeisters Ignaz Balthasar R. und der Anna Maria von Flachslanden; nach kurzem Aufenthalt bei den Jesuiten in Freiburg i. Br. 1657 Domizellar in Eichstätt (päpstl. Provision); seit 1657 studierte er in Freiburg und 1661 – 64 in Rom als Alumne des Collegium Germanicum; 20. 1. 1664 Priesterweihe in Rom; 1671 Domkapitular in Eichstätt. Nach seiner Benennung als Weihbischof verlieh ihm Fürstbischof M. (→) Schenk von Castell die Propstei des Kollegiatstiftes St. Nikolaus in Spalt (Diöz. Eichstätt). 15. 5. 1684 Titularbischof von Amyclae und Weihbischof in Eichstätt; 12. 11. 1684 in der Kirche der Benediktinerinnen-Abtei St. Walburg in Eichstätt konsekriert; Präsident des Geistlichen Rates; 1655 – 87 (seit 1665 Kapitular) Domherr in Basel; † 6. 5. 1707 in Eichstätt; □ Josephskapelle des Eichstätter Domes.

Literatur: H. *Braun* Nr. 210.

Ernst Reiter

Rinck von Baldenstein (seit 1708 RA), Joseph Wilhelm (1704 – 1762)

1744 – 1762 Fürstbischof von Basel

Joseph Wilhelm Rinck von Baldenstein wurde am 9. 2. 1704 als viertes Kind des Joseph Wilhelm R. und der Maria Claudia von Ramschwag in Saignelégier (heute Kt. Jura) getauft. Sein Vater war zu dieser Zeit Obervogt des Basler Fürstbischofs in den Freibergen. R. besuchte sieben Jahre lang das Jesuitenkolleg in Porrentruy. 1722 – 23 folgte ein Studienjahr in Besançon zur Vertiefung der Französischkenntnisse. 1724 – 27 studierte er zu Freiburg i. Br. die Rechte. Danach nahm er als Hofkavalier Wohnsitz in Porrentruy, wo er seit 1726 den Hofratssitzungen beiwohnen durfte. Ende 1728 bewarb er sich um die Stelle eines Hofrats, die ihm dank der Unterstützung seines Onkels, des Hofratspräsidenten Franz Christoph von Ramschwag, gewährt wurde. Ob die Anfeindungen, denen sein Onkel nach Publikation

der bischöflichen Ordonnanz von 1726 (J. K. v. → Reinach-Hirzbach) ausgesetzt war, Rinck bewogen, die geistliche Laufbahn anzustreben, ob es späte Berufung, die Aussicht auf eine gute Versorgung oder beides war, läßt sich nicht mehr feststellen. Als einer der Basler Domherren im Sterben lag, warb R.s Vater jedenfalls um Stimmen für seinen Sohn. 1732 wurde R. einstimmig gewählt. Die Aufschwörung fand im gleichen Jahr, die Aufnahme als Kapitular mit Sitz und Stimme 1735 statt. Am 31. 3. 1736 wurde R. in der Jesuitenkirche zu Porrentruy zum Priester geweiht.

R. erfüllte während einiger Jahre die Pflichten als Domherr. Turnusgemäß wirkte er als Gesandter des Kapitels am bischöflichen Hof. Er erlebte die Unruhen im Lande aus nächster Nähe als Parteigänger des Fürstbischofs und nahm Zehntdeputationen in die elsässischen Schaffneien und nach Delémont wahr. 1737 versah er während der Sedisvakanz das Amt des Kastellans in Porrentruy. Bald gehörte er zu den Vertrauten des neuen Fürsten J. S. v. (→) Reinach-Steinbrunn, der ihn zur Beilegung der Unruhen heranzog. So leitete er 1742 die Landesversammlung im Erguel, bei der den Gemeindevorstehern das neue Gesetzbuch übergeben wurde, an dessen Ausarbeitung R. mitgewirkt hatte. Als im Österreichischen Erbfolgekrieg Gefahr bestand, daß österreichische Truppen das Fürstbistum als Durchgangsgebiet für einen Einfall ins Oberelsaß benutzen könnten, bemühte der Bischof sich um Einbeziehung in die Neutralität der Eidgenossenschaft und um Erneuerung des Bündnisses mit den katholischen Orten, das 1735 abgelaufen war. R. ging im September 1743 als Gesandter an die Badener Tagsatzung, erhielt aber nur ausweichende Antworten. Eine weitere Reise im Oktober nach Solothurn und Luzern und das Verschwinden unmittelbarer Kriegsgefahr erhöhten die Bündnisbereitschaft der katholischen Orte. Zu diesem Zeitpunkt starb jedoch der Bischof, und die Verhandlungen wurden verschoben.

Das Domkapitel bestand damals aus zwei Faktionen, die sich aufgrund familiärer Beziehungen gebildet hatten. Bewerber extra gremium für die Bischofswürde waren auf kaiserlicher Seite (→) Johann Theodor von Bayern, auf französischer Seite ein Verwandter des Straßburger Bischofs, Prinz Charles-Louis-Constantin de Rohan-Guéméné. Statt ihrer wählte das Kapitel jedoch am 22. 1. 1744 R. Die päpstliche Bestätigung folgte am 13. 4. 1744, die Konsekration durch den Metropoliten Antoine-Pierre de Grammont am 22. 11. 1744 in Besançon. Die kaiserliche Investitur folgte am 3. 8. 1747.

Bei R.s Regierungsantritt spielte sich ein Teil des Österreichischen Erbfolgekrieges nahe der Grenzen des Hochstifts ab. Strikte Neutralität war deshalb eine Überlebensfrage für das Fürstbistum. Dahinter verbarg R. geschickt seine profranzösische Einstellung. Im Sommer 1744 war die Kriegsgefahr weitgehend beigelegt. Im Herbst kam es zur einzigen persönlichen Begegnung R.s mit König Ludwig XV. Seitdem ordnete R. seine Reichspolitik ganz den Zielen Frankreichs unter. Dies zeigte sich insbesondere in den Instruktionen an seine Gesandten beim Reichstag zu Regensburg und beim Oberrheinischen Kreis. So trat er auch der vom Mainzer Kurfürst-Erzbischof J. Fr. v. (→) Ostein und von Habsburg betriebenen Kreisassoziation nicht bei, die 1747 zum Zweck militärischer Selbsthilfe abgeschlossen wurde. Erst nach der Umkehrung der europäischen Bündnisse, die 1756 eine Annäherung Habsburgs und Frankreichs brachte, mußte R. seine Neutralität aufgeben. Es gelang ihm, 1758 eine Militärkapitulation mit Frankreich abzuschließen, die dem Muster der eidgenössischen Verträge entsprach. Im Siebenjährigen Krieg leistete das Hochstift beträchtliche Zahlungen an die Militärkasse des Oberrheinischen Kreises. R. unterstützte Österreich aus der Überzeugung, daß der Fortbestand der Reichsverfassung und der Reichskirche nur unter dessen Führung garantiert werde.

Auch das Verhältnis zu den sieben katholischen Orten suchte R. bis 1756 wiederum in einem Bündnis zu festigen. Die inneren Orte

wollten jedoch nicht in die Spannungen zwischen Bern und dem Hochstift verwickelt werden, die vor allem in den südlichen, mit Bern verburgrechteten Herrschaftsgebieten latent vorhanden waren. Zudem war die Erinnerung an die Landesunruhen noch lebendig und damit die Furcht, dem Bischof bei ähnlichen Schwierigkeiten beistehen zu müssen. In den zum Reich gehörenden Teilen des Hochstifts hatte sich die absolutistische Regierung des Bischofs durchsetzen können. Im Süden, im Erguel, in Biel und Neuenstadt kam es unter R.s Regierung dagegen zu zahlreichen Konflikten. Durch Vermittlung des französischen Botschafters gelang es 1757/58 auf der Bieler Konferenz und im Bieler Vertrag von 1758, für Neuenstadt einen den tatsächlichen Machtverhältnissen entsprechenden Kompromiß zu finden. Er hatte bis zum Ende des Ancien Régime Bestand. Auch die Gemeinden des Erguel nahmen die landesfürstliche Erklärung von 1742 an. Biel und Neuenstadt mußten sich in ihren Bannerrechtsangelegenheiten dem Standpunkt R.s beugen. 1758 konnte dieser endlich den Treueid seiner Untertanen im südlichen Teil des Hochstifts entgegennehmen. Von nun an strebte er eine Defensivallianz mit der Gesamteidgenossenschaft an, nicht zuletzt, um dem französischen Einfluß im Hochstift ein Gegengewicht zu geben. Der Widerstand der inneren Orte verhinderte aber ein entsprechendes Bündnis.

In Verwaltung und Wirtschaft des Hochstifts setzte R. die Reformen fort, die seine beiden Vorgänger begonnen hatten. Die Hofökonomie wurde gestrafft, der Zuständigkeitsbereich der Hofkammer neu umschrieben, eine Kammerregistratur geschaffen und die Rechnungsführung der fürstbischöflichen Schaffneien verbessert. Der hochstiftische Besitz wurde durch neue Beraine und die intensivierte Vermessung öffentlichen und privaten Grundbesitzes mit Bestimmung des jeweiligen landwirtschaftlichen Ertrages erfaßt. R. beauftragte den Geometer Pierre François Paris, eine Gruppe von Feldmessern heranzubilden. Seit 1752 hatte dieser auch den Auftrag, die bischöflichen Kammergüter zu vermessen und kartographisch darzustellen.

Die Wirtschaftspolitik R.s war stark von merkantilistischen Zügen geprägt. Unter dem Einfluß von Hofkammerrat Franz Decker legte er größten Wert auf die Förderung des Straßenbaus. Glanzstück dieses Programmes war die 1746—52 erbaute Münstertalstraße durch die Birsschluchten von Moutier und Court. Daneben wurden auch die Porrentruy- und Laufentalstraße sowie verschiedene andere Nebenstraßen erweitert bzw. verbessert, um den

Rinck von Baldenstein

Anschluß an die Hauptverkehrswege und neue Verbindungen zum Ausland zu schaffen. Das Straßenbauprogramm wurde seit 1752 dem Ausbau der Eisenindustrie untergeordnet. R. strebte eine aktive Handelsbilanz durch Eisen- und Stahlexporte nach Frankreich an. Da die Eisenindustrie von der Kohleherstellung abhängig war, mußte ihm an einer verantwortungsbewußten Forstverwaltung liegen. R.s Waldordnung von 1755 galt als vorbildlich bei der Eidgenossenschaft. Das Feiertagsmandat von 1747, verschiedene Wirtshausmandate und die Konzessionierung neuer Manufakturbetriebe dienten R.s Ziel, die Untertanen zu Fleiß und zu vernünftigem Leben zu erziehen. In diesem Zusammenhang ist auch die Errichtung einer Baumwollspinnerei in Porrentruy zu stellen. R. zeigte sich in seiner wirtschaftlichen Zielsetzung als Vertreter des aufgeklärten Absolutismus.

Die Aufgaben als geistlicher Oberhirte übernahm R. nach dem Tod von Weihbischof J. B. (→) Haus 1745 allein. Persönliche Äußerungen R.s zum aufkommenden Episkopalismus sind nicht bekannt. Sein Verhalten läßt jedoch auf ein ausgeprägtes bischöfliches Selbstbewußtsein schließen. In Ausübung seiner geistlichen Funktion kollidierte R. häufig mit den staatskirchlichen Bestrebungen in Frankreich und den habsburgischen Vorlanden. Diesbezügliche Klagen enthalten die Statusberichte von 1752 und 1762. Neben dem Recht zur Besetzung geistlicher Benefizien hatte die französische Krone auch andere Rechte über den Klerus erlangt. Die geistliche Immunität der Basler Kleriker im Elsaß wurde häufig verletzt. Um die geistliche Jurisdiktion im Elsaß zu erleichtern — den Oberelsässern wurde von der französischen Krone untersagt, an die Luzerner Nuntiatur zu rekurrieren — suchte R. 1750 in Rom um Verleihung der Quinquennalfakultäten nach, doch stieß er auf den Widerstand des Nuntius. Das Gesuch wurde in Rom abgelehnt. In Fragen des staatlichen Anspruchs auf die Ehegesetzgebung in den Vorlanden leistete R. mit den Ordinariaten von Konstanz, Chur und Augsburg Widerstand. Ebenso reagierten die vier Diözesen auf das Ansinnen Maria Theresias, die geistlichen Güter mit Dominikalsteuern und Erbschaftsäquivalenten zu belasten. R.s Bemühungen um seine Diözese zeigen sich in zwei Visitationsreisen in die Dekanate Salisgau (1746) und Masevaux (1749).

Großen Einsatz widmete R. der Priesterbildung. So forderte er einen Mindestaufenthalt am Priesterseminar von neun Monaten, verlängerte die Ausbildung aber schrittweise. 1750 verordnete er die Unterbrechung der Seminar-zeit durch ein Interstizjahr, um den Priesteramtskandidaten Gelegenheit zum selbständigen Studium zu geben. Die Erweiterung des Lehrangebotes am Lyzeum in Porrentruy, die Schaffung eines Lehrstuhles für Kirchenrecht 1746 und einer Theologischen Fakultät 1760 bildeten weitere Fortschritte. Die Ausbildung der Priesteramtskandidaten wurde dadurch auf vier Jahre verlängert, wovon zwei im Lyzeum und zwei teils im Seminar, teils in den Interstizien zu verbringen waren. Den ausgebildeten Priestern bot R. jährliche Exerzitien im Seminar an, und den Weltklerus verpflichtete er zur Teilnahme daran. Bei der Besetzung frei werdender Benefizien führte er den durch das Tridentinum vorgeschriebenen Pfarrkonkurs ein. Um ein Pfarrbenefizium konnte man sich frühestens ein Jahr nach der Priesterweihe bewerben. R. unterbreitete ferner dem Erzbischof von Besançon Vorschläge zum Austausch der Pfarreien der Ajoie gegen elsässische oder andere der Basler Diözese gehörende Pfarreien. Damit wollte er das gesamte Gebiet des Hochstiftes auch der Diözese einverleiben, da der Fürstbischof damals hier nur weltlicher, nicht aber geistlicher Herr war. Der Vertragsabschluß kam aber wegen des frühen Todes von R. nicht mehr zustande. Dieser starb am 13. 9. 1762 an den Folgen einer Lungenentzündung. Er wurde in der Jesuitenkirche zu Porrentruy beigesetzt.

R. war kein aufgeklärter Fürst. Er beteiligte sich weder am geistigen Umbruch der Aufklärungszeit, noch fand er Zugang zur katholischen Aufklärungstheologie und zur neuen Schule der deutschen Kanonisten.

Literatur: *A. Bruckner* u. a., in: HS I/1 (1972) 214f. (Lit.). - *P. Braun*, Rinck von Baldenstein (Lit.). - Répertoire IV 665-669. - *R. Ballmer* 215-228.

Abbildungsnachweis: Öl auf Leinwand, unsigniert, restauriert 1963. - OdPH Porrentruy.

Catherine Bosshart-Pfluger

Rinck von Baldenstein, Wilhelm Jakob
(1624 − 1705)

1690 − 1693 Koadjutor des Fürstbischofs von Basel, Ep. tit. Curlocensis
1693 − 1705 Fürstbischof von Basel

Wilhelm Jakob Rinck von Baldenstein wurde am 10. 1. 1624 auf Burg Birseck (heute Kt. Bern) getauft. Er war das älteste Kind des fürstbischöflichen Rates und Obervogts zu Birseck, Johann Jakob R., und der Maria Barbara Truchseß von Rheinfelden. Die Familie des Vaters war seit der Regierung des Bischofs Joseph

Wilhelm Rinck von Baldenstein (1608 – 28) im Fürstbistum Basel ansässig und hatte wichtige Positionen in der Regierung inne. Im frühen Mittelalter gehörten die R. rätischem Uradel an, später wirkten sie im Dienste der Bischöfe von Chur und der Äbte von St. Gallen. R. hatte sechs Geschwister und war Neffe von Bischof Joseph Wilhelm R. Er besuchte das Jesuitenkolleg in Porrentruy. Da dieses 1635 – 39 wegen der schwedischen Besetzung geschlossen blieb, ging er 1634 nach Freiburg / Schweiz und 1639 nach Luzern an das Jesuitenkolleg, um sich dann 1642 an der juristischen und ein Jahr später an der theologischen Fakultät der Universität Freiburg i. Br. zu immatrikulieren. 1647 wurde er zum Rektor der Universität gewählt und im Wintersemester 1647 / 48 und Sommersemester 1648 bestätigt. Am 22. 9. 1651 empfing er die Priesterweihe. Die Primiz feierte er in der Kollegiumskirche in Porrentruy.

R. war aufgrund einer Expektanz 1640 Kanoniker und 1648 Kapitular des Basler Domkapitels mit Sitz und Stimme geworden. 1651 verlieh ihm der Bischof die Kustodie. Als mit dem Tod von Weihbischof Th. (→) Henrici das Dekanat frei wurde, wählte das Kapitel R. als Nachfolger. Der Nomination von 1654 auf ein Kanonikat im Ritterstift Odenheim (Bruchsal) folgte kein Akt der Besitznahme oder ersten Residenz. R. beschäftigte sich intensiv mit der Verwaltung der Stiftsgüter, und eine minutiöse Buchführung zeugt von seiner Genauigkeit und seinem wirtschaftlichen Interesse.

Bald wurde R. auch zu diplomatischen Aufgaben herangezogen. 1671 reiste er nach Paris. 1674 begab er sich in bischöflichem Auftrag nach Wien. 1678 verhandelte er beim französischen König über die Residenzverlegung des Domkapitels von Freiburg i. Br. nach Arlesheim (heute Kt. Basselland) und die Freigabe der beschlagnahmten Stiftsgefälle. 1681 war er wiederum beim französischen König. Nach einem Schlaganfall des Basler Bischofs J. K. v. (→) Roggenbach 1688 drängte das Domkapitel auf die Regelung von dessen Nachfolge. Da es für den Fall einer Vakanz eine französische Einmischung befürchtete, fiel die Wahl zum Koadjutor am 3. 8. 1688 in aller Stille auf R. Das Kapitel hielt die Wahl jedoch vorerst geheim, da auch die Konfirmationsverhandlungen mit Schwierigkeiten verbunden waren. Nachdem es dem Abt von St. Gallen schließlich gelungen war, die päpstliche Bestätigung durchzusetzen und Roggenbach sich mit der Regierungsübergabe einverstanden erklärt hatte, wurde die Wahl am 2. 5. 1690 öffentlich bekanntgegeben. Am 27. 9. 1690 erhielt R. das Titularbistum Curium und die Bestätigung als Koadjutor mit dem Recht der Nachfolge. Die Konsekration

nahm am 26. 8. 1691 der Eichstätter Weihbischof F. Chr. (→) Rinck von Baldenstein in der Jesuitenkirche in Porrentruy vor. Am 26. 4. 1691 verzichtete R. auf das Dekanat, da das Kapitel der ständigen Anwesenheit seines Dekans bedurfte. Das Kanonikat gab er jedoch erst auf, als er am 13. 7. 1693 Roggenbach als Bischof nachfolgte.

Als Landesherr verfolgte R. eine Politik erneuter Anlehnung an die Eidgenossenschaft. 1695 erneuerte er das Bündnis mit den sieben katholischen Orten. Während seines ganzen Episkopats hoffte er, das Fürstbistum in die Neutralität der Eidgenossenschaft einbeziehen zu können, und 1702 / 03 bewarb er sich förmlich um Aufnahme. Während der Friedensverhandlungen von Rijswijk suchte er die von Frankreich besetzte Grafschaft Pfirt (Ferrette) und die Rappoltsteinischen Besitzungen zurückzugewinnen. Die Rechte auf Pfirt wurden ihm zwar abgesprochen, Rappoltstein dagegen konnte er dem Hochstift erhalten, wenn auch der Besitz noch während einiger Jahre mit Schwierigkeiten verbunden blieb. Seinen Verpflichtungen gegenüber Kaiser und Reich kam R. nur teilweise nach. Wie sein Vorgänger bezahlte er seinen Beitrag beim Oberrheinischen Kreis nicht. Bis 1716 beliefen sich die rückständigen Zahlungen auf 180 000 fl.

R. starb am 4. 6. 1705 in Porrentruy. Er wurde in der dortigen Jesuitenkirche beigesetzt.

Literatur: *L. Vautrey*, Evêques II 271-276. -
A. Bruckner u. a., in: HS I/1 (1972) 210f. (Lit.). -
C. Bosshart-Pfluger 58f., 274f. - Répertoire IV 658f. -
R. Ballmer 65-116.

Abbildungsnachweis: Ölgemälde,   unsigniert.   -
OdPH Porrentruy.

Catherine Bosshart-Pfluger

Ritter von Grünstein, Damian ⟨OSB, Taufname:
Lothar⟩ **Reichsfreiherr** (1715 – 1786)

1761 – 1786 Generalvikar in Fulda

* 10. 6. 1715 in der Diöz. Mainz; 13. 11. 1733
Einkleidung und 14. 11. 1734 Profeß im Benediktinerstift Fulda; 23. 5. 1739 Priesterweihe;
anschließend Studium in Salzburg; 1756 Ober-
rats- und Polizeipräsident; 1760 Administrator;
1761 Propst des Michaelsberges; 20. 6. 1761
Generalvikar von Fürstbischof H. v. (→) Bibra;
1761 Präsident des Fuldaer Konsistoriums und
Kanzler der Adolphs-Universität; † 17. 2. 1786.

Literatur: *G. Richter* 85.

Werner Kathrein

Rodenstein, Georg Anton Reichsritter von
(1579 – 1652)

1630 – 1652 Fürstbischof von Worms

Georg Anton von Rodenstein wurde am 29. 9.
1579 als Sohn des Georg Otto v. R. und der
Anna von Oberstein geboren. Die erstmals 1307
genannte Familie der R. war vor allem in
Oberhessen, ferner im Odenwald, im Wormsgau und in Worms selbst begütert, im 17. Jh.
jedoch bereits verarmt. Ihr Sitz, Burg Rodenstein im Odenwald, war zu diesem Zeitpunkt
vernachlässigt. 1595 – 1604 war eines ihrer
Mitglieder, Philipp v. R., Bischof von Worms.

Ein Onkel, der Speyerer Domdekan Andreas
von Oberstein, nahm ihn zur Erziehung in sein
Haus auf und nominierte ihn 1594 für ein
Kanonikat am Speyerer Domstift. Darüber entstand mit Ph. Chr. v. (→) Sötern ein Streit, da
die römische Kurie diesem ebenfalls dieses
Kanonikat verliehen hatte. Der Konflikt wurde
1595 in der Weise beigelegt, daß beide als
Domizellare zu dem strittigen und zu einem
weiteren inzwischen frei gewordenen Kanonikat zugelassen wurden. 1601 – 03 studierte R.
in Douay, bis 1604 in Poitiers und 1605 – 06 in
Rom. 1607 war er auch in Siena immatrikuliert.
1610 wurde er zum Priester gewählt. 1596
wurde R. in Worms durch Resignation eines

Vetters seines Vaters Domherr. 1609 wurde er
dort Kapitular, 1619 Senior und 1622 durch
bischöfliche Verleihung Kustos. In Mainz war
er seit 1609 Domizellar, 1612 Kapitular, 1629
Scholaster, 1634 Dekan und 1638 Propst. In
Speyer 1612 als Kapitular erwähnt, wurde er
dort 1622 Dekan, trat aber 1629 von diesem
Amt zurück, da er der Aufforderung des Kapitels zur Aufgabe seiner Mainzer Präbende
nicht nachkam. 1641 wurde er Propst. Seit 1634
war er außerdem Propst des Mainzer Ritterstiftes St. Alban.

Nach dem Tode des Mainzer Erzbischofs Georg Friedrich Greiffenclau von Vollrads
(1616 – 29), der zugleich das Bistum Worms
innegehabt hatte, wählte das Kapitel R. am
20. 8. 1629 zu seinem Nachfolger. Die päpstliche Wahlbestätigung erfolgte am 18. 9. 1630.

Die Diözese Worms war seit dem 16. Jh. infolge
der in fast allen weltlichen Territorien der Pfalz
eingeführten Reformation auf die 15 Pfarreien
des kleinen Hochstiftes zurückgedrängt worden. Dieses selbst stand unter starkem kurpfälzischem Druck, der seit der Jahrhundertwende
in den Auseinandersetzungen um das Wildfangrecht kulminierte, als die Kurpfalz die
Untertanen des Stiftes als „Wildfänge" zu
ihren Leibeigenen erklärte. Bischof Wilhelm
von Effern (1604 – 16) trug zwar 1613 die
Wormser Klagen und die Beschwerde, daß die
Kurpfalz die hohe Gerichtsbarkeit zum Schaden des Hochstifts ausdehne und die Gefälle

für Worms sperre, auf dem Reichstag zu Regensburg vor. Doch bevor es zu einer Entscheidung kam, begann der Dreißigjährige Krieg. Die spanische Besetzung der Kurpfalz seit 1621 und das Restitutionsedikt von 1629 ließen zwar für Diözese und Hochstift eine Restitution erhoffen, doch machte der schwedische Einfall im Winter 1631 / 32 diese Hoffnung zunichte. R. floh 1631 mit seinem Hof und dem Klerus vor den Schweden. Erst 1635 konnte er nach Worms zurückkehren.

R. hatte 1629 Kapuziner nach Worms berufen, ihnen 1630 ein Haus im Liebfrauenstift übergeben und ihnen 1631 gestattet, bei der Liebfrauenkirche ein Kloster zu erbauen. Die schwedische Besetzung der Stadt verhinderte die Ausführung dieses Planes vorerst, so daß erst 1642 der Grundstein gelegt werden konnte. Auch für die seit 1606 in Worms tätigen Jesuiten, die zeitweise in schweren Spannungen zum Stadtrat standen, setzte R. sich ein.

In der Hoffnung auf Unterstützung durch die seit 1635 in Frankenthal bestehende spanische Verwaltung forderte R. 1641 auf dem Reichstag noch einmal vergeblich eine umfassende Restitution des Hochstiftes. Um 1650 erreichten Diözese und Hochstift den Tiefpunkt ihrer Geschichte, denn nach den Zerstörungen des großen Krieges war keine ruhige Entwicklung möglich, da der restituierte kalvinistische Kurfürst Karl Ludwig von der Pfalz (1648 – 80) erneut die Auseinandersetzungen um die Rechte des kleinen und schutzlosen Hochstiftes begann. Dessen Fortbestand war durch den wirtschaftlichen Niedergang infolge des Krieges, aber auch durch Mißstände in der Verwaltung ernsthaft gefährdet. Daher beriet das Domkapitel 1651 in Mainz über eine Sanierung der verfahrenen Verhältnisse. Am 18. 11. 1651 bat es R., den Mainzer Erzbischof J. Ph. v. (→) Schönborn als Administrator anzunehmen. Dessen Postulation erfolgte auch am 29. 12., doch lehnte dieser selbst wenig später die Annahme wegen seiner anderweitigen Verpflichtungen ab. R. starb am 30. 10. 1652 zu Mainz. Als Propst des Mainzer Domstiftes wurde er in der Bonifatiuskapelle des dortigen Domes beigesetzt.

Literatur: G. C. Joannis II 295, 307, 323, 391. - J. F. Schannat 442f. - G. Sofsky. - L. Litzenburger 169. - C. J. H. Villinger, Worms und die Herren von Rodenstein, in: Wonnegauer Heimatblätter 18 (1973) Nr. 12, 1f. - F. Jürgensmeier, Schönborn.

Abbildungsnachweis: Kupferstich von Sebastian Furck, datiert 1631. - StA Worms, Graphische Sammlung.

Hans Ammerich

Rodt, Franz Konrad Kasimir Ignaz Reichsfreiherr von (1706 – 1775)

1751 – 1775 Fürstbischof von Konstanz
1756   Kardinal

Franz Konrad Kasimir Ignaz von Rodt wurde am 10. 3. 1706 zu Meersburg als Sohn des kaiserlichen Feldzeugmeisters und späteren Feldmarschall-Leutnants Franz Christoph Joseph v. R. zu Orsenhausen und der Maria Theresia Freiin von Sickingen geboren. Ein Bruder seiner Mutter, Kasimir Anton v. (→) S., war 1744 – 50 Fürstbischof von Konstanz und somit sein Vorgänger. Sein Bruder Maximilian v. (→) R. wurde 1775 sein Nachfolger.

R. immatrikulierte sich 1721 in Freiburg (1722 Mag. phil.), 1723 in Straßburg, später auch in Rom und Siena. Er wurde Domherr in Konstanz (Expektant 1713, 1728 Erste, 1733 Zweite Posseß) und Augsburg 1721 (hier 1741 – 47 Domdekan). Die Priesterweihe erhielt er am 14. 4. 1737. 1739 wurde er Koadjutor seines Onkels Kasimir Anton v. S. als Dompropst zu Konstanz.

Schon bei der politisch schwierigen Konstanzer Bischofswahl von 1743 empfahl sich R. dem Wiener Hof, doch Maria Theresia favorisierte Sickingen. Nach dessen Wahl konnte R. immerhin als Dompropst nachrücken. Nach Sickingens Tod (1750) war er aussichtsreichster Kandidat der österreichischen Partei. Gegen ihn standen eine „französische" und die „Grafen"-Partei im Kapitel. Mit massiver Unterstützung durch den kaiserlichen Kommissar wurde R. jedoch am 9. 11. 1750 einstimmig gewählt. Bei der Bestätigung am 15. 3. 1751 erhielt er die Erlaubnis, drei Pfründen beibehalten zu dürfen.

Bei der auf Drängen der katholischen Höfe erfolgten Kardinalskreation vom 5. 4. 1756 beanspruchte Wien ein doppeltes Nominationsrecht, und zwar von seiten Franz' I. als Kaiser und von seiten Maria Theresias als Königin von Ungarn und Böhmen. Benannt wurden der Wiener Erzbischof J. J. v. (→) Trautson und R. Weshalb die Wahl auf diesen fiel, ist nicht erklärt. Ein wesentlicher Grund dürfte seine Devotion gegenüber dem Hause Habsburg gewesen sein. Am 22. 7. empfing er in Wien das rote Birett aus der Hand des Kaisers. Als Titelkirche erhielt er S. Maria del Popolo. Durch Kommenden und Pensionen u. a. in der Lombardei suchte Maria Theresia den Kronkardinal standesgemäß auszustatten. Dagegen scheiterten Pläne, ihm ein weiteres Reichsstift zukommen zu lassen (Ellwangen, Augsburg, Basel).

Bei der Papstwahl von 1758 war R. Träger des kaiserlichen Secretums, da der Wiener Hof dem anderen Kronkardinal Giovanni Francesco Albani nicht traute. R. hatte den Auftrag, zusammen mit den anderen Kronen, vor allem mit Paris, die Wahl eines Kurialisten und Zelanten zu verhindern. Der schließlich gewählte Carolo Rezzonico (Klemens XIII.) stand auf der Liste der kaiserlichen „Gratiores" aber erst an zwölfter Stelle, und entsprach später durch seine Jesuitenfreundlichkeit nicht den Erwartungen der Höfe. So verlor R. in Wien an Ansehen und Einfluß. 1765 wurde er zwar mit dem Großkreuz des Königlichen Sankt Stephansordens ausgezeichnet, doch verlangte Maria Theresia im gleichen Jahr von ihm die Herausgabe der Konklaveakten von 1758. R. zog daraus die Konsequenzen und hat an den Konklaven von 1769 und 1774 nicht mehr teilgenommen.

Als Diözesanbischof blieben R. wie seinen Vorgängern Auseinandersetzungen mit der Luzerner Nuntiatur und den weltlichen Staaten nicht erspart. Die alten Spannungen mit Österreich verschärften sich infolge der Kirchenpolitik Maria Theresias. Der Versuch R.s, anstelle des Konkordates von 1629 einen neuen Vertrag mit Österreich abzuschließen, scheiterte, doch fand die Kaiserin sich bereit, 1756 durch ein umfangreiches Dekret an die Vorderösterreichische Regierung die beiderseitigen Beziehungen zu ordnen. Daß R. dabei nur teilweise seine Wünsche durchsetzen konnte, ist verständlich.

Zudem kam es bald zu neuen Spannungen. U. a. versuchte die Wiener Regierung seit 1772, in ganz Österreich einen einheitlichen Katechismus einzuführen. Dies verletzte das bischöfliche Selbstbewußtsein R.s.

Dramatisch entwickelten sich auch die Beziehungen zum Konvent des dem Hochstift seit 1540 inkorporierten Benediktinerklosters auf der Reichenau. 1757 erhielt R. die päpstliche Erlaubnis, den Konvent auszuweisen. Die Mönche wurden daraufhin in anderen Klöstern untergebracht, während im Inselkloster nur noch eine „Mission" aus zwölf Patres verblieb, die von den benachbarten Abteien gestellt wurden. Alle Bemühungen des exilierten Konvents um eine Rückkehr, ja sogar eine Restitution der Abtei scheiterten.

1766 wurde das dem Rituale Romanum angeglichene Rituale der Diözese neu aufgelegt. Äußerst zurückhaltend verhielt sich R. gegenüber dem bekannten Wunderheiler und Exorzisten Johann Joseph Gassner (1727 – 79), der 1774 auch in der Diözese Konstanz auftrat. In Meersburg konnte R. die von Balthasar Neumann entworfene Residenz („Neuer Bau") in vereinfachter Form abschließen und beziehen. Die Kapelle des Priesterseminars ließ er unter hohen Kosten ausschmücken (Weihe 1767).

R. starb in der Nacht vom 15. auf den 16. 10. 1775. Nach altem Brauch wollte das Domkapitel den Sarg durch konstanzische Grenadiere, d. h. Truppen des Schwäbischen Reichskreises, in die österreichische Bischofsstadt geleiten lassen. Das habsburgische Generalkommando versagte aber die Erlaubnis. Schließlich mußte der Leichnam in aller Eile in der Stadtpfarrkirche zu Meersburg beigesetzt werden. Universalerbe R.s war sein letzter noch lebender Bruder Maximilian, der sein Nachfolger im Konstanzer Bischofsamt wurde.

Literatur: F. Geier, Reformen. - O. v. Stotzingen. - H. Baier, Von der Reform des Abtes Friedrich von Wartenberg bis zur Säkularisation, 1427-1803; in: Die Kultur der Reichenau (München 1925) 213-262. - Ders., Kardinal Franz Konrad von Rodt und Maria Theresia, in: Bodensee-Chronik. Blätter für die Heimat. Beilage zur Deutschen Bodensee-Zeitung 18 (1929) 53 f., 57. - A. Haemmerle, Domstift 139, Nr. 388. - F. Weber 19-21. - R. Reinhardt, Beziehungen 136-182. - E. Keller, Erlasse 50 f. - J. Hanauer, Der Teufelsbanner und Wunderheiler Johann Josef Gassner (1727-1779), in: BGBR 19 (1985) 303-545. - R. Reinhardt, in: HS I/2 (im Ersch.). - K. Maier. - J. Seiler.

Abbildungsnachweis: Schabblatt von Gabriel Bodenehr nach Gemälde von Franz Sigrist. - Gesicht von Franz Joseph Guldin. - Wien NB 513.838 B.

Rudolf Reinhardt

Rodt, Marquard Rudolf Reichsritter von
(1644 – 1704)

1690 – 1704 Fürstbischof von Konstanz

Marquard Rudolf von Rodt wurde am 9. 4. 1644
zu Konstanz als Sohn des Johann Dietrich v. R.
und der Maria Barbara von Westerstetten
geboren. Sein Studiengang ist nicht bekannt.
Am 26. 5. 1668 wurde er Priester. R. war
Domherr in Konstanz (1653 Expektant, 1660
Erste, 1668 Zweite Posseß) und Augsburg
(1668). In Konstanz wurde er 1673 Archidiakon, 1686 Domdekan.

Mit dem Ausbruch des Pfälzischen Krieges
(1688 – 97) rückte das Hochstift Konstanz verstärkt in das Blickfeld der europäischen Politik, da der Bischof mitausschreibender Fürst
des Schwäbischen Reichskreises war. Daher
suchten der Wiener wie auch der Pariser Hof
rechtzeitig, die Nachfolge des betagten Bischofs
F. J. (→) Vogt von Altensumerau und Prasberg
in ihrem Sinn zu ordnen. Kaiser Leopold I.
dachte dabei an eine Koadjutorie für einen
Prinzen aus dem mit ihm verschwägerten Hause Pfalz-Neuburg, doch wählte das Kapitel
nach dem Eintreten der Vakanz (7. 3. 1689)
überraschend schnell am 14. 4. 1689 R. zum
Nachfolger. Es gelang zwar dem Wiener Hof,
die Wahl durch die römische Kurie kassieren
zu lassen, dennoch verlieh Papst Innozenz XI.
R. am 6. 3. 1690 das Bistum. Die Konsekration
folgte am 15. 6. durch Weihbischof J. W. v. (→)
Bodman. R. durfte mit Rücksicht auf die Armut
des Hochstiftes sein Augsburger Kanonikat
noch drei Jahre behalten (1692 und 1695 um je
weitere drei Jahre verlängert).

R.s Amtszeit wurde durch den Pfälzischen
Krieg überschattet. Trotz zunehmender Kriegs-
müdigkeit durfte er sich jedoch nicht durch
eine neutrale oder gar habsburgfeindliche Politik exponieren. Einen Erfolg erzielte R. bei den
Verhandlungen mit dem kaiserlichen Hof über
die österreichischen Schulden beim Hochstift
und den anhängenden Vermögensgruppen, indem die Wiener Regierung sich verpflichtete,
fortan wenigstens für einen Teil der Kapitalien
Zinsen zu zahlen.

Mit dem Benediktinerstift Einsiedeln schloß R.
1693 einen Vergleich („Konkordat"), der die
alten und langwierigen Exemtions- und Jurisdiktionsstreitigkeiten beenden sollte. Weiter
gesteckt waren die Ziele des Abtes Leodegar
Bürgisser (1696 – 1717) von St. Gallen, der mit
Hilfe seines Vorgängers Kardinal Cölestin
Sfondrati die Erhebung der Abtei zum Bistum
durchsetzen wollte. Mit dem überraschenden
Tod des Kardinals (1696) zerschlugen sich
zunächst diese Pläne.

R. starb am 10. 6. 1704 auf Schloß Hegne. Er
wurde im Konstanzer Münster beigesetzt.

Literatur: R. Molitor, Aus der Rechtsgeschichte bene-
diktinischer Verbände. Untersuchungen und Skizzen, Bd. 2 (Münster 1932) 446-453. - A. Haemmerle,
Domstift 140. - H. Reiners, Konstanz 438. -
R. Reinhardt, Beziehungen 77-94. - Ders., Zur Reichskirchenpolitik der Pfalz-Neuburger Dynastie, in: HJb
84 (1964) 118-128. - Ders., in: HS I / 2 (im Erscheinen). -
B. Wunder, Ludwig XIV. und die Konstanzer Bischofswahl 1689, in: ZGO 114 (1966) 381-391. - Ders.,
Frankreich, Württemberg und der Schwäbische Kreis
während der Auseinandersetzungen um die Reunionen (1679-1697). Ein Beitrag zur Deutschlandpolitik
Ludwigs XIV. (Stuttgart 1971). - K. Maier. - J. Seiler.

Abbildungsnachweis: Stich von Philipp Kilian
(1628-1693). - Wien NB 521.443 B.

Rudolf Reinhardt

Rodt, Maximilian Augustinus Christoph
Reichsfreiherr von (1717 – 1800)

1776 – 1800 Fürstbischof von Konstanz

Maximilian Augustinus Christoph von Rodt
wurde am 10. 12. 1717 zu Kehl als Sohn des
Franz Christoph Joseph v. R. und der Maria
Theresia von Sickingen geboren. Wie drei
seiner Brüder für eine Laufbahn in der Germania Sacra bestimmt, wurde er vor 1727 Ritter
des Malteserordens, dann Domherr in Konstanz (Aufschwörung und Erste Posseß 1739,
Zweite 1747), Augsburg (1733 Aufschwörung)

und Würzburg (Domizellar 1736—42). Er studierte in Freiburg (Immatrikulation 1727 und 1737) sowie in Siena (1738). Am Domstift Konstanz wurde er 1760 Archidiakon und 1766 Domkantor. 1773 erhielt er die einträgliche Dompropstei. 1770—75 war er überdies Domdekan in Augsburg.

Nach dem Tode seines Bruders, des Konstanzer Fürstbischofs Franz Konrad v. (→) R. im Jahre 1775, war R. neben Weihbischof J. N. v. (→) Hornstein der aussichtsreichste Kandidat für die Nachfolge. Die Entscheidung fiel erst, nachdem er die Dompropstei resigniert hatte, die an den Weihbischof ging. Weitere Faktoren für den Ausgang der Wahl waren R.s „Patriotismus", der ihm die Unterstützung des kaiserlichen Wahlkommissars brachte, sowie das beachtliche Vermögen, das ihm sein Bruder Franz Konrad hinterlassen hatte. Das Hochstift Konstanz laborierte nämlich an einer übergroßen Schuldenlast. Die Bestätigung der Wahl folgte am 15. 4., die Konsekration am 12. 8. 1776. R.s Bemühungen um das Bistum Regensburg scheiterten 1782/83 und 1787.

1781 veröffentlichte R. ein neues Benediktionale mit Anklängen an die Aufklärung. R.s Amtszeit war zunächst durch die alten Exemtionsstreitigkeiten mit den großen Klöstern belastet. 1780 konnte er jedoch mit Salem und 1781 mit Einsiedeln Verträge schließen. Noch einschneidender war der Streit um die österreichische Kirchenpolitik. So verbot die Wiener Regierung den 1777 im Auftrag des Bischofs herausgegebenen Diözesankatechismus für Vorderösterreich. Dieser Eingriff in das Innere der Kirche hat das bischöfliche Selbstbewußtsein R.s stark getroffen. Die Spannungen nahmen unter Joseph II. noch zu. Der Kaiser verzichtete zwar aus praktischen Gründen für die österreichischen Vorlande auf eine Diözesanregulierung. Das Verbot, von den auf österreichischem Gebiet gelegenen Pfründen fortan den Bischöfen die herkömmlichen Annaten zu bezahlen, brachte das schwach dotierte Hochstift Konstanz dagegen an den Rand des wirtschaftlichen Ruins. Ende 1786 belegte Joseph II. R. wegen „Unfolgsamkeit" gegenüber landesherrlichen Verordnungen mit einer Geldstrafe. Nun war der „Abfall" des bislang kaiser- und österreichtreuen R. nicht mehr aufzuhalten. Es kam zu Kontakten mit dem Fürstenbund. Im Juni 1788 wurde Karl Theodor von (→ Bd. I) Dalberg, bereits Koadjutor in Mainz und Worms, auch in Konstanz zum Koadjutor gewählt. Der Fürstenbund hatte damals aber schon seine Kraft verloren. Deshalb blieb dieser Schritt ohne weitreichende politische Folgen. Dalberg wurde aber dem alternden Bischof zu einem wertvollen Ratgeber. Nach dem Tode Josephs II. ließ R. wie andere österreichische Bischöfe über eine Rücknahme der kirchlichen Verordnungen des Kaisers verhandeln, doch konnten nur Teilerfolge erzielt werden. Anderseits war die Wiener Regierung angesichts der kriegerischen Auseinandersetzungen mit Frankreich auf die Unterstützung des Bischofs von Konstanz, eines der beiden ausschreibenden Fürsten im Schwäbischen Reichskreis, angewiesen. Als letzter seiner Familie im Mannesstamm setzte R. das Hochstift Konstanz zum Universalerben ein. Er starb am 17. 1. 1800 zu Meersburg und wurde in der dortigen Pfarrkirche, in der Gruft seines Bruders, beigesetzt. Sein berühmtes Naturalienkabinett gelangte nach der Säkularisation nach Freiburg und Karlsruhe.

Literatur: F. Geier, Reformen. - H. Franz, Studien zur kirchlichen Reform Josephs II. mit besonderer Berücksichtigung des vorderösterreichischen Breisgaus (Freiburg i. Br. 1908). - J. R. Kušej. - O. v. Stotzingen. - F. Weber 41-47. - A. Haemmerle, Domstift 140, Nr. 696. - M. Pfannenstiel, Das Fürstbischöfliche Naturalienkabinett in Meersburg 1784-1805, in: Das Bodenseebuch 34/35 (1948/49) 71-76. - A. Siegel, Das Konstanzer Benedictionale von 1781, in: ORPB 58 (1957) 73-82. - W. Müller, in: LThK 8 (1963) 1354. - R. Reinhardt, Beziehungen 182-231. - Ders., in: HS I/2 (im Ersch.). - K. Maier . - J. Seiler.

Abbildungsnachweis: Öl auf Leinwand um 1790, unbek. Künstler. - Stadt Meersburg.

Rudolf Reinhardt

Röls, Johann Kasimir (1646 – 1715)

1698 – 1715 Generalvikar in Augsburg
1708 – 1715 Weihbischof in Augsburg, Ep. tit.
Amyclensis

* 2. 3. 1646 in Schwandorf / Oberpfalz; seit 1667
Studium in Dillingen (1668 Mag. phil.; Lic. iur.
can.); 5. 4. 1670 Priester; 1672 Dr. theol. (Dillingen); 1672 Pfarrer in Schongau; 1674 – 94 Pfarrer und Dekan in Donauwörth; bis 1715 Inhaber des Benefiziums in Riedsend; 1687 Domherr in Augsburg; 14. 12. 1698 Generalvikar
und Geistlicher Rat in Augsburg; 1705 – 07
Nachmittagsprediger am Dom; 12. 3. 1708 Titularbischof von Amyclae und Weihbischof in
Augsburg; 20. 5. 1708 Konsekration durch
Fürstbischof (→) Alexander Sigmund von
Pfalz-Neuburg. R. firmte insgesamt 68 572 Personen, weihte 40 Kirchen und Kapellen und
244 Altäre. Testamentarisch bedachte er das
Jesuitenkolleg in Dillingen und errichtete eine
Stiftung zum Unterhalt von sechs Studenten.
Zwei seiner Brüder gelangten ebenfalls zu
hohen kirchlichen Würden: Johann Philipp,
Abt von Kaisheim OCist, und Johann Leonhard, Abt von Hl. Kreuz OSB in Donauwörth.
† 8. 2. 1715; ☐ Johanneskirche Augsburg.

Literatur: *A. Schröder*, Weihbischöfe 475-478. -
A. Haemmerle, Domstift Nr. 660. - *A. Böswald*, Die
Gebrüder Röls, in: Lebensbilder aus dem bayerischen
Schwaben 12 (Weißenhorn 1980) 122-134. - *J. Seiler*.

Peter Rummel

Roggenbach, Franz Joseph Sigismund Johann Baptist von (RA) (1726 – 1794)

1783 – 1794 Fürstbischof von Basel

Franz Joseph Sigismund Johann Baptist von
Roggenbach wurde am 14. 10. 1726 als zweites
Kind des Franz Joseph Konrad v. R., Hofratspräsidenten des Basler Fürstbischofs und
Landvogtes zu Zwingen, und der Maria Anna
Eva Blarer von Wartensee auf Schloß Zwingen
geboren und einen Tag später in Laufen (heute
Kt. Bern) getauft. Aus der Familie der Mutter
war u. a. der Basler Bischof Jakob Christoph
Blarer von Wartensee hervorgegangen, der im
Bistum Basel die Gegenreformation durchgeführt hatte. Die R. waren ursprünglich Ministerialen der Herzöge von Zähringen. Sie gehörten
seit 1509 dem vorderösterreichischen Ritterverband an.

R. besuchte das Jesuitenkolleg in Porrentruy.
1739 schrieb er sich an der juristischen Fakultät der Universität Freiburg i. Br. ein, und 1745
begann er an der Universität Würzburg sein
Biennium. Die Priesterweihe empfing er am 1. 6.
1765 in Porrentruy.

Ein Kanonikat beim Basler Domkapitel wurde
ihm durch päpstliche Provision verliehen. 1742
schwor er in Arlesheim auf. Ein halbes Jahr
später bestätigte ihn Bischof J. W. (→) Rinck
von Baldenstein als Propst zu Istein (heute
Baden-Württemberg). Nach Erhalt des Cellariats 1768 wählte ihn das Domkapitel 1775 zum
Scholaster. Auf die Scholasterwürde verzichtete er 1782.

Als der Basler Bischof Fr. L. v. (→) Wangen
1782 starb, gab es im Domkapitel wie bei
früheren Wahlen zwei Gruppierungen, doch
verfügte die französische Faktion über keinen
wählbaren Kandidaten. Der Straßburger Bischof Kardinal L. R. E. de (→) Rohan-Guéméné
bewarb sich auch diesmal und suchte den
Kaiser wie den französischen König zu gewinnen. Der Wiener Hof antwortete jedoch unverbindlich, Ludwig XVI. abweisend. Der Wahlgang war auf den 25. 11. 1782 festgelegt. Die
Wahl wurde erstmals in Porrentruy durchgeführt. Auf der Anreise einigte sich das Domkapitel einstimmig auf R.; die offizielle Wahl
bestätigte das Resultat.

Die päpstliche Konfirmation folgte am 18. 7.
1783, die Konsekration durch den Erzbischof
von Besançon Raymond de Durfort am 29. 9.
1783 in der Jesuitenkirche zu Porrentruy. Die
Belehnung mit den Reichsregalien nahm Joseph II. am 13. 4. 1784 vor.

Die erste Hälfte der Regierungszeit R.s war von
starkem Reformwillen geprägt. Bei seinem Regierungsantritt war das Hochstift sehr verschuldet, denn Bischof Wangen war freigebig
gewesen und hatte einen Schuldenberg von
100 000 Pfund angehäuft. Dem für sein anspruchsloses Wesen und seine einfache Hofhaltung bekannten R. gelang es 1789, diesen
mit Ausnahme der Schulden bei den Landständen abzutragen. Mit verschiedenen Reformen
im sozialen, medizinischen und Bildungsbereich suchte R. die Entwicklung des Hochstifts
voranzutreiben. Auf dem Gebiet des Armenwesens verordnete er 1787, daß in Zukunft die
Einwohnergemeinde für ihre Bedürftigen aufkommen müßte. In der Ajoie wurde eine Armenkasse errichtet, die aus öffentlichen Sammlungen, Beiträgen des Bischofs, der Stifte und
der Klöster unterhalten wurde. 1786 gründete
R. aus eigenen Mitteln ein Waisenhaus im
Ursulinenkloster zu Delémont. Für angehende
Hebammen schrieb er eine Ausbildung mit
anschließender Prüfung vor. Die bedeutendsten Reformen führte R. im Grundschulwesen
durch. Aufgrund der festgestellten Mängel
erließ er 1784 eine Schulordonnanz, die eine

Fähigkeitsprüfung für Lehrer, die Einführung von Ganzjahresschulen, Schulzwang für Schulpflichtige, neue Lehrpläne und damit verbunden auch einen verbesserten Religionsunterricht vorsah. Um den Lehrberuf attraktiver zu machen, setzte er einen Minimallohn fest und verpflichtete die Gemeinden, den öffentlichen Unterricht unentgeltlich zu gewähren. Eine neue Steuer sollte die großen Anforderungen im Schulbereich finanzieren. Um das Bildungsniveau der Lehrer zu heben, sandte R. drei Lehrer in den von der Abtei St. Urban (Kt. Luzern) veranstalteten Lehrerbildungskurs. Nach ihrer Rückkehr führten sie die Normalschulmethode nach österreichischem Vorbild im Hochstift ein. 1785 veranlaßte R. ferner die Reorganisation des ehemaligen Jesuitenkollegs, die von seinem Weihbischof J. B. (→) Gobel durchgeführt wurde.

Mit der Prägung neuer Münzen wollte R. 1787 den Geldmarkt sanieren. Die Lebensmittelknappheit und die damit verbundene Teuerungswelle von 1789 – 90 überbrückte er durch Ankauf von teurem Getreide, das billig an die Bevölkerung abgegeben wurde. Das Domkapitel stellte seinerseits seine elsässischen Fruchtreserven zur Verfügung. Dank dieser Maßnahmen konnte eine Hungersnot abgewendet werden.

Wie seine Vorgänger J. Fr. v. (→) Schönau und Rinck von Baldenstein widmete R. seiner Diözese besondere Aufmerksamkeit. So führte er die Visitation der 1779 neu zur Diözese gekommenen Pfarreien der Ajoie persönlich durch. Mit der Reduktion der Festtage von 1782 wollte er den Müßiggang und damit verbundene Ausschreitungen vermindern.

Der Ausbruch der Französischen Revolution traf R. und sein Domkapitel zuerst im Elsaß. Infolge der Aufhebung der Feudalrechte durch die Nationalversammlung im Jahre 1789 verlor R. im Elsaß seine Einkünfte und durch die Zivilkonstitution von 1790 die geistliche Jurisdiktion. Gleichzeitig wurde die bestehende Ordnung auch im Hochstift durch revolutionäre Umtriebe in Frage gestellt. Einer ihrer Führer war hier Weihbischof Gobel. Die 1789 in der Propstei Moutier-Grandval aufbrechenden Unruhen konnten zwar mit Hilfe Berns beigelegt werden, doch flackerte ein Jahr später die Unruhe im französischsprachigen Reichsgebiet des Hochstiftes wieder auf. Ein revolutionäres Komitee der Ajoie legte eine Liste von Klagepunkten vor und verlangte die Einberufung der Landstände. Um einer Entwicklung wie in Frankreich vorzubeugen, beschloß R. mit seinen Räten und dem Domkapitel, zuerst Ruhe und Ordnung wiederherzustellen und dann die Landstände zu versammeln. Die aufgrund des Vertrages von 1780 bei Frankreich angeforderte Truppenhilfe wurde nicht gewährt. Im Spätsommer 1790 rieten die Kantone Solothurn, Bern und Basel zur Milde. Notfalls sollte sich R. an die Eidgenossenschaft oder an den Kaiser wenden. Unter dem Einfluß des dem Kaiserhaus ergebenen Domherrn Johann Heinrich Hermann von Ligerz entschloß sich R. daraufhin, beim Kaiser Hilfe zu suchen. Ligerz wurde nach Wien gesandt und Truppenhilfe zugesagt, doch ging man in Wien auf das Angebot einer Basler Koadjutorie für einen Erzherzog nicht ein. Erst nach langen Verhandlungen gestattete die Stadt Basel den Durchmarsch der österreichischen Truppen. 1791 rückten diese ins Hochstift ein. Mit Hilfe des kaiserlichen Kommissars Hermann von Greiffenegg gelang es, den Aufruhr ohne Blutvergießen beizulegen. Die Versammlung der Landstände wurde am 16. 5. 1791 eröffnet. Dabei gelang es R., die untereinander zerstrittenen Stände als revolutionären Faktor auszuschalten. Die Anführer der revolutionären Bewegung flohen daraufhin nach Frankreich und versuchten von dort aus zu agitieren.

Als 1792 Krieg drohte, suchte R. ohne Erfolg die österreichischen Truppen durch eidgenössische zu ersetzen. Am 20. 4. 1792 erklärte Frankreich Österreich den Krieg. Eine der Begründungen war die Stationierung österreichischer Truppen in Porrentruy. Diese zogen sich am 27. 4. nach Rheinfelden zurück. Mit ihrer Nachhut verließ auch R. seine Residenz und floh

nach Biel. Mit der Weiterführung der fürstbischöflichen Verwaltung beauftragte er Re-
gentschaftsräte in Porrentruy und Delémont.
Mit Hilfe treuer Untertanen gelang es diesen,
am 17. 5. 1792 einen Anschlag auf die Residenz
abzuwehren.

Am 28./29. 4. 1792 besetzte der französische
General Custine unter Berufung auf den Vertrag von 1780 die Pässe, versprach aber, die
landesherrlichen Rechte zu respektieren. R.
versuchte von Biel aus, das Fürstbistum in die
Neutralität der Eidgenossenschaft einzuschlie-
ßen. Dieses Ziel erreichte er am 25. 5. 1792 an
der Frauenfelder Tagsatzung. Während des
ganzen Sommers liefen Unterhandlungen mit
Österreich, Preußen und Frankreich um Anerkennung der Neutralität. Die beiden ersteren
waren einverstanden, Frankreich signalisierte
dagegen nur Gesprächsbereitschaft.

Der Eintritt des Reiches in den Koalitionskrieg
mit Frankreich stellte R. vor die schwierige
Aufgabe, ein Gleichgewicht zwischen seinen
Verpflichtungen als Reichsstand und seiner
Einbindung in die schweizerische Neutralität
zu finden. Unter Hinweis auf seine exponierte
Lage konnte er als Reichsstand neutral bleiben.
R. versuchte erfolglos, den Kaiser für eine
Befreiung des Fürstbistums zu gewinnen.
Während des Sommers 1792 war die Besetzung
durch französische Truppen auf das gesamte
zum Reich gehörende Gebiet des Hochstifts mit
Ausnahme der rechtsrheinischen Besitzungen
ausgedehnt worden. R. erreichte lediglich, daß
die Eidgenossenschaft auf kaiserlichen Druck
hin den Abzug der Franzosen verlangte. Der
französische Nationalkonvent wies dieses Be-
gehren jedoch zurück.

Am 5. 11. 1792 übernahmen die Revolutionäre
die Macht im Hochstift mit Ausnahme der
helvetischen Gebiete. Sie erklärten Fürstbischof und Domkapitel für abgesetzt. Auf Anraten Berns floh R. nun mit einigen Getreuen
nach Konstanz. Die Verwaltung des helvetischen Teils des Hochstifts übertrug er einem
Regentschaftsrat in Pieterlen. Kurz danach
brach im Obererguel die Revolution aus, doch
erkannte dieses Gebiet schließlich unter dem
Druck von Bern die Oberhoheit des Fürstbischofs an. Die Versorgung der Restdiözese
nahm Offizial und Generalprovikar J. (→ Bd. I)
Didner bis 1797 von Solothurn aus wahr.
Anfang Dezember 1792 erklärte die Nationalversammlung Fürstbischof und Domkapitel
den Krieg. Die Domherren in Arlesheim wurden
unter Hausarrest gestellt und einige vorübergehend als Geiseln nach Porrentruy geführt.

In Konstanz wurde R. der Domhof als Residenz
zugewiesen. Sofort nahm er seine Regierungs-

tätigkeit wieder auf. Von den Verwaltungsor-
ganen gab es nur noch den Geheimen Rat. Die
Landstände existierten praktisch nicht mehr.
Das Domkapitel war mit Ausnahme eines Kapitulars und des Dompropstes geflohen. R. rief
das gesamte Kapitel nach Konstanz, wo vom
5. 3. 1793 an über dessen Zukunft beraten
wurde. Der Kapitelssitz wurde nach Freiburg
i. Br. verlegt, und es wurden zwei Kapitelssitzungen pro Jahr angesetzt.

Am 18. 1. 1793 war der nördliche Teil des
Hochstifts Frankreich einverleibt worden, und
die Raurachische Republik wurde in das Département Mont-Terrible umgewandelt. Rund
3 % der Bevölkerung emigrierten. Der Nationalkonvent stimmte am 7. 4. 1793 zu, daß das
Erguel und Moutier-Grandval provisorisch in
die helvetische Neutralität eingeschlossen
würden. Das Kloster Bellelay und das Chorherrenstift von Moutier-Grandval konnten sich
auf ihr Burgrecht mit dem Kanton Solothurn
stützen und wurden deshalb verschont. R.
versuchte nochmals, dem Kaiser Invasionsplä-
ne schmackhaft zu machen, doch reagierte
Wien zurückhaltend. Im Frühling und Sommer
1793 bildete sich im Hochstift eine Wider-
standsbewegung von jungen Leuten, die nicht
in die französische Armee eingezogen werden
wollten. Die Gelegenheit, die Franzosen zu
vertreiben, schien günstig. R. erlaubte, zur
Bewaffnung der Aufständischen ein Darlehen
gegen die Verpfändung der Herrschaft Schliengen aufzunehmen. Frankreich gelang es jedoch,
das Zentrum des Widerstandes zu überwälti-
gen, bevor die Bewegung größere Kreise ziehen
konnte.

Der gesundheitliche Zustand R.s verschlech-
terte sich im Laufe des Jahres 1793 zusehends.
Er starb am 9. 3. 1794 im Konstanzer Domhof.
Er wurde im Konstanzer Münster beigesetzt.

Literatur: *L. Vautrey*, Evêques II 423-500. -
A. Bruckner u. a., in: HS I/1 (1972) 217f. (Lit.). -
M. Jorio 18-88. - *C. Bosshart-Pfluger* 122-127, 287-289.
- Nouvelle Histoire du Jura 182-189. - Répertoire IV
674-676. - *R. Ballmer* 235-265.

Abbildungsnachweis: Öl auf Leinwand, unsigniert;
1963 restauriert. - OdPH Porrentruy.

                                   Catherine Bosshart-Pfluger

Roggenbach, Johann Konrad von (RA)
(1618 − 1693)

1658 − 1693 Fürstbischof von Basel

Johann Konrad von Roggenbach wurde am
15. 12. 1618 als fünftes Kind des Hans Hartmann v. R. und der Maria Susanna zu Rhein

geboren. Seine Familie gehörte ursprünglich zu den Ministerialen der Herzöge von Zähringen, später zur Reichsritterschaft Vorderösterreichs. Sie war im Elsaß und im Breisgau ansässig. Über den Studiengang R.s ist nichts bekannt. Die Priesterweihe empfing er am 4. 4. 1654.

Dank der Verwendung von Bischof J. F. v. (→) Schönau wurde R. vermutlich 1652 Kanoniker des Ritterstifts Comburg, seine erste Residenz absolvierte er 1656. Als Expektant war er 1629 im Basler Domkapitel zur Aufschwörung zugelassen worden. Kanoniker wurde er 1640, Kapitular 1649. 1652 wählte ihn das Basler Kapitel zum Propst und am 22. 12. 1656 zum Bischof. Die römische Kurie kassierte die Wahl zwar aus formalen Gründen, verlieh R. am 13. 1. 1658 aber doch das Bistum. Die Konsekration nahm Nuntius Federico Borromeo am 23. 3. 1659 in der Jesuitenkirche in Porrentruy vor.

Als Landesherr gelang es R., 1657 das Defensionale mit den Eidgenossen um zwei Jahre zu verlängern. Danach scheiterten weitere Bemühungen um Ausdehnung des Schirmvertrages oder gar um Aufnahme in die Eidgenossenschaft am Widerstand von Luzern, Schwyz, Unterwalden und Zug. Auch der Einschluß in den französisch-eidgenössischen Neutralitätsvertrag, der 1663 erneut unterzeichnet wurde, kam trotz versteckter Versprechungen R.s, Söldnerwerbungen für Frankreich im Hochstift zu gestatten, nicht zustande. In dieses Bündnis wurden jedoch Biel und die anderen als schweizerisch angesehenen Gebiete des Hochstifts (die Herrschaft Erguel, Neuenstadt, Tessenberg und die Herrschaft Ilfingen) einbezogen. 1664 trat R. dem 1. Rheinbund bei, der auf Initiative des Mainzer Kurfürst-Erzbischofs J. Ph. v. (→) Schönborn 1658 zur Aufrechterhaltung der Beschlüsse des Westfälischen Friedens entstanden war. Seit dem Beitritt Frankreichs bis zu ihrer Auflösung 1667 war diese Allianz ein Instrument französischer Politik. Während des Holländischen Krieges wurde die Ajoie von den Franzosen besetzt, auch Österreich benutzte das Basler Fürstbistum als Durchgangsroute in die spanische Freigrafschaft. Seit deren Übergang an Frankreich grenzte der ganze nördliche Teil des Hochstiftes an diesen Staat. Als es zu Beginn des Jahres 1675 durch vier französische Regimenter besetzt wurde, war dies für R. Grund genug, das Bündnis mit den katholischen Orten der Schweiz zu besiegeln und sich mit Hilfe der Eidgenossen die Neutralität des Fürstbistums durch die kriegführenden Mächte zusichern zu lassen. Einzig das Basler Domkapitel, das seit 1529 zu Freiburg i. Br. im Exil lebte, wurde von Frankreich noch unter Druck gesetzt. Es mußte die vorderösterreichische Stadt verlassen, wollte es nicht seine Einkünfte im Elsaß verlieren. Seit Dezember 1678 residierte es in Arlesheim (heute Kt. Baselland), einem in Hochstift und Diözese Basel gelegenen Dorf. Das Fürstbistum wurde durch wiederholte Bemühungen der Eidgenossenschaft in den folgenden Jahren von Kriegshandlungen verschont. Im Hinblick auf Kriegsgefahr suchte R. 1691 bei den evangelischen Orten um Aufnahme in die Eidgenossenschaft nach. Mit diesem Gesuch erreichte die Anlehnung des Fürstbistums an die Schweiz im 17. Jh. ihren Höhepunkt. Die Eidgenossenschaft ging nicht auf R.s Anfrage ein, weil Bern sein Einverständnis von der Zusage der katholischen Orte abhängig machte, das bernische Waadtland und die Stadt Genf in ein Schutzbündnis einzubeziehen. Trotz der Hinwendung zur Eidgenossenschaft kam R. seinen Pflichten als Reichsstand nach und entrichtete die geforderten Subsidien, auch „Römer Monate" genannt. Die Versammlungen des Oberrheinischen Kreises beschickte er allerdings seit 1656 nicht mehr und weigerte sich, seinen Beitrag an Mannschaft und Geld zu leisten.

Innenpolitisch kam es unter R. gleichzeitig mit den stark gestiegenen Staatssteuern zu einer merklichen Aufwertung der Landstände. Schon unter seinen Vorgängern waren deren Kompetenzen wesentlich ausgeweitet worden. Unter R. konstituierte sich 1688 eine Ständekommission, die seither sämtliche Steuereinnahmen und Ausgaben kontrollierte.

In der Verwaltung seiner Diözese machte R. Ansprüche auf das in der Reformationszeit verlorene Basler Münster, die zugehörenden Gebäude und den Kirchenschatz geltend. Wie sein Vorgänger Jakob Christoph Blarer von Wartensee (Bischof 1575 – 1608), Gegenreformator im Fürstbistum, suchte er den evangelischen Teil des Münstertales, die Propstei Surles-Roches, zu rekatholisieren. Dies verursachte bedrohliche Spannungen mit Bern, das mit diesem Teil des Hochstifts verburgrechtet war, sowie mit den übrigen evangelischen Orten der Schweiz. Da aber R.s gegenreformatorische Vorstöße von den katholischen Ständen nicht mit Waffenhilfe unterstützt wurden und der französische wie der spanische Gesandte zur gütlichen Beilegung des Konflikts rieten, lenkte er ein. Eine vertragliche Regelung des Verhältnisses zwischen diesem evangelischen Gebiet und dem Landesherrn kam erst unter seinem Nachfolger W. J. (→) Rinck von Baldenstein zustande.

1660 legte R. den Grundstein für das Kapuzinerkloster in Porrentruy, 1666 weihte er den zweiten Konvent der Annuntiatinnen in der gleichen Stadt ein. 1681 konsekrierte er den Arlesheimer Dom, dessen Bau er selber finanziert hatte.

Die Statusberichte von 1665, 1679 und 1692 bieten das Bild einer trotz finanzieller Schwierigkeiten gut organisierten Diözese. Da noch kein Priesterseminar errichtet werden konnte, unterhielt R. in einem Konvikt je zwölf Studienplätze für junge adlige und arme Landeskinder. Unter den letzten vier Bischöfen hatte zwar keine Diözesansynode stattgefunden, doch visitierte der Generalvikar jährlich alle Dekanate. Die Benefizien wurden aus Priestermangel nicht durch Ausschreibung besetzt, wohl aber die Kandidaten durch die Jesuiten einer Prüfung unterzogen. Mit Mazarin vereinbarte R. die Gründung eines vom französischen Staat unterhaltenen Priesterseminars in Thann, das jedoch nicht lange Bestand hatte. Trotz häufiger Klagen R.s über Eingriffe Frankreichs in die geistliche Jurisdiktion erreichte das geistliche Leben in der Basler Diözese unter ihm einen Höhepunkt.

1688 erlitt R. einen Schlaganfall. Das Domkapitel ersuchte ihn daraufhin in Anbetracht der exponierten Lage des Hochstifts und der politischen Situation, der Wahl eines Koadjutors zuzustimmen. R. willigte ein. Daraufhin postulierte das Kapitel am 3. 8. 1688 Domdekan Rinck von Baldenstein. Dieser übernahm die Regierung am 3. 5. 1690. R. starb am 13. 7. 1693 in Porrentruy. Er wurde in der dortigen Jesuitenkirche beigesetzt.

Literatur: *L. Vautrey*, Evêques II 252-271. - *H. Foerster* 66-80. - *A. Niethammer* 44-50, 72-76. - *J. Perrin*, Le diocèse 263-274, 356-367. - *A. Bruckner* u. a., in: HS I/1 (1972) 209f. (Lit.). - *C. Bosshart-Pfluger* 284. - Répertoire IV 651-657. - *R. Ballmer* 65-116.

Abbildungsnachweis: Stich von Peter Aubry (1610-1686), Straßburg. - Wien NB 530.339.

Catherine Bosshart-Pfluger

Rogowski, Iwo Onufry (1737–1806)

1769 – 1780 und
1796 – 1806 Generalvikar der Diözese Kulm
1785 – 1806 Weihbischof der Diözese Kulm, Ep. tit. Camecenus

≈ 27. 10. 1737 in Brwinowo (Diöz. Posen); Studium an der Akademie in Wilna und am Priesterseminar in Warschau; 1766 Priesterweihe; Dr. iur. utr. (Krakau); 1768 – 98 Pfarrer von Kalwe, 1798 von Miegart; 9. 8. 1769 Generalvikar und Offizial des Bischofs von Kulm; 1774 Offizial von Marienburg; 1781 Domherr, 1784 Dompropst von Kulm; 1785 Archidiakon. Von Bischof K. v. (→) Hohenzollern zum Weihbischof der Diözese Kulm bestimmt, wurde er am 26. 9. 1785 zum Titularbischof von Camacus ernannt. 1790 verfaßte er einen Statusbericht. Nach der Translation Hohenzollerns auf den Stuhl von Ermland 1795 wurde er bis zum Amtsantritt von Bischof Fr. X. (→ Bd. I) Rydzyński Bistumsadministrator; dieser ernannte ihn am 5. 3. 1796 zum Generalvikar und Offizial. R. verwaltete anstelle des Bischofs, der zumeist auf seinem Posener Gut Niezuchowo lebte, die Diözese bis zu seinem Tod am 23. 1. 1806. □ Dom zu Kulmsee.

Literatur: *R. Frydrychowicz* 29-33. - *A. Mańkowski*, Prałaci 173 f.

Hans-Jürgen Karp

Rohan Prince de Guémené, Louis César Constantin de (1697 – 1779)

1757 – 1779 Fürstbischof von Straßburg
1761   Kardinal

Louis César Constantin de Rohan wurde am 24. 3. 1697 zu Paris als Sohn des Charles de R., Fürsten von Guémené, Herzogs von Montbazon, Pairs de France, und der Charlotte-Elisabeth de Cochefilet geboren. Sein Bruder Armand-Jules war Erzbischof-Herzog von Reims. R.s Bildungsgang ist im einzelnen nicht bekannt, doch war er Lic. iur. der Sorbonne. Ursprünglich nicht für die geistliche Laufbahn bestimmt, trat R. zunächst in die Kriegsmarine ein. Dort stieg er zum Leutnant und Kapitän auf. Die Tonsur erhielt er erst im Alter von 35 Jahren, als er 1732 in das Straßburger Domkapitel eintrat, wo sein Bruder Dekan und sein Vetter Armand Gaston de (→) R. Fürstbischof waren. 1747 verlieh Papst Benedikt XIV. ihm wohl auf Bitten des Kardinals die Dompropstei. Diese hervorragende Stelle hatten vor R. Kardinal de La Tour-d'Auvergne und andere hochrangige Persönlichkeiten innegehabt. Im übrigen suchte R., der weniger selbstbewußt und der bescheidener als seine Vorgänger war, weder Ehrungen noch hohe Ämter. Erst der frühe Tod des Kardinals F. A. de (→) Rohan, der seine Nachfolge zu Lebzeiten nicht mehr sichern konnte, führte R. an die Spitze der Kirche von Straßburg. Da der Monarch an dieser Stelle keinen Deutschen sehen und andererseits die Familie Rohan dieses wertvolle Benefizium nicht verlieren wollte, bestimmte sie R. zur Annahme dieses Amtes. Die Wähler erhielten daraufhin, wie es schon zur Tradition geworden war, vom Vertreter des Königs eine Anweisung von ausgesuchter Höflichkeit, die jedoch keinen Widerspruch duldete. Die Wahl erfolgte am 23. 9. 1756, die päpstliche Bestätigung am 3. 1. 1757 und die Konsekration am 6. 3. 1757 in der Kapelle des Seminars von Saint-Sulpice zu Paris. Am 23. 11. 1761 wurde R. zum Kardinal erhoben, doch hat er keine Titelkirche erhalten.

Die Wahl des bereits Sechzigjährigen erschien vielen, darunter R. selbst, als Übergangslösung. Daher bestimmte R. schon 1756 seinen Neffen L. R. E. de (→) R.-Guémené zum Koadjutor. Gegen alle Erwartungen hat R. dann aber doch der Diözese seinen Stempel aufdrücken können. Angesichts der schwierigen internationalen Lage, die durch den Siebenjährigen Krieg gekennzeichnet war, verhielt er sich auf dem Regensburger Reichstag noch zurückhaltender als seine Vorgänger. Statt dessen widmete er alle Kraft seiner Diözese. Während seines Episkopates visitierte sein Generalvikar T. (→) Duvernin 1758−63 alle Pfarreien, und zwar auf beiden Seiten des Rheins. Dies war wahrscheinlich seit einem Jahrhundert die erste Generalvisitation. Anläßlich dieser Visitation zeigte sich der für R. charakteristische Anspruch auf die uneingeschränkte Durchsetzung der bischöflichen Rechte. Dabei zeigte er sich nicht frei von episkopalistischen Tendenzen. Von Beginn seiner Amtszeit an stand R. im Konflikt mit den Jesuiten, die seit 80 Jahren das

Kolleg und das Priesterseminar in Straßburg leiteten und zwischen beiden Institutionen kaum noch unterschieden. R. bestand auf seiner konkurrenzlosen Zuständigkeit für das Diözesanseminar. Daß er dem Orden dennoch zugetan war, zeigte sich 1764 bei der Ausweisung der Gesellschaft Jesu aus Frankreich. Damals unternahm er nämlich alles, um die Ordensväter wenigstens in seiner Diözese zu behalten. Daher konnten sie im Elsaß bis zum Jahre 1765 bleiben.

Einige Jahre später sah R. sich zur Verteidigung seiner Rechte gegenüber dem Kaiser veranlaßt, als dieser 1774 einen Einheitskatechismus in allen habsburgischen Ländern einführen wollte. R. wandte sich für seine rechtsrheinischen Dekanate entschieden gegen dieses frühe Vorhaben des später sog. Josephinismus. Er begründete dies damit, daß für die religiöse Unterweisung ausschließlich die Bischöfe zuständig seien. Dennoch war R. alles andere als ein starrer Konservativer. Er ermunterte sogar die Vertreter der Aufklärung in Person seines Archivars, des Abbé Grandidier. Dieser bemerkenswerte Gelehrte und elegante Schriftsteller, der Historiker der Kirche und der Fürstbischöfe von Straßburg („Histoire de l'Eglise et des Evêques-Princes de Strasbourg depuis la fondation de l'Evêché jusqu'à nos jours") wandte bei seinen lokalhistorischen Forschungen zur Kirchengeschichte nicht nur die Methode Don Calmets an, sondern er schrieb auch mit dem kritischen Geist eines Bayle und Voltaire. Sein großes Werk konnte mit Unterstützung R.s im Druck erscheinen.

R. vermied es ferner, die Kritik der im Elsaß zahlreichen Lutheraner herauszufordern, und war darauf bedacht, den Frieden zwischen den Konfessionen zu wahren. 1774 setzte er sich bei Hof für die Aufhebung des Verbotes von Mischehen ein. Dabei hat er sich vielleicht von der Hoffnung auf Konversionen, sicher aber auch vom Interesse an der Versöhnung leiten lassen.

Obwohl R. als Bischof des Übergangs angetreten war, ist er seiner Diözese durchaus gerecht geworden. Grundsatzfest, war er jedoch offen für die neuen Ideen seiner Zeit. Seinem Nachfolger hinterließ er eine blühende Diözese. R. starb am 11. 3. 1779 in Paris.

Literatur: *Ph. A. Grandidier* V 31-39. - *Ders.*, Histoire de l'Eglise et des Évêques-Princes de Strasbourg depuis la fondation de l'Évêché jusqu'à nos jours, 2 Bde. (Straßburg 1776-78). - *R. Metz*, La monarchie. - *L. Châtellier*, Tradition chrétienne. - *Ders.*, Evêques de Strasbourg 282-289.

Louis Châtellier

**Rohan Prince de Guéméné, Louis René
Edouard de** (1734 – 1803)

1760 – 1779 Koadjutor des Fürstbischofs von
           Straßburg, Ep. tit. Canopensis
1778   Kardinal
1779 – 1803 Fürstbischof von Straßburg

Louis René Edouard de Rohan wurde am 25. 9.
1734 zu Paris als Sohn des Hercule-Mériadec de
R., Herzogs von Montbazon, und der Louise
Gabrielle Julie de R. geboren. Er war ein Neffe
des Straßburger Fürstbischofs Louis Constantin de (→) R. Früh für den geistlichen Stand
bestimmt, schien seine Laufbahn vorgezeich-
net. Er studierte in Paris als Alumne des
College du Plessis, dann des Seminars von
Saint-Magloire. Seit 1743 Domizellar in Straßburg, erhielt R. seit seinem 20. Lebensjahr eine
ganze Fülle von Benefizien, darunter als wich-
tigstes die Abtei Chaise-Dieu. Schon beim Tod
des Kardinals F. A. A. de (→) R.-Soubise (1756)
wurde er als künftiger Kandidat für das Bistum
Straßburg ins Auge gefaßt, da sein Onkel Louis
Constantin den Prinzen Louis – so wurde er
im Freundeskreis genannt – als Koadjutor
erbat, sobald er das erforderliche Alter erreicht
habe. Am 22. 6. 1759 erhielt er ein Eligibilitätsbreve, das ihm die angesichts des fortgeschrit-
tenen Alters seines Onkels dringliche Altersdispens erteilte. Seine Wahl durch das Kapitel
erfolgte am 22. 11. 1759, die päpstliche Bestätigung und Ernennung zum Titularbischof von
Canope am 24. 3. 1760 und seine Konsekration
am 18. 5. 1760. Ein Jahr später wurde R.
Mitglied der Académie française.

R. durchlief also eine eindrucksvolle Laufbahn,
die in vielem jener des Kardinals A. G. de (→)
Rohan glich, der zu Beginn des 18. Jh. die Reihe
der Straßburger Fürstbischöfe aus dem Hause
R. eröffnet hatte. Welche Entwicklung die
Dinge inzwischen genommen hatten, wurde
deutlich, als R. am 7. 5. 1770 am Eingang der
Kathedrale Marie-Antoinette, die Braut des
französischen Thronfolgers und Tochter der
Kaiserin Maria Theresia, empfing. Der Unterschied zu jener Zeit, als der erste Kardinal
Rohan auf dem Straßburger Bischofsstuhl im
Jahre 1725 die Ehe der vom abgesetzten polnischen König begleiteten Maria Leszcynska mit
dem französischen König eingesegnet hatte,
war groß. Vielleicht hat die Erinnerung an die
prunkvolle Zeremonie von 1770 R. dazu bestimmt, die außerordentliche Gesandtschaft an
den Wiener Hof anzunehmen, die man ihm
1771 antrug.

König Ludwig XV. hatte mit der Wahl R.s,
dessen Familie in Wien gut eingeführt war,
zum französischen Vertreter beim kaiserlichen

Hof einen guten Griff getan. Da R. deutsch
sprach und von elsässischen Adeligen begleitet
war, die in Wien über verwandtschaftliche
Verbindungen verfügten, schien sein Erfolg
gesichert. Maria Theresia nahm jedoch Anstoß
an seiner Liebe zum Prunk und an seinem
wenig geistlichen Verhalten. Als künftiger
Fürstbischof von Straßburg und Reichsfürst
fand R. zwar Zugang zu den innersten Gesell-
schaftskreisen, als künftiger Lehensträger des
Kaisers besaß er jedoch keinen Spielraum, da
er vor allem dem französischen König verpflichtet war. R. gab jenen klugen Kurs der
Zurückhaltung, den seine Vorgänger gegenüber Frankreich und dem Reich beobachtet
hatten, auf. Daher scheiterte er nicht nur als
Diplomat, sondern er zog sich auch die Unzufriedenheit der Höfe von Wien und Versailles
zu. Dies hat sich auch nach seiner Rückberufung im Jahre 1774 nicht geändert.

Der leichtfertig gestimmte R. verbrachte jedoch
nicht viel Zeit mit der Reflexion über diesen
Mißerfolg. Als Höfling war er vor allem darauf
erpicht, die Gunst des neuen Königs Ludwig XVI. und seiner Gemahlin zu gewinnen.
Marie-Antoinette war jedoch von ihrer Mutter
vor R. gewarnt worden. Daher kam R. nicht
zum Ziele, tröstete sich aber damit, daß er 1777
zum Groß-Almosenier von Frankreich ernannt
und am 1. 6. 1778 außerdem in das Kardinalskolleg berufen wurde. Eine Titelkirche hat er
nie erhalten. Bald danach wurde er mit dem
Tod seines Onkels (20. 4. 1779) auch Fürstbischof von Straßburg.

Als Fürstbischof und Kardinal war R. sehr auf
die Pflege des ihm zustehenden Ranges bedacht. Der 1779 anläßlich der Entgegennahme
der kaiserlichen Belehnung durch seinen Bevollmächtigten entwickelte Pomp verblüffte
allerdings selbst die an solche Schauspiele
gewöhnten Wiener. Als wenig später das bischöfliche Schloß zu Zabern abbrannte, entschloß R. sich zu einem Neubau, der nicht nur
keinen Vergleich mit den Residenzen der rheinischen Fürsten zu Karlsruhe und Mannheim
scheuen, sondern diese sogar übertreffen sollte. Bis zu seiner Fertigstellung, die 1790 noch
nicht ganz abgeschlossen war, residierte R. bei
seinen kurzen elsässischen Aufenthalten im
bischöflichen Palast zu Straßburg. Dort entfaltete er einen beispiellosen Aufwand. Er geriet
jedoch unter den Einfluß fragwürdiger Personen wie des angeblich mit außerordentlichen
Heilkräften ausgestatteten Cagliostro. Als es
später zum Skandal um den Prinzen Louis und
das Halsband der Königin kam, wurden die
Namen Cagliostros und anderer noch zweifel-
hafterer Personen in der Presse kolportiert.
Durch die Abenteurerin de la Motte getäuscht,

wurde R. nämlich das Opfer eines gigantischen Betruges, als er die Gunst der Königin Marie-Antoinette wiederzugewinnen suchte, indem er ihr ein äußerst kostbares Diamantenkollier schenken wollte. Daraufhin wurde er am 15. 8. 1785 unter spektakulären Umständen in der Schloßkapelle zu Versailles verhaftet und in die Bastille überführt. Diese Maßnahme erregte bei Hof und in ganz Frankreich ungeheures Aufsehen. Während der folgenden Monate und vor allem im Verlauf des Prozesses, der darüber im Parlament von Paris stattfand, klärten sich die wahren Dimensionen dieses Eklats, der die politische und religiöse Ordnung Frankreichs zutiefst erschütterte. R. erschien in der öffentlichen Meinung immer mehr als Opfer und gewann dadurch an Sympathien. Als er nach langen Verhandlungen am 31. 5. 1786 freigesprochen wurde, applaudierte ihm die Menge. Dies milderte jedoch nicht die schwere politische Krise, die dieser Skandal ausgelöst hatte. Durch den König in seine Abtei Chaise-Dieu verbannt, durfte R. vorerst nicht in sein Bistum zurückkehren. Als er Anfang 1789 nach Zabern zurückkehrte, wurde er von der begeisterten Menge mit Freudenfeuern empfangen.

Nach kurzer Euphorie sah sich R., der 1789 als Vertreter des Ersten Standes Mitglied der Generalstände wurde, bald mit neuen Schwierigkeiten konfrontiert. Die ersten Äußerungen der Revolution in Straßburg, Zabern und auf dem Lande beunruhigten ihn sehr. Das Dekret über die Nationalisierung der Kirchengüter wurde seit 1790 durchgeführt und richtete sich frontal gegen das traditionelle Kirchenbild der Rohan und ihre elsässische Machtbasis. R. appellierte daraufhin an den Regensburger Reichstag wegen Verletzung der westfälischen Friedensverträge. Noch bevor die Nationalversammlung in einem weiteren Schritt die Zivilkonstitution des Klerus verabschiedete, begab er sich im Juni 1790 in den rechtsrheinischen Teil seiner Diözese, der zum Reich gehörte.

Seitdem stand dem prunkliebenden Prinzen nur noch das einfache Amtshaus zu Ettenheim zur Verfügung, das ihm als Residenz diente. Von dort aus leitete er den Kampf gegen die Religionspolitik der konstituierenden Versammlung. Ende 1790 veröffentlichte er eine Erklärung zur Zivilkonstitution des Klerus sowie eine Pastoralanweisung, doch stieß deren Verbreitung im Elsaß auf Schwierigkeiten. In Straßburg wurde am 6. 5. 1791 der konstitutionelle Bischof François-Antoine Brendel gewählt. Seitdem war die Jurisdiktion R.s faktisch auf seine drei rechtsrheinischen Dekanate eingeschränkt. Unter all diesen Widrigkeiten ist dann aber offenbar sein pastoraler Eifer erwacht. Mit Unterstützung seines Generalvikars J. J. (→) Lantz errichtete er im Restteil seiner Diözese die notwendigsten Diözesaneinrichtungen. In Ettenheim selbst entstand ein Konsistorium, in dem François-Regis Weinborn eine bedeutende Stellung einnahm. Zu Offenburg ließ sich das Domkapitel nieder, und im Prämonstratenserkloster zu Allerheiligen wurde ein Priesterseminar errichtet. Dort fand sich zunächst eine Zahl ehemaliger Straßburger Seminaristen mit ihren Professoren ein. Allmählich traten an deren Stelle jedoch neue Persönlichkeiten wie Bruno Franz Liebermann, die auf den jungen Klerus einen stets wachsenden Einfluß gewannen. Außerdem war R. mit der massiven Emigration elsässischer Priester konfrontiert. Der größte Teil der 580 geistlichen Emigranten aus dem Unter-Elsaß hat sich zumindest einige Zeit in den rechtsrheinischen Straßburger Dekanaten aufgehalten. R. mußte für ihre Unterbringung, ihren Unterhalt und schließlich für ihre weitere Verwendung sorgen. Die Nähe der Grenze ließ jedoch das Exil R.s und seiner Begleiter nicht als sicher erscheinen. Daher floh R. 1796 vor den französischen Truppen in die Schweiz und 1799 nach Regensburg. Als im Laufe der Jahre die Aussicht auf eine Rückkehr nach Straßburg immer mehr dahinschwand, wurde das Leben an dem kleinen Hof zu Ettenheim traurig. Tod und Abwanderung rissen immer neue Lücken in die

Umgebung R.s. Die deutschen Adeligen, auf deren Vermittlung er so große Hoffnungen gesetzt hatte, hatten andere Sorgen, und einige ertrugen das Leben in der kleinen Ettenheimer Enklave nur noch schwer. Nach der Unterzeichnung des Konkordates von 1801 mußte R. auf Wunsch Pius' VII. wie alle Bischöfe des Ancien Regime für den linksrheinischen Teil seines Sprengels demissionieren. Damit war jede Hoffnung auf eine Rückkehr erloschen. Am 29. 4. 1802 wurde Jean-Pierre Saurine Bischof der völlig neu umschriebenen Diözese Straßburg, deren Ostgrenze seitdem der Rhein bildet. R. setzte dagegen die Verwaltung des ihm verbliebenen rechtrheinischen Teiles bis zu seinem Tode am 16. 2. 1803 in Ettenheim fort. Er wurde im Chor der dortigen Pfarrkirche beigesetzt.

Der Episkopat R.s war also reich an Ereignissen und weitgehend mit der französischen Geschichte verzahnt. Dennoch bildete er mit Ausnahme der letzten Jahre eine für die Diözese wenig fruchtbare Zeit. Erst am Ende seines Lebens hat R. seinen Beitrag für die Heranbildung eines neuen qualifizierten Klerus geleistet.

Literatur: *Ph. A. Grandidier* V 40-43. - *F. Funck-Brentano*, L'affaire du collier (Paris 1901). - *Ders.*, La mort de la reine (Les suites de l'affaire du collier) (Paris 1901). - *Oberkirch*, Mémoires sur la cour de Louis XVI et la société française avant 1789 (Paris 1970). - *R. Epp*, Bruno François Léopold Liebermann, in: Annuaire de la Société d'Histoire et d'Archéologie de Molsheim et Environs (1975) 91-97. - *G. Livet*, L'équilibre européen de la fin du XVe à la fin du XVIIIe siècle (Paris 1976) 117-121. - *L. Châtellier*, Tradition chrétienne (Lit.!). - *Ders.*, Evêques de Strasbourg 282-289. - *Ders.* u. *R. Epp*, in: *F. Rapp* (Hg.), Le diocèse de Strasbourg (Paris 1982). - *J.-D. Ludmann*. - *A. Wollbrett*. - *J. Sieger*, 1790-1803: Louis René Edouard Prince de Rohan-Guéméné und Ettenheim. Schicksal einer ungleichen Beziehung, in: *D. Weis* (Hg.), St. Bartolomäus Ettenheim (München-Zürich 1982) 236-255. - *Ders.*, Kardinal im Schatten der Revolution. Der letzte Fürstbischof von Straßburg in den Wirren der Französischen Revolution am Oberrhein (Kehl-Strasbourg-Basel 1986). - *H. Schmid*, Der überrheinische Teil der Diözese Straßburg nach der großen Revolution (1791-1827), in: AEA 46 (1987) 172-198.

Abbildungsnachweis: Stich von Antonio Capellan (* um 1740). - Wien NB 500.591 C.

Louis Châtellier

Rohan Prince de Soubise, Armand Gaston Maximilien de (1674 – 1749)

1701 – 1704　Koadjutor des Fürstbischofs von Straßburg, Ep. tit. Tiberiadensis

1704 – 1749　Fürstbischof von Straßburg
1712　　　　Kardinal

Armand Gaston Maximilien de Rohan wurde am 27. 6. 1674 zu Paris als Sohn des François de R., Fürsten von Soubise, Generalleutnants der königlichen Armeen, Gouverneurs der Champagne und der Brie, und der Anne-Julienne de Rohan-Chabot geboren. 1690 wurde R. Mitglied des Straßburger Domkapitels, von dessen Kapitelstellen seit 1687 ein Drittel Mitgliedern des französischen Hochadels reserviert war. Manche Zeitgenossen erklärten den raschen Aufstieg R.s mit der engen Verbindung Ludwigs XIV. zu seiner Mutter und der angeblich ungeklärten Vaterschaft R.s. Es überrascht jedenfalls nicht, daß die Familie R. Interesse am Bistum Straßburg zeigte, da sie durch manche Bande mit dem deutschen Adel verbunden war. Im übrigen schien sie aufgrund ihrer ehemaligen Stellung im französischen Protestantismus des frühen 17. Jh. mehr als andere Familien für die Bewältigung der komplexen Verhältnisse disponiert, die das Elsaß charakterisierten. So verband sich die Bereitschaft, dem König am Rhein zu dienen, mit dem Ehrgeiz der Familie.

Als Straßburger Domherr für die geistliche Laufbahn bestimmt, erhielt R. eine gründliche Ausbildung, die 1700 mit der Promotion zum Dr. theol. an der Sorbonne schloß. Seine Ausbildung zum Priester erhielt er nicht bei den Jesuiten, sondern an dem von Oratorianern geleiteten Seminar Saint-Magloire. Der für die Anliegen des Jansenismus offene Erzbischof von Paris, Kardinal Louis-Antoine de Noailles, schätzte ihn sehr. Im Jahre 1700 schien R. jedenfalls auf keine theologische Meinung festgelegt, was sich beim König zu seinen Gunsten auswirkte.

Ludwig XIV. wünschte R. als Nachfolger W. E. v. (→) Fürstenbergs an der Spitze des Bistums Straßburg. Das Straßburger Domkapitel besaß jedoch das Bischofswahlrecht, und schon 1663 war es dem König nur mit Mühe gelungen, seinen Kandidaten F. E. v. (→) Fürstenberg durchzusetzen. Auch konnte die Kandidatur eines Franzosen für Straßburg wenige Jahre nach dem Frieden von Rijswijk (1697) als neue Herausforderung erscheinen. Um seiner Sache sicher zu sein und die Vertreter der Reichskirche zu schonen, entschied der König sich daher in Übereinstimmung mit Fürstenberg für eine Koadjutorie. So bemühte die französische Diplomatie sich zunächst, für Fürstenberg die Genehmigung zur Annahme eines Koadjutors, für den erst 25jährigen R. selbst dagegen eine Altersdispens zu erlangen. Erst danach wandten die Beauftragten des Königs sich an die Wähler. Am 28. 2. 1701 wurde R. einstimmig zum Koadjutor postuliert, am 18. 4. zum Titularbischof von Tiberias ernannt und am 26. 6. durch Fürstenberg in der Abteikirche Saint-Germain-des-Prés zu Paris konsekriert. Mit dem Tode Fürstenbergs (10. 4. 1704) folgte er diesem nach. Unter den ihm sonst noch verliehenen Pfründen ragten besonders die Abteien La Chaise-Dieu und Saint-Vaast d'Arras hervor. 1704 wurde R. Mitglied der Académie française, und 1706 designierte der König ihn zum Kardinal, doch wurde er erst am 18. 5. 1712 in das Hl. Kolleg berufen. Als Titelkirche erhielt er 1721 Sta. Trinità de' Monti.

R. war also vom Beginn seines Episkopates an einer der ersten geistlichen Würdenträger Frankreichs. Das Amt des Großalmoseniers von Frankreich, das ihm 1713 zufiel und das auch seine Nachfolger erhalten sollten, unterstrich seine Reputation bei Hof.

Die Fülle dieser hohen Würden läßt schon erkennen, daß R. sich keineswegs auf die Leitung seines Bistums beschränkte. Während der schweren Krise, die 1713 durch die Publikation der Bulle „Unigenitus" ausgelöst wurde, spielte er eine Schlüsselrolle. Bald wurde ihm der Vorsitz jener Kommission anvertraut, die das päpstliche Dokument prüfen sollte. Die Freunde des Kardinals de Noailles und alle, die die Berufung an ein künftiges Konzil befürworteten, richteten ihre Hoffnung auf R. Dieser stellte sich jedoch auf die Seite des Hofes und verteidigte die päpstliche Autorität. Daher galt er mit Bischof de Bissy von Meaux als Führer

des „parti constitutionnaire", der vom französischen Klerus die Annahme der Bulle ohne Wenn und Aber verlangte. Diese intransigente Haltung entsprach weder dem Temperament noch der theologischen Bildung R.s. Sie erklärt sich nur aus der Sorge vieler Bischöfe und namentlich des Kardinals de Fleury um die öffentliche Ordnung. Danach sollten die niedere Klerus und die einfachen Gläubigen vor allem ihrer Gehorsamspflicht gegenüber den Bischöfen und dem Papst nachkommen. Für R. spielte wohl auch die Sorge vor einem Schisma eine Rolle. Alles, was der Entfremdung von der römischen Kirche diente, hielt er für gefährlich. Aber auch die Tatsache, daß es im Elsaß eine starke und angesehene Gemeinschaft von Lutheranern gab und daß der elsässische Klerus weder vom Jansenismus noch vom Gallikanismus beeinflußt war, spielte für ihn eine Rolle.

Dennoch hat R. sich in den ersten Jahren seines Episkopates nicht besonders um Details der geistlichen Verwaltung bemüht. Diese überließ er vielmehr seinen Generalvikaren. Statt dessen kämpfte er um die dauerhafte Rückgewinnung seiner Stellung im Fürstbistum und als Reichsfürst, die unter seinem Vorgänger verlorengegangen war. Der Friedensvertrag von Rijswijk sah zwar die Wiedereinsetzung des Fürstbischofs von Straßburg in seine Rechte vor, doch hatte man sich über die Durchführung nicht einigen können. R. vertrat seinen Anspruch zäh auf dem Kongreß zu Baden und danach in Wien, wo er acht Jahre lang einen Geschäftsträger unterhielt. 1723 setzte er schließlich die kaiserliche Investitur für den rechtsrheinischen Teil des Hochstiftes und seine Zulassung zum Regensburger Reichstag durch. Dadurch besaß er die Voraussetzung für die Wiederherstellung seiner weltlichen und geistlichen Herrschaft in den rechtsrheinischen Dekanaten, die seit einem halben Jahrhundert den Straßburger Bischöfen entglitten war. Seitdem war R. in seiner Eigenschaft als Reichsfürst um eine ausgewogene Politik bemüht. Während des Österreichischen Erbfolgekrieges wahrte er einerseits die königlichen Rechte und verletzte doch anderseits auch nicht die der Kaiserin. Seine politische Kunst gewann ihm die Gunst des Wiener Hofes, während er zugleich am Hof Ludwigs XV. seine unter Ludwig XIV. begründete Vorzugsstellung wahrte. 1725 hielt er dem König die Trauung, und 1744 empfing er ihn glanzvoll in seinem soeben fertiggestellten Palais zu Straßburg. Seine Verbindungen zum Reich, seine Stellung am französischen Hof, das Ansehen seiner Familie, die von ihm vor allem in dem von ganz Europa bewunderten Schloß zu Zabern gepflegte Gastfreundschaft und schließlich seine persönliche Liebenswürdigkeit gewannen ihm die katholische und evangelische Führungsschicht des Elsaß und banden diese damit zugleich an das französische Königshaus.

Während seiner letzten Jahre zog R. sich aus der großen französischen Kirchenpolitik zurück, um sich vermehrt seiner Diözese zu widmen. Seit 1739 korrespondierte er fast täglich mit seinem letzten Generalvikar J. F. (→) Riccius. In dieser Korrespondenz spiegeln sich sowohl die Arbeitsteilung zwischen R. und Riccius wie auch ein zuvor unbekanntes Interesse R.s am Detail. Die Ernennung der Pfarrer, die Errichtung neuer Pfarreien, Schwierigkeiten mit Ordensleuten, Konflikte mit den Lutheranern und Kalvinisten wurden ihm referiert, während er ausführlich dazu Stellung nahm und damit eine wenigstens bis zum Ende des 18. Jh. fortwirkende Rechtspraxis begründete. Das von ihm in Zusammenarbeit mit den Benediktinern von Saint-Germain-des-Prés bearbeitete und 1742 herausgebrachte Rituale wurde im 18. Jh. in Frankreich wie auch in Deutschland viel bewundert und nachgeahmt. Darin drängte er auf die sorgfältige Pflege der alten kirchlichen Bräuche und die Eliminierung abergläubischer Elemente. Benediktionen, Prozessionen und Feiertage prüfte er sorgfältig, reduzierte ihre Zahl und straffte sie. Seine zahlreichen Verordnungen atmen den Geist der katholischen Aufklärung, und sein Rituale bildete dessen erstes Dokument im Elsaß. In ihm spiegelt sich ein gewisser Rigorismus, der mit dem Unterricht der Jesuiten in Molsheim und am Priesterseminar zu Straßburg brach. Dieser Aspekt tritt noch stärker in jener Pastoralinstruktion über Buße und Eucharistie hervor, die R. 1748, ein Jahr vor seinem Tod, an den Klerus richtete. Unter Berufung auf die strengen Grundsätze des Johannes Chrysostomos und des Franz von Sales definierte er darin Voraussetzungen für die Zulassung zur täglichen Kommunion. Möglicherweise wollte R. seine Diözese dadurch aus ihrer barocken Frömmigkeit zur gallikanischen Spiritualität hinführen.

Trotz der Rolle, die R. nach der Verurteilung der Bulle Unigenitus gespielt hatte, blieb vor allem sein Einsatz für den Wiederaufbau der Diözese Straßburg von Erfolg. Nur er rechtfertigt auch jenen Ehrentitel des „grand cardinal", den ihm die Elsässer nach seinem Tod gaben. R. starb am 19. 7. 1749 zu Paris.

Literatur: R. Metz, La monarchie. - L. Châtellier, Tradition chrétienne (Lit.!). - Ders., Frontière politique. - Ders., Évêques de Strasbourg. - A. Wollbrett. - J. D. Ludmann.

Louis Châtellier

Rohan Prince de Soubise, François Armand Auguste de (1717−1756)

1742−1749 Koadjutor des Fürstbischofs von Straßburg Ep. tit. Ptolemaidensis
1747 Kardinal
1749−1756 Fürstbischof von Straßburg

François Armand Auguste de Rohan-Soubise wurde am 1. 12. 1717 zu Paris als Sohn des Jules François Louis de R. und der Anne Julie Adelaide de Melun-Epinay geboren. Er war ein Großneffe des Kardinals A. G. de (→) Rohan. Dieser nahm ihn nach dem Tod der Eltern (1724) zusammen mit seinem Bruder Charles, dem späteren Marschall der Armeen Ludwigs XV., in seine Obhut. Auf seine Veranlassung schlug R. einen Studienweg und eine Laufbahn ein, die der seines Großonkels ähnelte. Der Abbé von Ventadour, wie man ihn nannte, trat 1738 an der Sorbonne durch eine bemerkenswerte Doktorthese hervor. 1739 veranlaßte er als Rektor der Universität gegen den heftigen Widerspruch der Jansenisten die Zurücknahme jenes Appells, den die Faculté des arts nach der Publikation der Bulle „Unigenitus" (1713) ausgesprochen hatte. So blieb R. jenem Kurs treu, den sein berühmter Protektor 30 Jahre zuvor eingeschlagen hatte. R. wurde Generaloberer des Blindenhospizes Quinze-Vingts und 1741 Mitglied der Académie française. Er zeichnete sich durch überragende intellektuelle Fähigkeiten und einen tadellosen Lebenswandel aus. 1737 erhielt er die Abteien Murbach und Lüders, später die von Saint-Epvre und Chaise-Dieu und schließlich ein Domkanonikat von Straßburg. Seitdem arbeitete Kardinal Rohan darauf hin, ihm seine Nachfolge auf dem Weg über eine Koadjutorie zu sichern. Dies erwies sich diesmal als leichter als im Jahre 1701. Kardinal Rohan erhielt nämlich von Papst Benedikt XIV. ohne Schwierigkeiten die Genehmigung zur Annahme eines Koadjutors, während für R. am 2. 9. 1740 ein Eligibilitätsbreve ausgestellt wurde, das ihm insbesondere die Altersdispens gewährte. Da sich auch das Domkapitel willig den Wünschen des Hofes fügte, erfolgte die Postulation R.s am 21. 5. 1742 einstimmig. Dieser hatte sich am 23. 12. 1741 zum Priester weihen lassen und wurde am 30. 7. 1742 zum Titularbischof von Ptolemais und Koadjutor des Fürstbischofs von Straßburg mit dem Recht der Nachfolge ernannt. Bald danach im Straßburger Münster

von Kardinal Rohan konsekriert, trat R. allmählich an die Stelle seines Onkels. 1745
wurde er Großalmosenier von Frankreich, und
am 10. 4. 1747 erfolgte seine Berufung in das
Kardinalskolleg, doch hat er nie eine Titelkirche erhalten. Mit dem Tode seines Großonkels
(20. 7. 1749) folgte er diesem als Fürstbischof
von Straßburg nach.

R. profitierte auf weltlichem wie auf geistlichem Gebiet von den Leistungen seines Großonkels und den von ihm geprägten Mitarbeitern. Der Kardinal de Soubise, wie man ihn
nannte, vermied daher jede Änderung und
setzte die Korrespondenz mit seinen Generalvikaren und die kluge Politik auf den Regensburger Reichstagen im Sinne seines Vorgängers
fort. Der junge Würdenträger scheint jedoch
stärker auf seine Mitarbeiter angewiesen gewesen zu sein als jener. Dies lag jedoch nicht an
seinem mangelnden Interesse oder seiner In-
kompetenz, sondern an seinem schlechten Gesundheitszustand. R. starb bereits am 27. 6.
1756 in seinem Schloß zu Zabern. Er wurde in
der dortigen Kollegiatkirche beigesetzt.

Literatur: *Ph. A. Grandidier* V 26-30. - *R. Metz*, La
monarchie. - Table raisonnée et alphabétique des
Nouvelles Ecclésiastiques depuis 1728 jusqu'en 1760
inclusivement, vol. 2 (Paris 1767) 768. - *A. Wollbrett*,
Le cardinal François-Armand-Auguste prince de
Rohan-Soubise (Paris 1717 - Saverne 1756), in: Bulletin de la Société d'histoire et d'Archéologie de Saverne
et Environs 1-2 (1957) 8-13.

Louis Châtellier

Rojas y Spinola, Christoph de ⟨OFMObs⟩ (um
1626 – 1695)

1668 – 1687 Ep. tit. Tiniensis
1687 – 1695 Bischof von Wiener Neustadt

Christoph de Rojas y Spinola wurde um das
Jahr 1626 (err.) zu Geldern bei Roermond als
Sohn eines Offiziers aus alter kastilischer
Familie geboren. Er verbrachte seine Jugend in
Köln, trat dort dem Orden der Franziskaner
von der strengen Observanz bei und wirkte
nach seiner Priesterweihe als Lektor der Philosophie und der scholastischen Theologie.
Nachdem er 1663 zum Generalvisitator der
thüringischen Provinz seines Ordens avanciert
und in diese Provinz übergewechselt war,
nahm er 1664 am Generalkapitel seines Ordens
in Rom teil. Dort wurde er zum Generaldefinitor gewählt. Kaiser Leopold I., der die Unterstützung des Reiches gegen die Türken brauchte, hatte R. seit 1661 für diplomatische Missionen zu den Reichsfürsten in Anspruch genommen und ihn 1664 zu seinem Gesandten beim

Reichstag bestellt. Aus der Begegnung mit
zahlreichen nichtkatholischen Fürsten gewann
R. die Überzeugung, daß auch diese die Spaltung der Christenheit bedauerten. Daher wandte sein Interesse sich immer mehr vom Ringen
um politische Einheit dem Bemühen um Wiedervereinigung der Konfessionen zu. Dafür
suchte er den Kontakt zu katholischen und
evangelischen Persönlichkeiten, so zu dem damals in Mainz wirkenden Gottfried Wilhelm
von Leibnitz (J. Ph. v. → Schönborn, P. v.
Walenburch). Aufgrund kaiserlicher Nomination (3. 7. 1666) erhielt R. am 16. 1. 1668 das in
Bosnien gelegene Bistum Knin, das allerdings
unter türkischer Herrschaft stand und in dem
er nicht residieren konnte. Daher wurde ihm
zugleich die Pfarrei Hardenberg in der Steiermark verliehen. Die Bischofsweihe erhielt er am
11. 3. 1668 durch den Erzbischof von Gran.

Eine neue Phase von R.s Bemühungen setzte
ein, als nach Niederschlagung des ungarischen
Aufstandes von 1670 führende ungarische Protestanten nach Sachsen flohen und Kurfürst
Johann Georg II. sich beim Kaiser für eine
konfessionelle Annäherung verwandte. Daraufhin entsandte Leopold I. R. 1676 zu einer
geheimen Erkundungsreise an die wichtigsten
deutschen Fürstenhöfe, wo dieser zwar Sympa-
thiebekundungen, aber doch nur vage Zusagen
erhielt. Angesichts aufkommender Kritik aus
dem katholischen Lager begab R. sich 1677
nach Rom, um Papst Innozenz XI. für sein
Anliegen zu gewinnen. Dieser hielt zwar aufgrund seiner Informationen und des Votums

einer von ihm zur Untersuchung eingesetzten Kardinalskommission die Reunionsbemühungen von R. für wenig aussichtsreich, belobigte und ermunterte diesen jedoch. 1678 ernannte Leopold I. R. zu seinem Gesandten bei allen deutschen Fürsten, um für die politische und religiöse Einheit des Reiches zu wirken. Nach dieser Mission richtete R. 1679 einen überaus optimistischen, nach dem Urteil des Kaisers jedoch unrealistischen Bericht an den Hl. Stuhl. R. setzte seine Reunionsbemühungen in den nächsten Jahren fort, fand auch in Hannover wohlwollendes Interesse und veranstaltete Gespräche mit anerkannten evangelischen Theologen. Dabei zeigte sich freilich, daß das Tridentinum auf protestantischer Seite keinerlei Aussicht auf Annahme besaß. R. wurde zwar 1684 durch Innozenz XI. noch einmal in seinen Bemühungen unterstützt, doch wuchs seitdem besonders von Frankreich her, das keine religiöse Einigung des Reiches wünschte, der Widerstand gegen ihn. Leopold I. nominierte ihn am 27. 7. 1685 zum Bischof von Wiener Neustadt. Die päpstliche Verleihung folgte am 3. 5. 1687. R. widmete sich seinem kleinen Sprengel mit ganzer Kraft, doch verhinderte dessen bescheidene Finanzlage die Durchführung mancher seiner Pläne, so z. B. die Errichtung eines Priesterseminars. Mit der Stadtverwaltung von Wiener Neustadt hatte R. wiederholte Reibungen wegen der Verleihung von Benefizien. Immerhin gelang ihm 1688 die Errichtung eines Domkapitels.

1691 nahm R. im Auftrag des Kaisers und mit stillschweigender Billigung Papst Innozenz' XII. seine Reunionsbemühungen noch einmal auf und bereitete von den verschiedenen Konfessionsparteien zu beschickenden Kongreß in Wien vor. Er erhielt zwar manche Zusagen, doch kam das Treffen schließlich nicht zustande. Daraufhin zog er sich resigniert zurück. Er starb am 12. 3. 1695 in Wiener Neustadt und wurde im dortigen Dom beigesetzt.

Literatur: *J. Mayer*, Wiener Neustadt. - *A. Teetaert*, in: DThC 14/2 (1941) 2480-2488 (Lit.). - *H. Tüchle*, in: Festschrift G. Söhngen (Freiburg 1962) 405-437. - *H. Raab*, „De Negotio Hannoveriano Religionis". Die Reunionsbemühungen des Bischofs Christoph Rojas y Spinola im Urteil des Landgrafen Ernst von Hessen-Rheinfels, in: *R. Bäumer - H. Dolch*, (Hg.), Volk Gottes. Festschrift für Josef Höfer (Freiburg 1967) 395-417. - *R. Kampichler. - A. Kolaska.* (Lit.).

Abbildungsnachweis: Ölgemälde der 1757 fertiggestellten Bischofsgalerie für die bischöfl. Residenz in Wiener Neustadt, die bei der Transferierung des Bistums nach St. Pölten verbracht wurde. - DA St. Pölten.

Erwin Gatz - Alfred Kolaska

Rollingen, Heinrich Hartard Freiherr von
(1633 – 1719)

1692 – 1711 Generalvikar in Speyer
1712 – 1719 Fürstbischof von Speyer

Heinrich Hartard von Rollingen wurde am 13. 12. 1633 auf Schloß Ansemburg in Luxemburg als zweites von drei Kindern des Florenz v. R. und seiner Ehefrau Anna Margaretha von der Fels geboren. Die R. waren ein altes lothringisch-luxemburgisches Geschlecht. R.s Bildungsgang ist nur teilweise bekannt. 1655 – 58 studierte er in Rom als Alumne des Collegium Germanicum. In Rom wurde er auch zum Priester geweiht. Seit 1646 Domizellar in Trier und Stiftsherr des Ritterstiftes Bruchsal-Odenheim (1660 Scholaster, 1675 Propst), wurde er nach seiner Rückkehr aus Rom 1661 Domkapitular in Trier und 1662 durch Verzicht des Erzherzogs (→) Leopold Wilhelm von Österreich Domizellar in Speyer. Hier wurde er später Kapitular und Scholaster sowie in Trier 1676, nach der Wahl des J. H. v. (→) Orsbeck zum Erzbischof Archidiakon von Longuy und Chorbischof. 1676 bestellte Orsbeck ihn zu seinem Statthalter „in spiritualibus et civilibus" zu Speyer. Da Bischof Johann Hugo von Orsbeck häufig abwesend war, führte R. den Vorsitz der Statthalterei, 1688 wurde er Domdekan in Speyer und 1692 auch Generalvikar.

Ein Angebot, an die römische Kurie zu gehen, hatte er abgelehnt. R. führte im Einvernehmen mit dem Domkapitel ein ruhiges Regiment. Erzbischof Orsbeck dagegen versuchte nicht wie Ph. Chr. v. (→) Sötern, Speyer zu einem Annex von Trier zu machen, und ließ ihn gewähren. Die Reunionskriege, der Speyerer Dom- und Stadtbrand von 1689, Plünderungen durch französische Truppen sowie der Spanische Erbfolgekrieg (1701 – 14) erschwerten R.s Tätigkeit außerordentlich und ließen ihm wenig Spielraum. Das südlich der Queich gelegene Drittel des Hochstiftes kam infolge der französischen Reunionen seit 1680 unter französische Oberhoheit, ohne daß es R. gelang, den ursprünglichen Rechtszustand wiederherzustellen. 1689 versuchte er ebenso vergeblich, Stadt und Dom vor der Zerstörung zu retten. Es gelang ihm lediglich, die Sprengung der nach dem Brand noch erhaltenen Ostpartie des Domes zu verhindern. Sein Versuch, 1699 in Paris einen günstigen Vollzug des Friedens von Rijswijk für das Hochstift zu erreichen, scheiterte. Lediglich für die Instandsetzung des Domes gestand man ihm 100 000 Livre zu, die freilich nie ganz ausgezahlt wurden. Auch während des Spanischen Erbfolgekrieges wurde teilweise auf dem Gebiet des Hochstiftes gekämpft.

Mit der seit 1685 katholischen Kurpfalz hatte R. als Statthalter bei der Rekatholisierung des Diözesansprengels ebenso zusammengearbeitet wie mit dem französischen Intendanten, ohne daß er militärische Aktionen gegen das Hochstift hätte abwenden können. Seit dem Regierungsantritt des Hauses Pfalz-Neuburg in Heidelberg (1685) war erstmals seit der Reformation ein katholischer Kurfürst Nachbar der Speyerer Bischöfe geworden. So konnten 1709 die territorialen Schwierigkeiten zwischen der Kurpfalz und dem Hochstift Speyer weitgehend beigelegt werden.

Nach dem Tode von Erzbischof Orsbeck wählte das Speyerer Kapitel den bereits 77jährigen R. am 26. 2. 1711 einstimmig gegen den Kandidaten des Wiener Hofes, den Prinzen Franz Anton Joseph von Lothringen, zum Nachfolger (26. 9. 1712 päpstlich bestätigt). Damit erhielt das Bistum Speyer erstmals nach über 100 Jahren der Regentschaft durch Trierer oder Mainzer Erzbischöfe wieder einen eigenen Bischof. R. lehnte den Lothringer Prinzen zwar als Koadjutor ab, suchte im übrigen aber das Einvernehmen mit dem Wiener Hof, das durch die Machtstellung Kaiser Josephs I. und dessen Allianz mit der Kurpfalz geboten war.

R. war zwar im allgemeinen ruhig und klar abwägend. Dennoch kam es nach jahrelangen Auseinandersetzungen mit der Reichsstadt Speyer, zu der die Fürstbischöfe seit der Reformationszeit in latenter Spannung standen, zu einem Konflikt mit weitreichenden Folgen. Anläßlich eines Waldstreites ließ R. nämlich 1716

zu, daß 3000 Bauern aus Dörfern des Hochstiftes in die Stadt eindrangen und dort jene Bürger, die R. in seiner Residenz bedrängten, entwaffneten. Sie zogen sich erst aus der Stadt zurück, als eine kaiserliche Kommission einschritt. R.s Aktion verstieß eindeutig gegen das Reichsrecht, so daß die Stadt ihn in Wien wegen Landfriedensbruch verklagte. Mit Hilfe des Mainzer Erzbischofs L. Fr. v. (→) Schönborn und dessen Neffen, des Reichsvizekanzlers Friedrich Karl von Schönborn, gelang es zwar, eine Verurteilung R.s abzuwenden, doch mußte dieser einen Koadjutor annehmen, obwohl er sich in seiner Wahlkapitulation dazu verpflichtet hatte, einen solchen nie zuzulassen. Nachdem R. vom Hl. Stuhl die Lösung von seinem Versprechen erhalten hatte, konnte das Haus Schönborn mit Hilfe des Kaisers und des pfälzischen Kurfürsten sowie unter Zustimmung des Papstes Damian Hugo v. (→) Schönborn durchsetzen. Als R. sein Kapitel für die Annahme dieses Kandidaten gewonnen hatte, erfolgte dessen Wahl am 21. 7. 1716 einstimmig.

R. bemühte sich als Statthalter wie auch als Bischof um eine Fortführung der tridentinischen Reformen, über deren Stand Visitationen in den Jahren 1683, 1701 und 1718 näheren Aufschluß gaben. Mit diözesaneigenen Kräften allein war die Seelsorge jedoch nicht zu leisten. Vor allem Jesuiten und Kapuziner leisteten zusätzlich Hilfe. R. hinterließ seinem Nachfolger jedenfalls ein Bistum, in dem dieser die tridentinische Reform zu Ende führen konnte.

R. war in religiösen Fragen unbeugsam und konsequent. Barocke Frömmigkeit verband er mit persönlicher Integrität und Bescheidenheit. Er verzichtete auf eine aufwendige Hofhaltung und schuf so trotz schwieriger politischer Rahmenbedingungen die Voraussetzung für eine finanzielle Gesundung von Hochstift und Diözese. Seine letzten Lebensjahre waren allerdings von einer starken Förderung seiner Familie mitbestimmt, so daß er sich am Ende seiner langen Regierungszeit kaum noch durchsetzen konnte. Sein Koadjutor hielt sich dagegen im Hintergrund.

R. starb als letzter der Speyerer Fürstbischöfe am 30. 11. 1719 in der Stadt Speyer. Er wurde im Dom beigesetzt.

Literatur: *F. X. Remling* II 597-624. - *J. Engling*, Freiherr Heinrich Hartard von Rollingen, Weiland Fürstbischof zu Speyer … (Luxemburg 1865). - *L. Stamer* III / 2 (1959) 102-105. - *V. Press* 273-276.

Abbildungsnachweis: Öl auf Leinwand, unbek. Künstler. - Bischöfliches Palais Speyer. - Foto AG Stoltz & Ritter, Speyer.

Hans Ammerich

Romanin (Romanens), **Michel** (* 1635)

1669 – 1679 interimistischer Generalvikar der
Diözese Lausanne in Freiburg/
Schweiz

* 1635 in Sorens (Kt. Freiburg); 1660 Kaplan in
Orsonnens, 1663 an der Wallfahrtskirche Notre Dame de la Compassion in Bulle; 1664
Sekretär und wichtigster Mitarbeiter von Bischof J. B. de (→) Strambino; 1670 erhielt R. als
Mitglied des Klerus von St. Theodul in Gruyères eine Pfründe; auch bischöflicher Kanzler;
obwohl nie Generalvikar genannt, übte er nach
der Demission von J. I. (→) Zilliet seit 1669 de
facto dieses Amt aus; eifriger Verteidiger seines
Bischofs gegenüber der Freiburger Regierung
und dem Kollegiatstift St. Niklaus; 1675 im
Auftrag des Bischofs in Rom; 1678 zusammen
mit Strambino in Turin. Nach erneuten Schwierigkeiten mit der Freiburger Regierung am 8. 5.
1679 gewaltsam außer Landes gebracht, hielt
R. sich seitdem in Solothurn bzw. im Wallis
auf. 1687 erhielt er durch päpstliche Verleihung die Pfarrei Montrotier in der Erzdiözese
Lyon. R. blieb Mitglied des Klerus von Gruyères
und verzichtete erst 1692 auf Weisung von
Bischof P. de (→) Montenach auf diese Pfründe.
Er lebte später wahrscheinlich in Frankreich.
Todesdatum unbekannt.

Literatur: *P. Rück*, in: HS I/4 (1988) 296-298 (Lit.).

Pierre Louis Surchat

Rosenbach, Johann Hartmann Reichsritter von
(1609 – 1675)

1674 – 1675 Fürstbischof von Würzburg

Johann Hartmann von Rosenbach wurde am
15. 9. 1609 zu Stammheim (Unterfranken) als
Sohn des kurmainzischen Oberamtmanns zu
Amöneburg und Königstein (Taunus) Johann
Dietrich v. R. und der Susanna Regina von
Knöringen geboren. 1623 erhielt er als Mainzer
Kleriker in Würzburg die Tonsur. Im gleichen
Jahr wurde er Domizellar in Würzburg. Wegen
einer Seuche verließ er 1625 vorübergehend die
Stadt und empfing erst nach seiner Rückkehr
1627 die niederen Weihen. 1628 ist R. als
Student an der Würzburger Universität bezeugt. Mit Erlaubnis des Domkapitels unter-
nahm er Ende 1629 eine Reise nach Burgund
und Basel und tat seit 1633 bei verschiedenen
kaiserlichen Regimentern Kriegsdienst; als
Fähnrich kämpfte er u. a. 1634 in der Schlacht
von Nördlingen. 1635 wurde er als Kapitular
des Ritterstiftes Comburg aufgeschworen. Die-

se Stelle verdankte er dem späteren Mainzer
Kurfürsten J. Ph. v. Schönborn. Überhaupt in-
tensivierten sich in jenen Jahren R.s Kontakte
zu Mainz. 1636 begleitete er Schönborn zum
Regensburger Kurfürstentag. Nachdem er in
Mainz 1627 Subdiakon geworden war, ging er
nach Würzburg, wo er 1637 Domkapitular,
1643 Kustos und 1649 Vizedekan des Kapitels
mit dem Recht der Nachfolge wurde. Nach dem
Tod seines Vorgängers wurde er noch im
gleichen Jahr Dekan. Neben diesen Pfründen
besaß R. die Pfarrei Herbolzheim und die
Propstei Wechterswinkel. 1650 wurde er zum
Dekan im Stift Haug zu Würzburg gewählt.
Nach dem Tode des mächtigen Schönborn
wählte das Würzburger Kapitel den inzwischen vierundsechzigjährigen R. am 13. 3. 1673
zum Nachfolger. Die Wähler hatten sich noch
vor Ankunft des kaiserlichen Wahlgesandten
auf ihn geeinigt.

Nach der Wahl unternahm R. monatelange
Reisen, um die gewohnte Huldigung des Landes entgegenzunehmen. Erst am 10. 9. 1674
erfolgte die päpstliche Konfirmation und am
6. 1. 1675 die Bischofsweihe durch Weihbischof St. (→) Weinberger. Unmittelbar danach
erkrankte R. so schwer, daß er kaum noch
bischöfliche Funktionen ausüben konnte.
Noch als Domdekan hatte er in der Kathedrale
einen Altar zu Ehren Johannes d. T.s gestiftet.
Auf seine Initiative gehen ferner Fortifikations-
arbeiten an der Würzburger Stadtmauer und
auf der Marienburg zurück.

R. starb am 19. 4. 1675. Er wurde im südlichen Seitenschiff des Domes beigesetzt.

Schriften: *F. A. Reuß* (Hg.), Aus dem Leben des Fürstbischofs Johann Hartmann von Rosenbach [Autobiographie], in: Archiv des hist. Vereins für Unterfranken und Aschaffenburg 10 (1849) 1, 137-142.

Literatur: *I. Gropp*, Collectio II 506-509. - *A. Amrhein* II 66. - *S. Merkle*, Matrikel Nr. 3655. - *F. Mader* (Reg.). - *G. Pfeiffer*, Fränk. Bibliographie III / 2, Nr. 48453-48465. - *P. Kolb*, Wappen 134-136. - *K. Helmschrott*, Münzen 141-146. - *G. Christ*, Bischofswahlen 202 f.

Abbildungsnachweis: Stich von Johann Salver d. Ä. (um 1670-1738). - Wien NB 520.695 B.

Egon Johannes Greipl

Rosenthal, Karl Godefried Ritter von (1738 – 1800)

1779 – 1800 Weihbischof in Olmütz, Ep. tit. Capharnensis

* 1. 10. 1738 in Zlabings (Südmähren); 1758 – 62 Studium in Rom als Alumne des Collegium Germanicum; Dr. theol. et phil.; 4. 10. 1761 Priester; Pfarrer von Jamnitz; 1764 Domherr, seit 1777 res., in Olmütz; 1. 3. 1779 Titularbischof von Capharnaum und Weihbischof in Olmütz; 22. 3. 1779 konsekriert, † 25. 5. 1800.

Literatur: *Z. Štěpánek.*

Aleš Zelenka

Rosetti (Rossetti, Roseto), **Johann Markus** (seit 1676) **Freiherr von Roseneg, Nusdorf, Predoll und Naukaffel** (1626 – 1691)

1683 – 1689 Generalvikar in Laibach
1689 – 1691 Bischof von Pedena

* 24. 3. 1626 in Laibach als Sohn des Johann Anton v. R. und dessen Ehefrau Alena; 1650 – 54 Studium in Rom als Alumne des Collegium Germanicum; 1655 Dr. theol. (Bologna); 1661 Domherr und Ökonom; 1683 Dompfarrer und Generalvikar von Bischof S. Chr. v. (→) Herberstein; 1684 Domdechant in Laibach. Am 2. 4. 1687 nominierte Kaiser Leopold I. ihn zum Bischof von Pedena. Die päpstliche Verleihung folgte am 12. 12. 1689, die Konsekration am 24. 2. 1690. † 10. 11. 1691.

Quellen: BAL, Protocollum capituli Labacensis, vol. I 355, 363; vol. II 129, 152, 190; Škofje, fasc. 4. - Arhiv Slovenije, Zbirka genealoških tablic, fasc. 2.

Literatur: *M. Premrou*, Vescovi petinensi 388. - Atti e memorie 341 f. - *J. Grah* 10, 21, Anm. 31. - *M. Smole* 43 f., 47. - *F. Lukman*, in: SBL 3 (1960/71) 133.

France M. Dolinar

Rosmini, Angelo Antonio de (1708 – 1777)

1760 – 1762 Generalvikar in Trient

* 1708 in Rovereto; 1760 – 62 Generalvikar von Fürstbischof Fr. F. (→) Alberti d'Enno; 1763 Kapitularvikar; † 28. 6. 1777 in Trient.

Literatur: *A. Costa* 351. - *J. C. Tovazzi* 32.

Josef Gelmi

Rossius de Liboy, Louis François (RA) (1662 – 1728)

1696 – 1728 Weihbischof in Lüttich, Ep. tit. Thermopylensis
1709 – 1715 und
1720 – 1724 Generalvikar in Lüttich

* 28. 10. 1662 in Lüttich als Sohn des Pierre Louis R. und der Marie de Marillon; Besuch der Schule der Lütticher Abtei Val-des-Ecoliers; Studium in Löwen und Pont-à-Mousson (Lic. iur.); Kanonikus in Lüttich / Saint-Paul; 1687 Domkapitular in Lüttich; 1692 Mitglied des Lütticher Lehnshofs. 1695 erbat Fürstbischof (→) Joseph Clemens von Bayern R. als Weihbischof, da Weihbischof J. A. (→) Blavier altersschwach war. Die Ernennung zog sich jedoch in die Länge, da Blavier eine Schmälerung seiner Position, seiner Rechte und Einkünfte fürchtete. 18. 6. 1696 Titularbischof von Thermopolis und Weihbischof in Lüttich; 17. 9. 1696 erste offizielle Amtshandlung; 7. 12. 1709 Generalvikar ad interim. Die eigentliche Leitung des Generalvikariates übernahm ein bischöfliches Konsistorium, dessen Vorsitz R. führte. Der im Exil lebende Joseph Clemens wünschte über alle diesem Gremium unterbreiteten Angelegenheiten genauestens informiert zu werden. Nach seiner Rückkehr aus dem Exil ernannte er in der Person des P. (→) Ledrou einen neuen Generalvikar. Dieser teilte jedoch seit 1720 sein Amt aus Altersgründen mit R. 1721 trat R. wegen Arbeitsüberlastung als Vertreter des Domkapitels in der Ständeversammlung zurück. Der neue Fürstbischof G. L. de (→) Berghes entband ihn am 14. 8. 1724 vom Amt des Generalvikars. 1722 Propst des Stifts Saint-Jean in Lüttich. R.s Vater, Witwer in zweiter Ehe, sowie drei seiner Brüder gehörten ebenfalls dem Lütticher Domkapitel an. † 25. 11. 1728.

Literatur: *S. P. Ernst* 246-254. - *U. Berlière* 147-153. - *J. Paquay* 51. - *L. Jadin*, Actes de la Congrégation consistoriale, in: BIHBR 16 (1935) 295-300. - *E. Poncelet* 48-50.

Alfred Minke

Rost, Dionys Freiherr (seit 1739 **Graf**) **von** (1716 – 1793)

1777 – 1793 Fürstbischof von Chur

Johann Franz Dionys von Rost wurde am 15. 1. 1716 zu Reutte (Tirol) als Sohn des Johann Gaudenz Freiherrn v. R. und der Maria Theresia von Neuen geboren. Er war der zweitjüngste von acht Brüdern und zwei Schwestern. Sein Vater, ein entfernter Verwandter des Churer Fürstbischofs Joseph Benedikt v. (→) R., war kaiserlicher Kämmerer und vorderösterreichischer Militärdirektor. 1738 wurde er mit seiner Familie in den erblichen Grafenstand erhoben. R. besuchte 1727 – 33 die Ritterakademie des Klosters Ettal. 1733 – 37 studierte er als Alumne des Collegium Germanicum in Rom. 1734 wurde er Domizellar in Chur. Dort ließ er sich am 24. 9. 1740 zum Priester weihen. 1743 wurde er Domkantor, 1755 Domdekan. Bei der Bischofswahl von 1755 galt R. als Favorit, unterlag jedoch knapp J. A. v. (→) Federspiel. Nach dessen Tod wurde er am 16. 4. 1777 im ersten Wahlgang einstimmig zum Bischof gewählt. Die gewohnten Proteste des Gotteshausbundes ignorierte das Domkapitel auch diesmal. Die päpstliche Wahlbestätigung folgte am 28. 7. Am 14. 9. wurde R. durch den Luzerner Nuntius Caprara in Chur konsekriert. Die Regalien wurden ihm am 19. 1. 1779 verliehen.

Obwohl R. aus dem österreichischen Bistumsteil stammte, bemühte er sich um einen Ausgleich mit dem Gotteshausbund und nahm die Bezeichnung „Bundesgenossen" für dessen Angehörige wieder auf, während seine beiden Vorgänger dies verweigert hatten. Seine Amtszeit war vor allem von den Auseinandersetzungen mit der Staatskirchenpolitik Josephs II. im österreichischen Bistumsteil gekennzeichnet. R. war bei dieser Auseinandersetzung isoliert, weil er von der Regierung als Ausländer betrachtet wurde, da er, wie auch andere für österreichische Gebiete zuständige Bischöfe, außerhalb der österreichischen Erblande residierte. Seine Einwendungen gegen die ersten Dekrete, die u. a. das Plazet und die Zensur betrafen, führten zu einer äußerst heftigen Reaktion der Innsbrucker Regierung, so daß R. die Wegnahme der bischöflichen Güter in Tirol fürchtete. Seitdem verhielt er sich zurückhaltend, beinahe resigniert, und nahm die weite-

ren staatlichen Maßnahmen hin. So erfolgte 1782 die Aufhebung der Kartause von Schnals, der Klarissenklöster von Meran und Valduna sowie des Dominikanerinnenklosters Maria Steinach bei Meran. 1785 folgte die Aufhebung des Franziskanerklosters Viktorsberg bei Bludenz und 1786 jene des Hieronymitenklosters am Josephsberg bei Meran. Die Ordenspriester übernahm R. in den Weltklerus, den Ordensfrauen gewährte er Dispens vom klösterlichen Leben. Seine Bemühungen um die Errichtung eines Diözesanseminars scheiterten. Zunächst versuchte er mit Geldern der aufgehobenen Kartause Schnals in Rankweil (Vorarlberg) eine Seminargründung. Nachdem diese Pläne sich zerschlagen hatten, wollte er die Gebäude des aufgehobenen Nonnenklosters Maria Steinach bei Meran für ein Seminar verwenden. Die Errichtung eines Generalseminars in Innsbruck, dessen Eröffnung R. zunächst begrüßte, ließ diesen Plan jedoch nicht Wirklichkeit werden. Die Theologen aus Vorarlberg und dem Vintschgau wurden seitdem angehalten, diese im Geiste der Aufklärung geführte Anstalt zu besuchen. Nach ihrer Aufhebung (1790) versuchte R. wiederum, in einem aufgehobenen Kloster ein Seminar zu eröffnen. Zu diesem Zwecke hinterließ er bei seinem Tode ein Legat von 6 000 Gulden.

Von weit größeren Konsequenzen für das Bistum Chur war die Absicht Josephs II., die Diözesan- mit den Staatsgrenzen in Übereinstimmung zu bringen. Dabei sollten die österreichischen Anteile von Chur, nämlich der Vintschgau und Teile Vorarlbergs, zusammen mit anderen Gebieten zu einem Bistum Bregenz zusammengeschlossen werden. Durch diese 1783 beschlossene Maßnahme wäre Chur auf die Hälfte seines Umfangs reduziert worden. R. protestierte gegen die Abtretung der einträglichsten Teile seines Sprengels, die seiner Ansicht nach das Ende des Bistums bedeutet hätten. Er hob dabei auch die Interessen Österreichs in Graubünden hervor. 1789 wurde der Plan eines Bistums Bregenz aufgegeben.

In Vorarlberg löste das rücksichtslose staatliche Kirchenregiment Tumulte und Volksproteste aus. Die Abschaffung von Feiertagen und Wallfahrten sowie die Schließung vieler Kirchen und Kapellen waren der Hauptanlaß. Als sich nach der gewaltsamen Wiedereröffnung einiger Kirchen und Kapellen die Innsbrucker Regierung an R. wandte, nützte er die Gelegenheit, um seinerseits viele übertriebene staatliche Maßnahmen zu kritisieren. Er wies den Vorarlberger Klerus an, die Tumulte auf keinen Fall zu unterstützen. Eine von ihm verlangte Visitation der vom Volksaufstand heimgesuchten Gegenden machte er von der Rücknahme einzelner Maßnahmen abhängig. Als die Innsbrucker Regierung einlenkte und einzelne Wallfahrten sowie den Wettersegen wieder tolerierte, entschloß R. sich im August 1789 zur Visitation Vorarlbergs. Während der einen Monat dauernden Reise nahm er die Verhältnisse in Augenschein. In seinem Bericht an die Wiener Regierung kritisierte er die staatlichen Eingriffe in die kirchlichen Angelegenheiten und forderte, daß die Feiertagsregelung den Bischöfen überlassen werde. Daraufhin zeigte sich die Regierung konzessionsbereit und befahl die Wiedereröffnung einiger Kirchen und Kapellen. Nach dem Tode Josephs II. (1790) beruhigte sich die Lage.

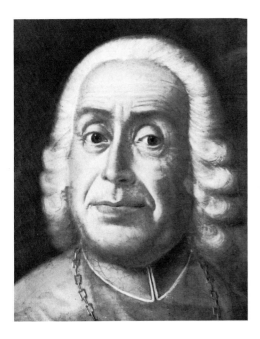

Über die Beschlüsse der Emser Punktation wurde R. durch seinen Metropoliten, den Mainzer Erzbischof F. K. v. (→) Erthal, unterrichtet. R. teilte die Bedenken gegen die Nuntiaturen im Reich. Den übrigen Beschlüssen der Punktation versagte er dagegen seine Zustimmung, da er ohne römischen Schutz einen noch größeren staatlichen Druck befürchtete, wie er es selbst in Tirol erfahren hatte. Ab 1790 traten diese Fragen jedoch angesichts der Französischen Revolution völlig in den Hintergrund. R. empfahl die Aufnahme geflüchteter Priester und Ordensleute und unterstützte 1793 das Reich im ersten Koalitionskrieg gegen Frankreich. Seit Mitte 1792 kränklich, verstarb R. am 31. 10. 1793 in Chur. Er wurde in der dortigen Kathedrale beigesetzt. R. hatte auch den Bene-

diktiner Ambrosius Eichhorn gefördert, der die erste Geschichte des Bistums Chur verfaßte.

Literatur: *J. G. Mayer* 479-514. - *H. Schlapp.* - *W. Kundert,* in: HS I/1 (1972) 500 f.

Abbildungsnachweis: Bischofsgalerie, Bischofshof Chur. - BO Chur.

Pierre Louis Surchat

Rost, Joseph Benedikt Freiherr (seit 1739 **Graf**) **von** (1696 – 1754)

1725 – 1728 Generalvikar in Chur
1729 – 1754 Fürstbischof von Chur

Joseph Benedikt von Rost wurde am 17. 2. 1696 zu Vils in Tirol als Sohn des Johann Anton Freiherr v. R. und der Maria Jakobäa Felizitas Schütz geboren. Sein Vater war kaiserlicher Gesandter bei den Drei Bünden und residierte als solcher auf Schloß Räzüns. 1697 wurde er Bundesmann des Grauen Bundes. R. studierte Theologie in Dillingen und Wien. 1713 wurde er Domizellar in Chur, 1716 Domkustos, am 25. 6. 1720 Priester und 1723 Domscholaster. 1725 – 28 war er Generalvikar von Bischof U. v. (→) Federspiel. Nach dessen Tod drängten der Gotteshausbund, die Familie Salis und die französischen Parteigänger erneut auf die Wahl des Dompropstes F. R. v. (→) Salis-Zizers. Im Interesse einer freien Wahl versammelten sich die Domherren am 13. 12. 1728 unter dem Vorsitz von Nuntius Domenico Passionei. R. wurde mit elf Stimmen gewählt, während Salis acht Stimmen erhielt. Der Hl. Stuhl kassierte zwar die Wahl, doch wurde R. am 23. 3. 1729 von Benedikt XIII. zum Bischof ernannt. Am 9. 6. wurde er in Trient durch Bischof A. D. v. (→) Wolkenstein konsekriert. Die Regalien wurden ihm am 3. 3. 1731 verliehen.

R. betonte sehr seine landesfürstliche Würde und lehnte es ab, die Angehörigen des Gotteshausbundes als „Bundesgenossen" zu bezeichnen, während der Gotteshausbund sich erst nach dem Rücktritt seines Obmannes Andreas von Salis im Jahre 1733 dazu bereitfand, R. anzuerkennen. Der schon unter R.s Vorgänger angestrebte Verkauf bischöflicher Hoheitsrechte im Münstertal an den Kaiser führte zu weiteren Spannungen mit dem Gotteshausbund, der gemäß den sechs Artikeln von 1541 bei allen Veräußerungen des Bistums ein Mitspracherecht beanspruchte. Der Kaiser übergab dann den Vertrag den Drei Bünden, und die Münstertaler konnten sich ratenweise loskaufen. Das Geschäft konnte erst 1762 endgültig abgeschlossen werden. Gegenüber der Stadt Chur betonte R. die eigene Gerichtsbarkeit. Zu

Zerwürfnissen kam es, als Straftäter aus der Stadt auf den bischöflichen Hof flohen und vom bischöflichen Pfalzgericht verurteilt wurden. Im übrigen pflegte R. gute Beziehungen zum protestantischen Magistrat. Mit Erfolg wandte er sich im Österreichischen Erbfolgekrieg gegen die Besteuerung kirchlicher Güter durch die Tiroler Regierung. Der katholischen Minderheit von Trans im Domleschg konnte er das Mitbenutzungsrecht der Kirche bewahren, nachdem die Protestanten 1734 die katholischen Kircheneinrichtungen zerstört hatten.

Gewissenhaft erfüllte R. seine bischöflichen Pflichten und visitierte die gesamte Diözese. 1731 reorganisierte er das bischöfliche Konsistorium, das zweimal in der Woche zusammentrat und über alles verhandelte, was die Vollmachten der bischöflichen Vikare überstieg. In demselben Jahr erfolgte die Herausgabe eines Propriums für die Diözese Chur und 1732 die Ausgabe des dritten Churer Rituales, das zwar die Churer Eigenheiten bewahrte, sich aber stark dem Rituale Romanum anschloß. 1741 konnte R. die bedrohten Freiplätze im Wiener St. Barbara Kolleg für Chur retten. Unter R. wurde die bischöfliche Residenz in Chur mit großem Aufwand renoviert. In Fürstenau ließ er das Schloß neu erbauen. Der beliebte Bischof starb am 12. 11. 1754 ganz unerwartet. Er wurde in der Bischofsgruft der Kathedrale beigesetzt.

Literatur: *J. G. Mayer* 443-458. - *W. Kundert*, in: HS I/1 (1972) 500. - *H. Bissig*, Das Churer Rituale

1503-1927. Geschichte der Agende - Feier der Sakramente (Freiburg/Schweiz 1979) 115-132.

Abbildungsnachweis: Bischofsgalerie, Bischofshof Chur. - BO Chur.

Pierre Louis Surchat

Rostock, Sebastian Ignaz (seit 1643/44) **von** (1607 – 1671)

1653 – 1661 Generalvikar in Breslau
1656 – 1662 Coadministrator in spiritualibus in Breslau
1665 – 1671 Fürstbischof von Breslau

Sebastian Rostock (Rodestock) wurde am 24. 8. 1607 zu Grottkau (Schlesien) als Sohn eines Handwerkers geboren. Die Schule besuchte er in seiner Heimatstadt und in Neisse. 1627 – 33 studierte er wie viele Schlesier an dem für die Rekatholisierung wichtigen Olmützer Jesuitenkolleg Philosophie (1629 Bacc. phil.) und Theologie (1630 Bacc. theol.). Nach der Priesterweihe, die er am 16. 3. 1633 ebenfalls in Olmütz empfing, war er Kaplan und seit 1635 Pfarrer in Neisse, später Erzpriester und bis 1649 Regens des kleinen (10 Plätze) Priesterseminars, dessen Alumnen die Lehrveranstaltungen der Jesuiten besuchten. 1636 in Olmütz zum Dr. theol. promoviert, erhielt R. 1637 ein Kanonikat am Kreuzstift zu Oppeln. 1641 wurde er Domherr in Breslau.

R. war ein eifriger Seelsorger, doch waren seiner Tätigkeit durch die Drangsale des Dreißigjährigen Krieges erhebliche Grenzen gesetzt. 1642 wurde er von den Schweden gefangengenommen und erst nach einer Intervention kaiserlicher Diplomaten freigelassen. 1643 oder 1644 adelte der Kaiser ihn wegen seines Verhaltens während der schwedischen Besatzung und wegen seines Einsatzes für die Krankenpflege. Trotz des Krieges hat R. in Neisse eine rege Tätigkeit entfaltet und u. a. vier neue Kapellen errichtet.

1649 zum Archidiakon und Prediger des Domkapitels berufen, siedelte R. nach Breslau über, wo er 1653 zugleich Kanonikus des Kreuzstiftes wurde. Seitdem wuchs er immer mehr in die Mitverantwortung für die Bistumsleitung hinein. Auf der Diözesansynode von 1653, die die tridentinische Reform voranbrachte, spielte er neben Generalvikar G. L. (→) Budaeus und Weihbischof J. B. (→) Liesch eine wichtige Rolle, und an der 1653 – 54 im Fürstentum Schweidnitz-Jauer durchgeführten Rekatholisierung („Reduktion") von 264 Kirchen hatte er maßgebenden Anteil. 1653 – 54 war er Generalvikar und Offizial von Fürstbischof (→) Karl Ferdinand von Polen, doch nahm diese Aufgabe 1655 Weihbischof F. K. (→) Neander wahr. Erst unter Fürstbischof (→) Leopold Wilhelm von Österreich wurde R. 1655 wieder mit diesen Aufgaben betraut. Für den minderjährigen Fürstbischof (→) Karl Joseph von Österreich war er 1656–62 Coadministrator in spiritualibus. Nach dessen Tod (27. 1. 1664) schlugen die kaiserlichen Wahlkommissare Kardinal E. A. v. (→) Harrach von Prag für die Nachfolge vor, doch konnte sich das Domkapitel diesmal mit seinem Wunsch nach einem Kandidaten aus den eigenen Reihen durchsetzen. Seine Wahl fiel am 24. 4. 1664 auf R. Die römische Kurie kassierte diesen Akt zwar unter Hinweis auf die rechtswidrig abgeschlossene Wahlkapitulation, doch ließ Papst Alexander VII. sich durch den vom Kapitel nach Rom entsandten Kanonikus J. J. (→) Brunetti dazu bestimmen, R. am 12. 1. 1665 zum Bischof zu ernennen. Die Konsekration erhielt er am 12. 4. 1665 im Breslauer Dom durch Neander. R. war seit Karl von Österreich († 1625) der erste Breslauer Fürstbischof, der die bischöfliche Weihe empfing. Am 11. 8. 1665 ernannte Kaiser Leopold I. mit ihm erstmals seit 1609 wieder einen Bischof zum Oberlandeshauptmann von Schlesien.

Durch R. erhielten die Gegenreformation und die katholische Reform in Schlesien neuen Antrieb. Nachdem er 1653–54 an der Rekatholisierung zahlreicher Pfarreien teilgenommen hatte, veranlaßte R. 1666 eine neue Generalvisitation des Bistums, die die Voraussetzung für weitere gegenreformatorische und reformerische Maßnahmen bildete. Das Ergebnis der damit verbundenen Erhebungen ist in jener Relatio status niedergelegt, die R. 1668 durch seinen Beauftragten Brunetti nach Rom überbringen ließ. Aufgrund der Visitation, deren Durchführung in den Händen von Weihbischof Neander lag, ordnete R. die Dekanatsverfassung neu. Folgenreicher aber war eine andere Maßnahme. Auf ein kaiserliches Dekret gestützt, verlangte er nämlich die Absetzung aller lutherischen Lehrer, die nach der Ausweisung der evangelischen Pfarrer die Stützen des Luthertums geworden waren. Außerdem urgierte er, daß die evangelischen Patronatsherren für die bis dahin in vielen Fällen nur formell rekatholisierten Pfarreien nunmehr katholische Kandidaten präsentierten. Als unmittelbare Folge trat nun ein spürbarer Priestermangel ein, so daß R. Geistliche aus anderen Gebieten, u. a. aus Polen, heranziehen mußte. Das bischöfliche Priesterseminar verlegte R. zwar von Neisse zur Unterstützung des Domgottesdienstes nach Breslau, doch blieb die diözesane Priesterausbildung weit hinter den Bedürfnissen zurück. Andererseits nahmen die Klöster der Jesuiten, Mendikanten und Zisterzienser neuen Aufschwung. Dieser kam nicht nur der Seelsorge, sondern auch der Rekatholisierung und der barocken Kultur zugute. Gegenüber den Zisterziensern konnte der Bischof sich mit seinen jurisdiktionellen Ansprüchen 1666 in einer Übereinkunft durchsetzen. Daneben gelang es ihm, die Kompetenzen der Archidiakone zugunsten des Generalvikars zurückzudrängen. So vollzog sich in der Bistumsleitung ein Konzentrationsprozeß, dem auf staatlicher Seite die Zurückdrängung der ständischen Befugnisse zugunsten der Krone entsprach.

Auch hinsichtlich des Kirchenbaues bildete R.s Amtszeit nach den Zerstörungen des Dreißigjährigen Krieges eine Epoche des Wiederaufbaus. R. selbst war ein bekannter Bibliophile. Seine Bibliothek von fast 1 000 Bänden vermachte er dem Dom. R. starb am 9. 6. 1671 in Breslau. Er wurde im Dom beigesetzt.

Quellen: DAB, I A 7. - ASV Proc. Consist. 62, fol. 691-723; S. Congr. Cons. Relationes Vrat. 884 A.

Literatur: *J. Jungnitz*, S. v. R., Bischof von Breslau (Breslau 1891). - *E. Laslowski*, in: Schlesische Lebensbilder 3 (Breslau 1928) 65-70. - *H. Hoffmann*, Alumnat 228. - Ders., Dom Breslau 93-95. - *J. Jedin*, Breslauer Bischofswahlen 193 f. - *W. Urban*, S. I. Rostock biskup wrocławski (1664-1671) jako zasłużony bibliofil [S. J. R., Bischof von Breslau 1664-1671 als verdienstvoller Bibliophile], in: Nasza Przeszłosc [Unsere Vergangenheit] 45 (Krakau 1976) 73-189. - *W. Marschall* 91-95.

Abbildungsnachweis: Stich von Philipp Kilian (1628-1693). - Wien NB 519.678 B.

Jan Kopiec

Roten, Johann Hildebrand (1722 – 1760)

1752 – 1760 Fürstbischof von Sitten

Johann Hildebrand Roten wurde 1722 zu Raron (Wallis) als Sohn des Johann Josef R., Landvogts von Monthey und Bannerherrn von Raron, und der Magdalena Kalbermatten geboren und am 28. 2. 1722 getauft. Aus dem Walliser Geschlecht der R. sind zahlreiche Persönlichkeiten des öffentlichen Lebens hervorgegangen. R. besuchte das Jesuitenkolleg in Sitten, dann die Schule der Zisterzienserabtei Abondance, studierte hernach Philosophie als Alumne des Collegium Helveticum in Mailand und danach vier Jahre Theologie in Wien. Dort hatte er einen der drei Walliser Freiplätze im Konvikt St. Barbara inne. 1742 wurde er Titulardomherr und 1743 res. Domherr in Sitten. Am 12. 6.

1745 wurde er Priester. 1759 – 52 verwaltete er als Domherr das Vizedominat von Vex und 1752 das von Pinsec. Am 25. 9. 1752 wählten ihn das Domkapitel von Sitten und der Landrat des Wallis zum Fürstbischof von Sitten. Die päpstliche Bestätigung folgte am 18. 12. 1752 und die Konsekration durch Bischof J. H. de (→) Boccard von Lausanne am 24. 2. 1753.

R. war talentiert, wohlwollend und liebte frohe Gesellschaft. Während die Politiker seine Wahl begünstigt hatten, erschwerten sie ihm seine Arbeit als Bischof. R. förderte die Restaurierung des Bischofsschlosses Tourbillon und der Kirche von Gerunden, für die er das Bild des Hochaltars stiftete. 1756 weilte er zum Ad-limina-Besuch in Rom. Im übrigen hinterließ sein Episkopat kaum Spuren.

R. starb am 19. 9. 1760. Er wurde in der Kathedrale zu Sitten begesetzt.

Literatur: D. Imesch 417. - B. Truffer 78 f., 122. - L. Carlen, Kultur 88 f. - Ders., Informativprozesse 53.

Abbildungsnachweis: Öl auf Leinwand, datiert 1753/54. - Photo J.-M. Biner, Brämis/Sitten.

Louis Carlen

Rothkirch und Panthen, Anton Ferdinand Freiherr von (1739 – 1805)

1781 – 1805 Weihbischof in Breslau, Ep. tit. Paphiensis
1781 – 1795 Apostolischer Vikar in Breslau

→ Bd. 1, 633 f.

Rougrave, Marie Philippe Alexandre Charles Hyacinte de (1718 – 1804)

1768 – 1801 und
1802 – 1804 Generalvikar in Lüttich

* 7. 9. 1718 in Tavier/Grafschaft Namur; 1749 Lic. iur. (Pont-à-Mousson); 1749 Domkapitular in Lüttich. R. blieb zeitlebens Subdiakon. 1755 ging er im Auftrag des Fürstbischofs in diplomatischer Mission nach Brüssel, 1759 nach Paris. 1764 Rat beim Fürstbischöflichen Rechnungshof; 1. 12. 1768 Generalvikar von Fürstbischof Ch. N. d' (→) Oultremont; die Fürstbischöfe Fr. K. v. (→) Velbrück (11. 3. 1772), C. C. de (→) Hoensbroeck (17. 8. 1784) und Fr. A. de (→) Méan (14. 9. 1792) bestätigten ihn in diesem Amt; 1770 Propst des Stifts Saint-Barthélemy in Lüttich; 1787 – 94 Provisor des Priesterseminars. Nach der Besetzung durch die Franzosen und während der Emigration des Fürstbischofs oblag R. die geistliche Leitung der Diözese. 1797 leistete er den durch die französische Republik geforderten Haßeid auf das Königtum (→ Méan). Den Klerus verpflichtete er in drei Rundschreiben ebenfalls zur Eidesleistung. Hierüber kam es zu einem Zerwürfnis mit Méan, der diesen Eid ebenso wie das voraufgegangene, von den Franzosen vorgeschriebene Loyalitätsversprechen gegenüber den republikanischen Gesetzen verurteilte, doch vermied Méan es, seinen Generalvikar

öffentlich bloßzustellen. Er entband allerdings jene Priester, die den Eid verweigerten, von ihrer Gehorsamspflicht gegenüber R. und stattete die Eidesverweigerer J. B. (→) De Saive und A. (→) Lejeune ebenfalls mit den Befugnissen von Generalvikaren aus. Nach Errichtung des konkordatären Bistums Lüttich bestätigte Bischof J. E. (→) Zaepffel R. am 29. 8. 1802 als Generalvikar, hauptsächlich um Eifersüchteleien innerhalb des Lütticher Klerus zu vermeiden. Krank und altersschwach, hat R. jedoch in seinen letzten Lebenjahren auf die Leitung der Diözese keinen Einfluß mehr genommen. † 29. 3. 1804.

Literatur: *A. Minke* 216 f.

Alfred Minke

Rougrave de Salm, Philippe Alexandre Theodore Eugène de (1680 – 1747)

1724 – 1743 und
1744 – 1747 Generalvikar in Lüttich

* 12. 10. 1680 in Omezée (zwischen Dinant und Philippeville); Studium in Löwen und Pont-à-Mousson (hier 1713 Lic. iur.); 1715 Domkapitular in Lüttich; Kommendatarabt des Stiftes von Ciney; Offizial des Lütticher Domkapitels; 1779 Mitglied des ordentlichen Rates, des obersten Gerichtshofes des Fürstbistums; 11. 8. 1724 Generalvikar in Lüttich. 1730 – 43 führte R. als Kanzler zugleich die Regierungsgeschäfte. 8. 3. 1744 durch Fürstbischof (→) Johann Theodor von Bayern als Generalvikar bestätigt. R. führte den Vorsitz des Konsistoriums, das während der Abwesenheit des Fürstbischofs die Diözese leitete. † 14./15. 9. 1747.

Literatur: *J. de Theux* 4 (1872) 16 f. - *E. Poncelet* 51.

Alfred Minke

Rudnicki, Józef (um 1739 – 1812)

1780 – 1787 Generalvikar der Diözese Kulm

* um 1739 (err.); seit 1762 Priester; 1763 – 89 Pfarrer von Altmark (Stary Targ) in Pomesanien; 1770 Domherr von Kulm; 1773 – 89 Pfarrer von Christburg (Kiszpork); 1796 Domscholaster und Prosynodalexaminator; 1780 – 87 Generalvikar und Generaloffizial der Diözese Kulm; 1804 als Pfarrer von Montau (Mątawy) erwähnt; † 14. 3. 1812 im Alter von 73 Jahren in Kulmsee.

Literatur: *A. Mańkowski*, Prałaci 178 f.

Hans-Jürgen Karp

Rummel, Franz Ferdinand (seit 1705 Freiherr) von (1644 – 1716)

1696 – 1706 Ep. tit. Tiniensis
1706 – 1716 Fürstbischof von Wien

Franz Ferdinand (urspr. Gerhard Ferdinand) von Rummel wurde am 28. 10. 1644 zu Weiden (Oberpfalz) als vierter Sohn des Johann Leonhard v. R. und der Anna Maria Benz geboren. Der Ehe der Eltern entstammten fünf Knaben und ein Mädchen. Die Familie R. war erst eine Generation zuvor zur katholischen Kirche zurückgekehrt. Der Vater war im Dienst des Reichsfürsten Wolfgang Wilhelm von Neuburg zum Pfleger des Gemeinschaftsamtes Parstein-Weiden aufgestiegen und wurde 1656 geadelt. Die Mutter entstammte einem schwäbischen Beamtengeschlecht. Nach dem ersten Unterricht im Elternhaus trat R. in die katholische Schule zu Weiden ein. Ab 1658 besuchte er das Jesuitengymnasium in Ingolstadt, wo er 1661 – 65 auch Philosophie und Jura studierte, um sich die für den angestrebten Fürsten- oder Verwaltungsdienst erforderlichen Kenntnisse anzueignen. Einen akademischen Grad erwarb er nicht. Nach einer längeren Scholarenwanderung, die R. nach Italien und Frankreich führte und ihm entsprechende Sprachkenntnisse vermittelte, trat er 1672 in den Dienst des Grafen Johann Markus von Clary-Aldringen und übernahm die Verwaltung des Schlosses Ivan in Südtirol. Die Kontakte zum nahegelegenen Konvent der reformierten Franziskaner in Borgo di Valsugana, vor allem zu P. Hippolito da Pergine, bewogen ihn, die geistliche Laufbahn einzuschlagen. Sein Wunsch, in den Franziskanerorden einzutreten, scheiterte jedoch am Widerstand des Vaters. Auf Rat von P. Hippolito entschloß R. sich daraufhin, Weltpriester zu werden. Obwohl er kein Theologiestudium absolviert hatte, empfing er im Januar 1675 durch den Bischof von Feltre, zu dessen Sprengel Schloß Ivan gehörte, die Priesterweihe. Die folgenden Jahre verbrachte R., vor allem mit Übersetzungen beschäftigt, zurückgezogen auf den Familiengütern in der Oberpfalz. Erst zu Beginn des Jahres 1684 trat er wieder in den Blickpunkt der Öffentlichkeit, als sein geistlicher Freund Hippolito da Pergine ihn Kaiser Leopold I. als Lehrer und Erzieher für den knapp sechsjährigen Erzherzog Joseph empfahl. Da Fürstbischof E. (→) Sinelli, der enge Vertraute des Kaisers, und P. Marco d'Aviano die Wahl R.s befürworteten, entschied sich Leopold I. im März 1684 zu dessen Anstellung. Daraufhin wurde R. dem Herzog Philipp Wilhelm von Neuburg, dem Vater der Kaiserin, vorgestellt. Dieser instruierte R. über die Erziehung des Erzherzogs. Auf Rat des Vaters, hoffte aber auch, daß R.

die Interessen des Hauses Neuburg am Kaiserhof vertreten könne. R. wurde tatsächlich mit verschiedenen Angelegenheiten des Hauses Neuburg betraut. Bis 1696 war R. unter Leitung des 1685 zum Oberhofmeister bestellten Fürsten Karl Theodor von Salm als Elementarlehrer – vor allem in der lateinischen Sprache – und Erzieher des Erzherzogs tätig. Zwischen Lehrer und Zögling bestand ein enges und vertrautes Verhältnis. Seit 1692 gab es Versuche, R. vom Hof zu entfernen. Diese gingen vor allem von den von Kaiserin Eleonore unterstützten Jesuitenbeichtvätern aus. Erzherzog Joseph beharrte jedoch auf der Belassung seines Lehrers. Nach verschiedenen Projekten, R. auf eine andere Stelle zu befördern, nominierte Leopold I. ihn am 10. 10. 1695 zum Bischof von Knin (Tinna), einem Bistum der Ungarischen Krone in Kroatien. Die päpstliche Verleihung erfolgte am 2. 4. 1696. Am 29. 7. 1696 wurde R. durch Kardinal L. v. (→) Kollonitsch in der Augustinerkirche zu Wien zum Bischof geweiht. Da R. aus dem von den Türken zerstörten Knin keine Einkünfte beziehen konnte, verlieh ihm der Kaiser im gleichen Jahr die Propsteien Alt-Bunzlau (Staré Boleslav) und Hl. Kreuz in Breslau. Außerdem wurde R. Scholasticus am Stift in Glogau/Oder. Nach Besitzergreifung dieser Pfründen lebte R., der in Knin nicht residieren konnte, auf den Familiengütern Waldau und Weiden in der Oberpfalz. Ab 1699 trat er wieder in Kontakt zum Kaiserhof. 1700 ernannte Leopold I. ihn zum Propst von Ardagger.

Der Regierungsantritt seines ehemaligen Zöglings, des Kaisers Joseph I., im Jahre 1705 brachte dann für R. die Wende. Schon im gleichen Jahr erhob der Kaiser ihn in den Reichsfreiherrenstand, und nach der Wahl des Wiener Bischofs Fr. A. v. (→) Harrach, den R. wiederholt bei Pontifikalfunktionen vertreten hatte, zum Koadjutor des Salzburger Erzbischofs nominierte Joseph I. R. am 11. 4. 1706 gegen den Widerstand der Kaiserinwitwe Eleonore und der von dieser unterstützten Jesuiten zum Fürstbischof von Wien. R. wurde am 11. 7. 1706 in die Temporalien installiert. Die päpstliche Verleihung folgte am 4. 10., die Inthronisation am 12. 12. 1706. Danach resignierte R. auf alle übrigen Pfründen. 1712 erwarb er die Herrschaft Gars und Buchberg in Niederösterreich und wurde damit Mitglied des niederösterreichischen Herrenstandes.

Das Wirken R.s als Diözesanbischof ist schwer faßbar, obwohl aus seiner Zeit eine Reihe von disziplinären Vorschriften bekannt ist. Unter R. wurden in der Diözese Christenlehren eingeführt. R. forderte auch die würdige Begleitung des Allerheiligsten bei Versehgängen, und

1707 ordnete er das Läuten des Zügenglöckleins für die Verstorbenen an. Unter R. wurde ferner in der Diözese das Rosenkranzfest eingeführt. Von seinen Vorgängern übernahm R. den Jurisdiktionsstreit mit dem Bistum Passau, das in seiner Offizialatskirche Maria am Gestade in Wien noch immer bischöfliche Funktionen ausübte. R. konnte in dieser Frage keinen Erfolg erzielen. Der Versuch, eine einheitliche Stolordnung einzuführen, scheiterte am Widerstand des Wiener Stadtrats. Wiederholt erließ R. Weisungen gegen das Betteln und Schwätzen in den Wiener Kirchen. Durch das Verbot gemischter Ehen versuchte R., den zunehmenden Einfluß des Protestantismus in der Residenzstadt zurückzudrängen.

R. hatte zu Kaiser Joseph I. ein gutes Verhältnis. In der Frage der von Österreich im Jahr 1708 besetzten päpstlichen Festung Comacchio vertrat R. die Interessen des Kaisers.

R. lebte als Bischof bescheiden und zurückgezogen. Bemühungen um die Erhebung Wiens zum Erzbistum lehnte er ab. Auch als Bauherr trat R. nicht in Erscheinung. Lediglich die große Domglocke „Pummerin" wurde auf seine Anregung aus der Türkenbeute des Jahres 1683 gegossen. R. war stark von der franziskanischen Mystik geprägt. So unterhielt er enge Beziehungen zu P. Hippolito da Pergine, P. Marco d'Aviano und zu Bischof (→) Royas y Spinola von Wiener Neustadt. Der Trinitarier Franciscus Maria Campioni widmete ihm ver schiedene Werke. R. war seit 1712 wiederholt krank, so daß er 1713 die Ordnung der Pestseelsorge seinem Generalvikar J. H. v. (→) Braitenbücher übertragen mußte. R. starb am 15. 3. 1716. Er wurde im Stephansdom beigesetzt.

Schriften: Regia instructio Primogeniti Archi-Ducis Austriae (Ms. 1684).

Quellen: AVA. - DAWi. - NÖLA.

Literatur: X. *Schier* 100-108. - E. *Tomek*, Das kirchliche Leben 283-289. - A. *Strnad*, Processus 287-289. - F. *von Rummel*, Franz Ferdinand von Rummel. Lehrer Kaiser Josephs I. und Fürstbischof von Wien (1644-1716) (Wien 1980). - F. *Loidl* - M. *Krexner* 60 f. - F. *Loidl* 118-121.

Abbildungsnachweis: Stich von Johann Jakob Hofmann nach eigener Zeichnung. - Wien NB 515.279 B.

Johann Weißensteiner

Rupniew Ujeyski → Ujejski

Rupprecht, Maximilian Anton von (RA) (1706 – 1774)

1742 – 1752 Generalvikar in Wiener Neustadt

∗ 8. 6. 1706 in Wiener Neustadt; Seelsorger in Probstdorf; 1730 verweigerte ihm Bischof J. v. (→) Manderscheid-Blankenheim das Neustädter Benefizium S. Leopoldi wegen Insuffizienz in der Seelsorge; R. gewann den Rekurs, tauschte es aber 1740 angeblich gegen die Benefizien S. Wolfgangi und S. Georgii ein, auf die er 1742 resignierte. Nach dem Tode Bischof J. v. (→) Khevenhüllers von der Regierung 1741 dem Administrator J. (→) Kittner beigegeben, ernannte ihn Bischof F. v. (→) Hallweil nach dem Tode Kittners 1742 zum Offizial und Generalvikar. 1742 – 52 hatte er das Benefizium S. Spiritus inne. 1742 Titularabt von St. Marien in Bocconia (Diöz. Vesprém); 1746 Dekan des Wiener Neustädter Domkapitels; 1751 bewarb R. sich wegen Kränklichkeit um die Pfarrei Probstdorf, erhielt aber stattdessen 1752 die Pfarrei St. Georgen im Attergau und resignierte als Offizial und Generalvikar. † 9. 4. 1774 als Vizedekan des Dekanates Schörfling; □ St. Georgen.

Literatur: H. *Fasching*. - A. *Kolaska*.

Alfred Kolaska

Růžička, Constantin Ernest (1761 – 1845)

1797 – 1813 Generalvikar in Budweis
1816 – 1845 Bischof von Budweis

Constantin Ernest Růžička wurde am 21. 12. 1761 zu Tloskau (Tloskov) in Böhmen geboren. Er studierte in Prag (Dr. phil.) und wurde am 15. 6. 1785 ebd. zum Priester geweiht. Im gleichen Jahr zum Vizerektor des Generalseminars in Lemberg (Galizien) ernannt, stieg er dort 1787 auf Veranlassung Kaiser Josephs II., den er auf einer Reise in die Krim begleitet hatte, zum Rektor auf. Nach Aufhebung des Generalseminars (1790) lebte er in Wien. 1794 wurde er Domherr in Budweis, und am 12. 10. 1797 ernannte Bischof J. P. v. (→) Schaffgotsch ihn zu seinem Generalvikar und Offizial. Nach Schaffgotschs Tod (8. 5. 1813) war er Kapitelsvikar. Die ihm im gleichen Jahr angebotene Beförderung zum Weihbischof und Generalvikar in Lemberg lehnte er ab. Am 8. 3. 1816 wurde ihm dann aufgrund landesherrlicher Nomination vom 15. 6. 1815 das Bistum Budweis verliehen. Die Bischofsweihe empfing er am 25. 8. 1816 durch den Prager Erzbischof W. L. v. (→) Chlumčansky in der Prager Ursulinenkirche. Die Inthronisation folgte am 22. 9.

In seinen ersten Amtsjahren bereiste R. seine Diözese eifrig. Später ließ er jedoch den Dingen ihren Lauf, so daß der Wiener Nuntius zeitweise die Bestellung eines Koadjutors befürwortete. R. starb am 18. 3. 1845 in Budweis. Er wurde in der bischöflichen Gruft beigesetzt.

Literatur: F. *Mardetschläger* 16-27. - A. *Zelenka* 167 f. - K. A. *Huber*, Kirche in Südböhmen, in: AKGB 7 (1985) 19 f.

Kurt A. Huber

Rydzyński, Franciszek Ksawery (1734 – 1814)

1780 – 1795 Weihbischof in Posen, Ep. tit. Nilopolitanus
1795 – 1814 Bischof von Kulm

→ Bd. 1, 638 f.

S

Saint Hilaire (Santhilier), **Johann Graf von**
(† 1665)

1645 – 1665 Passauer Offizial und Generalvi-
            kar für das Land ob der Enns

Herr zu Guttenbrunn; Domherr in Olmütz; 1627
Domherr in Passau; 1640 Pfarrer von Kallham
(Oberösterreich); 1645 – 65 Offizial und Generalvikar des Bischofs von Passau für das Land
ob der Enns; 1653 Propst von St. Salvator
in Passau-Ilzstadt; † 7. 4. 1665 in Passau;
◻ St. Salvator Passau-Ilzstadt.

Literatur: *L. H. Krick*, Domstift 74f., 215.

                                        August Leidl

Salburg, Georg Friedrich Graf von
(1640 – 1692)

1684 – 1692 Passauer Offizial und Generalvi-
            kar für das Land ob der Enns

* 1640 in der Diözese Passau; Besuch des
Gymnasiums in Linz; Studium der Philosophie
in Salzburg; 1659 – 62 Studium in Rom als
Alumne des Collegium Germanicum; 1665
Domherr in Passau und Olmütz; 1684 – 92
Offizial und Generalvikar des Bischofs von
Passau für das Land ob der Enns; 1690 Pfarrer
von Gaspoltshofen; † 17. 7. 1692 in Passau.

Literatur: *L. H. Krick*, Domstift 82, 216. - *Ders.*,
Stammtafeln 332.

                                        August Leidl

Salis-Zizers, Franz Rudolph Freiherr (seit 1694
Graf) von (1654 – 1739)

1680 – 1692 Generalvikar in Chur

* 1654 aus dem katholischen Zweig der einflußreichen Bündner Familie Salis; Sohn des Johann Graf v. S.-Z.; 1664 Domizellar, 1680 Domscholastikus in Chur; 1680 – 92 Generalvikar
von Bischof U. de (→) Mont (bezeugt vom 13. 9.
1683 – 17. 12. 1690); 1690 Dompropst in Chur;
französischer Parteigänger und Geheimagent
Ludwigs XIV. in Graubünden; bei den Sedisvakanzen von 1692 und 1728 Kapitelsvikar und
Kandidat des Gotteshausbundes; 1694 Kommendatarabt von Hl. Kreuz zu Muren (Ungarn);
† 11. 12. 1739 in Chur; ◻ Kathedrale Chur.

Literatur: Siegel und Wappen der Familie von Salis,
in: Archives héraldiques suisses 41 (1927) 176f. -
HBLS 6 (1931) 18. - *W. Kundert*, in: HS I/2 (1972) 529,
543.

                                        Pierre Louis Surchat

**Salm-Reifferscheidt-Krautheim, Franz Xaver
Altgraf von** (1749 – 1822)

1784 – 1822 Fürstbischof von Gurk
1816   Kardinal

→ Bd. 1, 643 – 645.

Salm-Salm, Wilhelm Florentin Fürst von
(1745 – 1810)

1776 – 1793 Bischof von Tournai
1793 – 1810 Fürsterzbischof von Prag

Wilhelm Florentin Fürst von Salm-Salm, Herzog von Hoogstraaten, Wildgraf zu Dhaun und
Kyburg, Rheingraf zu Stein und regierender
Fürst in Anholt wurde am 10. 5. 1745 auf
Schloß Anholt in Westfalen als 18. Kind des
Fürsten Nikolaus Leopold S., österreichischen
Feldmarschalls und Gouverneurs von Antwerpen, und seiner Ehefrau Dorothea Franziska
geboren. Für die militärische Laufbahn bestimmt, besuchte er das Kolleg zu Juilly (Frankreich) und die Theresianische Akademie in
Wien. Da er später die geistliche Laufbahn
einschlagen wollte, studierte er Theologie und
die Rechte in Köln und Lüttich. Wie viele
Angehörige seiner Familie, die im 17. und
18. Jh. dem Kölner und Straßburger, daneben
auch dem Lütticher Domstift angehörten, wurde auch S. 1761 Domherr in Köln, Straßburg
und Lüttich und 1765 zusätzlich in Augsburg.
Am 17. 3. 1771 wurde er zum Priester geweiht.
Zu diesem Zeitpunkt war der ihm verwandte
Bischof Franz Ernst von Salm-Reifferscheidt
von Tournai in den österreichischen Niederlanden bereits verstorben (16. 6. 1770). Das Domkapitel erbat S. als Nachfolger, doch nominierte
Maria Theresia ihn erst am 30. 1. 1776. Die
päpstliche Verleihung folgte am 20. 5., die
Konsekration durch den Kölner Erzbischof
M. Fr. v. (→) Königsegg-Rothenfels am 14. 7.
1776 im Münster zu Bonn. 1773 – 88 regierte S.
auch als Vormund seines Neffen die reichsun-
mittelbaren Familienbesitzungen.

Als Bischof prunkliebend, schätzte S. auch den
liturgischen Glanz. Er drängte auf gute religiö-

se Unterweisung des Volkes und tat sich durch Mildtätigkeit hervor. 1788 trat er für die Beschickung des josefinischen Generalseminars zu Löwen ein. Da ein Teil der Diözese Tournai zu Frankreich gehörte, wurde S. von den Vorgängen um die Revolution unmittelbar betroffen. Er war unter den Teilnehmern der Ständeversammlung, die am 5. 5. 1789 zu Versailles eröffnet wurde. Deren Verlauf bewog ihn jedoch, nach Tournai zurückzukehren. Im Verlauf der weiteren Entwicklung gingen mit der Säkularisation des französischen Kirchenbesitzes zuerst die in Frankreich gelegenen Bistumsgüter, infolge der Zivilkonstitution des Klerus von 1791 dann auch der Diözesananteil als solcher verloren. Infolge des brabantischen Aufstandes gegen die österreichische Herrschaft, dem sich ein beträchtlicher Teil des Klerus anschloß, begab sich S. aus Loyalität gegenüber Joseph II. nach Köln, von wo aus er sein Bistum weiter leitete und sich darum bemühte, seine Diözesanen zu beruhigen und zur Treue gegen Österreich zu bewegen. 1791 konnte er vorübergehend zurückkehren. 1792 floh er vor den französischen Truppen zunächst nach Anholt, dann nach Köln, um von dort aus die Rückgewinnung der Niederlande abzuwarten. Zu diesem Zeitpunkt war sein Interesse freilich längst auf ein anderes Bistum gerichtet.

Anläßlich der Wahl von (→) Max Franz, dem jüngsten Sohn Maria Theresias, zum Koadjutor des Kölner Erzbischofs im Jahre 1780, hatte der

Wiener Hof S. Gran, das reichste Erzbistum der Monarchie, in Aussicht gestellt. Inzwischen bot sich jedoch der freigewordene Prager Metropolitansitz an. Die Nomination durch Kaiser Franz II. folgte am 1. 5. 1793, die Translation am 23. 9. 1793, der Einzug in Prag am 2. 5. 1794. Das Pallium wurde S. am 21. 2. 1794 verliehen. Statt des bei solchen Anlässen üblichen Gepränges führte S. sich durch Wohltätigkeit ein. Die Erzdiözese hatte während seiner Amtszeit vielfache Nöte und Kriegsjahre zu erleiden. Die Silberschätze der Kirchen mußten als Kriegsanleihe an die staatliche Münze abgeliefert werden, doch gelang es S., wenigstens das silberne Grabmal des Johann von Nepomuk zu retten. Bereits 1793 hatte er eine „freiwillige" Kriegssteuer von 50 000 fl. entrichtet. Für die Hebung der erzbischöflichen Güter griff S. sogar auf Mittel aus seinem Familienbesitz zurück. Seit 1793 mußte er den Unterhalt des Bischofs von Budweis mit 12 000 fl. jährlich zur Gänze übernehmen, während bei der Bistumsgründung im Jahre 1784 der Prager Anteil auf 3 000 fl. festgesetzt worden war. Jurisdiktionsenklaven, die Prag in den Diözesen Leitmeritz und Budweis besaß, mußte S. aufgeben. Dagegen wurde dem Erzbistum das bis dahin zu Regensburg gehörige Egerland 1807 faktisch einverleibt.

Vom Klerus forderte S. die Teilnahme an jährlichen Rekollektionen (1803). Er selbst visitierte jährlich einige Vikariate. Zugunsten der durch das Kriegsgeschehen schwer getroffenen Seelsorger stellte sich S. mit Graf Leopold von Berchthal an die Spitze einer Unterstützungsaktion. Wie sehr die Wohltätigkeit des Erzbischofs die Bevölkerung beeindruckte, zeigte sich, als er auf der Rückreise von einer Kur in Bad Kissingen am 14. 9. 1810 zu Hambach bei Amberg (Oberpfalz) verstarb. Bei einem kurzen Aufenthalt des Leichentransportes in der erzbischöflichen Stadt Rosenthal (Rožmital) wollten die Bürger den Verewigten zurückbehalten, so daß die Weiterfahrt nach Prag durch bewaffneten Einsatz erzwungen werden mußte. S. wurde auf eigenen Wunsch in der von ihm erbauten Schloßkapelle zu Kamenitz (Kamenice) beigesetzt.

Literatur: A. L. Frind, Prag 270-278. - J. Warichez, Les deux derniers evèques de Tournai sous l'ancien régime (Tournai 1911) 25-44. - J. Lauerijs, De Hertogen von Hoogstraaten (Brecht 1934) I 252-263. - V. Bartůněk 99-104. - A. Zelenka 64 f.

Abbildungsnachweis: Stich von Charles Etienne Gaucher (1741-1802) nach einem Gemälde von François Joseph Manisfeld (1742-1807), datiert 1777. - Wien NB 513.508 B.

Kurt A. Huber

Sapp, Richard (1640 – 1698)

1670 – 1698 Generalvikar der Diözese
            Chiemsee

* 31. 3. 1640 in Faistenau (Erzb. Salzburg); 1653
Immatrikulation zu Salzburg als Rudimentist;
Dr. theol. und Dr. iur. utr. S. ist der einzige
nachweisbare Generalvikar im Salzburger Eigenbistum Chiemsee. Er hat dieses Amt
28 Jahre lang unter den Fürstbischöfen J. F. v.
(→) Preysing, S. I. v. (→) Wolkenstein und
S. C. v. (→) Castel Barco inne. Seit 1672 war er
zugleich Salzburger Konsistorialrat und seit
1674 Kanoniker des Schneeherrenstiftes in
Salzburg. † 20. 4. 1698; □ St. Peter Salzburg.

Quellen: Epitaph St. Peter in Salzburg. - SLA Beamtenkartei Frank. - Pfarrarchiv Faistenau, Taufbuch 1
fol. 90.

Literatur: V. Redlich (Hg.), Die Matrikel der Universität Salzburg 1639-1810, Bd. 1 (Salzburg 1933) 43.

                                    Erwin Naimer

Sarnthein, Ferdinand Joseph Gabriel Graf von (1697 – 1772)

1724 – 1762 Konsistorialpräsident in Brixen
1727 – 1762 Weihbischof in Brixen, Ep. tit.
            Hypsopolitanus

* 26. 3. 1697 zu Innsbruck als Sohn einer 1681
in den Grafenstand erhobenen Familie;
1712 – 15 Besuch des Jesuitenkollegs in Innsbruck; 1715 – 19 Studium als Alumne des Collegium Germanicum in Rom; 1718 Domkapitular in Brixen (päpstl. Verleihung); 16. 3. 1720
Priester; 1720 – 23 Inhaber der Dekanalpfarrei
Stilfes; 1724 Konsistorialpräsident in Brixen;
1725 Propst am Brixner Domkreuzgang; 1727
Dompropst; 25. 6. 1727 Titularbischof von
Hypsus und Weihbischof in Brixen; 30. 11.
1727 Konsekration durch Fürstbischof K. I. v.
(→) Künigl; 1743 erhielt er ein Eligibilitätsbreve für Brixen; 1750 wurde ihm anläßlich einer
Ad-limina-Reise das Titularpatriarchat Antio-
chia angeboten, das er ablehnte; 1756 erbaute
er das Studienheim Kassianeum; † 20. 12. 1762
in Brixen.

Literatur: K. Wolfsgruber, Brixner Domkapitel 199 f. -
A. Sparber, Abriß der Geschichte der Pfarrei und des
Dekanates Stilfes im Eisacktal (Brixen 1945) 88. -
A. Steinhuber.

                                    Josef Gelmi

Sarnthein, Maria Romedius Graf von (1730 – 1774)

1767 – 1774 Weihbischof in Brixen, Ep. tit.
            Augustopolitanus
1773 – 1774 Konsistorialpräsident in Brixen

* 23. 7. 1730 in Innsbruck; Neffe des Brixner
Weihbischofs F. J. v. (→) Sarnthein; 1746 Domizellar in Brixen; Besuch des Jesuitenkollegs in
Innsbruck; 1747 – 50 Studium in Rom als
Alumne des Collegium Germanicum; 27. 5.
1753 Priester; 1755 Pfarrer von Taufers (Patr.
des Domkapitels); 1758 Domscholaster, 1763
Dompropst; 31. 8. 1767 Titularbischof von Au-
gustopolis und Weihbischof in Brixen; 11. 10.
1767 Konsekration durch Fürstbischof L. v.
(→) Spaur; † 24. 3. 1774 in Brixen.

Literatur: A. Steinhuber. - K. Wolfsgruber, Brixner
Domkapitel 200.

                                    Josef Gelmi

Sartorius, Johann (1673 – 1738)

1723 – 1734 Provikar in Bamberg

* 30. 5. 1673 zu Kersbach bei Forchheim (Diöz.
Bamberg); 1700 Kaplan an St. Martin in Bamberg und Inspektor des Priesterseminars; 1713
Geistlicher Rat; 1723 Provikar, Kanonikus an
St. Gangolf und Pfarrer von St. Martin. 1734
resignierte S. aus Gesundheitsgründen auf
Provikariat und Pfarrei. Er soll antijanseni-
sche Schriften und ein Bamberger Rituale
herausgegeben haben, doch sind diese biblio-
graphisch nicht nachweisbar. † 8. 5. 1738.

Literatur: J. H. Jäck, Pantheon 965. - F. Wachter
Nr. 8489.

                             Egon Johannes Greipl

Sattelberger (Satelperger), Johann Anton (1597 – 1657)

1653 – 1654 Generalvikar in Gurk

* 1597 (err.) in der Diözese Brixen; Besuch des
Jesuitenkollegs in Köln; 1613 – 17 Studium in
Rom als Alumne des Collegium Germanicum;
1638 Domherr in Brixen; vertrat 1653 den
Gurker Bischof (→) Sigmund Franz von Öster-
reich bei dessen Installation und wurde von
diesem am 16. 3. 1653 zum Generalvikar in
Gurk bestellt; † April 1657.

Literatur: *K. Wolfsgruber*, Brixner Domkapitel 200 f. - *J. Obersteiner* 386 f.

Peter G. Tropper

Saudrius von Sternfeld, Martin (seit 1652 kaiserlicher Personaladel) (1600 – 1660)

1650 – 1655 Apostolischer Administrator des Bistums Meißen in der Lausitz

Martin Saudrius wurde im Jahre 1600 zu Dudenwerde in den Niederlanden geboren. Seine Jugend und sein Bildungsgang liegen im Dunkeln. Er war zunächst Soldat und später Offizier im kaiserlichen Heer, verheiratet, ergriff aber später im Einverständnis mit seiner Frau den geistlichen Beruf. Wahrscheinlich 1639 wurde er zum Priester geweiht. 1640 war er Pfarrer von Mühlbach bei Wien, danach Feldgeistlicher und seit 1641 Pfarrer von Tetschen (Děčín) in Böhmen. Zu dieser Zeit war er auch Kanonikus am Stift ULFrau in Regensburg. 1644 wird er als Pfarrer von Hainsbach (Hainspach) im böhmischen Niederland genannt. 1648 wurde er auf Empfehlung des Kaisers nichtresidierender Kanonikus beim Domkapitel St. Petri zu Bautzen und am 2. 4. 1650 als kaiserlicher Kandidat vom Kapitel zum Dekan und damit zum Apostolischen Administrator der Lausitz gewählt. 1652 wurde er von Kaiser Ferdinand III. unter dem Prädikat „von Sternfeld" nobilitiert.

Das Domkapitel betrachtete S. als Eindringling und verklagte ihn 1652 bei Kaiser und Nuntius wegen Verschwendung, Mißwirtschaft und Verschleuderung der Kapitelsgüter. Daraufhin wurde er für die Zeit der Untersuchung unter Hausarrest gestellt. 1653 floh er nach Regensburg, um sich persönlich vor dem Kaiser zu rechtfertigen, wurde aber zur Resignation und zum Rückzug in ein Kloster aufgefordert. Daraufhin floh S. nach Dresden an den Hof des sächsischen Kurfürsten Johann Georg I., der ihn verhaften und nach Prag abführen ließ, wo er im Altstädter Rathaus inhaftiert wurde. Der Prozeß gegen S. kam nie über die Anfänge hinaus. Nachdem er 1655 in der Haft auf das Amt des Administrators verzichtet hatte, starb er am 26. 2. 1660 zu Prag. Er wurde in der Teynkirche beigesetzt.

Literatur: *P. Skobel* 100.

Abbildungsnachweis: BDM FotoDok.

Siegfried Seifert

Schade, Warinus ⟨OSB, Taufname: Karl Alexander⟩ **Freiherr von** († 1824)

1792 – 1824 Generalvikar in Corvey

→ Bd. 1, 648.

Schaffgotsch, Ceslaus Gotthard (1726 – 1781)

1756 – 1757 Generalvikar in Breslau

* 9. 11. 1726 in Breslau; Bruder von Fürstbischof Ph. G. v. (→) Schaffgotsch; 1747 – 48 Studium in Paris; 1748 Dr. theol. (Orléans); 1748 Domkapitular, später Domkustos, 1753 Dompropst in Breslau; 1756 Generalvikar. Nach der österreichischen Besetzung Breslaus im Siebenjährigen Krieg ging er am 5. 12. 1757 mit Schaffgotsch in den österreichischen Bistumsteil. 1763 Resignation auf seine Breslauer Kapitelsstelle; † 1781.

Quellen: DAB, vol. III a 12 b, fol. 37-55.

Literatur: *J. Jungnitz*, Weihbischöfe 235, 244.

Jan Kopiec

Schaffgotsch (Schaffgotsche), **Johann Prokop Graf von** (1748 – 1813)

1779 – 1780 Generalvikar in Königgrätz
1785 – 1813 Bischof von Budweis

Johann Prokop Graf Schaffgotsch, Freiherr von Kynast und Greiffenklau, wurde am 22. 5. 1748 zu Prag als Sohn des Ernst Wilhelm S. und der Maximiliana Gräfin Götz geboren. Familienmitglieder des böhmischen Zweiges bekleideten höhere Ämter im Staatsdienst und im Heer. Der Vater von S. war Rat der kaiserlichen Kammer, königlicher Statthalter und Gerichtspräsident. Ein Neffe, Johann Ernst S., war 1842 – 70 Bischof von Brünn.

S. erhielt seine Schulbildung an der von Jesuiten geleiteten Theresianischen Ritterakademie in Wien. Zu Beginn seines Theologiestudiums an der Universität Wien wurde er 1768 Domizellar des Olmützer Domkapitels. Am 25. 5. 1771 in Wien zum Priester geweiht, wurde er 1772 residierender Domherr in Königgrätz. 1779 ernannte der damalige Bischof von Königgrätz J. A. v. (→) Arco ihn zu seinem Generalvikar. 1780 übernahm S. die Stadtpfarrei Müglitz (Mohelnice) im Erzbistum Olmütz, doch ging er schon wenige Monate später als residierender Domherr nach Olmütz. Dort leitete er das Priesterhaus und vertrat das Domkapitel bei den mährischen Landständen in Brünn. Als Joseph II. seit 1783 im Rahmen der Diözesanregulierung die Ausgliederung Südböhmens aus dem übergroßen Erzbistum Prag und die Errichtung eines Bistums Budweis betrieb, faßte er S. als ersten Bischof ins Auge. Die Gründung sollte mit Rücksicht auf den greisen Erzbischof A. P. v. (→) Przichowsky zunächst in der Weise erfolgen, daß S. als dessen Weihbischof und Generalvikar in Budweis residierte, doch entschloß Joseph II. sich schließlich zur sofortigen Bistumsgründung. Nach langen Verhandlungen über dessen Ausstattung erbat er schließlich am 20. 12. 1784 von Papst Pius VI. die Bistumsgründung und die Berufung von S. zu dessen Bischof. Die Gründung erfolgte am 27. 9. 1785, nachdem S. einen Tag zuvor zum Bischof ernannt worden war. Die Konsekration empfing er am 11. 12. 1785 durch Przichowsky. Am 1. 1. 1786 nahm S. die Amtsgeschäfte auf.

S.s Anfänge fielen in die Zeit der Klosteraufhebungen und der Pfarregulierung Josephs II., durch die der neue Sprengel 144 neue Seelsorgestellen erhielt. S. teilte das Bistum nach mährischem Vorbild in fünf Archipresbyterate mit 30 Vikariaten ein. Obwohl er das Staatskirchentum bejahte, gingen ihm einige kirchliche Reformen Josephs II. zu weit. So forderte er 1790 mit anderen Bischöfen von Leopold II. die Zurücknahme mehrerer Verordnungen im Bereich des Gottesdienstes und des religiösen Volksbrauchtums (Heilige Gräber, Auferstehungsfeier u. a.) sowie die Errichtung eines bischöflichen Priesterseminars, das 1803 eingerichtet wurde. Wegen der napoleonischen Krie-

ge und seiner schwachen Gesundheit konnte S. nur einmal die gesamte Diözese visitieren und darüber an Kaiser Franz I. 1811/12 den vorgeschriebenen Bericht erstatten. Darin sind Einflüsse der katholischen Aufklärung und der spätjansenistischen Reformbewegung wie das Ideal des guten Hirten, die Betonung der Wohltätigkeit und sittliche Strenge zu beobachten. S. war ein Freund der Selbst- und Volksbildung (Schule). Seine Privatbibliothek zählte 6 000 Bände.

Die Predigt galt ihm als Mittelpunkt des Gottesdienstes. S. betätigte sich in der Pfarrseelsorge der Bischofsstadt durch häufiges Predigen, Beichthören, Spendung der Krankensalbung und anderer Sakramente. Seine Frömmigkeit bildete eine Brücke vom Barock zur Restauration. Er schätzte Anbetung, Meditation und Exerzitien. Auch scheint die von der Aufklärung unberührte Frömmigkeit der ländlichen südböhmischen Bevölkerung eine normierende Kraft entfaltet zu haben. So war S. der Vertreter eines komplex angelegten „Josephinismus". 1810 wurde er zum kaiserlichen Geheimen Rat ernannt. Er starb am 8. 5. 1813 zu Budweis.

Literatur: F. Mardetschläger 7-16. - K. A. Huber, Johann Prokop Graf Schaffgotsche, erster Bischof von Budweis, in: AKGB 7 (1985) 56-67. - Ders., Der Budweiser bischöfliche Visitationsbericht von 1811, ebd. 69-88. - A. Zelenka 166 f.

Abbildungsnachweis: Stich von Quirin Mark (1753-1811). - Wien NB· 520.583 B.

                                        Kurt A. Huber

Schaffgotsch, Philipp Gotthard Graf von
(1716 – 1795)

1744 – 1748 Koadjutor des Fürstbischofs von
Breslau
1748 – 1795 Fürstbischof von Breslau

Philipp Gotthard Graf von Schaffgotsch wurde
am 3. 7. 1716 zu Warmbrunn (Schlesien) als
Sohn des Reichsgrafen Hans Anton v. S., Erbherrn auf Kynast und auf Greiffenstein und
kaiserlichen Oberamtsdirektors in Schlesien,
geboren. Die schlesische Linie der S. war 1708
in den Grafenstand erhoben worden. Als nach-
geborener Sohn für den geistlichen Stand bestimmt, studierte S. in Rom am Collegio Romano, wurde am 4. 10. 1738 in Wien zum Priester
geweiht und erhielt Domkanonikate in Olmütz
sowie durch Vermittlung seines Gönners, des
Kardinals Ph. L. v. (→) Sinzendorf, in Breslau
(1735) und in Halberstadt. Seine vielseitige
Bildung gewann ihm das Wohlwollen Sinzendorfs, den er 1740 zum Konklave nach Rom
begleitete. Nach dem Übergang Schlesiens an
Preußen bekannte S. sich als einziger Domherr
zum neuen Landesherrn, brachte sich dadurch
aber bei den übrigen Kapitularen in Mißkredit.
Als er sich 1742 der Breslauer Freimaurerloge
anschloß, kam es zum Skandal, da das Kapitel
sich unter der Führung von Weihbischof
E. D. v. (→) Sommerfeld am Pfingstfest 1742
weigerte, mit dem als exkommuniziert geltenden S. gemeinsam den Dom zum Gottesdienst
zu betreten. S. distanzierte sich daraufhin von
der Loge, nahm aber noch bis 1746 an deren
Versammlungen teil.

Bei einem Aufenthalt am Berliner Hof Ende
1742 beeindruckte der geistvolle S. Friedrich II.
so sehr, daß dieser sich entschloß, ihn zum
Koadjutor des kränklichen, aber stärker als S.
auf die kirchlichen Rechte bedachten Sinzendorf zu berufen. Dieser sträubte sich lange
gegen diesen Plan, den er erst im Frühjahr 1743
akzeptierte, und verschwieg nicht seine Bedenken gegen den Kandidaten des Königs. Dieser
konnte wegen seines Alters ohnehin nur nach
Ausstellung eines päpstlichen Wählbarkeitsbreves gewählt werden. Fast ein Jahr ist um
dessen Ausstellung gerungen worden, und
dem König lag an der Lösung der Koadjutorfrage schließlich mehr als an der Schaffung des
von ihm geplanten Generalvikariates für die
preußischen Katholiken (→ Sinzendorf). Auch
die von Sinzendorf vorgeschlagene Wahl von S.
zum Abt des Breslauer Sandstiftes der Augu-
stinerchorherren, gegen die diese sich verge-
lich zur Wehr setzten, brachte den König nicht
von seinem Plan ab. Da der Hl. Stuhl S. das
gewünschte Breve verweigerte und sich das

Domkapitel zur Vornahme der Wahl außer-
stande erklärte, ernannte Friedrich II. seinen
Kandidaten schließlich am 4. 3. 1744 zum
Koadjutor und ließ dies dem Kapitel am 16. 3.
mitteilen. Die römische Kurie hat diese „Ernennung" nie anerkannt.

Noch am Todestag Sinzendorfs (28. 9. 1747) bat
S. Friedrich II. um die Einsetzung in die bischöflichen Rechte, während das Domkapitel
auf seinem Wahlrecht bestand. Der König ging
jedoch darüber hinweg und ließ seinen Kandidaten am 2. 10. durch Minister Münchow einführen. Ihm wurden freilich nur die Temporalien übertragen, während die geistliche Leitung
des Bistums nach des Königs Anweisung dem
Kapitel mit Weihbischof F. D. v. (→) Almesloe
überlassen blieb. Die Universität Breslau promovierte S. am 4. 12. 1747 zum Dr. theol. Währenddessen bemühten dieser und die Regierung sich mit Hilfe des preußischen Geschäfts-
trägers in Rom und der schlesischen Jesuiten
um die päpstliche Anerkennung. Papst Benedikt XIV. sprach die Ernennung S.s zum Bischof jedoch erst am 5. 3. 1748 aus, nachdem
der Warschauer Nuntius Alberico Archinto
ihm zufriedenstellende Auskunft über dessen
Lebenswandel gegeben hatte. Auch diesmal
war dem Kapitel für die Zukunft die schon zur
leeren Routineformel herabgekommene Versicherung zur Respektierung seines Wahlrechts
gegeben worden.

Die Amtsführung von S. gab vorerst keiner
Seite Anlaß zu Beanstandungen, obwohl die
forcierte Integration Schlesiens in den preußischen Staat, die allmähliche Lösung der schlesischen Kirche aus ihren österreichischen Verbindungen und der weitgehende Anspruch auf
staatliche Kirchenhoheit auf die Dauer zu
Konflikten führen mußten. Dabei erwies sich S.
trotz aller Staatsloyalität nicht als gefügiges
Werkzeug der Regierung, sondern als Anwalt
kirchlicher Interessen. Haupttreibungsflächen
bildeten den Instanzenzug des geistlichen Gerichtes, die geistliche Stellenbesetzung, die
steuerliche Belastung kirchlicher Einrichtungen und die Schmälerung althergebrachter
Einkünfte.

Zum Zusammenstoß kam es erst im Verlauf des
Siebenjährigen Krieges, als S. sich nach schweren preußischen Niederlagen und der Einnahme Breslaus durch die Österreicher am 5. 12.
1757 auf Weisung Maria Theresias für die
Dauer des Krieges auf sein im österreichischen
Bistumsteil gelegenes Schloß Johannesberg begab. In diesem Schritt sahen der König und sein
Minister E. W. v. Schlabrendorff Landesverrat.
Sie reagierten mit schärfsten Maßnahmen gegen die schlesische Kirche. Friedrich II. unter-

sagte dem Klerus insbesondere jeden Kontakt mit Bischof S.

Nach dem Hubertusburger Frieden (1763) bat S., vom Hl. Stuhl, nicht aber von der österreichischen Regierung unterstützt, um Wiedereinsetzung in sein Bistum und versprach die patriotische Erziehung des Klerus in einem neu zu schaffenden Priesterseminar. Friedrich II. billigte die Rückkehr unter demütigenden Bedingungen, indem er S. Oppeln, nicht Breslau als Wohnsitz anwies und ihn zwang, Weihbischof J. M. v. (→) Strachwitz so umfassende Vollmachten zu erteilen, daß faktisch nicht mehr der Bischof, sondern sein Stellvertreter das Bistum leitete. S. mußte ferner den Schwarzen Adlerorden ablegen, auf das Sandstift in Breslau resignieren und erhebliche Steuern auf sich nehmen. Auf seine Bemühungen um Gewinnung eines größeren Spielraumes reagierte Schlabrendorff mit unversöhnlichem Mißtrauen.

Angesichts der Ausweglosigkeit seiner Situation floh S. am 4. 4. 1766 in den österreichischen Bistumsteil. Daraufhin entzog der König ihm alle Einkünfte und gebot dem Domkapitel, S. als „tot" zu betrachten. Um die geistliche Leitung des Bistums zu wahren, ernannte der Hl. Stuhl Strachwitz zum Apostolischen Vikar.

S. residierte bis zu seinem Tode in Johannesberg, betreute seinen österreichischen Bistumsanteil und errichtete 1770 zu Teschen ein Generalvikariat. Er starb am 5. 1. 1795 auf Johannesberg und wurde in seinem Heimatort Warmbrunn beigesetzt.

Literatur: M. *Lehmann* IV. - C. *Grünhagen*, Schlesien I/II. - Ders., in: ADB 30 (1890) 545-548. - W. *Marschall* 105-107.

Abbildungsnachweis: Stich von Quirin Mark (1753-1811). - Wien NB 501.809 C.

Erwin Gatz

Schaller, Pierre-Joseph-Gautier de (1730 – 1819)

1788 – 1818 Generalvikar der Diözese Lausanne in Freiburg/Schweiz

→ Bd. 1, 649 f.

Scheben, Franz Anton Xaver (seit 1768 Reichsfreiherr) von (1711 – 1779)

1765 – 1779 Weihbischof in Worms, Ep. tit. Assurensis

* 24. 3. 1711 in Niederberg bei Koblenz als viertes Kind des kurtrierischen Hofrates Johann Peter Gottfried S. und der Maria Scholastika Finger; der Vater stieg 1729 zum Kurmainzer Hofkammerdirektor und kaiserlichen Hofkammerrat auf. 1719 wurde er geadelt, ab 1739 nannte er sich „Edler von Cronfeld". S. und sein Bruder Franz Bertram, Kurmainzer Geheimer Rat, wurden 1768 in den Freiherrenstand erhoben. Mitglieder der Familie waren unter den Kanonikern von Münstermaifeld und St. Florin in Koblenz vertreten. Ein Bruder der Mutter war Dekan von St. Florin, bischöflicher Siegler und Offizial. Seit dem Eintritt des Vaters in den Kurmainzer Dienst orientierte sich auch S. dorthin. 1729 – 31 Studium der Rechte in Mainz, danach der Theologie in Mainz und Reims; 11. 6. 1734 Priesterweihe; seit 1730 Kanoniker an St. Viktor, später auch an St. Peter in Mainz, 1738 an Hl. Kreuz vor Mainz, später dort Dekan; 1737 – 39 Kanoniker an St. Florin in Koblenz; 1742 – 73 zugleich Personatist in Urmitz; seit 1737 Mainzer, dann auch Kurtrierischer Rat und Apostolischer Protonotar.

1765 bestimmte Bischof J. Ph. v. (→) Walderdorff S. zu seinem Weihbischof in Worms. Schon vor dem Tod seines Vorgängers Ch. A. v. (→) Merle erhielt er die Exspektanz auf Bezüge, die dem Wormser Weihbischof als kurpfälzischem Geistlichem Rat für die Wahrnehmung der Pontifikalien bei Hoffesten zukamen. 22. 4. 1765 Titularbischof von Assur; 26. 5. 1765

Konsekration durch Walderdorff in Ehrenbreitstein. S. behielt alle Pfründen und war zudem ab 1765 Inhaber der Praebenda episcopalis von St. Jakob am Wormser Dom; 1766 Propst am Ritterstift Münstereifel (Präsentation durch Kurfürst Karl Theodor von der Pfalz als Herzog von Jülich). Das Amt des Offizials, das S. neben dem Provikariat zunächst ebenfalls innehatte, resignierte er 1766. Erzbischof E. J. v. (→) Breidbach-Bürresheim bestätigte ihn 1768 in seinen Ämtern. Ab 1766 engagierte S. sich für die Wahl von (→ Bd. I) Clemens Wenzeslaus in Trier. Am 22. 5. 1768 überbrachte er ihm das Pallium und nahm anstelle des der Kurie mißliebigen N. (→) Hontheim seine Professio fidei entgegen.

Seit Übernahme der Funktionen eines kaiserlichen (1765) und Apostolischen (1767) Bücherkommissars in Frankfurt besaß S. das unbedingte Vertrauen der römischen Kurie. Unter den Nuntien Cesare Alberico Lucini, Giambattista Caprara und Carlo Bellisomi war er ein verläßlicher Informant aus den Bistümern Mainz und Worms wie auch ein eifriger Kämpfer gegen aufklärerische Tendenzen und die Einfuhr entsprechenden Schrifttums aus Holland, Frankreich und der „Urbs maledicta" Lüttich. 1766 ging er gegen Esslingen in Frankfurt als den Herausgeber des „Febronius" mit Verhaftung und Konfiszierung vor, und 1770 versuchte er, das Erscheinen von Hontheims „Tomus secundus" zu verhindern, mußte aber den Mainzer Drohungen weichen. 1778 erwirkte er einen Hofratsbeschluß gegen C. F. Bardt und engagierte sich gegen J. L. Isenbiehl.

In der Diözese Worms war S. wie seine Vorgänger durch die kurpfälzische Kirchenhoheit in seiner Wirksamkeit begrenzt, doch unterhielt er gute Beziehungen zum Mannheimer Hof. So beschränkte sich die Vornahme seiner bischöflichen Amtshandlungen fast ausschließlich auf die Stadt Worms und auf die wenigen stiftischen Dörfer. 1773 ließ er vom Wormser Jesuitenkolleg Besitz ergreifen und die Gründung eines fürstbischöflichen Gymnasiums vorbereiten. 1768 ließ er das Wormser Diözesanproprium zum Brevier von 1716 neu auflegen. 1777 führte er Felbigers Katechismus ein, und 1778 ließ er eine Constitutio pastoralis veröffentlichen. † 19. 11. 1779 in Worms; ☐ Dominikanerkirche in Worms; Epitaph heute in St. Martin ebd.

Quellen: HessStA Darmstadt, Abt. E 5; Abt. C 1 Hs. 243. - GLA Karlsruhe, Abt. 77. - DDAMz, Kasten 9, 49, 112; Nachlaß Schmitt; Weiheprotokolle II. - HSK Mainz 1755ff.

Literatur: O. Mejer. - J. J. Wagner, Biographische Nachrichten über einige ältere Coblenzer und Ehren-

breitsteiner Familien (Koblenz 1925). - H. Raab, Clemens Wenzeslaus. - Ders., Valentin Heimes Informationsprozesse anläßlich seiner Ernennung zum Weihbischof von Worms (1780) und Mainz (1782), in: JbMz 7 (1955/57) 172-189. - Ders., Apostolische Bücherkommissare in Frankfurt, in: HJb 87 (1967) 326-354. - A. Bach. - A. Diederich. - S. Schürmann, Das Stift St. Maria in Campis oder Hl. Kreuz bei Mainz (Diss. Mainz 1968). - F. Reuter, Grabsteine und Epitaphien in St. Martin in Worms, in: Der Wormsgau 9 (1970/71) 69-82. - Verz. d. Studierenden Mainz 690f.

Wolfgang Seibrich

Schenk von Castell, Franz Ludwig Reichsfreiherr (seit 1681 **Reichsgraf**) (1671 – 1736)

1725 – 1736 Fürstbischof von Eichstätt

Franz Ludwig Reichsgraf Schenk von Castell wurde am 5. 8. 1671 in dem kleinen Pflegeamtsort Arberg (Diöz. Eichstätt) als Sohn des dortigen Eichstätter Pflegers Humprecht Christoph S. und der Maria Barbara von Remchingen geboren. Nach kurzem Aufenthalt an der Universität Ingolstadt 1682 studierte er 1684 – 89 in Salzburg und begab sich dann nach Rom, wo er bis 1695 blieb. Dort empfing er 1694 die Tonsur. Im gleichen Jahr wurde er Domherr in Augsburg und 1696 durch päpstliche Provision auch in Eichstätt, wo er 1709 zum Kapitel zugelassen wurde. Seit 1716 Dompropst in Augsburg, ließ er sich 1717 in Eichstätt zum Priester weihen. Nach dem Tode von Fürstbischof J. A (→) Knebel von Katzenellenbogen wollte Kardinal Christian August von Sachsen-Zeitz, Erzbischof von Gran und Domherr in Eichstätt, für seinen Neffen (→) Moritz Adolf eine Bewerbung vorlegen, doch wurde dies durch die Erkrankung des Kandidaten verhindert. Bayern legte für den Regensburger Bischof und Freisinger Koadjutor (→) Johann Theodor sogar ein Eligibilitätsbreve vor. Dennoch fiel die Wahl des Kapitels am 3. 7. 1725 auf S. Das kaiserliche Plazet folgte am 21. 7., die päpstliche Bestätigung am 26. 9. 1725. Nach Resignation auf die Augsburger Dompropstei wurde S. am 16. 12. 1725 durch Weihbischof J. A. (→) Nieberlein konsekriert.

S. führte in der Stadt Eichstätt den Bau der Residenz zu Ende. Er ließ dazugehörige Kavaliershöfe errichten, baute 1735 eine Sommerresidenz mit zugehörigem Hofgarten vor der Stadt, ferner einen Marstall mit Reitschule. S. förderte die Wallfahrten, vor allem nach St. Walburga in Eichstätt und nach Mettendorf. Weniger Interesse zeigte er an dem neben dem Jesuitenkolleg bestehenden Priesterseminar, das fast auf einen Pastoralkurs zusammenschmolz. Die Auseinandersetzungen mit dem Fürstentum Ansbach wegen der Religionsfrage in einigen Pfarreien wurden nicht abgeschlossen. S. starb am 19. 9. 1736 in Eichstätt. Er wurde im Dom beigesetzt.

Literatur: *A. Straus* 113-117. - *J. G. Suttner*, Werbungen. - *J. Sax* 611-623. - *J. Sax-J. Bleicher* 353-362. - *F. Mader*, Stadt Eichstätt. - *M. Domarus*, Schönborn. - *M. Weitlauff*. - *H. Braun* Nr. 232.

Abbildungsnachweis: Stich von unbek. Meister. - Wien NB 517.260 B.

Ernst Reiter

Schenk von Castell, Johann Euchar Reichsfreiherr (seit 1681 **Reichsgraf**) (1625 – 1697)

1687 – 1697 Fürstbischof von Eichstätt

Johann Euchar Schenk von Castell wurde am 1. 4. 1625 zu Romanshorn (Diöz. Konstanz) als Sohn des St. Gallener Rats und Pflegers Ulrich Christoph S. und der Maria Cleophe von Wolfurt geboren. Seine Schwester wurde später Fürstäbtissin von Säckingen, je ein Onkel väterlicher- und mütterlicherseits waren Fürstabt von Kempten, und seine Verwandten Marquard und Franz Ludwig (→) Schenk von Castell waren Fürstbischof von Eichstätt. Bereits Kleriker der Diözese Konstanz, wurde S. 1639 durch päpstliche Provision Domherr in Eichstätt. Nach dem Studium der Philosophie und des kanonisches Rechtes in Ingolstadt ab 1643 und wohl auch in Italien wurde er 1658

Kapitular und noch im gleichen Jahr, nicht zuletzt durch die Gunst des Fürstbischofs M. (→) Schenk, Scholaster und Dompropst (bis 1687). Er war ferner Domherr in Basel (1640 – 50), Augsburg (1654 – 91, ab 1682 Dompropst) und Regensburg (1645 – 88). Am 14. 9. 1672 empfing er in Eichstätt die Priesterweihe. 1663 – 85 war er Gesandter des Fürstbischofs von Eichstätt beim Immerwährenden Reichstag in Regensburg, zeitweilig auch Stellvertreter des Prinzipal-Kommissars, des Eichstätter Fürstbischofs Marquard S. Am 13. 3. 1685 wurde S. vom Eichstätter Domkapitel zum Fürstbischof gewählt. Die päpstliche Bestätigung folgte, wohl wegen Differenzen über die Höhe der Gebühren, erst am 7. 7. 1687; sie traf im Januar 1688 in Eichstätt ein. Die Konsekration erhielt der Gewählte am 9. 5. 1688 durch Weihbischof F. Ch. (→) Rinck von Baldenstein. Die Domherren hatten sich in der Wahlkapitulation weitgehende Mitspracherechte bei der weltlichen und geistlichen Regierung gesichert. S. nahm in seiner Gewissenhaftigkeit jedoch Anstoß daran und bat ab 1685 wiederholt den Papst um Dispens vom Kapitulationseid. Er schlug aber vor, der Papst möge „motu proprio" vorgehen, um einen Streit mit dem Kapitel zu vermeiden. Nicht zuletzt diesen Bemühungen ist der Erlaß der Konstitution „Ecclesiae Catholicae" (= Innocentiana) durch Innozenz XII. im Jahre 1695 zu verdanken, durch die Kapitulationen vor der Wahl verboten wurden und nach der Wahl der Genehmigung durch die römische Kurie bedurften. Als die Konstitution im Oktober 1696 in Eichstätt eintraf, setzte sich jedoch das Kapitel gegenüber dem kranken und zur Milde neigenden Bischof durch. Sie wurde nicht beachtet. Danach blieb der Vorsteher sowohl der weltlichen Gremien als auch des Geistlichen Rats jeweils ein Kapitular.

Als das Fürstbistum am Ende des 17. Jh. in die kriegerischen Auseinandersetzungen zwischen dem Reich und Frankreich hineingezogen wurde, erfüllte es die sich aus der Zugehörigkeit zum Fränkischen Reichskreis ergebenden finanziellen und militärischen Pflichten. Französische Truppen, die durch das Obere Hochstift zogen, erpreßten Kontributionen, so daß das Stift noch mehr verschuldete. Die Sorge S.s galt, in Fortführung der Tätigkeit seines Vorgängers, dem Wiederaufbau der Stadt Eichstätt. Für die Errichtung mehrstöckiger gemauerter Häuser wurde das nötige Bauholz kostenlos geliefert und eine 15 – 20jährige Steuerbefreiung gewährt. S. ließ 1695 den Willibaldsbrunnen auf dem Marktplatz errichten und mit dem Bau einer neuen fürstbischöflichen Residenz neben dem Dom beginnen.

S. bemühte sich ferner, von Generalvikar R. (→) Heugel unterstützt, um Verbesserung der Seelsorge, da die Nachwirkungen des Dreißigjährigen Krieges noch nicht überwunden waren. Neue Kirchen wurden gebaut, andere renoviert, eine Reihe von Kaplaneistellen neu errichtet. Dem Jesuitenkolleg stiftete S. 6 000 fl., damit die Ausbildung der künftigen Priester durch zusätzliche Anstellung zweier Lehrer am Gymnasium verbessert werden konnte. Eine Zusammenarbeit mit der Schule des Eichstätter Dominikanerkloster wurde nicht versucht. In den (Land-)Kapitelskongressen, dem Ersatz für die Diözesansynode, wurden dem Klerus die diözesanen Synodalstatuten vermittelt. Die Überwachung der Durchführung oblag den Dekanen. Im Auftrage von S. wurde das Diözesanproprium neu herausgegeben. Auch die heute noch existierende Fünf-Wunden-Bruderschaft für Pfarrer belebte er neu. Die besondere Fürsorge S.s galt den Armen, Witwen und Waisen. Zur Betreuung kranker Dienstboten gründete er das „Dienstboten-Institut", eine Art Krankenkasse. Mit 6 000 fl. legte er den Grundstein für das „Eucharische Krankenhaus", in das neben den Dienstboten auch minderbemittelte Bürger Eichstätts und uneheliche Kinder auf Armenrechnung aufgenommen wurden, während andere voll bezahlen mußten.

S. erfüllte seine priesterlichen Verpflichtungen genau. Er pflegte eine Reihe freiwilliger Frömmigkeitsübungen und unterzog sich jährlich bei den Jesuiten geistlichen Exerzitien. Mit den Bediensteten seiner Residenz, der Willibaldsburg, betete er täglich den Rosenkranz.

Schon bei seiner Wahl kränklich, starb S. am 6. 3. 1697 in Eichstätt. Er wurde im Dom beigesetzt.

Literatur: *F. Rassler*, Leich-Predig zu Löblichstem Angedenken dess ... Joannis Eucharii Bischoffen zu Eychstätt (Eichstätt 1697). - *J. Sax* 563-571. - *J. Sax-J. Bleicher* 313-318. - *J. G. Suttner*, Erbfolgekrieg. - *L. Bruggaier*. - *F. Mader*, Stadt Eichstätt. - *A. Wittig*, Aus der Geschichte des Krankenhauses, in: Eichstätter Volkszeitung vom 23. 10. 1954. - *A. Bauch*. - *A. Freundl*, Eichstätter Krankenhausgeschichte, in: Hist. Blätter. Beil. z. Eichstätter Kurier 31 (1982) Nr. 4 u. 5; 32 (1983) Nr. 1 u. 2. - *H. Braun* Nr. 229. - *S. Weinfurter* u. a.

Ernst Reiter

Schenk von Castell, Marquard Reichsfreiherr (seit 1681 **Reichsgraf**) (1605 – 1685)

1637 – 1685 Fürstbischof von Eichstätt

Marquard Schenk von Castell wurde am 9. 8. 1605 zu Liebenau (Diöz. Konstanz) oder Liebenthann (Diöz. Augsburg) als Sohn des Johann Eberhard S. und der Katharina Hundbiß von Walthrams geboren. Sein Vater war Pfleger der Fürstabtei Kempten, zuletzt auf Hohenthann. 1617 immatrikulierte S. sich in Dillingen. Seit 1621 Domherr in Eichstätt, setzte er sein Studium 1624 in Ingolstadt und 1625 – 27 als Alumne des Collegium Germanicum in Rom fort. 1627 ging er nach Siena und 1628 nach Eichstätt, wo er sein Studium abschloß. 1630 wurde er Kapitular in Eichstätt. Nach seiner Priesterweihe am 2. 6. 1635 wählte ihn das Kapitel 1636 zu seinem Dekan und nach langwierigen Verhandlungen mit Fürstbischof Johann Christoph von Westerstetten (1612 – 37) zum Koadjutor mit dem Recht der Nachfolge. Die päpstliche Bestätigung folgte erst im November 1637, als S. bereits mit dem Tod seines Vorgängers (28. 7. 1637) die Nachfolge angetreten hatte. Konsekriert wurde er am 10. 1. 1638 durch den Augsburger Weihbischof S. (→) Müller.

Obwohl S. bei seinem Amtsantritt erst 32 Jahre alt war, schien er für sein Amt bestens geeignet zu sein. Allerdings warteten schwere Aufgaben auf ihn, denn der Krieg hatte der Diözese und dem Hochstift schwere Schäden zugefügt. Als Fürst suchte S. dies durch eine kluge Wirtschaftspolitik und durch eine rege Bautätigkeit zu überwinden. Nach dem verheerenden

Schwedenbrand von 1634 begann er den Wiederaufbau der Stadt Eichstätt und leitete die
Barockisierung der Stadt ein. Im Hochstift
errichtete bzw. restaurierte er die Schlösser
Sandsee, Arnsberg, Obermässing und Hirschberg. Er erwarb von den Markgrafen von
Ansbach Ort und Pflegeamt Wellheim (außerhalb der Diözese) sowie den Ort Mörsach bei
Herrieden. Mit der Reichsstadt Weißenburg
schloß er 1680 einen Vertrag wegen der Reichs-
pflege über die königlichen Dörfer bei Weißenburg; die katholischen Orte Kaldorf, Peters-
buch, Biburg und Heiligenkreuz kamen nun
zum Hochstift, während die überwiegend evangelischen Orte Wengen und Rohrbach bei
Weißenburg verblieben.

Kaiser Leopold I. bestellte S. 1669 zu seinem
Prinzipalkommissar beim Immerwährenden
Reichstag in Regensburg. S. versah dieses Amt
bis zu seinem Tod. Auch von den protestantischen Ständen in seiner Reichspolitik geachtet,
konnte er im Sinne eines ehrlichen Maklers
tätig sein. Er „war vor allem während der
1670er Jahre eine wichtige Persönlichkeit, über
die die Verbindungen von Wien in das reichi-
sche Deutschland, vor allem in die Reichskirche, liefen" (A. Schindling). S. verstand es, in
Loyalität zum Kaiser auf einen Ausgleich zwischen den Reichsständen und den kaiserlichen
Interessen hinzuwirken und so die Stellung des
Kaisers, besonders bei den geistlichen Fürsten,
zu festigen. Nicht zuletzt seinem Wirken ist die
Koalition von 1683 zur Abwehr der Türken zu
danken. Unter seiner Verhandlungsführung
gelang 1671 die Zurückweisung einer „Exten-
sion" des landesständefeindlichen Paragra-
phen 180 des jüngsten Reichsabschieds und
damit eine Eindämmung des Absolutismus der
großen Reichsstände; ferner konnte bis 1671
eine vorläufige Einigung über den Entwurf
einer beständigen kaiserlichen Wahlkapitulation und 1681 der Reichstagsbeschluß über
eine Reichskriegsverfassung erreicht werden.
S.s Tätigkeit war maßgebend für die Orientierung der geistlichen Reichsfürsten nach Wien.
Wie ernst S. gerade diese Aufgabe nahm, zeigt
der Umstand, daß er mehr in Regensburg als in
Eichstätt residierte. Leopold I. erhob ihn und
seine Familie 1681 in den Reichsgrafenstand.

Als Bischof bemühte sich S. um die Wiederbelebung der Seelsorge und des religiösen Lebens
sowie um die Rekatholisierung des nun zu
Bayern gehörenden oberpfälzischen Bistums-
anteils. Zur Förderung des Priesternachwuchses erweiterte er die Dotation des Jesuitenkollegs und vermehrte den „Gefällfonds" des Priesterseminars um 60 000 fl. zum Unterhalt des
Kollegs und zur Wiedererrichtung des Seminars.

Eine Niederlassung der Bartholomäer Holzhausers lehnte er für seine Diözese außer in der
Universitätsstadt Ingolstadt ab. Auf Anregung
Kaiser Ferdinands II. schrieb S. 1653 als Kanzler der Universität Ingolstadt vor, daß sich
jeder Professor und Promovend eidlich auf die
Lehre von der Unbefleckten Empfängnis Mariens zu verpflichten habe. Zur besseren Unterrichtung des Klerus ordnete er regelmäßige
Zusammenkünfte auf Dekanatsebene an, sog.
Kapitelkongresse, auf denen die Synodalstatuten zu verlesen und zu erläutern waren und
ihre Beobachtung eingeschärft wurde. Die Dekane wurden mit der Visitation der Pfarreien
und des Klerus beauftragt. S. unterstützte die
Klöster und „Missionsstationen" der Jesuiten
und Kapuziner und förderte den Bau bzw. die
Renovierung von Kirchengebäuden.

1675 – 78 bewarb S. sich vergeblich um den
erzbischöflichen Stuhl von Mainz, wo er seit
1628 durch päpstliche Provision Domizellar
und seit 1655 Kapitular war. Wohl zum Ausgleich für das Scheitern seiner Bewerbungen
wurde er im November 1675 Dompropst in
Mainz.

Die letzten Jahre seines Lebens war S. kränklich und konnte seine Aufgaben nicht mehr voll
wahrnehmen. Er starb am 18. 1. 1685 in Regensburg und wurde im Eichstätter Dom beigesetzt.

Literatur: *Ph. Hettinger*, Spes publica Aichstetten-
sium sive ... Marquardus II episcopus ... salutatus a

collegio academico societatis Jesu Aichstadiano (Ingolstadt 1639). - *Ch. Bechtlin*, Leich-Predig nach tödtlichem Hintritt ... Marquardi II Bischoffen zu Eystätt ... gehalten ... zu Regenspurg (Regensburg 1685). - *C. Hailand*, Lob- und Leich-Predig ... Marquardi Bischoffen zu Aychstätt ... gehalten zu Aychstätt (Eichstätt 1685). - *A. Straus* 286-292. - *J. G. Suttner*, Zur Tradition des Bistums Eichstätt über die Unbefleckte Empfängnis, in: PBE 2 (1855) 28-49. - *Ders.*, B. Holzhauser und sein Institut im Bistum Eichstätt, in: PBE 14 (1867) Nr. 26-39. - *Ders.*, Zum 12. September 1683, in: PBE 30 (1883) Nr. 37-43. - *J. Sax* 527-563. - *J. Sax - J. Bleicher* 297-313. - *F. Mader*, Stadt Eichstätt. - *W. Fürnrohr*, Der immerwährende Reichstag zu Regensburg, in: VHVO 103 (1963) 165-255. - *A. Bauch* (Lit.). - *K. Müller*, Wien und Kurmainz. - *A. Schindling*, Reichstag. - *Ders.*, Eichstätt. - *H. Braun* Nr. 227. - *S. Weinfurter* u. a.

Abbildungsnachweis: Altersbildnis, Stich von Johann van den Berg (2. H. 17. Jh.). - Wien NB 516.835 B.

Ernst Reiter

Schenk von Stauffenberg, Johann Franz Reichsfreiherr (seit 1681 Reichsgraf) (1658 – 1740)

1705 – 1740   Fürstbischof von Konstanz
1714 – 1737   Koadjutor des Fürstbischofs von Augsburg
1737 – 1740   Fürstbischof von Augsburg

Johann Franz Schenk von Stauffenberg wurde am 18. 2. 1658 zu Lautlingen bei Balingen in Schwaben als Sohn des Wolfgang Friedrich S. und der Anna Barbara von Wernach geboren. 1675 immatrikulierte er sich in Dillingen. Er wurde Domherr in Konstanz (1677 Aufschwörung und Erste, 1682 Zweite Posseß), in Augsburg (1694) und in Würzburg (1683 Domizellar, 1704 Kapitular). 1694 wurde er in Konstanz Domkantor.

Bei der Konstanzer Bischofswahl von 1704 war S. Kandidat der Domherren aus dem Ritterschaftskanton an der Donau. Einer der Gegenkandidaten war der Augsburger Bischof (→) Alexander Sigmund von Pfalz-Neuburg, den der Kaiser unterstützte. Das Domkapitel wünschte jedoch keinen Bischof aus fürstlichem Geschlecht und stellte bereits im zweiten Wahlgang am 21. 7. 1704 durch Akzeß die Einstimmigkeit her. Am 11. 11. wurde S. zum Priester geweiht. Am 26. 1. 1705 erfolgte die Wahlbestätigung mit der Erlaubnis, die Kanonikate in Augsburg und Würzburg bis zu seinem Tode beizubehalten. Am 26. 4. 1705 wurde er im Konstanzer Münster durch den Luzerner Nuntius Vincenzo Bichi konsekriert.

S. bemühte sich wiederholt, auch das Bistum Würzburg zu erhalten, doch scheiterte er vor

allem am Widerstand der Familie Schönborn. Dagegen setzte er sich 1714 in Augsburg, für das er ein Wählbarkeitsbreve erhalten hatte, durch und wurde am 20. 8. mit Hilfe des kaiserlichen Hofes, der einer bayerischen Initiative für (→) Johann Theodor von Bayern zuvorkommen mußte, den eigenen Kandidaten aber nicht durchsetzen konnte, zum Koadjutor gewählt. Da der Augsburger Bischof Alexander Sigmund geisteskrank war, übertrug Papst Klemens XI. S. am 24. 9. 1714 die Administration des Bistums „in spiritualibus et temporalibus". Die einflußreichen Geschwister des Bischofs erreichten jedoch, daß die Administration S. am 22. 1. 1718 wieder entzogen wurde. 1725 bemühte sich Bayern erneut um eine Koadjutorie, doch blieb S. Koadjutor, da es zu neuen Spannungen zwischen dem Wiener Hof und Bayern kam. Erst mit dem Tode Alexander Sigmunds (24. 1. 1737) trat S. das Amt des Augsburger Bischofs an.

In Konstanz bildete die wirtschaftliche Misere des Hochstifts die Hauptsorge von S. 1706 wurden die Schulden auf ca. 180 000 fl. taxiert. Durch den für die Katholiken unglücklichen Ausgang des Zweiten Villmerger Krieges verlor S. 1712 einen Teil seiner Einnahmen aus der Eidgenossenschaft. Trotz verschiedener Maßnahmen gelang es ihm nicht, die Schulden wesentlich zu senken. Zudem war S. selbst nicht genügend konsequent. So vergrößerte er in barocker Manier seinen Hofstaat um mehr als das Doppelte und ließ einen Teil der Verwandtschaft nach Meersburg an den Hof kommen. Den Plan, die bischöfliche Residenz wieder nach Konstanz zu verlegen, konnte S. nicht verwirklichen, da die Stadt einen notwendigen Grundstückstausch verweigerte. Deshalb ließ er seit 1710 in Meersburg durch den Benediktinerbruder Christoph Gessinger aus Isny den sog. Neuen Bau ausführen, der zunächst als Verwaltungs- und Gästebau diente, unter S. freilich nicht abgeschlossen werden konnte. Unter seinem Nachfolger D. H. v. (→) Schönborn wurde er zur Neuen Residenz umgebaut. 1725 begann S. ferner mit dem Bau eines Priesterseminars, das 1734 fertiggestellt und 1735 eröffnet werden konnte. Es handelte sich um ein Ordinandenseminar, in dem sich die Weihekandidaten der Diözese ein Jahr lang aufhalten mußten.

Die Auseinandersetzungen des Hochstiftes Konstanz mit Habsburg-Österreich gingen unter S. weiter. Dessen Versuch, das Konkordat von 1629 durch einen neuen Vertrag zu ersetzen, mißlang. Auch die Spannungen mit dem Benediktinerstift St. Gallen hielten an. Dagegen konnte S. mit der Abtei St. Blasien (1731) und der Deutschordensballei Elsaß-Burgund

(1739) Verträge über die beiderseitigen Rechte, vor allem in den inkorporierten und in den Patronatspfarreien, abschließen. Das Verhältnis zur Luzerner Nuntiatur war ebenfalls nicht spannungsfrei. S. fühlte sich in seinen bischöflichen Rechten beeinträchtigt, zumal der Nuntius inzwischen die Funktion eines Quasilandesbischofs in der Schweiz übernommen hatte und S. einige Male offen brüskierte.

Einen Schatten auf S.s Regierungszeit wirft die eigenartige Rolle, die der Benediktinerbruder Christoph Gessinger 1705 – 30 am Meersburger Hof spielte. Gessinger, offiziell mit den Aufgaben eines Kammerrats betraut, auch als Architekt, Altarbauer, Stukkateur, Landmesser, Immobilien- und Weinhändler tätig, gab schon den Zeitgenossen Rätsel auf. Er hatte großen Einfluß auf den Bischof. 1730 gelang es der Verwandtschaft von S., Gessinger zu stürzen. Dieser floh daraufhin in die Eidgenossenschaft, wo er sich zum Kalvinismus bekannte († 1735). Nach seiner Flucht zeigte sich, daß er ein beträchtliches Vermögen angehäuft und über längere Zeit einen krypto-protestantischen Bibelkreis am Meersburger Hof geleitet hatte.

S. starb am 12. 6. 1740 in Meßkirch. Er wurde im Konstanzer Münster beigesetzt.

Literatur: *A. Amrhein* 56. - *A. Haemmerle*, Domstift 167. - *H. Reiners*, Konstanz 460. - *A. Kastner*, Das Neue Schloß in Meersburg. Mit Beiträgen zur Bauge-

schichte der Meersburger Oberstadt, in: Schriften des Vereins für die Geschichte des Bodensees und seiner Umgebung 73 (1955) 37-54. - *R. Reinhardt*, Beziehungen 88-119. - *Ders.*, Die Kandidatur des Johann Schenk von Stauffenberg (1658-1740) für das Hochstift Würzburg, in: WDGB 29 (1967) 265-272. - *F. Hundsnurscher*, Die finanziellen Grundlagen für die Ausbildung des Weltklerus im Fürstbistum Konstanz vom Tridentinischen Konzil bis zur Säkularisation mit einem Ausblick auf die übrigen nachtridentinischen Bistümer Deutschlands (Diss. theol. Freiburg i. Br. 1968). - *G. Wunder*, Stauffenberg 226-258. - *P. Schmidt*, Herkunft und Werdegang der Alumnen des Priesterseminars Meersburg. Ein Beitrag zur Sozialgeschichte der Weltgeistlichkeit im deutschen Anteil des Fürstbistums Konstanz im 18. Jahrhundert, in: FDA 97 (1977) 49-107. - *R. Reinhardt*, Christoph Gessinger. Mönch, Baumeister, Stukkateur, Kammerrat, Apostat. Neue Quellen zu einer ungewöhnlichen Karriere am bischöflichen Hof von Meersburg im 18. Jahrhundert, in: ZGO 128 (1980) 293-326. - Gesamtarchiv Schenk von Stauffenberg. Herrschaft Wilflingen. Urkundenregesten 1366 bis 1805, bearb. von *O. H. Becker* (Stuttgart 1981). - *E. Achtermann*, Fürstbischof Stauffenberg und sein Hof in Meersburg, in: Glaserhäusle. Meersburger Blätter für Politik und Kultur 3 (1982) 22-26. - *E. Keller*, Erlasse 48 f. - *O. H. Becker*, Nebst denen und weilen ein gut eingerichtetes Acten-Archiv gleichsam die Seele einer Herrschaft ist. Studien zur Geschichte des Gesamtarchivs Schenk von Stauffenberg, in: Zeitschrift für Hohenzollerische Geschichte 106 (1983) 9-31. - *R. Reinhardt*, „Die Anbetung des Vaters im Geist und in der Wahrheit". Die evangelischen Bibelstunden des Benediktinerbruders Christoph Gessinger am Bischöflichen Hof von Meersburg, in: RJKG 4 (1985) 223-229. - *Ders.*, in: HS I / 2 (im Ersch.). - *K. Maier - J. Seiler.*

Abbildungsnachweis: Schabblatt von Johann Georg Seiller (1663-1740). - Wien NB 517.532 B.

Rudolf Reinhardt

Schenk von Stauffenberg, Johann Franz Reichsgraf (1734 – 1813)

1781 – 1808 Generalvikar in Würzburg
1808 – 1813 Kapitularvikar in Würzburg

→ Bd. 1, 731 f.

Schenk von Stauffenberg, Marquard Sebastian Reichsfreiherr (seit 1681 Reichsgraf) (1644 – 1693)

1686 – 1693 Fürstbischof von Bamberg

Marquard Sebastian Schenk von Stauffenberg wurde am 14. 5. 1644 zu Eichstätt als Sohn des kurpfälzischen Kammerherrn und eichstättischen Rates und Hofmarschalls Johann Sigmund S. zu Amertingen und Bach und der

Margaretha Ursula Schenk von Geyern geboren. Taufpaten waren Bischof M. (→) Schenk von Castell und der Domherr Johann Sebastian Schenk von Stauffenberg, dessen Kurie S. später erbte. Insgesamt 15 Mitglieder der Familie S. saßen im 17. und 18. Jh. in den Domkapiteln von Würzburg, Augsburg, Bamberg, Konstanz, Eichstätt, Regensburg und Trier. 1653 empfing S. die Tonsur und wurde Domizellar in Würzburg sowie in Bamberg. 1658 immatrikulierte er sich zusammen mit dem Arzt Matthias Spengler, der ihn als Hofmeister begleitete, an der Universität Ingolstadt. S.s kirchliche Laufbahn setzte sich fort mit den niederen Weihen (1672), dem Subdiakonat (1675) und dem Aufstieg zum Domkapitular in Würzburg 1668 – 70. Seit 1682 war er ferner Propst des zu Bamberg gehörigen Kollegiatstifts zur Alten Kapelle in Regensburg. Am 10. 6. 1683 wählte das Bamberger Kapitel ihn zum Fürstbischof.

Dieser Wahl waren harte Kämpfe vorausgegangen, da der Kaiserhof die Fortsetzung der von Fürstbischof P. Ph. v. (→) Dernbach verfolgten Politik und die damit verbundene Personalunion zwischen den beiden fränkischen Hochstiften wünschte. Der kaiserliche Kandidat F. C. v. (→) Stadion, Fürstbischof von Lavant, scheiterte jedoch, da sich das Domkapitel ohne Wissen des kaiserlichen Wahlgesandten auf den zunächst widerstrebenden S. geeinigt hatte, worauf Stadion auf seine Kandidatur verzichtete. Die Wahlkapitulation hatte zunächst eine Neutralitätspolitik des Hochstifts vorgese-

hen, doch konnte der kaiserliche Wahlgesandte Hohenlohe diesbezüglich eine Änderung durchsetzen. Aufgrund längerer Verhandlungen über die Höhe der Kurialtaxen erfolgte die päpstliche Bestätigung erst am 2. 9. 1686. Gleichzeitig erhielt S. das Pallium und am 1. 11. 1686 die Reichslehen. Am 4. 3. 1687 ließ er sich zum Diakon, am 6. 4. zum Priester und durch Weihbischof St. (→) Weinberger zum Bischof weihen.

S.s Regierung war durch äußerste Sparsamkeit und solide Finanzverwaltung gekennzeichnet, so daß der Schuldenstand Bambergs etwas gemildert werden konnte. Außenpolitisch bemühte er sich im Gegensatz zu Dernbach um einen Neutralitätskurs. Er sparte zwar an der Rüstung, unterstützte aber doch den Kaiser gegen die Türken. Als Direktor des fränkischen Reichskreises wehrte er sich gegen die Einquartierung kreisfremder Truppen. Nach dem französischen Angriff von 1689 flüchtete er die Bamberger Schätze nach Regensburg. Mit Würzburg konnte er 1685 eine Einigung in schon länger schwelenden Grenzstreitigkeiten erzielen. S. hat zahlreiche Kirchenbauten gefördert, u. a. das Franziskanerkloster, die Kirche St. Gereon und die Sebastianskapelle in Forchheim sowie die Jesuitenkirche in Bamberg. Die Festungen Forchheim und Kronach ließ er instandsetzen, in Seehof einen neuen Schloßbau errichten („Marquardsburg"). S. war ein passionierter Jäger, persönlich liebenswürdig und ein tüchtiger Regent. Am 9. 10. 1693 starb er an den Folgen eines Schlaganfalls auf Schloß Geyerswörth in Bamberg, als er sich gerade zu der von ihm eingeführten Ewigen Anbetung nach St. Martin begeben wollte. Sein Leib ruht im Dom zu Bamberg, sein Herz in Forchheim.

Literatur: *J. H. Jäck,* Jahrbücher 367-380. - *A. Amrhein* 240. - *J. Looshorn.* - *J. Kist* 111-113. - *G. Pfeiffer,* Fränk. Bibliographie I, Nr. 4969-4971. - *G. Wunder,* Stauffenberg 212-225. - *H. J. Berbig.* - *H. Caspary,* Staat.

Abbildungsnachweis: Stich von Philipp Kilian (1628-1673). - Wien NB 517.439 B.

Egon Johannes Greipl

Scherffenberg (Schärffenberg), **Johann Karl Leopold Freiherr** (seit 1717 **Graf**) **von** (1698 – 1771)

1749 – 1771 Weihbischof in Olmütz, Ep. tit. Tanagrensis

≈ 15. 7. 1698 in Langenwang (Erzb. Salzburg); 1717 mit seinen älteren Brüdern und seiner verwitweten Mutter in den böhmischen Gra-

fenstand erhoben; Gymnasialbesuch in Wien;
1719 Domherr in Olmütz; 1717 – 23 Studium in
Rom als Alumne des Collegium Germanicum;
19. 9. 1722 Priester; 1723 Dr. theol. (Sapienza);
1740 res. Domherr in Olmütz; 1743 Archidiakon von Troppau; 21. 4. 1749 Titularbischof
von Tanagra und Weihbischof in Olmütz; 1766
(1768?) Dompropst; † 17. 4. 1771.

Literatur: Z. Štépánek.

Aleš Zelenka

Schillermann, Johann Kaspar († 1707)

1701 – 1707 Direktor des Gurker
            Konsistoriums

Seit 1697 Propst des Kollegiatkapitels Straßburg (Kärnten); 1701 Direktor des Gurker Konsistoriums; † 9. 11. 1707 in Straßburg.

Literatur: P. G. Tropper, Konsistorium.

Peter G. Tropper

Schilling, Johann Jakob (1664 – 1754)

1714 – 1744 Generalvikar in Laibach

* 17. 5. 1664 in Laibach; Besuch des Gymnasiums in Laibach; Studium der Philosophie in
Graz, der Theologie in Wien; 1708 Dr. theol.
(Wien); Pfarrer von Gornji grad; Sekretär von
Bischof S. Chr. v. (→) Herberstein; 1696 Pfarr-
vikar in Kranj; Präsident der Academia operosorum; 1714 – 44 Generalvikar der Bischöfe
F. K. v. (→) Kaunitz, W. v. (→) Leslie, S. F. v.
(→) Schrattenbach und E. A. v. (→) Attems;
setzte sich für eine bessere Verwaltung und für
die Feststellung der Pfarrgrenzen ein; errichtete mehrere Stiftungen für Waisen und Arme,
u. a. in Laibach und Kranj; 1744 verzichtete er
altersbedingt auf das Generalvikariat und zog
sich nach Kranj zurück; † 17. 7. 1754 ebd.

Schriften: Constitutiones et Decreta Synodalia. Tractatus in V libros decretalium.

Literatur: M. Miklavčič, in: SBL 3 (1960/71) 218 f.

France M. Dolinar

Schilling, Wolfgang († 1720)

1707 – 1720 Direktor des Gurker
            Konsistoriums
1713 – 1720 Generalvikar in Gurk

Seit 1707 Propst des Kollegiatkapitels in Straßburg (Kärnten) und Konsistorialpräsident der
Diözese in Gurk; wohl seit 1709 Generalvikar in
spiritualibus, nahm er seit 1713 auch die
Verwaltung der Gurker Temporalien wahr;
† 26. 10. 1720 in Straßburg.

Literatur: P. G. Tropper, Konsistorium.

Peter G. Tropper

Schleinitz, Maximilian Rudolf Freiherr von
(1606 – 1675)

1655 – 1675 Generalvikar in Prag
            Bischof von Leitmeritz

Maximilian Rudolf von Schleinitz wurde im
Jahre 1606 auf Schloß Warnsdorf in Nordböhmen als Sohn des Hofbeamten Albrecht v. S.
und der Anna von Řičan geboren. Aus der in
Sachsen und Böhmen weit verzweigten Familie
des Vaters waren mehrere Prälaten und höhere
Beamte hervorgegangen. S. besuchte das Gymnasium in Olmütz. Dort und später in Rom
studierte er auch Theologie (Dr. theol.). Am 6. 5.
1630 wurde in Prag zum Priester geweiht.
Danach wirkte er als Seelsorger in Ostböhmen
(Wesely, Schmidar) und zugleich als erzbischöflicher Visitator und Kommissar. 1631
erhielt er die Propstei Raudnitz (Roudnice), vor
1637 auch das Dekanat in Pardubitz (Pardubi-
ce), ferner ein Kanonikat in Olmütz und 1637
ein Domkanonikat in Prag, wo er bereits seit
1635 Domizellar war. 1638 war er Domkantor.
Der durch die Visitationsberichte auf ihn aufmerksam gewordene Kardinal E. A. v. (→) Harrach ernannte ihn zu seinem Offizial und
Generalvikar.

S. wurde ein gründlicher Kenner der kirchlichen Verwaltungspraxis. 1637 ernannte Ferdinand II. ihn zum Propst des Kollegiatkapitels
St. Stephan in Leitmeritz, während S. auf sein
Prager Kanonikat verzichtete, wohl aber dessen Titel beibehielt. Wegen des verwahrlosten
Zustandes des Leitmeritzer Propsteistiftes
blieb er noch einige Jahre in Prag wohnen.

Die Leitmeritzer Zustände zwangen S. in die
Rolle eines Restaurators. Rechtsstreitigkeiten
waren zu bestehen, Kirchen und Wohngebäude
des Propstes und der Kanoniker wiederherzustellen, Bauplätze zu sichern, Güter, Felder und
Weinberge zurückzuerwerben. S. verband sein
Aufbauwerk eng mit dem von höherer Seite seit
langem erwogenen Plan, Leitmeritz zum Sitz
eines der in Böhmen neu zu gründenden Bistümer zu machen. Energisch, auch mit Einsatz
privater Mittel, arbeitete er an dessen Verwirklichung und beteiligte sich an den Verhandlungen mit Kaiser und Kurie. Er konnte erwarten,

daß ihm aufgrund seiner Mühen und Verdienste das neue Bistum anvertraut werde. In diesem Sinne schrieb er 1647 an den ihm freundschaftlich gesinnten Erzbischof und an den Kaiser. In der Tat empfahl Harrach ihn bei Ferdinand III. Dieser nominierte S. am 11. 12. 1647 zum ersten Bischof des noch zu gründenden Bistums. S. erwarb daraufhin aus Mitteln der sog. Salzkasse (→ Harrach) für die Propstei das Gut Drum. Die römische Kurie verlangte, daß die Propstei der bischöflichen Mensa einverleibt werde, wogegen Ferdinand III. Einspruch erhob. S. erreichte jedoch 1654, daß der Kaiser dieser Forderung zustimmte, während er sich selbst verpflichtete, aus eigenen Mitteln in Höhe von jährlich 1 000 fl. eine neue Propstei zu stiften. Den Abschluß der Verhandlungen erlebte S. in Rom, wohin ihn der dort weilende Harrach gerufen hatte. Im Konsistorium am 2. 7. 1655 verlieh Papst Alexander VII. ihm das gleichzeitig errichtete Bistum Leitmeritz. Dieses zählte damals nur den Leitmeritzer Kreis mit seiner überwiegend deutschen Bevölkerung. Die Konsekration erhielt S. zusammen mit drei anderen Kandidaten am 3. 7. in der Kirche Il Gesù durch Kardinal Francesco M. Brancaccio. Am 25. 5. 1656 trat er sein Amt in Leitmeritz an.

S.s Wirken als Bischof ist im Zusammenhang mit der von Kaiser und Papsttum betriebenen Reorganisation der Kirche in den österreichischen Landen zu sehen. Im diözesanen Bereich stieß S. auf ein stark ausgebautes Laienpatronatssystem, das ihm kaum Einfluß auf Anstellung und Abberufung der Seelsorger gewährte. Auch das Kirchengut war seiner Aufsicht entzogen. Die Aktivität von S. konzentrierte sich auf die Wiederherstellung bzw. den Neubau von Pfarrkirchen, auf die Sicherung der Temporalien, die Einführung von Katechese und Volksmission sowie die Ordnung des Schulwesens. Unter ihm entstanden 16 neue Pfarreien. Ein von ihm geplantes Diözesanseminar und eine Diözesansynode kamen nicht zustande. S. teilte die Diözese in zwei Vikariate ein, die durch die Elbe getrennt waren. 1659 kamen sieben Vizevikariate hinzu. 1670 ernannte er sechs Vikare (später Kreisdekane). Seine Erlasse faßte S. in der „Instructio parochialis" (Prag 1674, 1755) zusammen, die mit ihren 72 Artikeln fast 100 Jahre lang als Diözesanstatut in Geltung blieb. Das ungewohnte Verhältnis der Metropolitangewalt zum neuen Bistum führte bei dem auf seine Rechte pochenden Bischof zu Spannungen, auch wollte S. seinem Konsistorium nur eine beratende Rolle einräumen. 1664 begann er mit dem Bau der neuen Domkirche im Stil des Frühbarock (G. Broggio und D. Orsi). Er legte den Grund zur bischöflichen Residenz und zu den Domherrenhäusern. Auch auf den bischöflichen Gütern errichtete er neue Gebäude, in Drum ein Schloß. Ein von ihm gestiftetes Kanonikat trägt bis heute seinen Namen. Die erforderlichen finanziellen Mittel kamen aus der Salzkasse, denen er fast 150 000 fl. aus der väterlichen Erbschaft hinzufügte. S. war von hoher humanistischer Bildung. Er betätigte sich als Dichter und Historiograph und förderte Kunst und Wissenschaft. Bei der Rückführung der Akatholiken zur Kirche riet er den Missionaren zu Sanftmut und Milde. Gern hätte S. 1666 die Koadjutorie von Prag übernommen, und nach Kardinal Harrachs Tod (1667) wünschte ihn das Prager Domkapitel zum Nachfolger. In beiden Fällen entschied der Wiener Hof jedoch anders.

S. starb am 13. 10. 1675. Er wurde in der Bischofsgruft der Domkirche beigesetzt.

Schriften: Memorabilium Romanorum exornatorum poetice centuria una, sive curae remissiores (Prag 1658, 1672, 1687). - Epigramme für Papst Alexander VII (Rom 1655). - Vandalo-Bohemia (Ms.).

Literatur: A. Podlaha 167. - J. Schlenz, Geschichte der Gründung des Bistums Leitmeritz (Warnsdorf 1912). - Ders., Maximilian Rudolf Freiherr von Schleinitz und seine Zeit (Warnsdorf 1914). - A. Zelenka 100 f.

Abbildungsnachweis: Lithographie von Josef Zumsande (1806-1865) nach Gemälde von Karl Škreta (1610-1675). - Wien NB 520.696 B.

Kurt A. Huber

Schlucha, Johann Ernst († 1791)

1755 – 1768 und
1770 – 1787 Konsistorialpräsident in Gurk

Seit 1755 Propst des Kollegiatkapitels zu Straßburg (Kärnten) und Präsident des Gurker Konsistoriums; nach der Ernennung von J. B. (→)
Wilkowitz zum Konsistorialdirektor im Juni
1768 wurde er vom Vorsitz des Konsistoriums
entbunden, nach dessen Ausscheiden 1770
aber erneut berufen. Er übte das Amt bis zur
Übersiedlung der Konsistorialkanzlei von
Straßburg nach Klagenfurt im Jahre 1787 aus.
† 7. 5. 1791 zu Straßburg.

Literatur: *P. G. Tropper*, Konsistorium.

Peter G. Tropper

**Schmid von Altenstadt, Franz Joachim Reichs-
ritter** (1690 – 1753)

1730 – 1753 Generalvikar in Regensburg
1741 – 1753 Weihbischof in Regensburg, Ep.
             tit. Lengonensis

* 7. 2. 1690 in Bodenmais (Bayerischer Wald)
als Sohn des kurbayerischen Hof- und Kammerrats Johann Christoph Anton S. und dessen
Gemahlin Maria Rosina; Besuch des Jesuitengymnasiums in München; Studium der Theologie und beider Rechte in Ingolstadt; 9. 9. 1718
Priesterweihe in Griesstetten; Herbst 1718
Fortsetzung des Studiums in Rom; 1719 Dr.
phil. et theol. ebd.; 1719 – 20 Kooperator in
Geisenfeld; 1720 Konsistorialrat; alsbald auch
Offizial, Generalvisitator und Direktor des
Geistlichen Rates in Regensburg; 1721 Domizellar (päpstl. Provision) und 1729 Domkapitular ebd.; Oktober 1730 Generalvikar und Geheimer Rat des Bischofs (→) Johann Theodor von
Bayern; 1731 – 41 erster infulierter Propst des
Kollegiatstifts St. Johann in Regensburg;
20. 12. 1741 Titularbischof von Lagania und
Weihbischof in Regensburg, zugleich Konsistorialpräsident; 24. 2. 1742 Konsekration durch
den Passauer Weihbischof A. J. v. (→) Lamberg
in Regensburg. Durch und durch geprägt von
der Frömmigkeit und dem Seeleneifer seines
väterlichen Freundes G. (→) Langwerth von
Simmern, war S. seit 1730 und erst recht nach
dessen Tod der eigentliche Leiter der ausgedehnten Diözese Regensburg. Auch die sozial-
karitativen Einrichtungen (Waisenhäuser, Armenschulen) seines Vorgängers im Weihbischofsamt erfuhren durch ihn hochherzige
Förderung. † 10. 9. 1753 auf einer Wallfahrt zur
Wieskirche bei Steingaden in Geisenfeld; ☐
Kreuzgang des Regensburger Doms.

Literatur: *A. Mayer* III 176-178. - *K. Hausberger*,
Langwerth von Simmern 121, 334-336.

Karl Hausberger

Schmidt, Simon Judas Thaddäus (1653 – 1691)

1687 – 1691 Weihbischof in Freising, Ep. tit.
             Tricalensis

* 8. 11. 1653 in München; Studium in Ingolstadt
(1676 Dr. theol., Dr. iur.); 18. 12. 1677 Priester;
Pfarrer in Wasserburg / Inn. 1685 bestimmte
Fürstbischof (→) Albrecht Sigmund ihn zu
seinem Weihbischof in Freising und zum Dekan des Stiftes St. Andrä in Freising. 10. 5.
1687 Titularbischof von Tricala; 3. 8. 1687
Konsekration durch den Augsburger Weihbischof J. E. v. (→) Westernach; 1690 Direktor
und Geistlicher Rat; † 7. 2. 1691; ☐ St. Andrä in
Freising.

Literatur: *C. Meichelbeck* - *A. Baumgärtner* 592.

Egon Johannes Greipl

Schmidt, Philipp Anton (1734 – 1805)

1780 – 1805 Direktor des Fürstbischöflichen
             Vikariates in Bruchsal
1790 – 1805 Weihbischof der Diözese Speyer,
             Ep. tit. Thermensis

→ Bd. 1, 663.

Schmitzberger, Johannes ⟨OSB⟩ (1630 – 1683)

1673 – 1683 Weihbischof in Wien, Ep. tit.
             Helenopolitanus

* 1630 in Neukirchen bei Lambach (Oberösterreich); Eintritt in das Benediktinerstift Lambach; 1649 Profeß; Studium der Philosophie
(1651 Dr. phil.) und beider Rechte (Dr. iur. utr.)
in Salzburg; 1651 Priester; später Prior des
Stiftes Lambach; Übertritt in das Schottenklo-
ster in Wien; 28. 12. 1669 Wahl zum Abt; 5. 1.
1670 Abtweihe und Installation; seit 1670 als
Mitglied des Ausschusses der niederösterreichischen Stände, seit 1671 als ständischer
Raitherr und 1673 – 77 als Verordneter des
niederösterreichischen Prälatenstandes Mitarbeit in der ständischen Verwaltung des Erzher-
zogtums Österreich unter der Enns. Wohl auf
Initiative von S. bemühte sich Kaiser Leopold I.
1672 darum, ihn dem kranken Fürstbischof
W. v. (→) Walderdorff als Weihbischof beizugeben. 18. 12. 1673 Titularbischof von Heleno-

polis und Weihbischof in Wien; 28. 1. 1674 Konsekration durch Walderdorff; 1674 kaiserlicher Rat; 1677 von der Ritenkongregation mit der Untersuchung der Wunder und Verdienste des ehrwürdigen Diener Gottes Dominicus a Jesu Maria betraut. S. starb während der zweiten Belagerung Wiens durch die Türken am 28. 8. 1683 im Dorotheerkloster. □ Kirche der Schottenabtei.

Quellen: DAWi.

Literatur: *A. Eilenstein*, Die Benediktinerabtei Lambach in Österreich ob der Enns und ihre Mönche (Linz 1936) 51. - *C. Rapf*, Die Abtbischöfe des Wiener Schottenklosters im 17. Jahrhundert, in: Festschrift F. Loidl zum 65. Geburtstag 1 (Wien 1970) 279-300.

Johann Weißensteiner

Schnatz, Johann Werner (1660 – 1723)

1705 – 1723 Weihbischof in Bamberg, Ep. tit. Dragonensis
1706 – 1723 Generalvikar in Bamberg

* 27. 12. 1660 zu Bamberg als Sohn des Bürgermeisters und Dompropsteikastners Johann S.; 1678 – 82 Studium in Rom als Alumne des Collegium Germanicum (1682 Dr. theol.). Danach studierte S. in Bamberg und Prag, wo er im Hause des Grafen Korkorzow Hofmeister war. 1679 Kanonikus am bürgerlichen Kollegiatstift St. Stephan in Bamberg; 1685 Priesterweihe in Bamberg; 1686 Geistlicher Rat; 1690 Fiskal; 1695 Cellerar, 1697 Dekan an St. Stephan. Fürstbischof L. F. v. (→) Schönborn bestimmte ihn 1705 zum Weihbischof, nachdem es dieses Amt in Bamberg seit 70 Jahren nicht mehr gegeben hatte. 16. 11. 1705 Titularbischof von Drago; 21. 12. Konsekration durch Schönborn in Mainz; etwa gleichzeitig Pfarrer in St. Martin in Bamberg; 1706 Generalvikar; S. stiftete den Hochaltar der ehemaligen Pfarrkirche St. Martin und den Kunigundenaltar in St. Stephan sowie geistliche Geräte und Ornate; † 25. 7. 1723.

Schriften: Allocutio in capitulo rurali archidiaconatus Cavicampiani ... die 10. octobris 1719 (Bamberg 1719). - Lob. Predig, welche zu Ehren des h. Bischoffs und Beichtigers Martini ... von Johann Werner Bischoffen zu Dragon ... ist gehalten ... (12 Predigten) (Bamberg 1708-1722).

Literatur: *M. Hönicke*, S. J. Dreyfacher Lebenslauf ... welchen ... geführt ... Hr. Joannes Wernerus ... Bischoff zu Dragon (Bamberg 1723). - *F. Wachter* Nr. 8998.

Egon Johannes Greipl

Schneid, Valentin Anton (seit 1748 **Reichsfreiherr**) **von** (1734 – 1802)

1779 – 1802 Weihbischof in Regensburg, Ep. tit. Corycensis

* 11. 12. 1734 in Mainz als Sohn des kurmainzischen Rates und nachmaligen kurbayerischen Komitialgesandten Heinrich Joseph (seit 1748) Frhr. v. S. und der Esther Genoveva von Barth; Studium beider Rechte in Ingolstadt (1756 Dr. iur. utr.); 1756 Domizellar (bischöfl. Provision) und 1762 Domkapitular in Regensburg; 22. 9. 1759 Priesterweihe in Freising; 1759 – 64 Pfarrer in Altheim bei Landshut; 1764 Offizial und Generalvisitator (bis 1779), fürstbischöflich Geheimer Rat sowie Hof- und Kammerrat in Regensburg; 1774 Domscholastikus; 13. 12. 1779 Titularbischof von Corycus und Weihbischof in Regensburg, zugleich Konsistorialpräsident; 23. 1. 1780 Konsekration durch den Augsburger Weihbischof J. N. (→) Ungelter in Augsburg; 18. 4. 1799 aus gesundheitlichen Gründen Verzicht auf das Präsidium im Konsistorium zugunsten des Vizepräsidenten und Freisinger Weihbischofs Johann Nepomuk von (→ Bd. I) Wolf; † 30. 10. 1802 in Regensburg.

Quellen: BZA Regensburg.

Literatur: *A. Mayer* III 76. - *G. Schwaiger*, Die altbayerischen Bistümer 250, 277. - *E. Meissner* 139, 179, 267-269.

Karl Hausberger

Schneider, Johann Aloys (1752 – 1818)

1801 – 1818 Apostolischer Vikar von Sachsen

→ Bd. 1, 666 f.

Schnernauer, Caspar Adolph (1668 – 1733)

1728 – 1733 Weihbischof in Mainz, Ep. tit. Aradensis

* 7. 10. 1668 in Mainz als Sohn des nachmaligen kurmainzischen Steuerinspektors in Miltenberg Johann S. und dessen Ehefrau Maria Ursula; Alumne des Mainzer Priesterseminars; Studium der Philosophie und Theologie in Mainz; 1690 Subregens im Priesterseminar; 1691 Priester; Mitglied des Priesterinstituts von Bartholomäus Holzhauser; Weiterstudium der Theologie und beider Rechte in Mainz; 1694 Dr. theol.; 1692 Benefiziat als Substitut in Geisenheim; 1694 Kaplan in Geisenheim; 1696 erneut Subregens im Mainzer Priesterseminar; 1697

Lic. iur. utr.; 1698 Dekan und Pfarrer in Heidelberg; 1709 Kommendatar des Kollegiatstiftes
St. Cyriakus in Neuhausen; 1713 Dekan des
Wormser Liebfrauenstiftes und Mitglied des
Kirchenrates; 1716 Präses des Mainzer Priesterseminars; 1717 Synodalrat, 1718 Fiskal,
1722 Wirklicher Geistlicher Rat, 1725 Offizial,
1725 Protonotar und Kanzler sowie 1727 Rektor der Mainzer Universität; 1728 von Erzbischof L. F. v. (→) Schönborn zum Weihbischof
in Mainz bestimmt; 10. 5. 1728 Titularbischof
von Arad; Geistlicher Rat des Erzbischofs
von Trier; † 20. 6. 1733 in Mainz; ⧠ bei
St. Emmeran.

Literatur: *J. S. Severus* 37-39.

Friedhelm Jürgensmeier

Schnorf, Johann Kaspar (1625 – 1704)

1661 – 1704 Weihbischof der Diözese Basel,
Ep. tit. Chrysopolitanus

≈ 13. 10. 1625 vermutl. in Baden (Schweiz);
1642 – 47 Studium in Rom als Alumne des
Collegium de Propaganda fide (Dr. theol. et
phil.); 18. 2. 1647 Priesterweihe in Rom; Pfarrer
in Waldshut; Dekan des Stiftes St. Martin in
Colmar; 1656 Geistlicher Rat; 1657 – 70 Offizial
der Diözese Basel; 1657 – 1700 Kanoniker von
Moutier-Grandval (bischöfl. Verleihung); 1660
Mitglied des Basler Domkapitels (Kapitelswahl); 1663 Kapitular; 4. 7. 1661 Titularbischof
von Chrysopolis und Weihbischof der Diözese
Basel; 8. 1. 1662 Konsekration in Delémont
durch Bischof J. K. v. (→) Roggenbach; 1665 als
Vertreter Roggenbachs zur Visitatio ad limina
in Rom; seit Januar 1674 intensiv an der
Bündnispolitik des Fürstbischofs beteiligt. S.
verhandelte insbesondere mit den sieben ka-
tholischen Orten der Eidgenossenschaft über
Unterstützung für das vom Krieg bedrohte
Fürstbistum Basel. Ebenso bemühte er sich um
die Residenzverlegung des Domkapitels von
Freiburg i. Br. nach Arlesheim (heute
Kt. Baselland). 1679 – 91 Großarchidiakon des
Basler Kapitels; 1679 – 81 namhaft an der
Abfassung neuer Statuten für das Domkapitel
beteiligt; 1691 Domdekan (Kapitelswahl); †
10. 6. 1704 in Arlesheim.

Literatur: *F. Chèvre* 118-134. - *W. Kundert*, in: HS I/1
(1972) 232. - *C. Bosshart-Pfluger* 301f.

Catherine Bosshart-Pfluger

Schnorf, Sebastian Heinrich (seit 1681 von, RA)
(1654 – 1703)

1689 – 1703 Generalvikar der Diözese Basel

≈ 16. 7. 1654 in Baden (Schweiz); Neffe von
Weihbischof J. K. (→) Schnorf; Studium in
Freiburg i. Br. und Ingolstadt (Dr. theol.); 18. 9.
1676 Diakon; seit mindestens 1673 Kanoniker
und seit 1687 Archidiakon des Kollegiatstiftes
von Moutier-Grandval (Kapitelswahl); Propst
von St. Martin zu Colmar und Apostolischer
Protonotar; 16. 6. 1685 Offizial in Altkirch, aber
vom Staatsrat zu Breisach als Ausländer abgelehnt; S. zog sich nach Delémont zurück, wo er
auf seine Anerkennung wartete; 2. 6. 1689
Generalvikar des Basler Bischofs J. K. v. (→)
Roggenbach; 1689 Basler Domherr (päpstl. Verleihung); 1692 Posseß; † 3. 8. 1703 in Arlesheim.

Literatur: *A. Chèvre*, in: HS I/1 (1972) 262. -
C. Bosshart-Pfluger 303.

Catherine Bosshart-Pfluger

Schnur, Ferdinand Georg (1732 – 1803)

1799 – 1803 Generalvikar in Paderborn

* 3. 10. 1732 in Neuhaus bei Paderborn; ab 1750
Studium der Philosophie und Theologie in
Paderborn, 1754 – 57 in Rom als Alumne des
Collegium Germanicum; 1754 Kanonikus am
Busdorfstift in Paderborn, 1799 ebd. Dechant;
1797 – 99 Offizial in Paderborn; 1799 General-
vikar von Fürstbischof F. E. v. (→) Fürsten-
berg; † 24. 5. 1803 in Paderborn.

Literatur: *J. Freisen*, Matrikel II 143 Nr. 7255. -
A. Steinhuber.

Karl Hengst

Schönau, Johann Franz Reichsritter von
(1619 – 1656)

1653 – 1656 Fürstbischof von Basel

Johann Franz von Schönau wurde am 15. 7.
1619 in Ensisheim (Elsaß) als Sohn des Markus
Jakob v. S. und der Margaretha von Reinach
getauft. Mit seinen sechs Geschwistern verleb-
te er seine Jugendjahre in Waldshut, wo sein
Vater als Schultheiß, Waldvogt der Grafschaft
Hauenstein und Resident bei der Eidgenossen-
schaft wirkte. Danach besuchte S. das Jesuiten-
kolleg in Porrentruy. Im Herbst 1633, als die
Schweden sich dem Fürstbistum näherten,
wechselte er ans Kollegium St. Michael in
Freiburg/Schweiz über, ein Jahr später ans
Jesuitenkolleg in Luzern. Seit 1635 studierte er
als Alumne des Collegium Germanicum in
Rom. 1639 wurde er aufgrund päpstlicher
Provision Domherr in Eichstätt, wo er bis zum
Dekan aufstieg. In dieser Funktion verwaltete

er die Diözese während der Durchzüge der Schweden im Dreißigjährigen Krieg. 1640 schwor S. beim Domkapitel Basel auf. Die Priesterweihe empfing er am 15. 4. 1648. Neben der Eichstätter und Basler Präbende war S. im Besitz eines Kanonikates im Kollegiatstift St. Verena in Zurzach. Das Basler Kapitel wählte ihn 1649 zum Propst. 1650 wurde er vom Papst bestätigt. Nach dem Tod des Bischofs B. A. v. (→) Ramstein wählte das Kapitel ihn am 18. 9. 1651 zum Nachfolger. Die römische Kurie kassierte die Wahl jedoch 1652 und verlieh S. das Bistum am 3. 3. 1653 durch Dekret. Die Huldigung der Untertanen war schon 1651 erfolgt. Die Konsekration nahm Weihbischof Th. (→) Henrici am 15. 6. 1653 zusammen mit den Äbten von Lucelle und Beinwil in der Jesuitenkirche von Porrentruy vor.

S. trat ein schweres Erbe an. Das vom Dreißigjährigen Krieg mitgenommene Hochstift lag in wirtschaftlicher und kirchlicher Hinsicht völlig darnieder. In einem ersten Schritt ließ S. Residenz und Jesuitenkolleg in Porrentruy wieder bewohnbar machen. Außenpolitisch gesehen hatte für S. die Sicherung des Fürstbistums Vorrang. Im Westfälischen Frieden hatte der Kaiser die österreichischen Rechte im Elsaß an Frankreich abgetreten. Dies bedeutete für das Hochstift, daß es keine gemeinsame Grenze mit dem Reich mehr hatte. Es war also in erhöhtem Maße vom Wohlwollen seines neuen Nachbarn abhängig. Mit der Aufnahme in das Defensionale von Wil im Jahre 1652 gelang es S. für fünf

Jahre, ein Gegengewicht zu der als bedrohlich empfundenen Nachbarschaft mit Frankreich zu schaffen. Die Nähe der im Elsaß anwesenden lothringisch-brandenburgischen Streitkräfte hatte den Vertragsabschluß begünstigt. Das Bündnis mit den sieben katholischen Orten war in der Vereinbarung ausdrücklich vorbehalten. S.s Bestreben ging dahin, dem Defensionale unbefristet beizutreten oder ein eigentliches Bündnis mit der ganzen Eidgenossenschaft abzuschließen. Dieser Plan stieß jedoch bei den katholischen Orten auf Opposition, denn die konfessionellen Gegensätze waren in der Eidgenossenschaft keineswegs überwunden. Im Verteidigungskonzept der katholischen Orte wurde das Basler Bistum als Gegengewicht zu den evangelischen Orten Bern und Basel eingesetzt. Eine Neutralisierung des Bistums, die durch den Beitritt zur Gesamteidgenossenschaft unweigerlich vollzogen worden wäre, lag nicht im Interesse der katholischen Orte. Als S. feststellen mußte, daß eine Aufnahme in die Eidgenossenschaft mit großen Schwierigkeiten verbunden war, erneuerte er 1655 das Bündnis mit den katholischen Orten. Dieser Schritt wiederum entfremdete ihn den evangelischen Orten. Trotz eingehender Bemühungen wurde das Fürstbistum nicht in die schweizerisch-französische Allianz eingeschlossen, die eine Nichtangriffs- und eine Schutzklausel enthielt.

Wirtschaftlich suchte S., den Zustand des Hochstifts durch Eröffnung eines Eisenbergwerks in der Nähe von Biel zu verbessern. Um die Bildung zu fördern, gründete er eine Regionalschule in Courroux. Wie schon unter seinem Vorgänger nahm die politische Bedeutung der Landstände zu.

In der Diözese Basel setzte S. die Tätigkeit seines Vorgängers fort. Ein Beispiel dafür ist die Visitation, die er 1654 im Oberelsaß durchführte. Dadurch gewann er ein klares Bild vom Zustand dieses Teiles seiner Diözese. Als Resultat seiner Reise ist vor allem der neuerwachte Eifer der Katholiken zu nennen, die in den damals hauptsächlich protestantischen Städten Colmar und Ribeauvillé einen schweren Stand hatten. S.s Absicht, regelmäßig alle zwei Jahre eine Visitation im Elsaß vorzunehmen, wurde durch seinen frühen Tod zunichte gemacht. Zielstrebig bemühte er sich um eine Wiederbelebung des religiösen Lebens. Während seines kurzen Episkopates wurden sieben Visitationen in verschiedenen Dekanaten vorgenommen sowie 1656 in sechs Dekanaten Erhebungen über die Pfarreien, die Einkünfte, die Priester und die Zahl der praktizierenden Katholiken gemacht. 1655 weihte S. die Klosterkirche von Mariastein. Im gleichen Jahr ließen sich die Kapuziner in Porrentruy nieder, und die Annunziatinnen nahmen den Bau eines eigenen Klostergebäudes in Angriff. S. starb im Alter von 37 Jahren am 30. 11. 1656. Er wurde in der Kirche des Jesuitenkollegs in Porrentruy beigesetzt.

S. gab der Außenpolitik des Fürstbistums eine verstärkte Ausrichtung nach der Schweiz und vollzog die geographische Trennung vom Reich auch in politischer Hinsicht. An sein kirchliches Wirken konnte sein Nachfolger erfolgreich anknüpfen.

Quellen: BCU Fribourg, Handschriftenabt. L 294, fol. 113 r.

Literatur: *H. Foerster* 66-80. - *H. Sutter* 85 f. - *A. Bruckner* u. a., in: HS I/1 (1972) 208 f. (Lit.). - *J. Perrin*, Visite 171-205. - *F. Glauser* 118. - *P. Braun*, Rinck von Baldenstein 85 f. - *Répertoire* IV 649-651. - *A. Suter* 288 f.

Abbildungsnachweis: Ölgemälde, Signatur des Künstlers teilweise durch Rahmen verdeckt. - OdPH Porrentruy.

Catherine Bosshart-Pfluger

Schönborn, Damian Hugo Philipp Reichsfreiherr (seit 1701 Reichsgraf) von (1676 – 1743).

1715   Kardinal
1716 – 1719 Koadjutor des Fürstbischofs von Speyer
1719 – 1743 Fürstbischof von Speyer
1723 – 1740 Koadjutor des Fürstbischofs von Konstanz
1740 – 1743 Fürstbischof von Konstanz

Damian Hugo Philipp von Schönborn wurde am 19. 9. 1676 zu Mainz als dritter von sieben Söhnen des kaiserlichen Geheimen Rates, Reichshofrates und kurmainzischen Staatsministers und Oberhofmarschalls Melchior Friedrich (seit 1701 Reichsgraf) v. S.-Buchheim-Wolfsthal und der Maria Sophia Freiin von Boineburg, einer Tochter des kurmainzischen Staatsmannes und zeitweiligen Premierministers Johann Christian v. B., geboren. Er besuchte das Gymnasium der Jesuiten in Würzburg und anschließend die ebenfalls von Jesuiten geleitete Universität zu Mainz. Er strebte die Laufbahn eines Deutschordensritters an und kam so in Verbindung mit dem Hoch- und Deutschmeister (→) Ludwig Anton von Pfalz-Neuburg. 1693 – 95 studierte er zusammen mit seinem jüngeren Bruder Franz Erwein in Rom als Alumne des Collegium Germanicum, danach 1698 in Leiden und Löwen Staats- und Völkerrecht.

S. war zwar 1698 tonsuriert worden, wandte sich aber zunächst der militärischen Laufbahn zu. Als Führer einer Kompanie diente er unter verschiedenen kaiserlichen Generälen, zuletzt unter Generalfeldmarschall Johann Karl Graf von Thüngen. 1699 erfolgte in Altenbiesen bei Maastricht seine Einkleidung als Deutschordensritter und die Ablegung der Profeß. 1700 wurde er auf die Stelle des einzigen katholischen Ritters der Ballei Hessen transferiert und erhielt den Titel eines Komturs von Felsberg (bei Kassel). Bald darauf wurde ihm die Komturei zu Oberflörsheim in Rheinhessen anvertraut. 1791 wurde er Koadjutor des Komturs und 1703 Komtur der Ballei Hessen in Marburg sowie Geheimer Rat des Hoch- und Deutschmeisters und Rat seines Onkels, des Mainzer Erzbischofs Lothar Franz v. (→) S. 1706 ging S. als Gesandter seines Ordens an den Kaiserhof, wo er von Joseph I. die Bestätigung der Ordensprivilegien und für den Hochmeister die Investitur mit den Reichslehen des Ordens erreichte. 1708 bestellte der Kaiser ihn zu seinem und des Reiches bevollmächtigtem Vertreter im niedersächsischen Kreis. Seine wichtigste Aufgabe bestand dort in der Verwaltung des Territoriums Hadeln und in dessen Schutz vor den Ansprüchen Hannovers. S. war also in konfessionell schwierigen Gebieten tätig, die durch den Nordischen Krieg verstärkte Bedeutung gewannen und im Einflußbereich des aufsteigenden Brandenburg-Preußen lagen. 1714 berief der Kaiser ihn zum Präsidenten eines nach Braunschweig einberufenen Kongresses zur Beilegung des Krieges, der allerdings nicht zum Erfolg führte. August der Starke von Sachsen hatte S. schon vorher als polnischen Kandidaten für das Kardinalat präsentiert. Die Ernennung in pectore erfolgte am 30. 1. 1713, die Publikation mit der Verleihung der Titelkirche S. Nicola in carcere am 29. 5. 1715 durch Papst Klemens XI. S. hat in der Folge zweimal am Konklave teilgenommen. 1721 erschien er dazu mit großem Gefolge, doch hat er auf den Gang der Verhandlungen keinen namhaften Einfluß nehmen können.

Für S. begann ein neuer Lebensabschnitt, als er am 21. 7. 1716 zum Koadjutor des Speyerer Bischofs H. H. v. (→) Rollingen gewählt wurde, der nach einem schweren Konflikt mit der Reichsstadt Speyer zur Regelung seiner Nachfolge gezwungen worden war. S. verdankte seine Wahl vornehmlich dem Einsatz seines Onkels, des Mainzer Erzbischofs Lothar Franz. Die päpstliche Bestätigung erfolgte am 5. 10. 1716. 1718 wurde S. auch Koadjutor Rollingens als Propst des Stiftes Bruchsal-Odenheim. Bis zum Tode Rollingens enthielt er sich jedoch jeder Einflußnahme auf das Bistum.

Mit dem Tode Rollingens (30. 11. 1719) trat S. die Regierung an. Am 15. 8. 1720 ließ er sich zum Priester, am 24. 2. 1721 zum Bischof weihen. Die Amtszeit von S. bedeutete für Hochstift und Bistum einen Höhepunkt. Die Friedensjahre — allein durch den Polnischen Erbfolgekrieg von 1733—35 unterbrochen — ermöglichten S. die Reaktivierung des kirchlichen und staatlichen Lebens. So kam es unter ihm zu einer wirtschaftlichen Konsolidierung und zugleich auch zu einer kulturellen Blüte. Seine Erfahrungen aus seiner Tätigkeit als Landkomtur waren dem Fürstbischof beim Bemühen um den wirtschaftlichen Wiederaufbau dienlich. Die Voraussetzung dazu bildete eine straffe Haushaltsführung, die auch die Mittel für zahlreiche Baumaßnahmen bereitstellte.

Im Interesse einer effektiveren Wirtschaftsgestaltung ließ S. Musterbetriebe zur Verwertung der Naturalabgaben und zur Selbstversorgung seiner Hofhaltung einrichten. Sie lagen durchweg auf dem linksrheinischen Gebiet des Hochstiftes. Ansiedlungsprojekte für neue Bürger und entsprechende Förderungsmaßnahmen hatten dagegen keinen rechten Erfolg. Auch die Ansiedlung von Gewerben und Manufakturen ließ sich nicht verwirklichen. Neben dem Wirtschaftsleben nahm sich S. auch der Reorganisation der Behörden an.

Bald nach seinem Amtsantritt verhandelte S. mit der Stadt Speyer um die Wiederherstellung der bischöflichen Pfalz. Als er jedoch beim Stadtrat auf Schwierigkeiten stieß, entschloß er sich zum Bau einer großzügigen Residenzanlage in Bruchsal, die sich würdig den fürstlichen Stadtgründungen von Karlsruhe und Mannheim anschließen sollte und 1722 begonnen wurde. Den Gesamtplan lieferte Maximilian von Welsch († 1745), doch wurden im Verlauf der Arbeiten, deren Abschluß S. nicht mehr erlebte, auch verschiedene andere Architekten, so 1728 Balthasar Neumann, herangezogen. Dieser lieferte nicht nur den Entwurf für das Treppenhaus, sondern betreute den Bau bis zu seinem Tode. Neben der Residenz baute S. die 1689 zerstörte Kirche St. Peter als bischöfliche Grablege wieder auf; außerdem entstanden anstelle einer alten Wasserburg Schloß Kislau als Sommerresidenz und Waghäusel als Eremitage in der Nähe einer Wallfahrtskirche. Obwohl die Residenz bis zum Tode von S. eine Million Gulden kostete, hinterließ der Bischof seinem Nachfolger weitere 1,8 Millionen für die Vollendung.

Die Tatsache, daß S. seine Residenz nach Bruchsal verlegte, diese im Laufe der Zeit mit allem ausstattete, was seinem gemäßigt absolutistischen Regim notwendig erschien und dabei selbst eine Ersatzkathedrale einbezog, während er den Wiederaufbau des Speyerer Domes vernachlässigte, brachte ihn in einen Konflikt mit seinem in Speyer verbliebenen Domkapitel. Dieses warf ihm vor, er komme seinen Verpflichtungen aus der Wahlkapitulation nicht nach und mißachte außerdem die erstinstanzliche Gerichtsbarkeit des Kapitels über den Domklerus und deren Familien. Auch S.s Onkel, Erzbischof Lothar Franz, und S.s Bruder Franz Georg als Domdekan von Speyer griffen in den Streit ein. Während der Erzbischof sich an den Reichshofrat wandte, appellierte S. an die römische Kurie. Papst Benedikt XIII. mahnte ihn daraufhin zum Einlenken, während der Kaiser 1730 die Beeinträchtigung der Kapitelsgerichtsbarkeit verbot. Daraufhin erbat S. von der Universität Löwen ein Rechtsgutachten. In der Folge kam es zwar nicht zu einer Einigung zwischen den Parteien, doch setzte der Fürstbischof sich aufgrund seines hohen Ranges und seiner Kontakte zur päpstlichen Kurie und zum kaiserlichen Hof faktisch durch.

S. regierte sein Bistum mit einer Vielzahl von Hirtenbriefen und Verordnungen, mit denen er die tridentinischen Reformdekrete durchsetzen wollte. Ein besonderes Anliegen bildete die Hebung des Schulwesens. 1720 schrieb er für alle Lehrer eine bischöfliche Approbation und 1739 für alle Lehramtskandidaten ein Examen vor einer geistlichen Stelle vor. 1722 wurde die allgemeine Schulpflicht vom 6. bis

12. Lebensjahr eingeführt. Für Bruchsal errichtete er 1723 eine eigene Schulaufsichtsbehörde. Die Eröffnung einer höheren Schule scheiterte dagegen an den Finanzen. S. sammelte jedoch einen Fonds an, der es seinem Nachfolger F. Ch. v. (→) Hutten ermöglichte, den Plan 1757 zu verwirklichen.

Seit 1725 Mitglied der Konzilskongregation, suchte S. auch diese Position für die Durchführung des tridentinischen Reformprogramms in seiner Diözese nutzbar zu machen. Während in der unmittelbaren Nachkonzilszeit die Orden eine maßgebende Rolle für die katholische Reform gespielt hatten, suchte S. den Weltklerus wieder stärker zur Geltung zu bringen und damit zugleich seinen eigenen Spielraum bei der Gestaltung des kirchlichen Lebens auszuweiten. Er ging jedoch nicht so weit, die Orden zu benachteiligen. Vor allem die Kapuziner erfreuten sich seiner Wertschätzung.

Eine besondere Rolle maß er dem 1724 von ihm in Bruchsal gegründeten Priesterseminar zu, dessen Leitung er sich selbst vorbehielt. Nach den Seminarstatuten sollten künftig nur noch jene Geistlichen eine Pfarrei erhalten, die mindestens zwei Jahre dieses Seminars besucht hatten. Auch die Hilfsgeistlichen sollten nur noch aus den Absolventen des Seminars gewählt werden. Im übrigen hatte jeder Priester einmal im Jahr an geistlichen Übungen teilzunehmen. S. bemühte sich, alle Seelsorger des Bistums persönlich kennenzulernen. Bei Disziplinarvergehen setzte er Geldstrafen ein.

S. war persönlich bescheiden, von großer Selbstdizizplin und fromm, jedoch nicht ohne Skrupel, die sein Beichtvater Georg Ulrich Kellermann eher steigerte als behob und die zeitweise zu Depressionen führten. Gesundheitlich litt er seit seiner römischen Studienzeit an Malaria. Für das Bistum brachte S.s Amtszeit einerseits eine Erneuerung auf fast allen Gebieten, andererseits aber auch die stärkere Einbindung in das System der Reichskirche.

S. erlebte noch den Niedergang der Schönbornzeit, der z. T. in der übersteigerten Bistumspolitik der Familie und der dadurch hervorgerufenen Opposition der Domkapitel, z. T. in der mangelnden Unterstützung dieser Politik durch den Wiener Hof wurzelte, für den die erbländischen Interessen sich immer mehr in den Vordergrund schoben.

Mit Hilfe seines Bruders, des Reichsvizekanzlers (bis 1734) Friedrich Karl, hatte S. 1722 ein Eligibilitätsbreve für Konstanz erhalten und war dort am 18. 5. 1722 zum Koadjutor mit dem Recht der Nachfolge von Bischof J. (→) Schenk von Stauffenberg gewählt worden (15. 3. 1723

bestätigt). Da er jedoch in Konstanz erst mit dem Tode seines Vorgängers (12. 7. 1740) die Nachfolge antreten konnte, wirkte sich seine Tätigkeit dort kaum noch aus. S.s Versuch, 1732 auch die Fürstpropstei Ellwangen zu erlangen, scheiterte. S. war bis zu seinem Tod Deutschordenskomtur der Balleien Altenbiesen und Hessen.

S. starb am 19. 8. 1743 in Bruchsal. Er wurde in der Kirche St. Peter beigesetzt.

Literatur: *F. X. Remling* II 625-665. - *L. Stamer*, in: NDB 3 (1957) 500. (Lit.!). - *Ders.*, III/2 (1959) 102-115. - *A. Wetterer*, Das religiös-aszetische Leben des Kardinals Damian Hugo von Schönborn … in: FDA 43 (1915) 151-166. - *O. B. Roegele*, Damian Hugo Kardinal Graf Schönborn und das Kapuzinerkloster zu Bruchsal, in: FDA 70 (1950) 21-42. - *Ders.*, Damian Hugo von Schönborn und die Anfänge des Bruchsaler Priesterseminars, in: FDA 71 (1951) 5-51. - *Ders.*, Ein Schulreformer des 18. Jahrhunderts. Kardinal Damian Hugo von Schönborn und die Reorganisation des Schulwesens im Fürstentum Speyer, in: HJb 74 (1954) 351-362. - *Ders.*, Das Priesterseminar zu Bruchsal (1724-1804), in: St. German in Stadt und Bistum Speyer (Speyer 1957) 110-139. - *G. Staniszewski*, Die Sendung des Grafen Damian Hugo von Schönborn in den niedersächsischen Kreis (Diss. phil. Wien 1962). - *A. A. Strnad*, Schönborn. - *O. Meyer*, Damian Hugo von Schönborn, in: Barock in Baden-Württemberg (Karlsruhe 1981) 335-342. - *V. Press* 276-283. - *W. G. Marigold*, Bausteine zu einer Kulturgeschichte: Damian Hugo von Schönborn und die Literatur, in: Oberrheinische Studien 6 (Karlsruhe 1985) 329-344. - *U. Hassler*, Die Baupolitik des Kardinals Damian Hugo von Schönborn. Landesplanung und profane Baumaßnahmen in den Jahren 1719-1743 (Mainz 1985).

Abbildungsnachweis: Öl auf Leinwand, unbek. Künstler. - Bischöfliches Palais Speyer. - Foto AG Stoltz & Ritter, Speyer.

Hans Ammerich

Schönborn, Franz Georg Reichsfreiherr (seit 1701 **Reichsgraf**) **von** (1682 − 1756)

1729 − 1756 Kurfürst-Erzbischof von Trier
1732 − 1756 Fürstbischof von Worms
1732 − 1756 Fürstpropst von Ellwangen

Franz Georg von Schönborn wurde am 15. 6. 1682 im Schönborner Hof zu Mainz als neuntes Kind des Melchior Friedrich v. S. († 1717) und der Maria Sophia Gräfin von Boineburg († 1726) geboren. Von seinen älteren Brüdern waren Johann Philipp Franz Bischof von Würzburg, Friedrich Karl Bischof von Bamberg und Würzburg und Damian Hugo Kardinal und Bischof von Speyer und Konstanz. Damit erreichten die S. den Höhepunkt ihres Einflusses in der Germania sacra. Nach Kinderjahren in Mainz und auf den Familiensitzen in Heusenstamm und Aschaffenburg erhielt S. zusammen mit seinem jüngeren Bruder Marquard Wilhelm Hausunterricht. Danach besuchte er die Schule in Aschaffenburg. 1695 wurde er tonsuriert. 1697 wurde er mit Marquard Wilhelm Domizellar in Trier und leistete bis zur Emanzipation 1701 die erste Residenz ab. Nach der Besitzergreifung der Propstei von St. Moritz in Augsburg, die er 1701 erhalten hatte, studierte er mit seinem Bruder 1702 – 05 in Salzburg, Siena und Leiden die Rechte, Philosophie, Theologie, Geschichte, Geographie und Sprachen. Es folgten Reisen nach Rom und London. Diplomatische Aufträge seines Onkels L. Fr. v. (→) Schönborn in Rom und Spanien, wohin er Karl VI. 1710 im Auftrag des Kurfürstenkollegiums die Nachricht von seiner Wahl zum Kaiser überbrachte, leiteten seine Karriere ein. 1711 wurde er kaiserlicher Kammerherr, 1712 Reichshofrat, 1713 Gesandter des fränkischen Kreises und des Kurfürsten von der Pfalz bei den Utrechter Friedensverhandlungen und 1717 kaiserlicher Geheimrat. Domherr wurde er 1705 in Speyer (1722 Dekan), 1706 in Köln (1716 Kanoniker, 1721 Scholaster) und 1715 in Münster (päpstl. Provision; 1741 resigniert). In Trier wurde er 1717 Kanoniker, 1720 Kustos und 1723 Propst (päpstl. Verleihung), 1730 auch Propst von St. Paulin. Als nach dem Tode des Mainzer Erzbischofs Schönborn der Trierer Erzbischof (→) Franz Ludwig von Pfalz-Neuburg zugunsten des Erzbistums Mainz auf Trier verzichtete, war S. der aussichtsreichste Kandidat für die Nachfolge. Am 2. 5. 1729 wurde er einstimmig gewählt. Die päpstliche Bestätigung und die Verleihung des Palliums folgten am 7. 9. Zum Priester ließ er sich am 18. 10., zum Bischof am 30. 10. durch seinen Bruder Friedrich Karl weihen. Bei der Inthronisation in Trier am 2. 2. 1730 las er seine zweite Messe.

Da S. sich auf dem Regensburger Reichstag mit Preußen und Mainz für die Anerkennung der Pragmatischen Sanktion einsetzte, stellte ihm der Kaiser Unterstützung beim Erwerb eines zweiten Bistums in Aussicht. 1731 – 32 bemühte S. sich vergeblich um ein Eligibilitätsbreve für Lüttich. Auch bei der Neubesetzung der Abtei Stablo-Malmedy und von Mainz im Jahre 1732 wurde er nicht berücksichtigt. Mit Unterstützung des Kaisers postulierte ihn dann am 17. 6. 1732 das Wormser Kapitel, obwohl er darin nicht vertreten war. Die päpstliche Bestätigung folgte am 11. 8. 1732. Da der Kaiser das vom Krieg bedrohte Trier finanziell nicht unterstützen konnte, verwandte er sich dafür, daß S. auch die Propstei Ellwangen erhielt. Die Postu-

lation durch das dortige Kapitel erfolgte am 9. 6. 1732. Der Hl. Stuhl erkannte diese nicht an, verlieh S. Ellwangen jedoch am 3. 9. 1732.

Als Bischof von Worms war S. Kodirektor des Oberrheinischen Reichskreises, als Propst von Ellwangen hatte er den ersten Platz der Prälatenbank des Schwäbischen Reichskreises inne. Die Lage des Erzstiftes engte seinen politischen Spielraum ein. Dennoch stellte er sich beim Ausbruch des Polnischen Erbfolgekrieges 1733 auf die Seite des Kaisers. Daraufhin wurde das Erzstift 1734 französisch besetzt. Als die erwartete Hilfe des Kaisers ausblieb, drohte S. damit, seine Festungen an Frankreich zu übergeben. Während es Weihbischof L. F. v. (→) Nalbach durch direkte Verhandlungen mit Paris gelang, wenigstens eine Herabsetzung der hohen Kontribution zu erreichen, zog S. sich nach Ellwangen zurück. 1735 wurde zwar der größte Teil des Erzstiftes befreit, doch blieb die Stadt Trier bis zum Friedensschluß von 1737 französisch besetzt. Den Abschluß des Friedensvertrages nutzte S. zu Verhandlungen über Grenzfragen, die allerdings erst 1778 zu einem günstigen Abschluß kamen. Während des Österreichischen Erbfolgekrieges und bei Wahlverhandlungen in Frankreich übte er Neutralität. Er stimmte zwar für Karl VII. von Bayern, blieb der Wahl aber persönlich fern und distanzierte sich von der frankreichfreundlichen Haltung des Mainzer Erzbischofs. Trotz intensiven französischen Werbens blieb er der antiösterreichischen Union von 1744 fern. Daß er 1745 für Franz Stephan stimmte und weiterhin Neutralität übte, war u. a. in seiner Sorge vor einem preußisch-protestantischen Übergewicht im Reich begründet. Nach dem Beitritt zur Kreisassoziation von 1747 zog S. sich zunehmend aus der Reichspolitik zurück.

S.s Stärke lag auf dem Gebiet der Innenpolitik. Die Wahlkapitulation für das Erzstift lag allerdings in der bereits traditionellen Linie; S. sicherte darin dem Domkapitel eigene Gerichtsbarkeit in allen Instanzen, Zollfreiheit, das Recht auf Stellung des Generalvikars und Konsistorialpräsidenten sowie weitgehende Steuer- und Finanzkontrolle zu. 1729 beendete S. einen seit anderthalb Jahrhunderten währenden Streit mit der Ritterschaft des Erzstiftes, indem er ihr die Reichsunmittelbarkeit gewährte. Im übrigen regierte S. persönlich. Er verzichtete auf ein Konferenz-Ministerium und führte die intensive Amtskorrespondenz selbst, oft sogar eigenhändig. Dabei ließ er sich aber von seinem Minister Johann Georg Freiherr von Spangenberg sowie seinen Weihbischöfen Nalbach und N. (→) Hontheim, denen er freundschaftlich verbunden war, bera-

ten. Auf Widerstand reagierte er oft unnachsichtig oder unbeherrscht.

Mit 32 Verordnungen nach Art eines aufgeklärten Landesherrn bemühte S. sich insbesondere
um die lange vernachlässigte Fürstpropstei
Ellwangen, indem er hier die von seinem Vorgänger in Trier eingeführten Reformen übernahm. Durch die Errichtung einer Regierung,
einer Hofkammer, eines Landeskommissaria-
tes und Geistlichen Rates sowie die Heranbildung einer pflichtbewußten Beamtenschaft
schaltete er die Mitregierung des Kapitels weitgehend aus. Aber auch der wirtschaftlichen
Entwicklung schenkte er sein Interesse. Unter
seinen wichtigen Ordnungen für das Erzstift
ragen besonders die Straßenordnung von 1753
und die Kammerordnung von 1754 heraus.
Sodann verwirklichte er die Justiz-, Amts- und
Generalvikariatsordnung seines Vorgängers
von 1719. Seine Nachfolger sprachen daher
geradezu von einem „Schönbornschen System".
S. war persönlich streng, im Umgang mit
seinen Beamten z. T. demütigend und in Anwendung der Justiz rigoros. Immer wieder
urgierte er die Residenzpflicht der Kanoniker,
vor allem in Worms, wo sie sehr vernachlässigt
war. Der fast völlige Untergang der Wormser
Überlieferung läßt sein Wirken dort im übrigen
kaum noch erkennen. Die Verwaltung lag in
Worms in Händen der Weihbischöfe und Generalvikare sowie des weltlichen Statthalters
Franz Karl Friedrich Freiherr zu Hohenfeldt.

S. war zwar von kindlicher Frömmigkeit, doch
ging nach seiner Überzeugung die kurfürstliche der erzbischöflichen und die reichsfürstli-
che der bischöflichen Würde voran. Obwohl er
einen Hang zum Abstrusen hatte, kündigte
sich in einigen seiner Verordnungen wie der
Abschaffung verschiedener religiöser Volks-
bräuche, Feiertage, Wallfahrten und Exorzis-
men bereits die Aufklärung an. Intensiv bemühte er sich um ein geordnetes Schulwesen.
Ein seit 1746 geplantes Priesterseminar in
Ellwangen wurde 1748 päpstlich genehmigt.
Es wurde Papst und Fürstpropst unterstellt. In
Trier förderte S. eine Reform der Universität
und schlug mit der Berufung des Kanonisten
Georg Christoph Neller die Brücke zur mainfränkischen katholischen Aufklärung. Dagegen verbot er 1731 erneut die Niederlassung
von Protestanten in der Stadt Trier, und nach
1740 ging er energisch gegen freimaurerische
Tendenzen an der Universität vor. Dem Mangel
an liturgischen trierischen Büchern versuchte
er durch die Herausgabe einer „Agenda Pastoralis" für Trier, Speyer und Worms (1734) sowie
des „Breviarium Trevirense" (1748) durch Hontheim entgegenzuwirken, doch legte er Wert
darauf, daß die milden Stiftungen nicht da-

durch belastet wurden. In Worms ließ er 1740
ein Rituale, 1747 ein neues Missale und 1756
ein Diözesanproprium herausgeben.

Auf dem Hintergrund der in Frankreich und
Luxemburg praktizierten Kirchenhoheit, des
Schönbornschen Episkopalismus, der von
Hontheim und Neller gepflegten Kanonistik
sowie des Irenismus des Konvertiten Spangenberg entstand Hontheims „Febronius", der auf
Ausschaltung der Nuntiaturgerichtsbarkeit
und Begrenzung des päpstlichen Jurisdiktions-
primates zielte. S.s Anteil an diesem Werk ist
schwer greifbar. S. stützte sich auf das relati-
vierende Denken der neuaufkommenden Geschichtswissenschaft. In seinem Auftrag
brachte J. F. Schannat 1734 seine „Historia
Episcopatus Wormatiensis" heraus. Wahrscheinlich hat S. auch Hontheims historische
Studien angeregt. 1748 erkannte Hontheim mit
S.s Zustimmung den Anspruch des Luxemburger Provinzialrates auf ein staatliches Plazet
an. Angesichts des theresianischen Staatskirchentums mußte S. auf die Durchsetzung des
trierischen Breviers verzichten und vor Visitationen im luxemburgischen Bereich staatliche
Zustimmung einholen. Vergeblich versuchte er
staatliche Verordnungen zur Militärseelsorge
und zur Reduktion der Feiertage wenigstens
teilweise zu unterlaufen. Im Streit mit dem
Bischof von Augsburg um die Exemtion von
Ellwangen praktizierte S. allerdings auch
selbst staatliche Kirchenhoheit. Die dort auf
dem Schönenberg tätigen Geistlichen wollte er

selbst approbieren und die Ehegerichtsbarkeit an sich ziehen. In dieser Angelegenheit rief er sogar die Unterstützung der römischen Kurie gegen den Diözesanbischof an. Obwohl die Verhandlungen Hontheims mit Augsburg 1744 scheiterten, errichtete S. 1749 zur Wahrung seines jurisdiktionellen Anspruches in Ellwangen einen Geistlichen Rat. Auch in Trier zeigte sich unter ihm der Primat des Weltlichen über das Geistliche auf vielfache Weise.

In die Geschichte ging S. auch wegen seiner Baufreude ein. Jährlich lieh er sich von seinem Bruder Balthasar Neumann und andere fränkische Künstler aus, darunter den Schönborner Hofwerkmeister Johann Georg Seiz von Wiesentheid und dessen Söhne. Seit 1734 ließ er die Trierer Kirche St. Paulin auf eigene Kosten neu errichten. Die barocke Kirche der Abtei Prüm, deren Administration die Erzbischöfe seit 1576 innehatten, vollendete er 1731, und 1755 begann er den Neubau des Abteigebäudes. Ab 1742 erfolgte der Bau des Dikasteriums und der Befestigungsanlagen auf Ehrenbreitstein durch Neumann und Seiz, seit 1748 von Schloß Schönbornlust bei Koblenz, das S. neben Ehrenbreitstein als Residenz bevorzugte. In Worms ließ er nach 1742 ein Residenzschloß errichten, 1738–40 den Hochaltar des Domes und danach das Chorgestühl schaffen. 1737–41 ließ er das Innere der Basilika in Ellwangen, 1753 die Marienkirche barock umgestalten sowie das Rathaus und das Priesterseminar auf dem Schönenberg errichten. Unter S. wurde Ellwangen zu einer planmäßig gestalteten Residenzstadt.

S. war klein und korpulent, er konnte aufbrausend, aber auch herablassend sein. Auf Ordnung bedacht, zeigte er sich von distanzierter Höflichkeit, oft aber auch von Härte. Sein Leben lang blieb er ein leidenschaftlicher Jäger. Trotz eines erheblichen Repräsentationsaufwandes und barocken Gehabes lebte er persönlich einfach und anspruchslos. Seine Frömmigkeit war echt, allerdings stark vom Formalismus bestimmt. Im Schicksal seines Erzstiftes sah er eine Strafe Gottes. Warum er von 1741 bis 1749 nicht zelebrierte, ist nie klar geworden.

Seit 1740 von Krankheit gezeichnet und seit dem Frieden von Aachen (1748) um die Zukunft des Erzstiftes besorgt, nahm S. 1748 seinen Neffen J. Fr. K. v. (→) Ostein als Koadjutor für Worms an. Die Furcht vor französischer Einflußnahme erwies sich als berechtigt, als sich sein Neffe Johann Friedrich Arnold von Hoensbroeck nicht als Koadjutor in Trier durchsetzen ließ. Stattdessen mußte S. hier 1754 den von Frankreich favorisierten J. Ph. v. (→) Walder-

dorff annehmen. Zunächst demütigte er diesen auf jede Weise. Doch fand vor seinem Tod noch eine Versöhnung statt. S. starb am 18. 1. 1756 in Ehrenbreitstein. Sein Herz und seine Eingeweide wurden in der Heiligkreuzkirche zu Ehrenbreitstein, sein Leichnam zu Trier beigesetzt. In seinem Testament hatte S. 60 000 Gulden für eine Stiftung zugunsten armer Kleriker auf dem Land bestimmt.

Quellen: StA Bamberg, Hist. Verein IIs. 81. - HessStA Darmstadt, Abt. E 5. - LHA Koblenz, Abt. 1 C. - DDAMz, Kasten 49. - StB Trier, Abt. Hss. - BATr, Abt. 24. - J. J. Scotti.

Literatur: V. Eltester, in: ADB 7 (1878) 308-310. - G. Kentenich, Schönborn. - J. Kremer. - K. Lohmeyer, Die Baumeister des Rheinisch-Fränkischen Barock (Wien-Augsburg 1931). - L. Just, Die römische Kurie und das Reich unter Karl VII. (1742-1745), in: HJb 52 (1932) 389-400. - C. Stenz. - G. Sofsky. - H. H. Kurth. - L. Litzenburger. - H. Pfeifer, Verfassungs- und Verwaltungsgeschichte der Fürstpropstei Ellwangen (Stuttgart 1959). - H. Raab, in: NDB 5 (1961) 370 f. (ält. Lit.!). - G. Livet. - H. Duchhardt, Zur Wahl Franz Georgs von Schönborn zum Erzbischof und Kurfürsten von Trier (1729), in: AmrhK 20 (1968) 307-316. - Ders., Eltz. - Ders., Wien, Mainz, die Schönborn und die Wormser Bischofspostulation von 1732, in: Beiträge zur Mainzer Kirchengeschichte, Festschrift für A. Ph. Brück Mainz 1973) 239-251. - A. Loos, Die Politik des Kurfürsten von Trier Franz Georg von Schönborn (1729-1756) (Diss. Bonn 1969) (Lit.!). - A. Sprunck, Der Trierer Kurfürst Franz Georg von Schönborn und der polnische Erbfolgekrieg, in: KTrJb 9 (1969) 139-159. - F. Zierlein, Franz Georg Graf von Schönborn (1682-1756), in: Ellwanger Jahrbuch 23 (1969/70) 79-116. - F. Pauly. - Ders., Des Trierer Erzbischofs und Kurfürsten Franz Georg von Schönborn (1729-1756) letzte Fahrt, in: KTrJb 21 (1981) 173-181.

Abbildungsnachweis: Stadtbibliothek Trier.

Wolfgang Seibrich

Schönborn, Friedrich Karl Reichsfreiherr (seit 1701 **Reichsgraf**) **von** (1674–1746)

1710–1729 Koadjutor des Fürstbischofs von Bamberg, Ep. tit. Arcadiopolitanus
1729–1746 Fürstbischof von Bamberg
1729–1746 Fürstbischof von Würzburg

Friedrich Karl von Schönborn wurde am 3. 3. 1674 zu Mainz als Sohn des kurmainzischen Oberhofmarschalls und kaiserlichen Geheimen Rates Melchior Friedrich v. S. und der Sophia von Boineburg geboren. Taufpaten waren die Erzbischöfe von Mainz und Trier. S. erhielt zusammen mit seinem Bruder Johann Philipp Franz v. (→) S. im Mainzer Elternhaus eine streng kirchliche Erziehung. Als der Vater mainzischer Vizedom in Aschaffenburg wurde, zog die Familie dorthin. In Aschaffenburg absolvierte S. das Gymnasialstudium. An der Erziehung der Schönborn-Brüder war auch der Aschaffenburger Stiftsdekan und spätere Weihbischof J. J. (→) Senfft beteiligt. Für den geistlichen Stand bestimmt, erhielt S. 1681 die Tonsur. 1683 wurde er Domizellar in Würzburg, 1685 in Bamberg. Seit 1687 besuchte er die Universität Würzburg, 1688 wechselte er zum Studium der Philosophie nach Mainz über. 1690−93 studierte er als Alumne des Collegium Germanicum in Rom. Er zeigte beachtliche Talente, schnelle Auffassungsgabe und eine bestechende Beredsamkeit. Als Papst Innozenz XII. 1692 das Germanicum besuchte, hielt S. eine lateinische Huldigungsrede. Aufmerksam und kritisch beobachtete er die römischen Verhältnisse; möglicherweise wurde bereits damals seine später distanzierte Haltung gegenüber der römischen Kurie grundgelegt. Als sein Onkel L. F. v. (→) Schönborn 1694 Fürstbischof von Bamberg und 1695 Kurfürst-Erzbischof von Mainz wurde, eröffneten sich für S. ungeahnte Chancen, denn Lothar Franz setzte den Neffen für seine reichskirchlichen und familienpolitischen Ziele ein. Friedrich Karl, dem er gegenüber Johann Philipp Franz den Vorzug gab, stieg zu seinem engen Berater auf. Ab 1697 begaben sich die Brüder mit ihrem Vater auf eine längere Kavaliersreise in die Niederlande, wo sie den Friedenskongreß von Rijswijk (1697) miterlebten und der Vater Kurmainz vertrat. Dem Aufenthalt in den Niederlanden folgte eine Reise nach London. 1698 begab man sich nach Paris, wo S. an der Sorbonne Theologie und Jura studierte. Von Frankreich und dem Hof Ludwigs XIV. empfingen die Brüder Eindrücke, die sich vor allem auf ihre spätere Bautätigkeit auswirkten. Im Dienste des kurfürstlichen Onkels erfüllte S. ab 1698 erste diplomatische Aufgaben in Lothringen, Würzburg (1699) und Sachsen (1700), um für das mainzische Erfurt schädliche Auswirkungen des Nordischen Krieges zu verhindern. 1700 hielt er sich bei den Kurfürsten von Trier und Köln auf, um im Vorfeld des Spanischen Erbfolgekrieges eine Wiederbelebung des Rheinbundgedankens (J. Ph. v. → Schönborn; W. E. v. → Fürstenberg) zu fördern. Diese diplomatische Tätigkeit zeigte zwar keine spektakulären Folgen, bot S. jedoch Einblick in die europäische Politik und führte ihn mit vielen bedeutenden Personen zusammen. Seit 1701 hielt er sich zumeist in Würzburg als kurmainzischer Gesandter, Domherr und Mitglied der Ritterstifte St. Burkhard (seit 1696) und St. Alban zu Mainz (Propst seit 1700) auf. 1701 erhielt er die niederen Weihen und das

Subdiakonat. 1702 begleitete er den späteren Kaiser Joseph I. auf seiner Reise durch Franken. 1703−04 vertiefte er diese ersten Kontakte als kurmainzischer und Bamberger Gesandter in Wien. 1704 wurde er Domkapitular in Würzburg, 1705 in Bamberg.

Als 1705 Reichsvizekanzler Dominik Graf Kaunitz starb, brachte der Mainzer Kurfürst sein hergebrachtes Präsentationsrecht wieder zur Geltung und schlug S. zum Reichsvizekanzler vor. Die Widerstände in Wien waren zunächst groß, und man versuchte durch allerlei Angebote, S. zu einem Verzicht zu bewegen. Dieser blieb jedoch fest und verhalf so u. a. Kurmainz zu verstärktem Einfluß auf die Reichspolitik. Nach großen Anfangsschwierigkeiten gelang es ihm, die Reichskanzlei zu einem wirkungsvollen Instrument kaiserlicher Politik zu machen, das Vertrauen der Habsburger zu erwerben und zu erhalten, sich selbst aber ein bedeutendes Vermögen zu verschaffen. Als seine bedeutendste politische Leistung gilt, daß es ihm gelang, Preußen aus Franken fernzuhalten.

Seine Tätigkeit für das Reich brachte S. gelegentlich, vor allem während des Spanischen Erbfolgekrieges, in Konflikt mit den Interessen der römischen Kurie, so daß der 1708 entwickelte Plan des Mainzer Kurfürsten, ihn zu seinem Koadjutor für Bamberg wählen zu lassen, nur mit großer Mühe verwirklicht werden konnte. Die schließlich von Rom genehmigte Wahl fand am 13. 12. 1708 statt und wurde erst am 19. 5. 1710 bestätigt. Zugleich ernannte ihn der Papst zum Titularbischof von Arcadiopolis; S. hat diesen Titel jedoch nie geführt. Bemühungen, ihm auch in Mainz die Koadjutorie zu verschaffen, scheiterten schon im Ansatz. Das Verhältnis zwischen S. und der römischen Kurie blieb daher gespannt, vor allem, als er 1711 deren diplomatischem Vertreter die Teilnahme an der Wahl und Krönung Kaiser Karls VI. verweigerte und damit zum Ausdruck brachte, daß der Kurie in Angelegenheiten des Reiches kein Einfluß zustünde. Lange blieben auch S.s Bemühungen um ein Wählbarkeitsbreve für Würzburg ohne Erfolg. Als das Bistum 1719 vakant wurde, unterlag er seinem Bruder Johann Philipp Franz, und nach dessen Tod im Jahre 1724 zeigte sich das Domkapitel nicht geneigt, erneut einen Schönborn zu wählen. S. wartete jedoch auf seine Chance. 1727 wurde er Dompropst in Würzburg. Am 28. 5. 1728 ließ er sich zum Diakon, am 10. 6. zum Priester und am 20. 6. durch Lothar Franz in Mainz zum Bischof weihen. Am 23. 12. 1728 stellte Papst Benedikt XIII. ihm dann in Würdigung seines Verdienstes um die Rückgabe von Comacchio an den Kirchenstaat ein Wählbarkeitsbreve für alle deutschen Bistümer aus. Nach dem Tode Lothar Franzens (30. 1. 1729) trat S. dessen Nachfolge in Bamberg an. Die Unterzeichnung einer Wahlkapitulation lehnte er ab. Am 3. 8. 1729 verlieh Benedikt XIII. ihm das den Bamberger Bischöfen nach alter Gewohnheit zustehende Pallium.

Im Würzburger Domkapitel hatte die Schönborn-Partei in den letzten Jahren der Regierung des Fürstbischofs Chr. F. v. (→) Hutten an Boden gewonnen, so daß nach dessen Tod am 18. 5. 1729 die einstimmige Postulation von S. erfolgen konnte. Daraufhin wurde dieser am 3. 8. 1729 nach Würzburg transferiert, während Bamberg ihm zur Administration blieb. Von 1729 bis Juni 1731 hielt S. sich noch vorwiegend in Wien auf. Eine erneute Kandidatur für Mainz scheiterte 1732 nach dem Tode von Kurfürst-Erzbischof (→) Franz Ludwig von Pfalz-Neuburg vorwiegend am Widerstand des Kaiserhofes. S. wollte zunächst das Amt des Reichsvizekanzlers beibehalten, reichte jedoch 1734 die Demission ein, da seine Stellung in Wien immer schwieriger wurde. In den folgenden Jahren widmete er sich in absolutistischem Sinne ganz der Regierung seiner beiden Hochstifte und geriet deshalb zunehmend in Gegensatz zu den Domkapiteln, vor allem in Bamberg, aber auch zu einigen Klöstern. S. führte die Regierungstätigkeit weithin selbst aus und erließ zahlreiche Verordnungen und Reformbestimmungen. Ihm war vor allem an der Reorganisation des Justiz- und Finanzwesens gelegen.

Vorhandene Ansätze zur Trennung zwischen dem Privatvermögen des Bischofs und dem Hochstiftsvermögen wurden weiter ausgebaut. Die Finanzkraft seiner Staaten suchte S. durch ein verbessertes Steuersystem und durch Zollerhöhungen zu heben. In Fortsetzung der Bemühungen seines Bruders unternahm er eine Reform des Beamtentums. In Würzburg errichtete er ein Tabakmonopol; Handels-, Gewerbe- und Handwerksreform sowie der Ausbau der Landstraßen sollten die Wirtschaftskraft verbessern. Die Universität Würzburg erhielt 1734 eine neue Ordnung und den ersten deutschen Lehrstuhl für Staatsrecht. In Bamberg gliederte S. der Akademie eine juristische und medizinische Fakultät an und baute sie damit gewissermaßen zu einer Universität aus.

Persönlich war S. von außergewöhnlicher Frömmigkeit. Nicht nur sein Gottesdienstbesuch war beispielhaft, sondern er feierte auch selbst täglich die Messe und nahm an vielen Prozessionen teil. An seiner Hofkirche führte er in der Fronleichnamsoktav eine besondere Andacht ein. Als später Exponent der Gegenreformation war er an der Konversionswelle zu Beginn des 18. Jh. persönlich beteiligt. Der Übertritt des Herzogs von Württemberg zur katholischen Kirche wird auf seine Initiative zurückgeführt. Die nordischen Missionen förderte er mit Privatgeldern, doch war er im persönlichem Umgang mit Protestanten durchaus tolerant.

S. war u. a. an einer Verbesserung der Bamberger Klerusausbildung gelegen. 1732 – 38 ließ er dort ein neues Priesterseminar errichten. Er ordnete ferner den theologischen Studiengang neu. In Bamberg wie in Würzburg sah er darauf, daß regelmäßige Visitationen abgehalten wurden.

Großes hat S. als Bauherr geleistet. Hier ist in erster Linie die Würzburger Residenz zu nennen, die er beinahe vollenden konnte, ferner Schloß Schönborn in der Nähe des niederösterreichischen Göllersdorf. 13 Kirchen hat S. nachweislich selbst konsekriert, vorwiegend solche in Schönbornschen Besitzungen. Darüber hinaus wurden in seiner Amtszeit in beiden Diözesen über 150 Kirchen neu errichtet oder renoviert. Im österreichischen Göllersdorf stiftete S. ein Spital; die Spitäler St. Elisabeth und St. Katharina in Bamberg vergrößerte und verbesserte er. Er förderte die Neubauten des Karmeliterklosters in Bamberg, des Schotten- und Ursulinenklosters in Würzburg sowie der Abtei Oberzell/Main.

S. starb am 26. 7. 1746 nach kurzer Krankheit in Würzburg. Sein Körper ruht in der von ihm vollendeten Schönbornkapelle am Würzburger

Dom, seine Eingeweide im österreichischen Göllersdorf, sein Herz in Bamberg. Er, dem Kaiser Karl VII. 1742 noch einmal die Reichsvizekanzlei angeboten hatte, war, abgesehen von seinem familienpolitischen Egoismus, ein wirklich großer Politiker und Kirchenfürst des 18. Jh.

Literatur: *K. Wild*, Staat und Wirtschaft in den Bistümern Würzburg und Bamberg. Eine Untersuchung über die organisatorische Tätigkeit des Bischofs Friedrich Karl von Schönborn 1729-1746. (Heidelberg 1906). - *H. Hantsch*, Reichsvizekanzler Friedrich Karl Graf von Schönborn (1674-1746). Einige Kapitel zur politischen Geschichte Kaiser Josephs I. und Karls VI. (Augsburg 1929). - *M. Domarus*, Kirchenfürsten 157-254. - *G. Pfeiffer*, Fränk. Bibliographie I, Nr. 4787-4821; III/2, Nr. 48330-48373. - *P. Kolb*, Wappen 162-166. - *H. J. Berbig*. - *K. Helmschrott*, Münzen 241-254. - *W. G. Marigold*, Protestanten ehren den katholischen Landesvater. Schönbornhuldigungen aus Kitzingen, in: MJbGK 33 (1981) 122-152. - *F. Jürgensmeier*, Friedrich Karl von Schönborn (1674-1746), in: Fränk. Lebensbilder 12 (Neustadt/Aisch 1986) 142-162 (Lit.!). - *R. Endres*, Preußens Griff nach Franken 68f. - Schönborn. - *Th. Heiler.*

Abbildungsnachweis: Anonym. - Würzburg, Residenz, Fürstensaal Gw 55. - BSV Neg. Nr. 18781.

Egon Johannes Greipl

Schönborn, Johann Philipp (seit 1663) **Reichsfreiherr von** (1605 – 1673)

1642 – 1673 Fürstbischof von Würzburg
1649 – 1673 Kurfürst-Erzbischof von Mainz
1663 – 1673 Fürstbischof von Worms

Johann Philipp von Schönborn wurde am 6. 8. 1605 auf Burg Eschbach bei Weilburg als ältester Sohn des Wiedschen Amtmanns Georg v. S. und der Maria Barbara von der Leyen geboren und am 24. 8. im benachbarten Blessenbach vom zuständigen protestantischen Pfarrer getauft. Es ist möglich, daß er kurze Zeit in der Lateinschule von Weilburg unterrichtet wurde. Nach dem Tod seines Vaters (1614) gab die Mutter S. und seinen um 1607 geborenen Bruder Philipp Erwein zur Ausbildung nach Mainz. Spätestens ab 1616 waren die Brüder am dortigen Jesuitengymnasium. 1619 erhielt S. die Tonsur, 1621 wurde er Domizellar am Würzburger Domstift, und 1623 nominierte ihn Friedrich Georg v. S. mit dem Recht des Turnars für das Mainzer Domkapitel. Da S. sich jedoch inzwischen mit seinem Bruder für das Biennium in Orléans immatrikuliert hatte, erfolgte die Aufschwörung erst 1625. S. setzte sein Studium an der Mainzer Universität fort und empfing 1626, um Kanoniker am

Mainzer Ritterstift St. Alban werden zu können, die Subdiakonatsweihe. 1626 ließ er sich als Student der Rechtswissenschaft an der Universität Würzburg einschreiben und begann am dortigen Domstift die obligate einjährige prima residentia. 1627 erhielt er eine Pfründe am Ritterstift zu Komburg. 1628 trat er mit seinem Bruder Philipp Erwein nochmals eine längere Studien- und Kavaliersreise an. Er schrieb sich an der juristischen Fakultät zu Siena ein und besuchte Ostern 1629 Rom. Im gleichen Jahr kehrte er nach Würzburg zurück, um in das dortige Domkapitel aufgenommen zu werden. Es ist nicht gesichert, ob er 1630 auch eine Dompräbende in Worms erhielt.

Die großen politischen Ereignisse gestatteten S. nicht, seine Pfründen ruhig zu genießen. Als nämlich König Gustav Adolf nach seinem Sieg über Tilly 1631 Erfurt, Würzburg, Aschaffenburg und Mainz nahm, mußte sich S. gleich den Erz- und Fürstbischöfen von Mainz, Würzburg und Worms und großen Teilen der Domkapitel und stiftischen Regierungen nach Köln in Sicherheit bringen. Hier blieb er bis Ende 1634. Er wohnte zusammen mit Adam Gros, der 1643 – 45 sein Würzburger Weihbischof wurde. Die Exiljahre waren für S. trotz aller Unannehmlichkeiten in mehrfacher Hinsicht gewinnbringend. Er fand enge Kontakte zu einflußreichen Persönlichkeiten des kirchlichen und politischen Lebens, wurde in diplomatische Gesandtschaften einbezogen, fand 1633 Aufnahme in das Mainzer Domkapitel und lernte den Jesuiten Friedrich Spee († 1635) kennen, der ihn mit seinem Kampf gegen den Hexenwahn so beeindruckte, daß S. später als einer der ersten Reichsfürsten den Hexenverfolgungen Einhalt gebot. Als Gustav Adolfs Tod und die kaiserlichen Waffenerfolge 1634 die Erz- und Hochstifte am Rhein und Main wieder frei sein ließen, kehrte S. nach Würzburg zurück. Seit 1635 nahm er wieder an den Kapitelsitzungen teil. Im gleichen Jahr erhielt er die Propsteien von Komburg und St. Burkhard in Würzburg, 1636 die Stelle eines würzburgischen Amtmanns in Mainburg bei Schweinfurt.

Er verwaltete dieses Amt bis 1640 und übernahm dazu noch weitere Aufgaben. Am spektakulärsten war 1638 die Transferierung des Würzburger Domschatzes von Lüttich, wohin er 1631 geflüchtet worden war, nach Köln. 1640 reiste S. zur Überprüfung des Domschatzes nach Köln, und 1642 holte er ihn im Auftrag des Domkapitels nach Würzburg zurück. Am 16. 8. 1642 wählten die Würzburger Domkapitulare S. zum Bischof. Am 31. 8. ließ S. sich durch den in Würzburg anwesenden Nuntius Fabio Chigi zum Diakon weihen. Die päpstliche Wahlbestätigung folgte erst am 18. 4. 1644. Am 16. 7. 1645 wurde S. Priester, und am 8. 9. 1645 ließ er sich durch Weihbischof W. H. v. (→) Strevesdorff zum Bischof weihen.

Es entsprach dem Naturell und starken Verantwortungsbewußtsein von S. sowie dem langsam wieder aufkommenden Selbstwertgefühl der katholischen Reichsstände, daß er seine neuen Ämter und Würden − Bischof, Reichsfürst und als „Herzog in Franken" Landesherr im Hochstift Würzburg − nicht nur ihrer Dotation wegen besitzen und lediglich dem Namen nach führen wollte, sondern daß er sie mit Autorität, mit hohem Einsatz und großer Umsicht ausgeübt hat. S. nahm von Beginn seiner Regierung an die Zügel fest und eigenständig in die Hand und begann über Verhandlungen mit Freund und Feind Erleichterungen für sein durch den Krieg ruiniertes Land zu erwirken. Mit den Kaiserlichen feilschte er um Herabsetzung der Kriegslasten. Die 1642/43 in Franken eingefallenen Franzosen drängte er zum Abzug. Durch ausgehandelte Kontributionsleistungen an die Schweden erkaufte er auch von dieser Seite eine relative Sicherheit für sein Hochstift. Überzeugt, daß der Krieg den katholischen Reichsständen nur noch Schaden bringen konnte, suchte er nach Partnern im Reich, ließ aber zugleich bei Kard. Mazarin vorfühlen, ob ein Würzburger Separatfrieden mit Frankreich möglich sei. Bündnispolitik wurde nachgerade ein Charakteristikum seiner Regierung. Da er die Verquickung des habsburgischen Kaiserhauses mit den spanisch-französischen Spannungen für eine der Ursachen des Krieges hielt, drängte er auf eine Abkoppelung der militärischen Ziele Spaniens von den Reichsangelegenheiten. Da er kaum annehmen konnte, daß die kaiserliche Politik sich darauf einließ und er überdies als auf Eigenständigkeit bedachter Reichsfürst Mitentscheidung in der Friedensfrage anstrebte, forderte er 1643 auf dem Frankfurter Reichsdeputationstag für die deutschen Reichsstände auf bald zu eröffnenden Friedenskongressen Sitz und Stimme. Auf sein Drängen beschloß der fränkische Kreistag 1644, auch gegen den Willen Kaiser Ferdinands III. den inzwischen in Münster und Osnabrück zusammengetretenen Friedenskongreß zu beschicken. Dieser Beschluß fand die Unterstützung Frankreichs. Um einer drohenden Spaltung zwischen Reichsständen und Kaiser entgegenzuwirken, lenkte die Wiener Regierung bzgl. der Zusammenstellung des Kongresses ein und kam überdies den protestantischen Ständen religionspolitisch entgegen. S. wollte die protestantischen Religionsgravamina als „innerdeutsche Angelegenheit" nicht auf dem Kongreß, sondern auf

einem späteren Reichstag behandelt wissen. Als er jedoch die Unnachgiebigkeit der Schweden und Protestanten in bezug auf Verknüpfung von Religionsforderungen und Friedensfrage erkannte, lenkte er 1646 ein. Diese Flexibilität trug ihm den Unwillen Chigis und die Gegnerschaft der extremkatholischen Gruppe um A. (→) Adami, Johann Leuchselring und Heinrich Wangnereck SJ ein, die jedes Zugeständnis als Verrat an der katholischen Sache deuteten. Auch die Gefahr einer Kriegsverlängerung hielt sie nicht von ihren z. T. überholten Rechtspositionen ab. Chigi war seit Ende 1645 entschlossen, offiziell gegen einen Friedensvertrag zu protestieren, der einen kirchenpolitischen Kompromiß beinhaltete. S. war, um den Friedensvertrag überhaupt zu ermöglichen, dagegen zu Zugeständnissen in der Religionsfrage bereit.

Diese unterschiedlichen Positionen belasteten das Verhältnis beider Männer, und Chigi hat auch nach seiner Wahl zum Papst (Alexander VII.) sein Mißtrauen S. gegenüber nicht verloren. Wäre S. aber tatsächlich religiös indifferent gewesen, hätte er kaum solchen kirchlichen Reformeifer gezeigt und nicht so viele spirituell aufgeschlossene Männer als Weihbischöfe und Mitarbeiter herangezogen.

1647 beobachtete Chigi mit Besorgnis, daß S. sich um das Erzbistum Mainz bemühte und dafür bereits ein Wählbarkeitsbreve erhalten hatte. Gegen die Zusage, jährlich wenigstens sechs Monate in Würzburg zu residieren, konnte S. sich auch von seinem 1642 gegebenen Versprechen lösen, sich nie zum Bischof eines anderen Bistums wählen zu lassen. Beim Tode des Erzbischofs Anselm Kasimir Wambold von Umstadt am 9. 10. 1647 war er aussichtsreichster Kandidat für die Nachfolge; am 19. 11. 1647 wählte ihn das Domkapitel zum Erzbischof und Kurfürsten. Die päpstliche Bestätigung folgte am 23. 8., die Verleihung des Palliums erst am 13. 9. 1649. Das lange Zögern hatte seine Ursache in den Anstrengungen, die S. als nunmehr ranghöchster deutscher Reichs- und Kirchenfürst zur Beendigung des Dreißigjährigen Krieges unternahm. Der durch die Verträge von Münster und Osnabrück 1648 gewonnene Friede war in vieler Hinsicht sein Werk. Durch die rechtliche Gleichstellung von Katholiken, Lutheranern und Reformierten sowie die konfessionelle Festschreibung nach dem Normaljahr 1624 waren Reformation und Gegenreformation zum Abschluß gekommen. Als Erfolg für seine Stifte konnte S. verbuchen, daß Würzburg das lange umstrittene protestantische Kitzingen und Mainz die an die Pfalz verpfändete Bergstraße sowie das nach Reichsfreiheit strebende Erfurt zurückerhielt. Mit Hilfe Frankreichs und Duldung des Kaisers setzte S. 1664 mit einem Feldzug gegen Erfurt den Beschluß von 1648 durch. Das war seine einzige nennenswerte militärische Aktion, denn aus der Einsicht, daß das Funktionieren der in den Verträgen von 1648 neu ausgehandelten Reichsverfassung die sicherste Garantie für den Bestand und Wiederaufbau des stiftischen Deutschlands bildete, eine funktionierende Reichsverfassung aber den Reichsfrieden voraussetzte, tat er alles, um diesen zu erhalten. Das war umso schwieriger, als sich das Kaiserhaus und Frankreich nach wie vor feindlich gegenüberstanden. Neben diesen Machtblöcken konnten sich die relativ kleinen und schwachen Erz- und Hochstifte nur durch Bündnisse und das geschickte Verteilen der eigenen Gewichte behaupten. Dabei brachte S. es zur Meisterschaft. Wie wenige Erzbischöfe seit Berthold von Henneberg (1484 – 1504) setzte er seine hohen Reichsämter für eine Bündnispolitik ein, die bis etwa 1655 eher reichs- und kaiserorientiert war, sich danach aber aus Unzufriedenheit mit Wien dem dynamischeren Frankreich näherte, das ihn beeindruckte und hofierte. Der Höhepunkt der pro-französischen Politik fiel in das Jahr 1658, als S. die Wahl des Habsburgers Leopold I. zum Kaiser verzögerte und gleichzeitig den als antikaiserlich geltenden Rheinbund propagierte. Instrumentalisieren ließ S. sich freilich von Frankreich nicht. Seine eigentlichen Ziele blieben die Sicherung des Friedens für das Reich und seine Territorien sowie die Anerkennung seiner Reichsäm-

ter und seiner Bedeutung als Reichsfürst. Als Frankreich nach 1661 durch die aggressive Hegemonialpolitik Ludwigs XIV. diese Ziele gefährdete und das Reich bedrohte, wandte sich S. von ihm ab und schloß Defensivbündnisse im Reich und mit dem Kaiser.

Das letztendliche Scheitern seiner Bündnispolitik bedeutete für den alternden S. eine herbe Enttäuschung. Für seine beiden geistlichen Sprengel, denen sich durch die Postulation vom 17. 5. und die päpstliche Bestätigung vom 12. 12. 1663 noch das kleine Bistum und Hochstift Worms beifügte, bildete sie dagegen einen großen Gewinn, denn sie konnten in langjähriger relativer Sicherheit und Ruhe aufblühen. S. mühte sich in einer Vielzahl von Erlassen und Maßnahmen um die Verbesserung von Handel, Handwerk, Wirtschaft und Verkehr. Er trug Sorge für die Wiederbesiedelung veröteter Gebiete und ließ zur Sicherung seiner Territorien in Mainz, Würzburg, Königshofen und Erfurt starke Fortifikationen durchführen. In Mainz und Erfurt entstanden Waisenhäuser. Seine Bemühungen um eine Verbesserung der Behörden hatten unterschiedlichen Erfolg. Erste Ansätze zur Reform des Rechtswesens trugen Früchte.

Zu den bedeutendsten Leistungen des persönlich tief frommen S. gehört die Durchführung der Beschlüsse des Tridentinums in seinen Sprengeln. 1651 ließ er im Mainzer Dom das lange vernachlässigte Chorgebet wieder einführen, 1656 ersetzte er die Mainzer Melodien durch den gregorianischen Gesang. Er gemahnte zur Predigt aus dem Wort Gottes und der Kirchenväter, hieß neue Gebetsvereinbarungen und Bruderschaften gut und förderte sie. Er faßte nicht nur viele Evangelientexte in Reime und widmete 1658 Kaiser Leopold I. einen „Kaiserlichen Psalter" mit den von ihm übersetzten 150 Psalmen nebst Melodien, sondern er arbeitete auch an einer 1662 erschienenen deutschen Bibelübersetzung mit. 1664 veranlaßte er das Inkrafttreten des Dekretes „Tametsi". 1665 ordnete er unter Beibehaltung des neubearbeiteten Mainzer Propriums den Gebrauch des römischen Breviers und Missales an. Sein Rituale von 1671 bildet einen Meilenstein der Mainzer Liturgiegeschichte. Die Angleichung an die römische Liturgie war für ihn ein sichtbares Zeichen für die Einheit der Kirche. Einheit strebte er auch mit der „Unio und Bündnis" 1656 zwischen Mainz und Würzburg an, die wichtige Grenzfragen regelte und der 1663 eine „Confoederatio in spiritualibus sive ecclesiasticis" folgte. Ein eher phantastisches Unternehmen bildete dagegen ein „Mainzer Unionsprogramm" von 1660 mit 17 Forderungen für die Wiedergewinnung der Protestanten, das S. fälschlich zugeschrieben wurde. Es weist aber auf die Anstrengungen des Irenikers S. zur Überwindung der Glaubensspaltung hin. Dabei spielte auch die Konzession der Kelchkommunion eine Rolle. Als Landesherr bewahrte S. den Protestanten gegenüber in Erfurt und Kitzingen eine tolerante Haltung. Er holte sogar namhafte Protestanten an seinen Hof, so als Kanzler Johann Christian von Boineburg, der später konvertierte, und Gottfried Wilhelm Leibnitz (1668 – 72). Konvertiten waren auch die Weihbischöfe B. (→) Nihus und A. G. (→) Volusius. Diese und seine Weihbischöfe Adam Gros, v. Strevesdorff, J. M. (→) Söllner, P. v. (→) Walenburch und S. (→) Weinberger waren überhaupt Glücksgriffe. Mit ihrer Hilfe konnte S. eine religiöse Erneuerung von Volk und Klerus durchsetzen. Eine wenigstens ansatzweise durchgeführte Reform des Schulwesens, zahlreiche Visitationen, Verordnungen, die Einführung neuer barocker Frömmigkeitsformen und die Errichtung von Priesterseminaren 1654 in Mainz und 1662 in Würzburg waren dazu wesentliche Voraussetzungen und Mittel. Die Leitung beider Seminare übertrug S. Geistlichen des eben gegr. Instituts des Bartholomäus Holzhauser († 1658), den er bei Salzburg kennengelernt und als Priester nach Bingen geholt hatte.

Das Wiedererstarken des deutschen Katholizismus im 17. Jh. und die erneute standhafte Kirchlichkeit des Episkopates führten zu einem wachsenden Selbstbewußtsein. S. gehörte zu jenen Bischöfen, die entschieden die eigenen kirchlichen Rechte betonten und durchsetzten. Das führte mehrfach zu Streit und langen Verhandlungen mit Rom. Innerhalb seiner Bistümer gab er die Richtung an. Das galt auch für die Stifte und Klöster. Er drängte auf eine Reform der Stifte, approbierte seit 1648 eine Anzahl neuer Statuten und lehnte die Vergabe von Präbenden an Ausländer „per provisionem apostolicam" ab. Die Exemtionsrechte der Klöster legte er eng aus, und auf Beeinträchtigungen seiner bischöflichen Jurisdiktion durch das Eingreifen der Nuntien und auswärtigen Oberen reagierte er empfindlich. So focht er 1655 – 62 mit Fulda zunächst als Bischof von Würzburg und dann als Metropolit eine harte Kraftprobe aus, die schließlich mit einem Kompromiß endete. Auch seine Metropolitanrechte suchte er zur Geltung zu bringen, doch hatte er damit keine großen Erfolge.

1660/61 kam es zu einem Streit mit der römischen Kurie, als Alexander VII. die Vergabe von Quinquennalfakultäten restriktiv handhabte, um den deutschen Kirchenfürsten zu demonstrieren, daß es sich dabei um frei vom Papst verliehene Gnadenakte handelte. Daraufhin drohte mit dem zunächst betroffenen Kurköln (→ Max Heinrich von Bayern) vor allem Kurmainz mit neuen „Gravamina Nationis Germanicae" bzw. mit einem Nationalkonzil, ja sogar mit der Bildung einer Nationalkirche. Es spricht für die Kirchlichkeit S.s, daß er die Wogen glättete, als Alexander VII. sich durchsetzte und deutsche Überreaktionen drohten. Die späteren Päpste kehrten zur gewohnten Praxis zurück.

Ein schweres Nierenleiden ließ S. 1662/63 daran denken, die Mainzer Nachfolge durch die Wahl eines Koadjutors zu regeln. Sein Kandidat war der Speyerer Bischof L. Fr. v. (→) Metternich-Burscheid, der über die Tochter seines Bruders Philipp Erwein mit ihm verschwägert war. Da sich S.s Gesundheitszustand wieder verbesserte, wurde die Nachfolgefrage erst 1670 akut. Zu diesem Zeitpunkt wünschte S. seinen Neffen Franz Georg v. S. († 1674), doch war das Kapitel nicht dafür zu gewinnen, da S. diesen ohne die Mitwirkung des Domkapitels 1663 zum Domkustos und 1667 zum Statthalter von Erfurt ernannt hatte. Daraufhin legte S. sich erneut auf den Speyerer fest. Dessen Postulation erfolgte am 15. 12. 1670, die päpstliche Bestätigung am 16. 11. 1671. Gern hätte S. auch die Nachfolge in Worms geregelt, wo Metternich-Burscheid am 16. 4. 1672 ebenfalls zum Koadjutor postuliert wurde. Den Abschluß des Besetzungsverfahrens erlebte S. jedoch nicht mehr. Er starb am 12. 2. 1673 zu Würzburg. Sein Leib wurde im dortigen, sein Herz im Mainzer Dom beigesetzt.

Literatur: A. Kirchhoff, Die Besitzergreifung Erfurts durch Kurmainz (1664), in: Zeitschrift für Preußische Geschichte und Landeskunde 8 (1871) 97-121, 171-193. - K. Wild, J. Ph. v. Sch., genannt der Deutsche Salomo, ein Friedensfürst zur Zeit des dreißigjährigen Krieges (Heidelberg 1896). - G. Mentz, J. Ph. Sch. Kurfürst von Mainz, Bischof von Würzburg und Worms 1605-1673. Ein Beitrag zur Geschichte des siebzehnten Jahrhunderts, 2 Bde. (Jena 1896/99). - L. A. Veit, Kirchliche Reformbestrebungen im ehemaligen Erzstift Mainz unter Erzbischof J. Ph. v. Sch. 1647-1673 (Freiburg i. B. 1910). - L. A. Veit. - F. J. Krappmann, J. Ph. v. Schönborn und das Leibnizsche Consilium Aegyptiacum, in: ZGO NF 45 (1932) 187-219. - M. Domarus, Kirchenfürsten 19-106. - R. Sedlmaier. - G. P. Köllner, Die Bedeutung des J. Ph. v. Sch. für die Reform des liturgischen Kirchengesangs, in: Kirchenmusikalisches Jahrbuch 39 (1955) 55-70. - H. Jedin, Schönbornzeit. - A. P. Brück. - M. A. Reitzel, Leibniz, Boineburg und J. Ph. v. Sch. in der Mainzer Rechts- und Reichspolitik, in: Mainzer Almanach (1961) 5-27. - G. Wallner, Der Krönungsstreit zwischen Kurköln und Kurmainz (1653-1657) (Diss. jur. Mainz 1957). - H. Reifenberg, Die rheinmainischen Schönborn-Bischöfe und die Liturgie, in: AmrhK 20 (1968) 297-306. - W. G. Marigold, Die „Königlichen Psalmen" des Kurfürsten J. Ph. v. Sch., in: MJbGK 22 (1970) 187-216. - Ders., De Leone Schönbor-

nico: Huldigungsgedichte an J. Ph. und Lothar Franz
von Sch., in: AmrhK 26 (1974) 203-242. - *F. Jürgensmeier*, Die Servitienzahlungen des Mainzer Erzbischofs J. Ph. v. Sch. (1647-1673), in: AmrhK 26 (1974)
193-202. - *Ders.*, Schönborn. - *Ders.*, Politische Ziele
und kirchliche Erneuerungsbestrebungen der Bischöfe aus dem Hause Schönborn im 17. und
18. Jahrhundert, in: Schönborn 11-23. - *M. Bitz*, Die
Judenpolitik J. Ph.s v. Sch., in: Beiträge zur Geschichte der Juden in der Frühneuzeit, hg. v. *H. Duchhardt*
(Mainz 1981) 121-132.

Abbildungsnachweis: Radierung von Wallerant Vail-
lant (1623-1677). - Wien ALB 64992 C.

Friedhelm Jürgensmeier

**Schönborn, Johann Philipp Franz Reichsfrei-
herr** (seit 1701 **Reichsgraf) von** (1673 – 1724)

1719 – 1724 Fürstbischof von Würzburg

Johann Philipp Franz von Schönborn wurde
am 15. 1. 1673 zu Würzburg als Sohn des
kurmainzischen Oberhofmarschalls und kaiserlichen Geheimen Rates Melchior Friedrich
v. S. und der Sophie von Boineburg geboren.
Die ersten Lebensjahre verbrachte er im Hause
der Eltern. Zusammen mit seinem jüngeren
Bruder (→) Friedrich Karl wurde er für die
geistliche Laufbahn bestimmt und 1682 Domizellar in Würzburg. Das Studium absolvierte er
an den Jesuitenkollegien und Universitäten
von Aschaffenburg, Würzburg und Mainz.
1690 – 93 studierte er mit seinem Bruder Friedrich Karl als Alumne des Collegium Germanicum in Rom. Ihr Onkel, der Mainzer Kurfürst-
Erzbischof Lothar Franz v. (→) S., zog die
Neffen ab 1695 zu diplomatischen Geschäften
heran. 1697 – 98 folgte die Kavalierstour in die
Niederlande, nach England und nach Paris, wo
S. als kurmainzischer Gesandter auftrat. Weitere diplomatische Missionen führten ihn nach
Wien, 1703 – 04 und 1708 an die Kurie sowie an
kleinere fränkische und rheinische Höfe.

Seit 1687 war S. Mitglied des Mainzer Domkapitels, seit 1699 Kapitular in Würzburg
und Propst des kaiserlichen Stiftes St. Bartholomäus in Frankfurt. Als 1703 die Würzburger Dompropstei vakant wurde, bewarb
er sich um diese Stelle. Einem erbitterten
Wahlkampf folgte eine umstrittene Wahl, und
erst ein römisches Verfahren verhalf S. 1704
zum gewünschten Erfolg, belastete aber sein
Verhältnis zum Domkapitel aufs schwerste.
Ohne besondere Schwierigkeiten konnte er
sich hingegen 1714 die Mainzer Dompropstei
verschaffen. Als der mainzische Statthalter in
Erfurt, ein Onkel mütterlicherseits, 1717 starb,
wurde S. dessen Nachfolger.

Nach dem Tode des Würzburger Fürstbischofs
J. Ph. v. (→) Greiffenclau (1719) setzte eine
harte Auseinandersetzung um seine Nachfolge
ein. S. konnte neben verschiedenen Kandidaturen auch die seines Bruders Friedrich Karl
ausschalten. Am 18. 9. 1719 erhielt er die
Stimmen aller Domkapitulare. Am 22. 7. und
25. 7. erteilte ihm Weihbischof J. B. (→) Mayer
in der Schloßkirche auf dem Marienberg die
Diakonats- und die Priesterweihe, und am
10. 11. 1720 konsekrierte ihn Lothar Franz im
Dom zu Würzburg.

Durch eine Reihe von Verordnungen suchte S.
die Sonntagsheiligung zu verbessern, Andachtsübungen, Wallfahrten und Prozessionen
zu mehren. 1722 begründete er eine Andacht zu
Ehren der Frankenheiligen Bilihild. S. war ein
eifriger Marienverehrer; neben dem Brevier
betete er täglich den Rosenkranz. 1722 förderte
er die Gründung der Maria-Trost-Bruderschaft
in Würzburg. Der Errichtung des dortigen
Ursulinen- und Kapuzinerklosters ließ er ebenfalls seine Förderung angedeihen. Seine erste
bischöfliche Funktion war die Einweihung des
Neubaus der Pfarrkirche St. Peter in Würzburg. Die Firmung spendete S. während seiner
kurzen Amtszeit nur dreimal, die Weihen zweimal. Ansonsten ließ er sich von Weihbischof
Mayer vertreten.

Die Jahre um 1720 waren von einer Verschär-
fung der konfessionellen Spannungen im Reich
gekennzeichnet, so daß man sogar Krieg
fürchtete. S. hielt sich in diesen Fragen weitgehend neutral, vermehrte aber die Truppen des
Hochstifts und setzte die Festungen Würzburg
und Königshofen instand. Da weder von Wien
eine finanzielle Unterstützung zu erlangen
war, noch der Papst seine Genehmigung zu
einer Sonderbesteuerung der Klöster gab, mußte S. für diese Arbeiten in großem Umfang die
Bevölkerung heranziehen, was seinem Ruf im
Hochstift äußerst schadete. Innerhalb des fränkischen Reichskreises arbeitete S. eng mit dem
Fürstbistum Bamberg zusammen. 1723 konnte
er in einem Rangstreit mit Bayreuth Würzburgs alte Stellung wahren. S. war ein prononcierter Gegner der preußischen Expansionspolitik in Franken. 1722 erzielte er mit dem
Fürstabt von Fulda eine Einigung über seit
langem strittige geistliche Jurisdiktionsrechte.

In der inneren Verwaltung des Hochstifts griff
S. von Anfang an hart durch und enthob den
unter seinem Vorgänger Greiffenclau fast all-
mächtigen Hofkammerdirektor Gallus Jacob
von Hollach seines Amtes. Gegen ihn sowie
gegen eine Reihe anderer Beamter schritt er
wegen finanzieller Unregelmäßigkeiten ein.
Mit den Erben seines Vorgängers prozessierte

er vor dem Reichshofrat wegen unrechtmäßiger Aneignung von Hochstiftsvermögen. 1729 erließ er eine neue Hofratsordnung, die zwei Senate vorsah und auf größere Effizienz zielte.

1720 erfolgte die Neuordnung des Anwaltswesens: 1724 wurde eine Amtstaxordnung für das Hochstift verkündet. Der Geheime Rat nahm, nachdem er unter Greiffenclau nicht mehr zusammengetreten war, wieder seine Funktion auf. Die Beamten des Hochstiftes suchte S. mit allen Mitteln zu höherer Leistung zu bewegen und die Vermischung privater und staatlicher Interessen und Einnahmen durch eine Flut von Erlassen zu unterbinden. Er stellte keine neuen Beamten an und erteilte keine Anwartschaft auf Beamtenposten mehr. Obgleich er in vielen Reisen die Domänen des Hochstifts persönlich beaufsichtigte, das Zollwesen reformierte und die Steuern anhob, konnte er jedoch keine Sanierung der Finanzen erreichen. Die zu diesem Zweck 1724 ins Leben gerufene Lotterie erwies sich als vollkommener Fehlschlag. Die Wirtschaftslage des Hochstifts war jedenfalls unter S. außerordentlich schlecht, so daß die österreichischen und preußischen Rekrutenwerber große Erfolge erzielten und viele hochstiftische Untertanen nach Ungarn auswanderten. Nach dem Willen von S. sollten sich die Beamten mehr um die Wirtschaft kümmern, ungenutzte Brache sollte bebaut und Obstpflanzungen angelegt, Seidenraupenzucht gefördert und durch den Kleebau die Viehzucht intensiviert werden. Viele dieser Initiativen blieben in den Ansätzen stecken, eine durch-

schlagende Besserung wurde offensichtlich nicht erreicht. 1720 erließ S. eine neue Handwerksordnung, die vor allem die Einfuhr ausländischer Produkte unterbinden sollte. 1721 trat eine Feuerordnung in Kraft. Der Plan, im Würzburger Zucht- und Arbeitshaus eine Manufaktur zur Uniformproduktion zu errichten, wurde nicht mehr durchgeführt. Weitere Maßnahmen zur Förderung der Wirtschaft bestanden in einer Neuordnung der Mainschiffahrt, in Verbesserungen des Straßenwesens sowie in der Förderung von Weinbau und -export. Gegen die Landstreicher schritt S. mit militärischen Mitteln ein; Bettler ließ er außer Landes schaffen.

Trotz der schwierigen wirtschaftlichen Rahmenbedingungen entfaltete S. in seiner Hofhaltung eine uneingeschränkte Pracht. 1723 wurden eine neue Hofhaltungs-, eine Keller- und eine Küchenordnung erlassen. Aus Augsburg beschaffte man teures Tafelsilber. Zahlreiche Maler standen im Dienst von S. Vor allem ließ er ab 1720 durch Balthasar Neumann einen gewaltigen Residenzbau in Angriff nehmen, in dessen Planung er sich persönlich einschaltete. Das Projekt des Familienmausoleums am Würzburger Dom scheiterte zunächst am Widerspruch des Kapitels, wurde aber nach langen Verhandlungen doch genehmigt. Die Vollendung dieses Baues erlebte S. freilich nicht mehr. Außerdem ließ er die Schlösser Veitshöchheim, Guttenberg, Rimpar, Walkershofen und Werneck instandsetzen bzw. umbauen. Für seine Residenzstadt waren erhebliche stadtplanerische Eingriffe vorgesehen, doch wurden sie nur zum Teil ausgeführt. 1722 erließ er eine Bauordnung für die Stadt Würzburg. Er sorgte für die Errichtung eines neuen Schlachthauses und eine verbesserte Aufsicht über das Apothekenwesen. Die 1724 in Kraft getretene neue Ratsordnung hatte keinen längeren Bestand und wurde vom Domkapitel nach S.s Tod sofort für ungültig erklärt. Der Juristischen Fakultät der Universität gab S. eine neue Prüfungsordnung. Er errichtete ferner Lehrstühle für Geschichte, Chirurgie und Anatomie. Erhebliche Finanzmittel flossen der Universitätsbibliothek zu. Als außerordentlich glückliche Entscheidung muß die Berufung des Johann Georg von Eckhart, eines Schülers von Leibniz, zum Hof- und Universitätsbibliothekar bezeichnet werden. Wie der Residenzbau blieben die meisten Projekte jedoch in den Ansätzen stecken. Außerdem entfremdeten die Härte und Schroffheit, mit der S. sie durchzusetzen suchte, ihm den Stiftsadel und vor allem das Domkapitel.

S. entsprach in jeder Weise dem Typ des barocken Fürsten; er liebte die Pferde und die

Reitkunst und hielt sich selbst mehrere Monate im Jahr auf der Jagd auf. Am 18. 8. 1724 starb er überraschend auf einer Reise von Mergentheim nach Würzburg.

Angesichts seiner zahlreichen Feinde lief das Gerücht um, man habe ihn vergiftet. Die Obduktion konnte dafür jedoch keinen Beweis erbringen. S. wurde im Würzburger Dom beigesetzt. Sein Bruder Friedrich Karl ließ ihm später in der Schönbornkapelle ein Grabmal errichten.

Literatur: A. *Scherf*, Die Bücherei des Fürstbischofs Johann Philipp Franz von Schönborn, in: AU 68 (1929) 523-526. - *Ders.*, Johann Philipp Franz von Schönborn, Bischof von Würzburg 1719-1724, der Erbauer der Residenz (München 1930). - M. *Domarus*, Kirchenfürsten 109-153. - G. *Pfeiffer*, Fränk. Bibliographie III / 2, Nr. 48527-48557. - E. *Milde* - D. *Worbs*, Die Schönbornkapelle, in: WDGB 29 (1967) 273-275. - P. *Kolb*, Wappen 152-157. - K. *Helmschrott*, Münzen 207-224. - Schönborn.

Abbildungsnachweis: Johann Peter Feuerlein (1668-1728) zugeschrieben. - Würzburg Residenz, Fürstensaal Gw 13. - BSV Neg. Nr. 18778.

                                        Egon Johannes Greipl

Schönborn, Lothar Franz Reichsfreiherr (seit 1701 **Reichsgraf) von** (1655 – 1729)

1694 – 1729 Fürstbischof von Bamberg
1694 – 1695 Koadjutor des Erzbischofs von Mainz
1695 – 1729 Kurfürst-Erzbischof von Mainz

Lothar Franz von Schönborn wurde am 4. 10. 1655 zu Steinheim am Main als letztes von 14 Kindern des Philipp Erwein v. S. und der Maria Ursula Greiffenclau von Vollrads geboren. Sein Vater war ein Bruder des Mainzer Erzbischofs Johann Philipp v. (→) S., die Mutter eine Nichte des Mainzer Erzbischofs Georg Friedrich Greiffenclau von Vollrads († 1629). Der Vater war kurmainzischer Amtmann von Steinheim und erreichte mit Hilfe seines Bruders den wirtschaftlichen und gesellschaftlichen Aufstieg seiner Familie. Eine Schwester S.s war mit einem Bruder des Speyerer Bischofs L. Fr. v. (→) Metternich-Burscheid verheiratet, der 1673 zugleich Erzbischof von Mainz wurde. Ein Bruder war Domherr in Bamberg, Würzburg und Mainz. 1663 wurden die S. Reichsfreiherren, 1701 Reichsgrafen.

S. wurde für die geistliche Laufbahn bestimmt. Noch während seiner Ausbildung bei den Jesuiten in Aschaffenburg erhielt er 1665 eine Pfründe am Domstift zu Würzburg und 1667 zu Bamberg, während das Mainzer Domstift ihm

vorerst verschlossen blieb, da es statutengemäß nicht gleichzeitig zwei Brüder als Mitglied haben konnte. Erst der Tod seines Bruders ermöglichte es S., dort 1674 durch erzbischöfliche Provision Domherr zu werden. Der frühe Tod des Bruders hatte bei den S. erhebliche Unruhe verursacht. Er nötigte sie nicht nur zur dritten Güterverteilung seit 1670, sondern auch dazu, einen neuen geistlichen Hoffnungsträger für die Familie aufzubauen. Die besten Voraussetzungen dazu bot S., obwohl er gerade erst sein Studium begonnen hatte. Nach einer Kavaliersreise durch Holland, Frankreich und Italien hatte er sich 1673 in Wien für ein Biennium in Theologie und Jurisprudenz immatrikuliert. 1675 schloß er sein Studium ab. 1680 beendete er in Mainz die einjährige prima residentia. 1681 fand er Einlaß in das Bamberger Domkapitel. 1683 wurde er Domkapitular in Mainz und Würzburg. Der Schwerpunkt seiner Aktivitäten lag vorerst in Bamberg. Bischof M. S. (→) Schenk von Stauffenberg betraute ihn mehrfach mit diplomatischen Missionen und ernannte ihn zum Präsidenten der Hofkammer. 1689 wählte ihn das Domkapitel zum Scholaster. Im gleichen Jahr war S. erstmals als passionierter Bauherr tätig. In Schloß Gaibach, das ihm vom väterlichen Erbe zugefallen war, ließ er ab 1693 nach Plänen von Leonhard Dientzenhofer Um- und Neubauten vornehmen und einen großartigen Barockgarten anlegen. Am 16. 11. 1693 wählte ihn dann das Bamberger Domkapitel zum Bischof. Die Wahlbestätigung folgte am 4. 1. 1694, und am 27. 1. erhielt er nach altem Bamberger Sonderrecht das Pallium.

Kaum war das Bamberger Verfahren abgeschlossen, bemühte S. sich um ein Wählbarkeitsbreve für Mainz, wo Erzbischof A. F. v. (→) Ingelheim schwer erkrankt war. Am 3. 9. 1694 wählte das Mainzer Kapitel ihn dann gegen den Kandidaten des Kaisers (→) Franz Ludwig von Pfalz-Neuburg zum Koadjutor mit dem Recht der Nachfolge. Er traute dem als politisch versiert, dynamisch, kaisertreu geltenden und durch das wirtschaftlich gesunde Bamberg finanziell abgesicherten S. am ehesten zu, den durch die Kriege Ludwigs XIV. an den Rand des Ruins gebrachten Kurstaat aus der Misere zu führen und dem wegen seiner strategisch günstigen Lage nach wie vor gefährdeten Mainz Sicherheit zu geben. Dabei kam S. die Erinnerung an den glücklichen Pontifikat seines Onkels Johann Philipp v. (→) S. zugute. Obwohl die römische Kurie grundsätzlich Bedenken gegen Bistumskumulationen trug, bestätigte sie die Wahl am 11. 10. 1694. Mit dem Tode Ingelheims (30. 3. 1695) wurde S. dessen Nachfolger. Am 2. 5. nahm er von seinen neuen Ämtern und Würden Besitz. Das Pallium erhielt er am 6. 5. 1695.

Am 1. 11. 1695 wurde S. Priester, und am 6. 11. ließ er sich durch Weihbischof M. (→) Starck konsekrieren. Für S., der noch der hierarchisch und ständisch strukturierten Welt des Mittelalters verbunden war, war es wichtig, dadurch die ganze Fülle seines Amtes zu erlangen. Obwohl sein zum Zentralismus neigender, gemäßigt absoluter Regierungsstil, seine selbstbewußte und später zu leichtfertig als Frühepiskopalismus getadelte Eigenständigkeit wie auch seine Reformversuche auf dem Gebiet des Handels, der Rechtspflege und des Bildungswesens Züge der neuen Zeit aufwiesen, war er von der Frühaufklärung kaum berührt. Er wurde zwar einer der glänzendsten und einflußreichsten Barockprälaten Deutschlands, blieb aber dennoch einer der letzten großen Repräsentanten der mittelalterlichen Weltanschauung und der universalen Reichsidee. Er wußte sich durch Stand, Wahl und Weihe von Gott persönlich erhöht und beauftragt zu führen, zu leiten und zu repräsentieren. Das verpflichtete ihn zu Leistungen, während er gleichzeitig für seine Diözesen, Stifte, die Kirche, das Reich, das stiftische Deutschland und für die Familie Anerkennung und Achtung erwartete. Sein Schwerpunkt lag nicht auf geistlichem Gebiet. Hier beschränkte er sich auf gelegentliche Pontifikalhandlungen, Kommunionspendung und auf die Teilnahme an Prozessionen. Der Barockfrömmigkeit entsprechend war S. ein großer Eucharistie- und Marienverehrer. Unter ihm wurde 1722 in Mainz das Große oder Ewige Gebet endgültig eingeführt. Er begünstigte den Ausbau von Walldürn im Mainzer Oberstift zu einem Zentrum der Heilig-Blut-Wallfahrt und ließ im Bistum Bamberg die Wallfahrtskirche Marienweiher bauen. Großen Wert legte er auf den Abschluß der unter Johann Philipp v. S. begonnenen tridentinischen Kirchen- und Liturgiereform. In seinem Auftrag brachte Johann Melchior Bencard das römische Missale mit Mainzer Eigenteil heraus. 1705 folgten eine Neuauflage der Mainzer Bibel von 1662, 1715 ein Mainzer Manuale und 1717 ein Mainzer Proprium für das Brevier. Für Bamberg ließ S. 1703 ein neues Proprium, 1707 ein Gesangbuch und 1724 das Rituale Romano-Bambergense veröffentlichen. Er begünstigte ferner den Neubau und die Renovierung von Gotteshäusern. Mit der Durchführung und Beaufsichtigung, der Visitation und der laufenden Verwaltung waren sein geistlicher Regierungsapparat und namentlich seine Weihbischöfe beauftragt.

Er selbst sah sich dagegen als ranghöchster Reichsfürst und Landesherr zweier geistlicher

Staaten in Auftrag genommen. Gleich seinem Onkel wußte er sich als Kurfürst, Erzkanzler des Reiches, Inhaber des Reichsdirektoriums und Quasi-Souverän zur Geltung zu bringen.

Anders als Johann Philipp v. S. lehnte er das Paktieren mit Frankreich ab und war stets kaisertreu, dies umso leichter, als Österreich nach Beendigung des Türkenkrieges seit 1683 in die Position einer europäischen Großmacht hineinwuchs. Die Belange des stiftischen Deutschland verlor er dabei nie aus den Augen. Hier lag seine Heimat, die es gegen die Konkurrenz der größeren Reichsstände zu bewahren galt. Dafür sah er in Kreisassoziationen ein geeignetes Mittel. Sie sollten die kleineren und wenig armierten Stände neben dem aufsteigenden Brandenburg-Preußen und dem habsburgischen Österreich erhalten und mithelfen, den Frieden zu sichern; denn Krieg bedeutete für die kleineren Reichsstände immer eine besondere Gefahr. Mainz hatte das 1688 im Pfälzischen Krieg erfahren, und erst der Friede von Rijswijk (1697) eröffnete die Möglichkeit zum Wiederaufbau des Kurstaates. S. nutzte die Chance in Verbindung mit dem Hochstift Bamberg. Dabei erließ er Zollbestimmungen und eine Weinordnung und stützte die eigene Währung. Er wagte aber auch neue Wege im Getreidehandel, förderte die wenigen Kupferbergwerke und auch die Lohrer Glasmanufaktur. Er begann die Reform des veralteten Finanzwesens, tat jedoch noch nicht den Schritt zu der erst von seinem Nachfolger eingeführten neuen staatlichen Finanzverwaltung. Eine Reform des Kurmainzer Steuersystems scheiterte 1715 am Widerstand des Domkapitels. Insgesamt griffen die Maßnahmen jedoch, und der Kurstaat erholte sich unbeschadet der Belastungen durch den Spanischen Erbfolgekrieg (1701–14). Infolgedessen stieg das Gewicht des Erzstiftes. Es behauptete sich als Partner und vermochte ersten Säkularisierungstendenzen zu begegnen. Das aber trug auch zum persönlichen Ansehen von S. bei.

Nach außen demonstrierte S. dies mit grandiosen Bauten. Die neue Bamberger Residenz, die bambergisch fürstbischöflichen Schlösser Seehof und Jägerburg bei Forchheim, die kurfürstliche Sommerresidenz Favorite in Mainz und Schloß Weißenstein ob Pommersfelden, 1711 in Auftrag gegeben und in den Anfängen von jenen 100 000 Gulden finanziert, die Karl VI. S. dafür schenkte, daß er ihn gewählt und gekrönt hatte, sind Höhepunkte barocker Baukunst. Diese von ausgeprägtem Repräsentationsbewußtsein getragenen Großbauten führten zu einer erheblichen Verschuldung. Sie waren anderseits aber auch ein Anstoß für die Belebung von Handwerk und Handel. Sie veranlaßten ferner, daß hervorragende Baumeister und Künstler in die geistlichen Territorien am Rhein und in Franken kamen.

Früh bemühte sich S., im Sinne seiner Familie die Nachfolge und das Weiterkommen der Schönborn zu regeln. Er selbst hatte sich 1699 vergeblich auch noch um das Bistum Würzburg bemüht. 1703 gelang es ihm und der Schönbornpartei jedoch, den späteren Bischof Johann Philipp Franz v. (→) S. als Dompropst durchzusetzen. 1708 bemühte er sich in Bamberg und Mainz, seinen Neffen Friedrich Karl v. (→) S., seit 1705 Reichsvizekanzler in Wien, als Koadjutor durchzusetzen. Dies gelang nur in Bamberg, nicht dagegen in Mainz. Daß die römische Kurie für Mainz außer Friedrich Karl v. S. auch Franz Ludwig von Pfalz-Neuburg ein Wählbarkeitsbreve ausstellte, führte zu längeren Spannungen.

S., der „glänzendste Repräsentant der Reichskirche" (H. Jedin), starb am 30. 1. 1729 in Mainz. Sein Leib wurde im Mainzer, sein Herz im Bamberger Dom beigesetzt.

Literatur: *K. Wild*, Lothar Franz von Schönborn, Bischof von Bamberg und Erzbischof von Mainz (1693-1729). Ein Beitrag zur Staats- und Wirtschaftsgeschichte des 18. Jahrhunderts (Heidelberg 1904). - *J. Looshorn* 6 (1906) 566-697. - *R. Busch*, Das Kurmainzer Lustschloß Favorite, in: MZ 44/45 (1949/50) 104-127. - *R. Sedlmaier*. - *R. H. Thompson*, Lothar Franz von Schönborn and the Diplomacy of the Electorate of Mainz from the Treaty of Ryswick to the outbreak of the War of the Spanish Succession (Den

Haag 1973). - *A. Schröcker*, Zur Religionspolitik Kurfürst Lothar Franz von Schönborns. Ein Beitrag zum Verhältnis zwischen Adel und Kirche, in: Archiv für hessische Geschichte und Altertumskunde NF 36 (1978) 189-299. - *Ders.*, Die Patronage des Lothar Franz von Schönborn (1655-1729). Sozialgeschichtliche Studie zum Beziehungsnetz in der Germania Sacra (Wiesbaden 1981). - *F. Jürgensmeier*, Lothar Franz von Schönborn, in: Fränkische Lebensbilder 7 (1978) 103-129. - *Ders.*, Lothar Franz von Schönborn (1655-1729), ein Verehrer des Heiligen Blutes von Walldürn, in: *P. Assion* (Hg.), 650 Jahre Wallfahrt Walldürn (Karlsruhe 1980). - *Ders.*, Die Schönborn und ihre Bauten, in: *D. Lau - Fr. J. Heyen* (Hg.), Vor-Zeiten. Geschichte in Rheinland-Pfalz 2 (Mainz 1986) 113-134. - *Ders.*, Politische Ziele und kirchliche Erneuerungsbestrebungen der Bischöfe aus dem Hause Schönborn im 17. und 18. Jahrhundert, in: Schönborn 11-23. - *M. H. Freeden*, Die Schönbornzeit" ... aus Frankens besseren Tagen ..." (Würzburg 1983).

Abbildungsnachweis: Deutsch, 18. Jh. - Bamberg Neue Residenz R 17. - BSV Neg. Nr. 19914.

Friedhelm Jürgensmeier

Scholz, Michael Joseph († 1760)

1754–1760 Dechant der Grafschaft Glatz (Erzdiözese Prag)

* in Nieder-Schwedeldorf; 1741 Pfarrer von Landeck. Bei der Amtsenthebung des Dechanten und Fürstbischöflichen Vikars der Grafschaft Glatz L. M. (→) Aster durch die preußische Regierung im Jahre 1754 hatte König Friedrich II. zwar die Absicht, die Grafschaft aus ihrem Diözesanverband mit Prag herauszulösen, vorerst aufgegeben, er suchte aber den Verband mit Prag immer mehr zu lockern. Am 27. 6. 1754 ernannte er S. zum Dechanten, während eine Ernennung zum Fürsterzbischöflichen Vikar nie erfolgte. 1757 wies die Regierung nach dem Brand des Jesuitenkollegs die Jesuiten aus Glatz aus und veranlaßte S., die Seelsorge an der Glatzer Pfarrkirche und die Organisation des Gymnasiums selbst zu übernehmen. Während der Amtszeit von S. wurde am 30. 12. 1757 Kaplan Andreas Faulhaber, weil er angeblich in der Beichte einen Soldaten zur Desertion ermuntert hatte, in Glatz hingerichtet. † 22. 10. 1760 in Glatz.

Literatur: *M. Lehmann* III 442-444, 456-458. 518-520. - *F. Volkmer* 100-106.

Erwin Gatz

Scholz (Szolc), **Zacharias Johannes** (Zachariasz Jan) (um 1630–1692)

1681–1688 Generalvikar der Diözese Ermland

* um 1630; Studium in Krakau (Dr. theol.); seit 1660 im Dienst des ermländischen Bischofs J. F. (→) Wydźga, der ihn zum Kanonikus des Guttstädter Stiftes berief; 1665 ermländischer Domherr (päpstl. Verleihung); 1678 Domkustos (Kapitelswahl). S. reiste 1669 für Wydźga nach Rom. Bei dessen Abwesenheit vom Ermland war er Statthalter. Erst Bischof M. S. (→) Radziejowski berief ihn 1681 zum Generalvikar. 1682 gab S. in dessen Auftrag ein neues Rituale heraus, das dem Rituale Romanum angeglichen war. Bischof J. S. (→) Zbąski bestätigte ihn nicht als Generalvikar. S. stiftete für den Frauenburger Dom einen Marmoraltar. † 2. 3. 1692 in Frauenburg; ☐ Frauenburger Dom.

Literatur: *A. Eichhorn*, Weihbischöfe 565-567. - *F. Hipler*, Literaturgeschichte 212. - *H. Preuschoff* 36, 349 f., 355. - *J. Obłąk*, Historia 77. - *H. Schmauch*, in: APB 2 (1967) 631 f. - *A. Triller*, Die Guttstädter Domherren 1341-1811 (ungedr. Ms.). - *T. Oracki* 2 (1988) 176.

Anneliese Triller

Schorror, Leopold Heinrich Wilhelm von (1701 – 1753)

1728 – 1745 Ep. tit. Helenopolitanus
1730 – 1745 Apostolischer Vikar von Ober- und Niedersachsen

* 15. 11. 1701 zu Bonn als Sohn des kurfürstlichen Kommissars Wolfgang Wilhelm S. und dessen Ehefrau Johanna Franziska Propper; Lic. iur. utr. (Löwen); Kanonikus an der Stiftskirche St. Cassius und Florentius in Bonn; 2. 10. 1728 Priesterweihe; 15. 12. 1728 Titularbischof von Helenopolis; 21. 12. 1728 Konsekration durch Papst Benedikt XIII. in Rom; 10. 10. 1730 Apostolischer Vikar von Ober- und Niedersachsen.

S. hielt sich 1733 für kurze Zeit in Hannover auf. Eine dauernde Residenz war ihm aufgrund des Verbotes der Regierung, aber auch wegen seiner wachsenden Verschuldung hier nicht möglich. Er nahm daraufhin seinen Wohnsitz in Hildesheim. S. bemühte sich vergeblich um Anerkennung als Apostolischer Vikar durch die preußische Regierung, die auf einem in Preußen residierenden und vom König abhängigen Vikar bestand. Wie in Hannover war S. auch in Preußen die Vornahme bischöflicher Handlungen untersagt. Als sich die Möglichkeit abzeichnete, daß der Abt von Neuzelle als Vikar von Brandenburg-Preußen tätig werden könne, trennte die Propagandakongregation am 24. 4. 1732 die brandenburg-preußischen Gebiete vom Apostolischen Vikariat von Ober-

und Niedersachsen ab und schuf ein eigenes Vikariat. Da sich die Hoffnungen nicht erfüllten, wurde am 21. 3. 1733 das alte Vikariat wiederhergestellt. Um seine Position zu stärken und seinen Aktionsradius auszuweiten, bemühte sich S. nun um die Unterstellung von Schweden, Hamburg-Altona und Mecklenburg-Schwerin unter seine Leitung sowie um seine Erhebung zum Erzbischof. Dies gestand ihm die Propagandakongregation jedoch nicht zu. Wachsende Verschuldung veranlaßte S., die Kongregation um ein höheres Gehalt oder um seine Demission zu bitten. Daraufhin wurde er am 1. 12. 1745 nach vorausgehender mehrmaliger Gehaltserhöhung vom Vikariat entbunden. S. zog sich in die Benediktinerabtei Lamspringe südlich von Hildesheim zurück, wo er am 21. 9. 1753 starb. ☐ Klosterkirche Lamspringe.

Literatur: *F. W. Woker*, Hannover 206-209. - *J. Metzler*, Apostolische Vikariate 121-134. - *F. X. Schrader* 124, Anm. 1. - *R. Joppen* 124. - *H. Tüchle*, Mitarbeiter 652, 661, 667.

Hans-Georg Aschoff

Schrattenbach, Bernhard Freiherr (seit 1649 Graf) von († 1660)

1655 – 1660 stellvertretender Administrator des Bistums Meißen in der Lausitz

Herkunft und Werdegang des Bernhard von Schrattenbach sind unbekannt. Vor 1641 war er Profeß des Zisterzienserklosters Salmansweiler in Schwaben, wo er als Dr. iur. utr. Kirchenrecht lehrte. 1641 bestellte Kaiser Ferdinand III. ihn zum Abt von Neuzelle. S. war einer der bedeutendsten Äbte dieser katholischen Enklave in der Niederlausitz. Nach den Zerstörungen des Dreißigjährigen Krieges erneuerte er die Klosterkirche in barocker Gestalt. Er sanierte ferner die zerrütteten Wirtschaftsverhältnisse der Abtei und sicherte deren Stellung in ihrer protestantischen Umgebung.

Nachdem 1655 der Apostolische Administrator des Bistums Meißen in der Lausitz, M. (→) Saudrius von Sternfeld, wegen Mißwirtschaft auf sein Amt verzichten mußte, wurde S. zum stellvertretenden Administrator bestellt. Das Bautzner Kapitel hatte unter seiner Administration viel zu leiden, da S. versuchte, die Administratur des Bistums Meißen vom Bautzner Kapitel zu lösen und dem Abt von Neuzelle zu übertragen. Angesichts seiner zahlreichen Familienbeziehungen zum Kaiser, zu dem ihm verwandten Prager Erzbischof E. A. v. (→) Harrach und zum kursächsischen Hof in Dresden waren die Befürchtungen des Kapitels nicht unbegründet. Außerdem war die Administration des Abtes von Neuzelle für das Bautzner Kapitel sehr kostspielig, da S. mit einem großen Hofstaat reiste, dessen kostenlose Unterbringung und Verpflegung er forderte.

1655 kam es zu einer einschneidenden Verkleinerung des Gebietes der Apostolischen Administratur, als dessen böhmische Pfarreien dem neugegründeten Bistum Leitmeritz überwiesen wurden (M. R. v. → Schleinitz). S. starb am 26. 2. 1660 in Neuzelle. Er wurde in der Klosterkirche beigesetzt.

Literatur: *P. Skobel* 100. - [o. V.] Das fürstliche Stift und Kloster Cisterzienser Ordens Neuzell bei Guben in der Niederlausitz (Regensburg 1840) 115.

Siegfried Seifert

Schrattenbach, Siegmund Christoph Graf von (1698 – 1771)

1753 – 1771 Fürsterzbischof von Salzburg

Siegmund Christoph von Schrattenbach wurde am 28. 2. 1698 zu Graz als erstes von zwölf Kindern des Otto Heinrich v. S. und dessen Ehefrau Maria Theresia Gräfin von Wildenstein, verw. Freiin von Gallenstein, geboren. Das steirisch-mährische Geschlecht der S. (auch Schratenbach oder Schrottenbach) ragte im 18. Jh. durch hohe kirchliche und weltliche Würdenträger hervor. Ein Onkel von S. wurde 1703 Bischof von Sekau und 1711 von Olmütz, ein anderer 1728 Bischof von Laibach. Sieben Mitglieder der Familie waren Domherren in Salzburg oder Olmütz. S.s Vater war k. k. Kämmerer, Land- und Kriegskommissar in Cilli. 1712 zog er mit seiner Familie nach Mähren, wo er im Bistum Olmütz eine Aufgabe übernahm und das Lehen Groß-Petrowitz mit Pobischoff (Schlesien) als Allod erwarb.

Seit 1711 erzbischöflicher Page in Salzburg, begann S. dort das Studium der Theologie, das er in Rom fortsetzte. Da er zur geistlichen Laufbahn entschlossen war, trat er sein Erstgeburtsrecht an seinen jüngsten, 1712 geb. Bruder Franz Anton Xaver ab, der 1763 – 70 Landeshauptmann in Mähren wurde. Weitere Studien in Rom (Collegium Clementinum) bestimmten seine Laufbahn und seine Vorliebe für das Südländische. 1716 erhielt S. Domkanonikate in Augsburg und Eichstätt. Am 10. 1. 1723 zum Priester geweiht, wurde er 1731 durch Resignation seines jüngeren Bruders Johann Georg ebenfalls Domherr in Salzburg. 1750 wählte das Kapitel ihn zum Domdechanten.

Nach dem Tode des Erzbischofs A. J. v. (→) Dietrichstein ging S. aus der schwierigsten Wahl in der Geschichte des Erzstiftes am 5. 4. 1753 überraschend im 50. Wahlgang als Erzbischof hervor. Die päpstliche Bestätigung mit der Erlaubnis zur Beibehaltung der auswärtigen Kanonikate und der Verleihung des Palliums folgte am 26. 11., die Konsekration durch den Gurker Bischof J. M. v. (→) Thun am 16. 12. S. hat seine Wahl später als Fügung Gottes betrachtet, wie auch der mystisch-intuitiv begabte Mann viele weltliche Regierungsgeschäfte religiös motivierte. S. gilt als der frömmste aller Salzburger Erzbischöfe, als tüchtiger und sparsamer Regent von gutmütiger und leutseliger Umgangsart. Er liebte den prunkvollen Barock, das Festliche und Monumentale. Persönlich bescheiden und überaus asketisch, tadelten ihn Kritiker der aufgeklärten Richtung wegen seiner Bigotterie, seines schrulligen Wesens und seiner Sittenstrenge. S. war kein großer Fürst, aber ein echter Vertreter des Rokoko, kleinlich, spielerisch und mit lockerer Hand in der Wirtschaft, aber ein liebenswürdiger Förderer der Künste.

Die Regierungszeit S.s war im allgemeinen eine ruhige Periode. Außenpolitisch lehnte Salzburg sich an Österreich an. Die Bereitstellung eines Reichskontingentes von 780 Mann und schweren Waffen im Siebenjährigen Krieg (1756 – 63) wie auch die Mißernten und Hungerjahre 1770 – 72 trafen das Land wirtschaftlich sehr (Steuererhöhungen etc.). 1753 war S.

dem 1750 in Österreich eingeführten 20 Gulden- oder Konventionsfuß beigetreten, einer vertraglichen Vereinheitlichung der Währungsbasis, der sich später auch Bayern anschloß, das aber dann wieder von den Vereinbarungen abging. Dadurch floß wegen der höheren Kaufkraft viel Geld aus Salzburg nach Bayern. Diese Finanzaffäre, die besonders den Salzhandel des Erzstiftes schwer schädigte, wurde erst 1766 durch gütlichen Vergleich beider Länder beigelegt.

In der Innenpolitik trachtete S., alles zu verbessern. Auffallend ist die Häufung der Verordnungen, die zwar auf bisherigen erzstiftischen Gesetzen fußten, aber schärfer gefaßt sind: Pönalverordnungen gegen sexuelle Vergehen (1753), Almosenordnung (1754), Waldordnung (1755), Zucht- und Schulordnung (1755), Tanzordnung (1756), Wegordnung (1756). Für Gesetzesbrecher wurde 1754 ein Zuchthaus im ehemaligen Pestspital St. Rochus in Maxglan eingerichtet. Der Fürst duldete keinen Schlendrian und war empfindsam bei Einwänden des Domkapitels, zu dem er anfangs ein gutes Verhältnis hatte. Dies trübte sich jedoch und blieb bis zu seinem Tode gespannt vor allem durch andauernden Widerstand von seiten des Domdechanten Graf F. Ch. von Waldburg-Zeil und des Hofkanzlers von Mölk. Dem Fürsten aber erschienen die Förderung des Glaubens und dessen Reinhaltung wichtiger als die weltlichen Regierungsgeschäfte.

S. führte das 40stündige Gebet in allen Kirchen ein (1753–56 bereits in 33 Pfarreien). 1753 wurde das donnerstägige Angst-Christi-Läuten nach dem Ave-Läuten eingeführt. In seiner Romtreue wandte S. sich gegen episkopalistische Bestrebungen des Salzburger Bischofskongresses von 1770. Als Jesuitenfreund beauftragte er 1758 I. Parhamer mit einer Mission und der Errichtung der Christenlehrbruderschaft. Unter seiner Regierung wurden mehrere Kirchen gebaut. Von seinen Stiftungen sind ein Waisenhaus für Knaben (1769) und eines für Mädchen (1771), die Vergrößerung des St. Johannes-Spitals, der Hochaltar des Sacellums (Universität) und der Bau des Priesterseminars (mit Kirche) in Klagenfurt zu nennen. Als Krönung seiner sakralen Bautätigkeit ist die 1771 von J. B. Hagenauer geschaffene Statue der Immaculata conceptio auf dem Domplatz zu bezeichnen. Die ganze Anlage bildet einen Fronleichnamsdoppelaltar. Unter dem Marienverehrer S. erreichte der Marienkult einen Höhepunkt.

Als eine beachtliche technische und künstlerische Leistung gilt die Errichtung des „Neu- oder Siegmundtores" an der schmalsten Stelle des Mönchsberges in der Stadt (123 m lang), das zur Erschließung und Verbindung des Stadtteils Riedenburg und Maxglan mit der Altstadt diente. Die künstlerische Gestaltung des 1766 eröffneten Tores führten die Brüder W. und J. B. Hagenauer (Portale) aus. Als Liebhaber der Musik war S. ein besonderer Förderer der Familie Mozart. Am Geburtstag des Erzbischofs durfte sich der damals sechsjährige W. A. Mozart 1763 erstmals bei Hofe produzieren. 1766 ernannte S. den Zehnjährigen zum Konzertmeister und gab ihm 1769 für eine Italienreise 600 Gulden. S. konnte während seiner Zeit viermal eines der Salzburger Eigenbistümer besetzen.

S. starb am 16. 12. 1771. Er fand in der Domgruft vor dem Schneeherrenaltar als letzter der mit weltlicher Landeshoheit regierenden Fürsterzbischöfe seine Ruhestätte. Seine Eingeweide wurden in der Dreifaltigkeitskirche, sein Herz im Sacellum (Universität) beigesetzt.

Literatur: *E. Mayrhofer*, Die Sedisvakanzen im Erzstift Salzburg (Diss. phil. Salzburg 1969). - *F. Martin*, Salzburgs Fürsten 217-226 (Lit.). - *U. Salzmann*. - *G. Ammerer*, in: *H. Dopsch - H. Spatzenegger* 306-323.

Abbildungsnachweis: Öl auf Leinwand, unbek. Maler. - Alte Residenz-Galerie Salzburg. - Foto Landesbildstelle Salzburg.

Franz Ortner

Schrattenbach (Schrattenpach, Schrottenbach), **Sigismund Felix Graf von** (1679–1742)

1728–1742 Fürstbischof von Laibach

Sigismund Felix von Schrattenbach wurde im Jahre 1679 zu Neukirchen in der Steiermark als vierter Sohn des Johann Balthasar Graf v. S., Freiherrn von Heggenberg und Osterwitz und dessen Ehefrau Maria Anna Elisabeth Gräfin von Wagensberg geboren und am 10. 1. getauft. Von den neun Geschwistern ergriffen drei den geistlichen Stand. Wolfgang Hannibal v. (→) S. wurde 1711 Fürstbischof von Olmütz, später Erzbischof und Kardinal, ein weiterer Bruder Ernst später Abt von Emaus in Prag. 1696 wurde S. Domherr in Salzburg. 1698–1701 studierte er in Rom Theologie, und am 30. 11. 1703 wurde er in Salzburg zum Priester geweiht. 1718 rückte er dort zum Domdechanten auf. Am 14. 7. 1727 nominierte Kaiser Karl VI. ihn zum Fürstbischof von Laibach. Im gleichen Jahr erhielt er ein Eligibilitätsbreve für Salzburg. Die päpstliche Verleihung des Bistums Laibach folgte am 26. 1. 1728. Sein Salzburger Kanonikat konnte er beibehalten. Am 17. 3. wurde S. inthronisiert.

S. pflegte durch regelmäßige Visitationen und
Kleruskonferenzen in Laibach und Oberburg
Kontakt zu Klerus und Volk. Aus der Sorge um
die Katechese veranlaßte er die Herausgabe
mehrerer katechetischer und liturgischer Bücher. 1741 widmete Franz M. Paglovec ihm eine
Neuausgabe des Lektionars. Unter S.s Episkopat entstanden die schönsten Barockkirchen
Sloweniens. Er selbst ließ das Priesterseminar
und den Bischofspalast erweitern. Auch die
Ausstattung der Kirchen lag ihm am Herzen. So
erhielten zu seiner Zeit viele Pfarreien neues
liturgisches Gerät, Paramente, Orgeln und Altäre. 1742 richtete S. die Stelle eines ständigen
Bibliothekars an der öffentlichen Bibliothek
ein. 1740 visitierte er auf Wunsch des kranken
Fürstbischofs J. M. v. (→) Thun die Diözese
Gurk und übernahm deren Leitung in spiritualibus. S. starb am 12. 6. 1742 zu Oberburg und
wurde dort auch beigesetzt.

Literatur: *C. v. Wurzbach* 31 (1876) 268f. -
M. Miklavčič, in: SBL 3 (1960/71) 242f.

Abbildungsnachweis: Kupferstich. - Narodni Muzej,
Grafični Kabinet, Ljubljana.
                                    France M. Dolinar

**Schrattenbach, Vinzenz Joseph Franz Sales
Graf** (seit 1788 **Fürst**) **von** (1744 − 1816)

1777 − 1790 und
1795 − 1800 Fürstbischof von Lavant
1800 − 1816 Bischof von Brünn

→ Bd. 1, 671f.

Schrattenbach, Wolfgang Hannibal Graf von
(1660 − 1738)

seit 1697   Konsistorialpräsident in
               Salzburg
1711 − 1738 Fürstbischof von Olmütz
1712   Kardinal

Wolfgang Hannibal von Schrattenbach wurde
am 12. 9. 1660 auf Burg Lemberg bei Cilli in der
Steiermark als ältester Sohn des Johann Bal-
thasar v. S. und der Anna Elisabeth Gräfin von
Wagensberg geboren. Für den geistlichen
Stand bestimmt, studierte er 1677 − 83 als
Alumne des Collegium Germanicum in Rom
(Dr. phil. et theol.). 1682 wurde er Domherr in
Olmütz und Salzburg. Am 28. 9. 1688 empfing
er die Priesterweihe. 1699 wurde er in Salzburg
Domdekan.

Von seinen Brüdern wurde Ernst Benediktiner,
Abt von St. Paul in Kärnten und später des
Emmausklosters in Prag, ferner Generalvisitator der Benediktinerklöster der Kongregation
von Montserrat in Böhmen sowie Rat seines
Bruders und des Erzbischofs von Salzburg. Ein
anderer Bruder, Sigismund Felix v. (→) S., war
1727 − 42 Bischof von Laibach. Ein Neffe des
Kardinals, Sigismund Christoph v. (→) S.,
wurde 1753 − 71 Erzbischof von Salzburg, ein
anderer, Rudolf Friedrich, infulierter Propst zu
Brünn. Vier Töchter seines Bruders Rudolf
Friedrich Ferdinand wurden Stiftsdamen.

Nachdem S. am 15. 9. 1711 zum Fürstbischof
von Olmütz gewählt und am 23. 11. 1711
päpstlich bestätigt worden war, erfolgte auf
Vorschlag von Kaiser Karl VI. bereits am 18. 5.
1712 seine Berufung in das Kardinalskolleg.
Der Kaiser setzte ihm am 12. 8. 1712 in Wien
das Birett auf. 1714 erhielt S. die Titelkirche
S. Marcello in Rom. Zugleich erfolgte seine
Berufung in fünf Kardinalskongregationen.

1713 wurde S. kaiserlicher Rat und anläßlich
der Friedensverhandlungen zu Utrecht „Con-
protektor" der deutschen Nation. 1714 ging er
als kaiserlicher Gesandter an den päpstlichen
Hof und 1719 als Vizekönig, Statthalter und
Generalkapitän nach Neapel, das nach dem
Spanischen Erbfolgekrieg an Habsburg gefallen war. Als geschickter Diplomat wurde S.
gleichermaßen von kaiserlicher wie von
päpstlicher Seite für vertrauliche Missionen in
Anspruch genommen. Seine diplomatische
Korrespondenz aus dem Jahre 1694 − 1722 mit
nahezu allen bedeutenden Persönlichkeiten
Deutschlands, Frankreichs, Italiens und Spaniens blieb erhalten, während die sizilianische
und holländische Korrespondenz verloren
ging. 1721 nahm S. am Konklave teil, und 1722

kehrte er nach siebenjähriger Abwesenheit in seine Diözese zurück.

1723 nahm er an der Krönung Karls VI. zum König von Böhmen teil. 1725 wurde er Geheimrat, 1726 Kardinalprotektor Germaniae. Zugleich verschaffte er den vier ersten Dignitären seines Domkapitels, später auch dem Rektor zu St. Anna und dem Pfarrer von St. Mauritz, das Recht zum Gebrauch der Pontifikalien. 1729 wurde in Olmütz und Kremsier mit großem Pomp die Heiligsprechung des Johann Nepomuk gefeiert. Die seit 1715 von S. betriebene Seligsprechung des 1620 in Olmütz von aufständischen Protestanten zu Tode gefolterten Priesters Johann Sarkander als eines mährischen Heiligen ließ sich dagegen damals noch nicht durchsetzen.

Unter S. entstanden die meisten Barockdenkmäler Mährens, häufig zur Erinnerung an die Pest von 1715. S. selbst erbaute 1724 – 36 die Marienkirche zu Kremsier neu. Er restaurierte die Kirchen in Podhradni Lhota, Wlkosch und Wischau sowie das Kapuzinerkloster zu Wischau. 1733 errichtete er bei der Stadtpfarrkirche St. Mauritz eine Kapelle zur schmerzhaften Muttergottes und 1738 bei der Marienkirche ein Emeritenhaus für alte Priester. 1724 legte er den Grundstein zur Kirche der Piaristen in Kremsier. Das bischöfliche Schloß zu Wischau, in dem S. sich mit Vorliebe aufhielt, erweiterte er um ein Theater. Hier wie im Schloß zu Kremsier ließ er den Garten umgestalten. Für die Gnadenbilder zu St. Thomas in Brünn und

auf dem Hl. Berg bei Olmütz stiftete er goldene Kronen. Bei der Übernahme des Bistums durch S. war dieses hoch verschuldet, so daß dieser sein Salzburger Kanonikat beibehalten durfte. Auf diesem Hintergrund sind seine baulichen Aktivitäten recht beachtlich.

S. starb am 22. 7. 1738 zu Brünn. Er wurde in der von ihm erbauten Muttergotteskapelle zu St. Mauritz in Kremsier beigesetzt.

Literatur: *F. J. Schwoy* 50. - *B. Dudik* 83-89. - *Ch. d'Elvert*, Die Grafen von Schrattenbach, in: Notizen-Blatt (1877) 1-4. - *J. Matzke*, Fürstbischöfe 63-67. - *A. Zelenka* 241-244. - *R. Zuber* 105-129.

Abbildungsnachweis: Stich von Johann Heinrich Störchlin (1687-1737). - Wien NB 508.715 B.

Aleš Zelenka

Schreiber, Elias Dionysius († 1729)

1698 – 1725 Dechant und Fürsterzbischöflicher Vikar der Grafschaft Glatz (Erzdiözese Prag)

∗ in Landeck (Grafschaft Glatz); Pfarrer von Kunzendorf; 18. 4. 1698 Dechant und Fürsterzbischöflicher Vikar der Grafschaft Glatz; 1699 Apostolischer Protonotar; 1707 Pfarrer von Landeck. S. nahm sein Amt mit großer Strenge wahr. Unter ihm wurden in der Grafschaft die alten hölzernen Kirchen vielfach durch barocke Neubauten ersetzt (1700 – 21: 15). 1725 resignierte K. wegen Krankheit auf sein Amt. † September 1729 in Landeck.

Literatur: *F. Volkmer* 72-76.

Erwin Gatz

Schröffel von Schröffenheim, Ferdinand (seit 1697 Freiherr) (1639 – 1702)

1696 – 1702 Weihbischof in Olmütz, Ep. tit. Sebastenus

∗ 28. 1. 1639 in Olmütz; 1657 nichtres. Domherr in Olmütz; 1661 Dr. iur. utr. (Sapienza); 23. 4. 1662 Priester; res. Domherr in Olmütz und Pfarrer sowie Dekan von Müglitz; 1667 Stadtpfarrer von Olmütz/St. Mauritz und Dekan. Dort ließ er die barocke Pfarrkirche auf eigene Kosten restaurieren und 1679 – 82 ein Pfarrhaus erbauen. Darüber kam es zu heftigem Streit mit dem Stadtrat, in dem Bischof K. v. (→) Liechtenstein-Kastelkorn vermittelte. S. stiftete an der Pfarrkirche eine mit 2 000 fl. bedachte Fronleichnamsbruderschaft. 1680 Notar des Domkapitels und Direktor der Kapitelsgüter; 1682 Domkustos; 1689 Domscholaster. 1695 setzte S. auf Wunsch des Wiener Hofes die Wahl des erst 15jährigen (→) Karl von Lothringen gegen den vom Kapitel in Aussicht genommenen F. A. v. (→) Losenstein durch. 3. 12. 1696 Titularbischof von Sebaste und Weihbischof in Olmütz; Ernennung zum kaiserlichen Geheimen Rat und Erhebung in den Freiherrenstand. S. war einer der bedeutendsten Olmützer Geistlichen seines Jahrhunderts. Bekannt als Kunstfreund, Sammler und Vertreter der Interessen des Fürstbistums; † 23. 8. 1702; □ Prämonstratenserkloster Hradisch bei Olmütz, dem er seine Sammlungen vermachte.

Literatur: *J. Matzke*, Ferdinand Schröffel von Schröffenheim, in: Mährisch-schlesische Heimat 1962, 14-20. - *Ders.*, St. Mauritz 100.

Aleš Zelenka

Schroffenberg, Joseph Konrad Reichsfreiherr von (1743 – 1803)

1780 – 1803 Fürstpropst von Berchtesgaden
1790 – 1803 Fürstbischof von Freising und Regensburg

→ Bd. 1, 677 f.

Schuberth, Johann Ernst (1654 – 1706)

1684 – 1705 Generalvikar in Bamberg

* 1654 in Bamberg; Studium der Theologie in Wien und 1676 – 79 als Alumne des Collegium Germanicum in Rom (Dr. theol.; Dr. iur. utr.); 25. 2. 1679 Priesterweihe in Rom; Kanonikus an St. Jakob in Bamberg; 1679 – 92 Inspektor des Bamberger Priesterseminars; 1681 Geistlicher Rat; 1685 Pfarrer von St. Martin in Bamberg; seit 1684 Generalvikar der Fürstbischöfe M. S. (→) Schenk von Stauffenberg und L. F. v. (→) Schönborn; 1684 Scholaster, 1685 Dekan des Stiftes St. Jakob; 1686 Apostolischer Protonotar; † 6. 2. 1706.

Literatur: *F. Wachter* Nr. 9206.

Egon Johannes Greipl

Schüller (kaiserl. Personaladel seit 1782: **von Ehrenthal**), **Johann Joseph** (1738 – 1794)

1780 – 1794 Apostolischer Administrator des Bistums Meißen in der Lausitz
1783 – 1794 Ep. tit. Danabensis

Johann Joseph Schüller wurde am 5. 11. 1738 in der dem Zisterzienserinnenkloster St. Marienthal gehörenden Stadt Ostritz (Lausitz) als Sohn eines Seifensieders geboren. Er besuchte die Schule seiner Vaterstadt und das Gymnasium zu Reichstadt (Zakupy) in Böhmen, wo er bei einem geistlichen Verwandten lebte. Seine Studien absolvierte er nach Unterbrechungen durch den Siebenjährigen Krieg ab 1749 als Alumne des Wendischen Seminars in Prag am Clementinum (Dr. phil., Bacc. theol.). Am 20. 12. 1761 wurde er in Prag zum Priester geweiht. Danach war er Kaplan zu Wiesa (Višnová), 1765 Pfarrer in Friedland (Frydlant), 1768 in Reichenberg (Liberec) und 1775 zu Wiesa in Böhmen. 1779 wurde er nichtresidierender Kanonikus des Domkapitels in Bautzen und als solcher am 9. 10. 1780 zum Domdekan und damit zum Apostolischen Administrator des Bistums Meißen in der Lausitz gewählt. 1782 nobilitierte Kaiser Joseph II. ihn unter dem Prädikat „von Ehrenthal". Am 10. 7. 1783 erfolgte die Ernennung zum Titularbischof von Danabe. Am 21. 9. 1783 wurde er in Prag durch Weihbischof E. D. (→) Krieger konsekriert.

S. war stark von der böhmischen Aufklärung beeinflußt und um Schulwesen, Katechese und Predigt bemüht. Die Reformen Kaiser Josephs II. begrüßte er, hatte aber Sorgen um den Fortbestand der Lausitzer Klöster St. Marienstern und St. Marienthal sowie des Magdalenerinnenklosters in Lauban. Kaiserlichen Aufhebungsbestrebungen versuchte er dadurch zuvorzukommen, daß er den Klöstern empfahl, Schulen einzurichten, Unterricht zu übernehmen und mehr für die Armen- und Krankenfürsorge zu tun. Stark waren die Einflüsse der josephinischen Aufklärung am Wendischen Seminar in Prag. Die diesem drohende Aufhebung konnte S. verhindern. Während seiner Amtszeit weilten über 100 französische Priester, die aus ihrer Heimat geflohen waren, im Gebiet der Administratur. 1783 kamen die Marienthaler Patronatspfarreien Ostritz, Grunau, Königshain und Seitendorf, die bis dahin zur Erzdiözese Prag gehört hatten, unter die Jurisdiktion des Apostolischen Administrators der Lausitz.

S. starb am 14. 9. 1794 zu Lauban, wo er sich zur Visitation des Magdalenerinnenklosters aufhielt. Er wurde in der Pfarrkirche von Ostritz beigesetzt.

Schriften: Directorium divini officii ac SS. Missae Sacrificii pro annis 1781-1794 (Budissina 1781-94.).

Literatur: G. F. Otto III 219.

Abbildungsnachweis: BDM FotoDok.

Siegfried Seifert

Schütz von Holzhausen, Konstantin Reichsfreiherr ⟨OSB, Taufname: Johann Philipp Franz⟩ (1709 – 1775)

1757 – 1775 Weihbischof in Fulda, Ep. tit. Mennithensis

* 28. 10. 1709 in Haßfurt (Bistum Würzburg); 6. 11. 1729 Einkleidung und 17. 11. 1730 Profeß im Benediktinerstift Fulda; 24. 9. 1735 Priesterweihe in Paris; 1739 Aufnahme in das Fuldaer Stiftskapitel; 1748 Propst von St. Peter/Fulda; 1756 Präsident der Landesobereinnahme in der weltlichen Regierung des Hochstiftes; 26. 9. 1757 Ernennung zum Titularbischof von Mennith und Weihbischof in Fulda; 6. 11. 1757 Konsekration; 1757 Geheimer Fürstlicher Rat und Propst von Blankenau; † 23. 9. 1775 in Fulda.

Literatur: G. Richter 84.

Werner Kathrein

Schütz von Holzhausen, Marian Joseph Philipp Anton Reichsfreiherr (1728 – 1790)

1775 – 1790 Generalvikar in Mainz

* 15. 2. 1728 als Sohn des Franz Anton Wolfgang v. H. und der Maria Anna Barbara von Guttenberg; 1740 Domizellar, 1760 Domkapitu-

lar, 1778 Domscholaster in Mainz; Dekan der Ritterstifte St. Alban in Mainz und Odenheim zu Bruchsal; 1775 Generalvikar von Erzbischof F. K. J. v. (→) Erthal; 1774 Archipresbyter; kurmainzischer Geheimer Rat; † 13. 6. 1790.

Literatur: G. Rauch III 156.

Friedhelm Jürgensmeier

Schuler, Jacques (1588 – 1658)

1634 – 1644 und
1655 – 1658 Generalvikar der Diözese Lausanne in Freiburg/Schweiz

* 1588 in Freiburg/Schweiz; Studium am Collegium Helveticum in Mailand (Dr. theol.); Koadjutor des Stadtpfarrers von Freiburg; 1617 Chorherr am Kollegiatstift St. Niklaus in Freiburg; 1618 – 29 Stadtpfarrer ebd. (Demission wegen Differenz mit dem Stiftskapitel); 1634 Apostolischer Protonotar; 26. 4. 1634 Generalvikar von Bischof J. de (→) Watteville; Okt. 1644 Demission wegen Differenzen mit der Freiburger Regierung; 1650 Dekan des Stiftskapitels von St. Niklaus; 1655 nach dem Tode seines Nachfolgers J. P. (→) Dumont erneut Generalvikar unter Bischof J. (→) Knab; † 13. oder 14. 5. 1658 in Freiburg; □ St. Niklaus in Freiburg.

Schriften: Hercules catholicus, hydrae ursinae decem capitum domitor, et viperarum inde prognatarum ex parte recastigator authore Iacobo Schueler ... (Freiburg/Schweiz 1651).

Literatur: P. Rück, in: HS I/4 (1988) 289-291 (Lit.).

Pierre Louis Surchat

Schulz (Szulc), Nikolaus Anton (Mikołaj Antoni) (1695 – 1761)

1742 – 1761 Generalvikar der Diözese Ermland

* 1695 in Wartenburg (Ermland) als Sohn einer Patrizierfamilie; seit 1708 in Rößel, seit 1713 in Braunsberg Besuch des Jesuitengymnasiums; Studium des kanonischen Rechtes und der Theologie in Warschau; 14. 4. 1721 Priester; bischöflicher Kanzler und Notar sowie seit 1723 Inhaber des Heilsberger Schloßbenefiziums und seit 1726 Kanonikus in Guttstadt; 1731 ermländischer Domherr (päpstl. Verleihung); 1738 Domkantor; 15. 10. 1739 Generaloffizial von Bischof K. J. A. (→) Szembek; nach dessen Tod (16. 3. 1740) Generaladministrator des Bistums; 1742 Generalvikar von Bischof

A. S. (→) Grabowski; 1745 Domdechant in Frauenburg. S. war sehr begabt und eifrig und spielte in der Diözesanverwaltung lange eine wichtige Rolle. † 6. 4. 1761 in Frauenburg; ☐ Frauenburger Dom; S. hinterließ der Kathedrale zahlreiche Bilder.

Literatur: *A. Eichhorn*, Prälaten 387-390, 637. - *G. Lühr*, Die Schüler des Rösseler Gymnasiums, in: ZGAE 15 (1905) 695 f. - *E. Brachvogel*, Grabdenkmäler 761 f. - *H. Schmauch*, in: APB 2 (1967) 647. - *T. Oracki* 2 (1988) 140 f.

Anneliese Triller

Schumacher, Peter (1736 – 1789)

1784 – 1789 Generalvikar in St. Pölten

→ Bd. 1, 682.

Schwang, Johann Conrad (1676 – 1737)

1719 – 1737 Generalvikar für das Niedererzstift Trier in Koblenz

* 1676 in Horchheim bei Koblenz; 1695 – 96 Studium in Mainz (Mag. phil.); 18. 7. 1700 Priesterweihe; Vicarius curatus in Hilscheid (Westerwald); 1704 Kanonikus von St. Marien in Wetzlar, 1708 von St. Georg in Limburg; dort später Kantor und Inhaber der Stiftspfarrei; 1714 Geistlicher Rat und Sekretär am Offizialat in Koblenz; 1716 Offizialatskommissar. Mit der von Erzbischof (→) Franz Ludwig von Pfalz-Neuburg am 10. 7. 1719 unterzeichneten Vikariatsordnung wurde das Offizialat Generalvikariat für das Niedererzstift und erste Instanz des geistlichen Gerichtes unter dem Konsistorium in Trier. S. wurde am 18. 7. 1719 zum Generalvikar ernannt, führte aber weiter den Titel Offizialatsverwalter oder -kommissar. 1720 Apostolischer Protonotar; eine erzbischöfliche Präsentation auf ein Kanonikat an St. Kastor in Karden 1722 wurde nicht rechtswirksam; 1723 – 37 zusätzlich Pfarrer von ULFrau in Koblenz; 1728 zudem Rektor des in Koblenz neugegründeten Priesterseminars; 1730 Kanonikus, 1737 Scholaster an St. Florin in Koblenz; † 13. 12. 1737; ☐ Liebfrauenkirche in Koblenz.

Quellen: LHA Koblenz, Abt. 1 C. - BATr, Abr. 20 u. 45; N. v. Hontheim.

Literatur: *G. Reitz*, Kirchenchor Unser Lieben Frauen Koblenz (Koblenz 1929). - *A. Diederich*. - *F. Pauly*, St. Kastor. - Verz. d. Studierenden Mainz 740.

Wolfgang Seibrich

Schwarz, Engelbert (1746 – 1813)

1784 – 1805 Direktor des Gurker Konsistoriums

* 30. 10. 1746 zu Gurk; 14. 8. 1769 Priesterweihe in Straßburg (Kärnten); 1776 Hofkaplan von Fürstbischof J. Fr. v. (→) Auersperg; 1784 von Fürstbischof Franz Xaver von (→) Salm-Reifferscheidt-Krautheim mit der Direktion des Gurker Konsistoriums betraut. Unter S. erfolgte im Zuge der josephinischen Diözesanregulierung die Verlegung des Konsistoriums von Straßburg nach Klagenfurt und eine Neuaufstellung des Spiritualarchivs. Die dabei von S. eingeführte Ordnung der Akten nach „Generalia" und „Particularia" behielt ihre Gültigkeit bis in das 20. Jh. 1791 Propst des Kollegiatkapitels zu Straßburg; 1805 Pfarrer und Propst von Kraig; † 16. 11. 1813.

Literatur: *P. G. Tropper*, Konsistorium.

Peter G. Tropper

Schweiberer, Johann Mathäus (1700 – 1781)

1779 – 1781 Weihbischof in Prag, Ep. tit. Antipatrensis

* 22. 2. 1711 in Weseritz (Bezdružice) in Böhmen; 7. 4. 1738 Priester; 1743 Bacc. theol. (Prag); Pfarrer, erzbischöflicher Vikar, Präses des Priesterseminars in Prag; Kanonikus in Altbunzlau (Stará Boleslav); 1759 Domherr und deutscher Domprediger in Prag; 1761 als erster Nichtjesuit Direktor der Theologischen Fakultät und Rektor der Universität Prag; 1767 Dekan von St. Apollinar in Prag; 17. 7. 1779 Titularbischof von Antipatris und Weihbischof in Prag; 15. 8. 1779 Konsekration durch Erzbischof A. P. v. (→) Przichowsky; Dekan des Kapitels in Altbunzlau; 1780 Domdechant in Prag; Assessor der Rektifikationskommission der böhmischen Stände; † 27. 6. 1781 in Königssaal bei Prag.

Literatur: *A. Podlaha* 285 f. und Suppl. I 16.

Kurt A. Huber

Schwertz, Freiherr von Rest, Johann Heinrich (1658 – 1702)

1693 – 1700 Generalvikar in Breslau

* 21. 6. 1658 in Peterwitz (Schlesien) als Sohn des kaiserlichen Generals Franz Johann S. und der Freiin Barbara Anna von Crafft und Lammersdorf; Besuch des Gymnasiums in Glatz; Studium der Philosophie in Breslau, 1676 – 79

der Theologie in Rom als Alumne des Collegium Germanicum; 27. 5. 1684 Priesterweihe in Neisse; 1685 Domherr, 1692 Domscholaster in Breslau; 1693 – 1700 Generalvikar (→) Franz Ludwigs von Pfalz-Neuburg; † Juni 1702 in Breslau.

Literatur: *J. Jungnitz*, Germaniker 201-203.

Jan Kopiec

Sedeler (Seddeler), **Joseph Paul** (1735 – 1776)

1775 – 1776 Weihbischof in Prag, Ep. tit. Lycopoliensis

≈ 25. 1. 1735 in Neu-Prag; 18. 12. 1757 Priester; Dechant in Trautenau (Trutnov); 1769 Domherr in Prag; 1774 Dr. theol. (Prag) und Rektor der Universität; 11. 9. 1775 Titularbischof von Lycopolis und Weihbischof in Prag; 1775 Dekan des Stiftes Altbunzlau (Stará Boleslav); † 4. 9. 1776.

Literatur: *A. Podlaha* 291 und Suppl. I 17f.

Kurt A. Huber

Seelmann, Johann Andreas (1732 – 1789)

1772 – 1789 Weihbischof der Diözese Speyer, Ep. tit. Tremithensis

* 7. 8. 1732 in Ebensfeld (Oberfranken); Studium (1750 Dr. phil.; 1760 Bacc. theol.) und 20. 9. 1755 Priesterweihe in Bamberg; seit 1758 Lehrer der jungen Adligen am Hofe des Bischofs von Bamberg; 1762 Kanonikus an St. Gangolph in Bamberg; 1768 Regens und Professor für Kirchenrecht am Priesterseminar in Bruchsal; 1769 Kanonikus, 1774 Dekan an St. German und St. Moritz zu Speyer; 1. 6. 1772 Titularbischof von Tremithusia und Weihbischof der Diözese Speyer; Präses des bischöflichen Vikariates; 28. 6. 1772 Konsekration durch Bischof D. A. v. (→) Limburg-Styrum; das Kanonikat bei St. Gangolph in Bamberg durfte S. beibehalten, ohne der Residenzpflicht zu genügen. S. war bei seiner Berufung zum Weihbischof von Jesuiten febronianischer Anschauungen verdächtigt worden, konnte sich aber mit Hilfe von Limburg-Styrum rechtfertigen. Er besaß das Vertrauen des Bischofs so lange, bis er wegen eines Gutachtens über Johann Lorenz Isenbiehls „Neuer Versuch über die Weissagung vom Emmanuel" in den Verdacht der Heterodoxie geriet. Es kam zu schweren Zusammenstößen, so daß S. 1777 sein Amt vorübergehend niederlegte. Die Gegensätze bestanden bis zu S.s Tod fort. † 8. 10. 1789 in Speyer.

Schriften: *J. A. Seelmann* - *R. Schuhmann* (Übers.), *Ch. Fleury*, Dissertationes VII in historiam ecclesiasticam (Bamberg 1765). - Lob- und Trauerrede auf den höchstseligen Hintritt des Hochwürdigsten … Priester Cardinals Franz Christoph von Hutten, Bischofs zu Speyer … am Tage seiner Beysetzung. Vorgetragen in der Hofkirche zu Bruchsal den 10. May 1770 (Bruchsal 1770).

Literatur: *Reusch*, in: ADB 33 (1891) 580f. - *F. X. Remling* II 680, 704, 718, 750-757. - *F. Wachter* 465 f. - *A. Wetterer*, Speierer Generalvikariat 122, 125. - *L. Stamer* III/2 (1959) 149-151. - *P. Fuchs*, Der Pfalzbesuch des Kölner Nuntius Bellisomi von 1778 und die Affäre Seelmann in der Korrespondenz des kurpfälzischen Gesandten in Rom Tommaso Marchese Antici, in: AmrhK 20 (1968) 167-226. - *F. Haffner*, Weihbischöfe.

Hans Ammerich

Seinsheim, Adam Friedrich Reichsgraf von (1708 – 1779)

1755 – 1779 Fürstbischof von Würzburg
1757 – 1779 Fürstbischof von Bamberg

Adam Friedrich von Seinsheim wurde am 16. 2. 1708 zu Regensburg als Sohn des Maximilian Franz v. S., eines amtierenden Ministers des bayerischen Kurfürsten Max Emanuel, und der Philippina von Schönborn geboren. Die Mutter war eine Nichte des mächtigen Mainzer Kurfürst-Erzbischofs L. F. v. (→) Schönborn, was für S.s Karriere eine bedeutende Rolle spielen sollte. Die Familie S. stammte ursprünglich aus Franken, saß aber seit 1570 auf Schloß Sünching bei Regensburg. S. wurde 1718 Domizellar in Bamberg und 1720 in Würzburg. In Salzburg studierte er Philosophie (1724 Mag.), 1725 – 27 zusammen mit seinem älteren Bruder Joseph Franz als Alumne des Collegium Germanicum in Rom Theologie und später in Würzburg und Leyden die Rechte. Danach nahm er eine politische und diplomatische Tätigkeit bei seinem Onkel, dem Erzbischof Schönborn, auf, die ihn an die Höfe von München, Trier und Köln führte. 1742 erhielt er die Stelle eines Rotaauditors. 1751 erfolgte die Ernennung zum kaiserlichen Geheimen Rat. Als bedeutsam für seine Laufbahn erwies sich vor allem das Vertrauen, das er beim Würzburger Fürstbischof A. F. v. (→) Ingelheim genoß. Dieser machte ihn zum würzburgischen Geheimen Rat, zum Präsidenten der Hofkammer und des Hofkriegsrates. Im Rahmen dieser Tätigkeit erwarb S. sich intime Kenntnisse der Würzburger Verhältnisse, handelte 1749 Subsidienverträge mit Holland, 1750 mit England

aus und gewann einen vollständigen Überblick
über die Finanzlage des Hochstifts. Als Ingelheim 1749 starb, kam S. mit seiner Kandidatur
um die Nachfolge, vielleicht wegen fehlender
Unterstützung durch den Kaiserhof, nicht zum
Zuge. Da Fürstbischof K. Ph. v. (→) Greiffenclau jedoch schon 1754 schwer erkrankte,
eröffneten sich neue Möglichkeiten für S. Im
gleichen Jahr trat er jedoch auch in das Kölner
Metropolitankapitel ein. Bei Greiffenclaus Tod
hatte S. die Mehrheit der Kapitulare auf seiner
Seite. Nicht zuletzt der Unterstützung durch
den kaiserlichen Wahlgesandten verdankte er
seine einstimmige Wahl am 7. 1. 1755. Die
päpstliche Konfirmation folgte am 17. 3. des
gleichen Jahres. 1756 interessierte sich S. auch
für die Fürstpropstei Ellwangen, doch scheiterte diese ungenügend vorbereitete Kandidatur.
Hingegen kam er nach dem Tode von F. K. v.
(→) Stadion für die Nachfolge in Bamberg in
Frage, obwohl er zunächst kein Interesse gezeigt hatte. Diese Wahl muß in engem Zusammenhang mit den Ereignissen des Siebenjährigen Krieges gesehen werden. Der Wiener Hof
schilderte in Rom den drohenden Einmarsch
preußischer Truppen in das wegen der Vakanz
fast handlungsunfähige Hochstift und warb
für die Personalunion der fränkischen Stifte.
Daraufhin erhielt sein Kandidat S. am 7. 4. 1757
ein Wählbarkeitsbreve und am 21. 4. alle Stimmen des Domkapitels. Die Wahlbestätigung
folgte am 23. 5. 1757.

In der geistlichen Leitung der Diözesen hielt
sich S. auf den Bahnen seiner Vorgänger. Er
zeigte persönliche Frömmigkeit, versah seine
Pflichten gewissenhaft und befleißigte sich bei
aller Prachtentfaltung des barocken Hofes eines tadellosen geistlichen Lebenswandels. In
Bamberg führte er die Ewige Anbetung ein. In
seiner Förderung des Wallfahrtswesens, die
1772 in der festlichen Einweihung von Vier-
zehnheiligen ihren Ausdruck fand, gehörte er
noch der barocken Frömmigkeitsepoche an,
hingegen spiegelten die mit päpstlicher Genehmigung und gegen gewissen Widerstand in den
Kreisen der Bevölkerung durchgeführten Feier-
tagsbeschränkungen schon den Einfluß der
Aufklärung. Die Religionsunterweisung war
ihm ein besonderes Anliegen. S. betonte in
verschiedenen Erlassen die Notwendigkeit der
sonntäglichen Katechese und regte katecheti-
sche Predigtzyklen an. Auch nach Aufhebung
des Jesuitenordens ließ er die ehemaligen Ordensleute in seinen Sprengeln weiterhin Volksmissionen durchführen. Überhaupt scheint die
Haltung von S., der seit 1731 Freimaurer war
und seit 1753 der Loge Aux Trois Canons zu
Wien angehörte, gegenüber den Jesuiten im
Vergleich zur Würzburger Professorenschaft

eher gemäßigt gewesen zu sein. In Bamberg
hatte er noch 1772 den Grundstein für ein
neues Schulgebäude der Jesuiten gelegt.

Außenpolitisch war S., schon im wohlverstan-
denen Interesse seiner Hochstifte, zuverlässi-
ger Parteigänger Wiens. Auch innerhalb des
fränkischen Reichskreises warb er für diese
Politik. Während des Siebenjährigen Krieges
gelang es ihm, den Ansbacher Hof auf die
kaiserliche Seite zu ziehen. Der Wiener Hof
hätte S. nach dem Tode des Kölner Kurfürsten
(→) Clemens August von Bayern gern als
Nachfolger gesehen, scheiterte jedoch am Widerstand des Metropolitankapitels. Aus fiskalischen Gründen schloß S. 1755 mit Hannover
einen Subsidienvertrag, der aber wegen der
veränderten politischen Konstellation 1756
nicht verlängert wurde. Zu Beginn des Siebenjährigen Krieges unterzeichnete S. ein Militärbündnis mit Wien und stellte zwei Regimenter
zur Verfügung, eines davon gegen Subsidienzahlung. Deswegen wurden die Hochstifte
Bamberg und Würzburg von preußischen Inva-
sionen heimgesucht. Trotzdem stimmte S. 1758
und 1760 einer Bündnisverlängerung zu. Enttäuscht über die ausbleibende Hilfe Wiens war
er 1762 nahe daran, eine Neutralitätserklärung
abzugeben. Eine gewisse Entschädigung bildete allerdings der hohe Preis von 1 Mio. fl., den
der Kaiserhof 1759 für die bambergischen
Güter in Kärnten zahlte. Während des Bayerischen Erbfolgekrieges 1778 − 79 sympathisier-
te S. wiederum mit Habsburg, mußte jedoch
Neutralität wahren, da das Domkapitel einem
Militärbündnis nicht zustimmte.

Im Bereich der inneren Verwaltung konnte S.
auf der Neuordnung F. K. v. (→) Schönborns
aufbauen. Das Verhältnis zu den Domkapiteln
war durch kapitulationsähnliche Verträge
(„Erinnerungen und Anmahnungen") gekennzeichnet, in denen die Besetzung der höchsten
Staatsstellen mit Domherren sowie die Konsul-
tation des Kapitels vor dem Abschluß von
Verträgen, bei der Aufnahme von Krediten und
der Ausschreibung von Steuern festgelegt war.
In Würzburg erließ S. eine neue Kanzleiordnung und regelte die Zulassung der Advokaten
bei den Gerichten. Wie vor ihm Schönborn
regierte er absolutistisch und bearbeitete alle
wichtigen Vorgänge selbst. Deshalb und wegen
seiner an der Naturrechtslehre der Aufklärung
orientierten Staatsauffassung wurde er gelegentlich als „friderizianischer Bischof" charakterisiert. Im Grunde war er jedoch mißtrauisch
und ließ sich vor seinen Entscheidungen zahlreiche Gutachten erstellen, ohne sich unbedingt daran zu binden. Wegen der Personalunion von Würzburg und Bamberg wurde bei
Abwesenheit des Fürsten im jeweils anderen

Hochstift ein Statthaltereikollegium eingesetzt, das allerdings wirkliche Entscheidungsbefugnis nicht besaß. Durchgreifende Reformen im Sinne eines großen Programms hat S. nicht in Angriff genommen. Wie seine Vorgänger und seine Kollegen nutzte er die reichskirchliche Position, um auch seine Familie zu bedenken. Alle Bemühungen um Konsolidierung der Finanzen, denen sein Hauptaugenmerk galt, waren vergeblich. Weder der Subsidienvertrag mit Hannover noch die Einführung eines neuen Steuertarifs, der staatlichen Lotterie und der Spielkartensteuer konnten verhindern, daß die Schuldenlast des Hochstifts Würzburg um eine Mio. fl. stieg. In Bamberg, das schon traditionell verschuldet war, sah es nicht viel besser aus. Ob S.s Maßnahmen zur Verkehrs- und Wirtschaftsförderung wirklichen Erfolg hatten, ist schwer zu sagen. Er sorgte für eine regelmäßige Schiffahrt auf Main und Rhein, seit 1746 von Kitzingen, seit 1751 auch von Würzburg aus. 1766 kam es mit Kurmainz zu einem Vertrag über Zollerleichterungen auf dem Main, dem neben dem zunächst betroffenen Würzburg auch Bamberg beitrat. In Würzburg ließ S. am Mainkai den großen Kran und ein Lagerhaus errichten. 1758 erging der Auftrag zum Ausbau der wichtigsten Straßen: hierbei gelang es S., den fränkischen Kreis mit heranzuziehen. Schwerpunktmäßig wurden die Spessartstraße Nürnberg-Frankfurt, aber auch die nach Sachsen und ins Schwäbische führenden Verkehrswege verbessert. Merkantilistischen Zielen dienten die Inbetriebnahme alter Bergwerksanlagen im Hochstift Bamberg, die Eröffnung einer Steinkohlengrube für den Export (1766) sowie eines Textilbetriebes, der nach dem Scheitern einer Marmorfabrik dem Bamberger Armenhaus angegliedert wurde.

Unter dem Einfluß des josephinischen Österreich unternahm S. eine Reform des Schulwesens. In Würzburg wurde die allgemeine Schulpflicht eingeführt und die Stadt in Schulbezirke unterteilt. Zur Bestandsaufnahme und zur Erarbeitung von Verbesserungsvorschlägen setzte er eine Kommission ein, deren Tätigkeit zur Schulordnung von 1774−75 führte. Eine Staatsprüfung sowie eine staatliche Lehrerbildungsanstalt sollten das Niveau der Schulen verbessern. Auch in Bamberg berief S. eine Schulkommission. Dort kam es 1769 nach einer scharfen Visitation zu der Reform des Jesuitengymnasiums. An den Universitäten Würzburg und Bamberg wurden die Verhältnisse an den medizinischen Fakultäten verbessert, die Jesuiten in der Philosophie und Theologie allmählich zurückgedrängt und durch Vertreter der gemäßigten Aufklärung ersetzt. In Würzburg richtete S. einen Lehrstuhl für Literaturwissen-

schaften ein und förderte das Studium der Sprachen. Im Bereich der Rechtspflege begann die Arbeit an einer Kodifikation des Bamberger Landrechts, die unvollendet blieb. Die Abschaffung der Folter wurde erwogen, jedoch nicht durchgeführt. Die Erneuerung der bereits von seinem Vorgänger begründeten Witwen- und Waisenkasse hatte keinen anhaltenden Erfolg, während die 1768−69 in beiden Hochstiften eingeführte Feuerversicherung von Dauer war.

S. war ein bedeutender Bauherr und Auftraggeber. Auf seine Initiative gehen die Errichtung der Bamberger Hauptwache und umfangreiche Arbeiten in und an den Residenzen von Würzburg und Bamberg zurück. Ein besonderes Anliegen waren ihm die Gartenanlagen mit ihren Wasserkünsten in Veitshöchheim und Seehof. S. unterhielt eine beachtliche Hofkapelle mit 25−35 Mitgliedern; in der Würzburger Residenz ließ er ein Theater einrichten.

S. starb am 18. 2. 1779 zu Würzburg. Sein Leib wurde im dortigen Dom, seine Eingeweide auf der Marienburg und sein Herz in Bamberg beigesetzt.

Literatur: *H. Ssymank*, Fürstbischof Adam Friedrich von Seinsheims Regierung in Würzburg und Bamberg (Diss. phil. Würzburg 1939). - *G. Lohmeier*, Ein Fürstenleben im mainfränkischen Rokoko. Fürstbischof Adam Friedrich von Seinsheim (Nürnberg 1971). - *P. Kolb*, Wappen 172-177. - *K. Helmschrott*, Münzen 273-318. - *M. Spindler*, Handbuch III. - *H. O. Bock*, Adam Friedrich von Seinsheim, in: Quatuor Coronati. Gemeinsame Veröffentlichungen der Freimaurerischen Forschungsgesellschaft e. V. und der Forschungsloge Quatuor Coronati 16 (1979) 243-254. - *B. v. Roda*, Adam Friedrich von Seinsheim. Auftraggeber zwischen Rokoko und Klassizismus. Zur Würzburger und Bamberger Hofkunst anhand der Privatkorrespondenz des Fürstbischofs (1755-1779) (Neustadt/Aisch 1980) (Lit.!). - *J. Burkhardt*, Beitrag der römischen Kurie. - *A. Schindling*, Friderizianische Bischöfe. - *M. Renner*, Jugend und Studienzeit der Brüder A. F. und J. F. v. S., in: WDGB 49 (1987) 185-300. - *H. Kallfelz*, Die Flüchtung des Würzburger Domkirchenschatzes nach Bruchsal im Siebenjährigen Krieg, in: WDGB 50 (1988) 729-737. - *A. Schindling*, Theresianismus, Josephinismus, Katholische Aufklärung. Zur Problematik und Begriffsgeschichte einer Reform, in: WDGB 50 (1988) 215-224. - *B. W. Lindemann*, Ferdinand Tietz (1708-1777). Studien zu Werk, Stil und Ikonographie (Weißenhorn 1989). - *Th. Heiler*.

Abbildungsnachweis: Gemälde von Georg Desmarées 1764. - Residenz Würzburg, Fürstensaal Gw 54. - BSV Neg. Nr. 18774.

Egon Johannes Greipl

Seipel, Vitus (1650 – 1711)

1701 – 1711 Weihbischof in Prag, Ep. tit. Hierapolitanus

≈ 21. 12. 1650 in Landeck (Grafschaft Glatz); Prämonstratenser in Strahov zu Prag; 5. 3. 1778 Priester; 1690 Abt, Generalvikar und Visitator der böhmischen Ordenszirkarie; 3. 1. 1701 Titularbischof von Hierapolis und Weihbischof in Prag; † 9. 3. 1711.

Literatur: *D. Čermák*, Premonstráti v. Čechách a na Moravě [Die Prämonstratenser in Böhmen und Mähren] (Prag 1877). - *A. L. Goovaerts* II 173 f.

Kurt A. Huber

Seitz, Anton Nikolaus (1700 – 1757)

1746 – 1757 Generalvikar in Augsburg

* 4. 1. 1700 in Hammelburg (Diöz. Würzburg); Studium in Würzburg und Rom (Dr. iur. utr.); 23. 11. 1728 Priester; Kanonikus im Stift Haug, Würzburg; Fiskal und Geistlicher Rat in Würzburg; 1743 Domherr in Augsburg, päpstlicher Hausprälat und Protonotar; Scholastikus und Dompfarrer in Augsburg; 1746 Generalvikar ebd.; † 4. 1. 1757 in Augsburg; □ Augsburger Dom.

Schriften: Analysis Libri, cui Titulus: Brevis Notitia Monasterii B. V. M. Ebracensis ... Anno MDCCXXXVIII absque nomine Authoris et Typographi, nec non absque Censura excusi, ac Anno MDCCXXXIX divulgati. Cum deductione Jurium, in quibus fundata fuit Jurisdictio ... Episcopi Herbipolensis ... procedendi, Adversus eundem librum, eiusque Authorem seu Vulgatorem, ad Tramites Constitutionum Apostolicarum et Imperialium ... (Wirceburgi 1740).

Quellen: ABA. - BOAW.

Literatur: *A. Haemmerle*, Domstift Nr. 713. - *P. Weißenberger*, in: *H. Tüchle* (Hg.), Die Abteikirche Neresheim (Neresheim 1975). - *J. Seiler*.

Peter Rummel

Senfft, Johann Jakob (1645 – 1721)

1695 – 1717 Weihbischof für den thüringischen Teil der Erzdiözese Mainz, Ep. tit. Verensis

* 9. 2. 1645 in Sachsenhausen bei Frankfurt als Sohn des kurmainzischen Stallmeisters Theobald S., auch Hauptmann im unter General Melchior von Hatzfeld stehenden kaiserlichen Regiment; Besuch des Gymnasiums und Studium der Philosophie in Mainz; 1665 – 69 Studium in Rom als Alumne des Collegium Germanicum; 12. 2. 1669 Priester; seit 1665 Kanoniker, 1678 Kapitular, 1681 Dekan am Stift St. Peter und Alexander zu Aschaffenburg; 1669 – 70 Frühmesser ebd.; seelsorgliche Tätigkeit in Ostheim im Bachgau; 1670 – 78 Pfarrer und Landdechant in Bensheim a. d. Bergstraße; 1690 nach Verzicht auf das Stiftsdekanat Übernahme des stiftischen Sonntagpredigeramtes. S. galt als ausgezeichneter Prediger und als erfolgreich bei Konversionen von Protestanten zum Katholizismus. 1690 war er Zeremoniar von Erzbischof A. F. v. (→) Ingelheim bei der Krönung von König Joseph I. und Kaiserin Eleonore Magdalena in Augsburg. Ingelheim bestimmte ihn 1694 zum Weihbischof. 14. 11. 1695 Titularbischof von Vera; 27. 12. (23. 11. ?) 1695 Konsekration in der Aschaffenburger Stiftskirche; 10. 1. 1696 Ankunft in Erfurt; dort seit 1696 auch Prokanzler der Universität und oberster Siegler; 1701 und 1715 zur Abtsweihe in Fulda; 1702 zu Konsekrations- und Firmhandlungen im Bistum Bamberg; viele Firmreisen durch das Eichsfeld und im Gebiet von Erfurt; 1715 Entgegennahme des Glaubensbekenntnisses der wie ihr Vater Herzog Anton Ulrich von Braunschweig-Wolfenbüttel zum Katholizismus konvertierten Auguste Dorothea von Schwarzburg. Krankheit, Unzufriedenheit des Klerus mit seiner Strenge und Sehnsucht nach Stille und Zurückgezogenheit veranlaßten S. 1717 zum Verzicht auf das Amt des Weihbischofs und zur Rückkehr in das Aschaffenburger Stift. † 7. 8. 1721 ebd.; □ Stiftskirche Aschaffenburg.

Literatur: *V. F. de Gudenus* IV 837. - *J. S. Severus* 59f. - *F. A. Koch* 113-118. - *J. Feldkamm* 86f. - *H. Raab*, Der Informativprozeß des Stiftskanonikus Johann Jakob Senft anläßlich seiner Ernennung zum Weihbischof von Erfurt 1695, in: AJb 4/2 (1957) 760-776.

Friedhelm Jürgensmeier

Senheim, Otto von ⟨OP, Taufname: Johann Theodor⟩ (1601 – 1662)

1633 – 1662 Weihbischof und Generalvikar in Trier, Ep. tit. Azotensis

* 4. 6. oder 7. 7. 1601 in Koblenz als Sohn des kurkölnischen Sekretärs Johann Adam v. S. und der Sibylle Gereon gen. Guttmann; väterlicherseits Neffe des kurtrierischen Kanzlers Dr. Johannes Anethan, mütterlicherseits des Kölner Generalvikars und Weihbischofs Otto Gereon v. G. von Senheim zu Sobernheim. S. trat vermutlich zu Koblenz in den Dominikanerorden ein und studierte in Köln (Dr. theol.). Der Trierer Erzbischof Ph. Ch. v. (→) Sötern nahm ihn früh in Anspruch und bewies ihm, obwohl sonst in viele Streitigkeiten verwickelt, stets seinen Respekt. Da S. nicht durch trierische Pfründen abgesichert war, teilte er die Isolierung Söterns. 1624 Prediger an der Liebfrauenkirche in Trier. 1624 Gesandter Söterns bei der Brüsseler Regierung und 1629 Geschäftsträger in den Auseinandersetzungen um die Trierer Abtei St. Maximin, die spanische Protektion und Besetzung Triers. S. folgte Sötern 1632 bei dessen Neutralitätspolitik und beim Anschluß an Frankreich und hielt sich in dieser Angelegenheit von Herbst 1632 bis Sommer 1633 am französischen Hof auf. Er scheint seinen Auftrag so gut durchgeführt zu haben, daß Sötern ihn 1633 auch zu Verhandlungen nach Köln entsandte. Von Sötern zum Generalvikar ernannt und zum Weihbischof bestimmt, wurde er am 23. 7. 1633 gegen spanischen Widerspruch zum Titularbischof von Azot ernannt. Bei der Rückkehr von Köln wurde er von spanischen Truppen verhaftet, in Jülich gefangengehalten und verhört. Sötern forderte mit römischer Unterstützung seine sofortige Freigabe und die Überstellung an Nuntius Pietro Luigi Carafa. Nach seiner Freilassung wurde S. am 11. 9. 1634 von Sötern konsekriert. Nach der Verhaftung des Erzbischofs am 25. 3. 1635 übernahm er in dessen Namen, aber in Gegnerschaft zum Domkapitel, die geistliche Leitung des Erzbistums. Seit 1634 Kanonikus an St. Simeon in Trier. Die Kriegszeiten und sein gespanntes Verhältnis zum Domkapitel erlaubten S. nur wenige geistliche Initiativen, während sein Verhältnis zu dem weiterhin amtierenden Kanzler Anethan ihm seine Aufgabe erleichterte. S. blieb auch nach der Freilassung und Rückkehr des Erzbischofs (1645), auf die er die Bewohner der Stadt vorbereitete, dessen treuer Mitarbeiter. 1646 verschaffte dieser ihm das Dekanat des Simeonstiftes und ernannte ihn zum Offizial für das Niedererzstift. Als Sötern 1647 seine Gegner eigenmächtig aus dem Kapitel entfernte, ernannte er S. zum ersten bürgerlichen Domkapitular. Als solcher nahm dieser an der Wahl des Philipp Ludwig von Reiffenberg zum Koadjutor teil. Nach der Festnahme Söterns durch das Domkapitel (1649) distanzierte S. sich von der Wahl, mußte aber sein Kanonikat aufgeben. Nach dem Tod Söterns (1652) verzichtete er auch auf das Dekanat des Simeonstiftes. Unter Erzbischof K. K. v. d. (→) Leyen blieb S. im wesentlichen auf die Pontifikalien beschränkt. † 11. 11. 1662 im Kloster Maria Laach; ☐ Dominikanerkirche Koblenz.

Quellen: LHA Koblenz, Abt. 1 A; Abt. 1 C; Abt. 215. - BATr, Abt. 80 (Ms. Schweisthal). - StB Trier, Abt. Hss. *J. N. v. Hontheim.*

Literatur: *K. J. Holzer. - J. Baur*, Sötern. - *P. Oster*, Geschichte der Pfarreien der Dekanate Prüm und Waxweiler (Trier 1927). - *K. Zimmermann. - G. Löhr*, Das Kölner Dominikanerkloster im 17. Jahrhundert, in: JKGV 28 (1953) 95-168. - *A. Franzen*, Finalrelation. - *O. v. Looz-Corswarem*, Eine Firmungsreise des Trierer Weihbischofs Otto von Senheim (1633-1662), in: Festschrift für A. Thomas (Trier 1967) 259-266. - *H. Weber. - J. Kessel*, Spanien und die geistlichen Kurstaaten am Rhein während der Regierungszeit der Infantin Isabella (1621-1633) (Frankfurt 1979). - *K. Abmeier.*

Wolfgang Seibrich

Sepibus, Josef de (1616 – 1669)

1659 – 1669 Generalvikar in Sitten

* 1616 in Mörel (Wallis); Dr. theol.; erscheint 1634 als Kleriker; 1635 – 41 Pfarrer von Grengiols; seit 1639 zugleich Rektor des Sebastiansaltars auf Valeria; Prof. der Moraltheologie und Hofkaplan von Bischof A. v. (→) Riedmatten; 1642 Titulardomherr; 1648 Pfarrer von Gradetsch, 1649 – 69 von Sitten; 1651 – 69 Großsakristan; 1653 Vizedom von Ansec und Cordona; 1650 – 69 Offizial; 1659 – 69 Generalvikar. S. setzte sich erfolgreich für die Erneuerung des religiösen Lebens ein. Er förderte Kunst und Wissenschaft und unterstützte mit eigenen Mitteln die Gründung des Jesuitenkollegs in Brig. † 10. 3. 1669 in Sitten.

Literatur: *P. Arnold*, Licht und Schatten in den 10 Gemeinden von Oestlich-Raron (Mörel 1961) 267. - *L. Carlen*, in: HS (i. Vorb.).

Louis Carlen

Sickingen, Kasimir Anton Reichsfreiherr von (1684 – 1750)

1744 – 1750 Fürstbischof von Konstanz

Kasimir Anton von·Sickingen wurde 1684 in Ebnet bei Freiburg i. Br. als Sohn des Franz Ferdinand v. S. und der Maria Franziska von Dalberg geboren und am 14. 6. getauft. 1699 empfing er die Tonsur und immatrikulierte sich bereits als Exspektant an den Domstiften Mainz und Konstanz in Freiburg. 1705 immatrikulierte er sich in Siena, später studierte er in Rom. S. wurde Domherr in Konstanz (Erste Posseß 1713, Zweite 1718), Mainz (1720 Kapitular) und Würzburg (1738 – 42 Domizellar). Er erwarb ferner 1721 eine Präbende am Kollegiatstift St. Alban in Mainz, wo er später Kustos wurde. 1733 stieg er in Konstanz zum Dompropst, 1743 in Mainz zum Domkantor auf.

1718 empfing er die vier niederen Weihen und das Subdiakonat. Nach dem Tode des Konstanzer Fürstbischofs D. H. v. (→) Schönborn (1743) war S., unterstützt von Maria Theresia, der aussichtsreichste Kandidat für die Nachfolge. Der Wahlvorgang selbst gestaltete sich jedoch kompliziert, da der Vertreter des wittelsbachischen Kaisers Karl VII., Joseph Ernst Graf von Waldburg-Zeil-Wurzach, in der österreichischen Bischofsstadt Konstanz offiziell nicht in Erscheinung treten konnte. Nach langwierigen Verhandlungen wählte das Kapitel S. am 4. 11. 1743. Die Bestätigung folgte am 3. 2. 1744. Am 8. 3. empfing S. die Priester-, am 30. 8.

durch Weihbischof F. K. v. (→) Fugger die Bischofsweihe.

S. konnte den alten Streit mit St. Gallen über die Exemtion der Abtei und ihres Gebietes 1748 vorläufig durch ein neues Konkordat beenden.

Er starb am 29. 8. 1750 auf Schloß Hegne. Er wurde im Konstanzer Münster beigesetzt.

Literatur: *A. Amrhein* 31. - *C. Steiger*, Das Kloster St. Gallen im Lichte seiner kirchlichen Rechtsgeschichte (Freiburg i. S. 1925) 155-263. - *H. Reiners*, Konstanz 327, 438. - *R. Reinhardt*, Beziehungen 124-136. - *H. Duchhardt*, Eltz. - *G. Rauch* 144. - *W. Kundert*, in: Festschrift Ferdinand Elsener (Sigmaringen 1977) 156. - *R. Reinhardt*, in: HS I / 2 (im Ersch.). - *K. Maier*.

Abbildungsnachweis: Schabblatt von Gabriel Bodenehr d. J. (1705- n. 1779). - Wien NB 521.444 B.

Rudolf Reinhardt

Sigmund Franz, Erzherzog von Österreich (1630 – 1665)

1641 – 1646 Koadjutor des Fürstbischofs von Augsburg
1646 – 1665 Fürstbischof von Augsburg
1653 – 1665 Fürstbischof von Gurk
1660 – 1665 erwählter Fürstbischof von Trient

Sigmund (Sigismund) Franz, Erzherzog von Österreich, wurde am 27. oder 28. 11. 1630 zu Innsbruck als fünftes Kind des Erzherzogs Leopold V. und der Claudia von Medici, Tochter Herzogs Ferdinand I. von Florenz und Witwe Herzogs Friedrich Guido Ubaldo von Urbino, geboren. Nach dem frühen Tod des Vaters übernahm die zielstrebige und energische Mutter im Auftrage ihres Schwagers, Kaiser Ferdinands II., 1632 die Regierung und die Erziehung der Kinder, wobei sie von Jesuiten beraten und unterstützt wurde. Während der erstgeborene Sohn Ferdinand Karl auf die Übernahme der Landesherrschaft vorbereitet wurde, planten die Mutter und die kaiserlichen Vormünder, Ferdinand II. und seit 1637 Ferdinand III., nach den Gepflogenheiten des Hauses Habsburg für S. F. eine ausreichende geistliche Versorgung und damit zugleich die Stärkung des habsburgischen Einflusses auf die umliegenden Stifte. Während Leopold V. vor seiner Heirat Domherrenpfründen in Köln und Konstanz sowie die Bistümer Passau und Straßburg innehatte, trat S. F. nach und nach in acht Domkapitel ein, und zwar in Köln 1635, Brixen und Augsburg 1639, Passau 1640, Trient 1644, Salzburg 1645, Trier 1651 und Straßburg 1662.

Vor allem die Mutter bemühte sich mit diplomatischem Geschick um Pfründen für ihren Sohn. 1639/40 gewann sie den altersschwachen Augsburger Fürstbischof Heinrich von Knöringen (1598 – 1646) dafür, S. F. als Koadjutor mit dem Recht der Nachfolge anzunehmen. Daraufhin postulierte das Kapitel nach Voranfragen in Rom und Erhalt einer durch Claudia von Medici und S. F. unterzeichneten Kapitulation am 21. 5. 1640 den erst neunjährigen Erzherzog. Die päpstliche Wahlbestätigung erfolgte am 27. 11. 1641 und wurde mit den Verdiensten des Hauses Habsburg um den Hl. Stuhl begründet. S. F. durfte jedoch erst mit vollendetem 25. Lebensjahr die weltliche und mit dem 30. Lebensjahr die geistliche Leitung seines Bistums übernehmen. Bis dahin waren Administratoren zu bestellen. Die bischöflichen Einkünfte sollten zur Schuldentilgung verwendet werden. Außerdem wurde S. F. dazu verpflichtet, sich nach Erreichen des nötigen Alters die höheren Weihen erteilen zu lassen. Der Versuch Claudias von Medici und Kaiser Ferdinands III., S. F. 1641 auch in Brixen als Fürstbischof durchzusetzen, scheiterte am Widerspruch des Kapitels.

In Augsburg trat S. F. am 25. 6. 1646 die Nachfolge Knöringens an. Daraufhin wählte das Kapitel Domdekan J. R. v. (→) Rechberg zum Administrator für den weltlichen und geistlichen Bereich, behielt sich aber ausreichende Aufsichtsrechte vor. S. F. blieb dagegen in Innsbruck. Er kam 1653 erstmals nach Dillingen.

Am 2. 2. 1653 nominierte Kaiser Ferdinand III. S. F. zum Fürstbischof für das kleine Salzburger Eigenbistum Gurk. Laut Vertrag von 1635 stand die Nomination im Wechsel zweimal dem Kaiser und einmal dem Erzbischof von Salzburg zu. Die Konfirmation durch den Erzbischof folgte am 25. 2., die Inbesitznahme durch den zum Prokurator bestellten Brixener Domherrn Johann Anton Sattlperger von Schickenburg am 9. 3. 1653. Zunächst wurde dieser, wenig später aber F. (→) Orefici Generalvikar. Er hat die Diözese mit Eifer und Umsicht geleitet, während S. F. sie wahrscheinlich nie persönlich besucht hat.

Während die Bemühungen, S. F. nach dem Tod von Erzbischof P. v. (→) Lodron 1653 auch das Erzbistum Salzburg zu verschaffen, nicht zum Erfolg führten, wurde S. F. auf Intervention Kaiser Leopolds I. am 7. 2. 1659 durch das Trienter Domkapitel zum Fürstbischof postuliert. Am 26. 4. 1660 wurde er durch den Wiener Hofrat in den Bistumsbesitz eingewiesen. Papst Alexander VII. verweigerte jedoch die Bestätigung, da nicht anzunehmen sei, daß

S. F. jemals in Trient residieren werde und er sich die höheren Weihen nicht habe spenden lassen. Dennoch ergriff S. F. am 24. 9. 1660 durch seine Beauftragten, Johann Georg Graf von Königseck und Nikolaus Graf von Lodron, Besitz vom Trienter Stift und behielt als „electus" bis 1665 dessen weltliche Administration.

In Augsburg hatte seit 1646 Weihbischof K. (→) Zeiler die bischöflichen Weihefunktionen übernommen, während die geistliche und weltliche Verwaltung in den Händen von Rechberg lag, bis dieser 1654 Fürstpropst von Ellwangen wurde. Als S. F. mit päpstlicher Dispens vom 10. 6. 1655 die weltliche Leitung des Hochstiftes übernahm, behielt Rechberg die Administration in spiritualibus und wurde Statthalter des Hochstifts. S. F. residierte seit 1656 wiederholt für Wochen und Monate in Dillingen, dessen Schloß er z. T. neu ausstatten ließ. Meist aber hielt er sich in Wien oder Innsbruck auf.

Nach dem Tode Rechbergs bestellte S. F. dessen Nachfolger in Ellwangen, J. Ch. v. (→) Freyberg, zum neuen Administrator in spiritualibus und Statthalter in temporalibus, obwohl er selbst mittlerweile die Priester- und Bischofsweihe hätte empfangen und die volle Leitung übernehmen können. Dagegen sprachen jedoch staatspolitische Gründe, da die Ehe seines Bruders Ferdinand Karl, des Landesherrn von Tirol, kinderlos blieb und damit die Erbfolge und Eigenständigkeit des Landes bedroht waren. S. F. war persönlich fromm und ein großer Marienverehrer, für seine Bistümer dagegen lediglich ein katholischer Statthalter und kein Bischof im Sinne des Konzils von Trient. Er hielt sich lediglich zeitweise in Dillingen auf, weilte dagegen umso öfter zur Jagd im Zisterzienserstift Stams. Erfolgten auch alle Rechtsgeschäfte und die geistlichen Anweisungen für seine Diözesen in seinem Namen, so lag doch praktisch deren geistliche und weltliche Leitung in Augsburg in den Händen Zeilers, Rechbergs und Freybergs. Ihnen war es in erster Linie zu verdanken, daß Bistum und Hochstift Augsburg nach dem Dreißigjährigen Krieg trotz ungeheurer Schuldenlast, großen Priestermangels, vieler zerstörter Kirchen und dezimierter Gemeinden allmählich wieder zum Leben erstanden. S. F. veranlaßte jedoch, daß viele Neusiedler aus Tirol nach Schwaben kamen. In Gurk galt Orefici als guter Verwalter, während S. F. dort den Eisenbergbau förderte.

Nach dem überraschenden Tod Ferdinand Karls (1662) trat S. F. dessen Nachfolge in Ober- und Vorderösterreich an. Die Erbhuldigung der tirolischen Stände erfolgte am 2. 4. 1663 in Innsbruck. Obwohl Landesherr von Tirol und Vorderösterreich, war er jedoch zusätzlich noch Fürstbischof von Augsburg und Gurk sowie weltlicher Administrator von Trient und Inhaber von sieben Domherrenpfründen – die Augsburger hatte er 1643 abgegeben. Nun aber entschied er sich für die Eheschließung, um die Erbfolge zu sichern. Seine Bemühungen um eine Heirat mit Maria Hedwig von Hessen-Darmstadt, die nicht zur Konversion bereit war, blieben vergeblich. Erfolg dagegen hatte seine Werbung um die 15jährige Pfalzgräfin Hedwig Augusta von Sulzbach. Nachdem S. F. seine Resignation auf die Bistümer Augsburg, Gurk und Trient unter dem 28. 5. 1665 ausgesprochen hatte, schloß er am 13. 6. 1665 durch seinen Bevollmächtigten, Johann Georg Graf von Königseck, in Sulzbach die Ehe mit Hedwig Augusta. Bevor jedoch die Braut in Innsbruck eintraf, starb S. F. nach einem Jagdausflug am 25. 6. 1665 im Alter von 34 Jahren zu Innsbruck. Er wurde in der Gruft der dortigen Jesuitenkirche beigesetzt. Daraufhin vereinigte Kaiser Leopold I. nach dem Erlöschen der tirolischen Linie des Hauses Habsburg alle habsburgischen Länder in seiner Hand.

Literatur: *J. Obersteiner* 386-391. - *J. Gelmi* 160. - *P. Rummel,* Zur Geschichte des Augsburger Fürstbischofs Sigmund Franz, in: JVABG 19 (1985) 7-45.

Abbildungsnachweis: Ölgemälde, unbek. Künstler. - datiert 1660. - Orig. im Spital Sonthofen.

Peter Rummel

Sinelli, Emerich ⟨OFMCap, Taufname: Johann Anton⟩ (1622 – 1685)

1681 – 1685 Fürstbischof von Wien

Johann Anton Sinelli wurde am 29. 6. 1622 zu Komorn (Ungarn) als Sohn des Michael S., eines gebürtigen Römers, geboren, der als Fleischhauer in kaiserlichem Kriegsdienst über einen Aufenthalt in Passau, wo er seine Ehe geschlossen hatte, in die kaiserliche Grenzfestung Komorn gekommen war. Der Ehe entstammte mindestens noch ein weiteres Kind. S., der früh eine besondere Begabung erkennen ließ, absolvierte die Humaniora in Passau und Linz. Anschließend studierte er in Ingolstadt Philosophie. 1643 trat er zu Steyr (Oberösterreich) in den Kapuzinerorden ein. Das Noviziatsjahr beendete er 1644 im Konvent zu Gmunden mit der feierlichen Profeß, bei der er den Ordensnamen Emerich erhielt. Den philosophischen und theologischen Studien oblag er im Kapuzinerkonvent zu Passau, wo er auch die Priesterweihe empfing. 1649 wurde er bereits bei der Missionierung der Stadt Prag eingesetzt; dort zeichnete er sich vor allem durch seine Fürsorge für die Pestkranken aus. Ab 1651 war er bei der Rekatholisierung Niederösterreichs tätig. Sein Einsatzgebiet war das nördliche Niederösterreich um Weitra, wo er in knapp zwei Jahren fast 4 000 Konversionen erreichte. 1653 wurde S. vom Ordensgeneral zum Prediger ernannt. In dieser Eigenschaft war er bis 1659 in Prag tätig. Seine ausgezeichnete Rednergabe, die ihm den Ehrennamen „Emericus facundus" eintrug, erregte bald die Aufmerksamkeit Kaiser Ferdinands III., der S., als dieser die Mißstände in den Hofkreisen, besonders in der Rechtsprechung, scharf geißelte, gegen alle Angriffe schützte. Ab 1659 wirkte S. bis zu seiner Ernennung zum Fürstbischof als ordentlicher Sonntagsprediger in der Schottenkirche zu Wien. In dieser Eigenschaft förderte er besonders die Sebastianibruderschaft und ihre Wallfahrt nach Maria Brunn. 18 Jahre lang war er Guardian der Kapuzinerkonvente St. Ulrich und am Neuen Markt. 13 Jahre war er Definitor und Kustos der böhmisch-österreichischen bzw. der österreichischen Ordensprovinz.

Seit etwa 1668 war S. einer der engsten Vertrauten und Ratgeber Kaiser Leopolds I. Auf dessen Antrag wurde er 1670 von Papst Clemens X. zum Apostolischen Präfekten aller Kapuzinermissionen in den österreichischen Erbländern und im Amtsbereich der Wiener Nuntiatur ernannt. In dieser Eigenschaft bemühte sich S. vor allem um die Rekatholisierung Ungarns, wobei er im Gegensatz zu den Jesuiten jedes gewaltsame Vorgehen ablehnte.

Unter S. erfolgte die Gründung der Kapuziner-konvente in Bösing (1674) und Preßburg (1676). Die Ausweisung der Juden aus Österreich im Jahre 1670 erfolgte nicht zuletzt auf seinen Rat.

In den 70er Jahren wurde S. vom Kaiser in immer stärkerem Maße mit diplomatischen und politischen Aufgaben betraut. Auch die päpstliche Diplomatie bediente sich wiederholt seiner Vermittlung. So bemühte sich Papst Innozenz XI. 1678 durch die Vermittlung von S. um den Abschluß eines Friedens zwischen dem Kaiser und Polen. Nach dem Tode Fürstbischof W. v. (→) Walderdorffs (4. 9. 1680) bemühte sich der Kaiser, der S. schon 1672 ein Bistum versprochen hatte, diesen durch die Erhebung zum Fürstbischof von Wien noch enger an sich zu binden. Er folgte dabei dem Rat des P. Marco d'Aviano, des Rivalen von S. in der Gunst des Kaisers, der auf diese Weise den Konflikt zwischen dem Ordensideal und der politischen Tätigkeit von S. beenden wollte. Am 1. 10. 1680 nominierte Leopold I. S. provisorisch zum Bischof für Wien. Nach einigem Zögern des Papstes, der vor allem auf den Umstand, daß bis dahin noch kein Kapuziner nördlich der Alpen zum Bischof ernannt worden war, hinwies, erfolgte die förmliche Nomination am 14. 11. 1680. Am 24. 12. erhielt S. die Dispens zur Annahme des Bistums. Die päpstliche Verleihung erfolgte am 3. 3. 1681. Am 20. 3. 1681 wurde S. in die Temporalien investiert. Die Bischofsweihe empfing er am 4. 5. 1681 durch Nuntius Francesco Buonvisi in der Wiener Stephanskirche.

1682 wurde S. kaiserlicher Geheimer Rat und am 17. 11. 1682 Erster Minister. Seine Tätigkeit als Diözesanbischof trat gegenüber seinen politischen Aktivitäten eindeutig zurück. Bei den bischöflichen Funktionen ließ er sich von Weihbischof J. (→) Schmitzberger oder von Bischof L. v. (→) Kollonitsch vertreten. Das Bemühen S.s um Beilegung des Jurisdiktions-streites mit Passau blieb ergebnislos. Im Türkenjahr 1683 floh S., der als wichtigster Ratgeber des Kaisers für den Einfall der Türken mitverantwortlich gemacht wurde, mit dem kaiserlichen Hof nach Linz und Passau, während sein Generalvikar J. B. (→) Mair und Bischof Kollonitsch in Wien ausharrten. Nach der Abwehr der Türken sprach sich S. gegen eine Offensive der kaiserlichen Truppen in Ungarn aus, konnte sich aber damit gegen Nuntius Buonvisi und Kollonitsch nicht durchsetzen.

Im Dezember 1683 rügte Papst Innozenz XI. S. wegen seiner Versäumnisse als Diözesanbischof, da er seine Stellung beim Kaiser nicht für eine Verbesserung der Sitten der Wiener Bevölkerung, vor allem des Adels, genutzt habe. Zu Beginn des Jahres 1685 leitete Leopold I. die nötigen Schritte zur Kardinalserhebung von S. ein. Dieser starb aber am 25. 2. 1685. Er wurde im Stephansdom beigesetzt.

Schriften: Vorbildung, abgeschnitten Lebens-Gewölb Weilland ... Herrn Joachims ... Grafen von Sintzendorff (Wien 1666). - Filius accrescens Joseph, filius accrescens (Gen. 49, 22), in: Ehrenpredigten auf den heiligen Joseph, gehalten im Dom zu Wien (Wien 1676).

Quellen: AVA. - DAWi. - NÖLA. - Archiv der österreichischen Kapuzinerprovinz.

Literatur: Bullarium Ordinis Fratrum Minorum Capuccinorum 1 (1740), 4 (1746), 7 (1752). - X. Schier 86-89. - A. Wolf, Fürst Wenzel Lobkowitz (Wien 1869). - Rocco da Cesinale, Storia delle Missione dei Cappuccini 2 (Paris 1872), 3 (Paris 1873). - Felgel, in: ADB 6 (1877) 86. - J. Kopallik 321 f. - E. Tomek, Das kirchliche Leben 272-275. - P. Cherubim, P. Emerich Sinelli O. M. Cap., in: Franziskuskalender 1927, 73-88. - M. Heyret, P. Markus von Aviano O. M. Cap. (München 1931). - Melchior a Pobladura, Historia Ordinis Fratrum Minorum Capuccinorum 2/1 (Rom 1948). - Cassian von Oberleutasch, Die Kapuziner in Österreich, in: CFr 20 (1950) 276 f. - Lexicon Capuccinum (Rom 1951) 1579. - H. Kirchberger, Briefe Kaiser Leopolds I. an P. Emerich Sinelli 1668-1675 (Diss. phil. Wien 1953). - A. A. Strnad, Processus 282 f. - F. Loidl - M. Krexner 54 f. - F. Loidl 93-100.

Abbildungsnachweis: Stich von Johann Martin Lerch nach Gemälde von Fra Cosmas OFMCap, datiert 5. Nov. 1684. - Wien NB 517.261 B.

Johann Weißensteiner

Sinnersberg (Sinersperg), **Georg Sigismund von** (1649 – 1721)

1693 – 1721 Weihbischof in Trient, Ep. tit.
Nicopolitanus

* 24. 7. 1649 zu Itraden (Graz); 1675 Kleriker; 1679 Domherr in Trient; 15. 3. 1687 Priester; 5. 10. 1693 Titularbischof von Nicopolis und Weihbischof in Trient; 3. 1. 1694 Konsekration in Trient; † 18. 10. 1721 in Trient.

Literatur: S. *Weber*, Vescovi suffraganei 141-145.

Josef Gelmi

Sinzendorf, Philipp Ludwig Reichsgraf von (1699 – 1747)

1726 – 1732 Bischof von Raab
1727   Kardinal
1732 – 1747 Fürstbischof von Breslau

Philipp Ludwig Graf von Sinzendorf wurde am 14. 7. 1699 zu Paris als zweiter Sohn des österreichischen Gesandten Philipp Ludwig Reichsgraf v. S. und der Rosina Katharina Gräfin von Waldstein geboren. Er hatte drei Brüder und eine Schwester. Der Vater, ursprünglich selbst für den geistlichen Stand bestimmt, hatte sich nach dem Tode seines einzigen Bruders der militärischen Laufbahn zugewandt. Später stieg er im diplomatischen Dienst auf. 1705 wurde er Hofkanzler, 1715 Obersthofkanzler in Wien und damit maßgeblicher Leiter der österreichischen Außenpolitik.

Auch S. wurde von seiner Familie für die geistliche Laufbahn bestimmt. Seine Schulbildung erhielt er bei den Jesuiten in Wien und seit 1714 am Collegio Romano in Rom. Dort knüpfte er nähere Kontakte zu Prosper Lambertini, dem späteren Papst Benedikt XIV., sowie zu anderen einflußreichen Persönlichkeiten des päpstlichen Hofes. 1717 erwarb er in Rom den Dr. theol. und Dr. iur. utr. Schon vor seiner Priesterweihe (1722) erhielt er Domkanonikate in Köln und Salzburg (1717), ferner in Olmütz sowie die Propstei Ardagger (Niederösterreich) und die reiche Abtei Pécsvarad (Ungarn). 1721 begleitete er Kardinal Alvaro Cienfuegos SJ ins Konklave, doch gelang es seinem Vater nicht, ihm das kaiserliche Auditoriat bei der Sacra Romana Rota zu verschaffen. Stattdessen erwirkte jener für den erst 26jährigen die am 5. 5. 1725 ausgesprochene kaiserliche Nomination für das westungarische Bistum Raab. Die päpstliche Verleihung erfolgte am 11. 9. 1726.

Dem Ehrgeiz des Obersthofkanzlers und seines Sohnes genügte dieses verhältnismäßig unbedeutende Bistum mit einem Jahreseinkommen von 25 000 Gulden jedoch keineswegs. Daher hatte S. sich schon bei seiner Bischofserhebung um die Beibehaltung seiner Kanonikate in Salzburg und Olmütz bemüht, und am 20. 6. 1727 gewährte Papst Benedikt XIII. ihm ein Wählbarkeitsbreve für diese ungleich besser dotierten Bischofssitze. S. hatte zwar bei der bald notwendigen Neubesetzung Salzburgs keinen Erfolg, doch gelang es seinem Vater, ihm 1727 das Kardinalat zu verschaffen. Das Birett setzte ihm Kaiser Karl VI. am 4. 4. 1728 in der Hofkapelle zu Wien auf. Erst nach dem Konklave von 1730, aus dem Clemens XII. hervorging, erhielt S. die Titelkirche S. Maria sopra Minerva. Zugleich erfolgte seine Berufung in verschiedene Kardinalskongregationen. S. verwaltete sein Bistum Raab zur vollen Zufriedenheit der österreichischen Regierung, so daß diese ihn 1734, als er bereits nach Breslau transferiert war, in eine Kommission berief, die die Beschwerden der ungarischen Protestanten zu prüfen hatte.

Seit 1731 bemühte S. sich um die Nachfolge (→) Franz Ludwigs von Pfalz-Neuburg in Breslau. 1731 erlangte er dort durch päpstliche Provision ein Domkanonikat, jedoch nicht das erbetene Wählbarkeitsbreve, da Clemens XII. Kumulationen ablehnte.

Erst nach dem Tode Franz Ludwigs (11. 4. 1732) erlangte S. nach zähen Bemühungen, bei denen sein Vater dem päpstlichen Hof politische Gegenleistungen in Aussicht stellte, das erbetene Dokument. Zuvor hatte er sich verpflichten müssen, mit seiner Wahl in Breslau auf Raab zu verzichten. Das Breve ermöglichte die Wahl mit einfacher Mehrheit.

Die durch den Wiener Hof betriebene Kandidatur von S. fand im Breslauer Kapitel zunächst kaum Gegenliebe, da dieses in Weihbischof E. D. v. (→) Sommerfeld über einen eigenen, um die Seelsorge hochverdienten Kandidaten verfügte. Am 10. 7. erhielt S. dennoch nach starkem Druck durch den kaiserlichen Wahlkommissar 13 von 24 Stimmen, während auf Sommerfeld immerhin acht Stimmen entfielen. Die päpstliche Bestätigung folgte am 3. 9. S. konnte sein Bistum jedoch erst am 6. 11. 1732 in Besitz nehmen, nachdem dem Kapitel für die Zukunft sein Wahlrecht noch einmal zugesichert worden war. Danach begab S. sich in das Neisser Bischofsland und anschließend bis Ostern 1733 nach Raab, das durch seine Bestätigung als Bischof von Breslau vakant geworden war und im gleichen Jahr einen neuen Oberhirten erhielt. S.s Verhältnis zum Breslauer Domkapitel blieb stets gespannt, zumal man ihm den Vorwurf machte, er bevorzuge bei der Stellenvergabe Nichtschlesier und insbesondere Wiener.

Das einschneidendste Ereignis der Amtszeit von S. bildete der Übergang Schlesiens an Preußen. Nach dem Tode Kaiser Karls VI. bemächtigte sich Friedrich II. von Preußen in einem raschen Eroberungszug 1740–41 des Landes und begann noch vor dem Friedensschluß mit dessen Integration in seinen Staat. Dabei sollten zwar nach dem Willen des Königs der konfessionelle Status quo peinlich gewahrt und die religiösen Gefühle der Katholiken geschont werden, doch waren Konflikte schon wegen des in der protestantischen Tradition liegenden Anspruchs auf staatliche Kirchenhoheit unvermeidlich. Der König behandelte S. mit ausgesuchter Höflichkeit, als er jedoch von dessen Sympathien für Österreich erfuhr, ließ er ihn am 23. 3. 1741 festnehmen und in seiner Breslauer Residenz unter Arrest stellen. S. wurde zwar am 18. 4. freigegeben, mußte jedoch für die Dauer des Krieges Schlesien verlassen. Als Österreich sich dann am 9. 10. 1741 in einer zunächst noch geheimen Vereinbarung auf Schloß Klein-Schnellendorf mit der Abtretung Schlesiens bis zur Glatzer Neisse einverstanden erklärte, tat S. einen unerwarteten Schritt und gratulierte Friedrich II. am 22. 10. zu seinem Erfolg. Dieses Verhalten rief nicht nur in Wien und Rom, sondern auch in dem österreichisch gesinnten Domkapitel großes Befremden hervor.

Indessen schritt die Integration Schlesiens in den preußischen Staat voran. Dazu gehörte die Berufung von Protestanten in leitende städtische Ämter. Weitreichender aber war das seit Ende 1741 diskutierte Projekt eines Generalvikariates als oberste katholische Landesbehörde für alle preußischen Katholiken mit dem Sitz in Berlin. Es wurde vor allem von dem durch den König mit der Neuordnung des schlesischen Justizwesens beauftragten Samuel von Cocceji betrieben, der bereits vor dem Friedensschluß Fakten zu schaffen wünschte. S. war dem Projekt zunächst abgeneigt, lehnte aber für seine Person die Beauftragung als Generalvikar für ganz Preußen ab und wollte keinesfalls ohne Verständigung mit dem Hl. Stuhl handeln. Im Mai 1741 stimmte er dann der Schaffung des Generalvikariates vorbehaltlich der päpstlichen Genehmigung zu. Nach zähen Verhandlungen, die sich bis 1743 hinzogen, ist das für die römische Kurie unannehmbare Projekt schließlich gescheitert. Es hat allerdings 1743 den Anstoß zum Bau der Berliner Hedwigskirche gegeben. Auch auf anderen Gebieten hat S. den kirchlichen Stand-

punkt gewahrt und manche Verfügungen unterer Behörden durch seine Intervention beim König zu mildern vermocht.

Als mit dem Berliner Frieden von 1742, in dem Friedrich II. auf Drängen Maria Theresias noch einmal den katholischen Besitzstand garantierte, neun Zehntel Schlesiens an Preußen fielen, ergab sich für das Bistum Breslau insofern eine neue Situation, als nunmehr ein Zehntel seines Gebietes auf österreichischem Gebiet, der Hauptteil dagegen in Preußen lag. S. hat zwar die Angleichung der kirchlichen an die staatlichen Grenzen befürwortet, doch wurde diese nur teilweise verwirklicht. So behielten Breslau bis zum Untergang des deutschen Bistums einen österreichischen, Olmütz mit Leobschütz sowie Prag mit der Grafschaft Glatz dagegen preußische Bistumsanteile. Im Grunde hat sich die staatliche Grenzziehung nur hinsichtlich der Pfarrgrenzen und Ordensprovinzen ausgewirkt.

Das Verhältnis Friedrichs II. zu S. war zwar tragbar, doch schwebte dem König auf die Dauer eine andere Gestaltung des Staat-Kirche-Verhältnisses vor, als er sie mit dem auf die kirchlichen Rechte bedachten Kardinal verwirklichen konnte. Daher überraschte er den erst 43jährigen S. Ende 1742 mit dem Plan zur Bestellung seines Günstlings Ph. G. v. (→) Schaffgotsch zum Koadjutor. Mit dessen Hilfe erhoffte er eine leichtere Unterordnung der Kirche unter die Staatsgewalt durchzusetzen. S. willigte nach langem Sträuben in diesen Vorschlag ein, machte aber aus seinen schweren Bedenken gegen den Kandidaten des Königs keinen Hehl. Die Anerkennung Friedrichs II. für dieses „loyale" Verhalten bestand in der Verleihung des Schwarzen Adlerordens. Da der Papst dem erst 27jährigen Schaffgotsch kein Wählbarkeitsbreve ausstellte und das Kapitel die Wahl verweigerte, ernannte Friedrich II. diesen am 4. 3. 1744 und verbannte die widerspenstigen Domherren nach Magdeburg. Die Befugnis zu diesem rechtswidrigen Verhalten leitete Friedrich II. aus dem von ihm in Anspruch genommenen landesherrlichen Nominationsrecht auf höhere geistliche Stellen ab.

S. starb am 28. 9. 1747 zu Breslau, nachdem er noch wenige Monate zuvor in Salzburg an der Wahl des Erzbischofs teilgenommen hatte. Er wurde im Breslauer Dom beigesetzt.

Literatur: M. Lehmann II. - C. Grünhagen, Schlesien I. - Ders., in: ADB 34 (1892) 412-416. - H. Jedin, Breslauer Bischofswahlen 209 ff. - A. A. Strnad, Der Kampf um ein Eligibilitätsbreve. Römische Quellen zur Breslauer Bischofswahl des Kardinals Philipp Ludwig von Sinzendorf (1732), in: ASKG 33 (1975) 68-124. - W. Marschall 101-106.

Abbildungsnachweis: Kupferstich und Radierung von Bernhard Picart nach dem Gemälde von Hayazinth Rigaud. - WLM Münster, Porträtarchiv Diepenbroick, Foto-Nr. 88.1.286.

Erwin Gatz

Sirgenstein (Sürgenstein), **Johann Franz Anton Reichsritter** (seit 1691 **Reichsfreiherr) von** (1683 – 1739)

1721 – 1739 Generalvikar in Konstanz
1722 – 1739 Weihbischof in Konstanz, Ep. tit. Uthinensis

≈ 20. 9. 1683 in Meersburg als Sohn des Hans Joachim v. S. und der Anna Dorothea von Gemmingen; 1701 Immatrikulation in Siena; 1701 – 06 Studium in Rom als Alumne des Collegium Germanicum; 1702 Domherr, 1707 Domkapitular in Konstanz; 23. 9. 1713 Priester; seit dem 23. 6. 1716 als Vizegeneralvikar in Konstanz bezeugt; 1717 Domkantor, seit 8. 5. 1721 Generalvikar in Konstanz; 23. 9. 1722 Titularbischof von Uthina und Weihbischof in Konstanz; 6. 12. 1722 Konsekration; 1725 Domkustos; seit 1736 auch Propst des Kollegiatstiftes St. Johann in Konstanz und vermutlich seit 1727 auch Archidiakon der Suevia; † 29. 1. 1739; ☐ Konstanzer Münster.

Literatur: R. J. Bock, in: HS II/2 (1977) 322. - B. Ottnad, in: HS I/2 (im Ersch.).

Bernd Ottnad

Sizzo de Noris, Cristoforo (1706 – 1776)

1763 – 1776 Fürstbischof von Trient

Cristoforo Sizzo de Noris wurde am 19. 8. 1706 zu Trient als Sohn des Alberto S. und der Barbara Trentini geboren. Die Familie S. ist seit dem 16. Jh. in Trient nachweisbar. Sie war 1649 geadelt worden und wurde 1774 in den Reichsgrafenstand aufgenommen.

S. besuchte zu Trient das Gymnasium der Jesuiten und studierte danach in Dillingen und Salzburg, entschied sich aber erst nach einem Unfall für die geistliche Laufbahn. Am 30. 5. 1733 wurde er Priester. Danach setzte er sein Studium in Rom fort. 1750 erhielt er durch die Resignation eines Onkels ein Domkanonikat in Trient.

Als bei der Bischofswahl von 1763 der kaiserliche Kandidat P. V. v. (→) Thun die Mehrheit der Stimmen nicht erreichte und das Ernennungsrecht gemäß den Bestimmungen des Wiener Konkordates an den Hl. Stuhl fiel, ernannte dieser am 22. 8. 1763 den bis dahin in keiner Weise hervorgetretenen S. zum Bischof. Dieser ergriff am 19. 12. 1763 Besitz von seiner Diözese, ließ sich am 21. 12. von Weihbischof B. A. (→) Passi konsekrieren und erhielt am 30. 6. 1764 die kaiserlichen Regalien.

S. wurde ein Seelsorgsbischof, der nicht nur seine Diözese eifrig bereiste, sondern der auch persönlich predigte. Sein besonderes Interesse galt dem Priesterseminar, dessen Leitung er 1771 den Somaskern nahm und Diözesanpriestern übertrug. Nach Aufhebung des Jesuitenordens bestimmte er deren Kolleggebäude mit seiner Dotation für das Seminar (1776: 31 Theologen).

S. stand dem zeitgenössischen Reformkatholizismus nahe. Er hat den aufgeklärten Carlantonio Pilati protegiert und die Unionsbemühungen der Kirche von Utrecht mit Interesse verfolgt. Der Reduzierung der kirchlichen Feiertage und Prozessionen durch Kaiserin Maria Theresia leistete er keinen nennenswerten Widerstand, während er die Hoheitsrechte seines Stiftes gegenüber dem Zugriff Österreichs zu wahren suchte. Obwohl er in dieser Sache den Reichstag zu Regensburg anrief, mußte er doch schwerwiegende Eingriffe hinnehmen, so z. B. als die Tiroler Landesregierung 1772 einen Aufstand der Judikarien wegen Errichtung einer Zollstation am Gardasee niederschlug.

S. war einer der bedeutendsten Trienter Bischöfe. Er starb am 13. 6. 1776 und wurde in der Kathedrale beigesetzt.

Literatur: J. Kögl. - A. Stella, Riforme trentine dei vescovi Sizzo e Vigilio di Thun (1764-1784), in: Archivio Veneto 54/55 (1954) 80-86. - C. Donati 55, 127 f., 135, 233-235, 249. - P. Hersche, Spätjansenismus. - A. Costa 197-202.

Abbildungsnachweis: Gemälde von G. B. Lampi (1751-1830) im Diözesanmuseum Trient. - MD Trient.

Josef Gelmi

Skotnicki, Tomasz (um 1641 – 1700)

1685 – 1700 Weihbischof der Diözese Kulm, Ep. tit. Lycopoliensis
1699 – 1700 Generalvikar der Diözese Kulm

* um 1641 (err.) in der Diözese Krakau; Pfarrer von Thiergart und Lichtfelde im Kleinen Marienburger Werder; Domherr von Kulm; 1. 10. 1685 Titularbischof von Lycopolis und Weihbischof der Diözese Kulm; 1691 – 1700 Deputierter des Kapitels für das Krontribunal; 12. 7. 1694 – 19. 11. 1696 Kapitularvikar; 1699 Offizial und Generalvikar von Bischof T. A. (→) Potocki; 1700 Archidiakon; † 10. 12. 1700 zu Kulmsee.

Literatur: R. Frydrychowicz 13-16. - A. Mańkowski, Prałaci 194-196. - Z. Szostkiewicz 555.

Hans-Jürgen Karp

Sobek (Zaubek) **von Bilenberg, Matthäus Ferdinand** (1618 – 1675)

1664 – 1669 Bischof von Königgrätz
1669 – 1675 Fürsterzbischof von Prag

Matthäus Ferdinand Sobek von Bilenberg wurde am 19. 9. 1618 zu Raigern (Rajhrad) in Mähren als Sohn des dortigen Klosteramtmannes geboren. 1624 – 34 besuchte er das Klostergymnasium in Braunau (Broumov). 1634 – 38 studierte er in Olmütz. 1638 trat er in das Kloster Braunau ein, wo er nach der Priesterweihe verschiedene Ämter innehatte und auch in Klosterpfarreien tätig war. 1650 wurde er Abt von St. Niklas in Prag, mit dem 1652 das Kloster St. Johann „unter dem Felsen" verbunden wurde. Seit 1655 war S. als Doppelabt anerkannt. Im gleichen Jahr wurde er Mitglied der zur Rückgewinnung der Protestanten eingesetzten Reformkommission (Visitationskommission) sowie oberster Direktor für das Steuer- und Finanzwesen. 1658 ernannte Kaiser Leopold I. ihn zum Geheimen Rat, und 1660 bestimmte er ihn zum Bischof für das schon seit Jahrzehnten geplante Bistum Königgrätz, das als Suffragan von Prag die Seelsorge im Nordosten Böhmens erleichtern sollte (E. A. v. → Harrach).

Die Verhandlungen um die Ausstattung des neuen Sprengels zogen sich jedoch lange hin, und als Papst Alexander VII. 1664 die förmliche Bistumserhebung vornahm, waren sie immer noch nicht zu einem befriedigenden Abschluß gekommen. Am 10. 11. 1664 ernannte er S. zum ersten Oberhirten des neuen Bistums mit seinen damals 129 Pfarreien.

S. wurde am 15. 3. 1665 durch Kardinal Harrach im Prager Veitsdom geweiht und am 4. 5. in Königgrätz eingeführt.

S.s Amtszeit in dem neuen Sprengel war von endlosen Rechtsstreitigkeiten mit dem Magistrat von Königgrätz und dem Kaiser belastet, da sich die Stadt durch die Umwandlung der Stadtpfarrkirche zur Kathedrale in ihren Rechten geschmälert fühlte und der Kaiser sich bei der Finanzierung zurückhielt. So konnte S. in Königgrätz kaum Fuß fassen und sich keine Residenz schaffen. Bei seinen gelegentlichen Aufenthalten in der Stadt stieg er bei den Jesuiten ab.

Am 10. 6. 1668 nominierte Leopold I. den als gütig und konziliant geltenden S. zum Erzbischof von Prag. Die Translation folgte am 11. 3. 1669, die Inthronisation im Veitsdom am 4. 5. 1669. S. förderte die katholische Reform, indem er Zusammenkünfte („Convocationes") der Pfarrer und Dekane und 1670 sog. Paschalcon-

signationen, d. h. jährliche Berichte über den
Erfolg der Rekatholisierung, anordnete. Aus
Mitteln der Prager Bäckerin Maria Steyer gründete er die sog. St. Wenzels-Heredität zur Verbreitung katholischer Literatur. Sie hat die
literarische Produktion angeregt und der tschechischen Sprache neue Möglichkeiten eröffnet.
Eine unter S. begonnene tschechische Bibelübersetzung konnte erst 1677 erscheinen. 1670
konsekrierte S. in Budweis die spätere Domkirche St. Nikolaus, und 1673 legte er zum 700jäh-
rigen Bistumsjubiläum in Anwesenheit des
Kaisers den Grundstein für das Längsschiff
des noch unvollendeten Veitsdomes. S. förderte
den Kult des Landespatrons Wenzel, indem er
1671 die Wenzelskapelle des Prager Domes
restaurieren ließ und die Erhebung des Wen-
zelsfestes zum öffentlichen Feiertag erwirkte.

Zur Vermehrung der erzbischöflichen Mensal-
dotation erwarb S. die Burg in Příbram und die
Herrschaft Launowitz. Auf dem „Heiligen Ber-
ge" bei Příbram richtete er die Wallfahrtsseelsorge ein. S. starb am 29. 4. 1675. Sein Herz
wurde im Dom, die anderen inneren Organe in
St. Niklas und sein Leib in der Stiftskirche zu
Braunau beigesetzt.

Literatur: *A. L. Frind*, Prag 223-226. - *V. Bartůněk*
75 f. - *H. Brückner*, Königgrätz 56-182. - *A. Zelenka*
53 f.

Abbildungsnachweis: Stich von Johann Martin Lerch
(zugeschrieben). - Wien NB 508.967 B.

                                    Kurt A. Huber

Söllner, Johann Melchior (1601 – 1666)

1636 – 1666 Generalvikar in Würzburg
1648 – 1666 Weihbischof in Würzburg, Ep. tit.
              Domitiopolitanus

* 18. 10. 1601 zu Neustadt / Saale; 1616 an der
Universität Würzburg; 1617 Kanonikus (1647
Dekan) am Neumünster in Würzburg; 1624 Dr.
theol. (Würzburg); 28. 3. 1626 Priester; 1629
Geistlicher Rat, 1636 Generalvikar von Fürstbi-
schof Hatzfeld; von Fürstbischof J. Ph. v. (→)
Schönborn als Weihbischof erbeten; 7. 12. 1648
Titularbischof von Domitiopolis; 6. 6. 1649
Konsekration in Würzburg. S. trug in der Folge
die Hauptlast der Diözesanverwaltung. † 16. 5.
1666; □ Neumünster zu Würzburg.

Schriften: Corona Aaronis gemmea a Joanne Mel-
chiore episcopo ... collata D. Mauro Dixon abbati
S. Jacobi ... (Würzburg 1662). - Corona Honoris Cleri
Herbipolensis efformata atque exornata quatuor ora-
tionibus synodalibus, in: *I. Gropp*, Collectio II, 478-
506.

Literatur: *N. Reininger*, Weihbischöfe 233-245. - *Ders.*,
Archidiakone 210-212. - *S. Merkle*, Matrikel Nr. 2557.

                              Egon Johannes Greipl

Sötern, Philipp Christoph Reichsritter von
(1567 – 1652)

1609 – 1610 Koadjutor des Fürstbischofs von
              Speyer
1610 – 1652 Fürstbischof von Speyer
1624 – 1652 Kurfürst-Erzbischof von Trier

Philipp Christoph von Sötern wurde am 11. 12.
1567 zu Zweibrücken als zweiter Sohn des
Protestanten Georg Wilhelm v. S., Amtmannes
in pfalz-zweibrückischen und kurpfälzischen
Diensten († 1593), und der Katholikin Barbara
von Püttlingen († 1607) geboren und evangelisch getauft. Die vom Südabhang des Huns-
rück stammende altadelige Familie der S. suchte damals noch wie viele andere nach ihrem
Platz zwischen den konfessionellen Fronten.
Für den Lebensweg von S. wurden die Mutter
und ein gleichnamiger Onkel bestimmend, der
Domherr in Speyer, Trier und Worms war. Der
hochbegabte S. erwarb beim Studium in Trier,
Pont-à-Mousson, Padua und Siena gute
Sprachkenntnisse und den Grad eines Magisters. Seine juristische Bildung lag weit über
dem Durchschnitt der Zeit. S. machte aus
seiner Überlegenheit und aus seinem finanziellen Geschick keinen Hehl. Mit diesem Selbstbewußtsein verbanden sich ein cholerisches Temperament und große Härte, die sich später zum
Eigensinn steigerten. Bei seinen zahlreichen

Konflikten provozierte er seine Gegner durch herausfordernde Thesen, durch Sprunghaftigkeit und Bloßstellungen. Dadurch wurde er zu einer tragischen Gestalt, obwohl seine Verordnungen auf dem Gebiet der Inquisition, Tortur und Bestrafung von Zauberei fast aufklärerisch anmuten und unter ihm in Trier immerhin Friedrich von Spee wirkte. Trotz unbeirrt gegenreformatorischer Einstellung beschäftigte S. unter seinen Räten auch Lutheraner und Kalvinisten.

Die Konkurrenz mit den schon arrivierten Mitgliedern der Familien von Metternich, Cratz von Scharffenstein und von der Leyen schuf S. auf der Pfründenlaufbahn früh unversöhnliche Feinde. Vor 1584 besaß er ein Kanonikat an St. Peter und Paul in Bruchsal, wo er 1594 Dekan und 1603 Propst wurde. 1583 wurde er Domizellar in Trier, 1595 Domherr und 1605 – 11 Domscholaster in Mainz. 1600 übertrug Erzbischof Lothar von Metternich (1599 – 1623) ihm das wichtige Amt des Archidiakons von St. Peter in Trier, und 1604 wählte ihn das dortige Domkapitel zum Propst. Im gleichen Jahr mußte er jedoch die Propstei von St. Georg in Limburg seinem später unversöhnlichen Gegner Johann Wilhelm Husmann von Namedy überlassen. 1607 wurde S. Kanonikus von St. Viktor, wenig später auch von St. Alban in Mainz. Diese Ämterhäufung war von einer Fülle päpstlicher Dispensen begleitet. Sie führte dazu, daß fast alle mittelrheinischen Kurfürsten und Bischöfe ihn mit diplomatischen Aufträgen versahen. Mit dem Trierer Erzbischof Johann von Schönberg war er 1594 auf dem Reichstag von Regensburg, wo er zugleich Speyer vertrat. 1603 war er im Auftrag Lothars von Metternich in Regensburg. 1604 betrieb er in Rom die Konfirmation und 1605 in Prag die Erteilung der Regalien an den Mainzer Erzbischof Johann Schweikard von Cronberg. 1606 vertrat er Kurmainz auf dem Kurfürstentag von Fulda, 1607 – 08 im Kurfürstenrat auf dem Regensburger Reichstag, 1609 – 10 die geistlichen Kurfürsten in Rom und Prag. 1609 erledigte er kaiserliche Aufträge in Köln und Brüssel. So bot er sich als Koadjutor für den Speyerer Bischof Eberhard von Dienheim (1581 – 1610) an, wo ihm mit Adolf von Metternich erstmals ein Mitglied dieser Familie entgegentrat. Seine Beziehungen zur römischen Kurie waren so gut, daß seine Wahl zum Koadjutor vom 30. 5. 1609 am 9. 12. 1609 ohne Schwierigkeiten bestätigt wurde. Mit dem Tod seines Vorgängers (10. 10. 1610) folgte er diesem als Bischof von Speyer nach. Die Priesterweihe empfing er am 12. 8., die Bischofsweihe durch den Mainzer Weihbischof am 15. 8. 1612. S. kam seinen Amtspflichten mit großem Ernst

nach. Er führte ein untadeliges Leben mit täglichem Meßbesuch und Breviergebet.

1611 wurde S. zusätzlich kaiserlicher Rat und Richter am Reichskammergericht, obwohl das verwahrloste Bistum Speyer seinem Tatendrang ein hinreichendes Arbeitsfeld bot. Seit zwei Jahrhunderten standen die Bischöfe dort unter dem Druck der benachbarten Kurpfalz, die eine schrittweise Säkularisierung des Hochstiftes anstrebte. S. drängte die kurpfälzischen Ansprüche zurück und zwang auch die lutherischen Städte der Umgebung sowie den Herzog von Württemberg zur Respektierung katholischer und speyerischer Rechte. Die Schuldenlast des Hochstiftes reduzierte er auf geniale Weise, und 1613 begann er außerdem mit dem kostspieligen Neubau der bischöflichen Pfalz in Speyer und der Stiftsfestung Udenheim, die 1618 von pfälzischen und badischen Truppen zerstört wurde. Daraufhin wandte sich S., durch diesen Vorfall tief gedemütigt, der inneren Reform seines Sprengels zu. Er führte Visitationen durch, förderte die Jesuiten in Speyer und Bruchsal, rief Kapuziner nach Waghäusl und mühte sich um den Priesternachwuchs. Als Kurfürst Friedrich V. 1620 in Böhmen scheiterte, Spanien die linksrheinische und Bayern die rechtsrheinische Pfalz besetzten, ergab sich für S. eine neue politische Konstellation. Den mansfeldischen Ansturm überstand er in dem ab 1620 wiederhergestellten, 1623 in Philippsburg umbenannten Udenheim. Er nutzte die Gunst der Stunde zur militärischen Besetzung einiger pfälzischer Klöster unter dem Anspruch des Vogtei- und Lehensrechtes, fühlte sich aber tief getroffen, als Kaiser Ferdinand II. dem 1623 nur zögernd zustimmte, schließlich einen Teil an Erzherzog Leopold gab und S. an die Spanier verwies, die ihrerseits jede Änderung des Status quo ablehnten. Seine politische Ausrichtung war damit schon festgelegt.

Am 25. 9. 1623 wurde S. nach anfänglichem Widerstand einstimmig zum Erzbischof von Trier postuliert. Die päpstliche Verleihung folgte am 11. 3. 1624. Das Trierer Kapitel hatte sich bei seiner Entscheidung von der Hoffnung auf S.s Durchsetzungsvermögen leiten lassen, doch lagen die Verhältnisse in Trier ungleich komplizierter als in Speyer, denn in Trier war die bischöfliche Landesherrschaft durch das Domkapitel und die Landstände deutlich eingeschränkt. Dazu kam das französische Interesse an dem Erzstift als Zugang ins Reich und als einer möglichen Sperre der spanischen Nord-Süd-Bewegung. Trotz seines politischen Gewichtes verfügte das Erzstift jedoch nur über ein mäßig großes Territorium. S.s Episkopat war ferner von Anfang an durch Rachepläne an ehemaligen Konkurrenten, durch die Sorge um seine eigene Familie, durch gegenreformatorischen Eifer und schließlich durch seinen persönlichen Ehrgeiz belastet. Die Familie Metternich und das von ihr dominierte Domkapitel machte er sich zu Feinden, als er den Nachlaß seines Vorgängers zugunsten des Erzstiftes einzog. Der geistliche und der weltliche Stand bewilligten zwar 1623 erhebliche Mittel zum Schutz des Erzstiftes. Sie verweigerten sie aber, als S. seit 1625 das Trierer Schloß erweiterte, die Festung Ehrenbreitstein ausbaute und an deren Fuß einen Schloßbau errichtete, dem er bei seiner Fertigstellung im Jahre 1632 ebenfalls den Namen Philippsburg gab. Der weltliche Stand legte 1627 Berufung beim Reichshofrat ein. Daraufhin ließ S. die wortführenden Städte Koblenz und Trier seinen ganzen Zorn fühlen und versuchte, ihre Eigeninitiative zu unterbinden. Koblenz konnte er zum Gehorsam zwingen, Trier berief sich dagegen auf einen Schutzvertrag mit Luxemburg aus dem Jahre 1302 und erlangte 1639 eine spanische Besatzung. Der Streit vertiefte sich noch wegen der unter luxemburgischer Vogtei stehenden Abtei St. Maximin, die die römische Kurie S. 1625 als Kommende verliehen hatte, während der Kaiser und Spanien deren Selbständigkeit wünschten. Als S. gegen den spanischen Anspruch an das Reichskammergericht appellierte, erlangte er dort 1630 einen günstigen Spruch, zog sich aber die Feindschaft der Spanier zu.

Aufgrund des Restitutionsediktes von 1629, auf das er übertriebene Hoffnungen setzte, gewann S. die Herrschaften Limburg und Blieskastel, die er wie das Gebiet von Veldenz rekatholisierte. Auch bei der Rückgewinnung von Klöstern im Nassauischen hatte er Erfolg, war aber enttäuscht, als das Kirchengut auch im Bereich des Bistums Speyer den früheren geistlichen Besitzern zurückgegeben wurde. Er empfand sich immer mehr als Opfer des habsburgischen und spanischen Machtanspruchs und kam schließlich zu der Überzeugung, daß er sich im Interesse der kurtrierischen Selbständigkeit an Frankreich anlehnen müsse. Dadurch wollte er zugleich die Trierer Metropolitanrechte über Metz, Toul und Verdun retten, die von der gallikanischen Abgrenzungspolitik gefährdet waren. Die Option für Frankreich bildete allerdings keine Absage an den Kaiser, sondern an die Verflechtung der kaiserlichen und katholischen mit den spanischen Interessen.

Im Erzstift isolierte sich S., als er den seit 1624 schwelenden Streit mit dem Domkapitel 1630 durch eine scharfe Visitation und durch Suspension seines Gegners, des Dompropstes Hus-

mann von Namedy, zum Höhepunkt brachte. Als im Herbst 1631 ein schwedischer Einfall drohte, Anfang 1632 Philippsburg verlorenging und die kurpfälzische Bedrohung Speyers erneut aktuell wurde, wandte S. sich definitiv Frankreich zu. Er räumte diesem die Festung Ehrenbreitstein ein und schloß mit ihm am 9. April 1632 ein förmliches Protektionsabkommen, dazu wenig später mit Schweden einen Neutralitätsvertrag. Die Spanier mußten sich daraufhin aus dem Erzstift zurückziehen. S. warb bei den rheinischen Bischöfen vergeblich für seine Politik. Selbst als Philippsburg 1634 an die Franzosen fiel und ihm die völlige Abhängigkeit von Frankreich drohte, versuchte er noch, dem Speyerer Kapitel anstelle des 1622 gewählten Koadjutors Kardinal Franz von Lothringen Kardinal Richelieu für das Hochstift sowie die Propsteien Weißenburg und Odenheim aufzudrängen. Kaiser und Kurie widersetzten sich, die Spanier dagegen handelten und nahmen nach der Niederlage der Schweden bei Nördlingen und der Einnahme Philippsburgs durch kaiserliche Truppen S. am 26. 3. 1635 unter der Führung Karl von Metternichs in Trier gefangen und brachten ihn nach Gent. Für Frankreich bildete das den Anlaß, mit der Kriegserklärung vom 19. 5. eine neue Phase des Dreißigjährigen Krieges einzuleiten.

S. fühlte sich unschuldig und exkommunizierte seine Gegner. Die zehn Jahre dauernde Gefangenschaft von S. auf Schloß Linz, wohin man ihn im Oktober 1636 brachte, war durch das diplomatische Tauziehen zwischen der römischen Kurie, dem Wiener Nuntius Malatesta Baglioni, dem S. 1637 zuständigkeitshalber unterstellt wurde, dem Kaiser, der um S.s Reichstreue fürchtete, den Spaniern, die sich die Moselpassage sichern wollten, dem Mainzer Erzbischof Anselm Kasimir von Wambold (1630 – 47), der sich immer mehr zu S.s eigentlichem Gegner entwickelte, Frankreich, das auf seiner Freilassung bestand, den Kurfürstenkollegien und S. selbst gekennzeichnet. Die weltliche Administration seiner Stifte lag währenddessen in den Händen der beiden Domkapitel. Die geistliche Verwaltung nahmen in Trier Weihbischof O. v. (→) Senheim, in Speyer G. (→) Ralinger in S.s Namen wahr. Erst als dieser sich 1645 zu einer Gesamtamnestie seiner Feinde bereit fand, kam es am 25. 4. 1645 zu seiner Reinvestitur. Am 20. 11. ließ er sich durch den französischen Marschall Turenne in seine Bischofsstadt einführen, und 1646 stellte er das Hochstift Speyer, die Propsteien Weißenburg sowie die Abteien Prüm und St. Maximin unter französischen Schutz. Dem Bistum Speyer gab er einen Statthalter.

Trotz dieser Wende verhärtete sich S. zunehmend. Größere Einkünfte aus beiden Stiften vereinigte er zu einem Fideikommiß zugunsten seiner Familie. Die weiterhin mit ihm in Konflikt stehenden und nach Köln ausgewichenen Domherren ersetzte er 1647 durch bürgerliche Kapitulare, mit deren Hilfe er 1649 als Koadjutor Philipp Ludwig von Reiffenberg durchsetzte. Daraufhin besetzten die gegnerischen Kapitulare unter K. K. v. d. (→) Leyen von Koblenz aus das Erzstift und nahmen S. gefangen. Als französische Hilfe ausblieb, beugte dieser sich einer Reichskommission. Am 11. 7. 1650 wurde v. d. Leyen zu seinem Koadjutor mit dem Recht der Nachfolge gewählt. S. hielt sich zwar eine Wiederannäherung an den Kaiser offen, als Frankreich jedoch sein Interesse an ihm verlor, war er schließlich völlig isoliert. Seit den westfälischen Friedensverhandlungen kämpfte er um die von ihm beanspruchten Klöster in der Unterpfalz und in Württemberg, doch konzedierte der Friedensvertrag ihm lediglich den Anspruch auf eine gerichtliche Auseinandersetzung mit der Kurpfalz. S. unterschrieb den Vertrag jedoch nicht. Seinen Unmut ließ er Schwächere spüren, so 1649 den Augustinerpropst Petrus Krane, den er unter beschämenden Umständen aus dem Stift Hördt entfernen ließ, als er seine bischöflichen Rechte nicht gewahrt glaubte.

S.s Schicksal und der Krieg setzten seiner geistlichen Wirksamkeit enge Grenzen. Immerhin veröffentlichte er 1628 das von seinem Vorgänger konzipierte Breviarium Trevirense. Im übrigen mußte er sich auf die Überarbei-

tung von Landkapitelstatuten beschränken. Die seelsorgliche Wirksamkeit der immer nur für wenige Jahre restituierten Klöster und Stifte der Unterpfalz blieb Stückwerk. In Trier führte S. die Christenlehrbruderschaft ein. Letztlich geriet vor allem das Bistum Speyer, das S. nicht mehr aufsuchte, in merkliche Konfusion, ohne daß er sich zur Bestellung eines Koadjutors bereitfand. Nach langem Gichtleiden starb S. am 7. 2. 1652. Da sich seine Beisetzung in der Martinskapelle des Speyerer Domes wegen Verweigerung der erforderlichen Mittel seitens des dortigen Kapitels und seiner Familie nicht ermöglichen ließ, wurde er vor dem Luzienaltar im Trierer Dom beigesetzt. Seine Politik gilt als gescheitert.

Quellen: LHA Koblenz, Abt. 1 A; Abt. 1 C. - StB Trier, Abt. Hss. - Familienpapiere im Öttingen-Wallersteinischen Archiv auf Schloß Harburg.

Literatur: F. X. Remling, Bischöfe II. - P. Wagner. in: ADB 26 (1888) 50-69. - J. Baur, Speier. - Ders., Sötern. - K. Zimmermann. - L. Stamer. - H. Sturmberger, Zur Geschichte des Kurfürsten Philipp Christoph von Sötern, in: TrJb 1956, 5-22. - G. Livet. - H. Weber. - F. Pauly. - U. Lucas, Die Kurtrierische Frage von 1635-1645 (Diss. Mainz 1977). - K. Abmeier.

Abbildungsnachweis: Stich von Johann Friedrich Rosbach (1720/28 in Leipzig tätig). - Wien NB 511.923 B.

Wolfgang Seibrich

Sokołowski, Piotr

1645 – 1650 Weihbischof der Diözese Kulm,
Ep. tit. Orthosiensis

Besuchte das Jesuitenkolleg in Thorn; 1608 als Koadjutor eines Kulmer Domherrn erwähnt; 1616 Domherr der Diözese Kulm; 1634 „Präsident des Domkapitels"; 1641 – 46 Pfarrer von Lichtenau im Marienburger Werder; 1643 Deputierter für das Reichstribunal; 1645 Pfarrer von St. Johannes in Thorn. Dieses Pfarrbenefizium war neben dem von Fischau in Pomesanien zur Dotation des 1641 von Bischof Kaspar Działyński neu errichteten Amtes eines Weihbischofs für die Diözese Kulm bestimmt worden. 21. 3. 1645 Titularbischof von Orthosias; 1645 auch als Dompropst und königlicher Sekretär erwähnt; Todesdatum unbekannt, aber wohl vor der Bestimmung seines Nachfolgers J. (→) Rakowski (1650) anzunehmen.

Literatur: UB Kulm Nr. 1159, 1164. - R. Frydrychowicz 9 f. - A. Mańkowski, Prałaci 197.

Hans-Jürgen Karp

Sołtyk, Maciej Aleksander (1679 – 1749)

1729 – 1749 Weihbischof der Diözese Kulm,
        Ep. tit. Margaritensis
1742 – 1749 Generalvikar der Diözese Kulm

≈ 26. 2. 1679 in Buszcze (Diöz. Przemyśl); Studium in Krakau und Rom; 1700 Domherr, 1702 Domkustos von Kulm; 1. 5. 1706 Priester; mehrmals Deputierter des Kapitels für das Krontribunal; 1712 Domherr von Ermland; 1725 Domkantor, 1729 Dompropst von Gnesen; 1721 als Dompropst, 1728 als Archidiakon von Kulm installiert und zum Weihbischof bestimmt; 7. 2. 1729 Titularbischof von Mactaris; am 4. Fastensonntag 1729 durch Erzbischof T. A. (→) Potocki in Lowitsch konsekriert; 30. 4. 1733 – 10. 11. 1736 und 2. 11. 1739 – 5. 1. 1740 Kapitularvikar; 1742 – 46 Generalvikar von Bischof A. S. (→) Załuski; 23. 8. 1746 – 2. 7. 1747 Kapitularvikar; 1747 Generalvikar und Offizial von Bischof W. S. (→) Leski; † 8. 12. 1749.

Literatur: R. Frydrychowicz 21-25. - A. Mańkowski, Prałaci 198f. - T. Oracki 2 (1988) 157.

Hans-Jürgen Karp

Sommerfeld, Elias Daniel von (1681 – 1742)

1714 – 1742 Weihbischof in Breslau, Ep. tit.
        Leontopolitanus

* 7. 4. 1681 in Birkholz bei Schwiebus (Schlesien) als Sohn des Theodor S., Erbherrn in Birkholz bei Schwiebus (Konvertit), und der Anna Katherina von Hoffmann (evgl.); Besuch des Jesuitengymnasiums in Glogau; Studium der Philosophie in Breslau und 1700 – 04 der Theologie in Rom als Alumne des Collegium Germanicum; 22. 3. 1704 Priesterweihe in Rom; 1704 Dr. theol. (Perugia); 1700 Domherr, 1719 Domscholaster in Breslau; 26. 1. 1714 Titularbischof von Leontopolis und Weihbischof in Breslau; 19. 8. 1714 Konsekration in Wien durch Nuntius Giorgio Spinola. S. war eines der bedeutendsten Mitglieder des Domkapitels, dessen Geschichte und Rechtslage er gut kannte. 1717 Subkollektor der Diözese Breslau für die Türkensteuer; 1718 – 23 maßgeblich an der Generalvisitation der Diözese beteiligt. Seit 1714 Rektor des Alumnates, veranlaßte S. dessen Erweiterung und einen Neubau, der 1731 eingeweiht wurde. 1732 war er Kandidat des Kapitels für die Neubesetzung des Bistums, doch mußte dieses sich schließlich dem kaiserlichen Druck fügen und Kardinal Ph. L. v. (→) Sinzendorf akzeptieren. Nach der Eroberung Breslaus durch Friedrich II. verließ S. die Stadt vorübergehend, da er den Treueid auf den preußischen König nicht leisten wollte. 1742 geriet er wegen der Mitgliedschaft von Ph. G. v. (→) Schaffgotsch im Freimaurerorden in einen schweren Konflikt, als er Schaffgotsch nicht zum Kapitelsgottesdienst zulassen wollte. Am 16. 5. 1742 legte er alle Ämter nieder. † 26. 7. 1742 in Breslau; □ Breslauer Dom.

Schriften: Kurzer Verfaß katholischer Glaubenslehre, oder Summa christlicher Lehre vor die unerfahrne Herzen und junge Kinder (Breslau 1735).

Quellen: ASV, Nunz. Vienna, Proc. can. 331.

Literatur: J. Jungnitz, Weihbischöfe 200-222. - H. Hoffmann, Dom Breslau 144-146. - Ders., Alumnat 232. - R. Samulski, Weihbischöfe 17. - J. Pater, Eliaszcc Daniel Sommerfeld, sufragan wrocławski (1681-1742), in: Misericordia et veritas (Wrocław 1986) 265-282.

Jan Kopiec

Sorina, Claudius (seit 1651 **de**) (1580 – 1657)

1652 – 1655 Generalvikar in Olmütz

* 1580 als Sohn einer aus Italien stammenden Familie; 1611 Domherr, 1629 Domdekan in Olmütz; Rektor zu St. Anna in Olmütz; 1652 – 55 Generalvikar und Offizial des von seinem Bistum abwesenden Bischofs (→) Leopold Wilhelm von Österreich; † 1657.

Literatur: Z. Štěpánek.

Aleš Zelenka

Sotomayor, Antonius de ⟨OSB⟩ (um 1612 – vor 1679)

1675 – 1679 Weihbischof in Prag, Ep. tit.
        Selymbriensis

* um 1612 (err.) in Galizien; Mag. theol.; zeitweise Abt in Wien, dann in Prag; kaiserlicher Rat; Prediger; 28. 1. 1675 Titularbischof von Selymbria und Weihbischof in Prag; † vor 1679.

Red.

Spaur, Ignaz Franz Stanislaus Reichsgraf von (1729 – 1779)

1775 – 1778 Koadjutor des Fürstbischofs von
        Brixen, Ep. tit. Chrysopolitanus
1778 – 1779 Fürstbischof von Brixen

Ignaz Franz Stanislaus von Spaur, Pflaum und Valör wurde am 8. 5. 1729 zu Innsbruck als jüngster Sohn des Statthalters von Tirol Johann Franz Wilhelm Graf S. und der Anna Maximiliana Gräfin Trapp geboren.

S. studierte 1746—48 zu Innsbruck Philosophie und schlug dann die militärische Laufbahn ein. Als sich ihm jedoch 1755 die Möglichkeit bot, durch Präsentation seitens seines Bruders Joseph Graf S. Domherr in Salzburg zu werden, nahm er das Anerbieten an. Am 1. 2. 1756 ließ er sich in Salzburg zum Priester weihen. 1758 verlieh der Salzburger Fürsterzbischof S. v. (→) Schrattenbach ihm die Präsidentschaft des Kriegsrates, die sonst nur von Laien wahrgenommen wurde. 1763 wurde S. zugleich Domherr in Brixen, und 1774 erhielt er dort zusätzlich das Perkhoferische Benefizium und die Propstei am Kreuzgang. Am 23. 6. 1775 wählte das Brixner Kapitel S. auf Wunsch seines Onkels, des Fürstbischofs Leopold Graf (→) S., zum Koadjutor. Daraufhin wurde S. am 18. 12. 1775 zum Titularbischof von Chrysopolis sowie zum Administrator des Bistums Brixen ernannt. Die Konsekration erhielt er am 17. 11. 1776 zu Salzburg durch Fürstbischof H. v. (→ Bd. I) Colloredo.

In Brixen verhehlte man sich nicht, daß S. für sein Amt über keine Vorbildung verfügte. Seine Vorliebe für Militärisches, für Musik, Jagd und weltliches Treiben fand kein Verständnis. Andererseits erhoffte man von ihm wegen seines sicheren Auftretens einen gewissen Schutz gegen die immer drückendere österreichische Umklammerung des Hochstiftes und den wachsenden Anspruch auf staatliche Kirchen-

hoheit. Diese Erwartungen wurden jedoch enttäuscht. S. ging nämlich während seiner kurzen Amtszeit auf alle österreichischen Wünsche ein.

Am Vorabend seiner geplanten Inthronisation, dem 11. 2. 1779, erlitt S. einen Schlaganfall, an dessen Folgen er am 2. 3. 1779 verstarb. Er wurde im Brixner Dom beigesetzt.

Literatur: *J. Weingarten,* Der Koadjutor, in: St. Kassian-Kalender 1969, 65-67. - *K. Wolfsgruber,* Brixner Domkapitel 208. - *J. Gelmi* 203-206.

Abbildungsnachweis: Gemälde im Diözesanmuseum Brixen.

Josef Gelmi

Spaur, Johann Michael Wenzel Reichsgraf von (1677—1743)

1709—1723 Generalvikar in Trient
1722—1743 Weihbischof in Trient, Ep. tit. Rhosiensis

* 1677 auf Burg Rottenturm (Diöz. Trient); ≈ 23. 11. 1677; Neffe des Trienter Fürstbischofs J. M. v. (→) Spaur; 4. 9. 1700 Priester; 1700—08 Pfarrer von Cavalese; 1701 Domherr in Trient; 1709—23 Generalvikar von Fürstbischof Spaur; 1714 Domherr in Brixen; 20. 4. 1722 Titularbischof von Rhosus und Weihbischof in Trient; 24. 5. 1622 Konsekration durch Spaur auf Schloß Welschmetz (Mezzolombardo); 1723 Archidiakon; unter Fürstbischof A. D. v. (→) Wolkenstein scheint er das Amt eines Weihbischofs nicht mehr ausgeübt zu haben; 1733 resignierte er sein Brixner Domkanonikat zugunsten von Christoph A. Migazzi; S. war auch kaiserlicher Geheimrat. † 28. 3. 1743 in Trient.

Literatur: *S. Weber,* Vescovi suffraganei 145-148. - *A. Costa* 185. - *K. Wolfsgruber,* Brixner Domkapitel 206 f. - *C. Donati* 55.

Josef Gelmi

Spaur, Joseph Philipp Franz Reichsgraf von (1718—1791)

1763—1780 Fürstbischof von Seckau und Salzburger Generalvikar für die Steiermark
1780—1791 Fürstbischof von Brixen

Joseph Philipp Franz von Spaur, Pflaum und Valör wurde am 23. 9. 1718 zu Innsbruck als Sohn des Statthalters von Tirol und kaiserlichen Geheimrates Johann Franz Wilhelm v. S. und der Anna Maximiliana Gräfin von Trapp geboren. 1735–37 studierte er in Innsbruck Philosophie und 1737–41 in Rom als Alumne des Collegium Germanicum Theologie. Am 1. 4. 1741 wurde er in Rom zum Priester geweiht. Seit 1736 Domherr in Brixen, reiste er 1748 für seinen Onkel, den Brixner Fürstbischof Leopold v. (→) S., nach Wien, um die Regalien entgegenzunehmen. Der Gunst Maria Theresias verdankte er 1749 seine Berufung in das Domkapitel zu Salzburg. Bei seinen nun häufigen Aufenthalten in Wien fand S. Anschluß an den Kreis der jansenistisch beeinflußten Reformfreunde um den späteren Propst Ignaz Müller von St. Dorothea. Den dort gewonnenen Überzeugungen ist S. sein Leben lang treu geblieben und später zu einem Exponenten reformkatholischer Ideen unter dem Episkopat der späten Reichskirche geworden.

1753 erhielt S., obwohl nicht graduiert, aber geistig besonders aufgeschlossen, das Perkhoferische Doktorbenefizium in Brixen. Der Schwerpunkt seines Wirkens lag damals freilich in Salzburg, wo er seit 1755 Präsident des Konsistoriums war und 1763 den Titel eines Geheimrates erhielt. Am 1. 10. 1763 nominierte Erzbischof S. v. (→) Schrattenbach ihn zum Fürstbischof von Seckau. Am 20. 12. konfirmierte und am 21. 12. konsekrierte er ihn. Über die Leitung des kleinen salzburgischen Eigenbistums hinaus wurde S. auch das Generalvikariat des steierischen Anteils der Erzdiözese Salzburg übertragen.

S. hat in Seckau als uneigennütziger und seeleneifriger Bischof gewirkt und für die religiöse Vertiefung kein Opfer gescheut. Die unter Maria Theresia eingeleiteten kirchlichen Reformen hat er im wesentlichen mitgetragen. Dazu gehörte die Zurückdrängung des volksfrommen Brauchtums zugunsten des Pfarrgottesdienstes, doch blieb die Wallfahrt nach Mariazell bestehen. Die seit 1772 ins Auge gefaßte Pfarregulierung konnte noch nicht verwirklicht werden. Der besonderen Fürsorge S.s erfreute sich das Grazer Priesterhaus. S. versuchte überhaupt, z. B. durch die Verteilung bzw. Empfehlung geistlichen Schrifttums, die Bildung des Klerus zu heben. Von besonderer Tragweite war es, daß S. auch Direktor der Theologischen Fakultät zu Graz war. Angesichts seiner Stellung zum Reformkatholizismus konnten Spannungen mit den Jesuiten nicht ausbleiben, obwohl S. den Ordensleuten als solchen sein Wohlwollen bewahrte, andererseits aber nicht verhindern konnte, daß die Aufhebung der Gesellschaft im Jahre 1773 auch in der Steiermark mit aller Strenge durchgeführt wurde. In den Kontext von S.s Kampf gegen Molinismus und Probabilismus sowie für die Reformanliegen des Jansenismus gehört

auch die Tatsache, daß er sich einschlägige Dissertationen widmen ließ oder diese zur Veröffentlichung brachte. Dazu gehörte die 1771 veröffentlichte Schrift „Delectatio victrix" des M. Brachum, die wiederum die polemische Gegenschrift „Der entlarvte Jansenist oder Briefe eines Freundes aus Frankreich an einen Freund in Deutschland" zur Folge hatte. Daraufhin veranlaßte S. den führenden Kopf der Wiener Jansenisten, Markus Anton Wittola, zur Abfassung einer weiteren Schrift, die er 1776 durch den Passauer Domherrn Johann Otto von Rindsmaul ohne Wissen des Verfassers in München unter dem Titel „Der Jansenismus, ein Schreckbild für Kinder" veröffentlichen ließ.

Nach dem Tode seines Bruders Ignaz v. (→) S. wurde S. am 26. 5. 1779 als dessen Nachfolger vom Brixener Domkapitel zum Fürstbischof von Brixen postuliert und am 20. 3. 1780 transferiert. S. hat die Anliegen des jansenistischen Reformkatholizismus auch in Brixen weiter verfolgt und 1782 eine eigene Schrift mit dem Titel „Iansenismi spectrum detectum" veröffentlicht. Auch von Brixen aus hielt er weiter Kontakt zu den führenden Jansenisten in Wien, Innsbruck, Salzburg, Passau und Italien. Als er jedoch 1781 seinem Klerus einschärfte, daß die päpstliche Bulle „Unigenitus" über die Grundsätze des Jansenismus (1713) entsprechend einem Hofdekret Josephs II. in Österreich nicht zur Anwendung kommen solle, wurde er von Papst Pius VI. scharf gemaßregelt.

Auch gegenüber anderen kirchlichen Maßnahmen Josephs II. zeigte S. sich im allgemeinen gefügig. So akzeptierte er 1781 ohne Widerspruch die Einschärfung des Placetum regium, und als der Kaiser 1782 die Aufhebung der kontemplativen Orden verfügte, verbot S. nicht nur alle Einsiedeleien in der Grafschaft Tirol, sondern auch im Hochstift Brixen. Entsprechend einem weiteren Hofdekret schrieb er 1782 allen säkularisierten Ordensgeistlichen im Hinblick auf ihren pastoralen Einsatz ein Examen vor. Unter Joseph II. wurden im deutschen Teil Tirols 21 Klöster aufgehoben und die Stifte Stams, Wilten, Feicht und Neustift Kommendataräbten unterstellt. Dennoch war S. kein bedingungsloser Anhänger Josephs II. So versuchte er 1781 die Anwendung des Toleranzpatentes in dem geschlossen katholischen Tirol vergeblich zu verhindern. Zu Reibereien mit dem Gubernium kam es auch wegen Besetzung der Stiftspfarreien, für die s. erst 1788 die Gleichbehandlung von Ordens- und Weltgeistlichen durchsetzen konnte. Die Priesterausbildung wurde seit 1784 an das Generalseminar in Innsbruck verlagert, während dem Bischof wie in allen anderen österreichischen Diözesen nur die abschließende Hinführung der Priesteramtskandidaten zu den Weihen in einem eigenen Priesterseminar („Diözesanpriesterhaus") in Brixen blieb. Lediglich die Priesteramtskandidaten aus dem kleinen Gebiet des Hochstifts erhielten weiterhin ihre volle Ausbildung in Brixen.

Als S. 1782 zum Besuch des Papstes Pius VI. in Wien weilte, gewann er diesen dafür, auf seiner Rückreise am 8. 5. in Brixen Station zu machen und dort einen feierlichen Gottesdienst zu feiern. Eine von Joseph II. geplante Diözesanregulierung, nach der Brixen alle Nordtiroler Anteile auswärtiger Diözesen erhalten sollte, akzeptierte S. sofort, doch scheiterte das Projekt an politischen Schwierigkeiten.

Auch die von Joseph II. gewünschte Pfarregulierung begann S. sofort, doch besaß Tirol damals bereits ein so dichtes Pfarrnetz, daß die Neuordnung nicht so einschneidend wie in anderen Diözesen war. Auch die von Joseph II. veranlaßten Gottesdienstreformen führte S., wenn auch gegen vereinzelten Widerspruch der Bevölkerung, durch.

Seinem episkopalistischen Kirchenverständnis entsprechend hat S. sich im Nuntiaturstreit auf die Seite der betroffenen Bischöfe gestellt und die Grundsätze der Emser Punktation von 1786 befürwortet. Als Kaiser Leopold II. 1790 die Bischöfe aufforderte, ihre Beschwerden gegen die Kirchenpolitik Josephs II. vorzutragen, tat S. dies in einer ausführlichen Stellungnahme.

1790 wurde zwar das Innsbrucker Generalseminar, das einen der Hauptbeschwerdepunkte darstellte, aufgehoben, doch blieb den österreichischen Untertanen das Studium in Brixen weiterhin verboten.

S. ist in Brixen wie zuvor in Seckau seinen bischöflichen Pflichten eifrig nachgekommen. Es verging kaum ein Jahr, ohne daß er seinen Sprengel bereist hätte. Förmliche Visitationen nahm er jedoch nur wenige vor. Sein Versuch, die hochstiftischen Hoheitsrechte gegenüber Österreich zu wahren, blieb im allgemeinen ohne Erfolg.

S. starb am 26. 5. 1791 in Brixen. Er wurde im Dom beigesetzt.

Schriften: Iansenismi spectrum detectum (Wien 1782); deutsch unter dem Titel: Das entlarvte Gespenst des Jansenismus ([Wien] 1782); it. Übers. in: M. Ricci, Raccolta di opuscoli interessanti la religione, Bd. 1 (Pistoia 1783) 145-159.

Literatur: K. Wolfsgruber, Brixner Domkapitel 207. - M. De Ambrosis, Filogiansenisti del Tirolo e del Trentino nella seconda metà del settecento: Il principe-vescovo di Bressanone Giuseppe Spaur, in: Archivio Veneto, V. serie 69 (1961) 23-41. - K. Klamminger, in: K. Amon 362-373. - P. Hersche, Spätjansenismus. - Ch. Hild-Lebedowycz, Joseph Philipp Graf von Spaur, Pflaum und Valör. Fürstbischof von Seckau und Brixen 1763-1791 (Diss. Graz 1977). - J. Gelmi 206-215. - P. G. Tropper, Erneuerungsbestrebungen.

Abbildungsnachweis: Öl auf Leinwand, Johann Mitterwurzer zugeschreiben. - Diözesanmuseum Brixen.

Josef Gelmi

Spaur, Leopold Maria Joseph Reichsgraf von (1696 – 1778)

1748 – 1778 Fürstbischof von Brixen

Leopold Maria Joseph von Spaur wurde am 10. 5. 1696 als Sohn des Regierungspräsidenten Johann v. S. und der Magdalena Gräfin S. zu Innsbruck geboren. Das Rittergeschlecht der S. hatte 1314 die Pflegschaft der Veste Spaur in der Val di Non erhalten. Es war 1530 in den Freiherren- und 1633 in den Reichsgrafenstand aufgenommen worden. Leopold Graf S. war der dritte Brixner Fürstbischof seiner Familie.

S. studierte 1712 – 15 in Innsbruck Philosophie (Dr. phil.) und die Rechte sowie 1715 – 19 in Rom als Alumne des Collegium Germanicum Theologie. Am 16. 4. 1719 in Rom zum Priester geweiht, kehrte er in seine Heimat zurück, wo er 1720 Domherr und bald danach Domdekan in Brixen wurde. 1721 vertrat er in Wien die Interessen seines Kapitels gegen die von Fürst-

bischof K. I. v. (→) Künigl gewünschte Gründung einer Jesuitenniederlassung. In den folgenden Jahren vertrat er das Kapitel wiederholt
beim Tiroler Landtag. Am 18. 10. 1747 zum
Fürstbischof von Brixen gewählt und am 19. 2.
1748 päpstlich bestätigt, wurde er am 28. 4.
1748 durch Weihbischof F. J. v. (→) Sarnthein
konsekriert.

Die 1749 durch S. angeordnete Diözesanzäh-
lung ergab bei 230 299 Katholiken 720 Welt-
und 1094 Ordenspriester. Im gleichen Jahr
erschien der erste Diözesanschematismus. Die
erste Sorge S.s galt jedoch der Fortsetzung des
von seinem Vorgänger begonnenen Dombaues.
1752 beauftragte er Franz de Paula Penz und
1752 Georg Tangl mit der Bauleitung. 1754
erfolgte die Weihe. Die von Künigl 1721 zur
Leitung des Priesterseminars berufenen Jesuiten ersetzte S. durch Diözesanpriester. Er gab
der Anstalt nicht nur neue Statuten, sondern
1764 – 71 auch einen großzügigen Neubau mit
100 Plätzen. Nachdem die Seminarkirche bereits 1767 hatte eingeweiht werden können,
veranstaltete S. im gleichen Jahr eine Prosynode, auf der die Diözesanstatuten von 1603 in
wenigen Punkten modifiziert wurden. 1768
erfolgte deren Neudruck mit einer Einleitung
von S. Der Fürstbischof hat wie schon sein
Vorgänger großen Wert auf die Visitation
seines Sprengels gelegt. Bei seinen Visitationsreisen ließ er sich von zwölf Personen begleiten.

Großes Interesse zeigte S. auch an Fragen der
Volksschule. So stellte er für diesen Zweck auf
Ersuchen des Landespräsidenten Ignaz Kassian von Enzenberg in Innsbruck, aber auch in
Brixen mehrere Geistliche zur Verfügung. Er
äußerte sich in einem Hirtenbrief zur Schulreform und führte die durch Johann Ignaz von
Felbiger entwickelte pädagogische Methode in
seinem Bistum ein. Die 1773 bei der Aufhebung
des Jesuitenordens in Innsbruck und Hall
lebenden Ordensmitglieder konnten weiter als
Professoren und Seelsorger wirken. Die dienst-
unfähigen Ordensleute blieben dagegen im
Kolleg zu Hall.

Die reichsfreie Stellung des Hochstiftes Brixen
wurde durch die Reformen unter Kaiserin
Maria Theresia ernsthaft gefährdet. Diese gestattete nämlich den Fürstbischöfen keine selbständige Außenpolitik mehr, forderte vom
Hochstift die gleichen Steuern und Abgaben
wie von anderen Ständen und dehnte ihre
Milizreform auf sein Gebiet aus. Auch auf
anderen Gebieten der öffentlichen Ordnung
versuchte Maria Theresia eine Gleichschaltung
des Hochstiftes. S. setzte diesen Bestrebungen
heftigen Widerstand entgegen, hob das födera-

tive Verhältnis seines Stiftes zur Grafschaft
Tirol hervor und pochte auf seine eigenen
Hoheitsrechte. Die Übernahme der landesherrlichen Schulden im Jahre 1765 lehnte er strikt
ab. 1771 wehrte er sich heftig gegen die Milizreform und den Steuerausgleich. Daraufhin besetzten österreichische Truppen 1772 die Stadt
Brixen. Vertreter des Bischofs wurden festge-
nommen und Truppenaushebungen mit Gewalt
durchgeführt. Als S. sich 1773 weigerte, eine

Feiertagsreduktion durchzuführen, wurden
seine Einkünfte aus dem Gebiet der Grafschaft
Tirol für einige Zeit gesperrt. Dennoch erwies S.
sich dem Kaiserhaus als großzügiger Gastgeber, so 1765, als Kaiser Franz und Maria
Theresia über Villach zur Vermählung ihres
Sohnes Erzherzog Leopold nach Innsbruck
reisten. 1769, 1771 und 1773 musizierte Wolfgang Amadeus Mozart vor dem Fürstbischof in
Brixen.

Unter dem Einfluß seines Neffen und späteren
Nachfolgers, des Seckauer Fürstbischofs Jo-
seph Philipp v. (→) S., setzte S. sich für die
Unterstützung der Kirche von Utrecht ein.
Angesichts seiner Gebrechlichkeit bat er das
Domkapitel 1774 um die Wahl eines Koadju-
tors. Sie fiel am 23. 6. 1775 auf einen weiteren
seiner Neffen, Ignaz v. (→) S.

S. starb am 31. 12. 1778. Er wurde im Brixner
Dom beigesetzt.

Literatur: K. Wolfsgruber, Brixner Domkapitel 207. -
Ders., Die Besetzung des Fürstbistums Brixen vor 200

Jahren, in: Der Schlern 5/6 (1952) 264f. - R. Turin. -
J. Gelmi 196-203.

Abbildungsnachweis: Öl auf Leinwand von Franz
Anton von Leitensdorffer (1721-1795). - Diözesanmuseum Brixen.

Josef Gelmi

Spaur und Valör, Franz Vigil Reichsfreiherr
(seit 1637 **Reichsgraf) von** (1609 – 1670)

1644 – 1670 Fürstbischof von Chiemsee

Franz Vigil von Spaur und Valör wurde als
eines von wenigstens neun Kindern des Georg
Friedrich v. S. und der Barbara Gräfin Lodron
auf Burg Spaur in der Val di Non (Bist. Trient)
geboren und am 6. 1. 1609 getauft. Die Familie
S. wurde 1637 in den Reichsgrafenstand erhoben.

S. absolvierte zunächst in Salzburg das Gymnasium und studierte dann 1629 – 33 als Alumne des Collegium Germanicum in Rom. Dort
wurde er am 21. 5. 1633 zum Priester geweiht.
Bereits 1632 hatte das Trienter Domkapitel ihm
ein Kanonikat verliehen, das er allerdings 1644
wieder resignierte. Hingegen behielt er die
Salzburger Dompräbende, die er 1636 erlangt
hatte, bis zu seinem Lebensende. Salzburg war
auch der Ort seines weiteren Aufstieges. Seit
wenigstens 1639 war er dort Hofrat, und am
8. 10. 1640 ernannte Erzbischof P. v. (→) Lodron ihn zu seinem Statthalter. Bereits am 23. 2.
1636 hatte Lodron ihn zum Fürstbischof des
Salzburger Eigenbistums Chiemsee ernannt.
1654 erfolgte seine Ernennung zum Geheimen
Rat, und Ende 1664 wählte ihn das Salzburger
Kapitel zum Domdekan. 1664 wurde er ferner
Hofratspräsident. S. war außerdem kaiserlicher Geheimer Rat.

Entsprechend der engen Bindung seines Bistums an Salzburg hatte S. auch dort einige
Aufgaben zu erfüllen. So übernahm er nach
dem Tode Lodrons den Befehl über die Feste
Hohensalzburg, nahm an der Konsekration des
neuen Erzbischofs G. v. (→) Thun teil und
überreichte dessen Nachfolger M. G. v. (→)
Kuenburg am 8. 12. 1668 im päpstlichen Auftrag das Pallium.

In seinem eigenen Bistum kam es 1653 zur
Errichtung eines bereits 1642 in Aussicht genommenen Dominikanerklosters in Kitzbühel.
1669 wurde die Ortschaft Scheffau Sitz eines
Vikariates. S. soll eifrig visitiert haben, doch
bedeutete es für die Diözese andererseits einen
großen Verlust, als Bartholomäus Holzhauser,
der Gründer eines Instituts zur Hebung des
Weltklerus, seine Stelle als Pfarrer und Dekan

von St. Johann in Tirol aufgab, weil S. ihm
nicht so gewogen war wie sein Vorgänger.
Dazu mag auch der Streit zwischen Holzhauser
und dem Archidiakon von Chiemsee über ihre
jeweiligen Amtsbefugnisse und insbesondere
über die Teilnahme des Dekans an den Archi-
diakonalsynoden beigetragen haben. Dieser
Streit schwelte seit Gründung des Dekanates
im Jahre 1621. Obwohl S. 1646 den Dekan zur
Teilnahme verpflichtet hatte, kam es anscheinend erst 1660 erstmals dazu.

Außerhalb seiner Diözese stiftete S. in Berg am
Laim in München ein Institut für arme junge
Mädchen. S. verstarb am 9. 1. 1670 in Salzburg.
Er wurde in der Grabeskirche seiner Familie zu
Spormaggiore in der Val di Non beigesetzt.

Quellen: EKAS. - SLA Beamtenkartei Frank.

Literatur: J. Riedl 194f und Tafel 242. - C. v. Wurzbach
36 (1878) 95. - H. de Schaller, Généalogie de la maison
des Comtes Spaur de Flavon et Valör (Fribourg 1898)
77f. - M. Arneth. - J. v. Moy, Bistum Chiemsee. -
E. Naimer 96.

Abbildungsnachweis: Öl auf Leinwand, unbek.
Künstler. - Familienbesitz Graf Spaur, Castel Valör,
Tassulo.

Erwin Naimer

**Spaur und Valör, Johann Michael Reichsgraf
von** (1638 – 1725)

1696 – 1725 Fürstbischof von Trient

Johann Michael von Spaur und Valör wurde am 7. 7. 1638 zu Schloß Welschmetz (Mezzolombardo) am Eingang der Val di Non als Sohn des Johann Anton v. S. und der Maria Judith Gräfin von Arsio geboren. Die S. waren ein altes Tiroler Geschlecht, das 1314 die Pflegschaft der Festung Spaur in der Val di Non und 1324 das Gericht Mölten mit Schloß Burgstall erhalten hatte, weshalb es sich auch v. Burgstall nannte. Seit 1472 sind die S. in den Tiroler Adelsmatrikeln nachweisbar. 1539 wurden sie in den Freiherren- und 1633 in den Reichsgrafenstand erhoben. Mehrere Familienangehörige waren Mitglieder der Domkapitel zu Brixen, Salzburg und Trient. Sieben stiegen zu Fürstbischöfen der Reichskirche auf.

Nachdem S. 1662 in Trient Domkapitular geworden war, wurde er am 2. 9. 1663 zum Priester geweiht. Als Kanoniker vertrat er den Bischof und das Domkapitel öfter beim Tiroler Landtag. 1689 wurde er Pfarrer von Deutschmetz (Mezzocorona). Am 8. 3. 1696 zum Fürstbischof von Trient gewählt und am 24. 9. 1696 päpstlich bestätigt, wurde er am 19. 10. 1696 durch Weihbischof G. S. v. (→) Sinnersberg konsekriert. Mitte 1697 erhielt er, obwohl der Kaiser einen anderen Kandidaten favorisiert hatte, die Regalien, und am 3. 6. 1697 trat er die Regierung des Hochstiftes an.

S. visierte seine Diözese eifrig und urgierte die Disziplin unter dem Klerus. 1715 führte er das der Trienter Kirche angepaßte Rituale Romanum ein. Er selbst provozierte jedoch durch seinen Nepotismus erheblichen Mißmut. So berief er seinen Neffen J. M. W. v. (→) S. zum Weihbischof, doch weigerte sich das Domkapitel, diesen als seinen Nachfolger zu akzeptieren. Die Verwaltung des Hochstiftes überließ er weitgehend seinen Verwandten, und zum Schloßhauptmann von Levico ernannte er anstelle eines Neffen seines Vorgängers G. V. (→) Alberti d'Enno einen eigenen Neffen.

Der Spanische Erbfolgekrieg zog auch das Hochstift Trient in Mitleidenschaft, als im Sommer 1703 von Norden der bayerische Kurfürst Max Emanuel und von Süden der französische General Vendome einfielen. Bei dieser Gelegenheit wurde die Stadt Trient bombardiert. Die Beziehungen S.s zum Hause Österreich waren im allgemeinen gut. Nachdem Kaiser Leopold I. das dem Hochstift zugehörige Gebiet von Castellaro fortgenommen hatte, gelang es S., dieses von Kaiser Karl VI. wieder zurückzuerhalten.

S. starb am 22. 4. 1725 in Trient. Er wurde in der Kathedrale beigesetzt.

Literatur: *J. Egger* II 480. - *S. Weber*, Vescovi suffraganei 145-149. - *K. Wolfsgruber*, Brixner Domkapitel 206f. - *J. Kögl* 274f. - *A. Zieger* 240f. - *A. Costa* 179-181.

Abbildungsnachweis: Stich von Johann Balthasar Gutwein (1702-1785) nach Zeichnung von Niccolò Dorigati (tätig zw. 1689 u. 1739). - Wien NB 518.414 B.

                                        Josef Gelmi

Spaur und Valör, Joseph Ferdinand Guidobald Reichsgraf von (1705 – 1793).

1780 – 1787 Bischof des Hausritterordens vom Heiligen Georg, Ep. tit. Abilena
1790 – 1791 Bischof des Münchener Hofbistums

Joseph Ferdinand Guidobald Reichsgraf von Spaur zu Pflaum und Valör, Freiherr von Lichtenberg, Herr in Fai und Zambana bei Trient, wurde am 21. 10. 1705 zu Innsbruck (Diöz. Brixen) als Sohn des kaiserlichen Regimentsvizepräsidenten Guidobald Graf v. S. und seiner Gemahlin Helena Margarethe Gräfin zu Wolkenstein und Trostburg geboren. Seinen Paten, Kaiser Joseph I., vertrat sein Onkel, der Kaiserliche Geheimrat und Kämmerer Ferdinand Karl Graf v. S. Nachdem S. die Klassen der Humaniora durchlaufen hatte, wurde er 1722 an der Philosophischen Fakultät Innsbruck immatrikuliert, wechselte aber nach Abschluß der Logik (Baccalaureat) mit 18 Jahren an das Collegium Germanicum nach Rom. Krankheitshalber schied er 1726 aus dem

Kolleg. 1728 bewarb er sich beim Brixener Bischof um Zulassung zur Subdiakonatsweihe, wechselte aber 1729 zur Erzdiözese Salzburg, wo er Dekan des Kollegiatstifts Maria Himmelfahrt in Laufen wurde. Am 8. 4. 1730 erhielt er in Salzburg die Priesterweihe. Sein Wirkungsfeld verlagerte sich jedoch bald nach Kurbayern. 1737–40 war er Stiftspfarrer von Haslach, 1740–67 Pfarrer von Höslwang. Kurfürst Max III. Joseph erteilte ihm beim Ordensfest am 8. 12. 1749 den Ritterschlag zum geistlichen Ordensritter des kurbayerischen St. Georgi Ritterordens und die Würde eines Ordenskaplans. Als Ordensmitglied erwarb v. S. neue Pfründen und Ehren. Vor allem aber kam er dadurch in den Umkreis des Hofes. Der Kurfürst verlieh ihm 1759 die Propstei St. Wolfgang am Burgholz. 1761 stieg er zum Komtur und Ordensdekan ad honores auf. 1767 resignierte er auf seine Pfarrei Höslwang, um die dem Orden vorbehaltene Propstei Mattighofen im Innviertel zu übernehmen. Als er 1772 infulierter Propst des Kollegiatstifts ULFrau in München wurde, verzichtete er auf seine früheren Propsteien. 1773 verlieh der Kurfürst ihm das Indigenat und damit die Voraussetzung zur Übertragung des Amtes des Ordenspropstes mit dem Rang eines Großkomturs im Jahre 1774. Inzwischen war S. Wirklicher Geheimer Rat und Vizepräsident des 1769 eingerichteten Bücherzensurkollegiums geworden. 1775 hatten ihn die Landschaftsverordneten des Prälatenstandes auf den Wunsch des Kurfürsten zum Präsidenten des Rechnungsaufnehmerkollegiums gewählt.

Nach dem Tod J. Ph. v. (→) Fechenbachs nominierte Kurfürst Karl Theodor den 75jährigen zum Ordensbischof und infulierten Propst von Altötting. Die päpstliche Bestätigung und Ernennung zum Titularbischof von Abila erfolgte am 20. 3. 1780. Der Freisinger Fürstbischof L. J. v. (→) Welden konsekrierte ihn am 11. 6. 1780.

Bei der Neuorganisation des Geistlichen Rates 1783 wurde S. Präsident, doch lag die faktische Behördenleitung von Anfang an in Händen des Vizepräsidenten K. v. (→) Haeffelin. Aus Altersgründen resignierte S. 1787 als Ordensbischof und Stiftspropst von Altötting. Sein Nachfolger wurde der Regensburger Fürstbischof M. P. v. (→) Törring.

Noch einmal wurde S. als kirchenpolitische „Galionsfigur" bemüht, als der Hl. Stuhl am 15. 12. 1789 nach Zustimmung Törrings, der inzwischen auch Bischof von Freising geworden war, mit dem Apostolischen Breve „Convenit provide" der Errichtung eines vom Freisinger Diözesan- und Salzburger Metropolitanver-

band exemten Münchener Hofbistums zustimmte. Da neben dem in Mißkredit geratenen Haeffelin allein S. über die notwendige Würde eines Bischofs verfügte, wurde er, obwohl krank und altersschwach, um Zeit für weitere Entscheidungen zu gewinnen, zum Obersten Hofkaplan und ersten Hofbischof vorgeschlagen und am 4. 2. 1790 päpstlich bestätigt. Aus seiner Amtszeit sind zwei Fastenmandate bekannt. Unter Hinweis auf sein hohes Alter und die anhaltende Unpäßlichkeit bat S. wiederholt um Entbindung von seinem Amt. Der Hof dekretierte daraufhin die Bestellung des Theatinerpropstes K. M. v. (→) Reisach zum Koadjutor von S. und betrieb den Informativprozeß. Nach dessen Abschluß und der Konsekration Reisachs konnte S. sich endlich zurückziehen. Er starb 88jährig am 26. 3. 1793 zu München.

Quellen: ASV, Proc.Dat. 157 - ACGU 2/177. - Brixen, Konsistorialprotokolle; Geistl. Kanzlei-Rechnungen.

Literatur: A. Mayer I 238, II 240. - J. Koegel 197-202. - E. v. Destouches 67, 83. - F. v. Waldburg-Wolfegg 16 f. Nr. 94. - K. Habenschaden 370-388. - C. J. M. König 370-372. - H. Rall, Kurbayern in der letzten Epoche der alten Reichsverfassung (München 1952) 392-396, 410. - F. Huter, Die Matrikel der Universität Innsbruck I/2 (Innsbruck 1954) 202. - K. O. v. Aretin 417-427. - P. v. Bomhard 366 Anm. 916. - Ders., Geistlichkeit 68. - R. Bauer, Geistl. Rat. - Ders., Häffelin. - R. Fendler 36-39, 47-50, 55 f.

Abbildungsnachweis: Öl auf Leinwand des kurf.bayer. Hofmalers Franz Xaver Welde (1739-1813). - BStGS Inv.Nr. 3323.

Stephan M. Janker

Spies von Büllesheim, Johann Adolf
(um 1660 – 1739)

1711 – 1739 Generalvikar der Diözese Speyer

* um 1660 als Sohn des Johann Salentin Spies von Büllesheim zu Rath (bei Düren) und der Anna Gertrud Christina Waldbott von Bassenheim; 1684 Domherr in Speyer; 1710 Geistlicher Rat; Stellvertreter des Generalvikars H. H. v. (→) Rollingen; 11. 5. 1711 Generalvikar von Bischof Rollingen; 1727 Propst von St. Guido in Speyer; 1712 Domizellar (päpstl. Provision), 1723 Kapitular, 1725 Kustos des Ritterstiftes Wimpfen; † 21. 9. 1739 Haus Rath bei Düren.

Literatur: *F. X. Remling* II 598, 603, 633. - *A. Wetterer,* Speierer Generalvikariat 102, 109. - *K. H. Debus,* St. Guido 64.

Hans Ammerich

Spies von Büllesheim zu Rath, Karl Philipp Johann Freiherr von (1700 – 1774)

1763 – 1764 Kapitularvikar in Osnabrück

* 6. 1. 1700 (Erzdiöz. Köln); Besuch des Jesuitengymnasiums in Speyer und Köln; 1717 – 23 Studium in Rom als Alumne des Collegium Germanicum; 8. 6. 1734 Aufnahme und Emanzipation in das Domkapitel zu Osnabrück; 1738 – 52 Domkapitular in Speyer; 1740 Archidiakon und Sacellan in Hilter und Dissen; 1747 Domdechant in Osnabrück; 1754 bischöflicher Offizial in Osnabrück; Propst am Stift St. Johann in Osnabrück; 1763 – 64 Kapitularvikar in Osnabrück; † 30. 8. 1774 in Osnabrück; □ Dom zu Osnabrück.

Quellen: BAOS.

Literatur: *B. Beckschäfer.* - *A. Steinhuber.* - *H. Hoberg,* Bischöfliche Gewalt. - *J. Torsy* 137. - *M. F. Feldkamp* 236 f.

Michael F. Feldkamp

Sporck, Johann Rudolf Graf von (1696 – 1759)

1733 – 1759 Weihbischof in Prag, Ep. tit. Adranensis

* 27. 3. 1696 in Prag; 15. 7. 1719 Priester; Dr. iur. utr.; 1719 Mitglied des Metropolitankapitels in Prag und erster Inhaber des von ihm gestifteten Kanonikates; betrieb seit 1722 in Rom im Auftrag des Metropolitankapitels die Heiligsprechung des Johann Nepomuk. Nach Abschluß des Kanonisationsverfahrens wurde er am 7. 2. 1729 zum Titularbischof von Adrane

ernannt. 24. 2. 1729 Konsekration in Rom durch Papst Benedikt XIII. Er erwirkte für die Prager Domherren die Erlaubnis zum Tragen eines Pektorales und die Errichtung von zwei „johanneischen" Kanonikaten. 5. 3. 1733 Weihbischof in Prag; 1741 Propst von Altbunzlau (Stará Boleslav); großer Wohltäter der Armen; Kunstsammler und begabter Graphiker; † 21. 1. 1759 in Prag.

Literatur: *A. Podlaha* 248-251. - Masarykův Slovník Naučný 6 (1932) 879.

Kurt A. Huber

Stadion, Christoph Rudolph (seit 1686 **Reichsfreiherr**) von (1638 – 1700)

1669 – 1678 Generalvikar in Mainz

* 30. 12. 1638 in Mainz als Sohn des Johann Christoph v. S. († 1666) und der Maria Magdalena von Ostein; von den 13 Geschwistern wurde der Bruder Johann Philipp (1652 – 1741) Mainzer Gesandter, Großhofmeister und Vater des Mainzer Staatsministers Anton Heinrich Friedrich (1691 – 1768); 1657 Domizellar (erzbischöfliche Provision), 1664 Domkapitular in Mainz; Kanoniker von St. Alban, Mainz (1675 Propst), 1665 von Mariagreden, Mainz; Kanoniker von St. Ferrutius, Bleidenstadt; Priester; 1669 – 78 Generalvikar von Erzbischof J. Ph. v. (→) Schönborn und seiner Nachfolger; 1674 Propst von St. Bartholomäus, Frankfurt (1677 Posseß); 1677 und 1680 zur offiziellen Einholung der Kurmainzer Reichslehen als Gesandter in Wien; Kurmainzer Geheimrat und Hofratspräsident; 1685 Domdekan, 1695 Dompropst in Mainz; während der französischen Besetzung 1688/89 Statthalter für den abwesenden Erzbischof A. F. v. (→) Ingelheim; † 17. 1. 1700 in Mainz; □ Mainzer Dom.

Literatur: *V. F. de Gudenus* II 433. - *G. Rauch* III 168, 175.

Friedhelm Jürgensmeier

Stadion, Franz Caspar (seit 1686 **Reichsfreiherr**) von (um 1644 – 1704)

1669 – 1704 Salzburger Generalvikar für Ober- und Unterkärnten
1674 – 1704 Fürstbischof von Lavant

Franz Caspar von Stadion wurde um das Jahr 1644 (err.) zu Solothurn geboren. Wie viele seiner Familienangehörigen wurde auch er 1646 Domizellar in Würzburg und Bamberg. Sein Studiengang ist nicht bekannt. 1663 ver-

trat er mehrere deutsche Fürsten auf dem Reichstag zu Regensburg. 1667 – 68 weilte er im Auftrag des Würzburger Fürstbischofs J. Ph. v. (→) Schönborn in politischer Mission in Rom, und 1669 verlieh Papst Klemens XI. ihm als Zeichen seiner Wertschätzung für Schönborn ein Domkanonikat in Salzburg, während Erzbischof M. G. v. (→) Kuenburg ihn zum Geheimrat und Generalvikar in Kärnten berief. Zum Priester ließ S. sich jedoch erst im Oktober 1673 weihen, als seine Beförderung zum Fürstbischof von Lavant feststand. Am 21. 10. 1673 nominierte Kuenburg ihn für dieses Amt. Die Bestätigung sprach er am 31. 3. 1674 aus, nachdem S. angesichts der bescheidenen Ausstattung seines Bistums zuvor die Erlaubnis erhalten hatte, seine Domkanonikate beizubehalten. Er wurde am 29. 5. konsekriert und am 11. 6. eingeführt. Der Sinn S.s stand jedoch nach mehr, und 1675 beschaffte er sich ein Eligibilitätsbreve für jene drei Bistümer, in deren Domstiften er vertreten war. Seine Hoffnungen auf einen weiteren Aufstieg haben sich jedoch nicht erfüllt, und S. blieb drei Jahrzehnte lang in dem abgelegenen Lavant.

Er hat dort eine seriöse Wirksamkeit entfaltet und seinen kleinen Sprengel wiederholt visitiert. 1687 verfaßte er über dessen Lage einen ausführlichen Bericht. Während S.s Amtszeit wurden mehrere Kirchen restauriert und die Marienkirche in der Vorstadt von St. Andrä neu gebaut. S. setzte sich sehr für eine bessere Dotation des armen Bistums und seines Dom-

kapitels ein. Er starb am 13. 2. 1704 zu St. Andrä, wurde im Dom beigesetzt und 1719 in die Loretokirche überführt.

Literatur: *K. Tangl* 290-306. - *J. Riedl* 198, Nr. 248.

Abbildungsnachweis: Stich von Johann van den Berg (2. H. 17. Jh.). - Wien NB 518.415 B.

France M. Dolinar

Stadion und Thannhausen, Franz Konrad Reichsfreiherr (seit 1686 **Reichsgraf**) **von** (1679 – 1757)

1753 – 1757 Fürstbischof von Bamberg

Franz Konrad von Stadion und Thannhausen wurde am 29. 8. 1679 zu Arnstein geboren. Wie viele seiner Familienmitglieder trat auch er früh als Domizellar in das Domstift zu Bamberg ein (1695). Er studierte in Rom am Collegio Clementino und war in Angers und war seit 1709 kurmainzischer Gesandter am kurbrandenburgischen und sächsischen Hof. 1719 rückte er auf eine frei gewordene Domkapitularstelle in Würzburg nach, wurde 1722 in Bamberg Domdekan und 1727 in Würzburg Dompropst. Seit 1737 war er ferner Propst von Stift Haug in Würzburg. Nach dem Tod des Bamberger Fürstbischofs J. Ph. v. (→) Franckenstein wählte das Domkapitel ihn nach längerem Tauziehen am 23. 7. 1753 im zweiten Wahlgang mit Stimmenmehrheit. Die Anfechtung der

Wahl in Wien durch den Domherrn A. Fr. v. (→) Seinsheim blieb erfolglos. Die päpstliche Konfirmation und die Verleihung des Palliums folgten am 26. 9., die Konsekration durch Weihbischof H. J. v. (→) Nitschke in Bamberg am 4. 11. 1753. Der persönlich religiöse Fürstbischof führte in seinem Bistum einen neuen Katechismus für den Schulunterricht ein, ließ das ehemalige Kloster Schlüsselau zu einem Emeritenhaus für arbeitsunfähige Priester umbauen und förderte die Volksmission durch Jesuiten. S. starb am 6. 3. 1757 und wurde im Bamberger Dom beigesetzt.

Literatur: J. H. Jäck, Jahrbücher 445-457. - A. Amrhein 45. - J. Looshorn. - J. Kist 122. - M. Hofmann, Aria auf das Wappen des Fürstbischofs Stadion 1753, in: Altfränkische Bilder 63 (1964) 6 ff. - G. Pfeiffer, Fränk. Bibliographie I, Nr. 4724-4739. - H. J. Berbig.

Abbildungsnachweis: Der Herold Berlin, Bildarchiv Neg. Nr. 5533 a.

Egon Johannes Greipl

Stael, Wilhelm

1713 – 1715 Generalvikar in Osnabrück

* in der Diözese Osnabrück; seit 1687 Studium der Rechte in Duisburg; Offizial in Osnabrück; der Osnabrücker Fürstbischof (→) Karl Josef von Lothringen ernannte S. am 5. 5. 1709 für den Fall, daß der damalige Generalvikar und Weihbischof O. W. v. (→) Bronckhorst-Gronsfeld sterben sollte, zum Generalvikar; 12. 4. 1713 Generalvikar in Osnabrück.

Literatur: A. Tibus, Weihbischöfe Münster 203. - J. C. Möller, Weihbischöfe Osnabrück 178. - H. Brück, Die Kalandskonfraternität zu Wiedenbrück, in: WZ 75 (1917) 160. - H. Jellinghaus, Osnabrücker auf der Universität Duisburg, in: OM 40 (1917) 387. - M. F. Feldkamp 234.

Michael F. Feldkamp

Stainer von Pleinfelden, Johannes Maximus (1610 – 1692)

1682 – 1692 Weihbischof in Passau, Ep. tit. Selymbriensis
1685 – 1686 Passauer Offizial für das Land ob der Enns

* 1610 in Bamberg; 1648 Pfarrer, 1667 Dekan in Österreich; 1673 Auditor der Wiener Nuntiatur; 1673 Kanzler des Geistlichen Rates in Passau; 1682 Stiftspropst von Mattsee (Österreich) und Dekan von Tulln (Niederösterreich); 7. 12. 1682 Titularbischof von Selymbria und Weihbischof in Passau; 5. 2. 1683 Konsekra-

tion; † 15. 10. 1692 in Passau; als großer Wohltäter der dortigen Jesuiten □ Kollegskirche St. Michael, Passau.

Literatur: L. H. Krick, Domstift 210, 216.

August Leidl

Stanjek, Johann (1746 – 1812)

1796 – 1812 Fürsterzbischöflicher Kommissar für den Distrikt Katscher (Erzdiözese Olmütz)

→ Bd. 1, 731.

Starck, Matthias (1628 – 1708)

1681 – 1703 Weihbischof in Mainz, Ep. tit. Coronensis

≈ 10. 12. 1628 in Lottstetten bei Schaffhausen als Sohn des Jakob S., Präfekts in Öhningen (Bistum Konstanz), und der Dorothea Kemin; 1645 auf Anregung seines Heimatpfarrers Eintritt in das 1643 von Bartholomäus Holzhauser († 1658) in Salzburg eingerichtete erste Seminar des im Werden begriffenen „Instituts der in Gemeinschaft lebenden Weltpriester" (später „Bartholomiten" oder „Communisten"); 1647 – 49 Verlegung des Seminars nach Ingolstadt; dort Weiterstudium unter Leitung von Johann Weißenrieder; Studium der Philosophie, 1650 – 54 der Theologie in Ingolstadt. Als Erzbischof J. Ph. v. (→) Schönborn den Bartholomiten 1654 das Priesterseminar in Würzburg anvertraute, kam S. dorthin und schloß sein Studium dort ab. 19. 3. 1655 Priester; Kaplan in Grafenrheinfeld bei Schweinfurt. Etwa 1656 ging S. nach Bingen, wo Holzhauser seit 1655 Pfarrer und Dekan war. S. leitete die dort eben eingerichtete Lateinschule, eine erste dieser Art. 1658 Vikar, 1659 Pfarrer von Heppenheim a. d. Bergstraße; 1662 von Schönborn zum Regens des neugegründeten, den Bartholomiten anvertrauten Mainzer Priesterseminars berufen; gleichzeitig Pfarrer von St. Emmeran und Kanoniker am Mainzer Stift Hl. Kreuz; 1669 Geistlicher Rat; 1670 Dr. theol. (Mainz); 1671 Apostolischer Protonotar und auf Veranlassung des Erzbischofs Kanoniker (1672 Dekan) am kaiserlichen Stift St. Bartholomäus in Frankfurt/Main; er wohnte im Stift und trug viel zur Beilegung innerstiftischer Kontroversen bei; 1677 Stiftsherr, später Scholaster von Stift Mockstadt; 1680 von Erzbischof A. Fr. v. (→) Ingelheim zum Nachfolger des Weihbischofs A. G. (→) Volusius bestimmt; 2. 6. 1681 Titularbischof von Corona; 27. 7. 1681 Konsekration durch Ingelheim; 1686 – 96 Präses des Mainzer Priesterseminars; blieb hier auch nach der Amtsniederlegung wohnen; 1688 Rektor der Universität Mainz; 1684 und 1694 Dekan der Theologischen Fakultät, möglicherweise Professor; 1703 wegen Krankheit Rücktritt als Weihbischof; ging nach Frankfurt; † 8. 2. 1708 ebd.; □ St. Bartholomäus, Frankfurt.

Literatur: *G. C. Joannis* II 542f. - *J. S. Severus* 35f. - *L. Lenhart.* - *S. Duchhardt-Bösken.* - *H. Haagner.*

Friedhelm Jürgensmeier

Starhemberg, Ferdinand Ottokar Reichsgraf von (1696 – 1729)

1725 – 1728 Passauer Offizial und Generalvikar für das Land unter der Enns

* 19. 8. 1696; eine jüngere Schwester von S. war später Äbtissin in Wien. 1717 Domherr in Passau und Salzburg; 1. 12. 1725 Offizial und Generalvikar des Passauer Fürstbischofs für Österreich unter der Enns; 1726 Propst von Ardagger und Pomposa; Domdechant in Salzburg; 1. 2. 1728 Resignation als Offizial; Mitglied des Geheimen Rates in Salzburg; † 2. 3. 1729 in Salzburg.

Quellen: DAWi. - NÖLA.

Literatur: *Th. Wiedemann* V 555. - *L. H. Krick,* Domstift 89. - *Ders.,* Stammtafeln 381.

Johann Weißensteiner

Starhemberg, Leopold Ansgar Reichsgraf von (1695 – 1752)

1733 – 1746 Passauer Offizial und Generalvikar für das Land ob der Enns

* 4. 2. 1695 in Stockholm; 1717 Domherr, 1739 Dompropst in Passau; 1723 Domherr, 1746 Domdekan in Salzburg; 1731 Priesterweihe in Passau; 1732 Stiftspropst von Mattsee und Ardagger; 1733 – 46 Offizial und Generalvikar des Bischofs von Passau für das Land ob der Enns; † 13. 2. 1752.

Literatur: *L. H. Krick,* Domstift 7, 89, 216. - *Ders.,* Stammtafeln 380. - *J. Riedl* 198f.

August Leidl

Starzhausen auf Ottmaring, Johann Reichard Wenzeslaus Freiherr von (1682 – 1765)

1755 – 1764 Passauer Offizial und Generalvikar für das Land ob der Enns

* 29. 9. 1682; 1709 Priesterweihe in Passau; 1705 – 64 Domherr in Passau; 1709 – 13 Pfarrer von Aholming (Niederbayern); 1743 Domkustos in Passau; 1748 – 55 Stiftspropst von Mattsee, 1755 – 64 von St. Salvator in Passau-Ilzstadt; 1755 – 64 Offizial und Generalvikar des Bischofs von Passau für das Land ob der Enns; † 19. 3. 1765 in Passau.

Literatur: *L. H. Krick,* Domstift 87, 216. - *Ders.,* Stammtafeln 385.

August Leidl

Stauffenberg → Schenk von Stauffenberg

Steffani, Agostino (1654 – 1728)

1706 – 1728 Ep. tit. Spigacensis
1709 – 1723 und
1726 – 1728 Apostolischer Vikar von Ober- und Niedersachsen

Agostino Steffani wurde am 25. 7. 1654 als Sohn einer aus Padua eingewanderten Familie in Castelfranco Veneto geboren. Ein Mitglied des Münchener Hofes lernte ihn 1667 als Sängerknaben von San Marco in Venedig kennen und nahm ihn wegen seiner musikalischen Begabung mit nach München, wo er auf Kosten von Kurfürst Ferdinand Maria eine vorzügliche Ausbildung erhielt, zu der u.a. 1672 – 74 ein Studienaufenthalt in Rom gehörte. 1675 wurde S. Hoforganist, 1681 kurfürstlicher Kammermusikdirektor. 1680 hatte er die Priesterweihe empfangen. 1683 erhielt er die Präbende des Abtes von Lepsing in Bayern. Aufgrund zahlreicher musikalischer Kompositionen, Orchestersuiten, Kammerduette und Opern genoß er bald europäischen Ruf. Noch heute gilt er als einer der bedeutendsten italienischen Komponisten seiner Zeit. 1688 ging er als Kapellmeister an den Hof Herzog Ernst Augusts in Hannover, wo er in den folgenden Jahren auch mit diplomatischen Aufgaben betraut wurde. 1695 – 1702 war er Gesandter Hannovers beim bayerischen Kurfürsten Maximilian Emanuel, der als Statthalter der spanischen Niederlande bis 1701 in Brüssel und dann wieder in München residierte. Eine Hauptaufgabe von S. bestand darin, die Schwierigkeiten beheben zu helfen, die die katholischen Kurfürsten der Einführung Hannovers in das Kurkollegium bereiteten. Er erfüllte diesen Auftrag zur vollen Zufriedenheit des hannoverschen Hofes.

1703 trat S. in den Dienst des in Düsseldorf residierenden Kurfürsten Johann Wilhelm von Pfalz-Neuburg. Er wurde Geheimer Rat, Präsident des geistlichen Rates und der Regierung.

Da die Bemühungen des Kurfüsten, S. zu seinem Hofbischof zu bestellen, am Widerstand der römischen Kurie scheiterten, wurden Verhandlungen über die Errichtung eines Apostolischen Vikariates für ihn eingeleitet. Vermutlich ging auf seine Initiative ein Gutachten für die römischen Behörden von 1706 zurück, das eine Teilung des Vikariates der Nordischen Missionen wegen der Größe des Gebietes empfahl. Als Befürworter dieser Regelung konnte S. Herzog Anton Ulrich von Braunschweig-Wolfenbüttel gewinnen, der wenig später zur katholischen Kirche übertrat. Im Hinblick auf eine Neuordnung des Vikariates ernannte Papst Klemens XI. S. am 13. 9. 1706 zum Titularbischof von Spiga. Am 2. 1. 1707 konsekrierte ihn der Mainzer Erzbischof L. F. v. (→) Schönborn im Dom zu Bamberg. Nachdem der amtierende Vikar der Nordischen Missionen, Weihbischof O. v. (→) Bronckhorst, seine ablehnende Haltung gegenüber einer Teilung aufgegeben hatte, trennte die Propagandakongregation die Territorien des Kurfürsten von Pfalz-Neuburg, des Kurfürsten von Brandenburg und der Herzöge von Braunschweig-Lüneburg, soweit sie nicht bereits Bischöfen oder anderen Ordinarien unterstanden, als selbständiges „Vikariat von Ober- und Niedersachsen" vom Vikariat des Nordens ab. S. wurde am 6. 4. 1709 zu dessen Leiter ernannt. S. behielt zunächst einen Teil seiner kurpfälzischen Ämter und Würden bei und besorgte neben seinen kirchlichen Aufgaben auch diplomatische und politische Geschäfte des Kurfürsten. Außer seinem kurpfälzischen Gehalt und seinen Einkünften als Kommendatarabt von Lepsing verfügte er über die Einnahmen als Abt von St. Stephan zu Carrara und als Propst von Selz. Diese Einkünfte sicherten anfangs seinen Lebensstil. Um sich bei den Protestanten und den protestantischen Höfen Geltung zu verschaffen, glaubte S. nämlich, daß er mit der Würde und dem Gepränge eines Kirchenfürsten auftreten müsse.

S. wählte Hannover als Residenz. Als er dort im November 1709 eintraf, hatte er große Pläne. Er wollte unter Einsatz der ihm zur Verfügung stehenden diplomatischen Mittel neue Missionen gründen und bereits vorhandene in ihrem Bestand sichern sowie seine Anerkennung als Apostolischer Vikar durch die preußische Regierung durchsetzen. Diese Hoffnungen erfüllten sich jedoch nicht. Während seiner fast 20jährigen Amtsdauer gelang es ihm lediglich, Missionsstationen in Halle / Saale und Dessau zu gründen. Im übrigen standen der Anspruch des preußischen Königs auf die oberste Leitung der kirchlichen Angelegenheiten seiner katholischen Untertanen sowie der päpstliche Protest gegen die Annahme des preußischen Königstitels der Ausübung geistlicher Jurisdiktion durch den Apostolischen Vikar entgegen. Dieser konnte nur vereinzelte, von der preußischen Regierung nicht zur Kenntnis genommene Pontifikalhandlungen vornehmen. Auch im Kurfürstentum Sachsen, das 1715 dem Vikariat zugewiesen wurde, konnte er nicht amtieren. Dort nahm zeitweise der Warschauer Nuntius bischöfliche Funktionen wahr. Um den Bestand der Mission in Braunschweig und Wolfenbüttel, wo S. vereinzelte Weihehandlungen vorgenommen hatte, auch nach seinem Tod zu sichern, erwirkte Herzog Anton Ulrich 1714 von der Kurie deren Herausnahme aus der Jurisdiktion des Apostolischen Vikars und ihre Unterstellung unter den Bischof von Hildesheim. Vom 2. 10. 1717 bis April 1718 wurde S. auch interimistisch mit der Verwaltung des Vikariats des Nordens beauftragt.

S.s Verdienste als Apostolischer Vikar beschränkten sich auf Hannover, wo sich sein Ansehen und die Anerkennung seiner früheren diplomatischen Tätigkeit positiv auswirkten. Zwar gelang ihm trotz unermüdlichen Einsatzes die Aufhebung wesentlicher Bestimmungen eines 1713 erlassenen Reglements nicht, das die rechtliche Lage der katholischen Einwohner regelte und empfindliche Eingriffe in deren Religionsausübung vornahm. Seinem guten Verhältnis zum Kurfüsten und zur Regierung war es jedoch zu verdanken, daß eine eidliche Verpflichtung der Geistlichen auf diese Verordnung abgewendet werden konnte. Diese hätte zum Abzug der Geistlichen und möglicherweise zum Niedergang der Gemeinde geführt. Ein weiteres Verdienst von S. lag darin, daß der im Kurkontrakt von 1692 vorgesehene, von den Kurfürsten Ernst August und Georg Ludwig stets verzögerte Bau einer katholischen Kirche vorangetrieben wurde. 1718 konnte S. die Clemenskirche als erste katholische Kirche in Hannover nach der Reformation konsekrieren. Zur Ordnung der inneren Angelegenheiten der katholischen Gemeinde und zur Sicherung ihres Bestandes erließ S. mehrere Verordnungen über die Wahl von Kirchenvorstehern und die Verwaltung des Kirchenvermögens. Er berief ferner Weltpriester, die 1711 gemäß einer staatlichen Verordnung die Jesuiten ablösten; da die Mittel der Fürstenbergischen Missionsstiftung nicht auf die Weltgeistlichen übertragen werden konnten, fand die Besoldungsfrage unter S. nur eine provisorische Lösung.

Wegen finanzieller Schwierigkeiten, die sich nicht zuletzt aus seinem aufwendigen Lebensstil ergaben, hielt sich S. seit 1714 fast ständig außerhalb Hannovers auf. Als Gegenleistung für die Aufnahme im Schloß Neuhaus bei Paderborn nahm er im Auftrag von Bischof F. A. (→) Wolff-Metternich weihbischöfliche Aufgaben in Münster und Paderborn wahr. Nach Wolff-Metternichs Tod ging S. 1720 wieder nach Hannover zurück, trug sich aber mit dem Gedanken, das Apostolische Vikariat niederzulegen, weil seine Mittel zur Neige gingen, ihm Einkünfte aus der Selzer Propstei vorenthalten blieben und die römische Kurie sich zu bedeutenden Unterstützungen nicht bereit erklärte. Seine Resignationsabsichten wurden anscheinend durch seine Erfolglosigkeit außerhalb Hannovers verstärkt. Ohne daß ein Nachfolger bestimmt worden war, verließ S. im Juli 1722 Hannover und zog sich nach Carrara zurück. Als Provikar bestellte die Propagandakongregation den Hildesheimer Kanoniker L. W. (→) Majus, dem jedoch als Konvertiten und Hildesheimer Untertan jedes Wirken in Hannover von der Regierung untersagt wurde. S. wurde in aller Form von der Verwaltung des Vikariates entbunden und der Kölner Nuntius 1723 mit den Vikariatsgeschäften betraut.

Als die hannoversche Regierung jedoch die Anstellung neuer Missionare unterband, seit 1724 wieder auf der Eidesleistung der Geistlichen bestand und ein Jahr später die Eidesverweigerer auswies, bewilligte die Kongregation die von S. verlangte Geldsumme. S. ging daraufhin im Oktober 1725 erneut nach Hannover und wurde am 27. 5. 1726 wieder zum Apostoli-

scher Vikar bestellt. Es gelang ihm, die Eidesformel in einer Weise zu ändern, die die Bedenken der Geistlichen ausräumte. Darüber hinaus gehörten die Berufung neuer Missionare und die Regelung ihres Zusammenlebens zu seinen letzten Maßnahmen, um den Bestand der hannoverschen Mission zu sichern. Das leidige Problem der Selzer Einkünfte, das immer noch nicht gelöst war, und die damit verbundene finanzielle Notlage, Gebrechlichkeit und Alter sowie die Sehnsucht nach Italien bewogen S., im Oktober 1727 Hannover erneut zu verlassen, nicht ohne zuvor den erfolglosen Versuch unternommen zu haben, die Wege für einen Nachfolger bei der hannoverschen Regierung zu ebnen. S. starb am 12. 2. 1728 in Frankfurt. Er wurde im Dom St. Bartholomäus beigesetzt.

Literatur: *F. W. Woker*, Aus den Papieren des kurpfälzischen Ministers Agostino Steffani, Bischofs von Spiga (Köln 1885). - *Ders.*, Steffani. - *Ders.*, Hannover 61-205. - *J. Metzler*, Apostolische Vikariate 80-120. - *G. Schnath*, Geschichte Hannovers im Zeitalter der neunten Kur und der englischen Sukzession 1674-1714, 5 Bde. (Hildesheim 1938-82) II 92-101; III 67-71, 159-166. - *R. Joppen* 117-124. - *H. Tüchle*, Mitarbeiter 650 f., 667 f. - *H. Stephan*, Agostino Steffani 1654-1728, in: Niedersächsische Lebensbilder 6 (Hildesheim 1969) 301-313. - *H. G. Aschoff*, Hannover 28-37.

Abbildungsnachweis: Lithographie von Heinrich E. Winter 1816. - Wien NB 505.561 B.

Hans-Georg Aschoff

Stegner, Anton Martin Ritter von (1710 – 1778)

1778 Weihbischof in Wien, Ep. tit. Corycensis

≈ 11. 11. 1710 in Wien; Studium in Wien (Dr. iur. utr.); 17. 1. 1734 Priester ebd.; 1737 – 52 auf Empfehlung von Kardinal Ph. L. v. (→) Sinzendorf Konsistorialrat im Passauer Konsistorium zu Wien. In dieser Stellung unterhielt S. enge Kontakte zum Passauer Offizial und späteren Fürsterzbischof J. J. v. (→) Trautson. 1752 Domherr bei St. Stephan (Präsentation Universität); 1775 Domkantor (landesherrl. Verleihung); 30. 3. 1778 Titularbischof von Corycus und Weihbischof in Wien; 3. 5. 1778 Konsekration durch Kardinal Christoph (→Bd. I) Migazzi; † 28. 5. 1778; □ Stephansdom.

Quellen: AUW. - DAWi. - NÖLA.

Literatur: *Th. Wiedemann* V 582. - *H. Zschokke* 403, Nr. 561. - *I. Fried* 161 f.

Johann Weißensteiner

Stensen, Niels (1638 – 1686)

1677 – 1686 Apostolischer Vikar der Nordischen Missionen, Ep. tit. Titiopoliensis
1680 – 1683 Weihbischof in Münster

Niels Stensen wurde am 11. 1. 1638 als zweites Kind des Goldschmiedes Sten Pedersen und dessen Ehefrau Anne Nielstochter in Kopenhagen geboren. Nach dem Besuch der Lateinschule begann er 1656 in Kopenhagen das Studium der Anatomie und der Medizin, das er 1660 – 62 in Amsterdam und Leiden fortsetzte. In Leiden wurde er 1664 in absentia zum Dr. med. promoviert. Durch eine Reihe wichtiger Entdeckungen auf dem Gebiet der Anatomie erwarb S. sich den Ruf eines bedeutenden Wissenschaftlers. In seiner Schrift „De musculis et glandulis observationum specimen" (Kopenhagen 1664) beschrieb er Entdeckungen an Muskeln und Drüsen, so den äußeren Ausführungsgang der Ohrspeicheldrüse („ductus Stenonianus"). Mit seinem Werk „Discours sur l'anatomie du cerveau" (Paris 1669) führte er in die Gehirnanatomie ein. Seit 1666 hielt S. sich vornehmlich in Italien auf. In Florenz förderte ihn Großherzog Ferdinand II. und gab ihm eine Anstellung als Anatom am Hospital Sta. Maria Nuova. Weitere Veröffentlichungen, vor allem aber sein 1669 edierter „Prodromus de solido intra solidum naturaliter contento", machten ihn zu einem Mitbegründer der wissenschaftlichen Geologie, Paläontologie und Kristallographie. So entdeckte S. das Gesetz der Winkelkonstanz der Kristalle und erkannte, daß die Geschichte der Erde an ihrem Aufbau ermittelt werden kann. S. war ein anerkanntes Mitglied jener kleinen Elite europäischer Gelehrter, die über alle Grenzen hinweg in vielfältigem Kontakt stand. Seine Zeitgenossen rühmten seine Bescheidenheit, seine Vorsicht im Urteil, sein Streben nach Sicherheit der Erkenntnis und seine streng wissenschaftliche Methode. Nach seinen eigenen Äußerungen förderte die Beschäftigung mit den Naturwissenschaften seine Frömmigkeit. Die Schönheit und Funktionalität der Schöpfung ließen ihn auf den Schöpfer schließen.

Als S. im November 1667 zur katholischen Kirche übertrat, rief dies vor allem in nichtkatholischen Kreisen bedeutendes Aufsehen hervor. In mehreren Schriften begründete er seinen Bekenntniswechsel mit der Erfahrung der religiösen Zersplitterung, dem Wunsch nach einer einheitsstiftenden Institution, dem Streben nach Glaubenssicherheit, dem Umgang mit vorbildlichen Katholiken sowie mit dem Abbau konfessioneller Vorurteile. Den unmittelbaren Anlaß für seine Konversion hatte das Erlebnis einer Fronleichnamsprozession in Livorno gebildet. Die Priesterweihe, die S. ohne ordentliches Theologiestudium nach Ablegung eines persönlichen Armutsgelübdes vermutlich am Karsamstag 1675 in Florenz empfing, bildete für ihn eine logische Folgerung aus seiner Konversion. 1672 – 74 hatte er noch einen Lehrauftrag in Kopenhagen am Theatrum anatomicum wahrgenommen.

In Florenz hatte S. 1674 die Stelle eines Prinzenerziehers übernommen. Nach seiner Priesterweihe gab er seine naturwissenschaftliche Tätigkeit weitgehend auf und stellte sich völlig in den Dienst der Seelsorge.

Nach dem Tod des Apostolischen Vikars der Nordischen Missionen V. (→) Maccioni wurde S. auf Wunsch Herzog Johann Friedrichs von Braunschweig-Lüneburg, der 1651 katholisch geworden war und 1665 die Regierung im Herzogtum Calenberg-Grubenhagen mit der Residenz Hannover angetreten hatte, am 21. 8. 1677 zu dessen Nachfolger und am 13. 9. zum Titularbischof von Titiopolis ernannt. Die Bischofsweihe empfing er am 19. 9. 1677 durch Kardinal Gregorio Barberigo in Rom. Das Apostolische Vikariat umfaßte unter S. die braunschweig-lüneburgischen Länder, Mecklenburg, die ehemaligen Diözesen Halberstadt, Magdeburg und Bremen sowie die Missionsstationen in Altona und Glückstadt. 1678 wurde es auf die gesamten Länder der dänischen Krone ausgedehnt. 1679 – 83 unterstanden S. auf seinen ausdrücklichen Wunsch hin nur die welfischen Länder, Hamburg und Dänemark, während die übrigen Gebiete dem Paderborner und Münsteraner Bischof F. v. (→) Fürstenberg übertragen blieben.

In Hannover, wo S. im November 1677 eintraf, arbeitete er mit den Kapuzinern wie ein einfacher Pfarrgeistlicher in der Seelsorge. Einen Schwerpunkt bildeten seine Predigten in deutscher, französischer und italienischer Sprache für die kleine, vom Hof geprägte internationale katholische Gemeinde. Einen Teil des ihm vom Herzog gezahlten Gehaltes wandte er Bedürftigen und Konvertiten zu, von denen einige nach ihrem Glaubenswechsel in materielle Not geraten waren. Während seiner hannoverschen Zeit nahm S. auch an Religionsgesprächen mit protestantischen Theologen teil. Er verhielt sich gegenüber Nichtkatholiken tolerant, und aus seinen kontroverstheologischen Schriften spricht eine irenische Grundhaltung. Von der Notwendigkeit des ökumenischen Gespräches überzeugt, stand er jedoch den unterschiedlichen, z. T. vordergründigen Reunionsprojekten seiner Zeit skeptisch gegenüber. Dies war auch der Grund für die Distanz, die sich zwischen ihm und dem in Hannover lebenden Gottfried Wilhelm Leibniz entwickelte. Leibniz hatte in seinem Bemühen, S. für sein früheres Arbeitsgebiet als Anatom und Naturforscher zurückzugewinnen und seine Aufmerksamkeit auf Probleme der Grenzbereiche zwischen Theologie und Naturwissenschaften zu lenken, wenig Erfolg, weil sich S. in erster Linie der Seelsorge widmete. Auch die theologische Diskussion zwischen beiden stellte Leibniz nicht zufrieden. S. sah in Leibniz' Konsenstheorie die Gefahr der Indifferenz und des pragmatischen Synkretismus.

Mit dem Tod Herzog Johann Friedrichs (1679) und dem Regierungsantritt seines protestantischen Bruders Ernst August verschlechterte sich die Lage der katholischen Gemeinde in Hannover. Als die Kapuziner 1680 aufgrund allgemeiner Anfeindungen und wegen Beeinträchtigung ihrer Tätigkeit die Stadt verließen, gelang es S., als Ersatz aus Hildesheim Jesuiten zu gewinnen und den Bestand der Gemeinde zu sichern. Obwohl Ernst August gegen ein Verbleiben von S. wegen dessen wissenschaftlichen Ansehens nichts einzuwenden hatte, glaubte dieser sich gezwungen, infolge der für die Katholiken ungünstigen Gesamtsituation, aus Furcht vor möglichen Einschränkungen in seinen Aufgaben sowie aus finanziellen Rücksichten Hannover verlassen zu müssen.

Auf Wunsch Fürstenbergs wurde S. 1680 Weihbischof in Münster. Er erhielt das Dekanat von St. Ludgeri in Münster, auf das er trotz finanzieller Einbußen bereits 1681 resignierte,

weil ihn die Residenzpflicht an der Erfüllung seiner weihbischöflichen Aufgaben hinderte. S. war bemüht, die von Bischof Chr. B. v. (→) Galen eingeleiteten Reformen fortzuführen. Im Auftrag des Ordinarius visitierte er ca. 200 Pfarreien und versuchte, dem Diözesanklerus das tridentinische Priesterideal nahezubringen. Als Weihbischof war er jedoch nicht in der Lage, seinen Reformvorstellungen allgemeine Geltung zu verschaffen. Auseinandersetzungen mit dem Generalvikar und die Opposition eines Teils des Diözesanklerus, besonders des Domkapitels, setzten seinem Eifer und seinem seelsorgerischen Engagement Grenzen. Unzufriedenheit über seine begrenzten Möglichkeiten und die Erkenntnis, daß seine Tätigkeit in Münster ihm kaum Zeit zur Betreuung des Apostolischen Vikariates ließ, bewirkten schließlich seinen Weggang aus Münster. Den unmittelbaren Anlaß bildeten der Tod Fürstenbergs und die Postulation (→) Max Heinrichs von Bayern als Nachfolger, die S. von seinem rigorosen Standpunkt aus als simonistisch ansah. Seine Berichte nach Rom trugen möglicherweise dazu bei, daß die päpstliche Bestätigung der Postulation verweigert wurde.

Im Spätsommer 1683 siedelte S. nach Hamburg über, doch wurde seine Tätigkeit dort durch die Behörden und durch Auseinandersetzungen mit den für die Seelsorge verantwortlichen Jesuiten erschwert. S. unternahm von Hamburg aus Reisen nach Bremen, Hannover und Kopenhagen, erzielte jedoch trotz großen Einsatzes keine greifbaren Erfolge. Dies veranlaßte ihn, die Zweckmäßigkeit des Apostolischen Vikariates in Zweifel zu ziehen und nach dem Sinn seines eigenen Einsatzes zu fragen. Wegen körperlicher und seelischer Erschöpfung bat er den Papst um eine zeitweilige Beurlaubung, die er für einen Aufenthalt in Italien nutzen wollte und die ihm schließlich gewährt wurde.

Dennoch begab sich S. im Dezember 1685 nach Schwerin, wo infolge der Konversion des Herzogs Christian Louis von Mecklenburg-Schwerin eine kleine katholische Gemeinde entstanden war. S. hoffte, dort eine vom Schloß unabhängige Gottesdienststation errichten zu können. Er erhielt jedoch praktisch keine Unterstützung seitens des Herzogs, der aus kirchenpolitischen Gründen und mit Rücksicht auf die protestantische Bevölkerung S. das Auftreten als Bischof untersagte. In seinen Hoffnungen getäuscht, starb S. hier nach schmerzlicher Krankheit und in äußerster Dürftigkeit am 5. 12. 1686 ohne priesterlichen Beistand. Nach vorübergehender Bestattung in einem Grabgewölbe des Schweriner Domes wurde sein Leichnam auf Veranlassung von

Großherzog Cosimo III. nach Florenz gebracht und dort im Oktober 1687 in der Unterkirche von San Lorenzo beigesetzt. Seit 1653 befinden sich seine sterblichen Überreste in einem Sarkophag in einer rechten Seitenschiffskapelle der Kirche.

S.s kirchengeschichtliche Bedeutung liegt weniger in seinen theologischen Schriften, die weitgehend der traditionellen Darlegung der katholischen Glaubenslehre folgen, als in der Konsequenz, mit der er seine Person in den Dienst der Seelsorge stellte. Sein vorbildliches christliches und priesterliches Leben fand schon bei seinen Zeitgenossen über die konfessionellen Grenzen hinweg Anerkennung. Seine persönliche Lebensführung, von rigoroser Askese und strenger ethischer Entscheidung geprägt, und sein pastoraler Einsatz, der sich am tridentinischen Bischofsideal orientierte, machten ihn zu einem herausragenden Vertreter der kirchlichen Reform. Die seit 1936 laufenden Bemühungen um seine Seligsprechung kamen 1988 zum erfolgreichen Abschluß.

Schriften: Opera philosophica, hg. v. V. Maar, 2 Bde. (Kopenhagen 1910). - Opera theologica, hg. v. K. Larsen - G. Scherz, 2 Bde. (Kopenhagen 1941-47). - Epistulae et epistulae ad eum datae, hg. v. G. Scherz - J. Raeder, 2 Bde. (Kopenhagen-Freiburg 1952). - Steno. Geological Papers, hg. v. G. Scherz (Odense 1969).

Bibliographie: J. E. Koch, Nicolò Stenone (Niels Steensen 1638-1686). Bibliografia, in: Mededelingen van het Nederlands Instituut te Rome 38 (1976) 135-156.

Literatur: J. Metzler, Apostolische Vikariate 49-65. - R. Cioni, Nicoloö Stenone. Scienziato e Vescovo (Florenz 1953). - Ders., Niels Stensen. Scientist-Bishop (New York 1961). - G. Scherz, Pionier der Wissenschaft. Niels Stensen in seinen Schriften (Kopenhagen 1963). - Ders., Niels Stensen. Denker und Forscher im Barock 1638-1686 (Stuttgart 1964). - R. Angeli, Niels Stensen, anatomico, fondatore della geologia, servo di Dio (Florenz 1968). - F. Veraja, Sacra Congregatio pro Causis Sanctorum. Officium Historicum. Osnabrugen. Beatificationis et Canonizationis Servi Dei Nicolai Stenonis Episcopi Titiopolitani (1686) Positio super introductione Causae et super Virtutibus ex officio concinnata (Rom 1974). - M. Bierbaum - A. Faller, Niels Stensen. Anatom, Geologe und Bischof 1638-1686 (Münster 1979) (Lit.). - H.-G. Aschoff, Hannover 20-24. - G. Scherz, Niels Stensen. Eine Biographie, Bd. 1 (Leipzig 1987).

Abbildungsnachweis: Gabinetto Fotografico Sopraintendenza Beni Artistici e Storici di Firenze, Foto No. 249 241.

Hans-Georg Aschoff

Stephetius, Mathias Johannes (1616 – 1668)

1664 – 1668 Generalvikar in Breslau

* 2. 2. 1616 in Lichtenberg (Schlesien); 26. 4. 1640 Priesterweihe in Neisse; 1647 Domherr und Kanonikus des Kreuzstiftes in Breslau; auch Domscholastikus in Königgrätz; 1645 – 48 Studium in Rom; 1648 Dr. theol. ebd.; seit 1654 Pfarrer in Kattern und Kapsdorf, wo er sich durch Kapläne vertreten ließ; 1656 – 68 Domprediger und Rektor des Alumnates; 1664 Bistumsadministrator; † 15. 7. 1668 in Breslau.

Literatur: J. Jungnitz, Rostock 123. - H. Hoffmann, Dom Breslau 70f. - Ders., Alumnat 229. - W. Urban, Szkice 150-162.

Jan Kopiec

Sternberg, Jaroslaw Ignaz Reichsgraf von (1641 – 1709)

1676 – 1709 Bischof von Leitmeritz

Jaroslaw Ignaz von Sternberg wurde 1641 zu Prag als Sohn des kaiserlichen Rates und Landesrichters Wenzel Georg Graf v. S. und der Ursula Polyxena Gräfin von Martinitz geboren und am 23. 5. 1641 getauft. Seit 1662 war er Domherr in Passau. S. studierte in Prag und in Rom und wurde etwa 1668 zum Priester geweiht. Aufgrund landesherrlicher Nomination vom 30. 10. 1675 erhielt er am 22. 6. 1676 das Bistum Leitmeritz. Am 13. 9. 1676 wurde er inthronisiert. S.s Wirken fiel in jene Epoche, in der aus Italien berufene Barockmeister das Gesicht Böhmens veränderten. Auch S. entfaltete eine rege Bautätigkeit in der Bischofsstadt und im Bistum. Er beschäftigte Giulio und Ottavio Broggio. Unter ihm erhielt die von seinem Vorgänger M. R. v. (→) Schleinitz begonnene Domkirche zum hl. Stephan ihre heutige Fassade. Die Einweihung der Kathedrale, der er 1679 den „Katakombenheiligen" Felix zum Mitpatron gab, erfolgte 1681. Andere Kirchenbauten bzw. Instandsetzungen betrafen St. Michael, St. Jakob, St. Johann d.T., St. Adalbert und die Jesuitenkirche (1701). Einen eindrucksvollen Akzent gab S. der Stadt durch die 1689 – 1701 von G. Broggio erbaute bischöfliche Residenz. Dem religiös-kirchlichen Aufbau diente die Förderung der Volksmissionen. Der schwierige Kampf mit den zu selbständig gewordenen Patronen wegen der Patronatsrechte machte auch S. zu schaffen. Das von ihm in diesem Zusammenhang 1679 über die Bischofsstadt verhängte Interdikt mußte er infolge landesherrlichen Eingreifens widerrufen, doch erreichte er, daß der Magistrat ihm Einblick in die Kirchenrechnungen gewährte. S. starb am 12. 4. 1709. Er wurde beim Hochaltar der Domkirche beigesetzt.

Quellen: ASV, Proc. Cons. 75 ff.; Congr. Conc., Relationes status.

Literatur: *A. L. Frind*, Leitmeritz 7-9. - *V. Bartůněk*, in: 900 Jahre Leitmeritzer Domkapitel (Prag 1959) 58 f. - *A. Zelenka* 101-102.

Abbildungsnachweis: Lithographie von Friedrich Dewehrt (* 1808) nach Gemälde von Karl Škreta (1610-1674). - Wien NB 520.698 B.

Kurt A. Huber

Sternenberg gen. Düsseldorf, Johann
(1589 – 1662)

1647 – 1653 Weihbischof in Münster, Ep. tit. Sebastensis

* 1589 in Kalkar (Erzdiöz. Köln); protestantisch aufgewachsen; vor 1613 katholisch, weshalb er seine Vikarie an St. Willibrord zu Wesel verlor; Studium in Mainz und Köln; 1615 Minores und Subdiakonweihe, 19. 3. 1616 Priesterweihe in Molsheim; 1618 Dechant des Stiftskapitels zu Rees; 1629 Propst und Archidiakon von Xanten; Kanonikus am Stift St. Gereon in Köln; 1646 durch den Fürstbischof von Münster (→) Ferdinand von Bayern als Weihbischof erbeten; 7. 10. 1647 Titularbischof von Sebaste und Weihbischof in Münster; aufgrund von Streitigkeiten mit Bischof Chr. B. v. (→) Galen dankte S. 1652 als Weihbischof ab; † 7. 9. 1662 in Xanten.

Quellen: ASV. - BAM.

Literatur: *A. Tibus*, Weihbischöfe Münster 179-191. - *P. Opladen*, Johann Sternenberg gen. Düsseldorf, in: AHVN 157 (1955) 98-146.

Michael F. Feldkamp

Stieff (seit 1658 von Kränzen), Johann († 1694)

1675 – 1688 Generalvikar in Gurk
1685 – 1694 Weihbischof in Gurk, Ep. tit. Sulmacensis

* in Böhmen; 24. 6. 1654 Priester; 1659-62 Pfarrer der salzburgischen Pfarrei St. Walpurgen in Kärnten (landesherrl. Patronat); 1663 Dr. iur. utr. (Rom, Sapienza); 1664 Propst von Kraig; 1666 – 73 Vize-Generalvikar der Diözese Gurk; 1668 Kanonikus am Kollegiatkapitel St. Nikolai in Straßburg bei Gurk; 1673 Archidiakon von Oberkärnten; 7. 1. 1675 Generalvikar des Bischofs P. v. (→) Kuenburg für die Diözese Gurk. Nach dem Tode Kuenburgs (15. 7. 1675) wies das Salzburger Konsistorium S. zwar an, die Verwaltung in spiritualibus fortzusetzen, doch scheint die Regierung der vakanten Diözese tatsächlich auf den Dompropst von Gurk übergegangen zu sein. 1676 fungierte S. bei der Inbesitznahme der Diözese durch Fürstbischof J. v. (→) Goess als dessen Prokurator. Später ernannte dieser ihn zu seinem Generalvikar. Am 12. 11. 1685 ernannte Papst Innozenz XI. S. auf Ansuchen des häufig von seinem Sprengel abwesenden Goess zum Titularbischof von Sulmacen und Weihbischof der Diözese Gurk. Dafür erhielt er aus der Mensa episcopalis jährlich 300 Gulden. Die am 3. 7. 1688 aus gesundheitlichen Gründen angebotene Resignation S.s vom Amt des Generalvikars scheint Goess angenommen zu haben. Seitdem nahm das Konsistorium unter Vorsitz des Straßburger Propstes Christian Hartnig die geistliche Verwaltung wahr. † 17. 6. 1694.

Literatur: *J. Obersteiner* 393 ff.

Peter G. Tropper

Stinglheim, Johann Georg Freiherr von
(1702 – 1759)

1753 – 1759 Generalvikar in Regensburg
1754 – 1759 Weihbischof in Regensburg, Ep. tit. Botrensis

* 2. 9. 1702 in Kürn bei Regensburg als Sohn des Joseph Franz Freiherr v. S. und der Maria Sidonia Freiin von Leoprechting; Studium der Theologie und beider Rechte in Ingolstadt;

1718 Domizellar (domkapitelsche Nomination) und 1727 Domkapitular in Regensburg; 14. 10. 1725 Priesterweihe ebd.; 1725–27 Pfarrer in Dingolfing; 1727 Konsistorialrat, 1732 Offizial und Generalvisitator in Regensburg; 1738 Domkustos, 1741 Domdekan, Präsident des Hof- und Kammerrates und Statthalter des Bischofs (→) Johann Theodor von Bayern; 1742–54 Propst des Kollegiatstifts St. Johann in Regensburg; 19. 10. 1753 Generalvikar; 11. 2. 1754 Titularbischof von Botrys und Weihbischof in Regensburg, zugleich Konsistorialpräsident; 24. 3. 1754 Konsekration durch Bischof J. Chr. v. (→) Königsfeld in Regensburg. Seit den dreißiger Jahren des 18. Jh. rückte S. nach und nach in die Schlüsselpositionen der Bistums- und Hochstiftsverwaltung ein. Er war in der Endphase des „wittelsbachischen Säkulums" der Diözese Regensburg die bedeutendste Persönlichkeit. † 15. 9. 1759 in Regensburg; ☐ Regensburger Dom.

Quellen: BZA Regensburg.

Literatur: *A. Mayer* III 73 f. - M. *Weitlauff* 421, 512. - *K. Hausberger*, Langwerth von Simmern 121, 336.

Karl Hausberger

Stock, Simon Ambros von (1710–1772)

1770–1772 Titularbischof von Rosone

* 2. 1. 1710 in Wien als Sohn des Simon v. S. und der Anna Theresia St. Pierre. Der Vater war lateinischer Referendar der deutschen Reichshofratskanzlei und wurde 1723 in den Reichsritterstand erhoben. Der Ehe entstammten acht Kinder, von denen sieben in den geistlichen Stand traten. Eine Tochter wurde Dominikanerin, eine andere Augustinereremitin. Drei Söhne wurden Weltpriester, einer Jesuit und einer regulierter Chorherr bei St. Dorothea in Wien. S. erhielt früh ein Kanonikat in Chur. 1726–32 studierte er in Rom als Alumne des Collegium Germanicum (Dr. theol.), wobei sein besonderes Interesse der Theologie der hll. Augustinus und Thomas von Aquin galt. 6. 12. 1732 Priesterweihe in Wien; bis 1734 unter Pfarrer F. M. v. (→) Hallweil, dem späteren Bischof von Wiener Neustadt, Kooperator an der landesfürstlichen Pfarrei Probstdorf in Niederösterreich; 1734 Domherr von St. Stephan in Wien (landesherrl. Präsentation); 1740 Supernumerarhofkaplan; 1741 Domkantor bei St. Stephan (landesherrl. Verleihung). Damit übernahm S. die mit der Domkantorei verbundene Leitung der Kirche St. Peter in Wien. Im gleichen Jahr war S. Dekan der Theologischen Fakultät, 1746 Rektor der Universität Wien. In der Folge zog Kardinal S. v. (→) Kollonitsch ihn für verschiedene Aufgaben in der Diözesanverwaltung heran. 1751 bewarb S. sich vergeblich um die landesfürstliche Pfarrei Probstdorf. Unter Erzbischof J. J. v. (→) Trautson war S. seit 1753 theologischer Berater des Erzbischofs in der Zensurkommission. 1754 erster Dekan des an der Stadtkirche St. Peter neugegr. Schwandnerischen Benefiziatenkollegiums; gleichzeitig infulierter Propst. St. Peter wurde in der Folge das Zentrum des Spätjansenismus in Wien. S. stand in engem Kontakt zu Gerhard van Swieten, Propst Markus Anton Wittola und Propst Ignaz Müller von St. Dorothea. Er trat für ein Nationalkonzil, für die Stärkung der bischöflichen Rechte und für die Gewährung der zivilen Toleranz ein. Die Besteuerung des Klerus, die staatliche Bücherzensur und das Placetum regium verteidigte er als staatliche Souveränitätsrechte. Unter Erzbischof Christoph (→ Bd. I) Migazzi, dessen erste Regierungsjahre gleichfalls von der Offenheit für kirchliche Reformen geprägt waren, erlebte S. einen weiteren Aufstieg. 1757 wurde er Mitglied des Zensurkollegiums, 1759 Direktor der theologischen Studien und Mitglied der Studienhofkommission. In dieser Eigenschaft berief er Professoren aus dem Augustiner- und Dominikanerorden an die Universität Wien. Ihm oblag ferner die Leitung des von Migazzi 1758 gegründeten Wiener Klerikalseminars. S. war ein erbitterter Gegner der Jesuiten und bekämpfte den von diesen vertretenen Probabilismus. Als Migazzi sich wieder mehr den Jesuiten annäherte, kam es nach 1767 wegen der Reform des Kirchenrechtsstudiums, für das S. Säkularkleriker als Professoren forderte, während Migazzi für Jesuiten eintrat, zum Bruch zwischen S. und seinem Diözesanbischof. 1770 resignierte S. auf die Kantorei bei St. Stephan und das Dekanat bei St. Peter. Als Ausgleich ernannte ihn Maria Theresia, die S. stets förderte, am 20. 3. 1770 zum Titularbischof von Rosone in Dalmatien, einem Bistum der Ungarischen Krone. Obwohl die Titularbischöfe von Rosone nicht konsekrabel waren, erhielt S. durch Vermittlung des Nuntius Ant. Eugenio Visconti die römische Bestätigung. S. starb am 22. 12. 1772 in Wien.

Schriften: Synopsis doctrinae, quam candidati ad supremam in theologia lauream aspirantes in praestituto ex jure ecclesiastico tentamine propugnabunt (Wien 1769).

Quellen: DAWi. - NÖLA.

Literatur: Nouvelles Ecclésiastiques 1774,·41-46. - *A. Wappler* 421, 482, 491. - *Reusch*, in: ADB 36 (1893) 280f. - *C. Wolfsgruber* 228. - *A. Steinhuber*. - *W. Deinhardt*, Der Jansenismus in deutschen Landen

(München 1929). - *I. Fried* 165 f. - *G. Klingenstein*. - *M. Brandl*, Marx Anton Wittola (Steyr 1974). - *E. Kovács*. - *Dies.*, Zur Gründung des Schwandnerischen Benefiziatenkapitels an der Peterskirche in Wien 1754, in: BWDG 15 (1974) 25 - 30.

Johann Weißensteiner

Stockem, Antoine Casimir Libère de
(1767 – 1811)

1792 – 1801 Weihbischof in Lüttich, Ep. tit. Canopensis

* 1. 1. 1767 in Lüttich als Sohn des Nicolas Erasme de S. und der Jeanne Marie de Maisières; 1783 – 88 Studium der Rechte in Löwen, Douai und Reims (Lic. iur. utr.) sowie an der Lütticher Akademie; 1788 Domkapitular in Lüttich; 18. 6. 1791 Priesterweihe ebd.; 3. 12. 1792 Titularbischof von Canope und Weihbischof in Lüttich; 12. 5. 1793 Konsekration durch Fürstbischof Fr. A. de (→) Méan; Kanonikus in Lüttich / Saint Martin und Kommendatarabt von Amay. S. gehörte dem Rat der 22 an, der Fälle von Amtsmißbrauch innerhalb der fürstbischöflichen Beamtenschaft verfolgte. Das Register, in dem die Amtshandlungen S.s als Weihbischof verzeichnet sind, schließt mit dem 29. 4. 1794. Drei Monate später nahmen die Franzosen Lüttich ein. Ob S. während der Emigration von Méan auf die Verwaltung der Diözese Einfluß genommen hat, läßt sich nicht mit Bestimmtheit sagen. 1802 schlug der Lütticher Stiftsherr J. B. (→) De Saive, ein entschiedener Gegner der französischen Kirchenpolitik, dem Kard. Caprara die Ernennung von S. zum Administrator der Diözese Lüttich vor, doch war in den Verhandlungen zwischen Napoleon und dem Hl. Stuhl für solche Überlegungen kein Platz. † 27. 8. 1811 auf Schloß Kermt bei Hasselt.

Literatur: *S. P. Ernst* 276 f. - *J. de Theux* 4 (1872) 108. - *U. Berlière* 185. - *J. Paquay* 70. - *L. Jadin*, Procès 329 - 331. - *A. Minke* 50.

Alfred Minke

Stockem, François Lambert de
(1714 – 1789)

1764 – 1768 Generalvikar in Lüttich

* 12. 6. 1714 in Lüttich; Studium in Löwen und Reims (hier 1744 Lic. iur.); 1744 Domkapitular in Lüttich; Propst von Maaseik und Hilvarenbeeck; 1753 Offizial, 1762 Kantor des Domkapitels. Bei der Bischofswahl von 1763 vertrat er die Interessen des einheimischen Kandidaten

Ch. N. d' (→) Oultremont erfolgreich in Rom. 9. 4. 1764 Generalvikar in Lüttich; 1765 Archidiakon des Condroz im Bistum Lüttich; fiel 1768 in Ungnade und trat als Generalvikar zurück; 1785 Verzicht auf seine Domherrenwürde, 1788 auf das Amt des Domkantors; † 7. 9. 1789.

Literatur: *J. de Theux* 4 (1872) 57 f. - *E. Poncelet* 52 f.

Alfred Minke

Stolpmann (Sztoltman), Jakób Franz (Jakób Franciszek) († 1766)

1761 – 1766 Generalvikar der Diözese Ermland

* als Sohn des Schulzen in Deutsch Cekzin in der westpreußischen Koschneiderei; später ließ S. in seinem Heimatort die Kapelle ausbessern; Dr. theol. et iur. utr.; Domherr von Ermland; 1761 berief Bischof A. S. (→) Grabowski ihn zum Generalvikar; † 27. 8. 1766.

Literatur: *A. Eichhorn*, Bischofswahlen 453. - *Ders.*, Prälaten 394. - *F. Buchholz*, in: ZGAE 24 (1932) 942.

Anneliese Triller

Stoupy, Edmond Sébastien Joseph de
(1713   1785)

1747 – 1764 Generalvikar in Lüttich

* 4. 1. 1713 in Arras; Studium in Paris und Löwen (hier 1740 Lic. theol.); Abt von Saint-Pierre in Châlons-sur-Saône und Saint-Pierre d'Airvaux; 1740 Domkapitular in Lüttich; Theologe des Domkapitels; 20. 9. 1747 Generalvikar in Lüttich; Provisor und 1754 Präsident des Lütticher Priesterseminars; trat 1763 für die Wahl von (→Bd. I) Klemens Wenzeslaus von Sachsen zum Fürstbischof ein und vertrat dessen Interessen in Rom; Fürstbischof Ch. N. d' (→) Oultremont bestätigte ihn nicht als Generalvikar; † 13. 10. 1785 in Paris.

Literatur: *J. de Theux* 4 (1872) 54 f. - *E. Poncelet* 52.

Alfred Minke

Strachwitz, Johann Moritz Freiherr von
(1721 – 1781)

1761 – 1781 Weihbischof in Breslau, Ep. tit. Tiberiadensis
1763 – 1766 Generalvikar in Breslau
1766 – 1781 Apostolischer Vikar in Breslau

* 3. 2. 1721 in Freyhan (Schlesien) als Sohn des Generals und Erbherrn von Freyhan und der Elisabeth Freiin von Frankenberg; Besuch des Jesuitengymnasiums in Breslau; 1740 – 44 Studium in Rom als Alumne des Collegium Germanicum; 15. 2. 1744 Priesterweihe; 1744 Dr. theol. Rom; Pfarrer in Namslau; 1748 Pfarrer und Erzpriester in Patschkau; 1743 Domherr, seit 1748 mit Residenz in Breslau. Die Pfarrei ließ er seitdem durch Administratoren verwalten. 1752 Domscholastikus; 1761 Domdechant in Breslau; Kanonikus, später Dechant des Kreuzstiftes in Breslau. Da S. erster Assessor des Generalvikariates war, lag nach der Flucht von Bischof Ph. G. v. (→) Schaffgotsch im September 1757 die Verwaltung des Bistums in seinen Händen. Minister E. W. v. Schlabrendorff schlug ihn, da er einvernehmlich mit der preußischen Regierung amtierte, nach dem Tode von Weihbischof F. D. v. (→) Almesloe als Nachfolger vor. 6. 4. 1761 Titularbischof von Tiberias und Weihbischof in Breslau. 17. 5. 1761 Konsekration in Krakau. Als Schaffgotsch nach dem Hubertusburger Frieden zwar nach Schlesien, nicht aber nach Breslau zurückkehren durfte, ernannte er S. im März 1763 zu seinem Generalvikar. Seitdem war diesem faktisch die Administration der Diözese anvertraut. Nach der erneuten Flucht Schaffgotschs (4. 4. 1766) wurde S. am 13. 5. 1766 zum Apostolischen Vikar für den preußischen Anteil der Diözese ernannt. S. war nun mit dem Anspruch auf staatliche Kirchenhoheit konfrontiert, der freilich nach dem Tode des Katholikenfeindes Schlabrendorff (1769), der den Klerus mangelnder Staatsloyalität verdächtigte, mit mehr Verständnis für die katholischen Belange praktiziert wurde. Zu den großen preußischen Aufbauleistungen gehörte die Förderung des Schulwesens, bei der der Saganer Augustinerabt Johann Ignaz von Felbiger eine wichtige Rolle spielte. Im Interesse der katholischen Gymnasien untersagte Friedrich II. 1773 die Publikation des Aufhebungsbreves der Gesellschaft Jesu, und 1776 schloß er dann die Exjesuiten zu einem „Königlichen Schuleninstitut für Schlesien" zusammen. Mit der Entwicklung des Schulwesens ging in Oberschlesien eine massive Förderung der deutschen Sprache einher. Im Rahmen des Landesausbaues nach dem Kriege wurden die Klöster zum Aufbau von Industrien und von Siedlungen verpflichtet. Wichtige Ereignisse der Amtszeit von S. bildeten ferner die Ausdehnung der in Holland geltenden Mischehenregelung („Benedictina") auf Schlesien (1765), die Reduzierung der kirchlichen Feiertage (1771) und die Angleichung der an den Staatsgrenzen gelegenen Pfarr- an die Staatsgrenzen (1780). Trotz der schwierigen Verhältnisse blieb S.s Verhältnis

zu den preußischen Behörden im ganzen ungestört. † 28. 1. 1781 in Breslau; □ Breslauer Dom.

Quellen: ASV, Proc. Dat. 138, fol. 102-115.

Literatur: *M. Lehmann* IV. - *C. Grünhagen*, Schlesien II. - Ders., in: ADB 26 (1893) 479f. - *J. P. Dengel*, Nuntius Garampi in Preußisch-Schlesien und in Sachsen im Jahre 1776, in: QFiAB 5 (1903) 223-268. - *J. Jungnitz*, Germaniker 313-324. - Ders., Weihbischöfe 242-265. - *H. Hoffmann*, Friedrich II. von Preußen und die Aufhebung der Gesellschaft Jesu (Rom 1969). - *R. Samulski*, Weihbischöfe 18.

Jan Kopiec

Strambino, Jean-Baptiste de ⟨OFM⟩
(1621 – 1684)

1662 – 1684 Bischof von Lausanne

Jean-Baptiste de Strambino wurde am 27. 11. 1621 zu Strambino (Bistum Ivrea) in Piemont als Sohn des Giovanni de S., Grafen von San Martino di Malgrà (1570 – 1646), und seiner zweiten Gattin Suzanne geboren. Über seine Ausbildung und seinen Werdegang ist wenig bekannt. S. trat den Franziskanern von der strengen Observanz bei und wirkte später als Prokurator seines Ordens. Nach dem Tode des Lausanner Bischofs J. (→) Knab (1658) war S. Kandidat des Herzogs von Savoyen, in dessen Diensten sein Vater gestanden hatte, für die Nachfolge. Daneben gab es jedoch noch mehrere Anwärter. Erst am 26. 6. 1662 verlieh Papst Alexander VII. ihm das Bistum. Die Bischofsweihe erteilte ihm Kardinal Francesco Barberini am 17. 7. 1662 in Rom. Am 8. 4. 1663 nahm S. mit seinem Einzug in Freiburg/Schweiz Besitz von seiner Diözese.

S. war seit der Reformation der erste Bischof von Lausanne, der, von einigen erzwungenen Unterbrechungen abgesehen, der Residenzpflicht nachkam. Beständige Auseinandersetzungen mit der Freiburger Regierung und dem Kollegiatstift von St. Niklaus belasteten seine Amtszeit. S. bestand nämlich kompromißlos auf der Durchführung der Trienter Reformdekrete, stieß aber dabei auf erheblichen Widerstand. Die häufige Abwesenheit seiner Vorgänger hatte der Freiburger Regierung die Kontrolle über das Kirchenwesen leicht gemacht. Sie hatte zwar die Trienter Kirchenreform unterstützt, die Durchführung der Disziplinarbestimmungen aber entschieden abgelehnt. Einen weiteren Stein des Anstoßes bildete die Exemtion des Chorherrenstiftes St. Niklaus und seiner rund 20 inkorporierten Pfarreien. Die Bemühungen von S. um Visitation des Stiftes und seiner Pfarreien wurden von den Nuntien zunächst nur halbherzig unterstützt.

Die zunächst neutrale Freiburger Regierung nahm später offen Partei für das Stift. Als Untertan des Herzogs von Savoyen erregte S. auch einiges Mißtrauen bei den Freiburgern, die 1536 neben den Bernern einen Teil des savoyischen Waadtlandes ihrem Staate einverleibt hatten.

Schon bei seiner ersten Visitation im Jahre 1663 stieß S., der sich korrekt an das kanonische Recht hielt, auf den Widerstand der Regierung, des Stiftes St. Niklaus, der Johanniterkommende in Freiburg und des Klerus, der um seine Unabhängigkeit fürchtete. Der vom Luzerner Nuntius Federico Borromeo ausgehandelte Vergleich vom 13. 8. 1665 setzte den Auseinandersetzungen nur ein vorübergehendes Ende. Die Ansprüche des Bischofs gehen auch aus den 1665 von ihm veröffentlichten Synodalkonstitutionen hervor, die Anlaß zu neuen Streitigkeiten wurden. Anstelle des Generalvikars H. (→) Fuchs, der sich für das Stift St. Niklaus einsetzte, berief er J. I. (→) Zilliet. Daneben konnte er sich vor allem auf seinen Sekretär M. (→) Romanin, den Offizial und späteren Stiftspropst P. de (→) Montenach und auf seinen Bruder Clément stützen, der als Definitor wirkte. Bis 1666 wohnte S. im Wallfahrtsort Bourguillon außerhalb von Freiburg; danach ließ er sich in einem in der Stadt erworbenen Hause nieder. Von einigen Aufenthalten in Piemont abgesehen (so 1669 und 1678/79 in Turin sowie 1673/74 in Strambino), hielt er sich in seiner Stadt auf. Er errichtete drei neue Pfarreien, teilte das Bistum neu in 15

Dekanate ein und führte das römische Brevier ein. 1682 versuchte er vergeblich, Priester von St.-Sulpice in Paris für ein diözesanes Priesterseminar zu gewinnen. 1665 gründeten die Kapuziner in Bulle ein weiteres Kloster. Auf seinen Visitationsreisen im Kanton Freiburg wurde er stets von einem Vertreter der Regierung begleitet und beaufsichtigt. Nach erneuten Auseinandersetzungen entzog diese S. 1676 den Anteil einer von Frankreich ausbezahlten Pension. 1679 wies sie seinen Sekretär Romanin aus dem Kanton aus, worauf S. nach Solothurn zog. Die dort vom französischen Botschafter veranstaltete Schlichtungskonferenz führte zu keinem konkreten Ergebnis. 1682 zog S. sich nach Turin zurück. Von dort kehrte er auf Weisung der römischen Kurie im März 1684 nach Echallens, dann nach Saint-Aubin zurück. Als ihm die Freiburger Regierung das Betreten des Territoriums ·verbot, entschloß sich der schon kränkliche S. zu einer Visitation der in der Freigrafschaft Burgund gelegenen Pfarreien. Am 24. 6. machte er in Jougne sein Testament. Er starb am 29. 6. 1684 in Les Hôpitaux (Dép. Doubs) und wurde in der dortigen Pfarrkirche beigesetzt.

Literatur: *M. Schmitt* - *J. Gremaud* II 444-510. - *P. Braun*, Die Auseinandersetzungen des Lausanner Bischofs Jean-Baptiste de Strambino 1662-1684 mit der Freiburger Obrigkeit. Gründe und politische Implikationen, in: Itinera 4: Kirchengeschichte und allgemeine Geschichte in der Schweiz (Basel 1986) 63-76. - *Ders.*, Der Lausanner Bischof Jean-Baptiste de Strambino (1662-1684) im Urteil der Luzerner Nuntiatur, in: *H. Raab*, Festschrift 59-84. - *P. Rück*, in HS/I/4 (1988) 156-158 (Lit.).

Pierre Louis Surchat

Strasoldo (Strassoldo)**, Raymund Anton Graf von** (1718 – 1781)

1757 – 1781 Fürstbischof von Eichstätt

Raymund Anton Graf von Strasoldo wurde am 29. 4. 1718 zu Graz als Sohn des innerösterreichischen Regierungsrates Johann Joseph v. S. und der Anna Caecilia von Gera geboren. Taufpate war der Passauer Fürstbischof R. v. (→) Rabatta. 1734 erhielt S. zu St. Andrä im Bistum Lavant die niederen Weihen. Im gleichen Jahr wurde er Domizellar in Eichstätt. 1738 – 43 studierte er als Alumne des Collegium Germanicum in Rom. Dort wurde er am 11. 6. 1741 zum Priester geweiht. Nach Eichstätt zurückgekehrt, wurde er 1744 Mitglied des Hof- und des Geistlichen Rates. Nachdem

er im Februar 1750 als Kapitular zugelassen
worden war, wählte ihn das Domkapitel im Mai
des gleichen Jahres zu seinem Dekan. Noch im
gleichen Monat wurde er ferner Propst von
ULFrau in Eichstätt. Am 5. 7. 1757 wählte das
Domkapitel unter Einflußnahme des kaiserlichen Wahlkommissars mit ihm erstmals einen
Österreicher zum Fürstbischof. Die Kandidatur
(→) Johann Theodors von Bayern wurde nicht
beachtet. Nach Eintreffen des kaiserlichen Plazets am 25. 7. 1757 übernahm S. die weltliche
Regierung. Die päpstliche Wahlbestätigung
folgte am 25. 9. 1757, die Konsekration durch
Weihbischof F. H. v. (→) Kageneck am 30. 4.
1758.

S. war ein pflichtbewußter, eifriger Fürst und
Bischof. Soweit möglich, nahm er an den Sitzungen der verschiedenen Ratsgremien teil
und studierte die Protokolle sorgfältig. Obwohl
das bischöfliche Amt bei ihm den Vorrang
hatte, wußte S. doch zu gegebener Zeit fürstlich
zu repräsentieren und als absolutistischer
Fürst zu regieren. Daher erklärte er schon 1759
unter Berufung auf die Konstitution „Ecclesiae
catholicae" Innozenz' XII. von 1695 und auf
entsprechende kaiserliche Verordnungen eine
Reihe von Bestimmungen seiner Wahlkapitulation für nichtig und geriet so in Spannungen
zum Domkapitel. S. baute Schloß Hirschberg
zum Jagdsitz aus, ließ in die Eichstätter Residenz Treppenhaus und Spiegelsaal einbauen,
1777 den Residenzplatz samt Mariensäule und
Brunnen anlegen und zur Verbesserung der
Verkehrsverhältnisse im Hochstift öffentliche
Straßen bauen. Der Hungersnot von 1770/71
suchte er durch Öffnung der bischöflichen
Getreidekästen und umfangreichen Getreide-
ankauf zu steuern. Seiner Sorge für die Armen
setzte er durch den Bau und die Mitstiftung
eines Waisenhauses ein Denkmal.

Als Bischof trug S. vor allem um den Klerus
Sorge. 1759 erließ er schärfere Vorschriften für
die Zulassung zu den Weihen. 1768 erschien
die in seinem Auftrag gefertigte „Instructio
pastoralis", ein Handbuch für die seelsorgliche
Praxis. Es diente auch der Vereinheitlichung
der Seelsorge. Seine Gliederung folgte dem
Schema für Diözesanvisitationen. Eine solche
ließ S. 1777–79 durchführen. Den Ideen der
Aufklärung abhold, verbot er doch Auswüchse
barocker Frömmigkeit sowie abergläubische
Praktiken beim Volk. Die Heiligenverehrung
förderte er durch Einführung neuer Feste. Das
Gymnasium Academicum der Jesuiten erweiterte er 1772 zu einem Lyzeum unter Einbeziehung und Betonung der Mathematik und der
aufkommenden Naturwissenschaften (Naturalienkabinett). Die Aufhebung des von ihm hoch
geschätzten Jesuitenordens traf S. hart. In der

Hoffnung auf baldige Rückgängigmachung
ließ er das Jesuitenkolleg faktisch, wenn auch
nicht rechtlich, weiterbestehen, so daß die Ex-
Jesuiten, jetzt als Weltkleriker, ihre Tätigkeit
gegen den Widerstand des Domkapitels und
gegen die römische Weisung fortsetzen konnten. S. verhinderte die Rückgabe ihrer Gebäude
und Wirtschaftsgüter an das Priesterseminar,
wie es entsprechend dem Vertrag bei Einführung der Ordensleute und dem Aufhebungs-
breve hätte geschehen müssen.

S. war ein „weitschauender, frommer Bischof"
(Lengenfelder). Er führte ein tadelloses Leben
und vollzog die ihm obliegenden Pontifikalfunktionen persönlich. Trotz grundsätzlicher
Reformbereitschaft war er ein Gegner der
Aufklärung und des Febronianismus. Er wehrte sich gegen staatskirchliche Übergriffe
Bayerns und nahm daher auch durch einen
Beauftragten am Salzburger Kongreß von 1770
teil. Dennoch konnte er das Eindringen des
Illuminatentums in einen Teil des Domkapitels,
des Klerus und der Beamtenschaft nicht verhindern. Er starb am 13. 1. 1781, tief betrauert
von der Bevölkerung. Er wurde vor dem Kreuzaltar im Dom beigesetzt.

Schriften: Reverendissimi et Illustrissimi Domini
[Raymundi Antonii] Episcopi Eystettensis Edictum et
Instructio Pastoralis (Eichstätt 1768). - Überarbeitete
Neuauflagen ²1854, ³1871, ⁴1877, ⁵1902.

Literatur: A. Straus 371-375. - J. G. Suttner, Werbungen. - C. v. Wurzbach 39 (1879) 295 f. - A. Knöpfler, in:

ADB 36 (1893) 516-518. - *L. Bruggaier*. - *F. Mader*, Stadt Eichstätt. - *M. Domarus*, Schönborn. - *A. Bauch*. - *A. Fleischmann*, Die Instructio Pastoralis Eystettensis, in: 400 Jahre Collegium Willibaldinum (Eichstätt 1964) 133-139. - *J. Behringer*, Ignatz Pickel (1736-1818) und die naturwissenschaftlichen Studien am Collegium Willibaldinum, in: ebda 140-181. - *M. Weitlauff*. - *E. Reiter*, Die Zulassung der Kinder zur Erstkommunion nach der Instructio Pastoralis Eystettensis, in: Eichstätter Studien NF 13 (Regensburg 1981) 229-243. - *H. Braun* Nr. 283. - *A. Schindling*, Eichstätt. - *B. Lengenfelder*.

Abbildungsnachweis: Ölgemälde, 1773 von Johann Michael Franz (1715-1793). - Diözesanmuseum Eichstätt.

Ernst Reiter

Strauß, August Franz von (1737 – 1782)

1778 – 1782 Weihbischof in Mainz, Ep. tit. Samariensis

* 6. 7. 1737 in Mainz als Sohn des kurmainzischen Kammerrates Damian Friedrich v. S.; Besuch des Mainzer Jesuitenkollegs; 1754 Beginn des Studiums der Philosophie und Theologie in Mainz (1755 Bacc. phil.); 1. 3. 1761 Priesterweihe in Wien; 1758 Stiftsherr, 1761 Kapitular von Mariengreden in Mainz; Stiftsherr und Kanonikus, 1775 Dekan von St. Stephan in Mainz; 1762 Geistlicher Rat; erzbischöflicher Fiskal; 1770 Offizial; 1778 von Erzbischof F. K. J. v. (→) Erthal zum Weihbischof bestimmt; 1. 6. 1778 Titularbischof von Samaria; 22. 11. 1778 Konsekration in Mainz; Provikar in spiritualibus; † 26. 9. 1782 in Mainz.

Literatur: HSK Mainz 1782.

Friedhelm Jürgensmeier

Strevesdorff, Wolther Heinrich (Henriques) Freiherr von (1588 – 1674)

1634 – 1674 Weihbischof in Mainz, Ep. tit. Ascalonensis

* 1588 in Neuss als Sproß einer alten spanischen Familie; seit 1603 Besuch des Gymnasiums in Köln; 1610 Profeß als Augustinereremit in Köln; 1611 Priester; Studium in Köln und Würzburg; 1621 Dr. theol. (Köln); zwölf Jahre Universitätsprofessor sowie Dekan in Köln; Subprior, neun Jahre Prior, Visitator und Provinzialvikar; 1628 Generalkommissar seines Ordens in Thüringen und Sachsen. 1634 bestimmte der in Köln weilende Mainzer Erzbischof Anselm Kasimir Wamboldt von Umstadt

(1629 – 46) S. zum Weihbischof für den thüringischen Anteil des Erzbistums Mainz. 1. 10. 1634 Titularbischof von Askalon; 7. 1. 1635 Konsekration in Köln durch den Paderborner Weihbischof Johannes Pelking. S. begab sich bald darauf nach Erfurt, kam aber wegen eines erneuten Einfalls der Schweden nach Köln zurück. Propst von Geiling; 1638 wieder in Erfurt; fungierte 1639 als Weihbischof in Lüttich, dann in verschiedenen anderen Bistümern; 1644 wieder im Erzbistum Mainz und 1645 vorübergehend im Bistum Würzburg; bepfründet in ULFrau zu Erfurt, hier Propst, und in St. Peter zu Mainz (1663 Scholaster); Kurmainzer Rat; Rat des Erzherzogs (→) Leopold Wilhelm von Österreich; seit etwa 1648 auch Weihbischof im rheinischen Teil des Erzbistums Mainz; 1655 gab S. seine Aufgabe als Weihbischof im thüringischen Diözesanteil ab; 1648 im Zuge der Neustrukturierung des Generalvikariates erster Mainzer Provikar; Professor der Theologie, Dekan, 1656 Kanzler, 1669 Rektor in Mainz; nach 1657 war S. nach dem Tode von Weihbischof B. (→) Nihus wohl wieder für Thüringen zuständig, doch behielt er seinen Sitz in Mainz; hielt sich zeitweise in Köln auf und unterhielt gute Kontakte zur Nuntiatur; 1660 in Mainz mit konfessionellen Unionsplänen beschäftigt; † 7. 5. 1674 in Mainz; □ Augustinerkirche Mainz.

Schriften: Defensorium divi Thomae ab Aegidio Romano olim compositum (Coloniae 1624). - Commentarium in Quaestionibus S. Thomae de iure et iustitia (Coloniae 1632; Moguntiae 1651). - Primatum Magdeburgensum sive seriem Archiepiscoporum Magdeburgensium (Coloniae 1633).

Literatur: *G. C. Joannis* II 450 f. - *V. F. de Gudenus* IV 826-830. - *J. S. Severus* 32 f. - *A. P. Brück*.

Friedhelm Jürgensmeier

Stubenberg, Felix Graf von (1748 – 1828)

1780 – 1828 Weihbischof in Eichstätt, Ep. tit. Tenagrensis

→ Bd. 1, 747.

Stubenberg, Joseph Reichsfreiherr von (1740 – 1824)

1791 – 1821 Fürstbischof von Eichstätt
1821 – 1824 Erzbischof von Bamberg und Administrator von Eichstätt

→ Bd. 1, 747-749.

Summermatter, Georg (1591 – 1672)

1633 – 1659 Generalvikar in Sitten

* 1591 im Vispertal (Wallis); Mag. artium, Dr.
theol.; 1619 Domherr von Sitten; 1619 – 25
Großkantor des Domkapitels von Sitten; 1620
Kastlan von Valeria; 1. 5. 1620 Primiz; 1625 – 33
Dekan von Valeria; 1633 – 72 Dekan von Sitten;
1633 – 59 Generalvikar in Sitten; † 14. 5. 1672
ebd.

Literatur: *D. Imesch*, Die Würden und Würdenträger
des Domkapitels von Sitten, in: BWG 8 (1938) 381,
386, 389, 393. - *L. Carlen*, in: HS (i. Vorb.).

                                              Louis Carlen

Supersaxo, Franz Joseph (1665 – 1734)

1698 – 1702 Generalvikar in Sitten
1702 – 1734 Fürstbischof von Sitten

Franz Joseph Supersaxo wurde 1665 als Sohn
des Großkastlans von Sitten Balthasar S. und
der Cristina Kuntschen geboren und am 15. 2.
1665 getauft. 1682 – 83 studierte er in Dillingen
(Bacc. phil.) und 1684 – 87 in Wien, wo er im
Konvikt St. Barbara wohnte. Am 25. 7. 1688
wurde er Priester und im gleichen Jahr Domkapitular sowie 1695 Großkantor von Sitten.
1696 – 98 war er Sekretär des Kapitels und
1698 – 1701 Dekan von Valeria. Im November
1696 vertrat er Fürstbischof Adrian V. v. (→)
Riedmatten bei der Bundeserneuerung des
Wallis mit den katholischen Orten der Schweiz
in Altdorf. 1699 – 1701 war er Stadtpfarrer von
Sitten. Am 2. 6. 1701 wählten ihn das Domkapitel von Sitten und der Landrat des Wallis zum
Fürstbischof. Die Wahl wurde am 21. 6. 1702
päpstlich bestätigt. Die Konsekration nahm der
Luzerner Nuntius Giulio Piazza am 21. 6. 1702
vor.

S. war prachtliebend, kunstsinnig und fromm.
Unter ihm wurden im Wallis zahlreiche barocke Kunstwerke geschaffen. Zu Beginn seiner Amtszeit visitierte er als Apostolischer
Delegat die Chorherren vom Großen St. Bernhard. 1705 ließ er durch Jesuiten in der ganzen
Diözese Missionen durchführen, und 1722 visitierte er seinen Sprengel persönlich. S. war ein
Gegner des Jansenismus. Er förderte die Jesuiten und bat 1734 deren Provinzial um Übernahme des Gymnasiums zu Sitten, wie er sich auch
als Gönner des dortigen Jesuitenkollegs zeigte.
Die enge Bindung des Wallis an die Katholischen Orte der Eidgenossenschaft kam 1712
durch Entsendung eines Walliser Kontingentes
zum Villmergenkrieg zum Ausdruck. 1718 und
1725 weilte S. zum Ad-limina-Besuch in Rom.

Die ihm von Papst Klemens XII. angetragene
Kardinalserhebung soll er ausgeschlagen haben. 1720 vertrat er in einem Schreiben an seine
Diözese die Lehre vom unfehlbaren Lehramt
des Papstes.

S. starb am 1. 5. 1734. Er wurde in seiner
Kathedrale beigesetzt.

Literatur: *D. Imesch* 417. - *H. A. v. Roten*, Zur Geschichte der Familie Supersaxo, in: Vallesia 29 (1974)
23. - *B. Truffer* 71-74. - *L. Carlen*, Kultur 87 f. - *Ders.*
Informativprozesse 52.

Abbildungsnachweis: Öl auf Leinwand. - Original im
Kapuzinerkonvent Sitten. - Photo J. -M. Biner,
Brämis / Sitten.
                                              Louis Carlen

Sury, Franz Georg von (1681 – 1765)

1746 – 1760 Generalvikar für den solothurni-
                 schen Teil der Diözese Lausanne

≈ 12. 1. 1681 in Solothurn; 1700 Wahl zum
Chorherrn am Kollegiatstift St. Urs in Solothurn; 1704 Priester und Installation als Chorherr; 1718 Kustos, 1735 Propst von St. Urs
(Wahl durch den Kleinen Rat von Solothurn);
1735 Kommissar, 1. 7. 1746-60 Generalvikar
für den solothurnischen Teil der Diözese Lausanne; † 18. 11. 1765 in Solothurn.

Literatur: HBLS 6 (1931) 613. - *K. Arnold*, in: HS II / 2
(1977) 528 f. - *P. Braun*, in: HS I / 4 (1988) 322 f.

                                              Patrick Braun

Sury von Bussy, Hieronymus Leonz
(1708 – 1776)

1768 – 1776 Generalvikar für den solothurnischen Teil der Diözese Lausanne

≈ 7. 9. 1708 in Solothurn; Studium in Mailand;
1732 Priester und Pfarrer in Balsthal (Kt.
Solothurn); 1735 Wahl zum Chorherrn am
Kollegiatstift St. Urs in Solothurn; 1736 Installation und Wahl zum Stiftssekretär; 1763 Kustos, 1765 Propst von St. Urs (erstmals Wahl
durch den Kleinen und den Großen Rat von
Solothurn); 25. 1. 1768 Generalvikar für den
solothurnischen Teil der Diözese Lausanne;
† 7. 1. 1776 in Solothurn.

Literatur: HBLS 6 (1931) 614. - K. *Arnold*, in: HS II / 2
(1977) 529 f. - P. *Braun*, in: HS I / 4 (1988) 323.

Patrick Braun

Sury, Peter Josef Felix von (1719 – 1786)

1776 – 1786 Generalvikar für den solothurnischen Teil der Diözese Lausanne

≈ 21. 8. 1719 in Solothurn; Studium in Mailand
(Dr. iur. utr.); 22. 7. 1742 Priesterweihe in
Freiburg / Schweiz; 1741 Wahl zum Chorherrn
am Kollegiatstift von St. Urs in Solothurn; 1742
Installation; 1756 Bauherr, 1762 Stiftssekretär,
1744 – 61 Stiftsprediger, 1776 Propst (Wahl
durch den Großen und den Kleinen Rat von
Solothurn); 17. 1. 1776 Generalvikar für den
solothurnischen Teil der Diözese Lausanne;
† 28. 10. 1786 in Solothurn.

Literatur: HBLS 6 (1931) 615. - K. *Arnold*, in: HS II / 2
(1977) 530. - P. *Braun*, in HS I / 4 (1988) 323 f.

Patrick Braun

Swoykow (Svojkov) → Kapaun von S.

Szczuka, Kazimierz (um 1622 – 1694)

1693 – 1694 Bischof von Kulm

Kazimierz Szczuka entstammte einer im Land
Wizna im Osten Masowiens ansässigen Adelsfamilie. Zwischen 1631 und 1645 war er Schüler des Jesuitenkollegs Rößel in der Diözese
Ermland. Später unternahm er Reisen durch
Europa und einen Teil Asiens. In den Schwe-
den- und Türkenkriegen diente er im polnischen Heer. Als Minorist erhielt er 1658 die
Domkustodie in Posen. Am 25. 5. 1666 präsen-

tierte König Johann Kasimir ihn als Kommendatarabt des Zisterzienserklosters Paradies im
Posener Land, und Papst Clemens IX. empfahl
„den Presbyter der Diözese Posen" im Oktober
1667 als Administrator des Klosters. Kaiser
Leopold I. bestätigte ihn trotz des Protestes des
Konvents am 29. 1. 1670. Bereits 1667 war S.
ferner Domherr von Krakau. Zum Priester
wurde er jedoch erst am 13. 7. 1670 geweiht.

S. erbaute auf dem Territorium des Klosters
Kirchen, gründete Schulen und trat durch
wohltätige Stiftungen hervor. Dreimal soll er
die Übernahme eines Bistums ausgeschlagen
haben. Am 25. 8. 1693 nominierte ihn König
Johann Sobieski als Bischof von Kulm. Das
Kulmer Domkapitel postulierte ihn daraufhin
am 2. 10. Die päpstliche Verleihung erfolgte am
5. 10. 1693. Dabei erhielt S. die Erlaubnis, die
Abtei Paradies beizubehalten. Am 19. 11. konsekrierte ihn der Posener Bischof Stanisław
Witwicki in der Kirche der Salesianerinnen zu
Warschau. Die Amtsübernahme in der Kathedrale zu Kulmsee fand am 18. 2. 1694 statt.

S. hatte auf seinen Reisen die neue Genossen-
schaft des Vinzenz von Paul („Lazaristen")
kennengelernt. Als Abt von Paradies und königlicher Gesandter übermittelte er den polnischen Bischöfen den Auftrag Innozenz' XI., den
Lazaristen die Leitung der Priesterseminare
anzuvertrauen. In ihrem Haus in Kulm hielt er
sich 1678 als Gast auf. Als Bischof von Kulm
verpflichtete er seine Priester zu achttägigen
Rekollektionen bei den Lazaristen. Er wohnte
im Kulmer Haus und ist dort auch am 30. 6.
1694 nach kurzer Amtszeit gestorben.

Literatur: *Th. Warmiński* 138-142, 146-149, 151-153,
184. - UB. Kulm, Nr. 1200. - A. *Mańkowski*, Kazimierz
Jan Szczuka, biskup chełmiński (1693-94) [K. J.
Szczuka, Bischof von Kulm], in: ZTNT 5 (Toruń
1920 / 22) 159-167. - A. *Liedtke*, Seminarium 146 f. -
Ders., Zarys 92.

Hans-Jürgen Karp

Szczuka, Pawel (um 1692 – 1757)

1736 – 1739 Generalvikar der Diözese Kulm

* um 1692 (err.); Neffe des Kulmer Weihbischofs S. (→) Szczuka, der ihm 1713 die
niederen Weihen, 1715 die Subdiakonats-, bald
darauf die Diakonats-, 1716 die Priesterweihe
erteilte; 1719 Domherr von Płock; 1728 Domkustos, 1742 Dompropst, 1752 Domdechant von
Kulm; während der Vakanz 1733 – 35 Generalökonom des Bistums; 1736 – 39 Generaloffizial
von Bischof A. S. (→) Grabowski; † 27. 5. 1757

im Alter von ungefähr 65 Jahren auf dem Gut
Obrytte bei Pułtusk.

Literatur: A. Mańkowski, Prałaci 207 f.

Hans-Jürgen Karp

Szczuka, Seweryn (1651 – 1727)

1703 – 1727 Weihbischof der Diözese Kulm,
        Ep. tit. Joppensis
1719 – 1727 Generalvikar der Diözese Kulm

≈ 22. 10. 1651 in Białaszewo (Diöz. Płock);
1670 – 72 Besuch des Jesuitenkollegs in Rößel
(Ermland); 11. 1. 1683 Priesterweihe; später
Professor der Philosophie und Theologie; seit
ca. 1687 Domherr in Kulm; 1693 und 1694 – 99
Generalökonom; 1701 Archidiakon; 26. 11.
1703 Titularbischof von Joppe und Weihbischof der Diözese Kulm; 1704 konsekriert; 1709
einer der erstmals bestellten Prosynodalexami-
natoren; 5. 8. 1712 – 23. 1. 1719 Kapitularvikar;
1719 Offizial und Generalvikar von Bischof
J. K. (→) Bokum; † 11. 12. 1727.

Literatur: R. Frydrychowicz 16-18. - A. Mańkowski,
Prałaci 208-210.

Hans-Jürgen Karp

Szembek, Krzysztof Andrzej Jan (1680 – 1740)

1713 – 1719 Bischof von Chełm
1719 – 1724 Bischof von Przemyśl
1724 – 1740 Bischof von Ermland

Krzysztof Andrzej Jan Szembek wurde am
16. 5. 1680 als achter Sohn des Kastellans von
Kamieniec, Franciszek S., und seiner zweiten
Ehefrau Barbara Rupniewska wahrscheinlich
auf dem Familiengut Słupów bei Miechów in
Kleinpolen geboren. Die ursprünglich aus Tirol
stammende Familie der Schönbeck war 1566 in
den polnischen Adel aufgenommen worden.
Auch mehrere Brüder von S. hatten hohe
kirchliche Würden inne. Stanisław († 1721)
war seit 1690 Weihbischof in Krakau, später
Bischof von Włocławek und Erzbischof von
Gnesen, Michał († 1726) seit 1706 Weihbischof
in Krakau, ein anderer Bruder Domherr in
Frauenburg und ein weiterer Krongroßkanzler.
S. studierte in Krakau (Dr. theol.) und wurde
dort auch zum Priester geweiht. Am 30. 7. 1711
nominierte König August II. ihn zum Bischof
der ostpolnischen Diözese Chełm. Die päpstliche Verleihung folgte am 22. 5. 1713. 1717
erhielt S. den ehrenvollen Auftrag, das Bild der
Muttergottes in Tschenstochau zu krönen. Auf
Bitten des Königs wurde S. am 15. 3. 1719 auf

das größere Bistum Przemyśl transferiert. Als
der König S. aber 1722 das Bistum Ermland
übertragen wollte, machte das ermländische
Domkapitel sein traditionelles Wahlrecht geltend. Um den Bedingungen der Bischofswahl
zu genügen, mußte S. daher zunächst in das
Domkapitel aufgenommen werden. Erst nach
der Translation seines Vorgängers T. A. (→)
Potocki auf den erzbischöflichen Stuhl von
Gnesen erfolgte am 14. 2. 1724 die Postulation
von S. zum Bischof. Seine Translation auf das
neue Bistum erfolgte am 11. 9. 1724. Ende
November kam S. in seine neue Diözese, war
aber in der Folge wegen der Teilnahme am
Reichstag und am preußischen Landtag häufig
abwesend.

Gegenüber dem Verlangen der römischen Kurie nach Eingliederung des Ermlandes in eine
Kirchenprovinz trat S. auf Drängen des Domkapitels erfolgreich für die Erhaltung der Exemtion seiner Diözese ein, da durch den Anschluß
an eine polnische Kirchenprovinz eine Beeinträchtigung der ermländischen Sonderrechte
zu befürchten war. Er sandte drei ausführliche
Statusberichte nach Rom. Darüber hinaus
reichte er der Kurie eine Darstellung über die
Verhältnisse der in der Reformationszeit untergegangenen Diözese Samland ein, wo u.a. in
Königsberg und Tilsit wieder katholische Pfarreien entstanden waren. Wie seine Vorgänger
beanspruchte S. die Jurisdiktion über diese
Katholiken und den Titel eines Bischofs von
Samland. Deswegen kam es seit 1725 zu langjährigen Auseinandersetzungen mit Preußen.

Wiederholt führte der Bischof auch Beschwerden wegen der Übergriffe preußischer Soldatenwerber, die ins Ermland kamen und Gewalttätigkeiten ausübten.

1727 begab sich S. als Gesandter des polnischen Königs nach Mitau, um nach Abzug der Schweden die politischen Verhältnisse in Kurland regeln zu helfen. Im polnischen Thronfolgekrieg (1733 – 35) verhielt sich S. zunächst neutral, doch erkannte er im Sommer ebenso wie die preußischen Stände den sächsischen Kurfürsten August III. als König an.

S. sprach fließend deutsch. Er war persönlich sehr fromm und ein eifriger Seelsorger. Er führte zwei Generalvisitationen in seiner Diözese durch. Im Jahre 1726 hielt er zu Heilsberg eine Synode ab und sorgte für die Herausgabe eines neuen Diözesanrituales. Aus eigenen Mitteln spendete er viel für die Kirchen seines Bistums. So vollendete er den Bau der Wallfahrtskirchen Heiligelinde, Glottau und Crossen. An den gotischen Frauenburger Dom ließ er 1732 – 35 eine barocke Kapelle anbauen, die er zu seiner Begräbnisstätte bestimmte. Dem Stipendienfonds und der Wohlfahrtskasse (Mons pietatis) vermachte er bedeutende Summen. S. war ein großer Reliquienverehrer. Er organisierte Wallfahrten aus dem Ermland und verbreitete die in Krakau übliche Verehrung des hl. Florian, dem zu Ehren Feuerwehr-Bruderschaften entstanden. S. starb am 16. 3. 1740. Er wurde in der von ihm erbauten Kapelle des Frauenburger Domes beigesetzt.

Schriftenverzeichnis: *K. Estreicher* 30 (1934) 252 f.

Literatur: *A. Eichhorn*, Bischofswahlen II 92-177. - Synodus Christophori Andreae Episcopi Warmiensis, in: *F. Hipler* (Hg.), Constitutiones synodales Warmienses (Braunsberg 1899). - [*F. Hipler*], Geschichte und Statuten der ermländischen Diözesansynoden. 10. Die Synode unter C. A. J. Szembek im Jahre 1726, in: Pastoralblatt für die Diözese Ermland 28 (1896) 97-102. - *E. Brachvogel*, Bildnisse 575-578. - *J. Obłąk*, Historia 121 f. - *H. Żochowski*, Duszpasterstwo na Warmii za rządów biskupa Krzysztofa Andrzeja Jana Szembeka [Die Seelsorge im Ermland unter der Regierung des Bischofs K. A. J. Szembek] (Diss. Lublin 1966). - *H. Schmauch*, in: APB 2 (1967) 720. - *A. Szorc* 313 f. - *T. Oracki* 2 (1988) 172-174.

Abbildungsnachweis: bei E. Brachvogel, Bildnisse 575-578, Nrr. 24 f.

Anneliese Triller

Szembek, Krzysztof Hilary (1722 – 1797)

1767 – 1773 Koadjutor des Bischofs von Kulm, Ep. tit. Uranopolis
1775 – 1784 Koadjutor des Bischofs von Płock
1784 – 1797 Bischof von Płock

* 13. 1. 1722 in Biała (Diöz. Posen) als Sohn des Kastellans von Nakel, Antoni S.; Besuch der Jesuitenkollegien in Deutsch Krone (Wałcz), Posen und Danzig-Altschottland; 1740 Eintritt in das Priesterseminar der Lazaristen in Warschau; erhielt bald Kanonikate in Krakau und Gnesen; nach Beendigung der Seminarstudien Tätigkeit am Hof seines Großonkels Krzysztof Antoni S., Erzbischofs von Gnesen und Primas von Polen, der ihn für drei Jahre zum Studium ins Ausland schickte. S. studierte zwei Jahre lang in Rom. 26. 3. 1748 Priesterweihe; Kanzler der Söhne Augusts III., Albrecht und Klemens; 1760 Archidiakon von Warschau; Dompropst von Płock; 1765 Domkantor in Gnesen. Auf Betreiben von König Stanisław August Poniatowski wurde er 1767 Koadjutor des Bischofs von Kulm, A. I. (→) Baier. 29. 9. 1767 Titularbischof von Uranopolis; Konsekration in Kobylec bei Warschau durch den mit ihm verwandten Bischof von Kiew Jósef Andrzej Załuski. Nach dem Übergang Kulms an Preußen infolge der ersten Teilung Polens 1773 verzichtete S. auf die Koadjutorie. Tätigkeit im Domkapitel in Krakau; von Stanisław August zum Koadjutor mit dem Recht der Nachfolge des Bischofs von Płock Michał Jerzy Poniatowski, eines Bruders des Königs, nominiert, am 29. 5. 1775 präkonisiert; vom 16. 6. 1783 bis 2. 12. 1784 als Apostolischer Delegat Vertreter des abwesenden Nuntius Gio Andrea Archetti. Mit der Translation Poniatowskis nach Gnesen wurde S. am 2. 10. 1784 Bischof von Płock. Die Inthronisation fand am 14. 3. 1785 statt. Für die Seelsorge sorgte S. u.a. durch eine neue Ordination (1780). Als Senator der Krone war er an der Ausarbeitung von Reformplänen des Vierjährigen Reichstags beteiligt, u.a. als Vorsitzender der Kommission für den Bergbau. Aus Altersgründen überließ er die Diözesanleitung seit 1796 seinem Koadjutor Onufry Kajetan Szembek, einem nahen Verwandten. Er selbst begab sich nach Krakau, wo er am 5. 9. 1797 starb. □ Krakauer Dom.

Schriftenverzeichnis: *K. Estreicher* 30 (1934) 259.

Literatur: *J. Korytkowski*, Prałaci IV 63-68. - *A. Syski*, in: *M. Nowodworski* (Hg.), Encyklopedja kościelna Bd. 24 (Warszawa 1904) 509-512. - Podręczna Encyklopedja kościelna Bd. 37-38 (Warszawa-Lublin-Łódź 1910) 372. - *Z. Szostkiewicz* 564 f. - Historia Kóscioła w Polsce II/1, 285.

Hans-Jürgen Karp

Szolc → Scholz

Sztoltman → Stolpmann

Szulc → Schulz

T

Talmberg (Thalenberg), **Johann Franz Christoph Freiherr von** (1644 – 1698)

1676 – 1698 Bischof von Königgrätz

Johann Franz Christoph von Talmberg wurde am 31. 12. 1644 auf Burg Rattagen als zweiter Sohn des königlich böhmischen Kammergerichtsrates und Kreishauptmannes des Tschaslauer Kreises Franz Wilhelm v. T. und der Ursula Katharina von Pappenheim geboren. Die Familie des Vaters ist seit dem 14. Jh. als böhmische Herrenstandsfamilie nachweisbar. Vom Studiengang T.s ist wenig bekannt. 1668 wurde er Kleriker, am 16. 6. 1669 Priester. Seit 1669 war er Domherr und deutscher Domprediger, ferner Dekan von St. Apollinaris in Prag. Er erhielt in der Folge weitere Kanonikate in Olmütz und Wischkowitz sowie die Propstei für Allerheiligen auf der Prager Burg. 1672 erhielt er für sich und für seine Nachfolger das Recht zum Gebrauch der Pontifikalien.

Am 15. 1. 1676 nominierte Kaiser Leopold I. T. als Nachfolger des mit ihm verwandten und nach Prag transferierten J. Fr. v. (→) Waldstein zum Bischof von Königgrätz. Die päpstliche Verleihung folgte am 19. 10. 1676, die Konsekration durch Waldstein am 3. 1. 1677 im Prager Dom. Da Königgrätz noch keine bischöfliche Residenz besaß und die Stadt sich als Sitz des dritten Landesbistums in ihren Rechten geschmälert fühlte, nahm T. erst am 23. 10. 1677 auf Drängen des Papstes Besitz von seinem Sprengel. Zugleich wurde das Domkapitel mit sechs Kanonikern eingerichtet.

Trotz permanenter Spannungen zwischen dem jungen Bistum und der auf ihre Privilegien bedachten Stadt Königgrätz sowie der begrenzten Finanzen gelang es T., das vormals gräflich Gallas'sche Haus zur Residenz auszubauen. 1677 bewilligte die Propagandakongregation ihm dafür erstmals einen Beitrag aus der Salzkasse. Der weitere Ausbau erfolgte, ebenfalls mit Mitteln der Salzkasse, unter den Bischöfen T. J. (→) Becker und J. A. v. (→) Wratisław. 1680 fand dort während einer Epidemie in Prag Kaiserin Eleonore Zuflucht. Als T. nach 1686 versuchte, seine Residenz in das unbenutzte alte Burggrafenamt und in das alte Schloß zu übertragen, scheiterte dies am Widerspruch der Stadt. Das gleiche galt für die Errichtung eines Priesterseminars und den Bau von Domherrenwohnungen. Sie wurden erst unter Bischof Becker verwirklicht, als sich das Verhältnis zur Stadt entspannt hatte. Da das Bistum nicht in der Lage war, die unter Bischof M. F. (→) Sobek von Bilenberg erworbenen Güter Žilowitz mit Opočno und Žika zu bezahlen, mußte T. diese an die Vorbesitzerin zurückgeben.

Trotz dieser Rückschläge gelang es T., die Diözesanverwaltung aufzubauen und erstmals eine gründliche Visitation seines Sprengels durchzuführen.

T. starb am 3. 4. 1698 auf dem bischöflichen Schloß zu Chrast. Er wurde in der von ihm als Grablege erbauten Margaretenkirche zu Podlažitz beigesetzt.

Literatur: *A. Zelenka* 134 f.

Aleš Zelenka

Tauber von Taubenfurth, Karl Josef (1741 – 1814)

1779 – 1814 Generalvikar in Brünn

* 22. 2. 1741 zu Troppau als Sohn des kaiserlichen Rates und Hauptmannes Franz Erdmann (seit 1741 Freiherr v. T.) auf Wrzessin und der Therese Gräfin von Starnberg; seit 1751 Besuch des Theresianums in Wien, anschließend Alumne des Klerikalseminars der Wiener Universität (1766 Bacc. theol.); nach der Priesterweihe Kaplan in Olmütz/St. Mauritz, dann Pfarrverweser in Müglitz (Mohelnice); 1771 Stiftsherr des Brünner Kapitels St. Peter und Paul, das 1777 in das Domkapitel des neu errichteten Bistums Brünn umgewandelt wurde; Konsistorialassessor; 6. 11. 1779 Generalvikar und Offizial von Bischof M. Fr. v. (→) Chorinsky; 1781 – 82 Kanzler der von Olmütz nach Brünn übertragenen Universität; 1782 Direktor des Brünner Priesterhauses; 1781 Archidiakon von Znaim, 1784 von Iglau; 1782 – 94 Assessor und Referent der k.k. Filialkommission für geistliche Angelegenheiten; 1785 Dompfarrer in Brünn; seine Veröffentlichungen brachten ihn in Konflikt mit dem überwiegend konservativen Konsistorium; † 6. 1. 1814.

Schriften: Regeln der Geschichte (1781). - Abhandlungen von der hierarchischen Gewalt der Hl. allgemeinen Kirche (1782).

Literatur: *J. J. H. Czikann*, Die lebenden Schriftsteller Mährens (Brünn 1812) 169. - *Ch. d'Elvert*, in: Notizen-Blatt 1882, 9 f (Lit.).

Aleš Zelenka

Tauris-Jančič, Paul de ⟨OFM⟩ († 1667)

1662 – 1663 Titularbischof von Sirmio
1663 – 1667 Bischof von Pedena

Stammte aus Karlovac; Geburtsdatum unbekannt; Mitglied der slowenisch-kroatisch-bosnischen Provinz der Franziskaner; Lektor der Theologie, Guardian, 1658 Provinzial in Laibach; Geṇęraldefinitor und Kommissar des Franziskanerordens für die österreichischen, ungarischen und deutschen Provinzen. Am 24. 6. 1662 nominierte Kaiser Leopold I. T. zum Titularbischof von Sirmio und am 28. 12. 1662 zum Bischof von Pedena. Die päpstliche Verleihung folgte am 13. 8. 1663. Über T.s Wirksamkeit als Bischof ist nichts bekannt. Er war jedoch Vertreter des geistlichen Standes im Landrat von Krain. † 1. 2. 1667 im Franziskanerkloster zu Laibach.

Quellen: Arhiv Slovenije, Rokopisi I, fol. 67 r.

Literatur: Schematismus 13. - *M. Premrou,* Vescovi petinensi 387. - Atti e memorie 340. - *I. Grah* 9, 21, Anm. 25. - *M. Smole* 43, 45.

France M. Dolinar

Techtermann, Jean-Louis de (1728 – 1788)

1759 – 1788 Generalvikar der Diözese Lausanne in Freiburg / Schweiz
1782 Apostolischer Administrator der Diözese Lausanne

≈ 22. 4. 1728 in Freiburg / Schweiz; Besuch des Jesuitenkollegs zu Freiburg, dann Studium der Rhetorik in Lyon, der Theologie in Paris (Lic. iur. can.); 1747 Mitglied des Kollegiatstiftes St. Niklaus zu Freiburg; nach seiner Rückkehr aus Paris 1754 Beginn des Noviziatsjahres; 1758 Prokurator, 1764 Dekan, 1770 Propst des Stiftes; 1759 – 70 Stadtpfarrer von Freiburg; 1759 (16. 8. erstmalige Erwähnung) - 1788 Generalvikar und Offizial der Diözese Lausanne; in der Sedisvakanz 1782 Apostolischer Administrator der Diözese; Mitarbeiter an der von Bischof B.-E. de (→) Lenzbourg initiierten Reform des Diözensanbreviers; † 29. 3. 1788 in Freiburg.

Literatur: *A. Dellion* VI 346. - *G. Brasey* 117-120, 173. - HBLS 6 (1931) 647. - *H. Foerster,* in: HS II / 2 (1977) 289 f. - *P. Braun,* in: HS I / 4 (1988) 302.

Patrick Braun

Terpin, Philip (1603 – 1683)

1655 – 1675 Generalvikar in Laibach

* 1603 in Selce bei Škofja Loka; Studium in Graz; 1630 Priester; Pfarrer in Kranj, Braslovče und Šmartno bei Kranj; 1655 – 76 Generalvikar der Bischöfe O. F. v. (→) Puchheim und J. v. (→) Rabatta. Als Notar bei den jährlichen Synoden in Gornji grad setzte T. sich sehr für die Erneuerung des religiösen und sittlichen Lebens bei Klerus und Gläubigen ein. Seine Berichte über den Zustand des Bistums, die er als beauftragter Visitator an den Bischof schrieb, bilden eine wertvolle zeitgenössische Quelle. T. redigierte auch die bischöflichen Statusberichte. Er schrieb ein gutes Latein, setzte sich aber auch für die Entwicklung der der slowenischen Sprache ein. Wegen seiner Predigten wurde er der „slowenische Cicero" genannt. † 23. 6. 1683 in Šmartno bei Kranj.

Literatur: *M. Smolik,* in: SBL 12 (1980) 60 f.

France M. Dolinar

Terzen, Oktavius (seit 1673 **Freiherr**) **von** (1619 – 1687)

1671 – 1674 Passauer Offizial und Generalvikar für das Land unter der Enns

* 1619 in Graz; 1634 niedere Weihen in Wien; 1635 – 47 Domherr in Laibach, später auch in Breslau; 1636 – 42 Studium in Rom als Alumne des Collegium Germanicum; 1642 Apostolischer Protonotar und Rückkehr in die Heimat; bis 1647 Kanzler des Domkapitels in Laibach; 1645 Immatrikulation in Wien; hier 1650 und 1657 Dekan der Theologischen Fakultät; 1646 Domherr bei St. Stephan in Wien (Präsentation durch die Universität); Konsistorialrat in Wien; nach erfolglosen Bewerbungen um das Amt des Hofburgpfarrers (1652) und des kaiserlichen Auditoriates an der Rota 1657 Dechant und Pfarrer von Pillichsdorf sowie Passauer Konsistorialrat; 1660 Resignation auf das Wiener Kanonikat; 1660 Pfarrer von Ulrichskirchen. Neben der Durchführung verschiedener diplomatischer Missionen im Dienste Kaiser Leopolds I. in Innsbruck (1659) und Rom (1663), die ihm 1663 die Ernennung zum kaiserlichen Rat und 1673 die Erhebung in den Freiherrenstand brachten, erfüllte T. mit Eifer seine Aufgaben als Dechant. Seit 1667 war er Vizeoffizial für Österreich unter der Enns. Am 23. 2. 1671 wurde er Offizial und Generalvikar für dieses Gebiet. T. versah dieses Amt bis 1674, behielt aber sein Dekanat und seine Pfarreien bei. 1676 erhielt er zusätzlich das Stephan Leitnerische Beneficium an der Klosterkirche St. Laurenz in Wien. † 24. 2. 1687; □ Pfarrkirche Ulrichskirchen.

Quellen: AVA. - DAWi.

Literatur: *A. Wappler* 391, 479 f. - *Th. Wiedemann* V 548-550. - *D. Leopold* 236-238. - *H. Peters.*

Johann Weißensteiner

Textor → Weber

Thalnitscher (Dolničar), **Johann Anton** (1662 – 1714)

1689 – 1714 Generalvikar in Laibach

* 9. 1. 1662 in Laibach; Studium an den Jesuitengymnasien in Laibach, Graz und Wien; Studium der Philosophie in Salzburg, der Theologie in Rom (Dr. phil. et theol.); 1689 Priesterweihe in Rom; Sekretär des Laibacher Bischofs S. Chr. v. (→) Herberstein; 1700 Domdechant in Laibach; Mitglied der Academia operosorum; Mitbegründer der Academia philharmonicorum sowie der ersten öffentlichen Bibliothek (heute Bibliothek des Priesterseminars) in Laibach. T. regte 1699 den Bau eines neuen Domes und 1706 den eines neuen Priesterseminars an. Als Generalvikar unter den Bischöfen Herberstein, F. F. v. (→) Kuenburg und F. K. v. (→) Kaunitz leitete er die gesamte Pastoral im Bistum und war an den Visitationen, der Gründung neuer Pfarreien und der Herausgabe des Rituale Labacense von 1706 maßgeblich beteiligt. 1711 führte er wöchentliche Pastoralkonferenzen für die Priester der Stadt Laibach ein. † 19. 4. 1714 in Laibach.

Schriften: Selectarum casuum conferentiae (1713). - Decisiones quaestionum de Restitutione. - Constitutiones et decreta synodalia.

Literatur: *M. Smolik,* in: SBL 12 (1980) 72 f.

France M. Dolinar

Thuanus, Johannes (1599 – 1666)

1639 – 1666 Bischof von Wiener Neustadt

Johannes Thuanus wurde im Jahre 1599 zu Grosotto im italienischen Veltlintal geboren. Er studierte in Mainz und Wien (Dr. phil., Dr. theol.), wo er 1623 zum Priester geweiht wurde. Zunächst wirkte er als Pfarr-Administrator für Kardinal Melchior Khlesl in Hollabrunn. Nach dessen Tod wurde er Kurpriester zu St. Stephan in Wien. Von dort berief ihn Bischof Mathias Geißler von Wiener Neustadt zu seinem Offizial.

Nachdem ihn Kaiser Ferdinand III., dessen Geheimer Rat T. war, zum Bischof von Wiener Neustadt nominiert hatte, erfolgte am 3. 10. 1639 die päpstliche Verleihung.

T. wird als frommer, eifriger und gelehrter Bischof beschrieben, der mit besonderer Liebe das Predigtamt pflegte und großen Wert auf das Chorgebet legte. Infolge der Tätigkeit Khlesls hatten sich die religiösen Zustände soweit konsolidiert, daß um die Mitte des 17. Jh. Wiener Neustadt wieder katholisch war.

Es gelang T. gegen den jahrelangen Widerstand der Ratsherren, ein Karmelitinnen- und ein Karmeliterkloster zu gründen und Jesuiten nach Neustadt zu berufen, worum seine beiden Vorgänger sich vergeblich bemüht hatten. Bestehende Klöster förderte er. Als Maßnahme zur Bekämpfung der Pestepidemien konnte er den Grundstein zu einem Lazarett legen. Eine seiner Hauptsorgen galt der Durchsetzung der kaiserlichen Dekrete zur Aufrechterhaltung des katholischen Glaubens. T. starb am 11. 1. 1666. □ Neustädter Dom.

Literatur: *J. Mayer,* Wiener Neustadt. - *R. Kampichler.* - *A. Kolaska* (Lit.).

Alfred Kolaska

Thürheim, Franz Joseph Graf von (1694 – 1757)

1753 – 1754 Passauer Offizial und Generalvikar für das Land ob der Enns

* 1. 1. 1694 in der Diözese Passau; Besuch des Gymnasiums in Linz; 1709 Domherr in Passau; 1710 – 17 Studium in Rom als Alumne des Collegium Germanicum; 1719 – 20 Pfarrer von Meggenhofen, 1720 – 54 von Peuerbach (Oberösterreich); 1729 – 53 Hofratspräsident des Hochstiftes Passau; seit 1753 Stiftspropst von St. Salvator in Passau-Ilzstadt; 1753 – 54 Offizial und Generalvikar des Bistums Passau für das Land ob der Enns; † 21. 4. 1757.

Literatur: *L. H. Krick,* Domstift 88, 216. - *Ders.,* Stammtafeln 403.

August Leidl

Thun, Dominikus Anton Reichsgraf von (1686 – 1758)

1730 – 1758 Fürstbischof von Trient

Dominikus Anton von Thun wurde am 2. 3. 1686 zu Trient als Sohn des Vigilius v. T. und der Johanna Gräfin von Wolkenstein geboren. Sein Vater gehörte der Linie von Castel-Thun an. Seine Mutter war eine Schwester des Trienter Bischofs D. A. v. (→) Wolkenstein.

T. wurde in Trient erzogen und studierte seit 1701 in Rom als Alumne des Collegium Germanicum. Am 12. 5. 1720 wurde er Priester. Domkapitular von Trient war er seit 1701. Nach dem Tode von Bischof Wolkenstein wurde er am 19. 6. 1730 mit Unterstützung der österreichischen Wahlkommissare zum Bischof von Trient gewählt und am 22. 11. päpstlich bestätigt. Am 18. 12. ergriff er Besitz von seiner Diözese, und am 4. 2. 1731 wurde er durch Weihbischof J. M. W. v. (→) Spaur konsekriert.

Unter dem Einfluß seines Bruders Augustin und des Domdekans Karl Konstanz von Trapp kam T. während der ersten zehn Amtsjahre seinen Pflichten korrekt nach. Er ließ u. a. auf Drängen des Stadtmagistrates in Erfüllung eines Gelübdes aus dem Jahre 1703 Restaurierungsarbeiten am Dom durchführen, die den Presbyterium und den Chor veränderten, wobei die mittelalterliche Krypta verlorenging. Nach dem Tod seines Bruders als auch Trapps (1741) begann er jedoch einen Lebensstil rauschender Feste und Spiele. Mit seinem Hofstaat, unter dem sich auch Narren, Gaukler und Sänger befanden, nahm er wiederholt am Karneval in Venedig teil. Selbst auf einer Visitation in der Val di Non begleiteten ihn 1743 seine Hofnarren. Da er zudem hemmungslos Schulden aufhäufte, forderte das Domkapitel unter der Führung des Dekans Bartholomäus Anton Passi ihn 1747 zu einer Änderung seines Lebensstils und, als dies nichts fruchtete, zum Rücktritt auf. Als auch dieser Schritt nicht zum Erfolg führte, wandte das Kapitel sich 1748 an Papst und Kaiser. Während

Benedikt XIV. nun ein Mahnschreiben an T. richtete, delegierte die Kaiserin den oberösterreichischen Regierungsrat Josef Ignaz Hormayr zu Verhandlungen mit dem Bischof. Dieser erklärte sich schließlich am 17. 4. 1748 zur Annahme eines Koadjutors mit dem Recht der Bistumsverwaltung und der Nachfolge bereit. Dessen Wahl erfolgte am 29. 5. 1748 in der Person des Seckauer Fürstbischofs L. E. v. (→) Firmian, eines Neffen von T. Dieser selbst zog sich dagegen aus der Stadt zurück, ohne Firmian in seiner Tätigkeit zu behindern. Er starb am 7. 9. 1758 und wurde im Trienter Dom beigesetzt.

Literatur: J. Egger II 564 f.; III 95 f. - J. Kögl 237 ff. - C. Donati 5-14, 32, 54 f., 72-74, 79 f., 86. - A. Costa 185-190.

Abbildungsnachweis: Stich von Francesco Zucchi (1692-1764) nach Zeichnung von Giovanni Battista Rensi (1711-1776). - Wien NB 518.416 B.

Josef Gelmi

Thun, Emanuel Maria Reichsgraf von (1763 − 1818)

1797 − 1800 Weihbischof in Trient, Ep. tit. Iassensis
1800 − 1818 Fürstbischof von Trient

→ Bd. 1, 760 − 762.

Thun, Guidobald Reichsfreiherr (seit 1629 **Reichsgraf) von** (1616 − 1668)

1645 − 1654 Generalvikar in Salzburg
1654 − 1668 Fürsterzbischof von Salzburg
1667   Kardinal
1667 − 1668 Fürstbischof von Regensburg

Guidobald von Thun wurde am 19. 12. 1616 in Castel Fondo (Bistum Trient) als Sohn des Grafen Hans Siegmund v. T., Statthalters von Böhmen, und dessen Ehefrau Barbara Gräfin von Thun geboren. Aus der Ehe des Vaters mit Margaretha Gräfin von Öttingen stammte sein Halbbruder, der spätere Salzburger Erzbischof Johann Ernst v. (→) T., der wiederum 1690 einen entfernten Verwandten, Rudolf Josef v. (→) T., zum Bischof von Seckau ernannte. Das Südtiroler Geschlecht der T., das zu Beginn des 17. Jh. in den Reichsfürsten- und Reichsgrafenstand aufstieg, stellte ferner zahlreiche Domherren in Trient, Brixen, Passau, Salzburg, Freising, Regensburg und Augsburg. Insgesamt elf Familienangehörige stiegen zur Würde von Fürstbischöfen auf.

T. wurde 1633 Domizellar in Salzburg, studierte seit 1634 als Alumne des Collegium Germanicum in Rom und unternahm dann ausgedehnte Reisen nach Frankreich, Spanien und England. 1644 zum Domdechanten von Salzburg gewählt, wurde er am 22. 1. 1645 zum Priester geweiht und bald hernach Präsident des Konsistoriums und Generalvikar. Am 3. 2. 1654 zum Erzbischof gewählt und am 24. 9. konsekriert, wurde ihm von Papst Alexander VII. sogleich die Dompropstei von Hildesheim verliehen.

In einer Zeit wirtschaftlichen Aufschwungs im Erzstift gelang es T., die Domkirche in Salzburg durch Aufführung der beiden Türme zu vollenden, die Stadt mit schönen Brunnen (Residenz- und Kapitelplatz) zu schmücken und den Domplatz mit den Bögen (Wallistrakt) zu schließen. An der Universität ließ er einen Lehrstuhl für Medizin errichten, den P. U. Steffanuzzi innehatte, der aber nach wenigen Jahren aufgegeben werden mußte. Mit dem Abt von St. Peter schloß T. ein Übereinkommen, das die kirchliche Rangordnung (Vorrang des Abtes vor dem Domdechanten) und die Teilnahme des Konventes an der Fronleichnamsprozession regelte.

In T.s Regierungszeit ereigneten sich ungewöhnlich große Naturkatastrophen. 1661 und 1662 richteten Hochwasser große Schäden in der Residenzstadt und im Flachland an. Ein Sturm zerstörte 1663 die Kupferdächer des Domes und St. Peters. Die Salzburger verübelten es T., daß er sich die meiste Zeit außerhalb des Erzstiftes aufhielt. So wurde auch die

religiöse Reform nach den Wirren des Dreißigjährigen Krieges durch ihn vernachlässigt. Kaiser Leopold I. ernannte ihn 1662 zum Prinzipalkommissär am „Immerwährenden Reichstag" zu Regensburg, wo er sich als freigebiger und vornehmer Kavalier zeigte. Da dieses Ehrenamt unbesoldet und kostspielig war, suchte sich der Kaiser dadurch erkenntlich zu zeigen, daß er T. weitere Würden und Einnahmen verschaffte. 1666 zum Bischof von Regensburg postuliert (16. 3. 1667 päpstl. bestätigt), wurde er 1667 Kardinal (am 7. 3. 1667 publiziert, ohne Titelkirche).

T. liebte große kirchliche Festlichkeiten, mit denen zugleich weltliche Veranstaltungen für die Bevölkerung verbunden wurden. So gestaltete er 1664 die Durchreise Kaiser Leopolds I. zur Erbhuldigung nach Tirol in höchst festlicher Weise. T. erwarb 1666 den seit dem Übertritt Magdeburgs zum Protestantismus vakanten Titel eines „Primas Germaniae", der nur reichsrechtlich, nicht kirchlich war und den Vorsitz auf der geistlichen Bank des Reichsfürstenkollegiums (1691 von der römischen Kurie anerkannt) zum Ausdruck bringen sollte. Außenpolitisch spielte das Erzstift zu seiner Zeit keine Rolle mehr. In der Innenpolitik begann die Zeit der Herausgabe zahlreicher Generalien, Verordnungen und Erlasse, die kaum eingehalten wurden. Den größten Teil der Pflichten und Sorgen T.s nahmen freilich Repräsentationen ein, die bei Festen und Besuchen von Fürstlichkeiten zum Ausdruck kamen. Aufgrund der Salzburger Privilegien ernannte T. während seiner Amtszeit dreimal einen Bischof für eines der Salzburger Eigenbistümer.

T. starb am 1. 6. 1668 unerwartet an den Folgen eines Unfalles. Er wurde in der Gruft der Domkirche vor dem Kommunionaltar beigesetzt.

Literatur: R. R. Heinisch 229-241. - F. Ortner 141 f. (Lit.). - F. Martin, Salzburgs Fürsten 103-114 (Lit.). - R. Heinisch, in: H. Dopsch - H. Spatzenegger 221-227.

Abbildungsnachweis: Öl auf Leinwand, unbek. Maler. - Alte Residenz-Galerie Salzburg, Franziskanergang. - Foto Landesbildstelle Salzburg.

Franz Ortner

Thun, Johann Baptist Leopold Reichsgraf von (1703 – 1760)

1756 – 1760 Generalvikar in Trient

* 1703 zu Vigo in der Val di Non (Diöz. Trient); 1727 Pfarrer von Vigo; seit 1756 Generalvikar

der Fürstbischöfe D. A. v. (→) Thun und Fr. F. Alberti d'Enno; † 1. 9. 1760 in Trient.

Literatur: *A. Costa* 351. - *J. C. Tovazzi* 32.

Josef Gelmi

Thun, Johann Ernst Reichsgraf von
(1643 – 1709)

1679 – 1687 Fürstbischof von Seckau
1679 – 1687 Salzburger Generalvikar für die Steiermark und den Neustädter Distrikt
1687 – 1709 Fürsterzbischof von Salzburg

Johann Ernst von Thun wurde am 3. 7. 1643 zu Graz aus der zweiten Ehe des Hans Siegmund v. T. mit Margaretha Gräfin von Öttingen geboren. Aus der ersten Ehe des Vaters stammte der Salzburger Erzbischof Guidobald v. (→) T., aus der dritten Ehe des Vaters der Bischof von Gurk und Passau Wenzeslaus v. (→) T.

Nach den üblichen Studien unternahm T. eine Kavalierstour durch Italien, Frankreich, die Niederlande und Spanien bis Nordafrika. 1663 erhielt er ein Domkanonikat in Passau und 1665 eines in Salzburg. 1677 empfing er die Priesterweihe, und am 29. 12. 1679 ernannte Erzbischof M. G. v. (→) Kuenburg ihn zum Bischof von Seckau. Zugleich versah er nun das Amt eines Generalvikars in der Ober- und Untersteiermark sowie im Distrikt Wiener Neustadt, die zur Erzdiözese Salzburg gehörten.

T.s Amtszeit als Bischof von Seckau war am Anfang von einer schweren Pestepidemie und 1683 durch den Türkeneinfall, der auch die östliche Steiermark berührte, überschattet. Im übrigen war sie von reger kirchlicher Bautätigkeit gekennzeichnet. 1686 kamen Ursulinen nach Graz.

Nachdem T. bereits 1680 ein Breve eligibilitatis für Salzburg erhalten hatte, wählte ihn das Kapitel am 30. 6. 1687 zum Erzbischof. Die päpstliche Bestätigung folgte am 24. 11. 1687. Das Bistum Seckau durfte er bis 1690 weiter verwalten. Der autoritär regierende und eigenwillige T. wurde schon bald in schwere Zwistigkeiten mit seinem Domkapitel verwickelt, die ein Einschreiten des Hl. Stuhls notwendig machten. Streitgegenstand war eine bis dahin alles übertreffende Wahlkapitulation von 93 Punkten, die T. zwar als Mitglied des Wahlgremiums selbst beschworen hatte, nach erfolgter Wahl aber gravierend kürzte und abänderte, indem er die Machtansprüche des Kapitels in die Schranken wies. Die Auseinandersetzun-

gen zogen sich über Jahre hin, auch nachdem Papst Innozenz XII. 1695 ein generelles Verbot für Wahlkapitulationen erlassen hatte. Die Ansprüche des Salzburger Kapitels wurden schließlich abgewiesen und durch Papst Klemens XI. 1702 zugunsten des Erzbischofs entschieden.

T. führte ein scharfes Regiment, duldete keinerlei Abweichung vom katholischen Charakter des Erzstiftes und ging mit empfindlichen Strafen gegen geheime Anhänger des Augsburger Bekenntnisses und gegen Sektierer vor. Deshalb erließ er 1701 eine strenge Verordnung gegen die Einfuhr lutherischer Bücher. Dies wie auch die behördliche Überwachung derjenigen Personen, die als Saisonarbeiter in protestantischen Ländern ihr Geld verdienten, war aufs ganze gesehen nur teilweise erfolgreich, besonders wirksam nur in den Kriegsjahren. Die Beteiligung an den Reichskriegen gegen Türken, Franzosen und im Spanischen Erbfolgekrieg erforderten für Salzburg die Bereitstellung eines Militärkontingentes und Finanzhilfen für Österreich, dem T. stets treu verbunden war. Wegen der Kriegsgefahr wurden 1703 die Residenzstadt mit neuen Schanzen versehen, das Mirabelltor zugemauert und andere Verteidigungsmaßnahmen getroffen. Um die wirtschaftlichen und finanziellen Ressourcen des Landes zu heben, begann T. nach österreichischem Vorbild Fabriken zu gründen (Glasfabrik in St. Gilgen), die jedoch nicht florierten. Erfolgreicher seine Beteiligung an der Holländisch-ostindischen Handelskompagnie. Seine sparsame und kluge Regierung brachte einigen Wohlstand nach Salzburg. Die Residenzstadt erhielt durch ihn ihre eigentliche Barockisierung, was sich im Kirchen-, Türme- und Kuppelreichtum des „Roms des Nordens" ausdrückte. Allein in der Residenzstadt gehen fünf Großbauten auf T.s Initiative zurück, nämlich die Dreifaltigkeits-, die Kollegien- (Universitäts-) Kirche, die St. Johannes-Spitalskirche, die Ursulinenkirche und schließlich der Baubeginn von Schloß Kleßheim. Der kaiserliche Hofbaumeister J. Fischer von Erlach konnte dabei sein Genie voll entfalten. Auf dem Lande ragt der Bau der Wallfahrtskirche zu Maria Kirchental bei Lofer besonders hervor. An weltlichen Bauten entstanden die Galerien in der Sommerreitschule („Felsenreitschule"), Schloß Kleßheim mit dem Fasanengarten und das Glockenspiel am Residenzplatz, das T. durch seine Beteiligung an der Holländisch-ostindischen Handelskompagnie erstanden hatte. Hervorragende Bedeutung erlangten T.s Stiftungen. 1695 berief er zwei Ursulinen aus Klagenfurt, denen er ein Haus für den Unterricht der weiblichen Jugend er-

warb. Daraufhin kam es 1699 zur Grundstein-
legung der St. Markuskirche und zum Bau des
Ursulinenklosters, das erst sein Nachfolger
vollendete. Die zweite bedeutsame Stiftung
war das Priesterhaus, nachdem durch den
Bergsturz von 1669 das alter Seminargebäude
zerstört worden war. 1694 wurde der stattliche
Bau der Dreifaltigkeitskirche in Angriff genommen. Der rechte Flügel wurde zum Priesterseminar und Altersheim für Seelsorger bestimmt.
Zwölf Alumnen, zu deren Ausbildung der
Erzbischof 100 000 Gulden stiftete, sollten zu
Ehren des hl. Virgil den Namen Virgilianer
führen. Eine dritte Stiftung bildete das Johan-
nes-Spital an der Stelle des Schlosses Müllegg
in der damaligen Vorstadt Mülln, dem er ein
Kapital von 112 000 Gulden zur Betreuung von
Pilgern und Kranken zukommen ließ. Um diesen wichtigen Stiftungen Ansehen und Sicherheit zu geben, ließ er sie päpstlich bestätigen.

1701 stiftete T. für den salzburgischen Land-
adel einen geistlichen Ritterorden unter dem
Namen „Ruperti-Orden". Für ärmere adelige
Studenten aus den Nachbarländern stiftete er
das Virgilianum im linken Flügel des Priesterhauses. Für unbemittelte Bürgersöhne richtete
er die sog. Siebenstädter Stiftung ein, die
Studenten aus den Städten des Erzstiftes zugute kommen sollte. Angehörigen beider Kollegien war das Studium der Philosophie und
Jurisprudenz an der Salzburger Benediktiner-
universität aufgetragen. Außerdem stiftete T.
verschiedene kleinere Seelsorgestellen und Be-

nefizien. Im Wallfahrtsort Maria Kirchental
errichtete er ein Priesterhaus und eine Kirche.
T. war wie sein Vorgänger ein großer Marienverehrer. Nach dem Beispiel des Erzbischofs
legten daher die Professoren der Benediktiner-
universität seit 1697 in der Universitätskirche
alljährlich einen Eid auf die Lehre von der
Immaculata Conceptio ab.

Da es T. nicht gelang, eine Provinzialsynode
einzuberufen, ließ er 1697 die Beschlüsse der
Provinzialsynode von 1569 neu drucken. Die
Zuständigkeit von Salzburg über das Suffraganbistum Passau war damals allerdings
schon umstritten. Der Hl. Stuhl sprach sich
zwar für die Beibehaltung des traditionellen
Verhältnisses aus; als aber Kaiser Leopold I.
darauf hinwies, daß der größte Teil Passaus in
den österreichischen Erblanden lag, kam es zu
jahrelangen Verhandlungen. Papst Innozenz
XII. gebot schließlich 1697 beiden Parteien
Stillschweigen in der Sache.

Während seiner langen Amtszeit konnte T.
insgesamt siebenmal eines der Salzburger Eigenbistümer besetzen.

Angesichts seines Alters und wachsender Seh-
behinderung ersuchte T. 1702 sein Domkapitel
um einen Koadjutor. Doch erst am 19. 10. 1705,
als T. bereits völlig erblindet war, kam es zur
Wahl. Sie fiel auf den Wiener Bischof Fr. A. v.
(→) Harrach. Im Dez. 1708 trat T. an ihn die
Regierungsgeschäfte ab.

T. starb am 20. 4. 1709 zu Salzburg. Sein
Leichnam wurde in der Gruft der Domkirche,
sein Herz in der Dreifaltigkeitskirche beigesetzt.

Literatur: *I. Rieder*, Das fürsterzbischöfliche Priesterseminar zu Salzburg (Wien 1893). - *K. Klamminger*, in:
K. Amon 312-316. - *R. R. Heinisch* 251-282. - *F.
Ortner* 179-195. - *F. Martin*, Salzburgs Fürsten 142-
162 (Lit.). - *R. Heinisch*, in: *H. Dopsch-H. Spatzenegger*, 235-244.

Abbildungsnachweis: Öl auf Leinwand, unbek. Maler. - Alte Residenz-Galerie Salzburg, Franziskanergang. - Foto Landesbildstelle Salzburg.

Franz Ortner

Thun, Leopold Leonhard Reichsgraf von
(1748 – 1826)

1796   ernannter Weihbischof und Gene-
               ralvikar in Passau
1797 – 1826 Fürstbischof von Passau

→ Bd. 1, 762 f.

Thun, Rudolf Joseph Reichsgraf von
(1652 – 1702)

1690 – 1702 Fürstbischof von Seckau und
Salzburger Generalvikar für die
Steiermark und den Neustädter
Distrikt

Rudolph Joseph von Thun wurde am 20. 8. 1652
zu Vigo im Fürstbistum Trient als Sohn des
Christoph Reichard v. T. und der Veronika
Sekunda Gräfin Khuen zu Lichtenberg geboren. Er studierte in Parma Philosophie, in Rom
kanonisches Recht und in Salzburg Theologie.
1671 wurde er Domherr in Trient, 1673 in
Passau, 1679 in Salzburg und 1680 Priester.
Nachdem er einige Jahre in der Seelsorge tätig
gewesen war, nominierte der Salzburger Erzbischof J. E. v. (→) Thun ihn 1689 zum Bischof
von Seckau. Am 16. 2. 1690 folgte die Bestätigung. Wenig später wurde T. zum Generalvikar
für den steirischen Anteil der Erzdiözese Salzburg und für das Dekanat Wiener Neustadt
ernannt.

Nachdem T. 1693 durch päpstliche Entscheidung die geistliche Gerichtsbarkeit über sein
Domkapitel zu Seckau verloren hatte, kam es
1701 doch noch zu einer Verständigung mit
dem Kapitel, durch die die jahrhundertealten
Spannungen ein Ende fanden.

Unter T. äußerte sich zwar vielfach schon
Abneigung gegen die Hexen- und Zaubererver-
folgung in der Steiermark, doch kam es 1694 in
Leoben noch einmal zu einem großen Prozeß.
Die religiöse Regsamkeit des Landes zeigte sich
dagegen in einer bemerkenswerten Bautätigkeit.

T. starb am 20. 5. 1702 zu Graz. Nach zunächst
provisorischer Beisetzung wurde er später in
die Domkirche zu Seckau überführt.

Literatur: *I. Fuchs.* - *K. Klamminger,* in: *K. Amon* 317 -
322. - *B. Roth,* Seckau. - *Ders.,* Dom. - *H. Valentinitsch.*

Abbildungsnachweis: Schabblatt von Elias Christoph Heiss (1660 – 1731) nach Zeichnung von Matthias Echter (E. 17 Jh.). - Wien NB 513.511 B.

Maximilian Liebmann

Thun, Sigmund Alphons Reichsfreiherr (seit
1629 **Reichsgraf) von** (1621 – 1677)

1663 – 1677 Fürstbischof von Brixen
1669 – 1677 Fürstbischof von Trient

Sigmund Alphons von Thun wurde am 1. 11.
1621 auf Schloß Thun in der Val di Non als
Sohn des Wolfgang Dietrich v. T. und der Mar-
garete Gräfin von Castell Bragher geboren. Die
T. waren Ministerialen der Fürstbischöfe von
Trient. Die seit dem 12. Jh. nachweisbare Familie hatte sich im 16. Jh. in mehrere Linien geteilt.
Die Hauptlinie von Castel Thun wurde 1629 in
den Reichsgrafenstand, ein Zweig der Linie
von Castel Bragher 1631 in den böhmischen
Grafenstand aufgenommen.

1637 wurde T. durch Resignation seines Onkels
Christoph Reinhard v. T. Domizellar in Brixen
und Trient. 1641 wurde er in Brixen Kapitular.
1641 – 46 studierte er in Rom als Alumne des
Collegium Germanicum. Am 24. 8. 1646 wurde
er in Brixen zum Priester geweiht. Am 5. 7. 1652
ernannte ihn der Trienter Bischof C. E. v. (→)
Madruzzo zum Archidiakon. Nach Beschwörung der üblichen Wahlkapitulationen wählte
ihn dann am 21. 5. 1663 das Brixner Kapitel
zum Bischof. Bereits vor der päpstlichen Wahlbestätigung (10. 12. 1663) ergriff T. am 16. 9.
1663 Besitz von seinem Bistum. Die Bischofsweihe ließ er sich am 4. 1. 1664 durch Weihbischof J. (→) Perkhofer spenden. Am 1. 4. 1664
verlieh Kaiser Leopold I. ihm die Regalien.

T. führte zunächst wieder das Konsistorium als
Verwaltungsbehörde ein. 1676 ernannte er
stattdessen wieder einen Generalvikar. Er ließ
neun Visitationen z. T. durch seine Räte P. (→)
Mayr, Pfarrer Kaspar Poda von Fassa und
Weihbischof Perkhofer durchführen und nahm
als erster Bischof seit dem Tridentinum auch
persönlich solche Reisen vor. Er selbst visitierte das Pustertal und das Domkapitel.

Da T. die Wahlkapitulationen ignorierte, kam es zwischen ihm und seinem Kapitel zu heftigen Zwistigkeiten, besonders als er 1666 das Priesterseminar aufheben wollte. Er fand sich schließlich bereit, aus eigenen Mitteln einen Präfekten und sechs Studenten zu unterhalten. Neue Streitigkeiten löste seine Wahl zum Fürstbischof von Trient im Jahre 1668 aus, da er gleichzeitig Brixen beibehalten wollte. Durch die Vermittlung der Innsbrucker Regierung kam schließlich ein Ausgleich zustande, bei dem T. sich durchsetzen konnte. Seit 1699 kam es dann zu neuen Spannungen, als der Hl. Stuhl auf Bitten T.s dessen Favoriten Poda gegen den Wunsch des Kapitels die Dompropstei verlieh und der Bischof seinen Kandidaten mit Gewalt einführen wollte. Der langjährige Streit, in dem Kaiser und Papst um Vermittlung angerufen wurden, konnte erst nach dem Tode T.s unter Bischof Mayr beigelegt werden. Im Kapitel war man der Überzeugung, daß die Streitigkeiten mit T. vornehmlich von jenen Italienern angezettelt waren, die dieser nach Brixen berufen hatte. So beschloß es 1672, künftig keinen Italiener, der nicht wenigstens einen deutschen Elternteil hatte oder Tiroler war, zum Domkapitel oder zu anderen Stellen im Hochstift zuzulassen.

Nicht nur mit dem Domkapitel, sondern auch mit dem Tiroler Landesfürsten mußte T. eine Reihe von Konflikten durchfechten. Diese hatten ihren Grund darin, daß die Hoheit des kleinen, ganz von Tiroler Gebieten umklammerten Hochstiftes immer mehr eingeschränkt wurde. T. weigerte sich auch, die unter seinem Vorgänger A. (→) Crosini von Erzherzog Ferdinand Karl in Pfand genommenen Herrschaften an Tirol zurückzugeben, obwohl Erzherzog Sigismund Franz die Pfandsumme zurückzahlen wollte. Da T. sich weigerte, die kaiserliche Familie zu besonderen Anlässen zu beschenken, ließ die Landschaft 1673 den Brixner Besitz in der Grafschaft Tirol beschlagnahmen, worauf der Bischof sich nachgiebiger zeigte. 1676 mußte er ferner einer bedeutenden Steuererhöhung an die Landschaft zustimmen.

Nachdem T. am 2. 1. 1668 ein Eligibilitätsbreve erhalten hatte, wählte das Trienter Domkapitel ihn am 9. 1. 1668 mit nur einer Stimme Mehrheit unter starkem österreichischem Druck zum Bischof. Erst am 9. 9. 1669 erhielt T. die päpstliche Bestätigung und die Erlaubnis, beide Bistümer zu behalten. Nach Überwindung einiger Schwierigkeiten bestätigte T. am 31. 3. 1670 die von seinem Vorgänger mit dem Tiroler Landesfürsten abgeschlossenen Verträge und nahm von seinem neuen Bistum Besitz. Als ihm landesfürstliche Kommissare die Schlüssel des Schlosses Buon Consiglio übergaben, kam es

jedoch zur Auseinandersetzung, da der Bischof und das Domkapitel Leopold I. dazu zwar als Kaiser, nicht dagegen als Tiroler Landesfürsten für berechtigt hielten. Bei dieser Gelegenheit besetzten Tiroler Soldaten sogar die bischöfliche Burg. Trotz der Verhandlungen, die 1674 in Bozen begannen, dauerte der Streit bis zum Tode T.s fort.

Auch der Trienter Episkopat T.s war von manchen Konflikten überschattet. T. machte sich andererseits durch die Erneuerung des Palazzo Pretorio und die Förderung der Accademia degli Accesi verdient. Für die bildenden Künste zeigte er wenig Interesse.

T. starb am 2. 3. 1677 in Trient. Er wurde in der dortigen Kathedrale beigesetzt.

Literatur: J. Egger II 364f., 374-377, 391-393, 411-414. - K. Wolfsgruber, Brixner Domkapitel 176. - A. Zieger 212-218. - J. Hirn I 191ff. - J. Bücking 149-171. - A. Costa 165-168. - J. Gelmi 166-171.

Abbildungsnachweis: Öl auf Leinwand, unbek. Künstler. - Diözesanmuseum Brixen.

Josef Gelmi

Thun, Wenzeslaus Reichsgraf von (1629−1673)

1664−1673 Fürstbischof von Passau
1665−1673 Fürstbischof von Gurk

Wenzeslaus von Thun wurde am 13. 8. 1629 als Sohn des Johann Sigismund v. T. und dessen zweiter Gattin Anna Margareta Gräfin von Wolkenstein auf Schloß Tetschen in Böhmen geboren. Sein ältester Halbbruder Guidobald war 1654–68, sein jüngerer Halbbruder Johann Ernst v. (→) T. 1687–1709 Erzbischof von Salzburg.

Über den Bildungsgang T.s ist wenig bekannt. Seit 1643 gehörte er dem Salzburger, seit 1656 auch dem Passauer Domkapitel an. Nach dem Informativprozeß wurde er um das Jahr 1655 zum Priester geweiht. Als am 27. 1. 1664 der erst 15jährige Passauer Bischof (→) Karl Joseph von Österreich starb, ohne den Wiederaufbau der 1662 durch einen Brand zerstörten Stadt Passau in Angriff genommen zu haben, fiel die Wahl des Kapitels auf den energischen T. Dieser lehnte die Annahme zunächst ab, fügte sich aber schließlich dem Drängen des Kapitels, das ihm am 27. 3. 1664 zwölf von 13 Stimmen gab. T. ließ sich am 20. 4. 1664 konsekrieren und übernahm am 21. 6. 1664 die Bistumsverwaltung. Die päpstliche Bestätigung folgte erst am 12. 1. 1665.

Mit Rücksicht auf die Bedürfnisse für den Wiederaufbau Passaus nominierte Kaiser Leopold I. T. am 10. 8. 1665 auch zum Fürstbischof von Gurk. Mit päpstlicher Zustimmung verlieh ihm daraufhin Erzbischof G. v. (→) Thun noch im gleichen Jahr dieses Bistum, doch nahm T. von dem Sprengel nur durch einen Prokurator Besitz. 1666 erhielt er ferner die Salzburger Dompropstei. Im gleichen Jahr visitierte er das Bistum Gurk, doch erlaubten ihm seine Passauer Verpflichtungen nur gelegentliche Aufenthalte in Kärnten.

T.s primäres Arbeitsfeld bildeten Bistum und Hochstift Passau. Dabei konzentrierte er sich zunächst auf den Wiederaufbau der Stadt Passau, obwohl das Hochstift nach dem Dreißigjährigen Krieg bankrott war und mehrere Pestepidemien die Bevölkerung dezimiert hatten. Bis 1666 mußte T. auf Burg Oberhaus und im Augustinerchorherrenstift St. Nikola residieren, da der Wiederaufbau nur langsam voranging. 1670 konnte er seinem Bischofshof das monumentale, mit seiner Büste gezierte Portal vorsetzen lassen. Der rastlos tätige und wirtschaftlich ungemein erfinderische T. vollbrachte im Hochstift Passau ein wahres Wirtschaftswunder. Er vereinfachte den Staatsapparat und reformierte mit eiserner Hand die Verwaltung. Seine Verdienste um die Erschließung des unteren bayerischen Waldes fanden ihren Niederschlag in dem Dorfnamen Wenzelsreuth, der allerdings später in Breitenberg umgewandelt wurde. Um die Untertanen zu

planender Wirtschaftlichkeit zu erziehen und im Interesse gerechter Besteuerung verlangte T. – für die damalige Zeit ganz ungewöhnlich – eine regelmäßige Buchführung. Diese Anordnung konnte aber nicht reibungslos durchgeführt werden, weil es noch an der allgemeinen Schulbildung fehlte.

Der Erfolg von T.s Staats- und Wirtschaftspolitik spiegelte sich darin, daß das Stift am Ende seines ersten Regierungsjahres ein Defizit von 324 000, am Ende seines letzten Regierungsjahres dagegen einen Überschuß von fast 670 000 Gulden besaß, obwohl inzwischen nicht nur die fürstbischöfliche Residenz und andere zahlreiche Bauten erstellt, sondern auch der Neubau des Domes weit vorangeschritten war. Die Bauten des Bistums Gurk vernachlässigte T. dagegen gänzlich.

T. galt als früher Vertreter des Merkantilismus. 1662–64 war er als hochstiftisch-passauischer Abgeordneter beim Regensburger Reichstag mit dem französischen Vertreter de Graval befreundet, der ihn über die Grundsätze und Vorteile staatlich gelenkter Wirtschaftspolitik, die König Ludwigs XIV. Finanzminister Jean B. Colbert so erfolgreich praktizierte, unterrichtete.

T. war jedoch nicht nur der erste Vertreter des neuen Wirtschaftssystems, sondern auch der erste absolutistisch regierende Passauer Fürstbischof. Er lehnte es ab, die Stände um Steuerbewilligung zu ersuchen. Das Justizwesen ordnete er in eigener Machtvollkommenheit neu. Dabei ging es ihm vor allem um Gerechtigkeit. Um Willkür zu vermeiden, bestimmte er für den Regelfall einen kollegialen Urteilsspruch. Eine neue Prozeßordnung sollte die Gerichtsverfahren beschleunigen und vereinfachen.

Trotz eiserner Sparsamkeit sparte T. nicht an seiner Hofhaltung. Als einer der ersten deutschen Kirchenfürsten erhielt er vom Kaiser die Erlaubnis, eine militärische Leibwache aufzustellen. T. begnügte sich dabei mit wenigen Soldaten. Der Dank der Passauer Bürger blieb T. freilich versagt, weil er, durch die schlechte Wirtschaftssituation gezwungen, hohe Abgaben verlangte und keine steuerlichen Rückstände wie auch keine städtischen Sondervergünstigungen duldete. Noch wenige Monate vor seinem Tod ließ er Ratsherren und Bürgermeister von Passau in seiner Residenz inhaftieren, bis sie in die Zahlung der fälligen Steuer einwilligten. Ein von der Stadt in Wien angestrengter Prozeß endete mit einer Niederlage der Passauer.

Mit T. erlebte das Bistum Passau nach dem Habsburger Zwischenspiel (1598–1664) wieder einen Bischof, der weit davon entfernt war, nur weltlicher Fürst zu sein. In der bischöflichen Würde sah T. die Vollendung seines Gottesgnadentums. An hohen Festtagen zelebrierte er persönlich den Pontifikalgottesdienst. Auch Weihehandlungen, die zuvor nur von den Weihbischöfen ausgeübt wurden, nahm er selber vor. Ein großes Anliegen bildete für T. die Wahrung der bischöflichen Jurisdiktionsrechte gegenüber den zahlreichen, zuweilen recht eigenmächtigen Klosterprälaten und gegenüber dem Domkapitel. Den selbstbewußten Jesuiten nahm er die Dompredigerstelle und verbot ihnen drei Jahre lang den Weiterbau ihrer Kollegienkirche St. Michael. Seinem Klerus begegnete er mehr mit Gerechtigkeit als mit Milde. Großen Wert legte er auf die wissenschaftliche Ausbildung seiner Geistlichen. Die gediegene Erziehung des Priesternachwuchses ließ er sich viel Geld kosten.

T. gab der Stadt Passau ihr barockes Gepräge. Die ihm von Böhmen her vertrauten Künstler der Comasken stellten den Bautrupp für den Wiederaufbau der Kathedrale unter Leitung des Baumeisters Carlo Lurago und des mit diesem verwandten Stukkateurs Giovanni Battista Carlone.

T. starb am 8. 1. 1673. Er wurde in der Bischofsgruft seiner Domkirche unter dem Hochaltar beigesetzt.

Literatur: *J. Oswald* 280-283. - *Ders.*, Fürstbischof Wenzeslaus Graf von Thun (1664-1673) und der

Wiederaufbau des Domes und der Residenz zu Passau, in: OG 11 (1969) 15-19. - *F. X. Eggersdorfer* 97. - *J. Obersteiner* 392-396. - *A. Leidl*, Bischöfe 38f. - *Ders.*, Das Bischofsbild im Wandel der Jahrhunderte, dargestellt am Bistum Passau (Passau 1985) 10.

Abbildungsnachweis: Öl auf Leinwand, deutsch um 1670. - BStGS Inv. Nr. 12814.

August Leidl

Thun und Hohenstein, Jakob Maximilian Reichsgraf von (1681 – 1741)

1709 – 1741 Fürstbischof von Gurk

Jakob Maximilian von Thun und Hohenstein wurde am 23. 7. 1681 zu Trient als Sohn des Georg Virgil Graf v. T. und der Justina Margaretha Gräfin Trapp zu Mätsch geboren. Die in Welschtirol ansässige Familie hat im 17. und 18. Jh. zahlreiche Mitglieder in die Domkapitel der Reichskirche, vor allem nach Trient, Brixen, Salzburg und Passau entsandt und eine Reihe von Bischöfen gestellt. So kam auch T. in jungen Jahren zusammen mit dem späteren Salzburger Erzbischof L. A. v. (→) Firmian unter seinem Onkel, dem Erzbischof J. E. v. (→) Thun, als Edelknabe an den Salzburger Hof. 1697 – 99 studierte er als Konviktor des Collegium Germanicum in Rom. 1699 erhielt er die Anwartschaft auf ein Kanonikat in Salzburg. Seit 1704 hatte er ferner ein Domkanonikat in Passau inne, nachdem er auf ein solches in Augsburg verzichtet hatte. 1705 wurde er Domkapitular in Salzburg. In der Folge begegnet der wohl in Salzburg zum Priester geweihte T. als Obersthofmeister, Geheimer Rat und seit 1707 als Hofkammerpräsident.

Nachdem T. 1703 stellvertretend für den Erzbischof die Ad-limina-Reise durchgeführt hatte, nominierte Erzbischof F. A. v. (→) Harrach den 29jährigen am 30. 8. 1709 mit päpstlicher Altersdispens zum Bischof von Gurk. Die Konfirmation folgte am 22. 9. 1709, die Einführung jedoch erst am 31. 8. 1711.

Im Gegensatz zu manchen seiner Vorgänger, die wegen zahlreicher Verpflichtungen im Dienst des Kaisers oft lange außerhalb ihrer Diözese weilten, blieb die Tätigkeit von T. im wesentlichen auf Gurk beschränkt. Erwähnung verdienen seine Bemühungen um die Pfarrorganisation, vor allem aber um die Reorganisation des Konsistoriums, das er 1726 nach Salzburger Vorbild ordnete. T.s Verhältnis zum Domstift in Gurk war dagegen von manchen Spannungen überschattet.

T. war auf die gewissenhafte Durchführung aller kirchlichen Verordnungen bedacht und suchte, seinen Sprengel gegen die sich von Salzburg her geltend machenden lutherischen Einflüsse abzuschirmen. 1723 ließ er Volksmissionen von Jesuiten durchführen. Er drängte ferner auf die Durchführung sonn- und festtäglicher Katechesen und ließ auf eigene Kosten einen Katechismus drucken und verteilen. 1722 erteilte er seinem Klerus in einem Hirtenschreiben genaue Anweisungen für die Predigt. In zahlreichen Fastenerlassen äußerte er sich detailliert zur Seelsorgspraxis. T. erwirkte seinen Kirchen zahlreiche Ablaßverleihungen. Er förderte die Reliquienverehrung. Seine Bemühungen um die Wiederaufnahme des seit dem 15. Jh. stockenden Kanonisationsprozesses der sel. Hemma von Gurk führten dagegen nicht zum Erfolg.

T. machte eine Reihe von Stiftungen für erziehliche, seelsorgliche und gottesdienstliche Zwecke. Auch die schönen Künste förderte er. So ermöglichte er dem bedeutenden Maler Paul Troger, der auch in Gurk und Schloß Straßburg arbeitete, einen langjährigen Aufenthalt in Italien. Im bischöflichen Schloß zu Straßburg unterhielt er ein Barocktheater.

Eine wenig glückliche Hand bewies T. auf wirtschaftlichem Gebiet. Schon zu Beginn seiner Amtszeit beliefen sich die Reparaturkosten an den bistumseigenen Gebäuden auf 20 000 fl. Infolge verschiedener Naturkatastrophen erhöhte sich die Verschuldung so sehr, daß der Landesherr ihm 1735 die Temporaliensperre androhte.

Wegen zunehmender Kränklichkeit bemühte T. sich früh um einen Weihbischof. Warum es nicht zu dessen Bestellung kam, ist unklar. Nach 1720 mußte T. oft den Bischof von Lavant um die Vornahme bischöflicher Funktionen bitten. Wegen des voranschreitenden körperlichen und geistigen Verfalls von T. wurde 1740 der Laibacher Bischof S. F. v. (→) Schrattenbach zum Administrator der Diözese in spiritualibus bestellt, während die Temporalienverwaltung einem Gurker Domherrn übertragen wurde. T. starb am 26. 7. 1741 auf Schloß Straßburg. Er wurde in der Kollegiatkirche zu Straßburg beigesetzt.

Literatur: J. Obersteiner 425-450. - G. Khevenhüller, in: Carinthia I 134/135 (1947) 181-190.

Abbildungsnachweis: Gemälde von Anton Stakhofer, datiert 1731. - Bischöfl. Palais Klagenfurt. - ADG.

Peter G. Tropper

Thun und Hohenstein, Josef Maria Reichsgraf von (1713 – 1763)

1742 – 1762 Fürstbischof von Gurk
1753 – 1754 Administrator des Bistums Lavant
1753 – 1761 Salzburger Generalvikar für Ober- und Unterkärnten
1762 – 1763 Fürstbischof von Passau

Josef Maria Graf von Thun und Hohenstein wurde am 24. 5. 1713 in Trient als sechstes von sieben Kindern des Josef Johann Anton v. T. und der Margaretha Veronika aus der Linie Castel Brughier des Hauses Thun und Hohenstein geboren. 1729 wurde er Domherr in Salzburg, 1731 in Passau. Außerdem erhielt er die Propstei von St. Peter in Augsburg. Theologie und die Rechte studierte T. in Salzburg (Dr. iur. utr.). Im Oktober 1739 wurde er außerordentlicher kaiserlicher Gesandter in Rom, am 17. 11. 1739 Rotaauditor, am 28. 12. 1739 ordentlicher kaiserlicher Gesandter. Diese Position behielt er bis zum 14. 11. 1744.

Am 7. 10. 1741 nominierte Kaiserin Maria Theresia T. zum Bischof des Salzburger Eigenbistums Gurk. Am 11. 1. 1742 wurde er vom Salzburger Erzbischof bestätigt und am 18. 2. 1742 durch Papst Benedikt XIV. konsekriert und zum päpstlichen Thronassistenten ernannt. Da T. vorerst in Rom bleiben mußte, ließ er am 1. 5. von seinem Sprengel durch Prokuratoren Besitz ergreifen. Der anfangs von Benedikt XIV. hochgeschätzte T. fiel schon bald in Ungnade, als er sechs Tage nach seiner Konsekration gegen ein päpstliches Glückwunschbreve zur Wahl des von Maria Theresia abge-

lehnten Kaisers Karl VII. Beschwerde erhob.
Seitdem wurde T. zu den päpstlichen Audien-
zen nicht mehr zugelassen. Sein aufbrausendes
Temperament und seine betonte Strenge machten T. auch in Salzburg trotz seiner überragenden Intelligenz, seines Pflichtbewußtseins und
seiner unerhörten Arbeitskraft unbeliebt, so
daß er bei der Neubesetzung des Erzbistums
1747 und 1753 trotz der Unterstützung durch
Maria Theresia nicht die Mehrheit der Stimmen
erhielt. Das Bistum Gurk leiteten während der
Abwesenheit von T. Generalvikar W. (→) Bukovsky und der T. von Trient bekannte P. (→)
Borzi.

T. war mit L. E. v. (→) Firmian und J. J. v. (→)
Trautson Mitglied des 1739 in Salzburg gegründeten „Muratori-Zirkels", der sich nach harten
Auseinandersetzungen im sog. Sykophantenstreit (L. A. v. → Firmian) behaupten und 1741
eine Studienreform durchsetzen konnte. Danach wurde Salzburg zu einem Zentrum der
katholischen Reform. T. kam auch in Rom mit
Reformkreisen in Kontakt, und als er sich 1744
nach Gurk begab, begann er dort bald mit der
Verwirklichung zentraler Reformanliegen.
1746 visitierte er sein Bistum. In seinen Pfarreien hielt er häufig Gottesdienst. Sein ganz
besonderes Interesse galt jedoch der Priesterausbildung, die er persönlich in die Hand
nahm, indem er in seiner Residenzstadt Straßburg ein Seminar mit sechs Plätzen gründete,
das die Studierenden nach Abschluß des Philo-
sophiestudiums zur Priesterweihe führen sollte. So wollte er allmählich einen eigenen Diözesanklerus heranbilden. Er behielt sich die
Leitung der Anstalt und die Einführung der
Alumnen in das Neue Testament selbst vor.
Daraus ging eine an die Bearbeitung des Benediktiners German Cartier († 1749) angelehnte
Übersetzung von bemerkenswerter Volksnähe
und sprachschöpferischer Kraft hervor, die T.
1758 in Druck gab und die 1762 erschien. Er
verfolgte auch andere zentrale Anliegen der
katholischen Reform, so die Betonung der
Katechese, für die er auch Laien heranzog,
ferner die Verbesserung der Pfarrorganisation,
die Reduzierung des volksfrommen Brauchtums und die Armenpflege. Seine Bemühungen
um Säkularisierung des regulierten Domstifts
in Gurk führten dagegen nicht zum Erfolg. Wie
auf geistlichem, so setzte sich T. auch auf
wirtschaftlichem Gebiet für die Förderung seines Sprengels ein. So wurde auf seine Initiative
in Schloß Grades eine Seiden-, Leinwand-,
Baumwoll- und Tapetenfabrik eingerichtet. T.
plante ferner die Errichtung einer Eisenmanu-
faktur.

Nachdem T.s Bemühungen um Salzburg 1747
und 1753 gescheitert waren, erhielt er 1759 ein
Eligibilitätsbreve für Passau. Dort wurde er am
19. 11. 1761 zum Nachfolger des hochverdienten J. D. v. (→) Lamberg gewählt. Selbstverständlich war diese Wahl nicht, denn auch in
Passau war man sich über den kirchlichen
Kurs T.s und seine charakterlichen Eigenarten
im klaren. Daß er sich bereits am ersten
Wahltag gegen seinen Mitbewerber und späteren Nachfolger, den Seckauer Bischof Firmian,
durchsetzen konnte, verdankte er vor allem der
Unterstützung durch den Wiener Hof. Die
Wahlbestätigung und Translation erfolgten am
29. 3. 1762. Am gleichen Tag erhielt T. das
Pallium.

Anders als in Gurk fand T. in Passau schnell
allgemeine Anerkennung. Während seiner nur
19monatigen Amtszeit vollzog er auf vielen
Gebieten eine fundamentale Wende. Den Gottesdienst suchte er vom barocken Überschwang zu entlasten. Auf wirtschaftlichem
Gebiet wollte er dem Merkantilismus, auf dem
Gebiet der Sozialhilfe dem Gedanken der staatlichen Zuständigkeit zum Durchbruch verhelfen. 1762 gründete T. die „christliche Liebesver-
sammlung". Diese Institution war als Verein
gedacht, dessen Mitglieder wöchentlich einen
Beitrag zu zahlen hatten, der im Hochstift die
Abschaffung des Bettelns und die geregelte
Armenunterstützung ermöglichen sollte. Zugleich errichtete T. in Niederhaus zu Passau
eine Armenbeschäftigungsanstalt, in die alle
aufgegriffenen Straßenbettler eingewiesen
wurden. T. bemühte sich ferner um die Hebung

von Wirtschaft und Verkehr. Auf ihn geht der Bau einer Seiden- und Wollzeug-Manufaktur zurück. Er veranlaßte den Anbau von Futterklee, was ihm den Namen „Kleebischof" einbrachte, und förderte mit aus Ungarn eingeführtem Hornvieh die Rinderzucht seines fast ausschließlich landwirtschaftlich strukturierten Fürstentums. Zur besseren Verkehrsanbindung des „Landes der Abtei", des nördlichen Teils des Hochstifts, ließ er neben der Wasserburg Niederhaus in Passau den Felsrücken mittels eines Tunnels durchbohren. Das Musikleben förderte T. durch die Berufung des Wiener Hofsängers Joseph Friebert zum Hofkapellmeister. Epochemachende Wirkung hatten T.s Leistungen in der Neuorientierung der wissenschaftlichen und geistlichen Priesterausbildung. 1762 entzog er den Jesuiten das diesbezügliche Monopol und gründete ein Weltpriesteralumnat, dessen Professoren dem Weltklerus entnommen waren. Sein Plan, anstelle der von Jesuiten geführten Seminarien in Wien und Passau ein zentrales Seminar für das gesamte Bistum zu errichten, scheiterte an seinem frühen Tod. T. starb am 15. 6. 1763 auf einer Visitationsreise durch das damals noch bayerische Innviertel in Mattighofen. Die Umstände des Todes werfen ein bezeichnendes Licht auf diese Bischofsgestalt, denn jener Priester, dem T. wenige Stunden zuvor in gewohnter Strenge die Suspendierung angedroht hatte, spendete dem Sterbenden die Sakramente. T. wurde im Dom zu Passau beigesetzt. Trotz seiner kurzen Amtszeit hatte er dort der kirchlichen Aufklärung den Weg bereitet.

Schriften: Des Hochwürdigsten, Hochgebornen Herrn, Herrn Joseph Maria Exempten Bischofes und des Heil. Röm. Reiches Fürsten zu Passau, Grafen von Thun und Hochenstein etc. verbesserte und mit Anmerkungen erläuterte Übersetzung des Neuen Testaments I. Teil, welcher die vier Evangelien und die Geschichte der Apostel enthält (Passau 1762).

Literatur: J. Oswald 322-332. - F. Auer, Der Passauer Fürstbischof Joseph Maria Graf von Thun (1761 bis 1763) als Bibelübersetzer, in: OG 5 (1961) 41-49. - J. Obersteiner 451-467. - V. Karell, Die böhmischen Grafen von Thun als Fürstbischöfe von Passau, in: OG 12 (1970) 76-80. - K. Baumgartner. - P. Hersche, Spätjansenismus. - A. Leidl, Bischöfe 42f. - P. G. Tropper, Erneuerungsbestrebungen.

Abbildungsnachweis: Zeichnung eines unbek. Künstlers. - Wien Pg 166.439 A.

August Leidl

Thun und Hohenstein, Peter Michael Vigil Reichsgraf von (1724 – 1800)

1776 – 1800 Fürstbischof von Trient

Peter Michael Vigil von Thun und Hohenstein wurde am 13. 12. 1772 zu Trient als zweiter Sohn des Augustin v. T. und der Antonia Gräfin von Spaur geboren. Er war Neffe des Trienter Fürstbischofs Dominik Anton v. (→) T. Sein Bruder Thomas Johann Kaspar v. (→) T. war Fürstbischof von Passau, ein weiterer Bruder, Philipp Joseph Michael, seit 1756 Domkapitular in Trient.

T. absolvierte das Gymnasium in Trient, wo er seit 1739 Domherr war. Zur weiteren Ausbildung begab er sich an die Accademia dei Nobili Ecclesiastici nach Rom. Nach dem Tode seines Onkels, des Weihbischofs J. M. W. v. (→) Spaur, folgte er diesem in Trient als Archidiakon. Im gleichen Jahr wurde er auch Domkapitular in Salzburg, wo er 1775 zum Dekan aufstieg und zeitweise Konsistorialpräsident war. Priester war T. seit dem 24. 5. 1755. Nachdem T. bei der Bischofswahl von 1763, obwohl kaiserlicher Kandidat, unterlegen war, wurde nach Bischof C. v. (→) Sizzo de Noris' Tod am 29. 5. 1776 nach undurchsichtiger Wahlbeeinflussung einstimmig zum Nachfolger gewählt, am 16. 9. päpstlich bestätigt und am 30. 11. durch Bischof Andrea Minucci von Feltre in Trient konsekriert.

T. leitete das Bistum in einer Periode tiefer Umbrüche. Nach seinem ersten Hirtenbrief setzten die reformkatholischen Kreise zunächst einige Hoffnung auf ihn, doch sahen sie sich bald enttäuscht. T. zeigte sich nämlich an der Seelsorge wenig interessiert, nahm kaum Visitationen vor und hielt sich wegen seines Kanonikates häufig in Salzburg auf. Der österreichischen Regierung gegenüber bewies er beim Abbau der Trienter Hoheitsrechte und der allmählichen Integration des Hochstiftes in die Grafschaft Tirol wie auch auf kirchenpolitischem Gebiet äußerstes Entgegenkommen. Bald nach seinem Regierungsantritt einigte er sich 1777 mit Kaiserin Maria Theresia auf die Ausweitung österreichischer Gesetze und Steuern auf das Gebiet des Hochstiftes, und 1781 bot er Joseph II. sogar die Säkularisation und Integration des Hochstiftes in die Grafschaft Tirol gegen eine jährliche Rente von 50 000 fl. und die Finanzierung der Bistumsverwaltung an, doch ging der Kaiser darauf nicht ein. Das Domkapitel verärgerte er, als er 1778 ein Gefängnis durch die Einführung des Glückspiels finanzierte. Das wiederholte sich, als er 1786 einen auf Anregung Josephs II. in Auftrag gegebenen Entwurf für ein Gesetzbuch veröffentlichte und dem Kapitel die Mitwirkung dabei versagte. 1788 setzte er das neue Gesetzbuch in Kraft.

Auch auf kirchlichem Gebiet widerstand T. den österreichischen Integrationstendenzen nur selten. 1782 verpflichtete er seinen Klerus zur Beachtung des Toleranzediktes von 1781, und die Aufhebung der kontemplativen Orden im Jahre 1782 durch Joseph II. vollzog auch er ohne weiteres mit. Auch der Einrichtung des Innsbrucker Generalseminars im Jahre 1784 setzte er keinen Widerstand entgegen, wohl aber den Plänen des Kaisers bez. einer Diözesanregulierung in Tirol, da Trient dadurch seinen deutschsprachigen Teil an Brixen hätte abtreten müssen. Im Jahre 1785 kam es nach langen Verhandlungen zu einer Grenzbereinigung gegenüber Feltre, Verona, Padua und Brescia. Dadurch erhielt Trient ganz Valsugana. Das Bistum Trient selbst wurde 1788 Suffragan von Salzburg. Die Emser Punktation akzeptierte T. 1787 bis auf wenige Einschränkungen. Daß Papst Pius VI. T. gegenüber angesichts dessen kirchlicher Einstellung reserviert blieb, zeigte er dadurch, daß er 1782 bei seiner Rückreise nach Rom nicht bei ihm in Trient, sondern in Rovereto übernachtete.

Als während des ersten Koalitionskrieges 1796 österreichische Truppen auf dem Rückzug Trient überfluteten, verließ T. heimlich die Stadt und begab sich zu seinem Bruder Thomas Johann nach Passau. Die Leitung des Fürstentums nahm während der französischen Besetzung der Domdekan mit zwei Kapitularen wahr. Nach dem Rückzug der Franzosen ließ Österreich das Hochstift seit Ende 1796 zunächst durch einen Kriegs-, später durch einen Zivilrat verwalten. An den Bischof zahlte es als

Ausgleich eine Jahresrente von 18 000 fl. Als T. aus Passau zurückkehrte, ließ er sich nicht mehr in Trient nieder, sondern wählte sein Familienschloß in der Val di Non als Residenz. Dort starb er am 17. 1. 1800. Er wurde im Dom zu Trient beigesetzt.

Literatur: *H. Voltellini*, Ein Antrag des Bischofs von Trient auf Säkularisierung und Einverleibung seines Fürstentums in die Grafschaft Tirol vom Jahre 1781/82, in: Veröffentlichungen des Ferdinandeums 16 (1936) 387-412. - *J. Kögl. - M. de Ambrosis*, Questioni politico ecclesiastiche nel Governo del Principe Vescovo Pietro Vigilio de Thun (1776-1800), in: StTr 39 (1960) 226-261. - *A. Nicolini*, Il Principe Vescovo Vigilio Thun e la secolarizzazione del Principato ecclesiastico di Trento, in: Civis 1 (Trient 1977) 5-28; 2 (1977) 75-102. - *A. Costa* 202-211.

Abbildungsnachweis: Gemälde von Johann Baptist Lampi d.Ä. (1751-1830) im Diözesanmuseum Trient. - MD Trient.

Josef Gelmi

Thun und Hohenstein, Thomas Johann Kaspar Reichsgraf von (1737 — 1796)

1776 — 1795 Weihbischof in Passau, Ep. tit. Thyatirensis
1795 — 1796 Fürstbischof von Passau

Thomas Johann Kaspar von Thun und Hohenstein wurde am 16. 5. 1737 als zwölftes von 16 Kindern des fürstbischöflichen Hofmarschalls und kaiserlichen Geheimen Rates und Kämmerers Franz Augustin Graf v. T. von Castel Thun und der Maria Antonia Gräfin von Spaur in Trient geboren. Einer seiner Brüder war Bischof P. V. v. (→) Thun von Trient. Nach seinem Studium wurde T. 1756 Domherr, 1766 Hofratspräsident und 1771 Domdekan in Passau. Die Priesterweihe hatte er am 21. 5. 1771 empfangen. Später erhielt er die Pfarrei Kallham in Oberösterreich. Auf Vorschlag des Passauer Bischofs L. E. v. (→) Firmian ernannte Papst Pius VI. ihn am 16. 12. 1776 zum Titularbischof von Thyatira und Weihbischof in Passau. Am 19. 1. 1777 wurde er durch Firmian konsekriert. Da er sich mit seinen Passauer Pfründen und Ämtern zufriedengab, konnte er nicht nur seine Residenzpflicht gewissenhaft erfüllen, sondern er leistete über ein Vierteljahrhundert treu und zuverlässig seinen Dienst im geistlichen Amt, in der Verwaltung sowie in der Finanz- und Wirtschaftspolitik des Hochstiftes. In den letzten Jahren Firmians überließ dieser ihm wegen Kränklichkeit die politischen Geschäfte fast ausschließlich. Um so enttäuschender für T. verlief nach dem Tode Firmians die Bischofswahl im Mai 1783, bei der er J. F. v. (→) Auersperg unterlag.

Da er im starken Gegensatz zu dessen kirchlicher Position stand, zog er sich zurück und galt während der folgenden Jahre als Führer der Konservativen im Domkapitel. Als er dann nach dem Tode Auerspergs am 4. 11. 1795 zu dessen Nachfolger gewählt und am 18. 12. 1795 päpstlich bestätigt wurde, knüpften seine behutsamen Reformen an die Ära Firmian an. Auf wirtschaftlichem Gebiet sorgte T. sich um den Ausbau der Brauerei Hacklberg und der Holztrift auf der Ilz. Auch die Neubelebung der Passauer Porzellanmanufaktur war ihm ein Anliegen. Schon als Domdekan hatte er sich von Hofbaudirektor Johann Georg Hagenauer 1785 Schloß Straß bei Dommelstadl in der Nähe von Passau erbauen lassen. Hagenauer hat wohl auch die Pläne zum Neubau des äußeren Schloßtores im Kastell Thun, dem mächtigen Familienschloß am Nonsberg im Fürstbistum Trient, entworfen. T. hat für dieses Kastell wie sein Bruder, der Trienter Bischof, erhebliche Summen aufgewendet.

Zwei Entscheidungen Auerspergs, die in Passau heftigen Widerspruch erregt hatten, machte T. rückgängig: die Aufhebung der juristischen Fakultät und der philosophisch-theologischen Lehranstalt der Franziskaner. T. verstarb nach nur neunmonatiger Regierungszeit am 7. 10. 1796. Er wurde in der Domgruft beigesetzt.

Literatur: *F. X. Eggersdorfer* 227 f. - *M. Schmidt.* - *K. Baumgartner.* - *A. Leidl,* Bischöfe 46.

Abbildungsnachweis: Zeitgen. Punktierstich des Passauer Kupferstechers Carl. - Foto G. Peda, Passau.

August Leidl

Thurn und Taxis, Johann Baptist Reichsgraf von (1706 – 1762)

1754 – 1762 Fürstbischof von Lavant
1761 – 1762 Salzburger Generalvikar für Ober- und Unterkärnten

Johann Baptist von Thurn und Taxis wurde am 20. 8. 1706 zu Konstanz als Sohn des Ignaz Lamoral v. T., Valsassina und Taxis und der Maria Claudia Franziska Walburga Gräfin von Fugger geboren. Er studierte Philosophie in der Abtei Ettal, Kirchenrecht in Salzburg und Theologie 1726 – 29 als Alumne des Collegium Germanicum in Rom. 1729 wurde er Domkapitular in Salzburg, am 11. 6. 1729 Priester und 1733 Präsident des salzburgischen Konsistoriums. Während der Sedisvakanz von 1744 – 45 und 1747 verwaltete er im Auftrag des Domkapitels die Feste Hohensalzburg. Erzbischof S. Chr. v. (→) Schrattenbach nominierte T. am 4. 2. 1754 zum Fürstbischof von Lavant.

Nachdem T. die päpstliche Dispens erhalten hatte, auch sein Salzburger Kanonikat weiter zu behalten, konfirmierte Schrattenbach ihn am 30. 3. Am 31. 3. konsekrierte er ihn. T. fand sein Bistum in einer hoffnungslosen wirtschaftlichen Lage vor. Nach der Resignation seines Vorgängers V. A. M. v. (→) Firmian war die Bistumsadministration dem Gurker Fürstbischof J. M. v. (→) Thun übertragen worden. Dieser weigerte sich jedoch, T. die Pfründen zu übergeben. Da T. infolgedessen in wirtschaftliche Schwierigkeiten geriet, nahm er für seine und des Bistums Bedürfnisse Mittel der Abtei St. Paul in Anspruch, die dem Erzbischof von Salzburg zustanden. Als die österreichische Regierung 1760 wegen Steuerschulden von T. die Grundeinkünfte des Bistums beschlagnahmte, zog T. sich nach Salzburg zurück. 1761 forderte Schrattenbach ihn zur Rückkehr auf. Im gleichen Jahr erhielt T. nach dem Tod des Fürstbischofs Thun das Generalvikariat von Ober- und Unterkärnten sowie die Propstei in Friesach.

T. starb am 3. 6. 1762. Er wurde in der Kreuzkapelle des Domes von St. Andrä beigesetzt.

Literatur: *K. Tangl* 326-328. - *J. Riedl* 201, Nr. 279. - *F. Kovačič* 304 f. - *U. Salzmann* 194-198.

Abbildungsnachweis: Ölporträt der 1859 von St. Andrä nach Maribor transferierten Bischofsgalerie. - DA Maribor.

France M. Dolinar

Thurn und Valsassina, Franz Anton Hannibal Reichsgraf von (1699 – 1768)

1751 – 1768 Passauer Offizial und Generalvikar für das Land unter der Enns

* 2. 11. 1699; Neffe des Passauer Fürstbischofs R. v. (→) Rabatta; 1713 Domizellar, 1724 Domkapitular in Passau; 1751 Passauer Offizial und Generalvikar für Österreich unter der Enns. 1755 ließ T. die wichtigsten Hirtenbriefe und Mandate der Passauer Fürstbischöfe nachdrucken und schrieb allen Pfarrern seines Amtsbereiches die Erwerbung und Beachtung dieser diözesanen Gesetzessammlung vor. † 27. 8. 1768 in Wien; □ Maria am Gestade in Wien.

Quellen: DAWi.

Literatur: *Th. Wiedemann* V 556. - *L. H. Krick*, Domstift 89. - *Ders.*, Stammtafeln 414.

Johann Weißensteiner

Thurn und Valsassina, Germanicus Reichsgraf von (1626 – 1679)

1674 – 1679 Passauer Offizial und Generalvikar für das Land unter der Enns

* 20. 2. 1626 in Görz; 1648 – 52 Studium in Rom als Alumne des Collegium Germanicum; 13. 3. 1651 Priester; 1651 Domherr in Passau; 1664 – 66 auch Dompropst in Laibach und 1668 – 79 in Rudolphswerth sowie Erzpriester der Diözese Laibach für Unterkrain; Pfarrer von St. Ägid in Passau; 1674 Passauer Offizial und Generalvikar für Österreich unter der Enns; 1678 Pfarrer und Dechant von Krems. T. war maßgeblich an der Neuauflage des Proprium Sanctorum Passaviense beteiligt und trug Sorge für genaue Visitationen der Pfarreien durch die Dechanten. Er versuchte, die übergroße Zahl der Prozessionen und Wallfahrten einzuschränken. † 14. 1. 1679.

Quellen: DAWi.

Literatur: *Th. Wiedemann* V 550f. - *L. H. Krick*, Domstift 78. - *Ders.*, Stammtafeln 416.

Johann Weißensteiner

Tietzen, gen. Schlüter, Friedrich von (1626 – 1696)

1677 – 1696 Weihbischof in Hildesheim, Ep. tit. Joppensis
1687 – 1696 Apostolischer Vikar des Nordens

* 1626 in Hannover; Studium der Rechtswissenschaften und der Philosophie in Helmstedt; 1651 Konversion in Brüssel; Theologiestudium an der Sorbonne und an St. Sulpice in Paris; 1669 Priesterweihe in Rom; 1676 Kanonikus an Hl. Kreuz in Hildesheim; 12. 2. 1677 Titularbischof von Joppe und Weihbischof in Hildesheim; 4. 8. 1687 Apostolischer Vikar für die braunschweig-lüneburgischen Territorien und die ehemaligen Bistümer Bremen, Schwerin, Magdeburg und Halberstadt; Ende Februar 1688 Ausdehnung der Fakultäten auf Dänemark und am 4. 5. 1688 auch auf Schweden, wodurch sich das Apostolische Vikariat des Nordens in seinem ganzen Umfang ausbildete; † 4. 11. 1696 in Hildesheim.

Literatur: *J. Metzler*, Apostolische Vikariate 66-69. - *R. Joppen* 115f. - *H.-G. Aschoff*, Hildesheim 85f. - *H. Tüchle*, Spannungsfeld 54. - *R. Herzig* 32 f.

Hans-Georg Aschoff

Tini, Francesco († 1680)

1664 – 1680 Generalvikar in Chur

* in Roveredo (Graubünden); 1643 – 48 Studium in Wien; 1655 – 64 Pönitentiar; 1655 Domsextar, 1663 Domkantor in Chur; 1. 10.

1664 – 21. 6. 1680 Generalvikar von Bischof U. de (→) Mont; 1668 Domscholastikus; † 21. 6. 1680 in Chur; □ Kathedrale Chur.

Literatur: *W. Kundert*, in: HS I/1 (1972) 528, 561, 566.

Pierre Louis Surchat

Törring, Albert Reichsfreiherr (seit 1630 Reichsgraf) von (1578 – 1649)

1614 – 1649 Fürstbischof von Regensburg

Albert von Törring wurde am 26. 10 1578 in Stein/Traun als Sohn des salzburgischen Geheimen Rates Adam v. T. zu Stein und Pertenstein und der Barbara Lucia von Greifensee geboren. Die Gymnasialjahre verbrachte er seit 1588 in Ingolstadt und seit 1590 in Würzburg. Über das Universitätsstudium, das durch Residenzpflichten wohl mehrmals unterbrochen werden mußte, ist Näheres nicht bekannt. 1592 erhielt T. die Anwartschaft auf eine Domherrnstelle zu Salzburg. 1594 wurde er Domizellar, 1602 Domkapitular und 1609 Domscholaster in Regensburg, wo er Pfingsten 1610 in der Minoritenkirche St. Salvator die Priesterweihe empfing. Drei Jahre später, am 22. 10. 1613, wählte das Regensburger Kapitel den knapp 35jährigen einhellig zum Nachfolger des Bischofs Wolfgang von Hausen (1600 – 13). Das päpstliche Konfirmationsbreve, das die Beibehaltung des Salzburger Kanonikats auf Lebenszeit gestattete, trägt das Datum des 17. 2. 1614. Am 20. 4. 1614 wurde T. durch den Salzburger Erzbischof Mark Sittich von Hohenems (1612 – 19) im Dom von Regensburg konsekriert.

Die ersten Regierungsjahre T.s waren getragen vom Willen, die durch den Vorgänger eingeleitete Erneuerung des Bistums im Geiste des Tridentinums fortzuführen, ferner vom Streben nach fürstlicher Repräsentation, das sich an der Umgestaltung und Ausschmückung der Kathedrale ebenso ablesen ließ wie am raschen Wiederaufbau des 1616 durch Blitzschlag zerstörten bischöflichen Schlosses zu Wörth/Donau. Seine Entschlossenheit, alte bischöfliche Rechte zurückzuerobern, sollte insbesondere der protestantische Rat von Regensburg zu spüren bekommen, solange die Zeitläufte der katholischen Partei im Reich günstig waren. Hingegen zeigte sich T. bei der Abstellung von Mißständen in verschiedenen Stiften und Klöstern Regensburgs, wohl mit Rücksicht auf mitbetroffene Domkapitulare, säumig, was schließlich zu einer Intervention des Kaisers führte. Im Bereich der Bistumsverwaltung eröffnete sich durch die Tatsache, daß der größte

Teil des an die Reformation verlorenen Diözesangebietes wieder unter katholische Landeshoheit kam, ein ebenso weites wie schwieriges Arbeitsfeld. Die 1613 zu München vollzogene Konversion des Pfalzgrafen Wolfgang Wilhelm hatte die Rekatholisierung der neuburgischen Bistumsanteile zur Folge, die T. durch Visitationen und Mandate nach Kräften förderte. Auch die mit Ungestüm durchgeführte Gegenreformation in der 1628 definitiv bayerisch gewordenen Kuroberpfalz fand seine Unterstützung, soweit es der Priestermangel zuließ, wenngleich die Hauptinitiative beim Kurfürsten und den nach Amberg berufenen Jesuiten lag. Dabei führte das eigenmächtige, die bischöflichen Rechte verletzende Vorgehen Kurfürst Maximilians alsbald zu schweren Differenzen über die Kirchenhoheitsrechte, die auch durch die 1629 – 30 ausgehandelten „Amberger Rezesse" nicht gänzlich ausgeräumt wurden und den bayerischerseits mit Vorwürfen überhäuften Regensburger Oberhirten mehr und mehr in die Passivität drängten.

Der schonungslose Rigorismus Maximilians mußte T. um so schmerzlicher treffen, als seine Amtsführung auch im eigenen Domkapitel, an dessen Spitze seit 1630 der energische S. (→) Denich stand, zunehmend auf Kritik stieß. Darüber hinaus war die zweite Regierungshälfte von immer neuen Kriegszügen überschattet, die Stadt und Bistum heimsuchten, das Hochstift infolge von Besetzung, Kontribution, Wirtschafts- und Währungsverfall dem Ruin entgegentrieben und dem Bischof selber zum persönlichen Schicksal wurden.

Als die Schweden unter Bernhard von Weimar im Spätherbst 1633 in Regensburg einrückten, geriet neben zahlreichen Welt- und Ordensgeistlichen auch T. in Gefangenschaft, und weil das geforderte Lösegeld nicht erlegt werden konnte, führte man ihn im März 1634 nach Würzburg, wo er auf der Feste Marienberg bis zum Januar 1635 in schmachvoller Haft gehalten wurde. Kaum auf freien Fuß gesetzt, sah sich T., hauptsächlich wegen angeblich schlechter Wirtschaftsführung, mit massiven Anfeindungen seiner Mitarbeiter wie des bayerischen Kurfürsten konfrontiert. Maximilian griff schließlich sogar zur Erpressung, um T. zur Abdankung oder wenigstens zur Annahme eines Koadjutors zu bewegen. Im November 1641, wenige Monate nach dem Rücktritt Denichs, wurde unter massivem bayerischem Druck F. W. v. (→) Wartenberg, ein Vetter des Kurfürsten, zum Koadjutor mit dem Recht der Nachfolge gewählt. Wiewohl seit 1634 ohne Weihbischof und zunehmend von Krankheiten geplagt, hat T. die Dienste des ihm aufgezwungenen Koadjutors nie in Anspruch genommen.

Vielmehr suchte er bis zuletzt, den bischöflichen Pflichten in eigener Person nachzukommen, so gut es ging, wobei ihm insbesondere
die Pflege nachtridentinischer Frömmigkeitsformen (Bruderschaften, Wallfahrten, Heiligen-
und Reliquienverehrung) am Herzen lag. Mit
erstaunlicher Energie betrieb er auch die Errichtung eines Priesterseminars, doch scheiterten seine Pläne an der mangelnden Unterstützung durch die Regensburger Jesuiten und den
bayerischen Kurfürsten sowie an der trostlo-
sen Finanzlage. Zuletzt war die Not des Bischofs so groß, daß er von seinen eigenen
Beamten Geld aufnehmen und die Schuldschei-
ne mit einem aus Kork imitierten Siegel quittie-
ren mußte, da ihm das Domkapitel das Amts-
siegel entzogen hatte. Wiederholte Schlaganfälle fesselten T. 1648 für immer ans Bett. Am
12. 4. 1649 starb er zu Regensburg. Er wurde in
der Kathedrale beigesetzt.

den übermächtigen Kurfürsten und das Verhalten des eigenen Domkapitels sein Handeln
gelähmt. Daß einige seiner Ratgeber wie der
zeitweilige Generalvikar Bartholomäus Ko-
boldt das in sie gesetzte Vertrauen mißbrauch-
ten, wird man eher mangelnder Menschen-
kenntnis zuschreiben müssen. Auch der Vorwurf schlechter Wirtschaftsführung trifft T.
nur sehr bedingt, wenn man in Rechnung stellt,
daß das kleine Hochstift bei seiner Regierungsübernahme bereits mit 88 000 Gulden verschuldet war und durch die langdauernden Kriegswirren über die Maßen belastet wurde.

Literatur: *G. Schwaiger*, Wartenberg. - *N. Fuchs* 43 -
45. - *S. Federhofer* (Lit.).

Abbildungsnachweis: Öl auf Leinwand, datiert 1643.
- Bischöfl. Galerie Regensburg. - Foto KBR.

Karl Hausberger

Aufs ganze gesehen, hat T. die ausgedehnte
Diözese mit Hingabe und Redlichkeit durch
eine der notvollsten Epochen ihrer Geschichte
gelenkt. Bis auf wenige Jahre war seine Regierungszeit überschattet vom Krieg, der ihm mit
seinen mittelbaren und unmittelbaren Folgen
schmerzliche Grenzen setzte. So ist es in erster
Linie der Mißgunst der Zeit zuzuschreiben,
wenn T.s Tatendrang und Unternehmungsgeist
des ersten Dezenniums allmählich einer Haltung des lässigen Treibenlassens und zuletzt
verbitterter Resignation wichen. Darüber hinaus haben die langen Monate der Gefangenschaft, die fortgesetzten Demütigungen durch

Törring-Jettenbach, Max Prokop Reichsgraf von (1739 – 1789)

1787 – 1789 Bischof des Hausritterordens vom
               hl. Georg
1787 – 1789 Fürstbischof von Regensburg
1788 – 1789 Fürstbischof von Freising

Max Prokop von Törring wurde am 28. 10. 1739
zu München als Sohn des kurfürstlichen Kämmerers Maximilian Joseph v. T.-Jettenbach und
der Franziska Augusta Gräfin von der Hauben
geboren. Er absolvierte das Studium der Philosophie bei den Minoriten zu St. Salvator in
Regensburg, der Theologie und des kanonischen Rechts am Generalstudium der Franziskaner in München. Noch während der Ausbildung wurde er 1759 in den kurfürstlichen
Geistlichen Rat in München berufen. Außerdem erhielt er Anwartschaften auf Dompräbenden in Regensburg (1756) und Freising (1759),
beide verliehen durch Kardinal (→) Johann
Theodor von Bayern, wobei die Zulassung zum
Kapitel in Regensburg 1767, in Freising 1770
erfolgte. Zwischenzeitlich war T., der am 3. 10.
1762 in Freising die Priesterweihe empfangen
hatte, 1762 – 67 als Pfarrer der dem Regensburger Domkapitel inkorporierten Pfarrei Fronten-
hausen in der Seelsorge tätig. 1767 begann mit
der Übersiedlung nach Regensburg eine intensive Mitarbeit im Domkapitel, im bischöflichen
Konsistorium sowie im Hof- und Kammerrat.
Am 29. 10. 1779 ernannte ihn Bischof A. I. (→)
Fugger, der ihm schon 1769 den Titel eines
Geheimen Rats verliehen hatte, zum Offizial
und Generalvisitator der Diözese Regensburg.
Zudem war er seit 1775 Summus Custos am
Freisinger Domstift und Geheimer Rat des

dortigen Bischofs. 1782 erhielt T. mit der Verleihung der Propstei des Straubinger Kollegiatstifts St. Jakob und Tiburtius eine erste, wenngleich bescheidene Inful. Wie sehr ihm der kurfürstliche Hof zu München gewogen war, bezeugt seine Ernennung zum wirklichen Geheimen Rat sowie zum Komtur und Dekan des St. Georgi-Ritterordens. So ging T. bei der Wiederbesetzung des Bistums Regensburg mit bayerischer Unterstützung aus dem schwierigen Wahlgeschäft am 20. 4. 1787 als Sieger hervor, zumal sein Gegenkandidat, der gewandte, welterfahrene Domdekan und nachmalige Dompropst Benedikt Joseph Reichsgraf von Thurn und Valsassina, unter dem Verdacht der Zugehörigkeit zum damals heftig verfolgten Illuminatenorden stand. Kurfürst Karl Theodor beförderte T. unverzüglich zum Großkomtur des St. Georgi-Ritterordens und verlieh ihm am 24. 4. in München persönlich die Insignien der neuen Würde. Mitte Juni trat T. die Bistums- und Hochstiftsadministration an. Die Dikasterien bestätigte er in ihrer bisherigen Zusammensetzung. Die päpstliche Konfirmation, die die Beibehaltung des Freisinger Kanonikats und der Straubinger Propstei gestattete, erfolgte am 28. 9. 1787, und am 28. 10. empfing T. in seiner Kollegiatstiftskirche zu Straubing die Bischofsweihe, wahrscheinlich durch Weihbischof V. A. v. (→) Schneid. Offenbar noch 1787 resignierte T. die Straubinger Propstei zugunsten der Würde eines Stiftspropstes von Altötting. Den Höhe- und Schlußpunkt seiner geistlichen Laufbahn stellte dann am 26. 5. 1788 seine Postulation zum Bischof von Freising dar, die wiederum unter massiver bayerischer Einflußnahme schon im ersten Skrutinium erfolgte. Die päpstliche Bestätigung erging am 15. 9. 1788, nachdem T. wie in Regensburg bereits wenige Wochen nach der Wahl die Regierungsgeschäfte aufgenommen hatte.

In politischer Hinsicht sah sich T. mit dem steten Vordringen des Staatskirchentums konfrontiert. Immerhin gelang es ihm, die von seinem Vorgänger Fugger so zäh geführten Verhandlungen mit Kurbayern über die hochstiftisch-regensburgische Herrschaft Donaustauf zu einem befriedigenden, die Reichsunmittelbarkeit des strittigen Territoriums sichernden Abschluß zu bringen. Außerdem konnte er Kaiser Josephs II. neuerlichen Versuch, das Egerland vom Regensburger Sprengel abzutrennen und dem Erzbistum Prag einzuverleiben, durch Appellation an die römische Kurie und den Reichsepiskopat erfolgreich abwehren. Wie sein Vorgänger verfolgte er im Nuntiaturstreit eine mehr dem Nuntius als den Metropoliten zuneigende Politik und

pochte, als der Salzburger Erzbischof Hieronymus von (→Bd. I) Colloredo seine Metropolitanrechte geltend machen wollte, auf die seit Generationen strittige Exemtion Regensburgs. Ein ähnlich entschiedenes Auftreten T.s gegenüber dem Münchener Hof war aufgrund seiner Abkunft und seines Werdegangs nicht zu erwarten. So wurde noch kurz vor seinem Tod, am 13. 11. 1789, ein Rezeß zwischen Kurbayern und dem Fürstbistum Regensburg unterzeichnet, der dem Staat in der Regelung strittiger bischöflicher und landesherrlicher Kompetenzen größte Zugeständnisse machte. Kirchlicherseits war dieses Abkommen bezeichnenderweise von dem äußerst staatsloyalen Konsistorialvizepräsidenten Johann Nepomuk von (→ Bd. I) Wolf ausgehandelt worden, über den es 1788 zu einem heftigen Streit zwischen T. und dem Freisinger Domkapitel gekommen war, als T. diesen zum Weihbischof bestimmte, obwohl er dort erst seit kurzem Domizellar war, während das Weihbischofsamt nach Herkommen und Wahlkapitulation einem Domkapitular zustand. Die Mißhelligkeiten in Freising, wo man im Unterschied zu Regensburg beängstigend verschuldet war, dauerten bis zu T.s Tod an, zumal sich Wolf vom unbeliebten Nuntius Giulio Cesare Zoglio konsekrieren ließ und als gefügiges Werkzeug des Münchener Hofes erwies, der im Zweckbündnis mit der römischen Kurie seine Kirchenhoheit immer ungestümer auszudehnen suchte. Dagegen erhob T. im Verein mit seinen bayerischen Amtsbrüdern manchen Protest, erstmals, als der Papst dem Kurfürsten 1787 eine Dezimationsbesteuerung des Klerus auf zehn Jahre bewilligte und deren Eintreibung wider alles Herkommen dem Nuntius anvertraute. Eine noch größere Beeinträchtigung der bischöflichen Rechte drohte mit der Errichtung des vom Freisinger Diözesan- und Salzburger Metropolitanverband exemten Münchener Hofbistums, die Pius VI. durch das Breve „Convenit provide" vom 15. 12. 1789 verfügte. Vermochte T. diese Maßnahme auch nicht zu verhindern, so konnte er wenigstens erreichen, daß die Jurisdiktion des Hofbischofs auf die Hofkirche und das Kollegiatstift zu ULFrau beschränkt wurde. Dessenungeachtet sollte es unter seinem Nachfolger Joseph Konrad von (→ Bd. I) Schroffenberg nicht an massiven, vom Kurfürsten wie vom Nuntius gestützten Eingriffen des Hofbischofs in die Freisinger Jurisdiktion fehlen, die auf die Aushöhlung der bischöflichen Gewalt hinausliefen.

Innerkirchlich war T. um Reformen im Sinne einer maßvollen Aufklärung bemüht, aber auch um Abwehr der als gefährlich erachteten Geheimgesellschaften. So ergingen gleich zu

Beginn seiner Amtszeit in Regensburg wie in Freising Generalmandate, die dem Klerus die Zugehörigkeit zum Illuminatenorden streng untersagten. Ferner wurde die Geistlichkeit zur genaueren Beobachtung der schon von den Vorgängern erlassenen Vorschriften über Gottesdienst, Sakramentenspendung, Predigt und Christenlehre sowie zum Tragen klerikaler Kleidung ermahnt. Vom pädagogischen Elan der Aufklärung erfaßt, errichtete T. 1788 in Freising eine neue Normalschulkommission, die an der Verbesserung des Schulwesens arbeiten sollte. Die 1787 für Regensburg erlassenen Diözesankonstitutionen spiegeln den Geist der Zeit sowohl im Einschreiten gegen tatsächliche oder vermeintliche Mißbräuche barocker Volksfrömmigkeit als auch im Streben nach Verinnerlichung des Christentums wider. Darüber hinaus ließ sich T. die Konsolidierung des Regensburger Klerikalseminars angelegen sein.

T. starb bereits am 30. 12. 1789 in Regensburg. Er wurde im dortigen Dom beigesetzt.

Quellen: BZA Regensburg.

Literatur: *C. Meichelbeck* - *A. Baumgärtner* 300 - 307. - *G. Schwaiger*, Die altbayerischen Bistümer 8, 114, 289 f. - *N. Fuchs* 69 - 72. - *J. Staber* 161 - 163. - *K. Hausberger*, Staat und Kirche nach der Säkularisation. Zur bayerischen Konkordatspolitik im frühen 19. Jahrhundert (St. Ottilien 1983) 5 - 8.

Abbildungsnachweis: Kupferstich im BZA Regensburg, Coll. Imag. - Foto KBR.

Karl Hausberger

Törring-Stein, Adam Lorenz Reichsfreiherr (seit 1630 **Reichsgraf**) **von** (1614 – 1666)

1664 – 1666 Fürstbischof von Regensburg

Adam Lorenz von Törring wurde am 13. 8. 1614 in Stein / Traun als zweiter Sohn des fürsterzbischöflich-salzburgischen Pflegers Ladislaus Oswald Freiherr (seit 1630 Graf) v. T. zu Stein und Pertenstein und seiner zweiten Gattin Maria Katharina Freiin von Gumppenberg-Pöttmes geboren. Für den geistlichen Stand bestimmt, erhielt er schon in früher Jugend Anwartschaften auf Dompräbenden in Passau (1627), Regensburg (1628) und Salzburg (1629). Das 1634 als Alumne des Collegium Germanicum begonnene Studium der Theologie setzte er in Ingolstadt fort. Am 30. 1. 1639 empfing er in Salzburg, wo ihm alsbald die Dompropstei verliehen wurde, die Priesterweihe. Bereits 1637 hatte T. kraft päpstlicher Provision ein viertes Kanonikat am Augsburger Domstift erhalten, dieses allerdings, wie schon 1640 das Passauer, wieder resigniert, als ihm 1644 durch kaiserliche Erste Bitten eine Präbende in Eichstätt zuteil wurde. Der weitere Aufstieg zu geistlichen Ämtern und Würden vollzog sich in Regensburg, hauptsächlich dank tatkräftiger Mithilfe des fürstbischöflichen Onkels A. v. (→) Törring, der den Neffen 1642 mit der längst fälligen Visitatio ad limina betraute, ihm 1643 die Dompropstei verschaffte und 1644 auch die von ihm dotierte Capellania honoris – beide Pfründen allerdings unter der Versicherung, daß der damit Begünstigte als „non residens" auf den wirtschaftlichen Notstand des Hochstifts gebührende Rücksicht nehmen werde. In der Tat hielt sich T. bis zum Ende des Dreißigjährigen Krieges fast ausschließlich im stillen Salzburg auf. Erst mit dem Regierungsantritt Bischof F. W. v. (→) Wartenbergs nahm er lebhafteren Anteil am Regensburger Geschehen. Während dessen jahrelanger Abwesenheit zeichnete er neben dem Domdekan S. (→) Denich für wichtige Angelegenheiten der Hochstiftsverwaltung verantwortlich.

Nach Bischof J. G. v. (→) Herbersteins Tod wählte das Domkapitel seinen 49jährigen Propst am 6. 8. 1663 einstimmig zum Nachfolger. Das Konfirmationsbreve vom 11. 2. 1664 beließ dem Erwählten, der schon vor der päpstlichen Bestätigung die Bistumsadministration angetreten hatte, die Salzburger Dompropstei und das Eichstätter Kanonikat und erklärte lediglich seine Regensburger Präbende für vakant. Am Ostersonntag (14. 4.) 1664 wurde T. in Gegenwart von Kaiser Leopold I. und der zum Reichstag versammelten katholischen Fürsten vom kaiserlichen Prinzipalkom-

missar und Salzburger Erzbischof G. v. (→)
Thun im Regensburger Dom konsekriert. Seine
Amtszeit, die keine drei Jahre währen sollte,
war für nachhaltigere Akzentsetzungen im
Bereich der Bistumsverwaltung zu kurz. Bemerkenswert ist lediglich die Tatsache, daß T.
gleich seinem Vorgänger dem arg verschuldeten Hochstift große Schonung zuteil werden
ließ, insbesondere, was den Genuß der sehr
ergiebigen oberpfälzischen Klostergefälle betraf. Ansonsten belegt ein ansehnliches Bündel
von Briefen im Personalakt, daß sich T. wiederholt monatelang auf seinem väterlichen Schloß
in Pertenstein aufhielt und die Erledigung der
Amtsgeschäfte seinem tüchtigen Generalvikar
und Weihbischof F. (→) Weinhart überließ.

Auf Schloß Pertenstein ereilte ihn kurz nach
Vollendung des 52. Lebensjahres am 16. 8. 1666
ein früher Tod. Sein Leichnam wurde in der
Kirche des Augustinerchorherrenstiftes Baum-
burg, sein Herz im Regensburger Dom beigesetzt.

Quellen: BZA Regensburg.

Literatur: *A. Steinhuber*. - *G. Schwaiger*, Wartenberg
116, 275. - *N. Fuchs* 48f, 71. - *J. Staber* 146. - *S.
Federhofer* 101-103. - *K. Hausberger*, Grablegen 377.

Abbildungsnachweis: Pergamentminiatur im Prie-
sterschaftsbuch von Straubing von 1663. - Foto KBR.

Karl Hausberger

Torck zu Vorhelm, Johann Rotger von
(1628 – 1686)

1683 – 1686 Generalvikar in Münster

* 1628 (Diöz. Münster); Besuch des Jesuitengymnasiums in Münster; 1636 Tonsur in Münster; 1637 Domherr in Münster (1649 Emanzipation), 1643 in Minden, dort auch Koadjutor
des Propstes; 1645 Minores in Münster;
1645 – 47 Studium in Rom als Alumne des
Collegium Germanicum; 1657 Domherr in Paderborn; 1659 Dompropst in Minden; 1664
Archidiakon von Stadtlohn, 1664 – 75 von Warendorf; 1670 Obleier des Schmalamtes; 1674
Domdechant in Münster (28. 6. 1674 bestätigt);
1683 Kapitularvikar in Münster; 1683 – 86 Generalvikar von Bischof F. Chr. v. (→) Plettenberg in Münster; † 5. 9. 1686 in Münster.

Literatur: *A. Steinhuber* - *W. Ribbeck*, Die auswärtige
Politik Christoph Bernhards von Galen in den Jahren
1665 bis 1678 vornehmlich nach den Briefen des
Johann Rodger Torck an Ferdinand v. Fürstenberg,
Bischof von Paderborn, in: WZ 51 (1894) 36-201. -
Ders., Briefe Rotger Torcks an Ferdinand von Fürstenberg, in: WZ 51 (1894) 12-35. - *A. Tibus*, Johann
Rodger Torck, Domdechant zu Münster, Dompropst
zu Minden und Domkapitular zu Paderborn, in: WZ
51 (1894) 202-226. - *W. Ribbeck*, Johann Rodger Torck
in seinem Verhältnis zu der Politik seiner Zeit und
seiner Beziehungen zu den Bistümern Minden, Münster und Paderborn in den Jahren 1660-1678, in:
FBPG 8 (1895) 469-486. - *W. Kohl*, Domstift Münster
151 f.

Michael F. Feldkamp

Trautmannsdorff (Trauttmannsdorff), **Maria
Thaddäus Reichsgraf von** (1761 – 1819)

1795 – 1815 Bischof von Königgrätz
1815 – 1819 Erzbischof von Olmütz
1816   Kardinal

Maria Thaddäus von Trautmannsdorff wurde
am 28. 5. 1761 zu Graz als Sohn des Weikhart v.
T. und der Anna Gräfin Wurmbrandt geboren.
Er besuchte das Gymnasium in Graz und
studierte seit 1780 als einer der letzten Alumnen des alten Collegium Germanicum in Rom,
wo er bereits als Unruhegeist auffiel. 1782
wurde er an S. Apollinare zum Dr. theol.
promoviert. Als Joseph II. 1782 das Kolleg nach
Pavia verlegte, zog T. mit seinen Lehrern, dem
Jansenisten Pietro Tamburini, der später zur
treibenden Kraft der Synode von Pistoia werden sollte, und Guiseppe Zola dorthin. Von den
Ideen des Spätjansenismus erfüllt, vertrat er
1783 in seiner Dissertation „De tolerantia ecclesiastica et civili", die er dem von ihm leiden-

schaftlich verehrten Kaiser widmete, einige
Thesen Tamburinis, darunter die von der
Rechtgläubigkeit der Utrechter Kirche. Die
Schrift brachte ihm die Zustimmung der Reformkatholiken und Jansenisten und zugleich
die Ablehnung der kurialen Richtung ein. 1789
wurde sie auf den Index gesetzt, nachdem zwei
Gegenschriften von L. Cuccagni vorausgegangen waren.

Noch vor seiner Priesterweihe erhielt T. 1783
ein Kanonikat in Olmütz, wo auch sein Bruder
Weikart Mitglied und später Dechant war, und
am 20. 12. 1783 wurde er in Graz zum Priester
geweiht. Zunächst hielt er noch Kontakt mit
den Jansenisten in den Niederlanden, doch
wandte er sich als Seelsorger in Jägerndorf
(Krnov) und Holleschau (Holešov) der praktischen Arbeit zu. In beiden Pfarreien betätigte
er sich karitativ, förderte das josephinische
Armeninstitut und die ärztliche Versorgung. In
Holleschau erlernte er die tschechische Sprache. Von dort aus fand er auch Kontakt zum
erzbischöflichen Hof in Kremsier, womit seine
Abwendung vom Jansenismus einherging.
1793 war er als Bischof für Triest vorgesehen,
doch nominierte ihn der Kaiser stattdessen am
27. 9. 1794 für Königgrätz. Die päpstliche Verleihung erfolgte erst am 1. 6. 1795, nachdem T.
zuvor seine indizierte Schrift förmlich widerrufen hatte. Am 8. 9. 1795 erhielt er durch Erzbischof A. Th. v. (→) Colloredo in Kremsier die
Bischofsweihe.

T. lag besonders das Schulwesen am Herzen. So
wohnte er persönlich den Prüfungen bei. Um
den drückenden Priestermangel zu überwinden, setzte er sich für die Wiedereröffnung des
seit 1779 geschlossenen Gymnasiums in
Deutsch-Brod (Havlíčkův Brod) ein. Vor allem
aber eröffnete er 1802 anstelle des früheren
Priesterhauses, das stets nur wenige Geistliche
gezählt hatte, ein Priesterseminar mit einer
theologischen Lehranstalt. Außerdem erhielt
das Piaristengymnasium in Leitomischl (Lito-
myšl) wie andere Gymnasien der Monarchie
einen zweijährigen philosophischen Kurs. T.s
soziale Fürsorge äußerte sich in der Gründung
eines Pensionsinstituts für Lehrerwitwen und
-waisen, das aus Beiträgen der Lehrer und
Pfarrer erhalten wurde. T. war einer der wenigen Grundherren Böhmens, die Ländereien
aufteilten und in Erbpacht gaben.

Am 26. 11. 1811 postulierte das Olmützer Domkapitel T. zum Nachfolger von Erzbischof Colloredo. Da Papst Pius VII. damals in seiner
Amtsausübung behindert war, konnte die
Translation erst am 15. 3. 1815 ausgesprochen
werden. Unter dem gleichen Datum wurde ihm
das Pallium verliehen. T.s Olmützer Wirksamkeit war durch eifrige Visitation gekennzeichnet. Aus den Berichten ergibt sich das Bild
eines hingebungsvollen und kundigen Oberhirten. Um dem Klerus ein Beispiel zu geben,
verzichtete er dabei im Gegensatz zu seinem
prunkliebenden Vorgänger auf große Feierlichkeiten und aufwendige Bewirtungen. Das ersparte Geld sollte den Armen und Kranken
zugute kommen. Jedermann hatte Zutritt zu
ihm, und während seines Aufenthaltes in den
Pfarrorten übernahm er persönlich die pfarrlichen Verrichtungen. T. wünschte sich „aufgeklärte" Geistliche, gleich weit von „Heterodoxie
und Mönchsspiritismus" entfernt, und legte
großen Wert auf die Weiterbildung und die
Anlage von Privatbibliotheken sowie auf gute
Umgangsformen. Gegen das damals in der
Katechese verbreitete Sokratisieren forderte er,
daß die Glaubenssätze zunächst positiv darge-
boten und dann „faßlich erklärt" werden sollten. Bei seinen Visitationsreisen ließ er sich
von dem Moral- und Pastoraltheologen Franz
Polášek begleiten und beraten. T. war ein
Seelsorgebischof im Sinne des josephinischen
Reformkatholizismus. Wie mehrere seiner Vor-
gänger wurde auch er am 8. 3. 1816 in pectore
zum Kardinal ernannt und am 23. 9. publiziert.
Einen Tag später wurde ihm das Kardinalsbirett übersandt. Eine Titelkirche erhielt T. nicht.
Kaiser Franz I. verlieh ihm das Großkreuz des
Leopoldordens. T. starb am 20. 1. 1819 in Wien.

Literatur: *G. Wolny*, Kirchliche Topographie von
Mähren I/1: Erzdiözese Olmütz (Brünn 1855) 115. - *A.*

Steinhuber. - *J. Matzke*, Erzbischöfe 24 f. - *P. Hersche*, Spätjansenismus. - *K. A. Huber* in: AKGB 6 (1982) 133-135. - *A. Zelenka* 148-149, 252-253.

Abbildungsnachweis: Punktierstich von Karl Hermann Pfeiffer (1769-1829) nach Gemälde von Karl Wöhrle, datiert 1813. - Wien NB 500.783 B.

Kurt A. Huber

Trautson, Ernst Reichsgraf von Falkenstein (1633 – 1702)

1685 – 1702 Fürstbischof von Wien

Ernst Trautson Graf zu Falkenstein wurde am 26. 12. 1633 zu Wien als dritter Sohn des Kämmerers von Kaiser Ferdinand II., Johann Franz Graf v. T., und der Walpurga Maximiliana von Hohenzollern geboren. Als Taufpaten fungierten Kaiser Ferdinand II. und dessen Gemahlin Eleonore. Der Vater stieg später zum Landmarschall von Niederösterreich und zum Statthalter des Regimentes der niederösterreichischen Länder auf. Aus einer ersten Ehe entstammten sieben Kinder, aus seiner zweiten Ehe zwei Söhne. 1642 schloß der Vater eine dritte Ehe. Dieser Verbindung entstammte Johann Leopold Donat v. T., der Vater des späteren Wiener Fürsterzbischofs Johann Joseph v. (→) T.

Wegen der Bedrohung Wiens durch die Schweden besuchte T. die Schule bei den Jesuiten in Graz. Philosophie studierte er bei den Jesuiten in Wien. 1644 wurde er Domizellar in Regensburg, und 1650 – 56 studierte er als Alumne des Collegium Germanicum in Rom. Er verließ die Stadt jedoch vor Abschluß der Studien, da sein Vater ihm den Empfang der höheren Weihen verboten hatte. Dieser hoffte nämlich, T. werde nach dem Tod der beiden ältesten Brüder das Majorat übernehmen. 1654 erhielt T. durch päpstliche Verleihung ein Domkanonikat in Salzburg und 1660 eine Domherrenstelle in Regensburg, auf die er 1664 resignierte. Aber erst als Kaiser Leopold I. ihn 1661 auf die Propstei Zwettl präsentierte, ließ er sich am 11. 6. 1661 in Salzburg zum Priester weihen. Die Benediktion als Propst spendete ihm der Wiener Fürstbischof Ph. Fr. v. (→) Breuner. T. residierte kaum in Zwettl; er sorgte aber für die Tilgung der Schulden der Propstei und ließ das Propsteigebäude neu bauen. 1668 wurde er bischöflicher Geheimer Rat in Salzburg. In der Folge stieg er zum Direktor des erzbischöflichen Konsistoriums auf. T. galt als Kandidat für die Bistümer Trient und Regensburg, doch dachte er selbst an den Eintritt bei den regulierten Chorherren. Nach dem Tod des Wiener Fürstbischofs E. (→) Sinelli (25. 2. 1685) nomi-

nierte Kaiser Leopold I. ihn schon am 23. 3. zum Fürstbischof von Wien. Dazu dürfte wohl auch Bischof L. v. (→) Kollonitsch, ein enger Vertrauter T.s, geraten haben. Die päpstliche Verleihung folgte am 10. 9., die Konsekration durch Nuntius Kardinal Francesco Buonvisi am 28. 10. und die Installation am 11. 11. 1685. Später ernannte Leopold I. ihn zu seinem Geheimen Rat. Wegen der schweren Schäden, die das Bistum Wien beim Türkeneinfall von 1683 erlitten hatte, durfte T. sein Salzburger Kanonikat zunächst beibehalten. 1686 verzichtete er darauf. Als Diözesanbischof sorgte T. für den Wiederaufbau der zahlreichen zerstörten Kirchen und bischöflichen Meierhöfe sowie für die Verbesserung der Einkünfte des Bistums. Er verteidigte die bischöflichen Jurisdiktionsrechte gegen Eingriffe durch den Fürstbischof von Passau (Maria am Gestade), den Propst von Klosterneuburg (Hietzing) und die niederösterreichische Regierung. Der Zunahme der Bevölkerung in Wien und in den Vorstädten trug er dadurch Rechnung, daß er den Piaristen in der Josephsstadt – gegen den Widerstand der Hauptpfarreien – die Erlaubnis zu nächtlichen Versehgängen erteilte. In seinem Testament stiftete er sechs zusätzliche Beichtpriester für die Domkirche, für die ein eigenes Priesterhaus errichtet werden sollte.

Dieses Projekt wurde erst unter Kardinal Kollonitsch verwirklicht. Zur Verehrung des 1697 in den Stephansdom übertragenen Gnadenbildes Maria Pötsch stiftete T. gleichfalls eine bedeutende Summe. Sein Bemühen um Einführung

der ewigen Anbetung führte erst unter Kollonitsch zum Erfolg. T. zeichnete sich als Bischof
durch strenge Askese und einen exemplari-
schen Lebenswandel aus. Er unterstützte zahlreiche Arme sowie Klöster, ferner das 1701
gegr. Oratorium des hl. Philippus Neri.

T. sammelte eine umfangreiche Bibliothek, die
sein großes geistiges Interesse bezeugt. Mit
Bücherspenden bedachte er auch die bischöfliche Cur bei St. Stephan, deren Mitglieder er zur
Erwerbung des Doktorates ermunterte und
dabei finanziell unterstützte. Der seit Xystus
Schier (1777) T. fälschlich zugeschriebene Codex Trautsonianus, eine Sammlung der Grabin-
schriften in den Wiener Kirchen, geht dagegen
bereits auf die Zeit nach 1630 zurück.

T., der die meisten bischöflichen Funktionen
selbst ausübte, erhielt 1701 den Passauer Offizial in Wien, F. A. v. (→) Harrach, als Koadjutor. T. starb am 7. 1. 1702. Er wurde im Stephansdom beigesetzt.

Quellen: ASV. - AVA. - DAWi. - NÖLA.

Literatur: *P. Siess*, Domus Sapientiae (Wien 1702). - *X.
Schier* 90-94. - *J. Kopallik* 322-324. - *A. Steinhuber*. -
E. Tomek, Das kirchliche Leben 276-281. - *L. H. Krick*,
Stammtafeln 427. - *A. Strnad*, Processus 284f. -
R. Perger, Der Codex Trautsonianus, in: Jahrbuch des
Vereins für Geschichte der Stadt Wien 27 (1971) 31-
46. - *F. Loidl* - *M. Krexner* 56f. - *F. Loidl* 114-117.

Abbildungsnachweis: Anonymer Stich. - Wien NB
508.837 B.

Johann Weißensteiner

Trautson, Johann Joseph Reichsgraf von Fal-
kenstein (1704 − 1757)

1743 − 1750 Passauer Offizial und Generalvi-
             kar für Österreich unter der Enns
1750 − 1751 Koadjutor des Fürsterzbischofs
             von Wien, Archiep. tit. Carthagi-
             nensis
1751 − 1757 Fürsterzbischof von Wien
1756   Kardinal

Johann Joseph von Trautson zu Falkenstein
wurde am 27. 7. 1704 zu Wien als fünftes Kind
des Johann Leopold Donat v. T. und der Maria
Theresia Ungnad von Weißenwolf geboren. Er
hatte elf Geschwister. Ein Bruder trat in den
Malteserorden ein. T. war ein Stiefneffe des
Wiener Fürstbischofs E. v. (→) Trautson. Mit
dem ältesten Bruder, Johann Wilhelm, starb die
männliche Linie T. 1775 aus. Der Vater war
Obersthofmeister unter den Kaisern Joseph I.
und Karl VI. Er wurde 1711 in den Reichsfürstenstand erhoben.

T. absolvierte die Humaniora in Wien und
wurde früh für die geistliche Laufbahn bestimmt. 1715 versuchte Karl VI. vergeblich, ihn
aufgrund der preces primariae in das Trienter
Domkapitel zu bringen. 1720 wurde T. tonsuriert und im gleichen Jahr in das Salzburger
Domkapitel ·aufgenommen. Anschließend begab er sich mit seinem jüngeren Bruder Franz
Karl zum Studium nach Rom, wo er 1723 zum
Dr. theol. und zum Dr. iur. utr. promoviert
wurde. Im gleichen Jahr wurde T. in das
Domkapitel von Passau, später auch in das von
Breslau aufgenommen. Nach einem Studienaufenthalt in Siena (1723 Immatrikulation)
folgten Bildungsreisen nach Paris an die Sorbonne, nach Amsterdam und nach Lyon, wo
sich T. dem Studium des Natur- und Völker-
rechtes widmete. T. eignete sich auf diese Weise
eine von seinen Zeitgenossen gerühmte, umfassende Bildung an; seine Griechisch- und Hebrä-
ischkenntnisse erregten besonderes Aufsehen.
Gleichzeitig erfuhr T. eine tiefe Prägung durch
das geistige Leben Frankreichs und der Generalstaaten. So wurde er auch mit dem Jansenismus vertraut.

Am 26. 9. 1728 wurde T. in Salzburg zum
Priester geweiht. In der Folgezeit gehörte er
jener reformfreudigen Gruppe junger Domkapitulare an, zu der u. a. die späteren Fürstbischöfe L. E. und V. v. (→) Firmian, J. M. v. (→)
Thun und K. v. (→) Herberstein gehörten. In
diesem Kreis wurden auch die Werke Ludovico
Muratoris diskutiert. T. stand in persönlichem
Kontakt zu diesem Gelehrten und Exponenten
des italienischen Reformkatholizismus. Die
Widmung von Muratoris Werk „De paradiso"
an Kardinal J. D. v. (→) Lamberg wurde von
ihm vermittelt.

Im März 1743 ernannte Lamberg T. zum Passauer Offizial für Österreich unter der Enns. In
diese Zeit fiel auch die Verleihung der königlichen Abtei Szekszárd (Diöz. Fünfkirchen) in
Ungarn an T. Dieser bewies als Offizial und
Generalvikar große Umsicht und diplomatisches Geschick. Im Österreichischen Erbfolgekrieg war er erklärter Parteigänger Österreichs
und agierte für dessen offene Unterstützung
durch Passau. Im schon längere Zeit währenden Jurisdiktionsstreit mit der niederösterreichischen Regierung zeigte er sich für einen
Kompromiß offen. So war er bereit, die niederösterreichische Regierung, die sich auf das
Privilegium „de non evocando" berief, als zweite Instanz anzuerkennen. Dafür sollten in Zukunft dem Passauer Offizialat auch die ihm bis
dahin entzogenen Rechtsfälle landesfürstlicher Pfarreien zugewiesen werden. Die Erfahrungen, die T. als Offizial gewann, nützte er
später als Fürsterzbischof von Wien zu einer

Reform der Kanzleiorganisation. 1745 war T. als Mitglied des Salzburger Domkapitels entscheidend an der Verhinderung der Wahl Lambergs zum Fürsterzbischof beteiligt. 1747 war T. selbst Kandidat der österreichischen Partei im Salzburger Kapitel für das Erzbistum. Er wurde dabei auch durch Kardinal Ph. L. v. (→) Sinzendorf von Breslau unterstützt. Seine Wahl scheiterte jedoch am Widerstand des Fürstbischofs Thun von Gurk.

Am 8. 9. 1750 erbat Kardinal S. v. (→) Kollonitsch von Wien T. als Koadjutor, da er von diesem die Weiterführung der Seelsorge in seinem Geist erhoffte. Am 7. 12. 1750 erfolgte die päpstliche Bestellung zum Koadjutor und die Ernennung zum Titularerzbischof von Karthago. Die Bischofsweihe empfing T. in der Mitternachtsmette am 25. 12. 1750 von Kollonitsch. Als Koadjutor war T. an der Ausarbeitung der 1751 publizierten Stolordnung entscheidend beteiligt. Mit dem Tode von Kollonitsch (12. 4. 1751) folgte er diesem nach. Am 4. 5. wurde er in die Temporalien installiert. Das Pallium erhielt er am 17. 5. 1751. Die Inthronisation erfolgte am 29. 6. 1751. 1752 verlieh Maria Theresia T. die Propstei von Ardagger. Die Investitur erfolgte jedoch erst nach Durchführung der Nachlaßverhandlungen des Vorgängers im Jahr 1754. 1756 erhob Papst Benedikt XIV. T. auf Bitten Maria Theresias, deren besonderes Vertrauen er genoß, zum Kardinal. Die Birettaufsetzung durch die Kaiserin erfolgte am 10. 7. 1756 in der Burgkapelle. T. war ein Exponent des Reformkatholizismus. In seinem ersten Hirtenbrief (1. 5. 1751) schärfte er im wesentlichen die Verordnungen seines Vorgängers von 1716 und 1741 über den Lebensstil der Priester und die würdige Zelebration der Messe ein. In diesem Zusammenhang ließ er 296 in Wien anwesende auswärtige Priester einer Prüfung unterziehen. Nach seiner Inthronisation mahnte T. in einem zweiten Hirtenbrief die Bevölkerung und den Klerus zur Loyalität gegenüber der weltlichen Obrigkeit. Die Reformen Maria Theresias fanden in ihm einen beredten Verteidiger, wie ja die Allianz von staatlicher Macht und innerkirchlichen Reformbewegungen ein Merkmal der Regierungszeit Maria Theresias bildete. Größtes Aufsehen erregte T. mit seinem großen, an die Prediger gerichteten Hirtenbrief von 1752. Darin forderte er eine Abkehr von peripheren barocken Frömmigkeitsformen und eine Hinwendung zum Wesentlichen des Christentums. Im Sinne von Muratoris Werk „Della regolata divozione" forderte er eine neue Bewertung des Heiligenkultes, der Prozessionen, Wallfahrten und Bruderschaften. Das lateinische Schreiben wurde bald übersetzt und fand weite Verbreitung. Es

wurde auch von Protestanten mit Interesse aufgenommen, was T. den Vorwurf des Geheimprotestantismus eintrug. Später diente es als Quellenwerk der Aufklärung und wurde von Valentin Eybel 1776 nachgedruckt. 1782 ordnete Kaiser Joseph II. eine Neuauflage an. Als Ergänzung erließ T. 1753 eine Pastoralinstruktion für die Ruraldechanten über die Grundsätze der Seelsorge. Mittelpunkt allen Bemühens sollte die religiöse Unterweisung sein. Die Katechese wurde daher besonders betont und die Einführung von Christenlehrbruderschaften wie auch die sonntägliche Predigt urgiert. Lehrer sollten nur nach Absolvierung einer strengen Prüfung und Ablegung des Glaubensbekenntnisses angestellt werden. T. legte ferner größten Wert auf die Hinführung zum Sakramentenempfang. Er wollte die damals üblichen Zeremonien und Andachten keineswegs abstellen, verlangte aber eine eingehende Belehrung über deren Entstehung und Sinn. Die Fastengebote sollten streng beachtet und Dispensen nur nach entsprechender Prüfung erteilt werden.

Weitere Ausführungen betrafen das geistliche Leben der Priester mit täglicher Schriftlektüre, alljährlicher Teilnahme an Exerzitien, der Teilnahme an Dekanats- und Pastoralkonferenzen. Hinter allem stand das Ideal des Seelsorgers als „Pastor bonus".

Die in der Pastoralinstruktion von 1753 aufgezeigte Linie hat T. durch eine Reihe von Kurrenden fortgesetzt. So führte er für die fürstbischöflichen Patronatspfarreien den Pfarrkonkurs ein. Dabei sollten die im diözesanen Priesterhaus ausgebildeten Geistlichen bevorzugt werden. Weitere Anordnungen betrafen die Verwaltung, den Volksgesang beim Gottesdienst und das fromme Brauchtum.

Bei der von Maria Theresia gewünschten Kirchenreform wurde T. als Mitarbeiter herangezogen. 1751 wurde er Mitglied der neugeschaffenen Zensurkommission. T. verteidigte dort die bischöflichen Rechte, konnte aber 1754 nur die Zuweisung der theologischen, philosophischen und kirchenrechtlichen Werke in seine Kompetenz erreichen. Als Mitarbeiter bei Zensurfragen zog er S. A. v. (→) Stock heran. 1754 legte T. jene 24 Feiertage fest, an denen künftig das Arbeiten erlaubt sein sollte.

Auch an der Neuordnung des Studienwesens war T. beteiligt. 1752 wurde er Protektor der philosophischen und theologischen Studien sowie Studienprotektor der Universität Wien. Im gleichen Jahr arbeitete er unter Anlehnung an die theologischen Fakultäten in Löwen und an der Sorbonne mit dem Jesuiten Debiel eine neue Studienordnung aus, die durch die Ab-

wendung von der scholastischen Methode und
die Einbeziehung der positiven und historischen Disziplinen gekennzeichnet war. Die
Theologie wurde dabei in eine höhere (spekula-
tive) und eine niedere (Moraltheologie) unterteilt. Für die erste waren vier, für die zweite
zwei Studienjahre vorgesehen. Alle Studenten
mußten Kenntnisse des Griechischen und Hebräischen nachweisen. T. trat ferner für die
Berufung auswärtiger Theologen ein, um das
Bildungsmonopol der Jesuiten zu brechen.
Auch an der Reform der juridischen Studien im
Jahre 1753 war er beteiligt. Vor allem die
Einbeziehung des Naturrechtes ging auf seine
Initiative zurück. T.s Pläne wurden jedoch erst
mit der Rautenstrauchschen Reform von 1774
Wirklichkeit.

T. schrieb auch den nicht in der Seelsorge
tätigen Geistlichen den Besuch von moraltheo-
logischen Vorlesungen vor. An den monatli-
chen Konferenzen des theologischen Doktoren-
kollegiums nahm er oft teil. T. wurde 1752 die
Leitung des Baues des neuen Universitätsge-
bäudes übertragen. Er wählte als leitenden
Architekten Jean Nicolas Jadot aus und veranlaßte die Ausarbeitung eines Programms für
das Deckengemälde des Festsaales durch Hof-
dichter Pietro Metastasio. Auch die Bibliothek
T.s verrät sein Interesse an Kunst und Architektur. 1754 wurde T. Direktor der theresianischen Ritterakademie.

T. unterstützte die Bemühungen Maria Theresias um die Voraussetzungen für eine großzügi-

ge Pfarregulierung in den Jahren 1755 – 56. Als
Propst von Ardagger bewilligte er die Anstel-
lung selbständiger Geistlicher in Ardagger,
Kollmitzberg und Stephanshart.

Von den Zeitgenossen wurde die umfassende
Bildung und Gelehrsamkeit T.s gerühmt. Daß
sie den Tatsachen entsprach, spiegelt sich in
der von ihm hinterlassenen Bibliothek mit
ihren zahlreichen Bibelausgaben, Bibelkom-
mentaren, kirchenrechtlichen Werken und
Werken der antiken Literatur sowie den Stan-
dardwerken des Jansenismus. T. gehörte zweifellos zu den bedeutendsten Wiener Diözesan-
bischöfen. Er erlitt bereits am 19. 12. 1756 einen
Schlaganfall, an dessen Folgen er am 10. 3.
1757 starb. Er wurde im Stephansdom beigesetzt.

Schriften: Hirtenbrief des hochwürdigen Herrn Johann Joseph, Erzbischofs zu Wien, Reichsfürsten,
Grafen Trautsohns zu Falkenstein, an die Geistlichkeit, besonders an die Prediger seines Kirchenspren-
gels in Wien (Wien 1752).

Quellen: ASV. - AVA. - DAWi. - HHStA. - NÖLA.

Literatur: Oratio gratulatoria celsissimo ac reveren-
dissimo Principi Josepho e comitibus de Trautson
oblata a Societatis Jesu Collegiis in ejus Archi-
Dioecesi sitis (Wien 1752). - Praemia Virtutis et
Scientiae, quae Eminentissimo ac Celsissimo S. R. E.
Presbytero Cardinali Josepho Trautsohn ... die X. Julii
MDCCLVI obtulit Curia Archiepiscopalis ad S. Ste-
phanum (Wien 1756). - X. Schier 119-128. - J. Riedl
208. - C. v. Wurzbach 47 (1883) 46. - J. Kopallik 374-
384. - C. Wolfsgruber, in: ADB 38 (1894) 520-522. - F.
Martin, Salzburgs Fürsten 206. - K. Reitbauer, Erzbi-
schof Johann Josef Trautson (Diss. theol. Graz 1955). -
E. Tomek, Kirchengeschichte Österreichs III 274-281.
- E. Zlabinger, Lodovico Antonio Muratori und Öster-
reich (Innsbruck 1970). - E. Garms-Cornides, Ludovico Antonio Muratori und Österreich, in: RHM 13
(1971) 333-351. - R. Wagner-Rieger, Das Haus der
österreichischen Akademie der Wissenschaften
(Wien-Köln-Graz 1972) 25-27. - R. Weiß. - E. Kovács. -
G. Klingenstein. - P. Hersche, Spätjansenismus. - F.
Loidl - M. Krexner 64 f. - F. Loidl 137-140, 146. - P. G.
Tropper, Erneuerungsbestrebungen.

Abbildungsnachweis: Stich von Giovanni Antonio
Faldoni (um 1690-um 1770). - Wien NB 507.310 B.

                                  Johann Weißensteiner

Troyer, Ferdinand Julius Graf von (1698 – 1758)

1746 – 1758 Fürstbischof von Olmütz
1747   Kardinal

Ferdinand Julius von Troyer wurde am 20. 1.
1698 zu Brixen als erster Sohn des Franz Anton
Freiherr (seit 1697 Graf) v. T. und der Maria

Maximiliana Freiin von Teufenbach geboren. Der Vater war k.k. Kämmerer, Wirklicher Geheimrat und Kanzler des Tiroler Gubernators Karl Philipp Herzog von Neuburg. Im Jahre 1711 tonsuriert, wurde T. im gleichen Jahr Domizellar in Olmütz. 1716 – 22 studierte er als Alumne des Collegium Germanicum in Rom (Dr. theol.), und am 21. 12. 1720 wurde er zum Priester geweiht. 1731 wurde er Archidiakon von Troppau, 1741 Domscholaster in Olmütz.

Nach der Translation von Bischof J. E. v. (→) Liechtenstein-Kastelkorn nach Salzburg wählte das Olmützer Kapitel T. am 9. 12. 1745 einstimmig zu dessen Nachfolger. Die päpstliche Bestätigung folgte am 28. 3. 1746, die Konsekration durch Weihbischof O. H. v. (→) Egkh am 22. 5. 1746. Unmittelbar danach wurde T. Geheimer Rat und nach der Investitur in die fürstbischöflichen Güter in Olmütz 1746 Wirklicher kaiserlicher Rat. Am 10. 4. 1747 berief Papst Benedikt XIV. ihn auf Vorschlag Maria Theresias in das Kardinalskolleg. Die Überreichung des Birettes erfolgte in Wien. Erst danach fand am 27. 8. 1747 die Inthronisation statt. Nach dem Tode des Wiener Erzbischofs S. v. (→) Kollonitsch berief die Kaiserin T. zum Protektor der deutschen Nation.

T. bemühte sich sogleich um Rückgewinnung des seit 1740 unterdrückten fürstbischöflichen Münzrechtes. 1747 erlaubte ihm die Wiener Regierung erneut das Schlagen von Dukaten, Talern und Gulden nach dem Reichsmünzfuß unter Aufsicht eines kaiserlichen Beamten.

Als Bauherr machte T. sich um die Wiederherstellung des 1752 durch Brand vernichteten fürstbischöflichen Schlosses zu Kremsier und die dortige Piaristenkirche verdient. Er renovierte ferner das Schloß zu Wischau, auf dessen Herrschaft er die Jagdschlößchen Ferdinandsruh, Juliusburg und Troyenstein erbauen ließ. 1754 verlieh die Kaiserin ihm und seinem Bruder Christoph das mährische Inkolat. Im gleichen Jahr begann T. mit einer groß angelegten, durch seinen Tod unterbrochenen Diözesanvisitation, in deren Verlauf er mehrere neue Dekanate, Pfarreien und Lokalien errichtete. Den von Bischof W. H. v. (→) Schrattenbach eröffneten Seligsprechungsprozeß des Johann Sarkander führte T. fort, konnte ihn aber nicht zum Erfolg bringen.

T. starb am 5. 2. 1758 zu Brünn. Er wurde im Dom zu Olmütz beigesetzt. Als Erben hatte er seinen Bruder bestimmt.

Literatur: *Ch. d'Elvert*, Die Grafen Troyer, in: Notizen-Blatt (1883) 63 f. - *J. Matzke*, Fürstbischöfe 71-73. - Katalog moravských biskupů 82 f. - *A. Zelenka* 246 f. - *R. Zuber* 144-157.

Abbildungsnachweis: Stich von Antonio Pazzi (1706 - n. 1766) nach einer Zeichnung von Giovanni Domenico Campiglia (1692 - n. 1762). - Wien NB 513.621 B.

Aleš Zelenka

Tual, Guillaume (1656 – 1716)

1705 – 1716 Generalvikar in Straßburg
1715 – 1716 Weihbischof in Straßburg, Ep. tit. Nyssensis

* 1656 in Laurenan (Bretagne). Nachdem er im Alter von etwa 30 Jahren die Priesterweihe empfangen hatte, lernte T. anläßlich seines Doktoratstudiums an der Sorbonne den späteren Kardinal A. G. de (→) Rohan kennen, der ihn mit nach Straßburg nahm und förderte. Seit 1702 war T. Assessor am Offizialat von Straßburg. Am 12. 11. 1705 ernannte Rohan ihn als Nachfolger von F. (→) Blouet de Camilly zum Generalvikar und Offizial. In dieser Eigenschaft setzte T. das Wiederaufbauwerk seines Vorgängers fort. Trotz der Kriegszeiten unternahm er 1705 – 09 eine gründliche Visitation der Pfarreien der großen Diözese. Seit dem Tode J. P. (→) Quentells bemühte Kardinal Rohan sich um die Neubestellung eines Weihbischofs für die Diözese Straßburg. T. wurde daraufhin am 4. 2. 1715 zum Titularbischof von Nyssa und Weihbischof in Straßburg ernannt. † 24. 2. 1716 ebd.

Quellen: ASV Congr. Cons. 1714, f.894-907. - ASV Proc. 104, f.394-397.

Literatur: *R. P. Levresse* 17. - *L. Châtellier*, Tradition chrétienne 245 f. - Répertoire IV 396.

Louis Châtellier

Literatur: *A. Steinhuber*. - *J. Metzler*, Apostolische Vikariate 108 f. - *A. Bertram*, Hildesheim III 169. - *F. Keinemann*, Domkapitel Münster 268-270.

Hans-Georg Aschoff

Twickel, Ernst Friedrich (seit 1708 **Reichsfreiherr**) **von** (1683 – 1734)

1723 – 1734 Generalvikar in Hildesheim
1724 – 1734 Weihbischof in Hildesheim, Ep. tit. Botriensis

* 26. 9. 1683 auf Schloß Havixbeck im Münsterland; Besuch des Jesuitengymnasiums in Münster; 1705 – 08 Studium in Rom als Alumne des Collegium Germanicum; 4. 12. 1707 Priesterweihe ebd.; 1708 Domkapitular in Hildesheim, zwischen 1711 und 1713 auch in Speyer; auf diese Präbende resignierte er 1725. Nach seinem römischen Studienaufenthalt kam T. in engeren Kontakt mit dem im Exil lebenden Kölner Erzbischof (→) Joseph Clemens von Bayern, der ihn in der Folge mit diplomatischen Missionen betraute. So nahm T. dessen Interessen am Ende des Spanischen Erbfolgekrieges auf den Friedenskongressen in Utrecht und Rastatt wahr. 1715 Kammerpräsident in Hildesheim; 1719 Domkapitular in Münster; Ernennung zum Geheimen Rat durch Kurfürst Maximilian Emanuel von Bayern als Anerkennung für seinen Anteil an der Wahl (→) Clemens Augusts von Bayern zum Bischof von Münster; 2. 10. 1723 Offizial und Generalvikar des Joseph Clemens von Bayern in Hildesheim. Nach Joseph Clemens' Tod hoffte T. auf dessen Nachfolge, trat dann aber für (→) Clemens August von Bayern ein, der ihn als Offizial und Generalvikar bestätigte; 27. 9. 1724 Titularbischof von Botri und Weihbischof in Hildesheim; 5. 11. 1724 Konsekration in der Schloßkapelle zu Neuhaus bei Paderborn durch Weihbischof P. (→) Bruns; 1727 Statthalter und Regierungspräsident in Hildesheim. Damit vereinigte T. die gesamte geistliche und weltliche Verwaltung in seiner Hand; 1727 Dompropst in Hildesheim. Als der Apostolische Vikar von Ober- und Niedersachsen, A. (→) Steffani, die Leitung des Vikariates zeitweise niederlegte, trug die Propagandakongregation T. 1724 auch dieses Amt an. Er lehnte ab, weil die hannoversche Regierung keinen anderen Vikar als Steffani in ihren Territorien zuließ. T. zeichnete sich durch einen vorbildlichen Lebenswandel aus. Besondere Aufmerksamkeit wandte er der Verbesserung der kirchlichen Disziplin und Ordnung zu. Das Bistum Hildesheim verdankt ihm eine Reihe von Stiftungen. † 17. 1. 1734 in Hildesheim; □ Hildesheimer Dom.

Twickel, Johann Wilhelm (seit 1708 **Reichsfreiherr**) **von** (1682 – 1757)

1735 – 1757 Weihbischof in Hildesheim, Ep. tit. Arethusinus
1745 – 1757 Apostolischer Vikar von Ober- und Niedersachsen

* 19. 7. 1682 auf Schloß Havixbeck im Münsterland; nach dem Studium in Trier wurde er Domherr in Speyer (Provision 1694; Aufnahme zwischen 1711 und 1716), Münster (1706) und Hildesheim (1717); 18. 7. 1717 Priesterweihe; 1730 Vicedominus in Münster; 1731 außerdem Propst des Kollegiatstiftes Allerheiligen in Speyer. T. unterstützte wie sein jüngerer Bruder Ernst Friedrich v. (→) T. die Interessen der Wittelsbacher in Norddeutschland und wurde nach dessen Tod auf Wunsch des Kölner Erzbischofs (→) Clemens August von Bayern am 27. 6. 1735 von Papst Clemens XII. zum Titularbischof von Arethusia und Weihbischof in Hildesheim ernannt. 11. 9. 1735 Konsekration in der Schloßkapelle zu Neuhaus bei Paderborn durch den Paderborner Weihbischof M. (→) Kaup. Clemens August ernannte T. zu seinem Statthalter in seinem Nebenbistum Hildesheim und beauftragte ihn mit einer

Reihe diplomatischer Missionen außerhalb des Bistums. Die Ernennung zum Apostolischen Vikar von Ober- und Niedersachsen am 1. 12. 1745 nahm T. nur widerstrebend an. Während ihm eine Tätigkeit in den brandenburg-preußischen Territorien versagt blieb, weil er eine eidliche Verpflichtung als „königlicher Generalvikar" ablehnte, gestattete ihm 1747 die hannoversche Regierung wenigstens die Spendung der Firmung in der Residenzstadt. Besondere Verdienste erwarb sich T. um die Gründung und Konsolidierung der Missionsstation in Göttingen; 1756 Domdechant in Hildesheim; † 10. 9. 1757 in Hildesheim; ☐ Hildesheimer Dom.

Literatur: F. X. *Schrader* 122, Anm. 1. - J. *Metzler*, Apostolische Vikariate 135-137. - A. *Bertram*, Hildesheim III 169. - R. *Joppen* 125-127. - F. *Keinemann*, Domkapitel Münster 257 f.

Abbildungsnachweis: Öl auf Leinwand von Antonius oder Gerhard Kappers um 1735. - Privatbesitz. - Katalog Clemenswerth 1987, S. 366 Nr. 148.

Hans-Georg Aschoff

Twrdy, Franz Xaver (1715 – 1779)

1775 – 1779 Generalvikar in Prag
1776 – 1779 Weihbischof in Prag, Ep. tit.
    Hipponensis

≈ 27. 11. 1715 in Blatna (Böhmen); 1741 Dr. phil., Bacc. theol. (Prag); 17. 2. 1742 Priester; Kaplan in Brünn; 1748 Pfarrer in Wossovien; 1749 Dechant in Blatna; 1756 Domherr und tschechischer Domprediger in Prag; 1762 Dekan von St. Appollinar in Prag; 5. 8. 1775 Generalvikar von Erzbischof J. M. v. (→) Manderscheid; 1776 Dekan von Altbunzlau (Stará Boleslav); 16. 12. 1776 Titularbischof von Hippo und Weihbischof in Prag; 14. 1. 1777 Konsekration durch Erzbischof A. P. v. (→) Przichowsky; Archidiakon; Förderer junger Musiker; † 22. 3. 1779 in Prag.

Literatur: A. *Podlaha* 284 und Suppl. I 16; Suppl. III 9.

Kurt A. Huber

U

Uhlich, Eusebius ⟨OSA, Taufname: Franz Joseph⟩ (1750 – 1810)

1790 – 1794 Konsistorialkanzler in St. Pölten

→ Bd. 1, 768.

Ujejski (Ujeyski), **Tomasz** (1612 – 1689)

1656 – 1676   Bischof von Kiew
ca. 1666 – 1677 Weihbischof der Diözese Ermland

* 19. 12. 1612 im Palatinat Sandomir als Sohn eines kalvinistischen Adligen und einer katholischen Mutter; katholisch erzogen; Studium der Theologie und Priesterweihe in Rom; Sekretär von König Władysław IV. und Johann Kasimirs; 1647 Domherr von Płock und Domku-

stos von Gnesen; 1650 Domherr, Dompropst in Frauenburg; 1656 von König Johann Kasimir zum Bischof von Kiew nominiert. U. wurde zwar zu Seeburg konsekriert, konnte sich aber wegen der Kriegsverhältnisse nicht in sein Bistum begeben und blieb daher in Ermland. Als enger Berater der ermländischen Bischöfe W. (→) Leszczyński und J. S. (→) Wydżga machte er sich vor allem während des Schwedisch-Polnischen Krieges (1655 – 60) um das Ermland verdient. 1660 nahm er an den Friedensverhandlungen von Oliva teil. Nach der Translation Leszczyńskis nach Gnesen war er Administrator der Diözese. Leszczyński und Wydżga vertrat er bei deren Abwesenheit zum Sejm. Seit etwa 1666 wirkte Bischof U. auch in der Funktion eines Weihbischofs in der Diözese Ermland. Er nahm ferner an den preußischen und polnischen Landtagen teil. 1676 resignierte U. auf die Diözese Kiew, gab seine

Ämter auf, vermachte sein Vermögen dem ermländischen Domkapitel und der ermländischen Kathedrale und trat zu Wilna in den Jesuitenorden ein. Er wirkte später noch einige Jahre als Rektor des Kollegs zu Wilna. † 1. 8. 1689 im Rufe der Heiligkeit.

Literatur: *J. Brictius*, Vita Venerabilis Patris Th. de Rupnie Ujeyski (Braunsberg 1706). - *A. Eichhorn*, Prälaten 328-333. - *C. Sommervogel* 8 (1898) 340. - *A. Rogalski* 209. - *J. Obłąk* Historia 142. - *T. Oracki* 2 (1988) 195 f.

Anneliese Triller

Ungelter von Deisenhausen, Johann Nepomuk August Reichsfreiherr (1731 – 1804)

1779 – 1804   Weihbischof in Augsburg, Ep. tit. Pellensis
1785 – 1795   Generalvikar in Augsburg

≈ 20. 2. 1731 in Höchstädt / Donau (Diöz. Augsburg); 1741 – 47 bischöflicher Edelknabe in Dillingen; 1749 Domizellar in Augsburg; 26. 7. 1755 Priester; 1760 Domdekan, 1768 Dompropst in Augsburg. Seit etwa 1770 Statthalter des Hochstifts Augsburg, machte U. sich vor allem um die Verbesserung des Schulwesens verdienst. 1779 Dr. theol. (Dillingen); 12. 7. 1779 Titularbischof von Pella und Weihbischof in Augsburg; 29. 8. 1779 Konsekration durch Fürstbischof (→Bd. I) Klemens Wenzeslaus von Sachsen in Trier; Mai 1785 Generalvikar in Augsburg. Sein Mitbewerber um dieses Amt, Th. J. v. (→) Haiden, blieb bis 1793 Provikar. U. leitete anstelle des oft abwesenden Klemens Wenzeslaus Bistum und Hochstift. Er galt als gemäßigter kirchlicher Aufklärer. Als der Fürstbischof nach 1789 wieder einen konservativen Kurs einschlug, fiel U. allmählich in Ungnade. 1795 resignierte er auf das Generalvikariat. Seitdem verfielen seine Kräfte. † 26. 2. 1804 in Augsburg.

Literatur: *A. Schröder*, Weihbischöfe 486-510. - *A. Haemmerle*, Domstift Nr. 887. - *H. Schiel* I u. II. - *H. Dussler*, Erweckungsbewegung 38. - *A. Layer*, in: Höchstädt a. d. Donau (Höchstädt 1981) 259-261. - *J. Seiler*.

Peter Rummel

V

Vaccano (Vaccani), Franz Maximilian (1609 – 1672)

1641 – 1663   Generalvikar in Laibach
1649 – 1663   Bischof von Pedena
1663 – 1672   Bischof von Triest

Franz Maximilian Vaccano wurde am 20. 10. 1609 in Šempas bei Görz als Sohn des Giovanni Batt. V., Freiherr von Como, und dessen Ehefrau Lucrezia getauft. Das Studium absolvierte er als Alumne des Collegium Germanicum in Rom (Dr. theol. et. phil.). 1633 erhielt er die wichtige Pfarrei Reifnitz (Ribnica) in Krain, mit der das Amt eines Archidiakons verbunden war. Diese Stellung behielt er bis 1643, doch gewann er noch weitere Benefizien hinzu und somit im kirchlichen und zivilen Leben im Gebiet des heutigen Slowenien eine wichtige Stelle. 1641 berief der Laibacher Bischof O. v. (→) Puchheim ihn zu seinem Generalvikar. Angesichts der häufigen Abwesenheit des Diözesanbischofs leitete V. den ganz vom Patriarchat Aquileja umklammerten Sprengel fast selbständig. Seine Visitationsakten bezeugen seine intensive seelsorgliche Tätigkeit. Auch im politischen Leben Krains, dessen Provinzialrat er zwölf Jahre lang, z. T. als Vizepräsident, angehörte, spielte V. eine Rolle. Als der Bischof von Pedena A. (→) Marenzi 1646 nach Triest transferiert wurde, nominierte der Kaiser ihn am 18. 10 1646 zum Nachfolger. Wegen des Verdachtes der Pfründenhäufung wurde ihm das Bistum jedoch erst am 1. 3. 1649 päpstlich verliehen.

V. begab sich jedoch nicht in sein winziges, im
Zentrum Istriens gelegenes Bistum, das kaum
zwölf Pfarreien zählte, sondern er blieb in
Laibach, wo er weiterhin das Amt des Generalvikars ausübte, obwohl der Hl. Stuhl ihn 1650
zur Wahrnehmung der Residenz aufforderte
und monierte, daß er keinen Statusbericht
vorgelegt hatte. Die Provinzialstände in Laibach schlugen ihn 1654 erfolglos als Weihbischof vor. 1656 wurde V. Dompropst in Laibach, womit Benefizien in Radmannsdorf (Ra-
dovljica) und Lees (Lesce) verbunden waren. Er
pflegte aber auch den Kontakt zum Gebiet von
Görz, das, obwohl zum Patriarchat Aquileja
gehörig, wegen der staatlichen Grenzen von
diesem faktisch isoliert war. 1656 legte er dort
den Grundstein für die Kirchen der Jesuiten
und der Misericorditi, und 1662 verlieh Kaiser
Leopold II. ihm die Jurisdiktion für das Gebiet
der Stadt.

Am 6. 11. 1662 nominierte der Kaiser V. als
Nachfolger von Marenzi zum Bischof von
Triest. Die Translation erfolgte am 12. 3. 1663.
Das Bistum zählte damals 46032 Katholiken,
darunter zwei Drittel Slowenen. V. visitierte
seinen Sprengel zweimal. Es gelang ihm, die
Ausstattung des Bischöflichen Stuhles bedeutend zu verbessern, sein Jahreseinkommen auf
600 fl. zu steigern und den bischöflichen Palast
mit 12000 fl. aus eigenem Vermögen auszubauen. Er konsekrierte zahlreiche Kirchen und
Altäre. Als Kanzler diente ihm 1668 – 72 der
Historiker Vincenzo Scussa.

Unter V. blühte die Arbeit der Jesuiten im
Kolleg und in der Seelsorge, vor allem auf dem
Gebiet der Christenlehre. Der Bau ihrer Kirche
schritt gut voran, doch führten die Verhandlungen V.s mit dem Orden wegen Errichtung
eines Seminars nicht zum Erfolg.

1667 erfolgte in der Diözese im Zusammenhang
mit dem Aufbruch des Reiches gegen die
Türken die Einführung des Immakulatafestes.
Die Proklamation des Antonius von Padua und
des Franz Xaver zu Konpatronen der Stadt, die
1667 auf Beschluß des Stadtrats erfolgte,
knüpfte dagegen an die Tradition an und
verband damit neue Elemente. 1670 war' V.
Schlichter in dem langjährigen Streit zwischen
dem städtischen Patriziat und dem kaiserlichen Stadthauptmann.

V. starb am 15. 8. 1672 in Triest. Er wurde in der
dortigen Kathedrale beigesetzt.

Quellen: ASV Con. Conc., Relationes 790; Archiv
Slovenije, Rokopisi I fol. 67 r.

Literatur: G. *Mainati* III 308. - C. v. *Wurzbach* 49
(1884) 171. - M. *Premrou*, Vescovi triestini 8 f. - Ders.,
Vescovi petinensi 386 f. - Atti e memorie 340. - I. *Grah*
6 - 9, 21 Anm. 21 - 24. - F. M. *Dolinar*, in: SBL 4 (1982)
315. - M. *Smole* 45.

Abbildungsnachweis: Archivio vescovile di Triest.

Luigi Tavano - France M. Dolinar

Vagedes, Johann († 1663)

1646 – 1659 Generalvikar in Stadt und Bistum
          Münster
1659 – 1663 Generalvikar in der Stadt
          Münster

* in Münster; 1606 Tonsur in Münster; Lic.
theol.; 1618 – 37 Kanonikus an St. Martini in
Münster; 1624 – 36 Pfarrer in Boke bei Paderborn; 9. 6. 1629 Subdiakon in Münster; 1636
Dechant an St. Martini in Münster; 1646 – 59
Generalvikar in Stadt und Bistum Münster; seit
22. 7. 1659 nur mehr in der Stadt Münster;
† 18. 6. 1663.

Quellen: BAM.

Literatur: W. *Kohl*, Galen 169.

Michael F. Feldkamp

Vauthier, Petrus (um 1616 – 1683)

1667 – 1676 Generalvikar in Wien

* um 1616 in Porrentruy (Diöz. Basel); 1640
Immatrikulation in Wien (Dr. phil.; 1646 Bac.

Kaplan und Hofmeister beim kaiserlichen Botschafter in Madrid, Johann Maximilian von
Lamberg; nach der Rückkehr nach Wien 1659
Domherr bei St. Stephan (Präsentation der
Universität); 1662 Dekan der Theologischen
Fakultät, 1663 Rektor der Universität; 1664
Konsistorialrat des Wiener bischöflichen Konsistoriums; leitete unter dem schon zum Bischof von Wiener Neustadt ernannten Offizial
L. (→) Aidinger seit 15. 9. 1665 als Vizeoffizial
die Diözesanverwaltung; 4. 4. 1667 Dompropst
bei St. Stephan und damit Dechant von Kirnberg und Kanzler der Universität; nach dem
Tod Breuners Kapitelsvikar. Nach Kompetenz-
streitigkeiten mit Weihbischof J. (→) Schmitzberger legte V. 1676 seine Ämter als Offizial
und Generalvikar nieder, behielt aber die übrigen Würden. Er starb während der zweiten
Belagerung Wiens durch die Türken am 4. 9.
1683. ☐ Stephansdom.

Quellen: AUW. - AVA. - DAWi. - NÖLA.

Literatur: *A. Wappler* 480, 490, 493. - *Th. Wiedemann*
V 577 f. - *H. Zschokke* 398, Nr. 480. - *E. Tomek*, Das
kirchliche Leben 267 f. - *D. Leopold* 243.

Johann Weißensteiner

Velbrück, Franz Karl Reichsgraf von
(1719 – 1784)

1772 – 1784 Fürstbischof von Lüttich

Franz Karl von Velbrück wurde am 12. 7. 1719
als Sohn des Grafen Maximilian Heinrich V.
und seiner Ehefrau Maria Anna Baronin von
Wachtendonk auf Schloß Garath bei Düsseldorf geboren. Einen Teil seiner Jugend verbrachte V., der bereits 1732 die Tonsur empfing,
als Page am Wiener Hof. Danach studierte er
die Rechte an den Universitäten Douai und
Reims, erlangte jedoch keinen akademischen
Grad. 1736 übernahm er den Sitz seines Bruders Adam im Lütticher Domkapitel. Ohne
Neigung für den geistlichen Stand, schlug er
vorübergehend die militärische Laufbahn ein.
Er diente u. a. als Adjutant unter seinem Onkel
Graf von Wachtendonk. Nach dem Tod des
Fürstbischofs G. L. de (→) Berghes kam V. auf
Drängen der französischen Partei des Domkapitels 1745 zum ersten Male überhaupt nach
Lüttich. Um an der Bischofswahl teilnehmen zu
können, hatte er zwei Tage zuvor die Subdiakonatsweihe empfangen. (→) Johann Theodor
von Bayern, auf den die Wahl fiel, ernannte ihn
1746 zum Mitglied des Privatrates, der obersten
Regierungsbehörde des Fürstbistums, und
1754 zum Canonicus a latere. In dieser Eigenschaft begleitete er Johann Theodor auf dessen

zahlreichen Reisen. 1756 wurde V. zudem das
Archidiakonat Haspengau im Bistum Lüttich
übertragen. Den vorläufigen Höhepunkt seines
Aufstiegs erreichte V. 1759, als Johann Theodor
ihn zu seinem Oberhofmarschall berief. Als
solchem oblag ihm die Führung der Regierungsgeschäfte mit dem Vorschlagsrecht für
alle Regierungs- und Verwaltungsämter.

Diese herausragende Stellung brachte allerdings auch finanzielle Verpflichtungen mit
sich, denen der bereits hoch verschuldete V.
nur schwer nachkommen konnte. In zahlreichen Bittschriften unterbreitete er dem französischen Außenminister seine mißliche Lage.
Wenn dieser sich auch mit der Einlösung
gegebener Versprechen Zeit ließ, so blieb V.
doch zusammen mit Generalvikar E. S. de (→)
Stoupy der sicherste Garant für die frankophile Ausrichtung der Lütticher Politik. In den
letzten Jahren der Regierung Johann Theodors,
der im Gegensatz zu den früheren Fürstbischöfen aus dem Hause Wittelsbach Lüttich
nur begrenzte Aufmerksamkeit schenkte, geriet V. zunehmend ins Kreuzfeuer der Kritik.
Der Adel entrüstete sich über seine galanten
Abenteuer, und V. besaß in der Tat nicht die für
sein verantwortungsvolles Amt notwendige
moralische Autorität. 1761 bestimmte das
Domkapitel ihn dennoch zu seinem Vertreter in
der Ständeversammlung. Dies sollte für mehr
als zehn Jahre die letzte wichtige Aufgabe sein,
mit der er betraut wurde. Die Wahl des Fürstbischofs Ch. N. d' (→) Oultremont beendete 1763
vorerst V.s bis dahin glänzende Karriere, da er
für den von Frankreich und Österreich unterstützten (→ Bd. I) Klemens Wenzeslaus von
Sachsen geworben hatte. Die Verleihung der
Abtei Cheminon durch den französischen König belohnte V. 1765 für diesen Einsatz und
enthob ihn, der am fürstbischöflichen Hof
keine Rolle mehr spielte, seiner dringendsten
finanziellen Sorgen. Nach dem Tode von O.
bewarben sich der Erzbischof von Bordeaux,
Fürst Ferdinand de Rohan, sowie Klemens
Wenzeslaus, der mittlerweile Trier und Augsburg besaß, um Lüttich. Frankreich, das eine
weitere Niederlage seines Kandidaten vermeiden wollte, favorisierte in erster Linie Rohan.
Österreich ließ keine deutlichen Präferenzen
sichtbar werden, doch scheint Maria Theresia
den Trierer Kurfürsten abgelehnt zu haben. Die
Haltung Klemens XIV., der ein Eligibilitätsbreve nur noch dann ausstellen wollte, wenn die
Kandidaten im voraus auf ihre übrigen Bistümer verzichteten, verschlechterte die Aussichten Rohans wie Klemens Wenzeslaus' erheblich und gab der nationalen Partei im Domkapitel neuen Auftrieb. Die Kandidatur V.s rückte
schon bald in den Vordergrund, doch erregte

sein ungeistlicher Lebenswandel vielfach Anstoß. Trotzdem fiel die Wahl am 16. 1. 1772
nach mehrwöchigem Tauziehen auf ihn, nachdem es ihm nicht nur gelungen war, seine
schärfsten Widersacher innerhalb des Kapitels
für sich zu gewinnen, sondern sich auch die
Rückendeckung Frankreichs und Österreichs
zu sichern. Die päpstliche Wahlbestätigung
folgte am 30. 3. 1772. Am 26. 4. 1772 empfing V.
die Priester- und am 3. 5. 1772 aus den Händen
von Weihbischof Ch. A. d' (→) Arberg die
Bischofsweihe. Die feierliche Einführung fand
am 5. 5. 1772 statt. Bei dieser Gelegenheit
beschwor der neue Fürstbischof die gleiche
Wahlkapitulation wie sein Vorgänger.

In der Außenpolitik nahm V. die Verhandlungen mit den mächtigen Nachbarstaaten des
Fürstbistums wieder auf. Dank seiner guten
Beziehungen zu den Höfen von Versailles und
Wien konnten strittige Punkte ausgeräumt
werden. 1772 kam es zur Unterzeichnung eines
Handelsvertrages mit Frankreich, der 1774
durch Reichsprotokoll bestätigt wurde. Der
seit fast 40 Jahren währende Handelskrieg mit
den österreichischen Niederlanden wurde
zwar im Grenzvertrag von 1780 weitgehend
beigelegt, doch blieb dieses Vertragswerk toter
Buchstabe, da der Adel seine Ratifizierung
verweigerte. Als Landesherr widmete V. dem
Wirtschafts- und Sozialbereich sowie dem Un-
terrichtswesen besondere Aufmerksamkeit. Er
bekämpfte die grassierende Armut durch die
Schaffung eines allgemeinen Spitals in Lüttich,
das sowohl Besserungs- als auch Erziehungs-
anstalt sein sollte, und förderte die Gründung
oder Reform ähnlicher Institute in anderen
Städten des Fürstbistums. Diese Maßnahmen
haben allerdings die Regierungszeit V.s nicht
überdauert. Durch den Ausbau des Straßennetzes sowie durch Sanierungs- und Verschö-
nerungsarbeiten in Lüttich beschäftigte V.
zahlreiche Arbeitslose. Außerdem bemühte er
sich um neue Absatzmärkte und nahm regen
Anteil an der Entwicklung neuer Techniken in
der Lütticher Industrie. Der Aufschwung der
Badestadt Spa lag ihm besonders am Herzen.
Ein groß angelegter Plan zur Urbarmachung
brachliegenden Gemeindelandes fand nicht die
Zustimmung der Städteversammlung. Nach
Aufhebung des Jesuitenordens gründete V. in
Lüttich und in mehreren Ortschaften des Fürstbistums aus dem Vermögen des Ordens öffentliche Schulen, in denen der Unterricht unentgeltlich erteilt wurde. Er entwarf persönlich ein
Erziehungsprojekt. Auch die Wissenschaften
und die Künste gelangten dank seiner Förderung zu neuer Blüte. Neben einer Akademie für
Malerei, Bildhauerei und Gravur richtete er
eine Schule für technisches Zeichnen, ferner

einen höheren Mathematikunterricht sowie eine Schule für Hebammen ein. Auch an diesen
Unterrichtsanstalten wurde kein Schulgeld erhoben. Zur Koordinierung dieser Initiativen
gründete V. 1779 die „Société d'Emulation",
deren Statuten Gelehrte und Künstler entworfen hatten. Sie setzte sich u. a. die Förderung
von Kultur- und Geistesleben durch Ausarbeitung von Denkschriften und durch das Ausset-
zen eines Preises zum Ziel.

Der Geist der Aufklärung, der V.s Handeln so
nachdrücklich prägte, ließ auch seine Tätigkeit
als Bischof nicht unberührt. Dies zeigt z. B. sein
Verhalten gegenüber dem jungen Lütticher
Schriftsteller Bassenge, der dem französischen
Deisten Raynal ein Theaterstück gewidmet
hatte. In einem Brief an Generalvikar Ph. A. de
(→) Rougrave bezeichnete V. 1781 das Vorgehen des Konsistoriums gegen Bassenge als
unchristlich. Er unterzeichnete zwar später ein
Hirtenschreiben, das die „blasphemischen"
Schriften des Abbé Raynal ebenso verurteilte
wie das „skandalöse" Stück, doch versuchte er
zugleich in einem Gespräch mit Bassenge und
einigen kompromißbereiten Mitgliedern des
Konsistoriums, die Folgen dieser Verurteilung
wieder abzuschwächen. Aus Protest gegen das
von V. erzwungene Stillhalteabkommen reich-
ten daraufhin mehrere Mitglieder des Konsistoriums ihren Rücktritt ein. Ähnlich widersprüchlich war das Verhalten V.s gegenüber
der Freimaurerei. Obwohl selbst Mitglied der
Loge, unterdrückte er 1777 eine dieser nahestehende Zeitung. Während er auf der einen Seite
in Hirtenbriefen und Dekreten die Lektüre und
Verbreitung der „gottlosen" Werke der Philosophen verbot, unternahm er andererseits nichts,
um den Druck der Encyclopédie Diderots in der
größten Lütticher Druckerei zu verhindern.
Diese Inkonsequenz wurzelte im Charakter des
Fürstbischofs, der die offene Konfrontation
scheute und seine persönliche Ruhe liebte. Im
übrigen scheint V. die Werke der von ihm
verehrten Philosophen nie gelesen zu haben.
Die Frage, inwieweit er das katholische Dogma
überhaupt noch bejahte, stellten schon seine
Zeitgenossen. Sie ist bis heute nicht sicher
beantwortet. Vieles spricht dafür, daß V. jegliche Form der Offenbarung ablehnte und lediglich an die Existenz eines höchsten Wesens
glaubte. Sein sittliches Verhalten hatte V. nach
seiner Bischofsweihe geändert und seine stadt-
bekannte Liaison mit der Frau des Lütticher
Bürgermeisters Graillet beendet. Den aus dieser Verbindung hervorgegangenen Sohn überhäufte er jedoch ebenso wie die Familie Graillet
auch weiterhin mit Gunsterweisen. Seine Korrespondenz als Bischof enthält im übrigen
noch manchen Hinweis auf die Anziehungs-

kraft, die das weibliche Geschlecht nach wie vor auf ihn ausübte. Öffentliches Ärgernis hat er allerdings nicht mehr gegeben.

Unbestritten ist die Herzensgüte des eher schüchternen und oft kränkelnden V. Häufig begnadigte er zum Tode Verurteilte und kaufte mit privaten Mitteln Gefangene frei. Besucher zeigten sich von seiner heiteren Wesensart und seiner Intelligenz beeindruckt. Seine mangelnde Entschlußkraft wurde durch ein bemerkenswertes Vermittlertalent zum Teil ausgeglichen. Dieser Umstand ist ihm in seiner zwölfjährigen Amtszeit sehr zustatten gekommen, denn fast alle politischen Entscheidungen hat V. gegen den Widerstand der weltlichen und geistlichen Körperschaften seines Fürstbistums durchsetzen müssen. V. starb am 30. 4. 1784 unerwartet auf Schloß Hex bei Tongern. Er wurde im Chor der St. Lambertus-Kathedrale in Lüttich beigesetzt.

Literatur: J. Daris, Liege 1 (1868) 261-357. - J. de Theux, 4 (1872) 49-51. - P. Harsin, Velbruck, sa carrière politique et son élection à l'épiscopat liégois, in: La Vie Wallone 7 (1926/27) 87-95, 119-129. - Ders., Velbruck, le prince, l'évêque, in: La Terre Wallone 20 (1929) 70-83. - J. Paquay 65 f. - J. Jadin, Procès 240-243. - G. de Froidcourt, François-Charles, comte de Velbruck, prince-évêque franc-maçon (Liège 1936). - Ders., in: BN 26 (1937) 523-531. - Ders., Velbruck prince-évêque philosophe (Liège 1948). - Ders., M. Yans, Lettres autographes de Velbruck, prince-évêque de Liège, 1772-1784, 2 Bde. (Liège 1954). - M. Yans, Le prince-évêque Velbruck d'après sa correspondance, in: La Vie Wallone 31 (1957) 110-124. - D. Jozic, Lettres de François-Charles de Velbruck, prin-ce-évêque de Liège, à Claude-Etienne Larget, son ministre à Paris (1773-1778), in: AHL 15 (1974) 1-126; 16 (1975) 1-148; 18 (1977) 1-156. - Ders., François-Charles de Velbruck, prince-évêque francophile. Aperçu de l'influence de la France sous le règne d'un prélat éclairé (1772-1784), in: Etudes sur le XVIIIᵉ siècle 6 (1979) 52-62.

Abbildungsnachweis: Gemälde von Lambert-Joseph Grégoire. - Lüttich, Musée d'Ansembourg, cat. no. 52. - IRPA Bruxelles Neg. Nr. 170022.

Alfred Minke

Verbeck, Franz Bernardin (1686 – 1756)

1746 – 1756 Weihbischof in Münster, Ep. tit. Tebastensis

≈ 21. 2. 1686 in Antwerpen; Maurer und Steinhauer; Eintritt in das Minoritenkloster in Münster; 1712 Tonsur; 1. 4. 1713 Priesterweihe in Köln; Dr. theol.; stellvertretender Guardian des Minoritenklosters in Bonn; im Mai 1746 von Bischof (→) Clemens August von Bayern als Weihbischof in Münster erbeten; 19. 9. 1746 Titularbischof von Tebasten und Weihbischof in Münster; † Dezember 1756 in Kleve; □ Minoritenkirche in Kleve.

Quellen: ASV. - BAM.

Literatur: A. Tibus, Weihbischöfe Münster 236 f.

Michael F. Feldkamp

Verhorst, Johannes Petrus (1657 – 1708)

1687 – 1708 Weihbischof in Trier, Ep. tit. Albensis
1688 – 1708 Generalvikar in Trier

* 22. 2. 1657 zu Köln als Sohn des späteren Bürgermeisters und Provisors der Universität Bartholomäus V. († 1690) und der Anna Clara von Francken-Siersdorpff († 1658). Vier Brüder der Mutter wurden Priester; davon waren zwei zeitweise Rektor der Universität, und Peter Josef 1711 – 27 Bischof von Antwerpen. V. war Alumne des Seminarium Laurentianum und studierte seit 1672 an der Universität Köln (1674 Lic. iur., 1681 Dr. iur. utr.); 1681 Professor der Rechte; 3. 2. 1686 Priester. Gleichzeitig erfolgte seine Berufung in das Konsistorium, das das Visitationswesen zu leiten hatte. Eine Berufung als Auditor an die Rota Romana schlug er aus. Es ist unklar, warum der Trierer Erzbischof J. H. v. (→) Orsbeck V. zum Weihbischof wählte. Wahrscheinlich hat ihn der dezidiert antijansenistische Bischof Humbert-Wilhelm de Precipiano von Brügge durchgesetzt.

24. 11. 1687 Titularbischof von Alba (V. schrieb „Arba") und Weihbischof in Trier; 3. 4. 1688 Konsekration durch Orsbeck in der Kapelle von Schloß Ehrenbreitstein; 24. 4. Offizial und 6. 5. 1688 Generalvikar; bis 1700 vor allem auf Visitationsreisen in den sog. wallonischen Landkapiteln der oberen Diözese. Seit 1700 führte der an sich zurückhaltende V. den Kampf gegen die Placet- und Gerichtspraxis der Luxemburger und Brüsseler Räte, bis schließlich die Brüsseler Regierung einlenkte. Sie ließ angesichts des trierischen Widerstandes auch die Pläne zur Errichtung eines eigenen Bistums Luxemburg fallen. V.s Zuständigkeit für die ausländischen Teile der Diözese brachte ihn auch in Konflikt mit den dort zu beobachtenden jansenistischen Tendenzen. 1706 ließ er die Konstitution „Vineam Domini" in den französischen Landkapiteln veröffentlichen und versuchte, durch Ausweisung der Beichtväter Arnauld und Martini die jansenistischen Zentren Juvigny und Orval zum Gehorsam zu zwingen. V. scheute allerdings vor weiteren Maßnahmen zurück, als sich ihm die betroffenen Pfarreien verweigerten, und mied den endgültigen Bruch, zumal er unter den jansenistischen Autoren auch Verwandte und Studienkollegen besaß. Selbst seine Gegner respektierten seine Strenge gegen sich selbst. Seine homiletische Begabung fand den Niederschlag in mehreren Predigtwerken. † 12. 7. 1708 in Trier; □ St. Simeon zu Trier; heute in der Agathenkapelle des Domkreuzganges.

Schriften: Sacrae militiae typus et historia sive Commentarius literalis et mysticus in librum primum Machabaeorum, (Aug. Trev./Col. Agripp. 1700). - Sermones solemnes in praecipuis anni festivitatibus, Vol. 1,2 (Aug. Vind. 1706-08). - Conciones per Quadragesimam et solemnia anni festa e metropolitano suggestu dictae (o.O.u.o.J.).

Quellen: BATr. - StB Trier, Abt. Hss.

Literatur: K. J. Holzer. - L. Just, Luxemburger Kirchenpolitik. - R. Taveneaux. - J. Kumor, Die Dienstreisen des Trierer Weihbischofs Johann Petrus Verhorst (1688-1708) in die wallonischen Dekanate des Erzbistums Trier, in: NTrJb 9 (1969) 5-15. - Ders., Die Dienstreisen des Trierer Weihbischofs … in die Eifel, in: Jahrbuch des Kreises Prüm 12 (1972) 21-23. - Ders., Der Trierer Weihbischof Johannes Petrus Verhorst (1688-1708), in: AmrhK 22 (1970) 187-206.

Wolfgang Seibrich

Veyder, Johannes Werner (seit 1706 **Reichsritter) von** (1657 – 1723)

1695 – 1704 Generalvikar in Köln
1703 – 1723 Weihbischof in Köln, Ep. tit. Eleutheropolitanus

* 2. 12. 1657 in Neumagen/Mosel; mit führenden Kölner Familien versippt; Studium an der Jesuitenuniversität Pont-à-Mousson (1682 Lic. iur. utr.); 1694 Priesterkanonikus am Kölner Dom; 17. 1. 1695 als Nachfolger seines Verwandten J. H. v. (→) Anethan Generalvikar und bald darauf auch Coadministrator in spiritualibus des Erzbischofs (→) Joseph Clemens von Bayern; Propst in Meschede; 12. 11. 1703 Titularbischof von Eleutheropolis und Weihbischof in Köln; 2. 3. 1704 Konsekration durch Nuntius Giulio Piazza; 1707 Teilnahme an der Konsekration des emigrierten Erzbischofs Joseph Clemens in Lille; 1720 Herausgabe der verbesserten Kölner Agende; † 30. 10. 1723 nach mehrjähriger Krankheit in Köln; □ Kölner Dom.

Schriften: Hg., Agenda S. Coloniensis Ecclesiae … (Köln 1720).

Literatur: J. Torsy.

Erwin Gatz

Vincenz, Ulrich (seit 1726 **Freiherr) von** (1681 – 1743)

1709 – 1725 Generalvikar in Chur

* 1681 aus einem Notablengeschlecht des Grauen Bundes; Sohn des Bartholomäus V., bischöflichen Obervogts in Großengstingen, und der Maria Claudia von Federspiel; Neffe von Bischof U. v. (→) Federspiel; 1698 – 1700 Studium in Dillingen; 1706 Pfarrer in Mals und nichtres. Domherr; 1709 Domkustos in Chur; 1709 – 25 Generalvikar von Federspiel (bezeugt ab 10. 4. 1715); 1722 Domscholastikus und Domdekan; † 22. 10. 1743 in Chur, □ Kathedrale Chur.

Literatur: W. Kundert, in: HS I/1 (1972) 529, 555.

Pierre Louis Surchat

Vintler von Runkelstein, Wilhelm (seit 1673 **Freiherr) (1631 – 1697)**

1664 – 1672 Konsistorialpräsident in Brixen
1677 – 1697 Generalvikar in Brixen
1681 – 1697 Weihbischof in Brixen, Ep. tit. Megarensis

* 11. 3. 1631 in Brixen aus einer seit dem 12. Jh. zu Bozen ansässigen Familie; Studium in Trient und 1649 – 54 als Alumne des Collegium Germanicum in Rom; 10. 5. 1654 Priester; 1647 Domkapitular in Trient, 1648 in Brixen; Konsistorialrat, Domscholaster und 1678 Dompropst

in Brixen; 1677 Generalvikar in Brixen; 22. 12. 1681 Titularbischof von Megara und Weihbischof in Brixen; 15. 2. 1682 Konsekration durch Fürstbischof P. (→) Mayr; † 9. 3. 1697 in Brixen.

Literatur: *A. Steinhuber.* - *K. Wolfsgruber*, Brixner Domkapitel 223.

Josef Gelmi

Vitzki, Matthäus Joseph Ignaz (1660 – 1713)

1700 – 1713 Apostolischer Administrator des Bistums Meißen in der Lausitz

Matthäus Joseph Ignaz Vitzki wurde am 13. 9. 1660 in der dem Zisterzienserinnenkloster St. Marienstern gehörenden Stadt Wittichenau / Lausitz als Sohn des sorbischen Schuhmachers Gregor Georg V. und der Katharina Lock geboren. Nach dem Besuch der Schule seiner Vaterstadt kam er 1672 auf das Gymnasium der Jesuiten in Komotau (Chomutov) in Böhmen und 1678 zum Studium der Theologie nach Prag. Am 21. 9. 1685 wurde er dort zum Priester geweiht. Nach kurzem Vikarsdienst an der Bautzner Domkirche St. Petri kam er im November 1685 als Kaplan an die kaiserliche Gesandtschaft in Dresden. 1691 wurde er von dort zum Kanonikus des Bautzner Domkapitels berufen.

Von Januar bis Juni 1695 begleitete er den kaiserlichen Gesandten in Dresden, den Grafen Clary-Aldringen, auf einer Italien- und Romreise. Am 2. 12. 1700 wurde er zum Dekan des Bautzner Domkapitels gewählt und damit Apostolischer Administrator der Lausitz.

Die Zeitgenossen rühmten V. als eifrigen Förderer der katholischen Kirche, der mutig für die Rechte der Administration und des Domkapitels eintrat. 1703 erwarb er von den Fürsten Liechtenstein deren böhmische Herrschaft Schirgiswalde. V. wollte für das Domkapitel ein kleines Stiftsland schaffen, das territorial so beschaffen war, daß es nicht nur an Böhmen angrenzte, sondern in Böhmen selbst lag. Die wirtschaftlichen Schäden, die der sächsisch-schwedische Krieg anrichtete, suchte er zu beheben. Besonders kümmerte er sich um das Magdalenerinnenkloster in Lauban, dessen Propst er als Administrator war. Er trieb eifrige Archivstudien und verfaßte eine Chronik des Domkapitels und der Administratur, die später auch gedruckt wurde.

V. starb am 23. 6. 1713 und wurde in der von ihm selbst angelegten Kapitelsgruft in der Bautzner Domkirche beigesetzt.

Schriften: Chronicon venerandi Capituli et collegiatae ecclesiae Budissinensis auctore Matth. Jos. Vitzk Decano nec non Administratore Ecclesiastico utramque per Lusatiam (1711), in: Neues Lausitzer Magazin 33 (1857) 100-114. - R(everendissi)mi D(omi)ni Decani Vitzki Variae historicae Annotationes quarum multae capitulum nostrum concernunt, pro directione legentur (1703), in: Neues Lausitzer Magazin 33 (1857) 186-231.

Literatur: *P. Skobel* 235-268. - *J. Solta* 583.

Abbildungsnachweis: BDM FotoDok.

Siegfried Seifert

Vivant, Jean (1660 – 1739)

1729 – 1739 Generalvikar in Straßburg
1730 – 1739 Weihbischof in Straßburg, Ep. tit. Parensis

* 1660 in Paris; Studium an der Sorbonne (Dr. theol.); Domherr von Notre Dame in Paris und Grand Vicare von Paris zur Zeit des Erzbischofs Louis-Antoine de Noailles. V. spielte zu Beginn des 18. Jh. eine bedeutende Rolle. Zunächst den Jansenisten zugewandt, wurde er später einer der eifrigsten Verteidiger der Bulle „Unigenitus". Vielen schien er als der Vertrauensmann der Kardinäle Henri de Bissy und A. G. de (→) Rohan, die den bereits alten Erzbischof von Paris zur Annahme der Bulle bewegen wollten. Die Jansenisten sahen jedenfalls in dem Hirtenschreiben von Noailles vom Oktober 1728, mit dem dieser sich voll der römischen Entscheidung unterwarf, ein Werk

V.s. Diese Vermutung wurde dadurch unterstützt, daß Rohan V. unmittelbar nach dem Tod
Noailles' am 18. 8. 1729 zu seinem Generalvikar
und Offizial berief. Am 28. 11. 1730 wurde V.
zum Titularbischof von Paros ernannt. Der
bereits Siebzigjährige entfaltete jedoch im Elsaß wenige Aktivitäten. An ihn erinnern lediglich seine Fastenhirtenbriefe, die von entschie-
denem Rigorismus geprägt sind, obwohl V. von
jansenistischer Seite als Befürworter der laxen
Moral der Jesuiten beschuldigt wurde. † 16. 2.
1739 in Straßburg.

Quellen: ASV Congr. Cons. 1729, f. 316-320. - ASV
Proc. 115, f. 540-546.

Literatur: R. P. Levresse 18. - L. Châtellier, Diocèse de
Strasbourg 657-666.

Louis Châtellier

Vlostorff, Reinhard († 1722)

1690 – 1707 Generalvikar in Wiener Neustadt

1670 Ernennung zum Propst des Kollegiatstiftes zu Baden (Markgrafschaft Baden). Nach der
Zerstörung Badens durch französische Truppen im Jahre 1689 floh V. nach Wien und von
dort nach Wiener Neustadt. Bei Errichtung
eines Domkapitels unter Bischof Chr. de (→)
Rojas y Spinola in Wiener Neustadt 1690
wurde V. Offizial und Generalvikar. 1692 erhielt er das Benefizium S. Spiritus. 1693 erfolgte seine Verpflichtung auf die Kapitelsstatuten.
1707 wurde er wegen Erkrankung entpflichtet.
Sein Benefizium administrierten seitdem Kura-
toren. † 22. 11. 1722 in Baden, □ Baden.

Literatur: H. Fasching. - A. Kolaska.

Alfred Kolaska

**Vöhlin von Frickenhausen, Johann Gotthart
Reichsfreiherr** (1684 – 1732)

1721 – 1732 Generalvikar in Augsburg

* 3. 4. 1684 in Illertissen; ab 1692 Schulbesuch
in Dillingen; ab 1700 Studium in Ingolstadt;
1708 Priesterweihe und Domherr in Augsburg;
1715 – 21 Offizial, ab 1717 Dompfarrer und
Scholaster in Augsburg; 1721 – 32 Generalvikar in Augsburg; † 18. 12. 1732 ebd.

Schriften: Erste Predigt. Funiculus Triplex Jubilaei
Biberbacensis ... Das ist Dreyfaches Band zwischen
Christo ... und der christlichen Seel in dem dritt-
anfangenden Saeculo ... zu ... Ehren und Lob des ...
Kreutz in Biberbach (Augsburg 1726).

Quellen: ABA, Dom 523.

Literatur: L. Brunner, Die Vöhlin von Frickenhausen,
Freiherrn von Illertissen und Neuburg a. d. Kammel,
in: ZHVSN 2 (1875) 371. - A. Haemmerle, Domstift
Nr. 365. - T. Specht, Die Matrikel der Universität
Dillingen II: 1646-1695 (Dillingen 1912-13) 1692
Nr. 42. - J. Seiler.

Peter Rummel

Vogelius, Johann Ferdinand Ignaz von
(1707 – 1759)

1755 – 1759 Generalvikar in Paderborn

* 2. 11. 1707 in Paderborn; ab 1723 Studium der
Philosophie und Theologie in Paderborn, dann
Ingolstadt (Dr. iur. utr.); 2. 11. 1728 Kanoniker
am Stift St. Peter in Fritzlar; Gründer der
Erzbruderschaft BMV und der Märtyrerin
Thekla in der Franziskanerkirche in Paderborn; Kölner und Paderborner Geheimer Rat;
1734 – 59 Offizial in Paderborn; 1755 Generalvikar von Fürstbischof (→) Clemens August
von Bayern; † 23. 8. 1759.

Literatur: J. Freisen, Matrikel II 111 Nr. 5701. - P.
Michels 112 f.

Karl Hengst

Vogelius, Karl Heinrich Freiherr von
(1719 – 1795)

1764 – 1784 Metropolitanvikar in Osnabrück
1784   Kapitularvikar in Osnabrück
1784 – 1795 Metropolitanvikar in Osnabrück

* 27. 2. 1719 in Paderborn; 1735 – 38 Besuch
des Jesuitengymnasiums in Paderborn; Minores in Paderborn; 1738 – 42 Studium in Rom als
Alumne des Collegium Germanicum; Diakonatsweihe und Dr. theol. in Rom; 1751 Hofkanzler und Geheimer Rat in Bonn; 3. 9. 1764
Ernennung zum Generalvikar („Metropolitanvikar") in Osnabrück durch den Kölner Erzbischof M. F. v. (→) Königsegg; Kanonikus in
Soest und an St. Johann in Osnabrück; Dechant
am Liebfrauenstift (Überwasser) in Münster;
1784 während der Sedisvakanz des Erzbistums
Köln Kapitularvikar in Osnabrück; am 3. 5.
1784 durch den Kölner Erzbischof (→) Max
Franz von Österreich erneut zum Metropolitanvikar in Osnabrück ernannt. Am 31. 5. 1763
erhielt V. seinen Großneffen Karl Clemens von
(→ Bd. I) Gruben als Provikar zur Unterstützung im Amte des Generalvikars. † 21. 6. 1795
in Osnabrück; □ St. Johann in Osnabrück.

Literatur: *B. Beckschäfer.* - *J. Metzler*, Apostolische
Vikariate 171. - *J. Freisen*, Matrikel I 87 Nr. 6430; II
124 Nr. 6430. - *H. Hoberg*, Gemeinschaft der Bekenntnisse 68. - Ders., Bischöfliche Gewalt. - *M. F. Feldkamp* 237.

Michael F. Feldkamp

Vogler, Martin (um 1600 – 1663)

1646 – 1652 Generalvikar in Konstanz

* nach 1600 in Konstanz oder Engen; 11. 4. 1626
Priester; seit 1626 Studium in Freiburg i.Br.,
dort auch Alumne, dann Präses der Sapienz-
stiftung und 1635 Dr. theol.; 1635 – 46 Pfarrer
von Ehingen/Donau und zugleich Oberschaff-
ner der Universität Freiburg für ihre schwäbischen Schaffneien; seit 1638 auch Dekan; in der
Zwischenzeit 1637 Münsterpfarrer in Freiburg;
1642 Immatrikulation in Wien; am 3. 2. 1646
ließ der Konstanzer Bischof F. J. (→) Vogt von
Altensumerau und Prasberg den kurz zuvor
zum Generalvikar Ernannten dem Domkapitel
präsentieren; als solcher 1652 letztmals nachweisbar; 1646/47 Visitator in Luzern; damals
auch Mitglied des Geistlichen Rates; 1646 – 52
Pfarrer von St. Johann in Konstanz; 1649 vermutlich vorübergehend auch Offizial und zwei-
felsfrei nichtres. Domherr zu St. Stephan in
Konstanz; 1652 – 60 Domherr in Augsburg;
1653 als Generalvisitator belegt; erhielt 1654
ein Konstanzer Domkanonikat und 1657 den
Zutritt zum Kapitel, während er gleichzeitig
sein Kanonikat zu St. Stephan resignierte; 1662
wirkte er mit bei der bischöflichen Generalvisitation in der Schweiz; † 31. 1. 1663 in Konstanz.

Literatur: *A. Weisbrod*, Die Freiburger Sapienz und
ihr Stifter Johannes Kerer von Wertheim (Freiburg
i.Br. 1966) 110, 112. - *W. Müller*, 500 Jahre theologi-
sche Promotion an der Universität Freiburg i.Br.
(Freiburg i.Br. 1957) 65, Nr. 179. - *S. Schemann*, Die
Pfarrer inkorporierter Pfarreien und ihr Verhältnis
zur Universität Freiburg, in: FDA 92 (1972) 126. - *F. M.
Weber*, Ehingen. Geschichte einer oberschwäbischen
Donaustadt (Ehingen 1955) 244, 262. - *A. Haemmerle*,
Domstift 80, Nr. 384. - *B. Ottnad*, in: HS I/2 (im
Ersch.).

Bernd Ottnad

Vogt von Altensumerau und Prasberg, Franz Johann Reichsritter (seit 1674 Reichsfreiherr) (1611 – 1689)

1641 – 1645 Weihbischof in Konstanz, Ep. tit.
            Megarensis
1645 – 1689 Fürstbischof von Konstanz

Franz Johann Vogt von Altensumerau und
Prasberg wurde am 6. 11. 1611 auf Schloß

Achberg bei Ravensburg als Sohn des Albrecht
und der Maria Salome von Sürgenstein geboren
und in der Pfarrkirche von Siberatsweiler
getauft. Er besuchte seit 1623 das Gymnasium
in Dillingen, studierte 1629 – 35 in Rom als
Alumne des Collegium Germanicum und wurde dort am 3. 3. 1635 zum Priester geweiht. Auf
der Heimreise immatrikulierte er sich in Perugia. V. wurde Domherr in Konstanz (1627 Erste,
1636 Zweite Posseß, später Kantor), 1634 in
Eichstätt und 1635 in Augsburg. Am 16. 12.
1641 wurde er zum Titularbischof von Megara
und Weihbischof in Konstanz ernannt. Die
Konsekration erfolgte am 22. 12. 1641 in Rom
durch Kardinal Cyriacus Rocci. Am 6. 2. 1645
erfolgte seine Wahl zum Fürstbischof von
Konstanz und am 28. 5. 1645 die päpstliche
Bestätigung. Das Augsburger Domkanonikat
durfte er noch fünf Jahre beibehalten.

Bei den Friedensverhandlungen in Münster
wurde V. durch seinen Kanzler Georg Köberlin
vertreten. Dieser hatte großen Einfluß und
wurde schon als einer der „Väter" des Friedens
von 1648 bezeichnet. Die schon lange schwelenden Auseinandersetzungen mit den „Konkurrenten" der bischöflichen Jurisdiktion
suchte V. durch Verträge zu beenden, so mit
der Abtei St. Blasien (1652), den Deutschor-
densballeien Elsaß-Burgund und Franken
(1659) und dem Kanton Luzern (1683). Auch
der Luzerner Nuntius löste durch seine wiederholten Eingriffe in die bischöfliche Jurisdiktion
Spannungen aus. Der Universität Freiburg
i. Br. gegenüber suchte der Bischof seine Rech-

te auszuweiten und abzusichern. Nach der Verlegung der Anstalt nach Konstanz (1685) flammte der alte Streit zwischen den Jesuiten und den „Laienprofessoren" wieder auf. V. setzte sich für die letzteren ein. 1685 ließ er das Konstanzer Rituale („Obsequiale") neu auflegen und im Anhang aus dem Rituale Romanum (1614) einige bis dahin in der Diözese nicht gebräuchliche Benediktionen und Prozessionsriten abdrucken.

Im schweizerischen Diözesananteil gelang es im Ersten Villmerger Krieg 1656, die Stellung des Katholizismus zu festigen. Während der französischen Hegemonialpolitik Ludwigs XIV. erhielt das Hochstift Konstanz durch die Ausschreibeamt im schwäbischen Reichskreis erhebliche Bedeutung für die kaiserlich-habsburgische Politik. So kam es zu (erfolglosen) Versuchen, durch eine Koadjutorie für einen Prinzen aus dem mit Habsburg verschwägerten Hause Pfalz-Neuburg noch zu Lebzeiten V.s die Nachfolge zu ordnen.

V. starb am 7. 3. 1689. Er wurde im Mittelschiff des Konstanzer Münsters beigesetzt.

Literatur: *W. Haid*, Weihbischöfe 11 f. - *A. Haemmerle*, Domstift 79. - *H. Reiners*, Konstanz 438-538. - *J. A. Kraus*, Tagebücher 330-354. - *W. Friedensburg*, Regesten zur deutschen Geschichte aus der Zeit des Pontifikats Innozenz X. (1644-1655), in: QFIAB 4 (1902) 236-285. - *J. Schmidlin*. - *R. Reinhardt*, Beziehungen 72-77. - *J. Köhler*, Die Universität zwischen Landesherr und Bischof. Recht, Anspruch und Praxis an der voderösterreichischen Landesuniversität Freiburg (1550-1752) (Wiesbaden 1980). - *R. Reinhardt*, in: HS I/2 (im Ersch.). - *K. Maier*. - *J. Seiler*.

Abbildungsnachweis: Öl auf Leinwand um 1690, unbek. Künstler. - Stadt Markdorf.

Rudolf Reinhardt

Voit von Rieneck, Philipp Valentin Albrecht Reichsritter (1612 – 1672)

1658 – 1672 Fürstbischof von Bamberg

Philipp Valentin Albrecht Voit von Rieneck wurde am 10. 1. 1612 als Sohn des Johann Emmerich V. und der Christine von Erthal geboren. Die Tonsur empfing er 1625 in Würzburg. Im gleichen Jahr wurde er in Würzburg und 1635 in Bamberg Domizellar und im folgenden Jahr Kapitular. Seine Familie war im 17. und 18. Jh. mit neun Mitgliedern in den Domkapiteln von Bamberg und Würzburg vertreten. V. wirkte in den in Kärnten gelegenen Besitzungen des Hochstiftes Bamberg als Vizedom. 1651 wurde er zum Dompropst und am 13. 2. 1653 zum Fürstbischof von Bamberg

gewählt. Aufgrund längerer Auseinandersetzungen um die Höhe der Kurialtaxen erfolgte die päpstliche Konfirmation erst am 14. 1. 1658. Im übrigen war die Wahl V.s von der römischen Kurie zunächst für ungültig erklärt worden, da er von protestantischen Eltern abstamme und noch keine sechs Monate im Klerikerstand gewesen sei. Am 25. 2. 1658 erhielt V. das Pallium, und 1661 ließ er sich in Würzburg konsekrieren.

Das Hauptanliegen V.s bildete die Beseitigung der Schäden des Dreißigjährigen Krieges. Dies betraf den Wiederaufbau verödeter Ortschaften, die Bekämpfung des Bettler- und Marodeurunwesens sowie die Beschäftigung Arbeitsloser beim Ausbau der Festungen Forchheim und Kronach. Aus Privatmitteln finanzierte V. die Renovierung des Bamberger Waisenhauses. Er förderte die Wiedergründung der oberpfälzischen Klöster Michelfeld (1661) und Weißenohe (1669) und legte selbst den Grundstein zum Franziskanerkloster in Kronach. Seine besondere Zuwendung galt dem Jesuitenorden. Für den Würzburger Dom stiftete er liturgische Geräte und Ornate. 1658 führte er die feierliche Translation der Reliquien Kaiser Heinrichs II. und seiner Frau Kunigunde in das Riemenschneidersche Grabmal durch. V. starb am 3. 2. 1672. Sein Grab erhielt er im Würzburger Dom.

Literatur: *J. H. Jäck*, Jahrbücher 341-354. - *A. Amrhein* 185. - *J. Looshorn*. - *J. Kist* 108f. - *G. Pfeiffer*, Fränk. Bibliographie I, Nr. 5063-5065. - *W. Kern*,

Finanzwirtschaft. - *H. J. Berbig*. - *B. Schemmel*, Eine
Gelegenheitsdichtung auf Valentin Voit von Rieneck
mit Bamberg-Ansicht (1666), in: Lebendige Volkskul-
tur (Bamberg 1980) 215-222.

Abbildungsnachweis: Stich von Jakob von Sandrart
(1630-1708) nach ad-vivum-Gemälde von Oswald
Onghers (1628-1706). - Wien NB 518.420 B.

Egon Johannes Greipl

Voit von Salzburg, Melchior Otto Reichsritter
(1603 – 1653)

1643 – 1653 Fürstbischof von Bamberg

Melchior Otto Voit von Salzburg wurde am
19. 6. 1603 zu Eichenhausen (Unterfranken) als
Sohn des Johann Wolfgang V. und der Margare-
te von Thann geboren. Zwei Onkel mütterlicherseits waren Domherren in Würzburg, ein
anderer als Komtur des Johanniterordens
Reichsfürst. Väterlicherseits sind während des
17. und 18. Jh. sechs Familienmitglieder in den
Domkapiteln von Würzburg, Bamberg und
Mainz nachzuweisen. V. verbrachte seine Gym-
nasialzeit in Würzburg. Es folgten das Theologiestudium in Dillingen sowie ein Aufenthalt in
Löwen, wo er sich dem Studium der Rechte, der
antiken Literatur und der Geographie widmete.
Eine Kavaliersreise durch Belgien, Frankreich
und Italien schloß diese Phase ab. V. verfügte
offensichtlich über eine profunde humanisti-
sche Bildung. Außerdem hatte er in Löwen die
späteren Fürstbischöfe J. Ph. v. (→) Schönborn
und M. (→) Schenk von Castell kennengelernt.
Nach seinem Studium tat er zeitweise Dienst
als Reiteroffizier im kaiserlichen Heer, obwohl
er seit 1612 in Würzburg Domizellar war und
ihm somit die geistliche Laufbahn offenstand.
1627 stieg V. in Würzburg zum Kapitular, 1628
zum Kantor auf. 1630 wurde er Landrichter des
Herzogtums Franken, 1635 Domscholaster.
1622 – 40 war er ferner Domherr zu Mainz. Mit
Bamberg trat V. 1627 durch seinen Eintritt in
das Domkapitel in engere Verbindung. 1638
wurde er dort Dompropst. Er vertrat das Hochstift u. a. als Gesandter beim Reichstag. Am
25. 8. 1642 wählte das Domkapitel den knapp
40jährigen zum Fürstbischof von Bamberg. Die
päpstliche Bestätigung folgte am 7. 5. 1643,
doch zogen sich die Auseinandersetzungen um
die Höhe der Kurialtaxen noch lange hin. Die
Bischofsweihe hat V. überhaupt nicht erhalten.
V. übernahm die Regierung in außerordentlich
schwerer Zeit. Ständige Truppendurchzüge,
Einquartierungen und Kontributionen belasteten das Hochstift. 1643 und 1645 war Bamberg
von den Schweden besetzt. Viele Kirchen des
Bistums hatten gelitten, vor allem der Dom, der

zeitweise geschlossen werden mußte. 1648 ließ
V. ihn durch Joachim von Sandrart und Justus
Glesker barock ausstatten. Auch viele Dorfkir-
chen wurden restauriert. Dem herrschenden
Priestermangel suchte V. abzuhelfen, indem er
Niederlassungen der Franziskaner in Marienweiher, Forchheim und Kronach förderte. Auf
der Basis der von Ernst von Mengersdorf
gegründeten Anstalt errichtete er 1647 die
Bamberger Universität („Academia Otto-
niana"). Deren Lehrbetrieb begann 1648. Persönlich war V. außerordentlich fromm; er pflegte das Breviergebet, kam seinen Chorverpflich-
tungen nach und nahm regelmäßig an der
Liturgie teil. Zahlreiche Schenkungen und Stiftungen gehen auf ihn zurück, u. a. sechs Altäre
des Doms.

Schon längere Zeit gichtleidend, starb er am
4. 1. 1653 in Forchheim. Er wurde im Bamberger Dom beigesetzt.

Literatur: *J. H. Jäck*, Jahrbücher 325-341. - *A. Amrhein*, 101. - *J. Looshorn*. - *F. Dressler*, in: Fränk.
Blätter für Geschichtsforschung und Heimatpflege 9
(1957), 85f. - *G. Pfeiffer*, Fränk. Bibliographie I,
Nr. 4972-4974. - *W. Kern*, Finanzwirtschaft. - *H. Dietz*,
Die Politik des Hochstifts Bamberg am Ende des
Dreißigjährigen Krieges (Bamberg 1968). - *R. Baum-
gärtel-Fleischmann*, Die Altäre des Bamberger Domes
von 1012 bis zur Gegenwart (Bamberg 1987).

Abbildungsnachweis: Stich von Peter Troschel (um
1620-n. 1667). - Wien NB 518.419 B.

Egon Johannes Greipl

Voltolini, Carlo Emanuele Reichsritter
(1628 – 1716)

1688 – 1692 und
1696 – 1700 Generalvikar in Trient

* 1628 in Trient; 1668 Domherr in Trient;
1688 – 92 und 1696 – 1700 Generalvikar der
Trienter Fürstbischöfe F. (→) Alberti di Poja,
G. v. Alberti d' Enno und J. M. v. Spaur-Valör;
1677 Archidiakon, 1689 Dekan; † 24. 5. 1716.

Literatur: *A. Costa* 349. - *J. C. Tovazzi* 28. - *C. Donati*
136, 249.

Josef Gelmi

Volusius, Adolph Gottfried (1617 – 1679)

1676 – 1679 Weihbischof in Mainz und im thüringischen Teil der Erzdiözese
Mainz, Ep. tit. Diocletianensis

* 1617 in Neu-Hanau/Main als Sohn eines
reformierten Predigers; Studium der protestantischen Theologie (Mag. theol.) und Nachfolger
seines Vaters in Neu-Hanau. V. befaßte sich um
1637 viel mit katholischen Schriften, floh bei
Steinheim in kurmainzisches Gebiet und wurde 1638 katholisch. Der Mainzer Erzbischof
Anselm Kasimir Wambold von Umstadt
(1629 – 47), der selbst im Germanicum studiert
hatte, sandte V. zum Studium nach Rom. Dort
wurde er zum Priester geweiht und danach
1642 Pfarrer von Heppenheim a. d. Bergstraße,
1645 Dompfarrer in Mainz, 1646 Scholaster,
1663 Dekan an Mariagreden; seit 1646 Kanonikus von St. Mauritius in Mainz, dort 1651
Dekan. Dr. theol. (Mainz); 1675 – 76 Rektor und
möglicherweise zeitweilig Professor an der
Universität Mainz. V. besaß großes Ansehen
bei Erzbischof J. Ph. v. (→) Schönborn. Dieser
berief ihn zum Konsistorialrat und zum Siegler
am Generalvikariat. Wegen seiner Strenge auf
zahlreichen Visitationen wurde er mitunter als
„Pfaffenschinder" bezeichnet. Apostolischer
Protonotar. V.s deutsche Bibelübersetzung von
1655 fand nicht die Zustimmung Schönborns,
umso mehr dagegen sein 1663 in zweiter Auflage erschienener biblischer Katechismus. V. war
ferner mit der Erstellung des Mainzer Propriums von 1664 und mit den Auseinandersetzungen mit der römischen Kurie um die Einbeziehung des Festes des hl. Williges (1666/67)
befaßt. 1660 war er an den Mainzer Plänen zur
Union der Konfessionen beteiligt. 8. 3. 1673
Prediger bei den Exequien für Erzbischof
Schönborn. 1676 von Erzbischof D. H. v. d. (→)
Leyen zum Weihbischof bestimmt, am 22. 6.
1676 zum Titularbischof von Diocletiana er-

nannt und im gleichen Jahr Weihbischof für
den thüringischen Teil des Erzbistums; † 17. 3.
1679 in Mainz; ☐ St. Mariagreden.

Schriften: Verzeichnis bei *A. Räß* 5 (1867) 521 f.

Literatur: *G. C. Joannis* II 452. - *J. S. Severus* 33 - 35. -
F. A. Koch 109. - *A. Räß* 5 (1867) 516 - 545. - *F. J. Lemb*,
Geschichte der katholischen Pfarrei zu Heppenheim
an der Bergstraße (Heppenheim 1878). - *J. Feldkamm*
82 f. - *L. A. Veit*. - *L. Lenhart*. - *S. Durchardt*
Bösken. - *H. H. Haagner*. - *F. Jürgensmeier*, Das Fest
des hl. Willigis von Mainz, in: Willigis und sein Dom.
Festschrift zur Jahrtausendfeier des Mainzer Domes
975-1975 (Mainz 1975) 425-435.

Friedhelm Jürgensmeier

Vota, Carlo Maurizio ⟨SJ⟩ (1629 – 1715)

1708 – 1715 Apostolischer Präfekt im Kurfürstentum Sachsen (Dresden)

Carlo Maurizio Vota wurde im Februar 1629 zu
Turin als Sohn einer Patrizierfamilie geboren.
1645 trat er zu Avignon in die Gesellschaft Jesu
ein. Sein theologisches Studium absolvierte er
in Rom. Danach war er 17 Jahre in Venedig und
anschließend 12 Jahre in Turin als Direktor der
geographischen Akademie tätig. Der um die
Abwehr der Türken besorgte Papst Innozenz
XI. (1676 – 89) beauftragte ihn später mit verschiedenen diplomatischen Missionen bei Kaiser Leopold I. und dem polnischen König
Johann Sobieski. 1684 begab V. sich nach
Moskau, um Peter den Großen für die Hl. Liga
gegen die Türken zu gewinnen. In der russischen Hauptstadt gründete er 1684 eine Jesuitenniederlassung, die allerdings nur fünf Jahre
lang bestand. Später suchte V. zwischen Brandenburg und Polen zu vermitteln und gewann
die Hochschätzung des Kurfürsten Friedrich
Wilhelm III., der ihn nach Berlin einlud, wo V.
mit ihm und seiner Gemahlin über religiöse
Fragen sprach.

Der polnische König Sobieski hatte V. bereits
1682 zu seinem Beichtvater gewählt. Nach dem
Tod des Königs übernahm ihn dessen Nachfolger, der sächsische Kurfürst August der Starke,
auf Empfehlung seines Vetters, des Bischofs
Christian August von Sachsen-Zeitz (Raab),
nach seiner Konversion zum Katholizismus
(1697) ebenfalls als Beichtvater, als geistlichen
Rat und Großalmosenier. 1699 ging V. mit ihm
nach Dresden. Da die Konversion des sächsischen Landesherrn rein persönlichen Charakter trug, konnte V. zwar im Dresdner Schloß
Gottesdienst feiern, doch war dieser der Öffentlichkeit nicht zugänglich. Den ersten öffentlichen katholischen Gottesdienst im Kur-

fürstentum Sachsen seit der Reformation feierte V. zu Weihnachten 1699 auf Schloß Moritzburg bei Dresden, dessen Kapelle der Landesherr dem katholischen Gottesdienst übereignet
hatte.

In Sachsen war seit der Reformation alles
katholische Leben erloschen, und die wenigen
zerstreut im Lande lebenden Katholiken konnten seelsorglich nur im geheimen betreut werden. In Dresden besuchten sie z. T. widerrechtlich den Gottesdienst der kaiserlichen und
französischen Gesandten, während Schloß Moritzburg zu weit entfernt lag. Erst nach dem
Frieden von Altranstädt und dem Abzug der
Schweden (1706) konnte V. 1708 eine Hofkapelle einweihen, die nunmehr auch den Katholiken der Stadt zum Besuch offenstand. Wahrscheinlich durch V. veranlaßt, bat August der
Starke den Papst, dieser Kapelle die Privilegien
von Hofkirchen zu verleihen. Dem folgte später
die Bitte um Verleihung der notwendigen Fakultäten an V. Dadurch wollte der Kurfürst
einerseits die kirchlichen Verhältnisse der Katholiken ordnen, andererseits aber auch den
Apostolischen Vikar der Nordischen Missionen ausschalten. V. erhielt die gewöhnlichen

Vollmachten und den Titel eines Apostolischen
Präfekten der Mission in Dresden und in ganz
Sachsen. Seine Vollmachten waren auf fünf
Jahre beschränkt und konnten delegiert werden. Als V. 1711 im Auftrag des Landesherrn
nach Rom reiste, behielt er seine Position, doch
führte die zeitliche Befristung seiner Fakultäten sehr bald zu Rechtsunklarheiten. Der Apostolische Vikar der Nordischen Missionen A.
(→) Steffani erwirkte daher 1715 eine Entscheidung der Propagandakongregation, wonach
die Präfekten und Missionare in Kursachsen
künftig dem Kölner Nuntius und dem Apostolischen Vikar der Nordischen Missionen unterstanden. Damit hatte die Apostolische Präfektur im Kurfürstentum Sachsen ihr Ende gefunden.

V. starb am 9. 12. 1715 im römischen Profeßhaus seines Ordens.

Schriften: *C. Sommervogel* 8 (²1898) 918-922.

Literatur: *A. Theiner,* 112, 121-137, 148, 151. - *B. Duhr*
III 813; IV/2 321. - *P. F. Saft.* - *H. Meier,* Apostolisches
Vikariat.

Heinrich Meier

W

Wämpl, Franz Peter (seit 1697 **Freiherr**) **von**
(1652 – 1729)

1695 – 1699 Generalvikar in Regensburg
1699 – 1715 Bistumsadministrator in
              Regensburg

* 15. 12. 1652 in München als Sohn des kurfürstlichen Geheimen Rats und späteren Hofkanzlers Dr. Johann W. von und in Tettenweis
und der Rosina Adelzreiter zu Tettenweis und
Karpfham; 1669 – 72 Studium in Dillingen,
1672 – 76 in Rom als Alumne des Collegium
Germanicum (Dr. theol.); 30. 3. 1676 Priesterweihe in Rom; 1676 – 77 ergänzendes Studium
in Ingolstadt; 1678 – 88 Kanonikus des Kollegiatstifts bei ULFrau in München, zugleich
frequentierendes Mitglied des kurfürstlichen
Geistlichen Rates; 1682 Domizellar (päpstl.

Provision) und 1686 Domkapitular in Regensburg; 1691 – 1704 Offizial und Generalvisitator, 1695 – 99 Generalvikar ebd.; 1697 Erhebung in den landsässigen Freiherrenstand;
27. 7. 1699 vom Domkapitel zum Administrator
in spiritualibus für den mehrfach bepfründeten Bischof (→) Joseph Clemens von Bayern
nominiert und durch päpstliches Breve vom
26. 9. 1699 in diesem Amt bestätigt; 1704
Dompropst; † 12. oder 19. 4. 1729 in Regensburg; □ Regensburger Dom.

Quellen: BZA Regensburg

Literatur: *A. Steinhuber.* - *L. H. Krick,* Stammtafeln
452. - *K. Hausberger,* Langwerth von Simmern 120-
124. - *M. Weitlauff,* Reichskirchenpolitik 519.

Karl Hausberger

Wagensperg, Franz Anton Adolph Graf von (1675 – 1723)

1702 – 1712 Fürstbischof von Seckau und Salzburger Generalvikar für die Steiermark und den Neustädter Distrikt
1712 – 1723 Fürstbischof von Chiemsee

Franz Anton Adolph von Wagensperg wurde am 22. 2. 1675 zu Graz als Sohn des kaiserlichen Geheimen Rates, Kämmerers und Statthalters von Innerösterreich, Johann Balthasar v. W., aus dessen erster Ehe mit Juliana Elisabeth Gräfin von Dietrichstein geboren. Er hatte zwei Brüder und zwei Schwestern. Davon trat Sigmund Rudolph in den Dienst des Kaisers und wurde 1730 Landeshauptmann der Steiermark. W. studierte in Graz und in Rom. 1690 wurde er in Salzburg als Domkapitular aufgeschworen. Am 2. 2. 1700 feierte er in Graz seine Primiz.

1702 verlieh der Salzburger Erzbischof J. E. v. (→) Thun ihm das Salzburger Eigenbistum Seckau und ernannte ihn zum Generalvikar für den steierischen Anteil der Erzdiözese Salzburg. Die Bischofsweihe erhielt W. von dem gerade in Salzburg anwesenden Warschauer Nuntius Francesco Pignatelli.

W.s Seckauer Amtszeit war bis 1711 von wiederholten Einfällen der Kuruzzen belastet. Außerdem wütete seit 1710 mehrere Jahre lang die Pest. W. griff als erster Seckauer Bischof ordnend in den Kirchbau ein. Er schrieb vor,

daß nur erfahrene Baumeister herangezogen werden dürften und die Kirchenbaupläne dem Konsistorium zur Überprüfung eingereicht werden müßten. 1705 legte er den Grundstein zum Kapuzinerkloster in Knittelfeld.

Schon als Fürstbischof von Seckau stieg W. auch in Salzburg auf. Seit 1699 Konsistorialrat, wurde er 1703 salzburgischer Geheimer Rat. Am 18. 2. 1712 nominierte Erzbischof F. A. v. (→) Harrach ihn zum Fürstbischof von Chiemsee. Die Konfirmation folgte am 29. 5., die Installation am 25. 7. 1712. Im gleichen Jahr wurde W. Präsident der Hofkammer und Statthalter in Salzburg.

1713 hielt W. in St. Johann in Tirol eine Diözesansynode ab, die die Beschlüsse der Synode von 1709 bestätigte und diesen einige neue hinzufügte. W. visitierte 1715 das Augustinerchorherrenstift Herrenchiemsee. Im gleichen Jahr verkaufte er aus dem Bistumsbesitz das Gut Voregger Au in Oberalm bei Salzburg; hingegen erwarb er 1722 die beiden Adelssitze Kammer und Prielau. W. galt als besonders mildtätig und glaubenseifrig. Er katechisierte und predigte z. T. persönlich. W. starb am 31. 8. 1729 während eines Besuches auf dem seiner Familie gehörenden Schloß Greißenegg in der Steiermark. Er wurde in der Karmelitenkirche zu Voitsberg beigesetzt.

Quellen: EKAS. - SLA, Beamtenkartei Frank.

Literatur: J. Riedl 209. - J. Rauchenbichler 230 f. - C. v. Wurzbach 52 (1885) 76 f. - K. Klamminger, in: K. Amon 323-329. - E. Naimer 98.

Abbildungsnachweis: Stich von Balthasar Friedrich Lutz (1690-1726), Augsburg, nach einer Zeichnung von P. W. - Wien NB 515.395 B.

Erwin Naimer

Waibel, Johann Michael (um 1658 – 1749)

1739 – 1743 Generalvikar in Konstanz

* um 1658 in Markdorf; 1684 Dr. theol. (Perugia); Pfarrer und Chorherr zu Radolfzell; 1693 – 1702 Fiskal und Insiegler in Konstanz; 1694 auch als Kanoniker von St. Stephan zu Konstanz bezeugt; seit 1696 Chorherr von St. Johann; amtierte 1697 und 1704 als Vizegeneralvikar und 1702 – 19 als Generalvisitator; Ende 1711 oder Anfang 1712 Offizial; von April 1712 bis November 1716 zur Visitatio ad limina und zu Verhandlungen über die Errichtung des Priesterseminars zu Meersburg in Rom; am 3. 3. 1739 vom Offizialat entpflichtet und von Bischof J. F. (→) Schenk von Stauffenberg mit

dem Generalvikariat betraut, das er nach Bischof D. H. v. (→) Schönborns Tod an das Domkapitel sede vacante am 30. 9. 1743 resignierte; † 25. 11. 1749.

Literatur: *B. Ottnad*, in: HS I/2 (im Ersch.).

Bernd Ottnad

Waldbott von Bassenheim, Franz Emmerich Kaspar (seit 1638 **Reichsfreiherr**) **von** (1626 – 1683)

1681 – 1683 erwählter Fürstbischof von Worms

Franz Emmerich Kaspar Waldbott von Bassenheim wurde im Jahre 1626 zu Bassenheim bei Koblenz als Sohn des kurmainzischen Amtmannes zu Lahnstein Damian W. (seit 1638) Freiherrn von Bassenheim und dessen zweiter Ehefrau Maria Elisabeth Hund von Saulheim geboren. Die W. waren im 17. und 18. Jh. mehrfach in den mittelrheinischen Domstiften vertreten. Über W.s Erziehung, seinen Studiengang und den Empfang der Weihen ist nichts bekannt. W. wurde 1637 in Mainz Domizellar, 1655 Kapitular, 1679 Kustos, 1653 in Worms Domizellar, 1656 Kapitular, 1663 – 69 Kantor, 1675 – 79 Propst. In Speyer war er vor 1651 Domizellar, später Kapitular und seit 1663 Scholaster.

Nach dem Tod des Mainzer Kurfürst-Erzbischofs K. H. v. (→) Metternich, der zugleich das

Bistum Worms innehatte, entschied sich das Wormser Domkapitel am 10. 11. 1679 für einen Nachfolger aus seinen eigenen Reihen. Seine Wahl fiel auf W., doch kassierte die Konsistorialkongregation die Wahl am 17. 6. 1681. Daraufhin erhielt W. das Bistum im Konsistorium am 26. 6. 1681 durch päpstliche Verleihung.

Aus der kurzen Amtszeit von W. ist kaum etwas bekannt. Er starb am 11. 7. 1683 zu Speyer und wurde in der Bischofsgruft des Wormser Domes beigesetzt.

Literatur: *J. F. Schannat* 448. - *G. Sofsky.* - *L. Litzenburger* 171.

Abbildungsnachweis: Öl auf Leinwand, unbek. Künstler. - Foto im Besitz von Frau v. Hartz, Augsburg.

Hans Ammerich

Waldburg-Friedberg und Trauchburg, Franz Karl Eusebius Reichserbtruchseß Graf von (1701 – 1772)

1746 – 1772 Fürstbischof von Chiemsee

Franz Karl Eusebius von Friedberg und Trauchburg, Truchseß von Waldburg, wurde am 23. 8. 1701 zu Dürmentingen in Schwaben geboren. Er war das zehnte von 13 Kindern des kaiserlichen Geheimen Rats Christoph Franz Graf v. F. u. T. und der Maria Sophia Gräfin von Öttingen. 1719 wurde er zu Salzburg als Domherr aufgeschworen. Außerdem war er 1719 – 27 Mitglied des Baseler Domkapitels. Sein Studium absolvierte er an der Universität Salzburg und vielleicht in Rom. In Salzburg wurde er 1728 Präsident des Kriegsrates, 1730 des Hofrates, und 1739 wählte ihn das Domkapitel zum Dekan. 1739 erhielt er den Titel eines salzburgischen Geheimen Rates. Seit 1755 war er Senior des dortigen Kapitels.

Nach dem Tod seines Bruders Friedrich Anton Marquard erbte W. 1744 die Grafschaft Trauchburg und die Herrschaft Kißlegg. Er verwaltete den stark verschuldeten Besitz mit großem wirtschaftlichem und finanziellem Geschick. Nach dem Tod seines Neffen Leopold fielen ihm 1764 als letztem männlichem Sproß der jüngeren Trauchburger Linie des Hauses Waldburg auch die Grafschaft Friedberg und die Herrschaften Scheer, Dürmentingen und Bussen zu. Auf seinen Gütern erbaute W. sich das Schlößchen Rimpach. Offensichtlich verfügte er neben seiner wirtschaftlichen auch noch über diplomatische Begabung, denn 1742 entsandte Erzbischof L. A. v. (→) Firmian ihn zu Verhandlungen über die Kaiserwahl; 1745 verhandelte W. in Bayern über Salzangelegenheiten und die Schäden des Österreichischen Erbfolgekrieges. Anscheinend besaß er zum Münchener Hof, für den er große Sympathien hegte, gute Beziehungen. Am 1. 5. 1746 nominierte Erzbischof J. E. v. (→) Liechtenstein W. zum Fürstbischof des Salzburger Eigenbistums Chiemsee. Die Konfirmation folgte am 13., die Konsekration in Salzburg am 14., die Besitzergreifung in Herrenchiemsee am 18. 8. 1746.

1747 verzichtete W. auf das Salzburger Dekanat. 1748 hielt er zu St. Johann in Tirol eine Diözesansynode ab, auf der die geltenden Synodalstatuten neu gefaßt wurden. 1752 visitierte er den bayerischen Anteil, 1763 seinen gesamten Sprengel. 1760 stiftete der Dekan und Pfarrer von St. Johann in Tirol, Martin Riester, aus eigenen Mitteln ein Priesterhaus für den chiemseeischen Diözesanklerus. W. verfügte testamentarisch Schenkungen an die Kirche in Rimpach, die Lorettokirche in Neutrauchburg und die Almosenpflege der Grafschaft Trauchburg. Er stiftete ferner eine zweite Hofkaplanei in der Kapelle des Chiemseehofs, der Salzburger Residenz der Chiemseer Fürstbischöfe. W. starb am 6. 7. 1772 in Salzburg und wurde im Dom beigesetzt. Die Grafschaft Trauchburg fiel, entsprechend den von ihm geschlossenen Erbverträgen, an den Grafen Anton von Zeil, während die Grafschaft Friedberg zunächst von den Grafen zu Wurzach, Wolfegg und Waldsee in Besitz genommen, aber 1786 an das Haus Thurn und Taxis verkauft wurde.

Quellen: EKAS. - SLA, Beamtenkartei Frank.

Literatur: J. Riedl 140. - Stammtafeln des mediatisierten Hauses Waldburg (Stuttgart 1892) Tafel 6. - R. Rauh, Das Hausrecht der Reichserbtruchsessen Fürsten von Waldburg, Bd. 1 (Kempten 1971). - C. Bosshart-Pfluger 315. - U. Salzmann 114-116.

Abbildungsnachweis: Öl auf Leinwand, unbek. Künstler. - Original im Erzbischöfl. Priesterseminar Salzburg. - Foto O. Anrather, Salzburg.

Erwin Naimer

Waldburg-Zeil, Ferdinand Christoph Reichserbtruchseß Graf von (1719 – 1786)

1773 – 1786 Fürstbischof von Chiemsee

Ferdinand Christoph Reichserbtruchseß Graf von Zeil, Freiherr auf Waldburg, Herr zu Wurzach, Marstetten, Altmannshofen, Wolfegg und Waldsee, wurde am 6. 2. 1719 zu Salzburg als viertes und letztes Kind des Johann Jakob v. Z. und der Maria Elisabeth Gräfin von Kuenburg geboren. Der Vater gehörte der Linie Zeil-Zeil des Hauses Waldburg an und stand damals in salzburgischen Diensten. W. wurde 1729 in Salzburg als Rudimentist immatrikuliert. 1736 ging er zum Studium nach Rom ans Collegium Clementinum. 1738 defendierte er in einer öffentlichen Disputation vor 25 Prälaten, und im selben Jahr hielt er in der päpstlichen Kapelle vor dem Kardinalskolleg eine an den Papst gerichtete lateinische Ansprache. Wohl aus dieser Zeit rührte seine Mitgliedschaft in der römischen Akademie „Dei Pastori Arcadi". Er war ferner mit seinem Bruder Franz Anton an den Akademiegründungen in Innsbruck und München beteiligt, obwohl er in München aus politischen Gründen nicht Mitglied wurde.

W. war also an den geistigen Strömungen seiner Zeit sehr interessiert. Er stand der Aufklärung nahe und war in Salzburg Mitglied der Freimaurerloge „Zur Fürsicht" sowie 1777 in München Vorsteher der Loge „Zur Behutsamkeit". Er förderte Wolfgang Amadeus Mozart, befaßte sich mit der Ordnung des Archivs des Salzburger Domkapitels, führte eine umfangreiche Korrespondenz mit Mitgliedern der Kurhäuser Bayern und Sachsen, mit Kardinälen, Ministern und anderen Staatsmännern und hinterließ bei seinem Tod eine 5193 Bände umfassende Bibliothek. W. liebte ferner die Jagd. 1756 erhielt er die hohe und niedere Jagdgerechtigkeit in einem nahe bei Salzburg gelegenen Revier, wo er sich gern in seinem Jagdschloß „Mon repos" aufhielt.

1745 soll W. ein Domkanonikat in Halberstadt erhalten haben. Im gleichen Jahr wurde er als Mitglied des Salzburger Domkapitels aufge-

schworen, 1746 wurde er außerdem Domherr in
Augsburg, doch trat er diese Pfründe 1785
gegen 10 000 fl. an Johann Bapt. Graf von
Sternberg ab.

Sein diplomatisches Geschick bewies W. erstmals 1750, als Erzbischof A. J. v. (→) Dietrichstein ihn zu Verhandlungen über Salz- und
Münzfragen nach Bayern entsandte. Auch in
den folgenden Jahren verhandelte W. wiederholt als Vertreter des Erzstiftes über die gleiche
Materie. 1757 nahm er am bayerischen Kreistag
in Mühldorf/Inn teil, und 1766 vertrat er
Salzburg bei Verhandlungen über Grenzstreitigkeiten im Zillertal. 1768 nahm er in Wien für
Erzbischof S. Chr. v. (→) Schrattenbach die
salzburgischen Reichslehen entgegen. Seine
bedeutendste Leistung bildete die Leitung des
1770 in Salzburg eröffneten Kongresses der
bayerischen Bischöfe sowie die 1772 – 77 im
Anschluß daran mit dem Münchener Hof geführten Verhandlungen. Dabei traten die bayerischen Bischöfe der territorialistischen Kirchenpolitik Kurbayerns mit einem eigenen Reformprogramm aus episkopalistisch-febronia-
nischem Geist entgegen. 1774 unterzeichnete W.
im Namen des bayerischen Episkopates einen
Rezeß, der das Zusammenspiel von geistlicher
und weltlicher Macht bei den wichtigsten Abt-
bzw. Äbtissinnenwahlen detailliert festlegte.
1753 war W. zum Salzburger Domdekan gewählt und zum Geheimen Rat ernannt worden.
1755 ermächtigte Schrattenbach ihn zur Ein-
sichtnahme in die gesamte staatliche Finanz-

verwaltung. Diese weitreichenden Kompeten-
zen lösten freilich viel Verstimmung bei den
Beamten aus, und als das Domkapitel dem
Erzbischof 1758 wirtschaftliche Versäumnisse
vorwarf, kam es zwischen diesem und W. zum
Zerwürfnis.

Nach dem Tode Schrattenbachs (1771) war W.
ein aussichtsreicher, von Kurbayern unterstützter Kandidat für die Nachfolge, doch fiel
die Entscheidung am 14. 3. 1772 durch das
massive Eingreifen des österreichischen Wahlgesandten zugunsten des Gurker Fürstbischofs Hieronymus von (→ Bd. I) Colloredo aus.
Wohl um W. zu versöhnen, nominierte Colloredo diesen am 18. 10. 1772 zum Fürstbischof
des Salzburger Eigenbistums Chiemsee. Die
Konfirmation folgte am 14. 2. 1773, die Konsekration am 9. 1. und die Installation am 9. 10.
1774. Zuvor hatte W. auf das Domdekanat
verzichten müssen. Die Beziehungen zwischen
ihm und seinem Metropoliten gestalteten sich
jedoch kühl, und 1779 protestierte W. an der
Spitze des Domkapitels gegen Colloredos
Steuerpolitik. Der Streit wurde vor den Reichshofrat getragen und 1786 durch einen Vergleich beendet. Als Kaiser Joseph II. 1784 die
Abtretung der vier Tiroler Pfarreien des Bistums Chiemsee an Brixen forderte, um auch in
diesem Raum die Diözesan- und Staatsgrenzen
in Übereinstimmung zu bringen, unterstützte
Colloredo W., der die Verkleinerung seines
ohnehin sehr kleinen Sprengels ablehnte. Im
Kontext der josephinischen Klosterpolitik wurde das Dominikanerkloster Kitzbühl aufgehoben.

W. zählte zu den bedeutendsten Kirchenpoliti-
kern seiner Zeit. Er starb am 9. 4. 1786 in
Salzburg. Er wurde in der Gabrielskapelle
beigesetzt und 1967 in eine Priestergruft des
Sebastiansfriedhofes überführt.

Quellen: EKAS.

Literatur: J. Riedl 212. - Stammtafeln des mediatisierten Hauses Waldburg (Stuttgart 1892) Tafel 13. - A.
Haemmerle, Domstift 195. - J. Hofer, Zur Geschichte
des Toleranzpatentes Kaiser Josephs II. in Tirol, in:
HJb 47 (1927) 506. - F. Martin, Salzburger Chronik. - G.
Pfeilschifter - Baumeister, Der Salzburger Kongreß
und seine Auswirkung 1770 – 77 (Paderborn 1929). -
L. Hammermayer, Gründungs- und Frühgeschichte
der bayerischen Akademie der Wissenschaften (Kall-
münz 1959). - W. Mößle, Fürst Maximilian Wunibald
von Waldburg-Zeil-Trauchburg 1750 – 1818 (Stuttgart 1968) 8 - 57. - J. v. Moy, Bistum Chiemsee. - U.
Salzmann 217 - 228. - E. Naimer 99 f.

Abbildungsnachweis: Gemälde im Chiemseehof Salzburg. - Landesbildstelle Salzburg.

Erwin Naimer

Waldburg-Zeil und Trauchburg, Sigmund Christoph Reichserbtruchseß Graf (seit 1803 **Fürst) von** (1754 – 1814)

1797 – 1808 Fürstbischof von Chiemsee
1797 – 1812 Generalvikar in Salzburg
1812 – 1814 Administrator von Salzburg

→Bd. 1, 832 f.

Walderdorff, Adalbert ⟨OSB, Taufnahme: Philipp Wilhelm⟩ **Reichsfreiherr von** (1697 – 1759)

1729 – 1734 Generalvikar des Fürstabtes von Fulda
1757 – 1759 Fürstbischof und Fürstabt von Fulda

Philipp Wilhelm von Walderdorff wurde am 29. 8. 1697 auf Schloß Molsberg im Westerwald als Sohn des Freiherrn Karl Lothar v. W. und dessen Gemahlin Anna Katharina Freiin von Kesselstadt geboren. Der Ort seiner ersten Studien ist nicht bekannt.

W. trat am 29. 9. 1716 in die Abtei Fulda ein und legte ein Jahr später Profeß ab. Er erhielt den Ordensnamen Adalbert. Seine umfangreichen theologischen und kirchenrechtlichen Studien absolvierte er in Rom, nachdem ihn der Fuldaer Fürstabt Konstantin von Buttlar an das Collegium Germanicum geschickt hatte. Dort empfing er auch 1718 die Priesterweihe.

Nach seiner Rückkehr und der Aufnahme in das Stiftskapitel (1723) wurde er Administrator des zum Hochstift gehörenden Klosters Johannesberg im Rheingau. Diesem blieb er zeitlebens eng verbunden. 1727 wurde er Superior der bürgerlichen Benediktiner im Fuldaer Hauptkloster und 1729 Generalvikar des Fürstabtes (die Äbte von Fulda bestellten, obwohl keine Bischöfe, seit 1629 einen Generalvikar). 1734 wurde ihm die Administration der Propstei Blankenau übertragen, deren Propst er 1735 wurde. W. war ein Mann von hoher theologischer Bildung und seelsorglichem Ernst. Seine Wahl zum Bischof und Abt von Fulda am 17. 1. 1757 fiel in unruhige Zeiten. Innerkirchlich waren die Streitigkeiten um die Erhebung der Fürstabtei zum Bistum noch nicht überwunden, und Fulda wurde zum Durchzugsgebiet unterschiedlicher Truppenkontingente im Siebenjährigen Krieg. Nach der päpstlichen Bestätigung (28. 3. 1757) ließ W. sich zwar am 19. 6. im Fuldaer Dom durch den Mainzer Weihbischof Chr. (→) Nebel konsekrieren, doch mußte er sich bald wegen der Kriegsereignisse außer Landes begeben. Es ist für seine Persönlichkeit bezeichnend, daß er wegen seiner Abwesenheit oder einer möglichen Gefangennahme vom Papst die Bestellung eines Weihbischofs erbat, der ihm in der Person des Kapitulars K. (→) Schütz von Holzhausen auch zugestanden wurde und den er am 6. 12. 1757 selbst im Fuldaer Dom konsekrierte.

W.s Tätigkeit war erfüllt von der Sorge um das Seelenheil seiner Diözesanen. Anders als seine Vorgänger und sein Nachfolger verstand er sich mehr als Bischof denn als Regent. Das einzige bedeutende Bauwerk seiner kurzen Amtszeit ist die Hauptwache gegenüber der Fuldaer Residenz, die W. durch den Hofbaumeister Gallasini errichten ließ.

Seit dem Herbst 1758 weilte W. fast ständig auf den fuldischen Gütern Johannesberg im Rheingau, wo er am 16. 9. 1759 verstarb.

Literatur: *J. Kartels*, Fulda im Siebenjährigen Krieg, in: FGB 2 (1903) 17 ff. - *G. Richter* 81 f. - *St. Hilpich* 15 f.

Abbildungsnachweis: Ölgemälde von V. Ost im Fuldaer Dommuseum, 18. Jh. - Foto R. Kreuder, Tann / Rhön.

Werner Kathrein

Walderdorff, Johann Philipp Reichsfreiherr (seit 1767 **Reichsgraf) von** (1701 – 1768)

1739 – 1742 Generalvikar für das Obererzstift Trier in Trier
1754 – 1756 Koadjutor des Erzbischofs von Trier, Archiep. tit. Patracensis

1756 – 1768 Kurfürst-Erzbischof von Trier
1763 – 1768 Fürstbischof von Worms

Johann Philipp Freiherr von Walderdorff wur-
de am 24. oder 26. 5. 1701 auf Schloß Molsberg
(Westerwald) als achtes Kind des Reichsfrei-
herrn und kaiserlichen Obristen Carl Lothar v.
W. zu Molsberg und Isenberg († 1722) und der
Anna Katharina Elisabeth Freiin von Kessel-
statt († 1733) geboren. Die Familie W. trug die
Herrschaft Molsberg seit 1657 von Kurtrier zu
Lehen. Seit 1624 war sie stets mit einigen
Mitgliedern im Domkapitel zu Trier vertreten.
Ein Bruder des Großvaters, Wilderich v. (→)
W., war 1669 – 80 Erzbischof von Wien, der
ältere Bruder Adalbert v. (→) W. 1757 – 59 Abt
und Bischof von Fulda, ein Neffe, Philipp
Franz v. (→Bd. I) W., 1797 – 1810 Bischof von
Speyer. W. erhielt 1716 die Tonsur und 1717 die
Aspektanz auf ein Kanonikat am Ritterstift St.
Alban in Mainz, wo er 1738 Kanoniker wurde.
1718 wurde er in Trier Domizellar, 1736 Kapitu-
lar. Außerdem wurde er Kanonikus und 1736
Propst (päpstl. Provision) an St. Simeon in
Trier. Auf diese Pfründe verzichtete er 1764
zugunsten seines Neffen Philipp Franz.

Das Studium absolvierte W. 1720 – 22 wohl nur
in Mainz. 1722 – 24 folgte eine Kavalierstour
nach Paris. 1724 wurde er kurfürstlicher
Kammerherr bei (→) Franz Ludwig von Pfalz-
Neuburg in Trier. Am 3. 9. 1739 übertrug Erzbischof F. G. v. (→) Schönborn ihm das Amt
eines Generalvikars für das Obererzstift und
des Präsidenten des Konsistoriums, obwohl
eine besondere Eignung dafür nicht bekannt
war. Nach seiner Wahl zum Dekan legte W.
diese Ämter 1742 nieder und ließ sich am 7. 10.
1742 zum Priester weihen. Zugleich übernahm
er das Amt des kurfürstlichen Statthalters für
die Stadt Trier. Durch sein Entgegenkommen
und durch die Förderung städtischer Baumaßnahmen gewann W. in Trier eine beachtliche
Volkstümlichkeit.

Am 11. 7. 1754 wurde W. einstimmig zum
Koadjutor Schönborns bestellt, am 16. 9.
päpstlich bestätigt und zum Titularerzbischof
von Patras ernannt. Er verdankte seine Wahl
dem Wunsch des Domkapitels nach einem
schwachen Erzbischof, ferner der französischen Hoffnung, daß er sich angesichts seiner
Neigung zur Verschwendung für finanzielle
Zuwendungen empfänglich zeige. Schönborn
lehnte W. ab, doch ertrug dieser die Demütigungen durch den Erzbischof mit rührender Ein-
falt. Vor Schönborns Tod fand jedoch noch eine
Versöhnung statt. Am 12. 7. wurde W. zugleich
Administrator der Abtei Prüm, und am 15. 6.
1755 weihte Schönborn ihn in der Kapuzinerkirche zu Ehrenbreitstein zum Bischof. Mit

dem Tode Schönborns (18. 1. 1756) trat W. die
Nachfolge an. Am 16. 2. 1756 erhielt er das
Pallium, und am 24. – 27. 2. 1756 nahm er
Besitz von Stadt und Erzstift Trier. Trotz intensiver Bemühungen und kaiserlicher Unterstützung gelang es ihm nicht, auch in Ellwangen
Schönborns Nachfolger zu werden, da ihm ein
Wählbarkeitsbreve dort versagt blieb. Seine
Bewerbung um Hildesheim, für das er 1761 ein
solches Breve erhielt, zog er unter französischem Einfluß zugunsten von (→Bd. I) Klemens Wenzeslaus von Sachsen zurück. Dafür
erhielt er neben einer Entschädigungssumme
eine französische Abtei sowie die Zusage französischer, österreichischer und kurpfälzischer
Unterstützung bei der Bewerbung um Worms.
Dort wurde W. nach Erhalt eines Eligibilitäts-
breves am 20. 7. 1763 ohne Schwierigkeiten
gewählt. Die päpstliche Bestätigung folgte am
26. 9.

Im Gegensatz zu seinem Vorgänger brauchte
W. außenpolitisch nicht mehr auf Frankreich
und Österreich zugleich Rücksicht zu nehmen,
da diese im Siebenjährigen Krieg gegen Preußen und England verbündet waren. Dennoch
wurde das Erzstift 1759 von Truppendurchzü-
gen heimgesucht. W. beteiligte sich mit 1200
Soldaten am Siebenjährigen Krieg und mußte
drei Jahre lang eine französische Garnison auf
Ehrenbreitstein dulden. Im übrigen hielt er sich
von der Politik, von der er glaubte, Schönborn
habe dem Erzstift dadurch nur Nachteile gebracht, zurück. Auf eine große politische Korre-

spondenz verzichtete W. im Gegensatz zu seinem Vorgänger, so daß er sich isolierte. Dennoch war er anläßlich der Entdeckung einer Kupfermine bzw. des Heimfalls des Lothringer Lehens Wald Winterhauch zu kostspieligen und politisch riskanten Auseinandersetzungen bereit. 1766 gewann er dem Erzstift immerhin die Herrschaft Oberstein und die Mediatherrschaft Vallendar.

Der labile W. stand während seiner gesamten Amtszeit unter dem Einfluß des übel beleumdeten Domdekans und Regierungspräsidenten Franz Karl Ludwig von Boos zu Waldeck und des Hofkanzlers J. Georg Münch von Bellinghausen, von denen er sich auch auf Drängen der römischen Kurie nicht zu trennen vermochte. Wie Schönborn regierte er ohne Konferenzministerium. Leicht beeinflußbar, im Grunde gütig und bis zur Verschwendung freigebig, liebte W. vor allem die Jagd und den Wein. Korruption und Mißwirtschaft brachten unter ihm angesichts ständiger Geldschwierigkeiten das Erzstift an den Rand des Ruins. 1765 erhielt er durch päpstliche Provision die Propstei von St. Paulin in Trier, auf die er 1767 zugunsten seines Neffen Philipp Franz verzichtete.

In kirchenpolitischer Hinsicht nahm W. an den Auseinandersetzungen zwischen den Jesuiten und dem episkopalistisch eingestellten Kanonisten Georg Christoph Neller, die sich an seiner Universität abspielten, keinen Anteil. Er entfernte zwar Neller aus dem Konsistorium, doch tat er dieses wahrscheinlich nur im Interesse seiner eigenen Karriere. Sein Erstaunen über den 1763 erschienenen „Febronius", den er am 14. 7. 1764 für sein Erzstift verbot, war wohl ungeheuchelt, doch nahm er das Rücktrittsersuchen von Weihbischof N. (→) Hontheim nicht an und bewahrte diesem sein volles Vertrauen. Die ihm 1765 durch Boos von Waldeck suggerierte Überweisung der Geistlichen an die weltliche Gerichtsbarkeit nahm er nach einer Intervention Hontheims sofort zurück.

Dem französischen und luxemburgischen Anspruch auf staatliche Kirchenhoheit leistete W. keinen Widerstand. Als 1762 die französischen Parlamente die Anstellung von Jesuitenschülern untersagten, ordnete W. seine Universität 1764 in der Weise neu, daß er den Jesuiten fast alle Lehrstühle nahm und diese an Mitglieder der trierischen Benediktinerklöster übertrug. Neller und Hontheim setzten 1768 die Änderung der traditionellen Lehrweise und die Aufgabe des Probabilismus durch. Schon 1763 hatte W. auf Anregung Hontheims allen Ordenspriestern ein mindestens zweijähriges Universitätsstudium vorgeschrieben. Seine Verordnungen gegen die Freimaurer von 1762 lagen auf der Linie seiner Nachbarn. Die Protestanten an seiner Universität sollten nach seiner Anweisung schonend behandelt werden. Als wohlwollender Landesvater zeigte W. sich bei der Sorge um die Waisenhäuser und bei der Einsetzung einer Oberkommission „ad pias causas". Die Zahl seiner weltlichen Verordnungen blieb gering.

Wesentlich aktiver war W. auf geistlichem Gebiet. Die Pontifikalhandlungen nahm er häufig selbst vor, und an Sonn- und Feiertagen zelebrierte er persönlich. Er war von ungeheuchelter Frömmigkeit, verfaßte selbst eine Reihe von Gebeten und beschenkte die Marienwallfahrtsorte seines Sprengels. 1762 führte er im Erzstift das Ewige Gebet ein. 1765 ließ er den Hl. Rock ausstellen. Das übrige war meist ein Werk Hontheims, so z. B. das 1766 veröffentlichte „Rituale Trevirense".

Eigene Akzente setzte W. vor allem als Kunstmäzen. Ab 1758 ließ er durch Johannes Seiz das Jagdschloß Engers neu erbauen. Von Seiz stammt auch der 1756−61 errichtete Rokokoflügel des Trierer Schlosses. Durch weitere Bauten im Bereich der heutigen Johann-Philipp-Straße und des Kornmarktes bereicherte er das Stadtbild von Trier. In Wittlich ließ er das Schloß Philippsfreude errichten. Weitere Bauten erfolgten auf Ehrenbreitstein und am Familienschloß Molsberg. Obwohl persönlich ohne Bezug zur Musik, vernachlässigte W. doch auch diesen Bereich nicht. Sein Bistum Worms scheint er kaum je aufgesucht zu haben. Dort lag allerdings die Verwaltung bei den Weihbischöfen und Provikaren Chr. A. v. (→) Merle und F. A. v. (→) Scheben sowie bei den Statthaltern Domdekan Franz Theodor Mohr von Waldt und Franz Heinrich Kämmerer von Worms, gen. Dalberg, in guten Händen. Am 6. 11. 1767 gestattete Papst Klemens XIII. W. die Annahme eines Koadjutors. Domdekan Boos und Minister Spangenberg nahmen daraufhin Verhandlungen mit Klemens Wenzeslaus auf. Dieser sagte die Übernahme der Privatschulden von W., Leistungen an das Domkapitel sowie Straffreiheit für die Familie und Dienerschaft des Erzbischofs zu, doch starb W. am 12. 1. 1768 in Ehrenbreitstein, bevor weitere Schritte unternommen werden konnten. Seine Eingeweide wurden in der Kreuzkirche zu Ehrenbreitstein, sein Leichnam im Dom zu Trier beigesetzt. Dort erhielt er im nördlichen Seitenschiff sein Grabmal.

Quellen: LHA Koblenz, Abt. 1 A; 1 C; Abt. 215. - StB Trier, Abt. Hss.

Literatur: *J. Hansen,* Johann Philipp von Walderdorf, Erzbischof und Churfürst von Trier, in: Treviris 2 (1841) 183-254. - *O. Mejer.* - *G. Kentenich,* Schönborn. - *Ders.,* Kurfürst Johann Philipp von Walderdorff (1756-1768) und seine Zeit, in: Trierische Chronik 5 (1909) 17-32. - *Ders.,* Triers Statthalter 162-165. - *K. Lohmeyer,* Johannes Seitz (Heidelberg 1914). - *B. J. Kreuzberg,* Die politischen und wirtschaftlichen Beziehungen des Kurstaates Trier zu Frankreich in der zweiten Hälfte des 18. Jahrhunderts bis zum Ausbruch der Französischen Revolution (Bonn 1932). - *C. Stenz.* - *E. Zenz,* Universität. - *R. Laufner,* Die Trierer Domkurien und ihre Bewohner, in: TrJb 1952, 17-30. - *H. Raab,* Die Finalrelation des Kölner Nuntius Giovanni Battista Caprara, in: RQ 50 (1955) 207-222. - *Ders.,* Die Finalrelation des Kölner Nuntius Carlo Bellisomi, in: RQ 51 (1956) 70-124. - *Ders.,* Clemens Wenzeslaus. - *G. Groß,* Trierer Geistesleben unter dem Einfluß von Aufklärung und Romantik 1750-1850 (Trier 1956). - *L. Litzenburger.* - *H. Weber,* Französische Dokumente zur Verehrung des Heiligen Rockes im Jahre 1765, in: Vierteljahres-blätter der Gesellschaft für nützliche Forschungen 5 (1959) 54-63. - *S. M. zu Dohna.* - *G. Livet.* - *K. Schneider* u. *G. Forneck,* Das kurtrierische Münzwesen unter Johann Philipp von Walderdorff 1759-1768 (Simmern bei Koblenz 1979). - *F. J. Heyen.* - *E. V. Walderdorff,* Geschichte der Familie von Walderdorff (Molsberg 1973). - *F. Pauly.* - *E. Zenz,* Trier im 18. Jahrhundert (Trier 1981).

Abbildungsnachweis: Stich von Johannes Esaias Nilson (1721-1788). - Wien NB 508.351 B.

Wolfgang Seibrich

Walderdorff, Philipp Franz Wilderich Nepomuk Reichsfreiherr (seit 1767 **Reichsgraf**) **von** (1739 — 1810)

1797 — 1810 Fürstbischof von Speyer

→ Bd. 1, 791 f.

Walderdorff, Wilderich Reichsritter (seit 1660 **Reichsfreiherr**) **von** (1617 — 1680)

1647 — 1669 Generalvikar in Mainz
1669 — 1680 Fürstbischof von Wien

Wilderich von Walderdorff wurde am 14. 1. 1617 auf den Familiengütern, wahrscheinlich in Limburg, als zweiter Sohn des Johann Peter v. W., Herrn zu Molsberg und Isenburg, kurtrierischen Rates und Amtmannes zu Montabaur, und der Maria Magdalena Greifenclau von Vollrads, einer Schwester des späteren Mainzer Kurfürst-Erzbischofs Georg Friedrich v. V. (1626 — 29), geboren. Der Ehe der Eltern entstammten 14 Kinder, von denen neun im frühen Kindesalter starben. Ein jüngerer Bruder, Johann Philipp, schlug ebenfalls die geistliche

Laufbahn ein und wurde später Domdechant in Trier.

Den ersten Unterricht erhielt W. in Mainz. 1625 wurde er Domherr in Speyer, 1626 in Würzburg. Später erhielt er noch eine Präbende an St. Alban in Mainz. Nach dem Abschluß der Humaniora trat W. 1636 auf Empfehlung des Trierer Erzbischofs Ph. v. (→) Sötern in das Collegium Germanicum in Rom ein. 1640 und 1641 unterbrach er sein Studium, um 1641 das ihm verliehene Kanonikat in Würzburg anzutreten. 1640 immatrikulierte er sich in Perugia, 1642 kehrte er mit seinem Bruder Johann Philipp in das Germanicum zurück. 1643 ging W. nach Würzburg, wo 1642 ein entfernter Vetter, J. Ph. v. (→) Schönborn, Fürstbischof geworden war. Die übliche Kavalierstour führte ihn dann nach Italien, Frankreich und in die Niederlande. 1646 warb W. erfolgreich um französische Unterstützung der Kandidatur Schönborns für das Erzbistum Mainz. Wohl zur Belohnung für seinen Einsatz erhielt W. 1647 ein Domkanonikat in Mainz. Am 19. 11. 1647 ernannte Schönborn ihn zum Generalvikar. In dieser Eigenschaft organisierte W. das Generalvikariat neu und sorgte für eine umfassende und kontinuierliche Protokollführung.

Neben seinen üblichen Amtsgeschäften übernahm W. im Auftrag seines Erzbischofs auch die Visitation der Klöster im Rheingau und in Frankfurt (1649) sowie der mainzischen Gebiete in Thüringen und im Eichsfeld. 1650 wurde er Domdekan, 1653 Dompropst in Speyer. Eine

Bewerbung um dieses Bistum im gleichen Jahr schlug dagegen fehl. 1655 wurde W. Scholaster an St. Alban in Mainz. Im gleichen Jahr schlug Schönborn ihn dem Kaiser vergeblich für die Stelle eines Auditors an der römischen Rota vor. W. blieb daher in Mainz, wo er immer mehr zum kirchenpolitischen Führer aufstieg. 1658 überbrachte er dem neugewählten Kaiser Leopold I. die Reichskrone. Vom Spätsommer 1658 bis zum Frühjahr 1659 weilte er im Auftrag Schönborns in diplomatischer Mission in Rom. Um 1659 empfing W. die Priesterweihe. Nach einer längeren Auseinandersetzung einigten sich zu Beginn des Jahres 1660 Leopold I. und Schönborn als Erzkanzler auf die Ernennung W.s zum Reichsvizekanzler. W. amtierte in dieser Eigenschaft seit Frühjahr 1660 in Wien, verlor aber nie den Kontakt zu den rheinischen Bistümern, wo er seine Pfründen beibehielt. 1660 erhob Leopold I. die Familie der v. W. in den Reichsfreiherrenstand. 1662 erfolgte die Ernennung von W. zum kaiserlichen Geheimen Rat. Die Machtbefugnisse W.s als Reichsvizekanzler wurden vom Kaiser durch Stärkung der österreichischen Hofkanzlei und des Reichshofratspräsidenten eingeschränkt. Das enge Verhältnis zum Kaiser dürfte 1669 den Ausschlag für die Berufung W.s zum Fürstbischof von Wien gegeben haben. Die kaiserliche Nomination erfolgte am 28. 6., die päpstliche Verleihung am 19. 8. 1669. Im Juli legte W. das Amt des Reichsvizekanzlers nieder, erhielt aber die päpstliche Dispens zur Beibehaltung seiner Pfründen in Mainz, Würzburg und Speyer. Am 29. 9. 1669 wurde er von Nuntius Antonio Pignatelli konsekriert. Für W. bedeutete die Ernennung zum Fürstbischof der kleinen Diözese Wien kaum einen Aufstieg. 1670 hoffte er vergeblich darauf, Koadjutor, 1678 Erzbischof in Mainz zu werden. Infolge einer langwierigen Krankheit war W. an der Ausübung seines Bischofsamtes stark behindert. So erbat Leopold I. schon 1672 einen Weihbischof für W. Dieser wurde 1674 in der Person des Wiener Schottenabtes J. (→) Schmitzberger bestellt. In den Instruktionen, die W. nach seinem Amtsantritt für die leitenden Bistumsbeamten erließ, kam seine Sorge für die Hebung der Sittlichkeit und der Frömmigkeit zum Ausdruck. Er drängte auf die genaue Einhaltung der Fastengebote und versuchte, den Zustrom unqualifizierter fremder Geistlicher in die Hauptstadt zu beschränken. 1674 erließ W. gemeinsam mit den Wiener Jesuiten eine neue Ordnung für das von Kardinal Melchior Klesl (1598 – 1630) gestiftete Alumnat. Für Brautpaare, bei denen Braut und Bräutigam aus verschiedenen Pfarreien stammten, führte W. die Eheverkündigung in beiden Pfarreien ein. 1674 verbot er das öffentliche

Auftreten von Geißlern und Kreuzträgern in der Fastenzeit. Er verteidigte das geistliche Asylrecht und wehrte sich – vergeblich – gegen die Eingriffe der niederösterreichischen Regierung und des Stadtrates in bischöfliche Rechte. Im Jurisdiktionsstreit mit Passau mußte W. eine Niederlage hinnehmen, denn 1677 erkannte der Hl. Stuhl die Pontifikal- und Parochialrechte Passaus an seiner Offizialatskirche Maria am Gestade in Wien an. W. trat als Sodale bei den Karthäusern, Franziskanern, Jesuiten, Minoriten, Serviten und Augustinereremiten ein. Seine Bemühungen, in Wien ein Oratorium des hl. Philippus Neri einzuführen, blieben erfolglos. 1677 wurde W. mit der Untersuchung der Wunder und Verdienste des Generals der Unbeschuhten Karmeliter, Dominicus a Jesu Maria, betraut. Im Pestjahr 1679 mußte sich W. in der Organisation der Pestseelsorge von seinem Generalvikar J. B. (→) Mair, der 1677 auch eine verbesserte Prozeßordnung für das bischöfliche Konsistorium einführte, vertreten lassen. Von den Zeitgenossen wurde W. wegen seiner Leutseligkeit und Mildtätigkeit, vor allem gegenüber Konvertiten, gerühmt. Er starb am 4. 9. 1680 und wurde im Stephansdom beigesetzt.

Quellen: AVA. - DAWi. - NÖLA.

Literatur: X. Schier 78-85. - J. Kopallik 319-321. - A. Steinhuber. - E. Tomek, Das kirchliche Leben 267-272. - A. Strnad, Processus 281f. - F. Loidl - M. Krexner 52f. - F. Loidl 86-93. - F. Jürgensmeier, Wilderich von Walderdorff (1617-1680), Mainzer Generalvikar, Reichsvizekanzler, Bischof von Wien, in: AmrhK 36 (1984) 65-75.

Abbildungsnachweis: Nachdruck eines Stiches von Mathias van Somer, datiert 1675. - Wien NB 512.022 B.

Johann Weißensteiner

Waldstein, Emmanuel Ernst Reichsgraf von (1716 – 1789)

vor 1760   Generalvikar in Prag
1756 – 1760   Weihbischof in Prag, Ep. tit. Amyclensis
1760 – 1789   Bischof von Leitmeritz

Emmanuel Ernst von Waldstein wurde am 17. 7. 1716 zu Prag als Sproß der Arnauer Linie der Grafen W. geboren. Den ersten Unterricht erhielt er durch einen Hauslehrer. 1735 – 41 studierte er als Alumne des Collegium Germanicum in Rom (Dr. phil. et theol.). Am 17. 12. 1740 wurde er durch Papst Benedikt XIV. zum Priester geweiht. Nach kurzer Verwendung in der Seelsorge zu Prag wurde W. bereits 1743

infulierter Propst (Stadtpfarrer) und erzbischöflicher Vikar (Dekan) von Neuhaus (Jindřichův Hradec) in Südböhmen. 1745 erhielt er ein
Kanonikat in Altbunzlau (Stará Boleslav), und
ein Jahr später zog er in das Prager Metropolitankapitel ein, wo ihm zugleich die Aufgabe
eines tschechischen Dompredigers übertragen
wurde. 1748 erhielt er ferner das Dekanat der
Kollegiatskirche St. Apollinar in Prag, die er
restaurieren ließ. Hinzu kam das Dekanat von
Altbunzlau. Am 23. 5. 1756 wurde W. zum
Titularbischof von Amycleae und Weihbischof
in Prag ernannt. Die 1757 erhaltene Propstei
von Altbunzlau vertauschte er nun mit dem
dortigen Dekanat. Nachdem er kurze Zeit Generalvikar von Erzbischof J. M. G. v. (→) Manderscheid gewesen war, nominierte Kaiserin Maria
Theresia ihn am 19. 7. 1759 zum Bischof von
Leitmeritz. Die Verleihung durch den Papst
erfolgte am 28. 1., der Einzug in die Kathedrale
am 19. 3. 1760.

W. gehörte zu den vom Spätjansenismus und
der katholischen Aufklärung beeinflußten Bischöfen, die sich durch Gelehrsamkeit und
seelsorglichen Eifer auszeichneten. Er predigte
häufig und begründete an der Domkirche eine
Art Predigerseminar, in das er nach Entlassung
der beiden Jesuitenprediger zwei besonders
qualifizierte Weltpriester berief. Seinem Klerus
legte er die Toleranz ans Herz. Er war ein
Gegner des Molinismus und der Herz-Jesu-
Andacht. Die Thesen des Febronius akzeptierte
er, und für die Einrichtung der staatlichen

Generalseminare zeigte er Verständnis. Obwohl mit Jansenisten befreundet, vermied er es,
die Unionsbestrebungen zwischen der Kirche
von Utrecht und Rom zu fördern. In diesem
Punkt war er so vorsichtig, daß selbst Nuntius
Giuseppe Garampi ihn lobend erwähnte. W.s
Wohltätigkeit im Hungerjahr 1777 machte allgemeinen Eindruck. Kein Verständnis zeigte er
dagegen für die aufständischen Bauern und für
den noch vorhandenen Kryptoprotestantismus, den er auf mangelnde Aufklärung und die
veraltete Missionsmethode der Jesuiten zurückführte. Zum Bild des Reformbischofs zählt
auch der Neubau eines Priesterseminars (1762)
und der Anstoß zu einer zeitgemäßen Fassung
der Kapitelstatuten (1772). 1784 wurde das
Bistum Leitmeritz im Zuge der josephinischen
Diözesanregulierung   bedeutend   vergrößert
und die Zahl der Seelsorgestellen vermehrt.

W. ließ bei seiner Residenz einen Lustgarten
anlegen und in Třebautitz ein neues bischöfliches Sommerschloß errichten. Besonderes Ansehen genoß er bei der gelehrten Welt, auch bei
Vertretern der kritischen Aufklärung, durch
seine Förderung der historischen Disziplinen.
Er baute eine wertvolle Privatbibliothek und
eine numismatische Sammlung auf, die er
Gelehrten zur Verfügung stellte. Er ermunterte
und förderte vor allem die Begründer der
neueren böhmischen Historiographie, die Piaristen Gelasius Dobner und Adaukt Voigt, die
ihm wiederum durch Widmungen ihrer Werke
huldigten. W. war ferner am Entwurf eines
Landesmuseums, das erst Jahrzehnte später
eröffnet wurde, beteiligt. Die Bindung an sein
Bistum macht es verständlich, daß er es 1777
ablehnte, Koadjutor des Erzbischofs von Lemberg in Galizien mit dem Recht der Nachfolge
zu werden. W. starb am 7. 12. 1789 zu Leitmeritz. Sein Grab befindet sich am Friedhof bei
der St. Johanneskirche. Der „Waldstein-Nachlaß" (Bibliothek und Archiv) befindet sich
heute im Staatsarchiv zu Leitmeritz.

Literatur: A. L. Frind, Leitmeritz 17-26. - A. Podlaha
270-274. - E. Winter, Josefinismus. - P. Hersche,
Spätjansenismus 58 f. - B. Slavík 75-78. - A. Zelenka
106 f.

Abbildungsnachweis: Lithographie von Friedrich Dewehrt (* 1808). - Wien NB 520.700 B.

Kurt A. Huber

Waldstein, Johann Friedrich Reichsgraf von
(1642 − 1694)

1673 − 1675 Bischof von Königgrätz
1675 − 1694 Fürsterzbischof von Prag

Johann Friedrich von Waldstein wurde am 18. 8. 1642 zu Wien als Sohn des ehemaligen Oberstkämmerers Maximilian v. W. und der Polyxena Freiin von Talenberg geboren. Seine Brüder Karl Ferdinand und Ernst Karl bekleideten hohe Hofämter in Wien und waren als kaiserliche Gesandte tätig. W. studierte Philosophie bei den Prager Jesuiten und danach Theologie in Rom, jedoch nicht als Alumne des Collegium Germanicum. In Rom trat er auch französischen Künstlerkreisen, u. a. Claude Lorrain und Jean-Baptiste Mathey, näher.

Papst Alexander VII. ernannte ihn schon vor seiner Priesterweihe zum Ehrenprälaten, und Kaiser Leopold I. verlieh ihm 1664 ein Domkanonikat zu Olmütz. Zum Priester wurde W. mit Altersdispens in der ersten Hälfte des Jahres 1665 geweiht. Den Unterhalt bezog er aus den böhmischen Familiengütern in Dux (Duchcov) und Oberleutensdorf (Horní Litvínov), wozu noch die Einnahmen aus Kanonikaten in Olmütz sowie am Dom und am Hl. Kreuzstift in Breslau kamen. Seit 1668 bekleidete W. ferner aufgrund freier Wahl der Ordensmitglieder die Würde eines Großmeisters der Prager Kreuzherren „mit dem roten Stern". Am 16. 6. 1668 nominierte Leopold I. ihn zum Bischof von Königgrätz. Der in Verwaltungssachen unerfahrene und schüchterne W. scheute jedoch die Schwierigkeiten des noch im Aufbau befindlichen, 1664 gegründeten Bistums, das noch keine brauchbare Residenz besaß und mit der Stadt Königgrätz in Kompetenz- und Rechtsstreitigkeiten verwickelt war. W. ließ die Diöze-

se daher durch Beauftragte verwalten und hat seinen Sprengel offenbar nie betreten. Die Kurie hielt ihn für nachlässig, dachte 1672 an seine Ersetzung und verweigerte ihm lange die Altersdispens. W. dagegen verschob das Ansuchen um die päpstliche Konfirmation immer wieder. 1671 bemühte er sich um das hochdotierte Bistum Breslau. Sein einflußreicher Bruder Franz, Hofmarschall in Wien, war in dieser Richtung tätig, und Leopold I. befürwortete anfangs seine Kandidatur. W. unterlag bei der Wahl seinem Mitbewerber Kardinal (→) Friedrich von Hessen, erhielt jedoch das Breslauer Domdekanat. Erst jetzt bemühte er sich um die Konfirmation für Königgrätz, die auch am 27. 11. 1673 erfolgte. Am 4. 3. 1675 empfing W. im Prager Veitsdom die Bischofsweihe aus den Händen des Erzbischofs M. F. (→) Sobek. Aus seiner Königgrätzer Amtszeit sind der Kompromiß bzgl. der Patronatsrechte an der Kathedrale aus dem Jahre 1674 sowie die Errichtung eines Kuratkanonikates im Jahre 1675 zu erwähnen.

Am 6. 5. 1675 postulierte das Prager Metropolitankapitel W. auf Drängen seiner Verwandten zum Erzbischof. Leopold I. beauftragte ihn bereits am 15. 6. mit der Administration. Die Translation erfolgte am 2. 12. 1675. Daraufhin hielt W. am 14. 3. 1676 einen prunkvollen Einzug in seine Domkirche.

W. entfaltete einen überraschenden Eifer in der Leitung des Erzbistums. Die Wunden, die der Dreißigjährige Krieg, die Glaubensspaltung und der Priestermangel hinterlassen hatten, waren noch nicht geschlossen. Zur Vereinheitlichung der Liturgie gab er 1676 das Proprium Bohemiae und das Rituale Romano-Pragense heraus. Er urgierte die pfarrliche Amtsführung, indem er die von der Prager Synode von 1605 erlassene Instructio parochorum erneuerte sowie die Pfarrer zur Berichterstattung verpflichtete. Auf seinen Familienpatronaten Dux, Oberleutensdorf, Moldaustein, Launowitz errichtete er auf eigene Kosten neue Kirchen und forderte die adeligen Patrone auf, ein gleiches zu tun. Für dienstunfähige Priester gründete er 1676 einen Emeritenfonds, für den er Beiträge vom Klerus erbat. Weihbischof J. I. (→) Dlouhoveský von Langendorf stellte für diesen Zweck ein Haus in Prag zur Verfügung.

Um den Priestermangel zu beheben, berief W. Weltpriester aus fremden Diözesen. Er ermunterte ferner verschiedene Orden wie die Augustiner, Franziskaner, Kapuziner, Piaristen, Serviten, Barnabiten, Paulaner und Ursulinen zur Gründung neuer Niederlassungen. Die Inkorporationsverhältnisse von Pfarreien regelte er 1677 durch ein Dekret für die Zisterzienser.

Während der Amtszeit von W. kam es in Böhmen zu spürbaren Änderungen im Verhältnis von Staat und Kirche. 1684 verlangte der Landtag die direkte Besteuerung des Klerus, und 1688 hob der Kaiser die Zuständigkeit der geistlichen Gerichte für Klerikervergehen auf. Als W. 1691 eine alte kirchliche Bestimmung anwandte und die Juden aus dem Bereich des Prager St. Georgsklosters ausweisen ließ, kam es zum offenen Zusammenstoß mit der Landesregierung. W. drohte dem Statthalter die Exkommunikation an. Der Konflikt kulminierte, als 1693 das Stimmrecht der Landesprälaten im Landtag aufgehoben wurde. Neben dem „königlichen Patronat" sah W. die Freiheit der Kirche auch durch die Praxis der adeligen Patronatsherren und ihrer Amtsleute eingeengt, so daß er 1687 in einer bedeutsamen Denkschrift die Aufmerksamkeit Leopolds I. auf dieses Gebiet lenken wollte. W. sah sich in seinem Kampf gegen das Staatskirchentum bewußt in der Nachfolge mittelalterlicher Vorbilder und Kämpfer für die Kirchenfreiheit. Gegenüber dem Wiener Absolutismus und Zentralismus waren bei ihm auch landespatriotische und ständische Interessen im Spiele. So war sein Widerstand gegen die Türkensteuer auch darin begründet, daß er eine ernsthafte Bedrohung Böhmens für nicht gegeben ansah. Auf religiösem Gebiet betonte er die Verehrung der Landespatrone Böhmens. Nach dem Tode des Kardinals Friedrich von Hessen (1682) bemühte Leopold I. sich vergebens, W. die Kardinalswürde zu verschaffen.

Auf seinen Familienherrschaften Dux und Oberleutensdorf betrieb W. die Rekatholisierung durch Kapuzinermissionen. Als Grundherr zeigte er viel Verständnis für die Lage der Untertanen und gewährte Erleichterungen wirtschaftlicher Art (Schutzbrief für Dux 1680). In seiner Stadt Dux begann er die Vergrößerung der Kirche, des Hospitals und des Schlosses. Als Bauherr förderte er die Barockisierung des Landes, vor allem der Hauptstadt Prag (Kreuzherrenkirche, erzbischöfliche Residenz), indem er dem aus Rom berufenen Architekten Jean-Bapt. Mathey Aufträge erteilte. Als seine engsten Mitarbeiter bevorzugte W. Ausländer, so den Schweizer Johann Liepure als erzbischöflichen Kanzler und den Priester-Diplomaten Antisius Dunod aus Burgund, den er während seiner römischen Studienzeit kennengelernt hatte und der ihm als Sekretär in den letzten Lebensjahren zur Seite stand. Sein Beichtvater war Johannes Tanner SJ.

W. führte ein zurückgezogenes, asketisches Leben, das vornehmlich mit Lektüre, Schreiben und Gebet ausgefüllt war. Seine Frömmigkeit

stand unter dem Einfluß des französischen Quietismus. Schwer verständlich bleibt bei W.s Frömmigkeit dessen Streben nach höheren Pfründen. Es ist indes nicht geklärt, welchen Anteil die Verwandten an diesen Bemühungen hatten. Fest steht, daß W. seine hohen Einkünfte nicht für sich, sondern zum Wohle der Kirche und seiner Untertanen verwendet hat. Er starb im Ruf der Heiligkeit am 3. 6. 1694 zu Dux an den Blattern. Er wurde in der Waldsteinkapelle des St. Veitsdomes zu Prag beigesetzt.

Literatur: Pia mors J. F. de Waldstein, conscripta a R. D. Antidio Dunod ... 1694 (Ms. Erzb. Archiv Prag). - A. Kreuz, Johann Friedrich Graf von Waldstein - Fürstbischof von Prag (1644-1694), in: Jahresbericht des Staatsrealgymnasiums in Dux 1930/31, 3-13. - H. Brückner, Königgrätz 182-202. - W. Lorenz 65-73. - V. Bartůněk, Pražský arcibiskup J. F. Valdštejn (1979, vervielf. Ms.). - E. Schwerdtfeger, in: ASKG 41 (1983) 165-247. - A. Zelenka 55.

Abbildungsnachweis: Stich von Johann Borcking (seit 1670 in Prag tätig). - Wien NB 508.969 B.

Kurt A. Huber

Waldstein-Wartenberg, Johann Friedrich Reichsgraf von (1756 – 1812)

1802 – 1812 Fürstbischof von Seckau
1808 – 1812 Administrator von Leoben

→ Bd. 1, 792.

Walenburch, Adrian (1609 – 1669)

1661 – 1669 Weihbischof in Köln, Ep. tit. Adrianopolitanus

* 23. 5. 1609 in Rotterdam aus begüterter katholischer Familie; besuchte in Utrecht die höhere Schule und danach das Priesterseminar zu St. Omer; 24. 9. 1633 Priesterweihe ebd. (Tit. patr.); danach Studium der Rechte in Angers; 1635 Dr. iur. utr. Später bemühte er sich vergeblich darum, als Missionar in Holland zugelassen zu werden. Da es ihm nicht gelang, in seiner Heimat eine seelsorgliche Aufgabe zu finden, begab er sich 1640 zu seinem Bruder Peter v. (→) W. nach Köln und 1641 zusammen mit diesem auf Anregung von Nuntius Fabio Chigi in das konfessionell noch wenig gefestigte Herzogtum Jülich-Berg, um dort für die Verbreitung des Katholizismus zu wirken. 1642 ernannte der Kölner Erzbischof (→) Ferdinand von Bayern ihn zu seinem Kommissar und verlieh ihm für jene Gebiete des Herzogtums, die keine katholischen Pfarrer mehr hatten, alle seelsorglichen Vollmachten. Während der fol-

genden Jahre haben die Brüder sich in ständigem Kontakt mit Chigi auf vielfältige Weise für die Festigung des Katholizismus eingesetzt, wobei sie nach ihrer Meinung von Herzog Wolfgang Wilhelm nicht ausreichend unterstützt wurden. Auch ihr Verhältnis zu den Jesuiten war nicht spannungsfrei. Bei ihrer Arbeit spielten öffentliche Disputationen, aber auch das Bemühen um Konvertiten eine wichtige Rolle. 1645 Übersiedlung nach Köln; 1647 Priesterkanonikus am Dom; 1648 Offizial die Archidiakonatsbezirke des Kölner Dompropstes und -dechanten. In dieser Eigenschaft war W. während der folgenden Jahre viel mit Visitationen beschäftigt.

Nach dem Tode von Weihbischof G. (→) Pauli-Stravius wählte Erzbischof (→) Max Heinrich von Bayern W. zu dessen Nachfolger. Seine Ernennung zum Titularbischof von Adrianopolis erfolgte am 8. 8. 1661. Die Konsekration nahm der Erzbischof persönlich am 30. 11. 1661 in der Bonner Minoritenkirche vor. W. wurde Vorsitzender des vom Erzbischof neugegründeten Kirchenrates. 1662 nahm er an der Kölner Diözesansynode teil, wo er vermittelnd in die Auseinandersetzungen um die Kompetenz der Archidiakone eingriff. Das Jahr 1663 brachte ihm insofern einen Erfolg, als es ihm gelang, nach Jahrzehnten erstmals wieder im brandenburgischen Kleve Pontifikalhandlungen vorzunehmen. 1664 geriet er dagegen in einen schweren Konflikt mit der römischen Kurie, als er zwei erst 3- bzw. 4jährigen Söhnen des Herzogs von Jülich-Berg die Tonsur spendete. In den letzten Lebensjahren kränklich, starb W. am 12. 9. 1669 auf der Reise zu einer Kur in Wiesbaden. □ St. Peter, Mainz.

Schriften: Peter v. (→) W.

Literatur: *A. Franzen*, Walenburch. - *Ders.*, Archidiakonate. - *J. Torsy.* - *H. Wamper.*

Erwin Gatz

Walenburch, Peter (seit 1667 **von**) (1610 − 1675)

1658 − 1670 Weihbischof in Mainz, Ep. tit. Mysiensis
1670 − 1675 Weihbischof in Köln

* 1610 in Rotterdam; besuchte wie sein Bruder Adrian (→) W. die höhere Schule in Utrecht; Studium der Rechte in Angers; 1633 Lic. iur. can.; 1636 − 40 Studium der Theologie mit dem Schwerpunkt der Kontroverstheologie als Angehöriger des Collegium Hollandicum in Köln; 30. 3. 1641 Priesterweihe in Köln (Tit. patr.). 1641 ging er mit seinem Bruder auf Anregung

von Nuntius Fabio Chigi, dem W. stets eng verbunden blieb, zur apostolischen Arbeit in das konfessionell labile Herzogtum Jülich-Berg. Die meiste Zeit verbrachte er in Düsseldorf. 1643 reiste er im Auftrag von Herzog Wolfgang Wilhelm nach Holland, um den ungeschmälerten Besitzstand der Katholiken in den während des Dreißigjährigen Krieges von den Generalstaaten besetzten Orten des Herzogtums Jülich-Berg einzufordern. Daran schloß sich im Auftrag der römischen Propagandakongregation eine Visitation in Holland an, wo zwischen Welt- und Ordensklerus zahlreiche Spannungen bestanden. Beide Missionen blieben jedoch ohne Erfolg. 1645 siedelte W. mit seinem Bruder nach Köln über, wahrscheinlich, weil beide dort mehr Möglichkeiten für ihre apostolischen Pläne sahen. 1652 wurde W. Auditor der Kölner Nuntiatur, in deren Auftrag er 1655 eine Visitation der Franziskanertertiaren im Erzbistum durchführte. Im gleichen Jahr ging er als Beauftragter des Nuntius zur Versammlung der Reichsstände nach Frankfurt. Später visitierte er in der Diözese Lüttich. In Würdigung seiner Tätigkeit verschaffte der Nuntius ihm 1657 die Propstei von Mariengraden in Köln, während die ebenfalls vorgesehene Bestellung zum Leiter des Kölner Konvertitenhauses nicht zustande kam. Den Höhepunkt von W.s Auditoriat bildete 1657 seine Gesandtschaft zum Wahlkongreß der Kurfürsten nach Frankfurt, wo er auch blieb, als Nuntius Giuseppe Maria Sanfelice eintraf. In Frankfurt wurde der Mainzer Erzbischof J. Ph. v. (→) Schönborn auf W. aufmerksam und gewann ihn als Weihbischof. Seine Ernennung zum Titularbischof von Mysien erfolgte am 28. 1. 1658, seine Konsekration im gleichen Jahr. Schönborns Wahl war wohl deshalb auf W. gefallen, weil dieser in einem persönlichen Verhältnis zu Papst Alexander VII. stand, der bis 1651 als Fabio Chigi Nuntius in Köln gewesen war. W. hat denn auch die Mainzer Kontakte zur Nuntiatur wahrgenommen. Er hat sich ferner neben dem ebenfalls zeitweise in Mainz tätigen G. W. Leibniz um die Wiederannäherung der Konfessionen sowie um die Konvertitenseelsorge bemüht. Nach dem Tod seines Bruders Adrian (12. 9. 1669) nahm er zunächst aushilfsweise Pontifikalfunktionen im Erzbistum Köln wahr, um dann 1669 Nachfolger seines Bruders als Domherr und 1670 auch als Weihbischof zu werden. In Köln gab er die mit seinem Bruder verfaßten Streitschriften heraus. 1673 wurde er zu Unrecht der Begünstigung des Jansenismus angeklagt. † 21. 12. 1675 in Köln; □ St. Johann in curia, Köln.

Schriften: A. u. P. v. Walenburch, Tractatus generales de controversiis fidei (Köln 1670). - A. u. P. v.

Walenburch, Tractatus speciales etc. acceserunt diversi tractatus antehac numquam impressi, partim novi, partim latius deducti (Köln 1671).

Literatur: *A. Franzen*, Walenburch. - *J. Torsy*. - *H. Wamper*. - *F. Jürgensmeier*, Schönborn.

Erwin Gatz

Wallbraun, Mathias († 1757)

1737 – 1757 Direktor des Gurker Konsistoriums

* in der Diözese Mainz; 1733 Notar, 3. 9. 1737 Direktor des Gurker Konsistoriums. Seine Tätigkeit wurde durch eine umfassende Dienstordnung normiert. W. machte sich besonders um das Archiv und die Schriftgutverwaltung der Konsistorialkanzlei verdient. Auf ihn geht die Trennung des bischöflichen Archivs zu Straßburg in ein Spiritual- und ein Temporalarchiv zurück. Nach dem Amtsantritt von Generalvikar P. (→) Borzi wurde W. Pfarrer und Dechant von Metnitz, behielt aber das Direktorat des Konsistoriums bis zu seinem Tode. † 27. 5. 1757 in Metnitz.

Literatur: *P. G. Tropper*, Konsistorium.

Peter G. Tropper

Wallreuther, Johann Anton (1673 – 1734)

1731 – 1734 Weihbischof in Worms, Ep. tit. Sareptenus

* 25. 5. 1673 zu Kiedrich (Rheingau) als Sohn des Küfers und Oberschultheißen Johann Matthias W. († 1689) und der Margaretha Schnock († 1682). Ein Verwandter der Mutter, Michael S., war 1702 – 1727 Abt der Zisterzienserabtei Eberbach. Studium in Mainz (1693 Bacc. phil., 1698 theol.); 15. 3. 1698 Priesterweihe; Eintritt in die Gemeinschaft der Weltpriester des Bartholomäus Holzhauser, die das Mainzer Seminar leitete; 1701 Pfarrer von Ladenburg (bischöfl. Patronat); Dekan des Landkapitels Weinheim; 1705 Pfarrer von St. Johann beim Dom in Worms, das er nach den Zerstörungen des Pfälzischen Krieges wiederaufbaute; 1707 Dr. theol.; gelegentlich Mitarbeiter am Vikariat in Worms; 1709 Vikariatsassessor; 1713 Geistlicher Rat. 1711 übertrug Bischof (→) Franz Ludwig von Pfalz-Neuburg ihm die Praebenda episcopalis von St. Jakob am Dom, die fortan mit dem Amt des Weihbischofs verbunden blieb. Ca. 1705 – 11 Kanoniker am Liebfrauenstift in Worms, 1713 an St. Andreas, wo er später Scholaster wurde; 1714 Verzicht auf die

Pfarrei St. Johann und Eintritt in den Dienst des Vikariates, wo er bald Siegelamtsverwalter wurde und von Weihbischof J. B. (→) Gegg zu Visitationen und Sonderaufgaben herangezogen wurde; bis 1723 Procurator cleri Wormatiensis; 1715 an St. Johann und in der Kirche des Klosters Marienmünster bepfründet; 5. 3. 1731 Titularbischof von Sarepta und Weihbischof in Worms; 22. 4. 1731 Konsekration in Worms durch den Mainzer Weihbischof C. A. (→) Schnernauer; aus seiner Amtszeit ist wenig bekannt; † 16. 1. 1734 in Worms; □ St. Johann, seit 1807 Liebfrauenkirche in Worms.

Quellen: HessStA Darmstadt, Abt. E 5. - DDAMz, Nachlaß Schmitt.

Literatur: *H. Schmitt*, Johann Anton Wallreuther aus Kiedrich im Rheingau, Weihbischof von Worms (1731-1734), in: AmrhK 14 (1962) 145-167. - *Ders.*, Pontifikalhandlungen der Wormser Weihbischöfe an Kirchen, Altären, Glocken, Kultgeräten (1716-1796), in: AmrhK 10 (1958) 299-337. - *J. Schalk*, Gräber, Grabsteine und Epitaphien in der Liebfrauenkirche zu Worms, in: AmrhK 36 (1984) 195-254. - Verz. d. Studierenden Mainz 802.

Wolfgang Seibrich

Walmer, Jodokus Joseph

1759 – 1760 Provikar für Ober- und Niedersachsen

1758 Kanonikus an St. Mauritius in Hildesheim; 1759 – 60 Provikar für Ober- und Niedersachsen.

Literatur: *J. Metzler*, Apostolische Vikariate 138.

Hans-Georg Aschoff

Wangen zu Geroldseck, Friedrich Ludwig Franz Reichsfreiherr von (1727 – 1782)

1775 – 1782 Fürstbischof von Basel

Friedrich Ludwig Franz von Wangen zu Geroldseck wurde am 12. 5. 1727 in Wilwisheim (Elsaß) als Sohn des Johann Ludwig Albrecht v. W. und der Maria Anna Katharina Ursula von Schauenburg geboren. Sein Vater war Rat des Direktoriums der unterelsässischen Ritterschaft. Die Familie W. gehörte der Reichsritterschaft im unteren Elsaß an. W. besuchte das Jesuitenkolleg in Porrentruy, anschließend die bischöfliche Universität in Straßburg. Später studierte er in Paris und Rom. Die Priesterweihe empfing er am 15. 3. 1766. Das Basler Domkapitel wählte ihn 1745 einstimmig als Kanoniker. 1751 wurde er Kapitular und 1759

Kustos. Kurz darauf erhielt er das Archidiakonat und 1761 die Kantorei.

Bei der Vakanz des Bistums Basel im Jahre
1762 galt W. als Kandidat der französischen
Partei. 1763 stand er dem neuen Bischof bei der
Einrichtung des Hofwesens bei. 1773 verhandelte er im Auftrag des Fürstbischofs S. N. v.
(→) Montjoye-Hirsingen mit Ludwig XV., um
die Erlaubnis zur Inkammerierung heimgefal-
lener Lehen im Elsaß in die fürstbischöfliche
Mensa zu erwirken. Der französische Hof antwortete jedoch ausweichend.

Als sich seit März 1775 der Gesundheitszustand Montjoyes dergestalt verschlechterte,
daß an eine Genesung nicht mehr zu denken
war, war das Domkapitel wiederum in eine
deutsche und eine französische Fraktion geteilt.
Frankreich empfahl L. R. E. de (→) Rohan-
Guéméné, während der Kaiser das Kapitel um
die Wahl eines reichstreuen Kandidaten ersuchte. Der französische Druck führte dann
jedoch zur Einigkeit im Kapitel. Dieses bestimmte am 23. 5. 1775 in einer Präliminarwahl
einstimmig W. zum neuen Bischof. Der offizielle
Wahlakt fand am 29. 5. 1775 im Beisein eines
kaiserlichen Kommissars statt. Die päpstliche
Konfirmation folgte am 13. 11. 1775, die Konsekration am 3. 3. 1776 in Bellelay durch Weihbischof J. B. (→) Gobel. 1777 unternahm W. eine
triumphale Huldigungsreise durch den südlichen Teil des Hochstifts.

Seit Beginn seiner Regierungszeit bemühte sich
W. um Aufnahme in das Bündnis, über das die

Schweiz mit Frankreich verhandelte. Er wollte
die katholischen Orte dazu bewegen, die Allianz mit dem Fürstbistum als unbeschränkt
anzusehen. Auf diese Weise hoffte er, eine
Brüskierung der evangelischen Orte zu vermeiden. Diese Hoffnung sollte sich jedoch nicht
bestätigen. 1775 unterzeichnete die Eidgenossenschaft nämlich den Allianzvertrag mit
Frankreich ohne Einbeziehung des Fürstbistums Basel. W. erneuerte seine Bitte ohne
Erfolg in den Jahren 1777, 1778 und 1779.
Daraufhin strebte er eine selbständige Allianz
mit Frankreich an, die den Vertrag von 1739
ersetzen sollte. 1780 schloß er schließlich ein
Verteidigungsbündnis auf 50 Jahre, das dem
Hochstift bei innerer oder äußerer Gefahr
Truppenhilfe zusicherte. Das Fürstbistum hatte dieselben Rechte, Privilegien und Freiheiten
wie die Eidgenossenschaft. Der Vertrag wiederholte die hauptsächlichen Bestimmungen
von 1739. Lediglich in wirtschaftlicher Hinsicht brachte er einige Neuerungen. Zugleich
wurde eine Grenzbereinigung am Fluß Doubs
vereinbart. Mit dem Bündnis von 1780 erreichte
die Anlehnung der Basler Bischöfe an Frankreich ihren Höhepunkt. Es barg aber auch
schon die Saat in sich, die 1792 beim Einmarsch der revolutionären französischen Truppen aufgehen und zum Untergang des Fürstbistums führen sollte.

Innen- und wirtschaftspolitisch knüpfte W. an
seine Vorgänger an. 1779 richtete der Sekretär
und Verantwortliche für das Postwesen, Brod-
hag, eine Eilpost für die Personenbeförderung
im Hochstift ein. 1780 gründete W. in Porrentruy eine Tuchfabrik, um die Arbeitslosigkeit zu
mildern. Die Landstände spielten unter ihm
keine Rolle mehr.

In der Verwaltung seiner Diözese gelang W. mit
Hilfe Frankreichs der Abschluß des Tauschver-
trages mit der Erzdiözese Besançon, den schon
J. W. (→) Rinck von Baldenstein und Montjoye
angestrebt hatten. Infolgedessen trat W. 1779
29 elsässische Pfarreien an Besançon ab und
erhielt dafür im Tausch die Stadt Porrentruy
und 19 Pfarreien in der Ajoie. Seitdem stimmten hier die Bistums- und die politischen Grenzen überein. Der Statusbericht von 1779 schildert die Schwierigkeiten, die sich in den höheren Lehranstalten durch die Aufhebung des
Jesuitenordens ergeben hatten, und hält die
Neuorganisation fest. W. starb am 11. 11. 1782
ganz unerwartet in Porrentruy an den Folgen
einer Zahninfektion. Er wurde in der dortigen
Jesuitenkirche beigesetzt.

Literatur: L. Vautrey, Evêques II 399-422. - P. Rebetez
335-393. - Ders., Concordat. - A. Bruckner u.a., in: HS
I/1 (1972) 216f. (Lit.). - C. Bosshart-Pfluger 113-121,

316 f. - Nouvelle Histoire du Jura 147 f. - Répertoire IV 672-674.

Abbildungsnachweis: Öl auf Leinwand. - Signiert: N. Lezeahe (?) pinxit 1780. - GLA Karlsruhe, Bildnissammlung.

Catherine Bosshart-Pfluger

Warlich von Bubna, Johann Michael Ritter (um 1731 – 1804)

1793 – 1804 Generalvikar in Prag

* 1731 in Prag; Mag. theol.; Dekan von Jechnitz (Jechnice); 1778 Domherr und tschechischer Domprediger in Prag; 1782 Bibliothekar und Archivar des Metropolitankapitels; verdient um die Ordnung der Archive des Kapitels und der Dompropstei; sorgte für die Edition wichtiger vom Metropolitankapitel verwahrter Geschichtsquellen durch G. Dobner und J. Dobrovský (Scriptores rerum Bohemicarum e bibliotheca ecclesiae metropolitanae Pragensis, 2 Bde., Prag 1783 – 84); 1791 Archidiakon, Assessor der ständigen Kommission der böhmischen Stände; 1793 Domdechant sowie Generalvikar und Offizial von Erzbischof W. F. v. (→) Salm-Salm; † 9. 12. 1804.

Schriftenverzeichnis: *A. Podlaha.*

Literatur: *A. Podlaha* 295 f.

Kurt A. Huber

Warnsdorf, Heinrich ⟨OSB, Taufname: Philipp Ernst⟩ **Freiherr von** (1745 – 1817)

1786 – 1814 Generalvikar in Fulda
1814 – 1817 Päpstlicher Administrator von Fulda

→ Bd. 1, 794 f.

Wartenberg, Albert (Albrecht) **Ernst Reichsgraf von** (1635 – 1715)

1687 – 1715 Weihbischof in Regensburg, Ep. tit. Laodicensis

* 22. 7. 1635 in München als Sohn des Ernst Benno Graf v. W. und der Sibylla Euphrosina Gräfin von Hohenzollern; 1654 – 58 Studium in Rom als Alumne des Collegium Germanicum; 1649 Domizellar (päpstl. Provision auf das Kanonikat seines Onkels F. W. v. → Wartenberg) und 1661 Domkapitular in Regensburg; 1661 Archidiakon und Propst des Kollegiatstifts St. Cassius und Florentius in Bonn; 25. 3. 1662 Priesterweihe in Regensburg; 1663 kaiser-

licher Ehrenkaplan („Capellanus Imperialis") am Regensburger Domstift; 10. 11. 1687 Titularbischof von Laodicea und Weihbischof in Regensburg, zugleich Konsistorialpräsident; 16. 5. 1688 Konsekration durch den Eichstätter Weihbischof F. Chr. (→) Rinck von Baldenstein in Regensburg; 1699 Propst des Kollegiatstifts St. Johann in Regensburg.

1686 – 87 war W. in die Auseinandersetzungen um die Verweserschaft für den minderjährigen Bischof (→) Joseph Clemens von Bayern verwickelt. Am 18. 2. 1686 hatte das Domkapitel unter Mißachtung der päpstlichen Weisung, die zwei Administratoren vorschrieb, Dompropst Wolf Sigmund Freiherrn von Leiblfing zum Bistums- und Hochstiftsadministrator gewählt. Als die römische Kurie die Administratio in utraque nicht bestätigte, vielmehr Leiblfing am 27. 10. 1687 nur die Verwaltung der Temporalia übertrug, die Administration der Spiritualia dagegen dem designierten Weihbischof W. zusprach, verzichtete Leiblfing auch auf das weltliche Regiment. Allem Anschein nach hat aber auch W. die angebotene Funktion nicht übernommen. Überhaupt darf seine Bedeutung für die Bistumsverwaltung bei aller persönlichen Frömmigkeit nicht hoch veranschlagt werden. Wiewohl bis 1715 nominell Konsistorialpräsident, fand er sich zunehmend seltener zu den Sitzungen ein. Über seine vielfältigen Pontifikalfunktionen gibt ein eigenhändig abgefaßtes Protokoll Aufschluß. In einer gleichfalls ungedruckten Schrift, die die Bodenfunde in seinem Kanonikalhof und anderen Gebäuden auszuwerten versucht, vertrat W. die Ansicht, bereits Apostel und Apostelschüler hätten in Regensburg den christlichen Glauben grundgelegt. † 9. 10. 1715 in Regensburg.

Literatur: *A. Mayer* III 70 f. - *A. Steinhuber.* - *G. Schwaiger,* Wartenberg 64-67, 117 f. - *N. Fuchs* 55 f. - *K. Hausberger,* Langwerth von Simmern 119, 124 f. - *M. Weitlauff,* Reichskirchenpolitik 39, 83, 307, 468 f.

Karl Hausberger

Wartenberg, Franz Wilhelm (seit 1602 **Reichsgraf**) **von** (1593 – 1661)

1627 – 1661 Fürstbischof von Osnabrück
1629 – 1648 Fürstbischof von Minden
1630 – 1648 Fürstbischof von Verden
1633   Bistumsadministrator von Hildesheim
1642 – 1649 Koadjutor des Fürstbischofs von Regensburg
1645 – 1661 Apostolischer Vikar für Bremen
1649 – 1661 Fürstbischof von Regensburg
1660   Kardinal

Franz Wilhelm von Wartenberg wurde am 1. 3. 1593 zu München als ältester Sohn des Herzogs Ferdinand von Bayern (1550 – 1608) und seiner unebenbürtigen Gemahlin, der Patrizierstochter Maria Pettenbeck, geboren. Sein Vater hatte im Kölnischen Krieg von 1583 – 84 die bayerischen Truppen erfolgreich angeführt. W. gehörte also einer Nebenlinie des Hauses Wittelsbach an. Er wurde, wie fast alle seine Geschwister, für den geistlichen Stand bestimmt und als Achtjähriger den Jesuiten von Ingolstadt zur Erziehung übergeben. 1608 – 14 setzte er sein Studium als Alumne des Collegium Germanicum in Rom fort. Der römische Aufenthalt prägte die Welt- und Lebensauffassung des hochbegabten „Conte Baviera" entscheidend und weckte in ihm jenen glühenden, aus ignatianischen Grundsätzen gespeisten religiösen Eifer, der ihn trotz schwerer Enttäuschungen und Niederlagen lebenslang zu unermüdlichem Einsatz für die katholische Sache befähigte. So durchschritt W., anders als die meisten Kirchenfürsten aus dem Hause Wittelsbach, den Weg zum Priestertum und Bischofsamt aus wahrer innerer Neigung, wiewohl auch er versorgungshalber und in wohlerwogenem dynastischem Interesse dem geistlichen Beruf zugeführt worden war.

Schon in jungen Jahren erhielt W. verschiedene kirchliche Würden. 1604 wurde er Propst des Kollegiatstifts zu Altötting, 1614 Stiftspropst an der Münchener Frauenkirche, 1617 kraft domkapitelscher Nomination Domizellar in Regensburg, 1619 aufgrund päpstlicher Provision Domizellar in Freising und Dompropst in Regensburg, 1623 Koadjutor des Propstes und Archidiakons Johannes Cholinus in Bonn, dessen Nachfolge er 1629 antreten konnte. Bald nach der Rückkehr aus Italien berief Herzog Maximilian seinen Neffen an die Spitze des Geistlichen Rates in München, einer Art Kultusministerium der bayerischen Lande, wo er seine kanonistische und theologische Ausbildung erstmals erproben konnte. Die eigentliche kirchenpolitische Laufbahn begann 1621 mit der Bestellung zum Obersthofmeister und leitenden Minister des Kölner Erzbischofs (→) Ferdinand von Bayern. In einem Geschäftsbereich, der sich mit den vier Nebenbistümern Ferdinands über weite Teile der nordwestlichen Germania Sacra erstreckte, und zu einer Zeit, da die Zukunft des Katholizismus dort durch den Krieg aufs höchste gefährdet war, sammelte W. reiche Erfahrung in der Diplomatie, gleichsam als Vorbereitung auf die gewaltigste Aufgabe seines Lebens – die Leitung des westfälischen Hochstifts und Bistums Osnabrück.

Nach Jahrzehnten protestantischer Herrschaft hatte die katholische Majorität des Osnabrücker Domkapitels 1623 die Wahl des Kurienkardinals Eitel Friedrich von Hohenzollern zum Bischof durchgesetzt. Mit dessen frühem Tod (19. 9. 1625) schien das mühsam in Gang gesetzte Rekatholisierungswerk wieder zunichte geworden zu sein. In dieser Situation postulierte das Kapitel gegen den Willen des Kaisers und des protestantischen Dänenkönigs, die es beide für einen ihrer Söhne zu gewinnen suchten, den 32jährigen W. am 27. 10. 1625 zum Bischof. Wegen formaler Mängel verzögerte sich die päpstliche Bestätigung bis zum 27. 1. 1627. Während dieser Zeit wurde Osnabrück von dänischen Truppen besetzt, um die Anerkennung des Prinzen Friedrich als Koadjutor zu erzwingen. Nur allmählich gelang es dem Feldherrn der Liga, Tilly, das feindliche Militär aus dem Hochstift abzudrängen, so daß W. im Januar 1628 von der Residenz Iburg und zu Beginn der Fastenzeit von der Bischofsstadt Besitz ergreifen konnte. Mit fester Entschlossenheit, nicht selten auch mit rücksichtsloser Härte ging er daran, der katholischen Kirche ihre alte beherrschende Stellung zurückzugewinnen, hauptsächlich gestützt auf Ordensleute, vor allem die Jesuiten, unter deren Leitung das Gymnasium, das neugegründete Seminarium Carolinum und andere Bildungsanstalten rasch aufblühten. Die große Antrittssynode von 1628 mit ihren richtungsweisenden, an den tridentinischen Maßgaben orientierten Dekreten eröffnete den Reigen der regelmäßigen Frühjahrs- und Herbstversammlungen. Der Rezeption des Konzils galten auch die zahlreichen Visitationen W.s und seiner engsten Mitarbeiter. Für die anfallenden Pontifikalfunktionen mußte W. zunächst den Paderborner Weihbischof Johannes Pelking bemühen, bis Osnabrück 1631 im Karmeliten K. (→) Münster einen eigenen Suffragan erhielt. W. wurde nämlich erst anläßlich seiner Teilnahme am Regensburger Reichstag von 1636 am 29. 11. zum Priester und am 8. 12. durch Nuntius Malatesta Baglioni zum Bischof geweiht.

Als das Jahr 1629 mit dem Erlaß des kaiserlichen Restitutionsedikts die katholische Partei im Reich auf den Gipfel ihrer Macht führte, fiel dem Tatendrang und Organisationstalent W.s durch die Ernennung zum Restitutionskommissar für Niederdeutschland zwischen Rhein und Elbe ein weites, wenig dankbares Feld zu. Denn zum einen ließ sich die Entwicklung vieler Jahrzehnte nicht kurzerhand rückgängig machen, zum anderen kam es über die gewonnenen Stifte im eigenen Lager zu lästigen Rivalitäten. Außerdem bahnte sich im Frühjahr 1630 die große militärische Wende zugunsten der protestantischen Reichsstände an. Immerhin hatte W. im Zuge der Restitution am 13. 9. 1629 das Bistum Minden und am 26. 1. 1630 das Bistum Verden erhalten. Durch päpstliches Breve vom 23. 11. 1633 wurde er obendrein Administrator des Bistums Hildesheim. In allen Sprengeln rief er unverzüglich die wenigen Priester zusammen, um eine Rekatholisierung ins Werk zu setzen. In Verbindung mit der „Carolinischen Akademie" zu Osnabrück, die Papst und Kaiser auf sein Betreiben zur Universität erhoben, suchte er dem dringendsten Erfordernis des Augenblicks, der Heranbildung tüchtiger Priester, auf jede Weise nachzukommen. Ein klares Konzept stand auch hinter seinen Bemühungen um die katholische Erziehung des jungen westfälischen und niedersächsischen Adels. Nach dem Sieg Gustav Adolfs bei Breitenfeld (1631) begann sich freilich der politische Umschwung deutlicher abzuzeichnen, und nun rüstete W. mit allen zur Verfügung stehenden Mitteln zum Widerstand gegen die herannahenden Schweden. Erst als die Lage völlig aussichtslos geworden war, verließ er am 24. 7. 1633 Osnabrück, um einer schmachvollen Unterwerfung zu entgehen. Noch im Laufe des Jahres gerieten alle Bistümer W.s unter protestantische Herrschaft. W. verbrachte das folgende Jahrzehnt hauptsächlich in Köln, neben vielen kirchlichen Funktionen unentwegt um die katholische Sache im Reich und insbesondere in Osnabrück bemüht. Gelegentlich reiste er nach Regensburg, so 1636 und 1639 in Reichstagsgeschäften, zwei Jahre später anläßlich seiner Bestellung zum Koadjutor des greisen Bischofs A. v. (→) Törring. Unter massivem Druck der bayerischen Regierung vollzog das dortige Domkapitel am 9. 11. 1641 die Postulation, der der Hl. Stuhl am 18. 1. 1642 entsprach. Der gekränkte Törring nahm die Dienste seines Koadjutors nie in Anspruch. W. weilte auch fortan hauptsächlich am Niederrhein, in steter Beobachtung seiner Bistümer. Am 4. 5. 1645 ernannte ihn Papst Innozenz X. überdies zum Apostolischen Vikar für das Erzbistum Bremen und übertrug ihm gleichzeitig die Sorge für die nordischen Missionen.

Einen zweiten Höhepunkt im Wirken W.s markieren die langwierigen Westfälischen Friedensverhandlungen, bei denen er zeitweilig 17 katholische Voten innehatte, darunter die wichtige Stimme Kurkölns. Zwar konnte er in seiner kompromißlosen Haltung, die selbst im eigenen Lager auf wachsende Ablehnung stieß, die Preisgabe von Minden und Verden mit vielen anderen Hochstiften nicht verhindern, doch war es seinem zähen Einsatz zu

verdanken, daß wenigstens Osnabrück der katholischen Kirche nicht gänzlich verlorenging. Die einander widerstreitenden Parteien einigten sich nämlich auf eine in ihrer Art einmalige Regelung, die bis zum Ende der Reichskirche Gültigkeit behielt. Danach wurde dem Bischof das Hochstift restituiert, jedoch für die Zukunft eine alternierende Besetzung des Bischofsstuhls, und zwar jeweils zwischen einem evangelischen Prinzen aus dem Hause Braunschweig-Lüneburg und einem katholischen Bischof, verfügt. Für den Besitzstand der Konfessionen bestimmte man 1624 als Normaljahr.

Mit ernster Hirtensorge und ungebrochenem Eifer, aber ohne die in früheren Jahren geübte Härte, ging W. nach dem Friedensschluß an den Wiederaufbau des katholischen Kirchenwesens in Osnabrück und im großen bayerischen Bistum Regensburg, dessen Leitung ihm seit April 1649 anvertraut war. 1650 – 52 und noch einmal 1655 – 59, als er persönlich in Osnabrück weilte, veranstaltete er immer wieder Synoden und Visitationen, ordnete die Pfarreien und Dekanate neu, spendete an Tausende die Firmung und richtete wieder katholische Schulen ein. Viel beschäftigte ihn daneben die Sorge um das untergegangene Erzbistum Bremen. Auch die Erneuerung des darniederliegenden, vom Krieg arg heimgesuchten Bistums Regensburg hat W. 1650 auf einer großen Synode persönlich eingeleitet, sodann durch Visitationen und Mandate energisch vorangetrieben. Seine Bemühungen um die Reform des Welt- und Ordensklerus, um die Hebung der Seelsorge und eine religiös bestimmte Volksbildung zeitigten alsbald schöne Früchte. Gegen heftige Widerstände konnte er 1654 ein Klerikalseminar in Regensburg errichten. Allerdings kam es trotz der verwandtschaftlichen Beziehungen über die Kirchenhoheitsrechte im Bistum, insbesondere wegen der Verteilung der oberpfälzischen Klostergefälle, wiederholt zu Mißhelligkeiten mit dem Münchener Hof.

Persönliche Anspruchslosigkeit, nüchterne Frömmigkeit und eine auf unerschütterlicher Treue zur alten Kirche gegründete Tatkraft im geistlichen wie im politischen Bereich rückten W. in die Reihe der bedeutendsten Reichsbischöfe des 17. Jh. Auf kaiserlichen Vorschlag wurde er am 5. 4. 1660 von Papst Alexander VII., der ihn als Nuntius während der Westfälischen Friedensverhandlungen schätzen gelernt hatte, zum Kardinalpriester erhoben. W. starb am 1. 12. 1661 in Regensburg. Letztwilliger Verfügung gemäß wurde er in der Stiftskirche zu Altötting beigesetzt.

Literatur: *B. A. Goldschmidt*, Lebensgeschichte des Kardinalpriesters Franz Wilhelm, Grafen von Wartenberg, Fürstbischofs von Osnabrück und Regensburg, Minden und Verden (Osnabrück 1866). - *H. Forst*, Politische Korrespondenz des Grafen Franz Wilhelm von Wartenberg, Bischofs von Osnabrück, aus den Jahren 1621-1631 (Leipzig 1897). - *G. Schwaiger*, Wartenberg (Lit.). - *Ders.*, Kardinal Franz Wilhelm von Wartenberg. Fürstbischof von Osnabrück und Regensburg (1593-1661), in: Klerusblatt 42 (1962) 7-11. - *Ders.*, in: NDB 5 (1961) 365 (Lit.). - *K. Repgen*, Wartenberg, Chigi und Knöringen im Jahre 1645. Die Entstehung des Plans zum päpstlichen Protest gegen den westfälischen Frieden als quellenkundliches und methodisches Problem, in: Dauer und Wandel der Geschichte. Festschrift für Kurt Raumer (Münster 1966) 213-268.

Abbildungsnachweis: Prinzenbildnis, Öl auf Leinwand, deutsch (?) 1620. - BStGS Inv. Nr. 6949.

Karl Hausberger

Watteville, Jean de ⟨OCist⟩ (um 1574 – 1649)

1609 – 1649 Bischof von Lausanne

Jean de Watteville wurde um das Jahr 1574 auf Schloß Châteauvilain bei Bourg-de-Sirod (Dép. Jura) in der Freigrafschaft Burgund als zweiter Sohn des Nicolas de W., Marquis' de Versoix, und seiner Ehefrau Anne de Grammont geboren. Der Vater war Sproß der alten Berner Patrizierfamilie von Wattenwyl. Mit seinem älteren Bruder hatte er sich in der Freigraf-

schaft Burgund niedergelassen und stand als Offizier in spanischen und savoyischen Diensten. Seine Frau stammte aus einer alten burgundischen Adelsfamilie. Wie seine beiden Brüder war auch W. zunächst für die Offizierslaufbahn bestimmt. Angeblich wurde er anläßlich der Escalade von 1602, dem Versuch Savoyens zur Rückeroberung Genfs, verletzt und blieb dann sein Leben lang hinkend. Er trat jedenfalls in die Zisterzienserabtei La Charité (Erzd. Besançon) ein und wurde dort 1609 zum Abt gewählt. Schon 1607 hatte der Herzog von Savoyen ihn als Nachfolger von Jean Doroz zum Bischof von Lausanne vorgeschlagen. Aber erst am 10. 6. 1609 erfolgte seine Ernennung durch Papst Paul V. Die Abtei La Charité behielt W. bei. Die Bischofsweihe empfing er am 18. 4. 1610 in Arbois (Dép. Jura) durch den Erzbischof von Besançon, Ferdinand de Rye.

Seit der Eroberung der savoyischen Waadt durch die Berner im Jahre 1536 waren große Teile des Bistums Lausanne, nämlich das gesamte Waadtland mit der Residenzstadt Lausanne, Neuenburg sowie die Stadt Bern mit dem links der Aare gelegenen Kantonsteil, der neuen Lehre zugeführt worden. Die aus Lausanne vertriebenen Bischöfe hielten sich außerhalb der Diözese in der Franche-Comté oder in Savoyen auf. Katholisch geblieben waren das Territorium des Kantons Freiburg und die Stadt Solothurn mit einigen umliegenden Pfarreien. Weiter umfaßte das Bistum noch zwei Pfarreien in Neuenburg, zwei in der Freigrafschaft Burgund sowie die von Bern und Freiburg gemeinsam verwaltete Vogtei Echallens im Waadtland. Um 1600 lagen im Kanton Freiburg ca. 84 Pfarreien (9 Dekanate), in Solothurn fünf Pfarreien. Trotz der Bemühungen der Nuntien war die Residenzfrage nicht geklärt worden. Dies lag sowohl an den übertriebenen Forderungen der Bischöfe an die Stadt Freiburg als auch an der Opposition der Freiburger Regierung und des dortigen Kollegiatstiftes St. Niklaus. 1603 erreichte Bischof Doroz in einem Abkommen mit der Freiburger Regierung, daß die bischöfliche Residenz nach Freiburg verlegt wurde, doch wurden die Abmachungen nicht erfüllt. Während der Abwesenheit der Bischöfe hatten tatkräftige Generalvikare, unterstützt von den in Freiburg wirkenden Jesuiten, die tridentinische Reform in wesentlichen Stücken verwirklichen können.

Während des ganzen Episkopates von W. blieb die Residenzfrage das Hauptproblem. Mit seinem Einzug am 1. 12. 1613 nahm W. offiziell Besitz von seiner Diözese. Er visitierte die Diözese, weihte Kirchen, gab dem Chorherrenstift St. Ursus in Solothurn neue Statuten und errichtete dort auch ein eigenes Dekanat. 1614 konnte er mit der Freiburger Regierung das Abkommen von 1603 erneuern. Er verzichtete auf die von Freiburg annektierten ehemaligen Lausanner Gebiete (namentlich Bulle) und erhielt dafür eine finanzielle Unterstützung. Die 1603 beschlossene Inkorporation der Kartause von La Part-Dieu mit der bischöflichen Mensa ließ man fallen. Der Vertrag wurde 1615 vom Luzerner Nuntius gebilligt. W. ließ sich in Freiburg eine Residenz bauen. W.s weitere Forderungen an Freiburg, wie die nach der Abtwürde im Zisterzienserkloster Hauterive, führten zu neuen Spannungen. Daher verließ W. Ende 1616 seine Diözese und zog sich nach La Charité zurück. Während seiner Abwesenheit lag die Verwaltung der Diözese in den Händen der Generalvikare. Die Priesterweihe empfingen die Kleriker meist in Annecy oder Vienne.

Auf Drängen des Nuntius kehrte W. Mitte 1624 nach Freiburg zurück und visitierte das Bistum zum zweiten Mal. 1625 berief er eine Diözesansynode ein, verließ danach aber wieder sein Bistum. Im Sommer 1635 kehrte er zu einer kurzen Visitation nach Freiburg zurück. Vom Luzerner Nuntius erwartete er vergeblich die Verleihung einer weiteren Abtei in Burgund, um standesgemäß auftreten zu können. Während der Belagerung der Stadt Dole durch die Franzosen im Jahre 1636 hielt er sich nochmals kurz in Freiburg auf, um die Anliegen der vom Krieg heimgesuchten Freigrafschaft Burgund

zu vertreten. Sein älterer Bruder Gérard verteidigte Dole erfolgreich gegen die Franzosen. 1639 ließ W. ein neues Rituale unter dem Titel „Manuale seu sacerdotale Lausannensis dioecesis" erscheinen. 1640 versuchte die Freiburger Regierung im Namen W.s, vom Nuntius die Aufhebung der Kartausen von La Part-Dieu oder Valsainte zu Gunsten des Bistums zu erreichen, doch wegen der Opposition des Kartäusergenerals und Frankreichs ging der Hl. Stuhl nicht auf den Vorschlag ein. Nachdem sich 1609 die Kapuziner in Freiburg niedergelassen hatten, folgten während W.s Amtszeit 1624 Ursulinen, 1626 Kapuzinerinnen und 1635 Visitandinnen. Weitere Klostergründungen blieben von kurzer Dauer. W. starb am 22. 7. 1649 in Besançon. Er wurde in seiner Abtei La Charité beigesetzt. Sein von ihm in Freiburg erbautes Haus ging an Private über.

Literatur: *M. Schmitt-J. Gremaud* II 423-436. - *L. Waeber*, L'arrivée à Fribourg de Mgr. de Watteville et la visite du diocèse de 1625, in: ZSKG 36 (1942) 221-296. - *Ders.*, Fribourg devient, au XVIIᵉ siècle, la résidence de l'Evêque de Lausanne, in: La Liberté (1956) Nr. 132, 138, 144, 150. - *P. L. Surchat* 122 f. - *Ch. Holder* 457-459. - *P. Rück*, in: HS I/4 (1988) 153-155 (Lit.).

Abbildungsnachweis: Der Herold Berlin, Bildarchiv Neg. Nr. 16960.

Pierre Louis Surchat

Weber (Textor), **Johann Jakob** († 1684)

1683 – 1684 Generalvikar in Bamberg

* in Koblenz; Dr. theol.; in Bamberg zunächst Hofkaplan und Kanonikus am bürgerlichen Kollegiatstift St. Stephan; 1659 Geistlicher Rat; 1660 – 74 Inspektor des Priesterseminars; 1678 Cellerar von St. Stephan; unter Fürstbischof M. S. (→) Schenk von Stauffenberg Provikar und 1683 Generalvikar. W. widmete diesem den von ihm neu herausgegebenen Liber regulae pastoralis Gregors d. Gr.; † 20. 12. 1684.

Schriften: *Joh. Jacob Textor*, Pastorale Divi Gregorii Papae ... in lucem editum (Bamberg 1686).

Literatur: *J. H. Jäck*, Pantheon 1116. - *F. Wachter* Nr. 10759.

Egon Johannes Greipl

Weichs, Jobst Edmund Freiherr von (1700 – 1755)

1748 – 1755 Generalvikar in Hildesheim

* 13. 4. 1700 in Freiden (Diöz. Hildesheim); Besuch der Jesuitengymnasien in Münster und Hildesheim; 1718 – 24 Studium in Rom als Alumne des Collegium Germanicum; 1723 aufgeschworen, 1725 Domkapitular, 1746 Domdechant in Hildesheim; 9. 11. 1748 Offizial und Generalvikar in Hildesheim; † 17. 11. 1755.

Quellen: BA Hildesheim.

Literatur: *A. Bertram*, Bischöfe 219. - *G. Schrader* 171. - *A. Steinhuber.*

Hans-Georg Aschoff

Weichs zu Rösberg, Maximilian Heinrich Reichsfreiherr von (1651 – 1723)

1688 – 1702 Generalvikar in Hildesheim
1703 – 1723 Weihbischof in Hildesheim, Ep. tit. Rhodiopolitanus

* 15. 4. 1651 in Bonn; Studium in Rom als Alumne des Collegium Germanicum; 1670 aufgeschworen, 1674 installiert als Domkapitular in Hildesheim; 1682 Domscholaster. Nach dem Tod des Bischofs (→) Max Heinrich von Bayern wählte ihn das Kapitel am 30. 5. 1688 zum Generalvikar und Offizial. Diese Ämter behielt er unter Bischof J. E. v. (→) Brabeck bei. 1689 Domdechant; 1694 Koadjutor des Stiftspropstes von St. Cassius und Florentius in Bonn; 24. 3. 1703 „Vicarius in spiritualibus" für Hildesheim wegen der Behinderung des Bischofs (→) Joseph Clemens von Bayern an der Ausübung seines Amtes; 1. 10. 1703 Titularbischof von Rhodiopolis und Weihbischof in Hildesheim; 22. 6. 1704 Konsekration durch den Münsteraner Weihbischof J. P. v. (→) Quentell in Hildesheim. Auf W. geht eine Reihe von Stiftungen in Hildesheim zurück. So wurde durch seine Freigebigkeit 1694 der Neubau des Gymnasium Josephinum ermöglicht; † 20. 9. 1723.

Literatur: *A. Bertram*, Bischöfe 218f. - *Ders.*, Hildesheim III 130. - *A. Steinhuber.*

Hans-Georg Aschoff

Weinberger, Stephan (1624 – 1703)

1667 – 1703 Generalvikar in Würzburg
1667 – 1703 Weihbischof in Würzburg, Ep. tit. Domitiopolitanus

* 1. 8. 1624 zu Abensberg (Diöz. Regensburg); Studium in Ingolstadt (Lic. theol.); 1749 Priester. W. trat in das Bartholomäerinstitut Tittmoning ein und arbeitete sechs Jahre als Seelsorger. Als die Bartholomäer 1654 im Bistum

Würzburg eingeführt wurden, kam W. zunächst als Pfarrer nach Grafenrheinfeld. 1656 ernannte Fürstbischof J. Ph. v. (→) Schönborn ihn zum Regens des Würzburger Seminars und zum Geistlichen Rat. 1659 Kanonikus, 1688 Dekan am Neumünster; 1667 Generalvikar; 3. 8. 1667 Titularbischof von Domitiopolis und Weihbischof in Würzburg; † 13. 6. 1703; □ im Neumünster. W. hinterließ dem Seminar in Dillingen einen bedeutenden Teil seines Vermögens.

Literatur: *Ph. Gersenius*, Phoenix redivivus oder ewig und unsterbliches Leben des in seinem eigenen Nest noch brennenden … Sonnen-Vogels, erneuert bei einem … Hinfall des … Herrn Stephani … [Leichenpredigt] (Würzburg 1703). - *N. Reininger*, Archidiakone 212f. - *Ders.*, Weihbischöfe 246-258.

Egon Johannes Greipl

Weinhart, Franz (1618 – 1686)

1661 – 1679 Generalvikar in Regensburg
1663 – 1686 Weihbischof in Regensburg, Ep. tit. Liddensis

* 1618 in Innsbruck als Sohn des Paul W. aus Augsburg, Geheimen Rats und Primarius' von Erzherzog Ferdinand Karl; 1644 Immatrikulation in Dillingen; Dr. theol. ebd.; Priesterweihe in Brixen und 1648 Pfarrer in Vomp (Tirol); 1654 Konsistorialrat, 1655 Offizial und Generalvisitator in Regensburg; 1655 Domizellar (päpstl. Provision) und 6. 8. 1658 Domkapitular ebd.; Juni 1661 Generalvikar; 26. 2. 1663 Titularbischof von Lydda und Weihbischof in Regensburg, zugleich Konsistorialpräsident; 8. 4. 1663 Konsekration durch den Salzburger Erzbischof G. v. (→) Thun in der Abteikirche St. Emmeram; November 1685 vom Domkapitel bestellter Interimsvikar für den minderjährigen Bischof (→) Joseph Clemens von Bayern. Von beispielhaftem Lebenswandel und um die Erneuerung des religiös-sittlichen Lebens bemüht, war W. über zwei Jahrzehnte hin der eigentliche Leiter des Regensburger Sprengels, da dessen Oberhirten ab 1666 infolge mehrfacher Bepfründung zumeist andernorts residierten. † 22. 6. 1686 in Regensburg; □ Regensburger Dom.

Quellen: BZA Regensburg.

Literatur: *G. Baumgartner*, Episcopus irreprehensibilis, das ist Unsträflicher Lebens-Wandel … Francisci Weinhardt, Weihbischoffen zu Regenspurg … (Regensburg 1686). - *A. Mayer* III 69f., 166-168. - *G. Schwaiger*, Wartenberg 92, 118, 123.

Karl Hausberger

Weinzierle, Franz Xaver (seit 1677 **von**)
(1636 – 1681)

1676 – 1681 Generalvikar in Breslau

* 17. 2. 1636 in Wien als Sohn des „Hofcontro-
lors" Johann Jakob v. W. und der Anna Klara
Sinabellin; Studium an der Universität Wien
und 1659 – 62 in Rom als Alumne des Collegium Germanicum; 2. 4. 1661 Priesterweihe
und 1662 Dr. theol. ebd. 1663 wurde W. durch
Vermittlung Erzherzog (→) Leopold Wilhelms
von Österreich, in dessen Dienst sein Vater
stand und der seit 1656 Bischof von Breslau
war, ebd. Domherr; Kanonikus am Breslauer
Kreuzstift. W. war geschäftsgewandt und wurde zu zahlreichen Verwaltungsaufgaben herangezogen. Konsistorialrat. Seit 1668 war er
mit der Rekatholisierung der evangelischen
Kirchen („Reduktion") im Herzogtum Sagan
befaßt. Seit 1676 Generalvikar und Offizial des
Kardinals (→) Friedrich von Hessen; 1680
Domkantor; † 23. 12. 1681 in Breslau; □ Breslauer Dom.

Literatur: *J. Jungnitz*, Rostock 126. - *Ders.*, Germaniker 178-182. - *H. Hoffmann*, Dom Breslau 141 f.

Jan Kopiec

**Welden auf Hohenaltingen, Johann Ludwig
Joseph Freiherr von** (1670 – 1748)

1730 – 1744 Generalvikar in Freising

* 1670 in der Diöz. Augsburg. Geburtsort unbek.
Die dem schwäbischen Reichsadel angehören-
de Familie war im 17. und 18. Jh. mit mehreren
Angehörigen in süddeutschen Domkapiteln
vertreten. 1685 Domherr in Freising (1701 Aufschwörung), 1692 in Eichstätt, hier später
Domdekan; 1688 – 92 Studium in Rom als
Alumne des Collegium Germanicum; Stiftsherr
in Ellwangen; 1718 unter den Opponenten des
Freisinger Fürstbischofs J. Fr. (→) Eckher;
1723 stimmte er der Wahl (→) Johann Theodors
von Bayern nur widerstrebend zu. 1727 vom
Domkapitel mit J. S. (→) Zeller zum Coadministrator in spiritualibus gewählt, verlor W. diese
Aufgabe schon 1728. Nach Zellers Tod Kapitularvikar und 1730 Generalvikar; 8. 4. 1730
Priester. 1732 bzw. 1736 bemühte W. sich
vergeblich um die Wahl Johann Theodors in
Ellwangen und Eichstätt. 1744 trat er das Amt
des Generalvikars an Fr. I. v. (→) Werdenstein
ab. † 1748 in Eichstätt.

Literatur: *C. Meichelbeck - A. Baumgärtner* 613. - *M.
Weitlauff.*

Egon Johannes Greipl

**Welden auf Laubheim und Hohenaltingen,
Ludwig Joseph Freiherr von** (1727 – 1788)

1769 – 1788 Fürstbischof von Freising

Ludwig Joseph von Welden auf Laubheim und
Hohenaltingen wurde am 11. 5. 1727 auf Schloß
Hochaltingen in Schwaben als Sohn des Ferdinand Reichsfreiherrn v. W. und der Maria
Rosina Gräfin von Herberstein geboren. Die
Familie der Mutter hatte im 17. und 18. Jh.
zahlreiche Mitglieder in die süddeutschen
Domkapitel entsandt. W. besuchte das Gymna-
sium in Eichstätt und Ingolstadt und studierte
dann 1746 – 50 als Alumne des Collegium
Germanicum in Rom. Am 21. 2. 1750 wurde er
zum Priester geweiht. Dem Freisinger Domka-
pitel gehörte er seit 1742, zunächst als Domizel-
lar, an. Als Dompropst Donnersberg, der W. zu
seinem Koadjutor ernannt hatte, starb, rückte
W. 1768 in dessen Amt nach. Als Präsident des
Geistlichen Rates konnte er ausgiebige Erfahrungen in der Bistumsverwaltung sammeln.
Kurz nach Übernahme der Dompropstei durch
W. wurde das Bistum Freising durch den
Wechsel von Fürstbischof (→ Bd. I) Clemens
Wenzeslaus von Sachsen zum Bistum Augsburg vakant. Daraufhin wählte das Domkapitel
W. zunächst zum „Vicarius generalis in spiritualibus" (Kapitularvikar) und am 23. 1. 1769
nach Aushandlung einer Wahlkapitulation
einstimmig zum Fürstbischof. Die Konfirmation erfolgte am 12. 6. 1769. Am 10. 9. 1769
erhielt W. durch Weihbischof Ernst Johann
Nep. von (→ Bd. I) Herberstein die Bischofsweihe.

Auf W.s Regierung warf bereits die Säkularisation ihren Schatten. W. konnte die mit päpstlicher Genehmigung erfolgte Aufhebung
des Augustinerchorherrenstiftes Indersdorf
nicht verhindern, mußte von Gerüchten hören,
daß der Bistumssitz nach München verlegt
werde und der konfiskatorischen Besteuerung
kirchlicher Einrichtungen hilflos zusehen.

Als Landesherr zeigte er aufgeklärte und für-
sorgliche Züge. Er führte während der Hungerjahre 1770 – 71 Getreide aus Italien ein, erteilte
1782 in Freising den Auftrag zur Gründung
einer „Normalschule" nach österreichischem
Muster und verbesserte die Finanzsituation
des unter Fürstbischof J. Fr. (→) Eckher gegründeten Lyzeums. Den Streit zwischen Domkapitel und Freisinger Bürgern um neukulti-
vierte Moosgründe konnte er schlichten. Der
längst baufällige Freisinger Hof in Wien wurde
unter seiner Regierung verkauft. Bei der Ausübung seiner bischöflichen Funktionen schon-
te sich W. nicht. Unermüdlich auf Firmungsreisen, weihte er mehrere Äbte und Kirchen. Er

war Präfekt der Georgsbruderschaft in Freising und führte den täglichen Rosenkranz in
der Stiftskirche St. Johann ein. 1772 veranstaltete er ein dreitägiges Jubelfest zur 1500-
Jahrfeier des mit Freising legendär verbundenen hl. Maximilian. Nicht zuletzt die ununter-
brochenen Reibereien mit dem Domkapitel
führten bei ihm jedoch zu einer psychischen
Erkrankung, infolge deren er seit 1779 nicht
mehr voll arbeitsfähig war. W. starb am 15. 3.
1788 in Freising. Er wurde im Dom beigesetzt.

Literatur: *C. Meichelbeck - A. Baumgärtner* 284 - 300.

Abbildungsnachweis: Diözesanmuseum Freising,
Inv. Nr. P 1048.

Egon Johannes Greipl

Wendt, Johann Adrian von († 1694)

1669 – 1679 Metropolitanvikar in Osnabrück

* in Holtfeldt (Diöz. Münster); 1640 – 94 Domkapitular in Minden, 1666 – 94 in Osnabrück;
1669 Domdechant in Osnabrück; 1669 Generalvikar des Kölner Erzbischofs (→) Max Heinrich
von Bayern in Osnabrück („Metropolitanvikar"); 1670 – 94 Domkapitular in Halberstadt;
1670 – 94 Propst in Levern; 1676 Dompropst in
Osnabrück; Archidiakon in Ankum; † 8. 12.
1694.

Quellen: BAOS.

Literatur: *J. Rhotert* 27. - *M. F. Feldkamp* 232.

Michael F. Feldkamp

Wendt, Karl Friedrich Freiherr von
(1748 – 1825)

1784 – 1825 Weihbischof in Hildesheim, Ep. tit.
Basinopolitanus
1789 – 1825 Generalvikar und Offizial in Hildesheim

→ Bd. 1, 807.

Wenge, Levin Stephan von (1702 – 1776)

1761 – 1776 Generalvikar in Hildesheim

* 1702 auf Burg Beck bei Recklinghausen
(Erzdiöz. Köln); Besuch des Jesuitengymnasiums in Münster; 1716 – 23 Studium in Rom
als Alumne des Collegium Germanicum; 1723
Domherr in Paderborn; 1741 aufgeschworen,
1743 Domkapitular; 1757 Domdechant in Hildesheim; 16. 3. 1761 während der Sedisvakanz
zum Generalvikar und Offizial ernannt; 1769
Dompropst in Hildesheim; † 23. 7. 1776.

Quellen: BA Hildesheim.

Literatur: *A. Bertram*, Bischöfe 250. - *Ders.*, Hildesheim III 187. - *G. Schrader* 171. - *A. Steinhuber*.

Hans-Georg Aschoff

Werdenau (Wertnau, Wernau), **Konrad Wilhelm Reichsfreiherr von** (1638 – 1684)

1683 – 1684 erwählter Fürstbischof von
Würzburg

Konrad Wilhelm von Werdenau wurde am 9. 8.
1638 zu Dettingen/Main als Sohn des Georg
Ludwig v. W. und der Ursula Veronika Schenk
von Stauffenberg geboren. Der Bamberger
Fürstbischof M. S. (→) Schenk von Stauffenberg war sein Vetter. W. wurde 1647 in Würzburg und Bamberg als Domizellar aufgeschworen. 1654 schrieb er sich an der Universität
Würzburg ein. 1656 – 58 studierte er in Dôle
und Orléans. Die niederen Weihen und das
Subdiakonat empfing er 1663 in Würzburg. Im
gleichen Jahr stieg er in Bamberg, in Würzburg
dagegen erst 1672, zum Kapitular auf. 1682
wählte ihn das Bamberger Kapitel zum Dekan.
Am 21. 12. 1682 wurde er Priester. Als 1683
Fürstbischof P. Ph. v. (→) Dernbach von Bamberg und Würzburg schwer erkrankte, wurde
W. als Koadjutor für Würzburg genannt. Das
Würzburger Kapitel wählte ihn zwar am 31. 5.
1683 zum Nachfolger Dernbachs, da es von ihm
eine Änderung der österreichfreundlichen Al-
lianzpolitik erwartete, doch hatte W. sich

schon während der Wahlverhandlungen außenpolitisch für den Anschluß an Wien entschieden. In engem Zusammenwirken mit seinem Vetter, dem Bamberger Fürstbischof
Schenk von Stauffenberg, unterstützte er den
Kaiser im Kampf gegen die Türken. Beide
Hochstifte stellten dafür 7300 Mann zur Verfügung. W. schätzte einen guten Trunk und die
Jagd über die Maßen. Wohl als Folge dieser
Neigungen erkrankte er auf der Pirsch im
August 1684. Er starb am 5. 9., ohne die
päpstliche Bestätigung erlangt zu haben, und
wurde im Dom zu Würzburg beigesetzt.

Literatur: *I. Gropp*, Collectio II 529-532. - *A. Amrhein*
55. - *S. Merkle*, Matrikel Nr. 5074. - *G. Christ*,
Werdenau 296-313. - *G. Pfeiffer*, Fränk. Bibliographie
III/2, Nr. 48707-48715. - *G. Wunder*, Stauffenberg 215.
- *P. Kolb*, Wappen 141-143. - *K. Helmschrott*, Münzen
163-168.

Abbildungsnachweis: Stich von Johann Salver d. Ä.
(um 1670-1738). - Wien NB 521.415 B.

Egon Johannes Greipl

Werdenstein (Wertenstein, Werdenstain),
Franz Ignaz Albert Reichsfreiherr von und zu
(1697 – 1766)

1744 – 1761 Generalvikar in Freising
1756 – 1766 Weihbischof in Freising,
Ep. tit. Taenariensis

* 3. 10. 1697 in Dellmensingen (Diöz. Konstanz);
1714 – 20 Studium in Rom als Alumne des

Collegium Germanicum; 21. 12. 1720 Priester;
1720 – 22 Domherr in Bamberg, 1719 in Eichstätt (päpstl. Verleihung, 1731 Kapitular); 1738
Offizial, 1744 Generalvikar und Präsident des
Geistlichen Rates von Fürstbischof (→) Johann
Theodor von Bayern; 20. 9. 1756 Titularbischof
von Taenaros und Weihbischof in Freising;
21. 11. 1756 Konsekration durch Johann Theodor in Freising. Wenig später kam es zwischen
dem gebildeten, in Bistumsverwaltung und
Seelsorge erfahrenen W. und dem Fürstbischof
wegen einer Pfründe zum Zerwürfnis. 1761
wurde W. als Generalvikar entlassen. † 20. 9.
1766; ☐ Vorhalle des Freisinger Domes.

Literatur: *M. Weitlauff* 515 f.

Egon Johannes Greipl

Werra, Alexis von (1667 – 1744)

1722 – 1744 Generalvikar in Sitten

* 1667 in Leuk (Wallis); 1692 Priester; 1692
Titular-, 1694 residierender Domherr von Sitten; zeitweise Pfarrer von Salgesch; 1722 – 44
Generalvikar und Offizial in Sitten; 1734 Kapitelsvikar; † 31. 8. 1744.

Literatur: *L. Carlen*, in: HS (i. Vorb.).

Louis Carlen

Wessenberg, Ignaz Heinrich Reichsfreiherr von
(1774 – 1860)

1802 – 1814 Generalvikar in Konstanz
1817 – 1827 Bistumsverweser in Konstanz

→ Bd. 1, 808 – 812.

Westernach, Johann Eustach Egolf (seit 1693
Reichsfreiherr) von (1649 – 1707)

1681 – 1707 Weihbischof in Augsburg, Ep. tit.
Dioclensis

* 2. 11. 1649 in Arbon/Bodensee; seit 1660
Schulbesuch in Dillingen; 1665 Domizellar in
Augsburg; seit 1669 Studium in Ingolstadt (Dr.
iur. utr.); 15. 6. 1680 Priester; 1681 Vorsitzender
des Geistlichen Rates des Bistums Augsburg;
10. 7. 1681 Titularbischof von Dioklea und
Weihbischof in Augsburg; 14. 9. 1681 Konsekration durch Fürstbischof J. Ch. v. (→) Freyberg in Augsburg; 1693 Erhebung in den
Freiherrenstand; 1693 Domkustos, 1698 Dompropst in Augsburg; 1705 Domherr in Konstanz. W. spendete während seiner Amtszeit

340 808 Firmungen, 8 250 Klerikerweihen, konsekrierte 138 Kirchen und Kapellen mit 592 Altären. † 28. 9. 1707; □ in der von ihm 1694 errichteten ehemaligen Josefskapelle an der Südseite des Augsburger Domes.

Literatur: *A. Schröder*, Weihbischöfe 472-475. - *A. Haemmerle*, Domstift Nr. 935. - *J. Seiler.*

Peter Rummel

Westphalen, Friedrich Wilhelm Freiherr von (1727 – 1789)

1763 – 1789 Fürstbischof von Hildesheim
1773 – 1782 Koadjutor des Fürstbischofs von Paderborn
1775 – 1780 Apostolischer Vikar des Nordens
1780 – 1789 Apostolischer Vikar der wiedervereinigten Vikariate des Nordens
1782 – 1789 Fürstbischof von Paderborn

Friedrich Wilhelm Freiherr von Westphalen zu Fürstenberg wurde am 5. 4. 1727 als Sohn des Wilhelm Ferdinand Joseph v. W. und dessen Ehefrau Anna Helena von der Asseburg zu Hinnenburg in Paderborn geboren. Ein Bruder der Mutter, W. A. v. d. (→) Asseburg, war 1763 – 82 Bischof von Paderborn. Im Alter von neun Jahren erhielt W. 1736 die Tonsur. 1742 wurde er Domherr in Paderborn. Die Emanzipation erfolgte 1748. Weitere Dompräbenden erhielt er 1749 in Hildesheim sowie 1755 in Osnabrück und Münster. 1757 empfing W. die niederen Weihen und die Subdiakonatsweihe. Am 7. 2. 1763 wählte ihn das Hildesheimer Domkapitel zum Bischof, nachdem die hannoversche Regierung nach dem Tode (→) Clemens Augusts von Bayern (1761) die Wiederbesetzung des Bistums fast zwei Jahre lang verhindert hatte, um das Hochstift für eine evtl. Säkularisation bereitzuhalten. W. war Wunschkandidat Hannovers und konnte sich gegen seinen Hauptkonkurrenten (→ Bd. I) Klemens Wenzeslaus von Sachsen durchsetzen, weil die Mehrheit des Domkapitels aufgrund der Erfahrungen unter Clemens August befürchtete, daß ein Prinz aus einem regierenden Haus die Gefahr kriegerischer Verwicklungen für das Stift vergrößere. Die Wahl wurde gegen den Einspruch einer Minderheit des Kapitels am 16. 5. 1763 päpstlich bestätigt. W. ließ sich am 27. 3. 1763 in Paderborn zum Priester und am 23. 10. 1763 durch seinen Onkel, den Paderborner Bischof v. d. Asseburg, im Hildesheimer Dom zum Bischof weihen.

Auf Betreiben Asseburgs und gegen den anfänglichen Widerstand einer Minderheit von Domherren postulierte das Paderborner Kapitel W. am 1. 3. 1773 zum Koadjutor. Die päpstliche Konfirmation folgte am 14. 6. 1773. W. trat am 26. 12. 1782 die Nachfolge Asseburgs an. Am 19. 7. 1775 wurde ihm zugleich das Vikariat des Nordens übertragen, das zu diesem Zeitpunkt Mecklenburg, Hamburg, Lübeck und die Lande der dänischen und schwedischen Krone umfaßte. Am 11. 2. 1780 erhielt er ferner das Apostolische Vikariat von Ober- und Niedersachsen, so daß unter ihm das Apostolische Vikariat des Nordens in seinem ursprünglichen Umfang wiederhergestellt wurde. Von der Wiedervereinigung der Vikariate und ihrer Übertragung an einen Reichsfürsten versprach man sich bei der römischen Kurie und am kaiserlichen Hof eine Verbesserung der finanziellen Lage der Missionen und eine wirkungsvollere Vertretung katholischer Belange an den betreffenden protestantischen Höfen.

Auf die Innen- und Kirchenpolitik des kirchlich und religiös integren W. wirkte sich der Einfluß der Aufklärung aus. Im Hochstift Hildesheim gingen auf ihn u. a. die Einrichtung einer Brandversicherungsgesellschaft (1765), einer Witwenverpflegungssozietät (1770) und eine Medizinalordnung zurück, die die staatliche Aufsicht über Ärzte und Apotheker einführte und mit der Bildung eines Medizinalkollegiums das Medizinalwesen zusammenfaßte. Weitere Verordnungen sollten einer Verbesserung des Straßenwesens dienen. Besondere Aufmerksamkeit wandte W. dem Bildungswesen zu. Er schärfte die Schulpflicht ein, verbesserte die Lehrerausbildung durch Einrichtung von Prüfungskommissionen und baute die geistliche Schulaufsicht aus. Diese Maßnahmen, vor allem die Schulordnung für Landschulen (1788) mit ihren Bestimmungen über Qualifikation, Pflichten und Bezüge der Lehrer, orientierten sich weitgehend an den Reformen Franz von (→ Bd. I) Fürstenbergs in Münster. Für die katholischen Schulen führte W. eine deutsche Ausgabe des Katechismus des Petrus Canisius ein. Nach Aufhebung der Gesellschaft Jesu (1773) ließ W. das Gymnasium Josephinum und die philosophisch-theologische Lehranstalt unter Aufsicht des Generalvikars bestehen und ermöglichte den Exjesuiten die Fortführung des Unterrichts und die Aushilfe in der Seelsorge. Mit päpstlicher und kaiserlicher Genehmigung hob W. 1777 das Kartäuserkloster in Hildesheim auf und verwandte dessen Vermögen, den Karthausfonds, zur Unterstützung einiger Missionsstellen im Apostolischen Vikariat des Nordens, vor allem aber zur Dotierung des 1780 gegründeten Priesterseminars, das mit dem Gymnasium Jose-

phinum verbunden blieb. Dem Geist der Aufklärung entsprachen die Reduzierung katholischer Feiertage, die W. auf Antrag der Landstände mit päpstlicher Genehmigung vornahm,
und die Einführung eines neuen Gesangbuches, das jedoch nur geringe Annahme bei der
Bevölkerung fand.

Ähnliche Maßnahmen wie in Hildesheim führte W. auch während seiner kurzen Regierungszeit in Paderborn durch. Dazu zählten neben
der Beschränkung barocker Frömmigkeitsformen und der Verminderung der Feiertage verschärfte Anforderungen für die Zulassung zur
Subdiakonatsweihe und die Errichtung einer
Normalschule. Als Apostolischer Vikar ließ W.
Visitationen durchführen und bemühte sich
um die Dotation neu eingerichteter Schulen
sowie um die personelle und materielle Sicherung der durch die Aufhebung des Jesuitenordens betroffenen Missionsstationen. Obwohl
in seinem Reformeifer weitgehend der Aufklärung verpflichtet, verhielt W. sich gegenüber
den Bestrebungen der deutschen Metropoliten
zur Einschränkung der päpstlichen Jurisdik-
tionsgewalt (E. J. v. → Breidbach-Bürresheim,
→ Max Franz von Österreich) ablehnend, weil
er eine Beschneidung der Rechte der Suffra-
ganbischöfe zugunsten der Erzbischöfe befürchtete.

Um nach seinem Tod eine längere Vakanz und
damit eine Gefahr für den Fortbestand seiner
Hochstifte zu vermeiden, faßte W. 1785 den
Plan zur Wahl eines Koadjutors. Er förderte die

Kandidatur seines auch von Preußen und Hannover unterstützten Hildesheimer Generalvikars, Offizials und Regierungspräsidenten (→
Bd. I) Franz Egon von Fürstenberg. Am 7. 3.
1786 wurde dieser in Hildesheim, am 12. 6. in
Paderborn einstimmig gewählt. W. starb am
6. 1. 1789. Er wurde im Mittelschiff des Hildesheimer Doms beigesetzt.

Literatur: *C. L. Grotefend*, Die Bestechung des hildes-
heimischen Domkapitels bei der Wahl des Bischofs
Friedrich Wilhelm von Westphalen, in: ZHVN 13
(1873/74) 94-197. - *Doebner*, Zwei Relationen Bischof
Friedrich Wilhelms von Hildesheim an den Papst
über den Zustand der Diözese, in: ZHVN 35 (1895)
290-328. - *A. Bertram*, Hildesheim III 173-185. - *J.
Metzler*, Apostolische Vikariate 157-163. - *R. Joppen*
129 f. - *F. Keinemann*, Domkapitel Münster 311 f. -
Ders., Die Paderborner Koadjutorwahl 1773, in: WZ
118 (1968) 386-397. - *Ders.*, Die Hildesheimer Fürst-
bischofswahlen 1724 und 1763, in: Niedersächsisches
Jahrbuch für Landesgeschichte 43 (1971) 57-80, bes.
68 ff. - *H. Tüchle*, Mitarbeiter 648 f, 653 f. - *H.-G.
Aschoff*, Katholizismus 242-244. - *Ders.*, Hildesheim
88 f. - *H. J. Brandt* - *K. Hengst*, Bischöfe 282-284.

Abbildungsnachweis: Miniatur etwa nach 1780, pa-
stell, deutsch. - Schloß Buchberg am Kamp (NÖ, BH
Horn). - Wien L 2409 D.

Hans-Georg Aschoff

Wierzbowski, Stefan († 1713)

1710 – 1713 Weihbischof der Diözese Ermland,
Ep. tit. Dardaniensis

Geburtsdatum unbek.; Studium in Krakau und
Rom; Domkantor in Gnesen und Warschau;
Domherr in Posen; Dekan in Płock; Offizial in
Warschau; 1700 und 1703 Vizepräsident des
Krontribunals; 21. 7. 1710 Titularbischof von
Dardanus und Weihbischof der Diözese Erm-
land; † 1713.

Literatur: *A. Eichhorn*, Weihbischöfe 150 f. - *T. Oracki*
2 (1988) 208 f.

Anneliese Triller

Wilkowitz, Joachim Bernhard

1768 – 1770 Direktor des Gurker
Konsistoriums

Am 8. 6. 1768 von Fürstbischof Hieronymus
von (→ Bd. I) Colloredo zum geistlichen Rat,
Kanzlei- und Konsistorialdirektor der Diözese
Gurk bestellt. Colloredo ließ die geistlichen
Geschäfte seiner Diözese unter seiner persönlichen Aufsicht durch einen Konsistorialdirektor besorgen und stellte die bis dahin üblichen

Konsistorialsitzungen ein. Er wies W. an, Sachen von geringerer Bedeutung selbst zu entscheiden und ihm lediglich Angelegenheiten von größerer Wichtigkeit vorzulegen. Auf W. gehen eine vereinfachte Führung des Protokolls der Konsistorialskanzlei und die Neuorganisation des Gurker Spiritualarchivs zurück. Ende 1769 zum Deputierten beim Religionskonseß ernannt, bekleidete er das Amt des Konsistorialdirektors bis Ende Juni 1770. † in Wien.

Literatur: *P. G. Tropper*, Konsistorium.

Peter G. Tropper

Will, Matthias (1613 – 1698)

1670 – 1680 Generalvikar in Sitten

* 24. 2. 1613 in Brig; Studium in Freiburg/Schweiz und viell. in Mailand; Dr. theol. und phil.; 1641 – 42 Rektor des Spitals in Brig und Verweser der Pfarrei Glis; 1642 Professor, 1643 Rektor an der Schule Sitten; 1645 Prior von Gerunden; 1649 Pfarrer von Musot, 1651 – 54 von Leuk; 1646 Titular-, 1655 residierender Domherr von Sitten; 1670 – 80 Offizial und Generalvikar in Sitten; 1672 – 82 Großkantor; 1682 – 92 Vizedom von Cardona-Ansec; 1679 – 82 Generalprokurator des Kapitels; 1682 – 98 Dekan von Valeria; † 10. 6. 1698 im Ruf der Heiligkeit; □ St. Katharinakapelle auf Valeria bei Sitten.

Literatur: *H. A. v. Roten*, Mathias Will, in: Walliser Jahrbuch 13 (1944) 23-32. - *L. Burgener*, Biographie du Vénérable Mathias Will (Sitten 1975). - *P. Martone*, Der verleumdete Heilige Matthias Will, in: Walliser Spiegel 13 (1985) Nr. 35, 14 f. - *Ders.* Matthias Will, in: BWG 21 (1989).

Louis Carlen

Winter, Karl (1733 – 1810)

1767 – 1808 Dechant der Grafschaft Glatz (Erzdiözese Prag)

→ Bd. 1, 820.

Wlokka, Matthaeus († um 1816)

1784 – 1796 Fürstbischöflicher Kommissar des Distriktes Katscher (Erzdiözese Olmütz)

* in Schreibersdorf bei Oberglogau als Sohn eines polnischen Gärtners; Besuch der Schule in Oberglogau, des Gymnasiums in Neisse, der

Universität Breslau; Kaplan in Polnisch-Wartenberg, dann Schloßkaplan des Fürsten Hatzfeld in Trachenberg, Pfarrer in Kujan und 1781 in Hultschín; 1784 Pfarrer in Katscher sowie Fürsterzbischöflicher Kommissar des Distriktes Katscher, bischöflicher Rat, Konsistorialassessor, Archipresbyter und Dechant. W. führte sein Amt korrekt, entfernte sich aber später von der Kirche und zeigte sich an der Kirche von Utrecht interessiert. Am 17. 2. 1796 verließ er Katscher. Er gab den Priesterberuf auf, studierte in Leiden Medizin und arbeitete später als praktischer Arzt in Jena. † um 1816.

Literatur: *E. Komarek* 10 f.

Erwin Gatz

Wokaun (Vokoun) **Anton Johann Wenzel** (1691 – 1757)

1746 – 1757 Generalvikar in Prag
1748 – 1757 Weihbischof in Prag, Ep. tit. Calinnicensis

* 8. 3. 1691 in Bezno (Böhmen); 1714 Dr. theol. (Prag); 6. 4. 1715 Priester; 1716 – 19 tschechischer Prediger in Wien; 1719 Dechant in Wodnian (Vodnany); 1718 Domherr in Prag und tschechischer Domprediger; 1746 Generalvikar und Offizial von Erzbischof J. M. v. (→) Manderscheid; 16. 9. 1748 Titularbischof von Callinicum und Weihbischof in Prag; 1748 Archidiakon; kaiserlicher Geheimer Rat; durch Maria Theresia zusammen mit seinem Neffen in den Ritterstand erhoben; vielseitig musikalisch interessiert und Förderer der Landesgeschichte; † 7. 2. 1757.

Literatur: *A. Podlaha* 266 f. und Suppl. III 6 f.

Kurt A. Huber

Wolf, Johann Georg (1694 – 1749)

1744 – 1749 Dechant und Fürsterzbischöflicher Vikariats-Administrator der Grafschaft Glatz (Erzdiözese Prag)

* 1694 (err.) in Neu Waltersdorf (Grafschaft Glatz); Kaplan in Mittelwalde; 1724 Pfarrer von Neu Waltersdorf. Nach der Eingliederung Schlesiens in das Königreich Preußen (1742) entschied die preußische Regierung sich dafür, die Grafschaft vorerst nicht aus dem Verband der Erzdiözese Prag auszugliedern und Breslau zuzuweisen. Sie arbeitete jedoch darauf hin, die kirchliche Abhängigkeit vom Erzbistum Prag zu lockern. Daher ernannte sie am 25. 4. 1744 W. ohne vorherige Verständigung mit dem

Erzbischof von Prag zum Dechanten der Grafschaft. Der Erzbischof ernannte diesen daraufhin nur zum Vikariats-Administrator. Im Jahre
1748 versuchte die preußische Regierung erneut, die Trennung der Grafschaft vom Erzbistum Prag durchzusetzen; sie hatte aber auch
diesmal keinen Erfolg. † 26. 1. 1749.

Literatur: *M. Lehmann* II 397 f.; III 109-112, 135 ff. u. ö.
(Reg.). - *F. Volkmer* 82-85.

Erwin Gatz

Wolf, Johann Nepomuk (kaiserl. Personaladel,
seit 1788 **von**) (1743 – 1829)

1788 – 1821 Weihbischof in Freising, Ep. tit.
           Dorylensis
1802 – 1821 Weihbischof in Regensburg
1821 – 1829 Bischof von Regensburg

→ Bd. 1, 823 f.

Wolf, Joseph Anton Wilhelm (1702 – 1758)

1744 – 1746 stellvertretender Generalvikar in
           Eichstätt
1746 – 1757 Generalvikar in Eichstätt

* 19. 2. 1702 in Eichstätt; seit 1719 Studium der
Philosophie in Ingolstadt, 1722 – 25 der Theologie in Rom als Alumne des Collegium Germanicum; dort Dr. theol. und Priesterweihe;
1728 – 29 Pfarrer von (Groß-)Weingarten,
1730 – 31 von Nassenfels, 1731 – 44 von Kip-
fenberg; 1733 – 44 Dekan des Kapitels Kipfen-
berg; 1738 Kanonikus, 1748 Dekan der vereinigten Chorherrenstifte St. Emmeram und St.
Nikolaus in Spalt; 1744 Kanonikus am Willibaldschor im Eichstätter Dom und stellvertretender Generalvikar; 1746 – 57 Generalvikar
des Fürstbischofs J. A. v. (→) Freyberg; † 29. 9.
1758 in Spalt.

Literatur: *A. Straus* 461-465. - *A. Hirschmann*, in: PBE
44 (1897) 116.

Ernst Reiter

**Wolff gen. Metternich zur Gracht, Franz Ar-
nold Reichsfreiherr von** (1658 – 1718)

1703 – 1704 Koadjutor des Fürstbischofs von
           Paderborn, Ep. tit. Nicopoliensis
1704 – 1718 Fürstbischof von Paderborn
1707 – 1718 Fürstbischof von Münster

Franz Arnold von Wolff-Metternich wurde am
9. 5. 1658 auf dem Familienschloß Gracht bei

Köln als fünftes von neun Kindern des kurkölnischen Geheimen Rates und Obriststallmei-
sters Degenhard Adolph v. W. und der Philippine Agnes Freiin von Reuschenberg zu Sette-
rich geboren. Früh für den geistlichen Stand
bestimmt, erhielt W. 1670 die Tonsur. Später
studierte er als Konviktor des Collegium Germanicum in Rom. 1678 wurde er Domherr in
Osnabrück, 1681 in Paderborn. In Osnabrück
stieg er 1695 zum Dompropst und zeitweilig
zum Statthalter des Fürstbistums auf. In Osnabrück wurde er ferner Propst des Stiftes St.
Johann. In der Hoffnung auf das Bistum Osnabrück ließ er sich im Frühjahr 1798 die Subdiakonatsweihe spenden, doch entschied sich die
Mehrheit des Kapitels für (→) Karl von Lothringen. Danach konzentrierte W. sich auf die
Nachfolge seines Onkels, des Fürstbischofs
Hermann Werner v. (→) W., in Paderborn. Dort
ließ er sich am 26. 8. 1703 zum Priester
weihen.
Am 15. 9. 1703 postulierte die Mehrheit des
Kapitels ihn dann gegen den Münsteraner
Fürstbischof F. Chr. v. (→) Plettenberg zum
Koadjutor mit dem Recht der Nachfolge. Die
päpstliche Bestätigung und Ernennung zum
Titularbischof von Nicopolis folgte am 17. 12.
1703, die Konsekration durch Weihbischof
O. v. (→) Bronckhorst am 9. 3. 1704. Mit dem
Tode Hermann Werners (21. 5. 1704) folgte W.
diesem als Fürstbischof nach.

Ähnlich bewegt wie in Paderborn verlief die
Wahl W.s in Münster im Jahre 1706. Durch die
Vermittlung des Apostolischen Vikars A. (→)
Steffani hatte W. sich in aller Stille ein päpstliches Wählbarkeitsbreve für Münster oder Hildesheim beschafft. Nach erbitterten Auseinandersetzungen wählte ihn das Kapitel am 30. 9.
1706 gegen den kaiserlichen Kandidaten (→)
Karl von Lothringen. Die päpstliche Wahlbestätigung wurde W. angesichts des kaiserlichen Widerstandes zwar versagt und der
Wahlakt als solcher kassiert, doch verlieh
Papst Klemens XI. ihm am 8. 6. 1707 das Bistum
Münster aus päpstlicher Machtvollkommenheit. Die Verleihung der Regalien folgte am
30. 7. 1708.

Auch nach der Wahl zum Fürstbischof von
Münster behielt W. seine Residenz im Schloß
Neuhaus bei Paderborn, wo er eine barocke
Hofhaltung entfaltete, die die wirtschaftlichen
Verhältnisse des kleinen Fürstbistums weit
überschritt und im Laufe der Jahre zu einer
beachtlichen Verschuldung führte. Daher er-
klärte er sich 1718 mit der münsterischen
Koadjutorie des wittelsbachischen Prinzen
Philipp Moritz unter der Bedingung einverstan-
den, daß Bayern seine Schulden in Höhe von
300 000 Talern übernahm.

W. kam seinen geistlichen Pflichten in allem nach. So nahm er zahlreiche Visitationen und Pontifikalhandlungen vor und verzichtete in Paderborn sogar auf einen eigenen Weihbischof. Besondere Wertschätzung brachte er den Seelsorgsorden entgegen. 1715 feierte er mit großem Aufwand das 100jährige Bestehen der Universität Paderborn. Auch im Fürstbistum Münster suchte W. Handel und Gewerbe zu fördern. 1712 gab er für Münster eine neue Agende heraus.

W. starb unerwartet am 25. 12. 1718 auf Schloß Ahaus. Er wurde in der Coesfelder Jesuitenkirche beigesetzt.

Literatur: *H. J. Brandt - K. Hengst*, Bischöfe 263-266 (Lit.).

Abbildungsnachweis: Schabblatt von Christoph Weigel (1654-1725). - Wien NB 521.723 B.

Karl Hengst

Wolff gen. Metternich zur Gracht, Hermann Werner Reichsfreiherr von (1625 – 1704)

1684 – 1704 Fürstbischof von Paderborn

Hermann Werner von Wolff-Metternich wurde am 16. 8. 1625 als siebtes von sechzehn Kindern des kaiserlichen und kölnischen Geheimen Rates Joseph Johann v. W. und der Maria Katharina von Hall auf dem Stammsitz der Familie zur Gracht bei Köln geboren. Die W.

gehörten im 17. und frühen 18. Jh. zu den führenden Stiftsfamilien in Nordwestdeutschland. So wählten neben W. noch sechs seiner Brüder den geistlichen Stand und traten in die Domkapitel von Münster und Paderborn, wo der Schwerpunkt der W. lag, ferner von Osnabrück, Hildesheim, Speyer, Worms und Mainz ein. W. studierte bei den Jesuiten in Köln. 1633 wurde er Domherr in Osnabrück und 1638 in Paderborn, wo er später zum Domdekan aufstieg, 1653 ferner in Hildesheim, wo er 1676 Dompropst wurde. Zum Priester ließ er sich am 4. 6. 1678 weihen.

Am 15. 9. 1683 wählte das Paderborner Kapitel W. als Nachfolger F. v. (→) Fürstenbergs zum Fürstbischof. Die päpstliche Bestätigung folgte am 24. 4., die Verleihung der Regalien am 29. 7. 1684. Am 10. 9. 1684 wurde W. durch den Hildesheimer Weihbischof F. v. (→) Tietzen-Schlüter konsekriert.

W. begann sogleich mit der Visitation aller Pfarreien. Er nahm persönlich an den jährlichen Diözesansynoden teil und ließ deren Beschlüsse 1688 erstmals veröffentlichen. 1699 gab er ein Proprium Paderbornense mit dem ersten Verzeichnis der Paderborner Eigenmessen heraus, das er verpflichtend für alle Pfarreien einführte. Die besondere Fürsorge W.s galt den Jesuiten, an deren Universität er 1697 einen Lehrstuhl für Kirchenrecht errichtete. Den Augustiner-Chorfrauen zu Paderborn ließ er eine Kirche erbauen.

1703 gelang es W., die Wahl seines Neffen Franz Arnold v. (→) W. zum Koadjutor durchzusetzen. W. starb am 21. 5. 1704 auf Schloß Neuhaus. Er wurde in der Elisabethkapelle des Paderborner Domes beigesetzt.

Literatur: *H. J. Brandt - K. Hengst*, Bischöfe 258-262 (Lit.).

Abbildungsnachweis: Stich von Hendrik Cause (1648-1699). - Wien NB 521.722 B.

Karl Hengst

Wolf gen. Metternich zur Gracht, Wilhelm Hermann Ignaz Ferdinand Reichsfreiherr von (1665 – 1722)

1719 – 1721 Apostolischer Administrator von Paderborn
1720 – 1722 Weihbischof in Münster, Ep. tit. Jonopolitanus

* 28. 7. 1665; 1674 Tonsur in Münster; 1677 – 88 Domherr in Speyer, 1686 in Paderborn; 1689 Immatrikulation in Siena; 1694 Domherr in Münster (1694 Aufschwörung und Emanzipation); vor 1699 Domthesaurar in Paderborn; 6. 11. 1702 Minores, 19. 11. 1702 Subdiakonweihe in Neuhaus; 21. 11. 1702 Diakonweihe in Münster; 25. 12. 1702 Priesterweihe in Neuhaus; 1706 Domkapitular zu Hildesheim; 1713 Domdechant in Paderborn; Propst des Busdorfstiftes in Paderborn; Archidiakon der Stadt Münster; 1718 Archidiakon in Warendorf; 1718 – 19 Kapitularvikar in Paderborn; 1719 – 21 für die Zeit der kanonischen Minderjährigkeit des Bischofs (→) Clemens August von Bayern Apostolischer Administrator des Bistums Paderborn; 16. 9. 1720 Titularbischof von Jonopolis und Weihbischof in Münster; † 28. 10. 1722.

Literatur: *A. Tibus*, Weihbischöfe Münster 220-224. - *F. Keinemann*, Domkapitel Münster 245f. - *W. Kohl*, Domstift Münster 72f. - *H. J. Brandt - K. Hengst*, Weihbischöfe 116.

Michael F. Feldkamp

Wolframsdorf, Johann Anton Reichsfreiherr von (1713 – 1766)

1760 – 1766 Weihbischof in Regensburg, Ep. tit. Arethusinensis
1764 – 1766 Coadministrator in spiritualibus in Regensburg

* 15. 1. 1713 in Egmating bei München als Sohn des Vitus Heinrich Mauritius v. W. und der Johanna Petronilla von Schrenck; 1731 – 35

Studium in Rom als Alumne des Collegium Germanicum; 17. 7. 1735 Priesterweihe ebd.; 1735 – 36 Kooperator in Egmating; 1739 Domizellar (päpstl. Provision) und 1752 Domkapitular in Regensburg; 1739 – 52 Pfarrer und Erzdekan in Cham; gerühmt wegen seines Seeleneifers, insbesondere des tatkräftigen Wiederaufbaus von Kirche und Pfarrhof nach den Verheerungen des Österreichischen Erbfolgekrieges; seit 1751 Konsistorialrat in Regensburg; 3. 3. 1760 Titularbischof von Arethusa und Weihbischof in Regensburg, zugleich Konsistorialpräsident; Ende März 1760 Konsekration in Freising. Bei der Freisinger Bischofswahl von 1763, die zugunsten des sächsischen Prinzen (→ Bd. I) Klemens Wenzeslaus ausfiel, war W. neben Domdekan Johann Carl Graf von Recordin ein aussichtsreicher Kandidat „ex gremio"; Juni 1764 Coadministrator in spiritualibus; † 15. 9. 1766 in Regensburg; □ Regensburger Dom. W. hat sich um die Bistumsverwaltung und um die zum Universalerben eingesetzten karitativen Einrichtungen Regensburgs (Krankenhaus, Waisenhaus) große Verdienste erworben.

Quellen: BZA Regensburg.

Literatur: *A. Mayer* III 74f., 178f. - *A. Steinhuber.* - *H. Raab*, Clemens Wenzeslaus 198f.

Karl Hausberger

Wolkenstein-Rodeneck, Johann Kaspar Reichsgraf von (1705 – 1744)

1743 – 1744 Weihbischof in Trient, Ep. tit. Dragobitiensis

* 3. 1. 1705 in Trient; Neffe des Trienter Fürstbischofs A. D. v. (→) Wolkenstein; 1721 Domherr in Trient; 1726 Dr. iur. utr. (Padua) und Domscholastikus in Trient; 11. 6. 1729 Priester; 15. 7. 1743 Titularbischof von Dragobitia und Weihbischof in Trient; 21. 9. 1743 Konsekration; W. war kränklich und trat als Weihbischof kaum hervor; † 12. 4. 1744 in Trient.

Literatur: *S. Weber*, Vescovi suffraganei 149f.

Josef Gelmi

Wolkenstein-Trostburg, Anton Dominikus Reichsgraf von (1662 – 1730)

1726 – 1730 Fürstbischof von Trient

Anton Dominikus von Wolkenstein-Trostburg wurde am 29. 1. 1662 zu Trient als Sohn des Gaudenz Fortunat v. W. und der Margarethe

Suffragan verlor, erklärte W. sich mit der von Erzbischof L. A. v. (→) Firmian vorgeschlagenen Ausgliederung Trients aus dem Metropolitanverband Aquileja und seiner Unterstellung unter Salzburg einverstanden. Dagegen leisteten jedoch das Domkapitel, das um sein Bischofswahlrecht und um die Freiheit des Hochstiftes vor dem Tiroler Landesherrn fürchtete, zusammen mit dem Magistrat der Stadt erfolgreichen Widerstand.

W. zeichnete sich zwar durch einen vorbildlichen Lebenswandel und durch große Freigebigkeit aus. Er besaß jedoch weder Organisations- noch Führungseigenschaften. Er starb am 5. 4. 1730 und wurde in seiner Kathedrale beigesetzt.

Literatur: *J. Egger* II 564. - *K. Wolfsgruber*, Brixner Domkapitel 233. - *C. Donati* 36 - 38. - *A. Costa* 183 - 185.

Abbildungsnachweis: Porträtbildnis, unbek. Künstler, im Diözesanmuseum Trient. - MD Trient.

Josef Gelmi

von Altemps getauft. Die Herren von Villanders-Wolkenstein erscheinen seit dem 12. Jh. als Ministerialengeschlecht der Fürstbischöfe von Trient, das sich im Laufe der Zeit in mehrere Linien aufteilte. Randolf von Pardele erwarb 1292 Schloß Wolkenstein in Gröden. Seit Beginn des 14. Jh. nannte dieser Zweig sich Wolkenstein. Er erwarb die Trostburg und 1491 auch Schloß Rodeneck. Seit 1472 erscheint die Familie in den Adelsmatrikeln von Tirol. 1476 wurde sie in den Freiherren-, 1630 in den Grafenstand erhoben. W. entstammte der in Trient ansässigen Linie, die ihre Schlösser in Toblin und Ivano besaß.

W. besuchte das Gymnasium in Trient und danach die Universitäten in Ingolstadt und Padua, wo er 1699 zum Dr. iur. utr. promoviert wurde. Am 9. 3. 1686 wurde er zum Priester geweiht. Seit 1679 war er Domkapitular, seit 1699 Scholastikus in Trient. Nach dem unerwarteten Tod des erwählten Bischofs J. B. (→) Gentilotti wählte das Kapitel ihn am 26. 1. 1725 zu dessen Nachfolger. Die Wahl wurde am 8. 4. 1726 päpstlich bestätigt.

Am 25. 4. nahm W. von seiner Diözese Besitz, und am 2. 6. 1726 ließ er sich durch Bischof Pietro Maria Trevisano von Feltre konsekrieren.

W. visitierte Judikarien und die Vallagarina. Den Ursulinen gestattete er eine Niederlassung in Trient. Mit der Regierung des Hochstiftes betraute er seinen Bruder Kaspar v. W. Als das Erzbistum Salzburg im Jahre 1728 Passau als

Wolkenstein-Trostburg, Sigmund Ignaz Reichsgraf von (um 1644 — 1696)

1687 — 1696 Fürstbischof von Chiemsee

Sigmund Ignaz Graf von Wolkenstein, Freiherr zu Neuhaus, wurde um das Jahr 1644 als Sohn des Berthold v. W. und der Johanna Sabina Freifrau von Freiberg geboren. 1664 fand die

Aufschwörung für sein Salzburger Domkanonikat statt. 1670 wurde er Mitglied des Salzburger Hofrates, 1685 Priester und 1686 Präsident des salzburgischen Hofrates und Statthalter des Erzbischofs, ferner erzbischöflich-salzburgischer Geheimer Rat. Am 1. 10. 1687 nominierte der Salzburger Erzbischof J. E. v. (→) Thun ihn zum Fürstbischof von Chiemsee. Da die päpstliche Zustimmung zur gleichzeitigen Beibehaltung seines Salzburger Kanonikates später eintraf, folgte die Konfirmation erst am 4. 3., die Konsekration durch Thun im Salzburger Dom am 24. 4. und die Installation auf Herrenchiemsee am 28. 8. 1689.

W. erhielt 1694 wohl als Sommerresidenz für sich und seine Amtsnachfolger Schloß Anif bei Salzburg zu Lehen. Vermutlich kam während seiner Regierungszeit auch das Gut Voregger Au in Oberalm in den Besitz des Bistums. 1695 – 96 ließ er den Chiemseehof, seine Salzburger Residenz, umbauen.

W. starb am 22. 12. 1696 in Innsbruck. Er wurde im Salzburger Dom beigesetzt.

Quellen: EKAS.

Literatur: *J. Rauchenbichler* 229. - *J. Riedl* 211. - *C. v. Wurzbach* 58 (1889) 69. - *E. Naimer* 97.

Abbildungsnachweis: Schabblatt von Elias Christoph Heiß (1660-1731) nach Gemälde von Frans de Neve (1606-n. 1688). - Wien NB 511.779 B.

Erwin Naimer

Wormbs, Anton († 1697)

1693 – 1695 Generalvikar in Köln

1646 – 79 Pfarrer. an St. Laurenz in Köln; 1655 Dr. theol. u. Prof. d. Theologie, 1681 Rektor der Universität Köln; Domherr in Köln; 6. 8. 1683 Generalvikar von Erzbischof (→) Joseph Clemens von Bayern; sein Nachfolger wurde am 17. 1. 1695 ernannt; † 1697.

Literatur: Handbuch Köln 65.

Erwin Gatz

Wosky von Bärenstamm, Jakob Johann Joseph
(seit 1744 kaiserlicher Personaladel)
(1692 – 1771)

1743 – 1771 Apostolischer Administrator des Bistums Meißen in der Lausitz
1753 – 1771 Ep. tit. Pergamenus

Jakob Johann Joseph Wosky wurde am 26. 7. 1692 zu Crostwitz (Lausitz), einem dem Zister-zienserinnenkloster St. Marienstern gehörenden Dorf, als Sohn einer sorbischen Bauernfamilie geboren. 1704 kam er zu einem geistlichen Verwandten nach Radonitz (Radonice) in Böhmen, der ihn auf den Besuch des Gymnasiums vorbereitete. 1706 – 12 besuchte er das Gymnasium der Jesuiten zu Komotau (Chomutov) in Böhmen. 1713 – 18 absolvierte er sein philosophisches und theologisches Studium in Prag am Clementinum. Am 25. 7. 1718 wurde W. in Prag zum Priester geweiht. Danach war er 1718 – 24 Erzieher im Hause des Freiherrn Přichosky von Přichovic und gleichzeitig Administrator der Pfarrei Hohenlieben (Vysoká Libeň). 1725 kehrte er in die Heimat zurück, war kurze Zeit Kaplan in Crostwitz, dann Domvikar in Bautzen und 1726 – 30 Pfarrer in Pfaffendorf, einer Patronatspfarrei des Magdalenerinnenklosters Lauban. 1730 wurde er Vizepropst in Lauban, 1733 nichtresidierender und 1738 residierender Kanonikus des Bautzner Domkapitels. Als Scholastikus leitete er die Domschule. 1740 wurde er Prokurator für die Verwaltung der Temporalien und 1742 Kantor mit der Verantwortung für die Liturgie der Domkirche. Am 4. 4. 1743 wählte ihn das Kapitel zum Dekan und damit zum Apostolischen Administrator der Lausitz. 1744 nobilitierte Kaiser Karl VII. ihn mit dem Prädikat „von Bärenstamm". 1745 erhielt W. für sich und seine Nachfolger das Pontifikalienrecht. Am 19. 5. 1753 wurde er zum Titularbischof von Pergamo ernannt und am 24. 6. 1753 in Prag von Weihbischof A. J. (→) Wokaun konsekriert.

Die Bemühungen W.s um das Pontifikalienrecht und die Würde eines Titularbischofs waren in der Sorge um die Sicherung der Administratur begründet, deren Inhaber in die Lage gesetzt werden sollten, bischöfliche Amtshandlungen zu vollziehen und Priester zu weihen. Die Anwesenheit eines Bischofs in Bautzen brachte aber auch eine größere Entfaltung der Liturgie. W. wurde in seinen Bestrebungen durch den sächsischen Kurfürsten und polnischen König Friedrich August II. und dessen Gemahlin, die um die katholische Kirche in Sachsen hochverdiente Erzherzogin Maria Josepha (1699 – 1757), unterstützt. Die Hilfe des Hofes benutzte W. ferner, um gegen den Widerstand der Lausitzer Landstände zwei neue Pfarreien in Ostro und Rablitz zu gründen. W. konsekrierte ferner 1754 die Klosterkirche St. Anna in Lauban und die neue Pfarrkirche von Schirgiswalde.

W. war ein geschätzter Prediger und eifriger Visitator der ihm unterstellten Pfarreien. 1751 ließ er eine Neuauflage des Katechismus des Canisius in sorbischer Sprache besorgen. 1759 gab er in sorbischer Sprache Erzählungen aus dem Alten und Neuen Testament heraus. Am Wendischen Seminar in Prag stiftete er mehrere Studienfreiplätze.

W. war ein guter Verwalter. Während seiner Zeit als Vizepropst des Magdalenerinnenklosters in Lauban konnte dieses 1738 das zur böhmischen Krone gehörende Gut Günthersdorf erwerben, das einen eigenen Seelsorger erhielt. 1756 unterstützte W. das Kloster beim Erwerb des Gutes Sächsisch Haugsdorf. Trotz der schweren Zeiten des Siebenjährigen Krieges entfaltete W. in Bautzen eine reiche Bautätigkeit. Das Domdekanat gestaltete er 1755 zu einer geistlich-weltlichen Residenz um. Für Archiv und Bibliothek wurden eigene Räume geschaffen. Mehrere Kanonikerhäuser wurden neu gebaut.

W. war von beachtlicher Bildung. Er beherrschte nicht nur die lateinische, deutsche und sorbische Sprache, sondern sprach auch französisch und italienisch. Er war gern gesehen am Dresdner Hof. 1751 weihte er die Nebenaltäre der Dresdner Hofkirche. Ein großer Teil der ehemaligen barocken Ausstattung des Bautzner Domes ging auf ihn zurück. Außerdem gab er zahlreiche liturgische Gefäße und Gewänder in Auftrag. W. hatte einen ausgesprochenen Sinn für Geschichte und knüpfte immer wieder an die Traditionen des alten Bistums Meißen an.

W. starb am 3. 12. 1771 zu Bautzen. Er wurde in der Kapitelsgruft des Domes beigesetzt.

Schriften: Ein kurzer Zeitvertreib oder einige besondere Erzählungen aus dem alten und neuen Testamente in die oberlausitzisch-wendische Sprache, denen Wenden in die Hand gegeben, aus Liebe zu denen, so die Bibel nicht in Händen haben, herausgegeben (Bautzen 1759). - Aus dem Leben des letzten Meißner Bischofs Johann IX. von Haugwitz, insbesondere seine Einflußnahme auf die Entstehung der geistlichen Administratur in den Lausitzen (Ms. 1771), gedruckt in: Neues Lausitzer Magazin 33 (1857) 164-185.

Literatur: G. F. Otto I 37f. - S. Seifert 99-106.

Abbildungsnachweis: BDM FotoDok.

Siegfried Seifert

Wratislaw von Mitrowitz, Johann Adam Reichsgraf (1677 – 1733)

1711 – 1721 Bischof von Königgrätz
1721 – 1733 Bischof von Leitmeritz

Johann Adam Wratislaw von Mitrowitz wurde am 20. 5. 1677 zu Chotowin (Chotoviny, Diöz. Prag) als Sohn des Wenzel Adalbert Graf W. geboren. Seine Familie war wenig begütert. Seine drei Brüder ergriffen ebenfalls den geistlichen Stand. Johann Josef (→) W. wurde später ebenfalls Bischof. W. studierte Philosophie und 1696 – 98 in Prag kanonisches Recht. Danach trat er eine Kavaliersreise an, die ihn u. a. nach Rom führte. Ein förmliches Theologiestudium hat er jedoch nie absolviert. Am 15. 4. 1702 wurde W. Priester und im gleichen Jahr auch Dr. phil. (Prag) sowie Domherr und tschechischer Domprediger in Prag. Seit 1703 war er geistlicher Rat und Assessor an der Diözesankurie. 1707 wurde er Propst in Altbunzlau (Stará Boleslav), 1709 Domscholaster in Prag und schon als Bischof 1719 auch Propst von Allerheiligen in Prag. Am 12. 11. 1710 nominierte Kaiser Joseph I. ihn zum Bischof von Königgrätz. Die päpstliche Verleihung folgte am 12. 5., die Konsekration durch den Graner Erzbischof Kardinal Christian August von Sachsen am 14. 6. und die Inthronisation am 8. 9. 1711.

W. vollendete den Bau der bischöflichen Residenz und der Domherrenhäuser (1714). Einem damaligen Brauch folgend, gab er dem Bistum einen römischen Märtyrer, Papst Klemens I., zum Schutzpatron. W. weilte infolge der Abwesenheit des Bischofs H. F. v. (→) Königsegg öfters in der Diözese Leitmeritz, um die Weihehandlungen vorzunehmen. Dadurch wuchs ihm dieser Sprengel so ans Herz, daß er nach dem Tode Königseggs den Kaiser um seine Translation nach Leitmeritz bat. Karl VI. nominierte ihn am 9. 1. 1721. Die Translation folgte

am 24. 9. 1721. Am 3. 5. 1722 trat W. sein neues
Amt an. Die Wyschehrader Propstei, deren Gut
und Schloß Schüttenitz (Žitenice) in der Nähe
der Bischofsstadt lag, durfte er beibehalten. W.
erhöhte die Zahl der Domkaplaneien von vier
auf sechs und schuf damit eine Art Vorberei-
tungskurs für Seelsorger. Ein Priesterseminar
gab es noch nicht. Nach 1724 war die Diözese
nicht mehr auf auswärtige (Prager) Priester
angewiesen. W. beendete die Gepflogenheit,
daß die Pfarrer ihre Kapläne selbst anstellten
und entließen. Auch vermehrte er die Seelsorgsstellen und vermittelte für ärmere Patronatsherren Zuschüsse aus der Salzkasse. Er
verkündete den von Papst Benedikt XIII. gewährten Ablaß für den Gruß „Gelobt sei Jesus
Christus", womit er dazu beitrug, daß dieser
weit verbreitet wurde. Anläßlich der Heiligsprechung des Johann Nepomuk (1729) veranstaltete er 1730 nach dem Prager Vorbild eine
prunkvolle Festfeier. W. stand im Rufe eines
freundlichen, wohltätigen und seelsorglich aktiven Oberhirten. 1733 bestimmte Kaiser Karl
VI. ihn zum Erzbischof von Prag, doch starb W.
noch vor der Translation auf der Rückkehr von
Wien am 2. 6. 1733 in Mödling (Niederösterreich). Er wurde im Dom zu Leitmeritz beigesetzt.

Literatur: *A. L. Frind*, Leitmeritz 11-13. - *A. Podlaha*
229f. und Suppl. II 9f. - *A. Zelenka* 137f.

Abbildungsnachweis: Lithographie von Friedrich Dewehrt (* 1808). - Wien NB 508.111 B.

Kurt A. Huber

**Wratislaw von Mitrowitz, Johann Joseph
Reichsgraf** (1694 – 1753)

1733 – 1753 Bischof von Königgrätz

Johann Joseph Wratislaw von Mitrowitz wurde
am 6. 2. 1694 zu Deschna in Böhmen als Sohn
des Wenzel Adalbert W., Kreishauptmannes
des Bechiner Kreises, und der Veronika von
Rziczan getauft. Sein älterer Bruder Johann
Adam (→) W. war 1710 – 21 Bischof von Königgrätz und 1721 – 33 von Leitmeritz. Auch die
älteren Brüder Johann Augustin und Johann
Wenzel traten in den geistlichen Stand.

W. besuchte das Jesuitengymnasium in Königgrätz und studierte danach in Prag. Am 27. 9.
1719 wurde er zum Priester geweiht. In Rom
erwarb er an der Sapienza den Grad eines Dr.
iur. utr. Er wurde Domherr in Olmütz und 1719
Propst des Allerheiligenstiftes in der Prager
Burg, später k. k. wirklicher Rat und Hausprälat.

Am 6. 7. 1733 nominierte Kaiser Karl VI. W.
zum Bischof von Königgrätz. Die päpstliche
Verleihung folgte am 18. 12. 1733, die Inthronisation am 6. 6. 1734. W. war der wohl tatkräf-
tigste unter allen Bischöfen von Königgrätz. Er
bemühte sich mit Erfolg um eine Vermehrung
der Pfarreien, ferner um eine Zurückdrängung
des Patronatsrechtes. Er bestimmte, daß alle
Neupriester das Priesterhaus besuchten. Seit
1735 veranlaßte er sog. Büßer-Missionen durch
Jesuiten. 1740 erließ er Vorschriften über die

Priesterkleidung. 1736 und 1738 erwirkte er seinem Kapitel eine besondere Kleidung und ein Distinktorium, ferner für den Kapitelsdekan das Recht zum Gebrauch der Pontifikalien. 1737 erhielt die Domkirche auf Veranlassung von Papst Klemens XII. Reliquien des hl. Papstes Klemens. Diese wurden jedoch erst 1747 angemessen in der Kirche untergebracht. Im übrigen wurde die Entwicklung des Sprengels durch die preußische Besetzung in den Jahren 1741 und 1744 empfindlich gestört.

1747 erwarb W. mit Mitteln aus der Salzkasse, die z.T. schon aus der Zeit von Bischof W. F. (→) Kosinsky von Kosin bereitstanden, das Gut Zajezdez und 1750 das Gut Raubowitz. Damit und mit der Erwerbung von Chlum, wo W. ein Schlößchen erbauen ließ, war die Dotation des Bistums abgeschlossen. Seit den Kaufverträgen nannte W. sich „Herr von Chrast, Podlaschitz, Chlum, Zajezdez und Raubowitz".

W. starb am 11. 9. 1753 auf Schloß Chrast. Er wurde in der Bischofsgruft seiner Kathedrale beigesetzt.

Literatur: *J. J. Solař* 341-344. - *A. Neumann* 4. - *A. Zelenka* 140.

Abbildungsnachweis: Lithographie von Friedrich Dewehrt (* 1808). - Wien NB 508.110 B.

Aleš Zelenka

Würdtwein, Stephan Alexander (1722 – 1796)

1783 – 1796 Weihbischof in Worms, Ep. tit. Heliopolitanus

* 12. 10. 1722 zu Amorbach als Sohn des kurmainzischen Stadt- und Amtsvogteischreibers Ferdinand Kasimir W. und der Magdalena Merklein; 1733 – 38 Besuch des Jesuitengymnasiums in Aschaffenburg; seit 1738 als Alumne des Collegium Borromäum Studium der Philosophie in Heidelberg (Dr. phil.); danach Besuch des Priesterseminars in Mainz; 18. 12. 1745 Priesterweihe in Mainz und Mitglied des Weltpriesterinstituts des Bartholomäus Holzhauser; Kaplan in Bingen; Benefiziat in Werbach; 1750 – 52 Studium des kanonischen Rechtes an der Universität in Mainz. Später berief Kurfürst-Erzbischof J. F. v. (→) Ostein W. als Erzieher seines Neffen an den kurfürstlichen Hof. Dort stieg er bald in eine Reihe verantwortungsvoller Stellungen auf. Seit 1741 Domizellar am Liebfrauenstift zu Mainz, wurde er dort 1753 Kanonikus und 1762 Dekan. 1758 berief Ostein ihn zum Geistlichen Rat und 1767 zum Fiscalis maior. Seit dem 16. 1. 1770 war W. als Offizial für alle Ehedispensen zuständig.

Weit delikater war das Amt des Bücherzensors, das W. seit 1772 wahrnahm. Als solcher mußte er gegen verschiedene Veröffentlichungen des aufklärerisch gesinnten Exegeten Lorenz Isenbiehl vorgehen, der 1777 suspendiert wurde. Seit 1765 Mitglied der Mainzer Akademie, wurde W. 1774 ferner Vorsitzender der Kommission für das „Landschulwesen des Erzstifts Mainz". W. hoffte 1777 auf die Berufung zum Weihbischof, wurde aber nur Geheimer Rat und legte daraufhin das Amt des Bücherzensors und des Offizials nieder.

Durch die Verwaltungstätigkeit angeregt, hatte W. sich schon lange für kirchen- und rechtsgeschichtliche Fragen interessiert und darüber eine Reihe Publikationen vorgelegt. Seit 1777 ging er neben der Stiftsverwaltung ganz dieser Neigung nach. Seine Veröffentlichungen sammelten wichtiges Material, gediehen aber nicht zur Darstellung. Auch als Kenner der Mainzer Münzen und Siegel hatte sich W., der neben einem weiten Freundeskreis Gleichgesinnter auch mit Abt Gerbert von St. Blasien in Kontakt stand, einen Namen gemacht.

Nach dem Tode des Mainzer Weihbischofs A. F. (→) Strauß wurde W. anstelle des nach Mainz berufenen Weihbischofs Valentin Heimes dessen Nachfolger in Worms. 1783 erhielt er anstelle des Dekanates von Liebfrauen in Mainz die Bischofspräbende am Wormser Dom. 18. 7. 1783 Titularbischof von Heliopolis; 31. 8. 1783 Konsekration durch Kurfürst-Erzbischof F. K. v. (→) Erthal in Aschaffenburg. W. hat auch in seinem neuen Aufgabenkreis seine kirchengeschichtlichen Forschungen weitergeführt und ausgedehnt. Während des Nuntiaturstreites vertrat er den Anspruch der Diözesanbischöfe gegenüber dem römischen Zentralismus. Als typischer Exponent der offenbarungsgläubigen und kirchentreuen Aufklärung stand W. in fruchtbarer Auseinandersetzung mit den geistigen Strömungen seiner Zeit. 1792 und 1793 wich er vor der Französischen Revolution in den rechtsrheinischen Bistumsteil aus. † 11. 4. 1796 in Ladenburg; □ St. Sebastianskapelle zu Ladenburg.

Schriften: Elenchus conciliorum Moguntinorum (Mainz 1761). - Commentatio historica-liturgica de baptisterio Moguntino, quod exstat in ecclesia insigni collegiata B. Mariae V. ad Gradus (1764). - Concilia Moguntina in elencho nuper edito nuntiata, novis accessionibus aucta ... (Mannheim 1766). - Notitiae historico-diplomaticae de abbatia Ilbenstadt ordinis Praemonstratensis in Wetteravia (Mainz 1766). - Dioecesis Moguntina in archidiaconatus distincta et commentationibus diplomaticis illustrata, 4 Bde. (Mannheim 1768-1790). - Mainzer Münzen des mittleren und jüngeren Zeitalters zum Behuf der Geschichte des Vaterlandes gesammelt und beschrieben

(Mannheim 1769). - Subsidia diplomatica ad selecta iuris ecclesiastici Germaniae et historiarum capita elucidanda, 13 Bde. (Heidelberg, Frankfurt und Leipzig 1772-1783). - Ad concordata nationis Germanicae integra documentorum, Fasz. 1-4 (1775-1777). - Ad rei diplomaticae nationis Germanicae (1775-1777). - Nova subsidia …, 14 Bde. (Heidelberg 1781-1792). - Nero Claudius Drusus Germanicus, Maguntiaci superioris Germaniae metropolis conditor e scriptoribus coaevis et classicis delineatus (Mainz 1782). - Commentatio historica-liturgica de stationibus ecclesiae Moguntinae (Mainz 1782). - Diplomataria Moguntina pagos Rheni, Mogoni Navaeque Wetteraviae, Hassiae, Thuringiae, Eichsfeldiae Saxoniae etc. illustrantia, 2 Bde. (Mainz 1786-1789). - Bibliotheca Moguntina libris saeculo primo typographico Moguntiae impressis instructa hinc inde addita inventae typographiae historia (Augsburg 1787, 2. Aufl. 1789). - Kriege und Pfedschaften des Edlen Franzen von Sickingen (Mannheim 1787). - Manipulus chartarum XVI Palatinorum Rheni comitum historiam illustrantium cum notis, in: Acta Academiae Theodoro-Palatinae VI (Mannheim 1789) S. 345-383. - Epistolae s. Bonifacii … (Mainz 1789). - Thuringia et Eichsfeldia medii aevi eccl. in archidiaconatus distincta (1790). - Abh. über den literarischen Zustand der jetzigen und vorigen Zeiten in der Pfalz (1791). - Typographaeum hospitalis civici, quod Mannhemii est, … (Mannheim 1791). - Chronicon diplom. monasterii Schoenau in sylva Odoniana ord. Cisterc. (1792). - Monasticon Palatinum, 6 Bde. (Mannheim 1793-1796). - Paraenetica ad juris utriusque candidatos de studio diplomatico sollicite pertractando (Mannheim 1793). - Würdtwein hinterließ außerdem noch 20 ungedruckte Werke, von denen das „Monasticon Wormatiense", die „Wormatia illustris 763-1555" und die „Ecclesiae Wormatiensis jura et possessiones" hervorzuheben sind.

Literatur: *v. Schulte*, in: ADB 44 (1898) 323-324. - *A. Brück*, Stephan Alexander Würdtwein (1722-1796). Eine Lebensskizze, in: AmrhK 2 (1950) 193-216.

Hans Ammerich

Würtzburg, Johann Joseph Heinrich Ernst Reichsritter von (1722–1800)

1765–1800 Generalvikar in Bamberg

* 28. 7. 1722 zu Neustadt/Saale als Sohn des würzburgischen Oberamtmanns Georg Heinrich v. W. Im 17. und 18. Jh. war die Familie W. mit neun Mitgliedern in den Domkapiteln von Würzburg und Bamberg vertreten. 1732 Domizellar in Würzburg, 1747 in Bamberg; Chorherr am Ritterstift St. Burkard in Würzburg; 1756 Priester; 1765 Generalvikar und Präsident der Geistlichen Regierung in Bamberg; Pfarrpfründen in Rothmannsthal, Königsfeld, ULFrau in Bamberg und Buttenheim; nach Aufhebung der Gesellschaft Jesu Rektor der Universität Bamberg. Neben L. Fr. (→) Horneck von Weinheim und O. Ph. (→) Groß von Trockau war W. der

Generalvikar Bambergs, was möglicherweise auf ein sich wandelndes Selbst- und Amtsverständnis dieser Schicht in der zweiten Hälfte des 18. Jh. verweist. W. bestimmte sein Vermögen zur Errichtung eines Familienfideikommisses. † 3. 1. 1800.

Literatur: *A. Amrhein* 227. - *F. Wachter* Nr. 11284.

Egon Johannes Greipl

Wydenbrück, Bernhard Ignaz Freiherr von (1682–1755)

1733–1755 Generalvikar in Paderborn

* 27. 8. 1682 in Paderborn; ab 1698 Studium der Philosophie und Theologie in Paderborn (Dr. iur. utr.); 1704 Kanonikus am Busdorfstift in Paderborn; 17. 12. 1712 Priesterweihe in Neuhaus; Kommendatarpfarrer der Frauenklöster Gaukirche in Paderborn und Überwasser in Münster; 1734–55 Offizial in Paderborn und Dechant am Busdorfstift; dazu Propst am Stift St. Peter in Höxter; Geistlicher Geheimer Rat und Assessor am Offizialat in Paderborn; Apostolischer Protonotar; seit 1733 Generalvikar von Fürstbischof (→) Clemens August von Bayern; † 24. 1. 1755 in Paderborn.

Literatur: *J. Freisen*, Matrikel II 74 Nr. 3918. - *P. Michels* 41-43.

Karl Hengst

Wydżga, Jan Stefan (um 1610–1685)

1655–1659 Bischof von Łuck
1659–1679 Bischof von Ermland
1679–1685 Erzbischof von Gnesen

Jan Stefan Wydżga wurde um das Jahr 1610 in der Nähe von Lemberg als Sohn des adeligen Unter-Landrichters Jan W. und dessen Ehefrau Zofia geboren. Er besuchte das Jesuitenkolleg in Lemberg, studierte in Löwen die Rechte, bereiste dann Frankreich, Spanien und Italien, studierte in Rom Theologie (Dr. theol.) und ließ sich dort zum Priester weihen. Nach Polen heimgekehrt, wurde er königlicher Sekretär, Krongroßkanzler und Hofprediger. Kurz vor Beginn des Ersten Nordischen Krieges nominierte König Johann Kasimir ihn zum Bischof von Łuck. Zu diesem Zeitpunkt war W. bereits Kommendatarabt des Benediktinerklosters Sieciechów/Weichsel in Mittelpolen sowie Dompropst von Lemberg. Die päpstliche Verleihung folgte am 31. 5. 1655, die Konsekration durch den Gnesener Erzbischof A. (→) Leszczyński am 24. 10. 1655 in Ober-Glogau.

1658 nahm der König W. für das ranggleiche, aber höher dotierte und weniger vom Krieg verwüstete Bistum Ermland in Aussicht. Nachdem das ermländische Kapitel ihm ein Domkanonikat verliehen hatte, postulierte es ihn auf Drängen des Königs, obwohl die Translation des ermländischen Bischofs W. (→) Leszczyński nach Gnesen noch nicht abgeschlossen war, am 5. 10. 1658 als dessen Nachfolger. Am 18. 8. 1659 wiederholte es vorsichtshalber die Postulation. Die Translation wurde am 10. 11. 1659 ausgesprochen. Am 6. 1. 1660 traf W. in Heilsberg ein.

Ein Vierteljahr nach W.s Einzug wurde zwar der Friede von Oliva abgeschlossen, doch hielt das am Erwerb ermländischer Gebiete interessierte Brandenburg vorerst noch Braunsberg und Frauenburg besetzt, so daß W. erst im März 1663 seine Kathedrale in Besitz nehmen konnte. Erst im Oktober wurde das Ermland von der Besatzung frei. Obwohl W. der deutschen Sprache nicht mächtig war und daher zu einem Teil seiner Diözesanen keinen persönlichen Kontakt finden konnte, bereiste er sein Bistum intensiv zu Gottesdiensten und Visitationen und versuchte, die Auswirkungen des Nordischen Krieges zu überwinden. Das Braunsberger Priesterseminar unterstützte er durch regelmäßige Zuwendungen. Den Frauenburger Dom beschenkte er mit Paramenten. Er ließ verschiedene Altäre restaurieren und die bischöfliche Kurie wiederherstellen. Die Wallfahrtskirche von Springborn ließ er erneuern

und in Heilsberg eine barocke Residenz errichten.

Als Landesherr bemühte sich W. um die Beseitigung der sehr großen Kriegsschäden. Dem diente eine 1668 erlassene Landesordnung. Im Königreich Polen nahm W. als Unterkanzler und zeitweiliger Krongroßkanzler an den Beratungen des Reichstages, im königlichen Preußen an den Versammlungen des Landesrates und des Landtages teil. 1674 nahm er an der Wahl König Johann Sobieskis teil. Dieser bestimmte ihn 1679 zum Erzbischof von Gnesen und Primas Poloniae und verlieh ihm bald darauf die Würde des Krongroßkanzlers. Die päpstliche Verleihung des Erzbistums folgte am 17. 7. 1679, die Verleihung des Palliums am 27. 11. 1679.

W. war auch schriftstellerisch tätig. 1681 gab er die „Monumenta Ecclesiae Warmiensis" heraus. Er schrieb ferner eine Geschichte des Schwedenkrieges von 1655–60, und im bischöflichen Schloß zu Heilsberg ließ er lateinische Distichen auf seine Vorgänger anbringen. W. starb am 7. 9. 1685.

Schriftenverzeichnis: K. Estreicher 33 (1939) 422 f.

Literatur: A. Eichhorn, Bischofswahlen I 528-550. - F. Hipler, Literaturgeschichte 220 f. - Ders., Grabstätten 330-332. - J. Obłąk, Historia 115 f. - R. Marchwiński, in: A. Szorc 303-307. - T. Oracki 2 (1988) 216 f.

Abbildungsnachweis: Kolorierte Zeichnung von Walenty Sliwicki (um 1765-1857). - Staatl. Museen Preußischer Kulturbesitz, Kupferstichkabinett, Berlin (West), Inv. Nr. KdZ 7909.

Anneliese Triller

Wysocki, Franciszek Ignacy (1678 – 1728)

1728 Weihbischof der Diözese Kulm, Ep. tit. Hippensis

* 27. 12. 1678 in Zuckau (Żukowo) (Diöz. Włocławek); 15. 4. 1702 Priester; Dr. iur. utr.; Domherr in Warschau und Włocławek; 1713 Domherr von Kulm (Kapitelswahl); 26. 6. 1713 – 19 Generalökonom; 1719 Dompropst; 7. 7. 1721 – 15. 10. 1723 Kapitularvikar; 1728 Archidiakon; 14. 6. 1728 Titularbischof von Hippo und Weihbischof der Diözese Kulm; † 14. 7. 1728 noch vor der Konsekration in Thorn; □ Dom zu Kulmsee.

Literatur: R. Frydrychowicz 18-21. - A. Mańkowski, Prałaci 232 f.

Hans-Jürgen Karp

Wyss, Johann Felix (1752 – 1811)

1781 – 1790 Generalvikar in Sitten

* 1725 in Törbel (Wallis); Bacc. theol.; 1752 – 55 Rektor von Betten; 1755 – 61 Direktor des Priesterseminars in Gerunden; 1761 Domherr von Sitten; 1766 Vizedom von Cordona;

1765 – 80 Promotor für Unterwallis; 1778 – 87 Prof. der Moraltheologie am Priesterseminar in Gerunden; 1781 – 90 Generalvikar in Sitten; 1780 Großkantor; † 7. 9. 1811.

Literatur: *L. Carlen*, in: HS (i. Vorb.).

Louis Carlen

Z

Zadler, Franz Jakob Ignaz (1637 – 1694)

1672 – 1683 Generalvikar in Freising

* 1. 10. 1637 in Landau/Isar (Diöz. Passau); Besuch des Gymnasiums in Straubing; Studium der Philosophie in Ingolstadt; 1659 – 63 Studium in Rom als Alumne des Collegium Germanicum, später in Ingolstadt (Dr. theol., Dr. iur.); 1663 Priesterweihe in Rom. In Ingolstadt wirkte Z. als Professor. Später erhielt er die Pfarrei St. Peter in München. 1672 Generalvikar des Fürstbischofs (→) Albrecht Sigmund von Bayern; 1673 Domherr (1675 Aufschwörung), später Domscholaster in Freising. In der Auseinandersetzung zwischen Dompropst J. S. (→) Zeller und dem Domkapitel exponierte Z. sich derart, daß Fürstbischof (→) Joseph Clemens von Bayern ihn 1693 von allen Ämtern suspendierte; † 1694; □ Domkreuzgang Freising.

Literatur: *C. Meichelbeck - A. Baumgärtner* 613. - *B. Hubensteiner*, Eckher.

Egon Johannes Greipl

Zaepffel, Jean Evangeliste (1735 – 1808)

1802 – 1808 Bischof von Lüttich

Jean (die Erweiterung Evangeliste legte er sich erst spät zu) Zaepffel wurde am 3. 12. 1735 als zwölftes von dreizehn Kindern des Böttchers Jean Fréderic Z. und seiner Ehefrau Marie

Madeleine Courbex (Courbay, Corbi) in Dambach-la-Ville (Elsaß) geboren. Seine Gymnasialstudien absolvierte er wahrscheinlich am Jesuitenkolleg von Schlettstadt. 1753 immatrikulierte er sich an der ebenfalls von Jesuiten geleiteten Universität Straßburg. Das Philosophie- und Theologiestudium schloß er mit der Promotion zum Dr. theol. ab. Die Priesterweihe empfing Z. um 1762. 1763 wurde er in das Stiftskapitel von Zabern gewählt, und 1766 trat er in das Stift zu Alt St. Peter in Straßburg ein. Ob er zu diesem Zeitpunkt bereits an der Diözesankurie tätig war, läßt sich angesichts der lückenhaften Quellenlage nicht mehr feststellen. Z. bekleidete zuerst die Ämter eines Synodalexaminators und Rates. 1776 wurde er Assessor und 1778 Promotor des Offizialates. Er erlangte außerdem eine Präbende am Straßburger Münster.

Den Eid auf die Zivilkonstitution leistete Z. nicht. An einem nicht näher zu bestimmenden Datum zwischen dem 12. 11. 1790 und August 1792 emigrierte er in den rechtsrheinischen Teil des Bistums Straßburg nach Sasbach. Dort lebte er in fast ärmlichen Verhältnissen. An der Bistumsverwaltung scheint Z., dessen Verhältnis zu seinem Bischof, Kardinal L. R. E. de (→) Rohan-Guémenée, eher frostig war, nun nicht mehr beteiligt worden zu sein. Eine Zeitlang stand er in Diensten des Fürstbischofs von Breslau und Straßburger Domherrn J. Chr. Fr. zu (→ Bd. I) Hohenlohe-Waldenburg-Bartenstein.

Kurz nach Unterzeichnung des Konkordates von 1801 schlug General Henri Jacques Guillaume Clarke, der 1799 eine Großnichte Z.s geehelicht hatte, diesen für einen Bischofsstuhl vor. 1802 leistete Z. in Straßburg das Treueversprechen auf die Verfassung des Jahres VIII und wurde von der Liste der Emigranten gestrichen. Für einige Wochen verwaltete er das Bistum Straßburg, doch nominierte Napoleon nicht ihn, sondern den konstitutionellen Bischof Jean Pierre Saurine zu dessen neuem Bischof. Z. wurde stattdessen am 29. 4. 1802 für Lüttich nominiert. Die kanonische Institution erhielt er am 3. 6. 1802, und am 7. 6. 1802 empfing er in der Karmeliterkirche zu Paris aus den Händen des Mechelner Erzbischofs Jean Armand Bessuéjouls de Roquelaure die Bischofsweihe. Mitte August begab er sich nach Lüttich, wo er am 22. 8. 1802 eingeführt wurde.

Das 1802 neu umschriebene Bistum Lüttich umfaßte die Départements Ourthe und Meuse-Inférieure mit einer Gesamtfläche von 7 769 km² und über 600 000 Einwohnern. Der größte Teil gehörte schon seit Jahrhunderten zum Lüticher Sprengel. Im Westen kamen nun eine Reihe von Pfarreien aus der Erzdiözese Mecheln und dem Bistum Namur, im Nordosten große Teile der Diözese Roermond, im Osten und Südosten Gebiete der Erzdiözese Köln hinzu. Während die Bevölkerung des Départements Meuse-Inférieure überwiegend niederländisch sprach, herrschte im Département Ourthe das Französische vor. Mehrere an die Bistümer Aachen und Trier angrenzende Kantone gehörten hingegen zum deutschen Sprachraum. In beiden Départements gab es nur rund 4 300 Protestanten.

Der Streit um die durch die französische Republik geforderten Treuebekenntnisse (F. A. de → Méan) hatte Klerus und Kirchenvolk des Bistums Lüttich tief gespalten. In den ländlichen Bezirken war die Anhänglichkeit an den angestammten Glauben nach wie vor groß. In manchen industriell geprägten Gegenden machten sich hingegen bereits Anzeichen einer Entchristlichung bemerkbar. Die durch die Französische Revolution in Belgien hervorgerufenen wirtschaftlichen und sozialen Umwälzungen hatten auch in den Départements Ourthe und Meuse-Inférieure tiefe Spuren hinterlassen. Die Zahl der Bedürftigen und Obdachlosen war von Jahr zu Jahr gewachsen, die öffentliche Sicherheit und Moral vielerorts tief gesunken. Die Haltung gegenüber den Franzosen blieb unterschiedlich. Lüttich und der französischsprachige Teil des ehemaligen Fürstbistums zeigten sich kooperationsbereit. In den flämischen und deutschsprachigen Gegenden trauerte man dagegen dem Ancien Régime auch nach Abschluß des Konkordates unverhohlen nach.

Z. hat es verstanden, die offenen und latenten Konflikte zu entschärfen und der Notsituation angepaßte Sofortmaßnahmen zu ergreifen. Dabei kamen ihm eine trotz seines Alters ungebrochene Schaffenskraft und ein außergewöhnliches Organisationstalent zustatten. Ein langfristiges seelsorgerisches Konzept, um die der Kirche entfremdeten Teile des Bürgertums und des Proletariats zurückzugewinnen, hat er jedoch nicht entworfen. Auch ist fraglich, ob er die engen Zusammenhänge zwischen Armut, sittlicher Verwahrlosung und Entchristlichung erkannt hat.

Mit einer Mischung aus Strenge und Nachsicht gelang es Z., seinen Klerus zur Annahme der im Konkordat und in den Organischen Artikeln enthaltenen Bestimmungen zu bewegen. Nur eine kleine Minderheit von Priestern verweigerte die Zusammenarbeit mit dem neuen Bischof, konnte dessen Autorität aber nie ernsthaft gefährden. Bei Auswahl der bischöflichen Mitarbeiter und Besetzung von Pfarrstellen legte die Regierung großen Wert auf eine Berücksichtigung der „geschworenen" Priester. Z. trug dieser Forderung nur in einem unumgänglichen Umfang Rechnung und ließ sich bei Ernennungen vor allem von pastoralen Erwägungen leiten. Mit Festigkeit und Ausdauer verteidigte er seinen Klerus gegen staatliche Übergriffe. Gelegentlich nahm er allerdings auch die Hilfe der Zivilbehörden in Anspruch, um undisziplinierte Geistliche zu maßregeln. Mit großer Zähigkeit kämpfte er für eine Verbesserung der materiellen Lage und der Ausbildung seiner Priester. Während er im ersten Punkt nicht unerhebliche Erfolge erzielte, scheiterte die Eröffnung eines Diözesanseminars trotz unablässiger Bemühungen am mangelnden Interesse der Regierung. Trotzdem konnte der Bischof 1803 – 1808 50 Priester weihen, eine im Vergleich zu anderen konkordatären Bistümern bemerkenswerte Zahl, die jedoch nicht ausreichte, um die durch Alter, Krankheit und Überlastung ausscheidenden Geistlichen zu ersetzen.

Bei der Neuumschreibung der Pfarreien (1803 – 08) versuchte Z., innerhalb des engen vom Staat vorgegebenen Rahmens eine bestmögliche Betreuung der Gläubigen zu erreichen. Durch die Schaffung sog. Hilfskirchen („Chapelles auxiliaires“) mit residierendem Seelsorger, der von den Gemeinden besoldet wurde, vermehrte er die 543 staatlich anerkannten Pfarrstellen bereits 1803 um 238 Einheiten; ihre Zahl nahm in den folgenden Jahren noch zu.

Z. war von nüchterner Frömmigkeit. In seinen Hirtenbriefen und Rundschreiben, die er häufig von theologisch und dogmatisch versierten Priestern verfassen ließ, mahnte er vornehmlich zu Buße und Umkehr, zu Ehrfurcht vor dem Heiligen und zur Beobachtung der Gesetze. Den Priestern schärfte er immer wieder die Pflicht zur Predigt und zur christlichen Unterweisung ein. Die Volksfrömmigkeit suchte er von Auswüchsen zu befreien. Bezüglich der Mischehen, der Dispens vom Fasten- und Abstinenzgebot sowie des Verhältnisses zu den Protestanten zeigte er sich entgegenkommend, ohne den kirchlichen Standpunkt aufzugeben. Zu Beginn seiner Amtszeit war Z., wie der gesamte konkordatäre Episkopat, von tiefer Ergebenheit gegenüber Napoleon erfüllt, in dem er ein von Gott auserwähltes Werkzeug zur Wiederherstellung der Kirche sah. Seine Privatkorrespondenz macht jedoch deutlich, daß diese Begeisterung mehr und mehr der Ernüchterung wich. Vor allem die großen Menschenopfer von Napoleons Kriegen erschütterten ihn tief.

Z. war nicht gern nach Lüttich gekommen und hat sich dort nie heimisch gefühlt. Dennoch hat er auf seinen zahlreichen Firm- und Visitationsreisen den unmittelbaren Kontakt mit Klerus und Volk gesucht und auch gefunden. Von gallikanischen Grundsätzen geprägt, hat er in den Auseinandersetzungen um den „Catéchisme impérial“ unter dem Eindruck persönlicher Gespräche seinen ursprünglichen Standpunkt aufgegeben und auf eine Einführung des Lehrbuches verzichtet. Die Mißstände in der staatlichen Armenfürsorge und im Unter-

richtswesen, die er auf seinen Reisen entdeckte, hat er in Eingaben an die staatlichen Behörden, zu deren Beamten er im allgemeinen gute Beziehungen unterhielt, unmißverständlich kritisiert, zugleich aber auch originelle Besserungsvorschläge vorgetragen. Die Protektion des Generals Clarke, eines engen Vertrauten Napoleons, hatte für das Bistum günstige Auswirkungen. Z. selbst brachte sie hohe weltliche Ehrungen ein. Z. starb nach mehrmonatiger Krankheit am 17. 10. 1808 in Lüttich. Sein Leichnam wurde in der Schloßkapelle von Lexhy bei Lüttich beigesetzt, weil die Regierung eine Beisetzung in der zur Kathedrale erhobenen Kirche St. Paul nicht zugelassen hatte.

Literatur: *L. Vanderryst* * 1 -* 14, 105 - 510. - *A. Minke.*

Abbildungsnachweis: Privatbesitz Minke.

Alfred Minke

Załuski, Andrzej Chryzostom (1648 – 1711)

1683 – 1692 Bischof von Kiew
1692 – 1699 Bischof von Płock
1699 – 1711 Bischof von Ermland

Andrzej Chryzostom Załuski wurde im Jahre 1648 zu Rawa in Masowien geboren und am 28. 1. getauft. Seine Eltern waren der Wojwode Aleksander Z. und Katarzyna Olszowska, die Schwester des Primas A. (→) Olszowski, der Einfluß auf die Entwicklung und den Aufstieg des Neffen nahm. Zwei seiner Brüder wurden ebenfalls Bischof (Andrzej Stanisław → Z.). Z. studierte 1667 – 73 in Wien, Graz, Löwen, Paris und Rom. Er empfing die niederen Weihen und wurde Domherr von Krakau und Gnesen. Als Kanzler Olszowskis, später der Königin, als königlicher Sekretär sowie polnischer Gesandter an den Höfen von Madrid, Lissabon und Paris erwarb er große Geschäfts- und Weltkenntnis. Als König Johann Sobieski ihn 1683 zum Bischof des lateinischen Bistums Kiew nominierte – die päpstliche Verleihung erfolgte am 15. 11. des Jahres – besaß er schon eine Reihe von Pfründen: die Zisterzienserabtei von Wąchock, die Propstei von Jarosław in der Diözese Przemyśl sowie Kanonikate in Krakau, Pułtusk und Łęczyca. Nachdem Kiew 1686 an Rußland gefallen war, wurde Z. – wiederum durch Nomination Johann Sobieskis – auf das Bistum Płock transferiert. Die päpstliche Bestätigung erfolgte am 15. 10. 1692. 1698 bestimmte König August II. Z. schließlich für das Bistum Ermland. Das auf sein Wahlrecht und die besondere Verfassung des Ermlands bedachte Domkapitel stand dieser Kandidatur jedoch nach den unangenehmen Erfahrungen mit Z.s Vorgänger J. S. (→) Zbąski ablehnend gegenüber. Der Kandidat des Kapitels war ein Vetter des Sachsenkönigs, Herzog Christian August von Sachsen-Zeitz, Bischof von Raab in Ungarn. Aus politischen Rücksichten hielt August II. jedoch an Z. fest. Das ermländische Kapitel akzeptierte Z. erst als Domherrn, nachdem er sich mit einigem Erfolg für die Erleichterungen der Kriegslasten des Bistums eingesetzt hatte. Am 6. 6. 1698 postulierte es ihn einstimmig zum Bischof. Die Translation erfolgte am 28. 5. 1699. Sein Bruder Andrzej Stanisław wurde sein Nachfolger in Płock. Die Inthronisation im Frauenburger Dom fand am 16. 9. 1699 statt. Das Domkapitel erreichte, daß die päpstliche Präkonisationsbulle für Z. den Vermerk erhielt, daß er sein Bistum nicht nur aufgrund königlicher Ernennung, sondern auch durch die Wahl des Kapitels erhalten habe.

1700 unternahm Z. eine Fahrt nach Rom, wo er an den Jubiläumsfeierlichkeiten anläßlich der Jahrhundertwende teilnahm. 1702 wurde er vom König zu dem ehrenvollen und wichtigen Amt des Großkanzlers berufen, nachdem er 1700 – 01 seine Diözese visitiert und einen Statusbericht nach Rom übersandt hatte.

Während des Nordischen Krieges geriet der Bischof zwischen die feindlichen Parteien. Als der schwedische König Karl XII. 1703 in das Ermland einrückte und im bischöflichen Schloß zu Heilsberg Residenz hielt, während seine Truppen das Land verwüsteten, begab

sich Z. mit einigen Domherren nach Königsberg. Als König August II. floh und Karl XII. die Wahl des Gegenkönigs Stanisław Leszczyński erzwang, verhandelte Z. mit diesem und dem schwedischen König. Der Papst empfahl Z., sich als Kanzler nach Dresden zum König zu begeben. Dort ließ ihn August II. unter dem Vorwurf des Hochverrats in Haft nehmen. Erst Ende 1705 konnte der Bischof an den Papst appellieren, und 1706 wurde er als Gefangener nach Rom gebracht. Im Januar des folgenden Jahres kam er frei. In Polen war ihm inzwischen die Kanzlerwürde abgesprochen worden. Nach der Rückkehr König Augusts II. kam es jedoch zur Versöhnung.

1709 wurde das vom Krieg schwer mitgenommene Ermland von der Pest heimgesucht. Z. überzeugte sich persönlich vom Zustand seiner Diözese und ließ in Einlösung eines Gelübdes bei Heilsberg eine Kapelle erbauen, die er den Gläubigen zu Bittwallfahrten empfahl. Sehr bemüht war Z. um die Braunsberger Hochschule. 1708 wurde dort auf sein Betreiben durch den Domkustos J. G. (→) Kunigk eine Professur für kanonisches Recht eingerichtet. Z. war selbst schriftstellerisch tätig; außer Erbauungsschriften veröffentlichte er die „Epistolae historicae familiares" ab 1708 in 5 Bänden. Sie bilden eine wertvolle Quelle der Zeitgeschichte.

1710 bemühte sich Z. im Hinblick auf sein fortgeschrittenes Alter um einen Koadjutor. Sein Kandidat war Karl Friedrich August von Sachsen-Zeitz, den das Kapitel am 2. 1. 1711 postulierte. Bevor der Hl. Stuhl in dieser Angelegenheit verhandelte, starb Z. am 1. 5. 1711 im bischöflichen Palais zu Guttstadt, wo er oft residiert hatte. Er wurde in der dortigen Kollegiatskirche beigesetzt.

Schriftenverzeichnis: vgl. u. J. Wysocki.

Literatur: A. Eichhorn, Bischofswahlen II 1-64. - F. Hipler, Literaturgeschichte 220 f. - Ders., Grabstätten 336 - 339. - J. Obłąk, Historia 119 f. - A. Poschmann, in: APB 2 (1967) 832. - A. Szorc 307 - 311. - Ders., Diaspora diecezji warmińskiej za biskupa Andrzeja Chryzostoma Załuskiego (1698-1711) [Die Diaspora der Diözese Ermland unter Bischof Andrzej Chryzostom Załuski (1698-1711)], in: Studia Warmińskie 3 (1966) 45-77. - Ders., Z działalności kościelnej biskupa Andrzeja Załuskiego na Warmii (1698-1711) [Zur kirchlichen Tätigkeit des Bischofs Andrzej Załuski in Ermland (1698-1711)], in: Studia Warmińskie 4 (1967) 35-81. - J. Wysocki, in: SPTK 3 (1983) 511-514 (mit Schriftenverzeichnis). - T. Oracki 2 (1988) 218-220.

Abbildungsnachweis: Kupferstich von Martin Bernigeroth (1670-1733) in Leipzig, datiert 1709. - vgl. E. Brachvogel, Bildnisse 572 f. und Abb. Nr. 22. - HI Marburg, Bildarchiv Nr. 85.871.

Anneliese Triller

Załuski, Andrzej Stanisław (1695 – 1758)

1723 – 1736 Bischof von Płock
1736 – 1739 Bischof von Łuck
1739 – 1746 Bischof von Kulm
1746 – 1758 Bischof von Krakau

Andrzej Stanisław Załuski wurde am 2. 12.
1695 in Załuski bei Czersk in der Nähe von
Warschau als Sohn des Wojwoden von Rawa
Aleksander Z. und der Teresa Potkańska geboren. Aus der Familie gingen vier Bischöfe und
drei Weihbischöfe hervor. Zu größtem Ansehen gelangte der Krongroßkanzler und Bischof
von Ermland Andrzej Chryzostom (→) Z., der
die Stellung der Familie im 18. Jh. begründete.
Zwei Jahre nach dem Tod der Mutter (1702)
ging der neunjährige Z. mit seinem jüngeren
Bruder Józef Andrzej an den Hof des Onkels
nach Heilsberg. Dieser verschaffte ihm 1708 ein
Kanonikat in Krakau. Ein zweiter Onkel, Lud-
wik, Bischof von Płock, verlieh Z. die Würde
des Kapitelsdekans in Pułtusk, ferner die reich
ausgestattete Propstei in Płock. Nachdem Z.
1715 ein halbes Jahr in Danzig Mathematik
studiert hatte, unternahm er zusammen mit
seinem Bruder Józef die für junge Magnaten-
söhne übliche Kavalierstour nach Westeuropa
und studierte Jura an der päpstlichen Universität Sapienza in Rom (1717 Dr. iur. utr.). Nach
Polen zurückgekehrt, kam er als Deputierter
des Krakauer Kapitels in Kontakt mit dem Hof
Augusts II.

Nach dem Tod seines Onkels (1721) nominierte
der König den erst 28jährigen zum Bischof von
Płock. Am 22. 11. 1723 wurde ihm das Bistum
verliehen. Z. residierte zumeist in Pułtusk, wo
er das Seminar von vier auf 24 Plätze erweiterte, so daß die Diözese mit dem Seminar in Płock
insgesamt 36 Studienplätze besaß. Im ersten
Jahr seiner Amtszeit in Płock war Z. Mitglied
der Kommission des königlichen Assessorial-
gerichts, die die Vorfälle des Thorner „Tu-
mults" (F. I. → Kretkowski) zu untersuchen
hatte. Dabei zeigte Z. eine besonnene und
tolerante Haltung. 1733 berief er eine Diözesansynode ein, die letzte vor den Teilungen Polens.
Seit 1725 arbeitete er eng mit dem königlichen
Hof zusammen. Das ihm 1732 von August II. in
Aussicht gestellte Amt des Krongroßkanzlers
erhielt er wegen des plötzlichen Todes des
Königs zunächst nicht. Nach anfänglicher
Unterstützung für den Kronprätendenten
Stanisław Leszczyński stellte er sich nach der
Kapitulation Danzigs (1734) auf die Seite der
Wettiner. August III. ernannte ihn am 20. 11.
1735 zum Krongroßkanzler. Deshalb mußte Z.
das rangniedere Bistum Łuck (Wolhynien)
übernehmen (königl. Nomination), auf das er

am 19. 11. 1736 transferiert wurde. 1738 wurde
er zum Kommendatarabt der Regularkanoniker in Czerwińsk a. d. Weichsel nominiert, doch
flossen ihm die Einkünfte des Stiftes nur zum
Teil zu.

Noch während der Übernahmeverhandlungen
wurde Z. am 8. 3. 1739 zum Bischof von Kulm
nominiert. Die Translation erfolgte am 20. 7.
1739, die Amtsübernahme am 5. 1. 1740. 1742
wurde Z. ferner Kommendatarabt des reichen
Zisterzienserklosters Paradies im Posener
Land. In der Diözese Kulm überließ Z. die
Amtsgeschäfte weitgehend seinem Generalvikar und Weihbischof M. A. (→) Sołtyk, den er
1742 mit der Durchführung der Visitation eines
Teils der Diözese beauftragte. Im Anschluß
daran hielt er 1745 in Löbau eine Diözesansynode ab, deren Verordnungen 1746 zu
Braunsberg im Druck erschienen.

Am 12. 3. 1746 vom König für die Diözese
Krakau nominiert, wurde Z. am 2. 5. transferiert. Zugleich verzichtete er auf das Amt des
Krongroßkanzlers und die Abteien Czerwińsk
und Paradies. Als Bischof der reichsten Diözese Polens sorgte er für die wirtschaftliche
Hebung seiner Besitzungen, errichtete u. a.
neue Hochöfen und gründete eine Weißblech-
firma. Ferner bemühte er sich, jedoch ohne
dauernden Erfolg, um eine Modernisierung der
Krakauer Akademie, wo er Vorlesungen in
Mathematik und Physik sowie in der „neuen"
Philosophie einführte.

Z. war einer der bedeutendsten Kanzler des
18. Jh. Als solcher trat er nicht nur für Verfas-
sungsreformen, sondern auch für eine Verbesserung der ökonomischen Verhältnisse durch
eine Reorganisation des Städtewesens sowie
Förderung des Bergbaus und Gründung von
Manufakturen ein. Als markanter Vertreter der
frühen Aufklärung trug er zur Verbreitung der
Philosophie von Christian Wolff und der deutschen Aufklärer in Polen bei. Er unterstützte
ferner Stanisław Konarskis Reform des Piari-
stenschulwesens. Das gemeinsame Werk der
Brüder Z. war die Gründung der nach ihnen
benannten öffentlichen Bibliothek in Warschau, der an Bedeutung in Deutschland nur
die Wolfenbütteler und die Kaiserliche Bibliothek in Wien gegenübergestellt werden können.

Auch als Bischof gehörte Z. zu den herausragenden Gestalten des frühen 18. Jh. In den von
ihm geleiteten Diözesen schuf er mit Hilfe von
Visitationen, Synoden und statistischen Erhebungen die Voraussetzungen für eine Reform
auf vielen Gebieten. Z. starb am 16. 12. 1758 in
Kielce.

Schriftenverzeichnis: *K. Estreicher* 34 (1952) 67-87.

Literatur: Constitutiones synodales editae et promul-
gatae ab ... *A. S. Załuski* (Brunsbergae 1746). - *J.
Hartzheim*, Concilia Germaniae 10 (Köln 1775) 491-
574. - *Th. Warmiński* 185-189. - *S. Fiałkowski*, Biskup
A. S. Załuski, kanclerz wielki koronny na pierwszym
etapie walki o polityczno-gospodarczą reformę
państwa, 1736-1749 [Bischof und Großkanzler
A. S. Z. in der ersten Phase des Kampfes um die
politisch-wirtschaftliche Reform des Staates], in: Col-
lectanea Theologica 26 (1955) 46-62. - Ders., Kanclerz
Wielki Koronny biskup A.S. Załuski wobec inwazji
Fryderyka Wielkiego na Śląsk, 1740-1741 [Krongroß-
kanzler Bischof A. S. Z. und die Invasion Friedrichs
d. Gr. in Schlesien], ebd. 287-310. - Ders., Młodość i
pierwsze lata kościelno-politycznej działalności biskupa Andrzeja Załuskiego, 1695-1735 [Jugend und
erste Jahre der kirchenpolitischen Tätigkeit des Bischofs A. Z.], in: Polonia Sacra 9 (1957) 1, 245-268. - *H.
Folwarski*, in: Nasza Przeszłość 6 (1957) 48-50. - *H.
Lemke*, Die Brüder Załuski und ihre Beziehungen zu
Gelehrten in Deutschland und Danzig. Studien zur
polnischen Frühaufklärung (Berlin-O. 1958). - *J. W.
Szurmacz*, A. S. Załuski, biskup płocki jako ustawo-
dawca 1723-1735 [Bischof A. S. Z. v. Płock als Ge-
setzgeber], in: Polonia Sacra 9 (1966), 3/4, 199-224. -
Kościół w Polsce II. - *A. Liedtke*, Zarys 94. - Historia
Kościoła w Polsce I/2, II/1-2. - *S. Wysocki*, in: SPTK 4
(1983) 514-516.

Abbildungsnachweis: Stich von Johann Martin Bernigeroth (1713-1767), Leipzig, datiert 1746. - HAB
Wolfenbüttel, Portr. Slg.

Hans-Jürgen Karp

Zambaiti de Vezzanburg, Simone Albano
(1744 – 1811)

1775 – 1807 Generalvikar in Trient

→ Bd. 1, 832.

Zbąski (Sbąski), **Jan Stanisław** (1625 – 1697)

1677 – 1688 Bischof von Przemyśl
1688 – 1697 Bischof von Ermland

Jan Stanisław Zbąski wurde im Jahre 1625 zu
Smardzenice in der Diözese Krakau als Sohn
des protestantischen Adligen Abraham Z. geboren. Als Schüler wurde er katholisch und
studierte später Theologie. Als Verwandter des
Hauses Sobieski eröffnete sich ihm eine glänzende geistliche Laufbahn. Er erhielt Kanonikate in Gnesen, Warschau und Sandomir und
wurde 1677 zum Bischof von Przemyśl nominiert. Die päpstliche Verleihung erfolgte am
11. 10. 1677. Z. begleitete als Sekretär und
Mitarbeiter König Johann III. Sobieski auf einer
Reise nach Wien und weilte in dessen Geschäften in Rom und Venedig. Durch seine diplomatischen Missionen schulte er seine große redne-
rische Begabung und seinen glänzenden Stil.
1687 bestimmte der König Z. zum Bischof von
Ermland, das als eines der reichsten polnischen Bistümer galt. Z. betrieb seine Ernennung in Rom persönlich und erreichte, daß
Papst Innozenz XI. ihm ein überzähliges ermländisches Domkanonikat verlieh. Die Postulation in Frauenburg erfolgte am 3. 9. 1688, die
Translation am 6. 12. 1688. Z. nahm seinen
Sprengel am 1. 4. 1689 durch Prokuratoren in
Besitz und erschien dort selbst im Mai desselben Jahres. Seine Inthronisation erfolgte am
16. 10. 1689.

Obwohl Z. als Senator der Krone Polens oft
außerhalb seiner Diözese weilte und die deutsche Sprache nicht beherrschte, widmete er
sich seinen bischöflichen Pflichten mit Eifer. Er
war hochgebildet und ehrgeizig, neigte aber in
seiner Lebensführung zum Luxus. Seine Amtstätigkeit war von ständigen Konflikten mit
seinem Domkapitel belastet, dessen verfas-
sungsmäßig bestehendes Kondominat er nicht
verstand, weil er, aus dem Süden Polens kom-
mend, solch ein Verhältnis nicht kannte. Seit
1288 herrschte der bischöfliche Landesherr im
Ermland über zwei Drittel, das Domkapitel
über ein Drittel des Gebietes. Für den etwas
autokratischen Z. bedeutete das, daß er einen
lästigen Mitregenten anzuerkennen hatte. Die
schweren Auseinandersetzungen erreichten
ihren Höhepunkt 1692, als das Domkapitel

beschloß, gegen Z. „wegen schlechter Verwaltung der Diözese" Klage beim Hl. Stuhl zu
erheben. Sachlich ging es den Domherren, die
mehr auf Seiten der bäuerlichen Einwohner
standen, während der Bischof eher die Anliegen der Adligen vertrat, vor allem um die
Abstellung von Klagen der durch Steuern und
Scharwerksdienste überlasteten Untertanen.
Z. hatte ein solches Vorgehen des Kapitels
nicht erwartet, war bestürzt und versuchte
einzulenken. Schließlich gelang es dem geistig
sehr bedeutenden, einflußreichen und dem
Bischof nahestehenden Domherrn J. G. (→)
Kunigk, die Parteien zu versöhnen. Bis zum
plötzlichen Tod des Bischofs am 21. 5. 1697 gab
es zwischen ihm und dem Kapitel weitere
Auseinandersetzungen, so daß sein Tod allgemein mit Erleichterung aufgenommen wurde.

Z. wurde im Chor der Kathedrale in Frauenburg beigesetzt. Z. hatte die kirchlichen Zustände des Bistums bessern wollen, war aber
– auch wegen der Haltung des Domkapitels –
nicht mehr dazu gekommen, die geplante Generalvisitation und Diözesansynode durchzuführen. Große Anteilnahme und Hilfsbereitschaft
hatte er den Lutheranern aus dem Herzogtum
Preußen entgegengebracht, die infolge des Synkretismusstreites zur katholischen Kirche
übergetreten und ins Ermland gekommen waren. Der ausgedehnte Briefwechsel Z.s mit
diesen Persönlichkeiten, der sich z. T. im ermländischen Diözesanarchiv erhalten hat, gibt
Zeugnis von seinem großen theologischen Wissen und seiner Menschenfreundlichkeit.

Literatur: *A. Eichhorn*, Bischofswahlen I 580-600. - *F.
Hipler*, Literaturgeschichte 212, 232. - *Ders.*, Grabstätten 334-336. - *H. Preuschoff.* - *J. Obłąk*, Historia 118. -
A. Triller, Konvertiten. - *T. Oracki* 2 (1988) 224 f.

Abbildungsnachweis: Federzeichnung, laviert (?), um
1700. - Johann Georg Herder Institut Marburg, Bildarchiv Nr. 108 396.

Anneliese Triller

Zbraslavsky (seit 1665 **von Swatawa**/Svatov),
Sebastian (um 1607 – 1670)

1665 – 1670 Generalvikar in Prag

* um 1607; Dr. theol.; Dekan von Schüttenofen
(Sušice); 1644 Kanonikus am Wyschehrad/Prag; Domherr in Prag; 1645 Archidiakon
von Pilsen (Plzeň); 1650 Rückkehr in das
Metropolitankapitel; 1665 Domdekan, Generalvikar und Offizial von Erzbischof E. A. v. (→)
Harrach; † 24. 3. 1670.

Literatur: *A. Podlaha* 169.

Kurt A. Huber

Zehmen, Johann Anton Freiherr von
(1715 – 1790)

1781 – 1790 Fürstbischof von Eichstätt

Johann Anton Ernst Freiherr von Zehmen
wurde am 25. 11. 1715 auf Schloß Wahrberg
(Pfarrei Aurach, Diöz. Eichstätt) bei Herrieden
als sechstes von 15 Kindern des eichstättischen
Oberamtmannes Friedrich v. Z. und der Charlotte Sophie Freiin Knebel von Katzenellenbogen geboren. Seine Ausbildung erhielt er in
Eichstätt und in Wien (Privatstudium als Page). Tonsur und niedere Weihen empfing er
1728. Durch päpstliche Provision seit 1739
Domherr in Eichstätt, wurde er dort 1745 zum
Priester geweiht, 1751 Kapitular, 1757 Domdekan und Propst des Stifts ULFrau. 1765 wurde
er ferner Propst des Chorherrenstiftes Herrieden und 1776 Koadjutor des Eichstätter Dompropstes und Weihbischofs F. H. v. (→) Kageneck. Seit 1739 war er Mitglied, seit 1751 Vizepräsident des Hofrates. In diesen Jahren wurde
er wiederholt von seinem Fürsten mit diplomatischen Aufgaben betraut und als Gesandter in
München und Wien tätig, wo er wichtige
Erfahrungen sammeln konnte. Am 27. 3. 1781
wählte das Eichstätter Domkapitel ihn zum
Fürstbischof. Das kaiserliche Plazet erging am
11. 4., die päpstliche Konfirmation folgte am
17. 9. 1781. Am 25. 11. 1781 wurde Z. durch
Weihbischof F. v. (→) Stubenberg konsekriert.

Anders als sein Vorgänger R. A. v. (→) Strasoldo war Z. von der Aufklärung beeinflußt. Persönlich fromm und bescheiden, von bestem Willen beseelt, galt seine Hauptsorge der Verbesserung der Lebensverhältnisse seiner Untertanen. Diesem Ziel dienten das Bemühen um Einführung der allgemeinen Volksschulpflicht, die Errichtung einer Schulkommission zur Vereinheitlichung des Schulwesens, die Neugestaltung des Armeninstituts und die Ansiedlung kleinerer Industriebetriebe zur Beendigung des Bettelwesens, die Errichtung einer Brandversicherungsanstalt, Verbesserungen in der Forstwirtschaft und Reformen im Gesundheits- und Finanzwesen. Zur Abwehr der kurbayerischen Staatskirchenpolitik schloß er sich 1788 dem 1785 gegründeten Fürstenbund an.

Auch auf geistlichem Gebiet machte sich die Aufklärung nach bayerischem und österreichischem Vorbild bemerkbar durch Zurückdrängung der Volksfrömmigkeit und durch die 1787 erfolgte Abschaffung von 20 Feiertagen. Aufklärerisches Gedankengut zeigte sich auch bei der Neuordnung der Priesterausbildung. 1783 wurde die von Strasoldo verhinderte Vereinigung von Priesterseminar und ehemaligem Jesuitenkolleg vollzogen und zugleich in Anlehnung an Rautenstrauchs Studienreform eine neue Ausbildungsordnung erlassen. So begrüßenswert die Einführung neuer Fächer wie der Pastoraltheologie auch war, färbte doch das aufklärerische Verständnis des Priestertums

auf die Studienordnung ab. Vom Bischof geduldet, wurde Eichstätt zu einem Zentrum der Illuminaten. Zu ihnen zählten Domherren, Beamte, Priester und Seminaristen. Nach bayerischem Vorgang erließ Z. im Herbst 1787 ein Generalmandat, durch das die Mitgliedschaft bei den Illuminaten unter Androhung der Exkommunikation verboten wurde.

Von Beginn seiner Regierung an kränklich, starb Z. am 23. 6. 1790, ohne je eine Pontifikalhandlung vollzogen zu haben. Er wurde im Willibaldschor des Domes beigesetzt.

Literatur: *A. Straus* 222-226. - *J. G. Suttner*, Die Freimaurerei im Bisthum Eichstätt, in: PBE 12 (1865) 193-240. - *J. Sax* 683-708. - *J. Sax-J. Bleicher* 388-404. - *E. Guglia*, Zur Geschichte der Bischofswahlen in den deutschen Reichsstiften unter Joseph II., in: MIÖG 34 (1913) 296-314. - *A. Bauch*. - *J. Behringer*, Ignaz Pickel (1736-1818) und die naturwissenschaftlichen Studien am Collegium Willibaldinum in Eichstätt, in: 400 Jahre Collegium Willibaldinum (Eichstätt 1964) 140-181. - *H. Braun* Nr. 346. - *A. Schindling*, Eichstätt. - *B. Lengenfelder* (Lit.).

Abbildungsnachweis: Stich von Ignaz Sebastian Klauber, datiert 1781. - Wien NB 521.749 B.

Ernst Reiter

Zehmen, Karl Friedrich Freiherr von
(1720 – 1798)

1765 – 1798 Weihbischof der Diözese Ermland,
Ep. tit. Letensis
1795 – 1798 Generalvikar der Diözese Ermland

≈ 3. 4. 1720 in Aurach (Diöz. Eichstätt); 1739 – 43 Studium in Rom als Alumne des Collegium Germanicum; 8. 6. 1743 Priester; 1743 Koadjutor und 1747 Nachfolger des Frauenburger Domherrn Johann Melchior von Stockhausen (päpstl. Verleihung); Dompropst. 1765 wählte Bischof A. S. (→) Grabowski ihn zu seinem Weihbischof. 22. 4. 1765 Titularbischof von Lete; 8. 9. 1765 Konsekration in Heilsberg durch den Kulmer Bischof A. I. (→) Baier. Seitdem gehörte Z. zu den einflußreichsten Domherren, obwohl er zu den übrigen Mitgliedern des Kapitels und zu Bischof I. B. F. (→) Krasicki zeitweise in gespanntem Verhältnis stand. Dies hatte seinen Grund in Differenzen über die Verwaltung des Fürstbistums, die Z. für gänzlich veraltet hielt, während das Domkapitel an seinen Privilegien festhielt. Trotz der Spannungen wurde Z. nach dem Tode Grabowskis (1766) wie auch nach der Translation Krasickis nach Gnesen (1795) zum Generaladministrator (Kapitularvikar) der Diözese gewählt, während Krasicki ihn bei seiner Abwesenheit zum Offizial ernannte. Als das Kapitel 1769 eine neue Ordnung für die Abgaben und Leistungen seiner Untertanen in den Kammerämtern Mehlsack und Allenstein einführte, setzte Z. sich beim polnischen König, beim Nuntius und sogar beim russischen Gesandten für die klagenden ermländischen Bauern ein. Bei der ersten Teilung Polens im Jahre 1772, durch die das Ermland an Preußen fiel, war Z. Vertrauensmann der preußischen Regierung, der er die begehrten statistischen Unterlagen für das Ermland lieferte. Der Plan der preußischen Regierung, Z. auf einen Bischofsstuhl zu bringen, erfüllte sich zwar nicht, doch wurde er 1795 wieder Generaladministrator und nach der Neubesetzung des Bistums mit J. C. v. (→) Hohenzollern im gleichen Jahr Generalvikar. In der schwierigen Zeit nach 1772 war der in Verwaltungsfragen versierte Z. maßgeblich an der Integration des Ermlandes in das Königreich Preußen beteiligt. Selbst vielseitig begabt, war Z. anfangs mit Krasicki eng befreundet. Sein persönliches Interesse galt vor allem der Forst- und Jagdpflege, zumal er selbst ein eifriger Jäger war. 1798 legte Z. seine kirchlichen Ämter aus Altersgründen nieder. † 13. 12. 1798 in Frauenburg.

Literatur: A. Eichhorn, Weihbischöfe 156-160. - Ders., Prälaten 340. - E. Brachvogel, Domherr Karl von Zehmen und Ermlands politische Umwandlung 1772, in: Unsere ermländische Heimat 14 (1934) Nr. 11f., S. 41-43, 45-47. - W. Ogrodziński, Pomiędzy Krasickinm a von Zehmenem [von Krasicki zu Zehmen], in: Rocznik Olsztyński 1 (1958) 245-264. - A. Poschmann, in: APB 2 (1967) 836f. - T. Oracki 2 (1988) 225f.

Anneliese Triller

Zeil → Waldburg

Zeiler, Kaspar (1594 – 1681)

1630 – 1674 Generalvikar in Augsburg
1645 – 1680 Weihbischof in Augsburg, Ep. tit.
          Adramyttensis

* 1594 in Mainwangen bei Konstanz; Studium in Ingolstadt (1617 Mag. phil.); 1621 Priester; 1622 – 23 Pfarrer in Monheim (Diöz. Eichstätt); 1623 Bistumspönitentiar in Augsburg; 1624 Dr. theol.; 1627 Kanonikus, 1640 Dekan an St. Moritz in Augsburg; 1630 Generalvikar in Augsburg; 30. 1. 1645 Titularbischof von Adremit und Weihbischof in Augsburg; 5. 3. 1645 Konsekration durch Weihbischof J. (→) Fiernhammer in Freising. Nach dem Tod des Augsburger Fürstbischofs Heinrich von Knöringen (1646) übernahm Z. bis 1665 alle bischöflichen Funktionen, da Fürstbischof (→) Sigmund Franz von Österreich weder die Priester- noch

die Bischofsweihe besaß. Z. war damals der eigentliche Oberhirte im Bistum. Er gehörte zu den bedeutendsten Augsburger Geistlichen des 17. Jh. † 4. 7. 1681 in Augsburg; □ St. Moritz in Augsburg.

Schriften: Theses Theologicae de vitiis et peccatis in genere, quas in … Academia Ingolstadiensi … ad publicam disputationem conscripsit (Ingolstadt 1621). - Entychi-Nestoriano Ubiquitas. Theol. Disp. impugnata in … Universitate Ingolstadiensi contra Theodorum Thummium 21. 5. 1625 (Ingolstadt 1624). - Briefe an Bernhard Hertfelder, Administrator des Klosters St. Ulrich in Augsburg, in: P. Braun, Notitia de codicibus manuscriptis, Bd. V. (Augsburg 1794) 142-158. - Weitere Briefe in: A. Steichele, Beiträge zur Geschichte des Bisthums Augsburg 1 (Augsburg 1850) 107-122. - Relatio ad SS. Pontificem de statu ecclesiae Augustanae 1635. Dt. Übers. in: A. Weitnauer, Die Bevölkerung des Hochstifts Augsburg 1650 (Kempten 1941) 341-362.

Literatur: A. Schröder, Weihbischöfe 463-472. - A. Haemmerle, Chorherrenstifte Nr. 576. - P. Rummel, Zur Geschichte des Augsburger Fürstbischofs Sigmund Franz, in: JVABG 19 (1985) 7-45. - J. Seiler.

Peter Rummel

Zeller von und zu Leibersdorf, Johann Sig(is)mund Reichsfreiherr (1653 – 1729)

1687 – 1694 Administrator in temporalibus in
          Freising
1691 – 1694 und
1727 – 1729 Administrator in spiritualibus in
          Freising
1692 – 1729 Weihbischof in Freising, Ep. tit.
          Bellinensis
1692 – 1695 und
1714 – 1729 Generalvikar in Freising

* 16. 3. 1653 zu Aichach (Diöz. Augsburg); Besuch der Jesuitengymnasien in Landshut und Regensburg; 1670 – 74 Studium in Rom als Alumne des Collegium Germanicum; 1673 Domkapitular in Regensburg (Kap. Wahl); 4. 4. 1676 Priester; 1678 Dompropst in Freising; seit 4. 1. 1687 Administrator in temporalibus, seit 13. 10. 1691 auch in spiritualibus für den minderjährigen Freisinger Fürstbischof (→) Joseph Clemens von Bayern; 1692 Generalvikar; 6. 10. 1692 Titularbischof von Belline und Weihbischof in Freising. Um diese Zeit entstanden zwischen Z. und dem Domkapitel heftige Auseinandersetzungen, die bis an die römische Kurie und an den Reichshofrat in Wien getragen wurden. 1693 kam es zu einem vorübergehenden Vergleich. Als 1695 nicht der kurbayerische Kandidat, sondern J. Fr. (→) Eckher von Kapfing zum Fürstbischof gewählt wurde, vertrat Z. die kurbayerische Position und versuch-

te in Rom, z. T. mit verleumderischen Anschuldigungen, die Wahlbestätigung zu verhindern. Nach der Konfirmation Eckhers kam es zur Versöhnung zwischen diesem und Z., der nach Fr. (→) Begnudellis Tod 1714 erneut Generalvikar wurde. Auch in den Verhandlungen zwischen Hochstift und Kurbayern, die 1718 für jenes zu einem außerordentlich vorteilhaften Vergleich führten, und bei den Auseinandersetzungen um die Koadjutorie (→) Johann Theodors von Bayern im Jahre 1724 spielte Z. eine führende Rolle. Seine prowittelsbachische Position ließ er sich reichlich vergüten. Nach Eckhers Tod wurde Z. am 10. 5. 1727 mit J. L. v. (→) Welden Administrator in spiritualibus. 1728 verdrängte er seinen Koadministrator, was wiederum zu heftigen Auseinandersetzungen mit dem Kapitel führte, die erst mit dem Tode Z.s ihr Ende fanden. Z. besaß juristische Bildung und Verhandlungsgeschick; er war intelligent und ehrgeizig, aber auch rechthaberisch und maßlos. Die Sanierung der hochstiftischen Finanzen hatte er nicht vorantreiben können. Er erwarb sich Verdienste um den Seminarbau (1691) und die Ausstattung des Domes. Für dessen Krypta stiftete er drei Altäre. † 30. 12. 1729; □ Benediktuskapelle am Domkreuzgang in Freising.

Schriften: Consilia seu responsa practica (Ingolstadt 1710).

Literatur: C. Meichelbeck - A. Baumgärtner 592-596. - B. Hubensteiner, Eckher. - M. Weitlauff.

Egon Johannes Greipl

Zen-Ruffinen, Franz Melchior Joseph (1729 – 1790)

1764 – 1780 Generalvikar in Sitten
1780 – 1790 Fürstbischof von Sitten

Franz Melchior Joseph Zen-Ruffinen wurde 1729 zu Leuk (Wallis) als Sohn des Franz Joseph Z., Meiers von Leuk, und der Katharina Allet geboren und am 7. 1. 1729 getauft. Die Walliser Familie der Z. hatte seit dem 18. Jh. zahlreiche höhere Amtsträger hervorgebracht. Z. studierte in Wien Theologie und kanonisches Recht und wurde am 18. 3. 1752 zum Priester geweiht. Seit 1751 Titulardomherr, wurde er 1753 res. Domkapitular in Sitten, 1754 Prokurator der Jahrzeite, 1758 Vizedom von Pinsec, 1760 Großkantor, 1767 Vizedom von Vex, 1774 Sekretär des Domkapitels und Domdekan. Seit 1764 war er zugleich Generalvikar und Offizial.

Am 26. 5. 1780 wählten das Domkapitel und der Landrat des Wallis Z. zum Fürstbischof

von Sitten. Die päpstliche Bestätigung folgte am 18. 9. und die Konsekration durch Bischof J.-P. Piord von Genf-Annecy am 12. 11. 1780. Einen Tag später erfolgte die feierliche Bundeserneuerung des Wallis mit den katholischen Orten der Schweiz. Z. versuchte erfolglos, das Eindringen der Aufklärung und der Ideen der Französischen Revolution in sein Bistum zu verhindern. 1788 wurde Sitten von einem verheerenden Brand heimgesucht, dem mit zwei Dritteln aller Häuser auch die beiden bischöflichen Schlösser zum Opfer fielen. Es war Z. nicht mehr vergönnt, den Wiederaufbau zu erleben.

Z. starb am 14. 6. 1790. Er wurde in seiner Kathedrale beigesetzt.

Literatur: B. Truffer 83. - L. Carlen, Kultur 89. - Ders., Informativprozesse 53 f.

Abbildungsnachweis: Original im Kapuzinerkonvent Sion. - Photo J.-M. Biner, Brämis/Sitten.

Louis Carlen

Zendroni, Leonardo († 1705)

1687 – 1688 Generalvikar in Trient

* in Trient; Dr. theol. et iur. utr.: 1687 – 88 Generalvikar von Fürstbischof F. (→) Alberti di Poja; Pfarrer von Meano; † 1705.

Literatur: A. Costa 349. - J. C. Tovazzi 28.

Josef Gelmi

Ziegler, Franz (1633 – 1700)

1674 – 1681 Kommissarischer Generalvikar in
           Augsburg
1681 – 1691 Generalvikar in Augsburg

* 1633 in Blumberg bei Donaueschingen; 1650
Studium in Dillingen; 1657 Priester; 1658 Lic.
theol.; 1669 Kanonikus und Pfarrer in St.
Moritz, Augsburg; 2. 10. 1674 Kommissarischer
Generalvikar in Augsburg; vom 1. 9. 1681 bis
1691 Generalvikar in Augsburg; † 22. 4. 1700 in
Augsburg.

Schriften: Asserta de sciendi mediis ex fundamentis
logicis deducta ac in Alma et catholica Universitate
Dilingana disputata (Dillingen 1652).

Literatur: *A. Haemmerle*, Chorherrenstifte N. 579.

                                        Peter Rummel

Ziegler, Joseph Sebastian (1684 – 1755)

1725 – 1732 Generalvikar in Eichstätt

* 16. 1. 1684 in Beilngries (Diöz. Eichstätt);
Studium (Dr. theol., Lic. iur. can.) in Turin; 1708
Priesterweihe in Eichstätt; nach kurzer Seel-
sorgstätigkeit Hofkaplan in Eichstätt; 1717
Geistlicher Rat; 1720 Kanonikus am Chorher-
renstift Herrieden; 1725 – 32 Generalvikar des
Füstbischofs Fr. L. (→) Schenk von Castell;
1732 Stiftsdekan in Herrieden; † 20. 12. 1755 in
Herrieden; □ ebd.

Literatur: *A. Straus* 467-471.
                                        Ernst Reiter

Zilliet, Jacques-Ignace (1622 – 1685)

1663 – 1669 und
1679 – 1684 Generalvikar der Diözese Lausan-
           ne in Freiburg/Schweiz

* November 1622 in Freiburg/Schweiz; 1646
Chorherr zu St. Niklaus in Freiburg; 1658
Procurator fiscalis der Diözese Lausanne; nach
der Abberufung von H. (→) Fuchs 27. 8. 1663
Generalvikar von Bischof J. B. de (→) Stram-
bino; 1669 demissionierte Z. aus unbekannten
Gründen. Während er selbst in Dokumenten
als „Alt-Generalvikar" bezeichnet wurde, übte
der bischöfliche Sekretär M. (→) Romanin die
Funktionen eines Generalvikars aus. Nach
dessen Exilierung im Jahre 1679 wurde Z. bis
zum Tode Strambinos erneut Generalvikar. †
Ende April 1685 in Freiburg; □ St. Niklaus in
Freiburg.

Literatur: *P. Rück*, in: HS I/4 (1988) 294-296 (Lit.).

                                    Pierre Louis Surchat

Zirkel, Gregor (bayerischer Personaladel seit
1814) **von** (1762 – 1817)

1802 – 1817 Weihbischof in Würzburg, Ep. tit.
           Hippenus
1817   nominierter Bischof von Speyer

→ Bd. 1, 839 – 841.

**Zobel von Giebelstadt und Messelhausen, Karl
Philipp Johann Reichsritter von** (1698 – 1767)

1746 – 1767 Generalvikar in Würzburg

* 20. 6. 1698; die fränkische Reichsritterfamilie
der Z. war im 17. und 18. Jh. mit 15 Mitgliedern
in den Domkapiteln von Bamberg, Würzburg
und Mainz vertreten; 1712 – 13 an der Universität Würzburg nachgewiesen; 1708 Domizellar,
1727 Domkapitular in Würzburg; 1746 Generalvikar und Präsident des Geistlichen Rates
unter Fürstbischof A. Fr. v. (→) Ingelheim; Präsident des Juliushospitals, Geheimer Rat, Oberpfarrer von Binsfeld und Herbolzheim; † 14. 6.
1767; □ Kapitelshaus des Würzburger Domkreuzganges.

Literatur: *N. Reininger*, Archidiakone 229f. - *A.
Amrhein* 286. - *S. Merkle*, Matrikel Nr. 11947.

                                Egon Johannes Greipl

Zu-Rhein (Zurhein), **Wilhelm Jakob Amarin**
(1699 – 1769)

1743 – 1761 Generalvikar in Worms

* 29. 12. 1699 auf Burg Dornach (Oberelsaß) als
Sohn des Reinhold Wilhelm († 1704), Kapitän
im Regiment Elsaß, und der Maria Sophie
Sybille von Reinach zu Obersteinbrunn;
1717 – 25 Studium in Rom als Alumne des
Collegium Germanicum; 1723 Domizellar
(päpstl. Provision), 1732 Domkapitular in
Worms; 1728 Domizellar, 1755 Domkapitular in
Würzburg; 1743 Kantor, 1749 Scholaster in
Worms; kurfürstl. Mainzer Geheimer Rat; Ka-
noniker und Scholaster am Ritterstift in Bruch-
sal; 17. 9. 1743 Generalvikar von Bischof
F. G. v. (→) Schönborn; wahrscheinlich resi-
gnierte er 1761 auf dieses Amt; † 28. 11. 1769 in
Würzburg; □ Kapitelshaus ebd.; Grabstein im
Kreuzgang.

Quellen: HessStA Darmstadt, Abt. E 5. - DDAMz,
Nachlaß Schmitt. - HSK Trier 1766-1769.

Literatur: *A. Amrhein. - A. Steinhuber. - H. Hartmann*,
Wappen. - *Ders.*, Der Stiftsadel an den alten Domkapi-

teln zu Mainz, Trier, Bamberg und Würzburg, in: MZ 73/74 (1978/79) 98-138. - *E. Sitzmann* II 1060 f.

Wolfgang Seibrich

Zwirschlag, Stephan (seit 1631) **von** (um 1596 – 1665)

1640 – 1665 Generalvikar in Wien

* um 1596 in Haitzendorf (Niederösterreich); Sängerknabe bei St. Stephan in Wien; 1611 Immatrikulation in Wien (1624 Dr. phil.; 1627 Dr. theol.); 1624 Priester und Aufnahme als Octonar in die Cur bei St. Stephan, später bis 1634 Cur- und Chormeister. In dieser Eigenschaft führte Z. 1627 die römische Liturgie an der Domkirche ein. 1630 Vizedekan der Theologischen Fakultät und Rektor der Universität; 1631 Domherr bei St. Stephan (Präsentation Universität Wien); 1631 durch Kaiser Ferdinand II. mit seinen Brüdern in den Ritterstand erhoben; 1634 Domkantor und Leiter der Seelsorge an der Stadtkirche St. Peter; 1636 Domkustos, 1640 Domdechant sowie Offizial und Generalvikar von Fürstbischof Ph. Fr. v. (→) Breuner; 1632, 1635, 1638 Dekan der Theologischen Fakultät; 1634 und 1642 Rektor der Universität; 1648 Dompropst und damit zugleich Dechant von Kirnberg und Kanzler der Universität; 1648 kaiserlicher Rat; 1652 als Offizial und Generalvikar Vorsitzender der neu geschaffenen bischöflichen Zensurkommission; † 17. 9. 1665 in Wien; ☐ Stephansdom.

Schriften: Puncta quaedam vitae, virtutum heroicarum et meritorum, quibus Eminentissimus et Reverendissimus S. R. E. Cardinalis Melchior Kleselius ornatus varia et praeclarissima honorum fastigia veloci cursu transcendit et utramque Rem Publicam illustrando immortale sibi nomen comparavit (Ms.).

Quellen: AUW. - DAWi. - NÖLA.

Literatur: *C. Höfer* 36 f., 41. - *A. Wappler* 479. - *Th. Wiedemann* V 320, 576. - *D. Leopold* 259-261.

Johann Weißensteiner

VERZEICHNIS DER IN DIESEM WERK
BEHANDELTEN PERSONEN NACH DIÖZESEN

AUGSBURG

Seit dem 9. Jh. als Suffraganbistum von Mainz bezeugt, reichte das Bistum trotz mancher Verluste in der Reformationszeit weit über das Hochstift hinaus. 1670 zählte es 866 Pfarreien. Seit dem späten 15. Jh. residierten die Fürstbischöfe in Dillingen, während das Domkapitel seinen Sitz in Augsburg behalten hatte. Das Domkapitel besaß das Bischofswahlrecht.

Fürstbischöfe

1641 – 1646	Sigmund Franz, Erzherzog von Österreich, Koadjutor
1646 – 1665	Ders., Fürstbischof
1646 – 1660	Johann Rudolf von Rechberg, Administrator
1661 – 1666	Johann Christoph von Freyberg, Administrator
1666 – 1690	Ders., Fürstbischof
1681 – 1690	Alexander Sigmund, Pfalzgraf am Rhein zu Neuburg, Koadjutor
1690 – 1737	Ders., Fürstbischof
1714 – 1737	Johann Franz Schenk von Stauffenberg, Koadjutor
1737 – 1740	Ders., Fürstbischof
1740 – 1768	Joseph, Landgraf von Hessen in Darmstadt
1765 – 1768	Clemens Wenzeslaus, Herzog von Sachsen, Koadjutor
1768 – 1812	Ders., Fürstbischof (→ Bd. I)

Weihbischöfe

1645 – 1680	Kaspar Zeiler
1681 – 1707	Johann Eustach Egolf von Westernach
1708 – 1715	Johann Kasimir Röls
1716 – 1717	Franz Theodor von Guttenberg
1718 – 1749	Johann Jakob von Mayr
1750 – 1779	Franz Xaver Adelmann von Adelmannsfelden
1779 – 1804	Johann Nepomuk Ungelter von Deisenhausen

Generalvikare

1630 – 1674	Kaspar Zeiler
1674 – 1681	Franz Ziegler, kommissarischer Generalvikar
1681 – 1691	Ders., Generalvikar
1691 – 1698	Johann Theoderich Hauser von Gleichensdorf
1698 – 1715	Johann Kasimir Röls
1715 – 1721	Johann Jakob von Mayr
1721 – 1732	Johann Gotthart Vöhlin von Frickenhausen
1733 – 1734	Gerhard Wilhelm von Dolberg
1735 – 1746	Johann Adam Nieberlein
1746 – 1757	Anton Nikolaus Seitz
1757 – 1759	Franz Xaver Adelmann von Adelmannsfelden
1759 – 1763	Franz Bernhard von Hornstein zu Göffingen
1763 – 1769	Heinrich Sigismund von Fercher
1769 – 1782	Johann Evangelist Herz, Provikar
1781 – 1782	Franz Heinrich Beck
1782 – 1793	Thomas Joseph von Haiden, Provikar
1785 – 1795	Johann Nepomuk Ungelter von Deisenhausen
1795 – 1809	Anton Cölestin Nigg (→ Bd. I)

BAMBERG

Das 1007 von Kaiser Heinrich II. gegründete exemte Bistum hatte in der Reformationszeit etwa zwei Drittel seiner Pfarreien verloren, reichte aber nach wie vor über das Gebiet des Hochstiftes hinaus. Am Ende des 18. Jh. zählte es ca. 150 Pfarreien. Das Domkapitel besaß das Bischofswahlrecht.

Fürstbischöfe

1643 – 1653	Melchior Otto Voit von Salzburg
1658 – 1672	Philipp Valentin Albrecht Voit von Rieneck
1675 – 1683	Peter Philipp von Dernbach
1686 – 1693	Marquard Sebastian Schenk von Stauffenberg
1694 – 1729	Lothar Franz von Schönborn
1710 – 1729	Friedrich Karl von Schönborn, Koadjutor
1729 – 1746	Ders., Fürstbischof
1746 – 1753	Johann Philipp Anton von Franckenstein
1753 – 1757	Franz Konrad von Stadion und Thannhausen
1757 – 1779	Adam Friedrich von Seinsheim
1779 – 1795	Franz Ludwig von Erthal
1795 – 1805	Christoph Franz von Buseck

Weihbischöfe

1608 – 1651	Johann Schoner
1705 – 1723	Johann Werner Schnatz
1734 – 1748	Franz Joseph Anton von Hahn
1748 – 1778	Heinrich Joseph von Nitschke
1778 – 1805	Johann Adam Behr

Generalvikare

1630 – 1656	Johann Murrmann
1656 – 1658	Johann Christoph Baunach
1658 – 1683	Johann Mölkner
1683 – 1684	Johann Jakob Weber
1684 – 1705	Johann Ernst Schuberth
1706 – 1723	Johann Werner Schnatz
1723 – 1734	Johann Sartorius, Provikar
1734 – 1746	Franz Joseph Anton von Hahn
1746 – 1747	Lothar Franz Philipp Wilhelm Horneck von Weinheim
1748 – 1753	Heinrich Joseph von Nitschke, Provikar
1753 – 1765	Otto Philipp Erhard Ernst Groß von Trockau
1765 – 1800	Johann Joseph Heinrich Ernst von Würtzburg
1800 – 1804	Franz Heinrich von Redwitz

BASEL

Das in römische Zeit zurückreichende Bistum gehörte zur Kirchenprovinz Besançon. Das Hochstift gehörte überwiegend dem französischen, weite Teile der Diözese dagegen dem deutschen Sprachgebiet an. Bis 1777/79 gehörte ein Teil des Hochstiftes mit Porrentruy (Pruntrut) zum Erzbistum Besançon. Nach Einführung der Reformation in der Stadt Basel residierten die Fürstbischöfe seit 1528 in Porrentruy, das Domkapitel dagegen bis 1678 in Freiburg i. B., danach in Arlesheim. Das Domkapitel besaß das Bischofswahlrecht.

Fürstbischöfe

1650 – 1651	Beat Albrecht von Ramstein
1653 – 1656	Johann Franz von Schönau
1658 – 1693	Johann Konrad von Roggenbach

1690 – 1693	Wilhelm Jakob Rinck von Baldenstein, Koadjutor
1693 – 1705	Ders., Fürstbischof
1705 – 1737	Johann Konrad von Reinach-Hirzbach
1725 – 1734	Johann Baptist von Reinach-Hirzbach, Koadjutor
1737 – 1743	Jakob Sigismund von Reinach-Steinbrunn
1744 – 1762	Joseph Wilhelm Rinck von Baldenstein
1763 – 1775	Simon Nikolaus Euseb von Montjoye-Hirsingen
1775 – 1782	Friedrich Ludwig Franz von Wangen zu Geroldseck
1783 – 1794	Franz Joseph Sigismund von Roggenbach
1794 – 1828	Franz Xaver von Neveu (→ Bd. I)

Weihbischöfe

1648 – 1660	Thomas Henrici
1661 – 1704	Johann Kaspar Schnorf
1705 – 1725	Johann Christoph Haus
1729 – 1745	Johann Baptist Haus
1772 – 1791	Johann Baptist Joseph Gobel

Generalvikare

1634 – 1652	Thomas Henrici
1653 – 1670	Florian Rieden
1670 – 1689	Balthasar Frey
1689 – 1703	Sebastian Heinrich Schnorf
1703 – 1716	Johann Christoph Haus
1716 – 1745	Johann Baptist Haus
1746 – 1754	Heinrich Sebastian Franz Alexis Reich von Reichenstein, Provikar
1754 – 1755	Ders., Generalvikar
1762 – 1791	Johann Baptist Joseph Gobel
1792 – 1809	Joseph Didner, Generalprovikar (→ Bd. I)
1794 – 1816	Franz Xaver Joseph von Maler (→ Bd. I)

BRESLAU

Das um 1000 als Suffraganbistum von Gnesen gegründete, seit 1641 exemte Breslau hatte infolge der Reformation große Teile verloren, die durch die habsburgische Gegenreformation seit 1653 teilweise zurückgewonnen werden konnten. Die Fürstbischöfe waren Landesherren im Bistumsland Neiße und im Herzogtum Grottkau. Die Bevölkerung Oberschlesiens war überwiegend polnisch, in kleineren Teilen auch tschechisch. Als Schlesien 1742 zu neun Zehnteln preußisch wurde, behielt die Diözese ihren österreichischen Anteil. Seit 1770 beriefen die Bischöfe für ihn einen eigenen Generalvikar. Die Fürstbischöfe residierten zum Teil in Neiße, zum Teil in Breslau und jährlich für eine begrenzte Zeit im österreichischen Anteil auf Schloß Johannesberg. Das Breslauer Domkapitel besaß das Bischofswahlrecht.

Fürstbischöfe

1625 – 1655	Karl Ferdinand von Polen
1656 – 1662	Leopold Wilhelm, Erzherzog von Österreich
1664	Karl Joseph, Erzherzog von Österreich
1665 – 1671	Sebastian Ignaz Rostock
1672 – 1682	Friedrich von Hessen in Darmstadt
1682 – 1683	Karl von Liechtenstein-Kastelkorn, erwählter Fürstbischof
1683 – 1732	Franz Ludwig, Pfalzgraf am Rhein zu Neuburg
1732 – 1747	Philipp Ludwig von Sinzendorf
1744 – 1748	Philipp Gotthard von Schaffgotsch, Koadjutor
1748 – 1795	Ders., Fürstbischof
1766 – 1781	Johann Moritz von Strachwitz, Apostolischer Vikar in Breslau
1795 – 1817	Joseph Christian Franz von Hohenlohe-Waldenburg-Bartenstein (→ Bd. I)

Weihbischöfe

1625 – 1661	Johann Balthasar Liesch von Hornau
1662 – 1693	Karl Franz Neander von Petersheide
1694 – 1703	Johann Brunetti
1703 – 1706	Franz Engelbert Barbo von Waxenstein
1708 – 1714	Anton Ignaz Müntzer
1714 – 1742	Elias Daniel von Sommerfeld
1743 – 1760	Franz Dominikus von Almesloe
1761 – 1781	Johann Moritz von Strachwitz
1781 – 1805	Anton Ferdinand von Rothkirch und Panthen (→ Bd. I)
1797 – 1824	Emanuel von Schimonsky-Schimoni (→ Bd. I)

Generalvikare

1647 – 1653	Georg Lorenz Budaeus von Lohr
1653 – 1654	Sebastian von Rostock
1654 – 1655	Karl Franz Neander von Petersheide
1655 – 1661	Sebastian von Rostock
1661 – 1663	Ignaz Ferdinand Richter von Hartenberg
1664 – 1668	Mathias Johannes Stephetius
1668 – 1671	Johann Jakob Brunetti
1671 – 1676	Ignaz Leopold Lassal von Kliman
1676 – 1681	Franz Xaver von Weinzierle
1683 – 1693	Karl Franz Neander von Petersheide
1693 – 1700	Johann Heinrich Schwertz von Rest
1700 – 1707	Antonius Erasmus von Reitlinger
1707 – 1721	Leopold Sigismund von Frankenberg-Ludwigsdorf
1721 – 1727	Anton Lothar von Hatzfeld-Gleichen
1727 – 1731	Leopold Sigismund von Frankenberg-Ludwigsdorf
1731 – 1751	Adam Anton Oexle von Friedenberg
1751 – 1756	Johann Jakob Brunetti
1756 – 1757	Ceslaus Gotthard Schaffgotsch
1757 – 1758	Karl Moritz von Frankenberg
1763 – 1766	Johann Moritz von Strachwitz

Generalvikare des österreichischen Anteils der Diözese

1770 – 1795	Justus Wilhelm von Praschma
1796 – 1806	Anton Aloisius Löhn

BRIXEN

Das seit dem späten 6. Jh. in Säben bezeugte, später nach Brixen transferierte Bistum gehörte ursprünglich zur Kirchenprovinz Aquileja, dann seit 798 zu Salzburg. Die Bischöfe waren seit 1179 Reichsfürsten, konnten aber nur ein kleines Hochstift behaupten. In der Reformationszeit erlitt das Bistum keine dauerhaften Verluste. 1779 zählte es 190 Pfarreien und Kuratien. Das Brixner Domkapitel besaß das Bischofswahlrecht.

Fürstbischöfe

1648 – 1663	Anton Crosini von Bonporto
1663 – 1677	Sigmund Alphons von Thun
1678 – 1685	Paulinus Mayr
1687 – 1702	Johann Franz von Khuen
1703 – 1747	Kaspar Ignaz von Künigl
1748 – 1778	Leopold Maria Joseph von Spaur
1775 – 1778	Ignaz Franz Stanislaus von Spaur, Koadjutor
1778 – 1779	Ders., Fürstbischof
1780 – 1791	Joseph Philipp Franz von Spaur
1792 – 1828	Karl Franz von Lodron (→ Bd. I)

Weihbischöfe

1624 – 1648	Anton Crosini von Bonporto
1648 – 1681	Jesse Perkhofer
1681 – 1697	Wilhelm von Vintler
1727 – 1762	Ferdinand Joseph Gabriel von Sarnthein
1767 – 1774	Maria Romedius von Sarntheim

Konsistorialpräsidenten und Generalvikare

Das Generalvikariat in der Diözese Brixen wurde 1631 in Anlehnung an die Erzdiözese Salzburg durch ein Konsistorium ersetzt. Es setzte sich aus mehreren Konsistorialräten unter einem Konsistorialpräsidenten zusammen. Als ausführendes Organ stand ihm die Konsistorialkanzlei zur Verfügung, an deren Spitze der Kanzler stand. Im Laufe der Zeit wurde das Konsistorium wiederholt durch die Wiedereinführung eines Generalvikars verdrängt.

1639 – 1641	Jesse Perkhofer, Konsistorialpräsident
1641 – 1663	Ders., Generalvikar
1664 – 1672	Wilhelm von Vintler, Konsistorialpräsident
1677 – 1697	Ders., Generalvikar
1697 – 1709	Johann A. von Zephyris, Konsistorialpräsident
1709 – 1718	Dominikus Anton von Altspaur, Konsistorialpräsident
1719 – 1723	Andreas W. von Sternbach, Konsistorialpräsident
1723 – 1724	Karl von Fieger, Konsistorialpräsident
1724 – 1762	Ferdinand Joseph Gabriel von Sarntheim, Konsistorialpräsident
1763 – 1773	Karl von Hiltprandt, Konsistorialpräsident
1773 – 1774	Maria Romedius von Sarnthein, Konsistorialpräsident
1774 – 1793	Felix von Taxis, Konsistorialpräsident
1793 – 1819	Konrad Georg von Buol, Konsistorialpräsident

BRÜNN (Brno)

Das Bistum wurde 1777 aus dem südwestlichen Teil des übergroßen Erzbistums Olmütz errichtet und diesem als Suffraganbistum unterstellt. Seine Bevölkerung war überwiegend tschechisch, doch gab es eine beträchtliche deutsche Minorität. Die Bischöfe führten nicht den Fürstentitel. Das Nominationsrecht lag beim Landesherrn.

Bischöfe

1777 – 1786	Matthias Franz von Chorinsky
1787 – 1799	Johann Baptist Lachenbauer
1800 – 1816	Vinzenz Joseph von Schrattenbach (→ Bd. I)

Generalvikare

1778 – 1779	Johann Leopold von Post
1779 – 1814	Karl Joseph Tauber von Taubenfurth

BUDWEIS (Ceskí Budejovice)

Das Bistum wurde 1784/85 im Zuge der josephinischen Diözesanregulierung aus Prag ausgegliedert und diesem als Suffraganbistum unterstellt. 1785 zählte es 285 Pfarreien und 84 Lokalkaplaneien. Die Bevölkerung war überwiegend tschechisch, doch gab es eine beträchtliche deutsche Minorität. Die Bischöfe führten nicht den Fürstentitel. Das Nominationsrecht lag beim Landesherrn.

Bischöfe

1785 – 1813	Johann Prokop von Schaffgotsch
1816 – 1845	Constantin Ernest Růžička

Generalvikare

1784 – 1797	Franz Joseph Hynk
1797 – 1813	Constantin Ernest Růžička

CHIEMSEE

Der 1215 als Salzburger Eigenbistum gegründete Sprengel blieb bis zu seinem Untergang (1817) von bescheidener Größe (1680: 11 Pfarreien) und ohne weltliches Territorium. Obwohl die Bischöfe den Fürstentitel führten (ohne Stimme im Reichstag), fungierten sie seit 1610 als Salzburger Weihbischöfe mit dem Sitz in Salzburg. Ihre Kathedrale befand sich auf der Insel Herrenchiemsee. Der Salzburger Erzbischof besaß das Recht der Nomination, Konfirmation und Konsekration.

Fürstbischöfe

1644 – 1670	Franz Vigil von Spaur und Valör
1670 – 1687	Johann Franz von Preysing-Hohenaschau
1687 – 1696	Sigmund Ignaz von Wolkenstein-Trostburg
1697 – 1708	Sigmund Carl von Castel-Barco
1708 – 1711	Johann Sigmund von Kuenburg
1712 – 1723	Franz Anton Adolph von Wagensperg
1723 – 1729	Karl Joseph von Kuenburg
1730 – 1746	Joseph Franz Valerian Felix von Arco
1746 – 1772	Franz Karl Eusebius von Waldburg-Trauchburg
1773 – 1786	Ferdinand Christoph von Waldburg-Zeil-Trauchburg
1786 – 1797	Franz de Paula Xaver Ludwig Jakob von Breuner
1797 – 1808	Sigmund Christoph von Waldburg-Zeil-Trauchburg (→ Bd. I)

Generalvikar

1670 – 1698	Richard Sapp

CHUR

Das ins 4. Jh. zurückreichende Bistum gehörte zur Kirchenprovinz Mainz. Trotz großer Verluste in der Reformationszeit war es auch nach 1648 noch von bedeutender Ausdehnung, während der Fürstbischof als Landesherr nur über das kleine Gebiet seines „Hofes" bei Chur regierte. Ein Großteil der Bündner Katholiken war rätoromanisch. Das Domkapitel besaß das Bischofswahlrecht.

Fürstbischöfe

1636 – 1661	Johann Flugi von Aspermont
1661 – 1692	Ulrich de Mont
1692 – 1728	Ulrich von Federspiel
1729 – 1754	Joseph Benedikt von Rost
1755 – 1777	Johann Baptist Anton von Federspiel
1777 – 1793	Dionys von Rost
1794 – 1833	Karl Rudolf von Buol-Schauenstein (→ Bd. I)

Generalvikare

1640 – 1664	Christoph von Mohr
1664 – 1680	Francesco Tini
1680 – 1692	Franz Rudolph von Salis-Zizers
1692 – 1707	Stephan von Bassus
1707 – 1709	Balthasar von Capaul
1709 – 1725	Ulrich Vincenz
1725 – 1728	Joseph Benedikt von Rost
1729 – 1763	Johann Georg Jost

1763 – 1770	Ulrich von Federspiel
1773 – 1793	Christian Jakob Fliri

CORVEY

Die im 9. Jh. gegründete, später reichsunmittelbare Benediktinerabtei wurde 1794 unter Beibehaltung der benediktinischen Verfassung zum Bistum erhoben und der Kirchenprovinz Mainz zugewiesen. Das Gebiet des Hochstiftes und der Diözese waren identisch. Das Domkapitel besaß das Bischofswahlrecht.

Fürstbischöfe

1794	Theodor von Brabeck
1795 – 1802/20	Ferdinand von Lüninck (→ Bd. I)

Generalvikar

1792 – 1824	Warinus von Schade (→ Bd. I)

EICHSTÄTT

Das 741 oder 745 durch Bonifatius gegründete und der Kirchenprovinz Mainz zugeteilte Bistum reichte auch nach erheblichen Verlusten während der Reformationszeit noch weit über das kleine Hochstift hinaus. 1757 zählte es ca. 300 Pfarreien. Das Domkapitel besaß das Bischofswahlrecht.

Fürstbischöfe

1637 – 1685	Marquard Schenk von Castell
1685 – 1697	Johann Euchar Schenk von Castell
1698 – 1704	Johann Martin von Eyb
1705 – 1725	Johann Anton Knebel von Katzenellenbogen
1725 – 1736	Franz Ludwig Schenk von Castell
1736 – 1757	Johann Anton von Freyberg-Hopferau
1757 – 1781	Raymund Anton von Strasoldo
1781 – 1790	Johann Anton von Zehmen
1791 – 1821	Joseph von Stubenberg

Weihbischöfe

1656 – 1683	Ludwig Wilhelm Benz
1684 – 1707	Franz Christoph Rinck von Baldenstein
1708 – 1744	Johann Adam Nieberlein
1745 – 1750	Johann Gottfried Groß von Trockau
1751 – 1780	Franz Heinrich Wendelin von Kageneck
1780 – 1828	Felix von Stubenberg

Generalvikare

1634 – 1660	Georg Motzel
1660 – 1675	Ludwig Wilhelm Benz
1675 – 1699	Raphael Heugel
1699 – 1706	Johann Hiemayr
1706 – 1725	Johann Adam Nieberlein
1725 – 1732	Joseph Sebastian Ziegler
1732 – 1746	Johann Raphael von Heugel
1744 – 1746	Joseph Anton Wilhelm Wolf, stellv. Generalvikar
1746 – 1757	Ders., Generalvikar
1758 – 1775	Josef Anton von Grenzing in Straßberg
1775 – 1790	Johann Martin Lehenbauer
1790 – 1821	Euchar von Adam

ERMLAND

Die im Jahre 1243 mit den anderen drei Bistümern des Deutschordenslandes gegründete Diözese gehörte von 1245 bis zu deren Untergang in der Reformation im Jahre 1566 zur Kirchenprovinz Riga. Seitdem war sie exemt. 1466 unterstellte sich das Hochstift der Oberhoheit Polens, dessen Könige 1512 maßgebenden Einfluß auf die Bischofswahl durch das Domkapitel gewannen. Trotz schwerer Verluste in der Reformationszeit behielt das Bistum auch außerhalb des mit dem Hochstift identischen Ermlandes (2830 km²), in dem sich Bischof und Domkapitel die Landesherrschaft teilten, eine Reihe von Pfarreien. 1772 zählte es ca. 100 Pfarreien. Bei der ersten Teilung Polens im Jahre 1772 fiel das Bistum an Preußen. Seit dem 17. Jh. führten die Bischöfe den Fürstentitel, doch ist dieser ihnen nie förmlich verliehen worden. Während die Bischöfe in Heilsberg und später in Oliva residierten, hatte das Domkapitel seinen Sitz in Frauenburg. Das Domkapitel besaß das Bischofswahlrecht.

Bischöfe

1644 – 1659	Wacław Leszczyński
1659 – 1679	Jan Stefan Wydżga
1680 – 1688	Michał Stefan Radziejowski
1688 – 1697	Jan Stanisław Zbąski
1698 – 1711	Andrzej Chryzostom Zaluski
1712 – 1723	Teodor Andrzej Potocki
1724 – 1740	Krzysztof Jan Andrzej Szembek
1741 – 1766	Adam Stanisław Grabowski-Götzendorf
1766 – 1795	Ignacy Blazej Franciszek Krasicki
1795 – 1803	Johann Carl von Hohenzollern-Hechingen

Weihbischöfe

1648 – 1665	Wojciech Pilchowicz
1666 – 1677	Tomasz Ujejski
1695 – 1703	Kazimierz Benedykt Leżeński
1710 – 1713	Stefan Wierzbowski
1713 – 1729	Jan Franciszek Kurdwanowski
1730 – 1746	Michał Remigiusz Łaszewski
1765 – 1798	Karl Friedrich von Zehmen
1800 – 1837	Andreas Stanislaus von Hatten

Generalvikare

1651 – 1655	Wojciech Pilchowicz
1681 – 1688	Zacharias Johannes Scholz
1689 – 1692	Stanisław Bużeński
1693 – 1696	Johann Georg Kunigk
1697	Kasimierz Benedykt Leżeński
1697 – 1711	Johann Georg Kunigk
1742 – 1761	Nikolaus Anton Schulz
1761 – 1766	Jakob Franz Stolpmann
1795 – 1798	Karl Friedrich von Zehmen

FREISING

Das 739 von Bonifatius als Suffraganbistum von Mainz gegründete, 798 der Kirchenprovinz Salzburg zugewiesene Bistum konnte angesichts der überlegenen wittelsbachischen Territorialpolitik nur ein bescheidenes weltliches Territorium aufbauen. Durch die Reformation erlitt es keine Einbußen. 1763 zählte es 274 Pfarreien. Das Domkapitel besaß das Bischofswahlrecht.

Fürstbischöfe

1618 – 1651	Veit Adam von Gepeckh
1642 – 1651	Albrecht Sigismund, Herzog von Bayern, Koadjutor

1651 – 1685	Ders., Fürstbischof
1684 – 1685	Joseph Clemens, Herzog von Bayern, Koadjutor
1685 – 1694	Ders., Fürstbischof
1696 – 1727	Johann Franz Eckher von Kapfing und Liechteneck
1726 – 1727	Johann Theodor, Herzog von Bayern, Koadjutor
1727 – 1763	Ders., Fürstbischof
1763 – 1768	Clemens Wenzeslaus, Herzog von Sachsen (→ Bd. I)
1769 – 1788	Ludwig Joseph von Welden
1788 – 1789	Maximilian Prokop von Törring
1790 – 1803	Joseph Konrad von Schroffenberg (→ Bd. I)

Weihbischöfe

1630 – 1663	Johann Fiernhammer
1664 – 1685	Johann Kaspar Kühner
1687 – 1691	Simon Judas Thaddäus Schmidt
1692 – 1729	Johann Sigmund Zeller von und zu Leibersdorf
1730 – 1756	Johann Ferdinand Joseph von Boedigkeim
1756 – 1766	Franz Ignaz Albert von und zu Werdenstein
1767 – 1776	Ernest von Herberstein (→ Bd. I)
1788 – 1821	Johann Nepomuk von Wolf (→ Bd. I)

Generalvikare

Das Amt des Generalvikars wurde in Freising zeitweise von den Weihbischöfen ausgeübt.

1647 – 1672	Johann Jakob Gaßner
1672 – 1683	Franz Jakob Ignaz Zadler
1683 – 1692	Veit Adam von Pelkoven
1692 – 1695	Johann Sigmund Zeller von und zu Leibersdorf
1696 – 1713	Francesco Antonio Begnudelli Basso
1714 – 1729	Johann Sigmund Zeller von und zu Leibersdorf
1730 – 1744	Johann Ludwig Joseph von Welden auf Hohenaltingen
1744 – 1766	Franz Ignaz Albert von und zu Werdenstein

FULDA

Nachdem die quasi-episkopale Jurisdiktion der Fürstäbte von Fulda bereits seit 1604 päpstlich anerkannt war, wurde die Abtei 1752 zum exemten Bistum unter Beibehaltung der benediktinischen Verfassung erhoben. 1755 wurde das Fürstbistum der Kirchenprovinz Mainz zugewiesen. Das Gebiet des Hochstiftes (356 km²) und der Diözese waren identisch (58 Pfarreien). Das aus 14 adeligen Kapitularen bestehende benediktinische Domkapitel besaß das Bischofswahlrecht. Aufgrund ihrer quasi-episkopalen Stellung beriefen die Fürstäbte schon vor der Bistumserhebung Weihbischöfe und Generalvikare.

Fürstbischöfe

1752 – 1756	Amand von Buseck
1757 – 1759	Adalbert von Walderdorff
1760 – 1788	Heinrich von Bibra
1789 – 1814	Adalbert von Harstall (→ Bd. 1)

Weihbischöfe

1727	Stephan von Cloth
1728 – 1752	Amand von Buseck
1757 – 1775	Konstantin Schütz von Holzhausen
1776 – 1778	Ermenold von Piesport
1778 – 1794	Lothar von Breidbach zu Bürresheim

Generalvikare

1726–1727	Stephan von Cloth
1729–1734	Adalbert von Walderdorff
1734–1761	Friedrich von Kotschau
1761–1786	Damian Ritter von Grünstein
1786–1814	Heinrich von Warnsdorf (→ Bd. I)

GLATZ

Die seit dem 12. Jh. als Teil der Erzdiözese Prag nachweisbare Grafschaft Glatz (1640 km²) war nach dem Abschluß der Gegenreformation um die Mitte des 17. Jh. rein katholisch. Das seit Errichtung des Bistums Königgrätz (1664) räumlich von Prag getrennte und seit 1742 wie Schlesien preußische Gebiet wurde durch einen vom Landesherrn ernannten Dechanten geleitet, den der Erzbischof zum Vikar ernannte (1763: 39 Pfarreien).

Dechanten und Fürsterzbischöfliche Vikare

1631–1651	Hieronymus Keck von Eisersdorf
1651–1652	Adam Fabian Bräsler
1652–1665	Johannes Chrysostomus Langer
1665–1677	Sebastian Johann Bauer
1677–1691	Georg Maximilian von Podhorsky
1691–1697	Georg Joseph Augustin Kuntsche
1698–1725	Elias Dionysius Schreiber
1725–1729	Andreas Franz Kaintz, Administrator
1729–1740	Ders., Dechant und Vikar
1740–1743	Maximilian Joseph von Astfeld
1744–1749	Johann Georg Wolf
1749–1754	Leopold Michael Aster
1754–1760	Michael Joseph Scholz
1761–1763	Karl Kleiner
1763–1766	Christoph Joseph Exner
1766–1767	Anton Rathsmann
1767–1808	Karl Winter (→ Bd. I)

GOERZ (Gorizia)

1750 wurde in Görz für den innerösterreichischen Teil des Patriarchates Aquileja ein Apostolisches Vikariat errichtet, an dessen Stelle 1751 das Erzbistum Görz trat. 1786 erhob Joseph II. Laibach zum Erzbistum, unterdrückte Görz und errichtete statt dessen Gradisca aus Teilen von Görz, Triest, Parenza, Pola und aus Pedena. 1791 wurden Görz und Gradisca wiederhergestellt. Der Landesherr besaß das Nominationsrecht.

Apostolischer Vikar in Görz

1750–1752	Karl Michael von Attems

Erzbischöfe von Görz

1752–1774	Karl Michael von Attems
1774–1788	Rudolf Joseph von Edling

Bischof von Gradisca

1788–1791	Franz Philipp von Inzaghi

Bischof von Görz und Gradisca

1791–1816	Franz Philipp von Inzaghi

Weihbischof

1769 – 1774	Rudolf Joseph Edling

Generalvikare

1752 – 1761	Petrus Adam Supancig
1761 – 1774	Johann Friedrich Madcho
1775 – 1780	Franz Xaver Galliziz
1788 – 1789	Johann Anton de Rizzi
1789 – 1814	Joseph Chrisman

GURK

Das 1131 als Salzburger Eigenbistum gegründete Gurk blieb bis zur josephinischen Diözesanregulierung von bescheidener Größe und ohne weltliches Territorium. Dennoch führten seine Bischöfe den Fürstentitel. Sie residierten bis zur Diözesanregulierung auf Burg Straßburg im Gurktal, während das Domkapitel seinen Sitz in Gurk hatte. Bei der Diözesanregulierung von 1785 wurden Bistum und Domkapitel in die Landeshauptstadt Klagenfurt transferiert. Die Nomination der Bischöfe erfolgte abwechselnd durch den Landesherrn (zweimal) und den Erzbischof von Salzburg (einmal), dem jedesmal das Recht der Konfirmation und der Konsekration zustand.

Fürstbischöfe

1644 – 1652	Franz von Lodron
1653 – 1665	Sigismund Franz, Erzherzog von Österreich
1665 – 1673	Wenzeslaus von Thun
1673 – 1675	Polykarp Wilhelm von Kuenburg
1676 – 1696	Johann von Goess
1697 – 1708	Otto de la Bourde
1709 – 1741	Jakob Maximilian von Thun und Hohenstein
1742 – 1762	Josef Maria von Thun und Hohenstein
1762 – 1772	Hieronymus Joseph Franz de Paula Colloredo (→ Bd. I)
1773 – 1784	Joseph Franz Anton von Auersperg
1784 – 1822	Franz Xaver von Salm-Reifferscheidt-Krautheim (– Bd. I)

Weihbischof

1685 – 1694	Johann Stieff von Kränzen

Generalvikare

1653 – 1654	Johann Anton Sattelberger
1654 – 1664	Ferdinand Orefici
1666 – 1674	Johann Georg Miller
1675 – 1688	Johann Stieff von Kränzen
1713 – 1720	Wolfgang Schilling
1742 – 1744	Wenzel Bukovsky
1744 – 1745	Pantaleon Borzi
1787 – 1809	Sigismund von Hohenwart (→ Bd. I)

Präsidenten und Direktoren des Gurker Konsistoriums

1648(?) – 1674	Johann Georg Miller, Präsident
1663(?) – 1697	Christian Hartnig, Direktor
1701 – 1707	Johann Kaspar Schillermann, Direktor
1707 – 1720	Wolfgang Schilling, Direktor
1726 – 1727	Johann Baptist Josef von Gaisruck, Direktor
1727 – 1754	Johann Balthasar Ranftelhofen, Präsident
1727 – 1737	Josef Sigmund Brunner von Sonnenfeld, Direktor
1737 – 1757	Mathias Wallbraun, Direktor
1755 – 1768	Johann Ernst Schlucha, Präsident
1768 – 1770	Joachim Bernhard Wilkowitz, Direktor

| 1770 – 1787 | Johann Ernst Schlucha, Präsident |
| 1784 – 1805 | Engelbert Schwarz, Direktor |

HILDESHEIM

Das 815 gegründete Bistum gehörte zur Kirchenprovinz Mainz. Während der Reformationszeit verlor es den größten Teil seiner Pfarreien und konnte nicht einmal im ganzen Hochstift (400 km²) die Rekatholisierung durchsetzen. So regierte der Fürstbischof als Landesherr über ein größeres Gebiet als in seiner Eigenschaft als Diözesanbischof (1763: 26 Pfarreien). Das Domkapitel besaß das Bischofswahlrecht.

Fürstbischöfe

1611 – 1612	Ferdinand von Bayern, Koadjutor
1612 – 1650	Ders., Fürstbischof
1633 – 1650	Max Heinrich von Bayern, Koadjutor
1650 – 1688	Ders., Fürstbischof
1688 – 1702	Jobst Edmund von Brabeck
1694 – 1714	Joseph Clemens von Bayern, Koadjutor
1714 – 1723	Ders., Fürstbischof
1724 – 1761	Clemens August von Bayern
1763 – 1789	Friedrich Wilhelm von Westphalen
1789 – 1825	Franz Egon von Fürstenberg (→ Bd. I)

Weihbischöfe

1652 – 1663	Adam Adami
1665 – 1673	Johann Heinrich von Anethan
1677 – 1696	Friedrich von Tietzen, gen. Schlüter
1703 – 1723	Maximilian Heinrich von Weichs
1724 – 1734	Ernst Friedrich von Twickel
1735 – 1757	Johann Wilhelm von Twickel
1758 – 1771	Ludwig Hatteisen
1771 – 1779	Johann Theodor von Franken-Siersdorf
1784 – 1825	Karl Friedrich von Wendt (→ Bd. I)

Generalvikare

1645 – 1664	Johannes Matthisius
1663 – 1673	Johann Heinrich von Anethan
1676 – 1688	Johannes Heerde
1688 – 1702	Maximilian Heinrich von Weichs
1723 – 1734	Ernst Friedrich von Twickel
1734 – 1748	Heinrich Friedrich Philipp von Loe
1748 – 1755	Jobst Edmund von Weichs
1755 – 1761	Otto Matthias von Mallinckrodt
1761 – 1776	Levin Stephan von Wenge
1778 – 1789	Franz Egon von Fürstenberg
1789 – 1825	Karl Friedrich von Wendt (→ Bd. I)

KATSCHER

Seit 1751 bestellten die Bischöfe bzw. Erzbischöfe von Olmütz für jenen Teil ihres Bistums, der 1742 preußisch geworden war (1757: 27 Pfarreien), aus den Pfarrern dieses Gebietes einen Kommissar, der seinen Sitz meist in Katscher hatte.

Fürsterzbischöfliche Kommissare

| 1751 – 1756 | Karl Fleßl |
| 1756 – 1784 | Franz Reittenharth |

1784—1796	Matthaeus Wlokka
1796—1812	Johann Stanjek (→ Bd. I)

KÖLN

Das seit dem 4. Jh. nachweisbare Bistum war spätestens seit dem 8. Jh. Metropole. Den Erzbischöfen gelang zwar der Ausbau des wichtigsten unter den geistlichen Stiften des Reiches, doch verloren sie 1288 die Herrschaft über die Stadt Köln. Dort behielt nur das Metropolitankapitel seinen Sitz, während die Erzbischöfe (seit dem 13. Jh. auch Kurfürsten) zunächst an verschiedenen Orten des Erzstiftes und später in Bonn residierten. Trotz erheblicher Verluste in der Reformationszeit reichte das Erzbistum bis zum Untergang des Reiches weit über das Gebiet des weltlichen Territoriums hinaus. 1780 zählte es ca. 1000 Pfarreien. Das Metropolitankapitel besaß das Bischofswahlrecht.

Kurfürst-Erzbischöfe

1596—1612	Ferdinand, Herzog von Bayern, Koadjutor
1612—1650	Ders., Kurfürst-Erzbischof
1642—1650	Max Heinrich, Herzog von Bayern, Koadjutor
1650—1688	Ders., Kurfürst-Erzbischof
1688—1723	Joseph Clemens, Herzog von Bayern
1722—1723	Clemens August, Herzog von Bayern, Koadjutor
1723—1761	Ders., Kurfürst-Erzbischof
1761—1784	Max Friedrich von Königsegg-Rothenfels
1780—1784	Max Franz, Erzherzog von Österreich, Koadjutor
1784—1801	Ders., Kurfürst-Erzbischof
1801—1822	Johann Hermann von Caspars zu Weiss, Kapitularvikar (→ Bd. I)

Weihbischöfe

1640—1661	Georg Pauli-Stravius
1661—1669	Adrian Walenburch
1670—1675	Peter von Walenburch
1676—1679	Paul von Aussem
1680—1693	Johann Heinrich von Anethan
1694—1696	Johann Peter Burmann
1696—1703	Godefroi-Udalric de la Margelle
1703—1723	Johannes Werner von Veyder
1724—1770	Franz Kaspar von Franken-Siersdorf
1770—1796	Karl Aloys von Königsegg-Aulendorf
1797—1810	Klemens August von Merle (→ Bd. I)

Generalvikare

1641—1661	Georg Pauli-Stravius
1661—1662	Laurenz Peltzer
1662—1679	Paul von Aussem
1680—1693	Johann Heinrich von Anethan
1693—1695	Anton Wormbs
1695—1704	Johannes Werner von Veyder
1704—1730	Johann Arnold de Reux
1730—1751	Johann Andreas von Franken-Siersdorf
1751—1763	Peter Gerwin von Franken-Siersdorf
1763—1796	Johann Philipp von Horn-Goldschmidt
1794—1801	Werner Marx, Generalvikar für den linksrheinischen Teil des Erzbistums
1795—1801	Franz Fischer, Generalvikar für den rechtsrheinischen Teil des Erzbistums

KÖNIGGRÄTZ (Hradek Kralové)

Das Bistum wurde 1664 im Rahmen der katholischen Restauration aus Teilen von Prag errichtet (129 Pfarreien) und diesem als Suffraganbistum unterstellt. Durch Joseph II. wurde es 1783 um mehr als das Doppelte (140 Seelsorgestellen) vergrößert. Die Bevölkerung war überwiegend tschechisch, doch gab es eine beträchtliche deutsche Minorität. Die Bischöfe führten nicht den Fürstentitel. Das Nominationsrecht lag beim Landesherrn.

Bischöfe

1664 – 1669	Matthäus Ferdinand Sobek von Bilenberg
1673 – 1675	Johann Friedrich von Waldstein
1676 – 1698	Johann Franz Christoph von Talmberg
1699 – 1701	Gottfried Kapaun von Swoykow
1702 – 1710	Tobias Johannes Becker
1710 – 1721	Johann Adam Bernhard Wratislaw von Mitrowitz
1721 – 1731	Wenzel Franz Karl Koschinsky von Koschin
1731 – 1733	Moritz Adolph Karl von Sachsen-Zeitz
1733 – 1753	Johann Joseph Wratislaw von Mitrowitz
1754 – 1763	Anton Peter Przichowsky von Przichowitz
1763 – 1774	Hermann Hannibal von Blümegen
1775 – 1776	Johann Andreas Kaiser von Kaisern
1776 – 1780	Joseph von Arco
1780 – 1794	Johann Leopold von Hay
1795 – 1815	Maria Taddäus von Trauttmannsdorff-Weinsberg

Weihbischof

1769 – 1774	Matthias Franz von Chorinsky

KONSTANZ

Das wohl zu Beginn des 7. Jh. gegründete Bistum gehörte zur Kirchenprovinz Mainz. Während das Hochstift klein blieb und kein geschlossenes Gebiet bildete, zählte die Diözese 1769 mit 1254 Pfarreien zu den größten des Reiches. Seit 1526 residierten die Bischöfe in Meersburg, wo sie auch nach der Rekatholisierung von Konstanz blieben, während das Domkapitel seinen Sitz in Konstanz behielt. Das Domkapitel besaß das Bischofswahlrecht.

Fürstbischöfe

1645 – 1689	Franz Johann Vogt von Altensumerau und Prasberg
1690 – 1704	Marquard Rudolf von Rodt
1705 – 1740	Johann Franz Schenk von Stauffenberg
1723 – 1740	Damian Hugo Philipp von Schönborn, Koadjutor
1740 – 1743	Ders., Fürstbischof
1744 – 1750	Kasimir Anton von Sickingen
1751 – 1775	Franz Konrad Kasimir Ignaz von Rodt
1776 – 1800	Maximilian Christoph von Rodt
1788 – 1800	Karl Theodor von Dalberg, Koadjutor (→ Bd. I)
1800 – 1817	Ders., Fürstbischof

Weihbischöfe

1654 – 1686	Georg Sigismund Müller
1686 – 1691	Johann Wolfgang von Bodman
1693 – 1722	Konrad Ferdinand Geist von Wildegg
1722 – 1739	Johann Franz Anton von Sirgenstein
1739 – 1768	Franz Karl Joseph Fugger von Kirchberg
1768 – 1779	Johann Nepomuk Augustin von Hornstein
1779 – 1798	Wilhelm Joseph Leopold von Baden
1801 – 1813	Ernst Maria Ferdinand von Bissingen (→ Bd. I)

Generalvikare

1646 – 1652	Martin Vogler
1652 – 1659	Ratold Morstein
1659 – 1690	Joseph von Ach
1690 – 1691	Johann Christoph Krenkel
1692 – 1694	Johannes Blau
1694 – 1711	Konrad Ferdinand Geist von Wildegg
1711 – 1721	Joseph Ignaz von Bildstein
1721 – 1739	Johann Franz Anton von Sirgenstein
1739 – 1743	Johann Michael Waibel
1743 – 1777	Franz Joseph Dominik von Deuring
1777	Johann Evangelist von Labhardt, Verweser des Generalvikariates
1778 – 1802	Ernst Maria Ferdinand von Bissingen (→ Bd. I)
1802 – 1817	Ignaz Heinrich von Wessenberg (→ Bd. I)
1814 – 1820	Anton Reininger, Vizegeneralvikar

KULM (Chelmno)

Die 1243 mit den anderen drei Bistümern des Deutschordenslandes gegründete Diözese gehörte 1245 – 1466 zur Kirchenprovinz Riga, danach zur Kirchenprovinz Gnesen. 1466 wurde das Bistum in eine Säkulardiözese umgewandelt. Seitdem nominierten die polnischen Könige die Bischöfe. Bei der ersten Teilung Polens (1772) fiel das Gebiet an Preußen.

Bischöfe

1646 – 1653	Andrzej Leszczyński
1653 – 1655	Jan Gembicki
1657 – 1661	Adam Kos
1661 – 1674	Andrzej Olszowski
1676 – 1681	Jan Małachowski
1681 – 1693	Jan Kasimierz Opaliński
1693 – 1694	Kasimierz Szczuka
1699 – 1712	Teodor Andrzej Potocki
1718 – 1721	Jan Kasimierz de Alten Bokum
1723 – 1730	Feliks Ignacy Kretkowski
1726 – 1730	Tomasz Franciszek Czapski, Koadjutor
1730 – 1733	Ders., Bischof
1736 – 1739	Adam Stanislaus Grabowski
1739 – 1746	Andrzej Stanisław Załuski
1747 – 1758	Wojciech Stanisław Leski
1759 – 1785	Andrzej Ignacy Baier
1767 – 1773	Krysztof Hilary Szembek, Koadjutor
1785 – 1795	Johann Carl von Hohenzollern
1795 – 1814	Franz Xaver von Wrbno Rydzynski (→ Bd. I)

Weihbischöfe

Es werden nur durch Quellen belegte Amtszeiten angegeben, sie können im Einzelfall auch früher begonnen oder später geendet haben. Dies gilt insbesondere für die Weihbischöfe, die im allgemeinen bald nach ihrem Amtsantritt auch die Funktion des Generalvikars übernommen haben dürften.

1645 – 1650	Piotr Sokołowski
1652 – 1659	Jan Rakowski
1659 – 1677	Maciej Bystram
1685 – 1700	Tomasz Skotnicki
1703 – 1727	Seweryn Szczuka
1728	Franciszek Ignacy Wysocki
1729 – 1749	Maciej Aleksander Sołtyk

| 1750 – 1784 | Fabian Franciszek Pląskowski |
| 1785 – 1806 | Iwo Onufry Rogowski |

Generalvikare

seit 1647	Maciej Bystram
1678 – 1694	Tomasz Szuic Prątnicki
1699 – 1700	Tomasz Skotnicki
1700 – 1704	Tomasz Szuic Prątnicki
1719 – 1727	Seweryn Szczuka
1732 – 1733	Franciszek Czapski
1736 – 1739	Pawel Szczuka
1742 – 1749	Maciej Aleksander Sołtyk
seit 1750	Konstanty Józef Piwnicki
seit 1755	Fabian Franciszek Pląskowski
1780 – 1787	Józef Rudnicki
1796 – 1806	Iwo Onufry Rogowski

LAIBACH (Ljubljana)

Das 1461 durch Kaiser Friedrich III. gegründete, 1462 kanonisch errichtete Bistum war exemt. Seine Inhaber besaßen seit 1533 den Fürstenrang, obwohl sie über kein weltliches Territorium verfügten. Das territorial und jurisdiktionell zersplitterte Gebiet wurde 1788 im Rahmen der josephinischen Diözesanregulierung bedeutend vergrößert und zum Erzbistum erhoben. Die Bevölkerung war größtenteils slowenisch, in den Städten auch deutsch. Das Nominationsrecht lag beim Landesherrn.

Fürstbischöfe

1641 – 1664	Otto Friedrich von Puchheim
1664 – 1683	Joseph von Rabatta
1683 – 1701	Sigmund Christoph von Herberstein
1701 – 1711	Franz Ferdinand von Kuenburg
1711 – 1717	Franz Karl von Kaunitz
1718 – 1727	Wilhelm von Leslie
1728 – 1742	Sigismund Felix von Schrattenbach
1742 – 1757	Ernest Amadeus (Gottlieb) Thomas von Attems
1760 – 1772	Leopold Joseph Hannibal von Petazzi
1769 – 1772	Karl Johann von Herberstein, Koadjutor
1772 – 1787	Ders., Fürstbischof
1788 – 1807	Michael Leopold Brigido von Marenfels und Bresoviz

Weihbischöfe

1639 – 1653	Michael Chumer von Chumberg
1649 – 1663	Franz Maximilian Vaccano
1789 – 1793	Franciscus Josephus Mikolitsch
1795 – 1800	Franz Borgia von Raigesfeld
1801 – 1818	Johannes Antonius Ricci

Generalvikare

1641 – 1643	Franz Maximilian Vaccano
1643 – 1655	Markus Dolliner
1655 – 1675	Philip Terpin
1675 – 1683	Franz Joseph Garzaroll von Garzarollshofen
1683 – 1689	Johann Markus von Rosetti
1689 – 1714	Johann Anton Thalnitscher
1714 – 1744	Johann Jakob Schilling

1744 – 1776	Karl Peer
1777 – 1780	Johann Kraschkoviz
1789 – 1793	Franciscus Josephus Mikolitsch
1793 – 1795	Franz Borgia von Raigesfeld
1795 – 1822	Georg Gollmayer

LAUSANNE

Das seit dem späten 6. Jh. als Suffraganbistum von Besançon in Lausanne bestehende Bistum verlor im 13. Jh. die Landesherrschaft über den Kanton Waadt. Seit der Eroberung der Waadt durch Bern und der Einführung der Reformation (1536) lebten die Bischöfe in Savoyen, während das Kapitel sich auflöste. 1613 ließen die Bischöfe sich dauernd in Freiburg/Schweiz nieder. Von dort aus verwalteten sie ohne Kapitel den in der Reformation von 306 auf 86 (1782: 125) Pfarreien zurückgegangenen Sprengel. Die Mehrheit der Bevölkerung war französisch, und die Bischöfe wurden frei vom Hl. Stuhl ernannt. Da das Bistum kein Domkapitel besaß, wurde es bei Vakanz durch einen Apostolischen Administrator verwaltet.

Bischöfe

1609 – 1649	Jean de Watteville
1652 – 1658	Jost Knab
1662 – 1684	Jean-Baptiste de Strambino
1688 – 1707	Pierre de Montenach
1707 – 1716	Jacques Duding
1716 – 1745	Claude-Antoine Duding
1746 – 1758	Joseph-Hubert de Boccard
1758 – 1782	Joseph-Nicolas de Montenach
1782 – 1795	Bernard-Emmanuel de Lenzbourg
1796 – 1803	Jean-Baptiste d'Odet (→ Bd. I)

Generalvikare der Diözese Lausanne in Freiburg/Schweiz

1634 – 1644	Jacques Schuler
1644 – 1649	Josse-Pierre Dumont
1652 – 1655	Josse-Pierre Dumont
1655 – 1658	Jacques Schuler
1658 – 1663	Henri Fuchs, gen. Vulpius, Generalvikar bzw. Apostolischer Administrator
1663 – 1669	Jacques-Ignace Zilliet
1669 – 1679	Michael Romanin, interimistischer Generalvikar
1679 – 1684	Jacques-Ignace Zilliet
1688 – 1695	Josse-Pierre de Reynold
1695 – 1707	Jean-Philippe de Forel
1707 – 1716	Antoine d'Alt
1730 – 1739	François-Pierre-Augustin de Gottrau
1730 – 1745	Joseph-Hubert de Boccard
1746 – 1758	Béat-Nicolas-Ignace d'Amman
1759 – 1788	Jean-Louis Techtermann
1788 – 1819	Pierre Joseph Gauthier de Schaller (→ Bd. I)

Generalvikare der Diözese Lausanne in Solothurn

1730 – 1735	Johann Karl von Glutz-Ruchti
1746 – 1760	Franz Georg von Sury
1760 – 1768	Urs Franz Joseph von Glutz (→ Bd. I)
1768 – 1776	Hieronymus Leonz Sury von Bussy
1776 – 1786	Peter Josef Felix von Sury
1786 – 1805	Urs Franz Joseph von Glutz (→ Bd. I)

Generalvikar für den französischen Teil der Diözese Lausanne

1783 – 1801	Aymé-Fidèle Poulin

LAVANT

Das 1225 mit dem Sitz zu St. Andrä im Lavanttal gegründete Salzburger Eigenbistum war bis zur josephinischen Diözesanregulierung sehr klein. Obwohl die Bischöfe über keine Landesherrschaft verfügten, führten sie seit 1446 den Titel von Reichsfürsten. Ihre Dotation war so mäßig, daß sie auf zusätzliche Benefizien angewiesen waren. Die Abhängigkeit des Bistums von seiner Metropole kam auch darin zum Ausdruck, daß seine Inhaber seit 1591 zugleich Salzburger Generalvikare für Ober- und Unterkärnten waren, während sie selbst weder einen Generalvikar, noch ein Konsistorium, wohl aber ein Domkapitel besaßen. 1786–89 wurde das Bistum durch die Kreise Völkermarkt und Cilli erweitert, während es die Gebiete nördlich der Drau an Seckau abgab. Seitdem war der Sprengel großenteils slowenisch. Das Nominations-, Konfirmations- und Konsekrationsrecht lag beim Erzbischof von Salzburg.

Fürstbischöfe

1640–1654	Albert von Priamis
1654–1664	Maximilian Gandolph von Kuenburg
1665–1673	Sebastian von Pötting
1674–1704	Franz Caspar von Stadion
1704–1708	Johann Sigmund von Kuenburg
1709–1718	Philipp Carl von Fürstenberg
1718–1724	Leopold Anton Eleutherius von Firmian
1724–1744	Joseph Oswald von Attems
1744–1753	Vigilius Augustin Maria von Firmian
1754–1762	Johann Baptist von Thurn und Taxis
1763–1773	Joseph Franz Anton von Auersperg
1773–1777	Franz de Paula Xaver Ludwig Jakob von Breuner
1777–1790	Vinzenz Joseph Franz Sales von Schrattenbach (→ Bd. I)
1790–1793	Joseph Ernest Gandolph von Kuenburg
1795–1800	Vincenz Joseph Franz Sales von Schrattenbach (→ Bd. I)
1800–1822	Leopold Maximilian von Firmian (→ Bd. I)

Salzburger Generalvikare für Ober- und Unterkärnten

1640–1654	Albert von Priamis
1654–1664	Maximilian Gandolph von Kuenburg
1669–1704	Franz Caspar von Stadion
1709–1718	Philipp Carl von Fürstenberg
1718–1824	Leopold Anton Eleutherius von Firmian
1724–1744	Joseph Oswald von Attems
1744–1753	Vigilius Augustin Maria von Firmian
1761–1762	Johann Baptist von Thurn und Taxis
1763–1772	Joseph Franz Anton von Auersperg
1773–1777	Franz de Paula Xaver Ludwig Jakob von Breuner

LEITMERITZ

Das Bistum wurde 1655 im Rahmen der Rekatholisierung Böhmens aus Teilen von Prag (120 Pfarreien) neu errichtet und diesem als Suffraganbistum unterstellt. Durch Joseph II. wurde es 1783 bedeutend vergrößert. Im Gegensatz zu den anderen böhmischen Diözesen war die Bevölkerung überwiegend deutsch. Die Bischöfe führten nicht den Fürstentitel. Das Nominationsrecht lag beim Landesherrn.

Bischöfe

1655–1675	Maximilian Rudolf von Schleinitz
1676–1709	Jaroslaw Ignaz von Sternberg
1711–1720	Hugo Franz von Königsegg-Rothenfels
1721–1733	Johann Adam Wratislaw von Mitrowitz
1733–1759	Moritz Adolf Karl, Herzog von Sachsen-Zeitz

1760 – 1789	Emmanuel Ernst von Waldstein
1790 – 1801	Ferdinand Kindermann von Schulstein
1802 – 1815	Wenzel Leopold von Chlumčzansky

Generalvikare

1671 – 1675	Andreas Fromm
1733 – 1744	Friedrich Reintsch
1744 – 1748	Wenzel Regner
1748 – 1755	Bernhard Fischer
1755	Ignaz Jarschel
1790 – 1794	L. Slavik
1795 – 1801	Josef Hurdalek

LINZ

Das Bistum wurde 1785 im Zuge der josephinischen Diözesanregulierung kanonisch errichtet und der Kirchenprovinz Wien zugeordnet.

Bischöfe

1785 – 1788	Ernest Johann Nepomuk von Herberstein (→ Bd. I)
1788 – 1807	Joseph Anton Gall (→ Bd. I)

Generalvikar

1784 – 1802	Anton von Finetti (→ Bd. I)

LÜTTICH (Liège, Luik)

Das im 4. Jh. in Tongern bestehende, im 6. Jh. nach Maastricht und 717/718 nach Lüttich verlegte Bistum gehörte zur Kirchenprovinz Köln. Das 980 gegründete geistliche Fürstentum war von beträchtlicher Größe (5 697 km²), und die Stadt Lüttich konnte ihre Freiheit von der Landesherr-schaft der Fürstbischöfe nicht durchsetzen. Nach der Neuordnung der Diözesanverhältnisse in den Niederlanden im Jahre 1559 stark verkleinert, behielt Lüttich doch seine Bedeutung, zumal die Reformation hier keinen Fuß fassen konnte. Zuletzt zählte der Sprengel 1070 Pfarreien. Die Bevölkerung gehörte z. T. dem französischen, z. T. dem niederländischen und z. T. dem deutschen Sprachgebiet an. Das Domkapitel besaß das Bischofswahlrecht. 1801 wurde das Bistum neu umschrieben und der Kirchenprovinz Mecheln zugewiesen.

Fürstbischöfe

1602 – 1612	Ferdinand, Herzog von Bayern, Koadjutor
1612 – 1650	Ders., Fürstbischof
1650	Max Heinrich, Herzog von Bayern, Koadjutor
1650 – 1688	Ders., Fürstbischof
1688 – 1694	Jean Louis d'Elderen
1694 – 1723	Joseph Clemens, Herzog von Bayern
1724 – 1743	Georges Louis de Berghes
1744 – 1763	Johann Theodor, Herzog von Bayern
1764 – 1771	Charles Nicolas Alexandre d'Oultremont
1772 – 1784	Franz Karl von Velbrück
1784 – 1792	César Constantin François de Hoensbroeck
1792 – 1801	François Antoine Marie Constantin de Méan et de Beaurieux

Bischöfe

1802 – 1808	Jean Evangeliste Zaepffel
1809 – 1814	François Antoine Lejeas, nominierter Bischof

Weihbischöfe

1641 – 1654	Richard Pauli-Stravius
1654 – 1699	Jean Antoine Blavier
1696 – 1728	Louis François Rossius de Liboy
1729 – 1736	Jean Baptiste Gillis
1737 – 1763	Pierre Louis Jacquet
1762 – 1767	Charles Antoine de Grady
1767 – 1785	Charles Alexandre d'Arberg et de Valengin
1785 – 1792	François Antoine Marie Constantin de Méan et de Beaurieux
1792 – 1801	Antoine Casimir Libère de Stockem

Generalvikare

1622 – 1656	Jean de Chokier
1656 – 1688	Jean Ernest de Chokier de Surlet
1689 – 1694	Corneille Faes
1694	Fabius Erhard von Schell, Verwalter des Generalvikariates
1694 – 1695	Jean Ernest de Chokier de Surlet
1695 – 1709	Guillaume Bernard de Hinnisdael
1709 – 1715	Louis François Rossius de Liboy
1715 – 1721	Pierre Lambert Ledrou
1720 – 1724	Louis François Rossius de Liboy
1724 – 1743	Philippe Alexandre Theodore Eugène de Rougrave de Salm
1743 – 1744	Gilles Etiénne de Ghéquier
1744 – 1747	Philippe Alexandre Theodore Eugène de Rougrave de Salm
1747	Ludwig Emanuel Franz von Ghistelle
1747 – 1764	Edmonde Sébastien Joseph de Stoupy
1764 – 1768	François Lambert de Stockem
1768 – 1801	Marie Philippe Alexandre Charles Hyacinte de Rougrave
1798 – 1801	Jean Bernard De Saive
1798 – 1801	Albert Lejeune

Wie in den Organischen Artikeln vorgesehen, ernannte Bischof Zaepffel 1802 zwei Generalvikare.

1802 – 1804	Marie Philippe Alexandre Charles Hyacinte de Rougrave
1802 – 1805	André Denis De Lée
1805 – 1808	Henri Henrard
1808 – 1814	Ders., Kapitularvikar
1810 – 1814	Henri Laurent Partouns, Kapitularvikar
1814 – 1829	Jean Arnold Barret, Kapitularvikar
1829 – 1833	Ders., Generalvikar

MAINZ

Das wohl in römische Zeit zurückreichende Bistum wurde 780/782 bei der Neuordnung der fränkischen Kirche Sitz eines Erzbischofs für die größte deutsche Kirchenprovinz. Seit dem 10. Jh. war mit dem Mainzer Stuhl das Amt des Erzkanzlers, seit dem 13. Jh. das des Vorsitzes im Kurkollegium verbunden. Das Erzstift blieb dagegen nach langen Auseinandersetzungen weit hinter der kirchlichen und politischen Bedeutung der Erzbischöfe zurück (1113 km²). In der Reformationszeit erfuhr das Erzbistum bedeutende Verluste, und die Rekatholisierung konnte nicht einmal in allen Gebieten des Erzstiftes durchgeführt werden. Das Metropolitankapitel besaß das Recht der Bischofswahl.

Kurfürst-Erzbischöfe

1649 – 1673	Johann Philipp von Schönborn
1671 – 1673	Lothar Friedrich von Metternich-Burscheid, Koadjutor
1673 – 1675	Ders., Kurfürst-Erzbischof
1676 – 1678	Damian Hartard von der Leyen

1679	Karl Heinrich von Metternich-Winneburg
1680 – 1695	Anselm Franz von Ingelheim
1691 – 1694	Ludwig Anton von Pfalz-Neuburg, Koadjutor
1694 – 1695	Lothar Franz von Schönborn, Koadjutor
1695 – 1729	Ders., Kurfürst-Erzbischof
1710 – 1729	Franz Ludwig von Pfalz-Neuburg, Koadjutor
1729 – 1732	Ders., Kurfürst-Erzbischof
1732 – 1743	Philipp Karl von Eltz
1743 – 1763	Johann Friedrich Karl von Ostein
1763 – 1774	Emmerich Joseph von Breidbach zu Bürresheim
1775 – 1802	Friedrich Karl Joseph von Erthal
1802 – 1817	Karl Theodor von Dalberg (→ Bd. I)

Weihbischöfe im rheinischen Teil des Erzbistums

1634 – 1674	Wolther Heinrich von Strevesdorff
1681 – 1703	Matthias Starck
1703 – 1727	Johann Edmund Gedult von Jungenfeld
1728 – 1733	Caspar Adolph Schnernauer
1733 – 1769	Christoph Nebel
1769 – 1777	Ludwig Philipp Behlen
1778 – 1782	August Franz von Strauß
1783 – 1806	Valentin Heimes (→ Bd. I)

Weihbischöfe im thüringischen Teil des Erzbistums

1655 – 1657	Berthold Nihus
1674 – 1676	Johannes Brassert
1676 – 1679	Adolph Gottfried Volusius
1680 – 1694	Johann Daniel von Gudenus
1695 – 1717	Johann Jakob Senfft
1718 – 1725	Johann Joachim Hahn
1726 – 1747	Christoph Ignaz von Gudenus
1748 – 1769	Johann Friedrich von Lasser
1769 – 1791	Johann Georg Joseph von Eckardt
1792 – 1807	Johann Maximilian von Haunold

Generalvikare

1647 – 1659	Wilderich von Walderdorff
1669 – 1678	Christoph Rudolph von Stadion
1679 – 1704	Anselm Franz von Hoheneck
1704 – 1717	Friedrich Wilhelm von Bicken
1717 – 1735	Wilderich Marsilius von Hoheneck
1735 – 1743	Hugo Franz Karl von Eltz zu Kempenich
1746 – 1763	Georg Adam von Fechenbach
1763 – 1767	Karl Franz Johann Philipp Valentin von Franckenstein
1767 – 1771	Karl Friedrich Damian Joseph Ferdinand von Dalberg
1771 – 1774/75	Damian Friedrich Philipp Karl von der Leyen-Hohengeroldseck
1775 – 1790	Marian Joseph Philipp Anton Schütz von Holzhausen
1790 – 1801	Joseph Casimir Karl von Redwitz

MEISSEN

Das 968 gegründete exemte Bistum war in der Reformationszeit größtenteils untergegangen. Die Jurisdiktion über die wenigen in der Lausitz katholisch gebliebenen Klöster und Pfarreien übte seit 1565 das Bautzner Stift St. Petri aus. Der von den Kanonikern gewählte Dekan führte den Titel eines Apostolischen Administrators des Bistums Meißen in den Lausitzen. Seit 1753 waren die Dekane Titularbischöfe.

Apostolische Administratoren

1644 – 1650	Johann Hasius von Lichtenfeld
1650 – 1655	Martin Saudrius von Sternfeld
1655 – 1660	Bernhard von Schrattenbach, stellvertretender Administrator
1660 – 1665	Christophorus Johannes Reinheld von Reichenau
1665 – 1675	Peter Franz Longinus von Kieferberg
1676 – 1700	Martin Ferdinand Brückner von Brückenstein
1700 – 1713	Matthäus Joseph Ignaz Vitzki
1714 – 1721	Martin Bernhard Just von Friedenfeld
1721 – 1743	Johann Joseph Ignaz Freyschlag von Schmidenthal
1743 – 1771	Jakob Johann Joseph Wosky von Bärenstamm
1772 – 1773	Carl Laurenz Cardona
1774 – 1780	Martin Nugk von Lichtenhoff
1780 – 1794	Johann Joseph Schüller von Ehrenthal
1795 – 1796	Wenzel Kobaltz
1796 – 1831	Franz Georg Lock (→ Bd. I)

MILITÄRBISCHÖFE ÖSTERREICH-UNGARN
Apostolisches Feldvikariat

Bischöfe

1773 – 1792	Heinrich Johann Kerens (→ Bd. I)
1794 – 1803	Sigismund Anton von Hohenwart (→ Bd. I)

MÜNCHEN

Bischöfe des kurbayerischen Haus-Ritterordens vom Hl. Georg

1749 – 1766	Johann Christian Adam von Königsfeld
1767 – 1779	Johann Philipp Karl von Fechenbach
1780 – 1787	Joseph Ferdinand Guidobald von Spaur
1787 – 1789	Max Prokop von Törring

Bischöfe des Münchner Hofbistums

1790 – 1791	Joseph Ferdinand Guidobald von Spaur
1791	Kajetan Maria von Reisach, Koadjutor
1791 – 1805	Ders., Bischof

Titularbischof und Generalvikar des Malteserordens

1787 – 1827	Kasimir von Häffelin

MÜNSTER

Das 805 gegründete Bistum gehörte zur Kirchenprovinz Köln. Es besaß ein bedeutendes Hochstift, und die Diözese reichte trotz mancher Verluste in der Reformationszeit nach dem Abschluß der Gegenreformation wieder weit über das Hochstift hinaus. 1668 erwarb es von Osnabrück auch die geistliche Jurisdiktion über das Niederstift Münster. Das Domkapitel besaß das Bischofswahlrecht.

Fürstbischöfe

1611 – 1612	Ferdinand, Herzog von Bayern, Koadjutor
1612 – 1650	Ders., Fürstbischof
1651 – 1678	Christoph Bernhard von Galen
1667 – 1678	Ferdinand von Fürstenberg, Koadjutor
1678 – 1683	Ders., Fürstbischof
1688 – 1706	Friedrich Christian von Plettenberg zu Lenhausen

1707—1718	Franz Arnold von Wolff-Metternich zur Gracht
1719	Philipp Moritz, Herzog von Bayern, erwählter Fürstbischof
1719—1761	Clemens August, Herzog von Bayern
1762—1784	Max Friedrich von Königsegg-Rothenfels
1780—1784	Max Franz, Erzherzog von Österreich, Koadjutor
1784—1801	Ders., Fürstbischof

Weihbischöfe

1647—1653	Johann Sternenberg gen. Düsseldorf
1680—1683	Nils Stensen
1699—1710	Johann Peter von Quentell
1711—1720	Agostino Steffani
1720—1722	Wilhelm Hermann Ignaz Ferdinand von Wolf-Metternich zur Gracht
1723—1746	Ferdinand Oesterhoff
1746—1756	Franz Bernardin Verbeck
1758—1794	Wilhelm von Alhaus

Generalvikare

1646—1659	Johann Vagedes, Generalvikar in Stadt und Bistum Münster
1659—1663	Ders., Generalvikar in der Stadt Münster
1661—1663	Johann von Alpen, Generalvikar für das Bistum Münster
1663—1683	Ders., Generalvikar für Stadt und Bistum Münster
1683—1686	Johann Rotger von Torck zu Vorhelm
1687—1688	Friedrich Christian von Plettenberg zu Lenhausen
1688—1693	Johann Rotger Höning
1693—1705	Johann Kaspar Bordewick
1706—1707	Franz Ludolf Jobst Landsberg, Apostolischer Administrator
1707—1710	Johann Peter von Quentell
1710—1737	Nikolaus Hermann von Ketteler zu Harkotten
1737—1761	Franz Egon von Fürstenberg
1761—1770	Franz Christoph von Hanxleden
1770—1807	Franz Friedrich Wilhelm von Fürstenberg (→ Bd. I)

NORDISCHE MISSIONEN

Die geistliche Jurisdiktion für die wenigen Katholiken in den seit der Reformation protestantischen Territorien Norddeutschlands nahmen nach dem Untergang der meisten norddeutschen Bistümer zunächst die Kölner Nuntien wahr. 1667 wurde die Jurisdiktion für Calenberg, Grubenhagen und Göttingen erstmals einem Apostolischen Vikar übertragen, der seit 1668 Titularbischof war und in Hannover residierte. Seitdem wurde der Zuständigkeitsbereich schrittweise auf alle norddeutschen Territorien und auf Dänemark ausgeweitet. 1709 wurden daraus die Territorien der Kurfürsten von Pfalz-Neuburg, Brandenburg und der Herzöge von Braunschweig-Lüneburg als Apostolisches Vikariat von Ober- und Niedersachsen ausgegliedert, während das Apostolische Vikariat des Nordens seitdem von den Osnabrücker bzw. Paderborner Weihbischöfen und schließlich vom Bischof von Hildesheim mitverwaltet wurde. 1780 wurden die beiden Vikariate wieder vereinigt und dem Bischof von Paderborn zur Mitverwaltung übergeben.

Apostolische Vikare des Nordens

1645—1661	Franz Wilhelm von Wartenberg, Apostolischer Vikar von Bremen, Minden, Verden
1667—1676	Valerio Maccioni
1677—1686	Niels Stensen
1680—1683	Ferdinand von Fürstenberg
1687—1696	Friedrich von Tietzen, gen. Schlüter
1697—1702	Jobst Edmund von Brabeck
1702—1709	Otto von Bronckhorst-Gronsfeldt

1709 wurde das Gebiet der Nordischen Missionen geteilt, 1780 wieder vereint.

Apostolische Vikare von Ober- und Niedersachsen

1709 – 1723	Agostino Steffani
1722 – 1723	Ludolf Wilhelm von Majus, Provikar
1726 – 1728	Agostino Steffani
1728 – 1730	Johann Heinrich Naendorff
1730 – 1745	Leopold Heinrich Wilhelm von Schorror
1745 – 1757	Johann Wilhelm von Twickel
1757 – 1759	Volradus Christian Müller, Provikar
1759 – 1760	Jodokus Joseph Walmer, Provikar
1760 – 1779	Johann Theodor von Francken-Siersdorf

Apostolische Vikare des Nordens 1709 – 1780

1709 – 1713	Otto von Bronckhorst-Gronsfeldt
1715 – 1716	Johann Hugo von Gärtz
1718 – 1719	Hyacinth Petit
1722 – 1761	Johann Friedrich Adolf von Hörde
1761 – 1774	Franz Josef von Gondola
1775 – 1780	Friedrich Wilhelm von Westphalen

Apostolische Vikare des wieder vereinten Vikariates

1780 – 1789	Friedrich Wilhelm von Westphalen
1789 – 1825	Franz Egon von Fürstenberg (→ Bd. I)

OLMÜTZ (Olomouc)

Das Bistum wurde spätestens im 11. Jh. für Mähren gegründet und gehörte zur Kirchenprovinz von Prag. 1777 wurde es anläßlich der Ausgliederung Südmährens und der Gründung von Brünn zum Erzbistum erhoben. Die Bevölkerung war überwiegend tschechisch. 1588 erneuerte der Kaiser den Fürstentitel der Olmützer Bischöfe. Das Domkapitel besaß das Bischofswahlrecht.

Fürstbischöfe

1638 – 1662	Leopold Wilhelm, Erzherzog von Österreich
1664	Karl Joseph, Erzherzog von Österreich
1665 – 1695	Karl von Liechtenstein-Kastelkorn
1695 – 1710	Karl Joseph Ignaz von Lothringen und Baar
1711 – 1738	Wolfgang Hannibal von Schrattenbach
1738 – 1745	Jakob Ernst von Liechtenstein
1746 – 1758	Ferdinand Julius von Troyer
1758 – 1760	Leopold Friedrich von Egkh und Hungersbach
1761 – 1776	Maximilian von Hamilton
1778 – 1811	Anton Theodor von Colloredo-Waldsee-Mels

Weihbischöfe

1648 – 1653	Sigismund Miutini von Spilenberg
seit 1652	Johann Gobar
1665 – 1668	Bernhard Bredimus, ernannter Weihbischof
1668 – 1669	Andreas Dirre
1670 – 1695	Johann Josef von Breuner
1696 – 1702	Ferdinand Schröffel von Schröffenheim
1703 – 1727	Franz Julian von Braida
1729 – 1748	Otto Honorius von Egkh und Hungersbach
1749 – 1771	Johann Karl Leopold von Scherffenberg
1771 – 1776	Johann Wenzel Xaver Frey von Freyenfels
1779 – 1800	Karl Godefried von Rosenthal

Generalvikare

1647 – 1653	Sigismund Miutini von Spilenberg
1652 – 1655	Claudius de Sorina
1655 – 1657	Peter Johann von Requensens
1660 – 1663	Andreas Dirre
1664	Johann Peter Petrucius
1672 – 1695	Johann Josef von Breuner
1703 – 1707	Raimund Ferdinand Lanthieri von Schönhaus und Reffenberg, Generalvikar und Coadministrator in spiritualibus
1730 – 1741	Franz Ferdinand von Oedt
1741 – 1750	Kaspar Florentius von Glandorf
1750 – 1758	Leopold Friedrich von Egkh und Hungersbach
1758 – 1760	Maximilian von Hamilton
seit 1761	Leopold Anton von Podstatzky
1772 – 1776	Johann Wenzel Xaver Frey von Freyenfels
1776 – 1803	Johann Mathias Butz von Rolsberg
1783 – 1801	Otto Anton Minckwitz von Minckwitzburg

Koadjutor

1690 – 1692	Franz Anton von Losenstein

Administrator

1695 – 1703	Karl Julius Orlik von Laziska

Fürstbischöfliche Kommissare des Distriktes Katscher → Katscher

OSNABRÜCK

Das Bistum ist seit 803 als Suffraganbistum von Köln bezeugt. Das weltliche Territorium der Bischöfe umfaßte etwa ein Viertel des Diözesangebietes. Während der Reformation gingen große Teile der Diözese verloren, und 1668 trat das Domkapitel auch die geistliche Jurisdiktion über das Niederstift Münster an den Bischof von Münster ab. Seitdem war die Diözese faktisch auf das Gebiet des Hochstiftes begrenzt. Im Osnabrücker Friedensinstrument war 1648 festgelegt worden, daß künftig alternierend ein katholischer und ein evangelischer Fürstbischof – letzterer aus dem Haus Braunschweig-Lüneburg – gewählt werden sollte („successio alternativa"). Während der Regierungszeit evangelischer Fürstbischöfe lag die geistliche Jurisdiktion beim Erzbischof von Köln als Metropoliten. Dieser ließ den Sprengel durch einen Weihbischof und einen Generalvikar („Metropolitanvikar") verwalten. Die protestantischen Landesherren durften sich nach dem Friedensinstrument Bischof nennen, werden aber in den offiziellen Bischofslisten nicht aufgeführt. Es waren: Ernst August I. von Braunschweig-Lüneburg (1662 – 1698), Ernst August II. von Braunschweig-Lüneburg (1716 – 1728) und Friedrich von York (1764 – 1802). Wenn während der Regierungszeit eines protestantischen Bischofs der Kölner Erzbischof starb (1688 und 1784), mußte auch für diese Sedisvakanzzeit in Osnabrück ein Kapitularvikar gewählt werden.

Fürstbischöfe

1627 – 1661	Franz Wilhelm von Wartenberg
1698 – 1715	Karl Josef von Lothringen
1728 – 1761	Clemens August, Herzog von Bayern

Weihbischöfe

1631 – 1654	Kaspar Münster
1655 – 1656	Ägidius Gelenius
1657 – 1667	Johann Bischopinck
1693 – 1713	Otto Wilhelm von Bronckhorst zu Gronsfeld

1698 – 1707	Ders.. Apostolischer Koadministrator
1715 – 1716	Johann Hugo von Gärtz
1718 – 1719	Hyacinth Petit
1723 – 1761	Johann Friedrich Adolf Hörde zu Schönholthausen
1764 – 1794	Wilhelm von Alhaus
1795 – 1827	Karl Klemens von Gruben (→ Bd. I)

Generalvikare

1623 – 1654	Albert Lucenius
1655 – 1656	Ägidius Gelenius
1657 – 1661	Johann Bischopinck
1662 – 1667	Ders., Metropolitanvikar
1669 – 1679	Johann Adrian von Wendt, Metropolitanvikar
1685 – 1691	Crato Werner von Pallandt, Metropolitanvikar
1691 – 1698	Otto Wilhelm von Bronckhorst zu Gronsfeld, Metropolitanvikar
1698 – 1713	Ders., Generalvikar
1713 – 1715	Wilhelm Stael
1715	Johann Hugo von Gärtz
1716	Ders., Metropolitanvikar
1716 – 1718	Johann Heinrich Naendorf Metropolitanvikar
1718 – 1719	Hyacinth Petit, Metropolitanvikar
1719 – 1923	Ferdinand von Kerssenbrock zu Brincke, Metropolitanvikar
1723 – 1728	Johann Friedrich Adolf von Hörde zu Schönholthausen, Metropolitanvikar
1729 – 1761	Ders., Generalvikar
1749 – 1761	Wilhelm Anton Ignaz von der Asseburg zu Hinnenburg, Provikar
1764 – 1795	Karl Heinrich von Vogelius, Metropolitanvikar
1794 – 1795	Karl Klemens von Gruben, Provikar
1795 – 1802	Ders., Generalvikar (→ Bd. I)

PADERBORN

Das wohl 799 gegründete Bistum gehörte zur Kirchenprovinz Mainz. Nach schweren Verlusten in der Reformationszeit wurde das Hochstift, auf das die Diözese faktisch begrenzt blieb, rekatholisiert. 1763 zählte es 97 Pfarreien. Das Domkapitel besaß das Bischofswahlrecht.

Fürstbischöfe

1612 – 1618	Ferdinand, Herzog von Bayern, Koadjutor
1618 – 1650	Ders., Fürstbischof
1651 – 1661	Dietrich Adolf von der Reck
1661 – 1683	Ferdinand von Fürstenberg
1684 – 1704	Hermann Werner von Wolff-Metternich zur Gracht
1703 – 1704	Franz Arnold von Wolff-Metternich zur Gracht, Koadjutor
1704 – 1718	Ders., Fürstbischof
1719	Philipp Moritz, Herzog von Bayern, erwählter Fürstbischof
1719 – 1761	Clemens August, Herzog von Bayern
1763 – 1782	Wilhelm Anton Ignaz von der Asseburg zu Hinnenburg
1782 – 1789	Friedrich Wilhelm von Westphalen
1789 – 1825	Franz Egon von Fürstenberg (→ Bd. I)

Weihbischöfe

1644 – 1655	Bernhard Frick
1721 – 1727	Pantaleon Bruns
1729 – 1732	Winimar Knippschild
1733 – 1745	Meinwerk Kaup
1746 – 1751	Johann Christoph von Crass
1752 – 1764	Franz Josef von Gondola

Generalvikare

1637 – 1655	Bernhard Frick
1655 – 1669	Hermann von Plettenberg gen. Herting
1670 – 1674	Heinrich von Keller gen. Schlunkrabe
1674 – 1686	Laurentius von Dript
1688 – 1714	Jodocus Frihoff
1714 – 1718	Bernhard Jodokus Brüll
1721 – 1723	Pantaleon Bruns, Generalvikar
1723 – 1726	Ders., Apostolischer Administrator
1726 – 1727	Ders., Generalvikar
1727 – 1733	Franz Caspar Philipp von Haxthausen
1733 – 1755	Bernhard Ignaz von Wydenbrück
1755 – 1759	Johann Ferdinand Ignaz von Vogelius
1759 – 1799	Johann Adolf von Dierna
1799 – 1803	Ferdinand Georg Schnur

PASSAU

Das im 8. Jh. durch Bonifatius gegründete Bistum gehörte seit 798 zur Kirchenprovinz Salzburg. Bis zum Ende des 18. Jh. war die bis an die Grenze Ungarns reichende Diözese nach ihrer Ausdehnung die größte des Reiches (42 000 km²), während das Hochstift sich zwischen den Großmächten Habsburg und Wittelsbach nicht entwickeln konnte (ca. 134 km²). Die Verluste während der Reformationszeit wurden durch die habsburgische Gegenreformation rückgängig gemacht, so daß der Sprengel am Ende des Reiches im wesentlichen katholisch war. 1728 verlor er ca. 80 Pfarreien an Wien, erhielt dafür aber die Exemtion. Im Jahre 1783 verlor Passau dann im Rahmen der josephinischen Diözesanregulierung seinen gesamten österreichischen Anteil, d. h. sechs Siebtel seines Bestandes, aus dem die neuen Diözesen S. Pölten und Linz gebildet wurden. Das Domkapitel besaß das Bischofswahlrecht.

Fürstbischöfe

1626 – 1662	Leopold Wilhelm von Österreich
1662	Karl Joseph von Österreich, Koadjutor
1662 – 1664	Ders., Fürstbischof
1664 – 1673	Wenzeslaus von Thun
1673 – 1689	Sebastian von Pötting
1690 – 1712	Johann Philipp von Lamberg
1713 – 1722	Raymund Ferdinand von Rabatta
1723 – 1761	Joseph Dominikus von Lamberg
1762 – 1763	Joseph Maria von Thun und Hohenstein
1763 – 1783	Leopold Ernst von Firmian
1784 – 1795	Joseph Franz Anton von Auersperg
1795 – 1796	Thomas Johann Kaspar von Thun und Hohenstein
1797 – 1826	Leopold Leonhard von Thun (→ Bd. I)

Weihbischöfe

1646 – 1658	Ulrich Grappler von Trappenburg
1658 – 1669	Martin Geiger
1670 – 1682	Jodok Brendt gen. Höpfner
1682 – 1692	Johannes Maximus Stainer von Pleinfelden
1701 – 1725	Johann Raymund Guidobald von Lamberg
1725 – 1732	Franz Alois von Lamberg
1733 – 1747	Anton Joseph von Lamberg
1747 – 1756	Johannes Christoph Rudolf Ludwig von Kuenburg
1757 – 1763	Philipp Wirich Lorenz von Daun
1764 – 1776	Joseph Adam Johann Nepomuk von Arco
1749 – 1775	Franziskus Anton von Marxer
1773 – 1776	Franz Karl Maria Cajetan von Firmian

1776 – 1785	Ernest Johann Nep. von Herberstein (→ Bd. I)
1776 – 1795	Thomas Johann Kaspar von Thun und Hohenstein
1796	Leopold Leonhard Raymund von Thun
1797 – 1800	Leopold Maximilian von Firmian (→ Bd. I)
1801 – 1818	Karl Kajetan von Gaisruck (→ Bd. I)

Generalvikare

Wegen der großen Ausdehnung wurde das Diözesangebiet nach 1300 administrativ geteilt. Die Verwaltung des ober- und des niederösterreichischen Anteils unterstand je einem Offizial. Diese waren seit 1580 zugleich Generalvikare für ihren Bereich. Der Sitz des Offizials für das Land ob der Enns war in Lorsch, der für das Land unter der Enns seit 1357 bei St. Maria am Gestade in Wien. Das Institut erlosch mit der Passauer Diözesanherrschaft in Österreich (1785).

Passauer Offiziale und Generalvikare für das Land ob der Enns

1645 – 1665	Johann von Saint Hilaire
1665 – 1676	Hermann Matthias von Attems
1676 – 1678	Franz Ignaz Dominikus von Pötting und Persing
1678 – 1684	Franz Anton von Losenstein
1684 – 1692	Georg Friedrich von Salburg
1685 – 1686	Johannes Maximus Stainer
1686 – 1691	Johann Friedrich Ignaz von Preysing
1691	Georg Friedrich von Salburg
1692 – 1696	Franz Anton von Harrach
1696 – 1706	Traugott von Kuefstein
1706 – 1708	Johann Max Emmanuel von Pienzenau
1709 – 1712	Joseph Dominikus von Lamberg
1712 – 1727	Johann Max Emmanuel von Pienzenau
1727 – 1733	Anton Joseph von Lamberg
1733 – 1746	Leopold Ansgar von Starhemberg
1747 – 1753	Johann Reichard von Gallenberg
1753 – 1754	Franz Joseph von Thürheim
1755 – 1764	Johann Reichard Wenzeslaus von Starzhausen
1764 – 1789	Anton Ernst Franz von Breuner
1789 – 1806	Johann Baptist von Auersperg (→ Bd. I)

Passauer Offiziale und Generalvikare für das Land unter der Enns

1646 – 1658	Martin Geiger
1658 – 1669	Jodok Brendt gen. Höpfner
1669 – 1671	Franz Ignaz Dominikus von Pötting und Persing
1671 – 1674	Oktavius von Terzen
1674 – 1679	Germanicus von Thurn und Valsassina
1679 – 1684	Franz Ignaz Dominikus von Pötting und Persing
1684	Johann Franz Ernst von Herberstein
1684 – 1692	Franz Anton von Losenstein
1692 – 1702	Johann Joachim Ignaz von Aham
1703 – 1706	Joseph Dominikus von Lamberg
1706 – 1713	Traugott von Kuefstein
1713 – 1725	Ernst Karl Joseph von Payersberg
1725 – 1728	Ferdinand Ottokar von Starhemberg
1728 – 1732	Franz Alois von Lamberg
1733 – 1742	Ernest Amadeus von Attems
1743 – 1750	Johann Joseph von Trautson
1751 – 1768	Franz Anton Hannibal von Thurn und Valsassina
1768 – 1773	Franz Xaver von Breuner
1773 – 1776	Joseph Adam von Arco (→ Bd. I)
1776 – 1783	Ernest Johann Nep. von Herberstein (→ Bd. I)

PEDENA (Piben)

Das seit dem 8. Jh. als Eigenbistum von Aquileja bezeugte und zuletzt kaum 12 Pfarreien zählende Bistum wurde 1752 nach der Aufhebung von Aquileja Suffraganbistum von Görz und 1788 mit Gradisca und 1791 mit Triest vereinigt. Das Nominationsrecht lag beim Landesherrn.

Bischöfe

1637 — 1646	Antonio Marenzi
1649 — 1663	Franz Maximilian Vaccano
1663 — 1667	Paul de Tauris-Jančić
1668 — 1670	Paul Budimir
1670 — 1686	Andreas von Raunach
1689 — 1691	Johann Markus Rosetti
1693 — 1716	Peter Anton Gaus von Homberg
1713 — 1716	Georg Franz Xaver Marotti, Koadjutor
1716 — 1740	Ders., Bischof
1741 — 1765	Bonifacius Cecotti
1766 — 1785	Aldrago Antonio de Piccardi

PRAG (Praha)

Das Bistum wurde 973 für das aus Regensburg ausgegliederte Böhmen errichtet und Mainz als Suffragan unterstellt. 1344 wurde es zum Erzbistum mit dem Suffraganbistum Olmütz erhoben. Im Rahmen der katholischen Reform wurden aus seinem Gebiet 1655 das Bistum Leitmeritz und 1664 Königgrätz ausgegliedert. Beide Sprengel wurden durch Joseph II. 1783 auf Kosten Prags vergrößert, ferner 1784 Südböhmen ausgegliedert und zum Bistum Budweis erhoben. Die Bevölkerung des Erzbistums war überwiegend tschechisch, zählte aber eine starke deutsche Minorität. 1603 erhielten die Erzbischöfe durch den Kaiser den Fürstentitel. Seit 1561 besaß der Landesherr das Nominationsrecht.

Fürsterzbischöfe

1623 — 1667	Ernst Adalbert von Harrach
1669 — 1675	Matthäus Ferdinand Sobek von Bilenburg
1675 — 1694	Johann Friedrich von Waldstein
1695 — 1710	Johann Josef von Breuner
1711 — 1731	Franz Ferdinand von Kuenburg
1732 — 1733	Daniel Joseph Mayer von Mayern
1733 — 1763	Johann Moritz Gustav von Manderscheid-Blankenheim
1752 — 1763	Anton Peter Przichowsky von Przichowitz, Koadjutor
1763 — 1793	Ders., Fürstbischof
·1793 — 1810	Wilhelm Florentin von Salm-Salm

Weihbischöfe

1644 — 1653	Crispin Fuk von Hradiště
1664 — 1665	Daniel Vitus Nastoupil von Schiffenberg
1669 — 1674	Otto Reinhold von Andrimont
1675 — 1679	Antonius de Sotomayor
1679 — 1701	Johann Ignaz Dlouhoveský von Langendorf
1701 — 1711	Vitus Seipel
1712 — 1732	Daniel Joseph Mayer von Mayern
1733 — 1759	Johann Rudolf von Sporck
1743 — 1755	Zdenko Georg Chrzepíczky von Modliskovic
1748 — 1757	Anton Johann Wenzel Wokoun
1756 — 1760	Emmanuel Ernst von Waldstein
1760 — 1775	Johann Andreas Kaiser
1775 — 1776	Joseph Paul Sedeler
1776 — 1779	Franz Xaver Twrdy

1779 – 1781	Johann Matthäus Schweiberer
1781 – 1792	Erasmus Dionys Krieger
1795 – 1802	Wenzel Leopold von Chlumčansky

Generalvikare

1635 – 1650	Andreas Kocker von Kockersberg
1650 – 1654	Juan Caramuel y Lobkowitz
nach 1654	Johann Franz Rasch von Aschenfeld
vor 1666	Maximilian Rudolf von Schleinitz
1665 – 1670	Sebastian Zbraslavsky von Swatawa
1670 – 1674	Thomas Pevina von Czechorod
1670 – 1702	Wenzel Bilek von Bilenberg
seit 1674	Christian Augustin Pfalz von Ostritz
1702 – 1732	Daniel Joseph Mayer von Mayern
1746 – 1757	Anton Johann Wenzel von Wokoun
1757 – 1775	Johann Andreas Kaiser
1775 – 1779	Franz Xaver Twrdy
1779 – 1781	Thomas Johann Hrdlička
1782 – 1792	Erasmus Dionys Krieger
1793 – 1804	Johann Michael Warlich von Bubna
1796 – 1802	Wenzel Leopold von Chlumčansky

Dechanten und Fürsterzbischöfliche Vikare der Grafschaft Glatz → **Glatz**

REGENSBURG

Das wohl in römische Zeit zurückreichende Bistum wurde 739 durch Bonifatius reorganisiert und 798 der Kirchenprovinz Salzburg zugewiesen. Während das Bistum von erheblicher Ausdehnung war und bis 1808 auch das Egerland umfaßte (1764 ca. 1 000 Pfarreien), blieb das Hochstift unbedeutend. Die Verluste durch die Reformationszeit wurden bis auf die Reichsstadt Regensburg in der Gegenreformation weitgehend rückgängig gemacht. Das Domkapitel besaß das Bischofswahlrecht.

Fürstbischöfe

1614 – 1649	Albert von Törring
1642 – 1649	Franz Wilhelm von Wartenberg, Koadjutor
1649 – 1661	Ders., Fürstbischof
1663	Johann Georg von Herberstein
1664 – 1666	Adam Lorenz von Törring
1667 – 1668	Guidobald von Thun
1683 – 1685	Joseph Clemens, Herzog von Bayern, Koadjutor
1685 – 1715	Ders., Fürstbischof
1715 – 1716	Clemens August, Herzog von Bayern, Koadjutor
1716 – 1719	Ders., Fürstbischof
1721 – 1763	Johann Theodor, Herzog von Bayern
1769 – 1787	Anton Ignaz von Fugger
1787 – 1789	Max Prokop von Törring

Weihbischöfe

Von 1634 – 1650 wurde mit Rücksicht auf die wirtschaftliche Notlage des Hochstifts kein Weihbischof bestellt.

1650 – 1661	Sebastian Denich
1663 – 1686	Franz Weinhart
1687 – 1715	Albert Ernst von Wartenberg
1717 – 1741	Gottfried Langwerth von Simmern
1741 – 1753	Franz Joachim Schmid von Altenstadt

1754–1759	Johann Georg von Stinglheim
1760–1766	Johann Anton von Wolframsdorf
1766–1779	Adam Ernst von Bernclau
1779–1802	Valentin Anton von Schneid
1802–1821	Johann Nepomuk von Wolf (→ Bd. I)

Bistumsadministratoren

| 1699–1715 | Franz Peter von Wämpl |
| 1716–1730 | Gottfried Langwerth von Simmern |

Coadministratoren in spiritualibus

| 1690–1694 | Ignaz Wilhelm Plebst |
| 1764–1766 | Johann Anton von Wolframsdorf |

Generalvikare

Seit 1650 hatte in der Regel der Weihbischof das Amt des Konsistorialpräsidenten inne. Er stand damit an der Spitze der obersten geistlichen Gerichts- und Verwaltungsbehörde. Von 1759 bis 1802 gab es keine Generalvikare.

1644–1649	Jakob Missel
1649–1655	Sebastian Denich
1655–1661	Johann Dausch
1661–1679	Franz Weinhart
1679–1685	Johann Götzfried
1686–1694	Ignaz Wilhelm Plebst
1695–1699	Franz Peter von Wämpl
1730–1753	Franz Joachim Schmid von Altenstadt
1753–1759	Johann Georg von Stinglheim

SACHSEN

Die wenigen Katholiken in den sächsischen Erblanden wurden nach der Konversion August des Starken (1697) seit 1708 vorübergehend von einem Apostolischen Präfekten und seit 1743 ständig durch einen Apostolischen Vikar betreut.

Apostolische Vikare

1708–1715	Carlo Maurizio Vota, Apostolischer Präfekt
1743–1749	Louis de Ligeriz
1749–1763	Leo Rauch
1763	Augustin Eggs
1764–1800	Franz Herz
1801–1818	Johann Aloys Schneider (→ Bd. I)

SALZBURG

Das um 700 gegründete und 798 zur bayerischen Metropole erhobene Bistum umfaßte den zentralen Alpenraum und sein südliches Vorland bis zur ungarischen Grenze. Zu Beginn des 13. Jh. gelang der Erwerb landesfürstlicher Rechte, doch reichte die Diözese weit über das Erzstift hinaus. 1772 zählte sie 415 Pfarreien. Im Zuge der kirchlichen Erschließung des riesigen Gebietes war seit dem 11. Jh. die Gründung der vier salzburgischen Eigenbistümer Gurk (1070), Seckau (1218), Chiemsee (1218) und Lavant (1225) erfolgt, deren Besetzung in der Hand der Erzbischöfe lag. Ihr Abhängigkeitsverhältnis von Salzburg ging weit über den Status von Suffraganbistümern hinaus. Er kam u.a. darin zum Ausdruck, daß der Fürstbischof von Chiemsee seit 1610 als Weihbischof für Salzburg fungierte und dort auch residierte, während die Fürstbischöfe von Seckau und Lavant in Personalunion Generalvikare für Teile der Erzdiözese waren. Große Einbußen erfuhr diese dominierende Stellung Salzburgs erst, als es 1783 den Neustädter Distrikt an Wiener Neustadt abtreten mußte sowie 1786 Gurk, Seckau und Lavant zu vollwertigen Diözesen erhoben und auf Kosten Salzburgs vergrößert wurden. Dieses verlor dadurch seine in Österreich gelegenen Teile, doch behielten die Erzbischöfe ihre Rechte bei der Besetzung der ehemaligen Eigenbistümer. Das Salzburger Metropolitankapitel besaß das Recht der Bischofs-wahl.

Fürsterzbischöfe

1621 – 1653	Paris von Lodron
1654 – 1668	Guidobald von Thun
1668 – 1687	Maximilian Gandolf von Kuenburg
1687 – 1709	Johann Ernst von Thun
1706 – 1709	Franz Anton von Harrach, Koadjutor
1709 – 1727	Ders., Fürsterzbischof
1727 – 1744	Leopold Anton Eleutherius von Firmian
1745 – 1747	Jakob Ernst von Liechtenstein-Kastelkorn
1749 – 1753	Andreas Jakob von Dietrichstein
1753 – 1771	Siegmund Christoph von Schrattenbach
1772 – 1812	Hieronymus Joseph Franz de Paula von Colloredo (→ Bd. I)

Weihbischöfe

Als Weihbischöfe wirkten seit 1610 fast ausschließlich die Fürstbischöfe von Chiemsee. → Chiemsee

1744 – 1755	Anton Felix Ciurletti

Generalvikare

Im Zuge der Neuordnung der Diözesanverwaltung nach dem Tridentinum wurde 1589 im Bischof von Chiemsee erstmals ein Generalvikar für die gesamte Erzdiözese, daneben 1591 im Bischof von Seckau ein Generalvikar für die Steiermark und 1593 im Bischof von Lavant ein Generalvikar für Kärnten ernannt. Diese Ordnung blieb bis zur josephinischen Diözesanregulierung in der Weise geltend, daß das Amt des Generalvikars durch den Salzburger Konsistorialpräsidenten wahrge-nommen wurde. Daneben gab es je einen Generalvikar für die Steiermark und den Neustädter Distrikt sowie für Kärnten.

Konsistorialpräsidenten in Salzburg (seit 1803: Präsident des Kurfürstlich geistlichen Admini-strationrats)

1644 – 1654(?)	Guidobald von Thun
1654 – 1668(?)	Maximilian Gandolf von Kuenburg
1668 – 1675(?)	Wolfgang Friedrich von Laimingen
1677 – 1692(?)	Joachim Albrecht von Leiblfing zu Rain
1693 – 1699(?)	Wolfgang Hannibal von Schrattenbach
1699 – 1713(?)	Maximilian Ernst von Scherffenberg
1713 – 1728(?)	Carl Joseph von Kuenburg
1728 – 1730	Hannibal Felix von Thurn und Valsassina
1730 – 1733	Leopold Ernst Mauritius Joseph von Firmian
1733 – 1754	Johann Baptist von Thurn, Valsassina und Taxis
1754 – 1755	Leopold Anton von Podstatsky
1755 – 1763	Johann Philipp von Spaur, Pflaum und Valör
1763 – 1771	Leopold von Khevenhüller
1771 – 1773	Sebastian von Lodron
1774 – 1775	Peter Vigil von Thun
1775 – 1804	Johann Nepomuk Franz Joseph von Starhemberg

Salzburger Generalvikare für Ober- und Unterkärnten

1640 – 1654	Albert von Priamis
1654 – 1664	Maximilian Gandolf von Kuenburg
1665 – 1673	Sebastian von Pötting-Persing

1673 – 1704	Franz Caspar von Stadion
1704 – 1708	Johann Sigmund von Kuenburg
1709 – 1718	Philipp Carl von Fürstenberg
1718 – 1724	Leopold Anton Eleutherius von Firmian
1724 – 1744	Joseph Oswald von Attems
1744 – 1753	Vigilius Augustin Maria von Firmian
1753 – 1761	Joseph Maria von Thun
1761 – 1762	Johann Baptist von Thurn-Valsassina
1763 – 1772	Joseph Franz Anton von Auersperg
1773 – 1777	Franz de Paula Xaver Ludwig Jakob von Breuner
1777 – 1786	Vinzenz Joseph von Schrattenbach (→ Bd. I)

Salzburger Generalvikare für die Steiermark und den Neustädter Bezirk

1633 – 1664	Johann Markus von Aldringen
1665 – 1668	Maximilian Gandolf von Kuenburg
1671 – 1679	Wenzel Wilhelm von Hofkirchen
1679 – 1687	Johann Ernst von Thun
1690 – 1702	Rudolf Joseph von Thun
1702 – 1712	Franz Anton Adolf von Wagensperg
1712 – 1723	Joseph Dominikus von Lamberg
1723	Karl Joseph von Kuenburg
1724 – 1727	Leopold Anton Eleutherius von Firmian
1728 – 1738	Jakob Ernst von Liechtenstein-Kastelkorn
1745 – 1763	Leopold Ernst von Firmian
1763 – 1780	Joseph Philipp Franz von Spaur
1780 – 1789	Joseph Adam von Arco (→ Bd. I)

ST. PÖLTEN

Das Bistum wurde 1785 im Zuge der josephinischen Diözesanregulierung errichtet und der Kirchenprovinz Wien zugeordnet.

Bischöfe

1785 – 1792	Heinrich Johann von Kerens (→ Bd. I)
1794 – 1803	Sigismund Anton von Hohenwart (→ Bd. I)

Leitende Bistumsbeamte

1784 – 1789	Peter Schumacher, Generalvikar (→ Bd. I)
1785 – 1790	Anton Kautschitz, Konsistorialkanzler (→ Bd. I)
1789 – 1792	Gottfried Joseph Crüts van Creits, Generalvikar (→ Bd. I)
1790 – 1794	Eusebius Uhlich, Konsistorialkanzler (→ Bd. I)
1794 – 1803	Gottfried Joseph Crüts van Creits, Generalvikar (→ Bd. I)
1794 – 1803	Franz Kautschitz, Konsistorialkanzler (→ Bd. I)

SECKAU

Das 1218 als Salzburger Eigenbistum gegründete Bistum umfaßte bis zur josephinischen Diözesanregulierung nur ein kleines Gebiet. Die Fürstbischöfe besaßen kein weltliches Territorium. 1786 erhielt das Bistum, dessen Sitz nun in die Landeshauptstadt Graz verlegt wurde, die ganze Steiermark. Das Recht zur Nomination, Konfirmation und Konsekration der Bischöfe lag beim Erzbischof von Salzburg.

1633 – 1664	Johann Markus von Aldringen
1664 – 1665	Maximilian Gandolf von Kuenburg, Administrator
1665 – 1668	Ders., Fürstbischof
1670 – 1679	Wenzel Wilhelm von Hofkirchen

1679 – 1687	Johann Ernst von Thun
1690 – 1702	Rudolf Joseph von Thun
1702 – 1712	Franz Anton Adolf von Wagensperg
1712 – 1723	Josef Dominikus von Lamberg
1723	Karl Josef von Kuenburg
1724 – 1727	Leopold Anton Eleutherius von Firmian
1728 – 1738	Jakob Ernst von Liechtenstein-Kastelkorn
1739 – 1763	Leopold Ernst von Firmian
1763 – 1779	Joseph Philipp Franz von Spaur
1780 – 1802	Josef Adam von Arco (→ Bd. I)
1802 – 1812	Johann Friedrich von Waldstein-Wartenberg (→ Bd. I)

SITTEN

Das ins 4. Jh. zurückreichende, ursprünglich zur Kirchenprovinz Vienne, dann Tarantaise gehörende und seit 1513 exemte Bistum umfaßte neben dem Kanton Wallis kleine Teile des Waadtlandes. Obwohl die Bischöfe die Landesherrschaft zu Beginn des 17. Jh. verloren hatten, führten sie den Fürstentitel weiter. Die Bischöfe wurden seit dem 17. Jh. aus einem Vierervorschlag des Domkapitels durch den Landesrat gewählt.

Fürstbischöfe

1650 – 1672	Adrian von Riedmatten
1673 – 1701	Adrian von Riedmatten
1702 – 1734	Franz Joseph Supersaxo
1734 – 1752	Johann Joseph Arnold Blatter
1752 – 1760	Johann Hildebrand Roten
1761 – 1780	Franz Joseph Friedrich Ambuel
1780 – 1790	Franz Melchior Joseph Zen-Ruffinen
1790 – 1807	Josef Anton Blatter (→ Bd. I)

Generalvikare

1633 – 1659	Georg Summermatter
1659 – 1669	Josef de Sepibus
1670 – 1680	Matthias Will
1680 – 1698	Johann de Courten
1698 – 1702	Franz Joseph Supersaxo
1702 – 1721	Jacque de Preux
1722 – 1744	Alexis von Werra
1744 – 1746	Johann Christian Hagen
1746 – 1758	Johann Josef de Chastonay
1758 – 1764	Johann Josef Lagger
1764 – 1780	Franz Melchior Joseph Zen-Ruffinen
1780 – 1781	Peter Josef Imseng
1781	Adrian Josef Moritz de Courten
1781 – 1790	Johann Felix Wyss
1798 – 1822	Alphonse Pignot (→ Bd. I)

SPEYER

Das ins 4. Jh. zurückreichende Bistum war Suffraganbistum von Mainz. Es war bedeutend größer als das Hochstift, verlor aber in der Reformationszeit etwa zwei Drittel seiner Pfarreien. 1744 zählte es ca. 200 Pfarreien. Bis 1712 wurde es in Personalunion von einem der Erzbischöfe von Mainz oder Trier mitverwaltet. Angesichts der Schwierigkeiten mit dem Rat der evangelischen Reichsstadt Speyer wurde die bischöfliche Residenz 1720 nach Bruchsal verlegt, während das Domkapitel seinen Sitz in Speyer behielt. Das Bischofswahlrecht lag beim Domkapitel.

Fürstbischöfe

1609 – 1610	Philipp Christoph von Sötern, Koadjutor
1610 – 1652	Ders., Fürstbischof
1652 – 1675	Lothar Friedrich von Metternich-Burscheid
1675 – 1711	Johann Hugo von Orsbeck
1712 – 1719	Heinrich Hartard von Rollingen
1716 – 1719	Damian Hugo Philipp von Schönborn, Koadjutor
1719 – 1743	Ders., Fürstbischof
1744 – 1770	Franz Christoph von Hutten
1770 – 1797	Damian August Philipp Karl von Limburg-Styrum
1797 – 1810	Philipp Franz Wilderich Nepomuk von Walderdorf (→ Bd. I)

Weihbischöfe

1623 – 1663	Gangolf Ralinger
1673 – 1684	Johannes Brassert
1685 – 1698	Johann Philipp Burkard
1699 – 1700	Johann Konrad Arnbergh, ernannter Weihbischof
1700 – 1744	Peter Cornelius von Beyweg
1745 – 1771	Johann Adam Buckel
1772 – 1789	Johann Andreas Seelmann
1790 – 1805	Philipp Anton Schmidt

Generalvikare

1624 – 1655	Gangolf Ralinger
1692 – 1711	Heinrich Hartard von Rollingen
1711 – 1739	Johann Adolf Spies von Büllesheim
1739 – 1768	Johann Leopold Erasmus von Nesselrode
1768 – 1775	Johann Nepomuk von Montfort
1775 – 1810	Christoph Willibald von Hohenfeld

STRASSBURG

Das in römische Zeit zurückreichende Bistum war Suffraganbistum von Mainz. Sein weltliches Territorium war seit dem 14. Jh ausgebildet. Nach großen Verlusten in der Reformationszeit und der Konsolidierung durch die katholische Reform brachte das Vordringen Frankreichs, das 1681 Straßburg besetzte, eine massive Rekatholisierung. 1756 zählte die Diözese 300 Pfarreien. Da ein Teil des Hochstiftes auf dem rechten Rheinufer lag, blieben die Bischöfe nach 1681 Reichsfürsten. Nach Einführung der Reformation hatten sie ihre Residenz nach Zabern in ihr weltliches Territorium verlegt. Nach 1681 kehrten sie nach Straßburg zurück. Das Domkapitel besaß das Bischofswahlrecht.

Fürstbischöfe

1626 – 1662	Leopold Wilhelm von Österreich
1663 – 1682	Franz Egon von Fürstenberg
1683 – 1704	Wilhelm Egon von Fürstenberg
1701 – 1704	Armand Gaston Maximilien de Rohan, Koadjutor
1704 – 1749	Ders., Fürstbischof
1742 – 1749	François Armand Auguste de Rohan, Koadjutor
1749 – 1756	Ders., Fürstbischof
1757 – 1779	Louis César Constantin de Rohan
1760 – 1779	Louis René Edouard de Rohan, Koadjutor
1779 – 1803	Ders., Fürstbischof

Weihbischöfe

1646 – 1691	Gabriel Haug
1694 – 1705	Peter Creagh

1698 – 1699	Johann Peter von Quentell, ernannter Weihbischof
1715 – 1716	Guillaume Tual
1719 – 1729	Louis Philippe d'Auneau de Visé
1730 – 1739	Jean Vivant
1739 – 1756	Johann Franz Riccius
1757 – 1785	Toussaint Duvernin
1786 – 1799	Jean Jacques Lantz

Generalvikare

1643 – 1691	Gabriel Haug
1650 – 1660	Georges Alban Mayer von Mayersheim
1660 – 1676	Jean Pleister
1676 – 1685	Lambert von Laër
1684 – 1689	Martin de Ratabon
1689 – 1692	Louis de Gouy de Cartigny
1692 – 1693	Claude Hennequin
1693 – 1694	Charles Magdelaine Frézeau de la Frézelière
1694 – 1705	François Blouet de Camilly
1705 – 1716	Guillaume Tual
1716 – 1729	Louis Philippe d'Auneau de Visé
1729 – 1739	Jean Vivant
1739 – 1756	Johann Franz Riccius
1756 – 1785	Toussaint Duvernin
1785 – 1799	Jean Jacques Lantz

TRIENT (Trento)

Das ins 4. Jh. zurückreichende Bistum war bis 1751 Suffraganbistum von Aquileja, seit 1752 von Görz. Das Hochstift war mit der Grafschaft Tirol in einem Wehrbündnis verbunden. Der größte Teil der Bevölkerung war italienisch, doch gab es eine starke deutsche Minorität. Das Bischofswahlrecht lag beim Domkapitel.

Fürstbischöfe

1622 – 1630	Carlo Emanuele von Madruzzo, Koadjutor
1630 – 1658	Ders., Fürstbischof
1660 – 1665	Sigmund Franz, Erzherzog von Österreich, erwählter Fürstbischof
1665 – 1667	Ernst Adalbert von Harrach
1669 – 1677	Sigmund Alphons von Thun
1677 – 1689	Francesco Alberti di Poia
1691 – 1695	Giuseppe Vittorio Alberti d'Enno
1696 – 1725	Johann Michael von Spaur und Valör
1725	Johann Benedikt Gentilotti von Engelsbrunn, erwählter Fürstbischof
1726 – 1730	Anton Dominikus von Wolkenstein-Trostburg
1730 – 1758	Dominikus Anton von Thun
1748 – 1756	Leopold Ernst von Firmian, Koadjutor
1756 – 1758	Francesco Felice Alberti d'Enno, Koadjutor
1758 – 1762	Ders., Fürstbischof
1763 – 1776	Cristoforo Sizzo de Noris
1776 – 1800	Peter Michael Vigil von Thun und Hohenstein
1800 – 1818	Emanuel Maria von Thun (→ Bd. I)

Weihbischöfe

1693 – 1721	Georg Sigismund von Sinnersberg
1722 – 1743	Johann Michael Wenzel von Spaur
1743 – 1744	Johann Kaspar von Wolkenstein-Rodeneck
1744 – 1774	Bartolomeo Antonio Passi
1797 – 1800	Emanuel Maria von Thun (→ Bd. I)

Generalvikare

1644 – 1658	Francesco Alberti di Poia
1658 – 1673	Giuseppe Vittorio Alberti d'Enno
1675 – 1677	Giovanni Michele Dusini
1677 – 1684	Francesco Antonio Begnudelli Basso
1685 – 1687	Giovanni Battista Piccini
1687 – 1688	Leonardo Zendroni
1688 – 1692	Carlo Emanuele Voltolini
1693 – 1695	Dominikus Anton von Altspaur
1696 – 1700	Carlo Emanuele Voltolini
1702	Carlo Ferdinando von Lodron
1702 – 1703	Lorenzo Vigilio de Nicolli
1703 – 1709	Konstanz Caldonazzi
1709 – 1723	Johann Michael Wenzel von Spaur
1710	Carlo Ferdinando von Lodron
1724 – 1734	Francesco Martini
1738 – 1748	Pantaleone Lorenzo Antonio Borzi
1750 – 1756	Bartolomeo Antonio Passi, Konsistorialpräsident
1756 – 1760	Johann Baptist Leopold von Thun
1760 – 1762	Angelo Antonio de Rosmini
1763 – 1770	Girolamo Brochetti
1775 – 1807	Simone Albano Zambaiti (→ Bd. I)

TRIER

Das in die Römerzeit zurückreichende, seit dem 6. Jh. als Metropole nachweisbare Bistum erstreckte sich im Westen bis weit in den französischen Sprachraum hinein (33 000 km²). Auch das von Trier ausgehende, später in das Ober- und das Untererzstift (um Koblenz) gegliederte weltliche Territorium war von beträchtlicher Größe. Die Erzbischöfe gehörten als Erzkanzler für Gallien und Kurfürsten zu den wichtigsten geistlichen Fürsten des Reiches. Trotz beträchtlicher Verluste in der Reformationszeit reichte der Sprengel auch nach 1648 weit über den Kurstaat hinaus. 1794 zählte er 835 Pfarreien. Das Bischofswahlrecht lag beim Metropolitankapitel.

Kurfürst-Erzbischöfe

1624 – 1652	Philipp Christoph von Sötern
1651 – 1652	Karl Kaspar von der Leyen, Koadjutor
1652 – 1676	Ders., Kurfürst-Erzbischof
1672 – 1676	Johann Hugo von Orsbeck, Koadjutor
1676 – 1711	Ders., Kurfürst-Erzbischof
1711 – 1715	Karl Joseph von Lothringen
1716 – 1729	Franz Ludwig von Pfalz-Neuburg
1729 – 1756	Franz Georg von Schönborn
1754 – 1756	Johann Philipp von Walderdorff, Koadjutor
1756 – 1768	Ders., Kurfürst-Erzbischof
1768 – 1801	Klemens Wenzeslaus von Sachsen (→ Bd. I)
1802 – 1816	Charles Mannay (→ Bd. I)

Weihbischöfe

1633 – 1662	Otto von Senheim
1663 – 1671	Johannes Holler
1676 – 1680	Johann Heinrich von Anethan
1687 – 1708	Johannes Petrus Verhorst
1710 – 1729	Johann Matthias von Eyss
1730 – 1748	Lothar Friedrich von Nalbach
1748 – 1790	Johann Nikolaus von Hontheim
1778 – 1794	Jean-Marie Cuchot d'Herbain
1794 – 1802	Johann Michael Josef von Pidoll

Generalvikare

1688−1708 Johann Petrus Verhorst

Bis zum Jahre 1719 war das Generalvikariat für das gesamte Erzbistum dem jeweiligen Weihbischof anvertraut („Vicarius in spiritualibus generalis, alter episcopus ex jurisdictione quasi ordinaria"), während der für das Niedererzstift in Koblenz mit fast gleichem Aufgabenbereich tätige „Commissarius officialis" nur delegierte Jurisdiktion besaß. Seit 1719 hatte das Erzbistum zwei Generalvikare.

Generalvikare für das Obererzstift und Präsidenten des Konsistoriums in Trier

1719−1721	Cornelius Gerhard Lersmacher
1721−1729	Johann Matthias von Eyss
1729−1737	Damian Heinrich von Eltz zu Kempenich
1739−1742	Johann Philipp von Walderdorff
1742−1751	Johann Friedrich Arnold von Hoensbroech
1751−1755	Franz Karl Ludwig von Boos zu Waldeck
1755−1790	Karl Kaspar Gottfried Beissel von Gymnich
1791−1793	Jean-Marie Cuchot d'Herbain, Provikar

Generalvikare für das Niedererzstift Trier in Koblenz

1719−1737	Johann Conrad Schwang
1738−1747	Johann Nikolaus von Hontheim
1747−1773	Kaspar Anton Radermacher
1773−1782	Johann Joseph Hurth

Generalvikare für die französischen, lothringischen und luxemburgischen Teile der Erzdiözese Trier

1735−1748	Lothar Friedrich von Nalbach
1748−1778	Johann Nikolaus von Hontheim

Generalvikar für den französischen Teil des Erzstifts in Longwy

1782−1790 Jean-Marie Cuchot d'Herbain

TRIEST

Das seit dem 6. Jh. nachweisbare Bistum war bis 1751 Suffraganbistum von Aquileja, danach von Görz. Im Rahmen der josephinischen Diözesanregulierung 1788 zugunsten des neuerrichteten Gradisca aufgehoben, wurde es 1791 als Suffraganbistum von Laibach (bis 1806) wiederhergestellt. Dabei erhielt es das Gebiet des unterdrückten Bistums Pedena. Das Nominationsrecht lag beim Landesherrn. Die Bevölkerung war z.T. slowenisch, z.T. italienisch.

Bischöfe

1646−1662	Antonio Marenzi
1663−1672	Franz Maximilian Vaccano
1673−1691	Giacomo Ferdinando de Gorizzutti
1692−1720	Giovanni Francesco Miller
1718−1720	Josephus Antonius Delmestri, Koadjutor
1720−1721	Ders., Bischof
1724−1739	Lukas Sartorius Delmestri
1740−1760	Leopold Joseph Hannibal von Petazzi
1761−1774	Antonius von Herberstein
1775−1788	Franz Philipp von Inzaghi
1791−1794	Sigismund Anton von Hohenwart (→ Bd. I)
1796−1803	Ignatius Cajetanus von Buset

Weihbischof

1711 – 1716   Wilhelm von Leslie

Generalvikar

1791 – 1794   Ignatius Cajetanus von Buset

WIEN

Das 1469 für Wien und sein Umland aus Teilen von Passau gegründete Bistum (17 Pfarreien) wurde 1722 zum Erzbistum erhoben, 1728 um 80 passauische Pfarreien vermehrt und 1782/85 im Zuge der josephinischen Diözesanregulierung durch die Einbeziehung von Wiener Neustadt auf seinen heutigen Umfang gebracht. Die Bischöfe besaßen zwar kein weltliches Territorium, führten aber seit 1631 den Fürstentitel. Das Nominationsrecht lag beim Landesherrn.

Fürstbischöfe

1639 – 1669   Philipp Friedrich von Breuner
1669 – 1680   Wilderich von Walderdorff
1681 – 1685   Emerich Sinelli
1685 – 1702   Ernst von Trautson
1701 – 1702   Franz Anton von Harrach, Koadjutor
1702 – 1706   Ders., Fürstbischof
1706 – 1716   Franz Ferdinand von Rummel
1716 – 1722   Sigismund von Kollonitsch

Fürsterzbischöfe

1722 – 1751   Sigismund von Kollonitsch
1750 – 1751   Johann Joseph von Trautson, Koadjutor
1751 – 1757   Ders., Fürsterzbischof
1757 – 1803   Christoph Anton von Migazzi (→ Bd. I)

Weihbischöfe

Weihbischöfe wurden erst seit der Erhebung zum Erzbistum (1722) regelmäßig bestellt. Vorher gab es Weihbischöfe nur in besonderen Ausnahmefällen.

1673 – 1683   Johannes Schmitzberger
1728 – 1749   Joseph Heinrich von Braitenbücher
1748 – 1775   Franz Xaver Anton Marxer
1775 – 1778   Adam Dwerditsch
1778   Anton Martin von Stegner
1778 – 1803   Edmund Maria Josef Artz von und zu Vasegg (→ Bd. I)

Titularbischof

1770 – 1772   Simon Ambros von Stock

Generalvikare

1640 – 1665   Stephan von Zwirschlag
1665 – 1666   Laurenz Aidinger
1667 – 1676   Petrus Vauthier
1676 – 1699   Johann Baptist Mair
1699 – 1708   Hermann Claudius Klöcker
1708 – 1749   Joseph Heinrich von Braitenbücher
1749 – 1775   Franz Xaver Anton Marxer
1775 – 1778   Adam Dwerditsch
1778 – 1803   Edmund Maria Josef Artz von und zu Vasegg (→ Bd. I)

WIENER NEUSTADT

Das 1469 für Neustadt aus Teilen von Passau gegründete Bistum wurde 1783 um 43 Pfarreien und Kuratien des Neustädter Distriktes des Erzbistums Salzburg vergrößert, jedoch 1785 aufgehoben. Sein Gebiet wurde dem Erzbistum Wien einverleibt. Die Bischöfe von Wiener Neustadt besaßen kein weltliches Territorium. Das Nominationsrecht lag beim Landesherrn.

Bischöfe

1639 – 1666	Johannes Thuanus
1666 – 1669	Laurenz Aidinger
1670 – 1685	Leopold Karl von Kollonitsch
1687 – 1695	Christoph de Rojas y Spinola
1695 – 1718	Franz Anton von Puchheim
1719 – 1720	Ignaz von Lovina
1722 – 1733	Johann Moritz Gustav von Manderscheid-Blankenheim
1734 – 1740	Johann Franz Anton von Khevenhüller
1741 – 1773	Ferdinand Michael Cyriakus von Hallweil
1775 – 1785	Heinrich Johann Kerens (→ Bd. I)

Generalvikare

1690 – 1707	Reinhard Vlostorff
1708 – 1718	Johann Stephan Kittner
1741 – 1742	Johann Stephan Kittner
1742 – 1752	Maximilian Anton von Rupprecht
1752 – 1773	Leopold von Haymmerle
1774 – 1775	Leopold von Haymmerle

WORMS

Das in römische Zeit zurückgehende Bistum besaß nur ein kleines Hochstift. Trotz schwerer Verluste in der Reformationszeit zählte es infolge des Übergangs der Pfalz an den Katholizismus (1685) und der Rijswijker Klausel (1697) im 18. Jh. doch wieder 130 Pfarreien. Nach 1648 war das Bistum meist in Personalunion mit Mainz oder Trier verbunden. Das Domkapitel besaß das Bischofswahlrecht.

Fürstbischöfe

1630 – 1652	Georg Anton von Rodenstein
1662 – 1663	Hugo Eberhard Cratz von Scharfenstein
1663 – 1673	Johann Philipp von Schönborn
1674 – 1675	Lothar Friedrich von Metternich-Burscheid
1676 – 1678	Damian Hartard von der Leyen
1679	Karl Heinrich von Metternich-Winneburg
1681 – 1683	Franz Emmerich Kaspar Waldbott von Bassenheim, erwählter Fürstbischof
1688 – 1691	Johannes Karl von Frankenstein
1693 – 1694	Ludwig Anton von Pfalz-Neuburg
1694 – 1732	Franz Ludwig von Pfalz-Neuburg
1732 – 1756	Franz Georg von Schönborn
1749 – 1756	Johannes Friedrich Karl von Ostein, Koadjutor
1756 – 1763	Ders., Fürstbischof
1763 – 1768	Johannes Philipp von Walderdorff
1768 – 1774	Emmerich Joseph von Breidbach zu Bürresheim
1775 – 1802	Friedrich Karl Joseph von Erthal
1788 – 1802	Karl Theodor von Dalberg, Koadjutor (→ Bd. I)
1802 – 1817	Ders., Fürstbischof (→ Bd. I)

Weihbischöfe

1674 – 1676	Johannes Brassert
ca. 1684	Karl Franz Neander, „Neumann"
1711 – 1713	Johannes Leopold von Gudenus
1716 – 1730	Johann Baptist Gegg
1731 – 1734	Johann Anton Wallreuther
1734 – 1765	Christian Albert Anton von Merle
1765 – 1779	Franz Xaver Anton von Scheben
1780 – 1783	Johann Valentin Heimes (→ Bd. I)
1783 – 1796	Stephan Alexander Würdtwein

Generalvikare

1734 – 1743	Lothar Franz Joseph Knebel von Katzenellenbogen
1743 – 1761	Wilhelm Jakob Amarin Zu-Rhein
1761 – 1770	Karl Friedrich Damian Joseph Ferdinand Dalberg

WÜRZBURG

Das 742 durch Bonifatius gegründete Bistum zählte zur Kirchenprovinz Mainz. Das bedeutende Hochstift war seit dem 13. Jh. im wesentlichen ausgebildet. Nach großen Verlusten in der Reformationszeit blieb das Hochstift katholisch. 1752 wurde das Gebiet des neuerrichteten Bistums Fulda von Würzburg ausgegliedert. Das Domkapitel besaß das Bischofswahlrecht.

Fürstbischöfe

1644 – 1673	Johann Philipp von Schönborn
1674 – 1675	Johann Hartmann von Rosenbach
1676 – 1683	Peter Philipp von Dernbach
1683 – 1684	Konrad Wilhelm von Werdenau, erwählter Fürstbischof
1686 – 1698	Johann Gottfried von Guttenberg
1699 – 1719	Johann Philipp von Greiffenclau zu Vollraths
1719 – 1724	Johann Philipp Franz von Schönborn
1724 – 1729	Christoph Franz von Hutten
1729 – 1746	Friedrich Karl von Schönborn
1746 – 1749	Anselm Franz von Ingelheim
1749 – 1754	Karl Philipp von Greiffenclau zu Vollraths
1755 – 1779	Adam Friedrich von Seinsheim
1779 – 1795	Franz Ludwig von Erthal
1795 – 1808	Georg Karl Ignaz von Fechenbach zu Laudenbach (→ Bd. I)

Weihbischöfe

1648 – 1666	Johann Melchior Söllner
1667 – 1703	Stephan Weinberger
1705 – 1747	Johann Bernhard Mayer
1748 – 1788	Daniel Johann Anton von Gebsattel
1790 – 1802	Andreas Joseph Fahrmann
1802 – 1817	Gregor von Zirkel (→ Bd. I)

Generalvikare

1636 – 1666	Johann Melchior Söllner
1667 – 1703	Stephan Weinberger
1705 – 1735	Philipp Braun
1734 – 1746	Franz Josef Anton von Hahn
1735 – 1747	Johann Martin Kettler
1746 – 1767	Karl Philipp Johann Zobel von Giebelstadt und Messelhausen
1767 – 1780	Karl Friedrich Wilhelm von Erthal
1781 – 1808	Johann Franz Schenk von Stauffenberg (→ Bd. I)

VERZEICHNIS DER ZEITGENÖSSISCHEN REGENTEN UND NUNTIEN

Päpste

1644 – 1655	Innozenz X.
1655 – 1667	Alexander VII.
1667 – 1669	Clemens IX.
1670 – 1676	Clemens X.
1676 – 1689	Innozenz XI.
1689 – 1691	Alexander VIII.
1691 – 1700	Innozenz XII.
1700 – 1721	Clemens XI.
1721 – 1724	Innozenz XIII.
1724 – 1730	Benedikt XIII.
1730 – 1740	Clemens XII.
1740 – 1758	Benedikt XIV.
1758 – 1769	Clemens XIII.
1769 – 1774	Clemens XIV.
1775 – 1799	Pius VI.
1800 – 1823	Pius VII.

Deutsche Könige und Kaiser

Haus Habsburg (Steirische Hauptlinie)

1637 – 1657	Ferdinand III.
1658 – 1705	Leopold I.
1705 – 1711	Joseph I.
1711 – 1740	Karl VI.
1740 – 1780	Maria Theresia, Erzherzogin

Haus Bayern (Wittelsbach)

1742 – 1745	Karl VII.

Haus Habsburg-Lothringen

1745 – 1765	Franz I.
1765 – 1790	Joseph II.
1790 – 1792	Leopold II.
1792 – 1806	Franz II.

Kurfürsten von Bayern

1597 – 1651	Maximilian I. (ab 1623 Kurfürst)
1651 – 1679	Ferdinand Maria
1679 – 1726	Max II. Emanuel
1726 – 1745	Karl Albrecht (ab 1742 Deutscher Kaiser Karl VII.)
1745 – 1777	Max III. Josef
1777 – 1799	Karl Theodor, Kurfürst von der Pfalz
1799 – 1825	Max IV. Josef (ab 1806 König Max I. Josef)

Kurfürsten von Brandenburg, seit 1618 auch Herzöge in Preußen, 1701 Könige in Preußen, 1740 Könige von Preußen

1640 – 1688	Friedrich Wilhelm
1688 – 1713	Friedrich III. (ab 1701 König in Preußen, Friedrich I.)

1713 – 1740	Friedrich Wilhelm I.
1740 – 1786	Friedrich II., der Große
1786 – 1797	Friedrich Wilhelm II.
1797 – 1840	Friedrich Wilhelm III.

Pfalzgrafen zu Neuburg (seit 1685 Kurfürsten)

1614 – 1653	Wolfgang Wilhelm
1653 – 1690	Philipp Wilhelm
1690 – 1716	Johann Wilhelm
1716 – 1742	Karl III. Philipp
1743 – 1777	Karl IV. Philipp Theodor (ab 1777 Kurfürst von Bayern)

Französische Könige

1643 – 1715	Ludwig XIV.
1715 – 1774	Ludwig XV.
1774 – 1792	Ludwig XVI.

Polnische Könige

1648 – 1668	Johann II. Kasimir
1669 – 1673	Michael Wiśniowiecki
1674 – 1696	Johann III. Sobieski
1697 – 1703	August II., der Starke
1704 – 1709	Stanislaus I. Leszczyński
1709 – 1733	August II., der Starke
1733 – 1763	August III.
1764 – 1795	Stanislaus II. August Poniatowski

Apostolische Nuntien am Kaiserhof

1644 – 1652	Camillo de Melzi, Ep. Capuanus
1652 – 1658	Scipio Pannochieschi, Archiep. Pisanus
1658	Benedetto Rossi, Geschäftsträger
1658 – 1664	Carlo Caraffa, Ep. Aversanus
1665	Francesco Antonio Galli, Geschäftsträger
1665 – 1667	Giulio Spinola, Ep. tit. Laodicensis
1667 – 1668	Prosperzio Alviti, Geschäftsträger
1668 – 1671	Antonio Pignatelli, Ep. tit. Larissensis
1671 – 1675	Mario Albrizio, Archiep. tit. Neocaesariensis
1675 – 1689	Francesco Bonvisio, Archiep. tit. Thessalonicensis
1689 – 1692	Francesco Tucci, Geschäftsträger
1692 – 1696	Sebastiano Antonio Tanara, Archiep. tit. Damascensis
1696 – 1700	Andrea Santa-Croce, Archiep. tit. Seleucensis
1700	Francesco Bentini, Geschäftsträger
1700 – 1706	Gio Antonio Davia, Ep. Ariminensis
1706 – 1709	Marc'Antonio Santini, Geschäftsträger
1709 – 1713	Giulio Piazza, Archiep. tit. Nazarenus
1713 – 1720	Giorgio Spinola, Ep. tit. Caesariensis
1720	Ubaldo Petrucci, Geschäftsträger
1720 – 1731	Girolamo Grimaldi, Archiep. tit. Edessenus
1731 – 1738	Domenico Passionei, Archiep. tit. Ephesinus
1738 – 1745	Camillo Merlino, Archiep. tit. Iconiensis
1745 – 1746	Pietro Francesco Giannini, Geschäftsträger
1746 – 1754	Fabrizio Sorbelloni, Archiep. tit. Patracensis
1754 – 1760	Ignazio Crivelli, Ep. tit. Caesariensis
1760 – 1767	Vitaliano Borromeo, Ep. tit. Thebanus
1767 – 1774	Antonio Eugenio Visconti, Archiep. tit. Ephesinus
1774 – 1776	Giuseppe Antonio Taruffi, Geschäftsträger
1776 – 1785	Giuseppe Garampi, Ep. Berythi, Ep. Montis Falisci
1785 – 1793	Gio Battista Caprara, Archiep. tit. Iconiensis

1793	Benedetto Agostini Zampuoli, Geschäftsträger
1793 – 1801	Luigi Ruffo-Scilla, Ep. Apamiensis
1801 – 1816	Severoli Antonio Gabriele, Archiep. tit. Petrensis

Apostolische Nuntien in München

1785 – 1795	Giulio Cesare Zoglio, Archiep. tit. Atheniensis
1795 – 1796	Annibale Della Genga, Geschäftsträger
1796 – 1799	Emidio Ziucci, Archiep. tit. Rhodiensis
1800 – 1817	Vakanz

Apostolische Nuntien in Köln

1639 – 1651	Fabio Chigi, Ep. Neritonensis
1652	Antonio Abbondanti, Geschäftsträger
1652 – 1659	Giuseppe Maria Sanfelice, Ep. Cusentinus
1659 – 1666	Marco Galli, Ep. Ariminensis
1666 – 1670	Agostino Franciotti, Archiep. tit. Trapezuntinus
1670	Giovanni Scanelli, Geschäftsträger
1670 – 1672	Francesco Bonvisi, Archiep. tit. Thessalonicensis
1672 – 1673	Francesco Tucci, Geschäftsträger
1672 – 1680	Opizio Pallavicini, Archiep. tit. Ephesinus
1680	Giacomo Maria Onda, Geschäftsträger
1680 – 1687	Ercole Visconti, Archiep. tit. Damiatensis
1687 – 1690	Sebastiano Antonio Tanara, Archiep. tit. Damascenus
1690	Andreas Eschenbrender, Geschäftsträger
1690 – 1696	Gio Antonio Davia, Archiep. tit. Thebanus
1696 – 1698	Fabrizio Paoluzzi, Ep. Maceratensis
1698	Pietro Giuseppe Sierstorff, Geschäftsträger
1698 – 1702	Orazio Filippo Spada, Archiep. tit. Thebanus
1702 – 1703	Bernardino Guinigi, Geschäftsträger
1703 – 1706	Giulio Piazza, Archiep. tit. Rhodiensis
1706 – 1712	Gio Battista Bussi, Archiep. tit. Tarsensis
1712 – 1714	Alessandro Borgia, Geschäftsträger
1712 – 1721	Girolamo Archinto, Archiep. tit. Tarsensis
1721	Lodovico Faccini, Geschäftsträger
1721 – 1722	Vincenzo Santini, Archiep. tit. Trapezuntinus
1722	Giuseppe Palma, Geschäftsträger
1722 – 1732	Gaetano de Cavalieri, Archiep. tit. Tarsensis
1732	Antonio Rota, Geschäftsträger
1732 – 1735	Jacopo Oddi, Ep. tit. Laodicensis
1735	Cinzio Ferdinando Paitelli, Geschäftsträger
1735 – 1738	Fabrizio Sorbelloni, Archiep. tit. Patrensis
1738 – 1739	Girolamo Salari, Geschäftsträger
1739 – 1740	Francesco Goddard, Geschäftsträger
1740 – 1744	Ignazio Michele Crivelli, Ep. tit. Caesariensis
1744	Giovanni Cenacchi, Geschäftsträger
1744 – 1754	Girolamo Spinola, Ep. tit. Laodicensis
1754	Carlo Manzoni, Geschäftsträger
1754 – 1760	Niccolò Oddi, Archiep. tit. Trajanopolitanus
1760 – 1767	Cesare Alberico Lucini, Archiep. tit. Nicaenus
1767 – 1775	Giovanni Battista Caprara, Archiep. tit. Iconiensis
1775 – 1776	Teodosio Mocenni, Geschäftsträger
1776 – 1786	Carlo Bellisomi, Ep. tit. Tienensis
1785 – 1794	Bartolomeo Pacca, Archiep. tit. Damiatensis
1794 – 1801	Annibale della Genga, Archiep. tit. Tyrensis

Apostolische Nuntien in Luzern

| 1647 – 1652 | Francesco Boccapaduli, Ep. Civitatis Castelli |
| 1652 – 1653 | Jodok Knab, Geschäftsträger |

1653 – 1654	Carlo Caraffa, Ep. Aversanus
1654 – 1665	Federico Borromeo, Patr. tit. Alexandrinus
1665 – 1668	Federico Ubaldi, Ep. tit. Caesariensis
1668 – 1670	Rodolfo Aquaviva, Ep. tit. Laodicensis
1670 – 1679	Odoardo Cibo, Archiep. tit. Seleuciensis
1679 – 1685	Cherofino Cherofini, Geschäftsträger
1685 – 1687	Jacopo Cantelmi, Ep. tit. Caesariensis
1687 – 1689	Girolamo Zarini, Geschäftsträger
1689 – 1692	Bartolomeo Menatti, Ep. Laudensis
1692 – 1695	Marcello d'Asti, Archiep. tit. Atheniensis
1695 – 1697	Michel'Angelo Conti, Archiep. tit. Tarsensis
1697 – 1698	Carlo Francesco Gallarini, Geschäftsträger
1698 – 1703	Giulio Piazza, Archiep. tit. Rhodiensis
1703 – 1709	Vincenzo Bichi, Ep. tit. Laodicensis
1709 – 1710	Odoardo Paliferi, Geschäftsträger
1710 – 1716	Jacopo Caraccioli, Archiep. tit. Ephesinus
1716 – 1720	Giuseppe Firrao, Archiep. tit. Nicaenus
1720 – 1721	Francesco Dondori, Geschäftsträger
1721 – 1730	Domenico Passionei, Archiep. tit. Ephesinus
1730 – 1731	Gio Battista Luzi, Geschäftsträger
1731 – 1739	Gio Battista Barni, Archiep. tit. Edessenus
1739 – 1744	Carlo Francesco Durini, Archiep. tit. Rhodiensis
1744 – 1754	Filippo Acciaiuoli, Ep. tit. Petrensis
1754	Girolamo Spinola, Ep. tit. Laodicensis
1754	Carlo Manzoni, Geschäftsträger
1754 – 1759	Gio Battista Bufalini, Ep. Calinensis
1759 – 1764	Niccolò Oddi, Archiep. tit. Trajanopolitanus
1764	Gio Battista Donati, Geschäftsträger
1764	Giuseppe Castoreo, Geschäftsträger
1764 – 1773	Aloisio Valenti-Gonzaga, Ep. tit. Caesariensis
1773 – 1775	Severino Servanzi, Geschäftsträger
1775 – 1785	Gio Battista Caprara, Archiep. tit. Iconiensis
1785 – 1794	Giuseppe Vinci, Ep. tit. Berytensis
1794	Gio Francesco Guerrieri, Geschäftsträger
1794 – 1803	Pietro Gravina, Archiep. tit. Nicaenus
1803 – 1816	Fabrizio Sceberas Testaferrata, Ep. tit. Berytensis

VERZEICHNIS DER ABGEKÜRZT ZITIERTEN LITERATUR

J. F. Abert, Wahlkapitulation	*Abert, Joseph Friedrich*, Die Wahlkapitulationen der Würzburger Bischöfe bis zum Ende des 17. Jh., 1255 – 1698, in: AU 46 (1904) 27-186
K. Abmeier	*Abmeier, Karlies*, Der Trierer Kurfürst Philipp Christoph von Sötern und der Westfälische Friede (= Schriftenreihe der Vereinigung zur Erforschung der neueren Geschichte 15) (Münster 1986)
M. Albert	*Albert, Marcel*, Nuntius Fabio Chigi und die Anfänge des Jansenismus 1639 – 1651. Ein römischer Diplomat in theologischen Auseinandersetzungen (= RQ.S 44) (Freiburg 1988)
K. Amon	*Amon, Karl* (Hg.), Die Bischöfe von Graz-Seckau 1218 – 1968 (Graz 1969)
A. Amrhein	*Amrhein, August*, Reihenfolge der Mitglieder des adeligen Domstiftes zu Würzburg, St. Kilians-Brüder genannt, von seiner Gründung bis zur Säkularisation, 742-1803, in: AU 33 (1890) 3-380
K. O. v. Aretin	*Aretin, Karl Otmar von*, Heiliges Römisches Reich 1776 – 1806. Reichsverfassung und Staatssouveränität (Wiesbaden 1967)
M. Arneth	*Arneth, Michael*, Bartholomäus Holzhauser und sein Weltpriesterinstitut, in: Geist und Leben 31 (1958) 198-211, 276-292, 352-368
J. Asch	*Asch, Jürgen*, Die Geschichte des Kreuzstiftes im Überblick, in: Die Kirche zum Heiligen Kreuz in Hildesheim, hg. v. *J. Zink* u.a. (Hildesheim 1980) 9-41
H.-G. Aschoff, Hannover	*Aschoff, Hans-Georg*, Um des Menschen willen. Die Entwicklung der katholischen Kirche in der Region Hannover (Hildesheim 1983)
H.-G. Aschoff, Hildesheim	*Aschoff, Hans Georg*, Das Bistum Hildesheim und die Apostolischen Vikariate des Nordens, in: Die Diözese Hildesheim in Vergangenheit und Gegenwart 51 (1983) 81-91
H.-G. Aschoff, Katholizismus	Der Katholizismus zwischen Reformation und Säkularisation, in: *H. Patze* (Hg.), Geschichte Niedersachsens III/2 (Hildesheim 1983) 217-259
Atti e memorie	Atti e memorie della società Istriana di archeologia e storia patria NS 10-12 (Venezia 1963) 303-347
A. Bach	*Bach, Adolf*, Goethes „Dechant Dumeiz". Ein rheinischer Prälat der Aufklärungszeit. Lebensumwelt und Persönlichkeit (Heidelberg 1964)
R. Ballmer	*Ballmer, Roger*, Les Etats du pays ou les assemblées d'états dans l'ancien évêché de Bâle (Delémont 1985)
V. Bartůněk	*Bartůněk, Václav*, Profily pražských arcibiskupů [Lebensbilder der Prager Erzbischöfe], in: Praha šest set let církevní metropolí [Prag — sechshundert Jahre kirchliche Metropole] (Prag 1944) 61-114
A. Bauch	*Bauch, Andreas*, Das Collegium Willibaldinum im Wandel der Zeit, in: 400 Jahre Collegium Willibaldinum Eichstätt, hg. v. d. Professoren der Bischöflichen Phil.-theol. Hochschule (Eichstätt 1964) 22-117

R. Bauer, Geistl. Rat — Bauer, Richard, Leitung und Organisation des kurfürstlich Geistlichen Rats 1768–1802 (=Miscellanea Bavarica Monacensia 32) (München 1971)

R. Bauer, Häffelin — Bauer, Richard, Kasimir von Häffelin und die kurbayerischen Landes- und Hofbistumsbestrebungen zwischen 1781 und 1789, in: ZBLG 34 (1971) 733-767

K. Baumgartner — Baumgartner, Konrad, Die Seelsorge im Bistum Passau zwischen barocker Tradition, Aufklärung und Restauration (=MThS. H. 19) (St. Ottilien 1975)

J. Baur, Sötern — Baur, Joseph, Philipp von Sötern, geistlicher Kurfürst zu Trier, und seine Politik während des 30jährigen Krieges, 2 Bde. (Speyer 1897/1914)

J. Baur, Speier — Baur, Joseph, Das Fürstbistum in den Jahren 1635–1652, in: Mitt. Pfalz 24 (1900) 1-163

M. Becker-Huberti — Becker-Huberti, Manfred, Die tridentinische Reform im Bistum Münster unter Fürstbischof Christoph Bernhard von Galen 1650 bis 1678. Ein Beitrag zur Geschichte der katholischen Reform (=Quellen und Forschungen zur Westfalia Sacra 6) (Münster 1978)

B. Beckschäfer — Beckschäfer, Bernhard, Beiträge zur Geschichte des Osnabrücker Weihbischofs Reichsfreiherrn von Gruben, in: OM 34 (1909) 132-198

H. J. Berbig — Berbig, Hans Joachim, Das Kaiserliche Hochstift Bamberg und das Heilige Römische Reich vom Westfälischen Frieden bis zur Säkularisation, 2 Bde. (=BGRK 5/6) (Wiesbaden 1976)

U. Berlière — Berlière, Ursmer, Les évêques auxiliaires de Liège (Brügge-Lille-Paris 1919)

A. Bertram, Bischöfe — Bertram, Adolf, Die Bischöfe von Hildesheim (Hildesheim 1896)

A. Bertram, Hildesheim — Bertram, Adolf, Geschichte des Bistums Hildesheim, Bd. 3 (Hildesheim-Leipzig 1925)

K. Beyerle — Beyerle, Konrad, Die Geschichte des Chorstifts St. Johann zu Konstanz, in: FDA 32 (1904) 1-139; 36 (1908) 1-165

R. Blaas — Blaas, Richard, Das kaiserliche Auditoriat bei der Sacra Rota Romana, in: MÖStA 11 (1958) 37-152

J. J. Blattau — Blattau, Johannes Jakob, Statuta Synodalia, Ordinationes et Mandata Archidioecesis Trevirensis, 9 Bde. (Trier 1844–1859)

P. v. Bomhard — Bomhard, Peter von, Die Kunstdenkmäler der Stadt und des Landkreises Rosenheim, Bd. 3 (Rosenheim 1964)

P. v. Bomhard, Geistlichkeit — Bomhard, Peter von, Die Geistlichkeit in den Münchener Sterbematrikeln vom Beginn bis 1810, in: DB 26 (1971) 42-144

A. Borgnet — Borgnet, Adolphe, Histoire de la révolution liégeoise de 1789, Bd. 1 (Liège 1865)

C. Bosshart-Pfluger — Bosshart-Pfluger, Catherine, Das Basler Domkapitel von seiner Übersiedlung nach Arlesheim bis zur Säkularisation (1687–1803) (=Quellen und Forschungen zur Baseler Geschichte 11) (Basel 1983)

E. Brachvogel, Bildnisse — Brachvogel, Eugen, Die Bildnisse der ermländischen Bischöfe, in: ZGAE 20 (1919) 516-601 [mit 42 Abb. im Anhang]

E. Brachvogel, Grabdenkmäler — Brachvogel, Eugen, Die Grabdenkmäler im Dom zu Frauenburg, in: ZGAE 23 (1929) 733-770

M. Brandl	Brandl, Manfred, Die deutschen katholischen Theologen der Neuzeit. Ein Repertorium. Band 2: Aufklärung (Salzburg 1978)
H. J. Brandt - K. Hengst, Bischöfe	Brandt, Hans Jürgen - Hengst, Karl, Die Bischöfe und Erzbischöfe von Paderborn (Paderborn 1984)
H. J. Brandt - K. Hengst, Weihbischöfe	Brandt, Hans Jürgen - Hengst, Karl, Die Weihbischöfe in Paderborn (Paderborn 1986)
G. Brasey	Brasey, Gustave, Le chapitre de l'insigne et exempte Collégiale de Saint-Nicolas à Fribourg, Suisse 1512 – 1912 (Fribourg 1912)
M. Braubach, Fürstenberg	Braubach, Max, Wilhelm von Fürstenberg (1629 – 1704) und die französische Politik im Zeitalter Ludwigs XIV. (Bonn 1972)
M. Braubach, Kölner Domherren	Braubach, Max, Kölner Domherren des 18. Jahrhunderts, in: Zur Geschichte und Kunst im Erzbistum Köln. Festschrift für Wilhelm Neuß (= SKKG 5) (Düsseldorf 1960) 238-258
M. Braubach, Kölner Domkapitel	Braubach, Max, Das Kölner Domkapitel und die Wahl von 1688, in: AHVN 122 (1933) 51-117
M. Braubach, Kurköln	Braubach, Max, Kurköln. Gestalten und Ereignisse aus zwei Jahrhunderten rheinischer Geschichte (Münster 1949)
M. Braubach, Max Franz	Braubach, Max, Max Franz, letzter Kurfürst von Köln und Fürstbischof von Münster (Münster 1925) [2. Aufl. unter dem Titel: Maria Theresias jüngster Sohn Max Franz (Wien - München 1961)]
H. Braun	Braun, Hugo A., Das Domkapitel zu Eichstätt von der Reformation bis zur Säkularisation (1535 – 1806). Beiträge zu seiner Verfassung und Personalgeschichte (Diss. theol. Eichstätt 1983)
P. Braun	Braun, Placidus, Geschichte der Bischöfe von Augsburg, Bd. 4 (Augsburg 1815)
P. Braun, Rinck von Baldenstein	Braun, Patrick, Joseph Wilhelm Rinck von Baldenstein (1704 – 1762). Das Wirken eines Baseler Fürstbischofs in der Zeit der Aufklärung (= Historische Schriften der Universität Freiburg / Schweiz 9) (Freiburg / Schweiz 1981)
A. P. Brück	Brück, Anton Ph., Der Mainzer „Unionsplan" aus dem Jahre 1660, in: JbMz 8 (1958-60) 148-162
H. Brückner, Königgrätz	Brückner, Hugo, Die Gründung des Bistums Königgrätz (= Königsteiner Institut für Kirchen- und Geistesgeschichte der Sudetenländer, Veröffentlichungen 1) (Königstein / Ts. 1964)
L. Bruggaier	Bruggaier, Ludwig, Die Wahlkapitulation der Bischöfe und Reichsfürsten von Eichstätt 1259 – 1790 (Freiburg i. Br. 1915)
J. Bücking	Bücking, Jürgen, Frühabsolutismus und Kirchenreform in Tirol (1565 – 1665). Ein Beitrag zum Ringen zwischen „Staat" und „Kirche" in der frühen Neuzeit (= Veröffentlichungen des Instituts für europäische Geschichte Mainz 66) (Wiesbaden 1972)
M. Burger	Burger, Max, Rupertigau, Chiemgau (Inn-Isengau) vom 13.-19. Jahrhundert. Die 45 Oberhirten des Bistums Chiemsee. Ihre Diplomatie, ihre Pontifikalhandlungen von 1215 – 1814 (Mühldorf 1956)
J. Burkhardt, Beitrag der Römischen Kurie	Burkhardt, Johannes, Der Beitrag der Römischen Kurie zur Sicherung Frankens gegen Friedrich d. Gr. Eine Untersuchung zu drei Bamberger Bischofswahlen, in: → H. Duchhardt, Friedrich der Große 173-193
L. Carlen, Informativprozesse	Carlen, Louis, Bischöfe von Sitten in römischen Informativprozessen, in: → H. Raab, Festschrift 47-57

L. Carlen, Kultur — *Carlen, Louis*, Kultur des Wallis 1500 – 1800 (Brig 1984)

H. Caspary, Staat — *Caspary, Hermann*, Staat, Finanzen, Wirtschaft und Heerwesen im Hochstift Bamberg (1672 – 1693) (= BHVB, Beiheft 7) (Bamberg 1976)

L. Châtellier, Diocèse de Strasbourg — *Châtellier, Louis*, Le diocèse de Strasbourg de la fin de la guerre de Trente ans aux Lumières (ANRT Lille 1983)

L. Châtellier, Evêques de Strasbourg — *Châtellier, Louis*, Les évêques de Strasbourg et la cour de Vienne au XVIIIe siècle, in: L'Europe, l'Alsace et la France, Festschrift G. Livet (Strasbourg 1986)

L. Châtellier, Frontière politique — *Châtellier, Louis*, Frontière politique et frontière religieuse. L'exemple du diocèse de Strasbourg 1648 – 1789, in: Etudes européennes. Mélanges offerts à V. L. Tapié (Paris 1973) 149-170

L. Châtellier, Tradition chrétienne — *Châtellier, Louis*, Tradition chrétienne et renouveau catholique dans l'ancien diocèse de Strasbourg (1650 – 1770) (Paris 1981)

A. Chèvre — *Chèvre, André*, Le séminaire du diocèse de Bâle. Ses origines, in: ZSKG 47 (1953) 25-46, 123-148

F. Chèvre — *Chèvre, Fidèle*, Les Suffragants de l'ancien Evêché de Bâle du 13e au 16e siècle (= Bibliothèque de la Revue d'Alsace 8) (Colmar 1906)

Ph. Chèvre — *Chèvre, Philippe*, Jean-Conrad de Reinach-Hirzbach, prince-évêque de Bâle (1705 – 1737). Contribution à l'étude de son activité temporelle et spirituelle. Mémoire de licence (Fribourg 1976)

G. Christ, Bischofswahlen — *Christ, Günter*, Das Hochstift Würzburg und das Reich im Lichte der Bischofswahlen von 1673 – 1795, in: WDGB 29 (1967) 184-206

G. Christ, Werdenau — *Christ, Günter*, Der Wiener Hof und die Wahl von Conrad Wilhelm von Werdenau zum Bischof von Würzburg, in: WDGB 26 (1964) 296-313

Constitutiones Culmenses — Constitutiones synodales nec non ordinationes dioeceseos Culmensis. Pars Prior: a saeculo XV usque ad XVII, hg. v. *A. Mańkowski* (= Towarzystwo Naukowe w Toruniu, Fontes 24) (Torun 1929)

G. Corpataux — *Corpataux, Georges*, Les Duding, chevaliers de Malte, in: Annales fribourgeoises 6 (1918) 91-96, 114-131

A. Costa — *Costa, Armando*, I Vescovi di Trento, notizie - profili (Trento 1977)

G. Costisella — *Costisella, Guiseppe*, Il Palazzo Calepini a Trento. Famiglia Alberti d'Enno (1678 – 1812), in: StTr 39 (1960) 114-119

A. Daguet — *Daguet, Alexandre*, L'élection des évêques de Lausanne, in: Musée neuchâtelois 25 (1888) 130-137, 156-162, 192-197

J. Daris, Liège XVIIe siècle — *Daris, Joseph*, Histoire du diocèse et de la principauté de Liège pendant le XVIIe siècle, 2 Bde. (Liège 1877; Nachdruck Bruxelles 1974)

J. Daris, Liège — *Daris, Joseph*, Histoire du diocèse et de la principauté de Liège: 1724-1852. 4 Bde., (Liège 1868 – 1873; Nachdruck Bruxelles 1974)

K. H. Debus, St. Guido — *Debus, Karl Heinz*, Studien zur Personalstruktur des Stiftes St. Guido in Speyer (= QMRKG 51) (Mainz 1984)

L. Delavelle — *Delavelle, Louis*, Bellelay, l'ancienne abbaye et son pensionnat (Delémont 1982)

A. Dellion — *Dellion, Apollinaire*, Dictionnaire historique, statistique des paroisses catholiques du canton de Fribourg, 12 Bde. (Fribourg 1884 – 1902)

B. Demoulin — *Demoulin, Bruno*, Politiques et croyances religieuses d'un évêque et prince de Liège: Joseph-Clément de Bavière (1694 – 1723) (Liège 1983)

G. Denzler — *Denzler, Georg*, Die Propagandakongregation in Rom und die Kirche in Deutschland im ersten Jahrzehnt nach dem Westfälischen Frieden. Mit Edition der Kongregationsprotokolle zu deutschen Angelegenheiten 1649 – 1657 (Paderborn 1969)

E. v. Destouches — *Destouches, Ernst von*, Geschichte des Königlich Bayerischen Haus-Ritter-Ordens vom Heiligen Georg (= Bayerische Bibliothek 2) (Bamberg 1890)

Diecezja chełmińska — Diecezja chełminska. Zarys historyczno-statystyczny [Die Diözese Kulm. Ein historisch-statistischer Abriß] (Pelplin 1928)

A. Diederich — *Diederich, Anton*, Das Stift Sankt Florin zu Koblenz (= Studien zur Germania Sacra 6) (Göttingen 1967)

K. Diel — *Diel, Karl*, Die Freiherrn von Fechenbach. Ihr Wirken in Kirche und Staat (= Veröffentlichungen des Geschichts- und Kunstvereins Aschaffenburg 1) (Aschaffenburg 1951)

Dipl. Vertreter — Repertorium der diplomatischen Vertreter aller Länder seit dem Westfälischen Frieden (1648), I (1648 – 1715), hg. v. *Ludwig Bittner* u. *Lothar Groß* (Oldenburg i. O.-Berlin 1936); II (1716 – 1763); hg. v. *Friedrich Hausmann* (Zürich 1950); III (1764 – 1815), hg. v. *Friedrich Winter* (Graz-Köln 1965)

S. M. zu Dohna — *Dohna, Sophie Mathilde zu*, Die ständischen Verhältnisse am Domkapitel von Trier vom 16. bis zum 18. Jahrhundert (Trier 1960)

M. Domarus, Kirchenfürsten — *Domarus, Max*, Würzburger Kichenfürsten aus dem Hause Schönborn (Wiesentheid 1951)

M. Domarus, Schönborn — *Domarus, Max*, Marquard Wilhelm Graf von Schönborn, Dompropst zu Bamberg und Eichstätt (= SHVE 58, 1943/1960) (Eichstätt 1961)

C. Donati — *Donati, Claudio*, Ecclesiastici e laici nel Trentino del settecento (1748 – 1763) (Roma 1975)

H. Dopsch- H. Spatzenegger — *Dopsch, Heinz-Spatzenegger, Hans* (Hg.), Geschichte Salzburgs – Stadt und Land II/1 (Salzburg 1988)

H. Duchhardt, Eltz — *Duchhardt, Heinz*, Philipp Karl von Eltz, Kurfürst von Mainz, Erzkanzler des Reiches (1732 – 1743). Studien zur kurmainzischen Reichs- und Innenpolitik (= QMRKG 10) (Mainz 1969)

H. Duchhardt, Friedrich d. Gr. — *Duchhardt, Heinz* (Hg.), Friedrich der Große, Franken und das Reich (= Bayreuther historische Kolloquien 1) (Köln-Wien 1986)

S. Duchhardt-Bösken — *Duchhardt-Bösken, Sigrid*, Pontifikalhandlungen der Weihbischöfe Volusius und Stark in Mainz, in: MZ 67/68 (1972/73) 230-233

B. Dudik — *Dudik, Beda*, Bibliothek und Archiv im fürstbischöflichen Schlosse zu Kremsier (Wien 1870)

B. Duhr — *Duhr, Bernhard*, Geschichte der Jesuiten in den Ländern deutscher Zunge, 4 Bde. (I-II Freiburg i. Br. 1907 – 1913, III-IV Regensburg 1921 – 1928)

H. Dussler, Erweckungsbewegung — *Dussler, Hildebrand*, Johann Michael Feneberg und die Allgäuer Erweckungsbewegung (Kempten 1959)

G. Ebersold — *Ebersold, Günther*, Rokoko, Reform und Revolution. Ein politisches Lebensbild des Kurfürsten Karl Theodor (Frankfurt a. M. 1985)

E. M. Eder, Passauer
Exemtionsstreit

Eder, Edda Maria, Beiträge zum Passauer Exemtionsstreit (Diss. phil. Wien 1962)

J. Egger

Egger, Josef, Geschichte Tirols von den ältesten Zeiten bis in die Neuzeit, 3 Bde. (Innsbruck 1872–1880)

F. X. Eggersdorfer

Eggersdorfer, Franz Xaver, Die Philosophisch-theologische Hochschule Passau (Passau 1933)

A. Eichhorn,
Bischofswahlen

Eichhorn, Anton, Geschichte der ermländischen Bischofswahlen, in: ZGAE 1 (1860) 93-190, 269-383, 460-600; 2 (1863) 1-177, 396-465, 610-639; 4 (1869) 551-636

A. Eichhorn, Prälaten

Eichhorn, Anton, Die Prälaten des ermländischen Domkapitels, in: ZGAE 3 (1866), 305-397, 529-643

A. Eichhorn, Weihbischöfe

Eichhorn, Anton, Die Weihbischöfe des Ermlandes, in: ZGAE 3 (1866) 139-165

R. Endres, Preußens Griff
nach Franken

Endres, Rudolf, Preußens Griff nach Franken, in: → H. Duchhardt, Friedrich d. Gr. 57-79

S. P. Ernst

Ernst, Simon Pierre, Tableau historique et chronologique des suffragans de Liège (Liège 1806)

K. Estreicher

Estreicher, Karol, Bibliografia Polska, Cz. III: Stulecie 15.-18. [Polnische Bibliographie, 3 Abt.: 15.-18. Jh.] (Kraków 1891–1952)

H. Fasching

Fasching, Heinrich, Die Chorherrenstifte von Wiener Neustadt (Wien 1966)

S. Federhofer

Federhofer, Simon, Albert von Törring, Fürstbischof von Regensburg (1613–1649), in: BGBR 3 (1969) 7-120

J. Feldkamm

Feldkamm, Jakob, Geschichtliche Nachrichten über Erfurter Weihbischöfe, in: Mitteilungen des Vereins für Geschichte und Alterthumskunde Erfurt 21 (1900) 1-93

M. F. Feldkamp

Feldkamp, Michael F., Die Ernennung der Osnabrücker Weihbischöfe und Generalvikare in der Zeit der „successio alternativa" nach römischen Quellen, in: RQ 81 (1986) 229-247

M. F. Feldkamp,
Quinquennalfakultäten

Feldkamp, Michael F., Zur Vergabe von Quinquennalfakultäten über das Bistum Osnabrück an die Kölner Erzbischöfe im 17. und 18. Jahrhundert, in: AHVN 190 (1987) 123-145

R. Fendler

Fendler, Rudolf, Johann Casimir von Häffelin 1737–1827. Historiker, Kirchenpolitiker, Diplomat und Kardinal (=QMRKG 35) (Mainz 1980)

B. Fischer, Pontifikalhandlungen

Fischer, Balthasar, Pontifikalhandlungen der beiden Speyerer Weihbischöfe Johann Philipp Burckhardt († 1698) und Peter Kornel von Beywegh († 1744) im Raume des heutigen Bistums Trier in den Jahren 1685–87 u. 1708–10. Nach ihrem bisher unveröffentlichten Weihetagebuch in der Bibliothek des Priesterseminars St. Peter im Schwarzwald, in: AmrhK 5 (1953) 311-324

G. Flabbi

Flabbi, Graziano, Il Seminario Pr[incipe] Vescovile di Trento (Trento 1907)

H. Foerster

Foerster, Hans, 100 Jahre bischöflich-basler Bündnispolitik. Von den Bündnisverhandlungen Melchiors von Lichtenfels mit den katholischen Eidgenossen bis zum Beitritt Johann Konrads von Roggenbach zur Rheinischen Allianz (1556–1664), in: Basler Zeitschrift für Geschichte und Altertumskunde 43 (1944) 35-89

F. A. Forwerk

Forwerk, Friedrich August, Geschichte und Beschreibung der königlichen katholischen Hof- und Pfarrkirche zu Dresden (Dresden 1851)

A. Franzen, Archidiakonate	Franzen, August, Die Kölner Archidiakonate in vor- und nachtridentinischer Zeit. Eine kirchenrechtliche und kirchenrechtsgeschichtliche Untersuchung über das Wesen der Archidiakonate und die Gründe ihres Fortbestandes nach dem Konzil von Trient (=RST 78/79) (Münster 1953)
A. Franzen, Finalrelation	Franzen, August, Die Finalrelation des Kölner Nuntius Sanfelice vom Jahre 1659, in: RQ 50 (1955) 69-88
A. Franzen, Französische Politik	Franzen, August, Französische Politik und Kurkölns Beziehungen zu Frankreich unter Erzbischof Max Heinrich (1650—1688) in römischer Sicht, in: RQ 52 (1957) 169-210
A. Franzen, Walenburch	Franzen, August, Adrian und Peter van Walenburch, zwei Vorkämpfer für die Wiedervereinigung im Glauben im 17. Jahrhundert, in: Zur Geschichte und Kunst im Erzbistum Köln. Festschrift für Wilhelm Neuß (=SKKG 5) (Düsseldorf 1960) 137-163
A. Franzen, Wiederaufbau	Franzen, August, Der Wiederaufbau des kirchlichen Lebens im Erzbistum Köln unter Ferdinand von Bayern, Erzbischof von Köln 1612—1650 (RST 69/71) (Münster 1941)
J. Freisen, Matrikel	Freisen, Joseph, Die Matrikel der Universität Paderborn. Matricula Universitatis Theodorianae Padibornae 1614—1844, Bd. 1: Die immatrikulierten Studenten und immatrikulierten Universitätsprofessoren (Würzburg 1931), Bd. 2: Biographische Bemerkungen über den späteren Lebensgang der immatrikulierten Studenten und Universitätsprofessoren nebst Stammtafeln hervorragender Paderborner und westfälischer Familien (Würzburg 1932)
I. Fried	Fried, Imbert, Das Metropolitankapitel zu St. Stephan in Wien in seiner personellen Zusammensetzung in der Zeit von 1722—1900 (Diss. phil. Wien 1952)
L. Fries	Fries, Lorenz, Würzburger Chronik. Geschichte, Namen, Geschlecht, Leben, Thaten und Absterben der Bischöfe von Würzburg und Herzoge zu Franken, 6 Bde. (Würzburg 1924—1933)
A. L. Frind, Leitmeritz	Frind, Anton Ludwig, in: Kurze Geschichte der Bischöfe von Leitmeritz, hg. v. A. Jarisch (Komotau 1867)
A. L. Frind, Prag	Frind, Anton Ludwig, Die Geschichte der Bischöfe und Erzbischöfe von Prag zur 900jährigen Jubelfeier der Errichtung des Prager Bisthums verfaßt (Prag 1873)
R. Frydrychowicz	Frydrychowicz, Romuald, Die Culmer Weihbischöfe. Ein Beitrag zur Diözesangeschichte (Danzig 1905)
I. Fuchs	Fuchs. I., Enarratio de episcopatus Secoviensis existentia [Ms aus der Zeit vor der Aufhebung des Domstiftes Seckau (1780—1790), Abteiarchiv Seckau]
N. Fuchs	Fuchs, Norbert, Die Wahlkapitulationen der Fürstbischöfe von Regensburg, in: VHVO 101 (1961) 5-109
F. Geier, Reformen	Geier, Fritz, Die Durchführung der kirchlichen Reformen Josephs II. im vorderösterreichischen Breisgau (=KRA 16/17) (Stuttgart 1905)
J. Gelmi	Gelmi, Josef, Die Brixner Bischöfe in der Geschichte Tirols (Bozen 1984)
F. Glauser	Glauser, Fritz (Hg.), Das Schülerverzeichnis des Luzerner Jesuitenkollegiums 1574—1669 (=Luzerner Historische Veröffentlichungen 6) (Luzern-München 1976)
A. L. Goovaerts	Goovaerts, André-Léon, Ecrivains, artistes et savants de l'ordre de Prémontré, 4 Bde. (Bruxelles 1899—1911)

I. Grah   *Grah, Ivan,* Izvještaji pićanskih biskupa svetoj stolici [Berichte der Bischöfe von Pedena an den Hl. Stuhl] 1589–1780, in: Croatica christiana periodica 4 (1980) 1-25

Ph. A. Grandidier   *Grandidier, Philippe André,* Oeuvres historiques inédites, Bd. 5 (Colmar 1867)

Ph. A. Grandidier, Alsatia sacra   *Grandidier, Philippe André,* Alsatia sacra ou statistique ecclésiastique et religieuse de l'Alsace avant la Révolution (= Nouvelles oeuvres inédites T. III) (Paris 1899)

I. Gropp, Chronik   *Gropp, Ignaz,* Wirtzburgische Chronik deren letzteren Zeiten ..., Bd. 2 (Würzburg 1750)

I. Gropp, Collectio   *Gropp, Ignatius,* Collectio novissima scriptorum et rerum Wirceburgensium ..., Bd. 2 (Frankfurt/M.-Leipzig 1744)

C. Grünhagen, Schlesien   *Grünhagen, Colmar,* Schlesien unter Friedrich dem Großen, 2 Bde. (Breslau 1890–1892)

V. F. de Gudenus   *Gudenus, Valentinus Ferdinandus de,* Codex Diplomaticus, Vol. IV (Frankfurt 1748)

H. H. Haagner   *Haagner, Hans Harro,* Liber Pontificalium. Ordinationes ab anno 1676 usque ad annum 1702. Das Weihebuch der Mainzer Weihbischöfe Volusius und Starck, in: AmrhK 38 (1986) 225-279

R. Haaß, Franken-Siersdorf   *Haaß, Robert,* Das religiös-kirchliche Leben im Erzbistum Köln unter dem Einfluß der Franken-Siersdorf (1724–1770), in: Spiegel der Geschichte, Festgabe für M. Braubach, hg. v. K. Repgen u. S. Skalweit (München 1964) 581-589

K. Habenschaden   *Habenschaden, Karl,* Die Kirchenpolitik Bayerns unter Kurfürst Karl Theodor und ihr Verhältnis zum Emser Kongreß, in: ZRG.K 28 (1939) 333-417

A. Haemmerle, Chorherrenstifte   *Haemmerle, Albert,* Die Canoniker der Chorherrenstifte St. Moritz, St. Peter und St. Gertrud in Augsburg bis zur Saecularisation (München 1938)

A. Haemmerle, Domstift   *Haemmerle, Albert,* Die Canoniker des Hohen Domstiftes zu Augsburg bis zur Säcularisation (Augsburg 1935)

F. Haffner, Weihbischöfe   *Haffner, Franz,* Die Weihbischöfe von Speyer, in: Der Pilger 121 (1971) 703 u. 727

W. Haid, Weihbischöfe   *Haid, Wendelin,* Die Constanzer Weihbischöfe von 1550 bis 1813, in: FDA 9 (1875) 1-24

Handbuch Köln   Handbuch des Erzbistums Köln, Bd. 1 (Köln [26]1966)

H. Hartmann, Wappen   *Hartmann, Helmut,* Die Wappen am Chorgestühl des Wormser Domes, in: Der Wormsgau 6 (1963/64) 42-49

K. Hausberger, Grablegen   *Hausberger, Karl,* Die Grablegen der Bischöfe von Regensburg, in: BGBR 10 (1976) 365-383

K. Hausberger, Langwerth von Simmern   *Hausberger, Karl,* Gottfried Langwerth von Simmern (1669–1741), Bistumsadministrator und Weihbischof zu Regensburg, in: BGBR 7 (1973) 63-370

Hausritterorden   Der Bayerische Hausritterorden vom Heiligen Georg 1729–1979. Ausstellungskatalog, bearb. v. G. Baumgartner (München 1979)

E. Hegel   *Hegel, Eduard,* Geschichte des Erzbistums Köln, Bd. 4: Das Erzbistum Köln zwischen Barock und Aufklärung. Vom Pfälzischen Krieg bis zum Ende der französischen Zeit (1688–1814) (Köln 1978)

Th. Heiler   *Heiler, Thomas,* Die Finanzen des Hochstiftes Würzburg im 18. Jh., in: WDGB 47 (1985) 159–190

R. R. Heinisch	*Heinisch, Reinhard Rudolf,* Die bischöflichen Wahlkapitulationen im Erzstift Salzburg 1514 – 1688 (= FRA.D 82) (Wien 1977)
K. Helmschrott, Münzen	*Helmschrott, Klaus u. Rosemarie,* Würzburger Münzen und Medaillen von 1500 bis 1800 (Kleinrinderfeld 1977)
	Hersche, Peter, Die deutschen Domkapitel im 17. und 18. Jahrhundert, 3. Bde. (Bern 1984)
P. Hersche, Spätjansenismus	*Hersche, Peter,* Der Spätjansenismus in Österreich (= Veröffentlichungen der Kommission für Geschichte Österreichs 7) (Wien 1977)
R. Herzig	*Herzig, Richard,* Die Kirche zum Hl. Kreuz in Hildesheim (Hildesheim - Leipzig 1929)
F. J. Heyen	*Heyen, Franz-Josef,* Das Stift St. Paulin vor Trier (= Germania Sacra NF 6) (Berlin 1972)
	Hierarchia catholica medii et recentioris aevi, sive summorum pontificum, S. R. E. cardinalium, ecclesiarum antistitum series, Bde. 4 – 6 (Patavii, Neudruck 1960, 1952, 1958)
St. Hilpisch	*Hilpisch, Stephan,* Die Bischöfe von Fulda (Fulda 1957)
F. Hipler, Grabstätten	*Hipler, Franz,* Die Grabstätten der ermländischen Bischöfe, in: ZGAE 6 (1878) 281 - 362
F. Hipler, Literaturgeschichte	*Hipler, Franz,* Literaturgeschichte des Bisthums Ermland (Braunsberg - Leipzig 1873)
J. Hirn	*Hirn, Josef,* Erzherzog Maximilian der Deutschmeister. Regent von Tirol, 2 Bde. (Innsbruck 1915 – 1936) (Nachdruck Bozen 1981)
A. Hirschmann	*Hirschmann, Adam,* Eichstätts Germaniker, in: PBE 43 (1896) und 44 (1897)
Historia Kościoła w Polsce	Historia Kościoła w Polsce [Geschichte der Kirche in Polen], hg. v. *Z. Obertyński,* 2 Bde. (Poznan - Warszawa 1974 – 1979)
H. Hoberg, Bischöfliche Gewalt	*Hoberg, Hermann,* Der Streit um die bischöfliche Gewalt des Erzbischofs von Köln über die Diözese Osnabrück in den Jahren 1764 – 1765, in: AKKR 122 (1947) 18 - 30
H. Hoberg, Gemeinschaft der Bekenntnisse	*Hoberg, Hermann,* Die Gemeinschaft der Bekenntnisse in kirchlichen Dingen. Rechtszustände im Fürstentum Osnabrück vom Westfälischen Frieden bis zum Anfang des 19. Jahrhunderts (= Das Bistum Osnabrück 1) (Osnabrück 1939)
H. Hoberg, Wahlen	*Hoberg, Hermann,* Der Hl. Stuhl und die Wahlen der protestantischen Fürstbischöfe von Osnabrück nach dem Westfälischen Frieden, in: ZRG.K 33 (1944) 322 - 336
C. Höfer	*Höfer, Carolus,* Ad gerendam penes ecclesiam S. Stephani Viennae curam animarum adscripti (Viennae 1884)
F. Höller	*Höller, Franziskus,* Specimen historiae cancellariorum Universitatis Viennensis eorumque praepositorum ecclesiae ad St. Stephanum (Viennae 1729)
H. Hoffmann, Alumnat	*Hoffmann, Hermann,* Die Geschichte des Breslauer Alumnats. Ein Beitrag zur Geschichte der Priesterausbildung in Schlesien (Breslau 1935)
H. Hoffmann, Bischöfe	*Hoffmann, Hermann,* Glogauer Bischöfe (Breslau 1927)
H. Hoffmann, Dom Breslau	*Hoffmann, Hermann,* Der Dom zu Breslau (Breslau 1934)
Ch. Holder	*Holder, Charles,* Les visites pastorales dans le diocèse de Lausanne depuis la fin du XVIe siècle jusque vers le milieu du XIXe siècle, in: Archives de la Société d'histoire du canton de Fribourg 7 (1903) 405 - 591

K. J. Holzer — Holzer, Karl Joseph, De Proepiscopis Trevirensibus sive Archiepiscoporum Trevirensium in pontificali munere sociis atque collegiis expositio historica (Koblenz 1845)

J. N. v. Hontheim — Hontheim, Johann Nikolaus von, Historia Trevirensis diplomatica et pragmatica, T. III (Augsburg 1750)

B. Hubensteiner, Eckher — Hubensteiner, Benno, Die geistliche Stadt. Welt und Leben des Johann Franz Eckher von Kapfing und Liechteneck, Fürstbischofs von Freising (München 1954)

B. Hubensteiner, Passau — Hubensteiner, Benno, Passau und das Haus Habsburg, in: OG 5 (1961) 59-63

D. Imesch — Imesch, Dionys, Die päpstlichen Freiplätze für Walliser an S. Barbara in Wien, in: BWG 6 (1924) 410-417

L. Jadin, Procès — Jadin, Louis, Procès d'information pour la nomination des évêques et abbés des Pays-Bas, de Liège et de Franche-Comté d'après les archives de la Congrégation consistoriale (1713 — 1794) et de la Daterie (1631 — 1775), in: BIHBR 11 (1931) 3-390

L. Jadin, Relations — Jadin, Louis, Relations des Pays-Bas, de Liège et de Franche-Comté avec le Saint-Siège d'après les „Lettere di particolari" conservées aux Archives vaticanes (1525 — 1796) (= Bibliothèque de l'Institut historique belge de Rome 11) (Bruxelles-Rome 1962)

J. H. Jäck, Jahrbücher — Jäck, Joachim Heinrich, Bambergische Jahrbücher vom Jahre 741 — 1829 (Bamberg 1829)

J. H. Jäck, Pantheon — Jäck, Joachim Heinrich, Pantheon der Litteraten und Künstler Bambergs (Bamberg 1812 — 1844)

K. Jaitner, Pfalz-Neuburg — Jaitner, Klaus, Reichskirchenpolitik und Rombeziehungen Philipp Wilhelms von Pfalz-Neuburg von 1662 bis 1690, in: AHVN 178 (1976) 91-144

Janssen-Lohmann, Weltklerus — Janssen, Joseph-Lohmann, Friedrich Wilhelm, Der Weltklerus in den Kölner Erzbistumsprotokollen, ein Necrologium Coloniense 1661 — 1825 (Köln 1935)

H. Jedin, Breslauer Bischofswahlen — Jedin, Hubert, Die Krone Böhmens und die Breslauer Bischofswahlen 1468 — 1732, in: ASKG 4 (1939) 165-208

H. Jedin, Schönbornzeit — Jedin, Hubert, Die Reichskirche der Schönbornzeit, in: TThZ 65 (1956) 202-216

G. C. Joannis — Joannis, Georg Christian, Scriptores Rerum Moguntiacarum, 3 Bde. (Frankfurt 1721 — 1727)

R. Joppen — Joppen, Rudolf, Das Erzbischöfliche Kommissariat Magdeburg. Geschichte und Rechtsstellung bis zur Eingliederung in den Diözesanverband (= SKBK 7) (Leipzig 1964)

M. Jorio — Jorio, Marco, Der Untergang des Fürstbistums Basel (1792 — 1815). Der Kampf der beiden letzten Fürstbischöfe Joseph Sigismund von Roggenbach und Franz Xaver von Neveu gegen die Säkularisation, in: ZSKG 75 (1981) 1-299

F. Jürgensmeier, Schönborn — Jürgensmeier, Friedhelm, Johann Philipp von Schönborn (1605 — 1673) und die römische Kurie. Ein Beitrag zur Kirchengeschichte des 17. Jh. (= QMRKG 28) (Mainz 1977)

J. Jungnitz, Frankenberg — Jungnitz, Joseph, Die Prälaten und Kanoniker des Breslauer Domkapitels aus dem Geschlechte der Grafen, Freiherrn und Herren von Frankenberg, in: Schlesische Volkszeitung Nr. 209 u. 210 (Breslau 1908)

J. Jungnitz, Germaniker | Jungnitz, Joseph, Die Breslauer Germaniker (Breslau 1906)

J. Jungnitz, Rostock | Jungnitz, Joseph, Sebastian von Rostock, Bischof von Breslau (Breslau 1891)

J. Jungnitz, Weihbischöfe | Jungnitz, Joseph, Die Breslauer Weihbischöfe (Breslau 1914)

L. Just, Höfe | Just, Leo, Die westdeutschen Höfe um die Mitte des 18. Jahrhunderts im Blick der Kölner Nuntiatur, in: AHVN 134 (1939) 50-91

L. Just, Luxemburger Kirchenpolitik | Just, Leo, Das Erzbistum Trier und die Luxemburger Kirchenpolitik von Philipp II. bis Joseph II. (= Die Reichskirche I) (Leipzig 1931)

R. Kampichler | Kampichler, Rudolf, Studien über die Beziehungen der Bischöfe von Wiener Neustadt zur Stadtverwaltung (Diss. phil. Wien 1980)

Katalog moravských biskupů | Katalog moravských biskupů, arcibiskupů a kapitul staré i nové doby [Katalog der mährischen Bischöfe, Erzbischöfe und Domkapitel der alten und neuen Zeit] (Olomouc 1977)

L. Keil, Promotionsbuch | Keil, Leonhard, Das Promotionsbuch der Artistenfakultät (1473 – 1603) (= Akten und Urkunden zur Geschichte der Trierer Universität 1) (Trier 1917)

L. Keil, Promotionslisten | Keil, Leonhard, Die Promotionslisten der Artistenfakultät von 1604 bis 1794 nebst Anhang: Verzeichnis der an der juristischen Fakultät von 1739 – 1794 immatrikulierten Studenten und einigen an derselben Fakultät wirkenden Professoren (= Akten und Urkunden zur Geschichte der Trierer Universität 2) (Trier 1926)

F. Keinemann, Domkapitel Münster | Keinemann, Friedrich, Das Domkapitel zu Münster im 18. Jahrhundert. Verfassung, persönliche Zusammensetzung, Parteiverhältnisse (= Veröffentlichungen der Hist. Kommission Westfalens 22; Geschichtliche Arbeiten zur westfälischen Landesforschung 11) (Münster 1967)

E. Keller, Erlasse | Keller, Erwin, Bischöflich-konstanzische Erlasse und Hirtenbriefe. Ein Beitrag zur Seelsorgsgeschichte im Bistum Konstanz, in: FDA 102 (1982) 16-59

G. Kentenich, Schönborn | Kentenich, Gottfried, Kurfürst Franz Georg von Schönborn (1729 – 1756) und seine Zeit, in: Trierische Chronik 4 (1908) 33-48, 82-95

G. Kentenich, Triers Statthalter | Kentenich, Gottfried, Triers Statthalter 1580 – 1797, in: Trierische Heimatblätter 1 (1922); 2 (1926) passim

W. Kern, Finanzwirtschaft | Kern, Wolfgang, Die Finanzwirtschaft des Hochstifts Bamberg nach dem Dreißigjährigen Kriege (1648 – 1672) (Diss. masch. Erlangen 1967)

A. Kerschbaumer | Kerschbaumer, Anton, Geschichte des Bisthums St. Pölten, 2 Bde. (Wien 1876)

H. Keussen | Keussen, Hermann (Hg.), Die Matrikel der Universität Köln, Bd. 4: 1559 – 1675, bearb. v. Ulrike Nayassi und Mechthild Wilkes (Düsseldorf 1981)

J. Kindler v. Knobloch | Kindler von Knobloch, Julius, Oberbadisches Geschlechterbuch, 3 Bde. (Heidelberg 1898 – 1919)

J. Kist | Kist, Johannes, Fürst- und Erzbistum Bamberg. Leitfaden durch ihre Geschichte von 1007 bis 1960 (Bamberg ³1962)

G. Klingenstein | Klingenstein, Grete, Staatsverwaltung und kirchliche Autorität im 18. Jahrhundert. Das Problem der Zensur in der theresianischen Reform (Wien 1970)

F. A. Koch | Koch, Friedrich A., Die Erfurter Weihbischöfe. Ein Beitrag zur thüringischen Kirchengeschichte, in: ZVThG 6 (1865) 33-126

J. Koegel

Koegel, Joseph, Geschichte der St. Kajetans-Hofkirche, der Theatiner und des Königl. Hof- und Kollegiatstiftes in München (München 1899)

J. Kögl

Kögl, Josef, La sovranità dei vescovi di Trento e Bressanone. Diritti derivanti al clero diocesano dalla sua soppressione (Trento 1964)

C. J. M. König

König, C. J. M., Dreimal Chorherrenstift Altötting. Mit Skizzen der Stiftspröpste im Kreis führender Zeitgenossen (Passau 1949)

W. Kohl, Domstift Münster

Kohl, Wilhelm, Das Domstift St. Paulus zu Münster (= Germania Sacra 17.2: Das Bistum Münster 4.2.) (Berlin-New York 1982)

W. Kohl, Galen

Kohl, Wilhelm, Christoph Bernhard von Galen (Münster 1964)

A. Kolaska

Kolaska, Alfred, Die Bischöfe von Wiener Neustadt 1476–1785. Biographien, Quellen, Literatur (= Miszellen der Wiener Kath. Akademie 3. Reihe 171) (Wien 1988)

P. Kolb, Wappen

Kolb, Peter, Die Wappen der Würzburger Fürstbischöfe (Würzburg 1974)

E. Komarek

Komarek, E., Distrikt Katscher in Recht und Geschichte (Ratibor 1933)

J. Kopallik

Kopallik, Joseph, Regesten zur Geschichte der Erzdiözese Wien, Bd. 2: Regesten zur Geschichte der Bischöfe und Erzbischöfe Wiens (Wien 1894)

W. Kopp, Würzburger Wehr

Kopp, Walter, Würzburger Wehr. Eine Chronik zur Wehrgeschichte Würzburgs (= Mainfränkische Studien 22) (Würzburg 1979)

J. Korytkowski

Korytkowsky, Jan (Bearb.), Jan Łaski-Jan Łukowski, Liber beneficiorum archidioecesis Gnesnensis, T. 2 (Gniezno 1881)

J. Korytkowski, Arcybiskupi gnieźnieńscy

Korytkowski, Jan, Arcybiskupi gnieźnieńscy prymasowie i metropolici polscy od roku 1000 aż do roku 1821 [Die Gnesener Erzbischöfe, Primasse und Metropoliten von Polen vom Jahre 1000 bis zum Jahr 1821], 5 vol. (Poznań 1887–1892)

J. Korytkowski, Prałaci

Korytkowski, Jan, Prałaci i kanonicy katedry metropolitalnej gnieźnieńskiej od roku 1000 aż do dni naszych [Die Prälaten und Domherren der Gnesener Metropolitankirche vom Jahre 1000 bis in unsere Zeit], 4 vol. (Gniezno 1881–1883)

Kościół w Polsce

Kościół w Polsce. Studia nad historią kościoła katolickiego w Polsce [Die Kirche in Polen. Studien zur Geschichte der katholischen Kirche in Polen], hg. v. J. Kłoczowski, Bd. 2: Wiek XVI–XVIII [16.–18. Jahrhundert] (Kraków 1970)

F. Kovačič

Kovačič, Franc, Zgodovina Laventinske škofije (1228–1928) [Geschichte des Bistums Lavant] (Maribor 1928)

E. Kovács

Kovács, Elisabeth, Ultramontanismus und Staatskirchentum im theresianisch-josephinischen Staat. Der Kampf der Kardinäle Migazzi und Frankenberg gegen den Wiener Professor für Kirchengeschichte Ferdinand Stöger (= WBTh 51) (Wien 1975)

J. A. Kraus, Tagebücher

Kraus, Johann Adam, Aus den Tagebüchern dreier (Weih-)Bischöfe von Konstanz, in: FDA 82/83 (1962/63) 330-405

J. Kremer

Kremer, Johannes, Studien zur Geschichte der Trierer Wahlkapitulationen, in: Westdeutsche Zeitschrift für Geschichte und Kunst, Erg. H. 16 (Trier 1911)

L. H. Krick, Domstift

Krick, Ludwig Heinrich, Das ehemalige Domstift Passau und die ehemaligen Kollegiatstifte des Bistums Passau. Chronologische Reihenfolge ihrer Mitglieder von der Gründung der Stifte bis zu ihrer Aufhebung (Passau 1922)

L. H. Krick, Stammtafeln	*Krick, Ludwig Heinrich*, 212 Stammtafeln adeliger Familien, denen geistliche Würdenträger des Bistums Passau entsprossen sind, mit Einbeziehung der geistlichen Würdenträger anderer Bistümer (Passau 1924)
E. Kuenburg	*Kuenburg, Erich*, Kuenburg, in: MGSL 90 (1950) 115-141
H. H. Kurth	*Kurth, Hans Heinrich*, Das Kölnische Domkapitel im 18. Jahrhundert. Verfassung und Verwaltung, Wirtschaft und personelle Zusammensetzung (Diss. phil. Bonn 1953)
J. R. Kušej	*Kušej, Jakob Radoslav*, Joseph der Zweite und die äußere Kirchenverfassung Innerösterreichs: Bistums-, Pfarr- und Kloster-Regulierung. Ein Beitrag zur Geschichte des österreichischen Staatskirchenrechtes (=KRA 49/50) (Stuttgart 1908)
M. Lehmann	*Lehmann, Max* (Hg.), Preußen und die katholische Kirche seit 1640, 9 Bde. (Leipzig 1881 − 1965)
A. Leidl, Bischöfe	*Leidl, August*, Die Bischöfe von Passau in Kurzbiographien (Passau ²1978)
A. Leidl, Rel. Situation	*Leidl, August*, Die religiöse und seelsorgliche Situation zur Zeit Maria Theresias (1740 − 1780) im Gebiet des heutigen Österreich, in: OG 16 (1974) 162-178
B. Lengenfelder	*Lengenfelder, Bruno*, Die Diözese Eichstätt zwischen Aufklärung und Restauration. Kirche und Staat 1773 − 1821 (Diss. phil. Eichstätt 1988)
L. Lenhart	*Lenhart, Ludwig*, Zwei Mainzer Weihbischöfe des 17. Jahrhunderts als ehemalige Heppenheimer Pfarrer (Adolf Gottfried Volusius 1676 − 1679 und Matthias Starck 1679 − 1708), in: 1200 Jahre Heppenheim (Heppenheim 1955) 129-149
D. Leopold	*Leopold, Doris*, Das Wiener Domkapitel zum hl. Stephan in seiner personellen Zusammensetzung in der Zeit von der Reformation Ferdinands I. bis zu seiner Erhebung zum Metropolitankapitel. 1554 − 1722 (Diss. phil. Wien 1947)
R. P. Levresse	*Levresse, René Pierre*, Les suffragants de Strasbourg, in: AEA 37 (1974) 13-19
A. Liedtke, Seminarium	*Liedtke, Antoni*, Początkowe dzieje Seminarium chełmińskiego [Die Anfänge des Kulmer Seminars], in: Nasza Przeszłość 11 (Kraków 1960) 101-188
A. Liedtke, Zarys	*Liedtke, Antoni*, Zarys dziejów diecezji chełmińskiej [Abriß der Geschichte der Diözese Kulm], in: Nasza Przeszłość 34 (Kraków 1971) 59-116
L. Litzenburger	*Litzenburger, Ludwig*, Die Wormser Bischofspromotionen nach den Acta Camerarii in den Jahren 1630 − 1788, in: AmrhK 10 (1958) 165-186
G. Livet	*Livet, Georges*, Recueil des instructions données aux ambassadeurs et ministres de France depuis les traités de Westphalie jusqu'à la Révolution française, T. 28/3 (Paris 1966)
F. Loidl	*Loidl, Franz*, Geschichte des Erzbistums Wien (Wien 1983)
F. Loidl-M. Krexner	*Loidl, Franz-Krexner, Martin*, Wiens Bischöfe und Erzbischöfe (Wien 1983)
J. Londzin	*Londzin, Józef*, Historia Generalnego Wikariatu w Cieszynie [Geschichte des Generalvikariats Teschen] (Cieszyn 1926)
J. Looshorn	*Looshorn, Johann*, Geschichte des Bisthums Bamberg, 7 Bde. (Bamberg 1886 − 1910)

W. Lorenz — Lorenz, Willy, Die Kreuzherren mit dem roten Stern (Königstein/Taunus 1964)

J. D. Ludmann — Ludmann, Jean-Daniel, Le palais Rohan de Strasbourg, 2 Bde. (Strasbourg 1979 − 1981)

A. Luschin von Ebengreuth — Luschin von Ebengreuth, Arnold, Österreicher an italienischen Universitäten zur Zeit der Reception des römischen Rechtes, in: Blätter des Vereins für Landeskunde von Niederösterreich 14 (1880) 228-252, 401-420

F. Maaß — Maaß, Ferdinand, Der Josephinismus. Quellen zu seiner Geschichte in Österreich, 5 Bde. (=FRA.D 71-75) (Wien 1951 − 1961)

F. Mader — Mader, Felix, Stadt Würzburg (=Die Kunstdenkmäler von Bayern: Regierungsbezirk Unterfranken und Aschaffenburg 12) (München 1915)

F. Mader, Stadt Eichstätt — Mader, Felix, Stadt Eichstätt (=Die Kunstdenkmäler von Bayern: Regierungsbezirk Mittelfranken 1) (München 1924)

K. Maier — Maier, Konstantin, Das Domkapitel von Konstanz und seine Wahlkapitulationen. Ein Beitrag zur Geschichte von Hochstift und Diözese in der Neuzeit (=BGRK 11) (Wiesbaden 1989)

G. Mainati — Mainati, Giuseppe, Croniche, ossia memorie storiche sacro-profane di Trieste cominciando dall' IX secolo sino ai nostri giorni, 7 vol. (Venezia 1817 − 1818)

R. Mair — Mair, Rosa, Brixner Visitationsberichte 1663 − 1685 (Diss. phil., Innsbruck 1978)

A. Mańkowski, Prałaci — Mańkowski, A., Prałaci i kanonicy katedralni chełmińscy [Prälaten und Domherren am Dom zu Kulm] (Torun 1928)

F. Mardetschläger — Mardetschläger, Franz, Kurz gefaßte Geschichte des Bisthums und der Diöcese Budweis (Budweis 1885)

W. Marschall — Marschall, Werner, Geschichte des Bistums Breslau (Stuttgart 1980)

F. Martin, Salzburger Chronik — Martin, Franz (Hg.), Die Salzburger Chronik des Felix Adauktus Haslberger [Teil 2 u. 3], in: MGSL 68-69 (1928-29) 51-68, 97-119

F. Martin, Salzburgs Fürsten — Martin, Franz, Salzburgs Fürsten in der Barockzeit 1587 bis 1812 (Salzburg ⁴1982)

M. Mattmüller — Mattmüller, Markus, u.a., Bevölkerungsgeschichte der Schweiz I/1,2: Die frühe Neuzeit 1500 − 1700 (=Basler Beiträge zur Geschichtswissenschaft 154/154a) (Basel-Frankfurt 1987)

J. Matzke, Erzbischöfe — Matzke, Josef, Die Olmützer Erzbischöfe (Esslingen 1978)

J. Matzke, Fürstbischöfe — Matzke, Josef, Die Olmützer Fürstbischöfe (Königstein/Taunus 1974)

J. Matzke, St. Mauritz — Matzke, Josef, Die St. Mauritz-Kirche in Olmütz, in: Mährisch-schlesische Heimat 9 (1964) Nr. 10, 3 f.

A. Mayer — Mayer, Andreas, Thesaurus novus iuris ecclesiastici potissimum Germaniae seu Codex statutorum ineditorum ecclesiarum cathedralium et collegiatarum in Germania, 4 Bde. (Regensburg 1791 − 1794)

J. Mayer, Wiener Neustadt — Mayer, Josef, Geschichte von Wiener Neustadt, Bd. 2 (Wiener Neustadt 1927-1928)

J. G. Mayer — Mayer, Johann Georg, Geschichte des Bistums Chur, Bd. 2 (Stans 1914)

C. Meichelbeck-A. Baumgärtner	Meichelbeck, Carl, Geschichte der Stadt Freising und ihrer Bischöfe. Neu in Druck gegeben und fortgesetzt von A. Baumgärtner (Freising 1854)
H. Meier, Apostolisches Vikariat	Meier, Heinrich, Das Apostolische Vikariat in den Sächsischen Erblanden (=SKBK 24) (Leipzig 1981)
H. Meier, Kath. Kirche	Meier, Heinrich, Die katholische Kirche in Sachsen in der ersten Hälfte des 19. Jahrhunderts (=SKBK 15) (Leipzig 1974)
E. Meissner	Meissner, Erhard, Fürstbischof Anton Ignaz Fugger (1711−1787) (=Studien zur Fuggergeschichte 21) (Tübingen 1969)
O. Mejer	Mejer, Otto, Febronius. Weihbischof Johann Nicolaus von Hontheim und sein Widerruf (Tübingen 1880)
S. Merkle, Matrikel	Merkle, Sebastian, Die Matrikel der Universität Würzburg (München-Leipzig 1922)
W. Merz	Merz, Walther, Die Burgen des Sisgaus, 4 Bde. (Aarau 1909−1914)
R. Metz, Fürstenberg	Metz, René, Les Fürstenberg et les Rohan, princes-évêques de Strasbourg au service de la cause française en Alsace, in: Deux siècles d'Alsace française, 1648−1848 (Strasbourg-Paris 1948) 61-77
R. Metz, La monarchie	Metz, René, La monarchie française et la provision des bénéfices ecclésiastiques en Alsace, in: De la paix de Westphalie à la fin de l'Ancien Régime (1648−1789) (Strasbourg-Paris 1947)
J. Metzler, Apostolische Vikariate	Metzler, Johannes, Die Apostolischen Vikariate des Nordens. Ihre Entstehung, ihre Entwicklung und ihre Verwalter. Ein Beitrag zur Geschichte der nordischen Missionen (Paderborn 1919)
E. Meuthen	Meuthen, Erich, Kölner Universitätsgeschichte, Bd. 1: Die alte Universität (Köln-Wien 1988)
P. Michels	Michels, Paul, Paderborner Inschriften, Wappen und Hausmarken (=Studien und Quellen zur Westfälischen Geschichte 1) (Paderborn 1957)
A. Minke	Minke, Alfred, Un prélat concordataire dans les départements réunis: Mgr Zaepffel, évêque de Liège (1802−1808) (Louvain-la Neuve-Bruxelles 1985)
J. C. Möller, Weihbischöfe Osnabrück	Möller, Johann Caspar, Geschichte der Weihbischöfe von Osnabrück (Lingen 1887)
C. Morelli	Morelli di Schönfeld, Carlo, Istoria della contea di Gorizia, 4 vol. (Gorizia 1856)
J. v. Moy, Bistum Chiemsee	Moy, Johannes Graf von, Das Bistum Chiemsee, in: MGSL 122 (1982) 1-47
J. v. Moy, Fürstungen	Moy, Johannes Graf von, Die Hintergründe der Fürstungen im Salzburger Domkapitel. Ein Beitrag zur Verfassungsgeschichte des Erzstiftes im 18. Jahrhundert, in: MGSL 119 (1980) 231-259
F. v. Müller	Müller, Friedrich von, Das Land der Abtei im alten Fürstentum Passau (Landshut 1924)
K. Müller, Wien und Kurmainz	Müller, Klaus, Wien und Kurmainz 1673−1680. Ein Beitrag zur Geschichte der kaiserlichen Diplomatie im Reich, in: RhV 32 (1968) 332-401
N. Müller, Kurfürsten Mainz	Müller, Nikolaus, Die sieben letzten Kurfürsten von Mainz und ihre Zeit. Charakteristische Gemäldegalerie und Überlieferungs- und Erinnerungsstücke zwischen 1679 und 1794 (Mainz 1846)

A. Münz

Münz, A., Louis XIV et les Fürstenberg en Alsace, in: La revue nouvelle d'Alsace-Lorraine 5 (1885-86) 433-443, 484-498, 544-557; 6 (1886-87) 15-27, 48-64

W. A. J. Munier

Munier, W. A. J., Kerkelijke circumscriptie van (de tegenwordige provincie) Limburg en de omliggende gebieden (1801 — 1821), in: Historische Atlas van Limburg en aangrenzende gebieden, Bd. 2 (Assen-Amsterdam 1978) 77-81

E. Naimer

Naimer, Erwin, Das Bistum Chiemsee in der Neuzeit unter besonderer Berücksichtigung der Reformation (ungedr. Magisterarbeit München 1984)

A. Neumann

Neumann, Augustin, Hradec Kralové Biskupství [Königgrätz, Bistum], in: ČSB 5 (1930) 68-77

H. Neumeyer

Neumeyer, Heinz, Kirchengeschichte von Danzig und Westpreußen in evangelischer Sicht. Bd. 1: Von den Anfängen der christlichen Mission bis zum Ende des 18. Jahrhunderts (Leer/Ostfriesland 1971)

F. Niedermayer

Niedermayer, Franz, Johann Philipp von Lamberg, Fürstbischof von Passau (1651 — 1712). Reich, Landesfürstentum und Kirche im Zeitalter des Barock (= Veröffentlichungen des Institutes für Ostbairische Heimatforschung in Passau 16) (Passau 1938)

A. Niethammer

Niethammer, Adolf, Das Vormauersystem an der eidgenössischen Nordgrenze. Ein Beitrag zur Geschichte der Schweizerischen Neutralität vom 16. bis 18. Jahrhundert (= Basler Beiträge zur Geschichtswissenschaft 13) Basel 1944

Nouvelle Histoire du Jura

Cercle d'études historiques (éd.), Nouvelle Histoire du Jura (Porrentruy 1984)

J. Obersteiner

Obersteiner, Jakob, Die Bischöfe von Gurk, Bd. 1: 1072 — 1822 (= Aus Forschungen und Kunst 5) (Klagenfurt 1969)

J. Obłąk, Historia

Obłąk, Jan, Historia diecezji warmińskiej [Geschichte der Diözese Ermland] (Olsztyn 1959)

J. Obłąk, Grabowski

Obłąk, Jan, Stosunek do nauki i sztuki Biskupa Warmińskiego Adama Stanisława Grabowskiego [Die Beziehungen des ermländischen Bischofs A. S. Grabowski zu Wissenschaft und Kunst], in: Studia Warmińskie 1 (1964) 7-56

B. Opfermann

Opfermann, Bernhard, Die kirchliche Verwaltung des Eichsfeldes in seiner Vergangenheit. Ein Handbuch mit 5 Karten (Leipzig-Heiligenstadt 1958)

T. Oracki (1963)

Oracki, Tadeusz, Słownik biograficzny Warmii, Mazur i Powiśla od połowy XV w do 1945 roku [Biographisches Lexikon für Ermland, Masuren und das Weichselgebiet von der Mitte des 15. Jahrhunderts bis zum Jahre 1945] (Warszawa 1963)

T. Oracki

Oracki, Tadeusz, Słownik biograficzny Warmii, Prus Książęcych i Ziemi malborskiej od połowy XV do końca XVIII wieku [Biographisches Lexikon für Ermland, das Herzogtum Preußen und das Marienburger Land von der Mitte des 15. Jahrhunderts bis Ende des 18. Jahrhunderts], 2 Bde. (Olsztyn 1984-1988)

F. Ortner

Ortner, Franz, Reformation, Katholische Reform und Gegenreformation im Erzstift Salzburg (Salzburg 1981)

J. Oswald

Oswald, Joseph, Das alte Passauer Domkapitel. Seine Entwicklung bis zum dreizehnten Jahrhundert und sein Wahlkapitulationswesen (München 1933)

G. M. Ott	Ott, Gabriel M., Das Bürgertum der geistlichen Residenzstadt Passau in der Zeit des Barock und der Aufklärung (Passau 1961)
G. F. Otto	Otto, Gottlieb Friedrich, Lexikon der seit dem fünfzehnten Jahrhunderte verstorbenen und jetztlebenden oberlausizischen Schriftsteller und Künstler, 3 Bde. (Görlitz 1800)
J. Paquay	Paquay, Jean, Les Préconisations des Evêques des Provinces Belges au Consistoire 1559 – 1853, d'après les archives de la Consistoriale rattachées aux Archives Vaticanes (Lummen 1930)
J. C. Paricius	Paricius, Johann Carl, Allerneueste und bewährte historische Nachricht von allen in denen Ringmauern der Stadt Regensburg gelegenen Reichs-Stifftern, Haupt-Kirchen und Clöstern catholischer Religion (Regensburg 1753)
F. Pauly	Pauly, Ferdinand, Aus der Geschichte des Bistums Trier, 3. Teil: Die Bischöfe von Greiffenklau (1511 – 1531) bis Matthias Eberhard (1867 – 1876) (Trier 1973)
F. Pauly, St. Kastor	Pauly, Ferdinand, Das Stift St. Kastor in Karden an der Mosel (= Germania Sacra NF 19/3) (Berlin 1986)
J. Perrin, Le diocèse	Perrin, Jean, Le diocèse et la principauté épiscopale de Bâle après la Guerre de Trente ans d'après les rapports des évêques à Rome, in: ZSKG 60 (1966) 255-274, 356-367
J. Perrin, Le doyenné	Perrin, Jean, Le doyenné du Sundgau à la fin de la Guerre de Trente ans (1647), in: AEA 39 (1976 – 79) 117-186
J. Perrin, Visite	Perrin, Jean, Une visite pastorale de l'évêque de Bâle en Haute-Alsace en 1654, in: AEA 38 (1975) 171-205
H. Peters	Peters, Henriette, Passau, Wien und Aquileja. Ein Beitrag zur Kirchengeschichte von Wien und Niederösterreich im 17. Jahrhundert (= Forschungen zur Landeskunde von Niederösterreich und Wien 22) (Wien 1976)
G. Pfeiffer, Fränk. Bibliographie	Pfeiffer, Gerhard, Fränkische Bibliographie (= Veröffentlichungen der Gesellschaft für fränkische Geschichte, Reihe IX, Bd. 1-4) (Würzburg 1965 – 1978)
H. Pirenne	Pirenne, Henri, Histoire de Belgique, 7 Bde. (Bruxelles 1900 – 1932)
A. Podlaha	Podlaha, Antonius, Series praepositorum decanorum archidiaconorum aliorumque praelatorum et canonicorum S. Metropolitanae Ecclesiae Pragensis a primordiis usque ad praesentia tempora (Prag 1912) Supplementum I (1916); Supplementum II (1925); Supplementum III (1928); Supplementum IV (1931)
G. v. Pölnitz	Pölnitz, Götz Frhr. von, Die Matrikel der Ludwig-Maximilians-Universität Ingolstadt-Landshut-München, Bd. 2 (T. 1 und 2): 1600 – 1700 (München 1939); Bd. 3 (T. 1): 1700 – 1750 (München 1941)
E. Poncelet	Poncelet, Edouard, Liste des vicaires généraux et des scelleurs de l'évêché de Liège, in: Bulletin de la société d'art et d'histoire du diocèse de Liège 30 (1939) 1-62
O. Praetorius	Praetorius, Otfried, Professoren der kurfürstlichen Universität Mainz 1477 – 1797, in Familie und Volk 2 (1951)
M. Premrou, Vescovi petinensi	Premrou, Miroslau, Serie dei vescovi petinensi dal 1573 – 1798 secondo gli atti concistoriali dell'archivio segreto Vaticano (Trieste 1930)
M. Premrou, Vescovi triestini	Premrou, Miroslau, Serie documentata dei vescovi triestini, in: Archeografo Triestino 13 (Trieste 1926); auch als Separatdruck

V. Press	Press, Volker, Das Hochstift Speyer im Reiche des späten Mittelalters und der frühen Neuzeit — Portrait eines geistlichen Staates, in: Barock am Oberrhein, hg. von V. Press (=Oberrheinische Studien 6) (Karlsruhe 1985) 251-290
H. Preuschoff	Preuschoff, Hans, Das Verhältnis des ermländischen Fürstbischofs Johann Stanislaus Zbaski (1688—1697) zu seinem Domkapitel, in: ZGAE 25 (1935) 1-68, 336-386
H. Raab, Clemens Wenzeslaus	Raab, Heribert, Clemens Wenzeslaus von Sachsen und seine Zeit 1739—1812, Bd. 1 (Freiburg i.Br. 1962)
H. Raab, Festschrift	Kirche, Staat und katholische Wissenschaft in der Neuzeit. Festschrift für H. Raab zum 65. Geburtstag, hg. v. A. Portmann-Tinguely (=QuFo NF 12) (Paderborn u.a. 1988)
A. Räß	Räß, Andreas, Die Convertiten seit der Reformation nach ihrem Leben und aus ihren Schriften dargestellt, 13 Bde. (Freiburg i.Br. 1866—1880)
G. Rauch	Rauch, Günter, Das Mainzer Domkapitel in der Neuzeit. Zu Verfassung und Selbstverständnis einer adeligen Geistlichen Gemeinschaft (Mit einer Liste der Domprälaten seit 1500), in: ZRG.K 61 (1975) 161-227; 62 (1976) 194-278; 63 (1977) 132-179
J. Rauchenbichler	Rauchenbichler, Joseph, Reihenfolge der Bischöfe zu Chiemsee, in: DB 1 (1850) 211-237
J.-P. Ravens	Ravens, Jürgen-Peter, Staat und katholische Kirche in Preußens polnischen Teilungsgebieten 1772—1807 (=Veröffentlichungen des Osteuropa-Institutes München 21) (Wiesbaden 1963)
P. Rebetez	Rebetez-Paroz, Pierre, Les relations de l'Évêché de Bâle avec la France au 18e siècle (St. Maurice 1943)
P. Rebetez, Concordat	Rebetez-Paroz, Pierre, Concordat entre l'archevêché de Besançon et l'évêque de Bâle au 18e siècle. Porrentruy devient capitale du diocèse, in: ZSKG 37 (1943) 31-52, 177-217, 236-266, 359-378
H. Reiners, Konstanz	Reiners, Heribert, Das Münster unserer lieben Frau zu Konstanz (=Die Kunstdenkmäler Südbadens 1) (Konstanz 1955)
R. Reinhardt, Beziehungen	Reinhardt, Rudolf, Die Beziehungen von Hochstift und Diözese Konstanz zu Habsburg-Österreich in der Neuzeit. Zugleich ein Beitrag zur archivalischen Erforschung des Problems „Kirche und Staat" (=BGRK 2) (Wiesbaden 1966)
R. Reinhardt, Ellwangen	Reinhardt, Rudolf, Untersuchungen zur Besetzung der Propstei Ellwangen seit dem 16. Jahrhundert. Zugleich ein Beitrag zur politischen Geschichte des Stiftes, in: Ellwangen 764—1964. Beiträge und Untersuchungen zur Zwölfhundertjahrfeier, hg. v. Viktor Burr, 2 Bde. (Ellwangen 1964) 316-378
R. Reinhardt, Kandidatur	Reinhardt, Rudolf, Die Kandidatur des Johann Franz Schenk von Stauffenberg (1658—1740) für das Hochstift Würzburg, in: WDGB 29 (1967) 265-272
N. Reininger, Archidiakone	Reininger, Nikolaus, Die Archidiakone, Officiale und Generalvicare des Bisthums Würzburg. Ein Beitrag zur Diözesangeschichte, in: AU 28 (1885) 1-265
N. Reininger, Weihbischöfe	Reininger, Nikolaus, Die Weihbischöfe von Würzburg. Ein Beitrag zur fränkischen Kirchengeschichte, in: AU 18 (1865) 1-428
A. Reinle	Reinle, Adolf, Die Bischofsfamilie Haus von Stein, in: Jurablätter 13 (1951) 119-126
F. X. Remling	Remling, Franz Xaver, Geschichte der Bischöfe zu Speyer, 2 Bde. (Mainz 1852—1854)

Répertoire	Centre national de la Recherche scientifique (éd.), Répertoire des visites pastorales de la France. 1ère série: anciens diocèses (jusqu'en 1790). Tome 4: *Dominique Juliat*, La Rochelle-Ypres (Bâle-Paris 1985) 633-675
J. Rhotert	*Rhotert, Johannes*, Die Dompröpste und Domdechanten des vormaligen Osnabrücker Kapitels (Osnabrück 1920)
G. Richter	*Richter, Gregor*, Die adeligen Kapitulare des Stifts Fulda seit der Visitation Carafas (1627), in: FGB 3 (1904) 65-93
J. Riedl	*Riedl, Johann*, Salzburgs Domherren. Von 1514–1806, in: MGSL 7 (1867) 122-278
H. v. Riedmatten	*Riedmatten, Henri von*, Herkunft und Schicksal einer St. Niklauser Familie: die Riedmatten, in: BWG 13 (1964) 531-561
A. Rogalski	*Rogalski, Aleksander*, Kościół katolicki na Warmii i Mazurach [Die katholische Kirche im Ermland und in Masuren] (Warszawa 1956)
B. Roth, Dom	*Roth, Benno*, Seckau – Der Dom im Gebirge (Graz-Wien-Köln 1983)
B. Roth, Seckau	*Roth, Benno*, Seckau. Geschichte und Kultur 1164–1964 (Wien-München 1964)
A. Ruland, Series	*Ruland, Anton*, Series et vitae professorum S. S. Theologiae, qui Wirceburgi ... a fundata academia per divum Julium usque in annum 1834 docuerunt (Würzburg 1835)
P. Rummel, Fürstbischöflicher Hof	*Rummel, Peter*, Fürstbischöflicher Hof und katholisches Leben, in: Geschichte der Stadt Augsburg (Stuttgart ²1985) 530-541
P. F. Saft	*Saft, Paul Franz*, Der Neuaufbau der katholischen Kirche in Sachsen im 18. Jahrhundert (= SKBK 2) (Leipzig 1961)
J. Sallaberger	*Sallaberger, Johann*, Die Trienter Familien Firmian und Cristani di Rallo, in: Salzburger Museumsblätter 42 (1981) 1-3, 10-12
M. Salowski u. a.	*Salowski, Martin*, *Kilank, Rudolf* und *Schmidt, Peter*, Katholische Sorbische Lausitz (Leipzig 1976)
U. Salzmann	*Salzmann, Ulrich*, Der Salzburger Erzbischof Siegmund Christoph Graf von Schrattenbach (1753–1771) und sein Domkapitel, in: MGSL 124 (1984) 9-240
R. Samulski, Weihbischöfe	*Samulski, Robert*, Die Breslauer Weihbischöfe. Zu ihrer Geschichte, persönlichen Zusammensetzung und Bedeutung für das kirchliche Leben in Schlesien bis 1945, Teil 1, in: Schlesisches Priesterjahrbuch 3/4 (Köln 1964) 79-109
J. Sax	*Sax, Julius*, Die Bischöfe und Reichsfürsten von Eichstätt 745–1806. Versuch einer Deutung ihres Waltens und Wirkens, nach den neuesten Quellen zusammengestellt, 2 Bde. (Landshut 1884-1885)
J. Sax-J. Bleicher	*Sax, Julius*, Geschichte des Hochstifts und der Stadt Eichstätt. Neue, verbesserte Auflage hg. v. *Joseph Bleicher* (Eichstätt 1927)
J. F. Schannat	*Schannat, Johann Friedrich*, Historia Episcopatus Wormatiensis, Tom. 1 (Frankfurt 1734)
Schematismus	Schematismus almae provinciae S. Crucis Carnioliae ordinis fratrum minorum ineunte anno 1917 (Kamnik 1917)
E. C. Scherer	*Scherer, Emil Clemens*, Die Visitatio Liminum der Baseler Fürstbischöfe 1585–1799. Streiflichter auf Bildung und Erziehung des Klerus im alten Bistum Basel, in: AEA 30 (1964) 183-204

H. Schiel	Schiel, Hubert, Johann Michael Sailer, Leben und Briefe, 2 Bde. (Regensburg 1948 – 52)
X. Schier	Schier, Xystus, Die Bischöfe und Erzbischöfe von Wien (Graz 1777)
A. Schindling, Eichstätt	Schindling, Anton, Das Hochstift Eichstätt im Reich der frühen Neuzeit, in: SHVE 80 (1987) 37-56
A. Schindling, Friderizianische Bischöfe	Schindling, Anton, Friderizianische Bischöfe in Franken? Aufklärung und Reform im geistlichen Franken zwischen Habsburg und Preußen, in: → H. Duchhardt, Friedrich d. Gr. 157-171
A. Schindling, Reichstag	Schindling, Anton, Die Anfänge des Immerwährenden Reichstags zu Regensburg. Ständevertretung und Staatskunst im barocken Reich (Habil.-Schrift Würzburg 1982)
H. Schlapp	Schlapp, Hermann, Dionys Graf von Rost, Reichsfürst und Bischof von Chur 1777 – 1793. Ein Beitrag zur Geschichte des Bistums Chur im Zeitalter des Josephinismus (Zürich 1964)
A. Schmid	Schmid, Alois, Max III. Joseph und die europäischen Mächte. Die Außenpolitik des Kurfürstentums Bayern von 1745 – 1765 (München 1987)
J. Schmidlin	Schmidlin, Josef, Kirchliche Zustände und Schicksale des deutschen Katholizismus während des Dreißigjährigen Krieges nach den bischöflichen Romberichten (Freiburg i. Br. 1940)
M. Schmidt	Schmidt, Martha, Die Aufklärung im Fürstbistum Passau, in: VHN 67/68 (1934/35) 3-239
	Schmidt, Peter, Das Collegium Germanicum in Rom und die Germaniker. Zur Funktion eines römischen Ausländerseminars (1552 – 1914) (= Bibliothek des Deutschen Historischen Instituts in Rom 56) (Tübingen 1984)
H. Schmitt, Speyerer Weihbischöfe	Schmitt, Hermann, Die Aushilfe der Speyerer Weihbischöfe Johann Philipp Burckhardt und Peter Kornel von Beywegh im Bistum Worms, in: AmrhK 12 (1960) 237-250
L. Schmitt, Ernestinum	Schmitt, Leonhard Clemens, Geschichte des Ernestinischen Klerikal-Seminars zu Bamberg, in: BHVB 20 (1857) *1-*8, 1-492
M. Schmitt-J. Gremaud	Schmitt, Martin - Gremaud, Jean, Mémoires historiques sur le diocèse de Lausanne, 2 Bde. (Fribourg 1858-1859)
Ph. Schniedertüns	Schniedertüns, Philipp, Die Pfarrei Delbrück und ihre Tochterkirchen (Ms. im Pfarrarchiv Delbrück 1964)
Schönborn	Die Grafen von Schönborn. Ausstellungskatalog (Nürnberg 1989)
F. Schorn, Orsbeck	Schorn, Franz, Johann Hugo von Orsbeck. Ein rheinischer Kirchenfürst der Barockzeit. Erzbischof und Kurfürst von Trier, Fürstbischof von Speyer (Köln 1976)
F. X. Schrader	Schrader, Franz Xaver, Nachrichten über den Osnabrücker Weihbischof Johannes Adolf von Hörde, in: WZ 53/2 (1892) 109-133
G. Schrader	Schrader, Gerhard, Die bischöflichen Offiziale Hildesheims und ihre Urkunden im späten Mittelalter (1300 – 1600), in: Archiv für Urkundenforschung 13 (1935) 91-176
A. Schröder, Weihbischöfe	Schröder, Alfred, Die Augsburger Weihbischöfe, in: AGHA 5 (1916 – 19) 411-516
G. Schwaiger, Die altbayerischen Bistümer	Schwaiger, Georg, Die altbayerischen Bistümer Freising, Passau und Regensburg zwischen Säkularisation und Konkordat (1803 – 1817) (= MThS.H 13) (München 1959)

G. *Schwaiger*, Freising   *Schwaiger, Georg* (Hg.), Das Bistum Freising in der Neuzeit (München 1989)

G. *Schwaiger*, Wartenberg   *Schwaiger, Georg*, Kardinal Franz Wilhelm von Wartenberg als Bischof von Regensburg (1649–1661) (=MThS.H 6) (München 1954)

F. J. *Schwoy*   *Schwoy, Franz Josef*, Topographie vom Markgrafthum Maehren I (Wien 1793)

J. J. *Scotti*   *Scotti, J. J.*, Sammlung der Gesetze und Verordnungen, welche in dem vormaligen Churfürstentum Trier über Gegenstände der Landeshoheit, Verfassung, Verwaltung und Rechtspflege ergangen sind, vom Jahre 1310 bis zur Reichs-Deputations-Schlußmäßiger Auflösung des Churstaates Trier am Ende des Jahres 1802, 3 Bde. (Düsseldorf 1832)

R. *Sedlmaier*   *Sedlmaier, Richard*, Wolfgang v. d. Auveras Schönborn-Grabmäler im Mainfränkischen Museum und die Grabmalkunst der Schönborn-Bischöfe (Würzburg 1955)

S. *Seifert*   *Seifert, Siegfried*, Das Pontifikalienrecht des Bautzner Domdekans, in: Unum in Veritate et Laetitia. Bischof Dr. Otto Spülbeck zum Gedächtnis (Leipzig 1970) 86-107

J. *Seiler*   *Seiler, Joachim*, Das Augsburger Domkapitel vom Westfälischen Frieden bis zur Säkularisation (1648–1802). Studien zur Geschichte, seiner Verfassung und seiner Mitglieder (=MThS.H 29) (St. Ottilien 1989)

J. K. *Seitz*   *Seitz, Johann Karl*, Die Johanniter-Priester Komturei Freiburg i. Ue., in: Freiburger Geschichtsblätter 17 (1910) 1-136

F. X. *Seppelt*, Breslau   *Seppelt, Franz Xaver*, Geschichte des Bistums Breslau (Breslau 1929)

J. S. *Severus*   *Severus, Johannes Sebastianus*, Memoria propontificum Moguntinorum in compositionem odoris facta ... ex Helwichii, Joannidis et de Gudenus schematibus, renovata, dicata, novisque accessionibus aucta, et oblata (Wertheim u. a. 1763)

E. *Sitzmann*   *Sitzmann, Edouard*, Dictionnaire de biographie des hommes célèbres de l'Alsace depuis les temps les plus reculés jusqu'à nos jours, 2 Bde. (Rixheim 1909-1910; Nachdruck: Paris 1973)

P. *Skobel*   *Skobel, Paul*, Das Jungfräuliche Klosterstift zur Heiligen Maria Magdalena von der Busse zu Lauban in Schlesien von 1320–1821 (Stuttgart-Aalen 1970)

B. *Slavík*   *Slavík, Bedřich*, Od Dobnera k Dobrovskému [Von Dobner zu Dubroswky] (Prag 1975)

M. *Smole*   *Smole, Madja*, Vicedomski urad za Kranjsko 13. stol. - 1747, 1. del: Cerkvene zadeve Lit. A-F [Das Amt des Viztums für Krain vom 13. Jh.–1747, 1. Abt.: Die kirchlichen Angelegenheiten Lit. A-F] (Ljubljana 1985)

G. *Sofsky*   *Sofsky, Günter*, Die verfassungsrechtliche Lage des Hochstifts Worms: In den letzten zwei Jahrhunderten seines Bestehens unter besonderer Berücksichtigung der Wahl seiner Bischöfe (Worms 1957)

J. J. *Solař*   *Solař, Jeronym Jan Nep.*, Dějepis Hradce Kralové n. Labem a biskupství hradeckého [Topographie von Königgrätz/Elbe und des Bistums Königgrätz] (Praha 1870)

J. Solta

Solta, Jan (Hg.), Nowy biografiski slownik k stawiznam a kulturje Serbow [Neues biographisches Lexikon zur Geschichte und Kultur der Sorben] (Bautzen 1984)

C. Sommervogel

Sommervogel, Carlos, Bibliothèque de la Compagnie de Jesus, 11 Bde. (I-IX Brüssel-Paris ²1890–1900; X Toulouse 1911; XI Paris 1932)

M. Spindler, Handbuch

Spindler, Max, Handbuch der bayerischen Geschichte, 4. Bde. (München 1967–1975; I² 1981)

A. Sprunck

Sprunck, Alfons, Die Trierer Kurfürsten Karl Kasper von der Leyen und Johann Hugo von Orsbeck und die Statthalter der spanischen Niederlande von 1675–1700, in: RhV 32 (1968) 318-331

J. Staber

Staber, Josef, Kirchengeschichte des Bistums Regensburg (Regensburg 1966)

R. Stähli

Stähli, Robert, Die Auseinandersetzungen des Fürstbischofs von Basel mit Bern um das Münstertal (Berner Jura) 1706–1711 (Diss. phil. Bern 1973)

L. Stamer

Stamer, Ludwig, Kirchengeschichte der Pfalz; III. Teil, 1. Hälfte: Das Zeitalter der Reform (1556–1685) (Speyer 1955); III. Teil, 2. Hälfte: Von der Reform zur Aufklärung. Ende der mittelalterlichen Diözesen (1685–1801) (Speyer 1959)

A. Steinhuber

Steinhuber, Andreas, Geschichte des Kollegium Germanikum-Hungarikum, 2 Bde. (Freiburg ²1906)

C. Stenz

Stenz, Carl, Die Trierer Kurfürsten (Mainz 1937)

Z. Štěpánek

Štěpánek, Z., Identifikace a blasonvání erbů v erbovním sále bývalého kapitulního děkanství v Olmouci [Identifizierung und Blasonierung der Wappen im Wappensaal des ehemaligen Kapiteldekanats in Olmütz; Jahresarbeit der phil. Fakultät der Universität Olmütz] (Ms. Olmouc 1961)

O. v. Stotzingen

Stotzingen, Otto Frh. v., Beiträge zur Geschichte der Reichsarmee, in: WVLG 20 (1911) 71-112

A. Straus

Straus, Andreas, Viri sciptis, eruditione ac pietate insignes, quos Eichstadium vel genuit vel aluit (Eichstätt 1799)

A. A. Strnad, Processus

Strnad, Alfred A., Processus inquisitionis Ecclesiae Viennensis. Materialien zur Geschichte des Fürstbistums Wien aus dem Vatikanischen Geheimarchiv, in: Festschrift Franz Loidl zum 65. Geburtstag, Bd. 3 (Wien 1971) 267-290

A. A. Strnad, Schönborn

Strnad, Alfred A., Kardinal Damian Hugo Reichsgraf von Schönborn im Lichte neuer Quellen, in: AmrhK 24 (1972) 107-153

P. L. Surchat

Surchat, Pierre Louis, Die Nuntiatur von Ranuccio Scotti in Luzern 1630–1639. Studien zur päpstlichen Diplomatie und zur Nuntiaturgeschichte des 17. Jahrhunderts (=RQ.S 36) (Rom-Freiburg-Wien 1979)

A. Suter

Suter, Andreas, „Troublen" im Fürstbistum Basel (1726–1740). Eine Fallstudie zum bäuerlichen Widerstand im 18. Jahrhundert (=Veröffentlichungen des Max-Planck-Instituts für Geschichte 79) (Göttingen 1985)

H. Sutter

Sutter, Hans, Basels Haltung gegenüber dem evangelischen Schirmwerk und dem eidgenössischen Defensionale (1647 und 1668) (Diss. phil. Basel 1957)

J. G. Suttner, Bibliotheca dioecesana

Suttner, Joseph Georg, Bibliotheca Eystettensis dioecesana. Ein Beitrag zur Herstellung von Annalen der Literatur des Bisthums Eichstätt (Eichstätt 1866)

J. G. Suttner, Concilien-geschichte	Suttner, Joseph Georg, Versuch einer Conciliengeschichte des Bistums Eichstätt, in: PBE 1 (1854)
J. G. Suttner, Erbfolgekrieg	Suttner, Joseph Georg, Eichstätt im spanischen Erbfolgekrieg, in: PBE 25 (1878) 163-181
J. G. Suttner, Werbungen	Suttner, Joseph Georg, Fürstliche Werbungen um das Stift Eichstätt, in: PBE 24 (1877) Nrn. 22-24
A. Szorc	Szorc, Alojzy (Hg.), Warmia pod rządami biskupów polskich [Ermland unter der Herrschaft der polnischen Bischöfe], in: Warmia i Mazury. Zarys dziejów [Ermland und Masuren. Abriß der Geschichte] (Olsztyn ²1985) 278-322.
Z. Szostkiewicz	Szostkiewicz, Zbigniew, Katalog biskupów obrz. łac. przedrozbio-rowej Polski [Katalog der Bischöfe des lateinischen Ritus in Polen vor den Teilungen], in: Sacrum Poloniae Millenium Bd. 1 (Rom 1954) 391-632
K. Tangl	Tangl, Karlmann, Reihe der Bischöfe von Lavant (Klagenfurt 1841)
L. Tavano, Cronotassi	Tavano, Luigi, Cronotassi degli arcidiaconi di Gorizia, in: Carlo Michele d'Attems primo arcivescovo di Gorizia (1752−1774) fra Curia romana e Stato asburgico I: Studi introduttivi (Gorizia 1988) 179-190
R. Taveneaux	Taveneaux, René, Le Jansénisme en Lorraine 1640−1789 (Paris 1960)
A. Theiner	Theiner, Augustin, Geschichte der Zurückkehr der regierenden Häuser Braunschweig und Sachsen in den Schooß der Katholischen Kirche im achtzehnten Jahrhundert und der Wiederherstellung der Katholischen Religion in diesen Staaten (Einsiedeln 1843)
J. de Theux	De Theux de Montjardin, Joseph, Le chapitre de Saint-Lambert à Liège, 4 Bde. (Bruxelles 1871−1872)
A. Tibus, Weihbischöfe Münster	Tibus, Adolf, Geschichtliche Nachrichten über die Weihbischöfe von Münster (Münster 1862)
E. Tomek, Das kirchliche Leben	Tomek, Ernst, Das kirchliche Leben und die christliche Charitas in Wien, in: Anton Mayer (Hg.), Geschichte der Stadt Wien, Bd. 5 (Wien 1914) 160-330
E. Tomek, Kirchen-geschichte Österreichs	Tomek, Ernst, Kirchengeschichte Österreichs, Bd. 2 (Innsbruck-Wien 1949); Bd. 3 (Innsbruck u.a. 1959)
J. Torsy	Torsy, Jakob, Die Weihehandlungen der Kölner Weihbischöfe 1661−1840 nach den weihbischöflichen Protokollen (= SKKG 10) (Düsseldorf 1969)
J. C. Tovazzi	Tovazzi, J. Chrisostomus, Series Vicariorum in spiritualibus Generalium Tridentini cum Provicariis, in: Catalogus cleri dioecesis Tridentinae ineunte anno 1911 (Trento 1911) 14-37
A. Triller, Konvertiten	Triller, Anneliese, Konvertiten im Ermland um die Wende vom 17. zum 18. Jahrhundert, in: ZGAE 42 (1983) 33-54
P. G. Tropper, Erneue-rungsbestrebungen	Tropper, Peter G., Pastorale Erneuerungsbestrebungen des süd-deutsch-österreichischen Episkopats im 18. Jahrhundert. Hirten-briefe als Quellen der Kirchenreform, in: RQ 83 (1988) 296-336
P. G. Tropper, Konsistorium	Tropper, Peter G., Das Gurker Konsistorium im 18. Jahrhundert. Ein Beitrag zur kirchlichen Verwaltungs- und Archivgeschichte Kärntens, in: Carinthia I 177 (1987) 313-359
B. Truffer	Truffer, Bernard, Portraits des évêques de Sion de 1418 à 1977 (= Société pour la sauvegarde de la cité historique et artistique 7) (Sion 1977)

H. Tüchle, Mitarbeiter	*Tüchle, Hermann*, Mitarbeiter und Probleme in Deutschland und Skandinavien, in: Sacrae Congregationis de Propaganda Fide Memoria Rerum 1622−1972, hg. v. J. Metzler, Bd. II: 1700−1815 (Rom u. a. 1973) 647-680
H. Tüchle, Propaganda Fide	*Tüchle, Hermann* (Hg.), Acta SC de propaganda fide Germaniam spectantia. Die Protokolle der Propagandakongregation zu deutschen Angelegenheiten 1622−1649 (Paderborn 1962)
H. Tüchle, Spannungsfeld	*Tüchle, Hermann*, Im Spannungsfeld des lutherischen Christentums (Böhmen, Deutschland, Skandinavien), in: Sacrae Congregationis de Propaganda Fide Memoria Rerum 1622−1972, hg. v. J. Metzler, Bd. I/2: 1622−1700 (Rom u. a. 1972) 23−63
R. Turin	*Turin, Renate*, Beiträge zur Geschichte der religiösen Lage in der Diözese Brixen unter Maria Theresia von 1740−1760 (Diss. phil. Innsbruck 1969)
UB Kulm	Urkundenbuch des Bistums Culm, bearb. von *C. P. Woelky* (Danzig 1887)
W. Urban, Szkice	*Urban, Wincenty*, Szkice z dziejów bibliotek kanoników kapituły katedralnej we Wrocławiu w XVII wieku [Skizzen zur Geschichte der Domherrenbibliothek des Domkapitels zu Breslau im 17. Jahrhundert], in: CS 7 (1975) 149-214
H. Valentinitsch	*Valentinitsch, Helfried* (Hg.), Hexen und Zauberer (Graz 1987)
L. Vanderryst	*Vanderryst, Lambert*, Mandements, lettres pastorales, circulaires et autres documents publiés dans le diocèse de Liège depuis le concordat de 1801 jusqu'en 1830 (Liège 1851)
L. Vautrey, Collège	*Vautrey, Louis*, Histoire du collège de Porrentruy (1590−1865) (Porrentruy 1866)
L. Vautrey, Evêques	*Vautrey, Louis*, Histoire des Evêques de Bâle, 2 Bde. (Einsiedeln-New York-Cincinatti 1884−1886)
L. A. Veit	*Veit, Ludwig Andreas*, Konvertiten und kirchliche Reunionsbestrebungen am Mainzer Hofe unter Erzbischof Johann Philipp von Schönborn (1647−1673), in: Der Katholik 92/2 (1917) 170−195
Verz. d. Studierenden Mainz	Verzeichnis der Studierenden der Alten Universität Mainz, Hg.: Präsident und Senat der Johannes Gutenberg-Universität Mainz (=Beiträge zur Geschichte der Universität Mainz 13) (Mainz 1979−1982)
F. Volkmer	*Volkmer, Franz*, Geschichte der Dechanten und Fürstbischöflichen Vikare der Grafschaft Glatz (Habelschwerdt 1894)
F. Wachter	*Wachter, Friedrich*, General-Personal-Schematismus der Erzdiözese Bamberg 1007−1907. Eine Beigabe zum Jubeljahre der Bistumsgründung (Bamberg 1908)
F. v. Waldburg-Wolfegg	*Waldburg-Wolfegg, Franz von*, Chronologisches Verzeichnis sämtlicher Mitglieder des kurfürstlich, später königlich bayerischen Hausritter-Ordens vom Heiligen Georg seit seiner Reorganisation durch Kurfürst Carl Albrecht im Jahre 1729 (München 1929)
H. Wamper	*Wamper, Hermann*, Das Leben der Brüder Adrian und Peter van Walenburch aus Rotterdam und ihr Wirken in der Erzdiözese Köln bis zum Jahre 1649. Ein Beitrag zur Geschichte der Gegenreformation (= Veröffentlichungen des Kölnischen Geschichtsverein 28) (Köln 1968)
A. Wappler	*Wappler, Anton*, Geschichte der theologischen Fakultät der Universität Wien (Wien 1884)

Th. Warmiński	Warmiński, Theodor, Urkundliche Geschichte des ehemaligen Zisterzienserklosters Paradies (Meseritz 1886)
F. Weber	Weber, Franz, Geschichte des Katechismus in der Diözese Rottenburg von der Aufklärungszeit bis zur Gegenwart. Mit einer Vorgeschichte über die schwäbischen Katechismen von Canisius bis Felbiger (Freiburg i. Br. 1939)
H. Weber	Weber, Herrmann, Frankreich, Kurtrier, der Rhein und das Reich 1623–1635 (=Pariser historische Studien 9) (Bonn 1969)
L. Weber, Gepeckh	Weber, Leo, Veit Adam von Gepeckh, Fürstbischof von Freising 1618–1651 (=SABKG 3/4) (München 1972)
S. Weber, Stemmi dei Vescovi	Weber, Simone, Gli stemmi dei Vescovi e P. di Trento, in: Rivista Tridentina 7 (1907) 1-25
S. Weber, Vescovi suffraganei	Weber, Simone, I vescovi suffraganei della Chiesa di Trento (Trento 1932)
F. Weigle, Matrikel Perugia	Weigle, Fritz, Die Matrikel der Deutschen Nation in Perugia (1579–1727). Ergänzt nach den Promotionsakten, den Consiliarwahllisten und der Matrikel der Universität Perugia im Zeitraum von 1489–1791 (=Bibliothek des Deutschen Historischen Instituts in Rom 21) (Tübingen 1956)
S. Weinfurter u.a.	Weinfurter, Stefan u.a., Die Viten der Eichstätter Bischöfe im Pontifikale Gundekarianum, in: Das „Pontifikale Gundekarianum", Kommentarband hg. v. A. Bauch u. E. Reiter (Wiesbaden 1987)
R. Weiß	Weiß, Rudolf, Das Bistum Passau unter Kardinal Joseph Dominikus von Lamberg (1723–1761). Zugleich ein Beitrag zur Geschichte des Kryptoprotestantismus in Oberösterreich (=MThS.H 21) (München 1979)
M. Weitlauff	Weitlauff, Manfred, Kardinal Johann Theodor (1703–1763), Fürstbischof von Regensburg, Freising und Lüttich. Ein Bischofsleben im Schatten der kurbayerischen Reichskirchenpolitik (=BGBR 4) (Regensburg 1970)
M. Weitlauff, Reichskirchenpolitik	Weitlauff, Manfred, Die Reichskirchenpolitik des Hauses Bayern unter Kurfürst Max Emanuel (1679–1726). Vom Regierungsantritt Max Emanuels bis zum Beginn des Spanischen Erbfolgekrieges (1679–1701) (=MThS.H 24) (St. Ottilien 1985)
A. Wetterer, Speierer Generalvikariat	Wetterer, Anton, Zur Geschichte des Speierer Generalvikariats im 18. Jahrhundert, in: Mitt. Pfalz 49 (1928/29) 93-179
H. Widmann	Widmann, Hans, Geschichte Salzburgs, Bd. 3 (Gotha 1914)
Th. Wiedemann	Wiedemann, Theodor, Geschichte der Reformation und Gegenreformation im Lande unter der Enns, Bd. 5 (Prag-Leipzig 1886)
E. Winter, Geisteskampf	Winter, Eduard, Tausend Jahre Geisteskampf im Sudetenraum: Das religiöse Ringen zweier Völker (Salzburg 1938; München 1955)
E. Winter, Josefinismus	Winter, Eduard, Der Josefinismus. Die Geschichte des österreichischen Reformkatholizismus 1740–1848 (Berlin-Ost 1962)
A. Winterling	Winterling, Aloys, Der Hof der Kurfürsten von Köln (1688–1794). Eine Fallstudie zur Bedeutung „absolutistischer" Hofhaltung (=Veröffentlichungen des Historischen Vereins für den Niederrhein 15) (Bonn 1986)
J. Wirsing, Landesverordnungen	Wirsing, Johann, Auszug aus den würzburgischen Landesverordnungen von 1572–1811, welche den Stand, den Wirkungskreis und die Pflichten der Seelsorger betreffen (Würzburg 1811)

F. W. Woker, Hannover	Woker, Franz Wilhelm, Geschichte der katholischen Kirche und Gemeinde in Hannover und Celle (Paderborn 1889)
F. W. Woker, Steffani	Woker, Franz Wilhelm, Agostino Steffani, Bischof von Spiga i. p. i., apostolischer Vicar von Norddeutschland 1709 – 1728 (Köln 1886)
M. Wolf	Wolf, Manfred, Das 17. Jahrhundert, in: Wilhelm Kohl (Hg.), Westfälische Geschichte 1 (Düsseldorf 1983) 537-604
C. Wolfsgruber	Wolfsgruber, Cölestin, Die k. u. k. Hofburgkapelle und die k. u. k. geistliche Hofkapelle (Wien 1905)
K. Wolfsgruber, Brixner Domkapitel	Wolfsgruber, Karl, Das Brixner Domkapitel in seiner persönlichen Zusammensetzung in der Neuzeit 1500 – 1803 (= Schlern-Schriften 80) (Innsbruck 1951)
A. Wollbrett	Wollbrett, Alphonse, Le château de Saverne, publication de la Société d'Histoire et d'Archéologie de Saverne et environs (Saverne 1969)
G. Wunder, Stauffenberg	Wunder, Gerd, Die Schenken von Stauffenberg. Eine Familiengeschichte (= Schriften zur südwestdeutschen Landeskunde 11) (Stuttgart 1972)
C. v. Wurzbach	Wurzbach, Constantin von, Biographisches Lexikon des Kaiserthums Österreich, 58 Bde. (Wien 1856 – 1889)
J. Zabel	Zabel, Johann, Zweihundert Jahre Bistum Brünn 1777 – 1977 (Königstein / Taunus 1976)
A. Zelenka	Zelenka, Aleš, Die Wappen der böhmischen und mährischen Bischöfe (Regensburg 1979)
E. Zenz, Gesta	Zenz, Emil (Hg.), Die Taten der Trierer. Gesta Treverorum, 8 Bde. (Trier 1955 – 1965)
E. Zenz, Trier	Zenz, Emil, Trier im 18. Jahrhundert: 1700 – 1794 (Trier 1981)
E. Zenz, Universität	Zenz, Emil, Die Trierer Universität: 1473 bis 1798. Ein Beitrag zur abendländischen Universitätsgeschichte (Trier 1949)
A. Zieger	Zieger, Antonio, Storia della Regione Tridentina (Trento 1968)
G. Zimmermann, Hofstaat	Zimmermann, Gerda, Der Hofstaat der Fürstbischöfe von Würzburg von 1648 – 1803. Verfassungs- und Entwicklungsgeschichte (Diss. phil. Würzburg 1976)
K. Zimmermann	Zimmermann, Karl, Otto von Senheim als Unterhändler Philipps von Sötern. Ein Beitrag zur Lage Kurtriers beim Eingreifen Frankreichs im Dreißigjährigen Kriege in: RhV 8 (1938) 248-295
R. Zinnhobler-J. Ebner	Zinnhobler, Rudolf - Ebner, Johannes (Hg.), Die Dechanten von Enns-Lorsch (Linz 1982)
H. Zschokke	Zschokke, Hermann, Geschichte des Metropolitan-Capitels zum heiligen Stephan in Wien (Wien 1895)
R. Zuber	Zuber, Rudolf, Osudy moravské cirkve v 18. století [Schicksale der mährischen Kirche im 18. Jahrhundert] (Olomouc 1987)

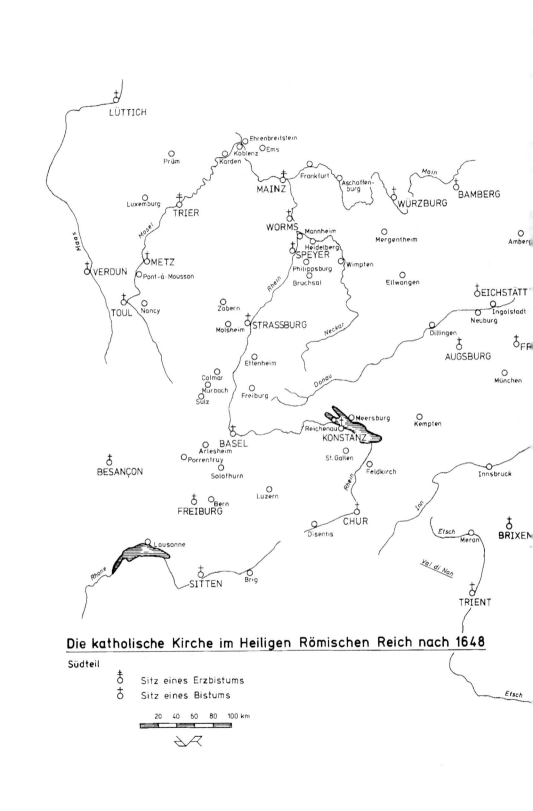

Die katholische Kirche im Heiligen Römischen Reich nach 1648

Südteil

‡ Sitz eines Erzbistums
† Sitz eines Bistums

20 40 60 80 100 km

OSTSEE

Pregel

Königsberg

Oliva
Braunsberg
Danzig
Frauenburg

Heilsberg (ERMLAND)

ERMLAND

Pelplin

KAMMIN

Kulm
Kulmsee (KULM)

Thorn

Weichsel

GNESEN

LEBUS

POSEN

BURG

Neuzelle

Oder

Glogau

BRESLAU

MEISSEN

Bautzen

Liegnitz
Brieg

Dresden

Oppeln

Neisse

Tetschen

Münsterberg

Weichsel

LEITMERITZ

Neisse
Glatz
Schloß Johannesberg

KRAKAU

Elbe

KÖNIGGRÄTZ

Katscher

Teschen

PRAG

Troppau

Moldau

Müglitz

OLMÜTZ

Iglau

Kremsier

BRÜNN

Marsch

BUDWEIS

Znaim

Die katholische Kirche im Heiligen Römischen Reich nach 1648

Nordteil

⚵ Sitz eines Erzbistums
○̵ Sitz eines Bistums
♀ Sitz eines 1648 untergegangnen Bistums

LEITMERITZ

KRAKAU

Oder Weichsel

KÖNIGGRÄTZ

Elbe

Katscher

Troppau   Teschen

PRAG

Müglitz

OLMÜTZ

Moldau

Iglau

Kremsier

BRÜNN

REGENSBURG

BUDWEIS

Znaim

Marsch

PASSAU

Landshut

ISING   Inn

LINZ

Tulln

Donau

Altötting

Enns

Ardagger

ST. PÖLTEN

WIEN

CHIEMSEE

SALZBURG

WIENER
NEUSTADT

GRAN

Waitzer

Berchtesgaden

RAAB

St. Johann

Salzach

Leoben

SECKAU

STUHLWEISSENBURG

Friesach

Graz

Straßburg

GURK

St. Andrä

Drau

Marburg

Klagenfurt

LAIBACH

GÖRZ

Gradisca

Aquileja

TRIEST

Venedig

PEDENA

VERZEICHNIS DER MITARBEITER

Dr. Hans Ammerich, Speyer

Dr. habil. Hans-Georg Aschoff, Hannover

Dr. Catherine Bosshart-Pfluger, Fribourg

Dr. Patrick Braun, Basel

Prof. Dr. Louis Carlen, Brig

Prof. Dr. Louis Châtellier, Nancy

Prof. Dr. France M. Dolinar, Llubljana

Cand. phil. Michael F. Feldkamp, Bonn

Prof. Dr. Erwin Gatz, Città del Vaticano

Prof. Dr. Josef Gelmi, Brixen

Dr. Egon-Johannes Greipl, München

Prof. Dr. Karl Hausberger, Regensburg

Prof. Dr. Karl Hengst, Paderborn

P. Prof. Dr. Kurt A. Huber, Königstein

Dr. Stephan M. Janker M. A., München

Prof. Dr. Friedhelm Jürgensmeier, Osnabrück

Dr. Hans-Jürgen Karp, Marburg

Dr. Werner Kathrein, Fulda

Dr. Alfred Kolaska, Wien

Dr. Jan Kopiec, Opole

Prof. Dr. August Leidl, Passau

Prof. Dr. Maximilian Liebmann, Graz

Pfr. Heinrich Meier, Karl-Marx-Stadt

Dr. Alfred Minke, Eupen

Erwin Naimer M. A., Dingolfing

Dozent Dr. Dr. Franz Ortner, Salzburg

Direktor Dr. Bernd Ottnad, Freiburg

Prof. Dr. Rudolf Reinhardt, Tübingen

Prof. Dr. Ernst Reiter, Eichstätt

Prof. Dr. Peter Rummel, Dillingen

Prof. Dr. Wolfgang Seibrich, Kirn

Dr. Siegfried Seifert, Bautzen

Dr. Pierre-Louis Surchat, Bern

Prof. Luigi Tavano, Gorizia

Dr. Anneliese Triller, Bonn

Dr. Peter Tropper, Klagenfurt

Dr. Johann Weißensteiner, Wien

Aleš Zelenka, Gessertshausen

BILDNACHWEIS

Augsburg, Bistumsarchiv (ABA): 9

Bautzen, Bischöfliches Diözesanarchiv Meißen (BDM): 50, 59, 130, 174, 213, 230, 285, 325, 370, 413. 452, 536, 575

Berlin, Staatliche Museen Preußischer Kulturbesitz, Kupferstichkabinett: 579

Berlin, Der Herold: 299, 481, 561

Brixen, Diözesanmuseum: 70, 304, 473, 474, 476, 508

Brüssel, Institut Royal de Patrimoine Artistique (IRPA Bruxelles, Copyright A.C.L. Bruxelles): 27, 89, 187, 306, 334, 534

Chur, Bischöfliches Ordinariat (BO Chur): 105, 106, 120, 314, 403, 404

Dilligen, Fürstlich und Gräflich Fuggersches Familien- und Stiftungsarchiv: 135

Donaueschingen, Fürstlich Fürstenbergisches Archiv: 139

Dresden, Staatliche Kunstsammlungen: 271

Eichstätt, Diözesanmuseum: 494

Florenz, Sopraintendenza Beni Artistici e Storici: 488

Freiburg / Schweiz, Evêché de Lausanne Genève Fribourg (AELGF Fribourg): 35, 81, 82, 228, 265, 315, 316, 493

Freising, Diözesanmuseum: 86, 565

Görz, Palazzo arcivescovile: 18, 87, 204

Heidelberg, Kurpfälzisches Museum der Stadt Heidelberg: 165

Karlsruhe, Generallandesarchiv (GLA): 365, 369, 557

Klagenfurt, Archiv der Diözese Gurk (ADG): 38, 154, 281, 511

Königstein, Institut für Kirchengeschichte von Böhmen Mähren Schlesien (IKBMS): 225, 318

Ljubljana, Narodni Muzej, Grafični Kabinet: 450

Marburg, Johann-Gottfried-Herder-Institut (HI Marburg): 37, 72, 157, 268, 270, 292, 328, 583, 586

Maribor, Diözesanarchiv (DA Maribor): 16, 117, 140, 515

Meersburg, Stadtverwaltung: 385

München, Archiv des Erzbistums München (AEM): 151

München, Bayerische Verwaltung der staatlichen Schlösser, Gärten und Seen (BSV): 6, 65, 94, 159, 160, 163, 198, 203, 207, 211, 301, 341, 436, 443, 445, 457

München, Direktion der Bayerischen Staatsgemäldesammlungen (BStGS): 97, 108, 133, 330, 479, 510, 560

München, Staatliche Graphische Sammlungen: 234

Münster, Westfälisches Amt für Denkmalpflege (WAD): 40, 143

Münster, Westfälisches Landesmuseum: 465

Neiße, Priesterseminar: 125

Paderborn, Priesterseminar: 14

Paris, Bibliothèque National (BNCdE Paris): 141, 395

Porrentruy, Office du Patrimoine Historique (OdPH Porrentruy): 317, 360, 366, 378, 380, 387, 429

Privataufnahmen: 11, 32, 43, 49, 155, 182, 209, 220, 242, 289, 354, 356, 363, 375, 376, 398, 406, 431, 477, 496, 499, 515, 528, 544, 547, 581, 589

Regensburg, Kunstsammlungen des Bistums Regensburg (KBR): 518, 520, 521

Regensburg, Thurn und Taxissches Zentralarchiv: 181

Rom, Gabinetto Fotografico Nazionale: 149

Salzburg, Landesbildstelle: 13, 59, 79, 112, 173, 247, 248, 276, 448, 504, 506, 545, 546

St. Pölten, Diözesanarchiv (DA St. Pölten): 2, 168, 223, 294, 397

Sigmaringen, Fürstlich Hohenzollernsche Hofkammer: 191

Sonthofen, Spital: 461

Speyer, Historisches Museum der Pfalz: 199

Stadt Markdorf: 538

Trient, Biblioteca Communale: 290

Trient, Museo Diocesano: 3, 5, 466, 517, 537

Trier, Stadtbibliothek: 434

Triest, Archivio Vescovile: 74, 75, 180

Triest, Biblioteca Nazionale: 339

Wien, Kunsthistorisches Museum: 267

Wien, Nationalbibliothek, Bild-Archiv und Porträt-Sammlung (NB): 4, 7, 20, 29, 34, 39, 46, 47, 55, 61, 62, 67, 77, 92, 100, 117, 121, 122, 128, 129, 137, 145, 170, 178, 194, 202, 214, 215, 216, 217, 219, 224, 229, 230, 233, 235, 238, 241, 245, 246, 249, 251, 254, 256, 259, 272, 275, 278, 284, 303, 309, 311, 327, 333, 345, 347, 349, 351, 352, 357, 359, 383, 384, 389, 393, 400, 405, 408, 411, 414, 416, 418, 419, 420, 422, 423, 425, 439, 451, 460, 468, 470, 478, 481, 485, 489, 503, 507, 512, 522, 523, 526, 527, 539, 540, 543, 548, 550, 552, 553, 566, 568, 571, 573, 576, 587

Wiener Neustadt, Stadtmuseum: 353

Wolfenbüttel, Herzog-August-Bibliothek: 584

Worms, Stadtarchiv: 69, 287, 381

Würzburg, Mainfränkisches Museum: 104

Das Bischofslexikon

Erster Band

Die Bischöfe
der deutschsprachigen Länder
1785/1803 bis 1945

Ein biographisches Lexikon

Herausgegeben von

Prof. Dr. Erwin Gatz

XIX, 911 S. mit ca. 370 Portraits

Lexikonformat. 1983. Lw. DM 330,–

ISBN 3-428-05447-4

Das Lexikon bietet mehr als sein Titel verrät: Über die ausführlichen Lebensbilder der ca. 360 Diözesanbischöfe hinaus enthält es auch knappe Personenartikel („Biogramme") der ca. 600 Weihbischöfe, Generalvikare und leitenden Bistumsbeamten. Es erfaßt mit anderen Worten das gesamte kirchliche Führungspersonal der behandelten Länder mit ihren 59 Diözesen bzw. Jurisdiktionsbezirken ... Dieses kompakte Nachschlagewerk wird sicher für lange Zeit für alle, die sich mit kirchlichen, kirchenpolitischen und kirchengeschichtlichen Fragen befassen, unentbehrlich bleiben.

Katholische Presseagentur

Jedem der fast 1 000 Personenartikel ist ein vollständiges Verzeichnis der selbständig erschienenen Schriften der jeweiligen Persönlichkeit und ferner ein konzentriertes Literaturverzeichnis beigegeben. Dadurch spiegelt sich in diesem Werk gewissermaßen die deutschsprachige kirchengeschichtliche Forschung der letzten Jahrzehnte ... Insgesamt darf man behaupten, daß dieses biographische Lexikon für lange Zeit ein unentbehrliches Nachschlagewerk bleiben wird.

L'Osservatore Romano

Duncker & Humblot · Berlin

Joseph Listl (Hrsg.)

Die Konkordate und Kirchenverträge in der Bundesrepublik Deutschland

Textausgabe für Wissenschaft und Praxis

1. Band: XXXVI, 864 S.; 2. Band: XXXIX, 824 S.

1987. Lw. zus. DM 168,–

ISBN 3-428-06343-0

Das Staatskirchenvertragsrecht, das die Konkordate, die evangelischen Kirchenverträge und die in neuester Zeit auch zwischen einzelnen Bundesländern und kleineren Religionsgemeinschaften abgeschlossenen Vereinbarungen umfaßt, hat sich unter der Herrschaft des Grundgesetzes in einem früher nicht voraussehbaren Umfang entwickelt ... Die Fülle der in der Bundesrepublik Deutschland geltenden staatskirchenrechtlichen Vereinbarungen ist gegenwärtig kaum mehr überschaubar. In keinem Staat der Welt ist in der Gegenwart das Staatskirchenvertragsrecht in so starkem Maße ausgebaut wie in der Bundesrepublik Deutschland. Die vorliegende Textausgabe enthält den Gesamtbestand der in der Bundesrepublik Deutschland geltenden Staatskirchenverträge, beginnend mit dem Bayerischen Konkordat vom 29. März 1924 und den Verträgen des Bayerischen Staates mit der Evangelisch-Lutherischen Kirche in Bayern rechts des Rheins sowie der Vereinigten protestantisch-evangelisch-christlichen Kirche der Pfalz (Pfälzische Landeskirche) vom 15. November 1924. Die Edition, die den Stand vom 1. Juli 1987 wiedergibt, stellt sich die Aufgabe, gleichermaßen den Bedürfnissen der Wissenschaft und der Rechts- und Verwaltungspraxis zu dienen. Sämtliche Staatskirchenverträge sind in ihrem vollen Wortlaut abgedruckt worden. Konkordate, deren deutscher und italienischer Text stets gleiche Kraft haben, wurden in ihrem deutschen und italienischen Wortlaut wiedergegeben.

Duncker & Humblot · Berlin